Francesco de Franchis

DIZIONARIO GIURIDICO

2 ITALIANO-INGLESE
ITALIAN-ENGLISH

LAW DICTIONARY

Giuffrè Editore / Milano

ISBN 88-14-05001-5

Tipografia «MORI & C. S.p.A.» - 21100 Varese - Via F. Guicciardini 66

A mia madre

POSTFAZIONE

Ce qui m'a beaucoup nui, c'est que j'ai toujours trop méprisé ceux que je n'estimois pas.

Montesquieu, *Mes pensées.*

INDICE-SOMMARIO DELLA POSTFAZIONE

Et quia presens tractatus est inquisitio quedam, ante omnia de principio scruptandum esse videtur in cuius virtute inferiora consistant. Est ergo sciendum quod quedam sunt que, nostre potestati minime subiacentia, speculari tantummodo possumus, operari autem non: velut mathematica, physica et divina; quedam vero sunt que, nostre potestati subiacentia, non solum speculari sed etiam operari possumus: et in hiis non operatio propter speculationem, sed hec propter illam assummitur, quoniam in talibus operatio finis. Cum ergo materia presens politica sit, ymo fons atque principium rectarum politiarum, et omne politicum nostre potestati subiaceat, manifestum est quod materia presens non ad speculationem per prius, sed ad operationem ordinatur.

E poiché il presente trattato è un'indagine sillogistica, sembra necessario ricercare prima di tutto il principio sul quale si fonda l'intero ragionamento. Bisogna dunque sapere che esistono alcune scienze che, non essendo soggette al nostro potere, possiamo soltanto teorizzare, ma non fare: per esempio la matematica, la fisica e la teologia; ma ne esistono altre che, soggette al nostro potere, possiamo non solo teorizzare ma anche fare: e in queste non si fa per poter teorizzare, ma si teorizza per poter fare, perché in queste il fine è la pratica. Essendo dunque la presente materia politica, anzi la fonte e il fondamento di ogni giusta politica, ed essendo ogni cosa politica soggetta al nostro potere, è chiaro che la presente materia ha come fine non la teoria, ma la pratica.

Dante, *Monarchia*, Liber Primus, II.

Après moi le sommeil
dipinto di Max Ernst (1958).

PARTE I

IL DIZIONARIO de FRANCHIS: LA STORIA DI UN SUCCESSO

1. Questo secondo volume conclude — con immenso gaudio della assai paziente consorte dell'autore e, anche, del quasi altrettanto paziente editore — il Dizionario Giuridico di Francesco de Franchis. Autentico avvenimento editoriale, l'opera offre una panoramica comparatistica di eccezionale ampiezza, oltre che sul diritto inglese e nordamericano nelle loro accezioni cristallizzate, su quelle *prémisses* del diritto, come le chiama Tullio Ascarelli, troppo spesso trascurate da

quella che si sarebbe tentati di definire come la nostra Scienza Giuridica Ufficiale. Insomma, quasi uno specchio che aiuta a vederci e a ragionare; perché ogni comparazione giuridica, resta, oltretutto, un discorso interno sul proprio sistema di riferimento (che, anche per i più cosmopoliti dei giuristi, resta sempre uno solo: e non capita, come nella linguistica, il caso di George Steiner [1975, ed. 1994] di pensare e scrivere e parlare tante lingue indifferentemente). E qui sembra acconcio evocare il pensiero di Otto Kahn-Freund, uno dei più importanti giuristi di questo secolo, con Wolfgang Friedmann indecorosamente saccheggiato da non pochi dei nostri studiosi: « A professor of comparative law enjoys privileges which should make him an object of envy among his colleagues, and he bears burdens which should evoke their sympathy. The trouble is that the subject he professes has by common consent the somewhat unusual characteristic that it does not exist. Comparative law — this has almost become a common place — is not a topic, but a method. Or better: it is the common name for a variety of methods of looking at law, and especially of looking at one's own law » [*Comparative Law as an Academic Subject* (1966), in 1948-74, ed. 1978: 275].

2. Nell'ambito delle *enciclopedie giuridiche* — giacché è questo il posto che le spetta — l'opera si distingue per l'originalità di impianto che la ispira, per il filo unitario che la percorre, per la straordinaria *envergure* della materia e l'incessante e amplissimo collegamento tra i concetti che solo l'impegno di un *unico autore* poteva assicurare. Ben più che la mera organizzazione alfabetica di materie elaborate da altri, il Dizionario de Franchis costituisce *l'opera più originale della comparatistica italiana e straniera apparsa negli ultimi decenni*: progetto ritenuto irrealizzabile per la sua complessità dall'accademia italiana e straniera. Come si è accennato, il suo filo conduttore è costituito dalle *prémisses* politiche, economiche, storiche e culturali che dir si voglia che, sole, individuano il *contenuto* del diritto e ne spiegano il linguaggio. Come scrive Mauro Cappelletti, vi è in quest'opera « un ideale di civiltà e un progetto politico di riforma che la rendono viva e stimolante e che la collocano all'avanguardia del pensiero giuridico contemporaneo ».

3. Lungo questo filo si svolge tutto il Dizionario, mediante una costante comparazione, non tanto tra norme giuridiche, quanto tra il loro contenuto politico, economico e sociale e le *premesse storiche* delle due grandi tradizioni giuridiche dell'Occidente — ossia quella di *civil law* e di *common law* — e, in particolare, tra i diritti inglese e nordamericano da un lato e quello nostrano dall'altro. Col ricorso a metodologie che rompono il tradizionale approccio della Scienza Giuridica Ufficiale nostrana — che, in qualche modo, evoca la defunta Accademia dei Giuristi Sovietici — il Dizionario de Franchis consente al lettore di affacciarsi su quel più vasto terreno politico e sociale e dell'economia nel quale la regola trova le sue più profonde ragioni. Tutto ciò nella radicata convinzione che l'Inghilterra prima e gli Stati Uniti dopo hanno stabilito dei modelli politici, economici e sociali con i quali, quando si ha la pretesa di far parte delle democrazie industriali dell'Occidente, bisogna pur confrontarsi. E non si tratta soltanto della produzione, distribuzione e consumo di merci, ma altresì di una scala di valori, di una concezione dell'uomo e della vita. Il catalogo delle materie trattate sarebbe lungo e, tutto sommato, inutile: si va dall'idea stessa di democrazia rappresentativa, di autogoverno, di federalismo, di stato di diritto, alla noiosa disciplina dell'affiliazione commerciale (*franchising*).

4. In effetti, la comparazione che non sia vanitoso *bavardage* più o meno « scientifico » per la conquista di inquinanti cattedre universitarie, ci aiuta a vedere il nostro sistema-paese come nessun altro studio che ne faccia a meno potrà mai riuscire; a scoprire i limiti del nostro diritto e le arretratezze culturali, politiche, economiche e sociali che esso troppo spesso esprime. A indovinare il senso, la direzione in cui bisognerebbe incamminarsi per avvicinarsi a taluni standard minimi accolti dalla comunità delle nazioni civili dell' Occidente. E lascia capire le ragioni dell'*apparente mistero* di un paese che, da un canto, vanta uno sterminato esercito di almeno 1 milione di giuristi in libertà, tra docenti di università, magistrati di ogni genere e grado, avvocati, impiegati, etc. (da noi si richiede la laurea in giurisprudenza anche per dirigere un ufficio postale) che, insomma, se così può dirsi, giuridicizza anche i passi dei cittadini con un baraccone di almeno *150 mila leggi* (rispetto alle 6-7 mila di Francia, Germania e Gran Bretagna) e, dall'altro, rivela un *pauroso deficit giuridico* al punto di essere *unanime-*

mente definito *senza regole* dagli stessi giuristi che questo Marasma hanno contribuito a creare. In cui, cioè, lo stesso sistema giuridico si pone, a dir poco, come negatore dei diritti più elementari, e produttore incessante di intollerabili iniquità, quando non anche di crimini veri e propri: uno sguardo alla famigerata legge 219/81 per la « ricostruzione » delle zone terremotate, estesa con legge n. 80 del 1987 a tutto il territorio nazionale, è la riprova documentale di come, senza scomodarsi a cercar esempi nei regimi sudamericani, anche in Europa in un sistema apparentemente democratico come il nostro, la legge può essere di per sé fattore di criminalità o preparazione e legalizzazione del crimine.

5. Quest'opera non è stata ideata, né progettata o suggerita, e tantomeno incoraggiata, nell'ambito della Scienza Giuridica Ufficiale; l'autore è il solo inventore e, naturalmente, anche il solo responsabile, della formula adottata; essa si deve ad una persona che non fa parte dell'*establishment* universitario. L'autore è consapevole che, in una situazione in cui il *potere accademico* (beninteso, nella veste di poco decorosa *intendence* del potere politico ed economico) ha assunto *dimensioni e peso ignoti a paesi mediamente civili*, quest'opera costituisce di per sé, obiettivamente, una provocazione, una sfida, un *vulnus*. Tanto più intollerabile in quanto lo strepitoso successo del I volume, il fatto che esso abbia riempito un vuoto, offre, oltrettutto, la riprova della *paurosa carenza degli studi giuridici nel nostro paese.*

6. Ovviamente, parlare di *segreto* in cose del genere suona un po' ridicolo; ma si può dire che l'opera è stata realizzata nella più assoluta discrezione; per una sorta di premonizione che doveva trovare penose conferme, l'autore ne ha nascosto il progetto alla Scienza Giuridica Ufficiale nel timore che, nel caso migliore, ne sarebbe stato dissuaso, mentre, nel peggiore, e più probabile caso, vi sarebbero stati interventi sull'editore per impedirne la pubblicazione. L'autore aveva parlato del suo proposito, oltre che al prof. Riccardelli, al prof. David, incontrato *il y a longtemps* per qualche attimo a Ginevra in occasione di una riunione dell'Uncitral; questo eminente comparatista non aveva mancato di esprimere le sue perplessità sulla possibilità per una sola persona di

realizzare un progetto che sembrava immane anche per una *équipe* di giuristi.

Come nasce il Dizionario de Franchis: cronaca di un viaggio.

7. L'idea embrionale di quest'opera, che si conclude con il presente volume, nasce verso la fine degli anni Sessanta da una collaborazione informale con il compianto Giuseppe Riccardelli, docente di diritto marittimo nell'università di Bologna, a quell'epoca impegnato in una ricerca sfociata poi nel suo noto saggio sulla *Colpa Nautica* [1965]. Ma non si scrive un testo di diritto marittimo senza tener conto del diritto inglese. Beninteso, anche in questa materia vi è il consueto primato nostrano (la polizza di assicurazione marittima dei *Lloyd's* è una versione dell'originale genovese, il Banco di S. Giorgio di Genova (1407) costituisce il nucleo originario della *business corporation,* il fallimento, come la lettera di cambio, sono invenzioni dei mercanti lombardi e toscani; non è un caso che la banca si chiami così in tutte le lingue del mondo, etc. etc.) seguito dal nostro non meno consueto precipitoso declino nell'abisso dell'arretratezza. Per una sorta di contrappasso, da noi l'assicurazione è ora fenomeno virtualmente inesistente, il regime societario è il più arretrato tra quelli dei paesi industriali, a non parlare delle procedure concorsuali in cui *si ignora perfino il fallimento del non imprenditore*; pur avendo cinquecento anni or sono inventato la cambiale si è, di fatto, abolito l'assegno come strumento di pagamento, e per aprire un conto corrente bancario manca assai poco che si richieda una raccomandazione politica.

8. In ogni caso, a parte i primati e le sconfitte, storicamente, l'Inghilterra è grande potenza marittima in pace e in guerra; ed era nell'ordine delle cose che il vettore di gran lunga più importante, del primo paese industriale del mondo (almeno sin quasi alla fine del XIX sec.), finisse con l'imporre il proprio clausolario e il proprio diritto, il proprio linguaggio, anche ai traffici marittimi. L'autore conosceva discretamente l'inglese, e così Riccardelli lo pregò di aiutarlo nella ricerca del materiale presso l'*Unidroit*. Ma il diritto marittimo inglese appartiene a una tradizione giuridica (di *common law*) assai diversa da quella nostrana (di *civil law*): di modo che il *civil lawyer* si scontra ben presto con

princìpi, categorie, rubriche, termini e meccanismi processuali, soprattutto una *forma mentis* e, in definitiva, una cultura, assai diversa da quella alla quale è adusato. Di qui la ricerca di uno strumento comparatistico che chiarisse a un *civil lawyer*, come l'autore, il senso di queste disparità: un dizionario, vocabolario, lessico o manuale che dir si voglia. A parte il Parisi [1950-1955], ovviamente insufficiente, nella nostra produzione non vi era nulla, come nulla vi era (e vi è) nella produzione francese e in quella tedesca (in cui vi è ora il Dietl/Moss/Lorenz [1987] di natura esclusivamente lessicografica e in sostanza di modesta utilità e valore se non per una prima pedestre traduzione). Sembra quasi inutile aggiungere che qui si parla di dizionari giuridici comparati *civil law-common law*; diversamente, bisognerebbe citare l'ottimo *Creifelds Rechtswörterbuch* [ed. 1990], che peraltro attiene esclusivamente al diritto tedesco ed è privo di accenni comparatistici.

9. D'altro canto, il dizionario giuridico è estraneo alla cultura giuridica di *civil law*: la « scienza » giuridica di *civil law* non si può ridurre in pillole, e non si deve: la pozione va trangugiata tutta d'un fiato. Non è un caso, né solo un fatto di pigrizia che, di solito, le opere giuridiche nostrane siano sprovviste di un *indice analitico* serio: come non è un caso che quanto più i nostri studiosi sono soggiogati dal *Begriffshimmel* della *Haarspaltemaschine* [cfr. Stone 1968: 226] tanto più è loro difficile atterrare tra gli uomini. Ci si confronta con idee cosmogoniche che consentono di scrivere dei saggi di duemila pagine senza dire assolutamente nulla e, comunque, con quel tipo di scienza giuridica « pura » che sta alla larga dai problemi degli uomini. Ma non è solo questo; e non è neanche la cosa più importante; in realtà la pandettistica tedesca — adottata pedissequamente da noi — si pone essenzialmente come scienza giuridica *al guinzaglio* di un ordine politico e sociale autoritario che si vuole immutabile.
Del resto, un economista di razza — e dove sono più da noi studiosi del genere? — aveva chiaramente intuito la valenza politica del giure teutonico: in nota a uno dei suoi scritti sulla libertà di stampa, Antonio de Viti de Marco [1930, ed. 1994: 335] chiarisce: « Le condizioni sulle origini e sulla formazione delle libertà politiche in Inghilterra sono prese da alcuni tra i più noti costituzionalisti inglesi. Se non parse originali è perché i nostri costituzionalisti, invece di studiare la storia del

paese in cui il popolo ha sostenuto lotte secolari per conquistare tali libertà, hanno preferito dedurle dalle elucubrazioni filosofiche dei professori tedeschi di diritto pubblico, che erano pagati per legittimare sotto formule liberali il regime assolutista ». È tutta (o quasi tutta) qui la storia della scienza giuridica italiana e del pensiero italiano a partire dalla Triplice fin quasi ai nostri giorni: vi sono eccezioni, beninteso. In definitiva, la pandettistica si ricollega, da un canto, ad una concezione autoritaria dello stato di diritto e, dall'altro, ad un certo assetto dei rapporti sociali, ad un certo ordine di valori morali e politici che — a differenza di quelli della costituzione degli Stati Uniti — mancano di universalità perché sono in sostanza quelli della borghesia tedesca. Di qui quel vago sapore ottocentesco che trasuda dai suoi paradigmi: un *Biedermeier* che da noi sopravvive ancora oggi mentre è quasi sparito nella sua patria di origine. Ma già all'alba del XX sec. la pandettistica si presentava come qualcosa di *rétro*: si muove la politica, l'economia, la tecnica: scoppiano guerre e rivoluzioni, il rapporto tra l'uomo e la macchina subisce un mutamento rivoluzionario e il taylorismo disegna un nuovo assetto dei processi produttivi; si assiste a grandi migrazioni di popoli e di capitali. Gli artisti cercano di tradurre in immagini la *velocità* e *l'accelerazione*, tipiche della modernità; in altre parole, quel *tempo of social change*, che solo il cinematografo sembra in grado di inseguire. Se si guarda all'arte, al futurismo, al cubismo, al dadaismo, al surrealismo, questi movimenti si inquadrano in un'era dominata da queste componenti: un solo quadro di Giacomo Balla, una scultura, o un dipinto di Umberto Boccioni lasciano intuire perché la pandettistica e le grandi codificazioni — almeno quelle storicamente intese — appartengono a un'epoca ormai *révolue*: non è un caso che non esiste, né è alle viste in Francia un nuovo *Code Civil* (per quanto se ne parli da tempo immemorabile). Pertanto, la impudente proposta avanzata dalla Scienza Giuridica Ufficiale nostrana di riformare un gran codice come quello civile del 1942 (non per i contenuti, ma perché fatto da gente che sapeva maneggiare scienza giuridica e lingua italiana), lascia temere un nuovo carrozzone giuridico: oltre che antistorica, se realizzata, essa comporterebbe effetti disastrosi. Beninteso, codificazione e pandettistica non sono necessariamente delle equivalenze e si possono distinguere (il *Code Civil* non si ispira alla sistematica pandettistica, del resto a quell'epoca ai suoi albori); ma è un fatto che le codificazioni successive al *BGB* tendono sempre più a riflettere quella scienza giuridica: il nostro codice del 1942 non sfugge a questa tendenza, anche se non adotta taluni dei paradigmi più noti del sistema, come il negozio giuridico. D'altronde, l'opera di semplificazione dei codici, di cui non si nega l'originaria funzione unificatrice, non è altro, per molti versi, che il premoderno. Si è parlato giustamente di fuga dai codici: un fenomeno che riflette la *modernità*, che è anche *frammentazione*. Ma resta da spiegare perché, nel tramonto di codici e pandette, nella babele degli statuti dei gruppi e delle lingue, giuridiche e non, sopravviva a oltre 200 anni di distanza, intatta in tutta la sua gloria, la più antica costituzione dell'Occidente con solo 26 emendamenti: la spiegazione c'è, ed è che, per fortuna, non si tratta di un testo ispirato alla sistematica pandettistica, né è un codice: si tratta di una Bibbia laica, opera dei giganti americani che la seppero articolare in un certo modo; ma questo miracolo deve non poco alla veneranda *Supreme Court*, che ha saputo adattare un testo concepito quando il paese contava meno di tre milioni di abitanti alla più potente democrazia del pianeta con 260 milioni di abitanti.

10. Eppure, per ritornare al Dizionario de Franchis, come ricorda un eminente comparatista inglese [H. C. Gutteridge 1946, ed. 1971: 124], già nel 1934 l'Accademia Internazionale di Diritto Comparato aveva discusso la proposta di elaborare un *international juridical dictionary* che servisse, come ora si dice, a « decodificare » reciprocamente le difficoltà dei vari sistemi giuridici. Peraltro, nella produzione giuridica anglo-americana esistevano ed esistono eccellenti dizionari giuridici. Forse, in parte, per la natura c.d. ascientifica (come se il diritto fosse una « scienza » esatta, e ammesso che le scienze esatte siano veramente tali) di quel diritto, forse anche perché, con il solito anticipo consentito dall'empirismo, si riconosce l'impossibilità di trattare unitariamente tutta l'ormai immensa materia ricollegandola ad un « sistema » generale. Ma questi dizionari, privi come sono di accenni comparatistici, sono fatti per il *common lawyer*; di guisa che, ancora oggi, a parte l'*International Encyclopedia of Comparative law* (il cui *format* è, in senso stretto, quello dell'enciclopedia, non del dizionario), come si è accennato, non vi erano, e non vi sono, né in lingua inglese, né in francese, né in spagnolo, né in tedesco, dizionari giuridici che in chiave compa-

ratistica spieghino al *civil lawyer* le intricatezze dei sistemi di *common law*; meglio, la cultura giuridica (politica) dei popoli di lingua inglese.

11. Del resto, a quel tempo l'*International Encyclopedia of Comparative law* (in lingua inglese, 17 volumi) muoveva i primi passi, e gli studiosi, una volta decisa l'intrapresa, affrontavano l'arduo quesito se adottare il *format* dizionario o quello dell'enciclopedia: e si seguiva quest'ultima strada. Ma questa *summa* della scienza comparatistica mondiale viene dopo: negli anni '60 se ne parlava come di progetto editoriale e circolava solo qualche fascicolo pubblicitario. Comunque, avendo optato per il *format* enciclopedico, l'opera, nonostante il contributo di illustri comparatisti, appare, nel complesso, una piatta esercitazione professorale di scarsa utilità pratica, ben lontana da quel rivoluzionario *international juridical dictionary* proposto nel 1934.

12. Comunque, non avendo trovato quello che cercava, con una eccessiva dose di ingenuità, « e senza alcun sospetto » dell'abisso di difficoltà che avrebbe incontrato, de Franchis si decide a prepararsene uno suo di dizionario. Per capire, anzitutto, le diversità in diritto marittimo, materia a quell'epoca di più diretto interesse: la sua insolita mole nel I e II volume tradisce questo originario approccio. Ma, come si è accennato, qualsiasi diritto marittimo di questo mondo si inquadra in un più generale sistema di princìpi, concetti e meccanismi giuridici, si ricollega a un determinato ordine giudiziario, alle procedure, e in ultima analisi, di gradino in gradino, oltre alla forma di stato e di governo, alla storia e alla cultura di un dato paese. E qui, un po' alla volta, de Franchis vive quel fenomeno di *Serendipity* — termine coniato da Horace Walpole (da Serendip, antico nome di Ceylon), tratto dalla favola *The three Princes of Serendip*, i cui eroi « were always making discoveries, by accident and sagacity, of things they were not in quest of » — per cui si cerca una cosa e se ne trova un'altra e quest'altra rimanda a un'altra ancora. E così, alla fine, davanti ai suoi occhi si apre un paesaggio che si perde a vista d'occhio, percorso da mille ruscelli che portano al grande fiume impetuoso della *common law*. Perché, per l'autore, la favola dei tre prìncipi è la cronaca di un viaggio durato ben più che i « sette anni di studio matto e disperatissimo » del poeta.

13. Come tutti i viaggi avventurosi, esso è stato scomodo e accidentato, spesso al limite della sofferenza fisica, per la difficoltà di padroneggiare una massa imponente di materiali che portano in mille direzioni diverse, e la penosa consapevolezza che nessun argomento può essere esaurito (ma si esaurisce davvero una topica?). Molte sono state le tentazioni di lasciare a mezzo un lavoro costato lacrime amare; ma qualche volta ritirarsi richiede più coraggio che andare avanti; e così, non sentendosi l'animo di tirarsi indietro, e non potendo stare fermo, de Franchis è sospinto sempre più al largo. Di modo che un atto di originaria ingenuità si trasforma un po' alla volta in un progetto prometeico e in una prova di *imperdonabile superbia*: fare ciò che molti altri avevano solo sognato ma non avevano neanche tentato. Perché, come ha scritto Radbruch [1946, trad. it.: 7], data la diversità delle due tradizioni giuridiche, un dizionario giuridico comparatistico finisce inevitabilmente con l'assumere la natura di una enciclopedia. E questo spiega sia la dimensione che la natura dell'opera. Ma tutte le tentazioni di abbandonare indotte dall'abbrutimento e dalla disperazione sono state vinte dalla convinzione di fare cosa buona e utile e importante nel solco di Tullio Ascarelli, Gino Gorla e Mauro Cappelletti; di fare opera pionieristica di diffusione di una grande cultura giuridica e politica, di contribuire a *sprovincializzare gli studi di diritto tanto disastrosamente condotti nel nostro paese*. Ma de Franchis era anche sorretto dalla speranza — ormai sempre più flebile — che il confronto con gli statuti anglo-americani (anche se non da solo) potesse aiutarci a ragionare, a vedere l'arretratezza, l'iniquità e il provincialismo di un sistema giuridico (politico, economico e sociale) contadinesco come il nostro.

14. Si è trattato di una straordinaria esperienza che pochi giuristi hanno vissuto; che, di per sé, non poteva consentire approfondimenti, ma che nondimeno rivela una panoramica di incomparabile (sic!) ampiezza sulle due massime culture dell'Occidente e sulle *connessioni* tra diritto e politica (e altre cose ancora); al di là di dicotomie e rubriche e paradigmi e filosofemi, il diritto è stato vissuto come un insieme, una *machinery* e non già come una serie di compartimenti stagni troppo spesso inventati per soddisfare più spesso le esigenze dei professori che quelle della « scienza ». Essere riuscito a fare partecipi quasi visivamente i lettori (almeno i più attenti) di questo panorama, a far pren-

dere loro, come si dice, una boccata di aria fresca sul mondo del diritto è motivo di non poco orgoglio per l'autore. E fa piacere constatare che, con quell'*esprit de finesse* troppo spesso negato agli uomini, Anna De Vita abbia colto il lato avventuroso di un così lungo viaggio attraverso il diritto.

15. Naturalmente, la permanenza a Londra per 16 anni, dove l'autore lavorava quale funzionario giuridico di una istituzione delle N.U., ha consentito di acquisire quel *flair* per il diritto locale che nessun testo da solo può ispirare. Comunque, dopo circa venti anni di lavoro, a manoscritto quasi ultimato, l'autore consulta la gran parte degli editori italiani del settore proponendone la pubblicazione; ma la risposta è invariabilmente negativa. Finalmente, si rivolge alla Giuffrè offrendo anche di versare un *contributo* per la pubblicazione (e perché no?: nel 1929 Moravia pubblica *Gli Indifferenti,* suo primo romanzo, a sue spese: ed. Alpes, Milano). Con una lealtà della quale si vuole dare atto, l'editore risponde di non essere interessato al contributo, ma al testo proposto. Ma de Franchis è un perfetto sconosciuto e l'opera si presenta come uno strano animale: un'enciclopedia piuttosto che un dizionario. Non vi sono precedenti: l'editore, ricevuto il manoscritto, dichiara di aver bisogno di una consulenza tecnica qualificata prima di imbarcarsi in un assai impegnativo progetto editoriale.

16. All'insaputa dell'autore, il manoscritto viene inviato a Mauro Cappelletti. Ed è scelta felice quella del dr. Francesco Rossi, amministratore delegato della società; e anche gran fortuna dell'autore, dell'editore e degli ormai numerosissimi lettori, che l'editore si sia rivolto a uno dei pochi comparatisti di statura internazionale che abbia il nostro paese. Perché Mauro Cappelletti, oltre che giurista di razza, è anche uomo che ha il coraggio delle proprie opinioni, virtù che fa terribilmente difetto alla confraternita degli studiosi nostrani; perché se la scelta fosse caduta su qualche *asinus portans mysteria*, tra i tanti emeriti quanto abissali e irrecuperabili imbecilli che da noi si fanno passare per comparatisti, è assai probabile che il Dizionario de Franchis sarebbe finito, come i libri di don Ferrante, « su per i muricciolі » o, dati i tempi e gli uomini, in un immondezzaio.

17. È motivo di non piccolo orgoglio per l'autore — dispregiatore sommo del regime criminaloide che sotto la rubrica di *democrazia consociativa* ha retto e regge il paese — che per la pubblicazione di quest'opera, attuata dal massimo editore giuridico nostrano a scopo di lucro (il vilipeso *profitto*), nessuna prova sia stata chiesta di affiliazioni accademiche, appartenenza a leghe, associazioni o bande o mafie che dir si voglia. Essa non avrebbe mai vista la luce se la stampa fosse dipesa da una qualche forma di autorizzazione del Pci (ora Pds), della Dc (ora Forza Italia, ma non si capisce bene), del Pri, del Pli, del Psi (ora Forza Italia), della Confindustria, della Cgil, della Fondazione Agnelli, del CNR; a non parlare della Luiss, dell'Istituto di Studi Filosofici, del Suor Orsola Benincasa di Napoli, insomma di uno dei tanti partiti, istituti, istituzioni, fondazioni, carrozzoni, congreghe, orfanotrofi o confraternite pubbliche o private più o meno rispettabili che in modi e forme varie contribuiscono ad allietare, se non gli italiani, il divertito osservatore straniero. Non si hanno colleghi, amici, clienti e protettori, soci o complici da ringraziare: l'autore non ha ricevuto « suggerimenti preziosi » da chicchessia. Tantomeno de Franchis ha generazioni di allievi (in realtà, più spesso dei poveri disgraziati di studenti) da salutare al termine della sua fatica.

18. Insomma, il fatto che un grande editore giuridico abbia pubblicato il Dizionario de Franchis è segno che la *democrazia consociativa* — una *terza via morale* prima ancora che regime politico — non ha ancora occupato tutti i pertugi dell'economia, ciò che consente perfino di coltivare qualche sia pur flebilissima speranza. Come quella che un giorno anche da noi possa nascere o acquistare forza o coraggio e dignità *una civile imprenditoria privata* senza la quale non vi è possibilità di riscatto dall'abisso nel quale è stato precipitato il paese. Perché il capitalismo sarà pure quell'orribile mostro che cattolici, comunisti, fascisti e fondamentalisti di più o meno simpatica estrazione denunziano con veemenza: e fosse proprio quello italiano, il più straccione e vessatore, che trova nell'illegalità le sue profonde radici (cfr. la c.d. economia informale o sommersa). Eppure, a parte che nessuno dei nemici del capitalismo è riuscito a prospettare in alternativa neanche un funzionante chiosco di gelataio, resta il fatto che il capitalismo è quell'organizzazione dei fattori della produzione (direbbe l'esimio professore

milanese) che meglio (o meno peggio: come la democrazia in politica) di qualsiasi altra consente di produrre ricchezza e lavoro e, al confronto, si pone addirittura come portatore di altissimi valori etici (sic!); in altre parole, come quel sistema che consente al Terzo Mondo di sfamarsi (più o meno) e alla *ciellina* nostrana di manifestare per Saddam Hussein portando la mutanda firmata dallo stilista. Pertanto, se l'alternativa alla libertà economica è costituita da una *status society* all'italiana, la scelta capitalista appare ineludibile, e « il padrone delle ferriere » diventa addirittura un benefattore dell'umanità. Se mai, non vi è abbastanza capitalismo nel nostro paese; se mai, per poter parlare di *economia di mercato*, il capitalismo nostrano andrebbe regolato: ma da quest'orecchio i nostri imprenditori (e professori *al guinzaglio*) non ci sentono. Attilio Ventura, presidente del Consiglio di Borsa auspica: « una maggiore considerazione per il piccolo risparmiatore. Prendiamo per esempio la legge sull'Opa... » [*1955, fuga da Piazza Affari*, di G. Ferrari, in *Corriere della Sera*, 16 aprile 1995]; e magari si trattasse solo di questo. Ad ogni modo, per quanto concerne l'autore, l'avvenuta pubblicazione del Dizionario sarebbe di per sé ragione sufficiente a giustificare il capitalismo con tutte le sue nequizie; ma vi è qualche ragione in più. Comunque, un grazie di cuore va alla casa Giuffrè e, in particolare, al dr. Gaetano, sempre cortese e comprensivo e generoso.

19. La stragrande maggioranza del traffico marittimo è internazionale e, come scrive René Rodière: « Le maritimiste est par nécessité plus qu'aucune autre catégorie de juristes un comparatiste » [in Rodière et Remond-Guilloud 1980: 18]. E così, dal diritto marittimo, diritto internazionale per definizione (e, storicamente, prima sede della comparazione), si passa, non già lungo una linea retta, ma procedendo a tentoni, alle procedure, all'ordinamento giudiziario, e da quest'ultimo al sistema costituzionale, insomma al sistema nel suo complesso, alla forma di stato e a quella di governo, allo stato di diritto e, finalmente, alla funzione fondamentale dell'*interpretazione*, a ciò che sta dietro, prima del, sotto o sopra il, diritto. Quando Tullio Ascarelli afferma che: « La règle de droit n'a de sens qu'en relation avec un problème social auquel elle se relie; pour comparer le comparable, pour interroger du point de vue comparatif un droit étranger, il faut avant tout identifier

le problème social dont on veut étudier la réglementation juridique dans différents pays; autrement on risque de se fourvoyer » [*Étude comparative et interprétation du droit* (1958), in 1954-59, vol. I: 319, at 332], egli enuncia un fondamentale criterio interpretativo che, a sua volta interpretato, si estende alla valutazione morale, politica ed economica.

20. Insomma, non è difficile immaginare il percorso intellettuale di un *civil lawyer* che — fuggito dal troppo bene organizzato e gestito *Pandektenstall* [Heinrich Heine, *Reisebilder*: *Die Harzreise*] — scopre un continente nuovo e comincia a respirare aria fresca: « The life of the law has not been logic: it has been experience » afferma O.W. Holmes [1881, ed. 1968: 5]: e qui il diritto si fa storia, racconto, narrazione; e in qualche modo anticipa il *postmoderno*. Da una formazione originariamente privatistica al superamento della dicotomia canonica nostrana, al diritto come un insieme (pubblico e privato, sostanziale e procedurale), una immensa *machinery* che assume nei paesi industriali dell'Occidente la funzione fondamentale di distributore del potere e supremo regolatore dei conflitti (e magari esso stesso fonte di altri); non tanto quindi centralità del diritto, quanto dell'uomo, dei suoi diritti di cittadino, di elettore, di contribuente, di imputato, di consumatore, di utente, di risparmiatore, di investitore.

Il nomen Dizionario.

21. Il fato che presiede alle scelte editoriali ha voluto che quest'opera fosse definita Dizionario Giuridico e trovasse collocazione nella relativa collana e non già, come sarebbe stato più acconcio, *Enciclopedia del Diritto Inglese e Americano* e ammessa nella prestigiosa collana della *Civiltà del Diritto* della stessa casa. Ma l'autore, in queste ed altre cose, conta assai poco; e, comunque, non è il *nomen*, e tantomeno la collocazione a decidere della validità e fortuna di un'opera: l'etichetta ha scarsa importanza: il de Franchis travalica ormai collezioni, collane, raccolte ed enciclopedie. Del resto, se prende il nome di *Dictionnaire* l'opera del grande Pierre Bayle, illuminista *ante litteram*, precursore del lavoro di Diderot e d'Alembert (realizzato sessant'anni dopo), quella di de Franchis, anche se, ovviamente, a rispettosa distanza, può

ben fregiarsi dello stesso titolo [cfr. *Gli antenati della Treccani*, di L. Villari, in *la Repubblica-Cultura*, 5 agosto 1995].

22. L'interesse e la diffusione del I volume dimostrano che l'opera si impone all'attenzione di una ben più vasta categoria di lettori che non sia quella dei soliti, *noiosissimi*, operatori giuridici. Nella misura in cui un autore è in grado di intuire le ragioni del successo del proprio lavoro, si direbbe che esso non è dovuto soltanto al suo apporto informativo, che pure è notevole, ma anche al suo metodo, alla sua originalità, alle implicazioni e ai percorsi, alla ricerca delle radici, alla concretezza, alla chiarezza, all'uso implacabile del *rasoio di Occam*; e, anche, al raccordo continuo tra diritto e politica e tra politica e morale, e tra diritto e *compassion*, all'avere sempre posto al centro dell'analisi giuridica il contenuto sociale delle norme. Forse anche all'insistenza sul monito del padre Dante: « Propter quod bene Tullius in *Prima rethorica*: semper — inquit — ad utilitatem rei publicae leges interpretande sunt. Quod si ad utilitatem eorum qui sunt sub lege leges directe non sunt, leges nomine solo sunt, re autem leges esse non possunt » [*Monarchia,* Liber Secundus, V, n.o.]. Insomma, come pure è stato detto, perché la legge sia rispettata, essa deve essere *rispettabile.*

23. E così — con un marameo, anzi con un gesto di ribellione *dadaista* ispirato da Tristan Tzara e Max Ernst (*Rebellion nicht Revolution*), ossia con una fragorosa pernacchia [cfr., per questo termine, G. Devoto-G.C. Oli, *Dizionario della Lingua Italiana*, Firenze, Le Monnier, 1990, ed. 1993, *ad vocem*, p.1386] alla Scienza Giuridica Ufficiale — esce ora il secondo volume di quella che è una delle opere più significative degli ultimi decenni nel nostro paese; beninteso, *dans son genre.*

Perché proprio un Dizionario Giuridico?

24. Ma se l'utilità di un progetto che si proponga una qualche forma di comparazione tra le due massime culture giuridiche dell'Occidente appare di per sé di banale evidenza, resta però la domanda se l'insolito *format* dizionario costituisca lo strumento più adeguato per raggiungere questo obiettivo. La fortuna scientifica e di lettori incontrata dal I

volume è già di per sé una risposta. In effetti, il *format* dizionario appare l'unico tecnicamente possibile quando si intenda presentare uno spettro comparatistico così vasto e dettagliato. La formula adottata consente l'esposizione di disparati e spesso complessi concetti e categorie e istituti e fenomeni giuridici, e « anomalie », che non si lasciano inquadrare in un assetto sistematico, ma che pure hanno una propria razionalità (non fosse altro perché esistono!), anche se non trasferibile altrove. E, d'altro canto, per quanto disparate, queste « anomalie » appaiono in qualche maniera collegate tra loro per vie traverse, da un filo non sempre visibile a prima vista, ma che pure va cercato e spiegato, se il diritto non deve essere, come avviene nelle nostre università, la pedante e acritica stratificazione di nozioni e categorie e paradigmi e teoriche e filosofemi elaborati altrove e di cui i nostri studiosi, salvo rare ed encomiabili eccezioni, non fanno altro che offrire modesta glossa. Vittorio Frosini ha scritto di recente un saggio di grande interesse sulla materia dell'interpretazione, non privo di un pizzico di *sense of humour*, ingrediente rarissimo tra i nostri giuristi, sempre presi da mille affari, avvizziti da vanità e miserie, perduti in una passione non ricambiata per il pensiero teutonico. Egli descrive la produzione accademica italiana come: « preoccupata di evitare con cautela una precisa presa di posizione ideologica e metodologica; sicché i discorsi vengono svolti di preferenza in forma indiretta di commento al pensiero di altri autori, con scarso impegno ad affrontare nel vivo i problemi giuridici » [1994: VII]. Questo passo si può estendere, *mutatis mutandis*, a tutta la scienza giuridica nostrana e, in definitiva, al ruolo di *intendence* al guinzaglio che, con le debite eccezioni individuali, l'Accademia italiana tutta si è assegnata rispetto al potere politico ed economico.

25. A questo va aggiunto che i sistemi giuridici che appartengono alla tradizione di *common law*, come quello inglese e nordamericano, sono, come dicono i comparatisti, dei sistemi « aperti » con una inevitabile instabilità di concetti e categorie, per cui una parte della materia può essere esposta solo in ordine alfabetico, o a mo' di digesto non sistematico [cfr. David 1964, ed. 1978: 371; Lawson 1951: 78]. A questo proposito va ricordato anche che la *common law* è una *lawyers's law*, a differenza della *civil law*, definita invece *professors's law*. Tuttavia, poiché un dizionario, di per sé, non consente una lettura continua,

si è temperato questo inevitabile inconveniente mediante l'INTRODUZIONE che, nel I vol. (Inglese-Italiano), guida il lettore nella foresta di voci e sottovoci di questa singolare ricerca. Inoltre, il lettore, almeno nelle voci più rilevanti e caratteristiche, rinviene una bibliografia che costituisce il primo avvio per ulteriori approfondimenti. Non è quindi solo novità di formato e di tecnica espositiva che individuano il Dizionario de Franchis, che è anche originalità di impianto e articolazione, di esposizione e di collegamenti. Inoltre — esempio e modello se non unico, certo assai raro nella sua ampiezza e sistematicità, che di per sé solo vale ad assicurare la straordinarietà dell'opera — nell'ambito delle singole voci si è fatto largo uso di rinvii allo scopo di assicurare una circolazione interna da voce a voce, di suggerire possibili orientamenti, di aiutare a stabilire una prima collocazione dell'argomento, segnalando concetti analoghi e possibili concatenazioni. In questo senso, il complesso gioco dei rinvii che accompagna tutte le voci rivela uno sforzo notevolissimo per presentare la materia trattata nelle sue congiunzioni e connessioni giuridiche, politiche e, nei limiti del possibile, economiche, sociali ed etiche. Pertanto, quest'opera potrebbe essere anche definita come l'Enciclopedia delle analogie, dei correlativi e degli opposti giuridici. Basta fare il confronto con il pur giustamente noto *Dizionario di Politica* di Bobbio e Matteucci [1976, ed. 1983] che, a parte un rudimentale indice analitico, rivela una sostanziale indifferenza per il problema, sentito, invece, così acutamente da de Franchis, per rendersi conto di talune particolarità dell'opera. Comunque, se, come il delta di un fiume, il sapere si disperde in una *rete* di mille rivoli e di ruscelli e corsi d'acqua, stagni e paludi, resta pur sempre l'esigenza di tenerlo assieme in qualche modo. Si pensi all'*Enciclopedia Einaudi*, splendido esempio — non soltanto in Italia — di sapere enciclopizzato cui fa riscontro un formidabile e intelligente sforzo editoriale per stabilire i collegamenti e suggerire percorsi e viaggi e itinerari tra le nozioni (cfr., ad es., oltre ai rinvii ad altre voci, il collegamento di idee e i raccordi, il volume sulla *Sistematica* e quello sugli *Indici*).

26. D'altro canto, la messa in discussione delle *fonti tradizionali* del diritto nelle società industriali dell'Occidente fa risaltare sempre più il ruolo delle *fonti extrastatuali*. Di modo che il diritto odierno non è un

sistema unitario, autosufficiente, coerente e completo di norme dalle quali è possibile trarre la soluzione di ogni problema: esso appare più come un dipinto di Hieronymus Bosch o un *collage* di Max Ernst che un affresco di Mantegna o un dipinto di Raffaello: di qui la necessità di rilevare le interrelazioni tra sistema giuridico e sistema economico, politico e sociale, tra morale e diritto, e morale e politica. Che impone di tener conto non solo del *paragiuridico*, ma dell'extragiuridico, delle premesse del diritto (i *substrati*, termine infelice per indicare le condizioni economiche, politiche e sociali rispetto alle quali si pone il diritto, categoria della politica). Solo così si intendono le *extra-legal sources of law*, le *non-legal rules*: il governo di gabinetto britannico, perno del sistema costituzionale, si regge su *conventions of the constitution,* ossia su norme non giuridiche, almeno secondo la classificazione tradizionale delle fonti. Diversamente, non si capisce neanche il fenomeno della *de-regulation* (inteso dai nostri gruppi giuridico-imprenditoriali semplicemente come un *free for all*) e del suo correlativo, ossia la *self-regulation*, o autoregolamentazione, che (altrove) assume tanta importanza.

27. Esploso il sapere in mille rivoli, tramontato il sogno che peraltro nei paesi di *common law* — salvo alcuni grandi ma poco fortunati riformatori come Jeremy Bentham — non si è mai seriamente coltivato, di riassumere in un testo legislativo una intera materia o tutta la materia, i dizionari giuridici, nuovi da noi, rispondono anche all'esigenza di offrire uno strumento di informazione e di collegamento, un *network*, una rete, su materie che proprio per la frammentazione del sapere e per la loro vastità non si lasciano ridurre ad unità. Anche in questo, il Dizionario de Franchis coglie in pieno lo spirito della modernità o, se si vuole, del *postmoderno.*

28. Scartato l'approccio parafrastico, inutile e deviante non solo tra tradizioni giuridiche radicalmente diverse come quelle di *common law* e di *civil law*, ma anche tra sistemi giuridici che appartengono alla stessa *famille* [cfr. G. Rohuette, recensione a un dizionario giuridico Italiano-Francese (e viceversa), in *Revue international de droit comparé* (1991) 4/956], non restava che l'approccio comparatistico, di notevolissima difficoltà. Da questo punto di vista — con tutte le carenze de-

rivanti dalla quasi sconfinata estensione del suo percorso — il Dizionario de Franchis resta un *unicum* nel suo genere. A volerlo, e a saperlo fare, il confronto con i dizionari giuridici stranieri — alcuni dei quali di antico *pedigree* — parla chiaro.

29. Se poi si pensa che nella tradizione di *common law*, diritto giurisprudenziale e *casuistique*, il *common lawyer* si ritrae smarrito di fronte alla stessa ipotesi che nel proprio sistema vi possano essere *princìpi generali di diritto*, si capisce anche meglio perché i dizionari giuridici siano molto diffusi in una materia che, come si è accennato, non si presta ad una esposizione sistematica. Ma questa dell'assenza di princìpi generali è una delle tante eleganti forme di civetteria del *common lawyer*: basterebbe pensare alla *rule of law*. Il fatto è che la tradizione di *common law* è solo priva di riferimenti testuali (in misura minore il diritto nordamericano: la grandiosa costituzione federale è un fiume di princìpi generali). Ad ogni modo, la scelta del *format* dizionario per l'esposizione in chiave comparatistica del diritto turba la confraternita nostrana, che pure non disdegna dal prodursi in *opere collettanee*, troppo spesso delle *joint-ventures* con le quali si spacciano sul mercato delle autentiche truffe scientifiche ed editoriali.

30. In definitiva, il Dizionario de Franchis costituisce un possente ed eccezionale *catalizzatore* di idee, di connessioni e interdipendenze, analogie e parallelismi, di richiami e confronti. E se certamente ci si può dolere di lacune ed errori, bisogna pure rallegrarsi di tutto ciò che viene offerto: solo che lo si voglia prendere.

Le carenze del Dizionario.

31. Come scrive con molto *sense of humour* H. W. Fowler nella prefazione al *Concise Oxford Dictionary* [1911, ed. 1964: V], a meno che non sia un mostro di scienza, l'autore di un dizionario deve trattare numerosissime materie di cui non ha una conoscenza diretta: la prima lettera che i curatori di quel dizionario ricevettero fu quella di un lettore che chiedeva il rimborso del prezzo del libro acquistato per chiarire lo *spelling* di una parola non riportata nel testo. Ma non si dice se rimborso vi sia stato; in ogni caso, per non incoraggiare false speranze,

de Franchis si dichiara *impecunious* e si affretta ad aggiungere che all'acquirente e al lettore non resta che accettare le scuse anticipate per le carenze e gli errori dell'opera. Che certamente si sarebbe potuta fare in mille altri modi, e scrivere non due, ma tre o dieci o cinquanta volumi, e citare e dire questo o quell'altro, e così via cantando. Ma la storia non si fa con i se: non resta quindi che contentarsi del Dizionario così com'è. Fino a quando i *savants* non riescano a fare qualcosa di meglio.

32. Ma non c'è scienza che non sconti lacune ed errori, che non si fondi su false premesse. Per poco che si mastichi di fisica, non ci vuol molto a rendersi conto che le scoperte del telescopio spaziale *Hubble* stanno sconvolgendo i primi princìpi e le assunzioni fondamentali nella materia. Naturalmente, il Dizionario de Franchis non è un osservatorio spaziale; ma l'errore è intrinseco alla ricerca, che va vista nel suo insieme; e il sapere è tale proprio perché incessante superamento dell'errore, che resta un dato intrinseco e inevitabile del cammino umano: una scienza senza errore è una non-scienza: di qui quell'apparente contraddizione nelle opposte direzioni della scienza tra la marcia in avanti e il ritorno continuo ai primi princìpi, mai come oggi messi continuamente in discussione e spesso dimostrati falsi. Ecco, questo sembra il progresso della scienza: un continuo *yo-yo.* Come scrive Aldous Huxley: « Spirito arguto può diventare falsa sostanza. La concisione, seppure brillante e utile alla memoria, non può evidentemente rendere giustizia a tutti i fatti di una situazione complessa. In questo caso per essere breve devi o semplificare o omettere. Due atti che giovano a farti capire meglio, ma che spesso ti fan capire quel che è sbagliato; infatti tu riuscirai a intendere solo le nozioni che pulitamente ti annuncia il riassuntore, e non la realtà, vasta e ramificata, da cui arbitrariamente si sono estratte quelle nozioni. Ma la vita è breve e la conoscenza infinita, e nessuno ha tempo per tutto. In pratica noi siamo di solito costretti a scegliere fra un'esposizione indebitamete scorciata e...il nulla. Riassumere dunque è un male necessario, e compito del riassuntore è fare bene, per quanto è possibile, un lavoro che, seppur intrinsecamente è cattivo, è pur sempre meglio che niente. Egli deve saper semplificare, ma senza giungere alla falsificazione. Deve saper cogliere i punti essenziali d'una situazione, ma senza ignorare troppo gli altri

aspetti significativi della realtà. In questo modo egli può riuscire a esporre, non certo tutta la verità (perché la verità intera, su tutti o quasi gli argomenti d'importanza, non è compatibile con la concisione), ma almeno assai più delle mezze verità o dei quarti di verità che sono sempre stati moneta spicciola corrente del pensiero. Il tema della libertà e delle forze ad essa ostili è immenso, e quel che io ho scritto è sicuramente troppo breve per rendere a quel tema piena giustizia; ma se non altro ho toccato molti aspetti del problema. Può darsi che ciascun aspetto risulti un po' troppo semplificato nella mia esposizione, ma i singoli punti, sommandosi, formano un quadro che, spero, suggerisca la vastità e la complessità del tema intero» [*Ritorno al mondo nuovo*, 1958, trad. it.: 235].

Il vino DOC, la tutela del consumatore e del produttore onesto.

33. Con un ritardo di oltre mezzo secolo rispetto all'insuperato modello d'oltralpe, l'Italia, quantitativamente primo paese produttore di vino al mondo, con legge delega del 3 febbraio 1963 n. 116, si dotava di un regime giuridico che, imitando quello francese, sembrava avere lo scopo di assicurare una selezione del prodotto, a stabilire una graduatoria qualitativa e, in definitiva, a garantire non solo il consumatore, ma anche il produttore onesto, a consentire che sui mercati internazionali un grande fenomeno quantitivo si traducesse, oltre che in vino da taglio, in prodotto di qualità. Ebbene, questa legge è stata talmente stravolta dalle clientele e dalla *assenza di elementari controlli* che ormai il Marchio DOC, al quale è stato aggiunto quello DOCG, è considerato dagli onesti produttori addirittura come squalificante; di guisa che oggi non pochi tra i più seri produttori rifuggono da queste denominazioni: il che spiega la situazione apparentemente assurda in cui da noi vi sono non pochi vini non classificati ufficialmente che sono ben più cari di quelli DOC. Quando invece dovrebbe essere esattamente il contrario: come accade in Francia, in cui il vino non classificato, ossia il *vin ordinaire*, costa meno, perché vale meno, di quello DOC.

34. Il primo volume di quest'opera è stato introdotto da Mauro Cappelletti; non sollecitata, e quindi vieppiù apprezzata, la sua presenta-

zione ha ricompensato lunghi anni di lavoro: di essa l'autore gli resterà sempre assai grato. E può quindi sembrare una forma di *filautìa* erasmiana, o perlomeno assai bizzarro, che ora sia invece l'autore stesso a proporre questo volume. Ma si tratta soprattutto di prudenza: viviamo tempi assai duri: oggigiorno di Mauro Cappelletti non se ne vedono troppi in giro, il degrado dell'etica (e della professionalità) accademica è pauroso, e de Franchis non si sente di correre rischi. E quindi ha cortesemente invitato l'editore ad astenersi dal sollecitare una presentazione di questo secondo volume: ad evitare il pericolo che del vino buono finisca nelle mani di osti disonesti. A spiegare le ragioni del *divieto* posto all'editore, basta forse un solo episodio: una volta uscito il primo volume, la redazione del prestigiosissimo *International and Comparative Law Quarterly* britannico rivolgeva numerose vive quanto inutili sollecitazioni al proprio corrispondente italiano — un docente di diritto comparato — perché apprestasse una recensione dell'opera. Questo signore si è sempre rifiutato di farlo. Ma non è solo questo: in effetti, ancora oggi, a differenza di quanto accade in Francia e in Germania, nonostante il, o forse addirittura a causa del, gran numero di cattedre di diritto comparato, non esiste nel nostro paese una decorosa *Introduzione* ai sistemi giuridici di *common law* inglese e/o nordamericano: un sentimento di malinconia e di profonda tristezza ci assale quando ci si imbatte in opere che non meritano neanche l'onore del macero e che invece vengono spacciate come « una chiave valida per capire, interpretare e ricostruire il mondo del Common Law », che « appaga[no] l'operatore che ha contatti di tipo giuridico o commerciale con il diritto angloamericano » [cfr. Utet 1992]. La ricerca e l'insegnamento sono liberi, si dice; ma duole che in questa materia non vi siano dei NAS ad assicurare la genuinità del prodotto, la tutela del consumatore e del produttore onesto.

35. Ormai quasi quarant'anni or sono, Tullio Ascarelli affermava che la distinzione tra *civil law* e *common law* costituisce « le débat fondamental du droit occidental » [*Étude comparative et interprétation du droit* (1958) in 1954-59, vol. I: 319, at 331]: eppure, solo qualche anno fa (la situazione è addirittura peggiorata nel frattempo) Gino Gorla scriveva: « siamo ben lontani da una Facoltà di Giurisprudenza che soddisfi le esigenze presenti della formazione professionale e scientifica

di giuristi nel nostro mondo » [*Diritto Comparato,* in *Enciclopedia Giuridica Treccani*, Roma, 1989, vol. XI: 13]. Un giudizio che, venendo da un così eminente giurista, uno dei maggiori comparatisti italiani, suona come una condanna. Lo stesso Gorla, più di trenta anni prima, aveva rilevato che: « Non è piccola menda dei nostri libri di istituzioni che nella loro parte generale, la quale è in fondo un sunto di teoria generale del diritto, non si accenni menomamente ad un sistema giuridico di importanza mondiale, almeno quanto i nostri sistemi, voglio dire alla *common law* ed alle sue particolarità, lasciando così credere allo studente che i concetti generali che gli si offrono abbiano un valore universale » [1955, vol. I: XI]. In effetti, con la creazione di diecine di cattedre di diritto comparato nel nostro paese, si è verificata una situazione paradossale, opposta a quella propugnata da Gorla, diretta alla formazione di una cultura comparatistica del giurista a prescindere dalla materia di insegnamento. Anzi, a giudicare dai testi, sembra essersi verificato addirittura un netto distacco dei nostri giuristi (non titolari di una cattedra *ad hoc*) dalla metodologia comparatistica: a più cattedre di diritto comparato corrisponde una minore comparazione complessiva. Come se Francesco Galgano, tanto per fare il nome di un notevole commercialista italiano, non fosse anche e non dovesse farsi di necessità comparatista; come se — ma qui non si fanno nomi — un costituzionalista, un processualpenalista, un amministrativista *serio*, e così via cantando, non dovessero anche loro farsi di necessità comparatisti.

Ringraziamenti.

36. Di solito, l'inizio o la conclusione di una qualsiasi opera apre o chiude con una lunga sfilza di nomi di persone, istituzioni o gruppi che l'autore ringrazia per la collaborazione, l'assistenza, l'aiuto, il contributo finanziario, o la sponsorizzazione ricevuta: e non manca mai il grato omaggio al Maestro. Ma quest'opera è frutto esclusivo del lavoro di una *sola persona che non deve nulla a nessuno*: se non alla propria moglie per il validissimo aiuto e, anche, per aver consentito che un progetto tanto esigente per le forze di un uomo solo condizionasse per tanti anni il *ménage* domestico. E, beninteso, all'editore che, saggiamente, ha voluto pubblicare. Spesso, di fronte a un così *forsennato im-*

pegno in un lavoro che nessuno aveva, non diciamo commissionato, ma anche soltanto suggerito, *di cui nessuno sembrava avvertire la benché minima necessità*, senza che il più modesto degli editori vi mostrasse interesse, la moglie Elfi chiedeva se per caso tutto quello sforzo non fosse uno spaventevole, inutile e stupido sperpero di energie. E l'autore rispondeva che, a parer suo, qualcuno interessato a quelle cose doveva pur esserci in un paese di 56 milioni di abitanti. L'autore non ha quindi persone da ringraziare, salvo i più stretti familiari, e qualche amico che ha condiviso con simpatia i travagli di questo secondo volume; non ha neanche debiti da pagare che non siano quelli, puntualmente riconosciuti, verso coloro che prima e non di rado meglio di lui hanno trattato la materia.

37. Quanto alla *propria ignoranza*, l'autore se l'è fatta da sé; e, quindi, anche per questo capo, non ha maestri da ringraziare; se mai, potrebbe indicare coloro dai quali ha cercato di guardarsi: e sono molti. Ma sarebbe una lista troppo lunga che peraltro bisognerebbe motivare: una fatica ulteriore che l'autore ha deciso di risparmiarsi. Comunque, se proprio egli dovesse fare i nomi degli uomini che — durante questo lungo viaggio — lo hanno maggiormente impressionato per dignità, intransigenza morale e politica, forza di carattere, altezza di ingegno, coscienza politica, *patriottismo*, passione per la giustizia e la libertà; se, insomma, dovesse indicare un po' di libri da portare su una immaginaria isola deserta, allora essi sarebbero quelli di Montesquieu (grandissimo tra i grandi prosatori francesi), Gaetano Filangieri, Carlo Cattaneo, Gaetano Salvemini, Leonardo Sciascia. E dei giganti americani: non solo Alexander Hamilton, John Jay, James Madison, Thomas Jefferson, ma anche dei grandi giudici della favolosa *Supreme Court of the United States*, da Marshall a Story a Holmes a Black a Cardozo a Brandeis a Frankfurter a Blackmun; dei grandi presidenti americani, di cui si ricorda, tra i più recenti, l'ormai leggendario Franklin Delano Roosevelt. E includerebbe nella lista i nomi di tanti figli di Davide che in America hanno raggiunto le vette della politica, della scienza, dell'arte, della cultura e della giustizia. E, infine, tra i poeti e gli artisti, di Giacomo Leopardi, e di un grande maestro come Max Ernst. Ma se poi fosse costretto a fare un solo nome, esso sarebbe quello del padre Dante: nemico dichiarato della *cupidigia* e della bestiale copula tra potere

spirituale e potere temporale, negatore dell'autonomia della politica dalla morale, tanto cara — perfino ora, *dopo tanto sconquasso* — ai nostri studiosi (che leggono male i testi tedeschi), *intendence* volontaria, o involontaria (il che è peggio) del potere, e ai politici che ne profittano: a seconda dei casi, per mettere gli uomini nei forni o, più prosaicamente, ammassare ricchezze. E non è un caso che Dante — egli stesso, per non pochi aspetti, se così può dirsi, padre dei giganti americani — sia virtualmente scomparso dalla nostra scuola. Ci sarebbe da aggiungere e/o variare: ma questi sono i nomi che ora vengono alla mente. Si noterà che tutti questi uomini, ciascuno a tempo e a luogo, sono anche dei grandi patrioti. Ora, se non si possono chiedere alla nostra classe dirigente facoltà di intelligenza e competenza che risiedono nella parte raziocinante della massa cerebrale, clinicamente poco sviluppata, si *deve esigere* almeno un sentimento, ossia un minimo di *amor di patria*. E qui, ad evitare che qualche lettore si affretti a rispolverare la camicia nera, si chiarisce, anche per l'esercito dei *Non-Vedenti* e *Non-Udenti* del nostro paese, che il termine va inteso come requisito di un minimo di *pietas* per le cose e gli uomini di questo paese, e di coraggio civile. Ciò sembra giustificato dal fatto che a partire dagli anni '60 e, guarda caso, mano a mano che la sinistra si avvicinava al potere, l'Italia è stata trattata dalla sua classe dirigente (politici, di governo, sottogoverno, e opposizione-amministratori-sindacalisti e imprenditori-magistrati-professori) ben peggio di quanto abbia mai fatto un esercito di occupazione nemico. Basta pensare ai disastri dell'occupazione nazifascista: per molti versi, al confronto, rose e fiori.

DEDICA

Il ricordo di mio padre, il pensiero di mia madre, di mia moglie Elfi, dei miei cari, dei pochi amici che hanno seguito lo svolgersi lento di questo progetto — durato troppo tempo per una sola vita e troppo poco per l'intrapresa — si sono sempre associati all'idea di quel lettore-interlocutore immaginario al quale chiunque scriva si rivolge. E si tratta spesso del proprio *Doppelgänger*, magari più giovane, desideroso di fare un viaggio della mente e vedere cose nuove e forse anche sentirsi indicare, se non la strada, almeno da dove cominciare. Ecco, quest'opera è dedicata ai tanti giovani che in numero insperato hanno dato prova di apprezzarla come strumento di integrazione della loro cultura giuridica e politica, e forse anche, si spera, della loro natura di *uomini*. Perché — essi stessi futura classe dirigente del paese — non seguano l'esempio dei predecessori ed, anzi, si ribellino (*Rebellion nicht Revolution* affermava Max Ernst), a coloro che hanno ridotto il Giardino d'Europa a uno schifoso e puzzolente *garage*, a non dire altro. Perché diffidino dei falsi maestri e si adoperino per spaccare quei meccanismi di potere — meccanismi giuridici — che assicurano lo sperpero istituzionale di immani ricchezze umane e materiali: una speciale legge di Gresham della *democrazia consociativa* nostrana vuole che, non la moneta, ma gli uomini cattivi caccino i buoni: ed in effetti, sembra incredibile che un paese di 56 milioni di abitanti sia capace soltanto di produrre una *classe dirigente di autentiche nullità*, una *zerocracy* di cui c'è soltanto da vergognarsi. Perché...; si potrebbe continuare scrivendo magari un altro libro. Ma l'invito alla Ribellione sarebbe monco se — con i tempi che corrono — non fosse accompagnato da un *caveat* fondamentale: che la Ribellione sia da attuare non già in nome di Che Guevara, Saddam Hussein, Maradona, Gullit, il *karaoke* o la Valeria Marini, ma per rivendicare il proprio diritto ad un paese migliore.

Questa parte non può concludersi quindi che con la *Dichiarazione di Indipendenza* del 4 luglio 1776 dei giganti americani che recita, tra l'altro:

> « Noi riteniamo che le seguenti verità siano di per sé stesse evidenti: che tutti gli uomini sono stati creati uguali, che il Creatore ha fatto loro dono di determinati inalienabili Diritti, che tra questi sono la Vita, la Libertà ed il Perseguimento della Felicità. Che per salvaguardare tali Diritti, gli uomini si son dati dei governi che derivano la propria giusta autorità dal consenso dei governati; che ogniqualvolta una determinata forma di governo giunga a negare tali fini, sia diritto del Popolo il modificarla o l'abolirla, istituendo un nuovo governo che ponga le sue basi su questi principî, strutturandone i Poteri nel modo che ad esso sembri il più atto a garantire la sua Sicurezza e la sua Felicità. È ben vero che la prudenza consiglierà di non rovesciare i governi ormai stabiliti da lungo tempo, per motivi futili e transitori, e che, di conseguenza, l'esperienza ha dimostrato come l'Umanità sia piuttosto propensa a soffrire tutto il soffribile, anziché farsi giustizia abolendo le forme cui è abituata. Ma allorché una lunga serie di abusi e di torti, tutti inevitabilmente tendenti al medesimo scopo, tradisce il disegno di ridurla ad uno stato di completa sottomissione, diviene allora suo dovere oltre che suo diritto, rovesciare un tal governo, munendosi di nuove garanzie per la propria sicurezza futura » [cfr., per questa versione italiana, D'Addio e Negri (cur.) 1980: 687].

Con quello giudaico-cristiano, si tratta, forse, del più rivoluzionario messaggio politico e sociale proclamato in Occidente. I padri americani scendono anch'essi tra gli uomini e, in nome di quella grande religiosità che li ispira, indicano la strada dei diritti e il dovere sacro di ribellarsi a torti ed abusi. Nessun popolo basa il suo mito su una Carta del genere, della quale, del resto, Gaetano Salvemini ha colto tutto il suo profondo significato: essa non distingue, come fanno tanti nostri studiosi, tra *morale* e *politica*. Ma si capisce anche che da noi vi sia tanto impegno a provare una siffatta separatezza: i professori, *intendence* del potere, non fanno altro che il loro mestiere. Ma è un falso dilemma; come capita spesso, si dice una cosa e se ne pensa un'altra, che non si ha il coraggio di nominare: perché in una democrazia pluralista — e anche prima, come ne insegna il padre Dante — non di morale si tratta, ma di *Ragione*, e perciò quando si afferma la separatezza della politica dalla morale si vuol indicare, in sostanza, un'altra cosa: ossia *l'autonomia della Politica dalla Ragione*. L'arzigogolo continua: e poiché il *diritto è politica*, esso (diritto) può infischiarsene della morale e della ragione, e la legge essere, oltre che immorale, anche irragionevole, quando non anche criminale: come troppo spesso accade da noi. Così finisce la democrazia italiana, ammesso che sia mai cominciata. La Dichiarazione ci fa anche capire perché il diritto americano è *cosa diversa* da tutti gli altri diritti; essa è messaggio di speranza che propone la Ribellione come strumento di riscatto, che è sempre prima morale, e poi anche politico e sociale. Ma ora da noi si scoprono i buchi neri della politica: e si dice che non si saprebbe più cosa mettere nel contenitore dell'*antifascismo*. Eppure a riempirlo fino all'orlo basterebbe mettervi la Dichiarazione di Indipendenza e la *rule of law*; questo ci aiuterebbe anche a capire le ragioni, e a ricordarci, dei fanti americani inchiodati dal fuoco nazista sulle spiagge della Normandia all'alba del 6 giugno 1944 che, col loro sacrificio, consentono a noi di stare ora qui a parlare di queste cose e ai nostri professori di dire tante atroci *foutaises*.

RECENSIONI DEL I VOLUME

Estratti da riviste giuridiche italiane.

« Questa è forse l'opera giuridica più singolare che mi sia capitato di leggere (certo non dalla prima all'ultima pagina!) e di studiare (limitatamente alle parti che più direttamente rientrano nei mei interessi). Singolare per molti motivi. Eccone alcuni.
Anzitutto, pur presentandosi, troppo modestamente, come un dizionario della *common law* — la casa editrice lo preannuncia come ' Dizionario giuridico inglese-italiano ' — si tratta, in realtà, di molto più che un dizionario. Quest'opera è infatti una vera *enciclopedia* del diritto anglo-americano. È stata proprio questa la prima delle tante sorprese che ho provato quando per la prima volta, un paio di mesi or sono, ho avuto fra le mani quest'opera imponente, già in bozze di stampa. L'editore mi aveva pregato di esaminarla, ed io accettai di farlo con molte riserve e grande riluttanza. Il nome dell'autore mi era del tutto ignoto, e in generale sono assai scettico sul valore di dizionari giuridici, nei quali si tenta l'impresa tanto vana quanto superficiale, e in ultima analisi impossibile, di suggerire una traduzione letterale a termini per la comprensione dei quali necessiterebbe, invece, una spiegazione ragionata, storica e comparativa, un'impresa cioè che una sola persona, anche il più certosino dei Certosini, credevo non potesse mai essere in grado di affrontare. Il mio stupore è stato grande quando ho dovuto constatare che Francesco de Franchis ha smentito quel mio convincimento. Non soltanto egli ha tentato ciò che mi pareva intentabile, ma ha saputo portare a buon termine questa monumentale impresa, con anni ed anni di instancabile, oscuro, appassionato lavoro (...) Inoltre quest'opera non è soltanto un commentario enciclopedico a due mani, l'opera pervicace di un commentatore operante sulla fine del 20° secolo. Se la tenacia nel perseguimento di una così straordinaria iniziativa è quella di uno studioso di altri secoli, c'è però in quest'opera un

ideale di civiltà e un progetto politico di riforma che la rendono viva e stimolante e che la collocano all'avanguardia del pensiero giuridico contemporaneo ».

MAURO CAPPELLETTI, *A proposito di un recente dizionario giuridico inglese-italiano*, in *Rivista Trimestrale di Diritto e Procedura Civile*, (1985) 51.

« Nell'ambito della serie di dizionari giuridici pubblicati dalla casa editrice milanese, assume caratteri di particolare spicco questo poderoso lavoro dell'avv. de Franchis; ed, in questa sede, è intenzione dello scrivente attirare l'attenzione dei lettori della *Rivista* non solo e non tanto sugli elevati pregi culturali e scientifici dell'opera, già ben evidenziati dal prof. Cappelletti nella presentazione del volume, quanto sull'ormai insostituibile funzione pratica della stessa, ormai collaudata da chi scrive e da tanti altri nei circa dodici mesi trascorsi dalla pubblicazione (...) Ecco, il lavoro del de Franchis ben può essere definito (ed è titolo di molto merito) il Black, o il Jowitt anglo-italiano; con l'aggravante, per le fatiche dell'autore, che, selezionate le parole ed i molteplici possibili significati giuridici, la già ricordata disomogeneità dei sistemi ha imposto non solo la ' traduzione ', ma la collocazione del concetto nei due sistemi, onde consentire al lettore, secondo il precetto di Celso, non solo di ' tenere verba ' del diverso ordinamento, ma anche, e sempre tramite lo strumento del dizionario, la loro a volte sfuggente ' vis ac potestas ' (...) Non si tratta in definitiva di uno strumento di lavoro per il giurista colto, e basta; si tratta, anzi, di un compagno di lavoro per il pratico, anche non professionalmente giurista, purché non digiuno del proprio linguaggio giuridico ».

FABIO ZICCARDI, in *Rivista di diritto internazionale privato e processuale,* gennaio-marzo 1986.

Estratti da riviste giuridiche straniere.

« The newest addition to the field of bilingual legal dictionaries is a truly outstanding English-Italian work edited by Francesco de Franchis (...) As a major research venture issued and supported by Giuffrè, the giant Italian publisher, the first volume would have to appeal to its primary market, the Italian legal community (...) This dictionary is nothing short of a major work of scholarship, it will become the standard for the future; it has no competition in the field ».

THOMAS REYNOLDS, *Comparative Legal Dictionaires,* in *The American Journal of Comparative Law,* XXXIV, 1986.

« Comme mon collègue Mauro Cappelletti en Italie, j'ai reçu pour cette raison avec une certaine méfiance le dictionnaire juridique anglais-italien que vient de publier M. de Franchis, méfiance accrue du fait que je n'avais jamais entendu mentionner le nom de cet auteur. Je ne connais toujours pas celui-ci, mais j'ai entre les mains son ouvrage, et je dois dire que je le considère comme digne des plus vifs éloges. L'auteur, de qui j'ignore entièrement le *curriculum vitae* — sauf qu'il est italien et vit depuis de nombreuses années en Angleterre — a su éviter les écueils qu'il devait inévitablement recontrer. Pour dire vrai, il n'a pas composé un dictionnaire, mais bien une véritable Encyclopédie, qui peut être consultée avec sûreté par tous les juristes (...) Il demeure qu'il s'agit là d'un travail de premier ordre, accompli dans l'ombre avec une persévérance qui force le respect. La valeur scientifique de l'auteur, qui a su s'alimenter aux sources les plus variées, ne prête pas à discussion, et l'on s'étonne que l'on ait pu ignorer si longtemps un juriste qui est manifestement un comparatiste de premier plan ».

RENÉ DAVID, in *Revue internationale de droit comparé,* janvier-mars 1986.

« Die Zahl der im eigentlichen Dictionary aufgenommenen Schlagwörter beträgt über 10.000. Zu fast jedem Wort werden Literaturangaben gemacht. Die Erläuterungen sind teils kurz (...) oder sehr ausführlich (...) Auch moderne Ausdrücke des heutigen Rechts- und Wirtschaftslebens fehlen nicht, wie z.B. ' Data bank ', ' Container ', ' Electronic funds transfer (EFT) ', ' Forum shopping ', ' Joint venture ', ' Leasing ', ' Marketing ' (...) Insgesamt gesehen ist diese neuartige Form eines Rechtswörterbuchs außerordentlich zu begrüßen. Zwar soll nach Absicht des Verfassers das Buch nicht für den Kenner, den « Savant » bestimmt sein, sondern für den juristischen Praktiker (« operatore giuridico »), für die Gruppe der « Kulturmenschen », Politiker, Verwaltungsfachleute und Wirtschaftler, die sich mit englischen und amerikanischen Rechtsfragen befassen muß (18). Hier ist de Franchis aber zu bescheiden. Denn auch die Wissenschaftler in aller Welt, die Kenntnisse der italienischen Sprache besitzen, werden mit Gewinn auf dieses Werk zurückgreifen. Es wäre gut, wenn solche Rechtswörterbücher auch im Verhältnis anderer europäischer Sprachen erscheinen würden. Arbeiten dieser Art fördern die Rechtsvergleichung und lassen zugleich die Möglichkeiten und Grenzen einer Rechtsvereinheitlichung erkennen ».

GERHARD LUTHER, in *Rabels Zeitschrift*, Heft 1-2, 1988.

« Pocas obras impresionan tanto como este volumen de Francesco de Franchis. Primero, por ser un esfuerzo individual. Segundo, por su extensión y profundidad. Tercero, por la originalidad dentro de su género.
No se trata de un diccionario jurídico usual, como modestamente sugiere el título. El lector encontrarà un tratado abreviado de derecho comparado (...) Sólo a través de expedientes técnicos distintos e instituciones diferentes se podrá avanzar con mayor seguridad, descartando lo caduco y mejorando lo perenne. Por todo ello resulta que el estudio del derecho comparado es camino acertado para avanzar en esa dirección (...). Desde las consideraciones anteriores la obra de Francesco de FRANCHIS marca un hito histórico en esa evolución y se sitúa entre las importantes que ha producido la ciencia jurídica del presente siglo ».

IGNACIO ARROYO, in *Revista de Derecho Mercantil*, octubre-diciembre 1985.

« Questo libro ha grande importanza non solo per i giuristi d'Italia, Francia, Spagna e dei paesi latino-americani, ma anche per i giuristi bulgari. Infatti, molti degli accordi commerciali internazionali conclusi dalla Bulgaria impiegano la terminologia giuridica inglese sia con i paesi di common law, come gli USA, la Gran Bretagna, il Canada, l'Australia, sia con paesi come il Giappone. In effetti, quella inglese è diventata la lingua delle transazioni internazionali (...) lo studio della terminologia giuridica inglese assume quindi un importante significato pratico in quanto l'ignoranza di tale diritto può essere fonte di fatali errori con gravi conseguenze economiche (...) L'opera del de Franchis è senza dubbio valida, di interesse e di aiuto per i giuristi e gli economisti bulgari (...) per il lettore bulgaro la comprensibilità è facilitata dal confronto che l'autore fa col diritto italiano, vicino per concetti e terminologia al nostro diritto (...) Il libro è di straordinario interesse; vorrei caldamente raccomandare questa piccola enciclopedia sul diritto anglo-americano ai giuristi bulgari ».

Z. STALEV, in *Socialisticzesko Pravo*, 1986 (8), trad. dal bulgaro.

Estratti da riviste e stampa italiana.

« Si noti questo fatto: i nostri magistrati non sono pochi, sono anzi più numerosi, rispetto alla popolazione, che in altri Paesi, per esempio l'Inghilterra, dove pure la giustizia — per unanime ammissione funziona assai meglio che da noi (e per convincersi di come la vita giudiziaria proceda nei Paesi anglosassoni, raccomando la consultazione di un libro recentissimo, il *Dizionario giuridico inglese-italiano* di Francesco de Franchis, ed. Giuffrè) ».

ALESSANDRO GALANTE GARRONE, in *La Stampa*, 24 aprile 1986.

« Sì, c'è una grande passione civile. Certamente de Franchis appartiene a quel grande filone di studiosi e politici italiani che, dall'epoca di Cavour, ha guardato con grande simpatia agli statuti anglo-sassoni.
Un'altra caratteristica del *Dizionario* che mi ha profondamente colpito è il puntuale rinvio bibliografico. Rinvio non solo alla bibliografia inglese, ma anche alla bibliografia italiana, con una perfetta conoscenza da comparativista. Ad esempio, la voce ' Parliament ' è un piccolo capolavoro ».

GUGLIEMO NEGRI, in *La Voce Repubblicana*, 21 giugno 1985.

« Il ' Dizionario giuridico inglese-italiano ' di Francesco de Franchis, pubblicato coraggiosamente dall'editore Giuffrè, costituisce un'altra riprova dell'interesse che ormai suscita in Italia il diritto comparato (...) il volume del de Franchis va ben oltre quanto ci si potrebbe aspettare dal ' nomen ' di dizionario; in realtà esso riunisce una serie di trattazioni sintetiche, ma esaurienti, sui principali istituti del diritto anglostatunitense ».

LEOPOLDO ELIA, *Il Diritto e il suo rovescio,* in *Il Sole-24 Ore*, 9 marzo 1986.

« Accade raramente che un libro dia l'impressione di essere importante e memorabile; ancor più raramente nel caso di un dizionario. Diventa eccezionale quando si tratti di un dizionario giuridico (...) Se una conclusione è permessa, è che questo è un dizionario atipico. Voluminoso nella sua parte tecnica, diventa estremamente polemico nella sua parte politica e civile. Forse un dizionario giuridico non è mai stato concepito in questo modo. Ma non è male che l'autore l'abbia fatto così ».

ALFREDO PIERONI, *Dove le clientele soffocano libertà, giustizia, politica*, in *Il Sole-24 Ore*, 9 marzo 1986.

« Ecco perché de Franchis si colloca efficacemente nel filone degli studi di diritto comparato, con una grande sensibilità ai problemi della democrazia moderna. Oltre ogni separazione fra diritto e politica (...) Un dizionario enciclopedico che è anche un appassionato *pamphlet* contro ' l'Italia del malessere '. Ecco la caratteristica dell'opera rivolta dal giurista de Franchis al pubblico italiano, con quel fervore illuministico che, nel nostro paese, è sempre piu raro ».

GIULIANO TORLONTANO, *Nel diritto inglese una lezione per la democrazia italiana*, in *La Voce Repubblicana*, 21 giugno 1985.

« Trovate, se siete capaci, cinque giornalisti italiani che conoscano lo ' spoils system '. Oppure trovate tre uomini politici che, citando il ' civil service ' britannico, siano anche in grado di spiegarvi che cosa è. Dovrebbe essere obbligatoria per questa gente, e per molta altra ancora, la lettura del nuovo libro di Francesco de Franchis che ha per titolo ' Dizionario giuridico/Law Dictionary ' (...) Oltre che felice, de Franchis è magnanimo: ad esempio, non riusciamo a fargli dire che, quando legge i giornali italiani e ne gusta il delizioso pressappochismo, si scoraggia. Dice solo che spera di aver fornito a molti ' uomini pubblici ' uno strumento attraverso il quale, con un po' d'impegno, quando parlano potrebbero perfino capire di cosa stan parlando ».

BEPPE SEVERGNINI, *Come spogliare il system*, in *Il Giornale*, 21 luglio 1985.

« Un'opera culturale riflette sempre, evidentemente, il carattere del proprio autore, ma questo lavoro (...) ci « rivela » il suo autore: uno studioso meridionale che vive a Londra (...) che da oltre due decenni si impegna in una vicenda culturale gelosamente personale (...) ed esplora, in ogni dettaglio, il sistema giuridico anglosassone, che non si limita a descrivere, ma pone continuamente a raffronto con l'ordinamento giuridico italiano (...) Da questo raffronto, che costituisce uno dei fili conduttori di tutta l'opera, emerge un atteggiamento critico appassionato sempre, talvolta malinconico, molto spesso saettante e censorio, nei confronti degli aspetti della vita politica italiana, fino a quelli più recenti, che prende la mano all'autore e lo porta a sopraffare la stessa finalità iniziale del suo lavoro (...) È come se l'autore, nel corso della propria attività di giurista, abbia avuto costantemente il pensiero rivolto al proprio paese, e dal raffronto con la società, la cultura, la storia politica anglosassoni scaturisse un rammarico per i profondi divari da esso risultanti (...) Un'opera, dunque, questa che il de Franchis ci offre (dedicandola al padre, valoroso e geniale avvocato), assai utile: per l'operatore del diritto, per chi voglia accingersi ad un severo apprendistato del diritto anglosassone, per gli studiosi di scienze politiche, per pamphlettisti e giornalisti, per gli uomini di cultura. Un'opera, si ripete, che rivela il suo autore: uno di quegli europei del meridione d'Italia che dall'inizio della storia moderna tengono nelle loro mani i due capi dei fili che legano Mezzogiorno ed Europa ».

VALENTINO I. COMPAGNONE, in *Mezzogiorno d'Europa*, 4/1985.

« Dire che viviamo in un'epoca di crescenti e ineludibili contatti transnazionali è uno slogan appagante. Tradurlo in una filosofia della comunicabilità, è un impegno civile, una sfida insolita nell'avveduto mondo dei giuristi. E ancora più insolito è trasformare un testo convenzionalmente prosaico come un ' dizionario ' non solo in una riserva inesauribile di dati e informazioni, ma altresì in una fonte insospettata di riflessione politica e sociale, di tensione morale, di curiosità, di avventura ».

Anna De Vita, *La common law è l'altra faccia dell'Occidente*, in *Il Sole-24 Ore*, 26 maggio 1985.

« Lo straordinario interesse che sta suscitando il dizionario giuridico inglese di Francesco de Franchis — che ' Il Sole-24 Ore ' fu il primo a segnalare il 26 maggio dello scorso anno — ci obbliga a tornare ancora sull'argomento del diritto comune europeo che questa pubblicazione ha rimesso a fuoco. Et in primis, l'importanza per l'unità dell'Europa di un diritto comunitario ».

Italo Mereu, *Il Diritto e il suo rovescio*, in *Il Sole-24 Ore*, 10 marzo 1986.

« Il Dizionario è preceduto da oltre duecento pagine di introduzione sulle caratteristiche fondamentali del diritto inglese e nordamericano. ' Una sintesi generale e una guida per il lettore ' afferma con modestia il de Franchis; ma questa introduzione costituisce già di per sé una notevole opera di diritto comparato. Un'altra caratteristica sta nello sforzo di aggiornamento che trasforma il Dizionario in un libro di bruciante attualità, con riferimenti continui alle cronache contemporanee (...) In realtà, questo Dizionario giuridico supera il fatto tecnico e si impone come una ricerca di cultura generale ».

Antonio Perrini, *Sotto la voce « Mafia »*, in *Il Tempo*, 15 novembre 1985.

Si è del tutto dimenticato che la superiorità di un'idea rispetto a un'altra non si afferma una volta per tutte, né soltanto attraverso le parole. La superiorità va dimostrata coi fatti, e continuamente. Ogni giorno, ogni ora, ogni minuto; nelle cose grandi e in quelle piccole e minime — sempre si dovrebbe tener presente che stiamo confrontandoci, *che le idee che noi professiamo stanno* confrontandosi *con altre che disapproviamo e rifiutiamo; e che le disapproviamo e rifiutiamo proprio perché inferiori; e che la loro inferiorità è data dall'appoggiarsi agli istinti invece che alla ragione, agli appetiti invece che all'intelligenza, al torto e al sopruso invece che al diritto e al rispetto, all'avarizia invece che alla generosità — e così via.*

Leonardo Sciascia, *Nero su Nero.*

PARTE II

STARS AND STRIPES FOR EVER

1. « Nella storia del Sunset Boulevard di Los Angeles c'è un momento abbagliante che dall'avvento del nazismo in Germania si protrae fino al principio degli anni Cinquanta. Più che Parigi, Londra, o qualsiasi altra capitale, quella lunga strada diventa allora l'Atene del mondo civile, il villaggio dove si aggrega il meglio della cultura europea. Intorno al suo asse, a poca distanza l'uno dall'altro, si trovano ad abitare scrittori come Bertolt Brecht, Lion Feuchtwanger, Heinrich Mann, Aldous Huxley, Franz Werfel; direttori d'orchestra come Otto Klemperer e Bruno Walter, musicisti come Jascha Heifetz, Vladimir Horowitz, Arthur Rubinstein; compositori come Igor Strawinsky, Erich Korngold e Mario Castelnuovo Tedesco; il regista Max Reinhardt, il filosofo Theodor Adorno. C'è anche una grande ninfa culturale, avida e sgranocchiatrice di talenti e tessitrice di trame: la vedova di Gustav Mahler, Alma, poi amica di Oskar Kokoschka, e al momento moglie di Werfel. E ci sono non ultimi, il padre della musica dodecafonica, Arnold Schönberg e il Nobel della letteratura Thomas Mann ».

2. Se ci fosse bisogno ancora una volta di esprimere una condanna del più criminale regime politico della storia, basterebbe questo passo

dello splendido articolo di Fabrizio Dentice, che tanta *nostalgia* porta nel descrivere la diaspora dell'intelligenza di lingua tedesca (includo l'Austria non soltanto in omaggio a mia moglie) cacciata dalla propria patria [*Perché rubi la mia musica?*, in *la Repubblica-Cultura*, 17 febbraio 1993]. Ma il *Sunset Boulevard* è solo una strada: e invece l'elenco degli uomini sarebbe quasi senza fine: in effetti, con i suoi scienziati e pensatori e artisti e musicisti e giuristi quel mondo tedesco è stato una inesauribile miniera di genialità, di ingegno e di talento per la nuova patria e per l'Occidente. Quasi uno solo di essi avrebbe assicurato dignità e fama a un intero paese: e invece erano centinaia e centinaia.

3. Per i giuristi di cultura tedesca ignari della *common law* deve essere stato un trauma quello di incontrarsi con la Democrazia, di cui avevano tante volte parlato, senza sapere esattamente in cosa consistesse; anzi, in cuor loro, senza neanche crederci troppo. Eccoli a rigirarsi nella mente la loro formuletta dello *Staatsrecht*, e a scoprire che proprio quella aveva consentito di cacciarli a calci e di mettere gli altri nei forni. E a dover ammettere che lo stato di diritto, quello che assicura la vita e la libertà è, invece, la *rule of law*, quella cosa inglese e americana che non si capisce bene. I più intelligenti, ed erano molti, fuggiti dal troppo bene organizzato e gestito *Pandektenstall* di cui parla Heinrich Heine (non a caso qui ricordato), scoprono nuove terre e cominciano a respirare aria fresca, a vivere un turbamento: « The life of the law has not been logic: it has been experience » afferma O.W. Holmes [1881, ed. 1968: 5]. Ed è la liberazione: ecco scoperta la natura di precisa scelta ideologica reazionaria della pandettistica che, come osserva Riccardo Orestano: « aveva invaso e contaminato ogni ramo della scienza giuridica » [1959-68, ed. 1978: 279; ma cfr. anche 20, 50, *passim*]: insomma, un « sistema » che nega in radice l'esistenza dei diritti dell'individuo verso lo stato: ecco la dicotomia tra diritto pubblico e diritto privato, e l'ineffabile interesse protetto e il diritto soggettivo. Ma cfr. anche, sullo studio del diritto come storia del suo svolgersi, de Franchis (sic!), vol. I. E si accorgono, qualcuno senza mai confessarlo, di avere insegnato e contribuito a costruire un *falso diritto* che infine si è vendicato di loro. Questo incontro tra *civil law* e *common law* nella persona degli *émigré* di lingua tedesca — salvo qualche caso di pervi-

cace attaccamento ai propri filosofemi — ha prodotto non pochi dei migliori giuristi di questo secolo.

4. Milioni di europei varcano l'Atlantico per il paese della libertà e l'America di F. D. Roosevelt; all'arrivo, scrutano da lontano la terra della nuova patria e intravedono la sagoma della statua della libertà e, più da presso, diecine e diecine di bandiere rosse, bianche e blu, a stelle e strisce, sventolare dovunque nel porto di New York, a significare un amor di patria che non è, come altrove, odio degli altri. Li attende una terra non già dominata, come l'Europa, da criminali in divisa (nazisti e comunisti e fascisti), ma da uomini normali: i colori e il frastuono liberatorio della grande New York annunciano un'altra vita: senza paura. I cartelloni presentano l'ultimo film di *Ginger Rogers* e *Fred Astaire*; ma c'è anche *Mr. Smith goes to Washington* di Frank Capra; e si sente tra le canzonette, come Alexis de Tocqueville chiamava la grande musica popolare americana, il motivo di Kahn e Jones *It had to be you.* Ma quel frastornamento rimanda alla patria cattiva, quella che non si dimentica mai; come non si dimentica chi ci ha fatto soffrire. Non pochi, anzi molti di loro raggiungeranno le vette della scienza c della cultura e del diritto; e non saranno mai più gli stessi, perché hanno trovato una nuova patria, più generosa, e una nuova cultura: quella della libertà. Thomas Mann non si stabilirà mai più in Germania; lo stesso è di Max Ernst. Ritorna Georges Grosz in una Berlino irriconoscibile: ma è più una fuga dall'America che un ritorno a un mondo finito. Heidegger resta a casa: e si capisce. I nostri « giovani professori pubblicano libri in cui scimmiottano, in modo ridicolo, il suo stile sentenzioso e allusivo »: il successo di questo filosofo in Italia è significativo « dell'immaturità di tanta parte della nostra cultura a confrontarsi seriamente coi problemi del mondo moderno » [Colletti 1989: 62-63]. Anche Carl Schmitt resta a casa; e anche questo si capisce.

5. Sta di fatto che la cultura tedesca era stata favorita da uno straordinario numero di figli di Davide che con il loro genio e il loro talento ne avevano fatto la grandezza: l'olocausto ci ricorda con quanta intelligenza, per così dire, i « buoni tedeschi » abbiano saputo profittare di questa benedizione celeste. Ma, salvo eccezioni, a differenza dei giuri-

sti di *common law*, i giuristi di *civil law*, per cultura e temperamento, per la natura stessa del loro diritto, per il ruolo che si assegnano nella società, non sono animati dal fuoco sacro della democrazia; in effetti, l'emigrazione dei giuristi di lingua tedesca sembra dovuta più a motivi razziali che all'orrore per il regime nazista. Purtroppo per noi, il nostro paese non è tanto fortunato da annoverare altrettanti figli di Davide tra i giuristi (in ogni caso, mai abbastanza in nessun campo): ad eccezione di pochi individui — costretti a lasciare il paese e che si vogliono qui ricordare — i giuristi italiani sono restati a casa, in pantofole, o in orbace, adattandosi assai bene al regime fascista di cui troppo spesso avevano teorizzato le basi. Del resto, il saggio di Claudio Schwarzenberg [1977], passato in pratica inosservato (*et pour cause*), mostra bene a quali livelli di indecenza sia giunta la scienza giuridica (e non) italiana durante il ventennio: peraltro, ampiamente superati dal ben più indecoroso spettacolo offerto successivamente con la *democrazia consociativa* al punto che non sembra ora eccessivo parlare di *professori al guinzaglio* del potere (cfr., tanto per dirne una, ma basta e avanza, il disegno di legge di modifica della costituzione per consentire la istituzione di *circoscrizioni elettorali virtuali all'estero*, sostenuto con passione da non pochi dei più illustri costituzionalisti italiani). Ma di questo più oltre. In effetti, la *stagione dei diritti* del II dopoguerra è stata possibile solo grazie alla vittoria delle Forze Armate Alleate in Occidente; il *processo di Norimberga* afferma la *responsabilità dell'individuo* tipica della cultura anglo-americana, proprio in ragione e in nome di quei nuovi diritti: perché se si hanno diritti degli individui verso il potere pubblico, sussistono anche responsabilità individuali per chi tale potere esercita. In Germania, vivissime sono le resistenze dei giuristi, i sedimenti e i rigurgiti, durati fino ai nostri giorni (*dopo la resa incondizionata* avvenuta nell'aprile 1945 e fino a quando le Forze Armate Alleate non occupano il territorio retto dal governo provvisorio dell'ammiraglio Dönitz succeduto a Hitler suicida, continuano a funzionare senza cessa le corti marziali che mandano a morte almeno 20 mila uomini colpevoli di « diserzione »; sopravvive una buona parte della legislazione nazista come sopravvivono fino al 1985, perché ritenute costituzionalmente valide, le decisioni del famigerato *Volksgericht* presieduto da Roland Freisler; la totalità dei giudici tedeschi, tutti fanatici nazisti, resta al proprio posto, come del resto, i professori di università). Quanto all'Italia, si tratta *mutatis mutandis*, di una storia analoga, anche se, ovviamente, priva di quella brutalità che è la marca delle cose tedesche. Ma, storicamente, il baraccone della pandettistica crolla assieme alla Cancelleria del III Reich, ossia assieme allo stato autoritario, e al regime nazista, che essa aveva contribuito a creare. Il caso italiano appare meno epico di quello tedesco in cui la sconfitta è totale perché travolge i disvalori nei quali tutto il popolo si era identificato: del resto, la « resa senza condizioni » proclamata alla conferenza di Casablanca del 1943 come requisito della fine delle ostilità era *anche* dettata da una *contrapposizione morale* che poteva aver fine solo con la distruzione del nazismo. E così, nei territori tedeschi conquistati le Forze Armate Alleate impongono *manu militari* le libertà democratiche, delimitano perfino i confini dei *Länder*, impongono la libertà di stampa, la partecipazione operaia alla gestione dell'impresa, etc. etc. e, in definitiva, quella *cultura dei diritti* che non a caso figura nella prima parte della *Grundgesetz (Die Grundrechte)*; ecco il regime democratico e l'assetto costituzionale della nuova Germania. E quel *Bill of Rights* che nessun giurista tedesco *d'avant-guerre*, fosse anche weimariano, avrebbe mai potuto ammettere nella propria costituzione: insomma, al di là della forma di stato e di governo e del dato tecnico-giuridico, la democrazia tedesca appare — in quanto succeduta a una totale e irreversibile sconfitta morale, prima ancora che militare e politica — cosa americana che, sembra lecito presumere, da solo il popolo tedesco non si sarebbe mai data: non certo in quel modo. E qui, nel riconoscere che essa costituisce ormai un pilastro fondamentale della democrazia in Occidente, non resta quindi che augurare che diventi sempre la più compiuta possibile. Da noi la « mezza » sconfitta (ma in effetti si è trattato di una vergognosa disfatta) lascia sedimenti e ambiguità forse anche maggiori (giuridiche e non).

6. Ma ci sarà mai anche da noi un *Sunset Boulevard*, un Thomas Mann, un Einstein, un Max Ernst, un Friedmann, un Ehrenzweig, un giudice Frankfurter tunisino o nigeriano? I nostri studiosi ci bombardano con le più grandi scemenze sull'assenza di *identità nazionale* nel nostro paese, e sul problema della *cittadinanza*. Taluni vedono nel *federalismo* — che, invece, sarebbe forse l'unica salvezza possibile, almeno per alcune regioni — la fine della nazione (*confondendo* forma di stato con

nazione, che non è concetto giuridico). Ma nessuno, almeno a conoscenza dell'autore, ha stabilito un collegamento con gli effetti che l'*immigrazione* scombinata di extracomunitari nel nostro paese avrà non solo su quello che resta della nostra identità nazionale ma perfino su quella *regionale*: neanche essa potrà sopravvivere. Ma, si dice, l'immigrazione di alieni in Occidente non è fatto di oggi, né solo fatto italiano. E certamente. Ma vi sono differenze; come al solito, negative per noi. Premessa la difficoltà dell'integrazione, mentre l'extracomunitario immigrato in un paese industriale moderno si scontra con un *contromodello* di efficienza e di razionalità (morale, prima ancora che politico ed economico), in cui esistono, oltre al Potere, anche l'Autorità e la legge, al quale, insomma, dovrà in qualche misura adeguarsi, da noi quasi sempre trova il Gobbo che solo di poco si distingue dal mondo che si è lasciato alle spalle. E non gli resta che combinare i due modelli, quello che porta dentro di sé, e quello che trova: la miscela è micidiale, almeno per chi vorrebbe conservare l'Italia a sé stessa e all'Occidente.

7. Gli economisti più valorosi ammoniscono; ma la materia è incandescente, e si corre il rischio di ritrovarsi il *killer* sotto casa. Paolo Sylos Labini afferma che: « A coloro che sono addirittura a favore di un allargamento dell'immigrazione in nome di ideali umanitari, si deve far notare che il modo per aiutare il Terzo mondo e particolarmente certi paesi africani non è questo, ma sta nel predisporre, d'accordo con altri paesi europei, progetti di sviluppo scolastico ed educativo (ciò che, fra l'altro, può contribuire alla flessione della natalità) e adeguati programmi di assistenza tecnica e organizzativa nel campo della produzione, a cominciare dall'agricoltura » [*La crisi italiana* 1995: 26]. Ma tutti si muovono con passi felpati: nessuno parla della *guerra tra poveri* che già ora divampa nei quartieri delle nostre città e dello sgangheramento di quel poco di tessuto sociale che ancora esiste nel paese.

8. « Il numero è potenza »: proclamava Mussolini: e si è visto. Questa immigrazione indiscriminata porta immensi problemi sociali e politici nel paese, ed è facile previsione che alla lunga *una qualche soluzione autoritaria sarà inevitabile*. Schengen (la mancata attuazione dell'accordo) non è frutto della ordinaria sciatteria nazionale: esso è inve-

ce la prova che il nostro paese segue deliberatamente una politica diversa da, e opposta a, quella degli altri grandi paesi dell'Unione Europea. Vi è una scelta antioccidentale, si direbbe islamizzante, della nostra classe dirigente: la pelosa sollecitudine per i derelitti del Terzo Mondo nasconde un disegno strategico; del resto, dalla *democrazia consociativa* al Terzo Mondo il passo è breve. Se si pensa ai *nemici della democrazia* nel nostro paese, a destra, centro e sinistra, alla posizione degli intellettuali italiani, c'è da rabbrividire: un *populismo ecumenico e cialtrone* costituisce la leva, consapevole o meno, per lo smantellamento di quel po' di Occidente restato al paese.

9. Pensioni, debito pubblico, regime radiotelevisivo: autentiche sciocchezze di fronte alla immigrazione di extracomunitari *vera grande emergenza nazionale* cui il nostro paese dovrà far fronte nei prossimi anni [cfr. G.C. Blangiardo, *Riproduzione*, in Ginsborg (cur.) 1994: 52, at 60]. Ma i nostri politici — e la nostra ineffabile sinistra — fanno finta di nulla: e l'argomento finisce inevitabilmente nelle mani dei razzisti. Quale sarà il nostro ordine giuridico tra non molto — si pensi che in un paese ormai unanimemente riconosciuto di generale *anomia* esiste un baraccone di 150 mila leggi e 300 tra imposte e tasse — non è poi tanto difficile immaginare. E gli studiosi parlano (seriamente) di reintrodurre da noi un *diritto personale* per le varie etnie e caste e culture che si avviano a formare questa felice Italia del terzo millennio: come se una *status society* come la nostra ne avesse bisogno; come se i gruppi già ora non si facessero il loro diritto, come se il diritto non fosse già ora, per molti versi, personale. Tanto per nobilitare il greve argomento, si evoca la caduta dell'impero romano. Ma no: si viaggia verso l'India. Quanto poi all'accusa all'Occidente di avere sfruttato senza scrupoli il Terzo Mondo, per cui la ricchezza dei paesi industrializzati si basa sul saccheggio, si tratta di una *tesi falsa*. Finalmente, un autore « di sinistra » mette le carte in tavola e dimostra che non c'è « un solo dato di fatto, provato empiricamente, che la sostenga »; ecco una « documentata provocazione contro il terzomondismo delle 'Anime Belle' e le sue parole d'ordine, che sfiorano il ricatto morale » [S. Kohlhammer, *Viviamo a spese del Terzo Mondo?*, il Mulino 5/92: 773]. Sono altre le ragioni per cui bisogna mostrare solidarietà ai diseredati di questo pianeta: ma non si può essere solidali solo perché si è ricattati, perché si reclama una rendita.

Il patriottismo costituzionale.

10. Ma cosa tiene assieme negli Stati Uniti tante culture e tante etnie diverse (197, sembra)?: il « patriottismo costituzionale » si risponde; ed è vero. Meglio: era più vero in passato che ora. Perché, com'è stato osservato, nessuna associazione di uomini può funzionare senza qualcosa che li tenga assieme indipendentemente dalla somma dei diritti che ognuno reclama. E anche qui ritorna la lezione americana in cui si assiste al passaggio dal *melting pot*, ossia dall'integrazione, alla *salad bowl* delle *culture separate*: dal pluralismo al tribalismo. E se negli Stati Uniti, generosa terra di accoglienza delle etnie più disparate, ci vogliono ben 197 etnie per minacciare l'identità nazionale, scuotere il sistema e costringere a ripensare il concetto stesso di democrazia, da noi, per molti versi già paese del Terzo Mondo, di etnie ne bastano molte di meno per distruggere le ultime vestigia dell'Occidente sopravvissute nel paese dopo mezzo secolo di *democrazia consociativa*. In effetti, la società multietnica non è altro che una forma di pluralismo, e la democrazia o è pluralista o non è; ma, come per il diritto di portare armi, bisogna guardarsi dall'esasperare i buoni princìpi. In effetti, le « quote » che assegnano un posto nel pubblico e nel privato, non in base al merito, ma all'etnia, assicurando così una rappresentanza proporzionale dei gruppi, finiscono, oltre un certo limite, per costituire una mostruosa *status society*. In questo senso, l'abolizione dell'« affirmative action » sostenuta dai repubblicani sembra in parte giustificata se l'America deve restare la terra della libera concorrenza, dell'individuo, e non dei gruppi.

11. Jürgen Habermas [1988, trad. it.: 112] scrive pagine illuminanti sull'intreccio tra cittadinanza politica e identità nazionale nella prospettiva dell'Unione Europea: « Oggi l'espressione ' cittadinanza politica ', o *citizenship*, viene usata per indicare non solo un'adesione associativa all'organizzazione nazionale, ma anche lo status che risulta contenutisticamente definito dai diritti e doveri del cittadino ». Ma non si tratta solo di questo: al di là del fatto tecnico-giuridico, essa è un'appartenenza e una precisa identità culturale. E la domanda è se, di fronte alla concreta minaccia di centinaia di milioni di disgraziati incapaci di autocontrollarsi e di assicurare nei loro paesi governi che osservino regole minime di decenza, l'Occidente non abbia il diritto-do-

vere all'autodeterminazione, ossia a salvaguardare la propria identità e il proprio modo di vivere. Questo studioso scrive più oltre: « Ora, esempi di società multiculturali quali sono la Svizzera e gli Usa dimostrano che, per avere una cultura politica tale che consenta ai principî costituzionali di metter radici, non c'è nessun bisogno di ricorrere ad una origine etnica, linguistica e culturale che sia comune a tutti i cittadini dello stato. Una cultura politica di stampo liberale rappresenta semplicemente il comune punto di riferimento di un ' patriottismo costituzionale ', che acuisce nello stesso tempo la sensibilità per la molteplicità e l'integrità delle diverse ' forme di vita ' coesistenti dentro una società multiculturale. Anche nella federazione europea del futuro, identici principî giuridici dovranno essere interpretati a partire dalle prospettive di culture nazionali diverse, nonché di storie nazionali diverse » [ibid.: 116].

12. Ma se tutto questo ha una relativa validità nell'ambito di una (improbabile) Unione Europea, il discorso diventa ben altro quando si tratta dell'immigrazione dai paesi extracomunitari: l'esperienza americana — anche qui un anticipo — dimostra che l'iniezione di dosi rilevanti di fattori estranei e spesso opposti alla cultura del gruppo egemone al di là di determinate capacità di assorbimento, comporta la rottura di un equilibrio che rende impossibile il patriottismo costituzionale, *fondato*, appunto, *sul primato di una ideologia*. Insomma, superata una certa soglia, l'integrazione diviene impossibile: e si passa dal *melting pot* alla *salad bowl*, dalla integrazione e da un possibile pluralismo al tribalismo: un *condominio tra gruppi* che non hanno troppo da dirsi, né qualcosa in comune in cui credere. In effetti, la cittadinanza comporta una identificazione patriottica, l'appartenenza ad una collettività politica, soprattutto a una cultura: ma l'immigrazione di cui è oggetto l'Italia non ha nulla a che vedere con tutto questo. Essa non è di natura culturale; a nessuno degli immigrati interessa la cultura, la civiltà e il modo di vivere italiano: si tratta di derelitti che cercano solo meno tragiche condizioni di vita. E per la stragrande maggioranza di essi il patriottismo costituzionale (che del resto non esiste neanche tra gli italiani) appare poco meno che una barzelletta; ossia, non è neppure ipotizzabile. Questo lo sanno bene alcuni studiosi nostrani che propugnano un sistema di diritti personali: ogni gruppo regolato dal proprio diritto. Perciò, per quanto grande possa

essere la simpatia per i diseredati, non sembra azzardato affermare che, in mancanza di un qualche muro di contenimento, il *conflitto culturale*, intrinseco alle diversità, deve necessariamente sfociare in conflitti sociali per la spartizione dell'assai ristretto spazio fisico disponibile in un paese come il nostro ad altissimo tasso di popolazione. La difesa dell'Occidente non è lo « sciovinismo del benessere », né l'Europa in particolare un continente ricco e pacifico come qualche anno fa: come agli indios dell'Amazzonia, all'Occidente spetta il diritto all'autodeterminazione e a salvaguardare la propria specifica identità culturale e politica. Del resto, come ricorda Habermas: « M. Walzer è dell'idea che il diritto all'immigrazione trovi il suo limite nel diritto di una collettività politica a tutelare l'integrità della propria forma di vita. Secondo la sua concezione, il diritto dei cittadini all'auto-determinazione è anche comprensivo del diritto a far prevalere la propria particolare forma di vita » [ibid.: 134, n.o.].

13. *Mourir pour Danzig?* chiedeva nel 1939 un libello francese al tempo in cui gli eserciti nazisti invadevano la Polonia: il problema della cittadinanza evoca nel nostro paese un clima non troppo diverso. Dilaga la dissenteria ecumenica, e non pochi dei nostri compatrioti — fervidi federalisti a casa degli altri, ma non a casa propria, in fondo nemici implacabili della democrazia — si fanno beffe e tradiscono la cultura che li ha nutriti. La *cittadinanza cosmopolitica* (una contraddizione in termini) appare come un pericoloso grimaldello che consentirà presto o tardi lo smantellamento dell'Occidente.

14. Il nostro parlamento ha ratificato la convenzione di Strasburgo del 1993 che stabilisce l'obbligo delle parti alla riduzione dei casi di doppia cittadinanza. Eppure la legge italiana del 1992 — che si muove nella direzione *opposta* a quella dei paesi industriali avanzati — estende la cittadinanza a tutti gli italiani, i figli di italiani e i figli dei figli di italiani che ne facciano richiesta, anche se intanto hanno preso un'altra cittadinanza. Si calcola che se, in base alla nuova legge, questo diritto fosse invocato dai suoi potenziali titolari, ciò farebbe aumentare il numero dei cittadini italiani di *sessanta milioni*, ai quali fornire assistenza sanitaria, pensioni, alloggi, e così via cantando. Chi sa che faccia faranno i nostri partner comunitari nell'apprendere che, anche se potenzialmente, l'Italia è non già un paese di 56 milioni di abitanti, ma di

110 milioni. Si tratta, presumibilmente, del primo passo per la realizzazione di quel disegno, più che pazzesco, *criminale*, diretto a stabilire delle circoscrizioni elettorali all'estero *virtuali* (sic!) per consentire — caso unico tra i paesi civili — una *riserva* di seggi nel nostro parlamento (20 deputati e 10 senatori) a favore degli *oriundi*, muniti di altra cittadinanza, i cui progenitori spesso lasciarono l'Italia addirittura un secolo fa, che, tra l'altro, non hanno mai pagato un centesimo di imposte allo stato italiano, che magari, se ne infischiano dell'Italia, quando non la odiano, come accade spesso, o più semplicemente, di cui non conoscono neanche la lingua. Evviva! Nessun paese democratico conosce un regime del genere; ed è significativo che gli studiosi italiani abbiano potuto invocare soltanto il precedente del Portogallo. Se il Regno Unito dovesse seguire il modello italiano, il parlamento di Westminster vedrebbe una riserva di almeno ... mezzo milione di seggi; idem per il *Bundestag*; quanto poi alle *Cortes* spagnole un calcolo prudenziale farebbe ascendere la dimensione della riserva ad almeno un milione. Il fatto che la sinistra italiana appoggi delle trovate del genere indica, se mai ve ne fosse bisogno, il degrado di quella forza politica. Il parlamento italiano — orrore, orrore — ha approvato (XII Legislatura) una disegno di legge diretto a modificare la costituzione per assicurare la *riserva* agli oriundi (per ora si tratta di 2 milioni e mezzo di cittadini all'estero: nessuno lo dice, ma la quota dovrà essere aumentata man mano che aumentano le richieste di riconoscimento della cittadinanza all'estero: alla fine resterà ben poco per la rappresentanza di chi vive in Italia). Se si cercasse la misura del dispregio in cui la classe politica italiana tiene sé stessa, oltre che le regole fondamentali della democrazia rappresentativa, questa sarebbe indubbiamente la più grave: ecco l'idea che il legislatore italiano si fa della *cittadinanza*. Questo progetto segna il suicidio di una classe politica; ma si può suicidare chi è già morto? Sembra quasi inutile aggiungere che taluni dei più illustri costituzionalisti italiani di destra, di sinistra e di centro si battono energicamente per l'attuazione di questo insensato proposito sostenendo delle scemenze che sarebbero intollerabili anche sulla bocca di uno studente ugandese di diritto costituzionale. E dire che poi i nostri giuristi pretendono di stupirsi per essere tanto disistimati all'estero! Ma lasciamo perdere!

Il primato della rivoluzione demoliberale.

15. Una follia antiamericana di diversa origine contagia l'Europa: a volte deriva dalla mania tutta francese di vedere la *grandeur* anche dove non c'è. Altre volte, come in Italia, si ricollega a posizioni, di volta in volta, fascistoidi o ecumeniche di centro, di destra o di sinistra unite dall'odio per la *modernità* che è poi in buona sostanza l'altra faccia della *democrazia*. Eppure, modernità-democrazia-Stati Uniti formano, per molti versi, una cosa sola: « I francesi hanno inventato l'idea di ' Ancien Régime ' solo nel settembre del 1789. Erano consapevoli di aver creato qualcosa di totalmente nuovo che era la democrazia moderna » [F. Furet, *Tangentopoli non è la Bastiglia*, intervista di U. Munzi, *Corriere della Sera*, 10 marzo 1993]. Queste uscite riconfermano la *convinzione* di chi scrive che solo dopo lo sbarco a *Omaha Beach* dei *marines* americani — ossia a seguito della vittoria degli Alleati (Stati Uniti e Regno Unito) in Occidente — l'Europa continentale ha conosciuto la vera *stagione dei diritti*, in Germania come in Italia e, naturalmente, con tutte le differenze che si vuole, nella stessa Francia. In effetti, la democrazia francese *ante bellum* — la più antica del continente europeo, ormai dominato dalle dittature, della quale non si nega la generosità con cui ha accolto i fuorusciti antifascisti, né una certa cultura dei diritti dell'uomo diffusa nel paese — era una democrazia a metà, con un codice di procedura penale non all'altezza delle declamazioni della Dichiarazione.

16. Che una intervista a un giornale non possa non contenere delle semplificazioni è cosa ovvia; resta non di meno che una lunga tradizione storiografica francese tende a stabilire un primato rispetto alla rivoluzione americana che, con tutta la simpatia che si può avere per uno splendido e amato paese come la Francia, semplicemente non esiste. Indubbiamente una concezione eurocentrica della storia vuole che, anche per l'ottima *Enciclopedia Einaudi*, tutte le grandi rivoluzioni si siano svolte in Europa: nell'indice non figura neanche la voce « rivoluzione americana » [cfr. *Indici*, vol. 16]. Ma forse se si cominciasse a stabilire che, pur usando la stessa parola di democrazia, i francesi indicano una cosa assolutamente diversa da quella che intendono gli anglo-americani, già comincerebbero a diradarsi le nebbie che impedi-

scono di vedere bene le cose. Una volta chiarita questa diversità, il primato francese appare indiscusso rispetto agli altri paesi del continente europeo. Ma non certo rispetto a Inghilterra e Stati Uniti che promuovono un *diverso*, oltre che *più antico*, concetto di democrazia. E magari sarebbe interessante accertare i contatti e le influenze reciproche tra costituzionalismo inglese e americano e illuminismo francese; un tema che elimina di per sé quello del primato.

17. La cronologia, che certo in sé non è tutto, dovrebbe pure significare qualcosa: la *Glorious Revolution* inglese, data di inizio della democrazia parlamentare, risale al 1688, la rivoluzione americana viene prima e quella francese dopo: il *Boston Tea Party* risale al 1773, la costituzione americana al 1787, il *Bill of Rights* al 1789 (e la sua adozione dai vari stati conclusa nel 1791). La rivoluzione francese risale al 1789, la Dichiarazione allo stesso anno, e la prima delle numerose costituzioni (di cui è impossibile tenere il conto) al 1791. Ma vi è qualcosa in più che non sia la semplice successione degli eventi: come ricorda Ernesto Galli della Loggia, il marchese Joseph Marie de La Fayette consegna a Tom Paine una delle chiavi della Bastiglia con l'incarico di recapitarla a George Washington, con queste parole: « Non v'è dubbio che i princìpi degli Stati Uniti abbiano aperto la Bastiglia. È dunque in America che la sua chiave deve trovare il suo posto » [1986: 16]. Aneddotica, certo; ma in parte. Del resto, come ricorda opportunamente Vittorio Frosini, per Georg Jellinek: « la dichiarazione francese dei diritti è stata imitata, nel suo insieme, dai ' bills of rights ' americani (...) Tutti i progetti della Dichiarazione francese sviluppano con maggiore o minore ampiezza le idee americane » [1993: 13]. E, d'altro canto, non esiste, in tutta la storia dell'Occidente, sul piano dei contenuti, un messaggio di tale livello morale, oltre che politico e sociale, come la Dichiarazione di Indipendenza. Come scrive Frosini: « un manifesto scritto per il mondo, nel solo linguaggio che questo poteva capire, per giustificare la rivolta » [ibid.: 15]. Per ritornare alla democrazia inglese, il celebre *Bill of Rights* appare all'origine di tutte le successive dichiarazioni dei Diritti dell'Uomo. Elaborato nel 1688 — cento anni prima dello scoppio della rivoluzione francese che produsse la *Déclaration des Droits de l'Homme et du Citoyen* — dal parlamento inglese per assicurare la continuità e il buon funzionamento del regime

monarchico dopo la *Glorious Revolution* avvenuta — si noti — senza spargimento di sangue (una rivoluzione inglese!). Esso afferma, tra l'altro, le libertà e i diritti fondamentali del regno e la supremazia della *rule of law*, limitando severamente l'esercizio delle prerogative (meglio, dell'arbitrio) reali.

18. Con ciò non si contesta l'enorme *retentissement* politico, europeo e mondiale, di una rivoluzione avvenuta nel più popoloso e ricco dei paesi del continente europeo; e tantomeno che milioni di uomini si siano riconosciuti nel messaggio di libertà della rivoluzione. Del resto, a scorrere il *Federalist* si ha un'idea precisa di quanto importante sia stato il pensiero politico illuministico e, in particolare, di Montesquieu, sui padri americani; anche se è il costituzionalismo inglese che appare alla base della filosofia politica e degli statuti americani. Tutto questo in un'epoca in cui gli scambi culturali avvenivano con una velocità che sembrava riservata ai tempi nostri. E neppure si vuol negare che nell'ambito del continente europeo il paese che per maggior tempo abbia tenuto accesa la fiaccola della libertà — premessa della democrazia, ma non di per sé democrazia senza adeguate istituzioni — sia stata la Francia. Oppure che la Francia rivoluzionaria sia stata per molti versi il motore della modernizzazione del continente europeo. Quanto al nostro paese, a parte la rivoluzione napoletana del 1799 — unica vera rivoluzione italiana — il brevissimo periodo dell'occupazione francese (1806-1815), e in particolare il regno di Gioacchino Murat, è ricordato come uno dei periodi più ricchi di iniziative e di speranze nella storia del Mezzogiorno. Il progresso registrato in questo periodo fu incommensurabilmente maggiore di quanto ne avesse fatto registrare il più illuminato dei regimi borbonici, tra i tanti che hanno funestato il Sud d'Italia. Misura del disastro: ancora oggi una parte non piccola della borghesia napoletana rimpiange una nefasta, ignorante e corrotta dinastia: ma si consola con il « laurismo » prima del Sud e ora del Nord. A riconferma che una regione *martoriata dalla propria classe dirigente* ha bisogno di un'altra invasione; di qui la necessità e l'urgenza di realizzare il *piano de Franchis.*

19. Ma si tratta, pur tuttavia, di una democrazia, quella francese, marcata da una forte componente autoritaria di cui il *centralismo* co-

stituisce forse la più significativa, anche se non unica, caratteristica; che si oppone all'*autogoverno* britannico e americano; quest'ultimo, sfociato addirittura nel *federalismo*. E, comunque, deve pure avere un senso il fatto che il parlamento britannico, per quanto bombardato dai nazisti, non è mai stato chiuso un solo giorno durante la guerra, che la *House of Commons* si permetta addirittura il lusso di discutere una mozione di sfiducia contro Winston Churchill nel 1941, in piena guerra. E, ammesso che questi confronti portino a qualcosa di utile, quando si parla di democrazia francese e anglo-americana, si parla del diverso *tipo di democrazia* che — al di là della forma di stato e di governo — esse rispettivamente propugnano. Di qui la necessità di qualche chiarimento.

20. Le dispute sui primati non si risolvono mai e, tutto sommato, non hanno importanza; e se si trattasse solo di stabilire chi è il più bravo si potrebbe lasciare agli studiosi francesi — di cui è noto il *toupet* di un malinteso e assai poco scientifico patriottismo — la impossibile fatica di dimostrare l'esistenza di qualcosa che non c'è. Ma dietro il fumo della disputa, vi è l'arrosto che consiste nello stabilire di quale democrazia stiamo parlando; occasione per chiarire che non è certo l'idea di democrazia alla francese che bisogna ricercare, ma piuttosto quella americana (o anglo-americana). E qui la disputa entra nel concreto non soltanto per quanto riguarda certe scelte interne che attengono al nostro sistema ma, soprattutto, nella costruzione politica dell'Europa. Tra l'altro, tutto il dibattito sulla forma di stato dell'Unione politica europea attiene al dilemma tra *federazione* e *confederazione* che duecento anni or sono ha avuto origine in America.

21. In ogni caso, non v'ha dubbio che si tratta di due concezioni della democrazia non solo diverse tra loro, ma per molti versi addirittura opposte. E forse non è inopportuno ricordare che una rivoluzione, anche quando è compiuta in nome della libertà e dei diritti, non porta necessariamente l'una e gli altri: bisogna quindi guardare ai contenuti. Sul piano della forma di stato, la concezione pluralista americana della democrazia si pone essenzialmente, anzitutto, come *federalismo*: la *doppia sovranità* tra stato federale e stati dell'Unione resta invenzione e gloria duratura dei giganti americani: un concetto col quale, quando si

vorrà stabilire una vera Unione Europea, si dovrà pur fare i conti. Da questo punto di vista, nell'ottica americana, senza federalismo non vi è democrazia. Inoltre, se la democrazia è *pluralismo*, allora il concetto di *uguaglianza* si articola in due direzioni: una, *tra gli stati* nell'ambito dell'Unione, l'altra, *dei cittadini* (o degli uomini) di fronte alla legge per quanto attiene ai diritti costituzionali garantiti dalla costituzione federale. Tutto questo non esiste nella concezione francese che è democrazia centralista e, nella misura in cui non esiste una Corte Costituzionale *vera e propria*, non prevede neanche dei diritti costituzionali in senso stretto. Invece, nel sistema americano, i diritti dei cittadini e degli uomini sono fin dall'origine diritti costituzionali e, come tali, costituiscono la *supreme law of the land*, garantiti dalla possente e veneranda *Supreme Court*, la più prestigiosa corte di giustizia dell'Occidente.

22. Insomma, il federalismo si pone — in qualche modo — come lo sviluppo ultimo e il completamento dell'*autogoverno*. Il centralismo appare, nella concezione anglo-americana, la negazione della democrazia. Invece, la rivoluzione francese si fonda su un fortissimo potere centrale che esclude, in sostanza, qualsiasi autonomia locale di qualche conseguenza: da questo punto di vista, la continuità tra *assolutismo* e *rivoluzione* in Francia appare incontestabile. Il fatto che Alexis de Tocqueville sia stato fino a qualche anno fa, in pratica, perfino ignorato nel proprio paese, e che oggi sia soltanto celebrato senza esercitare alcuna sostanziale influenza — salvo rare ed encomiabili eccezioni — sul pensiero politico francese o sugli studi storici, è significativo del destino di un grande pensatore politico che aveva individuato nel centralismo la natura autoritaria della democrazia francese. Tutto questo assumendo che l'idea francese di democrazia si fermi ai pochissimi anni successivi al 1789; perché per le fasi ulteriori sembra difficile rintracciare dei parametri uniformi. In effetti, sembra potersi dire che *non esiste una sola democrazia francese*: vi sono tante democrazie quanti sono i numerosissimi regimi succedutisi nel paese dopo il 1789; e non è agevole seguirne le vicende. Già è difficile orientarsi nel diluvio delle costituzioni: solo tra il 1789 e il 1875 in Francia ve ne sono state quattordici.

23. Chiaramente, « democrazia » è un concetto difficile da definire, e per questo finisce col diventare un contenitore nel quale si possono mettere i più disparati ingredienti; eppure basta toglierne uno solo, tra i tantissimi, perché ciò che resta nel pentolone si riduca una parola priva di contenuto, quando non anche a una atroce beffa. Questo ingrediente si chiama *stato di diritto*. Ma anche qui le differenze tra la concezione francese (continentale) e quella anglo-americana della *rule of law* appaiono spesso abissali. Basterebbe rileggere l'art. 13 della legge del 16-24.8.1790, adottata agli albori della rivoluzione, che fissa un canone del sistema che persiste in tutti i successivi sviluppi fino ai nostri giorni, anche se temperato dalla giurisprudenza del *Conseil d'État*; meglio di qualunque altra, questa legge riflette la concezione tipica della democrazia francese, opposta a quella anglo-americana, espressa dalla *rule of law* assicurata dal giudice ordinario: « Les fonctions judiciaires sont distinctes et demeureront toujours séparées des fonctions administratives. Les juges ne pourront, à peine de forfaiture, troubler de quelque manière que se soit, les opérations des corps administratifs, ni citer devant eux les administrateurs par raison de leur fonction » [in Kahn-Freund, Lévy, Rudden 1973: 196]. Comunque, dev'essere una ben strana democrazia quella che abolisce i vecchi *titoli nobiliari* per crearne dei nuovi, che, da un canto, esige dal povero *citoyen* Dupont il *certificat de civisme*, mette la libertà del popolo nelle mani di Fouché, ministro di polizia e, dall'altro, crea nuove immunità e privilegi.

24. Privilegi e immunità aiutano a capire. Per quanto riguarda gli S.U., a edificazione del lettore, sembra opportuno riportare in proposito il testo della costituzione degli S.U., la più antica e illustre dell'Occidente; esso vale a stabilire l'*abisso* esistente con il regime giuridico nostrano (a non parlare dell'osceno abuso fattone per mezzo secolo da tutti i partiti, incluso l'ineffabile partito di lotta/governo). L'art. I, s. 6, recita: « The Senators and Representatives shall receive a Compensation for their Services, to be ascertained by Law, and paid out of the Treasury of the United States. They shall in all Cases, except Treason, Felony and Breach of the Peace, be privileged from Arrest during their Attendance at the Session of their respective Houses, and in going to and returning from the same; and for any Speech or Debate in either House, they shall not be questioned in any other Place ». Ma, come

avvertono due costituzionalisti americani [Nowak and Rotunda 1978, ed. 1991: 256], questa norma viene ormai considerata obsoleta, nel senso che non offre neanche la assai limitata immunità prevista in origine, quando cioè l'arresto nelle cause civili era diffuso. Pertanto, l'immunità — limitata all'arresto per cause civili — è ora venuta meno con la fine di tale tipo di misura restrittiva. In altre parole, i membri del Congresso degli S.U. — e questo fa onore alla grande democrazia americana — *si trovano nella stessa condizione di tutti gli altri soggetti sia in materia penale che civile.* Il recentissimo caso Rostenkowski (giugno 1994), potentissimo presidente della Commissione Finanze della Camera dei Rappresentanti, accusato di una svariata serie di reati, e trattato nella maniera più assoluta alla stregua di un qualsiasi cittadino americano, dà la misura delle differenze con il regime nostrano e di quello prevalente nei regimi costituzionali dei paesi del continente europeo, incluso la Francia. Se a questo si aggiungono, sempre negli Stati Uniti, le vicende che hanno portato alle dimissioni del Presidente Nixon, si ha la misura, oltre che dell'importanza del potere giudiziario, della diversa accezione di *stato di diritto* e di *equal protection of the laws* quali sono concepite, rispettivamente, nella democrazia americana e in quella francese e del continente europeo.

25. Non si tratta di preferire *Lantenac* a *Cimourdain*, tanto per rifarsi al *Quatre-vingt-treize* di Victor Hugo, né la Vandea alla rivoluzione: il fatto è che si può fare una « bella » rivoluzione con milioni di morti per scoprire che essa era guidata da un pugno di parolai, fanatici e/o criminali. In questo senso, non sembra azzardato sostenere che uno dei parametri, anche se non certamente il solo, per giudicare della democraticità di un regime politico sia il *processo penale.* La vittoria Alleata è stata anche quella dei Diritti dell'Uomo che proprio nel processo penale trovano i primi riconoscimenti. Le ragioni storiche dell'evoluzione dei sistemi continentali verso il *modello accusatorio* verificatasi a partire dal II dopoguerra non possono essere negate. Così, ad es., una Convenzione Europea per la Salvaguardia dei Diritti dell'Uomo del 1950, figlia della Dichiarazione Universale dei Diritti dell'Uomo delle N.U. del 1948, sarebbe stata semplicemente impensabile non soltanto in un'Europa (continentale) nazifascita o comunista, ma perfino in un'Europa *d'avant-guerre.*

26. Splendido, ma orrendo spettacolo quello della rivoluzione francese, con superbi attori e declamazioni consegnate alla storia. Ma non liberaldemocrazia, *please*: almeno non sempre, non in tutti i casi. La rivoluzione francese aveva nel *centralismo* il germe del dispotismo: *centralismo* e *libertà* sono incompatibili. Al di sotto di una *couche* declamatoria sui diritti dell'uomo, il dispotismo se ne andava per conto suo grazie a una amministrazione centralizzata nelle mani di un esecutivo che esigeva il *certificat de civisme*, a una infame procedura penale durata fin quasi ai nostri giorni. Quanto, in particolare, ai diritti dei cittadini, se non anche degli uomini, nel quale consiste in non piccola parte, anche se non esclusivamente, lo stato di diritto, si tende a sorvolare su un dato fondamentale: ossia che la famosa Dichiarazione dell'89 *non è mai stata una legge* vera e propria sulla quale, cioè, poter fondare dei diritti da fare valere davanti alla pubblica amministrazione o al giudice — a differenza del *Bill of Rights* americano che accorda ad essi addirittura la condizione privilegiata di *diritti costituzionali*. La Dichiarazione è stata solo una *préface* alla costituzione del 1791 ma priva di valore giuridico, come tale restata anche rispetto alle altre numerosissime costituzioni succedutevi. Di modo che all'imputato lasciato a marcire nelle carceri della *Santé* dall'ineffabile *juge d'instruction* (in sostanza un poliziotto che fa parte dell'ordine giudiziario) per quasi due secoli non resta che la consolazione di trovarsi nelle prigioni del paese dei diritti dell'uomo. Infine, se si pensa che neanche nell'ordinamento della V Repubblica esiste una Corte Costituzionale a garanzia dei diritti dei cittadini, si ha un'idea della diversa concezione della democrazia in Francia.

27. Tutto questo a prescindere dai gravi limiti della Dichiarazione dell'89: sono imprescrittibili i soli diritti civili, non si parla di libertà economiche; si escludono dai diritti imprescrittibili i diritti politici, a non parlare del diritto (dovere) di resistenza. In buona sostanza, una predica che ha lasciato indifferenti la pubblica amministrazione e i giudici per quasi due secoli; salvo, s'intende, la giurisprudenza del *Conseil d'État*. E può sembrare bizzarro che bisognava aspettare la Convenzione del 1950 (diventata legge dello stato) e un codice di procedura penale meno disumano perché i diritti dei cittadini francesi fossero meglio tutelati. Questo modo di assicurare la tutela dei diritti nel si-

stema francese contrasta in maniera radicale con il regime giuridico della tutela dei diritti nel sistema americano in cui, come si è accennato, fin dal 1791, i diritti fondamentali dei cittadini e dell'uomo (ovviamente, si tratta di categoria elastica, in continuo sviluppo: e qui l'attività della *Supreme Court* assume, in sostanza, valenza legislativa) trovano il più alto riconoscimento giuridico possibile, eretti come sono a diritti costituzionali garantiti da una corte prestigiosa. Sia detto *en passant*, grazie alla geniale e rivoluzionaria decisione *Marbury* v. *Madison* del 1803 di questa corte, nasceva il principio del *controllo giurisdizionale di costituzionalità*, adottato poi da numerose successive costituzioni e applicato da un numero ormai quasi infinito di più giovani e meno prestigiose corti costituzionali (ora vi è perfino quella russa!) in quasi tutto il mondo. Alexis de Tocqueville aveva intuito la *centralità del diritto* nella società americana ed affermato che negli Stati Uniti, presto o tardi, *non v'è questione politica che non diventi una questione giudiziaria*: l'esperienza gli ha dato ragione. Il controllo giurisdizionale della legalità costituzionale e degli atti della pubblica amministrazione derivante dalla *supervisory jurisdiction*, base della *judicial review*, costituisce forse il più rilevante apporto del costituzionalismo anglo-americano allo sviluppo del diritto moderno. Nell'ambito della problematica sul rapporto tra *legalità* e *legittimità*, Habermas [1988, trad. it.: 27, n.o.] rileva che « Denninger ha osservato come il potere legale (il potere fondato sulla *legalità* della legge e del provvedimento) sia stato ormai sostituito da un ' potere sanzionante a posteriori la sua legittimità in sede giudiziaria ' ». La storia, ormai leggendaria, del più autorevole organo giudiziario dell'Occidente è raccontata nello splendido *Oxford Companion to the Supreme Court of the United States* [1992].

28. Pietro Citati, in un bellissimo articolo pieno di ironia e di *sense of humour*, dà la baia a chi vede nella storia umana una necessaria traiettoria verso il progresso; insomma una *freccia* della storia. Laddove nella storia di quasi tutti i popoli prevale la follia, l'irrazionalità, il caso, o capriccio: « Se la follia francese dell'Ottocento ci appare grandiosa, atroce e frivola, la follia, che negli ultimi settant'anni ha imperversato nella storia italiana, è farsesca, triviale e sinistra (...) Tra le molte illusioni degli uomini moderni, la più diffusa è che la storia abbia un senso e una direzione (...) Nella storia di certi popoli, come in quella moder-

na della Gran Bretagna, l'elemento follia, o irrazionalità, o caso, o capriccio, è meno visibile (...) Se prendiamo la storia della Francia, ecco le cose cambiare. Nei grandi movimenti, che hanno fatto di quel popolo il cuore e il modello della storia europea, dove è possibile scorgere una qualche necessità? C'è soltanto il desiderio di un popolo, meravigliosamente immaginoso e chiacchierone, di trasformare la storia in teatro. Tutti diventano protagonisti: tutti salgono sulla scena: lassù si parla, si declama, si recita, si fa festa, si tagliano teste: si inventa la Repubblica o l'impero, come fossero mode di cappelli per signora: altri attori sostituiscono i primi attori, con nuovi discorsi, declamazioni e tagli di teste; e questo movimento di ombre canore si propaga lontanissimo, fino in Germania, in Italia e in Russia, dove viene preso sul serio e puntigliosamente imitato » [*La sinistra follia nella storia d'Italia,* in *la Repubblica*, 27 dicembre 1992].

29. In altre parole, per il popolo inglese e nordamericano la democrazia sembra, si direbbe, una *condizione naturale*; e anche un *metodo* da esercitare senza fine, alla ricerca della felicità. Ad altri popoli, invece, la democrazia appare come una maledizione biblica; tutt'al più da accettare con rassegnazione: spesso una grande sofferenza, come da noi. Saremo certamente condannati alla democrazia — visto che non c'è altro — come dimostra il fallimento del comunismo. Eppure è importante stabilire se viverla come una condanna o come condizione dell'uomo, come sembra essere nella concezione anglo-americana.

La schiavitù.

30. E visto che siamo in tema di diritti dell'uomo, il primato nell'abolizione della schiavitù spetta, anche qui, all'Inghilterra liberale, con buona pace del paese della Dichiarazione dei Diritti dell'Uomo che ha abolito la schiavitù molto dopo. Merita quindi di essere ricordata la ormai celebre decisione inglese emessa nel *Sommersett's* (o *Somerset*) *Case* (1772), 20 Str. T.1, gemma della giustizia inglese, emessa *ben prima* della oziosa Dichiarazione. *James Sommerset*, schiavo negro portato dal suo padrone in Inghilterra dalle Indie Occidentali, aveva proposto un *writ of habeas corpus*: Lord Mansfield, nell'accoglierlo, dichiarava

che uno schiavo che si trovava in Inghilterra non poteva essere rimandato in una colonia per essere punito, e che la schiavitù non era riconosciuta dalla legge: chiunque mettesse piede sul suolo inglese aveva i diritti di un uomo nato libero.

31. In Francia, tra il XVIII e il XIX secolo, la tratta degli schiavi si svolge in buona parte tra Nantes, Bordeaux, Le Havre e la Rochelle. Nel corso della rivoluzione francese quello della schiavitù è un tema scottante; solo il 4 febbraio 1794 la Convenzione la abolisce in tutte le colonie: ma si tratta di un *flatus vocis*. I traffici di fatto continuano: d'altronde, nel 1802 Napoleone invia truppe a San Domingo per ristabilire il potere francese dopo una rivolta di schiavi e, con esso, la schiavitù che rimane operante fino a metà secolo. L'abbé Grégoire resta uno dei più convinti assertori dell'abolizione della schiavitù. La tratta degli schiavi è interdetta dal R.U. nel 1807 e dalla Francia nel 1815; l'emancipazione degli schiavi attuata dal R.U. nel 1833 e nel 1848 dalla Francia: essa ha luogo negli S.U., a seguito della guerra di secessione, solo nel 1865.

32. Pertanto, il primato assoluto francese nell'invenzione della democrazia, appare come una assai bizzarra e infondata pretesa, non meno grande di quella che vuole che la liberazione della Francia — anzi dell'Europa — è avvenuta grazie alle armate della Croce di Lorena (il 6 giugno 1944 sono sbarcati sulle spiagge della Normandia solo 113 francesi), come, del resto, quella della liberazione dell'Italia dovuta alla Resistenza. E viene di pensare a un grande francese, Georges Clemenceau — uno dei pochi grandi amici dell'America degli ultimi tempi — anima della resistenza nazionale nella I guerra mondiale, *le Tigre*, che di fronte alla criminale imbecillità dello stato maggiore afferma che la guerra è cosa troppo seria per lasciarla fare ai militari. Ecco, qualcosa del genere dovrebbe essere valida anche per la storia: le storie nazionali dovrebbero essere scritte da storici stranieri; meglio sarebbe da comitati internazionali di storici.

33. Non sembra quindi azzardato introdurre — storicamente: non si parla dell'attuale regime giuridico — la distinzione tra *democrazie declamatorie*, come quella francese, e *democrazie non declamatorie*, come

quella inglese (e nordamericana) in cui, all'assenza di proclami di comparabile *envergure*, fanno riscontro procedure quali l'*habeas corpus* e, nell'insieme, un processo penale che realizza in maniera concreta, *se non certamente tutti i diritti dell'uomo*, almeno quelli dell'imputato, che non è poco. Insomma, i diritti dell'uomo, intesi come diritti dell'imputato, non sono *concretamente separabili* da determinati istituti processuali e, in particolare, dal processo accusatorio: non è un caso che gli operatori giuridici inglesi definiscano la convenzione europea sui diritti dell'Uomo del 1950 come l'*European Bill of Rights*. Quanto poi al valore letterario in senso stretto, nulla eguaglia in tutta la letteratura occidentale la Dichiarazione di Indipendenza americana e la stessa costituzione degli Stati Uniti. Il sistema costituzionale britannico manca di Dichiarazioni e addirittura di una costituzione scritta: una stravaganza, e un lusso, che solo la più antica democrazia del mondo può permettersi.

Omaha Beach.

34. L'intervento degli Stati Uniti nella I guerra mondiale vale a dare un contenuto ideologico al conflitto: si pensi ai 14 punti di Wilson. E se si risale alla polemica della « Vittoria Mutilata » dei nazionalisti italiani si riesce anche a capire le ragioni del contrasto *morale*, oltre che politico, che opponeva Wilson ai governanti italiani che, alla conferenza della pace di Versailles, esigevano l'applicazione dell'infame patto di Londra del 1915 con il quale — all'insaputa del parlamento nazionale — il governo Salandra impegnava l'Italia a entrare in guerra contro le potenze centrali entro un mese dalla sua sigla in cambio del Trentino e Sud Tirolo, Trieste, l'Istria, il Dodecaneso, Valona, territori in Asia Minore e in Africa. Il documento, che doveva restare segretissimo, fu pubblicato, invece, dal governo sovietico nel 1917. Esso è all'origine della disastrosa entrata in guerra dell'Italia nel maggio del 1915 e causa prima della nascita del fascismo. Come osservano Salvatorelli e Mira [1964, ed. 1972, vol. I: 61]: « Wilson era sempre più inasprito con Sonnino — che aveva condotto l'Italia in una guerra di conquista, mentre lui, Wilson, l'America in una di giustizia — e incitava i due [Sonnino e Orlando] a ripudiare il trattato di Londra ». Ma la storia di un *nazionalismo straccione* si ripete il 10 giugno 1940

con i risultati che sappiamo. Di modo che resta sempre appiccicata alla classe dirigente italiana — che nulla ha fatto per sbarazzarsene — quell'aria di *magliari* di alto o basso bordo che si legge sulle facce dei rappresentanti della I Repubblica e nel suo prosieguo anche quando si tratta di accordarsi in sede comunitaria... sulla dimensione dei cavolfiori. Comunque, il fenomeno della ideologizzazione si è verificato in maniera notevolmente più ampia nella II guerra mondiale: si pensi alla Carta Atlantica. Un conflitto limitato a Germania e Unione Sovietica, e non già tra Germania e Inghilterra prima e Stati Uniti dopo, sarebbe restato soltanto quello tra due orrende dittature che l'uomo civile poteva augurarsi si distruggessero a vicenda: nessuna delle due sfidava l'altra in nome della libertà, della democrazia o dei diritti dell'uomo. In uno splendido articolo Ernesto Galli della Loggia ricorda con queste parole il cinquantenario del *D-Day*: « Cinquant'anni fa, sulle spiagge della Normandia, per la seconda volta in un secolo, un esercito americano si presentò all'appuntamento con la storia d'Europa (...) Se allora quell'esercito non avesse riportato la vittoria, questa regione dell'Europa di cui l'Italia è parte sarebbe stata posta, nel mezzo secolo che ci sta alle spalle, di fronte ad un'alternativa terribile: provare gli orrori della dominazione hitleriana o la barbarica tirannide del comunismo sovietico. Per fortuna, invece, quell'esercito vinse, e nulla potrà mai cancellare il debito immenso di gratitudine che allora fu acceso, così come il trascorrere del tempo non è riuscito fino ad oggi a cancellare il ricordo della gioia e della speranza che dovunque, da Palermo a Stoccarda, accese la vista di una bandiera a stelle e a strisce in tutti gli uomini e le donne assetati di libertà. Solo grazie agli Stati Uniti fummo liberati dal fascismo senza ritrovarci alle prese con l'Armata Rossa. I popoli dell'Europa occidentale vivono ancora nella prospettiva aperta da quella vittoria. È grazie ad essa, infatti, e alla conseguente egemonia americana sul Vecchio Continente che i sistemi politici, le classi dirigenti e le culture politiche europee hanno finalmente fatto propri i valori della democrazia liberale. Pur di resistere a questa concezione l'Europa ha dato vita per più di un secolo a tutte le possibili alternative: dal bonapartismo al nazionalismo, al corporativismo, al fascismo, al comunismo, sotto le cui bandiere, ogni volta, gli intellettuali europei sono corsi a frotte, convinti altrettanto regolarmente di servire i valori della grande cultura. Solo l'egemonia americana, frutto del disastro in cui l'' ideologia europea ', con i suoi duci, con i suoi filosofi e i suoi vati, era sfociata, ha potuto radicare in questa parte del mondo la democrazia costituzionale fondata sui diritti dell'uomo, sul rispetto delle minoranze, sui partiti e sul Parlamento. È grazie a una tale democrazia che masse sterminate di piccoli esseri umani hanno avuto la possibilità di vivere e di superare la condizione dei propri padri, di aprire gli occhi sul mondo, di conoscere libri, luoghi, persone, idee, cibi, mai per l'innanzi alla loro portata; di crescere come *persone* (...) Dal 1945 gli Stati Uniti ci fanno conoscere ogni giorno la sola cultura materiale della democrazia — in quanto regime dell'uomo comune — che finora abbia mai visto la luce. Da qui soprattuto nasce l'antiamericanismo. Esso incarna storicamente la reazione di tutti quei ceti sociali e quelle ideologie che si vedono messi in iscacco dall'egualitarismo democratico e dall'individualismo di massa che s'irradia dalle rive di Oltre Atlantico. A cominciare dal fascismo e dal comunismo per finire agli intellettuali, abituati da secoli, in Europa, a esercitare il potere pedagogico di direttori di coscienza delle masse e insieme il ruolo affascinante di consiglieri del principe di turno, ai quali non può che risultare insopportabile il potere consegnato nelle mani dell'uomo comune, ai suoi gusti e alle sue idee. Tutto ciò non vuol dire che quel provvidenziale arrivo di cinquant'anni fa degli americani in Europa non abbia costituito, e non continui a costituire, anche un problema — o meglio un insieme di problemi (...) In effetti — anche indipendentemente dal ruolo di molti intellettuali antiamericani di professione — l'identità europea è troppo intimamente legata a prospettive estranee od ostili alla democrazia liberale e alla sua cultura perché possa riuscire a metabolizzare tanto tranquillamente la sfida che gli Stati Uniti rappresentano (...) Ma tra tante incertezze — che invece di dissiparsi sembrano accrescersi ogni giorno che passa — l'esistenza degli Stati Uniti continua a essere un bene prezioso per tutti noi. Gli Stati Uniti non sono l'arca della bontà. Sono semplicemente la più grande e antica democrazia del mondo, che nella sua lunga storia ha commesso molti errori, ma che ha sempre trovato la forza di correggerli prima che divenissero irreparabili, e che di fronte al male è sempre stata capace, alla fine, di riconoscerlo e di dichiarargli guerra» [*La Lezione Americana*, in *Corriere della Sera*, 5 giugno 1994].

35. Sulla stessa lunghezza d'onde scrive Giovanni Russo — a proposito dell'intervista rilasciata da Gianfranco Fini a Pier Luigi Battista della *Stampa* il 3 giugno 1994 — che fa dire al suo Pangloss: « ' non è certo di farina missina l'affermazione che con lo sbarco degli americani in Europa, essa ha perso una parte della sua identità culturale. È la stessa tesi, come ho ricordato, sostenuta per anni dalla Sinistra italiana e da molti intellettuali che le facevano coro. È strano che nella polemica suscitata da questa frase nessuno abbia obiettato che una cosa è lo sbarco degli americani per sconfiggere i tedeschi e un'altra cosa è il processo attraverso cui si è imposta l'egemonia del modello americano ' (...) ' Come mai ', si domanda, ' non si fa questa distinzione, dato che l'estendersi del modello americano non è frutto di un'occupazione militare, bensì dello sviluppo straordinario dell'economia prodotto dalla rivoluzione tecnologica e dalla facilità dei trasporti e degli scambi che, comunque, avrebbe affermato l'egemonia di chi possedeva e possiede e sempre aggiorna i mezzi tecnologici più avanzati? Vorrei chiedere se bisognava tenersi il fascismo e il nazismo (come è accaduto fino all'avvento di Gorbaciov per il comunismo) per impedire l'esportazione in Europa della Coca-Cola, della gomma americana e dei prodotti dell'IBM ' » [1994: 68].

36. In una *fiction* che in Inghilterra ha avuto straordinario successo, Robert Harris [1992] immagina una storia poliziesca ambientata nel 1964 in un III Reich che va da Danzica a Mosca. Un panorama di quello che, se non fosse stato per l'Inghilterra, sarebbe l'Occidente sotto il tallone nazista. Il libro non è venduto in Germania: e si capisce. Ma, a parte i nostri molluschi giuridici, quanti dei nostri intellettuali si sarebbero adattati all'Ordine Nuovo: come si erano adattati al patto nazi-comunista. Quando in Italia imperversa Achille Starace, nella « civilissima » Germania si bruciano i libri, e si accendono quei fuochi che dovevano segnare la fine per diecine di milioni di uomini. In Germania, nel 1932, Hitler viene eletto con 12 milioni di voti, mentre nel novembre dello stesso anno F.D. Roosevelt viene eletto Presidente degli Stati Uniti con 23 milioni di voti. Insomma, l'Europa (continentale) si fascistizza, mentre negli Stati Uniti avanza una nuova rivoluzione democratica rappresentata dal *New Deal*: Roosevelt diviene simbolo di giustizia sociale. Gli intellettuali americani si raccolgono tutti sotto la

bandiera del riformismo; furoreggiano il *jazz* e le più belle canzoni d'amore. In Germania risuonano sinistri il passo dell'oca e le note dell'*Horst-Wessel-Lied* 卐. Gli intellettuali europei in parte non piccola inneggiano al comunfascismo; in Germania ha inizio quella diaspora della grande cultura tedesca di cui si avverte la drammatica assenza ancora oggi.

37. A Mosca, nell'agosto del 1935, Bukharin, « figlio prediletto del partito » (finito poco dopo davanti al plotone d'esecuzione: stranezze degli amori comunisti!), in una riunione ad altissimo livello si scaglia contro il *fox trot* americano che corrompe la gioventù sovietica. Ma non c'è democrazia senza *fox trot* (ora *rock*), senza *Mickey Mouse*, senza *Coca-Cola.* E, in definitiva, tutte queste cose valgono mille Dresda e mille Hiroshima, se ci assicurano il diritto di non ballare, di non bere, di non vedere gli spettacoli di Topolino e, anzi, di protestare contro di essi, di cacciare un Presidente e di sostenere *in giudizio* la incostituzionalità della guerra nel Vietnam, di ottenere lo scorporo della AT&T. Se la *Coca-Cola* (il capitalismo) consente all'umanità di sfamarsi, di lavorare, di produrre ricchezza; insomma, se essa assicura quella dignità dell'uomo che i regimi alternativi europei e gli intellettuali (anche di sinistra) hanno sempre negato. E qui il pensiero va alla scandalosa posizione del gruppo che si raccoglieva attorno alle *Lettres Françaises* al tempo dell'*affaire Kravcenko* nei primi anni del II dopoguerra, che tante corrispondenze aveva trovato negli intellettuali di sinistra italiani. Galli della Loggia coglie nel segno quando individua le responsabilità degli intellettuali europei nell'antiamericanismo esistente oggi in Europa. Ma, per ritornare alla *Coca-Cola*, il sistema è tale che a chi proprio essa non piace restano ampie scelte: dallo *champagne* al rosolio, al vino, all'acqua, fresca o tiepida, minerale (gasata o non). In definitiva, in buona parte della critica al consumismo degli intellettuali nostrani si nasconde il vizio molto elitario e non poco provinciale di un profondo dispregio delle masse di cui essi si fanno a parole i difensori.

38. « Tutte le prime costituzioni scritte, tanto le americane come le francesi, nascono all'insegna della missione storica straordinaria di chi instaura con un nuovo corpo di leggi il regno della ragione interpre-

tando le leggi della natura e trasformandole in legge positiva con una costituzione uscita di un solo getto dalla mente dei saggi ». Norberto Bobbio [*Stato,* in *Enciclopedia Einaudi* 1977-81, vol. 13: 485] coglie in poche parole lo spirito della costituzione americana, che è anche quello del diritto americano, contrassegnato da una *continuità* con il mito e l'atto fondativo originario che vive ancora nella legge, nelle sentenze dei giudici e nel cuore della gente: questa continuità giuridica e politica e questo spirito in Francia non esistono più, ammesso che vi siano mai stati.

Omaggio agli Stati Uniti.

39. De Maistre afferma che tutta questa ammirazione per la costituzione americana è falsa perché le costituzioni riflettono lo spirito di qualcosa che già c'è; e che è inutile darsi una costituzione quando quello spirito non c'è. Giusto: e allora diciamo che si ammira lo spirito che a quella costituzione ha portato. Molto si può dire sugli Stati Uniti e sulla effettiva realizzazione del sogno dei padri fondatori: in questo senso, la lezione di Leonardo Sciascia, riportata in epigrafe, ricorda che « la superiorità va dimostrata coi fatti, e continuamente. Ogni giorno, ogni ora, ogni minuto ». Ma non è facile. Nel dibattito che investe gli S.U. su quale debba essere il ruolo di questo paese nel mondo, Newt Gingrich, potente *speaker* della *House of Representatives*, afferma: « ' The U.S. must lead, period ', says Gingrich, because the alternative for the 21st century is ' a dark and bloody planet '. But ' a country where 12-year-olds have babies, 15-year-olds kill each other, 17-year-olds have AIDS and 18-year-olds get diplomas they cannot read is not going to lead anybody, so we have to fulfill our duty at home.' » [C. Ogden, *Uncle Sam Hunkers Down*, in *Time*, April 17, 1995, p. 21]. Ma si tratta di toni esasperati che si ricollegano ad un antico dilemma che divide gli Stati Uniti, tipico di una potenza planetaria. Ma per chi volesse avere un'idea di questo grande paese, dei suoi problemi, delle sue prospettive per il XXI secolo, lo splendido capitolo di Paul Kennedy [1993, ed. 1944: 290], dal titolo emblematico *The American Dilemma*, costituisce una lettura ineludibile e uno di quei pezzi di cui è tanto difficile trovare analoghi nel nostro paese. Com'è stato osservato, cresce negli S.U. l'esigenza di recuperare un'adesione collettiva a un

sistema di valori, un più profondo senso di coesione sociale [R. Chiaberghe, *L'America dei nuovi profeti,* il Mulino 6/93: 1040]. Eppure, i nemici degli Stati Uniti vincono tutte le esitazioni e tutti i dubbi, com' è stato nel '39 per l'Inghilterra: e ci fanno capire da che parte stare. Da un canto, quindi, fedeltà agli ideali dei padri americani; ma non solo: fedeltà nella diversità agli Stati Uniti, oltre che per un debito particolarmente pesante del nostro paese, per una visione politica che si oppone ad una Unione Europea in funzione antiamericana.

40. E sarà anche vero che la gratitudine non è di questo mondo: ma onestà di storico vuole che si riconosca che gli Stati Uniti sono stati un grande amico del nostro paese. E non sembra inopportuno ricordare, come fa John W. Holmes, che « Gli Stati Uniti fecero uno sforzo strenuo per aiutare l'Italia, politicamente ed economicamente, in un momento in cui Francia e Gran Bretagna la consideravano quasi ' infetta ' » [*L'Italia vista dall'altra sponda dell'Oceano,* il Mulino 6/92: 1094, at 1102]. Questo ottimo articolo fa lo stato dei rapporti italo-americani e aiuta a capire, con quella chiarezza che solo il *foreign eye* consente, l'immagine dell'Italia negli Stati Uniti: « Pur non trattandosi di una dittatura, il regime politico italiano produceva sempre più corruzione e inefficienza e si era dimostrato del tutto inadatto allo sviluppo globale della società (...) L'Italia ha di frequente accettato impegni europei senza la certezza di poterli poi rispettare (...) ha contribuito in modo significativo alla creazione di una Unione economico-monetaria all'interno della Cee (...) pur essendo attualmente assai lontana dagli standard » [ibid.: 1095, 1099]. Ma ecco il nostro paese come diversità, rappresentato all'interno da « grandi statisti » che agli occhi degli stranieri (ma anche di qualche italiano per la verità) appaiono dei magliari, scaltri parroci di paese, o *dottrinari fessi.* Holmes scrive : « Gli Stati Uniti hanno trascurato l'Italia non solo perché non è né una potenza né un problema, ma anche perché rappresenta un enigma scoraggiante. Il sistema italiano, che aveva dato risultati favorevoli alle linee della politica estera americana, aveva anche prodotto dei leader e uno stile di governo che veniva giudicato incomprensibile se non addirittura irritante, e questo è un ostacolo che tuttora permane (...) Andreotti con tutti i suoi contatti con generazioni di leader americani rappresenta ancora un mistero per Washington. Il suo predecessore come massimo

leader della Dc, Aldo Moro, una figura ancora più noiosa e poco attraente, creava uno sconcerto ancora maggiore » [ibid.: 1103]. Un *reminder,* se ve ne fosse bisogno, della gravissima carenza degli uomini. E anche della necessità di mettere in atto il *piano de Franchis* di un ponte aereo per la salvezza del paese. Furio Colombo [*America allo specchio*, in *la Repubblica*, 29 aprile 1994] interpreta con grande acutezza il rito dei funerali di Richard Nixon mettendo in rilievo certi grandi valori della democrazia americana: « La rivoluzione qui, avviene per confermare un valore che esiste già. Martin Luther King aveva e ripeteva questa idea: rimuoviamo il razzismo perché deturpa l'idea dell'America. Passano nelle immagini delle telecamere gli amici di Nixon. Chi segue la vita americana sa che sono sempre gli stessi nei decenni. Qui nessuno diventa amico, nessun amico si perde (...) Ciascuno accetta gli alti e bassi del destino prescelto senza chiedersi quale sarà il cavallo vincente. Nessuno ' diventa ' ciò che non era solo perché il clima è cambiato. Anche questa è una idea dell'America: una lunga stagione di lealtà. È in base a questa che ti rispettano ».

41. Il rapporto che lega i liberaldemocratici di tutto il mondo agli Stati Uniti è quello — non facile — che stringe un *sincero* credente alla sua Chiesa. Ma il conflitto tra gli ideali liberali e le devianze dell'*istituzione* che quella *fede* dovrebbe rappresentare non impedisce di essere liberali. Probabilmente, i padri fondatori stenterebbero a riconoscere negli Stati Uniti la realizzazione degli ideali della rivoluzione americana: ma questo è un tema che, *mutatis mutandis*, ha trattato il padre Dante che, in nome di una purissima concezione cristiana, propone l'immagine terrificante della Lupa a significare ben peggiori devianze [cfr. Petrocchi 1983, ed. 1993: 137]. Ma ciò non impedisce la fede liberaldemocratica né quella giudaico-cristiana, due facce della stessa medaglia nella concezione dei giganti americani: al contrario. Le aberrazioni del potere rafforzano la fede (quando c'è), che si pone come eterno obiettivo, che resta fede proprio perché non potrà mai essere realizzata pienamente; ma esse inducono anche alla ribellione che, significativamente, Max Ernst, maestro del surrealismo, distingueva dalla rivoluzione (*Rebellion nicht Revolution*): Martin Lutero, ribelle, ma non rivoluzionario, si rivolge *An den Christlichen Adel Deutscher Nation*, ossia alla nobilità cristiana della nazione tedesca. L'ineffabile

sinistra italiana (ma non solo quella), tra i tanti disastri arrecati al paese, ha anche prodotto un'immagine degli S.U. come potenza del male, in cui l'attività imprenditoriale si distingue difficilmente dall'attività criminale *tout court*. Eppure — come aveva rilevato Alexis de Tocqueville — nel suo insieme, la società americana si ispira ad un grande religiosità ed a regole etiche ben più elevate di quelle europee. Gli S.U. sono il solo paese dotato di una legislazione come il Foreign Corrupt Practices Act che, imponendo standard interni agli affari internazionali, punisce la corruzione praticata dalle imprese americane all'estero. Comunque, come si diceva, nonostante tutte le esitazioni e i dubbi, chi badi ai nemici degli Stati Uniti capisce bene da che parte stare. E il motto *Stars and Stripes for Ever* che, tecnicamente, esprime l'indissolubilità del vincolo federale, diviene la divisa dei democratici per esprimere fedeltà agli ideali di democrazia e all'imperio della legge. Fedeltà nella diversità, beninteso; ma anche fedeltà in pace e in guerra. Che non è certamente fedeltà alla *National Rifle Association*, né alla *General Motors*; che non fa necessariamente preferire il modello economico neo-americano a quello renano, e tantomeno il coprifuoco minorile che ormai vige in quasi tutto il paese per contrastare una ormai apparentemente invincibile violenza. Fedeltà nella quale rientra certamente la ammirazione per una scelta morale, ancor più che politica, nella lotta antinazista prima e anticomunista dopo, e riconoscenza per aver liberato l'Europa dall'orrore nazista prima e averle risparmiato quello comunista dopo. Quest'opera vuole anche essere un omaggio a quella sparutissima pattuglia di intellettuali liberaldemocratici del nostro paese — storicamente sbeffeggiati e coperti di improperi e ignobili accuse da fascisti, comunisti e cattolici — che nel confronto con gli statuti anglo-americani vedevano la strada verso il riscatto morale, politico ed economico del paese. E basta pensare al famigerato *Fortebraccio*, cattolico convertitosi al comunismo, che dalle pagine dell'Unità (giornale fondato da Antonio Gramsci) derideva — con la pesantezza del fazioso — chiunque cercasse di prospettare una soluzione diversa dal paradiso consociativo italiano e, in ultima analisi, bolscevico. Il tempo ha dimostrato che quegli uomini avevano avuto regione. Ora se si pensa, ai massacri in Cecenia, alla tragedia bosniaca, all'appoggio della Russia al disegno della grande Serbia, non è difficile vedere in questo paese l'erede dell'Unione Sovietica e dei suoi disegni imperiali, a sua volta ereditati dalla Russia zarista. L'esistenza di questa situazione impone una scelta, come ad una scelta ci rimandano le tante e tante minacce del tempo nostro. In una nota inchiesta giornalistica condotta al tempo degli « anni di piombo » nell'ambito dei simpatizzanti della sinistra, fu chiesto agli intervistati se, in caso di invasione dell'Italia da parte di un esercito comunista, essi avrebbero difeso il paese: un buon 60 per cento rispondeva in maniera nettamente negativa; il resto dichiarava addirittura che si sarebbe affiancato all'Armata Rossa. Sarebbe interessante sapere, ora che quegli anni sono alle nostre spalle, quanti italiani sarebbero disposti a levare un solo dito per la difesa del paese: si ha ragione di ritenere che essi sarebbero ancora meno di allora, anche tra coloro ai quali il sistema ha consentito di ammassare colossali ricchezze. Eppure « la sapiente America », tanto per dirla con Carlo Cattaneo, insegna che una democrazia — proprio perché pluralista (federale o meno che sia) — non può esistere senza il collante del « patriottismo costituzionale », che è poi la ragione prima e anche la sola dello stare assieme, che non sia, insomma, come da noi, il fatto materiale di vivere su un determinato territorio, in un determinato condominio, per ragioni di stretta necessità. In altre parole, il « patriottismo costituzionale » è l'altra faccia del pluralismo democratico: per quanto possa sembrare bizzarro, una dittatura come, ad es., quella fascista, può fare del sentimento patriottico uno strumento di potere, di retorica pagliacciata, e tuttavia sopravvivere proprio in virtù della forza con la quale tiene unito il paese (ma cfr. anche il più cruento caso jugoslavo). Ma in una democrazia pluralista — in cui l'*affectio* che dà luogo alla *nazione* si fonda principalmente, anche se non esclusivamente (cfr., ad es., l'indissolubilità del vincolo federale negli S.U. e il § 81 dello *Strafgesetzbuch* tedesco che prevede l'*Hochverrat gegen den Bund*), sul consenso sui valori fondamentali — quando non si ha « patriottismo costituzionale » (o comunque lo si voglia chiamare) non esiste né nazione né democrazia (a prescindere dalla forma di stato). Si tratta tutt'al più, di una accozzaglia di genti non troppo diverse dalle tribù barbariche dei tempi andati; quando, come da noi, grazie a due ideologie ecumeniche, reazionarie e antinazionali (e a non pochi egregi costituzionalisti nostrani), la *cittadinanza* si riduce a un *documento anagrafico*, andarsi a chiedere perché vi sia questo sconquassamento generale, questo assalto alla diligenza legalizzato, questa indifferenza per la Resistenza, il perché della natura criminale della « forza legale » etc. etc., assume il sapore della presa in giro. Come si è accennato, senza *allegiance*, ossia senza fedeltà al paese e ai suoi valori fondanti, un regime autenticamente democratico non è neanche pensabile. Il fatto che da noi la coscienza collettiva e una buona parte della c.d. scienza politica nostrana rigettino anche soltanto sul piano ipotetico il reato di *tradimento del proprio paese* in pace o in guerra è significativo: in queste condizioni di nomadismo morale e politico il problema delle « convergenze » per ... « entrare » in Europa, e così via cantando diventa trascurabile di fronte all'altro problema, esistenziale, di genti prive di quel tanto di dignità nazionale che consiste almeno nel conservare le carte di famiglia, che quindi non possono sperare di essere prese sul serio da altri che invece tali sentimenti mostrano di avere in sommo grado.

42. A conclusione di questa parte, sembra quindi doveroso segnalare l'opera di Guglielmo Negri, ottimo giurista, presidente del Centro di Studi Americani di Roma, che tiene vivo l'interesse per una grande cultura giuridica (e politica). Ma, tra i politici, si vuole segnalare uno dei pochi ad avere intuito, anche se non senza sconcertanti semplificazioni, la potenziale portata di dirompente innovazione che gli statuti anglo-americani — peraltro sempre storicamente presenti ai migliori spiriti della classe politica italiana — potrebbero avere nella modernizzazione del nostro paese. Ossia, Marco Pannella, evangelista laico, infaticabile combattente di mille battaglie, dal quale, peraltro, è d'uopo non di rado fortemente dissentire. Personaggio atipico del mondo politico italiano, ma allo stesso tempo impensabile al di fuori di esso, di lui si vuole ricordare il merito storico consistente nell'avere visto, prima e meglio di altri, gli effetti devastanti che il *compromesso* tra le due massime forze politiche avrebbe avuto sul paese. E forse se si tiene conto che il centro-sinistra italiano resta una *lobby* di « quote », di cassintegrati, operai fannulloni e portieri insolenti, si può anche capire il suo *clamoroso abbaglio* nello schierarsi con il « laurismo del Nord », nella speranza che fosse qualcosa di meno incivile, reazionaria e ignorante del « laurismo del Sud » di qualche decennio prima. Marco Pannella ha visto fin dall'origine nel *referendum* uno strumento fondamentale per la modernizzazione di una *status society* come quella italiana che le altre forze politiche, anche volendo, non potrebbero cambiare.

Evviva, quindi il referendum. E si vuole ricordare l'istituto dei *recalls* esistente in numerosi stati dell'Unione negli Stati Uniti (ma non in sede federale), che consente, appunto mediante referendum, di revocare il mandato elettorale *in anticipo della scadenza* a un amministratore inidoneo a ricoprire la carica alla quale è stato eletto. In soldoni: ad evitare che svaligi completamente la cassa o faccia disastri ancora più gravi di quelli che ha già provocati: se si pensa agli amministratori delle città italiane non ci sarebbe che l'imbarazzo della scelta. In ogni caso, nel baraccone nostrano di 150 mila leggi e 300 tra imposte e tasse non bastano 18 referendum. Ce ne vorrebbero almeno 18 mila. E non si tratta dei soli diritti civili, addirittura un dettaglio in un ordinamento che, con un diluvio di leggi, assicura l'*anomia* del sistema. Solo che i referendum bisogna saperli scegliere e saperli fare, e non aver paura; perché non proporre l'abrogazione del *criminoso regime dei lavori pubblici* e, in particolare, del famigerato istituto della *concessione*? Forse solo perché dispiacerebbe ai *fratelli Somoza* di destra, centro e sinistra? Quanto ai modelli, va rilevato che quello presidenziale americano — che *non* si inquadra in un sistema maggioritario — esportato in un *habitat* così diverso come quello sudamericano (il nostro paese rientra in questo gruppo), si è rivelato un clamoroso fallimento, come lo è stato il governo di gabinetto britannico maggioritario adottato in India. Prudenza quindi nel suggerire una forma di stato (federalismo) o di governo (presidenzialismo) con la stessa facilità con cui si propone il cambiamento degli orari dei negozi (che, peraltro, da noi si scontra con la più potente e indecente lobby dell'Occidente, ossia quella dei bottegai). Ma se l'adozione di un qualsiasi modello comporta dei rischi, è facile prevedere autentiche catastrofi dai prodotti autarchici, derivanti dalla pretesa di originalità dei nostri ultramodesti professori-politici, con la loro prosopopea di inventare ancora una volta un animale nuovo, qualcosa di mai visto al mondo, che insistono nel dimostrare una genialità che non esiste: ancora una volta pronti a dare lezioni al mondo invece di prendere posto nel banco delle elementari e con quaderno e penna e calamaio farsi diligenti scolari: altre meraviglie sono alle viste. Che S. Francesco, patrono d'Italia, protegga il paese dai nostri *padri ... sfondatori.*

Post scriptum

Studiare la *democrazia americana* significa studiare anche la *cultura popolare* dell'America: se non lo si vuole ridurre ai quattro gatti del nostro Risorgimento, il patriottismo costituzionale non può essere tale che nella misura in cui è diffuso nelle masse. E di questa cultura popolare le canzonette che davano fastidio a Alexis de Tocqueville sono una parte essenziale. Per questo si vuole qui ricordare che i motivi di *Fats Waller*, di *Billie Holiday*, *Benny Goodman,* e di tanti altri che rappresentano la musica popolare americana — insomma, il jazz (ora *rock* o qualcos'altro) — hanno sorretto l'autore nel disperato sforzo di controllare la sterminata materia, aiutandolo a capire l'*esprit* autenticamente popolare della grande nazione americana.

Tutti i nodi vengono al pettine.
Quando c'è il pettine.

Leonardo Sciascia, *Nero su Nero.*

Se le chimere fossero commestibili faremmo affari d'oro, perché ne abbiamo il monopolio.

Saverio Vertone, *L'ultimo manicomio.*

PARTE III

ELOGIO DELL'ECONOMIA POLITICA

1. Uno degli (apparenti) misteri del *syllabus* degli studi giuridici nel nostro paese è costituito dalla presenza, tra le materie *obbligatorie* del I anno, dell'*economia politica.* Con i tempi che corrono e le ottomila discipline insegnate (si fa per dire) nelle università italiane (ma ora sono quattromila), non sorprenderebbe se vi figurasse anche l'esame di calcolo sublime. E non sorprenderebbe neanche se questa materia, che *apparentemente* nulla a che vedere con il diritto, fosse stata inserita per dare pane (e molto companatico) a un gruppetto di docenti che — salvo rare ed encomiabili eccezioni — non conoscono né l'economia né il diritto.

2. Perché se l'insegnamento del *diritto dell'economia* dà adito a fieri sospetti (scalzacani in cattedra), per l'esame di economia politica si tratta, invece, di discorso più serio e più lungo. Non fosse altro perché questo inserimento-abbinamento, che dir si voglia, risale a quasi un secolo fa, quando l'università italiana e il paese erano retti da una grande classe dirigente (ma lo si scopre solo adesso: facendo i confronti). Ma allora qual è stato il *reasoning* di questa (apparente) stravaganza? Che l'economia politica debba essere qualcosa che il giurista italiano rimuove per una sorta di più o meno malizioso meccanismo giustificatorio è dimostrato dal fatto che nessuno ne parla. Riccardo Orestano, eminente studioso, vede i cambiamenti verificatisi nella scienza giuridica italiana tra il XIX e il XX secolo — più che nel mutato quadro delle discipline delle Facoltà di legge nell'Italia preunitaria che hanno

portato all'unificazione dei piani di studio — « nei procedimenti della scienza giuridica e nella concezione che questa viene assumendo di se stessa e dei propri compiti » [1959-68, ed. 1978: 275]. E in una brillante appendice saluta il liberatorio passaggio della scienza giuridica italiana dal nefasto « sistema » (con le sue concettualizzazioni) a quello in cui, nelle « sue posizioni più consapevoli e significative, si viene sempre più aprendo allo studio della storicità dell'esperienza giuridica » [ibid: 287]. Ma, a giudicare dagli atroci manuali e testi imposti ai nostri studenti, si direbbe che questa consapevolezza della storicità del diritto o non esiste o è limitata a pochi stravaganti: ma qui si invoca la dicotomia — tutta italiana nelle sue esasperazioni — tra *didattica* e *ricerca*, insinuando che a una disastrosa didattica si possa contrapporre una grande scienza (l'alibi dei nostri docenti): ma si tratta di pietosa bugia: in nessun paese del mondo si è mai vista una divaricazione del genere: da noi la « scienza » non è meno modesta della « didattica ». In ogni caso, in nessun luogo del suo apprezzato e condiviso bilancio dello sconquasso per la nostra scienza giuridica provocato dalla pedissequa adozione della pandettistica tedesca, vi è *il benché minimo accenno al ruolo dell'economia politica* nelle nostre facoltà di giurisprudenza, alle sue ragioni, alla sua funzione. Ma una storicità che escluda l'economia è una storicità incompiuta; ed, in effetti, la storia del diritto italiano, salvo eccezioni, appare tutto salvo che storia del diritto, almeno come la si intende altrove: una filosofia di serie B.

3. Cosa c'entra il diritto con l'economia? Questa è la domanda che migliaia di studenti di giurisprudenza si fanno nel nostro paese; ma nessuno si cura di rispondere, di spiegare (nonostante un centinaio circa di cattedre di economia politica nelle facoltà di giurisprudenza). La materia è studiata in maniera atroce e in maniera ancora più atroce viene insegnata su testi di solito pessimi o anche buoni (ma in questo secondo caso si tratta di solito di traduzioni dall'originale inglese di libri destinati a studenti di economia, non di diritto). Non esiste un solo testo di economia politica per gli studenti di giurisprudenza che stabilisca un qualsiasi rapporto tra istituti giuridici e sistema economico. Se a questo si accoppia la di solito mediocre qualità della didattica, si capisce il senso di profondo disgusto per la materia che accompagna gli studenti per il resto della loro vita.

4. Non esistono quasi giuristi che nelle loro opere accennino a un raccordo tra economia e diritto nelle società industriali dell'Occidente; e meno che mai economisti che accennino al diritto come fattore di condizionamento dell'economia. Come se il legislatore non fosse un Re Mida che, con un tratto di penna, trasforma quello che tocca in oro, che crea mercati di migliaia di miliardi di dollari che condizionano interi continenti (cfr. gli effetti del proibizionismo della droga); come se una certa politica doganale non potesse distruggere o dar vita all'economia di una regione o di un intero paese. Come se i mercati finanziari e il corso dei cambi internazionali non fossero determinati dalle vicende politiche, da cambi di governo, se non anche dallo spostamento di un ministro. Ma lasciamo perdere. In un diluvio di saggi *semifilosofici sull'interpretazione giuridica*, non si trova una sola parola sul perché di questa presenza dell'economia nei piani di studio e sul perché per capire il diritto — prima ancora di interpretarlo — bisogna conoscere i fondamenti economici degli istituti giuridici. Quasi come un peccato di gioventù di cui nelle buone famiglie non si parla, i giuristi respingono indignati la presenza, anzi si vergognano di qualsiasi ingrediente economico che turbi la « purezza » della loro scienza: gli economisti fanno altrettanto, e si vergognano del diritto che turba le loro « leggi » economiche; e così, di vergogna in vergogna, si arriva a quella generale.

5. Ecco cosa scrive Francesco Messineo in tema di società nel suo celebrato *Manuale* [vol. III, t. I: par. 150, p. 290]: « Si prescinderà da un approfondimento del tema, dal punto di vista del *substrato economico* e dalla *funzione economica* della società; ma soltanto perché ciò esorbita dai compiti del giurista ». Ad essere solo un pochino seri, questo postulerebbe che qualcuno (magari il professore di economia politica della facoltà di giurisprudenza; perché di ciò si parla) questo substrato lo spiegasse al povero studente. Naturalmente, vale anche la reciproca: l'economista dà a sua volta per scontato il regime giuridico perché esorbita dal compito dell'economista. E qui non si propone di fare dei nostri studenti di giurisprudenza degli economisti, ma di evitare loro di essere costretti a mandare a memoria migliaia di pagine di pessimi testi (di diritto e di economia) senzi capirci nulla; di stabilire certi fondamentali raccordi, e far capire; insomma, di praticare *quella decorosa didattica che attualmente non esiste*. Per ora, in un paese in

cui ogni cosa se ne va per conto suo, nelle facoltà di giurisprudenza diritto ed economia *non si incontrano mai*. Ma Pantalone continua a pagare per delle cattedre perfettamente inutili. Eppure la decisione di inserire l'economia politica nel *syllabus* della facoltà di giurisprudenza — se solo la materia fosse studiata nella maniera giusta, se cioè giuristi ed economisti fossero in grado di spiegare i raccordi tra le due discipline (*economia* e *diritto*) — sarebbe poco meno che geniale. Comunque, essa (decisione) testimonia quanto grande fosse quasi un secolo fa l'*envergure* della classe dirigente liberale.

6. Ed ecco il gioco delle premesse: il giurista dà per scontate le premesse economiche della materia che pretende di insegnare, e così fa l'economista per le premesse giuridiche che sono, a rigor di termini, premesse politiche. È un gioco che da noi ha raggiunto le vette del surrealismo, e solo un grande maestro come Max Ernst potrebbe rendere in forma pittorica una gara di assurdità in cui gli studiosi si rimbalzano le premesse proprie e quelle degli altri per poi rinviarle tutte ad una terza scienza che non c'è perché anch'essa se ne è andata per conto suo. E tutto questo potrebbe rientrare nella Follia delle cose nostrane se non fosse aggravato da un'altra Follia, ossia che da noi il diritto è scienza *metastorica* e che, per quanto vi siano un centinaio di cattedre di storia del diritto italiano, nessuno o quasi nessuno si preoccupa dello studio della storia degli istituti giuridici. E così, mentre nel sistema inglese chi vuole studiare il regime societario attuale *deve* passare attraverso lo studio del *Bubble Act*, ossia imparare la storia del diritto societario, da noi tutto questo è ritenuto inutile. E i risultati si vedono. Con una montagna di premesse che nessuno si è mai curato di chiarire, ai ragazzi non resta che esercitare la memoria. C'è solo da augurarsi che nelle materie c.d. « scientifiche » non si verifichi lo stesso palleggio di premesse: ma anche qui i sospetti sembrano giustificati.

7. Poiché da noi tutti i discorsi seri si fanno sempre a finti sordi e finti ciechi, si ripete che si tratta non già di fare del giurista un economista, ma di dare una giustificazione ad una disciplina (economia politica) che così com'è ora insegnata nelle facoltà di giurisprudenza non ha ragione di essere. In effetti — lungi dal risolvere il diritto nell'economia — è un fatto che se in una qualsiasi società industriale, in cui

cioè l'attività economica assume preminente importanza, si dovesse ignorare il contenuto, o la natura economica della materia giuridica e le interazioni tra economia e diritto, sotto le rubriche giuridiche non resterebbe poi tanto. Eppure non molto tempo fa Jacques Delors, presidente della Commissione Europea, ha dichiarato che fra qualche anno quasi l'80 per cento del diritto interno dei paesi membri sarà di derivazione comunitaria; ma l'Unione Europea non è un sinedrio di filosofi: il contenuto di quel diritto è essenzialmente di natura economica.

8. Nei paesi mediamente civili, diritto ed economia vanno assieme (anche nei paesi meno civili, ma in un altro modo): ed è un intreccio molto più stretto di quello che da noi si è portati a credere. L'attività economica è (o dovrebbe essere) disciplinata dalla legge: negli Stati Uniti lo Sherman Antitrust Act risale al 1890. In questo senso, non si può intendere la ragione profonda dell'apparente paradosso di *anomia* che vive un paese come il nostro — in cui esistono ben 150 mila leggi e 300 tra imposte e tasse — senza collegare questo fenomeno alla struttura e alle *caratteristiche specifiche dell'economia italiana.* Ossia allo sviluppo di un modello economico avvenuto all'ombra dei banani della *democrazia consociativa*, alla ricerca di quel modello economico jugoslavo che distingue l'economia del nostro paese da quella di tutti gli altri dell'Occidente industriale. Una analisi di questo aspetto è la sola che possa condurre a capire perché tutti i più o meno grandiosi progetti di riforme (forma di stato-forma di governo) appaiono destinati a provocare gravi sconquassamenti nella misura in cui non sembrano accompagnarsi a una massiccia e determinata volontà politica di indurre *quel radicale cambiamento delle nostre strutture da una economia (e un diritto) da straccivendoli*, come le attuali, a quelle di un paese moderno. In altre parole, non si può avere un ordine giuridico moderno ed efficiente senza che vi sia anzitutto una economia di mercato efficiente. Con questo non si vuol dire, ovviamente, che il cambiamento debba consistere in quel *free for all* rafforzato (rispetto a quello che già esiste) nel quale sembra consistere il messaggio del Polo delle Libertà. Al contrario.

9. In un interessante articolo Marcello De Cecco [*Per una genealogia dello strozzinaggio*, in *la Repubblica-Affari & Finanza*, 12 settembre

1994] spiega bene perché è giunta « a suppurazione una antica piaga italiana, quella dell'usura ». Questo eminente studioso ricollega il fenomeno, tutto italiano nelle sue dimensioni, all'*abnorme sviluppo della microimpresa* nel nostro paese: « Il nostro sistema economico è venuto negli ultimi decenni sempre più a caratterizzarsi, tra gli applausi di politici ed economisti, per la prevalenza di microimprese e per un altissimo tasso di natalità delle imprese stesse, cui corrisponde una mortalità infantile che Erode stesso invidierebbe ». Il sistema bancario concorre al fenomeno in maniera rilevante, tra l'altro, mediante la prassi degli affidamenti plurimi a sua volta determinata dalla situazione « di illegalità fiscale e previdenziale diffusa nella quale vivono le imprese italiane. Essa è storia antica, e conduce a una inaffidabilità dei conti ufficiali delle stesse imprese, che era già nota agli albori di questo secolo e che è venuta sempre più aggravandosi ». Ma a parte questo fattore: « In un sistema caratterizzato da una microimprenditorialità abnorme, come quello italiano, e che è stato incitato da politici ed economisti a diventarlo sempre di più negli anni più recenti, la malapianta dell'usura è inevitabile che cresca rigogliosa ». Quanto ai rimedi, egli afferma realisticamente che: « Non molto si può fare contro questa piaga, che è connaturata a un sistema a imprenditoria diffusa, così come lo era (e lo è ancora nei paesi sottosviluppati) quando prevalevano la mezzadria e la piccola proprietà coltivatrice. Si può naturalmente cercare di favorire la concentrazione delle imprese, ma questo è proprio il contrario di ciò che politici ed economisti hanno raccomandato negli scorsi decenni, gloriandosi della via italiana all'industrializzazione ». Finalmente un economista che parla chiaro e dice anche cose sensate in un italiano comprensibile; combinazione che si riscontra di rado.

In un successivo articolo, nel ritornare sul tema del modello economico italiano, questo attento e coraggioso studioso, chiede: « Quante tonnellate di vestiti, scarpe e occhiali, anche di gran marca, occorrono per comprare un Airbus, o una tonnellata di acciaio speciale o una tonnellata di materie intermedie chimiche, o un computer? E che tipo di sistema educativo, a basso livello e in continua decadenza, basta a mantenere questo tipo di scambio? Per fare quel che produce la nostra meravigliosa piccola impresa non ci vogliono diplomati dell'Ena o ingegneri dell'École Polytechnique. Bastano un po' di periti industriali intelligenti, tante madri di famiglia dalle mani d'oro e dall'occhio vigile per mandare [avanti] le macchine, una legione di commercialisti, qualche geometra per mettere a posto le cose in Comune, e un sistema bancario che presti senza fare troppe domande ». Si tratta, insomma, di un modello pazzesco, uno splendido regalo fatto ai nostri partner comunitari, che dovrebbero almeno apprezzarlo visto che consente loro di fare quello che potremmo fare anche noi. Ma l'articolo è anche un accorato invito agli italiani a riflettere sulle storture dell'economia nostrana. Marcello De Cecco continua: « Quanto rende [ai nostri partner] (...) la incapacità italiana degli ultimi due decenni di mantenere in vita a un livello decente la gran parte delle istituzioni la cui costruzione e gestione richiede più delle mani d'oro delle nostre operaie, dell'acume dei nostri ex mezzadri fattisi industriali e delle furbizie dei nostri commercialisti? (...) E ancor più riflettano quegli italiani che non hanno le mani d'oro, che non sono industriali venuti dal nulla (...) i cui figli forse avrebbero trovato un lavoro se tutte quelle attività che ora svolgono per noi francesi, inglesi, tedeschi e svizzeri fossero rimaste in Italia, dove erano state costruite con il sangue, il sudore e le lacrime di milioni di emigranti e di cento anni di rinascita nazionale. Capiscano dunque che, per la insipienza della propria classe dirigente, negli ultimi vent'anni essi hanno barattato lavori ad alto contenuto di tecnologia, di cultura, di educazione tecnica, contro il privilegio di fare scarpe, occhiali e vestiti per tutta l'Europa, di avere cioè un'industria che richiede solo manodopera malpagata e a basso livello tecnico » [*L'Italia scapestrata e i vitelli di Chirac*, in *la Repubblica-Affari & Finanza*, 3 luglio 1995]. Difficile dire meglio. Il fatto è che il modello economico italiano, acclamato dalla maggioranza dei nostri economisti — e si spera che i plauditori siano almeno dei *professori al guinzaglio*, ché diversamente si tratterebbe di autentici imbecilli — appare più come il risultato di una deliberata strategia economica delle due forze politiche che hanno governato e governano il paese che dell'insipienza, che pure ha tanta parte nelle nostre cose. A riandare agli ultimi due decenni, sembra fuor di dubbio che le forze cattoliche e comuniste hanno perseguito un modello economico terzomondista e antioccidentale: del resto, la politica italiana dell'immigrazione attuale si ispira allo stesso disegno. Comunque, questa autorevole analisi dimostra anche che, in queste condizioni, non si può neanche parlare di *ricerca* seria nel nostro paese, e che l'invocato raddoppio degli stanziamenti già ingentissimi (tenendo conto del modello economico) non significa altro che un ulteriore sperpero di denaro pubblico nel pozzo senza fondo della burocrazia accademica.

10. Eppure l'economia è la regina delle prove della validità di un regime politico: ma quest'ultimo non sarebbe pensabile senza un ordinamento giuridico che sorregga tutto il sistema (economico e politico). La caduta del comunismo è stata, allo stesso tempo, il fallimento di un modello economico (in cui si riteneva addirittura di poter vantare un primato) e del regime politico (e quindi giuridico) che su quel modello era stato creato; insomma, fallimento di una analisi economica prima e politica e giuridica poi. Ma il diritto sorregge una data economia, e non si può confondere l'ordinamento di una economia collettivista con quello di un'economia di mercato. Comunque, sono, in buona parte, *anche se non in tutto*, i meccanismi economici a spiegare il diritto: una loro primordiale conoscenza è la premessa per la comprensione del sistema giuridico di un qualsiasi paese. Come si è accennato, non si tratta di fare dei giuristi degli economisti o aziendalisti, come pure si è suggerito, ma di far capire ai giuristi il rapporto tra istituti giuridici e economia, e come nascono, si sviluppano e *degenerano gli istituti giuridici sotto la pressione di un certo modello economico*. Dal primato economico e giuridico del nostro paese al precipizio nel sottosviluppo, si tratta di una parabola che è economica, giuridica e politica allo stesso tempo. Del resto, per molti versi, una politica del diritto non è pensabile senza l'analisi economica: il regime della *product liability* (negli S.U.) non sarebbe stato possibile senza l'ausilio dell'*economic analysis of law*. Non si possono capire le ragioni dell'arretratezza del nostro sistema giuridico — in termini di contenuti sociali, non di elaborazioni astratte — se non si parte dall'arretratezza del nostro sistema economico, dalla sua impossibilità di adottare standard occidentali, che sono giuridici nella forma ma economici nella sostanza. E anche capire, come pure si è già detto, che fino a quando il nostro paese avrà un capitalismo come quello attuale, qualsiasi riforma giuridico-istituzionale non potrà mai assicurare quella auspicata modernizzazione che è, per molti versi, soprattutto un fatto economico.

11. Capitalismo? Ma è una parola che indica qualcosa che non si trova allo stato di natura. Si tratta di un fatto dell'uomo, ma *esso è tanto diverso quanti sono i regimi giuridici entro i quali è chiamato ad operare.* Michel Albert nel suo ottimo saggio [1991, trad. it.] descrive i due principali tipi di capitalismo sviluppatisi nell'Occidente industrializzato: quello *renano* e quello *neoamericano*, e non nasconde le sue preferenze. Ma, in effetti, si tratta di un divario, oltre che tra meccanismi economici in senso stretto, soprattutto tra regole giuridiche e, in ultima analisi, tra concezioni e filosofie politiche ed economiche diverse. Che sono notevoli e derivano da numerosi fattori storici e di cultura; ma resta il fatto che, dovunque, uno *stato di diritto* degno del nome non può rinunziare a regolare l'attività economica e, di conseguenza, le diversità tra i due modelli attengono in buona parte, anche se non esclusivamente, al modo in cui il potere pubblico regola l'economia. Il capitalismo non è quindi soltanto un concetto economico: in uno stato di diritto, esso è anche inevitabilmente *un concetto giuridico*, un mix di *regole economiche* e *regole giuridiche* in cui non di rado appare difficile stabilire quali, e in che misura, influenzino, condizionino, o determinino le altre. Si parla da noi di *costituzione economica*, traduzione del parolone teutonico, assai improbabile scienza che assicura molte cattedre ma non riesce neanche a descrivere la (apparentemente) assurda situazione, da un lato, di un baraccone di 150 mila leggi e, dall'altro, l'assenza di *regole elementari* a disciplina del mercato (e della politica). In cui l'*economia sommersa*, per le sue abnormi dimensioni prive di comune misura nei paesi industrali dell' Occidente, costituisce la fonte principale dell'*illegalità di massa* che da noi coinvolge diecine di milioni di persone. Si studia poco o non si studia affatto, salvo eccezioni, l'*analisi economica del diritto*: che invece costituisce lo strumento per capire fin dove il diritto può arrivare senza distruggere l'economia. In ogni caso, sia consentito di esprimere fieri dubbi sulla idoneità di una cultura giuridica tutta di sottigliezze, ma, in fin dei conti, contadinesca, a fornire adeguati strumenti di analisi ad una società come quella nostrana, i cui governanti hanno il *toupet* di affermare essere industriale, democratica e pluralista.

12. In ogni caso, quello tra regole economiche e regole giuridiche è rapporto non agevole, che in uno stato di diritto conserva al suo in-

terno un intrinseco dato di tensione dialettica; l'equilibrio è delicato, non si stabilisce una volta per tutte, ma va cercato di volta in volta. In una società democratica e pluralista numerosi e possenti gruppi di pressione (che non sono, come da noi, esclusivamente delle *lobbies* camorristiche, ma anche portatrici di interessi generali) sollecitano il potere pubblico per l'adozione di leggi che intervengano sui processi economici: ma la lettura di questo fenomeno, peraltro tipico delle società pluraliste dell'Occidente, va fatta sulla base dell'ideologia prevalente in un dato momento storico. Di modo che, ad es., chi volesse intendere la natura del capitalismo nordamericano non potrebbe prescindere dalle decisioni della veneranda *Supreme Court*; che derivano dall'ideologia economica che del capitalismo si fanno i giudici, oltre che gli economisti e i politici: com'è stato osservato: « the Supreme Court has occupied a central position in the development of American capitalist institutions since the beginning of the nineteenth century » [H. Hovenkamp, *Capitalism*, in *Oxford* 1992: 117, at 118]. In questo senso, il movimento del *New Deal* ispirato da Franklin D. Roosevelt va considerato tenendo conto del mutamento dell'ideologia economica della *Supreme Court* nell'ultima fase degli anni '30 mediante una maggiore accettazione dell'intervento delle *agencies* federali, che dovevano rivelarsi potenti *regolatori* dell'economia. Come si addice ad uno stato federale, una buona parte delle controversie sulle quali si è pronunciata la Corte attiene alla portata e ai limiti del potere regolatorio federale e degli stati dell'Unione. Grazie alle, o a causa delle, *administrative agencies*, il capitalismo nordamericano è il più regolato dell'Occidente; ma esso non è *gestito* dal potere pubblico, come accade da noi (peraltro, in una atmosfera da *Far West* giuridico). E quindi appare più acconcio parlare di *economia di mercato*, espressione che indica il capitalismo e le regole giuridiche che disciplinano il fenomeno: sono queste ultime a fare, in buona parte, la differenza tra un capitalismo e l'altro [cfr. Luciani, M., *Economia nel diritto costituzionale*, in *Digesto IV Utet*, *Pubbl.,* vol. V: 373; Rusconi, G.E, *Capitalismo*, in *Dizionario di Politica* 1976, ed. 1983: 137].

13. L'arretratezza dell'intero *corpus* giuridico nazionale (vale appena la pena di precisare che il giudizio *nettamente negativo* include la *giurisprudenza* delle varie corti), la impossibilità — più che difficoltà —

per la nostra economia di adottare gli standard minimi comunitari, a partire dalle « convergenze », ai monopoli, alla trasparenza bancaria, ai servizi, agli spot televisivi, per finire con le misure di sicurezza, l'ambiente, e così via cantando, riflettono, anzitutto, una profonda arretratezza *strutturale* della nostra economia rispetto a quelle dell'Occidente industriale [cfr. Barbagli, M., *Nella scuola secondaria le radici delle disfunzioni dell'università*, in Ginsborg (cur.) 1994: 565; Belloni, M.C., *Un paese di imprenditori piccoli piccoli*, ibid.: 236; Berlinguer, G., *Salute e (mala)sanità*, ibid.: 306; Bevilacqua, P., *Questione meridionale*, ibid.: 72; Franchini, C., *La fatica di stare in Europa*, ibid.: 503; Graziani, A., *Economia al bivio*, ibid.: 366, 370; Pasquino, G., *Europa difficile per l'Italia,* ibid.: 648; Pugliese, E., *Economia informale*, ibid.: 403; Saragosa, G., *La via italiana all'inquinamento*, ibid.: 34; Traversa, G., *Cittadini sottoposti a rischi inutili,* ibid.: 310; Trigilia, C., *I paradossi di un capitalismo leggero*, ibid.: 432].

14. Si lamenta che, in pratica, da noi non esiste *ricerca*; ma, suvvia: di quale ricerca può mai aver bisogno una struttura imprenditoriale costituita quasi esclusivamente da medie e piccole imprese? e da una economia sommersa che sfrutta i dipendenti, non paga i contributi assicurativi, si dedica al plagio dei marchi altrui, inquina l'ambiente e spesso svolge addirittura un'attività criminale *tout court*? Di quali e quanti *giuristi di impresa* può mai avere bisogno una economia del genere? Cos'altro ci si aspetta da un'economia da straccivendoli? L'espressione *mentalità levantina* è molto diffusa da noi, ma pochi pongono mente al fatto che è un determinato tipo di economia piuttosto che una collocazione geografica a determinare un certo tipo di cultura: quale può essere la pratica di vita e il costume di un paese con un'economia sommersa e frantumata fra *diecine di milioni di operatori* come la nostra? E quale diritto governerà questo Caos incontrollabile? Fino a quando l'imprenditoria italiana non passa dagli attuali nani di Biancaneve ad imprese di dimensioni europee, fin quando non esce dalla sua natura silvo-pastolare, tutti i bei discorsi che si fanno sulla ricerca resteranno una gran perdita di soldi e di energie: se mai, a voler essere seri, in attesa di creare meccanismi di controllo organizzati e gestiti da esperti stranieri, si tratta non già di raddoppiare, ma di dimezzare la spesa pubblica nel settore. Comunque, come si è accennato, economia e di-

ritto viaggiano assieme: e viaggiano assieme anche economia e cultura. Il diritto italiano non è fatto per, e non regola, l'economia di mercato di un paese industriale maturo; ma se — per miracolo — il nostro paese si trovasse da un giorno all'altro benedetto da un regime giuridico del genere, esso non servirebbe a nulla, o tutt'al più, a regolare l'1 per cento dell'economia reale del paese. Ma quale IVA, ma quale *audit*, ma quale Opa, ma quale regime societario moderno, ma quale tutela del consumatore e dell'investitore, ma quale assicurazione, ma quale responsabilità del produttore, ma quale *antitrust* (la legge esistente è stata approvata con un ritardo di 40 anni!), ma quale registro delle imprese (di quali?: della minoranza? ossia, di quelle emerse?). Ma quale sistema fiscale è mai ipotizzabile in una situazione in cui l'attività economica è polverizzata in almeno 20 milioni di imprese?, in cui cioè, ufficialmente su ogni 5 persone vi è un « imprenditore »?; beninteso all'italiana. Tutte le riforme di cui parlano i giuristi trascurano il fatto che il sistema giuridico italiano tocca, come si è accennato, tutt'al più l'1 per cento dell'economia reale: il restante 99 per cento è un universo a parte, che se ne va per conto suo. Comunque, a Milano, piazza finanziaria d'Italia, gli studi legali con più di 10 soci si contano sulle dita di una sola mano. Se poi si tiene conto delle disastrose carenze dell'insegnamento universitario e, anche, della scarsa conoscenza delle lingue, non sembra difficile prevedere che il diritto di stabilimento si svolgerà in un senso solo, con l'arrivo nel nostro paese di studi professionali stranieri più attrezzati. Ma si tratta di un timore da non esagerare: in effetti, scarsissimo è l'interesse che, salvo rare ed encomiabili eccezioni, suscita in queste ed altre cose un paese come il nostro che ha preso una strada tutta sua: un giurista straniero preferirà di solito il mercato tedesco, svizzero, francese, inglese, olandese o spagnolo a quello italiano.

15. L'idea guida di quest'opera attiene all'interdipendenza tra sviluppo economico e sviluppo degli istituti giuridici, tra economia e democrazia: un punto cruciale deliberatamente ignorato dai nostri studiosi, almeno là dove certe cose andrebbero dette, ossia nell'università. Eppure, quando Lord Mansfield, fondatore del diritto commerciale inglese, definisce gli italiani come: « the first great traders of the modern world » [cit. in Ivamy 1969, ed. 1974: 174], egli si riferisce a un pri-

mato di pensiero giuridico fondato su un determinato sviluppo economico, tecnologico e culturale (successivamente svanito). Da questo punto di vista, non sembra azzardato affermare che il fallimento della *democrazia consociativa* sia anche quello del modello economico di sviluppo su cui essa si fonda; non diversamente da come, *mutatis mutandis*, il fallimento del sistema politico comunista significa anzitutto il fallimento dell'economia collettivista. E neanche sembra azzardato aggiungere che la *démission* degli economisti nostrani nel supportare entusiasticamente uno sviluppo così perverso dell'economia nazionale è altrettanto grave quanto quella dei giuristi.

16. Anzitutto, una economia come quella italiana — caratterizzata da un bassissimo tasso di produttività [cfr. P. Guerrieri, *La collocazione internazionale dell'economia-italiana*, in Ginsborg (cur.) 1994: 379, at 386], in cui il 98 per cento delle imprese manifatturiere ha meno di 100 addetti e rilevantissimo appare lo spazio occupato dall'economia informale (ossia illegale) — può a mala pena permettersi il lusso di pagare (spesso assai male) i dipendenti, ma non certo assicurare il rischio d'impresa anche se in definitiva destinato a ricadere sul consumatore. Del resto, le gigantesche evasioni dei contributi assicurativi anche da parte delle « grandi » imprese del Nord, il ricorso alla cassa integrazione e, nell'Occidente industrializzato, il *primato assoluto degli incidenti sul lavoro*, rivelano le carenze di un sistema di cui finora troppi studiosi e giornalisti non hanno tessuto che le lodi [cfr. Belloni, M. C., *Un paese di imprenditori piccoli piccoli*; Pugliese, E., *Economia informale*; Trigilia, C., *I paradossi di un capitaliasmo leggero*; tutti in Ginsborg (cur.) 1994: 236, 403 e 432].

17. L'industrializzazione e il capitalismo sono sfide culturali globali, e Franco Ferrarotti coglie nel segno quando scrive che: « Il decollo in senso economico è indubbio, ma il processo di industrializzazione è un processo sociale globale. Ridotto alle sue dimensioni puramente tecniche e finanziarie, non dà luogo a un processo di innovazione in senso proprio, ossia di modernizzazione compiuta, bensì a una modernizzazione spuria (...) Gli italiani hanno i piedi nel mondo industriale moderno ma la testa — i valori, gli atteggiamenti psicologici — ancora ferma al ' paese mio ' » [1990: 213].

18. Senza democrazia economica non è ipotizzabile democrazia politica: lo spaventevole *deficit giuridico* nostrano non è altro che, in buona parte, un capitolo del nostro *modello economico*. Il comparatista italiano che, al di là della grammatica, si spinga alla fisiologia del diritto, che insomma tenga conto del contenuto sociale delle norme — che è contenuto politico — non può non avvertire un senso di umiliazione nel constatare l'arretratezza economico-normativa complessiva del sistema-Italia. E qui gli *exploit* non devono ingannare: come la trasvolata atlantica di Italo Balbo (1933), notevole fatto organizzativo e tecnico che non poteva nascondere l'effettiva consistenza della potenza economico-imprenditoriale del regime fascista, una vittoria della Ferrari, un goal segnato nei tempi supplementari, il successo del Moro di Venezia o l'esportazione in Germania di una colossale partita di mutande firmate. Tutte cose commendevoli ma che non possono nascondere la sostanza economico-giuridica del paese.

19. Sergio Segre [*Loro non hanno preso in giro l'Europa,* in *l'Unità*, 21 aprile 1992], nel commentare l'inaugurazione dell'Expo universale di Siviglia e la Spagna odierna nel suo complesso, scrive: « Quel che più colpisce l'osservatore, e lo conduce per forza di cose al confronto con altre situazioni, a cominciare da quella italiana, sono, insieme, l'assenza di fenomeni di autosufficienza e la forte presenza di una capacità di programmazione senza confronti, o quasi, con la realtà europea attuale (...) La chiave vera è però, forse, nel rapporto che [la Spagna] è riuscita a creare con l'Europa di Bruxelles, e che è fatto di presenza attiva, di impegno continuo e di assenza, in ultima analisi, di tutte quelle furbizie con cui una certa società italiana credeva di riuscire a ' fare fessa ' l'Europa e che invece abbiamo pagato e paghiamo caramente. Una diplomazia giovane, colta, seriamente preparata, capace democraticamente di grande ascolto e di recepimento, è stata un po' lo specchio di una società in profonda trasformazione (...) Certo è che nel momento in cui a Bruxelles il prestigio della Spagna è ai primissimi posti, e non soltanto per gli indicatori economici, quello dell'Italia è purtroppo agli ultimi. Qualche motivo di riflessione dovremo pur essere capaci di trarlo, noi italiani ». In questo senso, bisogna distinguere tra adeguamento del nostro diritto interno alla normativa comunitaria e sua concreta *applicazione*: una differenza che è un *abisso*. Un mar-

chingegno avvocatesco fa sì che il parlamento italiano possa adottare in poche ore e in una sola fiata diecine di direttive comunitarie; in tal modo, svuotandole di qualsiasi contenuto. Sta di fatto che, tra i grandi paesi comunitari, il primato della distorsione delle direttive comunitarie spetta indubbiamente all'Italia. Non si tratta, quindi, soltanto di adeguamento o meno al diritto europeo: come, del resto, capita a migliaia di altre leggi nazionali, da noi, una volta adottata nell'ordinamento interno, la normativa comunitaria o semplicemente non è applicata, oppure è applicata in misura trascurabile e aberrante. *Condanne Europee/Son ben 102 le procedure aperte lo scorso anno nei confronti del nostro governo/Roma riconquista il primato delle violazioni al diritto comunitario/Ultimi in quasi tutti i campi e soprattutto in materia di protezione ambientale*; così titola il *Corriere della Sera* del 4 luglio 1995 l'articolo di Andrea Bonanni da Bruxelles. Prendersela con una pubblica amministrazione corrotta e inefficiente o con un mondo politico che non lo è da meno appare persino troppo facile. In effetti, non va dimenticata la posizione della Confindustria e del Pci alla fine degli anni '50, decisamente ostili al progetto comunitario: entrambe queste forze si facevano allora una diversa « idea » dell'Italia che si intendeva costruire, come poi si è puntualmente verificato. Esso era invece voluto e fu imposto al paese da quella sparuta pattuglia della politica italiana che si può definire come uomini politici degni di questo nome. Preoccupati di ancorare il paese all'Europa, motivo di confronto, di riscatto e di progresso, ma soprattutto di garanzia democratica e di *remora* verso quelle eterne tendenze della classe dirigente nostrana che l'Italia faccia da sé seguendo una diversa strada. Era una generosa ed esaltante sfida, che allora sembrava assai difficile, quella alla quale ci spingevano i più illuminati dei nostri dirigenti: il tempo ha provato che essa sarebbe stata impossibile perché, ancora una volta, il paese avrebbe preso una strada tutta sua nel perseguire un modello economico populista, ormai entrato nelle coscienze, virtualmente impossibile da smantellare per i formidabili interessi coalizzati che avrebbe creato, formando nuove classi e, si direbbe, antropologicamente, uomini nuovi. Qui l'economia assurge a dimensione morale. È questa, ad avviso di chi scrive, la ragione principale dell'incompatibilità del nostro paese con la filosofia, la natura e le regole dell'Unione Europea. Da questo punto di vista, le mancate « convergenze » di cui parlano i nostri più o meno esimi economisti appaiono addirittura come un dettaglio; comunque, effetto, non causa, della diversità nostrana. Se e quando esse saranno raggiunte, resta il problema di fondo: per farla breve, l'economia non è solo la cultura di una paese: essa è anche *modello morale*: ed è quest'ultimo che ci fa diversi in Europa e in Occidente.

20. Ma si potrebbe pensare che de Franchis sia un inguaribile pessimista: Luigi Spaventa sostiene che: « Nelle condizioni date [il caso italiano] è un esempio di intelligente politica industriale. Dai sussidi al lavoro si passa ai sussidi per incrementare la produttività. Cioè dalla fiscalizzazione alla cassa integrazione che consente di sfruttare appieno gli incrementi di produttività » [*Lama batte Thatcher*, in *la Repubblica-Affari & Finanza,* la *Repubblica*, 21 aprile 1989]. Sarà: ma se la politica industriale italiana degli anni '70 è stata tanto geniale perché cambiarla? Perché cambiare il quadro politico che l'ha consentita? Complimenti, complimenti. E tanti auguri a questo povero paese. Come si dice, stiamo proprio freschi.

21. Il sistema economico appare come una variante della cultura di un paese; la sua importanza in una società industriale di massa è fuori di dubbio. Ma quale diritto può essere mai quello che regge un baraccone delle cui patologie si è cercato di dare una descrizione? In una democrazia industriale di massa l'*efficienza* politica ed economica, dei servizi, si pone come valore *etico* fondamentale, oltre che economico e politico: una democrazia inefficiente è una caricatura di democrazia, una non-democrazia, una dittatura mascherata, una democrazia iniqua; come, appunto, la nostra. Andare a chiedere perché mai da noi non vi sia *identità nazionale* con dei disvalori del genere significa far finta di non capire. L'efficienza si pone anche come l'altra faccia della *modernità*.

Miracolo economico - Miracolo giuridico.

22. In una società industriale dell'Occidente un *miracolo economico permanente*, come viene definita l'economia italiana, non può non tradursi, in definitiva, anche in un *miracolo giuridico*, ossia in nuove e migliori regole, come del resto si è verificato nei paesi c.d. maturi. Co-

m'è noto, la materia economica è, non soltanto storicamente, *et pour cause!*, monopolio degli studiosi di lingua inglese (e anche un po' tedesca). Eppure, un *turista in transito* per poche ore nel nostro paese non può aver dubbi sulla natura terzomondista dell'economia italiana: e se proprio non bastano le migliaia di antenne televisive sulle terrazze dei falansteri condominiali romani, certamente l'orda dei motorini (sic!) e il Marasma delle nostre sconquassate città, ben più di mille trattati di economia e di politica, svelano immediatamente anche la natura della organizzazione sociale e politica del paese. Ma l'inevitabile assuefazione che deriva dal vivere in una certa realtà, determina un fenomeno, si direbbe ottico, per cui la nettezza delle immagini che, per così dire, balzano all'occhio dell'*outsider*, si sfoca e si dissolve in un grande guazzabuglio agli occhi di chi turista non è e che addirittura certe cose fa professione di studiarle: si diventa un *Non-Vedente*. E così, per dissolvere nebbie e illusioni che un lettore potrebbe intrattenere sul miracolo economico, e di conseguenza *giuridico* e politico e, in definitiva, morale, che dobbiamo alla nostra classe dirigente (« statisti », con e senza occhialetti sul naso, -politici-politicanti (di governo e di opposizione)-imprenditori-*sindacalisti*-professori al guinzaglio-*lobbies* camorristiche del Nord e del Sud, mezzani e trafficanti veri, etc.), dovrebbero bastare le poche righe che seguono: se una soltanto delle Follie indicate qui sotto fosse vera (ma lo sono tutte, si teme) non si vede come si possa ulteriormente ritardare l'attuazione del *piano de Franchis* per l'importazione di uomini (e donne) dall'estero per gestire più decorosamente il paese.

23. E qui non si vuole, come si dice, rubare il mestiere ai nostri economisti che, però, salvo rare ed encomiabili eccezioni, sempre presi da mille cose, a quanto sembra, il loro mestiere o non lo fanno o lo fanno assai male: i migliori si rifugiano nella letteratura e nella storia dell'economia (meglio se assirobabilonese). In effetti, salvo rare ed encomiabili eccezioni, e qui si vuole segnalare con animo grato Marcello De Cecco, nel diluvio della produzione accademica fatta di saggi, articoli, prolusioni, interventi, ritiri e seminari che rallegrano l'economia italiana, riesce difficile trovare qualche paginetta che in un linguaggio comprensibile faccia intendere la dimensione dell'*assurdo economico* (e giuridico) che governa il paese, e la nostra vita. Soprattutto, non una parola sul-

l'organico, strutturale e colossale *sperpero di ricchezze materiali e umane*, sul quale si basa l'economia nazionale; non una parola sulla *illegalità di massa* che quella economia produce senza cessa: secondo i dati Inps (1995) il 65 per cento (sic!) delle aziende italiane (quelle *emerse*: delle altre, quelle *sommerse*, ossia la maggioranza, non si parla neanche) evade contributi assicurativi per circa 40 mila miliardi l'anno.

24. Beninteso, queste non sono portentose rivelazioni; ma forse, in un paese in cui gli esperti pretendono di ignorare l'esistenza dell'acqua calda, un compendio non scientifico, terra terra, delle follie dell'economia italiana potrebbe servire al giurista con un po' di sale in zucca, per capire come e perché un baraccone di 150 mila leggi garantisce non già il diritto nel nostro paese ma il suo contrario, ossia quell'*assenza di regole*, ormai unanimemente riconosciuta. In questo senso, lo *sconquasso del nostro diritto* non lo si capisce senza ricollegarlo allo sconquasso dell'economia italiana, e alla *status society* del nostro paese che — con le sue « quote » — è *à la fois*, assetto economico, sociale, politico, giuridico e morale. In effetti, il diluvio di leggi è costituito dagli statuti dei gruppi; ed è quindi solo un apparente paradosso che la « forza legale », come ai tempi della Milano del Manzoni, abbia *la sola funzione di assicurare iniquità e porcherie di ogni genere*. Paesi come la Francia, Germania e Gran Bretagna sono retti all'incirca da un insieme di circa 7-10 mila leggi; da noi il sistema giuridico si basa su una impenetrabile foresta di leggi, al cui interno esistono, però, enormi spazi vuoti nei quali il poveruomo potrebbe sperare che vi sia l'Autorità e quelle regole dell'economia di mercato e delle decenze politiche che altrove denotano i paesi mediamente civili. E invece no: non vi è nulla. Qui si affrontano i bracconieri: un paradiso terrestre in cui essi si scontrano, quando è necessario, a colpi di bombe, per espandere (o conservare) il proprio potere. Sia consentito quindi, di avanzare forti riserve che la borghesia « manchesteriana » del Nord possa e voglia disboscare una foresta di leggi che le consente di ricavarne tanti incivili privilegi, poteri e licenze.

25. Ma come si fa a definire *stato di diritto* tutto questo? Certo, l'orda dei motorini dice tutto e, ad essere un pochino seri, non ci sarebbe neanche bisogno di proseguire: la gran parte dell'economia italiana è,

come si dice, *sommersa*, ossia non esiste per la legge, polverizzata com'è tra milioni di operatori. Ma resta il fatto che nessuno studioso straniero che non abbia pratica delle economie e dei regimi politici sudamericani riuscirà mai a capire cosa si intende dire da noi quando si afferma che la « grande » imprenditoria italiana (della piccola non si parla tanto è pacifico) opera in un regime di *Far West* giuridico; ma come?! con tante leggi?! Appunto, appunto. E, in effetti, le assurdità e incongruenze, anomalie e pazzie e arretratezze, l'immane sperpero di ricchezze materiali e umane nell'economia pubblica, e forse ancor più privata (sic!), attengono al sistema-paese, che è anzitutto sistema economico. In ogni caso, dal diritto societario (come se per attuare decorose privatizzazioni non ci fosse bisogno di quell'assai diverso regime giuridico della *public company* che il legislatore italiano — *rectius*, le *lobbies* con professori al guinzaglio — oppone con virulenza), ai mercati finanziari, ai fondi pensione, all'antimonopolio, alla tutela dell'investitore (a non parlare del consumatore), alla inesistenza di un regime fiscale decoroso, e chi ne ha più ne metta; insomma, l'inesistenza di una economia di mercato degna del nome nel nostro paese *deriva non già da carenze giuridiche* in senso stretto ma da strutture economiche e assetti di potere che impongono l'esistente e impediscono il cambiamento. Gli *spaventevoli vuoti giuridici* non derivano tanto da carenze tecniche e dall'incapacità di fare le leggi (che pure c'è), quanto da un potere economico che quelle leggi impedisce che si facciano. Trovare una forza politica che riesca a imporsi allo strapotere delle « grandi » imprese, come dell'*economia spontanea*, affermando l'interesse generale, non è uno scherzo. Con il vento che tira e i fratelli Somoza al potere, o ad esso molto vicini, c'è ben poco da sperare; c'è solo da augurarsi che il nuovo populismo non faccia fare al nostro paese la fine di un Guatemala europeo nelle mani di una *United Fruit Co.* con accento lombardo.

26. A parlare di queste cose, si corre il rischio di passare per « menagramo » — come si diceva ai tempi di Achille Starace — in un paese in cui la grande maggioranza degli economisti e un giornalismo economico modesto, quando non anche corrotto, incoraggiano una travolgente ondata di euforia per i trionfi dell'economia italiana. Dovuti, a modesto avviso di un giurista, più che alla genialità dell'impren-

ditoria italiana, a quella che in un paese mediamente civile e con una classe dirigente degna del nome sarebbe considerata una *catastrofe nazionale*, ossia alla *svalutazione della lira* di oltre il 40 per cento, salutata dagli esperti come una grande vittoria: e quindi queste poche pagine scontano, anche qui, il commento di guastafeste che esse potranno suscitare. Giuseppe Turani, nel commentare i dati Istat sul boom dell'industria, suggerisce di non fare festa scrivendo: « L'economia va bene, forse addirittura benissimo, ma noi rimaniamo un paese scassato » [*Ma è inutile far festa*, in *la Repubblica*, 3 agosto 1995]. Un *caveat* tanto più opportuno in quanto riesce difficile capire come possa andare benissimo l'economia di un paese « scassato », con un debito pubblico che ammonta al 125 per cento del *pil* e delle anomalie economiche che, per molti versi, fanno del nostro un paese del Terzo Mondo. Ma se si solleva il velo sull'entusiasmo dei nostri economisti ci si accorge che l'inghippo consiste in questo: che essi parlano dei trionfi della nostra economia « nelle condizioni date »; ossia, l'esaltazione assume come dati irreversibili del sistema proprio quelle anomalie strutturali che bisognerebbe eliminare per darsi una economia più civile.

27. Un capitalismo *silvo-pastorale*, si è detto da chi se ne intende; un *capitalismo lazzarone*, dice de Franchis; al quale nessun investitore americano o inglese si sognerebbe di affidare un solo centesimo dei propri risparmi; meglio, un capitalismo *rapinatore*. Come scrive Giuseppe Turani: « I grandi gruppi industriali italiani hanno saputo approfittare come tigri della svalutazione della lira. Ma rimangono sempre un po' troppo carichi di debiti rispetto ai loro capitali. E, soprattutto, con i loro azionisti si comportano praticamente come dei briganti. Questo è quanto esce, in sintesi, da uno studio realizzato dalla R&S (Mediobanca) e che darà non poche amarezze al gotha della finanza italiana (...) per ogni cento lire di aumento di capitale chiesto agli azionisti, quanto è stato restituito sotto forma di dividendi? Si scopre così che le aziende americane, per ogni cento lire di aumenti di capitale, hanno restituito ai loro sottoscrittori più di 520 lire: cinque volte tanto (...) Le aziende europee, in media, si sono comportate abbastanza male: per ogni cento lire prese dagli azionisti ne hanno restituite sotto forma di dividendi appena 181. Pochissimo. Ma fra le aziende europee spiccano, per la loro propensione alla rapina finanziaria, le aziende ita-

liane. Per ogni cento lire chieste ai loro azionisti hanno restituito, sotto forma di dividendi, appena 67 lire. In conclusione: prese 100 lire dagli azionisti, 67 le hanno ritornate a loro sotto forma di dividendi, le altre 33 se le sono perse. Bruciate, scomparse. Esattamente negli stessi anni, giova ricordarlo, le aziende americane hanno restituito 520 lire per ogni cento lire avute dagli azionisti (...) Gli italiani (...) hanno fatto, cioè, non un investimento, ma delle beneficenze. Più briganti dei nostri big ci sono soltanto, in Europa, i francesi. Loro, per ogni 100 lire prese dagli azionisti, sono riusciti a restituirne appena 64. Gentlemen di razza, invece, gli inglesi. Chi fra il 1990 e il 1993 ha dato 100 lire alle società britanniche ha poi avuto indietro, come dividendi, più di 320 lire. Insomma, ha triplicato il suo investimento iniziale. Tutto ciò, ovviamente, non porta alla conclusione che il capitalismo italiano o francese è più deliquenziale di quello inglese o americano. La differenza sta in un altro punto: in Inghilterra e in America domina la ' public company ', cioè un tipo di impresa dove non ci sono padroni, ma managers, e che sta in piedi grazie al rapporto managers-azionisti » [*Così il capitalismo italiano maltratta i suoi azionisti*, la *Repubblica-Economia*, 14 luglio 1995]. Questo articolo vale molto di più di tanti saggi più o meno scientifici a dimostrare la natura del capitalismo italiano e del *regime giuridico* che consente ribalderie del genere.

28. Nonostante le quotidiane sbruffonature degli appassionati meneghini, non esiste un mercato borsistico degno del nome, anche rispetto a quello spagnolo: la nostra borsa è stata autorevolmente definitiva una « bisca »; vi è una sola banca di affari (sic!), non vi sono fondi pensione, non esiste *public company*; il falso in bilancio e la truffa in danno del *parco buoi* (espressione inventata dagli stessi circoli finanziari italiani (sic!) a conferma dei loro buoni propositi) costituisce prassi consolidata; non esiste un decoroso regime fiscale: questo solo rende impossibile parlare di un capitalismo civile nel nostro paese (il 60 per cento delle società di capitali dichiara utili zero); a non parlare di tutela della *weaker party*. Ma questa situazione è notoria, e gli stessi imprenditori italiani, quelli che meritano il nome, i più bravi e coraggiosi e intelligenti sono i primi a denunciarla. *E bisognerebbe che fossero di più e gridassero più forte.*

(1) Si importano patate dalla Svizzera, arance dalla Spagna, pomodori e rose dall'Olanda, fagioli, energia elettrica e acqua potabile dalla Francia (e, quest'ultima, anche dall'Albania): grazie ad una gestione del territorio che definire criminale è poco, il 45 per cento del nostro immenso patrimonio idrico viene irrimediabilmente disperso. Si importano *computer* da Taiwan, acciai speciali dalla Germania, gas dall'Algeria (pagandolo *il doppio* degli altri). Dopo avervi gettato migliaia di miliardi, nel nostro paese non esiste una industria chimica (pubblica o privata) degna del nome: e anche qui si importa. Su dieci autoveicoli immatricolati ogni anno in Italia sei sono prodotti all'estero, caso unico tra i paesi industriali dell'Occidente; il prodotto italiano, il cui contenuto tecnologico è, salvo rarissime eccezioni, *zero*, è esposto alla accanita concorrenza dei paesi dell'Est e del Terzo Mondo: e non bastano massicce svalutazioni della moneta nazionale: i trionfi dell'*export* finirebbero il giorno in cui vi fosse una *moneta unica* europea. Del resto, i *media* danno notizia del sequestro di eccellenti *scooters* fabbricati in India e venduti da noi a metà prezzo rispetto a quelli nazionali. Non è un caso che il nostro paese vanti uno dei primi posti al mondo nella falsificazione di marchi e brevetti, come nella pirateria informatica, uno dei tanti aspetti della colossale dimensione dell'economia nera nel nostro paese. *Un chilometro di autostrada, di strada ferrata, di metropolitana costa in Italia da 5 a otto volte in più rispetto alla media europea*: ad Amburgo — dove pure dal tempo di Armino i lavori pubblici hanno sempre comportato uno *sfrido* — un chilometro di metropolitana costa 47 miliardi: a Milano ne costa invece 192 (quasi cinque volte in più; nel Mezzogiorno non si sa: può arrivare a 300 senza neanche costruirlo) [cfr. G. Barbacetto, G. Sarcina, *Non Solo Vittime*, in *il Mondo* 11/18 maggio 1992, p. 28]. Com'è stato ricordato, « mentre il costo del lavoro in Italia è tra i più alti a livello europeo, le retribuzioni nette degli operai sono le più basse in Europa ad eccezione della Turchia » [Borsa 1992: 13]. Eppure il nostro è il paese in cui il sindacato ha elaborato la manicomiale dottrina del *salario come variabile indipendente*, diventata per molti anni la base del sistema retributivo privato (nel pubblico la dottrina era già applicata); ma l'imprenditoria italia-

na detiene anche il *primato degli incidenti mortali sul lavoro* nell'Occidente industriale.

(2) L'imprenditore italiano paga due-tre punti in più del suo concorrente europeo sul denaro preso a prestito; il « rischio Italia » significa che chi presta denaro all'Italia esige un interesse maggiore di due-tre punti rispetto agli altri paesi ritenuti più affidabili. Come testimonia il caso Benetton, peraltro non isolato, molto accentuata è la tendenza del ceto imprenditoriale italiano più moderno e articolato a trasferire le aziende all'estero: non in Pakistan, ma in Francia. Con demenziale spocchia i nostri esimi economisti acclamano la piccola impresa come il miracolo italiano da esportare: e affermano che è più economico creare un posto di lavoro nella piccola impresa (50 milioni) che nella grande (500 milioni): eppure da noi si combina il massimo di piccola impresa, di economia sommersa e di disoccupazione in Europa. Il tempo di lavoro è tra i più bassi dell'Occidente industriale (insomma si lavora molto meno che altrove), e la *produttività bassissima*; non esiste una indennità di disoccupazione analoga a quella degli altri paesi europei, ma si tutela scandalosamente l'occupato. Si passa dal più arretrato regime societario dei paesi industriali dell'Occidente al c.d. Statuto dei Lavoratori che, se applicato, significherebbe il tracollo economico e morale delle massime economie dell'Occidente. Il turismo — la prima industria del paese, con un fatturato annuo di circa 130 mila (sic!) miliardi — pur tra centinaia di scuole volute dai particolarismi locali, non ne dispone di una sola all'altezza dell'*hôtellerie* svizzera, a significare una qualità del servizio da mediocre a paurosa nelle varie regioni del paese, salvo eccezioni; nel Mezzogiorno, con lo scempio irreversibile del territorio e la assenza totale di una cultura moderna del turismo, si è impedita per sempre la nascita di quella civile e floridissima industria cui un'*eccezionale patrimonio paesistico e artistico unico al mondo* sembrava naturalmente destinarlo. Il dissesto geologico del paese è tale che il più banale acquazzone provoca inondazioni, morti e danni immensi: nessun paese come l'Italia, salvo che nelle aree del Terzo Mondo, ha pagato tanto per lo sviluppo. In alcune regioni del Nord vi è carenza di

manodopera, ma nel Mezzogiorno esistono milioni di disoccupati che non possono essere utilizzati perché privi di qualificazione nonostante (o a causa di) decine di migliaia di miliardi sprecati in corsi di formazione fasulli.

(3) Quanto ai lavori pubblici, qui la « forza legale », per dirla con Alessandro Manzoni, si pone con le sue leggi come fonte stessa del crimine: con la vittoria del « laurismo del Nord » non solo non sono state cambiate, ma esse sono state addirittura peggiorate; di modo che si consente ancora oggi il furto legalizzato di denaro pubblico per centinaia di migliaia di miliardi all'anno (altro che pensioni!) che finiscono nelle tasche della camorra del Nord e del Sud. Eppure solo ora la Confindustria *fa finta* di accorgersi che le *infrastrutture* italiane fanno *letteralmente schifo* (sic!). Non esiste, *et pour cause*, un censimento delle diecine di migliaia di opere pubbliche incompiute: il potere pubblico è unico in Occidente a ignorare il concetto stesso di *manutenzione*. L'imprenditoria italiana, che conosce le più massicce sovvenzioni palesi ed occulte esistenti al mondo, non è in condizione di osservare le più elementari regole di sicurezza a tutela dei dipendenti, e neanche di pagar loro i contributi assicurativi: a non parlare dell'ambiente: ancora oggi, la direttiva Seveso e la legge Merli restato inapplicate. Tanto per dirne solo qualcuna: lo stato si presenta come un *inquinatore istituzionale*, anzi come il massimo inquinatore: a spese del contribuente, si finanziano a fondo perduto le più distruttive attività, come le concerie di pelli, che al Nord e al Sud del paese hanno virtualmente devastato intere aree del paese. Ma il contribuente è anche chiamato a pagare le spese, altissime, del disinquinamento, ammesso che si faccia e che gli ingentissimi fondi richiesti non finiscano direttamente nelle tasche della Camorra del Nord e del Sud che gestisce questo genere di operazioni. L'*abusivismo* — non soltanto edilizio — dilaga: interi quartieri, meglio, *intere città* sono costruite nello spregio più assoluto della legge: lo stato incoraggia il fenomeno con il *condono edilizio* (del resto primo punto del « programma » di « grandi riforme » del governo Berlusconi). Non solo: ma è costretto a spendere centinaia di migliaia di miliardi per le opere di

urbanizzazione. Concludendo, l'economia nazionale non è in grado di attuare neanche le direttive concernenti la sicurezza degli impianti elettrici nelle case di abitazione e ... l'antenna televisiva unificata.

(4) L'*illegalità di massa* esistente nel paese — fenomeno unico in Occidente nella sua dimensione — si spiega in buona parte con l'abnorme dimensione assunta nel paese dall'*economia sommersa*, spesso attività illegale quando non anche criminale *tout court* che, in ogni caso, coinvolge milioni di persone. Il governo Craxi, come quello di un qualsiasi dittatore africano, manipola i dati Istat sul *pil* per provare che con i socialisti siamo il primo paese del mondo: la trovata porta un'ondata di buonumore e di allegria nelle altrimenti noiose cancellerie occidentali: il risultato è che il paese deve pagare un contributo all'Unione Europea maggiore di quello che sarebbe dovuto in base a un calcolo più serio. Però il paese *perde anche migliaia di miliardi* (per l'esattezza, settantamilaquattrocento — 70.400) che l'Unione Europea destina alle aree arretrate per l'incapacità delle ineffabili *regioni* di allestire decorosi progettini di investimento. I padroncini dei Tir, che trasportano quasi il 90 per cento delle merci, possono mettere a terra l'economia italiana nello spazio di sei giorni. Un sistema di distribuzione antidiluviano comporta uno sperpero per l'economia nazionale di circa 16 mila miliardi all'anno.

(5) Non esiste in Italia una orchestra sinfonica lontanamente paragonabile alla *Wiener Philharmoniker*; il « numero è potenza », proclamava Mussolini: possibile che un paese di 56 milioni di abitanti in questo e mille altre cose non è capace di raggiungere i livelli stabiliti da un paese di 9 milioni di abitanti? Una classe dirigente di semianalfabeti ci condanna al ruolo di *musicanti*. Cosa mai c'entra la musica? sbotta indignato Omissis, esimio scienziato milanese, titolare di 27 cattedre universitarie, dal diritto pubblico e privato passando per archeologia e veterinaria. Professore, professore la musica c'entra; come si dice, *tout se tient*: in un paese in cui si musica così male la giustizia non può funzionare. Ma andiamo avanti: a non parlare, si diceva, del *debito pubblico* (il 125% del *pil*!), dell'inflazione (doppia, tripla,

> quadrupla o quintupla rispetto alla media europea e a quella di paesi come Francia, Austria, Germania, Svizzera e Gran Bretagna), della colossale evasione fiscale, dell'altissimo costo della vita e della *pessima qualità* dei servizi pubblici e della stragrande maggioranza di quelli privati. La *scuola* e l'*università* sono in tocchi: la *ricerca* è solo una triste barzelletta, pascolo riservato delle cosche universitarie che vegliano allo sperpero e al furto di almeno 22 mila miliardi l'anno. La *qualità della vita* è difficile da calcolare: ciò non toglie che essa sia da noi *la peggiore* tra i paesi industriali europei: *Roma docet.*

E si potrebbe continuare col proporre un *calcolo dell'inefficienza* generale del sistema-paese — difficile ma non impossibile — e dell'immane *sperpero di ricchezze umane e materiali che avviene nel nostro paese* (altro che pensioni!). Ma basta così: i pochi fatti, non contestabili neanche dal Censis, servono a dare un'idea del *sistema* venutosi a creare nel paese. Questo circo equestre di Follie si basa su 150 mila leggi e 300 tra imposte e tasse che assicurano più l'iniquità e il crimine che la giustizia: amnistie, condoni e sanatatorie consacrano, oltre che l'illegalità di massa, due categorie di cittadini: i *fessi* e i *dritti.* Se questa è l'Azienda-Italia, come dicono i giornalisti, stiamo freschi. Dove sia poi questo *miracolo* di cui si riempiono la bocca i nostri esimi economisti — altra confraternita *da tenere d'occhio* sia per capacità professionali che deontologiche — resta un mistero. Ma quale sia il *diritto* che regge questo sistema non è affatto un mistero.

Ave, regina sapienza,
il Signore ti salvi
con tua sorella, la santa e pura semplicità.
dal *Saluto alle Virtù* di S. Francesco d'Assisi.

J'aime les paysans: ils ne sont pas assez savants pour raisonner de travers.
Montesquieu, *Mes pensées*

il Corvo, facendosi avanti per il primo, tastò il polso a Pinocchio: poi gli tastò il naso, poi il dito mignolo dei piedi: e quand'ebbe tastato ben bene, pronunziò solennemente queste parole: — A mio credere il burattino è bell'e morto: ma se per disgrazia non fosse morto, allora sarebbe indizio sicuro che è sempre vivo! — Mi dispiace — disse la Civetta — di dover contraddire il Corvo, mio illustre amico e collega: per me, invece, il burattino è sempre vivo; ma se per disgrazia non fosse vivo, allora sarebbe segno che è morto davvero
Collodi, *Pinocchio*, cap. XVI.

A cena con un fisico. Sto in silenzio ad ascoltare i suoi discorsi sulla scienza. Turbato in principio, poi annientato. Uscendo, mi trovo a ripetere la frase di Matteotti appena sceso dal treno che lo riportava dalla Russia (o ricordo male?): « Orrore, amici miei, orrore ».
Leonardo Sciascia, *Nero su Nero.*

Si è così profondi, ormai, che non si vede più niente. A forza di andare in profondità, si è sprofondati. Soltanto l'intelligenza, l'intelligenza che è anche « leggerezza », che sa essere « leggera », può sperare di risalire alla superficialità, alla banalità.
Leonardo Sciascia, *Nero su Nero.*

E se talun si avesse a male, ch'io avessi impugnata la penna per combattere contro la giurisprudenza, quasiché io mi fossi accinto a screditar lei, e nello stesso tempo i suoi professori: io li farò processar come persone invidiose o nemiche del pubblico bene, da che non vogliono, che si rivelino le magagne della loro professione, e se ne proponga qualche rimedio: nel che ha interesse la Repubblica tutta.
Lodovico Antonio Muratori, *Dei difetti della Giurisprudenza*, cap. I.

PARTE IV

UNA REPUBBLICA DI PROFESSORI

Contributo all'analisi di un grave problema nazionale: un problema di democrazia.

1. Mario Segni — nel presentare nel dicembre 1993 il suo Patto — annuncia che esso è supportato da un gran numero di docenti univer-

sitari [*737 rettori e docenti universitari - E mille professori per il Patto* titola il *Corriere della Sera* del 17 gennaio 1994]: roba da Burundi. Che un ceto, tutto sommato, scalcinato, assai modesto sul piano personale, oltre che professionale, come quello dei nostri professori di università, abbia potuto assumere una siffatta importanza nella vita politica, economica e sociale del paese, insomma, che 53 mila professori (un'armata) governino un paese di 56 milioni di *opliti*, è solo un apparente mistero. Ecco una *Repubblica di Platone*... all'italiana, con lo sproposito di oltre *8 mila* (sic!) *discipline* (poi dimezzate da un giorno all'altro con decreto a 4 mila): per quasi cinque anni *dopo la caduta del Muro* da noi si è continuato ad insegnare (si fa per dire) il diritto dei paesi socialisti! E verrebbe di felicitarsi al pensiero di tutto un popolo assetato di sapere, che si scervella sulle materie più esoteriche e pazzesche (di cui all'estero nessuno ha mai sentito parlare): insomma, di un popolo di studiosi dominato dai *savants*. Cosa c'è di meglio?

2. Ma si tratta di realtà assai diversa: come scrive Tullio De Mauro: « i non lettori assoluti, quelli che dichiarano di non leggere mai nemmeno un libro nell'anno, sono il 62% della popolazione di oltre quindici anni (...) a comporre questa percentuale entrano il 33% dei laureati e il 33% dei grandi imprenditori e dirigenti. Per un terzo, per lo meno, la nostra classe dirigente non si vergogna di dichiarare di non leggere mai neppure un libro nell'anno (...) La nostra popolazione è fatta da un 3% di laureati, da un 14% di persone con la media superiore, da un 20% di persone con la media inferiore. Vale a dire, il 37% soltanto della popolazione è in regola con quello che prescriveva la *Costituzione* italiana nell'anno 1948, cioè che dovessimo fare tutti otto anni di scuola a testa. Il 37% l'ha fatto, il 63% no; il 42% ha solo la licenza elementare; il 21% è una categoria composita (che per lungo tempo l'ISTAT ha mascherato): sono gli analfabeti che l'ISTAT spezza tra persone senza titolo, il 18%, e il 3% di analfabeti, quelli che, come un terzo dei dirigenti non si vergogna nel dire ' io non leggo mai un libro ', non si vergognano di dire ' io sono un analfabeta ' » [*Capire le parole*, 1994: 135, 136]. Beninteso, Mario Segni è persona degnissima come individuo e personaggio politico: e magari ve ne fosse qualcuno in più come lui; l'episodio è citato esclusivamente per iniziare un discorso sul dilemma professore-analfabeta che ormai spacca in due il

paese. E vi è sempre — nelle frequentissime apparizioni pubbliche dei nostri « scienziati » (una « scienza » di cui pochi all'estero si sono mai accorti) — un messaggio intimidatorio: non sono ammesse domande. Come scrive Raffaele Simone: « Non è un caso che il professore universitario si presenti spesso, non solo nelle rappresentazioni popolari o immaginarie (come il professor Lamis, ad esempio) ma anche nei fatti, come una persona irritabile, a volte isterica, permalosa (...) le sue asserzioni sono perentorie e didascaliche, il suo desiderio di precisare (per paura di essere colto in fallo) può diventare ossessivo, la sua supposizione di avere a che fare con gente di livello inferiore si manifesta ad ogni piè sospinto (...) come ogni villaggio ha, tradizionalmente, il suo ' scemo ', così ogni facoltà ha il suo professore ' pazzo '. È una persona ' impossibile ', che boccia e promuove a suo piacimento, terrorizza gli studenti, costringe a ripetere mille volte il suo esame, e così via » [1993: 46, 48, 79, n. 18]. Si potrebbe continuare all'infinito, e inutilmente, su una tipologia che ormai è materia prima della barzellettistica accademica internazionale: se qui se ne parla è solo per segnalare in quali mani si trovano gli studenti e il paese.

3. In effetti, questo modello « platonico » di stato ideale condanna la gran parte dei cittadini (*opliti*) a rimanere dei perpetui minorenni, ignoranti e incapaci di sapere, e quindi di decidere qual è il loro vero bene. « Lo zampino massone nel conflitto tra i giudici bolognesi », titola *Il Mattino* del 22 novembre 1991 a proposito del conflitto che opponeva il Presidente della Repubblica al Consiglio Superiore della Magistratura. Al di là delle vicende costituzionali-giudiziarie, che non interessano, note sono le vicende della loggia bolognese Zamboni-De Rolandis; e viene di chiedersi perché mai il rettore di una università statale senta il bisogno di iscriversi ad una loggia massonica quando fa già parte di una confraternita che della massoneria (all'italiana) ha tutte le caratteristiche mafiose. E, anche, come pure fa *il Mondo* del 24/31 agosto 1992 (p. 40), *Perché tante lauree ad honorem?*: una indecorosa pagliacciata imitata immediatamente da tutte le università italiane: una buona parte degli insigniti si ritrova nel *Ghota* nazionale della criminalità organizzata rivelata da Tangentopoli. E potrebbe sembrare assai strano il *silenzio* degli intellettuali italiani su uno dei massimi scempi del paese (quello universitario); se non fosse che al 99 per cento essi

sono anche dei professori, legati cioè al regime che offre loro ricchi stipendi e privilegi sibaritici che vanno ben oltre la dàcia assicurata agli « scienziati » del regime nell'Unione Sovietica dei tempi d'oro.

4. « Ma de Franchis è pazzo! » sbotta indignato il prof. Omissis, illustre studioso milanese autore del celebrato saggio comparatistico sull' *Usufrutto del gregge come fattore di sviluppo delle società industrali avanzate*, tradotto in 27 lingue e adottato da tutte le più prestigiose università straniere: « Siamo i primi nel mondo: in tutto, e non abbiamo nulla da apprendere ». Risposta: il 31 luglio 1992 è comparso su *la Repubblica* il seguente annunzio a cura del CIPUR, sindacato dei docenti di II fascia: *« Università, mafia e concorsi - Il Cipur impegnato per stabilire corrette regole di gioco dando il giusto peso alla preparazione scientifica e all'insostituibile esperienza didattica »*. Con un proclama sgrammaticato, come si conviene alla categoria, esso dichiara di battersi *« per arginare l'immoralità dilagante che mortifica molti degli studiosi meritevoli e responsabili »*. Insomma — tanto per nobilitare un pò le cose e sfuggire a quel tanfo di cacio pecorino che quasi fisicamente sembra sprigionare dalla greve materia — la nostra confraternita dei professori evoca un *Ordine dei Templari, Pauvres Chevaliers du Christe* senza *grand mâitre* e senza *chevaliers nobles*; per di più, senza poter intravedere un Filippo il Bello che ce ne possa sbarazzare. Ormai la materia dei concorsi universitari — una parte importante, ma una parte soltanto, dello sconquassamento generale di tutta l'istituzione — è, o dovrebbe essere, di competenza esclusiva dei carabinieri o della polizia (ma sarebbe preferibile il *FBI*): le prodezze del Cun — celebre baraccone dell'*establishment* universitario — e delle commissioni di concorso ormai non si contano più: *Concorsopoli, polveriera dell'Università*: così titola *la Repubblica* dell'11 luglio 1955 l'articolo di Marco Panara; ma ormai nessuno ci fa più caso: come agli scippi alla stazione Termini. Però è certo che se i magistrati avessero fatto il proprio dovere ora non saremmo a questo: qui e altrove. Il fatto è che molti di loro hanno un interesse diretto a un Marasma che gli assicura uno spropositato numero di cattedre: sembra, per una tacita intesa, una quota di almeno il 5 per cento: in effetti, la nostra università è unica al mondo nel contare tra i professori di materie giuridiche tanti ex magistrati: a non parlare del resto.

Mario Monti e i professori al guinzaglio.

5. Mario Monti, rettore della Bocconi e noto economista italiano, avverte con cauto linguaggio che qualcosa non funziona: « L'Italia vanta, e non da oggi, un singolare primato: quello degli economisti che assumono incarichi elettivi o di nomina politica, spesso di grande rilevanza. In nessun altro paese vi sono stati e vi sono tanti professori di economia che fanno i ministri, parlamentari o presidenti di enti come in Italia. Per non parlare di quelli caratterizzati da un'appartenenza politica o dalla vicinanza a qualche leader (...) il fatto che queste situazioni siano numerose ha comunque, secondo me, un riflesso negativo. Se da un lato ha accresciuto il potere e la presenza degli economisti nella vita pubblica, dall'altro può avere attenuato l'autorevolezza e l'influenza del pensiero degli economisti sulla stessa classe politica. Non è detto che le ragioni dell'economia vengano fatte valere meglio se gli economisti, per assumere posizioni di responsabilità, abbandonano il loro ruolo nella formazione dell'opinione pubblica » [*Parla l'economista Mario Monti - Io non ci sto - Attenti ai professori che si buttano in politica*, intervista di Fabio Magrino, in *il Mondo*, 2/11 aprile 1994, n. 4, p. 28, at 29].

6. Senza dirlo esplicitamente, questo serio studioso pone la questione fondamentale della *riserva*: un paese — e fosse proprio il nostro — ha bisogno di riserve alle quali attingere. E non si tratta tanto di riserve auree o valutarie: la vera riserva, incommensurabilmente più preziosa di tutto l'oro di Fort Knox e dei diamanti del Sud Africa, è costituita per un paese da *uomini* abbastanza distaccati dal potere da essere credibili e che, se necessario, trovino il coraggio di sfidarlo (almeno a parole). Riserve morali e di intelligenza, di *science* e *conscience*, cui si possa attingere per una indicazione, un ammonimento, un gesto di indignazione: per formare l'opinione pubblica, come si dice. E non già pozzi di scienza alla don Ferrante di cui l'Italia vanta un tristissimo primato (*multa scit sed non multum*). Si dice che la rivoluzione divora i suoi uomini; ma ne divora di più la corruzione. E ormai la riserva è esaurita: il fascismo ha lasciato *più uomini* di quanti ne siano sopravvissuti alla *democrazia consociativa*. Non è un caso che nella storia dell'Italia unita, dal *trasformismo* in poi, la qualità degli uomini si sia pau-

rosamente abbassata fino ad arrivare alle facce attuali. Tantomeno è un caso che di *uomini* come Gaetano Salvemini (ma ormai si deve aggiungere al catalogo anche Giovanni Giolitti!) si sia perso il seme.

7. Il ragionamento di Mario Monti fa capire chiaramente, a chi vuol intendere, qual è l'effetto devastante, per la nostra scienza e per il paese, del ruolo di *intendence* del potere che la nostra accademia si è assegnata nella società italiana. Se si pensa al disegno di legge approvato dal parlamento italiano (XII legislatura) per la modifica della costituzione per consentire la creazione di circoscrizioni elettorali virtuali (sic!) all'estero, e quindi la « riserva » di seggi parlamentari agli oriundi; all'appassionato supporto che il demenziale proposito ha ricevuto da parte di non pochi dei più illustri costituzionalisti nostrani, si ha un'idea della situazione. Beninteso, gli esempi di *professori al guinzaglio* ormai non si contano più, e non solo nelle materie giuridiche; eppure, i nostri giuristi lamentano il fatto che la scienza giuridica italiana è virtualmente ignorata negli altri paesi (salvo che in America Latina: e si capisce). Ma quale interesse vi può essere in un paese industriale moderno per una *scienza* senza *coscienza*, ossia senza dignità, fabbrica di iniquità e scemenze che suscitano l'ilarità perfino di uno studente (americano e inglese; e forse anche greco o libanese) del I anno, che contribuisce a creare un sistema di 150 mila leggi ma senza regole [cfr. *I deputati mondiali*, di S. Messina, in *la Repubblica*, 13 ottobre 1993]? Si pensi alle « quote riservate » per legge (volute dal Pds) alle donne nelle liste elettorali. Queste trovate — ma sono tante e tante — discreditano la scienza giuridica italiana: il che non sarebbe poi tanto grave, visto che si tratta di una *scienza di regime*: il fatto è che esse coprono di ridicolo il paese intero di fronte alla comunità internazionale; i nostri partner comunitari, anche se ormai abituati a tutto, si chiedono ogni giorno di più con quale paese si siano mai associati. Tra l'altro, che in tutto l'Occidente il solo paese a riservare dei seggi parlamentari agli oriundi sia il Portogallo avrebbe dovuto destare forti sospetti e remore nei nostri studiosi: che invece ne hanno tratto certezze. A questo proposito, si vuole ricordare che nel R.U., paese dotato di una classe dirigente degna del nome e non di ciarlatani come la nostra, in base al Representation of the People Act 1989, i cittadini che vivono all'estero da non oltre 20 anni possono fare domanda per ottenere il diritto di

votare sia nelle elezioni parlamentari britanniche che nelle elezioni parlamentari europee che si tengono nel Regno Unito. Non esistono collegi separati all'estero, e i residenti all'estero che hanno chiesto di votare possono farlo solo nel collegio del R.U. in cui erano registrati prima che si trasferissero. Ma anche qui i grandi maestri, sempre pronti a sottoscrivere manifesti per Saddam Hussein, ad arraffare emolumenti che piovono da tutte le parti e privilegi per sé e i propri cari, a moraleggiare da tutti i possibili pulpiti sui *bienfait* della democrazia, sul patriottismo costituzionale, a fare il pianto greco sul generale (e giustificato) disgusto per un sistema che hanno contribuito a creare, fanno finta di nulla: uno schifo. Il grande Cesare Vivante — ma dove sono più questi uomini? — faceva appello alla *coscienza giuridica nazionale*, già a suo tempo assai scarsa, per umanizzare il diritto commerciale dell'epoca [1893, ed. 1922, vol. I: 323]: ponendo così il dilemma di fondo allo studioso tra *science* e *conscience*: ma nella scienza giuridica si tratta non di dilemma, ma di due facce della stessa cosa: perché non vi può essere diritto che ignori i contenuti morali (o politici o della ragione e, diciamocelo, della decenza). Eppure nulla è cambiato: il diritto commerciale italiano (qui si parla di concreto regime normativo e non dell'articolessa o del saggio o della prolusione del dottissimo professore) fa altrettanto schifo, se non più, che al tempo di Cesare Vivante. Non solo: ma ormai di coscienza giuridica nazionale non se ne parla neanche. « Parlo da professore di università » risponde in udienza al p.m. il professore interrogato su cose assai gravi. Ma i professori sono tanti e tanti, in concorrenza e in continuo diverbio tra loro, appunto perché al servizio di padroni diversi. Domanda: qual è, tra le tante, la vera « scienza », la dottrina migliore?; e quale preferire? Possono sembrare, queste, inique schematizzazioni; eppure, a vedere e a sentire le centinaia e centinaia di professori (ormai, salvo eccezioni, quasi soltanto gli scarti restano all'addiaccio) che quotidianamente si avvicendano sul piccolo schermo per erudire le masse televisive, sorge sempre un quesito. Visto che non può trattarsi sempre e in ogni caso di autentici imbecilli, sembra inevitabile la conclusione che il miscuglio di scienza e di scemenze che troppo spesso ci viene propinato nasconda nella maggioranza dei casi quella *grande disonestà intellettuale* che è il prezzo che il nostro professore è tenuto a pagare per le luci della ribalta e per farsi uomo di potere.

8. Se si pensa che — situazione *unica* nelle democrazie industriali dell'Occidente — il 99 per cento degli intellettuali italiani è formato da professori — con le implicazioni che questo *status* impiegatizio di ultraprivilegiati comporta, si capisce quell'aura di Accademia Sovietica delle Scienze che promana dalla nostra università, figlia prediletta del regime. L'*esprit de corps*, una mentalità formatasi in lunghi anni di *tripotage*, l'avere assistito/partecipato/inflitto/commesso/subito ribalderie e prepotenze e nefandezze (e, non di rado, reati) di tutti i colori, decenni di abietto praticantato da *gavettisti*, sopportati « in astioso silenzio » per acquistare il « diritto » di salire in cattedra, la perpetua ricerca di un padrone sempre più forte, l'obbligo, vuoi per vincoli di sangue o di riconoscenza o di clientela, ormai normale, di piazzare nel baraccone i propri cari e complici e vittime costituiscono le peculiarità fondamentali dell'Ordine. Non che non ci siano « isole di eccellenza »: guai a dimenticarlo; *ma non è questo il punto*: che è invece quello di una colossale macchina di corruzione e di immane spreco di talento; in cui opera una *legge di Gresham* tra gli uomini ben più perversa di quella che tocca le monete.

9. Fenomeno tipico di un sistema che esalta nella cattedra la promozione sociale, lo strumento per la ricerca di potere e denaro, una volta conquistatala, il nostro professore è preso da una smania irrefrenabile di fare come i suoi colleghi, ossia di mettersi in proprio, in politica o in affari (qualsiasi affare). Un qualche incarico extramurale, oltre che evidenza di prestigio e motivo di rispetto, è sentito come una grande liberazione da un insopportabile vincolo. Ma è sindrome generale: i nostri magistrati si trovano ormai dappertutto salvo che nelle aule di giustizia. Di qui la ansiosa ricerca di sempre più potenti protettori; beninteso, conservando, anzi via via comulando, stipendi e privilegi. Indro Montanelli — evviva, almeno uno — parla di: « quella concezione della cultura come monopolio esclusivo dell'Accademia che della cultura ha fatto una mafia tra le tante che infestano questo povero Paese » [*L'antico virus dell'Accademia*, in *Corriere della Sera*, 10 giugno 1995]. Non sorprende quindi che, salvo eccezioni, l'Accademia italiana appare come una *pépinière* di nullità scientifiche e umane, di molluschi e invertebrati; è facile immaginare quale indipendenza (una scienza non indipendente è una non scienza) possa vantare il nostro baraccone,

quale ricerca si possa condurre in una situazione del genere: mancano grosse personalità di studiosi munite di quel tanto di coraggio per condurre una ricerca: che è anche avventura e rischio. Grandi, grandissimi maestri, nonostante il tracollo del paese, si fanno domande che fanno cascare le braccia: ma dov'è il Marasma?, ma com'è potuto accadere? ma è vero? ma allora si trattava di un regime? Chi l'avrebbe mai detto! Altri studiosi mentono spudoratamente senza che nessuno osi rintuzzare l'offesa: e scoprono che il fascismo non era poi tanto fascista; lasciando agli altri trarre l'unica conclusione possibile da questa rivelazione, ossia che in fondo Benito Mussolini era un fascista per finta e ... Sandro Pertini un antifascista a parole [cfr. *Il fascismo non fu totalitario, Il re frenò il fascismo*, in *la Repubblica* e *Corriere della Sera*, 20 novembre 1994]. Sono menzogne che andrebbero fisicamente bacchettate dai figli di Davide o da chiunque abbia sofferto il fascismo. Ma che scienza è mai questa? E si capiscono i silenzi, certe distrazioni, certe giravolte, certe prudenze, la protesta *aerobica* consegnata alla nota a piè di pagina (in greco o egiziano). Resta il fatto che, senza andare a fare il calcolo dei premi Nobel ottenuti negli ultimi 50 anni dall'Italia, il peso nefasto della nostra Accademia sulla cultura del paese rende impossibile perfino organizzare una rubrica culturale televisiva anche lontanamente paragonabile a quella condotta in Francia dall'ormai celebre Bernard Pivot (*Boullion de Culture*, Antenne 2): semplicemente non vi sono gli uomini e, se ci fossero, sarebbero in breve distrutti. Comunque, in assenza di seri tentativi in materia, va rilevato, a edificazione dei nostri Templari, che il *Maurizio Costanzo Show* si pone addirittura come grande fattore di acculturazione del paese. Come scrive Alberto Moravia nella *jaquette* del suo *Il Conformista* [1963]: « questo romanzo è soprattutto il ritratto di un personaggio e di un atteggiamento morale caratteristici del nostro tempo: il conformista e il conformismo. L'eroe del secolo passato era il ribelle, ossia l'uomo che vuole distinguersi, contrapporsi, essere diverso dagli altri (...) l'eroe del nostro tempo è invece il conformista, ossia l'uomo che vuole confondersi, comunicare, essere uguale agli altri. Per questo motivo, il fatto che il personaggio principale sia un fascista e che la vicenda si svolga negli anni del fascismo, ha un'importanza soltanto indicativa. Il fascismo, in realtà, non fu che un aspetto tra i tanti, e, forse, neppure il maggiore, del generale conformismo contemporaneo. Ossia della tendenza moderna, di specie fideistica e religiosa, ad abbandonare le posizioni razionaliste individuali e autonome e cercare la protezione dei grandi miti collettivi. La via percorsa dall'umanità contemporanea dall'indifferenza al conformismo è illuminata una volta di più da questo romanzo. Ma, in tutti i tempi, l'entrare a far parte di una società o comunità, il condividerne i miti e le ideologie, l'ottenerne l'assistenza, comportarono sempre un prezzo molto alto, sia di rinunzia alla libertà di pensiero e di azione, sia, addirittura, di complicità criminale». Naturalmente vi è — al confronto — una grande nobilità di Marcello, fascista, rispetto al professore consociativo: un ciarlatano o un don Ferrante che attende ancora il suo Moravia. Vi è un conformismo generale indotto dal regime consociativo per cui perfino i terroristi sono dei falsi rivoluzionari. Non più la Voce del Padrone, come ai tempi d'oro del fascismo, ma la Voce dei Padroncini, o dei Boss, come si addice alla *status society* dell'Italia repubblicana.

10. Come si è accennato, non è che i nostri manchino di intelligenza: *loin de là*. Non di rado si segnalano studiosi insigni e uomini di grande intelligenza: senza ironia, degli autentici geni: degli Alexander Hamilton, dei Tom Paine, dei Machiavelli, degli Hobbes e dei Tocqueville. Ma di un tipo particolare, conforme alle qualità esatte dal sistema. Centinaia di essi combinano una grande pratica delle cose mondane a doti di enorme scaltrezza, da far pensare ad autentiche, furbissime volpi, anzi zoccole di chiavica. È solo che si tratta di una genialità applicata a una scienza tutta nostrana, tutta inesportabile: e perché manchino poi gli *altri* geni di cui pure si avrebbe bisogno appare evidente: essi non potrebbero neanche esistere, e non gli si lascerebbe neanche l'aria per respirare. E si riscontra, in questi uomini, una straordinaria capacità di *sdoppiamento*, morale prima ancora che professionale e scientifico, che assurge a livelli di, come dire, scienza essa stessa: capaci di sublimi e pazzesche elaborazioni e allo stesso tempo di vivere a loro agio immersi fino alla gola nelle, diciamo così, acque mondane dei traffici. Non è un caso che, anche qui salvo rare ed encomiabili eccezioni, bisogna andare a cercare tra gli studiosi stranieri l'altro tipo di genialità o, anche più semplicemente, di serietà professionale. Ecco quindi il professore-maestro di pensiero, che a spese di Pantalone fa promuovere sul ... campo la propria amante facendole vincere un concorso

pubblico. Tutto questo sarà vecchio come il mondo; ma la diversità dell'Accademia italiana sta in questo: che, invece di camminare sotto i muri e vergognarsi come un ladro, come accadrebbe altrove, il nostro professore strilla come un aquila e, a momenti, invoca la costituzione e l'*equal protection clause*, si appella alla Corte Europea dei Diritti dell'Uomo e minaccia denunzie [cfr. in *la Repubblica,* 14 aprile 1995].

11. Debolezze umane comprensibili, si osserva. E sarà senz'altro vero: ma esse finiscono sempre per *fottere* chi l'amante, il complice o l'amico o il protettore o il parente non ce l'ha. Nel giugno del 1995 viene arrestato con 12 capi di imputazione il rettore dell'Università di Salerno, istituzione notoriamente corrotta. E qui si parla dei *meccanismi* di potere e della gestione del denaro pubblico; si salvano tutti gli individui: tutti innocenti, come i tedeschi al tempo del nazismo. Non che ad essere corrotte siano solo le università meridionali: ma la corruzione di queste ultime è tutta funzionale a quel « blocco sociale » di cui parla Pasquale Saraceno nel rapporto Svimez sull'economia meridionale del 1990. Ma ritorniamo al rettore, esponente di spicco del Pds: uno dei massimi esponenti della cultura di sinistra in Italia (e, si assicura, addirittura nel mondo): si mobilitano quindi i « cervelli » comunisti, anzitutto attraverso il giornale del partito (fondato da Antonio Gramsci) ed altri fogli, e sollevano, anzitutto, la *questione giurisdizionale*. Se, cioè, com'è antica tradizione e a garantirne l'indipendenza, il codice penale, il giudice, insomma la « forza legale », non debba fermarsi, come in passato, alle soglie dell'Università, Tempio del Sapere. Alla quale si ricollega l'altra, ancora più importante, ossia la *questione meridionale*: se, cioè, quella grande cultura (di sinistra: quella di destra, salvo il laurismo borbonico, non esiste) che — tra un terremoto e l'altro — tanto ha fatto per il riscatto del Mezzogiorno e la sua modernizzazione, possa essere « arrestata »: se possa essere impunemente decapitata la classe dirigente meridionale: se quell'arresto non si traduca, in definitiva, anche in un ennesimo colpo mortale all'economia (sic!) del Mezzogiorno. Poi il movimento (*Bewegung* dice il professore) prende la mano ai suoi istigatori e diventa fatto di massa che coinvolge in maniera incontenibile tutto il popolo universitario meridionale: e si formano infuocati comitati per la « liberazione del prigioniero » e la resistenza a questo rinnovato insulto. Aderiscono — quasi — tutti i

più bei nomi dell'intellettualità napoletana: manifestano simpatia i docenti delle università di Caserta, di S. Maria C.V., di Capua e di Aversa. Ma l'arresto cade in tempo di elezioni universitarie: ebbene, a scorno dei magistrati che hanno tanto osato, il rettore viene rieletto dai suoi colleghi « a furor di popolo », quasi all'unanimità. Una manifestazione di affetto; ma soprattutto di *identificazione morale* con le ragioni di una vittima della persecuzione giudiziaria, e meritato schiaffo alla giustizia italiana sempre pronta ad accanirsi contro la « grande cultura »: *Rieletto il rettore in cella*, titola il *Corriere della Sera* dell'11 giugno 1955. E si capisce. Ma qualcuno, più furbo degli altri, fiuta il vento e sospetta che tutto questo scombussolamento assomiglia troppo a quelle insurrezioni popolari che scoppiano nei quartieri spagnoli di Napoli ogni qualvolta che la polizia cerca di mettere le mani sul camorrista del rione: e mangia la foglia; gliene va dato atto [cfr. A. Schiavone, *Ai docenti di Salerno*, in *la Repubblica*, 10 giugno 1955]. Questo episodio — uno tra mille — dà la misura del magistero di rispetto della legge che vi è da aspettarsi dall'università italiana.

12. Come nel caso Villani, Presidente della Società Italiana di Filosofia Giuridica e Politica, è significativo che da noi, a quanto sembra, si possa diventare addirittura un *caposcuola* della filosofia del diritto (sic!) pur avendo vinto la cattedra grazie alla produzione di lavori *altrui*, cui si è sostituito il proprio nome a quello del vero autore (tedesco, naturalmente). Resta il fatto che il Caso Villani costituisce il modello insuperato di cooptazione nostrana: quella, per intendersi, che ha ancora tanti ostinati sostenitori nell'Accademia italiana. Il candidato è passato al vaglio dei migliori cervelli d'Italia, persone note per severità di studi e di costumi; insomma, degli incorruttibili; il concorso è stato scrupolosissimo, si dice. Ma allora cosa sarà degli altri, con commissari di mezza tacca scientifica e umana, notoriamente dei *tripoteur*? Certo, sarebbe facile ironizzare su dei commissari tanto distratti da ignorare opere importanti già scritte all'estero: e si trattasse della Corea del Nord si potrebbe capire la svista: ma, essendo opere tedesche, il discorso si complica perché i nostri filosofi non solo pensano, ma addirittura sognano (o vaneggiano) in tedesco (o almeno così danno a credere): peraltro, lo scandalo getta sui vertici della cultura italiana un discredito tutto sommato immeritato. In fondo, si

era sempre fatto così: il candidato aveva maturato il « diritto » al posto. Ma sia consentito di esprimere anche un po' di simpatia per il Villani che ha tutte le ragioni per sentirsi tradito da un meccanismo che continua a funzionare imperterrito alla stessa maniera [cfr. G. De Rienzo, *Ci vorrebbe un Di Pietro*, in *Corriere della Sera*, 17 giugno 1993; G. Mazzacurati, *Maggiordomo in Cattedra*, in *la Repubblica* (cronaca di Napoli); F. Merlo, *Il Professore e Suor Orsola: la strana coppia*, in *Corriere della Sera*, 13 giugno 1993; M. Sarno, *La filosofia del copiare*, in *la Repubblica* (cronaca di Napoli), 15 giugno 1993]. Certo, si potrebbe, non a torto, osservare, che in un paese che — salvo rare ed encomiabili eccezioni (e come potrebbe con questi campioni?) — non vanta un grande pensiero filosofico (politologico, sociologico, economico, storico, giuridico, scientifico, e così via cantando), il candidato si è mostrato più spiritoso di tanti suoi colleghi che si perdono nel contrappunto; insomma, ha indicato nuove strade: trattandosi, salvo eccezioni, di roba altrui, meglio una buona traduzione che un atroce solfeggio. E tutto questo, messo con il dovuto *sense of humour*, sarebbe pure accettabile se *questi professori*, camminando sotto i muri, stessero *al posto loro*: il fatto è che da noi la confraternita è diventata la riserva dalla quale si estrae la gran parte della classe dirigente di un paese di 56 milioni di abitanti, insomma, i protagonisti della vita (e che vita!) politica, economica e sociale del paese; il che, anche per un popolo di bocca buona come il nostro, sembra un po' troppo.

13. Tutto questo avviene in quel pauroso contesto di povertà della società civile italiana illustrato da De Mauro in cui, cioè, non esistono *checks and balances* di nessun genere e il *savant* assume in definitiva un potere paragonabile soltanto a quello di uno sciamano nel Terzo Mondo. Al confronto, l'università fascista era cosa ben più seria e meno pericolosa, anche perchè controllata da un potere forte: del resto, « i ragazzi di via Panisperna » di cui si favoleggia ancora oggi, una delle poche glorie della scienza dell'Italia unita, erano figli di quella università (meglio, dell'università liberale italiana). Non stupisce quindi che il dibattito sui temi fondamentali dell'epoca attuale si svolga fuori d'Italia, *che i nostri studiosi lavorino (quando lavorano) su materiali di risulta*: il conformismo e l'assenza di originalità è d'obbligo.

14. Le *dispute* tra professori sono parte intrinseca dell'Accademia dovunque nel mondo; ma da noi assumono natura e toni che riflettono la *diversità* del contesto. E non attengono al sesso degli angeli, topica seria. Com'è stato ricordato da R. Gallo a proposito delle vicende delle privatizzazioni italiane: « Il governo di Giuliano Amato si è spaccato fra il ministro dell'Industria Giuseppe Guarino e quello del Tesoro Piero Barucci. Quello di Ciampi si è diviso fra il ministro dell'Industria Paolo Savona e le posizioni di Prodi e del ministro degli Esteri Nino Andreatta » [in S. Rizzo, *Che corto circuito*, in *il Mondo*, 2/9 maggio 1994, p. 17]. Il prof. Savona — ministro dell'Industria della Repubblica italiana e successore del prof. Guarino — lancia un allarme che sconvolge il paese: in breve, se le privatizzazioni avvenissero col metodo della *public company* (cfr. Comit) invece che con quello del « nocciolo duro », che cioè riserva la quota di controllo al grande capitale, si corre il rischio che l'economia italiana finisca nelle mani della Mafia [cfr. *Corriere della Sera*, 25 ottobre 1993]. Ma come?! La *public company* è il tipo di società delle più antiche democrazie del mondo; è proprio attraverso di essa che nel R.U. sono state effettuate privatizzazioni per centinaia di milioni di sterline e si è realizzata una diffusione vastissima dell'azionariato. La risposta più caustica è venuta da Sergio D'Antoni che, rivelando un insospettato dono della battuta per un sindacalista nostrano, ha chiesto: insomma, con questo non si vuol forse dire che « se non compra Agnelli, cioè il grande capitale, compra la mafia? » [*Corriere della Sera - Economia*, 26 ottobre 1993, p. 17].

15. Giovanni Russo, nello stigmatizzare lo scempio ambientale e dei beni culturali nel Mezzogiorno, afferma che: « La responsabilità della situazione attuale è della ' cultura ' accademica e universitaria, fatta eccezione per rari e meritevoli casi di impegno individuale » [1992: 87]. Ma si tratta piuttosto di *complicità*. Specie nel Mezzogiorno l'università è *al centro* di quella sistematica e brutale organizzazione di corruzione che con frase cortese il compianto Pasquale Saraceno nel suo ultimo rapporto Svimez definisce come « blocco sociale ». Essa ne è, per così dire, il supporto tecnico. Tanto più grave è la situazione in quanto nel Mezzogiorno — dato il pauroso deserto culturale e morale della società civile — l'università detiene il monopolio assoluto del « sapere ». Non va trascurato che l'università di Napoli ha giocato un ruolo cen-

trale nello sperpero di 80 mila milardi (sic!) per la « ricostruzione » del dopoterremoto (basterebbe pensare agli esimi presidi della facoltà di architettura), come nell'*affaire* della Malasanità (facoltà di farmacia). Natalino Irti, Presidente del Credito Italiano, anch'egli uno dei tanti professori passati alla finanza, a proposito della proliferazione delle « università da operetta » che ormai spuntano come funghi dappertutto in Italia, e specie nel Mezzogiorno, scrive: « È davvero allarmante, per recare un solo esempio, che nelle regioni meridionali si progettino nuove facoltà giuridiche o umanistiche, produttrici di disoccupazione, di folle sbandate e deluse, su cui si eserciterà fatalmente la seduzione del clientelismo politico e del torbido affarismo. Invece — ripeteremo col Nitti dell'inizio del secolo — è l'educazione industriale che bisogna formare » [*Radici amare nell'economia meridionale,* in *Corriere della Sera,* 1 luglio 1989]. Sia consentito, quindi, di aggiungere che, con il promuovere la proliferazione di sgangherate università di paese, la classe dirigente meridionale mette una pietra tombale sulle assai poche speranze di riscatto della regione.

16. Ma ormai i nostri sono nella gran parte dei *professori extramurali*, a tempo pieno nella politica come nell'economia, nelle professioni come — suvvia diciamocelo — nel commercio all'ingrosso come al dettaglio. Franco Ferrarotti, uno dei più rispettati sociologi italiani, studioso al quale va riconosciuto il merito raro di possedere una spina dorsale, si esprime in maniera inequivocabile nel denunziare: « l'emergere di un nuovo tipo sociale, che vorrei chiamare il ' gangster accademico ', se, almeno in Italia, non fosse più spiccio e più chiaro far riferimento alle motivazioni e ai comportamenti dei gruppi di stampo mafioso tradizionale. Questo corpo docente managerial-mafioso confonde deliberatamente valutazioni scientifiche e cooptazioni clientelari, svuota i concorsi a cattedra mediante raffinate intese ufficiose, ma ferree, fra gruppi esterni alle commissioni giudicatrici, privatizza, monopolizzandole, risorse pubbliche (strutture di servizio e fondi di ricerca) mutuando le tecniche ' lottizzatrici ' dai partiti politici » [1990: 189].

17. Insomma, i nostri professori non sono dei seguaci di Messer Benedetto Varchi: essi si battono per succulente e sostanziose cose: perché del baraccone delle 150 mila leggi e delle 300 tra imposte e tasse

— come di certe sentenze delle c.d. magistrature superiori — non si deve pensare che esse siano soltanto il risultato del caso, del regime assembleare, della ingovernabilità del paese, dello sgangheramento generale, e così via cantando. Beninteso, da noi la *Sciatteria* è regina, ma essa è, come dire, regina costituzionale, non assoluta, e ciò che appare come effetto del Caos è invece più spesso risultato di geniali trovate giuridiche. La apparente demenzialità di interi settori legislativi, gli *abissali vuoti di diritto* in aree fondamentali della politica e dell'economia, non sono *mai* prodotto del caso. Più spesso si tratta, invece, di conclusioni lucidamente cercate a tavolino ed ottenute dopo intenso studio di scaltrissimi tecnici del diritto per i quali il disordine giuridico costituisce la condizione necessaria dei loro incontestabili, ma perversi e incivili virtuosismi tecnici.

18. Raffaele Simone, docente universitario, ha trovato il coraggio che manca alla stragrande maggioranza dei suoi colleghi, ossia quello di parlare dei mali dell'università italiana, nella speranza che la denunzia sia il primo passo per apprestare i rimedi. Si tratta forse dell'unico saggio argomentato [*L'università dei tre tradimenti*, 1993] sulle allucinanti condizioni di degrado morale, prima ancora che scientifico e professionale, della nostra università. Non contiene rivelazioni, ma i dati ufficiali e fattuali menzionati provocano un effetto sconvolgente che offre valide conferme di quella generale impressione di sfascio che coinvolge ormai qualsiasi altro servizio pubblico. La agghiacciante, ma realistica e scrupolosissima *survey*, rivela a quali aberrazioni può arrivare la *rappresentanza degli interessi* (e che interessi!). Come scrive questo studioso: « nel teatro internazionale, l'università italiana non conta praticamente nulla (tolte pochissime aree), come si vede dalla scarsissima desiderabilità che esercita verso ricercatori stranieri, ed è quindi diventata sotto gli occhi di tutti (ma nell'incuria generale) una malinconica area marginale (...) Si segnalano peraltro casi di professori stranieri chiamati in Italia ' per chiara fama ', che hanno abbandonato l'Italia dopo qualche anno per nausea verso questo sistema da operetta (...) la ' qualità ' internazionale della laurea italiana è scadente e sostanzialmente priva di valore di scambio sul mercato del lavoro ». Quanto al livello scientifico dei docenti, vi sono: « accanto a persone indubbiamente serie, imponenti masse di incapaci o (per dirla più sbrigativa-

mente) di indiscutibili, irrimediabili imbecilli, che hanno avvilito se non distrutto il livello qualitatitivo dell'università» [1993: 18, 39, 52, 79].

19. Beninteso, l'università italiana ripete, esasperandole, le patologie di un paese avviato al Caos con leggi dello stato: e non è una coincidenza che questo sviluppo diventi un crescendo mano a mano che la sinistra italiana si integra nel sistema di potere. E così, come per il sistema-paese, non si capisce l'università al di fuori di quella *status society*, unica al mondo nella sua compiutezza, che grazie al fondamentale contributo della sinistra, si è venuta a creare da noi. In particolare, l'università italiana si presenta come un aspetto di quella colossale truffa ideologica, politica ed economica che è lo *stato sociale.* Ma i grandi problemi italiani come, del resto, quelli di qualsiasi altro paese, sono, come dire, un precipitato storico, un accumulo verificatosi e via via ingranditosi nel corso del tempo. L'università lasciata in eredità dal fascismo alla I Repubblica — da paese agricolo, provinciale ed elitaria, ma sostanzialmente decorosa e nel complesso, anche se solo in parte «europea» — è ben diversa dal mostruoso animale che la I Repubblica scarica sulle spalle delle prossime generazioni di italiani e del paese tutto intero. E non sembra ozioso chiedersi qual è stato il ruolo e quali le responsabilità nello sfascio universitario di una forza politica che nei momenti di massimo fulgore ha raccolto quasi il 40 per cento dei consensi. Rimandare al passato non serve soltanto a prendere a legnate i responsabili, ma anche a capire se una forza politica che ormai da mezzo secolo si presenta all'insegna del rinnovamento, possa effettivamente contribuire a fare dell'Università italiana una cosa mediamente civile, oppure se non si tratti di un colossale *bluff.* Anche qui, come dovunque, il consuntivo appare semplicemente catastrofico. E se vi è ben poco da sperare dalla sinistra, figurarsi poi quello che potrà dare la borghesia «manchesteriana» arrivata al potere sull'onda del «laurismo del Nord». Alessandro Figà Talamanca, in un articolo dedicato all'università, compendia, forse senza volerlo, tutta la storia del Pci nell'ultimo mezzo secolo. A volerlo e a saperlo leggere, specie là dove parla di uno scontro simulato destinato a risolversi in un accordo di spartizione, egli fa anche la storia della lotta Antimafia del Pci e, insomma, di tutta la antica e amorale strategia comunista per cui, ad

esempio, si persegue (o si pretende di perseguire) il comandante del campo di sterminio ma poi ci si accorda con Himmler senza batter ciglio: esattamente quello che Sciascia e tanti altri prima di lui avevano denunziato. Ma, per ritornare all'università, l'autore suggerisce di partire da « un'analisi delle esigenze del Paese » piuttosto che da quelle dei professori, ma teme che essa « finirebbe per toccare molti privilegi finora protetti e assecondati anche dai partiti di sinistra ». Ma vale la pena di riportare qualche altro passo di questo pregevole articolo per capire in quali mani sono affidate le speranze del paese. Anzitutto, Talamanca osserva che: « L'attenzione ai problemi di efficienza del servizio universitario non fa parte da almeno trent'anni della tradizione culturale della sinistra. Manca l'idea concreta che l'istruzione universitaria sia legata alle esigenze di sviluppo economico. Nel vuoto demagogico creato dagli slogan sul diritto allo studio si è persa di vista persino la funzione di promozione e ricambio sociale dell'istruzione pubblica. Dai lontani anni Cinquanta quando la preoccupazione era quella di spartire con gli avversari cattolici le cattedre universitarie di filosofia, al consociativismo degli anni Ottanta, passando per i tentativi degli anni Settanta di cavalcare e gestire ogni possibile ' movimento ', la sinistra ha considerato più che altro l'Università come un terreno di scontro con gli avversari politici, molto spesso uno scontro simulato che si risolveva presto in un accordo di spartizione. Raramente essa ha visto l'Università come un servizio pubblico da costruire, difendere e migliorare. Non sarà facile ora sviluppare in questo ambito una cultura di governo non condizionata dagli interessi accademici e corporativi dei docenti che aderiscono ai partiti di sinistra. Non saranno infatti di grande aiuto le schiere di ' professori democratici ' che si affollano sui rami dell'Ulivo. La cultura accademica italiana infatti, malata di provincialismo e malposto elitarismo, ha difficoltà ad affrontare il problema dell'università come un problema di servizio pubblico. Questo finisce per essere ancora più difficile per i dignitari accademici che ricoprono cariche elettive, la cui preoccupazione prevalente è la gestione del consenso di chi li elegge o elegge gli organi direttivi dell'Università » [*Università, chi pensa agli studenti?* in *la Repubblica*, 15 agosto 1995].

20. E quindi, a rigor di logica, l'università non meriterebbe neanche qualche riga in più di quante pur se ne debbano alla Sanità, al Fisco o

alla Giustizia, tra i tanti sconquassi che si potrebbero citare. Se non fosse che dall'ambientino descritto da Simone esce la *classe dirigente* (si fa per dire) del paese: promessa certa di ulteriori e ben più terribili disastri di quelli già provocati. Da ultimo, Paolo Sylos Labini — anch'egli uno dei rari studiosi a denunciare la gravità dello scandalo — in un suo aureo libretto che va al cuore della crisi politica, economica e morale del paese, non poteva non riservare un capitolo alla scuola e alla ricerca scientifica. Come egli scrive: « La scienza non è soltanto, come afferma Adamo Smith, il grande antidoto del fanatismo e della superstizione, ma è anche, come sostengono lo stesso Smith e poi, molto più vigorosamente, il nostro Carlo Cattaneo, il principio primo dello sviluppo economico e dell'incivilimento. La scienza è l'acqua sorgiva che, scendendo dalle montagne può, a cascata, irrigare e rendere fertili e prospere le colline e le vallate sottostanti. Può gradualmente migliorare la qualità del lavoro ossia, in ultima analisi, la qualità della vita » [1995: 93]. Quanto ai docenti in particolare: « Sui concorsi è bene far partecipare alle commissioni docenti di altri paesi europei (...) Infine, dev'essere reintrodotta la norma (un tempo c'era) secondo la quale i docenti hanno il dovere di tenere lezioni durante l'intero anno accademico: se scelgono corsi ' semestrali ' devono tenere due corsi in due distinti ' semestri ' — che in realtà durano, ciascuno, tre mesi e mezzo —. Quale che sia la loro efficacia, le lezioni sono importanti perché stabiliscono una continuità di rapporti fra studenti e docenti. Ricordo che nelle Università americane ogni docente deve tenere due o tre corsi per ' term ': ne segue che *i docenti italiani sono sovrapagati e sono troppi* » [ibid.: 87-89; il corsivo è mio]. E ancora: « se si potesse valutare la produttività, scientifica e sociale, delle spese per la ricerca (...) si arriverebbe alla conclusione che la distanza che ci separa dai partner europei appena ricordati non è di 1 a 2 [pari, rispettivamente, alla quota degli stanziamenti italiani e stranieri], ma più ampia, presumibilmente non di poco ». Infine, questo eminente studioso suggerisce: « Forse sarebbe opportuno promuovere un'indagine parlamentare sull'Università e sugli enti di ricerca, chiamando anche a testimoniare docenti, ricercatori, funzionari, tecnici e studenti » [ibid.: 90, 91]. E qui verrebbe voglia di esclamare: *o sancta simplicitas*!: come se il parlamento italiano non fosse pieno di professori (con triplo stipendio) e come se il regime giuridico che regge il Caos Organizzato che da noi si definisce università non fosse il prodotto di una valanga di demenziali leggi seguite ad ampi ed alati dibattiti tra professori.

21. Ma, anche qui, Mauro Cappelletti ha visto giusto: quasi quarant'anni or sono egli denunciava quella che già allora sembrava la scandalosa situazione di una *didattica* e di una *ricerca* che, al confronto, viste oggi appaiono invece come un paradiso perduto [*L'educazione del giurista e la riforma dell'università (Studi-Polemiche-Raffronti)*, 1974]. Questo libretto andrebbe riprodotto letteralmente per il suo valore di *denunzia* e *protesta* contro quello che già allora si presentava come: « il peggiore modello possibile nel mondo contemporaneo (...) additato dagli esperti internazionali come il caso più esasperato di insipiente e parolaia imprevidenza sul piano delle necessarie trasformazioni delle strutture universitarie » [ibid.: XI]. Esso raccoglie scritti e interventi di Cappelletti dal 1956 al 1974 e testimonia, se mai ve ne fosse bisogno, l'impegno civile di questo giurista battutosi per la modernizzazione della nostra università. E registra: « la protesta contro un metodo d'insegnamento che, in Italia, appare più formalistico, più dogmatico, più arido ancora di quello che si ritrova in Germania che pure del formalismo dogmatico è stata per numerosi decenni la sede prediletta (...) un apprendimento manualistico, psittacistico, nozionistico (...) La prevalenza del metodo deleterio delle lezioni cattedratiche è rimasta intoccata. Le posizioni scientifiche e didattiche del personale docente, anziché essere rese più varie e flessibili, sono state ancor più standardizzate, con ulteriore incoraggiamento al conservativismo e al ristagnamento culturale dei docenti (...) Gli esami speciali e pappagalleschi, e l'esecrando, pernicioso malcostume della loro indefinita ripetibilità, continuano a regnare indisturbati » [ibid.: V, X, n.o]. Tutte cose che, esasperate, si ritrovano nell'università di oggi.

22. Si dice, per giustificare il disastro, che la nostra è una università *di massa*; ma si tratta di spudorata menzogna se si considera il numero degli abbandoni, ossia dei laureati rispetto agli iscritti (neanche 3 su 10). E poi, cos'altro mai sono quella francese, tedesca, inglese, americana se non delle ben più efficienti università di massa? Bisogna *dare atto* a *la Repubblica* di aver seguito con grande attenzione i problemi dell'università italiana; ma questo giornale non dovrebbe pubblicare

certi articoli di Aldo Schiavone che, per affermare atroci *foutaises*, rischiano di mettere in dubbio la serietà della sua linea editoriale. Questo professore, autonominatosi riformatore, insiste sulla necessità di raddoppiare o triplicare la valanga di denaro pubblico gettata nella voragine universitaria (e altrove). Egli scrive: « L'Italia spende complessivamente per la ricerca l'1,4 per cento della ricchezza nazionale (pari, nel 1992, a 22.500 miliardi circa). Gli Stati Uniti il 2,8, cioè il doppio; la Germania il 2,6, il Giappone il 2,9. La nostra è una cifra modesta e inadeguata » [*L'università maledetta,* in *la Repubblica*, 9 ottobre 1994]. Ma si tratta di cifre buttate lì « ad capocchiam » per una platea di semianalfabeti che fa il paio con la sollecitazione di altre valanghe di denaro per la camorra dei costruttori napoletani, sempre lì a richiedere nuovi « investimenti » senza mai dar conto di come il denaro pubblico viene speso, o meglio rubato; non si fa cenno alla Gran Bretagna che spende all'incirca come noi, ma con risultati abissalmente diversi: come scrive Sylos Labini: « I laboratori e gli istituti di ricerca inglesi sono fra i più avanzati del mondo » [ibid.: 92]. È bensì vero che con una così alta percentuale di semianalfabeti (il 63 per cento) i professori possono dire quello che vogliono: ma ci vorrebbe sempre un minimo di remore. Soprattutto, manca un criterio di valutazione dei risultati di questi, diciamo così, « investimenti ». L'autore si guarda bene dal dire che i fondi destinati alla ricerca sono per almeno il 90 per cento letteralmente rubati o sprecati; se solo si desse la pena di leggere le relazioni della Corte dei Conti e gli atti parlamentari sulle prodezze di quel carrozzone che è l'Agenzia Spaziale Italiana [ma cfr. anche *'Mr Nessuno' al CNR* di C. Bernardini, in *la Repubblica*, 5 gennaio 1993].

23. Al prof. Massimo Piattelli Palmarini si invia, quindi, da queste pagine un riconoscente e commosso saluto di contribuente: il suo articolo, che segue di un giorno (sic!) le frottole di Schiavone [*Per fare ricerca licenziate i burocrati*, in *la Repubblica*, 10 ottobre 1994], andrebbe riprodotto parola per parola e affisso in tutte le università e luoghi di ricerca del nostro paese. Eccone qualche brano: « Alcuni colleghi scienziati mi hanno invitato ad unirmi alla protesta contro gli annunciati tagli alla spesa per la ricerca in Italia (...) In astratto mi sembra che abbiano ragione, ma un noto proverbio dice che la carità comincia in casa propria. Più soldi alla ricerca in Italia, sì. Però a questa a ricer-

ca, così com'è, salvo rare eccezioni, no. Bisogna innanzitutto cominciare a spendere meglio. Penso che gli scienziati italiani non possano ormai evitare un'autoanalisi spassionata. I molti sprechi strutturali che avvengono ogni giorno in molti laboratori italiani sono segreti di Pulcinella che vanno resi pubblici. Troppe carriere fondate sul nulla, troppe promozioni corporative, troppi sbarramenti ai giovani di valore, troppi inutili sdoppiamenti di cattedre e istituti dettati solo dalla smania di ' sistemare ' questo o quello (...) Nei comitati internazionali per la ricerca vengono troppo spesso delegati, sulla base di clientelismi e affiliazioni politiche, rappresentanti dell'Italia che non parlano decentemente nemmeno una lingua straniera, che fin dall'arrivo sono solo preoccupati di informarsi quando partirà l'aereo per tornare a casa. Su questo fronte, pur così vitale, siamo spesso la barzelletta dei colleghi scienziati stranieri ». Dopo aver suggerito anch'egli l'intervento straniero di *evaluation committees* per decidere i destini di un laboratorio o di un dipartimento, si chiede: « Chi chiamare in concreto? Il criterio sarebbe semplicissimo, e perfettamente obiettivo: i titolari delle principali cattedre della materia nelle migliori università straniere, e i membri dei comitati di vaglio (i cosiddetti *referees* o ' arbitri ') delle più serie riviste specializzate di circolazione internazionale. I loro nomi sono letteralmente sulle pagine gialle della scienza. Fatto tutto questo, tagliati via i rami secchi, allora sarà sacrosanto chiedere più soldi per la ricerca in Italia. Allora sì che mi unirò con slancio a una protesta contro il taglio dei fondi ».

A little chance, a little representation degli imbecilli.

24. Che la selezione dei docenti si riduca spesso, ma non necessariamente, ad una *cooptazione* in qualsiasi paese del mondo potrebbe sembrare cosa di plateale evidenza. In effetti, volendo, come si conviene, allargare l'orizzonte oltre la greve materia, la tendenza alla cooptazione è di ogni classe dirigente e di ogni gruppo: quale orchestra non procede a una cooptazione nel selezionare un orchestrale? Che forse l'iniziazione mafiosa non è una cooptazione? Il punto è non tanto se debba esserci cooptazione o meno, quanto di *quale* cooptazione deve trattarsi: e qui casca l'asino. Perché vi è cooptazione e cooptazione: tra onesti e intelligenti e/o mediocri o imbecilli, delinquenti, mafiosi, etc.; soprat-

tutto, con o senza regole, nel nostro caso, di decenza scientifica. Comunque, come dimostrano le dittature, accademiche e non, non è vero affatto che i bravi docenti selezionino sempre i migliori: al contrario. In ogni caso, resta il fatto che i *risultati della cooptazione all'italiana sono semplicemente paurosi*; del resto, la altissima qualità media della scienza americana, inglese, tedesca e francese — comparata alla deprimente mediocrità di quella nostrana salvo, beninteso, le « isole di eccellenza » — dimostra che, comunque, per dare i risultati che dà, la nostra deve essere una *cooptazione assai speciale*. Ma da noi non si tratta neanche *soltanto* di una pessima cooptazione: la « chiamata in massa alle armi » di migliaia di semianalfabeti, destinati inevitabilmente a salire in cattedra, è frutto di quella cosa, tutta italiana, che si chiama *status society*. Comunque, *quello della qualità della nostra scienza è un tema che tutti sono restii ad affrontare: eppure si tratta di un punto fondamentale*: perché se si scoprisse che effettivamente — nonostante lo sconquasso — la scienza italiana è, come dicono i nostri professori, la prima del mondo, non resterebbe che lasciare le cose come stanno, e tenerci assai caro il nostro baraccone di inefficienze e follie, visto che produce risultati così portentosi. In ogni caso, com'è stato precisato: « il sistema americano, sempre citato come il sistema di cooptazione per eccellenza (professori che scelgono altri professori), non lo è affatto. Nelle università americane l'ultima parola ce l'ha, com'è logico in un sistema vero di autonomia, chi paga. E cioè l'Amministrazione. Il problema quindi non è quello del ritocco più o meno brillante di un pezzetto tutto sommato piccolo dell'università, quali sono le procedure di concorso. Il problema è il modello organizzativo dell'Università italiana che deve essere cambiato nel suo complesso (...) Per migliorare il sistema occorre smetterla di occuparsi sempre e solo dei docenti e pensare al disegno complessivo (....) E se proprio dobbiamo parlare dei professori, smettiamola di discutere del come si fanno, per occuparci semmai di ciò che i professori fanno o dovrebbero fare » [G. Martinotti, *I docenti? Sono tutti cooptati*, in *la Repubblica*, 21 giugno 1995].

25. Non è solo una battuta che se Leonardo da Vinci, Galileo e Kant e Einstein si presentassero a un concorso universitario italiano sarebbero bocciati, se non addirittura arrestati. Massimo Mila, uno dei mag-

giori musicologi italiani, annotava nel risvolto di copertina del suo *Lettura del Don Giovanni di Mozart* la frase: « Bocciato nel concorso nazionale per titoli ad una cattedra ordinaria », iscrivendo quell'evento fra i meriti di cui andar fiero. Eppure, se si pensa che tutto questo avviene non già nel Circolo Sociale di Caserta (i cui soci sono liberissimi di cooptare i loro pari), ma a spese di Pantalone, il discorso cambia. E si fa pressante la domanda se — ammesso che cooptazione debba essere, e visti i risultati di quella nostrana — non si debba ricorrere alla cooptazione giapponese, francese, tedesca, inglese, nordamericana. Si è presi, quindi, da una profonda malinconia nel leggere articoli come quelli di Angelo Panebianco che, nel sostenere *questa* cooptazione, afferma che l'università italiana è « un orologio di qualche pregio che da un po' di tempo funziona piuttosto male » [*Cambiare l'Università*, in *Corriere della Sera*, 12 giugno 1995]. Ma quella dell'orologio è una vecchia trovata: ognuno dice così del proprio « ramo »: dalla Giustizia, alla Sanità, ai Trasporti, alla Scuola, alle Poste, al Fisco, e così via cantando. Ovviamente, in un paese di semianalfabeti al 63 per cento, i professori possono dire e fare di tutto: ma pure qualche remora non guasterebbe. Ad ogni modo, se si trattasse di un Patek Philippe (orologio meccanico), tutto perfetto nel suo organamento, e quindi congegnato per la massima efficienza possibile; insomma, se si trattasse di sostituire solo il bilanciere (ma nessuno sa dire in cosa mai consiste) perché tutto riprenda a funzionare a meraviglia, allora staremo, come si dice, nel pallone. Ma queste sono scemenze, e la selezione dei docenti non è neanche il più importante tra i problemi che affliggono l'università: a meno che non venga considerata, come si dovrebbe, come fattore scatenante di un Marasma ormai fuori controllo che produce l'attuale disastrosa *didattica e mediocre o pessima scienza.*

26. Come scrive Marco Panara [*Questi professori senza qualità I giudici a caccia delle cattedre 'fuori legge'*, in *la Repubblica*, 15 luglio 1995]: « Studiosi illustri hanno fatto o avallato scelte talmente discutibili da far dubitare dei loro stessi meriti di studiosi. L'intoccabilità si è trasformata in arroganza, il potere accademico ha subito la stessa parabola degli altri intoccabili poteri della Prima repubblica. Sono arrivati i procuratori ». Era ora. Ma come?!; decine di migliaia di italiani varcano ogni anno il confine per farsi curare all'estero (e non si tratta

solo di un fatto di infrastrutture); lanciare anche soltanto uno sguardo a una qualsiasi libreraria di un quartiere universitario dà la misura della *possanza*, della profondità di pensiero di questa scienza nostrana. E sarà anche vero che l'egemonia culturale nordamericana è straripante, ma nessuna scienza nazionale, rispetto a quella dei grandi paesi europei, si trova nelle condizioni disastrate di quella italiana. Panara chiarisce che dalle indagini processuali risulta che: « Analizzando i concorsi all'esame della Procura si scopre però che il meccanismo che si è rotto non è la cooptazione. È piuttosto la connivenza dell'accademia, il silenzio dei commissari, vincitori, e bocciati e studiosi su tutti gli abusi che in nome della cooptazione sono stati compiuti ».

27. La magistratura inglese appare storicamente, per comune consenso, come una delle più « indipendenti », di altissimo livello professionale e deontologico; eppure, essa non è altro che il prodotto della più rigida cooptazione in tutto l'Occidente, al punto che anche ora l'attuale meccanismo di nomina dei giudici delle *superior courts* viene definito come « a Papal Conclave » [cfr. Rozenberg 1994: 76]. Comunque, resta la domanda, che non ha mai veramente attirato l'attenzione dei nostri studiosi, ossia come si spieghino l'autorità e il prestigio popolare di un ceto in buona sostanza nominato dall'esecutivo in base a un meccanismo di cooptazione interno ai giudici delle corti superiori, in cui il *Lord Chancellor* assume un ruolo determinante, sottratto ad ogni controllo formale esterno. Perché, insomma, la cooptazione dei magistrati (e dei professori) inglesi produce eccellenti risultati e quella nostrana è così catastrofica? Eppure la cooptazione costituisce la base stessa della *status society* nostrana imposta dalla *democrazia consociativa*. E come si spiega che dalla politica, all'università, all'imprenditoria (sic!), al sindacato, al giornalismo, alla giustizia, alla burocrazia, fino all'ultimo orchestrale della banda musicale di Vigevano, la nostra cooptazione, di applicazione sistematica e generalizzata, si traduce in una *zerocracy* ormai unanimente riconosciuta come la *peggiore classe dirigente in assoluto dell'Occidente se non del mondo intero?* Davvero da noi la proposta elezione dei giudici cambierebbe in meglio la situazione? In effetti, la selezione dei docenti universitari italiani non è altro che un aspetto del gravissimo problema della selezione della classe dirigente. E quali sono gli ingredienti richiesti per evitare il disastro no-

strano? Diverso da quello inglese è, negli S.U., il sistema di selezione dei giudici della veneranda *Supreme Court* federale (e dei giudici federali), la più illustre corte di giustizia dell'Occidente. Com'è noto, i giudici di questa Corte sono nominati dal Presidente, ma sono soggetti alla conferma del Senato che spesse volte si traduce in una autentica ordalia per i nominati; un tipo di *checks and balances* del potere presidenziale al quale, sia detto *en passant*, assai pochi dei nostri uomini, in qualsiasi campo, sopravviverebbero. A parte le qualificazioni morali, assumono grande importanza quelle professionali, al punto di divenire addirittura assorbenti, come nel caso della coraggiosa scelta da parte del Presidente Hoover (repubblicano) del grande Cardozo (democratico ed ebreo), al tempo in cui sedeva nella corte già un altro ebreo nella persona del non meno grande Brandeis. Ma il dibattito sulle qualità professionali ha raggiunto il culmine, e anche il suo aspetto più grottesco, grazie al senatore Hruska del Nebraska, in occasione della nomina a giudice della *Supreme Court* da parte del Presidente Nixon di Harrold Carswell nel 1970, che il Senato si rifiutò di confermare. Di fronte alle ripetute accuse di incapacità professionale, basate principalmente sul numero di decisioni annullate in appello (il nominato era già un giudice federale), e di mediocrità, volendo con grande passione, ma con molta *gaucherie*, sostenere in Senato la nomina presidenziale, il senatore spezza una lancia a favore degli imbecilli e afferma: « Even if he is a mediocre there are a lot of mediocre judges and people and lawyers. They are entitled to a little representation aren't they, and a little chance? We can't have all Brandeises, Cardozos and Frankfurters and stuff like that there » [E. E. Slotnick, *Selection of Justices,* in *Oxford* 1992: 769].

28. Questa « little representation » venne spietatamente negata dal Senato (gli S.U. sono, oltre che un grande paese, un paese serio!). Il senatore Hruska quale *stultorum defensor* sarebbe da noi un personaggio politico molto popolare, probabilmente eclisserebbe il successo di qualsiasi leader politico o campione sportivo, da Mussolini a Berlusconi a Maradona a Gullit. Domanda: possibile che da noi, nell'università come dappertutto altrove, vi debba essere quasi soltanto la « representation » degli imbecilli? Beninteso, il senatore del Nebraska ha posto un problema fondamentale, ossia quali sono in una democrazia industriale di massa i *limiti della meritocrazia* e se non si debbano assicu-

rare negli uffici pubblici almeno delle « quote » agli imbecilli, tenendo conto che, in definitiva, si tratta della stragrande maggioranza. È una topica che evoca de Tocqueville, ma in una versione più moderna; non dittatura della maggioranza, ma degli imbecilli (che si trovano anche nella minoranza, e come: spesso sono addirittura la... maggioranza di quella minoranza!). Ma quale dev'essere la dimensione di questa *representation*? Di certo da noi si esagera.

29. Quanto precede potrebbe sembrare pieno di malvagità e stizza dell'*outsider* [cfr. La Fontaine: *Le Renard et les Raisins*] se non fosse che, di fronte a quell'8 settembre (1943) permanente che è la nostra università, qualche graduato (tacciono i generali felloni dello stato maggiore: Badoglio, Carboni, Ambrosio, Graziani, Roatta, Cavallero), mosso da *pietas* per il paese e per le diecine di migliaia di giovani mandati al macello, non avesse cominciato a fare qualche ammissione; qualche altro ha cominciato a parlare per mettersi a posto la coscienza, qualche altro ancora perché ormai sono arrivati i carabinieri e tacere significa soltanto nascondere un segreto di dominio pubblico, come il segreto di Pulcinella. Come le condizioni delle Usl, degli ospedali pubblici, delle Ferrovie, delle Poste, della Giustizia o delle nostre sconquassate città. D'altro canto, a questo punto, *all'estero non si contano più* gli accorati allarmi e appelli ufficiali e ufficiosi lanciati dalle più alte e rispettate istituzioni internazionali, accademiche e non, dalle più prestigiose riviste scientifiche, etc., per esprimere vivissime preoccupazioni *per il pauroso degrado qualitativo della nostra scienza* e della nostra università. Da noi, invece, come sempre accade di fronte alle calamità che non si possono o vogliono eliminare, si ricorre all'esorcismo delle barzellette, che lasciano le cose come stanno. Data la estrema gravità della situazione e, in prospettiva, le gravi conseguenze negative per l'Europa intera, solo una inchiesta del *Parlamento Europeo* sulle condizioni della nostra università — che escludesse qualsiasi cattedratico italiano — potrebbe essere l'inizio del riscatto *morale*, prima ancora che scientifico e didattico di una struttura fondamentale del paese (variante della proposta di Sylos Labini).

30. Resta, tuttavia, al fondo della concezione platonica, l'idea di affidare le sorti della cosa comune ai migliori, ai più saggi e ragionevoli:

eppure gli italiani non riescono a capacitarsi di essere benedetti da tanta fortuna: la nostra deve essere una *sofocrazia* molto speciale se il paese è il *peggio amministrato* e il *più sconquassato dell'Occidente industriale*. D'altronde, con tutto il rispetto per Platone, una *sofocrazia* che comandi a una massa sterminata di incolti finisce necessariamente per divenire essa stessa l'altra faccia di quelli ai quali pretende di indicare la via del bene: beninteso, ammesso e non concesso che i nostri Templari — sempre presi da mille affanni — siano ispirati da una siffatta pulsione didascalica: in effetti, le masse sono soltanto la materia grezza sulla quale il potere dei sofocrati nostrani si regge.

31. Non è solo un fatto linguistico né la mancanza di soldini a spiegare perché da noi non esistano delle riviste o istituzioni scientifiche lontanamente paragonabili, tanto per nominarne alcune tra le moltissime, a *Nature*, il *British Medical Journal*, *Lancet*, una *London School of Economics*, un *Institut Pasteur*, una *Max Planck Gesellschaft*; e si potrebbe continuare all'infinito. Se si pensa che da noi — nel paese che secondo l'UNESCO vanta all'incirca il 35-40 per cento del patrimonio artistico mondiale — per chi voglia studiare l'arte italiana (sic!) il posto migliore è una biblioteca tedesca della *Max Planck Gesellschaft*, ossia la Biblioteca Hertziana di Palazzo Zuccari a Roma, si ha un'idea, assai pallida, del modo in cui viene sperperato il denaro pubblico nel nostro paese. Quando poi si volesse avere un'idea della *possanza* del pensiero di questa sofocrazia — senza recarsi all'Ufficio Brevetti — basterebbe passare davanti ad una delle tante librerie universitarie nei dintorni di viale Ippocrate a Roma e dare uno sguardo ai libri esposti. Filosofia, politologia, sociologia, economia, matematica, archeologia, medicina, biologia, chimica, fisica, elettronica, ingegneria, architettura, etc.: tutti, o al 99 per cento, sono dei testi di autori stranieri, più spesso nordamericani, ma anche inglesi e tedeschi (non di rado si tratta di atroci traduzioni). Non è vero il contrario: nessuna traduzione di libri italiani nei pressi delle università nordamericane, francesi, tedesche, inglesi, etc.: solo qualcosa nei pressi di quelle spagnole e sudamericane (ma solo di testi giuridici). Duole dirlo: i migliori tra i nostri studiosi, e non solo nelle c.d. materie scientifiche — sono quelli più aggiornati sulle ricerche condotte all'estero (non solo, naturalmente, negli S.U., ma anche in Gran Bretagna, Francia e Germania). Sembra appena il

caso di aggiungere che, con questo, *non si intende minimamente trascurare i meriti* dei nostri studiosi (quelli che studiano), e tantomeno stabilire graduatorie negative. Anzi, ad essi si riconosce una certa forma di *eroismo civile* per il fatto di doversi adattare a lavorare in condizioni di estrema difficoltà e *in strutture concepite per tutto fuor che studio e ricerca*, in un quadro generale in cui si assiste allo sperpero, questo sì scientifico, di migliaia di miliardi di denaro pubblico.

32. Quanto poi ai *testi giuridici universitari*, salvo rare ed encomiabili eccezioni, si tratta di autentici strumenti di tortura per gli studenti, costretti a mandare a memoria diecine di migliaia di pagine di sciocchezze che, sul piano didattico e scientifico, non meriterebbero neanche l'onore del macero.

In effetti, nel diluvio di libri di testo, spesso monografie concorsuali di pessima qualità, manca un'opera che dia una visione globale del diritto nella società moderna, anche soltanto lontanamente paragonabile a quella ormai giustamente celebrata (all'estero) di Wolfgang Friedmann, dal titolo *Law in a changing society*.

Nulla dovrebbe sorprendere nelle vicende dell'università italiana, eppure non smette di stupire il rifiuto di studiosi e comparatisti nostrani di apprestare una traduzione di quest'opera in un paese in cui peraltro i giuristi mostrano un'inguaribile propensione *a perdere tempo nella traduzione dei più trascurabili tra gli scritti stranieri*. Forse perché essa costituisce una inesauribile riserva di caccia frequentata da innumerevoli bracconieri nostrani che si guardano bene dal citare la fonte della loro vantata « originalità ».

A non parlare delle *opere collettanee*, nella loro spropositata diffusione, prodotto tipico della patologia degli studi nel nostro paese: di solito, sgangherati accostamenti di scritti, spesso datati, dei più diversi autori; che rivelano quel mix di assenza di etica accademica e di dispregio del lettore di cui troppo spesso fanno prova i nostri studiosi e i nostri editori. Si assiste ogni anno a migrazioni bibliche di studenti da una università all'altra della penisola o della stessa città, arenatisi sugli scogli di pessimi libri di testo, spesso migliaia di pagine imposte dall'irremovibile professore « pazzo » erettosi a custode inflessibile della « sua » scienza (di solito un frustrato al quale non è riuscito di riciclarsi in un'attività extramurale, che muore di invidia per i colleghi messisi in affari): tra i tanti, i testi di procedura civile meriterebbero un capitolo a parte. Essi rientrano sotto la rubrica dell'aerobica universitaria: pur numerosissimi, non riproducono in allegato neanche un formulario di atto di citazione, e meno che mai un qualsiasi riferimento alle strutture giudiziarie davanti alle quali la procedura dovrebbe svolgersi.

Ed è tipico dell'assenza di dignità dei nostri studenti, sempre pronti a mettere a soqquadro la città per le polpette della mensa o in difesa di Saddam Hussein (fa lo stesso), che non vi sia barlume di *rivolta armata* di fronte a pratiche del genere. Ma perché al lettore non resti l'amaro in bocca per il modo sciagurato in cui nel nostro paese, salvo rare ed encomiabili eccezioni, si studia e si insegna, si vogliono ricordare le belle pagine di Giovanni Verde, contenute nella *Introduzione* del suo volume dedicato alla Parte Generale dei *Profili del Processo Civile*: un manifesto di etica del docente e di cultura giuridica che andrebbe riprodotto *tel quel*, a mò di Introduzione di una buona parte dei nostri testi.

Questo chiaro studioso sottolinea l'esigenza di « un insegnamento impartito in modo problematico, in maniera che si elimini nel più alto grado ogni forma di sua prevaricazione intellettuale da parte del docente sui suoi allievi ». E manifesta una insolita consapevolezza « che persino la dottrina nel processo civile non è neutrale; che, pur avendo ad oggetto norme in prevalenza strumentali, non è ad essa estraneo un problema di scelte *lato sensu* politiche; che, comunque, non è possibile trincerarsi dietro il carattere esclusivamente tecnico della disciplina.

Quando, però, si abbia tale consapevolezza, è anche chiaro che non si può studiare il fenomeno rappresentato dal processo civile senza contemporaneamente tener presente che questo fenomeno non è materiato soltanto di norme giuridiche, e che dietro di esso ci sono altri e gravi problemi, come quelli dell'organizzazione giudiziaria, dell'ordinamento forense e dell'assistenza giudiziaria (i processualisti, in questo modo, vanno scoprendo una verità banale, secondo cui la bontà di un sistema giuridico si misura più che sulla completezza e congruenza delle norme e sulla attendibilità dei fini che perseguono, sulla possibilità e sulla capacità di applicare le une e di conseguire gli altri in concreto) (...) A chi intraprende lo studio del diritto processuale civile deve, pertanto, porsi con chiarezza la fondamentale questione che è venuta emergendo in questi ultimi anni.

Il codice di procedura civile in vigore è idoneo a garantire una buona giustizia o è un raffinato strumento di mistificazione, emanato nell'interesse esclusivo delle classi dominanti? Lo stato fallimentare dell'amministrazione giudiziaria dovrebbe condurre a una risposta obbligata: se il codice vigente non è in grado di assicurare una buona amministrazione della giustizia e se, ciononostante, esso continua a rimanere in vigore, vuol dire che serve al ceto dominante. La conferma *a contrario* di ciò si ha nella constatazione che una macchina giudiziaria inefficiente è funzionale agli interessi delle classi che detengono il potere, specialmente quando esse siano riuscite ad organizzare procedure privilegiate per la tutela dei loro maggiori interessi » [1978, ed. 1991: 9, 10, 14].

33. Cacciati dalle università nazionali, turbe di studenti somari greci-portoghesi-albanesi e sudamericani, fuoricorso storici, conseguono brillanti lauree presso le nostre università. E si capisce: « L'Italia è l'unico paese in Europa dove si può arrivare alla specializzazione in chirurgia *senza avere mai operato*. Non succede neanche in Grecia o in Portogallo » [Sergio Stipa, Univ. La Sapienza, in *la Repubblica-Università*, 10 ottobre 1992, p. 27; il corsivo è mio].

E si capisce anche perché un ministro italiano della Sanità si rifugi all'estero per farsi operare al cuore e un altro ancora mandi suo figlio medico a far pratica in un ospedale londinese. La morte del prof. Vittoria, preside della facoltà di farmacia dell'università di Napoli, avvenuta in margine all'*affaire* della *Malasanità*, costituisce un pallido esempio della effettiva natura delle preoccupazioni di parte non piccola dell'Accademia italiana.

Al Policlinico Umberto I di Roma (*tanto nomini!*) — uno dei più importanti d'Italia — vi sarebbe un *primario* per *ogni sei ricoverati* [*Policlinico, è rissa - Tecce: 'I primari non sono troppi'* di Margherita De Bac, in *Corriere della Sera*, 21 aprile 1994 - Cronaca di Roma, p. 49]. Ancora: « Al Policnico duemila medici per 1773 letti » titola *la Repubblica* del 26 giugno 1994 (p. 19).

A chi abbia anche soltanto una vaga idea del Marasma delle nostre facoltà di medicina e delle strutture sanitarie — voragini senza fondo che sperperano colossali quantità di denaro pubblico — non resta che rabbrividire all'idea delle diecine di migliaia di medici-somari sfornati negli ultimi anni dalle nostre università. Se a ciò si aggiunge l'ecumenico prevedibile riconoscimento dei titoli e diplomi rilasciati nel Terzo Mondo in medicina ed altro non è difficile immaginare il precipitare della nostra scienza medica (e non) verso il più degradante sottosviluppo.

34. La tormentata storia del nostro paese non ha voluto che anche noi avessimo il nostro Jules Ferry, grande riformatore della scuola francese.

In una situazione in cui il 21 per cento della popolazione è costituito da analfabeti, il 42 per cento ha soltanto la licenza elementare: insomma, il 63 per cento della popolazione italiana non va oltre la quinta elementare, la *Repubblica dei Professori* spacca il paese in due, tra un Ordine dei Templari privi di nobiltà e di coraggio, custodi di una falsa scienza, e una turba sterminata di disgraziati dal cui degrado essa trae la propria forza. Le prodezze dei nostri Templari vanno dal *colpo alla nuca* (casi Montanari e Ramboldi: cfr. *la Repubblica*, 9 maggio 1992) al gioco delle tre carte concorsuali. Ma ciò che conta rilevare è la anomalia di questo rapporto autoritario e antidemocratico tra due fette della società italiana che, insieme, propongono uno scenario da

Terzo Mondo. L'Ordine va disperso e riportato alle dimensioni che esso occupa nei paesi civili, se non si vuole continuare a vivere in un basso medioevo di ciarlatani: dalla *Repubblica dei Professori* alla *Repubblica di Pulcinella* non vi è che un passo.

La scienza giuridica.

35. Questo non è un capitolo sulla scienza giuridica italiana — tema che in sé ha scarso interesse — che comunque richiederebbe ben altro impegno di trattazione e, si potrebbe aggiungere, ben altre forze di quelle di cui l'autore dispone. Si raccolgono qui soltanto delle considerazioni che è capitato di fare nella preparazione di quest'opera. Come osserva Lucio Colletti: « Da oltre un secolo, la filosofia italiana è una provincia del *Reich* filosofico germanico » [1989: 99]. È necessario aggiungere che il *Reich* germanico si estende anche al diritto? Grande e notoria appare la passione — peraltro non ricambiata — dei nostri studiosi per il giure teutonico: sulla quale si sono costruite molte, troppe cattedre universitarie. Con la differenza che mentre il robusto, ma non di rado torbido, pensiero teutonico è attutito in patria, almeno in parte, da una *formidabile cultura industriale*, da noi non vi è ombra di questa modernità. Perché se dietro le *fumisteries* del pensiero tedesco, tra le tante innominabili cose, si intravedono i fumaioli delle acciaierie della Ruhr, dietro quelle nostrane si avvertono gli effluvi di Campo Vaccino: la differenza è enorme. Si tratta di domandarsi se e fino a che punto il riferimento costante e ossessionato e pedissequo al mondo culturale tedesco ha impedito la nascita di un pensiero filosofico, giuridico, economico e politico originale (salvo, beninteso, il fascismo e la *democrazia consociativa*). Già agli inizi del '900, Cesare Vivante rampognava « l'inerzia della coscienza giuridica nazionale » rispetto a taluni temi fondamentali della commercialistica quali il *fallimento civile*, di cui proponeva energicamente la adozione anche nel nostro paese, [1893, ed. 1922, vol. I: 323]. Neanche a dirlo, l'*assai incivile regime* denunziato a suo tempo da questo illustre giurista sopravvive inalterato nel nostro paese: *altre inciviltà giuridiche* vi si sono aggiunte via via facendo del nostro baraccone di 150 mila leggi uno dei più iniqui sistemi giuridici dell'Occidente industriale. Ma ormai, non diciamo il concetto, ma la stessa espressione di *coscienza giuridica nazionale* è

scomparsa dal linguaggio dei nostri professoroni; e, quasi a confermare l'affermazione di Rabelais, si può dire che quando non esiste *conscience* giuridica nazionale, non vi è neanche *science* giuridica; almeno di un certo tipo.

36. Sarebbe interessante, e farebbe capire tante cose, una cronaca del rapporto tra cultura tedesca e cultura italiana a partire dalla Triplice Alleanza ai nostri giorni: che spiegasse in quali circostanze, e con quali effetti, si è passati dal modello francese a quello germanico. Ma sia consentito di affermare che l'accennato costante, acritico e pedissequo riferimento alla cultura tedesca — assortito peraltro a una virulenta reazione patriottarda quando si propongano più civili e democratici modelli — rivela, salvo rare ed encomiabili eccezioni, una colpevole *assenza di dignità scientifica* che va storicamente ricollegata, almeno in parte, ai processi di selezione della nostra Accademia. Più in particolare, nel campo del diritto, il caso della procedura civile, certo non il solo, è ormai l'esempio che ricorre più spesso per definire un certo modo di affrontare gli studi giuridici. Piero Calamandrei assiste, finalmente, a qualche udienza civile e penale a Londra e resta stupefatto dall'efficienza e dall'umanità del processo inglese; a Cambridge apprende che in Inghilterra non esistono cattedre processuali e che il buon andamento del processo è affidato « più che alle belle costruzioni sistematiche, al costume giudiziario »; e si persuade « che gli avvocati e i giudici inglesi non sarebbero disposti a cambiare, in materia di giustizia, la nostra scienza con il loro empirismo » [*La crisi della giustizia* (1953), in 1947-56, ed. 1957, vol. VI: 21, at 25]. Una scienza che insegna a costruire ponti che crollano.

37. Nel suo splendido saggio su *Azione - Diritti Soggettivi - Persone Giuridiche*, che reca il significativo sottotitolo *Scienza del diritto e storia*, Riccardo Orestano spiega bene qual è stato il costo per la nostra scienza giuridica del pedissequo appiattimento sulla pandettistica tedesca, geniale quanto si vuole, ma aria fritta dietro la quale si nascondeva, e neanche troppo, *una scelta di valori politici autoritari*: « fra le poste passive del bilancio, va compreso in primo luogo il soffocamento, sul nascere, di quella serie di vie nuove verso cui la scienza italiana del diritto avrebbe potuto indirizzarsi e non si è indirizzata. In secondo

luogo, fra le poste passive va compreso il fatto che la scienza giuridica italiana, ponendosi al seguito della pandettistica tedesca, abbia dovuto toccare i vertici (o gli abissi?) del concettualismo sempre più spinto e del formalismo sempre più rarefatto perché cominciasse a rendersi conto delle conseguenze nefaste cui la strada, con tanto entusiasmo imboccata, l'aveva condotta » [1959-68, ed. 1978: 279]. E, più oltre, aggiunge: « Si è arrivati al punto che buona parte dell'insegnamento giuridico sembra avere ad oggetto un mondo diverso da quello della legge e di ciò che è il comune intendimento delle relazioni giuridiche » [ibid.: 284]. Ma non è ancora così? Ma non si tratta solo di questo: la scienza giuridica nostrana, pur nel generale appiattimento scientifico, è stata sempre attentissima a respingere del modello tedesco tutti quegli istituti che avrebbero potuto contribuire alla modernizzazione del nostro diritto. E qui basta menzionare, tra i tanti, l'*abuso di diritto* e, appunto, il *fallimento civile*: se quindi, per certi versi, i nostri scienziati hanno la testa nelle nuvole, per altri si mostrano dei tipi terribilmente pratici nel difendere, con ottusa ostinazione, i più reazionari interessi economici e politici del nostro paese.

38. Dalla Triplice Alleanza in poi, migliaia di docenti universitari italiani devono la loro cattedra alla glossa o al plagio di opere tedesche. E non si può credere che il caso Villani — cui, a quanto sembra, è bastato spacciare per proprie opere quelle di autori tedeschi per diventare addirittura un *caposcuola* della filosofia del diritto nel nostro paese — sia stato una svista. Quale ricerca, quale originalità, quale indipendenza, quale spina dorsale, quali docenti (e quali allievi) si possano avere quando gli studiosi si pongono in questa condizione di *minus habens* non è difficile immaginare. Nelle sue dimensioni *il fenomeno non ha eguali* in paesi come Francia, Gran Bretagna, Germania, Stati Uniti, tutti di incommensurabile primato culturale.

39. Si dice, con bella frase, che la scienza non deve avere padroni; ma è dubbio che uno scienziato che voglia lanciare un'astronave possa farlo da solo: in qualche maniera, un certo rapporto tra scienza e potere è inevitabile. Il fatto è che la nostra scienza si cerca dei padroni anche quando potrebbe o dovrebbe farne a meno. In questo senso, sembrerebbe che l'arretratezza del pensiero giuridico italiano (sul piano dei

contenuti) dipende in buona parte dal ruolo di *intendence* e strumento tecnico di supporto del potere che essa si è assunta.

40. Julius Stone [1964, ed. 1968: 28] immagina l'ordinamento come la rete di un pescatore: che lascia passare non pochi pesci, ma che nonostante « its gaps, incoherences and inefficiencies », resta una *functioning unity*. Probabilmente egli riprende l'immagine da Montesquieu per cui: « Dans una monarchie bien réglée, les sujets sont comme des poissons dans un grand filet: ils se croient libres, et pourtant ils sont pris (....) Mais ceux qui vivent dans les États purement despotiques sont dans des filets si serrés que d'abord ils se sentent pris » [*Mes pensées*]. Comunque, il fatto che tanti, forse troppi pesci passino attraverso la rete della legge sembra ammesso da tutti i giuristi. In questo senso, l'antologia delle assurdità giuridiche, incoerenze e iniquità prodotte addirittura dallo stesso diritto in qualsiasi sistema è virtualmente infinita. Ma quando, come da noi, la rete del pescatore viene concepita — dal legislatore — per lasciar passare squali e balene e catturare solo i pesci piccoli, quando la legge è legge di bande, e spesso prende addirittura nome dal potente o dal gruppo favorito, non vale sostenere che le « antinomie », pur presenti nel sistema, non ne inficiano l'« armonia ». Se è esatto che, *per essere rispettata, la legge deve essere rispettabile*, allora ben poche delle 150 mila leggi esistenti da noi rientrano in questa categoria. In queste condizioni, è del tutto ecluso che si possa parlare di *stato di diritto* (*rule of law*) nel nostro paese; e senza stato di diritto non si può neanche parlare di democrazia.

41. Non esiste alcun paese, tra le democrazie industriali dell'Occidente, in cui questo *mélange* di « gaps, incoherences and inefficiencies » diventa il sistema stesso, in cui l'iniquità forma la ragione ultima di un sistema giuridico che funge da supporto di una *status society* che ormai nessuna rivoluzione potrebbe far saltare. Per citare qualche esempio, tra i mille possibili, in nessun paese dell'Occidente esiste un sistema per cui — da un canto — sulla base di una *esorbitante* formulazione costituzionale del principio della presunzione di innocenza (art. 27), con una bizzarra disposizione processuale (art. 303 c.p.p.), vengono estesi i termini di custodia cautelare *dell'imputato* in attesa di giudizio *al supercondannato* in primo e secondo grado, di solito in at-

tesa della sentenza della Corte di Cassazione; autentici mascalzoni come quelli di Tangentopoli, condannati in primo grado a pesanti pene detentive, non soltanto sono lasciati in libertà ma, con il consueto codazzo di *professori al guinzaglio* e il sostegno dei *media* e della « forza legale », formano addirittura dei *commando* diretti alla liquidazione morale (e chi sa, se del caso, anche fisica) dei magistrati che li hanno fatti condannare, e al sovvertimento delle leggi; in base a una legge criminogena voluta da un parlamento *sciolto per corruzione*, ma ciò nonostante beatificata dalla Corte Costituzionale, a partire dalla Guardia di Finanza, dagli Uffici Iva, dalle Usl, dalle Regioni, etc. etc., migliaia di funzionari pubblici concussori e corrotti condannati penalmente vengono reintegrati nel posto e addirittura *indennizzati* mediante la corresponsione degli stipendi sospesi per il periodo della reclusione; i malati di Aids possono per legge commettere tutti i reati che vogliono senza poter essere arrestati e — dall'altro — in un paese in cui regna sovrana l'*usura*, a un *debitore* protestato *per una sola volta* la legge assegna uno *status* giuridico di incapacità che lo accompagna per tutta la vita. Il *ricorso di fallimento* è divenuto da noi uno strumento quotidiano di ricatto: ormai non si contano più le aziende fallite per poche centinaia di migliaia di lire. A non parlare della durata del procedimento: una autentica saga, fonte di arricchimento per taluni, ma spesso anche di distruzione di ricchezza per altri e per la collettività. Certamente le patologie della microimprenditorialità nostrana non si curano con rimedi giuridici. Eppure, anche un cambiamento delle regole e della prassi potrebbe contribuire a umanizzare questa feroce materia. Quanto poi al processo penale, anche se *en passant*, si deve ricordare l'infame *processo contumaciale*, che suona offesa alla coscienza civile. E si potrebbe continuare all'infinito con il pazzesco *sistema fiscale* e con il non meno pazzesco sistema della *amnistie*, condoni e sanatorie che si fanno beffe dell'art. 3 della costituzione e del cittadino onesto, con la *cittadinanza*, *l'obiezione di coscienza*, *l'immigrazione*, le « convergenze » di Maastricht, la mancata o aberrante applicazione del *diritto comunitario* e le « quote » riservate in parlamento agli ordiundi, o alle donne nella competizione elettorale, e così via cantando. Il baraccone di leggi assurde e criminogene è tale proprio perché sorregge una *status society* tutto sommato delinquenziale; e non v'ha dubbio che una Corte Costituzionale che volesse impiegare il *rasoio di Occam*, e avvalersi della Ragione, del Buon Senso, dell'Equità, della Giustizia, potrebbe farlo cadere come un castello di carta da un momento all'altro: e basterebbe uno studente di giurisprudenza americano del I anno in veste di giudice. Naturalmente, si tratta di decisioni politiche, come politiche sono, in ogni caso, le decisioni di ogni corte costituzionale di questo mondo sia che cassino o decidano di lasciare vivere una legge. Da questo punto di vista, non sembra infondata l'opinione di coloro che considerano questo organo come il massimo supporto di un regime giuridico, oltre che del tutto privo di legittimità, illegale, quando non anche, per troppi versi, criminale. Insomma, un regime che assicura il Non-Diritto; nessun sistema giuridico appare, come quello italiano, concepito in sede legislativa per schiacciare i più deboli e proteggere i più forti: ma non si tratta della solita, peraltro non infondata retorica a tutela degli *underdogs*, sul sistema che schiaccia il più debole: se fosse così, staremmo nel pallone, come si dice a Napoli. La specialità del sistema giuridico italiano consiste nel fatto che esso serve ad assicurare l'esistenza e la vita di un Mostro sconosciuto agli altri paesi industriali dell'Occidente, ossia a quel *contromodello* politico, economico e sociale e, in definitiva, *morale*, di cui gli inventori, tra cui non pochi professoroni, menano ancora tanto vanto: fino a quando questa struttura non sarà cambiata, la legge non potrà mai essere qualcosa di diverso da quella che appare attualmente.

42. Eppure nelle c.d. scienze sociali o materie umanistiche — in cui un controllo di produttività è molto difficile, se non addirittura virtualmente impossibile — si proclama, forse anche per questo, un primato che non sta né in cielo né in terra. Affermare solennemente che: « la ricerca giuridica italiana si può considerare al primo posto nel mondo » [cfr. *Corriere della Sera,* 11 ottobre 1992 - *Corriere Cultura*, *Ninna Nanna nella culla del diritto*] significa spacciare per estro, genialità e primato ben tristi realtà e, finalmente, non aver capito neanche a cosa mai serve la scienza giuridica in una società industriale. Perché una ricerca giuridica che non si traduce in un ordinamento positivo moderno, in *decisioni giurisprudenziali* che rispondano alle esigenze di un paese di 56 milioni di abitanti, non è una ricerca nel senso ordinario del termine, ma qualcosa di molto diverso. Rivendicare un primato mondiale avendo contribuito, invece, in maniera determinante, a crea-

re un baraccone di 150 mila leggi e 300 tra imposte e tasse, che veglia su un regime di totale *anomia* e — suvvia, diciamolo — una economia da straccivendoli, significa arrivare allo scherno di quel 63 per cento di semianalfabeti dei quali pure saggezza suggerirebbe di non abusare; spingere il paradosso al di là del surrealismo di Max Ernst o della follia dei giuristi descritta da Erasmo da Rotterdam.

43. Come osserva Mauro Cappelletti: « la scienza del diritto o è scienza della politica del diritto, ossia preparazione e impostazione delle basi scientifiche di una concreta politica del diritto, oppure è sterile e diseducante vanità o ingannevole finzione » [1968-72: 15, n.o.]. Ma non è solo questo: il pensiero giuridico che sia tale e non mera esercitazione scolastica non resta confinato nelle opere della dottrina: esso emerge, ancor più che nella legge, nelle *grandi decisioni* dei giudici; e dove mai si trova tutto questo da noi? Dove sono le grandi decisioni anche lontanamente paragonabili, non diciamo a quelle del giudice anglo-americano, oracolo della legge, ma a quelle francesi (basterebbe pensare all'*abus de droit,* alle *astreintes*)? Insomma, un grande pensiero giuridico si esprime in una *grande e coraggiosa interpretazione giurisprudenziale*: e Dio sa di quale bisogno ve ne sarebbe bisogno in un paese retto dal Caos ordinamentale come il nostro.

L'interpretazione.

44. Per Gino Gorla: « La *common law*, dato il suo modo di formazione, è un arsenale di ferri vecchi e di buone armi che vi si conservano gli uni accanto alle altre » [1955, vol. I: 399]. Ebbene, i giudici inglesi e, *ancor più, quelli americani*, hanno dimostrato a quale uso si possano piegare i « ferri vecchi » quando sono in buone mani: ovviamente, Gorla allude al problema dell'interpretazione. Tutto il diritto si risolve nell'interpretazione, e la legge non interpretata è una non-legge: questa proposizione è più chiara nei sistemi di *common law* che da noi. Di qui la proposta *dadaista*, e apparentemente paradossale, di abolire nelle nostre facoltà di giurisprudenza tutte le materie giuridiche e riunirle sotto un'unica rubrica generale, ossia, appunto, quella dell'interpretazione: tutto questo gran parlare che si fa da qualche tempo da noi di *diritto promozionale* non è che un discorso intorno all'interpretazione.

Si è osservato che il mondo del diritto va interpretato e non già descritto; ma l'interpretazione è fatto essenzialmente *politico*, e pone quindi un problema di scelte: e da noi i giuristi di questo non ne vogliono sapere: meglio quindi descrivere. *Teoria generale del diritto, interpretazione* e *comparazione* viaggiano assieme, quando non sono la stessa cosa.

45. Il cuore del diritto è l'*interpretazione* e se, com'è stato affermato, l'interpretazione della legge è la continuazione della legislazione, l'interpretazione del diritto è il diritto stesso. Ma, come insegnano i padri americani, la libertà del giurista (giudice) rispetto alla legge può essere ben più grande di quella che i « maestri dell'interpretazione » si prendono rispetto a uno spartito musicale. La scienza giuridica si pone come categoria della politica e strumento di essa; ma qui i « maestri dell'interpretazione » sono ancora una volta i grandi giudici americani. Come scrive René David, i giudici della *Supreme Court* degli S.U. hanno « devancé de cent ans les méthodes téléologiques prônées en France par Josserand » [1964, ed. 1978: 452]. Perché, se la dottrina influenza i giudici, capita più spesso il contrario: sono i grandi giudici, specie quelli della *Supreme Court*, che fanno il nuovo diritto. Le teorie dell'interpretazione sono elaborate di solito dai professori, ma spetta ai giudici interpretare la legge: da noi, dove abbiamo dei giudici-professori come nella Corte Costituzionale, *povertà di scienza giuridica e povertà di interpretazione giurisprudenziale si fondono*, e non si può invocare la scusante che ad una « grande » dottrina dell'interpretazione corrisponde, *hélas*, una modesta interpretazione giurisprudenziale, quella, cioè, dei non-professori. Ma, a parte queste particolarità, resta il fatto che la vera interpretazione del diritto è quella giurisprudenziale; vi saranno anche mille altre interpretazioni e teorie e filoni, ma solo quella dei giudici tocca la vita di milioni di uomini: di qui la rilevanza obiettivamente politica della giurisdizione. E quindi la « grande » teoria — ma sembra che da noi non ci sia neanche quella — che non si traduca in interpretazione giurisprudenziale lascia il tempo che trova. Vittorio Frosini — eminente giurista e noto teorico dei problemi dell'interpretazione — ricorda il magistero di Ronald Dworkin per cui « i giudici decidono, e devono decidere, basandosi esclusivamente su argomenti di principio, e non sulle norme. I princìpi giuridici corrispon-

dono ai princìpi morali radicati nella comunità giudiziaria, e fungono perciò da cerniera fra la morale e il diritto: essi sono per l'appunto quello che si chiama lo spirito della legge » [1994: 145]. La visione di Dworkin non è certamente pacifica; essa appare più propriamente americana nella sua grandiosa concezione dei diritti considerati come la *premessa* della stessa costituzione. Non si chiede ai nostri interpreti — tutto sommato, sul piano della personalità, *modeste entità* rispetto al compito gigantesco che loro incomberebbe per modernizzare il diritto del nostro paese — di condividere le passioni della democrazia: ma costituisce certamente motivo di riflessione che da noi, dietro la asetticità del diritto, la sua « purezza », la sua natura metastorica, vi è una precisa scelta politica: anzi, troppo spesso, il *tripotage*, il maneggio. Ed è questo, si direbbe, il vero problema dell'interpretazione nel nostro paese.

46. Vittorio Frosini ha scritto di recente un saggio di grande interesse sulla materia, non privo di un pizzico di *sense of humour*, ingrediente rarissimo tra i nostri giuristi, sempre presi da mille traffici, da un continuo confabulare su cattedre, posti, incarichi, finanziamenti, e reciproci scambi e ricatti: un complotto permanente contro il *Commonwealth*. Egli descrive la produzione accademica italiana come: « preoccupata di evitare con cautela una precisa presa di posizione ideologica e metodologica; sicché i discorsi vengono svolti di preferenza in forma indiretta di commento al pensiero di altri autori, con scarso impegno ad affrontare nel vivo i problemi giuridici » [1994: VII]. Questo passo si riferisce alla filosofia del diritto, ma esso si estende, *mutatis mutandis*, a tutto il diritto nostrano. E qui sia consentito un passaggio sugli *uomini* perché la modesta qualità media della nostra ricerca nelle c.d. scienze umanistiche o sociali (ma non solo in quelle) riflette, in buona parte (anche se assieme ad altre ragioni) la natura degli addetti. Non essendovi grandi individualità non ci può essere ricerca originale: la *grande ricerca* postula, oltre che intelligenza, *grandi personalità*. E non si tratta soltanto di soldi-soldi-soldi come ripete la litania dei nostri studiosi. Del resto, Erasmo aveva avvertito che la ricerca come atto di razionalità pura, priva di pathos, manca di potenza creatrice. D'altro canto, l'assenza di *qualsivoglia controllo* didattico e scientifico sui professori — come, d'altronde, dovunque, l'assenza di

qualsivoglia *freno o remora* esterna o interna alla vita pubblica e spesso anche privata — spiega in buona parte, oltre allo sconquasso dell'insegnamento, la assai modesta qualità della scienza nostrana, salvo, beninteso, le « isole di eccellenza ». Che l'insegnamento e la ricerca debbano essere libere è nozione di plateale evidenza; ma, come la libertà di iniziativa economica non dà diritto — in Danimarca, dove pure c'è « del marcio » — al pizzicagnolo (o al produttore) di smerciare mortadella avariata, così sembra di altrettanto plateale evidenza che una libertà che trova dei limiti solo nell'arbitrio del docente sarebbe considerata una intollerabile indecenza in un paese mediamente civile: ovviamente, sempre in Danimarca; ma non da noi. Dove i professori, abbandonata ormai per sempre quella forma di autocontrollo che in passato si chiamava *ritegno*, si oppongono aspramente e vittoriosamente perfino soltanto all'accenno alla parola « controllo ».

47. Le vicende del *New Deal* negli Stati Uniti sono illuminanti. Con questo termine si indica il programma politico del Presidente Roosevelt durante i suoi due primi mandati elettorali: esso ha comportato, specie a partire dal 1937, una autentica *constitutional revolution*. La nascita del c.d. *administrative state* (che nulla a che fare con lo... stato amministrativo qual è inteso nella dottrina continentale) o *regulatory state,* ossia del potere pubblico come regolatore. Anche in questa materia, la *Supreme Court* ha svolto un ruolo epocale: inizialmente negativo e poi decisamente positivo. L'approccio di Roosevelt al problema della depressione economica era caratterizzato da un atteggiamento pragmatico e dalla convizione che la costituzione fosse abbastanza flessibile per consentire di affrontare i problemi economici. I primi cento giorni dell'amministrazione Roosevelt venivano contrassegnati da un considerevole gruppo di misure legislative e dalla creazione di nuove *regulatory agencies* federali. Nonostante la presenza nella Corte di un blocco conservatore di giudici, definito dai giornalisti come i *Four Horsemen*, in un primo tempo la *Supreme Court* accettava alcune misure che rientravano nel *New Deal*. Ma, successivamente, quando al gruppo di giudici conservatori si aggiungeva Owen Roberts, essa, mediante una serie di decisioni memorabili, assestava colpi di maglio al programma del *New Deal*, annullando, ad es., il National Industrial Recovery Act e l'Agricultural Adjustment Act del 1933; inoltre, la Corte

riesumava la discreditata dottrina enunciata nel caso *United States* v. *E.C. Knight* 156 U.S. 1 (1895) per annullare un determinato impiego della *commerce clause.* Se a ciò si aggiungono le decisioni con le quali si contestava all'amministrazione Roosevelt il potere di istituire talune *regulatory agencies*, sembrava ragionevole l'opinione degli osservatori dell'epoca per cui, con le sue decisioni, la *Supreme Court* fosse nettamente ostile a tutti i tentativi del Presidente di affrontare il problema della depressione economica.

48. Roosevelt replicava con un *court packing plan* del 1937 (diretto a nominare giudici meno conservatori) che si rivelava un fallimento sul piano tattico: ma, sul piano strategico, determinava un radicale cambiamento dell'orientamento della Corte che, a cominciare dal *West Coast Hotel Co.* v. *Parrish* 300 U.S. 379 (1937), accettava la legislazione federale e degli stati dell'Unione istitutiva di *regulatory agencies.* Di più, essa smantellava sistematicamente l'intera struttura costituzionale del *laissez faire* mediante l'annullamento delle decisioni *Lochner* e *Knight*, cui si accompagnavano i dogmi del c.d. *substantive due process* e della *freedom of contract.* Di lì a poco i membri del blocco conservatore si ritiravano, come pure, oltre al *Chief Justice* Highes, i celebri Cardozo e Brandeis; di modo che veniva a crearsi una nuova situazione che consentiva la nomina di una serie di giudici come Black, Frankfurter, Douglas, Murphy, Reed e Jackson, che consolidavano il trionfo del *New Deal.*

49. In questo contesto va collocato la dottrina della *de-regulation.* La polemica contro le agenzie federali si ricollega alla antica questione sui poteri dello stato federale, insomma alla dialettica Hamilton-Jefferson, ai corsi e ricorsi tra federalisti e repubblicani; ossia a un conflitto che è intrinseco alla *doppia sovranità* federale e dei singoli stati dell'Unione. E già questo dato — come si è detto, intrinseco alla doppia sovranità e non suscettibile di una soluzione una volta per tutte, ma che ritorna di continuo nelle decisioni della *Supreme Court* — fa tremare le vene e i polsi all'idea che qualcosa del genere possa essere introdotto nel nostro sistema, in cui la classe dirigente appare chiaramente incapace di gestire decorosamente anche soltanto un chiosco di gelataio. Ma lasciamo perdere. La *de-regulation* si pone negli S.U.

come reazione al *New Deal*, intensamente regolatorio. Ma da noi questi *regulators* semplicemente non esistono: meno che mai esistono gli uomini; a non parlare del federalismo. E si ha l'impressione che il nostro ceto imprenditoriale, e professori al guinzaglio, intendano la *de-regulation* esclusivamente come un regime di assoluta *anomia*, un *free for all*, un assalto alla diligenza e la liberazione da qualsiasi vincolo, che si tratti di salari, della materia fiscale, di ambiente, di sicurezza, etc.

50. Su un piano più generale, i termini *interpretivism* e *noninterpretivism* alludono a due concetti al centro del dibattito odierno sulla natura e la estensione del potere giudiziario nell'assetto costituzionale degli S.U. Essi riassumono il dilemma se la *Supreme Court* debba attenersi al testo della costituzione e alle intenzioni che ne sono alla base, ovvero può andare oltre i c.d. *four corners* del documento per accertarne il suo significato. Il dibattito su *interpretivism* e *noninterpretivism* appare strettamente legato al ruolo del c.d. *original intent*, ossia all'intenzione originaria nell'interpretazione costituzionale e giuridica in genere. I due criteri non vanno confusi con la tradizionale distinzione tra interpretazione restrittiva (*strict construction*) e interpretazione estensiva (*loose construction*), dato che entrambe sono forme di *interpretivism* che si riferiscono a *come* la costituzione debba essere letta, ossia in maniera restrittiva o estensiva. Invece, il concetto di *noninterpretivism* attiene alla questione *se* la costituzione debba essere letta al punto di restarne vincolati, e alla sua portata al di là di essa. I più radicali tra i *noninterpretivist*, come, ad es., Michael Perry e Ronald Dworkin, ritengono che, oltre che opportuno, sia addirittura necessario che i giudici infondano nella costituzione i concetti contemporanei della giustizia; la domanda essendo non già ciò che la costituzione significhi, ma ciò che dovrebbe significare. Lo scopo del *noninterpretivism* è di rendere la costituzione un documento moralmente evolutivo libero dal testo inteso in senso stretto, e anche dall'originaria intenzione e dal suo significato sottostante. Insomma, a quanto sembra, una specie di *Freirechtslehre* (americana, per fortuna). Gli oppositori di questa dottrina argomentano che essa riduce la costituzione a nulla più che l'opinione dei giudici, e che l'*interpretivism* costituisce il solo approccio legittimo nei riguardi di una costi-

tuzione scritta che si ritiene destinata a durare, compresi i suoi formali emendamenti. Gli *interpretivist* in senso stretto sostengono che le decisioni devono essere fondate, oltre che sul testo letterale, sul c.d. *original intent*; altri, più moderati, sembrano essere guidati dal testo piuttosto che dall'originario intento del legislatore. Di fatto, la maggior parte dei giudici si attesta su una posizione pragmatica tra i due estremi nelle questioni che sono chiamati a decidere.

51. In effetti, l'interprete del diritto (il giudice) è anche allo stesso tempo « compositore »: e qui, com'è stato osservato, al di là dei dati tecnici, che pure non si possono negare, la distanza che esiste tra sistemi a diritto legislativo (*civil law*) e a diritto giurisprudenziale (*common law*), grande all'origine, si attenua di molto, e fa del giudice non già la *bouche de la loi* — un ruolo che ormai nessuno, specie nella terra di Montesquieu, sembra disposto ad accettare — ma obiettivamente il protagonista del diritto (e della politica) in entrambe le tradizioni giuridiche. Anche se con modalità e rituali e prestigio e storia diversi. In altre parole, il diritto assume in una società industriale democratica un ruolo centrale, e centrale diviene quindi il ruolo di chi è chiamato ad interpretarlo, ossia del giudice: si tratta di una semplice constatazione. In ogni caso, si può immaginare anche soltanto un barlume di Unione Europea senza una grande Corte di Giustizia?: che, ovviamente, non sarà mai, per mille ragioni — soprattutto antropologiche — la veneranda *Supreme Court* degli Stati Uniti; non di meno, essa sarà chiamata a svolgere una funzione fondamentale di creazione del diritto europeo, e quindi di unificazione: e forse un giorno (?) si potrà parlare, anche in Europa, di diritto federale (europeo). E sembra questa, appunto, la più grave carenza della nostra scienza giuridica: che essendosi assegnata il ruolo di *intendence* del potere (di qualsiasi potere), finisce necessariamente per lavorare su materiali di risulta limitandosi ad uno studio descrittivo e classificatorio; insomma, *esterno*, al diritto. Ovviamente, questo tipo di « scienza » è quello che maggioramente si adatta al sistema di potere esistente nel paese.

52. A quanto sembra, il nostro è l'unico paese industriale dell'Occidente in cui la scienza giuridica pretende un primato assoluto di eccellenza (già di per sé un fatto ridicolo) di cui non vi è traccia agli atti:

né nel diritto legislativo né in quello giurisprudenziale, e neanche là dove almeno dovrebbe figurare, ossia nelle opere della dottrina. René David, dopo avere constatato un certo *rapprochement* tra i modi di espressione dei giuristi tedeschi e francesi osserva che: « Les ouvrages écrits en Italie et dans les pays de langue espagnole ou portugaise, en revanche, continuent à être déroutants pour le juriste français » [1964, ed. 1978: 149; ma cfr. anche 126]. In effetti, anche se ci si limita a cercare la scienza nei testi, si scopre ben presto che — salvo rare ed encomiabili eccezioni — al di là delle ormai stantie superfetazioni di derivazione teutonica, è proprio quella che manca. Come scrive in tema di diritto internazionale privato Balladore Pallieri, eminente giurista, le teorie sul problema della natura del rinvio al diritto straniero: « sono quanto mai numerose e contrastanti, in buona parte per merito, o demerito, della scienza giuridica italiana che si è occupata dell'argomento con rara, anche se non sempre opportuna, sottigliezza » [1974:18]. Ecco, questo tipo finezze (ma vi è di molto peggio) è sempre meno apprezzato dalla scienza giuridica straniera, che tende a concentrarsi, invece, sulla natura del problema economico, sociale e politico. Ma questa sottigliezza, questa *Haarspaltemaschine* [cfr. Stone 1968: 226], destinata spesso a restare lettera morta sul piano effettuale, anzi a fare da sponda a un indecente baraccone di leggi e sentenze, non è limitata a qualche giurista: salvo alcuni caposcuola che, specie nella commercialistica, hanno trovato il coraggio della semplicità, e con essa robustezza di pensiero, non c'è quasi ramo dello scibile giuridico in cui i nostri cattedratici non abbiano superato il muro della opportunità con arzigogoli avviluppati in un contorto italiano fonte di disperazione per studenti e lettori.

53. I giuristi nostrani lamentano il fatto che il pensiero giuridico italiano è virtualmente ignorato dalla scienza giuridica degli altri paesi: perfino da quella tedesca nonostante il fatto che i nostri testi ne appaiano spesso una pedissequa replica (forse proprio per questo). Ma è il prezzo della *diversità* politica, economica e sociale del paese, del ruolo di *intendence* del potere e quindi di piatto conformismo che la scienza giuridica si è assegnata nel nostro paese in una situazione come quella nostrana che richiederebbe invece un giurista ribelle (*Rebellion nicht Revolution*, afferma il maestro surrealista Max Ernst). In altre pa-

role, aspettarsi che possa suscitare interesse un pensiero giuridico che in sostanza supporta la nostra *status society* sembra un po' troppo. Esso non serve alla comparazione, né è utilizzabile nel *reasoning* giuridico. Ma scienza giuridica e sistema-paese non sono che due facce della stessa medaglia: quale interesse possono mai suscitare un'economia o una condizione politica arretrata, *istituti che nessuno si sognerebbe di ammettere o conservare nel proprio diritto*, un regime che si rifiuta di adottare standard minimi accettati dalla comunità internazionale? E si potrà anche sostenere che la scienza giuridica nulla ha a che vedere con la politica, la morale e l'economia e l'assetto sociale, ma è tesi priva di pregio se il diritto deve attendere, come ne insegna il padre Dante, alla pratica. Il *diniego* della nostra scienza giuridica di fornire al giudice adeguati strumenti di analisi per intendere la natura pretoriana della *status society* che si andava formando nel nostro paese sotto l'impulso della *democrazia consociativa* ha avuto conseguenze deleterie. Dal *pluralismo* al *tribalismo dei gruppi*: da noi è stato un passo più breve e più facile di quanto lo sia stato altrove, grazie ad una scienza giuridica che fa finta di non vedere, se ne va per conto suo, pretende di non fare politica, ma di fatto fa quella dei padroni.

54. Le vicende della nostra *costituzione* sono significative di tutto l'approccio della scienza giuridica nostrana verso la *supreme law of the land*. Ad onta del diluvio di costituzionalisti più o meno insigni che allietano il paese, la lettura della nostra carta fondamentale appare essere stata fatta da un ceto di giuristi di cultura contadinesca: siamo, si direbbe, all'età della pietra. Si discetta: la costituzione è bella/brutta/un compromesso/una parte va bene ma l'altra no/contiene valori/non dovrebbe contenere dei valori/la costituzione americana non contiene valori: indica solo diritti, etc. etc. In questo senso, se la costituzione italiana si mostra insufficiente è piuttosto per l'incapacità culturale di interpretarla che per i difetti intrinseci del testo, che pure ci sono. Come scrive Ghisalberti: « Un testo costituzionale non basta a creare una democrazia » [1974: 431]: ma questo è esatto solo in un certo senso. Una costituzione può creare una nazione, come dimostra l'esperienza americana: se esiste una scienza giuridica che lo voglia; e qui per scienza giuridica si intende un pensiero giuridico che sia categoria della politica. La costituzione degli Stati Uniti è quella che

i grandi giudici della *Supreme Court* hanno voluto che fosse: *la scienza giuridica che vive al di fuori dei giudici è poca cosa*. Da qualche tempo la nostra Corte Costituzionale si rifà al *principio di ragionevolezza* che, *eo nomine*, non figura nella nostra costituzione (ma è presupposto), per motivare le proprie decisioni. Tendenza da incoraggiare; ma si tratta di un *déjà vu* per chi ha un minimo di familiarità con la *reasonableness* anglo-americana. Eppure, vi è ragionevolezza e ragionevolezza: se deve essere quella per cui la Corte beatifica una legge criminogena che consente ai concussori e peculatori pubblici condannati con sentenza passata in cosa giudicata di riottenere l'impiego e il rimborso degli stipendi arretrati per il periodo di vacanze trascorso nelle patrie galere, se deve essere quella che riconosce la validità giuridica di *amnistie*, *condoni* e *sanatorie*, allora stiamo freschi. In ogni caso, com'era prevedibile, quella della Corte dev'essere una ragionevolezza molto speciale; diversamente non si capirebbe come possa restare in piedi il nostro *sistema fiscale* e tutto il baraccone di leggi che regge l'impalcatura della *status society* italiana: se il *test* della *reasonableness* fosse davvero impiegato, esso crollerebbe come un castello di carte. E crollerebbe ancora più in fretta se la nostra Corte decidesse di assortire al principio di ragionevolezza i *diritti* espressamente stabiliti nella nostra costituzione, come quello all'*uguaglianza di fronte alla legge* (art. 3), quello alla sicurezza, alla *libertà* e alla *dignità umana* (art. 41), e il principio dell'*abuso di diritto*, quest'ultimo chiaramente desumibile dallo stesso art. 41 e, comunque, principio costituzionale generale dei paesi civili. Se, insomma, la ragionevolezza fosse anche la Ragione. Certo, ci vorrebbero i *giudici* della veneranda *Suprema Court* degli S.U.; ma da noi dove stanno? Ovviamente, non è solo questione di uomini, ma anche e soprattutto di forze politiche e di società civile sulle quali il giudice possa contare.

55. Da noi, modesti e spesso sconcertanti personaggi ammoniscono ogni giorno che la nostra costituzione è superata e che va cambiata e riscritta, quasi che si trattasse di un giornaletto parrocchiale: ma è dubbio che una classe dirigente che non ha saputo leggere la costituzione del '48 sappia poi scriverne una migliore. E viene di ricordare la affermazione di Gesualdo Bufalino: « Io mi trovo a scegliere tra imbecilli che vogliono cambiare tutto e imbecilli che non vogliono cambiare

nulla » [cit. in S. Malatesta, *Gli scrittori e la giustizia - Giù la toga*, in *la Repubblica-Cultura*, 15 dicembre 1994].

56. Ma qui, con sottilissimo distinguo, si ritorce da taluni studiosi nostrani che la scienza giuridica nulla ha a che fare col diritto, sia esso legislativo che giurisprudenziale, e tantomeno con l'interpretazione e meno che mai con la politica, la morale o la giustizia: essa non ha nulla a che vedere con la *pratica*, che è altra cosa. Come a dire che la *scienza medica* nulla ha a che fare con la *medicina*. Eppure, quando Lord Mansfield, fondatore del diritto commerciale inglese, definisce gli italiani come « the first great traders of the modern world » [cit. in Ivamy 1969, ed. 1974: 174], egli si riferisce a un primato di pensiero giuridico fondato su un determinato sviluppo economico e culturale, svanito poi col tempo nei secoli successivi. *Il fatto è che la nostra scienza giuridica vive assai male, e in fondo rigetta, i problemi concreti di un paese trascinato per i capelli nel XX secolo*; ossia, *i problemi della modernità*. In effetti, è solo un apparente mistero che, come si è accennato, alla fortuna della scienza giuridica italiana nel mondo di lingua spagnola fa riscontro una quasi totale ignoranza di essa non soltanto nei paesi di *common law*, ma anche in quelli di lingua francese e addirittura presso la scienza giuridica tedesca. E si capisce. Perché una scienza giuridica, come una qualsiasi altra scienza che, pur potendo, non si traduca nella pratica, è destinata a vivere delle sue astrazioni; insomma, a restare una specie di filosofia di serie B.

57. Beninteso, tutto dipende da quello che si intende con il termine ricerca o scienza giuridica che dir si voglia. Se essa consiste in un fatto *esterno* al diritto, ossia in una capacità classificatoria e di astrazione, descrittiva di regole create altrove, se consiste nell'*erudizione*, allora il primato nostrano appare incontestabile: ma è assai dubbio che vi sia da menarne vanto. Se, invece, per ricerca giuridica si intende un'*attività interpretativa* (ossia creatrice) di nuovo diritto, insomma un pensiero giuridico originale che si riscatti da un disastroso lascito di arretratezza giuridica contribuendo a fare del nostro un paese moderno (ma anche qui le opinioni divergono; perché per taluni si soffre di un eccesso di modernità, e bisognerebbe tornare alla felicità del passato, magari a Dollfuss o a Salazar), allora il primato che si reclama è spudorata impostura.

58. Nel suo *Encomium moriae seu Laus stultitiae* (1509), la Follia rivendica paradossalmente la saggezza più profonda di chi si mostra semplice e naturale contro i modi paludati di una dottrina che a sua volta è la vera stoltezza. Con la sua satira Erasmo colpisce l'idea di una dottrina patrimonio di pochi privilegiati, custodi di una erudizione che consente di elaborare i sofismi di una scienza morta. Ma, oltre agli obiettivi del suo tempo, l'*Elogio* resta nei secoli come la difesa di un *sapere nuovo*, semplice e accessibile, che si confronta con la realtà. È un tema che forma la base della cultura moderna laica e umanistica: a quando un Erasmo nostrano del diritto? che si levi contro l'assai incivile rapporto autoritario tra docente e discente nel nostro paese? Tullio De Mauro ritorna nel suo ultimo libro su una antica ma sempre attuale piaga dei nostri intellettuali, professori universitari in testa: l'incapacità di farsi capire: « in questa brutta situazione scolastica, noi più istruiti ci siamo comportati da autentici mascalzoni, abbiamo giocato e giochiamo ancora oggi largamente il gioco del parlare tra di noi con enfasi retorica, intollerabile, inesistente ormai in qualunque paese europeo. Forse l'ultima volta in cui è esistita qualcosa del genere era durante le riunioni del vecchio Praesidium del Partito Comunista dell'Unione Sovietica. Sparito questo, diciamocelo: nel mondo non c'è più nessuno capace del tasso di retoricità di un professore universitario italiano » [*Capire le parole*, Laterza, 1994: 139]. Ormai la tipologia del professore nostrano è oggetto di barzellette: quando non si dedica al *business*, passa la gran parte del suo tempo a smentire i colleghi con pazzeschi distinguo; la pochezza e il *toupet* sono pari alla sua spropositata coda di paglia. Questi tic, manie, tendenza alla sopraffazione, ignoranza, *incapacità di cogliere il nocciolo della questione* sono tutti stati portati in politica da un esercito di professori-politicanti. V. Visco — ahimé un altro professore anche lui — ha scritto addirittura un articolo per denunziare la saccenteria del collega ministro che distribuisce patenti di imbecillità e analfabetismo ai quattro venti [cfr. *Il ministro intollerante*, in *la Repubblica*, 27 ottobre 1994]. Il fatto è che questo professore, senatore del Pds, interrogato dal Tribunale che celebra il padre di tutti processi, ossia il processo Enimont, tiene in aula un atteggiamento sconcertante che altrove non sarebbe passato senza adeguata sanzione. La Corte cercava di accertare l'esistenza di un rapporto tra la pretesa mazzetta di un miliardo al Pds e il progetto di legge di

questo partito di sgravi fiscali all'Enimont. Il professore, autore del testo, sale in cattedra davanti ai giudici per negare sdegnato la *connexion*. Antonio Di Pietro lo prega di rispondere terra terra, e non da parlamentare, e l'illustre professore-politico ribatte che egli risponde: « Non da parlamentare ma da professore universitario ». E Di Pietro: « Questo è il guaio: io non La capisco! » [cfr. *Visco, teste in cattedra*, di G.D.F., *Corriere della Sera*, 24 marzo 1994]. A questo punto è preferibile cambiare argomento e apprestarsi a salutare il lettore passando quindi all'ultimo capitolo di questa postfazione.

Si un prince est jamais assez sot pour me faire son favori, je le ruinerai.

Montesquieu, *Mes pensées.*

In principio, dunque, non peste, assolutamente no, per nessun conto: proibito anche di proferire il vocabolo. Poi, febbri pestilenziali: l'idea s'ammette per isbieco in un aggettivo. Poi, non vera peste; vale a dire peste sì, ma in un certo senso; non peste proprio, ma una cosa alla quale non si sa trovare un altro nome. Finalmente, peste senza dubbio, e senza contrasto: ma già ci s'è attaccata un'altra idea, l'idea del venefizio e del malefizio, la quale altera e confonde l'idea espressa dalla parola che non si può più mandare indietro.

A. Manzoni, *I Promessi Sposi,* cap. XXXI.

La campagna è quest'anno popolata di mostri. Un pecoraio, un contadino, una donna hanno visto avvicinarsi a loro e poi fuggire una specie di scimpanzé irsuto, nerissimo e gigantesco.

Leonardo Sciascia, *Nero su Nero.*

PARTE V

COMMIATO

1. Tra i racconti di Anna Maria Ortese del suo *Il Mare non bagna Napoli* (1953), uno dei più belli si intitola « Un paio di Occhiali ». Ed è la storia di Eugenia, bambina dei bassi napoletani affetta da una grave miopia, alla quale vengono comprati finalmente degli occhiali e che, per la prima volta in vita sua, vede l'orrore che la circonda: la scoperta visiva di quello squallore, di quella brutalità, le dà allo stomaco, e la sconfigge. Ecco, questo lavoro è stato per l'autore un po' come quel paio di occhiali per Eugenia. Ma, come si dice, non v'è peggior cieco di chi non vuol vedere (e peggior sordo di chi non vuol sentire): e non ci sono occhiali che bastino. Appena uscito, salvo rare eccezioni, la stragrande maggioranza dei politici e non pochi intellettuali locali attaccano il libro con violenza, giudicandolo « contro Napoli »: una « condanna » che costa all'autrice il distacco definitivo dalla città « offesa », e una ferita che duole ancora. Anna Maria Ortese ne soffre, e

non nasconde il suo amore; si scusa di aver attribuito alla città un « orrore » che non c'era, che era solo una sua « debolezza » interna, quasi il *transfert* di una sua « nevrosi ».

2. Ma al peggio non vi è mai fine: incredibile ma vero, fatto impensabile negli Stati Uniti, Alberto Cavallari, direttore del *Corriere della Sera*, viene condannato a cinque mesi di reclusione dal Tribunale di Roma nel 1984 per aver diffamato il Psi di Craxi!; e ci sarebbe molto da dire sul tipo di magistratura sulla quale si può contare nel nostro paese. Celebre è la decisione della veneranda *Supreme Court* nel caso *New York Times Co.* v. *Sullivan*, 376 U.S. 254 (1964), che ha dato inizio ad una regola per cui la critica di pubblici ufficiali, uomini politici, partiti, etc. costituisce ora un diritto costituzionale riducendo così le ipotesi di *libel* al caso in cui — si noti — la persona che si ritiene offesa *provi* la malafede dell'autore dell'articolo. A non parlare dello scandaloso regime della *diffamazione* esistente da noi per cui un parlamentare anche al di *fuori dalle aule parlamentari* gode del diritto di infangare impunemente chi voglia.

3. Un destino non troppo diverso, anzi addirittura peggiore, doveva toccare un po' più tardi a Leonardo Sciascia, colpevole di avere attaccato, con i Professionisti dell'Antimafia, il monopolio e la *rendita di posizione* del Pci: e qui ritorna l'eterno fascismo italiano, *dell'immoralità che monopolizza la morale.* L'eliminazione del dissidente è pratica vecchia quanto il mondo, e di qualsiasi potere, temporale o spirituale che sia; ma i comunisti ne fanno una forma d'arte: utilizzando alla bisogna i numerosi fedeli intellettuali di cui dispongono. E così i cervelli del Pci dalle colonne del quotidiano del partito (fondato da Antonio Gramsci) e dei giornali fiancheggiatori si abbandonano a un attacco terroristico contro lo scrittore: Sciascia si aggiunge alle numerose vittime del comunfascismo: *la Repubblica* si segnala per il tono squadristico dei suoi articoli. D'altronde, il partito aveva un conto da saldare con l'autore del *Candido* (1977) che, con un anticipo di quasi venti anni, aveva rivelato la truffa politica ed ideologica del comunismo italiano: « La Mafia si permette il lusso dell'Antimafia », aveva scritto. Queste cose si pagano, e del resto, lo stesso Sciascia sapeva bene che: « Chi tocca i fili muore ». In un paese dall'opprimente conformismo, lo scrittore ha pagato per il suo coraggio

civile, per la sua denunzia della *democrazia consociativa come assetto criminale* della « forza legale », per avere avvertito che un ritorno al diritto è possibile solo se il sistema acquista una sua legittimità democratica, solo se gli attuali meccanismi legali di distribuzione del potere sono spaccati. Ma l'odio implacabile per lo scrittore continua anche dopo la morte di lui; segno che con la sua polemica aveva toccato un nervo scoperto. Sciascia aveva capito di essersi fatti dei nemici potenti e irriducibili, e perciò aveva scritto: « il nostro è un tremendo paese, dove basta ci si attenti a toccare il picchiotto, per bussare alla porta della verità, che si viene proclamati untori anche da chi sa che le unzioni non esistono e che chi bussa non ha niente a che fare con la peste » [*Corriere della Sera*, 26 gennaio 1987, in *A futura memoria*, 1989: 137]. Del resto, la logica terroristica contro avversari e dissidenti ha antiche origini nella nostra lotta politica: il vero nemico non è tanto l'avversario (col quale ci si accorda) quanto il dissidente, l'uomo che cerca di ragionare con la sua testa: e si capisce. Perfino Antonio Gramsci aveva pagato di persona al sistema che aveva egli stesso teorizzato (cfr. il suo ultimo discorso alla Camera dei Deputati del 1925). E così, quando i fascisti, dopo averlo incarcerato per oltre un decennio, gli offrono di scegliere tra andare a vivere (o morire) nel paese che aveva realizzato in pieno i suoi vaneggiamenti politici e dove, per di più, si trovava la sua famiglia (moglie e figlio), ossia l'Unione Sovietica, oppure restare in Italia, il poveretto supplica i suoi aguzzini di lasciarlo morire in Italia. Secondo un'altra storia, fu lo stesso Togliatti ad ostacolare la liberazione di Gramsci. Ma basta così. Ma, per ritornare a Sciascia, Antonello Trombadori, comunista mai pentito, ma uomo di carattere, disgustato del clima « zdanoviano » creato attorno allo scrittore, dichiara [cfr. *Il Giorno*, del 12 dicembre 1992]: « Bisogna risarcirlo. Per gli insulti di cui fu coperto, il sospetto di cui fu coperto. Il sospetto di avere simpatie per la mafia, o di non averne sufficiente sdegno, quando sollevò la questione dei professionisti dell'antimafia ». Ma come si fa a risarcire certe ferite? Che uno dei più illustri scrittori italiani sia riuscito a farsi odiare prima dalla Dc e poi dal Pci, i due partiti che, d'accordo e separatamente, hanno presieduto allo sfascio morale, politico ed economico del paese, è motivo di ulteriore ammirazione. Lo scrittore viene querelato dalla Dc per *Todo Modo* e per *L'affaire Moro*. Ma Sciascia si fa odiare anche dal Pci: per il fatto di denunziare l'Antimafia come strumento di potere: un partito-movimento non limitato al Pci, ma che in esso trova il suo nucleo, come la Resistenza e l'Antifascismo: al quale moltissimi devono le loro fortune personali e politiche, il loro posto in parlamento o altrove. Il discredito popolare dell'Antifascismo, della Resistenza, dell'Antimafia, ossia di quelle idee-forza che, diversamente, avrebbero dovuto conferire dignità al paese, deve non poco alla natura « sindacale », da *status society*, di queste aggregazioni. Quanto poi alla « strategia » del movimento dell'Antimafia, essa consiste, come pure è stato notato, e in linea con una pratica consolidata, in uno *scontro simulato destinato a risolversi in un accordo di spartizione.* Insomma, una lotta antimafia *di regime*, come quella mussoliniana che si fermava di fronte alla punta dei propri stivali, ossia giusto da dove avrebbe dovuto cominciare per risalire via via fino alla testa. Non si può in alcun modo confondere il Pci con la Dc, e tantomeno Silvio Gava con Enrico Berlinguer: ma basta pensare al progetto di legge di sgravio fiscale a favore dell'Enimont, di cui si è parlato nel processo omonimo [cfr. *Visco, teste in cattedra*, in *Corriere della Sera*, 24 marzo 1994, p. 6], alla famigerata legge 219/81 per la « ricostruzione » delle zone terremotate voluta fortissimamente anche dal Pci dell'epoca, estesa *et pour cause!* con legge n. 80 del 1987 a tutto il territorio nazionale, per capire dove e perché si fermava e si ferma lo zelo antimafia dei nostri professionisti. L'odio per Leonardo Sciascia sta in questo: che con la sua polemica egli ha rivelato la natura di *colossale depistaggio* nella quale consisteva e consiste la lotta antimafia voluta dalla « forza legale » nel nostro paese. Qui si noterà che si preferisce impiegare l'espressione « forza legale », in luogo di « potere legale »: essa trova il suo *pedigree* letterario nel I capitolo del romanzo di Alessandro Manzoni, che descrive la *status society* della Milano del '600, in cui le leggi diluviavano, ma non c'erano né regole né remore che non fossero quelle imposte dal potere del più forte. Ci sembra che, *mutatis mutandis*, sia questa la condizione attuale del nostro paese.

4. Chi sa che non potrebbe essere di qualche sollievo per i magistrati del pool milanese di Mani Pulite — intimiditi in mille modi e da mille parti, perseguiti, inquisiti a vario titolo, minacciati addirittura di arresto — la lettura del brano di Sciascia e, storicamente, del triste destino di chiunque nel nostro paese « si attenti a toccare il picchiotto delle verità ». Il fatto è che il pool milanese è andato ben oltre il picchiotto, aprendo uno spiraglio sull'effettivo regime politico del paese, sfioran-

do, peccato imperdonabile, superpotenze che non bisogna mai neanche nominare. Beninteso, si tratta di cose che un *turista in transito* con un po' di sale in zucca annusa nell'aria ancora prima di mettere piede sul suolo del nostro paese, ma che svelate in una aula di giustizia diventano intollerabili e vanno punite. E si arriva al colmo: nell'agosto 1994 — *fatto mai accaduto in nessun paese democratico dell'Occidente* e misura dell'assoluta impresentabilità di una coalizione che deve, all'evidenza, cercare i propri modelli nei regimi sudamericani — il governo Berlusconi invia un « esposto » al Presidente della Repubblica in cui si denunzia un « attentato al funzionamento di organi costituzionali » perpetrato dalla Procura di Milano con le sue indagini sulla criminalità organizzata: qui va rilevata, oltre alla grossolanità degli uomini, *la sfacciata ribellione alla legge* da parte delle forze di governo e l'ostilità verso una sia pur piccola pattuglia di magistrati indipendenti. In un crescendo di vendetta macbethiana si colloca poi la vicenda di Antonio Di Pietro, inquisito, oggetto di una lunga e implacabile persecuzione da parte della « forza legale ». Come dichiara il Presidente dalla Repubblica Oscar Luigi Scalfaro a Rio de Janiero: « lascia molto perplessi il fatto di vedere delle persone verso le quali, ad un certo momento, dopo che hanno compiuto il loro dovere, inizia un'azione di demolizione » [*Scalfaro: non demolite il pool*, in *Corriere della Sera*, 26 giugno 1995]. Beninteso, l'« esposto » del governo è accompagnato dai più fieri propositi di lotta alla criminalità organizzata (purché si tratti di quella del Sud, e non tocchi l'imprenditoria del Nord e la politica italiana). E qui, se non si possono negare le leggerezze, ambiguità e mancanze di stile di Di Pietro e tantomeno i problemi gravissimi della magistratura italiana come, del resto, di qualsiasi istituzione pubblica e *privata*, va notato che l'*attacco alla stessa attività istituzionale della magistratura inquirente* è ben altra cosa. Ancora una volta nella storia dell'Italia unita, il cardinale Ruffo parte non da Pizzo Calabro, ma da Milano. Come se il capitalismo italiano avesse i numeri morali e politici e le *capacità tecniche (sic!)* per rinnovare l'Italia, come se la borghesia del Nord fosse qualcosa di molto migliore di quella napoletana che, or sono qualche decennio, applaudiva Achille Lauro. Triste destino quello di chi si batte per una civile riforma della giustizia italiana e del paese: corre sempre il rischio di vedersi affiancare da mascalzoni che usano le « riforme » come un piede di porco per commettere ancora altri misfatti.

5. Ma ritorniamo a Eugenia; in effetti, l'offesa di Anna Maria Ortese c'era stata. Ed era stata un'offesa « obiettiva », come quella di chi, in perfetto candore, invita a vedere cose che non si vogliono vedere. Un'offesa a una classe dirigente di *lazzaroni* che per completare lo scempio della città con la coscienza a posto doveva per forza aver rimosso lo squallore di quei bassi: solo un « nemico » di Napoli poteva ricordare che essi stavano ancora lì. E quindi si capisce la reazione violenta. Dovevano passare degli anni perché le promesse di quelle facce ripugnanti si concretassero nei fasti del laurismo e della Regione Campania, del dopo terremoto, dell'*affaire* Cirillo, dei Mondiali di Calcio, costati 800 miliardi in una città che beve acqua al manganese (a Milano, invece, come si conviene a una città veramente « europea » si beve acqua all'atrazina, di gusto più delicato). E 10 anni perché nel 1963 apparisse il film di Franco Rosi, ormai un documento sullo sviluppo, per così dire, della città e le realizzazioni della sua classe dirigente. E ancora 40 anni per vedere il consiglio comunale di Napoli sciolto « per ragioni di ordine pubblico » da un ministro democristiano. E ancora dell'altro tempo perché, finalmente, le cronache carcerarie mostrassero, anche se non appieno, qual fior di galantuomini vi fossero tra i difensori della napoletanità offesa, quale fosse la loro vera passione per la città, il bene comune e i più deboli come Eugenia. E, soprattutto, di quale intelligenza di amministratori fossero capaci nel consentire l'insediamento di settecentocinquantamila persone sulle bocche del Vesuvio.

6. Anna Maria Ortese, grande scrittrice e persona civile, si scusa ancora; e siamo ormai a questo, in Italia: che ci si deve scusare per aver denunziato un crimine (ma spesso capita di peggio, e si finisce in galera o con un colpo alla nuca). Ma la Anna Maria non deve più scuse di quante ne debbano Gaetano Salvemini e Guido Dorso e Giustino Fortunato e Antonio de Viti de Marco e Francesco Saverio Nitti, e tanti con loro che facevano (fanno) della denunzia il primo passo verso il cambiamento, che è riscatto morale, prima ancora che politico ed economico. Ma oggi — a significare il pauroso balzo indietro del paese — questi uomini non sarebbero neppure *biologicamente* possibili: se lo fossero, sarebbero sbeffeggiati e lasciati marcire nell'emarginazione,

costretti a rifugiarsi all'estero, se non addirittura confinati nelle galere della Repubblica.

7. E, invece, sono altri a doversi scusare, e non già Anna Maria Ortese. Il sindaco Bassolino — che tanto sta facendo per ridare dignità a questa città martoriata (non dalle salvifiche bombe americane, ma dai suoi « difensori », dai suoi amministratori; insomma, dalla sua classe dirigente) — assuma quindi l'iniziativa di un atto di ravvedimento. Beninteso, ancora oggi una buona parte dei « cervelli » napoletani, e tra essi fior di economisti, rimpiange Achille Lauro che « tanto bene » ha fatto alla città. Ma se anche la minoranza morale deve avere una *little representation*, allora si tratta di un gesto dovuto. In un momento in cui un « laurismo del Nord » sembra prevalere nel paese, sarebbe questo un gesto « rivoluzionario » che, in qualche modo varrebbe — ben più che l'apertura del portone del palazzo dei Serra di Cassano (una nicolinata di profonda incultura, di sostanziale dispregio per i rivoluzionari napoletani) — a ricollegare quella minoranza morale della città e del paese, che pure esiste, all'altra minoranza morale, quella del '99, che seppe promuovere la sola rivoluzione italiana.

L'assessorato alla Normalità.

8. Comunque, la vicenda della Ortese fa pensare al triste destino dei profeti in patria. E invece sarebbe necessario che da noi questa « legge » fosse sospesa almeno per un po' se non si vuole che la nostra patria sprofondi sotto il peso delle lordure canine e del pattume. Ma forse possiamo nutrire qualche speranza (ma senza esagerare): Bassolino — per fortuna della città, sindaco di Napoli — ha istituito l'*Assessorato alla Normalità*: in Francia, in Germania, in Gran Bretagna, in Spagna, in Svezia, in Norvegia, negli Stati Uniti, insomma in qualsiasi altro paese dell'Occidente, una iniziativa del genere avrebbe assicurato a un sindaco locale l'immediato internamento in un manicomio, o perlomeno la sua cacciata a furor di popolo. A Napoli — e in Italia, perché in fondo la città anticipa soltanto di qualche decennio, e neanche per il peggio, le condizioni del paese intero — si è trattato, invece, di atto autenticamente rivoluzionario, di grande intelligenza politica, che prende atto di una situazione ormai sfuggita ad ogni controllo. Inizia-

tiva tanto più coraggiosa in quanto il Pci (con la Dc, ovviamente) locale e nazionale, ai più alti livelli si era macchiato di gravi collusioni con la *lobby* dei costruttori napoletani (strettamente controllata da interessi camorristici), di sistematiche sconcezze e illeciti e reati, e forse anche omicidi (nella persona dell'indomito e incorruttibile militante comunista Dr. Dario Russo) al tempo del governo di unità nazionale e della « ricostruzione » del dopoterremoto. E certamente si potrà sostenere che è una beffa del destino che tanta parte dei nostri pochi e piccoli cervelli politici funzionanti abbia dovuto impiegare 75 anni per rinsavire dalla follia (guarigione subita e non cercata, imposta più che dalla Storia o dalla Ragione, dal principio di gravità: il Muro gli è crollato addosso; e ancora adesso, coperti e ammaccati da pietre e calcinacci, molti di loro non si danno pace), per capire, non già la strada da prendere, ma almeno quella da lasciare.

9. Ma, a questo punto, dopo mezzo secolo di *democrazia consociativa*, Normalità e Ritorno alla Legalità sono parole facili da usare, ma impossibili o difficili da trasformare in concreti progetti politici senza che scorrano fiumi di sangue. E quindi si capisce perché, in un paese abituato, invece, a ben altri fiumi, i margini siano ridottissimi o inesistenti. E anche perché le *picconate* menate a vanvera nel buio, senza un minimo di coerente progetto che non fosse quello di sostituire, inevitabilmente, un regime di imbecilli e/o delinquenti con una sua versione assai peggiorata, non abbiano sollevato neanche un'oncia della polvere che copre il bunker costruito in mezzo secolo. Tutto questo senza riandare, come forse pure si dovrebbe, ad Agilulfo, re dei Longobardi, o al carattere nazionale; ma volendo tenerci, invece, terra terra, alla storia recente e al periodo che più degli altri negli ultimi 2000 anni ha disfatto il paese e antropologicamente gli italiani.

Lettera agli amici riformatori e riformisti (as you like it!).

10. E qui sia consentito di esprimere un profondo scetticismo sugli effetti salvifici attribuiti alle cosiddette grandi riforme istituzionali in preparazione, se e quando saranno attuate: o almeno di dubitare che esse possano produrre migliori risultati di quanto analoghe riforme

avrebbero in un paese sudamericano. Dati i precedenti, sarebbe persino troppo facile l'ironia sulle mostruosità giuridiche e politiche che, si teme, i nostri professori faranno passare per grandi riforme, su quella smania di originalità che pervade i nostri padri costituenti nel modellare istituzioni mai viste al mondo, sulla pretesa di dare lezioni invece che di prenderne, sulla sfida alle leggi della Ragione e dell'Economia, sul dispregio della storia, della cultura, della passione e delle battaglie di altri paesi arrivati prima e meglio di noi alla democrazia. Dove poi ci abbia portato questa originalità lo sappiamo bene: lo sconquasso del paese è tale e va in tutte le direzioni che allestire un altro catalogo delle patologie sarebbe per chi legge (e scrive) pura perdita di tempo: le nostre città e la nostra scuola, il fatto che il 63 per cento della popolazione è costituito da semianalfabeti, parlano da soli; *insomma, lo scetticismo attiene a quelle riforme che non siano precedute, accompagnate e seguite da un radicale cambiamento delle strutture economiche del nostro paese*, della cultura e dei costumi. Se, invece, come si teme, si sostituisce soltanto forma a forma (le grandi riforme strutturali-istituzionali sono pura forma rispetto alla roccia sottostante), allora non resta che augurarsi che i cambiamenti non siano anche dei peggioramenti, e che al paese siano risparmiati dei *padri ... sfondatori* di quel poco che si potrebbe ancora salvare: la lunga storia delle grandi riforme all'italiana giustifica le più vive apprensioni [cfr. S. Vertone, *L'ultimo manicomio*, 1992]. Come ricorda Giuseppe Maranini: « Le costituzioni scritte sono sempre poco più che uno scheletro, rivestito poi di carne e sangue dalle idee dominanti, dalle condizioni sociali e storiche, dagli usi costituzionali. La costituzione degli Stati Uniti senza dubbio aveva davanti a sé ben migliori prospettive della prima costituzione francese, perché si rivolgeva a un paese già esperto nell'autogoverno e perché esprimeva nella sua sostanza (...) una razionalizzazione di conquiste storiche, più che una costruzione arbitraria. Ma neppure la costituzione degli Stati Uniti avrebbe potuto reggere alla prova dell'esperienza e diventare mito operante, se nel momento decisivo della prima attuazione il sospetto avesse avvolto l'esecutivo (...) Nell'esperienza americana la grande forza regolatrice e stabilizzatrice fu (al contrario di quanto doveva accadere in Francia) fin dal primo inizio proprio l'autorità morale dell'esecutivo» [1967, ed. 1983: 61]. E qui non sembra inopportuno ricordare ai nostri esagitati riformatori, che quasi ogni giorno ci prospettano riforme « all'americana », che se il modello presidenziale statunitense è fallito in America Latina, quello di governo maggioritario bipartitico britannico è fallito in India.

11. Radicale riforma delle strutture economiche, si è detto: perché è l'economia che in una società industriale di massa muove la morale e i comportamenti collettivi. Si parla da noi di *mentalità levantina* identificando una cultura e dei comportamenti con alcune regioni geografiche, con un fatto genetico o razziale. E invece quella cultura e quei comportamenti sono solo il riflesso inevitabile di determinate strutture economiche: la Germania, il Giappone, gli Stati Uniti, la Gran Bretagna, la Francia non sarebbero quelle grandi nazioni industriali che sono se, invece di disporre di adeguate strutture economiche, si fossero date delle economie *da straccivendoli*. Non si può pretendere di essere grande nazione industriale manipolando i dati Istat per valorizzare una economia sommersa di cui gli altri si vergognano e che da noi diviene, invece, la bandiera di un nuovo modello di sviluppo. E tantomeno vantare una ammissione al G7 dovuta in buona parte al nostro piagnisteo e alla benevolenza altrui. Ed in effetti, la piccola impresa e l'economia sommersa contrapposte a una qualche pur ragionevole forma di concentrazione industriale, il monopolio di stato contrapposto al monopolio privato, non sono frutto del caso, ma prodotto di una politica deliberata delle due ideologie che, tra i vivi applausi dei nostri economisti, hanno dominato il paese per mezzo secolo. In questo senso, il *pil* — che tanto eccita i nostri esperti — non dice assolutamente nulla sul *tipo* di economia (a non parlare del regime politico) che lo ha prodotto: si può trattare della Cina, del Pakistan, dell'India, dell'Uganda... della Svizzera o della Danimarca: al professore non interessa (ma interesse a noi!). Certo, ci si può pure illudere che, con quattro frasette di un nuovo testo costituzionale arrangiato tra le forze politiche, si possa disfare quello che si è fatto nello spazio di mezzo secolo; ma qualsiasi cambiamento istituzionale, per quanto radicale possa essere, non potrà che sfiorare soltanto il nucleo di un paese che si è già fatto. In questo senso, sembra assai azzardato ipotizzare che anche la più radicale delle riforme istituzionali introdotta dal più stabile e compatto e determinato dei parlamentari possa smantellare anche di un solo centimetro quadrato gli orrori ambientali e urbanistici commessi nel paese o *ridarci le*

nostre montagne divorate dalla camorra dei costruttori; non meno azzardata è la speranza di smantellare quella roccia di leggi, di interessi concorrenti o contrapposti, di costumi e passioni, che regge la nostra *status society.*

12. La nostra classe dirigente tende a minimizzare il passato; anzi a perdonarsi (magari con un'amnistia), e si capisce: le stesse forze che hanno disfatto il paese si accingono ora a rifarlo (a modo loro). E se una colpa che si può muovere loro è quella di avere deliberatamente smantellato lo stato, essa non è certo la maggiore, che è quella di avere *impedito* la nascita di una forza liberal-democratica nel nostro paese, che — senza *riserve ideologiche* cattoliche, fasciste o comuniste — avesse fede nelle istituzioni democratiche, nell'efficienza dello stato, nell'economia di mercato, nel bene comune, nella scuola come principio primo dello sviluppo economico e di incivilimento, nella conservazione del patrimonio materiale e morale lasciatoci dai nostri padri, nelle regole della convivenza civile. Il fatto, che oggi non vi siano né uomini, né idee che possano aiutare il paese a compiere una traversata che si annuncia assai tempestosa, dice tutto. Comunque, caduto il Muro, il nostro è il solo paese dell'Occidente industriale ad avere un tipo di problemi non troppo diversi da quelli della Russia alla caduta del comunismo. A rileggere le pagine di Giuseppe Maranini — uno dei maggiori *political scientists* del dopoguerra, spernacchiato sistematicamente dalla nostra sinistra — si resta colpiti dalla sua acuta consapevolezza che: « Ben più che non il sistema politico prefascista, l'attuale sistema appare idoneo a fiaccare gradualmente il vigore morale ed economico della società italiana » [ibid.: 29]. D'altro canto, le prodezze delle amministrazioni locali — non solo meridionali, ma dal Nord (Milano-Torino-Genova) al centro (Roma), al sud (Napoli- Bari-Palermo) — lasciano poco spazio alla speranza che il riscatto del paese possa partire dalla periferia; al contrario. La confusione è al colmo, ma i professori non aiutano a capire; anzi, sono essi stessi responsabili della Babele. L'elezione diretta del sindaco ha cambiato poco — a meno che non la si voglia considerare come il primo passo di uno sviluppo che darà i suoi frutti in tempi siderali — e molti si domandano se non si potrebbe avere un po' di fascismo « buono » — quello che teneva le strade pulite e faceva funzionare le poste — in cambio di una demo-

crazia inefficiente da buttare nella spazzatura. E siamo ancora a questo: che la classe dirigente italiana (*sindacati in prima fila*) non ha ancora capito che una democrazia inefficiente è una non-democrazia, per molti versi addirittura peggiore del fascismo.

13. Storicamente distanziato dal gruppo, negli ultimi decenni il paese se ne è addirittura staccato, prendendo una strada diversa, tutta sua, e diventando così, oltre che politicamente, anche *giuridicamente* incomparabile: e magari si trattasse solo di mancate convergenze attinenti all'inflazione, al debito pubblico, etc. etc. L'Italia appare, nel complesso, ora ben più lontana dal resto d'Europa di quanto lo fosse nel 1957, al tempo del Trattato di Roma, e forse addirittura al tempo di Achille Starace. D'altro canto, la rovina del Muro ha trascinato con sé la convinzione che in una marca di frontiera come la nostra — morale e politica, prima ancora che geografica — se non poteva aversi una diversa classe dirigente fin quando il mondo fosse diviso in due blocchi, pure da noi doveva esserci in qualche posto una *riserva* di uomini, di moralità e di ragionevolezza della società civile. Le elezioni del '94 hanno rivelato che quella riserva semplicemente non poteva esistere. Ma qui onestà di cronista deve anche annotare che il « laurismo del Nord », nel quale consiste l'ultimo cambiamento che la borghesia settentrionale ha imposto al paese, deve non poco alla ormai storica incapacità della sinistra italiana di prospettare una decorosa alternativa al proprio malfare. E a nulla vale invocare le maggiori responsabilità — ovvie e plateali — della Dc, se non si comincia perlomeno ad ammettere il proprio decisivo concorso, del resto documentato, allo sconquasso del paese. In questo senso, il quesito liberatorio che pone Francesca a *Candido* nell'ormai famoso racconto di Leonardo Sciascia: « E se fossero soltanto degli imbecilli? » resta la domanda eterna di tanti e tanti nel nostro paese dopo un lungo e sofferto viaggio nella sinistra italiana. Ma, ammesso che soltanto di imbecilli si tratti, se il quesito è di per sé liberatorio, esso non serve a stabilire anche un'alternativa politica: si tratta quindi solo di una liberazione a metà.

14. Quale sia poi lo scenario politico-giuridico che offre il sistema-paese è presto detto: tesi solo in apparenza sconvolgente di quest'opera è che quando — quali che siano le spiegazioni — un sistema politico

che si dichiari democratico è privo di un'opposizione fungibile, tale da rappresentare una concreta alternanza di governo, quando, invece, il partito di opposizione si autodefinisce di lotta/governo, quando fa il pianto greco per non essere stato associato al governo che dovrebbe invece controllare e cercare di scalzare, quando le due forze politiche maggiori (di governo e di opposizione lotta/governo) stipulano un *compromesso* con cui si spartiscono in maniera *permanente* il paese, allora, in tal caso, nasce un autentico *regime* che segna la fine della democrazia (ammesso che vi sia mai stato un inizio). Viene meno in tal modo l'Autorità del potere legale, che in democrazia si nutre di una ininterrotta legittimazione popolare prodotta principalmente, ma non soltanto, da quel controllo che deriva dal confronto dialettico tra politiche e programmi, oltre che dal continuo rispetto dei fondamenti del diritto e della morale. Resta quindi soltanto il Potere, quella « forza legale » di cui parla Alessandro Manzoni, ossia, troppo spesso, la forza bruta. Con l'aggravante che, non potendo il regime trasformarsi in una dittatura in senso tecnico, ed essendo tenuto ad osservare i riti della democrazia (elezioni, opposizione, etc.), la « forza legale », spartita tra le fazioni che si dividono il potere, diviene inevitabilmente ancora più criminale di quanto lo sia in una dittatura formale che, anche se conosce il fenomeno dei *ras*, nondimeno conserva un potere centrale che assicura un *minimo di controllo* sull'intero sistema. Si scriveva al Duce, e non di rado si otteneva giustizia. Ma in una democrazia all'italiana a chi mai si può scrivere? In una *status society* essere al di fuori del gruppo, fungere da battitore libero, significa votarsi alla parte del « vaso di coccio » che può essere mandato in frantumi sol che lo si voglia. Come scrive Nicola Matteucci a proposito della sovranità: « Si è visto come il costituzionalismo (lo Stato misto, la separazione dei poteri, la supremazia della legge), il federalismo, il pluralismo possono non solo indebolire, ma distruggere la forza coesiva, l'unità del corpo politico, che è data, appunto, dalla S.[ovranità], andando, così, oltre ai fini che si erano proposti. Ma, dove non c'è il monopolio della forza in una sola istanza, dove non c'è il ' comando ' a tenere unito il corpo sociale, o c'è il consenso nei valori ultimi e nelle regole del gioco a creare la fedeltà, a stabilire l'obbligazione politica, o si ritorna allo stato di natura, che è quello della forza, e si scatena così la lotta per la sovranità » [*Sovranità*, in *Dizionario di Politica*, 1976, ed. 1983: 1102, at 1109]. Ma è un quadro diverso da quello nostrano, in cui la lotta per la sovranità è sostituita dalla spartizione; e anche se, come in qualsiasi spartizione, il rapporto interno all'accordo è di natura dialettica, resta l'intesa di fondo.

Plaidoirie per un paese normale.

15. In un'intervista a Franco Modigliani di Fabio Barbieri, pubblicata da *la Repubblica* del 27 settembre 1992, il premio Nobel per l'economia — uno dei pochi grandi amici del nostro paese — nel commentare le misure economiche del governo, dichiara: « Gli italiani devono rientrare nella ' human race ', devono diventare come tutti gli altri ». Vasto programma. Pinocchio, metafora del nostro paese: un burattino che aspira a diventare bambino e poi adulto; ma ne è impedito dalle sue biricchinate. E si vorrebbe che la metamorfosi finale del simpatico burattino di questa favola geniale fosse anche quella del nostro paese. Ecco: non un bambino *uguale* agli altri, ma un bambino come tutti gli altri. A proposito del « tavolo delle regole », della *par condicio* e di simili amenità (estate 1995), Mario Monti lancia la proposta che impegni le parti alla piena attuazione del Documento di programmazione economico-finanziaria del governo Dini. E osserva, tra l'altro: « vedo il rischio che i protagonisti della vita politica — impegnati nel pur importante sforzo di confezionare con opportune ' regole ' un abito politico finalmente ' normale ', adatto a un ' Paese normale ' — tendano a dimenticare che, per tanti aspetti, l'Italia oggi *non* è un ' Paese normale ' (...) Posso ricorrere a un'immagine semplificata? L'Italia ha utilizzato, molto più degli altri Paesi, risorse che non ha ancora prodotto, risorse tolte alle future generazioni di italiani. Malgrado ciò, nella gerarchia dei Paesi, essa ha perso posizioni. Il primo aspetto è misurato dal debito pubblico, pari al 125% del prodotto interno lordo per l'Italia, contro il 59% per il resto dell'Unione Europea (dati 1994). Nel caso italiano, poi, si tratta di un debito contratto nel corso degli anni per effettuare spesa pubblica di consumo, molto più che di investimento: perciò, vera sottrazione di risorse ai nostri figli, senza lasciare ad essi un corrispondente capitale di infrastrutture pubbliche (...) L'Italia è l'unico tra i sei Paesi fondatori della Comunità economica europea a non avere la propria moneta nello Sme. Non era così fino al settembre 1992. Paesi entrati nella Comunità molto tempo dopo l'Ita-

lia (Danimarca, Irlanda, Spagna, Portogallo) o da pochi mesi (Austria) sono regolarmente nello Sme. — Malgrado i progressi degli ultimi anni in materia di disavanzo pubblico, l'Italia è il più distanziato, tra i sei Paesi fondatori, dall'adempiere i cinque requisiti del Trattato di Maastricht. Più vicini dell'Italia a tali requisiti sono diversi Paesi membri recenti dell'Unione europea e anche alcuni Paesi candidati dell'Europa centro-orientale o mediterranea come Malta (...) In un campo non direttamente economico-finanziario, ma carico di implicazioni psicologiche e politiche per i cittadini e per l'immagine del Paese, quello dell'eliminazione dei controlli sulle persone alle frontiere interne all'' area Schengen ', l'Italia è l'unico dei sei Paesi fondatori della Comunità a non avere ancora potuto rendere operativo l'accordo » [*La Regola che Manca*, in *Corriere della Sera*, 18 luglio 1995]. E magari la anormalità nostra fosse soltanto di natura finanziaria, o fatta di mancate « convergenze » con gli altri partner europei: se fosse così, sarebbe festa grande perché, come si dice a Napoli, staremmo nel pallone. Ma qualsiasi *turista in transito* per il nostro paese, purché abbia un po' di sale in zucca, si accorge subito, di fronte all'orda di motorini e al traffico spaventevole delle nostre sconquassate città — da Torino, Milano, Genova, Firenze, Roma, Napoli, Bari, Palermo e Catania, che tanto imbarbariscono il *Giardino d'Europa* — che da noi l'*economia* nazionale richiama per molti versi quella di un paese del Terzo Mondo, e non fatica troppo a risalire, di gradino in gradino, come in un qualsiasi paese sudamericano, fino al cuore del sistema, concepito come una colossale anomalia. Naturalmente, in un articolo non si può dire tutto, e quindi si capisce che esso non precisi che di quei due milioni di miliardi di debiti almeno uno è il risultato di infami ruberie (sic!) o, nel caso migliore, di sperperi demenziali, e che *le nostre infrastrutture fanno letteralmente schifo*. Don Ferrante affermava che: « *In rerum natura* (...) non ci sono che due generi di cose: sostanze e accidenti ». Ecco, la crisi finanziaria italiana non è che accidente, l'effetto, e non già la causa, del fatto che sul piano politico, delle strutture economiche, del diritto, il paese nel suo complesso si presenta come un *contromodello* politico, economico, giuridico e, in ultima analisi, morale, rispetto a tutti gli altri paesi industriali dell'Occidente. È difficile immaginare un sinedrio di superuomini capace di creare nella sua pazzesca diversità un sistema così compiuto fin nei minimi dettagli come il nostro, ed è assai probabile che mille forze spontanee vi abbiano contribuito in un popolo che non manca di una sua particolare genialità nel tralignare. Eppure non si può negare che il disegno di fondo, la trama, sia stata fornita dalle due ideologie ecumeniche, reazionarie, antimoderniste e, soprattutto, *antinazionali* che hanno disfatto per sempre il paese; come non è negabile che vi sia stato fin dall'inizio il proposito di fare dell'Italia un paese diverso, un modello, di mettersi alla testa di una nuova ideologia politica che indicasse ai paesi « inferiori » (Germania, Inghilterra, Francia, Stati Uniti, Svezia, Norvegia, Svizzera, Spagna, etc.) di cosa fossero capaci i « cervelli » nostrani: e si vede. Quanta retorica e prosopopea, quante dottrine e quanti professoroni, quante prediche e predicatori a spiegarci perché l'Italia avrebbe fatto da sé, creando una cosa nuova e superiore: una sintesi! Ancora una volta il paese, affidatosi ai migliori economisti, e ai più grandi statisti, insomma alla prima classe dirigente del mondo, avrebbe lanciato l'ennesima *sfida intellettuale* all'umanità, mortificato gli stranieri e sconfitto i menagramo e i disfattisti interni: Craxi, da grande « statista » e grande manager della politica, fa addirittura manipolare i dati Istat per celebrare questa grandezza. Ecco il destino di 56 milioni di persone messesi nelle mani di una classe dirigente di imbecilli e/o delinquenti.

Un ponte aereo per l'Italia.

16. Ma dove vada a cercarli — in un paese come il nostro, notoriamente privo di una classe dirigente moderna — gli *uomini* per realizzare il suo rivoluzionario progetto, Bassolino non lo dice: eppure si tratta del problema centrale. Esso ritorna ossessivo nella lezione di Gaetano Salvemini, grande italiano e grande educatore, tra i non molti intellettuali da ricordare assieme a Carlo Cattaneo e a pochi altri, maestro di incorruttibilità morale, di coraggio, di appassionato riformismo, di antiretorica, di tenace milizia antifascista, non meno che anticomunista. Sempre ricorre nei suoi scritti quella incontenibile insofferenza per le astrazioni che rende così « intraducibile » tanta cultura nostrana e così grave quella *diversità* che lascia sgomenti chi dal di fuori guardi alle cose del nostro paese. Sempre ritorna il motivo di fondo che « il carattere val più che l'ingegno e la dottrina » [in Salvadori 1963: 18], che la scuola ha un'importanza fondamentale nella vita di un paese;

che le sventure italiane si spiegano troppo spesso con la pessima o mediocre qualità degli uomini. Come osserva Saverio Vertone: « Dicono che la mancanza della Riforma protestante abbia ostacolato nei Paesi cattolici la nascita della società industriale. Ma è un luogo comune che, dopo Weber, va continuamente chiarito. In Italia l'industria è arrivata, abbastanza presto e abbastanza in forze. Non è arrivato invece, in Italia, l'individualismo moderno. In questo Paese di individualisti manca paradossalmente l'individuo (...) Lutero e la sua biografia ci portano la prova intuitiva di ciò che è mancato alla nostra storia, proprio mentre si stavano formando i grandi Stati nazionali europei: la feroce impuntatura personale, la sfida testarda contro tutto (perfino contro la ragione), la testimonianza di sé a dispetto del mondo e dei santi, quel rifiuto alla sottomissione che è l'opposto dei tortuosi compromessi dell'egoismo e che ha istituito il soggetto e quindi la realtà contemporanea, l'io e il noi, l'individuo e la collettività » [1992: 50, 55].

17. Dopo mezzo secolo di *democrazia consociativa*, il problema degli uomini appare drammatico, se non addirittura tragico: il fascismo aveva lasciato negli oppositori, e perfino tra la stragrande maggioranza di coloro che lo avevano servito, uomini di ben altra taglia. Non è esatto che solo la rivoluzione (francese o sovietica; ma non quella americana) divora i suoi uomini: ne divora di più una organizzazione mafiosa del potere. E, quasi come al tempo del ponte aereo di Berlino (1948: organizzato dall'odiata America per salvare la città affamata da Stalin), si pone per noi il problema di istituire dei voli *charter* di agricoltori olandesi, capomastri e orchestrali tedeschi, imprenditori giapponesi, amministratori francesi, uomini politici, infermieri e poliziotti inglesi, giornalisti, giuristi, medici, docenti universitari e giudici americani, e così via cantando. Un *charter* speciale andrebbe riservato agli *uomini di coraggio*, dotati anche di un po' di *pietas* per questo paese, da mettere al di sopra di strampalate idiozie e, anche, delle proprie tasche. Beninteso, nella speranza che questi uomini nuovi non si rivelino anch'essi degli uomini vecchi; sappiano cioè cambiare i *meccanismi* e non se ne facciano parte e beneficiari essi stessi. E poiché da noi i discorsi si fanno sempre a finti sordi e a finti ciechi, forse è utile aggiungere che qui per uomini nuovi si intendono anche *nuove regole*. A imperituro scorno della classe dirigente italiana e meridionale in particolare si ricorda

che in *quattro anni* la Germania dell'Ovest ha risolto il problema della ex Repubblica Democratica Tedesca facendone una regione ad alta produttività industriale ricca di infrastrutture modernissime. Con una spesa di 750 mila miliardi di marchi (quasi un milione di miliardi di lire). Quale confronto possiamo mai reggere noi? [cfr. *Germania — Miracolo in cantiere* di Saverio Vertone, *Corriere della Sera*, 25 maggio 1995]. Ma l'attuazione del *piano de Franchis* comporta un problema logistico notevole: di solito, il *payload* dei *charter* include anche il costo del ritorno a pieno carico degli aerei. Ma non è solo un fatto economico a porre il problema di cosa fare di una classe dirigente che ha rovinato il paese. Purtroppo, non si direbbe che tra di essa sia diffusa la tendenza al suicidio come qualche caso restato purtroppo senza seguito aveva lasciato sperare. Non resta quindi che liberarsi di qualche milione di persone organizzando un volo in uscita *senza ritorno*. Difficile stabilire priorità, assegnare posti e applicare un cerimoniale che non offenda le suscettibilità degli uomini di potere. Comunque, de Franchis è disposto a fornire *ad horas* un primo elenco dei gruppi da proscrivere: « statisti » — con o senza occhialino sul naso — uomini di governo, politici, imprenditori, sindacalisti, professori di università (problema gravissimo dato il numero spropositato), intellettuali, magistrati ordinari, della Corte dei Conti, del Consiglio di Stato e dei Tar, e avvocati, primari chirurghi, ambasciatori, carabinieri e finanzieri, giornalisti di Cuneo, Voghera e Torre Annunziata, etc. In ogni caso, non mancano dall'elenco proposto gli amministratori delle nostre sconquassate città (il sindaco di Roma, verde ed ecologista all'italiana, figura in prima fila tra le persone da allontanare per sempre; resta, invece, Bassolino, a fare il sindaco di Napoli). Pazzie surrealiste di de Franchis, si dirà: eppure, noti scienziati della politica e penne d'oro del giornalismo hanno trovato ospitalità sui più autorevoli quotidiani nazionali per proporre di affrontare il problema meridionale con la dichiarazione dello stato di guerra nella regione, rastrellamenti, retate, campi di concentramento, taglio dei servizi pubblici, come acqua, luce, gas, telefono. Però, dopo Tangentopoli, questi propositi sono rientrati, e ora non se ne parla più. Giovanni Russo ha osservato che uno « Stato che voglia imboccare la strada della repressione militare deve avere le carte in regola » [1992: 12]: si vede che il Nord queste carte non le tiene. Si vede che con tutte le sviolinate sulle innegabili abissali diversità tra Sud e Nord del paese, vi è anche una *questione settentrionale* (sic!).

18. Che un imprenditore moderno (e quindi colto e preparato) — per tempi e funzioni limitate, quale consulente del governo, di commissioni parlamentari, etc. — possa dare un notevole contributo alla modernizzazione del proprio paese è fuor di dubbio. Noto è in Inghilterra il caso di Lord Beeching — uno dei più prestigiosi industriali inglesi — presidente di quella *Royal Commission* i cui lavori diedero luogo al Courts Act 1971, legge fondamentale dell'ordinamento giudiziario [cfr. Jackson 1940, ed. 1977: 75; Varano 1973: 164]: e anche qui ci sarebbe da prendere esempio. Ma quando si tratta di funzioni di governo, il discorso è diverso perché esso pone un diluvio di problemi che solo in parte sono giuridici in senso stretto. E, al di là delle preclusioni legali, resta la questione politica per cui, se si tratta di un grande imprenditore, e non di un erbivendolo, egli sarà comunque *obiettivamente* troppo immerso, in termini culturali e di simpatie, oltre che di interessi, nella realtà politica, economica e affaristica del proprio paese per poter essere il capo di un *governo* che, in qualche modo, dovrebbe essere *di tutti*, anche se guidato dalla parte politica vittoriosa. A parte queste considerazioni pregiudiziali, già è difficile — anche nei paesi di ben più seria cultura imprenditoriale — trovare un membro della categoria che abbia i numeri per farsi politico: figurarsi poi da noi, con una una grande impresa nata all'ombra dei banani nazionali. Ma si capisce anche che in Italia siano stati molti a pensare che questo imprenditore potesse esserci: l'imbecillità organizzatoria della classe politica italiana è troppo nota per poter dubitare che anche soltanto un capomastro tedesco possa fare buona prova. Resta il fatto che — a prescindere dall'individuo — il caso Berlusconi appare, sul piano politico, come il primo e il più grave nella storia di tutte le democrazie occidentali di un imprenditore che assume funzioni di governo. Si è opportunamente osservato che: « Il nuovo governo Berlusconi si presenta con una compagine all'altezza dei propositi; dal decreto salvaladri, al condono edilizio, al vecchio regime dei lavori pubblici, alla virtuale abolizione del Secit: un *free for all* degno dei fratelli Somoza ». E sarà senz'altro vero. Come pure sembra innegabile che con l'entrata nell'agone politico di un certo tipo di imprenditore sia insorto un grave

conflitto di interessi; a non parlare di un pazzesco regime televisivo come il nostro che consiste in un duopolio pubblico-privato. Eppure è difficile sottrarsi all'impressione che un certo tipo di questioni sia stato sollevato *ad hominem*. Conflitto di interessi: non v'è dubbio. Pericolo grave per la democrazia, si è anche detto: ma già bisognerebbe stabilire se vi è una democrazia da mettere in pericolo. Resta il fatto che da noi manca una *grande tavola generale delle incompatibilità*, e si assiste a un fenomeno di *pantouflage* unico al mondo, mentre il sistema politico trasforma i parlamentari in lobbisti, con magistrati e professori e funzionari e *grand commis* che brigano, trafficano e ammassano ricchezze, con ex giudici costituzionali infilati in tutti i *pertugi* e uomini di potere pubblico e privato (distinzione del resto quasi impossibile) che dispongono di diecine di cappelli di riserva per ogni circostanza possibile. Il fatto che solo ora gli sconfitti scoprano l'assenza delle regole più elementari in politica e in economia significa semplicemente che *l'anomia* del sistema era ed è funzionale ad un baraccone di 150 mila leggi e 300 tra imposte e tasse sul quale si fonda e si fondava una *status society* che, con le sue iniquità e i suoi privilegi, appare intrinsecamente come la *negazione dello stato di diritto e della democrazia*. Ed è scoraggiante constatare che le forze politiche ed economiche italiane appaiono tanto pronte a smantellare solo quel pezzo del baraccone che a loro dà fastidio quanto a difendere con i denti il resto che va loro bene: nessuna sembra disposta, come si dovrebbe, a rinnovare dalle fondamenta la società italiana, e a stabilire nuove regole per tutti.

19. « Ma de Franchis è pazzo!: non abbiamo bisogno di importare uomini dall'estero; siamo i primi nel mondo! » sbotta Omissis, l'eminente studioso milanese; gli fa eco l'industrialotto: « le critiche impediscono la ripresa: bisogna smetterla; i magistrati di Mani Pulite vanno arrestati perché ostacolano la produzione e l'Italia che lavora ». Ma de Franchis non è tanto pazzo. Il nostro paese spende centinaia o migliaia di miliardi all'anno per importare giocatori di *football*: perché limitarsi a un solo tipo di uomini? Perché non anche, ad esempio, dei professori di università? La sola città di Napoli ha speso per i mondiali del '90 ben 800 (ottocento!) miliardi; non si potrebbero importare anche dei vigili urbani? Possibile che solo Maradona debba far sognare i napoletani e Gullit i milanesi? Ma questi sono sogni da Terzo Mondo!: chi

si oppone al ponte aereo non ha stima degli italiani e vuole tenerli nell'attuale condizione di degrado.

Tonino Di Pietro e il Ritorno alla Normalità.

20. In ogni caso, il Ritorno alla Normalità è, oltre che rivoluzionario progetto politico, un *Ritorno al Diritto*, la cui attuazione sarebbe impensabile senza smantellare il baraccone di leggi che assicura l'attuale *anomia* del paese. In effetti, le assurdità, iniquità e soperchierie inferte quotidianamente ai cittadini provengono tutte, o quasi, dalla « forza legale », che può sempre invocare mille leggi a giustifica dei propri comportamenti. Al confronto, le violenze della criminalità organizzata privata appaiono addirittura trascurabili. Come ha osservato Maurice Duverger, noto costituzionalista francese: « La mafia e la camorra del Sud sono meno dannose dello straordinario sistema di nomenklatura, mascherato da democrazia, che da circa quarant'anni prolifera nella Repubblica italiana » [cit. in Messina 1992: 3]. Basterebbe questo a tappare la bocca ai nostri Professionisti dell'Antimafia che si ostinano a vedere la criminalità al di fuori della « forza legale », del proprio potere, al di fuori di sé stessi.

21. Le masse vedono in Antonio Di Pietro il vindice delle offese e soprusi e ribalderie sofferte in mezzo secolo per mano di una classe dirigente generalmente considerata come una massa di autentici ladri e/o imbecilli; per esse la legge è buona, ma gli uomini che la violano sono cattivi, e vanno quindi puniti. Ma si tratta di una atroce *foutaise* messa in giro da professori tedeschi: *la legge è sempre stata da che mondo è mondo lo specchio fedele della classe dirigente e dei poteri che controllano un paese o, se si vuole, delle ideologie che lo condizionano*; e non si sbaglia di un millimetro, perché l'equivalenza è perfetta. È difficile, se non addirittura impossibile, che una classe dirigente di imbecilli e/o delinquenti produca una legge intelligente e/o onesta. Naturalmente, questa è una *semplificazione*: si dirà che *società politica* e *società civile* in tutti i paesi del mondo sono due facce della stessa cosa; e già il discorso si complica perché non tutta la *classe dirigente* promana dalla società politica. In ogni caso, l'equivalenza potrebbe essere in via di massima accettabile se non fosse che *su chi comanda gravano dei*

doveri speciali che derivano dal fatto stesso di comandare; inoltre, egli corre anche i *rischi* (gli incerti del mestiere) tipici di chi comanda. Doveri e rischi che invece non toccano chi a quel comando è solo soggetto, fosse anche un complice per scelta o per aver subito la tirannide o la corruzione [cfr. le splendide pagine di Paolo Monelli sulla fine di Mussolini e, seicento anni prima, di Cola Di Rienzo, in *Roma 1943*: 168, 343, 344]. In ogni caso, a parte i filosofemi, e senza negare minimamente che tra i nostri legislatori e nella nostra classe dirigente vi possano essere delle persone oneste e intelligenti e capaci, resta il fatto che *obiettivamente* la legislazione e il diritto italiano esprimono *un forte contenuto di manicomialità e/o di delinquenza*: il titolo di un brillante *pamphlet* [S. Vertone, *L'ultimo manicomio*, 1992] non lascia dubbi sulla reazione di chiunque, non diciamo uno straniero, si trovi di fronte alla legge e al diritto nel nostro paese (e già il solo sistema fiscale basta per tutti). Insomma, la legge è tanto pura quanto lo sono le intenzioni e i propositi degli uomini e delle forze che la promuovono e la adottano; essa può (ovviamente, non deve) essere fatta per raggiungere un fine ingiusto, illecito, criminale o semplicemente idiota: non solo in un regime dittatoriale (l'esempio della legislazione razziale è ormai classico) ma anche in una democrazia come la nostra (ammesso e non concesso che il regime nostrano meriti una tale definizione). La legge può essere addirittura la *premessa tecnica* e lo strumento del disegno criminale; ed è questo, troppo spesso, il caso nostro: da noi, *la criminalità si presenta essenzialmente come un fatto istituzionale*: essa trova nella legge stessa la formalizzazione del meccanismo delinquenziale che si vuole porre in essere: di modo che il crimine consiste non già nella violazione o nella mancata o perversa applicazione della norma, bensì nella sua più scrupolosa e corretta esecuzione. E allora il discorso è semplice: o si cambia la legge o il crimine non finisce mai: il regime delle opere pubbliche è l'esempio plateale, ma non certo il solo, che identifica l'attività legislativa come condizione di meccanismi criminali diversamente impossibile da realizzare. In effetti, per quanti stracci possano volare in un processo, non sembra inutile ricordare che solo cambiando i *meccanismi giuridici* si può eliminare quell'elemento di delinquenzialità che appare un dato permanente di moltissimi aspetti del nostro sistema giuridico. Professoroni e professorini *al guinzaglio* sollecitano l'uscita da Tangentopoli mediante una bella amnistia, anche se non hanno neanche il coraggio di usare la parola: e si capisce. Per ricominciare. Ma ci sono mille modi per uscirne e per fare uscire il paese da un assetto istituzionale-deliquenziale che ormai, per così dire, lo illustra rispetto a tutti gli altri: cambiare le leggi e adeguarle a quelle dei paesi civili ai quali i nostri governanti hanno il *toupet* di confrontarsi.

22. Agostino Cordova, procuratore della repubblica di Napoli, dichiara, tra l'altro: « Ho già sottolineato come lo Stato abbia riconosciuto ufficialmente che la mafia e le altre organizzazioni omologhe procacciano voti. Ne consegue che vi è il rischio che dei parlamentari siano stati eletti col voto determinante della mafia e che, quindi, provvedimenti legislativi siano stati emanati grazie a maggioranze dovute, appunto, a parlamentari inquinati » [*No alle leggi votate da mafiosi*, di E. d'Errico, *Corriere della Sera*, 26 gennaio 1994; ma cfr. anche *Sanità, tangenti per pilotare le leggi*, di F. Buffi, *Corriere della Sera*, 5 marzo 1994]. In parole povere, questo significa, ma non è una scoperta, che più che di *voto di scambio*, punito dalla legge, si tratta di *legge di scambio*, fatto non punito dal legislatore: e si capisce il perché. Ma il dr. Cordova lambisce soltanto i margini del fenomeno quando si limita a singoli parlamentari accusati di promuovere leggi criminose. Il discorso è ben altro: se si dà uno sguardo alla legge 219/81 sulla « ricostruzione » delle zone terremotate — definita criminogena da qualche magistrato più sveglio — estesa con legge n. 80 del 1987 a tutto il territorio nazionale, se si pensa alle grandissime maggioranze che hanno voluto un tale regime, se si pensa che la citata l. 219 fu voluta fortissimamente dal Pci al tempo dell'unità nazionale e dell'*affaire Cirillo*, se si ricollega quella legge al meccanismo legale di corruzione pubblica rivelato dal processo Enimont, allora, a voler essere seri, il discorso non riguarda determinati individui ma le nostre leggi: e potrebbe sembrare pleonastico e ridondante insistere su un siffatto rapporto di causalità (legge criminale-effetto criminale), se non fosse che da noi comandano i *Non-Vedenti* e i *Non-Udenti*. È facile previsione che si continuerà nel vecchio andazzo: infatti, prima preoccupazione del governo Berlusconi è stata quella di sospendere la legge Merloni che aveva introdotto un minimo di decoro nella materia. Ma almeno non ci si venga a prendere in giro con la « rivoluzione liberale ».

23. Com'è noto, il nostro paese è afflitto da un numero spropositato, un vero e proprio diluvio, di economisti, di solito da mediocri a pessimi; sono assai pochi quelli buoni. E perciò quando se ne incontra uno come Marcello De Cecco è festa grande perché questo studioso, oltre che bravo, ha anche il coraggio delle proprie opinioni. Ecco cosa scrive in tema di opere pubbliche: « Quel che distingue gli anni ottanta, tuttavia, da tutto il periodo precedente, è la qualità della corruzione. Non si era mai verificato prima che per un decennio la spesa pubblica fosse prioritariamente utilizzata a scopo di corruzione. Nei decenni anteriori, così come avviene nelle repubbliche ben organizzate con le quali ci piace confrontarci, la corruzione consisteva nel gonfiare i costi di opere pubbliche quasi sempre progettate da tecnici competenti, e spesso eseguite da imprese capaci bene e in tempi brevi. Gli utilizzatori di tali opere non avevano quindi motivo di lagnarsi della loro realizzazione, della quale anzi godevano, ma solo del loro costo. E solo qualcuno, tra la gente comune, era in grado di capire quanto grande fosse stato l'illecito guadagno. Questo, d'altronde, è un paese nel quale il concetto del ' proprio particulare ' ha trovato il suo più celebre espositore. *Negli anni ottanta, invece, le opere sono state spesso concepite, progettate ed eseguite allo scopo esclusivo di distribuire risorse illecitamente (...) Solo a guardarle, si vede che esse non rispondono ad alcuna necessità pubblica o privata, che non hanno alcuna funzione, eccetto quella di aver permesso lo spostamento di denaro dalle casse dello Stato a quelle di politici, burocrati e imprenditori e la occupazione di lavoratori talvolta reclutati a scopo di clientela elettorale (...) gli italiani si sono accorti che gli investimenti in opere pubbliche effettuati nel decennio stesso hanno accresciuto, invece che accorciare, la distanza che separava l'Italia dal resto dell'Europa civile negli anni settanta* » [*Italia, partiti e il keynesianismo delinqueziale*, in *la Repubblica-Affari & Finanza*, 16 aprile 1993; il corsivo è mio]. Tutto questo è stato ed è possibile in base a leggi dello stato che regolano fino al più inverosimile dettaglio un sistema concepito per consentire il furto di denaro pubblico per centinaia di migliaia di miliardi. A che serve perseguire chi attua pienamente, per così dire, lo *spirito della legge* se non si cambia la legge stessa? Alla Scienza Giuridica Ufficiale, ai nostri incorruttibili professionisti dell'Antimafia, l'arduo quesito! Così, prendersela con Totò Riina e Nitto Santapaola può sembrare addirittura troppo comodo, un

escamotage per salvare il sistema e allo stesso tempo pretendere di combatterlo.

24. Come ha scritto Giovanni Russo: « La ' fortuna ' della criminalità di casa nostra nasce dalle leggi perverse sui lavori pubblici che, in deroga alle norme sulla contabilità generale dello Stato, hanno concesso dal 1972 al 1978 anticipazioni fino al 50 per cento sull'importo dei lavori ai concessionari e agli appaltatori (...) L'istituto della concessione, reso obbligatorio con la legge 219/81 per la ricostruzione delle zone terremotate ed esteso con la legge n. 80 del 1987 a tutto il territorio nazionale, è stato lo strumento che ha consentito alle imprese collegate nei consorzi per le opere pubbliche di diventare i ' nuovi feudatari ' che distribuiscono il loro potere economico, sociale, civile e politico attraverso gli appalti e i subappalti e il cemento più forte del nuovo blocco sociale » [1992: 7, 43, 51]. Le maggiori istituzioni culturali nazionali e meridionali hanno rivolto un appello al Presidente della Repubblica e al Parlamento per l'abolizione « di tutte le norme che hanno permesso l'applicazione dell'istituto della concessione », senza che nessun partito, incluso quello di *lotta/pagnotta*, si sia preoccupato di muovere foglia. Come scrive Leonardo Sciascia, « le cose sono semplici », e quindi: o la concessione viene abolita o l'Italia continua a restare quella immensa Tangentopoli che è stata da almeno venti anni e l'operazione Mani Pulite diventa quasi una manovra trasformistica. Sia consentito di ribadire l'opinione, che con la denunzia dei Professionisti dell'Antimafia, Leonardo Sciascia ha voluto rivelare il *clamoroso depistaggio* del movimento Antimafia consistente nell'attaccare personaggi minori della criminalità e mai il sistema normativo, fonte primigenia della colossale illegalità che travolge il paese.

Una nuova anarchia - Contributo all'analisi di una status society.

25. Un ritorno al diritto significa anche un ritorno all'Occidente e, in definitiva, alla Ragione, alla Morale e alla Decenza. Ma ci voleva davvero l'OCSE o i nostri più o meno egregi ministri-tributaristi (consulenti fiscali cui il Caos normativo assicura favolosi emolumenti, non di rado essi stessi grandi evasori) a rivelare che il sistema tributario italiano fa schifo (sic!)?; ora si deve sapere che la materia delle imposte è

il cuore stesso del sistema democratico, che consacra il patto con i cittadini; starsi a chiedere se vi sia stato di diritto nel nostro paese, se la *democrazia consociativa* fosse (sia) o meno un regime, perché i cittadini non si identifichino con i valori della Resistenza, se la politica sia autonoma dalla morale, e così via cantando, sono *foutaises* e stravaganze di professori che fanno cascare le braccia. Con una evasione fiscale di circa 375 mila miliardi e uno spreco legalizzato di almeno 500 mila miliardi all'anno, uno dei più importanti uomini politici italiani, ex presidente del consiglio, di cui si parla come « statista » e « pensatore », ha proposto (maggio 1955) l'istituzione di un nuovo canone televisivo (la 301ma imposta) basata sulla *durata* (sic!) di utilizzo dell'apparecchio: la tassa sul macinato! E ci si rende conto in quali mani è finito il paese: e viene di pensare al paradosso-verità di Leonardo Sciascia: « È ormai difficile incontrare un cretino che non sia intelligente e un intelligente che non sia cretino. Ma di intelligenti c'è stata sempre penuria; e dunque una certa malinconia, un certo rimpianto tutte le volte ci assalgono che ci imbattiamo in cretini adulterati, sofisticati. Oh i bei cretini di una volta! Genuini, integrali. Come il pane di casa. Come l'olio e il vino dei contadini » [*Nero su Nero*]. Ammesso che solo di cretini si tratti.

26. La *status society* all'italiana si presenta come l'ennesima truffa ideologica escogitata dalla classe politica; non già esasperazione del pluralismo, ma sua più radicale negazione. Se mai si potrebbe parlare di *neocorporativismo*. Il fatto che essa sia organizzata in un numero infinito di ordini maggiori e minori, classi e ceti, grandi e piccole oligarchie, confraternite e maestranze, non significa che si tratti di società pluralista. Al contrario, la *status society* italiana — non diversamente dalla società milanese del '600 descritta da Alessandro Manzoni nel suo romanzo (I capitolo) — è una società ingabbiata con funi di acciaio, rigidissima; che non lascia spazio al battitore libero, lasciato intirizzire al freddo, vaso di coccio alla mercé di chi voglia impunemente ridurlo in frantumi. Questa gabbia è rappresentata da un baraccone di 150 mila leggi. Ma se è struttura assai rigida, questo non significa che non vi sia concorrenza o conflitto tra le varie confraternite, e tantomeno che una di esse sia disposta a riconoscere l'Autorità dell'altra (vige, per così dire, una autentica *par condicio*). Anzi, si assiste a una infinita

gara tra « autonomie »: una tira l'altra. E ognuna se ne va per conto suo: scomparsa l'Autorità, resta il Potere al quale solo è giocoforza cedere. I politici proclamano l'autonomia della politica dalla morale (e dalla Ragione): e si capisce; i giuristi, per soprammercato e a scanso di equivoci, affermano l'autonomia del diritto dalla politica *e* dalla morale, e gli economisti, per non essere da meno, affermano l'autonomia dell'economia dalla politica, dalla morale, dal diritto, e dalla stessa economia (almeno a giudicare da come vanno le cose da noi), i professori poi reclamano l'autonomia dalla scienza e dalla coscienza e dall'università (e quindi anche da Pantalone che li paga profumatamente), i medici affermano l'autonomia dai malati (e si vede!), e così via cantando. Se non si sapesse dove va il paese, ci sarebbe da chiedersi dove vanno a parare queste « autonomie »: si passa da Machiavelli a Max Weber, a Lenin, per finire ingloriosamente alle vicende nostrane. Piero Melograni annota: « Nel novembre del 1993, il deputato Gerardo Bianco, capogruppo della Democrazia cristiana alla Camera, affermava che prendere soldi per il partito era tutt'altro che deplorevole: ' Rubare per sé è gravissimo, ma rubare per il partito sulla spinta dell'ideologia, del senso del dovere, può essere ritenuta un'operazione nobile ' » [1994: 155]. E qui l'elogio alla dirittura morale di Al Capone si impone: per lo meno non invocava la *ragion di stato* per riempirsi le tasche. E non è un caso che più o meno illustri *political scientists* casereccì insistano con monotonia ossessiva sulla separazione tra *morale* e *politica* aggrappandosi al povero Machiavelli al quale si fanno dire atroci *foutaises*, o a qualche mal digerita lettura maxweberiana. A scorno della classe dirigente (si fa per dire) del nostro paese, a significare quanto grave, quanto paurosa sia stata la devianza della *democrazia consociativa* da noi, sul piano morale prima ancora che politico, si riporta un estratto dalla celebre circolare di Mussolini ai prefetti sulla questione dei rapporti fra organi di governo e organi di partito del 5 gennaio 1927: « Un regime totalitario e autoritario come quello fascista, deve porre la massima diligenza e lo scrupolo sino all'estremo per quanto concerne l'amministrazione del pubblico denaro. Più volte dissi che il denaro del popolo è sacro. Occorre quindi che tutte le gestioni d'ordine amministrativo e finanziario, dai comuni ai sindacati, siano oggetto della più vigilante attenzione e del più assiduo controllo (...) Tutti coloro che amministrano pubblico denaro devono essere di specchiatissima probità. Soprattutto nell'Italia meridionale, il prefetto del regime fascista deve instaurare l'epoca dell'assoluta moralità amministrativa, spezzando risolutamente le sopravvivenze camorristiche ed elettoralistiche dei vecchi regimi » [in Aquarone 1965, vol. II: 484, at 488]. Ora nessun intellettuale, nessun uomo politico, nessun giudice costituzionale, nessun funzionario — tralasciato il richiamo al regime totalitario — avrebbe il coraggio di sottoscrivere oggi la sostanza di proposizioni del genere: qui Benito Mussolini si rivela erede della migliore tradizione liberale. E siamo a questo.

27. Gianfranco Pasquino cerca di introdurre un po' di *Common Sense* in un dibattito tutto nostrano, che fa pensare a quei film di Jerry Calà, Renato Pozzetto, Claudio Verdone, Lino Banfi e Paolo Villaggio che celebrano la commedia all'italiana, destinati fin dall'origine al circuito B. E chiede: « L'autonomia della politica teorizzata da Machiavelli nasceva per legittimare le scelte di un sovrano assoluto, nello sforzo di liberarlo dalla tutela ingombrante della morale religiosa. Ma in una democrazia, è possibile sostenere una deroga totale a qualsiasi criterio morale senza cadere nell'indifferenza rispetto ai fondamenti che regolano la partecipazione democratica, e senza comprometterli radicalmente? » [*Il bisogno di un'etica nella politica democratica*, il Mulino 4/94: 572]. Domanda giusta: il fatto è che ricorrere in questa materia a Machiavelli e Hobbes, *a duecento anni dalla rivoluzione americana*, ossia ignorando la base del pensiero politico dei sistemi democratici dell'Occidente, significa abbandonarsi a delle stravaganze pericolose e, per qualche verso, darsi all'archeologia del pensiero politico. Beninteso, nessuno si sogna di affermare che la morale occupa tutto lo spazio della politica, o che essa debba essere praticata da un'associazione di Dame di S. Vincenzo. Se la politica consiste — secondo una definizione corrente nel mondo anglo-americano, che peraltro rende difficile la distinzione tra politica e morale — nella *peaceful resolution of conflicts among legitimate competing interests* è evidente che essa non può coincidere soltanto con la morale, come altrettanto evidente è che non può essere del tutto amorale. E sarà anche vero che con la morale non si fa la politica ma non è meno vero che *in una democrazia non si fa la politica senza o contro la morale*. Ma si capisce anche che da noi vi sia tanto impegno a provare una separatezza che non esiste: i professori,

intendence del potere, non fanno che il loro dovere. Ma è un falso dilemma; come capita spesso, si dice una cosa e se ne pensa un'altra che non si ha il coraggio di nominare: perché in una democrazia pluralista — e anche prima, come ne insegna il padre Dante — non di morale si tratta, ma di *Ragione*, e perciò quando si afferma la separatezza della politica dalla morale si vuol rivendicare, in sostanza, un'altra separatezza: ossia quella della *Politica* dalla *Ragione*. E l'arzigogolo potrebbe continuare avvolgendosi in infinite *fumisteries*: poiché il *diritto è politica* (ma non necessariamente viceversa), e la politica se ne infischia della Morale e della Ragione, la legge può essere, oltre che immorale, anche irragionevole e iniqua.

28. Ma cos'è mai questa *status society* di cui de Franchis parla in continuazione? In breve, essa consiste in un assetto politico, economico e sociale retto dagli *statuti dei gruppi*, di vago sapore feudale: ogni corporazione si fa la sua legge. L'ordinamento giuridico italiano presiede, è preordinato e regola *questo sistema*. Che solo in parte deve il suo essere alle tendenze intrinseche alla società industriale di massa: vi sono teorizzazzioni e premesse tutte locali alla base del sistema nostrano. Dicono i professori: l'*interesse generale* non è definibile, e quindi è come se non ci fosse; e poiché non si può legiferare su una cosa inesistente, non resta che assicurare legalmente i diritti e gli interessi e il potere di quei gruppi che veramente esistono. E quello che resta di non regolato, la terra di nessuno tra un gruppo e l'altro, è l'area delle libertà. Questa sembra essere la dottrina. Poiché però nessuna *status society*, per quanto totalizzante come quella nostrana, riesce a coprire tutto lo spazio regolabile, restano scoperte delle aree vastissime, tra un lotto e l'altro, di cui ogni gruppo fa lo scempio che vuole; beninteso, in proporzione del potere di cui dispone. Comunque, l'ordinamento dovrebbe provvedere una *rete*, a maglie larghe quanto si vuole, ma che tenga assieme il sistema. Questo non esiste o non esiste più da noi; incompatibile con una *status society* frantumata in mille gruppi, l'Autorità scompare sostituita dal Potere; ma se, come pure ne insegna il padre Dante, l'Autorità è tale proprio perché non esercita il Potere, quest'ultimo, privo com'è di autorità, non esita a ricorrere alle bombe, se necessario: è la forza « legale » di cui parla Alessandro Manzoni. In effetti, vi saranno pure dilanianti conflittualità tra i gruppi, e uno potrà

prevalere sull'altro, ma mai essi saranno disposti ad accettare un'Autorità esterna alla loro. Per fare uno dei mille esempi possibili, sembra che a Roma, di notte, a Piazza della Rotonda, i giovinastri si divertano a lanciare i loro fuoristrada contro la fontana settecentesca di fronte al Pantheon, senza che mai intervenga la « forza legale » nella persona di un vigile urbano o di un qualsiasi « tutore dell'ordine » (tra le centinaia di migliaia di armati che tanto valgono a dare all'Italia quell'aria di *banana republic* che colpisce il turista in transito nel nostro paese) a prevenire o reprimere. Il *Messaggero* del 13 novembre 1995 annunzia il furto dal Colosseo di un blocco di marmo del peso di quattro tonnellate: la Sovrintendenza prima nega e poi ammette; ma la cosa passa tra la sovrana indifferenza generale. Lo scempio non ha limiti; ma il *clou* è costituito da un rapporto della Lega Ambiente che denunzia addirittura la sparizione (sempre a Roma) della piazza (sic!) dell'Acquedotto Felice inglobata assieme a una antica fontana nel cortile di una villetta [cfr. *Rubata una piazza sull'Appia Antica*, in *Il Messaggero*, 15 febbraio 1996: ogni giorno spariscono manufatti ben più importanti della *Fenice*, ma nessuno ci fa caso. I professori — sempre pronti a firmare un manifesto per la triplicazione dei loro stipendi, per la « liberazione » di Adriano Sofri e Toni Negri o per la vittoria di Saddam Hussein — tacciono. Qualcosa del genere si ripete in tutte le città d'arte italiane (sembra che la protezione notturna della Firenze artistica sia affidata a un ... metronotte). In effetti, anche quando c'è una legge generale, la sua applicazione è sempre demandata al gruppo, che però si muove sempre e soltanto se un *proprio* interesse viene messo in gioco: e quindi, salvo rare eccezioni, la legge generale, quando c'è, di solito resta lettera morta. Altra cosa sarebbe se in quella stessa piazza fossero messi in dubbio gli interessi della categoria come, ad es., l'indennità di divisa, nel qual caso accorrerebbero al Pantheon come un sol uomo tutti i settemila vigili urbani di Roma. Ecco spiegata quell'impressione di generale abbandono che offre il paese in cui, all'evidenza, sembra che non vi siano né leggi, né uomini, né mezzi a protezione di quell'*interesse generale* di cui, del resto, *si nega persino l'esistenza.* Distrutto lo Stato in quanto tutore dell'interesse generale, e sostituito dalla *status society*, questi accadimenti non possono sorprendere. Il fatto è che in nessun paese dell'Occidente si è verificato un fenomeno lontanamente paragonabile a quello nostrano.

29. L'ordinamento corporativo viene soppresso con D.L.L. 23 novembre 1944 n. 369: fine del sistema della *rappresentanza degli interessi*, e premessa legislativa di un diverso ordine economico. La buona sorte ha risparmiato a Luigi Einaudi la vista dello scempio della sua concezione agonistica della politica e dell'economia: in effetti, la democrazia italiana ha raggiunto pienamente un obiettivo perseguito ma mai realizzato compiutamente dal fascismo. In un contesto politico che per mezzo secolo ha impedito rimescolamenti di qualche rilevanza, si è assistito alla sistematica realizzazione di quella rappresentanza degli interessi che costituiva il maggiore obiettivo dichiarato del regime. E l'apparente paradosso per cui il fascismo ha avuto una maggiore legittimazione popolare (consenso) di quanta ne abbia ora la democrazia in Italia, si spiega anche con il fatto che esso — che regime era, ma non mafioso — proprio per non potere realizzare totalmente il suo programma, un qualche interesse generale lo ha tutelato assai meglio: il fascismo acquista quindi una sua *postuma* e insospettabile dignità.

30. Negli anni '70, al tempo in cui per un poveruomo era impossibile abbonarsi a una rivista straniera senza correre il rischio di marcire in galera per esportazione di valuta, divenne famosa la « lista dei 500 » che includeva i nomi di (presumibilmente) tutta la classe dirigente italiana che aveva assicurato all'estero le proprie ricchezze. Un episodio, senza dubbio: che, però, assieme alle stragi e a milioni di altri casi del genere, certo più gravi, spiega bene la ragione della mancata identificazione del paese con i fumosi ideali democratici di cui parlano i nostri professori. Il trapasso dello stato amministrativo italiano *tel quel* nella nuova costituzione repubblicana, della quale ultima la parte migliore è ovviamente di ispirazione liberaldemocratica anglo-americana, ha segnato il destino del paese. La Resistenza non dice nulla a nessuno, idem per la costituzione, per la semplicissima ragione che entrambe sono delle mere esercitazioni declamatorie di una *forza legale priva di legittimazione*. E non si identificano con le declamazioni neanche i gruppi per beneficiare i quali la *status society* sembra essere stata creata: si pensi agli evasori fiscali che in Italia, almeno loro, dovrebbero essere ispirati dal più fervente « patriottismo costituzionale », per così dire.

31. Ecco, dunque, grazie alla *democrazia consociativa*, una repubblica

(apparentemente) democratica che realizza la rappresentanza degli interessi ben più, e in maniera più disastrosa, del sistema corporativo. Salvo, beninteso, la costituzione, non esistono nell'armamentario legislativo della I Repubblica delle grandi leggi come, ad es., quelle fasciste in tema di tutela del territorio e del patrimonio artistico della nazione. Ovviamente, a parte leggi paradossali (scelgo a casaccio nel mazzo) come, ad es., quella sul Servizio Sanitario Nazionale, che assicura la distribuzione del potere e del denaro pubblico tra partiti (incluso l'opposizione) e gruppi. In effetti, si deve alla c.d. legge Bottai (padre) se si è potuto conservare, anche se assai male, almeno una parte del nostro patrimonio artistico, vera, grande, straordinaria ricchezza del paese, ignorata e lordata *da una classe dirigente di semianalfabeti* e, massime, da una sinistra tutta presa dai suoi cassintegrati e portieri fannulloni: una autentica *lobby* di *fainéant*. Il forte senso dello stato (con tutte le note aberrazioni), la fondamentale dicotomia tra *stato* e *partito*, tipica della dottrina del fascismo (opposta alla fusione dello stato nel partito di quella nazista), hanno impedito la formazione di quella ferrea *status society* che doveva essere, invece, il maggiore e più mostruoso *cadeau* della I Repubblica al nostro paese.

32. Ovviamente, *status society* e stato di diritto (*rule of law*) sono incompatibili: una esclude l'altro, e viceversa. E siccome lo stato di diritto è il *contenuto* della democrazia, sembra potersi tranquillamente dichiarare il *fallimento dell'esperimento democratico* nel nostro paese. Perché — a scanso di equivoci — se da noi, sul piano tecnico, non vi è una dittatura, se esistono le istituzioni formali della democrazia (parlamento, governo, e così via cantando), questo non significa affatto che vi sia una democrazia compiuta: e una *democrazia incompiuta* è una *non-democrazia*. Perché poi non vi sia stato di diritto da noi — dato ormai pacifico tra gli studiosi seri, che sono pochi — è constatazione di plateale evidenza, e materia sulla quale si è ritornati infinite volte nel corso di quest'opera. Il sistemico diniego dei diritti dei cittadini è solo l'altra faccia della colossale *inefficienza* politica, economica, burocratica, giudiziaria, etc. *matematicamente funzionale* alla nostra *status society*. Il Marasma, l'Anomia di Massa, la Sciatteria, l'immane Sperpero di ricchezze umane e materiali, l'apparente Imbecillità che presiedono alla vita del paese, non sono il prodotto del caso, ma la *condizione ne-*

cessaria di una diabolica tela di *checks and balances* intessuta dagli interessi di categoria, sostanzialmente mafiosi, che sorregge il sistema nostrano. E poiché è d'uopo che si ricorra all'immaginario manzoniano, si potrebbe anche dire che i malanni denunziati ogni giorno non sono che *accidenti* rispetto alla *sostanza* che, è, appunto, la *status society*. Eppure, i nostri studiosi stanno ancora a discutere: con tanti saluti al poveruomo che può essere impunemente schiacciato come un verme. Valanghe di scritti, articoli, saggi, prolusioni e interventi, delibere, mozioni e risoluzioni, convegni e ritiri e seminari e conviti e banchetti e tavole rotonde, ogivali, circolari, a ferro di cavallo, quadrate e rettangolari: un fiume di chiacchiere e un immenso sperpero di denaro pubblico per celebrare la vanità dei nostri professori che non riescono a esprimere la semplice esigenza di *una tavola generale delle incompatibilità e delle decenze* nel nostro paese, base e premessa dello stato di diritto.

33. In un ottimo articolo, Pietro Scoppola — eminente studioso cattolico impegnato in un civile quanto, si teme, disperato tentativo di rinnovamento politico democratico della sua parte e del nostro paese — rileva, tra l'altro, che: « La cittadinanza in Italia è una nozione giuridica, priva di quella valenza sociologica, culturale e morale che ha assunto in altri paesi » [*Una incerta cittadinanza italiana*, il Mulino 1/91: 47]. Ma non è solo questo: la cittadinanza si ricollega al concetto di *status*, volutamente ignorato dalla nostra dottrina. Ed è singolare della follia che presiede alla selezione delle topiche della ricerca nel nostro paese, e del *reasoning* e degli interessi della confraternita universitaria nostrana, che esso venga ignorato proprio dai giuristi di quel paese in cui la *status society* ha raggiunto la sua massima valenza antidemocratica e le sue più aberranti iniquità. A un diluvio di Max Weber corrisponde il silenzio quasi assoluto su Sir Henry S. Maine e la sua intuizione: un altro buco nero. Il Nuovo Ordine è già stabilito: « docenti universitari-magistrati-gente comune »; ecco la rubrica alla quale si riferiscono di solito i media nostrani per definire la composizione della società civile italiana. Da noi un appello firmato da docenti universitari è più autorevole di uno firmato da « gente comune », qualunque idiozia si proponga, fosse pure di prendere le armi contro lo stato in nome di Che Guevara.

La status society e la fine del Commonwealth.

34. Ricalcando una storiografia che evoca i funambolismi degli storici tedeschi di fronte al nazismo o di quelli francesi di fronte al regime di Vichy (lo scheletro nell'armadio), da noi si fa spesso risalire la « morte dello Stato » alla sconfitta militare culminata nell'8 settembre 1943: *post hoc, ergo propter hoc.* Come se la Francia non si fosse risollevata da ben più disastrosi tracolli militari e politici; come se la Germania non fosse risorta — da gigante economico prima, e poi anche, in qualche misura, democratico — dal nazismo. Ma si potrebbe continuare. Ma quale stato fosse poi da noi quello scomparso l'8 settembre 1943 lo si può capire se si tiene a mente che dopo venti anni di preparazione bellicistica, già nei giorni immediatamente successivi al 10 giugno 1940, l'esercito italiano si dimostra incapace di conquistare anche soltanto poche centinaia di metri in Savoia contro un nemico sconfitto. L'aggressione a un paese di pastori come la Grecia si risolve in una rotta vergognosa; nello stesso anno la nostra flotta soffre l'affronto di Taranto; nel 1941 l'Italia perde in pochi mesi l'Africa Orientale (l'« Impero »), avvitandosi poi in una serie di disastri militari; a non parlare della campagna di Russia. Ciò che i nostri studiosi omettono di rilevare è che il tracollo dello stato fascista di cartapesta si è verificato con tanto ritardo solo grazie al potente alleato germanico: diversamente, esso sarebbe arrivato appena qualche giorno dopo la dichiarazione di guerra. Insomma, la dottrina che fa risalire il crollo irreversibile dello Stato e della Morale all'8 settembre '43 — e non già alla *democrazia consociativa* — appare viziata e semplicistica. Certo, da noi lo stato fascista non poteva non subire una qualche postuma rivalutazione dal confronto con il regime succedutogli. Tra i memorabili detti dell'ormai leggendario F.D. Roosevelt vi è quello per cui *c'è un lusso che la democrazia non può permettersi: ossia di essere inefficiente.* Ebbene è proprio questo il lusso che si permette la democrazia italiana; e neanche di un lusso si tratta, ma della stessa *condizione* di esistenza della *status society*: una democrazia italiana efficiente comporterebbe uno sconvolgimento di tutto il nostro ordine giuridico. Alla fine del II conflitto mondiale, la ricostruzione materiale del nostro paese ha avuto luogo in un periodo straordinariamente breve (1948-1953; ossia, quanto è durata la *leadership* di Alcide De Gasperi) sostanzialmente utilizzando i

meccanismi giuridici (cfr. la legge sulla contabilità dello stato) e le strutture del vecchio regime che, a sua volta, le aveva ereditate dallo stato liberale, non di rado peggiorandole. Per fare qualcosa di analogo (e le infrastrutture italiane sono oggi — *toute proportion gardée* — in condizioni peggiori di quelle allora esistenti) ci vorrebbero *con le nuove leggi* almeno 500 anni, con una spesa complessiva che neanche il tesoro combinato di Giappone-Germania-Stati Uniti-Francia-Canada e Sud Africa sarebbe in grado minimamente di affrontare. È quindi nella *natura delinquenziale* della « forza legale » che vanno cercate le ragioni del disgusto profondo dei cittadini nei confronti della politica: basterebbe pensare al regime fiscale e alle amnistie di ogni genere e specie — e, in particolare, al *non casuale parallelismo* tra il Caos nella prestazione dei servizi pubblici fondamentali (assenza di qualsivoglia regolamentazione del diritto di sciopero) e il *Far West* giuridico in cui opera il capitalismo italiano — per avvicinarsi a una realtà che ormai non sembra più contestabile. Se poi si bada alla *struttura dell'economia italiana* qual è stata voluta nell'ultimo mezzo secolo dalle due ideologie dominanti, tra gli applausi dei professori di economia, vi si trova la spiegazione principale dell'illegalità di massa che affligge il paese: in queste condizioni, Antifascismo, Resistenza, Democrazia, Stato di Diritto non significano assolutamente nulla. Non già, quindi, come lascerebbe supporre qualche studioso, legge buona e cittadino cattivo; ma una legge fattasi essa stessa strumento di illegalità, ingiustizia e prepotenza nelle mani di una *zerocracy*. Le due ideologie ecumeniche, *antinazionali*, populiste e reazionarie sono la spiegazione principale della fine del *Commonwealth* nel nostro paese: quanto più si cerca altrove (8 settembre 1943) le cose che ci stanno sotto gli occhi (*democrazia consociativa*), tanto più ci si allontana dalla verità. Fino quando non vi sarà uno studio serio sull'organizzazione giuridica ed economica prodotta da questa copula bestiale, fino a quando non si saranno accertati gli effetti dell'economia da straccivendoli sulla illegalità di massa esistente nel paese non si potrà cogliere la ragione principale dello scarrupamento politico, economico e sociale del paese. Insomma, qualcosa di analogo all'*Organizzazione dello Stato Totalitario* di Alberto Acquarone; ma con diecine di migliaia di professoroni e professorini in libera uscita non se ne parla neanche. E si capisce. Il fatto che tutte le forze politiche, dell'economia e della cultura italiana siano disposte a dare un qualche peso alle brillanti — ma non casuali — scemenze del Censis, del resto istituzione unica al mondo, è indicativo dell'impossibilità di procedere anche soltanto ad un'analisi seria della nostra diversità.

Una assai bizzarra stagione dei diritti - Il problema dei legal transplants.

35. La *Confusion de Confusiones* esistente nel paese giustifica la domanda se da noi la c.d. stagione dei diritti non sia stata un clamoroso pretesto per abolire i doveri; e se, dietro la retorica dei diritti, non si nasconda un marchingegno che consente intollerabili privilegi a danno dei più deboli. In effetti, da noi si riscontra, come in nessun altro luogo, un sistematico smantellamento di quei già pochissimi doveri sin qui accettati; insomma, a furia di rivendicare diritti, parlare di doveri sembra essere diventato quasi sconveniente; ed è assai dubbio che, ove mai dovesse esserci un nuovo testo costituzionale, esso potrebbe riportare con qualche autorevolezza il titolo di *Diritti e Doveri dei Cittadini*, come fa ora la parte I della nostra Carta. Eppure una serie di diritti che non si ricolleghi a qualche altra di doveri più o meno correlativi, anche se non sempre tutti facili da intravedere, sembra la ricetta per l'anarchia: il « laboratorio » nostrano di cui menano tanto vanto i nostri professori e politicanti. Basta pensare allo Statuto dei Lavoratori, legge unica al mondo che, se applicata, segnerebbe la distruzione del più potente paese industriale, alla figura del *cassintegrato*, anch'essa unica in Occidente, alle migliaia di *gavettisti* nominati professori di università *ope legis* per averne acquisito il « diritto », e così via cantando. Passando alla materia dei *legal transplants*, temi come l'abolizione dell'obbligatorietà dell'azione penale, della custodia cautelare, della separazione delle carriere requirente e giudiziaria, dell'elezione diretta dei giudici, dello spazzino o del portiere, etc. etc., sono tutte cosettine che in astratto possono ben essere discusse; e ormai solo Dio sa quante centinaia di miliardi di denaro pubblico sono state sprecate per un *verbiage* del genere. Però, quando si vuole riformare rifacendosi a modelli stranieri (inevitabile per chi, come noi, arriva in ritardo), bisogna pure porsi il problema centrale se, cioè, delle regole magari civilissime e comunque funzionanti altrove, e auspicabili da noi, introdotte nel *contesto* nostrano non possano comportare effetti disastrosi: si pensi, ad es., alla *proposta demenziale* di reclutare i magistrati con voto popolare.

Ma, una volta avvertita la necessità di valutare le condizioni politiche, economiche e sociali e di cultura necessarie a stabilire se un determinato trapianto può offrire vantaggi analoghi a quelli che produce nel luogo di origine, occorre anche esprimere un non inutile *caveat* per i numerosi casi in cui dei *grandissimi marpioni* invocano un patriottismo giuridico *cousu de fil blanc* per lasciare le cose come stanno. Com'è noto, la nostra *originalità giuridica* (che è poi politica, economica e sociale) *è in buona parte di natura patologica*; ma il nostro paese fa parte dell'Unione Europea, un giorno forse non lontano addirittura Unione politica; in questo senso, tenendo conto che essa stabilisce *standard minimi obbligatori di decenza* in svariatissimi settori, dalla sicurezza delle persone, all'ambiente, alle assicurazioni, alla concorrenza, ai bilanci societari etc., lo spazio per rivendicare la nostra diversità dovrebbe ridursi sempre più: anzi, appare evidente che se l'Italia vuole entrate nel novero dei paesi civili (nel senso europeo della parola), è d'uopo sbarazzarsi di troppe vergognose « originalità » giuridiche. Pertanto, bisogna guardarsi da coloro che, in nome di una genialità locale, di fatto difendono gli interessi di *lobby* e camorre varie come, ad es., in tema di regime giuridico delle opere pubbliche; lo stesso discorso vale per il tasso di tollerabilità dell'atrazina (o peggio) nell'acqua potabile, e in *tutte* le numerosissime materie regolate dalla normativa europea.

Se gli uomini fossero angeli - Una certa idea del diritto.

36. La tesi di quest'opera è quella del *Federalist*, in cui si osserva, tra l'altro: « Ma cos'è il governo stesso se non la più poderosa analisi dell'umana natura? Se gli uomini fossero angeli non occorrerebbe alcun governo. Se fossero gli angeli a governare gli uomini, ogni controllo esterno o interno sul governo diverrebbe superfluo. Ma nell'organizzare un governo di uomini che dovranno reggere altri uomini, qui sorge la grande difficoltà: prima si dovrà mettere il governo in grado di controllare i propri governati, e quindi obbligarlo ad autocontrollarsi » [Hamilton, Jay e Madison, *The Federalist*, 1787-1788, Madison o Hamilton n. 51, trad. it.: 396]. Con questo si risponde anche alla (possibile) domanda qual è l'idea che del diritto si fa l'autore dopo un così lungo viaggio.

37. Quest'opera parte dall'*assunto fondamentale* — presumibilmente non condiviso dalla Scienza Giuridica Ufficiale del nostro paese — che il diritto è una *categoria della politica*: la cattiva legge non è altro che cattiva politica, come ne insegna il padre Dante; la legge può essere la consacrazione legale di ingiustizie e iniquità e ribalderie e prepotenze e violenze e assurdità e pazzie del potere, oltre che nei sistemi autoritari, anche nei sistemi democratici (ovviamente, in una diversa forma e misura: e questo fa un'abissale differenza). L'altra assunzione è che le società industriali dell'Occidente sono, se così può dirsi, delle *società giuridiche*, in cui il diritto assume il ruolo fondamentale di regolatore dei conflitti e distributore del potere. Di conseguenza, non pochi princìpi politici che non si concretino in una determinata forma giuridica finiscono per restare dei *wishful thinkings*: come, per troppo tempo, la Dichiarazione dei Diritti dell'Uomo del 1789 nello stesso paese che l'ha per primo adottata. È questa la grande lezione anglo-americana.

38. In altre parole, il sistema-paese si regge, in una società industriale di massa — in buona parte, anche se non esclusivamente — su un regime giuridico: il *diritto* assume un *ruolo centrale* che riflette la distribuzione del potere e, allo stesso tempo, in buone mani, si pone esso stesso come strumento di cambiamento se adeguatamente supportato dalle forze politiche; il regime giuridico complessivo costituisce, pertanto, un parametro sostanzialmente esatto del sistema politico, economico e sociale di un paese; insomma, della sua cultura. Il nostro sistema giuridico rivela nel complesso un formidabile *deficit* di diritto democratico e una sostanziale arretratezza che è anzitutto il riflesso di una arretratezza politica, economica e sociale del paese. Questo *deficit* è, anzitutto, l'assenza di uno stato di diritto (*rule of law*).

39. « The life of the law has not been logic: it has been experience » afferma O.W. Holmes [1881, ed. 1968: 5]. Di modo che il diritto non trova una giustificazione, o anche soltanto una spiegazione, nell'ambito del diritto stesso, ma al di fuori di esso. Gustavo Zagrebelsky esprime bene questo concetto: « Ciò che è davvero fondamentale, per ciò stesso non può mai essere posto ma deve sempre essere presupposto. Per questo, i grandi problemi del diritto non stanno mai nelle costituzioni, nei codici, nelle leggi, nelle decisioni dei giudici o in altre simili espres-

sioni di ' diritto positivo ' con le quali i giuristi hanno a che fare, né mai lì hanno trovato la loro soluzione. I giuristi sanno bene che la radice delle loro comuni credenze e certezze, come anche dei loro dubbi e dei loro contrasti, è sempre altrove. Per chiarire ciò che davvero li unisce e li divide, occorre scendere più a fondo o, è lo stesso, salire più in alto, in ciò che non è espresso » [1992: 3]. L'autore non va più in là, e si capisce: non basterebbe un'enciclopedia che va dalla morale alla politica, all'economia, alla cultura, ai costumi di un paese e, finalmente, agli uomini, alla loro qualità: come si dice, alla loro stoffa.

40. E non si tratta di una scienza, quella giuridica, che, come la fisica, abbisogna della matematica per progredire: perché ciò che è al di fuori del diritto è anche la sostanza del diritto stesso: cultura e diritto, morale e diritto, economia e diritto, politica e diritto: per molti versi, impossibili da distinguere. E si avverte quasi un senso di umiliazione a dover insistere su cose che altrove forse solo un professore tedesco si sognerebbe di contestare. In uno splendido articolo, Kenneth L. Karst scrive che: « In a famous lecture delivered in 1942 Judge Learned Hand said, ' A constitution is primarily an instrument to distribute political power. ' In any system of government judicial power — the power to interpret and apply the law — is political power. American experience confirms this general proposition in its strongest form. In addition to applying the law's generalities to particular cases, American judges exercise major responsibility for shaping substantive public policies and even the structures of government. The title of Hand's lecture, ' The Contribution of an Independent Judiciary to Civilization ', was only a mild exaggeration » [*Judicial Power and Jurisdiction*, in *Oxford* 1992: 456]. Naturalmente, questo non significa che non vi debba essere « judicial self-retraint » che tenga conto della separazione dei poteri, né che il giudice non debba darsi delle regole etiche, evitare il *tripotage* con la politica, gli affari, i commerci, farsi eleggere in parlamento, fare il collaudatore, brigare per diventare professore di università, ammassare ricchezze e potere come troppo spesso è interpretata da noi la natura politica della giurisdizione e l'indipendenza della magistratura.

41. La *legge* come antagonista della *giustizia* è dilemma antico che risale alla tragedia greca (o anche prima): ma da allora, a complicare le

cose, vi si è messa la duplice invenzione (inglese) della democrazia rappresentativa e dello stato di diritto (*rule of law*). E quindi si può agevolmente dire che *giustizia-democrazia-stato di diritto* formano una triade indissolubile: è difficile ipotizzare giustizia là dove non vi è democrazia, ma è certo che non vi è democrazia senza stato di diritto. Questi concetti non sono tanto astrusi se si pensa che essi sono diffusi anche nel *milieu* criminale: « Catania — Alla televisione domenica scorsa qualcuno chiede a Gaetano Badalamenti, capo della cupola mafiosa prima di Totò Riina, perché ha combattuto la giustizia. E Badalamenti, uno a cui bisogna togliere quattro o cinque maschere dalla faccia prima di arrivare a quella vera, risponde che lui ha combattuto le leggi, non la giustizia » [S. Malatesta, *Gli scrittori e la giustizia - Giù la toga*, in *la Repubblica-Cultura*, 15 dicembre 1994]. Badalamenti ha certamente una concezione tutta personale della giustizia; non di meno, egli stabilisce una distinzione fondamentale nel diritto: quella tra *legge* e *giustizia*, che sfugge a non pochi professori, legislatori, giuristi, etc. Non si tratta di un paradosso: da noi, come nella Milano del '600, siamo in una situazione in cui le leggi diluviano, ma tutti sono d'accordo che non esistono regole; insomma, che non c'è giustizia.

42. Tutta quest'opera si ispira, oltre che alla filosofia di Wolfgang Friedmann e Jürgen Habermas, alla lezione che, secondo l'autore, si ricava dalla *rivoluzione americana* intesa, al di là del dato formale-giuridico, come nucleo fondamentale del pensiero politico di ogni sistema liberaldemocratico dell'Occidente che si rispetti. Chi scrive respinge in maniera recisa la concezione maxweberiana, ormai ampiamente superata, ma ancora in auge presso la Scienza Giuridica Ufficiale del nostro paese, dell'autonomia del diritto dalla politica. Il diritto non è altro che una *categoria della politica*, priva del tutto di una sua originaria o acquisita autonomia; è il potere politico che fonda e sorregge il diritto dello stato: il potere politico è la fonte originaria del diritto statuale. Il diritto moderno si struttura secondo regole e princìpi: « Molti di questi princìpî — come appare evidente dal diritto costituzionale — sono nello stesso tempo di natura giuridica e di natura morale. Negli stati costituzionali moderni, i princìpî morali del diritto naturale si sono trasformati in diritto positivo » [Habermas 1988, trad. it.: 17]. La prima delle *Tanner Lectures* di J. Habermas ha per oggetto la distinzione tra

legalità e *legittimità* del diritto. Secondo una tesi che ha suscitato vivaci discussioni: « Max Weber concepisce gli ordinamenti statali delle moderne società occidentali come forme di potere legale ». Sarebbe « la stessa razionalità intrinseca alla forma del diritto che conferisce legittimità al potere esercitato in forme legali ». Insomma, con essa, Max Weber « sosteneva una concezione positivistica del diritto: diritto è per l'appunto ciò che un legislatore politico (sia egli legittimato democraticamente oppure no) statuisce come diritto secondo una procedura giuridicamente istituzionalizzata. Con questa premessa la forma del diritto non potrà mai trarre la sua forza legittimante da una qualche parentela con la morale. È unicamente in base alle sue proprietà *formali* che il diritto moderno deve poter legittimare un potere esercitato legalmente ».

43. In altre parole, secondo Weber, il diritto dispone di una sua propria razionalità, indipendente dalla morale, e « ogni confusione di diritto e morale minaccerebbe la razionalità del diritto e dunque la base di legittimità del potere legale » [ibid.: 5]. Per contro, Habermas ritiene che la *legalità* può pervenire alla *legittimità* soltanto da una razionalità procedurale ricca di contenuti morali; e quindi « la legittimità della legalità non va spiegata a partire da una razionalità autonoma, moralmente neutra, intrinseca alla forma del diritto. Essa va piuttosto ricondotta a una relazione interna esistente tra diritto e morale » [ibid.: 16]. Come osserva Habermas, la tesi di Max Weber « si è dimostrata insostenibile. Al contrario, esercitandosi nelle forme di un diritto positivo che è sempre obbligato a giustificarsi, il potere politico deve la sua legittimità al contenuto morale implicito nelle qualità formali del diritto » [ibid.: 30]. In effetti, vi è un legame interno tra politica e morale che non si è mai spezzato. Ecco quindi che, nella concezione di Habermas, il diritto assume una funzione chiave: supremo mediatore e regolatore dei conflitti, esso consente di tradurre l'impegno morale nei meccanismi sociali del potere amministrativo, economico, tecnico; la violenza bruta della sanzione esterna essendo sostituita dalla forza spontanea della convinzione morale e razionale. Insomma, la modernità si esprime nell'intreccio di ' diritto, politica e morale ' [cfr. ibid.: 55].

44. Ed è un peccato che questo eminente studioso non si sia soffermato sull'*equity* che *eo nomine* introduce la morale nel diritto inglese — il *mother system* della tradizione giuridica di *common law* — attraverso regole elaborate da una *giurisdizione speciale* che anche nel nome ad essa si richiama. In effetti, non di rado gli scambi tra filosofi del diritto diventano discorsi tra sordi a causa della scarsa conoscenza della tradizione giuridica uno dell'altro: come quando si parla, come fa Habermas, della « forma classica della *legge astratta e universale* » [ibid.: 12] che è (o dovrebbe essere) un carattere della *civil law*, ma non lo è della *common law*. Lo stesso vale per il tema delle proprietà formali del diritto, della certezza del diritto, della « razionalità » del diritto derivante dall'universalità e astrazione della legge, concetti tutti che si rifanno ai sistemi giuridici a diritto legislativo. Si pensi alla dicotomia tra diritto privato e diritto pubblico — che tanta influenza ha sulla radicale differenza tra lo stato di diritto continentale e la *rule of law* dei sistemi di *common law* — e alla distinzione tra diritto costituzionale e diritto amministrativo, tipica della *civil law*, ognuno dei quali segue percorsi propri, che non si incontrano mai: questo fatto ha avuto conseguenze disastrose. Giannini spiega bene gli effetti di questa contrapposizione per cui il diritto amministrativo — che tende ad evolversi lungo linee proprie secondo le esigenze del potere esecutivo e della burocrazia — comporta, negli ordinamenti continentali a diritto scritto, la grave « elusione amministrativa dei precetti costituzionali » [*Pres.* a Wade 1961, trad. it.: X].

45. Come osserva Habermas: « In Germania, il contenuto morale del giusnaturalismo kantiano trovò dapprima sviluppi paralleli nella dottrina di diritto privato, da un lato, e nell'idea di stato di diritto [*Rechtsstaat*], dall'altro. Poi, nel corso dell'Ottocento, quel contenuto morale si è positivisticamente abbiosciato. Dal punto di vita della ' scienza delle Pandette ', il diritto si esauriva sostanzialmente nel codice civile, amministrato da avvocati e giurisperiti. Il contenuto morale del diritto andava salvato qui, nel sistema di diritto privato, piuttosto che nell'attività del legislatore democratico » [ibid.: 68, n.o.]. Insomma, da Savigny a Windscheid *il contenuto morale del diritto è limitato al diritto privato*. In effetti, da un originario tentativo di imbrigliare il potere amministrativo del monarca si passa dopo la fondazione del Reich alla

legge « svincolata da ogni contenuto » [ibid.: 68-69]. Per contro: « Nei paesi anglosassoni, dove fin dall'inizio l'idea di ' stato di diritto ' si sviluppò democraticamente come *rule of law*, l'equa procedura giudiziaria — *due process* — si prestò subito come il modello unitario da applicarsi sia alla legislazione, sia alla giurisdizione » [ibid.: 70]. Veramente sembra un po' riduttivo parlare di legislazione e giurisdizione; comunque, Habermas in poche pagine fa capire bene lo sviluppo della complicatissima *caricatura dello stato di diritto* organizzata dalla dottrina tedesca, *intendence* di un potere autoritario. E questo spiega perché per l'Europa (continentale), prima liberata dal nazifascismo dalle Forze Armate Alleate e poi salvata dalla schiavitù comunista, la vera stagione dello stato di diritto sia cominciata storicamente con lo sbarco dei fanti americani sulle spiagge della Normandia il 6 giugno del 1944. Nessuno sviluppo giuridico nell'Europa continentale attinente alla democrazia e ai diritti dei cittadini è ipotizzabile al di fuori di questo evento storico che è stato anche la vittoria di una certa cultura giuridica (e politica) non soltanto sul diritto delle dittature, ma su quello che le aveva preparate. E le difficoltà che si riscontrano oggi in Italia, in Francia e in Germania nell'affermazione piena dello stato di diritto si devono ai radicati sedimenti autoritati che la dottrina giuridica di quei paesi frappone alla supremazia della *rule of law* e ai formidabili interessi coalizzati che essa sorregge. Oltretutto, si tratta di un *vulnus* intollerabile per una scienza giuridica che ha la prosopopea di autoproclamarsi « superiore » a quella più « semplice » anglo-americana: ai cittadini, ai perseguitati, agli imputati, agli amanti della libertà e della giustizia l'ultima parola. Nessuna Convenzione Universale dei Diritti dell'Uomo del 1948, e tantomeno Europea del 1955, sarebbe ipotizzabile al di fuori di questo accadimento. Anche a fermarsi all'Europa dell'*après-guerre* del I conflitto mondiale che precede la fascistizzazione del continente, la dottrina imperante avrebbe contrastato recisamente uno sviluppo che *solo la forza delle armi* avrebbe reso possibile, almeno in parte, più di venti anni dopo. Ecco perché lo sbarco in Normandia e la Vittoria Alleata in Europa assumono il valore di uno spartiacque tra due concezioni dello stato di diritto (*Rechtsstaat-Rule of Law*): e quando si afferma da non pochi intellettuali nostrani che con la Vittoria delle Forze Armate Alleate in Occidente si registra nientedimeno che la fine della civiltà Europea, non resta che concludere che, se proprio fosse questo il caso, un'Europa nazista, comunista e fascista non meritava neanche la pena di essere salvata.

46. Già l'accennata dicotomia di *civil law* tra diritto pubblico e diritto privato, con due ordini di regole e di giurisdizioni diverse, alla quale si oppone la *judicial review*, il fatto cioè di essere la *common law* un sistema di diritto giurisprudenziale, spiega l'assai diverso percorso che i due concetti di stato di diritto nelle due tradizioni giuridiche hanno seguito; la concezione tedesca e maxweberiana dello stato di diritto (*Rechtsstaat*) sottende, o perlomeno non esclude, anche uno stato autoritario, mentre la *rule of law* dei sistemi di *common law* appare come intrinsecamente democratica.

47. Nella tradizione di *common law* l'intreccio tra diritto e morale è ancora più evidente: si crea addirittura una giurisdizione diversa e spesso concorrente con quella del sovrano, che ispira le proprie decisioni e stabilisce le proprie regole giurisprudenziali in base alla morale, o *equity*. È attraverso le regole dell'*equity* che la morale diventa diritto positivo; si creano addirittura nuovi istituti (come il *trust,* l'*estoppel*, etc.), e le massime dell'*equity* diventano delle regole di diritto e, insomma, tutta la *common law* viene sostanzialmente modificata dalle nuove regole. Si pensi alle massime come, ad es., « equity does not suffer a wrong to be without remedy », « equity looks to the intent rather than to the form », « equity looks at that as done which ought to have been done », « he who comes into equity must come with clean hands », etc. [Berger, P.L., *Il problema dell'agire morale nell'età del pluralismo*, il Mulino 3/94: 400; Matteucci, N., *Le ragioni della politica e le ragioni della morale*, il Mulino 3/94: 428; Panebianco, A., *La cattiva retorica del moralismo*, il Mulino 3/94: 423; Viroli, M., *La cattiva retorica dell'autonomia della politica*, il Mulino 3/94: 417].

Il ruolo del giurista.

48. A questo punto sembra quasi superfluo aggiungere che quest'opera postula un ruolo centrale del giurista nella promozione del diritto in una società democratica. Come osserva Wolfgang Friedmann: « Among the great social reformers of history there have not

been many lawyers» [1944, ed. 1967: 79]: e sarà vero; ma volesse il cielo che disponessimo dei grandi giudici americani. In effetti, il ruolo del giurista nostrano di pecorile *intendence* del potere non ha uguali in nessun paese industriale dell'Occidente; e, d'altro canto, non si riesce ad immaginare da noi un ritorno al diritto — a un altro diritto, beninteso — senza il contributo determinante di *nuovi giuristi*, ossia di una *nuova cultura giuridica*. Ma i giuristi sono il prodotto dell'università e quest'ultima è da noi, specie da questo punto di vista, in condizioni disastrose: un circolo vizioso che fa intendere la complessità del processo di riscatto.

49. Resta comunque la domanda: Wernher Von Braun — pioniere della missilistica tedesca — è stato, nell'ordine, a capo della base di Peenemünde da dove partivano le V1 e le V2 per Londra, poi capo della NASA e cittadino americano. Insomma, prima al servizio del regime nazista, e poi della più grande democrazia del pianeta. Ma è possibile fare lo stesso per un giurista? Potrebbero Roland Freisler o Carl Schmitt fungere da *Attorney-General* degli S.U.? Anche il giurista maneggia bombe da consegnare in mani fidate: non c'è posto per il giurista *bonne à tout faire* del potere come quello nostrano. Si dice che da noi non esiste un solo Ralph Nader, e che ignoti sono quei tipi di giuristi-avvocati, definiti *Equalizers* negli S.U., che rappresentano gli *underdogs* in azioni civili contro l'*establishment* [cfr. Speiser 1993: 1, *passim*]: ma si tratta di una mezza verità. Perché, in effetti, da noi il paese è pieno di Ralph Nader, di *Equalizers* e di *Robin Hood* del diritto, ma con una differenza: che da noi *stanno tutti da una sola parte*, da quella del potere politico ed economico, del più forte, di chi paga. E non esiste neanche un decente sistema di assistenza giudiziaria per i meno abbienti.

Il Foreign Eye e i Non-Vedenti.

50. Com'è stato osservato, ognuno filtra quello che vede secondo le proprie preoccupazioni e i propri preconcetti; e non v'è dubbio che l'oppressione per le condizioni del proprio paese, in cui il diritto stesso si fa fonte di iniquità e prepotenze, non ha consentito quel distacco *sine ira et studio* che, secondo il precetto tacitiano, lo *storico* dovrebbe

mettere rispetto alla propria materia. Ma il discorso si complica quando si tratta non di storia, ma della *cronaca* di un regime giuridico e politico sotto il quale si vive e soffre; comunque, volendo applicarlo al diritto, esso si addice più al giurista-entomologo che a un giurista un po' americano come de Franchis, che bada al contenuto del diritto. Ad ogni modo, l'autore non si scusa: e a chi l'approccio non garbasse, non resta che riporre il libro e passare ad altro.

51. Quest'opera si è nutrita di penose polemiche dei primi anni '80 con amici e conoscenti italiani, taluni docenti di diritto e di economia, altri addirittura tra i più alti funzionari dello stato, questi ultimi incontrati a Londra, in territorio libero e civile; polemiche, quindi, con un piccolissimo, ma significativo campione della classe dirigente nostrana. A de Franchis sembrava che essi si rifiutassero di vedere come — al di là della follia del mondo — da noi ve ne fosse un granello in più; insomma, che il paese vivesse una sua *diversità* e che esso *stesse morendo un po' alla volta*; e come fosse invece sempre più urgente un Ritorno alla Ragione, se a quel degrado si voleva mettere riparo. E l'autore si rammaricava, soffrendone, che si volesse negare quello che a lui, pur non disponendo di prove documentali, sembrava tanto evidente. Mancavano più di 10 anni a Tangentopoli, ossia alla conferma giudiziaria di quell'organizzazione criminale della « forza legale » che de Franchis, pur non potendo provare, quasi annusava nell'aria e avvertiva come una netta certezza morale. Sentiva, inoltre, l'autore che, caduta l'Autorità, da noi non restava che il Potere con il quale bisognava fare i conti. E non si capacitava che degli amici o conoscenti potessero rifiutarsi, all'estero e in privato, ossia al sicuro, senza tema di rappresaglie, di ammettere l'estensione del disastro. Solo col tempo l'autore ha capito che il diniego da parte di uomini pure intelligenti, scaltri e in qualche misura addirittura colti, anche se alla maniera di don Ferrante, non dipendeva da mancanza di ingegno o incapacità di analisi, ma da un'altra ragione. Come capita di perdere l'olfatto a chi lavora tra effluvi ed esalazioni e puzze varie, così i nostri studiosi non vedono e non sentono più: come il Sindaco di Roma, verde ed ecologista, che ormai non vede più il pattume e tantomeno ne avverte il lezzo; anzi, ne nega addirittura l'esistenza. Resta il fatto che Giuseppe Maranini e Leonardo Sciascia, ognuno a suo modo, e pochissimi altri, hanno sen-

tito avvicinarsi la tempesta, e quella globalità del fenomeno, quella natura *pretoriana*, anzi sud-americana, della democrazia italiana, e l'essenza criminale della « forza legale », sfuggite in passato, e ancora oggi, ai nostri migliori studiosi e alle penne d'oro del giornalismo italiano. Comunque, solo *un'analisi esterna*, basata sulla comparazione tra sistemi-paesi consente di rendersi conto della situazione. Ecco, quest'opera si può considerare anche un rapporto sullo stato della nazione: essa non è priva di crudezze: ma, come si dice, il medico pietoso fa la piaga sanguinosa. Ma va ricordato un memorabile articolo, che conserva tutta la sua drammatica attualità, di Ernesto Galli della Loggia che aveva individuato la diversità del nostro caso [cfr. *Il Potere degli Spettri*, Mondoperaio, nov. 1979, in Quagliariello (cur.) 1993: 146]: che, letto all'estero, apparve come una agghiacciante premonizione della crisi che avrebbe travolto il paese.

52. E così gli intellettuali nostrani (tutti, o quasi tutti, come si è detto, dei professori) continuano a inquinare le coscienze, a confondere la gente. Edgardo Bartoli [*Scandali al sole*, in *la Repubblica*, 25 marzo 1993] in uno splendido articolo rievoca la domanda che da sempre si fanno ogni giorno tanti di noi: « Come è possibile che tutta l'intelligenza, la vivacità italiane non abbiano saputo produrre altro che sbadigli, delusioni e scandali? ». E continua: « Una sola risposta per la verità, è stata tentata. La diede moltissimi anni fa Max Ascoli, un intellettuale antifascista emigrato a New York dove aveva fondato e dirigeva la celebre rivista *The Reporter*. ' L'intelligenza ', egli diceva, ' è la nostra forma nazionale di stupidità. ' (...) Ascoli parlava del destino irrisorio dell'intelligenza italiana, condannata a soccombere di continuo a se stessa e a risorgere identica da ogni sconfitta, eterna vittima e vincitrice al tempo stesso: ossia parlava dell'incapacità italiana di adoperare l'intelligenza in modo intelligente ». E non è un caso che tra tutte le letterature dell'Occidente sia difficile se non addirittura impossibile trovare un esatto omologo del don Ferrante manzoniano.

53. Beninteso, nessun paese in Occidente e nel mondo, per storia, lingua, diritto, tradizioni, e costumi è uguale agli altri: la comparazione non è comparazione tra uguaglianze; ma tra disuguaglianze, tra le quali esiste non di meno un *common core*. Però nessun paese come il nostro

appare così *diverso* da tutti gli altri messi assieme. In un certo senso, si può affermare che, almeno in parte, la diversità consiste nella esasperazione esponenziale di una patologia che si riscontra anche altrove: e qui, come si dice, *quantità è qualità*. Luciano Benetton — come è stato affermato: « vincitore insieme ai fratelli di una delle scommesse imprenditoriali italiane » — nello spiegare perché ormai per le imprese italiane è più conveniente produrre all'estero (costo del lavoro, infrastrutture, servizi, sistema-paese, etc.) afferma tra l'altro: « Ogni anno in Italia vengono rubati 9000 Tir, quattromila miliardi spariscono sulle autostrade ingoiati da chissà chi. In Germania, che è un Paese molto più grande del nostro, sono solo 200, in Francia 40 » [*Made out of Italy*, di Alessandra Carini, in *la Repubblica-Affari & Finanza,* 3 luglio 1992, p. 1, 3]. Tutto questo con cinque forze di polizie, complessivamente superiori del triplo alla media europea. In Inghilterra l'evasione fiscale annuale si aggirerebbe sui 5 mila miliardi, in Francia tra i 15 e i 18 mila, in Germania Federale sui 10 mila miliardi; in Italia, secondo le recenti stime del ministero delle Finanze, essa ammonta a 100 mila miliardi, ma dati precedenti e più attendibili parlano, invece, di 375 mila miliardi. Fenomeno addirittura trascurabile nella sua enormità al confronto dell'infinito numero di gruppi, categorie e individui esonerati *per legge* in tutto o in parte dal pagamento delle imposte: *Ancien Régime* all'italiana, senza nobiltà, di alcun genere. Si pensi al diluvio di amnistie e condoni e sanatorie fiscali. Ma non è solo un fatto quantitativo a fare le differenze: da noi si è creato qualcosa di nuovo: un sistema che era ed è una *terza via morale*, prima ancora che politica, economica e sociale, che il paese deve principalmente alle due forze che lo hanno dominato nell'ultimo mezzo secolo.

54. *Mais revenons à nôtre jardin*. Nel recensire il I volume di quest'opera, Giuliano Torlontano [*Nel diritto inglese una lezione per la democrazia italiana*, in *La Voce Repubblicana*, 21 giugno 1985] lo definiva « un appassionato *pamphlet* contro ' l'Italia del malessere ' »; a non pochi il libro apparve come condito da un eccessivo pessimismo. Leopoldo Elia scriveva che: « De Franchis non risparmia nessuno: né la maggioranza né l'opposizione, anche se sembra concordare con Scalfari (...) che non si può negare al partito di maggioranza relativa ' il merito storico di aver preservato la libertà in un paese in tumultuoso svilup-

po ' (...) Il De Franchis, insomma, considera quella italiana una arretratezza più da terzo mondo (' corruzione di massa ') che da vero e proprio paese europeo » [*Il Diritto e il suo rovescio*, in *Il Sole-24 Ore*, 9 marzo 1986]. Ma quando si ha a che fare con un autentico *regime*, che si oppone e contrasta, disprezza e denunzia come antidemocratico e illiberale (anche se anarcoide), non si può risparmiare nessuno; magari si devono stabilire dei gradi di colpa. Resta il fatto che, se si tiene conto del ruolo centrale del diritto in una società industriale di massa, la comparazione si riduce, in definitiva, a un *confronto tra sistemi-paesi*. In questo senso, il tema della lotta alla *criminalità politica*, che non potrebbe entrare che marginalmente in un'opera giuridica di natura comparatistica, nel caso nostro, invece, diventa il fulcro della trattazione e la spiegazione principale, anche se non la sola, della *diversità* del nostro regime giuridico: perché la *status society* venutasi a formare nel paese si basa su meccanismi giuridici che nella gran parte dei casi non possono non essere definiti, oltre che illegittimi, criminali *tout court*.

55. Ma, nonostante l'evidenza plateale dei fatti, l'approccio di de Franchis non piace all'*establishment*, oltre che per un interesse diretto all'esistente, per quella forma di solidarietà subliminale tra il sistema e chiunque, pur ritenendosi libero, ci si trova dentro. Nella sua splendida prosa, Montesquieu ricorre a una bellissima immagine: « *Dans une monarchie bien réglée, le sujets sont comme des poissons dans un grand filet: ils se croient libres, et pourtant ils sont pris (....) Mais ceux qui vivent dans les États purement despotiques sont dans des filets si serrés que d'abord ils se sentent pris* » [*Mes pensées*]. E fosse proprio da noi, in cui perfino i terroristi sono al soldo del sistema che dichiarano di voler abbattere. Infastidisce — di quello che potrebbe essere definito come il *rapporto sullo stato della nazione visto da un giurista un po' americano* — il fatto che non si tratti di un gelatinoso ed ecumenico documento Censis, esaltatore di tutte le patologie del paese, dall'economia sommersa all'illegalità di massa spacciate come manifestazioni di vivacità e giovinezza di un popolo. Tante cose del primo volume non piacquero; e non piacque, oltre all'accenno all'eterno carattere di un popolo che sembra non poter cambiare, la denunzia della *mancanza di un partito di opposizione*, spiegazione principale del *declino morale* del paese (motivo non originale, ma maraniniano). Come non piacque

la denunzia di quella fauna sterminata di pescicani affamati di potere e di ricchezze, disposti a tutto, che formano la nostra classe dirigente: ma dov'è da noi un Georges Grosz a disegnare, con le loro facce, l'interno abisso di orrore di quegli uomini? Giorgio Forattini appare artista troppo « conciliare », troppo caritatevole nel raffigurare degli uomini che meriterebbero almeno la più appuntita matita di uno Scalarini, se non più spesso la fotografia segnaletica della questura [cfr., per tutti, S. Bragantini, *Le tentazioni di Piga,* in *la Repubblica*, 10 agosto 1993].

56. Il « filosofo » del diritto, il costituzionalista, l'amministrativista, il commercialista, il penalista, il procedurista, il tributarista, insomma, diciamo il « protofisico » del diritto, possono pretendere per quieto vivere di non vedere il *contromodello giuridico* (e *morale*) in cui, nel corso di mezzo secolo, è venuto a strutturarsi l'ordinamento giuridico nostrano. Questo lusso non è consentito all'autore sia per l'idea (un po' americana) che si fa del diritto, sia perché non ha deciso di buttare la *conscience* nell'immondezzaio come fanno tanti altri compatrioti, studiosi e non: la *status society* è la fine della democrazia e dell'*equal protection of the laws*. Un eminente comparatista scrive pagine, si direbbero definitive, su questa materia: oltre un certo punto, la corruzione politica significa la morte del diritto: essa fa a pezzi il sistema, e la legge diviene solo strumento di obiettivi criminosi o, nel caso migliore, un *wishful thinking* [Schlesinger 1950, ed. 1988: 880]. *Italia Occidente Mancato* è il titolo di un libro di Galli e Nannei uscito diversi anni or sono [1980]: il contenuto appare in buona parte datato, ma il titolo resta valido.

Il libello.

57. Per chi finge di non capire e vuole, invece, considerare quest'opera un libello sol perché denunzia la peste del potere nel nostro paese, vi sarebbe da precisare che, se mai di libello si tratta, esso è diretto non contro l'Italia, ma contro i mascalzoni che l'hanno ridotta nelle condizioni in cui si trova. Comunque, alla base della altissima tradizione pamphlettistica franco-inglese e americana vi è sempre la dicotomia fondamentale della democrazia, che distingue tra *governo* e *paese*. Quest'ultima è poco diffusa da noi, e — a meno che non si vo-

gliano considerare un *pamphlet* le Novantacinque Tesi affisse da Lutero al portale del Duomo di Wittenberg il 1 novembre 1517, giorno di tutti i santi — del tutto ignota nel mondo politico tedesco: in cui, cioè, anche la lotta al potere più orrendo finisce sempre con l'essere equiparata alla lotta al paese, al tradimento: *cuius regio, eius et religio*. Eppure la dicotomia tra *governo* e *paese* ha sorretto la lotta degli antifascisti italiani, che era anzitutto lotta patriottica. Ma, ancora oggi, in Germania e in Austria i pochi oppositori del nazismo che vi furono sono ritenuti dalla stragrande maggioranza dei traditori: la diffidenza e ostilità di cui è stato oggetto Willy Brandt, uno dei migliori cancellieri tedeschi, per il fatto di aver preso parte alla Resistenza attiva contro il nazismo, sono notorie. Ecco, sarebbe un ben triste giorno se anche da noi prevalesse questo meccanismo perverso di identificazione « luterana » tra governanti e paese: perché la lotta alla « forza legale » è la premessa di ogni speranza di ricostruzione dopo le devastazioni dell'ultimo mezzo secolo nel nostro paese.

58. L'autore, si onora — beninteso, da uno strapuntino — di far parte dell'Antica e Onorevole Compagnia dei Critici della Società di cui parla Michael Walzer. Come scrive questo distinto studioso: « La critica della società deve essere vecchia quanto la società stessa. È mai possibile che uomini e donne abbiano vissuto insieme senza lamentarsi delle condizioni della loro vita in comune? (...) Nel corso dell'esistenza della società la pratica della protesta si sviluppa incessantemente, sotto forma di satira, polemica, esortazione, accusa, profezia e in innumerevoli altri modi comuni o specifici (...) La letteratura medievale e rinascimentale ' specchio dei principi ', per esempio, si chiede soltanto che cosa dovrebbe pensare e fare il principe e non ha nulla da dire sulla forma di governo cui egli presiede o sull'ordine gerarchico da lui difeso. Censura i principi con un cattivo carattere, ma mai il principato in sé. Su questo sfondo la critica sistematica delle istituzioni politiche e delle strutture sociali si può definire a ragione una creazione moderna. Ma anche al giorno d'oggi questa è una creazione con cui nessuno di noi convive in maniera coerente; ben di rado la critica delle strutture si regge a lungo senza venire personalizzata (...) la critica è sempre di carattere morale, sia che si concentri su individui sia che prenda di mira strutture politiche e sociali. I suoi termini fondamentali sono cor-

ruzione e virtù, oppressione e giustizia, egoismo e bene pubblico. Se ' c'è del marcio in Danimarca ', il marciume è costituito da una politica errata o da una sua realizzazione non corretta o da un insieme di relazioni sbagliato » [*L'Antica e Onorevole Compagnia dei critici della società*, in il Mulino 3/91: 375, 377, 381].

59. Come ha osservato Alberto Moravia: « un fenomeno negativo che si estende alla totalità degli uomini cessa di essere negativo » e « diventa puramente e semplicemente la ' condizione umana ' » [*La contestazione studentesca* (1968) in 1943-78, ed. 1980: 132]. Ma nessuno potrebbe sostenere che le patologie italiane, che tutte si riassumono sotto la rubrica della *democrazia consociativa*, facciano parte della « condizione umana »; tutt'al più si potrebbe sostenere che esse rientrano nella condizione di noi italiani, in ciò che attiene al nostro essere, in quello che sembra rocciosamente immutabile della nostra storia; in quei Corsi e Ricorsi che sembrano la nostra maledizione. Perché se è vero che se si dovessero elencare i fatti di corruzione e di follia e degrado degli altri paesi dell'Occidente industriale non si finirebbe più, non è men vero che nel complesso l'Italia appare come un caso a parte. In effetti, *non sono gli scandali* a definire storicamente un paese: è la sua *fisiologia* morale, politica, ed economica: e da noi è appunto *il sistema stesso a dare scandalo.* In questo senso, non c'è da aspettarsi dagli stranieri un'oncia in più del rispetto che meritiamo, anche se una certa dose di carognaggine, senza eccezioni, sarà sempre presente nel loro pregiudizio negativo contro di noi.

60. Verso la fine degli anni '60, la *Chrysler* rileva in Francia la *Simca*: il fatto passa sotto silenzio. Poco dopo la *Fiat* rende noto che intende rilevare la *Citroën*, e scoppia il cretinismo nazionalista francese e le proteste; il fatto diventa un affare di stato quasi che « un plebeo pretendesse, senza dote, la mano di una ricca ereditiera ». Un celebre articolo del *Le Monde* del 6 Marzo 1968 insorge con parole felpate [cfr. R. Paris, in *Storia d'Italia Einaudi*, vol. IV: 777]. E si è quasi portati a rievocare la *douce France* diventata *charognarde* e meschina, razzista, feroce, che si abbandona alla strage di *Aigues-Mortes* del 1893. E sarebbe interessante stabilire se sussistono ancora quelle istruzioni alla

Metropolitan Police inglese per cui gli italiani erano (o sono) da considerare come bianchi di II classe o qualcosa del genere.

61. Ma, una volta inquadrato il fenomeno, come si deve, nelle sue dimensioni più generali, se si considera che l'Italia è destinata ad integrarsi sempre di più nell'Unione Europea, anche se nel ruolo di vagone frenato, assume drammatico rilievo il fatto che i nostri partner europei hanno manifestato in mille forme, anche ufficiali — vi sono addirittura *risoluzioni votate dal Parlamento Europeo*, e infiniti pronunciamenti di governi importanti (cfr., da ultimo, la profonda irritazione determinata dal mancato rispetto italiano dell'accordo di Schengen) — il loro vivo e *non ingiustificato allarme* che l'Europa economica e, in un futuro non troppo lontano anche politica, possa diventare, per così dire, la discarica nella quale l'Italia riversi i veleni della sua « diversità », della sua inefficienza, del suo « modello ». Gianni Corbi, nell'esaminare la situazione del nostro paese in sede europea a seguito del trattato di Maastricht osserva: « Sarebbe però un errore ritenere che le preoccupazioni della Cee riguardino solo le disfunzioni della nostra finanza pubblica. Chi segue con attenzione la stampa dei maggiori paesi europei può accorgersi che l'attenzione è rivolta soprattutto all'avanzata della mafia all'interno delle strutture pubbliche e istituzionali (...) Il virus euromafioso che l'Italia potrebbe iniettare nel sistema arterioso della Cee non deve essere sottovalutato. Rimettere in sesto il bilancio dello Stato potrebbe infatti non essere sufficiente se nello stesso tempo non sapremo realizzare la bonifica politica di quella parte del territorio nazionale infestato dalla delinquenza (...) Da una parte un'economia parassitaria che prolifera in vaste zone del Sud lucrando aiuti e sovvenzioni con pratiche illecite e delinquenziali. Dall'altra lo Stato italiano, con le sue fatiscenti strutture amministrative e regionali, incapace di utilizzare il fiume di miliardi della Cee affluito in tutti questi anni nelle regioni più povere del Sud » [*Euromafia,* in *la Repubblica*, 30 aprile 1992]. E verrebbe di esclamare: o sancta simplicitas!; è il *sistema legale* che impaurisce. Lo stesso articolista, ritornando sull'argomento scrive: « Tempo fa la signora Margaret Thatcher accusò il nostro Paese di praticare in grande stile la truffa alla Cee. La reazione fu indignata. L'allora ministro dell'agricoltura Calogero Mannino parlò di un ' revival dell'isolazionismo imperialista inglese ' » [G. Corbi, *Il ministro e l'Eurotruffa,* in

la Repubblica, 31 maggio 1994]: i fatti le hanno dato ragione. Ma bastava por mente al *regime giuridico* dell'Aima per rendersene conto.

62. Al di là dei successi economici che — dalla Corea del Sud, al Messico, al Brasile, a Taiwan, al Pakistan, a non parlare di Spagna, Germania, Giappone, Francia, Stati Uniti, tutti possono vantare — resta il bilancio complessivo del sistema-paese, che non è un insieme di dati statistici, per giunta *manipolati* come quelli dell'Istat, come in un qualsiasi regime dittatoriale. Esso si deve considerare, tutto sommato, fallimentare; perché fallimentare — si ripete il concetto — era, è, e si è rivelato, il modello *morale*, e poi politico ed economico, della *democrazia consociativa,* non a caso crollato contemporaneamente al crollo del Muro, senza che da quelle macerie sia sorto qualcosa di nuovo. Con questo non si nega il talento, la genialità, tra i tanti, di Valentino Garavani, di Giorgio Armani, dei nostri imprenditori, dei nostri artigiani, degli orafi di Valenza, degli uomini che in qualunque condizione della vita facciano bene il proprio mestiere, e così via cantando. Al contrario: si afferma, invece, che il « laboratorio » costituisce la negazione sistematica del talento, dell'impegno civile, dell'onestà e un immenso meccanismo per il dissennato sperpero di ricchezze umane e materiali: al punto di spingere i più coraggiosi e fortunati ad emigrare. Ma da noi non mancano i predicatori: l'on. Amato, Presidente del Consiglio [*Corriere della Sera,* 29 luglio 1992], sprona gli italiani ad adoperarsi per dare credibilità internazionale all'Italia: da quale pulpito.

63. Sergio Romano annota: « L'Italia ha cattiva stampa. Fra i tanti segnali da cui si desume lo stato di salute di un Paese — svalutazione, produzione industriale, disoccupazione, bilancia commerciale, debito pubblico, criminalità — lampeggia in rosso da qualche tempo anche quello dell'immagine nazionale. Da Mogadiscio a Belgrado, da Bruxelles a Londra l'Italia gode in questi giorni di una reputazione mediocre, se non cattiva. Dell'Italia oggi, sulla stampa internazionale, non si parla o si dicono cose che vorremmo non leggere (...) Ciò che gli europei vedono, quando guardano all'Italia, è desolante. Non mi riferisco soltanto al debito pubblico, alla corruzione, alla criminalità organizzata, alle risse tra i partiti, alla crisi del sistema politico, alla fumosa retorica

della classe dirigente. Mi riferisco a ciò che uno straniero annota mentalmente quando mette piede in Italia o deve lavorare con il nostro Paese: città imbruttite, periferie degradate, paesaggio trascurato, musei chiusi, luoghi pubblici trasandati, alberghi cari, servizi inefficienti, burocrazia svogliata e scortese, e una giungla amministrativa che scoraggia chiunque voglia avere con noi un rapporto duraturo. Non basta. L'immagine che l'Italia continua a dare di sé, in questo periodo di generale crisi economica, è quella di un Paese in cui si spende come nessun Paese ricco oserebbe fare, in cui il sindaco di Bologna (un esempio fra molti) va a Mosca con una delegazione per manifestare a Gorbaciov il rammarico della città per la sua mancata visita in Italia e partecipa qualche giorno dopo ai funerali di Dubcek (...) Dipende da tutti noi, non soltanto dal governo e dalle amministrazioni locali, cambiare l'immagine del Paese » [*Italiani mala gente*, in *La Stampa*, 22 dicembre 1992].

64. Nel descrivere i disastrosi effetti dell'alluvione che ha colpito la Toscana alla fine di ottobre del 1992, Wanda Lattes scrive tra l'altro: « Nel 1966 l'alluvione travolse 320 dipinti su tavola, 700 tele, 730 sculture, 128 cicli d'affreschi, archivi millenari, arazzi, 12.000 pezzi di archeologia in ceramica, 4.750 oggetti metallici, 153 sculture etrusche e romane. Sul Cristo di Cimabue semicancellato pianse il mondo intero e davanti ai camion che portavano al restauro migliaia d'opere, ancora in gran parte non recuperate, i giovani accorsi da ogni parte per aiutare restavano senza fiato. Quando da Paesi lontani, soprattutto dagli USA, giunsero generose offerte per il recupero, *fu posta come condizione all'offerta dei fondi che le migliaia di dollari non venissero amministrati da autorità italiane. Furono in molti ad offendersi. Ora si capisce il perché di tanta sfiducia* » [*Allarme rosso per l'arte-Un Vasari è già rovinato,* in *Corriere della Sera*, 2 novembre 1992, p. 4; il corsivo è mio]. Lo stesso divieto è stato imposto in occasione della raccolta di fondi all'estero a seguito del terremoto irpino. Siamo a questo punto, e gli Arditi del Popolo della Antimafia Co.(R) hanno il *toupet* di prendersela con Leonardo Sciascia.

65. E allora si capisce perché un grande intellettuale italiano come Giorgio Strehler, molto stimato e rispettato all'estero, scriva: « Io pro-

vo un senso di vergogna come italiano, nel percorrere l'Europa, di fronte al sorriso che si riserva — al di là della stima personale — a quei protagonisti di inefficienza nel vivere sociale, ma anche di una straordinaria, orribile efficienza nell'uccidere che noi, agli occhi del mondo, siamo diventati (...) Non sono esemplari le antiche democrazie europee, davanti al nuovo secolo. Ma nessuna si presenta con una immagine così evidente di volgarità e di mancanza di ogni ritegno, come la nostra. Scorrere i commenti politici nelle prime pagine — che so? — dei giornali svizzeri, sulla visita del Capo dello Stato Italiano, mi riempie di un'amarezza profonda, tanto si irride ad un modo di essere, definito ' tipicamente italiano ', cioè scostumato e privo di dignità. È possibile che noi si debba accettare tutto ciò? È possibile che un ex cancelliere tedesco di mediocre profilo, quale Helmut Schmidt (...) definisca la classe politica italiana di ' quarta categoria '? E che, alla fin fine, abbia poi ragione? » [*La Parodia dell'Italia*, in *la Repubblica*, 29 novembre 1991].

Modernità.

66. Ma non si tratta *soltanto* della esasperazione esponenziale delle patologie esistenti anche altrove: la diversità nostrana — tema centrale di tutta quest'opera — risiede in parte non piccola *anche* nella natura *protocapitalistica* della cultura nazionale: nessun paese dell'Occidente è stato benedetto come il nostro dalla combinazione di tre filoni ideologici come il cattolicesimo, il marxismo e l'idealismo napoletano che, messi assieme, avrebbero distrutto il più possente paese dell'universo. Con siffatto *pedigree* si capisce perché dietro le finezze di don Ferrante facciano capolino le vacche di Campo Vaccino e la Roma del Belli. Questo spiega la modernità nostrana, sofferta come una maledizione biblica (si pensi alla polemica contro le Scienze Sperimentali) o, nel caso migliore, accettata come una moda, un cappello da buttar via non appena cambiano i gusti. Resta il fatto che le due maggiori ideologie che hanno in maniera così radicale e irreversibile segnato il destino del nostro paese nell'ultimo mezzo secolo considerano gli Stati Uniti, il paese da cui da 200 anni la modernità proviene, come il loro principale nemico. Eppure nessun altro paese mette a base del suo mito un elevatissimo messaggio giudaico-cristiano come la Dichiarazione di Indi-

pendenza. Questa avversione basta a vincere le esitazioni e a stabilire da che parte stare.

67. Ma ora vi è addirittura qualche *maître à penser* nostrano per cui la modernità, ossia l'Occidente, con il suo sistema di efficienze e di responsabilità, è troppo « rigido » per un paese come il nostro che vanta ben diverse e opposte congiunzioni: e si direbbe che ha ragione visto che già oggi la differenza tra Roma e il Cairo appare spesso impossibile. Imponenti forze non fanno mistero del proposito di assegnare all'Italia il ruolo di membro « in sonno » dell'Unione Europea promuovendo il non dichiarato abbandono dell'Unione per ricollegarsi alla cultura mediterranea e nordafricana, con la quale si afferma esservi ben più stretti legami che con i paesi dell'Europa del Nord. Taluni intellettuali napoletani anticipano addirittura; e sono passati, per così dire, all'azione: si è costituito un gruppo che rivendica le energie vitali della cultura meridionale, il diritto alla propria originalità, alle proprie sintonie con il Sud del mondo, all'Africa. Ci sentiamo molto più vicini all'Africa che alla Svizzera, dichiarano [*La Stampa*, 17 febbraio 1993]. Complimenti, complimenti; e auguri, tanti auguri al popolo napoletano.

68. Si dice che, tra bombe, stragi, P2, e *democrazia consociativa* il nostro è il paese dei misteri; e per molti versi sarà anche vero. Eppure, per altri versi, l'Italia è un libro aperto: già dalle terrazze dei falansteri condominiali le antenne delle televisioni salutano il visitatore, a rivendicare la diversità del paese. Dall'arrivo a Fiumicino, alla stazione Termini, agli escrementi canini che coprono i marciapiedi; beninteso, nello spazio lasciatovi libero da un pazzesco numero di auto affiancate per isbieco o in seconda o terza fila. Un traffico fatto di motorini che sbucano da tutte le parti, di un numero surreale dei più pazzeschi e sgangherati mezzi di locomozione: traballanti motocarrozzette, tricicli, carriole, birrocci, auto con targa approssimativa (non di rado a pennarello), assicurazione fasulla, orbe di fari, portiere tenute assieme dallo scotch, autobus sul punto di scoppiare per il carico di passeggeri, oscene ambulanze che cercano invano di farsi strada in quella puzzolente e immonda ferraglia che da noi viene chiamato traffico. Impazza la protesta dei clackson, impazzano le sirene antifurto; il pattume regna sovrano e si mescola al frastuono « mediterraneo » e all'immagine di una

città sgangherata che ignora qualsivoglia forma di Ordine: strade dissestate, spesso autentiche voragini, statue decapitate, musei cadenti, etc. etc. Ebbene, questi non sono misteri. Muri scalcinati inviano strani messaggi ai passanti: W DI PIETRO–M LA DITTATURA DELLA CAMORRA–TRECCHIA I CAMERATI NON DIMENTICANO–W IL PAPA– M IL CAPITALISMO–IL COMUNISMO NON MUORE–VIA L'ITALIA DALLA NATO–TOPINA TI AMO–ISRAELE=SS–W SADDAM HUSSEIN–BUSH BOIA. Norvegesi e svedesi e danesi e tedeschi e olandesi e francesi e inglesi e spagnoli e americani e giapponesi si avventurano sgomenti nel Marasma di una città che non si decide a passare ufficialmente al Medio Oriente. E forse solo un *collage* di Max Ernst riuscirebbe a rappresentare la combinazione delle massime testimonianze materiali dell'Occidente con una pratica di vita incredibilmente incivile. Generale Abbandono e Sciatteria, Sgommate e Scortesia si mescolano allo Sberleffo sguaiato, alla Trasgressione lazzarona. Un brivido di terrore corre lungo la schiena del poveruomo che si trovi a passare davanti ai palazzi del potere guardati da pattuglie di armati di ogni foggia e tipo: dagli androni diventati *garages*, risuonano le urla bestiali degli autisti che annunciano le loro passioni calcistiche. Arrivano auto blindate a tendine abbassate che portano gli uomini del potere; spettacolo unico in Europa, dai finestrini delle auto di scorta spuntano minacciose pistole e palette brandite da mani esagitate; un sindaco « verde » si impegna fino allo spasimo per mantenere alla città il primato assoluto di inciviltà tra tutte le capitali del mondo industriale. E sembra un *déjà vu* sudamericano. Ecco Roma: metafora di un paese fuori legge: scomparsa l'Autorità resta solo il Potere; ma non importa: Nicolini, comunista, o chi per lui, organizza le feste: cose turche, come si dice. A chi pensasse che questo è un quadro impietoso e malvagio della città, e quindi del paese, si risponde con dati ufficiali: « Roma come Belfast. Anzi peggio. Se negli ultimi ventitré anni la guerra civile tra cattolici e protestanti ha causato tremila vittime, in un solo anno, il '93, nella capitale i morti per incidenti stradali hanno raggiunto la drammatica cifra di *duecentoquarantacinque*. Ai quali si aggiungono i *diciottomilaottocento feriti*. Sono questi i risultati di un'inchiesta commissionata dal corpo della polizia municipale » [*Le cifre della strage-In un anno 245 morti*, di Mario Reggio, in *la Repubblica*, 18 ottobre 1994]. *Ma di quale tutela dei diritti si può mai parlare* se non si ha nemmeno il diritto di traversare una strada pubblica? A tacere del resto, del traffico di sangue al Policlinico Umberto I, della ' finanziaria interna' tra vigili con il nobile compito di prestare soldi ad usura. « Cartelle cliniche falsificate, racket dei vigili: ma che paese è ancora questo? » si chiede Ferdinando Adornato [*Povera Italia, è sempre Tangentopoli,* in *la Repubblica*, 21 maggio 1995]. Risposta: quel paese che *anche* i professori-intellettuali-politicanti hanno contribuito a creare: un orrore.

69. Possibile che tutto questo (e ben altro) sia dovuto ad una congiura di cattivi stranieri? che di essa facciano parte anche la Commissione Episcopale Italiana, il Governatore della Banca d'Italia, la Commissione Bicamerale Stragi, la Corte dei Conti, i procuratori generali con le loro requisitorie, il Parlamento Europeo, l'OCSE, la Corte di Giustizia dell'Unione Europea, la Corte di Giustizia dei Diritti dell'Uomo, il *Financial Times*, l'*Economist*, e così via cantando? Chi mai potrà credere che questo sconquassamento e scatenamento generale, questo schifo, per essere più precisi, si verifica anche a Vienna, Parigi, Londra, Berlino, Zurigo, Madrid?

70. Questa è, evidentemente, una sommaria e raffazzonata, ma significativa, antologia *del diritto* (sic!) nel nostro paese: de Franchis sarebbe grato a uno delle migliaia di giuristi in libertà che gli spiegasse in un italiano comprensibile dov'è e in cosa consiste lo *stato di diritto* nel nostro paese. Ogni anno il 50 per cento degli imputati viene assolto con formula piena, dopo mesi o anni di detenzione; innocenti (o, comunque, *non colpevoli* sul piano processuale) ai quali una ottusa macchina giudiziaria impone intollerabili e incivili sofferenze e umiliazioni. Si tratta di un pauroso meccanismo che, per certi versi, pratica una incivile, inusitata e inaccettabile clemenza nei confronti dei criminali (cfr., ad es., le norme sulla *custodia cautelare*) e, per altri, una altrettanto incivile e inaccettabile ferocia nei confronti di chi (colpevole o innocente che sia) ha la sventura di restare impigliato nella sua rete (cfr. la condizione del *detenuto in attesa di giudizio*). Basta pensare alla giustizia inglese e americana (e anche di altri sistemi) per rendersi conto che l'errore giudiziario non è di certo prerogativa della giustizia italiana; ma da noi *è il sistema stesso* a dare scandalo: a meno che non sia

un parlamentare, il cittadino, specie se innocente, può soffrire indicibili offese. La durata media di una causa penale si calcola sul filo dei lustri; a non parlare della giustizia civile ormai al collasso. Le condanne della Corte Europea dei Diritti dell'Uomo del governo italiano ormai non si contano più. Tutto questo, nonostante il, anzi a causa del, più formidabile esercito di professori e proceduristi mai visto al mondo, sempre pronti a ricordarci che, grazie a loro, viviamo nella patria del diritto, che siamo i primi in tutto: dalla politica, all'economia, alla qualità della vita. A tacere della frequente crassa incompetenza, sciatteria e svogliatezza dei magistrati (e avvocati) usciti da *quella scuola*, etc.; beninteso, salvo rare ed encomiabili eccezioni. La già accennata difficoltà nel riformare la giustizia (o qualsiasi altra cosa) da noi sta in questo: che la denunzia delle nequizie della macchina giudiziaria costituisce il pretesto per i *fratelli Somoza* e i loro uomini di vestire... la giubba dei riformatori, oltre che per distruggere i magistrati che hanno fatto condannare gli amici, per eliminare i reati più gravi, se non addirittura il codice penale: la proposta di abolire il reato di associazione a delinquere di stampo mafioso (sic!) venuta da importanti cariche istituzionali (XII legislatura), la proposta professionale (sic!) di sospendere i processi penali in corso contro candidati alle elezioni politiche e amministrative nazionali, regionali e locali, quella di porre la funzione inquirente alle dipendenze del potere esecutivo, di eleggere i magistrati, di istituire la giuria, sono significative della impossibilità di analizzare con onestà intellettuale le patologie del paese, e proporre rimedi. Ma ormai da noi la classe dirigente — professori in testa — può essere solo filmata: e deve trattarsi di un *film muto*, che non ci distragga per un attimo da quelle facce, che promettono abissi di imbecillità quando non anche di veri e propri crimini.

Il Paradosso Globale.

71. Per Fernand Braudel [*L'histoire des civilisations: le passé explique le présent* (1959), in 1944-63, ed. 1969: 255, at 308], il mondo è violentemente spinto verso l'unità e allo stesso tempo resta fondamentalmente diviso. Convivono due opposte tendenze, una all'omologazione dei modi di esistenza, e l'altra a rivendicare le radici, la propria identità, e spesso il proprio interesse. Questo sembra il destino dell'Europa

e del mondo. Si pensi alle carenze delle N.U., una *confederazione* tra stati e non già una *federazione.* Il *federalismo* — come strumento istituzionale per assicurare tra i vari paesi e all'interno di essi la coesistenza delle diversità — appare, quindi, ha osservato Gianfranco Miglio, come *il dibattito fondamentale del XXI secolo*: la nuova frontiera; ma non è una grande scoperta, perché esso è sempre stato, fin dall'inizio, il tema fondamentale della democrazia.

72. Ma allora, si dirà, il federalismo è formula, interna e internazionale, vincente? Certamente sì, dato che, come per la democrazia, non si è riuscito ad inventare nulla di meglio. Ecco un *vulnus* straziante per lo smisurato orgoglio dell'accademia giuridica del continente europeo, sempre pronta a pavoneggiarsi per una inesistente superiorità sui pragmatici inglesi e americani. In effetti, il federalismo è « invenzione » e gloria eterna dei giganti americani: non vi può essere democrazia compiutamente pluralista che non sia anche federalista. Perché poi in tutta l'Europa, liberata dal nazifascismo prima e dal bolscevismo poi, esso sia venuto ad identificarsi col concetto stesso di democrazia intesa nel senso più pieno, è presto detto: con lo sbarco dei marines americani a Omaha Beach il 6 giugno 1944 e la vittoria delle Forze Armate Alleate, è arrivato sul continente europeo un nuovo e più pieno concetto di democrazia, quello della democrazia federalista, e con esso è cominciata anche la stagione dei diritti.

73. Ma vi è un federalismo europeo di casa nostra del quale non si è detto abbastanza. Ossia, quello che propugna lo stato unitario all'interno e lo stato federale all'esterno, perseguito con un entusiasmo privo di riscontro altrove, e per ciò solo, sospetto. Tanto più che al travolgente entusiasmo federalista da attuare in casa d'altri non corrisponde un'uguale passione per il federalismo interno, lasciato interamente alla Lega. Resta, comunque il fatto che, a parte Cattaneo, Salvemini e pochi altri — i quali vedevano con chiarezza l'esigenza di dare al nostro paese un assetto federalistico (ma non si trattava forse di una confederazione?) proprio per assicurare l'unità del paese — *il federalismo italiano è sempre stato principalmente europeo* [cfr. Romano 1993: 109, at 110]. Alla base di questa stravaganza vi è la diffusa convinzione che « soltanto l'Europa possa riscattare l'Italia dalle sue tare

politiche e morali, strapparla alla palude del suo sottosviluppo culturale, costringerla a riformarsi e a rinnovarsi » [S. Romano, *La cambiale europea dell'Italia*, in *il Mulino* 4/91: 664, at 666]. Si è fatta tanta retorica, specie dalla nostra sinistra, sul *Manifesto di Ventotene*; eppure si tratta di messaggio datato anche al livello europeo, del tutto irrealizzabile nella sua pienezza, che non tiene conto di quanto sia importante per i grandi paesi europei non soltanto la tutela dei propri interessi, ma anche della propria identità, della propria diversità. Se poi si passa a considerare la « dote » che l'Italia porta all'Europa, bisogna ammettere che essa si presenta con un sistema-paese incommensurabilmente più sconquassato di quello lasciato dal fascismo sconfitto; che suscita vivo allarme per la sua stessa presenza nell'Unione Europea. E qui onestà di cronista vuole che si riconosca che dopo la fine della guerra, il paese appariva più efficiente e meno incompatibile con l'Europa e l' Occidente di quanto lo sia ora. In questo senso, la *democrazia consociativa*, il « laboratorio » di cui vagheggiavano i nostri *maîtres à penser*, ha avuto effetti devastanti sul paese.

74. Naturalmente, Halexander Hamilton, James Madison e John Jay — *nessuno dei quali era professore di università* — e qualsiasi patriota americano osserverebbero che vi sono ben altre e più importanti ragioni per il federalismo di quante ne proclamino i nostri leghisti. In effetti, il federalismo americano non è solo una formula giuridica: esso è intrinseco al concetto stesso di democrazia e forse, anche, il punto più avanzato raggiunto dal pensiero politico demo-liberale: in quella concezione, democrazia e federalismo sono sinonimi. Con che non si vuol dire che uno stato federale assicuri di per sé la democrazia. Il fatto poi che il Regno Unito sia uno stato unitario non deve ingannare: si tratta di stato unitario molto *sui generis*, che attua una *plurilegal unit of sovereignty* in cui esiste (o meglio è nata ed è praticata) una fortissima tradizione di *autogoverno*. Il federalismo pone il problema della democrazia in termini assolutamente nuovi: in questo, il debito verso i giganti americani appare innegabile. Se la democrazia è per definizione *pluralismo*, è evidente che il *centralismo* si pone come il suo opposto. Da questo punto di vista, il contenuto intrinsecamente *antidemocratico* della *rivoluzione francese* consiste appunto nel suo *centralismo*.

75. La pluralità di interpretazioni del federalismo, di proposte, la natura artificiale del dibattito, contribuisce a quella atmosfera di confusione delle lingue tipica delle condizioni in cui si prendono le grandi decisioni nel nostro paese. Non esiste pathos federalista; a parte i professori e alcuni politici, il dibattito lascia sostanzialmente indifferente una popolazione umiliata da mille angherie e prepotenze e violenze quotidiane da parte della « forza legale », tutt'al più interessata ad una meno indecorosa gestione della cosa pubblica. Le numerose proposte federaliste — proprio perché escludono del tutto il coinvolgimento delle comunità locali — ne rivelano la natura sostanzialmente antidemocratica. E a nulla vale invocare un mandato elettorale che non c'è stato e che forse neanche una assemblea costituente potrebbe legittimare. Si è osservato che, anche nel caso americano, i 55 delegati alla *Convention* di Philadelphia del 1787 non avevano un mandato a creare una federazione; ma non sembra sufficiente argomento, se si tiene conto che gli stati della confederazione uscivano da una guerra di liberazione, che il contesto era assai, ma assai diverso.

76. La classe politica italiana sembra avere rinunziato ad imbarcarsi in una lunga *campagna di acculturazione federalistica*: volendo procedere — nonostante l'assenza della precondizione del *self-government* — alla formazione di uno stato federalista, quest'ultimo non potrà che venire dall'alto; e anche qui non sembra difficile previsione che la formula federalista comporterà per il paese una serie infinita di conflitti di diverso ordine. E già si intravede uno scenario analogo a quello seguito alla I guerra mondiale, in cui i vincitori ridisegnano a vanvera la carta d'Europa dopo la scomparsa dell'Impero Austriaco (uso le maiuscole in omaggio a mia moglie): da noi le « macroregioni », o comunque le si voglia chiamare, saranno tagliate con l'accetta della *disaggregazione* in quella specie di gabinetto del *Dr. Caligari* che sono i luoghi del potere nel nostro paese. Una *Mason and Dixon Line* è chiamata a dividere le varie macroregioni, nella assai ingenua illusione che al di qua di esse si faccia parte dell'Europa degli eletti, e al di là si precipiti nel Terzo Mondo. Ma non sono tanto i conflitti guerreggiati quelli ai quali bisogna por mente: i nostri professori, con arzigogolo da proceduristi, parlano piuttosto di *competenze* che di *sovranità*: e, come spesso accade, lavorano su materiali di risulta. Ma non è questione di parole: per poco

che si voglia uno stato decentemente federale, *deve* trattarsi di *sovranità* prima e *competenze* dopo: un federalismo di sole competenze è un non-federalismo. In ogni caso, quello tra stato federale da un lato, e stati dell'Unione o macroregioni dall'altro — quali che siano i termini impiegati — è *intrinsecamente un rapporto dialettico.* Si tratta di un equilibrio non fissato una volta per tutte, ma continuamente cercato e rivisitato. Insomma, la conflittualità (di ordine politico-giurisdizionale) è parte del federalismo, della dialettica interna al sistema; venuta meno la quale non più di federalismo deve parlarsi ma di stato unitario. Come risulta dallo splendido *Oxford Companion to the Supreme Court*, un filo rosso percorre le tappe delle decisioni di questa corte: ed è la tenace resistenza combattuta in sede giudiziaria e politica all'espansione del potere federale. È nella natura stessa della doppia sovranità che ogni generazione debba trattare il rapporto stato federale-stati membri come una questione nuova. Come ricorda H.N. Scheiber [*Federalism*, in *Oxford* 1992: 278]: « The proper balance of state and national powers in the American federal system, wrote Woodrow Wilson in 1911, is not a matter that can be settled ' by the opinion of any one generation. ' Changes in the social and economic condition of society, in the electorate's perception of issues needing to be addressed by government, and in the prevailing political values, Wilson declared, require each successive generation to treat federal-state relationships as ' a new question ', subject to full and searching reappraisal ». Per quanti arzigogoli si possano escogitare, e per quanto diversa possa essere la « novità » che i nostri professori potranno imbastire — che S. Francesco, patrono d'Italia, protegga il paese dai *padri (s)fondatori* (si teme il *Titanic*) — questo appare un punto fondamentale. Ora, se, da un canto, si pensa alla Babele delle lingue esistenti sullo stesso concetto di federalismo (comunque lo si voglia chiamare) perfino tra i nostri più o meno esimi professori (ben pochi dei quali sanno di cosa parlano), alla totale estraneità dell'argomento alla cultura nazionale, all'assenza, in centro e in periferia, non diciamo di una pratica dell'autogoverno, *ma alla disastrosa mancanza della benché minima intelligenza politica operativa* della nostra *zerocracy* nazionale e locale, pubblica e privata, incapace di *concepire* anche soltanto un decoroso regime dell'equocanone o di dar corso ad una sentenza di sfratto. E, dall'altro, che, come si è accennato, il federalismo è meccanismo di grande complessità politica e giuridica che richiede tutte queste (ed altre) condizioni e *ben altri uomini* di ben diversa fede *politica e patriottica* per farlo funzionare. Se si pensa a tutto questo, non sembra azzardata previsione che con il federalismo di casa nostra l'Italia si inoltri in un ginepraio di conflitti di sovranità, giurisdizione o competenza che dir si voglia, tali da esaurire del tutto le già stremate risorse del paese. Sembra appena il caso di aggiungere che — ben più che in uno stato unitario — in un assetto federale la *giustizia* è chiamata a svolgere un ruolo cruciale nella allocazione dei poteri e nella risoluzione dei conflitti: ma la nostra Corte Costituzionale appare priva di qualsivoglia autorità e prestigio; a non parlare della magistratura ordinaria e tantomeno poi di quelle amministrative. Né esistono in sede politica intelligenze e forze capaci di *ragionevolmente* mediare e comporre conflitti che si annunciano inevitabili, incalcolabili e dilanianti.

77. Mezzo secolo di *democrazia consociativa* ha lasciato il paese in condizioni non troppo diverse da quelle della Russia dopo la caduta del Muro. In ogni caso, un federalismo democratico (ed efficiente) non può che provenire dal basso, ossia dalle autonomie locali — virtualmente inesistenti nel nostro paese — per sviluppare le quali sarebbe stata necessaria una lunga preparazione culturale ad opera dei partiti e delle istituzioni, che invece non vi è stata.

78. Altra e non trascurabile questione (politica) è se poi — con questi chiari di luna, e nella assenza di certe precondizioni, con la ormai acclarata incapacità della nostra classe dirigente (pubblica *e privata*) di assicurare il decoroso funzionamento anche soltanto di un *chiosco di gelataio* (a non dire altro), con gli uomini che ci ritroviamo — ci si debba o possa spingere a esperienze del genere.

79. Ma il federalismo serio — a non parlare di confederazione — pone anzitutto un problema di *sovranità* (e poi anche di competenze) sul quale dovrebbero avere non solo l'ultima, ma anche la *prima parola*, le popolazioni locali, magari accorpando *volontariamente* i comuni (e già non è difficile prevedere lo scenario in un paese in cui si lotta per l'aumento delle... province). Il progetto Miglio prevede tre macroregioni, più le regioni a statuto speciale *lasciate intatte nel loro attuale*

regime. Esso appare nel complesso più una soluzione *confederale*, che una federalista, se non addirittura una secessione mascherata, peraltro comprensibilissima dal punto di vista dei fautori: in questo senso, il *diritto all'autodeterminazione* delle regioni del Nord — se è questo quello che si vuole, se vi sono i numeri, se vi è il necessario *consenso* della stragrande maggioranza delle popolazioni, *se vi sono gli uomini* — appare incontestabile. Eppure, la famigerata (sic!) Regione Sicilia, tanto per fare un esempio, è sinonimo di quanto di più antidemocratico e di peggio, in termini di corruzione, criminalità e inefficienza, abbia prodotto la politica italiana. Consegnare le regioni speciali al loro attuale regime significa, in pratica, abbandonare al proprio destino una buona parte del paese, relegando le popolazioni ad un regime di degrado morale, prima ancora che istituzionale, senza speranza. I politici siciliani-sardi dovrebbero insorgere di fronte a prospettive così allucinanti; e invece tacciono. E si capisce.

80. Il *federalismo americano* deriva, storicamente, da un canto dalla necessità di difendersi da un nemico esterno attuale o potenziale e, dall'altro, da un fatto culturale e patriottico profondamente democratico, fondato su una radicata e diffusa tradizione dell'autogoverno inglese. È una valutazione politica quella che ha portato al federalismo: ma essa è stata possibile solo grazie alla straordinaria comunanza di cultura civile e politica di 13 colonie protestanti, con una lingua comune, che accettavano pienamente i postulati del costituzionalismo inglese; è, questo, il federalismo democratico per eccellenza; che parte dal basso. Ma tutto ciò da noi semplicemente non esiste: l'educazione all'autogoverno richiede una preparazione storico-culturale che si calcola sul filo dei secoli. In ogni caso — a parte la Relazione della Commissione Bicamerale per le Riforme, specie sulla forma stato, che consiste, in sostanza, in un regionalismo anarcoide che, non essendo né autonomia né autogoverno, promette effetti ancora più devastanti di quelli prodotti finora dall'istituto regionale — le proposte principali attengono alla divisione dell'Italia in: (i) tre macroregioni *più le cinque regioni già a statuto speciale* (Miglio); (ii) nove raggruppamenti regionali (Speroni); (iii) dodici regioni (Fondazione Agnelli). Ma Gianfranco Pasquino osserva opportunamente che: « i contenuti reali del federalismo, le modalità e le procedure attraverso le quali si possa, se si

deve, pervenire ad uno stato federale in Italia e con quali vantaggi in termini di buon governo e di qualità della vita dei cittadini non sono ancora affatto stati spiegati agli italiani ».

81. La forma di stato federalista appare, almeno a chi scrive, senza alcun dubbio quella che assicura più pienamente la democrazia; si tratta quindi, in astratto, di un ideale e di un obiettivo da perseguire. Ma questo non toglie che ci si debba porre la domanda se esistano le *premesse*, o *condizioni* che dir si voglia, richieste in concreto per l'adozione di una soluzione del genere. Perché sembra evidente che: (i) se il paese fosse stato gestito con un minimo di decoro, non si starebbe qui a parlare di federalismo, e che (ii), *di per sé*, quale contenitore giuridico, il *federalismo non assicura affatto quella migliore gestione della cosa pubblica* che, sembra, è nei voti di tanti. Che dipende, invece, da condizioni politiche e di cultura locale che francamente non si intravedono. Anzi, il federalismo italiano potrebbe rivelarsi, proprio per questo, un rimedio peggiore del male.

82. Intanto, come pure si è rilevato, una delle diversità del federalismo nostrano consiste nella stranezza di un comportamento che, da un canto, evoca disegni istituzionali michelangioleschi e, dall'altro, si rifiuta di smantellare le più macroscopiche istituzioni del centralismo, come la provincia (un fatto che grida vendetta), il prefetto, e il commissario del governo nelle regioni. Quanto, in particolare all'istituto regione, ad un centralismo statale inefficiente e corrotto si è sostituito un *centralismo regionale* infinitamente peggiore, che spesso fa rimpiangere l'efficienza dello stato unitario fascista. E non si tratta affatto di conferimento di più o meno ampi poteri alle regioni: è l'istituto in sé che dalla Lombardia alla Sicilia fa della regione una organizzazione burocratica *incontrollabile*, di leggendaria inefficienza e corruzione, infinite volte più gravi del più scalcinato degli uffici statali. Altri meccanismi sono necessari per assicurare una *partecipazione popolare* e un *sistema di controlli* che attualmente non esistono; ammesso che ciò sia possibile. Le stesse elezioni regionali appaiono immensamente più lontane dagli interessi della gente di quanto lo siano quelle nazionali: il deficit democratico delle nostre istituzioni locali è gravissimo. Del resto, la regione, è istituto artificiale: è il comune l'ente di autogoverno

per definizione della storia italiana. Se poi si pensa alla nuova legge elettorale regionale del 1995 voluta, tra l'altro, dalla Lega e dal Pds, si ha un'idea degli sviluppi a venire. Pasquino mette il dito sulla piaga quando avverte che, al di là delle istituzioni, *un sistema dei partiti ben funzionante* costituisce la condizione della nascita delle autonomie locali: « Senza partiti ben funzionanti (...) non si potranno avere autonomie locali solide e capaci davvero di rappresentare gli interessi e di tradurre gli ideali dei loro cittadini, anche difendendoli dalle incursioni del governo federale » [*Il budino federalista*, in *La Rivista dei Libri*, aprile 1995: 4].

83. Come osserva questo studioso: « alla luce del cattivo funzionamento della grande maggioranza delle regioni, si potrebbe addirittura sostenere che uno stato federale in Italia potrà aversi soltanto dopo il superamento del regionalismo e dopo che siano stati chiaramente definiti gli obiettivi da perseguire e da conseguire ». E così conclude: « In definitiva, il federalismo come forma di stato potrà anche essere attraente. Tuttavia, nel caso italiano mancano (...) le essenziali condizioni di fondo che rendano possibile andare coerentemente e speditamente in quella direzione ». Un'opinione dalla quale sembra difficile dissentire, specie se si tiene conto delle condizioni della nostra periferia dalla quale, in ultima analisi, dovrebbe partire l'ondata di autentica rivoluzione democratica nel nostro paese. Perché il discorso è assai semplice: o in periferia esistono già ora fortissime tradizioni di autogoverno democratico (e in questo caso non staremmo qui a parlare, dato che il federalismo o una qualche forma di autogoverno ce l'avremmo già) o non esistono (com'è evidente); in questo secondo caso, il federalismo è qualcosa da inventare di sana pianta, soprattutto mediante una *rivoluzione culturale* che non si sa da dove dovrebbe venire e che comunque comporta tempi lunghi o lunghissimi. In ogni caso, con una qualsiasi formula federalista avremmo *prima le strutture formali* del federalismo *e poi la cultura per farle funzionare*, in un paese del tutto disinteressato all'amministrazione della cosa pubblica in sede locale: un po' come comprare l'automobile prima di imparare a guidarla. Ad ogni modo, nelle more che la didascalica e l'acculturazione federalistica diano i loro frutti, per evitare che il federalismo (qualsiasi cosa possa significare in concreto) dia luogo a delle *autentiche repubbliche colombiane* nelle

varie regioni del paese (è questo il vero pericolo del federalismo all'italiana, al Nord e al Sud del paese), così come nel Nordamerica — in cui la *condizione* posta dagli stati per il passaggio dalla Confederazione alla Federazione fu la adozione di un *Bill of Rights* assieme alla nuova costituzione (ma nel caso nostro si tratterebbe di un federalismo per *disaggregazione*) — anche da noi la nuova carta federalista dovrebbe contenere al suo interno le garanzie fondamentali per i cittadini. Non solo; ma conoscendo le prodezze delle amministrazioni locali, essa dovrebbe essere accompagnata *allo stesso tempo* da *grandi leggi generali federali* (o dell'organo centrale, comunque lo si voglia chiamare) per tutto il territorio dello stato per assicurare *diritti civili minimi* ai cittadini di Milano come di Reggio Calabria, la cui concreta applicazione sarebbe da affidare a organi giudiziari ed esecutivi, anche qui, ovviamente, federali o centrali. Perché se, sulla base dell'esperienza nordamericana, sembra potersi dire che solo il federalismo assicura alla democrazia la sua massima estensione, resta il fatto che una soluzione federalista che da noi bistrattasse, ben più che l'attuale sistema, valori fondamentali quali, in particolare, la *sicurezza* e la *dignità umana,* sarebbe da respingere senza esitazione. E qui soccorre l'art. 41 della nostra costituzione che questi diritti garantisce, almeno sulla carta (un articolo che ha ricevuto quasi nessuna concreta applicazione nel nostro paese). Se poi il diritto alla dignità umana include anche, come dovrebbe, quello a *condizioni minime di decoro ambientale*, è facile constatare come e perché si hanno serie ragioni per temere il disastro: i piani regolatori delle città italiane sono stati non già imposti da « Roma Ladrona » ma, in buona sostanza, a parte alcune decisioni criminogene del Consiglio di Stato, liberamente scelti dai poteri locali; idem per intere catene di montagne sacrificate alla camorra dei costruttori. Tra l'altro, potrebbe rientrare tra queste leggi anche l'adozione della *public inquiry* in tema di opere pubbliche. Infine, precise regole garantistiche si imporrebbero anche in materia fiscale ad evitare che il contribuente venga derubato dai poteri locali più di quanto lo sia ora dal potere centrale. In mancanza, il *Far West* è assicurato: e se ora si rimpiangono gli ormai leggendari Uffici del Genio Civile, con un certo tipo di federalismo si corre il rischio di rimpiangere Tangentopoli. Pertanto, sarebbe opportuno introdurre, con gli opportuni adeguamenti e tenendo conto in particolare dell'esistenza di larghe regioni del paese controllate dalla criminalità organizzata, l'istituto del *recall* che consente, mediante referendum di *revocare in anticipo il mandato elettorale* a un amministratore inidoneo a ricoprire la carica alla quale è stato eletto. In soldoni: ad evitare che svaligi completamente la cassa o faccia disastri ancora più gravi di quelli che ha già provocati.

84. Ma ecco, per quel lettore che mi ha seguito fin qui, una ventata di aria fresca: non a caso quest'opera evoca il surrealismo di Max Ernst, presa d'atto della Follia dell'Uomo, e anche invito alla Ribellione, da inquadrare al tempo delle ideologie forti; eppure, essa si conclude in pieno *postmoderno*: di cui coglie tutto il messaggio. Sembra quindi potersi dire che il diritto non è che storia del suo svolgersi: cercarvi a tutti i costi la Ragione può essere altrettanto disperante che cercarla nell'avventura dell'uomo, dovuta, sembra, più allo *hasard* e alla *nécessité* di Jacques Monod che alle celestiali predestinazioni raffigurate da Luca Signorelli e Michelangelo Buonarroti. In ogni caso, il diritto come racconto e narrazione, meglio, come *storia del potere*, tipica della *common law*, rivela la straordinaria attualità e freschezza di quella grande tradizione giuridica. Da qui il passo verso la futurologia è breve: perciò, forse, non cade inopportuno concludere questi appunti con una schematica rassegna del pensiero di John Naisbitt — il più geniale tra i *top social forecasters* — nel suo ultimo saggio [1994]. Per lui, il mondo si muove all'insegna del paradosso globale, che è poi un altro modo di rilevarne la Follia. Un paradosso così come viene generalmente inteso indica una proposizione o formulazione che sembra contraddittoria o assurda, ma che invece è valida o vera. Diffuso in tutte le cose umane, dalla politica all'economia, il paradosso aiuta a ragionare: esso è la chiave per intendere le tendenze dell'era in cui stiamo entrando. Ad es., il fatto che quanto più estesa diventi l'economia mondiale tanto più potenti si fanno i piccoli protagonisti economici. Ed ecco le tendenze fondamentali intraviste da Naisbitt: (i) il pianeta conterrà un numero di paesi quasi dieci volte superiore a quello attuale; allo stesso tempo in cui diminuisce l'importanza dello stato nazionale, nascono incessantemente nuovi stati. Ci avviamo verso un mondo di 1000 paesi (i membri attuali delle N.U. sono 184); (ii) tramonto del governo centrale inteso come la parte più importante dello stato; (iii) scomparsa dei politici come li conosciamo attualmente. La politica riemerge come

il motore dell'individualismo; (iv) tendenza verso l'indipendenza politica da un lato e formazione di alleanze economiche dall'altro; (v) l'elettronica diviene, oltre che un linguaggio, una moneta comune; (vi) l'imprenditore diventa la figura centrale del prossimo secolo; le grandi imprese transnazionali si sottopongono alla frammentazione (*deconstruction*) per sopravvivere; (vii) media e piccola impresa assumono un ruolo dominante; (viii) la Cina diviene la più importante economia di mercato al mondo.
Ci sarà molto da fare per il giurista.

Reconstruction.

85. È questo il termine impiegato negli S.U. per definire il processo costituzionale, legislativo e amministrativo, ma anche morale e politico, di reintegrazione degli stati secessionisti nella federazione, iniziato dopo la fine della guerra civile. Si dice da noi che il paese non potrà riprendere il proprio cammino senza una grande ricostruzione morale. Ma in una società industriale dell'Occidente questo non avviene con i paternostri, ma *con le leggi* e con una amministrazione che le applichi; insomma, anche mediante un sistema di *controlli*, da noi ormai del tutto scomparsi. Per farla breve, la *reconstruction* non è immaginabile senza la creazione di uno *stato di diritto*, che abbia al suo centro una *tavola generale delle decenze*. Solo la costruzione, meglio, la invenzione, di uno stato di diritto nel nostro paese potrà avvicinare i cittadini alle istituzioni, e far nascere quella identità nazionale che una *forza legale priva di legittimità* come quella attuale rende impossibile.
1. Ma in una società democratica e pluralista, in cui cioè la comunità nazionale abbia deciso non già di farsi giustizia con le proprie mani, ma di affidare alla legge e al giudice la distribuzione del potere e la soluzione dei conflitti, il ruolo che la *scienza giuridica* è chiamata a svolgere è fondamentale. Ma non è che vada bene qualsiasi scienza: essa deve essere distaccata quel tanto dal potere — e, per così dire, transustanziata in quel minimo di *pietas* per il paese, di *compassion* per i più deboli, di senso della giustizia, di salda fede nei princìpi democratici, di forza di carattere e di *dignità* — da poterlo sfidare. Tutte cose di cui, salvo rare ed encomiabili eccezioni, da noi non si avverte neanche l'odore. E, per evitare equivoci, si aggiunge che *non esiste*

scienza al di fuori degli scienziati, ossia al di fuori degli uomini, che portano sempre nella loro scienza, grande o piccola che sia, in diritto come in economia o altrove, quel *quid* indefinibile che François Rabelais chiama *conscience*; che non si insegna a scuola, ma sulla quale si fonda, e che condiziona, oltre che il loro destino di uomini, anche la loro scienza. Questa parolina — non facile — indica, in questo contesto, a nostro parere, un certo tipo di *valori* e una certa concezione della vita e dei propri doveri di cittadino e di uomo; si direbbe, qualcosa che si sugge nell'aria, nella società o nel gruppo in cui si ha la fortuna di vivere; che, insomma, distingue, per dirla all'inglese, la *civilized person* da quella che tale non è. Vantiamo — su circa 53 mila docenti universitari — un'armata di eminenti eruditi, schiere interminabili di don Ferrante capaci di spaccare il capello in quattro in molti campi dello scibile, di librarsi in siderali astrazioni e in cosmogoniche e intricatissime interpretazioni da lasciare esterrefatti gli stranieri; a non parlare del lusso ineguagliato di citazioni e riferimenti. Ma da noi sono rari gli scienziati *civilized*: lo scienziato, anche bravissimo, non di rado è un « incolto », un poveruomo sul piano del retroterra culturale e caratteriale. Uno scienziato « incolto » è solo un apparente bisticcio: basta scorrere qualche pagina del *pamphlet* erasmiano per capire che si tratta troppo spesso di una triste realtà. Il fatto poi che il diritto non è altro che *una forma della politica*, pone al giurista nostrano problemi particolarmente gravi in una società sostanzialmente arretrata, clerico-fascistoide e, si direbbe, pecoreccia. Il tema della cultura generale del giurista va distinto da quello della sua competenza tecnica: vi hanno tra i giuristi notevoli conoscitori della civiltà politica e giuridica anglo-americana, che non riescono a nascondere una punta di emozione di fronte agli ideali di libertà dei giganti americani; che però allo stesso tempo fomentano le più ottuse, arretrate, ignoranti e incivili posizioni politiche nel nostro paese; quelle che anche un parroco di campagna spagnolo respingerebbe con disgusto. A parte i numerosissimi giuristi al *guinzaglio* di un capitalismo sudamericano come il nostro, il caso più grave è rappresentato da quei giuristi spregiatori, nei fatti, dei diritti dell'uomo, dell'imputato, del diritto inteso come strumento di giustizia. Schiere di *uncivilized* economisti nostrani, mesmerizzati da una concezione contadinesca e ormai superata del *pil*, dispregiano e negano i problemi dell'ambiente, che considerano un'americanata. E si potrebbe continuare all'infinito per illustrare quella carenza di base che, al confronto, definisce così negativamente, troppi dei nostri scienziati rispetto a quelli stranieri. Tema, questo, di drammatica importanza nel nostro paese, assai povero di tradizioni culturali liberali, o anche soltanto conservatrici degne del nome; insomma, in cui non esiste una moderna cultura industriale. Un giurista laico, uno cattolico ed uno musulmano sono portati a vedere nella legge, almeno in parte, la realizzazione delle loro convinzioni, ma essi si fanno del diritto un'idea sostanzialmente diversa: i valori che uniscono appaiono infinitamente minori di quelli che dividono: spesso sfociano in aperto conflitto. E quindi la formazione culturale del giurista diviene il problema di fondo, specie da noi in cui tra giuristi spesso manca l'accordo anche su valori minimi condivisi (abbiamo giuristi comunisti, fascisti, cattolici, monarchici (sic!), qualunquisti e idealisti napoletani; a completare la fiera delle diversità, spuntano ora anche giuristi musulmani). In parole povere, se si volesse fare del nostro un paese moderno avremmmo bisogno, sul piano degli uomini, di altri scienziati, con una diversa cultura e un diverso carattere: ancora una volta, si pone il problema di, come si dice, « implementare » il *piano de Franchis*.

2. D'altro canto, i nostri più o meno illustri costituzionalisti si trastullano con la forma di stato e quella di governo. Eppure, una riforma costituzionale che si limitasse al tetto della casa, cioè a stabilire chi, come e quando debba prendere il potere, sarebbe una ricetta per ulteriori disastri. In effetti, le costituzioni sono, come si dice, soltanto la punta dell'*iceberg*: vi è da noi sotto il pelo dell'acqua un groviglio di 150 mila (ma nessuno le ha mai contate) putride e pazzesche e criminose leggi, decreti e regolamenti e sentenze e procedure burocratico-giudiziarie a dir poco manicomiali. In altre parole, la nostra costituzione si adagia su un fondo melmoso che forma il più iniquo, ottuso e delinquenziale sistema giuridico (e amministrativo-giudiziario) mai visto in qualsiasi paese industriale dell'Occidente: un vero e proprio strumento persecutorio dei cittadini, oltre che monumento alla corruzione e alla più imbelle inefficienza. Ma, per smantellare questo « ordine » determinato in buona parte dalla nostra *status society*, ci vorrebbe un *movimento culturale* di politici e giuristi e economisti e ambientalisti e intellettuali riformatori, in qualche misura paragonabili (anche se da lontano) alle teste d'uovo raccoltesi a suo tempo attorno

al progetto riformatore del *New Deal* di F. D. Roosevelt: per attuare una *rivoluzione politica* che è sempre nei paesi democratici (e non) anche una *rivoluzione giuridica*. Ma dov'è tutto questo da noi? E qui ritorna ossessivo il tema della qualità, del carattere e della cultura degli uomini; insomma, di quel *quid* dal quale la scienza giuridica, al pari di quella politica o di qualsiasi altra, trae la sua vera essenza. Sia quindi consentito di esprimere i più fieri dubbi che il prevalente squallore culturale *e caratteriale* dei nostri giuristi possa contribuire alla *reconstruction* del paese.

L'urlo di Polifemo.

86. Alla fine di questo lungo viaggio che, per tanti versi, è stato un'odissea attraverso il *diritto inteso come storia dell'uomo*, non sembra fuori luogo un richiamo al primo grande viaggiatore della civiltà occidentale: a Ulisse e al suo periglioso ritorno a Itaca, la sua patria. Ma Ulisse appartiene a una civiltà pregiuridica: eppure, come scrive Fausto Codino nella sua prefazione all'Odissea: « Tanto Eumeo che Laerte hanno fiducia in un tipo di giustizia che era ignoto all'*Iliade*: in quell'equo e disinteressato tribunale divino nel quale solo un'umanità calpestata ha bisogno di sperare. Nell'*Iliade* si parla degli dèi, ma ognuno si fa giustizia da sé. Ora Eumeo crede che i pirati siano perseguitati dal timore dell'immancabile castigo divino, e Laerte dice che la fine dei pretendenti gli dimostra che gli dèi esistono. Qui sono anticipate credenze che solo ora affiorano, e annunciano la richiesta di istituti giuridico-statali e di una religione nuova, gli uni e l'altra comportanti garanzie per gli offesi » [Odissea, Einaudi, 1963, ed. 1989: XV]. Ed è un lungo e non meno periglioso viaggio quello dell'Occidente verso la civiltà del diritto: l'Ulisse moderno invoca il *writ of habeas corpus*, le *due process clauses* e l'aiuto di altri giganti, che non appartengono alla mitologia dell'Olimpo, ma a quella non meno grande della Rivoluzione Americana. Sembra appunto questo il destino dell'uomo moderno: che le sue avventure si debbano nutrire di un diritto che, da un lato, distribuisce il potere e risolve i conflitti e, dall'altro, crea altrettanti problemi di potere e altrettanti conflitti. Nell'Odissea (Libro, o Canto, IX), Polifemo, mostruoso gigante, cattura Ulisse e i suoi compagni, che comincia a divorare uno alla volta. Di notte, mentre il Ciclope è pro-

fondamente addormentato sotto l'effetto del vino, Ulisse e i suoi aguzzano un palo enorme che poi conficcano nell'unico occhio del mostro: l'urlo di Polifemo è terribile e scuote la terra e il mare per miglia e miglia. Ecco, a conclusione del suo lavoro, de Franchis vorrebbe che il diritto, il suo diritto, si trasformasse in quel palo di Ulisse, da far gridare di dolore la *zerocracy* che governa il paese. Naturalmente, un urlo, per quanto ciclopico possa essere, non porta uomini nuovi, né l'alternanza di governo. Ma siamo ancora a questo da noi: che non si è neanche d'accordo sull'urlo; per molti, anche dell'« opposizione », e perfino per i terroristi, il « laboratorio » va benissimo: si mettono bombe non per cambiare, ma perché nulla cambi. Pier Paolo Pasolini aveva immaginato un grande processo alla Democrazia Cristiana ritenuta responsabile del disastro: una specie di Norimberga italiana (ma senza condanne a morte; perché da noi non v'è peccato che non sia destinato ad essere perdonato, addirittura *in anticipo* della sua commissione se si è avuto cura di prevenire chi quel perdono può concedere). Ma si tratta di fantasie di poeta: il processo a un *potere* può essere fatto solo da un *contropotere*: se si svolge in un sistema democratico, esso deve rifarsi ad una *superiore legittimazione etica* ed ideologica. Questo da noi semplicemente non esiste da nessuna parte: né tra i partiti, *né altrove*: nessun potere, di qualsivoglia natura può parlare in nome della Legge, e tantomeno della Morale. Se al crollo del fascismo non si poteva cercare la Morale tra suoi complici, non ci si può aspettare di trovare ora l'Autorità tra quelle forze che hanno contribuito a dissolverla. Ci salvarono allora i fuorusciti liberaldemocratici, alla Gaetano Salvemini: ma ora dove sono? dov'è il governo in esilio di cui pure si era proposta la formazione in questi cinquant'anni? Si è detto che al processo di Norimberga è mancato un giudice imparziale; ma è una sciocchezza: esso non poteva e non doveva esserci: solo gli americani con l'etica della *rule of law* potevano processare i criminali nazisti in nome di quella *responsabilità dell'individuo per l'esecuzione degli ordini illegali*, che costituisce il dato di fondo della civiltà giuridica anglo-americana. Un'ideologia può essere processata solo in nome di una diversa e opposta ideologia: mille Hiroshima, mille tragedie, non inficiano la giustezza dell'idea liberaldemocratica, come mille atti di tolleranza del fascismo o del nazismo o del comunismo (ma per questi ultimi vi sono mai stati davvero?) non fanno di quelle delle ideologie meno ripugnanti. Ma torniamo al nostro giardino: Eugenio Scalfari in un suo recente articolo sulle vicende delle cooperative rosse riconosce — *belatedly* — che « un sistema corrotto fin nelle midolla è stato creato e mantenuto in piedi anche con quella che allora era l'opposizione » [*Il teorema e le prove*, in *la Repubblica*, 15 settembre 1995]. E basta questo per descrivere un *sistema giuridico*, a far capire la natura e i limiti della lotta alla criminalità organizzata che si poteva e si può menare nel nostro paese; comunque, sono parole che rendono giustizia a Leonardo Sciascia, vittima illustre del comunfascismo italiano; che, con i Professionisti dell'Antimafia, aveva denunziato la natura *consociativa*, corporativa e impiegatizia (sic!) del movimento; in cui, come accade inevitabilmente in una *status society* come la nostra, ogni gruppo — come i Verdi e i Sindacati — finisce per divenire una *lobby* rinnegando nei fatti la stessa ragione sociale per cui è nato. Come scrive Saverio Vertone: « Sciascia ha cercato il diritto e ha trovato soltanto e dovunque il potere (...) Non si è nascosto sotto le bandiere, non ha accettato la protezione dei nomi e ha rinunciato alle molteplici garanzie della affiliazione ideale (...) Ci sono più nobiltà, più intelligenza, più indicazioni utili nel suo disorientamento, più successo nella sua sconfitta, che nella mediocre chiarezza di quasi tutta la cultura italiana di questi anni » [1992: 97]. Ma cercare il diritto e trovare invece il potere è destino quotidiano del giurista: *il diritto è storia del potere.* Comunque, quest'opera vuole essere anche un *bill of indictment*, oltre che della classe dirigente (si fa per dire) in genere, in particolare della sinistra italiana. Come scrive Michaele Walzer: « La delusione è uno dei moventi più comuni che spingono ad esercitare la critica » [*L'Antica e Onorevole Compagnia dei critici della società*, in *il Mulino* 3/91: 385].

Stretta la foglia, larga la via, dite la vostra che ho detto la mia.

Post Scriptum.

L'uso del *rasoio di Occam*, largamente praticato in quest'opera, può dolere a chi, in qualsiasi modo faccia o si ritenga far parte del sistema: del resto, è difficile immaginare che chi ha ridotto, o contribuito a ridurre, il paese nelle condizioni in cui si trova sia disposto a guardarsi allo specchio, a vedervi il proprio volto ripugnante. Ma tra gli offesi vi saranno addirittura molti che sono portati da un rapporto subliminale a difendere chi li bistratta: come accade in qualsiasi regime che si rispetti. Vi è poi l'*ottimismo dei mascalzoni*, tipico degli uomini di potere, e degli amici dei *fratelli Somoza* che reggono questo paese: che, anche se portati per mano davanti a un cumulo di pattume, ne negheranno sempre l'esistenza. E sarà certamente augurabile che da noi non si riaffacci un novello Eracle che prometta di ripulire le stalle di Augia: però è importante sapere almeno dove siamo finiti se vogliamo capire da che parte andare. O come mai si può curare un malato senza sapere di cosa soffre? Ma già sono in molti a sostenere che il nostro paese non è affatto malato, che scoppia di salute e non ha bisogno né di medici, né di medicine; che, come hanno scritto e affermato « statisti » e economisti e giuristi e politici illustri e penne d'oro del giornalismo italiano, siamo il primo paese del mondo (in tutto), un paese felice, senza problemi, in cui altissima è la qualità della vita. Ovvero, come affermano altri (a volte si tratta delle stesse persone prese in diverse ore del giorno da un calo di adrenalina) che il paese è malato, malatissimo, in coma irreversibile e che è inutile star lì a perdere tempo a inventare ricette che non servono. Ma quest'opera non si rivolge né agli ottimisti né ai pessimisti, ma al lettore ragionevole e di buona volontà, nella convinzione che, da un canto, il nostro non è per nulla il primo paese del mondo, anzi, che la *qualità della vita* (difficile da definire « scientificamente », ma espressione significativa per chi voglia capire) è, infinitamente e senza alcun dubbio, *la peggiore tra quelle dei paesi industriali europei* e, dall'altro, che esso non è ancora morto; e che, comunque, ogni giorno, vi sono scelte da fare in cui si richiede l'uso della Ragione e anche un po' di *pietas* per il paese. Comunque, vi sono, nel testo, in determinate materie che attengono più da vicino alla politica italiana, delle *apparenti semplificazioni* relative alla nostra classe dirigente, nella quale ultima figurano, ovviamente, anche degli individui onesti, competenti, preparati, geniali, anzi addirittura dei geni: nella stessa misura e con gli stessi effetti sul prodotto finale in cui ve ne erano nel regime fascista, in quello nazista e in quello comunista. In un'epoca in cui gli « antifascisti » e gli intellettuali (o una parte di essi) celebrano l'antisemita Giuseppe Bottai, non sembra del tutto inutile ricordare che *quest'opera si colloca al di fuori del sistema di potere*, accademico e non, esistente nel paese: e ciò, se da un canto comporta non lievi svantaggi, tra cui quello di essere lasciati all'addiaccio, dall'altro consente di vedere il sistema-paese dall'esterno, nella sua globalità e con una nettezza diversamente impossibile. Un'altra apparente semplificazione è quella che vede nella « forza legale » un potere criminale: si tratta, ovviamente, a seconda dei casi, di criminalità attuale o *potenziale*; ma il fatto indiscutibile che da noi non vi sia stato di diritto accosta di molto la *status society* italiana alla società milanese del '600 descritta da Alessandro Manzoni (*I Promessi Sposi*, cap. I): forse mediocre romanzo, ma testo fondamentale per intendere talune caratteristiche attuali della società italiana, e della sua classe dirigente, dei suoi intellettuali. È probabile, anche, che — a parte l'aspetto tecnico — quest'opera riprenda alcuni motivi di fondo della polemica marainiana contro la *democrazia consociativa.*

1. In effetti siamo ancora a questo: con il Muro (1989) crolla il comunismo *per implosione* rivelandosi come la più tragica truffa ideologica e politica del XX secolo. Quel Muro è stata *la ragione prima* del regime italiano (*status society*) che dura ancora oggi; come uno spettro, esso continua a dominare la vita del nostro paese. E sarà anche vero che fino a quando non vi sarà un sistema bipartitico perfetto nessuno si sogna di sfidare l'impopolarità proponendo quelle sanguinose (sic!) misure che riportino l'Italia alla normalità. Ma ormai il paese è fatto: con tutto l'ottimismo di cui pure la politica ha bisogno, riesce difficile immaginare che anche un governo forte, fortissimo, anzi autoritario, possa riuscire nel compito (l'esempio delle dittature sudamericane non lascia dubbi in proposito).

2. Comunque, nonostante la viva opposizione di Mrs Thatcher, si riunifica la Germania: ancora una volta, questo paese dà prova della possanza della sua cultura industriale, economica *e giuridica.* Perché l'unificazione si è tradotta in formule giuridiche grandiose sul piano costituzionale, come pure su quello della privatizzazione dell'economia di stato: e qui può sembrare poco caritatevole immaginare come sarebbero andate le cose se fossero finite nelle mani dei nostri professori. Ma il *più spettacolare evento giuridico* della fine del secolo è passato inosservato da noi, dove pure la soggezione scientifica al giure teutonico supera ogni forma di ritegno. Ancora una volta, la Germania dà prova *della sua modernità* nella democrazia come, a suo modo, in passato, nella dittatura più feroce della storia. Nonostante uno sfrido, tut-

to sommato marginale, la classe dirigente tedesca si presenta al giudizio della Storia con uno successo incontestabile. Diversamente dagli *exploit* nostrani, consistenti nell'esportazione di colossali partite di mutande per signora firmate da egregi stilisti, l'esempio tedesco dimostra che, con *meno della metà* di quanto la nostra collettività nazionale ha gettatato in quella voragine senza fondo che è il Mezzogiorno, si può, in pochissimi anni, ma disponendo degli uomini e delle idee giuste, convertire una ben più vasta e disastrata regione in un'area ad altissima produttività con infrastrutture all'avanguardia. Però, poiché da noi si finge di non capire, si deve aggiungere che qui per uomini giusti si intendono *le buone leggi*, che tengano conto dell'interesse generale, e non quelle che, come da noi, si fanno per organizzare la rapina del denaro pubblico: l'art. 17 della legge 8 agosto 1995 (sic!) n. 341 in tema di lavori pubblici ne costituisce un pallido ma recentissimo esempio. Da noi, una classe dirigente degna del nome si presenterebbe alla comunità nazionale prospettando un *contratto con nuove e diverse leggi* che attuassero con uno stringente *sistema di controlli* una più decorosa gestione della cosa pubblica. Ma di questo non v'è traccia da nessuna parte.

3. Presidenzialismo (americano), semipresidenzialismo (francese), governo di gabinetto (britannico), semicancellierato (tedesco), governo assembleare all'italiana non sono che formule che non cambiano la sostanza delle cose. Resta nel paese un prevalente nocciolo duro di grossolana cultura clerico-fascista, preindustriale, una *ignorantissima borghesia* che quasi fisicamente trasuda un terribile puzzo di cacio pecorino; e un capitalismo rapinatore, una sinistra che si barcamena tra vaneggiamenti ecumenici e l'irresistibile impulso di accordarsi in ogni caso con chiunque abbia il potere. Solo l'analfabetismo politico dei nostri osservatori può consentire loro di confondere i *fratelli Somoza* nostrani con il thatcherismo britannico: magari a destra o al centro o anche a sinistra ve ne fosse soltanto un pizzico. Il fatto poi che tutte le forze politiche, gli economisti, come i giuristi, gli « scienziati della politica » e i « pensatori » diano per *immodificabili* proprio quelle costanti del sistema-paese che invece andrebbero radicalmente ribaltate è significativo dell'ormai scarsissimo margine di manovra lasciato alla politica da quel *labirinto armonico* che è la *status society* italiana.

4. Comunque, quello tedesco è un *case study* per quei pochi che da

noi parlano ancora del *problema meridionale*: al confronto, la nostra *zerocracy* del Nord e del Sud, berlusconiana, di centro e di sinistra, imprenditoriale e sindacale, professori in testa, dovrebbe trovare il coraggio di andare a nascondersi. Ebbene, a distanza di 7 anni dal crollo del Muro da noi si agitano (sembra) ben 26 partiti (vi è anche...il *Sì*), e non si intravede uno spiraglio di luce. Marco Pannella suggerisce una cura da cavallo, ossia un sistema elettorale maggioritario a turno unico che duri fino a quando i *fratelli Somoza* al potere non si facciano essi stessi, con le loro nequizie, ruberie e vessazioni, involontari artefici di quello scatto di dignità che potrebbe determinare una coerente opposizione, e quindi il bipartitismo. Come se una legge elettorale fosse da sola capace di far nascere quel bipartitismo di cui da noi nessuno vuol sapere: in un paese che, storicamente, passa dal *trasformismo* al *consociativismo*, la strada del maggioritario appare difficilissima. Peraltro, non sembra inutile ribadire che la assimilazione del *trasformismo liberale* al *consociativismo cattolico-comunista* appare storicamente non corretta: la differenza è abissale. Mentre il primo, che non escludeva ingredienti di mafiosità (del resto riscontrabili qualche decennio prima anche nelle grandi democrazie), si limitava ad un gioco che toccava i vertici del potere lasciando sostanzialmente intatte vastissime aree dell'organizzazione statale e della società civile (anzitutto per la diversa, *e minore*, influenza dei partiti, e poi anche per la scarsissima partecipazione dello stato nell'economia), il secondo appare come un autentico *regime*. D'altro canto, ai *nostalgici* del *governo assembleare* nostrano resta da ricordare che il sistema proporzionale, peraltro vigente in civilissimi paesi, essendosi *combinato* da noi con l'esistenza di un partito anti-sistema, ha prodotto, o consentito, quell'organizzazione criminale della « forza legale » sboccata poi nel crollo morale del paese. Altro che 8 settembre '43!: anche se ormai scomparso l'originario impedimento, un ritorno al proporzionale sembrerebbe una pessima ricetta: esso non farebbe altro che rafforzare le già verificatesi devianze e malformazioni morali e del costume, oltre che istituzionali ed economiche.

5. Chi guardi il paese dall'esterno, alle ormai invivibili città italiane da Tecnocity — declassata da Tangentopoli a Immondezzopoli (Milano) — a Torino-Genova-Firenze-Roma fino a punta Stilo, allo scempio del territorio e dell'immenso e straordinario, unico, patrimonio culturale nazionale (e dell'Occidente), è portato a pensare al *colossale suici-*

dio collettivo di tutto un popolo pervaso dal proposito di cancellare con le testimonianze del suo passato anche la sua stessa *identità nazionale*. Una *zerocracy* pubblica e privata, nazionale e locale, imprenditoriale e sindacale, giudiziaria e burocratica si comporta verso il paese come il peggiore degli eserciti di occupazione. Se si va a vedere la nostra politica, la nostra economia, e il nostro sociale non si tarda a scoprire che la maggior parte delle nostre leggi *sgrammaticate e manicomiali* sono il prodotto dei più possenti « cervelli » accademici nazionali. Solo carità di patria e mancanza di spazio consigliano di omettere il lungo catalogo delle compromissioni, della corruzione e della incompetenza della nostra scienza giuridica *messasi al servizio* del potere e in particolare *di un capitalismo sudamericano*. Ma non si può fare a meno di ricordare la perla delle *circoscrizioni elettorali extraoceaniche*: ma quale stima si può mai avere all'estero della nostra scienza giuridica quando se ne esce con delle trovate che farebbero scoppiare dal ridere un qualsiasi studente di università americano del I anno? A quanto sembra, da noi si richiedono dei « luminari » per fare assai male delle cose che altrove fanno assai meglio dei modesti contabili. Un'armata di eminenti protofisici si affanna al capezzale del paese malato: per fare un'operazione di ernia, per giunta sbagliata. Ecco, in riassunto, il contributo del professorato italiano alla cultura, alla politica, al *diritto* (sic!) del paese, alla sua economia, alla sua Morale. In effetti, in nessun paese industriale dell'Occidente come da noi *tutta l'Accademia italiana* si è così vergognosamente *sputtanata* col regime al di là di ogni pur tollerabile indecenza.

6. Perché se a leggere le cose scritte dai nostri studiosi durante il ventennio viene troppo spesso il voltastomaco, non si è mai vista in nessun paese del mondo industriale dell'Occidente una Accademia che si è tanto asservita al potere come quella italiana in tempi di libertà: di particolare gravità è il fatto che da noi *al di fuori dei professori non vi sono altri intellettuali*: manca, quindi, come pure si è spiegato, quella *riserva di uomini* alla quale, specie in periodi di crisi, si possa fare appello. Il comportamento del nostro professorato equivale ad un autentico *tradimento* nell'essersi prestato alla creazione di un *sistema* che, invece di coltivare le straordinarie qualità del nostro popolo, di civiltà, di umanità, di talento, le ha invece sepolte, represse o cancellate, fomentando i peggiori difetti del carattere nazionale a prezzo di un immenso spreco

di risorse umane e materiali; insomma, privandolo di una qualsiasi *guida* che non sia quella per il malfare. Gianfranco Pasquino afferma che: « la qualità di una democrazia dipende dalla qualità della sua classe dirigente »: appunto, appunto. Ma se è così la nostra è una condizione drammatica: tutta l'Accademia ha offerto copertura tecnica alle ribalderie e mascalzonate del potere. In questo senso, prendersela con gli *scalzacani* [cfr., per questo termine, A. Manzoni, *I Promessi Sposi*, cap. XIV], arrivati al potere al seguito di Berlusconi appare perfino ingiusto. Il fatto è che la partecipazione *en masse* dell'Accademia alla vita politica ed economica e a tutti i possibili traffici e più loschi affari — (si pensi, da ultimo, ai docenti universitari messisi a capo del *commando* che cerca vendetta contro il pool di Mani Pulite) — lungi dal favorire la modernizzazione del paese ne assicura invece il degrado morale, economico e politico. Ma cosa mai possono insegnare docenti del genere ai propri allievi se non il furto e la rapina? Gianfranco Pasquino denunzia una nuova ondata qualunquista [*La società contro la politica: un nuovo qualunquismo*, in *il Mulino* 5/95: 801]. Ma non è la società civile ad essersi messa contro la politica: è esattamente il contrario; e si confonde l'effetto con la causa. In realtà, oltre che ad una crisi di regime, si assiste al fallimento di una classe dirigente assai speciale — unica al mondo — che ha visto per mezzo secolo il paese guidato proprio da quelle « alte competenze politiche ' professionali ' » di cui parla l'autore. Che poi di fatto i nostri professori — come in Unione Sovietica — non hanno guidato un bel niente, ma si sono lasciati trascinare come cani al *guinzaglio* da forze più grandi di loro di cui si sono messi al servizio per denaro (sic!) e potere, appare anche più drammatico. I nostri economisti sembrano essere restati i soli nell'Occidente industriale a credere nel *pil* come sola misura della Ricchezza delle Nazioni. Un recente e autorevole rapporto della Banca Mondiale ha compilato una graduatoria che, in una assai diversa ottica, tiene conto, tra l'altro, delle risorse naturali, della tutela dell'ambiente, del livello di istruzione, etc.: l'Italia figura all'*ultimo posto* tra i primi 20 paesi industriali dell'Occidente [cfr. A. Zagorin, *Real Wealth of Nations*, in *Time*, October 2, 1995, p. 47]. E basta questo.

Può darsi che a taluni questa *postfazione*, e magari una buona parte dell'opera, appaia condita da una certa qual *captatio malevolentiae* e, per molti versi, sprezzante e sarcastica: insomma, una sfida. Comunque, se questa è l'impressione, essa è quella giusta; non vi è desiderio di *vouloir plaire*; se poi vi sono degli offesi — e si spera che siano tanti — ad essi si risponde con le parole di Lodovico Antonio Muratori:

> *E se talun si avesse a male, ch'io avessi impugnata la penna per combattere contro la giurisprudenza, quasiché io mi fossi accinto a screditar lei, e nello stesso tempo i suoi professori: io li farò processar come persone invidiose o nemiche del pubblico bene, da che non vogliono, che si rivelino le magagne della lor professione, e se ne proponga qualche rimedio: nel che ha interesse la Repubblica tutta.*
>
> *Dei difetti della giurisprudenza*, cap I.

o, dati gli uomini e i tempi, con quella stessa fragorosa pernacchia *dadaista* con cui si è annunciata la conclusione dell'opera.
In ogni caso, non v'è dubbio che la *mole prometeica* del lavoro compiuto riveli il peccato capitale di una *smisurata superbia*, il *toupet* di fare più e meglio di quanto sarebbe stato compito impari per *venti professori* inglesi-francesi-tedeschi-americani-italiani, con equipaggi e salmerie di assistenti, portaborse e bibliotecari, etc. Ma è superbia pagata a caro prezzo.

Al Maestro Ignoto.

In una *status society* totalizzante, in cui perfino i terroristi sono al soldo del potere, andarsi a chiedere perché da noi non vi sia polemica politica o di qualsiasi altro genere lontanamente paragonabile a quella esistente nel periodo prefascista (e, per alcuni versi, anche fascista) non ha troppo senso: se poi si pensa che quasi il 99 per cento degli intellettuali italiani (fatto unico al mondo) è costituito da professori universitari, ossia dal ceto prediletto del regime, che accorda loro stipendi e privilegi e licenze inaudite in qualsiasi paese mediamente civile, se si pensa che di essi la quasi totalità — incluso, o forse soprattutto, i « maestri » — è impigliata nei traffici che quel ceto inevitabilmente comporta, si capisce anche perché de Franchis abbia cercato inutilmente, tra quelli in circolazione, un maestro ideale al quale fare riferimento; una specie di Gaetano Salvemini, con la sua milizia di intransigenza morale e politica; maestro di sapere e di vita, di carattere e di coerenza, che all'intelligenza dei fatti accoppiasse l'impavido coraggio nel denunziare i misfatti, *polemista robusto e violento come si conviene.* Eppure, mai come ora da noi, la Ragione abbisogna di un certo qual *fondamentalismo*, di eresie e ribellioni, ben più che di compromessi e ipocrite tolleranze. È bensì vero che i tempi poco eroici che viviamo — specie da noi — non ci autorizzano ad esigere dai nostri uomini di spingere il loro amore per la libertà, la giustizia e la...decenza fino al parricidio di Bruto. Ma se i tempi sono poco eroici, essi sono anche oltremodo confusi: e quindi mai come ora si avrebbe bisogno di una qualche *guidance* che lasciasse intravedere se non la strada da prendere almeno quella da lasciare. Eppure all'autore (*ma faute*!) non è stato dato di ravvedere — al di là della *science* — quel tanto di carattere, di coraggio e di amor di patria che individua il Maestro. Chi guardi, non diciamo ai giganti americani, ma anche soltanto ai giudici della veneranda *Supreme Court* degli S.U. come pure ai pochi e ormai irripetibili eroi della nostra lotta antifascista può intendere quello che si vuol dire. Come ricorda Norberto Bobbio: « A Einaudi e Salvemini si deve se in una storia delle idee del primo decennio del secolo si possa far qualche posto, tra tante aberrazioni e infatuazioni e distrazioni, alle idee liberali e democratiche (...) entrambi furono ammiratori di Carlo Cattaneo e vollero apparire, se pur sotto aspetti diversi, prosecutori della sua opera » [*Profilo ideologico del '900*, Garzanti, 1990: 105]. E meno male: perché tra le tante *subcultures* espresse dai nostri intellettuali ci sarebbe da disperare. Comunque, sembra appena il caso di precisare perché tra queste due figure di grandi studiosi le simpatie dell'autore vadano tutte al polemista intransigente, al democratico radicale, al coraggioso combattente antifascista (e anticomunista) piuttosto che al rispettabilissimo ma, per qualche verso, pedante professore piemontese. Si dirà che altro è essere uomo di scienza, altro uomo d'azione: che la scienza è spassionata, e che bisogna guardarsi dalla « biologia socialista » del Dr. Lysenko (un grande « scienziato » comunista) e dagli imbroglioni di tutti i regimi che mescolano passione politica e impostura scientifica. Eppure, la rivoluzione americana (ma non solo quella) ci pone di fronte ad una scienza tanto grande quanto appassionata. Come si fa a capire la saga americana se si toglie la passione ai padri fondatori? In effetti, come osserva Erasmo, la scienza senza pathos è materia inerte quando pretende di interferire nel *pandemonium* degli uomini. Ma passione significa conflitto: qui la scienza è lo strumento per affermare lo spirito di indipendenza, l'amore per la libertà, la democrazia e una profonda religiosità della vita. E così si capisce, oltre alla ragione prima della grande rivoluzione americana, il conflitto tra federalisti e repubblicani, quello tra due grandi personalità come Alexander Hamilton e Thomas Jefferson. La stessa *Supreme Court* è il luogo in cui queste passioni (passioni politiche, passioni scientifiche) esplodono e si compongono, salvo a riaccendersi qualche tempo dopo. Del resto, Tocqueville aveva osservato che negli S.U. non c'è questione politica che presto o tardi non si proponga come questione giuridica. Il caso *Marbury* v. *Madison*, all'origine della *judicial review* costituzionale, non si capisce al di fuori di quel conflitto tra federalisti e repubblicani che doveva passare attraverso una sanguinosa guerra civile, costata 400 mila morti e 600 mila feriti, per completare la nascita della grande nazione americana. In realtà, non si è giurista degno del nome se non si è capaci di indignarsi (almeno scientificamente!); e fosse proprio da noi. In effetti, è proprio l'assenza di quella *agonistica* che Luigi Einaudi indica come ingrediente fondamentale della vita politica ed economica, a spiegare non poco le diversità della nostra scienza, dei nostri uomini e del nostro vivere quotidiano. Ma altri uomini fanno altra scienza: Alexander Hamilton, valoroso capitano dell'esercito rivoluzionario, aiutante di campo di George Washington, diviene uno dei padri fondatori della nuova repubblica, scrivendo con lo pseudonimo di *Publius*, assieme a James Madison e John Jay, quei *Federalist Papers* che si possono considerare come la summa del pensiero demo-liberale moderno: a conferma dell'epopea rivoluzionaria, egli muore in duello per mano del suo avversario politico Aaron Burr. Ma non è facile parlare dei giganti americani e di federalismo da noi dove ancora oggi si celebra, per fare un solo nome e di una sola parte, il « delirio filosofico di Giovanni Gentile » invece di nasconderlo come una vergogna di famiglia. Ma le ideologie e le filosofie sono il prodotto degli *uomini*; anzi non sono che una parte della loro natura; e quindi prima ancora che alla loro scienza bisognerebbe badare al loro *carattere*: ossia a tutte quelle cose che un uomo è ancor prima di avere imparato a compitare. Dobbiamo essere grati a Norberto Bobbio per averci aiutato a capire perché con i nostri

Murri, Oriani, Papini, Gobetti, Prezzolini, Malaparte, Gramsci, Bottai, Lelio Basso, Benedetto Croce, Alfredo Rocco, La Pira, Dossetti e Moro, Andreotti, etc. etc. da noi non solo non può esistere passione (scientifica) per la democrazia, la libertà e la giustizia, ma non siamo neanche capaci di far funzionare, non diciamo un aeroporto, ma anche soltanto la porta della toletta di un aeroporto.

PARTE VI

ITINERARIO BIBLIOGRAFICO

Preparato da Elfi Wilhelm-de Franchis.

1. *Opere di carattere generale.*

ABRAHAM, H. J.

1962 *The Judicial Process: An Introductoy Analysis of the Courts of The United States, England, and France*, 3rd ed., New York, London, Toronto, Oxford University Press, 1975, pp. XII-543.

ABRAHAM, L. A. and HAWTREY, S. C.

v. *infra*, Dizionari, etc., VI.2.

AGO, R.

1934-40 *Scritti sulla responsabilità internazionale degli Stati*, a cura di M. A. Di Blase et al., s.l. (ma: Napoli), Jovene, 1978, pp. 302.

1950 *Scienza giuridica e diritto internazionale*, Milano, Giuffrè, pp. 108.

AJELLO, N.

1979 *Intellettuali e Pci 1944-1958*, Bari, Laterza, pp. 567.

ALBERONI, F.

1976 *Italia in trasformazione*, Bologna, il Mulino, pp. 162.

1977 *Movimento e istituzione*, Bologna, il Mulino, pp. 421.

1982 *L'albero della vita*, 2ª ed., Milano, Garzanti, 1982, pp. 149.

ALBERT, M.

1991 *Capitalisme contre capitalisme*, Paris, Seuil, 1991; trad. it. di L. Lanini, *Capitalismo contro capitalismo*, Bologna, il Mulino, 1993, pp. 259.

ALDRIDGE, T. M.

1963 *Registers and Records - Sources of Information*, 3rd ed., London, Oyez Publishing, 1976, pp. XI-107.

ALEXANDROWICZ, C. H.

1962 *World Economic Agencies - Law and Practice*, London, Stevens & Sons, pp. XVII-310.

ALIGHIERI DANTE

1310-13 *Monarchia*, trad. e a cura di F. Sanguineti, Milano, Garzanti, 1985, pp. XXIII-163.

ALLEN, Sir C. K.

1927 *Law in the Making*, 7th ed., London, Oxford, New York, Oxford University Press, 1964, repr. 1969, pp. XL-649.

ALLSOP, K.

1976 *Local and Central Government*, London, Hutchinson, pp. 128.

ALLUM, P. A.

1973 *Italy - Republic Without Government?*, London, Weidenfeld and Nicolson, pp. XIV-267.

1979 *L'Italia tra crisi e emergenza*, Napoli, Guida, pp. 192.

ALPA, G.

1975 *Responsabilità dell'impresa e tutela del consumatore*, Milano, Giuffrè, pp. 551.

ALPA, G. e BESSONE, M.

1976 *La responsabilità del produttore*, Milano, Giuffrè, pp. VIII-283.

ALPA, G., PULITINI, F., RODOTÀ, S., ROMANI, G.

1982 (a cura di) *Interpretazione e analisi economica*, pref. di G. Calabresi, Milano, Giuffrè, pp. XI-662.

AMATO, L., DE CESARI, P., GASPARRO, G., TREVES, T.

1979 *La giurisprudenza italiana sul diritto del mare - Italian Cases on the Law of the Sea*, Milano, Giuffrè, pp. XIV- 261.

AMBROSOLI, L.

1982 *La scuola in Italia dal dopoguerra ad oggi*, Bologna, il Mulino, pp. 525.

AMENDOLA, G.

1975 *La normativa ambientale nei paesi della Comunità Europea - Acque - Inquinamento atmosferico*, Milano, Giuffrè, pp. XV-254.

1980 *Inquinamento idrico e legge penale*, Milano, Giuffrè, pp. 167.

1985 *In nome del popolo inquinato - Manuale giuridico di autodifesa ecologica*, Milano, Angeli, pp. 125.

AMODIO, E. e CHERIF BASSIOUNI, M.

1988 (a cura di) *Il processo penale negli Stati Uniti d'America*, Milano, Giuffrè, pp. LII-381.

AMOS, Sir M. S. and WALTON, F. P.

1935 *Amos and Walton's Introduction to French Law*, 3rd ed. by F. H. Lawson, A. E. Anton, L. Neville Brown, London, Oxford University Press, 1967, repr. 1969, pp. XV-412.

ANCEL, M.

1971 *Utilité et méthodes du droit comparé - Eléments d'introduction générale à l'étude comparative des droits*, Neuchatel, Editions Ides et Calends, pp. 138.

ANCEL, M. et RADZINOWICZ, L.

1959 (sous la direction de) *Introduction au droit criminel de l'Angleterre*, Paris, Les Editions de l'Epargne, pp. CI-306.

ANCEL, M. et SCHWARTZ, L. B.

1964 (sous la direction de) *Le système pénal des Etats-Unis d'Amérique*, Paris, Les Editions de l'Epargne, pp. XI-273.

ANDREATTA N., BIANCONI, S. et al.

1992 *Criminalità e Finanza*, Bologna, il Mulino, pp. 308.

ANDREWS, J. L., CHARPENTIER, A. A., MARKE, J. J., STERN, W. B.

v. *infra*, Guide bibliografiche, VI.7.

ANSON, Sir W. R.

1879 *Ansons's Law of Contract*, 23rd ed. by A. G. Guest, London, Oxford University Press, 1969, repr. 1971, pp. XLV-655.

ANTOLISEI, F.

1947-54 *Manuale di diritto penale*, 7ª ed. a cura di L. Conti, Milano, Giuffrè, 1975-77 (3 voll.).

AQUARONE, A.

1965 *L'organizzazione dello Stato totalitario*, 2ª ed., Torino, Einaudi, 1974; Repr. Einaudi, 1978 (2 voll.).

ARANGIO-RUIZ, G.

1979 *The U.N. Declaration on Friendly Relations and the System of the Sources of International Law*, with an Appendix on *The Concept of International Law and the Theory of International Organisation*, Alphen aan den Rijn, The Netherlands, Germantown, Maryland, USA, Sijthoff & Noordhoff, pp. XIII-341.

ARBASINO, A.

1977 *Fantasmi italiani*, Roma, Cooperativa Scrittori, pp. 430.
1978 *In questo stato*, 2ª ed., Milano, Garzanti, 1978, pp. 191.
1980 *Un paese senza*, Milano, Garzanti, pp. 353.

ARENA, A.

1951 *La polizza di carico e gli altri titoli rappresentativi di trasporto*, Milano, Giuffrè (2 voll.).

ARMINJON, P., NOLDE, Baron B., WOLFF, M.

1950-51 *Traité de droit comparé*, Paris, L.G.D.J. (3 vol.).

ARON, R.

1964 *La lutte de classes - Nouvelles leçons sur les sociétés industrielles*, Paris, Gallimard; trad. it. di F. Namer Airoldi, *La lotta di classe*, Milano, Edizioni di Comunità, 1967, pp. 285.

1965 *Démocratie et totalitarisme*, Paris, Gallimard, pp. 378; trad. it. di M. Lucioni, *Teoria dei regimi politici*, Milano, Edizioni di Comunità, 1973, pp. 308.

1977 *Plaidoyer pour l'Europe décadente*, Paris, Editions R. Laffont, pp. 511.

1981 *Le spectateur engagé*, s.l., Editions Julliard; trad.it. di M. Le Cannu, *L'etica della libertà - Memorie di mezzo secolo*, pref. di A. Ronchey, Milano, Mondadori, 1982, pp. XII-326.

ASCARELLI, T.

1952-54 *Saggi di diritto commerciale*, Milano, Giuffrè, 1955, pp. XV-619.

1954 *Corso di diritto commerciale - Introduzione e teoria dell'impresa*, 3ª ed., Milano, Giuffrè, 1962, pp. XII-461.

1954-59 *Problemi giuridici*, Milano, Giuffrè, 1959 (2 voll.).

ASCHERI, G.

1985 (a cura di) *Il processo*, Roma, Corso, pp. 187.

ASTOLFI, A.

1981 *Il contratto di joint venture - La disciplina giuridica dei raggruppamenti temporanei di imprese*, Milano, Giuffrè, pp. VIII-387.

ATIYAH, P. S.

1961 *An Introduction to the Law of Contract*, 2nd ed., Oxford, Oxford University Press, 1971, repr. 1977, pp. x-290.

AUBERT, V.

1969 (ed.) *Sociology of Law - Selected Readings*, Harmondsworth, Penguin Books, repr. 1975, pp. 367.

AULETTA, T. A.

1978 *Riservatezza e tutela della personalità*, Milano, Giuffrè, pp. 226.

AVRIL, P.

1972 *Les Français et leur Parlement*, Paris, Tournai, Éditions Casterman; trad. it. di M. Romei, *Il parlamento francese nella quinta Repubblica*, Milano, Edizioni di Comunità, 1976, pp. 153.

AVRIL, P., BONANNI, M., STACEY, F.

1978 *Governo, ministri, presidente*, a cura di M. Bonanni, Milano, Edizioni di Comunità, pp. 129.

BAADE, H. W.

1962 (ed.) *African Law - New Law For New Nations*, Dobbs Ferry, N.Y., Oceana, 1963, pp. 119.

BADIALI, G.

1976 *Legge italiana sul divorzio e diritto straniero*, Padova, Cedam, pp. VI-173.

BAGEHOT, W.

1867 *The English Constitution*, introd. by R. H. S. Crossman, s.l. (ma: London-Glasgow), Fontana-Collins, 1963, 11th impr. 1975, pp. 312.

BAGLIONI, G. e SANTI, E.

1982 (a cura di) *L'Europa sindacale agli inizi degli anni '80 (Francia - Germania - Gran Bretagna - Svezia - Belgio)*, Bologna, il Mulino, pp. 385.

BAIRATI, P.

1975 (a cura di) *I profeti dell'impero americano*, Torino, Einaudi, pp. XXIII-351.

BALLADORE PALLIERI, G.

1974 *Diritto internazionale privato italiano*, Milano, Giuffrè, pp. XII-375.

BAMBARA, A. e STASSANO, G.

1971 *I reati societari*, Milano, Pirola, pp. V-117.

BARILE, G.

1956-57 *Diritto internazionale e diritto interno* (Estratto dalla *Rivista di diritto internazionale*, fasc. 4, 1956 e fasc. 1, 1957), Milano, Giuffrè, 1964, pp. 142.

BARILE, P.

1986 *Istituzioni di diritto pubblico*, 6ª ed., Padova, Cedam, 1991, pp. XXXI-718.

BARNARD, D.

1974 *The Criminal Court in Action*, with an Appendix of Statutes comp. by A. Trollope, 2nd ed., London, Butterworths, 1979, pp. XVII-252.

BARZINI, L.

1964 *The Italians*, New York, Bantam Books, 1965, 4th pr., pp. XVI-367.

BASEVI, G. e SOCI, A.

1978 *La bilancia dei pagamenti italiana*, Bologna, il Mulino, pp. 254.

BATTAGLINI, M.

1988 (a cura di) *Napoli 1799 - I giornali giacobini*, Roma, Libreria Borzi, pp. XXX-381.

BATTISTI, F. M.

1982 *Sociologia dello scandalo*, pref. di F. Ferrarotti, Roma-Bari, Laterza, pp. XII-196.

BAUMAN, Z.

1973 *Culture as Praxis*, London, Routledge and Kegan Paul; trad. it. di F. Bassani, *Cultura come prassi*, Bologna, il Mulino, 1976, pp. 274.

BEER, S. H.

1965 *Modern British Politics - A Study of Parties and Pressure Groups*, 2nd ed., London, Faber and Faber, 1969, repr. 1971, pp. XII-432+XIV.

BENEVOLO, L.

1979 *La laurea dell'obbligo*, s.l. (ma: Roma-Bari), Laterza (i *Giornalibri* 1979, n. 4), pp. 149.

BENN, T.

1981 *Arguments for Democracy*, ed. by C. Mullin, Harmondsworth, Penguin Books, 1982, pp. XIV-257.

BENNATI, A.

1951 *Manuale di contabilità di stato*, 4ª ed., Napoli, Jovene, 1965, pp. XVI-481.

BENTIVOGLIO, L. M.

1958 *La funzione interpretativa nell'ordinamento internazionale*, Milano, Giuffrè, pp. IV-149.

BERLE, A. A., Jr. and MEANS, G. C.

1932 *The Modern Corporation and Private Property*, New York, Macmillan; trad. it. di G. M. Ughi, *Società per azioni e proprieta privata*, introd. di G.A. Brioschi, Torino, Einaudi, 1966, pp. XXX-368.

BERLINGIERI, F.

1978 *La disciplina della responsabilità del vettore di cose*, Milano, Giuffrè, pp. 209.

1981 *Corso di diritto marittimo*, Parte generale, Milano, Giuffrè, pp. 173, (App.).

BERTUZZI, A.

1980 *Il cittadino scomodo*, a cura di G. Medail, 2ª ed., Milano, Mondadori, 1980, pp. 187.

BES, J.

v. *infra*, Dizionari, etc., VI.2.

BEYLE, H.

v. *infra,* STENDHAL

BIAGI, E. e SCALFARI, E.

1981 *Come andremo a incominciare?*, Milano, Rizzoli, pp. 189.

BIANCHI D'ESPINOSA, L.

1969 *I contratti di borsa - Il riporto*, Milano, Giuffrè, pp. XI-780.

BIANCHI, G.

1981 *L'Italia dei ministeri: lo sfascio guidato*, Roma, Editori Riuniti, pp. 206.

BIBLIOGRAPHICAL GUIDE

v. *infra*, Guide bibliografiche, VI.7.

BISCARETTI DI RUFFÌA, P.

1969 *Introduzione al diritto costituzionale comparato*, 3ª ed., Milano, Giuffrè, 1974, pp. XII-557.

1977 (a cura di) *Problemi attuali del governo locale in alcuni Stati occidentali (Belgio, Francia, Rep. Federale Tedesca, Stati Uniti d'America)*, Milano, Giuffrè, pp. XXXII-617.

BLACK, H. C.

v. *infra*, Dizionari, etc. VI.2.

BLANCO WHITE, T. A., JACOB, R., DAVIES, J. D.

1970 *Patents, Trade Marks, Copyright and Industrial Designs*, 2nd ed., London, Sweet & Maxwell, 1978, pp. XII-178.

BOBBIO, N.

1958 *Teoria della norma giuridica*, Torino, Giappichelli, pp. 245.

1960 *Teoria dell'ordinamento giuridico*, Torino, Giappichelli, pp. 218.

1969-75 *Dalla struttura alla funzione - Nuovi studi di teoria del diritto*, Milano, Edizioni di Comunità, 1977, pp. 278.

1980a *Norma*, in *Enciclopedia Einaudi* 1977-81, vol. 9, pp. 876-907.

1980b *Pubblico-privato,* in *Enciclopedia Einaudi* 1977-81, vol. 2, pp. 401-415.

1989 *Hobbes*, Torino, Einaudi, pp. XVI-218.

1990 *L'età dei diritti*, Torino, Einaudi, pp. XXI-252.

1993 *Il dubbio e la scelta*, Roma, Nuova Italia Scientifica, pp. 231.

1994 *Destra e sinistra*, 2ª ed., Roma, Donzelli, 1995, pp. 133.

BOBBIO, N. e MATTEUCCI, N.

(diretto da) v. *infra*, Dizionari, etc., VI.2.: DIZIONARIO DI POLITICA

BOCCA, G.

1982 *In che cosa credono gli italiani?*, Milano, Longanesi, pp. 167.

BONELL, M. J.

1976 *Le regole oggettive del commercio internazionale - Clausole tipiche e condizioni generali*, Milano, Giuffrè, pp. 314.

BONVICINI, D.

1977 *Le «joint ventures»: tecnica giuridica e prassi societaria*, Milano, Giuffrè, pp. 651.

BORGHESI, D.

1980 *Contratto collettivo e processo*, Bologna, il Mulino, pp. 221.

BORRIE, G. J.

1962 *Commercial Law*, 4th ed., London, Butterworths, 1975, pp. LXI-396.

BORRIE, G. and DIAMOND, A. L.

1964 *The Consumer, Society and Law*, 3rd ed., Harmondsworth, Penguin Books, 1973, pp. 352.

BORSA, M. e DE BIASE, L.

1992 *Capitani di sventura*, Milano, Mondadori, pp. X-228.

BOUSSARD, J.-L.

1969 *L'enquête publique en Angleterre - Un moyen politico-juridique de contrôler l'Administration*, préf. de R. Drago, Paris, Presses Universitaires de France, pp. VI-163.

BOWETT, D. W.

1964 *The Law of International Institutions*, 3rd ed., London, Stevens & Sons, 1975, pp. XVII-382.

BRADBURY, P. L.

1973 *Cases and Statutes on Commercial Law*, London, Sweet & Maxwell, pp. XVI-176.

BRADSHAW, K. and PRING, D.

1972 *Parliament & Congress*, rev. ed., London, Quartet Books, 1973, pp. 412+App.

BRANCOLI, R.,

1993 *Il Ministero dell'Onestà - Come gli Stati Uniti si difendono dalla corruzione pubblica e come potrebbe farlo l'Italia*, Milano, Garzanti, pp. 279.

BRAUDEL, F.

1944-63 *Écrits sur l'histoire*, Paris, Flammarion, 1969, repr. 1977, pp. 315.

1979 *Civilisation matérielle, économie et capitalisme, XVe-XVIIIe siècle*, 2e éd., Paris, Armand Colin, 1980 (3 vol.).

BREWER, J. and STYLES, J.

1980 (eds.) *An Ungovernable People - The English and their Law in the Seventeenth and Eighteenth Centuries*, London, Melbourne, Sydney, Auckland, Johannesburg, Hutchinson, pp. 400.

BRODIE, P. R.

v. *infra*, Dizionari, etc. VI.2.

BROMLEY, P. M.

1957 *Bromley's Family Law*, 4th ed., London, Butterworths, 1971, repr. 1972, pp. LXXIX-561 (Suppl.).

BROWN, L. NEVILLE and GARNER, J. F.

1967 *French Administrative Law*, with the assist. of N. Questiaux, 2nd ed., London, Butterworths, 1973, pp. XVI-187.

BROWN, R. H.

1962 v. *infra*, Dizionari, etc., VI.2.

1968 *Marine Insurance*, vol. I: *The Principles*, 2nd ed., London, Witherby, 1973, pp. XI-244.

BROWNLIE, I.

1966 *Principles of Public International Law*, 2nd ed., London, Oxford Unviersity Press, 1973, pp. XXXVI-733.

BUCKLAND, W. W. and McNAIR, A. D.

1936 *Roman Law and Common Law - A Comparison in Outline*, 2nd ed., rev. by F. H. Lawson, London, Cambridge University Press, 1952, pp. XX-439.

BUÑUEL, L.

1982 *Mon dernier soupir*, Paris, Laffont; trad. spagn. di A. M. de la Fuente, *Mi ùltimo suspiro (Memorias)*, 1a ed., Barcelona, Plaza & Janes, 1983, pp. 251.

BUNYAN, T.

1976 *The History and Practice of the Political Police in Britain*, London, Melbourne, New York, Quartet Books, 1977, repr. 1978, pp. XI-324.

BUONOCORE, V., FANTOZZI, A., ALDERIGHI, M., FERRARINI, G.

1975 *Il leasing - Profili privatistici e tributari*, Milano, Giuffrè, pp. X-258.

BURIN DES ROZIERS, H.

1959 *La distinction du droit civil et du droit commercial et le droit anglais*, préf. de R. David, Paris, L.G.D.J., pp. V-194.

BUSINO, G.

1957-67 *Histoire et société en Italie*, s.l., Pauvierth, 1968, pp. 211.
1977 *Amministrazione*, in *Enciclopedia Einaudi* 1977-81, vol. 1, pp. 450-464.
1978 *Élite*, in *Enciclopedia Einaudi* 1977-81, vol. 5, pp. 315-338.
1981a *Ruolo-status*, in *Enciclopedia Einaudi* 1977-81, vol. 12, pp. 295-312.
1981b *Società*, in *Enciclopedia Einaudi* 1977-81, vol. 13, pp. 3-52.

BUXTON, R. J.

1970 *Local Government*, Harmondsworth, Penguin Books, pp. 287.

CAFAGNA, L.

1993 *La grande slavina - L'Italia verso la crisi della democrazia*, Venezia, Marsilio, pp. 203.

CALABRESI, G. and BOBBIT, P.

1978 *Tragic Choices - The conflicts society confronts in the allocation of tragically scarce resources*, New York, Norton, pp. 252.

CALAMANDREI, P.

1938-43 *Studi sul processo civile*, vol. V: *Teoria generale e metodo - Questioni di dottrina e di giurisprudenza - Legislazione comparata* (1938-1943), Padova, Cedam, 1947, pp. XV-335.
1944 *Istituzioni di diritto processuale civile secondo il nuovo codice*, Parte seconda: *Disposizioni generali* (*Le persone del processo*), Padova, Cedam, pp. VII-305.
1947-56 *Studi sul processo civile*, vol. VI: *Dottrina - Ricordi di giuristi*, Padova, Cedam, 1957, pp. XI-359.

CALAMARI, J. D. and PERILLO, J. M.

1970 *The Law of Contracts*, 2nd ed., St.Paul, Minn. West Publishing, 1977, pp. XLV-878.

CALANDRA, P.

1978 *Storia dell'amministrazione pubblica in Italia*, Bologna, il Mulino, pp. 523.

CALLENDER SMITH, R.

v. *infra*, SMITH, R. CALLENDER

CANOSA, R.

1993 *Milano nel Seicento*, Milano, Mondadori, pp. 332.

CANOSA, R. e FEDERICO, P.

1974 *La magistratura in Italia dal 1945 a oggi*, Bologna, il Mulino, pp. 476.

CANSACCHI, G.

1970 *Nozioni di diritto processuale civile internazionale*, Torino, Giappichelli, pp. 140.

CAPOTORTI, F.

v. *infra*, Codici, etc., VI.4: CONVENZIONE DI VIENNA

CAPPELLETTI, M.

1956-74 *L'educazione del giurista e la riforma dell'università (Studi - Polemiche - Raffronti)*, Milano, Giuffrè, 1974, pp. XII-286.

1957 *In memoria di Piero Calamandrei*, Padova, Cedam, pp. 95.

1962 *La testimonianza della parte nel sistema dell'oralità - Contributo alla teoria della utilizzazione probatoria del sapere delle parti nel processo civile*, rist., Milano, Giuffrè, 1974 (2 voll.).

1968 *Il controllo giudiziario di costituzionalità delle leggi nel diritto comparato*, 8ª rist., Milano, Giuffrè, 1979, pp. XII-134.

1968-72 *Giustizia e società*, Milano, Edizioni di Comunità, 1972, pp. 391.

1971 v. *infra*, Atti di convegni, etc., VI.3.

1978 (ed.) v. *infra*, Atti di convegni, etc., VI.3.

CAPPELLETTI, M. and JOLOWICZ, J. A.

v. *infra*, Atti di convegni, etc., VI.3.

CAPPELLETTI, M. and TALLON, D.

(eds.) v. *infra*, Atti di convegni, etc., VI.3.

CAPPELLETTI, M., MERRYMAN, J. H., PERILLO, J. M.

1965 *The Italian Legal System - An Introduction*, Stanford, California, Stanford University Press, repr. 1967, pp. XII-462.

CAPURSO, M.

1977 *I giudici della Repubblica - Giudici soggetti alla legge o giudici di fronte alla legge?*, Milano, Edizioni di Comunità, p. 115.

1979 *La Repubblica europea - La crisi dello stato nazionale nell'esperienza giuridica di un ventennio (1958-1978)*, Milano, Edizioni di Comunità, pp. 153.

CAPUTO, G.

1990 *Introduzione al diritto islamico*, Torino, Giappichelli, pp. 189.

CARACCIOLO, A.

1960 *Stato e società civile - Problemi dell'unificazione italiana*, 2a ed., Torino, Einaudi, 1968; Repr. Einaudi, 1977, pp. 170.

CARBONE, S. M.

1976 *Il trasporto marittimo di cose nel sistema dei trasporti internazionali*, Milano, Giuffrè, pp. XI-135.

1982 *La disciplina giuridica del traffico marittimo internazionale*, Bologna, il Mulino, pp. 249.

CARBONE, S. e LUZZATTO, R.

1984 *I contratti del commercio internazionale*, Torino, Utet (Estratto dal *Trattato di Diritto Privato*), pp. 113-177.

CARDINALI, G.

1968 *Le caratteristiche fondamentali del sistema bancario inglese*, Milano, Giuffrè, pp. XXIII-180.

CARDOZO, B. N.

1921 *The Nature of the Judicial Process*, New Haven and London, Yale University Press, 40th pr. 1978, pp. 180.

CARLI, G.

1977 *Intervista sul capitalismo italiano*, a cura di E. Scalfari, Roma-Bari, Laterza, pp. 131.

CARLI, G. e CAPRIGLIONE, F.

1981 *Inflazione e ordinamento giuridico*, Milano, Giuffrè, pp. 185.

CARNEVALI, U.

(a cura di), v. *infra*, Dizionari, etc., VI.2.: DIZIONARI DEL DIRITTO PRIVATO, vol. 3.

CARVER, T. G.

1885 *Carver's Carriage by Sea*, 12th ed. by R. Colinvaux, London, Stevens & Sons, 1971 (2 vols.) (British Shipping Laws, vols. 2 and 3).

CASAVOLA, F.

1985 *Identità, mutamento, ieri, oggi* (Estratto da *Studium*, fasc. n. 2/1985), Roma, Studium, pp. 142-145.

CASH, W.

1991 *Against a Federal Europe - The Battle for Britain*, London, Duckworth, pp. 138.

CASSESE, A.

1962 *Il diritto nel processo internazionale*, Padova, Cedam, pp. 303.
1984 *Diritto internazionale nel mondo contemporaneo*, Bologna, il Mulino, pp. 508.

CASSESE, S.

1968-74 *La formazione dello stato amministrativo*, Milano, Giuffrè, 1974, pp. 411.
1971 *Cultura e politica del diritto amministrativo*, Bologna, il Mulino, pp. 216.
1974 (a cura di) *L'amministrazione pubblica in Italia*, 2ª ed., Bologna, il Mulino, 1976, pp. 661.
1974-75 *L'amministrazione dello stato*, Milano, Giuffrè, pp. 315.
1978 (a cura di) *Guida alla Facoltà di Giurisprudenza*, Bologna, il Mulino, pp. 268.
1980 *Esiste un governo in Italia?*, Roma, Officina Edizioni, pp. 266.
1993 (a cura di) *I controlli nella pubblica amministrazione*, Bologna, il Mulino, pp. 240.

CASSONI, G.

1961 *L'adeguamento del diritto interno al diritto internazionale nell'ordinamento americano*, Milano, Giuffrè, pp. 77.

CASTELLANO, C., PACE, C., PALOMBA, G., RASPINI, G.

1968 *L'efficienza della giustizia italiana e i suoi effetti economico-sociali*, pref. di G. Demaria, 2ª ed., Bari, Laterza, 1970, pp. XI-340.

CATALDO NEUBURGER, L. DE

1988 *Psicologia della testimonianza e prova testimoniale*, pres. di F. Cordero, Milano, Giuffrè, pp. VII-377.

CATTANEO, C.,

1833-39 *Industria Scienza Nuova - Scritti 1833-1839*, a cura di D. Castelnuovo Frigessi, vol. I, Torino, Einaudi, 1972, pp. CVI-364.

1839-46 *Milano e l'Europa - Scritti 1839-1846*, a cura di D. C. Frigessi, vol. II, Torino, Einaudi, 1972, pp. 578.

1839-46 *Il 1848 in Italia - Scritti 1848-1851*, a cura di D. C. Frigessi, vol. III, Torino, Einaudi, 1972, pp. 346.

1852-64 *Storia universale e ideologia delle genti - Scritti 1852-1864*, a cura di D. C. Frigessi, vol. IV, 1972, pp. 504.

CAVANNA, A.

1979 *Storia del diritto moderno in Europa*, vol. I: *Le fonti e il pensiero giuridico*, Milano, Giuffrè, p. 709.

CAVAZZA, F. L.

1993 (a cura di) *La riconquista dell'Italia,* Milano, Longanesi, pp. 478.

CAVAZZUTI, F.

1988 *La regola e l'arbitrio*, Bologna, il Mulino, pp. 121.

CECIL, H.

1970 *The English Judge*, forew. by Lord Hailsham, rev. ed., London, Arrow Books, 1972, pp. 190.

CEDERNA, A.

1975 *La distruzione della natura in Italia*, Torino, Einaudi, pp. XX-374.

1991 *Brandelli d'Italia - Come distruggere il bel paese*, Roma, Newton Compton, pp. 391.

CERONETTI, G.,

1983 *Un viaggio in Italia*, Torino, Einaudi, pp. XII-290.

CERRI, A.

1973 *Imparzialità ed indirizzo politico nella pubblica amministrazione*, Padova, Cedam, pp. XI-267.

CERTOMA, G. L.

1985 *The Italian Legal System,* London, Butterworths, pp. V-520.

CHABOD, F.

1961 *L'Italia contemporanea (1918-1948)*, 18a ed., Torino, Einaudi, 1975, pp. 226.

CHALMERS, Sir M. D.

1894 *Chalmers' Sale of Goods Act, 1893 - Including the Factors Acts, 1889 & 1890,* 17th ed. by N. Mark with assist. from J. Mance, London, Butterworths, 1975, pp. XCVII-407.

CHAMBOST, E.

1977 *Guide des paradis fiscaux,* Paris, Tchou éditeur; trad. it. di M. Manzella Panno, *Guida ai paradisi fiscali,* a cura di F. G. Stevens, Milano, Mursia, 1978, pp. 200.

CHARLESWORTH, J.

1929 *Charlesworth's Mercantile Law*, 12th ed. by C. M. Schmitthoff and D. A. G. Sarre, London, Stevens & Sons, 1972, 3rd impr. 1974, pp. XLIX-485.

1932 *Charlesworth's Company Law*, 7th ed. by T. E. Cain, London, Stevens & Sons, 1960, pp. XXXVI-424.

CHELI, E.

1971-77 *Costituzione e sviluppo delle istituzioni in Italia*, Bologna, il Mulino, 1978, pp. 177.

CHESHIRE, G. C.

1925 *Cheshire's Modern Law of Real Property*, 11th ed by E. H. Burn, London, Butterworths, 1972, 2nd impr. 1974, pp. LIX-961+58.

1935 *Cheshire's Private International Law*, 11th ed. by P. M. North and J. J. Fawcett, London, Butterworths, 1987, pp. XCVIII-940.

CHESHIRE, G. C. and FIFOOT, C. H. S.

1945 *Cheshire and Fifoot's Law of Contract*, 8th ed. by G. C. Cheshire, C. H. S. Fifoot, M. P. Furmston, London, Butterworths, 1972, pp. LXXX-657+30.

CHESTERMAN, M.

1977 *Small Businesses*, London, Sweet & Maxwell, pp. XVII-267.

CHIODI, G. M.

1969 *La giustizia amministrativa nel pensiero politico di Silvio Spaventa*, pref. di A. G. Garrone, Bari, Laterza, pp. XIII-189.

CHLOROS, A. G.

v. *infra,* Guide Bibliografiche, VI.7: BIBLIOGRAPHICAL GUIDE

CHORLEY, Lord

1938 *Law of Banking*, ass. by J. Milnes Holden, 6th ed., London, Sweet & Maxwell, 1974, pp. XXXIII-425.

CHORLEY, Lord and GILES, O. C.

1947 *Chorley and Giles' Shipping Law*, 7th ed. by O. C. Giles, London, Pitman, 1980, pp. XXIX-457.

CHURCHILL, W. S.

1948-54 *The Second World War,* London, Cassell, 1964 (12 vols.).

COCKERELL, H.

1958 *Insurance*, 3rd ed., London, Hodder and Stoughton, 1976, pp. IX-237.

COHN, E. J.

1968-71 *Manual of German Law*, 2nd ed., Dobbs Ferry, N.Y., Oceana (2 vols.).

COLINVAUX, R., STEEL, D., RICKS, V. E.

1973 *Forms and Precedents*, London, Stevens & Sons (British Shipping Laws, vol. 6), pp. XXIV-334.

COLLETTA, P.

1834 *Storia del Reame di Napoli*, introd. e commento di C. Manfroni, Milano, Vallardi, rist. 1930 (2 voll.).

COLLETTI, L.

1980 *Tramonto dell'ideologia,* 2ª ed., Roma-Bari, Laterza, 1980, pp. 193.

1989 *Pagine di filosofia*, Milano, Rizzoli, pp. III-240.

COLLODI. C.

1883 *Le avventure di Pinocchio*, Milano, Valentina, 1982, pp. 193.

COLOMBOS, C. J.

v. *infra*, HIGGINS, R. and COLOMBOS, C. J.

COLTRO CAMPI, C.

1958 *I contratti di borsa al New York Stock Exchange*, pref. di M. Rotondi, Padova, Cedam, pp. XXII-317.

COMANDUCCI, P.

1978 (a cura di) *L'illuminismo giuridico - Antologia di scritti giuridici*, Bologna, il Mulino, pp. 217.

COMMONS, J. R.

1924 *Legal Foundations of Capitalism,* New York, Macmillan; trad. it. di E. Pisani, *I fondamenti giuridici del capitalismo*, a cura e introd. di G. Rebuffa, Bologna, il Mulino, 1981, pp. 465.

CONDORELLI, L.

1974 *Il giudice italiano e i trattati internazionali - Gli accordi self-executing e non self-executing nell'ottica della giurisprudenza*, Padova, Cedam, pp. 155.

CONSO, G.

1964 *Istituzioni di diritto processuale penale,* 3ª ed., Milano, Giuffrè, 1969, pp. 216.
1979 (a cura di) *Pubblico ministero e accusa penale - Problemi e prospettive di riforma*, Bologna, Zanichelli, pp. XX-273.

CONSTANT, B.

v. *infra*, FILANGIERI, G.

CONTE, G.

v. *infra*, Dizionari, etc., VI.2.

CONVENZIONE DI VIENNA

v. *infra*, Codici, etc., VI.4.

CORBINO, M. L.

1977 *Il problema delle « conferences » marittime*, Padova, Cedam, pp. 201.
1978 *I contratti di utilizzazione della nave e dell'aeromobile*, Padova, Cedam, pp. 174.

CORDERO, F.

1966 *Procedura penale*, 5a ed., Milano, Giuffrè, 1979, pp. 881.
1978 *Diritto*, in *Enciclopedia Einaudi* 1977-81, vol. 4, pp. 895-1003.
1981 *Riti e sapienza del diritto*, Roma-Bari, Laterza, pp. VI-810.

CORRADINI, D.

1974 *Storicismo e politicità del diritto*, Roma-Bari, Laterza, pp. 126.

CORSALE, M.

1970 *La certezza del diritto*, 2ª ed.: *Certezza del diritto e crisi di legittimità,* Milano, Giuffrè, 1979, pp. LIII-277.

COSSIGA, F.

1993 *Il torto e il diritto - Quasi un'antologia personale*, a cura di P. Chessa, Milano, Mondadori, pp. 293.

COTTA, M.

1979 *Classe politica e parlamento in Italia 1946-1976*, Bologna, il Mulino, pp. 376.

COTTINO, G.

1958 *Le convenzioni di voto nelle società commerciali*, Milano, Giuffrè, pp. XI-303.

COX, B., SHIRLEY, J., SHORT, M.

1977 *The Fall of Scotland Yard,* Harmondsworth, Penguin Books, pp. 220.

CRANSTON, R.

1978 *Consumer and the Law,* London, Weidenfeld and Nicolson, pp. XXXVI-514.

CREIFELDS, C.

v. *infra*, Dizionari, etc., VI.2.

CRISCUOLI, G.

1981 *Introduzione allo studio del diritto inglese - Le fonti*, pref. di X. Blanc-Jouvan, L. J. Constantinesco, J. L. De Los Mozos, P. Grossi, K. Lipstein, P. Rescigno, Milano, Giuffrè, pp. LX-593.

CROCE, B.

1924 *Storia del Regno di Napoli*, Bari, Laterza, 1953, pp. XI-442.

CROSS, A. R. N. and JONES, P. A.

1948 *Cross and Jones' Introduction to Criminal Law*, 8th ed. by P. A. Jones and R. Card, London, Butterworths, 1976, pp. XXVIII-474.

CROSS, Sir R.

1961 *Precedent in English Law*, 2nd ed., London, Oxford University Press, 1968, pp. IX-233.

1971 *Punishment, Prison and the Public - An Assessment of Penal Reform in Twentieth Century England by an Armchair Penologist* (23rd Hamlyn Lecture), London, Stevens & Sons, pp. XVI-192.

CROUCH, C.

1982 *Trade Unions: The Logic of Collective Actions*, s.l. (ma: London-Glasgow), Fontana-Collins, pp. 251.

CUMMINGS, G.

1963 *The Complete Guide to Investment*, 6th ed., Harmondsworth, Penguin Books, 1973, pp. 255.

CURZON, L. B.

1966 *Roman Law*, London, Macdonald & Evans, pp. XV-223.
1979 v. *infra*, Dizionari, etc., VI.2.

D'ADDIO, M. e NEGRI, G.

v., *infra,* HAMILTON, JAY e MADISON

DADOMO, C. and FARRAN, S.

1993 *The French Legal System*, London, Sweet and Maxwell, pp. XXXII-240.

D'AGOSTINO, F.

1987 *Sanzione e pena nell'esperienza giuridica*, Torino, Giappichelli, pp. 134.

D'ALBERTI, M.

1992 *Diritto amministrativo comparato - Trasformazione dei sistemi amministrativi in Francia, Gran Bretagna, Stati Uniti, Italia*, Bologna, il Mulino, pp. 174.

DAMAŠKA, M. R.

1986 *The Faces of Justice and State Authority*, New Haven, Yale University Press; trad. it. di A. Giussani e F. Rota, *I volti della giustizia e del potere - Analisi comparatistica del processo,* introd. di M. Taruffo, Bologna, il Mulino, 1991, pp. 406.

DANTE

v. *supra*, ALIGHIERI

D'ANTONIO, M.

1977 *La costituzione di carta*, Milano, Giuffrè, pp. VII-307.

D'AVACK, L.

1984 *Dal « Regno » alla « Repubblica » - Studi sullo sviluppo della coscienza costituzionale in Inghilterra*, Milano, Giuffrè, pp. 254.

DAVID, R.

1948 *Introduction à l'étude du droit privé de l'Angleterre*, avec la collab. de H. C. Gutteridge et de B. A. Wortley, Paris, Recueil Sirey, pp. 479.
1960 *Le droit français*, Paris, L.G.D.J. (2 vol.).
1964 *Les grands systèmes de droit contemporains*, 7ª éd., Paris, Dalloz, 1978, pp. 657; trad. it (sulla 4ª ed. 1971), *I grandi sistemi giuridici contemporanei*, sotto la dir. di R. Sacco, 2ª ed., Padova, Cedam, 1973, pp. X-545.
1965 *Le droit anglais*, 3ª éd., Paris, Presses Universitaires de France, 1975 (« Que sais-je? » No. 1162), pp. 128.
1973 *Les contrats en droit anglais*, avec la collab. de F. G. Kerstrat, Paris, L.G.D.J., pp. 482.
1977 *Diritto,* in *Enciclopedia Europea* 1976-81, vol. 4, pp. 169-172.
1982a *L'arbitrage dans le commerce international*, Paris, Economica, pp. 613.
1982b *Les avatars d'un comparatiste*, Paris, Economica, pp. 298.

DAVID, R. and DE VRIES, H. P.

1958 *The French Legal System - An Introduction to Civil Law Systems*, New York, Oceana, pp. 152.

DAVIES, J.

1975 *Legislative Law and Process in a Nutshell,* 2nd ed., St. Paul, Minn., West Publishing, 1986, 2nd repr. 1992, pp. XXV-346.

DAVIS, K. C.

1951 *Administrative Law Text*, 3rd ed., St. Paul, Minn., West Publishing, 1972, 2nd repr. 1975, pp. XVI-617.

DE FRANCHIS, F.

v. *infra*, Dizionari, etc., VI.2.

DE GENNARO, A.

1974 *Crocianesimo e cultura giuridica italiana*, Milano, Giuffrè, pp. XI-771.

DELAUME, G. R.

1953 *American-French Private International Law*, 2nd ed., New York, Oceana, 1961, pp. 221.

DEL BUONO, O.

1993 *La nostra classe dirigente*, Milano, Baldini & Castoldi, pp. 258.

DELL'OLIO, M.

(a cura di) v. *infra*, Dizionari, etc., VI.2.: DIZIONARI DEL DIRITTO PRIVATO, vol. 2.

DE MAURO, T.

1994 *Capire le parole*, Bari, Laterza, pp. XI-174.

DENNING, Sir A.

1949 *Freedom under the Law* (1st Hamlyn Lecture), London, Stevens & Sons, 10th impr. 1974, pp. VIII-126.

1955 *The Road to Justice*, London, Stevens & Sons, pp. VIII-118.

DENNING, Lord

1979 *The Discipline of Law*, London, Butterworths, pp. XXII-331.

1980 *The Due Process of Law*, London, Butterworths, pp. XVII-263.

DENTI, V.

1967-71 *Processo civile e giustizia sociale*, Milano, Edizioni di Comunità, 1971, pp. 167.

1972-81 *Un progetto per la giustizia civile*, Bologna, il Mulino, 1982, pp. 348.

DENZA, E.

1976 *Diplomatic Law*, Dobbs Ferry, New York, - The British Institute of International and Comparative Law, London.

DE SAINT-JUST

v. *infra*, SAINT-JUST, L. DE

DE SANCTIS, V.

1965 *Contratto di edizione - Contratti di rappresentazione e di esecuzione*, Milano, Giuffrè, pp. XII-419.

DE SIERVO, U.

1980 (a cura di) *Scelte della Costituente e cultura giuridica*, Bologna, il Mulino (2 voll.).

DE SMITH, S. A.

v. *infra*, SMITH, S. A. DE

DE TOCQUEVILLE

v. *infra*, TOCQUEVILLE, DE

DE VITA, A.

1969 *La proprietà nell'esperienza giuridica contemporanea - Analisi comparativa del diritto francese*, pres. di P. Rescigno, Milano, Giuffrè, pp. X-207.

DE VITI DE MARCO, A.

1930 *Un trentennio di lotte politiche: 1894-1922,* a cura di A. M. Fusco, Napoli, Giannini, 1994, pp. LXIV-522.

DEVLIN, Lord

1956 *Trial by Jury* (8th Hamlyn Lecture), rev. ed., London, Stevens & Sons, 1966, 5th impr. 1976, pp. VIII-216.

DE VRIES, H. P.

v. *infra*, VRIES, H. P. DE

D'HARMANT FRANÇOIS, A.

1968 *L'ordinamento sindacale negli Stati Uniti*, Padova, Cedam, pp. VIII-252.

DICEY, A. V.

1885 *An Introduction to the Study of the Law of the Constitution*, 10th ed., introd. by E. C. S. Wade, London, Macmillan, 1959, repr. 1975, pp. CCCXCVIII-535.

DI CIOLO, V.

1973 *Le fonti del diritto parlamentare - Introduzione - Testi normativi - Note di commento - Nota bibliografica*, 2ª ed., Milano, Giuffrè, 1975, pp. LXVIII-537.

DIETL, C. E.

v. *infra*, Dizionari, etc., VI.2.

DI FEDERICO, G.

1968 *Il reclutamento dei magistrati*, pref. di G. Martinoli, Bari, Laterza, pp. XV-157.

DI PALMA, G.

1977 *Surviving without Government - The Italian Parties in Parliament*, Berkeley, California, University of California Press; trad. it. di T. Viozzi, *Sopravvivere senza governare - I partiti nel parlamento italiano*, a cura di M. Cotta, Bologna, il Mulino, pp. 304.

DOMINICI, D.

1970 *Le commissioni parlamentari inglesi*, pref. di D. Pring, Milano, Giuffrè, pp. VIII-308.

DONATI, A.

1956 *Manuale di diritto delle assicurazioni private*, 2ª ed., Milano, Giuffrè, 1961, pp. 402.

DONDI, A.

1987 *(a cura di) Avvocatura e giustizia negli Stati Uniti*, Bologna, il Mulino, pp. 464.

DOYLE, Sir Arthur C.

1887 *Sherlock Holmes: The Complete Novels and Stories*, Ware, Hertfordshire, Wordsworth, 1986 (2 vols.).

DRAKE, C. D.

1972 *Law of Partnership,* 2nd ed., London, Sweet & Maxwell, 1977, pp. XX-266.

DUMAS, A.

1844 *Les trois Mousquetaires*, Paris, Librairie Générale Française, 1961, pp. 699.

DUTHEIL DE LA ROCHÈRE, J.

1979 *Le Royaume-Uni,* Paris, L.G.D.J., pp. VII-418.

DWORKIN, R.

1985 *A Matter of Principle*, Harvard, Harvard University Press; trad. it. di E. D'Orazio, *Questioni di principio*, a cura di S. Maffettone, Milano, Mondadori, 1990, pp. VII-403.

1986 *Law's Empire,* Cambridge, Belknap Press; trad. it. di L. Caracciolo di San Vitale, *L'impero del diritto*, a cura di S. Frega, Milano, Mondadori, 1989, pp. VII-426.

EDDY, J. P.

1967 *I Know my Rights - The Citizen's Charter,* London, Wolfe Publishing, pp. 192.

EGBERT, L. D. and MORALES-MACEDO, F.

v. *infra*, Dizionari, etc., VI.2.

EHRENZWEIG, A. A.

1977 *Law: A Personal View*, ed. by M. Knight, Leyden, Sijthoff, pp. XVIII-163.

EINAUDI, L.

1959 *Prediche inutili*, nota introd. di L. Valiani, Torino, Einaudi, 1974, pp. IX-423.
1942-43 *Memorandum*, a cura di G. Berta, Venezia, Marsilio, 1994, pp. 120.

ELLIOT, F.

v. *infra*, Dizionari, etc., VI.2.

EMMINS, Ch. J.

1981 *A Practical Approach to Criminal Procedure*; 5th ed.: *Emmins on Criminal Procedure* by Ch. J. Emmins and J. Sprack, 1992, repr. 1993, pp. XLIII-521.

ENGLISH JUSTICE

1932 *English Justice by « Solicitor »*, 2nd ed., London, Routledge and Sons, 1935, pp. XI-249.

EPSTEIN, D. G.

1973 *Debtor-Creditor Law in a Nutshell*, 4th ed., St.Paul, Minn., West Publishing, 1991, 1st repr. 1992, pp. XXXVIII-401.

EPSTEIN, D. G. and NICKLES, S. H.

1976 *Consumer Law in a Nutshell*, 2 ed., St.Paul, Minn., West Publishing, 1981, 5th repr., 1991, pp. XXXVI-418.

EUROPA IN TASCA

v. *infra*, Almanacchi, etc., VI.6.

EVANS, J. M.

1976 *Immigration Law,* London, Sweet & Maxwell, pp. XV-152.

EVERSHED, Lord

1956 *The Practical and Academic Characteristics of English Law*, Lawrence, Kansas, University of Kansas Press, pp. 51.

EVERYMAN'S UNITED NATIONS

v. *infra*, Almanacchi, etc., VI.6.

FABBRINI, S.

1993 *Il presidenzialismo degli Stati Uniti*, Roma-Bari, Laterza, pp. 246.

FAITH, N.

1973 *Money Matters*, London, Hamish Hamilton, pp. IX-214.

FALCONE, G.

1991 *Cose di Casa Nostra*, in collab. con e prologo di M. Padovani, Milano, Rizzoli, 1992, pp 175.

FALZONE, G.

1953 *Il dovere di buona amministrazione,* Parte I, Milano, Giuffrè, pp. 161.

FALZONE, V., PALERMO, F., COSENTINO, F.

1948 (a cura di) *La costituzione della Repubblica italiana - Illustrata con i lavori preparatori e corredata da note e riferimenti*, 4ª ed., Milano, Mondadori, 1976, pp. 506.

FARNSWORTH, E. A.

1963 *An Introduction to the Legal System of the United States*, corr. 1st ed. , s.l. (ma: Dobbs Ferry, N.Y.), Oceana, 1975, pp. 184; trad. it. di R. Clarizia, *Introduzione al sistema giuridico degli Stati Uniti d'America*, introd. di P. Rescigno, Milano, Giuffrè, pp. XVIII-196.

1968 *Cases and Materials on Commercial Paper*, 2nd ed., Mineola, N.Y., The Foundation Press, 1976, pp. XXV-496.

FARNSWORTH, E. A. and HONNOLD, J.

1965 *Cases and Materials on Commercial Law*, 3rd ed., Mineola, N.Y., The Foundation Press, 1976, 2nd repr. 1978, pp. XXXI-1147.

FARNSWORTH, E. A., YOUNG, W. E., Jr., JONES, H. W.

1965 *Cases and Materials on Contracts*, 2nd ed., Mineola, N.Y., The Foundation Press, 1972, 7th repr. 1978, pp. XXXVIII-1036.

FASCE, F.

1993 *Una famiglia a stelle e strisce - Grande Guerra e Cultura d'Impresa in America,* Bologna, il Mulino, pp. 252.

FASSONE, E.

1980 *La pena detentiva in Italia dall'800 alla riforma penitenziaria*, Bologna, il Mulino, pp. 299.

FAZZALARI, E.

1975 *Istituzioni di diritto processuale*, Padova, Cedam, 1989, pp. XXVII-711.

FEDELI, F.

1966-78 *Polizia e democrazia,* pref. di S. Rodotà, s.l., Edizioni Studio Tesi, 1978, pp. X-177.

FERRARESI, F. e SPREAFICO, A.

1975 (a cura di) *La burocrazia*, Bologna, il Mulino, pp. 515.

FERRARINI, S.

1971 *Le assicurazioni marittime*, Milano, Giuffrè, pp. XX-386.

FERRARINI, S. e RIGHETTI, G.

1970 *Appunti di diritto della navigazione, Parte speciale - I*, nuova ed., Torino, Giappichelli, 1981, pp. 152.

FERRAROTTI, F.

1972 (a cura di) *La sociologia del potere*, Bari, Laterza, pp. XXXV-434.
1990 *L'Italia in bilico*, Bari, Laterza, pp. 255.

FERRI, G.

1950 *Manuale di diritto commerciale*, 2ª ed. , Torino, Utet, 1960, rist. 1961, pp. XXVIII-770.

FILANGIERI, G.

1780 *La scienza della legislazione - Commento sulla scienza della legislazione di Benjamin Constant*, a cura di V. Frosini, Roma, Istituto Poligrafico, 1984 (2 voll.).

FINCH, J. D.

1970 *Introduction to Legal Theory*, London, Sweet & Maxwell, pp. VIII-145.

FINER, S. E.

1970 *Comparative Government*, Harmondsworth, Penguin Books, 1974, pp. XII-615

FIRPO, L.

1993 *Il processo di Giordano Bruno*, Roma, Salerno Editrice, pp. XXVI-378.

FISHER, H. A. L.

1935 *A History of Europe*, s.l. (ma. London-Glasgow), Fontana Collins, 1960, 16th impr. 1976 (2 vols).

FISICHELLA, D.

1982 *Elezioni e democrazia - Un'analisi comparata*, Bologna, il Mulino, pp. 318.

FITZWALTER, R. and TYALOR, D.

1981 *Web of Corruption - The Story of J. G. L. Poulson and T. Dan Smith,* London, Toronto, Sydney, New York, Granada, pp. 282.

FLEMING, J. G.

1967 *An Introduction to the Law of Torts*, London, Oxford University Press, repr. with corr. 1969, pp. VI-230.

FLORA, P. e HEIDENHEIMER, A. J.

1981 *(a cura di) The Development of Welfare State in Europe and America*, New Brunswick, N. J., Transaction Books, 1981; trad. it. *Lo sviluppo del Welfare State in Europa e in America*, Bologna, il Mulino, 1983, pp. 499.

FLORIO, F.

1962 *Nozioni di diplomazia e diritto diplomatico*, 2ª ed., Milano, Giuffrè, 1978, pp. XII-386.

FORBES, T.

1970 *Divorce Law*, London, Macdonald & Evans, pp. XVI-200.

FORTSTHOFF, E.

1964 *Rechtsstaat im Wandel*, Stuttgart, Kohlhammer; trad. it. di L. Riegert e C. Amirante, *Stato di diritto in trasformazione*, a cura di C. Amirante, Milano, Giuffrè, 1973, pp. XXXIV-306.

FOSSATI, G. e PORRO, A.

1974 *Il factoring - Aspetti economici, finanziari e giuridici*, 2ª ed., Milano, Giuffrè, 1980, pp. XII-334.

FRANCESCHELLI, R.

1935 *Il « trust » nel diritto inglese,* pref. di M. Rotondi, Padova, Cedam, pp. XXX-591.

FRANK, W. F.

1957 *The General Principles of English Law*, 5th ed., London, Harrap, 1971, repr. 1972, pp. 219.

FREDDI, G.

1968 *L'analisi comparata dei sistemi burocratici pubblici*, Milano, Giuffrè, pp. 188.

FRIEBEL, I. and HÄNDEL, H.

(eds.) v. *infra*, Dizionari, etc., VI.2.: BRITAIN-USA NOW

FRIEDMAN, A.

1988 *Agnelli and the Network of Italian Power*, London, Harrap, pp. VII-304; trad. it. di E. Sacchi, *Tutto in famiglia*, Milano, Longanesi, pp. 142.

1989 *Ce la farà il capitalismo italiano?*, Milano, Longanesi, pp. 283.

FRIEDMANN, W.

1944 *Legal Theory*, 5th ed., New York, Columbia University Press - London, Stevens & Sons, 1967, pp. XX-607.

1959 *Law in a Changing Society*, 2nd ed., Harmondsworth, Penguin Books, 1972, pp. 580.
1971 *The Future of the Oceans*, London, Dobson, repr. 1972, pp. IX-132.

FRIGNANI, A.

1974 *L'injunction nella common law e l'inibitoria nel diritto italiano*, Milano, Giuffrè, pp. XX-666.
1981 *Il cash & carry nella teoria dell'impresa di commercio all'ingrosso*, Milano, Giuffrè, pp. 298.

FRIGNANI, A. e WAELBROECK, M.

1976 *Disciplina della concorrenza nella CEE*, pres di F. Capotorti, Napoli, Jovene, pp. XXIV-425.

FROSINI, V.

1970-75 *Costituzione e società civile*, 2ª ed., Milano, Edizioni di Comunità, 1977, pp. 203.
1981 *Il diritto nella società tecnologica*, Milano, Giuffrè, pp. VII-332.
1993 *Teoria e tecnica dei diritti umani*, (Scritti 1983-93), Napoli, Edizioni Scientifiche Italiane, pp. 150.
1994 *La lettera e lo spirito della legge*, Milano, Giuffrè, pp. X-152.

FUCINI, R.

1878 *Napoli a occhio nudo*, introd. di A. Ghirelli, Torino, Einaudi 1976, pp. XXXI-125.

FUSCO, A. M.

1972 *Sulla storiografia dell'economia*, Napoli, Giannini, pp. IX-261.
1979 *Giuseppe Palmieri e la scienza economica del tempo suo*, Napoli, Giannini, pp. VII-297.
1984 *Tra presente e passato*, Napoli, Giannini, pp. 391.

GADAMER, H. G.

1989 *Das Erbe Europas*, Frankfurt a. M., Suhrkamp; trad. it. di F. Cuniberto, *L'eredità dell'Europa*, Torino, Einaudi, pp. XII-143.

GAETA, L.

1986 *Infortuni sul lavoro e reponsabilità civile alle origini del diritto del lavoro*, Napoli, Edizioni Scientifiche Italiane, pp. 150.

GAJA, G.

1971 *La deroga alla giurisidizione italiana*, Milano, Giuffrè, pp. VIII-394.

GALASSO, G.

1974 *Potere e istituzioni in Italia - Dalla caduta dell'Impero romano ad oggi*, 2ª ed., Torino, Einaudi, 1975, pp. XIII-342.
1982 *Napoli spagnola dopo Masaniello*, Firenze, Sansoni (2 voll.).

GALGANO, F.

1976 *Storia del diritto commerciale*, Bologna, il Mulino, pp. 180.

GALGANO, F., CASSESE, S., TREMONTI, G., TREU, T.

1993 *Nazioni senza ricchezza - ricchezze senza nazioni,* Bologna, il Mulino, pp. 112.

GALLI, G.

1990 *Storia dei partiti politici europei*, Milano, Rizzoli, pp. 340.
1991 *Affari di stato*, Milano, Kaos, pp. 302.

GALLI, G. e NANNEI, A.

1980 *Italia, Occidente mancato*, Milano, Mondadori, pp. 359.

GALLI DELLA LOGGIA, E.

1986 *Lettera agli amici americani*, Milano, Mondadori, pp. 130.

GANZ, G.

1974 *Administrative Procedures*, London, Sweet & Maxwell, pp. XV-118.

GARDINER, G. and MARTIN, A.

1963 (eds.) *Law Reform Now*, London, Gollancz, 2nd impr. 1964, pp. X-302.

GARDNER, J. A.

1980 *Legal Imperialism - American Lawyers and Foreign Aid in Latin America*, Madison, Wisconsin, The University of Wisconsin Press, pp. XII-401.

GARNER, J. F.

1963 *Administrative Law,* 4th ed., London, Butterworths, 1974, pp. XLVII-492.

GELLHORN, E.

1976 *Antitrust Law and Economics in a Nutshell*, 3rd ed., St. Paul, Minn., West Publishing, 1986, 4th repr. 1993, pp. XXIX-472.

GELLHORN, E. and PIERCE, R. J., Jr.

1982 *Regulated Industries in a Nutshell*, 2nd ed., St. Paul, Minn., West Publishing, 1987, pp. XXXIX-389.

GERELLI, E.

1974 *Economia e tutela dell'ambiente*, Bologna, il Mulino, pp. 124.

GERMANI, G.

1975 *Autoritarismo, fascismo e classi sociali*, Bologna, il Mulino, pp. 306.

GHIDINI, G.

1977 *Per i consumatori*, pref. di A. Giolitti, Bologna, Zanichelli, pp. XI-132.

GHISALBERTI, C.

1974 *Storia costituzionale d'Italia 1849-1948*, Roma-Bari, Laterza, pp. XIII-460.
1979 *Unità nazionale e unificazione giuridica in Italia - La codificazione del diritto nel Risorgimento*, Roma-Bari, Laterza, pp. XII-326.

GIANFORMAGGIO BASTIDA, L.

1973 *Gli argomenti di Perelman - Dalla neutralità dello scienziato all'imparzialità del giudice*, Milano, Edizioni di Comunità, pp. 232.

GIANNINI, A.

v. *infra*, Codici, etc., VI.4.

GIANNINI, M. S.

1970 *Diritto amministrativo*, Milano, Giuffrè (2 voll.).

GIGLIOLI, P. P.

1979 *Baroni e burocrati - Il ceto accademico italiano*, Bologna, il Mulino, pp. 232.

GILMORE, G. and BLACK, C. L., Jr.

1957 *The Law of Admiralty*, 2nd ed., Mineola, N.Y., The Foundation Press, 1975, pp. XXI-1101.

GILSON, B.

1969 *Inexécution et résolution en droit anglais*, prèf. di A. David, Paris, L.G.D.J., pp. III-251.

GINSBERG, M.

1965 *On Justice in Society,* Harmondsworth, Penguin Books, repr. 1971; trad. it e a cura di V. Ferrari, *La giustizia nella società*, Milano, Giuffrè, 1981, pp. XLVIII-305.

GINSBORG, P.

1994 (a cura di) *Stato dell'Italia,* Milano, Mondadori, pp. 704.

GIOFFREDI, C.

1970 *I principi del diritto penale romano*, Torino, Giappichelli, pp. 142.

GIUGNI, G.

1960 *Introduzione allo studio della autonomia collettiva*, Milano, Giuffrè, rist. 1977, pp. 164.
1979 (diretto da) *Lo statuto dei lavoratori - Commentario*, Milano, Giuffrè, pp. 771.

GIULIANO, M.

1974 *Diritto internazionale*, Milano, Giuffrè (2 voll.).

GLANVILLE L. WILLIAMS

v. *infra*, WILLIAMS, GLANVILLE L.

GLOBAL 2000 REPORT

v. *infra*, Atti di convegni, etc. VI.3.

GOBETTI, P.

1924 *La rivoluzione liberale*, Torino, Einaudi, 1950, pp. 202.

GOLDBERG, S. H.

1982 *The first Trial (Where do I sit? What do I say?) in a Nutshell*, St. Paul, Minn., West Publishing, 5th repr. 1992, pp. XIII-396.

GOLDSCHMIDT, H. W.

1937 *English Law from the Foreign Standpoint*, London, Pitman & Sons, pp. XVIII-258.

GOLDSCHMIDT, J.

1944 *Problemas Generales del Derecho - Obra postuma*, Buenos Aires, Editorial Depalma; trad. it. di T. Ravà, *Problemi generali del diritto*, pref. di E. J. Couture, app. di R. Treves, Padova, Cedam, 1950, pp. X-144.

GOODE, R. M.

1982 *Commercial Law*, Harmondsworth, Penguin Books-Allen Lane, pp. 1119.

GOODHART, A. L.

1926-30 *Essays in Jurisprudence and the Common Law*, London, Cambridge University Press, 1931; repr. London, Wildy & Sons, 1972, pp. XIII-295.

GORLA, G.

1948 *Commento a Toqueville - « L'idea dei diritti »*, Milano, Giuffrè, pp. 345.

1955 *Il contratto - Problemi fondamentali tratti con il metodo comparativo e casistico*, Milano, Giuffrè (2 voll.).

1963 *Diritto comparato*, Milano, Giuffrè (Estratto dal dodicesimo volume dell'*Enciclopedia del Diritto* 1958-81), pp. 19.

1981 *Diritto comparato e diritto comune europeo*, Milano, Giuffrè, 1981, pp. IV-918.

1983 *Il diritto comparato in Italia e nel « mondo occidentale » e una introduzione al « dialogo civil law - common law »*, Milano, Giuffrè (Estratto da *Cinquanta anni di esperienza giuridica in Italia)*, pp. I-IX, 468-628.

GORRESIO, V.

1980 *La vita ingenua*, 2ª ed., Milano, Rizzoli, 1980, pp. 255.

GORZ, A.

1975 *Ecologie et politique*, Paris, Editions Galilée; trad. it. di M. G. Camici, *Ecologia e politica*, rev. di A. Amalfitano e A. G. Farmeschi, Bologna, Cappelli, 1978, pp. 175.

GOVERNATORI, F.

1970 *Stato e cittadino in tribunale - Valutazioni politiche nelle sentenze*, nota introd. di L. Bianchi d'Espinosa, Bari, Laterza, pp. VII-281.

GOWER, L. C. B.

1954 *Gower's Principles of Modern Company* Law, 4th ed. by L. C. B. Gower, J. B. Cronin, A. J. Easson, Lord Wedderburn of Charlton, London, Stevens & Sons, 1979, pp. XCI-770.

GRANDI, M.

1970 *Studi sul diritto del lavoro inglese e nordamericano*, Milano, Giuffrè, pp. VIII-351.

GRANT, L., HEWITT, P., JACKSON, C., LEVENSON, H.

v. *infra*, NCCL GUIDE

GRECO, N.

1981 *Stato di cultura e gestione dei beni culturali*, Bologna, il Mulino, pp. 247.

GREENER, M.

v. *infra*, Dizionari, etc. VI.2.

GREIG, D. W.

1970 *International Law*, London, Butterworths, repr. 1971, pp. XX-728.

GRIFFITH, E. S.

1954 *The American System of Government*, 3rd ed., London, Methuen, 1976, pp. X-204.

GRIFFITH, J. A. G.

1977 *The Politics of the Judiciary*, s.l. (ma: London-Glasgow), Fontana-Collins, pp. 224; trad. it. e introd. di M. P. Chiti, *Giudici e politica in Inghilterra*, Milano, Feltrinelli, 1980, pp. 218.

GRIGOLI, M.

1963 *L'abbandono all'assicuratore*, Padova, Cedam, pp. 177.

1974 *La nave nella giurisprudenza*, Padova, Cedam, pp. X-747.

GRISOLI, A.

1957 *La cambiale in diritto inglese*, pref. di M. Rotondi, Padova, Cedam, pp. XXIV-298.

1965 v. *infra*, Guide bibliografiche, VI.7.

1971 *Le società con un solo socio - Analisi dei dati di una ricerca comparatistica*, Padova, Cedam, pp. XXVIII-539.

1978 (a cura di) *Le imprese multinazionale e l'Europa*, Padova, Cedam, pp. LXXIX-486.

GRIVART DE KERSTRAT, F.

v. *infra*, KERSTRAT, F. GRIVART DE

GROTTANELLI DE' SANTI, G.

1981 *Il controllo alla Camera dei Comuni sulla spesa pubblica - Alcune tendenze recenti*, Milano, Giuffrè, pp. 75.

GUARINO, G.

1977 *L'organizzazione pubblica*, Parte prima, Milano, Giuffrè, pp. VIII-336.

GUARNIERI, C.

1992 *Magistratura e politica in Italia - Pesi senza contrappesi*, Bologna, il Mulino, pp. 162.

GUASTINI, R.

1980 (a cura di) *Problemi di teoria del diritto*, Bologna, il Mulino, pp. 406.

GUATRI, L. et al.

v. *infra*, MARKETING DEI SERVIZI

GUILLOT, C.

1970 *Les institutions britanniques*, Paris, Presses Universitaires de France (« Que sais-je? » N° 1386), pp. 128.

GUIZZETTI, P.

1977 *Stato padrone - Le partecipazioni statali in Italia*, Milano, Mondadori, pp. 247.

GUSMAROLI, F.

1979 (a cura di) *L'Italia nella politica internazionale, anno sesto: 1977-78*, introd. di C. Merlini, s.l. (ma: Milano), Edizioni di Comunità, pp. XIX-611.

GUTTERIDGE, H. C.

1946 *Comparative Law - An Introduction to the Comparative Method of Legal Study & Research*, 2nd ed., Cambridge, Cambridge University Press, 1949; repr. London, Wildy & Sons, 1971, pp. XV-214.

HABERMAS, J.

1973 *Kultur und Kritik*, Frankfurt a. Main, Suhrkamp; trad. it. di S. Vertone e N. Paoli, *Cultura e critica*, Torino, Einaudi, 1980, pp. VI-293.

1988 *Recht und Moral* (Tanner Lectures); trad. it. di L. Ceppa, *Morale, Diritto, Politica*, Torino, Einaudi, 1992, pp. VI-158.

HADDEN, T.

1972 *Company Law and Capitalism*, 2nd ed., London, Weidenfeld and Nicolson, 1977, pp. XXII-522.

HAGBERG, L.

1967-77 (ed.) *Maritime Law*, with an introd. by C. McFadyean, Deventer, The Netherlands, Kluwer (2 vols.).

HALL, K. L.

infra, Dizionari, etc., VI.2.: OXFORD COMPANION TO THE SUPREME COURT

HALL, L.

1966 *Meetings - Their Law and Practice*, London, Macdonald & Evans, repr. 1971, pp. XII-228.

HALSBURY'S LAWS OF ENGLAND

v. *infra*, Codici, etc., VI.4.

HALSBURY'S STATUTES OF ENGLAND

v. *infra*, Codici, etc., VI.4.

HAMILTON, A.

1788 *Lo Stato Federale*, estratti dal *The Federalist* ed altre fonti, trad. it. di L. Levi ed altri, introd. di L. Levi, Bologna, il Mulino, 1987, pp. 219.

HAMILTON, R. W.

1980 *The Law of Corporations in a Nutshell*, 3rd ed., St.Paul, Minn., West Publishing, 1991, 1st repr., 1991, pp. XXIII-518.

HAMILTON, JAY e MADISON

1787-88 *The Federalist*; trad. it. di B. M. Tedeschini Lalli, *Il federalista*, a cura di M. D'Addio e G. Negri, Bologna, il Mulino, 1980, pp. 721 (ma cfr. *infra*, MADISON, HAMILTON, JAY).

HAMPTON, C.

1973 *Criminal Procedure*, 2nd ed., London, Sweet & Maxwell, 1977, pp. XLIII-421.

HANSON, A. H. and WALLES, M.

1970 *Governing Britain - A Guide Book to Political Institutions*, rev. ed., s.l. (ma: London-Glasgow), Fontana-Collins, 1975, pp. 317.

HARDY IVAMY, E. R.

v. *infra*, IVAMY, E. R. HARDY

HARLEY, S. T. and BATRA, V.

1979 (prep. by) *The Security of a Maritime Lien*, Oxford, E.C.S. Marine, pp. 67.

HARRIS, B.

1977 *The Magistrate's Companion*, Chichester and London, Barry Rose Publishers, pp. 88.

HARRIS, R.

1992 *Fatherland*, s.l., Arrow, pp. 386; trad. it. di R. Rambelli, *Fatherland*, 6a ed., Milano, Mondadori, 1993, pp. 370.

HARRIS, S. F.

1877 *Harris's Criminal Law*, 21st ed. by A. Hooper, London, Sweet & Maxwell, 1968, pp. LVI-839 (Suppl.).

HART, G.

infra, Dizionari, etc., VI.2.

HART, H. L. A.

1961 *The Concept of Law*, London, Oxford University Press, repr. with corr. 1970, repr. 1975, pp. X-263; trad. it e introd. di M. Cattaneo, *Il concetto di diritto*, 3ª ed., Torino, Einaudi, 1965, pp. XII-312.

HAYTON, D. J.

1973 *Registered Land*, London, Sweet & Maxwell, pp. XXII-169.

HAZARD, G. C. e TARUFFO, M.

1993 *La giustizia civile negli Stati Uniti*, Bologna, il Mulino, pp. 270.

HAZELL, R.

1978 (ed.) *The Bar on Trial*, London, Melbourne, New York, Quartet Books, pp. 221.

HAZON, M.

v. *infra*, Dizionari, etc., VI.2.

HEADY, F.

1966 *Public Administration: A Comparative Perspective*, Englewood Cliffs, New Jersey, Prentice Hall; trad it. di E. Zurla, *La pubblica amministrazione, prospettive di analisi comparata*, a cura di G. Freddi, Bologna, il Mulino, 1968, pp. 211.

HEGLAND, K.

1983 *Introduction to the Study and Practice of Law in a Nutshell*, St. Paul, Minn., West Publishing, 5th repr. 1993, pp. XXI-418.

HEINE, H.

1826 *Reisebilder: Die Harzreise - Die Nordsee - Die Bäder von Lucca - Die Stadt Lucca*, München, W. Goldmann, 1964, pp. 213.

HENN, H. G.

1961 *Handbook of the Law of Corporations and Other Business Enterprises*, 2nd ed., St. Paul, Minn., West Publishing, 1970, 6th repr. 1978, pp. XXX-956.

HERBERT, A. P.

1966 *Wigs at Work*, Harmondsworth, Penguin Books, pp. 222.

HESS, H.

1970 *Mafia - Zentrale Herrschaft und lokale Gegenmacht*, Tübingen, J. C. B. Mohr (Paul Siebeck); trad. it. di G. Morello, *Mafia*, pref. di L. Sciascia, Roma-Bari, Laterza, 1973, pp. XIII-264.

HEYDON, J. D.

1973 *Economic Torts*, London, Sweet & Maxwell, pp. XXII-99.

HIGGINS, R.

1963 *The Development of International Law through the political Organs of the United Nations*, London, New York, Toronto, Oxford University Press, pp. XXI-402.

HIGGINS, R. and COLOMBOS, C. J.

1943 *Higgins and Colombos on the International Law of the Sea*, 2nd rev. ed. by C. J. Colombos, London, New York, Toronto, Longmans, Green and Co., 1951, pp. XVI-678.

HILL, D. and EVANS, M.

v. *infra*, Codici, etc., VI.4.: TRANSPORT LAWS

HOLMAN, H.

s.d. *A Handy Book for Shipowners and Masters*, 16th ed. by M. R. Holman, London, U.K. Assurance Association, 1964, pp. 710.

HOLMES, O. W., Jr.

1881 *The Common Law*, ed. by M. DeWolfe Howe, London, Melbourne, Macmillan, 1968, pp. XXVII-337.

HOOBERMAN, B.

1974 *An Introduction to British Trade Union*, Harmondsworth, Penguin Books, pp. X-150.

HOOD PHILLIPS, O.

v. infra, PHILLIPS, O. HOOD

HUGO, V.

1874 *Quatre-vingt-treize*, Paris, Garnier-Flammarion, 1965, pp. 382.

HUXLEY, A.

1958 *Brave New World Revisited*; trad. it. di L. Gigli e L. Bianciardi, *Il mondo nuovo - Ritorno al mondo nuovo*, Milano, Mondadori, 1991, rist. 1994, pp. XIV-340.

ILIFFE, J. A.

1966 *Lineamenti di diritto inglese*, trad. it. e coord. da F. Gambaruto e M. Longo, pres. di G. Gorla, Padova, Cedam, pp. XXV-335.

IMPEACHMENT REPORT

v. *infra*, Atti di convegni, etc., VI.3.

INGRAO, P.

1964-77 *Masse e potere*, Roma, Editori Riuniti, 1977, pp. 390.

1978 *Crisi e terza via* - Intervista di R. Ledda, Roma, Editori Riuniti, pp. 191.

INTRODUCCION AL DERECHO MEXICANO

1981 *Introducciòn al Derecho Mexicano*, México, Universidad Nacional Autonoma di México (2 voll.).

IRTI, N.

1979 *L'età della decodificazione*, Milano, Giuffrè, pp. 106.

1980-81 (a cura di) v. *infra*, Dizionari, etc., VI.2.: DIZIONARI DEL DIRITTO PRIVATO

ITALIA (L') IN FRANTUMI

1993 *L'Italia in frantumi?*, introd. di A. Sofri, Pordenone, Biblioteca dell'Immagine, pp. 211.

IVAMY, E. R. HARDY

1966 *General Principles of Insurance Law*, 3rd ed., London, Butterworths, 1975, pp. LXXXII-646.

1969 *Marine Insurance*, 2nd ed., London, Butterworths, 1974, repr. 1977, pp. LIV-599.

1973 *Personal Accident, Life and Other Insurances*, London, Butterworths, pp. XLI-389.

1981 v. *infra*, Dizionari, etc., VI.2.

JACKSON, P.

1973 *Natural Justice*, London, Sweet & Maxwell, pp. XIII-88.

JACKSON, R. M.

1940 *The Machinery of Justice in England*, 7th ed., Cambridge, London, New York, Melbourne, Cambridge University Press, 1977, pp. XII-627.

1967 *Enforcing the Law*, rev. ed., Harmondsworth, Penguin Books, 1972, pp. XIX-428.

JAEGER, P. G.

1968 *La separazione del patrimonio fiduciario nel fallimento*, Milano, Giuffrè.

JAFFE, L. L.

1969 *English and American Judges as Lawmakers*, London, Oxford University Press, pp. x-116.

JAMBU-MERLIN, R.

1978 *Les gens de mer* (*Traité général de droit maritime* par R. Rodière), Paris, Dalloz, pp. 317.

JAMESON, J. F.

1926 *The American Revolution Considered as a Social Movement*, Princeton, Princeton University Press; trad. it. di E. Contessi Berselli, *La rivoluzione americana come movimento sociale*, Bologna, il Mulino, 1960, repr. 1976, pp. 138.

JANNUZZI, A. e SCHERMI, A.

1971 *Il diritto di autore - Rassegna di giurisprudenza*, Milano, Giuffrè, pp. 461.

JEMOLO, A. C.

1947 *Confessioni di un giurista*, Milano, Giuffrè, pp. 35.

1960-80 *Tra diritto e storia*, Milano, Giuffrè, 1982, pp. XII-560.

1965-78 *Questa Repubblica - Dalla contestazione all'assassinio di Aldo Moro*, introd. di G. Spadolini, Firenze, Le Monnier, 1978, pp. XXV-314.

JENKINS, C. and SHERMAN, B.

1977 *Collective Bargaining*, London, Henley and Boston, Routledge and Kegan Paul, pp. 156.

JENKS, E.

1928 *The Book of English Law (As at the Year 1966)*, 6th ed. by P. B. Fairest, London, Murray, 1967, pp. XVI-376.

JENNINGS, Sir I.

1936 *Cabinet Government*, London, Cambridge University Press, 1959, repr. 1969, pp. x-587.

1939 *Parliament*, 2nd ed., London, Cambridge University Press, 1957, repr. 1970, pp. XII-574.

1941 *The British Constitution*, 5th ed., London, Cambridge University Press, 1966, repr. with corr. 1968, pp. XI-218.

1954 *The Queen's Government*, Harmondsworth, Penguin Books, repr. 1964, pp. 158.

JOHNSON, P.

1972 *The Offshore Islanders - England's People from Roman Occupation to the Present*, Harmondsworth, Penguin Books, 1975, pp. 635.

JOLOWICZ, H. F.

1957 *Roman Foundations of Modern Law*, London, Oxford University Press, repr. 1961, pp. XX-217.

JONES, J. MERVIN

1947 *Full Powers and Ratification*, London, Cambridge University Press, repr. 1949, pp. XV-182.

JONES, M. A.

1983 *The Limits of Liberty*, Oxford, Oxford University Press; trad. it. di E. Peru ed al., *Storia degli Stati Uniti*, Milano, Bompiani, pp. 630.

JONES, R. and MARRIOTT, O.

1970 *Anatomy of a Merger*, London, Pan Books, 1972, pp. IX-405.

JOWITT, W. A., Earl and WALSH, C.

(eds.) v. *infra*, Dizionari, etc., VI.2.

JOYCE, J. A.

1952 *Justice at Work - The Human Side of the Law*, London, Chapman & Hall, pp. 271.

JULLIOT DE LA MORANDIÈRE, L. et ANCEL, M.

1955 (sous la dir. de) *L'oeuvre juridique de Lévy-Ullmann*, Paris, Centre Français de Droit Comparé - Paris, Les Éditions de l'Épargne, pp. 232.

KAHN-FREUND, O.

1948-74 *Selected Writings*, London, Stevens & Sons, 1978, pp. XV-381.

1972 *Labour and the Law* (24th Hamlyn Lecture), 2nd ed. by Sir O. Kahn-Freund, London, Stevens & Sons, 1977, pp. XXXII- 296; trad. it. e pres. (sulla 1ª ed. 1972) di G. Zangari, *Il lavoro e la legge*, Milano, Giuffrè, 1974, pp. XI-386.

1976 *General Problems of Private International Law*, Alphen aan den Rijn, The Netherlands, Rockville, Maryland, USA, Sijthoff & Noordhoff, 2nd pr. 1980, pp. IX-336.

KAHN-FREUND, Sir O.

1979 *Labour Relations - Heritage and Adjustment*, Oxford, Oxford University Press, pp. 102.

KAHN-FREUND, O., LEVY, C., RUDDEN, B.

1973 *A Source-book on French Law (System - Methods - Outlines of Contract)*, pref. by A. Tunc, London, Oxford University Press, pp. XXVI-530.

KARLEN, D.

1967 *Anglo-American Criminal Justice*, in collab. con G. Sawer e E. M. Wise, Oxford, Clarendon Press, pp. XVIII-233.

KELLNER, P. and Lord CROWTHER-HUNT

1980 *The Civil Servants - An Inquiry into Britain's Ruling Class*, London and Sydney, Macdonald General Books, pp. VIII-352.

KELSEN, H.

1929 *Vom Wesen und Wert der Demokratie*, Tübingen, Mohr; trad. it. di G. Melloni, *Democrazia*, 5ª ed., introd. di G. Gavazzi, Bologna, il Mulino, 1984, pp. 453.

1934 *Reine Rechtslehre*, Wien, Deuticke, 1960; trad. it. e saggio introd. di M. G. Losano, *La dottrina pura del diritto*, Torino, Einaudi, 1966, pp. CIII-418.

KENNEDY, P.

1993 *Preparing for the Twenty-First Century*, Glasgow, Harper Collins; ed. 1994, London, Fontana, pp. XVI-428.

KERSTRAT, F. GRIVART DI

1981 *Le rôle du master dans l'instruction du procès civil en Angleterre*, préf. de R. David, Milano, Giuffrè - Bruxelles, Bruylant, pp. XXVIII-440.

KEY WORDS

v. *infra*, Dizionari, etc., VI.2.

KING, A.

1976 (ed.) *Why is Britain Becoming Harder to Govern? - Based on the BBC I Series Politics Now*, London, British Broadcasting Corporation, pp. 144.

KLING, S.G.

v. *infra*, Dizionari, etc., VI.2.

KNAPP, V.

1976 *Legal Sciences*, Paris, The Hague, Mouton; trad. it. di M. Maffi e M. Merli, *La scienza del diritto*, pref. di M. S. Giannini, Roma-Bari, Laterza, 1978, pp. XLVII-281.

KOCHU THOMMEN, T.

1962 *Legal Status of Government Merchant Ships in International Law*, The Hague, Nijhoff, pp. XII-177.

KOGAN, N.

1966-81 *A Political History of Postwar Italy*, s.l., Praeger Publishers; trad. it. di S. Calamandrei (Parte I) e O. Pesce (Parte II), *Storia politica dell'Italia repubblicana*, Roma-Bari, Laterza, 1982, pp. 428.

KORAH, V.

1968 *Monopolies and Restrictive Practices*, Harmondsworth, Penguin Books, pp. 256.

KRAUS, K.

1902-07 *Sittlichkeit und Kriminalität*; trad. it. di B. C. Marinoni, *Moralità e criminalità*, introd. di C. Cases, Roma, Lucarini, 1991, pp. 99.

KRAUSE, H. D.

1977 *Family Law in a Nutshell*, 2nd ed., St.Paul, Minn., West Publishing, 1986, 5th repr. 1993, pp. XLIII-444.

LAFAVE, W. R. and ISRAEL, J. H.

1985 *Criminal Procedure*, 2nd ed., St. Paul, Minn., West Publishing, 1992, pp. XXXVII-1309.

LAMA, L.

1976 *Intervista sul sindacato*, a cura di M. Riva, Roma-Bari, Laterza, pp. 153.

LA MALFA, P.

1973 *Politica come utopia*, Milano, Edizioni di Comunità, pp. 172.

LA MALFA, U.

1977 *Intervista sul non-governo*, a cura di A. Ronchey, Roma Bari, Laterza, pp. 135.

LANARO, S.

1988 *L'Italia Nuova*, Torino, Einaudi, pp. VI-257.

LANCHESTER, F.

1981 *Sistemi elettorali e forma di governo*, Bologna, il Mulino, pp. 305.

LANGAN, P. St. J.

1970 *Civil Procedure and Evidence*, 2nd ed.: *Civil Procedure*, by P. St. J. Langan and D. G. Lawrence, London, Sweet & Maxwell, 1976, pp. XXVI-389.

LA PALOMBARA, J.

1987 *Democracy, Italian Style*, New Haven and London, Yale University Press; trad. it. di Laura Noulian, *Democrazia all'italiana*, Milano, Mondadori, pp. 395.

LAVROFF, D.-G.

1975 *Le système politique français - La Ve République*, Paris, Dalloz, pp. 613.

LAWSON, F. H.

1950 (ed.) *Negligence in the Civil Law - Introduction and Select Texts*, by F. H. Lawson, London, Oxford University Press, repr. with corr. 1955, repr. 1968, pp. XVI-341.

1951 *The Rational Strength of English Law* (3rd Hamlyn Lecture), London, Stevens & Sons, pp. VIII-147.

1953 *A Common Lawyer Looks at the Civil Law*, forew. by H. E. Yntema, Westport, Connecticut, Greenwood Press, repr. 1977, pp. XVII-238.

1958 *Introduction to the Law of Property*, Oxford, Oxford University Press, repr. 1977, pp. XII-200.

1972 *Remedies of English Law*, Harmondsworth, Penguin Books, pp. 367.

LAWSON, R.

1978 *Exclusion Clauses - After the Unfair Contract Terms Act*, London, Oyez Publishing, pp. XIX-140.

LAZONICK, W. H.

1986-91 *L'organizzazione dell'impresa e il mito del capitalismo*, trad. it. di F. Bova, il Mulino, Bologna, 1993, pp. 468.

LEFEBVRE D'OVIDIO, A. e PESCATORE, G.

1950 *Manuale di diritto della navigazione*, 4ª ed., Milano, Giuffrè, 1964, pp. XXXIX-651.

LEOPARDI, G.

1906 *Discorso sopra lo stato presente dei costumi degl'italiani*, a cura di N. Bellucci, Roma, Delotti, 1988, pp. XLVI-75.

LEPARGNEUR, H.

1951 *Les sociétés commerciales aux États-Unis d'Amérique - Leur régime juridique*, préf. de J. Hamel, « forew. » de R. S. Stevens, Paris, Dalloz, pp. IX-360.

LÉVY-ULLMANN, H.

1928 *Le « Système juridique de l'Angleterre »*, Paris, Sirey; trad. ingl. di M. Mitchell, *The English Legal Tradition - Its Sources and History*, rev. and ed. by F. M. Goadby, forew. by Sir W. S. Holdsworth, London, Macmillan, 1935, pp. LVI-383.

LEWIS, J. R. and HOLLAND, J. A.

1968 *Landlord and Tenant*, London, Sweet & Maxwell, pp. XXVIII-317.

LINZ, J. J.

1978 *The Breakdown of Democratic Regimes: Crisis, Breakdown and Reequilibration*, Baltimore and London, The John Hopkins University Press; trad.it. di M. Cotta, *La caduta dei regimi democratici*, con saggi di P. Farneti e M. R. Lepsius, Bologna, il Mulino, pp. 435.

LLOYD, DAVID

1973 *Understanding the Uniform Commercial Code*, Dobbs Ferry, N.Y., Oceana, pp. VI-121.

LLOYD, DENNIS

1953 *Public Policy - A Comparative Study in English and French Law*, London, Athlone Press, pp. XXII-166.

LODATO, S.

1992 *Potenti - Sicilia, anni Novanta*, Milano, Garzanti, pp. 105.

LOMBARDINI, S.

1979 *Oltre la crisi - Verso una società post-capitalistica*, Bologna, il Mulino, pp. 244.

LOMBARDO, A.

1968-77 (a cura di) *Il sistema disintegrato*, Milano, Sugarco, 1977, pp. 274.

LOPEZ DE OÑATE, F.

1942 *La certezza del diritto*, nuova ed. a cura di G. Astuti, in aggiunta saggi di G. Capograssi, P. Calamandrei, F. Carnelutti e P. Fedele, Milano, Giuffrè, 1968, pp. VII-309.

LOPRETE, A. G.

1981 (a cura di) *Intervista ad Agostino Viviani - Ingiustizia e illegalità di Stato in Italia*, Bari, Edizioni Informazioni & Commenti, pp. 181.

LORENZINI, C.

v. *supra*, COLLODI, C.

LOSANO, M. G.

1978 *I grandi sistemi giuridici*, Torino, Einaudi, p. XXIII-361.

LOVEJOY, A. O.

1921-40 *Essays in the History of Ideas*, New York, Capricorn Books, 1960; trad. it. di D. de Vera Pardini, *L'albero della conoscenza*, Bologna, il Mulino, 1982, pp. 343.

LOWE, R.

1964 *Commercial Law*, 5th ed., London, Sweet & Maxwell, 1976, pp. XXXVIII-576.

LOWNDES, R. and RUDOLF, G. R.

1873 *The Law of General Average*, 10th ed.: *The Law of General Average and the York-Antwerp Rules*, by Sir J. Donaldson, C. S. Staughton, D. J. Wilson, London, Stevens & Sons, 1975 (British Shipping Laws, vol. 7), pp. XXVIII-544.

LUCIFREDI, P. G.

1976-80 *Il difficile governo dell'Occidente - (Frammenti di cronaca costituzionale)*, Milano, Giuffrè, 1980, pp. 297.

LUHMANN, N.

1974 *Rechtssystem und Rechtsdogmatik*, Stuttgart, Kohlhammer; trad. it. e introd. di. A. Febbrajo, *Sistema giuridico e dogmatica giuridica*, Bologna, il Mulino, 1978, pp. 163.

LUNDBERG, T. and NEWMAN, G. G.

1975 *The Gifts Tax Guide*, Cambridge, Woodhead-Faulkner, 2nd impr. 1975, pp. 136.

LUPOI, M.

1971 *Appunti sulla real property e sul trust nel diritto inglese*, Milano, Giuffrè, pp. VIII-284.

1978 *Il luogo dell'esecuzione del contratto come criterio di collegamento giurisdizionale*, pres. di G. Gorla, Milano, Giuffrè, pp. XXVIII-285.

LURAGHI, R.

1966 *Storia della guerra civile americana*, Torino, Einaudi pp. XL-1395.

MABILEAU, A. et MERLE, M.

1965 *Les partis politiques en Grande Bretagne*, 3ª éd., Paris, Presses Universitaires de France, 1972 (« Que sais-je? » No. 1174), pp. 128.

MACKINTOSH, J. P.

1962 *The British Cabinet*, 3rd ed., London, Stevens & Sons, 1977, pp. XV-656.

MADISON, J., HAMILTON, A., JAY, J.

1788 *The Federalist Papers*, introd. by I. Kramnick, Harmondsworth, Penguin Books, 1987, pp. 515.

MAITLAND, F. W.

1908 *The Constitutional History of England*, ed. by H. A. L. Fisher, London, Cambridge University Press, repr. 1977, pp. XXVIII-548.

1909 *The Forms of Action at Common Law - A Course of Lectures*, ed. by A. H. Chaytor and W. J. Whittaker, London, Cambridge University Press, 1968, repr. 1971, pp. XI-75.

MALINTOPPI, A.

1958 *Le raccomandazioni internazionali*, Milano, Giuffrè, pp. XIV-371.

MANCA, P.

1970-71 *International Maritime Law*, Antwerpen, European Transport Law (3 vols.).

1958 v. *infra*, Codici, etc., VI.4.: ITALIAN CODE OF NAVIGATION

MANCINI, G. F. e ROMAGNOLI, U.

1971 (a cura di) *Il diritto sindacale*, 2ª ed., Bologna, il Mulino, pp. 523.

MANKABADY, S.

1978 (ed.) *The Hamburg Rules on the Carriage of Goods by Sea*, Leyden, Boston, Sijthoff, pp. XXI-358.

MANZELLA, A.

1977 *Il parlamento*, Bologna, il Mulino, pp. 393.

MARAFIOTI, D.

1985 *La supplenza*, Roma, Ciuffa, pp. 156.
1987 *Senza attenuanti*, Roma, Porfiri, pp. 153.
1990 *Toga sommersa - Interno di un difensore*, Padova, Cedam, pp. 132.

MARAFIOTI, L.

1990 *La separazione dei giudizi penali*, Milano, Giuffrè, pp. 453.

MARANINI, G.

1967 *Storia del potere in Italia 1848-1967*, con una nota di S. Tosi, Firenze, Nuova Guaraldi Editrice, nuova ed. 1983, pp. XXX-550.

MARINELLI, E.

1978 *Il leasing - Strumento di incentivazione nelle leggi statali e regionali*, Milano, Giuffrè, pp. VI-96.

MARINI, A.

1984 *La clausola penale*, Napoli, Jovene, pp. XVI-171.

MARK, Sir R.

1978 *In the Office of Constable*, s.l. (ma: London-Glasgow), Fontana-Collins, 1979, pp. 343.

MARKETING (IL) DEI SERVIZI

1982 *Il marketing dei servizi*, AA.VV., Milano, Giuffrè, pp. XI-171.

MARKS, T. C., Jr. and COOPER, J. F.

1988 *State Constitutional Law in a Nutshell*, St.Paul, Minn., West Publishing, pp. XLVII-329.

MARSDEN, G.

1880 *The Law of Collisions at Sea*, 11th ed. by K. C. McGuffie, London, Stevens & Sons, 1961 (British Shipping Laws, vol. 4), pp. XXVI-975.

MARSHALL, E. A.

1971 *General Principles of Scots Law*, Edinburgh, Green & Sons, pp. XXI-519.

MASSARI, O.

1955 *Italia, democrazia maggioritaria? Sfide e pericoli della transizione*, Genova, Costa & Nolan, pp. 95.

MASSERA, A.

1978 *Partecipazioni statali e servizi di interesse pubblico*, Bologna, il Mulino, pp. 338.

MASTROPASQUA, S.

1978 *The Banking System in the Countries of the EEC - Institutional and Structural Aspects*, Alphen aan den Rijn, The Netherlands, Sijthoff & Noordhoff, pp. XIII-155.

MATHIEU, J.-L.

1977 *Les institutions spécialisée des Nations Unies*, Paris, New York, Barcelone, Milan, Masson, pp. 320.

MATTEI-GENTILI, M.

1968 *Le building societies in Gran Bretagna*, Milano, Giuffrè, pp. XVI-96.

MATTEUCCI, N.

1965-76 *La rivoluzione americana: una rivoluzione costituzionale*, Bologna, il Mulino, 1987, pp. 272.

1981 (a cura di) *Privacy e banche dei dati - Aspetti giuridici e sociali*, Bologna, il Mulino, pp. 166.

MAYERS, L.

1955 *The American Legal System*, rev. ed., New York, Evanston, London, Harper & Row, 1964; trad. it. di M. G. Curletti, *L'ordinamento processuale negli Stati Uniti d'America*, Milano, Giuffrè, 1967, pp. XX-682.

MAYNTZ, R., SHARPE, L. J., DENTE, B.

1977 *Il governo locale in Europa (Repubblica federale tedesca, Gran Bretagna, Italia)*, Milano, Edizioni di Comunità, pp. 326.

MAZZUCA, T.

1955-82 *Arringhe*, Roma, Dialectica.

1978 *Anatomia dell'errore giudiziario*, Roma, Bucalo, pp. 291.

1986 *Limitazione dei diritti della difesa*, Roma, Dialectica, pp. 12.

1988 *Il nuovo codice di procedura penale*, Roma, Centro forense di studi sul nuovo proc. pen., pp. 8.

McDOUGAL, M. S. and BURKE, W. T.

1962 *The Public Order of the Oceans - A Contemporary International Law of the Sea*, New Haven and London, Yale University Press, pp. XXV-1226.

McGUFFIE, K. C., FUGEMAN, P. A., GRAY, P. V.

1964 *Admiraly Practice*, London, Stevens & Sons (British Shipping Laws, vol. 1), pp. LXXVIII-773 (Suppl.).

McLOUGHLIN, J.

1976 *The Law and Practice Relating to Pollution Control in the Member States of the European Communities: A Comparative Survey*, London, Graham & Trotman, pp. X-545.

McNair, Lord

1961 *The Law of Treaties*, London, Oxford University Press, pp. xxi-789.

Mehren, A. T. von

1957 *The Civil Law System - Cases and Materials for the Comparative Study of Law*, 2nd ed.: *The Civil Law System - An Introduction to the Comparative Study of Law* by A.T. Mehren and J. R. Gordley, Boston and Toronto, Little, Brown and Company, 1977, pp. xxiii-1243.

Mellows, A. R.

1970 *The Law of Succession*, 2nd ed., London, Butterworths, 1973, pp. xcix-729.

Melograni, P.

1977 *Saggio sui potenti*, Roma-Bari, Laterza, pp. 133.

1994 *Dieci perché sulla repubblica*, Milano, Rizzoli, pp. 203.

Melville, H.

1851 *Moby Dick*, Ware, Herdfordshire, Wordsworth, 1992, pp. 582.

Mendelssohn, K.

1976 *Science and Western Domination*, London, Thames and Hudson; trad.it. di P. Ludovici, *La scienza e il dominio dell'Occidente*, pref. di C. Bernardini, Roma, Editori Riuniti, 1981, pp. xii-183.

Mendès France, J. et Bourrouilhou, H.

1978 *L'anglais juridique et le droit anglais*, Paris, Dalloz, pp. xiii-286.

Mendus, S. e Edwards, D.

1987 (cur.) *On Toleration*, Oxford, Oxford University Press; trad. it. di D. Gobetti, *Saggi sulla tolleranza*, introd. di S. Mendus, Milano, Mondadori, pp. 194.

Mengozzi, P.

1967 *L'efficacia in Italia di atti stranieri di potestà pubblica su beni privati*, Milano, Giuffrè, pp. 339.

1971 *Il regime giuridico internazionale del fondo marino*, Milano, Giuffrè, pp. 312.

Mereu, I.

1979 *Storia dell'intolleranza in Europa - Sospettare e punire*, Milano, Mondadori, pp. 535.

1988 *La pena di morte a Milano nel secolo di Beccaria*, Vicenza, Neri Pozza, pp. 41+50 tavole.

Merryman, J. H.

1969 *The Civil Law Tradition*, Stanford, California, Stanford University Press, pp. ix-172; trad. it. di A. De Vita, *La tradizione di civil law*, pres. di G. Gorla, Milano, Giuffrè, 1973, pp. ix-242.

MERRYMAN, J. H., CLARK, D. S., FRIEDMAN, L. M.

1979 *Law and Social Changes in Mediterranean Europe and Latin America - A Handbook of Legal and Social Indicators for Comparative Study*, Stanford, California, Stanford Law School, pp. XVI-618.

MERUSI, F. e SANVITI, G.

1986 *L'« ingiustizia » amministrativa in Italia*, Bologna, il Mulino, pp. 117.

MESSINA, S.

1992a *La Grande Riforma - Uomini e progetti per una nuova Repubblica*, Roma-Bari, Laterza, pp. 215.

1992b *Nomenklatura - Come sopravvive in Italia la specie politica più antica del mondo*, Milano, Mondadori, 1992, pp. 171.

MESSINEO, F.

1939 *Manuale di diritto civile e commerciale*, 9ª ed., Milano, Giuffrè, 1954-65 (6 voll.).

MIGLIO, G.

1993 *Disobbedienza civile - Henry David Thoreau*, Milano, Mondadori, pp. 85.

MILIBAND, R.

1969 *The State in Capitalist Society - The Analysis of the Western System of Power*, London, Quartet Books, 1973, repr. 1976, pp. 262.

MILL, J. S.

1859 *On Liberty and other Essays*, Oxford, New York, Oxford University Press, 1991, pp. XXXV-592.

MILLER, J. GARETH

1977 *The Machinery of Succession*, Abingdon, Oxon, Professional Books, pp. XLIV-342.

MODEL BUSINESS CORPORATION ACT

v. *infra*, Codici, etc., VI.4.: LEGGI SULLE SOCIETÀ

MOIR, E.

1969 *The Justice of the Peace*, Harmondsworth, Penguin Books, pp. 205.

MONACO, R.

1938-77 *Scritti di diritto delle organizzazioni internazionali*, Milano, Giuffrè, 1981, pp. XVI-633.

1960 *Manuale di diritto internazionale pubblico*, 2ª ed., Torino, Utet, 1971, rist. 1975, pp. XX-731.

1985 *Lezioni di organizzazione internazionale 1: Principi Generali*, Torino, Giappichelli, pp. 406.

MONELLI, P.

1945 *Roma 1943*, Milano, Mondadori, 1979, pp. IX-383.

MONOD, J.

1970 *Le hasard et la nécessité - Essai sur la philosophie naturelle de la biologie moderne*, Paris, Éditions du Seuil, pp. 197.

MONTANARI, A.

v. *infra*, Codici, etc., VI.4.: LEGGI SULLE SOCIETÀ

MONTESQUIEU, CH.-L. de Secondat, Baron de la Brede et de

1721-54 *Oeuvres complètes*; éd. annotée par R. Caillois, s.l. (ma: Paris), Gallimard (Bibliothèque de la Pléiade), 1949-51 (2 vol.).

MORAVIA, A.

1943-78 *Impegno controvoglia - Saggi, articoli, interviste: trentacinque anni di scritti politici*, a cura di R. Paris, Milano, Bompiani, 1980, pp. XIX-326.

1963 *Il conformista*, Milano, Bompiani, pp. 394.

MORRA, U.

1962 *L'Inghilterra*, Milano, Garzanti, pp. 217.

MORTE DI UN GENERALE

1982 *Morte di un generale - L'assassinio di C.A. Dalla Chiesa, la mafia, la droga, il potere politico*, AA.VV., Milano, Mondadori, pp. 214.

MOSCA, G.

1994 *La classe politica*, a cura e con un'introd. di N. Bobbio, Roma-Bari, Laterza, pp. XXXII-234.

MOSCHELLA, R.

1973 *Contributo alla teoria dell'apparenza giuridica*, Milano, Giuffrè, pp. 259.

MOTTA, G.

v. *infra*, Dizionari, etc., VI.2.

MOUNT, F.

1992 *The British Constitution Now*, London, Mandarin, 1993, pp. 288.

MOZLEY, H. N. and WHITELEY, G. C.

v. *infra*, Dizionari, etc., VI.2.

MURATORI, L. A.

1742 *Dei difetti della giurisprudenza*, a cura di A. Solmi, Roma, Formiggini, 1933, pp. 302.

NAISBITT, J.

1994 *Global Paradox*, London, Brealey, pp. 304.

NCCL (THE) GUIDE

1972 *Civil Liberty: The NCCL Guide to your Rights*, ed. by L. Grant, P. Hewitt, C. Jackson, H. Levenson, 3rd ed., Harmondsworth, Penguin Books, 1978, pp. 618.

NEGRI, G.

1972-78 *L'occhio sulla repubblica - Le nuove frontiere del diritto e le istituzioni della repubblica italiana*, Milano, Edizioni di Comunità, 1979, pp. 225.

1988 (a cura di) *Il federalista: 200 anni dopo*, Bologna, il Mulino, pp. 403.

NESI, G.

1972 *Accusa e difesa nel procedimento penale inglese*, Milano, Giuffrè, pp. VIII-141.

NEVILLE BROWN, L. and GARNER, J. F.

v. *supra*, BROWN, L. NEVILLE and GARNER, J. F.

NEVINS, A. e COMMAGER, H. S.

1942 *The Pocket History of the United States - The Story of a Free People*, New York, Pocket Books, 1976; trad. it. di E. Mattioli ed altri, *Storia degli Stati Uniti*, Torino, Einaudi, 1960, pp. 780.

NEW DIRECTIONS IN INTERNATIONAL TRADE LAW

v. *infra*, Atti di convegni, etc., VI.3.

NICHOLAS, B.

1962 *An Introduction to Roman Law*, Oxford, Oxford University Press, repr. with corr. 1969, repr. 1977, pp. XV-281.

NICHOLS, P.

1973 *Italia, Italia*, London, Macmillan, pp. 346.

NIGRO, A.

1970 *I fondi comuni di investimento mobiliare - Struttura e natura giuridica*, Milano, Giuffrè, pp. 130.

NOLAN-HALEY, J. M.

1992 *Alternative Dispute Resolution in a Nutshell*, St. Paul, Minn., West Publishing, pp. XXIII-298.

NOWAK, J. E. and ROTUNDA, R. D.

1978 *Constitutional Law*, 4th ed., St. Paul, Minn., West Publishing, 1991, pp. XXV-1357.

NUOVE FRONTIERE DEL DIRITTO

v. *infra*, Atti di convegni, etc., VI.3.

OCCHIOCUPO, N.

(a cura di) v. *infra*, Atti di convegni, etc., VI.3.

O'CONNEL, D. P.

1965 *International Law*, 2nd ed., with a forew. by Lord McNair, London, Stevens & Sons, 1970 (2 vols.).

ODGERS, W. B.

1891 *Odgers' Principles of Pleading and Practice in Civil Actions in the High Court of Justice*, 21st ed. by D. B. Casson and I. H. Dennis, London, Stevens & Sons, 1975, pp. XLI-560.

OFFE, C.

1969-76 *Strukturprobleme des kapitalistischen Staates*, Frankfurt a. M., Suhrkamp, 1972 (capitoli 1, 2, 3 e 6); trad. it. di R. Schmidt e D. Zolo, *Lo stato nel capitalismo maturo*, introd. di D. Zolo, Milano, Etas Libri, 1977, pp. 239.

OLIVECRONA, K.

1939 *Law as Fact*, 2nd ed., London, Stevens & Sons, 1971, pp. VIII-320.

ONADO, M.

1982 *Banca e sistema finanziario*, Bologna, il Mulino, pp. 315.

OPPENHEIM, L.

1905-06 *International Law - A Treatise* (2 vols.); vol. I: *Peace*, 8th ed. by H. Lauterpacht, London, Longmans, 1955, 7th impr. 1963, pp. LVI-1072; vol. II: *Disputes, War and Neutrality*, 6th ed. by H. Lauterpacht, London, New York, Toronto, Longmans, Green and Co., 1940, pp. XLIV-766.

ORESTANO, R.

1937-81 *« Diritto » - Incontri e scontri*, Bologna, il Mulino, 1981, pp. 808.

1959-68 *Azione - Diritti soggettivi - Persone giuridiche*, Bologna, il Mulino, 1978, pp. 301.

ORTESE, A. M.

1953 *Il mare non bagna Napoli*, Milano, Adelphi, 1994, pp. 176.

1993 *Il cardillo addolorato*, Milano, Adelphi, pp. 415.

OSBORN, P. G.

v. *infra*, Dizionari, etc., VI.2.

OSBORN, P. G. and GRANDAGES, S. T.

v. *infra*, Dizionari, etc., VI.2.

OTTONE, P.

1979 *Come finirà? - Riflessioni sulla prima repubblica*, Milano, Garzanti, pp. 145.
1984 *Le regole del gioco*, Milano, Longanesi, pp. 200.

OXFORD COMPANION TO LAW

v. *infra*, Dizionari, etc., VI.2.

OXFORD COMPANION TO THE SUPREME COURT

v. *infra*, Dizionari, etc., VI.2.

PADFIELD, C. F.

1970 *Law Made Simple*, 5th ed., London, Allen, 1978, pp. XVI-432.
1972 *British Constitution Made Simple*, London, Allen, pp. XI-347.

PAGGI, L.

1989 (a cura di) *Americanismo e riformismo*, Torino, Einaudi, pp. XX-434.

PALERMO, C.

1987 *Riflessioni di un giudice*, Roma, Editori Riuniti, pp. 229.

PALLADINO, A.

1969 *Giustizia e democrazia*, Milano, Giuffrè, pp. 139.

PALLOTTA, G.

v. *infra*, Dizionari, etc., VI.2.

PANEBIANCO, A.

1982 *Modelli di partito*, Bologna, Mulino, pp. 505.
1988-94 *L'Italia che non c'è*, Milano, Rizzoli, 1995, pp. 341.

PANEBIANCO, M.

1985 *Introduzione al diritto comunitario comparato*, Salerno, Edisud, pp. 243.
1986 *Introduzione al Diritto Comunitario Europeo*, Salerno, Edisud, pp. 318.
1987 *Tradition und neue Tendenzen in der italienischen Völkerrechtslehre nach 1945*, in *Archiv des Völkerrechts*, 25. Band, 4. Heft, Tübingen, Mohr (Paul Siebeck), pp. 388-417.

PANTALEONE, M.

1966 *Mafia e droga*, Torino, Einaudi, pp. VII-141.

PAPADAKIS, N.

v. *infra*, Guide bibliografiche, VI.7.

PARISI, G. A.

v. *infra*, Dizionari, etc., VI.2.

PARKER, R. H.

1972 *Understanding Company Financial Statements*, Harmondsworth, Penguin Books, repr. 1973, pp. 132.

PARRIS, H.

1969 *Constitutional Bureaucracy*, s.l. (ma: London), Allen and Unwin; trad. it. di M. P. Lunati Figurelli, *Una burocrazia costituzionale - L'evoluzione dell'amministrazione centrale inglese dal Settecento a oggi*, pref. di B. Dente, Milano, Edizioni di Comunità, 1979, pp. 446.

PARRIS, J.

1972 *Commercial Law Made Simple*, London, Allen, pp. XII-306.

PASINI, G.

1972 *La giustizia amministrativa dopo la riforma del 1971*, Roma, Bulzoni, pp. 157.

PASOLINI, P. P.

1973-75 *Scritti corsari*, Milano, Garzanti, 1975, pp. 307.

PASOLINI ZANELLI, A.

1993 *Americani*, con pref. di I. Montanelli, Milano, Mondadori, pp. X-313.

PASQUINO, G.

1980 *Crisi dei partiti e governabilità*, Bologna, il Mulino, pp. 181.

1990 (a cura di) *Stati Uniti*, Milano, Mondadori, 1993, pp. XXII-434.

PATON, G. W.

1946 *A Textbook of Jurisprudence*, 4th ed. by G. W. Paton and D. P. Derham, London, Oxford University Press, 1972, pp. XVII-659.

PAYNE, W. and HARDY IVAMY, E. R.

1965 *Payne and Ivamy's Carriage of Goods by Sea*, 10th ed. by E. R. Hardy Ivamy, London, Butterworths, 1976, pp. XXXI-312.

PEGGIO, E.

1989 *1992 La sinistra - L'Europa - L'Italia*, Milano, Sperling & Kupfer, pp. 225.

PEPE, F.

1965 *Studio sulle fusioni di imprese di società per azioni*, 2ª ed. , Milano, Giuffrè, 1967, pp. VII-316.

1968 *« Holdings », gruppi e bilanci consolidati*, con app. sulle *Strutture di alcuni importanti gruppi italiani*, rist., Milano, Giuffrè, 1974, pp. IX-288.

PERRY, F. E.

1968 *The Law and Practice relating to Banking*, Harmondsworth, Penguin Books (2 vols.).
1979 v. *infra*, Dizionari, etc., IV.2.

PETIT ROBERT

v. *infra*, Dizionari, etc., VI.2.

PETROCCHI, G.

1983 *Vita di Dante*, Roma-Bari, Laterza, 1993, pp. 241.

PHILLIPS, O. HOOD

1948 *A First Book of English Law*, 7th ed. by O. Hood Phillips and A. H. Hudson, London, Sweet & Maxwell, 1977, pp. XXVIII-389.
1952 *Constitutional and Administrative Law*, 5th ed., London, Sweet & Maxwell, 1973, pp. XLVI-669.

PIERGROSSI, A.

1974 *L'arbitrato commerciale negli Stati Uniti d'America e i suoi rapporti con l'ordinamento italiano*, Milano, Giuffrè, pp. XVII-532.

PIRAS, A.

1971 (a cura di) *Il controllo giurisdizionale della pubblica amministrazione*, Torino, Utet, pp. VII-390.

PIZZETTI, F.

1979 *Il sistema costituzionale delle autonomie locali*, Milano, Giuffrè, pp. 563.

PIZZORUSSO, A.

1974 (a cura di) *L'ordinamento giudiziario*, Bologna, il Mulino, pp. 563.

PLANTEY, A.

1977 *Droit et pratique de la fonction publique internationale*, Paris, Éditions du Centre National de la Recherche Scientifique, pp. 499.

PLATONE

Dialoghi, trad. it. di M. Valgimigli, Bari, Laterza, 1950, pp. 376.

POCAR, F.

(a cura di) v. *infra*, Codici, etc., VI.4.: CODICE DELLE CONVENZIONI

POUND, R.

1921 *The Spirit of the Common Law*, Francestown, New Hampshire, Marshall Jones Company, repr. 1931, pp. XV-224; trad. it., *Lo spirito della « Common Law »*, a cura di G. Buttà, pres. di E. Paresce, Milano, Giuffrè, 1970, pp. XXXI-195.

PRANDSTRALLER, G. P.

1967 *Gli avvocati italiani - Inchiesta sociologica*, Milano, Edizioni di Comunità, pp. 333.

PREDIERI, A.

(a cura di) v. *infra*, Atti di convegni, etc., VI.3.

PRIESTLEY, J. B.

1973 *The English*, London, Heinemann, pp. 256.

PRITCHARD, J.

1982 *The Penguin Guide to the Law*, London, Penguin Books, pp. XI-958.

PRODI, R.

1992 *Il tempo delle scelte - Lezioni di economia*, pref. di G. Locatelli, Milano, Sole 24 Ore, pp. 127.

PROVVISIONATO, S.

1993 *Misteri d'Italia - Cinquant'anni di trame e delitti senza colpevoli*, Bari-Roma, Laterza, pp. XII-331.

PUGET, H.

1969 *Les institutions administrative étrangères*, préf. di R. Cassin, Paris, Dalloz, pp. 533.

PUGLIATTI, S.

1978 *Grammatica e diritto*, Milano, Giuffrè, pp. XVII-371.

PUGLIESE, F. P.

1974 *I contratti delle amministrazioni federali negli Stati Uniti d'America (Government Contracts)*, Padova, Cedam, pp. X-530.

QUAGLIARIELLO, G.

1993 (a cura di) *La sconfitta del moderno principe*, s.l., Edizioni Biblioteca dell'Immagine, pp. 197.

QUEMNER, T.

infra, Dizionari, etc., VI.2.

RADBRUCH, G.

1946 *Der Geist des englischen Rechts*, 3ª ed., Göttingen, Vanderhoeck & Ruprecht, 1958; trad. it., *Lo spirito del diritto inglese*, a cura di A. Baratta, Milano, Giuffrè, 1962, pp. XXIV-77.

RADIN, M.

v. *infra*, Dizionari, etc., VI.2.

Radzinowicz, L.

1948-68 *A History of English Criminal Law and its Administration from 1750*, forew. by Lord Macmillan, London, Stevens & Sons (4 vols.).

Ragazzini, G. e Gagliardelli, G.

v. *infra*, Dizionari, etc., VI.2.

Randle, M.

1994 *Civil Resistance*, London, Fontana, pp. xvii-259.

Raw, C., Page, B., Hodgson, G.

1971 *Do You Sincerely Want to be Rich? - Bernard Cornfeld and IOS: An International Swindle*, London, A. Deutsch, pp. 164.

Raz, J.

1970 *The Concept of a Legal System - An Introduction to the Theory of Legal Systems*, 2nd ed., London, Oxford University Press, 1973; trad. it. e introd. di P. Comanducci, *Il concetto di sistema giuridico*, Bologna, il Mulino, 1977, pp. 286.

Redenti, A.

1952 *Diritto processuale civile*, Milano, Giuffrè, p. 261.

Reese, W. L. M.

v. *infra*, Atti di convegni, etc., VI.3.

Renshaw, P.

1968 *The Wobblies - The Story of Syndicalism in the United States*, Garden City, N. Y., Anchor Books, Doubleday; trad. it. di R. Massari, *Il sindacalismo rivoluzionario negli Stati Uniti*, Bari, Laterza, 1970, pp. xxiii-279.

Rescigno, G. U.

1972 *Le convenzioni costituzionali*, Padova, Cedam, pp. 178.

Reuter, N.

1975 *La notion d'assistance en mer*, préf. di R. Rodière, Paris, Librairies Techniques, pp. x-390.

Revel, J.-F.

1958 *Pour l'Italie*, Paris, R. Julliard, pp. vii-267.

Rheinstein, M.

1960 *Common Law - Equity* (trad. it. a cura di G. Bernini, G. Bognetti e D. Libonati), in *Enciclopedia del Diritto* 1958-81, vol. VII, pp. 914-973.

RICCIARDELLI, G.

1965 *La colpa nautica*, Padova, Cedam, pp. XII-262.

RICCIARDI, E.

1990 *Lineamenti dell'ordinamento professionale forense*, Milano, Giuffrè, pp. V-749.

RIDLEY, J.

1957 *The Law of the Carriage of Goods by Land, Sea & Air*, 5th ed. by G. Whitehead, London, Shaw & Sons, 1978, pp. XLVIII-297.

RIFORMA DELL'ORDINAMENTO GIUDIZIARIO

v. *infra*, Atti di convegni, etc., VI.3.

RIGHETTI, G.

1970 *Appunti di diritto della navigazione, Parte generale*, nuova ed., Torino, Giappichelli, 1981, pp. 130.

RISTUCCIA, S.

1977 (a cura di) *L'istituzione governo - Analisi e prospettive*, Milano, Edizioni di Comunità, pp. 227.

ROBB, L. A.

v. *infra*, Dizionari, etc., VI.2.

RODIÈRE, R.

1967-70 *Traité général de droit maritime - Affrètement & transports*, Paris, Dalloz (3 vol.).
1972 *Traité général de droit maritime- Événements de mer*, Paris, Dalloz, pp. 540.
1976 *Traité général de droit maritime - Introduction - L'armement*, Paris, Dalloz, pp. 711.
1976 (sous la direction de) *La formation du contrat*, Paris, Éditions A. Pedone, pp. 141.
1977 (sous la direction de) *Les vices du consentement dans le contrat*, Paris, Èditions A. Pedone, pp. 184.
1978 v. JAMBU-MERLIN, R.
1979 *Introduction au droit comparé*, Paris, Dalloz, pp. 161.

RODIÈRE, R. et REMOND-GOUILLOUD, M.

1980 *La mer - Droits des hommes ou proie des États?* Paris, Èditions A. Pedone, pp. 184.

RODOTÀ, S.

1960-81 *Il terribile diritto - Studi sulla proprietà privata*, Bologna, il Mulino, 1981, pp. 407.
1971 (a cura di) *Il diritto privato nella società moderna*, Bologna, il Mulino, pp. 452.
1977 (a cura di) *Il controllo sociale delle attività private*, Bologna, il Mulino, pp. 652.
1978 *Alla ricerca delle libertà*, Bologna, il Mulino, pp. 209.

ROMANELLI, G.

1979 *Profilo del noleggio*, Milano, Giuffrè, pp. 219.

ROMANO, S.

1993a *Guida alla politica estera italiana - Dal crollo del fascismo al crollo del comunismo*, 2ª ed., Milano, Rizzoli, pp. 222.

1993b *L'Italia scappata di mano*, Milano, Longanesi, pp. 151.

RONCHEY, A.

1991 *I limiti del capitalismo*, Milano, Rizzoli, pp. 158.

ROPPO, E.

1977 *Il contratto*, Bologna, il Mulino, pp. 333.

ROSSI, E.

1949-59 *Capitalismo inquinato*, a cura di R. Petrini, pref. di E. Scalfari, Roma-Bari, Laterza, 1993, pp. XXI-252.

ROSSI, G.

1956 *Il fallimento nel diritto americano*, pref. di M. Rotondi, Padova, Cedam, pp. XXIV-247.

ROSSI, S.

1993 (a cura di) *Competere in Europa - Mercato unico e capacità competitiva dell'industria italiana*, Bologna, il Mulino, pp. 485.

ROTONDI, M.

1924-72 *Studi di diritto comparato e teoria generale*, Padova, Cedam, 1972, pp. VIII-838.

1973 *Buts et méthodes du droit comparé*, Padova, Cedam - New York, Oceana, pp. 762.

1974 *L'unité du droit des obligations*, Padova, Cedam, pp. 611.

1976 *La science du droit au cours du dernier siècle*, Padova, Cedam, pp. 757.

1979 *L'abus de droit*, Padova, Cedam, pp. XXXIII-502.

ROUGIER, L.

1969 *Le génie de l'Occident - Essai sur la formation d'une mentalité*, Paris, R. Laffont, pp. 471.

ROZENBERG, J.

1994 *The Search for Justice*, London, Hodder and Stoughton, pp. 404.

RUSCIANO, M.

1978 *L'impiego pubblico in Italia*, Bologna, il Mulino, pp. 373.

RUSCONI, G. E.

1993 *Se cessiamo di essere una nazione*, Bologna, il Mulino, pp. 180.

RUSSELL, B.

1938 *Power*, London, Unwin Books, 1975, pp. 207.

1946 *History of Western Philosophy*, London, Allen & Unwin, 2nd ed., 1961, 7th impr. 1974, pp. 842.

RUSSO, G.

1992 *I nipotini di Lombroso - Lettera aperta ai settentrionali*, Milano, Sperling & Kupfer, pp. XI-98.

1994 *Perché la Sinistra ha eletto Berlusconi*, Milano, Sperling & Kupfer, pp. 155.

RUTIGLIANO, M.

1980 *La concorrenza nell'attività bancaria internazionale*, Milano, Giuffrè, pp. 148.

RYDER, F. R.

1970 *Negotiable Instruments*, Harmondsworth, Penguin Books, pp. 184.

SACCO, R.

1980 (a cura di) *L'apporto della comparazione alla scienza giuridica*, Milano, Giuffrè, pp. VIII-318.

1980 *Introduzione al diritto comparato*, 2ª ed., Torino, Giappichelli, 1980, pp. 214.

SAID, E. W.

1993 *Culture and Imperialism*, London, Vintage, pp. XXXII-444.

SAINT-JUST, L. DE

1800 *Fragments sur les Institutions républicaines*; trad. it. a cura di A. Soboul, *Frammenti sulle Istituzioni repubblicane*, Torino, Repr. Einaudi, 1975, pp. 313.

SALMOND, Sir J. W.

1907 *Salmond on the Law of Torts*, 16th ed. by R. F. V. Heuston, London, Sweet & Maxwell, 1973, pp. XCII-647.

SALVADORI, M. L.

1963 *Gaetano Salvemini*, 3ª ed., Torino, Einaudi, 1978, pp. 264.

1990 *Europa America Marxismo*, Torino, Einaudi, pp. XXII-277.

SALVATORELLI, L. e MIRA, G.

1964 *Storia d'Italia nel periodo fascista*, 4ª ed., Milano, Mondadori, 1972 (2 voll).

SALVEMINI, G.

1900-55 *Scritti sulla scuola*, a cura di L. Borghi e B. Finocchiaro, Milano, Feltrinelli (Opere V), 1966, pp. XXXII-1085.

1922 *Le più belle pagine di Carlo Cattaneo*, postf. di L. Cafagna, Roma, Donzelli, 1993, pp. XI-243.

1928-59 *Scritti sul fascismo*, Milano, Feltrinelli (Opere VI), 1966-74 (3 voll.).

1939-45 *L'Italia vista dall'America*, a cura di E. Tagliacozzo, Milano, Feltrinelli (Opere VII), 1969, pp. XLII-751.

SAMPSON, A.

1962 *The New Europeans*, rev. ed., London, Panther, 1971, pp. 496.
1977 *The Arms Bazaar - The Companies, The Dealers, The Bribes: from Vickers to Lockheed*, London, Coronet Books, Hodder and Stoughton, 1978, 3rd impr. 1981, pp. 351.
1981 *The Money Lenders - Bankers in a Dangerous World*, London, Coronet Books, pp. 377.
1982 *The Changing Anatomy of Britain*, London, Sydney, Auckland, Toronto, Hodder and Stoughton, pp. XV-476.

SARTORI, G.

1992 *Seconda Repubblica? Sì, ma bene*, Milano, Rizzoli, pp. 116.
1993 *Democrazia - Cosa è*, Milano, Rizzoli, pp. 338.

SASSOON, D. M.

1968 *C.I.F. and F.O.B. Contracts*, 2nd ed., London, Stevens & Sons, 1975 (British Shipping Laws, vol. 5), pp. XXXVII-472.

SATOW, Sir E. M.

1917 *Satow's Guide to Diplomatic Practice*, 5th ed. by Lord R. Gore-Booth, ass. ed. D. Pakenham, London and New York, Longman, 1979, pp. XIX-544.

SCALFARI, E.

1976-79 *Interviste ai potenti*, Milano, Mondadori, pp. 316.

SCALFARI, E. e TURANI, G.

1974 *Razza padrona - Storia della borghesia di stato*, 9ª ed., Milano, Feltrinelli, pp. 478.

SCAPARONE, M.

1974 *« Common law » e processo penale*, Milano, Giuffrè, pp. 220.

SCARMAN, Sir L.

1974 *English Law - The New Dimension* (26th Hamlyn Lecture), London, Stevens & Sons, pp. XI-88.

SCARPELLI, U.

1954-80 *L'etica senza verità*, Bologna, il Mulino, 1982, pp. 358.
1965 *Cos'è il positivismo giuridico*, Milano, Edizioni di Comunità, pp. 155.
1976 (a cura di) *Diritto e analisi del linguaggio*, Milano, Edizioni di Comunità, pp. 487.

SCHABER, G. D. and ROHWER, C. D.

1975 *Contracts in a Nutshell*, St. Paul, Minn., West Publishing, 3rd repr. 1978, pp. XXIII-307.

SCHERMES, H. G.

1972 *International Institutional Law*, Leiden, Sijthoff (3 vols.).

SCHIANO DI PEPE, G.

1977 *Le società di professionisti - Impresa professionale e società fra professionisti*, Milano, Giuffrè, pp. 234.

SCHIOPPA, F. P.

1990 *L'economia sotto tutela*, Bologna, il Mulino, pp. 288.

SCHLESINGER, R. B.

1950 *Comparative Law (Cases - Text - Materials)*, 5th ed., Mineola, N. Y., The Foundation Press, 1988, pp. LXXI-926.

1968 (gen. ed.) *Formation of Contracts - A Study of the Common Core of Legal Systems*, Dobbs Ferry, N.Y., Oceana - London, Stevens & Sons (2 vols.).

SCHMITT, C.

1931 *Der Hüter der Verfassung*, Berlin, Duncker & Humblot, rist. 1969; trad. it. e pres. a cura di A. Caracciolo, *Il custode della costituzione*, Milano, Giuffrè, 1981, pp. XXXII-244.

SCHMITTHOFF, C. M.

1948 *Schmitthoff's Export Trade - The Law and Practice of International Trade*, 7th ed., London, Stevens & Sons, 1980, pp. XXXVII-515.

1977 *Commercial Law in a Changing Economic Climate*, 2nd ed., London, Sweet & Maxwell, 1981, pp. XII-78.

SCHOPENHAUER, A.

1851 *Über Schriftstellerei und Stil*; trad. it. di E. A. Kuhn, *Sul mestiere dello scrittore e sullo stile*, Milano, Adelphi, 1993, pp. 156.

SCHWARTZ, B. and WADE, H. W. R.

1972 *Legal Control of Government*, London, Oxford University Press, pp. XXXII-349.

SCHWARZ-LIEBERMANN VON WAHLENDORF, H. A.

v. *infra*, WAHLENDORF, H. A. SCHWARZ-LIEBERMAN, VON.

SCIASCIA, L.

1956-64 *Le parrocchie di Regalpetra - Morte dell'inquisitore*, 3ª ed., Roma-Bari, Laterza, 1973, pp. 247.

1971 *Il contesto - Una parodia*, Torino, Einaudi, pp. 122.

1977 *Candido ovvero un sogno fatto in Sicilia*, Milano, Adelphi, 1990, pp. 133.

1978 *L'affaire Moro*, Palermo, Sellerio Editore, pp. 147.

1979a *La Sicile comme métaphore - Conversations en italien avec M. Padovani*; trad. it., *La Sicilia come metafora - Intervista di M. Padovani*, s.l. (ma: Milano), Mondadori, 1979, pp. XIV-137.

1979b *Nero su nero*, Torino, Einaudi, pp. 247.
1989 *A futura memoria*, Milano, Bompiani, pp. 164.

SCOLES, E. F.

1982 *Conflict of Laws*, 2nd ed., St. Paul, Minn., West Publishing, 1992, pp. XXVII-1160.

SCOPPOLA, P.

1991 *La repubblica dei partiti - Profilo storico della democrazia in Italia (1945-1990)*, Bologna, il Mulino, pp. 449.

SCRITTI IN MEMORIA DI A. GIUFFRÈ

1967 *Scritti in memoria di Antonio Giuffrè*, vol. II: dir. civ., dir. comm., dir. comp., dir. del lav., dir. agr., dir. proc. civ., Milano, Giuffrè, pp. VII-936.

SCRUTTON, T. E.

1886 *Scrutton on Charterparties and Bills of Lading*, 18th ed. by Sir A. A. Mocatta, M. J. Mustill, S. C. Boyd, London, Sweet & Maxwell, 1974, pp. CI-624.

SEPE, O.

1975 *L'efficienza nell'azione amministrativa*, Milano, Giuffrè, pp. 368.

SERENI, A. P.

1954 *Aspetti del processo civile negli Stati Uniti*, Milano, Giuffrè, pp. 168.

SERVAN-SCHREIBER, J.-J.

1967 *Le défi americain*, Paris, Denoel, pp. 342.

SEVERGNINI, B.

1992 *L'inglese - Lezioni semiserie*, 3ª ed., Milano, Rizzoli, pp. 273.

SHAW, P.

1982 (ed.) *The Autobiography and Other Writings by Benjamin Franklin*, New York, Bantam, pp. XIII-282.

SHIRER, W. L.

1959 *The Rise and Fall of the Third Reich*, Greenwich, Conn., Fawcett Publications, repr. 1965, pp. XIII-1599; trad. it. di G. Glaesser, *Storia del Terzo Reich*, 1959, Torino, Einaudi, pp. XVIII-1260.

SIDOTI, F.

1979 (a cura di) *L'organizzazione e il personale delle regioni*, Milano, Edizioni di Comunità, pp. 349.

Šik, O.

1976 *Das kommunistische Machtsystem*, Hamburg, Hoffmann und Campe; trad. it. di L. e M. Sampaolo, *Quale comunismo?*, Roma-Bari, Laterza, 1977, pp. VII-328.

Silone, I.

1962 *La scuola dei dittatori*, introd. di V. Libera, Milano, Mondadori, 1977, pp. XII-182.

Simon, R.

1974 *Breaking Up - A Practical Guide to Separation and Divorce and Coping on Your Own*, London, Arrow Books, pp. XI-276.

Simone, R.

1993 *L'università dei tre tradimenti*, Bari-Roma, Laterza pp. XI-135.

Singh, N.

1963 *International Conventions of Merchant Shipping*, 2nd ed., London, Stevens & Sons, 1973 (British Shipping Laws, vol. 8), pp. XX-1697.

1978 *Maritime Flag and International Law* (Master Memorial Lecture, 1977), forew. by Shri Morarji, R. Desai, Leyden, Sijthoff, pp. XXIII-161.

Singh, N. and Colinvaux, R.

1967 *Shipowners*, London, Stevens & Sons (British Shipping Laws, vol. 13), pp. XXVI-431.

Slater, J. A.

1905 *Slater's Mercantile Law*, 17th ed. by Lord Chorley and O. C. Giles, London, Pitman, 1977, pp. LVII-491.

Smith, K. and Keenan, D.

1963 *English Law*, 10th ed., London, Pitmann, 1992, repr. 1993, pp. XL-868.

Smith, R. Callender

1978 *Press Law*, London, Sweet & Maxwell, pp. XVI-303.

Smith, S. A. de

1971 *Constitutional and Administrative Law*, 3rd ed. rev. by H. Street, B. de Smith, R. Brazier, Harmondsworth, Penguin Books, 1977, pp. 729.

Speiser, S. M.

1993 *Lawyers and the American Dream*, London, Blackstone, pp. X-430.

Spender, S.

1974 *Love-Hate Relations*, London, Hamilton, pp. XVIII-246.

SPIEGELBERG, R.

1973 *The City - Power Without Accountability*, London, Quartet Books, pp. 261.

SPRIANO, P.

1983 *I comunisti europei e Stalin*, Torino, Einaudi, pp. XII-303.

STACEY, F.

1968 *The Government of Modern Britain*, London, Oxford University Press, 3rd impr. 1969, pp. XII-419.

STAFFORD, L. W. T.

1966 *Modern Commercial Knowledge*, 2nd ed., London, Macdonald & Evans, 1969, repr. 1971, pp. XIV-258.

STATI UNITI

v. *supra*, PASQUINO, G.

STEIN, P. and SHAND, J.

1974 *Legal Values in Western Society*, Edinburgh, Edinburgh University Press; trad. it. di A. Maccioni, *I valori giuridici della civiltà occidentale*, pres. di A. Giuliani, app. di L. Moccia, Milano, Giuffrè, 1981, pp. XIX-465.

STEINER, G.

1975 *After Babel - Aspects of language and translation*; trad. it. di R. Bianchi, *Dopo Babele, Aspetti del linguaggio e della traduzione*, Firenze, Sansoni, 1984; Milano, Garzanti, 1994, pp. 613.

STENDAHL

1839 *Chroniques Italiennes*, prés. par M. Mohrt, Paris, Gallimard, 1964, pp. 446.

STONE, J.

1946 *The Province and Function of Law - Law as Logic Justice and Social Control - A Study in Jurisprudence*, Sydney, Associated General Publications - Buffalo, N.Y., W. S. Hein, repr. s.d., pp. LXIV-918.

1964 *Legal System and Lawyers' Reasonings*, Sydney, Maitland Publications, 2nd pr. 1968, pp. XXIV-454.

STORIA D'ITALIA

1975 *Storia d'Italia* - vol. IV: *Dall'unità a oggi*, Torino, Einaudi, (2 voll.).

STROUD, F.

v. *infra*, Dizionari, etc., VI.2.

SWIFT, J.

1726 *Gulliver's Travels*, Ware, Hertfordshire, Wordsworth, 1992, pp. 318.

SYLOS LABINI, P.

1972 *Saggio sulle classi sociali in Italia*, 7ª ed., Roma-Bari, Laterza, 1976, pp. XV-196.

1986 *Le classi sociali negli anni '80*, 4ª ed., Bari, Laterza, pp. IX-230.

1995a *Il pensiero economico*, Bari, Laterza, pp. VII-126.

1995b *La crisi italiana*, Bari, Laterza, pp. XII-96.

SZLADITS, C.

v. *infra*, Guide bibliografiche, VI.7.

TABORY, M.

1980 *Multilingualism in International Law and Institutions*, Alphen aan den Rijn, The Netherlands, Rockville, Maryland, USA, Sijthoff & Noordhoff, pp. XX-284.

TARELLO, G.

1976 *Storia della cultura giuridica moderna*, vol. I: *Assolutismo e codificazione del diritto*, Bologna, il Mulino, pp. 651.

TARUFFO, M.

1980 *La giustizia civile in Italia dal '700 a oggi*, Bologna, il Mulino, pp. 637.

TAYLOR, A. J. P.

1983 *A Personal History*, London, Hamilton, pp. IX-278.

TAYLOR, E.

1951 *The House of Commons at Work*, 7th ed., Harmondsworth, Penguin Books, 1967, pp. 256.

TAYLOR, T.

1992 *The Anatomy of the Nuremberg Trials*, s.l., Knopf; trad. it. di O. Fenghi, *Anatomia dei processi di Norimberga*, Milano, Rizzoli, 1993, pp. 731.

TEDESCHI, V. e ALPA, G.

1979 (a cura di) *Il contratto nel diritto nord-americano - Appunti e materiali*, nuova ed., Milano, Giuffrè, 1980, pp. 349.

TEMPERLY, R.

1895 *The Merchant Shipping Acts*, 7th ed. by M. Thomas and D. Steel, London, Stevens & Sons, 1976 (British Shipping Laws, vol.11), pp. CI-1001.

THOMAS, D. R.

1980 *Maritime Liens*, Stevens & Sons (British Shipping Laws, vol. 14), pp. XLIX-397.

THOMSON, W.

v. *infra*, Dizionari, etc., VI.2.

THOREAU, H. D.

1849-54 *Walden and Civil Disobedience*, Harmondsworth, Penguin Books, 1986, pp. 431.

THUROW, L. C.

1980 *The Zero Sum Society*, s.l. (ma: U.S.), Basic Books; trad. it. di D. Tirelli, *La società a somma zero*, a cura e introd. di A. Tantazzi, Bologna, il Mulino, 1981, pp. 295.

TIMES (THE)

v. *infra*, Almanacchi, etc., VI.6.

TINDALL, G. B. and SHI, D. E.

1984 *America: A Narrative History*, trad. it. di F. Nappi e M. R. Zannini, *La grande storia dell'America*, Milano, Mondadori (2 vols.).

TITCHINER, L. and WINYARD, A.

1975 *Consumers' Rights*, London, Arrow Books, pp. 140.

TIVEY, L.

1966 *Nationalization in British Industry*, rev. ed., London, J. Cape, 1973, pp. 255.

TOCQUEVILLE, Charles Alexis Henri Clérel de

1835-40 *Scritti politici*, a cura di N. Matteucci, Torino, Utet 1969, rist. 1988 (2 voll.); vol. I: *La rivoluzione democratica in Francia*, pp. 1081; vol. II: *La democrazia in America*, pp. 885.

TOMELLI, F. e GATTEI, G.

v. *infra*, Dizionari, etc., VI.2.

TONINI, P.

1979 *Polizia giudiziaria e magistratura - Profili storici e sistematici*, Milano, Giuffrè, pp. 420.

TORRE, A.

1991 *Il « territorial government » in Gran Bretagna*, Bari, Cacucci, pp. 304.

TORRENTE, A.

1952 *Manuale di diritto privato*, 10ª ed., di P. Schlesinger, Milano, Giuffrè, 1978, pp. LV-384.

TORTORA, E.

1984 *Cara Italia ti scrivo*, a cura di G. Quaranta, Milano, Mondadori, pp. 129.

TOSCANO, M.

s.d. *Storia dei trattati e politica internazionale* - Estratto dalla 2ª ed. (1963), Torino, Giappichelli, 1970, pp. VIII-178.

TRANSPORT LAWS

v. *infra*, Codici, etc., VI.4.

TREVES, R.

1960-72 *Giustizia e giudici nella società italiana - Problemi e ricerche di sociologia del diritto*, Bari, Laterza, 1972, pp. 190.

TRIGILIA, C.

1992 *Sviluppo senza economia - Effetti perversi delle politiche nel Mezzogiorno*, Bologna, il Mulino, pp. 200.

TUGENDHAT, C.

1971 *The Multinationals*, Harmondsworth, Penguin Books, 1973, p. 288.

TUNC, A.

1964 *Le droit des États-Unis*, 2ª éd., Paris, Presses Universitaires de France, 1969 (« Que sais-je? » No. 1159), pp. 128.

1971 *Le droit anglais des sociétés anonymes*, 2ª éd., Paris, Dalloz, 1978, pp. 271.

TUNC, A. et TUNC, S.

1954 *Le système constitutionnel des États-Unis d'Amérique*, t. II: *Le système constitutionnel actuel*, préf. de R. David, Paris, Éditions Domat Montchrestien, pp. 542.

1955 *Le droit des États-Unis d'Amérique - Sources et Techniques*, Paris, Dalloz, pp. 527.

TURANI, G.

1987 *La locomotiva Italia*, s.l., Sperling & Kupfer, pp. 174.

1992 *Dal superboom alla supercrisi*, Milano, Rizzoli, 1992, pp. 167.

TURI, G.

1980 *Il fascismo e il consenso degli intellettuali*, Bologna, il Mulino, pp. 394.

TURNER, F. J.

1953 *The Frontier in American History*, Holt, New York, 1953; trad. it. di L. Serra, *La frontiera nella storia americana*, Bologna, il Mulino, 1959, repr. 1975, pp. 439.

TURONE, G.

1984 *Le associazioni di tipo mafioso*, Milano, Giuffrè, pp. VII-306.

TURONE, S.

1979 *Il paradosso sindacale*, Roma-Bari, Laterza, pp. 204.

TURPIN, C.

1972 *Government Contracts*, Harmondsworth, Penguin Books, pp. 368.

TUSA, A. and TUSA, J.

1983 *The Nuremberg Trial*, London, Papermack, 1984, pp. 518.

UCC

v. *infra*, Codici, etc., VI.4.: UNIFORM COMMERCIAL CODE

ULMER, E.

1968 (sotto la dir. di) *La repressione della concorrenza sleale negli Stati membri della Comunità Economica Europea*, ad opera del Max-Planck-Institut für ausländisches und internationales Privatrecht, vol. I: *Diritto comparato*, con la collab. di F.-K. Beier, Milano, Giuffrè, pp. XXIII-350.

UNGARI, P.

1974 *Storia del diritto di famiglia in Italia (1796-1942)*, Bologna, il Mulino, pp. 293.

VARANO, V.

1973 *Organizzazione e garanzie della giustizia civile nell'Inghilterrra moderna*, pres. di Master I. H. Jacob, Milano, Giuffrè, pp. VII-547.

VELO, D.

1974 (a cura di) *Le imprese multinazionali - Caratteristiche funzionali della loro gestione finanziaria*, Milano, Giuffrè, pp. 455.

VERDE, G.

1978 *Profili del processo civile - Parte generale*, 3ª ed., Napoli, Jovene, 1991, pp. 383.

VERRUCOLI, P.

1964 *Il superamento della personalità giuridica delle società di capitali nella common law e nella civil law*, Milano, Giuffrè, pp. 214.

1978 (a cura di) v. *infra*, Atti di convegni, etc., VI.3.

1985 *Non-profit organizations (A Comparative Approach)*, Milano, Giuffrè, pp. 132.

VERTONE, S.

1988 *Viaggi in Italia*, Milano, Rizzoli, pp. 254.

1989 *Penultima Europa*, Milano, Rizzoli, pp. 229.

1992 *L'ultimo manicomio - Elogio della Repubblica Italiana,* Milano, Rizzoli, pp. 148.

VÉSCOVI, E.

1978 *Elementos para una teoria general del proceso civil latinoamericano*, México, Universidad Nacional Autónoma de México, pp. 105.

VIGORITI, V.

1970 *Garanzie costituzionali del processo civile - Due Process of Law e art. 24 Cost.*, Milano, Giuffrè, pp. 184.

1979 *Interessi collettivi e processo - La legittimazione ad agire*, Milano, Giuffrè, pp. 332.

VILE, M. J. C.

1970 *Politics in the USA*, rev. ed., London, Hutchinson, 1976, pp. 318.

VILLARI, R.

1994 *Per il re o per la patria - La fedeltà nel Seicento*, Roma-Bari, Laterza, pp. 198.

VITÁNYI, B.

1979 *The International Regime of River Navigation*, Alphen aan den Rijn, The Netherlands, Germantown, Maryland, USA, Sijthoff & Noordhoff, pp. XIII-441.

VIVANTE, C.

1893 *Trattato di diritto commerciale*, Milano, Vallardi, 1922-26 (4 voll.).

VOLTERRA, S.

1963 *Sistemi elettorali e partiti in America*, pres. di G. Maranini, Milano, Giuffrè, pp. VII-270.

VON MEHREN, A. T.

v. *supra*, MEHREN, A. T. VON

VRIES, H. P. DE

1976 *Civil Law and the Anglo-American Lawyer (A Case - Illustrated Introduction to Civil Law Institutions and Methods)*, ass. by G. A. Schneider, Dobbs Ferry, N. Y., Oceana, pp. XVIII-447+11.

WADE, E. C. S. and PHILLIPS, G. G.

1931 *Constitutional and Administrative Law*, 9th ed. by A. W. Bradley, ass. by T. St. J. N. Bates, New York, Longman, 1977, pp. XLIV-686.

WADE, H. W. R.

1961 *Administrative Law*, 2n ed., Oxford, Clarendon Press, 1967; trad. it., *Diritto amministrativo inglese*, a cura di C. Geraci, pres. di M. S. Giannini, Milano, Giuffrè, pp. XIX-505.

WAHLENDORF, H. A. SCHWARZ-LIEBERMANN VON

1977 *Introduction à l'esprit et à l'histoire du droit anglais*, Paris, L.G.D.J., pp. 136.

WALKER, D. M.

v. *infra*, Dizionari, etc., VI.2.: OXFORD COMPANION TO LAW

WALKER, P. G.

1970 *The Cabinet*, rev. ed., s.l. (ma: London-Glasgow), Fontana-Collins, 1972, pp. 191.

WALKLAND, S. A. and RYLE, M.

1970 (eds.) *The Commons in Transition*; 2nd ed.: *The Commons in the Seventies - For the Study of Parliament Group*, s.l. (ma: London-Glasgow), Fontana-Collins, 1977, pp. 285.

WALL, E.

1969 *Europe: Unification and Law*, Harmondsworth, Penguin Books, pp. 220.

WALZER, M.,

1989 *Cosa significa essere americani*, trad. it. e introd. di N. Urbinati, Venezia, Marsilio, 1992, pp. XVIII-100.

WATZLAWICK, P.

1978 *Gebrauchsanweisung für Amerika*, München, Piper; trad. it. E. Ganni, *America istruzioni per l'uso*, Milano, Feltrinelli, pp. 111.

WEBER, M.

1919 *Parlament und Regierung im neugeordneten Deutschland*; trad. it. e a cura di F. Fusillo, *Parlamento e governo*, Roma-Bari, Laterza, 1982, repr. 1993 con una nuova premessa di F. Ferrarotti, pp. LVII-160.

1922 *Wirtschaft und Gesellschaft*, Tübingen, J. C. B. Mohr, 1956 (2 Bde.); trad. it. di T. Bagiotti ed al., *Economia e società*, 3ª ed., introd. di P. Rossi, Milano, Edizioni di Comunità, 1974 (2 voll.).

WEDGWOOD BENN, D.

1958 *Bankruptcy*, London, Sweet & Maxwell, pp. IV-95.

WEIGMANN, R.

1978 *Concorrenza e mercato azionario*, Milano, Giuffrè, pp. 141.

WELLMAN, F. L.

1903 *The Art of Cross-Examination*, 4th ed. , New York, Collier Books - London, Macmillan, 1936; 1st Collier Books Editions 1962, 9th pr. 1974, pp. 476.

WHITAKER, J.

v. *infra*, Almanacchi, etc., VI.6.

WILLIAMS, D. B.

1972 *Criminal Injuries Compensation*, London, Oyez Publishing, pp. VII-58.

WILLIAMS, GLANVILLE L.

1945 *Learning the Law*, 10th ed., London, Stevens & Sons, 1978, pp. IX-209.

1955 *The Proof of Guilt - A Study of the English Criminal Trial* (7th Hamlyn Lecture), 3rd ed., London, Stevens & Sons, 1963, 2nd impr. 1977, pp. VIII-373.

1978 *Textbook of Criminal Law*, London, Stevens & Sons, pp. XL-973.

WILLIAMS, R.

1958 *Culture and Society 1780-1950*, Harmondsworth, Penguin Books, 1961, repr. with a post-script 1963, repr. 1975, pp. 348.

WILLMAN, G.

1973 *The Penguin Guide to Insurance*, Harmondsworth, Penguin Books, pp. 250.

WILSON, Sir H.

1976 *The Governance of Britain*, London, Sphere Books, 1977, pp. 267.

WINFIELD, Sir P. H.

1937 *Winfield and Jolowicz on Tort*, 9th ed. by J. A. Jolowicz with T. Ellis Lewis and D. M. Harris, London, Sweet & Maxwell, 1971, pp. XLVII-692.

WISE, E. M.

v. *infra*, Codici, etc., VI.4.: ITALIAN PENAL CODE

WISWALL, F. L., Jr.

1970 *The Development of Admiralty Jurisdiction and Practice since 1800*, London, Cambridge Univesity Press, pp. XVII-223.

WORDS AND PHRASES

v. *infra*, Dizionari, etc., VI.2.

WORK OF THE INTERNATIONAL LAW COMMISSION

v. *infra*, Atti di convegni, etc., VI.3.

WRIGHT, C. A.

1963 *Handbook of the Law of Federal Courts*, 3rd ed., St. Paul, Minn, West Publishing, 1976, 1st repr. 1977, pp. XXII-818.

YATES, D.

1978 *Exclusion Clauses in Contracts*, London, Sweet & Maxwell, pp. XXI-197.

ZAGO, T.

1963 *Attività amministrativa e attività politica del potere esecutivo*, Milano, Giuffrè, pp. VII-128.

ZAGREBELSKY, G.

1992 *Il diritto mite*, Torino, Einaudi, pp. 217.

ZAMPELLA, F.

1952 *Documenti mercantili e commercio internazionale*, 7ª ed., Milano, Pirola, 1976, pp. 580.

ZANDER, M.

1975 *A Bill of Rights?*, forew. by Lord Justice Scarman, Chichester and London, Barry Rose Publishers, pp. 68.

ZANELLI, A. P.

1980 *Americani*, pref. di I. Montanelli, Milano, Mondadori, pp. x-313.

ZANGARI, G.

1980 *La « democrazia industriale » in Gran Bretagna - Il Rapporto della Commissione Bullock - Il « Libro Bianco » laburista*, Milano, Giuffrè, pp. VII-232.

ZANGRANDI, R.

1962 *Il lungo viaggio attraverso il fascismo - Contributo alla storia di una generazione*, 6ª ed., Milano, Feltrinelli, 1976, pp. 611.

1967 *1943: l'8 settembre*, Milano, Feltrinelli, pp. 436.

1971 *L'Italia tradita - 8 settembre 1943*, Milano, Garzanti, 1974, pp. 535.

ZANNI ROSIELLO, I.

1976 (a cura di) *Gli apparati statali dall'unità al fascismo*, Bologna, il Mulino, pp. 385.

ZARB, A. H.

1980 *Les Institutions spécialisées du système des Nations Unies et leurs membres*, préf. di R.-J. Dupuy, Paris, Éditions A. Pedone, pp. XVI-598.

ZIEGLER, J.

1990 *La Suisse lave più blanc*, s.l., Éd. du Seuil; trad. it. di D. Chioatto, *La Svizzera lava più bianco*, Milano, Mondadori, pp. 188.

2. *Dizionari. - Enciclopedie.*

ABRAHAM, L. A. and HAWTREY, S. C.

1956 *Abraham and Hawtrey's Parliamentary Dictionary*, 3rd ed. by S. C. Hawtrey and H. M. Barclay, London, Butterworths, 1970, pp. VIII-248.

BES, J.

1951-62 *Chartering and Shipping Terms*, London, Barker & Howard (3 vols.).

BLACK, H. C.

1891 *Black's Law Dictionary*, 6th ed. by the publisher's editorial staff, St. Paul, Minn., West Publishing, 1990, pp. XIV-1657.

BRITAIN-USA NOW

1968 *Britain-USA Now: A Survey in Key Words*, ed. by I. Friebel and H. Haendel, London, Longman, 1974, pp. V-407.

BRODIE, P. R.

1980 *Dictionary of Shipping and Shipbroking Terms*, French-English and English-French, London, Lloyd's of London Press, pp. XVII-195.

BROWN, R. H.

1962 *Dictionary of Marine Insurance Terms*, 4th ed., London, Witherby, 1975, pp. VII-440.

CAMBRIDGE (THE) ITALIAN DICTIONARY

1962 *The Cambridge Italian Dictionary*, vol. 1: Italian-English, gen. ed. B. Reynolds, London, Cambridge University Press, pp. XXXI-899.

COLLINS DICTIONARY OF BUSINESS

1991 *Collins Dictionary of Business*, Glasgow, Harper Collins, pp. 656.

CONCISE (THE) OXFORD DICTIONARY

1911 *The Concise Oxford Dictionary of Current English*, ed. by H. W. Fowler and F. G. Fowler, 5th ed. rev. by E. McIntosh, London, Oxford University Press, 1964, repr. 1972, pp. XVI-1566.

CONTE, G.

1969-89 *Dizionario giuridico ed economico* italiano-tedesco, tedesco-italiano, Milano, Giuffrè, München, Beck (2 voll.).

CREIFELDS, C.

s.d. *Rechtswörterbuch*, hrsg. L. Meyer-Gossner, 10. Auflage, München, Beck, 1990, pp. XV-1428.

CURZON, L. B.

1979 *Dictionary of Law*, 3rd ed., s.l. (ma: London), Pitmann, 1988, pp. V-479.

DE FRANCHIS

v. *infra*, FRANCHIS, F. DE

DICTIONNAIRE DU DROIT INTERNATIONAL

1960 *Dictionnaire de la terminologie du droit international*, Paris, Sirey, pp. XV-755.

DIETL, C. E.

1988 *Dictionary of Legal, Commercial and Political Terms*, in collab. with E. Lorenz, A. A. Moss and W. Buxbaum, vol. II: German-English, 3rd ed., München, Beck - New York, Bender, pp. V-821.

DIETL, C. E., MOSS, A. A., LORENZ, E.

1987 *Dictionary of Legal, Commercial and Political Terms*, vol. I: English-German, 4th ed., München, Beck, pp. V-912.

DIGESTO UTET

1884 *Digesto delle Discipline Privatistiche* (sez. civ., sez. comm.); *delle Discipline Penalistiche; delle Discipline Pubblicistiche*, 4ª ed., Torino, Utet, 1987- .

DIZIONARI DEL DIRITTO PRIVATO

1980-81 *Dizionari del Diritto Privato*, a cura di N. Irti, Milano, Giuffrè (3 voll.); vol. I: *Diritto civile*, a cura di N. Irti, 1980, pp. IX-904; vol. 2: *Diritto al lavoro*, a cura di M. Dell'Olio, 1981, pp. IX-499; vol. 3: *Diritto commerciale e industriale*, a cura di V. Carnevali, 1981, pp. XI-940.

DIZIONARIO DEI TERMINI ECONOMICI

1989 *Dizionario dei termini economici - Il Mondo*, Milano, Rizzoli, 1992, pp. 723.

DIZIONARIO DELLE IDEE

1977 *Dizionario delle Idee*, Firenze, Sansoni, pp. 1302.

DIZIONARIO DI BANCA

1979-81 *Dizionario di Banca e di Borsa*, Milano, Giuffrè (3 voll.).

DIZIONARIO DI POLITICA

1976 *Dizionario di Politica*, diretto da N. Bobbio e N. Matteucci, redattore G. Pasquino, 2ª ed., Torino, Utet, 1983, pp. XV-1268.

EGBERT, L. D. and MORALES-MACEDO, F.

1978 *Multilingual Law Dictionary*, English-Français-Español-Deutsch, Alphen aan den Rijn, Sijthoff - Dobbs Ferry, N.Y., Oceana - Baden-Baden, Nomos Verlagsgesellschaft, pp. XXII-551.

ELLIOT, F.

1957 *A Dictionary of Politics*, 6th ed., Harmondsworth, Penguin Books, 1969, pp. 480.

ENCICLOPEDIA DEL DIRITTO

1958-81 *Enciclopedia del Diritto*, Milano, Giuffrè (31 voll.).

ENCICLOPEDIA EINAUDI

1977-81 *Enciclopedia Einaudi*, Torino, Einaudi (voll. 1-14).

ENCICLOPEDIA EUROPEA

1976-81 *Enciclopedia Europea*, s.l. (ma: Milano), Garzanti (voll. 1-11).

ENCYCLOPAEDIA BRITANNICA

1768 *Encyclopaedia Britannica - or a Dictionary of Arts and Sciences...* by a Society of Gentlemen in Scotland, Edinburgh, A. Bell, C. Macfarquhar.

The New Encyclopaedia Britannica, 15th ed., Chicago, Encyclopaedia Britannica Inc., 1974 (30 vols.); vols. I-X: Micropaedia; vols. 1-19: Macropaedia.

FAVATA, A.

s.d. *Dizionario dei termini giuridici*, 10ª ed., Piacenza, La Tribuna, 1987, pp. 538.

FRANCHIS, F. DE

1984 *Dizionario giuridico*, vol. 1: inglese-italiano, pres. di M. Cappelletti, Milano, Giuffrè, pp. VII-1545.

GREENER, M.

1970 *The Penguin Dictionary of Commerce*, Harmondsworth, Penguin Books, pp. 350.

HART, G.

1981 *Dictionary of Taxation*, London, Butterworths, pp. V-236.

HAZON, M.

1961 *Il nuovo dizionario Hazon*, inglese-italiano, italiano-inglese, Milano, Garzanti, 1990, pp. XVI-2949.

INTERNATIONAL ENCYCLOPEDIA OF COMPARATIVE LAW

1972- *International Encyclopedia of Comparative Law*, publ. under the auspices of the International Association of Legal Science, Tübingen, J. C. B. Mohr (Paul Siebeck) - Dobbs Ferry, N.Y., Oceana - Paris, The Hauge, Mouton - Alpen aan den Rijn, Sijthoff & Noordhoff (in 17 vols).

IVAMY, E. R. HARDY

1981 *Dictionary of Insurance Law*, London, Butterworth, pp. 166.

JOWITT, W. A. EARL and WALSH, C.

1959 (eds.) *Jowitt's Dictionary of English Law*, 2nd ed. by J. Burker, London, Sweet & Maxwell, 1977 (2 vols.).

KEY WORDS

1981 *Key Words in International Trade* (English-Deutsch-Español-Français-Italiano), Paris, International Chamber of Commerce, pp. 152.

KLING, S. G.

1957 *The Legal Encyclopedia and Dictionary*, rev. ed., New York, Pocket Books, 1970, pp. 519.

MAGRINO, F. e BELLOMI, A.

1991 *L'inglese degli affari*, Milano, Rizzoli, pp. 409.

MOTTA, G.

1966 *Dizionario commerciale*, inglese-italiano, italiano-inglese, Milano, Signorelli, rist. 1969, pp. X-1051.

MOZLEY, H. N. and WHITELEY, G. C.

1876 *Mozley and Whiteley's Law Dictionary*, 11 ed. by E. R. Hardy Ivamy, London, Butterworths, 1993, pp. VII-296.

MULTILINGUAL (A) COMMERCIAL DICTIONARY

1978 *A Multilingual Commercial Dictionary*, English-German-Spanish-French-Portuguese, London and Sydney, Pan Books, pp. 636.

OSBORN, P. G.

1927 *Osborn's Concise Law Dictionary*, 8th ed. by L. Rutherford and S. Bone, London, Sweet & Maxwell, 1993, pp. VII-392.

OSBORN, P. G. and GRANDAGE, S. T.

1966 *The Concise Commercial Dictionary*, London, Sweet & Maxwell, pp. 244.

OXFORD ADVANCED DICTIONARY

1942 *Oxford Advanced Dictionary of Current English*, 3rd ed. by A. S. Hornby, 1974, pp. XLI-1039.

OXFORD (THE) COMPANION TO LAW

1980 *The Oxford Companion to Law*, by D. M. Walker, Oxford, Oxford University Press, pp. IX-1366.

OXFORD (THE) COMPANION TO THE SUPREME COURT

1992 *The Oxford Companion to the Supreme Court of the United States*, ed. by K. L. Hall, New York, Oxford, Oxford University Press, pp. XX-1032.

OXFORD (THE) SPELLING

1986 *The Oxford Spelling Dictionary*, Oxford, New York, Oxford University Press, 1990, pp. XIV-299.

PALLOTTA, G.

1976 *Dizionario politico e parlamentare*, Roma, Newton Compton Editori, pp. 304.

PARISI, G. A.

1950-55 *Dizionario giuridico,* italiano-inglese, inglese-italiano, Milano, Giuffrè (2 voll.).

PASS, C. et al.

v. *supra*, COLLINS DICTIONARY OF BUSINESS

PERRY, F. E.

1979 *A Dictionary of Banking*, Plymouth, Macdonald & Evans, pp. VI-293.

PETIT (LE) ROBERT

1967 *Le petit Robert - Dictionnaire de la langue française*, 3e éd. par P. Robert, Paris, Société du Nouveau Littré, 1968, pp. XXXII-1971.

PICCHI, F.

1986 *Dizionario enciclopedico economico e commerciale,* inglese-italiano, italiano-inglese, Bologna, Zanichelli, pp. 1325.

QUEMNER, T. A.

1974 *Dictionnaire juridique*, français-anglais, anglais-français, préf. par G. Gidel, Paris, Éditions de Navarre, pp. 323.

RADIN, M.

1955 *Law Dictionary*, ed. by L. G. Greene; 2nd ed. by Oceana editorial staff, Dobbs Ferry, N.Y., Oceana, 1970, pp. VI-402+36.

RAGAZZINI, G. e GAGLIARDELLI, G.

1976 *Dizionario commerciale,* inglese-italiano, italiano-inglese, Milano, Mursia, pp. XVI-813.

ROBB, L. A.

1955 *Diccionario de Términos Legales,* español-inglés, inglés-español, México, Editorial Limusa, Wiley, 3[a] reimpr. 1969, pp. XII-228.

ROBERT

v. *supra*, PETIT ROBERT.

SHORTER (THE) OXFORD ENGLISH DICTIONARY

1933 *The Shorter Oxford English Dictionary*, prep. by W. Little, H. W. Fowler, J. Coulson, 3rd ed. by C. T. Onions, London, Oxford University Press, 1944; repr. with corr. 1969 (2 vols.).

STROUD, F.

1890 *Stroud's Judicial Dictionary of Words and Phrases*, 4th ed. by J. S. James, London, Sweet & Maxwell, 1971-75 (5 vols.).

THOMSON, W.

1912 *Thomson's Dictionary of Banking*, 12th ed. by F. R. Ryder and D. B. Jenkins, London, Pitman, 1974, pp. X-669.

TIMES (THE)

1989 *The Times Guide to 1992*, London, Times Books, pp. 238.

TOMELLI, F. e GATTEI, G.

1982 *Dizionario di marketing*, Milano, Giuffrè, pp. 211.

TORTORA, G.

1982 *Dizionario giuridico,* italiano-francese, francese-italiano, Milano, Giuffrè, pp. XX-693.

TROIKE STRAMBACI, H. e HELFFRICH MARIANI, E.

1981 *Vocabolario italiano-tedesco del diritto e dell'economia*, vol. I, Milano, Giuffrè - Monaco, Beck, pp. XIX, 1332.

VIOLANTE, L.

1981 *Dizionario delle istituzioni e dei diritti del cittadino*, Roma, Editori Riuniti, pp. 428.

VOCABULAIRE

1987 *Vocabulaire usuel de la Cour de justice des Communautés européennes*, tome III, anglais-français, Luxembourg, pp. I-268.

WEST'S LAW AND COMMERCIAL DICTIONARY

1988 *Dizionario giuridico e commerciale,* inglese-italiano, francese, spagnolo, tedesco, italiano-inglese, St. Paul, Minn., West Publishing - Bologna, Zanichelli, pp. V-1842.

WORDS AND PHRASES

1946 *Words and Phrases Legally Defined,* 2nd ed. under the gen. editorship of J. B. Saunders, London, Butterworths, 1969-70, repr. 1974 (5 vols.).

Un elenco di dizionari giuridici bilingui e multilingui si trova in Egbert and Morales-Macedo 1978: 511.

3. *Atti di convegni. - Relazioni. - Rapporti.*

AMNESTY INTERNATIONAL

1980 *Amnesty International Report*, London, Amnesty International Publications (Annual Reports).

BULLOCK REPORT

infra, REPORT OF THE COMMITTEE OF INQUIRY

CAPPELLETTI, M.

1971 *Procédure orale et procédure écrite - Oral and Written Procedure in Civil Litigation* (Rapport général présenté au VIIIe Congrès International de Droit Comparé, organizzato par l'AIDC, Pescara, 29 août-5 septembre 1970), Milano, Giuffrè - Dobbs Ferry, N.Y., Oceana, pp. 116.

1978 (ed.) *New Perspectives for a Common Law of Europe* (Proceedings of the Colloquium of the European University Institute (EUI), Florence, May, 1977), forew. by M.

Kohnstamm, Leyden, London, Boston, Sijthoff - Stuttgart, Klett-Cotta - Bruxelles, Bruylant - Firenze, Le Monnier, pp. IX-406.

CAPPELLETTI, M. and JOLOWICZ, J. A.

1975 *Public Interest Parties and the Active Role of the Judge in Civil Litigation* (General Reports prepared for the Ninth Congress of the International Academy of Comparative Law, Teheran, 27 September - 4 October 1974), forew. by C. J. Hamson, Milano, Giuffrè - Dobbs Ferry, N.Y., Oceana, pp. XVIII-304.

CAPPELLETTI, M. and TALLON, D.

1973 (eds.) *Fundamental Guarantees of the Parties in Civil Litigation* (Proceedings of the Conference of the International Association of Legal Science (I.A.L.S.), Florence, September 5-9, 1971), Milano, Giuffrè - Dobbs Ferry, N.Y., Oceana, pp. XII-821.

CASO (IL) ITALIANO

1985 *Il Caso Italiano - Lo Stato della Giustizia in Europa*, I° Convegno, Strasburgo, 23-24 ottobre 1984, Parlamento Europeo, Padova, Cedam pp. V-371.

GLOBAL (THE) REPORT

1980 *The Global 2000 Report to the President - Entering the Twenty-First Century*, Harmondsworth, Penguin Books, 1982, pp. IX-766.

IMPEACHMENT (THE) REPORT

1974 *The Impeachment Report - A Guide to Congressional Proceedings in the Case of Richard Nixon*, New York, New American Library, pp. XII-316.

ITALIA '90

1990 *Italia '90 - Rapporto di Primavera*, Roma, Edizioni Euroitalia, pp. 318.

JUSTICE

Justice (British Section of the International Commission of Jurists), London, Justice (Annual Reports).

NEW DIRECTIONS IN INTERNATIONAL LAW

1977 *New Directions in International Trade Law* (Acts and Proceedings of the 2nd Congress on Private Law held by Unidroit, Rome, 9-15 September, 1976), Dobbs Ferry, N.Y., Oceana (2 vols.); vol. I: *Reports*, pp. XLII-434; vol. II: *Written Communications and Oral Interventions*, pp. XVI+435-793.

NUOVE (LE) FRONTIERE DEL DIRITTO

Le nuove frontiere del diritto e il problema dell'unificazione (Atti del Congresso internazionale organizzato dalla Facoltà di Giursprudenza dell'Università di Bari, Bari, 2-6 aprile, 1975), Milano, Giuffrè (2 voll.).

OCCHIOCUPO, N.

1978 (a cura di) *La Corte Costituzionale tra norma giuridica e realtà sociale* (Relazione del Convegno in occasione del ventesimo anno di attività della Corte Costituzionale organizzato dalla Università degli Studi di Parma, 27-30 maggio, 1976), Bologna, il Mulino, pp. 527.

PREDIERI, A.

1975 (a cura di) *Il parlamento nel sistema politico italiano* (Atti del Seminario sul tema « Il parlamento oggi », Firenze, 12-14 aprile, 1975), Milano, Edizioni di Comunità, pp. 277.

RAPPORTO 1991

1992 *Rapporto Nomisma 1991 sull'industria italiana*, Bologna, Mulino, pp. 346.

RAPPORTO

1993 *Rapporto sulle condizioni delle pubbliche amministrazioni*, Roma, Istituto Poligrafico dello Stato, pp. 491.

REESE, W. L. M.

1962 (ed.) *International Contracts: Choice of Law and Language* (30th Anniversary Symposium of the Parker School of Foreign and Comparative Law, Columbia University, December 8-9, 1961), Dobbs Ferry, N.Y., Oceana, pp. 76.

REPORT OF THE COMMITTEE OF INQUIRY

1977 *Report of the Committee of Inquiry on Industrial Democracy*, Chairman Lord Bullock, London, Department of Trade, HMSO, Cmnd. 6706, pp. IX-205.

VERRUCOLI, P.

1978 (a cura di) *Nuovi tipi contrattuali e tecniche di redazione nella pratica commerciale - Profili comparatistici* (Relazioni al « IV Colloquio » promosso dall'Associazione Italiana di Diritto Comparato (AIDC), Camerino, 27-29 maggio, 1977), Milano, Giuffrè, pp. VIII-419.

WORK (THE) OF THE INTERNATIONAL LAW COMMISSION

1967 *The Work of the International Law Commission*, rev. ed., New York, United Nations, 1972, pp. VIII-243.

4. *Codici. - Digesti. - Raccolte. - Convenzioni.*

CODE DE COMMERCE UNIFORME

v. *infra*, UNIFORM COMMERCIAL CODE

CODE ITALIEN DE LA NAVIGATION

Code italien de la navigation (Parties maritime et fluviale), trad. de l'italien sous la dir. et avec un avant-propos et une introd. de R. Rodière, Paris, Éditions Cujas, 1968, pp. 447.

CODICE DELLE CONVENZIONI

Codice delle convenzioni sulla giurisdizione e l'esecuzione delle sentenze straniere nella C.E.E., a cura di F. Pocar, Milano, Giuffrè, 1980, pp. XXV-828.

CODICE (IL) DI COMMERCIO

Il Codice di commercio commentato - Codice marittimo e della navigazione, commento di P. Ascoli, Torino, Utet, 1923, pp. 1002.

CODICE DI PROCEDURA PENALE

Codice di procedura penale e norme complementari, a cura di G. Conso, 2a ed., Milano, Giuffrè, 1979, pp. VII-537.

CONVENZIONE DI VIENNA

Convenzione di Vienna sul diritto dei trattati, studio introd. di F. Capotorti, rist., Padova, Cedam, 1977, pp. 175.

DIGEST OF LEGAL ACTIVITIES

Digest of Legal Activities of International Organizations and Other Institutions, a cura dell'Unidroit, 3rd ed., Dobbs Ferry, N.Y., Oceana, 1976, pp. 64 (Suppl.).

GIANNINI, A.

1923 *Le convenzioni de l'Aja di diritto internazionale privato*, 4ª ed.: *Le convenzioni di diritto internazionale privato*, Milano, Giuffrè, 1953, pp. IV-433.

HALSBURY'S LAWS OF ENGLAND

1907-17 *Halsbury's Laws of England*, 4th ed. by Lord Hailsham of St. Marylebone, London, Butterworths, 1973- (in 56 vols.), (Suppl.).

HALSBURY'S STATUTES OF ENGLAND

1929-30 *Halsbury's Statutes of England*, 3rd ed. by Kaye McDowell, London, Butterworths, 1968- (in 55 vols.), (Suppl.).

ITALIAN (THE) CODE OF NAVIGATION

The Italian Code of Navigation, transl. and comm. by P. Manca, Milano, Giuffrè, 1958, rist. 1969, pp. XV-475.

ITALIAN (THE) PENAL CODE

The Italian Penal Code, transl. by. E. M. Wise in coll. with A. Maitlin, introd. by E. M. Wise, Littleton, Colorado, Fred B. Rothman - London, Sweet & Maxwell, 1978, pp. XLVI-249.

LEGGI (LE) SULLE SOCIETÀ

1978 *Le leggi sulle società negli Stati Uniti d'America - I. Il « Model Business Corporation Act »*, trad. e introd. di A. Montanari, Milano, Giuffrè, pp. XLVII-227.

TRANSPORT LAWS

1978-80 *Transport Laws of the World (Table of Contents - Introduction)*, comp. and ed. by D. Hill and M. Evans, Dobbs Ferry, N.Y., Oceana (4 Binders).

UNIFORM COMMERCIAL CODE (UCC)

Uniform Commercial Code, 9th ed., *Official Text* - 1978, with comments and appendices, s.l., West Publishing, 1978, repr. 1979, pp. LXXIII-994; trad. fr. par Mme C. Lambrechts, *Code de commerce uniforme des États-Unis* (Livres I & II), préf. d'A. Tunc, Paris, Armand Colin, 1971, pp. 335.

5. *Periodici. - Rassegne di giurisprudenza. - Riviste.*

American (The) Journal of Comparative Law (A.J.C.L.)

Berkeley, California, The American Association for the Comparative Study of Law, 1952- (quarterly).

American Journal of International Law (A.J.I.L.)

Washington, D.C., The American Society of International Law, 1907- (quarterly).

Contratto e impresa (CeI)

Padova, Cedam, 1985-(quadrimestrale).

Democrazia e diritto

Roma, Editori Riuniti, 1960- (trimestrale).

European Transport Law (E.T.L.)

(in sei lingue), Journal of Law and Economics, Antwerpen, 1966- (seven issues per year).

Foro (Il) Italiano

Roma, Società Editrice del « Foro Italiano », 1876- (mensile).

Giusto (Il) processo

Roma, Duse 2000, 1989- (trimestrale).

Harvard International Law Journal (Harv. Int'l L.J.)

Cambridge, Massachusetts, Harvard International Law Journal Association, 1959- (Spring, Fall and Winter).

International (The) and Comparative Law Quarterly (I.C.L.Q.)

London, The British Institute of International and Comparative Law, 1952- (quarterly) (Continuation of Journal of Comparative Legislation 1886-1951).

International Legal Materials (I.L.M.)

Washington, D.C., The American Society of International Law, 1963- (bimonthly).

Journal du droit international (J.D.I)

Paris, Éditions Techniques, 1946- (trimestriel) (Continuation du Journal du droit international privé).

Journal of Maritime Law and Commerce (J.M.L.C.)

Cincinnati, Ohio, Jefferson Law Book Company, 1970- (quarterly).

Journal of the International Commission of Jurists

The Hague, Netherlands, International Commission of Jurists, 1957- (twice yearly).

Justice

Justice (British Section of the International Commission of Jurists), Annual Reports, London, Justice.

Law (The) Quarterly Review (L.R.Q.)

London, Stevens & Sons, 1885- (quarterly).

Lloyd's Maritime and Commercial Law Quarterly (L.M.C.L.Q.)

London, Lloyd's of London Press, 1974- (quarterly).

Mezzogiorno d'Europa

Napoli, Isveimer, 1981- (trimestrale).

Modern (The) Law Review (M.L.R.)

London, Stevens & Sons, 1937- (bimonthly).

Mulino (il)

Bologna, il Mulino, 1991- (bimestrale).

Politica del diritto

Bologna, il Mulino, 1970- (trimestrale).

Revista de derecho mercantil (R.D.M.)

Madrid, Imprenta Aguirre, 1948- (trimestral).

Revue de droit uniforme

Rome, Unidroit, 1973- (semestrielle).

Revue générale de droit international public (R.G.D.I.P.)

Paris, Éditions A. Pedone, 1894- (trimestrielle).

Revue internationale de droit comparé (R.I.D.C.)

Paris, Société de législation comparée - Librairies Techniques, 1949- (trimestrielle) (Continuation du Bulletin de la Société de législation comparée 1869-1948).

Rivista di diritto internazionale (R.D.I.)

Milano, Giuffrè, 1905- (trimestrale).

Trasporti

Padova, Cedam, 1973- (quadrimestrale).

Tulane Law Review (T.L.R.)

New Orleans, Louisiana, Tulane University of Louisiana, 1916- (quarterly).

6. *Almanacchi. - Annuari.*

Annuario

1991 *Annuario Statistico Italiano*, Roma, Istat, pp. 701.

British Year Book of International Law (B.Y.)

Oxford, Clarendon Press, 1920-.

Europa in Tasca

1993 *Guida pratica al Mercato Unico*, Milano, Il Sole 24 Ore, AA.VV., pp. 482.

Everyman's United Nations

1948 *Everyman's United Nations - A Complete Handbook of the Activities and Evolution of the United Nations During its First Twenty Years, 1945-1965*, 8th ed., New York, United Nations, 1968, pp. 634.

Lloyd's Nautical Year Book

London, Lloyd's of London Press.

Times (The)

1989 *The Times Guide to 1992*, London, Times Books, pp. 238.

Unidroit Year-Book

Rome, Éditions « Unidroit ».

United Nations Commission on International Trade Law Yearbook

New York, United Nations.

United Nations Juridical Yearbook

New York, United Nations.

Whitaker, J.

1868 *Whitaker's Almanack 1994*, 126th ed., London, Whitaker & Sons, pp. 1279.

Yearbook of International Organizations

Brussels, Union of International Associations - Paris, International Chamber of Commerce.

Yearbook of the International Law Commission

New York, United Nations.

Yearbook of the United Nations

New York, United Nations, Department of Public Information.

7. *Guide bibliografiche.*

ANDREWS, J. L., CHARPENTIER, A. A., MARKE, J. J., STERN, W. B.

1965 *The Law in the United States of America - A Selective Bibliographical Guide*, New York, New York University Press, repr. 1966, pp. VII-100.

BIBLIOGRAPHICAL GUIDE

1956 *Bibliographical Guide to the Law of the United Kingdom, the Channel Islands and the Isle of Man*, 2nd ed.by A. G. Chloros, London, University of London, Institute of Advanced Legal Studies, 1973, pp. XVII-301.

GRISOLI, A.

1965 *Guide to Foreign Legal Materials: Italian*, Dobbs Ferry, N.Y., Oceana, pp. XV-272.

INDEX TO FOREIGN LEGAL PERIODICALS

Index to Foreign Legal Periodicals, London, University of London, Institute of Advanced Legal Studies, in co-op. with The American Assocation of Law Libraries, 1960- (quarterly).

INDEX TO LEGAL PERIODICALS

Index to Legal Periodicals, Bronx, N.Y., H. W. Wilson Company, in co-op. with The American Association of Law Libraries, 1926- (quarterly); contenente un indice degli articoli apparsi sulle riviste pubblicate negli Stati Uniti, Canada, Gran Bretagna, Irlanda, Australia, Nuova Zelanda.

PAPADAKIS, N.

1980 *International Law of the Sea - A Bibliography*, Alphen aan den Rijn, The Netherlands, Germantown, Maryland, USA, Sijthoff & Noordhoff, pp. XVII-457.

SZLADITS, C.

1955-75 *A Bibliography on Foreign and Comparative Law*, Dobbs Ferry, N.Y., Oceana (4 vols.), (Suppl.).

THE SEA

1974 *The Sea: Legal and Political Aspects - A Select Bibliography*, New York, United Nations.

1976 *The Sea: A Select Bibliography on the Legal, Political, Economic and Technological Aspects, 1975-1976*, New York, United Nations.

1980 *The Sea: A Select Bibliography on the Legal, Political, Economic and Technological Aspects, 1978-1979*, New York, United Nations.

WAY, D. J.

1967 *The Student's Guide to Law Libraries*, London, Oyez Publications, pp. 58.

AVVERTENZE SULL'USO DEL DIZIONARIO E TECNICA DEI RIFERIMENTI BIBLIOGRAFICI

1. Quest'opera è divisa in due volumi: il I, inglese-italiano, e il II, italiano-inglese. Mentre il I volume si incentra principalmente sul diritto inglese, questo II volume cura in modo particolare il diritto nordamericano, forse il più difficile tra i sistemi giuridici dell'Occidente, eppure quello che può vantare più di un primato come, tra l'altro, di annoverare la prima costituzione scritta della storia moderna (ancora in vigore), di essere il primo stato federale, di avere introdotto la prima legislazione *anti-trust*. Comunque, un sistema che un giurista soltanto un po' avvertito, un politico che pretenda di sapere di cosa sta parlando, un uomo di affari non troppo provinciale non possono permettersi il lusso di ignorare, almeno nelle sue linee più generali. Sembra appena il caso di aggiungere che, anche se entrambi partecipi di una comune e grande cultura giuridica (e politica), in senso stretto, diritto inglese e diritto nordamericano vanno tenuti nettamente distinti: non esiste un diritto anglo-americano, a meno che non si voglia indicare con questo termine un patrimonio comune di princìpi generali di ordine storico. Come pure non esiste un diritto del Regno Unito o britannico, ma un diritto inglese, scozzese e irlandese. Meno che mai esiste un diritto *anglo-saxon*, come si dice in Francia, tra l'altro, con espressione storicamente incorretta. Per questi concetti, si rinvia all'INTRODUZIONE al I volume.

2. In coerenza con l'impostazione originaria dell'opera, i riferimenti comparatistici sono, nell'ordine, prima al diritto inglese e poi a quello nordamericano: in ogni caso, i due sistemi sono sempre nettamente distinti.

3. Rispetto al primo volume, questo secondo è autonomo sia sul piano scientifico che su quello informativo. Anche qui, esso non consiste

nella traduzione fraseologica del termine italiano in lingua inglese, del resto impossibile nella gran parte dei casi. Invece, col ricorso alla metodologia comparatistica, esso attira l'attenzione del lettore sulle maggiori differenze di ordine linguistico e di regime giuridico di fondo. Ma, una volta chiarita l'autonomia di questa parte, resta il fatto che, per altri versi, i due volumi dell'opera vanno considerati come un tutto unico: pertanto, solo l'accesso anche al I volume mette in grado il lettore di disporre di tutta l'enorme massa di informazioni disponibili: i frequenti rinvii al I volume (inglese-italiano) hanno appunto questo scopo.

4. Ai « marinisti » nostrani si fa notare che l'autore ha preferito continuare ad impiegare il genere femminile riferito alla *common law*, oltre che per coerenza con il I volume, anche in linea con l'uso fattone da notevoli giuristi — tra cui Tullio Ascarelli, Gino Gorla, Mauro Cappelletti, René David ed altri: e già basterebbe questo. Ma vi è un'altra ragione, più importante di tutte: a meno di non essere un malato, non si può scambiare una bella signora con un uomo: i giuristi inglesi e americani si riferiscono al loro diritto come *Our Lady the Common Law*. Non vi è quindi ragione perché da noi le si usi violenza attribuendole un sesso diverso: una intollerabile *gaucherie*. Maschile o Femminile?: il dilemma sembra avere esaurito le energie di molti, ai quali è evidentemente restato poco tempo per il resto: la *parola* e non la *cosa*, eterno male nostrano.

5. Come per il I volume, da sé soli a significare la straordinarietà dell'opera, nell'ambito delle singole voci, si è fatto largo uso di rinvii allo scopo di assicurare una circolazione interna da voce a voce, di suggerire possibili orientamenti, di aiutare il lettore a stabilire una prima collocazione dell'argomento, segnalando concetti analoghi e possibili congiunzioni, nel tentativo di presentare la complessa materia nelle sue fondamentali articolazioni. In tal senso, quest'opera potrebbe essere anche definita come l'Enciclopedia delle analogie, dei correlativi e degli opposti giuridici di *civil law* e di *common law*.

6. La *grafia* delle parole inglesi è tendenzialmente analoga a quella del I vol.; ma è da ricordare che poiché in questo volume si è data

particolare importanza al diritto nordamericano, molte parole ed espressioni appartengono all'*American-English*; comunque, si è cercato di indicare la derivazione inglese o americana, a seconda dei casi (come, ad es., *cheque* o *check*, *labour* o *labor*, *colour* o *color* etc.). Quanto alle *voci*, come si è accennato, la maggioranza di esse si diffonde sul sistema nordamericano, anche se con ovvie comparazioni con il sistema inglese e quello italiano.

7. Dopo il trattato di Maastricht, il riferimento alle istituzioni e al diritto comunitario va inteso come fatto all'Unione Europea.

8. L'uso dell'A maiuscola riferita a un *article* dell'*Uniform Commercial Code* degli Stati Uniti sta ad indicare che si tratta, grosso modo, di qualcosa di analogo al *titolo* di un codice, e non già di un articolo nostrano.

9. La divisione delle sillabe delle parole inglesi è stata eseguita sulla base dell'*Oxford Spelling Dictionary* compilato da R. E. Allen [Oxford University Press 1986, ed.1990] e dell'*Oxford Advanced Learner's Dictionary of Current English*, di A. S. Hornby [Oxford University Press 1974, ed. 1987].

10. La tecnica dei riferimenti bibliografici è analoga a quella del I volume. Lo stesso dicasi del *format* complessivo di questo volume.

ABBREVIAZIONI GIURIDICHE PIÙ FREQUENTI

A.	Corte d'Appello
abr.	abrogato
ADCSL	Annuario di diritto comparato e studi legislativi
ad.gen.	adunanza generale
ad.plen.	adunanza plenaria
A.G.	Autorità Giudiziaria
al.	alinea
all.	allegato
App.	Corte d'Appello
appr.	approvato
art.	articolo
Ass.	Corte d'Assise
Ass.A.	Corte d'Assise d'Appello
Ass.app.	Corte d'Assise d'Appello
att.c.c.	disposizioni di attuazione del codice civile
Atti parl.	Atti parlamentari
att.p.c.	Disposizioni di attuazione del codice di procedura civile
BCE	Bollettino delle Comunità Europee
B.U.	Bollettino Ufficiale
Cass.	Corte di Cassazione
Cass.civ.	Corte di Cassazione civile
Cass.pen.	Corte di Cassazione penale
Cass.pen.mass.	Cassazione penale, Massimario annotato
Cass.sez.un. o Cass.S.U.	Corte di Cassazione, Sezione unite
c.c.	Codice civile
CCI	Camera di Commercio Internazionale (International Chamber of Commerce)
c.comm.	codice di commercio
C.Conti	Corte dei Conti
C.Cost.	Corte Costituzionale
CGCE	Corte di Giustizia delle Comunità Europee
circ.	circolare

Abbreviazioni

CEE	Comunità Economica Europea
c.n.	codice della navigazione
c.p.	codice penale
c.p.c.	codice di procedura civile
c.p.m.	codice penale militare
c.p.p.	codice di procedura penale
C.S.	Consiglio di Stato
C.S.M.	Consiglio Superiore della Magistratura
C.St.	Consiglio di Stato
d.	decreto
d.c.p.s.	decreto del Capo provvisorio dello Stato
dir.aer.	diritto aeronautico
dir.comm.	diritto commerciale
dir.int.	diritto internazionale
dir.mar.	diritto marittimo
disp.att.	disposizioni di attuazione e transitorie
disp.prel.	disposizioni preliminari
dis.trans.	disposizioni transitorie
d.l.c.p.s.	decreto legislativo del Capo provvisorio dello Stato
d.lg.	decreto legislativo
d.p.r.	decreto del Presidente della Repubblica
g.d.	giudice delegato
GI	Giurisprudenza italiana
GIP	Giudice per le indagini preliminari
C.P.	Giudice di Pace
GP	Giustizia penale
G.U.	Gazzetta Ufficiale della Repubblica
GUCE	Gazzetta Ufficiale della Comunità Europea
l.	legge
l.ass.	legge sull'assegno bancario
l.aut.	legge sul diritto d'autore
l.camb.	legge cambiaria
l.cost.	legge costituzionale
l.fall.	legge sul fallimento o legge fallimentare
l.inv.	legge sulle invenzioni industriali
l.mar.	legge sui marchi
l.r. o l.reg.	legge regionale
M.	Massime (Le)
m.	massima
MACP	Massimario annotato della Cassazine penale

mass.	massimario
MFI	Massimario del Foro Italiano
MGI	Massimario della giurisprudenza italiana
OCSE	Organizzazione per la Cooperazione e lo Sviluppo Economico (Organization for Economic Co-operation and Development)
ord.giud.	ordinamento giudiziario
ord.pen.	ordinamento penitenziario
P.	Pretura
PD	Politica del diritto
P.G.	Procuratore Generale della Repubblica
P.M.	Pubblico Ministero
P.R.	Procura della Repubblica
Pret.	Pretura
prot.	protocollo
Rass.DC	Rassegna di diritto civile
r.d.	regio decreto
RDC	Rivista di diritto civile
RDEu	Rivista di diritto europeo
R.D.I.	Rivista di diritto internazionale
RDICL	Rivista di diritto internazionale e comparato del lavoro
r.d.l.	regio decreto legge
r.d.lg.	regio decreto legislativo
RDP	Rivista di diritto processuale
reg.	regolamento
ris.	risoluzione
RTDPC	Rivista trimestrale di diritto e procedura civile
R.U.	Regno Unito
Sez.Un. o SU	Sezioni Unite
SME	Sistema monetario europeo
S.U.	Stati Uniti d'America Sezione Unite
Trib., T.	Tribunale
T.A.R.	Tribunale Amministrativo Regionale
T.M.	Tribunale Militare
t.u.	testo unico
t.u.l.p.s.	testo unico delle leggi di pubblica sicurezza
UE	Unione Europea
Unidroit	Institut international pour l'unification du droit privé (International Institute for the Unification of Private Law)
vig.	vigente

ABBREVIAZIONI, SEGNI E SIMBOLI USATI IN QUESTO VOLUME

AA.VV.	Autori vari
ad es.	ad esempio
agg.	aggiornata; aggettivo
app.	appendice, appendix
art.	article, articolo
Art.	Titolo dell'*Uniform Commercial Code* degli S.U.
arts., artt.	articles, articoli
ass. o assist.	assistance, assistant, assisted
BGB	Bürgerliches Gesetzbuch
Bibl.	Bibliografia
c.d.	cosiddetto
Cedam	Casa editrice dott. Antonio Milani
CEE	Comunità Economica Europea (EEC)
CeI	Contratto e Impresa
cfr.	confronta, compara, vide
cit.	citato
civ.	civile
Co.	company
collab.	collaboration, collaborazione
comm.	commentary; commerciale
comp.	compiled; comparato
Conn.	Connecticut
convenzione di Vienna	convenzione di Vienna 1969 sul diritto dei trattati
co-op.	co-operation
coord.	coordinato
corr.	corrected, corrections
cp.	compara
(cur.)	curatore, a cura di

Abbreviazioni

Digesto Utet	Digesto Utet 1884, ed. 1987
Civ.	Discipline Privatistiche - Sezione Civile
Com.	Discipline Privatistiche - Sezione Commerciale
Pen.	Discipline Penalistiche
Pubbl.	Discipline Pubblicistiche
(dir.)	diretto da, sotto la direzione di, sous la direction de
dir.	diritto, direction, direzione
éd.	édition
ed.	edited, edition, editor, edizione
(eds.)	editors
e.g.	exempli gratia
es.	esempio
et al.	et alii
etc.	et cetera, eccetera
fasc.	fascicolo
forew.	foreword
gen.	general
GP	Giusto Processo
H.C.	High Court; House of Commons
H.L.	House of Lords
Hrsg.	Herausgeber
ibid.	ibidem
I.C.L.Q.	International and Comparative Law Quarterly
id.	idem
i.e.	id est
impr.	impression
introd.	introduction, introduzione, introduttivo
it.	italiano
int.	diritto internazionale
lav.	lavoro
L.G.D.J.	Librairie générale de droit et de jurisprudence
lt.	limited
ma v.	ma vedi
Minn.	Minnesota
M.L.R.	Modern Law Review
M.P.	Member of Parliament
n.	nota, note
N.B.	Nota bene
NCC	National Council for Civil Liberties
NdA	Nota dell'autore

No., n.	Numéro, numero, number
n.o.	nota omessa
N.U. o U.N.	Nazioni Unite o United Nations
N.Y.	New York
op.cit.	opera citata
Ord.	Order
p.	page, pagina
p.a.	pubblica amministrazine
par.	paragrafo, paragraph
pass.	passim
P.M.	Prime Minister
postf.	postfazione
pp.	pages, pagine
pr.	printing
pref., pref.	prefazione, preface
prep.	prepared
pres.	presentazione; presidente
proc.	processuale
Pt.	Parte
Pt.gen.	Parte generale
Pt.spec.	Parte speciale
pubbl.	pubblico
publ.	published
R., r.	Rule(s), regola
repr.	reprint, reprinted
Res.	Resolution
rev.	revised, revisione
rev.ed.	revised edition
ris.	risoluzione
rist.	ristampa
R.S.C.	Rules of the Supreme Court
R.U. o U.K.	Regno Unito o United Kingdom
s., sec.	section (di un Act of Parliament)
s.c.	so called
Sch., Sched.	Schedule
s.d.	senza data
seg., segg.	seguente, seguenti
Sess.	Session
sez.	sezione
s.l.	senza luogo

s.o.	someone
sost.	sostantivo
ss.	sections
S.U. o U.S.	Stati Uniti o United States of America
Suppl.	Supplement
t.	tome, tome
trad.	tradotto, traduit, traduzione
trad.fr.	traduzione francese
trad.ingl.	traduzione inglese
trad.it.	traduzione italiana
trad.spagn.	traduzione spagnola
transl.	translated
UE	Unione Europea
U.N.	United Nations
Utet	Unione Tipografico-Editrice Torinese
(v.) o v.	vedi
v.	voce, voci; versus
vol.	volume, volumes
vol., voll.	volume, volumi
vol., vols.	volume, volumes

A

A basso prezzo. At a low price, at a cheap price (AD ALTO PREZZO; MIGLIORE OFFERENTE; MIGLIOR PREZZO; PREZZO).

Abbandonatario. Abandonee (ABBANDONO).

Abbandonato. Abandoned, derelict, jettisoned (ABBANDONO).

Abbandono in genere. Abandonment, waiver, renunciation, surrender, dereliction, relinquishment, remise, disclaimer, release, assignment, cession, jettison (ABBANDONATARIO; ABBANDONATO; ABDICAZIONE; ALIENAZIONE; BENI ABBANDONATI; CESSAZIONE; DESISTENZA; DICHIARAZIONE DI ABBANDONO DI NAVE; GETTO IN MARE; RECESSO; RIMESSIONE; RINUNZIA; SECESSIONE). [vol. I: ABANDONMENT]

- **definitivo del coniuge.** Definitive, obstinate desertion (*infra,* ABBANDONO DEL DOMICILIO CONIUGALE; SEPARAZIONE DEI CONIUGI). [vol. I: DESERTION]
- **del carico.** (*infra*, ABBANDONO DELLA NAVE, DEL CARICO E DEL NOLO ALL'ASSICURATORE).
- **del domicilio coniugale.** Desertion, o abandonment, of wife or husband; desertion of matrimonial domicile (*supra,* ABBANDONO DEFINITIVO DEL CONIUGE; *infra,* ABBANDONO DI DOMICILIO). [vol. I: DESERTION; DIVORCE; SEPARATION OF HUSBAND AND WIFE]
- **del fondo servente.** Abandonment of servient tenement, abandonment of servient land (FONDO SERVENTE; SERVITÙ).
- **della causa.** Abandonment of case (INATTIVITÀ PROCESSUALE).
- **della cauzione.** Forfeiture of bond (CAUZIONE).
- **della cosa comune.** Abandonment of common property, abandonment of property in common; ma si noti il diverso regime della comunione (*infra*, ABBANDONO DI BENI; COMUNIONE; COSA COMUNE). [vol. I: JOINT: 1]
- **della difesa.** Abandonment of defence (DIFESA). [vol. I: DEFENCE]
- **della nave, del carico e del nolo all'assicuratore.** Abandonment of ship, cargo and freight to the insurer o underwriters (PERDITA TOTALE). [vol. I: ABANDONMENT OF SHIP, CARGO, CLAIM; JETTISON]
- **dell'attività criminale.** (RITIRO DALL'ATTIVITÀ CRIMINALE)
- **del lavoro.** Walk out (*infra*, ABBANDONO DI POSTO; LAVORO; SCIOPERO). [vol. I: STRIKE]
- **di aeromobile.** Abandonment of aircraft (AEROMOBILE).
- **di beni.** Abandonment o dereliction of goods (*supra*, ABBANDONO DELLA COSA COMUNE; *infra,* ABBANDONO DI COSA ASSICURATA). [vol. I: DERELICT; DERELICTION]
- **di brevetto.** Abandonment of patent (BREVETTO).
- **di comando di nave.** Desertion by shipmaster (COMANDANTE DI NAVE). [vol. I: MASTER OF SHIP; SCUTTLING]
- **di cosa assicurata.** Abandonment of insured property (*supra,* ABBANDONO DI BENI). [vol. I: *ad vocem*]
- **di cose mobili.** Abandonment, o dereliction, of chattels, of goods, of property (*supra*, ABBANDONO DI BENI; BENI ABBANDONATI). [vol. I: ABANDONMENT OF GOODS; DERELICT; *RES NULLIUS*; TREASURE TROVE]
- **di domicilio.** Abandonment of domicile; ma si noti la diversità tra il domicilio di *civil law* e il *domicile* di *common law* (DOMICILIO). [vol. I: ABSCONDING; DOMICILE]
- **di membro dell'equipaggio di nave ammalato o ferito.** Abandonment of seaman in distress (EQUIPAGGIO). [vol. I: SEAMEN]
- **di minore.** Abandonment of child, child abandonment, exposure of child,

child neglect (GENITORE; MINORE). [vol. I: ABANDONMENT; MINOR]

– **di nave.** Abandonment, o dereliction, of ship (*supra,* ABBANDONO DELLA NAVE, DEL CARICO, etc.; DICHIARAZIONE DI ABBANDONO DI NAVE; NAVE). [vol. I: SALVAGE; SCUTTLING; SHIP; WRECK]

– **di posto.** Derelection of duty (*supra*, ABBANDONO DEL LAVORO; DISERZIONE; POSTO; VIOLAZIONE DI DOVERE).

– **di pretesa giuridica.** Waiver of claim (*infra*, ABBANDO DI UN DIRITTO; PRETESA GIURIDICA). [vol. I: CLAIM; WAIVER]

– **di prole.** (*supra*, ABBANDONO DI MINORE)

– **di proprietà.** Abandonment of property (*supra,* ABBANDONO DELLA COSA COMUNE; *infra*, ABBANDONO DI UN DIRITTO; PROPRIETÀ). [vol. I: PROPERTY; RES NULLIUS]

– **di quota della proprietà dell'aeromobile o della nave.** Abandonment of share in an aircraft or ship by a part owner (*supra*, ABBANDONO DELLA COSA COMUNE; AEROMOBILE; NAVE). [vol. I: PART OWNER]

– **di servitù.** Abandonment of easement (SERVITÙ). [vol. I: EASEMENT]

– **di un diritto.** Abandonment, surrender, waiver, disclaimer, release, renunciation, repudiation of right, o of claim (*supra*, ABBANDONO DI PRETESA GIURIDICA; DIRITTO (II); RINUNZIA).

– **ingiustificato.** Malicious abandonment (*supra,* ABBANDONO DEL DOMICILIO CONIUGALE).

Abbattimento in genere. Abatement (RIDUZIONE).

– **di edificio appoggiato al muro comune.** Demolition of building supported by common wall (MURO COMUNE). [vol. I: ADJOINING OWNERS; WALL]

Abbiente. (BISOGNOSO; INDIGENTE; NON ABBIENTE)

Abbonamento. (ASSICURAZIONE IN ABBONAMENTO; CANONE DI ABBONAMENTO; POLIZZA IN ABBONAMENTO)

Abbordo di navi in mare. (URTO DI NAVI IN MARE)

Abbreviazione dei termini. Abridgment of time (TERMINE).

Abbuono. Allowance, discount, trade discount, rebate, abatement, deduction, bonus (AGEVOLAZIONE; AMMANCO; CALO; COLAGGIO; CONTRAZIONE DELLA MERCE; FRANCHIGIA; MERCE; SGRAVIO; TARA; TOLLERANZA). [vol. I: ALLOWANCE; BONUS; INCOTERMS; LEAKAGE; PACKAGE; PERQUISITE; TARE AND TRET; ULLAGE]

– **ottenuto dallo spedizioniere.** Premium, rebate, cut-rate obtained by the forwarding agent (SPEDIZIONIERE).

– **per colaggio.** Leakage (COLAGGIO).

– **per rottura.** Breakage (ROTTURA).

– **sulle vendite.** Sales allowance (VENDITA).

Abdicazione. Abdication (ABBANDONO; DISEREDAZIONE; RINUNZIA). [vol. I: CONSTITUTION]

– **al trono.** Abdicating the throne, abdicating the Crown (CORONA; COSTITUZIONE POLITICA; TRONO).

Abigeato. Cattle stealing o, meno spesso, *abigeat*. [vol. I: ABACTOR; THEFT]

Bibl.:
Peluso, C., *Abigeato*, in *Digesto IV Utet, Pen.,* vol. I: 24.

Abile. Able, capable, qualified (ABILITATO; CAPACITÀ). [vol. I: DISABILITY]

Abilità. Capability (ABILITATO; CAPACITÀ).

Abilitato. Qualified (ABILE; ABILITAZIONE; QUALIFICATO). [vol. I: *ad vocem*; DISABILITY]

Abilitazione. Qualification o competency; ma quando è riferita al titolo che la comprova si parla di *certificate* (QUALIFICAZIONE). [vol. I: CERTIFICATE; CERTIFICATION; SEAMEN]

Bibl.:
Marzuoli, C., *Abilitazione*, in *Digesto IV Utet, Pubbl.,* vol. I: 1.

– **all'esercizio della professione di *barrister*.** To be called to the Bar (AVVOCATO; PROFESSIONE FORENSE). [vol. I: BAR; LEGAL PROFESSION]

Ab initio. Si noti che questa espressione assume talvolta significati particolari alla *common law*. [vol. I: *ad vocem*]

Ab intestato. Intestate; ma si noti che assai diverse regole vigono in tema di successione nei sistemi di *common law* (SUCCESSIONE PER CAUSA DI MORTE). [vol. I: INTRODUZIONE: III. 24; SUCCESSION]

Abitazione. Abode, dwelling house. Nel senso di dimora, è detta abode o residence, di edificio, house, dwelling house, di domicilio coniugale, matrimonial home; ma, nell'insieme, la terminologia appare incerta. Si noti che il concetto di *domicile* nel diritto inglese e nordamericano è assai diverso da quello italiano e dei paesi di *civil law*, specie ai fini della determinazione della giurisdizione (ALLOGGIO; CASA; COABITAZIONE; CONCUBINATO; DIMORA; DIRITTO (II) DI ABITAZIONE; DOMICILIO CONIUGALE; RESIDENZA). [vol. I: BURGLARY; DOMICILE; JURISDICTION; LEASE; OCCUPIER'S LIABILITY; PLACE OF BUSINESS; RENT; RESIDENCE; SERVICE OF PROCESS]

Abituale. Usual, habitual, customary, regular, accustomed (ABITUALITÀ). [vol. I: HABITUAL]

Abitualità. Non è ammessa la dichiarazione di abitualità nel delitto o nelle contravvenzioni, né quella di delinquente o contravventore professionale; ma il giudice inglese può infliggere nel caso di *persistent offenders* una pena detentiva maggiore di quella stabilita dal massimo della pena per il reato di cui siano colpevoli. Non sono previste in Gran Bretagna misure di prevenzione contro le associazioni di tipo mafioso paragonabili a quelle vigenti in Italia (CRIMINALITÀ ORGANIZZATA; MISURE DI SICUREZZA; RECIDIVA; STATUS; UBRIACHEZZA ABITUALE). [vol. I: VAGRANCY]

Abiura. Abjuration (GIURAMENTO; SPERGIURO). [vol. I: ABJURATION; ABJURATION OF ALLEGIANCE; EVIDENCE; OATH; PERJURY]

Abolizione. Abolition, annulment (ABROGAZIONE; ANNULLAMENTO). [vol. I: AVOIDANCE; FRUSTRATION; REPEAL]

– **della segregazione razziale.** Desegregation (SEGREGAZIONE RAZZIALE). [vol. I: CIVIL RIGHTS; HUMAN RIGHTS]

Aborigeno in genere. Aboriginal, native. Negli S. U. si parla di *aboriginal title* per indicare il diritto assoluto degli aborigeni di occupare la terra e le acque usate dai loro progenitori prima che gli S.U. asserissero la propria sovranità su di esse (DEMANIO).

Aborto. Abortion. Nel R.U. l'aborto procurato non costituisce reato se ha luogo secondo le norme dell'Abortion Act 1967. Negli S.U. — stato federale — l'aborto è disciplinato dai singoli stati dell'Unione. Ma le decisioni della veneranda *Supreme Court* federale relative all'interpretazione di talune clausole costituzionali assumono una importanza fondamentale, come quella emessa nell'ormai celebre caso *Roe* v. *Wade* 410 U.S. 113 (1973) che estende il *right of privacy* alla *choice of abortion*: si tratta di una delle più controverse decisioni della Corte. Tema delicato: si ritiene che uno dei punti centrali della controversia sia quello se una *unborn person* sia una persona nei confronti della quale sussista un dovere di tutela giuridica: perché se il feto viene considerato una persona, l'aborto finisce inevitabilmente per essere equiparato all'omicidio. La disputa è troppo spesso argomentata, negli S.U., a colpi di pistola: la fede non consente una dialettica raziocinante: non di rado, i gruppi *pro-life* manifestano la loro intensa passione mediante l'assassinio dei dissidenti; allo stesso tempo si professano anche entusiasti assertori della...pena di morte: un guazzabuglio di contraddizioni difficile da districare. Si è osservato che vi è assai poco di cristiano in questo modo di difendere la vita: comunque, prudenza vuole che anche chi ne scrive indossi il giubbotto antiproiettile: Salman Rushdie insegna.

1. Negli S.U., in cui la libertà di culto (o di non culto) è profondamente radicata, l'argomento, in un senso o nell'altro, evita eccessive connotazioni religiose che finirebbero col discreditare specialmente i *pro-lifer*. Lo scontro si svolge quindi tendenzialmente in un quadro laico. Ma si tratta di una *divisive issue* e, come si addice a una grande democrazia multietnica *adversarial* e violenta, in un paese in cui il diritto assurge a supremo regolatore dei conflitti, essa viene spesso combattuta nelle aule di tribunale. Rivelatrice della tensione esistente appare una lettera riprodotta da *Time* (12 aprile 1993, n. 15, p.12) sull'assassinio del Dr. David Gunn, medico che praticava l'aborto nella piena legalità, avvenuto negli S.U. nel marzo 1993 ad opera di un *anti-abortionist*. Essa recita come segue: « The murder of Dr. David Gunn by an antiabortion protester may provide some understanding among people on both sides of the abortion issue. The righteous anger the doctor's supporters felt when he was murdered is the same righteous anger a pro-lifer feels when the life of a fetus is ended in abortion. *Robert D. Brown, East Lansing, Michigan* ». Il mittente appare chiaramente un *pro-lifer* che mette sullo stesso piano l'omicidio di un adulto con l'aborto. La passione con la quale il tema viene dibattuto negli S.U. rivela l'intenso spirito religioso che pervade il paese. In questo senso, assai significativa è la assai scarsa importanza che esso assume in Inghilterra, antico, ironico e pragmatico paese, da qualche secolo estraneo alle grandi passioni religiose; salvo alcuni sparuti grup-

pi *pro-life*, non si ravvisano i toni infuocati tipici degli S.U.
2. Le due *issues* dell'aborto e del *controllo delle nascite* sono tenute di solito distinte; e sembra che vi sia generale accordo che affrontare il problema della sovrappopolazione mediante l'aborto sarebbe cosa inaccettabile alla coscienza collettiva americana. Peraltro, anche se quello della sovrappopolazione non è né un problema americano, né dei paesi dell'Occidente, in cui il tasso di crescita appare stabilizzato, esso tocca invece direttamente e drammaticamente i paesi del Terzo Mondo: problema planetario, dunque. Il quesito che i sostenitori del *family planning* pongono è se un pianeta sempre più inquinato come il nostro possa sostentare da qui a pochi anni diecine di miliardi di disperati. La politica delle N.U., e quindi della grande maggioranza dei paesi del Terzo mondo, è quella del ragionevole contenimento delle nascite; ma essa è contestata vivacemente dagli antiabortisti i quali ultimi, peraltro, appaiono al loro interno grandemente divisi: in effetti, autorevoli ed eminenti organizzazioni scientifiche antiabortiste sembrano far propria la lezione di Malthus e condividere, anche se non *eo nomine,* quelle tesi. Altri ancora osservano che la fede non dovrebbe impedire di fare *i conti della serva*: con l'attuale tasso di crescita della popolazione il pianeta diverrà una immensa conigliaia in cui l'inferno dei vivi troverà ben poco sollievo nella speranza di una vita migliore oltremondana. E si aggiunge che, in definitiva, una proliferazione senza freni non può non essere sorretta, nelle sue punte più estreme, che dal non troppo segreto disegno di un apocalittico rimescolamento delle carte, di un radicale mutamento dei rapporti tra Sud e Nord del mondo e, in ultima analisi, di abbattere il capitalismo e l'Occidente.
3. Ma, si osserva anche che, per molti versi, *aborto, tutela ambientale* e *immigrazione* restano nondimeno strettamente intrecciati. *Sustainable development* è il principio per cui lo sviluppo economico attuale non debba pregiudicare le prospettive e *i diritti* delle future generazioni ad un ambiente vivibile. In parole povere, le attuali generazioni hanno davvero il diritto di consegnare a quelle future un pianeta che assomiglia sempre più a un immondezzaio? *Jacques-Ives Cousteau* — il famoso ambientalista — si è reso promotore di una *Carta dei Diritti delle Generazioni Future*: in effetti, la Dichiarazione dei Diritti dell'Uomo ha duecento anni, ma essa non si preoccupa minimamente dei diritti delle future generazioni. Nella sua ormai famosa analisi delle condizioni del pianeta nel XXI secolo, Paul Kennedy [1993, ed. 1994: 3] sostiene che l'esperienza storica ha provato che Malthus era un pessimista: in effetti, tre sviluppi consentono all'Inghilterra di sfuggire al fato predetto dal reverendo, ossia l'emigrazione, la rivoluzione industriale e quella agricola. Ma si osserva che non si tratta soltanto del rapporto *aumento della popolazione-aumento del tasso degli investimenti,* se cioè esistano masse di capitali tali per assicurare almeno la sussistenza minima dei nuovi arrivati, che pure è fondamentale: l'aumento incontrollato della popolazione del Terzo Mondo porta inevitabilmente ad una serie di problemi e conflitti paragonabili soltanto alle piaghe bibliche; del resto, alcune regioni del Mezzogiorno d'Italia ne offrono già i primi ma significativi assaggi.
4. In questa incandescente materia, non è certo nel diritto che si possano trovare tutte le risposte; tuttavia, per quanto sembri precisazione inutile, né nel sistema britannico, né in altri che ammettono l'aborto, esiste un *obbligo legale* di porre fine alla gravidanza per la donna. Come, *mutatis mutandis*, non esiste un obbligo giuridico di divorziare per tutte le coppie sposate in quei sistemi in cui è ammesso il divorzio. E quindi, ipoteticamente, si può avere un sistema giuridico in cui divorzio e aborto sono ammessi dal diritto positivo, ma in cui nessuno divorzia o abortisce per ragioni attinenti al proprio foro interno. Qui la legge non stabilisce un dovere positivo valevole per tutti, come, ad es., quello di pagare le imposte, ma, invece, conferisce un diritto alla scelta (*choice*) che, alle condizioni da essa legge imposte, viene fatta (o non fatta) dalla donna sulla base delle proprie libere convinzioni. Le cose si complicano quando in una società pluralista (composta quindi anche di non credenti o comunque di persone che non condividono queste dottrine) e in uno stato laico si vuole imporre con norme di diritto positivo un comandamento a quanto sembra non osservato spontaneamente (se lo fosse il problema non si porrebbe) anche a carico di quella parte della società civile che in quel comandamento o in quella interpretazione non si riconosce. Alla legislazione antiabortista di taluni regimi dittatoriali (come quello fascista) o autoritari o teocratici (come quelli arabizzanti-komeinisti) si oppone nei regimi democratici il fondamentale diritto di scelta della donna, in mille varianti legislative che attengono all'estensione, ma non

al diritto stesso. In effetti, nessun regime politico *pluralista* e secolarizzato di una società industriale può negare in radice il diritto; senza allo stesso tempo, e per ciò solo, porsi, di fatto, come sistema autoritario: in questo senso, si è osservato che solo un radicale (e, presumibilmente, violento) sovvertimento dei regimi democratici dell'Occidente potrebbe imporre con legge un così elevato principio (divieto dell'aborto), in sé principio di amore, che appunto perché tale andrebbe applicato come effetto di una libera scelta e non per il solo timore di sanzioni penali (CONCEPITO; CONTRACCETTIVO; CONTROLLO DELLE NASCITE; DIRITTI (II) DEL CONCEPITO; DIRITTO (II) ALL'ABORTO; DIVORZIO; FEMMINISMO; INFANTICIDIO; MORTE; NASCITA; PROTESTA ANTIABORTISTA; RIPUDIO; RISERVATEZZA; TUTELA DEI DIRITTI). [vol. I: ABORTION; CIVIL RIGHTS]

Bibl.:

Baer, A.J., *Abortion*, in *Oxford* 1992: 5.
Chiaberge, R., *Le due crociate del Cairo,* il Mulino 5/94: 823.
Golini, A., *Il problema demografico e la Conferenza del Cairo*, ibid.: 810.
Livi Bacci, M., *Le sfide della povertà,* ibid.: 791.

– **illegale.** Illegal abortion.

– **legale.** Legal abortion.

– **naturale.** Spontaneous abortion.

– **per causa di onore.** Lett., e grosso modo, abortion for the protection of reputation; non è ammesso né nel R.U., né negli S.U. (CAUSA DI ONORE).

– **procurato.** Induced abortion.

Abrasione di documento. Alteration, rasure o erasure of document (ALTERAZIONE DI DOCUMENTO; CANCELLAZIONE; DOCUMENTO). [vol. I: ACCOUNT; DOCUMENT; RASURE OF DEED; RECORD]

A breve data. At short notice (DATA).

A breve scadenza. At short date, at short maturity (SCADENZA).

Abrogata/o (di una legge, etc.). Repealed e, negli S.U., più spesso, rescinded (ABROGAZIONE).

Abrogazione in genere. Abrogation; ma quando il termine è riferito ad una legge, nel sistema inglese si parla più spesso di *repeal* (ABROGATA; LEGGE ABROGATA; SOPPRESSIONE). [vol. I: REPEAL]

– **della legge scritta.** Repeal of a statute, abrogation. Di solito i testi legislativi inglesi riportano in allegato l'elenco — detto *schedule of repeals* — degli *statutes* abrogati dalla nuova legge. Tale pratica, connessa ad una particolare concezione dell'interpretazione, ha il pregio di evitare, almeno in parte, i problemi interpretativi che nel sistema italiano sono connessi alla cosidetta « abrogazione tacita » di una norma di legge. È definita *saving clause* quella disposizione di una legge di abrogazione che fa salvi i diritti acquisiti maturati durante la vigenza della legge abrogata. Quando ad essere abrogata con legge è una regola giurisprudenziale si parla di *abolition*. Infine, quando una regola giurisprudenziale è abrogata da una successiva decisione si parla di *overruling*. Ma questa materia non può essere intesa se non si tiene conto della assai diversa teoria delle fonti delle due tradizioni giuridiche di *common law* e di *civil law* (DIRITTO (II) ACQUISITO; FONTI DEL DIRITTO; INTERPRETAZIONE; LEGGE SCRITTA; PRECEDENTE GIUDIZIARIO; RETROATTIVITÀ; VIGORE DELLA LEGGE). [vol. I: INTRODUZIONE: III. 5-8; DOCTRINE; INTERPRETATION; LEGAL RULE; OVERRULING; PRECEDENT; STATUTE LAW]

– **tacita di una legge scritta.** Implied repeal o repeal by implication.

Absente reo. (COMPARIZIONE; CONTUMACIA)

Absentia domini. (*NEGOTIORUM GESTIO*)

Abusivismo in genere. Illegality (ABUSO; AMNISTIA; SANATORIA).

Abuso. Abuse, misuse, excess, malpractice (ABUSIVISMO; ECCESSO; USO).

– **della credulità popolare.** (PROPALAZIONE DI NOTIZIE FALSE)

– **della patria potestà.** Grosso modo, abuse of parental rights o of parental authority. Ma si noti che nella *common law* non esiste in senso stretto un equivalente del concetto romanistico di patria potestà (*infra*, ABUSO DI DIRITTO; PATRIA POTESTÀ). [vol. I: GUARDIAN; MINOR; PATRIA POTESTAS]

– **della personalità giuridica.** Abuse of legal personality (*infra*, ABUSO DI DIRITTO; SUPERAMENTO DELLA PERSONALITÀ GIURIDICA). [vol. I: LIFTING THE CORPORATE VEIL]

Bibl.:

Galgano, F., *L'abuso della personalità giuridica nella giurisprudenza di merito (e negli « obiter dicta » della Cassazione)* (1987) 2 CeI 365.

– **della procura.** Breach of warranty of authority (*infra*, ABUSO DI DIRITTO; PROCURA). [vol. I: *ad vocem;* WARRANTY]

– **delle norme processuali.** Abuse of process, o abuse of the process of the court. Negli S.U. — stato federale — la Rule 38 delle *Federal Rules of Appellate Procedure* stabilisce che qualora la corte accerti che l'appello proposto è defatigatorio (*frivolous*), essa può condannare l'appellante al risarcimento del danno o al doppio delle spese del giudizio. È bensì vero che l'art. 96 del c.p.c. italiano stabilisce una norma non troppo diversa che, se effettivamente applicata, varrebbe a eliminare un parte notevole del carico giudiziario; ma mentre il giudice inglese e nordamericano operano in base a un potere intrinseco della giurisdizione, nel caso nostro il giudice non ha questo potere, ma agisce « su istanza dell'altra parte ». Ad ogni modo, a memoria d'uomo, non sembra che, salvo casi rarissimi, la norma sia mai stata applicata. Tra l'altro, non agevole appare l'accertamento dei requisiti della mala fede, della colpa grave e della normale prudenza, richiesti per la sua applicazione. E si capisce che sia così in un sistema che glorifica i mezzi di impugnazione, abolisce la cauzione per le spese processuali, e interpreta il principio dispositivo come un affare di avvocati (*infra*, ABUSO DI DIRITTO; APPELLO; AZIONE (I) DEFATIGATORIA; CANCELLAZIONE DELLA CAUSA DAL RUOLO PER ABUSO DELLE NORME PROCESSUALI; DOPPIO GRADO DI GIURISDIZIONE; ECCEZIONE DEFATIGATORIA; PRINCIPIO DISPOSITIVO). [vol. I: ABUSE OF RIGHT; VEXATIOUS ACTION]

– **dell'immagine altrui.** Abuse of someone's picture, unwarranted reproduction of someone's likeness, abuse of another person's likeness. Ma si noti che — a differenza di quello nordamericano, in cui la tutela della riservatezza trova origine — non esiste nell'ordinamento inglese un diritto all'immagine, né un *right of privacy* in genere, nonostante che ne sia stata proposta l'introduzione da diverso tempo. Una tutela è ottenuta solo indirettamente, se il fatto può essere considerato come *defamatory* (DIRITTO (II) DI CRONACA; IMMAGINE; RISERVATEZZA). [vol. I: DEFAMATION; PRIVACY]

Bibl.:

Salmond 1907, ed. 1973: 34.

– **del potere giudiziario.** Abuse of judicial power (*infra*, ABUSO DI DIRITTO; ASTENSIONE E RICUSAZIONE DEL GIUDICE; PUBBLICO UFFICIALE; RICUSAZIONE DEL GIUDICE). [vol. I: MANDAMUS]

– **del regolamento parlamentare.** Abuse of the Rules of the House (OSTRUZIONISMO PARLAMENTARE; REGOLAMENTO PARLAMENTARE). [vol. I: *ad vocem*]

– **di assegno in bianco.** Abuse of blank cheque, o, negli S.U., check (ASSEGNO (II) IN BIANCO).

– **di atti di ufficio in genere.** Abuse of discretion, misfeasance (ATTI DI UFFICIO; OMISSIONE DI ATTI DI UFFICIO).

– **di autorità.** (*infra*, ABUSO DI POTERE)

– **di** (o **del**) **diritto.** Abuse of right. « *Usurpatio enim iuris non facit ius* » [Dante, *Monarchia*, Liber Tertius, x]: su questo tema si arrovellano da secoli i giuristi.

1. Ma non è chiara la portata concreta della dottrina nei vari sistemi sia di *civil law* che di *common law*. Comunque, sembra potersi dire che essa esprime uno dei grandi princìpi generali del diritto moderno e, in effetti, la sua adozione, più o meno ampia, può essere messa in rapporto a un più o meno avanzato grado di sviluppo di un dato sistema giuridico. A questo proposito, bisogna distinguere tra sistemi che accettano la dottrina *eo nomine* e che — come quello francese — ne sono, per così dire, la fonte, ed altri che, utilizzando istituti o rimedi già esistenti, raggiungono risultati non troppo diversi, come nel sistema nordamericano e, in misura minore, inglese. Il diritto tedesco ha elaborato un considerevole strumento di controllo dell'esercizio del diritto mediante il *Rechtsmißbrauch*. Peraltro, è significativo il fatto che, salvo rare ed encomiabili eccezioni, una dottrina giuridica come quella nostrana, così pesantemente influenzata da quella tedesca al punto di apparirne non di rado una parafrasi, ne abbia respinto una delle concezioni più rilevanti. Nei sistemi di *common law* si suol dire che l'abuso di diritto — non ammesso *eo nomine* — costituisce, di volta in volta, una *cause of action* o una *defence*, ossia dà diritto a promuovere un'azione, ovvero soltanto ad invocare una difesa o eccezione. Schlesinger [1950, ed. 1988: 740] ha osservato che, per quanto in Germania il § 266 del BGB, fonte del famoso *Schikaneverbot*, sia in-

terpretato restrittivamente, combinato con la regola della *Sittlichkeit* e del *Treu und Glauben*, esso presenta una maggiore ampiezza che negli S.U.
2. Ma, inteso nel senso di potere, il concetto di abuso di diritto non può essere limitato al diritto privato: l'abuso del potere della maggioranza e la tutela delle minoranze costituiscono problemi fondamentali della democrazia; in definitiva, la stessa dottrina della separazione dei poteri e quella dei *checks and balances* devono essere intese anche come dirette ad evitare l'abuso di un potere sull'altro.
3. Ma, anche qui, non si tratta di problema che va lasciato ai giuristi. Il porto (e l'impiego) di armi da fuoco negli S.U. costituisce il classico esempio del diritto fattosi torto. Ma sembra che ora almeno una parte della classe dirigente americana si stia rendendo conto che, in mancanza di un severo intervento restrittivo del porto e dell'uso delle armi, il paese di Mr. Hamilton, di Jefferson e di F.D. Roosevelt non è destinato ad un grande avvenire. In altre parole, venute meno le condizioni che spiegavano originariamente il diritto, il suo esercizio costituisce, ora, di fatto, un plateale abuso che la classe politica americana non riesce a sopprimere perché, per varie ragioni, succube della potentissima *National Rifle Association* (*supra*, ABUSO DELLE NORME PROCESSUALI; AUTODETERMINAZIONE; BOICOTTAGGIO; DISOBBEDIENZA CIVILE; RICORSO DI FALLIMENTO; RINVIO DELL'UDIENZA; RITARDO VESSATORIO NEL PAGAMENTO; TUTELA DEI DIRITTI). [vol. I: ABUSE OF RIGHT]

Bibl.:

Alpa, G., *Abusi edilizi e categorie civilistiche* (1986) 1 CeI 139.
Galgano, F., *L'abuso della personalità giuridica nella giurisprudenza di merito (e negli « obiter dicta » della Cassazione)* (1987) 2 CeI 365.
Gutteridge 1946, ed.1971: 33, 68.
Lanzillo, R., *Regole del mercato e congruità dello scambio contrattuale* (1985) 2 CeI 309.
Nanni, L., *L'uso giurisprudenziale dell' 'exceptio doli generalis'* (1986) 1 CeI 197.
Nanni, L., *La buona fede contrattuale nella giurisprudenza* (1986) 2 CeI 501.
Patti, S., *Abuso del diritto*, in *Digesto IV Utet*, *Civ.*, vol. I: 1.
Rotondi 1979.
Santoro, G., *L'abuso del diritto di recesso ad nutum* (1986) 3 CeI 766.
Xuereb, P. G., *Limiti 'bona fide' ai poteri della maggioranza della 'company' inglese* (1986) 1 CeI 175.

– **di fiducia.** Abuse of confidence, breach of confidence, breach of trust. Ma si noti che quest'ultima espressione indica anche la violazione da parte del *trustee* — figura priva di equivalenza nella *civil law* — degli obblighi che gli derivano da un *trust* (FIDUCIA; LIBERO DA INFLUENZA ALTRUI; OBBLIGO FIDUCIARIO; PATROCINIO INFEDELE; *TRUST*; VIOLAZIONE DI FIDUCIA). [vol. I: ABUSE OF CONFIDENCE; AT ARM'S LENGTH; BREACH OF TRUST; UBERRIMAE FIDEI; UNCONSCIONABILITY; UNDUE INFLUENCE]

– **di firma in bianco.** Abuse of blank signature (FIRMA IN BIANCO).

– **di immunità.** Breach of privilege (IMMUNITÀ).

– **di informazioni societarie privilegiate.** Insider trading (INDISCREZIONI SOCIETARIE).

Bibl.:

Bartalena, A., *L'abuso di informazioni privilegiate*, Giuffrè, Milano, 1990.

– **di mandato.** Grosso modo, breach of warranty of authority (*infra,* ABUSO DI POTERE DEL RAPPRESENTANTE; MANDATO).

– **di mezzi di correzione.** Abuse of chastisement (*infra*, ABUSO DI POTERE). [vol. I: *ad vocem*; CHASTISEMENT; HUMAN RIGHTS]

– **di minore.** Child's abuse (MALTRATTAMENTO DI MINORI; VIOLENZA SUI MINORI).

– **di posizione dominante.** Abuse of dominant position; è questa l'espressione, di derivazione nordamericana, impiegata nell'art. 86 del Trattato di Roma relativo alle pratiche limitative della concorrenza. Peraltro, la filosofia comunitaria si differenzia da quella nordamericana per cui il monopolio è di per sé illecito mentre, secondo le regole comunitarie (ispirate dalla concezione tedesca), sono sanzionabili soltanto i suoi abusi (CARTELLO; CONTROLLO DEL MERCATO; DISCRIMINAZIONE DEI PREZZI; FUSIONE DI SOCIETÀ; MONOPOLIO; POSIZIONE DOMINANTE NEL MERCATO; SITUAZIONE DI MONOPOLIO). [vol. I: ABUSE OF DOMINANT POSITION; ANTITRUST ACTS]

– **di potere in genere.** Abuse of office, abuse, o misuse, of power, abuse of discretion. Ma si noti l'assenza di una esatta equivalenza concettuale nell'ordinamento inglese in tema di controllo sugli atti della pubblica amministrazione e l'inesistenza di una giurisdizione amministrativa nel senso continentale. Sotto questo aspetto, la *doctrine of ultra vires* abbraccia l'eccesso e l'abuso di potere (*supra*, ABUSO DI DIRITTO; ASTENSIONE E RICUSAZIONE DEL GIUDICE; DIRITTO (I) AMMINISTRATIVO; DISCREZIONALITÀ AMMINISTRATIVA; ECCESSO DI POTERE; MALGOVERNO; POTERE). [vol. I: INTRODUZIONE: III. 10; ADMINISTRATIVE LAW; DISCRETION; SOVEREIGN IMMUNITY; ULTRA VIRES]

Bibl.:
Giannini, pres. a Wade 1961, trad. it.: XV.
Wade 1961, trad. it.: 71.

– **di potere del rappresentante.** Grosso modo, abuse, o misuse, of the power of attorney, abuse, o misuse, of authority, abuse, o misuse, of warranty of authority (*supra,* ABUSO DI MANDATO; PROCURA; RAPPORTI FIDUCIARI). [vol. I: AGENCY]

Bibl.:
Schlesinger 1950, ed. 1988: 791.

– **di potere di un organo pubblico.** Abuse of discretion, maladministration; ma si noti che non esiste nei sistemi di *common law* una giustizia amministrativa alla maniera italiana. Un atto posto in essere *under colour (*o *color) of office* è quello di un publico ufficiale che eserciti un potere di cui è sfornito (*supra,* ABUSO DI POTERE). [vol. I: COLOUR OF OFFICE]

– **di ufficio.** Oppression o misconduct by a public officer; ma si parla anche di abuse of power, partiality, wilful abuse of discretion, o illegal acts (*supra,* ABUSO DI POTERE). [vol. I: COLOUR OF OFFICE]

– **processuale.** (*supra*, ABUSO DELLE NORME PROCESSUALI)

– **societario.** Corporate abuse (AZIONE (I) SOCIALE DI RESPONSABILITÀ; SOCIETÀ (II) QUALE SOGGETTO COLLETTIVO).

A carico di. Against, charged to, to be paid by, at the expense of, to be debited to (IMPUTAZIONE; PERSONA A CARICO; SPESA).

A causa di. By reason of (CAUSA (I); RESPONSABILITÀ).

Accademico. Academic (AVVOCATO NON PRATICANTE).

Accantonamento. Allocation, retained earnings, reserving, setting aside, appropriation, allotment, earmarking. I *retained earnings* di un'impresa sono i dividendi non distribuiti (DIVIDENDO; STANZIAMENTO).

– **di fondi.** Appropriation of funds (STANZIAMENTO). [vol. I: APPROPRIATION]

Accaparramento. Engrossment, engrossing, hoarding, forestalling; è definito *cornering* l'accordo doloso tra gli operatori di una determinata derrata, o tra investitori esterni, diretto, mediante l'accaparramento, a determine un anormale aumento del prezzo (AGGIOTAGGIO; BORSA MERCI; CONTRATTO A TERMINE; DISFATTISMO ECONOMICO; INCETTA; PREZZO; RAZIONAMENTO DI GENERI ALIMENTARI; TESAURIZZAZIONE).

– **della clientela altrui.** (SVIAMENTO DELLA CLIENTELA)

Accatastamento. Grosso modo, entry into government's survey system books (CATASTO).

Accattonaggio. Begging (VAGABONDAGGIO).

Accelerazione. (CLAUSOLA DI ACCELERAZIONE)

Accentramento in genere. Centralization (FEDERALISMO).

– **amministrativo.** Centralization of governmental, o of administrative, functions. Ma il sistema politico inglese e quello nordamericano si ispirano alla concezione esattamente opposta dell'autogoverno. Anzi, gli S.U. sono addirittura uno stato federale (AUTOGOVERNO). [vol. I: INTRODUZIONE: III. 12, 36,; CIVIL SERVICE; LOCAL AUTHORITY; SELF-GOVERNMENT]

Bibl.:
Giannini 1970, vol. I: 283.

Accertamento in genere. Assessment, inquiry, inquest, probe, investigation, finding, settlement (APPREZZAMENTO; AZIONE (I) DI ACCERTAMENTO; CONCLUSIONE; IDENTIFICAZIONE; INCHIESTA; INDAGINE; NEGOZIO DI ACCERTAMENTO; RICERCA; RISULTANZA GIUDIZIALE; SENTENZA DI ACCERTAMENTO; STIMA; VALUTAZIONE). [vol. I: ASCERTAINMENT; ASSESSMENT; INQUEST; INQUIRY; INVESTIGATION; PROBE]

– **contabile.** Audit (REVISIONE CONTABILE). [vol. I: *ad vocem*]

– **dei fatti.** Finding of facts (*infra*, ACCERTAMENTO FATTUALE; FATTO; INCHIESTA).

– **del danno.** Ascertainment of loss. Il termine *assessment of damages* indica più spesso la determinazione del risarcimento in sede giudiziaria (CLAUSOLA PENALE; DANNO; LIQUIDATORE D'AVARIA; LIQUIDAZIONE DEL DANNO; LIQUIDAZIONE DI AVARIA COMUNE; RISARCIMENTO; STIMA DEL DANNO). [vol. I: AVERAGE ADJUSTER]

– **del danno** o **avaria nel trasporto.** Ascertainment of loss or deterioration during carriage (TRASPORTO). [vol. I: CARRIAGE]

- **del debito.** Ascertainment of debt (COMPENSAZIONE; DEBITO).
- **del diritto straniero.** Determination of foreign law (DIRITTO (I) STRANIERO; LEGGE STRANIERA).
- **della sottoscrizione di un atto.** Attestation; ma questo termine assume un significato particolare nella *common law* (SOTTOSCRIZIONE). [vol. I: ATTESTATION]
- **dell'imposta sul reddito.** Income tax assessment (IMPOSTA SUL REDDITO).
- **del prezzo.** Ascertainment of price (PREZZO).
- **del reddito.** Assessment of income (REDDITO). [vol. I: INCOME; TAX]
- **fattuale.** Factual finding, fact finding (*supra*, ACCERTAMENTO DEI FATTI; FATTO; INCHIESTA; INDAGINE).
- **fiscale a carico del contribuente.** Tax audit; è effettuato negli S.U. — stato federale — da funzionari dell'I.R.S.; subire un accertamento fiscale è detto *be (to) audited* (IMPOSIZIONE FISCALE). [vol. I: TAX]
- **fiscale doppio.** Double assessment (DOPPIA IMPOSIZIONE). [vol. I: TAX]
- **fiscale eccessivo, sproporzionato.** Excessive assessment (GIUSTIZIA TRIBUTARIA).
- **giudiziale della sottoscrizione di scritture private.** Judicial verification of signatures (DOCUMENTO PUBBLICO-PRIVATO; FIRMA; SOTTOSCRIZIONE).
- **giudiziario in genere.** Judicial finding (*infra*, ACCERTAMENTO LEGALE; PRIMO ACCERTAMENTO GIUDIZIARIO; RISULTANZA GIUDIZIALE; SENTENZA).

  Bibl.:

  Ricci, E. F., *Accertamento giudiziale* in *Digesto IV Utet, Civ.,* vol. I: 16.
- **legale.** Legal finding (*supra*, ACCERTAMENTO GIUDIZIARIO).
- **tecnico preventivo.** Preventive expert testimonial (CONSULENZA TECNICA NEL PROCESSO; PROVA). [vol. I: EXPERT EVIDENCE]
- **tributario.** (*supra,* ACCERTAMENTO FISCALE)

Accessione in genere. Accession, accretion, merger (ACCRESCIMENTO; ADDIZIONI; ADESIONE; ARGINE DI FIUME; ASCESA AL TRONO; COMMISTIONE DI COSE DI DIVERSI PROPRIETARI; CONFUSIONE; INCORPORAZIONE; INFISSO; PERTINENZA). [vol. I: INTRODUZIONE: III. 21; ACCESSION; ACCRETION; ESTATE; OWNERSHIP]

- **a una convenzione.** (ADESIONE A UNA CONVENZIONE INTERNAZIONALE)
- **nel possesso.** Accrual of possession (POSSESSO). [vol. I: POSSESSION]

Accesso. Access, entry, entrance, admittance; ma si noti che il il termine *entry* indica anche, tra l'altro, l'annotazione in un registro o libro in genere (ANNOTAZIONE; APPROCCIO; DIRITTO (II) DI ACCESSO AD INFORMAZIONI; DIRITTO (II) DI ACCESSO AL FONDO PROPRIO; LIBERTÀ DI ACCESSO; LIBERTÀ DI ACCESSO A BANCHE DATI; SERVITÙ DI ACCESSO). [vol. I: ACCESS]

- **ad atti pubblici.** Access to public records (ARCHIVIO DI STATO; ATTO PUBBLICO; DOCUMENTO PUBBLICO-PRIVATO). [vol. I: *ad vocem*; FREEDOM OF INFORMATION; PUBLIC RECORDS]
- **ad informazioni riservate.** Access to classified information (INFORMAZIONI RISERVATE). [vol. I: PRIVACY]
- **a documenti.** Access to documents (DOCUMENTO).
- **ai figli.** Access to children; nel caso di scioglimento del matrimonio, ovvero in un'azione diretta a stabilire l'affidamento dei figli (*custodial action*), il giudice stabilisce di volta in volta se e a quali condizioni il *non custodial parent*, ossia quello dei genitori ai quali non siano stati affidati i figli, possa esercitare il suo diritto di visita, o *visitation right.* Ma si noti che negli S.U. — stato federale — la materia è regolata dai singoli stati, in un certo numero dei quali il *visitation right* è esteso anche agli ascendenti (FIGLIO; VISITA).
- **alla giustizia.** Access to justice; con questo termine si intende la possibilità concreta per i non abbienti di adire la giustizia (ASSISTENZA GIUDIZIARIA).
- **di aria, luce.** Access of air, light (SERVITÙ DI LUCE, DI ARIA).
- **d'ira.** Heat of passion (PROVOCAZIONE). [vol. I: PROVOCATION]
- **matrimoniale.** Access to wife, o to husband; nelle controversie relative alla dichiarazione giudiziale di paternità, si parla di *non-access* per indicare l'assenza di rapporti sessuali tra i coniugi (DISCONOSCIMENTO DELLA PATERNITÀ; MATRIMONIO; PRESUNZIONE DI CONCEPIMENTO DURANTE IL MATRIMONIO; RAPPORTI SESSUALI; PATERNITÀ).

– **per ispezione giudiziale dei luoghi.** (ISPEZIONE GIUDIZIALE DEI LUOGHI). [vol. I: VIEW]

Accessori. Accessories (ACCESSORIO).

Accessoria. (ACCESSORIO/A/I)

Accessorio/a/i in genere. Accessory, incidental, collateral, ancillary, subsidiary, supplementary, additional, consequential. Ma si noti il significato di *accessory* in diritto penale, in cui indica il complice o concorrente nel reato (ACCIDENTALE; AZIONE (I) ACCESSORIA; DOMANDA ACCESSORIA; PERTINENTE; PERTINENZA; REATO ACCESSORIO; SECONDARIO; SPESE ACCESSORIE). [vol. I: ACCESSORIUS; ACCESSORY; ANNEXATION; APPURTENANCE; INCIDENTAL; PRINCIPAL]

– **di legge in genere.** Grosso modo, ensuing legal consequences (INTERPRETAZIONE).

– **nella vendita.** Accessories, appurtenances and fruits of sale (VENDITA).

Accettante. Acceptor (ACCETTAZIONE). [vol. I: ACCEPTANCE]

Accettazione. Acceptance (ACCETTANTE; ACCOGLIMENTO; ACQUIESCENZA; AMMISSIONE; AVVISO DI MANCATA ACCETTAZIONE CAMBIARIA; MANCATA ACCETTAZIONE; REVOCA DELLA ACCETTAZIONE; RICEZIONE DELLA ACCETTAZIONE; RIFIUTO; RINUNZIA; SOTTOMISSIONE). [vol. I: *ad vocem*; CONTRACT; OFFER]

– **bancaria in genere.** Bank acceptance, banker's acceptance; ma si noti la notevole diversità del regime nordamericano in tema *banker's acceptance* (AVVISO DI MANCATA ACCETTAZIONE CAMBIARIA; CAMBIALE). [vol. I: BILL OF EXCHANGE].

Bibl.:

Spano, E., *Accettazione bancaria*, in *Dizionari del Diritto Privato* 1980-81, vol. 3: 4.

– **cambiaria.** Acceptance of bill of exchange (CAMBIALE).

– **cambiaria condizionata.** Conditional, o qualified, acceptance of bill of exchange (CAMBIALE).

– **cambiaria con riserva sul luogo.** Acceptance of bill of exchange qualified as to place (CAMBIALE).

– **cambiaria con riserva sul tempo.** Acceptance of bill of exchange qualified as to time (CAMBIALE).

– **cambiaria di comodo.** Accommodation acceptance of bill of exchange (CAMBIALE).

– **cambiaria incondizionata.** General acceptance of bill of exchange (CAMBIALE).

– **cambiaria parziale o condizionata.** Qualified o conditional acceptance of bill of exchange (CAMBIALE).

– **cambiaria per intervento.** Acceptance of bill of exchange by intervention, for honour, o supra protest. Ma notevoli differenze sussistono, oltre che, in generale, nel regime cambiario del diritto inglese e nordamericano rispetto a quello italiano, anche in questa materia (CAMBIALE). [vol. I: BILL OF EXCHANGE]

Bibl.:

Grisoli 1957: 207.

– **cambiaria per onore.** (*supra*, ACCETTAZIONE CAMBIARIA PER INTERVENTO)

– **condizionata.** Conditional acceptance, qualified acceptance. [vol. I: QUALIFIED]

– **contro documenti.** Acceptance against documents (CREDITO DOCUMENTARIO; *INCOTERMS*). [vol. I: ACCEPTANCE; DESCRIPTION; DOCUMENTARY CREDIT; INCOTERMS]

– **dell'abbandono.** Acceptance of abandonment (ABBANDONO). [vol. I: ABANDONMENT]

– **della cessione di credito.** Acceptance of assignment, acceptance of assignment of debt, o of credit (CESSIONE DI CREDITO). [vol. I: ASSIGNMENT]

– **della donazione.** Acceptance of gift (DONAZIONE).

– **della notifica.** Acceptance of service (NOTIFICA). [vol. I: SERVICE]

– **della proposta contrattuale.** Acceptance of offer. Ma nei sistemi di *common law* perché il *simple contract* possa dirsi concluso si richiede, almeno sul piano dei princìpi, anche la sussistenza della *consideration*. Per quanto attiene alla conclusione del contratto tra assenti, in virtù della c.d. *mailbox rule* — salvo che non sia diversamente stabilito — il contratto è concluso al momento in cui la lettera di accettazione è imbucata (CONCLUSIONE DEL CONTRATTO PER CORRISPONDENZA; CONTRATTO: VI; PROPOSTA CONTRATTUALE; REVOCA DELL'ACCETTAZIONE). [vol. I: INTRODUZIONE: III. 17; CONSIDERATION; CONTRACT: III, IV; OFFER; OPTION; TENDER]

– **delle merci nella vendita.** Acceptance

of goods (MERCE; RIFIUTO DELLE MERCI NON CONFORMI AI PATTI NELLA VENDITA; VENDITA CON RISERVA DI GRADIMENTO).

– **dell'eredità.** Non esiste, in senso stretto, una accettazione dell'eredità siccome concepita nei sistemi di *civil law*: in effetti, dato il diverso sistema di devoluzione del patrimonio del defunto, non v'è alcuna eredità da accettare (EREDITÀ; SUCCESSIONE PER CAUSA DI MORTE). [vol. I: INTRODUZIONE: III. 24; HEREDITAS; SUCCESSION]

– **dell'eredità con beneficio d'inventario.** Questa forma di accettazione dell'eredità non esiste nei sistemi di *common law*. Precisamente, perché non esiste il concetto di eredità qual è concepita nei sistemi romanistici; il che comporta una assai diversa devoluzione dell'asse ereditario (EREDITÀ; SEPARAZIONE DI BENI DEL DEFUNTO DA QUELLI DELL'EREDE; SUCCESSIONE PER CAUSA DI MORTE). [vol. I: INTRODUZIONE: III. 24; HEREDITAS; SUCCESSION]

– **dell'offerta.** (*supra*, ACCETTAZIONE DELLA PROPOSTA)

– **di cambiale.** (*supra*, ACCETTAZIONE CAMBIARIA)

– **di un obbligo.** Acceptance of an obligation, acceptance of a duty (OBBLIGO).

– **di un trattato.** Acceptance of a treaty (ADESIONE A UN TRATTATO). [vol. I: ACCESSION TO A TREATY]

– **espressa.** Express acceptance, o acceptance by words (*infra*, ACCETTAZIONE TACITA; ESPRESSO).

– **per intervento.** (*supra,* ACCETTAZIONE CAMBIARIA PER INTERVENTO)

– **tacita.** Tacit, o implied, acceptance, o acceptance by conduct (*supra*, ACCETTAZIONE ESPRESSA; CONDOTTA; TACITO).

Accettilazione. Acceptilation; ma non è ammessa nei sistemi di *common law*, per via del requisito della *consideration* (CONTRATTO: III). [vol. I: CONSIDERATION]

Accidentale. Accidental, contingent, fortuitous, incidental, adventitious (ACCESSORIO; CASUALE; CONTINGENTE; EVENTUALE; FORTUITO; VOLONTARIO). [vol. I: ACCESSORIUS; ACCIDENTAL; ACT OF GOD; FORCE MAJEURE; FORTUITOUS; FRUSTRATION]

Accise. Excise (DAZIO DOGANALE; IMPOSTA). [vol. I: *ad vocem*; ABATEMENT OF CUSTOMS AND EXCISE DUTIES]

Accoglimento. Reception, acceptance, granting, allowance (ACCETTAZIONE; AMMISSIONE; RIGETTO). [vol. I: ALLOWANCE; DISALLOWANCE]

– **dell'appello.** Allowing, granting, an appeal (APPELLO). [vol. I: REMIT]

– **di un'istanza, pretesa, richiesta.** Allowing, o granting, an application, a claim, a motion (DOMANDA; ISTANZA; PRETESA; RICHIESTA).

Accollo di debito. Assumption of debt, o of indebtness; costituisce una forma di *novation*. Ma, in principio, salvo il caso in cui abbia luogo con *deed*, per essere *enforceable*, l'accollo richiede la presenza di una *consideration* (CONTRATTO: III; DEBITO). [vol. I: CONSIDERATION; DEED; ENFORCEABLE; GUARANTEE; INDEMNITY; NOVATION; SUBROGATION]

Bibl.:

Cheshire and Fifoot 1945, ed. 1972: 504.
Rescigno, P., *Accollo*, in *Digesto IV Utet, Civ.,* vol. I: 40.

Accomandante. (SOCIO ACCOMANDANTE)

Accomandatario. (SOCIO ACCOMANDATARIO)

Accomandita. (SOCIETÀ (II) IN ACCOMANDITA; SOCIETÀ (II) IN ACCOMANDITA SEMPLICE)

Accomodamento. Nel senso di transazione, si parla, di volta in volta, di compromise, composition, settlement, deal, understanding. In principio, salvo il caso in cui abbia luogo con *deed*, richiede la presenza di una *consideration* (ARBITRATO; COMPONIMENTO; CONTRATTO: III; TRANSAZIONE). [vol. I: ARRANGEMENT; COMPROMISE; CONSIDERATION]

Bibl.:

Cheshire and Fifoot 1945, ed. 1972: 70.
Gorla 1955, vol. II: 434.

– **amichevole.** (COMPONIMENTO BONARIO)

– **extragiudiziale.** Out of court settlement (TRANSAZIONE EXTRAGIUDIZIALE). [vol. I: OUT OF COURT]

Accompagnamento in genere. Escorting, accompaniment (BOLLETTA DI ACCOMPAGNAMENTO; DISTINTA DI ACCOMPAGNAMENTO; ORDINE DI ACCOMPAGNAMENTO).

– **coattivo dell'imputato all'udienza.** Compulsory attendance of defendant to trial (COMPARIZIONE DELL'IMPUTATO).

– **coattivo del testimone all'udienza.** Compulsory attendance of witness, compelling a witness to attend in court (COM-

PARIZIONE DELL'IMPUTATO; TESTIMONE). [vol. I: SUBPOENA]

Acconsentimento. (CONSENSO)

Acconto. Advance payment, down payment, part payment on account (ANTICIPO; PAGAMENTO; RATA DI PREZZO; RENDICONTO; RICEVUTA IN CONTO). [vol I: ADVANCE; DOWN PAYMENT]

- **sul dividendo.** Interim dividend, account on dividend (DIVIDENDO).
- **sul nolo.** Advance on freight, advance freight (NOLO). [vol. I: ADVANCE ON FREIGHT; FREIGHT]

Accordi. (ACCORDO/I)

Accordo/i in genere. Agreement, arrangement, accord, bargain, settlement, deal, pact, covenant, combination; l'accordo diretto a limitare la concorrenza è detto *combination in restraint of trade*. Ma il termine *agreement* non è sinonimo di *contract*, a meno che non sia consacrato in un *deed*. L'*agreement* non è sufficiente, di per sé, a dar vita a un *contract* qual è inteso nella *common law*. Perché esso sia *enforceable*, ossia giuridicamente sanzionabile, deve essere basato su una *valuable consideration*. Si parla di *executory agreement* per indicare l'*agreement* di cui una o entrambe le prestazioni restino da completare in tutto o in parte; viene distinto dall'*executed agreement* in cui una o entrambe le prestazioni sono state adempite (CONTRATTO: III). [vol. I: CONTRACT: V; EXECUTED; EXECUTORY AGREEMENT] L'accordo come assenso, è detto *consent*; nel senso di intesa, è detto, tra l'altro, *understanding*, *settlement*, etc.; nel senso di patto, è detto anche, tra l'altro, *compact*, *confederation*, etc. (ACCOMODAMENTO; ADESIONE; APPOGGIO; ASSENSO; ASSOCIAZIONE; CONSENSO NEL CONTRATTO; CONTRATTO: III; INTESA; PATTO TRA GENTILUOMINI; VENDITA). [vol. I: INTRODUZIONE: III. 17; AGREEMENT; CONSIDERATION; CONTRACT; COVENANT; DEED; GENTLEMEN'S AGREEMENT; INTENTION TO CREATE LEGAL RELATIONS; PACT]

Bibl.:
Gorla 1955, vol. I: 8; vol. II: 503.

- **bilaterale.** Bilateral agreement; ma si noti in materia contrattuale l'*acoustic agreement* che nasconde diversità di concetti (*infra*, ACCORDO MULTILATERALE; CONTRATTO BILATERALE-UNILATERALE). [vol. I: CONTRACT: III]
- **che istituisce un'organizzazione internazionale.** Constituent agreement (*infra*, ACCORDO DI SEDE; ORGANIZZAZIONE INTERNAZIONALE).
- **collettivo di lavoro.** Collective labour agreement, collective agreement. Ai sensi della s. 18 del Trade Union Act 1974, nel R.U. non costituisce un *legally enforceable contract*, a meno che le parti non abbiano così stabilito. Negli S.U. — stato federale — gli accordi sono, invece, di solito, giuridicamemte vincolanti: un imponente *corpus* di leggi federali regola la materia e prevale, in caso di conflitto, sul regime dei singoli stati dell'Unione. Particolare importanza assume il National Labor Relations Act, noto come il *Wagner Act* del 1936, emendato dal *Taft-Hartley Act* del 1947, che costituisce la legge fondamentale in tema di rapporti tra prestatori e datori di lavoro (CONTRATTAZIONE COLLETTIVA; CONTROVERSIA COLLETTIVA DI LAVORO; LAVORO). [vol. I: COLLECTIVE AGREEMENT; LABOUR LAW; TRADE UNION]

  Bibl.:
  Gaeta 1986.
  Kahn-Freund 1948-74, ed. 1978: 77, 78.
- **commerciale.** Trade agreement; ma si noti che questo termine indica anche l'accordo collettivo di lavoro (*supra*, ACCORDO COLLETTIVO DI LAVORO; CONTRATTO COMMERCIALE; TRATTATO DI COMMERCIO). [vol. I: *ad vocem*]
- **commerciali esclusivi.** Exclusive trade arrangements o dealings (*infra*, ACCORDO DI ACQUISTO ESCLUSIVO; ACCORDO DI DISTRIBUZIONE ESCLUSIVA; ESCLUSIVA). [vol. I: CONDITION; PRICE; RESTRAINT OF TRADE; TRADE AGREEMENT]
- **da eseguire.** (*supra*, ACCORDO IN GENERE)
- **delle parti nel contratto.** Consensus ad idem, mutuality of assent (*supra*, ACCORDO IN GENERE). [vol. I: CONSENSUS AD IDEM; MUTUALITY OF ASSENT]
- **di acquisto esclusivo.** Exclusive purchasing agreement (*supra*, ACCORDI COMMERCIALI ESCLUSIVI; ACQUISTO).
- **di distribuzione esclusiva.** Sole distributorship agreement (*supra*, ACCORDI COMMERCIALI ESCLUSIVI; DISTRIBUZIONE; ESCLUSIVA).
- **di libero scambio.** Free trade agreement (LIBERO SCAMBIO; ZONA DI LIBERO SCAMBIO).
- **di non concorrenza.** Restrictive trade agreement (*supra*, ACCORDI COMMERCIALI ESCLUSIVI; ABUSO DI POSIZIONE DOMINANTE; CON-

CORRENZA). [vol. I: RESTRICTIVE TRADE PRACTICES]

- **di pace.** Peace accord, peace agreement (ARMISTIZIO; CESSATE IL FUOCO; PACCHETTO; PACE).
- **di pagamento.** Payment agreement (PAGAMENTO). [vol. I: PAYMENT]
- **di patteggiamento.** Plea bargaining arrangement (PATTEGGIAMENTO).
- **di riassicurazione.** Reinsurance treaty (RIASSICURAZIONE). [vol. I: REINSURANCE]
- **di sede.** In diritto internazionale, si parla di *headquarters agreement* per indicare gli accordi tra un'organizzazione internazionale e il paese ospitante (*supra*, ACCORDO CHE ISTITUISCE UN'ORGANIZZAZIONE INTERNAZIONALE; PAESE OSPITANTE; SEDE DI UN'ORGANIZZAZIONE). [vol. I: DIPLOMATIC PRIVILEGES AND IMMUNITIES; HEADQUARTERS AGREEMENT; INTERNATIONAL ORGANIZATION]
- **di separazione dei coniugi.** Separation agreement (ALIMENTI; CONIUGE; RAPPORTI PATRIMONIALI TRA I CONIUGI; SEPARAZIONE CONSENSUALE DEI CONIUGI). [vol. I: SEPARATION OF HUSBAND AND WIFE]
- **espresso.** Express agreement (*infra*, ACCORDO TACITO; ESPRESSO). [vol. I: IMPLIED]
- **extragiudiziale.** Out of court settlement (COMPONIMENTO BONARIO; TRANSAZIONE). [vol. I: OUT OF COURT]
- **generale sulle tariffe e il commercio.** General Agreement on Tariffs and Trade o GATT (COMMERCIO INTERNAZIONALE). [vol. I: TRADE]
- **implicito.** (*infra,* ACCORDO TACITO)
- **intergovernativo.** Intergovernmental agreement (CONVENZIONE INTERNAZIONALE; TRATTATO INTERNAZIONALE).
- **internazionale.** International agreement (COMMERCIO INTERNAZIONALE; CONVENZIONE INTERNAZIONALE; DIRITTO (I) INTERNAZIONALE; PACCHETTO; TRATTATO INTERNAZIONALE). [vol. I: AGREEMENT; CONVENTION; TREATY]

  Bibl.:
  Monaco 1960, ed. 1971: 117.
- **monopolistici.** Monopoly agreements (*supra*, ACCORDI DI NON CONCORRENZA).
- **multilaterale.** Multilateral agreement (*supra*, ACCORDO INTERNAZIONALE).
- **negoziato.** Negotiated settlement (COMPONIMENTO; TRANSAZIONE). [vol. I: SETTLEMENT]
- **per commettere un reato in genere.** Criminal conspiracy, confederation, o confederacy, for unlawful purposes (ASSOCIAZIONE PER DELINQUERE; REATI ASSOCIATIVI). [vol. I: CONSPIRACY]
- **per la restrizione volontaria degli scambi.** Voluntary restraint agreement (*supra*, ACCORDI DI NON CONCORRENZA).
- **preliminare.** Preliminary agreement. Ma non indica il contratto preliminare: si tratta, invece, di termine impiegato più spesso in diritto internazionale (CONTRATTO PRELIMINARE).
- **reciproco.** Mutual assent (*supra*, ACCORDO).
- **scritto.** Written agreement; ma si noti il significato di *oral* (*infra,* ACCORDO VERBALE; SCRITTO). [vol. I: CONTRACT: III, XI; ORAL, PAROL o VERBAL AGREEMENT]
- **segreto.** Secret deal (PATTO; TRATTATO SEGRETO).
- **sindacale.** Industrial agreement (*supra*, ACCORDO COLLETTIVO DI LAVORO; SINDACATO). [vol. I: COLLECTIVE AGREEMENT; INDUSTRIAL RELATIONS]
- **solenne.** Covenant; ma questo termine assume un significato particolare nei sistemi di *common law*. Esso è impiegato anche in diritto internazionale (*supra*, ACCORDO SCRITTO; TRATTATO INTERNAZIONALE). [vol. I: *ad vocem*]
- **sui confini.** Boundary agreement (CONFINE).
- **tacito.** Tacit o implied agreement (*supra,* ACCORDO ESPRESSO; TACITO). [vol. I: CONSIDERATION; ESTOPPEL]
- **tra gentiluomini.** (PACCHETTO; PATTO TRA GENTILUOMINI)
- **tripartito.** Tripartite agreement (*supra*, ACCORDO MULTILATERALE).
- **verbale.** Oral, parol, o verbal agreement (*supra*, ACCORDO SCRITTO). [vol. I: CONTRACT: III, XI; ORAL, PAROL O VERBAL AGREEMENT]

Accorsatura. (AVVIAMENTO)

Accreditamento. Crediting (ADDEBITAMENO; ASSEGNO PER L'ACCREDITAMENTO; CESSIONE DI CREDITO; DA ACCREDITARE; NOTA DI ACCREDITAMENTO; NOTA DI CREDITO). [vol. I: DEBT]

– **di un agente diplomatico.** Accrediting a diplomatic agent (AGENTE DIPLOMATICO; CREDENZIALI DIPLOMATICHE). [vol. I: CREDENTIALS; DIPLOMATIC AGENT]

– **su un conto.** Crediting an account (CONTO; CREDITO; DA ACCREDITARE).

Accrescimento. Accretion, accrual, accruer, reliction (ACCESSIONE; MODO DI ACQUISTO DELLA PROPRIETÀ). [vol. I: ACCESSION; TENANCY]

Bibl.:
Palazzo, A., *Accrescimento*, in *Digesto IV Utet, Civ.,* vol. I: 46.

– **nella successione per causa di morte.** Lett., accrual of shares to co-heirs; ma non esiste, dati i diversi principi che regolano la successione per causa di morte nei sistemi di *common law* (SUCCESSIONE PER CAUSA DI MORTE).

– **per alluvione.** Accretion by alluvion, dereliction (ALLUVIONE). [vol. I: ACCRETION]

Accumulazione. Accumulation (CAPITALIZZAZIONE). [vol. I: *ad vocem*]

– **di interessi.** (MATURAZIONE DEGLI INTERESSI)

Accusa in genere. Charge, allegation, accusation. L'accusa nel senso di organo che promuove l'azione penale, è detta *prosecution*; nel sistema inglese l'azione penale è intentata in nome del sovrano (es.: *Regina* vs *Smith*). Negli S.U. — stato federale — titolare del potere punitivo è il *government* inteso quale stato: nelle cause penali federali si parla, ad es., di *United States of America* vs *Smith*; in quelle davanti agli organi giudiziari statali, di *State* vs *Smith*. Il processo penale inglese e nordamericano è processo accusatorio per definizione: questo dato di fondo si riverbera sull'onere della prova e sulla presunzione di innocenza. Respingere un'accusa è detto *dismiss (to) a charge*; negare un'accusa è detto *deny (to) an allegation, a charge* (*infra*, ACCUSA PENALE; ACCUSATO; ACCUSATORE; ADDEBITO; ALLEGAZIONE; ALLUSIONE; ASSOLUZIONE; AUTOINCRIMINAZIONE; AZIONE (I) PENALE; AVVOCATO; CALUNNIA; CAPO DI ACCUSA; CAPO DI IMPUTAZIONE; CONCORSO DI CAPI DI IMPUTAZIONE; CONTESTAZIONE IN UDIENZA DEI CAPI DI IMPUTAZIONE; DENUNZIA; DIFESA; DIFFAMAZIONE; DISCREZIONALITÀ DELL'AZIONE PENALE; GIUSTIFICAZIONE; *IMPEACHMENT*; IMPUTAZIONE; INVESTIGAZIONE SULL'ACCUSA; LETTURA DEI CAPI DI ACCUSA; MESSA IN STATO DI ACCUSA DEL PRESIDENTE DELLA REPUBBLICA; ONERE DELLA PROVA; ORDINAMENTO GIUDIZIARIO; PRESUNZIONE DI INNOCENZA; PROCEDURA PENALE; PROCURATORE DELLA REPUBBLICA; PROVA: 5; PROVA A DIFESA; PUBBLICA ACCUSA; PUBBLICO MINISTERO; RAPPRESENTANTE DELL'ACCUSA; REO CONFESSO; RINVIO A GIUDIZIO; RITIRO DELL'ACCUSA; SCAGIONAMENTO; SISTEMA ACCUSATORIO; SOSPETTO; TESTIMONE NEL PROCESSO PENALE). [vol. I: INTRODUZIONE: III. 28; CRIMINAL PROCEDURE; INDICTMENT; PROSECUTION; PROSECUTOR]

– **di corruzione.** Bribery charge (CORRUZIONE).

– **di reato minore.** (IMPUTAZIONE DI REATO MINORE)

– **penale in genere.** Criminal charge (IMPUTAZIONE PENALE).

– **temeraria.** Reckless charge (ABUSO DELLE NORME PROCESSUALI; CALUNNIA).

Accusato in genere. Accused, defendant (ACCUSA; IMPUTATO; INDAGATO; INDIZIATO DI REATO).

Accusatore in genere. Accuser (ACCUSATO; DIFENSORE).

– **nel processo penale.** Prosecutor; ma nel sistema inglese, e in quello nordamericano, non esiste (*et pour cause!*) l'ufficio del pubblico ministero. Tantomeno poi gli organi di accusa fanno parte, come in Italia, dello stesso ordine cui appartiene la magistratura che esercita la giurisdizione (ACCUSA; ORDINAMENTO GIUDIZIARIO; PUBBLICO MINISTERO; SISTEMA PENALE ACCUSATORIO).

Bibl.:
Marafioti, L., *Accusa e difesa nella fase delle indagini preliminari* (1989) 2 GP 32.

A condizione che. (CONDIZIONE: 4)

Acqua. (ACQUA/E)

Acqua/e. Waters (ACQUEDOTTO; AMBIENTE; AVVELENAMENTO DI ACQUE; CORSO D'ACQUA; DEVIAZIONE DI ACQUE; INQUINAMENTO; MAPPA; SERVITÙ DI CORSO D'ACQUA; TRAGHETTO; TRIBUNALE DELLE ACQUE; TRASPORTO MARITTIMO). [vol. I: WATER]

– **comuni (int.).** Common waters.

Bibl.:
Monaco 1960, ed. 1971: 364.

– **di superficie.** Surface waters (DIRITTO (II) DI SUPERFICIE).

– **doganali.** Customs waters (DOGANA; MARE TERRITORIALE).

– **interne.** Internal waters; questo termine è impiegato in diritto internazionale per indicare le acque interne o nazionali; da non confondere con le *inland waters*, ossia le vie navigabili interne (ALTO MARE; MARE TERRITORIALE; NAVIGAZIONE MARITTIMA; TRASPORTO MARITTIMO; TRASPORTO PER ACQUE INTERNE). [vol. I: FREEDOM OF THE HIGH SEAS; INTERNAL WATERS; TERRITORIAL SEA]

– **navigabili.** Navigable waters (NAVIGAZIONE MARITTIMA).

– **nazionali.** National waters, internal waters (*supra,* ACQUE INTERNE).

– **private.** Private waters.

– **pubbliche.** Public waters. [vol. I: PUBLIC UTILITY]

– **territoriali.** Territorial waters, internal waters (*supra*, ACQUE INTERNE; MARE TERRITORIALE). [vol. I: TERRITORIAL SEA]

Acquedotto. Aqueduct (ACQUA).

– **coattivo.** Grosso modo, easement of water; water wayleave (ESPROPRIAZIONE PER PUBBLICA UTILITÀ; SERVITÙ COATTIVA).

Acquiescenza. Acquiescence, o laches and acquiescence, sufferance, tacit, o implied, waiver; quando comporta la rinuncia a far valere un diritto, essa dà luogo a una forma di preclusione detta *estoppel by acquiescence* (ACCETTAZIONE; ACCORDO; AMMISSIONE; APPROVAZIONE; ASSENSO; CONSENSO; PRECLUSIONE; QUIESCENZA; RATIFICA; REGOLATORE; RINUNZIA TACITA). [vol. I: ACQUIESCENCE IN THE VALIDITY OF A TREATY; ACKNOWLEDGMENT; ESTOPPEL; WAIVER]

– **alla validità di un trattato.** Acquiescence in the validity of a treaty; comporta, ai sensi dell'art. 45 (b) della convenzione di Vienna, la preclusione del diritto ad invocarne l'invalidità (TRATTATO INTERNAZIONALE). [vol. I: ACQUIESCENCE IN THE VALIDITY OF A TREATY]

Acquirente. Buyer, purchaser, consumer, vendee. In una società industriale di massa la figura dell'acquirente-consumatore assume importanza fondamentale (ACQUISTO; COMPRATORE; CONSUMATORE; PREMIO ALL'ACQUIRENTE; PROPRIETÀ APPARENTE; TUTELA DEL CONSUMATORE; VENDITORE). [vol. I: CAVEAT EMPTOR; CONSUMER PROTECTION; SALE]

– **a titolo oneroso.** Purchaser for value (*infra*, ACQUIRENTE DI BUONA FEDE A TITOLO ONEROSO; ONEROSITÀ).

– **della prima casa.** First time home buyer (CASA).

– **di azioni di società.** Buyer of shares (ACQUISTO DI AZIONI DI SOCIETÀ).

– **di buona fede.** Bona fide purchaser (*infra*, ACQUIRENTE DI BUONA FEDE A TITOLO ONEROSO).

– **di buona fede a titolo oneroso.** Bona fide purchaser for value, bona fide purchaser (o buyer), purchaser (o buyer) of good faith for valuable consideration, innocent purchaser for value, bona fide o good faith purchaser for value (AFFIDAMENTO; ALIENAZIONE; BUONA FEDE; CONFLITTO TRA ACQUIRENTI DI BENI MOBILI; POSSESSO VALE TITOLO; VENDITA). [vol. I: BILL OF EXCHANGE; BONA FIDE PURCHASER FOR VALUE; CAVEAT EMPTOR; CONSIDERATION; MARKET OVERT; NEMO DAT QUOD NON HABET; NOTICE; VALUE]

Bibl.:
Schlesinger 1950, ed. 1988: 283.

– **di mala fede.** Mala fide buyer o purchaser (*supra*, ACQUIRENTE DI BUONA FEDE).

– **istituzionale.** Institutional buyer (INVESTITORE ISTITUZIONALE).

– **potenziale.** Prospective purchaser.

Acquisizione. Acquisition (ACQUISTO; ALIENAZIONE; APPALTO; APPROVVIGIONAMENTO). [vol. I: *ad vocem*]

– **di controllo di società in genere.** Acquisition of a controlling stake in a company o corporation; ma si parla anche, in generale, di *corporate change in control.* Espressioni analoghe sono quelle di *buy out of a controlling company's shares* o, più spesso, *buy out.* L'acquisizione può avvenire mediante negoziati, offerta pubblica di acquisto o fusione. Con il termine *Mergers & Acquisitions* si indica il vasto e complesso fenomeno dell'acquisto e fusione di aziende. Negli S.U. la materia delle fusioni, delle acquisizioni, della *reorganization* e dei rilievi societari va più spesso sotto la rubrica *corporate finance* (AMMINISTRATORE DI SOCIETÀ; AZIONE (II) DI SOCIETÀ; CONCORRENZA; FUSIONE DI SOCIETÀ; *LEVERAGED BUY OUT*; *MANAGEMENT BUY OUT*; OFFERTA PUBBLICA DI ACQUISTO; RILIEVO DI SOCIETÀ; SCALATA DI SOCIETÀ; SOCIETÀ (II) QUALE SOGGETTO COLLETTIVO). [vol. I: ACQUISITION]

Bibl.:
Rubino-Sammartino, M., *Compravendita e fusioni internazionali* (1989) 3 CeI 995.

Acquisto. Acquisition, purchase, procurement; *acquire at a premium* indica acquistare beni o titoli ad un prezzo maggiorato rispetto a quello di mercato. Acquisto è molto spesso, anche se non necessariamente (dato che si acquista anche altrimenti) il termine collaterale di vendita. Con il termine *taking of property* si indica l'espropriazione — ossia l'acquisto forzoso — per pubblica utilità nel sistema nordamericano (ACCORDO DI ACQUISTO ESCLUSIVO; ACQUIRENTE; ACQUISIZIONE; ACQUISIZIONE DI CONTROLLO DI SOCIETÀ; ALIENAZIONE; ESPROPRIAZIONE PER PUBBLICA UTILITÀ; FACOLTÀ DI ACQUISTO; OPZIONE DI ACQUISTO; OPZIONE PUBBLICA DI ACQUISTO; PASSAGGIO DELLA PROPRIETÀ; POTERE DI ACQUISTO; PREZZO DI ACQUISTO; PROVA DELL'ACQUISTO; RIACQUISTO DI AZIONI DI SOCIETÀ; TITOLI MOBILIARI; TRASFERIMENTO; VENDITA). [vol. I: APPROPRIATION; CONSUMER PROTECTION; HIRE-PURCHASE; PROCUREMENT; PURCHASE; SALE]

– **a campione.** Purchase by sample (VENDITA SU CAMPIONE).

– **a credito.** Credit purchase (VENDITA A CREDITO).

– **a *forfait*.** Lump sum purchase (*FORFAIT*).

– **all'ingrosso.** Wholesale purchase (VENDITA ALL'INGROSSO).

– **allo scoperto.** (VENDITA ALLO SCOPERTO)

– **a margine.** Buying on margin.

– ***a non domino*.** Purchase by non-owner (POSSESSO VALE TITOLO; TRASFERIMENTO DELLA PROPRIETÀ).

– **a pronti.** Cash purchase (A PRONTI; VENDITA IN CONTANTI).

– **a rate.** Purchase on instalments (VENDITA A RATE).

– **a termine.** (CONTRATTO A TERMINE)

– **a titolo derivativo.** Derivative acquisition, derivative conveyance (MODI DI ACQUISTO DELLA PROPRIETÀ; SUCCESSIONE; VENDITA).

– **a titolo originario.** Original acquisition, original conveyance (ACCESSIONE; INVENZIONE; MODI DI ACQUISTO DELLA PROPRIETÀ; OCCUPAZIONE; USUCAPIONE).

– **della cittadinanza.** Acquisition of citizenship, acquisition of nationality (CITTADINANZA). [vol. I: NATIONALITY]

– **della proprietà.** Acquisition of property, acquisition of ownership; ma si noti l'assai diverso regime della materia nella tradizione di *common law* (ABBANDONO; *DERELICTIO*; MODI DI ACQUISTO DELLA PROPRIETÀ; PASSAGGIO DELLA PROPRIETÀ; PROPRIETÀ; *RES NULLIUS*). [vol. I: NEMO DAT QUOD NON HABET; OWNERSHIP; PRESCRIPTION; TREASURE TROVE]

– **del possesso.** Acquisition of possession (POSSESSO).

– **di azioni con diritto di voto.** Acquisition of voting stock (AZIONE (II) DI SOCIETÀ; FUSIONE DI SOCIETÀ).

– **di azioni di società.** Purchase of a company's, o of a corporation's, shares o stock. Schlesinger [1950, ed. 1988: 617] rileva talune sostanziali diversità tra l'acquisto e la sottoscrizione di azioni nel sistema tedesco e in quello nordamericano, ai fini della risoluzione del relativo contratto (AZIONE (II) DI SOCIETÀ REDIMIBILE; SOTTOSCRIZIONE DI AZIONI DI SOCIETÀ). [vol. I: SHARE]

– **di azioni proprie da parte della società.** Purchase by company, o corporation, of its own shares (AZIONE (II) DI SOCIETÀ).

Bibl.:

Menghi, I., *Sulla liceità del trading di azioni proprie* (1989) 1 CeI 51.

– **di cose di provenienza sospetta.** Acquisition of goods of doubtful origin (RICETTAZIONE). [vol. I: HANDLING STOLEN GOODS]

– **di credito di impresa in genere.** Factoring; nel nostro paese si disciplina in parte questo istituto con la legge n. 52 del 21.2.1991 (CREDITO; *FACTORING*). [vol. I: FACTORING]

– **di opere fatte sopra o sotto il suolo.** Accession (ACCESSIONE; PERTINENZA; SUPERFICIE). [vol. I: *ad vocem*]

– **di territorio.** Acquisition of territory; celebre è negli S.U. il c.d. *Louisiana purchase*, ossia l'acquisto dalla Francia di questo vasto territorio da parte del governo federale nel 1803 per 15 milioni di dollari (TERRITORIO).

– **di un diritto.** Acquisition, o vesting, of a right (DIRITTO (II); PERDITA DI UN DIRITTO). [vol. I: ACQUIRED RIGHT]

– **fittizio.** Fictitious acquisition, fictitious purchase (FINZIONE GIURIDICA; FITTIZIO; SIMULAZIONE).

– **in blocco.** Bulk purchase, buy out; quest'ultimo termine si riferisce sia all'acquisto di tutta la produzione di un'azienda, sia all'acquisto di un'intera azienda mediante diverse forme di finanziamento (ACQUISIZIONE DI CONTROLLO DI SOCIETÀ; INVENTARIO; VENDITA ALL'INGROSSO).

– **in buona fede.** Bona fide purchase (AC-

QUIRENTE DI BUONA FEDE A TITOLO ONEROSO; VENDITA IN BUONA FEDE).

- **per decorso del tempo.** Acquisition by lapse of time, acquisition by prescription (*supra*, ACQUISTO A TITOLO ORIGINARIO; *infra,* ACQUISTO PER USUCAPIONE).
- **per posta.** Buying by post (VENDITA PER CORRISPONDENZA).
- **per usucapione.** Acquisition by prescription; ma si noti l'ambiguità del termine *prescription* (USUCAPIONE). [vol. I: PRESCRIPTION]

A credito. On credit (ACQUISTO A CREDITO; CREDITO).

***Actio* in genere.** Action (AZIONE (I) CIVILE). [vol. I: *ad vocem*]

Bibl.:
Orestano 1959-68, ed. 1978: 13.

- ***confessoria.*** Ignota alla *common law* come, del resto l'*actio negatoria*; ma, in pratica, un analogo risultato è ottenuto mediante l'*injunction* (AZIONE (I) NEGATORIA).
- ***de in rem verso.*** In principio, non è ammessa dalla *common law* (ARRICCHIMENTO SENZA CAUSA). [vol. I: RESTITUTION; UNJUST ENRICHMENT]
- ***iudicati.*** (COSA GIUDICATA)
- ***negatoria.*** (*supra*, *ACTIO CONFESSORIA*)
- ***pauliana.*** (AZIONE (I) REVOCATORIA)
- ***personalis.*** (SOSTITUZIONE PROCESSUALE)
- ***quanti minoris.*** L'azione estimatoria, come, del resto, l'azione redibitoria, è ignota alla *common law* che in casi analoghi, nella vendita, ricorre a diversi concetti giuridici (GARANZIA PER I VIZI; RISOLUZIONE DEL CONTRATTO; VENDITA). [vol. I: SALE: X. 2]
- ***redhibitoria.*** (*supra*, ACTIO QUANTI MINORIS; AZIONE (I) REDIBITORIA)

Acume giuridico. Legal acumen (INTERPRETAZIONE).

Ad alto prezzo. At a high price, at a dear price (PREZZO).

Adattamento del diritto interno al diritto internazionale. Adjustment of internal law to international law (DIRITTO (I) INTERNAZIONALE). [vol. I: INTRODUZIONE: III. 37]

Addebitamento. Debit, charge (ACCREDITAMENTO; ADDEBITO; DEBITO; NOTA DI ADDEBITAMENTO).

Addebito. Debit; nel senso di accusa, imputazione, è detto *allegation*, *charge*: respingere un addebito è detto *dismiss (to)* o *deny a charge* (ACCUSA; DEBITO; IMPUTAZIONE).

Addetto in genere. Agent, employee, servant, assistant (DIPENDENTE; INCARICATO; RAPPORTO DI LAVORO; RESPONSABILITÀ INDIRETTA). [vol. I: AGENCY; VICARIOUS LIABILITY]

- **commerciale.** Commercial agent; nel caso di un diplomatico, si parla più spesso di *commercial attaché* (AGENTE DIPLOMATICO; COMMISSIONARIO).
- **diplomatico.** (AGENTE DIPLOMATICO)

Addizionale. Additional, supplemental, supplementary, extra (ACCESSORIO; AGGIUNTIVO; COMPLEMENTARE; SUPPLEMENTARE).

- **del premio di assicurazione.** (SUPPLEMENTO DI PREMIO NELL'ASSICURAZIONE)

Addizione/i in genere. Addition, accession; quando il termine è riferito agli immobili, si parla più spesso di *fixtures* o *improvements* (ACCESSIONE; CLAUSOLA AGGIUNTIVA DI UN ATTO O CONTRATTO; CUMULO; MIGLIORAMENTO; MIGLIORIA; PERTINENZA; SUPPELLETTILI). [vol. I: APPURTENANCE; FIXTURE; WASTE]

Addotto. Alleged (PRETESO).

Adeguamento. Adjustment (ADATTAMENTO; POLIZZA (I) AD ADEGUAMENTO).

- **salariale automatico.** Automatic wage adjustment (INDICIZZAZIONE; SALARIO; SCALA MOBILE).

Adeguatezza della prestazione. (CONGRUITÀ DELLO SCAMBIO CONTRATTUALE; PRESTAZIONE)

Adempimento in genere. Execution, performance (AZIONE (I) DI ADEMPIMENTO SPECIFICO; CATTIVO ADEMPIMENTO; DIFFICOLTÀ NELL'ADEMPIMENTO; DILIGENZA NELL'ADEMPIMENTO; DIVISIBILITÀ DELLA PRESTAZIONE; ESATTO ADEMPIMENTO; GARANZIA DI ESECUZIONE; IMPERFETTO ADEMPIMENTO; INADEMPIMENTO; *INTUITUS PERSONAE*; LUOGO DELL'ADEMPIMENTO; MANCATO ADEMPIMENTO; MORA; MUTUALITÀ; NOVAZIONE; OFFERTA DI ADEMPIMENTO; OFFERTA REALE; PAGAMENTO; PRESTAZIONE IN LUOGO DELL'ADEMPIMENTO; RESPONSABILITÀ CONTRATTUALE; RIFIUTO DI ULTERIORE ADEMPIMENTO; RITARDO NELL'ESECUZIONE DEL CONTRATTO; SODDISFAZIONE; SOPRAVVENUTA IMPOSSIBILITÀ DELLA PRESTAZIONE; TEMPO DELL'ADEMPIMENTO; TERMINE PER L'ADEMPI-

MENTO). [vol. I: EXECUTION; FEASANCE; PERFORMANCE; VICARIOUS PERFORMANCE]

– **del contratto in genere.** Performance of contract. Costituisce una delle fonti di *discharge* del contratto. Di fondamentale importanza è la *doctrine of substantial performance*, elaborata dalla giurisprudenza nordamericana, per cui la prestazione che non coincida esattamente con i termini dell'accordo, ma che concreta un sostanziale adempimento, viene considerata come adempimento degli obblighi contrattuali: è fatto salvo il risarcimento del danno derivante dalla discrepanza rispetto all' adempimento promesso. Si tratta di una *doctrine* applicata specialmente nei contratti di costruzione: essa ha lo scopo di prevenire l'*unjust enrichment* dell'altra parte. La *substantial performance* di un contratto si ha quando la parte provi di aver fatto tutto il possibile per adempiere la sua obbligazione in buona fede, e quando i risultati dei suoi sforzi producano una utilità per l'altra parte che la faccia propria: in mancanza, non si può parlare di *substantial performance*, e la parte che ha effettuato la prestazione deviante non ha diritto neanche ad essere indennizzata. Si notino le diverse regole esistenti in tema di arricchimento senza causa (*infra*, ADEMPIMENTO PARZIALE DEL CONTRATTO; ARRICCHIMENTO SENZA CAUSA; CAUZIONE; CLAUSOLA ESSENZIALE DEL CONTRATTO; CONCLUSIONE DEL CONTRATTO; CONTRATTO: IX, X; *DATIO IN SOLUTUM*; ECCESSIVA DIFFICOLTÀ NELL'ADEMPIMENTO DEL CONTRATTO; ECCESSIVA ONEROSITÀ SOPRAVVENUTA; ESATTO ADEMPIMENTO; ESECUZIONE SPECIFICA DELL'OBBLIGO DI CONCLUDERE UN CONTRATTO; ESSENZA DEL CONTRATTO; FEDELE ESECUZIONE DEL CONTRATTO; GARANZIA DELLA CORRETTA ESECUZIONE DEL CONTRATTO DA PARTE DELL'APPALTATORE; INADEMPIMENTO; INESATTO ADEMPIMENTO; MORA; NOVAZIONE; PRESTAZIONE IN LUOGO DELL'ADEMPIMENTO; *REBUS SIC STANTIBUS*; TERMINE ESSENZIALE). [vol. I: INTRODUZIONE: III. 17; CONTRACT: IX; DISCHARGE; FEASANCE; PERFORMANCE]

Bibl.:
David 1973: 365.

– **della prestazione in genere.** Performance of contractual obligation, o fulfilment of the promise by a party to a contract (*supra,* ADEMPIMENTO DEL CONTRATTO; PRESTAZIONE). [vol. I: PROMISE]

– **dell'obbligazione in genere.** Performance of obligation (OBBLIGAZIONE).

– **del terzo.** Performance by third party (*INTUITUS PERSONAE*; TERZO).

– **di un obbligo.** Performance of a duty (DOVERE; OBBLIGO).

– **parziale del contratto.** Partial performance (*supra*, ADEMPIMENTO DEL CONTRATTO; INESATTO ADEMPIMENTO). [vol. I: PARTIAL PERFORMANCE]

– **ritardato.** Delayed performance (MORA; RITARDO).

– **specifico.** Performance *in specie*, specific performance (ESECUZIONE DEL CONTRATTO IN FORMA SPECIFICA).

– **vicario.** (PRESTAZIONE IN LUOGO DELL'ADEMPIMENTO)

Aderente nel contratto di adesione. Weaker party; ma si parla anche di *consumer of goods or services*; quest'ultimo termine rivela chiaramente l'ottica della tutela del consumatore che prevale in materia (CONTRATTO DI ADESIONE; PARTE PIÙ DEBOLE; TUTELA DEL CONSUMATORE).

Aderenza. (ADERENTE; ADESIONE; ADIACENTE; COSTRUZIONI IN ADERENZA)

Adescamento. Solicitation o soliciting; solicitation by a prostitute (INCITAMENTO ALLA PROSTITUZIONE; INGANNO; ISTIGAZIONE; PROSTITUZIONE; SOLLECITAZIONE).

Adesione in genere. Adhesion, accession, adherence, approval, assent, support, acceptance, assent, consent, agreement (ACCORDO; ADERENTE NEL CONTRATTO DI ADESIONE; ASCESA AL TRONO; ASSENSO; CONTRATTO DI ADESIONE). [vol. I: ALLEGIANCE]

– (o **accessione) a una convenzione internazionale.** Accession to an international convention, to a treaty (CLAUSOLE FINALI DI UNA CONVENZIONE INTERNAZIONALE). [vol. I: ACCESSION TO A TREATY]

Bibl.:
Monaco 1960, ed.1971: 132.

– **di un terzo al contratto.** Adhesion of a third party to the contract (CONTRATTO A FAVORE DI TERZO). [vol. I: CONTRACT: VII. 3; PRIVITY OF CONTRACT]

Ad hoc. (OCCASIONALE)

Adiacente. Adjacent, adjoining, contiguous (ADERENZA; CONTIGUO; SUOLO CONFINANTE). [vol. I: CONTIGUOUS ZONE]

A dieci giorni vista. Ten days after sight (A PRIMA VISTA; A VISTA; CAMBIALE; VISTA).

A disposizione. Available (DISPONIBILE; DISPOSIZIONE).

Ad istanza di. At, on, the request of; at suit of (o ATS), in caso di azione in giudizio (A DOMANDA DI UNA DELLE PARTI IN GIUDIZIO; AZIONE (I) IN GIUDIZIO; ISTANZA; RICHIESTA).

- **di una delle parti.** On motion of any party (PARTE).
- **di una sola parte.** Ex parte, on the application of one party only (CONTRADDITTORIO; PROVVEDIMENTI CAUTELARI).
- **parte.** On the motion of a party (DI UFFICIO DA PARTE DEL GIUDICE; PARTE).

Adizione dell'eredità. (ACCETTAZIONE DELL' EREDITÀ)

Ad litteram. Verbatim (VERBALE).

A domanda di una delle parti in giudizio. On application of any party (AD ISTANZA DI; DOMANDA; SU PRESENTAZIONE).

Adozione in genere. Adoption. Ma, a parte l'*acoustic agreement*, numerose differenze distinguono l'*adoption* del sistema inglese rispetto all'adozione del diritto italiano: in effetti, storicamente, l'istituto dell'adozione è ignoto alla *common law*. Negli S.U. — stato federale — la materia è regolata dalla legislazione dei singoli stati dell'Unione; la maggior parte delle adozioni ha luogo attraverso delle *agencies* (AFFIDAMENTO DI MINORI; GENITORI ADOTTIVI; MINORE). [vol. I: ADOPTION; AFFILIATION; LEGITIMATION]

Bibl.:

AA.VV. *L'adoption dans les principales législations européennes* (1985) 3 R.D.C. 507-884.

Cattaneo, G., *Adozione*, in *Digesto IV Utet*, *Civ.,* vol. I: 94.

Davì, A., *Adozione nel diritto internazionale privato*, in *Digesto IV Utet*, *Civ.,* vol. I: 131.

Nel contratto, il termine *adoption* è impiegato per indicare la sua adozione da colui nel cui interesse è stato stipulato da un terzo. L'*adoption* viene distinta dalla *ratification*, nel senso che mentre gli effetti di quest'ultima retroagiscono al tempo in cui il contratto è stato concluso, nell'*adoption* essi hanno inizio solo dal momento in cui essa è manifestata. In tema di diritto societario si parla di *adoption* per indicare il fatto di una *corporation* di nuova formazione di adottare il contratto stipulato nell'interesse di lei da un promotore (CONTRATTO A FAVORE DI TERZO; RATIFICA).

- **di una convenzione internazionale.** Adoption of an international convention (ADESIONE O ACCESSIONE A UNA CONVENZIONE INTERNAZIONALE).
- **di una legge.** Passing of an Act of Parliament o, negli S.U., of an Act of Congress (LEGGE SCRITTA IN QUANTO DISTINTA DALLA *CASE LAW*). [vol. I: ACT OF PARLIAMENT; CONSTITUTION: VIII; STATUTE LAW]
- **di una misura.** Passing, o taking, a measure (MISURA).

Adulterazione in genere. Adulteration, sophistication, pollution, tampering with (ALTERAZIONE).

- **di alimenti.** Adulteration of food, tampering with food (INQUINAMENTO; TUTELA DEL CONSUMATORE).
- **di sostanze.** Adulteration, sophistication, o pollution, of substances, tampering with substances (AMBIENTE; INQUINAMENTO; MANIPOLAZIONE; SOSTANZE PERICOLOSE; TUTELA DEL CONSUMATORE). [vol. I: CONSUMER PROTECTION; POLLUTION]

Adulterio. Adultery, criminal conversation, o crim. con. Come, del resto, nella stragrande maggioranza dei paesi industriali dell'Occidente, nel sistema inglese, esso non costituisce reato; a differenza della gran parte delle società islamiche, in cui l'adulterio della donna — ma non quello dell'uomo — è punito con la lapidazione. Non sono previsti l'omicidio o le lesioni personali per causa di onore; ma, nel sistema inglese e nordamericano determinate circostanze possono costituire *provocation*, che, se ammessa, comporta, in caso di omicidio, il mutamento del titolo di reato da *murder* a *manslaughter* e, nella gran parte dei casi, una pena addirittura inferiore a quella prevista in passato dal codice penale italiano in circostanze analoghe. In materia civile, l'adulterio costituisce nel diritto inglese motivo di divorzio solo se dà luogo all'*irretrievable breakdown of marriage*. *Co-respondent* è detta l'altra parte nell'adulterio: essa va sempre citata in giudizio nell'istanza di divorzio o separazione legale. Negli S.U. — stato federale — la materia è regolata dai singoli stati dell'Unione da un regime spesso assai diverso da stato a stato; considerato più spesso un reato, di fatto esso è di rado perseguito penalmente. L'adulterio costituisce motivo di divorzio in quasi tutti gli stati dell' Unione. Vivere in notorio adulterio è detto *live (to) in open and notorious adultery* (CAUSA (I) DI ONORE; COMPLICE NELL'ADULTERIO; CONCUBINATO; CONVERSAZIONE; DIVORZIO; FEDELTÀ CONIUGALE; FIGLIO ADULTERINO; INFEDELTÀ CONIUGALE). [vol. I: ADULTERY; CO-RESPONDENT; DIVORCE; IRRETRIEVABLE BREAKDOWN OF MARRIAGE; JUDICIAL SEPARATION; MANSLAUGHTER; PROVOCATION]

– **incestuoso.** Incestuous adultery (INCESTO).

Adulto. Of age, adult (CAPACITÀ; MAGGIORENNE). [vol. I: INTRODUZIONE: III. 17; DISABILITY; MINOR; SUI IURIS]

Adunanza. Meeeting, assembly, rally (ASSEMBLEA; AUDIZIONE; AVVISO DI ADUNANZA; RACCOLTA; RIUNIONE). [vol. I: MEETING; QUORUM]

– **dei creditori.** Meeting of creditors (CREDITORE; FALLIMENTO).

– **plenaria.** Plenary meeting (RIUNIONE).

Aequitas. (EQUITÀ)

Aerodromo. (AEROPORTO)

Aeromobile. Aircraft (ABBANDONO DI AEROMOBILE; ARMATORE DI NAVE; ATTREZZI DI AEROMOBILE; CATTURA ILLECITA DI AEROMOBILE; CERTIFICATO DI NAVIGABILITÀ DI AEROMOBILE; COMANDANTE DI AEROMOBILE; ESERCENTE DELL'AEROMOBILE; IPOTECA NAVALE E AERONAUTICA; LOCAZIONE DI AEROMOBILE; NAVIGAZIONE AEREA; NOLEGGIO DI AEROMOBILE; REGISTRAZIONE DI AEROMOBILE; RELITTO DI AEREO; SEQUESTRO DI AEROMOBILE; TRASPORTO AEREO; VEICOLO A CUSCINO D'ARIA). [vol. I: *ad vocem*; AIR; CARRIAGE: II; SOVEREIGNTY; WILL]

Bibl.:
Berlingieri, F., *Armatore ed esercente di aeromobile*, in *Digesto IV Utet, Comm.*, vol. I: 225.
Medina, C., *Aeromobile*, in *Digesto IV Utet, Comm.*, vol. I: 25.

Aeroporto. Airport (AEROMOBILE; TRASPORTO AEREO).

Bibl.:
Romanelli, G. e Riguzzi, M., *Aerodromo*, in *Digesto IV Utet, Comm.*, vol. I: 22.
id., *Aerodromo*, in *Digesto IV Utet, Pubbl.*, vol. I: 85.

– **di partenza.** Airport of departure (PARTENZA).

Affare/i in genere. Business, transaction, bargain, deal, undertaking, speculation. Di un'azienda che abbia chiuso la propria attività si dice che è *out of business* (AFFARISMO; AGENTE DI AFFARI; ASSOCIAZIONE IN AFFARI; AZIENDA; CESSAZIONE DEGLI AFFARI; CIFRA DI AFFARI; COMUNITÀ DEGLI AFFARI; DILIGENZA; *GENTLEMEN'S AGREEMENT*; IMPOSTA SUGLI AFFARI; NEGOZIO; OPERAZIONE; PARTECIPAZIONE A UN SOLO AFFARE; PROCACCIATORE DI AFFARI; PRUDENZA NEGLI AFFARI; QUESTIONE; TRANSAZIONE; UOMO D'AFFARI; VOLUME DI AFFARI). [vol. I: BUSINESS; TRADE]

– **commerciale.** Business transaction (COMMERCIO). [vol. I: BUSINESS; TRADE]

– **commerciale internazionale.** International business transaction (ECONOMIA DI MERCATO).

– **contenzioso.** Contentious business (GIURISDIZIONE; GIURISDIZIONE VOLONTARIA). [vol. I: *ad vocem*; JUDICIAL]

– **esteri.** Foreign affairs, foreign relations (MINISTERO; RAPPORTI DIPLOMATICI). [vol. I: DEPARTMENT OF STATE; DIPLOMATIC; FOREIGN AND COMMONWEALTH OFFICE]

– **internazionali.** International businesses (COMMERCIO INTERNAZIONALE).

– **interno di un paese.** Domestic issue, domestic matter (*supra*, AFFARI ESTERI).

– **onesto.** Fair deal (TUTELA DEL CONSUMATORE). [vol. I: FAIR DEALING; FAIR TRADE]

Affarismo. Profiteering (AFFARE; PATTO LEONINO; PROFITTI STRAORDINARI).

***Affectio* in genere.** Questa eppressione non è impiegata nella *common law*, ma un concetto analogo è espresso indirettamente, ad es., relativamente al vincolo matrimoniale, quando si dice che la sola causa di divorzio è l'*irretrievable breakdown of marriage*, ossia, il venir meno dell'*affectio maritalis* così com'è intesa da noi. Buckland and McNair [1936, ed. 1952: 33, 34] offrono una descrizione del concetto romanistico, privo di esatta equivalenza nel matrimonio odierno (*ANIMUS*; ASSISTENZA TRA CONIUGI; DIVORZIO).

– ***maritalis.*** (*supra*, *AFFECTIO* IN GENERE)

– ***societatis.*** Questo concetto non ha una esatta equivalenza nel diritto inglese e nordamericano; ma, sembra, l'espressione *community of interest* nella *joint venture* e *community of profits* nella *partnership* rende un'idea non troppo diversa (COMUNANZA DI INTERESSI; SOCIETÀ (II) QUALE SOGGETTO COLLETTIVO). [vol. I: INTRODUZIONE: III. 19; AFFECTIO SOCIETATIS]

Bibl.:
Drury, G. G., *Legal Structures of Small Businesses in France and England Compared* (1978) 27 I.C.L.Q. 521.

Affermazione. Representation, statement, allegation, contention (ACCUSA; ASSERZIONE; DICHIARAZIONE). [vol. I: AFFIDAVIT; AFFIRMATION; MISREPRESENTATION; REPRESENTATION; STATEMENT]

Affidabilità in genere. Reliability, credit worthiness. In sostanza, nel mondo degli affari, costituisce spesso, anche se non nel senso tecnico, un sinonimo di garanzia, di solvibilità (CREDIBILITÀ DEL TESTIMONE; CREDITO; DEGNO DI FEDE; MERITEVOLE DI CREDITO; SOLVIBILITÀ).

– **del testimone.** (ATTENDIBILITÀ DEL TESTIMONE)

Affidamento in genere. Reliance, trust, entrusting (AFFILIAZIONE; ASSOCIAZIONE). [vol. I: COMMITTAL; ENTRUSTING]

– **contrattuale.** Non esiste in diritto inglese e nordamericano un concetto giuridico esattamente corrispondente. Solo in senso lato si può parlare di *reliance*; in effetti, il tormentato requisito della *consideration*, per quanto in via di consunzione, imprime ancora oggi connotati diversi all'affidamento, che viene tutelato, di solito, quando si tratti di *reliance bargained for*, e in altri casi. Peraltro, la materia è oggetto di vive dispute nel caso in cui vi sia stata *reliance* senza *bargain*, in cui si invoca la *doctrine of promissory estoppel* a tutela dell'affidamento contrattuale. Negli S.U. viene definita *benefit of bargain rule* quella regola giurisprudenziale per cui un acquirente defraudato ha diritto al recupero della differenza tra il valore effettivo (*real value*) e il valore a lui dichiarato (*represented value*) dal venditore del bene acquistato. In sostanza, essa tutela l'affidamento che l'acquirente ha fatto sulle dichiarazioni (*representations*) del venditore. In un'azione di frode, si applica la c.d. « out of pocket rule » per cui il risarcimento è costituito dalla differenza tra il prezzo di acquisto (*purchase price*) e quello di mercato (*fair market value*); peraltro, qualora vi sia stata un dichiarazione che garantisca un determinato valore (*warranty of value*), la vittima ha diritto al risarcimento in base alla *benefit of the bargain rule*, per cui, come si è detto, esso è stabilito nella differenza tra il valore effettivo del bene e quello della dichiarazione (*representation*) se essa fosse stata veritiera. Inoltre, è definita *red lights ahead doctrine*, quella regola giurisprudenziale che, a tutela dell'affidamento del terzo nelle transazioni relative a *securities*, gli impone di esperire indagini sulla correttezza della transazione solo in casi eccezionali (*infra,* AFFIDAMENTO IN DIRITTO INTERNAZIONALE; APPARENZA DEL DIRITTO; ASPETTATIVA; BUONA FEDE; CONOSCENZA; CONTRATTO: III; *CULPA IN CONTRAHENDO*; DOLO; PRECLUSIONE: 1; RETICENZA NEL CONTRATTO; RISARCIMENTO DEL DANNO; SILENZIO; TEORIA DELLA PRESUPPOSIZIONE; TERZO; TUTELA DELL'AFFIDAMENTO; VENDITA). [vol. I: ACQUIESCENCE; CONSIDERATION; HOLDING OUT; PROMISSORY ESTOPPEL; RELIANCE; UBERRIMAE FIDEI]

Bibl.:
Cheshire and Fifoot 1945, ed. 1972: 85, 249.
Denning 1979: 214, 223.
Gorla 1955, vol. I: 356; vol. II: 142, 579-581.
id. 1981: 208.

– **dei figli in genere.** Custody of children, child custody (*infra*, AFFIDAMENTO DEI MINORI; ACCESSO AI FIGLI). [vol. I: ACCESS; CARE ORDER; CHILD; CUSTODY OF CHILDREN; DIVORCE; GUARDIANSHIP; HUSBAND AND WIFE; MAINTENANCE; MARRIAGE; SEPARATION]

– **dei minori.** Custody, care o supervision order as to children. Particolare diffusione assume l'istituto del *foster care,* da non confondere con l'adozione, mediante il quale si realizza l'affidamento dei minori. Il *foster care* non di rado dà luogo a un conflitto tra genitori naturali e i *foster parents* del minore, nel qual caso la controversia dovrebbe essere decisa sulla base della *best interest of children rule.* I diritti dei genitori naturali vengono di solito definiti *birth parents' rights* (*supra*, AFFIDAMENTO DEI FIGLI; ADOZIONE; AFFILIAZIONE; MINORE). [vol. I: CARE ORDER; FOSTER PARENT]

– **in diritto internazionale.** Secondo un noto autore, l'articolo 45 della convenzione di Vienna del 1969 sul diritto dei trattati configura un caso di tutela dell'affidamento relativamente ad atti invalidi attuata mediante l'*estoppel* (DIRITTO (I) INTERNAZIONALE). [vol. I: ESTOPPEL: 5]

Bibl.:
Brownlie 1966, ed. 1973: 616, 618.

– **in prova al servizio sociale.** Placing the offender under the supervision of a social worker; forma limitata di recupero sociale del condannato. Non coincide con la *pro-*

bation (CONDANNA PENALE A EFFETTUARE SERVIZI SOCIALI; CONDANNATO; PENA). [vol. I: COMMUNITY SERVICE ORDER; PROBATION; SENTENCING PROCESS]

– **nella rappresentanza.** (RAPPRESENTANZA: 2).

– **sulla promessa altrui.** (*supra,* AFFIDAMENTO CONTRATTUALE; PROMESSA)

Affiliante nell'affiliazione commerciale. Franchisor (AFFILIAZIONE; AFFILIAZIONE COMMERCIALE).

Affiliata/o in genere. Affiliate (AFFILIAZIONE; ASSOCIATO; BANCA AFFILIATA; MEMBRO; SOCIETÀ (II) AFFILIATA).

– **nell'affiliazione commerciale.** Franchisee (AFFILIAZIONE; AFFILIAZIONE COMMERCIALE).

Affiliazione in genere. Affiliation; ma quando il termine è riferito all'istituto di diritto familiare, a dispetto dell'assonanza acustica, il termine *affiliation* non indica l'affiliazione nostrana, ma un procedimento diretto ad ottenere la dichiarazione giudiziale della maternità naturale e la condanna del padre (naturale) al versamento degli alimenti al minore (AFFIDAMENTO DEI MINORI; ASSOCIAZIONE). [vol. I: AFFILIATION].

– **commerciale.** Franchising; ma ormai questo termine è impiegato *tel quel* anche nel nostro linguaggio giuridico. Può dar luogo a un monopolio (*FRANCHISING*). [vol. I: FRANCHISE: 3]

Affine. Person related by affinity (AFFINITÀ).

Affinità in genere. Affinity, o relationship by marriage (COGNATA; CONGIUNTO; CONIUGE; GRADO DI AFFINITÀ o PARENTELA; PARENTELA). [vol. I: AFFINITY; BAR; IMPEDIMENT; KIN]

– **collaterale.** Collateral affinity (*supra*, AFFINITÀ IN GENERE).

– **diretta.** Direct affinity (*supra*, AFFINITÀ IN GENERE).

– **secondaria.** Secondary affinity (*supra*, AFFINITÀ IN GENERE).

Affitti. (AFFITTO/I)

Affitto/i in genere. Non esiste nei sistemi di *common law* una esatta corrispondenza giuridica dell'affitto di immobili. L'istituto che svolge, tra le tante, analoga *funzione economica* è il *lease*. Ma il titolare di un *lease* o *sub-lease* è proprietario di un *estate*, diritto di natura reale ignoto alla *civil law;* inoltre, il rapporto di *lease* rientra nella sfera della *personal property*. Grosso modo, il corrispettivo dell'affitto di immobili è detto *rent*; dare in affitto o in locazione è detto, grosso modo, *let (to),* o *rent (to).* In Louisiana, grosso modo, *enclave* di *civil law* negli S.U. (stato federale), gli artt. 2779 e 2780 del *Civil Code* prevedono una disciplina dell'affitto di fondi rustici non troppo diversa da quella nostrana (CANONE DI AFFITTO; CONTRATTO DI AFFITTO; CONTROLLO DEGLI AFFITTI; CORRISPETTIVO DELL'AFFITTO; DISDETTA DELL'AFFITTO o LOCAZIONE; LOCAZIONE; NOLEGGIO). [vol. I: ESTATE; HIRE; LEASE; LEASING; PERSONAL PROPERTY; RENT; TENANCY]

Bibl.:
Lupoi 1971: 37, 94.

– **a lungo termine.** Grosso modo, long term lease.

– **a tempo determinato.** Grosso modo, lease for a fixed period, o for a term.

– **a tempo indeterminato.** Grosso modo, lease at will. [vol. I: RENT]

– **di azienda.** Grosso modo, lease of business (AZIENDA). [vol. I: FRANCHISE: 3]

– **di cosa mobile.** (LOCAZIONE; NOLEGGIO)

– **di fondo rustico.** (*supra*, AFFITTO IN GENERE)

– **e prestiti.** Grosso modo, lend-lease; durante l'ultimo conflitto mondiale, la legge sugli affitti e prestiti votata dal Congresso degli S.U. nel periodo precedente l'entrata in guerra consentì l'invio di massicci aiuti al R.U. assediato dalle potenze nazifasciste (AFFITTO; PRESTITO). [vol. I: INTERNATIONAL TRADE]

– **verbale.** Grosso modo, parol lease (VERBALE).

Affittuario. Grosso modo, leaseholder, lessee o tenant (AFFITTO; CONDUTTORE; LOCATARIO). [vol. I: HIRER].

Affluenza alle urne. Election turn out (ELEZIONI).

Affondamento in genere. Sinking (NAVE).

– (o **distruzione) di nave in mare.** Sinking or destroying a vessel at sea (BARATTERIA; PIRATERIA MARITTIMA; TERRORISMO).

– **doloso di nave.** (BARATTERIA; NAUFRAGIO DOLOSO)

Affrancazione. Enfranchisement, redemption (LIBERAZIONE; RISCATTO). [vol. I: ENFRANCHISEMENT; FRANCHISE; REDEMPTION]

A fini di lucro. (A SCOPO DI LUCRO)

A fortiori. *A fortiori.*

A futura memoria. (TESTIMONIANZA A FUTURA MEMORIA)

Agente in genere. Agent, representative, officer. Ma nei sistemi di *common law* la materia della rappresentanza è soggetta a un regime sotto molti aspetti diverso da quello degli ordinamenti di *civil law*. Il termine *agent* esprime una figura più vasta di quella dell'agente o del rappresentante del diritto italiano (COMMESSO; COMMISSIONARIO; DEPOSITARIO; INSTITORE; MEDIATORE; NELLA QUALITÀ DI AGENTE; PRIVILEGIO DELL'AGENTE; RAPPRESENTANTE; RAPPRESENTANTE DEL GOVERNO DAVANTI ALLA CORTE INTERNAZIONALE DI GIUSTIZIA, etc.; RAPPRESENTANZA). [vol. I: AGENCY; AGENT; BROKER; FACTOR; SERVANT]

- **carcerario.** Prison guard (CARCERE).

- **con rappresentanza.** Grosso modo, agent, attorney in fact (RAPPRESENTANTE; RAPPRESENTANZA). [vol. I: AGENT; ATTORNEY]

- **consolare.** Consular agent (CONSOLE). [vol. I: CONSUL]

- **contabile.** Grosso modo, auditor (REVISORE DEI CONTI).

  Bibl.:
  Barettoni Arleri, A., *Agente contabile*, in *Digesto IV Utet, Pubbl.,* vol. I: 96.

- **delle imposte.** Grosso modo, Commissioner of Inland Revenue nel R.U.; tax collector, tax inspector (IMPOSTA). [vol. I: TAX]

- **depositario.** Depositary agent, factor (DEPOSITARIO). [vol. I: FACTOR]

- **di affari.** Business agent (AFFARE).

- **di assicurazione.** Insurance agent, insurance broker; ma anche in questa materia le nostre figure non coincidono con quelle inglesi e nordamericane (*BROKER* DI ASSICURAZIONE; MEDIATORE DI ASSICURAZIONE). [vol. I: BROKER; INSURANCE: I. 2]

  Bibl.:
  Bin, M., *Agente di assicurazione* (1987) 3 CeI 937.

- **di cambio.** Stockbroker; negli S.U. l'Article 8-303 dell'UCC lo definisce *broker;* ma si parla anche di *securities broker.* Di fatto, si tratta soltanto di analoghi della figura nostrana; tra l'altro, il *broker* anglo-americano non è un pubblico ufficiale. D'altro canto, l'agente di cambio è stato di recente sostituito dalle società di intermediazione mobiliare. Queste ultime, appena nate, sono state sommerse da critiche soprattutto dall'estero: legge oscura, ambigua, contraria al Trattato di Roma. Le critiche maggiori provengono dagli inglesi (*et pour cause!*): essendo il numero uno tra gli intermediari, trovano intollerabile che per operare in Italia si sia costretti ad avere una base nel nostro paese (BORSA VALORI; SOCIETÀ DI INTERMEDIAZIONE MOBILIARE). [vol. I: STOCKBROCKER; STOCK EXCHANGE]

  Bibl.:
  Coltro Campi 1958: XIII, 12, 34, 70, 76.
  Ricardi, A., *Agente di cambio, Digesto IV Utet, Pubbl.,* vol. I: 101.

- **di commercio.** Grosso modo, mercantile agent, commercial agent, factor (COMMERCIO; RAPPRESENTANTE DI COMMERCIO). [vol. I: AGENT; FACTOR; MERCANTILE AGENT; SALE: IX]

  Bibl.:
  Ricardi, A., *Agente di commercio,* in *Digesto IV Utet, Pubbl.*, vol. I: 102.

- **di custodia.** Prison officer o prison guard (POLIZIA PENITENZIARIA). [vol. I: PRISON]

- **di emigrazione.** Emigrant agent, emigrant runner (EMIGRAZIONE). [vol. I: EMIGRANT RUNNER]

- **, dipendenti e rappresentanti del vettore.** Agents, servants and representatives of the carrier (VETTORE).

- **diplomatico.** Diplomatic agent (ACCREDITAMENTO DI UN AGENTE DIPLOMATICO). [vol. I: *ad vocem*; DIPLOMATIC PRIVILEGES AND IMMUNITIES]

- **di polizia in genere.** Police officer, police constable, constable, policeman, member of the police force, detective. In Inghilterra si parla anche, popolarmente, di *cop.* Negli S.U. — stato federale — l'agente di polizia è definito anche *law enforcement officer, peace officer, patrolman.* Quando si parla di *agent of the police* si vuole indicare qualcuno che agisce per conto della polizia, come un *undercover agent* o *undercover officer.* Ma la figura dell'agente di polizia va inquadrata nell'assai diverso organamento della polizia inglese e nordamericana (FUNZIONARIO DI POLIZIA; INVESTIGATORE PRIVATO; POLIZIA).

- **di polizia in borghese.** Plain clothed policeman.
- **di viaggi.** Travel agent (AGENZIA DI VIAGGI; OPERATORE TURISTICO; TURISMO).
- **esclusivo.** Exclusive, o sole, agent (ESCLUSIVA).
- **finanziario.** Financial agent (*supra*, AGENTE IN GENERE).
- **generale.** (RAPPRESENTANTE GENERALE)
- **immobiliare.** Estate agent (IMMOBILE; PROPRIETÀ).
- **locale.** Local agent (*supra*, AGENTE ESCLUSIVO).
- **marittimo.** Shipping agent (NAVIGAZIONE MARITTIMA; TRASPORTO MARITTIMO). [vol. I: *ad vocem*; LOADING BROKER; SHIPBROKER]
- **privato.** Private agent (*supra*, AGENTE IN GENERE).
- **provocatore.** Agent provocateur, undercover agent (*infra*, AGENTE SEGRETO; CONFIDENTE; INFILTRATO; PENTITO; PROVOCAZIONE).

  Bibl.:

  Vignale, L., *Agente provocatore*, in *Digesto IV Utet, Pen.,* vol. I: 56.
- **segreto.** Secret agent, undercover agent (*supra*, AGENTE PROVOCATORE; SPIONAGGIO). [vol. I: SECRET SERVICE]
- **senza rappresentanza.** Grosso modo, agent without power of attorney (*supra*, AGENTE IN GENERE; RAPPRESENTANZA). [vol. I: AGENCY BY ESTOPPEL]
- **speciale.** Special agent (*supra*, AGENTE ESCLUSIVO; RAPPRESENTANTE ESCLUSIVO).
- **tenuto allo star del credere.** (COMMISSIONARIO TENUTO ALLO STAR DEL CREDERE; RAPPRESENTANTE TENUTO ALLO STAR DEL CREDERE)
- **unico.** Sole agent (*supra*, AGENTE ESCLUSIVO).

Agenzia (organismo, istituzione, entità, ufficio) in genere. Agency, bureau, authority, branch; ma il termine *agency* si presta ad equivoci dato che indica anche, *grosso modo*, la rappresentanza, nell'ambito della quale va anche collocato il contratto di agenzia. A proposito di *acoustic agreements,* si osserva che da noi — con una sciatteria non limitata ai *media* — molto diffuso è il termine agenzia inteso come ente pubblico ariegigiante le *agencies* nordamericane, dette anche, tra l'altro, *federal regulator* o *regulator,* a seconda dei casi: ma sono cose che, in senso stretto, non trovano equivalenza nel nostro sistema (AGENTE; CONTRATTO DI AGENZIA; ENTE; GESTORE DI AGENZIA; LEGGE ISTITUTIVA; *NEW DEAL*; ORGANISMO; RAPPRESENTANZA; REGOLATORE). [vol. I: ADMINISTRATIVE AGENCY; REGULATORY AGENCY]

- **di affari.** Business agency (AFFARE).
- **di assicurazione.** Insurance branch, insurance agency (AGENTE DI ASSICURAZIONE). [vol. I: INSURANCE BROKER]
- **di banca.** Branch bank, branch of bank; *branch banking* sono dette le relative operazioni; negli S.U. il termine è definito dall'Art. 1-201(7) dell'UCC (BANCA).
- **di brevetti.** Patent agency (BREVETTO). [vol. I: PATENT AGENT]
- **di collocamento in genere.** Employment agency, office, o bureau; ma questi termini si riferiscono ad imprese private (LAVORO; UFFICIO DI COLLOCAMENTO). [vol. I: EMPLOYMENT AGENCIES]
- **di finanziamento.** Lending agency (FINANZIAMENTO; VENDITA A RATE).
- **di informazioni sulla solvibilità.** Credit reference agency, credit reporting agency, credit bureau. Sembra appena il caso di notare che nelle società industriali mature, come quelle britannica e nordamericana, il credito assume una funzione economica fondamentale nell'economia del paese; esso pone il problema della tutela del credito al consumatore che negli S.U. ha raggiunto il massimo sviluppo legislativo e giurisprudenziale: la Federal Trade Commission è preposta all'applicazione del Federal Reporting Credit Act. Anche qui, il confronto con il regime nostrano, che contrasta in maniera plateale con la normativa comunitaria, è umiliante (*infra*, AGENZIA PER IL RECUPERO DI CREDITI; CREDITO IRRECUPERABILE; INFORMAZIONE; INTERESSI SUL CAPITALE; MORA; OBBLIGAZIONE (II) SPAZZATURA; PAGAMENTO; *RATING*; SOLVIBILITÀ; TUTELA DEL CONSUMATORE; VALUTAZIONE). [vol. I: CREDIT REFERENCE AGENCIES; DATA; INFORMATION; PRIVACY]
- **di intermediazione mobiliare.** Brokerage firm, broking house: una della più note è la nordamericana Salomon (INTERMEDIAZIONE; SOCIETÀ (II) DI INTERMEDIAZIONE MOBILIARE).
- **di pegni.** Pawn-shop, pawnbroker (MONTE DI PIETÀ; PEGNO).

– **di *rating*.** (*RATING*)

– **di riscossione dei crediti.** (*infra*, AGENZIA PER IL RECUPERO DEI CREDITI)

– **di spedizioni** o **trasporti.** Forwarding agency (SPEDIZIONIERE; TRASPORTO). [vol. I: FORWARDING AGENT]

– **di spedizioni marittime.** Shipping agency (AGENTE MARITTIMO).

– **di stampa.** Press agency (STAMPA).

– **di viaggi.** Travel agency (AGENTE DI VIAGGIO; OPERATORE TURISTICO; TURISMO; TUTELA DEL CONSUMATORE).

Bibl.:
Chiti, M.P., *Agenzie di viaggio*, in *Digesto IV Utet, Pubbl.,* vol. I: 105.

– **esclusiva.** Exclusive franchise (CONCESSIONE; CONCORRENZA; ESCLUSIVA; MONOPOLIO).

– **generale.** General agency (*supra,* AGENZIA IN GENERE).

– **governativa.** Governmental agency (*supra*, AGENZIA IN GENERE; ENTE; LEGGE ISTITUTIVA; REGOLATORE). [vol. I: ADMINISTRATIVE AGENCY; GOVERNMENTAL; REGULATORY AGENCY]

– **immobiliare.** Estate agency, real estate agency (IMMOBILE).

– **per il recupero di crediti.** Debt-collection agency (*supra*, AGENZIA DI INFORMAZIONI SULLA SOLVIBILITÀ; CREDITO; ESAZIONE DI CREDITI; *FACTORING*; LISTA NERA; RECUPERO DI CREDITI; RICERCA; RISCOSSIONE; SEQUELA). [vol. I: CONSUMER CREDIT; CREDIT BUREAUX; FACTORING]

– **per la protezione dell'ambiente.** Environment protection agency (AMBIENTE).

– **Spaziale Europea.** European Space Agency o ESA.

– **turistica.** (*supra,* AGENZIA DI VIAGGI)

Agevolazione in genere. Allowance, relief, facility (ABBUONO; CONCESSIONE).

– **fiscale.** Tax allowance, tax relief, tax benefit (IMPOSTA; SGRAVIO FISCALE).

Bibl.:
Moschetti, F. e Zennaro, R., *Agevolazioni fiscali*, in *Digesto IV Utet, Comm.,* vol. I: 63.

Aggio. Commission, premium, interest, fee, dividend, spread, charge (COMMISSIONE COMMERCIALE; DIFFERENZIALE; DIVIDENDO). [vol. I: MARKET; STOCK-EXCHANGE]

– **esattoriale.** Tax collection fee (IMPOSTA). [vol. I: TAX]

– **sul cambio.** Commission on exchange (CAMBIO). [vol. I: EXCHANGE]

Aggiornamento. Adjournment, postponement (RINVIO).

Aggiotaggio. Rigging the market, *agiotage.* Negli S.U. si parla di manipulation: la s. 10(b) del Securities Exchange Act del 1934 ne stabilisce il divieto e le relative sanzioni in caso di inosservanza (ACCAPARRAMENTO; DISFATTISMO ECONOMICO; *INSIDER TRADING*; MANIPOLAZIONE; MANOVRE FRAUDOLENTE IN TITOLI DI SOCIETÀ; PROPALAZIONE DI NOTIZIE FALSE, ESAGERATE O TENDENZIOSE; RIALZO FRAUDOLENTO DI TITOLI QUOTATI IN BORSA). [vol. I: INSIDER DEALINGS; MANIPULATION; SECURITIES; STOCK-EXCHANGE]

Aggiotatore. Rigger (AGGIOTAGGIO).

Aggiudicatario. Purchaser at auction, winning, o successful, bidder (AGGIUDICAZIONE). [vol. I: AUCTION; BID]

Aggiudicazione. Award, allotment, adjudgment (AGGIUDICATARIO; APPALTO; ASTA; PROCEDURA DI AGGIUDICAZIONE). [vol. I: ADJUDICATION; EXECUTION; JUDGMENT]

– **al miglior offerente.** Award, o allotment, to the highest bidder (ASTA; GARA DI APPALTO). [vol. I: AUCTION]

– **di un contratto.** Award of a contract (APPALTO). [vol. I: TENDER]

Aggiunta. Addendum, addition, extension, adjunction, appendage (ADDIZIONALE; ADDIZIONE; AGGIUNTIVO; IMPOSTA SUL VALORE AGGIUNTO; MIGLIORIA; SUPPLEMENTO). [vol. I: FIXTURE]

Aggiuntivo in genere. Additional, supplemental (ADDIZIONALE; COMPLEMENTARE; SUPPLEMENTARE).

Aggiunto. Assistant (ASSISTENTE; COADIUTORE DI AVVOCATO; GIUDICE *A LATERE*; SOSTITUTO).

Aggiustare un processo. Fix (to) a case (PROCESSO).

Aggravamento in genere. Aggravation (AGGRAVANTE; AUMENTO). [vol. I: AGGRAVATION]

– **del danno.** Increase of damage (DANNO; RIDUZIONE DEL DANNO). [vol. I: AGGRAVATION; DAMAGE]

– **del rischio.** Increase of risk (RISCHIO; RI-

DUZIONE DEL RISCHIO). [vol. I: INSURANCE; PREMIUM; RISK]

Aggravante. (CIRCOSTANZA AGGRAVANTE)

Aggravio fiscale. Tax surcharge (IMPOSTA; SGRAVIO FISCALE). [vol. I: TAX RELIEF]

Aggressione. Battery, assault; in diritto internazionale si parla di *aggression* di cui, peraltro, non sembra che si sia finora pervenuti ad una definizione univoca (ATTACCO AEREO; AZIONE MILITARE; EMBARGO; GUERRA; MINACCIA; RAPPRESAGLIA; RITORSIONE; VIOLENZA). [vol. I: AGGRESSION; ASSAULT]

Bibl.:

Attinà, F., *Aggressione*, in *Dizionario di Politica* 1976, ed. 1983: 1.

– **a fine di omicidio.** Assault with intent to commit murder (OMICIDIO). [vol. I: MURDER]

– **a fine di violenza carnale.** Assault with intent to commit rape (VIOLENZA CARNALE). [vol. I: RAPE]

Aggressore. Attacker, assailant, aggressor (AGGRESSIONE).

A giorni vista. After sight (CAMBIALE; GIORNO; VISTA). [vol. I: BILL OF EXCHANGE]

Agitazioni. Unrest (DISORDINI; ORDINE PUBBLICO).

Agli atti. On the record. Elementi di fatto esistenti agli atti: *factual record* (ATTO; DICHIARAZIONE INFORMALE; PROVA DOCUMENTALE; VERBALE). [vol. I: OFF THE RECORD]

Agonistica. Lett., agonistics; *sporting theory* o *contest theory of justice* è definita la teoria agonistica della giustizia; il caposaldo della concezione anglo-americana del ruolo del giudice come mero arbitro è stato attaccato per primo da R. Pound; e, in effetti, si riscontra ora una marcata tendenza ad attribuire al giudice di *common law* poteri più incisivi nella condotta del processo. D'altro canto, definire il giudice di *common law* come un arbitro, appare, in sostanza, una semplificazione: basta pensare — non diciamo alla sua *autorità* di oracolo della legge — ai *punitive damages*, al *contempt of court*, alla pena detentiva di durata indeterminata. A non parlare dei poteri del *master* nella fase del *pre-trial* (GIUDICE: 7).

1. L'agonismo costituisce un dato culturale fondamentale della vita politica, economica e sociale anglo-americana. L'idea stessa di democrazia appare intimamente ancorata a questo dato di fondo che attiene in sostanza alla stessa concezione della vita: si vince o si perde. Il sistema politico (e il relativo sistema elettorale), i criteri di selezione del ceto dominante, lo stesso sistema economico, richiamano tutti alla pratica della contesa leale. Questo canone della civiltà anglo-americana appare parzialmente eroso negli ultimi anni dal sistema delle « quote », una specie di lottizzazione, che in numerose attività vede il riconoscimento dei « diritti » delle minoranze in una società multietnica come quella nordamericana. Insomma, la democrazia anglo-americana resta, per sua natura essenzialmente competitiva o, come pure si dice, *adversarial.* Tra *agonismo* e *qualità* vi è un rapporto di causa ad effetto: personaggi come Moro, Andreotti, Togliatti (ma non c'è fine al catalogo) che concepiscono la politica come un eterno *tripotage* per la spartizione del potere, che irridono ai valori e alle decenze fondamentali, scaltrissimi e cinici - tutto sommato, dei magliari di alto bordo - non sono ipotizzabili in paesi e regimi e culture *competitive. La dicotomia tra democrazie competitive* e *democrazie consociative* (Olanda, Belgio, Svizzera, Austria, etc.), elaborata da studiosi stranieri, e ormai accettata pedissequamente da noi, si fonda sulla presenza o meno dell'elemento agonistico [cfr. Linz 1978, trad. it.: 13].

2. Il sistema elettorale inglese, *mutatis mutandis*, vecchio di quasi centocinquanta anni, si è formato contemporaneamente alla elaborazione delle regole dei giochi sportivi, di cui l'Inghilterra è la patria storica, dal pugilato, al tennis, al football, al cricket, al *rugby*, al *golf,* alla *English Regatta*, antenata della famosa sfida tra Oxford e Cambridge. Lo sport si afferma nella società industriale, anche se la competizione sportiva è antichissima. E diventa fattore importante del processo culturale, se si tiene conto che esso viene praticato nella grandi scuole anglo-americane che — diversamente dalle nostre — tendono a formare degli uomini, piuttosto che, nel caso migliore, dei mostri di nozionistica senza personalità, dei pusillanimi che se devono mettere assieme qualche frasetta davanti a quattro scalzacani non sanno fare altro che leggere la velina preparata in anticipo. L'elemento agonistico costituisce, quindi, un dato fondamentale della vita inglese, e la contesa politica non ne è che un aspetto: del resto, l'industria stessa della scommessa postula una contesa, una gara. Tutto questo si è trasferito nella cultura dominante degli S.U., non a caso anch'essi un

paese di grandi sportivi. Bisogna essere grati a Norberto Bobbio per averci rivelato in una splendida prosa il pensiero politico — e la più vera figura di Luigi Einaudi — ben diversa dall'immagine di noioso professore piemontese quale ci viene tramandata dalla agiografia ufficiale: « essere la lotta in tutte le sue forme — economica sotto forma di concorrenza, ideologica sotto forma di dibattito delle idee, politica sotto forma di contrasti di parti all'interno di uno stato, e anche di guerra fra le nazioni — il principale fattore di progresso storico, e in quanto tale dover essere non soffocata, come aveva predicato la maggior parte dei grandi scrittori politici, da Platone a Hobbes, ma stimolata e protetta, se pur regolata allo scopo che non degenerasse nella disgregazione della società » [in Einaudi 1942, ed. 1994: 74].

Al giorno d'oggi, dopo Hiroshima e Nagasaki, parlare di guerra come fattore di progresso — ma la fandonia, popolarissima ancora oggi presso non pochi dei nostri studiosi — muove al riso; tantomeno Einaudi propugnava una selezione delle specie: quello che *d'après nous* voleva dire è, invece, che l'agonistica, ossia la dialettica politica ed economica — che si svolga nei confini di talune regole che impediscono le degenerazioni nostrane — è l'essenza della democrazia e il sale stesso della vita. In questo senso, la sua è lezione validissima, che deriva direttamente dall'esperienza angloamericana.

3. Se a questo si aggiunge nella cultura anglo-americana la tradizionale diffidenza, e spesso ostilità, nei confronti del potere (che non impedisce, anzi determina, un fortissimo patriottismo, appunto perché distingue tra *paese* e *governo*, perché tende ad assoggettare il potere al controllo dei giudici e dell'opinione pubblica) — diffusa specie negli S.U. — si ha un quadro giuridico-politico e culturale assai diverso da quello che presenta il nostro sistema e quello dei paesi di *civil law* in genere. Esso spiega perché il *consociativismo* togliattesco, ossia l'intesa — destinata a durare in eterno tra due grandi forze politiche reazionarie di massa, con tutto il seguito di *trasformismo* e corruzione e stragi — abbia finito per adattarsi così bene a un popolo non di sportivi ma di tifosi. Ma si trattava di uno scontro truccato tra squadre avverse a parole ma d'accordo fin sull'ultima mossa. Del resto, il Pci, nella anomala condizione di partito anti-sistema che raccoglie quasi il 40 per cento dei voti, non era fatto per quel tipo di tenzone che si gioca sull'*alternanza* al governo di forze politiche opposte ma compatibili col sistema-paese. La formula che definisce il Pci partito di lotta/partito di governo assurge, oltre che a insegna politica trasformistica, ad autentica categoria morale che fa scuola, iscrivendosi sulle segrete bandiere di diecine di milioni di cittadini. E domandarsi il perché di Tangentopoli, dello « scarrupamento » morale del paese, perché sia tanto difficile trovare uomini di qualità è atto di ipocrisia al quale indulgono non pochi dei nostri studiosi.

4. Il nostro paese viene fatto rientrare dagli studiosi nostrani nell'ambito delle democrazie consociative, alle quali ultime si attribuisce la virtù di una maggiore stabilità politica: ma si tratta di collocazione che lascia assai perplessi. Ad ogni modo, resta da spiegare il mistero del crollo del sistema politico italiano, avvenuto sincronicamente con quello di un regime dittatoriale esistente a diecine di migliaia di chilometri di distanza. Si afferma che, essendo il regime fondato sull'anticomunismo, caduto il Muro, è caduto il regime nostrano: *simul stabunt, simul cadent*. Ma qui ritorniamo a don Ferrante: perché mai non sono crollati anche il sistema politico americano, francese, tedesco, britannico, spagnolo? Perché solo il nostro? La perversa combinazione — unica al mondo — tra *sistema elettorale proporzionale* e *assenza di un credibile partito di opposizione*, aveva generato un mostruoso *modus vivendi* tra partiti di governo e partito antisistema che dava luogo a una *diversità* più prossima, allora come oggi, alle democrazie popolari che a quelle industriali dell'Occidente. Può darsi che la *democrazia consociativa* nostrana abbia risparmiato al paese una *guerra civile* alla maniera greca. Ma è certo che, come aveva prefigurato Giuseppe Maranini, essa ha distrutto tutte le energie morali del paese. Si tratta di un consociativismo *atipico*, un *tertium genus* che nulla ha a che vedere con il sistema politico dei paesi indicati più sopra come appartenenti alla categoria classica: esso si realizza con una forza politica antisistema come il Pci: questo dato — di per sé solo — ne spiega la drammatica differenza. La *status society* — unica al mondo nel suo genere — resta il *cadeau* più disastroso del consociativismo. Affermare che il regime era fondato sull'anticomunismo costituisce suprema menzogna se solo si tiene conto che in mezzo secolo il Pci ha approvato la quasi totalità delle leggi votate dal parlamento.

5. Con queste premesse fattuali, non sembra che la I Repubblica italiana possa defi-

nirsi una democrazia consociativa, almeno nel senso che si dà a questo termine quando si pensa ai civilissimi paesi citati. Il regime della I Repubblica — crollato, come quello comunista, per *implosione* — appare quindi non soltanto come l'evidente contrario della democrazia agonistica anglo-americana, ma anche delle democrazie consociative in senso stretto.

6. Ma il *sistema elettorale* non è una tecnica neutra rispetto all'obiettivo politico di assicurare la realizzazione concreta della sovranità popolare in una democrazia rappresentativa. Esso esprime anche una concezione politica: se cioè la democrazia debba consistere nella mera *rappresentanza* o non anche nella *governabilità*. Alla base del *first past the post* vi è una concezione agonistica e sportiva che manca alla cultura politica del nostro paese. Detto questo, sembra appena il caso di aggiungere che nessun sistema elettorale di questo mondo riuscirà mai, di per sé solo, a creare un sistema bipartitico perfetto se le forze politiche preferiscono stare al governo o, *rectius*, più comodamente, spartire il potere senza neanche addossarsi il fastidio di responsabilità governative.

7. La soppressione di qualsiasi forma di agonismo politico ed economico, effetto della *democrazia consociativa* non ha fatto del nostro un paese pacifico e ordinato (come l'Austria): al contrario, la *lotta politica* esterna è stata sostituita dalla *lotta per il potere* all'interno di un mondo in cui *tutti* appaiono *ricattibili* (ALTERNANZA; ALTERNATIVA POLITICA; BIPARTITISMO; COMPETIZIONE; CONCORRENZA POLITICA; CONTRADDITTORIO; DEMOCRAZIA CONSOCIATIVA; ETICA; GARA; GIUDICE; LOTTA POLITICA; OPPOSIZIONE; PRESIDENTE DEL CONSIGLIO DEI MINISTRI; ORDINAMENTO GIUDIZIARIO; PROCEDURA; SISTEMA ACCUSATORIO; SISTEMA DELLE SPOGLIE; SISTEMA ELETTORALE; TRASFORMISMO). [vol. I: ADVERSARY SYSTEM; PROOF; SPORTING THEORY OF JUSTICE]

Bibl.:
Fisichella 1982: 67.
Ghirelli, A., *Agonismo,* in *Enciclopedia Einaudi* 1977-81, vol. I: 243.
Salvadori, M., *Da regime a regime. La regola dell'alternativa mancata*, il Mulino 6/93: 1051.

Agricoltore. (COLTIVATORE DIRETTO; LAVORATORE AGRICOLO)

Ai sensi dell'articolo. By virtue of article..., under article... (ARTICOLO DI LEGGE).

Aiuto/i in genere. Help, aid, relief, rescue, subsidy, support; in diritto penale aid indica il concorso di persone nel reato, o il favoreggiamento, più spesso nell'espressione *aid and abet.* Aid indica anche la sovvenzione governativa ad un ente locale, detta più spesso *grant* (ASSISTENZA; CONTRIBUTO; FAVOREGGIAMENTO; LEGITTIMA DIFESA; *NEGOTIORUM GESTIO*; SGRAVIO; SOCCORSO; SOVVENZIONE; SUPPORTO; SUSSIDI DI STATO; SUSSIDIO OCCULTO). [vol. I: AID; ASSISTANCE; GOOD SAMARITAN; GRANT; LEGAL AID; NEGOTIORUM GESTIO; SALVAGE; SELF-HELP]

– **ai paesi in via di sviluppo.** Aid to developing countries, foreign aid (PAESE IN VIA DI SVILUPPO; RACCOLTA DI FONDI; VINCOLO ALL'AIUTO AI PAESI IN VIA DI SVILUPPO).

– **all'agricoltura.** Farm subsidies (ECCEDENZE AGRICOLE; SOSTEGNO DEI PREZZI).

– **all'esportazione.** Export subsidy (*DUMPING*; ESPORTAZIONE; PREMIO ALL'ESPORTAZIONE).

– **all'estero.** Foreign aid (*supra*, AIUTO AI PAESI IN VIA DI SVILUPPO).

– **di emergenza.** Relief aid (SOCCORSO).

– **federali negli S.U.** Federal aid (FEDERALISMO).

– **finanziario.** Financial aid (*supra*, AIUTO IN GENERE).

– **governativi alle imprese.** State, o government, aid, o subsidy, to industry; industrial subsidies. Tra tutti i paesi comunitari, l'Italia è quello che profonde maggiori aiuti — a pioggia — alle imprese private (*supra*, AIUTO IN GENERE; CONCORRENZA SLEALE; MERCATO COMUNE; PROTEZIONISMO; SUPPORTO).

– **statali illegali.** Illegal state, o government, aids o subsidies (*supra*, AIUTI GOVERNATIVI ALLE IMPRESE).

Albergatore. Innkeeper, o hotel-keeper (DEPOSITO IN ALBERGO; INDUSTRIA ALBERGHIERA; PRIVILEGIO DELL'ALBERGATORE; RESPONSABILITÀ DELL'ALBERGATORE). [vol. I: INNKEEPER]

Albo in genere. Roll, list, register, book, panel (CANCELLAZIONE DI UN *SOLICITOR* DALL'ALBO; CATALOGO; ELENCO; ISCRIZIONE IN UN ALBO PROFESSIONALE; LISTA; MATRICOLA; RADIAZIONE; REGISTRO; RUOLO; TENUTA DELL'ALBO PROFESSIONALE). [vol. I: PANEL; REGISTER; ROLL]

– **comunale.** Town hall public notice board (BANDO; NOTIFICA).

– **degli arbitri.** Panel of arbitrators (ARBITRATO).

– **degli esercenti la professione legale.** Non esiste, nel sistema inglese, un albo unico dei due diversi ordini professionali (*barristers* e *solicitors*); tantomeno si riscontra similitudine di regime giuridico in tema di ammissione, espulsione, etc. Negli S.U. — stato federale — in cui la materia rientra nelle attribuzioni dei singoli stati dell'Unione, si parla di *integrated bar* (PROFESSIONE FORENSE). [vol. I: LAW LIST; LEGAL PROFESSION]

- **dei consulenti tecnici.** Panel of expert witnesses (CONSULENTE TECNICO). [vol. I: EXPERT WITNESS]
- **dei giurati.** Jury panel, panel of jurors (GIURIA). [vol. I: JURY]
- **professionale in genere.** Professional roll, register, list (TENUTA DELL' ALBO PROFESSIONALE).

Al di sopra. Above (AL DI SOTTO; ALLA PARI; SOPRA; SOTTO). [vol. I: *ad vocem*]

Al di sotto. Below (AL DI SOPRA; ALLA PARI; SOPRA; SOTTO).

Alea. Risk, contingency, hazard (ALEATORIO; AZZARDO; CONDIZIONE; CONTINGENZA; EMERGENZA; DANNO; RISCHIO).

Aleatorio. Aleatory, contingent, wagering. Il requisito della *consideration*, esatto nel *simple contract*, spiega perché nei sistemi di *common law* non si faccia la distinzione tra contratti commutativi e contratti aleatori. Per la stessa ragione non è ammessa, in principio, la lesione; ma è da rilevare altresì che, in quest'ultimo caso, mediante il ricorso al concetto di *unconscionability*, specie negli S.U., si perviene a risultati non troppo diversi da quelli nostrani (CONTRATTO: III; EVENTUALE; RESCISSIONE PER LESIONE). [vol. I: ALEATORY; CONSIDERATION; CONTRACT: III; INSURANCE: I. 5, II. 3; UNCONSCIONABILITY; WAGER; WAGERING CONTRACT]

Bibl.:
David 1973: 69.

Al giorno. Per diem; ma questo termine indica anche l'indennità di missione, detta *per diem allowance* (GIORNO; MISSIONE; SALARIO; STIPENDIO).

Alias. Alias, o *also known as,* o *a.k.a.* (CONOSCIUTO ANCHE COME; PSEUDONIMO).

Alibi. Alibi. Nel sistema inglese è detto *notice of alibi* l'atto col quale l'imputato informa il *prosecutor* del nome e indirizzo dei testimoni che intende far escutere per provare il suo alibi. *Alibi witness* è detto il testimone che depone su un alibi; addurre, invocare, o provare un alibi è detto *set up (to)*, *plead* o *prove an alibi*. Ma si noti il preciso regime della materia nella tradizione di *common law* in cui l'oralità, concentrazione e immediatezza del processo penale comporta il divieto di proporre nel dibattimento un alibi senza averne preventivamente informato l'accusa, per evitare di coglierla di sorpresa e in tal modo impedendole di verificarne la sua fondatezza; cfr., ad es., nel sistema inglese, la s.11 del Criminal Justice Act 1967 (PROVA).

Bibl.:
Emmins 1981, ed. 1992: 40.

Alienabile in genere. Alienable, transferable, assignable, disposable; *alienable constitutional rights* sono detti negli S.U. quei diritti, come al processo con la giuria, al *privilege against self-incrimination*, ai quali il titolare può rinunciare; *inalienable rights,* come la libertà di parola o di religione, sono detti i diritti costituzionali cui non si può rinunciare (ALIENABILITÀ; ALIENAZIONE; DIRITTO (II) ALIENABILE-INALIENABILE; DIRITTO (II) COSTITUZIONALE; INALIENABILE; TRASFERIBILE).

Alienabilità in genere. Power of alienation, of disposition, alienability, transferability, assignability (ALIENABILE; ALIENAZIONE; CIRCOLAZIONE DEI BENI; INALIENABILITÀ; NEGOZIABILITÀ; POSSESSO VALE TITOLO; TRASFERIBILITÀ). [vol. I: NEMO DAT QUOD NON HABET; PERPETUITY; RESTRAINT ON ALIENATION; SALE; TRUST]

Alienante in genere. Alienor, transferor, seller, vendor, assignor (ALIENAZIONE; CONCEDENTE).

Alienatario in genere. Transferee o alienee (ALIENAZIONE).

Alienazione in genere. Alienation, conveyance, transfer, assignment, disposition, parting with. Ma il termine *alienation* è riferito più spesso al trasferimento della *real property*, materia nella quale si riscontrano notevoli differenze tra le due tradizioni giuridiche di *common law* e di *civil law*. I termini *fraudulent alienation* e *fraudulent conveyance* indicano l'alienazione in frode dei creditori. Si noti il diverso regime dell'alienazione dei *legal rights* (e *interests*) e *equitable rights*, tipico del diritto inglese e nordamericano, derivante dalla dicotomia *common law-equity* ignota alla tradizione giuridica di *civil law*. Sotto questo aspetto, assume fondamentale importanza il *trust,* istituto ignoto alla *civil law,* in cui il costituente aliena beni o diritti a favore del *trustee* che li amministra nell'interesse del beneficiario: il *trustee* è allo stesso tempo titolare dei beni e diritti trasferitigli in base alla *common law* e tenuto all'esercizio delle sue funzioni fiduciarie in base alle regole dell'*equity.* Si noti, altresì, in materia contrattuale, in tema di alienazione e costituzione dei *legal rights,* il requisito della *consideration* per gli atti non *under seal.* È anche importante rilevare che, in principio, nell'alienazione di beni mobili, la *common law* ignora la regola per cui il possesso vale titolo: essa si ispira a quella opposta espressa dal brocardo *nemo dat quod non habet*, oggetto, peraltro di sostanziale erosione nella vendita commerciale (ABBANDONO; ANNULLAMENTO DI UNA ALIENAZIONE; ATTO DI DISPOSIZIONE; AZIONE (I) REVOCATORIA; CESSIONE; CIRCOLAZIONE DEI BENI; DESISTENZA; DEVOLUZIONE; DIRITTO (II) ALIENABILE-INALIENABILE; DISMISSIONE; LIBERA CIRCOLAZIONE DEGLI IMMOBILI; PATRIMONIO AUTONOMO; PATTO DI NON ALIENARE; POTERE DI DISPOSIZIONE; REVOCATORIA; RINUNCIA; TRASFERIMENTO; *TRUST*; VENDITA; VINCOLO ALL'ALIENAZIONE). [vol. I: INTRODUZIONE: III. 6, 17, 23; ALIENATION; CONSIDERATION; CONVEYANCE; FOREIGN ATTACHMENT; FRAUDULENT CONVEYANCE; MAREVA INJUNCTION; MARKET OVERT; NEMO DAT QUOD NON HABET; PENDENTE LITE]

Bibl.:
Gorla 1955, vol. I: 515, *passim.*

– **in frode dei creditori.** Fraudulent conveyance, conveyance in fraud of creditors, fraudulent alienation. Nel sistema inglese è annullabile, ai sensi della s. 172 del Law of Property Act 1925, ad istanza del creditore che ne risenta un pregiudizio: sono fatte salve le alienazioni a favore dell'acquirente di buona fede per una *valuable* o anche *good consideration.* La *common law* ignora l'*actio pauliana*; ma la disciplina delle *fraudulent conveyances* costituisce un rimedio che comporta risultati non troppi diversi. Negli S.U — stato federale — la maggioranza degli stati dell'Unione ha adottato l'Uniform Fraudulent Conveyance Act che disciplina la materia. Essa assume particolare importanza nel fallimento (ATTO IN FRODE DEI CREDITORI; FALLIMENTO: IV. 4; FRODE). [vol. I: FRAUDULENT CONVEYANCE]

– **mentale.** Mental disorder, mental illness, mental disease (CAPACITÀ; INFERMITÀ MENTALE). [vol. I: MENTAL DISORDER]

Alieno. Alien, foreign (CITTADINO; ESTRANEO; STRANIERO). [vol. I: ALIEN; FOREIGN]

Alimenti in genere. Alimony, support, maintenance.

1. La terminologia in materia appare tutt'altro che preclara; ma sembra potersi dire che il termine *alimony* è riferito al mantenimento tra coniugi. Il termine *maintenance*, invece, indicherebbe gli alimenti come quelli tra padre e figlio e marito e moglie. Gli *alimony* sono definiti come « allowances which husband or wife pays for the *maintenance* of other spouse ». Ma è impiegato anche il termine *support* per indicare gli alimenti dovuti a determinate persone che versano in stato di bisogno (es.: figli, coniuge). Per quanto il tema appaia oltremodo complesso, sembra potersi dire che, in principio, l'obbligo degli alimenti incomba su un numero di persone più ristretto rispetto al sistema italiano. Si noti che negli S.U. — stato federale — la materia è regolata, anche se non interamente, dai singoli stati dell'Unione e che sono state ritenute incostituzionali quelle norme dei singoli stati che prevedevano il mantenimento solo a favore della moglie.

2. Si parla di *alimony pendente lite* per indicare, grosso modo, l'assegno alimentare provvisorio nel corso del giudizio di separazione o di divorzio; di *permanent alimony* per indicare il mantenimento della moglie vita natural durante, di *alimony in gross* per indicare il versamento di una somma *una tantum* a titolo di mantenimento. *Non-support* è la mancata prestazione degli alimenti a chi si trovi in stato di bisogno; essa costituisce reato nella gran parte degli stati dell'Unione: in tal caso, si parla di *crime of non-support.* La materia è disciplinata diversamente in Louisiana, *enclave* (grosso modo) di *civil law,* in cui il *Civil Code* riferisce il concetto di stato di bisogno (*necessitous circumstances*) alle condizioni in cui l'avente diritto ha vissuto durante il matrimonio.

3. Infine, con il termine *palimony* si indica un concetto analogo a quello di mantenimento riferito, peraltro, a relazioni non matrimoniali, anche tra persone dello stesso sesso. L'obbligo di questo tipo può essere di natura convenzionale, o derivare dalla legge (ACCORDO DI SEPARAZIONE DEI CONIUGI; ASSEGNO ALIMENTARE PROVVISORIO; CESSAZIONE, RIDUZIONE E AUMENTO DEGLI ALIMENTI; COABITAZIONE; EMANCIPAZIONE; FIGLIO; GENITORE; INAMMISSIBILITÀ DI CESSIONE E COMPENSAZIONE DEGLI ALIMENTI; MANTENIMENTO; MISURA DEGLI ALIMENTI; OBBLIGO DEGLI ALIMENTI; PAGAMENTO PER ALIMENTI; PIGNORAMENTO DI SALARI E STIPENDI; PRIVILEGIO PER ALIMENTI; RAPPORTI PATRIMONIALI TRA CONIUGI; SPESE NECESSARIE INCORSE DA O PER MINORI; STATO DI BISOGNO).

[vol. I: ALIMONY; NECESSARIES; PARENT AND CHILD; PALIMONY; SUPPORT]

Alinea. Grosso modo, paragraph, clause, section, sub-section (ARTICOLO DI LEGGE; CLAUSOLA: 2; COMMA). [vol. I: STATUTE LAW: VI]

Aliquota in genere. Rate, part, share, charge (QUOTA; RATA; TASSO).

– **di imposta.** Tax rate (IMPOSTA).

– **effettiva.** Effective rate (*supra*, ALIQUOTA IN GENERE).

– **progressiva.** Progressive rate (IMPOSTA).

Aliud pro alio. (PRESTAZIONE IN LUOGO DELL'ADEMPIMENTO)

Alla consegna. On delivery (CONSEGNA). [vol. I: PAYMENT]

All'anno. Per annum (ANNO). [vol. I: YEAR]

Alla pari. Par value, at par (AL DI SOPRA; AL DI SOTTO; *PAR CONDICIO CREDITORUM*; PARI; VALORE). [vol. I: PAR VALUE; PARI PASSU]

Alla rinfusa. In bulk (CARICO ALLA RINFUSA; NAVE DA CARICO ALLA RINFUSA).

Allarme. Alarm; essere in stato di allarme è detto *to be on standby* (EMERGENZA; PREALLARME; SOCCORSO).

– **pubblico.** Public disturbance (DISORDINI; ORDINE PUBBLICO). [vol. I: EMERGENCY; PUBLIC ORDER]

Alla scadenza. At maturity (SCADENZA).

Alleanza. Alliance (ALLINEAMENTO POLITICO TRA PAESI; CONFEDERAZIONE; FEDERALISMO). [vol. I: TREATY]

Bibl.:
Attinà, F., *Alleanza*, in *Dizionario di Politica* 1976, ed. 1983: 4.
Monaco 1960, ed. 1971: 284.

Allegato in genere. Annex, appendix, enclosure, schedule, exhibit (APPENDICE; ATTERGATO; CORPO DI REATO; DOCUMENTO; FOGLIO DI ALLUNGAMENTO; PROVA ALLEGATA AGLI ATTI DEL PROCESSO; TABELLA).

– **ad una convenzione internazionale.** Annex (CONVENZIONE INTERNAZIONALE).

– **ad una legge.** Schedule (LEGGE). [vol. I: *ad vocem*]

– **ad un atto processuale.** Ehxibit, enclosure (ATTO PROCESSUALE). [vol. I: PLEADINGS]

– **prodotto in giudizio.** Exhibit (PROVA MATERIALE PRODOTTA IN GIUDIZIO).

Allegazione. Allegation, plea, assertion, statement; ma il termine *allegation* indica anche l'accusa (ACCUSA; ALLUSIONE; ASSERZIONE). [vol. I: AFFIDAVIT; BEYOND REASONABLE DOUBT; CHARGE; EVIDENCE]

Bibl.:
Comoglio, P., *Allegazione,* in *Digesto IV Utet, Civ.,* vol. I: 272.

Alleggio. (GETTO IN MARE)

All'estero. Abroad, beyond the seas; ma in diritto internazionale privato si usa il termine *out of the jurisdiction* per indicare la notifica all'estero del *writ* con cui il giudice inglese assume la propria giurisdizione in un caso in cui sussista un elemento di collegamento con un ordinamento straniero (DIRITTO (I) INTERNAZIONALE PRIVATO; ESTERO; GIURISDIZIONE; *OFFSHORE*; STRANIERO). [vol. I: ABROAD; ALIEN; BEYOND THE SEAS; DOMICILE; JURISDICTION; PRIVATE INTERNATIONAL LAW; SERVICE OUT OF THE JURISDICTION]

Allestimento della nave in genere. Fitting out of ship (ARMAMENTO DELLA NAVE; NAVE; NAVIGABILITÀ DELLA NAVE). [vol. I: SEAWORTHINESS; SHIP]

Allibramento. Bookmaking, recordation (REGISTRAZIONE; SCOMMESSA).

Allineamento politico tra paesi. Alignment (ALLEANZA; NON ALLINEAMENTO; PAESE ALLINEATO).

Bibl.:
Attinà, F., *Alleanza*, in *Dizionario di Politica* 1976, ed. 1983: 4.

All'ingrosso. In bulk, in gross, by wholesale; selling by wholesale indica la vendita all'ingrosso; si distingue dalla vendita al consumatore, soggetta ad altre regole (ACQUISTO ALL'INGROSSO; ALLA RINFUSA; *CASH AND CARRY*; COMMERCIANTE; DETTAGLIO; MERCATO ALL'INGROSSO; VENDITA AL CONSUMATORE; VENDITA ALL'INGROSSO). [vol. I: BULK SALES ACTS; CASH AND CARRY; WHOLESALE]

Allocazione. Allocation, appropriation (ASSEGNAZIONE; DEVOLUZIONE; DISTRIBUZIONE; RIPARTIZIONE; STANZIAMENTO).

– **del rischio tra le parti.** Allocation of risk (RISCHIO).

– **di risorse scarse.** Allocation of scarce resources: uno degli *shibbolets* favoriti dagli studiosi-scopiazzatori nostrani in vena di mostrarsi aggiornati. [vol. I: ALLOCATION OF SCARCE RESOURCES; ECONOMIC ANALYSIS OF LAW; TRAGIC CHOICES]

Allodium. (PROPRIETÀ ALLODIALE)

Alloggio. Lodging (ABITAZIONE; DIMORA; DOMICILIO; RESIDENZA).

All'ordine di. To the order of... (GIRABILE; NEGOZIABILITÀ; NON ALL'ORDINE; ORDINE; PAGAMENTO; SBARRAMENTO DELL'ASSEGNO; TITOLI DI CREDITO). [vol. I: BILL OF EXCHANGE; ORDER]

Al lordo di imposta. Pre-tax (AL NETTO DI IMPOSTA; IMPOSTA).

Allo scoperto. (SCOPERTO)

Allungo. (FOGLIO DI ALLUNGAMENTO)

Allusione in genere. Hint, reference, allusion (ALLEGAZIONE; INSINUAZIONE). [vol. I: INNUENDO]

Alluvione. Alluvion (ACCESSIONE; ACCRESCIMENTO PER ALLUVIONE; FIUME).

Almanacco. Almanac, directory. Molto utile è il *Whitaker's Almanack* che contiene un tipo di informazioni — rivelatrici di un rapporto tra pubblici poteri e cittadini che purtroppo da noi non esiste — che si vorrebbe ritrovare nelle celebrate Guide nostrane. Analoga pubblicazione esiste negli S.U. per il sistema di governo federale e di molti stati dell'Unione (ANNUARIO; CALENDARIO).

Al netto di imposta. After tax (AL LORDO DI IMPOSTA; IMPOSTA).

Alta/o in genere. High (BASSA).

- **autorità.** High authority (AUTORITÀ).
- **dirigenza in genere.** Top management, top executives (DIRIGENZA).
- **mare.** High seas. Ai sensi dell'art. 1 della convezione di Ginevra sull'alto mare del 1958, il termine indica tutte quelle parti del mare al di fuori del mare territoriale o delle acque interne di uno stato. Più restrittiva appare, invece, la definizione della convenzione sul diritto del mare del 1982 che, all'art. 86, stabilisce che le disposizioni sull'alto mare si applicano a tutte quelle parti del mare che non sono incluse nella zona economica esclusiva, nelle acque territoriali o nelle acque interne di uno stato, o nelle acque di uno stato arcipelagico: definizioni entrambe negative (ACQUE INTERNE; DIRITTO (I) DEL MARE; MARE; MARE TERRITORIALE). [vol. I: HIGH SEAS]

  Bibl.:
  Monaco 1960, ed. 1971: 415.
- **marea.** (LINEA DELL'ALTA MAREA)
- **tradimento.** High treason, treason; uno dei pochissimi reati passibile ancora oggi nel R.U. della pena di morte in tempo di pace (COMPLOTTO; COSPIRAZIONE; FEDELTÀ; INSURREZIONE; LESA MAESTÀ; MESSA IN STATO DI ACCUSA DEL PRESIDENTE DELLA REPUBBLICA; PENA DI MORTE; SEDIZIONE; TRADIMENTO). [vol. I: IMPEACHMENT; TREASON]

Alterazione in genere. Alteration, change, sophistication, deterioration, variation (ADULTERAZIONE; COMMUTAZIONE; FALSIFICAZIONE; INQUINAMENTO; MODIFICA; VARIAZIONE). [vol. I: ALTERATION; AMENDMENT; DOCUMENT; FALSIFICATION; FORGERY; VARIATION; WILL]

- **dei termini.** (MODIFICA DEI CONFINI)
- **della cambiale.** Alteration of bill of exchange (CAMBIALE).
- **della pena.** (MODIFICA DELLA PENA)
- **dell'assegno.** Alteration of cheque o, negli S.U., check (ASSEGNO (II) FALSO o FALSIFICATO).
- **di documento.** Alteration, erasure, o rasure, of document, o instrument (ABRASIONE DI DOCUMENTO).
- **di stato.** Grosso modo, forgery of one's own personal status, as by way of altering public registers of births, marriages, etc.; ma non esiste un equivalente esatto (SOPPRESSIONE DI STATO CIVILE; STATO CIVILE).
- **di testamento.** Alteration of will (TESTAMENTO). [vol. I: CODICIL; FORGERY]
- **sostanziale-non sostanziale di un atto** o **documento.** Material-immaterial alteration of a document, o instrument (DOCUMENTO; RILEVANTE).

Alternanza politica. (ALTERNATIVA POLITICA)

Alternativa politica in genere. Grosso modo, political alternation. In un paese come il nostro, in cui conta la parola e non la cosa, per quanto i due termini siano spesso usati come sinonimi, *alternativa* va distinta da *alternanza:* guai a sbagliare! La prima rientra nella macchiettistica della sinistra italiana e allude ad un cambiamento radicale di regime politico, ad una vaga specie di rivoluzione che non si può, e non si saprebbe per cosa, né contro chi fare (in sostanza, una colossale truffa politica); la seconda (*alternanza*), invece, allude al ricambio delle forze politiche al governo del paese, per effetto di un bipartitismo compiuto (il *pendulum* degli inglesi) di cui da noi — a partire dall'unità d'Italia ai nostri giorni — non si avverte neanche il più lontano odore (AGONISTICA; TRASFORMISMO).

Bibl.:

Salvadori, M., *Da regime a regime. La regola dell'alternativa mancata*, il Mulino 6/93: 1051.

Altius non tollendo. (SERVITÙ *ALTIUS NON TOLLENDO*)

Alto. (ALTA/O)

Alveo abbandonato. Abandoned river-bed (FIUME; LETTO DEL FIUME; MODI DI ACQUISTO DELLA PROPRIETÀ). [vol. I: ACCRETION; BED OF RIVER; DERELICTION; SEA-BED]

Alzata di mano. (VOTO PER ALZATA DI MANO)

Ambasciata. Embassy; ma tra i paesi del *Commonwealth* britannico si parla di *High Commission* (AMBASCIATORE; LEGAZIONE).

Ambasciatore. Ambassador; ma tra i paesi del *Commonwelth* britannico si parla di *High Commissioner* (AMBASCIATA; EMISSARIO; INVIATO; NUNZIO PONTIFICIO; PLENIPOTENZIARIO; PRIVILEGI E IMMUNITÀ DIPLOMATICHE; RICHIAMO DI AMBASCIATORE). [vol. I: DIPLOMATIC PRIVILEGES AND IMMUNITIES; HIGH COMMISSIONERS; IMMUNITY]

Ambientalista. Environmentalist (AMBIENTE).

Ambiente in genere. Environment, habitat.
1. L'Atto Unico Europeo, modificativo dei trattati di Roma, ha introdotto nella terza parte del trattato istitutivo della Comunità Economica Europea un titolo VII relativo all'azione della Comunità in materia ambientale.
2. Peraltro, sembra appena il caso di accennare che in questa, come in numerose altre materie, la normativa ambientale, la sua effettiva applicazione, il livello della ricerca, e quindi i moduli e i parametri scientifici nordamericani (che si riflettono nella diffusione planetaria della relativa terminologia), anticipano di decenni gli altri paesi industrializzati dell'Occidente. Un anticipo in qualche modo spiegato da un lato, dall'essere gli S.U. il paese più industrializzato e più avanzato, nel quale per primo si è posto il problema dei rapporti tra sviluppo e tutela dell'ambiente; e dall'altro, dall'essere questo paese, sul piano culturale, il più ambientalista dell'Occidente. Com'è stato osservato: « la storia degli S.U. potrebbe essere letta come il continuo intrecciarsi di una duplice attitudine: da un lato, la sfrenata competizione nello sfruttamento delle risorse naturali; dall'altro, l'esaltazione della natura e l'angoscia per il suo venir meno (...) Né è un caso che, a partire dagli anni settanta, un nuovo ramo di filosofia morale, l'*environmental ethics*, si sia consolidato proprio negli Stati Uniti da dove fa giungere in Europa una copiosa letteratura » [F. Vallino, *Esaltazione della natura e politica ambientale*, in *Stati Uniti* 1990, ed. 1993: 96]. Da Ralph Waldo Emerson, a J.F. Cooper, a H.D. Thoreau, a G.P. Marsh, tra i tantissimi, tra letterati e artisti, politici, filosofi, giuristi, possente è il richiamo alla Natura.
3. Il *décalage* — anche soltanto rispetto ai paesi europei — è addirittura drammatico da noi, in cui non esiste una cultura politica ambientalista generalizzata; a non parlare della mostruosa *impresa pubblica* che da oltre un trentennio svolge un ruolo sistematico di *inquinatrice istituzionale* nella produzione di cose inutili (con immenso sperpero di danaro pubblico), e tantomeno poi, di quella privata (ECONOMIA NERA).
4. Una attività professionale sviluppatasi negli S.U. è quella dell'*environmental accountant*, ossia dell'esperto nella valutazione dell'impatto ambientale e dei costi che per una impresa comporta l'osservanza delle regole a tutela dell'ambiente.
5. Ma il fattore ambientale è divenuto negli S.U. — oltre che un dato culturale diffuso — un ingrediente fondamentale della politica che si estende addirittura ai rapporti internazionali. Alexis de Tocqueville ha rilevato la centralità del diritto nel sistema degli S.U. scrivendo che, in ultima analisi, qualsiasi questione politica finisce presto o tardi col diventare una questione giuridica. E, in effetti, le catene televisive nordamericane hanno annunziato il 1 luglio 1993 che — ad istanza di talune associazioni ambientaliste — un giudice federale del distretto di Washington D.C. ha emesso un provvedimento col quale si ingiunge all'esecutivo di non sottoporre alla ratifica del Congresso il trattato definito *North America Free Trade Association* (NAFTA), ossia il trattato di libero scambio tra Stati Uniti, Canada e Messico, senza che sia stato accertato in precedenza il suo *environmental impact* sugli S.U. Non a torto, le associazioni ambientaliste temono che — per effetto del fenomeno del

law shopping, che si verifica in presenza di più ordinamenti giuridici potenzialmente disponibili — le imprese nordamericane siano indotte a trasferirsi in Messico, in cui esiste una legislazione (ed una pubblica amministrazione) ben più blanda, *inter alia*, anche in tema di tutela ambientale, e che, data la contiguità dei confini, possa verificarsi una forma di inquinamento di ritorno. Peraltro, a seguito dell'impugnazione da parte del governo, la Federal Court of Appeals ha annullato quel provvedimento (ABORTO; ACQUE; AGENZIA PER LA PROTEZIONE DELL'AMBIENTE; AMBIENTALISTA; BENI CULTURALI; BRACCONAGGIO; CACCIA; CONTRACCETTIVO; DANNO AMBIENTALE; DANNO BIOLOGICO; DIRITTO (I) DELL'AMBIENTE; ECOLOGIA; ECONOMIA NERA; ENERGIA NUCLEARE; IMPATTO AMBIENTALE; INQUINAMENTO; MINISTERO DELL'AMBIENTE; MONUMENTO NATURALE; NATURA; OBIETTIVO AMBIENTALE; PAESE IN VIA DI SVILUPPO; PARCO NAZIONALE; PIANO REGOLATORE GENERALE; PROBLEMA AMBIENTALE; REATO AMBIENTALE; RICERCA DELLA LEGGE PIÙ CONVENIENTE; RISARCIMENTO; RISCHIO AMBIENTALE; RISORSE NATURALI; SCORIE; SICUREZZA AMBIENTALE; SOSTANZA PERICOLOSA; SVILUPPO; TUTELA DELL'AMBIENTE). [vol. I: *ad vocem*; ECONOMIC ANALYSIS OF LAW; GLOBAL REPORT 2000; POLLUTION; SAFETY]

Bibl.:

Emiliani, V., *L'Italia mangiata*, Torino, Einaudi, 1977.

– **di lavoro.** Working environment (LAVORO).

Ambiguità di atto o **contratto.** Ambiguity. L'ambiguità determina sia il problema dell'ammissibilità di circostanze non risultanti dall'atto, cioè dell'*extrinsic evidence*, sia quello dell'interpretazione delle clausole oscure. Quanto alla prova, il principio è che essa è ammessa solo nel caso di *latent ambiguity*; in tema di interpretazione dei contratti, secondo la *rule against ambiguity,* le clausole esonerative della responsabilità che risultassero ambigue sono interpretate contro colui a cui favore sono stabilite o, come si dice, *contra proferentem* (CLAUSOLA DI ESONERO; CONTRATTO DI ADESIONE; ERRORE; LATENTE). [vol. I: *ad vocem*; CONTRACT: VII, XV; CONTRA PROFERENTEM; EVIDENCE: II; EXONERATION CLAUSE; WILL]

Ambito in genere. Scope, ambit, purview (SFERA GIURIDICA).

– **della libertà contrattuale.** Scope of the freedom of contract (LIBERTÀ CONTRATTUALE).

– **di una legge, di un trattato.** Scope, o purview, of a statute, of a treaty (LEGGE; TRATTATO). [vol. I: PURVIEW; SCOPE; STATUTE LAW; TREATY]

Ambulatoria in genere. Ambulatory; si dice di ciò che è revocabile o sottoposto a condizione sospensiva; ma il termine è più spesso usato in materia testamentaria per indicare la revocabilità del testamento, come nell'espressione *a man's will is ambulatory in his life time* (ITINERANTE; TESTAMENTO; VENDITORE AMBULANTE; VOLONTÀ). [vol. I: *ad vocem*; ITINERANT JUSTICES]

A memoria d'uomo. Time of living memory; questa espressione ricorre più spesso nelle controversie relative a consuetudini o ad un diritto per indicare che nessuno può testimoniare di ricordare la loro inesistenza. *Time of legal memory* indica, invece, ai fini della *limitation of actions* di alcune *real actions*, il tempo dal quale decorre il termine che, in base allo *Statute of Westminster I* (1275), si calcola dall'inizio del regno di Riccardo I (1189) (CONSUETUDINE; IMMEMORIALE; MEMORIA; PRESCRIZIONE; PROVA; TESTIMONIANZA A FUTURA MEMORIA). [vol. I: *ad vocem*; IMMEMORIAL; MEMORY; PRESCRIPTION; TIME IMMEMORIAL]

Amenità. Amenity (AMBIENTE; SERVITÙ).

A mezzo di regolamento. By regulation (REGOLAMENTO).

Amichevole compositore. Nel sistema inglese e in quello degli S.U. non è ammesso questo tipo di arbitro, più spesso definito come *amicable compounder*, o *amiable compositeur*; si tratta di figura diffusa in Louisiana, *enclave* (grosso modo) di *civil law* negli S.U. (ARBITRO; COMPONIMENTO). [vol. I: AMIABLE COMPOSITEURS; AMIABLE COMPOSITION; AMICABLE COMPOUNDER; ARBITRATION]

Amico. Friend (GUERRA; NEMICO; OSTILE; STRANIERO).

Amicus curiae. (DIFESE NEL PROCESSO CIVILE; MEMORIA DIFENSIVA). [vol. I: *ad vocem*]

Ammanco. Deficit, shortage, shrinkage (ABBUONO; CALO; DEFICIT).

– **di cassa.** Cash deficit (CASSA).

Ammasso. (ACCAPARRAMENTO)

Ammenda. Grosso modo, fine, monetary penalty, mulct; nel caso di infrazioni automobilistiche (es.: divieto di sosta) si parla anche di *ticket*. Ma, in senso stretto, il diritto penale inglese non distingue tra delitti (o reati) e contravvenzioni, e non esiste un equivalente esatto dell'ammenda o della multa; pertanto, di fatto, i termine *penalty* e *fine* equivalgono, a seconda dei casi, grosso modo, alla multa o alla contravvenzione nostrana (CONCILIAZIONE DELL'AMMENDA SUL POSTO; CONVERSIONE DELLA MULTA o AMMENDA IN PENA DETENTIVA; MULTA; OBLAZIONE DELL'AMMENDA SUL POSTO; PENA ECCESSIVA; PIGNORAMENTO DI SALARI E STIPENDI; PROCEDURA PENALE; REATO). [vol. I: INTRODUZIONE: III. 28; CRIMINAL LAW; FINE; INDICTABLE-SUMMARY OFFENCE; MISDEMEANOUR; OFFENCE; SENTENCING PROCESS]

– **conciliabile sul posto.** Grosso modo, spot fine; ma non esiste nel sistema inglese (OBLAZIONE DELL'AMMENDA SUL POSTO).

– **eccessiva.** (MULTA o AMMENDA ECCESSIVA)

Ammesso in genere. Allowed, permitted, authorized (AMMISSIONE; PROIBITO; VIETATO).

Amministrativo. Administrative; ma questo aggettivo non ha tutte le implicanze del diritto nostrano; il termine correlativo (giudiziario) è *judicial*. Nei sistemi di *common law* (*et pour cause!*) non esiste un diritto amministrativo, almeno com'è inteso negli ordinamenti di *civil law*: il concetto di *judicial review of administrative action* costituisce forse il discrimine fondamentale nella materia. L'aggettivo esecutivo è reso spesso dal termine *ministerial* (DIRITTO (I) AMMINISTRATIVO; ESECUTIVO). [vol. I: ADMINISTRATIVE; COMMON LAW; EXECUTIVE; JUDICIAL REVIEW; MINISTERIAL].

Amministratore in genere. Manager, director, receiver, trustee, agent, conservator, curator, custodian, managing agent, caretaker; ma si noti che l'*administrator* è una figura caratteristica del diritto successorio dei sistemi di *common law* (AMMINISTRAZIONE; CAUZIONE DELL'AMMINISTRATORE DI SOCIETÀ; CURATORE; CURATORE DEL FALLIMENTO; DICHIARAZIONI FALSE DI AMMINISTRATORE DI SOCIETÀ; DIRETTORE; GERENTE; GESTORE; GIUSTA CAUSA; NOMINA DELL'AMMINISTRATORE; RICEVITORE). [vol. I: ADMINISTRATOR; DIRECTOR; GUARDIAN; TRUSTEE]

– **delegato.** Managing director (*infra*, AMMINISTRATORE DI SOCIETÀ).

– **del fallimento.** (CURATORE DEL FALLIMENTO)

– **di condominio.** Dato che nella *common law* non esiste il condominio in senso stretto, non vi è neanche un equivalente esatto dell'amministratore. Ma un termine che almeno in parte renderebbe il concetto potrebbe essere quello di *manager* o *trustee of a tenancy in common* e, negli S.U., *manager of condominium* (CONDOMINIO).

– **di società.** Company director o, più spesso, director e, in senso lato, company executive, o più spesso, *executive*; ma si parla anche di manager, o officer, of company, o of corporation. Negli S.U. si usa, di solito, il termine di *corporate director*.
1. Il presidente e il vice-presidente del consiglio di amministrazione di una società sono definiti *executive officers*. È detto *stock option plan* l'opzione riservata ai dirigenti di acquistare azioni della propria società per un certo periodo a un certo prezzo. Si tratta di una forma di retribuzione differita. Negli S.U. si parla di *target company management* per indicare gli amministratori di una società oggetto di una scalata azionaria, e di *golden parachute* per indicare quell'accordo per cui — in caso di rilievo della società — il *top managment* ha diritto a una lauta liquidazione. In Inghilterra quest'ultima è definita spesso *golden handshake*.
2. Diversamente da quella italiana, la legge inglese tratta con grande, giustificato, rigore la violazione dei propri doveri da parte dell'amministratore di società: basterebbe considerare le ss. 213 e 214 dell' Insolvency Act 1986 che stabiliscono l'obbligo dell'amministratore di risarcire proporzionalmente alla propria responsabilità il danno arrecato alla società sia in caso di *fraudulent trading*, sia di *wrongful trading* (AZIONE (I) SOCIALE DI RESPONSABILITÀ CONTRO GLI AMMINISTRATORI; DIRETTORE; DIRIGENTE; DOVERE DI FEDELTÀ DELL'AMMINISTRATORE DI SOCIETÀ; FALLIMENTO: 4; GIUSTA CAUSA; INTERDIZIONE DALL' ATTIVITÀ DI AMMINISTRATORE DI SOCIETÀ; *MANAGEMENT BUY OUT*; *MANAGER*; OPZIONE; RESPONSABILITÀ CIVILE DEGLI AMMINISTRATORI VERSO GLI AZIONISTI; REVOCA DEGLI AMMINISTRATORI DI SOCIETÀ; SCALATA DI SOCIETÀ; SINDACO DI SOCIETÀ; SOCIETÀ (II) QUALE SOGGETTO COLLETTIVO). [vol. I: COMPANY: XI; DIRECTOR; GOLDEN HANDSHAKE; MANAGER]

– **di società di comodo.** Dummy director (SIMULAZIONE; SOCIETÀ (II) DI COMODO; SUPERAMENTO DELLA PERSONALITÀ GIURIDICA).

– **di società in nome collettivo.** Grosso modo, manager of partnership (SOCIETÀ (II) IN NOME COLLETTIVO). [vol. I: PARTNERSHIP]

– **fiduciario in genere.** Grosso modo, *trustee*; ma questa figura non ha equivalenza nella *civil law* (FIDUCIARIO; *TRUST*; VIOLAZIONE DI DOVERI FIDUCIARI). [vol. I: TRUSTEE]

– **giudiziario in genere.** Grosso modo, receiver, custodian (COMMISSARIO GIUDIZIARIO; CUSTODE GIUDIZIARIO). [vol. I: CUSTODIAN; RECEIVER]

– **unico di s.p.a.** Sole director, o director sole of company o of corporation (SOCIETÀ (II) QUALE SOGGETTO COLLETTIVO). [vol. I: CLOSE CORPORATION]

Amministrazione in genere. Termine di non facile traduzione; administration indica in diritto pubblico il potere esecutivo: in questo senso, si parla anche di *executive* o *government.* Ma esso è anche impiegato in senso lato per indicare l'insieme dei dipendenti pubblici. Per quanto riguarda l'amministrazione in quanto attività, si fa ricorso ai termini *administration* e *management*; il termine *administrative law* non deve lasciar ritenere l'esistenza di un diritto amministrativo alla maniera dei paesi di *civil law.* In diritto privato, il termine administration è riferito quasi esclusivamente alla successione, all'amministrazione dei beni del fallito, o dei beni costituiti in *trust.* In tema di società di capitali, la distinzione tra *management* e *ownership*, ossia tra amministrazione-direzione e proprietà del capitale, è alla base della moderna concezione della società commerciale qual è intesa nel diritto inglese e nordamericano; *hélas*, non in quella nostrana. Una dicotomia parallela è quella tra *management* e *union* che indica, rispettivamente, la amministrazione-direzione di un'impresa e il sindacato (BUONA AMMINISTRAZIONE; CATTIVA AMMINISTRAZIONE; CONSIGLIO DI AMMINISTRAZIONE; DIRITTO (I) AMMINISTRATIVO; GOVERNO; MINISTERO; PRINCIPIO DELLA BUONA AMMINISTRAZIONE; PROCEDURA AMMINISTRATIVA; SINDACATO; SOCIETÀ (II) COMMERCIALE; STATO). [vol. I: INTRODUZIONE: III. 12; ADMINISTRATION; EXECUTIVE; GOVERNMENT; LOCAL GOVERNMENT]

– **dello stato in genere.** Grosso modo, administration, government (PUBBLICA AMMINISTRAZIONE; STATO).

– **centrale dello stato in genere.** Central government; ma nel sistema inglese, patria dell'autogoverno, non esiste un'amministrazione periferica dello stato. Negli S.U. — stato federale — si parla di *Federal Government* per indicare il governo federale: ma quando si parla di *U.S. Government* si indica lo stato federale nel suo complesso e i suoi poteri. Nei singoli stati dell'Unione il governatore è investito di poteri esecutivi (*infra*, AMMINISTRAZIONE DELLO STATO; AUTOGOVERNO; COSTITUZIONE; FEDERALISMO; GOVERNO; IMPIEGATO CIVILE DELLO STATO). [vol. I: INTRODUZIONE: III. 12, 36; CIVIL SERVICE; CONSTITUTION; GOVERNOR; LOCAL GOVERNMENT]

– **comunale.** Municipality, local authority (AUTOGOVERNO).

– **consultiva.** Grosso modo, advisory body of administration (CONSULENZA). [vol. I: ADVISORY]

– **controllata.** Non esiste in senso stretto; ma talune procedure nell'ambito della *bankruptcy* — come, ad es., negli S.U., la *reorganization* — prevedono forme più agili e più efficaci (FALLIMENTO: XI). [vol. I: RECEIVERSHIP; REORGANIZATION]

– **dei beni del minore.** Administration of minor's estate, o property; è affidata a *trustees* o *fiduciaries,* e non già ai genitori (*infra*, AMMINISTRAZIONE DEI BENI DEL MINORE O DELL'INCAPACE; CURATELA; GENITORE; INCAPACE; MINORE; TUTELA). [vol. I: GUARDIANSHIP]

– **dei beni del minore** o **dell'incapace.** Administration of minor's estate, o of person of unsound mind's estate (*supra,* AMMINISTRAZIONE DEI BENI DEL MINORE; CURATELA; INCAPACE; MINORE).

– **del condominio.** Grosso modo, management of a tenancy in common (AMMINISTRATORE DI CONDOMINIO).

– **del fallimento.** Administration of a bankrupt's estate (FALLIMENTO). [vol. I: WINDING-UP]

– **della comunione.** Grosso modo, management of a tenancy in common (COMUNIONE).

– **della giustizia.** Administration of justice, adjudication, jurisdictional activity; vanno sotto il nome di Administration of Justice una serie di Acts che hanno ad oggetto l'ordinamento giudiziario inglese. Ma l'ordine giudiziario in quanto potere è detto *judiciary.* In una sostanziosa introduzione all'edizione italiana del noto saggio di Damaska [1986, trad. it.: 11, 17,18, 19], Michele Taruffo delinea con molto acume talune differenze di fondo tra le due tradizioni giuridiche. Egli rileva l'intreccio tra potere e ordine giudiziario segnalato dall'autore, ossia che « l'amministrazione della giustizia, nelle sue varie forme, è direttamente connessa all'organizzazione del potere — in particolare a quella del potere giudiziario — alle sue forme e ai suoi scopi ». Quanto poi ai tanti fattori che spiegano la diversità del percorso continentale in tema di ordine giudiziario: « Vi è anzitutto una cultura giuridica prodotta da — o in funzione di — burocrazie giudiziarie, e in riferimento ai valori che esse esplicitamente o implicitamente incorporano: è la cultura del formalismo positivistico, che accomuna l'Europa continentale molto più delle istituzioni processuali e giudiziarie considerate sotto il profilo della loro specifica disciplina ». Ma anche qui: « In effetti sono fattori propriamente culturali, più che tecnico-giuridici, quelli che caratterizzano il 'punto di vista' angloamericano rispetto a quello europeo, e su cui Damaska pone a più riprese l'accento. » Dal lato dei paesi di *common law*, si riscontra un « assetto non burocratico e non gerarchico del potere giudiziario (...) L'idea che l'amministrazione della giustizia possa funzionare in un assetto istituzionale non compatto, non coerente e non gerarchico, nel quale per di più non esiste o comunque non è dominante la figura del giudice professionista del diritto, appare paradossale al giurista europeo, mentre è ovvia per il giurista di *common law* ». (ATTIVISMO GIUDIZIARIO; ATTIVITÀ GIURISDIZIONALE; GIUSTIZIA; ORDINAMENTO GIUDIZIARIO; POTERE POLITICO; REATI CONTRO L'AMMINISTRAZIONE DELLA GIUSTIZIA; TRADIZIONE GIURIDICA). [vol. I: COURT; JUDICIARY]

– **della persona giuridica.** Management of legal person (PERSONA GIURIDICA).

– **della società commerciale munita di personalità giuridica.** Company o corporate management (*supra*, AMMINISTRAZIONE IN GENERE; AMMINISTRATORE DI SOCIETÀ; *MANAGEMENT BUY OUT*; SOCIETÀ (II) COMMERCIALE).

– **dell'eredità.** Grosso modo, management of the assets of a deceased person; ma con il più preciso termine tecnico di *administration of assets,* o *administration of estates,* si indica un istituto del diritto successorio dei sistemi di *common law* privo di equivalenza nella *civil law*. In questo senso, va rilevato che le regole della devoluzione ereditaria sono radicalmente diverse nelle due tradizioni giuridiche (*supra*, AMMINISTRAZIONE IN GENERE; EREDITÀ; SUCCESSIONE PER CAUSA DI MORTE). [vol. I: ADMINISTRATION OF ASSETS; ADMINISTRATION OF ESTATES; EXECUTOR; PERSONAL REPRESENTATIVE; SUCCESSION]

– **dello stato in genere.** Government, administration. Anche qui non vi ha termine equivalente: quando il riferimento è ad organi dell'ammnistrazione centrale o agli impiegati dell'amministrazione centrale dello stato, i concetti, grosso modo equivalenti, potrebbero essere quelli di *government departments* o *civil service*. Ma, in ogni caso, questi termini attengono esclusivamente a quella che nel sistema nostrano è definita l'amministrazione centrale dello stato. Per quanto riguarda poi gli S.U., si tenga conto che si tratta di uno stato federale e che vi è un'amministrazione dello stato federale e dei singoli stati dell'Unione (*supra*, AMMINISTRAZIONE CENTRALE DELLO STATO; AUTOGOVERNO; IMPIEGATO CIVILE DELLO STATO; PUBBLICA AMMINISTRAZIONE; STATO). [vol. I: CIVIL SERVICE; LOCAL GOVERNMENT]

Bibl.:
Pastori, G., *Amministrazione pubblica*, in *Dizionario di Politica* 1976, ed. 1983: 6.
Severi, F. S., *Amministrazione dello Stato*, in *Digesto IV Utet, Pubbl.,* vol. I: 227.

– **di controllo.** Grosso modo, administrative monitoring bodies; ma si noti la *judicial review of administrative action* — perno del controllo giurisdizionale degli atti della p.a. nei paesi di *common law,* e la diversa natura, collocazione e articolazione dei *tribunals* inglesi e delle *administrative agencies* nordamericane (CONTROLLO; DIRITTO (I) AMMINISTRATIVO; REGOLATORE). [vol. I: ADMINISTRATIVE AGENCY]

– **fiduciaria (int.).** Trusteeship system; era detto così il sistema di amministrazione fiduciaria dei paesi ex coloniali ora scomparso (PROTETTORATO; REGIME DELLE CAPITOLAZIONI. [vol. I: TRUSTEESHIP SYSTEM; TRUST TERRITORY]

– **locale.** Grosso modo, local government; ma l'ammnistrazione locale anglo-americana va inquadrata nel concetto di autogoverno, privo di equivalenza nella *civil law*. Negli S.U. si ricollega allo stato federale (*supra*, AMMINISTRAZIONE CENTRALE DELLO STATO; *infra*, AMMINISTRAZIONE PERIFERICA DELLO STATO; AUTOGOVERNO; FEDERALISMO).

– **ordinaria-straordinaria.** (ATTO DI ORDINARIA-STRAORDINARIA AMMINISTRAZIONE)

– **periferica dello Stato.** Grosso modo, decentralized branches of government. Ma, in effetti, salvo alcuni casi, non esiste: la tradizione giuridica di *common law* è per definizione basata sul *self-government*. Tra l'altro, va rilevato che gli S.U. sono uno stato federale in cui, in principio, i poteri spettano ai singoli stati, salvo quelli delegati allo stato federale (AUTOGOVERNO; FEDERALISMO; POTERI RESIDUALI). [vol. I: INTRODUZIONE: III. 12; LOCAL GOVERNMENT]

– **pubblica in genere.** (*supra*, AMMINISTRAZIONE DELLO STATO)

– **statale.** (*supra*, AMMINISTRAZIONE DELLO STATO)

Ammiragliato. Admiralty (DIRITTO (I) MARITTIMO). [vol. I: *ad vocem*]

Ammissibilità. Admissibility, receivability (INAMMISSIBILITÀ). [vol. I: ALLOW]

– **della prova.** Admissibility of evidence (PROVA).

Ammissione. Admission, acknowledgment, allowance, acceptance, confession, recognition; il termine *admission* indica sia le ammissioni fatte dalle parti nel corso del giudizio civile, sia la confessione, espressa o tacita, nel giudizio penale, detta più spesso *confession;* ma, in senso stretto, ammissione e confessione vanno distinte (ACCETTAZIONE; ACCOGLIMENTO; ACQUIESCENZA; CONDIZIONE DI AMMISSIONE; CONFESSIONE; CORROBORAZIONE; DEDUZIONE; RICONOSCIMENTO; RIGETTO; RISCONTRO DELLA PROVA; TASSA DI AMMISSIONE). [vol. I: ADMISSION; ALLOWANCE; SELF-INCRIMINATION]

– **al listino di titoli di società.** Admission to listing, admission to quotation, acceptance of a company's securities for trading on a securities exchange (BORSA VALORI; PICCOLA IMPRESA; QUOTAZIONE DI TITOLI; SOCIETÀ (II) QUALE SOGGETTO COLLETTIVO; TITOLI MOBILIARI).

– **della prova.** Admission of evidence (PROVA).

– **di colpevolezza dell'imputato.** Pleading guilty, admission of guilt. Una variante importante dell'ammissione di colpevolezza che ricorre in materia penale negli S.U. è definita *nolo contendere.* Essa indica la dichiarazione dell'imputato che non ammette né nega l'imputazione portata contro di lui. Tale tipo di dichiarazione è ammessa solo con il consenso del giudice ed equivale all'ammissione di colpevolezza pura e semplice. La principale differenza tra una dichiarazione di ammissione di colpevolezza (*pleading guilty*) e una di *nolo contendere* sta nel fatto che nel secondo caso essa non può essere utilizzata in un'azione civile basata sugli stessi fatti. Essa assume grande importanza specialmente in tema di legislazione *anti-trust,* in cui all'azione penale segue molto spesso un'azione civile di risarcimento. Una dichiarazione analoga a quella di *nolo contendere* è quella detta *non vult* (COLPA; COLPEVOLEZZA; CONFESSIONE; IMPUTATO; PATTEGGIAMENTO). [vol. I: ARRAIGNMENT; GUILTY; NOLO CONTENDERE; PLEAD]

– **di un credito al passivo del fallimento.** Allowing a claim in bankruptcy, proving a debt in bankruptcy (CREDITO; FALLIMENTO; INSINUAZIONE DI CREDITI AL PASSIVO DEL FALLIMENTO).

– **di un fatto.** Admission of a fact (FATTO).

– **di un reclamo in genere.** Allowing a claim (RECLAMO).

– **processuale.** Judicial admission, admission in court (CONFESSIONE).

Ammonizione in genere. Caution, reprimand, caveat, warning, admonition (AVVERTENZA; CENSURA).

– **del giudice al condannato.** Judge's reprimand (RECIDIVA). [vol. I: REPRIMAND]

Ammontare in genere. Amount (QUANTITÀ; SOMMA; VALORE). [vol. I: AMOUNT]

– **assicurato.** Amount insured, amount covered (SOTTOASSICURAZIONE; SOVRASSICURAZIONE).

– **del danno.** Amount of loss, amount of damage (ASSICURAZIONE; DANNO; ECCESSIVO AMMONTARE DEL RISARCIMENTO DEL DANNO; SINISTRO). [vol. I: DAMAGE; INSURANCE; LOSS; TOTAL LOSS]

– **in contestazione.** Amount in controversy (CONTROVERSIA).

– **lordo.** Gross amount (LORDO).

– **minimo del capitale.** Minimum amount of capital (CAPITALE).

– **pagato in più.** Overpaid amount (PAGAMENTO). [vol. I: PAYMENT]

Ammortamento in genere. Depreciation, amortization (DEPREZZAMENTO; FONDO DI AMMORTAMENTO; PIANO DI AMMORTAMENTO; VITA ECONOMICA DI UN BENE). [vol. I: AMORTIZATION]

– **annuale.** Annual ammortization (*supra*, AMMORTAMENTO IN GENERE).

– **della cambiale.** Grosso modo, cancellation procedure; ma, in senso stretto, non ha equivalenza né nel sistema inglese, né in quello nordamericano (CAMBIALE SMARRITA).

– **dell'azione al portatore smarrita.** Grosso modo, cancellation procedure; ma non ha equivalenza né nel sistema inglese né in quello nordamericano in cui, di fatto, non esistono azioni al portatore (AZIONE (II) AL PORTATORE; CAMBIALE SMARRITA).

Bibl.:
Schlesinger 1950, ed. 1988: 816.

– **del valore di avviamento.** Writing off the value of goodwill (AVVIAMENTO). [vol. I: GOODWILL]

– **fisso.** Straight line depreciation (*supra*, AMMORTAMENTO IN GENERE).

Ammutinamento. Mutiny (CORTE MARZIALE; DISOBBEDIENZA; GIUSTIZIA MILITARE; INSUBORDINAZIONE; RENITENZA ALLA LEVA; RIFIUTO DI OBBEDIENZA; TRUPPE AMMUTINATE). [vol. I: MUTINY; TREASON]

– **a bordo di nave.** Mutiny on board ship (NAVE). [vol. I: MUTINY; TERRORISM; TREASON]

Amnistia. Amnesty; ma si parla anche di *pardon*. Sembra appena il caso di rilevare che non trova riscontro né in Gran Bretagna né negli S.U., né in qualsiasi altro paese civile la prassi delle amnistie all'italiana. È questo uno dei capitoli più indecenti della diversità italiana: perché se alla coscienza libertaria dell'Occidente (consacrata nell'art. I della costituzione degli S.U. (s. 9, cl. 3), e poi nella Dichiarazione dei Diritti francese) ripugna l'irretroattività della legge penale in quanto creazione *ex post* di nuove figure di reato, appena un pò meno ripugnante appare la prassi dell'amnistia (sanatoria o condono, che dir si voglia) che abolisce, anch'essa retroattivamente un reato esistente al tempo della commissione del fatto. Beninteso, nessun principio libertario stabilisce il divieto di questo secondo tipo di retroattività; anzi, non si contesta che in determinate condizioni storiche, sociali, economiche (guerre, rivoluzioni, crollo dell'economia, ecatombi, sconvolgimenti geologici, catastrofi nucleari, etc.) si possa, o si debba, fare ricorso a provvedimenti di amnistia. Ma quando, come accade da noi, si assiste a una istituzionalizzazione del perdono legislativo, un paese finisce col porsi come *contromodello* rispetto alla prassi di tutti gli altri paesi dell'Occidente. Comunque, è assai dubbio che un regime politico che ricorre così massicciamente a c.d. provvedimenti di clemenza si possa definire anche uno *stato di diritto*. Da questo punto di vista, non appaiono credibili né gli avvocati, né i magistrati, né i professori di diritto che, avendo sommerso e spesso inquinato le istituzioni legislative, tra seminari, ritiri, incontri, riunioni, convegni e assise varie, in tavole rotonde, quadrate, rettangolari, e a ferro di cavallo, non si sono mai sognati di prendere posizione contro *una prassi che ridicolizza tutto l'ordine giuridico del nostro paese*.

1. Essa costituisce spesso la ragione principale del rifiuto di numerosi paesi — pure tenuti al rispetto della relativa convenzione internazionale — di consentire all'esecuzione in Italia delle pena irrogate all'estero.

2. Nel suo originale e divertente *Dizionario Moderno*, alla v. *Amnistia*, Alfredo Panzini scrive, tra l'altro: « Per l'abuso che se ne fa, è anche definita 'incitamento morale a delinquere' ». Questo testo è del 1923: chi sa cosa avrebbe scritto l'autore: (i) dell'abortito « decreto spugna » Amato-Conso che, in buona sostanza, al di là delle parole, avrebbe amnistiato la criminalità politica e, (ii) del c.d. decreto Biondi, anch'esso abortito, in entrambi i casi a seguito di vaste sollevazioni di sdegno popolare. Nel primo caso, promotori due *professori di diritto*, quasi a riconferma di quel contributo di confusione e ambiguità etica e delle lingue e, non di rado, collusioni (più o meno gravi, si intende), che sull'accademia italiana gravano per il marasma morale, oltre che politico, economico e sociale del paese. Nel secondo caso, promotore del decreto è un noto *avvocato*, anche qui a riconferma del ruolo assegnatosi dalla professione forense italiana — che ora reclama a gran voce addirittura la soppressione legislativa di taluni tra i più infami reati, come quelli contro la pubblica amministrazione — consistente nella rinunzia a contribuire allo sviluppo di un diritto moderno nel nostro paese.

3. La rinunzia all'applicazione della legge, a prescindere dalla tecnica giuridica impiegata (amnistia, condono, sanatoria, denunce penali e notizie *criminis* deliberatamente ignorate dalla magistratura, etc.), mina alla base primordiali regole di diritto che tengono assieme una comunità.

4. La regolarità dei provvedimenti ha ormai creato « legittime » aspettative politicamente impossibili da disattendere. Non è soltanto l'industria del crimine a contare sull'impunità assicurata dal legislatore: ormai l'aspettativa dell'amnistia (sanatoria, o condono che dir si voglia) costituisce non già un imponderabile, ma bensì una *posta fissa del bilancio aziendale* e *degli individui*; molto più di ciò che i nostri studiosi chiamerebbero un diritto acquisito, e quasi un diritto meritevole di tutela costituzionale:

perché sembra assai difficile negare a taluni ciò che si è concesso a tanti altri con tanta generosità e in maniera così sistematica e regolare. Del resto, il II tempo della I Repubblica (governo Berlusconi) è cominciato con un rituale condono fiscale e una non meno rituale sanatoria edilizia. Ormai l'amnistia è diventata un fattore fondamentale nell'economia del paese, ed è assai dubbio che essa sarebbe in grado di sopportare un ritorno alla legalità senza entrare in una rovinosa crisi.

5. In effetti, in una situazione in cui — secondo dati statistici ufficiali, quasi il 90 per cento dei furti e delle rapine, e quasi l'80 per cento degli omicidi volontari restano di autore ignoto [cfr. *Annuario Statistico Italiano* 1991: tavv. 6.32-6.33] si dovrebbe ragionevolmente ritenere che l'armata dei magistrati italiani non abbia praticamente nulla da fare; invece, essa versa in un permanente stato di coma sotto la montagna dell'arretrato delle cause civili e penali (durata media di un processo 10-12 anni). Le amnistie o provvedimenti affini appaiono quindi come una temporanea boccata di ossigeno. Ed è singolare che, accanto alla *lobby* dei magistrati che spinge regolarmente per provvedimenti del genere, numerose correnti della magistratura rigettino con sdegno l'istituto del *plea bargaing*, ritenuto un trapianto che offende la verginale purezza di una corporazione che si vuole inflessibile applicatrice della legge.

6. Resta da rilevare una ulteriore peculiarità del *sistema*: mentre con l'*amnistia* si fa luogo ad un atto di clemenza generale in cui la concessione del beneficio non è subordinata al pagamento di un *corrispettivo*, nel caso del *condono* fiscale, edilizio, della *sanatoria*, etc., lo stato condiziona la rinunzia ad imporre l'applicazione della legge *in cambio* del versamento di una frazione di quanto dovuto (es.: evasione fiscale). Insomma, non soltanto esso pratica uno *sconto* a chi violi la legge: il condono appare uno *strumento fondamentale* della *politica finanziaria dei governi italiani* per il reperimento di entrate: ma lasciamo perdere!

7. Sul tema della certezza del diritto sono state raggiunte nel nostro paese preoccupanti vette di astrazione: eppure, sono poche le opere che indicano nella c.d.clemenza del legislatore, oltre che un fattore di *incertezza* del diritto, la *cancellazione, di fatto, dell'uguaglianza dei cittadini di fronte alla legge* (art. 3 della costituzione). Beninteso, tutto questo per quanto riguarda i cittadini italiani che non godano dello *status* di parlamentari: per questi ultimi, vige da mezzo secolo un autentico *regime delle capitolazioni*, solo di recente attenuato a causa dell'indignazione popolare.

8. Un dizionario giuridico, si sa, è un insieme di termini che si succedono in ordine alfabetico: il giurista che ne imprenda la trattazione comparatistica non può ignorare l'esistenza di taluni lemmi come, appunto, quello di amnistia (ed altri ancora) che lo riportano inevitabilmente a talune domande di fondo. Ossia, se è mai esistita democrazia nel nostro paese, se il nostro sia un paese in cui vige la *rule of law*. Julius Stone [1964, ed. 1968: 28] immagina l'ordinamento come la rete di un pescatore: che lascia passare non pochi pesci, eppure, nonostante « its gaps, incoherences and inefficiencies » resta una *functioning unity*. Ma quando, come da noi, la rete del pescatore viene concepita — al livello legislativo — per lasciar passare squali e balene e imprigionare solo i pesci piccoli, quando la legge è legge di fazione, quando essa prende addirittura nome dal potente o dal gruppo che si vuol favorire, non vale sostenere che le « antinomie » pur presenti nel sistema, non ne inficiano l' « armonia ». In questo senso, sui giuristi italiani — fattisi, come, del resto, gli economisti e tutta l'accademia, *intendence* di un potere pretoriano — incombono gravi responsabilità. In effetti, in un paese in cui i giuristi (professori, avvocati, giudici e magistrati) avessero una maggiore dignità professionale, in cui i movimenti che operano « per la vita del diritto e il diritto alla vita » sapessero almeno di cosa vanno parlando, si sarebbe non da ora sollevata la questione fondamentale dell'*inconstituzionalità* della pratica nostrana delle amnistie, condoni, sanatorie, etc. in quanto in *flagrante violazione* dell'art. 3 della nostra costituzione che anch'essa sancisce il principio dell'*equal protection of the laws*, tanto per dirla con le parole della più illustre costituzione dell'Occidente. Di conseguenza, lanciare ogni tanto grida di allarme per l'*illegalità di massa* che coinvolge il paese intero appare come una rituale sceneggiata per mettersi a posto la coscienza (CERTEZZA DEL DIRITTO; COMMUTAZIONE DELLA PENA; CONDONO; CORRUZIONE; DEPENALIZZAZIONE; *DEREGULATION*; GRAZIA; INDULTO; IRRETROATTIVITÀ DELLA LEGGE PENALE; PRESUNZIONE DI INNOCENZA; PROCESSO DI MASSA; RISARCIMENTO; SANATORIA; TUTELA DEI DIRITTI; UGUAGLIANZA DI FRONTE ALLA LEGGE). [vol. I: AMNESTY; CERTAINTY OF LAW; PAROLE; PARDON]

- **generale.** Blanket amnesty.
- **parziale.** Partial amnesty.
- **totale.** Total amnesty.

Anagrafe. Grosso modo, register of births, marriages and deaths; ma non esiste un termine esattamente corrispondente (ANNOTAZIONE ANAGRAFICA; STATO CIVILE).

- **tributaria.** Grosso modo, national tax register. Ma da noi non è mai esistita: è stata solo il pretesto per lo sperpero di qualche migliaio di miliardi per impianti elettronici restati inutilizzati (IMPOSTA).

  Bibl.:
  Roxas, G., *Anagrafe tributaria*, in *Digesto IV Utet*, *Comm.,* vol. I: 115.

Analisi in genere. Analysis.

- **economica del diritto.** Economic analysis of law; impiegata con intelligenza, appare una metodologia ormai indispensabile all'analisi degli effetti economico-sociali del diritto nel quadro delle società industriali avanzate: può servire persino a contribuire a creare una società meno iniqua. Anche qui — salvo talune brillanti eccezioni — si riscontra la solita arretratezza degli studi nostrani, riflesso di una più generale arretratezza del capitalismo italiano. [vol. I: *ad vocem*]

  Bibl.:
  Pardolesi, R., *Analisi economica del diritto*, in *Digesto IV Utet, Civ.,* vol. I: 309.

- **giuridica.** Legal analysis (TRADIZIONE GIURIDICA). [vol. I: ANALYTICAL JURISPRUDENCE]

Analista politico. Political analyst (POLITICA).

Analogia. Analogy. Anche qui, la diversa teoria delle fonti spiega le notevoli differenze esistenti nella materia tra le due tradizioni giuridiche. Così, ad es., mentre in tema di *case-law*, ossia di diritto giurisprudenziale, il giudice fa ricorso all'analogia, costituisce uno degli aspetti salienti dei canoni interpretativi della *statute law* il divieto dell'applicazione del procedimento analogico, espresso di solito dalla c.d. *golden rule.* Questa radicale differenza ha una sua coerente spiegazione; ma questo attiene ai principi; di fatto, specie il diritto nordamericano si è approssimato ai metodi interpretativi della legge scritta adottati nei sistemi di *civil law.* Non solo: David [1964, ed. 1978: 452] osserva che i giudici della *Supreme Court* hanno con il loro metodo di interpretazione « devancé de cent ans les méthodes téléologiques prônées en France par Josserand. » (DEDUZIONE COME PROCESSO LOGICO; DIVIETO DELL'ANALOGIA; FINZIONE GIURIDICA; FONTI DEL DIRITTO; INTERPRETAZIONE ANALOGICA; LACUNA GIURIDICA; PRINCÌPI GENERALI DI DIRITTO; PRINCIPIO DI LEGALITÀ; RAGIONAMENTO GIURIDICO; SISTEMA GIURIDICO APERTO-CHIUSO). [vol. I: INTRODUZIONE: III. 5; ANALOGY; CASE LAW; INTERPRETATION; NULLUM CRIMEN, NULLA POENA SINE LEGE; STATUTE LAW]

  Bibl.:
  Gianformaggio, L., *Analogia*, in *Digesto IV Utet, Priv.,* vol. I: 320.
  Vassalli, G., *Analogia nel diritto penale*, in *Digesto IV Utet, Pen.,* vol. I: 158.

Anarchia. Anarchy (PLURALISMO POLITICO; STATO DI DIRITTO).

Anatocismo. Compound interest (INTERESSI COMPOSTI; USURA). [vol. I: INTEREST]

Ancoraggio. (TASSA DI ANCORAGGIO)

Angheria. (DIRITTO (II) DI ANGHERIA)

Animus. Animus; ma si parla più spesso di *intention* o *will.* Il termine *animus,* impiegato in una notevole varietà di contesti — ma di derivazione romanistica — può indicare, talvolta, anche il dolo nel reato, detto, in senso stretto, *mens rea*, come nell'espressione *animus furandi*, cioè volontà di impadronirsi della cosa altrui. Nei sistemi di *common law* assume notevoli dimensioni il fenomeno per cui in numerose materie è consentito alle parti di escludere la obbligatorietà giuridica di un rapporto e la sua sanzionabilità giudiziaria (*AFFECTIO;* INTENTO GIURIDICO; INTENZIONE).

- ***donandi.*** *Animus donandi*, intention of giving, spirit of liberality; ma si noti l'assai diverso regime e inquadramento della donazione nella tradizione di *common law* (DONAZIONE). [vol. I: GIFT]
- ***nocendi.*** Intent to harm o cause annoyance to others (ABUSO DI DIRITTO; ATTO DI EMULAZIONE; MOLESTIA; PREMEDITAZIONE). [vol. I: ABUSE OF RIGHT]

Annessione. Annexation; ma questo termine indica anche il fatto di destinare una cosa al servizio o all'ornamento di un'altra principale. Il concetto ha rilevanza in tema di *appurtenances* e *fixtures,* ossia di pertinenze. *Annexion* è detto l'oggetto dell'annessione (ESPROPRIAZIONE PER PUBBLICA UTILITÀ; PERTINENZA).

– **territoriale in genere (int.).** Annexation of territory (TERRITORIO). [vol. I: ANNEXATION]

Bibl.:
Oppenheim 1905-06, vol. II, ed. 1940: 466.

Annesso. Appurtenance, fixture, annexion (ANNESSIONE; PERTINENZA).

Anno. Year (ALL'ANNO; ANNUARIO; OMICIDIO VOLONTARIO). [vol. I: *ad vocem*]

– **contabile.** Accounting year (CONTABILITÀ).

– **di calendario.** Calendar year.

– **di revisione.** Audit year (REVISIONE CONTABILE).

– **finanziario.** Financial year; nel sistema britannico va dal 1 aprile al 31 marzo dell'anno successivo (BILANCIO DELLO STATO). [vol. I: *ad vocem*]

– **fiscale.** Fiscal year, tax year; nel sistema britannico va dal 6 aprile al 5 aprile dell'anno successivo. L'espressione è riferita all'esazione delle imposte; ma è impiegata anche nella contabilità delle imprese private per indicare il bilancio annuale: in tal senso, si parla anche di accounting year (BILANCIO; IMPOSTA).

– **giudiziario.** Legal year, juridical year, annual term (CALENDARIO GIUDIZIARIO; FERIE GIUDIZIARIE; SESSIONE GIUDIZIARIA). [vol. I: SITTING]

Bibl.:
Langan 1970, ed. 1976: 10.

– **imponibile.** Taxable year (IMPOSTA).

Annotazione o **trascrizione.** Notation, entry, registration, endorsement (MARCHIO; POSTA; POSTILLA; REGISTRAZIONE; TRASCRIZIONE). [vol. I: EARMARK; ENTRY; MARK; RECORD]

– **anagrafica.** Grosso modo, registration, o entry, in the register of births, deaths and marriages (ANAGRAFE).

– **della sentenza nei registri immobiliari.** Grosso modo, registration, o notation, of a judgment in, o at, land registries. Ma si noti che sia in Inghilterra che negli S.U. (dove, tra l'altro, la materia è regolata dai singoli stati dell'Unione), la materia è soggetta ad un regime molto diverso da quello dei sistemi di *civil law* (REGISTRI IMMOBILIARI; SENTENZA; TRASCRIZIONE). [vol. I: EXECUTION; JUDGMENT; REGISTRATION OF TITLE TO LAND]

– **in calce, a margine, a tergo di un documento.** Notation at foot, on margin, o on back, of a document. Ma l'annotazione a tergo è detta anche *endorsement* (DOCUMENTO; GIRATA). [vol. I: ENDORSEMENT; MARGINAL NOTE]

– **in un registro in genere.** Entry in a registry (REGISTRO). [vol. I: ENTRY]

Annualità. Annuity, annual income (RENDITA).

Annuari di giurisprudenza. (RIVISTE DI GIURISPRUDENZA)

Annuario. Yearbook, directory, almanac (ALMANACCO; ANNO).

Annullabile in genere. Voidable, defeasible, rescindable (ANNULLABILITÀ; CONTRATTO ANNULLABILE).

Annullabilità in genere. Voidability; ma i termini nullità e annullabilità, tradotti più spesso, rispettivamente, con *voidness* e *voidability*, non trovano esatta corrispondenza nella *common law*; tantomeno trova riscontro esatto la distinzione tra nullità e annullabilità del contratto: il termine *voidable* è molto diverso da quello di nullità relativa della *civil law*: esso indica una nullità facoltativa che sarà pronunciata o meno dal giudice a seconda delle circostanze. Si tratta di una delle materie più difficili della *common law*, dominata com'è da una notevole confusione concettuale e terminologica. Il *civil lawyer* farà bene a resistere alla tentazione di stabilire esatte coincidenze concettuali col proprio sistema (ANNULLABILE; ANNULLAMENTO; CONTRATTO: X; NULLITÀ). [vol. I: ADOPTION OF CONTRACT; AFFIRMATION; CONTRACT: XII; DEFEASIBLE; INVALIDITY; RESCISSION; VOID e VOIDABLE]

Bibl.:
David 1973: 181.
Kahn-Freund, Lévy, Rudden 1973: 215.

Annullamento in genere. Grosso modo, voiding, annulment, rescission, avoidance, invalidation, cancellation, setting aside, quashing, overruling, nullification, stay, abatement (ABOLIZIONE; ANNULLABILE; ANNULLABILITÀ; AZIONE (I) DI ANNULLAMENTO; CANCELLAZIONE; CAUSA DI ANNULLAMENTO; CLAUSOLA DI ANNULLAMENTO; ISTANZA DI ANNULLAMENTO; NULLITÀ; RISOLUZIONE; SCIOGLIMENTO). [vol. I: AVOIDANCE; CANCELLATION; DISCHARGE; TERMINATION]

– **del contratto.** Grosso modo, annulment, avoidance, setting aside, rescission, cancellation of contract (AZIONE (I) DI ANNULLAMENTO DEL CONTRATTO; CANCELLAZIONE DEL CONTRATTO; CONTRATTO: X). [vol. I: CANCELLATION OF CONTRACT; DISCHARGE; FRUSTRATION OF CONTRACT]

– **del debito.** Writing off a debt (DEBITO; REMISSIONE DEL DEBITO).

– (o **cancellazione) della polizza di assicurazione.** Avoidance, o cancellation, of policy (CLAUSOLA DI ANNULLAMENTO O CANCELLAZIONE DELLA POLIZZA; POLIZZA (I) DI ASSICURAZIONE).

– (o **riforma) della sentenza in genere.** Reversal of, discharge of, quashing, overruling, setting aside, a judgment (SENTENZA). [vol. I: APPEAL; JUDGMENT; OVERRULING; REVERSAL]

– **della transazione in genere.** Avoidance of compromise (TRANSAZIONE).

– **del testamento.** Setting aside, avoidance, of will (TESTAMENTO).

– **del verdetto.** Reversal of verdict (APPELLO; VERDETTO).

– **di deliberazione in genere.** Cancellation of resolution (DELIBERAZIONE).

– **di matrimonio.** Annulment of marriage (SCIOGLIMENTO DEL MATRIMONIO).

– **di una alienazione.** Avoidance of a transaction (ALIENAZIONE IN FRODE DEI CREDITORI).

– **di una decisione in genere.** Quashing a decision (APPELLO; DECISIONE). [vol. I: QUASH].

– **di una riunione.** Cancellation of a meeting (RIUNIONE).

– **di un contratto.** Voiding a contract (CONTRATTO: III).

– **giudiziale di un conto corrente.** Setting aside an account (CONTO CORRENTE).

– ***ope legis*.** Avoidance, o annulment, by operation of law.

Annuncio. (ANNUNZIO)

Annunzio. Announcement, notice, advertisement, news, proclamation. La pubblicità di talune operazioni societarie stabilita per legge soltanto ai fini dell'informazione del pubblico è di solito accompagnata da frasi come: *This announcement appears as a matter of record only,* ossia: questo annunzio appare solo a titolo formale e informativo (AVVERTENZA; AVVISO; BANDO; COMUNICAZIONE; DIFFIDA; DISDETTA; INFORMAZIONE; INTIMAZIONE; NOTIFICA; PICCOLO ANNUNZIO PUBBLICITARIO; PREAVVISO; PROCLAMA; PUBBLICITÀ). [vol. I: NOTICE]

– **economico.** Classified advertisement (PUBBLICITÀ).

– **legale.** Legal notice. La *London Gazette* corrisponde, grosso modo, al Foglio degli Annunzi Legali; in tal senso, si parla di *advertisement in the London Gazette*; ma la pubblicazione di annunzi legali ha luogo anche in altri fogli e quotidiani sotto la rubrica *legal notices*. Negli S.U., dove si parla di *official newspaper,* o *legal newspaper*, la materia è regolata dai singoli stati dell'Unione (NOTIFICA A MEZZO DI PUBBLICAZIONE; PROVA). [vol. I: GAZETTE; LONDON GAZETTE; STATUTE LAW]

– **pubblicitario.** Advertisement, o ad (PICCOLO ANNUNZIO PUBBLICITARIO; PUBBLICITÀ;)

– **pubblicitario radiofonico.** Radio advertisement, o radio ad (PUBBLICITÀ).

– **pubblicitario televisivo.** Television advertisement, o television ad (PUBBLICITÀ).

Anonimo. Anonymous (DIRITTO (II) DI AUTORE; PSEUDONIMO).

Antagonismo. Antagonism (AGONISTICA; CONTRADDITTORIO). [vol. I: ADVERSARY SYSTEM; SPORTING THEORY OF JUSTICE]

Antecedente in genere. Antecedent (CREDITO PRECEDENTE; CREDITORE PRECEDENTE; PRECEDENTE GIUDIZIARIO).

Antedatazione. Antedating; apposta a un titolo di credito non ne impedisce la negoziazione (ANTICIPO; ASSEGNO; DATA; NEGOZIABILITÀ; POSTDATAZIONE; TITOLO DI CREDITO).

Antenato in genere. Ancestor (CAPOSTIPITE).

Antenuziale. (PREMATRIMONIALE)

Anticipazione. (ANTEDATAZIONE; ANTICIPO; ASPETTATIVA; PREVEDIBILITÀ; PREVISIONE)

Anticipo in genere. Advance, advancement (ACCONTO; ANTICIPAZIONE; CAPARRA; DEPOSITO DI DENARO; IN ANTICIPO DI; PAGAMENTO; PREVISIONE; RATA). [vol. I: ADVANCE; INSTALMENT; RETAINER]

– **allo scoperto.** Unsecured advance (SCOPERTO). [vol. I: OVERDRAFT; SECURITY]

– **bancario.** Bank advance (BANCA).

Bibl.:
Chorley 1938, ed. 1974: 288.

– **contro garanzia.** Advance on security (GARANZIA).

– **di cassa.** Cash advance (CASSA).

– **di onorario di avvocato.** (*infra*, ANTICIPO VERSATO AL DIFENSORE)

– **di pagamento.** Down payment, advance payment, deposit, instalment, part payment (CAPARRA; PAGAMENTO ANTICIPATO; PAGAMENTO DIFFERITO; RATA; VENDITA A RATE). [vol. I: ADVANCE]

– **sulla quota ereditaria.** Grosso modo, advancement; ma si noti l'assai diverso regime della successione *mortis causa* nella tradizione di *common law* (SUCCESSIONE PER CAUSA DI MORTE).

– **sul nolo.** Advance on freight (NOLO). [vol. I: *ad vocem*]

– **su merci.** Advance on goods (MERCI; TITOLI RAPPRESENTATIVI DI MERCI). [vol. I: DOCK WARRANT; DOCUMENT OF TITLE]

– **su titoli mobiliari.** Advance on securities (GARANZIA; TITOLI MOBILIARI).

– **versato al difensore.** Retainer, retaining fee (DIFENSORE; MANDATO *AD LITES*; ONORARIO DI AVVOCATO). [vol. I: *ad vocem*]

Anticresi. Antichresis. Non esiste un equivalente nella *common law;* l'analogo più prossimo è costituito dall'abolito istituto del *Welsh mortgage.* Negli S.U. — stato federale — è ammessa solo in Louisiana, *enclave* (grosso modo) di *civil law* (artt. 3176-3181 del *Civil Code*); ma, di fatto, vi si ricorre assai di rado (IPOTECA; PATTO COMMISSORIO; PEGNO). [vol. I: WELSH MORTGAGE]

Antigiuridicità. Tortiousness, wrongfulness (ANTIGIURIDICO).

Antigiuridico. Tortious, wrongful, injurious (ANTIGIURIDICITÀ; DANNO; ILLECITO; INGIUSTIFICATO; INGIUSTO; VIOLAZIONE). [vol. I: INJURIOUS; INJURY; TORT; TORTIOUS]

Antimafia in genere. Anti-racketeering; ma non esiste un termine esattamente corrispondente; negli S.U. le c.d. *RICO laws* — termine con cui si intendono, a seconda dei casi, le leggi federali o dei singoli stati che vanno sotto il nome di *Racketeer Influenced and Corrupt Organizations* — costituiscono un potente strumento legale nella lotta alla criminalità organizzata (CERTIFICATO ANTIMAFIA; CRIMINALITÀ ORGANIZZATA; REATI ASSOCIATIVI).

Antimonopolio. Anti-trust (CONCORRENZA; MONOPOLIO; LEGGE ANTIMONOPOLISTICA). [vol. I: ANTI-TRUST ACTS]

Antinfortunistica in genere. Accident prevention, safety (INFORTUNIO; SICUREZZA). [vol. I: ACCIDENT; SAFETY]

Antiproibizionista. (PROIBIZIONISMO)

Anti-trust. (ANTIMONOPOLIO)

Antropologia giuridica. Legal anthropology (MEDICINA LEGALE).

A nuovo saldo. Account rendered (SALDO).

Anzianità. Seniority (PROMOZIONE PER ANZIANITÀ).

Apartheid. (DISCRIMINAZIONE RAZZIALE). [vol. I: APARTHEID]

Apertura in genere. Opening (CHIUSURA; ORARIO DI APERTURA; RIAPERTURA; TRASPARENZA).

– **dei confini.** Opening of borders (CONFINE; FRONTIERA; LIBERTÀ DI CIRCOLAZIONE).

– **del dibattimento.** Grosso modo, opening of trial (DIBATTIMENTO).

– **della successione.** Dato l'assai diverso sistema della devoluzione ereditaria nei sistemi di *common law,* non esiste un equivalente esatto (SUCCESSIONE PER CAUSA DI MORTE).

– **del testamento.** Probate of will; ma non esiste un equivalente esatto nei sistemi di *common law* (SUCCESSIONE PER CAUSA DI MORTE; TESTAMENTO).

– **di credito bancario.** Opening of credit line, bank advance (CREDITO; LINEA DI CREDITO; VENDITA MEDIANTE APERTURA DI CREDITO). [vol. I: OVERDRAFT]

– **di un conto.** Opening an account (CONTO).

Apolide (int.). Stateless, o stateless person (APOLIDIA; RIFUGIATO; STRANIERO). [vol. I: ALIEN; NATIONALITY; REFUGE]

Apolidia (int.). Statelessness (APOLIDE; ASILO POLITICO; CITTADINANZA; PERDITA DELLA CITTADINANZA). [vol. I: ALIEN; NATIONALITY]

Bibl.:
Strozzi, G., *Apolidia,* in *Digesto IV Utet, Pubbl.,* vol. I: 275.

Apologia di reato. Grosso modo, instigation to commit a crime (ISTIGAZIONE A COMMETTERE UN REATO).

Appaltatore in genere. Grosso modo, independent contractor o, più spesso, contractor; può essere o meno un *agent* (APPALTO; AUSILIARI DELL'APPALTATORE; CAUZIONE DELL'APPALTATORE; COMMITTENTE; COSTRUTTORE; COTTIMISTA; FORNITORE; PREPOSTO; SUBAPPALTATORE). [vol. I: CONTRACTOR; RENEGOTIATION ACT; UNDERTAKER]

- **diretto.** General contractor, prime contractor (SUBAPPALTATORE).
- **edile in genere.** Building contractor (*supra*, APPALTATORE IN GENERE).

Appalto. Non esiste nei sistemi di *common law* una categoria generale equivalente all'appalto nostrano. Anche qui il requisito della *consideration* pone spesso problemi ignoti alla nostra tradizione giuridica. La prassi ha elaborato delle forme particolari di appalto come, ad es., i *building contracts* e gli *shipbuilding contracts*. Sembra opportuno rilevare che anche in questa materia riappare l'ombra della grande dicotomia dei sistemi di *civil law*, ossia quella tra diritto pubblico e diritto privato, per molti versi priva di equivalenza nei sistemi di *common law*. Da questo punto di vista, alla più o meno netta distinzione di regime del sistema italiano dell'appalto retto dal diritto privato o dal diritto pubblico-amministrativo, nella *common law* corrisponde sostanzialmente un regime tendenzialmente comune, anche in presenza di una normativa specifica che si riscontra invariabilmente in tema di appalti pubblici. Sono detti *procurement contracts* i contratti di fornitura per appalto pubblico. Negli S.U. i contratti di appalto federali sono disciplinati dalle *Federal Acquisition Regulations*, e i contratti di appalto pubblico sono detti *federal government contracts*. Ma si parla, più genericamente, di *procurement law* per indicare la materia relativa all'acquisizione pubblica di beni e servizi, che occupa ormai diecine di volumi. L'appalto pubblico internazionale è detto *international procurement*. Il termine *independent contract*, proposto spesso per indicare l'appalto, non è privo di ambiguità (AGGIUDICATARIO DI UN APPALTO; AGGIUDICAZIONE; APPROVVIGIONAMENTO; ASTA; ATTO AMMINISTRATIVO; CAPITOLATO D'APPALTO; *CATERING*; CAUZIONE DELL'APPALTATORE; COLLAUDO; DIRITTO (I) AMMINISTRATIVO; FIDEIUSSIONE; FORNITURA IN APPALTO; GARA DI APPALTO; *HARDSHIP CLAUSE*; INCANTO; LAVORI PUBBLICI; LICITAZIONE; MIGLIORE OFFERENTE; OFFERENTE IN UNA GARA D'APPALTO; OFFERTA PUBBLICA DI APPALTO; POLITICA DEGLI APPALTI PUBBLICI; PROCEDURA DI APPALTO; PROFITTI STRAORDINARI; RAPPRESENTANZA; RINEGOZIAZIONE OBBLIGATORIA DEI CONTRATTI DI FORNITURA AGLI ENTI PUBBLICI NEGLI S.U.; SOMMINISTRAZIONE; STAZIONE APPALTANTE; SUBAPPALTO). [vol. I: GOVERNMENT CONTRACTS; FRANCHISE; PROCUREMENT; PUBLIC UTILITY; RENEGOTIATION ACT; TENDER]

- **chiavi in mano in genere.** Turn key contract. [vol. I: *ad vocem;* ENGINEERING]
- **di costruzione.** Building contract (COSTRUZIONE).
- **di costruzione a trattativa privata.** Building contract by private treaty. [vol. I: PRIVATE TREATY]
- **pubblico in genere.** Public procurement, government procurement, government contract for the procurement of goods and services (ATTO UNICO EUROPEO; IMPOSTA SUI PROFITTI STRAORDINARI; OFFERTA; PROFITTI STRAORDINARI). [vol. I: CONTRACT; GOVERNMENT CONTRACTS; PROCUREMENT; TENDER]

Appannaggio reale. (LISTA CIVILE)

Apparente. Apparent, ostensible, nominal, fictitious (APPARENZA; EREDE APPARENTE; FINZIONE GIURIDICA; LATENTE; NOMINALE; OSTENTATO; PALESE; POTERE APPARENTE; RAPPRESENTENZA APPARENTE; REALE; VIZIO APPARENTE).

Apparenza. Appearance, colour (FINZIONE GIURIDICA).

- **del diritto.** Colour (o color) of law, colour of right; ma questa figura non ha subito l'elaborazione dogmatica conosciuta in Italia. Peraltro, se si bada alla sostanza, sembra potersi dire che la antica e robusta figura dell'*estoppel* copre, tra l'altro, numerosi casi nei quali si verificano ipotesi di apparenza del diritto quali sono concepite nel diritto nostrano. Presentano analogie con l'apparenza i seguenti casi: a) la *reputed ownership*, tipica del diritto fallimentare inglese, ispirata alla tutela dei creditori del fallito; b) l'*apparent* o *ostensible agency*, grosso modo, rappresentanza apparente, nei casi limitatissimi in cui tale figura è ammessa. Infine, il termine *prima facie* allude anch'esso, in qualche modo, a una forma di apparenza; ma finzione giuridica e presunzione si intrecciano spesso al concetto di apparenza del diritto. Un atto o procedimento *fair on its face* è quello che, sulla base degli atti, appare regolare (ABUSO DI DIRITTO; AFFIDAMENTO; APPARENTE; A PRIMA VISTA; *DUE PROCESS CLAUSES*; FINZIONE GIURIDICA; *FUMUS*; PRESUNZIONE; PROPRIETÀ APPARENTE). [vol. I: APPARENT; COLOUR; DUE PROCESS CLAUSES; ESTOPPEL; FICTION; HOLDING OUT; LIFTING THE CORPORATE VEIL; OSTENSIBLE; PARTNERSHIP; PRIMA FACIE; REPUTED OWNERSHIP; TITLE]

Bibl.:

Black 1891, ed. 1990: v. COLOR OF LAW, 265.

Sacco, R., *Apparenza*, in *Digesto IV Utet, Civ.,* vol. I: 353.

– **della titolarità di un diritto.** Colour of title (TITOLARITÀ; TITOLO). [vol. I: *ad vocem*]

– **di legalità in genere.** Under colour of law (LEGALITÀ).

Apparizione. (COMPARIZIONE)

Appartenente a. Belonging to; ma belongings in quanto sostantivo indica una pertinenza, o ciò che è connesso ad una cosa principale (APPARTENENZA; EFFETTI PERSONALI; PERTINENZA; PROPRIETÀ). [vol. I: BELONG; BELONGINGS; OWNERSHIP]

Appartenenza in genere. Ownership, membership; ma, inteso in senso di fedeltà a un determinato paese e alle sue regole, il concetto è reso, sembrerebbe, dalla parola *allegiance* (APPARTENENTE A; CITTADINANZA; DOMICILIO; FEDELTÀ; PROPRIETÀ; *STATUS*).

Appellabile in genere. Appealable, subject to appeal, liable to be attacked o challenged (APPELLO; IMPUGNABILE).

Appellante. Appellant (APPELLATO; IMPUGNANTE; RICHIEDENTE). [vol. I: PLAINTIFF]

Appellativo. Name, style (NOME).

Appellato. Appellee, defendant, respondent (APPELLANTE; APPELLO). [vol. I: DEFENDANT]

Appello in genere. Appeal, application, petition. Nel senso di chiamata, segnale, si dice *call.* Nel senso di impugnazione in genere, si parla anche di review, *attack*, etc. In questa materia, al di là dell'appello in senso stretto, resta da segnalare la straordinaria ricchezza di espedienti per contestare, oltre che una sentenza, una qualsiasi decisione di qualsiasi organo non giudiziario autorizzato dalla legge a emettere decisioni che hanno effetto sui diritti dei cittadini. Si tratta di provvedimenti emessi discrezionalmente dall'autorità giudiziaria che si ricollegano alla giustamente celebrata *judicial review* che, storicamente, fa del giudice il garante ultimo della *rule of law*. A ciò vanno aggiunte le c.d. *due process clauses*, garanzie costituzionali fondamentali particolarmente sviluppate negli S.U. [vol. I: DUE PROCESS CLAUSES; PREROGATIVE WRITS AND ORDERS]. Si notino altresì le spesso radicali differenze esistenti in questa complessa materia tra le due tradizioni giuridiche di *civil law* e di *common law*, da ricollegare, principalmente, alla presenza attuale, o presunta, della *giuria* nel processo, istituto fondamentale di *common law* attorno al quale ruota il diverso sistema delle prove, la natura della sentenza, la regola del *precedent*, etc., e la stessa articolazione dell'appello. Anche se, ovviamente, nell'ambito di una cultura giuridica comune, sono da rilevare talune notevoli differenze tra il sistema inglese e quello nordamericano. Da quest'ultimo punto di vista, premesso che gli S.U. sono uno stato federale con cinquanta ordini giudiziari, ognuno per i singoli stati dell'Unione, più un ordine giudiziario federale, ciascuno con proprie regole, l'impugnazione della sentenza nel sistema nordamericano viene distinta in *direct attack* e *collateral attack*: l'appello rientra nella prima categoria. Ma non esiste equivalente del *collateral attack* nel sistema processuale inglese [Karlen 1967: 217]. Di qui, ovviamente, una particolare *fragilità* della *cosa giudicata*, e anche la possibilità di impugnazioni di vario genere che possono prolungare il processo, specie penale, in tempi irragionevoli. Tra la condanna a morte e l'esecuzione della pena di Caryl Chessman sono trascorsi circa dodici anni (sic!); questa agonia non è dovuta ad una particolare malvagità del sistema processuale nordamericano quanto piuttosto ad una forma aberrante di garantismo quale risulta dalla combinazione dell'uso a ripetizione dell'*habeas corpus* con il sistema del *collateral attack* al di fuori delle normali procedure di appello. D'altro canto, nel sistema inglese, nei rarissimi casi in cui la pena di morte sarebbe ancora ipotizzabile, la sentenza sarebbe eseguita, annullata o commutata in sei settimane. Inoltre, l'idea che un individuo possa essere tenuto nella cella della morte per tanti anni ripugna talmente alla coscienza inglese che la sentenza sarebbe certamente commutata nella prigione a vita [Karlen, ibid.: 219]. La complessità della procedura di appello e di merito è tale che negli S.U. si fa luogo ad una specializzazione professionale che distingue tra *trial advocacy* e *appellate advocacy*. In ogni caso, va segnalato il c.d. *collateral attack*, termine col quale si allude negli S.U. a forme di impugnazione collaterali della sentenza al di fuori dei mezzi ordinari elaborate sulla base di provvedimenti previsti originariamente dalla *common law*, come i *writs of error coram nobis*, *of coram vobis* o, in materia penale, di *habeas corpus* al punto di risultare irriconoscibili nel sistema inglese da cui provengono. I *writs of error coram nobis* e *of error coram vobis*, sono stati aboliti, ma trovano ora la loro disciplina nella R. 60(b) delle *Federal Rules of Civil Procedure*. Il *collateral attack* che, in senso stretto, non costituisce un appello, si propone davanti *alla stessa corte* che ha emesso la sentenza di cui si chiede l'annullamento, più spesso per incompetenza, errore di fatto e frode. In effetti, proprio la possibilità del *collateral attack*, espediente ignoto alla *civil law*, costituisce una delle ragioni principali della fragilità del giudicato di *common law*, in un sistema in cui la nullità del giudicato può essere pronunciata in un successivo processo anche senza l'intervento delle parti al primo giudizio. Si noti che il concetto di cosa giudicata, oltre che dall'ambiguo termine *res iudicata*, è reso anche da altre espressioni quali *estoppel by record*, o *by judgment*, *final judgment*, etc. (COSA GIUDICATA).

1. In principio, nei sistemi di *common law* l'appello è essenzialmente limitato al riesame delle questioni di diritto, ma non delle questioni di fatto (decise dalla giuria convocata solo per il giudizio di merito; salvo il caso di errore sul fatto che, in tal caso, comporta un *new trial* davanti allo stesso giudice: si tratta di un tipo di processo privo di equivalenza nei sistemi di *civil law* che non conoscono la giuria). A questo proposito appare rilevante la distinzione tra *question of fact-question of law*, priva di equivalenza nella *civil law*, che segna il discrimine tra funzioni della giuria — che non si riunisce in appello — e funzioni del giudice. Del resto, il principio dell'impugnabilità delle sentenze non è neanche, di per sé, intrinseco alla *common law*: l'impugnazione trova la sua fonte, ogni volta, nel diritto scritto (*statute law*). E se, in pratica, l'appello avverso le decisioni di un organo giudiziario è ammesso in quasi tutti i casi, non vanno trascurate le conseguenze dell'assenza di un principio generale di impugnabilità analogo a quello previsto dall'ordinamento costituzionale italiano. Negli S.U., patria delle garanzie costituzionali, non esiste, in senso stretto, un diritto costituzionale all'appello. In ogni anno giudiziario la veneranda *Supreme Court* decide solo in media 160 casi sui quattro-cinquemila ricorsi proposti. Del resto, un sistema non *discretionary*, ossia all'italiana, con tre gradi di giurisdizione (perché tale è diventato il ricorso per cassazione), significherebbe, in sostanza, in quel paese la fine dell'amministrazione della giustizia. In effetti, la « glorificazione » dei giudizi di gravame rilevata dal Cappelletti, ossia l'esasperazione del principio del doppio grado di giurisdizione, costituisce spiegazione non marginale del degrado dell'amministrazione della giustizia italiana.

2. Premesso che negli S.U. l'appello può essere *as of Right* (cfr. R. 3 e 4 delle *Federal Rules of Appellate Procedure*), ovvero *by Permission* (cfr. R. 5, ibid.), salvo che non sia un indigente, l'appellante è tenuto a prestare una cauzione per il pagamento delle spese dell'appello (cfr. R. 7. *Bond for Costs on Appeal in Civil Cases*, ibid.). L'appello di per sé non comporta la sospensione dell'esecuzione della sentenza che deve essere concessa di volta in volta (cfr. R. 8. *Stay or Injunction Pending Appeal*, ibid.); qualora il giudice di appello accerti che l'appello proposto è defatigatorio (*frivolous*), egli può condannare l'appellante al risarcimento del danno o alle spese del giudizio, anche raddoppiate, a favore dell'appellato (cfr. R. 38. *Damages for Delay*).

3. Tenendo conto che, come si è accennato, gli S.U. sono uno stato federale, il percorso dell'appello appare, schematicamente, il seguente nel sistema federale e in molti stati dell'Unione: appello avverso la sentenza di una *District Court* (che è una *trial court*, ossia un giudice di merito) a una *Court of Appeals* (detta *intermediate* in quanto precede l'appello alla *Supreme Court*) e, infine, l'appello alla *Supreme Court*. Non esiste il diritto a proporre appello alla *Supreme Court*: l'appellante richiede alla Corte un *writ of certiorari* che, se emanato, comporta l'esame della decisione contestata. Ma la Corte respinge la gran parte delle richieste: in tal modo, con l'emissione del *writ* nei confronti dell'organo giudiziario che ha emesso la decisione contestata, in pratica, essa si riserva il diritto di scegliere quali questioni trattare.

4. Le *Federal Rules of Appellate Procedure* disciplinano anche gli appelli avverso una decisione di quegli organi che sono collocati al di fuori dell'ordinamento giudiziario come, ad es., nel caso di una *decision* della *Tax Court* federale, ovvero di un *order* di una *Agency*, di un *Board*, *Commission* o *Officer* (cfr. R. 1 (a). *Scope of Rules*).

5. Queste poche norme — attinenti alla giustizia federale, ma grosso modo indicative di un modello non troppo diverso nei va-

ri stati dell'Unione — valgono a dare una idea schematica, ma si spera sufficiente, oltre che del diverso approccio verso l'appello negli S.U., anche del diverso tipo di « diritto amministrativo » esistente nei sistemi di *common law* in virtù della giustamente celebrata *judicial review*. E altresì dell'istituto del *certiorari* che, in breve, oltre a consentire un controllo sugli atti della pubblica amministrazione da parte del giudice ordinario, costituisce non un appello in senso stretto, ma un espediente di contestazione della sentenza ordinaria lasciato all'apprezzamento discrezionale del giudice superiore. Peraltro, bisogna precisare che nel sistema nordamericano l'appello in senso stretto fa parte ormai della cultura processuale e rientra in una prassi vieppiù diffusa (ABUSO DELLE NORME PROCESSUALI; DOPPIO GRADO DI GIURISDIZIONE). [vol. I: CERTIORARI].

6. Nel sistema inglese, l'appello è spesso soggetto ad una preventiva autorizzazione del giudice *a quo* o del giudice *ad quem*. Quando nel giudizio di appello si usa l'espressione *at trial* si vuol indicare il giudizio di merito, che i *civil lawyers* definirebbero di primo grado.

7. In breve, ancora, oggi per quanto, come si è accennato, il principio si è allentato specie negli S.U., il concetto originario di processo nella tradizione di *common law* è limitato al processo di merito (con la partecipazione attuale, o presunta, della giuria); la sentenza di merito civile e penale è esecutiva, e l'appello non devolve al giudice il potere di procedere al riesame del merito. Il carattere eccezionale dell'appello nei sistemi di *common law* — specie per quanto attiene ad un riesame del merito — si ricollega alla forza esecutiva e alla piena autorità di cosa giudicata di cui è rivestita la sentenza che dai *civil lawyers* sarebbe definita di primo grado.

8. Fondamentale è, in materia penale, il divieto *of double jeopardy,* tipico della *common law*. Previsto negli S.U. dal V emendamento [1791] della costituzione — ma privo di equivalenza nel sistema italiano (cfr. l'art. 593 del codice di procedura penale) e in quelli di *civil law* in genere — esso stabilisce il divieto di procedere per lo stesso fatto a carico dell'imputato: la sentenza di assoluzione non può essere impugnata dall'accusa. Ma vi può essere appello contro la misura della pena. Anche qui, la terminologia può dar luogo a gravi abbagli: *appealing sentence* o *appeal against sentence*, non indica l'appello contro la sentenza — (che è detta *judgment)* — ma unicamente contro quella parte di essa che determina la pena: quest'ultima è detta, appunto, *sentence* (ABUSO DELLE NORME PROCESSUALI; ACCOGLIMENTO DELL'APPELLO; APPUNTI DEL GIUDICE; AUTORIZZAZIONE A PROPORRE APPELLO; CASSAZIONE; CAUZIONE PER LE SPESE PROCESSUALI; CHIAMATA; COMPARSA; CONDANNA; CORTE DI APPELLO; COSA GIUDICATA; CUSTODIA CAUTELARE; DIFFERIMENTO DELL'APPELLO; DIRITTO (I) AMMINISTRATIVO; DOMANDE NUOVE IN APPELLO; DOPPIO GRADO DI GIURISDIZIONE; ECCESSIVO AMMONTARE DEL RISARCIMENTO DEL DANNO; ESECUZIONE PROVVISORIA DELLA SENTENZA; GARANTISMO; GIUDICE DI APPELLO; GIURIA: 1; GIURISDIZIONE DI APPELLO; GRADI DI GIURISDIZIONE; GRAVAME; *HABEAS CORPUS*; IMPROCEDIBILITÀ DELL'APPELLO; IMPUGNAZIONE; IN PENDENZA DI APPELLO; INTERVENTO IN GIUDIZIO DEL TERZO; ISTRUZIONI DEL GIUDICE ALLA GIURIA; MOTIVI DI APPELLO; ORDINAMENTO GIUDIZIARIO; ORGANO DI APPELLO INDIPENDENTE; PRESUNZIONE DI INNOCENZA; PROCEDURA CIVILE; PROCEDURA PENALE; QUESTIONE DI FATTO-DI DIRITTO; *REFORMATIO IN PEIUS*; REGOLATORE; RIESAME DELLA CAUSA; RIGETTO DELL'APPELLO; RINUNZIA ALL'APPELLO; SCARCERAZIONE PER DECORRENZA DEI TERMINI; SEGNALE; SENTENZA DEFINITIVA; SOSPENSIONE DELL'ESECUZIONE DELLA SENTENZA CIVILE o PENALE; TERMINI PER L'APPELLO; ULTIMA ISTANZA; VERDETTO). [vol. I: INTRODUZIONE: III. 26, 29; APPEAL; APPLICATION; DOUBLE JEOPARDY; DUE PROCESS CLAUSES; HABEAS CORPUS; JUDGMENT; JURY; LEAVE TO APPEAL; NEW TRIAL; RES IUDICATA].

Bibl.:

Tarzia, G., *L'appel en matière civile en droit italien dans une perspective comparative,* in *Annales de droit de Louvain*, 1989, vol. 2: 121.

– **contro una decisione, una sentenza.** Appeal against a decision, appeal from a judgment (*supra*, APPELLO IN GENERE; DECISIONE; SENTENZA).

– **defatigatorio.** Frivolous appeal (*supra*, APPELLO IN GENERE: 2; ABUSO DELLE NORME PROCESSUALI). [vol. I: FRIVOLOUS; VEXATIOUS ACTION]

– **incidentale.** Cross appeal. [vol. I: *ad vocem*]

– **nominale.** (VOTO PER APPELLO NOMINALE)

– **su questioni di diritto.** Appeal on points of law (*supra*, APPELLO IN GENERE: 1; QUESTIONE DI FATTO-DI DIRITTO).

Appendice. Appendix, annex, endorsement, rider, schedule (ALLEGATO; TABELLA).

Applicazione in genere. Application, implementation; ma nel senso di esecuzione è detta *enforcement*. Un trattato, una norma, una regola, un atto applicabile di per sé, che non richiede ulteriori interventi legislativi, del giudice, o il compimento di un atto di esecuzione, è detto *self-executing*: è così definita la normativa comunitaria di diretta applicazione in quanto non soggetta al controllo del parlamento britannico. Ma si noti che *application* indica anche la domanda, l'istanza, o l'appello (ATTUAZIONE; ESECUZIONE DELLA LEGGE; ESECUZIONE DELLA PENA; ESECUZIONE FORZATA; IN APPLICAZIONE DELL'ARTICOLO; NORMA PRECETTIVA). [vol. I: ENFORCEMENT; ENTRY INTO FORCE; EXECUTION; IMPLEMENTATION; PERFORMANCE; SELF-EXECUTING]

– **della legge in genere.** Enforcement, enactment, o implementation of law (LEGGE). [vol. I: ENTRY INTO FORCE; LAW]

– **della pena su richiesta.** (PATTEGGIAMENTO; PENA)

– **di una norma, regola.** Implementation, execution, of a rule (ARTICOLO DI LEGGE; NORMA; REGOLA). [vol. I: INTRODUZIONE: III. 37; EXECUTION; EXECUTIVE AGREEMENT; EXECUTIVE ORDER]

– **di un trattato.** Application, o implementation, of a treaty (ESECUZIONE; SOSPENSIONE DELL'APPLICAZIONE DI UN TRATTATO; TRATTATO).

– **uniforme.** Uniform application (DIRITTO (I) UNIFORME; UNIFICAZIONE DEL DIRITTO).

Appoggio. Support; ma si noti che il termine indica anche gli alimenti o il mantenimento (ALIMENTI; DIRITTO (II) DI APPOGGIO; MANTENIMENTO; SERVITÙ DI APPOGGIO).

Apporto. Contribution; ma questo termine è anche impiegato, tra l'altro, in tema di obbligazioni o responsabilità solidale (APPOGGIO; CAPITALE; CONFERIMENTO; CONTRIBUTO). [vol. I: CONTRIBUTION]

– **di capitale.** Contribution to capital (CAPITALE).

Apposizione dei sigilli. Lett., attaching, fastening, seals; ma nel senso di sequestro va detto, a seconda dei casi, *seizure, impounding, confiscation, arrest*. Non esiste un corrispondente esatto, ma analogo risultato si ottiene mediante l'*injunction* (SIGILLO; UFFICIALE GIUDIZIARIO). [vol. I: ADMINISTRATION; ARREST; CONFISCATION; IMPOUNDING; INJUNCTION; PROBATE; SEIZURE; SUCCESSION]

Apposizione dei termini. (AZIONE (I) DI REGOLAMENTO DEI CONFINI)

Apprendista. Apprentice, trainee (APPRENDISTATO; CONTRATTO DI LAVORO; RESPONSABILITÀ INDIRETTA; TIROCINIO). [vol. I: APPRENTICE; VICARIOUS LIABILITY]

Apprendistato. Apprenticeship (APPRENDISTA; AVVENTIZIATO; CONTRATTO DI APPRENDISTATO; TIROCINIO).

Apprezzamento in genere. Assessment, evaluation (ACCERTAMENTO; CONSULENZA; EQUO APPREZZAMENTO; POTERE DI APPREZZAMENTO; STIMA; VALUTAZIONE). [vol. I: DISCRETION]

Approccio. (ACCESSO; DIRITTO (II) DI APPROCCIO)

Approdo. Berth (ORMEGGIO).

Appropriazione in genere. Appropriation; ma si noti l'ambiguità del termine che indica, tra l'altro, anche la specificazione, o individuazione, nella vendita di cose di genere, e l'imputazione di pagamento, lo stanziamento di fondi, etc. In materia penale, indica, oltre all'impossessarsi della cosa altrui, anche l'appropriazione indebita come, ad es., nel caso del depositario (*bailee*): si parla, quindi, rispettivamente, di *appropriating property belonging to another* per il indicare il furto (*theft*), e di *conversion* per indicare l'appropriazione indebita, che peraltro viene anche prospettata come *fraud* (FRODE; FURTO; IMPOSSESSAMENTO; SOTTRAZIONE; STANZIAMENTO). [vol. I: CONVERSION; FRAUD; NEMO DAT QUOD NON HABET; RESTITUTION; THEFT]

– **di cose smarrite.** Appropriating lost property (*RES NULLIUS*; RITROVAMENTO DI COSA SMARRITA). [vol. I: CONVERSION; DERELICTION; RES NULLIUS; TREASURE TROVE]

– **di denaro pubblico.** Embezzlement of public funds; rientra nel *theft* (*infra*, APPROPRIAZIONE INDEBITA; DENARO PUBBLICO; FONDI PUBBLICI; PECULATO). [vol. I: BRIBERY; EXTORTION; MALADMINISTRATION; THEFT]

– **di tesoro.** Appropriating treasure trove (TESORO).

– **indebita.** Fraudulent conversion; ma si parla anche di *misappropriation, embezzlement* e anche di *defalcation*. L'appropriazione indebita da parte del *bailee* è detta *theft by bailee* (DETENTORE; DISTRAZIONE; INFEDELTÀ PATRIMONIALE; MANOMISSIONE; PECULATO; SOTTRAZIONE). [vol. I: BAILEE; CONVERSION; DETINUE]

– **indebita di fondi.** Misappropriation of funds, defalcation; l'appropriazione di fondi da parte del *trustee* è definita *misap-*

propriation of trust funds (*supra*, APPROPRIAZIONE INDEBITA; DEDUZIONE DA UNA SOMMA; PECULATO; *TRUST*).

– **indebita di fondi societari.** Misuse of company funds (FALSO IN BILANCIO).

Approssimazione in genere. Approximation.

– **delle legislazioni dei paesi membri della Comunità Economica Europea.** Approximation of laws of members countries of the EEC (DIRITTO (I) UNIFORME; RAVVICINAMENTO DELLE LEGISLAZIONI DEI PAESI MEMBRI DELLA COMUNITÀ ECONOMICA EUROPEA; UNIFICAZIONE DEL DIRITTO).

– **fiscale.** (ARMONIZZAZIONE FISCALE)

Approvazione. Approval, assent, endorsement (ACCORDO; ASSENSO; CONFERMA; CONSENSO; CONVALIDA; GRADIMENTO; RATIFICA; SALVO APPROVAZIONE; TASSO DI APPROVAZIONE). [vol. I: AFFIRMATION; AGREEMENT; APPROVAL; ASSENT; CONSENT; ENDORSEMENT]

– **del bilancio annuale della società.** Shareholder approval of annual balance-sheet (BILANCIO DI SOCIETÀ).

– **di disegno** o **proposta di legge.** Adoption, o passing, of bill in Parliament, o in Congress (DISEGNO DI LEGGE; PROGETTO DI LEGGE).

– **di una legge.** Passing an act of Parliament, o of Congress (EMANAZIONE DI UNA LEGGE; LEGGE).

Approvvigionamento. Procurement, catering, supply (ACQUISIZIONE; ACQUISTO; APPALTO; *CATERING*; COMMISSARIATO; CONTRATTO DI APPROVVIGIONAMENTO; FORNITURA; ORDINE DI APPROVVIGIONAMENTO; POLITICA DEGLI APPALTI PUBBLICI; PROCEDURA DI APPALTO; SOMMINISTRAZIONE; UFFICIO APPROVVIGIONAMENTI).

Appunti del giudice. Judge's notes. Di solito, durante il *trial* il giudice prende delle note che sono utilizzate dalle parti ai fini dell'appello; ma si noti che una buona parte del *trial* viene stenografata: è detto *transcript* il testo stenografico (APPELLO; GIUDICE; MINUTA; NOTA; VERBALE). [vol. I: *ad vocem*]

A prima vista. Prima facie (APPARENZA; A VISTA; PRESUNZIONE). [vol. I: *ad vocem*]

A priori. *A priori* (LOGICA GIURIDICA).

A pronti. Spot; nel commercio delle materie prime e dei cambi esteri, il termine spot indica la consegna immediata in quanto distinta da quella futura. In questo senso, si parla, di volta in volta, di *spot market*, o *spot trading*, per indicare il mercato delle merci a pronti, e di *spot price* per indicare il prezzo relativo; inoltre, si parla di *spot exchange rate* per indicare il tasso di cambio al quale può essere convertita una valuta con consegna immediata (A TERMINE; BORSA MERCI; CAMBIO A PRONTI; COMMERCIO; CONSEGNA A PRONTI; DERRATE; MATERIE PRIME; MERCATO A PRONTI; MERCATO A TERMINE; MERCATO DEI PRODOTTI AGRICOLI E DELLE MATERIE PRIME; MERCATO INTERNAZIONALE DELLE MERCI; MERCI; OPERAZIONE A PRONTI; PREZZO; PRONTA CASSA; PRONTI; VENDITA A PRONTI). [vol. I: FUTURE CONTRACT; FUTURE GOODS]

A querela di. On complaint of; ma si noti la diversità di regime in materia (QUERELA).

Araldica in genere. Heraldry. In un paese a reggimento monarchico come il R.U., in cui l'aristocrazia ha ancora uno *status* ufficiale, essa ha grande importanza; basta pensare che una delle due camere del parlamento britannico è costituita dalla *House of Lords* (ARISTOCRAZIA; NOBILTÀ; *STATUS*).

Bibl.:

Cansacchi, G., *Araldica*, in *Digesto Utet IV, Pubbl.,* vol. I: 336.

Arbitrager o ***arbitrageur.*** (ARBITRAGGIO; ARBITRAGGISTA)

Arbitraggio. (ARBITRAMENTO DEL TERZO)

Arbitraggista. Arbitrager; questo termine indica una figura di speculatore di borsa diffusa negli S.U., che lucra su piccole variazioni nelle quotazioni dei titoli come quelle che si verificano sulle due coste, del Pacifico e dell'Atlantico. Il termine *arbitrage* indica il simultaneo acquisto su un mercato e la vendita su un altro di titoli mobiliari o merci per speculare sulle differenze di prezzo (BORSA MERCI; BORSA VALORI; *FUTURES* FINANZIARI; TITOLI MOBILIARI).

Arbitramento del terzo. Non sembra che sia ammesso dai sistemi di *common law* in materia contrattuale. Potrebbe essere descritto come the fact of a third person determining the subject matter of the contract, the amount of price, etc. Ma sembra potersi dire che il *power of appointment* e il *discretionary trust* costituiscono un analogo dell'arbitramento del terzo. Quanto sopra non va confuso con l'arbitrato, che è detto *arbitration* (ARBITRATO; ARBITRATORE; CONTRATTO A FAVORE DI TERZI; TERZO). [vol. I: POWER: 2, 3; TRUST: VII]

Arbitrario. (ATTO ARBITRARIO)

Arbitrato in genere. Arbitration, conciliation. Anche in questa materia, bisogna fare riferimento alla diversa teoria delle fonti dei sistemi di *common law*: in questo senso, si distingue tra *common law arbitration* e *statutory arbitration*, a seconda che la materia sia regolata dalla *case law* o dalla *statute law*. Notevoli differenze esistono nella materia tra il sistema inglese e quello nordamericano sia nell'un caso che nell'altro.
1. La materia è regolata nell'ordinamento inglese sul piano legislativo dagli Arbitration Acts 1950-1979. Il patto col quale le parti stabiliscono di sottoporre una serie di future controversie o una singola controversia ad arbitrato è definito in genere *arbitration agreement*, o *submission*. Esso va redatto per iscritto a pena di nullità; in senso stretto, si distingue in *general* — se ha per oggetto controversie future, e in tal caso corrisponde al patto compromissorio (detto anche *arbitration clause*) — o *special* se ha per oggetto una sola controversia, e in tal caso corrisponde al compromesso. Il lodo arbitrale è detto *arbitral award*, o anche *arbitrament*. L'arbitration si distingue dalla *reference* con la quale il giudice ordinario — in determinati casi — può rimettere in tutto o in parte la decisione di un giudizio civile a un *official* o *special referee*. Di fatto, l'arbitrato è diffusissimo nella prassi anglo-americana degli affari: una clausola compromissoria è inserita invariabilmente nei contratti commerciali; frequentissimo è il caso di transazioni commerciali che, pur non avendo alcun collegamento con il R.U., prevedono l'arbitrato commerciale inglese. A questo proposito va ricordata la notissima *London Court of Arbitration* che svolge anche funzioni di arbitrato internazionale. Con l'Arbitration Act 1975, il R.U. ha aderito alla convenzione delle N.U. sul riconoscimento e l'esecuzione delle sentenze arbitrali straniere del 1958. Numerose e profonde differenze sussistono tra i poteri e le funzioni degli arbitri commerciali nel sistema inglese e in quelli continentali. Tra le tante, si accenna alla c.d. *amiable composition*, che non è ammessa né nel sistema inglese, né in quello nordamericano, che la considerano una forma di transazione. Tantomeno trova corrispondenza nei sistemi di *common law* la distinzione tra arbitrato rituale e arbitrato libero del sistema italiano.
2. Negli S.U. — stato federale — la maggior parte degli stati ha adottato, con qualche variante, l'*Uniform Arbitration Act* del 1955, emendato nel 1956, elaborato dai *Commissioners on Uniform State Laws* e raccomandato dall' *American Bar Association*. Sempre negli S.U., è detto *mini-trial* un modo di risoluzione delle controversie che consiste in una procedura informale davanti a persone autorizzate a transigere la lite, e a un consulente che funge da terzo imparziale. I difensori espongono le ragioni delle parti in contraddittorio; dopo di che, i mandatari delle parti cercano di transigere la lite. Al terzo può essere chiesto di esprimere un'opinione non vincolante su come, a suo avviso, la lite sarebbe decisa in sede giudiziaria. Con il termine *alternative dispute resolution* si intende negli S.U. la risoluzione delle controversie in sede non giudiziaria, come nell'arbitrato, nella mediazione, nel *mini-trial*, etc. Essa è molto diffusa in materia di controversie commerciali, di lavoro individuali, cause matrimoniali, incidenti automobilistici, negligenza medica professionale, etc.
3. *Arbitrato commerciale internazionale.* Come afferma un noto esperto della materia: « Arbitration rules for use in international trade exist by the dozens ». La complessa materia va rintracciata sia in convenzioni internazionali di carattere universale o regionale, sia in numerosi altri gruppi di norme promosse da associazioni non governative. Si ricordano, in particolare le norme elaborate sotto gli auspici delle N.U., e le regole arbitrali del Consiglio d'Europa del 1966. Ma, a parte gli accordi intergovernativi, un posto di notevole rilievo assumono nella pratica commerciale internazionale le regole di associazioni private come l'*American Arbitration Association*, l'*International Chamber of Commerce,* la *Japan Commercial Arbitration Association* e molte altre relative a settori specifici del commercio internazionale. Una *arbitration clause* è normalmente contenuta nei *charterparties* e nei *bills of lading*.
4. *L'arbitrato internazionale tra Stati.* È stato giustamente osservato che: « la storia della giustizia internazionale coincide in gran parte con la storia dell'arbitrato ». In questo senso, una pluralità di organi e procedure va ricollegata all'arbitrato tra Stati. Per quanto attiene ai primi, va ricordata la Corte Permanente di Arbitrato creata nel 1899, la cui importanza è diminuita con l'istituzione della Corte Internazionale di Giustizia, principale organo giudiziario delle N.U. che, concepita all'origine per il regolamento delle controversie tra Stati, ha cominciato a estendere la propria giurisdizione anche a

quelle tra Stati e privati. Tra le procedure arbitrali, va ricordato il modello di regole sulla procedura arbitrale elaborato dalla *International Law Commission* delle N.U.

Bibl.:
Giardina, A., *Arbitrato fra Stati e privati stranieri*, in *Digesto IV Utet, Pubbl.*, vol. I: 360.
Villani, U., *Arbitrato fra Stati*, in *Digesto IV Utet, Pubbl.*, vol. I: 338.

5. *L'arbitrato come giustizia alternativa.* Con l'arbitrato si realizza una forma di *deregulation*: alle norme e agli organi statali deputati alla soluzione della controversia vengono sostituiti gli organi e le regole dei privati, beninteso entro talune invalicabili regole. In un paese come il nostro — in cui l'altissimo livello di litigiosità esprime una cultura alla quale deve non poco il contributo degli avvocati che, peraltro, a differenza degli S.U., non possono trarre profitto dal patto di quota lite; in cui qualsiasi nuovo organo giudiziario viene in poco tempo sommerso da una valanga di controversie; in cui le gigantesche disfunzioni della pubblica amministrazione, con l'escludere, salvo eccezioni, qualsiasi intervento correttivo dell'atto amministrativo nel corso della sua formazione, si traducono in infiniti procedimenti giudiziari — la creazione di un sistema che prevenisse o eliminasse nella misura del possibile il maggior numero di controversie dovrebbe costituire un obiettivo primario nella politica giudiziaria del nostro paese. Comunque, se lo sviluppo enorme dell'arbitrato commerciale si spiega con l'aumento degli scambi, resta da rilevare la modestia del fenomeno italiano dell'arbitrato (ACCOMODAMENTO; ALBO DEGLI ARBITRI; AMICHEVOLE COMPOSITORE; ARBITRAMENTO DEL TERZO; CLAUSOLA COMPROMISSORIA; CODICE DI CONDOTTA; COLLEGIO ARBITRALE; COMPROMESSO; CONCILIAZIONE; CONTROVERSIA LEGALE; COSA GIUDICATA; DEFINIZIONE DI UNA CONTROVERSIA; DEROGA DELLA GIURISDIZIONE; DIFENSORE CIVICO; ESECUZIONE FORZATA; GIUDICE DI PACE; GIUSTIZIA ALTERNATIVA; GIUSTIZIA BAGATTELLARE; *HARDSHIP CLAUSE;* RICONOSCIMENTO DELLA SENTENZA ARBITRALE STRANIERA; SOTTOMISSIONE AD ARBITRATO; SPESE DI ARBITRATO; TRANSAZIONE). [vol. I: ARBITRATION; CONCILIATION; DEREGULATION; JURISDICTION; MEDIATION]

Bibl.:
Carpi, F., *L'arbitrato rituale fra autonomia e aiuto giudiziario* (1990) 3 CeI 901.
David 1982: 148.
Fazzalari, E., *Arbitrato (teoria generale e diritto processuale civile)* in *Digesto IV Utet, Civ.*, vol. I: 389.
Schlesinger 1950, ed. 1988: 471.

– **commerciale internazionale.** International commercial arbitration (COMMERCIO INTERNAZIONALE).

Bibl.:
Luzzatto, R., *Arbitrato commerciale internazionale*, in *Digesto IV Utet, Comm.*, vol. I: 192.

– **equitativo.** Arbitration ex aequo et bono, o amiable composition; forma di arbitrato ignota alla *common law* (AMICHEVOLE COMPOSITORE).

– **internazionale.** International arbitration (DIRITTO (I) INTERNAZIONALE).

– **nell'assicurazione.** In numerose polizze di assicurazione inglesi figura una clausola compromissoria che impone l'esperimento di una procedura arbitrale relativa all'ammontare dell'indennizzo — ma non alla responsabilità — che deve precedere a pena di decadenza il giudizio davanti al giudice ordinario. Di fatto — ad eccezione dei casi in cui la clausola è stata espressamente stipulata, ovvero quando si tratti di assicurazione marittima, aeronautica o di riassicurazione — gli assicuratori rinunciano alla sua applicazione (ASSICURAZIONE). [vol. I: INSURANCE: I. 19]

Bibl.:
Ivamy 1966, ed. 1975: 254, n. 15.

– **obbligatorio.** Compulsory arbitration, binding arbitration (CONTROVERSIA COLLETTIVA DI LAVORO; PERIODO DI RAFFREDDAMENTO; SCIOPERO).

– **volontario.** Voluntary arbitration (*supra*, ARBITRATO IN GENERE).

Arbitratore. Non vi è una figura equivalente nei sistemi di *common law* (ARBITRAMENTO DEL TERZO).

Arbitrio in genere. Arbitry, discretion, unrestrain (ABUSO DI DIRITTO; ABUSO DI POTERE; ARBITRARIO; ATTO ARBITRARIO; GIUSTA CAUSA; LIBERO CONVINCIMENTO DEL GIUDICE; POTERE; RAGION DI STATO; TORTURA; VERITÀ).

– **giudiziario.** Judicial arbitrariness (CODIFICAZIONE; RICUSAZIONE DEL GIUDICE).

Arbitro in genere. Arbitrator; va distinto dal *referee* e dall'*umpire* il quale ultimo è l'arbitro unico nominato da due arbitri che non riescano a decidere la controversia; il *referee* è nominato dal giudice. L'arbitrator si distingue dall'*amiable compositeur,* figura ignota alla *common law*; esso si distingue anche dall'arbitraggista (AMICHEVOLE COMPOSITORE; ARBITRAGGISTA; ARBITRATO; CONSULENTE TECNICO; NOMINA DI UN ARBITRO; PROBIVIRI; RICUSAZIONE DI UN ARBITRO; SUPERARBITRO). [vol. I: REFEREE; UMPIRE]

- **imparziale.** Impartial arbitrator; si parla anche, in senso lato, di *honest broker* (MEDIATORE).
- **terzo, superarbitro.** Umpire. [vol. I: *ad vocem*]
- **unico.** Sole, o single, arbitrator (*supra*, ARBITRO IN GENERE).

Arcana imperii. (SEGRETO DI STATO)

Archiviazione in genere. Filing (ARCHIVIO).

- **della denunzia penale.** Grosso modo, dismissal of charge; discharge. Ma non esiste, in senso stretto, un esatto equivalente della procedura di archiviazione per infondatezza dell'azione penale di cui all'art. 408 c.p.p. nostrano. La discrezionalità dell'azione penale che, oltretutto, riflette anche un'esigenza di economia ed efficienza del processo, in un sistema in cui gli indizi a base della denunzia devono rispondere al requisito della *probable cause*, contribuiscono ad evitare quel fenomeno nostrano che vede la giustizia ingolfata, oltre che da migliaia di denunzie penali, da autentici « teoremi » accusatori troppo spesso rivelatori di plateale incompetenza tecnica che finisce con l'assicurare l'impunità ai veri responsabili. « Dismissed » è di solito il termine impiegato per definire un procedimento archiviato: ma il termine *dismissal* è riferito anche anche al processo civile (ASSOLUZIONE; AZIONE (I) PENALE; DENUNZIA DI REATO; DESISTENZA DALL'AZIONE IN GIUDIZIO; DISCREZIONALITÀ DELL'AZIONE PENALE).

  Bibl.:

  Gandossi, E., *Archiviazione*, in *Digesto IV Utet, Pen.,* vol. I: 243.
- **di un caso in genere.** Dismissal of a case (CASO).

Archivio in genere. Archive, record, file; ma il termine *record* indica anche l'atto o documento archiviato (ATTO; DOCUMENTO; REGISTRO; SERVIZIO DEGLI ARCHIVI; VERBALE).

- **di Stato in genere.** State archives; nel R. U. si parla di *Public Record Office.* Negli S.U. — stato federale — la materia è regolata dalla legge federale e da quella dei singoli stati dell'Unione. Ma il termine *public record* indica in genere un pubblico registro (LIBRERIA DELLO STATO; PUBBLICO REGISTRO; VERBALE). [vol. I: FREEDOM OF INFORMATION; RECORD; SUCCESSION OF STATES]
- **giudiziario.** Judicial record, records of court cases (PUBBLICO REGISTRO).
- **pubblico in genere.** Public record (PUBBLICO REGISTRO).

Archivista. Filing clerk, filing officer (ARCHIVIO; CANCELLIERE; CONSERVATORE; SEGRETARIO DI STATO).

Area in genere. Area (ARIA; PIANO REGOLATORE; SUOLO; ZONA).

- **di libero scambio.** Free trade area (LIBERO SCAMBIO).
- **disastrata.** Disaster area, disadvantaged area. Negli S.U. la relativa dichiarazione è fatta dal Presidente degli S.U.; essa comporta, tra l'altro, anche una moratoria fiscale (ASSICURAZIONE CONTRO LE INONDAZIONI; DISASTRO; EMERGENZA; MORATORIA FISCALE).
- **di sicurezza.** Safety haven (RIFUGIO; SICUREZZA).
- **edificabile.** Building area (COSTRUZIONE).
- **metropolitana.** Metropolitan area (PIANO REGOLATORE). [vol. I: ZONING]

  Bibl.:

  Pastori, G. *Aree metropolitane*, in *Digesto IV Utet, Pubbl.,* vol. I: 381.
- **proibita per ragioni di ordine pubblico.** (ZONA INTERDETTA)

Arenamento di nave. Stranding of ship (BARATTERIA; NAUFRAGIO DOLOSO; NAVE; SALVATAGGIO MARITTIMO; URTO DI NAVI IN MARE). [vol. I: ABANDONMENT; SCUTTLING; SHIP; STRANDING; WRECK]

Argine di fiume. River bank (ACCESSIONE; FIUME).

Argomentazione in genere. Reasoning (RAGIONAMENTO GIURIDICO; TEORIA DELL'ARGOMENTAZIONE).

Argomento. Argument, reasoning (RAGIONAMENTO GIURIDICO; TEORIA DELL'ARGOMENTAZIONE).

– **orale.** Oral argument (DIFESA ORALE).

Aria in genere. Air (AREA; DIRITTO (II) DI ARIA, DI LUCE; SERVITÙ DI LUCE, DI ARIA). [vol. I: AIR]

A richiesta di. At the instance of (ISTANZA; PETIZIONE; RICHIESTA).

A rischio in genere. At risk (PASSAGGIO DEL RISCHIO; RISCHIO).

– **del caricatore.** At shipper's risk (CARICATORE; RISCHIO).

– **del committente.** At customer's risk (COMMITTENTE; PASSAGGIO DEL RISCHIO; RISCHIO). [vol. I: INCOTERMS; INSURANCE; OWNER'S RISK, AT]

– **del compratore.** At buyer's risk (*CAVEAT EMPTOR*; COMPRATORE; RISCHIO; TUTELA DEL CONSUMATORE; VENDITA). [vol. I: CAVEAT EMPTOR; CONSUMER PROTECTION]

– **dell'armatore.** At ship's risk (ARMATORE; RISCHIO).

– **del mittente.** At owner's risk, at shipper's risk (MITTENTE; RISCHIO).

– **del vettore.** At carrier's risk (RISCHIO; VETTORE).

Aristocrazia. Aristocracy (ARALDICA; COSTITUZIONE POLITICA; NOBILTÀ; PARLAMENTO; REALE; REPUBBLICA; *STATUS*; TITOLO NOBILIARE). [vol. I: NOBILITY]

Arma/i in genere. Arm, weapon.
1. Il II emendamento [1791] della costituzione degli S.U. stabilisce: « A well regulated Militia, being necessary to the security of a free State, the right of the people to keep and bear Arms, shall not be infringed ». Il diritto costituzionale *to keep and bear arms* costituisce forse la più drammatica caratterizzazione del sistema politico (sic!) degli S.U.; privo di riscontro in qualsiasi altro sistema dell'Occidente, esso ha molte spiegazioni, ma la principale è che la più radicale e conseguente delle rivoluzioni dell'era moderna non poteva che abolire il privilegio che riservava ai soli nobili il diritto di tenere e portare armi; anche in questo, la rivoluzione americana si dimostra come la più netta rispetto all'*Ancien Régime* (DICHIARAZIONE DEI DIRITTI). Ovviamente, il riconoscimento del diritto e l'abuso che di esso se ne fa nella società americana costituisce anche l'esempio più rilevante di come una sacrosanta rivendicazione rivoluzionaria si faccia, nel corso del tempo, torto, violazione del diritto e grave ingiustizia, addirittura *pericolo esiziale per la democrazia stessa* che per prima, e da sola, l'ha riconosciuta. Oggi la *National Rifle Association* è una delle più potenti *lobbies* esistenti negli S.U.: e si parla di *gun lobby*, per indicare un gruppo che forma forse una delle più potenti concentrazioni di potere in quel paese. Del resto, il fallimento del *Crime Bill* proposto dal Presidente Clinton è la riprova che essa controlla una parte sostanziale, se non addirittura la maggioranza del Congresso degli S.U. In effetti, il diritto di tenere e portare armi ha subito modestissime compressioni ad opera della legislazione federale e dei singoli stati (la disciplina del porto d'armi rientra nelle attribuzioni dei singoli stati dell'Unione). Ma ora sembra che almeno una parte della classe dirigente americana si stia rendendo conto che, in mancanza di un severo intervento restrittivo della circolazione delle armi, il paese di Mr. Hamilton, di Jefferson e di F.D. Roosevelt è destinato tra non molto a restare un ricordo.
2. Il diritto costituzionale nordamericano *to keep and bear arms* non trova corrispondenza nel sistema inglese, in cui esistono rigorose regole relative al rilascio del porto d'armi. Due approcci radicalmente opposti distinguono la tradizione inglese e quella nordamericana in materia; quella britannica si basa sullo stretto controllo delle armi: la stessa polizia vanta il non piccolo merito di essere disarmata; in effetti, soltanto all'incirca il 10 per cento della sua forza effettiva è armata. È probabile che il libero acquisto di armi e il loro inevitabile diffusissimo uso spieghi non poco il grave clima di violenza negli S.U. e la massiccia carica di brutalità della polizia nordamericana rispetto a quella inglese, ancora oggi, la più civile del mondo (*infra*, ARMA DA FUOCO; CONTROLLO DELLE ARMI; DIRITTO (II) A PORTARE ARMI; EMBARGO SULL'ESPORTAZIONE DI ARMI; FORZE ARMATE; GUERRA; LICENZA DI PORTO D'ARMI; POLIZIA; USO LEGITTIMO DELLE ARMI). [vol. I: LOBBYING; WEAPON]

– **atomica.** (*infra*, ARMA NUCLEARE)

– **chimica.** Chemical weapon.

– **clandestina.** Illegal weapon.

– **convenzionale.** Conventional weapon.
Bibl.:
Ronzitti, N., *Armi convenzionali,* in *Digesto IV, Utet, Pubbl.,* vol. I: 387.

– **da fuoco.** Firearms, gun (*supra*, ARMA IN

GENERE; LICENZA DI PORTO D'ARMI). [vol. I: FIREARMS CERTIFICATE]

- **di distruzione di massa.** Mass destruction weapon.
- **di offesa.** Offensive weapon.
- **mortale.** Deadly weapon.
- **nascosta.** Concealed weapon.
- **nucleare.** Nuclear weapon (DETERRENTE NUCLEARE; ENERGIA NUCLEARE).

  Bibl.:
  Gaja, G. e Marino, S., *Armi nucleari*, in *Digesto IV Utet, Pubbl.*, vol. I: 404.
- **pericolosa.** Dangerous weapon.
- **strategica.** Strategic weapon.

Armamento della nave. Non sembra che esista un termine esattamente equivalente: l'epressione *convenablement armer, équiper et approvisionner le navire* è resa con *properly man, equip and supply the ship* nella traduzione inglese dell'art. 3, 1.a) della convenzione di Bruxelles del 1924 sulla polizza di carico del 1924 (ALLESTIMENTO DELLA NAVE; ARMATORE DI NAVE; NAVE; NAVIGABILITÀ DELLA NAVE; SOCIETÀ (II) DI ARMAMENTO).

Armatore di nave. Grosso modo, shipowner. Ma, in senso stretto, la figura dell'armatore è ignota ai sistemi di *common law*, in cui la disponibilità della nave, e quindi il suo esercizio, sono collegati alla proprietà. Pertanto, quando il titolare della nave (*owner*) la trasferisce ad altri mediante il contratto di locazione, il locatario assume la veste di *owner* egli stesso, anche se si tratta in questo caso di una *special ownership*: quanto sopra si estende al noleggiatore. Si noti che nel contratto uniforme di noleggio a tempo (*Baltime* 1939) al termine *owners of the vessel* corrisponde nella versione italiana quella di armatore. In diritto internazionale, ai sensi dell'art. 1, par. 2, della convenzione di Londra del 1976 sulla limitazione della responsabilità del proprietario di nave in tema di crediti marittimi, il termine *shipowner* indica il proprietario, il noleggiatore, l'armatore e l'armatore-esercente di una nave, il che è detto in inglese: « The term 'shipowner' shall mean the owner, charterer, manager and operator of a sea-going ship ». Il termine *ship operator* è anche impiegato per indicare l'esercente di nave nucleare (A RISCHIO DELL'ARMATORE; ARMAMENTO DELLA NAVE; AUSILIARI DELL'ARMATORE; ESERCENTE DI NAVE NUCLEARE; GERENTE; NOLEGGIO DI NAVE; OPERATORE DI NAVE NUCLEARE; PRIVILEGIO DELL'ARMATORE; PROCURATORE DELL'ARMATORE). [vol. I: OPERATOR; SHIPOWNER]

  Bibl.:
  Berlingieri, F., *Armatore ed esercente di aeromobile*, in *Digesto IV Utet, Comm.*, vol. I: 225.
- – **gerente di nave.** Operator of ship (GERENTE DI NAVE).
- – **noleggiatore di nave.** Owner-charterer (NOLEGGIATORE DI NAVE).

Armistizio. Armistice, truce; costituisce la più importante tra le convenzioni belliche, e va inquadrata nel diritto internazionale di guerra (CESSATE IL FUOCO; CESSAZIONE DELLE OSTILITÀ; DIRITTO (I) INTERNAZIONALE DI GUERRA; GUERRA; PACE; RESA; TREGUA). [vol. I: ARMISTICE; PEACE; WAR]

Armonizzazione in genere. Harmonization.
- **del diritto in genere.** Harmonization of laws.
- **delle legislazioni nazionali.** Harmonization, o approximation, of national legislations (APPROSSIMAZIONE DELLE LEGISLAZIONI DEI PAESI MEMBRI DELLA COMUNITÀ ECONOMICA EUROPEA; DIRITTO (I) UNIFORME; RAVVICINAMENTO DELLE LEGISLAZIONI DEI PAESI MEMBRI DELLA COMUNITÀ EUROPEA; UNIFICAZIONE DEL DIRITTO).
- **fiscale.** Fiscal harmonization, tax harmonization (DOPPIA IMPOSIZIONE).

Arnesi. (STRUMENTO)

Arra. Earnest (CAPARRA). [vol. I: *ad vocem*; PENALTY]

Arrestato. Arrestee, person arrested, o detained, prisoner (ARRESTO; AVVERTENZA ALL'ARRESTATO DA PARTE DELLA POLIZIA; DETENUTO; EVASIONE; RILASCIO DELL'ARRESTATO; SCHEDATURA DEGLI ARRESTATI AD OPERA DELLA POLIZIA; SILENZIO; SOSPETTATO).

Arresti. (ARRESTO/I)

Arresto/i in genere. Arrest, attachment, imprisonment, apprehension, detention. Né nel sistema inglese, né in quello nordamericano si distingue tra *arresto* e *fermo*. La concezione consolidata nei due paesi è che la polizia non ha alcun potere di trattenere qualcuno allo scopo di interrogarlo, a meno che non lo arresti. La polizia ha il potere di interrogare e chiedere la collaborazione di chiunque, ma quando una persona viene fatta oggetto di custodia, o comunque la sua libertà di movimento sia limitata, in tal caso si è in presenza di un arresto che può essere *lawful*, ovvero, qualora abbia luogo al di fuori dei poteri della polizia, un *false imprisonment* [Karlen 1967: 114].

1. Negli S.U. — stato federale — con il concetto di *probable cause to arrest* si indica il requisito fondamentale di ragionevolezza, consistente nella sussistenza non già del mero sospetto, ma bensì di ragionevoli indizi, tali da giustificare l'arresto: esso è oggetto di una imponente serie di decisioni giurisprudenziali. Nel sistema inglese si parla di *reasonable suspicion*; ma, tra i due sistemi, quello nordamericano stabilisce requisiti più stringenti [Karlen 1967: 117]. Peraltro, in deteminate circostanze, si può far luogo all'arresto anche nell'ambito del processo civile: in tal caso si parla di *civil arrest*. Se l'arrestando è irreperibile, il funzionario competente (di solito lo *sheriff* negli S.U.) annota sul mandato l'espressione *non est inventus*, *n.e.i.*, o *not found*. Si parla di *citizen's arrest* per indicare l'arresto effettuato in determinate circostanze dal privato cittadino; negli S.U. — stato federale — esso è previsto, tra l'altro, dal § 837 del *California Penal Code*. Ma si noti che, proprio per effetto della natura di stato federale, mentre il *warrant* di uno *U.S. Commissioner*, organo federale — equivalente a un *magistrate* inglese — può essere eseguito in qualsiasi stato dell'Unione, un *warrant* emesso in uno stato dell'Unione di per sé non è eseguibile in un altro stato e bisogna quindi far luogo ad una procedura non troppo diversa da quella dell'estradizione tra paesi indipendenti [Karlen 1967: 108]. (AVVERTENZA ALL'ARRESTATO ALL'ATTO DELL'ARRESTO DA PARTE DELLA POLIZIA; AZIONE (I) PENALE; CATTURA; CAUZIONE GIUDIZIARIA; CUSTODIA CAUTELARE; DETENZIONE: 2; DIRITTO (II) ALLA DIFESA; ESTRADIZIONE; FERMO DI POLIZIA; GIUDICE PER LE INDAGINI PRELIMINARI; IMMUNITÀ DALL'ARRESTO; IMPUTATO; INDIZIO; INTERROGATORIO DI POLIZIA; ORDINANANZA DI CUSTO-DIA CAUTELARE; PROCEDURA PENALE; PROVA; RAGION DI STATO; RAGIONEVOLEZZA: 1; RESISTENZA A PUBBLICO UFFICIALE; SOSPETTO; VERBALE DI ARRESTO). [vol. I: BAIL; CONTEMPT OF COURT; CRIMINAL PROCEDURE; HABEAS CORPUS; JUDGES' RULES; SEARCH; WARRANT OF ARREST]. Fino al 1966 non esisteva nel sistema nordamericano un equivalente delle *Judges' Rules* inglesi che imponevano alla polizia, tra l'altro, l'obbligo di avvertire l'arrestato dei propri diritti (*cautioning of suspects*) e, in particolare, del suo diritto al silenzio. Ma il *Miranda case* ha sovvertito questa situazione stabilendo anche notevoli limitazioni all'interrogatorio di polizia. Nel sistema inglese l'arresto ha luogo ora in base al *Code of Practice for the Detention, Treatment and Questioning of Persons by the Police*, formulato dall'*Home Office*, sulla base dei poteri previsti dalla s. 66 del Police and Criminal Evidence Act 1984, quest'ultimo citato in forma abbreviata come PACE o PCEA. Il *Code of Practice* ha sostituito le *Judges' Rules*, anch'esso regole di condotta ad uso della polizia contenute in una circolare dell'*Home Office*.

Bibl.:

Emmins 1981, ed. 1992: 391.

2. Ma il termine arrest è impiegato anche in materia marittima, in cui l'*arrest of ship* nell'*action in rem* — priva di esatta corrispondenza nella *civil law* — indica, grosso modo, il sequestro conservativo di nave. La convenzione di Bruxelles del 1952 sul sequestro conservativo di navi parla nel testo inglese, di *arrest of seagoing ship* (SEQUESTRO CONSERVATIVO DI NAVE). [vol. I: ACTION IN REM; ARREST OF SHIP; SHIP]

– **cautelare.** Grosso modo, arrest pending trial (CUSTODIA CAUTELARE). [vol. I: BAIL]

– **domiciliari.** House arrest (CUSTODIA CAUTELARE).

– **illegale.** False, malicious, o wrongful, arrest, false imprisonment; dà luogo di solito ad un'azione civile di risarcimento (*infra*, ARRESTO LEGALE; AVVERTENZA ALL'ARRESTATO ALL'ATTO DELL'ARRESTO DA PARTE DELLA POLIZIA; PERQUISIZIONE; PROVA ACQUISITA ILLEGALMENTE; SEQUESTRO DI PERSONA). [vol. I: FALSE ARREST; HABEAS CORPUS]

– **in flagranza.** Arrest o apprehension *flagrante delicto*, o red-handed (FLAGRANZA).

– **in massa.** Mass arrest (PROCESSO DI MASSA).

– **in udienza.** Arrest during trial (UDIENZA).

– **legale.** Lawful arrest (*supra*, ARRESTO ILLEGALE).

– **per debiti.** (PRIGIONE PER DEBITI)

– **precedente.** Prior arrest (PRECEDENTI PENALI).

– **preventivo.** (CARCERAZIONE PREVENTIVA)

Arretrato/i. Arrears, in arrears, outstanding, due, owing (IMPOSTA ARRETRATA; IN ARRETRATO; PAGAMENTO; RATA; RESIDUO; SALARIO ARRETRATO).

[vol. I: AGE ERROR ARREARS; ARREARS; DUE; INSTALMENT; PAYMENT; PERFORMANCE]

– **delle cause civili e penali.** Backlog of civil and criminal cases (CAUSA (III); CONTENZIOSO GIUDIZIARIO; RITARDO; TEMPI DELLA GIUSTIZIA).

Arricchimento in genere. Enrichment (DETRIMENTO).

– **senza causa.** Unjust enrichment, unjustified enrichment, enrichment without cause. La *common law* — principalmente, sembra, perché non adotta il concetto di *causa* — ignora un principio di portata generale equivalente a quello che è alla base dell'azione generale di arricchimento prevista nei sistemi di *civil law*. Né il diritto inglese, né quello degli Stati Uniti ammettono un obbligo generale di indennizzo a carico di chi si è arricchito senza causa analogo a quello contenuto nell'art. 2041 del c.c. italiano. Ma negli S.U., mediante le azioni di *restitution* si è pervenuti a risultati quasi analoghi a quelli dei paesi di *civil law*, laddove una più lenta evoluzione si riscontra nell'ordinamento inglese in cui le poche azioni for money had and received, quantum meruit, constructive trust, etc. costituiscono, secondo un illustre autore, i frammenti di un principio dell'arrichimento senza causa; secondo lo stesso autore, per quanto con numerose varianti derivanti dai vari ordinamenti, quello dell'*unjust enrichment* costituisce ormai un principio generale di diritto dei paesi civilizzati (ADEMPIMENTO DEL CONTRATTO; AZIONE (I) DI ARRICCHIMENTO; AZIONE (I) DI RIPETIZIONE DELL'INDEBITO; CAUSA (I) DEL CONTRATTO; ESATTO ADEMPIMENTO; IRRIPETIBILE; PAGAMENTO DELL'INDEBITO; QUASI CONTRATTO; RESCISSIONE PER LESIONE; RESTITUZIONE; RIPETIZIONE DELL'INDEBITO; *VARIAE CAUSARUM FIGURAE*). [vol. I: GENERAL PRINCIPLES OF LAW; QUASI-CONTRACT; RESTITUTION; UNJUST ENRICHMENT]

Bibl.:

Friedmann 1959, ed. 1972: 488, n. 37.

Gallo, P., *Ingiustificato arricchimento in diritto comparato*, in *Digesto IV Utet, Civ.*, vol. IX: 453.

Kupisch, G., *Arricchimento nel diritto romano, medievale e moderno*, in *Digesto IV Utet, Civ.*, vol. I: 423.

Arringa. Grosso modo, final argument, defence's (o prosecution's) summing up, address, speech, pleading, summing up address, plea. Ma data la diversa natura del processo e della tecnica dell'argomentazione, non esiste un equivalente esatto delle *plaidoiries* nostrane, del resto fortunatamente destinate al tramonto se e quando quello che resta dello spirito accusatorio del nuovo codice di procedura penale sarà finalmente entrato nelle nostre aule di giustizia. Sostituendo la attuale ottocentesca declamazione con la dialettica socratica (CONCLUSIONI DEL GIUDICE, DEI DIFENSORI NEL PROCESSO PENALE; CONTROESAME; DIFESA; DISCORSO; PERORAZIONE; REQUISITORIA). [vol. I: PLEADINGS; SUMMING UP]

Arrivo. Arrival (PARTENZA; TRASPORTO).

Arruolamento in genere. Engagement, enlistment, enrolment, recruitment. Con il termine *foreign enlistment* si indica l'arruolamento di un cittadino britannico nelle forze armate di un paese straniero in guerra con un altro paese con il quale ultimo il R.U. sia in stato di pace. *Enlistment against a foreign government* è detto l'arruolamento contro uno stato straniero (CONTRATTO DI ARRUOLAMENTO DI EQUIPAGGIO DI NAVE; COSCRIZIONE MILITARE OBBLIGATORIA; DIRITTO (I) INTERNAZIONALE DI GUERRA; FORZE ARMATE). [vol. I: FOREIGN ENLISTMENT]

Arte in genere. Arts (FURTO D'ARTE; MESTIERE; PATRIMONIO ARTISTICO).

– **applicata.** Applied art, industrial design (DISEGNO INDUSTRIALE).

Articolo in genere. Article; nel senso di merce è detto anche *lot* (MERCI). [vol. I: LOT]

– **con prezzo civetta.** Loss leader, bait advertisement (MERCI; PREZZO CIVETTA; PUBBLICITÀ; VENDITA DI MERCI CIVETTA; VENDITA SOTTO COSTO). [vol. I: BAIT ADVERTISEMENT; LOSS LEADERS]

– **di fondo.** Leading article, leader, editorial (STAMPA).

– **di legge in genere.** Article: ma si noti che anche in questa materia sussistono numerose differenze. In effetti, la legge scritta (*statute law*, o *statute*) di solito è divisa non già in articoli, ma in *sections* (o anche in *paragraphs*), equivalenti, grosso modo, agli articoli della legislazione nostrana; i disegni o proposte di legge sono divise in *clauses*. La costituzione degli S.U. — il più antico testo costituzionale della storia moderna — è diviso in articoli, ma si parla di *clauses* per indicare il comma o l'alinea che contiene un principio o una garanzia costituzionale (es.: *due process clauses*). Ma gli *Articles* dell'*Uni-*

form Commercial Code degli S.U. non vanno confusi con gli articoli di legge nostrani: essi equivalgono piuttosto al titolo di un codice. Si noti altresì che il termine *articles* indica le clausole o articoli di un contratto, accordo, convenzione, patto, definiti anche *provisions, clauses, terms* o *conditions* e, per una forma di metonimia, l'atto che li contiene, e perfino una legge o un regolamento: il termine *articles of association* indica, grosso modo, l'atto costitutivo-statuto di un'associazione, o di una società commerciale munita di personalità giuridica (in quest'ultimo caso si parla anche di *articles of incorporation*). Inoltre, si parla di *ship's articles* per indicare il contratto di arruolamento. In diritto internazionale, il termine article indica un articolo qual è inteso nel sistema italiano (AI SENSI DELL'ARTICOLO; ALINEA; CAPOVERSO; CLAUSOLA; COMBINATO DISPOSTO; COMMA DI LEGGE; IN APPLICAZIONE DELL'ARTICOLO; INTERPRETAZIONE; LEGGE; NORMA GIURIDICA). [vol. I: ARTICLES; CLAUSE; SECTION; STATUTE LAW: VI]

Artificio. Deception (FINZIONE GIURIDICA; ELUSIONE DI UN'OBBLIGAZIONE o DELLA RESPONSABILITÀ MEDIANTE RAGGIRO; INGANNO; RAGGIRO).

– **nella frode processuale.** (ABUSO DELLE NORME PROCESSUALI; FRODE PROCESSUALE)

– (o **raggiro**) **nella truffa.** Deception, fraud, artifice, trickery, false pretence (INGANNO; TRUFFA). [vol. I: DECEPTION; FALSE PRETENCE]

A saldo. In settlement (SALDO).

A scelta di. At the option of (SCELTA).

Ascendente. Ascendant (ALIMENTI; PARENTELA; SUCCESSIONE).

– **in linea diretta.** Ascendant in lineal consanguinity (CONGIUNTO; PARENTE). [vol. I: KIN]

Ascesa al trono. Accession to the throne (ABDICAZIONE AL TRONO; ADESIONE; COSTITUZIONE POLITICA; MONARCHIA; NOMINA A UNA CARICA PUBBLICA; REGNO UNITO; REPUBBLICA; SUCCESSIONE AL TRONO). [vol. I: ACCESSION; ACT OF SETTLEMENT; CONSTITUTION]

A scopo di lucro. For profit (ASSOCIAZIONE CON-SENZA SCOPO DI LUCRO; LUCRATIVO; LUCRO; ONEROSO; SENZA SCOPO DI LUCRO).

A seguito di. (IN SEGUITO A)

Asilo. Asylum o sanctuary (FAVOREGGIAMENTO; RIFUGIO). [vol. I: ASYLUM]

– **diplomatico.** Diplomatic asylum (IMMUNITÀ DIPLOMATICA).

– **politico.** Political asylum (APOLIDE; CITTADINANZA; DIRITTO (II) DI ASILO; REATO POLITICO; RIFUGIATO; SANTUARIO NEMICO).

Bibl.:

Bernardi, E., *Asilo politico*, in *Digesto IV Utet, Pubbl.*, vol. I: 421.

Aspettativa in genere. Expectation, anticipation, prospect, hope (ANTICIPAZIONE; INTERESSE; POSSIBILITÀ). [vol. I: POSSIBILITY]

– **di diritto.** Grosso modo, expectancy; ma questo termine è riferito ai diritti immobiliari e non ha effettiva equivalenza nei sistemi di *civil law*. Non sembra che il diritto inglese e nordamericano abbiano elaborato una figura generale dell'aspettativa di diritto analoga a quella nostrana: ma non si tratta di grave lacuna. In effetti, l'aspettativa, definita variamente, oltre che con expectancy, anche con *abeyance* e *possibility*, riceve una protezione in numerosi casi. Si noti altresì che l'*estoppel* consente di invocare l'aspettativa di diritto. Le misure di conservazione hanno luogo attraverso l'*injunction* (AFFIDAMENTO; CONDIZIONE; PROCEDIMENTI CAUTELARI; QUIESCENZA DEL DIRITTO). [vol. I: ABEYANCE; EXPECTANCY; INJUNCTION; POSSIBILITY; QUIA TIMET; VEST]

Bibl.:

Pelosi, A. C., *Aspettativa di diritto,* in *Digesto IV Utet, Civ.,* vol. I: 465.

– **legittima in genere.** Legitimate expectation.

Assalto in genere. Assault; ma si tratta di termine ambiguo che in diritto penale indica la minaccia (MINACCIA; PERCOSSE).

Assassinio. (OMICIDIO)

Assedio. Siege; togliere l'assedio è detto, tra l'altro, *lift (to) the siege* (DIRITTO (I) INTERNAZIONALE DI GUERRA; GUERRA; STATO D'ASSEDIO).

Asse ereditario. Grosso modo, deceased's estate. Talvolta si parla anche negli S.U. — con terminologia civilistica originaria della Louisiana — di *patrimony;* ma si tratta di termine ambiguo e spesso fuorviante. In effetti, non sussiste equivalenza del concetto nostrano dato l'assai diverso regime della devoluzione ereditaria nei sistemi di *com-*

mon law (EREDITÀ; PATRIMONIO; SUCCESSIONE PER CAUSA DI MORTE). [vol. I: INTRODUZIONE: III. 23; ASSETS; ESTATE; SUCCESSION]

Bibl.:
Lupoi 1971: 129.

Assegnatario in genere. Allottee, grantee (ASSEGNAZIONE; CESSIONARIO; CONCESSIONARIO). [vol. I: ALLOTMENT]

– **di azioni di società.** Allottee of shares (AZIONE (II) DI SOCIETÀ).

Assegnazione in genere. Assignment, allowance, allotment, allocation, settlement, assigned revenue (ALIENAZIONE; ALLOCAZIONE; ATTRIBUZIONE; CESSIONE; CONFERIMENTO; DISTRIBUZIONE; STANZIAMENTO; TRASFERIMENTO).

– **ad una colonia agricola** o **ad una casa di lavoro.** Grosso modo, sentencing to work in a farm or to a place of work (PENA ALTERNATIVA). [vol. I: SENTENCING PROCESS]

– **di azioni di società.** Allotment of shares (AZIONE (II) DI SOCIETÀ). [vol. I: ALLOTMENT]

– **di bilancio.** Budget allowance (STANZIAMENTO). [vol. I: BUDGET]

– **di pagamento.** Assignment of debt (CESSIONE DI CREDITO; PAGAMENTO).

– **di un contratto.** (AGGIUDICAZIONE DI UN CONTRATTO; CESSIONE DEL CONTRATTO)

– **forzata dei beni del debitore.** Award of property to attaching creditor (ESECUZIONE FORZATA DELLA SENTENZA CIVILE). [vol. I: EXECUTION]

Assegni. (ASSEGNO)

Assegno/i (I) in genere. Nel senso di indennità, è detto allowance, benefit, perquisite (INDENNITÀ). [vol. I: ALLOWANCE]

– **alimentare in genere.** Grosso modo, alimony (ALIMENTI; MANTENIMENTO). [vol. I: *ad vocem*]

– **alimentare definitivo.** Permanent financial provision, permanent alimony (ALIMENTI; MANTENIMENTO).

– **alimentare provvisorio.** Maintenance pending suit, provisional allowance, alimony pendente lite, temporary alimony (ALIMENTI; MANTENIMENTO).

– **annuale.** Annuity. [vol. I: *ad vocem*]

– **di invalidità** o **malattia.** Disability, o sickness, benefit (INVALIDITÀ).

– **familiari.** Family allowance. Ma indica anche la detrazione fiscale per i carichi di famiglia (PERSONA A CARICO).

– **per persone a carico.** Dependency benefit (PERSONA A CARICO).

– **vitalizio.** Life annuity (VITALIZIO). [vol. I: ANNUITY]

Assegno (II) bancario. Cheque; ma negli S.U. è detto *check*. Nel R.U., salvo disposizioni particolari contenute nel Cheques Act 1957, esso è sostanzialmente soggetto alle norme che regolano la cambiale, contenute nel Bills of Exchange Act 1882. L'assegno rientra nella categoria generale dei *negotiable instruments*. Come del resto la cambiale, esso non costituisce né nel diritto inglese, né in quello nodamericano titolo esecutivo. Ma, a parte le diversità di ordine tecnico-giuridico, una più profonda differenza di funzione economica è venuta a stabilirsi tra l'uso di questo strumento fattone nella prassi italiana e in quella inglese e nordamericana. Strumento di pagamento per definizione, in Italia esso è diventato, di fatto, diffusissimo strumento di credito, degenerazione ignota in Inghilterra e negli S.U. (CAMBIALE). Due ragioni principali spiegano questa devianza: la prima è il fatto che il mancato pagamento dell'assegno, a differenza della cambiale, costituisce reato (di qui una più vigorosa pressione per il pagamento); la seconda deriva dal regime fiscale, che rende preferibile l'assegno, sul quale non grava l'imposta proporzionale all'importo, che si applica invece sulla cambiale. Mettere in circolazione un assegno è detto *place (to) a cheque in circulation*; fermare un assegno è detto *stop (to) a cheque* (ALTERAZIONE DELL'ASSEGNO; ANTEDATAZIONE; CARTA ASSEGNI; CONTRO ASSEGNO; EMITTENTE DI ASSEGNO; GIRATA DELL'ASSEGNO; INCASSO DELL'ASSEGNO; LIBRETTO DI ASSEGNI; ORDINATARIO DI ASSEGNO o CAMBIALE; PAGAMENTO DELL'ASSEGNO; POSTDATAZIONE; PRESENTAZIONE DELL'ASSEGNO; PROTESTO DELL'ASSEGNO; PROVVISTA; RETRODATAZIONE; REVOCA DELL'ORDINE DI PAGAMENTO DELL'ASSEGNO; SBARRAMENTO DELL'ASSEGNO; SCOPERTO DI CONTO CORRENTE; SPACCIO DI BANCONOTE FALSE, ASSEGNI FALSI; SPEDIZIONE CONTRO ASSEGNO; TITOLI DI CREDITO; TITOLO ESECUTIVO; TRASFERIMENTO DELL'ASSEGNO). [vol. I: BILL OF EXCHANGE; CHEQUE; DRAFT; NEGOTIABLE INSTRUMENTS]

Bibl.:
Ferreri, S., *Assegno in diritto uniforme,* in *Digesto IV Utet, Comm.,* vol. I: 318.

– **a fondo garantito.** (*infra*, ASSEGNO CERTIFICATO)

– **all'ordine.** Cheque to order (*infra*, ASSEGNO NON ALL'ORDINE).

– **al portatore.** Cheque to bearer (PORTATORE).

– **antedatato.** Antedated cheque (*infra*, ASSEGNO POSTDATATO; POSTDATAZIONE).

– **a vuoto** o **allo scoperto.** Bad cheque, bounce cheque, worthless cheque, cheque without balance, dud cheque, flash check, check kiting, rubber check, bogus check. L'assegno respinto per insufficienza di fondi è detto *bounced,* ossia rimbalzato. L'emissione di assegno a vuoto non costituisce necessariamente reato. In base alla s. 2 (3) del Theft Act 1978 britannico, essa dà luogo al reato di « evasion of liability by deception » solo quando l'emittente non ha al momento dell'emissione l'intenzione di effettuare il pagamento. L'emissione di un assegno a vuoto è definita più spesso *bouncing a cheque* (o *check*). Negli S.U. si parla di *check kiting* per indicare la prassi consistente nell'emettere un assegno non coperto nella speranza che nelle more della presentazione i fondi siano divenuti disponibili (PROVVISTA; VAGLIA). [vol. I: CHEQUE; DECEPTION]

Bibl.:

Syrota, G., *Theft Act 1978* (1979) 42 M.L.R. 301.

– **avvisato.** Advised cheque.

– **certificato.** Certified o marked cheque; si tratta di una prassi molto diffusa negli S.U., ma rara in Inghilterra, in cui l'annotazione delle espressioni *accepted,* o *certified*, da parte della banca comporta l'obbligo del pagamento.

– **circolare.** Non esiste un equivalente esatto; ma il banker's draft svolge, in sostanza, una funzione analoga. [vol. I: BANKER'S DRAFT]

– **con sbarramento generale.** Cheque crossed generally (SBARRAMENTO DELL'ASSEGNO). [vol. I: CROSSED CHEQUE]

– **con sbarramento speciale.** Cheque crossed specially (SBARRAMENTO DELL'ASSEGNO).

– **di cassa.** (*infra,* ASSEGNO DI SPORTELLO)

– **disonorato.** (*infra*, ASSEGNO NON ONORATO)

– **di sportello.** Counter's cheque, cashier's check, house cheque.

– **estero.** Foreign cheque.

– **falso** o **falsificato.** Forged cheque. Ma il pagamento di un assegno all'ordine recante una girata falsa libera la banca, mentre, in analoghe circostanze, l'accettante di una cambiale non sarebbe liberato (FALSO).

Bibl.:

Lowe 1964, ed. 1976: 345.

– **in bianco.** Blank cheque; è ammesso (ABUSO DI ASSEGNO IN BIANCO). [vol. I: INCHOATE INSTRUMENT]

– **in circolazione.** Outstanding cheque.

– **non all'ordine.** Cheque not to order; not negotiable, not transferable cheque (o *check*). Si noti che nel sistema inglese e nordamericano la dicitura *Account Payee Only* apposta sulla fascia dell'assegno indica che esso può essere pagato soltanto *sul conto* della persona indicata sul titolo. Essa quindi ne fa un titolo non all'ordine (ORDINE; PORTATORE).

– **non girato.** Unendorsed cheque.

– **non onorato.** Dishonoured cheque, unpaid cheque (MANCATO PAGAMENTO).

– **non riscosso.** Unclaimed cheque (RISCOSSIONE).

– **non sbarrato.** Uncrossed cheque (SBARRAMENTO DELL'ASSEGNO).

– **non trasferibile.** Not negotiable, not transferable cheque (NEGOZIABILITÀ; TRASFERIMENTO).

– **onorato.** Honoured cheque (*supra*, ASSEGNO NON ONORATO).

– **ordinario.** Open cheque.

– **per l'accreditamento.** Cheque to be credited, account-only cheque, collection-only cheque (*infra*, ASSEGNO PER L'INCASSO; ACCREDITAMENTO).

– **per l'incasso.** Cheque for collection. Negli S.U. esistono diverse regole in materia. Secondo la *Massachussets rule*, ogni banca che riceva il titolo agisce come *agent* del depositante; invece, secondo la *New York rule*, applicata in altri stati dell'Unione, solo la prima banca che riceva il titolo può essere considerata *agent*, o è responsabile nei confronti del depositante: le altre banche sono soltanto *agents* delle altre ai fini dell'incasso (*supra*, ASSEGNO PER L'ACCREDITAMENTO; INCASSO).

– **postale.** Grosso modo, postal order.

– **postdatato.** Post-dated cheque (*supra*, ASSEGNO ANTEDATATO; POSTADATAZIONE).

– **prescritto.** Stale check (*infra*, ASSEGNO SCADUTO AI FINI DEL TRASFERIMENTO; PRESCRIZIONE).

– **rubato.** Stolen cheque. [vol. I: STOP ORDER]

– **sbarrato.** Crossed cheque (SBARRAMENTO DELL'ASSEGNO).

– **scaduto ai fini del trasferimento.** Overdue cheque; è detto così l'assegno che non sia presentato per il pagamento « within a reasonable time of its issue ». L'overdue cheque perde il suo carattere di *negotiable instrument*. Va distinto dallo *stale cheque*, che è l'assegno emesso da più di sei (o dodici) mesi e che non viene pagato dalla banca, a meno che non sia confermata dal traente. L'azione causale da assegno bancario verso il traente per mancato pagamento si prescrive in sei anni, in base al Limitation Act 1939, a meno che, a causa della mancata presentazione, « within a reasonable time » il traente abbia subito un danno, nel qual caso è liberato nei limiti del danno sopportato (*supra*, ASSEGNO PRESCRITTO; PRESENTAZIONE DELL'ASSEGNO). [vol. I: NEGOTIABLE INSTRUMENT]

– **scoperto.** Bad cheque (*supra*, ASSEGNO A VUOTO).

– **smarrito.** Lost cheque (OGGETTI SMARRITI).

– **su sé medesimo.** Cheque on one's self.

– **trasferibile.** Negotiable cheque (NEGOZIABILITÀ; TRASFERIMENTO).

– **turistico.** Traveller's cheque o traveler's check (TURISMO). [vol. I: *ad vocem*]

Assemblea in genere. Assembly, conference. Ma il termine assembly è riferito più spesso a riunioni solenni o formali: come, ad es., l'Assemblea delle N.U. Si parla anche di *meeting* (come nel caso delle assemblee dei soci di società), *convention,* etc. (ADUNANZA; ASSISE; ATTI DI UN'ASSEMBLEA, CONFERENZA, RIUNIONE; AVVISO DI ASSEMBLEA; CONVENZIONE; CONVOCAZIONE DI ASSEMBLEA; DELEGA DEL DIRITTO DI VOTO SOCIETARIO; DELIBERAZIONE DELL'ASSEMBLEA DI SOCIETÀ; DISTURBATORE DI ASSEMBLEA; MODERATORE; MOZIONE D'ORDINE; PRESIDENTE; RINVIO DI ASSEMBLEA; RIUNIONE). [vol. I: ASSEMBLY; ASSISE; COMMISSION; COMMITTEE]

Bibl.:
Marchetti, P.G., *Intervento in assemblea* (1986) 3 CeI 985.

– **costituente.** Constituent assembly (COSTITUZIONE POLITICA).

– **degli azionisti.** Shareholders', o stockholders', meeting (*infra*, ASSEMBLEA DELLA SOCIETÀ PER AZIONE; AZIONE (II) DI SOCIETÀ; DELEGA DEL DIRITTO DI VOTO SOCIETARIO; VOTO NELL'ASSEMBLEA DELLA SOCIETÀ).

– **degli obbligazionisti.** Debenture holders' meeting (OBBLIGAZIONISTA).

– **dei condomini.** Grosso modo, meeting of tenants in common; ma non esiste, in senso stretto, il condominio negli edifici qual è inteso nei sistemi di *civil law* (CONDOMINIO). [vol. I: INTRODUZIONE: III. 3; TENANCY IN COMMON]

– **dei creditori.** Creditors' meeting (CREDITORE; FALLIMENTO). [vol. I: BANKRUPTCY; WINDING UP]

– **dei promotori di società per azioni.** Meeting of the promoters of a company, o of a corporation (PROMOTORE DI SOCIETÀ PER AZIONI).

– **della società per azioni.** Meeting of company, o of corporation. Negli S.U. — stato federale in cui la materia rientra nelle attribuzioni dei singoli stati dell'Unione — l'assemblea è definita, a seconda dei casi, *regular* o *special.* Nel sistema inglese l'assemblea ordinaria annuale è detta più spesso *annual general meeting* e, di rado, *ordinary meeting,* mentre è detta *extraordinary* o *special general meeting* l'assemblea straordinaria. Si parla di *statutory meeting* per indicare l'assemblea che va convocata non prima di un mese e non dopo tre mesi dall'inizio dell'attività della società (DELEGA DEL DIRITTO DI VOTO SOCIETARIO; SOCIETÀ (II) COMMERCIALE). [vol. I: MEETING: 2; PROXY]

Bibl.:
Galgano, F., *Sulla validità delle deliberazioni assembleari di approvazione del bilancio* (1988) 1 CeI 1.

– **di associazione.** Meeting of association, society, etc. (ASSOCIAZIONE).

– **generale annuale.** Annual General Meeting (*supra*, ASSEMBLEA IN GENERE).

– **legislativa in genere.** Legislative assembly (CONGRESSO DEGLI S.U.; PARLAMENTO). [vol. I: INTRODUZIONE: III. 12; CONGRESS; PARLIAMENT]

– **plenaria.** Plenary assembly. [vol. I: COMMITTEE OF THE WHOLE]

– **totalitaria di società per azioni.** Non sembra ammessa; meeting of company at which the entire capital is represented, all the directors and members of the board being present (SOCIETÀ (II) COMMERCIALE).

Assembramento. Meeting, assemblage, assembly (ADUNANZA; ASSEMBLEA; RIUNIONE).

– **in luogo pubblico.** Assembly in a public place, public meeting (ORDINE PUBBLICO). [vol. I: PUBLIC MEETING; UNLAWFUL ASSEMBLY]

Assenso. Assent, consent, agreement, concurrence, approval, sanction, acquiescence (ACCORDO; ADESIONE; APPOGGIO; APPROVAZIONE; CONSENSO; DISACCORDO; RATIFICA; SILENZIO-RIFIUTO, SILENZIO-ASSENSO; VETO).

– **al matrimonio del minore.** Consent to minor's marriage (MATRIMONIO; MINORE).

– **reale nel R.U.** (SANZIONE REALE).

Assente. Absent, absentee (ASSENZA; COMMORIENZA; CONTUMACE; CURATORE; RITORNO DELL'ASSENTE). [vol. I: ABSCONDER; ABSENT]

Assenteismo. Absenteeism (ASTENSIONE; LAVORO; SCIOPERO).

Assenteista. Absentee (ASSENTEISMO). [vol. I: *ad vocem*]

Assenza. Absence. Non esiste nell'ordinamento inglese, né in quello nordamericano l'istituto della dichiarazione di assenza, e tantomeno quello della morte presunta. La regola dei *seven years' absence* stabilisce che l'assenza di una persona per non meno di sette anni costituisce solo una presunzione semplice di morte. L'assenza ha particolare importanza ai fini dello scioglimento del matrimonio; ma negli S.U. — stato federale — la materia rientra nella attribuzioni dei singoli stati dell'Unione (ASSENTE; COMMORIENZA; DICHIARAZIONE DI ASSENZA; MANCANZA; MORTE PRESUNTA; PRESUNZIONE DI MORTE; SCOMPARSA). [vol. I: ABSENCE; PRESUMPTION OF DEATH]

– **del consenso.** (MANCANZA DEL CONSENSO)

– **del convenuto.** Absence of defendant (COMPARIZIONE IN GIUDIZIO; CONVENUTO). [vol. I: APPEARANCE; DEFAULT]

– **della parte nel processo civile.** Absence of party to a civil proceeedings (COMPARIZIONE IN GIUDIZIO; CONTUMACIA). [vol. I: *ad vocem*; APPEARANCE]

– **dell'imputato.** Absence of accused; ma si noti che — a differenza del regime nostrano — nel sistema inglese e in quello nordamericano non è ammesso il procedimento penale in contumacia. Del resto, il nostro processo penale in contumacia resta unico in tutto l'Occidente nel consentire l'irrogazione di condanne contro un imputato che né prima, né durante il processo, né dopo la sentenza ha avuto la possibilità di difendersi o di impugnare la decisione. Sorprende, a dir poco, che, in buona sostanza, il nuovo codice abbia lasciato inalterata la materia (CONTUMACIA; IMPUTATO). [vol. I: ABSENCE OF ACCUSED]

– **di rapporti sessuali tra coniugi.** Non-access (ACCESSO MATRIMONIALE). [vol. I: ACCESS]

Asserzione. Assertion, statement, representation, declaration, allegation, averment; ma si noti che il termine *allegation* indica anche l'accusa (AFFERMAZIONE; ALLEGAZIONE; DICHIARAZIONE). [vol. I: AFFIRMATION; ALLEGATION; ALLEGED; ASSERTION; CLAIM; REPRESENTATION; STATEMENT]

– **processuale.** Allegation (ACCUSA). [vol. I: MISALLEGATION]

Assessore comunale. Non esiste un corrispondente esatto; grosso modo, officer of a city council (AUTOGOVERNO; COMUNE: 2; CONSULENTE TECNICO). [vol. I: ASSESSOR; LOCAL GOVERNMENT].

Assicurabile. Insurable (ASSICURAZIONE).

Assicurato in genere. Insured; il non assicurato è definito *uninsured*. L'assicurato non coincide necessariamente con il *policy holder*, ossia con il portatore o contraente della polizza. Ma si noti che nell'assicurazione sulla vita l'assicurato è detto più spesso *assured* (ASSICURAZIONE; ASSICURAZIONE OBBLIGATORIA; BENEFICIARIO DELLA POLIZZA DI ASSICURAZIONE; FALLIMENTO DELL'ASSICURATO; NON ASSICURATO; RIASSICURATO; SUICIDIO DELL'ASSICURATO). [vol. I: POLICY HOLDER]

– **a pieno.** Fully insured.

Assicuratore. Insurer, o assurer, underwriter, underwriting agent; nell'assicurazione marittima effettuata presso i *Lloyd's* gli assicuratori sono detti *underwriters* (ASSICURAZIONE; DICHIARAZIONE INESATTA O RETICENTE ALL'ASSICURATORE; REGRESSO DELL'ASSICURATORE; RIASSICURATORE; SURROGAZIONE DELL'ASSICURATORE).

[vol. I: INSURANCE; LLOYD'S; P. AND I. CLUBS; RE-INSURER; UNDERWRITER]

- **dei *Lloyd's*.** Lloyd's underwriter.
- **della parte in colpa.** Insurer of the party at fault (ASSICURAZIONE; PARTE IN COLPA).
- **di corpo, marittimo** o **aeronautico.** Hull underwriter, o insurer (CORPO DI NAVE, DI AEROMOBILE).
- **marittimo.** Marine insurer, marine underwriter (ASSICURAZIONE MARITTIMA).

Assicurazione/i in genere. Insurance o assurance. L'assicurazione sulla vita è detta *life assurance*, o *assurance*. L'assicuratore è detto *insurer* e, in caso di assicurazione marittima effettuata presso i Lloyd's, *underwriter*, il che spiega perché l'assicurazione marittima, oltre che *marine insurance*, è detta anche *underwriting*. L'assicurato è detto *insured* o *assured*, il contraente *policy holder*, il beneficiario *beneficiary*, il rischio assicurato *peril* o *risk*, il sinistro *loss*, che può essere effettivo (*actual*) o presunto (*constructive*), la polizza *policy*, il premio *premium*, che può essere lordo (*gross*) o netto (*net*) l'indennità *indemnity*. Il proponente dell'assicurazione è definito *proposer*, o person proposing to effect the policy; il formulario relativo è detto *proposal form*. La riassicurazione è detta *reinsurance*. Proporre una domanda di indennizzo in base ad una polizza di assicurazione è detto *file (to) a claim under an insurance policy*.

1. Il contratto di assicurazione è il contratto di adesione per eccellenza. Son detti *fine prints, o small prints,* i minuti caratteri di stampa che di solito vi figurano, contenenti, ad es., clausole esonerative della responsabilità, di limitazione della responsabilità, facoltà di recesso dal contratto, decadenze, restrizioni alla libertà contrattuale, etc. stabilite a favore della parte che le ha predisposte. È questo il tipo di contratto più diffuso, nel quale maggiore è la necessità della tutela del consumatore, inevitabilmente la parte più debole. Sono dette *loopholes* quelle smagliature nella legge che consentono l'inserimento di tali clausole, e *insurance traps* le innumerevoli trappole assicurative (ASSICURATORE; CONTRATTO DI ADESIONE; FORMULARIO; INSERZIONE AUTOMATICA DI CLAUSOLE NEI CONTRATTI DI ADESIONE; POLIZZA (I) DI ASSICURAZIONE; RECESSO DAL CONTRATTO DA PARTE DELL'ASSICURATORE; SILENZIO; STAMPATO; TUTELA DEI DIRITTI; TUTELA DEL CONSUMATORE). [vol. I: CONTRA PROFERENTEM; ONE- SIDED CONTRACT; SMALL PRINTS; STANDARD CONTRACT; UNCONSCIONABILITY]

2. In una società industrializzata dell'Occidente, *rischio* e *assicurazione* sono — per moltissimi versi — concetti correlativi. La materia è caratterizzata da una considerevole complessità: le nostre polizze di assicurazione contengono in maniera sempre più vistosa espressioni del gergo assicurativo inglese, ma si tratta di una modernizzazione di facciata: tra quelle europee esse si segnalano — grazie al compiacente legislatore italiano che, anche, qui sembra legiferare sotto dettatura — per il trattamento dell'assicurato. Ulteriore segno — se mai ve ne fosse bisogno — che, per quanto il nostro paese possa vantare taluni primati storici e anche ottimi studiosi della materia, quando si passa all'assicurazione come fenomeno economico, la modestissima dimensione del fatturato colloca Italia nell'ambito dei paesi del Terzo Mondo.

3. D'altro canto, la scarsissima propensione nostrana ad assicurarsi dovuta all'esosità dei premi, alle condizioni-capestro e alla natura delle stesse compagnie di assicurazione trova un parallelo nella non meno scarsa propensione dei risparmiatori ad investire in imprese nazionali quotate in borsa. Purtroppo, accanto al *parco buoi* dei piccoli risparmiatori, ve ne sono infiniti altri, come quello dell'assicurato, del consumatore, dell'utente etc. A non parlare della tattica giudiziaria delle compagnie, consistente nel ritardare spesso per un decennio il pagamento di quanto dovuto.

4. Michel Albert, nel suo ottimo saggio sui due principali modelli di capitalismo — ossia il modello « neoamericano » e quello « renano » — dedica un capitolo all'« assicurazione anglosassone contro assicurazione alpina ». In effetti, i due modelli economici esprimono anche due diverse filosofie dell'assicurazione: nel sistema alpino (renano) « l'assicurazione costituisce una forma di organizzazione della solidarietà » [1991, trad. it.: 97]; nel modello « marittimo », ossia anglo-americano, si tende a mettere in assoluto subordine le questioni di solidarietà attraverso contratti aleatori e una complessa segmentazione delle tariffe. Nel modello alpino o renano, a differenza del modello « marittimo » angloamericano, le tariffe sono uniche e stabilite per legge, come in materia di responsabilità civile per la circolazione di autoveicoli.

5. Negli S.U. — stato federale — è detto *no-fault auto insurance* quel tipo di assicurazione della responsabilità civile derivante dalla circolazione di autoveicoli in cui l'assicurato ha diritto all'indennizzo nei con-

fronti del *proprio* assicuratore — e non dell'assicuratore della parte eventualmente responsabile — indipendentemente dalla responsabilità sua o di altri. La materia è regolata dai singoli stati dell'Unione con leggi dette *no-fault statutes*, il cui regime spesso varia dall'uno all'altro. Questo tipo di assicurazione è di solito limitato ai danni alla persona (*personal injury*) e, solo in casi di lesioni personali gravissime e di elevate spese mediche, la vittima può proporre un'azione contro l'altra parte o il suo assicuratore (AGENTE DI ASSICURAZIONE; AGENZIA DI ASSICURAZIONE; AMMONTARE ASSICURATO; ARBITRATO NELL'ASSICURAZIONE; ATTO DI DIO; BROKERAGGIO; CERTIFICATO DI ASSICURAZIONE; CLAUSOLA DELL'INCONTESTABILITÀ NELL'ASSICURAZIONE; CLAUSOLE INDENNITARIE; COLPA: 4; CONTRATTO DI ADESIONE; CONTRATTO DI ASSICURAZIONE; CONTRATTO INDENNITARIO; CONTRATTO NON INDENNITARIO NELL'ASSICURAZIONE; CONTRATTO PROVVISORIO DI ASSICURAZIONE; COOPERAZIONE NELL'ASSICURAZIONE; COPERTURA ASSICURATIVA; DEBITORE; DENUNCIA DI SINISTRO; DESCRIZIONE ERRONEA; DESIGNAZIONE DEL BENEFICIARIO NELL'ASSICURAZIONE; DIMINUZIONE DEL RISCHIO NELL'ASSICURAZIONE; DIMOSTRAZIONI POPOLARI; ECONOMIA NERA; FORZA MAGGIORE; FRANCHIGIA ASSICURATIVA; INDENNIZZO; INDICIZZAZIONE; INFLAZIONE; LETTERA DI ASSICURAZIONE; MERCATO ASSICURATIVO; NOTA DI ASSICURAZIONE; PARTECIPAZIONE; PERIODO DI ATTESA; POLIZZA (I) DI ASSICURAZIONE; PREMIO DI ASSICURAZIONE; PRINCIPIO INDENNITARIO; PROPOSTA DI ASSICURAZIONE; RECESSO DAL CONTRATTO DA PARTE DELL'ASSICURATORE; REDIMIBILE; RESPONSABILITÀ; RETICENZA NEL CONTRATTO; RISARCIMENTO; RISCHIO; SENSALE DI ASSICURAZIONI; SICUREZZA AMBIENTALE; SILENZIO; SOCIETÀ (II) DI ASSICURAZIONE MUTUA SULLA VITA; SOTTOASSICURAZIONE; SOVRASSICURAZIONE; TERZO BENEFICIARIO NELL'ASSICURAZIONE; TITOLO: 5; TRASPORTO; TRUFFA IN DANNO DELL'ASSICURATORE; TUTELA DEI DIRITTI; VALORE ASSICURABILE). [vol. I: INSURANCE; LIABILITY; NEGLIGENCE]

Bibl.:
Afferni, V., *Insurance,* in *Digesto IV Utet, Comm.,* vol. VII: 438.
Bottigliere, E., *Impresa di assicurazione*, in *Digesto IV Utet, Comm.,* vol. VII: 155.
Mattei, U., *Assicurazioni in diritto comparato*, in *Digesto IV Utet, Comm.,* vol. I: 473.
Scalfi, G., *Assicurazione (contratto di)*, in *Digesto IV Utet, Comm.,* vol. I: 333.
Zunarelli, S., *Insurance clause,* in *Digesto IV Utet, Comm.,* vol. VII: 443.

– **aeronautica.** Aviation insurance (TRASPORTO AEREO). [vol. I: CARRIAGE BY AIR; INSURANCE]

– **a favore di terzi.** Insurance for the benefit of third party; l'assicurato o il contraente deve avere un *insurable interest* all'assicurazione. Questo tipo di contratto costituisce un'eccezione al principio generale del divieto del contratto a favore di terzi tipico dei sistemi di *common law* (CONTRATTO A FAVORE DI TERZI). [vol. I: CONTRACT: VII. 3; INSURANCE: I. 5]

– **a *forfait*.** (*infra*, ASSICURAZIONE IN ABBONAMENTO)

– **all'esportazione.** Export insurance (ESPORTAZIONE).

– **a tempo.** Term, o fixed term, insurance.

– **automobilistica.** (*infra*, ASSICURAZIONE CONTRO I DANNI DALLA CIRCOLAZIONE DI AUTOVEICOLI)

– **collettiva.** (*infra*, ASSICURAZIONE DI GRUPPO)

– **collettiva contro gli infortuni.** Accident group personal insurance (INFORTUNIO).

– **con franchigia.** Excess insurance (FRANCHIGIA ASSICURATIVA). [vol. I: EXCESS CLAUSE]

– **congiunta sulla vita.** Joint life insurance.

– **con partecipazione agli utili.** Profit insurance (UTILE).

– **contro gli infortuni.** Accident insurance, personal accident insurance (INFORTUNIO).

– **contro gli infortuni sul lavoro.** Industrial accident insurance, employer's liability insurance, industrial injuries insurance (INFORTUNIO SUL LAVORO).

– **contro gli urti in mare.** Questo tipo di assicurazione è coperto dalla *running down clause* della polizza di assicurazione marittima dei *Lloyd's* (*infra*, ASSICURAZIONE CONTRO I RISCHI DELLA NAVIGAZIONE MARITTIMA; REGRESSO TRA GLI ASSICURATORI MARITTIMI FRA DI LORO O CONTRO IL COMANDANTE; URTO DI NAVI IN MARE). [vol. I: COLLISION OF SHIPS; RUNNING DOWN CLAUSE]

– **contro i danni.** Property damage insurance, indemnity insurance, liability insurance; negli S.U. si parla di *public liability insurance* per indicare l'assicurazione contro i danni provocati dai rappresentanti o dipendenti dell'assicurato.

– **contro i danni all'assicurato.** Property insurance o insurance against loss or damage to property.

– **contro i danni dalla circolazione di autoveicoli.** Motor vehicle insurance, automobile liability insurance, automobile insurance. La relativa copertura può riferirsi alle lesioni personali (*personal injury protection*), al danno (*property damage)* ai terzi o allo stesso assicurato, all'incendio, furto, vandalismo, etc. (*supra*, ASSICURAZIONE IN GENERE: 5; COLPA; MASSIMALE DI POLIZZA DI ASSICURAZIONE; MASSIMALE DI RISCHIO). [vol. I: INSURANCE: IV]

– **contro i danni dalla propria inadempienza contrattuale.** Contractual liability insurance.

– **contro il furto.** Theft insurance; nel caso in cui la copertura si riferisce ad una casa di abitazione si parla anche di *burglary insurance* (FURTO).

– **contro i mancati utili o lucro cessante.** Insurance against loss of profits (MANCATO UTILE).

– **contro i rischi della navigazione marittima.** Marine insurance, maritime risks insurance (PERICOLI DI MARE; RISCHI DELLA NAVIGAZIONE). [vol. I: INSURANCE: II. 7]

– **contro i rischi di guerra.** War risks insurance (RISCHI DI GUERRA).

– **contro i vizi dei titolo immobiliare.** Defective title insurance; praticata negli S.U. in cui non esiste il sistema dei registri immobiliari (REGISTRI IMMOBILIARI; TITOLO: 5; TITOLI IMMOBILIARI). [vol. I: LAND REGISTRIES]

– **contro la disoccupazione.** Unemployment insurance (DISOCCUPAZIONE).

– **contro la grandine.** Hail insurance.

– **contro la pioggia.** Pluvius insurance, rain insurance. [vol. I: PLUVIUS POLICY]

– **contro la responsabilità civile del datore di lavoro.** Employer's liability insurance (DATORE DI LAVORO).

– **contro la responsabilità del produttore.** Product liability insurance (RESPONSABILITÀ DEL PRODUTTORE). [vol. I: PRODUCT LIABILITY]

– **contro la responsabilità professionale.** Professional indemnity insurance; detta anche *malpractice insurance* (DEONTOLOGIA PROFESSIONALE FORENSE; RESPONSABILITÀ PROFESSIONALE). [vol. I: MALPRACTICE; PROFESSIONAL INDEMNITY INSURANCE]

– **contro la rottura di vetri, vetrine.** Plate glass insurance.

– **contro le inondazioni.** Flood insurance (AREA DISASTRATA).

– **contro le malattie.** Sickness insurance, health insurance (MALATTIA).

– **contro le spese processuali e legali.** Insurance against costs and fees (SPESE LEGALI; SPESE PROCESSUALI).

– **contro l'esuberanza di personale.** Redundancy insurance (ESUBERANZA DI PERSONALE).

– **contro l'incendio.** Fire insurance (INCENDIO). [vol. I: FIRE]

– **contro l'inclemenza del tempo.** Weather insurance.

– **contro l'infedeltà dei collaboratori.** (*infra,* ASSICURAZIONE DI FEDELTÀ)

– **contro l'invalidità.** Disablement insurance (INVALIDITÀ).

– **contro l'invalidità temporanea.** Temporary disability insurance (INVALIDITÀ FISICA TEMPORANEA).

– **contro rischi multipli.** Multiple perils insurance (RISCHIO).

– **contro tutti i rischi.** All-risks insurance; è detta così la polizza di assicurazione marittima con la massima copertura consentita (*infra*, ASSICURAZIONE MARITTIMA; RISCHIO). [vol. I: AGAINST ALL RISKS; INSURANCE: II. 5; PERILS OF THE SEAS; RISK]

– **contro un solo rischio e per un tempo determinato.** One time insurance.

– **degli utili.** Insurance against loss of profits (UTILI).

– **degli utili sperati.** Insurance of prospective, o anticipated, profits (UTILI).

– **del carico.** Cargo insurance (CARICO).

– **del credito.** Credit insurance; è definita *short term credit insurance* l'assicurazione del credito a breve. Quando rientra in una *consumer credit transaction*, è soggetta alle norme sulla tutela del consumatore. In questa materia la più diffusa forma di assicurazione è la *credit life insurance* (CREDITO; GARANZIA DEI CREDITI ALL'ESPORTAZIONE). [vol. I: CREDIT INSURANCE; INSURANCE: III. 1]

– **del credito all'esportazione.** Export credit insurance (CREDITO).

– **della responsabilità civile.** Liability insurance, civil liability, o third party liability insurance (RESPONSABILITÀ CIVILE). [vol. I: THIRD PARTY LIABILITY INSURANCE]

– **della responsabilità civile per diffamazione.** Insurance against actions for libel, libel insurance; prassi generalizzata nel R.U. e negli S.U., da parte di giornali, giornalisti e scrittori, ma virtualmente ignota da noi. Dove, del resto, la tutela della reputazione ha luogo in sede essenzialmente penale (DIFFAMAZIONE). [vol. I: LIBEL]

– **del nolo.** Freight insurance (NOLO).

– **del raccolto.** Crop insurance (RACCOLTO).

– **del trasporto.** Transport insurance che, a seconda dell'elemento naturale nel quale si svolge, può essere: *marine insurance* (assicurazione marittima), *aviation insurance* (assicurazione aerea), *road haulage insurance* (assicurazione del trasporto su strada), etc. (TRASPORTO). [vol. I: CARRIAGE]

– **di cambio.** Exchange rate insurance (CAMBIO).

– **di cassa.** Pecuniary loss insurance (CASSA).

– **di corpo di nave.** Hull insurance (ASSICURATORE DI CORPO; CORPO DI NAVE). [vol. I: HULL INSURANCE; INSURANCE: II]

– **di cose** o **contro i danni.** Property insurance.

– **di fedeltà.** Fidelity and guarantee insurance (FEDELTÀ). [vol. I: *ad vocem*]

– **di gruppo.** Group insurance, group personal insurance (GRUPPO). [vol. I: INSURANCE: III. 2]

– **di merci.** Insurance of goods (MERCI).

– **di merci nel trasporto.** Cargo insurance (MERCI; SINDACATO DI ASSICURATORI MERCI).

– **di protezione e indennità.** (*infra,* ASSICURAZIONE MUTUA)

– **di solvibilità.** Solvency insurance (SOLVIBILITÀ).

– **doppia.** (SOVRASSICURAZIONE)

– **fluttuante.** (*infra,* ASSICURAZIONE IN ABBONAMENTO)

– **gratuita.** Free insurance (GRATUITO).

– **in abbonamento.** Blanket coverage, blanket insurance, package insurance; per la quale si emette una *floating policy* o *open policy*, ossia una polizza fluttuante (POLIZZA (I) APERTA). [vol. I: BLANKET POLICY; FLOATING POLICY; OPEN POLICY]

– **in quovis.** (*supra*, ASSICURAZIONE IN ABBONAMENTO)

– **interamente pagata.** Paid-up insurance.

– **ipotecaria.** Grosso modo, mortgage insurance (IPOTECA).

– **marittima in genere.** Marine insurance (*supra*, ASSICURAZIONE CONTRO I RISCHI DELLA NAVIGAZIONE MARITTIMA; *infra*, ASSICURAZIONE MUTUA; *CLUB* DI PROTEZIONE E INDENNITÀ MARITTIMA; DIFFERENZA TRA IL NUOVO E IL VECCHIO NELL'ASSICURAZIONE MARITTIMA; NAVIGAZIONE MARITTIMA; SICURTÀ CORPI; SOTTOSCRIZIONE DEL RISCHIO MARITTIMO). [vol. I: CARRIAGE: IV; INSURANCE: II]

Bibl.:

Ferrarini, S., *Assicurazioni marittime*, in *Digesto IV Utet, Comm.,* vol. I: 474.

– **marittima a tempo.** Marine time insurance (*supra*, ASSICURAZIONE MARITTIMA).

– **marittima a viaggio.** Marine voyage insurance (*supra*, ASSICURAZIONE MARITTIMA).

– **marittima interna.** Inland marine insurance (*supra*, ASSICURAZIONE MARITTIMA).

– **mutua.** Mutual insurance (*supra*, ASSICURAZIONE MARITTIMA; *CLUB* DI PROTEZIONE E INDENNITÀ MARITTIMA; MUTUALITÀ; SINDACATO DI ASSICURATORI MARITTIMI). [vol. I: PROTECTION AND INDEMNITY CLUBS]

– **obbligatoria.** Compulsory insurance (RESPONSABILITÀ CIVILE DERIVANTE DALLA CIRCOLAZIONE DI AUTOVEICOLI; TRASPORTO). [vol. I: INSURANCE: I. 4]

– **parziale.** (SOTTOASSICURAZIONE)

– **per conto altrui.** (*supra*, ASSICURAZIONE A FAVORE DI TERZI)

– **per conto di chi spetta.** Insurance on behalf of those whom it may concern.

– **presso diversi assicuratori.** Multiple insurance (SOVRASSICURAZIONE).

– **senza partecipazione agli utili.** No-profit insurance (PARTECIPAZIONE AGLI UTILI).

– **sociali.** Social security insurance (SICUREZZA SOCIALE).

Bibl.:

Fleming, J.G., *The Pearson Report: Its Strategy* (1979) 42 M.L.R. 249.

- **sulla vecchiaia.** Old age insurance.
- **sulla vita.** Life assurance, o life insurance (*supra*, ASSICURAZIONE CONGIUNTA SULLA VITA; DOLLARO DEGLI S.U.). [vol. I: INSURANCE: III]
- **sulla vita a tempo.** Term life insurance. [vol. I: INSURANCE: III. 2]
- **sulla vita a vita intera.** Whole life insurance. [vol. I: INSURANCE: III. 2]
- **sulla vita mista.** Endowment life insurance. [vol. I: *ad vocem;* ENDOWMENT POLICY; INSURANCE: III. 2]
- **temporanea.** Term insurance.

Assistente. Assistant; ma questo termine indica anche vice, sostituto (AGGIUNTO; ASSISTENZA; SOSTITUTO; VICE).

- **alla vendita.** Shop assistant, store clerk (COMMESSO ADDETTO ALLA VENDITA; NEGOZIO; VENDITA). [vol. I: FACTOR]
- **sociale.** Social worker; svolge un ruolo di notevole importanza nella società britannica e nordamericana. Va segnalato il ruolo del *probation officer*, cui sono affidate le persone *on probation,* che funge anche da ausiliare della giustizia e dipende in Inghilterra dalle *magistrates' courts* (AUSILIARI DELLA GIUSTIZIA; LIBERAZIONE CONDIZIONALE DEL CONDANNATO). [vol. I: PROBATION: 2; PROBATION OFFICER]

Assistenza in genere. Assistence, aid, relief, help, service (AIUTO; ASSISTENTE; FAVOREGGIAMENTO; SOCCORSO). [vol. I: ACCESSORY]

- **e salvataggio marittimo.** Con il termine *salvage* il diritto inglese e americano intendono l'una e l'altro (SALVATAGGIO MARITTIMO).
- **giudiziaria.** Legal aid. Il sistema inglese, una delle maggiori riforme del XX secolo, appare ancora oggi come il modello più avanzato nella materia. Ma, come tutte le istituzioni del *Welfare State*, esso attraversa una profonda crisi determinata dal crescente bisogno di fondi pubblici che il servizio assorbe. Rozenberg [1994: 219] spiega bene l'origine, lo sviluppo e la crisi del *legal aid*: solo nel 1993 circa 12 milioni di persone hanno perso il diritto — perché dichiarate *ineligibile*, ossia non qualificate, in base a un reddito stabilito in aliquote sempre più basse — all'assistenza giudiziaria (in tutto o in parte gratuita). Il programma è gestito dalla *Law Society* e viene prestato da *solicitor*s che esercitano anche la professione privata. Gli onorari, a carico dello stato, sono leggermente inferiori a quelli praticati ai clienti privati. E forse può essere questa — più che il solo aumento della litigiosità — la spiegazione del fatto che, nonostante un bilancio annuo di circa *1 miliardo e mezzo di sterline* (sic!), l'aumento continuo del costo del servizio preoccupa vivamente un governo, come quello britannico, molto attento al controllo della spesa pubblica. Ad ogni modo, se evocare gli scenari della giustizia vittoriana sarebbe del tutto fuori posto, resta il fatto che la massiccia restrizione del numero delle persone aventi diritto al *legal aid* in contrasto con lo spirito originario della legge istitutiva del 1949 (sic!) consente di affermare che ancora oggi, per qualche verso: « In this country justice is open to all — like the Ritz Hotel » [Mr. Justice Mathew, cit. in *English Justice* 1932, ed. 1935: IV]. Ad ogni modo, com'è stato osservato, è singolare che la giustizia possa apparire « an optional extra in a society which is based on the rule of law » [cit. in Rozenberg 1994: 229] come quella inglese. In effetti, gli astronomici onorari praticati (si arriva a 300 sterline l'ora nel caso di un *solicitor*; ma quelli nordamericani sono di solito ancora più elevati) appaiono come un potente deterrente economico per coloro che sono esclusi dal beneficio dell'assistenza giudiziaria. La giustizia diviene così, di fatto, un lusso limitato alle entità di una certa consistenza economica (più spesso imprese), o a poche persone molto facoltose: è questo uno dei fattori che spiega in parte non piccola il modesto carico giudiziario inglese dovuto anche, peraltro, ad una società complessivamente infinitamente meno litigiosa di quella nordamericana e ad un processo concepito essenzialmente come servizio pubblico e non, come da noi, un affare di avvocati. A differenza del sistema inglese — in cui esiste il divieto assoluto del patto di quota lite (peraltro, la crisi del *legal aid* ha determinato la proposta di adottare il sistema delle *contingency fees* nel caso di lesioni personali) — in quello nordamericano, diffusissima è la prassi relativa che, si afferma, in qualche modo, sopperisce alla mancanza di una schema generalizzato di *legal aid* come quello inglese. Beninteso, non è il sistema delle *contingency fees* la sola spiegazione delle enormi dimensioni del contenzioso civile negli S.U.: la giuridicizzazione di ogni re-

gola appare come una conseguenza diretta del ruolo centrale che il diritto assume in una società che, per essere multietnica e multiculturale, non può non trovare che nel diritto il suo fondamentale collante: in questo senso, non a caso, e non senza una certa esasperazione, si parla addirittura di *legal pollution* per illustrare un fenomeno privo di comune misura nelle società europee, rilevato dal resto anche nel saggio di Michel Albert [1991, trad. it.: 16]. Cosa dire mai dell'assistenza giudiziaria nel nostro paese? Purtroppo, anche qui esiste un problema di incomparabilità; non esiste un sistema che possa definirsi tale, ma solo la pratica borbonica del gratuito patrocinio. Raro esempio di giurista italiano impegnato sui temi della giustizia per una meno arretrata politica del diritto, Mauro Cappelletti si è battuto a lungo, da solo e con ostinata energia, per l'introduzione di una forma di *legal aid* che allinei il nostro paese a quelli più avanzati. Ma senza fortuna: anche qui, le responsabilità del ceto forense, diviso al suo interno da lotte fratricide, sono non poche. Ma il messaggio di Mauro Cappelletti va raccolto e ripreso. Comunque, poiché, con l'aria che tira, sembra difficile prevedere una qualche versione del modello inglese nel nostro paese, per quanto iconoclastico possa apparire il suggerimento, sarebbe auspicabile l'abolizione del divieto del patto di quota lite, almeno in determinate materie come, ad es., quella delle lesioni personali, tenendo conto tra l'altro, della virtuale assenza nel nostro paese della prassi assicurativa.

1. Negli S.U. — stato federale — con il Legal Services Corporation Act del 1974 è stata istituita la *Legal Services Corporation* che fornisce ai meno abbienti assistenza finanziaria nei procedimenti civili. È definita *in forma pauperis* l'autorizzazione della corte al non abbiente ad iniziare un'azione in giudizio senza essere tenuto a pagare le spese processuali (*costs-court fees*). In base alle *Federal Rules of Appellate Procedure*, lo stesso principio vige in sede di appello.

2. È detto *public defender* l'*attorney* nominato dalla corte per la difesa dei meno abbienti nei procedimenti penali. In questa materia vi sono *Public Defender Organizations* federali e nella maggioranza degli stati dell'Unione. Delmar Karlen [1967: 42], in un interessante saggio comparatistico del sistema giudiziario penale inglese e nordamericano, spiega bene le differenze di struttura e di filosofia tra di essi: diversamente che nel sistema inglese, l'assistenza giudiziaria nordamericana si attua al di fuori della professione legale, ossia da entità *ad hoc*; inoltre, per quanto nel sistema nordamericano si riscontri una pluralità di organi che prestano assistenza giudiziaria, la gran parte di essa è svolta dalle accennate *Public Defender Oganizations*, sovvenzionate con fondi pubblici. Negli S.U. l'assistenza giudiziaria ai meno abbienti è considerata un corollario del *right to counsel* riconosciuto dalla costituzione. Nel sistema inglese, invece, essa si presenta come una derivazione del *Welfare State*. La legislazione in materia è detta più spesso *legislation on defence of indigents* (CAUZIONE PER LE SPESE PROCESSUALI; DIFENSORE DI UFFICIO; DIRITTO (II) ALLA DIFESA; ESERCIZIO DEL DIRITTO; GIUSTIZIA ALTERNATIVA; GIUSTIZIA BAGATTELLARE; INDIGENTE; MANDATO *AD LITES*; PATTO DI QUOTA LITE; SERVIZIO LEGALI; TUTELA DEI DIRITTI). [vol. I: AMBULANCE CHASER; COSTS; LEGAL AID]

Bibl.:

Varano, V., *Assistenza e consulenza giuridica*, in *Digesto IV Utet*, *Civ.*, vol. I: 479.

– **giudiziaria tra Stati.** International judicial assistance (ESTRADIZIONE; ROGATORIA).

Bibl.:

Politi, M., *Assistenza giudiziaria internazionale*, in *Digesto IV Utet*, *Pubbl.*, vol. I: 455.

– **pubblica.** Social security (SICUREZZA SOCIALE).

– **reciproca.** Mutual assistance (RECIPROCITÀ).

– **sociale agli ex detenuti.** After care (DETENUTO).

Bibl.:

Karlen 1967: 93.

– **tecnica.** Technical co-operation.

– **tra coniugi.** Mutual support between spouses (*AFFECTIO MARITALIS*; ALIMENTI; MANTENIMENTO; MARITO E MOGLIE).

Assise in genere. Assise o assize; ma non esiste un equivalente esatto della corte d'Assise nostrana (ASSEMBLEA; CORTE DI ASSISE; ORDINAMENTO GIUDIZIARIO). [vol. I: ASSISE]

Associato/a in genere. Associated; in materia penale si parla di *confederate*; questo termine è impiegato negli S.U. per indicare più spesso l'associato a un'associazione per delinquere; erano detti *confederates* gli stati secessionisti che avevano dato luogo alla guerra civile nordamericana (AFFILIATO; COMPLICE; CONSOCIATO; GUERRA CIVILE; MEMBRO; SECESSIONE; SOCIO).

– **a un'associazione per delinquere.** Co-racketeer; termine riferito negli S.U. a quel tipo di associazione per delinquere punito dalle leggi federali e statali che vanno sotto il nome di *Racketeer Influenced and Corrupt Organizations* o *RICO laws* (ASSOCIAZIONE PER DELINQUERE; CRIMINALITÀ ORGANIZZATA).

Associazione. L' associazione priva di personalità giuridica è detta association, o unincorporated association; ma si parla anche di society, institution, syndicate, body, club, conference, combination, fraternity, etc. Storicamente, è sotto questa rubrica che si rintraccia il capitolo maestro della teoria generale della persona giuridica, dell'associazionismo con e senza scopi di lucro, della persona giuridica con e senza fini di lucro, della società civile o commerciale che sia e, infine, della società di capitali che tanta importanza assume nella società industriale di massa. Rudolf Schlesinger [1950, ed. 1988: 793] tratta da par suo la materia (ADUNANZA; ASSEMBLEA DI ASSOCIAZIONE; ASSOCIAZIONE; *CLUB*; COMITATO; CONFERENZA; DIRITTO (II) DI ASSOCIAZIONE; DISSOCIAZIONE; ENTE; GRUPPO; LEGA; LIBERTÀ DI ASSOCIAZIONE; ORGANISMO; ORGANIZZAZIONE; PERSONA GIURIDICA; RAGGRUPPAMENTO; SCIOGLIMENTO DELL'ASSOCIAZIONE; *SOCIETAS*; SOCIETÀ (II) QUALE SOGGETTO COLLETTIVO; STATUTO DI ASSOCIAZIONE). [vol. I: INTRODUZIONE: III. 13; ASSOCIATION; CONSPIRACY; SOCIETY]

Bibl.:

Cesareo, V., *Associazionismo volontario*, in *Dizionario di Politica* 1976, ed. 1983: 54.

De Siervo, U., *Associazione (libertà di)*, in *Digesto IV Utet, Pubbl.,* vol. I: 484.

– **commerciale.** Trade association, trading association (COMMERCIO).

– **con-senza scopo di lucro.** Profit, nonprofit association; il termine *society* non indica la società commerciale, ma di solito, l'associazione senza scopo di lucro. È stato solo nel 1961 che nello stato di New York il diritto di incorporazione per scopi non di lucro (*liberty of incorporation for non-commercial purposes*) veniva riconosciuto con una ampiezza che si avvicina a quella della legge svizzera e olandese. Ricordato che negli S.U. — stato federale — la materia rientra nelle attribuzioni dei singoli stati dell'Unione, si segnalano la *New York Not-for-Profit Corporation Law* e la *California Not-for-Profit Law*, ancora più liberale (BENEFICENZA; ENTE SENZA SCOPO DI LUCRO; FONDAZIONE; LUCRO; MANOMORTA; MUTUALITÀ; PERSONA GIURIDICA CON-SENZA SCOPO DI LUCRO; SCOPO DI LUCRO; SENZA SCOPO DI LUCRO; SOCIETÀ (II) A SCOPO DI LUCRO; SOCIETÀ (II) QUALE SOGGETTO COLLETTIVO: V. 5). [vol. I: CHARITY; PROFIT; SOCIETY]

– **di beneficenza in genere.** Charity, benevolent society, benevolent association, benevolent corporation (*supra*, ASSOCIAZIONE CON-SENZA SCOPO DI LUCRO; BENEFICENZA; FONDAZIONE; SCOPO DI LUCRO). [vol. I: CHARITY]

– **di categoria.** Trade association, trading association (CONFRATERNITA; CORPORAZIONE; FORENSE; GRUPPO DI PRESSIONE; ORDINE; ORGANIZZAZIONE INTERNAZIONALE GOVERNATIVA-NON GOVERNATIVA; ORGANIZZAZIONE; PROFESSIONE FORENSE; *STATUS*). [vol. I: TRINITY HOUSE]

– **di commercianti.** Trade association (*supra*, ASSOCIAZIONE DI CATEGORIA; COMMERCIANTE).

– **di consumatori.** Consumer group, consumers' association, o cooperative (CONSUMATORE; GRUPPO DI PRESSIONE; TUTELA DEL CONSUMATORE). [vol. I: CONSUMER]

– **di imprese in genere.** Combination (*infra*, ASSOCIAZIONE TEMPORANEA DI IMPRESE; FUSIONE DI SOCIETÀ).

– **di Stati.** Association of States (ALLEANZA; CONFEDERAZIONE; FEDERAZIONE).

– **Europea di Libero Scambio.** European Free Trade Association, o EFTA (COMUNITÀ ECONOMICA EUROPEA).

– **in affari.** Business association (AFFARE).

– **in partecipazione.** Non esiste un termine corrispondente, ma il concetto potrebbe rientrare nello schema della *partnership*, ed essere definito come a contract in which the associating party grants the associated party a participation in the profits of his enterprise or of one or more transactions in consideration of a specified contribution (*infra,* ASSOCIAZIONE TEMPORANEA DI IMPRESE). [vol. I: JOINT VENTURE; SYNDACATE]

– **mutua.** Mutual association; rientra nella categoria delle *friendly societies* (*supra*, ASSOCIAZIONE CON-SENZA SCOPO DI LUCRO; ASSICU-

RAZIONE MUTUA; MUTUALITÀ). [vol. I: FRIENDLY SOCIETY]

– **mutua di credito immobiliare.** Building society; negli S.U. si parla di *building and loan association* (*supra*, ASSOCIAZIONE MUTUA; CREDITO IMMOBILIARE). [vol. I: BUILDING SOCIETY]

– **non riconosciuta.** Grosso modo, unincorporated association. [vol. I: *ad vocem*]

– **occasionale.** Grosso modo, combination; ma in materia penale questo termine è sinonimo di *conspiracy* o *confederation*, ossia, grosso modo, di associazione per delinquere (*infra,* ASSOCIAZIONE PER DELINQUERE; ASSOCIAZIONE TEMPORANEA DI IMPRESE).

– **per delinquere.** Criminal conspiracy, combination, o confederation to commit a crime, racketeering organization. Ma né nel sistema inglese, né in quello nordamericano esistono in origine reati associativi, ossia un equivalente esatto dell'art. 416 del nostro codice penale. Il reato associativo è stato introdotto negli S.U. — stato federale in cui la materia penale rientra nelle attribuzioni dei singoli stati dell'Unione — dal Racketeer influenced and Corrupt Organizations Act (RICO), complessa e possente legge *federale* contro la criminalità organizzata che si avvale della normativa in tema di interferenze nel commercio tra gli stati dell'Unione per giustificare il proprio intervento legislativo. Il concetto di organizzazione criminale è reso in quella legge dal termine « enterprise » o « criminal enterprise ». Il reato di *conspiracy*, ossia il fatto dell'associazione, va distinto dal reato per commettere il quale si forma l'associazione (*target crime*), e in taluni stati dell'Unione non si richiede il compimento di un atto esterno come elemento del primo reato. Ma si tratta di concetto non agevole: *conspiracy* non indica necessariamente l'associazione per delinquere o per commettere un certo tipo di reato: esso indica anche l'associazione diretta a porre in essere un illecito civile. In tal senso, si parla di *civil conspiracy* (in quanto distinta dalla *criminal conspiracy*) che, anch'essa, almeno in principio, può costituire reato. Una serie di leggi federali punisce particolari tipi di *conspiracy* (*infra*, ASSOCIAZIONE SEDIZIOSA CONTRO LO STATO; ASSOCIATO A UN'ASSOCIAZIONE PER DELINQUERE; COMPLOTTO CONTRO LO STATO; DISSOCIAZIONE DA UN'ASSOCIAZIONE PER DELINQUERE; MAXI-PROCESSO: 12; MONOPOLIO; REATI ASSOCIATIVI). [vol. I: COMMERCE CLAUSE; CONSPIRACY; INTERSTATE COMMERCE]

Bibl.:

De Francesco, G., *Associazione per delinquere e associazione di tipo mafioso*, in *Digesto IV Utet*, *Pen.,* vol. I: 289.

– **sediziosa contro lo Stato.** Seditious conspiracy. Si tratta di un antico reato inglese previsto negli S.U. dalla *statute law* consistente nel fatto di due o più persone di associarsi in qualsiasi stato o territorio dell' Unione per rovesciare, sopprimere o distruggere con la forza il governo degli S.U. (*supra*, ASSOCIAZIONE PER DELINQUERE; ALTO TRADIMENTO; INSURREZIONE ARMATA CONTRO I POTERI DELLO STATO; REATI ASSOCIATIVI).

– **senza scopo di lucro.** (*supra,* ASSOCIAZIONE CON-SENZA SCOPO DI LUCRO)

– **sindacale.** Trade union o union (SINDACATO).

– **sovversiva.** Subversive organization (*supra*, ASSOCIAZIONE SEDIZIOSA CONTRO LO STATO; CRIMINALITÀ ORGANIZZATA; PREGIUDICATO; TERRORISMO).

– **temporanea di imprese.** Joint venture; per quanto non sia agevole schematizzare una così complessa materia, sembra potersi dire che negli S.U. il rapporto associativo tra le imprese (che possono essere anche società di capitali) è, di solito, ma non necessariamente, quello della *partnership*. La *joint venture* va distinta, sembra, dalla *joint adventure,* che è l'associazione tra individui per concludere un solo affare, definita più spesso, in entrambi i casi, *a particular venture* (*supra*, ASSOCIAZIONE DI IMPRESE; COMPARTECIPAZIONE AGLI UTILI DI UN SOLO AFFARE; COMUNANZA DI INTERESSI; FUSIONE DI SOCIETÀ; GRUPPO DI IMPRESE; *HARDSHIP CLAUSE*; IMPRESA; SOCIETÀ (II) QUALE SOGGETTO COLLETTIVO). [vol. I: CONSORTIUM; JOINT VENTURE; PARTNERSHIP]

– **tra vettori marittimi.** (CONFERENZA MARITTIMA)

Assolto da una accusa. Acquitted of a charge (ACCUSA; ASSOLUZIONE; COLPEVOLE; IMPUTATO; INNOCENTE).

Assolutismo. Absolutism (SOVRANITÀ; STATO DI DIRITTO).

Bibl.:

Schiera P., *Assolutismo*, in *Dizionario di Politica* 1976, ed: 1983: 56.

Assoluto. Absolute, unconditional; si oppone a *qualified*, cioè limitatato (CONDIZIONATO; INCONDIZIONATO; LIMITATO; RELATIVO; TASSATIVO). [vol. I: ABSOLUTE; PRIVILEGE]

Assoluzione. Acquittal; essere assolto da un'accusa è detto *to be acquitted of a charge*; nei procedimenti davanti alle *magistrates' courts* si parla di *dismissal of the information* (ACCUSA; APPELLO; ARCHIVIAZIONE DELLA DENUNZIA PENALE; ASSOLTO; AZIONE (I) PENALE; COLPEVOLE-INNOCENTE; CONDANNA; COSA GIUDICATA; GIURIA; IMPUTAZIONE; INNOCENZA; NON LUOGO A PROCEDERE; PRESUNZIONE DI INNOCENZA; PROSCIOGLIMENTO). [vol. I: INTRODUZIONE: III. 25, 28; ACQUITTAL; CRIMINAL PROCEDURE; DOUBLE JEOPARDY]

- **per insufficienza di prove.** Lett., acquittal for lack, o want, of evidence to convict. Ma non esiste nella *common law* una siffatta formula assolutoria — del resto, soppressa anche dal nuovo codice di procedura penale italiano — di stampo inquisitorio, e che insinua il sospetto. Essa esiste, invece (*et pour cause!*), nel sistema scozzese. In breve, nella tradizione di *common law* spetta all'accusa provare la colpevolezza dell'imputato *beyond (a) reasonable doubt*: in mancanza, quest'ultimo è assolto senza riserve. Si noti pure che non esiste un diritto dell'accusa a proporre appello avverso la sentenza di assoluzione (ACCUSA; APPELLO; ARCHIVIAZIONE DELLA DENUNZIA PENALE; CONDANNA; COSA GIUDICATA; DIRITTO (I) SCOZZESE; *IN DUBIO PRO REO*; INNOCENTE; PRESUNZIONE DI INNOCENZA; PROSCIOGLIMENTO). [vol. I: INTRODUZIONE: III. 25, 28; ACQUITTAL; APPEAL; CRIMINAL PROCEDURE; DOUBLE JEOPARDY; SELF-INCRIMINATION]

Assorbimento in genere. Absorption, merger, confusion (CONFUSIONE; FUSIONE).

- **del procedimento.** Merger of case (PROCEDIMENTO; RIUNIONE DEI PROCEDIMENTI).
- **di società.** (FUSIONE DI SOCIETÀ)

Assunzione in genere. Engagement, recruitment (LETTERA DI ASSUNZIONE; LICENZIAMENTO; RECLUTAMENTO; RIASSUNZIONE).

- **al lavoro.** Engagement, employment, hiring, hiring of services, recruitment (*infra*, ASSUNZIONE IN PROVA; IMPIEGO; LAVORO; LICENZIAMENTO). [vol. I: CONTRACT OF SERVICE; EMPLOYMENT, CONTRACT OF; MASTER AND SERVANT; RETAINER]
- **della prova.** Taking of evidence, taking of deposition, hearing, o examination, of witnesses (DEPOSIZIONE; PROVA).
- **del rischio.** Assumption of risk; costituisce una difesa in materia di atto illecito, peraltro non ammessa negli infortuni di lavoro e in altre ipotesi, definita anche *volenti non fit iniuria* (PASSAGGIO DELLA PROPRIETÀ; RESPONSABILITÀ; RISCHIO; *VOLENTI NON FIT INIURIA*). [vol. I: ASSUMPTION OF RISK; LIABILITY; RISK; TORT: VI; VOLENTI NON FIT INIURIA]
- **di controllo in genere.** Take-over (ACQUISIZIONE DI CONTROLLO DI SOCIETÀ; SCALATA DI SOCIETÀ).
- **e promozione di dipendenti pubblici in genere.** Hiring and promoting governmental employees (*infra*, ASSUNZIONE PER CONCORSO PUBBLICO; CONCORSO PUBBLICO PER ESAMI; DIPENDENTE PUBBLICO).
- **in prova.** Engagement on probation (*supra*, ASSUNZIONE AL LAVORO; DIPENDENTE AVVENTIZIO; IMPIEGO; LAVORO; PROVA).
- **obbligatoria.** Compulsory engagement.
- **per concorso pubblico.** Recruitment by open competition; nel R.U., non esistendo una costituzione scritta, non vi può essere una norma costituzionale come quella dell'art. 97 della nostra carta; che, del resto, non trova riscontro testuale neanche nella costituzione (scritta) nordamericana. Eppure, sia nel R.U. che negli S.U. le assunzioni nel pubblico impiego avvengono per concorso pubblico e in base a criteri più seri e decorosi di quelli adottati nel nostro paese: di solito, un'autentica carnevalata fuori stagione. Su circa 4 milioni di dipendenti pubblici (ma nessuno conosce esattamente quanti siano esattamente) neanche il 10 per cento (sic!) ha sostenuto un concorso pubblico; almeno l'80 per cento dei nostri docenti universitari c.d. associati non ha mai sostenuto un concorso che, comunque, non è altro che una solenne presa in giro (*supra*, ASSUNZIONE E PROMOZIONE DI DIPENDENTI PUBBLICI; CONCORSO PUBBLICO PER ESAMI). [vol. I: CIVIL SERVICE; PATRONAGE; SPOILS SYSTEM]

Asta. Sale by auction o, più spesso, auction (APPALTO; BANDITORE D'ASTA; INCANTO; RIAPERTURA DELL'ASTA; RICAVATO DA UNA VENDITA ALL'ASTA; TURBATIVA D'ASTA; VENDITA ALL'ASTA).

- **al migliore offerente.** Competitive biddings (MIGLIORE OFFERENTE). [vol. I: AUCTION; PROCUREMENT; TENDER]
- **col metodo di estinzione della candela vergine.** Auction by inch of candle.

- **commerciale di derrate.** Sale by auction of commodities (BORSA MERCI; MERCI).
- **giudiziaria.** Sale by the court; ha luogo di solito by public auction (ESECUZIONE FORZATA DELLA SENTENZA CIVILE).
- **olandese.** Dutch auction, detta anche mock auction.
- **pubblica.** Public auction.
- **simulata.** Mock auction (*supra*, ASTA OLANDESE).
- **truccata.** (*supra*, ASTA SIMULATA)

Astensione in genere. Abstension, withholding, inaction (ASSENTEISMO; MANCATA COMPARIZIONE IN GIUDIZIO; OMISSIONE; RESTITUZIONE; RIFIUTO).

- **dal voto.** Abstention from voting (VOTO). [vol. I: BALLOT; ELECTION]
- **e ricusazione del giudice.** Varano [1973: 479] spiega bene la diversità di regime nel sistema di *common law* e in quello nostrano: in breve, mentre la regola *nemo iudex in causa propria* comporta per il giudice, in ogni caso, l'obbligo dell'astensione, per quanto attiene alla ricusazione, si tratta di istituto ignoto alla *common law* che conosce la ricusazione della giuria, ma non quella del giudice. A questo proposito si è rilevato che mentre nel sistema italiano — ove il giudice non si astenga e la ricusazione non sia proposta entro i termini perentori previsti dall'art. 52, secondo comma, del c.p.c. — si tratta solo di un istituto *preventivo*, per cui i motivi di ricusazione non possono essere fatti valere come motivi di gravame, il sistema inglese — a parte le ipotesi di *disqualification* del giudice — è diretto, mediante una più vasta serie di efficaci rimedi, a impugnare il provvedimento piuttosto che alla ricusazione di lui. Basta pensare ai *prerogative orders,* diretti tradizionalmente a reprimere l'*abuse of judicial power* da parte di una *inferior court*. Negli S.U. la *doctrine of abstension* consente a una corte federale di astenersi dal decidere per consentire alle corti di uno stato dell'Unione di risolvere questioni legali interne di quello stato su materie locali (ABUSO DEL POTERE GIUDIZIARIO; ABUSO DI POTERE; GIUDICE; GIURIA; RICUSAZIONE DEL GIUDICE). [vol. I. BIAS; DISQUALIFICATION FOR INTEREST; NATURAL JUSTICE; PREJUDICE; PREROGATIVE ORDERS; RECUSATION]

Astrattezza in genere. Abstractness.

- **della norma giuridica.** Grosso modo, abstractness of statute law; ma è un tentativo di traduzione: in effetti, la *legal rule* della *common law* di per sé non è di natura ipotetica (FONTI DEL DIRITTO; INDUZIONE; LEGGE; NORMA GIURIDICA; PRECEDENTE GIUDIZIARIO; PRINCÌPI GENERALI DI DIRITTO).
- **dell'obbligazione.** Abstractness of obligation, independence of contractual relations: qui l'independence viene riferita alla transaction from which it arose [von Mehren 1957, ed. 1977: 805]. In materia cambiaria, si parla di *unconditional character of bill of exchange*. Questo tema assume aspetti particolari nei sistemi di *common law*, in cui non si riscontra il concetto di *causa* ma quello di *consideration* riferito alla dicotomia tra atti sigillati e non sigillati ignota alla *civil law*. Come la *stipulatio* romana, che comportava taluni effetti dell' obbligazione astratta, così, all'origine, l'atto sigillato della *common law* costituiva uno strumento astratto che prescindeva dall'esistenza della *consideration*. Ma da allora, specie negli S.U. — in quegli stati dell'Unione in cui il sigillo ha ancora un valore giuridico, e non sia considerato, come nella gran parte di essi, semplicemente come un atto scritto — esso ha lo scopo principale di stabilire una presunzione di esistenza della *consideration* di cui è possibile dare la prova contraria. Naturalmente, è in tema di *negotiable instruments,* e più esattamente nella cambiale, che si riscontrano nel sistema inglese e nordamericano talune forme di astrattezza dell'obbligazione, ma più limitate di quelle del sistema uniforme dei paesi di *civil law*. Ma va rilevata in entrambe le tradizioni giuridiche una condivisa ostilità all'astrattezza dell'obbligazione in quanto avulsa dal rapporto sottostante (ASTRAZIONE PROCESSUALE; ATTO SIGILLATO-NON SIGILLATO; CAMBIALE; CONTRATTO: III, IV; NEGOZIO GIURIDICO; OBBLIGAZIONE (I); TITOLI DI CREDITO). [vol. I: BILL OF EXCHANGE]

  Bibl.:

  Gorla 1955, vol. I: 283-293, 303-316, 444-448, 454-460; vol. II: 618-619.
  Lupoi 1971: 31.

Astrazione processuale. Grosso modo, abstraction. Il diritto inglese non ha elaborato questo concetto, ma il fenomeno cui l'espressione si riferisce si verifica in numerosi casi, tra cui l'IOU (ASTRATTEZZA DELL'OBBLIGAZIONE; LEGITTIMAZIONE PRESUNZIONE). [vol. I: I.O.U.]

Astreintes. (ESECUZIONE FORZATA DELLA SENTENZA CIVILE; TUTELA DEI DIRITTI: 6)

A tempo pieno. Full-time (TEMPO).

A termine in genere. Term, time, future, forward (A PRONTI; BORSA MERCI; COMMERCIO; COMMISSIONARIO DI OPERAZIONI A TERMINE; CONSEGNA A TERMINE; CONTRATTAZIONI A TERMINE; FUTURO; MERCATO A PRONTI; MERCATO A TERMINE; MERCATO DEI PRODOTTI AGRICOLI E DELLE MATERIE PRIME; OPERAZIONE A TERMINE; OPZIONE; PREZZO A TERMINE; SCAMBIO; TERMINE; VENDITA A TERMINE).

A titolo (di). As, in the capacity of (VESTE).

- **cautelare.** As a precaution (CAUTELA; MISURA CONSERVATIVA; PRECAUZIONE).

- **gratuito-oneroso.** (CONTRATTO GRATUITO-ONEROSO; SCOPO DI LUCRO)

- **personale.** In a personal capacity (CAPACITÀ; VESTE).

- **universale-particolare.** Quando i termini sono riferiti alla successione *mortis causa*, si tratta di una dicotomia priva di equivalenza nella *common law* in cui, in senso stretto, non esiste una successione universale di tipo romanistico (SUCCESSIONE PER CAUSA DI MORTE).

  Bibl.:

  Amos and Walton 1935, ed. 1967: 21.

Atrocità in genere. Atrocities (CRIMINI DI GUERRA).

Attaccabile in genere. Liable to attack (APPELLABILE; APPELLO; IMPUGNABILE; INATTACCABILE).

Attacco in genere. Attack (APPELLO; ATTACCABILE; ATTENTATO).

- **aereo.** Air strike (AGGRESSIONE).

Attendibilità del testimone. Credibility o reliability of witness; ma si parla anche di *witness worthy of credit.* Nel sistema della prova di *common law,* la *cross-examination* costituisce l'istituto probatorio fondamentale diretto a minare la credibilità del testimone avversario. Contestare la credibilità del testimone è detto *impeachment of witness* (CONTROESAME; DEGNO DI FEDE; PROVA; REPUTAZIONE; TESTIMONE). [vol. I: CHARACTER; CROSS-EXAMINATION; HOSTILE WITNESS; PERJURY]

Attentato in genere. Attempt, attack (ATTACCO).

- **all'integrità, indipendenza e unità dello Stato.** High treason, attempt against the integrity, independence and unity of the State (ASSOCIAZIONE SEDIZIOSA CONTRO LO STATO; COLPO DI STATO; GUERRA CIVILE; IMBOSCATA; SECESSIONE; STATO; TRADIMENTO).

Attenuante. (CIRCOSTANZA ATTENUANTE; SCUSA)

Attergato. Indorsement (ALLEGATO; FOGLIO DI ALLUNGAMENTO).

Atterraggio di aereo. Landing (PERMESSO DI ATTERRAGGIO).

Attestato. Certification, attested copy, certified copy, document, testimonial, statement (ATTESTAZIONE; CERTIFICATO; DICHIARAZIONE; DOCUMENTO; PROVA; RACCOMANDAZIONE; REFERENZA). [vol. I: AFFIDAVIT; EVIDENCE; EXEMPLIFICATION; PROOF]

- **di buona condotta.** (CERTIFICATO DI BUONA CONDOTTA)

- **di servizio.** Certification of service (LAVORO).

- **di spedizione.** Forwarding agent's certificate of receipt (SPEDIZIONE).

Attestazione. Certification, testimonial; ma il termine *attestation* indica la sottoscrizione di un atto da parte di uno o più testimoni che attestano l'autenticità dell'atto da parte dell'autore (ATTESTATO; DICHIARAZIONE; PROVA; TESTAMENTO; TESTIMONIANZA). [vol. I: ATTESTATION]

- **di documento.** Certification, exemplification, of a document (COPIA AUTENTICATA; DOCUMENTO; FALSA ATTESTAZIONE).

Atti. (ATTO/I)

Attitudine al lavoro. Fitness to work (CAPACITÀ; LAVORO).

Attivismo giudiziario. Questo termine nostrano non è altro che la traduzione letterale di *judicial activism* riferito originariamente, più spesso, alla *Supreme Court* degli S.U. per indicare quella politica giudiziaria che promuove valori sociali progressivi al di là della lettera della legge, o anche in assenza di essa (AMMINISTRAZIONE DELLA GIUSTIZIA; CERTEZZA DEL DIRITTO; INTERPRETAZIONE; ORDINAMENTO GIUDIZIARIO; REALISMO GIURIDICO; SUPPLENZA). [vol. I: JUDICIAL ACTIVISM]

Attività in genere. Activity, action, occupation, trade, business, office; nel senso patrimoniale, si parla di *assets,* o *assets side.* Le attività a breve di un'azienda, liquide o convertibili rapidamente in moneta sono dette di solito *quick assets, quick ratio*, etc. Con il *blind trust*, un soggetto che potrebbe venirsi a trovare in un conflitto di interessi tra la sua attività, il suo incarico o le sue funzioni (di solito pubbliche) e i suoi interessi patrimoniali — come, ad es., nel caso di un giudice — affida la gestione del proprio patrimonio a un *trustee* sul quale egli (*beneficiary*) non ha alcun controllo (ATTIVO; ATTO; AZIENDA IN ATTIVITÀ; CONFLITTO DI INTERESSI; DIRITTO (II) DI ESERCITARE ATTIVITÀ PROFESSIONALI; ESERCIZIO; FALLIMENTO; IMPOSTA SULLE ATTIVITÀ PROFESSIONALI O COMMERCIALI; INDUSTRIA; LUOGO DELL'ATTIVITÀ; OCCUPAZIONE; PASSIVITÀ; RAMO DEL COMMERCIO; RESPONSABILITÀ PER ATTIVITÀ PERICOLOSA). [VOL. I: ACID TEST; ASSETS; LIABILITIES].

- **commerciale.** Business, commercial, activity (ESERCIZIO ABUSIVO DI ATTIVITÀ COMMERCIALE; ESERCIZIO COMMERCIALE).
- **congelate in genere.** Frozen assets (CREDITI SEQUESTRATI; SEQUESTRO).
- **correnti.** Floating assets.
- **del fallimento.** Bankruptcy assets (FALLIMENTO; PASSIVO).
- **di riserva.** Reserve assets; il termine indica più spesso le riserve bancarie (BANCA; RISERVA).
- **economica privata.** Free private enterprise. Con il *blind trust* un soggetto che potrebbe venirsi a trovare in una condizione di incompatibilità tra la sua attività, il suo incarico o le sue funzioni (di solito pubbliche) e i suoi interessi patrimoniali — come, ad es., nel caso di un giudice — affida la gestione del proprio patrimonio a un *trustee* sul quale egli (*beneficiary*) non ha alcun controllo (*supra*, ATTIVITÀ IN GENERE; CONFLITTO DI INTERESSI; ECONOMIA DI MERCATO).
- **e passività.** Assets and liabilities (BILANCIO AZIENDALE; GESTIONE DELLE ATTIVITÀ E PASSIVITÀ; PATRIMONIO). [vol. I: *ad vocem*]
- **fittizie.** Nominal assets, fictitious assets.
- **giurisdizionale.** Judicial activity, o administration of justice (AMMINISTRAZIONE DELLA GIUSTIZIA; CONTROLLO GIURISDIZIONALE; GIURISDIZIONE; ORDINAMENTO GIUDIZIARIO). [vol. I: ADMINISTRATION OF JUSTICE; COURT; JUDICIARY]
- **pericolosa.** Dangerous activity, dangerous trade (DANNO; PERICOLO; RESPONSABILITÀ; SICUREZZA; *VOLENTI NON FIT INIURIA*). [vol. I: DANGEROUS; MASTER AND SERVANT; SAFETY]

  Bibl.:

  Franzoni, M., *Il danno da attività pericolose nella giurisprudenza* (1985) 1 CeI 155.

- **processuale civile** o **penale.** Prosecution (AZIONE (I) CIVILE; AZIONE (I) PENALE; DESISTENZA DALL'AZIONE IN GIUDIZIO; DISCREZIONALITÀ DELL'AZIONE PENALE; INATTIVITÀ PROCESSUALE; PRINCIPIO DISPOSITIVO). [vol. I: DISMISSAL FOR WANT OF PROSECUTION; PROSECUTION]
- **professionale in genere.** Practice (PROFESSIONE FORENSE; SOSPENSIONE DALL'ESERCIZIO DELL'ATTIVITÀ PROFESSIONALE).
- **professionale transnazionale.** È detta *cross-border practice* l'attività professionale che si estende oltre i confini nazionali (PROFESSIONE FORENSE).
- **remunerata.** Office, o place, of profit (LUCRO; REMUNERAZIONE). [vol. I: OFFICE]

Attivo patrimoniale. Assets (di solito al plurale), assets side (ATTIVITÀ; AUMENTO DELL'ATTIVO; AVANZO DI CASSA; BILANCIO AZIENDALE; FALLIMENTO; INSUFFICIENZA DELL'ATTIVO; LATO AVERE; MANCANZA DI ATTIVO; PASSIVO; PATRIMONIO; SOPRAVVALUTAZIONE DELL'ATTIVO; VALORE). [vol. I: ASSETS]

- **circolante.** Current assets (CAPITALE CIRCOLANTE).
- **commerciale.** Trade surplus (COMMERCIO ESTERO). [vol. I: FOREIGN TRADE]
- **del fallimento.** Grosso modo, bankruptcy assets (FALLIMENTO). [vol. I: ASSETS]
- **della bilancia dei pagamenti.** External surplus (BILANCIA DEI PAGAMENTI).
- **della società.** Company's, o corporation's, assets (PASSIVO DELLA SOCIETÀ; PATRIMONIO; SOCIETÀ (II) COMMERCIALE).
- **dell'eredità.** Grosso modo, assets of a deceased person; ma il regime della successione *mortis causa* è assai diverso nella tradizione di *common law* (SUCCESSIONE PER CAUSA DI MORTE). [vol. I: HEREDITAS; SUCCESSION]
- **di cassa.** Cash assets (AVANZO DI CASSA).
- **e passivo in genere.** Assets and liabilities (BILANCIO AZIENDALE; PATRIMONIO; RENDICONTO DEL PASSIVO E DELL'ATTIVO).

Atto/i in genere. Act, action, remedy, measure; nel senso di documento, è detto document, instrument, deed, paper, proceedings, record, certificate. Gli atti di un individuo o di una entità publica o privata sono detti *actions*, piuttosto che acts, come verrebe di tradurre a un *civil lawyer.* Il controllo giurisdizionale degli atti della pubblica amministrazione è definito *judicial review of administrative action*. Celebre è nel diritto costituzionale nordamericano il problema della *State action* in tema di tutela dei diritti costituzionali (AGLI ATTI; ATTIVITÀ; ARCHIVIO; AZIONE; CANCELLAZIONE DI UN ATTO; CERTIFICATO; CONTRADDITTORIETÀ TRA LE CLAUSOLE DI UN ATTO; CONTRATTO; COPIA; DEPOSITO DI ATTI PRESSO LA CANCELLERIA; DOCUMENTO; FATTO; ISTRUMENTO; LEGGE REGOLATRICE DELLA FORMA DEGLI ATTI; MANOSCRITTO; MISURA; NON AGLI ATTI; PROMOZIONE DEGLI ATTI ESECUTIVI; TITOLO). [vol. I: ACT; DEED; LOCUS REGIT ACTUM]

– **amministrativo.** Lett., administrative action; ma i paesi di *common law* — proprio perché tali — non hanno elaborato la figura dell'atto amministrativo: non esiste in senso stretto neanche la giurisdizione amministrativa che ne costituisce il suo logico corollario.
1. Naturalmente, questo non significa che non vi sia attività amministrativa nei paesi di *common law*: al contrario. Ciò che preme rilevare, invece, è la possibilità per il cittadino di intervenire nella formazione di quello che nel nostro sistema si definisce atto amministrativo e, eventualmente, di ottenerne la correzione; diversamente da quanto accade, di fatto, nel nostro sistema, in cui, salvo rarissime eccezioni, la doglianza si può tradurre soltanto in una babele di suppliche, ricorsi, e impugnazioni davanti alle giurisdizioni amministrative con un esito spesso aberrante o demenziale e una durata che non di rado si calcola sul filo del mezzo secolo.
2. La possibilità per il cittadino — e le comunità locali — di intervenire nella formazione dell'atto amministrativo costituisce uno dei problemi fondamentali della democrazia in una società industriale di massa: la ostinata resistenza opposta all'introduzione della *public inquiry* nel nostro ordinamento dalla stessa magistratura ordinaria e amministrativa, *spesso legate a filo doppio al contropotere dei costruttori*, spiega in parte non piccola la *natura criminogena* della legislazione italiana in tema di lavori pubblici. La *conferenza dei servizi* e il *silenzio-assenso* ne sono il corollario voluto anche dal sedicente partito di opposizione nel nostro paese.
3. Negli S.U. sono definite *sunshine laws* quelle leggi che prescrivono la partecipazione pubblica dei cittadini alle riunioni delle *agencies* e degli uffici pubblici in genere, come pure l'accesso ai relativi atti.
4. Nei sistemi di *common law* il controllo giurisdizionale degli atti della pubblica amministrazione avviene ad opera della magistratura ordinaria; esso è definito *judicial review of administrative action* (APPALTO; AUDIZIONE PUBBLICA; AUTOCERTIFICAZIONE; AUTORIZZAZIONE AMMINISTRATIVA; CONCESSIONE AMMINISTRATIVA; CONTRATTO AMMINISTRATIVO; CONTROLLO GIURISDIZIONALE DEGLI ATTI DELLA PUBBLICA AMMINISTRAZIONE; DIRITTO (II) ALL'INFORMAZIONE; DIRITTO (I) AMMINISTRATIVO; GIUSTIZIA ALTERNATIVA; GIUSTIZIA AMMINISTRATIVA; SILENZIO-RIFIUTO, SILENZIO-ASSENSO). [vol. I: INTRODUZIONE: III. 11; ADMINISTRATIVE LAW; PUBLIC INQUIRY]

– **arbitrario.** Arbitrary action, *ultra vires* act o action, illegal act; un atto arbitrario è *unreasonable*, *capricious*: come tale contrario alle *due process clauses* (ABUSO DI POTERE; ARBITRARIO; RAGIONEVOLEZZA). [vol. I: DUE PROCESS CLAUSES; ULTRA VIRES]

– **autentico.** Atto sconosciuto in senso stretto alla *common law*; detto talvolta *notarial act*; ma si parla anche, in talune ipotesi, di *official record* (*infra,* ATTO PUBBLICO; COPIA AUTENTICATA; VERBALE). [vol. I: DEED; RECORD]

Bibl.:

Amos and Walton 1935, ed. 1967: 24.

– **chirografario.** (CHIROGRAFARIO)

– **civile-atto di commercio.** Come, del resto, nel sistema italiano a seguito del codice del 1942, né il diritto inglese, né quello nordamericano adottano questa dicotomia; e, tantomeno poi la conseguente bipartizione in tribunali civili-tribunali di commercio (DIRITTO (I) COMMERCIALE; ORDINAMENTO GIUDIZIARIO). [vol. I: INTRODUZIONE: III. 15; COMMERCIAL LAW]

– **compiuto nell'esercizio delle proprie funzioni.** Act committed in the exercise of one's own functions (IMMUNITÀ DEL GIUDICE DALLA RESPONSABILITÀ CIVILE).

– **confermatorio.** Confirmatory act (CONFERMA; RATIFICA; RETTIFICA). [vol. I: CONFIRMATION]

– **conservativo.** Preventive measure, preventive remedy (AZIONE (I) CAUTELARE; MISURA CONSERVATIVA; PROVVEDIMENTI CAUTELARI). [vol. I: INJUNCTION; MEASURE; RESTRAINING ORDER]

– **costitutivo in genere.** Constituting, constituent, instrument (COSTITUZIONE; LEGGE FONDAMENTALE). [vol. I: FOUNDING FATHERS]

– **costitutivo di associazione, società.** Grosso modo, articles of association, o of incorporation; l'atto costitutivo di una *partnership* è detto *articles of partnership* (ASSOCIAZIONE; SOCIETÀ (II) COMMERCIALE; SOCIETÀ (II) IN NOME COLLETTIVO; SOCIETÀ (II) PER AZIONI). [vol. I: ARTICLES OF ASSOCIATION; ARTICLES OF INCORPORATION; PARTNERSHIP; ULTRA VIRES]

– **costitutivo di un'organizzazione internazionale.** Constituent act of an international organization (ORGANIZZAZIONE INTERNAZIONALE). [vol. I: INTERNATIONAL ORGANIZATION]

– **criminoso.** Criminal act (REATO).

– **del giudizio in genere.** (*infra*, ATTI DELLA CAUSA)

– **della causa in genere.** Papers, o documents, of the case, judicial documents, judicial papers, records of the case, pleadings; ma in questa materia — tenendo conto della assai diversa natura del sistema processuale civile e penale — esistono numerose e radicali differenze rispetto alla prassi italiana. Differenze si riscontrano anche tra la prassi inglese e quella nordamericana. Per quanto attiene a quest'ultima, si noti la c.d. *work product rule* per cui, ai sensi del § 26(b)(3) delle *Federal Rules of Civil Procedure*, l'obbligo della *discovery* non si estende a qualsiasi nota, appunto, memoria o materiale analogo preparato dall'avvocato nella fase che precede la contestazione giudiziaria. È detto *solicitor's* o, negli S.U., *attorney's lien* il diritto di ritenzione dell'avvocato degli atti in suo possesso a garanzia del pagamento degli onorari professionali (CAUSA (III); CORREZIONE DEGLI ATTI PROCESSUALI; DIFESE NEL PROCESSO CIVILE; DIRITTO (II) DI RITENZIONE; FASCICOLO DI CAUSA; PRIVILEGIO DELL'AVVOCATO; PRODUZIONE DI DOCUMENTI o LIBRI CONTABILI; PROVA: 6; SUPERFLUITÀ DI LINGUAGGIO NEGLI ATTI DEL GIUDIZIO). [vol. I: DISCOVERY; JUDICIAL DOCUMENTS; LIEN; PLEADINGS]

– **della pubblica amministrazione.** Administrative actions. Il controllo giurisdizionale degli atti della pubblica amministrazione è definito *judicial review of administrative action* (CONTROLLO GIURISDIZIONALE DEGLI ATTI DELLA PUBBLICA AMMINISTRAZIONE).

– **dello stato civile.** Grosso modo, certificates of births, of marriages, of deaths; ma non esiste, in senso stretto, un equivalente dello stato civile di *civil law* (STATO CIVILE).

– **del potere esecutivo.** Governmental act (GOVERNO).

– **di accusa in genere.** Accusatory instrument, charging instrument; l'atto di accusa, o imputazione penale, prende diversi nomi: indictment, information, complaint (ACCUSA; IMPUTAZIONE).

Bibl.:
Lafave and Israel 1985, ed. 1992: 25.

– **di avaria comune.** General average act (AVARIA COMUNE).

– **di cessione in genere.** Deed of assignment (CESSIONE). [vol. I: ASSIGNMENT]

– **di citazione.** Grosso modo, writ of summons, summons; ma non esiste un equivalente esatto: il writ e lo *statement of claim* partecipano degli elementi della citazione nostrana. Si parla di *citation* in tema di successione (*probate*), di divorzio, e davanti ai tribunali ecclesiastici. Schlesinger [1950, ed. 1988: 410] spiega bene la fondamentale differenza nelle due tradizioni giuridiche anche in questa materia: la concezione di fondo (anche se soggetta negli ultimi tempi a numerose rivisitazioni) è in sostanza che il giudice sia una sorta di *umpire* (arbitro) inattivo; da questa premessa discende il fatto che la maggior parte dell'attività delle parti nella promozione del processo, come, ad es., la notifica degli atti, la citazione, etc., sono considerati atti di parte, che non coinvolgono le prerogative dello stato: l'atto di citazione rientra, appunto, in questa categoria. Negli S. U. — stato federale — ai sensi della R. 3 delle *Federal Rules of Civil Procedure*: « A civil action is commenced by filing a complaint with the court ». (AGONISTICA; AZIONE (I) CIVILE; CITAZIONE; CONVOCAZIONE; DOMANDA GIUDIZIALE; GIUDICE; INVITO; NOTIFICA DELLA CITAZIONE; PROCEDURA CIVILE; RINNOVAZIONE DELLA CITAZIONE). [vol. I: ACTION; CITATION; FORMS OF ACTION]

– (o **contratto) di compravendita.** Contract of sale (VENDITA). [vol. I: BILL OF SALE]

– **di Dio.** Act of God. Con questo termine si intende l'evento naturale imprevedibile e inevitabile. In principio, l'*act of God* così inteso, esclude la responsabilità extracontrattuale; quanto ai rapporti contrattuali, esso non comporta, salvo i casi in cui è ammessa la *frustration*, la risoluzione del contratto. Nel contratto di assicurazione, l'assicuratore è normalmente esonerato dalla responsabilità in caso di danno derivante da *act of God* mediante una clausola espressa o tacita. Nel contratto di trasporto, l'*act of God* costituisce una delle eccezioni alla regola per cui il vettore è responsabile per il danno sofferto dal carico per il tempo in cui esso sia sottoposto al suo controllo (ASSICURAZIONE; DANNO ACCIDENTALE; EVENTO FORTUITO; EVENTO IMPREVEDIBILE; FORTUITO; FORZA MAGGIORE; INCIDENTE INEVITABILE). [vol. I: ACT OF GOD; FRUSTRATION]

– **di disposizione in genere.** Act of disposition, disposing (ALIENAZIONE). [vol. I: ALIENATION; DISPOSITION]

– **di disposizione di parti del proprio corpo.** Acts of disposition of parts of one's body. Nel sistema inglese l'Human Tissue Act 1961 regola la disposizione successiva alla morte (CORPO; DISPOSIZIONE). [vol. I: BODY; GENETIC ENGINEERING; TRAGIC CHOICES]

– **di emulazione.** Emulative acts; ma si parla più spesso di spiteful exercise of a legal right; *spite fence* indica la siepe o staccionata eretta al solo scopo di molestare il vicino. Questi termini attengono alla materia dell'abuso di diritto (ABUSO DI DIRITTO; DISTURBO; MOLESTIA; TURBATIVA). [vol. I: ABUSE OF RIGHT; DISTURBANCE; MOLESTATION; NUISANCE]

Bibl.:
Schlesinger 1950, ed. 1988: 740.

– **di gestione-di imperio.** Rispettivamente, commercial-non commercial state activities; ma si parla anche, negli S.U., rispettivamente, di *governmental functions* e di *proprietary functions* per indicare gli atti di imperio e di gestione [Davis 1951, ed. 1972: 466; Nowak and Rotunda 1978, ed. 1991: 177]. Ma la distinzione tra atti di gestione e atti di imperio non è intrinseca al sistema inglese; essa assume particolare importanza in diritto internazionale relativamente al problema dell'immunità degli Stati. Come ha osservato W. Friedmann: « British courts still stubbornly, and almost alone in international practice, adhere to the absolute immunity of governments in international transactions, instead of adopting the distinction between commercial and non-commercial state activities accepted almost everywhere else » [1959, ed. 1972: 421]. Ma negli ultimi tempi il R.U. si è finalmente allineato sulle posizioni degli altri paesi dell'Unione Europea (GESTIONE; IMMUNITÀ DEGLI STATI DALLA GIURISDIZIONE; SOVRANITÀ). [vol. I: ACT OF STATE; GOVERNMENT CONTRACTS; IMMUNITY: 2; SOVEREIGN IMMUNITY; STATE IMMUNITY]

– **di governo.** (*infra,* ATTO POLITICO)

– **di guerra.** Act of war; questo termine ricorre anche, tra l'altro, nelle polizze di assicurazione (ASSICURAZIONE; GUERRA). [vol. I: WAR CLAUSE]

– **di liberalità.** Gratuity (*infra*, ATTO GRATUITO-ONEROSO; DONAZIONE; LIBERALITÀ).

– **di libidine violento.** Sex assault, indecent assault (MALTRATTAMENTI SESSUALI). [vol. I: ASSAULT]

– **di notorietà.** (ATTO NOTORIO)

– **di ordinaria-straordinaria amministrazione.** Grosso modo, acts of management-acts of disposition [cfr. Schlesinger 1959, ed. 1988: 785]: in effetti, la *common law* non adotta *eo nomine* questa distinzione, anche se il concetto è ovvio. Ma si parla anche, tra l'altro, da un lato, di *ordinary and necessary expenses*, *ordinary repairs, ordinary services* e, dall'altro, di *extraordinary expenses, extraordinary repairs*, *extraordinary services*, etc. (AMMINISTRAZIONE; MANDATO; *NEGOTIORUM GESTIO*; ORDINARIA AMMINISTRAZIONE; PROCURA; RAPPRESENTANZA).

– **discrezionale.** Discretionary act; questo termine indica, di solito, e in senso generale, un atto non soggetto a controllo giudiziario. Ma resta da rilevare che il sistema inglese e nordamericano — attraverso una notevole diversità di ordini concettuali e di tecnica — pervengono in maniera più incisiva che nei sistemi di *civil law* al controllo della discrezionalità amministrativa. Basta pensare alle *due process clauses* degli S.U. (DIRITTO (I) AMMINISTRATIVO; DISCREZIONALE; DISCREZIONALITÀ). [vol. I: DUE PROCESS CLAUSES; EXECUTIVE PRIVILEGE; MINISTERIAL; PREROGATIVE ACT]

Bibl.:
Williams, D.W., *British Passports and the Right to Travel* (1974) 23 I.C.L.Q. 648.

– **di Stato.** (*infra*, ATTO POLITICO)

– **di tolleranza.** Licence (TOLLERANZA). [vol. I: LICENCE]

– **di ufficio.** Grosso modo, official act; official duty (ABUSO DI ATTI DI UFFICIO; DI UFFICIO; OMISSIONE DI ATTO DI UFFICIO).

– **di una assemblea, conferenza, riunione.** Acts, records, o proceedings of an assembly, conference, meeting (ASSEMBLEA; RIUNIONE).

– **doloso.** Fraudulent act (DOLO; FRODE).

– **esecutivi.** Execution proceedings; ma non vi è corrispondenza esatta (ESECUTIVO; ESECUZIONE FORZATA DELLA SENTENZA CIVILE; PROMOZIONE DEGLI ATTI ESECUTIVI). [vol. I: EXECUTION; STAY]

– **falso.** (DOCUMENTO FALSO)

– **fraudolenti.** Fraudulent acts (*infra*, ATTI IN FRODE DEI CREDITORI; FRODE). [vol. I: FRAUDULENT CONVEYANCE]

– **giudiziario in genere.** Judicial act (*supra*, ATTI DELLA CAUSA). [vol. I: *ad vocem*]

– **giuridico in genere.** Jural act; sfuggita all'influenza della pandettistica, la *common law* non ha elaborato i concetti di fatto, atto e negozio giuridico; sistema a normazione comune, esso non ha neanche elaborato il paradigma dell'atto amministrativo. Tutto questo non ha avuto conseguenze drammatiche, come dimostra lo sviluppo, e non di rado, per molti versi, il primato giuridico di paesi di *common law* come, una volta, l'Inghilterra e, ora in misura maggiore, gli S.U. (*supra*, ATTO AMMINISTRATIVO; FATTO, ATTO E NEGOZIO GIURIDICO; NEGOZIO GIURIDICO). [vol. I: JURAL ACT; JURISTIC ACT]

– **gratuito-oneroso.** Il primo può essere definito come *gratuitous undertaking*. Quanto al secondo, è da rilevare che, a causa del requisito della *consideration* e del regime della forma degli atti, non si riscontra nella *common law* una distinzione che coincida con quella nostrana: il contratto di *common law* — ossia, per definizione, il *simple contract* — è un contratto oneroso (*for valuable consideration*). Gli atti gratuiti (*without valuable consideration*) non sono validi, a meno che non siano stipulati in una forma particolare (*deed*), nel qual ultimo caso la *consideration* è presunta. Esempi di atti gratuiti sono il *trust*, il *settlement*, il *gift*, che non rientrano nello schema del *contract* (*supra*, ATTO DI LIBERALITÀ; *infra*, ATTO SIGILLATO-NON SIGILLATO; CONTRATTO: III, IV, VII; DONAZIONE; GRATUITO). [vol. I: INTRODUZIONE: III. 17; CONSIDERATION; CONTRACT: III; GIFT; SETTLEMENT; TRUST]

Bibl.:
David 1973: 69.
Gorla 1955, vol. I: 365.

– **illecito.** Wrong, wrongful act, wrongdoing, unlawful act, civil delict; ma si usa più spesso il termine *tort* che ha una portata più vasta dell'atto illecito qual è inteso nella *civil law*. L'autore dell'atto illecito è detto *tortfeasor*, o *wrongdoer* (ASSUNZIONE DEL RISCHIO; COLPA EXTRACONTRATTUALE; COMPORTAMENTO; CONDOTTA; DANNO; DILIGENZA; DOVERE DEL *NEMINEM LAEDERE*; FATTO ILLECITO; FATTO NATURALE; ILLECITO; IMMUNITÀ DEGLI STATI DALLA GIURISDIZIONE; *NEMINEM LAEDERE*; OSPITE; PREVEDIBILITÀ DEL DANNO; RESPONSABILITÀ EXTRACONTRATTUALE; SICUREZZA AMBIENTALE; TURBATIVA; UOMO MEDIO; *VOLENTI NON FIT INIURIA*). [vol. I: INTRODUZIONE: III. 19; TORT]

Bibl.:
Atti, A., *La responsabilità del « patron » è dunque extracontrattuale* (1986) 1 CeI 41.
Galgano, F., *Alla ricerca delle sanzioni civili indirette: premesse generali* (1987) 2 CeI 531.
Giuliani, A., *La tutela aquiliana della reputazione economica* (1985) 1 CeI 73.
Luminoso, A., *La lesione dell'interesse contrattule negativo (e dell'interesse positivo) nella responsabilità civile* (1988) 3 CeI 792.
Visintini, G., *La tutela aquiliana delle posizioni contrattuali* (1985) 3 CeI 651.
id., *Itinerario dottrinale sulla ingiustizia del danno* (1987) 1 CeI 73.

– **in frode dei creditori.** Fraudulent conveyance, fraudulent prefence, transaction defrauding creditors, fraudulent alienation. Nel sistema inglese è annullabile ad istanza del creditore che ne risenta un pregiudizio: sono fatte salve le alienazioni a favore dell'acquirente di buona fede per una *valuable* o anche *good consideration* (*supra*, ATTI FRAUDOLENTI; ALIENAZIONE IN FRODE DEI CREDITORI; AZIONE (I) REVOCATORIA; FALLIMENTO; FRODE; VENDITA IN FRODE DEI CREDITORI).

– **interruttivo in genere.** Interrupting o breaking act (CONDIZIONE; PRESCRIZIONE). [vol. I: INTERRUPTION OF THE PERIOD OF LIMITATION]

– ***inter vivos-mortis causa.*** Non vi sono termini corrispondenti: di solito, si impiegano in inglese le stesse espressioni. Ma si noti che, specie in tema di successione per causa di morte, si riscontrano radicali differenze tra le due tradizioni giuridiche (SUCCESSIONE PER CAUSA DI MORTE).

– **involontario.** Unintentional, excusable act (GIUSTIFICAZIONE; INTENZIONE; PREMEDITAZIONE; VOLONTÀ). [vol. I: MANSLAUGHTER]

– **lecito.** Lawful act (*supra*, ATTO ILLECITO).

– **legislativo in genere.** Act of Parliament, of Congress, enactment, statute (LEGGE).

– **notarile.** Lett., notarial act; ma in effetti non vi è un equivalente dell'atto notarile nei sistemi di *common law*. Anche qui, bisogna guardarsi dagli *acoustic agreements* derivanti dall'esistenza del *notary* o *notary public*, in Inghilterra e negli S.U., figura ben diversa dal notaio di *civil law*. In questa materia sembra opportuno ricordare la distinzione tra atti sigillati e atti non sigillati, peculiare alla tradizione di *common law*. Peraltro, un documento autenticato da un *notary public* non costituisce di per sé un *deed*, del resto non richiesto per la costituzione del *trust*, istituto di fondamentale importanza nei paesi di *common law* (*supra,* ATTO AUTENTICO; *infra,* ATTO NOTORIO; ATTO PUBBLICO; ATTO SIGILLATO-NON SIGILLATO; DOCUMENTO; NOTAIO; PUBBLICITÀ). [vol. I: DEED; NOTARY; SEAL]

Bibl.:
Gorla 1955, vol. I: 446.

– **notorio.** Non esiste in senso stretto; tuttavia l'*affidavit* costituisce l'analogo che vi si avvicina maggiormente (*supra,* ATTO NOTARILE). [vol. I: AFFIDAVIT]

Bibl.:
Schlesinger 1950, ed 1988: 26, n. 12.

– o **omissione.** Act or forbearance (OMISSIONE). [vol. I: FORBEARANCE]

– **originale.** (ORIGINALE DI UN DOCUMENTO)

– **osceno.** Indecent, o obscene, act (*supra*, ATTO DI LIBIDINE VIOLENTO).

– **parlamentari.** (RESOCONTI PARLAMENTARI)

– **politico.** Act of state. La *doctrine of act of state* appare inestricabilmente connessa ai concetti di *jurisdiction, sovereignty* e *immunity*. Essa sembra avere delle analogie con quella del *fait du prince* del diritto francese. Una delle conseguenze della *doctrine* è la regola enunciata negli S.U. nel caso *Underhill* v. *Hernandez* (1897) 168 U.S. 250, 18 Sup. Ct. 83 che comporta per il giudice di un paese il divieto di statuire sulla validità degli atti posti in essere da governi stranieri in virtù della loro sovranità. Questo principio, applicato nel caso *Sabbatino,* diede luogo a vivissime dispute soprattutto da parte di coloro ne contestavano l'applicabilità nel caso in cui l'atto impugnato costituisce una violazione del diritto internazionale. Allo scopo, peraltro non dichiarato, di annullare gli effetti di detta decisione, il Congresso degli S.U. adottò il c.d. *Sabbatino Amendment* al Foreign Federal Aid Assistance Act (*supra*, ATTI DI GESTIONE-DI IMPERIO; IMPOSSIBILITÀ SOPRAVVENUTA; NAZIONALIZZAZIONE; POLITICA; QUESTIONE POLITICA; RAGION DI STATO; SOVRANITÀ). [vol. I: ACT OF STATE; NATIONALIZATION; SABBATINO CASE; STATE]

Bibl.:
Garrone, G.B., *Atto politico (disciplina amministrativa)*, in *Digesto IV Utet, Pubbl.,* vol. I: 544.

– **preparatorio di un reato.** Preparation, preparatory act of a crime (TENTATIVO DI REATO).

– **privato.** Grosso modo, private document: rientra in questa categoria un deed, will, agreement, contract, etc. Ma anche qui non esiste equivalenza con l'atto privato qual è inteso nella *civil law* (*infra*, ATTO PUBBLICO; DOCUMENTO PUBBLICO-PRIVATO). [vol. I: AGREEMENT; DEED; WILL]

– **processuale in genere.** Judicial act (*supra*, ATTI DELLA CAUSA; COMPARSA DI RISPOSTA; CORREZIONE DEGLI ATTI PROCESSUALI; DIFESE NEL PROCESSO CIVILE; ESAME DEGLI ATTI PROCESSUALI AVVERSARI). [vol. I: PLEADINGS]

– **pubblico.** Public document, public record; questo termine indica solo un atto o documento non privato, accessibile al pubblico, *open to public inspection*, come si dice. Ma l'atto pubblico qual è inteso nella *civil law* è ignoto alla *common law* che, tra l'altro, conosce soltanto taluni aspetti della funzione notarile. Gli atti e i contratti nella *common law* si distinguono, invece, in atti sigillati e atti non sigillati, o semplici. Questa distinzione ha fondamentale importanza in materia di contratti in cui, trattandosi della prima categoria (*contract under seal*), la presenza della *consideration* è presunta. Si noti altresì che l'*act,* o *contract, under seal* costituisce un *private document* (*supra*, ATTO AUTENTICO; ATTO NOTARILE; ATTO PRIVATO; *infra*, ATTO SIGILLATO-NON SIGILLATO; ARCHIVIO DI STATO; ASTRATTEZZA DELL'OBBLIGAZIONE; CONTRATTO: III, IV; COPIA CERTIFICATA DI ATTI PUBBLICI; DOCUMENTO PUBBLICO-PRIVATO; FEDE PUBBLICA; NOTAIO; PATTO SOLENNE; SCRITTURA; SIGILLO;

VERBALE). [vol. I: CONSIDERATION; DOCUMENT; PUBLIC RECORD]

Bibl.:
Amos and Walton 1935, ed. 1967: 24.
Cross and Jones 1948, ed. 1976: 250.
David 1973: 175.
Gorla 1955, vol. II: 616-632.

– **scritto.** Written instrument o document (*supra*, ATTO PRIVATO; ATTO PUBBLICO; CONTRATTO VERBALE; SCRITTO). [vol. I: PAROL]

– **sigillato-non sigillato.** Distinzione ignota alla *civil law*; nella tradizione di *common law* gli atti e i contratti vengono di solito distinti in sigillati e non sigillati, o semplici. Gli effetti di quest'ultima distinzione sono notevoli ai fini del requisito della *consideration* stabilito per il *simple contract*. Nel sistema inglese, il Companies Act 1989 e il Law of Property (Miscellaneous Provisions) Act 1989 hanno introdotto delle nuove regole dirette alla semplificazione degli atti posti in essere con *deed*. Com'è stato osservato, queste leggi hanno « created areas of difficulty and uncertainty »; ad ogni modo, sembra potersi dire che le nuove leggi non hanno abolito il requisito della *consideration*, che resta nel sistema inglese (come in quello nordamericano) la dottrina fondamentale della teoria generale del contratto di *common law* (*supra*, ATTO NOTARILE; ATTO PUBBLICO; CHIROGRAFARIO; CONTRATTO SIGILLATO-NON SIGILLATO; DOCUMENTO SIGILLATO-NON SIGILLATO; *PACTA SUNT SERVANDA*; PREAMBOLO DI UN *DEED* O ATTO SOLENNE; SIGILLO). [vol. I: CONSIDERATION; DEED; SEAL]

– (o **contratto) simulato.** Sham transaction (SIMULAZIONE).

– **stragiudiziale.** Grosso modo, extrajudicial paper (EXTRAGIUDIZIALE).

– **ufficiale.** Nel senso di documento, si parla di official paper, record, records; nel senso di attività, si parla di official act (*supra*, ATTO PUBBLICO). [vol. I: RECORD]

– **Unico Europeo.** European Single Act, o ESA (CAMBIO; CIRCOLAZIONE DEI BENI; COMMERCIO INTERNAZIONALE; COMUNITÀ ECONOMICA EUROPEA; DAZIO DOGANALE; DIRETTIVA COMUNITARIA; DIRITTO (I) COMUNITARIO; DOGANA; IMMIGRAZIONE; INTEGRAZIONE EUROPEA; LIBERO MOVIMENTO DEI CAPITALI; LIBERTÀ DI CIRCOLAZIONE COMUNITARIA; PROTEZIONISMO; UNIONE DOGANALE).

Attore in giudizio in genere. Plaintiff; il convenuto è detto *defendant*. Ma l'attore è detto anche, in taluni casi, *petitioner*, ovvero anche *suitor*, *complainant*, *claimant*, *mover*. Ad es., negli S.U. l'attore in una causa marittima è detto *libellant*; nell'ambito della tutela del consumatore, l'attore è definito *consumer-plaintiff* (AVVOCATO DELL'ATTORE; AZIONE (I) IN GIUDIZIO; CONVENUTO; ISTANZA DELL'ATTORE; LEGITTIMAZIONE; POSTULANTE; REPLICA DELL'ATTORE; RICORRENTE). [vol. I: INTRODUZIONE: III. 25; ACTION; AUDI ALTERAM PARTEM; CLAIMANT; COMPLAINANT; DEFENDANT; PARTY; PETITIONER; SUITOR]

Attrezzo in genere. (STRUMENTO)

– **di nave.** Ship's apparel (NAVE).

Attribuzione/i in genere. Function, office, authority, power, responsibility, competence, jurisdiction; nel senso di trasferimento, è detta apportionment, assignment, transfer, disposition; nel senso di prerogativa, è detta prerogative (ASSEGNAZIONE; CONFLITTI DI ATTRIBUZIONE; DISTRIBUZIONE; NEGOZIO DI ATTRIBUZIONE PATRIMONIALE; POTERE; PREROGATIVA; TRASFERIMENTO). [vol. I: PREROGATIVE]

– **della Corte in materia procedurale (CGCE).** Procedural powers of the court (PROCEDURA). [vol. I: RULE-MAKING POWER]

– **dell'onere della prova.** Allocation of the burden of proof (ONERE DELLA PROVA).

– **del risarcimento con sentenza.** Award of damages (RISARCIMENTO DEL DANNO; SENTENZA). [vol. I: AWARD]

– (o **trasferimento) di un diritto.** Transfer, assignment, o disposition, of a right (ALIENAZIONE; CESSIONE; DIRITTO (II); TRASFERIMENTO).

Attuazione. Implementation. Il provincialismo politichese nostrano ha adottato il termine implementazione, importato dall'inglese (APPLICAZIONE; ESECUZIONE). [vol. I: IMPLEMENTATION]

Audi alteram partem. È detta così una delle due regole che rientra nel concetto inglese di *natural justice:* essa esige che il contraddittorio sia validamente ed effettivamente instaurato. È stato osservato che processo giurisdizionale e contraddittorio sono sinonimi; ma il genio della *common law* inglese, e specie nordamericana, è stato di aver fatto di ogni procedimento un contraddittorio.
1. Un procedimento è detto *ex parte* quando ha luogo *inaudita altera parte*. È appunto

mediante le regole che vanno sotto il nome di *natural justice* che nel diritto inglese vengono sancite le garanzie della giustizia consistenti nel diritto a un giudice imparziale (*nemo iudex in causa sua*) e ad essere sentiti in giudizio (*audi alteram partem*); quest'ultimo si articola sia nell'esigenza che vi sia una *prior and adequate notice*, sia nel *fair hearing*, cioè nell'udienza corretta.
2. Negli S.U. un concetto analogo — ma notevolmente più ampio, e sancito costituzionalmente — va sotto il nome di *due process of law*. Ma si noti che si distingue tra un *procedural* e un *substantive due process* (ASTENSIONE E RICUSAZIONE DEL GIUDICE; CONTRADDITTORIO; GARANTISMO; PARTE). [vol. I: DUE PROCESS CLAUSES; EX PARTE; FAIR HEARING; NATURAL JUSTICE]

Audience. Parola magica della nostra TV. Ma il termine significa anche udienza, più spesso in diritto internazionale (ACCREDITAMENTO DI UN AGENTE DIPLOMATICO; *MEDIA*; UDIENZA).

Audit. (RESPONSABILITÀ DEI REVISORI DEI CONTI; REVISIONE CONTABILE; SOCIETÀ (II) DI *AUDITING*; VERIFICA DEI LIBRI CONTABILI)

Audizione in genere. Hearing, audience; si parla di *trial type hearing* per indicare l'audizione in cui il contraddittorio assume la pienezza del processo giurisdizionale come, ad es., negli S.U., nelle audizioni delle *administrative agencies* (ADUNANZA; CONTRADDITTORIO; DISCUSSIONE DI UNA CAUSA; PROCEDIMENTO; REGOLATORE; SEDUTA; UDIENZA).

– **del Congresso degli S.U.** Congressional hearing (INCHIESTA DEL CONGRESSO DEGLI S.U.; INDAGINE CONOSCITIVA).

– **del testimone.** Examination of witness (DEPOSIZIONE). [vol. I: EXAMINATION]

– **disciplinare.** Disciplinary hearing (PROCEDIMENTO DISCIPLINARE).

– **pubblica.** Public hearing; da non confondere con l'udienza pubblica di un processo giurisdizionale (PROCESSO PUBBLICO; UDIENZA).

Aula in genere. Room; nel linguaggio parlamentare si usa il termine *floor* per indicare l'aula in cui ha luogo il dibattito plenario (PLENARIO; UDIENZA).

– **giudiziaria.** Court-room (PROCESSO; SALA DI UDIENZA; UDIENZA).

Aumento in genere. Increase (DECREMENTO; DETRIMENTO; DIMINUZIONE; MAGGIORAZIONE; RIBASSO; RIDUZIONE).

– (o **diminuzione) della pena.** Increase, o reduction, of punishment, o of sentence (PENA).

– **della spesa pubblica.** Spending increase (SPESA PUBBLICA).

– **dell'attivo.** Increase in the value of assets (ATTIVO).

– **delle imposte** o **tasse.** Tax increase (IMPOSTA).

– **del prezzo.** Increase of price, advancing price (PREZZO).

– **del rischio.** (AGGRAVAMENTO DEL RISCHIO)

– **di capitale della società per azioni.** Increase of share capital, increase of capital, increase of stock capital; ha luogo con l'emissione di nuove azioni (AZIONE (II) DI SOCIETÀ; CAPITALE; EMISSIONE DI AZIONI DI SOCIETÀ).

Bibl.:
Ferrari, A., *L'abuso del diritto di voto nell'aumento del capitale* (1990) 3 CeI 869.
Gower 1954, ed. 1979: 222.

Ausiliare/i in genere. Agent, employee, servant (ACCESSORIO; AGENTE; DIPENDENTE; INCIDENTALE; PREPOSTO). [vol. I: AGENT; MASTER AND SERVANT]

– **della giustizia in genere.** Grosso modo, non judicial staff of law courts, court official, court officer, clerk. L'ausiliare della giustizia è un *fiduciary of the court.* Ma, anche qui, si tratta solo di analogie e approssimazioni: tra l'altro, non vi sono corrispondenze neanche tra il sistema inglese e quello nordamericano (in cui, si noti, esiste un doppio ordine di giurisdizioni, federale e dei singoli stati dell'Unione). La ragione dell'incomparabilità risiede principalmente nella grande diversità dell'ordinamento giudiziario e del ruolo del giudice nel processo civile e penale di *common law*; il che ha un'influenza determinante sulla natura degli ausiliari della giustizia. Ad ogni modo, la trattazione della materia non ha subito quell'elaborazione dottrinale, né ha raggiunto quelle « vette » di astrazione, riscontrabili nella letturatura nostrana sull'argomento. Negli S.U. è detto *paralegal* il personale ausiliare di studi di avvocati; presso numerose università sono tenuti *paralegal courses* che prevedono il conseguimento di una laurea *ad hoc*. Si noti che nella tradizione di *common law* gli avvocati sono *officers of the court* che, in quanto tali, possono essere assoggettati dal giudice a misure disciplinari (ASSISTENTE SOCIALE; CONSULENTE TECNICO NEL PROCESSO: 2; CUSTODE DI BENI SEQUESTRATI o PIGNORATI; CUSTODE DI COSE SEQUESTRATE NEL CORSO DEL PROCESSO; CUSTODE GIUDIZIARIO; MESSO DI TRIBUNALE; ORDINAMENTO GIUDIZIARIO; PROFESSIONE FORENSE; UFFICIALE GIUDIZIARIO; USCIERE GIUDIZIARIO). [vol. I: ASSESSOR; AUDITOR; BAILIFF; CLERK; COURT OFFICIALS; MARSHALL; MASTER; PROBATION OFFICER; RECEIVER; REFEREE; REGISTRAR]

– **dell'appaltatore.** Servants, employees o agents of independent contractor (APPALTATORE).

– **dell'armatore.** Agents, servants and representatives of shipowner; ma queste figure danno luogo a non poche difficoltà comparatistiche e controversie legali (*infra,* AUSILIARI DEL VETTORE; ARMATORE DI NAVE). [vol. I: CREW; MASTER; SHIP'S AGENT; SHIP'S HUSBAND]

– **dell' avvocato.** (COAUDIUTORE DI AVVOCATO)

– **dell'imprenditore.** Grosso modo, agents, employees, servants of entrepreneur, o businessman (DATORE DI LAVORO; IMPRENDITORE). [vol. I: AGENT; BROKER; EMPLOYEE; MANAGER].

– **del vettore.** Agents, servants and representatives of carrier (*supra,* AUSILIARI DELL'ARMATORE; VETTORE).

Autenticazione in genere. Grosso modo, authentication, certification, attestation; ma non vi è equivalenza in senso stretto (ATTO AUTENTICO; AUTOCERTIFICAZIONE; CERTIFICAZIONE; COLLAZIONE; LEGALIZZAZIONE; VIDIMAZIONE). [vol. I: ATTESTATION]

– **della sottoscrizione.** Grosso modo, certification of signature; ma si parla anche di *attestation* (ATTESTAZIONE; SOTTOSCRIZIONE). [vol. I: ATTESTATION]

– **di copie di atti e documenti.** Grosso modo, certification, o authentication, of copies of documents and papers (ATTO; COPIA; DOCUMENTO).

Autenticità in genere. Authenticity, genuineness, veracity (ATTO AUTENTICO; AUTENTICAZIONE; FALSO).

Autista. Driver, motorist, operator of automobile (AUTOMOBILISTA; CONDUTTORE DI AUTOVEICOLO; GUIDATORE).

– **senza patente.** Unlicensed driver (PATENTE DI GUIDA).

Autocalunnia. False self-accusation (CALUNNIA). [vol. I: INFORMATION; SELF-INCRIMINATION; WASTEFUL EMPLOYMENT OF THE POLICE]

Autocensura in genere. Self-censorship; molto diffusa nella stampa britannica (CENSURA; STAMPA).

Autocertificazione. Parolone nostrano vuoto di contenuto nella realtà giuridica effettuale del nostro paese, privo di esatta equivalenza nel sistema inglese e in quello degli S.U. dove, pur non esistendo *la parola*, si trova invece, *la cosa*. Il termine *self-authentication* impiegato negli S.U. è riferito a quegli atti ammessi con legge come prova « without further proof », ossia senza ulteriore corroborazione, come, ad es., gli atti (*deeds*, *conveyances*, etc.) sottoscritti davanti a un *notary public*, copie certificate di atti pubblici, testi di legge pubblicati da enti pubblici, etc. (cfr. R. 902 delle *Federal Rules of Evidence*). Il concetto dell'autocertificazione va inquadrato nell'ambito dei rapporti tra potere pubblico e cittadini, materia nella quale tra i sistemi di *civil law* (anche considerati nel periodo di maggiore sviluppo democratico) e quelli di *common law* come l'Inghilterra e gli S.U. esiste un profondo divario che attiene all'idea stessa democrazia: basterebbe pensare alla *rule of law*, all'*autogoverno* (prodotto del genio politico inglese), al fatto che il diritto è, in buona sostanza, comune a pubblici e privati operatori, che non esistono giurisdizioni amministrative intese in senso stretto, etc. per farsene un'idea. Né nel R.U. né negli S.U. è prevista la carta di identità; è possibile cambiare il proprio nome con grandissima facilità: l'autocertificazione costituisce evento giornaliero e punto fondamentale del patto sociale tra il cittadino e il potere pubblico (ATTO AMMINISTRATIVO; ATTO NOTARILE; AUTENTICAZIONE; CARTA BOLLATA; CARTA D'IDENTITÀ; CERTIFICAZIONE; NOME; PUNZONATURA DEI METALLI PREZIOSI; STATO DI DIRITTO).

Autocontratto. (CONTRATTO CON SÉ MEDESIMO)

Autocontrollo. Self-restraint (AUTODISCIPLINA; CODICE DI CONDOTTA; CONTROLLO).

Autodeterminazione. Self-determination (AUTOGOVERNO; DISOBBEDIENZA CIVILE; INDIPENDENZA; IRREDENTISMO; PRINCIPIO DELL'AUTODETERMINAZIONE; REFERENDUM; SECESSIONE; SEPARATISMO; SOVRA-

NITÀ; TUTELA DEI DIRITTI). [vol. I: *ad vocem*; SELF-DETERMINATION]

Bibl.:

Baldi, C., *Autodeterminazione*, in *Dizionario di Politica* 1976, ed. 1983: 67.
Lattanzi, F., *Autodeterminazione dei popoli*, in *Digesto IV Utet, Pubbl.*, vol. II: 4.

– **dell'imponibile fiscale.** Self-assessment (IMPONIBILE). [vol. I: ASSESSMENT]

Autodifesa. Self-defence (AUTOTUTELA; LEGITTIMA DIFESA; USO LEGITTIMO DELLE ARMI). [vol. I: *ad vocem*]

– **nel processo penale.** Self-representation; negli S.U. è un diritto costituzionale garantito dal VI [1791] emendamento della costituzione siccome interpretato nel caso *Faretta.* In questo senso, si parla di un *constitutional right to self-representation* (DIFESA NEL PROCESSO PENALE).

Autodisciplina. Self-regulation (AUTOCONTROLLO; AUTOGOVERNO; AUTOREGOLAMENTAZIONE; CODICE DI CONDOTTA).

– **pubblicitaria.** (CODICE DI AUTODISCIPLINA PUBBLICITARIA)

Autofinanziamento. Self-financing (FINANZIAMENTO).

Autogestione. Grosso modo, self-government (AUTOGOVERNO).

Bibl.:

Follis, M., *Autogestione*, in *Dizionario di Politica* 1976, ed. 1983: 70, at 76.

Autogoverno. Self-government, self-rule; ma si parla anche di *autonomy;* si tratta di una delle più originali creazioni politiche inglesi sull'organizzazione delle collettività locali. Autogoverno e *decentramento* non vanno confusi: non si tratta di una delega del potere centrale. L'autogoverno è un potere *originario* proprio delle collettività locali inglesi e americane: le *charters* reali costituiscono storicamente il *riconoscimento* di uno *status* che precede addirittura la formazione del potere centrale.

1. Negli S.U. — stato federale — la materia rientra nelle attribuzioni dei singoli stati dell'Unione che, anche se con varianti diverse, adottano la formula dell'autogoverno. Alexis de Tocqueville ha visto giustamente l'autogoverno anglo-americano come la derivazione diretta più importante della sovranità popolare e nell'accentramento, tipico anche della Francia rivoluzionaria, la differenza fondamentale tra due diverse concezioni della democrazia, la natura dispotica della rivoluzione e quella autoritaria del sistema politico francese [1835-1840, trad. it., vol. II: 78]. L'autogoverno si pone così come il punto di inizio e il nucleo primigenio della grande democrazia nordamericana: « Accentramento è una parola che oggi tutti ripetono continuamente, e di cui nessuno, per lo più, cerca di precisare il significato. Vi sono, tuttavia, due specie di centralizzazione, assai diverse tra loro, che bisogna ben distinguere ». Chiarito che vi è accentramento politico e accentramento amministrativo, de Tocqueville continua: « A mio giudizio, non credo che una nazione possa vivere, e ancor meno prosperare, senza un forte accentramento del potere politico ». E qui, ancora una volta, gli S.U. sono il modello che combina un fortissimo accentramento politico nello stato federale con la totale assenza di accentramento amministrativo [id.: 109-111]. L'origine di questa concezione è inglese, come inglese è la terminologia: nell'ambito di ciascuno stato dell'Unione, vi sono le *counties*, entità locali; ma non esistono leggi uniformi che regolino l'autogoverno in ogni stato. La *county* è la massima divisione territoriale del governo locale negli S.U.: i suoi poteri variano da stato a stato, e anche nello stesso stato: nel New England esiste solo ai fini dell'amministrazione della giustizia; in Louisiana l'unità equivalente è costituita dalla *parish.* Il diritto all'autogoverno locale è detto *right of local self-government.* I politicanti nostrani (ma vanno definiti tali tutti gli uomini politici dell'Occidente, francesi-tedeschi-spagnoli, etc., che non conoscano i rudimenti dell'assetto politico degli S.U.) vanno spesso in giro dicendo che quella nordamericana è una mezza democrazia dato che il Presidente degli S.U. è eletto mediamente da non più del 50 per cento degli elettori. Ma, anche qui, Alexis ha visto giusto: alla scarsa partecipazione alle elezioni presidenziali fa riscontro una attivissima partecipazione alla vita degli enti locali. Esattamente il contrario di quanto accade da noi: partecipazione... bulgare alle elezioni politiche generali, e sostanziale indifferenza per la vita locale.

2. Ma il termine *self-government* non è limitato alle autonomie locali; esso viene riferito anche alle istituzioni pubbliche e alle associazioni private munite di potere normativo come, ad es., la *Church of England* che gode di un notevole grado di autonomia; in tal senso, si parla di *autonomic powers* [Allen 1927, ed. 1964: 542]; questo potere spiega i

c.d. *domestic tribunals* (ACCENTRAMENTO AMMINISTRATIVO; AMMINISTRAZIONE LOCALE; AMMINISTRAZIONE PERIFERICA DELLO STATO; AUTODISCIPLINA; AUTOGESTIONE; AUTONOMIA LOCALE; AUTOREGOLAMENTAZIONE; COMUNE; COMUNITÀ LOCALE; CONTEA; DECENTRAMENTO; DELEGA DEI POTERI; DEVOLUZIONE: 2; FEDERALISMO; GOVERNO LOCALE; LEGGE LOCALE; PARROCCHIA; POTERI DI POLIZIA; PREFETTO; PROVINCIA; REGOLATORE; SINDACO; TRASFERIMENTI FINANZIARI GOVERNATIVI AGLI ENTI LOCALI; TUTELA DEI DIRITTI). [vol. I: COUNTY; DEVOLUTION; DOMESTIC TRIBUNAL; HOME RULE; LOCAL GOVERNMENT]

Bibl.:

Cammelli, M., *Autogoverno*, in *Dizionario di Politica* 1976, ed. 1983: 77, at 81.
Giannini 1970, vol. I: 286.

Autografia. (AUTOGRAFO; TESTAMENTO OLOGRAFO)

Autografo. (FIRMA; SOTTOSCRIZIONE)

Autoincriminazione. Self-incrimination; ma questo termine assume un significato particolare nel sistema penale accusatorio angloamericano, diversamente dal nostro, in buona sostanza, misto ancora oggi. Com'è stato osservato da Franco Cordero [1981: 639], il processo inquisitorio di *civil law* « punta a una self-incrimination ». Nel sistema angloamericano, la volontarietà della confessione — da provare dall'accusa — costituisce requisito fondamentale della sua validità; diversamente, essa non è utilizzabile. La confessione estorta con violenza fisica o psichica all'imputato — detta *compulsory self-incrimination* — rende *involuntary* una confessione o ammissione, ossia inammissibile in quanto in violazione del V [1791] emendamento e della *due process clause* del XIV [1868] emendamento della costituzione federale. Una difesa tipica del processo penale inglese e nordamericano è costituita dal c.d. *privilege against self-incrimination*, priva di equivalenza nei sistemi di *civil law*. Essa può essere invocata sia dal testimone che dall'imputato (entrambi depongono sotto giuramento). Negli S.U. tale difesa è garantita dal V emendamento della costituzione (AUTOCALUNNIA; AZIONE (I) PENALE; CHIAMATA DI CORREO; CONFESSIONE; CONTROESAME; DEPOSIZIONE NEL PROCESSO PENALE; DICHIARAZIONE DELL'IMPUTATO; DIFESA NEL PROCESSO PENALE; DIRITTO (II) AL SILENZIO; GIURAMENTO DEL TESTIMONE; IMMUNITÀ DALL'AZIONE PENALE; IMPUTATO; INCRIMINAZIONE; PENTITISMO; PRESUNZIONE DI INNOCENZA; SILENZIO DELL'IMPUTATO; SISTEMA PENALE ACCUSATORIO; TESTIMONE; TESTIMONIANZA; TORTURA; VERITÀ). [vol. I: SELF-INCRIMINATION]

Automobile. (AUTOVEICOLO)

Automobilista. Motorist, driver, operator of automobile (AUTISTA).

Autonomia in genere. Autonomy; si tratta di concetto politico e giuridico fondamentale: libertà e autonomia sono per molti versi sinonimi. Un individuo che non disponga di una propria sfera di autonomia non può essere definito libero. Il concetto di autonomia, ossia, la « individuals' ability to choose for themselves how to live their lives » costituisce, in definitiva, il tema della libertà e il nucleo fondamentale della teoria della *privacy*. Beninteso, l'autonomia dell'uno è condizionata dall'autonomia dell'altro; resta però che senza autonomia non vi è libertà dell'individuo, e siccome non è concepibile democrazia senza libertà, si può anche arguire che senza autogoverno e senza federalismo non vi è democrazia (AUTOGOVERNO; FEDERALISMO; INDIPENDENZA; POTERI DI GOVERNO; RISERVATEZZA).

– **contrattuale.** Freedom of contract, liberty of contract, contractual autonomy.
1. Queste espressioni si prestano a diverse accezioni, tra cui vi è quella della libertà di forma: per il diritto romano, solo alcuni tipi di contratto erano giuridicamente sanzionabili.
2. Intesa nel senso di potere di determinare il contenuto del contratto, l'autonomia contrattuale costituisce uno dei più importanti *shibbolets* della sociologia giuridica ottocentesca. La libertà contrattuale è presentata come l'altra faccia della libera iniziativa, tipica delle economie capitalistiche. Ma autonomia contrattuale e tutela del contraente più debole, effettivo esercizio dei diritti, insomma, tutela dei diritti, si intrecciano in modo inestricabile. Da questo punto di vista, la libertà contrattuale appare spesso priva di significato concreto per il contraente più debole. Eppure il passaggio dallo *status* al contratto — tipico delle *progressive societies* — ha costituito una tappa fondamentale nella liberazione dell'uomo dai vincoli feudali.
3. Ad ogni modo, se oggi si considerano le numerose e svariate limitazioni legislative e giurisprudenziali, non di rado la residua libertà contrattuale si presenta più come un elemento folkloristico che come un dato fondamentale del contratto.
4. Di particolare interesse appare l'articolo di Carbone e Luzzatto dal titolo *I contratti del commercio internazionale* del

Trattato di Diritto Privato Utet diretto da P. Rescigno (1984) relativo in particolare all'autonomia delle parti nei contratti commerciali internazionali.

5. Negli S.U., la s. 10 dell'art. I della costituzione stabilisce il divieto di emanare una legislazione *impairing the Obligation of Contract*, ossia che interferisca con l'autonomia contrattuale. Ma in una società industriale di massa assume importanza determinante la tutela del contraente più debole; ed in effetti il sistema nordamericano — in misura minore quello inglese — ha elaborato un insieme di regole legislative e giurisprudenziali che si può considerare il più avanzato in materia. Questo *corpus* va di pari passo con la tutela dell'utente e dell'investitore.

6. Desolante appare, anche qui, lo scenario giuridico offerto dal nostro ordinamento: un suo miglioramento potrà venire soltanto — oltre che dalla effettiva attuazione della normativa comunitaria, finora deliberatamente elusa — da una assai diversa imprenditoria italiana o, in poche parole, da una rivoluzione politica ed economica di cui, allo stato, non si intravede l'ombra. La tutela del contraente più debole va inquadrata nella tematica della tutela dei diritti e del loro effettivo esercizio, che nel nostro paese costituisce la parte più drammaticamente carente del nostro sistema giuridico (AMBITO DELLA LIBERTÀ CONTRATTUALE; CONDIZIONI GENERALI DI CONTRATTO; CONTRATTO; CONTRATTO DI ADESIONE; FORME DI AZIONE; LIBERA INIZIATIVA; NORMA DISPOSITIVA; POTERE NEGOZIALE o CONTRATTUALE; RESPONSABILITÀ DEL PRODUTTORE; *STATUS*; TUTELA DEI DIRITTI; TUTELA DEL CONSUMATORE; TUTELA DELL'INVESTITORE). [vol. I: CONTRACT: VII; FREEDOM OF CONTRACT; IMPLIED TERMS OF CONTRACT; ORDRE PUBLIC; PACTA SUNT SERVANDA; STANDARD CONTRACT]

Bibl.:

Gorla 1981: 199.

Rescigno, P., *Note sulla atipicità contrattuale (a proposito di integrazione dei mercati e nuovi contratti di impresa)* (1990) 1 CeI 43.

Sacco, R., *Autonomia nel diritto privato*, in *Digesto IV Utet, Civ.*, vol. I: 517.

- **dei privati.** (*supra,* AUTONOMIA CONTRATTUALE)
- **dei titoli di credito.** Insulation from the underlying transaction (ASTRATTEZZA DELL'OBBLIGAZIONE; TITOLI DI CREDITO).
- **limitata.** Qualified autonomy (SOVRANITÀ LIMITATA).
- **locale.** (AUTOGOVERNO)
- **negoziale.** (*supra,* AUTONOMIA CONTRATTUALE)
- **patrimoniale della società.** Non sembra che esista un'espressione esattamente corrispondente. Ma il concetto è ovvio: esso è reso più spesso col dire che la « corporate property is distinguished from the members' property » (PATRIMONIO; SOCIETÀ (II) COMMERCIALE). [vol. I: COMPANY]
- **processuale.** Party prosecution; quando questo termine è riferito al processo civile, esso indica l'azione ad istanza di parte, ossia, in sostanza, il principio dispositivo (PRINCIPIO DISPOSITIVO; PROCEDURA: 7).

Autopsia. Post mortem examination, post mortem, autopsy, necropsy (CADAVERE; CORPO; MEDICINA LEGALE; MORTE INCIDENTALE; OBITORIO; OMICIDIO; PERIZIA NECROSCOPICA). [vol. I: CORONER; MURDER; OPEN VERDICT]

Autore. Author, perpetrator, actor (AUTORI GIURIDICI; COAUTORE; DANTE CAUSA; DIRITTO (I) DI AUTORE; VIOLAZIONE DEL DIRITTO DI AUTORE).

- **dell'illecito.** Torfeasor (ATTO ILLECITO; ILLECITO; RESPONSABILITÀ EXTRACONTRATTUALE).
- **del reato.** Wrongdoer, perpetrator of crime, offender, principal (*infra,* AUTORE MATERIALE DEL REATO; COLPEVOLE; IDENTIFICAZIONE DEL SOSPETTO AUTORE DEL REATO; REATO; REO; VITTIMA).

  Bibl.:

  Williams 1978: 285
- **di un istrumento.** Maker of an instrument (EMITTENTE DELLA CAMBIALE; EMITTENTE DI ASSEGNO; ISTRUMENTO). [vol. I: INSTRUMENT]
- **ignoto del reato.** Unknown perpetrator of crime (TIZIO, CAIO, SEMPRONIO).
- **materiale del reato.** Criminal actor, perpetrator of offence; negli S.U. si parla più spesso di *principal in the first degree* (*supra,* AUTORE DEL REATO; CONCORSO DI PERSONE NEL REATO; REATO). [vol. I: ACCESSORY; CRIMINAL LAW; CRIMINAL PROCEDURE; PRINCIPAL AND ACCESSORY]

Autoregolamentazione. Self-regulation; costituisce un fenomeno che stupisce ancora oggi il *civil lawyer*.

1. Basta pensare all'ordinamento costitu-

zionale britannico, privo di una costituzione scritta e di regole giuridiche che limitino la *supremacy of Parliament;* la costituzione britannica appare in buona parte retta da *conventions of the constitution*, ossia da regole politiche non sanzionabili giuridicamente, che, come tali, vengono fatte rientrare nella categoria delle *non-legal rules.* In questo senso, sembra potersi ravvisare un orientamento diverso da quello prevalente negli S.U. dove si tende, invece, alla regolamentazione giuridica.
2. Ma la self-regulation britannica si estende anche a tutta la vita sociale e spiega, in non piccola parte, il modesto carico giudiziario: dai mercati finanziari, al mondo bancario e degli affari, alle controversie individuali: la grandissima parte dell'attività della *City* è disciplinta da regole adottate dalle corporazioni interessate.
3. Corollario dell'autoregolamentazione sono i c.d. *domestic tribunals*, ossia una svariata serie di organi interni di autoregolamentazione delle dispute insorte nell'ambito del gruppo. Questo potere deriva dall'*autonomy* dei gruppi associati.
4. L'autoregolamentazione postula delle chiare premesse di ordine politico e sociale, venute meno le quali, essa finisce spesso col dar luogo alla legge della giungla. Una preoccupante tendenza di questo genere si riscontra nella *City*, celebrata in passato per la sua capacità di autogestirsi con correttezza senza interventi esterni, e che oggi abbisogna invece di una seria legislazione che metta fine al caos ivi esistente, del quale profittano troppi squali della finanza.
5. Del resto, l'insistenza sempre maggiore da più parti per l'adozione di un nuovo *Bill of Rights* che nel R.U. sostituisca le attuali garanzie politiche con quelle giuridiche derivanti da una costituzione scritta e rigida, costituisce il sintomo di un patto sociale, di un incanto, che anche nel sistema inglese sta per infrangersi.
6. L'autoregolamentazione è — per molti versi — l'altra faccia della *de-regulation.* In questo senso, spettacolare appare il fallimento del sistema di autoregolamentazione dei mercati finanziari britannici stabilito dal Financial Services Act 1987 basato sull'ormai irrealistica premessa che la comunità finanziaria locale fosse in grado di governarsi da sé senza ricorrere a regole giuridiche statuali. Nel commentare il *Blue Arrow affair* e il *Guinness affair* — due dei molti scandali finanziari che hanno screditato la *City* — una autorevole rivista economica [*An SEC for London,* in *The Economist*, March 7th 1992, p. 20], auspica l'introduzione nel R.U. di una Commissione analoga alla *Securities and Exchange Commission* nordamericana (SEC) dotata di vasti poteri di controllo e indipendente dagli organi su cui esso viene esercitato (AUTODISCIPLINA; AUTOGOVERNO; CODICE DI CONDOTTA; *DE-REGULATION*; FONTI EXTRASTATUALI DEL DIRITTO; GARANTISMO; *LEX MERCATORIA*; PERSUASIONE). [vol. I: CITY CODE ON TAKE-OVERS AND MERGERS; COLLECTIVE AGREEMENT; CONSTITUTION; DEREGULATION; DOMESTIC TRIBUNAL; GENTLEMEN'S AGREEMENT; LOBBYING; NON-LEGAL RULES; PRESSURE GROUP; STRIKE; SUASION]

Autori giuridici. Legal writers; le loro opinioni, anche le più eminenti, costituiscono *secondary authority* nel sistema delle fonti dei paesi di *common law* (AUTORITÀ DEL PRECEDENTE GIUDIZIARIO; CITAZIONE DI AUTORI GIURIDICI; DOTTRINA; FONTI DEL DIRITTO). [vol. I: AUTHORITY; DOCTRINE]

Bibl.:
Schlesinger 1950, ed. 1988: 644.

Autorità in genere. Nel senso di potere, è detta power o authority. Nel suo *Monarchia,* Dante pone il dilemma tra *autorità* e *potere*: quando si ha autorità, esercitare *anche* il potere significa perdere l'autorità stessa. Si tratta di una distinzione che, in sostanza, non appare troppo diversa da quella tra il *dignified* e *l'efficient use of power* riferita da Walter Bagehot alla distribuzione del potere nella costituzione britannica. Nell'ambito del diverso sistema delle fonti della *common law*, il termine *authority* indica l'autorità della regola giurisprudenziale, ovvero anche l'organo giudiziario che l'ha enunciata. Nell'*agency*, si parla di *authority* dell'*agent* per indicare il potere conferitogli. In diritto pubblico, una delle conseguenze dell'assenza di un diritto amministrativo nel senso continentale è la salutare mancata distinzione tra autorità costituzionali e amministrative (ABUSO DI AUTORITÀ; ALTA AUTORITÀ; COMMISSIONE; CONFERIMENTO DI AUTORITÀ o POTERE; DIRITTO (I) AMMINISTRATIVO; FONTI DEL DIRITTO; POTERE). [vol. I: ADMINISTRATIVE LAW; AGENCY; AUTHORITY; LOCAL AUTHORITIES]

Bibl.:
Giannini, pres. a Wade, trad. it.: IX.
Schlesinger 1990, ed. 1988: 252, n. p.
Stoppino, M., *Autorità*, in *Dizionario di Politica* 1976, ed. 1983: 84.
Trentini, G., *Potere/Autorità*, in *Enciclopedia Einaudi* 1977-81, vol. X: 1041.

– **Centrale.** Central Authority; si tratta di una figura nuova elaborata in diritto internazionale più spesso in tema di convenzioni che postulano una intensa cooperazione tra gli Stati parti in materia di diritto minorile come, ad es., nella Convenzione sugli aspetti civili del rapimento internazionale di minori del 1980 promossa dalla Conferenza dell'Aia. L'autore è grato alla cortesia del dr. Vito Librando, attento giurista e magistrato, per avergli segnalato questa nuova importante creatura del diritto internazionale (DEPOSITARIO DI UN TRATTATO).

Bibl.:

Giannini, pres. a Wade, trad. it.: IX.
Schlesinger 1950, ed. 1988: 252, n. p.
Stoppino, M., *Autorità*, in *Dizionario di Politica* 1976, ed. 1983: 84.

– **civile.** Civil authorithy (*infra*, AUTORITÀ RELIGIOSA; LIBERTÀ DI CULTO).

– **competente in genere.** Competent authority (COMPETENZA).

– **decisoria.** Adjudicatory authority (POTERE DECISORIO). [vol. I: *ad vocem*]

– **del genitore.** Parental authority (PATRIA POTESTÀ). [vol. I: GUARDIANSHIP]

– **del giudicato.** Grosso modo, authority of *res iudicata*. Ma l'*acoustic agreement* tra i due termini di *civil law* e di *common law* nasconde una notevole dissonanza di regime giuridico (*infra*, AUTORITÀ DEL PRECEDENTE GIUDIZIARIO; COSA GIUDICATA).

– **del precedente giudiziario.** Authority of case law, of precedent; principio caratteristico della tradizione di *common law* in tema di fonti del diritto (AUTORI GIURIDICI; FONTI DEL DIRITTO; PRECEDENTE GIUDIZIARIO). [vol. I: INTRODUZIONE: III. 5; AUTHORITY: 2; BINDING AUTHORITY; CASE LAW; COMMON LAW; PERSUASIVE AUTHORITY; PRECEDENT; STARE DECISIS]

– **doganali in genere.** Customs authorities (DOGANA).

– **fiscale.** Fiscal authority, taxing authority (IMPOSTA).

– **giudicante.** Adjudicatory authority, adjudicatory agency (DECISIONE).

– **giudiziaria.** Grosso modo, tribunal, judicial authority; ma non esiste un termine equivalente. Il nostro ordinamento vi include anche la magistratura requirente. Invece, il concetto anglo-americano di autorità giudiziaria è riferito unicamente alla giurisdizione. La magistratura nel suo insieme è detta *judiciary* (GIURISDIZIONE; ORDINAMENTO GIUDIZIARIO; POTERE DECISORIO). [vol. I: INTRODUZIONE: III. 27; ADMINISTRATIVE LAW; JUDICIARY; JUSTICE OF THE PEACE]

– **investita del potere di nomina.** Appointing authority (NOMINA).

– **maritale.** Grosso modo, conjugal right; ma non si può parlare di autorità maritale in senso stretto: con il termine *marital* o *conjugal rights* si intendono i diritti coniugali in genere (MATRIMONIO). [vol. I: MARITAL RIGHTS]

– **portuale.** (ENTE DEL PORTO)

– **pubblica in genere.** Public authority, authority, office. [vol. I: PUBLIC AUTHORITY]

– **religiosa in genere.** Religious authority, church (*supra*, AUTORITÀ CIVILE; CHIESA).

Autorizzato. Authorized, qualified, cleared, licenced (AUTORIZZAZIONE; CAPACE). [vol. I: FRANCHISE]

Autorizzazione in genere. Licence, permit, permission, fiat, assent, consent, agreement, clearance, authority, authorization; con il mandato di qualcuno è detto *with someone's authority* (ASSENSO; AUTORIZZATO; CONCESSIONE; LETTERA DI AUTORIZZAZIONE; LICENZA; PARTENZA).

– **amministrativa.** Licence, franchise, permission, permit, registration, certificate, authorization, authority; ma, in effetti, non esiste una corrispondenza esatta giacché la *common law* non ha elaborato la figura dell'atto amministrativo. L'autorizzazione amministrativa è governata nei sistemi di *common law* dal diritto comune, e le controversie relative — per quanto di competenza di organismi posti al di fuori dell'ordine giudiziario — rientrano in definitiva nella giurisdizione del giudice ordinario nell'ambito della *judicial review of administrative action*. Talune autorizzazioni amministrative sono emesse dai *justices of peace*, detti anche, per questa ragione, *licensing justices*. È da segnalare che, diversamente dal regime nostrano, le concessioni amministrative sono di solito affidate in contraddittorio dei controinteressati (ATTO AMMINISTRATIVO; CONCESSIONE; CONTRADDITTORIO; DIRITTO (I) AMMINISTRATIVO; LICENZA; PERMESSO). [vol. I: ADMINISTRATIVE LAW; JUDICIAL REVIEW: 2; JUSTICE OF THE PEACE; LICENCE: 3; LICENSING AUTHORITY]

– **a procedere in genere.** Lett., consent to prosecution; nel sistema inglese è data, a seconda dei casi, dall'*Attorney-General*, dal *Director of Public Prosecutions*, dall'*Home Secretary* o anche da un altro ministro. Con un'ampia generalizzazione, si può dire che essa è richiesta in materia di reati contro lo stato e l'ordine pubblico; in altri casi, essa è diretta, sembra, ad evitare l'esercizio abusivo dell'azione penale. Ma non esiste una autorizzazione a procedere alla maniera italiana, ossia quella stabilita dal famigerato, perché scandalosamente abusato, art. 68 della costituzione italiana. Con l'istituzione del *Crown Prosecution Service*, si è stabilito un organo indipendente la cui funzione è di *delibare* la fondatezza dell'imputazione promossa dalla polizia a seguito delle indagini da essa eseguite in piena indipendenza da organi esterni, e una volta riscontratane la fondatezza, di rappresentare l'accusa in giudizio nei casi più gravi. Ma si tratta di un potere discrezionale che attiene a *tutte* le azioni penali basate su un'indagine di polizia [cfr. Emmins 1981, ed. 1993: 4]. A parte la suddetta delibazione, posta essenzialmente a garanzia di *tutti* i potenziali imputati, e anche per evitare azioni penali prive di fondamento e, quindi uno spreco di fondi pubblici, nessuna autorizzazione parlamentare è richiesta per promuovere l'azione penale contro membri del governo, del parlamento o della polizia, soggetti al diritto comune. Una delle stranezze del sistema inglese è costituita dall'immunità dall'azione penale di cui godono taluni enti pubblici, come il *National Health Service* e gli ospedali pubblici: mentre un esercizio privato che violi le norme relative all'igiene pubblica può essere perseguito e condannato anche penalmente, lo stesso non può dirsi di un ospedale pubblico anche se provochi la morte di diecine di persone (AZIONE (I) PENALE; IMMUNITÀ DALL'AZIONE PENALE). [vol. I: CRIMINAL PROCEDURE; IMMUNITY FROM PROSECUTION; IMPEACHMENT]

– **a procedere contro un membro del Parlamento.** Grosso modo, leave to prosecute a member of Parliament o of Congress.
1. Ma non esiste né nel sistema costituzionale britannico, e tantomeno in quello nordamericano, il concetto dell'autorizzazione a procedere contro un membro del parlamento così com'è organato nel sistema costituzionale italiano. Semplicemente intollerabile sarebbe qualcosa di analogo all'art. 68 della nostra costituzione che introduce nell'ordinamento italiano un autentico *regime delle capitolazioni* a favore del potere politico. Del resto, la recente « riforma », che non ha intaccato il requisito dell'autorizzazione alle perquisizioni, intercettazioni e arresto dei parlamentari *anche in esecuzione di una sentenza irrevocabile*, riconferma quella impressione largamente diffusa per cui l'illegalità di massa diffusa nel paese trova la sua origine e la sua propulsione massima nella classe politica.
2. Un bizzarro regime regola la materia nel sistema britannico: *a*) il primo ministro e i ministri rispondono senza preventive autorizzazioni davanti al giudice ordinario per i reati di cui sono accusati; *b*) lo stesso principio si applica ai parlamentari per quanto attiene ai reati comuni. Peraltro, nel caso di accusa di corruzione verificatasi nell'esercizio dell'attività parlamentare, essi non sono perseguibili dal giudice ordinario, ma sono giudicati esclusivamente dalla *Committee of Privileges* della Camera: una regola che non fa onore alla *mother of Parliaments,* e che non trova riscontro nel più severo sistema nordamericano. I membri della *House of Lords*, organo non elettivo, rispondono davanti al giudice ordinario.
3. Assai diverso è il regime esistente negli S.U., ancora una volta esemplare. Si fa ricorso al procedimento dell'*impeachment* celebrato davanti al Senato: il suo solo scopo è la rimozione dall'ufficio ricoperto: per quanto riguarda i reati di cui possa essere accusata, *tutta la classe politica*, dal Presidente ai membri del Congresso, risponde davanti al giudice ordinario come qualsiasi altro cittadino, senza bisogno di autorizzazioni (*supra,* AUTORIZZAZIONE A PROCEDERE; DIFFAMAZIONE; GIUNTA DELLE AUTORIZZAZIONI A PROCEDERE; IMMUNITÀ PARLAMENTARI; *IMPEACHMENT*). [vol. I: IMPEACHMENT; PARLIAMENT: XI]

– **a proporre appello.** Leave to appeal, leave of court (APPELLO). [vol. I: APPEAL; CIVIL PROCEDURE; FIAT; LEAVE]

– **del giudice.** Leave of the court (APPELLO). [vol. I: APPEAL; FIAT; LEAVE]

– **giudiziale.** (*supra,* AUTORIZZAZIONE DEL GIUDICE)

Autostrada. Motorway, highway, freeway; negli S.U. — stato federale — le autostrade intrastatali sono dette *interstate*; celebre è l'*Interstate 10*, che attraversa da un lato all'altro tutto il paese (AUTOVEICOLO; CIRCOLAZIONE STRADALE; PEDAGGIO; STRADA).

Autotutela. Self-help, self-remedy, self-redress. Essa è stata descritta efficacemente come il fatto di *to put the matter right without legal process* [Buckland and McNair 1936, ed. 1952: 384]. Una delle forme più importanti di self-help è costituita dal *set-off*; un'altra è quella specie di *lien* che consiste in un diritto di ritenzione. Ma i termini ricorrono anche, tra l'altro, nell'ambito dell'illecito (*law of torts*) per indicare il rimedio dell'autotutela che, in via eccezionale, è consentita alla vittima. In questo senso, i casi più noti di autotutela ricorrono in tema di *abatement of nuisance*. Negli S.U., l'Art. 9-503 dell'UCC consente il self-help in caso di inadempimento, ossia la ripresa del possesso delle cose da parte del creditore senza ricorrere all'autorità giudiziaria, a condizione che ciò possa aver luogo « without breach of the peace ». Il concetto di self-help va tenuto distinto da quelli di *self-defen*ce e di *necessity* (DIRITTO (II) DI CONTRORDINE NEL TRASPORTO; ELIMINAZIONE DI MOLESTIA; LEGITTIMA DIFESA; RIENTRO IN POSSESSO DEL BENE GARANZIA DEL CREDITO; STATO DI NECESSITÀ; TUTELA DEI DIRITTI). [vol. I: ABATEMENT OF NUISANCE; REMEDY; SELF-DEFENCE; SELF-HELP; SET-OFF; TORT; TRESPASS]

Autoveicolo. Motor vehicle, motor car, automobile, auto, road vehicle o, più spesso, car (ASSICURAZIONE CONTRO I DANNI DALLA CIRCOLAZIONE DI AUTOVEICOLI; AUTOSTRADA; CIRCOLAZIONE STRADALE; CONCORSO DI COLPA; FURTO DI AUTOVEICOLO; INCIDENTE AUTOMOBILISTICO; LOCAZIONE DI AUTOVEICOLO; NOLEGGIO DI AUTOVEICOLO; OSPITE; PUBBLICO REGISTRO AUTOMOBILISTICO; REGISTRAZIONE DI AUTOVEICOLO; RESPONSABILITÀ CIVILE DERIVANTE DALLA CIRCOLAZIONE DI AUTOVEICOLI; SICUREZZA; TARGA DI AUTOVEICOLO; TASSA DI CIRCOLAZIONE; TRASPORTO DI CORTESIA; VEICOLO).

Bibl.:
Graziadei, M., *Autoveicoli (norme sul trapasso) in diritto comparato* in *Digesto IV Utet, Civ.,* vol. I: 540.

Autovettura. (AUTOVEICOLO)

Avallo cambiario. Grosso modo, guarantee of payment of a bill of exchange; ma si tratta di forma di garanzia cambiaria sconosciuta ai sistemi di *common law*. In effetti, la letteratura giuridica anglo-americana riporta di solito il termine francese di *aval.* Il Bills of Exchange Act 1882 non prevede espressamente l'avallo, ma esistono altre forme attraverso le quali può farsi luogo alla garanzia cambiaria come, ad es., nell'*accommodation*, nell'*irregular indorsement*, ovvero come quando il garante appare sul titolo come coemittente (*co-maker*) di una cambiale propria. Peraltro, il termine *aval* è impiegato in Canada. Queste forme di garanzia cambiaria rientrano nella categoria generale della *suretyship* (CAMBIALE; FIDEIUSSIONE CAMBIARIA; GARANZIA). [vol. I: ACCOMMODATION; AVAL; DISCUSSION; GUARANTEE; HOLDER IN DUE COURSE; MAKER; SURETYSHIP]

Bibl.:
Grisoli 1957: 85, 227.

Avanzamento. (RAPPORTO DI AVANZAMENTO)

Avanzo in genere. Surplus (DISAVANZO).

- **del bilancio dello stato.** Budget surplus (BILANCIO DELLO STATO).
- **di bilancio di una azienda.** Surplus; sono detti *undivided profits* gli utili non distribuiti o accantonati come avanzo di bilancio (ATTIVO; BILANCIO AZIENDALE; REVISIONE CONTABILE; UTILE).
- **di cassa.** Cash in hand (ATTIVO DI CASSA).

Avaria. Average, damage (DANNO).

- **comune.** General, o gross, average (ATTO DI AVARIA; CAPPA E AVARIA COME D'USO; CERTIFICATO DI AVARIA; CHIROGRAFO D'AVARIA; COMMISSARIO DI AVARIA; COMPROMESSO DI AVARIA; CONTRIBUTO IN AVARIA COMUNE; FRANCO D'AVARIA; LIQUIDATORE DI AVARIA; PERDITA PER AVARIA COMUNE; PERITO DI AVARIA; PROTESTO o TESTIMONIALE DI AVARIA; REGOLAMENTO DI AVARIA; REGOLE DI YORK E ANVERSA; SALVATAGGIO MARITTIMO). [vol. I: AVERAGE; GENERAL AVERAGE]

  Bibl.:
  Boglione, A., *Avaria comune*, in *Digesto IV Utet, Comm.,* vol. II: 38.
- **di cose trasportate.** Damage to, o deterioration of, cargo (CARICO). [vol. I: CARRIAGE OF GOODS]
- **generale.** (AVARIA COMUNE)
- **particolare.** Particular average, o P.A. (*supra,* AVARIA COMUNE; FRANCO D'AVARIA PARTICOLARE). [vol. I: PARTICULAR AVERAGE]

Avente causa in genere. Non esiste un termine esattamente equivalente: quello di *assignee* vi si approssima maggiormente. Ma si parla anche di transferee, beneficiary, successor in interest, claimant. Il termine *ayant cause* è impiegato in Louisiana, *enclave* (grosso modo) di *civil law* negli S.U. (CAUSA (I); CEDENTE; CESSIONARIO; DANTE CAUSA; SUCCESSORI E AVENTI CAUSA; TITOLO). [vol. I: ASSIGNEE]

Avente/i diritto in genere. Grosso modo, claimant, assign, beneficiary, person o party entitled, eligible person, qualified person (BENEFICIARIO DI UN DIRITTO; CAPACE; COMPETENTE; CONFLITTO TRA PIÙ AVENTI DIRITTO; DIRITTO (II); LEGITTIMATO; PERSONA LEGITTIMATA; QUALIFICATO; RECLAMANTE). [vol. I: ASSIGN; BENEFICIARY; CAUSE OF ACTION; CLAIMANT; LOCUS STANDI; RIGHT; TITLE]

– **alle merci.** Claimant to the goods (MERCE).

– **di buona fede.** Bona fide claimant (ACQUIRENTE DI BUONA FEDE A TITOLO ONEROSO; CREDITORE DI BUONA FEDE).

– **e eredi.** Grosso modo, assigns and heirs; ma si notino le radicali diversità esistenti in tema di successione per causa di morte (CESSIONE DI CREDITO; EREDE; SUCCESSIONE PER CAUSA DI MORTE).

Avente i requisiti. Qualified (AVENTE DIRITTO; QUALIFICATO; REQUISITO).

Aviazione civile. Civil aviation (DIRITTO (I) AERONAUTICO; ENTE FEDERALE DELL'AVIAZIONE CIVILE; SICUREZZA DELLA NAVIGAZIONE AEREA; TRASPORTO AEREO). [vol. I: AIR; CARRIAGE: II; CIVIL AVIATION; SOVEREIGNTY]

A vista. At sight, o on demand (A DIECI GIORNI VISTA; CAMBIALE PAGABILE A VISTA; PAGAMENTO; VISTA).

Avocazione in genere. Removal, taking-over.

– **delle indagini preliminari.** Grosso modo, taking over the conduct of the prosecution. Non ha equivalenza esatta nei sistemi di *common law* inglese e nordamericano in cui non esiste un analogo organamento della procedura, né esistono uffici giudiziari addetti alle indagini preliminari. L'istituto del *nolle prosequi* inglese presenta solo delle analogie con quello dell'avocazione nostrano (ARCHIVIAZIONE DELLA DENUNZIA PENALE; AZIONE (I) PENALE; DISCREZIONALITÀ DELL'AZIONE PENALE; PUBBLICO MINISTERO; RIMESSIONE DEL PROCESSO PENALE). [vol. I: CRIMINAL PROCEDURE; NOLLE PROSEQUI]

– **del procedimento penale.** (RIMESSIONE DEL PROCESSO PENALE)

– **di un procedimento civile da una *county court* alla *High Court*.** Removal of action, o of cause. [vol. I: REMOVAL]

– (o **trasferimento) di un procedimento civile nell'ambito della *High Court*.** Transfer of action, o of proceeding. [vol. I: TRANSFER OF ACTION]

Avulsione. Avulsion (ACCESSIONE; ALLUVIONE).

Avvelenamento di acque o **sostanze alimentari.** Poisoning of water, of foodstuffs (INQUINAMENTO). [vol. I: POLLUTION]

Avvenimento. Occurrence, event, contingency (CIRCOSTANZA; EVENTO). [vol. I: ACT OF GOD; CONDITION; EVENT; FORCE MAJEURE]

Avventiziato. Occasional employment, temporary employment, irregular employment, casual employment (APPRENDISTATO; AVVENTIZIO; LAVORO). [vol. I: ARTICLES OF CLERKSHIP; EMPLOYMENT]

Avventizio. (DIPENDENTE AVVENTIZIO; PRATICANTE)

Avventura marittima. Marine adventure (SPEDIZIONE NAUTICA). [vol. I: INSURANCE: II]

Avveramento della condizione. Occurrence of contingency, performance, o happening, of condition (CONDIZIONE; PENDENZA DELLA CONDIZIONE).

Avversario in genere. Adversary (NEMICO).

– **in giudizio.** Adverse party, opposite party, o adversary; ma si parla anche, talvolta, di *opponent* (APPELLANTE; ATTORE; PARTE AVVERSA; SISTEMA PENALE ACCUSATORIO). [vol. I: ADVERSARY SYSTEM; ADVERSE]

Avvertenza. Caution, warning, notice, caveat (AMMONIZIONE; ANNUNZIO; AVVERTIMENTO; AVVISO; COMUNICAZIONE; DIFFIDA; INAVVERTENZA). [vol. I: CAUTION; CAVEAT; NOTICE; WARNING]

– **all'imputato all'atto dell'arresto da parte della polizia.** Cautioning the arrestee, warning the arrested person. Nel sistema inglese e nordamericano vige la regola per cui nei casi in cui l'arresto ha luogo senza un ordine del magistrato (*warrant of arrest*) la polizia è tenuta ad informare l'arrestato dell' accusa contro di lui; in mancanza, l'arrestato ha diritto di proporre un'azione di risarcimento per *false imprisonment* (ARRESTO; FERMO DI POLIZIA; INFORMAZIONE DI GARANZIA; INTERROGATORIO DI POLIZIA; SILENZIO DELL'IMPUTATO). [vol. I: CAUTION: I; JUDGES' RULES]

Avvertimento. Warning (AVVERTENZA).

Avviamento. Goodwill (AMMORTAMENTO DEL VALORE DI AVVIAMENTO; AZIENDA; CAPITALE; CLIENTELA; CORRENTEZZA DI UN'AZIENDA; IMPRESA; INVENTARIO; VALORE DI AVVIAMENTO; VITA ECONOMICA DI UN BENE). [vol. I: *ad vocem*; FRANCHISE: 3]

Bibl.:
Ascarelli 1954, ed. 1962: 359.
Sasso, C., *Avviamento d'impresa*, in *Digesto IV Utet, Comm.,* vol. II: 56.

- **commerciale dell'azienda.** Goodwill of a business (AZIENDA).
- **negativo dell'azienda.** Negative goodwill (AZIENDA).

Avviso in genere. Notice, advertisement, advice, warning, caution, caveat (AVVERTENZA; COME DA AVVISO; COMUNICATO; CONOSCENZA; DIFFIDA; DISDETTA; FINO A NUOVO AVVISO; INTIMAZIONE; LETTERA DI AVVISO; NOTIFICA; ONERE DELL'AVVISO DI SINISTRO; PREAVVISO; PROCLAMA; SENZA AVVISO; ULTIMATUM; ULTIMO AVVISO). [vol. I: CAUTION; CAVEAT; GARNISHMENT; UNTIL FURTHER NOTICE]

- **ai passeggeri.** Advice o notice to passengers (PASSEGGERO).
- **ai passeggeri internazionali sulla limitazione della responsabilità del vettore nel trasporto aereo.** Advice to international passengers on limitation of liability (LIMITAZIONE DELLA RESPONSABILITÀ CIVILE; PASSEGGERO; TRASPORTO AEREO).
- **all'arrestato.** (ARRESTATO)
- **al pubblico.** Public notice, o notice to the public (PUBBLICO).
- **di abbandono di nave, etc.** (ABBANDONO DI NAVE; DICHIARAZIONE DI ABBANDONO DI NAVE)
- **di adunanza.** Notice of meeting (ADUNANZA).
- **di assemblea.** Notice of meeting (ASSEMBLEA).
- **di consegna.** Notice of delivery (CONSEGNA).
- **di garanzia.** (INFORMAZIONE DI GARANZIA)
- **di licenziamento.** Termination notice, notice of dismissal (LICENZIAMENTO).
- **di mancata accettazione cambiaria.** Notice of dishonour (MANCATA ACCETTAZIONE CAMBIARIA). [vol. I: PROTEST]
- **di pagamento.** Notice of payment, bill (FORNITURA; PAGAMENTO).
- **di pagamento relativo a fornitura pubblica (acqua, gas, etc.).** Utility bill. [vol. I: PUBLIC UTILITY]
- **di prontezza nel *charterparty*.** Notice of readiness (NOLEGGIO DI NAVE). [vol. I: *ad vocem*]
- **di scadenza.** Expiry notice (SCADENZA).
- **di sinistro.** Notice of loss (SINISTRO).
- (o **preavviso) dovuto.** Due notice (PREAVVISO).
- **tempestivo.** Prompt notice (NEI TERMINI).

Avvocati e procuratori. (ORDINE DEGLI AVVOCATI E PROCURATORI; PROFESSIONE FORENSE)

Avvocato in genere. Advocate, lawyer, counsel; ma quest'ultimo è anche, ma non necessariamente, un consulente legale. Al di là della sua funzione primordiale, per molti versi — che attengono specialmente alla sua *forma mentis*, e al suo *modus operandi*, da collegare alla tradizione giuridica di *common law* e, in particolare, all'assai diverso ordinamento giudiziario (si pensi, ad es., alla giuria) ed allo stesso regime giuridico della categoria professionale — si riscontrano numerose differenze tra l'avvocato di *civil law* e quello anglo-americano.
1. Premesso che in questa materia bisogna distinguere la figura dell'avvocato scozzese — che si ricollega ad un sistema di *civil law* non codificato — va rilevato che in Inghilterra la professione forense è esercitata ancora oggi, nonostante le proposte di abolire la duplice categoria, da due tipi di professionisti: *barristers* e *solicitors* con una diversità di organizzazione professionale, di funzioni, di regime giuridico e di prestigio sociale. Questa dicotomia sembra peraltro, a lungo termine, destinata a sparire.
2. Negli Stati Uniti l'avvocato è detto *attorney at law* o, più spesso *attorney*, da non confondere con l'*attorney in fact* che indica, grosso modo, il rappresentante. In corte è di solito chiamato *counsel*. Ignota è nell'organizzazione della professione legale nordamericana la dicotomia tra *barristers* e *solicitors*. Quest'ultimo termine, indica, contrariamente al sistema inglese, l'avvocato di un ministero, di un ente pubblico, o di un ente locale (ABILITAZIONE ALL'ESERCIZIO DELLA PROFESSIONE DI *BARRISTER*; AVVOCATURA; CONSIGLIO DELL'ORDINE DEGLI AVVOCATI E PROCURATORI; DIRITTO (I) SCOZZESE; GIURISTA; GIUSTIZIA ALTERNATIVA; *INTUITUS PERSONAE*; PRIVILEGIO DELL'AVVOCATO; PROFESSIONE FORENSE). [vol. I: INTRODUZIONE: III. 30; ATTORNEY; LEGAL PROFESSION]

Bibl.:
Schlesinger 1950, ed. 1988: 341, 793.

– **capo del collegio di difesa.** Leading counsel, lead attorney (COLLEGIO DI DIFESA).

– **civile.** Civil lawyer. Da non confondere col *civil lawyer*, dei comparatisti, distinto, a sua volta, dal *common lawyer*: categorie (e utili semplificazioni) ricollegate alle due tradizioni giuridiche di *civil law* e *common law* (*infra,* AVVOCATO PENALE; TRADIZIONE GIURIDICA). [vol. I: INTRODUZIONE: III. 2]

– **d'affari.** Attorney for business, counsel for business (GIURISTA D'IMPRESA).

– **del convenuto.** Defendant's counsel (*infra*, AVVOCATO DELLA DIFESA; CONVENUTO).

– **del governo.** Grosso modo, government lawyer (AVVOCATURA DELLO STATO).

– **dell'accusa.** Prosecution counsel (ACCUSA; AZIONE (I) PENALE).

– **della difesa.** Defence counsel, counsel for defence, defendant's counsel; in Inghilterra davanti alle *superior courts* deve essere un *barrister* (AVVOCATO; DIFESA; DIRITTO (II) ALLA DIFESA; PROFESSIONE FORENSE). [vol. I: BARRISTER; LEGAL AID; LEGAL PROFESSION]

– **dell'attore.** Counsel for plaintiff, plaintiff's attorney (ATTORE).

– **di fiducia.** Private counsel; da distinguere dal *court appointed counsel,* che negli S.U. è l'avvocato di ufficio nominato nel caso dell'imputato non abbiente, non in grado di avvalersi di un difensore di fiducia (ASSISTENZA GIUDIZIARIA; DIFENSORE DI UFFICIO; *INTUITUS PERSONAE*). [vol. I: LEGAL AID]

– **di ufficio.** (*supra,* AVVOCATO DI FIDUCIA; DIFENSORE DI UFFICIO)

– **esperto di diritto societario.** Corporation lawyer (DIRITTO (I) SOCIETARIO).

– **finanziario.** Finance lawyer.

– **forense.** Trial lawyer, litigator (PROFESSIONE FORENSE).

– **Generale.** Advocate-General; ma questa figura non ha equivalente nell'ordinamento giudiziario inglese o nordamericano: di solito viene riportato il termine francese *Avocat-Général* (ORDINAMENTO GIUDIZIARIO; PROCURATORE GENERALE; PROFESSIONE FORENSE). [vol. I: ADVOCATE]

– **Generale (CGCE).** Advocate-General. Ma non esiste un ufficio esattamente corrispondente nell'ordinamento giudiziario inglese e nordamericano (*supra,* AVVOCATO GENERALE).

– **non praticante.** Non practising lawyer; con questo termine si intendono anche i docenti universitari, o *academics.*

– **penale.** Criminal lawyer (*supra*, AVVOCATO CIVILE).

– **penale della difesa.** Criminal defense counsel o attorney.

– **praticante.** Practising lawyer (APPRENDISTATO; TIROCINIO). [vol. I: ARTICLES OF CLERKSHIP]

Avvocatura in genere. The Bar; la magistratura intesa collettivamente è detta *Bench*; quando si parla di *The Bench and The Bar* si indica, rispettivamente, la magistratura e l'avvocatura (AVVOCATO; GIUDICE DI PACE; INDIPENDENZA DELLA MAGISTRATURA; ORDINAMENTO GIUDIZIARIO; PROFESSIONE FORENSE). [vol. I: BAR; BENCH; LEGAL PROFESSION]

– **dello Stato.** Grosso modo, government lawyers. La materia non può essere intesa senza tener conto, tra l'altro, dell'assai diversa natura dell'ordinamento giudiziario inglese e nordamericano, del quale ultimo bisogna ricordare il doppio ordine di giurisdizioni, federale e dei singoli stati dell'Unione.
1. Nel R.U., le pubbliche amministrazioni annoverano spesso nel ruolo dei propri consulenti legali (più spesso dei *solicitors*). L'*Attorney-General*, definito come l'avvocato principale della Corona, svolge, in pratica, tra l'altro, anche alcune delle funzioni dell'avvocato dello Stato del sistema italiano; ma va chiarito che si tratta del massimo consulente legale *del governo* piuttosto che della Corona. Sono definiti *Law Officers of the Crown* l'*Attorney-General* e il *Solicitor-General.* Ma il loro ufficio non corrisponde a quello del pubblico ministero, figura che non esiste nella *common law.*
2. Una funzione analoga a quella dell'Avvocatura dello Stato è svolta negli S.U. — stato federale — dall'ufficio del *Solicitor General* che, tra l'altro, oltre a svolgere attività di consulenza, rappresenta lo stato federale (*Government*) davanti agli organi giudiziari federali.
3. Ma il termine nostrano di Avvocatura dello Stato appare, per qualche verso, un *misnomer.* Più corretto appare quello inglese che indica chiaramente che, in effetti, si tratta, come del resto in qualsiasi si-

stema, piuttosto che di difesa degli interessi dello Stato in astratto, di organo di *difesa giuridica del governo in carica.* Peraltro, non si può negare che nei sistemi mediamente civili, quale che sia la parte al governo, restano da difendere anche degli interessi diversi da quelli delle sole forze al potere; insomma, le quattro mura della *casa comune* a governo e opposizione: la distinzione tra *interessi del governo in carica* e *interessi del paese* che può talvolta apparire non agevole in situazioni normali, diviene addirittura impossibile quando, come da noi, lo stesso potere pubblico si pone come Malfattore legale, alla stregua di qualsiasi regime pretoriano del Terzo Mondo. Se si pensa alla complessiva intrinseca corruzione, iniquità e inefficienza del potere legale nel nostro paese non è difficile immaginare quali tipi di interessi possa essere chiamata a difendere e rappresentare l'Avvocatura dello Stato nel nostro paese. Rimproverare quindi a questo organo, come, del resto, ad altri la loro inerzia o complicità di fronte all'abisso di illegalità promosso dal potere politico ed economico nel nostro paese rivela, oltretutto, una scarsa conoscenza dei meccanismi giuridici esistenti nel paese. L'art. 13 del R. D. 30. X. 1933 n. 1611 stabilisce, tra l'altro, che « l'Avvocatura dello Stato provvede alla tutela legale dei diritti e degli interessi dello Stato »; ma essa è alle dirette dipendenze del Presidente del Consiglio. Domanda: ma quale difesa dei diritti e degli interessi dello stato è mai ipotizzabile quando ormai la stessa classe politica e il potere legale ignorano perfino il concetto stesso di stato? In questo senso, non sembra inesatto affermare che l'Avvocatura nella sua storia ha difeso piuttosto il governo che lo stato; ciò si spiega agevolmente con il tipo di regimi succedutisi nel paese: si passa da un ventennale regime fascista alla *democrazia consociativa* durata mezzo secolo, che rendono la distinzione addirittura impossibile.

4. Le prodezze dell'Avvocatura dello Stato sono troppe per poter essere raccontate: esse fanno il paio con l'omissione di atti di ufficio delle procure nazionali di fronte allo sfascio del paese. Paolo Barile commenta la sentenza della Corte Costituzionale del 1994 sul sistema radiotelevisivo salutandola giustamente come una vittoria della ragione e della libertà nel bocciare le norme fondamentali della c.d. legge Mammì che — unica nell'Occidente industrializzato — sancisce il duopolio pubblico-privato esistente in Italia. Il suo articolo si sofferma, tra l'altro, sul nefasto ruolo processuale esercitato dall'Avvocatura dello Stato. Come egli scrive: « Per finire: è incredibile davvero la presenza dell'Avvocatura dello Stato in questo processo dinanzi alla Corte. Con indifferenza suprema per l'interesse pubblico, e viceversa nel proprio interesse privato, il presidente del Consiglio ha ordinato all'Avvocatura stessa di difendere in Corte le norme della legge Mammì che avevano consentito alla Fininvest una situazione di incostituzionale privilegio. Questo è il concetto che il presidente ha del problema della risoluzione del conflitto di interessi nel quale egli si trova (con tanti saluti al parere degli stessi tre saggi da lui nominati) » [*Una sentenza di libertà*, in *la Repubblica,* 8 dicembre 1994]. Ma non si tratta solo di questo: in una stagione e in una cultura che si vorrebbe (ma non è) dei diritti l'Avvocatura dello Stato (come del resto le procure per mezzo secolo) assiste inerte alla spoliazione fisica del paese, e non vi ha questione che attenga alla tutela dell'ambiente, del consumatore, dell'investitore, dell'utente, del contribuente che la veda schierata dalla parte di chi questi diritti rivendica. E qui, come si è accennato, la spiegazione va cercata nella classe politica piuttosto che nella qualità degli uomini dell'Avvocatura.

5. Ad ogni modo, non si può fare a meno di rilevare alcune differenze di fondo con analoghi uffici anglo-americani in cui la difesa della casa comune è possibile proprio perché esistono ancora certe premesse. A leggere il caso *United States* v. *Bethlehem Steel Corp.* 315 U.S. 289 (1952) promosso dall'Amministrazione contro la potentissima industria siderurgica, sembra di stare su un altro pianeta. L'Amministrazione aveva sostenuto che i profitti straordinari conseguiti per la costruzione di navi da guerra durante il conflitto mondiale erano così elevati da configurare una forma di « duress » , ossia di violenza, contro lo stato federale. Se si pensa al caso *U.S.* v. *Nixon* promosso dal ministero della giustizia federale da un membro del *Cabinet* cui è preposto il Presidente e lo si compara al processo *Sisde* si tocca con mano di quale stato si fa difensore la nostra Avvocatura (MESSA IN STATO DI ACCUSA DEL PRESIDENTE DELLA REPUBBLICA; PARTE CIVILE; PROFITTI STRAORDINARI; PUBBLICO MINI-

STERO; TUTELA DEI DIRITTI). [vol. I: ATTORNEY-GENERAL; BAR; LAW OFFICERS OF THE CROWN]

Azienda in genere. Business, firm, establishment, undertaking, enterprise; ma — sul piano tecnico-giuridico, non ovviamento quello economico — il termine appare privo di esatta corrispondenza nel diritto inglese e nordamericano. L'acquisto di un'intera azienda è detto *buy out*. È definita *credit rating* la valutazione della solvibilità di un'azienda effettuata da società specializzate (ACCANTONAMENTO; ACQUISTO DI AZIENDA; AFFITTO DI AZIENDA; ATTIVITÀ; AVVIAMENTO; AVVIAMENTO COMMERCIALE DELL'AZIENDA; AVVIAMENTO NEGATIVO DELL'AZIENDA; CAPITALE NETTO DI UNA SOCIETÀ O AZIENDA; CEDENTE DI UN'AZIENDA; CESSIONE DI AZIENDA; CODICE DI CONDOTTA; CONCORRENZA; CONTO PROFITTI E PERDITE; COSTI DI ESERCIZIO DI UN'AZIENDA; CREDITO; DITTA; FABBRICA; *FACTORING*; FALLIMENTO; IDENTITÀ AZIENDALE; IMMAGINE AZIENDALE; IMPRESA; INSEGNA; INVASIONE; INVENTARIO; LAVORO; LOCALI AZIENDALI; MARCHIO; OCCUPAZIONE; PATTO DI NON CONCORRENZA; PICCOLA AZIENDA; *RATING*; SCIOPERO; SERRATA; SIGILLO AZIENDALE; SOCIETÀ (II) QUALE SOGGETTO COLLETTIVO; TRASFERIMENTO DELL'AZIENDA; UTILE AZIENDALE; VELO AZIENDALE; VENDITA ALL'INGROSSO; VENDITA DELL'AZIENDA). [vol. I: ANTI-TRUST ACTS; BUSINESS; COMPETITION; GOODWILL]

Bibl.:
Santaroni, M., *Azienda in diritto comparato,* in *Digesto IV Utet, Comm.,* vol. II: 97.

– **agricola.** Farm business (COLTIVATORE DIRETTO).

Bibl.:
Lazzara, C. e Paradiso, M., *Azienda agricola*, in *Digesto IV Utet Civ.,* vol. II: 25.

– **a partecipazione statale.** Grosso modo, state controlled business o enterprise. Ma la strutturazione giuridica delle nostre imprese pubbliche non trova equivalenza nei paesi industriali avanzati dell'Occidente: essa costituisce un autentico rompicato per gli soncertati operatori stranieri che trattano con loro (*infra*, AZIENDA MUNICIPALIZZATA; AZIENDA PUBBLICA; ESERCIZIO COMMERCIALE; PARTECIPAZIONI STATALI). [vol. I: PUBLIC CORPORATION]

– **autonoma pubblica.** Public corporation, public enterprise, public agency (AGENZIA). [vol. I: PUBLIC UTILITY]

– **bancaria.** Banking business, financial institution (BANCA).

– **di credito.** Financial institution, banking institution (CREDITO).

– **di stato in genere.** (*infra*, AZIENDA PUBBLICA)

– **in attività.** Going concern (ATTIVITÀ).

– **individuale.** (IMPRESA INDIVIDUALE)

– **municipalizzata.** Grosso modo, local government, o municipal, utility service; ma non esistono le aziende municipalizzate tanto care ai partiti italiani: negli S.U. si tratta, invece, di imprese private (*supra*, AZIENDA A PARTECIPAZIONE STATALE; MUNICIPALE; SERVIZIO PUBBLICO). [vol. I: PUBLIC UTILITY]

– **privata.** Private business (*infra*, AZIENDA PUBBLICA).

– **pubblica in genere.** Public corporation (*supra*, AZIENDA A PARTECIPAZIONE STATALE; AZIENDA PRIVATA; SERVIZIO PUBBLICO).

Azionabile in giudizio genere. Actionable, enforceable; quest'ultimo termine indica un concetto fondamentale nei sistemi di *common law* in relazione al requisito della *consideration*. Esso è riferito anche al requisito dell'intenzione di dar luogo ad un vincolo giuridico tipico dei sistemi di *common law* in materia contrattuale: un *gentlemen's agreement* non può essere invocato davanti al giudice o, in genere, non è conoscibile da quest'ultimo (AZIONE (I) IN GIUDIZIO; CONTRATTO: III.; ESECUTORIO; INTENTO GIURIDICO; NON AZIONABILE; OBBLIGAZIONE (I) NATURALE). [vol. I: ACTIONABLE; ENFORCEABLE; GENTLEMEN'S AGREEMENT; UNENFORCEABLE]

Azionariato in genere. Shareholding, stockholding (AZIONE (II) DI SOCIETÀ; GRANDE AZIONARIATO; PARTECIPAZIONE AZIONARIA).

– **dei dipendenti.** Employees' shareholding (AZIONI (II) A FAVORE DEI DIPENDENTI; DIPENDENTE).

Bibl.:
Weigmann, R., *Azionariato dei dipendenti,* in *Digesto IV Utet, Comm.,* vol. II: 122.

– **di maggioranza.** Majority shareholding (MAGGIORANZA).

Azione in genere. Action; ma si noti che questo termine indica anche l'atto; l'atto, il provvedimento di un organo pubblico è detto *administrative action*, l'atto del privato è detto *action of private individual* (ATTO; CONTROLLO GIURISDIZIONALE; LIBERTÀ DI AZIONE).

– **militare.** Military action (AGGRESSIONE; GUERRA).

Azione/i (I) in giudizio in genere. Action, lawsuit. Abolito il processo formulare nei sistemi di *common law*, resta da rilevare che esso trova ancora oggi dei riflessi nella *forma mentis* dei giuristi, e nella terminologia di quella tradizione giuridica. Negli S.U. — stato federale — ai sensi della Rule 2 delle *Federal Rules of Civil Procedure*, adottata anche dalla maggioranza degli stati dell'Unione — esiste un solo tipo di azione detta « civil action » (*infra*, AZIONE CIVILE; AZIONABILE; CONTESTAZIONE LEGALE; CONTRADDITTORIO; CONVENUTO; FONDAMENTO GIURIDICO DI UN'AZIONE IN GIUDIZIO; GIURISDIZIONE; GIUSTIZIA ALTERNATIVA; INTERESSI DIFFUSI: 5; LIBERTÀ DI AZIONE; *PETITUM*; PLURALITÀ DI DOMANDE IN GIUDIZIO SULLA STESSA MATERIA; PROCEDURA; 6, 14; PROCESSO GIURISDIZIONALE; RESIDENZA; RIMEDIO GIURIDICO; TUTELA DEI DIRITTI; *UBI REMEDIUM, IBI IUS*). [vol. I: FORMS OF ACTION; UBI REMEDIUM, IBI IUS]

– **accessoria in genere.** Ancillary lawsuit (ACCESSORIO).

– ***ad exhibendum.*** Tutte le regole relative alla *discovery* attengono in maniera molto più energica all'obbligo di esibire i documenti sui quali le parti basano le loro pretese, sanzionato severamente; con l'ordine *subpoena duces tecum* — privo di equivalenza nella *civil law* — il giudice può disporre che un terzo sia chiamato a deporre come testimone e a produrre qualsiasi documento in suo possesso (ATTI DELLA CAUSA; *DISCOVERY*; ESIBIZIONE DI ATTI E DOCUMENTI; PRODUZIONE DI DOCUMENTI O DI LIBRI CONTABILI; PROVA). [vol. I: DISCOVERY; SUBPOENA]

– **a difesa della servitù.** Actions for the protection of easements. Sono quelle previste in caso di *private nuisance* (SERVITÙ). [vol. I: DISTURBANCE; NUISANCE]

– **a tutela della proprietà.** La *common law*, che non distingue tra proprietà e possesso alla maniera romanistica, e non conosce neanche la distinzione tra azioni petitorie e azioni possessorie. A causa dei diversi princìpi alla base del sistema dei diritti immobiliari, essa tutela in effetti il possesso (*infra*, AZIONE DI RIVENDICAZIONE; PROPRIETÀ; PROPRIETÀ ALLODIALE; RIVENDICAZIONE; SPOGLIO).

– **cambiaria.** Action upon a bill of exchange (CAMBIALE; TITOLO ESECUTIVO).

– **cambiaria causale.** Direct action on a bill of exchange (CAMBIALE; RAPPORTO SOTTOSTANTE NELLA CAMBIALE; TITOLO DI CREDITO).

– **cautelare.** Restraining action, o interim injunction (*infra,* AZIONE DI ACCERTAMENTO; ATTO CONSERVATIVO; PROVVEDIMENTI CAUTELARI). [vol. I: INJUNCTION; RESTRAINING ORDER]

– **civile.** Action, civil lawsuit, civil suit; ma si parla anche di *petition, suit, lawsuit.*
1. In effetti, le opere inglesi e nordamericane sono incentrate sulle « azioni »: ancora oggi lo spirito delle *forms of action* condiziona il *common lawyer.* Ben più che nella *civil law,* il brocardo *ubi remedium, ibi ius* ha lasciato radicati sedimenti mentali che si esprimono anche nella terminologia giuridica.
2. Nell'ambito dei rapporti tra diritto sostanziale e diritto di azione, la procedura ha svolto un ruolo determinante nella evoluzione delle categorie e dei concetti sostanziali della *common law*; si è osservato che quest'ultima si è sviluppata negli interstizi della procedura.
3. Ma occorre anche avvertire che l' azione in giudizio è nata nell'ambito di un diritto autoctono e originale restato sostanzialmente immune dalle teorizzazioni, e spesso elucubrazioni, dei processualisti teutonici; si rinvia, a questo proposito, alle belle pagine di Riccardo Orestano [1959-68, ed. 1978: 13] sul problema dell'azione nella scienza giuridica italiana e continentale. Le classificazioni nostrane dell'azione non trovano quindi corrispondenza sul piano nominalistico né nel sistema inglese né in quello nordamericano. La *common law*, diritto storico, costruisce il proprio sistema facendo ricorso ad un arsenale di « ferri vecchi » per usare la felice espressione di Gino Gorla [1955, vol. I: 399]; ma questo non ha impedito al possente pensiero processualistico, specie nordamericano, di apprestare un sistema di rimedi che, oltre a consentire risultati analoghi a quelli dei paesi di *civil law*, spesso li anticipa di molti lustri (sic!), sul piano dei contenuti sociali: basterebbe pensare ai metodi di interpretazione, alla *class action*; a non parlare della più vasta e più efficace gamma dei rimedi disponibili nei confronti della pubblica amministrazione. Le azioni: *a*) dichiarative (*Feststellungsklagen*); *b*) costitutive (*Gestaltungsklagen*); *c*) di condanna (*Leistungsklagen*) sono tradotte, rispettivamente, con *action for declaration, coercive judgment* e *constitutive judgment*. I sistemi inglese e nordamericano non ammet-

tono l'azione civile nel processo penale, che deve essere oggetto di un'azione separata (PROVA: 2).
4. Ai sensi della R. 3 delle *Federal Rules of Civil Procedure,* l'azione civile ha inizio con un atto definito *complaint* (*supra*, AZIONE IN GIUDIZIO; *ACTIO*; AZIONABILE IN GIUDIZIO; CITAZIONE IN GIUDIZIO; CONNESSIONE DI CAUSE; CONTRADDITTORIO; CONVENUTO; DESISTENZA DALL'AZIONE IN GIUDIZIO; DIRITTO (II) DI AZIONE; DOMANDA GIUDIZIALE; ESTINZIONE DELL'AZIONE IN GIUDIZIO; INTERESSE AD AGIRE; INTERESSI DIFFUSI: 5; PRINCIPIO DEL CONTRADDITTORIO; PROCEDIMENTO; PROCESSO; PROCESSO FORMULARE; PROVA; PUBBLICO MINISTERO; RESIDENZA; REVIVISCENZA DELL'AZIONE IN GIUDIZIO; SEPARAZIONE DELLE DOMANDE IN GIUDIZIO). [vol. I: ACTION; COMPLAINT; CRIMINAL PROCEDURE: V; FORMS OF ACTION; NO ACTION CLAUSE; UBI REMEDIUM, IBI IUS]

Bibl.:

Fazzalari, E., *Azione civile (teoria generale e diritto processuale)*, in *Digesto IV Utet, Civ.,* vol. II: 30.

Gorla, G., *Studio storico comparativo della « common law » e scienza del diritto (Le Forme d'Azione)* (1962) 1 RTDPC 25.

id., *Formazione e strutture fondamentali della « common law »: le « forms of action »* (1965) 4 RTDPC 1646.

– **civile nel processo penale.** (*supra,* AZIONE CIVILE; PROVA: 2)

– **collusiva.** Champerty, maintenance (COLLUSIONE). [vol. I: CHAMPERTY; MAINTENANCE]

– **confessoria.** (*ACTIO CONFESSORIA*)

– **contrattuale.** Action in contract; l'azione extracontrattuale è detta *action in tort.* Ma, per ragioni connesse principalmente all'evoluzione storica del contratto di *common law*, la distinzione tra azione contrattuale e azione extracontrattuale non appare così netta come nella *civil law*: essa è ritenuta da non pochi autori addirittura come superata. A questo proposito, va rilevata la difficoltà di stabilire una precisa linea di demarcazione tra *contract* e *tort*, e la circostanza che molte delle situazioni che nella *civil law* sono considerate di natura contrattuale, nella *common law* rientrano, invece, nell'ambito extracontrattuale; che quelle che sarebbero considerate delle figure di illecito nella *civil law* non rientrano nella categoria dei delitti (*torts*) nella *common law* e, infine, che la *common law* consente di combinare un'azione contrattuale con una extracontrattuale. Sotto questo aspetto, sembra potersi dire i sistemi inglese e nordamericano anticipano analoghe, molto successive, conclusioni della dottrina di *civil law* (CONTRATTO: X). [vol. I: INTRODUZIONE: III. 17, 19; CONTRACT; TORT]

Bibl.:

Amos and Walton 1935, ed. 1967: 201.

David 1965, ed. 1975: 217.

– **costitutiva.** Grosso modo, action for a relief (*infra*, AZIONE DI ACCERTAMENTO).

– **defatigatoria.** (*infra*, AZIONE VESSATORIA)

– **degli obbligazionisti.** Debenture holders' action (*infra*, AZIONE SOCIALE CONTRO GLI AMMINISTRATORI; OBBLIGAZIONISTA).

– ***de in rem verso.*** (ARRICCHIMENTO SENZA CAUSA)

– **di accertamento in genere.** Grosso modo, action for declaration, declaratory action; ma l'*injunction* può svolgere una più penetrante funzione (*supra*, AZIONE CAUTELARE; ACCERTAMENTO; PROVVEDIMENTI CAUTELARI; SENTENZA DI ACCERTAMENTO). [vol. I: ACTION FOR DECLARATION; DECLARATION; DECLARATORY JUDGMENT; INJUNCTION]

Bibl.:

Frignani 1974: 102.

Langan 1970, ed. 1976: 229.

Lawson 1972: 265.

– **di adempimento specifico.** (ESECUZIONE DEL CONTRATTO IN FORMA SPECIFICA)

– **di alimenti.** Action for support (ALIMENTI).

– **di annullamento del contratto.** Annulment action (ANNULLAMENTO DEL CONTRATTO). [vol. I: CONTRACT: XII]

– **di arricchimento.** Grosso modo, action for restitution; ma si notino le notevoli differenze esistenti, almeno sul piano dei principi, tra le due tradizioni giuridiche (ARRICCHIMENTO SENZA CAUSA).

– **di categoria.** Class action, representative action. Si noti, al confronto, la povertà di rimedi processuali della *civil law.* La *class action* costituisce forse una delle più geniali creazioni del pensiero giuridico nordamericano (GIUSTIZIA ALTERNATIVA; INTERESSI DIFFUSI; PLURALITÀ DI DOMANDE BASATE SULLA STESSA *CAUSA PETENDI*; PUBBLICO MINISTERO). [vol. I: CLASS ACTION]

– **di condanna.** Grosso modo, action for a relief, action for satisfaction (*supra*, AZIONE DI ACCERTAMENTO; CONDANNA). [vol. I: RELIEF]

– **di divorzio.** Divorce action (DOMANDA DI DIVORZIO).

– **di garanzia del fideiussore.** Action in contribution (FIDEIUSSORE; REGRESSO DEL FIDEIUSSORE). [vol. I: CONTRIBUTION; GUARANTEE; SURETY]

– **di gruppo.** (*supra,* AZIONE DI CATEGORIA)

– **dilatoria.** (*infra*, AZIONE VESSATORIA)

– **di manutenzione.** Non esiste in senso stretto l'azione di manutenzione. La molestia nel possesso di un immobile dà luogo alla c.d. *private nuisance* che comporta sia il diritto di porvi fine in modo pacifico (*abatement*), sia quello di ottenere un'*injunction*, o un *mandamus*, e il risarcimento del danno (*supra*, AZIONI A TUTELA DELLA PROPRIETÀ; POSSESSO; POSSESSORIO; TURBATIVA). [vol. I: ENTRY; NUISANCE; POSSESSION; RECAPTION]

– **di nunciazione.** (DENUNZIA DI NUOVA OPERA E DI DANNO TEMUTO)

– **di pagamento dell'indebito.** Grosso modo, action for restitution; ma in questa materia esistono notevoli differenze tra le due tradizioni giuridiche, almeno sul piano dei princìpi (ARRICCHIMENTO SENZA CAUSA; PAGAMENTO DELL'INDEBITO). [vol. I: QUASI-CONTRACT; UNJUST ENRICHMENT]

– **di paternità.** (PATERNITÀ)

– **di regolamento di confini.** Grosso modo, action to set land boundaries, to ascertain boundaries, to rectify boundaries; ma è dubbio che esista l'*actio* romana (CONFINE). [vol. I: BOUNDARY]

– **di regresso.** Recourse action, action of recourse, recourse claim. Il diritto a proporre l'azione di regresso è detto *right of recourse*. Il credito in via di regresso è detto *recourse claim*. Il *principle of contribution* è riferito più spesso all'obbligazione alla quale è tenuto il coobbligato solidale o il co-responsabile di un illecito. La *recourse action* non va confusa con la *subrogation* (CAMBIALE; COOBLIGATO; CREDITO IN VIA DI REGRESSO; DIRITTO (II) DI REGRESSO; FIDEIUSSIONE; PROTESTO; REGRESSO CAMBIARIO; SENZA REGRESSO; SODDISFAZIONE DEL CREDITO; SURROGAZIONE). [vol. I: ASSIGNMENT WITHOUT RECOURSE; CONTRIBUTION; INSURANCE; JOINT AND SEVERAL LIABILITY; RECOURSE; RESTAUR; REVERSION; SUBROGATION; SURETY]

– **di reintegrazione.** (*infra,* AZIONI PETITORIE-POSSESSORIE)

– **di rendiconto.** Action of account (RENDICONTO).

– **di rescissione del contratto.** (RESCISSIONE)

– **di responsabilità contro gli amministratori.** (*infra*, AZIONE SOCIALE DI RESPONSABILITÀ CONTRO GLI AMMINISTRATORI)

– **di restituzione di cosa mobile.** Action of detinue (RESTITUZIONE). [vol. I: DETINUE]

– **diretta.** Direct action (*infra*, AZIONE SURROGATORIA).

– **di rilascio di immobile.** Action for the recovery of land. [vol. I: RECOVERY OF LAND]

– **di rilascio per finita locazione.** Grosso modo, action for possession (LOCAZIONE). [vol. I: NOTICE TO QUIT]

– **di ripetizione dell'indebito.** Grosso modo, action for restitution; ma in questa materia esistono notevoli differenze tra le due tradizioni giuridiche, e anche tra il diritto inglese e quello nordamericano (ARRICCHIMENTO SENZA CAUSA; INDEBITO ARRICCHIMENTO; PAGAMENTO DELL'INDEBITO; RIPETIZIONE DELL'INDEBITO). [vol. I: QUASI-CONTRACT; UNJUST ENRICHMENT]

– **di risarcimento.** Action for, o of, damages, liability suit. Ma si noti che se la funzione risarcitoria, o *compensatory*, dei *damages* è la più diffusa nella *common law*, essa non è la sola, poiché i *damages* hanno anche altre funzioni come, ad es., quella punitiva. In questo senso, si parla di *compensatory* e *non-compensatory damages*. Con i *punitive damages*, accordati, specie negli S.U., ad es., in tema di violazione delle leggi antimonopolistiche, il risarcimento non è limitato al danno effettivamente subito, ma punisce, come dice la parola, il responsabile, più spesso per la sua condotta biasimevole. Questo tipo di risarcimento non trova equivalenza nella *civil law*. Pertanto, una identificazione del termine *damages* con quello di risarcimento nostrano non appare in tutti i casi corretta. La materia è una delle più incerte e confuse della *common law*. L'azione relativa al danno contrattuale è detta *action in contract;* quella al danno extracontrattuale *action in tort*, o *negligence action* (ESECUZIONE DEL CONTRATTO IN FORMA SPECIFICA; INTERESSI DIFFUSI: 5; RESPONSABILITÀ; RISARCIMENTO DEL DANNO). [vol. I: COMPENSATION; DAMAGES; LIABILITY; TORT: XI]

Bibl.:
Schlesinger 1950, ed. 1988: 66.

– **di risarcimento da incidente stradale.** Running down action (*supra*, AZIONE DI RISARCIMENTO; INCIDENTE STRADALE; RESPONSABILITÀ CIVILE DERIVANTE DALLA CIRCOLAZIONE DI AUTOVEICOLI). [vol. I: *ad vocem*]

– **di riscatto.** Grosso modo action of redemption; ma il termine è riferito più spesso, ma non necessariamente, al *mortgage* (RIACQUISTO; RISCATTO). [vol. I: REDEMPTION]

– **di rivalsa.** (*supra*, AZIONE DI REGRESSO)

– **di rivendicazione in genere.** Lett., *vindicatio*, recovery, claiming a thing as one's own.
1. La *common law* non conosce questa azione: essa tutela il possesso piuttosto che la proprietà; la ragione principale essendo che — salvo taluni casi — essa non accoglie il concetto di proprietà qual è inteso nella tradizione romanistica. Vi sono in questa materia intrincate diversità tra le due tradizioni giuridiche: esse sono spiegate in maniera succinta ma efficace in Amos and Walton [1935, ed. 1967: 103, 113, 363]: in breve, la *civil law* tutela il proprietario in quanto tale e non già solo chi è immediato possessore, come la *common law*.
2. Peraltro, la *civil law* non accorda tutela nei confronti del terzo nel caso in cui il proprietario abbia volontariamente dismesso il possesso della cosa. D'altro canto, la *common law*, che in principio tutela solo il diritto al possesso, e solo mediante un'azione personale, ha conferito un tale carattere di « realità » alle azioni previste da andare oltre la rivendicazione romanistica, ad es., consentendo il recupero a favore del *bailor* nei confronti di chi abbia assunto il possesso dal *bailee,* e la *conversion* nei confronti del terzo di buona fede che non sia più in possesso della cosa. Naturalmente, i concetti di *rivendicazione* e *prescrizione* sono inestricabilmente intrecciati.
3. Tre azioni extracontrattuali possono raggiungere in pratica un risultato non troppo diverso dalla rivendicazione romanistica*:* *a*) *action of trespass* fondata sul possesso e diretta alla reintegrazione; *b*) *action of trover*, o *conversion*, che ha luogo piu spesso nel caso di appropriazione di cosa altrui di cui si aveva, o meno, precedentemente il possesso (caso del ladro o dell'inventore di un bene). È esperibile anche contro il terzo acquirente di buona fede; *c*) *action of detinue*, diretta alla restituzione dei beni di cui il detentore rifiuti la restituzione, ed ha piu spesso per oggetto i rapporti tra *bailor* e *bailee* (POSSESSO; POSSESSO VALE TITOLO; PROPRIETÀ; PROPRIETÀ ALLODIALE; PRESCRIZIONE; RIVENDICAZIONE). [vol. I: BAILMENT; ESTATE; OWNERSHIP; REVENDICATION; TENANCY]

Bibl.:
Buckland and McNair 1936, ed. 1952: 68.

– **di scioglimento della comunione.** Action for partition of co-ownership; ma si noti la diversità di regime esistente in materia (COMUNIONE; DIVISIONE; SCIOGLIMENTO DELLA COMUNIONE). [vol. I: PARTITION; SEVERANCE]

– **disciplinare.** Disciplinary action (PROCEDIMENTO DISCIPLINARE).

– **di separazione.** Petition for judicial separation (SEPARAZIONE GIUDIZIALE DEI CONIUGI).

– **di simulazione.** (SIMULAZIONE)

– **di spoglio.** (*infra*, AZIONI PETITORIE-POSSESSORIE; REINTEGRAZIONE; SPOGLIO)

– o **eccezione.** Claims or defences (DIFESA; ECCEZIONE).

– **esecutiva.** Enforcement proceeding (ESECUZIONE).

– **estimatoria.** (*QUANTI MINORIS*)

– **extracontrattuale.** Action in tort (*supra*, AZIONE CONTRATTUALE).

– **generale di rescissione del contratto.** (RESCISSIONE PER LESIONE)

– **incidentale.** Ancillary proceedings, ancillary claim; ma si parla anche di *counterclaim* e di *cross-action*. Materia complessa (*infra*, AZIONE RICONVENZIONALE; APPELLO INCIDENTALE).

Bibl.:
Black 1891, ed. 1990: vv. COUNTERLAIM, CROSS-ACTION, 349 e 375.

– **intentata dall'azionista.** Shareholder's o stockholder's, suit (*infra*, AZIONE SOCIALE DI RESPONSALITÀ CONTRO GLI AMMINISTRATORI; AZIONE SURROGATORIA; ABUSO DI DIRITTO; AZIONISTA DI SOCIETÀ; INTERESSI DIFFUSI: 5).

– **interrogatoria.** Non che in senso stretto esista un equivalente esatto; ma la materia va inquadrata nell'ambito della *discovery*, molto sviluppata nel processo di *common law* (*supra*, AZIONE *AD EXHIBENDUM*; *DISCOVERY*).

Bibl.:

Buckland and McNair 1936, ed. 1952: 405.

– **legale in genere.** Action, legal action, legal proceedings, suit, lawsuit (*supra*, AZIONE CIVILE; INTERESSI DIFFUSI: 5).

– **negatoria.** Non è prevista dall'ordinamento inglese, ma una *injunction* ottenuta in una *quia timet action* raggiunge, probabilmente anche in maniera più efficace, analoghi risultati (*ACTIO CONFESSORIA*; MOLESTIA). [vol I: INJUNCTION; QUIA TIMET]

Bibl.:

Buckland and McNair 1936, ed. 1952: 151, 343, 393.

Goldschmidt 1937: 123.

– **pauliana.** (*infra*, AZIONE REVOCATORIA)

– **penale in genere.** Criminal action, penal action, prosecution.

1. Essa va inquadrata nel processo penale accusatorio, tipico della tradizione giuridica di *common law*. La premessa appare fondamentale, dato che, storicamente, la tradizione di *civil law* conosce, invece, il processo penale inquisitorio. I sistemi misti che caratterizzano attualmente il processo penale dei paesi di *civil law* contengono degli elementi di accusatorietà; ma si tratta di innesti su una struttura inquisitoria, ammessi dopo strenue resistenze, con quella prosopopea che i « protofisici » continentali mostrano nei confronti dei più « semplici » *common lawyers* quando si scopre che le loro leggi sono più umane, ragionevoli e civili: un intollerabile *vulnus*. Si direbbe che i più importanti di questi innesti sono stati portati sul continente europeo dalle truppe americane sbarcate ad *Omaha Beach* il 6 giugno 1944: come la *Coca-Cola* e il *chewing gum*. L'attuale processo misto continentale — anche quello della c.d. patria dei Diritti dell'Uomo — è solo una presa d'atto di un mutato rapporto di forze, di una svolta epocale — non voluta e tantomeno auspicata — piuttosto che il frutto di autoctone, travagliate vicende e radicate convinzioni: insomma, un *cadeau* accettato con malagrazia. In questo senso, non va trascurato che, storicamente, e fino agli anni '40 (il pellegrinagggio ebbe termine per gli eventi bellici), i nostri processualpenalisti, come del resto tutti gli altri giuristi nostrani di qualche conseguenza andavano, come si dice, *a studiare in Germania anche il processo penale* (sic!): ancora oggi, la processualistica nostrana penale e civile appare stupefatta e violata dall'incantesimo della scuola giuridica tedesca: una passione non ricambiata. Le conseguenze di questa diversità, anzitutto storica e culturale, prima ancora che di regime giuridico, attiene, in definitiva, all'idea che il giurista si fa della funzione del diritto.

2. Corollario del sistema accusatorio è la *discrezionalità dell'azione penale* e, nel sistema inglese ma non in quello nordamericano, la *private prosecution*, ossia l'azione penale intentata da un privato cittadino. In effetti, nel sistema inglese chiunque può intentare l'azione penale e, se dispone di mezzi sufficienti, può trattare da solo tutta la causa dall'inizio alla fine [Emmins 1981, ed. 1992: 10]. Diverso, su questo punto, appare l'approccio nordamericano per cui, com'è stato osservato: « by the advent of the American Revolution, the concept of crime as a wrong committed against the state (rather than simply an action injurious to the individual victim) was firmly established in this country, and the state was well on its way to achieving complete control over the prosecution of crime » [Lafave and Israel 1985, ed. 1992: 35, n. 4; 629]; così negli S.U. la *private prosecution* è molto più rara e il *District Attorney* può addirittura respingere la collaborazione del privato, del resto quasi mai offerta [Karlen 1967: 20, 26].

3. Nel considerare l'azione penale negli S.U. — ammesso che sia possibile proporre una sintesi di 51 diversi ordinamenti processuali [Lafave and Israel 1985, ed 1992: 3, at 5] — sembra opportuno tenere conto che, data la natura di stato federale, l'azione penale è intentata, a seconda dei casi, da organi federali (*federal prosecution*) ad opera degli *U.S. Attorneys*, ovvero, al livello dei singoli stati dell'Unione, dagli *State Attorneys-General* su tutto il territorio dello stato, o dal *District Attorney*, di solito nell'ambito della contea. E poiché la stragrande maggioranza dei reati, e delle cause relative, rientra nelle attribuzioni dei singoli stati dell'Unione, il *District Attorney* costituisce la figura chiave del sistema accusatorio nordamericano. L'azione penale è intentata in nome dello stato. Specie nelle grandi città, l'ufficio del *District Attorney* svolge

Azione (I) penale

una gran parte del lavoro preliminare fatto dalla polizia nel sistema inglese. Il *District Attorney* esercita anche una certa misura di controllo sul *Grand Jury* — che non è una giuria ma un organo collegiale di indagine che vaglia l'accusa (ma vi sono soluzioni alternative) secondo una procedura sostanzialmente inquisitoria — ed esercita la discrezionalità nella promozione o nella desistenza dall'azione penale. Nel sistema inglese, invece, una volta che la polizia abbia promosso l'azione penale (*charge*) — spetta al *Director of Public Prosecutions* e, per esso, al *Chief Crown Prosecutor* competente, stabilire se dare seguito all'azione promossa o desistervi. Peraltro, talune azioni penali non possono essere promosse dalla polizia senza il preventivo assenso dell'*Attorney-General.*

Comunque, sembra potersi dire che, in generale, nel sistema inglese il proseguimento dell'azione penale promossa inizialmente dalla polizia è soggetta al *successivo* assenso del *Crown Prosecution Service* [Emmins 1981, ed. 1992: 9, 11, 22].

4. Ma quali che siano, specie negli S.U. i rapporti tra l'ufficio del *District Attorney* e la polizia, si può dire che non esiste nella tradizione di *common law* una polizia giudiziaria alla maniera nostrana. La polizia non dipendende dalla magistratura e, del resto, non esiste neanche una magistratura inquirente o requirente come quella italiana: l'accusa penale, sia nel sistema inglese che in quello nordamericano, è funzione di parte esercitata da organi collocati *al di fuori* dell'ordine giudiziario il quale ultimo esercita *esclusivamente* la giurisdizione.

La *probable cause.*

5. Fondamentale appare negli S.U., ai fini della promozione dell'azione penale, il requisito della *reasonable and probable cause,* inteso come requisito di esistenza di elementi ragionevoli — più del semplice sospetto e meno della prova piena richiesta per la condanna — tali da indurre un uomo ragionevolmente intelligente e prudente a ritenere che l'imputato abbia commesso il reato di cui è accusato. Beninteso, il requisito è esatto anche nel sistema inglese anche se va sotto altro nome. La funzione della *preliminary hearing* (o, nel sistema inglese, *preliminary examination*) consiste — anche se non esclusivamente — nello stabilire se esista una *probable cause* che il reato è stato commesso e che esso è stato commesso dall'imputato. Una volta disposto il rinvio a giudizio, si procede all'*arraignment* e, successivamente, al *trial,* ossia al processo vero e proprio. L'*arraignment* è quella fase del processo nella quale viene contestata il reato all'imputato: questi può dichiararsi colpevole o innocente; nel caso che si dichiari colpevole di solito viene condannato immediatamente; qualora, invece, si dichiari innocente si fa luogo al *trial,* preceduto, nei reati più gravi, dalla nomina della giuria che dovrà partecipare al *trial.* Il *plea bargain,* ossia il c.d. patteggiamento, ha luogo nella fase dell'*arraignment.*

6. Negli S.U., ai sensi dell'Ethics In Government Act, il governo federale può, nei casi che coinvolgano penalmente alte personalità dello stato, affidare il compito di investigare a un *independent counsel.* Inoltre, l'*Attorney-General* del governo federale, o di uno degli stati dell'Unione, può, nell'interesse pubblico, nominare uno *special prosecutor* o *special attorney,* persona al di fuori degli organi pubblici dell'accusa a ciò deputati.

Il sistema inglese in particolare.

7. Con il Prosecution of Offences Act 1985 — che modifica radicalmente il sistema dell'accusa penale — è stato creato per l'Inghilterra e il Galles un organismo pubblico, il *Crown Prosecution Service* — dislocato in 31 aree geografiche corrispondenti, grosso modo, alle 43 forze di polizia esistenti nelle due regioni — deputato al *prosieguo* dell'azione penale e alla rappresentanza processuale dell'accusa nelle *prosecutions* promosse *dalla polizia.* In ogni area, ad ognuno degli uffici, è preposto un *Chief Crown Prosecutor.* Come si è accennato, si tratta di un servizio collocato al di fuori dell'ordine giudiziario, al quale ultimo compete nei sistemi di *common law* la sola funzione giurisdizionale. Al vertice del *Crown Prosecution Service* si colloca il *Director of Public Prosecutions* (o DPP): quest'ultimo è soggetto alla supervisione generale (politica) dell' *Attorney-General,* membro della *House of Commons* e del partito di maggioranza che cessa dall'ufficio con le dimisssioni del governo. Consulente legale principale del governo, l'*Attorney-General* risponde al parlamento del suo operato.

8. L'Act del 1985 opera una netta separazione (rispetto al passato, in cui l'azione

penale veniva iniziata e perseguita dalla stessa polizia mediante propri avvocati a tempo pieno o parziale, ma in nome della Corona) tra la *promozione dell'azione penale* (o *prosecution of offences*) e l'attività della polizia consistente essenzialmente nella individuazione e investigazione (*detection and investigation*) dei reati. La polizia continua a ritenere la sua discrezionalità nello stabilire se promuovere o meno l'azione penale. Peraltro, nel primo caso (promozione dell'azione penale), essa è tenuta trasmettere il caso al *Chief Crown Prosecutor* competente: spetta a quest'ultimo decidere se dar seguito all' azione penale promossa dalla polizia o desistere da essa. Qualora la polizia abbia promosso l'azione penale, i *Crown Prosecutors*, ai quali, come si è accennato, spetta decidere se darvi seguito o meno, hanno il potere di fornire direttive (*advice*) alla polizia; ma essi non hanno il diritto di essere informati delle indagini in corso o di impartire direttive alla polizia fino a quando quest'ultima non abbia deciso di promuovere l'azione penale. Più articolata appare la decisione di rinunziare all'azione penale una volta iniziato il processo: mentre davanti alla *Crown Court* il giudice può dichiarare inammissibile la rinunzia all'azione penale da parte dell'accusa (*R. Broad* (1978), 68 Cr. App. R. 281), la s. 23 del citato Act del 1985 consente ai *Crown Prosecutors* di rinunziare all'azione penale nella fase della *preliminary examination* che si svolge davanti alle *magistrates' courts*, in quella fase cioè che precede il *trial* nel caso dei reati più gravi.

9. Come si ripete, le indagini vengono effettuate dalla polizia dall'inizio alla fine; essa promuove anche l'azione penale, salvo al *Crown Prosecution Service,* in caso positivo, di assumere la condotta processuale del caso, ovvero di desistervi. L'ufficio rappresenta l'accusa nei procedimenti penali per conto delle forze di polizia specie nei reati maggiori. Quanto ai reati connessi alla circolazione stradale, essi sono di solito perseguiti direttamente dalla polizia davanti alle *magistrates' courts.*

10. L'espressione *public prosecution* è significativa: essa indica che l'azione penale non è monopolio di un organo pubblico. In effetti, accanto ad essa vi è la *private prosecution* — che non va assimilata all'azione penale a querela di parte del nostro sistema — consistente in una vera e propria azione penale promossa da un privato cittadino. Il limite di questo tipo di azioni consiste nel fatto che il *Director of Public Prosecutions* può sempre avocare il caso e, in pratica, mettervi fine, rifiutandosi di sottoporre prove per sostanziare l'azione. Le *private prosecutions* sono di solito promosse nei casi in cui la polizia si mostri riluttante a trattare il caso come, ad es., nelle liti tra vicini, etc.; ma vi sono anche casi più rilevanti. Peraltro, la *private prosecution* appare di fatto non agevole dato che la s. 6 del citato Act del 1985 nega al privato il diritto di ottenere il materiale di cui dispone il *Crown Prosecution Service.* Tuttavia, una volta iniziata l'azione, il giudice può disporre che la parte vi abbia accesso. Inoltre, in base a una decisione del 1973, in caso di omesso perseguimento del reato da parte della polizia, il giudice può ordinare che essa, invece, vi faccia luogo. A questo punto sorge la domanda se un analogo potere sia ammissibile nei confronti dei *Crown Prosecutors* che decidessero di non dare seguito alla azione penale iniziata dalla polizia: in ogni caso, dato il meccanismo esistente, è ipotizzabile una diversità di posizioni tra la polizia che promuove l'azione penale e il *Crown Prosecutor* che decide di non darvi corso. Del resto, l'attuale sistema trova la sua principale spiegazione, sembra, nel fatto che in passato la polizia aveva promosso numerose azioni penali dimostratesi prive di fondamento in sede giudiziaria. Il nuovo sistema appare quindi diretto ad esercitare un controllo sulle c.d. *police prosecutions.*

11. Ma — chiarita la distinzione tra *public* e *private prosecution* — va aggiunto anche, ed è cosa di notevole rilievo, che l'assenza di monopolio dell'azione penale va riferita anche all'assenza di un solo organo pubblico titolare esclusivo dell'azione penale come è previsto, salvo taluni casi (cfr. artt. 90 e 96 della cost.), dal nostro sistema: in altre parole, *non esiste un solo ufficio pubblico titolare dell'azione penale.* In effetti, il *Crown Prosecution Service* assume la rappresentanza dell'accusa e la condotta processuale delle c.d. *police prosecutions.* Ma una svariata serie di azioni penali — circa il 25 per cento del totale — è intentata da una numerosa serie di organi pubblici diversi dalla polizia: in tal caso, si parla di *non-police prosecutions.* Ad es., l'*Inland Revenue* promuove l'azione penale per i reati fiscali, il *Customs and Excise* per i reati in tema di imposta sul valore aggiunto e per l'importazione o esportazione illegale di droghe, il *Depart-*

ment of Health and Social Security per reati in tema di previdenza sociale, gli enti locali per la violazione delle norme in tema di sanità pubblica. Inoltre, il Criminal Justice Act 1987 ha creato un nuovo organo investigativo, con il potere di promuovere l'azione penale, ossia il *Serious Frauds Office* competente in materia di frodi finanziarie più importanti. L'ufficio è costituito da un piccolo nucleo di specialisti provenienti da altre entità pubbliche: tra di essi figurano giuristi, contabili e investigatori; munito di vasti poteri di indagine, esso si avvale della *Police Fraud Squad* alla quale impartisce direttive limitate, beninteso, all'attuazione dei compiti di istituto. Si noti che — a differenza del *Crown Prosecution Service* — il *Serious Frauds Office* svolge sia attività investigativa, sia di promozione e condotta dell'azione penale. I grandi magazzini solevano intentare *private prosecutions* per i furti da loro subiti, ma ora la prassi è di rimettere il caso alla polizia e al *Crown Prosecutor*.

12. Non esiste un equivalente della querela nostrana nei sistemi di *common law*; i termini *complaint* e *plaint* non indicano la querela, ma — tutt'al più — un analogo. A questo proposito, giova rilevare che, nel sistema inglese, quando l'azione penale è promossa da un privato, quest'ultimo non può rinunciarvi senza l'assenso dell'*Attorney-General*, o della corte nel caso di reati più gravi, ovvero del *Director of Public Prosecutions* nei reati minori: la ragione è, sembra, che nel sistema inglese tutti i procedimenti penali sono promossi in nome del Sovrano. Ma, in pratica, un modo di rinunciare all'azione penale da parte del promotore dell'azione consiste nell'astenersi dal presentare alcuna prova a carico dell'imputato; questo comporta il suo automatico proscioglimento.

13. Principio fondamentale della *common law* è il divieto di perseguire una persona (assolta o condannata) più di una volta per lo stesso reato: in tal senso, si parla di *prohibition against double jeopardy*.

14. Nel complesso, il sistema dell'accusa penale inglese, di cui qui si è tentato di prospettare una sintesi, costituisce un meccanismo molto raffinato di regole e di uomini che, realizzando complessi equilibri, funziona in maniera soddisfacente nel rispetto dei diritti dell'individuo. Ancora una volta, l'analisi riconferma *l'idea di fondo di questo lavoro*, che cioè nei grandi meccanismi giuridici, in quanto meccanismi politici, l'uomo e la sua cultura sono destinati a giocare un ruolo determinante. Non è un caso che da noi anche la dittatura (per fortuna) è stata inefficiente, come inefficiente è la democrazia succedutavi: esattamente come in un paese premoderno. Comunque, sembra appena il caso di rilevare l'enorme portata politica di un sistema dell'accusa come quello di *common law* imperniato da un lato sulla discrezionalità dell'azione penale e, dall'altro, negli S.U. (ma non in Inghilterra), al livello dei singoli stati dell'Unione (ma non a quello federale), sull'elezione popolare degli organi di accusa. Si tratta di meccanismi complessi in cui gioca un ruolo fondamentale la cultura del paese, e la stoffa degli uomini, la loro intelligenza pratica, la capacità di compromesso, di senso della misura, di ragionevolezza, unite a sostanziali *decenze* di fondo, e *pietas* ed amore per il proprio paese, e quella cultura del coordinamento che fa muovere l'insieme di rotelline e rotellone e ingranaggi di un paese industriale dell'Occidente. Nessuno di questi ingredienti (e presumibilmente altri ancora), si teme, si ravvisa da noi: in questo senso, *la cultura accademica che tanto disastroso peso ha avuto sulla malformazione del paese*, riflette nelle sue varie componenti una ideologia di fondo contadinesca e preindustriale. E quindi si direbbe che l'8 settembre 1943 non è episodio militare né il crollo di un regime: ma rivela una classe dirigente che pretende di partecipare ad una guerra tra giganti industriali armata di ... formaggio pecorino (ACCUSA; APPELLO; ARCHIVIAZIONE; ARRESTO; AUTORIZZAZIONE A PROCEDERE; CHIAMATA DI CORREO; CONNESSIONE; DENUNZIA DI REATO; DIFESA NEL PROCESSO PENALE; DIRITTI (II) DELL'IMPUTATO; DISCREZIONALITÀ DELL'AZIONE PENALE; ERRORE GIUDIZIARIO; FRODE; IMMUNITÀ DALL'AZIONE PENALE; IMPUTAZIONE; IRRETRATTABILITÀ DELL'AZIONE PENALE; *NE BIS IN IDEM*; POLIZIA; PRESUNZIONE DI INNOCENZA; PROCEDURA PENALE; PROCESSO; PUBBLICO MINISTERO; QUERELA; RAGIONEVOLEZZA; REATO; *REFORMATIO IN PEIUS*; RIMESSIONE DEL PROCEDIMENTO PENALE; RINUNZIA ALL'AZIONE PENALE; SEPARAZIONE DEI PROCEDIMENTI; SISTEMA PENALE ACCUSATORIO; STATO DI DIRITTO; TERMINI ENTRO I QUALI DEVONO AVER LUOGO LE FASI PRINCIPALI DELL'AZIONE PENALE NEGLI S.U.; TESTIMONIANZA NEL PROCESSO PENALE). [vol. I: INTRODUZIONE: III. 29; CRIMINAL PROCEDURE; DOUBLE JEOPARDY; PROSECUTION]

Bibl.:
Dominioni O., *Azione penale*, in *Digesto IV Utet, Pen.,* vol. I: 398.
Emmins 1981, ed. 1992: 6, 12, 24.
Karlen 1967: 19.
Montagna, M., *Il pubblico ministero negli Stati Uniti d'America* (1992) 16 GP 332.
Smith and Keenan 1963, ed. 1992: 82, 85.

– **penale discrezionale.** Grosso modo, discretion as to prosecution (*supra*, AZIONE PENALE IN GENERE; DISCREZIONALITÀ DELL'AZIONE PENALE).

– **penale obbligatoria.** Grosso modo, compulsory prosecution; ma nella tradizione di *common law* l'azione penale è per definizione discrezionale (*supra*, AZIONE PENALE IN GENERE; DISCREZIONALITÀ DELL'AZIONE PENALE).

– **penale privata.** Private prosecution (*supra*, AZIONE PENALE IN GENERE).

– **per categoria.** (*supra*, AZIONE DI CATEGORIA)

– **per diffamazione.** Action for, o of, libel; ma in questa materia esistono radicali differenze tra il regime inglese e nordamericano da un lato e quello italiano dall'altro: si tratta di solito di un'azione civile (DIFFAMAZIONE; QUERELA PER DIFFAMAZIONE).

– **personale-reale.** Questa dicotomia è ignota alla *common law:* i termini *action in rem* e *action in personam* costituiscono soltanto delle assonanze acustiche che non coincidono con la distinzione di *civil law* tra azioni reali e azioni personali. Essi non si riferiscono alla dicotomia tra diritti reali e diritti di obbligazione, che non esiste nella *common law.* [vol. I: INTRODUZIONE: III. 21; ACTION: 5; ACTION IN REM; PROPERTY]

– **petitorie-possessorie.** Nella *common law* non esiste questa distinzione che, per quanto riguarda gli S.U., trova riscontro soltanto in Louisiana, *enclave* (grosso modo) di *civil law.* In effetti, la *common law* tutela solo il diritto al possesso; peraltro, nel quadro dell'atto illecito (*tort*), esistono rimedi giuridici che producono risultati non troppo diversi da quelli di *civil law.* Con l'*action for the recovery of land* si fa luogo alla reintegrazione nel possesso di un immobile; non coincide con la rivendicazione, che non esiste. L'azione si riferisce, invece, al possesso ed ha per oggetto l'*estate*, non il fondo. Pertanto, il termine *possessory action* impiegato nella *common law* non coincide con l'azione possessoria romanistica (*supra,* AZIONI A TUTELA DELLA PROPRIETÀ; AZIONE DI RIVENDICAZIONE; POSSESSO; REINTEGRAZIONE). [vol. I: ESTATE; INJUNCTION; OWNERSHIP: 7; POSSESSION; TRESPASS]

Bibl.:
Buckland and McNair 1936, ed. 1952: 421.
Nicholas 1962: 155.

– **possessoria.** (*supra*, AZIONI PETITORIE-POSSESSORIE)

– **prescritta.** Statute barred cause of action (PRESCRIZIONE). [vol. I: INTRODUZIONE: III. 27; LIMITATION OF ACTIONS; STATUTE BARRED]

– **principale.** Principal action (*supra,* AZIONE INCIDENTALE).

– **reale-personale.** (*supra,* AZIONE PERSONALE-REALE)

– **redibitoria.** Lett., redhibitory action. Ma non è ammessa nei sistemi di *common law,* ad eccezione della Louisiana, *enclave* (grosso modo) di *civil law* negli S.U. La *common law* si rifà alla distinzione tra *condition* e *warranty,* ossia tra obbligazioni del contratto di vendita più o meno importante: nel primo caso, si invoca una *breach of condition express* o *implied,* e si parla di *action for rescission* diretta alla risoluzione del contratto. Quando, invece, si tratta di *breach of warranty*, essa dà luogo solo al diritto al risarcimento del danno (*ACTIO QUANTI MINORIS*; GARANZIA LEGALE DELL'IMMUNITÀ DA VIZI, ETC. ; VENDITA; VIZIO). [vol. I: BREACH OF CONTRACT; CONDITION; CONTRACT: IX. 2; REDHIBITORY; REPUDIATION; RESCISSION; SALE; WARRANTY]

– **revocatoria.** Questa azione non esiste nella *common law;* di solito, si parla nella letteratura giuridica di *actio Pauliana* o *Paulian action.* Può essere descritta come un'« action to prevent the diminution of the debtor's estate by his fraud » o « voidability of voluntary conveyances to defraud creditors ».
1. Non esiste nell'ordinamento inglese un rimedio corrispondente in senso stretto; ma, in effetti, un risultato (in parte) non molto diverso si ottiene invocando la s.172 del Law of Property Act 1925 relativa alle *voluntary conveyances, to defraud creditors*, o *fraudulent conveyances*, da chiunque subisca un pregiudizio derivante da un atto di disposizione posto in essere *with intent to defraud creditors* e, nel

caso di atto oneroso, a condizione che l'acquirente fosse a conoscenza dell'intento fraudolento, il che è detto « with notice of the intent to defraud creditors ».
2. Inoltre, le norme relative alla annullabilità delle *fraudulent conveyances* e delle *fraudulent preferences* e, più in generale, quelle sulla *fraud* consentono, anche in materia fallimentare, risultati non troppo diversi, nella sostanza, da quelli previsti dalla revocatoria fallimentare di *civil law*: in questo senso, si segnalano gli *avoiding powers* del *trustee in bankruptcy*. Quanto alla revocatoria fallimentare inglese in particolare, la Part XVI dell'Insolvency Act 1986 sembra essersi avvicinata in maniera considerevole alle soluzioni dell'istituto nostrano (ATTO IN FRODE DEI CREDITORI; FALLIMENTO: IV. 4; FRAUDOLENTO; FRODE; INSOLVENZA FRAUDOLENTA). [vol. I: BANKRUPTCY; DISCLAIMER: 1; FRAUD; FRAUDULENT CONVEYANCE; FRAUDULENT PREFERENCE; PREFERENCE; PROTECTED TRANSACTIONS; WINDING UP]

Bibl.:

Amos and Walton 1935, ed: 1967: 243.
Buckland and McNair 1936, ed. 1952: 178.
Castagnola, A., *La nuova disciplina del fallimento negli Stati Uniti*, in *Giurisprudenza Commerciale*, XIV-1987, Giuffrè, p. 46.

– **riconvenzionale.** (DOMANDA RICONVENZIONALE)

– **sociale di responsabilità contro gli amministratori in genere.** Action against directors; ma si parla più spesso di *stockholders' suit*, *stockholders' derivative suit*, o *derivative action*. Nei sistemi di *common law* la tutela dei diritti della minoranza azionaria ha luogo più spesso mediante il ricorso all'*equity* — categoria ignota alla *civil law* — che impone doveri fiduciari agli amministratori e azionisti di maggioranza. Ma, a parte la diversa tecnica, Schlesinger [1950, ed. 1988: 835] rileva che, in sostanza, le norme di *civil law* presentano un grado di flessibilità non troppo diverso da quello offerto dalle dottrine di *equity*. Peraltro, in pratica, l'azione non svolge un ruolo importante nei sistemi di *civil law*; il che ha numerose spiegazioni. Quando si tratti di grandi società, in numerosi sistemi di *civil law* è spesso virtualmente impossibile ottenere la deliberazione assembleare o il quorum minoritario richiesto per la promozione dell'azione; a questo si aggiunge la frequente *décharge* degli amministratori (ma non nel sistema italiano: cfr. art. 2434), etc. Di fatto, la concreta difficoltà di esperire la *derivative action*, tanto per dirla all'inglese, induce i soci di minoranza nei sistemi di *civil law* a fare ricorso ad altri espedienti quali, ad es., l'impugnazione della deliberazione (azione infrequente nei sistemi di *common law*). Com'è stato osservato — e l'esperienza societaria italiana (cfr. caso Ferfin) ne offre vastissima conferma — è assai dubbio che uno qualsiasi dei rimedi previsti dalla *civil law* possa effettivamente prevenire l'illecito da parte di un'amministrazione corrotta. Peraltro, in molti sistemi di *civil law* esistono disposizioni penali, spesso incluse nella legge societaria, di tale rigidità e ampiezza da ingenerare almeno qualche remora nei malintenzionati. Inoltre, in Francia e in altri paesi di *civil law* — come l'Italia — è possibile la costituzione di parte civile nel processo penale. In questo senso, il processo penale finisce per svolgere in molti paesi di *civil law* talune delle funzioni della *stockholders' suit*. In breve, mentre nei sistemi di *civil law* la tutela dei diritti della minoranza ha luogo più spesso nell'ambito del processo penale, nella tradizione di *common law* si fa luogo, invece, alla giustizia civile. Ma va precisato che nei sistemi di *common law* anche in sede civile il giudice è munito di poteri che gli consentono la comminazione di sanzioni penali in caso di mancata osservanza delle proprie decisioni. Pertanto, la tutela essenzialmente penalistica della minoranza azionaria nei sistemi di *civil law* opposta a quella civilistica dei sistemi di *common law* non costituisce, almeno da taluni punti di vista, una differenza così marcata come, a prima vista, potrebbe sembrare (*supra*, AZIONE DEGLI OBBLIGAZIONISTI; ABUSO SOCIETARIO; AMMINISTRATORE DI SOCIETÀ; DIRITTI (II) DELLA MINORANZA; DIRITTI (II) DELL'AZIONISTA; PARTE CIVILE: 2; SOCIETÀ (II) QUALE SOGGETTO COLLETTIVO; TUTELA DEI DIRITTI; TUTELA DELLA MINORANZA AZIONARIA). [vol. I: DERIVATIVE ACTION; EQUITY]

Bibl.:

Gower 1954, ed. 1979: 641.
Schlesinger 1960, ed. 1988: 835.

– **surrogatoria.** Subrogation; si tratta di un rimedio non ammesso dalla *common law*, ma elaborato dall'*equity*. La materia presenta non poche peculiarità dovute al suo sviluppo storico. Peraltro, specie negli S.U., essa sembra approssimarsi notevolmente al regime dei sistemi di *civil law*. Un tipo di surrogazione particolarmente importante è la *derivative action*, che si ha in materia societaria a tutela dei diritti della minoranza (*supra*, AZIONE SOCIALE DI RESPONSABILITÀ CONTRO GLI AMMINISTRATORI; SOLIDARIETÀ; SOSTITUZIONE; SURROGAZIONE). [vol. I: ACTIO PERSONALIS MORITUR CUM PERSONA; DERIVATIVE ACTION; SUBROGATION]

Bibl.:

Amos and Walton 1935, ed. 1967: 241.

– **vessatoria.** Frivolous, o vexatious, action. Costituisce *abuse of process* (o abuse of the process of the court): un illecito sanzionato molto severamente nel sistema inglese e nordamericano, diversamente da quanto accade nel nostro paese in cui una buona parte del contenzioso civile (a parte le controversie condominiali che spesso arrivano al 50 per cento del carico civile di molti organi guidiziari) è costituito da azioni, eccezioni e gravami che in un sistema processuale maggiormente consapevole delle esigenze di un servizio pubblico fondamentale sarebbero inesorabilmente espunte dal ruolo (ABUSO DELLE NORME PROCESSUALI; DIFESA DEFATIGATORIA; DIRITTO (I) PROCESSUALE; ECCEZIONE DEFATIGATORIA; PROCEDIMENTO DEFATIGATORIO, DILATORIO o VESSATORIO; VESSATORIO). [vol. I: ABUSE OF PROCESS; FRIVOLOUS; STRIKING OUT; VEXATIOUS ACTION]

Azione/i (II) di società in genere. L'azione di società è detta *share* o *stock*; ma si parla anche di *equity*. La problematica della materia è molto complessa: le nozioni che seguono sono soltanto l'avvio di un maggiore approfondimento. Resta peraltro da rilevare che questi titoli mobiliari sono riferiti ad un tipo di capitalismo molto diverso da quello « renano », specie per quanto attiene alla gestione e al controllo delle imprese e alla materia delle scalate azionarie.

1. Il mercato dei valori mobiliari degli S.U. — come, del resto, quello delle *commodities* — non è solo il più importante tra quelli dell'Occidente industrializzato: notevole appare la varietà di tipi di *securities* e delle relative formule, prive di equivalenza anche sui mercati stranieri più sviluppati. Tutto questo si traduce in una ricchissima, mutevole, e spesso pleonastica, terminologia cui dà luogo lo straordinario dinamismo innovativo di quel mercato che induce a desistere dal tentativo di abbozzare una classificazione dei vari titoli. Pertanto, data la libertà esistente in materia, la precisa natura dei diritti ed obblighi derivanti dalle azioni va accertata di volta in volta sulla base dello statuto della società.

2. Negli S.U. — stato federale — la materia rientra nelle attribuzioni dei singoli stati dell'Unione, e non già dello stato federale. Di fatto, pur nel rispetto formale dele attribuzioni dei singoli stati dell'Unione, la normativa di questi ultimi è sovrastata da un'imponente e prevalente legislazione federale. Essa regola in maniera dettagliata e severa la società di grandi dimensioni limitando, di fatto, la portata della legislazione statale alle medie e piccole società a ristretta base azionaria. La legislazione federale appare nel complesso diretta, oltre che a stabilire regole invalicabili nell'esercizio delle attività economiche a tutela della concorrenza, alla tutela dell'investitore, protagonista di assoluto rilievo in un paese ad azionariato diffuso come gli S.U. La materia non è inclusa nell'*Uniform Commercial Code*.

3. Si parla di *listed stock of a company* per indicare lo *stock* o le azioni di una società trattate in una determinata borsa valori (*traded on a securities exchange*), rispetto alle quali vi sia stata una *listing application* e un *registration statement* — con cui si forniscono informazioni dettagliate sulla società e le sue operazioni — entrambe registrate presso la *Securities and Exchange Commission*, e presso la stessa borsa. Le varie borse valori stabiliscono diversi requisiti per il *listing*. Il concetto di *share* (quota) è riferito al *corporate stock*, ossia grosso modo, al capitale azionario: *share of stock* è la quota del capitale azionario. Sono detti *blue chips* i titoli o valori mobiliari (*stock* o *bond*, ossia azioni o obbligazioni) con un'alta quotazione, elevati dividendi, rischi minimi, etc., di solito ricercati dagli investitori istituzionali, come, ad es., quelli dell'IBM. *Security frauds* sono definite le truffe in tema di valori mobiliari. La partecipazione azionaria è detta più spesso *stake*, mentre il termine *price earning ratio* indica il rapporto tra il prezzo di un'azione ordinaria e l'utile per azione previsto nell'anno. Si tratta di un parametro fondamentale per valutare la convenienza dell'investimento.

4. Le azioni rientrano nella più vasta categoria delle *securities* che una *company* o, negli S.U., una *corporation*, può emettere, ossia: a) *shares* o *stock*; b) *debentures* (obbligazioni), anche se è da ricordare che la distinzione ha, sul piano economico-funzionale, una importanza minore di quella strettamente giuridica.

5. A differenza di quanto stabilito dal siste-

Azione (II) di società

ma nostrano, l'azione di società non costituisce titolo di credito. Essa non rientra nella categoria dei *negotiable instruments* (che — in parte — corrisponde ai titoli di credito del diritto italiano). Ma vi rientrano lo « scrip certificate to bearer » (certificato provvisorio al portatore di titoli o valori mobiliari) e lo « share warrant to bearer » (certificato al portatore in luogo del titolo). Di fatto, il ricorso alle azioni al portatore — o *bearer shares* — formalmente ammesso, è praticamente insignificante: le azioni sono in quei sistemi, nella quasi totalità dei casi, nominative.

6. Come si è accennato, il diritto inglese e americano conoscono l'azione essenzialmente sotto la forma nominativa, il che non toglie che nel sistema inglese — ma non negli S.U., dove nella maggioranza degli stati dell'Unione è fatto divieto di emettere azioni al portatore — è possibile, qualora sia consentito dagli *articles of association*, emettere per le azioni liberate uno *share warrant to bearer*, corrispondente sostanzialmente a un titolo al portatore.

7. Negli S.U. si parla — in tema di *securities* (azioni, obbligazioni, etc.) — di *control person* per indicare l'entità che esercita il controllo effettivo sulla politica delle emissioni azionarie e che, di fatto, partecipa alle decisioni importanti della società; la vendita di *securities* da parte di *control persons* è soggetta a molti dei requisiti applicabili alla loro vendita direttamente dall'emittente.

8. Lo *status* di azionista risulta unicamente dal *register of members*, cioè dal libro dei soci; ma quest'ultimo indica solo l'intestatario delle azioni, e non anche il *beneficial owner*, ossia il proprietario effettivo: categoria di rilevante importanza in un sistema in cui il ricorso al *trust* è diffusissimo. A questo proposito sembra opportuno rilevare che le azioni possono essere oggetto di *co-ownership* (*tenancy in common-joint tenancy*) e di *split ownership* (*trustee-beneficiary*) e, quindi, spesso di un regime giuridico privo di equivalenza nei sistemi di *civil law* [Henn 1961, ed. 1970: 359], come risulta, rispettivamente, dal regime della comunione e del *trust* (COMUNIONE; TITOLARITÀ; *TRUST*).

9. Una distinzione che non trova riscontro né nell'ordinamento italiano, né di altri paesi di *civil law*, è quella tra *shares* e *stock* e la possibilità di convertire le prime nel secondo. Quando tutte le azioni di una certa categoria sono state pagate, la società può convertire le *shares* in *stock*, rendendole fungibili e divisibili, convertendole cioè in un capitale di ammontare nominale uguale a quello nominale delle azioni. Così, ad es., l'azionista, invece di avere 180 azioni da 1 sterlina avrà semplicemente 180 sterline dello *stock* della società, di guisa che potrà a sua volta trasferire una frazione dello *stock* da lui detenuto. Ma si noti che la *Jenkins Committee* ha inutilmente proposto la abolizione della categoria dello *stock* ritenendola, non a torto, una inutile fonte di confusione [GOWER 1954, ed. 1979: 434].

10. La società ad azionariato diffuso è detta nel sistema inglese *public limited company,* o *public company.* Quando negli S.U. si dice che una *corporation* è *publicly held* si indica una società ad azionariato diffuso, le cui azioni sono detenute dal pubblico e disponibili al pubblico; sono di solito trattate in una borsa valori, ovvero *over-the-counter.* Con che si stabilisce una distinzione dalle azioni di una *close corporation* — perlomeno di quelle con diritto di voto — che sono detenute da un singolo azionista (*single shareholder*), o da un gruppo ristretto di azionisti collegati tra loro. Normalmente, non vi sono investori esterni (*public investors*) e i suoi azionisti si occupano direttamente della gestione della società. Una *close corporation* sostituisce i propri amministratori nell'ambito di un sistema di cooptazione. Se si tiene conto di questi fattori e della natura familiare del nostro capitalismo, non sembra azzardato sostenere che — salvo rarissime eccezioni — la struttura societaria delle maggiori imprese italiane, al di là dei dati nominalistici — è, per molti versi, in buona sostanza, quella di una *close corporation.* Si tratta di una *diversità* fondamentale rispetto a un capitalismo moderno.

11. Il trasferimento delle azioni ha luogo nel sistema inglese in base allo *stock transfer form* previsto dallo Stock Transfer Act 1963 e, negli S.U., in base all'Uniform Stock Transfer Act adottato da tutti gli stati; a questo proposito, si rammenta che la materia rientra nelle attribuzioni dei singoli stati dell'Unione e che, nonostante la notevole tendenza ad una sostanziale uniformità dovuta alla legislazione federale, che obliquamente regola la materia, si possono riscontrare, nondimeno, delle differenze di regime tra uno stato e l'altro. Per quanto attiene alla legge relativa al trasferimento delle azioni nel diritto privato inglese, esse sono ritenute trovarsi nel paese in cui possono essere effettivamente negoziate tra l'azionista e la *company*. Così, le azioni che sono trasferibili soltanto mediante la trascrizione nell'apposito registro, sono ritenute regolate dalla

Azione (II) di società

legge del paese in cui si trovi il registro. La vendita di azioni riservata a un ristretto numero di investitori selezionati è definita *private placement.*

12. In contrasto plateale con il regime italiano, particolare importanza assume la tutela dell'investitore in paesi come il R.U., e specie gli S.U., ad azionariato popolare diffuso.

13. Una assai diversa filosofia sussiste in tema di legislazione antimonopolistica e di tutela dell'investitore: in quest'ultimo caso, mentre nel sistema inglese, la tutela dell'investitore si fonda essenzialmente sulla *disclosure,* ossia sulla pubblicità, il sistema nord-americano — di gran lunga più efficace — si fonda sull'*investigation* ossia sull'indagine e sulla sanzione degli illeciti. A questo proposito, va menzionata la celebre *Securities and Exchange Commission,* commissione federale che, tra l'altro, determina in via regolamentare le informazioni da dare all'azionista e al pubblico e ne assicura l'esecuzione. Costituita con il Securities and Exchange Act del 1934, essa è munita di ampi poteri regolamentari e semigiudiziari che le consentono di svolgere la sua funzione principale di investigazione diretta a prevenire manovre di aggiotaggio. Di particolare importanza appaiono quindi le sue decisioni emesse in base ad una procedura meno rigida delle corti ordinarie in tema di *evidence* e di *stare decisis*: la materia fa parte della legislazione federale consentita dalla notissima *commerce clause,* stratagemma cui ricorre lo stato federale per statuire in una materia sottratta alle sue attribuzioni. La SEC rientra nella categoria delle *regulatory agencies*; essa non ha equivalenza nel sistema inglese che si affida alla tipica, e ormai ovviamente inadeguata, forma di autocontrollo volontario da parte della *City* stessa. Tantomeno la SEC trova rispondenza nella Consob nostrana di cui i migliori giudici potrebbero essere, tra i tanti, i 50mila azionisti della Ferfin. Quanto poi all'*autocontrollo,* in passato la grande forza della *City* inglese, si tratta ora più spesso di un *wishful thinking* che di qualcosa di serio, come dimostrano i numerosissimi scandali finanziari scoppiata sulla piazza finanziaria di Londra. Ormai essi non si contano più: ma l'ultimo, il caso *Barings,* verificatosi nell'ambito del c.d. *derivatives business,* parla per tutti. E, per quanto esso si ricolleghi ad una situazione generale in cui non esistono regole a tutela dei mercati finanziari globali in tempo reale, resta da rilevare la testardaggine thatcheriana con la quale la *City* pretende di affidare all'autoregolamentazione, e quindi a un'entità priva di adeguati poteri come il *Securities and Investments Board* — poca cosa se comparata alla ben più robusta *Securities and Exchange Commission* degli S.U. — la disciplina di un mercato di per sé non agevole da controllare. Peraltro, va rilevata negli ultimi tempi una inversione di tendenza verso la regolamentazione legislativa di taluni aspetti dell'attività dei mercati finanziari nel sistema inglese. In effetti, il Criminal Justice Act 1987 ha creato un nuovo organo investigativo, con il potere di promuovere l'azione penale, ossia il *Serious Frauds Office,* competente in materia di frodi finanziarie più importanti. L'ufficio è costituito da un piccolo nucleo di specialisti provenienti da altre entità pubbliche: tra di essi figurano giuristi, contabili e investigatori; munito di vasti poteri di indagine, esso si avvale della *Police Fraud Squad* alla quale impartisce direttive, limitate, beninteso, all'attuazione dei propri compiti istituzionali. Si noti che — a differenza del *Crown Prosecution Service* — il *Serious Frauds Office* svolge sia attività investigativa, sia di promozione e condotta dell'azione penale.

Ma la *tutela dell'investitore* è strettamente collegata anche all'esistenza di una robusta *legislazione antimonopolistica* che contrasta con quella nostrana, affidata ad un organo di recentissima formazione che muove appena piccoli e tremebondi passi in una situazione di gravissmo intreccio tra politica e affari.

14. Grande importanza assume nella materia la normativa comunitara con la quale — *more solito* — quella interna italiana appare spesso in grave conflitto. Si dice, giustamente, che la ripresa del sistema economico italiano dipende dalla fiducia che gli investitori (risparmiatori) faranno all'imprenditoria fornendole capitali freschi da investire in nuove attività produttive. In effetti, lo stato italiano assorbe annualmente dai 150mila ai 170 mila miliardi di risparmio privato: le cronache di Tangentopoli mostrano qual è il tipo di « investimento » più diffuso (ACQUIRENTE DI AZIONI DI SOCIETÀ; ACQUISIZIONE DI CONTROLLO DI SOCIETÀ; ACQUISTO DI AZIONI PROPRIE DA PARTE DELLA SOCIETÀ; ASSEGNAZIONE DI AZIONI; ASSEMBLEA DEGLI AZIONISTI; AUMENTO DI CAPITALE DELLA SOCIETÀ PER AZIONI; AZIONISTA; BORSA VALORI; CARTELLA AZIONARIA; CERTIFICATO AZIONARIO; CLAUSOLA DI GRADIMENTO NEL TRASFERIMENTO DI AZIONI; CONVENZIONE DI VOTO NELLA SOCIETÀ; CORSO AZIONARIO; DICHIARAZIONE PER LA REGISTRAZIONE; DIRITTO (II) DI VOTO AZIONARIO; DIVIDENDO AZIONARIO;

EMISSIONE DI AZIONI DI SOCIETÀ; *FUTURES* FINANZIARI; GRADIMENTO NELLA VENDITA DI AZIONI; GRUPPO DI CONTROLLO; GUADAGNO IN CONTO CAPITALE; IMPOSTA SUL TRASFERIMENTO DI AZIONI; INVESTIMENTO; LISTINO DI BORSA; MERCATO AZIONARIO RISTRETTO; NOMINATIVITÀ OBBLIGATORIA DEI TITOLI AZIONARI; OFFERTA DI AZIONI; OPERAZIONE DI SOSTEGNO DI AZIONI DI SOCIETÀ; OPZIONE; PACCHETTO AZIONARIO; PARTECIPAZIONE AZIONARIA; PATTO DI SINDACATO; PEGNO DI AZIONI; PRELAZIONE; PRIVATIZZAZIONI; *PUBLIC COMPANY*; QUOTA DI PARTECIPAZIONE AZIONARIA; QUOTAZIONE DI TITOLI E VALORI IN BORSA; REGISTRAZIONE DELLE *SECURITIES*; RIACQUISTO DI AZIONI DI SOCIETÀ; RIALZO FRAUDOLENTO DEL PREZZO DEI TITOLI IN BORSA; RICHIAMO DI PAGAMENTO SU AZIONI; RIMBORSO DI AZIONI; RIPARTIZIONE DI AZIONI, OBBLIGAZIONI; SCALATA DI SOCIETÀ; SCAMBIO DI AZIONI; SOCIETÀ (II) DI CAPITALI; SOSPENSIONE DEL PAGAMENTO DEI DIVIDENDI; SOTTOSCRITTORE DI AZIONI DI SOCIETÀ; TITOLARITÀ; TITOLI DI CREDITO; TITOLI MOBILIARI; TRASFERIMENTO DI AZIONI DI SOCIETÀ; TUTELA DELL'INVESTITORE; VALORE DELLE AZIONI DI SOCIETÀ; VALORE DI MERCATO DI UN'AZIONE; VENDITA A DOMICILIO DI AZIONI DI SOCIETÀ; VENDITA DI AZIONI DI SOCIETÀ; VENDITA PIRAMIDALE; *WARRANTS*). [vol. I: BLUE CHIPS; BLUE SKY LAWS; COMPANY; EQUITY IN A COMPANY; EQUITY OF SHARE CAPITAL; SECURITIES; SHARE; STOCK]

Bibl.:

Cagnasso, O., *Azioni di società*, in *Digesto IV Utet, Comm.,* vol. II: 127.

Galgano, F., *Circolazione delle partecipazioni azionarie all'interno dei gruppi di società* (1986) 2 CeI 357.

Sbisà, G., *Circolazione delle azioni e patto leonino* (1987) 3 CeI 816.

– **a favore degli amministratori.** Stock option (OPZIONE; *WARRANTS*).

– **a favore dei dipendenti.** Employees' share, o stock (*supra*, AZIONI A FAVORE DEGLI AMMINISTRATORI; AZIONARIATO DEI DIPENDENTI; DIPENDENTE; OPZIONE).

– **al portatore.** Bearer share; ma è rara. Mentre nel sistema inglese è ammessa, negli S.U. essa o è legislativamente proibita o resa di fatto impossibile. L'azione essendo, per definizione, nel sistema inglese e nordamericano nominativa. Come osserva Schlesinger, non si può negare che, tra tutti gli espedienti giuridici che hanno contribuito all'anonimato e alla mobilità della proprietà, l'azione al portatore costituisce il più brillante. A prima vista sembra quindi sorprendente che gli avvocati societari americani — ai quali notoriamente non manca né ingegno, né influenza sugli organi legislativi degli stati dell'Unione — abbiano trascurato un tale tipo di titolo. La spiegazione di questo apparente mistero va cercata in diverse direzioni.

1. Anzitutto, i codici di commercio continentali del XIX secolo, nell'adottare l'azione al portatore, assieme ad altri tradizionali istituti della *lex mercatoria*, stabilivano un ferma base legale per lo sviluppo di tale tipo di titolo. Invece, la *common law* non si dimostrava particolarmente disponibile rispetto a questa creazione della *lex mercatoria* continentale, di modo che gli investitori e gli uomini di affari si abituavano alle azioni nominative. Ma questo non impediva al legislatore dei paesi di *common law* di stabilire con legge le azioni al portatore. In effetti, nel sistema inglese possono essere emesse azioni al portatore che vanno sotto il nome di « share warrants », ai sensi della s. 188 del Companies Act 1985. A questo proposito, va chiarito che lo *share warrant* inglese — in effetti un'azione al portatore — non va confusa con i « corporate warrants », che non sono azioni, ma mere opzioni di acquisto di azioni a determinate condizioni. Ma, nonostante che fin dal 1867 fosse possibile emettere azioni al portatore, in effetti, questo tipo di titolo non ha mai incontrato il favore del pubblico e degli investitori. Anzi, di recente la loro emissione è stata di recente addirittura fortemente scoraggiata dalla legislazione fiscale e da quella valutaria.

2. Quanto in particolare agli S.U. — stato federale — come si è accennato, gli stati dell'Unione o stabiliscono il divieto esplicito dell'emissione di azioni al portatore, oppure la rendono impossibile o non conveniente. Solo due stati, il Montana e il Connecticut hanno sperimentato qualche forma di azione al portatore; ma in effetti, si può dire che negli S.U. questo tipo di azione non ha mai allignato. Peraltro, ai sensi dell'Art 8-102(1)(a) e (e), 8-301 e segg. dell'UCC, esiste la possibilità di trattare negli S.U. azioni al portatore emesse all'estero. Si aggiunge che emittenti stranieri che intendono vendere azioni al portatore negli S.U. di solito si adeguano alle tendenze del mercato americano depositando le azioni al portatore assegnate al mercato americano presso banche che a loro volta, emettono *Depository Certificates* nominativi a coloro che intendono acquistarle. D'altro canto, le società americane depositano presso banche azioni nominative destinate al merca-

to europeo che, a loro volta, emettono *Depository Certificates* al portatore. Cfr. in proposito gli artt. 7 e 8 del Decreto n. 83-359 adottato in Francia. Concludendo, la prima e più importante spiegazione dell'assenza di azioni al portatore negli S.U. e nei paesi di *common law* in genere risiede nella mancanza di una tradizione in questo senso [Schlesinger 1959, ed. 1988: 827]. Ma la crescente disponibilità sia in Europa che negli S.U. di organi di compensazione per il trasferimento di titoli mobiliari riduce, di fatto, la rilevanza pratica della distinzione tra azioni al portatore e azioni nominative (*supra*, AZIONE DI SOCIETÀ IN GENERE: 5-6; *infra*, AZIONE DI RISPARMIO; CONVERSIONE DELL'AZIONE AL PORTATORE IN AZIONE NOMINATIVA; NEGOZIABILITÀ; OPZIONE; PORTATORE; SOCIETÀ (II) QUALE SOGGETTO COLLETTIVO: III. 1, V. 1; *WARRANT*).

Bibl.:
Schlesinger 1950, ed. 1988: 805, 807, 812, 826.

– **a voto plurimo.** Cumulative voting stock o share (VOTO).

– **con alti dividendi.** High-yielding share, o stock (DIVIDENDO). [vol. I: BLUE CHIPS; GILT EDGED SECURITIES]

– **con diritto di voto.** Voting share, voting stock; le azioni ordinarie (*common stock*) comportano di solito anche tale diritto. Il diritto di voto è detto più spesso *voting stock right*. Notissimo è il c.d. *voting trust* in questa materia (*supra*, AZIONE DI SOCIETÀ IN GENERE: 8; *infra*, AZIONE DI RISPARMIO; AZIONE SENZA DIRITTO DI VOTO; VOTO). [vol. I: VOTING TRUST]

– **confiscate.** Forfeited shares o stock (*infra*, AZIONI PIGNORATE).

– **cumulative privilegiate.** Cumulative preference share o stock (DIVIDENDO; VOTO AZIONARIO CUMULATIVO).

– **devolute ai promotori della società.** Founders' shares; tipo di azioni particolari al diritto inglese. Di solito, partecipano al pagamento dei dividendi solo dopo il pagamento di un minimo prestabilito al capitale versato (PROMOTORE).

– **di garanzia.** (*infra*, AZIONE GARANTITA)

– **di godimento.** Dividend bearing share, o stock.

– **di prim'ordine.** Blue chips. [vol. I: *ad vocem*; GILT EDGED SECURITIES]

– **di riserva.** Reserved share o stock.

– **di risparmio.** Grosso modo, savings share; ma si tratta di un tipo di *non-voting share* o *stock* ignota alla prassi inglese e nordamericana; un analogo che si approssima è costituito dall'obbligazione come l'*income bond* o il *participating bond*. Nel nostro paese una legge del 1974 ha stabilito un'eccezione al principio della nominatività dei titoli, per cui una società per azioni può emettere delle azioni c.d. di risparmio (definite da Schlesinger *a kind of non-voting preferred shares*) sotto forma di azioni al portatore (*supra*, AZIONE CON DIRITTO DI VOTO; *infra*, AZIONE SENZA DIRITTO DI VOTO).

Bibl.:
Schlesinger 1950, ed. 1988: 825, n. 15.

– **di società di servizi pubblici.** Utilities stock (SERVIZIO PUBBLICO).

– **di valore nominale.** Par value share (VALORE NOMINALE). [vol. I: PAR VALUE]

– **di valore superiore a quello nominale.** Above par share (VALORE NOMINALE). [vol. I: PAR VALUE]

– **garantita.** Guaranteed stock; si tratta di solito di azioni privilegiate per cui il cui pagamento del dividendo è garantito da un'altra società a condizioni sostanzialmente analoghe a quelle previste per il pagamento delle obbligazioni. Il *guaranteed stock* va distinto dal *guaranty stock* previsto negli S.U. in alcuni stati dell'Unione: esso indica l'azione di una *savings and loan association,* cooperativa di risparmio, per cui i dividendi sono pagati in precedenza a favore dei risparmiatori e, successivamente, agli azionisti (*infra*, AZIONE PRIVILEGIATA).

– **governative.** Government stock (*supra*, AZIONI DI PRIM'ORDINE).

– **gratuita.** Bonus share, bonus stock.

– **indivise.** Joint shares (*supra,* AZIONE DI SOCIETÀ IN GENERE: 8).

– **interamente liberate.** Fully-paid up shares, o stock.

– **multiple.** Multiple shares.

– **negoziabile.** Transferable share, o stock (NEGOZIABILE).

– **nominativa.** Registered share, o stock (*supra,* AZIONE AL PORTATORE).

– **non cumulative.** Non cumulative shares.

– **non emessa.** Unissued share, o stock.

– **non liberate.** Partly paid up shares (*supra*, AZIONI INTERAMENTE LIBERATE).

– **non quotata.** (*infra,* AZIONI QUOTATE-NON QUOTATE)

– **nuove.** New shares.

– **ordinarie.** Ordinary shares, common stock, common shares (*infra,* AZIONE PRIVILEGIATA).

Bibl.:
Gower 1954, ed. 1979: 423.

– **pignorate.** Seized shares (*supra*, AZIONI CONFISCATE; PIGNORAMENTO).

– **postergata.** Deferred share o stock; emesse talvolta nel sistema inglese, sono assai rare nel sistema nordamericano.

– **priva di valore nominale.** No par value share, share without par value (VALORE NOMINALE). [vol. I: *ad vocem*]

– **privilegiata.** Preferred share, preferred stock, preferential share, preferential stock. È remunerata con precedenza rispetto all'azione ordinaria. Nel sistema italiano, il voto cui dà diritto si esercita solo nell'assemblea straordinaria. Di solito, nel sistema inglese e nordamericano, se non vi sono azioni privilegiate, tutte le azioni sono *common stock*, ossia azioni ordinarie (*supra*, AZIONE GARANTITA; AZIONI ORDINARIE; *infra,* AZIONE PRIVILEGIATA REDIMIBILE; EMISSIONE DI AZIONI DI SOCIETÀ).

– **privilegiata redimibile.** Redeemable preference share, o stock (*supra*, AZIONE PRIVILEGIATA).

– **quotate-non quotate in borsa.** Listed-unlisted (o quoted-unquoted) shares, stock o securities (QUOTAZIONE DI TITOLI MOBILIARI).

– **redimibile.** Redeemable share, o stock (REDIMIBILE).

– **senza diritto di voto.** Non-voting share o stock (*supra*, AZIONE CON DIRITTO DI VOTO; AZIONE DI RISPARMIO).

– **sottoscritta.** Paid-up share, o stock.

– **spettanti ai fondatori.** Founders' shares; di fatto quasi completamente scomparse, sono ammesse nel sistema inglese, ma non in quello nordamericano (FONDATORE DI SOCIETÀ). [vol. I: *ad vocem*]

– **trattata.** Traded share.

– **trattate fuori borsa.** Shares traded outside the Stock Exchange. Costituisce questa, sembra, una delle tante « diversità » del sistema nostrano per cui il passaggio dei pacchetti azionari di controllo di società quotate in borsa ha luogo al di fuori della istituzione deputata proprio a quella primordiale funzione (BORSA VALORI; MERCATO AZIONARIO RISTRETTO). [vol. I: DISTRINGAS; STOCK EXCHANGE]

– **vincolate.** Lett., « vinculated » share, share whose transfer is subjected to restrictions. Ma non esistono né nel sistema inglese, né in quello nordamericano.

Bibl.:
Schlesinger 1950, ed. 1988: 810, n. d.

Azionista di società. Shareholder, o stockholder.
1. Ai sensi del § 1.40 del Revised Model Business Corporation Act degli S.U., lo shareholder viene definito come « the person in whose name shares are registered in the records of a corporation or the beneficial owner of shares to the extent of the rights granted by a nominee certificate on file with a corporation. »
2. In tema di responsabilità dell'azionista, si noti l'esistenza in taluni stati dell'Unione di leggi che prevedono la responsabilità personale dell'azionista (*personal liability*) per le obbligazioni della società sia fino al valore nominale delle azioni, sia per il doppio del loro ammontare, o anche illimitatamente. Questo può essere stabilito per gli azionisti di una nuova società sottocapitalizzata.
3. Schlesinger [1950, ed. 1988: 814] indica i più rilevanti diritti dell'azionista (*shareholder's rights, stockholder's rights*), come segue: (i) di voto (*right to vote*); (ii) al dividendo (*right to receive dividends*); (iii) di quota del patrimonio in caso di liquidazione (*right to receive liquidating dividends in case of dissolution*); (iv) di trasferire le proprie azioni (*right to transfer his stock*). Ma si notino anche i diritti dell'azionista in caso di aumento di capitale (EMISSIONE DI AZIONI DI SOCIETÀ).
4. Infine, si parla di *shareholder democracy* per indicare più spesso la democrazia azionaria, ossia quella che assicura agli azionisti un peso maggiore nella gestione della società rispetto agli amministratori, e una maggiore *accountability* di questi ultimi (ASSEMBLEA; AZIONE (I) INTENTATA DALL'AZIONISTA; AZIONE (II) DI SOCIETÀ; DIRITTI (II) DELL'AZIONISTA; ELENCO DEGLI AZIONISTI; EMISSIONE DI AZIONI DI SOCIETÀ; LIBRO DEI SOCI; MAGGIORANZA DEGLI AZIO-

NISTI; OPPRESSIONE DEGLI AZIONISTI DI MINORANZA; PICCOLO AZIONISTA; RESPONSABILITÀ DELL'AZIONISTA; SOCIETÀ (II) QUALE SOGGETTO COLLETTIVO; SUPERAMENTO DELLA PERSONALITÀ GIURIDICA; TUTELA DELLA MINORANZA AZIONARIA).

– **di controllo.** Majority shareholder, o stockholder, controlling shareholder, o stockholder. Negli S.U. si parla di *control person* per indicare la persona che formula e dirige la *policy* della società, che partecipa intensamente alla gestione di essa o, in generale, controlla l' emissione di *securities*. La vendita di queste ultime da parte di *control persons* è soggetta a molti dei requisiti applicabili alla vendita diretta di *securities* da parte dell'emittente (CONTROLLO; QUOTA DI CONTROLLO DI UN'AZIENDA, SOCIETÀ, etc.).

– **di minoranza.** Minority shareholder, o stockholder; la legge italiana prevede strumenti di tutela di scarsa efficacia, come quella stabilita dall'art. 2409 del c.c. Nei sistemi di *common law* ha luogo più spesso mediante il ricorso all'*equity* che impone doveri fiduciari sugli amministratori e sugli azionisti di maggioranza (AZIONE (I) SOCIALE DI RESPONSABILITÀ CONTRO GLI AMMINISTRATORI; MINORANZA; TUTELA DELLA MINORANZA AZIONARIA).

– **di paese nemico.** Enemy shareholder. Dopo la fine della II guerra mondiale, gli S.U., tra gli altri paesi, hanno proceduto al dissequestro delle azioni di società straniere neutrali rilasciandole solo dopo la prova del *non-enemy character* degli azionisti (NEMICO).

Bibl.:
Schlesinger 1950, ed. 1988: 810, n. e.

– **dissenziente.** Dissenting shareholder, dissenting stockholder (*supra*, AZIONISTA DI MINORANZA).

– **d'oro.** (PRIVATIZZAZIONI)

– **istituzionale.** Institutional shareholder (INVESTITORE ISTITUZIONALE).

– **prestanome.** Dummy stockholder (PRESTANOME).

– **privilegiato.** Preference shareholder, o stockholder (AZIONE (II) PRIVILEGIATA; EMISSIONE DI AZIONI DI SOCIETÀ).

– **singolo.** Individual shareholder, o stockholder.

– **unico.** Sole shareholder, o stockholder (LIBERO DA INFLUENZA ALTRUI; SUPERAMENTO DELLA PERSONALITÀ GIURIDICA). [vol. I: LIFTING THE CORPORATE VEIL]

Azzardo. Chance, gamble (ALEA; GIOCO). [vol. I: ALEATORY; GAMING]

B

Bacino in genere. Dock (BAIA; BANCHINA; DARSENA; MAGAZZINI GENERALI; NAVE; PORTO; SPESE DI BACINO). [vol. I: DOCK]

– **a secco.** Drydock.

– **di carenaggio.** Dock.

Bagaglio. Luggage in genere; negli S.U. è detto più spesso baggage (BIGLIETTO DI CONTROLLO BAGAGLIO; COLLO; PACCO; PORTATORE DEL BIGLIETTO DI CONTROLLO BAGAGLIO; RICEVUTA BAGAGLIO NEL TRASPORTO AEREO; SCONTRINO DI IDENTIFICAZIONE DEL BAGAGLIO; TRASPORTO). [vol. I: BAGGAGE; BAILMENT; CARRIAGE]

– **a mano.** Hand baggage (TRASPORTO AEREO).

– **in franchigia.** Free luggage allowance (FRANCHIGIA).

– **non registrato.** Unchecked baggage.

– **passeggeri.** Passenger baggage (PASSEGGERO; TRASPORTO AEREO).

– **registrato.** Checked baggage.

– **singolo.** Piece of baggage (TRASPORTO AEREO).

Baia. Bay (BANCHINA; INSENATURA; RADA). [vol. I: *ad vocem*]

– **storica.** Historic bay. [vol. I: HISTORIC BAYS]

Ballottaggio in genere. Run off election, second ballot. In tema di elezioni politiche, si tratta di un metodo tipico del sistema elettorale a doppio turno. Ignoto alla tradizione anglo-americana, in cui nelle elezioni politiche e amministrative si applica il sistema maggioritario a turno unico. Si noti che il termine *ballot* indica anche, a seconda dei casi, la scheda elettorale, la votazione a scrutinio segreto, o anche il ballottaggio tra due candidati (ELEZIONI POLITICHE; SISTEMA ELETTORALE; VOTAZIONE). [vol. I: BALLOT; CASTING VOTE; ELECTION].

Banca/che in genere. Bank; ma si parla anche di financial institution. L'attività relativa è detta *banking*. Il termine banca, di evidente etimologia italiana, evoca l'originario primato nostrano tramontato, *hélas*, da secoli.
1. Banca centrale degli S.U. è il *Federal Reserve System* o, più spesso *Fed;* istituita dal Congresso nel 1913 e notevolmente rinnovata nel 1935, essa costituisce una istituzionale originale (come, del resto, tutte le istituzioni nordamericane), che si fonda su equilibri analoghi a quelli che reggono il sistema politico nordamericano. I suoi compiti istituzionali hanno per oggetto, tra l'altro, il controllo del credito e della moneta, ovvero la politica monetaria, il controllo sul sistema bancario, etc. Invece, competente in tema di politica dei cambi è il Tesoro. Nel corso degli ultimi lustri il (o la) *Fed* ha assunto un notevole prestigio nazionale e internazionale.
2. Le banche commerciali nordamericane sono distinte in due categorie principali: *state chartered banks*, ossia banche autorizzate ad operare in base all'autorizzazione dei singoli stati dell'unione, ovvero *federal chartered banks* autorizzate ad operare in base alla legge federale. È detto *bank charter* il documento che autorizza l'inizio dell'attività bancaria.
3. Diversamente dal sistema italiano, la legislazione nordamericana si ispira al principio della netta separatezza tra banca e industria: la banca non deve controllare l'industria, e viceversa; per evitare che il sistema economico venga inquinato, minato o addirittura scardinato da situazioni di conflitti di interessi, con rovinoso rischio dei depositanti. Il Bank Holding Act pone oneri e limiti al controllo delle banche da parte di società o gruppi industriali e commerciali.
4. Una notevole diversità di regime giuridico caratterizza il sistema bancario britannico e nordamericano da un lato — tutto privato — e quello italiano dall'altro che, invece, nella quasi totalità appartiene al settore

pubblico. Le conseguenze sono rilevantissime, se si pensa che da noi la politica creditizia finisce con l'essere spesso dettata dai partiti alle banche le quali ultime detengono di solito pacchetti di controllo di imprese pubbliche e private. Il guazzabuglio giuridico e finanziario che ne risulta getta sconcerto tra gli operatori stranieri.

5. L'entrata in vigore dell'Atto Unico Europeo comporta il libero movimento di capitali tra i paesi membri, solo in parte realizzato nel nostro paese. Il servizio bancario interfrontiere è detto più spesso *cross-border banking* (AGENZIA DI BANCA; ASSEGNO (II) BANCARIO; ASSEGNO (II) TURISTICO; ASSOCIAZIONE MUTUA DI CREDITO IMMOBILIARE; ATTIVITÀ DI RISERVA; BANCHIERE; BANCO; BANCONOTA; CAPITALE; CASSA CONTINUA; CASSETTA DI SICUREZZA; CENTRO FINANZIARIO *OFFSHORE*; COMMISSIONE BANCARIA; COMPETENZE BANCARIE; CONTO CORRENTE BANCARIO; CREDITORE ISTITUZIONALE; DIRETTORE DI BANCA; FILIALE DI BANCA; FONDO; IMPIEGATO DI BANCA; INTERVENTO CAMBIARIO; ISTITUTO BANCARIO; ISTRUZIONI ALLA BANCA; MUTUO; ORDINE DI BANCA; PARTECIPAZIONI STATALI; PRELIEVO DI FONDI DA UNA BANCA; PRIVATIZZAZIONI; PROVVISTA BANCARIA; RAGGRUPPAMENTO DI BANCHE; REFERENZA BANCARIA; RIMESSA BANCARIA; SEGRETO BANCARIO; SERVIZI FINANZIARI; SOCIETÀ (II) DI COMODO; SOCIETÀ (II) FIDUCIARIA; SPORTELLO BANCARIO *SELF-SERVICE*; TRASFERIMENTO ELETTRONICO DI FONDI; VAGLIA BANCARIO). [vol. I: BANK]

Bibl.:

Belli, F. e Bertelli, R., *Banca nel diritto comunitario*, in *Digesto IV Utet, Pubbl.*, vol. II: 179.

– **affiliata.** Affiliate bank (AFFILIATA).

– **affiliata alla stanza di compensazione britannica.** Clearing bank. [vol. I: CLEARING BANKS]

– **associata alla *Federal Reserve Bank* degli S.U.** Member bank.

– **centrale.** Central bank (*infra*, BANCA DI EMISSIONE).

– **Centrale Europea.** European Central Bank (ATTO UNICO EUROPEO; COMUNITÀ ECONOMICA EUROPEA).

– **consortile.** Consortium bank (CONSORZIO).

– **corrispondente.** Correspondent bank.

– **dati.** Data bank (RISERVATEZZA). [vol. I: *ad vocem*]

– **delle banche.** Banker's bank.

– **depositaria.** Deposit, o custodian bank.

– **di affari.** Merchant bank. È con questo termine che in Europa è definita la banca di affari. Ma negli S.U. si parla di *investment banker* o, *underwriter*, per indicare, tra l'altro, la banca che sottoscrive e vende nuove *securities* (azioni o obbligazioni). In tema di *securities* (azioni, obbligazioni, etc.), si parla di *control person* per indicare l'entità che ha il potere effettivo sulla politica delle emissioni azionarie e che, di fatto, partecipa alle decisioni importanti della società; la vendita di *securities* da parte di *control persons* è soggetta a molti dei requisiti applicabili alla loro vendita direttamente dall'emittente. Ma, anche in questa materia, siamo su un altro pianeta (AZIONE (II) DI SOCIETÀ; EMISSIONE DI AZIONI DI SOCIETÀ; INVESTITORE ISTITUZIONALE; MERCATO FINANZIARIO; OBBLIGAZIONE (II); SOCIETÀ (II) DI INVESTIMENTO). [vol. I: INVESTMENT BANK; SECURITIES]

Bibl.:

Alagna, S., *Merchant Banking* (1990) 1 CeI 231.

Scotti Camuzzi, S., *Merchant banking e terzo mercato* (1988) 1 CeI 114.

– **di credito immobiliare in genere.** Mortgage bank (ASSOCIAZIONE MUTUA DI CREDITO IMMOBILIARE).

– **di credito ordinario.** Commercial bank (CREDITO).

– **di emissione.** Bank of issue, bank of circulation (*supra*, BANCA CENTRALE). [vol. I: BANK OF ISSUE]

– **di investimento.** Investment bank (*supra*, BANCA DI AFFARI).

– **d'Inghilterra.** Bank of England. Costituisce uno *statutory body* che, peraltro, ha sviluppato un *self-regulatory system*. Il suo prestigio, grande in passato, è calato per via del declino economico del paese e dei non pochi scandali finanziari verificatisi negli ultimi tempi che hanno messo seriamente in dubbio la sua effettiva capacità di esercitare i controlli cui sarebbe tenuta. Con l'ingresso nei mercati finanziari di bucanieri nazionali e stranieri, sembra essersi rotto l'incanto di una grande banca che esercitava i suoi controlli *by suasion* (AUTOREGOLAMENTAZIONE). [vol. I: BANK OF ENGLAND]

– **di riferimento.** Reference bank.

– **di risparmio.** Savings bank (ASSOCIAZIONE MUTUA DI CREDITO IMMOBILIARE; RISPARMIO). [vol. I: *ad vocem*]

– **di sconto.** Discount bank (SCONTO).

– **di Sviluppo.** Development Bank (FONDO MONETARIO INTERNAZIONALE).

– **estera.** Foreign bank, overseas bank.

– **Europea degli Investimenti.** European Investment Bank o EIB (INVESTIMENTO).

– **fiduciaria.** Trustee bank (*TRUST*).

– **importante.** Leading bank.

– **incassante.** Collecting bank, collecting banker (INCASSO).

– **indipendente.** Independent bank.

– **industriale.** Industrial bank (*supra,* BANCA DI AFFARI).

– **Mondiale.** World Bank.

– **notificatrice.** Advising bank.

– **notturna.** Bank night.

– ***offshore.*** Offshore banking unit (*Offshore*). [vol. I: OFFSHORE]

– **pagatrice.** Payor bank (PAGAMENTO).

– **per automobilisti.** Drive-in-bank.

– **privata.** Private bank.

– **trassata.** Paying bank (ASSEGNO (II) BANCARIO; PAGAMENTO).

Bancarotta. Il termine bankruptcy, di evidente derivazione italiana, non corrisponde in senso stretto al concetto nostrano di bancarotta: esso indica, in senso lato, il fallimento (AMMINISTRATORE DI SOCIETÀ; FALLIMENTO; INSOLVENZA). [vol. I: BANKRUPTCY; FRAUDULENT CONVEYANCE; FRAUDULENT PREFERENCE; VOLUNTARY CONVEYANCE; WINDING UP]

– **fraudolenta in genere.** Grosso modo, bankruptcy offence. Il Chapter VI (Bankruptcy Offences) dell'Insolvency Act 1986 prevede (ss. 353-362) una serie numerosa di comportamenti da parte del fallito che costituiscono altrettanti reati come: non disclosure, concealment of property, concealment of books and papers, falsification, false statements, fraudulent disposal of property, absconding, fraudulent dealing with property obtained on credit, absconding, obtaining credit, engaging in business, failure to keep proper accounts of business, gambling. Negli S.U. si parla di *contemplation of bankruptcy* (FALLIMENTO; REATI FALLIMENTARI). [vol. I: CRIMINAL BANKRUPTCY; PREFERENCE]

Banchiere. Banker (BANCA; BANCA DI AFFARI; PRIVILEGIO DEL BANCHIERE). [vol. I: BANK]

Banchina. Wharf, quay, pier, key (BACINO; CONSEGNA SULLA BANCHINA; CUSTODE DI BANCHINA; DARSENA; FRANCO BANCHINA; DIRITTO (II) DI BANCHINA; MOLO; NAVE; PONTILE). [vol. I: INCOTERMS; QUAY; WHARF; WHARFAGE; WHARFINGER]

– **privata.** Private wharf.

– **pubblica.** Public wharf.

Banco. Bench; ma nel linguaggio giuridico Bench indica la magistratura nel suo insieme (detta anche *judiciary*), o anche la corte. Si parla di *Bench* e *Bar* per indicare, rispettivamente e collettivamente, la magistratura e l'avvocatura (AVVOCATURA; BANCA; ORDINAMENTO GIUDIZIARIO; PROFESSIONE FORENSE). [vol. I: BAR; BENCH; COURT; JUDICIARY].

– **degli avvocati.** Counsels' seats.

– **dei giudici.** Judicial bench (GIUDICE).

– **dei giurati.** Jury-box (GIURATO).

– **dei testimoni.** Witness box (TESTIMONE). [vol. I: WITNESS]

– **dell'imputato.** Dock (IMPUTATO). [vol. I: DEFENDANT; DOCK]

Banconota. Banknote, o note (BANCA; CARTAMONETA; FABBRICAZIONE DI BANCONOTE FALSE). [vol. I: CURRENCY; TENDER]

Banda. Gang, band (CRIMINALITÀ ORGANIZZATA).

– **armata.** Armed gang.

– **valutaria.** Currency band (CAMBIO; VALUTA).

Bandiera in genere. Flag (CLAUSOLA DELLA BANDIERA; DISCRIMINAZIONE DI BANDIERA; DISMISSIONE DI BANDIERA DELLA NAVE; INCHIESTA DI BANDIERA; LEGGE DI BANDIERA; NAVE; NAVE BATTENTE BANDIERA ESTERA; OFFESA ALLA BANDIERA; VERIFICA DELLA BANDIERA).

– **bianca.** Flag of truce, white flag (CESSATE IL FUOCO).

– **degli Stati Uniti d'America.** Flag of the United States. Essa venne adottata con legge federale (*An act to establish the flag of the United States*) nel 1792. Con essa venne stabilito che « from and after the fourth day of July next, the flag of the United States be thirteen horizontal stripes, alternate red and white; that the union be twenty stars, white in a blue field; that, on the admission of every new state into the Union, one star be added to the union of the flag; and that such addition shall take effect on the fourth day of July then next succeeding such admission » (STATI UNITI D'AMERICA). [vol. I: UNION FLAG]

– **di comodo.** (*infra,* BANDIERA OMBRA)

– **di necessità.** Flag of necessity (NECESSITÀ).

– **ombra, di convenienza** o **di comodo.** Flag of convenience. Fenomeno imponente in materia marittima: i paesi del Terzo Mondo (ad es., Liberia, Panama, etc.) invariabilmente governati da un ceto politico oltremodo corrotto, conferiscono la nazionalità e consentono la iscrizione nei registri locali di navi straniere in cambio di modestissime tasse. La bandiera di convenienza costituisce lo stratagemma che consente agli armatori di evadere la legislazione nazionale e internazionale in tema di sicurezza della navigazione, di normativa sociale e salariale dell'equipaggio, fiscale, etc. Le dimensioni mondiali di questa pratica consentono soprattutto lo sfruttamento sistematico della manodopera provieniente dai paesi più poveri. Organizzazioni internazionali come l'International Labour Organization hanno ottenuto risultati insignificanti nel tentativo di infrenare il fenomeno. Esistono convenzioni internazionali sulla materia. La prassi della bandiera ombra non si riscontra nel traffico aereo (LEGAME GENUINO; LEGGE; NAZIONALITÀ DELLA NAVE; SOCIETÀ (II) DI COMODO; SOVRANITÀ). [vol. I: FLAG OF CONVENIENCE; GENUINE LINK; NATIONALITY OF SHIP; OFFSHORE; SHIP]

Banditismo. Banditry (CRIMINALITÀ ORGANIZZATA).

Banditore d'asta. Auctioneer (ASTA). [vol. I: AUCTION]

Bando/i in genere. Proclamation, public notice, notice, bann (ANNUNZIO LEGALE; PROCLAMA; PUBBLICAZIONE; PUBBLICITÀ).

– **di gara.** Call for tenders, tender (APPALTO). [vol. I: AUCTION; RENEGOTIATION ACT]

– **di matrimononio.** Banns of marriage, banns of matrimony (DISPENSA DALLE PUBBLICAZIONI DI MATRIMONIO; PUBBLICAZIONI DI MATRIMONIO).

– **di vendita all'asta.** Conditions of sale by auction, notice of sale by auction (ASTA). [vol. I: AUCTION; TENDER]

Baratteria. Barratry. Ma la pirateria marittima non è più, come fino a pochi anni or sono, un tipo di reato tipico di epoche storiche passate, o di romanzi di avventura: si tratta di un fenomeno di paurose dimensioni sui mari delle aree geografiche del Terzo Mondo, al punto di destare il preoccupato interesse della Camera di Commercio Internazionale e delle Nazioni Unite (AFFONDAMENTO O DISTRUZIONE DI NAVE IN MARE; AFFONDAMENTO DOLOSO DI NAVE; NAUFRAGIO DOLOSO; PIRATERIA MARITTIMA). [vol. I: BARRATRY; INSURANCE; PIRACY; SCUTTLING]

Barattiere. Barrator (BARATTERIA).

Baratto. Barter, swap (PAGAMENTO; PERMUTA; SCAMBIO IN COMPENSAZIONE). [vol. I: EXCHANGE; TRUCK SYSTEM]

Barriera/e in genere. Bar, barrier (FACILITAZIONE; OSTACOLO; PRECLUSIONE).

– **al commercio interstatale negli S.U.** Interstate trade barriers (COMMERCIO FRA GLI STATI DELL'UNIONE).

– **al libero scambio.** Trade barrier (LIBERO SCAMBIO).

– **architettonica.** Barrier denying access to handicapped persons (INVALIDO).

– **commerciale.** Trade barrier (OSTACOLO AL COMMERCIO INTERNAZIONALE).

– **doganale.** Customs barrier (DOGANA).

– **tariffaria.** Tariff barrier; si parla di *non-tariff barriers* per indicare quelle barriere non tariffarie o doganali che, di fatto, ostacolano le importazioni come, ad es., controlli sanitari, standard di qualità, procedure ammininistrative complesse, etc.: il Giappone ha sviluppato una autentica tecnica in questa materia (COMMERCIO; DOGANA; TARIFFA).

Base in genere. Basis.

– **giuridica.** Legal basis.

– **imponibile.** Taxable base (IMPONIBILE; VALORE IMPONIBILE). [vol. I: TAX]

– **militare.** Military base (FORZE ARMATE).

– **reciproca.** Reciprocal basis (RECIPROCITÀ).

Bassa/o in genere. Low (ALTA).

– **marea.** (LINEA DELLA BASSA MAREA)

– **tasso di interesse.** Low interest rate (INTERESSI SUL CAPITALE).

Bastardo. Bastard (FIGLIO ADULTERINO; FIGLIO ILLEGITTIMO).

Battaglia legale. Court battle, legal battle (CAUSA (III); CONTROVERSIA).

Bellezze naturali. Natural beauties; la — anticipatrice — scienza ecologica nordamericana ha elaborato il concetto di *natural monument*, ossia di bellezze naturali quali, ad es., ruscelli, laghi, spiagge, etc.; talvolta la categoria è estesa ad autostrade, strade, muri, alberi, etc. (AMBIENTE; BENI CULTURALI; INQUINAMENTO). [vol. I: ENVIRONMENT]

Belligerante. Belligerent (COMBATTENTE; GUERRA; NEUTRALE; OPERAZIONI BELLICHE; REQUISIZIONE DI NAVE O CARICO IN TEMPO DI GUERRA DA PARTE DI UN BELLIGERANTE). [vol. I: *ad vocem*; WAR]

Belligeranza. Belligerency (BELLIGERANTE; CAPITOLAZIONE; CONTRABBANDO; GUERRA; NEUTRALITÀ; RESA). [vol. I: *ad vocem;* WAR]

Bene/i in genere. Thing. Le merci sono dette goods o commodities. In senso giuridico, un bene è detto *property*, ma questo termine indica anche un diritto. A questo proposito, si rileva che, nella *common law* i beni e diritti in genere e il concetto stesso di proprietà sono oggetto di una teoria generale e di classificazioni del tutto diverse da quelle di *civil law*, fondate, sostanzialmente, sulle categorie romanistiche, prive di equivalenza nella tradizione di *common law*. Pertanto, la conoscenza dell'assai diverso, e complesso, sistema della *law of property* appare indispensabile per avvicinarsi alla materia: la terminologia riflette queste diversità, e spesso la impossibilità della traduzione. Anche qui, bisogna guardarsi dagli *acoustic agreements* che nascondono nella gran parte dei casi fondamentali diversità di concetti. Molte delle traduzioni proposte qui di seguito risentono della incomparabilità dei concetti di fondo nelle due tradizioni giuridiche (ALIENAZIONE; AMMINISTRAZIONE DEI BENI DELL'INCAPACE; ARTICOLO; CIRCOLAZIONE DEI BENI; CONCORSO DI DIRITTI SULLO STESSO BENE; COSA; DIRITTO (I) DELLE OBBLIGAZIONI; EFFETTI PERSONALI; MERCI; OBSOLESCENZA ECONOMICA; OGGETTO; PASSAGGIO DELLA PROPRIETÀ; PRODOTTO; SEPARAZIONE; TRASPORTO; VITA ECONOMICA DI UN BENE). [vol. I: INTRODUZIONE: III. 21; CARRIAGE; CHATTEL; GOODS; MOVABLES AND IMMOVABLES; PASSING OF PROPERTY; PASSING OF TITLE; PROPERTY; SALE; THING]

– **abbandonati.** Derelict property, abandoned property, abandoned chattels, abandoned things (ABBANDONO; OGGETTI SMARRITI; *RES NULLIUS*; RITROVAMENTO). [vol. I: ABANDONMENT; BONA VACANTIA; DERELICT; DERELICTION; FINDER OF GOODS; OWNERLESS; RES NULLIUS; TREASURE TROVE]

– **acquisiti successivamente.** After acquired property (CAUSE (I) LEGITTIME DI PRELAZIONE; FALLIMENTO: IV; PRIVILEGIO; PRIVILEGIO FLOTTANTE; VENDITA RATEALE). [vol. I: *ad vocem*]

– **allodiale.** (PROPRIETÀ ALLODIALE)

– **alternativi.** Rival commodities, alternatives (ARTICOLO CON PREZZO CIVETTA).

– **appartenenti a cittadini di paesi neutrali.** Neutral property (PAESE NEUTRALE). [vol. I: ALIEN ENEMY]

– **assicurato.** (COSA ASSICURATA)

– **astratto.** Abstract thing (*infra*, BENI IMMATERIALI).

– **a termine.** Future goods (*infra*, BENI FUTURI; A TERMINE; *FUTURES* FINANZIARI; TERMINE). [vol. I: FUTURE].

– **commerciabile.** Merchantable goods (*infra*, BENE NON COMMERCIABILE; COMMERCIO; TITOLO COMMERCIABILE).

– **comune in genere.** Common property. Si parla di *publici iuris* per definire il diritto su cose comuni come acqua, aria, etc. (*infra*, BENI IN COMUNIONE; CONCESSIONE; COSA COMUNE; INTERESSE GENERALE; INTERESSE PUBBLICO).

– **confiscato.** Forfeited property; nel sistema inglese il giudice penale può disporre la confisca dei beni connessi alla commissione di un reato, ai sensi della s. 43A del Powers of Criminal Courts Act 1973 e della s. 1 del Drug Trafficking Offences Act 1986 mediante un *confiscation order.* Ma sembra che i poteri del giudice inglese siano molto più limitati di quelli previsti dall'art. 240 del c.p. nostrano (CONFISCA; CRIMINALITÀ ORGANIZZATA; DROGA; TRAFFICO DI DROGA).

– **consumabili.** Consumable goods; vanno distinti dai *consumer goods* ossia delle merci o prodotti destinati ad uso del consumatore (*infra,* BENI DI CONSUMO; BENI DUREVOLI; BENI FUNGIBILI; FUNGIBILE; LOGORIO; MUTUO). [vol. I: BAILMENT; CONSUMER GOODS; FUNGIBLES; LOAN FOR CONSUMPTION]

– **corporale.** Corporeal, o tangible, property (*infra,* BENI IMMATERIALI). [vol. I: CORPOREAL PROPERTY; INCORPOREAL PROPERTY; PROPERTY]

– **culturali e ambientali.** Non sembra che esista un equivalente esatto di questo termine, escogitato dai politicanti nostrani, sempre alla ricerca, più che della cosa, della parola. Un tentativo di traduzione potrebbe essere quello di artefacts and environment. Il Ministero relativo potrebbe essere definito come Ministry for the Arts and the Environment. Un ruolo di fondamentale importanza nella tutela dei beni culturali è svolto in Inghilterra dal *National Trust* istituzione privata (*charity*) con oltre un milione di membri. Nel suo genere, modello unico al mondo, esso non trova *l'ombra* di un qualsiasi equivalente nel nostro paese dove, nel caos delle *incompetenze* pubbliche regionali e centrali si assiste — salvo poche eccezioni dovute a volenterosi individui e a gruppi privati — al, si è tentati di dire, deliberato sconquasso dei « beni » che gli organismi pubblici sarebbero istituzionalmente chiamati a proteggere (AMBIENTE; BELLEZZE NATURALI; BENEFICENZA; MONUMENTO NATURALE; MUSEO; PATRIMONIO ARTISTICO; *TRUST*). [vol. I: NATIONAL TRUST]

Bibl.:

Alagna, S., *Ritrovamento e scoperta di beni aventi valore culturale* (1986) 2 CeI 434.

Poggi, M. E., *La circolazione dei beni culturali di proprietà privata* (1986) 2 CeI 394.

– **del debitore.** Debtor's property, debtor's assets (DEBITORE; ESECUZIONE FORZATA DELLA SENTENZA CIVILE; PIGNORAMENTO DEI BENI DEL DEBITORE).

– **del minore.** Minor's estate (MINORE; PATRIMONIO DEL MINORE).

– **demaniali in genere.** State, public, o Crown property; ma il loro regime giuridico è assai diverso da quello italiano (DEMANIO). [vol. I: DOMAIN]

– **deperibili.** Perishable goods, perishable property (*infra,* BENI NON DEPERIBILI; ABBUONO; LOGORÌO; MERCI DEPERIBILI; TRASPORTO; VENDITA; VIZIO DELLE MERCI). [vol. I: *ad vocem*; CARRIAGE; GOODS; SALE; WEAR AND TEAR]

– **di consumo.** Consumer goods; con questo termine si intendono nella cultura giuridica anglo-americana i beni destinati al consumatore rispetto ai quali, cioè, esiste un particolare regime giuridico a tutela del consumatore. Ma, in questo senso, si tratta di concetto ignoto al diritto nostrano (*supra,* BENI CONSUMABILI; *infra,* BENI STRUMENTALI; CONSUMATORE; MERCI; MUTUO). [vol. I: BAILMENT; LOAN FOR CONSUMPTION]

– **di consumo durevoli.** Consumer durable goods, consumer durables, hard goods (*supra,* BENI DI CONSUMO).

– **di consumo non durevoli.** Non-durable consumer goods.

– **di investimento.** Investment goods (INVESTIMENTO). [vol. I: INVESTMENT]

– **di prima necessità.** Necessaries (ALIMENTI; NECESSITÀ). [vol. I: *ad vocem*]

– **durevoli.** Durable goods (*supra,* BENI DI CONSUMO).

– **ecclesiastici in genere.** Church property; sono soggetti sia nel sistema inglese che in quello nordmericano al regime comune (CHIESA E STATO; MANOMORTA). [vol. I: CHURCH OF ENGLAND]

– **e diritti patrimoniali.** Nel senso di attivo, si parla di assets (ATTIVO; PATRIMONIO). [vol. I: *ad vocem*]

– **e male.** È detto *right and wrong test* l'indagine — ai fini della responsabilità penale dell'imputato — consistente nello stabilire se egli fosse in grado di distinguere il bene dal male al momento della commissione del reato (CAPACITÀ; DOLO: 2; ETÀ DEL DISCERNIMENTO; IMPUTABILITÀ; INCAPACITÀ DI INTENDERE E DI VOLERE; MINORE AUTORE DI REATO; MINORE ETÀ; RESPONSABILITÀ PENALE).

– **ereditario.** Grosso modo, property belonging to a deceased's estate; ma non vi è equivalenza in senso stretto, data la diversità del regime della devoluzione ereditaria nella tradizione di *common law* (EREDITÀ; SUCCESSIONE PER CAUSA DI MORTE). [vol. I: ESTATE]

– **escluso dalla procedura fallimentare.** Exempt property (FALLIMENTO).

– **fungibili.** Fungibles, o fungible goods; ma si parla più spesso di *unascertained* o replaceable goods, o things (*supra,* BENI CONSUMABILI; BENI DI CONSUMO; COMMISTIONE DI COSE DI DIVERSI PROPRIETARI; FUNGIBILE; SPECIFICAZIONE DELLE MERCI NELLA VENDITA). [vol. I: ASCERTAINMENT OF GOODS; BAILMENT; CONFUSION; FOLLOWING; FUNGIBLES; GOODS; LOAN FOR CONSUMPTION; SALE VI; TRACING]

– **futuri.** Future things, future chattels,

future goods; ormai celebri sono i contratti a termine stipulati presso la Borsa Merci di Chicago per derrate agricole future (*supra*, BENI A TERMINE; A TERMINE; BORSA MERCI; DERRATE AGRICOLE; *FUTURES* FINANZIARI; VENDITA DI BENI FUTURI). [vol. I: FRUSTRATION; FUTURE CONTRACT; IMPOSSIBILITY; REBUS SIC STANTIBUS]

– **immateriali.** Incorporeal, o intangible, property o chattels; ma questi termini indicano anche un diritto. Categorie di questo genere possono essere intese solo se si tiene conto dell'assai diverso regime della *property* nei sistemi di *common law* (*infra*, BENE MATERIALE; PROPRIETÀ; PROPRIETÀ INTELLETTUALE). [vol. I: CHOSE IN ACTION; INCORPOREAL CHATTELS; INCORPOREAL PROPERTY; INTANGIBLE ASSETS; INTANGIBLES; INTELLECTUAL PROPERTY; PROPERTY]

– **immobile indisponibile.** Inalienable land (ALIENAZIONE; CIRCOLAZIONE DEI BENI; MANOMORTA). [vol. I: CIRCULATION OF PROPERTY; MORTMAIN]

– **immobili.** Grosso modo, land, o landed, property. In effetti, la *common law* ignora la dicotomia romanistica tra beni mobili e immobili, ad eccezione della Louisiana, *enclave* (grosso modo) di *civil law* negli S.U. Essa è adottata solo in diritto internazionale privato là dove sussiste un fattore di collegamento straniero: in tal caso, si parla di *movables* e *immovables*. Il termine che si approssima maggiormente al bene mobile nostrano è quello di *chattel*, e all'immobile quello di *land*. La dicotomia parallela che, forse, secondo taluni, più vi si approssima è quella tra *real* e *personal property*, peraltro priva di equivalenza nella *civil law*. Con questa premessa, si aggiunge che è più spesso con l'espressione *land* e *realty* che, grosso modo, viene indicato un immobile; mentre con, a seconda dei casi, i termini *chattels*, *movable property, personalty* e *goods* sono definiti, grosso modo, i mobili nostrani (COMODATO PRECARIO; DIRITTO (II) IMMOBILIARE; IMMOBILE; IMMOBILE PER DESTINAZIONE; REINTEGRAZIONE NEL POSSESSO DI IMMOBILI). [vol. I: INTRODUZIONE: III. 21, 32; IMMOVABLE; MOVABLES AND IMMOVABLES; PROPERTY; SECURITY: 3; SECURITY OVER MOVABLES]

– **impignorabili in genere.** Exempt property; assets, chattels, o goods privileged from execution, not liable to attachment. Negli S.U. — stato federale — si parla più spesso di *non-leviable assets*: sono dette *exemption laws* le leggi esistenti nei vari stati dell'Unione che stabiliscono di volta in volta il tipo di beni impignorabili (*infra*, BENI PIGNORATI; CONFISCA; IMPIGNORABILE; IMPIGNORABILITÀ; PATRIMONIO FAMILIARE; STRUMENTI DEL MESTIERE). [vol. I: PRIVILEGED FROM EXECUTION]

– **in comunione.** Grosso modo, property held in common; ma si noti l'assai diverso regime della comunione nella tradizione di *common law* (COMUNIONE). [vol. I: JOINT: 1]

– **incorporale.** (*supra*, BENI IMMATERIALI)

– **infungibile in genere.** Infungible, irreplaceable, thing, non fungible things o goods (BENI FUNGIBILI). [vol. I: BAILMENT; LOAN FOR USE]

– **ipotecato in genere.** Grosso modo, mortgaged property; ma si noti la notevole diversità di regime con l'ipoteca di *civil law* (IPOTECA; VENDITA GIUDIZIARIA).

– **materiale.** Corporeal, o tangible, thing o property (*supra*, BENI IMMATERIALI;).

– **mobile registrato.** Registered chattel; come, ad es., una registered ship (PRIVILEGIO: 6, 8; REGISTRO). [vol. I: MOTOR CAR]

– **mobili.** Grosso modo, movable things, o movables; ma — ad eccezione del diritto internazionale privato — la *common law* non adotta la distinzione tra mobili e immobili tipica della *civil law*, Il concetto di mobile è reso più spesso reso dai termini, *chattel, movable, chose in possession* (*supra*, BENI IMMOBILI; CONFLITTO TRA ACQUIRENTI DI BENI MOBILI; POSSESSO VALE TITOLO; REINTEGRAZIONE NEL POSSESSO DI MOBILI; RESTITUZIONE DI COSE MOBILI). [vol. I: CHATTEL; IMMOVABLE; LAND; MARKET OVERT; MOVABLES AND IMMOVABLES; NEMO DAT QUOD NON HABET; REAL PROPERTY; RESTITUTION OF STOLEN GOODS]

– **nazionali in genere.** National property, o goods (*supra*, BENI DEMANIALI; NAZIONALIZZAZIONE).

– **nemici.** Enemy property (*infra*, BENI STRANIERI; CUSTODE DI BENI NEMICI; NEMICO). [vol. ALIEN ENEMY; ENEMY]

– **non commerciabile.** Unmerchantable goods (*supra*, BENE COMMERCIABILE; COMMERCIABILE; PRODOTTO DESTINATO AL CONSUMO; TITOLO COMMERCIABILE; VENDITA). [vol. I: MERCHANTABLE QUALITY; SALE]

– **non deperibili.** Durable goods, durables (*supra*, BENI DEPERIBILI).

– **non durevoli.** Non durable goods (*supra*, BENI DUREVOLI).

– **non reclamati.** (OGGETTI NON RECLAMATI)

– **non sdoganati.** (MERCI NON SDOGANATE)

– **parafernali in genere.** Grosso modo, paraphernalia. Ma, essendo il regime della dote sconosciuto alla *common law*, non si può parlare in senso stretto di beni parafernali. In effetti, il termine indica non già dei beni parafernali, ma degli oggetti dati dal marito alla moglie per ornamento di quest'ultima (DOTE). [vol. I: PARAPHERNALIA; SETTLEMENT]

– **pignorabili.** Leviable property, property liable to attachment, to execution (*supra*, BENI IMPIGNORABILI; PIGNORABILITÀ). [vol. I: ARREST; ATTACHMENT; DISTRAINABLE CHATTELS; EXECUTION; GARNISHMENT]

– **pignorati in genere.** Attached property; è detto *third party claim proceedings* il procedimento diretto a stabilire la titolarità dei beni pignorati (*supra*, BENI IMPIGNORABILI; TERZO).

– **privati in genere.** Private property (*infra*, BENI PUBBLICI).

– **pubblici in genere.** Crown property, o public property (*supra*, BENI DEMANIALI; INTERESSI DIFFUSI: 5). [vol. I: CROWN; DOMAIN]

Bibl.:

Cerulli Irelli, V., *Beni pubblici*, in *Digesto IV Utet, Pubbl.*, vol. II: 273.

– **rubati e abbandonati.** (COSE RUBATE)

– **sequestrati** o **pignorati in genere.** Seized, o attached, property (CUSTODE DI BENI SEQUESTRATI o PIGNORATI; PIGNORAMENTO; SEQUESTRO).

– **stranieri.** Foreign goods, foreign assets (*supra*, BENI NEMICI; PIGNORAMENTO DI BENI STRANIERI).

– **strumentali.** Capital goods (*supra*, BENI DI CONSUMO).

– **tangibile.** Corporeal, o tangible, property o assets (*supra*, BENI IMMATERIALI). [vol. I: TANGIBLE]

– **vacanti.** Ownerless property, bona vacantia (*supra*, BENI ABBANDONATI; EREDITÀ VACANTE; *RES NULLIUS*). [vol. I: BONA VACANTIA; OWNERLESS; RES NULLIUS]

Beneficenza in genere. Charity, benevolence, relief (ASSOCIAZIONE CON-SENZA SCOPO DI LUCRO; ASSOCIAZIONE DI BENEFICENZA; BENI CULTURALI E AMBIENTALI; DISPOSIZIONE DI BENEFICENZA; DONAZIONE; ENTE DI BENEFICENZA; FONDAZIONE; ISTITUTO DI BENEFICENZA; SOCCORSO; VOLONTARIATO). [vol. I: CHARITY; FOUNDATION; GIFT; PROFIT]

Beneficiario. Beneficiary; ma questo termine assume un significato sostanzialmente privo di equivalenza nell'ambito del *trust*, istituto che dà luogo ad una forma di *split property* tra il beneficiario e il *trustee*, ignota alla *civil law* (BENEFICIO; CESSIONARIO; DONATARIO; INTERESSE DI UN BENEFICIARIO; LEGATARIO; PROPRIETÀ; TERZO BENEFICIARIO NELL' ASSICURAZIONE; *TRUST*). [vol. I: *ad vocem*; ASSIGNEE; HOLDER; PAYEE; TRUST]

– **alternativo di un pagamento.** Alternative payee (PAGAMENTO).

– **a vita.** Life beneficiary (USUFRUTTO).

– **della polizza di assicurazione.** Beneficiary of policy (POLIZZA (I) DI ASSICURAZIONE). [vol. I: INSURANCE; POLICY HOLDER]

– **di cambiale di comodo.** Accommodated party (CAMBIALE). [vol. I: ACCOMMODATION BILL; BILL OF EXCHANGE]

– **di rendita.** Annuitant (RENDITA).

– **di un diritto in genere.** Beneficiary of a right, assign, person entitled (AVENTE DIRITTO; CESSIONARIO; DONATARIO; LEGATARIO). [vol. I: TRUSTEE]

– **di vitalizio.** Annuitant, o life annuitant (VITALIZIO). [vol. I: ANNUITY]

– **fittizio di un pagamento.** Fictitious payee (PAGAMENTO).

– **originario del pagamento.** Original payee (PAGAMENTO).

– **primario.** Primary beneficiary.

– **secondario.** Contingent beneficiary.

Beneficio/i. Benefit, right, profit, allowance, advantage, utility, licence, privilege. Si noti che spesso il termine *benefit* non indica tanto il beneficio nostrano quanto piuttosto un diritto come, ad es., nell'espressione *retirement benefit*, ossia diritto alla pensione. Inoltre — in tema di contratto — i termini correlativi *benefit* e *detriment* assumono importanza nella concezione originaria della *consideration* in cui quest'ultima veniva intesa come sacrificio o *detriment* subito dal promissario (BENEFICIARIO; CONTRATTO: III; DETRIMENTO; DIRITTO (II); *FAVOR*; IMMUNITÀ; PREGIUDIZIO; PRIVILEGIO; SACRIFICIO). [vol. I: BENEFIT; DETRIMENT; PRIVILEGE]

– **accessori dello stipendio.** Fringe benefits (STIPENDIO). [vol. I: *ad vocem*]

– **del clero.** (*infra*, BENEFICIO ECCLESIASTICO)

– **del dubbio.** Benefit of the doubt. Colpevole-innocente: il *common lawyer* non si trova - sul piano giuridico - nella posizione del *civil lawyer* per il quale il dilemma impone di scandagliare le coscienze. Per lui, si tratta di prove; *guilty-not guilty*: in cui il primo corno del dilemma significa colpevole, ma il secondo (*not guilty*) non significa innocente, ma solo non colpevole, ossia imputato a carico del quale non sono state avanzate prove tali da farlo ritenere colpevole (COLPEVOLE-INNOCENTE; LIBERO CONVINCIMENTO DEL GIUDICE; PRESUNZIONE DI INNOCENZA; SISTEMA PENALE ACCUSATORIO).

– **della divisione nella fideiussione.** Non è ammesso dalla *common law* (DIVISIONE; FIDEIUSSIONE; OBBLIGAZIONE SOLIDALE).

– **dell'escussione.** (ESCUSSIONE)

– **del termine.** Grosso modo, benefit of time. Time limit in favour of debtor, or creditor (CLAUSOLA DI ACCELERAZIONE; CLAUSOLA DI RIPENSAMENTO; DECADENZA DAL BENEFICIO DEL TERMINE; ESCUSSIONE; INADEMPIMENTO; INSOLVENZA; MORA; MUTUO; PAGAMENTO: 3; PRESCRIZIONE; TUTELA DEL CONSUMATORE). [vol. I: ACCELERATION CLAUSE; CONSUMER CREDIT; LOAN; MORTGAGE; TIME-LIMIT]

– **del termine nella vendita a rate.** (CLAUSOLA DI RIPENSAMENTO; TERMINE). [vol. I: CONSUMER CREDIT; HIRE-PURCHASE]

– **di legge.** Grosso modo, remedies and allowances provided for by law (LEGGE). [vol. I: REMEDIAL]

– **d'inventario.** (ACCETTAZIONE DELL'EREDITÀ CON BENEFICIO D'INVENTARIO)

– **ecclesiastico.** Grosso modo, allowance, exemption, exoneration, facilitation for the church; il termine *benefit of clergy* — beneficio del clero — indicava, prima della ribellione protestante contro il potere temporale del papato, l'immunità dalla giurisdizione locale a favore del clero, soggetto esclusivamente alla giurisdizione della Chiesa di Roma (CHIESA; CLERO; GIURISDIZIONE; REGIME DELLE CAPITOLAZIONI).

– **fiscale.** Tax allowance (IMPOSTA).

– **in natura.** Benefit in kind (NATURA).

– **pecuniario.** Pecuniary benefit (LUCRO).

– **sociali.** Social benefits (STATO SOCIALE).

Benessere in genere. Welfare, comfort.

– **sociale.** Social welfare (STATO SOCIALE).

Benservito. Testimonial, credentials (BUONA CONDOTTA; CREDENZIALE; REFERENZA). [vol. I: CHARACTER; CREDENTIALS; TESTIMONIAL]

Bettolina. Lighter, o barge (CHIATTA).

– **da carico.** Cargo barge (CARICO).

Bevande alcoliche. Intoxicating liquors (ETILOMETRO; PROIBIZIONISMO; RESPONSABILITÀ CIVILE DEL VENDITORE DI BEVANDE ALCOLICHE; UBRIACHEZZA).

Bianco segno. Ignoto alla prassi angloamericana; esiste invece in Louisiana (S.U.), ed è definito, alla francese, *blanc seign* (GIRATA IN BIANCO; SEGNO).

Bicameralismo. Bicameral government, bicameral system of government. Il sistema di governo britannico è *parlamentare*, quello nordamericano *presidenziale*; ma entrambi si basano su un sistema di rappresentanza bicamerale. Peraltro, anche se (a differenza del sistema britannico) nel sistema nordamericano si riscontra una sostanziale uguaglianza delle Camere, nessuna di queste due grandi democrazie sembra accogliere il bicameralismo perfetto alla maniera nostrana (PARLAMENTO). [vol. I: CONGRESS; CONSTITUTION; PARLIAMENT]

Bibl.:
Cheli, E., *Bicameralismo* in *Digesto IV Utet, Pubbl.,* vol. II: 318.

Bigamia. Bigamy; si parla anche talvolta di *plural marriage* (MATRIMONIO). [vol. I: *ad vocem;* MARRIAGE; POLYGAMY]

Bibl.:
Pisapia, P., *Bigamia*, in *Digesto IV Utet, Pen.,* vol. I: 449.

Biglietto/i. Ticket, title (BOLLETTA; CONTRATTO A CONTENUTO PREDISPOSTO; CUPONE; DOCUMENTO DI LEGITTIMAZIONE; EMISSIONE DI BIGLIETTO; TAGLIANDO; TITOLO DI LEGITTIMAZIONE; TRASPORTO). [vol. I: CARRIAGE; STANDARD CONTRACT; TICKET CASES]

– **cumulativo.** Through, inclusive, ticket. [vol. I: CARRIAGE; TICKET]

– **di banca.** Note, o banknote (*infra*, BIGLIETTO DI STATO; BANCA DI EMISSIONE; FALSIFICAZIONE DI BANCONOTE, etc.; MONETA; SPACCIO DI BANCONOTE FALSE, ASSEGNI FALSI; UNITÀ DI CON-

TO; VALUTA). [vol. I: LEGAL TENDER; MONEY; NOTE]

Bibl.:
Sgaramella, G., *Biglietto di banca*, in *Digesto IV Utet, Pubbl.,* vol. II: 325.

- **di controllo bagaglio.** Baggage check (BAGAGLIO; CONTROLLO BAGAGLIO).
- **di passaggio.** Passage ticket. [vol. I: CARRIAGE; PASSAGE]
- **di stato.** Treasury note (*supra*, BIGLIETTO DI BANCA). [vol. I: MONEY]

Bibl.:
Sgaramella, G., *Biglietto di Stato*, in *Digesto IV Utet, Pubbl.,* vol. II: 328.

- **di trasporto aereo.** Air carriage ticket (TRASPORTO AEREO). [vol. I: CARRIAGE: II]
- **di trasporto ferroviario.** Railway ticket (TRASPORTO FERROVIARIO). [vol. I: CARRIAGE: III]
- **di trasporto marittimo.** Sea carriage ticket, o sea passage ticket (TRASPORTO MARITTIMO). [vol. I: CARRIAGE: IV]
- **passeggeri e controllo bagaglio.** Passenger ticket and baggage check (TRASPORTO AEREO; VOLO).

Bilancia in genere. Balance (BILANCIO; SALDO).

- **commerciale.** Trade balance (COMMERCIO ESTERO; PARTITA VISIBILE DELLA BILANCIA COMMERCIALE).
- **dei pagamenti.** Balance of payments (PAGAMENTO; PARTITA INVISIBILE DELLA BILANCIA DEI PAGAMENTI; SQUILIBRIO DELLA BILANCIA DEI PAGAMENTI).
- **passiva.** Unfavourable trade balance (*supra*, BILANCIA COMMERCIALE).

Bilancio in genere. Grosso modo, budget; questo termine — di difficile o impossibile traduzione — indica sia il bilancio di previsione dello stato che accompagna la legge finanziaria, sia il preventivo aziendale: il bilancio consuntivo e rendiconto aziendale è detto *balance-sheet* (ANNO FINANZIARIO; COMMISSIONE DEL BILANCIO; FALSO IN BILANCIO; LEGGE DEL BILANCIO; PAREGGIO DI UN BILANCIO; PASSIVO DI UN BILANCIO DI SOCIETÀ; POSTA DI BILANCIO, DI LIBRO CONTABILE; REDAZIONE DEL BILANCIO; RENDICONTO; REVISIONE CONTABILE; STANZIAMENTO; TAGLI ALLE SPESE; TAGLIO DI BILANCIO). [vol. I: AUDIT; BALANCE-SHEET; BUDGET; COMPANY; FINANCE ACT]

- **annuale della società.** Annual balance.
- **annuo.** Annual budget.
- **aziendale.** Balance-sheet (ATTIVITÀ E PASSIVITÀ; AVANZO DI BILANCIO DI UN'AZIENDA; AZIENDA; FALSO IN BILANCIO; PROSPETTO DELL'ATTIVO E DEL PASSIVO DI UNA IMPRESA, ISTITUZIONE o PERSONA FISICA; REVISIONE CONTABILE; STATO DEL PASSIVO).
- **comparato.** Comparative balance-sheet, comparative statement.
- **comunitario.** Community budget (COMUNITÀ EUROPEE).
- **consolidato aziendale.** Consolidated balance sheet.
- **del fallimento.** Statement of affairs, debtor's statement of affairs (FALLIMENTO). [vol. I: BANKRUPTCY: IV; DEFICIENCY ACCOUNT]
- **dello Stato.** Grosso modo, budget. Nel R.U. non esiste un « budget » nel senso comune della parola: com'è stato ricordato, « tassazione e spesa sono trattate con diverse procedure parlamentari e con scadenze differenti. Il 'Budget' cosiddetto contiene esclusivamente disposizioni fiscali » [I. Harden, *Attività di controllo e rendicontazione nel settore pubblico in Gran Bretagna*, in Cassese (cur.) 1993: 39]. (AVANZO DEL BILANCIO DELLO STATO; CONTABILITÀ PUBBLICA; CORTE DEI CONTI; DEFICIT DEL BILANCIO DELLO STATO; DISEGNO DI LEGGE DI BILANCIO; FONDI IN BILANCIO; IMPOSTA; INIZIATIVA LEGISLATIVA; SPESA PUBBLICA; TESORO DELLO STATO). [vol. I: *ad vocem;* PUBLIC ACCOUNTS COMMITTEE; SUPPLY]
- **di cassa.** Cash basis accounting (CASSA).
- **di competenza.** Accrual basis accounting (COMPETENZA).
- **di previsione in genere.** Grosso modo, budget *(supra*, BILANCIO DELLO STATO).
- **di società.** Balance-sheet (*supra*, BILANCIO IN GENERE; APPROVAZIONE DEL BILANCIO DELLA SOCIETÀ; SOCIETÀ (II) QUALE SOGGETTO COLLETTIVO).
- **economico del paese in genere.** Nation's economic balance-sheet.
- **familiare.** Family budget.
- **federale negli S.U.** Budget of the U.S. government, federal budget.
- **fiscale in genere.** Fiscal budget.
- **nazionale in genere.** National budget.
- **provvisorio.** Interim budget.

– **verificato.** Audited accounts (FALSO IN BILANCIO; REVISIONE CONTABILE). [vol. I: PUBLIC ACCOUNTS COMMITTEE]

Bilaterale in genere. Bilateral (ACCORDO BILATERALE; CONTRATTO BILATERALE; MULTILATERALE; TRATTATO BILATERALE; TRATTATO MULTILATERALE; UNILATERALE). [vol. I: ONE-SIDED CONTRACT]

Bipartitismo. Two-party system.
1. Il R.U. costituisce l'archetipo di sistema bipartitico compiuto; fondato sulla, per così dire, fungibilità dei due partiti maggiori (interclassisti e nazionali) al governo del paese. Ma se uno di essi cessa per gli elettori di essere tale e, allo stesso tempo, nessuna forza politica nuova riesce a sostituirlo, il sistema si inceppa; è quello che si può dire dell'attuale sistema bipartitico britannico. Situazione non facilmente reversibile dato che, allo stato, il cambiamento deve avvenire per il tramite di un sistema elettorale maggioritario a turno unico. L'alternanza, ossia il *pendulum* del governo che oscilla tra un partito e l'altro, costituisce l'essenza stessa di una democrazia *competitiva* come quella britannica: un sistema bipartitico che vede la permanenza al governo dello stesso partito (nella specie, conservatore) per almeno 15 anni non è più tale, ma una *contradictio in adiecto.* Sono quindi non pochi coloro che auspicano una riforma del sistema elettorale che assicuri al partito liberale (terzo partito) quello spazio che gli è stato finora negato. Cosa non agevole quando un elettorato, come quello britannico, è abituato a una grande semplificazione delle scelte politiche e ad una proverbiale stabilità dell'esecutivo.
2. Anche negli S.U. — stato federale — vige, fin dall'inizio della formazione dell'Unione, un sistema sostanzialmente bipartitico incentrato sulla elezione presidenziale tra i due candidati dei partiti tradizionali (Repubblicani-Democratici). Peraltro, la partecipazione e il parziale successo di *Ross Perot* — candidato indipendente alle elezioni del 1992 — lascia ritenere che negli S.U. la rigidità del sistema bipartitico si sia incrinata.
3. Comunque, il sistema bipartitico è anzitutto un dato politico, culturale e storico che identifica le grandi democrazie *competitive* inglese e nordamericana. Non è quindi il sistema elettorale di per sé a produrre due grandi partiti alternativi, anche se esso comporta una salutare semplificazione del quadro politico. Di conseguenza, sembra lecito ritenere che l'avvenuto cambiamento di sistema elettorale nel nostro paese costituisce la condizione necessaria ma non sufficiente a determinare un sistema bipartitico, data anche la incapacità (o imbecillità) politica della sinistra di farsi movimento di alternanza (AGONISTICA; ELEZIONE DEL PRESIDENTE DEGLI S.U.; *LEADER*; OPPOSIZIONE PARLAMENTARE; SISTEMA DEI PARTITI; SISTEMA ELETTORALE). [vol. I: ELECTORAL SYSTEM; PARLIAMENT; POLITICAL PARTIES; TWO-PARTY SYSTEM]

Bisognatario. Referee in case of need (CASO DI BISOGNO; INDICATARIO AL BISOGNO).

Bisogno in genere. Necessity, need (BISOGNATARIO; CASO DI BISOGNO; FABBISOGNO; NECESSITÀ; STATO DI BISOGNO; STATO DI NECESSITÀ; SUSSISTENZA).

Bisognoso. Needy, indigent (ALIMENTI; ASSISTENZA GIUDIZIARIA; BISOGNO; IMPUTATO INDIGENTE; INDIGENTE).

Blocco in genere. Blockade, block, bulk, freeze (DIMOSTRAZIONE; IN BLOCCO; OSTRUZIONE; PICCHETTAGGIO; POSTO DI BLOCCO; VIOLAZIONE DI BLOCCO).

– **commerciale.** Commercial blockade (*infra,* BLOCCO NAVALE).

– **dei fitti.** Rent freeze, rent control (EQUO CANONE).

– **dei prezzi.** Price freeze (PREZZO).

– **dei salari.** Wage freeze (SALARIO).

– **formale.** Paper blockade (*infra*, BLOCCO NAVALE).

– **navale.** Blockade, naval blockade (BOICOTTAGGIO; VIOLAZIONE DI BLOCCO). [vol. I: AGGRESSION; BELLIGERENCY; BLOCKADE; BREACH OF BLOCKADE; ENEMY; PACIFIC BLOCKADE; PAPER BLOCKADE; SEA; SEIZURE; WAR BLOCKADE]

– **pacifico.** Pacific blockade.

– **stradale.** Obstruction of highway, highway obstruction, road block. In Gran Bretagna, dove costituisce un grave reato, gli scioperanti vi ricorrano di rado, a differenza di quanto accade in Italia (e in Francia), in cui appare un evento abituale (CIRCOLAZIONE STRADALE; POLIZIA STRADALE; POSTO DI BLOCCO; REATO CONNESSO ALLA CIRCOLAZIONE STRADALE; SCIOPERO; SOMMOSSA). [vol. I: CIVIL UNREST; PUBLIC MEETING; PUBLIC ORDER; STRIKE]

Bibl.:

Leo, G., *Blocco stradale*, in *Digesto IV Utet, Pen.,* vol. I: 463.

Blue chips. (AZIONI (II) DI PRIM'ORDINE). [vol. I: BLUE CHIPS; GILT EDGED SECURITIES]

Boicottaggio. Boycott; si noti, oltre al picchettaggio, anche il boicottaggio del datore di lavoro da parte dei dipendenti o dei suoi clienti come forma di lotta sindacale (ABUSO DI DIRITTO; BLOCCO NAVALE; CONTROVERSIA COLLETTIVA DI LAVORO; DIMOSTRAZIONE; EMBARGO; LISTA NERA; PICCHETTAGGIO; SCIOPERO; SINDACATO). [vol. I: *ad vocem*; BLACKING]

Bibl.:
Zanelli, P., *Boicottaggio nel diritto del lavoro,* in *Digesto IV Utet, Comm.,* vol. II: 236.

– **primario.** Primary boycott; è detta così negli S.U. l'azione sindacale diretta ad indurre gli utenti, o i clienti, a non usare i servizi, o acquistare le merci, di un datore di lavoro con il quale il sindacato ha in atto una controversia collettiva di lavoro (SINDACATO). [vol. I: BOYCOTT]

– **secondario.** Secondary boycott; forma di lotta sindacale che ha per oggetto non già il *primary employer* con il quale il sindacato intrattiene una controversia collettiva di lavoro, ma bensì un *secondary employer,* ossia un datore di lavoro che, pur non avendo rapporti col sindacato in lotta, intrattiene rapporti di affari con il *primary employer.* Negli S.U., il secondary boycott è vietato dalla legislazione federale, salvo in qualche caso come in quello dei lavoratori dei trasporti, in base al National Railway Labor Act (SCIOPERO). [vol. I: BOYCOTT]

Bolla in genere. Bill (BIGLIETTO; BOLLETTA; BOLLO). [vol. I: *ad vocem*]

– **di accompagnamento.** Bill of parcels (FEDE DI DEPOSITO; FEDE DI PEGNO; TRASPORTO). [vol. I: CARRIAGE]

– **di accompagnamento in deposito franco.** Entry for warehousing (DAZIO DOGANALE; DISTINTA DI ACCOMPAGNAMENTO; DOGANA; MERCE IN DOGANA; PUNTO FRANCO). [vol. I: BONDED WAREHOUSE; WAREHOUSE]

– **di consegna.** Consignment note (NOTA DI CONSEGNA). [vol. I: *ad vocem*; DELIVERY; PARCEL]

– **doganale di entrata.** Bill of entry (DOGANA). [vol. I: *ad vocem*]

Bolletta. Bill (BIGLIETTO; BOLLA; DISTINTA DI ACCOMPAGNAMENTO). [vol. I: *ad vocem*]

– **per servizi di pubblica utilità.** Utility bills (SERVIZIO PUBBLICO). [vol. I: PUBLIC UTILITY]

Bollettario di consegna. Delivery book (BOLLA; BOLLETTA; CONSEGNA).

Bollettino in genere. Bulletin (BOLLETTA).

– **di spedizione.** Way-bill (LETTERA DI VETTURA; NOTA DI CONSEGNA; SPEDIZIONE). [vol. I: *ad vocem*]

– **ufficiale in genere.** Official bulletin (GAZZETTA UFFICIALE).

Bollo in genere. Stamp (BOLLA; BOLLETTA; BOLLETTINO; CARTA BOLLATA; ESENTE DA BOLLO; IMPOSTA DI BOLLO; LEGGE SUL BOLLO; MARCA DA BOLLO; SIGILLO; TASSA DI BOLLO; TIMBRO). [vol. I: STAMP; SEAL]

– **della cambiale.** Bill stamp. Non è richiesto (CAMBIALE). [vol. I: BILL OF EXCHANGE]

– **dell'assegno.** Cheque stamp. Non è richiesto (ASSEGNO (II); CAMBIALE). [vol. I: CHEQUE]

Bond. Questo contratto si inquadra nell'ambito della garanzia o fideiussione (CAUZIONE; FIDEIUSSIONE; GARANZIA). [vol. I: BOND]

Bibl.:
Bastianini, M., *Bonds,* in *Digesto IV Utet, Comm.,* vol. II: 269.

Bonifica. Reclamation (BONIFICO).

– **fondiaria.** Land reclamation, o reclamation. Negli S.U. — stato federale — il Federal Reclamation Program è gestito dal Bureau of Reclamation preposto ad assistere gli stati dell'Unione, gli enti locali e altre agenzie federali nel promuovere lo sviluppo della rete idrica in talune regioni occidentali del paese (CORSI D'ACQUA).

Bibl.:
Masi, A., *Bonifica,* in *Digesto IV Utet, Civ.,* vol. II: 113.

Bonifico. Transfer (BONIFICA; ORDINE DI BONIFICO; TRASFERIMENTO). [vol. I: TRANSFER]

– **bancario.** Bank transfer, o remittance (RIMESSA BANCARIA).

– **per filo.** Cable transfer (TRASFERIMENTO ELETTRONICO DI FONDI). [vol. I: ELECTRONIC FUNDS TRANSFER]

Bonus. Bonus (ABBUONO; DIVIDENDO; PREMIO; SCONTO; UTILE). [vol. I: *ad vocem*; ALLOWANCE; DIVIDEND; EXTRA DIVIDEND; INSURANCE: III. 2; PERQUISITE; PREMIUM; REVERSIONARY BONUS]

Bordo libero. Free-board (CERTIFICATO DI BORDO LIBERO; LINEA DI MASSIMO CARICO).

Borsa in genere. Exchange.

- **dei grani.** Corn Exchange (*infra,* BORSA MERCI).
- **dei metalli.** Metal Exchange (*infra,* BORSA MERCI; MERCATO DEI METALLI PREZIOSI; METALLI PREZIOSI; TITOLO DEI METALLI PREZIOSI).
- **dei noli.** Shipping Exchange (NOLO).
- **finanziaria.** (*infra*, BORSA VALORI)
- **merci.** Commodity exchange. Negli S.U. e in Gran Bretagna ne esistono diecine ognuna per singole merci, come lana, gomma, metalli, etc. Tra le più note, si indicano la *New York Commodities Exchange,* la *Minneapolis Grain Exchange,* il *Chicago Board of Trade* (*infra*, BORSA VALORI; ACCAPARRAMENTO; A PRONTI; ASTA COMMERCIALE; A TERMINE; CHIUSURA DEL MERCATO BORSISTICO; COMMISSIONARIO DI OPERAZIONI A TERMINE; CONTRATTAZIONI A TERMINE; DERRATE AGRICOLE FUTURE; *FUTURES* FINANZIARI; MATERIE PRIME; MEMBRO; MERCATO A TERMINE; OPZIONE; VENDITA DI BENI FUTURI). [vol. I: FUTURE CONTRACT]

  Bibl.:

  Santini, G., *Borsa merci*, in *Digesto IV Utet, Comm.,* vol. II: 290.
- **nera.** Black market (ECONOMIA NERA).
- **valori.** Stock Exchange, Securities Exchange, o Exchange.

  1. Costituisce il mercato di azioni, obbligazioni (*stock and bond)* e di valori mobiliari (*securities*) in genere. Si osserva, anzitutto, la diversa natura giuridica delle borse valori nei sistemi inglese e nordamericano, sostanzialmente molto affini tra loro per quanto riguarda sia il mercato finanziario, sia l'assetto societario. A differenza di quelle continentali, di origine napoleonica, le borse (valori e merci) inglesi e nordamericane sono delle associazioni private. Negli S.U., gli *Stock Exchanges*, oltre che alla *self-regulation* delle stesse associazioni, sono soggetti al rigoroso controllo della celeberrima *Securities and Exchange Commission* federale. La borsa valori di New York (*New York Stock Exchange* o NYSE) è una delle più importanti del mondo.

  2. Il NYSE va distinto dal *New York Futures Exchange* o NYFE, ossia dalla borsa valori di New York per contrattazioni a termine, la principale degli S.U. Per quanto riguarda le contrattazioni a termine sulle merci, la maggiore borsa nordamericana e del mondo è quella di Chicago, gestita dal *Chicago Board of Trade* (BORSA MERCI).

  3. Negli S.U. — stato federale — si parla di *listed stock of a company* per indicare lo *stock* o azioni di una società trattate in una determinata borsa-valori (*traded on a securities exchange*) rispetto alle quali vi sia stata una *listing application* e un *registration statement* — con cui si forniscono informazioni dettagliate sulla società e le sue operazioni — regolarmente registrate presso la *Securities and Exchange Commission*, e presso la stessa borsa. Le varie borse valori hanno diversi requisiti per il *listing.*

  4. Strumento fondamentale nell'economia dei paesi ad economia di mercato (perfino in un contesto politico come quello cinese), gli aspetti tecnici della borsa italiana ne riflettono la propria diversita, e la « diversità » del capitalismo nostrano. In effetti, secondo l'opinione di autorevoli imprenditori e osservatori, forse non si può dire neanche che nel nostro paese esista una borsa vera e propria. Com'è stato osservato: « In Italia mancano le figure giuridiche fondamentali per il buon funzionamento di un mercato borsistico, che sono gli investitori istituzionali » [C. Costamagna, *Privatizzazioni: l'obiettivo è la 'public company'*, il Mulino 1/93: 103, at 106]. Varie sono le cause che spiegano la pochezza finanziaria, l'arretratezza dei suoi meccanismi e la sua trascurabile importanza nell'economia del paese, anche rispetto a quella spagnola: una di esse — ma certo non la sola — è costituita dalla persistente politica dei governi unitari italiani di sottrarre il risparmio ad investimenti produttivi per incalanarli verso il debito pubblico. Ad essa vanno aggiunti i fortissimi interessi al mantenimento dello *status quo.* Con strutture di siffatto genere è facile immaginare in che modo il nostro paese si avvia ad affrontare la concorrenza europea. Ma tutto questo diventa marginale di fronte alla prassi consolidata dei *falsi in bilancio*, di consigli di amministrazione che non fanno l'interesse del mercato ma soltanto quelli dell'azionista di controllo. Al punto che Piazza Affari — definita dagli esperti di volta in volta un « luogo di malaffare » o una « bisca » — è un borsa di cui gli stessi investitori italiani diffidano fortemente preferendo investire all'estero; ma sembra equo menzionare altresì la recente

ventata di modernizzazione e l'avvenuto aumento del volume di affari trattati, che avvicina, in qualche modo, la borsa milanese a quella di Parigi. E qui sembra anche opportuno ribadire che la modesta importanza della borsa nel nostro paese e le sue gravi patologie sono effetto e non causa del sistema societario e degli assetti di controllo dell'economia italiana; ossia, in breve, di patologie strutturali.
5. Lo *S&P 500,* o *Standard & Poor's 500 average index*, costituisce il più famoso indice della borsa americana, basato sull'andamento delle quotazioni di 500 fra i titoli più rappresentativi del listino di *Wall Street.* Equivale al *Nikkei Dow* di Tokio, al *Ft 500* di Londra, al *Faz* di Francoforte e al *Mib* nostrano (*supra*, BORSA MERCI; AGENTE DI CAMBIO; AGGIOTAGGIO; AMMISSIONE AL LISTINO DI TITOLI DI SOCIETÀ; ARBITRAGGISTA; AZIONE (II) DI SOCIETÀ; AZIONI (II) TRATTATE FUORI BORSA; CHIUSURA DEL MERCATO BORSISTICO; CODICE DI CONDOTTA; COMMISSIONE NAZIONALE PER LE SOCIETÀ E LA BORSA; CONTRATTAZIONE DI BORSA; CONTRATTO DI BORSA; DIFFERENZIALE; FONDI NERI; FONDI PENSIONE; *FUTURES* FINANZIARI; GUADAGNI DI BORSA; INDICE AZIONARIO; INDISCREZIONI SOCIETARIE; INVESTITORE ISTITUZIONALE; LISTA NERA; LISTINO DI BORSA; MERCATI FINANZIARI; MERCATO AZIONARIO; MEMBRO; MERCATO AZIONARIO AL RIALZO; MERCATO AZIONARIO AL RIBASSO; MERCATO AZIONARIO RISTRETTO; MERCI; OFFERTA PUBBLICA DI ACQUISTO; OPERAZIONE DI BORSA ALLO SCOPERTO; OPZIONE; *PUBLIC COMPANY*; QUOTAZIONE DI BORSA; RIALZO FRAUDOLENTO DI TITOLI IN BORSA; SALA DELLE CONTRATTAZIONI; SOCIETÀ (II) COMMERCIALE; SOFFIATA DI BORSA; TITOLO NON QUOTATO IN BORSA; TUTELA DELL'INVESTITORE; VENDITA ALLO SCOPERTO; VENDITA DI TITOLI NON QUOTATI IN BORSA). [vol. I: INSIDER DEALINGS; SECURITIES AND EXCHANGE COMMISSION; STOCK EXCHANGE]

Bibl.:
Coltro Campi, C., *Borsa (contratti di),* in *Digesto IV Utet, Comm.,* vol. II: 271.
id., *Borsa valori*, ibid.: 296.
M.G., *Borsa (contratti di) in diritto comparato*, ibid.: 283.

Borseggio. Pickpocketing, o larceny (FURTO). [vol. I: LARCENY; THEFT]

Bottega. (NEGOZIO)

Bottino. Booty, prize. [vol. I: BOOTY; PRIZE]

– **di guerra.** Booty of war (GUERRA; PREDA DI GUERRA MARITTIMA). [vol. I: *ad vocem*; PRIZE]

Bozza. Draft (COMITATO DI REDAZIONE; DOCUMENTO; PROGETTO; REDATTORE). [vol. I: DRAFTSMAN; PARLIAMENTARY DRAFTSMEN]

– **di documento.** Draft document; ma il termine *draft* indica anche la cambiale (CAMBIALE; DOCUMENTO).

Braccio della morte. Death row (MORTE).

Bracconaggio. Poaching (CACCIA). [vol. I: *ad vocem*]

Branca in genere. Branch (FILIALE).

– **del diritto.** Grosso modo, department of law, division of law (DIRITTO (I); RAMO GIURIDICO; TRADIZIONE GIURIDICA). [vol. I: DIVISIONS OF THE LAW]

Brandeis brief. (COMPARSA CONCLUSIONALE; DIFESE NEL PROCESSO CIVILE; MEMORIA DIFENSIVA)

Breve. Short, writ. [vol. I: WRIT]

– **scadenza.** (PASSIVITÀ A BREVE TERMINE; SCADENZA BREVE)

– **termine.** Short term (TERMINE).

Brevettabile. Patentable (BREVETTO). [vol. I: KNOW-HOW]

Brevetto in genere. Commission, franchise, patent. Il brevetto da ufficiale è detto *commission* (COMMISSIONE; CONCESSIONE; GIUSTIZIA ALTERNATIVA; UFFICIALE DI NOMINA REGIA o STATALE, MUNITO DI BREVETTO; VENDITA DI MACCHINE).

– **di un processo industriale.** Process patent; importante in questa materia appare il concetto di *know-how* (*infra*, BREVETTO PER INVENZIONI INDUSTRIALI; *KNOW-HOW*). [vol. I: KNOW-HOW]

– **in corso di registrazione.** Patent pending o, più spesso, Pat. Pend. Il termine indica la condizione giuridica della domanda di brevetto (*patent application*), dopo la sua presentazione e in corso di istruzione da parte — negli S.U. — del *Patent and Trademark Office* diretta a stabilire se la pretesa invenzione costituisce una novità, è utile e originale (*new, useful and non-obvious*). Il brevetto relativo è detto *utility patent;* ma non va confuso con il nostro modello di utilità: altri due tipi principali di brevetto concessi sono il *design patent* e il *plant patent*.
1. In base al *file wrapper estoppel*, il richiedente del brevetto (*claimant*) che — allo scopo di evitare il rigetto della domanda — ha limitato o modificato la stessa, non può successivamente estenderla

includendo la materia esclusa originariamente o il suo equivalente, ovvero trascurando il periodo di prescrizione. Il principio in parola preclude all'inventore che aveva originariamente rinunziato a taluni diritti relativi al suo brevetto di invocare il principio degli equivalenti mettendolo a base di un'azione per violazione di brevetto.
2. Infine, il *prosecution history estoppel* costituisce un rimedio dell'*equity* per stabilire la portata consentita dalla domanda di brevetto (*patent claim*). L'effetto di questo rimedio è di limitare la portata della domanda basata su argomenti e modifiche di essa durante l'istruzione allo scopo di ottenere il rilascio del brevetto (*infra*, BREVETTO PER INVENZIONI INDUSTRIALI).

– **per invenzioni industriali in genere.** Patent. Prima in tutto, la costituzione degli S.U. è anche la prima a fare della proprietà intellettuale un diritto costituzionale. In effetti, l'art. I, relativo ai poteri del Congresso, recita, alla s. 8, cl. 8: « To promote the Progress of Science and useful Arts, by securing for limited Times to Authors and Inventors the exclusive Right to their respective Writings and Discoveries ».
1. È detto *patent-right* il diritto del titolare del brevetto consistente principalmente nella produzione, nell'uso e nella vendita *esclusiva* di un'invenzione o dell'articolo brevettato (*patented article*). La causa in cui si controverta sul diritto di brevetto è detta *patent suit*. Negli S.U., nel caso di invenzione del prestatore di lavoro, è detto *shop right rule* il diritto del datore di lavoro di utilizzare il brevetto del dipendente relativo a un'invenzione fatta nel corso dell'attività lavorativa senza essere tenuto a pagare i canoni (*royalties*) relativi. Competente al rilascio dei brevetti è l'agenzia federale detta *Patent and Trade Mark Office* (PTO) che fa parte del Department of Commerce.
2. La materia — di fondamentale importanza nell'economia dei paesi industrializzati (e non) — è oggetto di una complessa normativa internazionale.
3. Per quanto siano chiare, almeno in parte, le motivazioni ottocentesche del principio, appare oggi quanto mai singolare l'art. 14 del R.D. 29 giugno 1939 n. 1127 per cui i medicamenti di qualsiasi genere non possono costituire oggetto di brevetto. Esso ha consentito alla nostra industria farmaceutica — che già si avvale dell'enorme vantaggio di avere nello stato una controparte corrotta e inefficiente — di accumulare ingenti profitti mediante la copia di medicinali che sono il frutto della ricerca altrui. L'arretratezza tecnica — salvo eccezioni — della nostra industria farmaceutica si spiega anche in parte non piccola con un sistema che sostanzialmente fa a meno della ricerca (*supra*, BREVETTO DI UN PROCESSO INDUSTRIALE; BREVETTO IN CORSO DI REGISTRAZIONE; ABBANDONO DI BREVETTO; AGENZIA DI BREVETTI; BREVETTABILE; CONCESSIONARIO DI UN BREVETTO; CONOSCENZA TECNICA; CONTRAFFAZIONE DI UN BREVETTO; DIRITTO (II) DI AUTORE; DIRITTO (II) DI BREVETTO; DISEGNO INDUSTRIALE; DISEGNO ORNAMENTALE; ESCLUSIVA; FABBRICATO SU LICENZA; GAZZETTA UFFICIALE; INVENZIONE DEL PRESTATORE DI LAVORO; *KNOW-HOW;* LICENZA DI FABBRICAZIONE; MACCHINA; MARCHIO DI FABBRICA; MONOPOLIO; NOVITÀ; PATENTE; PIRATERIA; PRIVATIVA; PROPRIETÀ; PROPRIETÀ INTELLETTUALE; UFFICIO BREVETTI; UTILITÀ; VENDITA DI MACCHINE; VIOLAZIONE DI BREVETTO). [vol. I: MONOPOLY; PATENT; INDUSTRIAL PROPERTY; KNOW- HOW]

Bibl.:
Benussi, F., *Brevetto comunitario*; *Brevetto (convenzioni internazionali)*; *Brevetto europeo*, in *Digesto IV Utet, Comm.*, vol. II: 308-332.
id., *Invenzioni in diritto comparato,* in *Digesto IV Utet, Comm.*, vol. VII: 491.
Cuonzo, G., « *Ripresa della prestazione altrui* » *e imitazione servile dei prodotti altrui dei prodotti di breve durata* (1990) 1 CeI 213.
Di Cataldo, V., *Contratti di ricerca e diritti di brevetto negli U.S.A.* (1988) 3 CeI 883.
Librando, V., *Le convenzioni internazionali multilaterali in materia di brevetti per invenzioni industriali — Verso un diritto europeo dei brevetti,* in *Studi di diritto europeo in onore di Riccardo Monaco*, Milano, Giuffrè, 1977.
Sena, G., *Brevetto per invenzioni industriali*, in *Digesto IV Utet, Comm.,* vol. II: 332.

Brevi manu. By hand (NOTIFICA IN MANI PROPRIE). [vol. I: HAND SALE]

Brogliaccio della polizia con le foto segnaletiche dei sospetti. È definito popolarmente mug book negli S.U. (IDENTIFICAZIONE DEL SOSPETTO AUTORE DEL REATO; SOSPETTO).

Brogli elettorali. Vote rigging, ballot rigging,

manipulation of vote, voting irregularities. Giovanni Sartori [1992: 53] spiega causticamente come in Italia i brogli elettorali hanno luogo in base a una legge che li consente (CORRUZIONE DI ELETTORE; ELEZIONI POLITICHE; SCHEDA ELETTORALE CONTESTATA; SISTEMA ELETTORALE; VOTO DI SCAMBIO). [vol. I: BALLOT; ELECTION: 2]

***Broker* in genere.** Figura che non trova esatta equivalenza nei sistemi di *civil law* (MEDIATORE).

- **di assicurazione.** Insurance broker. Ma si tratta di una figura di intermediario che non esiste in Italia e nei paesi di *civil law* in genere. La sua attività presuppone che, come sul mercato inglese e nordamericano, le tariffe assicurative siano libere e non regolamentate ufficialmente. In quest'ultimo caso, la funzione del *broker* si limita a suggerire quella compagnia che, a parità di tariffe, offra le condizioni migliori come, ad es., in tema di prestazioni assicurative, rapidità e generosità del rimborso, etc. (ASSICURAZIONE; BROKERAGGIO; MEDIATORE).

  Bibl.:

  Alpa, G. e Forlino, G. B., *Broker*, in *Digesto IV Utet, Comm.*, vol. II: 361.

  Bin, M., *Agente di assicurazione* (1987) 3 CeI 937.

- **di mutui immobiliari.** Mortgage broker (MUTUO IPOTECARIO).

Brokeraggio. Termine ormai entrato nel linguaggio del nostro paese che, di solito mostra una propensione più per la parola che per la cosa. Esso indica, genericamente, mediazione o intermediazione; ma, in effetti, non ha esatta equivalenza nel nostro sistema (*BROKER* DI ASSICURAZIONE).

Bruxelles. (CONVENZIONI DI BRUXELLES)

Budget. (BILANCIO DELLO STATO)

Bunkeraggio di nave. (CARBURANTE; RIFORNIMENTO DI CARBURANTE ALLA NAVE)

Buon/a/i in genere. Good (CATTIVA).

- **amministrazione in genere.** Proper, sound administration (AMMINISTRAZIONE).

- **condotta in genere.** Good behaviour, good character in genere. Ma né nel sistema inglese, né in quello nordamericano esiste (*et pour cause!)* un equivalente del certificato di buona condotta nostrano rilasciato dal sindaco. Comunque, a voler essere solo un pochino seri, bisognerebbe almeno mostrare la coerenza della Svizzera « virtuosa », in cui il documento in parola reca indicazioni sui precedenti penali, i procedimenti penali in corso, il rapporto della polizia e — si noti — la situazione fiscale e patrimoniale dell'interessato (qual è il suo reddito, se paga le imposte, qual è il valore del suo patrimonio), la sua situazione debitoria, e se contro di lui vi siano state o vi siano esecuzioni mobiliari o immobiliari (ATTESTATO DI BUONA CONDOTTA; CARATTERE; CASELLARIO GIUDIZIALE; CATTIVA CONDOTTA; CAUZIONE DI BUONA CONDOTTA; CERTIFICATO; CODICE DI CONDOTTA; CONDOTTA: 2; CREDENZIALE; NATURALIZZAZIONE; PENA; REFERENZA; REMISSIONE DELLA PENA PER BUONA CONDOTTA). [vol. I: BAIL; CHARACTER; GOOD BEHAVIOUR; RECOGNIZANCE]

- **costume in genere.** Good morals; ma si tratta di termine alquanto impreciso che indica, a seconda dei casi, un concetto più limitato dei (non agevoli) concetti di buon costume o di ordine pubblico nostrani (*supra*, BUONA CONDOTTA; *infra*, BUONA FEDE; CAUSA ILLECITA DEL CONTRATTO; CONTRATTO IMMORALE o CONTRARIO AL BUON COSTUME; INIQUITÀ; ORDINE PUBBLICO; PRESTAZIONE CONTRARIA AL BUON COSTUME; PRINCÌPI GENERALI DI DIRITTO). [vol. I: GENERAL PRINCIPLES OF LAW; GOOD MORALS; ORDRE PUBLIC; PUBLIC POLICY]

  Bibl.:

  Guarneri, A., *Buon costume,* in *Digesto IV Utet, Civ.,* vol. II: 121.

- **fede in genere.** Good faith, bona fide, o bona fides.

  1. Ma nella *common law* il concetto sembra avere un ambito più ristretto, con la conseguenza, tra l'altro, che la *gross negligence* non è equiparata alla mala fede. Come scrive un eminente comparatista inglese in tema di contratti: « one is ashamed not to be able readily to lay one's hands on statements comparable to the manifestos contained in foreign codes which insist on good faith in the performance of contracts » [Lawson 1951: 42 n. o.]. Ma la *common law* — proprio perché è un diritto storico, una *lawyers' law*, e non una *professors' law* — ignora la sistematica e le grandi dichiarazioni di principio. La buona fede trova quindi una sua sanzione nel grandissimo armamentario di « ferri vecchi » — tanto per usare la felice espressione di Gino Gorla [1955, vol. I: 399] — di cui è fatto un così robusto e vitale diritto: se si guarda alle regole dell'*equity* e al favoloso istituto dell'*estoppel*

(del quale il giudice inglese, diversamente da quello nordamericano, non si è servito quanto avrebbe potuto), ci si accorge che in sostanza le distanze non sono poi tanto grandi.

2. Ma ora, sul piano legislativo, negli S.U. l' Art. 1-203 dell'UCC stabilisce che: « Every contract or duty within this Act imposes an obligation of good faith in its performance or enforcement ». Questa norma va combinata con l'Art. 2-302 del suddetto UCC (limitato al contratto di vendita) per cui il giudice può rifiutare di dare esecuzione al contratto, ovvero decidere di sanzionarlo parzialmente allo scopo di evitare un « unconscionable result », ossia un risultato iniquo. In effetti, è sotto la rubrica della *unconscionability* che il *civil lawyer* trova un vasto complesso di regole giurisprudenziali che, specie negli S.U., assicura una vasta protezione al contraente più debole, evitando risultati iniqui derivanti più spesso, ma non necessariamente, dalla diversità di potere negoziale esistente tra le parti.

3. In definitiva, con tutte le possibili varianti tra i diversi sistemi, può dirsi che la regola della buona fede fa parte ormai del « common core of legal systems », ossia del nocciolo comune del diritto dei paesi dell'Occidente.

4. Naturalmente, la portata del concetto va accertata nell'ambito delle varie categorie e rubriche del diritto; privato e pubblico, interno e internazionale, e del diritto internazionale privato.

5. Il concetto di abuso di diritto — quale che sia la particolare casella nella quale si inquadri nella *common law* — assume sempre maggiore importanza nel valutare l'esistenza della buona fede (ABUSO DI DIRITTO; ACQUIRENTE DI BUONA FEDE; AFFIDAMENTO; ASSICURAZIONE; AZIONE (I) VESSATORIA; CATTIVA FEDE; COMPORTAMENTO SECONDO CORRETTEZZA; CONDIZIONE; CONDOTTA: 2; CONOSCENZA; *CULPA IN CONTRAHENDO*; DILIGENZA; ESECUZIONE DEL CONTRATTO; FIDUCIARIO; INDEBITA INFLUENZA; INIQUITÀ; INTERPRETAZIONE; LESIONE; LIBERO DA INFLUENZA ALTRUI; LITE TEMERARIA; OBBLIGO DI BUONA FEDE; PERSONA IN BUONA FEDE; POSSESSORE DI BUONA FEDE; PRECLUSIONE: 1; PRINCIPIO DELLA BUONA FEDE; PRINCÌPI GENERALI DI DIRITTO; PROPOSTA DI ASSICURAZIONE; PROPRIETÀ APPARENTE; RETICENZA NEL CONTRATTO; SILENZIO; STATO DI BISOGNO; TUTELA DEL TERZO ACQUIRENTE DI BUONA FEDE; USUCAPIONE; VERITÀ). [vol. I: ABUSE OF RIGHT; COMMON CORE OF LEGAL SYSTEMS; CULPA IN CONTRAHENDO; EQUITY; ESTOPPEL; GENERAL PRINCIPLES OF LAW; GOOD FAITH; ORDRE PUBLIC; OVERRIDING PRINCIPLES; UNCONSCIONABILITY]

Bibl.:

Bigliazzi Geri, L., *Buona fede nel diritto civile*, in *Digesto IV Utet, Civ.,* vol. II: 154.

Nani, L., *La buona fede contrattuale nella giurisprudenza* (1986) 2 CeI 501.

Schlesinger 1950, ed. 1988: 283, 685, 702, 817.

– **fede nell'assicurazione.** (RETICENZA NEL CONTRATTO). [vol. I: UBERRIMAE FIDEI]

– **fede nelle trattative e nella formazione del contratto.** (CONTRATTO: IV; *CULPA IN CONTRAHENDO*; RETICENZA NEL CONTRATTO). [vol. I: CULPA IN CONTRAHENDO; MISREPRESENTATION; UBERRIMAE FIDEI]

– **fede nell'interpretazione del contratto.** Good faith in the interpretation, o construction, of contract (CONTRATTO). [vol. I: CONTRACT: XV]

– **padre di famiglia.** Questo paradigma comportamentale non trova *eo nomine* un equivalente nella *common law*. Peraltro, un concetto analogo è espresso dalla figura del *reasonable man* o del *prudent man*. Ma si parla anche di *person of reasonable prudence*, *reasonable, intelligent person*, etc. In questo senso, il *test* della ragionevolezza assume un ruolo fondamentale nella tradizione di *common law*. Si noti, inoltre, che — in tema di *equity* — il *trustee* è tenuto, in sostanza, a comportarsi da buon padre di famiglia (BUON SAMARITANO; DILIGENZA DEL BUON PADRE DI FAMIGLIA; FINZIONE GIURIDICA; INVESTIMENTO: 2; ORDINARIA PRUDENZA NEGLI AFFARI; *PATER FAMILIAS*; PRUDENZA; RAGIONE; RAGIONEVOLEZZA; UOMO MEDIO). [vol. I: BONUS PATER FAMILIAS; CARE; CLAPHAM OMNIBUS, MAN ON THE; CULPA; FICTION; JOHN DOE; REASONABLE MAN; TRUSTEE]

Bibl.:

De Lorenzi, V., *Buon padre di famiglia,* in *Digesto IV Utet, Civ.,* vol. II: 126.

– **qualità media.** Fair average quality (COMMERCIABILITÀ; QUALITÀ; TUTELA DEL CONSUMATORE).

– **Samaritano.** Good Samaritan; termine impiegato da R. Pound [1921: 24] nel descrivere l'importanza del concetto di rapporto nella *common law,* dal quale discendono obblighi per le parti indipendentemente dalla loro volontà. Così, in assenza di una *relation* o di un *duty of ca-*

re, il soccorso a una persona in pericolo costituisce solo un dovere morale, da buon samaritano. Questa stessa ottica spiegherebbe perché la *common law* non accoglie la figura della *negotiorum gestio* (BUONA FEDE; BUON PADRE DI FAMIGLIA; *NEGOTIORUM GESTIO*; OMISSIONE DI SOCCORSO; RAPPORTO GIURIDICO). [vol. I: INTRODUZIONE: III. 16; GOOD SAMARITAN]

– **uffici.** Good offices (CONCORDATO).

Buono. Note, bond, warrant, order, voucher, coupon, card, scrip. I buoni, o bollini dati in commercio sono detti *trading stamps* (BONUS; CEDOLA; CUPONE; TAGLIANDO). [vol. I: DEBENTURE; MONEY; STAMP; TRADING STAMPS; VOUCHER]

– **al portatore.** Bearer bond (OBBLIGAZIONE (II) AL PORTATORE). [vol. I: BOND; DEBENTURE]

– **a premio.** Premium bond (OBBLIGAZIONE (II) A PREMIO). [vol. I: *ad vocem*; DEBENTURE]

– **del Tesoro.** Treasury bond; negli S.U. si parla anche di *certificate of deposit* e di *savings bond* (OBBLIGAZIONE (II) QUALE TITOLO MOBILIARE). [vol. I: BOND; DEBENTURE; PREMIUM BOND; SAVINGS BOND]

– **di acquisto.** Credit note (ACQUISTO; *VOUCHER*). [vol. I: VOUCHER]

– **di consegna.** Delivery order, delivery note (CONSEGNA). [vol. I: *ad vocem;* DELIVERY OF CARGO]

– **di credito.** (*supra*, BUONO DI ACQUISTO)

– **fruttifero.** Interest bearing bond, o interest bearing security (FRUTTANTE INTERESSI). [vol. I: BOND; DEBENTURE; INTEREST]

– **mensa.** Luncheon voucher (*supra*, BUONO DI ACQUISTO).

– **nominativo.** Registered bond.

Buonuscita in genere. Goodwill, premium termination indemnity (AVVIAMENTO; LIQUIDAZIONE). [vol. I: *ad vocem*; PREMIUM]

– **agli amministratori di società.** (AMMINISTRATORE DI SOCIETÀ)

– **nel *lease*.** Premium, o key money (LOCAZIONE). [vol. I: LEASE]

Burocrazia. Bureaucracy. Con l'espressione *red tape* si indicano più spesso le lungaggini burocratiche (AMMINISTRAZIONE; PUBBLICA AMMINISTRAZIONE). [vol. I: CIVIL SERVICE]

Bibl.:

Pastori, G., *Burocrazia*, in *Digesto IV Utet, Pubbl.,* vol. II: 403.

Bustamante. (CODICE BUSTAMANTE)

Busta paga. Pay packet (SALARIO; STIPENDIO).

Bustarella. Bribe, boodle, pay off (CORRUZIONE; CRIMINALITÀ ORGANIZZATA; ESTORSIONE; MAFIA; TANGENTE). [vol. I: BRIBERY; CORRUPTION; EXTORTION; PAY OFF; TRANSNATIONAL CORPORATION]

Buy out. Con questo termine generico si intende il rilievo di una società mediante l'acquisizione del suo pacchetto di controllo. Esso si realizza mediante negoziati, un'offerta pubblica di acquisto, o mediante una fusione (ACQUISIZIONE DI CONTROLLO DI SOCIETÀ; AZIONE (II) DI SOCIETÀ; *LEVERAGED BUY OUT*; RILIEVO DI SOCIETÀ).

C

Cabina elettorale. Polling booth, polling station (ELEZIONI POLITICHE). [vol. I: ELECTION: 2; ELECTORAL SYSTEM; POLITICAL PARTIES; POLL]

Cabotaggio. (TRAFFICO DI CABOTAGGIO)

Caccia. Game (AMBIENTE; CACCIAGIONE; CACCIATORE; DIRITTO (II) DI CACCIA; LICENZA DI CACCIA; STAGIONE VENATORIA). [vol. I: *ad vocem*; ENVIRONMENT]

- **di frodo.** Poaching (BRACCONAGGIO). [vol. I: *ad vocem*]

Cacciagione. Game (CACCIA).

Cacciatore in genere. Hunter (CACCIA).

- **di taglie.** Bounty hunter. La pratica consistente nel fatto della pubblica amministrazione di stabilire una taglia a favore di chi assicuri alla giustizia un condannato o ricercato è ancora molto diffusa negli S.U. (*infra*, CACCIATORE FISCALE; FUORILEGGE; RICERCATO; TAGLIA).
- **fiscale.** Negli S.U. sono detti *tax ferrets* quei privati che la cui attività consiste nell'individuare i cespiti sfuggiti alla imposizione fiscale: sono ammessi in taluni stati dell'Unione (EVASIONE FISCALE).

Cadavere. Body, corpse (AUTOPSIA; CORPO; OCCULTAMENTO DI CADAVERE; SUICIDIO).

Caducazione. (CADUCITÀ)

Caducità. Lapse (DECADENZA; DECORRENZA; REVIVISCENZA). [vol. I: *ad vocem*]

- **della proposta contrattuale.** Lapse of offer; ma si parla, più in generale, di *termination of offer* (PROPOSTA CONTRATTUALE; REVIVISCENZA DELLA PROPOSTA CONTRATTUALE). [vol. I: LAPSE; REVIVAL OF OFFER]

Calata. (BANCHINA; MOLO)

Calcolo in genere. Calculation (COMPUTO; ERRORE DI CALCOLO).

- **del tempo.** (COMPUTO DEL TEMPO)

Calendario. Calendar (ALMANACCO; GIORNO DI CALENDARIO; TEMPO; TERMINE). [vol. I: *ad vocem*]

- **del Congresso degli S.U.** Congressional calendar (CONGRESSO DEGLI S.U.).
- **giudiziario.** Law sittings, o sittings (ANNO GIUDIZIARIO; SESSIONE GIUDIZIARIA). [vol. I: SITTING; VACATIONS]

Calmiere. Controlled price system, official prices, price freeze (PREZZO).

Calo in genere. Loss (ABBUONO; LOGORÌO; SCIUPÌO; SFRIDO).

- **della merce.** Allowance, shrinkage, leakage, ullage (CONTRAZIONE DELLA MERCE; MERCI). [vol. I: ALLOWANCE; CARRIAGE OF GOODS; GOODS; ULLAGE]
- **di peso.** Leakage, ullage, shrinkage (PESO).
- **naturale nel trasporto.** Natural shrinkage (TRASPORTO DI COSE).

Calunnia. Grosso modo, false allegations, filing a false police report. Ma non vi è un corrispondente esatto di questo reato: il termine *calumny* indica in senso generico la diffamazione, non il reato previsto dall'art. 368 del codice penale italiano. Con una notevole schematizzazione, si può dire che l'analogo più prossimo al reato di calunnia sembra essere, nel sistema inglese, quello che va sotto l'espressione di *wasteful employment of the police*. Una persona che dia *false information* è punibile in base alla s. 5 (2) del Criminal Law Act 1967. Ma l'azione penale non può essere iniziata senza la preventiva autorizzazione del *Director of Public Prosecutions*; di fatto, i casi di *prosecution* per questo tipo di reato sono rari. Peraltro, poiché costituisce una forma di *defamation*, esso dà diritto a proporre l'azione di *malicious prosecution* al fine di ottenere il risarcimento del danno (AUTOCALUNNIA; DIFFAMAZIONE; SIMULAZIONE DI REATO). [vol. I: ABUSE OF PROCESS; IMPUTATION; INFORMATION; MALICIOUS PROSECUTION; PROSECUTION; WASTEFUL EMPLOYMENT OF THE POLICE]

Cambi. (CAMBIO/I)

Cambiale. Bill of exchange; questo termine indica la cambiale tratta. Il vaglia cambiario, o pagherò cambiario, è detto *promissory note*, e l'assegno *cheque* o, negli S.U., *check*. Si noti, peraltro, che negli S.U. si parla più spesso di *commercial paper*, una categoria generale che include, tra l'altro, sia il *bill of exchange* che il *cheque* (o *check*). Ma la cambiale-tratta è anche definita *draft*. La materia è regolata nel sistema inglese essenzialmente dal Bills of Exchange Act 1882, il cui regime si presenta sotto non pochi fondamentali aspetti molto diverso da quello della legge uniforme adottata dall'ordinamento italiano. La cambiale non costituisce né nel sistema inglese, né in quello nordamericano, titolo esecutivo; essa rientra nella categoria dei *negotiable instrument*, ossia dei titoli di credito negoziabili. Nel sistema inglese e nordamericano la distinzione tra *inland* e *foreign bill of exchange* è rilevante ai fini del protesto. Né il R.U., né gli S.U. sono parti della convenzione di Ginevra sulla disciplina uniforme della cambiale, del vaglia cambiario e dell'assegno. L'*Uncitral* ha elaborato una convenzione sulla materia che costituisce un tentativo di conciliare le divergenze esistenti tra gli ordinamenti dei paesi di *civil law* e di *common law*. Sotto questo aspetto, dal sistema europeo continentale, costituito dal regime uniforme, va distinto quello inglese e nordamericano tra cui esiste una notevole affinità di concezioni di fondo (ACCETTANTE DI CAMBIALE; ACCETTAZIONE CAMBIARIA; A GIORNI VISTA; ALTERAZIONE DELLA CAMBIALE; AMMORTAMENTO DELLA CAMBIALE; ASSEGNO (II); ASTRATTEZZA DELL'OBBLIGAZIONE; AVALLO CAMBIARIO; BOLLO DELLA CAMBIALE; CARTA COMMERCIALE; DETENTORE DELLA CAMBIALE; DUPLICATO DELLA CAMBIALE; EFFETTI DI COMMERCIO; EMISSIONE DELLA CAMBIALE; EMITTENTE DELLA CAMBIALE; ESTINZIONE DELLA CAMBIALE; FOGLIO DI ALLUNGAMENTO; GIRATA DELLA CAMBIALE; GIRATA FALSA DELLA CAMBIALE; LUOGO DI EMISSIONE E DI PAGAGAMENTO DELLA CAMBIALE; MANCATA ACCETTAZIONE DELLA CAMBIALE; ORDINATARIO DELLA CAMBIALE; PAGAMENTO A MEZZO CAMBIALE; PAGAMENTO DELLA CAMBIALE; PAGAMENTO DELLA CAMBIALE PER INTERVENTO; PIGNORAMENTO: 2; PORTATORE DELLA CAMBIALE; PROTESTO DELLA CAMBIALE; RAPPORTO SOTTOSTANTE NELLA CAMBIALE; REGRESSO CAMBIARIO; RICAMBIO NELLA CAMBIALE; RICONOSCIMENTO DI DEBITO; RINNOVAZIONE DELLA CAMBIALE; SCONTO CAMBIARIO; SENZA SPESE; SOLA DI CAMBIO; TITOLI DI CREDITO; VAGLIA CAMBIARIO). [vol. I: BILL OF EXCHANGE; CHEQUE; COMMERCIAL PAPER; DRAFT; I. O. U.; NEGOTIABLE INSTRUMENTS; PAYMENT; PROMISSORY NOTE; PROTEST]

Bibl.:
Ferreri, S., *Cambiale in diritto uniforme*, in *Digesto IV Utet, Comm.*, vol. II: 442.

– **accettata.** Honoured draft (ACCETTAZIONE CAMBIARIA).

– **a certo tempo data, a certo tempo vista.** Bill after date, after sight (A VISTA). [vol. I: DATE]

– **a data fissa.** Date bill. [vol. I: DATE]

– **all'ordine.** Bill to order (ORDINE). [vol. I: ORDER: 4]

– **al portatore.** Bill to bearer (PORTATORE). [vol. I: BEARER]

– **a vista.** Bill payable at sight, o on demand; bill at sight, sight draft, draft sight, demand draft (A VISTA). [vol. I: BILL OF EXCHANGE]

– **bancaria.** Bankable bill of exchange (BANCA).

– **con spese.** With expense bill of exchange (SPESE).

– **di comodo.** (*infra*, CAMBIALE DI FAVORE)

– **di favore.** Accommodation bill, paper o note, fictitious bill; è detto *accommodation party* l'obbligato di favore (PARTE DI FAVORE NELLA CAMBIALE). [vol. I: ACCOMMODATION BILL]

– **di prim'ordine.** Gilt edged bill. [vol. I: GILT EDGED SECURITIES]

– **di recupero.** Collateral acceptance. [vol. I: COLLATERAL: 2]

– **documentaria.** Documentary bill of exchange, documentary draft (CREDITO DOCUMENTARIO; FATTURA). [vol. I: *ad vocem*; DOCUMENTARY DRAFT]

– **domiciliata.** Domiciled bill of exchange (DOMICILIO).

– **domiciliata all'estero.** Foreign domiciled bill of exchange (PROTESTO). [vol. I: PROTEST]

– **estera.** Foreign bill of exchange (ESTERO; PROTESTO). [vol. I: PROTEST]

– **falsa.** Forged bill of exchange (FALSIFICAZIONE). [vol. I: BILL OF EXCHANGE; FORGERY]

– **finanziaria in genere.** Commercial paper; si tratta di cambiali non garantite a breve emesse di solito da grandi aziende o società finanziarie per acquisire liquidità finanziaria a un tasso di interesse inferiore a quello di mercato; o anche da piccole imprese per la raccolta di capitali a più basso tasso rispetto a quello dei circuiti bancari. Negli S.U., in cui questi titoli hanno avuto origine e notevolissimo sviluppo, essi sono regolati dall'Art. 3 dell'UCC., ed equiparati dal Glass-Seagall Act al regime delle *securities,* e sottoposti quindi ad analoghi controlli. La legge che istituisce i *commercial papers* nostrani è la n. 43 del 13 gennaio 1994 (ASSEGNO (I) CAMBIALE; EFFETTI DI COMMERCIO; TITOLI MOBILIARI). [vol. I: COMMERCIAL PAPER; NEGOTIABLE INSTRUMENTS: 6; NOTE]

Bibl.:

Atti, A., *Commercial papers* (1988) 2 CeI 626.

– **in bianco.** Blank bill.

– **in garanzia.** Bill as a collateral security (GARANZIA). [vol. I: COLLATERAL: 2]

– **in portafoglio.** Bill on hand (PORTAFOGLIO).

– **in sofferenza.** Overdue bill, unpaid bill of exchange (*infra,* CAMBIALE NON ACCETTATA O NON PAGATA; PROTESTO; SOFFERENZA). [vol. I: OVERDUE BILL]

– **insoluta.** Dishonoured bill (INSOLUTO; PROTESTO).

– **interna.** Inland, o domestic, bill of exchange (PROTESTO). [vol. I: PROTEST]

– **non accettata** o **non pagata.** Dishonoured draft, dishonoured bill of exchange. (ACCETTAZIONE; PAGAMENTO; PROTESTO). [vol. I: DISHONOUR; PROTEST]

– **non all'ordine.** Bill not to order, bill to bearer (ORDINE). [vol. I: BEARER]

– **prescritta.** Stale bill (PRESCRIZIONE DELLA CAMBIALE).

– **propria** o **vaglia cambiario.** Promissory note. [vol. I: *ad vocem*]

– **scaduta.** Overdue bill of exchange. La s. 36 del Bills of Exchange 1882 regola gli effetti della negoziazione della cambiale scaduta (ASSEGNO (II) SCADUTO; PROTESTO; SCADENZA). [vol. I: OVERDUE BILL]

– **smarrita.** Lost bill of exchange. Ma la procedura di ammortamento della legge uniforme è diversa da quella prevista dal diritto inglese. Ai sensi della s. 69 del Bills of Exchange Act 1882, il portatore può chiedere al traente o all'emittente un duplicato dietro versamento di una cauzione per il caso che la cambiale possa venir ritrovata e rimessa in circolazione prima della scadenza (AMMORTAMENTO DELLA CAMBIALE).

– **su piazza.** Local bill of exchange (PIAZZA; PROTESTO). [vol. I: PROTEST]

– **tratta.** Bill of exchange, detta anche draft (*supra,* CAMBIALE; VAGLIA BANCARIO).

Cambiamento. Change (ALTERAZIONE; CAMBIO; COMMUTAZIONE; DEVIAZIONE; EMENDAMENTO; INVERSIONE; MUTAMENTO; SCAMBIO; SCELTA; TRASFORMAZIONE; VARIAZIONE). [vol. I: CHANGE; EXCHANGE; FUNDAMENTAL CHANGE OF CIRCUMSTANCES; REBUS SIC STANTIBUS]

– **delle circostanze.** Change of conditions, change of circumstances (CIRCOSTANZA; *HARDSHIP CLAUSE*; *REBUS SIC STANTIBUS*; SOPRAVVENUTA IMPOSSIBILITÀ DELLA PRESTAZIONE). [vol. I: CONTRACT: IX. 3, XII; FRUSTRATION; FUNDAMENTAL CHANGE OF CIRCUMSTANCES; GENERAL PRINCIPLES OF LAW; REBUS SIC STANTIBUS; SUPERVENING IMPOSSIBILITY OF PERFORMANCE OF A TREATY]

– **di rotta.** (DIROTTAMENTO)

– **di via, di viaggio di nave.** Deviation, change of voyage (DIROTTAMENTO). [vol. I: CHARTERPARTY; DEVIATION]

– **istituzionale.** Institutional change (COSTITUZIONE POLITICA).

Cambiavalute. Money changer, money broker, foreign exchange dealer (CAMBIO; PAGAMENTO; VALUTA). [vol. I: CURRENCY; MONEY]

Cambio/i. Exchange (AGENTE DI CAMBIO; AGGIO DI CAMBIO; CAMBIAMENTO; CAMBIAVALUTE; CONTRATTO DI CAMBIO; CONTROLLO DEI CAMBI; CORSO DEI CAMBI; DIVISA; GESTIONE VALUTARIA; IN CAMBIO DI; LETTERA DI CAMBIO; MERCATO ESTERO DEI CAMBI; PREMIO DI CAMBIO; RICAMBIO NELLA CAMBIALE; RISCHIO DI CAMBIO; SCAMBIO; SPECULAZIONE SUI CAMBI; SVALUTAZIONE; *SWAP*; TASSO DI CAMBIO; TASSO DI CAMBIO EFFETTIVO; TASSO DI CAMBIO FLUTTUANTE; UNITÀ DI CONTO; VALUTA; VARIAZIONE DEI TASSI DI CAMBIO). [vol. I: *ad vocem;* CHANGE; CURRENCY; EXCHANGE; MONEY; UNIT OF ACCOUNT]

Bibl.:

Borgia, R.C., *Nuove operazioni dirette alla eliminazione del rischio di cambio* (1988) 2 CeI 393.

Galgano, F., *Una società per la gestione accentrata degli esborsi ed introiti valutari di gruppo* (1988) 2 CeI 415.

– **a pronti.** Spot exchange (A PRONTI; CONTRATTAZIONE A TERMINE; TASSO DI CAMBIO).

– **di nome.** Change of name. In questa materia sussistono numerose differenze rispetto alla tradizione di *common law* (NOME).

– **di residenza.** Change of residence, change of address (DOMICILIO; RESIDENZA).

– **estero.** Foreign exchange (*SPOT*; VALUTA).

– **marittimo.** (PRESTITO A CAMBIO MARITTIMO)

Camera/e in genere. Chamber, house (BICAMERALISMO; PARLAMENTO; PARTITI POLITICI). [vol. I: CHAMBERS; HOUSE]

– **alta in genere.** Upper House. Nel R.U. è la *House of Lords* (*infra*, CAMERA DEI *LORDS*).

– **dei Comuni.** House of Commons (PARLAMENTO). [vol. I: PARLIAMENT: IV]

– **dei deputati.** Nell'ordinamento costituzionale britannico si parla di *House of Commons*. Notevoli diversità di contesto storico e politico distinguono quest'ultima dalle più giovani, o giovanissime, istituzioni parlamentari dei paesi di *civil law* (COSTITUZIONE POLITICA; PARLAMENTO). [vol. I: CONGRESS; CONSTITUTION; PARLIAMENT: IV; POLITICAL PARTIES]

– **dei *Lords*.** House of Lords; di natura ereditaria, e di nomina regia, non trova riscontro in nessun altro sistema parlamentare dell'Occidente (PARLAMENTO). [vol. I: APPEAL; COURT: I. 3, II. 4; PARLIAMENT: XII]

– **dei pari.** (*supra,* CAMERA DEI *LORDS*)

– **dei Rappresentanti negli S.U.** House of Representatives (CONGRESSO DEGLI S.U.). [vol. I: CONGRESS]

– **del parlamento.** Houses of Parliament (CONGRESSO DEGLI S. U.; PARLAMENTO).

– **di Commercio Internazionale.** International Chamber of Commerce. Importante istituzione privata che svolge una funzione fondamentale nella promozione della nuova *lex mercatoria* (COMMERCIO INTERNAZIONALE; GRUPPO DI PRESSIONE; *LEX MERCATORIA*). [vol. I: INTERNATIONAL CHAMBER OF COMMERCE]

Bibl.:

Pizzi, A., *Camere di commercio*, in *Digesto IV Utet, Pubbl.,* vol. II: 446.

– **di compensazione.** (STANZA DI COMPENSAZIONE)

– **di consiglio.** In chambers; ma non esiste una corrispondenza esatta. Le questioni che non sono trattate *in open court* sono esaminate *in chambers* (GIURISDIZIONE VOLONTARIA; UDIENZA IN CAMERA DI CONSIGLIO). [vol. I: CHAMBERS; CONTENTIOUS BUSINESS; DAY IN COURT; HEARING; TRIAL; VOLUNTARY JURISDICTION]

– **Stellata.** Star Chamber; era detto così — dall'aula in cui siedeva — il celebre, e per molti versi famigerato, organo giudiziario inglese che amministrava in maniera inquisitoria la giustizia penale in Inghilterra al tempo dei Tudor (GIURIA; PRESUNZIONE DI INNOCENZA; SISTEMA PENALE INQUISITORIO). [vol. I: STAR CHAMBER]

Camorra. Racket, organized crime, Neapolitan racket (CRIMINALITÀ ORGANIZZATA; MAFIA; N'DRANGHETA).

Campagna in genere. Campaign.

– **diffamatoria.** Smear campaign, character assassination (DIFFAMAZIONE).

– **elettorale.** Election campaign; la leggi che regolano lo svolgimento della campagna elettorale sono dette genericamente *campaign laws*. Negli S.U. la campagna elettorale presidenziale è detta *presidential campaign*; in pratica, essa ha inizio dalle elezioni primarie. Una campagna elettorale denigratoria contro l'avversario è detta *negative campaigning*; ma spesso si ricorre ai c.d. *dirty tricks* per screditare l'avversario anche colpendo la sua famiglia (ELEZIONE DEL PRESIDENTE DEGLI S.U.; ELEZIONI POLITICHE; ELEZIONI PRIMARIE; PARTITI POLITICI; SISTEMA ELETTORALE). [vol. I: ELECTION: 2; ELECTORAL SYSTEM; POLITICAL PARTIES]

Campione. Sample (CONFORME; PROVA; SAGGIO; VENDITA SU CAMPIONE).

Campo in genere. Scope, purview, policy, sphere.

– **di applicazione di una legge, di una convenzione internazionale.** Purview, o policy, of a statute; scope, sphere, o field, of application of an international convention (APPLICAZIONE; CONVENZIONE INTERNAZIONALE; SFERA DI APPLICAZIONE). [vol. I: POLICY; SCOPE OF APPLICATION OF A CONVENTION]

– **di concentramento.** Concentration camp, detention camp: nel « virtuoso » Regno Unito sono oggi chiamati *holding centres* quelli che rinchiudono i sospetti irredentisti-terroristi dell'Irland del Nord. In tal caso, si parla anche di *internment without trial* dato che i sospetti non vengono processati (ARRESTI DOMICILIARI; CONFINO DI POLIZIA; GENOCIDIO; GIURIA; INTERNAMENTO; SISTEMA PENALE ACCUSATORIO; TORTURA).

- **di raccolta.** Reception camp (*supra*, CAMPO DI CONCENTRAMENTO).

Canale/i. Channel, canal (CANALI DIPLOMATICI; CANALIZZAZIONE DELLA RESPONSABILITÀ; STRETTI E CANALI). [vol. I: CANAL; CHANNEL; INNOCENT PASSAGE; STRAITS AND CANALS]

- **artificiale.** Canal (STRETTI E CANALI; TRASPORTO). [vol. I: *ad vocem*]
- **diplomatici.** Diplomatic channels (RELAZIONI DIPLOMATICHE; ROTTURA DELLE RELAZIONI DIPLOMATICHE). [vol. I: DIPLOMATIC RELATIONS; SEVERANCE OF DIPLOMATIC RELATIONS]
- **naturale.** Channel (STRETTI E CANALI; TRASPORTO). [vol. I: CANAL; SEA; STRAITS AND CANALS]
- **navigabile.** Waterway, navigable channel (NAVIGAZIONE INTERNA; TRASPORTO).
- **televisivo.** Television channel (*MEDIA*; TELEVISIONE).

Canalizzazione della responsabilità civile. Canalization, o channelling, of liability; termine riferito più spesso alle convenzioni internazionali per indicare che la responsabilità civile è incanalata unicamente su un determinato soggetto ad esclusione di altri potenziali responsabili come, ad es., in tema di convenzioni nucleari che stabiliscono la responsabilità esclusiva dell'esercente dell'impianto nucleare prevista dall'art. 6 della convenzione di Parigi del 1960 sulla responsabilità civile in materia di energia nucleare (ESONERO DALLA RESPONSABILITÀ; LIMITAZIONE DELLA RESPONSABILITÀ CIVILE; RESPONSABILITÀ CIVILE; RESPONSABILITÀ ESCLUSIVA). [vol. I: CANALIZATION OF LIABILITY; STRICT LIABILITY]

Cancellazione in genere. Cancellation, striking off, striking out, erasure, rasure. Ma il termine *cancellation* è riferito anche all'annullamento o risoluzione di un atto o contratto. Esso è spesso impiegato anche in tema di assicurazione; *non-cancellable* è detta la clausola del contratto di assicurazione con la quale si stabilisce il divieto per l'assicuratore di cancellare la polizza in caso di malattia o incidente fin quando il premio assicurativo viene pagato (ABRASIONE; ANNULLAMENTO; CESSAZIONE; CLAUSOLA DEL CANCELLO; ESTINZIONE; NON CANCELLABILE; RISOLUZIONE; SCIOGLIMENTO; RIGETTO). [vol. I: ALTERATION; CANCELLATION; DISMISSAL; INTERLINEATION; RASURE OF A DEED; RECTIFICATION; REVOCATION; STRIKING OUT]

- **dal registro delle società.** Striking off the register of companies, o of corporations (REGISTRO DELLE SOCIETÀ). [vol. I: REGISTER OF COMPANIES]
- **da un registro, albo, ruolo, in genere.** Deregistration, striking off a roll, striking out, removal, vacation, cancellation (ALBO; REGISTRO; RUOLO). [vol. I: DEREGISTRATION; DISBAR; LEGAL PROFESSION; REGISTER; REGISTRAR; REGISTRY; ROLL; STRIKING OFF THE ROLL; STRIKING OUT]
- **del contratto.** Cancellation of contract; ma si noti in questa materia la diversità di regime e di terminologia rispetto ai sistemi di *civil law* (DENUNZIA DEL CONTRATTO; RECESSO; RISOLUZIONE UNILATERALE DEL CONTRATTO). [vol. I: CANCELLATION]
- **della causa dal ruolo.** Grosso modo, striking off the cause list (RUOLO DELLE CAUSE).
- **della causa dal ruolo per abuso delle norme processuali.** Striking out for abuse of process (ABUSO DELLE NORME PROCESSUALI; CAUSA (III); INATTIVITÀ PROCESSUALE). [vol. I: STRIKING OUT]
- **della causa dal ruolo per inattività processuale.** Dismissal of action for want of prosecution (CAUSA (III); INATTIVITÀ PROCESSUALE). [vol. I: DISMISSAL FOR WANT OF PROSECUTION; PLEADINGS; STRIKING OUT]
- **dell'accettazione cambiaria.** Erasure of acceptance (ACCETTAZIONE CAMBIARIA).
- **della girata cambiaria.** Erasure of endorsement (GIRATA DELLA CAMBIALE). [vol. I: ENDORSEMENT]
- **della polizza di assicurazione.** (RECESSO DAL CONTRATTO DA PARTE DELL'ASSICURATORE)
- **di un atto in genere.** Striking off the record (*infra*, CANCELLAZIONE DI UN *SOLICITOR* DALL'ALBO).
- **di un *solicitor* dall'albo.** Striking a solicitor off the roll; negli S.U., dove non esiste la distinzione tra *solicitors* e *barristers*, si parla di striking an attorney off the roll o di *disbarment* che, si noti, ha luogo ad opera dell'autorità giudiziaria (DEONTOLOGIA PROFESSIONALE FORENSE; PROFESSIONE FORENSE; RADIAZIONE DI UN *BARRISTER* DALLA SUA *INN OF*

COURT). [vol. I: DISBAR; LEGAL PROFESSION; SOLICITOR; STRIKING OFF THE ROLL]

– **materiale di un atto** o **parte di esso.** Erasure o rasure of a document (DOCUMENTO). [vol. I: ALTERATION; RASURE OF A DEED]

Cancelleria giudiziaria. Grosso modo, clerk's office. Ma non vi è equivalenza tra l'organamento nostrano e quello inglese e nordamericano degli uffici giudiziari; del resto, questi ultimi sono diversi anche tra loro (CANCELLIERE; DEPOSITO DI ATTI PRESSO LA CANCELLERIA; ORDINAMENTO GIUDIZIARIO; SPESE DI CANCELLERIA). [vol. I: CLERK]

Cancelliere. Clerk of the court; negli S.U. si parla più spesso di *law clerk*. Ma, in senso stretto, non esiste un esatto equivalente della figura nostrana, tipica della tradizione di *civil law*. Sono definiti *court officials* gli ausiliari del giudice come *masters, registrars, clerks, associates,* alcuni dei quali svolgono, di fatto, delle vere attività giurisdizionali, come nel caso dei *masters* e dei *registrars*. Il cancelliere, come del resto il notaio, sono essenzialmente figure di diritto canonico trapiantate nella *civil law*. In effetti, di solito, data la diversità di figura, le opere giuridiche anglo-americane riportano il termine francese di *greffier*. L'analogo più prossimo al cancelliere nostrano è costituito dal *clerk of the court* che però ha responsabilità maggiori del nostro cancelliere. A questo proposito va rilevato che nel sistema inglese il *clerk to the justices* è un *barrister* o un *solicitor*. Si noti che durante la fase del *trial* si procede non già alla verbalizzazione qual è praticata da noi, ma alla trascrizione letterale del dibattimento ad opera del *court stenographer*, o *court reporter* (ARCHIVISTA; AUSILIARI DELLA GIUSTIZIA; CORTE; GIUDICE; NOTAIO; RESOCONTO STENOGRAFICO DEL DIBATTIMENTO; RIVISTE DI GIURISPRUDENZA; STENOGRAFO; USCIERE GIUDIZIARIO; VERBALE). [vol. I: ASSOCIATE; CLERK; COURT; COURT OFFICIALS; MASTER; REGISTRAR; TRANSCRIPT]

Bibl.:

Levoni, A., *Cancelliere e segretario giudiziario nel processo civile*, in *Digesto IV Utet, Civ.,* vol. II: 202.

– **della Corte di Giustizia delle Comunità Europee.** Registrar (CORTE DI GIUSTIZIA DELLE COMUNITÀ EUROPEE).

Candidato. Candidate, nominee, applicant. Negli S.U. il candidato alle elezioni presidenziali scelto dalla *convention* dei partiti è detto *presidential nominee* (CANDIDATURA; ELEZIONI PRIMARIE). [vol. I: CANDIDATE; ELECTION; NOMINEE; PRIMARY ELECTION]

– **al primo turno delle elezioni.** First-round candidate (*infra*, CANDIDATO AL SECONDO TURNO DELLE ELEZIONI; SISTEMA ELETTORALE MAGGIORITARIO A DOPPIO TURNO).

– **al secondo turno delle elezioni.** Second round candidate (*supra*, CANDIDATO AL PRIMO TURNO DELLE ELEZIONI).

– **di partito.** Party nominee (PARTITI POLITICI).

– **indipendente.** Independent candidate.

– **presidenziale negli S.U.** Presidential nominee (ELEZIONE DEL PRESIDENTE DEGLI S.U.).

Candidatura. Candidacy, nomination, application (CANDIDATO; NOMINA).

Canone. Nel senso di norma, regola, è detto *rule* o anche *doctrine*; il termine *canon* è riferito più spesso a un canone della Chiesa o deontologico. Nel senso, invece, di prestazione o corrispettivo in genere, è detto *rate, royalty, fee* (CHIESA; DIRITTO (I) CANONICO; EQUO CANONE; GIUDICE DELL'EQUO CANONE; NORMA; PIGNORAMENTO PER CANONI DI LOCAZIONE DOVUTI). [vol. I: CANON LAW; CHURCH OF ENGLAND; ECCLESIASTICAL LAW; RATE; ROYALTY; RULE]

– **arretrato di locazione di immobile.** Grosso modo, arrears of rent (*infra*, CANONE DI LOCAZIONE DI IMMOBILE). [vol. I: ARREARS]

– **di abbonamento.** Subscription rate (ABBONAMENTO).

– **di affitto.** Grosso modo, rent, rental; ma si notino le differenze con la tradizione di *common law* (AFFITTO). [vol. I: RENT]

– **di concessione in genere.** Royalty (CONCESSIONE). [vol. I: *ad vocem*; RENT]

– **di concessione di brevetto.** Royalty (BREVETTO; CONCESSIONE; DIRITTO (II) DI AUTORE; LICENZA). [vol. I: *ad vocem*; COPYRIGHT; FRANCHISE; LICENCE; MONOPOLY; PATENT]

– **di concessione mineraria** o **di opera dell'ingegno.** Royalty (SFRUTTAMENTO MINERARIO). [vol. I: COPYRIGHT; MINES AND MINERALS; PATENT]

– **di etica professionale.** Canon of professional ethics, canon of professional responsibility (CONDOTTA: 6; DEONTOLOGIA PROFESSIONALE FORENSE; FIDUCIARIO; PROFESSIONE FORENSE). [vol. I: ETIQUETTE AT THE BAR]

– **di interpretazione.** Rule, o canon, of interpretation o of construction (INTERPRETAZIONE). [vol. I: CONSTRUCTION; INTERPRETATION]

– **di locazione di immobile in genere.** Grosso modo, rent; ma si notino le differenze con la tradizione di *common law* (AFFITTO; EQUO CANONE; LOCAZIONE).

– **di locazione di mobili.** Hire, rental (LOCAZIONE; NOLEGGIO). [vol. I: HIRE; RENTAL]

– **di un servizio pubblico.** Rate (SERVIZIO PUBBLICO).

– **nominale di locazione di immobile.** Peppercorn, o nominal, rent (*supra*, CANONE DI LOCAZIONE DI IMMOBILE). [vol. I: *ad vocem*]

– **per la fornitura di acqua.** Water rate. [vol. I: PUBLIC UTILITY]

– **simbolico di locazione di immobile.** Grosso modo, peppercorn rent (*supra*, CANONE DI LOCAZIONE DI IMMOBILE). [vol. I: *ad vocem*; RENT]

– **televisivo.** TV licence fee (TELEVISIONE).

Capace in genere. Able, capable, eligible, qualified, liable to (ABILE; AUTORIZZATO; AVENTE DIRITTO; CAPACITÀ; ELEGGIBILE; IDONEO; INADATTO; INFERMITÀ MENTALE; MAGGIORENNE; SUSCETTIBILE DI). [vol. I: ABILITY; ABLE; ELIGIBLE; LIABLE]

– **di.** Capable of, eligible, liable to, qualified to (SUSCETTIBILE DI).

– **di diritti e doveri** o **obblighi.** Grosso modo, capable of having rights and of being liable to duties (DIRITTI (II) E DOVERI DEI CITTADINI). [vol. I: DUTY; MINOR; NECESSARIES; PERSON; RIGHT; ULTRA VIRES]

Capacità in genere. Capacity, competency, ability, capability, power in genere.
1. La *common law* non ha elaborato una teoria generale della capacità delle persone fisiche e giuridiche paragonabile a quella dei sistemi di *civil law*. Di conseguenza, le norme che regolano la capacità — spesso assai diverse da quelle di *civil law* — vanno ricercate di volta in volta nell'ambito delle singole branche del diritto. La *common law* non ha neanche elaborato la distinzione tra capacità giuridica e capacità di agire; lo straniero è ammesso al godimento dei diritti civili attribuiti al cittadino senza che sia richiesta — come nel sistema italiano — la condizione di reciprocità. Ma si tenga conto, a questo proposito, delle norme comunitarie che hanno determinato sotto molti aspetti un radicale mutamento di regime della materia nell'ambito dei rapporti tra i paesi membri (DIRITTO (I) DELLE PERSONE; DIRITTO (II) DI STABILIMENTO).
2. L'incapacità è resa più spesso dai termini *disability* e *incompetency*. Si parla di *capacity defence* per indicare quella difesa in materia civile e penale con la quale chi sarebbe altrimenti responsabile invoca la propria incapacità (DOLO: 2; INFERMITÀ MENTALE).
3. È detta *capacity to sue* la capacità processuale di agire o di essere convenuti in giudizio. Quanto alla capacità di intendere e di volere ai fini della responsabilità penale, definita *criminal capacity,* negli S.U. — stato federale — esiste una presunzione assoluta di inimputablità del minore di 7 anni. Nel sistema inglese è definito *doli incapax* il minore degli anni 8, che gode di assoluta inimputabilità. È definito, invece, *doli capax* il minore tra gli anni 8 e i 14 che, per quanto presunto ordinariamente inimputabile, mostri sufficiente discernimento per distinguere tra il bene e il male tale da poter essere penalmente imputato delle proprie azioni (BENE E MALE).
4. L'espressione « nella capacità di » è resa dal termine « in the capacity of » o « qua » come, ad es.,« in the capacity of trustee » o « qua trustee » (ABILE; A TITOLO PERSONALE; ATTITUDINE AL LAVORO; AUTORITÀ; CAPACITÀ; ETÀ; IDONEITÀ; INCAPACITÀ; INFERMITÀ MENTALE; LEGGE REGOLATRICE DELLA CAPACITÀ; LIBERTÀ; NELLA CAPACITÀ DI; OMICIDIO; POTERE; RESPONSABILITÀ; SANITÀ MENTALE; STATO CIVILE; STATO E CAPACITÀ DELLE PERSONE; *SUI IURIS*; *STATUS*; UBRIACHEZZA; VESTE). [vol. I: INTRODUZIONE: III. 13; ABILITY; ALIEN; CAPACITY; COMPETENCY; CONTRACT: XVI; CORPORATION; DISABILITY; DOMICILE; INCOMPETENCY; MINOR; NATIONALITY; PERSON; SUI IURIS; STATUS; TORT; ULTRA VIRES]

Bibl.:
Mosconi, F., *Capacità nel diritto internazionale privato*, in *Digesto IV Utet, Civ.*, vol. II: 225.
Schlesinger 1950, ed. 1988: 842.

– **contrattuale.** Capacity to make contract (*supra*, CAPACITÀ IN GENERE). [vol. I: CONTRACT: XVI; NECESSARIES]

– **contributiva.** Ability-to-pay tax (IMPOSIZIONE FISCALE).

– **del concepito.** Capacity of unborn child (CONCEPITO). [vol. I: CHILD; MINOR; PRE-NATAL INJURIES; UNBORN CHILD]

– **del fideiussore.** Capacity of surety (FIDEIUSSORE). [vol. I: SURETY]

- **della persona fisica.** Capacity of natural person (PERSONA FISICA). [vol. I: NATURAL PERSON; SUI IURIS]
- **della persona giuridica.** Capacity of legal, o of artificial, person. Si noti la diversità di principi esistenti in materia tra le due tradizioni giuridiche (PERSONA GIURIDICA; SOCIETÀ (II) QUALE SOGGETTO COLLETTIVO: VII. 5). [vol. I: ULTRA VIRES]
- **dello straniero.** Capacity of alien (STATO E CAPACITÀ DELLE PERSONE; STRANIERO). [vol. I: ALIEN; DOMICILE; NATIONALITY]
- **del minore.** Capacity of minor (*supra*, CAPACITÀ IN GENERE: 3; ETÀ; MINORE; STATO DI BISOGNO). [vol. I: NECESSARIES; PERSON; SUI IURIS]
- **del rappresentato e del rappresentante.** Capacity of principal and agent; ma si noti la diversità di regime rispetto alla tradizione di *common law* (RAPPRESENTANZA). [vol. I: AGENCY; AUTHORITY]
- **di adottare in genere.** Eligibility to adopt children (ADOZIONE). [vol. I: ADOPTION]
- **di agire.** (*infra*, CAPACITÀ GIURIDICA)
- **di contrarre matrimonio.** Capacity to marry (MATRIMONIO). [vol. I: MARRIAGE]
- **di contrattare.** (*supra*, CAPACITÀ CONTRATTUALE)
- **di delinquere.** Criminal capacity (*supra*, CAPACITÀ IN GENERE: 3; DOLO; IMPUTABILITÀ). [vol. I: CRIMINAL LIABILITY; DOLI CAPAX; DOLI INCAPAX; MENS REA; MINOR]
- **di intendere e di volere.** Non esiste un'espressione esattamente corrispondente nella *common law;* si parla più spesso di person of sound mind, person of sufficient discretion and intelligence (*supra*, CAPACITÀ IN GENERE; BENE E MALE; IMPUTABILITÀ). [vol. I: DISABILITY; MENTAL HEALTH; PERSON OF UNSOUND MIND]
- **di pagare.** Ability to pay (SOLVIBILITÀ).
- **di reddito.** Earning capacity (REDDITO).
- **di succedere.** Molto grosso modo, capacity to inherit; ma, in senso stretto, non vi è equivalenza, dato che non vi è successione nel senso romanistico (SUCCESSIONE PER CAUSA DI MORTE). [vol. I: INTRODUZIONE: III. 24; SUCCESSION]
- **di testimoniare.** Competency to testify, to give evidence, o to witness (CONIUGE; RICUSAZIONE DEL TESTIMONE; TESTIMONIANZA). [vol. I: COMPETENCY OF EVIDENCE; EVIDENCE: II. 3]
- **giuridica.** La *common law* non distingue tra capacità giuridica e capacità di agire; grosso modo, la traduzione potrebbe essere, rispettivamente, *capacity to have rights* e *capacity to exercise rights*, o *legal competency* (SOGGETTO DI DIRITTI O OBBLIGHI).

  Bibl.:
  Rescigno, P., *Capacità di agire*, in *Digesto IV Utet, Civ.,* vol. II: 209.
  Schlesinger 1950, ed. 1988: 871.
- **internazionale degli Stati.** International capacity of States (CONFEDERAZIONE: 5).
- **naturale in genere.** Natural capacity; ma non sembra che esista una categoria analoga nella *common law.*
- **nucleare.** Nuclear capability (ENERGIA NUCLEARE).
- **processuale.** Capacity to sue, legal capacity to sue or be sued (INCAPACITÀ PROCESSUALE; *LEGITIMATIO AD CAUSAM*; PROCESSO). [vol. I: DISABILITY; LOCUS STANDI; STANDI]
- **testamentaria.** Testamentary capacity, testamentary power, disposing capacity (*supra,* CAPACITÀ DI SUCCEDERE; TESTAMENTO). [vol. I: TESTAMENTARY POWER; WILL]

Caparra. Earnest, o earnest money, deposit, bargain money. Il termine earnest, o earnest money, indica più spesso quella che sarebbe da noi definita come caparra confirmatoria o, anche, a seconda dei casi, l'anticipo di pagamento, detto, quest'ultimo, *part payment.* Talvolta *earnest* e *part payment* sono considerati equivalenti. Ma si notino le assai diverse regole in tema di clausole penali (ANTICIPO DI PAGAMENTO; CLAUSOLA PENALE; PAGAMENTO; RISARCIMENTO DEL DANNO). [vol. I: DAMAGES; EARNEST; FORFEITURE; PAYMENT; PENALTY]

Bibl.:
De Nova, G., *Caparra*, in *Digesto IV Utet, Civ.,* vol. II: 240.

- **confirmatoria in genere.** Earnest, part payment.
- **penitenziale.** Penalty; ma si noti la notevole diversità della materia nei sistemi di *common law* (CLAUSOLA PENALE). [vol. I: FORFEITURE; PENALTY]

Capitale/ i in genere. Capital, assets; quando si distingue tra capitale e interessi il primo è definito *principal.* Storicamente, il termine *fund* è un sinonimo di capitale; ma si noti che il termine *stock* indica, oltre che il capitale anche il patrimonio sociale. È definito *impaired capital* il capitale di una società quando il conto dell'attivo appare negativo, ossia ridotto rispetto al valore che esso aveva al tempo della sua emissione (AMMONTARE MINIMO DEL CAPITALE; APPORTO DI CAPITALE; AUMENTO DI CAPITALE DELLA SOCIETÀ PER AZIONI; AVVIAMENTO; AZIONE (II) DI SOCIETÀ; CAPITALISMO; DIVIDENDO; ECONOMIA DI MERCATO; FLUSSO DI CAPITALI; FONDO; FUGA DI CAPITALI; GUADAGNO IN CONTO CAPITALE; IMPOSTA SUGLI UTILI DI CAPITALI; INTERESSI SUL CAPITALE; INVENTARIO; INVESTIMENTO DI CAPITALE; MODIFICA DEL CAPITALE SOCIALE; MOVIMENTO DEI CAPITALI; MOVIMENTO INTERNAZIONALE DEI CAPITALI; PATRIMONIO; PATRIMONIO NETTO DI UNA SOCIETÀ DI CAPITALI; PLUSVALENZA; PROPRIETÀ E GESTIONE DELLE SOCIETÀ DI CAPITALI; REDDITO DA CAPITALE; RESTITUZIONE DEL CAPITALE ALLA SCADENZA; REVISIONE CONTABILE; RIDUZIONE DEL CAPITALE AZIONARIO; RIMBORSO DEL CAPITALE; RIMPATRIO DI CAPITALI; RISERVA DI CAPITALE; RISERVE OCCULTE DI CAPITALE; SCORTE; SOCIETÀ (II) COMMERCIALE; *SOCIETAS*; SORTA; UTILI; VALORE; VARIAZIONE DEL CAPITALE SOCIALE). [vol. I: CAPITAL; COMPANY; EQUITY; OFFSHORE; PARTNERSHIP; PRINCIPAL; SHARE; STOCK]

Bibl.:

Tosato, G. L., *Capitali nel diritto comunitario*, in *Digesto IV Utet, Pubbl.*, vol. II: 458.

- **azionario.** Share, o stock, capital, corporate stock (*infra*, CAPITALE SOCIALE DELLA *PARTNERSHIP*; MODIFICA DEL CAPITALE SOCIALE; RIDUZIONE DEL CAPITALE AZIONARIO; SOCIETÀ (II) DI CAPITALI). [vol. I: COMPANY; SECURITIES; SHARE]
- **circolante.** Circulating, current, floating capital, o assets (*infra*, CAPITALE FISSO; ATTIVO CIRCOLANTE).
- **di esercizio.** Working capital (ESERCIZIO).
- **di rischio.** Venture capital; è detta così la speculazione consistente nell'investimento in attività imprenditoriali che comportano un rischio di molto superiore alla media. Ma si parla anche di *seed money* che prende, di solito, la forma di un mutuo non privilegiato, di un investimento in obbligazioni convertibili, o azioni privilegiate convertibili. È detto *risk capital* l'investimento in un'attività imprenditoriale generalmente in cambio di azioni ordinarie, o di una quota del capitale nel caso di *partnership* (RISCHIO).
- **di riserva.** Reserve capital (UTILI DI SOCIETÀ NON DISTRIBUITI). [vol. I: *ad vocem*]
- **emesso.** Issued capital (*supra*, CAPITALE IN GENERE). [vol. I: *ad vocem*]
- **finanziario.** Financial capital (*supra*, CAPITALE IN GENERE).
- **fisso.** Fixed capital (*supra*, CAPITALE CIRCOLANTE).
- **interamento versato.** Fully paid up capital, paid up capital (*supra*, CAPITALE IN GENERE). [vol. I: PAID UP SHARE]
- **minimo versato di società.** Minimum paid in capital. Negli S.U. — stato federale — esso è richiesto in numerosi stati dell'Unione (SOCIETÀ (II) COMMERCIALE).
- **netto di una società** o **azienda.** Net worth of a company, net worth of a corporation (AZIENDA).
- **nominale.** Nominal, authorized, o registered capital. [vol. I: NOMINAL CAPITAL]
- **non richiamato.** Uncalled capital (*infra*, CAPITALE RICHIAMATO). [vol. I: *ad vocem*]
- **obbligazionario.** Debenture capital (OBBLIGAZIONE (II) QUALE TITOLO MOBILIARE).
- **primario di una banca.** Primary capital (BANCA).
- **principale nel mutuo.** Principal (MUTUO; SORTA). [vol. I: INTEREST]
- **richiamato.** Called-up capital (*supra*, CAPITALE NON RICHIAMATO). [vol. I: *ad vocem*]
- **sociale della *partnership*.** Common stock of a partenship, partnership capital (*supra*, CAPITALE AZIONARIO; AZIONE (II) DI SOCIETÀ; OBBLIGAZIONE (II) QUALE TITOLO MOBILIARE; PATRIMONIO SOCIALE).
- **sociale di società di capitali.** Share capital; ma si noti che il termine *stock* indica, oltre che il capitale, anche il patrimonio sociale (MODIFICA DEL CAPITALE SOCIALE DI UNA SOCIETÀ DI CAPITALI).
- **sottoscritto.** Subscribed capital stock, subscribed capital (SOTTOSCRIZIONE DI AZIONI).
- **vaganti.** Hot money (RICICLAGGIO DI DENARO SPORCO).
- **versato.** Paid up capital, paid in capital (*supra*, CAPITALE INTERAMENTE VERSATO; CAPITALE MINIMO VERSATO DI SOCIETÀ).

Capitalismo. Capitalism; ma è cosa che non si trova allo stato di natura.

1. Il fenomeno, economico, appare *man-made*, ma esso è tanto diverso quanti sono i regimi giuridici entro i quali esso è chiamato ad operare. Michel Albert nel suo ottimo saggio [1991, trad. it.] descrive i due principali tipi di capitalismo sviluppatisi nell'Occidente industrializzato: quello *renano* e quello *neoamericano*, e non nasconde le sue preferenze. Ma, in effetti, si tratta di una scelta, oltre che tra meccanismi economici in senso stretto, soprattutto tra regole giuridiche e, in ultima analisi, tra concezioni e filosofie politiche, giuridiche, ed economiche diverse. Che sono notevoli e derivano da numerosi fattori storici e di cultura; ma resta il fatto che, dovunque, uno *stato di diritto* degno del nome non può rinunziare a regolare l'attività economica e, di conseguenza, le diversità tra i due modelli attengono in buona parte anche, se non esclusivamente, al modo in cui il potere pubblico regola l'economia. Il capitalismo non è quindi soltanto un concetto economico: in uno stato di diritto, esso è anche inevitabilmente *un concetto giuridico*, un mix di *regole economiche* e *regole giuridiche* in cui non di rado appare difficile stabilire quale regola e in che misura influenzi, condizioni, o determini l'altra. Si parla da noi di *costituzione economica*, traduzione del parolone teutonico, assai improbabile scienza che assicura molte cattedre ma non riesce neanche a descrivere la (apparentemente) assurda situazione, da un lato, di un baraccone di 150 mila leggi e, dall'altro, l'assenza di *regole elementari* a disciplina del mercato (e della politica). In una situazione in cui l'*economia sommersa*, per le sue abnormi dimensioni, priva di comune misura nei paesi industriali dell'Occidente, costituisce la fonte principale dell'*illegalità di massa* che coinvolge diecine di milioni di persone. Si studia poco o non si studia affatto, salvo eccezioni, l'*analisi economica del diritto*: che invece costituisce lo strumento per capire fin dove il diritto può arrivare senza distruggere l'economia. In ogni caso, sia consentito di esprimere fieri dubbi sulla idoneità di una cultura giuridica tutta di sottigliezze, ma, in fin dei conti, contadinesca, a fornire adeguati strumenti di analisi ad una società come quella nostrana, i cui governanti hanno il *toupet* di affermare essere industriale democratica e pluralista. Quello tra regole economiche e regole giuridiche è rapporto non agevole, che in uno stato di diritto conserva al suo interno un intrinseco dato di tensione dialettica; l'equilibrio è delicato, non si stabilisce una volta per tutte, ma va cercato di volta in volta. E quando si impone la regola del *salario come variabile indipendente*, com'è avvenuto da noi negli anni '70 al tempo del terrorismo sindacale, la regola giuridica finisce col porsi come distruttrice dell'economia.

2. In una società democratica e pluralista numerosi e possenti gruppi di pressione (che non sono, come da noi, esclusivamente delle *lobbies* camorristiche, ma anche portatori di interessi generali) sollecitano il potere pubblico per l'adozione di leggi che intervengano sui processi economici: ma la lettura di questo fenomeno, peraltro tipico delle società pluraliste dell'Occidente, va fatta sulla base dell'idelogia prevalente in un dato momento storico. Di modo che, ad es., chi volesse intendere la natura del capitalismo nordamericano non potrebbe prescindere dalle decisioni della veneranda *Supreme Court*; che derivano dall'ideologia economica che del capitalismo si fanno i giudici, oltre che gli economisti e i politici: com'è stato osservato: « the Supreme Court has occupied a central position in the development of American capitalist institutions since the beginning of the nineteenth century » [H. Hovenkamp, *Capitalism*, in *Oxford* 1992: 117, at 118]. In questo senso, il movimento del *New Deal* ispirato da Franklin D.Roosevelt va considerato tenendo conto del mutamento dell'ideologia economica della *Supreme Court* nell'ultima fase degli anni '30 mediante una maggiore accettazione dell'intervento delle *agencies* federali che dovevano rivelarsi potenti *regolatori* dell'economia. Come si addice ad uno stato federale, una buona parte delle controversie sulle quali si è pronunciata la Corte attiene alla portata e ai limiti del potere regolatorio federale e degli stati dell'Unione. Grazie, o a causa, delle *administrative agencies*, il capitalismo nordamericano è il più regolato dell'Occidente; ma, diversamente da quanto accade da noi, esso non è *gestito* dal potere pubblico (in una atmosfera da *Far West* giuridico). E quindi appare più acconcio parlare di *economia di mercato,* espressione che indica il capitalismo e le regole giuridiche che disciplinano il fenomeno: sono queste ultime a fare, in buona parte, la differenza tra un capitalismo e l'altro (ANALISI ECONOMICA DEL DIRITTO; *DE-REGULATION*; ECONOMIA DI MERCATO; GRUPPO DI PRESSIONE; MONOPOLIO; *NEW DEAL*; TRADIZIONE GIURIDICA).

Bibl.:

Luciani, M., *Economia nel diritto costituzionale*, in *Digesto IV Utet*, *Pubbl.,* vol. V: 373.

Rusconi, G.E., *Capitalismo*, in *Dizionario di Politica* 1976, ed. 1983: 137.

– **di Stato.** State capitalism; dopo il crollo dei regimi comunisti, il nostro paese resta l'unico al mondo ad avere un capitalismo di stato (ECONOMIA DI MERCATO; PRIVATIZZAZIONI).

Capitaneria di porto in genere. Grosso modo, harbourmaster's office, port authority. Ma non esiste nel R.U. un corpo delle capitanerie di porto all'italiana. La gestione dei porti, retta da un assai diverso regime giuridico, è affidata a personale civile (ENTE DEL PORTO; GUARDIACOSTE; PORTO). [vol. I: PORT OF LONDON AUTHORITY; TRINITY HOUSE]

Capitano. Captain (CAPITANERIA DI PORTO; CAPPA; COMANDANTE DI AEROMOBILE; COMANDANTE DI NAVE).

Capitolato d'appalto. Specification of contract for the procurement of goods, services or works. Ma, in senso stretto, non esiste un regime che si possa dire esattamente corrispondente né nel sistema inglese, né in quello nordamericano. La materia degli appalti pubblici, per quanto retta da leggi *ad hoc*, rientra, in definitiva, nella *common law*, ossia nel diritto comune (APPALTO; CONTROLLO GIURISDIZIONALE; GARA DI APPALTO). [vol. I: CONTRACTOR; GOVERNMENT CONTRACTS; TENDER]

Capitolazione. Capitulation, surrender (BELLIGERANZA; GUERRA; PROTETTORATO; REGIME DELLE CAPITOLAZIONI; RESA; SOTTOMISSIONE). [vol. I: BELLIGERENCY; CAPITULATION; SURRENDER; WAR]

Capo. Chief, leader (CAPO DELL'ESECUTIVO; CAPOGRUPPO; COMANDANTE; DIRIGENTE; *LEADER*; NEGOZIATORE CAPO; PREPOSTO; PRINCIPALE). [vol. I: CHIEF; LEADER]

– **dei giurati.** Foreman (GIURIA). [vol. I: JURY]

– **delegazione.** Head of delegation (DELEGAZIONE; NEGOZIATORE).

– **del governo.** Head of government (PRESIDENTE DEL CONSIGLIO DEI MINISTRI).

– **dell'esecutivo.** Chief of the Executive; negli Stati Uniti il Presidente, capo dell'esecutivo, è detto anche *Chief Executive of the Nation*. Quello nordamericano costituisce un sistema presidenziale; anzi, l'archetipo di sistema presidenziale puro (*infra*, CAPO DELLO STATO; ESECUTIVO; STATI UNITI D'AMERICA). [vol. I: CONSTITUTION; EXECUTIVE; GOVERNMENT; PRIME MINISTER]

– **dello Stato.** Head of State (*supra*, CAPO DELL'ESECUTIVO; COSTITUZIONE POLITICA; IMMUNITÀ PARLAMENTARI).

Bibl.:

Baldassarre, A., *Capo dell'Esecutivo*, in *Digesto IV Utet, Pubbl.,* vol. II: 477.

– **di accusa in genere.** Charge (*infra*, CAPO DI IMPUTAZIONE).

– **di imputazione.** Count of indictment, count, charge, article of impeachment. Si usa il termine count per indicare le diverse parti dell' *indictment* in cui i capi di imputazione sono enumerati in ordine successivo. Ma count e *charge* sono sinonimi (AZIONE (I) PENALE; CONCORSO DI CAPI DI IMPUTAZIONE; CONTESTAZIONE IN UDIENZA DEI CAPI DI IMPUTAZIONE; IMPUTAZIONE; MUTAMENTO DEL TITOLO DI REATO O DEL CAPO DI IMPUTAZIONE; RINVIO A GIUDIZIO; TITOLO DI REATO). [vol. I: CHARGE; INDICTMENT; INFORMATION; PROSECUTION]

– **di Stato Maggiore Generale.** Joint Chiefs of Staff (CAPO SUPREMO DELLE FORZE ARMATE).

– **di una sentenza.** Count, heading (SENTENZA).

– **negoziatore.** Chief negotiator (*supra*, CAPO DELEGAZIONE).

Capofamiglia. Householder, head of household, head of family (FAMIGLIA; POLIZZA (I) DI ASSICURAZIONE DEL CAPOFAMIGLIA). [vol. I: FAMILY; HOUSEHOLDER]

Capogruppo. (SOCIETÀ CAPOGRUPPO)

Capostipite in genere. Ancestor (ANTENATO; PARENTELA; SUCCESSIONE PER CAUSA DI MORTE). [vol. I: KIN]

Capoverso. Grosso modo, sub-section; ma si avverta che i testi legislativi e regolamentari inglesi e nordamericani sono formulati in maniera diversa da quella nostrana (ARTICOLO DI LEGGE; LEGGE). [vol. I: STATUTE LAW: VI]

Cappa. Primage, o hat money; ha un'antica origine, ma ora non indica altro che un aumento della rata di nolo (CAPITANO; NOLO; REGALIA). [vol. I: AVERAGE; BILL OF LADING; PRIMAGE]

Bibl.:

Casanova, M., *Cappa del capitano (diritto di)*, in *Digesto IV Utet, Comm.,* vol. II: 474.

– **ed avaria come d'uso.** Primage and average accustomed (AVARIA). [vol. I: *ad vocem*]

Captazione testamentaria. Grosso modo, captation; ma non esiste un'espressione analoga nella *common law*: si parla di undue influence over mind of testator per indicare un concetto analogo (CIRCONVENZIONE DI PERSONE INCAPACI; PLAGIO; TESTAMENTO; VIOLENZA). [vol. I: UNDUE INFLUENCE]

Carabinieri. Non esiste un esatto equivalente, data la assai diversa organizzazione istituzionale della polizia britannica e nordamericana. Naturalmente, *police* sembra la traduzione più adeguata (POLIZIA). [vol. I: POLICE]

Bibl.:

Jannotta, R., *Carabinieri*, in *Digesto IV Utet*, *Pubbl.*, vol. II: 489.

Caratista di nave. Nel sistema inglese la nave non è divisa in carati, ma in (sessantaquattro) quote, dette *shares*; il comproprietario di nave è detto *part-owner of ship* nel caso che si tratti di quella forma di comproprietà detta *ownership in common* (COMPROPRIETÀ DELLA NAVE; NAVE; SEQUESTRO DI CARATI DI NAVE). [vol. I: PART OWNER; SHIP]

Carato in genere. Carat, share (CARATISTA DI NAVE; COMUNIONE; QUOTA).

Carattere. Temper in genere. Character indica più spesso la condotta, o anche la reputazione. Negli S.U., assume grande importanza nelle campagne elettorali la c.d. *character issue*, ossia la questione del carattere dei candidati, della loro coerenza e del loro coraggio: se dovessimo fare la stessa cosa da noi... staremmo freschi (BUONA CONDOTTA; CONDOTTA; DIVORZIO; INCOMPATIBILITÀ DI CARATTERE; PERSONALITÀ; REPUTAZIONE). [vol. I: CHARACTER]

Carcerazione in genere. Jailing, detention, imprisonment, custody (CARCERE; CUSTODIA CAUTELARE; IMPRIGIONAMENTO).

– **preventiva in genere.** Preventive detention, pre-trial incarceration. Incompatibile con il principio della presunzione di innocenza e il sistema processuale accusatorio. Non ammessa nel sistema inglese, ma accolta da taluni stati dell'Unione negli S.U.; di fatto, si fa luogo, in qualche modo, ad una forma carcerazione preventiva quando all'imputato venga negato il *bail*: ma non è la stessa cosa. Si noti che il termine impiegato dal legislatore italiano è ora quello di custodia cautelare; ma l'art. 13 della nostra costituzione parla, appunto, di carcerazione preventiva (CAUZIONE GIUDIZIARIA; CUSTODIA CAUTELARE).

Bibl.:

Lafave and Israel 1985, ed 1992: 24.

Carcere giudiziario. Prison, jail, penitentiary; si parla anche, in genere, di holding facilty, correctional institution o facility, house of correction, lockup. Il direttore del carcere è detto di solito *prison governor*. Negli S.U. — stato federale — gli istituti penitenziari si distinguono in statali, ossia di ogni singolo stato dell'Unione (la grande maggioranza), o federali, detti, rispettivamente, *state*, o *federal correctional institutions* (o *facilities*). Di solito, vi sono confinati i condannati a partire da un anno di reclusione. Vi sono poi le prigioni delle contee (*county jails*). Negli S.U. si distingue tra *prison* e *jail*, a seconda che si tratti di periodi più o meno lunghi di detenzione [Lafave and Israel 1985, ed. 1992: 27]. Si tratta, insomma, del più diversificato dei sistemi penitenziari esistenti al mondo essenzialmente in virtù della natura di stato federale degli S.U.: ognuno di essi (federale-statale-locale) fa capo ad una diversa autorità. Nel sistema federale, esso fa capo al *Bureau of Prisons* che dipende dal Department of Justice. Sembra che il sistema carcerario della Californa e quello federale siano tra i più avanzati del mondo. Lo studio del sistema carcerario nordamericano fu la ragione iniziale del viaggio di Alexis de Tocqueville negli S.U. nella prima metà dell'800; occasione della più importante trattazione politica sulla democrazia moderna (ARRESTO; ARRESTO PER DEBITI; CONDANNATO; CORREZIONALE; CORREZIONE; CUSTODIA CAUTELARE; DETENUTO; DETENZIONE; DIRITTO (I) PENINTENZIARIO; EVASIONE; GUARDIA CARCERARIA; IMPRIGIONAMENTO; IMPUTATO; ISTITUTO DI PENA; LUOGO DI DETENZIONE; PENA; PENITENZIARIO; POLIZIA; PRIGIONE PER DEBITI; RECLUSIONE; RIVOLTA CARCERARIA; SCARCERAZIONE). [vol. I: ARREST; BAIL; BORSTAL; COMMITTAL TO PRISON; CONDITIONAL CUSTODY; DISCHARGE; ESCAPE; FIRST OFFENDER; IMPRISONMENT; JAIL; PAROLE; PRISON; PRISONER; PROBATION; PUNISHMENT; RELEASE; SENTENCING PROCESS]

Bibl.:

Karlen 1967: 70, 77.

– **a vita.** Life imprisonment (ERGASTOLO; PENA).

– **di contea negli S.U.** County jail, city jail.

– **di massima sicurezza.** Maximum security penitentiary, o prison.

– **minorile in genere.** Young offenders institution (MINORENNE).

Carenza di giurisdizione in genere. Lack of jurisdiction (GIURISDIZIONE).

Carica. Office, charge, appointment (DURATA IN CARICA; FUNZIONE; IMPIEGO; IN CARICA; PERMANENZA IN UNA CARICA; TITOLARE DI UN UFFICIO, DI UNA CARICA; UFFICIO). [vol. I: CHARGE; OFFICE]

– **di presidente.** Office of President (ELEZIONE DEL PRESIDENTE DEGLI S.U.).

– **elettiva.** Elective office.

– **onorifica.** Honorary office, office of honour. [vol. I: OFFICE OF PROFIT]

– **pubblica.** Public office (NOMINA A UNA CARICA PUBBLICA).

Caricatore. Shipper, cargo owner, consignor, o cargo interest (A RISCHIO DEL CARICATORE; CARICO; MITTENTE; SPEDIZIONIERE; TRASPORTO; VETTORE). [vol. I: BILL OF LADING; CARGO; CARRIAGE; CHARTERPARTY; CONSIGNOR; SHIPPER]

– **di porto.** Docker, loader, port labourer (LAVORATORE PORTUALE).

Caricazione. Loading (CARICO; SBARCO; SCARICAZIONE; TRASPORTO).

– **di nave.** Loading of ship (CARICO ALLA RINFUSA; IMBARCO DI MERCI; PORTO DI CARICAZIONE; SCARICAZIONE DI NAVE; STALLIE; STIVAGGIO DELLA NAVE; TRASPORTO). [vol. I: BILL OF LADING; CARGO; CARRIAGE: IV; LAY DAYS]

Bibl.:

Costa, F. P., *Caricazione di nave*, in *Digesto IV Utet, Comm.,* vol. II: 475.

– **sopra coperta.** Loading on deck (POLIZZA DI CARICO). [vol. I: BILL OF LADING]

Carico/hi. Cargo, consignment, charge (ABBANDONO DEL CARICO; A CARICO DI; ASSICURAZIONE DEL CARICO; CARICAZIONE; CERTIFICATO DEI CARICHI PENDENTI; DEPREDAZIONE DELLA NAVE o DEL CARICO; MANIFESTO DI CARICO; MEDIATORE DI CARICO; NAVE DA CARICO; NOLO; PARTITA; PERSONA A CARICO; POLIZZA (II) DI CARICO; PRIVILEGIO SUL CARICO; PROPRIETARIO DEL CARICO; RICEVUTA DI BORDO; SCARICAZIONE DEL CARICO; SENSALE DI CARICHI NEL TRASPORTO MARITTIMO; SOVRACCARICO; TRASBORDO DEL CARICO; TRASPORTO; VETTORE). [vol. I: CARGO; CARRIAGE; CONSIGNMENT; DELIVERY; SUPERCARGO]

– **alla rinfusa.** Bulk cargo (RINFUSA).

– **avariato.** Damaged cargo (AVARIA).

– **di lavoro.** Workload (LAVORO).

– **di nave.** Cargo of ship (DEPREDAZIONE DELLA NAVE o DEL CARICO; FURTO DI COSE APPARTENENTI AL CARICO DELLA NAVE; ISPEZIONE DEL CARICO DELLA NAVE).

– **pagante nel trasporto aereo.** Payload (TRASPORTO AEREO).

– **pendenti.** Current charges; nothing current indica che non vi sono carichi pendenti in corso (PRECEDENTI PENALI).

– **pericoloso.** Dangerous cargo (SICUREZZA DELLA NAVIGAZIONE AEREA; SICUREZZA DELLA NAVIGAZIONE MARITTIMA).

– **sopra coperta.** Deck cargo (POLIZZA (II) DI CARICO). [vol. I: BILL OF LADING]

Carità in genere. Charity (BENEFICENZA).

***Carnet* di assegni.** (LIBRETTO DI ASSEGNI)

Carovita. Cost of living (INDICIZZAZIONE). [vol. I: INDEXATION]

Carriera. (MAGISTRATURA DI CARRIERA)

Carta/e in genere. Carta o Charta, charter, paper; *card-holder* è detto il titolore di una carta (DOCUMENTO; LEGGE; MAPPA; STATUTO). [vol. I: MAGNA CARTA; PAPER; SOLICITOR'S LIEN; STATUTE]

– **assegni.** Cheque card (*infra,* CARTA DI CREDITO; EURO-ASSEGNO).

– **Atlantica.** È detta così la Dichiarazione stabilita nel 1941 tra le due grandi democrazie (gli Stati Uniti e il Regno Unito) alleate nella guerra contro il nazifascismo. Essa consacra i princìpi in nome dei quali combattono i regimi dittatoriali delineando anche il futuro assetto delle relazioni internazionali. Costituisce il primo nucleo della Carta delle Nazioni Unite (*infra,* CARTA DELLE N.U.; QUATTRO LIBERTÀ).

Bibl.:

Oppenheim 1905-06, vol. I, ed. 1955: 738, 872.

– **bollata.** Stamped paper. Non esiste negli S.U., né in Gran Bretagna la carta bollata qual è intesa nel nostro paese; tantomeno esiste poi un così diffuso impiego dell'imposta di bollo quale si riscontra in Italia, tipico dei *paesi a regime fiscale borbonico.* Solo alcuni atti previsti espressamente dalla legge sono soggetti all'imposta di bollo, il cui pagamento ha luogo, di solito, con l'apposizione di bolli (*stamps*) acquistati in cartoleria e da applicare sull'atto stesso. La carta semplice è la regola nel caso di domande o richieste ad organi pubblici, come pure nel rilascio di atti o certificati: in effetti, nella visione politica anglo-americana sarebbe intollerabile la regola che condiziona l'esercizio di un diritto al previo pagamento di un'imposta. Lo Stamp Act inglese del 1765 — che imponeva sulle colonie americane una imposta di bollo su giornali, almanacchi, manifesti, atti legali, fatture commerciali, documenti marittimi, polizze di assicurazione, licenze per locali pubblici e di matrimonio, e addirittura per carte e dadi da gioco — fu una delle cause principali della rivoluzione americana contro la madrepatria (AUTOCERTIFICAZIONE; DICHIARAZIONE DEI DIRITTI; IMPOSTA DI BOLLO; IMPOSTA DI REGISTRO). [vol. I: STAMP]

Bibl.:
Jones 1983, ed it. 1984: 40.

– **commerciale.** Commercial paper; nel sistema nordamericano si tratta di un termine generale impiegato per indicare dei *negotiable instruments* come *bills of exchange* (cambiali-tratta), *promissory notes* (pagherò cambiari), *checks* (o *cheques* in inglese), ossia assegni, etc. Negli S.U. — stato federale — la materia è regolata dall' Art. 3 dell'*Uniform Commercial Code*. Da non confondere con il *commercial paper* di cui sopra, è il *chattel paper* previsto dall'Art. 9-105(1) (b) dello stesso UCC, che va inquadrato nel fenomeno della negoziazione dei titoli che assicurano un privilegio mobiliare e che trae origine più spesso da una vendita a credito. Secondo la definizione legislativa « 'Chattel paper' means a writing or writings which evidence both a monetary obligation and a security interest in or a lease of specific goods » (ASSEGNO (II); CAMBIALE; CAMBIALE FINANZIARIA; CAUSE (I) LEGITTIME DI PRELAZIONE: 2; CREDITO; EFFETTI DI COMMERCIO; PRESENTAZIONE DI UN TITOLO DI CREDITO; PRIVILEGIO; PROTESTO; TITOLI DI CREDITO). [vol. I: COMMERCIAL PAPER; NEGOTIABLE INSTRUMENTS: 6; SECURITY]

– **dei diritti del cittadino.** Citizen's charter; come osserva Sabino Cassese nel suo pregevole — e illuminante — *Rapporto sulle Condizioni delle Pubbliche Amministrazioni* [1993: 11]: « In Italia, quella carta dei diritti dei cittadini che va sotto il nome di legge generale sul procedimento amministrativo (7 agosto 1990, n. 241) è inapplicata o dimenticata dalla maggior parte delle amministrazioni e persino dai cittadini che dovrebbero valersene » (TUTELA DEI DIRITTI).

– **della causa.** (*infra,* CARTE DI UNA PRATICA; ATTI DELLA CAUSA)

– **delle N.U.** Charter of the U.N.; U.N. Charter; adottata nel 1945 (*supra*, CARTA ATLANTICA; NAZIONI UNITE).

Bibl.:
Oppenheim 1905-06, vol. I, ed. 1955: 401.

– **di bordo.** (DOCUMENTI DI BORDO)

– **di credito.** Credit card; si parla di *credit card fraud* per indicare la frode commessa mediante carte di credito (CREDITO; FRODE; TUTELA DEL CONSUMATORE). [vol. I: CREDIT CARD]

– **di credito non richiesta.** Unsolicited credit card (SOLLECITAZIONE).

– **d'identità.** Identity card: tale documento non esiste, né è richiesto nel sistema inglese o nordamericano. L'obbligo di munirsi di una carta di identità fu introdotto eccezionalmente nel R.U. per il periodo della guerra dal National Registration Act 1939, e abolito immediatamente dopo la fine della guerra. La tutela della riservatezza arriva al punto che, unica in Europa, nel sistema britannico perfino la patente di guida è priva di fotografia. Una recente proposta del governo all'esame del parlamento di introdurre una patente magnetizzata con fotografia e altri dati personali (gruppo sanguigno, etc.), ha suscitato vive proteste dei gruppi libertari. A riprova di quanto sia radicata nella cultura anglo-americana la difesa della riservatezza, e diffuso il timore che una schedatura nazionale possa costituire strumento di un possibile controllo dei cittadini. Si tratta di preoccupazioni prive di riscontro sul continente europeo, e meno che mai nel nostro paese dove solo la intrinseca inefficienza del sistema costituisce una sia pur modesta difesa contro un potere pubblico poliziesco. E pensare che un ministro dell'interno — ex magistrato, ovviamente — aveva qualche anno fa insistentemente proposto l'obbligo di porto della carta d'identita per tutti i cittadini italiani sanzionato da severissime sanzioni detentive che andavano fino a dieci anni di reclusione. Neanche negli S.U. esiste una carta d'identità qual è intesa in Italia (AUTOCERTIFICAZIONE; DOCUMENTO DI RICONOSCIMENTO; IDENTITÀ; PASSAPORTO; RISERVATEZZA). [vol. I: IDENTITY CARD; PRIVACY]

Bibl.:
Corso, G., *Carta d'identita*, in *Digesto IV Utet, Pubbl.*, vol. II: 515.

- **d'imbarco.** Boarding card, boarding pass (BIGLIETTO AEREO; PASSEGGERO; TRASPORTO AEREO).
- **di riconoscimento in genere.** Identification paper (*supra,* CARTA D'IDENTITÀ).
- **di una pratica.** Papers of a file (PRATICA; PRIVILEGIO DELL'AVVOCATO). [vol. I: SOLICITOR]
- **e registri domestici.** Household papers and books of account (DOCUMENTI CONTABILI).
- **euro-assegni.** Euro-cheque card (*supra*, CARTA ASSEGNI; CARTA DI CREDITO; EURO-ASSEGNO).
- **moneta.** Paper money, note (BANCONOTA; DENARO; MONETA). [vol. I: NOTE]

Cartella in genere. Ticket, form, bond, bill, certificate, coupon (CARTA).

- **azionaria.** Share, o scrip, certificate (CERTIFICATO AZIONARIO).
- **clinica in genere.** Patient's file, case history (PERIZIA MEDICA; REFERTO MEDICO).
- **di pegno.** Pawn ticket (PEGNO).
- **di rendita.** Annuity bond (RENDITA). [vol. I: ANNUITY]

Cartello industriale. Cartel; ma si tratta di termine di origine tedesca: nel sistema inglese si parla più spesso di *restrictive trade practices* e negli S.U. di *trust.*
1. Il cartello inteso a stabilire una situazione di controllo su prodotti o servizi incontra dei severi limiti nella legislazione *anti-trust,* particolarmente severa negli S.U. Ma con il termine cartel si intende anche un'associazione tra imprese aventi interessi comuni diretta ad evitare l'eccessiva o sleale concorrenza, allocare i mercati, promuovere lo scambio di informazioni scientifiche, di diritti di brevetto, e standardizzare la produzione (ABUSO DI POSIZIONE DOMINANTE; COALIZIONE DI IMPRESE; CONCENTRAZIONE TRA IMPRESE; MONOPOLIO). [vol. I: ANTI-TRUST ACTS; HOLDING; MONOPOLY; MULTINATIONAL COMPANY; RESTRICTIVE TRADE PRACTICES; TAKE-OVER; TRADE PRACTICES; TRANSNATIONAL CORPORATION]
2. In diritto internazionale, il termine indica l'accordo tra belligeranti sullo scambio di prigionieri o disertori, ovvero che autorizza taluni rapporti non ostili, come le comunicazioni postali, telegrafiche, telefoniche, etc., altrimenti impedite dallo stato di guerra (GUERRA).

Casa. House, abode, place, flat, home. L'abitante proprietario di casa è detto *home-owner*; ma *home* indica anche la casa come edificio: *used homes* sono le case vecchie; *home-buyer* è l'acquirente di casa (ABITAZIONE; ACQUIRENTE DELLA PRIMA CASA; DIMORA: DIRITTO (II) ALLA CASA; DOMICILIO; OSPIZIO PER I SENZA TETTO; PRIMA CASA; SENZA TETTO). Nel senso di impresa, ditta, azienda si parla di firm, business, house, concern (DITTA; FORNITORE DELLA REAL CASA; IMPRESA; REAL CASA). [vol. I: BUSINESS; FIRM; GOODWILL]

- **comunale.** Town hall (AUTOGOVERNO; COMUNE). [vol. I: LOCAL GOVERNMENT]
- **da gioco.** Gambling house, casino (GIOCO D'AZZARDO; IMPOSTA SUL GIOCO D'AZZARDO).
- **di cura per anziani.** Nursing home (SERVIZIO SANITARIO NAZIONALE).
- **di pena.** (ISTITUTO DI PENA)
- **di rieducazione per minorenni.** (ISTITUTO DI RIEDUCAZIONE PER MINORENNI)
- **di tolleranza.** Brothel, bawdy house (LENOCINIO).
- **matrimoniale.** Matrimonial home (ABITAZIONE; DOMICILIO CONIUGALE; MATRIMONIO). [vol. I: *ad vocem*; HUSBAND AND WIFE; SEPARATION]
- **popolare.** Council house, public house. Negli S.U., sono di solito definite public houses agencies gli istituti preposti alla gestione di case popolari.
- **reale.** (REAL CASA)

Casellario giudiziale. Grosso modo, Criminal Records Office; ad essi sono preposti, nel sistema inglese, funzionari di polizia. Rientra nelle incombenze della polizia o dell'accusa nel processo penale accertare i precedenti penali dell'imputato ma, a pena di nullità del processo, è fatto divieto di portarli a conoscenza della giuria o del giudice prima che ne sia stata accertata la colpevolezza. Negli S.U. — stato federale — in cui la materia rientra nella attribuzioni dei singoli stati dell'Unione, si parla di *arrest record.* Ma non esiste, in senso stretto, un'istituzione e un regime giuridico analogo a quello del casellario giudiziale italiano. Non si ha idea né del cosiddetto certificato penale, né del certificato dei carichi pendenti, parte del *folklore* borbonico che caratterizza anche i più tenui rapporti del cittadino con la pubblica amministrazione nostrana. In effetti, la prova richiesta al cittadino di non aver riportato condanne penali, di non figurare come imputato in un processo penale in corso, di non-mafiosità (che, a rigor di logica, postulerebbe l'esistenza di un Pubblico Registro dei Mafiosi) è impensabile nei paesi di cultura giuridica anglo-americana. Una stranezza, peraltro solo apparente, del sistema nostrano è quella per cui la legge esclude la presenza di mafiosi nelle candidature alle amministrazioni locali, ma non stabilisce un analoga regola rispetto al parlamento nazionale. Il sistema inglese e quello nordamericano sono molto avanzati nel promuovere la riabilitazione dei condannati anche mediante il divieto della menzione pubblica dei precedenti penali di un condannato che abbia scontato la pena senza riportate ulteriori condanne. Insomma, anche qui un esempio del ragionevole equilibrio tra l'esigenza di disporre di informazioni sui precedenti penali dell'imputato, o di talune categorie di persone, e quella di assicurare il rispetto della persona umana (BUONA CONDOTTA; CERTIFICATO DEI CARICHI PENDENTI; CERTIFICATO PENALE; CONDANNA PENALE; PRECEDENTI PENALI; PREGIUDICATO). [vol. I: CRIMINAL RECORDS; PREVIOUS CONVICTIONS; REHABILITATION OF OFFENDERS]

Cash and carry. Termine ormai entrato nel nostro linguaggio giuridico che indica il fenomeno dell'acquisto a pronta cassa e il contemporaneo asporto delle merci. Si tratta di un tipo di contratto (ma non è un contratto-tipo nel nostro ordinamento) che elimina numerose funzioni del grossista tradizionale e si inquadra nella disciplina del commercio all'ingrosso e della distribuzione. Aldo Frignani ha trattato assai bene e diffusamente la materia (CONTANTE; DETTAGLIO; GROSSISTA; VENDITA AL DETTAGLIO). [vol. I: CASH AND CARRY]

Bibl.:

Frignani, A., *Cash and caryy*, in *Digesto IV Utet, Comm.*, vol. II: 504.

Casi e materiali. Cases and materials.
1. Termine che comincia a fare capolino anche in Italia sul frontespizio di talune opere giuridiche nostrane. Si tratta spesso semplicemente di un vezzo; nei casi migliori, invece, riflette la crescente importanza della giurisprudenza anche nel nostro paese. Nel sistema inglese e nordamericano i *case books* includono, grosso modo, dei repertori commentati di giurisprudenza, testi legislativi, articoli ed altri materiali relativi ad una determinata materia; per questo si parla, appunto, di *cases and materials*. Essi sono impiegati come materiale didattico fondamentale. Ma questi termini si raccordano ad un diverso metodo di studio della materia giuridica che trova la sua principale spegazione nell'assai diversa teoria delle fonti. Negli S.U. è definita *Hornbooks* una popolare serie di testi giuridici che, in maniera molto dignitosa sul piano scientifico — spesso didatticamente notevolmente superiori ai nostri disastrosi testi universitari — espone i fondamenti del diritto: in questo senso, si parla di *Hornbook law* per indicare nel gergo dei giuristi la trattazione istituzionale del diritto.
2. Ormai celebre è l'opera pionieristica di Gino Gorla dal titolo significativo *Il contratto — Problemi fondamentali trattati con il metodo comparativo e casistico* — [1955] fortemente innovativo della metodologia dello studio del diritto. *Comparative Law-Cases-Text-Materials* — recita l'opera di un altro eminente comparatista, R. B. Schlesinger [1950, ed. 1988]. La giovane ma utilissima rivista diretta da Francesco Galgano *Contratto e Impresa* pone in opportuno rilievo l'esigenza di studiare i *cases* e i *materials* (CASO; CASO GIUDIZIARIO; DIGESTO; GIURISPRUDENZA; MANUALE GIURIDICO; METODO CASISTICO; PRECEDENTE GIUDIZIARIO; RIVISTE DI GIURISPRUDENZA; TESTO GIURIDICO). [vol. I: CASE; CASE BOOK; CASE LAW; CASE METHOD; COMMON LAW]

Caso. Case, accident, occurrence, event; ma si noti che il termine *case* indica anche il caso giudiziario (ARCHIVIAZIONE DI UN CASO; CASI E MATERIALI; EVENTO; FATTISPECIE; IN CASO DI).

– **di bisogno.** In case of need (BISOGNATARIO; BISOGNO; FABBISOGNO; INDICATARIO AL BISOGNO; STATO DI BISOGNO). [vol. I: CATCHING BARGAIN; NECESSARIES]

– **di bisogno nella cambiale.** (INTESTATARIO AL BISOGNO)

– **di forza maggiore.** Lett., case of *force majeure*, case of necessity; ma si notino le differenze che in questa materia esistono tra le due tradizioni giuridiche (*infra*, CASO FORTUITO; FORZA MAGGIORE).

– **di frode.** Fraud case (*infra*, CASO GIUDIZIARIO; CASI E MATERIALI; FRODE).

– **di omicidio.** Murder case (OMICIDIO).

– **di scuola.** Moot case (*infra*, CASO GIUDIZIARIO; CASI E MATERIALI). [vol. I: *ad vocem*]

– **fortuito.** Fortuituous event, *cas fortuit*, misadventure. Ma è dubbio che vi sia un corrispondente esatto; in effetti, il concetto di forza maggiore non ha precisa equivalenza nella *common law*. Forse l'analogo più prossimo è reso dal termine *inevitable accident*: quando esso è dovuto a cause naturali si parla di *act of God*. Assieme all'atto o fatto del terzo, costituisce una valida difesa nel caso di *strict liability*, ossia di responsabilità presunta (*supra*, CASO DI FORZA MAGGIORE; ATTO DI DIO; FORTUITO). [vol. I: ACT OF GOD; HOMICIDE; INEVITABLE ACCIDENT]

– **giudiziario.** Case; ma, in effetti, se si tiene conto della assai diversa teoria delle fonti, il termine è privo di esatta equivalenza nei sistemi di *civil law*. Il *case* può dar luogo a un *precedent* che crea una nuova regola giurisprudenziale. È detta *leading case* quella decisione che, mediante la tecnica del *precedent,* contiene la regola giurisprudenziale principale esistente su una certa materia (CASI E MATERIALI; CAUSA (III); FONTI DEL DIRITTO; PRECEDENTE GIUDIZIARIO). [vol. I: CASE LAW; CASE METHOD; COMMON LAW; LEADING CASE; LEGAL RULE; PRECEDENT; STARE DECISIS]

– **in questione, nel.** In the instant case (FATTISPECIE CONCRETA).

– **legale in genere.** Legal case; da non confondere con *case-law* (*supra,* CASO GIUDIZIARIO).

Cassa. Cash, bank (ANTICIPO DI CASSA; ASSEGNO DI SPORTELLO; ATTIVO DI CASSA; AVANZO DI CASSA; BILANCIO; CASSIERE; CONTABILITÀ DI CASSA; FLUSSO DI CASSA; FUSIONE DI SOCIETÀ; LIBRO DI CASSA; ORARIO DI CASSA; PRONTA CASSA; RICAVATO; RICEVUTA DI CASSA; SCONTRINO DI CASSA; TESORIERE). [vol. I: CASH AGAINST DOCUMENTS; CASH AND CARRY; CASH ON DELIVERY; CASH ORDER; CASH PROCEEDS; CASH VOUCHER]

– **bancaria continua.** Automatic teller machine (SPORTELLO BANCARIO AUTOMATICO).

– **bancaria notturna.** Night safe (BANCA).

– **di deposito.** (*infra,* CASSA DI RISPARMIO)

– **di risparmio.** Savings bank (BANCA DI RISPARMIO). [vol: I: *ad vocem*]

Bibl.:

Sgaramella, G., *Cassa depositi e prestiti*, in *Digesto IV Utet, Pubbl.,* vol. II: 525.

– **integrazione guadagni.** Grosso modo, redundancy fund; ma, in senso stretto, si tratta di invenzione nostrana priva di equivalenza nel sistema britannico che, invece, ricorre al sussidio di disoccupazione. Storicamente, l'istituto italiano risale, sembra, al 1941, ma il Mostro che conosciamo è frutto esclusivo della *democrazia consociativa* (SUSSIDIO DI DISOCCUPAZIONE).

– **piccola.** Petty cash.

Cassazione. Lett., quashing. Ma in effetti né nell'ordine giudiziario inglese, né in quello nordamericano esiste una giurisdizione fondata sulla dicotomia di giudizio (o questione) di merito-giudizio (o questione) di legittimità. Né la *House of Lords*, né la *Supreme Court of the U.S.* costituiscono delle corti di cassazione nel senso francese del termine: si procede all'annullamento della sentenza impugnata con rinvio, oppure all'annullamento o modifica della sentenza impugnata sostituendovi la propria decisione. Nel sistema inglese con l'*order of certiorari, la Queen's Bench Division* della *High Court,* nell'ambito dei *prerogative orders*, annulla (*quashes*), tra l'altro, le decisioni delle *inferior courts* per vizio di giurisdizione o errore di diritto. Un analogo procedimento esiste negli S.U. (APPELLO; CORTE DI CASSAZIONE; ORDINAMENTO GIUDIZIARIO; QUESTIONE DI FATTO-DI DIRITTO; RINVIO). [vol. I: APPEAL; CERTIORARI; COURT; HOUSE OF LORDS; OVERRULING; QUASHING; REMAND; REMISSION; REMOVAL]

Bibl.:

Schlesinger 1950, ed. 1988: 464.

– **con rinvio.** Lett., quashing a judgment with remand (*supra*, CASSAZIONE).

– **di una sentenza in genere.** Quashing a judgment (SENTENZA).

Cassetta di sicurezza. Safe deposit box (BANCA).

Cassiere. Cashier, receiver, teller (CASSA; CONSEGNATARIO; CONTABILE; CUSTODE; TESORIERE).

Castelletto bancario. Credit line (CONTO CORRENTE).

Casuale. Accidental, fortuitous (ACCIDENTALE; CASO FORTUITO; INTENZIONALE; VOLONTARIO).

Casus omissus. Con questo termine, nei sistemi di *common law* si fa più spesso riferimento alla lacuna giuridica nella *statute law,* o legge scritta. Ma il problema relativo si presenta in maniera assai diversa in quella tradizione giuridica a causa della dissimile teoria delle fonti, che comporta altri criteri di interpretazione. Ma, anche in questa materia, le originarie distanze si stanno accorciando (INTERPRETAZIONE; LACUNA GIURIDICA; ORDINAMENTO GIURIDICO; PRINCÌPI GENERALI DI DIRITTO; SISTEMA GIURIDICO). [vol. I: INTRODUZIONE: III. 5; CASUS OMISSUS; COMMON CORE OF LEGAL SYSTEMS; GENERAL PRINCIPLES OF LAW; INTERPRETATION; SOURCES OF LAW]

Catalogo. Catalogue (ELENCO; LISTA; TABELLA; TAVOLA).

Catasto in genere. Lett., Grosso modo, tax inventory and assessment of real property. Ma non esiste un equivalente esatto del *cadastre* francese. Un analogo che non coincide con esso è il government survey system; ma si parla anche di *ordinance survey*. Probabilmente, sul piano storico, il primo, o uno dei primi catasti, fu quello ordinato in Inghilterra da Guglielmo il Conquistatore nel 1086, ancora oggi utilizzato come elemento di prova relativamente ad alcuni diritti feudali sopravvissuti (IMPOSTA CATASTALE; MAPPA CATASTALE; PARTICELLA CATASTALE; PIANO REGOLATORE; SUOLO). [vol. I: DOMESDAY; REGISTER]

Bibl.:
Whitakers's Almanack 1994: 340.

Catastrofe naturale. Natural catastrophe, act of God (AREA DISASTRATA; ATTO DI DIO; CASO FORTUITO; EVENTO FORTUITO; EVENTO IMPREVEDIBILE; FORZA MAGGIORE).

Categoria in genere. Category (ASSOCIAZIONE DI CATEGORIA; AZIONE (I) DI CATEGORIA; GRUPPO DI PRESSIONE; *LOBBYING*; RAPPRESENTANZA PROCESSUALE; *STATUS*).

– **giuridica.** Legal category (BRANCA DEL DIRITTO; DIVISIONI DEL DIRITTO; TRADIZIONE GIURIDICA).

Catering. Questo termine, ormai entrato nel linguaggio giuridico italiano, indica, in breve, la ristorazione collettiva, ossia l'insieme dei servizi e dei sistemi idonei a soddisfare le esigenze alimentari delle comunità. Esso comporta una tecnica contrattualistica particolare (APPALTO; APPROVVIGIONAMENTO; COMMISSARIATO; FORNITURA; RIFORNIMENTO; SOMMINISTRAZIONE).

Bibl.:
Pittalis, M., *Catering* (1989) 1 CeI 263.

Cattiva/o in genere. Bad.

– **adempimento del contratto.** Breach of contract (INADEMPIMENTO). [vol. I: MISFEASANCE]

– **amministrazione.** Mismanagement, maladministration (ABUSO DI POTERE; AMMINISTRAZIONE).

– **condotta in genere.** Misbehaviour, misconduct, conduct unbecoming; ma si noti che il termine *bad character* è riferito più spesso a persona avente precedenti penali (*infra*, CATTIVA REPUTAZIONE; BUONA CONDOTTA; CONDOTTA; PRECEDENTI PENALI). [vol. I: BAD CHARACTER; CHARACTER; MISBEHAVIOUR; MISCONDUCT; NEGLIGENCE; PREVIOUS CONVICTIONS]

– **fede.** (MALA FEDE)

– **manutenzione in genere.** Neglect in upkeeping, o maintaining; quando si riferisce agli immobili, è definita *waste* o *dilapidation* (MANUTENZIONE).

– **reputazione.** Bad character, bad reputation (*supra*, CATTIVA CONDOTTA; REPUTAZIONE; RISERVATEZZA). [vol. I: *ad vocem*]

– **tenuta dei libri contabili.** Defective book-keeping, bad record keeping; può costituire reato (BANCAROTTA FRAUDOLENTA; FALLIMENTO; LIBRI CONTABILI).

Cattura in genere. Arrest, apprehension, seizure; il termine *capture* ricorre più spesso in diritto internazionale (ARRESTO; FERMO; IMPOSSESSAMENTO; LATITANTE; SEQUESTRO DI PERSONA; TERRORISMO). [vol. I: ARREST; CAPTURE; HIJACKING; KIDNAPPING]

– **di nave.** Capture of ship; va distinta dall'*arrest of ship*. La cattura da parte di terroristi è detta *hijacking of ship* (NAVE; SEQUESTRO CONSERVATIVO DI NAVE). [vol. I: ARREST OF SHIP; CAPTURE; FREE OF CAPTURE AND SEIZURE]

– **illecita di aeromobile.** Aircraft hijacking, unlawful seizure, o control, of an aircraft. La sua diffusione ha determinato una serie di convenzioni internazionali sulla materia (IMPOSSESSAMENTO; PIRATERIA; TERRORISMO). [vol. I: AIR PIRACY]

Bibl.:
Rivello, P.P., *Cattura illecita di aeromobile*, in *Digesto IV Utet, Pen.*, vol. II: 112.

Causa/e (I) (motivo, ragione, movente, titolo). Ground, reason, motive (A CAUSA DI; AVENTE CAUSA; GIUSTA CAUSA; MOTIVAZIONE DELLA SENTENZA; MOTIVO; RAGIONE; TITOLO).

– **del contratto.** Termine intraducibile. In effetti, la *common law* non accoglie questo concetto; essa ha elaborato il concetto caratteristico di *consideration*, che costituisce un analogo col quale peraltro, sul piano dei princìpi, non coincide. Ma, anche qui, le originarie differenze tra le due tradizioni giuridiche vanno di fatto attenuandosi sempre più, specie ad opera della giurisprudenza nordamericana. Questa diversità riflette la fondamentale concezione del *simple contract* come un *bargain*, cioè come uno scambio, in cui l'obbligatorietà del vincolo discende non già, come nella *civil law*, dal solo consenso delle parti, ma bensì, appunto, anche dall'esistenza di una *consideration*. Questo requisito dà luogo, oltre che ad una notevole diversità di regime del contratto, anche al mancato accoglimento della figura della *negotiorum gestio* e dell'arricchimento senza causa. Quanto sopra vale anche per la causa del negozio giuridico, paradigma pandettistico ignoto al diritto inglese e nordamericano (ARRICCHIMENTO SENZA CAUSA; ASTRATTEZZA DELL'OBBLIGAZIONE; CONTRATTO: III, IV; *NEGOTIORUM GESTIO*; TEORIA DELLA PRESUPPOSIZIONE; TRADUZIONE GIURIDICA). [vol. I: INTRODUZIONE: III. 17; CONSIDERATION; CONTRACT: V; NEGOTIORUM GESTIO; PACTA SUNT SERVANDA; UNJUST ENRICHMENT]

Bibl.:

Ferrigno, L., *L'uso giurisprudenziale del concetto di causa del contratto* (1985) 1 CeI 115.
Gorla 1955, vol. I: 339, 349, *passim*; vol. II: 585, 617.
id., 1981: 105, 122.

– **del negozio giuridico.** (*supra*, CAUSA DEL CONTRATTO)

– **di annullamento del matrimonio.** Ground for annulment of marriage (ANNULLAMENTO). [vol. I: MARRIAGE; NULLITY; RESCISSION; VOID e VOIDABLE]

– **di divorzio.** Ground for divorce (DIVORZIO).

– **di esonero.** Ground for exoneration (ESONERO).

– **di giustificazione.** Legal excuse, excuse; come, ad es., nel caso di omicidio, la legittima difesa (GIUSTIFICAZIONE).

– **di non punibilità.** Excuse, legal excuse, defence to a criminal charge (*supra*, CAUSA DI GIUSTIFICAZIONE).

Bibl.:

Grande, E., *Justification and excuse (le cause di non punibilità nel diritto anglo-americano)* in *Digesto IV Utet, Pen.*, vol. VII: 309.

– **di onore.** Il diritto inglese non conosce *eo nomine* questa attenuante, fino a qualche anno fa caratteristica del diritto penale italiano in tema di aborto, di abbandono di neonati, di infanticidio, di lesioni personali e di omicidio. Ma la la difesa di *provocation* si riduce, se accolta, in sostanza, a cosa non troppo diversa. Talvolta si parla di *crime passionnel* per indicare l'omicidio per gelosia. Sentimento attribuito di solito ai più focosi continentali; di fatto, a giudicare dall'accoglimento della difesa, spesso ammessa oltre i limiti della decenza, non ignoto anche presso gli inglesi (ONORE; PROVOCAZIONE). [vol. I: ABORTION; MURDER; PROVOCATION].

Bibl.:

Caraccioli, I., *Causa di onore*, in *Digesto IV Utet, Pen.*, vol. II: 116.

– **di prelazione.** (*infra*, CAUSE LEGITTIME DI PRELAZIONE)

– **di pubblica utilità.** Grosso modo, by right of public domain (ESPROPRIAZIONE PER PUBBLICA UTILITÀ).

– **illecita del contratto.** Non esiste un termine corrispondente: la *common law* non accoglie il concetto di causa del contratto, ma ha elaborato il concetto di *consideration*. Si parla, quindi, di *unlawful consideration* (BUON COSTUME; CONTRATTO: III; ORDINE PUBBLICO). [vol. I: CONSIDERATION; ILLEGAL CONTRACT; PUBLIC POLICY]

– **legittime di prelazione.** Non sembra che esista sul piano lessicale una siffatta categoria giuridica: forse una traduzione potrebbe essere quella di *grounds for priority,* o *preference, among creditors*. Ma, a parte il dato terminologico, il diritto inglese e nordamercano (in particolare) hanno sviluppato un ben più formidabile armamentario di misure in questa materia, grazie anche al ricorso alle regole dell'*equity*. Non ultima tra le considerazioni da fare, vi è quella che attiene alla notevole differenza che i diversi tempi della giustizia comportano nell'esercizio effettivo delle cause di prelazione tra il sistema inglese e nordamericano da un lato e quello nostrano dall'altro. Senza una decorosa efficienza dell'amministrazione della giustizia, la tutela dei diritti (di cui la cause di prelazione sono parte), tutti i ragionamenti che si fanno sulla materia finiscono col diventare troppo spesso una presa in giro: si pensi ai diritti dei lavoratori, delle vittime di incidenti, etc. (CREDITO; ESECUZIONE; GARANZIA GENERALE; INVENTARIO; MUTUO; PIGNORAMENTO; POSTERGAZIONE DEL CREDITO; PREFERENZA NEL PAGAMENTO; PRELAZIONE; PRESTITO; PRIORITÀ NEL PAGAMENTO; PRIVILEGIO FLOTTANTE; SUBORDINAZIONE DI UN CREDITO A UN ALTRO; TEMPI DELLA GIUSTIZIA; TUTELA DEI DIRITTI; VINCOLO SULLA PROPRIETÀ).

1. In effetti, i termini *preference*, *priority*, *lien, mortgage, charge* esprimono, di volta in volta, delle cause di prelazione. Il termine *security* indica la garanzia reale (*mortgage, pledge, charge*) o personale. Rientra nel concetto di *security* anche il privilegio, detto più spesso *lien*. Sono detti *preferential payments*, o *debts having priority over others* i pagamenti fatti con preferenza rispetto ad altri in virtù della natura del credito, ovvero i crediti assistiti da privilegio. Nel concorso tra più creditori, si distingue tra *senior* e *junior creditors*: i primi hanno diritto ad essere soddisfatti con precedenza rispetto ai secondi.

2. Una causa di prelazione priva di equivalenza (sembra, anche se vi è qualche analogia con il privilegio generale sui mobili nostrano) nella *civil law* è costituita dalla *floating charge,* consistente in un tipo di *security*, ossia di privilegio, riferito a tutto il patrimonio della società di capitali. Essa trova la sua fonte nelle regole dell'*equity*, e indica più spesso il privilegio da cui è assistita una *debenture*, ossia un'obbligazione. La sua caratteristica principale consiste nel fatto che essa non ha per oggetto singoli beni, ma si tratta di un privilegio *ambulatorio* riferito a tutto il patrimonio della società che, al verificarsi di un certo evento (insolvenza, etc.), secondo la terminologia corrente, *crystallizes,* ossia diviene fisso. Il vantaggio è che essa consente, nella fase precedente, la libera disposizione dei beni fin quando non si verifichi l'evento in parola, ossia senza le difficoltà derivanti dalla disposizione di un bene gravato da una *fixed charge*. Al di fuori della materia societaria, un altro tipo di causa di prelazione è il c.d. *floating lien*, consistente in un privilegio che ha per oggetto un mobile, o un insieme di mobili, anche se esso o essi cambiano natura, classificazione o ubicazione. È questo il caso, ad es., di un mutuo su inventario (*inventory loan*) in cui il mutuante acquista un privilegio non soltanto su tutto l'inventario presente ma anche su quello futuro del debitore. In quest'ultimo senso, esso si estende anche alla c.d. *after acquired inventory* o *accounts*: è definito *after-acquired collateral* il bene o diritto acquistato dal debitore successivamente alla conclusione del mutuo o contratto (fonte della sua obbligazione) sul quale si viene ad estendere il privilegio del creditore per effetto del di lui acquisto. Negli S.U. la materia è regolata dall'Art. 9-204 dell'UCC relativa all'*After Acquired Property* e alle *Future Advances* (CARTA COMMERCIALE; PRIVILEGIO FLOTTANTE).

3. In tema di *bankruptcy,* si parla di *fraudulent preferences* per indicare il fatto del debitore che nei tre mesi precedenti la dichiarazione di fallimento effettui dei pagamenti che, favorendo un creditore, turbino la *par condicio creditorum*. Ma si tratta di materia e terminologia complessa (BANCAROTTA FRAUDOLENTA; DIRITTO (II) DI PRELAZIONE; DIRITTO (II) DI RITENZIONE; DIRITTO (II) DI SEQUELA; FALLIMENTO; FLOTTANTE; GRAVAME; INVESTIMENTO; PEGNO; PESO; REGISTRAZIONE). [vol. I: LIEN; PREFERENTIAL PAYMENTS; PRIORITY; PRIVILEGED DEBT; SECURITY]

4. È definito *non recourse debt* quel tipo di credito, fatto più spesso in occasione della vendita di beni di consumo, in cui l'unica garanzia è costituita dal diritto del creditore di rientrare in possesso della merce venduta. Ma il debitore acquirente non risponde del mancato pagamento con il suo patrimonio (VENDITA AL CONSUMATORE).

5. Un tipo di mutuo — e quindi di credito — di cui non si può esagerare l'importanza, è costituito dal *non recourse loan,* ossia che esclude il ricorso del creditore ad altri beni del debitore nel caso in cui il valore dell' oggetto della garanzia divenga inferiore all'ammontare effettivamente dovuto: esso è praticato negli S.U. più spesso in materia di credito agli agricoltori (COLTIVATORE DIRETTO).

– ***petendi.*** Nella *common law* non si ricorre a un siffatto termine, ma a quello di *cause of action* che, sembra, costituisce l'analogo più prossimo al concetto civilistico (CONNESSIONE; FONDAMENTO GIURIDICO DI UN'AZIONE IN GIUDIZIO; *PETITUM*; PLURALITÀ DI DOMANDE IN GIUDIZIO BASATE SULLA STESSA *CAUSA PETENDI*; RAGIONEVOLEZZA: 1; RIUNIONE DEI PROCEDIMENTI). [vol. I: ACTION; CAUSE OF ACTION; CLAIM]

– ***praeterita.*** (*supra,* CAUSA DEL CONTRATTO). [vol. I: PAST CONSIDERATION]

Bibl.:
Gorla 1955, vol. I: 385.

– **probabile.** (ARRESTO; INDIZIO; SOSPETTO)

Causa (II) (che produce un effetto). Cause o, dal lat., *causa* (CAUSALITÀ; CONCAUSA; CONCORSO DI CAUSE; RAPPORTO DI CAUSALITÀ). [vol. I: CAUSA; CAUSA CAUSANS; CAUSA PROXIMA ET NON REMOTA SPECTATUR; CAUSAL CONNECTION; CAUSATION; CONTRIBUTORY NEGLIGENCE; LIABILITY; TORT: VII]

– **determinante.** Causa causans, dominant cause, proximate cause. [vol. I: CAUSA CAUSANS; CAUSA PROXIMA ET NON REMOTA SPECTATUR]

– **di forza maggiore.** (FORZA MAGGIORE)

– **efficiente di un reato.** Efficient cause of a crime (*supra,* CAUSA DETERMINANTE).

– **immediata.** Immediate cause, causa causans (CAUSALITÀ). [vol. I: CAUSATION; REMOTENESS OF CAUSE]

– **prossima.** Proximate cause, legal cause, procuring cause (*supra,* CAUSA IMMEDIATA; *infra,* CAUSA REMOTA). [vol. I: CAUSA PROXIMA ET NON REMOTA SPECTATUR]

– **ragionevole e sufficiente.** Reasonable and probable cause; si noti il concetto nordamericano di *probable cause* in tema di arresto (ARRESTO).

– **remota.** Remote cause (*supra,* CAUSA PROSSIMA).

– **sopravvenuta.** Intervening cause, supervening cause (IMPOSSIBILITÀ). [vol. I: FRUSTRATION; SUPERVENING IMPOSSIBILITY OF PERFORMANCE; SUPERVENING IMPOSSIBILITY OF PERFORMANCE OF A TREATY]

Causa (III) (azione, questione, lite, controversia giudiziaria). Cause, action, matter, case, law-suit, legal proceeding; vincere una causa è detto *winning a case* (APPELLO; ATTI DELLA CAUSA; AZIONE (I) IN GIUDIZIO; CANCELLAZIONE DELLA CAUSA DAL RUOLO; CASO GIUDIZIARIO; CHIAMATA IN CAUSA; COESISTENZA DI AZIONI IN GIUDIZIO; CONTROVERSIA LEGALE; DISCUSSIONE DI UNA CAUSA; DISPUTA; DOCUMENTI DI CAUSA; FASCICOLO DI CAUSA; FONTI DEL DIRITTO; GIUSTIZIA ALTERNATIVA; INTERESSI DIFFUSI: 5; ISCRIZIONE DELLA CAUSA NEL RUOLO; LITE TEMERARIA; PARTE IN CAUSA; PERDITA DI UNA CAUSA; PRECEDENTE GIUDIZIARIO; PROCEDIMENTO; PROCESSO FORMULARE; PROCESSO GIURISDIZIONALE; RIASSUNZIONE DELLA CAUSA; RIESAME DELLA CAUSA; RINVIO DELLA CAUSA; RUOLO DELLE CAUSE; SEPARAZIONE DELLE CAUSE; SPESE PROCESSUALI; UDIENZA A PORTE CHIUSE; VALORE DELLA CAUSA; VERTENZA). [vol. I: ACTION; CASE; CAUSE; COURT; FORMS OF ACTION]

– **accessoria.** Ancillary action (*infra,* CAUSA PRINCIPALE). [vol. I: CROSS-ACTION]

– **civile.** Civil action, action, civil case, civil suit, o civil proceeding (*infra,* CAUSA PENALE; AZIONE (I) CIVILE). [vol. I: PROSECUTION]

– **commerciale.** Commercial cause (DIRITTO (I) COMMERCIALE). [vol. I: COMMERCIAL CAUSES; COMMERCIAL LAW]

– **con la partecipazione della giuria.** Jury-case; si parla di *non-jury case* nei processi (civili e penali) celebrati senza la partecipazione della giuria. È definita *civil jury trial* negli S.U. il *trial* civile che comporta la partecipazione della giuria (GIURIA).

– **di modesta entità.** Small claim case, petty litigation (*infra,* CAUSA DI VALORE INDETERMINATO; ASSISTENZA GIUDIZIARIA; CONTENZIOSO TRIBUTARIO DI MODESTA ENTITÀ; CORTE BAGATTELARE; GIUDICE DI PACE; GIUSTIZIA ALTERNATIVA; GIUSTIZIA BAGATTELLARE; TUTELA DEI DIRITTI; VALORE DELLA CAUSA). [vol. I: SMALL CLAIMS COURT]

– **di valore indeterminato.** Action of indeterminate amount, o value (*supra,* CAUSA DI MODESTA ENTITÀ; COMPETENZA; VALORE DELLA CAUSA). [vol. I: COURT; JURISDICTION; PROCEDURE]

– **elettorale.** (RICORSO ELETTORALE)

– **in appello.** Case on appeal (APPELLO). [vol. I: APPEAL]

– **indivisible.** Indivisible cause of action (*infra,* CAUSA PENDENTE; LITISCONSORZIO NECESSARIO).

– **marittima.** Admiralty case, o cause, maritime cause (DIRITTO (I) MARITTIMO). [vol. I: ADMIRALTY; MARITIME LAW]

– **matrimoniale.** Matrimonial cause, matrimonial proceeding, matrimonial action (DIVORZIO; MATRIMONIO). [vol. I: DIVORCE; MARRIAGE; MATRIMONIAL CAUSE]

– **penale.** Criminal case, criminal proceeding (*supra,* CAUSA CIVILE; AZIONE (I) PENALE). [vol. I: PROSECUTION]

– **pendente.** Pending suit, lis alibi pendens. Di una causa pendente davanti al giudice XY si dice che essa è *depending before judge XY* (*supra,* CAUSA INDIVISIBILE; LITISPENDENZA; *PETITUM*). [vol. I: FORUM NON CONVENIENS; LIS ALIBI PENDENS; PENDENCY; PENDENTE LITE]

– **principale.** Principal action, o cause (*supra*, CAUSA ACCESSORIA). [vol. I: CROSS-ACTION; COUNTERCLAIM]

– **riconvenzionale.** (AZIONE (I) RICONVENZIONALE)

Causalità. (CAUSA (II); EQUIVALENZA DELLE CONDIZIONI; RAPPORTO DI CAUSALITÀ)

Cautela. Care (A TITOLO CAUTELARE; AZIONE (I) CAUTELARE; DILIGENZA; PRECAUZIONE; PROVVEDIMENTI CAUTELARI).

– **sociniana.** Non esiste, data la diversa tecnica di devoluzione ereditaria (SUCCESSIONE PER CAUSA DI MORTE).

Cautio iudicatum solvi. (ASSISTENZA GIUDIZIARIA; CAUZIONE PER LE SPESE PROCESSUALI; LITIGANTE INSOLVENTE)

Cautio muciana. Lett., security given by heir or legatee to obtain immediate possession of inheritance or legacy, for observance of a condition annexed to the the bequest. Ma non trova equivalenza nella *common law* (CONDIZIONE; LEGATO; ONERE; SUCCESSIONE PER CAUSA DI MORTE).

Cautio pro expensis. (CAUZIONE PER LE SPESE PROCESSUALI)

Cauzione in genere. Bond, bail bond, security, suretyship, guarantee, indemnity, indemnity bond, recognisance; prestare una cauzione è detto, tra l'altro, *posting a bond* o, anche, *giving indemnity*.
1. Nella straordinaria varietà di accezioni che il termine *bond* assume, specie nel sistema nordamericano, sembrano potersi fare due principali distinzioni: (i) il bond inteso quale obbligazione pubblica (ad es., *U.S. Treasury Bonds, government bonds, municipal bonds*) o privata, come quella di una società di capitali (detta in senso stretto *debenture*): questo tipo di obbligazione può essere garantito o non garantito (*secured* o *unsecured*). Sono definite *income bonds* quelle obbligazioni il cui interesse è collegato agli utili della società; quando, invece, il portatore (*bondholder* o *holder*) ha diritto ad una quota aggiuntiva di interessi collegata agli utili in eccesso di una certa aliquota, si parla di *participating bond*; (ii) il bond inteso quale fideiussione. La varietà è tale da sfidare qualsiasi tentativo di classificazione: la dottrina di *civil law* stenta a tenervi dietro per una ragione semplicissima: l'istituto è figlio di un capitalismo la cui dinamica è priva di riscontro altrove (ASSICURAZIONE; DANNO; FIDEIUSSIONE; RESPONSABILITÀ; RISCHIO).
2. Negli S.U. la prestazione di fideiussioni o cauzioni a scopo di lucro (per una commissione o *fee)* costituisce una floridissima attività imprenditoriale svolta da *bonding company* (spesso collegate a compagnie di assicurazione), istituzioni finanziarie, banche e, anche, da piccolissime imprese individuali che assomigliano per qualche verso alle agenzie di prestito su pegno. Ovviamente, poiché esiste una grande varietà di operatori sul mercato delle fideiussioni, assume fondamentale importanza il *bond rating*, ossia la valutazione dell'affidabilità delle fideiussioni emesse. Le *bond rating companies* svolgono appunto questa funzione: anche qui, in analogia ad altre forme di *rating*, le fideiussioni classificate come Triple A (AAA) sono quelle che assicurano la massima affidabilità (*RATING*). Una varietà che non si può capire se non si tiene conto della natura del capitalismo americano, del suo straordinario dinamismo, della tendenza a coprire il *rischio* in ogni passaggio, e dell'enorme sviluppo dell'attività assicurativa di cui la floridissima attività imprenditoriale fideiussoria deve considerarsi parte integrante. Si va dal *bail bond*, o *appearance bond*, ossia dalla fideiussione per la comparizione in giudizio dell'imputato, al *collateral trust bond*, ossia alla fideiussione depositata presso un *trustee,* di solito in materia societaria, all'*arbitrage bond,* ossia la fideussione prestata per assicurare l'esecuzione della clausola di *arbitrage* in tema di titoli mobiliari o derrate, ai numerosissimi tipi di fideiussione esistenti in tema di contratti di costruzione (*contract bond*: distinto a sua volta in *performance bond* per la corretta esecuzione del contratto, e *payment bond* per il pagamento della manodopera e dei materiali; *completion bond* per il completamento della costruzione in caso di inadempimento dell'appaltatore (*contractor*); *maintenance bond* per i vizi della costruzione) al *fidelity bond* per l'infedeltà del dipendente, all'*indemnity bond* con cui, in breve, si garantisce all'avente diritto l'indennizzo del danno derivante dall'inadempimento o dalla condotta dell'altro contraente o del terzo, al *suretyship bond,* ossia alla fideiussione del nostro art. 1936 c.c. (ABBANDONO DELLA CAUZIONE; *BOND*; DEPOSITO CAUZIONALE; DEPOSITO DELLA CAUZIONE; FIDEIUSSIONE; GARANZIA; GARANZIA DELLA CORRETTA ESECUZIONE DEL CONTRATTO DA PARTE DELL'APPALTATORE; IMPEGNO; LAVORI PUBBLICI; LIBERAZIONE DELL'IMPUTATO SU CAUZIONE; OBBLIGAZIONE (II) QUALE TITOLO MOBILIARE; PROVVEDIMENTI CAUTELARI; RICONOSCI-

MENTO DI DEBITO; SOCIETÀ (II) DI GARANZIA; STIPULAZIONE). [vol. I: BAIL; BAIL BOND; BOND; COLLATERAL: 2; FIDELITY AND GUARANTEE INSURANCE; GUARANTEE; INDEMNITY; LETTER OF INDEMNITY; RECOGNISANCE; SECURITY; SURETY AND FIDELITY BONDS]

Bibl.:

Bastianini, M., *Bonds,* in *Digesto IV Utet, Comm.,* vol. II: 269
De Vita, A., *Bail*, in *Digesto IV Utet, Pen.*, vol. I: 412.
Tucci, G., *Cauzione*, in *Digesto IV Utet, Civ.,* vol. II: 255.

– **del custode.** Grosso modo, bailee's bond (CUSTODE). [vol. I: BAILMENT]

– **dell'amministratore di società.** Director's bond (AMMINISTRATORE DI SOCIETÀ). [vol. I: COMPANY: XI; DIRECTOR]

– **dell'appaltatore in genere.** Performance bond, performance guarantee. Di solito, queste cauzioni sono collegate ad una polizza di assicurazione (*infra*, CAUZIONE DELL'APPALTATORE DI COSTRUZIONI; ADEMPIMENTO; AGGIUDICATARIO; APPALTO; GARA DI APPALTO; GARANZIA DELLA CORRETTA ESECUZIONE DEL CONTRATTO DA PARTE DELL'APPALTORE o DELL'AGGIUDICATARIO DI UNA GARA; *HARDSHIP CLAUSE*). [vol. I: PERFORMANCE BOND]

– **dell'appaltatore di costruzioni.** Contract construction bond (*supra*, CAUZIONE IN GENERE: 2; CAUZIONE DELL'APPALTATORE IN GENERE; APPALTO). [vol. I: SURETY AND FIDELITY BOND]

– **di ammontare sproporzionato.** (*infra*, CAUZIONE GIUDIZIARIA)

– **di buona condotta.** Security for good behaviour, recognisance of good behaviour (*infra*, CAUZIONE GIUDIZIARIA; BUONA CONDOTTA; LIBERTÀ PROVVISORIA). [vol. I: BINDING OVER; BOND; GOOD BEHAVIOUR; RECOGNISANCE; SURETIES OF THE PEACE AND GOOD BEHAVIOUR]

– **di fedeltà del dipendente.** Fidelity bond (ASSICURAZIONE DI FEDELTÀ; FEDELTÀ; PATTO DI NON CONCORRENZA; SOCIETÀ (II) DI GARANZIA). [vol. I: FIDELITY AND GUARANTEE INSURANCE; RESTRAINT OF TRADE]

– **doganale.** Customs bond (DOGANA). [vol. I: BONDED GOODS]

– **eccessiva.** (*infra*, CAUZIONE GIUDIZIARIA)

– **giudiziaria in genere.** Judicial bond, bail, recognisance, bond. Negli S.U., l'VIII emendamento [1791] della costituzione stabilisce — a tutela dell'imputato — che: « Excessive bail shall not be required, nor excessive fines imposed, nor cruel and unusual punishments inflicted. » Premesso che la materia — salvo per i reati federali — rientra nelle attribuzioni dei singoli stati dell'Unione, di fatto, l'eccessivo ammontare della cauzione costituisce un rimedio al quale si fa spesso ricorso per negare la libertà all'imputato detenuto. Ad ogni modo, quella delle cauzioni giudiziarie costituisce negli S.U. una fiorentissima attività commerciale, non troppo diversa, quanto a diffusione, dalle agenzie di pegno; per questo, l'attività complessiva nel suo insieme è definita *bail bond industry*: il *bondsman* fornisce la cauzione esigendo una commissione (*fee*). L'investore garantisce il suo investimento mediante un *indemnity agreement* con l'imputato esigendo una garanzia reale o personale per il caso di mancata comparizione dell'imputato [Karlen 1967: 136]. Ma la prassi più recente delle autorità giudiziarie nordamericane — consistente nel richiedere soltanto il deposito del 10 per cento del *bond* fissato dal *magistrate* — di fatto, ha quasi del tutto eliminato questa figura di finanziatore-strozzino in diversi stati dell'Unione [Lafave and Israel 1985, ed. 1992: 24]. Ad ogni modo, una attività del genere non sarebbe possibile nel sistema inglese; non soltanto il contratto per indennizzare un garante per la mancata comparizione dell'imputato sarebbe illecito: il fatto poi di fornire cauzioni di questo genere a scopo di lucro costituisce addirittura reato. Infine, quando si dice che l'imputato è *held without bond* significa che si tratta di un imputato al quale è stata negata la libertà in attesa del giudizio (CUSTODIA CAUTELARE; DETENZIONE PREVENTIVA; INQUINAMENTO DELLA PROVA; LIBERAZIONE DELL'IMPUTATO SU CAUZIONE; LIBERTÀ PROVVISORIA; RINVIO A GIUDIZIO; SCARCERAZIONE SU CAUZIONE DELL'IMPUTATO). [vol. I: BAIL; BOND; RECOGNISANCE; SECURITY FOR COSTS; SURETIES OF THE PEACE AND GOOD BEHAVIOUR]

– **marittima.** Bail. Nel caso di sequestro di nave, del carico etc., l'armatore può ottenere il dissequestro mediante il versamento di un *bail* (SEQUESTRO CONSERVATIVO DI NAVE). [vol. I: ARREST OF SHIP; RELEASE: 3]

– **per la comparizione in giudizio dell'imputato.** Bail bond, appearance bond (*supra,* CAUZIONE GIUDIZIARIA).

– **per la revoca del pignoramento** o **sequestro.** Attachment bond (PIGNORAMENTO; SEQUESTRO).

– **per le spese processuali.** Security for costs. Ma negli S.U. si parla anche di *costs bond,* o di *appeal bond* come, ad es., nella R. 7 delle *Federal Rules of Appellate Procedure* che stabilisce l'obbligo della cauzione per le spese del giudizio di appello civile. Si noti la diversità di regole rispetto al sistema nostrano (ABUSO DELLE NORME PROCESSUALI; APPELLO; ASSISTENZA GIUDIZIARIA; ECCEZIONE DEFATIGATORIA; SPESE PROCESSUALI). [vol. I: CAUTIO IUDICATUM SOLVI; COSTS]

Cava. (MINIERE, CAVE E TORBIERE)

Caveat emptor. Brocardo ottocentesco — per non pochi versi, ancora attuale nel nostro contratto di vendita — ampiamente superato nei paesi industriali avanzati dell'Occidente rispetto alla vendita al consumatore, grazie ai principi della responsabilità presunta (*strict liability*) e dell' obbligo di garanzia. Peraltro, nei sistemi inglese e nordamericano esso vige ancora nella vendita al non consumatore come, ad es., nelle vendita giudiziaria, all'asta, etc. (TUTELA DEL CONSUMATORE; VENDITA).

Cedente in genere. Assignor, transferor, cedent, grantor, endorser (AVENTE CAUSA; AVENTE DIRITTO; CEDUTO; CESSIONARIO; CONCEDENTE; DANTE CAUSA). [vol. I: ASSIGNMENT; INDORSEMENT; NEGOTIABLE]

– **di un'azienda.** Transferor of a business (AZIENDA). [vol. I: BUSINESS; GOODWILL; FRANCHISE]

– **di un diritto.** Assignor, o grantor, of a right (DANTE CAUSA; DIRITTO (II); TRASFERIMENTO). [vol. I: ASSIGNMENT; RELEASE; SURRENDER]

Cedibile in genere. Assignable, o transferable (CESSIONE; NEGOZIABILE; NON CEDIBILE; TRASFERIBILE). [vol. I: NEGOTIABLE; TRANSFERABLE]

Cedibilità in genere. Assignability, negotiability (CEDIBILE; TRASFERIBILE).

– **di crediti.** Assignability of debts, o of claims (CESSIONE DI CREDITO). [vol. I: ASSIGNMENT OF DEBT; DEBT]

Cedola. Coupon, warrant, voucher (BUONO; *COUPON*; TAGLIANDO). [vol. I: DIVIDEND WARRANT; I.O.U.; SCRIP; SLIP; VOUCHER; WARRANT]

– **di dividendo.** Dividend warrant (DIVIDENDO).

Ceduto in genere. Debtor, account debtor (CEDENTE; CESSIONARIO).

Celerità. (PREMIO DI CELERITÀ)

Celibato in genere. Celibacy (CELIBE; DIVORZIO; MATRIMONIO; STATO CIVILE; *STATUS*).

Celibe. Unmarried, single (CELIBATO; CONIUGATO; DIVORZIATO; NUBILE).

Censimento. Census. Negli S.U. l'art. I, s. 2, cl. 3, della costituzione stabilisce che il censimento della popolazione deve essere effettuato a scadenza decennale. La legge di applicazione tutela la riservatezza dei dati raccolti (CENSO).

Censo. Census. Negli S.U. l'ufficio federale competente è il Bureau of the Census. [vol. I: *ad vocem*]

Censura in genere. Censorship. È detta *reprimand* la censura o ammonizione irrogata a un membro di un organo legislativo o a un avvocato per condotta scorretta, etc. Si noti che negli S.U. — stato federale — un avvocato può essere ammonito, oltre che dal proprio ordine professionale, anche dall'autorità giudiziaria (AMMONIZIONE; AUSILIARI DELLA GIUSTIZIA; AUTOCENSURA; AVVERTENZA; CONDANNA; DEONTOLOGIA PROFESSIONALE FORENSE; MOZIONE DI CENSURA; PROCEDIMENTO DISCIPLINARE; PROFESSIONE FORENSE; SANZIONE; SOSPENSIONE SENZA PAGA; VOTO DI CENSURA).

– **preventiva in genere.** Prior restraint. Negli S.U., non esiste, in tempo di pace, censura preventiva: il I emendamento [1791] della costituzione degli S.U. ne stabilisce il divieto, che attiene a qualsiasi forma di espressione; le tre eccezioni formulate dalla Corte Suprema sono: *a*) pubblicazioni che determinano un *clear and present danger* per la sicurezza nazionale; *b*) pubblicazioni oscene; *c*) pubblicazioni che invadono la riservatezza altrui. Ma la materia è spesso oggetto di robuste contestazioni di incostituzionalità in un paese in cui la libertà di stampa e di parola costituisce un diritto costituzionale fortemente sentito dalla popolazione. Norme analoghe esistono nei vari stati dell'Unione. Il regime britannico della materia non sembra troppo diverso, anche se va rilevata una più affievolita tutela della riservatezza. Inoltre, vanno rilevate sia negli S.U. che nel R.U. numerose forme di autocensura esistenti nell'ambito di settori particolari, come nella stampa, cinematografia, radiotelevisione, etc. (AUTOCENSURA;

LIBERTÀ DI PAROLA; LIBERTÀ DI STAMPA; *MEDIA*; PUBBLICAZIONI OSCENE; RAGION DI STATO). [vol. I: « D » NOTICE SYSTEM; FREEDOM OF INFORMATION; OFFICIAL SECRET; PRESS; TRIAL BY PRESS]

Censurabile in genere. Objectionable (APPELLO; CENSURA).

Centralismo politico. Political centralization (FEDERALISMO).

Centralità del parlamento. Lett., e grosso modo, pivotal nature of Parliament, government by Parliament. Uno dei più truffaldini *shibboleths* del gergo politico italiano, elaborato da un sistema politico che, per definizione, esclude una opposizione. Versione casereccia del governo assembleare, in cui il parlamento, coinvolto pesantemente nel *tripotage* governativo, *rinunzia, di fatto, alla sua funzione primordiale di controllo.* La centralità del parlamento come centro assembleare decisionale — e il correlativo *effritement* del potere esecutivo — è un fatto tutto italiano che si inquadra nella *diversità* del nostro paese rispetto alle democrazie industriali dell'Occidente che registrano, invece, ormai da almeno mezzo secolo, il fenomeno opposto. La spiegazione di questa stranezza risiede nell'esistenza di un partito anti-sistema come il partito comunista italiano, non credibile come partito di alternanza, né di governo, ma pure tanto forte numericamente da imporre ai deboli governi di coalizione — in sostanza privi di legittimazione politica — il *tripotage* assembleare. Chiunque abbia una pallida idea delle migliaia di « leggine » — a non parlare della legge finanziaria — che nel nostro sistema hanno contribuito alla catastrofe del bilancio pubblico e dell'economia del paese, non può che auspicare quel radicale mutamento istituzionale che riporti l'attività parlamentare dall'attuale anarcoide assemblea trasformatasi in centro di spesa e di sperpero di denaro pubblico alla sua originaria funzione di *controllo politico*, che è in parte non piccola *controllo delle spese.* In questo senso, senza la centralità del parlamento, senza il filtraggio e la mediazione dei partiti sarebbe impossibile spiegare quel fenomeno unico al mondo che fa del nostro il paese dalle 150 mila leggi. Uno dei primi provvedimenti del governo Badoglio, succeduto al governo Mussolini, fu l'abolizione del regime corporativo. Eppure, a ben vedere, il fascismo ha vinto, almeno da questo punto di vista: anzi il « corporativismo » della I Repubblica è andato al di là delle aspettative dei più fanatici fascisti grazie, appunto, alla *centralità del parlamento*, che deve non poco alle teorizzazioni di Pietro Ingrao. Con l'aggravante che, mentre nel regime fascista il corporativismo — parte istituzionale del regime politico, era soggetto a una qualche forma di controllo — poteva permettersi il lusso di importantissime leggi generali, per fortuna ancora in vigore, il « corporativismo » della *democrazia consociativa* appare, invece, come il sistema che assicura unicamente l'esistenza di una *status society*, ossia, in buona sostanza, un assetto pretoriano del potere legale. Questo modo di intendere la centralità del parlamento non ha nulla a che vedere col sistema di governo britannico che è, invece, un governo di gabinetto, con un fortissimo esecutivo e una non meno forte opposizione, come quella che può derivare soltanto dal bipartitismo ivi esistente. Il termine *supremacy of Parliament* è riferito alla gerarchia delle fonti, e non già al concetto nostrano di centralità del parlamento (BIPARTITISMO; DECRETO LEGGE; DEMOCRAZIA CONSOCIATIVA; DISEGNO o PROPOSTA DI LEGGE; INIZIATIVA LEGISLATIVA; PARLAMENTO; SPESA PUBBLICA; *STATUS*). [vol. I: CABINET; PARLIAMENT; PRIME MINISTER; SUPREMACY OF PARLIAMENT]

Bibl.:
Sartori 1992: 46.

Centro in genere. Centre, center.

- **abitato.** Urban centre (PIANO REGOLATORE).

  Bibl.:
  Corletto, D., *Centro abitato*, in *Digesto IV Utet, Pubbl.,* vol. II: 533.

- **finanziario.** Financial center.

- **finanziario *offshore.*** Offshore financial centre. Di recente la DEA — agenzia federale americana — ha ottenuto considerevoli successi nella lotta ai trafficanti di droga mediante la istituzione di *phoney banks,* ossia di banche compiacenti, in taluni paesi del Terzo Mondo che, avendo attirato grandi capitali destinati al riciclaggio, ne ha consentito il sequestro (BANCA; *OFFSHORE*; PIAZZA FINANZIARIA *OFFSHORE*; RICICLAGGIO DI DENARO SPORCO; SOVRANITÀ; TUTELA DELL'INVESTITORE). [vol. I: OFFSHORE]

Cerimonia del giuramento. Swearing-in ceremony (GIURAMENTO).

Certezza in genere. Certainty (DUBBIO; INCERTO).

- **del diritto.** Certainty of law, certainty in law. Valore che viene spesso opposto all'equità; ma, ovviamente, *incertezza del diritto* ed *equità* non sono, di per sé, equivalenze. Soprattutto, sembra non corretta la stessa proposizione di certezza del diritto: in realtà, si dovrebbe parlare di *certezza* (o *incertezza*) *della giustizia* o, quanto meno, chiarire che la certezza del diritto nella sua formulazione legislativa non comporta necessariamente un diritto giurisprudenziale (in cui gioca un ruolo fondamentale l'interpretazione) altrettanto certo.

1. D'altro canto, non di rado, la *glorious uncertainty* della *common law* sembra derivare più dalla grande difficoltà di accertare la legge e dalla confusione dei concetti che da una preoccupazione di equità.

2. Talvolta, alla certezza del diritto che deriva dalla codificazione nei sistemi a diritto legislativo, come quelli di *civil law*, si oppone la incertezza del diritto intrinseca ai sistemi a diritto giurisprudenziale, come quelli di *common law*. Vi è forse un granello di verità in questa contrapposizione che peraltro ormai ha perso la gran parte del suo senso: uno sguardo all'ultima edizione del *Code Civil* o del *Code de Commerce* francesi — i più illustri esempi di codificazione — basta per rendersi conto del diluvio legislativo e giurisprudenziale abbattutosi sul testo originario nel corso del tempo, spazzando via la originaria certezza data da poche regole semplici e chiare. In questo senso, se la certezza del diritto è una esigenza vecchia quanto l'uomo, essa appare sempre più difficile da raggiungere mano a mano che la società diviene più articolata e complessa; e, in definitiva, da questo punto di vista, *codificazione o diritto giurisprudenziale* appaiono di scarso rilievo. Paradossale e provocatoria, ma non del tutto infondata, appare la tesi per cui, in ultima analisi, la certezza del diritto è un'illusione; che si può intrattenere quando si vive in uno stato di diritto in cui impera la *rule of law*, vi è una costituzione rigida che garantisce i diritti dei cittadini e una veneranda *Supreme Court* che li conferma. Ma al di fuori di situazioni del genere bisogna convenire che *certezza del diritto* e *stato di diritto* sono, per molti versi, delle equivalenze: si parla dell'una, ma si allude o si sottende l'altro (CODIFICAZIONE).

3. Si dice che, nondimeno, resta la necessità di distinguere tra un fisiologico grado di incertezza giuridica e una giustizia tanto imprevedibile da assumere i connotati di una lotteria. Ma — a parte che negli S.U. — stato federale — ci si trova in presenza di ben 51 sistemi giuridici e ordini giudiziari diversi — non va trascurato che esiste una evidente interazione tra *attivismo giudiziario* e *certezza del diritto* che attiene al ruolo che il giudice si attribuisce, e in definitiva alla stessa concezione della *funzione del diritto* in una società democratica. A differenza del suo collega americano, il giudice inglese non si è mai attribuito il ruolo di promotore del *social engineering* (comunque, mai nella stessa misura); questa diversità si spiega, almeno in parte, con un contesto politico in cui le riforme sono fatte più dal legislatore (in un sistema politico che consente forti maggioranze) che dal giudice con le sue decisioni. Se, quindi, l'attivismo giudiziario produce, di per sé, un notevole grado di incertezza del diritto, quest'ultima finisce per trasformarsi, in definitiva, addirittura in un fattore di *promozione del diritto* quando, come, negli S.U., si combina con una robusta applicazione dell'*equal protection clause*.

4. La dottrina italiana ha raggiunto, anche qui, si direbbe, preoccupanti vette di astrazione: eppure, sono rare le opere che accennano ad un fenomeno giuridico — nelle sue dimensioni e per le sue conseguenze dirompenti, unico nei paesi dell'Occidente industriale — come la « clemenza » del legislatore (amnistie, indulti, condoni, sanatorie, perdoni, etc.) che, oltre a una grave *incertezza* del diritto, comporta la cancellazione, di fatto, del principio fondamentale di uguaglianza dei cittadini di fronte alla legge (art. 3 della costituzione); beninteso, se la certezza del diritto deve pure avere un suo primordiale significato, alla portata di tutti.

5. Comunque, quanto sopra riguarda i cittadini italiani che non godano dello *status* di parlamentari: per questi ultimi vige un *autentico regime delle capitolazioni* che assicura la certezza, non già del diritto, ma, ancora oggi, della loro impunità: ma si tratta di un altro penoso e inutile discorso.

6. Queste poche, ma serie considerazioni presuppongono un regime politico in cui viga una qualche forma di *stato di diritto,* o di imperio della *rule of law* che dir si voglia. In un regime dittatoriale comunista, nazista o fascista che sia, il problema si pone in tutt'altri termini; o meglio, non si pone affatto: anzi, l'incertezza del diritto può costituire una fortunata evenienza

se consente a qualche malcapitato di sfuggire alla barbarie del legislatore beatificata dal giudice e dai professori di diritto (AMNISTIA; ATTIVISMO GIUDIZIARIO; CASELLARIO GIUDIZIALE; CODICE DI CONDOTTA; CODIFICAZIONE; CRIMINALITÀ ORGANIZZATA; DIRITTO (I) LIBERO; DIRITTO (I) PERSONALE; INCERTEZZA GIURIDICA; INTERPRETAZIONE; REALISMO AMERICANO; REGIME DELLE CAPITOLAZIONI; STATO DI DIRITTO; SUPPLENZA; UGUAGLIANZA DI FRONTE ALLA LEGGE). [vol. I: AEQUITAS; CERTAINTY OF LAW; INTERPRETATION; JUDICIAL ACTIVISM; MORAL CERTAINTY; NULLA POENA SINE LEGE; PRECEDENT]

Bibl.:

Gianformaggio, L., *Certezza del diritto,* in *Digesto IV Utet, Civ.,* vol. II: 274.

Moneta, G., *Contrasti nella giurisprudenza della Cassazione civile e certezza del diritto* (1990) 3 CeI 1009.

Sbisà, G., *Certezza del diritto e flessibilità del sistema (la motivazione della sentenza in common law e civil law)* (1988) 2 CeI 519.

– **giuridica.** Legal certainty (*supra*, CERTEZZA DEL DIRITTO; INCERTEZZA GIURIDICA).

Certificato in genere. Certificate, warrant.
1. Né in Inghilterra, né negli S.U. — per ragioni che attengono essenzialmente alla diversa concezione della natura del potere pubblico — esiste un'attività certificatoria paragonabile a quella degli ordinamenti a diritto amministrativo alla francese.
2. La stessa autocertificazione introdotta con legge nel nostro paese — in pratica disapplicata per le vivissime resistenze frapposte dalla pubblica amministrazione — costituisce un innesto straniero su una cultura che è il suo esatto contrario.
3. Molti dei fatti per cui il diritto italiano esige una certificazione sono nel sistema inglese e nordamericano accertati in base ad una semplice dichiarazione unilaterale dell'interessato. In moltissimi casi il certificato nostrano non trova alcuna equivalenza in quei sistemi proprio per la diversità del sottostante regime giuridico che regola la materia; ancora, altre volte l'esistenza di una assonanza certificatoria nasconde una radicale diversità di natura ed effetti giuridici. Del resto, la estrema facilità con la quale è possibile cambiare il proprio cognome nel sistema inglese e in quello nordamericano, l'assenza della carta di identità, dà la misura della più modesta portata dell'attività certificatoria in quei sistemi.
4. Si avverta che, specie in materia di atti giudiziari, particolare importanza assume la dichiarazione unilaterale giurata che va sotto il nome di *affidavit*. Il certificato è detto anche, talvolta, *attested copy* o *certified copy*. La falsa attestazione è detta *miscertification*.
5. In questo contesto, appare importante rilevare l'assenza della figura del notaio qual è intesa nella tradizione giuridica di *civil law*.
6. Ma il termine *certificate* indica anche un titolo mobiliare (*infra*, CERTIFICATO AZIONARIO; ATTESTATO; ATTO AMMINISTRATIVO; ATTO NOTORIO; ATTO PUBBLICO; AUTOCERTIFICAZIONE; AZIONE (II) DI SOCIETÀ; CARTA D' IDENTITÀ; CARTELLA; NOME; NOTAIO; PRESENTAZIONE DI UN CERTIFICATO; PROVA; STATO CIVILE; TITOLI MOBILIARI). [vol. I: AFFIDAVIT; CERTIFICATE; EVIDENCE]

– **antimafia.** Una improbabile traduzione potrebbe essere quella di « certificate attesting that a certain person is not subject to security measures applied to persons involved in organized crime ». Ma si tratta di una ridicola trovata escogitata dalla brigata di *savants* e magistrati che pretendono di lottare la mafia, spesso facendone parte essi stessi. Durante la rivoluzione francese, la Convenzione stabilì il *certificat de civisme*; a un livello diverso, e più squallido, la I Repubblica stabilisce un certificato unico al mondo che non trova equivalenza nei paesi in cui la criminalità organizzata viene combattuta con maggiore impegno e migliori risultati. L' attestazione è richiesta non soltanto per concorrere all'assegnazione di appalti pubblici, ma anche di numerosi incarichi pubblici, perfino nella RAI-TV, etc. Di fatto, come spesso accade nel nostro paese, la normativa è facilmente aggirata: al punto che il non-mafioso incontra spesso grandi difficoltà ad ottenere il certificato. Per dare un'idea della serietà della cosiddetta « guerra » alla criminalità organizzata, resta da menzionare un'ennesima perla legislativa nostrana: mentre non sono ammessi candidati alle amministrazioni locali con precedenti penali o oggetto di misure di prevenzione, il divieto non si applica là dove, a rigor di logica, sarebbe più necessario, ossia per la candidatura e l'elezione al parlamento nazionale, e quindi, per la nomina o elezione a sottosegretario di stato, ministro, presidente del consiglio, presidente della repubblica, etc. (*supra*, CERTIFICATO IN GENERE).

– **azionario.** Share, o stock, certificate, o warrant (*infra*, CERTIFICATO AZIONARIO PROVVISORIO; AZIONE (II) DI SOCIETÀ; CARTELLA AZIONARIA; *WARRANTS*). [vol. I: SCRIP; SHARE WARRANT TO BEARER]

– **azionario provvisorio.** Scrip, o scrip certificate (*supra*, CERTIFICATO AZIONARIO; AZIONE (II) DI SOCIETÀ). [vol. I: SCRIP]

– **catastale.** Grosso modo, land certificate, registered land certificate; ma, in senso stretto, non vi è equivalente (CATASTO).

– **con riserva.** Qualified certificate (RISERVA).

– **dei carichi pendenti.** Lett., certificate of pending criminal prosecutions. Tipo di documento inconcepibile nel sistema, *rectius,* nella civiltà giuridica, inglese e nordamericana (*infra,* CERTIFICATO PENALE; PRECEDENTI PENALI). [vol. I: CRIMINAL PROCEDURE; CRIMINAL RECORDS]

– **dei registri immobiliari.** Grosso modo, land certificate; ma, in senso stretto, non vi è equivalente (REGISTRI IMMOBILIARI). [vol. I: *ad vocem*]

– **di assicurazione.** Certificate of insurance (ASSICURAZIONE; NOTA DI COPERTURA).

– **di avaria.** Certificate of general average (AVARIA COMUNE).

– **di bordo libero.** Loadline certificate (LINEA DI MASSIMO CARICO; SICUREZZA DELLA NAVIGAZIONE). [vol. I: LOADLINE; SEAWORTHINESS; SHIP]

– **di buona condotta.** Non esiste. Il *certificate of good behaviour,* o *of good conduct*, richiesto in qualche caso, come per l'ammissione a una *Inn of Court*, non è altro che una referenza consistente in una dichiarazione unilaterale di un privato (BUONA CONDOTTA; CONDOTTA; CREDENZIALE; RACCOMANDAZIONE; REFERENZA). [vol. I: INNS OF COURT; TESTIMONIAL]

– **di cittadinanza.** Lett., certificate of citizensip; ma non esiste un esatto equivalente di questo tipo di certificato (CITTADINANZA).

– **di civismo.** (*supra*, CERTIFICATO ANTIMAFIA)

– **di classe di nave** o **aereo.** Certificate of class of ship, o of aircraft (AEROMOBILE; NAVE; SOCIETÀ (II) DI CLASSIFICAZIONE NAVALE). [vol. I: CLASSIFICATION SOCIETY; LLOYD'S REGISTER OF SHIPPING; REGISTER OF SHIPS; SHIP]

– **di collaudo.** Testing certificate (COLLAUDO).

– **di deposito.** Certificate of deposit; si tratta di solito di un documento emesso da un banchiere. Negli S.U. la materia è regolata dall'Art. 3-104(2)(c) dell'UCC. Costituisce un *negotiable instrument*, ossia un titolo negoziabile (TITOLI NEGOZIABILI).

– **di deposito e di nota di pegno.** Dock warrant, warehouse receipt, warehouse warrant (DARSENA; DEPOSITO; MAGAZZINI GENERALI; TITOLI RAPPRESENTATIVI DI MERCI). [vol. I: BOND WARRANT; DOCK WARRANT; DOCUMENT OF TITLE; WAREHOUSE RECEIPT; WAREHOUSE WARRANT]

– **di idoneità in genere.** Certificate of competency (DIPLOMA; IDONEITÀ). [vol. I: *ad vocem*]

– **di immatricolazione di nave.** Certificate of registry of ship, ship's certificate of registry (NAVE; PASSAVANTI PROVVISORIO). [vol. I: REGISTRATION OF SHIPS; SHIP: 3]

– **di libera pratica.** Bill of health, pratique (*infra,* CERTIFICATO SANITARIO DI BORDO; LIBERA PRATICA; NAVE; QUARANTENA).

– **di matrimonio.** Certificate of marriage (MATRIMONIO; STATO CIVILE).

– **di morte.** Death certificate (MORTE; STATO CIVILE).

– **di nascita.** Birth certificate (NASCITA; STATO CIVILE).

– **di navigabilità dell'aeromobile.** Airworthiness certificate (AEROMOBILE). [vol. I: AIR NAVIGATION]

– **di navigabilità della nave.** Safety certificate of ship; ne esistono diversi tipi in relazione ai vari aspetti della sicurezza marittima; sono previsti da una serie di convenzioni internazionali adottate sotto gli auspici dell'International Maritime Organization, istituzione specializzata delle N.U. (NAVE; SICUREZZA DELLA NAVIGAZIONE). [vol. I: NAVIGATION; SEAWORTHINESS]

– **di origine.** Certificate of origin (ORIGINE; VENDITA). [vol. I: EXPORT; IMPORTATION; TRADE]

– **di servizio.** Certificate of service o of discharge. [vol. I: CHARACTER]

– **di sicurezza.** Safety certificate (*supra,* CERTIFICATO DI NAVIGABILITÀ DELL'AEROMOBILE; CERTIFICATO DI NAVIGABILITÀ DELLA NAVE; SICUREZZA DELLA NAVIGAZIONE AEREA; SICUREZZA DELLA NAVIGAZIONE MARITTIMA). [vol. I: SAFETY]

– **di stato civile.** Questo certificato non ha equivalenza né nel sistema inglese, né in quello nordamericano (STATO CIVILE).

– **di stazza di nave.** Tonnage certificate;

la materia, oltre che dalla legge interna, è regolata dalla convenzione internazionale di Londra del 1969 sulla stazza delle navi (STAZZA DI NAVE).

– **medico.** Medical certificate (*infra,* CERTIFICATO SANITARIO DI BORDO).

– **penale.** Lett., certificate of previous convictions. Ma non esiste né nel sistema inglese, né in quello nordamericano (*supra*, CERTIFICATO DEI CARICHI PENDENTI; CASELLARIO GIUDIZIALE; DIRITTI (II) CIVILI; PRECEDENTI PENALI). [vol. I: CRIMINAL PROCEDURE; CRIMINAL RECORDS; PREVIOUS CONVICTIONS]

– **sanitario di bordo.** Bill of health (*supra,* CERTIFICATO DI LIBERA PRATICA; CERTIFICATO DI NAVIGABILITÀ DELLA NAVE).

Certificazione. Certification (AUTENTICAZIONE; AUTOCERTIFICAZIONE; CERTIFICATO; CLASSIFICAZIONE; DICHIARAZIONE; DOCUMENTO CERTIFICATO; REVISIONE CONTABILE; VIDIMAZIONE). [vol. I: ATTESTATION]

– **di bilancio.** Auditing (REVISIONE CONTABILE).

Cessate il fuoco. Ceasefire, truce (ARMISTIZIO; CESSAZIONE DELLE OSTILITÀ; GUERRA; PACE). [vol. I: ARMISTICE; PEACE; WAR]

Cessazione. Discontinuance, termination, cesser (ABBANDONO; CANCELLAZIONE; ESTINZIONE; SCADENZA; SOSPENSIONE). [vol. I: CESSER; DISCONTINUANCE; STOP; TERMINATION]

– **dei pagamenti.** Suspension of payments (FALLIMENTO; PAGAMENTO; VENDITA). [vol. I: STOP ORDER; STOPPAGE IN TRANSITU; SUSPENSION OF PAYMENT]

– **delle ostilità.** Cessation of hostilities (ARMISTIZIO; CESSATE IL FUOCO; OSTILITÀ).

– **, riduzione e aumento degli alimenti.** Cessation, reduction and increase of support (ALIMENTI; MANTENIMENTO). [vol. I: SUPPORT]

Cessio bonorum. Espressione spesso riportata *tel quel*; ignota alla *common law*. Una forma non troppo diversa è costituita dall'*assignment for the benefit of creditors*, che nel sistema inglese e nordamericano costituiva in passato un *act of bankruptcy* (CESSIONE DEI BENI AI CREDITORI; CESSIONE DI CREDITO; FALLIMENTO). [vol. I: PREFERENTIAL ASSIGNMENT]

Cessionario in genere. Assignee, o assign, transferee, alienee, grantee, indorsee (ASSEGNATARIO; AVENTE CAUSA; BENEFICIARIO; CEDENTE; CEDUTO; CESSIONE; CO-CESSIONARIO; ECCEZIONE OPPONIBILE AL CESSIONARIO). [vol. I: ALIENATION; ASSIGNMENT; INDORSEMENT; NEGOTIABLE INSTRUMENT]

– **del contratto.** Sub-contractor (SUBAPPALTATORE).

Cessione in genere. Assignment, alienation, surrender, franchise, permission, release, abandonment, transfer, conveyance, grant, conveyance. Ma si noti che la cessione di diritti, detta più spesso *assignment*, è soggetta ad un regime notevolmente diverso nei sistemi di *common law*: la materia è una delle più complesse (ACCETTAZIONE DELLA CESSIONE; ALIENAZIONE; ASSEGNAZIONE; ATTO DI CESSIONE; BENEFICIARIO; CEDENTE; CEDIBILE; CEDIBILITÀ; CEDUTO; CESSIONARIO; CONCESSIONE; GIRATA; NOTIFICA DELLA CESSIONE; PAGAMENTO; RILIEVO; TRASFERIMENTO). [vol. I: ALIENATION; ASSIGNMENT; CESSION; CONSIDERATION; INDORSEMENT; NEGOTIABLE INSTRUMENTS; NOVATION; PRIVITY OF CONTRACT; SUBROGATION]

– **dei beni ai creditori.** Assignment for the benefit of creditors (*CESSIO BONORUM*; LEGATO A FAVORE DEL PROPRIO CREDITORE). [vol. I: *ad vocem*]

Bibl.:

Iudica, G., *Cessione dei beni ai creditori*, in *Digesto IV Utet, Civ.,* vol. II: 279.

– **del contratto.** Assignment of contract, surrender of contract. Ma è dubbio che vi sia un termine esattamente corrispondente: sul piano dei principi, in virtù della *privity of contract,* il contratto ha effetto solo tra le parti [vol. I: CONTRACT: VIII]. Si parla di « assignment of contractual rights and liabilities » per indicare la cessione dei diritti e degli obblighi derivanti da un contratto. La cessione di credito è detta *assignment of choses in action* o, più spesso, *assignment of debt* (CONTRATTO: III; SUBAPPALTO; SUBCONTRATTO; SUBENTRO NEL CONTRATTO). [vol. I: ASSIGNMENT; PRIVITY OF CONTRACT; SUB-CONTRACT; SUBROGATION]

Bibl.:

Alpa, G. e Fusaro, A., *Cessione di contratto,* in *Digesto IV Utet, Civ.,* vol. II: 338.

– **del diritto in genere.** Assignment of right, of title, of interest (DELEGA).

– **della cambiale.** Assignment of bill of exchange (CAMBIALE; GIRATA DELLA CAMBIALE). [vol. I: ASSIGNMENT]

– **della locazione.** Grosso modo, assignment of lease (LOCAZIONE). [vol. I: *ad vocem*]

– **della polizza di assicurazione.** Assignment of policy of insurance (POLIZZA (I) DI ASSICURAZIONE).

– **dell'azienda.** Sale of business (AZIENDA; RILIEVO DI SOCIETÀ). [vol. I: GOODWILL]

– **di credito.** Assignment of debt, of credit o, in senso stretto, of chose in action (*supra,* CESSIONE DEL CONTRATTO; ACCETTAZIONE DELLA CESSIONE DI CREDITO; ACCREDITAMENTO; CREDITO; *FACTORING*; SUCCESSIONE NEL CREDITO; SURROGAZIONE). [vol. I: ASSIGNMENT; CONTRACT: VIII; DEBT; SUBROGATION]

Bibl.:

Dolmetta, A.A., *Cessione dei crediti*, in *Digesto IV Utet, Civ.,* vol. II: 285.

– **di portafoglio.** Assignment of portfolio (PORTAFOGLIO).

– **di quota in genere.** Assignment of share, assignment of interest (QUOTA).

– **di stipendi e salari.** Assignment of earnings, wage assignment, assignment of wages; la legge regola i casi e i limiti entro i quali può aver luogo. Si tratta di prassi molto diffusa negli S.U., in cui la vendita a credito costituisce un fattore fondamentale dell'economia ed esiste — si noti — anche il fallimento civile, e quindi del consumatore-debitore insolvente. La materia è regolata con legge nella maggior parte degli stati dell'Unione; ma prevale una notevole difformità di regime. Mentre alcuni di essi stabiliscono il divieto assoluto di cessione, altri escludono dalla cessione quote di vario ammontare, etc. Stabilire un privilegio sul proprio stipendio o salario (o parte di essi) è detto *encumber (to) one's own future earnings* (FALLIMENTO: VI; PIGNORAMENTO STIPENDI E SALARI PRESSO TERZI; PRIVILEGIO SU SALARI O STIPENDI; REDDITO PERSONALE DISPONIBILE; STIPENDIO). [vol. I: ASSIGNMENT OF EARNINGS; MORTGAGE; WAGE]

Bibl.:

Farnsworth and Honnold 1965, ed. 1976: 755.

Cheque. (ASSEGNO (II) BANCARIO)

Chiamata in genere. Call (APPELLO; SEGNALE).

– **a contribuzione dei soci.** Call on contributories (SOCIO DI SOCIETÀ). [vol. I: *ad vocem*]

– **alle armi.** Call to the forces, call-up, mobilization (COSCRIZIONE MILITARE OBBLIGATORIA; DISERZIONE; FORZE ARMATE; MOBILITAZIONE; RENITENZA ALLA LEVA; SMOBILITAZIONE).

Bibl.:

Messina, R., *Chiamata alle armi (mancanza alla)*, in *Digesto IV Utet, Pen.,* vol. II: 180.

– **di correo.** Grosso modo, testimony by an accomplice tending to incriminate the other participant(s) in the crime. Ma si parla più spesso di *Queen's evidence* nel sistema inglese, e *State's evidence* in quello nordamericano. In effetti, essa consiste nella confessione del fatto proprio e nella testimonianza contro il complice. Praticata in tutti i sistemi processuali di questo mondo, la chiamata di correo ha, sotto molti aspetti, effetti radicalmente diversi in un sistema accusatorio, come quello inglese e nordamericano, rispetto a un sistema misto come quello italiano. Nel primo caso, poiché la chiamata di correo comporta invariabilmente un'autoincriminazione, ad essa si ovvia mediante l'*immunity from prosecution,* ossia con la rinuncia all'incriminazione, a favore del collaborante da parte degli organi dell'accusa, consentita dalla discrezionalità dell'azione penale. Nel nostro sistema, in cui non esiste tale discrezionalità, il problema è stato affrontato mediante la c.d. *legislazione premiale* che prevede degli « sconti » di pena per il collaborante con la giustizia (AUTOINCRIMINAZIONE; COMPLICE; CONFESSIONE; CORREO CHE TESTIMONIA CONTRO I PROPRI COMPLICI; DISCREZIONALITÀ DELL'AZIONE PENALE; MAXI-PROCESSO; PENTITO; TESTIMONE). [vol. I: PROSECUTION: I. 4; QUEEN'S EVIDENCE; SELF-INCRIMINATION]

– **di emergenza.** Emergency call (EMERGENZA; SEGNALE DI SOCCORSO).

– **di soccorso.** Distress call (SOCCORSO).

– **in causa del terzo in genere.** Third party proceeding. Negli S.U. — stato federale — si parla di third party action, third party practice, a seconda che sia l'attore o il convenuto a proporla: la materia è prevista dalla R. 14 delle *Federal Rules of Civil Procedure.* L'effetto della chiamata è il *joinder of parties* (CAUSA (III); DOMANDA RICONVENZIONALE; LITISCONSORZIO; TERZO). [vol. I: THIRD PARTY PROCEEDINGS]

– **in garanzia.** Call on guarantor (*supra,* CHIAMATA IN CAUSA DEL TERZO; GARANZIA; REGRESSO). [vol. I: *ad vocem*; GUARANTOR; INDEMNITY]

– **telefonica interurbana.** Long-distance telephone call (TARIFFA TELEFONICA NELLE CHIAMATE INTERURBANE).

Chiatta o **bettolina.** Barge, lighter. È detto *lighterage* il corrispettivo del servizio (SPESE DI CHIATTA; TRASBORDO MEDIANTE CHIATTE). [vol. I: CARRIAGE: IV; LIGHTERAGE; SHIP; TOWAGE; TRANSPORT]

Chiavi in mano. (CONTRATTO CHIAVI IN MANO)

Chiesa in genere. Church, religious body, religious society, congregation.
1. La nascita degli stati nazionali in Europa — e, quindi, in buona sostanza, della identità nazionale — consegue alla aperta (o sorda, come nel caso di tanti paesi del continente europeo) ribellione al potere temporale dei papi. Quest'ultima ha giocato un ruolo fondamentale nella formazione dell'Inghilterra moderna. Ma identità e dignità nazionale, e spirito di cittadinanza, non sono patrimonio esclusivo del popolo inglese o nordamericano: esse appartengono anche a paesi cattolicissimi quali l'Austria, la Francia e la Spagna in cui attorno al sovrano si è formata, di fatto, una sorta di chiesa nazionale che, storicamente, antepone l'interesse del sovrano (*rectius,* del paese) a quello ecumenico della Chiesa di Roma.
2. Negli Stati Uniti, eredi per molti versi della tradizione laica e protestante inglese, e patria della libertà di culto, il I emendamento [1791] della costituzione federale dispone il divieto per il Congresso di istituire una religione stabilita. Esso recita: « Congress shall make no law respecting an establishment of religion, or prohibiting the free exercise thereof; or abridging the freedom of speech, or of the press; or the right of the people peaceably to assemble, and to petition the Government for a redress of grievances. » Le decisioni della *Supreme Court* hanno sempre sanzionato una rigida separazione tra Stato e Chiesa.
3. Alexis de Tocqueville ha rilevato la profonda religiosità del popolo americano presso il quale la religione come istituzione politica contribuisce fortemente alla conservazione della repubblica democratica. Egli scrive: « Gli Americani fondono così intimamente nel loro spirito il Cristianesimo e la libertà, che è quasi impossibile far loro concepire l'uno senza l'altra; e per loro non è una di quelle sterili credenze che il passato lega al presente, e che sembrano vegetare in fondo all'anima, piuttosto che vivere » [1830, trad. it., vol. II: 346]. Quanto in particolare alla religione cattolica, egli continua: « Penso che sia un errore considerare la religione cattolica come un nemico naturale della democrazia. Tra le varie dottrine cristiane il cattolicesimo mi sembra, invece, una delle più favorevoli all'uguaglianza delle condizioni (...) una volta che i preti si siano allontanati o si allontanino dal governo, come accade negli Stati Uniti, non vi sono uomini che, per le loro credenze, siano più disposti dei cattolici a introdurre nel mondo politico l'idea dell'uguaglianza delle condizioni » [ibid.: 341].
Ma qui al nostro nostro *turista in transito* verrebbe di ripetere, come al seminarista dell'aneddoto: *hic est busillis*: perché Dante aveva già posto in *Monarchia* il dilemma tra *Autorità* e *Potere* di fronte al quale si trova storicamente la Chiesa di Roma, come qualsiasi altra istituzione spirituale che si vuole anche inevitabilmente *establishment*: finora non sembra che il nodo sia stato sciolto (AUTORITÀ).
4. Forse il capitolo più interessante della storia degli S.U. è dato dalla sua fortissima componente religiosa: diversamente da quanto si riscontra nella maggioranza dei paesi industrializzati, negli S.U. esiste un elevatissimo livello di affiliazione religiosa: nel 1988, il 92 per cento degli americani si dichiarava credente in qualche fede religiosa. Il ruolo notevole giocato ancora oggi dalla religione negli S.U. non si può intendere se non si tiene conto della grande influenza che la tradizione religiosa di origine europea ha avuto su quel paese, delle grandi ondate migratorie di membri della religione puritana, cattolica, quacchera e presbiteriana nel XVIII secolo. In taluni casi, come nel New England, si diede luogo all'esistenza di una autentica teocrazia. E fu solo con il *Bill of Rights* del 1791 che, su pressione di alcuni stati (*Virginia, Maryland, Pennsylvania*) e di talune chiese, come quella romana e battista, si affermava il principio della *neutralità religiosa dello stato federale.* E non è un caso che la clausola di non istituzione e quella del libero esercizio precedano l'affermazioni di diritti più generali come la libertà di pensiero, di riunione, di petizione, etc. Del resto, la costituzione della Pennsylvania, voluta da William Penn, è servita da modello a quella degli S.U. Tutte uguali di fronte alle istituzioni federali, le numerosissime chiese americane hanno diritto alla tutela della propria esistenza, ma non a particolari privilegi dallo stato federale. Come scrive Maldwin A. Jones [1983, trad. it.: 59]: « Un'ulteriore conseguenza dello sconvolgimento rivoluzionario fu il consolida-

mento della libertà religiosa. Il principio di una gerarchia ecclesiastica, già eroso durante il periodo coloniale, venne ulteriormente indebolito durante la Rivoluzione, in parte per l'acceso lealismo del clero anglicano e assai di più per lo scetticismo degli illuministi. Comunque gli americani non dimostrarono in alcun modo l'anticlericalismo e il secolarismo militante che contraddistinsero la Rivoluzione francese. Essi rimasero non solo un popolo religioso, ma insistettero per mantenere una dimensione religiosa nella loro vita nazionale: Washington proclamò una 'giornata del ringraziamento' per l'inaugurazione della Costituzione nel 1789 e un'altra per la repressione della 'rivolta del whisky' nel 1793 (...) Tuttavia, gli esponenti politici americani affermarono la loro convinzione che le credenze, la pratica e l'associazionismo religioso fossero fatti rigorosamente privati ». Ma la religiosità americana da un lato e l'anticlericalismo europeo dall'altro si spiegano, appunto, storicamente: diverso è stato il ruolo delle chiese, o della Chiesa, nei due contesti. Nel primo, a parte talune fasi attinenti all'origine delle colonie, le chiese mantennero sostanzialmente il carattere di istituzioni prettamente religiose; invece, nel contesto europeo, elemento religioso, autorità e esercizio del potere politico appaiono troppo spesso impossibili da distinguere. Celebre è negli S.U. l'associazione di *leaders* politici, religiosi ed educatori, fondata nel 1947, dal nome emblematico di *Americans United for the Separation of Church and State*, o anche più spesso AU, di cui fanno parte 52 mila soci e circa 3 mila chiese e gruppi religiosi. Essa vede nella separazione tra Stato e Chiesa la pietra angolare della libertà religiosa (*infra,* CHIESA D'INGHILTERRA; BENEFICIO ECCLESIASTICO; BENI ECCLESIASTICI; CLERO; CONCORDATO; CORTE ECCLESIASTICA; DIRITTO (I) CANONICO; MINISTRO DI CULTO; RELIGIONE; SOVRANITÀ; STATO; CORTE CIVILE).

Bibl.:

Galli della Loggia, E., *Liberali che non hanno saputo dirsi cristiani*, il Mulino 5/93: 855.

Martin, J.P., *La separazione tra chiesa e stato: la formula americana*, in Pasquino (cur.)1993: 250.

– **anglicana.** (CHIESA D'INGHILTERRA)

– **cattolica.** Roman Catholic Church. Nel 1850 è stato consentito il ristabilimento della gerarchia cattolica in Inghilterra; si tratta di una chiesa tollerata.

– **d'Inghilterra.** Church of England, Anglican Church of England.

1. È detta così la chiesa stabilita inglese creata da Enrico VIII che, mediante l'Act of Supremacy del 1558, si proclamava capo supremo di essa. La sua gerarchia, le sue istituzioni, e i suoi organi giudiziari sono legalmente riconosciuti e fanno parte dell'ordinamento costituzionale del paese. I suoi arcivescovi, quello di Canterbury, definito *Primate and Metropolitan of All England,* e quello di York, definito *Primate of England*, come pure i vescovi, sono nominati dal Sovrano. Essi siedono nella *House of Lords* quali *lords spiritual.* Soltanto in questo secolo la Chiesa d'Inghilterra ha ottenuto il potere di regolare la propria dottrina, gli ordini e la liturgia indipendentemente dal parlamento. Quanto ai c.d. tribunali ecclesiastici, va rilevato che non esistono tribunali della Chiesa anglicana indipendenti dall'ordine giudiziario inglese. Si tratta di una *established church*, ossia una chiesa di stato e, di conseguenza, anche i tribunali ecclesiastici sono, di fatto, tribunali dello stato, per quanto, ovviamente, gli effetti delle decisioni siano limitati a coloro che ne accettano la giurisdizione (STATO; TRIBUNALE ECCLESIASTICO).

2. Dalla Church of England va distinta la *(Presbyterian) Church of Scotland*, anch'essa chiesa stabilita (nel 1690), ma libera da qualsiasi controllo parlamentare. La *Church of Ireland* non è una chiesa stabilita ed è equiparata ad un'associazione volontaria. [vol. I: ACT OF SETTLEMENT; CHURCH OF ENGLAND; PARLIAMENT: XII]

Bibl.:

Ferrari, S., *Diritto della Chiesa d'Inghilterra*, in *Digesto IV Utet, Civ.,* vol. VI: 181.

– **non stabilita.** Unestablished church; si parla di *dis-established Church* per indicare il mutamento di *status* della chiesa da chiesa stabilita in chiesa non stabilita (*infra,* CHIESA STABILITA).

– **parrocchiale.** Parish church; ma si noti che essa va distinta dalla *civil parish* che, nel sistema inglese, costituisce la più antica istituzione e il nucleo originario delle collettività autonome locali (AUTOGOVERNO). [vol. I: PARISH]

– **scozzese.** Church of Scotland (*supra,* CHIESA D'INGHILTERRA: 2).

– **stabilita.** Established church; questa espressione indica che si tratta di una chiesa legalmente riconosciuta come chiesa ufficiale dello stato; avente, quindi, uno speciale *status* giuridico: è questo il caso della Chiesa d'Inghilterra. Non esiste una chiesa stabilita negli S.U., patria della libertà di culto (*supra,* CHIESA IN GENERE; CHIESA D'INGHILTERRA; CHIESA NON STABILITA).

Chirografario. Grosso modo, instrument written out and subscribed by the party who made it; non è detto *chirograph*, che indica, invece, un atto avente una forma particolare impiegato in passato e sostituito ora dal *deed* (ATTO SIGILLATO-NON SIGILLATO; CREDITO CHIROGRAFARIO; CREDITORE CHIROGRAFARIO). [vol. I: CHIROGRAPH; I.O.U.]

Chirografo d'avaria. General average bond (AVARIA COMUNE).

Chiusura in genere. Closing (APERTURA; CONFINE).

- **del fondo.** Inclosure of land (FONDO). [vol. I: BOUNDARY; INCLOSURE]
- **del mercato borsistico.** Market closing (BORSA MERCI; BORSA VALORI).
- **di un ufficio.** Closing down an office (UFFICIO).

Cif. Clausola di consegna in uso nella vendita internazionale di merci attinente alla disciplina dei costi e dei rischi di trasporto. La sigla indica cost, insurance, freight. Fa parte degli *Incoterms* elaborati dalla Camera di Commercio Internazionale (CLAUSOLE DI CONSEGNA; CLAUSOLE INTERNAZIONALI DI CONSEGNA ATTINENTI ALLA DISCIPLINA DEI COSTI E DEI RISCHI DI TRASPORTO; COSTO; VENDITA SU DOCUMENTI). [vol. I: COST, INSURANCE, FREIGHT; INCOTERMS; INTERNATIONAL CHAMBER OF COMMERCE]

Cifra di affari. Turnover (AFFARE; FATTURATO; IMPOSTA SULLA CIFRA DI AFFARI). [vol. I: *ad vocem*]

Cimeli di famiglia. Heirlooms, o heirloom (FAMIGLIA; SUCCESSIONE PER CAUSA DI MORTE). [vol. I: HEIR; HEIRLOOM; SUCCESSION]

Cintura verde. Green belt (AMBIENTE; CITTÀ; PIANO REGOLATORE). [vol. I: ENVIRONMENT; PLANNING]

Circa. About, around, circa (ABBUONO; CALO; SFRIDO). [vol. I: MORE OR LESS; THEREABOUTS]

Circolare. (LETTERA CIRCOLARE)

Circolazione in genere. Circulation, movement (DIRITTO (II) DI STABILIMENTO; LIBERTÀ DI CIRCOLAZIONE; LIBERTÀ DI CIRCOLAZIONE COMUNITARIA; LIBRETTO DI CIRCOLAZIONE; TRAFFICO; VIAGGIO).

- **cartacea.** Paper circulation (MEDIO CIRCOLANTE). [vol. I: PAPER]
- **dei beni in genere.** Alienability of property, circulation of property. Si dice di un bene inalienabile che esso è *taken out of commerce*; il che è contro la politica legislativa in materia sia in Inghilterra che negli S.U. (BENE; DIRITTO (II) INDISPONIBILE; INALIENABILITÀ; LIBERA CIRCOLAZIONE DEGLI IMMOBILI; MANOMORTA; PRINCIPIO DELLA LIBERA CIRCOLAZIONE DEI BENI). [vol. I: MORTMAIN; PERPETUITY]
- **dei modelli giuridici.** Grosso modo, circulation of legal models. Ma più spesso si tratta anche di importazione o esportazione *tout court*; in questo è fondamentale il peso economico e politico sotteso al modello giuridico; che, è, ovviamente, modello politico. Non meno fondamentale appare l'anticipo storico: parlare, scrivere o cogitare di democrazia rappresentativa come se si trattasse di invenzione italiana, francese, o tedesca, trascurando il modello inglese è, oltre che falso storico, segno di imbecillità di studiosi. Schlesinger, maestro di diritto comparato, dedica la prima parte del suo ottimo manuale anche a questa problematica [1950, ed. 1988: 1-39] destinata a divenire sempre più rilevante in un'epoca, per molti versi, di semplificazione (o almeno così si spera) internazionale, specie nel mondo degli affari, forse più sulla spinta delle esigenze economiche che di pressioni politiche. Ma, passando dagli affari alla politica, non sembra azzardato affermare che uno dei temi fondamentali del XXI secolo sarà quello del federalismo. E, quindi — a meno che da noi non si scopra che si tratta di una invenzione di qualche professore tedesco (magari Hegel), dell'inevitabile Gramsci, o di qualche decretale — non resta che cominciare a studiare le cose americane perché il modello è quello; anche per arrivare a conclusioni diverse; peraltro, si spera, senza effetti disastrosi. La problematica dei modelli appare spesso come l'altra faccia del problema dei *legal transplants*: ma non si tratta tanto di trapiantare piante esotiche nel nostro giardino quanto di apprendere a ragionare confrontandoci con i modelli altrui (DI-

RITTO (I) COMPARATO; MODELLI GIURIDICI; SISTEMA GIURIDICO; TRADIZIONE GIURIDICA; TRAPIANTI GIURIDICI). [vol. I: COMMON CORE OF LEGAL SYSTEMS; LEGAL TRANSPLANTS]

Bibl.:

Sacco, R., *Circolazione dei modelli giuridici*, in *Digesto IV Utet, Civ.,* vol. II: 365.

– **di titoli di credito.** Grosso modo, circulation of negotiable instruments (TITOLO COMMERCIABILE; TITOLI DI CREDITO).

– **forzata della valuta.** Inconvertibility of currency (CAMBIO; CORSO FORZOSO; VALUTA).

– **stradale.** Road traffic (ASSICURAZIONE CONTRO I DANNI DALLA CIRCOLAZIONE DI AUTOVEICOLI; AUTOSTRADA; AUTOVEICOLO; BLOCCO STRADALE; CODICE DELLA STRADA; DIRITTO (II) DI PRECEDENZA STRADALE; ETILOMETRO; INCIDENTE STRADALE; INFRAZIONE DELLE NORME SULLA CIRCOLAZIONE STRADALE; OSPITE; PRECEDENZA STRADALE; REATO CONNESSO ALLA CIRCOLAZIONE STRADALE; SICUREZZA DEL TRAFFICO STRADALE; STRADA; TRAFFICO; TRASPORTO AMICHEVOLE; VEICOLO; VELOCITÀ ECCESSIVA). [vol. I: CARRIAGE: III; INSURANCE: IV; MOTOR CAR; ROAD CONVENTIONS AND AGREEMENTS; SAFETY; STRICT LIABILITY]

Bibl.:

Garavelli, M., *Circolazione stradale (reati in materia di)*, in *Digesto IV Utet, Pen.,* vol. II: 184.

Circolo/i in genere. Association, community, club (ASSOCIAZIONE; *CLUB*).

– **economici.** Business community (ECONOMIA).

Circonvenzione di persone incapaci. Grosso modo, undue influence on persons not compos mentis (CAPTAZIONE TESTAMENTARIA; VIOLENZA). [vol. I: UNDUE INFLUENCE]

Circoscrizione in genere. District; ma in questa materia gli *acoustic agreements* possono dar luogo a grandi abbagli. In questo senso, è opportuno rilevare le grandi diversità politiche e amministrative esistenti tra il sistema italiano e quello inglese. Si noti altresì che gli S.U. sono uno stato federale, il che contribuisce a rendere ancora più incomparabile la materia (AUTOGOVERNO; FEDERALISMO).

– **elettorale parlamentare.** Grosso modo, electoral district; il termine è riferito più spesso ai distretti plurinominali, come nel caso italiano, in cui l'elezione ha luogo a scrutinio di lista; si parla, invece, di collegio in riferimento ai distretti uninominali, come nel caso inglese e nordamericano o anche, da noi, in tema di elezioni senatoriali. La nuova legge elettorale italiana si è adeguata in parte alla diversa terminologia che comporta il sistema elettorale uninominale (COLLEGIO ELETTORALE; ELEZIONI POLITICHE ; SISTEMA ELETTORALE).

Bibl.:

Fisichella 1982: 166.

– **elettorale urbana.** Grosso modo, borough. [vol. I: *ad vocem*]

– **giudiziaria.** Jurisdiction, circuit, district. Ma questa è una materia in cui maggiori sono le diversità tra i vari ordinamenti giudiziari: invariabilmente, ogni *acoustic agreement* dà luogo a gravi abbagli. Si noti, tra l'altro, che negli S.U. — stato federale — coesistono giurisdizioni federali e dei singoli stati dell'Unione. Insomma, è proprio in tema di ordinamento giudiziario, non di rado ben più che in termini di diritto sostanziale, che si riscontrano le maggiori differenze tra le due tradizioni giuridiche (COMPETENZA; DISTRETTO GIUDIZIARIO; MANDAMENTO GIUDIZIARIO; ORDINAMENTO GIUDIZIARIO). [vol. I: CIRCUIT; COURT; DISTRICT; JURISDICTION]

Circostanza/e. Circumstance, occurrence, event (AVVENIMENTO; CAMBIAMENTO DELLE CIRCOSTANZE; CASO FORTUITO; CAUSALITÀ; CONCORSO DI CIRCOSTANZE; CONDIZIONE; CONGIUNTURA; DILIGENZA RICHIESTA DALLE CIRCOSTANZE; FATTO). [vol. I: CIRCUMSTANCE; CIRCUMSTANTIAL EVIDENCE; CAUSATION; OCCURRENCE]

– **aggravante.** Aggravating circumstance, circumstance of aggravation, aggravation. Negli S.U. il termine *murder with special circumstances* indica, come in California, l'omicidio commesso in circostanze aggravanti tali da giustificare la pena di morte. La legge indica quali sono queste *special circumstances* (*infra*, CIRCOSTANZA ATTENUANTE; AGGRAVAMENTO; OMICIDIO; PENA). [vol. I: AGGRAVATION; CIRCUMSTANCE OF AGGRAVATION]

– **attenuante.** Mitigating, o extenuating, circumstance, mitigating factor, mitigation (*supra*, CIRCOSTANZA AGGRAVANTE; DIFESA; PROVOCAZIONE; RINUNZIA AL PERSEGUIMENTO DEL PROPOSITO CRIMINOSO; SCUSA). [vol. I: CRIMINAL LAW; MITIGATING CIRCUMSTANCES; PROVOCATION]

– **del reato.** Circumstances of the offence (REATO). [vol. I: OFFENCE]

– **fattuale.** Factual circumstance (FATTO).

Circuito giudiziario. Anche qui non esistono equivalenze (CIRCOSCRIZIONE GIUDIZIARIA). [vol. I: CIRCUIT]

Citazione in genere. Summons, subpoena, quotation. Si noti che negli S.U. il termine *citation* non indica l'atto di citazione nostrano, ma l'ordine, emanato più spesso dalla polizia, di comparire davanti al giudice di solito per un reato minore come, ad es., in tema di reati connessi alla circolazione automobilistica. La *citation* evita la necessità dell'arresto del sospetto (ARRESTO). [vol. I: CITATION]

– **dei testimoni.** Subpoena, witness summons, summoning witnesses; si noti che, anche qui, esistono principi e regole diverse nelle due tradizioni giuridiche di *civil law* e di *common law* (PROVA; TESTIMONIANZA). [vol. I: EVIDENCE: II. 2; SUBPOENA]

– **dell'imputato a comparire.** Summons, impiegata per i reati minori. Di solito negli S.U. — stato federale — si ricorre più spesso al *warrant of arrest* (ARRESTO; IMPUTATO; ORDINANZA DI CUSTODIA CAUTELARE).

Bibl.:
Karlen 1967: 113.

– **di autori giuridici.** Citation of authorities. Questa materia va inquadrata nella diversa teoria delle fonti della *common law*. In questo senso, vanno distinti i *books of authority* dai *doctrinal* o *juristic writings*: questi ultimi, ossia le opere della dottrina, non costituiscno *binding authorities*, ma possono essere citate come *persuasive authorities* ed *expert evidence*. Fino a tempi recenti nessun autore vivente poteva essere invocato in giudizio a sostegno di un argomento; la regola è ora meno rigida, ma è emblematica della scarsa influenza di cui ancora oggi gode la dottrina nella tradizione di *common law*, definita giustamente come una *lawyers' law* (AUTORI GIURIDICI; DOTTRINA; FONTI DEL DIRITTO; INTERPRETAZIONE; PRECEDENTE). [vol. I: INTRODUZIONE: III. 11; AUTHORITY; DOCTRINE; FOREIGN LAW: 3; PERSUASIVE AUTHORITY; PRECEDENT; WRIT]

– **in giudizio in genere.** Avviene mediante la notifica del *writ of summons* (o, più spesso, *summons*). Ma si tratta di un atto che, in senso stretto, non ha equivalenza nel sistema processuale italiano e degli ordinamenti di *civil law* in genere. Anche qui, appare opportuno un *caveat* sulle numerose radicali differenze esistenti tra le due tradizioni giuridiche: tra l'altro, va rilevata la diversa natura dei *pleadings* che le parti si scambiano nella fase del *pre-trial*. Citare in giudizio è detto *suing someone*, o *bringing a civil action against someone*; talvolta si parla anche, in generale, ma meno spesso, di *cite (to)*. Citare in giudizio per un pagamento è detto *sue (to) for payment*. Il *petitum* è detto *relief* (ATTO DI CITAZIONE; AZIONE (I) CIVILE; AZIONE (I) DI CATEGORIA; COMPARIZIONE IN GIUDIZIO; CONVENUTO; CORRISPONDENZA TRA CHIESTO E PRONUNCIATO; CUMULO DELLE DOMANDE; GIURISDIZIONE; IN SUBORDINE; LAGNANZA; LITISCONSORZIO; MODIFICA DELLA DOMANDA GIUDIZIALE; NOTIFICA DELLA CITAZIONE; *PETITUM*; PLURALITÀ DI DOMANDE IN GIUDIZIO BASATE SULLA STESSA *CAUSA PETENDI*; PRINCIPIO DELLA DOMANDA; RIGETTO DELLA DOMANDA; SEPARAZIONE DELLE DOMANDE IN GIUDIZIO; TERMINI DI COMPARIZIONE). [vol. I: ACTION; CITATION; CIVIL PROCEDURE; COMPLAINT; FORMS OF ACTION; IMPLEAD; INFORMATION; PETITION; PLEADINGS; PROSECUTION; RELIEF; REMEDY; STATEMENT OF CLAIM; WRIT OF SUMMONS]

Città. Town, city (AUTOGOVERNO; CINTURA VERDE; PIANO REGOLATORE; QUARTIERE DI CITTÀ). [vol. I: BOROUGH; LOCAL AUTHORITIES; TOWN AND COUNTRY PLANNING ACTS]

Cittadinanza. Citizenship; ma, non senza una certa confusione, si parla anche di *nationality*.
1. Con l'adozione del British Nationality Act 1981 sono stati introdotti nuovi criteri per stabilire la cittadinanza, e nuovi tipi di cittadinanza, con sostanziali modifiche del preesistente regime. Tra l'altro, è stato abolito il principio del *ius soli* e introdotto il concetto di *patrial* o *patriality*.
2. Il fatto che gli S.U. siano uno stato federale ha per conseguenza che il problema della cittadinanza debba essere considerato dal duplice punto di vista della cittadinanza federale e di quella dei singoli stati dell'Unione. In questo senso, la materia si presenta particolarmente complessa anche in vista della diversa natura etnica della popolazione locale. Celebre in questa materia è il *Dred Scott case* (*Dred Scott* v. *Sanford*, 60 U.S. (19 How.) 393, 15 L. Ed. 691 (1857) col quale la *Supreme Court* stabiliva che si poteva essere cittadino di uno stato dell'Unione senza essere cittadino degli S.U., che era poi il caso degli schiavi. Ma ora il regime fondamentale nella materia è costituito dal XIV emendamento [1868] della costituzione federale e dall'Immigration and Nationality Act del 1952 e successive modifiche. La s. 1 del suddetto emendamento

stabilisce che « All persons born or naturalized in the United States, and subject to the jurisdiction thereof, are citizens of the United States and of the State wherein they reside ». Questa norma si spiega con la doppia sovranità del sistema federale, per cui i cittadini statunitensi sono soggetti sia alla sovranità dello stato federale, sia a quella dello stato dell'Unione in cui risiedono. È questa l'idea nuova del federalismo americano, come affermava James Madison « a novelty and a compound », a differenza di quanto accadeva con la confederazione, in cui lo stato confederale aveva poteri esclusivamente nei confronti degli stati membri: un'altra lezione dal federalismo americano per il ... federalismo europeo. Più di qualsiasi altro al mondo, gli S.U. sono, storicamente, e per definizione, il paese delle etnie e, quindi, del pluralismo, delle diversità e della libertà, della tolleranza, quello che con maggiore generosità accoglie gli stranieri; peraltro, poiché il fenomeno dell'immigrazione dai paesi del Terzo Mondo ha assunto dimensioni bibliche che minacciano in tempi non biblici, ma assai brevi, di alterare radicalmente — e, in ultima analisi, di distruggere — il paese nel suo assetto politico-sociale, va acquistando sempre maggiore vigore l'opinione per cui la norma costituzionale va emendata con l'abolizione del *ius soli*: i figli degli immigrati illegali nati negli S.U. non sarebbero più automaticamente cittadini degli S.U.

3. Per quanto riguarda la allocazione delle funzioni giurisdizionali tra stato federale e singoli stati dell'Unione, l'art. III, s. 2, cl. 2, della costituzione degli S.U. riserva, tra l'altro, alla giurisdizione federale i casi in cui esista *diversity of citizenship* tra le parti in causa appartenenti, cioè, a stati differenti. In questo senso, si parla, *diversity of citizenship action* e di *federal diversity jurisdiction*.

4. Negli S.U. il termine *naturalization* indica la concessione della cittadinanza. In breve, il procedimento si svolge lungo le seguenti fasi: i) domanda di naturalizzazione (*petition for naturalization*) da parte di chi abbia risieduto legalmente negli S.U. nei cinque anni precedenti; ii) accertamento ad opera dell'Immigration and Naturalization Service che l'istante abbia la conoscenza della lingua inglese, della costituzione degli S.U., ed è di buona condotta (*good character*); iii) prima comparizione dell'istante davanti ad una *District Court* federale; iv) seconda comparizione dopo un periodo di 30 giorni per prestare giuramento di fedeltà (*allegiance*).

5. Si noti che, nei casi in cui sussista un fattore di collegamento con un ordinamento straniero, nel sistema inglese, e in quelli di *common law* in genere, è la legge del *domicile* — e non già quella nazionale, come nel sistema italiano e in quelli di *civil law* — a regolare lo stato, la capacità, i rapporti di famiglia, e la successione delle persone (DOMICILIO).

6. La cittadinanza è uno *status*, concetto giuridico (e politico) fondamentale, sul quale la di solito fluviale dottrina nostrana si è intrattenuta molto meno del necessario: nel celebrato *Dizionario di Politica* di Bobbio e Matteucci [1976, ed. 1983] non solo non esiste la voce, ma non vi è traccia della parola neanche nell'indice analitico: decisamente una stravaganza.

7. Eppure si tratta di un tema fondamentale se si pensa soltanto alla prospettiva di una una Unione politica europea, ai concetti di pluralismo e democrazia, che comportano per molti versi una società multicomunitaria; soprattutto, se si tiene conto dei drammatici problemi creati dal movimento biblico verso l'Occidente di centinaia di milioni di disperati provenienti dal Terzo Mondo e dal ... Paradiso Comunista. Ma il problema della cittadinanza attiene anche all'identità nazionale e si confonde con essa. Jürgen Habermas [1988, trad. it.: 112] scrive pagine illuminanti sull'intreccio tra cittadinanza politica e identità nazionale nella prospettiva dell'Unione europea: « Oggi l'espressione 'cittadinanza politica', o *citizenship*, viene usata per indicare non solo un'adesione associativa all'organizzazione nazionale, ma anche lo status che risulta contenutisticamente definito dai diritti e doveri del cittadino ». Egli scrive più oltre: « Ora, esempi di società multiculturali quali sono la Svizzera e gli Usa dimostrano che, per avere una cultura politica tale che consenta ai principî costituzionali di metter radici, non c'è nessun bisogno di ricorrere ad una origine etnica, linguistica e culturale che sia comune a tutti i cittadini dello stato. Una cultura politica di stampo liberale rappresenta semplicemente il comune punto di riferimento di un 'patriottismo costituzionale', che acuisce nello stesso tempo la sensibilità per la molteplicità e l'integrità delle diverse ' forme di vita ' coesistenti dentro una società multiculturale. Anche nella federazione europea del futuro, identici principî giuridici dovranno essere interpretati a partire dalle prospettive di culture nazionali diverse, nonché di storie nazionali diverse ». [ibid.: 116].

8. Ma non è così semplice: il « patriottismo costituzionale » è forse la più bella invenzione politica: esso è la premessa del federalismo; in questo, l'esperienza americana è paradigmatica. Il discorso vale a maggior ragione per il nostro paese in cui questo « patriottismo costituzionale » non esiste neppure. Comunque, il « patriottismo costituzionale » americano trovava la sua immagine nel *melting pot*, ossia nel crogiolo in cui fondono disparati ingredienti amalgamati dal fuoco di valori costituzionali condivisi. Il punto di fusione del *melting pot* erano, per semplificare, oltre ai valori costituzionali più propriamente americani, quelli dell'*Englishness*. Ma del patriottismo costituzionale americano è parte fondamentale *il sistema capitalistico*, un fattore la cui importanza molti osservatori tendono a trascurare. Eppure, ora gli ingredienti del pluralismo appaiono tali e tanti e disparati tra loro — si nega addirittura in radice la cultura anglo-americana, il capitalismo, l'Occidente stesso — che non di *melting pot* — crogiolo che, depurando le scorie, produce l'acciaio americano — si può più parlare, ma bisogna invece parlare di *salad bowl*, ossia di una insalatiera di etnie sempre più ingovernabile. Già è assai dubbio che se oggi gli americani del Nord o gli Svizzeri fossero chiamati a decidere della forma stato il responso popolare sarebbe quello di una soluzione federalistica. Appare lecito dubitare, a maggior ragione, che al di là dei luoghi verbali, esistano attualmente le condizioni di una Unione politica Europea. Ad ogni modo, fuori del pur sempre limitato scenario europeo, resta la domanda di fondo se, cioè, di fronte alla accennata concreta minaccia di una invasione biblica di disgraziati del Terzo Mondo, l'Occidente non abbia il diritto di difendere la propria identità culturale e il proprio modo di vivere. Una difesa che, oltretutto, appare nello stesso interesse di quei paesi, che solo dall'odiato capitalismo possono sperare nella propria scodella di riso: uccisa la gallina dalle uova d'oro, anche quella diventerebbe una aspirazione da rimandare al mondo dei sogni. In effetti, la cittadinanza nasconde una identificazione patriottica, l'appartenenza ad una collettività politica, soprattutto a una cultura. E, per quanto grande possa essere la simpatia per i diseredati, sembra impossibile escludere che, in mancanza di un qualche muro di contenimento, il *conflitto culturale* intrinseco alle diversità tra i cittadini e i nuovi arrivati debba sfociare in sanguinosi contrasti per la spartizione dell'assai ristretto spazio fisico disponibile. La difesa dell'Occidente non è lo « sciovinismo del benessere », né l'Europa in particolare un continente ricco e pacifico come qualche anno fa: come agli indios dell'Amazzonia, all'Occidente spetta il diritto all'autodeterminazione e a salvaguardare la propria specifica identità culturale e politica. Del resto, come ricorda Habermas: « M. Walzer è dell'idea che il diritto all'immigrazione trovi il suo limite nel diritto di una collettività politica a tutelare l'integrità della propria forma di vita. Secondo la sua concezione, il diritto dei cittadini all'autodeterminazione è anche comprensivo del diritto a far prevalere la propria particolare forma di vita » [ibid.: 134, n. o.].

9. *Mourir pour Danzig* si domandava nel 1939 un libello francese al tempo in cui gli eserciti nazisti invadevano la Polonia: il problema della cittadinanza evoca nel nostro paese un clima non troppo diverso. Dilaga la dissenteria ecumenica, e non pochi dei nostri compatrioti — fervidi federalisti a casa degli altri, ma non a casa propria, in fondo implacabili nemici della democrazia — si fanno beffe e tradiscono la cultura che li ha nutriti. La *cittadinanza cosmopolitica* (una contraddizione in termini) appare come un pericoloso grimaldello che consentirà presto o tardi lo smantellamento dell'Occidente.

10. Il nostro paese ha ratificato la convenzione di Strasburgo del 1993 che stabilisce l'obbligo dei paesi membri della riduzione dei casi di doppia cittadinanza. Eppure la legge sulla cittadinanza del 1992 concede la cittadinanza a tutti gli italiani, i figli di italiani e i figli dei figli di italiani che ne facciano richiesta, anche se intanto ne hanno preso un'altra. Si calcola che se questo diritto fosse invocato dai suoi potenziali titolari, ciò farebbe aumentare il numero dei cittadini italiani in base alla nuova legge sulla cittadinanza di circa 60 milioni, cui fornire assistenza sanitaria, pensioni, alloggi, e così via cantando. L'Italia diviene così un paese di ...110 milioni di abitanti. Evviva!

(ACQUISTO DELLA CITTADINANZA; APOLIDIA; CERTIFICATO DI CITTADINANZA; CITTADINO; COMUNITÀ NAZIONALE; CONFLITTO DI LEGGI; DIRITTI (II) DELL'UOMO; DIRITTO (II) DI STABILIMENTO; DIRITTO (I) INTERNAZIONALE PRIVATO; DIRITTO (I) PERSONALE; DIVERSITÀ DI CITTADINANZA; DOMICILIO; DOPPIA CITTADINANZA; ESPATRIO; FEDERALISMO; GIURISDIZIONE; IMMIGRATO; IMMIGRAZIONE; LEGAME GENUINO; NATURALIZZAZIONE COLLETTIVA; NAZIONALITÀ; PASSAPORTO; PATTO DI CITTADINANZA; PERDITA DELLA CITTADINANZA; PLURALITÀ DI CITTADINANZA; RAPPORTO GIURIDICO; RECIPROCITÀ; REVOCA DELLA CITTADINANZA; RINUNZIA ALLA CITTADINANZA; SOVRANITÀ; STA-

TO; *STATUS*; TUTELA DEI DIRITTI). [vol. I: INTRODUZIONE: III. 32; ALIEN; ALLEGIANCE; CONFLICT OF LAWS; DOMICILE; ENVIRONMENT; GENUINE LINK; GLOBAL (THE) 2000 REPORT; JURISDICTION; NATIONALITY; NATURALIZATION; NOTTEBOHM CASE; PASSPORT; SHIP; STATELESS; STATUS]

Bibl.:
Tunc e Tunc 1954, vol. II: 9.

– **della persona giuridica.** (NAZIONALITÀ DELLA PERSONA GIURIDICA)

– **per concessione.** Naturalization (*supra*, CITTADINANZA: 4; NATURALIZZAZIONE).

– **per nascita.** Citizenship o nationality by birth. [vol. I: NATIONALITY]

– **straniera.** Foreign citizenship (STRANIERO).

Cittadino in genere. Citizen, national, subject; ma nel sistema britannico si impiega ora anche il concetto di *patrial*: il non cittadino è detto *non-patrial* (ALIENO; CITTADINANZA; NATIVO; STRANIERO). [vol. I: CITIZEN; SUBJECT]

– **di paese amico.** Alien ami (PAESE AMICO). [vol. I: ALIEN]

– **per matrimonio.** Citizen, o national, by marriage (MATRIMONIO).

– **per nascita.** Citizen, o national, by birth, native born citizen (NASCITA).

– **per naturalizzazione.** National, o citizen, by naturalization (CITTADINANZA: 4; NATURALIZZAZIONE).

– **straniero.** Foreign citizen, foreign subject, alien (CITTADINANZA; STRANIERO).

Civile in genere. Civil. Schlesinger [1950, ed. 1988: 301 n. 22] spiega bene il diverso significato del termine nei vari contesti (AVIAZIONE CIVILE; AZIONE (I) CIVILE; DIRITTO (I) CIVILE; STATO CIVILE). [vol. I: CIVIL ACTION; CIVIL AVIATION; CIVIL COMMOTIONS; CIVIL DEATH; CIVIL DISOBEDIENCE; CIVIL JURISDICTION; CIVIL LAW; CIVIL LAWYER; CIVIL LIABILITY; CIVIL LIBERTIES; CIVIL LIST; CIVIL LITIGATION; CIVIL PROCEDURE; CIVIL RIGHTS; CIVIL SERVANT; CIVIL SERVICE; CIVIL TRIAL; CIVILIAN; CIVILIZATION; CIVILIZED LEGAL SYSTEMS; CIVILIZED NATIONS]

Civilmente responsabile. Civilly liable (RESPONSABILITÀ CIVILE). [vol. I: LIABILITY]

Civiltà giuridica. Legal civilization (MODELLI GIURIDICI; PRINCÌPI GENERALI DI DIRITTO; TRADIZIONE GIURIDICA).

Clandestino/a. (PASSEGGERO CLANDESTINO; STAMPA CLANDESTINA)

Classe in genere. Class (AZIONE (I) DI CATEGORIA; CATEGORIA; CLASSIFICAZIONE; GRUPPO).

– **operaia.** Working class (LAVORO; SINDACATO). [vol. I: NOBILITY; WORKING CLASSES]

Classificazione. Classification (CLASSE; ISTITUTO DI CLASSIFICAZIONE NAVALE o AERONAUTICA; REGISTRO DI CLASSIFICAZIONE NAVALE; SOCIETÀ (II) DI CLASSIFICAZIONE).

– **dei reati.** Classification of crimes (REATO).

– **giuridica.** Legal classification, o characterization: nulla di più diverso tra le due tradizioni giuridiche di *common law* e di *civil law*. Anche quando si riferiscono a fattispecie analoghe, o non troppo diverse, restano prive di equivalenza le grandi dicotomie e categorie. Non solo; ma gli *acoustic agreements* tra le due tradizioni giuridiche come, ad esempio, quello tra equità e *equity*, danno luogo spesso a formidabili abbagli (TRADIZIONE GIURIDICA; TRADUZIONE GIURIDICA). [vol. I: INTRODUZIONE: III. 3; DEPARTMENT OF LAW]

– **navale.** (SOCIETÀ (II) DI CLASSIFICAZIONE)

Clausola/e in genere. Clause, stipulation, proviso, provision, covenant, condition, warranty, term.

1. Si noti l'ambiguità del termine *clause* che indica, a seconda dei casi, il patto negoziale, la regola extranegoziale che l'ordinamento introduce imperativamente nel contratto, il comma o alinea di una costituzione o di un testo legislativo o di un trattato, un principio generale o una garanzia costituzionale. In una forma di metonimia, la *clause* indica anche il testo legislativo, o quella parte di esso che contiene il principio (o la garanzia) costituzionale, come, ad es., nelle espressioni *commerce clause* (contenuta nell'art. I, s. 8, cl. 3, della costituzione degli S.U. che attribuisce allo stato federale il potere di statuire sul commercio interstatale), *patent and copyright clause*, contenuta nell' art. I, s. 8, cl. 8, *war clauses,* contenute nell'art. I, s. 8 (clauses 11-16), *due process clauses,* e così via, della suddetta costituzione. Nei sistemi di *common law* con il termine *general clauses* si indicano di solito i principi o disposizioni generali di diritto; con quello di *entrenched clause* si indica di solito la norma di una costituzione rigida soggetta a una procedura di emendamento diversa, e più ardua, di quella prevista per la legge ordina-

ria (DISPOSIZIONE DI LEGGE SCRITTA; POSTILLA; SEZIONE; STIPULAZIONE). [vol. I: CLAUSE; COMMERCE CLAUSE; COMMON CORE OF LEGAL SYSTEMS; DUE PROCESS CLAUSES; GENERAL CLAUSES; GENERAL PRINCIPLES OF LAW; INCHMAREE CLAUSE; INTERPRETATION; ONE-SIDED CONTRACT]

2. Il contratto è il terreno di cultura per definizione delle clausole negoziali. Per quanto attiene in particolare ai contratti di adesione — definiti più spesso, significativamente, *one-sided contracts* — sono detti *fine prints o small prints* i minuti caratteri di stampa che di solito vi figurano, contenenti, ad es., clausole esonerative della responsabilità, di limitazione della responsabilità, facoltà di recesso dal contratto, decadenze, restrizioni alla libertà contrattuale, etc. stabilite a favore della parte che le ha predisposte. In una società industriale di massa è questo il tipo di contratto più diffuso (vendita, servizi finanziari, assicurazione, servizi pubblici e privati, trasporto, etc.), nel quale maggiore è la necessità della tutela del consumatore, inevitabilmente la parte più debole. Sono dette *loopholes* quelle smagliature nella legge che consentono l'inserimento di tali clausole (CANCELLAZIONE; CONTRATTO DI ADESIONE; DISPOSIZIONE; FORMULARIO; INSERZIONE AUTOMATICA DI CLAUSOLE NEI CONTRATTI DI ADESIONE; POLIZZA (I) DI ASSICURAZIONE; TUTELA DEL CONSUMATORE). [vol. I: CONTRACT: VII; CONTRACT OF ADHESION; CONTRA PROFERENTEM; INCOTERMS; JASON CLAUSE; ONE-SIDED CONTRACT; REPRESENTATION; SMALL PRINTS; STANDARD CONTRACT; TERMS OF SHIPMENT; UNCONSCIONABILITY]

– **aggiuntiva di un atto** o **contratto.** Additional clause, rider, label, additionales. Nell'assicurazione si parla di solito di *endorsement*, *memorandum* o *rider* e, nel testamento, di *codicil* (ADDIZIONE; CODICILLO TESTAMENTARIO; DISPOSIZIONI AGGIUNTIVE; POSTILLA). [vol. I: CODICIL; INSURANCE; RIDER; WILL]

– **ambigua.** Ambiguous clause (AMBIGUITÀ; CONTRATTO DI ADESIONE; INTERPRETAZIONE DEL CONTRATTO). [vol. I: CONTRA PROFERENTEM; STANDARD CONTRACT]

– **a stampa di un contratto.** Small prints (*supra*, CLAUSOLA IN GENERE: 2; CONTRATTO DI ADESIONE). [vol. I: *ad vocem;* EXEMPTION CLAUSE; STANDARD CONTRACT]

– **commerciali standard nel commercio internazionale.** International trade terms; particolare importanza assumono gli *Incoterms*, ormai di universale adozione (*infra*, CLAUSOLE DI CONSEGNA; CLAUSOLE INTERNAZIONALI DI CONSEGNA ATTINENTI ALLA DISCIPLINA DEI COSTI E DEI RISCHI DI TRASPORTO; *INCOTERMS*; TERMINI COMMERCIALI INTERNAZIONALI).

– **compromissoria.** Arbitration, o compromissory, clause; arbitration agreement. Ma questi termini possono indicare anche il compromesso. Si parla anche di *general submission*, e di *reference* (ARBITRATO; COMPROMESSO). [vol. I: ARBITRATION; OUSTER OF JURISDICTION; REFERENCE; SUBMISSION]

– **condizionale.** Proviso. Ma è detta così anche qualsiasi clausola o formula che in un contratto, in una legge o in un atto inizi con le parole *provided that...*(CONDIZIONE). [vol. I: PROVIDED THAT; PROVISO]

– **contrattuale in genere.** Term of contract; ma si parla anche, al plurale, di terms and conditions of contract, specifications of contract, conditions of contract, clauses, contractual provisions, provisos, warranties. Si noti, peraltro, che, anche qui, sussistono numerose importanti diversità rispetto al sistema italiano e a quelli di *civil law* in genere. A questo proposito, una delle prime questioni da considerare è se uno *statement* precontrattuale costituisca una *representation* o un *term of the contract*; un'altra distinzione — fondamentale — è quella tra *express* e *implied terms:* gli *express terms* sono distinti, a loro volta, in *conditions* e *warranties*. Si tratta di categorie e distinzioni prive di equivalenza nella *civil law* (*infra,* CLAUSOLA ESSENZIALE DEL CONTRATTO; CLAUSOLA INCOMPATIBILE CON UN'ALTRA DELLO STESSO ATTO; CLAUSOLA RISOLUTIVA; AMBIGUITÀ; CLAUSOLARIO CONTRATTUALE; CONDIZIONE: 2; CONDIZIONI GENERALI DI CONTRATTO; CONTRATTO: IX; CONTRATTO DI ADESIONE; DICHIARAZIONE CONTRATTUALE; DISPOSIZIONE CONTRATTUALE; INSERZIONE AUTOMATICA DI CLAUSOLE NEI CONTRATTI DI ADESIONE; LINGUAGGIO GIURIDICO; OBBLIGO CONTRATTUALE; RESPONSABILITÀ PRECONTRATTUALE; RISOLUZIONE DEL CONTRATTO; STIPULAZIONE CONTRATTUALE; TERMINI DEL CONTRATTO). [vol. I: CONDITION; CONTRACT: VII, IX. 2; TERM OF CONTRACT]

– **contrattuale onerosa.** Unconscionable clause, unconscionable term of contract. Ma si avverta che, in principio, la *common law* non ammette la rescissione per lesione (*supra*, CLAUSOLA CONTRATTUALE; *infra* CLAUSOLA LEONINA; CONTRATTO: III; RESCISSIONE PER LESIONE). [vol. I: CATCHING BARGAIN; EQUITY; FRUSTRATION; UNCONSCIONABILITY]

– **contrattuale restrittiva.** Restrictive covenant, restrictive agreement (COALIZIONE TRA IMPRESE; PRATICA RESTRITTIVA DELLA CONCOR-

RENZA; RESTRIZIONE). [vol. I: RESTRAINT; RESTRICTION; RESTRICTIVE]

– **contrattuali vantaggiose.** Favourable contract terms (*supra*, CLAUSOLA CONTRATTUALE).

– **convenute del contratto.** Agreed terms of contract (*supra*, CLAUSOLA CONTRATTUALE).

– **costituzionale di supremazia in genere.** Supremacy clause (*infra*, CLAUSOLA COSTITUZIONALE DI SUPREMAZIA NEGLI S.U.; SUPREMAZIA DELLA LEGGE).

– **costituzionale di supremazia negli S.U.** Supremacy clause. È detta così la *clause* dell'art. VI della costituzione degli S.U. — stato federale — per cui le leggi adottate in conformità della costituzione e tutti i trattati conclusi in base all'autorità degli S.U. costituiscono la « supreme law of the land » e prevalgono sulla costituzione e le leggi dei singoli stati dell'Unione. Da non confondere con la dottrina costituzionale della *supremacy of Parliament* riferita, invece, al sistema di governo, e al parlamento britannico (COSTITUZIONE POLITICA; SUPREMAZIA DELLA LEGGE). [vol. I: PRE-EMPTION; SUPREMACY CLAUSE; SUPREME LAW OF THE LAND]

– **dei rischi di guerra nell'assicurazione.** War risks clause (RISCHI DI GUERRA). [vol. I: WAR RISKS]

– **del cancello nel noleggio di nave.** Cancelling clause (CANCELLAZIONE; DECADENZA; NOLEGGIO DI NAVE; RISOLUZIONE DEL CONTRATTO). [vol. I: CANCELLATION; CANCELLING CLAUSE; CHARTERPARTY]

– **del dirottamento nel trasporto marittimo.** Deviation clause (CAMBIAMENTO DI VIA; DIROTTAMENTO). [vol. I: DEVIATION]

– **della bandiera.** Flag clause (BANDIERA; DISCRIMINAZIONE DI BANDIERA).

– **della cessione.** Assignment clause (CESSIONE).

– **della nazione più favorita.** Most favoured nation clause o anche MFN; di solito, si parla della condizione del paese a cui favore sussiste come di *preferred nation status* (COMMERCIO INTERNAZIONALE; DAZIO DOGANALE; NAZIONE PIÙ FAVORITA; PROTEZIONISMO; RAPPRESAGLIA). [vol. I: *ad vocem*]

– **della valuta.** Currency clause (VALUTA).

– **dell'*undue hardship* nel contratto.** (ECCESSIVA DIFFICOLTÀ NELL'ADEMPIMENTO DEL CONTRATTO; *HARDSHIP CLAUSE*)

– **del raffreddamento.** (*infra*, CLAUSOLA DI RIPENSAMENTO)

– **del valore stabilito.** Agreed valuation clause (ASSICURAZIONE; VALORE).

– **derogatoria.** Derogation, departing, exception, exclusion clause, etc. o, più spesso, exoneration clause, opting out clause (*infra,* CLAUSOLA DI ESONERO DALLA RESPONSABILITÀ; CLAUSOLA DI RECESSO UNILATERALE DA UN PATTO; DEROGA). [vol. I: CONTRACTING OUT; DEPARTURE; EXCLUSION CLAUSES; EXONERATION]

– **derogatoria della competenza-giurisdizione.** Jurisdiction clause, clause ousterring jurisdiction; ma si noti la grande diversità di regime e princìpi in materia nei sistemi di *common law*, in cui non sembra che esista un concetto equivalente a quello di competenza elaborato dalla dottrina tedesca e italiana, ma, si noti ancora, non accolta da quella francese (*supra*, CLAUSOLA COMPROMISSORIA; COMPETENZA; COMPROMESSO; ESENZIONE DALLA GIURISDIZIONE; GIURISDIZIONE). [vol. I: ARBITRATION; COMPROMISSORY CLAUSE; OUSTER OF JURISDICTION]

– **di abbandono.** Abandonment clause (ABBANDONO DELLA NAVE, DEL CARICO E DEL NOLO ALL'ASSICURATORE). [vol. I: *ad vocem*]

– **di accelerazione.** Acceleration clause. È detta così la clausola contrattuale che stabilisce la decadenza dal beneficio del termine in caso di inadempimento di taluni obblighi contrattuali come, ad es., in un mutuo, il mancato pagamento nei termini delle rate (*infra,* CLAUSOLA DI DECADENZA; BENEFICIO DEL TERMINE; INADEMPIMENTO; INTERESSI SUL CAPITALE; MORA; MUTUO; *RATING*; RITARDO; TERMINE). [vol. I: ACCELERATION CLAUSE]

– **di annullamento del contratto.** Grosso modo, frustration clause (ANNULLAMENTO DEL CONTRATTO). [vol. I: FRUSTRATION CLAUSE]

– **di avaria.** Average clause (AVARIA COMUNE). [vol. I: GENERAL AVERAGE]

– **di cessazione della responsabilità nel noleggio di nave.** Cesser and lien clause. [vol. I: *ad vocem*; CHARTERPARTY]

– **di collisione.** Running down clause, o collision clause (COLLISIONE; NAVE). [vol. I: COLLISION OF SHIPS; RUNNING DOWN CLAUSE]

– **di consegna in genere.** Delivery clause, term of shipment, term of trade (*infra*, CLAUSOLE INTERNAZIONALI DI CONSEGNA ATTINENTI ALLA DISCIPLINA DEI COSTI E DEI RISCHI DI TRASPORTO; *CIF*; CONSEGNA; RICONSEGNA DELLE MER-

CI NEL TRASPORTO; TRASPORTO). [vol. I: DELIVERY CLAUSE; INCOTERMS; TERMS OF TRADE]

Bibl.:

Bonell 1976: 21.

– **di consegna nel commercio internazionale.** (TERMINI DI RESA NEL COMMERCIO INTERNAZIONALE)

– **di decadenza.** Forfeiture clause (*supra*, CLAUSOLA DI ACCELERAZIONE; DECADENZA). [vol. I: FORFEITURE CLAUSE]

– **di esclusiva.** Exclusive dealing clause (CONCORRENZA; ESCLUSIVA; MONOPOLIO; SOMMINISTRAZIONE). [vol. I: FRANCHISE; RESTRAINT OF TRADE]

– **di esonero dalla responsabilità.** Exoneration, exemption, exculpatory, o exclusion clause, o termini analoghi (*supra*, CLAUSOLA DEROGATORIA; AMBIGUITÀ; CONTRATTO DI ADESIONE; ESONERO; LIMITAZIONE DELLA RESPONSABILITÀ CIVILE; RESPONSABILITÀ CIVILE; RINUNZIA AD UNA CLAUSOLA DI ESONERO). [vol. I: EXCLUSION CLAUSES; EXONERATION CLAUSE; HOLD HARMLESS CLAUSE; LETTER OF INDEMNITY; LIMITATION OF LIABILITY; PUBLIC POLICY; SAVE HARMLESS CLAUSE; STANDARD CONTRACT; STRICT LIABILITY]

Bibl.:

Benatti, F., *Clausole di esonero dalla responsabilità civile*, in *Digesto IV Utet, Civ.,* vol. II: 397.

– **di gradimento a favore dell'azionista pubblico.** (PRIVATIZZAZIONI)

– **di gradimento nel trasferimento di azioni.** Transfer of shares subject to directors' acceptance (AMMINISTRATORE DI SOCIETÀ; AZIONE (II) DI SOCIETÀ; GRADIMENTO; INALIENABILITÀ).

– **di incontestabilità nell'assicurazione.** Incontestability clause, non-contestability clause (ASSICURAZIONE; INCONTESTABILITÀ). [vol. I: DISCLOSURE; INCONTESTABILITY CLAUSE; INSURANCE]

– **di interpretazione contro l'autore dell'atto.** Contra proferentem clause (*supra*, CLAUSOLA IN GENERE: 2; CONTRATTO DI ADESIONE; INTERPRETAZIONE DEL CONTRATTO). [vol. I: CONTRA PROFERENTEM; CONTRACT: VII, XV; INTERPRETATION; STANDARD CONTRACT; UNFAIR CONTRACT TERMS)

– **di non concorrenza.** (COALIZIONE TRA IMPRESE; PATTO DI NON CONCORRENZA)

– **di pagamento.** Term of payment (PAGAMENTO). [vol. I: TERMS OF TRADE]

– **di recesso unilaterale da un patto in genere.** Contracting out clause, opting out clause (CLAUSOLA DEROGATORIA; RECESSO UNILATERALE DAL CONTRATTO).

– **di resa.** (*supra*, CLAUSOLA DI CONSEGNA)

– **di residenza.** Residence clause (RESIDENZA).

– **di ripensamento.** Grosso modo, cooling off period in a door-to-door sale.
1. Ma non è una clausola negoziale: si tratta di una norma imperativa automaticamente inclusa nel contratto. In ogni caso, vale forse la pena di rilevare che essa è stata introdotta nel nostro sistema solo in quanto ne faceva obbligo una direttiva comunitaria. Quest'ultima, a sua volta, riflette la normativa inglese e nordamericana in cui trova la sua origine e una estensione notevolmente più ampia, a tutela del consumatore. Negli S.U. — stato federale — la materia è regolata dai singoli stati dell'Unione: di solito, il periodo è di circa tre giorni; peraltro, l'inclusione automatica della clausola non è limitata all'ipotesi di vendita porta a porta.
2. Ma il termine *cooling off period* è impiegato anche in tema di controversie collettive del lavoro (BENEFICIO DEL TERMINE; ORDINAZIONE PER CORRISPONDENZA; PERIODO DI RAFFREDDAMENTO; PRESCRIZIONE; TUTELA DEL CONSUMATORE; VENDITA A DOMICILIO; VENDITA AL CONSUMATORE). [vol. I: COOLING OFF PERIOD; CONSUMER PROTECTION; HIRE-PURCHASE AGREEMENT]

Bibl.:

Pittalis, M., *La clausola di ripensamento nell'autodisciplina delle vendite a domicilio* (1990) 1 CeI 115.

– **di riserva della proprietà nella vendita.** Title retention provision (RISERVA DELLA PROPRIETÀ NELLA VENDITA).

– **di risoluzione della locazione.** Grosso modo, proviso for re-entry (LOCAZIONE; SFRATTO PER FINITA LOCAZIONE). [vol. I: *ad vocem*]

– **di salvaguardia.** (*infra,* CLAUSOLA INDENNITARIA)

– **di stile.** Standard clause, boilerplate, customary clause, terms of art, words of art (CONTRATTO DI ADESIONE). [vol. I: FICTION; LEGAL TERMINOLOGY; WORDS OF ART]

– **di supremazia.** (*supra*, CLAUSOLA COSTITUZIONALE DI SUPREMAZIA)

– **di uso.** Usual terms of contract (*supra,* CLAUSOLA CONTRATTUALE; USO).

– **e regole interpretative tipiche del commercio internazionale.** Uniform conditions of export rules, trade terms (CONTRATTO DI ADESIONE; VENDITA INTERNAZIONALE DI MERCI).

Bibl.:
Schmitthoff 1948, ed. 1980: 45.

– **espressa.** Express condition (*supra*, CLAUSOLA CONTRATTUALE).

– **essenziale del contratto.** Provision, o condition, of the essence of the contract, condition, o fundamental term, of contract. Ma si noti la ambiguità del termine *condition* che può dar luogo a gravi equivoci e, altresì, la distinzione, inesistente nella *civil law*, tra *conditions* e *warranties* del contratto (*supra*, CLAUSOLA CONTRATTUALE; *infra,* CLAUSOLA RISOLUTIVA DEL CONTRATTO; ADEMPIMENTO DEL CONTRATTO; CONDIZIONE; ESSENZA DEL CONTRATTO; TERMINE ESSENZIALE NEL CONTRATTO). [vol. I: BREACH OF CONTRACT; CONDITION; ESSENCE, OF THE; PERFORMANCE]

– **finali di un trattato, di una convenzione internazionale.** (DISPOSIZIONI FINALI DI UNA CONVENZIONE, DI UN TRATTATO INTERNAZIONALE)

– **generale.** General clause. Ma il termine indica anche un principio generale come, ad es., quello per cui qualsiasi obbligazione deve essere eseguita in buona fede. etc. Com'è stato osservato, per la loro generalità e astrattezza, a un *common lawyer* le disposizioni di un codice di *civil law* sembrano contenere una serie di *general clauses* [Schlesinger 1950, ed. 1988: 577]. (CONDIZIONI GENERALI DI CONTRATTO; CONTRATTO DI ADESIONE; PRINCÌPI GENERALI DI DIRITTO). [vol. I: COMMON CORE OF LEGAL SYSTEMS; GENERAL CLAUSES]

Bibl.:
Guarneri, A., *Clausole generali*, in *Digesto IV Utet, Civ.,* vol. II: 403.

– **generale di polizza.** General condition of policy (POLIZZA (I) DI ASSICURAZIONE).

– **incompatibile con un'altra dello stesso atto.** Repugnant condition (*supra*, CLAUSOLA CONTRATTUALE; INCOMPATIBILITÀ TRA LE CLAUSOLE DI UN ATTO, etc.). [VOL. I: *AD VOCEM*]

– **indennitaria.** Indemnity, o save harmless, clause (*supra*, CLAUSOLA DI ESONERO DALLA RESPONSABILITÀ; CONTRATTO INDENNITARIO; INDENNIZZO). [vol. I: INDEMNITY; SAVE HARMLESS CLAUSE]

– **internazionali di consegna attinenti alla disciplina dei costi e dei rischi di trasporto.** Trade terms; le più note e praticate (anche all'interno di numerosi paesi) sono quelle elaborate dalla Camera di Commercio Internazionale, dette *Incoterms* (*supra*, CLAUSOLE COMMERCIALI STANDARD NEL COMMERCIO INTERNAZIONALE; CLAUSOLE DI CONSEGNA; *CIF*; *INCOTERMS*; RICONSEGNA; VENDITA INTERNAZIONALE DI MERCI).

Bibl.:
Bonell 1976: 21.

– **leonina.** Oppressive clause, unconscionable clause, unfair clause, unfair contract term (*supra*, CLAUSOLA CONTRATTUALE ONEROSA; *infra,* CLAUSOLA POTESTATIVA; CONDIZIONI GENERALI DI CONTRATTO; LIBERO DA INFLUENZA ALTRUI; RESCISSIONE PER LESIONE). [vol. I: CONTRACT: V; UNCONSCIONABLE CLAUSE; UNDUE INFLUENCE; UNFAIR CONTRACT TERMS]

– **limitativa della responsabilità in genere.** Limitation of liability clause (*supra,* CLAUSOLA DI ESONERO DALLA RESPONSABILITÀ; LIMITAZIONE DELLA RESPONSABILITÀ CIVILE).

– **omnibus.** Omnibus clause. In materia testamentaria, indica la clausola con cui si devolvono tutti i beni non specificamente indicati o conosciuti al tempo del testamento: ma si noti la grande diversità di regime della successione nelle due tradizioni giuridiche. La clausola omnibus figura anche nelle polizze di assicurazione automobilistica: essa ha l'effetto di estendere la copertura a chiunque usi l'autoveicolo col consenso dell'assicurato (ASSICURAZIONE CONTRO I DANNI DALLA CIRCOLAZIONE AUTOMOBILISTICA; SUCCESSIONE PER CAUSA DI MORTE).

– **oro.** Gold clause (*infra,* CLAUSOLA VALUTA; PAGAMENTO; UNITÀ DI CONTO). [vol. I: *ad vocem*]

– **penale.** Penalty, penal clause, forfeiture clause; ma si avverta che per molti versi una notevole diversità di regime esiste nella materia tra le due tradizioni giuridiche di *common law* e di *civil law*: la prima ammette la validità della sola clausola che costituisca una effettiva liquidazione anticipata del danno. Per converso, resta da rilevare che il giudice di *common law* può irrogare i c.d. *punitive damages* non ammessi nella *civil law* (CAPARRA PENITENZIALE; DECADENZA; LIQUIDAZIONE ANTICIPATA DEL DANNO; ORDINE PUBBLICO: 1; PAGAMENTO: 2; PENA CONTRATTUALE; RISARCIMENTO DEL DANNO). [vol. I: CONTRACT: X; DAMAGES; EARNEST; FOR-

FEITURE; ORDRE PUBLIC; PENALTY; PUBLIC POLICY; TORT: XI]

Bibl.:

De Nova, G., *Clausola penale*, in *Digesto IV Utet, Civ.*, vol. II: 377.

Gorla 1955, vol. I: 437; vol. II: 316.

Marini 1984: 98.

– **potestativa.** Non sembra che vi sia un termine corrispondente; di solito, si usa l'espressione francese *clause potestative.* L'art. 2024 del *Code Civil* della Louisiana, *enclave* (grosso modo) di *civil law* negli S.U., prevede la *condition potestative* detta, in inglese, *potestative condition.* Ma non si tratta di un termine di *common law*: essa viene talvolta definita come « a clause whereby one party to a contract reserves to himself the right to annul it ». Essa può dar luogo ad una *unconscionable clause*, o essere il prodotto di *undue influence* (*supra*, CLAUSOLA LEONINA). [vol. I: CONDITION; CONTRACT: V; UNCONSCIONABLE CLAUSE; UNDUE INFLUENCE]

– ***rebus sic stantibus.*** (*REBUS SIC STANTIBUS*)

– **risolutiva del contratto.** Grosso modo, avoidance clause, defeasance clause, rescinding clause, cancellation clause. L'art. 2045 del *Code Civil* della Louisiana, *enclave* (grosso modo) di *civil law* negli S.U., prevede la *condition résolutoire.* Ma non si tratta di un termine di *common law.* Ad ogni modo, si notino le numerose differenze rispetto al regime italiano e di *civil law* in genere (*supra,* CLAUSOLA CONTRATTUALE; CLAUSOLA ESSENZIALE; CONDIZIONE RISOLUTIVA; RISOLUZIONE DEL CONTRATTO).

– ***solve et repete.*** (*SOLVE ET REPETE*)

– **standard.** Standard clause (*supra*, CLAUSOLA IN GENERE: 2; CLAUSOLE COMMERCIALI STANDARD). [vol. I: STANDARD CONTRACT]

– **stipulata dalle parti.** Stipulation (*supra*, CLAUSOLA IN GENERE: 2; STIPULAZIONE). [vol. I: *ad vocem*]

– **sulla giurisdizione.** Jurisdiction clause (*supra,* CLAUSOLA DEROGATORIA DELLA COMPETENZA-GIURISDIZIONE). [vol. I: *ad vocem*; OUSTER OF JURISDICTION]

– **valuta.** Foreign exchange clause (*supra*, CLAUSOLA ORO; PAGAMENTO; UNITÀ DI CONTO; VALUTA).

– **vessatoria.** Vexatious clause, unconscionable clause (*supra,* CLAUSOLA LEONINA; CLAUSOLA POTESTATIVA; LIBERO DA INFLUENZA ALTRUI).

Bibl.:

Memmo, D., *Clausole vessatorie e contratti della pubblica amministrazione* (1988) 2 CeI 376.

– (o **condizione) vincolante.** Binding clause (*supra*, CLAUSOLA CONTRATTUALE; CONDIZIONE; VINCOLANTE).

Clausolario contrattuale. Terms and conditions of contract (CLAUSOLA: 2; CLAUSOLA CONTRATTUALE).

Clemenza. Leniency, mercy, pardon (AMNISTIA; *FAVOR REI*; GIURIA; PENA). [vol. I: AMNESTY; PARDON]

Clero in genere. Clergy (BENEFICIO ECCLESIASTICO; CHIESA; GIURISDIZIONE; LAICO; RELIGIOSO).

Cliente in genere. Customer, client, patron (CLIENTELA; CONCORRENZA SLEALE; CONSUMATORE; DEBITORE; INVITATO; OSPITE; UTENTE; UTILIZZATORE FINALE). [vol. I: CLIENT; CONSUMER PROTECTION; GOODWILL]

– **di avvocato.** Client; nell'ambito della professione legale così com'è organizzata in Inghilterra, il cliente può avere rapporti solo con il *solicitor*, non con il *barrister.* Si parla di *legal services* per indicare l'attività legale a favore del cliente, definito impropriamente, oltre che *client,* anche *consumer of legal services* (se mai, si tratta di uno *user*). Quando il cliente è costituito da una società, si parla di *corporate client* (PATTO DI QUOTA LITE; PROFESSIONE FORENSE; SERVIZI LEGALI). [vol. I: CHAMPERTY; CLIENT; CONTINGENCY FEE; LEGAL PROFESSION]

– **internazionale.** International client.

Clientela in genere. Customers, patronage, practice; ma non esiste in senso stretto un termine equivalente: questo spiega perché spesso si fa ricorso al termine francese *clientèle.* Nel senso di avviamento è detta *goodwill.* Portar via la clientela nella concorrenza sleale è detto *poaching customers* (AVVIAMENTO; CLIENTE; CONCORRENZA SLEALE; CONSUMATORE; SVIAMENTO DELLA CLIENTELA).

– **di avvocato in genere.** Clients of a lawyer (CLIENTE DI AVVOCATO). [vol. I: CLIENT]

Clientelismo. Grosso modo, nepotism, spoils system; prassi universale che assume toni gangsteristici in un paese come il nostro che da mezzo secolo non conosce alternanza di governo (LOTTIZZAZIONE; PARTITO POLITICO; SISTEMA DELLE SPOGLIE).

Bibl.:
Mastropaolo, A., *Clientelismo*, in *Dizionario di Politica* 1976, ed. 1983: 166.

Club. Club, society, association (ASSOCIAZIONE; CIRCOLO). [vol. I: ASSOCIATION; CLUB]

– **di protezione e indennità marittima.** Protection and Indemnity Clubs (ASSICURAZIONE MARITTIMA). [vol. I: *ad vocem*]

Coabitazione. Cohabitation; sono dette *cohabitation contracts* le convenzioni tra persone conviventi attinenti più spesso ai loro rapporti economici (ABITAZIONE; CONVIVENZA). [vol. I: *ad vocem*]

– **tra coniugi.** Cohabitation of spouses; dà luogo ad una presunzione semplice di *agency* (CONIUGE; CONVIVENZA; DOMICILIO CONIUGALE; MATRIMONIO). [vol. I: HUSBAND AND WIFE]

Coadiutore di avvocato. Negli S.U. — stato federale — viene definito *paralegal* il coadiutore dell'avvocato. Ma non si tratta del portaborse nostrano: il *paralegal*, pur non essendo un avvocato in senso stretto, di solito, ma non necessariamente, è munito di una laurea *ad hoc* rilasciata da università che organizzano appositi corsi (STUDIO DI AVVOCATO).

Coalizione in genere. Coalition (GOVERNO DI COALIZIONE).

– **di Stati.** Coalition of governments (ALLEANZA).

– **tra imprese.** Combination of business enterprises, trust, restrictive trade agreement (CARTELLO INDUSTRIALE; CONCORRENZA; IMPRESA; MONOPOLIO; PATTO DI NON CONCORRENZA; PRATICA RESTRITTIVA DELLA CONCORRENZA). [vol. I: ANTI-TRUST ACTS; CARTEL; HOLDING; MONOPOLY; RESTRICTIVE TRADE PRACTICES]

Coartazione. Coercion, compulsion (COATTIVO; COERCIZIONE; COSTRINGIMENTO FISICO; INTENZIONE; INTIMIDAZIONE; LIBERO ARBITRIO; OPPRESSIONE; VIOLENZA; VOLONTÀ). [vol. I: COERCION; DURESS; UNDUE INFLUENCE]

Coassicuratore. Co-assurer, co-insurer (COASSICURAZIONE).

Coassicurazione. Co-insurance (ASSICURAZIONE; PARTECIPAZIONE; RIASSICURAZIONE). [vol. I: INSURANCE]

Coattivo. Coercive, compulsory, mandatory, imperative, obligatory, absolute, executory, inderogable, peremptory (COARTAZIONE; COAZIONE; COERCIZIONE; COGENTE; IMPERATIVO; OBBLIGATORIO; POTERE COATTIVO; PROCEDIMENTO COATTIVO; TASSATIVO). [vol. I: ABSOLUTE; COERCION; DURESS; ENFORCEABLE; IUS COGENS; MANDATORY RULE; PEREMPTORY; PERMISSIVE]

Co-autore. Co-author (AUTORE).

– **del reato.** Accessory, accomplice, abettor (CORREO).

– **di un illecito civile.** Joint tort-feasor (ILLECITO). [vol. I: JOINT TORTFEASORS]

Coazione. Coercion, enforcement (AZIONABILE; COARTAZIONE; COATTIVO; COERCIZIONE; ESECUZIONE; INFLUENZA; POTERE COATTIVO; STATO DI BISOGNO; VIOLENZA).

– **nell'estorsione.** Blackmail (ESTORSIONE). [vol. I: *ad vocem*; EXTORTION]

Co-cessionario. Co-assignee (CESSIONARIO).

Codice in genere. Code. Ma la parola non deve trarre in inganno: nonostante che l'impiego di questo termine sia abbastanza diffuso nei sistemi di *common law* per indicare un insieme di leggi scritte organizzate più o meno sistematicamente, in effetti non sussiste equivalenza col concetto di codice qual è inteso nella tradizione di *civil law*. Questo dipende principalmente dalla diversa teoria delle fonti cui si ispirano le due tradizioni giuridiche. Nei sistemi di *common law*, il diritto è essenzialmente giurisprudenziale, ossia non scritto: raccolte o compilazioni di leggi scritte (*statutes*) che vanno sotto il nome di *code* costituiscono non di rado la formulazione legislativa di precedenti decisioni giurisprudenziali che di solito conservano il loro valore; regole giurisprudenziali successive possono modificare la legge scritta contenuta nei codici. L'unico e anomalo caso nell'ambito dei paesi di *common law,* in cui sussista — grosso modo — un codice com'è inteso da noi, è costituito, negli S.U., dalla Louisiana in cui, per ragioni storiche, vige il *Code Civil,* anche se bisogna aggiungere che esso opera, in un *environment* istituzionale e culturale di *common law*. Appare quindi difficile sostenere che quello della Louisiana sia un ordinamento di *civil law* in senso stretto. Infine, tra i tanti criteri distintivi delle due tradizioni giuridiche, vi è quello, appunto, che parla di *codified (civil law)* e *uncodified (common law) systems* (CODIFICAZIONE; DIRITTO (I) CODIFICATO; FONTI DEL DIRITTO; RACCOLTA DI LEGGI). [vol. I: INTRODUZIONE: III. 5; CASE LAW; CIVIL LAW; CODE; CODIFICATION; COMMON LAW; STATUTE LAW]

Bibl.:
Schlesinger 1950, ed. 1988: 287, 291, 590.

– **Bustamante.** Bustamante Code. È detta così, dal nome del giurista che se ne rese promotore, la convenzione dell'Avana del 1928 tra i paesi dell'America latina in tema di diritto internazionale privato (DIRITTO (I) INTERNAZIONALE PRIVATO). [vol. I: *ad vocem*; CALVO CLAUSE; PRIVATE INTERNATIONAL LAW]

– **civile.** Civil code; ma in senso stretto non esiste nei paesi di *common law* (*supra,* CODICE IN GENERE). Il codice civile italiano ha cinquant'anni. Varato il nuovo codice di procedura penale, approvata la riforma del codice di procedura civile, quale cattedratico nostrano saprà resistere alle lusinghe della vanità che lo avvicina a Giustiniano, Napoleone, Portalis, etc.? Eppure, il senso comune vorrebbe che il codice civile italiano restasse quello che è, ossia, allo stesso tempo, ancora oggi il contenitore dei principi fondamentali, ma anche il relitto di un'epoca storica superata che concepiva l'utopia di un testo che contenesse tutto il diritto privato. Varare un nuovo codice civile italiano — o qualcosa di analogo — operazione certamente gratificante per i *savants* chiamati all'altissimo onore di attendervi, sarebbe, in definitiva, *methinks*, una manifestazione velleitaria di nazionalismo giuridico in contrasto con i tempi, destinata ad essere superata nel giro di pochi mesi da una normativa comunitaria sempre più avanzata. Del resto, il fatto che in Francia e Germania — nonostante il *bavardage* sulla riforma — siano ancora in vigore codici ben più vecchi, beninteso, integrati e spesso svuotati dalla legislazione e dalla giurisprudenza successiva, dovrebbe indurre a concentrare altrove le risorse richieste da un'intrapresa del genere. A non parlare del fatto che — a giudicare dalla modesta o pessima qualità delle ultime leggi, anche di quelle curate in prima persona da noti cattedratici — si può dire ormai perduta la capacità tecnica di procedere a grandi legiferazioni della natura e del livello del codice che si vorrebbe riformare, rivedere o sostituire. Vi è certamente una arretratezza complessiva di tutto il *corpus* legislativo (e giurisprudenziale) nostrano; ma esso dipende dalla arretratezza complessiva della società politica e civile del nostro paese — *notamment* del nostro sistema capitalistico — che salvo eccezione, i giuristi hanno fatto ben poco per migliorare. Di un paese vissuto in regime di consociativismo per mezzo secolo (CODIFICAZIONE; COMPLETEZZA DEL SISTEMA GIURIDICO; SISTEMA GIURIDICO CHIUSO-APERTO). [vol. I: CODIFICATION]

Bibl.:
Alpa, G., *Per la revisione del codice civile*, in *Mondoperaio*, maggio 1992, p. 91.
Gambaro, A., *Codice civile,* in *Digesto IV Utet, Civ.,* vol. II: 442.

– **della navigazione aerea-marittima.** Lett., code of air navigation, code of maritime navigation. Ma non esistono paesi di *common law* dotati di siffatti codici, del resto rari anche tra i paesi di *civil law* (*supra*, CODICE IN GENERE; DIRITTO (I) AERONAUTICO; DIRITTO (I) MARITTIMO). [vol. I: MARITIME LAW]

– **della strada.** Highway code; ma in senso stretto non si hanno testi del genere nei paesi di *common law* (*supra*, CODICE IN GENERE; CIRCOLAZIONE STRADALE; STRADA). [vol. I: *ad vocem;* ROAD; RULE OF THE ROAD]

– **di autodisciplina.** Code of conduct (*infra*, CODICE DI CONDOTTA; AUTOCONTROLLO; AUTODISCIPLINA).

– **di autodisciplina pubblicitaria.** Code of advertising practice (AUTODISCIPLINA; PUBBLICITÀ).

– **di commercio.** Code of commerce; ma, in senso stretto, non esistono testi del genere nei sistemi di *common law*; né esistono tribunali civili e di commercio come in Francia (COMMERCIO; DIRITTO (I) COMMERCIALE). [vol. I: INTRODUZIONE: III. 15; COMMERCIAL LAW; UNIFORM COMMERCIAL CODE]

– **di commercio uniforme degli S.U.** Non si tratta di un codice di commercio qual è inteso nei sistemi di *civil law*. Ricordato che gli S.U. sono uno stato federale, esso è stato adottato — ad eccezione della Louisiana — con talune varianti da tutti gli stati dell'Unione. Com'è stato affermato da un noto esperto [Schmitthoff 1977, ed. 1981: 14], esso « has become the most progressive commercial enactment of the Western world ». [vol. I: UNIFORM COMMERCIAL CODE]

– **di condotta.** Code of conduct, code of practice. I codici di condotta assumono straordinaria importanza nella cultura politica, sociale e imprenditoriale angloamericana, in cui le *non-legal rules*, ossia le regole non sanzionabili giuridicamente, svolgono un ruolo fondamentale. La loro

grande diffusione esprime la spiccata tendenza verso l'*autoregolamentazione*. Del resto, lo stesso regime delle borse valori (e merci) inglesi e nordamericane è quello di associazioni private ben diverse da quelle pubblicistiche dei sistemi di *civil law*. I codici di condotta in materia commerciale prevedono quasi invariabilmente una procedura arbitrale.
2. Molto spesso il codice di condotta supplisce a una normativa giuridica per molti versi addirittura inesistente, così com'è stato fino a pochissimi anni or sono, ad es., nelle attività finanziarie della *City*: celebre è il *City Code on Take-overs and Mergers*. Peraltro, i numerosi, gravissimi e ricorrenti scandali finanziari, con diecine di migliaia di miliardi andati in fumo, che hanno seriamente minato il prestigio della *City* negli ultimi decenni, sono la riprova che la giustamente celebrata *self-regulation* non è che un ricordo di tempi più felici: si impone, sull'esempio degli S.U., un potente organismo indipendente munito di ampi poteri giuridici. Ma se l'idea thatcheriana della *self-regulation*, ossia, che la comunità degli affari possa autoregolarsi senza l'intervento del legislatore, si è rivelata un'illusione, resta il fatto che i codici di condotta delle imprese costituiscono degli elementi fondamentali di *integrazione* della disciplina giuridica dettata dal legislatore.
3. Ma qualsiasi codice di condotta aziendale degno del nome presuppone talune *certezze* come, ad es., la esistenza di un quadro normativo generale che, oltre a fissare paletti legali invalicabili, ne assicuri l'osservanza mediante appositi organi di controllo circondati da quel rispetto che solo grandi poteri di coercizione possono dare. Insomma, per operare, i codici di condotta abbisognano di un determinato *environment* giuridico e politico e di una determinata cultura imprenditoriale. Duole dirlo, ma questo tipo di certezze semplicemente non esiste nel nostro paese. Se mai vi è certezza, essa è invece, quella del *Far West* giuridico in cui operano l'imprenditoria privata e pubblica italiana: un guazzabuglio che sconcerta gli operatori stranieri.
4. Seri codici di condotta aziendale non sono ipotizzabili in una situazione come quella italiana in cui, da un lato, i meccanismi legali in tema di appalti pubblici restano inalterati e il gioco dei subappalti continua imperterrito e, dall'altro, il potere imprenditoriale privato è di natura oligopolistica (non esiste concorrenza) e, infine, ancora oggi, una parte cospicua dell'economia nazionale si trova nella mano pubblica, ed è quindi gestita da gruppi mafiosi; a questo vanno aggiunte le strabilianti e inusitate dimensioni dell'economia sommersa italiana. Comunque, scontata anche la massima buona volontà, essi non sono concretamente applicabili fino a quando la vigente legislazione — fatta apposta per consentire il crimine — non sia riformata da cima a fondo. In effetti, i codici lanciati di recente da talune imprese italiane appaiono come un tardivo *maquillage* affidato alle cure di professionisti troppo raffinati per credervi essi stessi. Basta pensare alla natura familiare, *silvo-pastorale*, della proprietà della grande impresa nostrana, alla ragnatela giuridica fatta apposta *per fottere*, a seconda dei casi, lo stato e/o i piccoli investitori. Codici di condotta aziendale validi, come quelli nordamericani, postulano un'economia di mercato, i famosi *regulators* e la *public company*, e serie sanzioni: insomma, suvvia, diciamolo, quell'insieme di decenze politiche, giuridiche e di comportamento di cui, duole dirlo, finora non si avverte neanche l'odore, e che comunque solo un imprenditore votato al suicidio potrebbe applicare nel nostro paese [cfr. *Deboli in condotta*, di F. Magrino, in *il Mondo*, 28 giugno/5 luglio 1993, p. 40; id., *C'è puzza di imbroglio*, ibid., p. 45].
5. L'ineffabile sinistra italiana, tra i tanti disastri arrecati al paese, ha anche proiettato un'immagine degli S.U. come potenza del male, in cui l'attività imprenditoriale si distingue difficilmente dall'estorsione organizzata. Eppure, un minimo di serenità dovrebbe portare a riconoscere — come del resto aveva intuito Alexis de Tocqueville — che, nel suo insieme, la società americana si ispira ad una grande religiosità e a regole etiche ben più elevate di quelle europee. Gli S.U. sono il solo paese dotato di una legislazione come il Foreign Corrupt Practices Act che, imponendo standard interni agli affari internazionali, punisce la corruzione praticata all'estero da imprese nordamericane. Se si pensa che in Italia esiste, o esisteva fino a poco fa, addirittura un organismo statale (sic!) denominato « *Comitato per i Compensi di Mediazione* », che autorizza il pagamento di tangenti all'estero connesse ad operazioni commerciali internazionali, si ha un'idea di talune importanti fondamentali diversità di approccio al proble-

ma. Ma vi è dell'altro: spesso con il pieno accordo della sinistra, sono stati sradicati i pochi controlli esterni lasciati intatti dal fascismo, mentre si è impedito che se ne creassero di nuovi e robusti, effettivamente adeguati a un paese industriale. Non esiste una cultura e una pratica dell'autocontrollo nel privato: l'illegalità è generalizzata.

6. Anche qui, la lezione viene dagli S.U.: i codici di condotta — spesso quarantennali — delle massime imprese nordamericane come la *National Cash Register* (NCR), l'*International Business Machine* (IBM) e la *General Electric* (GE) fanno ormai parte della leggenda in una situazione in cui il 90 per cento dei 2 mila maggiori gruppi industriali del paese ha adottato il proprio codice aziendale (*infra*, CODICE ETICO; AUTOCONTROLLO; AUTODISCIPLINA; AUTOREGOLAMENTAZIONE; AZIENDA; BORSA VALORI; CONDOTTA; CORRUZIONE; *DE-REGULATION*; ETICA GIUDIZIALE; FRODE; IMPRESA; INDISCREZIONI SOCIETARIE; *INSIDER TRADING*; PERSUASIONE; PRIVATIZZAZIONE; *PUBLIC COMPANY*; REGOLA DI CONDOTTA; SOCIETÀ (II) COMMERCIALE; TANGENTE). [vol. I: BRIBERY; CITY CODE ON TAKE-OVERS AND MERGERS; CODE OF CONDUCT; CORRUPTION; INSIDER DEALINGS; NON-LEGAL RULES; POLICY]

– **di deontologia della professione forense.** Etiquette of the profession, code of legal ethics; negli S.U. è contenuto nelle *Model Rules of Professional Conduct of the American Bar Association* (CONDOTTA: 6; DEONTOLOGIA PROFESSIONALE FORENSE; PROFESSIONE FORENSE). [vol. I: ETIQUETTE AT THE BAR]

– **di procedura civile.** Lett., code of civil procedure; ma non vi sono codici di procedura civile intesi nel senso nostrano nei sistemi di *common law* (*supra*, CODICE IN GENERE; PROCEDURA CIVILE). [vol. I: CIVIL PROCEDURE]

Bibl.:

Picardi, N., *Codice di procedura civile (presupposti storici)*, in *Digesto IV Utet, Civ.,* vol. II: 457.

– **di procedura penale.** Lett., code of criminal procedure; ma nei sistemi di *common law* non vi sono codici di procedura penale intesi nel senso nostrano (*supra*, CODICE IN GENERE; PROCEDURA PENALE; SISTEMA PENALE ACCUSATORIO). [vol. I: CRIMINAL PROCEDURE]

– **di responsabilità professionale.** Code of professional responsibility (*supra,* CODICE DI DEONTOLOGIA DELLA PROFESSIONE FORENSE; RESPONSABILITÀ PROFESSIONALE).

– **etico.** Code of ethics (*supra*, CODICE DI CONDOTTA; DEONTOLOGIA PROFESSIONALE FORENSE; ETICA).

– **fiscale.** Grosso modo, tax, o fiscal, code; negli S.U. è definito *social security number* il codice fiscale individuale (*supra,* CODICE IN GENERE; FISCO; IMPOSTA).

– **militare.** Military code (GIUSTIZIA MILITARE).

– **penale.** Lett., penal code; ma, anche qui, non esistono negli ordinamenti di *common law* dei codici penali alla maniera in cui sono intesi nei sistemi di *civil law*; anche se, come negli S.U., esistono dei testi legislativi che vanno sotto il nome di *Penal Code*, come, ad es., quello della California. Quanto al sistema inglese, va rilevato che sebbene la gran parte dei reati sia prevista dalla legislazione (*statute law*), alcuni altri, tra i più importanti, sono di elaborazione giurisprudenziale, come il *murder* (grosso modo, omicidio volontario), *manslaughter* (grosso modo, omicidio preterintenzionale o colposo), *conspiracy*, *contempt of court*, etc. La distinzione ha un'importanza fondamentale ai fini della pena: quando si tratta di *common law offences*, la durata della pena è stabilita discrezionalmente dal giudice. Negli S.U. — stato federale — la materia rientra nelle attribuzioni dei singoli stati dell'Unione; sul piano dei principi, vale lo stesso rilievo che attiene alla distinzione tra reati previsti dalla *common law* e reati previsti dalla legislazione. Tutto questo si ricollega alla assai diversa teoria delle fonti della tradizione di *common law* (*supra*, CODICE IN GENERE; DIRITTO (I) PENALE; REATO). [vol. I: INTRODUZIONE: III. 7]

– **penale militare.** Lett., military penal code, code of military justice; ma si parla anche di *articles of war* (GUERRA). [vol. I: ARTICLES OF WAR]

– **sostanziale.** Substantive code.

Codicillo testamentario. Codicil (CLAUSOLA AGGIUNTIVA; POSTILLA; TESTAMENTO). [vol. I: *ad vocem;* RIDER; WILL]

Codificato, non-codificato. Codified, non codified (CODICE; CODIFICAZIONE; SISTEMA GIURIDICO; TRADIZIONE GIURIDICA).

Codificazione. Codification; Schlesinger

[1950, ed. 1988: 287, n. 4] mette opportunamente in rilievo che per i *civilians* la codificazione non ha rappresentato soltanto un elemento di unificazione giuridica e nazionale, di revisione e ristrutturazione di un intero corpo di leggi, ma anche un importante bastione contro l'arbitrio del potere pubblico e, in particolare di quello dei giudici che, specie in Francia, nel periodo prerivoluzionario, si erano resi gravemente colpevoli, oltre che di corruzione, anche, nella sostanza, di usurpazione del potere legislativo. Ma codificazione e certezza del diritto sono concetti che viaggiano in parallelo; se si tiene conto delle stratificazioni legislative che qualsiasi codice è destinato a subire in una *status-society* ad opera degli « statuti dei gruppi » — specie come quella nostrana — un sistema di diritto codificato può risultare, in definitiva, addirittura più complicato, e quindi, incerto, di altri non codificati. Sembra che sia questo il caso del sistema italiano in cui le *lobbies* si spartiscono il potere facendosi le proprie leggi e lo stato si riduce a svolgere la funzione di *registratore di cassa* (CERTEZZA DEL DIRITTO; CODICE; *IUS COMMUNE*; TESTO UNICO; TRADIZIONE GIURIDICA). [vol. I: CODE; CODIFICATION; IUS COMMUNE]

Bibl.:
Tarello, G., *Codificazione*, in *Digesto IV Utet*, *Civ.,* vol. II: 465.

Coercitivo. Compulsory, coercive (COATTIVO; COAZIONE; COERCIZIONE; FORZOSO). [vol. I: EXECUTION; PERMISSIVE]

Coercizione. Coercion, compulsion, duress, constraint (COARTAZIONE; COAZIONE; COERCITIVO; COSTRINGIMENTO FISICO; INFLUENZA; VIOLENZA).

– **morale.** Coercion (VIOLENZA).

Coerede. Co-heir; ma, in senso stretto, non esiste un erede o coerede nei sistemi di *common law* (SUCCESSIONE PER CAUSA DI MORTE). [vol. I: HEREDITAS; SUCCESSION]

Coesistenza in genere. Coexistence.

– **di azioni in giudizio.** Plurality of actions, concurrence of actions (CAUSA (III); LITISPENDENZA; PLURALITÀ DI DOMANDE IN GIUDIZIO BASATE SULLA STESSA *CAUSA PETENDI*). [vol. I: FORUM NON CONVENIENS; LIS ALIBI PENDENS]

– **di reati.** (CONCORSO DI REATI)

– **pacifica.** Peaceful coexistence (DISTENSIONE; GUERRA FREDDA; PACE).

Co-fideiussore. Co-surety, co-guarantor, joint surety (FIDEIUSSORE). [vol. I: CO-SURETY; JOINT; SURETY]

Cogente. Grosso modo, compulsory, mandatory, peremptory (CLAUSOLA DEROGATORIA; COATTIVO; DIRITTO (I) IMPERATIVO-DISPOSITIVO; FORZOSO; NORMA IMPERATIVA; OBBLIGATORIO). [vol. I: COMPULSORY; MANDATORY; PEREMPTORY]

Co-gerente. Joint manager (GERENTE).

Cognata/o. Sister-in-law, brother-in-law (AFFINITÀ; CAPACITÀ DI TESTIMONIARE; CONIUGE; PARENTELA; TESTIMONIANZA). [vol. I: COMPETENCY OF EVIDENCE; EVIDENCE; WITNESS]

Cognizione. Cognizance (PROCEDIMENTO DI COGNIZIONE; RICOGNIZIONE). [vol. I: JUDICIAL NOTICE]

Cognome. Surname, o family name. Principio fondamentale della *common law* è che chiunque può cambiare il proprio cognome a suo piacimento quante volte lo desideri (CERTIFICATO; NOME; PRENOME; PSEUDONIMO). [vol. I: NAME; PUBLIC POLICY]

Coimputato. Co-defendant, co-accused, joint defendant, defendant charged jointly with others; ma il termine co-defendant indica anche uno tra più convenuti in un processo civile (CHIAMATA DI CORREO; COINTIMATO; CONVENUTO; CORREO; IMPUTATO; PARTE NEL PROCESSO; PLURALITÀ DI IMPUTATI). [vol. I: DEFENDANT; QUEEN'S EVIDENCE]

Coinquilino. Grosso modo, joint tenant o, talvolta, anche inmate. Ma, in senso stretto, non esiste una equivalenza esatta (INQUILINO). [vol. I: LEASE]

Cointeressato in genere. Grosso modo, partner, associate, joint partner, profit-sharer, jointly interested, having an interest in (COINTERESSENZA; INTERESSATO; PARTE). [vol. I: CO-ADVENTURER; JOINT VENTURE]

Cointeressenza. Profit sharing, stake (COINTERESSATO; INTERESSATO; INTERESSE; INTERESSENZA; LEGITTIMAZIONE; PARTECIPAZIONE AZIONARIA; QUOTA).

– **agli utili.** Profit-sharing (INTERESSENZA; UTILE).

Cointimato. Co-defendant, co-respondent (COIMPUTATO; CONTUMACE; CONVENUTO; INTIMATO). [vol. I: RESPONDENT]

Colaggio. Leakage (ABBUONO; COLLO). [vol. I: *ad vocem*]

Co-legatario. Collegatary (LEGATARIO). [vol. I: LEGATEE]

Collaboratore in genere. Collaborator.

- **della giustizia in genere.** Co-operator with the police; ma si parla anche di informer, supergrass, prosecution witness. La collaborazione costituisce una attenuante da valutare di volta in volta dal giudice a seconda del contributo fornito. Si noti che nel sistema inglese si parla di *co-operation with the police*: non si tratta solo di diversità di fraseggio, ma di sostanza. In effetti, la collaborazione ha luogo nei confronti della polizia, che è l'organo inquirente, non già dell'organo giudiziario, che esercita unicamente la giurisdizione (AUSILIARI DELLA GIUSTIZIA; CHIAMATA DI CORREO; CONFIDENTE; PATTEGGIAMENTO; PENTITO; POLIZIA).

  Bibl.:
  Emmins 1981, ed. 1992: 261.
- **dell'imprenditore.** Agents, servants and employees of entrepreneur (IMPRENDITORE).
- **di una rivista, opera in genere.** Contributor (CURATORE).

Collaborazione in genere. Collaboration (COOPERAZIONE).

- **con la giustizia.** Collaboration with the prosecution (COLLABORATORE CON LA GIUSTIZIA; CONFIDENTE; INFILTRATO; PENTITO; PATTEGGIAMENTO).
- **col nemico.** Collaboration with the enemy, aid and comfort (NEMICO). [vol. I: AID AND COMFORT; ALIEN; EMEMY; TREASON]

Collaterale. Collateral; termine ambiguo che indica sia l'oggetto della garanzia reale, sia un tipo di parentela (FIDEIUSSIONE; GARANZIA REALE; LINEA COLLATERALE; PARENTELA IN LINEA COLLATERALE). [vol. I: *ad vocem*]

Collaudo in genere. Test, inspection, trial, control (CONTROLLO; ESAME).

- **nell'appalto.** Test, approval, testing of work (APPALTO). [vol. I: PROCUREMENT; TURNKEY CONTRACT; WORKS ABROAD]

Collazione in genere. Collation (AUTENTICAZIONE).

- **di atti.** Collation of documents (DOCUMENTO). [vol. I: COLLATION]
- **nella successione.** Un analogo, ma che non coincide con esso, è costituito dall'*hotchpot* cui si ricorre nella successione *ab intestato*. Ma si noti la notevole diversità di regime successorio tra le due tradizioni giuridiche (SUCCESSIONE PER CAUSA DI MORTE; TESTAMENTO). [vol. I: HOTCHPOT; SUCCESSION]

Collegamento in genere. Relation (CONNESSIONE; FATTORE DI COLLEGAMENTO; RAPPORTO).

Collegato agli utili. Profit linked (UTILI).

Collegio in genere. Panel, board; nel senso di istituzione, è detto più spesso college (GIUDICE COLLEGIALE; GIUDICE MONOCRATICO; RIMESSIONE AL COLLEGIO). [vol. I: CORPORATION; PANEL]

- **arbitrale.** Panel of arbitrators, arbitration board; il presidente del collegio arbitrale è definito più spesso *umpire* (ARBITRATO). [vol. I: UMPIRE]
- **dei giurati.** Panel of jurors (GIURATO; GIURIA). [vol. I: JUROR; JURY]
- **dei revisori dei conti.** Audit committee (REVISORE DEI CONTI).
- **di difesa.** Defence team, è detto *leading counsel*, o *lead counsel*, il capo del collegio di difesa (DIFESA).
- **di giudici.** Collegiate court (*infra*, COLLEGIO GIUDICANTE).
- **elettorale in genere.** Constituency, electoral district.
  1. Collegio elettorale è sinonimo di sistema elettorale uninominale, ossia, per antonomasia, del sistema britannico uninominale maggioritario a un turno; ma vi sono collegi elettorali uninominali maggioritari a doppio turno, come nel sistema francese.
  2. Un deputato alla *House of Commons* è identificato mediante il riferimento al collegio elettorale in cui è stato eletto. Ignota è la prassi nostrana, consentita fino all'XI Legislatura proporzionale, di candidati capolista presentati simultaneamente in diverse circoscrizioni elettorali nei punti più disparati del paese dove raccoglievano spesso centinaia di migliaia di voti da elettori dai quali non erano mai stati visti neanche una volta.
  3. Negli S.U. si parla di *legislative district, o* di *congressional district*, a seconda che si tratti di elezioni agli organi legislativi statali o al Congresso federale: la modifica del collegio elettorale è detta *redistricting*. Si noti che il concetto nostra-

no di *circoscrizione elettorale* non coincide con quello inglese di *collegio elettorale*, ognuno dei quali è riferito, rispettivamente, al sistema elettorale *proporzionale* a scrutinio di lista, e a quello *maggioritario uninominale*. Col nuovo sistema elettorale-papocchio (definito da G. Sartori *Mattarellum*), nel suo genere unico al mondo, si combina *collegio elettorale* (per la elezione uninominale) *con la circoscrizione elettorale* (per la elezione proporzionale): poveri elettori italiani! Si noti che il termine *electoral college* impiegato negli S.U. indica il collegio elettorale ai fini delle elezioni presidenziali. È detto *districting* il fatto di definire i confini dei vari distretti elettorali, e *apportionment* l'allocazione dei seggi dei rappresentanti che ognuno degli stati dell'Unione può inviare alla Camera in base alla popolazione: ogni stato deve avere almeno un rappresentante (CIRCOSCRIZIONE ELETTORALE; ELEZIONE DEL PRESIDENTE DEGLI S.U.; SISTEMA ELETTORALE). [vol. I: CONSTITUENCY; ELECTION: 2; ELECTORAL SYSTEM; GERRYMANDERING; PARLIAMENT]

– **elettorale plurinominale.** Multi-member constituency; ossia quello in cui si procede all'elezione a scrutinio di lista (*supra*, COLLEGIO ELETTORALE). [vol. I: ELECTORAL SYSTEM]

– **elettorale uninominale.** Single member constituency, individual constituency; in cui, cioè, si procede all'elezione di un solo candidato: tipo di collegio elettorale caratteristico del sistema inglese uninominale a turno unico. Ma anche nel caso di doppio turno — come nel sistema francese — il collegio elegge un solo candidato (*supra*, COLLEGIO ELETTORALE; SOLLECITAZIONE DEL VOTO PORTA A PORTA). [vol. I: CONSTITUENCY; ELECTORAL SYSTEM]

– **giudicante.** Panel of judges, court sitting in panel, collegiate court, multi-judge court; ma non esiste un collegio civile e penale com'è articolato nell'ordinamento giudiziario e processuale nostrano: basta pensare alla *dissenting opinion*. Tra l'altro, nelle *superior courts* il giudice di merito (o di primo grado) è sempre monocratico, che vi sia o meno la giuria: il collegio si ha solo in fase di appello e, al livello delle *inferior courts*, nel caso delle *magistrates' courts* in cui non siede uno *stipendiary magistrate*. Il presidente del collegio è detto *presiding judge*, e gli altri giudici *associate judges*. Nel collegio ogni membro esprime la propria *opinion*, che può essere anche *dissenting* (*supra*, COLLEGIO DI GIUDICI; GARANTISMO; GIUDICE COLLEGIALE; GIUDICE DISSENZIENTE IN UN COLLEGIO; GIUDICE MONOCRATICO; MOTIVAZIONE DISSENZIENTE; RIMESSIONE DELLA CAUSA AL COLLEGIO; SENTENZA). [vol. I: BENCH; COURT; DISSENTING OPINION; JUSTICE OF THE PEACE; PANEL]

Bibl.:
Schlesinger 1950, ed. 1988: 370.

– **peritale.** Panel of expert witnesses (AUSILIARI DELLA GIUSTIZIA; CONSULENTE TECNICO). [vol. I: EXPERT WITNESS]

– **sindacale di società.** (REVISIONE CONTABILE)

Colletti bianchi. White collars (LAVORATORE MANUALE; REATI COMMESSI DAI C.D. COLLETTI BIANCHI).

Collettore. Collector (ESATTORE).

Collezione di leggi. (RACCOLTA DI LEGGI)

Collisione in genere. Collision (ROTTA DI COLLISIONE; URTO).

– **di navi.** Collision of ships (CLAUSOLA DI COLLISIONE; NAVE). [vol. I: COLLISION OF SHIPS; RUNNING DOWN CLAUSE]

Collo. Package, parcel, unit (ABBUONO; BAGAGLIO; COLAGGIO; PACCO; PARTICELLA). [vol. I: BAGGAGE; CARRIAGE: IV; LIMITATION OF SHIPOWNER' S LIABILITY; PACKAGE; UNIT]

Collocamento. Placement, marketing (AGENZIA DI COLLOCAMENTO; UFFICIO DI COLLOCAMENTO).

– **diretto.** Direct placement (INVESTIMENTO).

Collusione. Collusion, o connivance; la collusione tra le parti di un giudizio è detta *collusion in a judicial proceeding* come, ad es., quella tra coniugi per ottenere il divorzio (AZIONE (I) COLLUSIVA; COLLISIONE; REATI ASSOCIATIVI). [vol. I: *ad vocem*; ABUSE OF PROCESS; ACCESSORY; CHAMPERTY; CONNIVANCE; CONSPIRACY; DIVORCE]

Colpa in genere. Detta più spesso fault, neglect, misconduct, negligence, carelessness.
1. Ma quello di *culpa* è concetto romanistico; pertanto, il regime della materia è assai diverso nella tradizione di *common law* che, salvo il caso del *bailment*, non distingue tra gradi di colpa, ma si riferisce alla diligenza del *reasonable man* nelle circostanze del caso (*CULPA*). [vol. I: BAILMENT; REASONABLE MAN]
2. La terminologia è ambigua: l'espressione

negligence indica anche un tipo particolare di illecito extracontrattuale ignoto alla *civil law* [vol. I: NEGLIGENCE].
3. La *common law* non accoglie il principio della *culpa in contrahendo*; del resto, anche in materia contrattuale, il *breach of contract* prescinde dall'elemento della colpa [vol. I: CONTRACT: IX. 2, X]; né si applica il brocardo *culpa lata dolo aequiparatur* (DOLO).
4. Negli S.U. — stato federale — è detto *no-fault auto insurance* quel tipo di assicurazione della responsabilità civile per la circolazione di autoveicoli in cui l'assicurato ha diritto all'indennizzo nei confronti del *proprio* assicuratore — e non dell'assicuratore della parte eventualmente responsabile — indipendentemente dalla responsabilità propria o di altri. La materia è regolata dai singoli stati dell'Unione con leggi dette *no-fault statutes*, il cui regime varia spesso dall'uno all'altro. Questo tipo di assicurazione è di solito limitato ai danni alla persona (*personal injury*), e solo in casi di lesioni personali gravissime e di elevate spese mediche la vittima può proporre un'azione contro l'altra parte o il di lei assicuratore (ASSICURAZIONE CONTRO I DANNI DALLA CIRCOLAZIONE DI AUTOVEICOLI).
5. In materia extracontrattuale, l'illecito è concepito come violazione del *duty of care* [vol. I: DUTY OF CARE]
6. I concetti di *fault* e *liability* sono correlativi: la colpa comporta la responsabilità, anche se non vale sempre la proposizione inversa (RESPONSABILITÀ OGGETTIVA; RESPONSABILITÀ SENZA COLPA). [vol. I: STRICT LIABILITY]
7. I sistemi di *common law* ammettono la combinazione di azione contrattuale ed extracontrattuale, ritenute alternative fino a poco fa nei sistemi di *civil law* (RESPONSABILITÀ CONTRATTUALE-EXTRACONTRATTUALE). [vol. I: CONTRACTUAL LIABILITY]
8. In principio, salvo casi espressamente previsti dalla legge scritta, non esiste il reato di omicidio colposo o lesioni colpose (COLPEVOLEZZA; DELITTO COLPOSO-DOLOSO; INNOCENZA). [vol. I: MISADVENTURE]
9. In diritto commerciale internazionale, l'art. 4, 2.a) della convenzione di Bruxelles del 1924 sulla polizza di carico, parla, nella traduzione del testo originale francese, di *act, neglect, or default* (AMMISSIONE DI COLPEVOLEZZA; COLPEVOLEZZA; COMPENSAZIONE DELLE COLPE; CONCORSO DI COLPA; CONDONO; CURA; DILIGENZA; DOLO; FORZA MAGGIORE; GRADI DI COLPA; IN COLPA; INCOMPATIBILITÀ DI CARATTERE; LESIONI PERSONALI COLPOSE; PRESUNZIONE DI COLPA; PRINCIPIO DELLA PROPORZIONALITÀ DELLA COLPA; RESPONSABILITÀ PER COLPA; RESPONSABILITÀ SENZA COLPA). [vol. I: CARE; CARELESSNESS; CULPA; CULPA IN CONTRAHENDO; CULPA LATA DOLO AEQUIPARATUR; DEFAULT; FAULT; FORCE MAJEURE; LIABILITY; MISCONDUCT; NEGLECT; NEGLIGENCE]

– **aquiliana.** Tortious liability, o liability in tort (*infra*, COLPA EXTRACONTRATTUALE).

– **commerciale.** Commercial fault (*infra*, COLPA COMMERCIALE NEL TRASPORTO MARITTIMO). [vol. I: FAULT]

– **commerciale nel transporto marittimo.** Fault in management (*infra*, COLPA NAUTICA; TRASPORTO MARITTIMO). [vol. I: CARRIAGE OF GOODS BY SEA; HARTER ACT; NAUTICAL FAULT]

– **contrattuale.** Contractual fault, contractual liability. Ma la nozione di colpa contrattuale non gioca alcun ruolo nella *common law*, in cui la *discharge of contract* ha luogo come effetto di un dato obiettivo, a prescindere da qualsiasi indagine sulla colpa dell'inadempiente (*infra*, COLPA EXTRACONTRATTUALE; CONTRATTO: X. 4; FORZA MAGGIORE; RESPONSABILITÀ CONTRATTUALE-EXTRACONTRATTUALE). [vol. I: BREACH OF CONTRACT; CONTRACT: IX. 2, X; CONTRACTUAL LIABILITY; DISCHARGE]

– **del conduttore.** Grosso modo, tenant's fault (CONDUTTORE). [vol. I: OCCUPIER'S LIABILITY]

– **del mandatario.** Grosso modo, agent's fault (MANDATARIO). [vol. I: AGENT]

– **del soccombente che ha agito** o **resistito con mala fede** o **colpa grave.** Vexatious litigant's fault (ABUSO DELLE NORME PROCESSUALI). [vol. I: ABUSE OF PROCESS; VEXATIOUS ACTION]

– **extracontrattuale.** Tortious fault, tortious liability. Anche in questa materia, si riscontrano notevoli diversità di princìpi tra le due tradizioni giuridiche di *common law* e *civil law*. Il *tort* deriva non già dalla violazione del principio del *neminem laedere*, ma dalla violazione di singole fattispecie di illecito, o di un *duty of care* (*supra,* COLPA CONTRATTUALE; ATTO ILLECITO). [vol. I: NEGLIGENCE; TORT]

– **grave.** Lett., gross negligence; ma — ad eccezione del *bailment,* istituto impregnato di sedimenti romanistici — la *common law* non distingue tra gradi di colpa. In breve, la colpa esiste o non esiste; nel primo caso, consiste nella mancata diligenza dell'uomo ragionevole richiesta dalle circostanze. Pertanto l'espressione *gross negligence* costituisce una descrizione e non una definizione. La *common law* non equipara la colpa grave al dolo. È specie in diritto internazionale che i due inconciliabili concetti di colpa grave (*civil law*) e di *wilful misconduct* (*common law*) comportano i problemi più gravi ai fini dell'unificazione (*supra*, COLPA IN GENERE). [vol. I: GROSS NEGLIGENCE; WILFUL MISCONDUCT]

– **lieve.** Lett., *culpa levis*; ma v. *supra*, COLPA GRAVE.

– **nautica.** Nautical fault (*supra,* COLPA COMMERCIALE NEL TRASPORTO MARITTIMO; NAUFRAGIO DOLOSO; NAVE). [vol. I: *ad vocem;* CARRIAGE: IV]

– **personale.** Personal fault (RESPONSABILITÀ INDIRETTA).

– **professionale.** Professional negligence (CONSENSO INFORMATO; RESPONSABILITÀ PROFESSIONALE). [vol. I: *ad vocem;* MALPRACTICE; PROFESSIONAL INDEMNITY INSURANCE; PROFESSIONAL LIABILITY; PROFESSIONAL MISCONDUCT]

– **sopravvenuta.** Supervening negligence (CONCORSO DI COLPA).

Colpevole in genere. Guilty (AUTORE DELL'ILLECITO; COLPA; COLPEVOLEZZA; INNOCENTE; PRESUNZIONE DI INNOCENZA). [vol. I: *ad vocem*; INTRODUZIONE: III. 28; ADVERSARY SYSTEM; BEYOND REASONABLE DOUBT; CRIMINAL PROCEDURE: II, III; EVIDENCE; PROSECUTION]

– **-innocente.** Grosso modo, guilty-not guilty. Ma non è la stessa cosa. Il *common lawyer* non si trova — sul piano giuridico — nella posizione del *civil lawyer* per il quale il dilemma impone di scandagliare le coscienze. Per lui, si tratta di prove; *guilty-not guilty*: in cui il primo corno del dilemma significa colpevole, ma il secondo (*not guilty*) non significa innocente, ma solo non colpevole, ossia imputato a carico del quale non sono state avanzate prove tali da farlo ritenere colpevole. Da noi, e nella cultura giuridica di *civil law*, il dilemma attiene alla verità effettuale; nella civiltà giuridica anglo-americana, anche se si parla di ricerca della verità, esso attiene, invece, alla ricerca della prova, alla verità giudiziaria. La giuria, o il giudice, possono essere convintissimi di avere a che fare con un colpevole, ma sono tenuti ad assolvere se non esistono prove sufficienti. E così un imputato *not guilty* è, in senso stretto, non già un innocente, ma tecnicamente solo un non colpevole. Tutto questo potrebbe dare l'impressione che la tradizione giuridica anglo-americana non si ponga problemi morali, ma sarebbe falso: essa si pone il problema della giustizia, che è altra e più importante cosa, ossia di stabilire una garanzia a favore della parte più debole (l'imputato) prevenendo quel tipo di condanna derivante dalla sola convizione del giudicante non supportata da prove adeguate per giustificarla (LIBERO CONVINCIMENTO DEL GIUDICE; PROVA; VERITÀ).

Colpevolezza. Culpability, guilt. È definita *guilty plea* la volontaria e consapevole ammissione di colpevolezza dell'imputato in udienza. Il patteggiamento presuppone il riconoscimento della colpevolezza. Nella tradizione di *common law* nei processi penali per i reati più gravi l'accertamento della colpevolezza è compito della giuria (AMMISSIONE DI COLPEVOLEZZA DELL'IMPUTATO; AZIONE (I) PENALE; CASELLARIO GIUDIZIALE; COLPA: 6; COLPEVOLE; CONFESSIONE; DELITTO COLPOSO-DOLOSO; DICHIARAZIONE DI COLPEVOLEZZA DELL'IMPUTATO; DOLO; GIURIA; INNOCENZA; PATTEGGIAMENTO; RESPONSABILITÀ PENALE; VERDETTO; VERITÀ). [vol. I: ARRAIGNMENT; INTENTION; JURISDICTION; JURY; MENS REA; SUMMARY TRIAL]

Colpo di Stato. *Coup d'État*; di solito si usa l'espressione francese. Dalla *Glorious Revolution* inglese (1689) e dalla *Declaration of Independence* nordamericana (4 luglio 1776) non si sono verificati colpi di stato, e tantomeno rivoluzioni, né in Inghilterra, né negli Stati Uniti, prodezze ignote alla democrazia inglese e nordamericana. Probabilmente, l'impiego del termine francese esprime questa profonda estraneità del concetto (e della pratica) alla tradizione politica di quei paesi (COSTITUZIONE POLITICA; RAGION DI STATO; STATO).

– **militare.** Military coup.

Colposo in genere. Culpable, negligent (COLPA; DELITTO COLPOSO-DOLOSO; DOLOSO; LESIONI PERSONALI COLPOSE).

Coltivatore diretto. Grosso modo, farmer, cultivator, husbandman. Ma, in senso stretto, non esiste nella *common law* una figura del genere. Negli S.U. il Chapter 12 del Bankruptcy Code del 1978 prevede disposizioni particolari a favore del *family farmer with regular income*, o piccolo agricoltore insolvente, in grado di effettuare il pagamento delle sue obbligazioni in base a un piano previsto dalla legge stessa (AFFITTO; AZIENDA AGRICOLA; CAUSE (I) LEGITTIME DI PRELA-

ZIONE; FALLIMENTO: VIII. 2 ; LAVORATORE AGRICOLO; PATRIMONIO FAMILIARE; PIGNORAMENTO: 2). [vol. I: BANKRUPTCY: VII]

Colto in flagrante. (FLAGRANTE; FLAGRANZA)

Comandante. Master, captain (CAPITANO). [vol. I: CAPTAIN]

- **di aeromobile.** Captain of aircraft (AEROMOBILE). [vol. I: AIRCRAFT]
- **di nave.** Master, shipmaster, master of ship, captain (ABBANDONO DI COMANDO DI NAVE; BARATTERIA; DIPLOMA DI CAPITANO DI LUNGO CORSO; NAUFRAGIO DOLOSO; NAVE). [vol. I: AGENT; BILL OF LADING; CHARTERPARTY; MASTER OF SHIP; SCUTTLING]
- **di porto.** Grosso modo, harbourmaster (CAPITANERIA DI PORTO). [vol. I: *ad vocem*]
- **supremo delle forze armate.** Commander in Chief of the Armed Forces. Negli S.U. è il presidente; nel R.U. è il sovrano: di fatto, sul piano operativo, è il primo ministro (CAPO DI STATO MAGGIORE GENERALE; FORZE ARMATE; SUPREMO).

Comando. Command (COMANDANTE; ORDINE; USURPAZIONE DI COMANDO). [vol. I: *ad vocem*]

Combattente in genere. Combatant, fighter (BELLIGERANTE; NEUTRALE).

- **illegittimo.** Unlawful belligerent (GUERRA; NEMICO). [vol. I: BELLIGERENCY; BELLIGERENTS; CARTELS; WAR]

Combinato disposto. Non esiste, in senso stretto, un termine corrispondente. Forse potrebbe dirsi, grosso modo, « section (o article) XY to be considered in conjunction with section (o article) AZ » (ARTICOLO DI LEGGE; LEGGE). [vol. I: STATUTE]

Come da avviso. As advised (AVVISO).

Comitato in genere. Committee, commission, board, council, society, association (COMMISSIONE). [vol. I: ASSOCIATION; COMMITTEE; MEETING]

- **consultivo.** Advisory committee (ORGANO CONSULTIVO). [vol. I: COMMITTEE]
- **dei creditori.** Creditors' committee, o committee of inspection (CREDITORE; FALLIMENTO). [vol. I: BANKRUPTCY; COMMITTEE OF INSPECTION]
- **di controllo in genere.** Watchdog committee (CONTROLLO; SUPERVISIONE).
- **di coordinamento.** Steering committee (CO-OPERAZIONE).
- **d'inchiesta.** Board of inquiry (INCHIESTA). [vol. I: INQUIRY]
- **di redazione.** Drafting committee (MINUTA; REDAZIONE). [vol. I: *ad vocem*]
- **direttivo in genere.** Managing committee.
- **di soccorso** o **di beneficenza.** Rescue, o charitable, committee (BENEFICENZA; SOCCORSO). [vol. I: CHARITY]
- **di sorveglianza.** Watchdog committee (SORVEGLIANZA).
- **di vigilanza dei creditori.** (*supra*, COMITATO DEI CREDITORI)
- **esecutivo.** Executive committee.
- (o **commissione**) **permanente.** Standing committee (COMMISSIONE PERMANENTE). [vol. I: PARLIAMENT]

Comizio. Public meeting (RIUNIONE). [vol. I: ASSEMBLY; BREACH OF THE PEACE; PUBLIC ORDER]

- **elettorale.** Election meeting (ELEZIONI POLITICHE). [vol. I: ELECTION: 2; ELECTORAL SYSTEM]

Comma di legge. Grosso modo, paragraph, clause (ALINEA; ARTICOLO DI LEGGE; CLAUSOLA: 2; LEGGE). [vol. I: STATUTE LAW]

Commerciabile. Merchantable, marketable (BENE NON COMMERCIABILE; COMMERCIABILITÀ; COMMERCIO; ESITABILE; INVENDIBILE; MERCI COMMERCIABILI; TITOLO: 5; TITOLO COMMERCIABILE; TITOLI NEGOZIABILI; VENDIBILE). [vol. I: MERCHANTABLE]

Commerciabilità. Merchantability (BUONA QUALITÀ MEDIA; COMMERCIABILE; QUALITÀ; TUTELA DEL CONSUMATORE; VENDIBILITÀ).

Commerciale in genere. Commercial (AFFARE COMMERCIALE; ASTA COMMERCIALE; DIRITTO (I) COMMERCIALE).

Commercialista. Grosso modo, accountant, certified public accountant (CONTABILE; ESPERTO FISCALE; REVISORE DEI CONTI AUTORIZZATO; TRIBUTARISTA). [vol. I: ACCOUNTANT]

Commercializzazione. Marketing (COMMERCIO).

Commercial paper. (EFFETTI DI COMMERCIO)

Commerciante. Trader, merchant, o dealer (ASSOCIAZIONE DI COMMERCIANTI; COMMERCIO; DI-

RITTO (I) COMMERCIALE; FALLIMENTO; IMPRENDITORE; TRAFFICANTE). [vol. I: BANKRUPTCY; BUSINESS; DEALER; MERCHANT; TRADER]

– **all'ingrosso.** Wholesale trader, wholesaler merchant (INGROSSO). [vol. I: CASH AND CARRY; RETAIL; TRADE; WHOLESALE]

– **al minuto.** (DETTAGLIANTE)

– **ambulante.** (VENDITORE AMBULANTE)

Commercio in genere. Trade, commerce.

1. Negli S.U. — stato federale — il termine *interstate commerce* indica il commercio, il traffico, o il trasporto di persone e cose tra gli stati dell'Unione. Ai sensi dell'art. I, s. 8, cl. 3, della costituzione federale, la materia rientra nelle attribuzioni dello stato federale. Questa norma costituzionale è detta *commerce clause:* attraverso di essa il legislatore federale ha imposto una poderosa legislazione agli stati membri dell'Unione in disparate materie, tra cui anche la criminalità organizzata, come con il Racketeer influenced and Corrupt Organizations Act. Notevole importanza assume la *Federal Trade Commission*, agenzia federale creata nel 1914, le cui funzioni principali sono quelle di promuovere la libera concorrenza tra gli stati dell'Unione, tra l'altro, mediante l'applicazione di misure *anti-trust.*

2. Sembra quasi inutile rilevare quanto sia importante che il commercio internazionale — possente creatore di ricchezza — si svolga nel rispetto delle regole della concorrenza. Un importante accordo è stato concluso tra la Commissione della Cee da un lato, e l'Anti-trust Division del Ministero della Giustizia Federale e la Federal Trade Commission degli S.U. dall'altro, con il quale si istituisce una cooperazione relativa all'applicazione delle regole della concorrenza in situazioni di reciproco interesse.

3. La vendita costituisce il *great master contract* del commercio nazionale e internazionale dei paesi industrializzati (AGENTE DI COMMERCIO; ASSICURAZIONE; ASSOCIAZIONE COMMERCIALE; A TERMINE; ATTO DI COMMERCIO; ATTO UNICO EUROPEO; BORSA MERCI; CAMERA DI COMMERCIO INTERNAZIONALE; COMMERCIABILE; COMMERCIABILITÀ; COMMERCIANTE; COMUNITÀ EUROPEE; CONCORRENZA; CORRETTEZZA COMMERCIALE; DIRITTO (I) COMMERCIALE; DIVIETO DI RAPPORTI COMMERCIALI; EFFETTI DI COMMERCIO; FALLIMENTO; FIERA COMMERCIALE; FUORI COMMERCIO; *LEX MERCATORIA*; LIBERO SCAMBIO; LICENZA DI COMMERCIO; MERCATO COMUNE; PRASSI COMMERCIALE; RAMO COMMERCIALE; REFERENZA COMMERCIALE; REGOLE DEL COMMERCIO INTERNAZIONALE; REGOLATORE; SCAMBIO; *SPOT*; SVIAMENTO DI TRAFFICO; TRAFFICO; TRASPORTO; USO DI COMMERCIO; VENDITA). [vol. I: ANTI-TRUST ACTS; CARRIAGE; COMBINED TRANSPORT; COMMERCE CLAUSE; COMMERCIAL LAW; COMMON CORE OF LEGAL SYSTEMS; CONSUMER PROTECTION; EXPORT; FEDERAL PRE-EMPTION; FOREIGN TRADE; FREE TRADE; INCOTERMS; INLAND TRADE; INTERNATIONAL CHAMBER OF COMMERCE; INTERSTATE COMMERCE; LAWFUL TRADE; LEX MERCATORIA; MARKET; RESTRICTIVE TRADE PRACTICES; SALE; TRANSNATIONAL CORPORATION]

– **al dettaglio.** Retail trade (*infra*, COMMERCIO ALL'INGROSSO; COMMERCIANTE; DETTAGLIANTE).

– **al dettaglio su vasta scala.** Large scale retail trade (DETTAGLIANTE). [vol. I: CASH AND CARRY]

– **all'ingrosso.** Wholesale trade, wholesale business, wholesaling (COMMERCIANTE; INGROSSO).

– **al minuto.** (*supra*, COMMERCIO AL DETTAGLIO)

– **ambulante.** Hawking, peddling (VENDITA PORTA A PORTA; VENDITORE AMBULANTE).

– **a pronti.** Spot trading (A PRONTI).

– **con il nemico.** Trading with the enemy (NEMICO). [vol. I: *ad vocem*; ALIEN ENEMY; ENEMY; ENEMY GOODS, ENEMY SHIP]

– **delle valute.** Currency trade (VALUTA).

– **di esportazione.** Export trade (ESPORTAZIONE). [vol. I: *ad vocem*]

– **di transito.** Transit trade (TRANSITO). [vol. I: CARRIAGE]

– **estero.** Foreign trade, external trade (BILANCIA COMMERCIALE; CAMBIO; CLAUSOLA DELLA NAZIONE PIÙ FAVORITA; ESPORTAZIONE; IMPORTAZIONE; *INCOTERMS*; RESPONSABILITÀ; TRASPORTO; UNITÀ DI CONTO; VALUTA; VENDITA INTERNAZIONALE DI MERCI). [vol. I: BALANCE OF TRADE; EXPORT; FOREIGN TRADE; INCOTERMS; MOST FAVOURED NATION CLAUSE; PAYMENT; UNIT OF ACCOUNT]

– **fra gli stati dell'Unione.** Interstate commerce (*supra*, COMMERCIO IN GENERE: 1).

– **illegale.** Illegal trade, illicit trade, offensive trade (ILLEGALE; ORDINE PUBBLICO).

– **internazionale.** International trade; il diritto commerciale internazionale è detto *international trade law* (*supra*, COMMERCIO ESTERO; ACCORDO GENERALE SULLE TARIFFE E SUL COMMERCIO; CLAUSOLE COMMERCIALI STANDARD NEL COMMERCIO INTERNAZIONALE; CLAUSOLA DELLA NAZIONE PIÙ FAVORITA; DIRITTO (I) COMMERCIALE INTERNAZIONALE; ESPORTAZIONE; IMPORTA-

ZIONE; LIBERO SCAMBIO; MERCATO COMUNE; NEGOZIATO COMMERCIALE; NUOVO ORDINE ECONOMICO INTERNAZIONALE; OSTACOLO AL COMMERCIO INTERNAZIONALE; PROTEZIONISMO; REGOLE DEL COMMERCIO INTERNAZIONALE; RESTRIZIONE OCCULTA DEL COMMERCIO INTERNAZIONALE; SCAMBIO IN COMPENSAZIONE; TERMINI COMMERCIALI INTERNAZIONALI; TRASPORTO; TRATTATO DI COMMERCIO). [vol. I: *ad vocem*; TRADE LAW]

– **interno.** Domestic trade (*supra,* COMMERCIO INTERNAZIONALE).

– **interstatale.** (*supra,* COMMERCIO FRA GLI STATI DELL'UNIONE)

– **marittimo.** Maritime trade (TRASPORTO MARITTIMO). [vol. I: *ad vocem*]

Commessa. Order (AIUTI ALL'ESPORTAZIONE; APPALTO; ORDINE ALL'INDUSTRIA). [vol. I: GOVERNMENT CONTRACTS]

– **permanente.** Standing order. [vol. I: *ad vocem*]

Commesso/i in genere. Agent, clerk, messenger, usher, waiter.

– **addetto alla vendita.** Shop assistant, factor, mercantile agent (ASSISTENTE ALLA VENDITA; COMMERCIO; COMMISSIONARIO; MEDIATORE; RAPPRESENTANTE). [vol. I: AGENT; AGENTS, SERVANTS AND REPRESENTATIVES OF CARRIER; CLERK; FACTOR; SHOP ASSISTANT]

– **dell'imprenditore.** Grosso modo, agents, representatives (AGENTE; DIPENDENTE).

– **viaggiatore.** Travelling salesman, commercial traveller, drummer (VENDITORE AMBULANTE).

Comminatorio/a in genere. Grosso modo, enjoining a penalty (TERMINE COMMINATORIO).

Commissariato. Commissary, procurement (APPALTO; APPROVVIGIONAMENTO; *CATERING*; COMMISSARIO; FORNITURA; SOMMINISTRAZIONE; UFFICIO APPROVVIGIONAMENTI). [vol. I: COMMISSARY; GOVERNMENT CONTRACTS; PROCUREMENT]

– **di polizia in genere.** Grosso modo, police station, constabulary; ma non esiste un equivalente esatto, data la notevole diversità di regime che regola la materia in Inghilterra. Quanto agli S.U., la polizia riflette la natura dello stato federale, con una forza dei singoli stati dell'Unione, delle contee, e una polizia federale. Nelle grandi città si parla, tra l'altro, di police department (COMMISSARIO DI POLIZIA; POLIZIA). [vol. I: POLICE]

Commissario in genere. Commissary, commissioner, commissar (AMBASCIATORE; COMMISSARIATO).

– **di avaria.** Average adjuster (AVARIA; LIQUIDATORE DI AVARIA). [vol. I: AVERAGE ADJUSTER; GENERAL AVERAGE]

– **di bordo.** Purser, chief purser (COMANDANTE DI NAVE; NAVE). [vol. I: SHIP]

– **di polizia.** Grosso modo, police chief superintendent; negli S.U., per quanto attiene alla contea, sheriff (COMMISSARIATO DI POLIZIA; POLIZIA). [vol. I: COMMISSARY; COMMISSIONER OF POLICE OF THE METROPOLIS; COMMISSIONER OF THE CITY OF LONDON; POLICE]

– **giudiziario in genere.** Receiver, referee, manager (AMMINISTRATORE GIUDIZIARIO; CUSTODE GIUDIZIARIO). [vol. I: MANAGER; OFFICIAL RECEIVER; RECEIVER; REFEREE]

– **governativo.** Government commissioner (PREFETTO).

– **liquidatore.** Grosso modo, liquidator, receiver, manager (LIQUIDATORE DI UNA *COMPANY*). [vol. I: LIQUIDATION; LIQUIDATOR; MANAGER; RECEIVER]

– **parlamentare.** Parliamentary Commissioner; si tratta di figura che non esiste nel sistema italiano (DIFENSORE CIVICO; *OMBUDSMAN*). [vol. I: *ad vocem*]

Commissionario. Commission agent, factor, commission merchant, o commercial agent; ma si tratta di una figura che non coincide nelle due tradizioni giuridiche: in quella di *common law* il commissionario assume la veste di *agent* (AGENTE; COMMESSO; MEDIATORE COMMERCIALE; RAPPRESENTANTE DI COMMERCIO). [vol. I: AGENCY; DEL CREDERE AGREEMENT; FACTOR; MERCANTILE AGENT]

Bibl.:
Schlesinger 1950, ed. 1988: 773 n. 12.

– **contraente in proprio.** Agent in his own affair (CONTRATTO CON SÉ MEDESIMO). [vol. I: AGENCY COUPLED WITH AN INTEREST]

– **di operazioni a termine.** Futures commission merchant (A TERMINE; BORSA MERCI; CONTRATTI A TERMINE; OPERAZIONE A TERMINE). [vol. I: FUTURE CONTRACT]

– **estero.** Foreign commission agent.

– **tenuto allo star del credere.** Del credere agent (RAPPRESENTANTE TENUTO ALLO STAR DEL CREDERE). [vol. I: COMMISSION; DEL CREDERE AGREEMENT]

Commissione/i. Commission, committee, board, council; nel senso di compenso, corrispettivo, è detta più spesso fee, commission, o charge; ma *commission (to)* indica anche il fatto di conferire un'autorità, un potere, o un brevetto come, ad es., nel caso di un ufficiale dell'esercito (BREVETTO; COMITATO; COMMITTENTE; COMPENSO; CONFERIMENTO DI AUTORITÀ O POTERE; CORRISPETTIVO; EMOLUMENTO; INCARICO; PREZZO; SOTTOCOMMISSIONE). [vol. I: ASSOCIATION; BOARD; COMMISSION]

– ***ad hoc.*** Select committee, ad hoc committee. [vol. I: *ad vocem*]

– **bancaria.** Bank charge, bank fee, bank commission (BANCA; COMPETENZE BANCARIE).

– **commerciale.** Commission, agent's commission, factorage (AGGIO; COMMISSIONARIO; COMPENSO; DIVIDENDO; INDENNIZZO; PROVVIGIONE; REMUNERAZIONE). [vol. I: AGENT; FACTOR: I]

– **congressuale.** Congressional Committee (CONGRESSO DEGLI S.U.). [vol. I: CONGRESS; CONSTITUTION: VIII]

– **consultiva in genere.** Advisory committee. [vol. I: ADVISORY]

– **coordinatrice in genere.** Steering committee.

– **del bilancio.** Budget committee (BILANCIO DELLO STATO).

– **delle Comunità Europee.** Commission of the European Communities o, anche, the Commission (COMUNITÀ EUROPEE).

– **dello star del credere.** Del credere commission (COMMISSIONARIO TENUTO ALLO STAR DEL CREDERE). [vol. I: DEL CREDERE AGREEMENT]

– **del Senato degli S.U. sull'etica parlamentare.** Senate Ethics Committee (ETICA; PARLAMENTO). [vol. I: SENATE]

– **di esame.** Board of examiners, examining board (ESAME).

– **di inchiesta.** Committee of inquiry (INCHIESTA). [vol. I: COMMITTEE OF INSPECTION; INQUIRY; INSPECTION]

– **di inchiesta marittima in genere.** Committee of shipping inquiry (INCHIESTA MARITTIMA).

– **di mediazione.** Brokerage, o commission (MEDIAZIONE). [vol. I: BROKERAGE]

– **di riscatto.** (RISCATTO)

– **disciplinare in genere.** Disciplinary board (DISCIPLINA).

– **di vigilanza in genere.** Watchdog committee (COMITATO DEI CREDITORI; VIGILANZA).

– **Economica e Sociale delle N.U.** Economic and Social Committee, o ECOSOC (NAZIONI UNITE).

– **esecutiva.** Executive committee (ESECUTIVO).

– **europea.** (*supra*, COMMISSIONE DELLE COMUNITÀ EUROPEE)

– **finanze in genere.** Finance committee. Negli S.U. quella del Senato è definita *Finance Committee*, e quella della Camera dei Rappresentanti *Committee of Ways and Means* (CONGRESSO DEGLI S.U.; PARLAMENTO). [vol. I: BUDGET; ESTIMATES OF EXPENDITURES; PARLIAMENT: VII; SUPPLY]

– **interna.** Non esiste un equivalente esatto né nel sistema sindacale britannico, né in quello nordamericano (MEMBRO DELLA COMMISSIONE INTERNA; SINDACATO).

– **legislativa.** Legislative commission (PARLAMENTO).

– **marittima federale degli S.U.** Federal Maritime Commission. Negli S.U. la materia marittima rientra nelle attribuzioni dello stato federale (COSTITUZIONE POLITICA; DIRITTO (I) MARITTIMO). [vol. I: ADMIRALTY; CONSTITUTION: VIII; JONES ACT; LONGSHOREMAN; SEAMEN; SHIPPING CONFERENCE]

– **media.** Average commission.

– **mista in genere.** Joint committee.

– **Nazionale per le Società e la Borsa (Consob).** Grosso modo, National Commission for Corporations and Stock Exchange.

1. Ma un minimo di pudore dovrebbe evitare di confondere la cosa nostrana con la favolosa *Securities and Exchange Commission* federale nordamericana. In una interessante intervista (cfr. *Qui nessuno controlla*, di O. Carabini, in *il Mondo*, 19/26 luglio 1993, p. 56) Roberto Artoni, uno dei Commissari, ha segnalato talune delle più gravi carenze di questo organismo, del resto illustratosi nella persona dei suoi corrottissimi presidenti in occasione dell'*affaire* Enimont; Giuseppe Turani invoca una feroce ispezione interna, e la riforma di questa entità per trasformarlo in « un vero organo di vigilanza, robusto, agguerrito e guidato da gente tenace » [*Storia di Pazzi e di un ente quasi inutile chiamato Consob*, in *la Repubblica*, 30 luglio 1993].

2. Salvatore Bragantini [*Le tentazioni di Piga*, in *la Repubblica*, 10 agosto 1993] in un robusto articolo che va segnalato prende lo spunto dalla c.d. Rivoluzione Mani Pulite (*affaire* Enimont, etc.) per rilevare il colossale *bluff* di un organismo che salutato come il *watchdog* di un mercato finanziario inefficiente, finisce nella cronaca nera, grazie al grande capitale italiano insofferente di ogni regola. Tutela dell'economia nazionale, del denaro del contribuente e dei risparmi dei piccoli azionisti: con questo viatico era nata un commissione la cui efficienza e severità avrebbe dato un minimo di credibilità alla borsa italiana ritenuta tradizionalmente poco meno di una bisca clandestina. In questo senso, se non si può trascurare la nefasta influenza dei partiti che vi hanno collocato i propri ominidi, la Consob attuale — fatte salve tutte le eccezioni di questo mondo — resta soprattutto la istituzione voluta dall'imprenditoria e dalla finanza italiane: lo specchio fedele di un *capitalismo silvo-pastorale*, com'è stato giustamente definito da chi lo conosce bene. Dopo lo scoppio dello scandalo, il valore nominale delle azioni Ferfin passa da 1.000 lire a 5 lire cadauna, con tanti saluti ai 50mila azionisti. Solo una assai improbabile bonifica della politica e dell'economia potrà portare alla creazione di un organismo di controllo del quale si possa parlare senza arrossire o provocare scoppi di ilarità o di rabbia in Italia e all'estero. Ma il caso della Consob — che pure vanta qualche bravo funzionario come, del resto, la stessa amministrazione dello stato, etc. etc. (*ma non è questo il punto*) — non si capisce se isolato da un generale contesto di virtuale assenza, al di là del diluvio di istituzioni e norme che suggerirebbero il contrario, di ogni e qualsiasi controllo politico, economico, burocratico e, troppo spesso, giudiziario, nel nostro paese. A non parlare di *autocontrollo*, o *self-regulation*, del resto tramontato perfino nella *City* di Londra (AZIONE (II) DI SOCIETÀ: 13; BORSA VALORI; REGOLATORE; SOCIETÀ (II) DI INTERMEDIAZIONE MOBILIARE). [vol. I: SECURITIES AND EXCHANGE COMMISSION].

Bibl.:

Carabini, O., *Cieca per scelta*, in *il Mondo*, 23/30 agosto 1993, p. 56.

Cometto, M.T., *Inchiesta/ Le ultime pagine nere della Consob/ È sparita forse la cassa?*, in *il Mondo*, 11/18 ottobre 1993, p. 61.

id., *Sim fallite tradite dalla Consob*, in *il Mondo*, 31 gennaio 1994, p. 55.

Tamos, E., *Ho quattro progetti*, in *il Mondo*, 20/27 settembre 1993, p. 64.

– **parlamentare.** Parliamentary committee (PARLAMENTARE). [vol. I: PARLIAMENT]

– **parlamentare mista in genere.** Parliamentary joint committee (SEDUTA COMUNE DEL CONGRESSO DEGLI S.U.). [vol. I: CONFERENCE; HOUSE OF COMMONS; HOUSE OF LORDS]

– **parlamentare permanente in genere.** Parliamentary standing committee. [vol. I: PARLIAMENT]

– **per la gestione di un fondo comune di investimento.** Management fee (FONDI COMUNI DI INVESTIMENTO).

– **per la verifica dei poteri.** Committee on credentials (CREDENZIALI DIPLOMATICHE; VERIFICA DEI POTERI). [vol. I: CREDENTIALS; CONVENTION]

– **permanente in genere.** Standing committee.

– **plenaria.** Plenum; ma nel parlamento britannico, e anche nelle conferenze diplomatiche internazionali, si parla di *Committee of the Whole House* (SEDUTA PLENARIA).

– **regolatrice federale.** (DIRITTO (I) AMMINISTRATIVO; *NEW DEAL*; REGOLATORE)

– **regolatrice federale negli S.U.** Federal regulatory agency. Si tratta di un tipo di organismo privo di equivalenza nel sistema costituzionale britannico; come pure, beninteso, in quello italiano o di altri sistemi di *civil law*. E non solo a causa della natura di stato federale degli S.U. (AGENZIA; CONCESSIONE; DIRITTO (I) AMMINISTRATIVO; INTERESSE PUBBLICO; REGOLATORE; SERVIZIO PUBBLICO). [vol. I: ADMINISTRATIVE AGENCY; ADMINISTRATIVE LAW: II; CONSTITUTION: VII; REGULATORY AGENCY]

– **rogatoria.** (LETTERA ROGATORIA)

– **sindacale.** Trade union committee (SINDACATO). [vol. I: TRADE UNION]

– **sui monopoli in genere.** Monopolies Commission (COMMERCIO; MONOPOLIO). [vol. I: MONOPOLIES AND MERGERS COMMISSION]

– **tributaria.** Grosso modo, tax court (IMPOSTA).

Commistione di cose di diversi proprietari. Confusion (ACCESSIONE; CONFUSIONE; COSE DI GE-

NERE; COSE FUNGIBILI; SPECIFICAZIONE DELLE COSE NELLA VENDITA). [vol. I: CONFUSION; GOODS; MERGER; TRACING; TRUST: IX. 3; TRUSTEE; UNASCERTAINED GOODS]

Committente. Principal, master, customer, employer, buyer, contractor, consignor (A RISCHIO DEL COMMITTENTE; COMMISSIONE; DATORE DI LAVORO; RESPONSABILITÀ DEI PADRONI E COMMITTENTI; RESPONSABILITÀ DEL COMMITTENTE). [vol. I: CONSIGNOR; CONTRACTOR; CUSTOMER; EMPLOYER; GOVERNMENT CONTRACTS; MASTER AND SERVANT; PRINCIPAL; PUBLIC UTILITY]

– **nell'appalto.** Customer (APPALTO).

Commoda possessionis. Un concetto analogo è espresso dal brocardo *possesssion is nine parts of the law* (POSSESSO). [vol. I: POSSESSION IS NINE PARTS OF THE LAW]

Commoriente. Commorient (COMMORIENZA).

Commorienza. Simultaneous death; ma non esiste nella *common law* una presunzione di commorienza: nel caso di morte di più persone nella stessa occasione, esiste una presunzione semplice di sopravvivenza (*presumption of survivorship*) a favore del più giovane (ASSENZA; MORTE; SCOMPARSA; SOPRAVVIVENZA; SUCCESSIONE). [vol. I: COMMORIENTES; DEATH; SUCCESSION; SURVIVORSHIP]

Commutazione in genere. Alteration, change, substitution (ALTERAZIONE; CAMBIAMENTO; CONVERSIONE; MUTAMENTO; SCAMBIO; SOSTITUZIONE).

– **della pena.** Commutation of sentence, of penalty, of punishment; il termine *commutation of sentence*, etc. è riferito più spesso alla riduzione della pena per effetto di un provvedimento di clemenza: in tal senso, si parla di *grant (to) commutations.* A seconda che si tratti di reati federali o previsti dai singoli stati dell'Unione, la commutazione viene concessa dal Presidente degli S.U., o dal governatore dello stato (CONDONO; CONVERSIONE DELLA MULTA IN PENA DETENTIVA; GRAZIA; INDULTO; PENA; REVISIONE DELLA SENTENZA PENALE). [vol. I: COMMUTATION; PUNISHMENT; SENTENCE; SENTENCING PROCESS]

Comodante. Grosso modo, bailor o lender (COMODATO). [vol. I: BAILMENT]

Comodatario. Grosso modo, bailee, borrower (COMODATO; DEPOSITARIO). [vol. I: BAILMENT]

Comodato. Grosso modo, gratuitous loan for use, loan for use, gratuitous bail; spesso si impiega il termine di *commodatum.* Ma, in senso stretto, non esiste nella *common law* questo tipo di contratto. Il *gratuitous loan for use*, termine che meglio rende il concetto nostrano, rientra nella vasta e importante figura del *bailment*, priva di corrispondenza nella *civil law*. Si distingue non agevolmente dal mutuo, detto *loan for consumption* (MUTUO; PRESTITO; RESTITUZIONE NEL COMODATO). [vol. I: COMMODATUM; LOAN]

– **precario negli immobili.** Grosso modo, tenancy at will (PRECARIO). [vol. I: TENANT AT WILL]

Compagnia in genere. Nel senso di società commerciale, viene definita, a seconda dei casi, company, corporation, partnership, firm, business, union. Erano dette *trading company* nel commercio internazionale le compagnie mercantili di cui la più celebre resta la Compagnia delle Indie (AGENTE DI COMPAGNIA DI NAVIGAZIONE; ASSOCIAZIONE; SOCIETÀ (II) COMMERCIALE). [vol. I: ASSOCIATION; BUSINESS; COMPANY; FIRM; PARTNERSHIP; SOCIETY]

– **aerea.** Air line company (TRASPORTO AEREO).

– **aerea di bandiera.** State airline (LINEA AEREA).

– **di navigazione.** Shipping company, shipping business, shipping concern, shipping enterprise (CONFERENZA MARITTIMA; NAVIGAZIONE; TRASPORTO MARITTIMO).

– **mercantile.** Trading company (SOCIETÀ (II) COMMERCIALE).

– **portuale.** Dockers', o stevedores', union (MONOPOLIO; PORTO; SINDACATO). [vol. I: LONGSHOREMAN; STEVEDORE; UNION]

Comparativo. Comparative (DIRITTO (I) COMPARATO; SCRITTI DI DIRITTO COMPARATO; SCRITTURA DI COMPARAZIONE). [vol. I: COMPARATIVE JURISPRUDENCE; COMPARATIVE LAW; COMPARATIVE NEGLIGENCE]

Comparizione in genere. Appearance (CITAZIONE; COMPARSA; PRESENTAZIONE).

– **dei testimoni.** Appearance of witnesses (TESTIMONE). [vol. I: EVIDENCE; SUB-POENA; SUMMONS; WITNESS]

– **dell'imputato.** Court appearance, appearance of defendant. L'arrestato ha diritto a mantenere il silenzio (ma è tenuto a declinare le sue generalità, permettere il rilievo delle impronte digitali e della sua grafia e la registrazione della sua voce). Il suo silenzio non può dar luogo a conclusioni né essere oggetto di commenti in udienza. Se l'imputato si rifiuta di rispondere all'imputazione, la corte metterà a verbale una dichiarazione di non colpevolezza. Ma il diritto al silenzio dell'imputato — che in virtù del processo accusatorio pone la prova interamente a carico dell'accusa senza che egli debba provare alcunché — non significa nei sistemi inglese e americano che egli possa *nei reati maggiori*, salvo che non ne sia impedito da ragioni fisiche, rifiutarsi di comparire: l'imputato *must plead to the accusation* [Hampton 1973, ed. 1977]: analogamente dicasi del testimone, tenuto a comparire davanti al giudice. La mancata osservanza dell'ordine dell'autorità giudiziaria di comparire in un giudizio (civile o penale) costituisce *contempt of court*: in effetti, nessuno, a cominciare dal Presidente degli Stati Uniti al più umile dei cittadini, in qualsiasi veste, di testimone o imputato, si sognerebbe di non rispettarlo, se non fisicamente impedito (*infra*, COMPARIZIONE IN GIUDIZIO; CAUZIONE PER LA COMPARIZIONE IN GIUDIZIO DELL'IMPUTATO; CITAZIONE DELL'IMPUTATO A COMPARIRE; CONTUMACIA; DECRETO CHE DISPONE IL GIUDIZIO; IMPUTATO; INVITO A PRESENTARSI). [vol. I: ABSCONDER; ABSENCE OF ACCUSED]

– **del testimone.** Appearance of witness. La *subpoena* è un ordine della corte che ingiunge a una persona di deporre come testimone; la mancata presentazione che non sia giustificata dà luogo a *contempt of court*, reato abbastanza grave (DEPOSIZIONE NEL PROCESSO PENALE; TESTIMONE). [vol. I: SUBPOENA]

– **in giudizio in genere.** Appearance, court appearance; in materia civile indica sia quella del convenuto che dell'attore e, anche, grosso modo, la costituzione in giudizio. Si distingue tra *general* e *special appearance*. Mentre la prima ha per effetto l'accettazione della giurisdizione della corte, la *special appearance* indica la costituzione in giudizio che ha il solo scopo di eccepire l'improcedibilità dell'azione, senza con questo accettare la giurisdizione della corte adita: in tal caso, si parla anche di *appearance under protest* (*supra*, COMPARIZIONE DELL'IMPUTATO; AZIONE (I) IN GIUDIZIO; CITAZIONE IN GIUDIZIO; COMUNICAZIONE; CONTUMACIA; COSTITUZIONE IN GIUDIZIO; GIURISDIZIONE; IMPUTAZIONE; INTIMAZIONE A COMPARIRE; NOTIFICA; TERMINI DI COMPARIZIONE). [vol. I: ABSCONDING DEBTOR; ABSENCE OF ACCUSED; APPEARANCE; CIVIL PROCEDURE; DEFAULT; JUDGMENT IN DEFAULT]

– **personale delle parti.** Parties appearing in person.

Comparsa in genere. Appearance (COMPARIZIONE).

– **conclusionale in genere.** Grosso modo, brief, o legal brief; ma non esiste un equivalente esatto. Negli S.U. si distingue tra *trial brief* e *appellate brief*, ossia, rispettivamente, grosso modo, tra la difesa, o comparsa conclusionale nel giudizio di merito (*trial*) e quella presentata in appello. Un *appellate brief* di particolare importanza nella prassi processuale nordamericana è il *Brandeis brief* che contiene, tra l'altro, un esame comparatistico di come la stessa questione è risolta in altri ordinamenti, l'opinione di economisti ed altri esperti, etc. È da ricordare altresì un altro tipo di atto processuale ignoto alla prassi inglese (e a quella di *civil law*) costituito dall'*Amicus Curiae*, che realizza un intervento nel processo per rappresentare gruppi portatori di diritti civili o di interessi diffusi. Si noti la R. 28 delle *Federal Rules of Appellate Procedure* che regola minuziosamente — anche in ordine alla lunghezza delle memorie — il *Brief of the Appellant, il Brief of the Appellee*, il *Reply Brief*, etc. Il *Brief Amicus Curiae* è regolato dalla R. 29 delle stesse regole (INTERVENTO IN GIUDIZIO DEL TERZO; MEMORIA DIFENSIVA; TUTELA DEGLI INTERESSI DIFFUSI; TUTELA DEI DIRITTI). [vol. I: AMICUS CURIAE; BRANDEIS BRIEF; BRIEF; PLEADINGS]

– **di risposta in genere.** Grosso modo, statement of defence. Negli S.U. si parla di *answer* (cfr. R. 8 e 12 delle *Federal Rules of Civil Procedure*). Ma non vi è equivalenza esatta. In effetti, i *pleadings* — ossia gli atti processuali scambiati tra le parti nella fase del *pre-trial* — hanno la funzione principale di individuare le questioni di fatto che saranno oggetto della *discovery*, istituto processuale ignoto alla *civil law*. A questo proposito, va ricordato che il processo civile (e penale) di *common law* — a differenza di quello dei paesi di *civil law* — realizza in concreto, senza genialoidi ma futili elucubrazioni, l'ideale chiovendiano dell'oralità, concentrazione e immediatezza. Si tratta di un dato di fondo per la comprensione della natura degli atti processuali inglesi e nordamericani, tra i quali ultimi pure esistono differenze — non soltanto terminologiche —

dovute al diverso *tempo of social change* tra i due paesi, e alla necessità di apprestare strumenti processuali adeguati ad una società pluralista caratterizzata da un irrefrenabile dinamismo come quella nordamericana (*supra*, COMPARSA CONCLUSIONALE; *AMICUS CURIAE*; APPELLO; ATTO PROCESSUALE; COMPARIZIONE; DIFESE NEL PROCESSO CIVILE; IN SUBORDINE; MEMORIA DIFENSIVA; ORDINAMENTO GIUDIZIARIO; PROCEDURA CIVILE; PROCESSO; REPLICA; RISPOSTA; SENTENZA; SUPERFLUITÀ DI LINGUAGGIO NEGLI ATTI DEL GIUDIZIO; TUTELA DEI DIRITTI). [vol. I: ANSWER; CIVIL PROCEDURE; JUDGE; PLEADINGS; STATEMENT OF DEFENCE]

– **di risposta integrativa.** Grosso modo, supplemental answer (*supra*, COMPARSA DI RISPOSTA).

Compartecipazione in genere. Co-partnership, o partnership (ASSOCIAZIONE IN PARTECIPAZIONE; ASSOCIAZIONE TEMPORANEA DI IMPRESE; IMPRESA IN PARTECIPAZIONE; PARTECIPAZIONE; PIANO DI COMPARTECIPAZIONE AGLI UTILI). [vol. I: CO-OWNERSHIP; PARTNERSHIP; PRIVITY]

– **agli utili in genere.** Profit-sharing (UTILI).

– **agli utili di un solo affare.** Particular, o special, partnership (ASSOCIAZIONE TEMPORANEA DI IMPRESE). [vol. I: JOINT VENTURE; PARTNERSHIP]

– **agli utili nel rapporto di lavoro.** Profit-sharing plan (UTILI).

– **a un atto** o **contratto.** Privity to a contract (PARTE; RELATIVITÀ DEL CONTRATTO). [vol. I: PRIVITY OF CONTRACT]

– **industriale.** Industrial co-partnership (ASSOCIAZIONE TEMPORANEA DI IMPRESE). [vol.I: JOINT VENTURE]

– **in un reato.** Complicity (CONCORSO NEL REATO). [vol. I: *ad vocem*]

Compartecipe. Privy (COMPARTECIPAZIONE; COMPLICE; CONCORRENTE NEL REATO). [vol. I: PRIVY]

– o **socio.** Partner, partaker, associate, participant in interest, sharer, associate (SOCIO). [vol. I: ASSOCIATION; COMPANY; JOINT VENTURE; PARTNER; PARTNERSHIP]

– **agli utili.** Profit sharer (COMPARTECIPAZIONE AGLI UTILI; UTILI).

– (o **parte) di un contratto** o **rapporto.** Privy to a contract (PARTE; RELATIVITÀ DEL CONTRATTO). [vol. I: PRIVITY]

– (o **concorrente) nel reato.** Accessory to a crime, accomplice, principal in the second degree, particeps criminis (COMPLICE; CONCORSO DI PERSONE NEL REATO; REATO). [vol. I: ACCESSORY; ACCOMPLICE]

Compensazione. Set-off (talvolta si parla anche di defalcation); da non confondere con il termine *compensation* che, grosso modo, indica l'indennizzo, il compenso. Si parla di *counterclaim* per indicare l'azione riconvenzionale o anche il fatto di eccepire in compensazione un credito non liquido e non esigibile. Ma si tratta di materia assai confusa (COMPENSO; DEBITO; DOMANDA RICONVENZIONALE; ECCEZIONE DI COMPENSAZIONE; GIUSTO INDENNIZZO; INDENNIZZO; PARTITA DI GIRO; RECUPERO; RISARCIMENTO DEL DANNO; RIVALSA; SCAMBIO IN COMPENSAZIONE; STANZA DI COMPENSAZIONE). [vol. I: COMPENSATION; DAMAGES; RECOUPMENT; SET-OFF]

– **delle colpe.** Contributory negligence; materia molto importante nella quali sussistono, sul piano dei princìpi, numerose differenze tra le due tradizioni giuridiche di *civil law* e *common law* (COLPA). [vol. I: *ad vocem*].

– **delle spese processuali.** Setting-off costs; ma si noti la diversità di regime con il sistema inglese e quello nordamericano e tra questi ultimi e quello italiano (SPESE PROCESSUALI).

– **in contanti.** Set-off in cash (CONTANTE).

– **legale.** Grosso modo, set-off by operation of law.

Compenso/i in genere. Reward, compensation, fee. In materia contrattuale, il termine si scontra col tormentato concetto di *consideration*, privo di equivalenza nella *civil law*. Ma reward (da non confondere con *award*) indica più spesso, in buona sostanza, sul piano economico, il corrispettivo (AGGIO; COMMISSIONE; COMMISSIONE COMMERCIALE; COMPENSAZIONE; CONTRATTO: III; CORRISPETTIVO; INDENNIZZO; LUCRO; ONORARIO; PROVVIGIONE; REMUNERAZIONE; RETRIBUZIONE; RISARCIMENTO; SALARIO; STIPENDIO). [vol. I: COMPENSATION; CONSIDERATION]

– **al mandatario.** Commission (MANDATARIO). [vol. I: *ad vocem;* AGENT; AGENCY]

– **di controstallia.** Demurrage (CONTROSTALLIA). [vol. I: AFFREIGHTMENT; BILL OF LADING; CHARTERPARTY; DEMURRAGE; LAY DAYS]

– **di rimorchio.** (INDENNITÀ E COMPENSO DI RIMORCHIO)

– **di salvataggio.** Salvage award, salvage

money, salvage remuneration (SALVATAGGIO MARITTIMO). [vol. I: SALVAGE]

– **non monetario nel rapporto di lavoro.** Fringe benefits (REMUNERAZIONE). [vol. I: *ad vocem*]

Competente in genere. Nel senso di capace, idoneo, qualificato, avente diritto, è detto più spesso qualified, competent, eligible, entitled (AVENTE DIRITTO; COMPETENZA; GIUDICE COMPETENTE; LEGITTIMATO; MINISTRO COMPETENTE). [vol. I: ASSIGN; CAUSE OF ACTION; CLAIMANT; ELIGIBLE; ENTITLED; LOCUS STANDI; QUALIFIED]

Competenza giudiziaria in genere. Grosso modo, jurisdiction, competence, cognisance, venue.
1. Ma va rilevato che nei sistemi di *common law* — come, del resto, anche nel sistema processuale francese — non si distingue tra competenza e giurisdizione, finezza importata dai nostri processualisti dal diritto tedesco. Di conseguenza, sembra potersi dire, non senza una una notevole approssimazione, che il termine inglese di jurisdiction può indicare sia il concetto di competenza che di giurisdizione.
2. La inesistenza del concetto di competenza in senso stretto viene spiegata con la formazione e la centralizzazione della giurisdizione reale inglese. « Rules on territorial jurisdiction » sono descritte da qualche autore quelle che sarebbero definite da noi regole sulla competenza territoriale. Forse, il termine *venue* è quello che più si avvicina a quello nostrano di competenza territoriale [vol. I: VENUE].
3. Una distinzione fondamentale negli ordinamenti giudiziari dei sistemi di *common law*, priva di equivalenza nella *civil law*, è quella tra *superior* e *inferior courts:* mentre le prime sono corti di *unlimited* (o *general* o *extensive*) *jurisdiction,* le seconde sono corti di *special, limited,* o *statutory jurisdiction*. È solo rispetto a queste ultime che la distinzione nostrana della competenza per territorio, valore o materia, ha un qualche senso.
4. Negli S.U. — stato federale — gli organi giudiziari federali costituiscono *courts of limited jurisdiction*, termine con cui si indica che chi invochi la giurisdizione federale è tenuto a darne la prova: insomma, si direbbe, una giurisdizione eccezionale rispetto a quella normale o generale, ossia degli organi giudiziari degli stati dell'Unione detti, appunto, *courts of general jurisdiction*.
5. Ma non si può concludere questo accenno senza ribadire che questa è materia in cui maggiori sono le distanze tra le due tradizioni giuridiche, il che rende oltremodo pericolosa la comparazione. Si rinvia il lettore all'articolo di Hans Smit, noto comparatista, dal titolo *The Terms Jurisdiction and Competence in Comparative Law* (1961) X A. J. C. L. 164 (AUTORITÀ COMPETENTE; BILANCIO DI COMPETENZA; CAUSA (III) DI VALORE INDETERMINATO; CLAUSOLA DEROGATORIA DELLA COMPETENZA-GIURIDIZIONE; COMPARIZIONE IN GIUDIZIO; CONFLITTO DI COMPETENZA o GIURISDIZIONE; CORTE COMPETENTE; DETERMINAZIONE DELLA COMPETENZA; GIUDICE INCOMPETENTE; GIUDICE NATURALE; GIURISDIZIONE; INTERESSI DIFFUSI: 5; MANCANZA DI COMPETENZA; ORDINAMENTO GIUDIZIARIO; PROROGA DELLA COMPETENZA). [vol. I: COGNISANCE; COURT: III. 1; JURISDICTION; VENUE]

– **bancarie.** (COMMISSIONE BANCARIA)

– **concorrente.** Concurrent jurisdiction (GIURISDIZIONE CONCORRENTE). [vol. I: *ad vocem*]

– **di una corte.** Grosso modo, jurisdiction, powers of a court (CORTE). [vol. I: COURT]

– **per materia.** Grosso modo, jurisdiction limited as to the question to be determined. [vol. I: JURISDICTION: 3]

– **per territorio.** Grosso modo, jurisdiction limited locally o territorially. Il termine *territorial jurisdiction* indica, sembra, un concetto diverso. [vol. I: COUNTY COURTS; JURISDICTION: 3; PLACE OF TRIAL; VENUE]

– **per valore.** Grosso modo, jurisdiction limited as to amount; ma si parla anche negli S.U. di *jurisdictional amount* (VALORE). [vol. I: COUNTY COURTS; JURISDICTION: 3; PLACE OF TRIAL; VENUE]

Competizione in genere. Competition (AGONISTICA; CONCORRENZA).

– **elettorale.** Electoral campaigning (CAMPAGNA ELETTORALE; ELEZIONI POLITICHE).

– **politica.** (LOTTA POLITICA)

Compilazione in genere. Compilation; ma si noti il particolare significato che il termine assume talvolta (TESTO UNICO).

Compimento. (ADEMPIMENTO)

Compito. Duty, assignment, task (DOVERE; FUNZIONE; MANDATO; MISSIONE). [vol. I: DUTY]

Complementare in genere. Supplemental (AGGIUNTIVO; NORME COMPLEMENTARI).

Completamento del contratto. (CONCLUSIONE DEL CONTRATTO)

Completezza dell'ordinamento giuridico. Self-sufficiency, o completeness, of legal system.

1. È opinione tradizionale tra i comparatisti che gli ordinamenti di *civil law* costituiscano dei sistemi chiusi, a differenza di quelli di *common law*, che sarebbero, invece, dei sistemi aperti. La dicotomia si ricollega alla diversa teoria delle fonti.

2. Peraltro, un ulteriore affinamento vuole che anche nei sistemi di *common law* si riscontri una completezza dell'ordinamento giuridico, inteso, peraltro, come *case law* (si parla, infatti, di *completeness of the common law*), e non già come *statute law*, come avviene nei sistemi a diritto legislativo.

3. Tra l'altro, la questione assume un rilievo pratico in tema di interpretazione (e di lacune giuridiche), in cui assai diversi sono i criteri seguiti dal giudice di *common law,* a seconda che si tratti di diritto giurisprudenziale o legislativo.

4. Per i *civil lawyers* il tema è ricorrente quando ci si imbatte in istituti di *common law* che, per la loro vitalità si impongono a sistemi a diritto legislativo come il nostro: del resto, la stessa la multiproprietà, il cui attuale regime è stato elaborato dai francesi, presenta radicali difficoltà di adattamento alla lucida ma ormai angusta analisi romanistica dei nostri diritti reali, com'è noto, tipici e non suscettibili di modifiche.

5. Ma non bisogna neanche esagerare le differenze, che pure permangono: se si pensa, da un lato, all'art. 4 del *Code Civil* — sintesi del sistema chiuso, e formulazione giuridica del principio della *bouche de la loi* di Montesquieu — e, dall'altro, alla giurisprudenza francese che ha addirittura creato nuove figure e istituti giuridici, non si tarda a notare che, in qualche maniera, vi è stato un notevole *rapprochement* tra le due tradizioni giuridiche.

6. In questo senso, il problema delle lacune giuridiche va inquadrato nella tendenza alla universalizzazione di taluni concetti giuridici di fondo superando il nazionalismo giuridico di solito espresso dai codici. Sempre più spesso, e sempre in maggior misura, la soluzione del problema postula l'esistenza di una Corte di Giustizia delle Comunità Europee che assicuri il diritto uniforme nei paesi membri, e un *common core* di concetti giuridici sostanzialmente accettato dalla comunità internazionale (ANALOGIA; CODICE CIVILE; FONTI DEL DIRITTO; INTERPRETAZIONE; LACUNA GIURIDICA; ORDINAMENTO GIURIDICO; PRINCÌPI GENERALI DI DIRITTO; SISTEMA GIURIDICO CHIUSO-APERTO). [vol. I: INTRODUZIONE: III. 5; CASUS OMISSUS; COMMON CORE OF LEGAL SYSTEMS; GENERAL PRINCIPLES OF LAW; INTERPRETATION: IV; STATUTE LAW: VII; SOURCES OF LAW]

Complice in genere. Acccomplice, accessory, abettor, confederate, aider and abettor (ASSOCIATO).

– **nell'adulterio convenuto in giudizio.** Co-respondent (ADULTERIO). [vol. I: *ad vocem;* ADULTERY; RESPONDENT]

– **nel reato.** Accomplice, accessory, associate, complice, confederate (ASSOCIATO; ASSOCIAZIONE PER DELINQUERE; CHIAMATA DI CORREO; COMPARTECIPE o CONCORRENTE NEL REATO; CORREO CHE TESTIMONIA CONTRO I PROPRI COMPLICI; FAVOREGGIATORE). [vol. I: ACCESSORY; CONSPIRACY]

Complicità nel reato in genere. Aiding and abetting, criminal complicity, connivance, collusion, confederacy (COMPLICE; CONNIVENZA; CORREITÀ; FAVOREGGIAMENTO; IN COMPLICITÀ CON; ISTIGAZIONE; OMERTÀ). [vol. I: ABETTING; ACCESSORY; CONNIVANCE; CONSPIRACY]

Bibl.:

Buxton, R., *The extent of Criminal Complicity* (1979) 42 M.L.R. 315.

– **necessaria.** Necessary complicity (STATO DI NECESSITÀ).

Complotto. Plot, conspiracy (ALTO TRADIMENTO; COLPO DI STATO; COSPIRAZIONE; TRADIMENTO). [vol. I: CONSPIRACY; PLOT; TREASON]

– **contro lo Stato.** Seditious conspiracy (COLPO DI STATO; COSPIRAZIONE; INSURREZIONE; TRADIMENTO).

Componente in genere. Component, member (ELEMENTO; FATTORE; INGREDIENTE; MEMBRO COMPONENTE).

Componimento. Nel senso di transazione, è detto, a seconda dei casi, arrangement, agreement, composition, compounding, compromise, deal, settlement, understanding, adjustement. Ma, anche in questa materia, sussistono notevoli differenze tra le due tradizioni giuridiche di *common law* e *civil law*: la transazione non conclusa con *deed* è soggetta al requisito della *consideration* (ACCOMODAMENTO; AMICHEVOLE COMPOSITORE; CONCILIAZIONE; CONCORDATO; TACITAZIONE; TRANSAZIONE). [vol. I: AGREEMENT; ARRANGEMENT; COMPOSITION; COMPOUND; COMPROMISE; DEAL; SETTLEMENT; UNDERSTANDING]

– **amichevole.** (*infra*, COMPONIMENTO BONARIO)

– **bonario.** Friendly compromise, friendly composition, friendly adjustment (ACCORDO EXTRAGIUDIZIALE; TRANSAZIONE EXTRAGIUDIZIALE).

– **di una controversia legale in genere.** Settlement of a legal dispute (CONTROVERSIA LEGALE). [vol. I: ARBITRATION; ARRANGEMENT; COMPOSITION; COMPROMISE; SETTLEMENT]

Comportamento. Behaviour, conduct, course of conduct, o anche abearance (ATTO ILLECITO; CODICE DI CONDOTTA; CONDOTTA; CREDENZIALE; ILLECITO; PRASSI; PRATICA; REFERENZA; SCORRETTEZZA). [vol. I: BEHAVIOUR; BREACH OF CONTRACT; ESTOPPEL; GOOD BEHAVIOUR; JUDGE; TORT]

– **asociale.** Antisocial behaviour.

– **colpevole.** Wrongful conduct (COLPEVOLEZZA). [vol. I: TORT]

– **corretto.** (*infra*, COMPORTAMENTO SECONDO CORRETTEZZA)

– **determinato.** Particular course of conduct (CONDOTTA).

– **negligente.** Negligent conduct (NEGLIGENZA).

– **secondo correttezza.** Grosso modo, fair behaviour. Non esiste, in senso stretto, nei sistemi di *common law* un obbligo generale di buona fede nell'esecuzione del contratto. Ma occorre subito aggiungere che, sia in materia contrattuale che extracontrattuale, in effetti, per molti versi, si perviene a risultati non troppo diversi, anche se facendo ricorso ad espedienti più macchinosi costituiti, tra l'altro, dalle regole dell'*equity*, dalla figura del *reasonable man*, e dell'*estoppel*. A ciò si aggiunga la imponente legislazione a tutela del consumatore, dell'investitore, etc. (BUONA FEDE; CORRETTEZZA; RAGIONEVOLEZZA; TUTELA DEL CONSUMATORE). [vol. I: COMMON CORE OF LEGAL SYSTEMS; CULPA IN CONTRAHENDO; EQUITY; ESTOPPEL; FAIR AND REASONABLE; FAIR TRADING; GENERAL PRINCIPLES OF LAW; GOOD FAITH; TRUST; UBERRIMAE FIDEI]

Compositore. (AMICHEVOLE COMPOSITORE; AUTORE)

Composizione in genere. Composition (COMPONIMENTO).

– **bonaria.** (COMPONIMENTO BONARIO)

– **della corte.** Composition of court (CORTE).

Compossesso. Joint, o concurrent, possession (POSSESSO). [vol. I: JOINT: 1; POSSESSION]

Compratore. Buyer, purchaser, consumer, vendee, bargainee (ACQUIRENTE DI BUONA FEDE A TITOLO ONEROSO; A RISCHIO DEL COMPRATORE; CONSUMATORE; MONOPOLIO DEL COMPRATORE; PASSAGGIO DELLA PROPRIETÀ; SCIOPERO DEI COMPRATORI; TUTELA DEL CONSUMATORE; VENDITORE). [vol. I: BUYER; PURCHASER; VENDEE]

Compravendita. Sale, deal (ATTO DI COMPRAVENDITA; CLAUSOLE DI CONSEGNA; CONTRATTO DI COMPRAVENDITA; PASSAGGIO DELLA PROPRIETÀ; VENDITA). [vol. I: AGREEMENT; ARBITRATION; CONTRACT; INCOTERMS; NEMO DAT QUOD NON HABET; SALE; STANDARD CONTRACT; TERMS OF SHIPMENT; TERMS OF TRADE]

Compromesso. Inteso quale transazione, si parla di composition, compromise, settlement, understanding, adjustment (COMPONIMENTO; TRANSAZIONE). Nel senso di contratto preliminare, non trova equivalenza nei sistemi di *common law* (CONTRATTO PRELIMINARE); nel senso di patto col quale si sottopone ad arbitrato una controversia, è detto più spesso *arbitration agreement* (ARBITRATO; CLAUSOLA COMPROMISSORIA). [vol. I: ARBITRATION AGREEMENT; SUBMISSION TO ARBITRATION]

– **di avaria.** Average bond, general average bond (AVARIA COMUNE). [vol. I: AVERAGE BOND; GENERAL AVERAGE]

Comproprietà in genere. Grosso modo, co-ownership (COMUNIONE; CONDOMINIO; *PRO INDIVISO*; QUOTA).

– **della nave.** Part ownership, o co-ownership, of ship. La proprietà della nave britannica è divisa in sessantaquattro quote (*shares*) e i comproprietari sono detti *part owners* (CARATISTA DI NAVE; NAVE). [vol. I: SHIP: 4]

Comproprietario. Co-owner, part owner, shareholder (CONDOMINIO). [vol. I: CO-OWNERSHIP; PART OWNER; SHAREHOLDER]

– **con diritto di accrescimento.** Joint tenant; forma di comunione ignota alla *civil law*. [vol. I: JOINT: 1; JOINT TENANCY]

– **di immobile.** Co-owner of land (AZIONE (I) DI SCIOGLIMENTO DELLA COMUNIONE; COMUNIONE NEGLI EDIFICI). [vol. I: PARTITION]

– **di nave.** Part-owner of ship (COMPROPRIETÀ DELLA NAVE).

Computer. Per quella quella forma di sciovinismo patetico e ridicolo che fa piccolo un grande popolo, i francesi si rifiutano di accettare questo termine ormai universale. Parlano di *ordinateur*; ma, bontà loro, accettano la cosa. Ad ogni modo, va dato atto ad Antonio Di Pietro di essere stato il primo magistrato ad avere impiegato in maniera sistematica i mezzi dell'informatica per dipanare la matassa di quella autentica organizzazione criminale tra politici (di governo e di opposizione), imprenditori, banchieri e mezzani di varia risma che hanno imbastito l'*affaire* Enimont, madre di tutti gli scandali italiani (e quali scandali: a Amburgo, dove pure si ruba, un km. di metropolitana costa 47 miliardi, a Roma ne costa 220 (duecentoventi!) ma non lo si costruisce nemmeno: cfr. Intermetro). Beninteso, le indagini di Di Pietro non hanno determinato — e non potevano — determinare la fine del sistema di corruzione che, nel suo *impianto giuridico*, resta *intatto*, se non addirittura « migliorato » dai provvedimenti del governo Berlusconi. Ma esse hanno avuto il merito di rivelare sul piano giudiziario quella atmosfera criminaloide che, del resto, anche un *turista in transito* per poche ore nel nostro paese ma con un pò di sale in zucca, avrebbe fiutato nell'aria da lunga pezza (a Milano, non a Catania!). Mostrando qualità di investigatore, tanto più rimarchevoli in quanto si distinguono da una notoria incapacità di indagine della stragrande maggioranza dei suoi colleghi — sciattamente acquattati nelle dichiarazioni, trovate, uscite e stravaganze dei pentiti — egli ha fatto scuola. Antonio Di Pietro ha provato che — proprio il nuovo processo — consente, quando si vuole, di perseguire efficacemente in giustizia anche la più colossale organizzazione di *criminalità politica* mai registrata in un paese industriale dell'Occidente utilizzando gli strumenti di un processo (tendenzialmente) accusatorio. Con intelligenza di indagatore, egli si è avvalso di strumenti moderni facendo delle indagini un'opera di ricostruzione logica sorretta da evidenze cercate con duro lavoro. Insomma, Antonio Di Pietro ha inaugurato un tipo di processo ben diverso dal maxi-processo (consociativo) prediletto dalla sinistra italiana. Senza trascurare i suoi colleghi del *pool*, e magari altri ancora meno fortunati perché operanti in ben più drammatiche condizioni politiche e ambientali, resta il fatto che se solo l'1 per cento dei magistrati inquirenti italiani avesse perseguito con altrettanta intelligenza e determinazione il crimine politico (se cioè avesse fatto il proprio dovere), il paese sarebbe ora in condizioni meno disastrose. Ma l'elogio di Di Pietro e dei suoi colleghi si arresta là dove deve arrestarsi, ossia quando, dismessa la veste di magistrati, ma continuando ad avvalersi del prestigio che da essa gli deriva, si danno alla politica e alle relazioni pubbliche. Oramai la situazione di illegalità nel paese è tale che un magistrato che faccia bene il proprio dovere assurge a eroe nazionale: eppure, negli S.U. sono letteralmente migliaia i *District Attorneys*, fior di accusatori pubblici, a battersi contro la criminalità organizzata, ma nessuno di loro è diventato un eroe nazionale o tantomeno un legislatore. Perché vi è qualcosa di bizzarro nelle proposte — fatte, si è appreso, a nome di tutta la procura milanese (Cernobbio, Convegno degli Imprenditori, 3-4 settembre 1994) per « uscire » da Tangentopoli. Dalla quale, come sanno anche i bambini, non si esce mai fino a quando non saranno radicalmente cambiati i *meccanismi giuridici* deliberatamente creati dal parlamento italiano per consentire il crimine; come non si esce dall'*usura* — piaga nazionale — senza una economia assai diversa da quella italiana. In questo senso, i progetti di Di Pietro e Colombo — del resto concordati sulla falsariga delle posizioni della grande impresa — non sono altro che pannicelli caldi su un male che non si vuole e forse non può combattere data la *illegalità di massa* prodotta da mezzo secolo di *democrazia consociativa.* In ogni caso, dato il precedente, vuol dire che d'ora in avanti ogni procura farà la sua proposta per « uscire » dalla « sua » criminalità: chi da Tangentopoli, chi dalla Mafia, chi dalla Camorra, chi dalla N'drangheta. E buonanotte. Povero Al Capone: si rivolterà nella tomba al pensiero di avere deciso di andare in America lasciandosi dietro il paradiso della criminalità e dell'impunità (ELABORAZIONE ELETTRONICA DEI DATI; ELETTRONICA; GARANTISMO; INFORMATICA; MAIEUTICA GIURIDICA; PIRATERIA INFORMATICA; PROFESSIONE FORENSE; PUBBLICO MINISTERO; RISERVATEZZA; *SOFTWARE*; TRASFERIMENTO ELETTRONICO DI FONDI). [vol. I: COMPUTER; DATA BANK; DATA PROTECTION; ELECTRONIC FUNDS TRANSFER; HARDWARE; PRIVACY; SOFTWARE]

Computo in genere. Computation o calcolation (CALCOLO).

- **dei termini.** Computation of time (TERMINE). [vol. I: LIMITATION OF ACTIONS; TIME; TIME-BAR]

- **delle pene.** Computation of sentences (PENA).

– **delle stallie.** Computation of lay days (STALLIE).

– **del tempo.** Computation of time (*supra,* COMPUTO DEI TERMINI; PRESCRIZIONE; TEMPO). [vol. I: LIMITATION OF ACTIONS; TIME; TIME-LIMIT]

Comunale. Non esiste un corrispondente esatto. Per indicare ciò che attiene al comune quale ente territoriale, si dice, di solito, municipal, pertaining to local government (AUTOGOVERNO; CASA COMUNALE; COMUNE; GIUNTA COMUNALE). [vol. I: LOCAL GOVERNMENT; MUNICIPAL]

Comunanza. Community (COMUNE; COMUNITÀ).

– **di interessi.** Community of interests; questo termine è impiegato nella *joint venture* per indicare un concetto non troppo diverso dall'*affectio societatis*; ma è riferito altresì all'interesse comune delle parti di una *class action* e, in tema di rapporti di lavoro, alla identificazione dell'entità negoziale (*AFFECTIO SOCIETATIS;* ASSOCIAZIONE TEMPORANEA DI IMPRESE; INTERESSE; INTERESSI DIFFUSI).

Comune in genere. Common (MUTUO; RECIPROCO).

1. L'aggettivo è common, joint, mutual (COMUNANZA; COMUNIONE; CONGIUNTO; DIRITTO (I) COMUNE; MISTO; MUTUALITÀ; RECIPROCITÀ; RECIPROCO).

2. Nel senso di istituzione, dei termini che, grosso modo, vi si approssimano sono quelli di council, city council, local council, township. Ma non v'è equivalenza: il comune — istituzione di origine francese — non ha equivalenza nella tradizione di *common law* che ha elaborato un sistema originale di istituzioni proprie nell'ambito dell'autogoverno (AUTOGOVERNO; COMUNALE). [vol. I: BOROUGH; LOCAL AUTHORITY; LOCAL GOVERNMENT]

3. Nel senso di edificio comunale, si dice più spesso town-hall.

– **accordo.** Agreement (ACCORDO; MODIFICA DEL CONTRATTO DI COMUNE ACCORDO).

– **esperienza in genere.** Common knowledge (FATTI DI COMUNE ESPERIENZA).

– **rurale.** Parish, o civil parish (AUTOGOVERNO; PARROCCHIA). [vol. I: PARISH]

Comunicato in genere. Notice, *communiqué* (AVVISO; COMUNICAZIONE; INFORMAZIONE).

– **stampa.** Press release (STAMPA).

Comunicazione. Notice. Sono dette *confidential communications* le comunicazioni confidenziali che intercorrono tra persone tra le quali esiste un rapporto fiduciario. Quelle di esse di cui non si può ottenere la rivelazione forzosa in sede giudiziaria (ad es., da parte del testimone, cliente, penitente, coniuge, etc.) sono definite *privileged communications* (ANNUNZIO; AVVERTENZA; AVVISO; CITAZIONE IN GIUDIZIO; COMUNICATO; CONFIDENZIALE; CONFIDENZIALITÀ; CORRISPONDENZA; DICHIARAZIONI CONFIDENZIALI; DISDETTA; INFORMAZIONE; NOTIFICA; RISERVATEZZA; SEGRETO PROFESSIONALE; TRASMISSIONE). [vol. I: COMMUNICATION; INFORMATION; NOTICE; PRIVACY; PRIVILEGED COMMUNICATIONS; SERVICE OF PROCESS]

– **giudiziaria in genere.** Judicial notice (INVITO A PRESENTARSI).

Comunione. Co-ownership. Ma in questa materia sussistono numerose e fondamentali differenze rispetto al diritto italiano ed ai sistemi di *civil law* in genere: si hanno due tipi di comunione, o comproprietà, ossia la *joint ownership* e la *ownership in common*. Mentre la prima — che prevede il diritto di accrescimento a favore degli altri comunisti — non ha equivalenza nella *civil law*, la seconda (*ownership in common*) è analoga alla comunione qual è intesa nei sistemi romanistici (ABBANDONO DELLA COSA COMUNE; AMMINISTRAZIONE DELLA COMUNIONE; AZIONE (I) DI SCIOGLIMENTO DELLA COMUNIONE; AZIONI (II) DI SOCIETÀ: 8; CARATISTA DI NAVE; COMPROPRIETÀ; COMUNIONE; CONCORSO DI DIRITTI SULLO STESSO BENE; CONDOMINIO NEGLI EDIFICI; CONTO CORRENTE BANCARIO DISGIUNTO; DIVISIONE DELLA COMPROPRIETÀ; INDIVISO; MULTIPROPRIETÀ; PRO INDIVISO; PROPRIETÀ ESCLUSIVA; QUOTA; REGOLAMENTO DELLA COMUNIONE; SCIOGLIMENTO DELLA COMUNIONE; SOPRAVVIVENZA). [vol. I: CO-OWNERSHIP; OWNERSHIP: 8; PARTNERSHIP]

– **dei beni tra coniugi.** Joint estates of spouses. Un regime particolare è quello che va negli S.U. sotto il nome di *community property:* di origine civilistica, esiste in nove stati dell'Unione (*Louisiana, Texas, New Mexico, Arizona, California, Washington, Nevada, Winsconsin*). Il regime patrimoniale nella *common law* è, invece, quello della separazione dei beni. La differenza tra i due regimi consiste essenzialmente nella natura dei diritti spettanti ai coniugi: a differenza del sistema di *common law,* nel caso del *community property system*, ognuno di essi è comproprietario per la metà dei beni e delle entrate dell'altro (CONIUGE; MATRIMONIO; PATRIMONIO FAMILIARE; REGIME PATRIMONIA-

LE DELLA FAMIGLIA). [vol. I: COMMUNITY PROPERTY; FAMILY LAW; HUSBAND AND WIFE; JOINT-SEPARATE ESTATES; MARRIED WOMEN'S PROPERTY]

– **del muro divisorio.** (*infra*, COMUNIONE FORZOSA DEL MURO DIVISORIO; MURO COMUNE). [vol. I: WALL]

– **ereditaria.** Dati i diversi princìpi che nella *common law* regolano la materia, il fenomeno della comunione ereditaria romanistica non si verifica (SUCCESSIONE PER CAUSA DI MORTE). [vol. I: SUCCESSION]

– **forzosa del muro divisorio.** Grosso modo, co-ownership of party wall by operation of law (MURO DIVISORIO).

– ***pro indiviso* negli immobili in genere.** Grosso modo, tenancy in common (CONDOMINIO NEGLI EDIFICI).

– **tra coniugi.** (*supra*, COMUNIONE DEI BENI TRA CONIUGI)

Comunista. Part owner (PROPRIETARIO PARZIALE).

Comunità in genere. Community, Commonwealth; si noti che, negli S.U., taluni stati dell'Unione, sono denominati con quest'ultimo termine (*Pennsylvania*, *Massachussets*, *Virginia*, *Kentucky*) (COMPROPRIETÀ; COMUNANZA; COMUNE; COMUNIONE; CONDOMINIO; CONFLITTO TRA I MEMBRI DI UNA COMUNITÀ; STATO). [vol. I: COMMONWEALTH]

– **degli affari.** Business community; ma non si può dire che esista una vera e propria business community nel nostro paese, in cui si ha un mix non omogeneo di pochissime grandi imprese, una massa sterminata di detentori di titoli del debito publico, e di piccoli imprenditori (AFFARE).

– **Economica Europea.** European Economic Community o EEC. Ma ora, dopo il trattato di Maastricht, si parla di Unione Europea o European Union. In ogni caso, tra le comunità europee, quella economica si pone come nucleo originario e postulato economico di una futura quanto ormai improbabile Unione federale Europea. Degli studiosi nordamericani [Nowak and Rotunda 1978, ed. 1991: 315], nel riferirsi ai poteri degli organismi comunitari rispetto agli stati membri, osservano che la normativa comunitaria realizza una forma di *pre-emption* ben più rigorosa di quella che negli S.U. assicura — mediante la *supremacy clause* — la supremazia della legge federale. Ma si noti, *en passant*, che nel continente nordamericano gli stretti rapporti economici tra Stati Uniti e Canada hanno dato luogo, di fatto, sotto molti aspetti, ad un regime giuridico comune della materia commerciale. Inoltre, di particolare importanza è il recente *North American Free Trade Agreement* (o NAFTA) del 1992 che interessa gli Stati Uniti, il Canada e il Messico (*infra,* COMUNITÀ EUROPEE; AIUTI STATALI ILLEGALI; APPROSSIMAZIONE DELLE LEGISLAZIONI NAZIONALI DEI PAESI MEMBRI DELLA COMUNITÀ; ATTO UNICO EUROPEO; DIRITTO (I) COMUNITARIO; DIRITTO (II) DI STABILIMENTO; FEDERALISMO; FRONTIERE INTERNE DELLA COMUNITÀ ECONOMICA EUROPEA; LIBERO SCAMBIO; MERCATO UNICO; POLITICA AGRICOLA COMUNE; PRINCÌPI GENERALI DI DIRITTO; RECIPROCITÀ; SOVVENZIONE STATALE; UNIONE EUROPEA). [vol. I: EUROPEAN COMMUNITIES LAW]

– **Europea del Carbone e dell'Acciaio.** European Coal and Steel Community o ECSC.

– **Europea dell'Energia Atomica.** European Atomic Energy Community, o Euratom (ENERGIA ATOMICA).

– **Europee.** European Communities. Non esiste, in senso stretto, un testo autentico in lingua inglese dei trattati istitutivi delle Comunità alle quali il R.U. ha aderito soltanto nel 1974; i testi autentici dei trattati sono nelle lingue francese, olandese, italiano e tedesco. Esiste una traduzione in lingua inglese dei trattati curata dal Foreign Office britannico e, successivamente, una traduzione comunitaria (COMMISSIONE DELLE COMUNITÀ EUROPEE; DIRETTIVA COMUNITARIA; DIRITTO (I) COMUNITARIO; ISTITUZIONI EUROPEE; PRINCÌPI GENERALI DI DIRITTO; STATUTO DELLA CORTE DI GIUSTIZIA DELLE COMUNITÀ EUROPEE). [vol. I: COMMON LAW OF EUROPE; EUROPEAN COMMUNITIES LAW; IUS COMMUNE]

– **internazionale.** International community (CORTESIA INTERNAZIONALE; DIRITTO (I) INTERNAZIONALE. [vol. I: COMITY OF NATIONS]

– **locale.** Local community (AUTOGOVERNO). [vol. I: COMMON, RIGHT OF; LOCAL GOVERNMENT]

– **nazionale.** National community, the people of; la costituzione degli S.U. comincia con l'espressione « *We the people of the United States...* » Nel linguaggio costituzionale nordamericano il termine *state* è riferito agli stati deil'Unione, mentre il termine *nation* è riferito al popolo nordamericano nel suo insieme soggetto al potere dello stato federale (CITTADINANZA; NAZIONE; STATO).

– **politica organizzata.** Organized political community (STATO).

Con. With (SENZA).

Concausa. Concurrent, o joint, cause (CAUSA (II); CONCORSO DI CAUSE). [vol. I: CAUSA PROXIMA ET NON REMOTA SPECTATUR; COMPARATIVE NEGLIGENCE; CONTRIBUTORY NEGLIGENCE]

Concedente in genere. Assignor, grantor, licensor; nel franchising è detto *franchisor* (ALIENANTE; CEDENTE; CONCESSIONARIO; *FRANCHISING*). [vol. I: ASSIGNOR; GRANTOR; FRANCHISE: 3]

Concentrazione in genere. Concentration, combination (ORALITÀ, CONCENTRAZIONE E IMMEDIATEZZA).

– **tra imprese.** Amalgamation o merger of enterprises, trust, o anche combine (CARTELLO; MONOPOLIO; PRATICHE RESTRITTIVE DELLA CONCORRENZA). [vol. I: ANTI-TRUST ACTS; CARTEL; COMBINATION IN RESTRAINT OF TRADE; COMPETITION; MONOPOLIES AND MERGERS COMMISSION; RESTRICTIVE TRADE PRACTICES]

Bibl.:
Immenga, U., *La concentrazione fra imprese e il controllo delle fusioni: concezione tedesca ed esperienze* (1988) 2 CeI 459.

Concepito. Conceived child, ma si parla più spesso di *unborn child*. Sono definiti *rights of unborn child* i diritti del concepito. Anche qui, la materia ha subito la maggiore elaborazione giuridica e sociologica negli S.U. I diritti dell'*unborn child* sono riconosciuti in diversi contesti: ad es., in materia penale, l'omicidio include anche quello del feto, in base al § 187 del *California Penal Code*; quanto ai diritti patrimoniali, l'*unborn child in being* è in principio ritenuto capace ai fini di tutti quei diritti che possano risultare in un beneficio per lui, come in tema di successione. Dopo la nascita, il neonato è legittimato a proporre l'azione di risarcimento per l'omicidio colposo di cui è restato vittima il genitore. Inoltre, se nasce vivo, il neonato è anche legittimato a proporre un'azione di risarcimento per le lesioni pre-natali subite; qualora muoia successivamente a seguito delle lesioni riportate, i suoi successori sono legittimati a proporre un'azione per omicidio colposo (*wrongful death*). Mentre taluni stati dell'Unione riconoscono il diritto al risarcimento anche se la lesione ha avuto luogo durante i primi mesi di gravidanza, quando cioè il feto non era né vitale (*viable*), né in movimento, altri stati richiedono che, per potersi dar corso a un'azione di risarcimento, il feto debba essere stato vitale. È definito *viable child* l'*unborn child*, ossia il feto capace di esistenza autonoma al di fuori del seno materno, anche se richiede l'incubatrice (ABORTO; CAPACITÀ DEL CONCEPITO; FETO; NASCITA; NATO MORTO; NEONATO; OMICIDIO COLPOSO). [vol. I: CHILD; THALIDOMIDE CASE]

Concessionario. Grosso modo, licensee, licence-holder, grantee (AGENTE; CONCEDENTE; CONCESSIONE; LICENZIATARIO). [vol. I: FERRY; FRANCHISE; LICENCE]

– **di brevetto.** Patentee (BREVETTO; LICENZIATARIO DI BREVETTO). [vol. I: *ad vocem*; PATENT]

– **nel *franchising*.** Franchisee (*FRANCHISING*).

Concessione in genere. Permission, licence, permit, certificate, authority, grant (BENE COMUNE; BENE PUBBLICO; CANONE DI CONCESSIONE; CESSIONE; DELEGA DEI POTERI; DIRITTO (II) DI CONCESSIONE; DISPENSA; FACOLTÀ; INTERESSE PUBBLICO; MONOPOLIO; PERMESSO; POTERI DI GOVERNO; REVOCA DELLA CONCESSIONE; SERVIZIO PUBBLICO; SISTEMA DI CONCESSIONE; TASSA DI CONCESSIONE; TRAGHETTO).

– ***ad aedificandum.*** Grosso modo, building permission (SUPERFICIE). [vol. I: BUILDING LEASE]

– **aggregativa.** Franchising (*FRANCHISING*). [vol. I: FRANCHISE: 3]

– **amministrativa in genere.** Grosso modo, franchise, licence, authority, certificate, grant, public permission, permission, permit, grant.
1. Nel sistema inglese sono detti *licensing magistrates* i *justices of the peace* che hanno *anche* la funzione di rilasciare talune licenze amministrative, come quelle per la vendita di bevande alcoliche, l'esercizio di case da gioco, etc.
2. Ma non esiste equivalenza esatta né nel diritto inglese, né in quello nordamericano, della concessione amministrativa siccome elaborata dal diritto pubblico dei paesi di *civil law*. Giannini [1970, vol. II: 1138] spiega bene la trasformazione dell'istituto avvenuta nei paesi del continente europeo nel diciannovesimo secolo cui fa riscontro nel sistema inglese il permanere del suo antico significato. A questo proposito si rileva, anzitutto, la mancata corrispondenza nel diritto inglese e nordamericano della dicotomia tra diritto pubblico e diritto privato nel senso in cui è intesa in Italia, ossia con un doppio or-

dine di norme e di giurisdizioni, ordinarie e amministrative, che sanciscono lo *status* privilegiato accordato al potere pubblico. Tantomeno trova riscontro la concessione amministrativa di lavori pubblici quale — *ahinoi!* — si è venuta a configurare nel nostro paese.
3. La concessione di servizi pubblici concernenti, ad es., la fornitura di energia elettrica, di servizi telefonici, etc. dà luogo ad un *legal monopoly* a favore del concessionario (MONOPOLIO LEGALE).
4. Il termine *concession* ricorre, invece, in diritto internazionale per indicare la concessione a favore di soggetti stranieri. In tal senso, si parla, ad es., di *oil concession* o *mining concession*. Notevole importanza assume, in tema di successione tra Stati, la questione se e che in misura la concessione sopravviva rispetto allo Stato subentrante (ATTO AMMINISTRATIVO; AUTORIZZAZIONE; COMMISSIONE REGOLATRICE FEDERALE; DIRITTO (I) AMMINISTRATIVO; ENTE CONCEDENTE; INTERESSE PUBBLICO; MONOPOLIO; PERMESSO; SERVIZIO PUBBLICO; SUCCESSIONE DI STATI). [vol. I: ADMINISTRATIVE LAW; COMMON LAW; CONCESSION; FERRY; FRANCHISE; GOVERNMENT CONTRACTS; LEASE OF MILITARY BASIS; LICENCE: 3; LICENSING AUTHORITY; MONOPOLY; PUBLIC UTILITY]

- **commerciale.** Trade concession (CLAUSOLA DELLA NAZIONE PIÙ FAVORITA).
- **della cittadinanza.** Grant of nationality (CITTADINANZA). [vol. I: NATIONALITY; NATURALIZATION]
- **demaniale.** Lease of public land (DEMANIO).
- **di licenza.** Licensing (LICENZA).
- **di servizio di trasporto aereo di linea.** Air carriage franchise (TRASPORTO AEREO).[vol. I: FERRY; FRANCHISE]
- **di servizio pubblico in genere.** Governmental exclusive right to provide services (ESCLUSIVA; MONOPOLIO LEGALE; SERVIZIO PUBBLICO). [vol. I: PUBLIC UTILITY]
- **di traghetto.** Ferry franchise (TRAGHETTO). [vol. I: FERRY]
- **di un diritto, di un privilegio.** Enfranchisement. [vol. I: *ad vocem*]
- **esclusiva.** (AGENZIA ESCLUSIVA)
- **governativa.** Government franchise.
- **mineraria.** Mining lease (IMPOSTA DI CONCESSIONE MINERARIA). [vol. I: CONCESSION; MINES AND MINERALS]
- **petrolifera.** Oil lease (*supra,* CONCESSIONE MINERARIA).
- **pubblica.** Public permission (*supra*, CONCESSIONE AMMINISTRATIVA; INTERESSE PUBBLICO).
- **radiofonica.** Broadcasting franchise.
- **televisiva.** TV franchise.
- **territoriale.** Territorial lease (TERRITORIO).

Concetti giuridici. Juristic concepts, legal concepts. I concetti giuridici variano grandemente tra le due tradizioni giuridiche di *civil law* e di *common law,* anche se sul piano del contenuto economico e sociale le distanze appaiono ora molto meno grandi che in passato. Un eminente comparatista definisce come *common core of legal systems* il nucleo giuridico comune alle due tradizioni giuridiche (BRANCA DEL DIRITTO; DIRITTO (I); NORMA GIURIDICA; PRINCÌPI GENERALI DI DIRITTO; RAMO GIURIDICO; SISTEMA GIURIDICO; TRADIZIONE GIURIDICA; UNIFICAZIONE DEL DIRITTO). [vol. I: INTRODUZIONE: I. 1, 2, III. 2, 3; COMMON CORE OF LEGAL SYSTEMS]

Bibl.:
Schlesinger 1950, ed. 1988: 34.

Conciliatore in genere. Mediator, peacemaker (CONCILIAZIONE; GIUDICE CONCILIATORE; INTERMEDIARIO).

Conciliazione in genere. Conciliation o mediation: va distinta dall'arbitrato. Ma si parla anche di *settlement* o *arrangement*. Di notevole interesse, come sempre nel caso di Otto Kahn Freund, appare l'articolo in tema di controversie del lavoro, ricchissimo di spunti di teoria generale, dal titolo *Intergroup conflicts and their settlement* (1954), in 1948-74, ed. 1978: 41 (ARBITRATO; COMPONIMENTO; CONCORDATO; RICONCILIAZIONE DEI CONIUGI; SCIOPERO; TENTATIVO DI RICONCILIAZIONE DEI CONIUGI; TRANSAZIONE). [vol. I: ARBITRATION; ARRANGEMENT; COMPOSITION; CONCILIATION; OUT OF COURT; SETTLEMENT; STRIKE]

- **davanti al giudice.** Settlement before the court (TRANSAZIONE GIUDIZIARIA). [vol. I: OUT OF COURT; PAYMENT INTO COURT]
- **dell'ammenda sul posto.** Non è ammessa. *Spot fine* è detto questo tipo di ammenda la cui introduzione viene auspicata in Gran Bretagna (AMMENDA).
- **extragiudiziale.** Out of court settlement (*supra,* CONCILIAZIONE DAVANTI AL GIUDICE; TRANSAZIONE EXTRAGIUDIZIALE).

Conclusione/i in genere. Conclusion, summing up (ACCERTAMENTO; COMPARSA CONCLUSIONALE; DEDUZIONE; DIFESE NEL PROCESSO CIVILE; ILLAZIONE; RISULTANZA). [vol. I: PLEADINGS]

- **del contratto.** Formation of contract, making of contract, conclusion of contract; ma il termine *completion of contract* assume nel sistema inglese un significato particolare in materia di compravendita immobiliare, che è privo di equivalenza nella *civil law*; inoltre, *execution of contract* non indica l'esecuzione del contratto, ma la sottoscrizione e il perfezionamento formale di esso. Con la difesa detta *non est factum* — che si inquadra nella concezione dell'errore nella *common law* — si invoca l'errore sulla natura giuridica dell'atto stipulato, e quindi la sua nullità assoluta (ADEMPIMENTO DEL CONTRATTO; CONTRATTO: VI; ERRORE; FORMAZIONE DEL CONTRATTO; PERFEZIONAMENTO DEL CONTRATTO). [vol. I: COMPLETION; CONTRACT: IV; EXECUTION OF CONTRACT; NON EST FACTUM]
- **del contratto per corrispondenza.** In base alla c.d. *mailbox rule*, salvo che non sia stato diversamente disposto dalle parti, il contratto è concluso quando l'accettazione, debitamente indirizzata, è imbucata nella cassetta postale; ma la regola non si applica, sembra, quando si tratti di telex (*supra,* CONCLUSIONE DEL CONTRATTO; CORRISPONDENZA; PRINCIPIO DELLA RICEZIONE NEL CONTRATTO).
- **del giudice, dei difensori, nel processo penale.** Summing up, summation of evidence, closing argument (ARRINGA; DIFESE NEL PROCESSO CIVILE; GIURIA). [vol. I: SUMMING UP]

Concordato. Il concordato con i creditori è detto composition with creditors; ma si parla anche di arrangement with creditors. Nel sistema inglese, ai sensi della s. 1 dell'Insolvency Act 1986, gli amministratori di una società — prima che sia stato emesso un *administration order* col quale ha inizio la procedura fallimentare — possono avanzare una proposta per una *composition in satisfaction* dei debiti della società o uno *scheme of arrangement of its affair.* Si tratta di materia non agevole in cui, tra l'altro, si riscontra, oltre a una diversità di terminologia tra il diritto inglese e quello nordamericano, anche un considerevole grado di confusione concettuale. Comunque, si noti che in entrambi i sistemi vige il fallimento del non imprenditore (o fallimento civile) e, quindi, anche la possibilità, per il debitore, prima o dopo la dichiarazione di fallimento, di pervenire ad un concordato con i suoi creditori. Dal concordato con l'insieme dei creditori, o la maggioranza di essi, va distinto quello tra il debitore e un singolo creditore, definito *accord.* Anche in questa materia, sussistono notevoli differenze tra le due tradizioni giuridiche di *common law* e di *civil law*, specie a causa del requisito della *consideration*, di cui è impossibile esagerare la importanza nonostante diverse autorevoli opinioni che lo vogliono ormai praticamente scomparso dallo scenario contrattuale di *common law* (COMPONIMENTO; CONCILIAZIONE; CONTRATTO: III; CREDITORE; DEBITORE; FALLIMENTO; OMOLOGAZIONE DEL CONCORDATO; PROGETTO DI CONCORDATO; PROPOSTA DI CONCORDATO; TRANSAZIONE). [vol. I: ACCORD AND SATISFACTION; ARRANGEMENT; COMPOSITION; CONSIDERATION; SETTLEMENT]

- **ecclesiastico.** Concordat. Negli Stati Uniti e in Gran Bretagna non si hanno concordati tra stato e le numerosissime chiese ivi esistenti. Del resto, esso appare uno strumento ormai desueto nei paesi di democrazia liberaldemocratica. Nell'ordinamento costituzionale britannico l'*Act of Settlement* stabilisce che l'erede al trono deve essere di religione anglicana. Si tratta, ormai, per taluni versi, di un requisito decorativo della monarchia britannica; per altri, invece, riflette fondamentali eventi storici che attengono alla creazione dello stato nazionale inglese, alla sua indipendenza, al suo regime liberale, alla sua dignità e identità nazionale (CHIESA). [vol. I: ACT OF SETTLEMENT]

  Bibl.:

  Jasonni, M., *Concordato ecclesiastico*, in *Dizionario di Politica* 1976, ed. 1983: 207.
- **extrafallimentare con i creditori.** Composition with creditors (*infra*, CONCORDATO EXTRAGIUDIZIALE CON I CREDITORI). [vol. I: ARRANGEMENT; COMPOSITION]
- **extragiudiziale con i creditori.** Out of court arrangement with creditors, out of court composition with creditors (*supra,* CONCORDATO EXTRAFALLIMENTARE CON I CREDITORI).
- **fallimentare.** Arrangement with creditors, composition with creditors, composition in bankruptcy (FALLIMENTO; OMOLOGAZIONE DI CONCORDATO). [vol. I: BANKRUPTCY; DISCHARGE]

– **preventivo.** (*supra*, CONCORDATO EXTRAFALLIMENTARE CON I CREDITORI). [vol. I: ARRANGEMENT; COMPOSITION]

Concorrente. Competitor, applicant, contestant, rival (CONCORRENZA; FALLIMENTI CONCORRENTI).

– **ad un impiego.** Applicant (IMPIEGO PUBBLICO). [vol. I: *vocem*; APPLICATION; CIVIL SERVICE]

– **in commercio.** Competitor (CONCORRENZA). [vol. I: RESTRAINT OF TRADE]

– **nel reato.** Accessory, particeps criminis, principal in the second degree (CONCORSO NEL REATO).

– **politico alle elezioni.** Contestant (ELEZIONI POLITICHE).

Concorrenza in genere. Competition.
1. Nonostante tutti gli ammortizzatori sociali introdotti man mano dalle origini del capitalismo ai nostri giorni, in tutti i paesi dell'Occidente industrializzato, la libera concorrenza e il profitto restano ancora oggi il nucleo centrale dell'economia di mercato e, in buona sostanza, della cultura liberaldemocratica.
2. Concorrenza intesa come efficienza, economicità, qualità, premio all'inventiva, al lavoro, all'impegno; profitto inteso come utile da reinvestire in altre attività produttive e creazione di posti di lavoro. Oltre che di princìpi economico-politici, si tratta anche di valori etici primari: l'economia di mercato è l'altra faccia della liberaldemocrazia: *simul stabunt, simul cadent*. Non è quindi difficile vedere quanto anomala sia la collocazione del nostro paese, in groppa a un somaro consociativo che, richiamando disegni di Goya, combina comunismo reale e peronismo, monopoli, falsi in bilancio e tangenti.
3. D'altro canto, il trattato istitutivo della Comunità Economica Europea fa della concorrenza un elemento fondamentale. Di qui il conflitto intrinseco tra una grande impresa storicamente oligopolistica, autarchica e sovvenzionata come quella nostrana e l'appartenenza ad un'area culturale che per contro fa della concorrenza il propulsore dello sviluppo economico e politico dell'Unione Europea.
4. Fondamentale appare quindi per un paese che non si limiti, come il nostro, a restare un membro « in sonno » della Comunità, l'adozione e il rispetto della normativa comunitaria in tema di concorrenza che, ovviamente, postula una assai diversa cultura imprenditoriale e politica.
5. A questo proposito, la lettera del garante della concorrenza dell'epoca al *Corriere della Sera* e a *la Repubblica* del 3 marzo 1992, che prende lo spunto da un appello-manifesto di due economisti italiani, lascia intravedere, anche se in maniera assai contorta, i potentissimi ostacoli all'allineamento del nostro paese all'Europa in questa materia: « Finalmente anche l'Italia ha provveduto recentemente con legge 10 ottobre 1990 n. 287 a introdurre nell'ordinamento nazionale una disciplina specifica per la tutela della concorrenza e del mercato. Di tale normativa, tuttavia, a mio sommesso avviso, nell'indicato appello viene data un'interpretazione estremamente riduttiva (...) sarebbe illusorio ritenere che un'analisi della legislazione sia sufficiente per trasformare rapidamente in senso concorrenziale il sistema economico italiano a causa degli enormi incredibili tempi impiegati per emanare nuove normative. È sufficiente ricordare che l'elaborazione della ricordata legge numero 287 è durata più di quarant'anni, risalendo il primo disegno al 1950. Del resto ciò trova purtroppo conferma in esperienze recentissime e in particolare — fatto di enorme gravità — nel ritardo dell'Amministrazione pubblica italiana nell'attuazione della sentenza della Corte di Giustizia di Lussemburgo 10 dicembre 1991 (causa numero 179/90) relativa ai monopoli portuali ». (ABUSO DI POSIZIONE DOMINANTE; ACQUISIZIONE DI CONTROLLO DI SOCIETÀ; AGONISTICA; ARTICOLO CIVETTA; CLAUSOLA DI ESCLUSIVA; CLIENTELA; COALIZIONE TRA IMPRESE; COMMERCIO; COMPETIZIONE; CONCORRENTE; CONSUMATORE; CONTRADDITTORIO; CORRETTEZZA COMMERCIALE; DISCIPLINA DELLA CONCORRENZA; *DUMPING*; ECONOMIA DI MERCATO; ECONOMIA NERA; ESCLUSIVA; ESPERTO IN TEMA DI CONCORRENZA; FALSO IN BILANCIO; IMPRESA; LIBERA CONCORRENZA; LIMITAZIONE DELLA CONCORRENZA; MONOPOLIO; NON CONCORRENZIALE; NORME SULLA CONCORRENZA; OBBLIGO DI NON CONCORRENZA; PATTO DI NON CONCORRENZA; PRATICA RESTRITTIVA DELLA CONCORRENZA; PUBBLICITÀ; SUSSIDI DI STATO; SVIAMENTO DELLA CLIENTELA; VENDITA DI MERCI CIVETTA; VENDITA SOTTO COSTO). [vol. I: ANTI-TRUST ACTS; COMPETITION; FRANCHISE: 3; MONOPOLY; PASSING OFF; RESTRAINT OF TRADE]

– **commerciale.** Trade competition, commercial competition (*infra*, CONCORRENZA POLITICA; MONOPOLIO; PRATICA RESTRITTIVA DELLA CONCORRENZA). [vol. I: ANTI-TRUST ACTS; COMMERCIAL LAW; COMPETITION; MONOPOLY; PASSING OFF; RESTRAINT OF TRADE; SLANDER OF GOODS; SOLUS AGREEMENT; TRANSNATIONAL; UNFAIR COMPETITION]

- **del dipendente.** Competition by employee (DIPENDENTE; PATTO DI NON CONCORRENZA). [vol. I: RESTRAINT OF TRADE]

- **estera.** Foreign competition (COMMERCIO ESTERO).

- **indiretta.** Indirect competition (BARRIERA AL LIBERO SCAMBIO).

- **interna.** Domestic competition (*supra*, CONCORRENZA ESTERA).

- **internazionale.** International competition (COMMERCIO INTERNAZIONALE).

- **leale.** Fair competition, fair trading (*infra*, CONCORRENZA SLEALE). [vol. I: FAIR TRADING]

- **oltre frontiera.** Cross border competition (FRONTIERA).

- **parziale.** Partial competition (PATTO DI NON CONCORRENZA; PRATICA RESTRITTIVA DELLA CONCORRENZA).

- **politica.** Political competition, political struggle (AGONISTICA; LOTTA POLITICA; SISTEMA ELETTORALE).

- **potenziale.** Potential competition.

- **sleale.** Unfair competition. Si tratta di un *tort*, ossia di un illecito.
  1. Nel sistema inglese le due forme più rilevanti sono quelle che vanno sotto il nome di *passing off* e *slander of goods*. Lo storno di clienti altrui nella concorrenza sleale è detto *poaching customers*.
  2. Ma, com'è facile intuire, il *corpus* normativo e giurisprudenziale più imponente nella materia si riscontra negli S.U. — stato federale — in cui coesiste una normativa federale, leggi uniformi (adottate o meno dagli stati), assieme alla normativa e alla giurisprudenza dei singoli stati dell'Unione. Quanto alle fonti, è da rilevare la duplice origine del concetto di concorrenza sleale, ossia la regola dell'*unfair competition* elaborata dall'*equity* (di natura giurisprudenziale) e quella legislativa (*statutory*), di cui la più importante è quella di *unfair methods of competition*. Le due regole non coincidono: quella *statutory,* ossia legislativa, è più ampia, come nel caso del Federal Trade Commission Act, in cui il citato termine *unfair method of competition* ha una portata più vasta del concetto di *unfair competition* di elaborazione giurisprudenziale. In entrambi i casi si può ottenere un'*injunction* per mettervi fine. La massa di decisioni giurisprudenziali in materia è semplicemente imponente.
  3. Nella misura in cui è possibile schematizzare la massa di dati, la concorrenza sleale viene configurata come un comportamento disonesto o fraudolento consistente, tra l'altro, nell'imitazione del prodotto altrui (senza peraltro arrivare alla falsificazione), nella pubblicità scorretta, nella denigrazione dei prodotti altrui, in sconti e concessioni segrete, nel *passing off*, ossia nella concorrenza sleale per confusione mediante sviamento della clientela, etc. (AIUTI GOVERNATIVI ALLE IMPRESE; CLIENTELA; DENIGRAZIONE DEI PRODOTTI ALTRUI; *DUMPING*; ESPORTAZIONE SOTTO COSTO; PIRATERIA; PUBBLICITÀ INGANNEVOLE; PUBBLICITÀ SCORRETTA; SVIAMENTO DELLA CLIENTELA). [vol. I: GOODWILL; PASSING OFF; PATENT; SLANDER OF GOODS; UNFAIR COMPETITION]

  Bibl.:

  Meli, V., *Lo storno dei dipendenti come atto di concorrenza sleale; un uso giurisprudenziale della clausola di correttezza professionale* (1990) 1 CeI 165.

- **su basi eguali.** Competition on equal terms (ATTO UNICO EUROPEO).

Concorrenziale in genere. Competitive (CONCORRENZA; NON CONCORRENZIALE).

Concorso in genere. Concurrence (ASSUNZIONE PER CONCORSO PUBBLICO; CONCORRENZA; GARA; IN CONCORSO CON). [vol. I: CONCURRENCE; CONCURRENT; CONCURRING OPINION]

- **all'asta.** Competitive bidding, o tendering at an auction (ASTA; GARA). [vol. I: AUCTION]

- **del danneggiato nel fatto colposo.** (*infra,* CONCORSO DI COLPA)

- **di capi di imputazione.** Concurrence of charges, plurality of counts (ACCUSA; CAPO DI IMPUTAZIONE). [vol. I: CHARGE; COUNT; INDICTMENT]

- **di cause.** Concurrence of causes (CAUSA (II); CONCAUSA). [vol. I: CAUSA; CAUSA PROXIMA ET NON REMOTA SPECTATUR; CAUSAL CONNEXION; CAUSATION]

- **di circostanze.** Combination, o concurrence, of circumstances (CAUSA (II); CIRCOSTANZA). [vol. I: CIRCUMSTANCE]

- **di colpa.** Contributory negligence. Particolare importanza assume in questa materia negli S. U. — stato federale — la c.d. *last clear chance,* o *supervening negli-*

gence doctrine. Non univoca, e oggetto di parecchie varianti nei diversi stati dell'Unione, essa attiene in generale alla responsabilità extracontrattuale e, in particolare, a quella derivante dalla circolazione di autoveicoli (AUTOVEICOLO; COLPA). [vol. I: *ad vocem*; LAST CLEAR CHANCE]

– **di creditori.** Concurrence of creditors (*infra*, CONCORSO TRA CREDITORI PRIVILEGIATI; CAUSE (I) LEGITTIME DI PRELAZIONE; CONCORDATO; CREDITORE; FALLIMENTO; PRIVILEGIO). [vol. I: CLAIM; FOLLOWING; LIEN; PREFENTIAL PAYMENTS; PRIORITY; RANKING OF CLAIMS]

– **di diritti sullo stesso bene.** Concurrent interests, co-ownership (COMUNIONE).

– **di pene.** Concurrence of sentences, concurrence of punishments (PENA: 4). [vol. I: PUNISHMENT; SENTENCE; SENTENCING PROCESS: 8]

– **di persone nel reato.** Grosso modo, participation in a crime, participation in a criminal enterprise, combination, conspiracy, assistance, confederacy (ASSOCIAZIONE PER DELINQUERE; AUTORE MATERIALE DEL REATO; COMPARTECIPE NEL REATO; CONCORRENTE NEL REATO; CONNIVENTE; ESECUTORE MATERIALE DEL REATO; FAVOREGGIAMENTO; MAXI-PROCESSO; OMESSA DENUNZIA DI REATO; REATI ASSOCIATIVI). [vol. I: ABETTING; ASSISTANCE; COMBINATION; COMPLICITY; CONFEDERACY; CONSPIRACY]

Bibl.:
Grande, E., *Concorso di persone nel reato nel diritto anglo-americano*, in *Digesto IV Utet, Pen.*, vol. II: 502.

– **di reati.** Concurrence of offences, concurrence of crimes (REATO). [vol. I: CONCURRENCE]

– **di responsabilità contrattuale e extracontrattuale.** Concurrent liability in contract and tort (RESPONSABILITÀ CONTRATTUALE-EXTRACONTRATTUALE).

– **pubblico per esami.** Competive examination, open competition; ma si parla anche, specie negli S.U., di *merit system* per indicare i criteri di assunzione e promozione dei dipendenti pubblici. In un sistema di *democrazia consociativa* come il nostro, che mira a un fittizio populismo egualizzatore, negatore degli stessi principi di competizione, concorrenza e qualità, considerati dei disvalori — perfino nei prodotti industriali — salvo rarissime eccezioni, il concorso pubblico costituisce oscena farsa, o materia che interessa i carabinieri: così, ad es., *i concorsi per professori di università, ormai entrati nella barzellettistica nazionale*. In effetti, per molti versi, l'art. 97 della costituzione deve considerarsi desueto. A non parlare dei criteri, della natura e dei risultati dei concorsi così come sono concepiti e dei risultati professionali e umani della selezione nostrana: basta confrontare con quelli del *civil service* britannico (AGONISTICA; ASSUNZIONE E PROMOZIONE DI DIPENDENTI PUBBLICI; ASSUNZIONE PER CONCORSO PUBBLICO; FUNZIONARIO; IMPIEGO; MERITOCRAZIA; RECLUTAMENTO DEI GIUDICI). [vol. I: CIVIL SERVICE]

– **tra creditori privilegiati.** Competing security interests (*supra*, CONCORSO DI CREDITORI; PRIVILEGIO).

Concubinato. Cohabitation; sono detti *cohabitation agreements* gli accordi patrimoniali stipulati tra le parti (ABITAZIONE; ALIMENTI; COABITAZIONE). [vol. I: PALIMONY]

Concussione. Grosso modo, extortion, blackmail by a public official, payment under duress; ma non esiste in senso stretto questa figura di reato che tanto « illustra » il potere pubblico del nostro paese (CORRUZIONE; ESTORSIONE; PECULATO; TANGENTE; VESSAZIONE). [vol. I: BLACKMAIL; BRIBERY; EXTORTION; UNCONSCIONABILITY]

Concussore. Grosso modo, extortioner, blackmailer (CONCUSSIONE; CORRUTTORE; ESTORSORE).

Condanna in genere. Condemnation, conviction, sentence, punishment, censure. Ma il termine *condemnation* può essere fonte di abbagli; esso indica anche, negli S.U., più spesso, l'espropriazione per pubblica utilità in virtù dell'*eminent domain*. Il termine è anche impiegato in tema di prede marittime per indicare la decisione dell'*Admiralty Court* della *High Court* inglese che stabilisce la legittimità della cattura della nave (CENSURA; ESPROPRIAZIONE PER PUBBLICA UTILITÀ; PREDA MARITTIMA; PUNIZIONE).

– **al risarcimento.** Award of damages (RISARCIMENTO).

– **civile in genere.** Award, allowance (AZIONE (I) CIVILE; SENTENZA). [vol. I: AWARD; JUDGMENT; SENTENCE]

– **civile alle spese del giudizio.** Allowance, o award, of costs; avviene con un *order for costs*. L' espressione con la quale il soccombente è condannato alle spese del giudizio recita di solito « costs follow the event » (SPESE PROCESSUALI). [vol. I: COSTS TO FOLLOW THE EVENT]

– **civile con riserva.** Grosso modo, interim award (MISURA CONSERVATIVA; PROVVEDIMENTI CAUTELARI). [vol. I: *ad vocem;* INTERLOCUTORY]

– **civile in contumacia.** Judgment in default, judgment by default (*infra*, CONDANNA PENALE IN CONTUMACIA). [vol. I: JUDGMENT BY DEFAULT; JUDGMENT IN DEFAULT]

– **penale in genere.** Criminal conviction, conviction, sentence. Ma il termine conviction è ambiguo perché indica sia la riconosciuta colpevolezza dell'imputato da parte della giuria, sia la pena inflitta dal giudice. È detta *summary conviction* la condanna per un reato minore irrogata dalle *magistrates' courts* (che funzionano senza la partecipazione della giuria). I precedenti penali sono definiti *previous convictions*.

1. La pena, detta *sentence*, non va confusa con la sentenza nostrana; ma si noti anche l'ambiguità del verbo *sentence (to)* che indica il fatto di condannare a una pena. A parte l'avvertenza sugli *acoustic agreements* che possono determinare non piccoli abbagli, resta da ricordare anche che la condanna dell'imputato avviene nel sistema anglo-americano nell'ambito di un processo penale accusatorio. In questo senso, a differenza di quanto praticato nelle corti di *civil law* — a pena di nullità del processo — i precedenti penali dell'imputato non devono mai essere rivelati nella fase del *trial*, diretta a stabilire la sua colpevolezza o non colpevolezza. È solo nel primo caso che essi vengono resi noti al giudice in udienza per consentirgli di irrogare la pena in quella fase del processo definita in senso stretto *sentencing*. La distinzione tra *trial* e *sentencing* — ignota nel sistema nostrano e in quello dei sistemi di *civil law* — appare fondamentale, invece, nella tradizione accusatoria angloamericana, in cui il *sentencing* attiene sempre ad una fase del processo successiva al *trial*. In questo senso, una volta riconosciuta la colpevolezza dell'imputato, il giudice, a seconda dei casi, infligge subito dopo la pena, ovvero, il che accade nei casi più complessi, rinvia la sua decisione ad una fase successiva, di giorni o anche di mesi, l'irrogazione della pena quando, ad es., deve ricevere dei rapporti dei servizi sociali sul colpevole, ovvero in attesa dell'esito del processo a un coimputato anch'egli trovato colpevole, in modo che la pena possa essere inflitta nei confronti di entrambi. Nel frattempo, a discrezione del giudice, il colpevole può essere *remanded in custody* (ossia sottoposto a restrizione della libertà) oppure *on bail* (ossia ammesso alla libertà su cauzione). Da noi, invece, si assiste allo scandalo del processo Pacciani a Firenze (1994) in cui — nella incapacità di portare uno straccio di prova per i reati di cui è accusato — l'accusa si fonda sostanzialmente sui precedenti penali dell'imputato, ossia su reati da lui commessi in passato, già giudizialmente accertati e oggetto di una pena scontata. Insomma, i precedenti penali dell'imputato sono troppo spesso nel nostro sistema processuale impiegati come corroborazione e chiave di lettura di evidenze processuali irrilevanti o claudicanti. In pratica, l'imputato è colpevole non già per aver commesso i reati di cui è accusato, ma per ... aver commesso precedenti reati: un po' troppo anche per il nostro meno raffinato sistema processuale [cfr. Emmins 1981, ed. 1992: 235].

2. Questi concetti vanno inquadrati nell'ambito del processo penale di *common law* che vede sempre, nei casi di qualche rilievo, la partecipazione della giuria al processo. In breve, mentre la *conviction* (riconoscimento di colpevolezza) è pronunciata dalla giuria, la *sentence* (pena) è irrogata dal giudice.

3. Negli S.U. — stato federale — va sotto il nome di *post-conviction remedies* o *post-conviction procedures* una complessa serie di mezzi di impugnazione con i quali il condannato attacca la costituzionalità della condanna; essi sono previsti sia dalla legge federale, nel caso di imputato condannato in base alla legge federale, sia dalla legge dei singoli stati dell'Unione. Vi rientra anche il *writ of habeas corpus*.

4. Questo dizionario costituisce un contributo alla conoscenza del mondo giuridico anglo-americano; ma sia consentito fare un riferimento al codice di procedura penale tedesco che prevede la possibilità che l'imputato reo confesso possa, se vuole, cominciare a scontare la prevista pena anche prima della condanna (AMMISSIONE DI COLPEVOLEZZA DELL'IMPUTATO; APPELLO; ASSOLUZIONE; AZIONE (I) DI CONDANNA; AZIONE (I) PENALE: 5; CASELLARIO GIUDIZIALE; EMISSIONE DELLA CONDANNA; GIUDICE DI SORVEGLIANZA; GIURIA; GRAZIA; PENA; PRECEDENTI PENALI; PROCESSO ACCUSATORIO; PUNIZIONE; RINVIO A GIUDIZIO; SENTENZA; SENTENZA DI CONDANNA; TRASFERIMENTO

DI PERSONE CONDANNATE ALL'ESTERO; VERDETTO). [vol. I: INTRODUZIONE: III. 8; CONDEMNATION; CONVICTION; CRIMINAL PROCEDURE; DETENTION; LIFE IMPRISONMENT; PREVIOUS CONVICTIONS; SENTENCE; SENTENCING PROCESS; SUMMARY CONVICTION]

– **a effettuare servizi sociali.** Community service order (AFFIDAMENTO IN PROVA AL SERVIZIO SOCIALE; SERVIZIO SOCIALE). [vol. I: *ad vocem*].

– **ai lavori forzati.** Sentence to hard labour. Questo tipo di pena è stato abolito in Inghilterra dal Criminal Justice Act 1948. Ma negli S.U. — stato federale in cui la materia è regolata, a seconda dei reati, dalla legge dei singoli stati o da quella federale — la condanna ai lavori pesanti può costituire una pena accessoria in caso di reati gravi (DIRITTI (II) DELL'UOMO; ERGASTOLO).

– **alla reclusione a vita.** Life imprisonment, life sentence. Ma le parole non devono ingannare: nell'ordinamento inglese non esiste la pena dell'ergastolo.
1. In effetti, si tratta di una pena di durata indeterminata che, di fatto, non va, all'incirca, oltre i dieci anni, salvo che il giudice abbia raccomandato che il condannato sconti un numero minimo di anni di reclusione. La raccomandazione del giudice non può essere impugnata. Ma si noti che un c.d. *lifer* è rilasciato « on licence » e che quest'ultima, in talune circostanze, può essere revocata. Nel sistema inglese l'omicidio volontario (*murder*) comporta l'obbligo per il giudice di irrogare una condanna a vita (e si parla, quindi, di *mandatory life sentence*); in caso invece di *manslaughter* — tipo di omicidio che va dall'omicidio volontario cui venga riconosciuta una attenuante o giustificazione, fino all'omicidio preterintenzionale — il giudice dovrebbe irrogare una pena per un numero determinato di anni senza lasciare ad altri organi di stabilire successivamente la durata della pena, salvo il caso in cui, per ragioni di ordine pubblico, da valutare successivamente all'espiazione della pena, il condannato non debba essere trattenuto a protezione del pubblico. Si parla di *discretionary life sentence* per indicare quel tipo di *life sentence* irrogata discrezionalmente dal giudice per qualsiasi reato ad eccezione del *murder*.
2. In tal modo — e si tratta di principio di cui non si può esagerare l'importanza — la durata effettiva della pena, nel caso di condanna a vita (*life imprisonment*) viene determinata dal *Parole Board* (organo non giurisdizionale composto, tra l'altro, da assistenti sociali e psichiatri), a meno che — come si è detto — nell'irrogare la pena il giudice non abbia stabilito che il condannato debba scontare un periodo determinato minimo (PENA DETENTIVA DI DURATA INDETERMINATA).
3. In altre parole, salvo le eccezioni menzionate, nella tradizione di *common law*, una volta irrogata la pena, il giudice non ha più a che fare con gli aspetti relativi alla sua esecuzione e durata effettiva [Emmins 1981, ed. 1992: 235, at 290; Hampton 1973, ed. 1977: 225, 257].
4. Negli S.U. — stato federale — qualora il condannato sfugga alla pena di morte per *murder*, ossia omicidio volontario (in quegli stati dell'Unione che la prevedono) la condanna a vita nella gran parte degli stati dell'Unione è soggetta ad un regime non troppo diverso da quello inglese (*supra*, CONDANNA PENALE AI LAVORI FORZATI; ERGASTOLO; LIBERAZIONE CONDIZIONALE DEL CONDANNATO; OMICIDIO; PENA; PENA DI MORTE; RECLUSIONE). [vol. I: LIFE IMPRISONMENT; RELEASE: 5; SENTENCING PROCESS]

Bibl.:

Emmins 1981, ed. 1992: 278.

– **condizionale.** Suspended sentence (PENA). [vol. I: *ad vocem;* REPRIEVE; RESPITE; SENTENCE]

– **di durata indeterminata.** (PENA DETENTIVA DI DURATA INDETERMINATA)

– **errata.** Wrong conviction (ERRORE GIUDIZIARIO).

– **in contumacia.** (CONDANNATO IN CONTUMACIA; CONTUMACIA; SENTENZA CONTUMACIALE)

– **precedente.** (PRECEDENTI PENALI)

Condannato in genere. Convict, prisoner, sentenced person, committed person, jailed (AFFIDAMENTO IN PROVA AL SERVIZIO SOCIALE; CARCERE; CONDANNA; CONSEGNA DELL'EVASO o CONDANNATO AD ALTRO PAESE; DETENUTO; IMPUTATO; LIBERAZIONE CONDIZIONALE DEL CONDANNATO; RECLUSO; RIABILITAZIONE DEL CONDANNATO; SCARCERAZIONE DEL CONDANNATO PER DECORRENZA DEI TERMINI DI CUSTODIA CAUTELARE).

– **in contumacia.** Sentenced in absentia; ma si notino le radicali differenze esistenti in materia penale rispetto ai sistemi di *common law* (CONTUMACIA; SENTENZA CONTUMACIALE).

Condebitore. Co-debtor, o joint debtor (CREDITORE SOLIDALE; DEBITORE; SOLIDARIETÀ). [vol. I: JOINT: 2]

– **solidale.** Joint and several debtor (REGRESSO; SOLIDARIETÀ). [vol. I: CONTRIBUTION; JOINT: 2; SUBROGATION]

Condicio facti. (CONDIZIONE)

Condicio iuris. Implied condition, o condition in law; ma anche in questa materia, specie quando è riferita al contratto, la diversità dei princìpi e l'assonanza terminologica possono dar luogo a gravi abbagli (CONDIZIONE; CONTRATTO: IX). [vol. I: CONDITION; IMPLIED TERMS OF CONTRACT]

Condictio indebiti. (ARRICCHIMENTO SENZA CAUSA)

Condirettore. Joint manager, o director (DIRETTORE).

Condizionale in genere. Conditional upon, contigent upon (CONDIZIONATO; CONDIZIONE; OBBLIGAZIONE (I) CONDIZIONALE; OCCASIONALE; PENA CONDIZIONALE).

Condizionato. Contingent, defeasible (ACCETTAZIONE CONDIZIONATA; ASSOLUTO; CONDIZIONALE; CONDIZIONE; FORTUITO; INCONDIZIONATO). [vol. I: ABSOLUTE; CONTINGENT; DEFEASIBLE]

Condizione/i in genere. Condition, requirement, *status*, station. Il concetto di condizione in quanto evento futuro e incerto è anche reso da termini quali *contingency, defeasibility, possibility, qualification, limitation*, etc. Peraltro, *condition* si presenta come un termine intrinsecamente ambiguo per la sua sconcertante varietà di significati, alcuni dei quali non hanno equivalenza nella *civil law*: esso è una fonte di continui equivoci. Si avverta l'anfibologia del termine *condition* che può indicare la condizione in senso stretto e la clausola o obbligo contrattuale.
1. Nel senso di *condicio facti*, sembra che anche la *common law* distingua tra due tipi di condizioni, ossia la *condition precedent,* o *suspensive* (condizione sospensiva) e la *condition subsequent*, o *resolutive* (condizione risolutiva). Una terminologia sostanzialmente civilistica si riscontra in Louisiana, *enclave* (grosso modo) di *civil law* negli S.U.
2. Peraltro, nell'ambito del contratto la *common law* ricorre al termine *condition* per indicare non una *condicio facti*, ma bensì una clausola contrattuale, o *term of contract.* In particolare, esso indica: *a*) quell'obbligazione contrattuale la cui importanza è tale che, in caso di mancato adempimento (*breach of contract*), dà diritto all'altra parte di risolvere il contratto; *b*) una dichiarazione relativa ad uno stato di fatto. In questo senso, il termine è correlativo di *warranty*, di modo che *conditions* e *warranties* costituiscono le obbligazioni che incombono sulle parti. L'importanza della distinzione sta in questo: che mentre il contratto può essere risolto in caso di inadempimento della prima, ossia di clausola essenziale (*breach of condition*), l'inadempimento della seconda (*breach of warranty)* dà solo diritto al risarcimento del danno.
3. L'espressione « a condizione che » è tradotta più spesso con *provided that, contingent upon, on condition that, subject to, under condition that*, etc. (A CONDIZIONE CHE; ASPETTATIVA DI DIRITTO; ATTO INTERRUTTIVO; AVVERAMENTO DELLA CONDIZIONE; *CAUTIO MUCIANA*; CIRCOSTANZA; CLAUSOLA CONDIZIONALE; *CONDICIO IURIS*; CONDIZIONALE; CONDIZIONATO; CREDITO SOTTOPOSTO A CONDIZIONE; CONTRATTO: IX; DENUNZIA DI NUOVA OPERA E DI DANNO TEMUTO; DEROGA DI UNA CONDIZIONE; DIRITTO (II) DIPENDENTE DA UN EVENTO FUTURO; DIRITTO (II) SOTTOPOSTO A CONDIZIONE; DONAZIONE CONDIZIONALE; ESTINGUIBILE; ILLICEITÀ DELLA CONDIZIONE; IMPEDIMENTO DELL'AVVERARSI DELLA CONDIZIONE; LEGITTIMAZIONE; MANCANZA DELLA CONDIZIONE; PENDENZA DELLA CONDIZIONE; QUALITÀ; QUIESCENZA; REQUISITO; RESPONSABILITÀ EVENTUALE; RETROATTIVITÀ DELLA CONDIZIONE; SENZA CONDIZIONI; SOTTOPOSTO A CONDIZIONE; *STATUS*; TERMINE; VERIFICARSI DELLA CONDIZIONE). [vol. I: BREACH OF CONTRACT; CONDITION; CONTRACT: IX; PROVIDED THAT; PROVISO; SUBJECT TO]

– **casuale.** Condition (CAUSALITÀ).

– **contrattuale.** (*supra*, CONDIZIONE IN GENERE: 2; CLAUSOLA CONTRATTUALE; CLAUSOLARIO CONTRATTUALE)

– **contrattuale onerosa.** (CLAUSOLA CONTRATTUALE ONEROSA)

– **dello straniero.** Condition of alien (*STATUS*; STRANIERO).

– **di ammissione.** Conditions for eligibility (AMMISSIONE; REQUISITO). [vol. I: ELIGIBLE]

– **di credito.** Credit terms (*supra*, CONDIZIONE CONTRATTUALE; CREDITO). [vol. I: *ad vocem*; CONSUMER CREDIT]

– **di lavoro.** Working conditions (LAVORO; SICUREZZA).

– **di pagamento.** Terms, o terms and conditions, of payment (CLAUSOLA CONTRATTUALE; PAGAMENTO).

– **di procedibilità.** Grosso modo, legal conditions for the commencement or continuation of action, criminal prosecution, appeal, etc. (IMPROCEDIBILITÀ). [vol. I: CAUSE OF ACTION]

– **di punibilità.** Grosso modo, requirement to establish criminal liability (PUNIBILITÀ).

– **di reciprocità.** Condition of reciprocity, subject to reciprocity (RECIPROCITÀ).

– **di riversibilità.** Grosso modo, proviso for redemption (IPOTECA; RISCATTO). [vol. I: REDEMPTION]

– **di riversibilità nella donazione.** Redemption clause in a gift o grant (DONAZIONE). [vol. I: GIFT; GRANT]

– **di trasporto del vettore.** Carrier's conditions of carriage (CLAUSOLA CONTRATTUALE; VETTORE; TRASPORTO).

– **di vedovanza.** Widowhood (*STATUS*; VEDOVANZA). [vol. I: FAMILY PROVISIONS; SUCCESSION; WIFE]

– **di vendita.** Terms, o conditions, of sale (CLAUSOLA CONTRATTUALE; VENDITA).

– **espressa.** (CLAUSOLA ESPRESSA)

– **essenziale del contratto.** (*supra*, CONDIZIONE IN GENERE: 2; CLAUSOLA ESSENZIALE DEL CONTRATTO)

– **generali di contratto.** General conditions of contract (CLAUSOLA CONTRATTUALE; CONTRATTO APERTO; CONTRATTO DI ADESIONE; TERMINI DI UN CONTRATTO). [vol. I: CONSUMER CREDIT; FAIR TRADING; INCOTERMS; STANDARD CONTRACT; WARRANTY]

– **generali di vendita.** General conditions of sale (CLAUSOLA CONTRATTUALE; VENDITA). [vol. I: CONSUMER CREDIT; FAIR TRADING; INCOTERMS; SALE]

– **giuridica.** Legal situation, legal status, legal capacity (SITUAZIONE GIURIDICA).

– **illecita in genere.** Illegal, o unlawful, condition (ILLECITO).

– **impossibile.** Impossible condition (IMPOSSIBILITÀ).

– **legale.** (REQUISITO LEGALE)

– **nella vendita a prova.** (VENDITA A PROVA)

– **potestativa.** Non esiste un termine esattamente equivalente nella *common law*. In Louisiana, *enclave* (grosso modo) di *civil law* negli S.U., la nozione di potestative condition deriva dall'art. 2025 del *Code Civil* ivi esistente. Ma l'analogo di *common law* che maggiormente si avvicina al concetto nostrano è quello di *illusory promise*. Non vi è accordo sugli effetti della diversità di regime, specie in tema di *consideration*, tra le due tradizioni giuridiche (*supra*, CONDIZIONE IN GENERE: 1; CONTRATTO: III). [vol. I: CONTINGENCY]

Bibl.:
von Mehren 1957, ed. 1977: 914.

– **risolutiva.** Condition subsequent o, meno spesso, resolutory condition (*supra*, CONDIZIONE IN GENERE: 1; CLAUSOLA RISOLUTIVA). [vol. I: CONDITION; DEFEASIBLE; RESOLUTORY CONDITION]

– **sospensiva.** Condition precedent, o suspensive condition (*supra*, CONDIZIONE IN GENERE: 1). [vol. I: CONDITION]

– **tacita.** Implied condition, o condition by implication; ma si parla anche di *condition implied by law,* o *condition in law* (DIRITTO (I) IMPERATIVO-DISPOSITIVO; DIRITTO (I) SUPPLETIVO). [vol. I: CONDITION; IMPLIED CONDITION]

Condominio negli edifici in genere. Grosso modo, condominium ownership (COMUNIONE).

1. Ma si noti che — data la diversa articolazione dei diritti immobiliari — la *common law* ignora questa figura di comunione, tipica del sistema dei diritti reali di *civil law*. In tal senso, va rilevato che nei sistemi di *common law* sussiste relativamente allo stesso immobile un concorso di vari *estates*, come, ad es., quelli del *freeholder*, del *life-tenant* e del *leaseholder* la cui durata può andare da centinaia d'anni a pochi anni o mesi: oggetto del diritto è un *estate*, astrazione ignota ai sistemi romanistici.

2. Negli S.U. un analogo del condominio nostrano è stato introdotto in numerosi stati mediante l'*Uniform Condominium Act*, adottato da diversi stati dell'Unione. Peraltro, esso si articola secondo i concetti di *common law* per cui, in breve, si ha una *fee simple ownership* dei singoli appartamenti e una *tenancy in common* per quanto attiene alle parti comuni, dette *common elements*. Il primo stato dell'Unione ad aver adottato il *condominium* è il Portorico, probabilmente a causa delle ascendenze giuridiche spagnole (AMMINISTRATORE DI CONDOMINIO; ASSEMBLEA DEI CONDOMINI; CONDOMINIO; MULTIPROPRIETÀ; PRO INDIVISO; QUOTA; SCIOGLIMENTO DEL CONDOMINIO;

STABILE IN CONDOMINIO). [vol. I: ESTATE; LEASEHOLDER; OWNERSHIP: 8; TENANCY IN COMMON]

Bibl.:
Schlesinger 1950, ed. 1988: 684, n. 3.

– **internazionale.** International condominium. Il termine viene impiegato in diritto internazionale per indicare l'esercizio in comune della sovranità da parte di due o più Stati (REGIME DELLE CAPITOLAZIONI; SOVRANITÀ).

Condomino. Grosso modo, part-owner, tenant in common of a *condominium*; ma non esiste un equivalente esatto (ASSEMBLEA DEI CONDOMINI; CONDOMINIO; SCIOGLIMENTO DELLA COMUNIONE).

Condono in genere. Grosso modo, remission of sentence, commutation of sentence, pardon.
1. Il termine *condonation* è riferito più spesso al perdono condizionale concesso da uno dei coniugi all'altro per un illecito matrimoniale (*matrimonial offence*) che sarebbe motivo di divorzio. Ma la *condonation* non costituisce più una preclusione del diritto di chiedere il divorzio nel sistema inglese, in cui l'unica causa di divorzio è ora l'*irretrievable breakdown of marriage*.
2. Invece, essa è ancora rilevante negli S.U. — stato federale — in quegli stati dell'Unione che non hanno adottato il c.d. *no-fault divorce,* ossia il divorzio che, prescindendo dalla colpa, è motivato dall'*irretrievable breakdown of marriage* o da *irreconciliable differences* (AMNISTIA; COMMUTAZIONE DELLA PENA; DIVORZIO; GRAZIA; INDULTO; PENA; PERDONO; REMISSIONE DELLA PENA; SOSPENSIONE DELLA PENA). [vol. I: COMMUTATION; CONDONATION; REPRIEVE]

– **del debito.** (REMISSIONE DEL DEBITO)

– **edilizio.** Grosso modo, pardon for infringement of building, o zoning, regulations. Ma non esiste nei paesi civili (PIANO REGOLATORE).

– **fiscale.** Grosso modo, amnesty for tax evasion: nelle dimensioni nostrane, virtualmente ignoto e impensabile nei paesi civili; ma attivamente praticato nel nostro che, almeno per questo capo, civile non è (*supra*, CONDONO EDILIZIO).

Condotta in genere. Behaviour, conduct.
1. La condotta delle parti nella fase extraprocessuale e in quella processuale assume una fondamentale importanza nel diritto inglese e nordamericano; essa è sanzionata dalle regole dell'*equity* — si pensi, anzitutto, all'*estoppel* — e da quelle relative all'abuso delle norme processuali, il quale ultimo può costituire addirittura *contempt of court.*
2. L'*estoppel* assume un'importanza prevalente; esso costituisce uno dei concetti più interessanti della *common law,* oggetto della massima elaborazione negli S.U. Ma, com'è stato osservato, il principio relativo è ben noto alla *civil law* sotto il nome di *exceptio doli*, o *venire contra factum proprium*: principio generale comune alle due tradizioni giuridiche. Dalla sua originale natura di ordine procedurale relativo alla *law of evidence*, è stato utilizzato in numerose branche dell'ordinamento e, in particolare, in tema di contratti, divenendo un principio sostanziale di notevole importanza che include, tra l'altro, la tutela dell'affidamento dei terzi e sanziona il dovere di buona fede.
3. Condotta, responsabilità e pena appaiono spesso concatenati: i c.d. *contemptuous damages, exemplary, vindictive, punitive damages, aggravated damages*, ossia la condanna al risarcimento al di sotto o al di là del danno effettivamente arrecato, è diretta a punire una condotta considerata riprovevole.
4. Un insieme di princìpi, o di di regole, cui un'entità, un gruppo o un individuo si attiene è definito *policy*, parola di non agevole traduzione (ABUSO DEL DIRITTO PROCESSUALE; ACCETTAZIONE TACITA; BUONA CONDOTTA; CATTIVA CONDOTTA; CERTIFICATO DI BUONA CONDOTTA; CODICE DI CONDOTTA; COMMISSIONE DEL SENATO DEGLI S.U. SULL'ETICA PARLAMENTARE; COMPORTAMENTO; CORRETTEZZA; CREDENZIALI; DANNO MORALE; DEONTOLOGIA PROFESSIONALE; DOVERE DI CORRETTEZZA; ETICA; INTENZIONALE; MODELLO DI CONDOTTA; PENA; PERSUASIONE; PRASSI; PRATICA; PRECLUSIONE; PROPRIETÀ APPARENTE; REGOLA DI CONDOTTA; RESPONSABILITÀ; RISARCIMENTO; SANZIONE). [vol. I: ABUSE OF RIGHT; CHARACTER; CONDUCT; DAMAGES: I; EQUITY; ESTOPPEL; TORT: XI; VEXATIOUS ACTION]
5. Nel processo penale, principio generale — che subisce peraltro talune circoscritte eccezioni — è che non è consentito rivelare prima e durante il processo i precedenti penali dell'imputato: essi assumono rilevanza soltanto al momento della comminazione e della determinazione della pena (CONDANNA PENALE; PRECEDENTI PENALI). [vol. I: PREVIOUS CONVICTIONS]
6. Si parla di etiquette at the Bar o, negli S.U., di etiquette of the profession, per riferirsi alle regole di deontologia professionale degli esercenti la professione forense (DEONTOLOGIA PROFESSIONALE FORENSE; ETICA; PROFESSIONE FORENSE). [vol. I: ETIQUETTE AT THE BAR; JUDGE; LEGAL PROFESSION]

– **anticoncorrenziale.** Anti-competitive conduct (CONCORRENZA).

– **colposa.** Wrongful conduct (COLPA). [vol. I: WRONG]

– **professionale.** Professional conduct (ETICA PROFESSIONALE; DEONTOLOGIA PROFESSIONALE FORENSE; RESPONSABILITÀ PROFESSIONALE).

– **scorretta.** Misconduct, unethical behaviour (CENSURA; MALCOSTUME; SCORRETTEZZA).

Conduttore. Non sembra che esista un esatto equivalente nella *common law* in cui, in breve, si parla di: *a)* in tema di mobili, *hirer*; *b)* in tema di immobili, *lessee*. Si noti che quest'ultimo termine, impiegato nel *leasing*, viene tradotto da noi con quello di conduttore. Di solito, si parla di *hire*, *letting (renting) of things*, o *of goods*, e di *lease of land*. Talvolta il *bailee* assume la figura del conduttore. Ma si tratta di terminologia spesso fuorviante che, in ogni caso, va inquadrata nella assai diversa teoria generale dei diritti e del contratto di quella tradizione giuridica, in cui si riscontra l'assenza di equivalenze concettuali ai termini romanistici (AFFITTUARIO; COLPA DEL CONDUTTORE; DEPOSITARIO; LOCATARIO; NOLEGGIO; RIPARAZIONI A CARICO DEL CONDUTTORE). [vol. I: BAILMENT; BAREBOAT CHARTER; HIRE; LEASING; OCCUPIER'S LIABILITY]

– **di autoveicolo.** Operator of automobile (AUTISTA; GUIDA; GUIDATORE; OPERATORE; OSPITE).

– **di immobili.** In maniera molto approssimativa, tenant, lessee o leaseholder, occupier; ma non esiste un corrispondente esatto (LOCAZIONE; OSPITE). [vol. I: ESTATE; LEASE; OWNERSHIP; TENANCY]

– **di mobile.** Hirer; il noleggiatore di nave o aereo è detto charterer (NOLEGGIO). [vol. I: BAREBOAT CHARTER; CHARTERPARTY; LEASING]

Conduttura/e in genere. Main, duct, pipe (ESPROPRIAZIONE PER PUBBLICA UTILITÀ; SERVITÙ; SERVIZIO DI PUBBLICA UTILITÀ).

– **elettriche.** Electric mains (PASSAGGIO; SERVITÙ DI PASSAGGIO).

Confederazione. Confederation; da non confondere con federazione, che costituisce una forma integrata di associazione tra stati.
1. In breve, la confederazione consiste in una alleanza permanente tra stati, ognuno dei quali ritiene la propria sovranità e indipendenza piena, rinunciando ad una piccola parte di essa a favore di un organo centrale, più spesso per quanto attiene alle relazioni internazionali. Il rapporto confederale intercorre esclusivamente tra il governo centrale della confederazione e i singoli stati membri, *ma non con i cittadini di ognuno di essi*. L'organo centrale è subordinato al potere dei singoli stati, e al potere di veto di ognuno di essi: di conseguenza, diventano in effetti eseguibili solo le decisioni prese all'unanimità. A differenza dell'*Unione*, associazione *indissolubile* per definizione, gli stati membri della confederazione possono sempre ritirarsi denunziando il relativo accordo: *Stars and Stripes for Ever*, suona invece la marcia nazionale dell'Unione nordamericana (SECESSIONE).
2. Viceversa, nella federazione, gli stati membri godono di una sovranità limitata (*quasi-sovereignty*), e l'autorità federale si esercita nei confronti di *tutti* i cittadini degli stati membri considerati nell'insieme come *citizens of the nation*. Insomma, la caratteristica tipica del federalismo è la doppia sovranità, ossia federale, e dei singoli stati dell'Unione (DOPPIA SOVRANITÀ).
3. Peraltro, nell'ambito delle associazioni tra stati, quella tra confederazione e federazione non è una distinzione rigida: il confine tra l'una e l'altra è spesso assai fluido, e il termine impiegato non deve ingannare: vi sono delle confederazioni che sono in effetti delle federazioni, come quella svizzera. Mentre quella tra le varie regioni della ex Jugoslavia, se e quando sarà possibile, non potrà essere — per ragioni intuitive — che una confederazione in senso stretto, ossia con il minimo possibile di potere centrale, quale che sia il termine impiegato. Si tratta, insomma, di nozioni di riferimento il cui contenuto concreto va verificato di volta in volta. Con queste premesse, sembra potersi dire che, in via di massima, mentre in una confederazione gli stati membri ritengono la loro personalità internazionale, nella federazione il soggetto di diritto internazionale è normalmente la federazione, o stato federale. In altre parole, gli stati confederati (*Staaten-bund*) sono degli stati aventi piena sovranità, associati per il mantenimento delle loro relazioni internazionali mediante un trattato internazionale, in una unione con propri organi dotati di taluni poteri sugli stati membri, *ma non sui loro cittadini*. Una tale associazione è poco più di una unione reale; essa costituisce una confederazione internazionale di stati i cui membri, come si è detto, restano pieni stati sovrani e separati soggetti di diritto internazionale. Di conseguenza, una associazione di stati confederati non costituisce un soggetto di diritto inter-

nazionale, per quanto esso sia trattato come tale per il fatto di rappresentare l'assieme del potere degli stati membri pienamente sovrani.

4. L'esperienza storica ha dimostrato che la confederazione rappresenta un tipo di organizzazione tra stati che a lungo termine si dimostra insufficiente e inadeguata. M. A. Jones [1983, trad. it.: 62] spiega bene le grandi difficoltà interne e internazionali che incontrò la confederazione nordamericana. È per queste ragioni che le tre associazioni di stati confederati dei tempi moderni — ossia gli Stati Uniti d'America, la Confederazione Tedesca e quella Svizzera — si sono trasformate in stati federali.

5. Lo stato federale costituisce una unione perpetua di diversi stati sovrani con propri organi ed esercita poteri non soltanto sugli stati membri, *ma anche sui loro cittadini.* L'Unione è basata di solito prima su un trattato internazionale tra gli stati membri e successivamente su una costituzione federale da essi accettata. La federazione moderna è il frutto della *genialità dei giuristi americani* del diciottesimo secolo tra cui, anzitutto, Hamilton, Jay e Madison che hanno delineato la distinzione fondamentale rispetto alla confederazione: Kent e Story, i due massimi costituzionalisti nordamericani, hanno fatto proprio questa distinzione accettata finora dalla maggioranza degli studiosi. Ovviamente, se uno stato federale forma esso stesso uno stato, oltre a quello dei singoli stati membri, la sovranità deve essere ripartita tra lo stato federale e i singoli stati membri; come pure è evidente che si debba porre anche la questione delle materie in cui la legge federale dovrà prevalere su quella dei singoli stati dell'Unione. Il principio alla base di questa divisione è quello dei *poteri residuali*, per cui spettano agli stati-membri tutte quelle attribuzioni che non siano state delegate allo stato federale. Nell'ambito delle sue attribuzioni, lo stato federale può adottare leggi vincolanti direttamente per i cittadini degli stati-membri. In diritto internazionale questa ripartizione dei poteri tra stato federale e singoli stati dell'Unione ha rilevanza essenzialmente ai fini della capacità di diritto internazionale. Poiché è sempre lo stato federale che ha il potere di dichiarare guerra, fare la pace, stipulare trattati e stringere alleanze ed altri trattati politici, inviare e ricevere diplomatici, mentre nessuno stato membro può fare altrettanto, lo stato federale, se riconosciuto, costituisce esso stesso un soggetto giuridico internazionale con gli attributi di uno stato sovrano. D'altro canto, la posizione internazionale degli stati membri di una federazione non è del tutto chiara. Si sostiene comunemente che essi sono privi di qualsiasi *status* internazionale; ma non è questo necessariamente il caso. In effetti, mentre la s. 10 dell'art. I della veneranda costituzione degli S.U. stabilisce che « *No State shall enter into any Treaty, Alliance, or Confederation* », l'art. 32 della più giovane *Grundgesetz* della Repubblica federale tedesca del 1949, stabilisce che, nella misura in cui gli stati-membri della federazione (*ma è dubbio che si tratti di vera federazione*) sono muniti di potere legislativo nella materia, essi possono concludere trattati con l'approvazione del governo federale. Insomma, secondo Oppenheim sembra potersi dire che gli stati-membri di uno stato federale sono muniti di un grado *affievolito* di personalità internazionale, limitata a determinati fini.

6. Peraltro, in taluni casi, lo stato federale assume — come negli S.U. — la *rappresentanza integrale* di tutti gli stati-membri, di guisa che questi ultimi appaiono affatto sprovvisti di personalità internazionale. Nel modello nordamericano gli stati-membri sono sovrani, ma soltanto per quanto attiene agli affari interni, tutta la sovranità internazionale essendo assorbita dallo stato federale.

7. Gli stati federali attualmente esistenti sono: gli Stati Uniti d'America, dal 1787: il primo stato federale della storia moderna, il modello più antico e l'immagine stessa della democrazia; altri stati federali sono: la Svizzera dal 1848, il Messico dal 1857, l'Argentina dal 1860, il Canada dal 1867, la Germania dal 1871 (con l'interruzione nazista 1933-1945), il Brasile dal 1891, il Venezuela dal 1893, l'Australia dal 1901, l'Unione delle Repubbliche Socialiste Sovietiche dal 1918 (e la Federazione Russa dal 1989), il Pakistan, l'India e l'Indonesia dal 1949. Ormai almeno la metà della popolazione mondiale ha adottato la struttura federale anche se, ovviamente, come si è detto, non esiste un tipo unico di federalismo e la esatta natura giuridica del termine va accertata di volta in volta per ogni ordinamento. Si afferma spesso che la struttura federale costituisce la forma stato dell'avvenire; sia consentito di esprimere qualche perplessità, determinata sia dalla tendenza alla frantumazione della sovranità anche nell'ambito degli antichi stati nazionali, sia per effetto dei micromovimenti indipendentisti diffusi ormai su tutto il pianeta. Si sostiene altresì che attualmente non esistono confederazio-

ni di stati; eppure, le N.U. la massima associazione tra stati del pianeta, con 185 membri, è, appunto, una confederazione, come lo era la Società delle Nazioni, entrambe associazioni di stati sovrani. La stessa Unione Europea — a parte il nome e taluni aspetti particolari della normativa comunitaria attinenti alla *pre-emption* — nella misura in cui si può catalogare una associazione di stati che non è né una confederazione né una federazione in senso stretto — sembrerebbe rientrare più nella struttura della confederazione che in quella della federazione [cfr. Oppenheim 1905-06, vol. I, ed. 1955: 173, 174]. Sotto questo aspetto, si osserva che la ricorrente proposta di porre le forze armate degli S.U. alle dipendenze dirette del Consiglio di Sicurezza della N.U. appare una assurdità giuridica prima ancora che politica: giustificato appare quindi il netto rifiuto del governo federale che raccoglie il consenso della stragrande maggioranza dei cittadini dell'Unione.

8. Gli Stati Uniti sono stati una confederazione dal 1778 al 1787: la storia costituzionale di questa grande democrazia passa dagli *Articles of Confederation* — che univano in una confederazione i 13 stati originari — alla *Union,* sancita dalla successiva costituzione che diede luogo alla creazione dello stato federale nel 1789. Il passaggio dalla *Confederation* alla *Union*, ossia dalla confederazione alla federazione, costituice una tappa fondamentale nell'esperienza costituzionale moderna. L'art. VI, s. 1, della costituzione federale dà atto di questo passaggio nel regolare la successione nelle obbligazioni e negli impegni della Confederazione come segue: « All Debts contracted and Engagements entered into, before the Adoption of this Constitution shall be as valid against the United States under this Constitution, as under the Confederation ».

9. Il preambolo della costituzione federale esprime bene questa evoluzione col dire: *We the People of the United States, in Order to form a more perfect Union...* Qui « a more perfect Union » è riferita a quella allora esistente, ossia, in senso stretto, alla confederazione.

10. Alexander Hamilton fu tra i primi a denunciare il vizio di fondo della originaria confederazione nordamericana sollecitando l'adozione di una costituzione federale che consentisse la creazione di un effettivo potere superiore a quello dei singoli stati dell'Unione. Questa concezione diede luogo allo scontro tra federalisti e repubblicani: celebri sono restati gli articoli di Hamilton, Madison e Jay che vanno sotto il nome di *The Federalist* (1788), probabilmente la *Summa* del pensiero politico-costituzionale moderno.

11. Ma, conclusosi con la vittoria dei federalisti, il conflitto che li opponeva ai repubblicani (confederazionisti) doveva riprodursi in forma violentissima quasi un secolo dopo: il gruppo di stati (*South Carolina, Georgia, Florida, Alabama, Mississippi, Louisiana, Texas, Virginia, North Carolina, Tennessee, Arkansas*) che nel 1861 dichiarò sciolta l'Unione dando inizio alla guerra di secessione si diede una costituzione confederale: di qui la definizione di *Confederate states,* o *confederates.*

12. Concludendo queste schematiche considerazioni su un tema assai complesso, sembra potersi dire che la confederazione si presenta più spesso come la prima fase del *passaggio* da una forma meno a una più intensa di associazione tra stati diversi, ma uniti essenzialmente dall'idea di una comune appartenenza, dal disegno di stare assieme e, diciamolo, dall'amor di patria. Quello jugoslavo appare un caso a parte: crollata la dittatura che aveva imposto la federazione tra popoli così diversi e ostili tra loro, la confederazione si presenta come la sola composizione possibile delle diversità.

13. Ormai il movimento c.d. federalista italiano — quello interno, per intendersi — per una serie di ragioni che qui non mette conto analizzare ma certo anche per carenza di uomini (e di donne), la rinunzia all'istanza laica e liberaldemocratica, e alla radicale modernizzazione dello sgangherato capitalismo italiano — appare avviato al tramonto. Peccato: non foss'altro perché esso ha sollevato questioni politiche fondamentali che nessun partito — a partire dalla ineffabile sinistra — si è mai sognato anche soltanto di nominare. Beninteso, mancano nella cultura europea, e italiana in particolare, le *premesse* della federazione, e appaiono assai tenui quelle della confederazione: il movimento leghista è movimento secessionista che rivendica, non del tutto a torto, l'*autodeterminazione*, anche se è costretto ad adottare la fraseologia federalista. Ma quali che siano i suoi travagli, essi meriterebbero una qualche risposta istituzionale se la politica non deve ridursi, come accade da noi, ad affrontare (assai male) l'immediato. Ma se, ovviamente, mancano le condizioni, del resto storicamente ignote anche nei grandi paesi europei, per la federazione (13 colonie protestanti, di lingua inglese, eredi del co-

stituzionalismo inglese, animate da fortissimo spirito patriottico, guidate da uomini come Thomas Jefferson, Alexander Hamilton, James Madison e John Jay, etc. etc.), mancano anche le *prémisses* di una *confederazione* che è ben altra, più modesta, anche se rispettabilissima, cosa. Comunque, se un qualsiasi progetto politico deve pure presto o tardi fare i conti con il numero dei consensi che riscuote, si pone la *domanda fondamentale* se, cioè, un movimento come quello leghista, che rappresenta, all'evidenza, soltanto un frammento dell'Italia del Nord, sia in grado di assicurarsi la vittoria in un assai improbabile referendum sull'autodeterminazione, o addirittura di attuare una secessione con la forza delle armi.
14. Il termine *confederacy* indica anche l'accordo tra due o più soggetti per commettere un illecito penale o civile: in tal caso, si parla più spesso di *conspiracy* (ALLEANZA; ASSOCIAZIONE PER DELINQUERE; DIRITTO (I) INTERNAZIONALE: 2; FEDELTÀ VERSO IL SOVRANO o LO STATO; FEDERALISMO; FEDERAZIONE; MAGGIORANZA QUALIFICATA; POTERE DI VETO; RATIFICA DI UN TRATTATO INTERNAZIONALE; RICOSTRUZIONE; SECESSIONE; TRIBUNALE INTERNAZIONALE PER I CRIMINI CONTRO L'UMANITÀ; UGUAGLIANZA DEGLI STATI; UNANIMITÀ; UNIONE; VETO; VOTO PONDERATO). [vol. I: CONFEDERACY; CONSPIRACY]

Bibl.:

Levi, L., *Confederazione*, in *Dizionario di Politica* 1976, ed. 1983: 210, at 211.
Oppenheim 1905-02, vol. I., ed. 1955: 173.

– **Europea del Lavoro.** European Confederation of Trade Unions, o ETUC (SINDACATO). [vol. I: TRADE UNION]

Conferenza. Conference; ma si noti che il termine indica anche una istituzione internazionale e, in tema di trasporti internazionali, una intesa tra vettori e, anche, la relativa associazione (ATTI DI UNA ASSEMBLEA, CONFERENZA, RIUNIONE; CONGRESSO; CONSULTAZIONE; INCONTRO; OSSERVATORE A UNA CONFERENZA). [vol. I: CONFERENCE]

– **aerea.** Air traffic conference (TRASPORTO AEREO).

– **dell'Aia.** Hague Conference; si tratta di un organismo internazionale permanente (DIRITTO (I) INTERNAZIONALE PRIVATO; LEGGE STRANIERA; UNIFICAZIONE DEL DIRITTO INTERNAZIONALE PRIVATO). [vol. I: HAGUE CONFERENCE; PRIVATE INTERNATIONAL LAW; UNIFICATION OF LAW]

– **di pace.** Peace conference (PACE).

– **diplomatica.** Diplomatic conference (OSSERVATORE A UNA CONFERENZA; TRATTATO INTERNAZIONALE). [vol. I: DIPLOMATIC; FINAL ACT; HAGUE CONFERENCE; INTERNATIONAL CONFERENCE; INTERNATIONAL LAW; TREATY]

– **internazionale.** International conference (*supra*, CONFERENZA DIPLOMATICA).

– **marittima.** Shipping (o liner) conference, conference. Può dar luogo ad una pratica monopolistica. Negli S.U. la materia ricade nelle attribuzioni dello stato federale (ESTERNO; MONOPOLIO; RATA DI NOLO CONFERENZIATA; TRASPORTO MARITTIMO; VETTORE MARITTIMO). [vol. I: ANTI-TRUST ACTS; CARRIAGE: IV; CODE OF CONDUCT; SHIPPING CONFERENCE].

– **regionale di pace.** Regional peace conference (PACE).

Conferimento in genere. Contribution, grant, vesting, conferment, assignment, bestowal, allocation, allotment (ALIENAZIONE; APPORTO; ASSEGNAZIONE; CESSIONE; CONTRIBUTO; STANZIAMENTO; TRASFERIMENTO). [vol. I: ALIENATION; ASSIGNMENT; VESTING; TRUST]

– **di autorità** o **potere in genere.** Giving authority, giving power, conferring responsibility, empowerment, empowering, enabling, commission (to) (AUTORITÀ; COMMISSIONE; INCARICO; POTERE). [vol. I: ENABLING ACT]

– **di capitale da parte dei soci.** Contribution by shareholders (AZIONISTA DI SOCIETÀ; CAPITALE; SOCIETÀ (II) COMMERCIALE). [vol. I: CALL ON CONTRIBUTORIES; CAPITAL]

– **di un diritto in genere.** Vesting, transfer, o assignment, of an interest, o of a right (DIRITTO (II); TRASFERIMENTO DEL DIRITTO). [vol. I: ASSIGNMENT; TRANSFER; VEST; VESTING]

Conferma in genere. Confirmation, affirmation, upholding, ratification, acknowledgment, endorsement. Negli S.U., ai sensi dell'art. II, s. 2, cl. 2, della costituzione federale, le nomine presidenziali agli alti uffici devono essere confermate dal Senato: è questo il senso dell'espressione *by and with the Advice and Consent of the Senate* contenuta nel suddetto articolo (APPROVAZIONE; ARRA CONFIRMATORIA; ATTO CONFERMATORIO; CONVALIDA; LETTERA DI CONFERMA; NOMINA; RATIFICA; RETTIFICA; RICONOSCIMENTO; SALVO CONFERMA; SISTEMA DELLE SPOGLIE). [vol. I: ADOPTION OF CONTRACT; ADOPTION OF TRANSACTION; ADVICE AND CONSENT; AFFIRM; CONFIRMATION]

– **del contratto.** (CONSERVAZIONE DEL CONTRATTO)

– **della pena.** Affirmation of sentence (PENA).

– **della sentenza in appello.** Affirming, o upholding, the judgment of the court below (APPELLO; SENTENZA). [vol. I: AFFIRM THE JUDGMENT OF THE COURT BELOW; APPEAL; REVERSAL]

Confermato. Approved, confirmed (CONFERMA; LETTO, CONFERMATO E SOTTOSCRITTO DALLE PARTI). [vol. I: *ad vocem*; APPROVAL]

Confessione in genere. Confession, self-incrimination. Va distinta dall'*admission*, che indica non già il riconoscimento della propria colpevolezza, ma l'ammissione di un singolo fatto addotto dall'accusa. Ma si noti che ammettere la propria colpevolezza da parte dell'imputato in sede giudiziaria è detto *plead (to) guilty*: il senso di quest'espressione non ha giuridicamente un equivalente preciso nei sistemi processuali di *civil law*, data la diversità della procedura esistente nelle due tradizioni giuridiche. In effetti, una volta rinviato a giudizio l'imputato (*committal for trial*), dopo un certo numero di settimane, si fa luogo alla fase dell'*arraignment* dell'imputato — priva di precisa equivalenza nel sistema processuale italiano — in cui in sede giudiziaria gli vengono letti i capi di imputazione chiedendogli se si dichiara colpevole o non colpevole (*guilty or not guilty*); nel primo caso, si fa luogo al *trial* che ha luogo successivamente (nei reati gravi bisogna far luogo alla costituzione della giuria); qualora, invece, l'imputato si dichiari colpevole (*guilty*) si fa luogo alla fase del *sentencing*, ossia alla irrogazione della pena che può aver luogo immediatamente dopo, ovvero può comportare una procedura e tempi particolari. L'*arraignment* — fase del processo tipica della tradizione di *common law* — consente l'ammissione di colpevolezza dell'imputato, come si dice, *in advance of trial*. Qualcosa di lontanamente analogo — del resto di recente importazione nel nostro codice — esiste in quei sistemi, come quello nostrano — nell'ambito dei procedimenti speciali (cfr. art. 444 c.p.p. — applicazione della pena su richiesta) — francese e tedesco, in cui l'ammissione della colpevolezza viene collegata al c.d. patteggiamento [cfr. Emmins 1981, ed. 1992: 82].

1. « No persons shall be held to answer for a capital, or otherwise infamous crime, unless (...) nor shall be compelled in any criminal case to be a witness against himself » recita il V emendamento [1791] della costituzione degli S.U. Quando un inquisito in Inghilterra e negli S.U. si appella al proprio diritto di rifiutarsi di testimoniare contro sé stesso, si riferisce a questa precisa garanzia giuridica, tipica del processo di *common law* inglese e nordamericano (anche se in quest'ultimo è assurta al rango di garanzia costituzionale). Che, in sostanza, non altro è che la concreta applicazione del principio della presunzione di innocenza: spetta all'accusa portare le prove della colpevolezza, e l'imputato non è tenuto né a dare la prova (spesso diabolica) della propria innocenza, né a confessare anche quando abbia effettivamente commesso il reato di cui è accusato.

2. Com'è stato osservato: « Da noi, invece, la confessione è gradita, socialmente e giuridicamente premiata »; ma questo non dipende soltanto da ragioni storico-culturali e dal tipo di processo nostrano. Dipende anche dal fatto che le capacità investigative proprie degli organi inquirenti sono zero, salvo rare eccezioni. E, comunque, quando si tratti di reati associativi — i reati socialmente più rilevanti nel nosto paese — la confessione del compartecipe diventa fondamentale data anche la virtuale inesistenza di autonome capacità di indagine degli uffici giudiziari.

3. Del resto, anche in Inghilterra e negli S.U., anche se in un contesto di delinquenzialità istituzionale ed economica molto minore, le confessioni degli associati, utilizzate da organi di accusa e da una polizia efficiente, hanno prodotto risultati eclatanti nella lotta alla criminalità organizzata.

4. In pratica, come si è accennato, la confessione consiste più spesso nel *plea of guilt*, ossia nella dichiarazione di colpevolezza da parte dell'imputato nella fase dell'*arraignment*. Quanto alla confessione prodotta in giudizio dall'accusa e alle differenze tra sistema inglese e nordamericano, sembra potersi dire che quest'ultimo stabilisce criteri di esclusione della prova raccolta illegalmente dalla polizia notevolmente più rigidi (AMMISSIONE). La volontarietà della confessione — da provare dall'accusa — costituisce requisito fondamentale della sua validità; diversamente, essa non è utilizzabile. La confessione estorta con violenza fisica o psichica all'imputato — detta *compulsory self-incrimination* — rende *involuntary* una confessione o ammissione, ossia inammissibile in quanto in violazione del V emendamento [1791] e della *due process clause* del XIV emendamento [1868] della costituzione federale (AUTOINCRIMINAZIONE).

5. Eppure, il regime inglese — in misura minore quello nordamericano che prevede maggiori garanzie — ha rivelato sotto questo aspetto gravissime carenze spesso fonti di tragici errori giudiziari. In effetti, come dimostra l'esperienza giudiziaria, la « regina delle prove », come spesso viene definita la confessione, può in determinate circostanze — e non soltanto nei processi comunisti — trasformarsi in una *self-incrimination* dell'imputato innocente perfino in paesi come l'Inghilterra in cui, a differenza del sistema scozzese, la *uncorroborated confession* da parte dell'imputato è sufficiente ad assicurarne la condanna.
6. I casi dei *Guildford 4*, dei *Tottenham 3*, e dei *Birmingham 6*, il caso *Maguire*, ben più che dei drammatici errori giudiziari, costituiscono la fine di un mito. Il caso dei *Birmingham 6*, forse il più grave, si riferisce a un attacco terroristico effettuato nel 1974 in un *pub* di Birmingham che aveva provocato la morte di 21 persone. La polizia, sotto la pressione dell'opinione pubblica, aveva estorto agli imputati una confessione che, anche se successivamente ritrattata, non era riuscita a convincere la giuria della loro innocenza. Compito fondamentale della giuria è quello di credere o meno alla colpevolezza dell'imputato: i *Birmingham 6* (prosciolti successivamente dalla *Court of Appeal* dopo 16 anni di detenzione), non furono creduti [Rozenberg 1994: 303].
7. Ad onor del vero, bisogna aggiungere che la polizia di Birmingham, prona a metodi del genere, a seguito dello scandalo subiva una radicale riorganizzazione con il licenziamento in tronco dei responsabili; inoltre, il Police and Criminal Evidence Act 1984 disponeva, tra l'altro, l'obbligo della registrazione su nastro delle confessioni e la presenza del difensore.
8. Peraltro, in occasione delle forti polemiche determinate dal caso dei *Birmingham 6*, è stato giustamente obiettato che se si abolisse del tutto la regola inglese dell'*uncorroborated confession* diventerebbe impossibile perseguire molti crimini come, ad es., quello di violenza a un minore in cui si ha la confessione dell'imputato, ma la vittima non è ammessa a testimoniare.
9. La letteratura sulla materia è vastissima: si segnala, in particolare il citato saggio di Rozenberg; un'eccezione è costituita da *Justice* — sezione britannica dell'*International Commission of Jurists* — che nonostante vi sia tenuta istituzionalmente — salvo qualche fugace accenno, ha deciso di non trattare la materia. Peraltro, va dato atto in modo particolare dello splendido servizio radiofonico dell'8 marzo 1992 dal titolo « Uncorroborated Evidence » trasmesso dal giustamente celebrato BBC World Service (AMMISSIONE; AUTOINCRIMINAZIONE; AZIONE (I) PENALE; CHIAMATA DI CORREO; COLPEVOLEZZA; CORROBORAZIONE DELLA PROVA; CRIMINALITÀ ORGANIZZATA; DEPOSIZIONE NEL PROCESSO PENALE; ERRORE GIUDIZIARIO; GIURIA; PATTEGGIAMENTO; PENTITO; POLIZIA; PROVA; RICONOSCIMENTO; RISCONTRO DELLA PROVA; SCONFESSIONE; SILENZIO; TRADIMENTO). [vol. I: ADMISSION; AFFIDAVIT; CONFESSION; CORROBORATION; EVIDENCE; INNOCENCE, PRESUMPTION OF]

– **estorta.** Extorted confession, involuntary statements. La regola di *common law* in materia stabilisce il divieto di utilizzare dichiarazioni non volontarie dell'imputato; essa impone, in definitiva, un controllo sull'attività della polizia. Questa regola è stata rafforzata sia nel sistema inglese che in quello nordamericano mediante provvedimenti legislativi, decisioni giurisprudenziali e codici di condotta della polizia (come, ad es., in Inghilterra, il *Code of Practice for the Detention, Treatment and Questioning of Persons by the Police*, elaborato dall'Home Office in base alla s. 66 del Police and Criminal Evidence Act 1984). Celebri sono le decisioni in materia della *Supreme Court* negli S.U. (AMMISSIONE; DICHIARAZIONI DELL'IMPUTATO; INTERROGATORIO DI POLIZIA; POLIZIA; PROVA).

– **extragiudiziale.** Extrajudicial, o out of court, confession (EXTRAGIUDIZIALE).

– **giudiziale.** Judicial confession, o admission (AMMISSIONE GIUDIZIALE). [vol. I: COGNOVIT; PLEA; RECOGNIZANCE]

– **religiosa.** Religious faith (CHIESA; LIBERTÀ DI CULTO; RELIGIONE).

Confidente. Informer (AGENTE PROVOCATORE; DISCREZIONALITÀ DELL'AZIONE PENALE; INFILTRATO; INFORMATORE; PENTITO; SPIONAGGIO; TESTIMONE).

– **della polizia.** Police informer (POLIZIA).

Confidenziale. Confidential; di un documento si dice che esso è *classified* (COMUNICAZIONE; CONFIDENZIALITÀ).

Confidenzialità. Confidentiality (COMUNICAZIONE; CONFIDENZIALE; DICHIARATO; INFORMAZIONE; LIBERO DA INFLUENZA ALTRUI; RISERVATEZZA). [vol. I: CONFIDENTIAL; PRIVACY; PRIVILEGED COMUNICATIONS]

– **tra le parti.** Confidentiality of parties (FRODE).

Confinante. Adjoining, abutting, contiguous (CONDOMINIO; CONFINE; CONTIGUO; SUOLO CONFINANTE). [vol. I: ADJACENT; ADJOINING; BOUNDARY; CONTIGUOUS]

Confine/i. Border, boundary, frontier. Ma negli S.U. — stato federale — non esistono tra uno stato e l'altro dell'Unione posti di frontiera: il passaggio è segnato da un semplice cartello ed avviene senza soluzione di continuità. La demarcazione che segna il passaggio dall'uno all'altro stato è detta *state line* (ACCORDO SUI CONFINI; APERTURA DEI CONFINI; AZIONE (I) DI REGOLAMENTO DEI CONFINI; CONFINANTE; DELIMITAZIONE DEI CONFINI; DEMARCAZIONE; FRONTIERA; LIBERO SCAMBIO; LIBERTÀ DI CIRCOLAZIONE COMUNITARIA; LIMITE; MERCATO COMUNE; MODIFICA DEI CONFINI; MURO DIVISORIO; PASSAPORTO; SCHIAVITÙ). [vol. I: AIR SPACE; BORDER; BOUNDARY; FRONTIER; HIGH SEAS; INCLOSURE; SOVEREIGNTY; TERMINUS; TERRITORY]

– **del suolo.** Land boundaries (SUOLO).

– **di un immobile.** Abuttals, o boundaries, of premises, of land, of estate (IMMOBILE). [vol. I: BOUNDARY; PARTY WALL]

– **nazionale.** National border, border.

Confino di polizia. (SOGGIORNO OBBLIGATO). [vol. I: POLICE]

Confisca. In diritto internazionale si impiega l'espressione confiscation; ma nella *common law* si parla anche di *forfeiture*; il sequestro è detto più spesso *seizure*, *attachment* o *impounding*. La confisca (*forfeiture*) può aver luogo soltanto nei casi previsti espressamente dalle legge, di solito in relazione alla commissione di taluni reati. Nel sistema inglese la *Crow Court*, nel pronunciare la sentenza di condanna per reati in tema di stupefacenti (*drug offences*), può emettere un *confiscation order* degli utili relativi. Sono detti *non-forfeitable* i beni non confiscabili; ma non di rado il termine indica anche i beni impignorabili (ATTO POLITICO; BENE CONFISCATO; BENI IMPIGNORABILI; ESPROPRIAZIONE; INCAMERAMENTO DI FONDI; PRIVAZIONE DELLA PROPRIETÀ; RESTITUZIONI NEL REATO; SEQUESTRO). [vol. I: ACT OF STATE; ARREST; ATTACHMENT; COMPENSATION; COMPULSORY PURCHASE; CONFISCATION; EMINENT DOMAIN; FORFEITURE; NATIONALIZATION; PRIZE; REQUISITION; SABBATINO CASE; SEIZURE; SEQUESTRATION]

– **di beni, del patrimonio, di organizzazioni criminali.** Forfeiture of assets belonging to criminal organizations (CRIMINALITÀ ORGANIZZATA; PROVENIENZA ILLECITA).

– **di merci di contrabbando.** Forfeiture, o confiscation, of smuggled goods (MERCI DI CONTRABBANDO; PROVENIENZA ILLECITA; SEQUESTRO DI MERCI DI CONTRABBANDO). [vol. I: CONTRABAND; SMUGGLING]

– **di nave** o **aeromobile.** Forfeiture of ship o of aircraft (AEROMOBILE; NAVE; SEQUESTRO CONSERVATIVO DI NAVE). [vol. I: ACTION; ARREST OF SHIP; PRIZE]

Confliggente in genere. Conflicting; conflicting laws sono definite le leggi, o norme, confliggenti (CONFLITTO DI LEGGI).

Conflitto in genere. Conflict, litigation, dispute, case, controversy, fight (AGONISTICA; CAUSA (III); CONCILIAZIONE; CONTROVERSIA; DISPUTA; GUERRA; INCOMPATIBILITÀ; LITE; LOTTA; SCONTRO).

– **armato.** Armed conflict (GUERRA).

– **collettivo di lavoro.** Industrial, o trade, dispute (CONCILIAZIONE; LAVORO; SCIOPERO).

– **di attribuzione tra poteri dello Stato in genere.** Controversy between branches of government; si noti che il sistema costituzionale britannico è caratterizzato dalla fusione e non dalla separazione dei poteri. La s. 2, cl. 1, dell'art. III della costituzione degli S.U. attribuisce alla *Supreme Court*, tra l'altro, il potere di dirimere i conflitti di attribuzione tra gli stati dell'Unione: in tal senso, esso parla di Controversies to which the United States shall be a Party; (...) between two or more States, etc. (*infra*, CONFLITTO DI GIURISDIZIONE; CONFLITTI TRA GLI STATI DELL'UNIONE NEGLI S.U.; COMPETENZA; SEPARAZIONE DEI POTERI). [vol. I: JURISDICTION; SEPARATION OF POWERS]

Bibl.:

Novak and Rotunda 1978, ed. 1991: 27.

– **di classe.** Class struggle.

– **di competenza** o **giurisdizione.** Conflict of jurisdiction; questo termine indica sia il conflitto di giurisdizione, sia quello di competenza; come in taluni sistemi di *civil law*, nei sistemi di *common law* non si distingue tra competenza e giurisdizione. 1. La problematica dei conflitti di giurisdizione si pone nel sistema inglese e in quello nordamericano in modo notevolmente diverso da quello nostrano. Così, ad es., i conflitti tra ordini giudiziari (giudice ordinario-giudice amministrativo) diffusi nei paesi a diritto amministrativo come il nostro e gli altri di *civil law* non sono ipotizzabili nel senso che, in sostan-

za, in quei paesi, anche in presenza di numerosissimi *tribunals* e *administrative agencies,* poste al di fuori della giurisdizione ordinaria, la giurisdizione è unica, nel senso che le decisioni di questi organi sono soggette, in ultima analisi, alla *judicial review* delle corti ordinarie. Questo non toglie che possano verificarsi conflitti di giurisdizione-competenza tra uno dei tanti organi decisori al di fuori della giustizia ordinaria come, ad es., un Workmen Compensation Board e una corte ordinaria.
2. Notevole importanza assumono negli S.U. i conflitti di giurisdizione nell'ambito dei rapporti tra corti federali e corti dei singoli stati. A questo proposito, si parla di *federal question jurisdiction* per indicare quelle controversie che per coinvolgere la costituzione o le leggi federali ricadono nella giurisdizione delle corti federali.
3. Si parla di *conflict of authority*, o *authorities*, per indicare la divergenza di opinioni su un principio giuridico tra organi giudiziari più spesso di ultima istanza; ovvero anche il conflitto tra regole giurisprudenzali su un determinato argomento (AUTORITÀ).
4. Si noti, infine, che sia nel sistema inglese che in quello nordamericano col provvedimento detto *certiorari* una *superior court* procede all'annullamento della decisione di una *inferior court* per difetto di giurisdizione o errore di diritto (COMPETENZA; DIRITTO (I) AMMINISTRATIVO; GIUDICE; GIURISDIZIONE: 9; ORDINAMENTO GIUDIZIARIO). [vol. I: ADMINISTRATIVE LAW; CERTIORARI; COMMON LAW; CONCURRENT JURISDICTION; CONFLICT OF JURISDICTION; FEDERAL QUESTION; FORUM NON CONVENIENS; JURISDICTION; PREROGATIVE WRITS AND ORDERS]

Bibl.:
Schlesinger 1950, ed. 1988: 502.

– **di giurisdizione tra giudici di diversi paesi in genere.** Conflict of jurisdiction between courts of different countries (*infra*, CONFLITTO DI LEGGI; DIRITTO (I) INTERNAZIONALE PRIVATO; GIURISDIZIONE).

– **di interessi.** Conflict of interest (o interests). È questo, nella vita pubblica, uno dei problemi fondamentali della democrazia; anche in questo, il sistema nordamericano contiene delle regole di elementari decenza che purtroppo mancano nel nostro paese: in un paese per mezzo secolo di democrazia partecipatoria e consociativa sono state ben altre le preoccupazioni del nostro ceto dominante.

1. Con il *blind trust* un soggetto che potrebbe venirsi a trovare in una condizione di incompatibilità tra la sua attività, il suo incarico o le sue funzioni (di solito pubbliche) e i suoi interessi patrimoniali come, ad es., nel caso di un giudice, affida la gestione del proprio patrimonio a un *trustee* sul quale egli (*beneficiary*) non ha alcun controllo.
2. Quanto in particolare all'attività politica, nel sistema britannico la *disclosure of interest* comporta l'obbligo per un parlamentare o un ministro di dichiarare se ha un interesse personale nella materia al suo esame e, eventualmente, di astenersi; la violazione di quest'obbligo costituisce *contempt of Parliament*, grave illecito che può comportare anche sanzioni penali. Negli S.U. — in cui la materia delle elezioni federali rientra nelle attribuzioni della *Federal Election Commission* — essa è disciplinata ancora più severamente. La separazione tra attività di governo e interessi privati è nettissima; vige anche qui, ovviamente, l'obbligo tassativo dell'astensione quando la materia abbia o possa avere un qualsiasi riflesso sugli interessi personali. All'atto della nomina il Presidente degli S.U. conferisce tutti i suoi investimenti a un *blind trust* la cui gestione è affidata a un *trustee* sul quale ultimo non può assolutamente interferire. Si tratta di investimenti sotto forma di azioni, obbligazioni e *securities* varie quotate in borsa. Se questo basti ad assicurare un necessario distacco tra gli interessi personali e quelli generali può essere un discorso più complesso, anche se va rilevato che oltre ad una stampa fierissima della propria indipendenza e ad una attenta opinione pubblica molto meno manipolabile di quanto lo sia quella nostrana, negli S.U. si assiste a un pluralismo economico, e per così dire, a una serie di *checks and balances* di diverso ordine che assicurano un maggior controllo sul potere publico. Comunque, finora non è mai dato il caso né negli S.U., né nel R.U., né in Germania, né in Francia, né in Spagna di un presidente, primo ministro o ministro imprenditore.
3. Con un paese economicamente, politicamente e socialmente devastato (dalla *democrazia consociativa*), l'ingresso nell'agone politico di Silvio Berlusconi, imprenditore di un gruppo che controlla reti televisive e giornali, e la sua nomina a presidente del consiglio, si è aggiunto al mazzo un gravissimo problema privo di

riscontro in qualsiasi altro paese dell'Occidente. Premesso che la soluzione del *blind trust* non è attuabile in Italia dato che si tratta di istituto che non esiste nei paesi di *civil law*, una difficoltà ulteriore nella ricerca di una soluzione che avvicini il nostro paese alle decenze altrui, è costituita dal fatto che il gruppo fa capo ad una *holding* non quotata in borsa (secondo la ... illustre tradizione del capitalismo silvo-pastorale nostrano).

4. Tra le tante differenze menzionabili col sistema nordamericano, se ne rassegnano le seguenti. Negli S.U. — dove di gruppi di analoga portata economica ve ne sono almeno 100mila (sic!), tutti regolarmente quotati in Borsa — non esiste un solo caso, come quello italiano, in cui si verifica la concentrazione del controllo di reti televisive e testate giornalistiche. Una imponente legislazione e una serie di organismi rende impossibile siffatte concentrazioni; tra l'altro, il celebre Sherman Antitrust Act del 1890, successivamente irrobustito, quando non ne impedisce addirittura la nascita, conferisce ad organi pubblici il potere di disporre lo smembramento di concentrazioni che stabiliscano una condizione di monopolio o duopolio. Ma, più in generale, sembra potersi dire che, in tutto l'Occidente il *duopolio* Rai-Fininvest non sarebbe neanche nato, come non sarebbe stato consentito alla Fininvest e ad altri gruppi (sic!) di controllare importanti quotidiani nazionali.

5. Tutto questo va messo in relazione anche all'assetto societario: nell'economia americana e dei paesi ad economia avanzata la *public company* ha segnato la scomparsa delle « famiglie » — quelle sì grandi — ormai un reperto archeologico del capitalismo. Per contro, nel nostro sistema, l'assetto giuridico societario costituisce lo scheletro su cui si regge una economia di « grandi famiglie ». Non si tratta di essere quindi contro gli imprenditori, il cui numero e qualità appaiono peraltro *di gran lunga inferiori* a quelli di cui il paese avrebbe bisogno. Anzi, non un solo Agnelli, ma mille; purché, da un lato, sappiano fare gli imprenditori e non gli affaristi, sappiano produrre ricchezza — e non distruggerla — e dare lavoro; e dall'altro, rispettino la legge (quando c'è) e non se la facciano a proprio uso e consumo o sabotino quella che non piace; purché paghino le imposte allo stato e i contributi ai lavoratori, rispettino le norme di sicurezza e l'ambiente, il « parco buoi » e i libri contabili; insomma, osservino standard minimi di decenza imprenditoriale. In cui il giudizio e le sanzioni sugli imprenditori provengano non più, come ora, dai giudici, ma dal mercato, dai consumatori, dagli utenti e, infine, dai cittadini così come le concepiva il liberalismo di Luigi Einaudi. Quando, invece, come da noi, comanda solo qualche pistolero, il paese finisce per assomigliare a una specie di Guatemala senza banane, dominato da una serie di piccole *United Fruit Co.* di invenzione locale. Naturalmente, tutto questo non riguarda soltanto gli imprenditori, ma allude a un progetto politico e culturale rivoluzionario (sic!) che dovrebbe trasformare tutto il paese e coinvolgere società politica e società civile. Ma di questo non si avverte l'odore. Anzi, la recente trionfale conquista del potere politico da parte degli scalzacani [cfr., per questo termine, A. Manzoni, *I Promessi Sposi,* Cap. XIV] del Nord lascia seriamente dubitare che il paese si stia avviando nella direzione auspicata (ATTIVITÀ; CONTRATTO CON SÉ MEDESIMO; INCARICO CONFLIGGENTE CON GLI INTERESSI DEL MANDANTE; INTERESSE: 2; INTERESSE PRIVATO IN ATTI DI UFFICIO; LIBERO DA INFLUENZA ALTRUI; *LOBBYING*; MAGISTRATURA; MANDATO *AD LITES*; MONOPOLIO; *TRUST*; TUTORE). [vol. I: AGENCY; AUTHORITY; CONFLICT OF INTERESTS; DISCLOSURE OF INTEREST; DISQUALIFICATION FOR INTEREST; INTEREST; TRUST]

– **di leggi.** Conflict of laws.

1. Nel sistema inglese e negli ordinamenti di *common law* in genere, i termini *private international law* e *conflict of laws* sono sinonimi, a differenza di quanto accade in molti ordinamenti di *civil law*, in cui i conflitti di leggi costituiscono solo una parte del diritto internazionale privato. Così, ad es., la materia dei *conflict of laws* non si estende alla cittadinanza, né alla condizione dello straniero; ma essa è più ampia dei conflitti di leggi siccome intesi nei sistemi di *civil law* giacché si applica alla giurisdizione del giudice inglese nei casi in cui vi sia un elemento di collegamento straniero, al riconoscimento e all'esecuzione delle sentenze straniere, etc.

2. Nel sistema inglese e nordamericano si tratta essenzialmente di materia a normazione giurisprudenziale come, del resto, a parte il nostro paese, in molti sistemi di *civil law*.

3. È questo, sul piano concreto, il terreno di elezione del diritto comparato; in cui emergono le notevoli differenze tra le due

tradizioni giuridiche di *common law* e di *civil law*.

4. La materia assume particolare importanza negli Stati Uniti a causa della loro struttura federale, in cui coesistono diversi ordinamenti dei singoli stati dell'Unione, ognuno dei quali, in assenza di una regolamentazione federale della materia — a parte alcuni aspetti che si riferiscono al potere di concludere trattati e di legiferazione, e alle norme costituzionali che vanno sotto il nome di « due process clauses » e di « full faith and credit clause » — può avere un proprio sistema di conflitti di leggi, anche se occorre rilevare che, per quanto attiene alla *common law*, sussiste tra le soluzioni dei diversi stati una fondamentale uniformità. Il che non toglie che il concetto di *ordine pubblico* sia spesso diversamente concepito nei vari stati. In effetti, l'organizzazione federale dello stato dà luogo ad una *double sovereignty*, ossia quella federale e quella dei singoli stati dell'Unione: i conflitti di leggi e i conflitti tra stati dell'Unione vanno ricollegati a questa realtà. Il concetto di *residual powers,* ossia quei poteri che spettano agli stati dell'Unione rispetto a quelli delimitati dalla carta costituzionale che spettano allo stato federale (si direbbe grosso modo, l'eccezione: infatti, si parla di poteri *delegated* dagli stati dell'Unione allo stato federale), presuppongono appunto, una *doppia sovranità*. La *Supreme Court* è giudice ultimo nella materia. In un magistrale articolo, O. Kahn-Freund tratteggia le più importanti diversità esistenti tra il sistema dei conflitti di leggi inglese e nordamericano e, in particolare, tra l'altro, in tema di *domicil*, divorzio, diritto di famiglia, etc. (DIRITTO (I) COMPARATO; DIRITTO (I) INTERNAZIONALE PRIVATO; DISPOSIZIONI CONFLIGGENTI; DOMICILIO; FATTORE DI COLLEGAMENTO; GIURISDIZIONE; LEGGE STRANIERA; ORDINE PUBBLICO; SEDE DEGLI AFFARI; SOVRANITÀ; STATO E CAPACITÀ DELLE PERSONE; UNIFICAZIONE DEL DIRITTO INTERNAZIONALE PRIVATO). [vol. I: INTRODUZIONE: III. 32; CONFLICT OF LAWS; CONNECTING FACTOR; DUE PROCESS CLAUSES; FULL FAITH AND CREDIT CLAUSE; JURISDICTION; PRIVATE INTERNATIONAL LAW]

Bibl.:

Kahn-Freund, *English and American Law - Some Comparative Reflections* (1962), in 1948-74: 320.

– **razziale.** Ethnic warfare (RAZZA).

– **sindacale.** (*supra*, CONFLITTO COLLETTIVO DI LAVORO)

– **tra acquirenti di beni mobili.** Conflict between buyers of chattels: si noti che la *common law* adotta il principio romanistico *nemo dat quod non habet* e non già quello nostrano che va sotto il nomen di *possession vaut titre*. Peraltro, esso ha subito una tale erosione — specie a tutela del consumatore — che, di fatto, la originaria differenza tra le due tradizioni giuridiche si è notevolmente attenuata (ACQUIRENTE DI BUONA FEDE A TITOLO ONEROSO; BENI MOBILI; POSSESSO VALE TITOLO; TUTELA DEL CONSUMATORE). [vol. I: MARKET OVERT; NEMO DAT QUOD NON HABET; OWNERSHIP; POSSESSION]

– **tra gli stati dell'Unione negli S.U.** Controversies between states of the Union (*supra*, CONFLITTI DI ATTRIBUZIONE TRA POTERI DELLO STATO).

– **tra i membri di una comunità.** Communal strife (COMUNE).

– **tra più aventi diritto.** Priority conflict (*supra*, CONFLITTO TRA ACQUIRENTI DI BENI MOBILI; AVENTE DIRITTO; CONOSCENZA; PRELAZIONE).

Conforme in genere. True, in accordance with (CAMPIONE; CONFORMEMENTE A; CONFORMITÀ; COPIA CONFORME; DIFFORME; OPINIONE).

Conformemente a. In execution and pursuance of (CONFORME; CONFORMITÀ).

Conformità in genere. Conformity (CONFORME; IN SEGUITO A; IN CONFORMITÀ CON o DI).

Confraternita. Fraternity, guild (ASSOCIAZIONE DI CATEGORIA; CORPORAZIONE; LEGA; PROFESSIONE FORENSE; SINDACATO). [vol. I: TRINITY HOUSE]

Confronto in genere. Confrontation, showdown (CONFLITTO; CONTRADDITTORIO; IDENTIFICAZIONE DEL SOSPETTO AUTORE DEL REATO; INCONTRO; NEI CONFRONTI DI).

– **tra imputato e testimone dell'accusa.** Confrontation of the accused with the witness. Il VI emendamento [1791] della costituzione degli S.U. stabilisce, a favore dell'imputato *the right to be confronted with the witness against him*. Di fatto, il *right of confrontation* consiste nel diritto a sottoporre alla *cross-examination* il testimone a carico (CONTRADDITTORIO; CONTROESAME; IDENTIFICAZIONE DEL SOSPETTO AUTORE DEL REATO; IMPUTATO). [vol. I: CONFRONTATION; CROSS-EXAMINATION; EVIDENCE]

Confusione in genere. Confusion o mixture; ma negli S.U. si parla più spesso di *commingling*. Di solito, il termine confusion non indica la confusione come modo di estinzione delle obbligazioni, detta *merger*, ma un modo di acquisto della proprietà in virtù dell'accessione di mobile a mobile, tra depositi bancari, etc. L'*earmark* ha la funzione di evitare la confusion. Ma si noti che confusion e *merger* sono spesso impiegati come sinonimi. La confusione quale modo di estinzione delle obbligazioni *ex lege* non è ammessa: essa va sempre eccepita in giudizio. Si parla di *merger of rights* per indicare la confusione tra diritti (ACCESSIONE; ASSORBIMENTO DEL PROCEDIMENTO; COMMISTIONE DI COSE DI DIVERSI PROPRIETARI; CONSOLIDAZIONE; IDENTITÀ; MODI DI ACQUISTO DELLA PROPRIETÀ; PASSAGGIO DELLA PROPRIETÀ; SPECIFICAZIONE). [vol. I: EARMARK; FIXTURE; FUNGIBLES; MERGER; SPECIFICATION; TRACING; UNASCERTAINED GOODS]

– **di cose.** Confusion, intermixion, o intermixture of goods (COSE DI GENERE; BENI FUNGIBILI; MERCI; SPECIFICAZIONE). [vol. I: ACCESSION; APPROPRIATION; ASCERTAINMENT OF GOODS; MERGER; TRACING; UNASCERTAINED GOODS]

– **di creditore e debitore.** Merger in the same person of the quality of creditor and debtor (CREDITORE; DEBITORE).

– **di fideiussore e debitore.** Merger of surety and debtor.

Confutazione della prova. Rebuttal of evidence, disproval of evidence (PROVA; SMENTITA). [vol. I: BURDEN OF PROOF; CONCLUSIVE; DISPROVE; EVIDENCE; PRESUMPTION; REBUT (to) EVIDENCE; REBUTTABLE]

Congedo in genere. Leave of absence, leave. Gli S.U. sono l'unico paese industriale che nega ai dipendenti un congedo per ragioni di malattie familiari o per maternità (LAVORO; LICENZA; LICENZIAMENTO; PERMESSO).

– **non pagato.** Unpaid leave (SALARIO; STIPENDIO).

– **per malattia.** Sick leave (MALATTIA).

– **per maternità.** Maternity leave (MATERNITÀ).

– **per ragioni di famiglia.** Family leave (FAMIGLIA).

Congelamento. Freeze (BLOCCO).

Congettura. Speculation (EVIDENZA; INDIZIO; PROVA).

Congiuntamente in genere. Jointly (CONGIUNTO).

– **e singolarmente.** Jointly and severally (OBBLIGAZIONE (I) SOLIDALE). [vol. I: JOINT]

Congiunto. Relative, relation, kinsman, next of kin, kindred (COMUNE; CONIUGE; MISTO; PARENTE). [vol. I: KIN]

Congiuntura. Trend (CIRCOSTANZA).

Congiunzione carnale. Carnal knowledge (VIOLENZA CARNALE).

Conglomerata. Conglomerate; con questo termine viene di solito indicata una grande società che ha diversificato le sue attività mediante l'acquisizione di imprese che operano in settori diversi (*HOLDING*; PROPRIETÀ; SOCIETÀ (II) COMMERCIALE).

Bibl.:

Martignetti, G., *Proprietà*, in *Dizionario di Politica* 1976, ed. 1983: 915, at 919.

Congresso in genere. Conference, congress (CONFERENZA).

– **degli S.U.** Congress of the United States. È detto così nell'ordinamento costituzionale degli S.U. il potere legislativo federale costituito dalla *House of Representatives* e dal *Senate*; ma si parla più spesso, rispettivamente, di *House* e *Senate*. Le due *Houses of Congress* sono previste dall'art. I, s.1, della costituzione federale e dall'emendamento XVII [1913] della stessa costituzione.
1. La *House of Representatives* è costituita da 435 membri eletti ogni anno a suffragio diretto: i collegi distrettuali sono delimitati in base alla popolazione (mediamente di circa 500 mila abitanti). L'elezione avviene col sistema elettorale uninominale maggioritario a turno unico.
2. Il *Senate*, composto da 100 membri eletti a suffragio diretto solo dal 1913, viene eletto per sei anni; tuttavia, in base ad un espediente temporale, ogni due anni viene a scadere il termine del mandato di un terzo dei senatori. Ogni stato, indipendentemente dalle proprie dimensioni, ha diritto di eleggere due senatori.
3. Per l'importanza fondamentale delle sue decisioni in materia costituzionale la *Supreme Court* viene spesso definita come la III Camera del Congresso. Ma, ovviamente, in senso stretto, le camere del Congresso sono le due indicate più sopra (COSTITUZIONE POLITICA; ELEZIONE DEL PRESIDENTE DEGLI S.U.; FEDERALISMO; *LOBBYING*; MEMBRO DEL CONGRESSO; PARLAMENTO; QUARTO POTERE;

SEDUTA COMUNE DEL CONGRESSO DEGLI S.U.; STATI UNITI D'AMERICA).

– **di partito in genere.** Party conference. Negli S.U. è definito *party convention*. La funzione principale di quest'ultima è quella di formulare il programma elettorale (*platform*) del proprio candidato alle elezioni presidenziali (CONVENZIONE; DISCORSO DI ACCETTAZIONE DI UNA NOMINA; ELEZIONE DEL PRESIDENTE DEGLI S.U.; PARTITI POLITICI; PROGRAMMA ELETTORALE).

Congruità dello scambio contrattuale. Grosso modo, *adequacy of consideration*; ma si noti la diversità del regime in materia tra le due tradizioni giuridiche (CONTRATTO: III; PRESTAZIONE).

Conguaglio. Balance, settlement (SALDO DI UN CONTO). [vol. I: ACCOUNT; BALANCE]

Con il pretesto di. Under cover, o colour, of (PRETESTO). [vol. I: COLOUR]

Coniugale in genere. Conjugal, marital (CONIUGE; DIRITTI (II) CONIUGALI; DOVERI CONIUGALI; FEDELTÀ CONIUGALE; MARITALE).

Coniugato/a. Married (CELIBE; CONIUGALE; CONIUGE; NUBILE).

Coniuge in genere. Spouse, conjoint (ABBANDONO DEFINITIVO DEL CONIUGE; ACCORDO DI SEPARAZIONE DEI CONIUGI; AFFINITÀ; CAPACITÀ DI TESTIMONIARE; COMUNIONE DEI BENI TRA CONIUGI; CONGIUNTO; CONIUGALE; DIRITTI (II) CONIUGALI; DONAZIONE TRA CONIUGI; FEDELTÀ CONIUGALE; IDENTITÀ DEL CONIUGE; MATRIMONIO; PATRIMONIO FAMILIARE; RAPPORTI CONIUGALI; RAPPORTI PATRIMONIALI TRA CONIUGI; REGIME PATRIMONIALE DELLA FAMIGLIA; SEPARAZIONE DEI CONIUGI; SUCCESSIONE; VINCOLO CONIUGALE). [vol. I: HUSBAND AND WIFE; MARRIAGE; SPOUSE]

– **superstite.** Surviving spouse (RISERVA A FAVORE DEL CONIUGE SUPERSTITE; SUCCESSIONE PER CAUSA DI MORTE). [vol. I: SUCCESSION: IV]

Coniugio. (CONSORZIO CONIUGALE)

Connazionale. Fellow-countryman (CITTADINANZA).

Connessione in genere. Connexion, nexus, link, relation (COLLEGAMENTO; LEGAME; NESSO; RAPPORTO).

– **di cause.** Grosso modo, similarity of object between pending actions (CAUSA (I) *PETENDI*; CUMULO DELLE DOMANDE; LITISCONSORZIO FACOLTATIVO; LITISPENDENZA; MAXI-PROCESSO; PLURALITÀ DI DOMANDE; RIUNIONE DEI PROCEDIMENTI; SEPARAZIONE DEI GIUDIZI). [vol. I: CONSOLIDATION OF ACTIONS; JURISDICTION]

– **di reati.** (CUMULO NEL PROCESSO PENALE)

Connivenza. Connivance; può assumere la forma di fraud, conspiracy, accessory, handling stolen goods, etc. (COMPLICITÀ). [vol. I: ACCESSORY; COLLUSION; COMPLICITY; CONSPIRACY; FRAUD; HANDLING STOLEN GOODS]

Conoscenza in genere. Knowledege, notice. La notice viene distinta in *actual* o *constructive*, ossia effettiva o presunta. Quest'ultima deriva spesso dalla legge in determinate circostanze.
1. La *notice* o conoscenza assume particolare importanza in materia di: *a*) *assignment*, in cui la validità della cessione del credito è subordinata alla notifica al debitore ceduto; *b*) di conflitti tra più aventi diritto (*priority conflicts*), in cui elemento determinante è se la parte che acquista un diritto era a conoscenza di un preesistente diritto (*notice of prior interest*); *c*) *real property* in cui la *notice*, attuale o presunta, dell'esistenza di un diritto protetto dall'*equity* gioca un grande ruolo nell'opponibiltà al terzo. Negli S.U. l'Art. 9 dell'UCC stabilisce un sistema di pubblicità, detto « notice filing », per la protezione di una serie di *security interests*.
2. « To be privy to something » indica quella conoscenza o consapevolezza di un atto o fatto che comporta il consenso o la connivenza e, quindi, eventualmente, la responsabilità. « To be privy to a contract » indica essere parte di un contratto; espressione che riporta al tema della relatività del contratto trattato sotto la rubrica della « privity of contract ». « To have notice of something » significa essere stati portati a conoscenza di qualcosa, ovvero esserne a conoscenza.
3. Negli S.U. — stato federale — si parla, in tema di sicurezza, di *right to know laws*, o *right to know acts* per definire quelle leggi federali o statali che stabiliscono l'obbligo della pubblicità a carico di alcune attività come, ad es., le industrie chimiche, nei confronti del pubblico, del consumatore o dei dipendenti (SICUREZZA).
4. Buona Fede - Conoscenza - Affidamento - Pubblicità - Informazione - Opponibilità - Responsabilità sono concetti che si intrecciano, in questa o in qualsiasi altra sequenza. Le regole dell'*equity* svolgono un ruolo fondamentale in tema di *notice* e di buona fede; particolare importanza assume la figura dell'*estoppel* (AFFIDAMENTO; AVVISO; BUONA

FEDE; CONOSCIUTO ANCHE COME; CONSAPEVOLEZZA; FATTO DI COMUNE ESPERIENZA; IDENTIFICAZIONE; IGNORANZA; INFORMAZIONE; *IURA NOVIT CURIA*; *KNOW-HOW*; NOTIFICA; NOTORIO; OPPONIBILE; PRECLUSIONE; PRESUNZIONE; PROVA; PUBBLICITÀ; PUBBLICO; RELATIVITÀ DEL CONTRATTO; RISERVATEZZA; SCIENTEMENTE; TUTELA DEL CONSUMATORE). [vol. I: CARNAL KNOWLEDGE; CONSTRUCTIVE; FICTION; IMPUTED KNOWLEDGE; INFORMATION; IURA NOVIT CURIA; KNOW-HOW; KNOWLEDGE; NOTICE; PRESUMPTION; PRIVITY; PRIVY; PUBLICITY; SERVICE OF PROCESS]

– **tecnica.** Know-how (*KNOW-HOW*). [vol. I: *ad vocem*; PATENT]

Conoscibile dal giudice. Justiciable (CONTROVERSIA LEGALE; EFFICACIA).

Conosciuto in genere. Known (IGNOTO; NOTO; SCONOSCIUTO).

– **anche come.** Also known as, o AKA (ALIAS; CONOSCENZA; PSEUDONIMO).

– **in precedenza come.** Formerly known as, o FKA.

Con pregiudizio. With prejudice. Quando questa espressione ricorre in un provvedimento giudiziario, significa che esso è definitivo e che quindi è preclusa la possibilità di riproporre un'azione sulla stessa materia (COSA GIUDICATA; PREGIUDIZIO; SENZA PREGIUDIZIO). [vol. I: PREJUDICE]

Con qualsiasi vizio. With all faults, all faults (DIFETTO; VENDITA SENZA GARANZIA; VIZIO). [vol. I: CAVEAT EMPTOR; DEFECT; SALE: X; WARRANTY; WITH ALL FAULTS]

Con riserva. Under protest, without prejudice (PROTESTA; RISERVA).

Con riserva di. Subject to (RISERVA).

Consanguineità. Consanguinity. È detta così la parentela tra persone che discendono da uno stesso stipite, sia in linea diretta (*lineal consanguinity*), sia in linea collaterale (*collateral consanguinity*). Sono definiti *prohibited degrees of consanguinity* quei gradi di parentela che comportano il divieto di matrimonio (MATRIMONIO; PARENTELA). [vol. I: *ad vocem*; AFFINITY; KIN; MARRIAGE]

Consapevolezza in genere. Awareness, privity, knowledge (CONOSCENZA; DOLO; PARTECIPAZIONE; PREMEDITAZIONE; SCIENTEMENTE). [vol. I: PRIVITY]

Consegna in genere. Delivery, conveyance, consignment, hand over, surrender, restitution, return (RESTITUZIONE).

1. La delivery può coincidere, ma non si identifica necessariamente, con il passaggio della proprietà: anche qui si riscontrano notevoli differenze tra le due tradizioni giuridiche di *common law* e di *civil law*. A differenza del diritto francese e italiano, nella *common law* il trasferimento della proprietà non costituisce una conseguenza automatica del *simple contract*, ma richiede un'apposita manifestazione di volontà delle parti. In tal senso, si dice che nella *common law* non sussiste equivalenza tra *contract* e *conveyance*. In questa materia la distinzione tra mobili e immobili assume una grande rilevanza. Peraltro, per quanto attiene ai primi (mobili) è da rilevare che sia la s.17 del Sale of Goods Act 1893, sia l'Art. 2-501 dell'UCC degli S.U. richiedono un'apposita manifestazione di volontà delle parti. Ma, in pratica, non sussiste una differenza sostanziale col sistema nostrano dato che sia nel diritto inglese che in quello nordamericano si presume che nella vendita di cose determinate le parti intendono trasferire il diritto al momento della conclusione del contratto. D'altro canto, in tema di *personal property*, la consegna di un *document of title*, ossia di un titolo rappresentativo di merci come, ad es., la polizza di carico (*bill of lading*) equivale, invece, in un contratto CIF, alla consegna delle merci. Quanto agli immobili, il termine *conveyance* assume un significato particolare che non ha equivalenza nella *civil law*: schematicamente, esso indica l'atto — in quanto distinto dal contratto — con il quale ha luogo il trasferimento della *freehold property* a un acquirente *in fee simple*. La consegna dei *title deeds* di un immobile non comporta il trasferimento del *legal estate*.

2. La delivery può essere *actual* o *constructive*, ossia attuale, o implicita o tacita, come nel caso del depositario che si renda acquirente della cosa depositata senza che vi sia il trasferimento materiale del possesso dal venditore al compratore. La *constructive delivery* è detta anche *by attornment* o *symbolic*. Il consegnatario o depositario di cose riveste di solito la figura del *bailee*, priva di equivalenza nella *civil law*.

3. Nel trasporto, la consegna delle cose al vettore indica anche, in generale, il passaggio dei rischi a carico di quest'ultimo. La delivery costituisce un modo di trasferimento di un *negotiable instrument*: quella di titoli rappresentativi di merci comporta, come si è detto, il trasferimento delle merci rappresentate (ACQUISTO *A NON DOMINO*; ALLA

CONSEGNA; A PRONTI; ASSICURAZIONE; A TERMINE; AVVISO DI CONSEGNA; BOLLETTA DI CONSEGNA; BUONO DI CONSEGNA; CARICO; *CIF*; CLAUSOLE INTERNAZIONALI ATTINENTI ALLA DISCIPLINA DEI COSTI E DEI RISCHI DI TRASPORTO; CONSEGNATARIO; CONTRATTO A CONSEGNE RIPARTITE; CONTRATTO DI SOMMINISTRAZIONE; CONTRO ASSEGNO; COSTITUTO POSSESSORIO; COSTO; DATA DI CONSEGNA; DIRITTO (II) DI RESPINGERE LE MERCI NELLA VENDITA; LUOGO DELLA CONSEGNA; MANCATA CONSEGNA; MERCATO A PRONTI; MERCATO A TERMINE; MERCI; NOLO; NOTA DI CONSEGNA; ORDINE DI CONSEGNA; PAGAMENTO ALLA CONSEGNA; PASSAGGIO DELLA PROPRIETÀ; PASSAGGIO DEL RISCHIO; PORTO DI CONSEGNA; POSSESSO; PROVA DELLA CONSEGNA; RATA DI PREZZO; RESO FRONTIERA; RESPONSABILITÀ *EX RECEPTO*; RICONSEGNA DELLE MERCI NEL TRASPORTO; RILASCIO; SCARICAZIONE; SPEDIZIONE; SPESE DI CONSEGNA; TERMINE DI RESA NEL COMMERCIO INTERNAZIONALE; TRADIZIONE; TRASFERIMENTO MEDIANTE CONSEGNA; TRASPORTO; VENDITA A CONSEGNE RIPARTITE; VENDITA CON PAGAMENTO ALLA CONSEGNA). [vol. I: ADDRESSEE; ALIENATION; ASSIGNMENT; BAILMENT; BANKRUPTCY; CARGO; CARRIAGE; CONSIGNMENT; CONVEYANCE; DELIVERY; DOCK WARRANT; DOCUMENT OF TITLE; GOODS; INCOTERMS; NEGOTIABLE INSTRUMENT; OWNERSHIP; PAYMENT; POSSESSION; RECEIVER; REPUTED OWNERSHIP; SALE: XIII; STOPPAGE IN TRANSITU; SURRENDER; TERMS OF SHIPMENT; TRANSFER]

– **a pronti.** Spot delivery (A PRONTI).

– **a termine.** Future, future delivery (A TERMINE; OPZIONE; *WARRANTS*). [vol. I: FUTURE CONTRACT]

– **a tratto successivo.** Delivery by instalments (*infra*, CONSEGNA PARZIALE; VENDITA A CONSEGNE RIPARTITE). [vol. I: *ad vocem*]

– **del carico.** Delivery of cargo (CARICO). [vol. I: *ad vocem*]

– **del detenuto.** Delivery of prisoner (*infra*, CONSEGNA DEL LATITANTE; CONSEGNA DELL'EVASO O CONDANNATO AD ALTRO PAESE; ESTRADIZIONE).

– **del latitante.** Delivery of fugitive, rendition of fugitive. Negli S.U. — stato federale — si parla di *interstate rendition* per indicare la consegna del latitante dallo stato dell'Unione in cui esso si è rifugiato a quello in cui è accusato di aver commesso il reato (*supra*, CONSEGNA DEL DETENUTO; *infra*, CONSEGNA DELL'EVASO O CONDANNATO AD ALTRO PAESE; ESTRADIZIONE; EVASO; LATITANTE).

– **dell'evaso** o **condannato ad altro paese.** Rendition, o surrender, of a fugitive, o of a convicted person, to another country (*supra*, CONSEGNA DEL LATITANTE; ESTRADIZIONE; EVASO). [vol. I: EXTRADITION]

– **del possesso.** Delivery of possession (POSSESSO).

– **di cose.** Delivery of goods (COSE; DETENZIONE DI MERCI; MERCI). [vol. I: SALE: VI]

– **di cose generiche.** Delivery of unascertained goods (CONFUSIONE; COSE DI GENERE; BENI FUNGIBILI). [vol. I: UNASCERTAINED GOODS]

– **di documenti.** Delivery of documents (DOCUMENTO). [vol. I: DOCUMENTS AGAINST PAYMENT; DOCUMENT OF TITLE; DOCUMENTARY CREDIT; NEGOTIABLE INSTRUMENT]

– **differita.** Forward delivery (CONTRATTO A TERMINE). [vol. I: FUTURE CONTRACT]

– **di immobile.** Conveyance of land; ma il termine *conveyance*, riferito agli immobili, indica un istituto ignoto alla *civil law* (TRASFERIMENTO). [vol. I: CONVEYANCE]

– **di merci per vendita, trasporto etc.** Consignment. [vol. I: *ad vocem*]

– **di ostaggi.** Hand over of hostages (OSTAGGIO).

– **errata nel trasporto.** Misdelivery, misconveyance (*infra*, CONSEGNA IRREGOLARE; TRASPORTO). [vol. I: MISDELIVERY]

– **fiduciaria.** Delivery in trust (FIDUCIA). [vol. I: TRUST]

– **futura.** (*supra*, CONSEGNA DIFFERITA)

– **irregolare.** Improper delivery (*supra*, CONSEGNA ERRATA NEL TRASPORTO; IRREGOLARE).

– **mancata.** (MANCATA CONSEGNA)

– **materiale.** Physical delivery.

– **parziale.** Partial delivery, short delivery (*supra*, CONSEGNA A TRATTO SUCCESSIVO).

– **registrata.** Recorded delivery (RACCOMANDATA).

– **ripartita.** (*supra*, CONSEGNA A TRATTO SUCCESSIVO)

– **ritardata.** Overdue delivery (RITARDO).

– **sotto paranco.** Delivery alongside ship (CLAUSOLE INTERNAZIONALI ATTINENTI ALLA DISCIPLINA DEI COSTI E DEI RISCHI DI TRASPORTO). [vol. I: FREE ALONGSIDE SHIP]

– **sulla banchina.** Delivery ex quay (*supra*, CONSEGNA SOTTO PARANCO; BANCHINA). [vol. I: EX QUAY]

Consegnatario in genere. Consignee, bailee, addressee, receiver (CONSEGNA; CONSERVATORE; CUSTODE; DEPOSITARIO; DESTINATARIO; RICEVITORE). [vol. I: CARRIAGE; CONSIGNOR; SENDER]

– **del carico.** Receiver of cargo (CARICO).

Consegnazione della prova. (PROVA PREVENTIVA A FUTURA MEMORIA)

Conseguente in genere. Incident, incidental (CONSEGUENZIALE).

Conseguenziale in genere. Consequential, incidental (CAUSA (II); CONSEGUENTE; INDIRETTO). [vol. I: BAILMENT; CAUSATION; CONSEQUENTIAL; INCIDENTAL]

Consenso in genere. Assent, consent, agreement, accord, consensus, (ACCORDO; ACQUIESCENZA; ASSENSO; CAPACITÀ; *CONSENSUS AD IDEM*; DISACCORDO; DISSENSO; ETÀ; INCAPACITÀ; LIBERO CONSENSO; MANCANZA DEL CONSENSO; MUTUO CONSENSO; PERMESSO; RISOLUZIONE PER MUTUO CONSENSO; VIZI DEL CONSENSO). [vol. I: AGREEMENT; ASSENT; CONSENT; DISSENT; MUTUALITY]

– **alla rivelazione.** Consent to disclosure (INFORMAZIONE; RIVELAZIONE). [vol. I: DISCLOSURE]

– **dei genitori.** Parental consent (GENITORE).

– **espresso.** Express consent.

– **informato.** Informed consent. *Informed consent statement* è definita la dichiarazione relativa. Questo termine è impiegato specie negli S.U. per indicare il consenso di una persona ad un certo corso di azione basato sulla piena rivelazione dei fatti richiesti per prendere una decisione razionale, come, ad es., i rischi che esso comporta, le alternative possibili, etc.
1. Esso è più spesso riferito all'attività medico-chirurgico-ospedaliera per indicare il dovere del medico di informare il paziente sui rischi eventuali di un determinato trattamento.
2. In base alla c.d. *emergency doctrine*, qualora il paziente non sia in grado di dare il consenso a causa delle sue condizioni fisiche o, se minore, dell'assenza dei genitori (o di altri cui è affidato), la legge presume il consenso per la prestazione di cure mediche di emergenza. La *doctrine* in parola costituisce una valida difesa nel caso di azione per lesioni personali (*battery*) intentata successivamente dall'assistito.
3. La negligenza professionale — che di solito non dà luogo a responsabilità penale, salvo i casi previsti da leggi specifiche come, negli S.U., i c.d. *wrongful death statutes* — trova più spesso una severa sanzione nelle condanne al risarcimento dei danni spesso per notevoli entità. Pertanto, se il sistema della responsabilità professionale si risolve, *in definitiva, in un problema di assicurazione*, esso appare nel complesso più rispettoso dei diritti del malato e meno iniquo di quello nostrano (COLPA PROFESSIONALE; DELITTO COLPOSO-DOLOSO; INFORMAZIONE; LESIONI PERSONALI; REATO COLPOSO; RESPONSABILITÀ PROFESSIONALE; RISCHIO).

– **nel contratto.** Agreement, consent. È questa la parte della *law of contract* nella quale — rilevata la attuale tendenza all'approssimazione dei rispettivi regimi — sussistono, sul piano dei principi, notevoli diversità tra le due tradizioni giuridiche di *common law* e *civil law*.
1. In principio, per quanto sia da segnalare una graduale erosione di questo concetto, perché nel *simple contract* l'accordo delle parti possa costituire un vincolo giuridicamente vincolante, si richiede che esso sia fondato su una *valuable consideration*, requisito che costituisce un analogo della causa, ma che con essa non coincide.
2. Si parla nel contratto di *mutuality of assent*, o *mutual assent*, per indicare l'*in idem consensus*, o il consenso contrattuale, detto anche *meeting of minds*. Con il termine *want of mutuality* si indica che un contratto non è concluso in quanto le parti non si sono accordate su tutte le parti di esso, ovvero che esso è privo di *consideration* (ACCORDO; ASSENSO; CONTRATTO: III; INCONTRO DELLE VOLONTÀ; INTENZIONE DELLE PARTI; LIBERTÀ DI FORMA; *PACTA SUNT SERVANDA*). [vol. I: ASSENT; CONSENSUS AD IDEM; CONSIDERATION; CONTRACT: V; DURESS; EX NUDO PACTO NON ORITUR ACTIO; FORMS OF ACTION; GENTLEMEN'S AGREEMENT; MISREPRESENTATION; MUTUALITY OF ASSENT; PACTA SUNT SERVANDA; UNDUE INFLUENCE]

– **nel matrimonio.** Consent to marriage (ETÀ; MATRIMONIO). [vol. I: INFANT; MARRIAGE]

– **reciproco nel contratto.** Consensus, consensus ad idem, mutuality of assent, mutual assent (*supra*, CONSENSO NEL CONTRATTO; MUTUO CONSENSO).

– **tacito.** Tacit, o implied, consent (ACCETTAZIONE TACITA; TACITO).

– **valido.** Valid consent (VALIDO).

Consentito in genere. Allowed, permitted, authorized (AMMESSO; PROIBITO; VIETATO).

Consenziente. Assenting, consenting (CONSENSO).

Conservativo. (A TITOLO CONSERVATIVO; ATTO CONSERVATIVO; CONSERVAZIONE; MISURA CONSERVATIVA; PROTEZIONE; SEQUESTRO CONSERVATIVO; TUTELA)

Conservatore in genere. Conservator, curator, keeper, guardian, receiver, custodian, registrar, trustee, record keeper, commissioner (CONSEGNATARIO; CURATORE; CUSTODE; TENUTARIO). [vol. I: CONSERVATOR; CURATOR; CUSTODIAN; KEEPER; REGISTRAR]

– **dei registri immobiliari.** Grosso modo, nel sistema inglese, Land Registrar, ma si noti il diverso regime della materia rispetto a quello italiano. Negli S.U. — stato federale — esso rientra nelle attribuzioni dei singoli stati dell'Unione, ed è spesso assai diverso da quello inglese (*infra*, CONSERVATORE DI UN REGISTRO; IMMOBILE; REGISTRI IMMOBILIARI). [vol. I: LAND REGISTRAR; REGISTRAR]

– **dell'Archivio di Stato.** Grosso modo, Keeper of Public Records (ARCHIVIO DI STATO). [vol. I: PUBLIC RECORDS]

– **di un registro.** Registrar; ma è detto anche conservator, keeper, master; negli S.U. — stato federale — si parla anche di *secretary of state* in molti stati dell'Unione (REGISTRO; SEGRETARIO DI STATO). [vol. I: REGISTRAR]

Conservatoria dei registri immobiliari. (REGISTRI IMMOBILIARI)

Conservazione in genere. Conservation, maintenance; il primo termine è impiegato specie in materia ambientale. Ma *maintenance* ha un significato particolare nella *common law* (AMBIENTE; AZIONE (I) COLLUSIVA; MANUTENZIONE; MISURA CONSERVATIVA; PRINCIPIO DELLA CONSERVAZIONE DEL CONTRATTO; PRIVILEGIO PER LE SPESE DI CONSERVAZIONE). [vol. I: CONSERVATIONAL AREAS; CONSERVATOR OF THE PEACE; CONSERVATORY SEIZURE]

– **del contratto.** Grosso modo, preservation of contract; ma è dubbio che esista un'espressione esattamente corrispondente; peraltro, il brocardo « ut res magis valeat quam pereat », ed altri analoghi, esprimono, in buona sostanza, lo stesso principio. Di notevole interesse è il potere di rettifica del contratto affetto da errore da parte del giudice, privo di equivalenza nella *civil law* (RETTIFICA DEL CONTRATTO VIZIATO DA ERRORE). [vol. I: AFFIRM A CONTRACT; CLERICAL ERROR; ERROR; CONTRACT: XII; MISPRISION OF CLERKS; RECTIFICATION; STATUTE; VOID e VOIDABLE]

– **della garanzia patrimoniale.** Grosso modo, preservation of debtor's assets; ma, come spesso accade, non avere la parola non significa non avere la cosa. In effetti, l'armamentario delle regole di *common law* e di *equity*, le regole che stroncano le azioni defatigatorie, e una più equilibrata disciplina del fallimento, fanno sì che, nel complesso, la conservazione della garanzia patrimoniale abbia nel sistema inglese un carattere più penetrante che nella pratica del diritto italiano (GARANZIA PATRIMONIALE; TUTELA DEI DIRITTI). [vol. I: FOLLOWING; INJUNCTION; LIEN; QUIA TIMET; SECURITY; TRACING; TRUST]

– **della testimonianza.** (INCIDENTE PROBATORIO; TESTIMONIANZA A FUTURA MEMORIA)

Considerazione dell'individuo. (REPUTAZIONE)

Considerazione giuridica in genere. Legal consideration, legal argument; ma il termine *consideration* assume un significato particolare in materia contrattuale che è privo di equivalenza nei sistemi di *civil law* (CONTRATTO: III). [vol. I: CONSIDERATION]

Consigliere in genere. Adviser, counsel, counsellor, councillor (CONSIGLIO; CONSULENZA LEGALE). [vol. I: ADVICE; ADVISER; ADVISORY; COUNCILLOR; COUNSEL; COUNSELLOR OF STATE; LEGAL PROFESSION]

– **delegato di società.** Managing director (SOCIETÀ (II) COMMERCIALE). [vol. I: COMPANY: IX; DIRECTOR]

– **elettivo di ente locale** (*borough, council*). Grosso modo, councillor (ENTE LOCALE). [vol. I: LOCAL GOVERNMENT]

Consiglio o **organo in genere.** Council (CONSIGLIERE; ENTE; ORGANO).

– **dei Ministri.** Lett., Council of Ministers; il *Cabinet*, che va inquadrato nel sistema del governo di gabinetto britannico, costituisce solo un analogo, ma non corrisponde (*et pour cause!*) al Consiglio dei Ministri nostrano. Il *Cabinet*, va anche ricollegato al sistema bipartitico in vigore nel Regno Unito. Protagonista del *Cabinet* è il *Prime Minister*, autentico capo del governo, e non già *primus inter pa-*

res come il nostro povero Presidente del Consiglio che — privo del potere di scegliere i ministri, di rimpastare il governo quando crede, o anche soltanto di imporre ai ministri una qualche disciplina — spesso esaurisce la sua attività di governo, quando non anche sé stesso, da un canto, in una defatigante opera di brokeraggio per sedare le quotidiane risse tra i membri dell'ineffabile coalizione e, dall'altro, nel *tripotage* col partito di opposizione. Invece, il *Prime Minister* britannico è un *leader*, in buona sostanza scelto dalla maggioranza degli elettori, i cui poteri sono ritenuti eguali, se non superiori, a quelli del Presidente degli Stati Uniti (*infra*, CONSIGLIO DI GABINETTO; PRESIDENTE DEL CONSIGLIO DEI MINISTRI; PRIMO MINISTRO). [vol. I: CABINET; ELECTORAL SYSTEM; PRIME MINISTER; PRIVY COUNCIL; TWO-PARTY SYSTEM]

- **dei Ministri della Cee.** Council of Ministers of the EEC (COMUNITÀ EUROPEE).

- **dell'Ordine degli Avvocati e Procuratori.** Grosso modo, Bar Association. Ma non esiste un corrispondente esatto data la notevole diversità, di origine storica e organizzativa della professione forense sia in Inghilterra che negli Stati Uniti (ORDINE DEGLI AVVOCATI E PROCURATORI; PROFESSIONE FORENSE). [vol. I: BAR; LAW SOCIETY; LEGAL PROFESSION]

- **di amministrazione di società.** Board of directors (MEMBRO DEL CONSIGLIO DI AMMINISTRAZIONE DI SOCIETÀ). [vol. I: *ad vocem*; COMPANY: IX]

- **di famiglia.** Non esiste nei sistemi di *common law*; si chiama *family meeting* il consiglio di famiglia previsto dalle leggi della Louisiana, che costituisce un'*enclave* (grosso modo) di *civil law* negli S.U. (FAMIGLIA).

- **di gabinetto.** Grosso modo, Inner Cabinet. Il nostro Consiglio di Gabinetto è la versione italiana della cosa britannica, introdotto nel tentativo di assicurare al governo, invariabilmente affollato da un numero esorbitante di ministri in perpetua lite tra loro, una soglia minima di coesione nell'attività di governo (*supra*, CONSIGLIO DEI MINISTRI).

- **di Sicurezza delle N.U.** Security Council of the U.N.; previsto dall'art. 23 della Carta delle N.U. (CONFEDERAZIONE; MEMBRO PERMANENTE DEL CONSIGLIO DI SICUREZZA DELLE N.U.; NAZIONI UNITE; TRIBUNALE INTERNAZIONALE PER I CRIMINI CONTRO L'UMANITÀ; VETO). [vol. I: SECURITY COUNCIL]

- **di Stato.** Come sempre quando si tratta della comparazione tra ordinamenti giudiziari, non vi è equivalenza di questo organo nei sistemi di *common law*; in effetti, non esiste nei sistemi a normazione comune (*common law*) un doppio ordine di giurisdizioni, ordinario e amministrativo, tipico dei paesi a normazione amministrativa come l'Italia e i paesi del continente europeo. In questo senso, si potrà pure argomentare che, nondimeno, esiste nel sistema inglese e nordamericano un qualche armamentario normativo e giurisprudenziale che si pone come un anologo del diritto amministrativo italiano: resta il fatto che in Inghilterra e negli S.U. la *judicial review of administrative action* è esercitata dal giudice ordinario (DIRITTO (I) AMMINISTRATIVO; ORDINAMENTO GIUDIZIARIO). [vol. I: INTRODUZIONE: III. 10; ADMINISTRATIVE LAW]

- **legale.** (PARERE LEGALE)

- **Nazionale Forense.** Grosso modo, National Bar Association; ma non vi è equivalenza esatta né nel sistema inglese né in quello nordamericano (PROFESSIONE FORENSE).

- **Superiore della Magistratura.** Di solito, il termine nostrano viene tradotto con Superior Council of Judges; ma si tratta di approssimazione grossolana perché in effetti né nel sistema costituzionale britannico, né in quello nordamericano esiste un istituto del genere. Negli S.U., al livello federale, un analogo, ma solo un analogo, è costituito dalla *Judicial Conference of the United States*. Del resto, il nostro Consiglio non trova neanche delle uguaglianze esatte nel più affine sistema francese, più articolato, che distingue nettamente tra *magistrats du siège* e *magistrats du parquet*. Quanto all'ordine giudiziario inglese in particolare, esso consiste — nelle *superior courts* — nella più minuscola magistratura tra i paesi industriali dell'Occidente, laddove il problema di una qualche organizzazione istituzionale dei magistrati-giudici si pone in maniera acuta nei sistemi a reclutamento burocratico come nei paesi di *civil law*, in cui si riscontrano autentiche armate di magistrati-giudici.
1. Probabilmente se un consiglio del genere vi fosse, e se fosse gestito alla maniera nostrana, esso comportebbe la fine della stessa magistratura inglese e nordame-

ricana quali sono conosciute oggi. Oltretutto, in nessuno di quei paesi sarebbe concepibile un organo unico che associ i giudici con chi giudice non è, ma assolve ad una funzione — importantissima, certo, come quella di indagini e accusatoria — che nulla ha a che vedere con la giurisdizione.
2. Il grave conflitto che ha opposto il Presidente della Repubblica, sen. Cossiga, al CSM — nella misura in cui è possibile capirne i termini per un *outsider* — si riduce, sembra, alla disputa se la magistratura italiana debba essere considerato un potere dello stato in tutto uguale a quello legislativo ed esecutivo, e se detto potere debba essere rappresentato dal consiglio superiore della magistratura.
3. È stato osservato che la costituzione italiana non assegna alla magistratura un tale *status*, e che i magistrati non sono eletti, ma nominati, che si tratta di un *ordine* e non di un *potere*; ma questi appaiono rilievi privi di pregio: la giurisdizione è di per sé un potere indipendentemente dalla nomina o elezione dei suoi membri. Ma forse il rilievo più radicale é che la magistratura nostrana (inclusa la Corte Costituzionale), e le altre magistrature burocratiche del continente europeo sono *soprattutto prive di legittimazione storica e politica* tali da costituire un potere autonomo da mettere sullo stesso piano di quello legislativo o esecutivo. In definitiva, in una regime democratico un potere risiede, più che in un testo legislativo, nell'universale riconoscimento dei cittadini.
4. Diversamente, resterebbe da spiegare il mistero della magistratura inglese e nordamericana (federale) — entrambe nominate dall'esecutivo — che pure costituiscono degli autentici poteri dello stato. A non parlare degli S.U., in cui per descrivere i poteri della veneranda *Supreme Court* si dice di solito che essa costituisce la ... III Camera del Congresso.
5. È forse nella *judicial review,* che le corti inglesi si sono sempre arrogate rispetto al potere reale in lotte politiche memorabili, che risiede la fonte ultima della legittimazione popolare della giurisdizione come di potere dello stato. In ultima analisi, esso appare intrinseco a un sistema che vede nel giudice l'oracolo della legge, in cui egli è — allo stesso tempo — « *rule maker and decision maker* » [Kahn-Freund 1972, ed. 1977: 18, 54].
6. Del resto, basta pensare alla celebre decisione *Marbury* v. *Madison* con la quale la *Supreme Court* rivendicava un potere non previsto dalla costituzione federale, ossia il sindacato di costituzionalità della legge da parte degli organi giudiziari federali, diventato poi il fondamento primo di tutte le più giovani (e meno venerande) corti costituzionali di questo mondo.
7. Ad ogni modo, il nostro parlamentino di magistrati non si salva dalle macerie della I Repubblica. Esso ha ripetuto pedissequamente i meccanismi della *democrazia consociativa.* Questa istituzione va radicalmente cambiata nell'ambito della riforma dell'ordinamento giudiziario. Beninteso, se e quando vi sarà una forza politica capace di imporla e, soprattutto, quella rivoluzione politica e morale di cui, ad onor del vero, non si intravede neanche l'ombra (DEMOCRAZIA CONSOCIATIVA; INDIPENDENZA DELLA MAGISTRATURA; ORDINAMENTO GIUDIZIARIO; POTERE GIUDIZIARIO). [vol. I: INTRODUZIONE: III. 29; COURT; JUDGE; JUDICIAL REVIEW; MARBURY v. MADISON]

Consilium fraudis. (AZIONE (I) REVOCATORIA)

Consociata. (CONSOCIATO/A)

Consociativismo. (DEMOCRAZIA CONSOCIATIVA; PARTITOCRAZIA)

Consociato/a in genere. Member, associate, partner (ASSOCIATO; SOCIETÀ (II) CONSOCIATA; SOCIO). [vol. I: ASSOCIATION; COMPANY; PARTNERSHIP]

Consolato. (CONSOLE)

Console. Consul. Lo status, i privilegi e le immunità consolari sono previste dalla convenzione di Vienna del 1963 sulle relazioni consolari introdotta nell'ordinamento britannico con il Consular Relations Act 1968 e il Diplomatic and Other Privileges Act 1971. Negli S.U. i consoli fanno parte del *Foreign Service* che fa capo al *Department of State* (*EXEQUATUR*; PRIVILEGI E IMMUNITÀ DIPLOMATICHE; VICE CONSOLE). [vol. I: *ad vocem*; DIPLOMATIC PRIVILEGES; EXEQUATUR; FOREIGN JURISDICTION; FOREIGN OFFICE; ROGATORY LETTERS]

Consolidamento. (FUSIONE DI SOCIETÀ)

Consolidato. (FONDO CONSOLIDATO)

Consolidazione in genere. Consolidation; ma questo termine assume significati particolari in tema di *statute law* in cui indica, grosso modo, l'unificazione e sistemazione in un unico testo legislativo della stessa materia trattata da diverse leggi (BILANCIO AZIEN-

DALE CONSOLIDATO; CONFUSIONE; FUSIONE; TESTO UNICO). [vol. I: *ad vocem*]

– **dell'usufrutto e della nuda proprietà.** L'assenza dell'usufrutto nella *common law* spiega la mancanza di un termine corrispondente; un concetto, grosso modo, analogo è espresso dalla *reversion* (USUFRUTTO). [vol. I: LIFE INTEREST; LIFE TENANCY; OWNERSHIP; REVERSION]

– **nella superficie.** Non v'è una corrispondenza esatta, data l'assenza del diritto di superficie nei sistemi di *common law*. Ma il *building lease*, in cui il *lessor* diventa proprietario della costruzione, costituisce, grosso modo, un analogo dell'istituto romanistico (SUPERFICIE). [vol. I: BUILDING LEASE]

Consorzio in genere. Consortium, union, association, syndacate, trust, pool, conference; ma il termine *consortium* è riferito più spesso al rapporto coniugale (ASSOCIAZIONE; BANCA CONSORTILE; CONIUGIO; CONTRATTO CONSORTILE). [vol. I: *ad vocem*; ANTI-TRUST ACTS; CARTEL; CONSORTIUM; FAIR TRADING; RESTRICTIVE TRADE PRACTICES]

– **coniugale.** Consortium. Negli S.U. nelle c.d. *wrongful death actions* — ossia nelle azioni di risarcimento consentite dai c.d. *wrongful death statutes* per incidente mortale colposo — il coniuge superstite invoca di solito la c.d. « loss of consortium » per indicare la perdita del rapporto coniugale (CONIUGE; MATRIMONIO; OMICIDIO COLPOSO). [vol. I: *ad vocem*; MARRIAGE]

– **del porto.** Port authority (PORTO).

– **pubblico.** È dubbio che vi sia in senso stretto un corrispondente esatto; ma sembra che l'espressione sostanzialmente più vicina sia quella di *joint boards* che rientra nella categoria generale delle *public corporations*. [vol. I: NATIONALIZED INDUSTRIES; PUBLIC CORPORATION; PUBLIC UTILITY]

– **tra imprese.** Consortium (ASSOCIAZIONE TEMPORANEA DI IMPRESE; GRUPPO DI IMPRESE; IMPRESA). [vol. I: *ad vocem*]

Bibl.:

Galgano, F., *Le « fasi dell'impresa » nei consorzi dell'impresa* (1986) 1 CeI 1.

Consuetudine. Custom: non customs, che è altra cosa! si distingue dallo *usage*, uso di fatto, che, a differenza della consuetudine, deve essere sempre provato da chi lo invoca. Nel contratto, lo *usance*, a differenza del custom, ossia della consuetudine, presuppone l'accettazione espressa delle parti. A differenza della legge scritta (*statute law*), consuetudini e usi possono cadere in desuetudine; ma quando la consuetudine è stata confermata con una decisione giudiziale, essa diviene parte della *common law*, e non può quindi essere abrogata o modificata che mediante uno *statute* o una nuova decisione. La consuetudine ha un'importanza secondaria nel sistema inglese, in cui la *common law* e la *statute law* sono sovrane. A questo proposito, appare importante sottolineare che la *common law* non è un diritto consuetudinario, ma giurisprudenziale. Questa materia va inquadrata nella assai diversa teoria delle fonti dei sistemi di *common law* (A MEMORIA D'UOMO; DESUETUDINE; DIRITTO (I) CONSUETUDINARIO; FONTI DEL DIRITTO; PRASSI; USO DI COMMERCIO). [vol. I: COMMERCIAL CUSTOM; COMMON LAW; CUSTOM; CUSTOMS OF MERCHANTS; INTERNATIONAL CUSTOM; PRESCRIPTION; TIME IMMEMORIAL; TRADE USAGE; USANCE]

Bibl.:

Gil, J., *Giustizia*, in *Enciclopedia Einaudi* 1977-81, vol. VI: 824.

Papagno, G., *Consuetudine*, in *Enciclopedia Einaudi* 1977-81, vol. IV: 855.

– **commerciale internazionale.** International commercial custom (COMMERCIO INTERNAZIONALE; DIRITTO (I) INTERNAZIONALE). [vol. I: TRADE USAGE]

– **immemoriale.** Immemorial custom, usage, o practice (IMMEMORIALE). [vol. I: CUSTOM; IMMEMORIAL]

– **internazionale.** International custom (DIRITTO (I) INTERNAZIONALE).

– **locale.** Local custom.

Consulente in genere. Adviser, consultant, counsel, assessor, expert, referee. Poiché il consulente tecnico nel processo assume la veste di testimone, egli è definito *expert witness*; il testimone non consulente è definito *lay witness* (ARBITRO; CONSIGLIERE; CONSULENZA; RELAZIONE DEL CONSULENTE). [vol. I: ADVISER; ASSESSOR; COUNSEL; EXPERT WITNESS; REFEREE]

– **di parte.** Partisan expert (*infra*, CONSULENTE TECNICO NEL PROCESSO).

– **di ufficio.** Court appointed expert, impartial expert (*infra*, CONSULENTE TECNICO NEL PROCESSO).

– **finanziario.** Financial adviser, investment adviser (INVESTIMENTO).

– **giuridico.** (*infra*, CONSULENTE LEGALE)

– **legale.** Legal adviser, legal counsel (*infra*, CONSULENTE LEGALE ESTERNO; PROFESSIONE FORENSE). [vol. I: ATTORNEY-GENERAL; LEGAL PROFESSION]

– **legale esterno.** Outside counsel (*supra*, CONSULENTE LEGALE; GIURISTA D'IMPRESA).

– **tecnico nel processo.** Expert o professional witness; in principio, non esiste il consulente tecnico di ufficio, detto *court expert*, o *court appointed expert*: i consulenti sono solo consulenti di parte, regola che si spiega con la natura *adversarial* del processo di *common law*. In questa materia sussistono numerose differenze tra le due tradizioni giuridiche che si intrecciano alle diverse regole sulla prova.
1. Il consulente tecnico è considerato nei sistemi di *common law* un teste; a lui si applicano le stesse regole previste per gli altri testi (*lay witnesses*). La perizia è orale, non scritta, e viene esposta dall'*expert witness* nel corso dell'interrogatorio cui è sottoposto; il consulente può essere *examined* e *cross-examined*. Si tratta di un testimone di parte e l'acquisizione della sua consulenza avviene nel quadro di un preciso sistema contraddittorio.
2. Il *referee* è la persona alla quale nella fase del *pre-trial* il giudice rimette l'espletamento di taluni atti che sarebbero definiti istruttori nel nostro processo civile come, ad es., l'espletamento della prova testimoniale, l'audizione delle parti, l'esame di una determinata questione di ordine tecnico, come una verifica contabile, etc. Si tratta di un ausiliare della giustizia nominato più spesso *ad hoc,* ossia, di volta in volta, che produce una relazione (*report*) per il giudice. Analoghe funzioni sono svolte da altri ausiliari della giustizia come *auditors, assessors, o masters*, anch'essi più spesso nominati *ad hoc*.
3. Nelle cause marittime il giudice inglese è assistito da *assessors*: in tal caso, non sono ammessi consulenti di parte (ALBO DEI CONSULENTI TECNICI; ARBITRO; AUSILIARI DELLA GIUSTIZIA; COLLEGIO PERITALE; CONTROESAME; ESPERTO; PERIZIA; PROVA; STIMA; TESTIMONE; TESTIMONIANZA DEL CONSULENTE TECNICO). [vol. I: ADMIRALTY; ASSESSOR; CROSS-EXAMINATION; EVIDENCE: II. 4, 9; EXPERT EVIDENCE; EXPERT WITNESS; INQUIRY; IURA NOVIT CURIA; REFEREE; REFERENCE; WITNESS]

Bibl.:

Schlesinger 1950, ed. 1988: 138.

Consulenza. Advice, consultancy, expert evidence (CONSULENTE; CONSULTAZIONE; CONSULTIVO; PARERE; SERVIZIO DI CONSULENZA; SERVIZIO DI CONSULENZA PER GLI INVESTIMENTI IN TITOLI MOBILIARI; SOCIETÀ (II) DI CONSULENZA; VINCOLANTE). [vol. I: ADVICE]

– **gestionale.** Management consultancy (GESTIONE).

– **legale.** Legal consultancy; nel sistema inglese l'attività di consulente legale viene svolta da *solicitors* e, nei casi più complessi, da *barristers* (ASSISTENZA GIUDIZIARIA; CONSIGLIERE; CONSULENZA TECNICA NEL PROCESSO; GIURISTA D'IMPRESA; PARERE LEGALE; PROFESSIONE FORENSE). [vol. I: LEGAL PROFESSION]

– **tecnica nel processo.** (CONSULENTE TECNICO NEL PROCESSO; PERIZIA)

Consultazione in genere. Consultation; ma questa espressione assume un significato particolare nell'esercizio della professione forense inglese (CONFERENZA; CONSULENTE; CONSULENZA; ELEZIONI; INCONTRO). [vol. I: ADVICE; COMMUNICATION; CONSULTATION; LEGAL PROFESSION]

– **del giudice con gli avvocati delle parti.** Bench conference; è detta così quella tra il giudice e gli avvocati delle parti che si svolge in udienza presso il banco del giudice, e attiene, di solito, a una questione procedurale (PROCESSO GIURISDIZIONALE; PROFESSIONE FORENSE).

– **elettorale in genere.** Poll, generale elections (ELEZIONI POLITICHE).

Consultivo in genere. Advisory, consultative (AMMINISTRAZIONE CONSULTIVA; COMITATO CONSULTIVO; CONSULENTE; CONSULENZA; CONSULTAZIONE; ORGANO CONSULTIVO; PARERE; VINCOLANTE). [vol. I: ADVICE; ADVISORY]

Consumatore in genere. Consumer, user.
1. Il consumatore è il protagonista dell'economia dei paesi industriali avanzati dell'Occidente: si può dire, in effetti, che il regime giuridico sempre più totalizzante ed esaustivo attribuito a questa figura finisce per assegnargli un vero e proprio *status* che, nella tradizione di *common law* gode di una duplice tutela: quella derivante dalla *common law* (intesa in senso stretto) e dalla *statute law,* ossia della legislazione. Ma il nostro giure è oscitante: questa categoria non esiste nel nostro sistema, si dice: con grande sollievo della nostra imprenditoria da straccivendoli che può continuare a prendere impunemente in giro il consumatore: in effetti, al di fuori dello *status* non vi è tutela seria del consumatore. Un'economia dei consumi

che non tutelasse il consumatore e/o utente-investitore sembrerebbe in una società economicamente e politicamente evoluta come una *contradictio in adiecto*. Ora, tra i tanti portenti del « laboratorio » consociativo nostrano, in non piccola parte manovrato dalle più potenti e incontrollate *lobbies* dell'Occidente, da un capitalismo provinciale, arretrato e voracissimo, vi è anche quello di aver trascurato completamente questa figura. Se si dà uno sguardo agli altri paesi — non diciamo agli S.U., dove ha assunto il ruolo di vera leva di riequilibrio economico e sociale — ma anche soltanto agli altri paesi europei di comparabile dimensione, è difficile non concludere che il capitalismo (e il potere pubblico) italiano resta ancora oggi quello del tempo del « padrone delle ferriere ».
2. È quindi sotto la rubrica dedicata a questa figura che nel sistema inglese e nordamericano si rintraccia una buona parte della disciplina della vendita, e istituti affini: *consumer advocate, consumer credit, Consumer Credit Code, Consumer Protection Act* (negli S.U.), *consumer credit sale, consumer credit transaction, consumer debt, consumer goods, consumer lease, Consumer Price Index* (negli S.U.), *consumer product, Consumer Product Safety Commission* (negli S.U.), *consumer protection laws, consumer report, Consumer Reporting Agencys* (negli S.U.), *consumers' cooperatives*. Ecco alcune delle più note rubriche nelle quali si imbatte il *civil lawyer*.
3. Il *consumer-debtor* è la figura centrale del fallimento civile, ossia del *non-imprenditore* negli S.U. e nel sistema inglese (ASSOCIAZIONE DEI CONSUMATORI; CLIENTELA; COMMERCIO; CORRETTEZZA COMMERCIALE; CREDITO AL CONSUMATORE; DEBITORE; DETTAGLIO; FALLIMENTO: VI. 1; LEALTÀ DEL CONSUMATORE; LEGGE A TUTELA DEL CONSUMATORE; *LOBBYING*; MERCI DESTINATE AL CONSUMATORE; METALLI PREZIOSI; PARTE CONTRAENTE DEL CONTRATTO; PICCHETTAGGIO DEL CONSUMATORE; RISPARMIATORE; SICUREZZA DEL CONSUMATORE; SOCIETÀ (I) DEI CONSUMI; SOCIETÀ (II) DI CREDITO AL CONSUMATORE; *STATUS*; TUTELA DEI DIRITTI; TUTELA DEL CONSUMATORE; UTENTE; VENDITA AL CONSUMATORE).

Bibl.:

Alpa, G., *Consumatore* (1987) 1 CeI 313.

Consumazione in genere. Consumption, consummation.

– **del matrimonio.** Consummation of marriage (MATRIMONIO).

– **del reato.** Consummation of offence, of crime (REATO).

Consumo in genere. Consumption (BENE DI CONSUMO; CONSUMATORE; CONSUMAZIONE; DAZIO DI CONSUMO; IMPOSTA DI CONSUMO; LOGORÌO; MERCI; PRESTITO DI CONSUMO; PRODOTTO DESTINATO AL CONSUMO; PRODUZIONE; RIFORNIMENTO; SOCIETÀ (I) DEI CONSUMI; SOMMINISTRAZIONE).

Consuntivo. (BILANCIO CONSUNTIVO)

Contabile. Grosso modo, accountant, book keeper (*AUDIT*; COMMERCIALISTA; CONTABILE; CONTABILITÀ). [vol. I: ACCOUNTANT; AUDIT; AUDITOR]

– **collegiato.** Chartered accountant, certified public accountant (REVISORE DEI CONTI).

Contabilità. Accountancy, book keeping (ACCERTAMENTO CONTABILE; *AUDIT;* AZIENDA; BILANCIO; CONTABILE; CREDITO RISULTANTE DAI LIBRI CONTABILI; DOCUMENTO CONTABILE; FALSO IN BILANCIO; LIBRI CONTABILI; PERIODO CONTABILE; PROCEDURA CONTABILE; REVISIONE CONTABILE; SCRITTURE CONTABILI; SEZIONE CONTABILITÀ; VALORE CONTABILE DELL'AZIENDA; VALORE DI AVVIAMENTO). [vol. I: ACCOUNTING; AUDIT]

– **di cassa.** Cash basis accounting (*infra*, CONTABILITÀ DI COMPETENZA; BILANCIO DELLO STATO; COMPETENZA; REVISIONE CONTABILE).

– **di competenza.** Accrual basis accounting (*supra*, CONTABILITÀ DI CASSA; BILANCIO DELLO STATO; REVISIONE CONTABILE).

– **di Stato.** (*infra*, CONTABILITÀ PUBBLICA)

– **esterna.** External audit (REVISIONE CONTABILE).

– **interna.** Internal audit (REVISIONE CONTABILE).

– **pubblica.** Public accounting, governmental accounting (BILANCIO DELLO STATO). [vol. I: ACCOUNT; BILL IN PARLIAMENT; BUDGET; ESTIMATES OF EXPENDITURE; PUBLIC ACCOUNTS COMMITTEE; REVENUE; TAX]

Container. (TRASPORTO COMBINATO; TRASPORTO IN CONTENITORI). [vol. I: *ad vocem*; CARRIAGE: V; COMBINED TRANSPORT]

Contaminazione. Pollution (INQUINAMENTO).

Contante/i in genere. Cash (COMPENSAZIONE IN CONTANTI; CREDITO; MONETA CONTANTE).

– **contro documenti.** Cash against documents (DENARO; DOCUMENTO; IN CONTANTI; MONETA CONTANTE). [vol. I: *ad vocem*]

Contanti. (CONTANTE/I)

Contea. County; nel sistema inglese è opportuno distinguere tra la contea come organo autarchico territoriale, che rientra nell'organizzazione del *local government*, e la contea giudiziaria, giacché le due nozioni non coincidono. La contea costituisce nel R.U. e, negli S.U., all'interno di ciascuno stato, l'unità amministrativa locale fondamentale. Ma il regime giuridico della contea e la sua estensione possono, negli S.U., variare da stato a stato. Alcune contee odierne hanno una popolazione di milioni di abitanti, mentre altre ne contano solo poche centinaia (AUTOGOVERNO; FEDERALISMO; POLIZIA DI CONTEA). [vol. I: COUNTY; COUNTY COURTS; LOCAL GOVERNMENT]

***Contemplatio domini* nella rappresentanza.** Grosso modo, disclosure of principal (RAPPRESENTANZA). [vol. I: PRINCIPAL]

Contenitore. (*CONTAINER*)

Contenzioso in genere. Cases (CONTROVERSIA).

- **giudiziario.** Case-load (ARRETRATO DELLE CAUSE CIVILI E PENALI; CONTROVERSIA). [vol. I: *ad vocem*]
- **tributario.** Case-load of tax cases (GIUSTIZIA TRIBUTARIA; IMPOSIZIONE FISCALE).
- **tributario di modesta entità.** Small tax case (CAUSA (III) DI MODESTA ENTITÀ; GIUSTIZIA TRIBUTATRIA).

Contesa. Contest, contention, controversy (AGONISMO; CAUSA (III); CONTRADDITTORIO; CONTROVERSIA; DISPUTA; LITE).

Contestabile in genere. Objectionable, debatable, questionable, arguable, contestable, attackable (CLAUSOLA DI INCONTESTABILITÀ NELL'ASSICURAZIONE; CONTESTAZIONE; IMPUGNABILE; OPPOSIZIONE; QUESTIONE; SINDACABILE).

Contestabilità in genere. Contestability (CLAUSOLA DI INCONTESTABILITÀ NELL'ASSICURAZIONE; CONTESTABILE; CONTESTAZIONE)

Contestato, litigioso. Contested, litigious (CONTENZIOSO GIUDIZIARIO; CONTESTABILE; CONTESTABILITÀ; CONTROVERSIA).

Contestazione. Challenge, objection, disclaimer, impeachment. Nel senso di accusa, di imputazione, si dice *charge* (CONTESTABILITÀ; CONTESTATO; CONTRADDITTORIO; CREDITO CONTESTATO; DIRITTO (II) CONTROVERSO o CONTESTATO; ECCEZIONE; GIORNI DI CONTESTAZIONE; IMPUGNAZIONE; IMPUTAZIONE; INVALIDAZIONE; OPPOSIZIONE). [vol. I: APPEAL; CHALLENGE; DISCLAIMER; OBJECTION]

- **della validità di un trattato.** Impeachment of the validity of a treaty; prevista dall'art. 42, par. 1, della convenzione di Vienna sul diritto dei trattati (TRATTATO).
- **di reato in genere.** Charge, impeachment, indictment (*infra*, CONTESTAZIONE IN UDIENZA DEI CAPI DI IMPUTAZIONE; ACCUSA; AZIONE (I) PENALE; IMPUTAZIONE; REATO).
- **elettorale.** Election contest (RICORSO ELETTORALE).
- **in udienza dei capi di imputazione.** Arraignment; è detta così nel *trial on indictment* la contestazione formale dell'atto di accusa all'imputato rinviato a giudizio. Ma si tratta di una fase processuale priva di equivalenza nel nostro sistema (AZIONE (I) PENALE; CAPO DI IMPUTAZIONE; COLPEVOLE-NON COLPEVOLE; CONFESSIONE). [vol. I: *ad vocem*]
- **legale.** Lawsuit, suit, action, legal controversy, cause, litigation, dispute, contention, challenge (AZIONE (I) IN GIUDIZIO; CONTROVERSIA LEGALE; CREDITO CONTESTATO). [vol. I: ARBITRATION; COMPROMISE; PROCEDURE]

Contestualità nel contratto in genere. Grosso modo, inclusion of all conditions, terms of contract and signature of parties in a single document. In genere non è richiesta (CONTRATTO). [vol. I: CODICIL; CONTRACT: I; FORM]

Conti. (CONTO/I)

Contiguità in genere. Contiguity (CONTIGUO). [vol. I: CONTIGUOUS]

Contiguo. Contiguous, adjoining, abutting (ADIACENTE; CONFINANTE; MURO CONTIGUO). [vol. I: ABUTTALS; ADJOINING; BOUNDARY; CONTIGUOUS ZONE; SEA]

Continenza di causa. Lis alibi pendens; ma non esiste una corrispondenza esatta (LITISPENDENZA). [vol. I: CONSOLIDATION OF ACTIONS]

Contingente/i. Contingent, quota; ma il sostantivo non va confuso con l'aggettivo che ha il senso di eventuale, accessorio, ed è spesso riferito agli onorari legali, per cui si parla di *contingent fee* per indicare il patto di quota lite ammesso e largamente praticato negli S.U., ma severamente vietato nel sistema inglese (CONDIZIONE; EVENTUALE; FISSAZIONE DEI CONTINGENTI; LIBERTÀ DI CIRCOLAZIONE COMUNITARIA; PATTO DI QUOTA LITE).

- **commerciale.** Trade quota (LIBERTÀ DI CIRCOLAZIONE COMUNITARIA).
- **di esportazione.** Export quota (*supra*,

CONTINGENTE COMMERCIALE; ESPORTAZIONE). [vol. I: EXPORT]

- **di importazione.** Import quota (*supra*, CONTINGENTE COMMERCIALE; IMPORTAZIONE). [vol. I: IMPORTATION]
- **tariffari comunitari.** Community tariff quotas (COMUNITÀ ECONOMICA EUROPEA; TARIFFA). [vol. I: TARIFF]

Contingenza. Contingency (ALEA; CONDIZIONE; EMERGENZA; EVENTO; RISCHIO). [vol. I: *ad vocem*]

Continuità in genere. Continuity.

- **nel possesso.** Uninterrupted possession (POSSESSO; USUCAPIONE). [vol. I: POSSESSION; PRESCRIPTION]

Contitolarità di un diritto. Joint, o common, ownership of a right; joint, o common, nominee of a right (COMUNIONE; CONFUSIONE; TITOLARITÀ; TITOLO).

Conto/i in genere. Account, bill, count, invoice. Dare conto, nel senso di rispondere del proprio operato o di qualcosa, è detto *to account*; dare conto in pieno di qualcosa è detto *to give full account of* (ACCETTAZIONE DEL CONTO; ACCREDITO SU UN CONTO; ANNULLAMENTO GIUDIZIALE DI UN CONTO CORRENTE; APERTURA DI UN CONTO; APPROVAZIONE DI UN CONTO; CONGUAGLIO; CONTROLLO DEI CONTI; CORRENTISTA; CORTE DEI CONTI; CREDITI RECIPROCI; DIRITTI (II) SPECIALI DI PRELIEVO DEL FMI; ESTRATTO CONTO; IN CONTO; LIBRI CONTABILI; MESSA IN CONTO; MODIFICA GIUDIZIALE DEL CONTO CORRENTE; NUMERO DI CONTO; PER CONTO ALTRUI; PER CONTO DI; PER CONTO TERZI; RENDICONTO; RESA DEI CONTI; RESPONSABILE; REVISIONE CONTABILE; REVISORE DEI CONTI; RICEVUTA IN CONTO; SALDO DI UN CONTO; SCOPERTO DI CONTO CORRENTE BANCARIO; TITOLARE DI UN CONTO; VENDITA IN CONTO DEPOSITO; VERIFICA DI UN CONTO). [vol. I: ACCOUNTABLE; AUDIT; BALANCE; BUDGET; COUNTERCLAIM; SET-OFF; SHEET; SURCHARGE]

- **corrente.** Running account, mutual accounts; ossia quello che comporta crediti reciproci tra le parti del rapporto (COMPENSAZIONE; DEFICIT DEI CONTI CORRENTI). [vol. I: ACCOUNT; MUTUAL CREDITS; SET-OFF]
- **corrente bancario.** Bank account o banking account. Si noti che nel sistema inglese e nordamericano la dicitura *Account Payee Only* apposta sull'assegno indica che esso può essere pagato soltanto *sul conto corrente bancario* della persona indicata sulla faccia del titolo: essa ne fa quindi un effetto non all'ordine. Il saldo (*balance*) di un conto bancario è detto popolarmente *in the black* o *in the red*, rispettivamente, a seconda che sia in attivo o in passivo. Di solito, né nel sistema inglese né in quello nordamericano il conto corrente bancario frutta interessi (*infra*, CONTO CORRENTE BANCARIO DISGIUNTO; ALL'ORDINE; BANCA; DEPOSITO A RISPARMIO; DEPOSITO BANCARIO; GIRANTE; GIRATA; NEGOZIABILE; NON ALL'ORDINE; SALDO DI UN CONTO CORRENTE BANCARIO; SCOPERTO DI CONTO CORRENTE BANCARIO). [vol. I: NON ENDORSABLE]
- **corrente bancario disgiunto.** Joint bank account; di solito esso comporta il c.d. *right of survivorship* per cui, in base a quella forma particolare di comunione che va sotto il nome di *joint ownership,* si ha il *ius accrescendi* a favore del titolare sopravvissuto e non già degli eredi del defunto (*supra*, CONTO CORRENTE BANCARIO; COMUNIONE).
- **corrente bancario fruttante interessi.** Interest bearing chequing (o checking) account. Negli S.U. si parla più spesso di Negotiable Order of Withdrawal account o N.O.W. account (INTERESSI SUL CAPITALE).
- **corrente bancario pignorato** o **sequestrato.** Attached account (PIGNORAMENTO; SEQUESTRO).
- **corrente bancario scoperto.** Outstanding, o overdrawn, account (SCOPERTO DI CONTO CORRENTE BANCARIO). [vol. I: OUTSTANDING ACCOUNT]
- **correnti bancari bloccati.** Blocked accounts, frozen accounts (*infra*, CONTO PIGNORATO; CONTO SEQUESTRATO; BLOCCO).
- **di risparmio.** Savings account (RISPARMIO). [vol. I: *ad vocem*]
- **esteri.** External accounts (ESTERO).
- **finale.** Account stated, o final account (FINALE).
- **inattivo.** Account dormant. [vol. I: ACCOUNT]
- **insoluto.** Outstanding account (DEBITO).
- **liquidato.** Account settled (LIQUIDATO).
- **non revisionati.** Unaudited accounts (REVISIONE CONTABILE).
- **numerato.** Numbered account.
- **passivo.** Debit side of an account (PASSIVO).

– **pignorato.** Attached account (PIGNORAMENTO). [vol. I: ATTACHMENT]

– **prelievi.** Drawing account, drawings account (DIRITTI (II) SPECIALI DI PRELIEVO).

– **profitti e perdite.** Profit and loss account, profit and loss statement, income statement. Costituisce il più importante rendiconto economico di una società quotata in borsa (AZIENDA; BILANCIO; CONTABILITÀ; PROFITTI E PERDITE; SOCIETÀ (II) COMMERCIALE).

Bibl.:
Gower 1954, ed. 1979: 509.

– **provvisorio.** Interim account (PROVVISORIO).

– **saldato.** Account settled (SALDO).

– **scaduto.** Account due, overdue account (SCADUTO). [vol. I: OVERDUE]

– **sequestrato.** Seized account, frozen account (*supra*, CONTI CORRENTI BANCARI BLOCCATI; CONTO PIGNORATO).

Contrabbando. Smuggling. È detto *contraband* quello che ha luogo in tempo di guerra più spesso ad opera di navi neutrali a favore di uno dei belligeranti (BELLIGERANZA; DAZIO; ECONOMIA NERA; IMPOSTA; MERCATO NERO; MERCI DI CONTRABBANDO; SEQUESTRO DI MERCI DI CONTRABBANDO). [vol. I: ALABAMA CASE; CONFISCATION; CONTRABAND; NAVICERT; PRIZE; SMUGGLING; VISIT AND SEARCH]

– **di guerra.** Contraband of war (GUERRA). [vol. I: *ad vocem*; SMUGGLING]

Contraccettivo. Contraceptive. Negli S.U. è definito *contraceptivism* il reato, in parte ormai desueto, consistente nel distribuire o prescrivere contraccettivi. Si ritiene che l'uso dei contraccettivi consenta, tra l'altro, il *family planning*, assumendo importanza fondamentale nell'infrenare il terrificante problema della sovrappopolazione del globo, fonte primaria di inquinamento e, in un ultima analisi, fine dell'uomo sul pianeta (ABORTO; AMBIENTE; PAESE IN VIA DI SVILUPPO; RISERVATEZZA).

Contraddittorietà in genere. Repugnancy (INCOMPATIBILITÀ). [vol. I: *ad vocem*]

– **tra le clausole di un atto.** Repugnancy, o inconsistency, between clauses of the same deed or contract (ATTO; CONTRADDITTORIO; INCOMPATIBILITÀ). [vol. I: INCONSISTENCY; REPUGNANCY; UNCERTAINTY]

Contraddittorio in genere. Nel senso di incompatibile, contrastante, confliggente, si dice più spesso repugnant, inconsistent (CONFRONTO; CONTRADDITORIETÀ TRA LE CLAUSOLE DI UN ATTO; IN CONTRADDITTORIO CON). [vol. I: INCONSISTENCY; REPUGNANCY]

1. Quando, invece, il termine è impiegato come sostantivo per indicare la caratteristica tipica del processo giurisdizionale (o almeno così dovrebbe essere), non esiste un termine che corrisponda esattamente al concetto processuale nostrano di contraddittorio: ecco uno dei tanti casi in cui nel linguaggio inglese e nordamericano non esiste la parola, ma la cosa.
2. La cosa e non la parola, perché nella concezione anglo-americana non solo tutto il diritto processuale, ma la concezione stessa della democrazia — intesa come una serie di regole — è *adversarial*; come *adversarial* è l'economia: basta pensare alla mitologia della libera concorrenza, specie negli S.U.
3. Il contraddittorio si pone quindi come un ingrediente fondamentale della fisiologia politica, economica e giudiziaria anglo-americana: la stessa disposizione dei banchi nella Camera dei Comuni offre una rappresentazione visiva di questa premessa ideologica.
4. *Adversary system* è quello per cui nel processo si attua il contraddittorio tra *opposing parties* e il giudice svolge un ruolo di arbitro, privo cioè di poteri di iniziativa processuale (almeno è questo lo sterotipo del giudice di *common law*: in effetti, per molti versi, egli dispone di taluni importanti poteri ignoti al suo omologo di *civil law*; non solo: ma la sua *autorità* è tale che parlare di arbitro significa trascurare i reali assetti di potere esistenti sia nel sistema politico inglese, sia, e a maggior ragione, in quello nordamericano). Con l'espressione « sporting theory of justice » riferita alla procedura si indica la teoria agonistica della giustizia.
5. Il contraddittorio costituisce l'ingrediente fondamentale del processo giurisdizionale di *common law*; il processo in cui si instaura il contraddittorio è definito *contentious*. Il diritto al contraddittorio è detto più spesso *right of controverting* o anche, più semplicemente, ad avere il proprio *day in court*. Questo popolarissimo termine indica il diritto di essere regolarmente citato in giudizio, di comparirvi, il diritto al contraddittorio e, anche, in ultima analisi, di essere giudicato da un giudice competente e, in materia penale, dal proprio giudice naturale. La sentenza emessa contro un convenuto

o imputato che non abbia avuto il suo « day in court » è viziata da nullità. Infine, un procedimento civile *ex parte* costituisce un *non-contentious business*.
6. Negli S.U. le *due process clauses* costituiscono le più famose garanzie costituzionali che assicurano — tra l'altro — anche l'instaurazione e la pratica del contraddittorio. Nel sistema inglese, con l'espressione *audi alteram partem* si indica una delle due regole che rientrano nel concetto di *natural justice*: essa prescrive che il requisito del contraddittorio sia validamente ed effettivamente instaurato.
7. Ma il contraddittorio non è limitato al processo giurisdizionale: esso si applica a quasi *ogni altro procedimento* attuato al di fuori dell'ordine giudiziario. Se, com'è stato osservato, la marca del processo è il contraddittorio, occorre rilevare che nella concezione anglo-americana vi è la tendenza a fare di *qualsiasi procedimento — per certi aspetti — un processo* nella misura in cui il contraddittorio forma un ingrediente fondamentale di esso.
8. In procedura penale, sistema accusatorio e contraddittorio coincidono: *simul stabunt, simul cadent*; il processo civile è, oltre che, ovviamente, contraddittorio, caratterizzato da un potere dispositivo delle parti, per molti, anche se non per tutti i versi, notevolmente più temperato del nostro.
9. Aver fatto del contraddittorio — sulla base della lezione inglese — lo strumento fondamentale attraverso il quale si realizza, non solo sul piano formale, la tutela dei diritti, costituisce non piccolo vanto della *common law* e, da ultimo, specie del diritto nordamericano. Per contro, se si pensa che l'atto amministrativo nostrano — salvo qualche eccezione come in tema di pubblico impiego — si forma escludendo del tutto il contraddittorio, si può facilmente immaginare di quale tipo di tutela dei diritti (si fa per dire) sia responsabile la « scienza » amministrativa nostrana che con i suoi grandissimi « oracoli » (si fa per dire) ne affida la cura ad una assai poco seria e credibile « giustizia amministrativa »: insomma, dei grandi chirurghi che non tagliano un callo. Com'è stato autorevolmente osservato, la legge 7 agosto 1990, n. 241 è, di fatto, inapplicata (AGONISTICA; ANTAGONISMO; *AUDI ALTERAM PARTEM*; AUDIZIONE DEL CONGRESSO DEGLI S.U.; AZIONE (I) IN GIUDIZIO; CONCESSIONE AMMINISTRATIVA; CONCORRENZA; CONFRONTO; CONTESA; CONTROPARTE; CONTUMACIA; DIBATTIMENTO; DIRITTO (II) AD AVERE GIUSTIZIA; DIRITTO (I) DELLE PROVE; DISCUSSIONE DI UNA CAUSA; ESECUZIONE FORZATA DELLA SENTENZA CIVILE STRANIERA: 5; GIORNO DI UDIENZA; GIURISDIZIONE VOLONTARIA; GIUSTA CAUSA; IN CONTRADDITTORIO CON; INDAGINE CONOSCITIVA DEL PARLAMENTO; INTEGRAZIONE DEL CONTRADDITTORIO; MOZIONE; OPPOSIZIONE; PARTE; PRINCIPIO DEL CONTRADDITTORIO; PROCEDIMENTI CAUTELARI; PROCEDIMENTO E PROCESSO; PROCESSO; PROVA; QUASI; REGOLATORE; TUTELA DEI DIRITTI: 7; TUTELA DEL CONTRAENTE PIÙ DEBOLE; UDIENZA PUBBLICA). [vol. I: ADVERSARY SYSTEM; ADVERSE; CIVIL PROCEDURE; CONTENTIOUS BUSINESS; CRIMINAL PROCEDURE; CROSS-EXAMINATION; DAY IN COURT; DUE PROCESS CLAUSES; EX PARTE; HUMAN RIGHTS; INNOCENCE, PRESUMPTION OF; NATURAL JUSTICE; SPORTING THEORY OF JUSTICE]

Contraente. Contracting party (PARTE). [vol. I: *ad vocem*]

– **più debole.** Weaker party (ADERENTE NEL CONTRATTO DI ADESIONE; AUTONOMIA CONTRATTUALE; BUONA FEDE; CONTRATTO A CONDIZIONI INIQUE; CONTRATTO DI ADESIONE; INIQUITÀ; LIBERO DA INFLUENZA ALTRUI; RESCISSIONE PER LESIONE; TUTELA DEL CONSUMATORE; TUTELA DEL CONTRAENTE PIÙ DEBOLE).

Contraffatto. Forged, counterfeit, pirated, bogus (CONTRAFFATTORE; CONTRAFFAZIONE; FALSO; IMITAZIONE; MERCI CONTRAFFATTE; PIRATERIA; PRODOTTO CONTRAFFATTO).

Contraffattore. Forger, counterfeiter, pirate (CONTRAFFATTO; CONTRAFFAZIONE).

Contraffazione. Forgery, counterfeiting, falsification, piracy (CONTRAFFATTO; CONTRAFFATTORE; FALSIFICAZIONE; FALSO; MERCI CONTRAFFATTE; PIRATERIA). [vol. I: ADULTERATION; COUNTERFEIT; FALSE; FALSIFICATION; PIRACY: 2; PLAGIARISM]

– **del marchio di fabbrica.** Infringement of trademark, forgery of trade mark (MARCHIO DI FABBRICA; PIRATERIA; PROPRIETÀ INTELLETTUALE). [vol. I: INFRINGEMENT; PASSING OFF; PIRACY; TRADE MARK]

– **di brevetto.** Infringement of patent, forgery of patent (BREVETTO; CONCORRENZA SLEALE; PROPRIETÀ INTELLETTUALE). [vol. I: INFRINGEMENT; INTELLECTUAL PROPERTY; PASSING OFF; PATENT; UNFAIR COMPETITION]

– **di opere dell'ingegno** o **di prodotti industriali in genere.** Infringement of copyright, o of patent (PROPRIETÀ INTELLETTUALE). [vol. I: COPYRIGHT; INTELLECTUAL PROPERTY; PATENT]

– **di sigilli.** Forgery of seals (SIGILLO). [vol. I: SEAL]

– **di sostanze alimentari.** (ADULTERAZIONE DI ALIMENTI)

Contra proferentem. È detto così quel canone interpretativo del contratto per cui, nel dubbio, l'interpretazione di clausole ambigue od onerose ha luogo contro colui che le ha predisposte (CLAUSOLA DI INTERPRETAZIONE CONTRO L'AUTORE DELL'ATTO; CONTRAENTE PIÙ DEBOLE; CONTRATTO DI ADESIONE; INTERPRETAZIONE DEL CONTRATTO; TUTELA DEL CONSUMATORE). [vol. I: *ad vocem*; CONSTRUCTION; CONSUMER LAW; CONSUMER PROTECTION; CONTRACT: VII, XV; INTERPRETATION; STANDARD CONTRACT; UNFAIR CONTRACT TERMS]

Contrario. Adverse, opposite (AGONISMO; ANTAGONISMO; CONTRADDITTORIO; PARTE). [vol. I: ADVERSARY SYSTEM; ADVERSE]

Contrassegno. Mark, earmark (MARCHIO; SPECIFICAZIONE). [vol. I: EARMARK; TRADE MARK]

Contrattazione/i in genere. Negotiation, bargaining, trading (CONTRATTO; NEGOZIATO). [vol. I: BARGAIN; BAIRGAINING POWER; NEGOTIATION]

– **a termine.** Futures exchange, futures contracts. L'attività relativa nel suo insieme è detta *future industry*; esiste negli S.U. una importante *Future Industry Association* (A TERMINE; BORSA MERCI; BORSA VALORI: 2; CONTRATTO A TERMINE; DERRATE AGRICOLE FUTURE; *FUTURES* FINANZIARI; OPZIONE).

– **collettiva.** Collective bargaining (ACCORDO COLLETTIVO DI LAVORO; DIRITTO (II) DI CONTRATTAZIONE COLLETTIVA; NEGOZIATO COLLETTIVO DI LAVORO). [vol. I: *ad vocem*]

– **di borsa.** Trading at Stock Exchange (BORSA VALORI; CONTRATTO DI BORSA; FISSAZIONE DEI PREZZI).

– **individuale.** Individual bargaining.

Contratti. (CONTRATTO/I)

Contratto/i in genere. Contract. Per quanto la materia si letteralmente sterminata, si ritiene di fare opera utile prospettando qui di seguito — in forma ovviamente schematica — alcune caratteristiche principali del contratto quale si presenta nella tradizione di *common law*. A questo proposito si segnale l'utilissima rassegna sulla materia di A. Fusaro dal titolo « *Il contratto nei sistemi di common law* » (1986) 2 CeI 663.

Premessa.

1. Numerose differenze di ordini concettuali e di tecnica giuridica contraddistinguono storicamente il contratto di *common law* da quello di *civil law*; ma occorre rilevare che, sul piano della funzione economica dell'istituto e delle soluzioni concrete, le esigenze dell'economia costituiscono oggi una forte spinta all'approssimazione, che si riflette, specie nella pratica commerciale internazionale, in una *tendenza all'unificazione sostanziale dei tipi di contratti più importanti.* In questo senso, vanno menzionati i numerosi contratti oggetto di convenzioni internazionali che spesso, sul piano tecnico, realizzano un compromesso tra le due tradizioni giuridiche che, del resto, si riscontra anche in diritto internazionale pubblico (e privato), nel trattato di Vienna sul diritto dei trattati del 1969 e nelle decisioni della Corte Internazionale di Giustizia.

2. Ma chi non voglia perdere il senso della realtà giuridica effettuale non può trascurare che il regime delle contrattazioni tipiche del commercio internazionale, oltre che nelle menzionate convenzioni, va rintracciato in un più importante insieme di clausole standard, di regole e pratiche, di contratti tipo e di condizioni generali di contratto cui ha dato luogo la *communauté international des commerçants* che, al di là di qualsiasi divisione ideologica sopravvissuta alla rovinosa caduta dei regimi comunisti, realizza una *lex mercatoria* internazionale abbastanza uniforme della materia.

3. Quanto ai vari ordinamenti nazionali, è da rilevare una certa tendenza al ravvicinamento delle legislazioni e all'adozione di tipi contrattuali elaborati nell'ambito della più evoluta tecnica industriale-giuridica degli Stati Uniti come, ad es., in tema di *patronage, leasing, factoring, franching,* etc. A ciò va aggiunto il rilevantissimo fenomeno economico (e politico) costituito dalla Comunità Economica Europea che, in maniera destinata ad essere via via più rilevante, determina una parte sempre più consistente del contenuto dei rapporti contrattuali esercitando i suoi effetti anche nell'area extracomunitaria.

4. La prassi dei contratti internazionali contiene quasi invariabilmente una clausola compromissoria che prevede un lodo arbitrale. Il fatto che un contratto sia redatto in lingua inglese — divenuta ormai la lingua franca degli scambi internazionali — non significa di per sé che la legge regolatrice del contratto debba essere quella inglese o nordamericana; si tratta, invece, di un accertamento da effettuare di volta in volta tenendo conto dell'autonomia contrattuale delle parti e dei suoi limiti secondo le leggi statuali rispettive. L'autonomia contrattuale fa

sì che la *proper law of the contract* sia dettata entro certo limiti dalle parti stesse: in presenza di contraenti di diversa nazionalità, la materia è regolata dalle norme del diritto internazionale privato, o conflitti di leggi. Un aspetto importante della clausola compromissoria, e quindi del lodo arbitrale che ne deriva, è costituita dai principi di diritto ai quali l'arbitro è tenuto ad attenersi nella sua decisione. [vol. I: ARBITRATION]

5. Quanto al diritto inglese e nordamericano, va rilevato che se l'impianto, le categorie, la *forma mentis* in cui la materia è trattata va ascritta ad una radicata cultura comune, i rispettivi regimi vanno tenuti opportunamente distinti. Tra l'altro, va anche rilevato che gli S. U. sono uno stato federale e che la materia rientra nelle attribuzioni dei singoli stati dell'Unione: sarà quindi nell'ambito del diritto statunitense che, anche qui, vanta un formidabile arsenale legislativo, giurisprudenziale e di giuristi, che il regime della materia va ricercato.

Le Fonti del diritto.

1. Quando si parla di contratto nel diritto inglese e nordamericano, di obbligazioni ed obblighi coercibili giuridicamente, bisogna tener conto della assai diversa teoria delle fonti di quella tradizione giuridica, costituite, anzitutto, dalla *common law* in senso stretto e dall'*equity*: dicotomia fondamentale ignota ai paesi di *civil law*. In questo senso, va rilevato che la disciplina contrattuale — specie in tema di vizi del consenso e, in particolare, di *misrepresentation*, e di rimedi all'inadempimento — è molto spesso il risultato della combinazione dei due ordini di regole menzionati. A questo va aggiunto che spesso un'obbligazione o un obbligo che non trova sanzione nelle regole di *common law* ne trova invece, una, non di rado assai stringente, nell'ambito dell'*equity* (FONTI DEL DIRITTO).

2. Il paradigma del negozio giuridico è — salvo che in teoria generale del diritto — ignoto al mondo giuridico dei paesi di *common law*, in cui — più realisticamente — si parla, di volta in volta, di contratto, di rinuncia, di testamento, etc. Nel dialogo con un *common lawyer* che non fosse un comparatista esso non sarebbe capito come, nel caso inverso, resterebbero incompresi i riferimenti di un *common lawyer* alle proprie categorie: si pensi all'*equity*, etc. (NEGOZIO GIURIDICO).

I. IL TERMINE *CONTRACT.*

Con esso si intende di solito il *simple contract*, ossia il tipo prevalente di contratto, verbale o scritto, considerato dalle opere in materia. Come tale, si distingue dal c.d. *specialty contract*, caratterizzato da particolari formalità. Si noti che nella *common law* si fa spesso ricorso al concetto di *constructive contract* (lett., contratto presunto dalla legge) per indicare quello che in effetti non è un contratto, ma una finzione giuridica dalla quale, in determinate circostanze, si fanno discendere per taluni soggetti delle obbligazioni *ope legis*; come nel *quasi-contract*, categoria ignota alla *civil law*, malgrado l'assonanza acustica con il termine nostrano di quasi contratto. [vol. I: CONSTRUCTIVE CONTRACT; CONTRACT: III; QUASI-CONTRACT]

II. STORICITÀ DEL CONTRATTO DI *COMMON LAW.*

1. Una evoluzione storica originale del contratto nel diritto inglese spiega la sua notevole diversità dal contratto di *civil law* in genere, e italiano in particolare. Esso si presenta, come, del resto, tutta la tradizione giuridica di *common law*, quale prodotto storico piuttosto che come risultato di una coerente elaborazione sistematica della materia; nella quale, invece, sul versante della *civil law*, la pandettistica tedesca, più o meno pedissequamente seguita dai nostri studiosi, ha forse raggiunto il massimo dell'astrazione. In questo senso, come si è accennato, il *civil lawyer* non incontrerà mai nel linguaggio giuridico dei paesi di *common law*, nozioni corrispondenti al negozio giuridico o categorie come il contratto sinallagmatico, etc. Si tratta, come si è detto più volte, di un diritto storico: Gino Gorla [1955, vol. I: 399] definisce la *common law* « un arsenale di ferri vecchi ». Ma questo dato non deve ingannare: perché, nelle mani di grandissimi giudici quali sono non di rado quelli inglesi e nordamericani, esso serve spesso a raggiungere, sul piano dei contenuti economico-sociali, risultati notevolmente più avanzati che nei sistemi di *civil law*.

2. Storicamente, la nozione di contratto si è evoluta dall'atto illecito (*tort*), il che spiega, tra l'altro, la difficoltà nel distinguere tra azione contrattuale e azione extracontrattuale. Lo sviluppo storico spiega anche la mancanza di un concetto unitario e la frammentarietà del regime del contratto: in effetti, le diverse procedure impiegate di volta in volta per sanzionare una singola obbligazione hanno impedito la elaborazione della categoria generale delle obbligazioni, di cui il contratto è una delle fonti nella *civil law*. Anche qui, per ragioni storiche, numerosi

rapporti giuridici che nella *civil law* sarebbero considerati di natura contrattuale, restano, invece, al di fuori del *contract*. Così, non vi rientra la figura del *trust*, ricollegata, invece, ai diritti immobiliari (*real property*); né, almeno in principio, i rapporti giuridici cui dà luogo il *bailment*, figura priva di corrispondenza nella *civil law*, anch'essa ricollegata ai diritti immobiliari. Ugualmente, non vi rientra il rapporto di rappresentanza (*agency*); infine, non rientra nella concezione del *contract* la donazione (*gift*) che si realizza mediante uno *specialty contract*, ricollegato anch'esso ai diritti immobiliari. È altresì da porre in rilievo che la *common law* tende a considerare di un rapporto giuridico non tanto l'aspetto contrattuale, ossia gli obblighi assunti dalle parti, quanto la relazione che si stabilisce tra le parti come, ad es., in tema di rapporti fiduciari (*agency, bailment, trust*), di lavoro, etc. [vol. I: CONTRACT: I; STATUS]

III. DEFINIZIONE E REQUISITI DEL *SIMPLE CONTRACT*.

1. Una definizione generalmente accettata del contratto di *common law* è quella di *agreement supported by a consideration*, espressione con cui si vuole indicare che elemento essenziale del *simple contract*, oltre, ovviamente, all'accordo delle parti (*agreement*), è la *consideration*, requisito originale privo di equivalenza nella *civil law* e nel diritto italiano; esso non corrisponde alla causa del contratto, né al corrispettivo contrattuale. La principale conseguenza del requisito della *consideration* è di escludere il contratto a titolo gratuito [vol. I: GIFT; SETTLEMENT]; l'altra è che una convenzione (*agreement*) cui non si accompagni una *consideration* resta al di fuori del diritto, non è, cioè, fonte di obbligazioni giuridicamente sanzionabili e, come tale, non è invocabile in giudizio e il giudice non può statuire su di essa: in tal caso, si dice che essa è *unenforceable*. Come si è detto, il requisito della *consideration* è limitato al *simple contract*; ciò va inteso nel senso che l'esistenza della consideration è, invece, presunta nel *contract under seal*. Si noti, infine, che il requisito della *consideration* non è richiesto nel *trust*, importantissimo istituto sviluppatosi al di fuori e indipendentemente dal contratto.

2. Fiumi di inchiostro sono stati versati dai comparatisti sul tormentato requisito della *consideration* che appare in contrasto, oltre che con esigenze di giustizia, con quelle di una società industriale di massa come quella britannica e, ben più, nordamericana. Oggetto di una continua erosione giurisprudenziale, appare peraltro difficile stabilire in che misura esso sopravviva nel suo originario rigore, anche se va rilevata una tendenza all'allineamento sui risultati, se non proprio sulle premesse, della *civil law*, specie mediante la tutela dell'affidamento.

3. Ma per quanto innegabile sia il fenomeno dello svuotamento del requisito — specie da parte della giurisprudenza nordamericana — resta il fatto che la *consideration* fa parte, oltretutto, del bagaglio culturale del *common lawyer* per cui sarebbe azzardato ritenerla soltanto un ricordo del passato.

4. I casi più eclatanti di validissimi patti per la *civil law* il cui riconoscimento trova ostacoli nella *common law* sono i seguenti: *a*) promessa unilaterale di vendita, opzione e offerta irrevocabile; *b*) contratto di somministrazione o di fornitura quando il fornitore assuma l'obbligo di prestazioni periodiche senza che vi sia una *consideration* dall'altra parte; *c*) promessa a titolo di *réclame*; *d*) promessa al pubblico, revocabile fin quando la *consideration* sia interamente prestata; *e*) remissione di debito, riduzione degli interessi, concessione di dilazione al debitore; *f*) promesse che hanno come *consideration* l'impegno di eseguire una preesistente obbligazione; *g*) contratti modificativi di un rapporto preesistente, in cui l'esistenza di una concessione fatta all'altra parte è subordinata all'esistenza di una controconcessione; *h*) promessa di pagare un'obbligazione civile precedente; *i*) vendita mediante apertura di credito confermata da una banca; *l*) fideiussione (AFFIDAMENTO CONTRATTUALE; ATTO SIGILLATO-NON SIGILLATO; NOVAZIONE; OBBLIGAZIONI (I) RECIPROCHE; ORDINE PUBBLICO: 1; *PACTA SUNT SERVANDA*; *PACTUM DE CONTRAHENDO*).

5. Ma, perché vi sia un *contract*, è necessaria la presenza, attuale o presunta, di un ulteriore requisito, consistente nell'intenzione delle parti di dar luogo ad un rapporto giuridico (*intention to create legal relations*). La mancanza di questo elemento dà luogo ad un semplice *agreement*, non già ad un *contract*; con la conseguenza che il giudice non può prenderne conoscenza, né pronunciarsi su di esso. È questo il caso, ad es., del cosiddetto *gentlemen's agreement*. Si tratta di un fenomeno di notevoli dimensioni economiche nei paesi di *common law* (*GENTLEMEN'S AGREEMENT*; RAPPORTO GIURIDICO). [vol. I: CONTRACT: III, V]

IV. FORMA DEL *SIMPLE CONTRACT*.

Il *simple contract*, o *parol contract*, ossia il

contratto ordinario dei sistemi di *common law*, non è sottoposto ad alcuna forma: esso può essere concluso verbalmente (*oral contract*) o per iscritto (*written contract*). Da questo tipo di contratto si distingue lo *specialty contract*, o *contract under seal* (o *deed*), che costituisce un tipo di atto a sé per il regime giuridico che lo caratterizza. Esso può essere definito un contratto formale; ma non richiede l'intervento di un notaio o di qualsiasi altro terzo all'atto stesso. La diversità di regime giuridico tra il *simple*, (o *parol*), *contract* e lo *specialty contract* assume particolare importanza giacché in quest'ultimo il requisito della *consideration* è presunto (ASTRATTEZZA DELL'OBBLIGAZIONE). È infatti a questa forma che bisogna fare ricorso quando si vuole rendere giuridicamente vincolante un'obbligazione assunta senza *consideration*, ovvero effettuare una donazione che, come si è detto, resta al di fuori del contratto. [vol. I: CONTRACT: III]

V. TRATTATIVE PRECONTRATTUALI.

Definite *pre-contractual negotiations,* in principio, né nel sistema inglese, né in quello nordamericano si ammette la c.d. *pre-contractual liability*. Salvo nei casi dei contratti detti di *uberrimae fidei* — in cui sussiste un *duty of disclosure*, ossia un obbligo specifico di fare dichiarazioni esatte e non reticenti — la *common law* non impone un obbligo di buona fede nella fase precontrattuale; ma è consentito provare la *fraud* cosa, peraltro, non facile (TRATTATIVE PRECONTRATTUALI). [vol. I: CONTRACT: VI; CULPA IN CONTRAHENDO]

VI. MOMENTO CONCLUSIVO DEL CONTRATTO.

In questa materia vigono norme particolari per quanto attiene alla conclusione del contratto *inter absentes* (CONCLUSIONE DEL CONTRATTO PER CORRISPONDENZA). [vol. I: CONTRACT: IV]

VII. CLASSIFICAZIONE DEI CONTRATTI.

In principio, la *common law* non conosce il contratto tipico. Tuttavia, sembra fondata l'opinione secondo la quale, anche in quella tradizione giuridica, esistono in sostanza dei contratti tipici nella misura in cui le *implied conditions* danno luogo a un diritto suppletivo. D'altro canto, è da rilevare che non pochi contratti sono oggetto di una disciplina legislativa particolare e possono quindi essere definiti in qualche modo tipici. [vol. I: CARRIAGE; COMPANY; CONSUMER CREDIT; CONTRACT: III; IMPLIED TERMS OF CONTRACT; INSURANCE; PARTNERSHIP; SALE]

Contratti ad effetti reali — ad effetti obbligatori.

1. A differenza del diritto francese e italiano, nella *common law* il trasferimento della proprietà non costituisce una conseguenza automatica del *simple contract*, ma richiede un'apposita manifestazione di volontà delle parti. In tal senso, si dice che nella *common law* non sussiste equivalenza tra *contract* e *conveyance*. Peraltro, per quanto attiene ai mobili, è da rilevare che sia la s.17 del Sale of Goods Act 1893, sia l'Art. 2-501 dell'UCC degli S.U. richiedono un'apposita manifestazione di volontà delle parti. Ma, in pratica, non sussiste una differenza sostanziale col sistema nostrano dato che, sia nel diritto inglese che in quello nordamericano, si presume che nella vendita di cose determinate le parti intendono trasferire il diritto al momento della conclusione del contratto. Peraltro, in tema di *personal property*, la consegna di un *document of title*, ossia di un titolo rappresentativo di merci come, ad es., la polizza di carico (*bill of lading*) equivale, invece, in un contratto CIF, alla consegna delle merci.

2. Quanto agli immobili in particolare, il termine *conveyance* assume un significato particolare che non ha equivalenza nella *civil law*: schematicamente, esso indica l'atto — in quanto distinto dal contratto — con il quale ha luogo il trasferimento della *freehold property* a un acquirente *in fee simple*: la consegna dei *title deeds* di un immobile non comporta il trasferimento del *legal estate*. In definitiva, mentre, di solito, in materia di mobili la vendita di una cosa determinata dà luogo — in sostanza — ad un contratto ad effetti reali, ciò non avviene relativamente agli immobili in cui, oltre al contratto, si richiede un atto particolare di trasferimento, definito *conveyance* (TRASFERIMENTO).

Contratti a titolo oneroso — a titolo gratuito.

La *common law* non adotta questa distinzione: per il fatto di esigere la *consideration*, il *simple contract* è per definizione oneroso. Gli atti a titoli gratuito si realizzano mediante strumenti che non sono in senso stretto dei contratti (DONAZIONE). [vol. I: CONTRACT: III; GIFT; SETTLEMENT; TRUST]

Contratti consensuali — reali.

Si parla di consensual e real contract; ma si tratta di terminologia di *civil law*. In effetti, la *common law* ignora in origine questa distinzione, alla quale peraltro è arrivata molto tardi ricorrendo ad una diversa terminologia (*infra*, CONTRATTO CONSENSUALE).

Bibl.:
Nicholas 1962, ed. 1969: 162.

Contratti bilaterali — unilaterali.
La *common law* distingue tra *bilateral* e *unilateral contracts*; ma si tratta soltanto di un'assonanza acustica con la dicotomia di *civil law*, per mancanza di equivalenze concettuali dovute specie al fatto che la distinzione di *common law* è fondata sulla *consideration*. Il termine *unilateral contract* non corrisponde al contratto unilaterale qual è inteso nei sistemi di *civil law*, né al contratto a titolo gratuito o al contratto reale; in effetti — tenendo conto del menzionato requisito della *consideration* del *simple contract* — sembra che sia piuttosto la distinzione tra *executed* e *executory consideration* che, in qualche modo costituisce un analogo della distinzione tra contratto bilaterale e unilaterale della *civil law* (SINALLAGMA). [vol. I: CONTRACT: III, V; EXECUTORY; UNILATERAL CONTRACT]

Bibl.:
Gorla 1955, vol. I: 388.
Nicholas 1962, ed. 1969: 162.

VIII. CONTRASTO TRA VOLONTÀ E DICHIARAZIONE.

Mediante una serie di regole che derivano dalla *common law* e dall'*equity*, il tema dei vizi del consenso si pone in un'ottica completamente diversa da quella di *civil law*. In effetti, la *common law* ignora la categoria dei vizi del consenso, anche se si parla di volta in volta di errore (*mistake*), violenza — resa di volta in volta dai due concetti di *duress* e *undue influence* — e dolo, definito, grosso modo, a seconda dei casi, *fraud*, *deceit* e *misrepresentation*. Quest'ultima nozione, che non trova equivalenza nella *civil law*, indica anche l'errore. Diversi sono anche gli effetti giuridici nella *common law* degli atti viziati da errore, violenza o dolo (VIZI DEL CONSENSO).

IX. EFFETTI DEL CONTRATTO.

La *common law* non accoglie in materia contrattuale il principio *pacta sunt servanda*, salvo talvolta gli effetti dell'*estoppel*. Di regola, essa sanziona soltanto quelle obbligazioni che sono fondate su una *valuable consideration*. In altre parole, perché il contratto (*simple contract*) possa dirsi concluso e avere forza vincolante, non sono sufficienti, come nella *civil law*, una proposta, un'accettazione e una causa lecita, ma si richiede anche la sussistenza della *consideration* (*supra*, CONTRATTO IN GENERE: III). La regola che va sotto il nome di *privity of contract*, che limita gli effetti del contratto alle sole parti di esso, ha per conseguenza il divieto (salvo poche eccezioni) del contratto favore di terzi, detto *contract for the benefit of third parties*. Quanto, poi, al conflitto tra più acquirenti di cose mobili, si avverta che — in principio — non vige nella *common law* la regola possesso vale titolo, ma si applica l'opposta per cui *nemo dat quod non habet*, anche se va rilevato che le esigenze dei traffici hanno determinato un sostanziale allineamento alla regola civilistica, specie ai fini della tutela del consumatore. Quanto all'inadempimento, particolare importanza ha la distinzione (ignota alla *civil law*) fatta nell'ambito delle clausole contrattuali, tra *conditions* e *warranties*; così pure sono da tener presente gli *implied terms*, espressione con la quale si indicano, in sostanza, delle regole di carattere suppletivo che integrano il contratto, derivanti dalla legge scritta, dalla giurisprudenza, o dalle consuetudini. [vol. I: CONTRACT: VII; IMPLIED TERMS OF CONTRACT]

X. RESCISSONE E RISOLUZIONE DEL CONTRATTO.

1. L'espressione *rescission* è fuorviante: essa non indica la rescissione nostrana, ma piuttosto la risoluzione o l'annullamento del contratto: in principio, la *common law* non ammette l'azione generale di rescissione per lesione giacché il requisito della *consideration*, postulato di esistenza del *contract*, non comporta di per sé l'esigenza dell'adeguatezza della prestazione.
2. L'originalità delle regole che stabiliscono la fine (*discharge*) del contratto inglese per inadempimento (*rescission for breach of contract*) sta principalmente in questo: che il giudice non è chiamato necessariamente a dichiarare la fine del contratto, che ha luogo, in caso di inadempimento, per volontà unilaterale dell'altra parte. Ma perché possa aversi inadempimento è necessario che esso abbia per oggetto una *condition* del contratto — categoria priva di corrispondenza nella *civil law* — o un *fundamental term*, ovvero che si sia dato luogo a un *fundamental breach*. [vol. I: CONTRACT: IX; DISCHARGE]
3. L'inadempimento del contratto viene distinto dalla *frustration*, che non corrisponde alla risoluzione per impossibilità sopravvenuta della prestazione accolta dalla *civil law*. Quest'ultima comporta la

liberazione dall'obbligo della prestazione a carico della parte sulla quale essa incombe, mentre la *frustration* ha per oggetto — non già la situazione di una delle parti — ma il fatto obiettivo che l'*adventure*, cioè lo scopo comune o l'operazione che le parti intendevano porre in essere col contratto, è divenuta impossibile: il che è detto *frustration of the adventure* o, più spesso, *frustration of the contract*. Effetto della *frustration* è, non la risolubilità del contratto, ma il suo venir meno. In tal senso, si può dire che il diritto inglese opera una netta distinzione tra la fine del contratto per inadempimento (*discharge by breach*) e quella che deriva da forza maggiore (*discharge by frustration*) che comporta la distruzione del contratto. In altre parole, la *frustration* non rappresenta che la constatazione fatta dal giudice della distruzione del rapporto contrattuale derivante da eventi incontrollabili. Si noti, infine, che la natura stessa del requisito della *consideration* rende inammissibile la risoluzione per eccessiva onerosità sopravvenuta. [vol. I: FRUSTRATION; CHARTER-PARTY: III; CONTRACT: IX. 3 e XII]

Responsabilità contrattuale — extracontrattuale.
4. In molti casi, nella *common law* il creditore ha la scelta tra l'azione fondata sul contratto e l'azione che corrisponde a un illecito tipico, come la negligence, la conversion o la fraud. In effetti, la responsabilità contrattuale o extracontrattuale non si escludono reciprocamente come, salvo talune dottrine prospettate negli ultimi tempi da noi, si ritiene nella tradizione di *civil law* (ACCORDO; AFFIDAMENTO CONTRATTUALE; AGGIUDICAZIONE DI UN CONTRATTO; AMBIGUITÀ; ANNULLABILITÀ; ANNULLAMENTO DEL CONTRATTO; ASSEGNAZIONE DI UN CONTRATTO; AUTONOMIA CONTRATTUALE; AZIONE (I) DI ANNULLAMENTO DEL CONTRATTO; AZIONE (II) DI RESCISSIONE DEL CONTRATTO; CAUSA DEL CONTRATTO; CESSIONE DEL CONTRATTO; CLAUSOLA CONTRATTUALE; COLPA CONTRATTUALE; COLPA EXTRACONTRATTUALE; CONCLUSIONE DEL CONTRATTO; CONDIZIONE CONTRATTUALE; CONDIZIONI GENERALI DI CONTRATTO; CONSERVAZIONE DEL CONTRATTO; CONVALIDA DEL CONTRATTO; *CULPA IN CONTRAHENDO*; DICHIARAZIONE CONTRATTUALE; DISCIPLINA DEL CONTRATTO; DISCONOSCIMENTO DEL CONTRATTO; DISPOSIZIONE CONTRATTUALE; DOMICILIO ELETTO AI FINI CONTRATTUALI; ECCESSIVA ONEROSITÀ DEL CONTRATTO; ESECUZIONE DEL CONTRATTO; ESTINZIONE DEL CONTRATTO; ESTREMI DEL CONTRATTO; FEDELE ESECUZIONE DEL CONTRATTO; FORMA DEL CONTRATTO; FORMAZIONE DEL CONTRATTO; *HARDSHIP CLAUSE*; INTERPRETAZIONE; LEGGE REGOLATRICE DEL CONTRATTO; LIBERTÀ CONTRATTUALE; LUOGO DI CONCLUSIONE DEL CONTRATTO; NULLITÀ; OGGETTO DEL CONTRATTO; ORDINE PUBBLICO: 1, 5; PARTE CONTRAENTE DEL CONTRATTO; PERFEZIONAMENTO DEL CONTRATTO; POSTILLA A UN CONTRATTO o DOCUMENTO; QUASI CONTRATTO; RATIFICA DEL CONTRATTO; *REBUS SIC STANTIBUS*; RECESSO; RELATIVITÀ DEL CONTRATTO; RESCISSIONE DEL CONTRATTO; RESPONSABILITÀ CONTRATTUALE-EXTRACONTRATTUALE; RETTIFICA DEL CONTRATTO; REVIVISCENZA DEL CONTRATTO; REVOCA DEL CONTRATTO; RINNOVAZIONE TACITA DEL CONTRATTO; RINUNCIA A FAR VALERE L'INVALIDITÀ DI UN CONTRATTO; RISCHIO CONTRATTUALE; RISOLUZIONE DEL CONTRATTO; SCADENZA DEL CONTRATTO; SCIOGLIMENTO DEL CONTRATTO; TERMINI DEL CONTRATTO; VIOLAZIONE DEL CONTRATTO). [vol. I: CONTRACT]

Bibl.:
Alpa, G., *Contratto nei sistemi di common law*, in *Digesto IV Utet, Civ.,* vol. IV: 148.
Carlini, P., *Contratto e patto nel diritto medievale e moderno,* in *Digesto IV Utet, Civ.*, vol. IV: 77.
Costanza, M., *Meritevolezza degli interessi ed equilibrio uguale* (1987) 2 CeI 423.
De Nova, G., *Sul rapporto tra disciplina generale dei contratti e disciplina dei singoli contratti* (1988) 2 CeI 327.
Lanzillo, R., *Regole del mercato e congruità dello scambio contrattuale* (1985) 2 CeI 309.
Leone, V.M., *Le garanzie nella vendita e la responsabilità contrattuale: un saggio di diritto giurisprudenziale* (1985) 1 CeI 105.
Memmo, D., *Clausole vessatorie e contratti della pubblica amministrazione* (1985) 2 CeI 376.
Poletti, D., *Dalla lesione del credito alla responsabilità extracontrattuale da contratto* (1987) 1 CeI 124.

– **a condizioni inique.** Unconscionable, o burdensome, bargain o contract. Ma questi termini si riferiscono ad una serie limitata di ipotesi che vengono fatte rientrare nell'*undue influence*. Tra l'altro, poiché, in principio, non si richiede che la *consideration* sia adeguata, non è ammessa la rescissione per lesione come rimedio generale: solo nel caso di mutuo a condizioni inique, detto *catching bargain*, il giudice può modificare le condizioni del contratto, il che è detto *reopen (to) the bargain*. Questo sul piano dei principi; ma ora, specie la giurisprudenza americana, nega la validità di contratti o accordi a condizioni inique forse addirittura con una maggiore ampiezza che nei sistemi di *civil law* (*infra*, CONTRATTO CAPZIOSO; CONTRATTO DI ADESIONE; CONTRATTO ESOSO; CONTRATTO GRATUITO-ONEROSO; CONTRATTO USURARIO; CLAUSOLA DELL'*UNDUE HARDSHIP* NEL CONTRATTO; CONTRAENTE PIÙ DEBOLE; INIQUITÀ; LIBERO DA INFLUENZA ALTRUI). [vol. I: CATCHING BARGAIN; CONSIDERATION; CONTRACT: V; EXTORTIONATE CREDIT BARGAIN; UNCONSCIONABILITY; UNDUE INFLUENCE]

– **a consegna differita.** Future contract, o futures (*infra*, CONTRATTO A TERMINE). [vol. I: FUTURE CONTRACT]

– **a consegne ripartite** o **a tratto successivo.** Instalment (o installment) contract (CONSEGNA). [vol. I: *ad vocem*; DIVISIBLE CONTRACT]

– **a contenuto predisposto.** (*infra*, CONTRATTO DI ADESIONE)

– **a esecuzione continuata, periodica** o **di durata.** Divisible, severable, o apportionable contract, continuing contract (*infra,* CONTRATTO DI DURATA; CONTRATTO DI SOMMINISTRAZIONE; ECCESSIVA ONEROSITÀ SOPRAVVENUTA; *HARDSHIP CLAUSE*). [vol. I: DIVISIBLE CONTRACT; ENTIRE CONTRACT]

– **a esecuzione istantanea.** Entire contract. [vol. I: *ad vocem*; DIVISIBLE CONTRACT]

– **a favore di terzi.** Contract for the benefit of third parties (ADESIONE DI UN TERZO AL CONTRATTO; ADOZIONE; ARBITRAMENTO DEL TERZO). [vol. I: CONTRACT: VII. 3]

Bibl.:

Gallo, P., *Contratto a favore di terzo in diritto comparato*, in *Digesto IV Utet, Civ.,* vol. IV: 250.

– **aleatorio.** Wagering, o aleatory, contract; ma è errato parlare di « hazardous contract ». Si avverta che la *common law* non distingue tra contratto commutativo e aleatorio (*supra*, CONTRATTO IN GENERE: III; *infra,* CONTRATTO COMMUTATIVO). [vol. I: CONTRACT: III]

– **amministrativo.** Grosso modo, government contract, procurement contract. Il diritto inglese non conosce questa categoria: salvo la normativa particolare, la materia rientra nel diritto comune: di solito è di competenza del giudice ordinario (*infra,* CONTRATTO PUBBLICO; APPALTO PUBBLICO; ATTO AMMINISTRATIVO). [vol. I: ADMINISTRATIVE LAW; GOVERNMENT CONTRACTS]

– **annullabile.** (*infra*, CONTRATTO NULLO-ANNULLABILE)

– **aperto.** Open contract. È detto così quel contratto che non tende a modificare o ad escludere le *implied conditions*, ossia i requisiti legali esistenti rispetto a quel tipo di transazione (CONDIZIONI GENERALI DI CONTRATTO).

– **aperto all'adesione di terzi.** Contract allowing entry of third parties (*supra*, CONTRATTO A FAVORE DI TERZI). [vol. I: PRIVITY OF CONTRACT]

– **a premio di titoli e merci.** Put option (OPZIONE). [vol. I: PUT AND CALL; TIME BARGAIN]

– **a prestazioni corrispettive.** Anche se, di fatto, la gran parte dei contratti angloamericani è a prestazioni corrispettive come, del resto, nei sistemi di *civil law*, il requisito della *consideration* prescinde da una nozione di questo genere. Il termine contract with fair and valuable consideration, o contract with adequate consideration, potrebbe rendere il concetto nostrano, estraneo alla tradizione di *common law* (*supra*, CONTRATTO IN GENERE: III; *infra*, CONTRATTO COMMUTATIVO; CONTRATTO SINALLAGMATICO). [vol. I: CONSIDERATION; CONTRACT: V]

– **a termine.** Futures, futures contract (ACCAPARRAMENTO; A TERMINE; BORSA MERCI; BORSA VALORI; COMMISSIONARIO DI OPERAZIONI A TERMINE; CONTRATTAZIONE A TERMINE; OPERAZIONE A TERMINE). [vol. I: FUTURE CONTRACT]

– **atipico.** (*infra*, CONTRATTO INNOMINATO)

– **a tratto successivo.** (*supra*, CONTRATTO A CONSEGNE RIPARTITE O A TRATTO SUCCESSIVO)

– **bancario.** Banking contract (BANCA).

– **bilaterale-unilaterale.** (*supra*, CONTRATTO IN GENERE: VII)

– **capzioso.** Grosso modo, catching bargain, unconscionable contract (*supra*, CONTRATTO A CONDIZIONI INIQUE; *infra*, CONTRATTO USURARIO; PATTO LEONINO).

– **chiavi in mano.** Turn-key contract. [vol. I: *ad vocem*]

– **collettivo di lavoro.** (ACCORDO COLLETTIVO DI LAVORO)

– **commerciale.** Commercial contract (ACCORDO COMMERCIALE; DIRITTO (I) COMMERCIALE).

– **commutativo.** Lett., commutative contract (*supra*, CONTRATTO ALEATORIO; *infra*, CONTRATTO SINALLAGMATICO).

– **concluso in stato di pericolo.** (SALVATAGGIO MARITTIMO; STATO DI PERICOLO NELLA CONCLUSIONE DEL CONTRATTO)

– **concluso mediante rappresentanza.** Contract made by an agent (RAPPRESENTANZA). [vol. I: AGENCY]

– **condizionale.** Conditional contract (CONDIZIONE).

– **con sé medesimo.** Self-dealing, contract with oneself. Originariamente ignoto alla *common law*, sembra potersi dire che esso è ora accolto nel sistema inglese e nordamericano, facendo salvo i casi di *fraud* e *misrepresentation*. Il termine ricorre, tra l'altro, in tema di *partnership* e di *agency*: in quest'ultimo caso, si parla di *dual agency*: in principio, il contratto con sé medesimo concluso dall'*agent* è annullabile ad istanza del *principal*, salvo il caso in cui sia stato autorizzato. Il *trust* — istituto fiduciario per eccellenza, ignoto alla *civil law* — pone dei problemi particolari nella tradizione di *common law*. Nel caso in cui il *trustee* agisca per conto proprio e nella sua veste di fiduciario, il beneficiario può ratificare (*affirm*) o disconoscere (*disaffirm*) il contratto, salvo, in quest'ultimo caso, che sussistano *countervailing equities*, ossia elementi che assicurino un equilibrio tra gli interessi delle parti (COMMISSIONARIO CONTRAENTE IN PROPRIO; CONFLITTO DI INTERESSI). [vol. I: AGENCY; AUTHORITY COUPLED WITH AN INTEREST; SELF-CONTRACTING]

Bibl.:
Schlesinger 1950, ed 1988: 787 n. c.

– **consensuale.** Consensual contract, executory contract (*supra,* CONTRATTO IN GENERE: VII). [vol. I: EXECUTORY AGREEMENT]

Bibl.:
Nicholas 1962, ed. 1969: 162.

– **consortile.** Prende vari nomi, come cartel, agreement, trust, conference agreement, pooling agreement (CONSORZIO). [vol. I: CARTEL; POOL; RESTRICTIVE TRADE PRACTICES; SHIPPING CONFERENCE]

– **di adesione.** Adhesion contract, contract of adhesion; ma si parla più spesso di *standard contract, standard form contract, one-sided contract*: per indicare l'assenza di vera negoziazione tra le parti, si dice efficamente che essi si fondano sul criterio « take it or leave it ». Sono detti *fine prints, o small prints,* i minuti caratteri di stampa che di solito vi figurano, contenenti ad es., clausole esonerative della responsabilità, limitazioni della responsabilità, facoltà di recesso dal contratto, decadenze, restrizioni alla libertà contrattuale, etc., stabilite a favore della parte che le ha predisposte. In una società industriale di massa è questo il tipo di contratto più diffuso, nel quale maggiore è la necessità della tutela del consumatore, inevitabilmente la parte più debole. Sono dette *loopholes* quelle smagliature nella legge che consentono l'inserimento di tali clausole. Un contratto di adesione può essere *unconscionable*. Per quanto riguarda il commercio internazionale, la diffusione delle clausole e regole interpretative tipiche del commercio internazionale come, ad es., quelle elaborate dalla Camera di Commercio Internazionale (*Incoterms*) si inquadrano nell'ottica del contratto per adesione e riflettono una esigenza di razionalizzazione e tipicizzazione dei contratti di massa nell'odierna società industriale (*supra*, CONTRATTO A CONDIZIONI INIQUE; ADERENTE NEL CONTRATTO DI ADESIONE; AMBIGUITÀ DI ATTO o CONTRATTO; ASSICURAZIONE; AUTONOMIA CONTRATTUALE; BUONA FEDE; CLAUSOLA DI INTERPRETAZIONE CONTRO L'AUTORE DELL'ATTO; CLAUSOLA DI RIPENSAMENTO; CLAUSOLE INTERNAZIONALI ATTINENTI ALLA DISCIPLINA DEI COSTI E DEI RISCHI DI TRASPORTO; CONTRAENTE PIÙ DEBOLE; CONTRATTUALE; ESONERO DALLA RESPONSABILITÀ; FORMULARIO; FORMULARIO COMMERCIALE; INIQUITÀ; INSERZIONE AUTOMATICA DI CLAUSOLE NEI CONTRATTI DI ADESIONE; INTERPRETAZIONE DEL CONTRATTO; LIBERTÀ CONTRATTUALE; LINGUAGGIO GIURIDICO; ONEROSO; PARTE CONTRAENTE DEL CONTRATTO; POLIZZA (I) DI ASSICURAZIONE; STAMPATO; TRASPORTO; TUTELA DEL CONSUMATORE; VENDITA A RATE; VENDITA INTERNAZIONALE DI MERCI). [vol. I: CONTRA PROFERENTEM; ONE-SIDED CONTRACT; SMALL PRINTS; STANDARD CONTRACT; UNCONSCIONABILITY]

– **di affitto** o **di locazione.** Lease (AFFITTO; LOCAZIONE).

– **di agenzia.** Contract of agency, relation of agency; ma si notino le notevoli diversità esistenti nella materia tra le due tradizioni giuridiche (AGENZIA; RAPPRESENTANZA). [vol. I: AGENCY]

– **di appalto.** (APPALTO)

– **di apprendistato.** Contract, o articles, of apprenticeship (APPRENDISTATO). [vol. I: APPRENTICESHIP; ARTICLED CLERK; ARTICLES OF CLERKSHIP; EMPLOYMENT; LEGAL PROFESSION; MASTER AND SERVANT]

– **di approvvigionamento.** Procurement contract (APPALTO; APPROVVIGIONAMENTO; *CATERING*).

– **di arruolamento di equipaggio di nave.** Ship's articles, articles of seamen, crew agreement (ARRUOLAMENTO; EQUIPAGGIO; NAVE). [vol. I: CREW AGREEMENT; SHIP'S ARTICLES]

– **di assicurazione.** Contract of insurance, insurance contract. Oltre che alla disciplina generale del contratto, esso è soggetto a regole particolari. Così, ad es., esso rientra nella categoria dei contratti detti di *uberrimae fidei*. In tal senso, l'assicurato è soggetto a un particolare *duty of care*, la cui violazione dà diritto all'assicuratore di annullare o recedere dal contratto. È necessario, altresì, che, ai fini della validità del contratto, sussista un *insurable interest*, ossia un interesse all'assicurazione. Inoltre, i contratti di assicurazione vengono distinti in *contracts of indemnity*, e *benefit*, o *non indemnity*, *contracts*. Norme particolari sussistono in tema di rapporto di causalità tra rischio assicurato e sinistro, cui si applica, di solito, la *doctrine of proximate cause*. A differenza di quanto accade in Italia, nei paesi di capitalismo evoluto, come gli S.U. e il R.U., i contratti di assicurazione sono soggetti al controllo degli organismi a tutela del consumatore (*supra*, CONTRATTO IN GENERE: V; ASSICURAZIONE; SILENZIO; TUTELA DEL CONSUMATORE). [vol. I: DUTY OF DISCLOSURE; INSURANCE: I; PROXIMATE CAUSE; UBERRIMAE FIDEI]

Bibl.:
Scalfi, G., *Assicurazione (contratto di)*, in *Digesto IV Utet*, *Comm.*, vol. I: 333.

– **di borsa.** Stock exchange transaction (BORSA VALORI; CONTRATTAZIONE DI BORSA). [vol. I: BACKWARDATION; CARRY OVER]

Bibl.:
M.G., *Borsa (contratti di) in diritto comparato*, in *Digesto IV Utet*, *Comm.*, vol. II: 283.

– **di cambio.** Exchange contract (CAMBIO).

– **di costruzione in genere.** Construction contract (*infra*, CONTRATTO DI DURATA; APPALTO; CAUZIONE; *HARDSHIP CLAUSE*; IMPOSSIBILITÀ SOPRAVVENUTA DELLA PRESTAZIONE; *REBUS SIC STANTIBUS*).

– **di costruzione di opere pubbliche.** Public construction contract (*supra*, CONTRATTO DI COSTRUZIONE; CAUZIONE).

– **di cottimo.** Jobbing contract, contract for work and labour by the job, piecework contract (LAVORATORE A COTTIMO; LAVORO A COTTIMO; RETRIBUZIONE A COTTIMO). [vol. I: EMPLOYMENT; INDEPENDENT CONTRACTOR; LUMP; TRUCK SYSTEM; WAGE]

– **di credito.** Credit agreement (CREDITO).

– **di deposito.** Lett., contract of deposit; ma il termine è riferito al contratto di deposito bancario; in effetti, il deposito di mobili rientra nella figura del *bailment*, ignota alla *civil law* (DEPOSITO).

– **di durata.** Continuing contract, divisible contract (*supra,* CONTRATTO A ESECUZIONE CONTINUATA, PERIODICA o DI DURATA; CONTRATTO DI COSTRUZIONE; *infra*, CONTRATTO DI SOMMINISTRAZIONE; DIVISIBILE; DURATA DEL CONTRATTO; ECCESSIVA ONEROSITÀ SOPRAVVENUTA; *HARDSHIP CLAUSE*; IMPOSSIBILITÀ SOPRAVVENUTA DELLA PRESTAZIONE; *REBUS SIC STANTIBUS*). [vol. I: CONTRACT: IV, IX; DIVISIBLE CONTRACT]

– **di edizione.** Publishing agreement (DIRITTO (II) DI AUTORE). [vol. I: COPYRIGHT]

– **di fornitura aperto.** Open end contract (*infra*, CONTRATTO DI SOMMINISTRAZIONE).

– **di indennizzo.** (*infra*, CONTRATTO INDENNITARIO)

– **di lavoro.** Contract of employment, labour contract (CAUZIONE DI FEDELTÀ; LAVORO; NELL'AMBITO DEL CONTRATTO DI LAVORO; PRESTAZIONE; RECESSO DEL DATORE DI LAVORO; RECESSO PER GIUSTA CAUSA; SERVIZIO: 2). [vol. I: EMPLOYMENT, CONTRACT OF]

– **di lavoro autonomo.** Contract for services (LAVORO AUTONOMO). [vol. I: SERVICE: I]

– **di lavoro subordinato.** Contract of service, of employment (LAVORO SUBORDINATO). [vol. I: SERVICE: I]

– **di locazione a scafo nudo.** (LOCAZIONE A SCAFO NUDO)

– **di manutenzione.** (MANUTENZIONE)

– **di mutuo.** Loan agreement (MUTUO).

– **di noleggio.** (NOLEGGIO)

– **di passaggio.** Contract of passage (PASSAGGIO). [vol. I: CARRIAGE: IV]

– **di pegno.** Pawn agreement (PEGNO).

– **di pilotaggio marittimo.** Pilotage contract (PILOTAGGIO MARITTIMO).

– **di riassicurazione.** Re-insurance treaty (RIASSICURAZIONE).

– **di rimorchio di nave.** Contract of towage, towage contract (RIMORCHIO DI NAVE). [vol. I: TOWAGE]

– (o **accordo) di salvataggio.** Salvage agreement, salvage bond (SALVATAGGIO MARITTIMO). [vol. I: SALVAGE]

– **di scambio.** Barter contract (SCAMBIO IN COMPENSAZIONE).

– **di soccorso.** (*supra*, CONTRATTO DI SALVATAGGIO; SOCCORSO)

– **di somministrazione.** Requirement contract; ma si parla anche di *supply contract.* Questo tipo di contratto — ritenuto in passato nullo per indeterminatezza dell'ammontare — è ora considerato universalmente valido e, negli S.U., è retto dall'Art. 2-306 (1) dell'UCC. Il *requirement contract* dà luogo ad una sorta di *exclusive dealing arrangement.* Ma si noti che il requisito della *consideration* comporta dei problemi particolari in questa materia; esso ha fatto dubitare se l'accordo rientri nella figura del contratto (*supra*, CONTRATTO IN GENERE: III. 4; CONTRATTO A ESECUZIONE CONTINUATA, PERIODICA O DI DURATA; CONTRATTO DI DURATA; APPALTO; ASTA; ESCLUSIVA; FORNITURA; MONOPOLIO; PROPOSTA; SOMMINISTRAZIONE; VENDITA A CONSEGNE RIPARTITE). [vol. I: REQUIREMENT CONTRACT; DIVISIBLE CONTRACT]

– **di trasporto.** Contract of carriage, contract of transport (TRASPORTO).

– **di vendita.** Contract of sale (VENDITA).

– **d'opera.** Contract for work and skill, o for work and materials (LAVORO). [vol. I: BAILMENT; EMPLOYMENT, CONTRACT OF]

– **d'opera intellettuale.** (PROPRIETÀ INTELLETTUALE)

– **esoso.** Grosso modo, burdensome, unconscionable o oppressive contract, unconscionable bargain (*supra*, CONTRATTO A CONDIZIONI INIQUE; *infra*, CONTRATTO GRATUITO; CONTRATTO USURARIO; PATTO LEONINO; ONEROSO; RESCISSIONE PER LESIONE).

– **estimatorio.** Contract of sale or return (VENDITA CON RISERVA DI GRADIMENTO; VENDITA IN CONTO DEPOSITO). [vol. I: SALE ON APPROVAL]

– **gratuito-oneroso.** Lett., gratuitous contract-onerous contract; ma si tratta di terminologia derivante dalla *civil law*.
1. Il concetto di contratto gratuito è reso dal termine *agreement without valuable consideration*; quella di contratto oneroso da *contract with valuable consideration*, *contract for reward, contract for value*. Ma si tratta di una distinzione di *civil law*; oltretutto, parlare di *onerous contract* può essere fonte di equivoci: in effetti, il termine *onerous* significa iniquo e, in tal senso, il contratto a condizioni inique è detto più spesso *burdensome* o *unconscionable contract*.
2. Ad ogni modo, va rilevato che nella tradizione di *common law* il *simple contract* è per definizione oneroso in vista del requisito della *consideration* che ne costituisce elemento essenziale. Gli atti gratuiti (donazione, *trust*, etc.) esulano dalla disciplina contrattuale.
3. Infine, il requisito della *consideration* non prescrive la sussistenza dell'equilibrio economico tra le prestazioni contrattuali, di guisa che non si pone né il problema della lesione, né quello dell'eccessiva onerosità sopravvenuta. Peraltro, è attraverso la *doctrine of unconscionability*, ossia mediante il ricorso ad una diversa tecnica, che la *common law* affronta vigorosamente i problemi che nella *civil law* vanno sotto la rubrica della lesione (*supra*, CONTRATTO IN GENERE: III, VII; CONTRATTO A CONDIZIONI INIQUE; ONEROSITÀ; RESCISSIONE PER LESIONE). [vol. I: BURDENSOME; CATCHING BARGAIN; CONSIDERATION; CONTRACT: III, V, XVIII; UNCONSCIONABILITY]

– **illecito.** Unlawful, illegal, contract (ORDINE PUBBLICO). [vol. I: ILLEGAL; PUBLIC POLICY]

– **illegale.** Illegal contract (ORDINE PUBBLICO).

– **immorale** o **contrario al buon costume.** Immoral contract; è *void*, ossia nullo (BUON COSTUME; ORDINE PUBBLICO).

– **indennitario.** Contract of indemnity. È detto così quel contratto diretto a sollevare o, come si dice, *save the promisee harmless*, ossia a tenere il promissario indenne dalla responsabilità diretta verso i terzi, sia di natura contrattuale che extracontrattuale. Per quanto esso rientri concettualmente nell'ambito della fideiussione, si distingue da quest'ultima (*supra*, CONTRATTO DI ASSICURAZIONE; FIDEIUSSIONE; GARANZIA AUTONOMA; INDENNITÀ; INDENNIZZO). [vol. I: INDEMNITY; INSURANCE: I. 7]

Bibl.:
Ivamy 1966, ed. 1975: 441.

– **innominato.** Innominate contract. Ma si tratta di terminologia di *civil law*; in effetti, la *common law* non distingue tra contratti nominati e innominati (*supra*,

CONTRATTO IN GENERE: VII; *infra*, CONTRATTO TIPICO-ATIPICO).

- ***intuitus personae.*** Personal contract (CESSIONE DEL CONTRATTO; DELEGA). [vol. I: *ad vocem*; SPECIFIC PERFORMANCE]

- **invalido.** Grosso modo, invalid contract, void, voidable contract; ma si noti la grande diversità di regime tra le due tradizioni giuridiche e la possibilità di gravi abbagli derivanti dagli *acoustic agreements* in questa materia (*supra*, CONTRATTO ILLECITO; CONTRATTO ILLEGALE; CONTRATTO IMMORALE; *infra,* CONTRATTO NULLO-ANNULLABILE). [vol. I: INVALIDITY]

- **misto.** Grosso modo, mixed contract; ma si tratta di terminologia di *civil law*; la materia — sabbie mobili della contrattualistica comparata — è stata trattata lucidamente da Gino Gorla.

  Bibl.:

  Gorla 1955, vol. I: 108; vol. II: 220.

- **nominato.** Lett., nominate, o named, contract; ma si tratta di terminologia di *civil law* (*supra*, CONTRATTO INNOMINATO).

- **non indennitario nell'assicurazione.** Benefit, o non indemnity, contract (*supra*, CONTRATTOINDENNITARIO).

- (o **rapporto) non influenzato dal fallimento.** Protected transaction (FALLIMENTO). [vol. I: PROTECTED TRANSACTIONS]

- **nullo-annullabile.** Grosso modo, void-voidable contract. Ma si tratta di materia confusa e difficile in cui il *civil lawyer* fa bene a guardarsi da facili abbagli, data la notevole diversità di regime (*supra*, CONTRATTO INVALIDO). [vol. I: CONTRACT: VI, XII, XIII; VOID e VOIDABLE]

- **oneroso.** (*supra*, CONTRATTO GRATUITO-ONEROSO)

- **per persona da nominare.** Lett., contract for person to be named; ma, in effetti, la *common law* non ha elaborato una figura analoga a quella italiana. Peraltro, nell'*agency* si può avere un *contract* nel quale « the agent reserves the right to name the principal ». Si noti anche che il ricorso al *trust* consente con grande agevolezza un siffatto obiettivo. [vol. I: AGENCY; TRUST]

  Bibl.:

  Graziadei, M., *Contratto per persona da nominare in diritto comparato*, in *Digesto IV Utet, Civ.,* vol. IV: 266.

- **plurilaterale.** Multilateral agreement, o contract, with more than two parties (*supra*, CONTRATTO BILATERALE). [vol. I: PARTY; PRIVITY OF CONTRACT]

- **preliminare.** Lett., contract to conclude a contract, pre-contract; ma esso non è ammesso dalla *common law*. Peraltro, taluni autori anglo-americani ritengono che non vi siano ragioni tecniche che ne ostino l'ammissibilità anche in quella tradizione giuridica. La *letter of intent* costituisce un analogo, ma non coincide con il contratto preliminare nostrano. In diritto internazionale, in cui si parla anche di *preliminary treaty*, il termine indica l'accordo che comporta l'intesa su alcuni punti di maggiore importanza e l'obbligo per le parti di concludere un successivo istrumento: v. artt. 93, 284, 354 del trattato di Versailles del 1919 (*supra*, CONTRATTO IN GENERE: III; ESECUZIONE SPECIFICA DELL'OBBLIGO DI CONCLUDERE UN CONTRATTO; PRELIMINARE). [vol. I: ARTICLES OF AGREEMENT; CONSIDERATION; CONTRACT: I; ESTATE; NEGOTIATION; PACTUM DE CONTRAENDO; SUBJECT TO CONTRACT; TREATY]

  Bibl.:

  Chianale, A., *Contratto preliminare in diritto comparato*, in *Digesto IV Utet, Civ.,* vol. IV: 290.

- **provvisorio di assicurazione.** Cover note (ASSICURAZIONE). [vol. I: *ad vocem*]

- **pubblico.** Grosso modo, public contract; ma con questa materia si entra nelle sabbe mobili degli *acoustic agreements.* Nella impossibilità di tracciare anche soltanto le linee di una così complessa materia, sembra peraltro possibile affermare che: *a)* il termine *public contract* indica quel contratto che, anche se concluso tra privati, comporta l'esborso di fundi pubblici; *b)* il regime dei contratti pubblici inglesi e nordamericani non coincide con quello dei contratti pubblici nostrani; *c)* per quanto importante possa essere la predisposizione del contenuto del contratto da parte della pubblica amministrazione nel sistema inglese e nordamericano, il regime complessivo della materia è regolato dal diritto comune (*supra,* CONTRATTO AMMINISTRATIVO; APPALTO; CONTROLLO GIURISDIZIONALE; REVISIONE DEL CONTRATTO).

- **pubblico di acquisto.** Public purchasing contract (*supra*, CONTRATTO AMMINISTRATIVO; APPALTO).

- **reale.** Lett., real contract. Ma non esiste una categoria corrispondente; di fatto, il *bailment* dà luogo spesso ad un contratto reale (*supra*, CONTRATTO CONSENSUALE; CONTRATTO IN GENERE: VII). [vol. I: BAILMENT]
- **rinnovabile.** Renewable contract (RINNOVAZIONE DEL CONTRATTO).
- **risolubile.** Grosso modo, contract subject, o liable, to repudiation o rescission; ma anche in questa materia esistono non poche notevoli differenze (*supra*, CONTRATTO IN GENERE: X; RISOLUZIONE DEL CONTRATTO).
- **scritto.** Contract in writing, written o simple contract (*supra*, CONTRATTO IN GENERE: III).
- **sigillato-non sigillato.** Distinzione ignota alla *civil law*; nella tradizione di *common law* gli atti e i contratti vengono di solito distinti in sigillati e non sigillati, o semplici. Gli effetti di quest'ultima distinzione sono notevoli ai fini del requisito della *consideration* stabilito per il *simple contract* (*supra*, CONTRATTO IN GENERE: III, IV; ASTRATTEZZA DELL'OBBLIGAZIONE; ATTO SIGILLATO-NON SIGILLATO; DOCUMENTO SIGILLATO-NON SIGILLATO; SIGILLO). [vol. I: CONTRACT: III; SEAL]
- **simulato.** Sham contract, o transaction; simulated contract; ma si noti che la *common law* ammette la simulazione come vizio del consenso quando essa concreta la *misrepresentation*, figura ignota alla *civil law*. L'atto relativo è del tutto privo di effetti, e la materia è oggetto di una disciplina molto diversa (SIMULAZIONE). [vol. I: CONTRACT: VI; MISREPRESENTATION; SIMULATED SALE; SIMULATION]
- **sinallagmatico.** Una traduzione che potrebbe rendere almeno in parte il senso del parolone nostrano (peraltro di derivazione teutonica), potrebbe essere quella di bilateral contract, reciprocal contract, contract of mutual interest, contract with executory considerations. Ma, anche se si incontra talvolta il termine *synallagmatic contract*, si osserva che la categoria è tipica della *civil law,* ossia di una tradizione giuridica che non deve fare i conti col requisito della *consideration* (*supra*, CONTRATTO: III, VII; DIRITTO (I) SOGGETTIVO; PANDETTISTICA; SINALLAGMA).
- **solenne** o **per atto pubblico.** (*supra*, CONTRATTO SIGILLATO-NON SIGILLATO)
- **tipico-atipico.** (*supra*, CONTRATTO INNOMINATO)
- **tipo.** (*supra*, CONTRATTO DI ADESIONE; CONDIZIONI GENERALI DI CONTRATTO)
- **tra assenti.** Contract *inter absentes*; anche qui sussistono differenze tra le due tradizioni giuridiche (*supra*, CONTRATTO IN GENERE: VI; *infra*, CONTRATTO TRA PRESENTI; ACCETTAZIONE DELLA PROPOSTA; CONCLUSIONE DEL CONTRATTO PER CORRISPONDENZA). [vol. I: CONTRACT: IV; OFFER; OPTION]
- **transnazionale.** Transnational, o international, contract. [vol. I: TRANSNATIONAL CONTRACT]
- **tra presenti.** Contract *inter praesentes* (*supra*, CONTRATTO TRA ASSENTI).
- **unilaterale.** (*supra*, CONTRATTO BILATERALE-UNILATERALE)
- **usurario.** Usurious contract. Costituisce un *unconscionable contract.* Il diritto inglese parla anche di *extortionate credit bargain*, mentre negli S.U. — stato federale — il *Federal Criminal Code* parla di *extortionate credit transaction*; ma nel linguaggio corrente si usa anche l'espressione *loansharking.* La materia rientra nelle attribuzioni dei singoli stati dell'Unione (*supra*, CONTRATTO A CONDIZIONI INIQUE; CONTRATTO CAPZIOSO; CONTRATTO ESOSO; CONTRATTO GRATUITO-ONEROSO; ESTORSIONE; LESIONE; MUTUO; PATTO LEONINO; USURA). [vol. I: CATCHING BARGAIN; UNCONSCIONABILITY; USURY]
- **verbale.** Oral contract. Ma si avverta che con il termine *parol contract* si indica sia il contratto verbale, sia quello scritto (ATTO SCRITTO). [vol. I: CONTRACT: III, XII; PAROL AGREEMENT]
- **vincolante.** Binding contract (VINCOLANTE).

Contrattuale in genere. Contractual (ADEMPIMENTO CONTRATTUALE; AFFIDAMENTO CONTRATTUALE; AUTONOMIA CONTRATTUALE; AZIONE (I) CONTRATTUALE; CADUCITÀ DELLA PROPOSTA CONTRATTUALE; CAPACITÀ CONTRATTUALE; CLAUSOLA CONTRATTUALE; CONGRUITÀ DELLO SCAMBIO CONTRATTUALE; CONTRATTO; DICHIARAZIONE CONTRATTUALE; EXTRACONTRATTUALE; LIBERTÀ CONTRATTUALE; PROPOSTA CONTRATTUALE; RAPPORTO CONTRATTUALE; RESPONSABILITÀ CONTRATTUALE-EXTRACONTRATTUALE; RISCHIO CONTRATTUALE).

Contrattualismo. Contractualism; una delle spiegazioni delle origini del potere politico (POTERE POLITICO).

Bibl.:
Matteucci, N., *Contrattualismo*, in *Dizionario di Politica* 1976, ed. 1983: 241 at 242.

Contravventore in genere. Offender (AUTORE DELL'ILLECITO; AUTORE DEL REATO; CONTRAVVENZIONE; INADEMPIENTE; TRASGRESSORE). [vol. I: DEFAULTER]

Contravvenzione in genere. Violation, breach, infringement, infraction, transgression, trespass, offence. Ma la *common law* ignora la distinzione dei reati in delitti e contravvenzioni. Nel sistema inglese, il reato (*offence*), quanto alla sua gravità, viene distinto in « arrestable » e « non-arrestable offence » e, negli Stati Uniti, in « felony » e « misdemeanour ». Talvolta, il termine *technical offence*, equivale, grosso modo, a quel reato meno grave che nell'ordinamento italiano viene definito come contravvenzione. I reati meno gravi sono puniti più spesso con una multa o ammenda (*fine*) rispetto alla quale, peraltro, non è ammessa oblazione volontaria (DELITTO; DEROGA; REATO). [vol. I: ARRESTABLE-NON-ARRESTABLE OFFENCE; DEFAULT; NEGLIGENCE; OFFENCE; PERFORMANCE]

- **al divieto di sosta.** Parking offence (OBLAZIONE; SOSTA).

Contrazione della merce. Shrinkage (ABBUONO; CALO; MERCE; SFRIDO). [vol. I: ALLOWANCE; GOODS]

Contribuente. Tax payer (CONTENZIOSO TRIBUTARIO; GIUSTIZIA TRIBUTARIA; IMPOSIZIONE FISCALE; RAPPRESENTANZA POLITICA; *STATUS*). [vol. I: TAX]

Contributo/i in genere. Contribution, grant, aid, subsidy (AIUTO; APPORTO; CONFERIMENTO; RACCOLTA DI FONDI). [vol. I: CONTRIBUTION; CONTRIBUTORY; JOINT AND SEVERAL LIABILITY]

- **del debitore solidale.** Contribution. Il *principle of contribution* indica più spesso l'obbligazione alla quale è tenuto il coobbligato solidale o il corresponsabile di un illecito (OBBLIGAZIONE (I) SOLIDALE).
- **dello Stato** o **ente pubblico.** Aid, grant, grant in aid, subsidy (AIUTI GOVERNATIVI ALLE IMPRESE). [vol. I: GRANT]
- **di miglioria.** Grosso modo, betterment, o improvement, charge o levy (MIGLIORIA). [vol. I: BETTERMENT CHARGE]
- **di previdenza e assistenza sociale.** Social security charge (PRIVILEGIO). [vol. I: CHARGE]
- **elettorale.** Electoral contribution (ELEZIONI POLITICHE).
- **federale negli S.U.** Federal aid.
- **in avaria comune.** General average contribution (AVARIA COMUNE). [vol. I: GENERAL AVERAGE]
- **statale.** (*supra*, CONTRIBUTO DELLO STATO O ENTE PUBBLICO)

Contribuzione. (CONTRIBUTO)

Contro. Against, versus. Nell'indicazione delle parti in causa, l'espressione contro è resa dalla parola *versus*, più spesso puntata: A contro B = A v. B. Ma v. si legge anche « against » in materia penale, e « and » in quella civile. [vol. I: AD SECTAM; AGAINST; VERSUS]

- **assegno.** Cash on delivery (ASSEGNO (II); CONSEGNA). [vol. I: CASH ON DELIVERY]
- **credito.** Back to back credit (CREDITO).
- **pagamento.** Against payment (DOCUMENTI CONTRO PAGAMENTO; PAGAMENTO).
- **quietanza.** Against receipt (QUIETANZA).
- **tutti i rischi.** Against all risks (ASSICURAZIONE; RISCHIO). [vol. I: *ad vocem*]

Controdichiarazione nel contratto. Grosso modo, counter-deed (CONTRATTO SIMULATO; DICHIARAZIONE; SIMULAZIONE).

Controesame. È con questo termine che il legislatore italiano presenta la variante nostrana della *cross-examination*, tipica del processo penale (e civile, sic!) di *common law*, processo di parti.
1. Il nuovo codice di procedura penale ha concesso uno spazio maggiore alle parti stabilendo col combinato disposto degli artt. 498 (Esame e controesame dei testimoni) e 503 (Esame delle parti private) che l'esame non sia più fatto (e mediato) dal presidente, pratica che aveva ridotto il dibattimento ad un lezioso *entretien*, non di rado con un facondo imputato o testimone che illustra per diecine di udienze la propria ideologia politico-sociale e fantasiosi teoremi senza che nessuno trovi il coraggio di interromperlo.
2. Di particolare interesse appare l'articolo di Philip H. Corboy, *L'interrogatorio incrociato: limiti imposti dall'etica professionale*, parte dell'opera collettanea a cura di Angelo Dondi [1993: 293] sull'avvocatura e la giustizia negli S.U.
3. Purtroppo, ancora oggi, la concreta attuazione dei dibattimenti dà la misura del

cammino da fare nel nostro paese per assicurare un minimo di agonistica al processo penale. Vi è da augurarsi che la corporazione degli avvocati voglia darsi una diversa e più adeguata formazione professionale che le consenta di assumere finalmente quel più robusto ruolo che le spetta nel nuovo codice e, comunque, in una sociềta più evoluta. L'arte della *cross-examination* è padroneggiata ancora oggi da pochissimi avvocati e osteggiata da non pochi magistrati; tra i primi, si vuole segnalare Titta Mazzuca, uno dei più brillanti penalisti italiani, sia col vecchio che col nuovo codice (ARRINGA; CONFRONTO TRA IMPUTATO E TESTIMONE DELL'ACCUSA; CORROBORAZIONE DELLA TESTIMONIANZA; DEPOSIZIONE NEL PROCESSO PENALE; IMPUTATO; INTERROGATORIO INCROCIATO; INVESTIGATORE PRIVATO; PROVA PER SENTITO DIRE; RETICENZA NELLA TESTIMONIANZA; TESTIMONIANZA A FUTURA MEMORIA; TESTIMONE *DE RELATO*). [vol. I: CROSS-EXAMINATION]

Controfferta. (CONTROPROPOSTA)

Controfirma. Countersignature (FIRMA; SOTTOSCRIZIONE). [vol. I: COUNTER-SIGN; SIGNATURE]

Controgaranzia. Counter-security (GARANZIA). [vol. I: *ad vocem*; INDEMNITY; SECURITY]

Controinterrogatorio. Cross-examination (CONTROESAME).

Controllata. (SOCIETÀ (II) CONTROLLATA)

Controllo/i in genere. Check, control, supervision, overseeing, inspection, probe, monitoring, dominance.

1. Ecco una parolina che è il sale di un qualsiasi sistema democratico degno di questo nome: questa enunciazione è sufficiente a far capire perché — a non parlare del passato — la I Repubblica non è mai stata una vera democrazia nel nostro paese. Il controllo dei controlli, la madre di tutti i controlli, come direbbe qualche giornalista nostrano in libera uscita, è quello che esercita la minoranza-opposizione sulla maggioranza (ossia sul governo). In nome del *consociativismo*, della *partecipazione* (alle decisioni, ma non alla responsabilità), di un *regime assembleare* populista, il partito che si autodefinisce di opposizione non soltanto si pone come partito trasformista che rinunzia a fare l'opposizione, ma concorre a smantellare sistematicamente tutti i controlli possibili e immaginabili. In questo modo, rinunzia a promuovere l'unica vera *rivoluzione* teoricamente possibile, ossia quella dell'*efficienza*. Ma lasciamo perdere.

2. Nell'ambito dei controlli esercitati nel sistema britannico, si segnala la *Public Accounts Committee* (*Pac*), commissione parlamentare della Camera dei Comuni preposta al controllo dei rendiconti dei dipartimenti governativi. Si noti altresì — principio politico fondamentale — che, per una convenzione costituzionale, la presidenza della Commissione è affidata a un membro dell'*opposizione* [Harden, in Cassese (cur.) 1993: 40].

3. Negli S.U. si parla — in tema di *securities* (azioni, obbligazioni, etc.) — di *control person* per indicare l'entità che ha il potere effettivo sulla politica delle emissioni azionarie e che, di fatto, partecipa alle decisioni importanti della società; la vendita di *securities* da parte di *control persons* è soggetta a molti dei requisiti applicabili alla loro vendita direttamente dall'emittente (ACQUISIZIONE DI CONTROLLO DI SOCIETÀ; AUTOCONTROLLO; BANCA DI AFFARI; CATTURA ILLECITA DI AEROMOBILE; COLLAUDO; COMITATO DI CONTROLLO; CORTE DEI CONTI; EMISSIONE DI AZIONI DI SOCIETÀ; ESAME; GRUPPO DI CONTROLLO; INDAGINE; INVESTIGAZIONE; ISPEZIONE; ORGANISMO DI CONTROLLO; PARTECIPAZIONE AZIONARIA DI CONTROLLO; POSTO DI BLOCCO; PRESA DI CONTROLLO; QUOTA DI CONTROLLO DI UN'AZIENDA, SOCIETÀ, etc.; REGOLATORE; REVISIONE; RISCONTRO; SORVEGLIANZA; SUBENTRO; SUPERVISIONE; TRASPARENZA; TUTELA DELLA MINORANZA AZIONARIA; VERIFICA; VIGILANZA; VISITA). [vol. I: CONTROL; CONTROLLING INTEREST; INQUEST; INQUIRY; JUDICIAL REVIEW]

- **amministrativo.** Executive control (AMMINISTRAZIONE).
- **bagaglio.** Baggage check (BAGAGLIO).
- **contabile.** Audit (REVISIONE CONTABILE).
- **degli stranieri.** Control of aliens (IMMIGRAZIONE; STRANIERO).
- **dei cambi.** Exchange control, foreign-exchange control (CAMBIO; CONTROLLO DEI CAMBI; CONVERTIBILITÀ VALUTARIA; CORSO DEI CAMBI; EURO DIVISA; GESTIONE DEI CAMBI; LISTINO DEI CAMBI; MERCATO ESTERO DEI CAMBI; MONOPOLIO DEI CAMBI; PAGAMENTO; SISTEMA MONETARIO EUROPEO; UNITÀ DI CONTO; VALUTA). [vol. I: EXCHANGE CONTROL; CURRENCY; PAYMENT; UNIT OF ACCOUNT]
- **dei conti.** (REVISIONE CONTABILE)
- **delle armi.** Arms control, gun control. (ARMI).
- **delle nascite.** Birth control (ABORTO; CONTRACCETTIVO; NASCITA).

– **dell'inquinamento.** Pollution control (INQUINAMENTO).

– **del mercato.** Market dominance (ABUSO DI POSIZIONE DOMINANTE; MERCATO; MONOPOLIO).

– **del traffico aereo.** Air traffic control (TRAFFICO AEREO).

– **di frontiera.** Frontier, o border, control (FRONTIERA).

– **di qualità.** Qualità control. Si può tranquillamente affermare che, salvo rare eccezioni, essa è virtualmente ignota nel nostro mercato della produzione di beni e servizi privati (a non parlare di quelli pubblici). Del resto, in linea con tutta la cultura politica che per mezzo secolo ha sempre sdegnosamente respinto ogni preoccupazione di efficienza (MERITOCRAZIA; QUALITÀ).

– **doganale.** Customs control (DOGANA).

– **giudiziario.** Judicial control (APPELLO).

– **giurisdizionale in genere.** Si parla, in genere, di *supervisory jurisdiction*: esso è alla base della *judicial review* consistente nel controllo giurisdizionale della costituzionalità della legge (negli S.U.) e degli atti della pubblica amministrazione; questo potere — sempre rivendicato dalle corti inglesi, e gloria della *common law* — esprime un assai diverso concetto della giurisdizione, chę si ricollega alla originale e più autentica concezione dello stato di diritto di quella tradizione giuridica (APPALTO; GIUDICE STRAORDINARIO; GIURISDIZIONE; LEGISLAZIONE; ORDINAMENTO GIUDIZIARIO; REGOLATORE; SOVRANITÀ; STATO DI DIRITTO; SUPERVISIONE; SUPPLENZA; TUTELA GIURISDIZIONALE DEI DIRITTI). [vol. I: JUDICIAL REVIEW; SUPERVISORY JURISDICTION]

Bibl.:

Caranta, R., *Judicial Review*, in *Digesto IV Utet, Pubbl.,* vol. IX: 53.

– **giurisdizionale degli atti della pubblica amministrazione.** Judicial review of administrative action (DIRITTO (I) AMMINISTRATIVO). [vol. I: JUDICIAL REVIEW]

– **giurisdizionale di costituzionalità.** Judicial review of constitutionality o, of legislation; si tratta, per così dire, di un prodotto della genialità giuridica americana, derivazione peraltro, della *judicial review* inglese. Nowak and Rotunda [1978, ed. 1991: 1] spiegano bene le origini e lo sviluppo di questo potere della veneranda *Supreme Court*.
1. Esso consiste nella verifica, oltre che, in genere, della conformità delle leggi alla costituzione federale, nella tutela dei diritti degli individui costituzionalmente garantiti. Chiunque, in un giudizio civile o penale, davanti a qualsiasi organo, può opporre la violazione della costituzione: la pronunzia appartiene a qualsiasi organo giudiziario, anche se, di fatto, la *Supreme Court* finisce col porsi come giudice ultimo nella materia. La *Supreme Court* degli S.U. è la madre di tutte le svariate versioni (inevitabilmente più modeste, anche per autorità, *pedigree* storico, di *allure* dei suoi giudici, etc. etc.) del modello americano; allo stesso modo di come, piaccia o meno agli studiosi-patrioti nostri e altrui (francesi e tedeschi), il parlamento inglese è *the mother of parliaments*.
2. Si tratta di una tutela ben più ampia di quella assicurata dalla Corte Costituzionale nel nostro sistema; essa si estende anche a quelli che da noi sarebbero chiamati atti amministrativi. Tra le varie differenze esistenti, mette conto rilevare che mentre quello americano rientra nel *sistema diffuso* — per cui il potere di controllo spetta a tutti gli organi giudiziari che lo esercitano in occasione della decisione della controversia nella quale la questione di costituzionalità è sollevata — il controllo italiano rientra nel *sistema accentrato*, nel senso che il potere relativo è concentrato in un unico organo giudiziario (la Corte Costituzionale). Questa diversità va considerata anche tenendo conto della *diversa teoria delle fonti* e quindi degli effetti che comporta la *doctrine of stare decisis*, non accolta, almeno formalmente, dal sistema italiano. Un'altra differenza notevole con il sistema nostrano consiste nel fatto che la pronunzia di incostituzionalità non comporta la cessazione di efficacia della legge (cfr. art. 136 della costituzione italiana), se si tratta di una legge (ma può trattarsi anche, come si è accennato, di un atto amministrativo), che sopravvive; gli effetti della dichiarazione di incostituzionalità sono limitati alle parti. La distinzione tra legge costituzionale e legge ordinaria, come pure la subordinazione della seconda alla prima comporta il rispetto da parte dei poteri costituiti della regola costituzionale (beninteso, a condizione che si tratti di una costituzione che, oltre che scritta, sia anche rigida)

e la eventuale sanzione che comporta la sua violazione. Il controllo di legittimità costituzionale non trova riscontro formale nella costituzione degli S.U.: si tratta di una funzione che — sulla base della *judicial review* — la *Supreme Court* degli S.U. si è arrogata nella celebre decisione nel caso *Marbury* v. *Madison* 1 Cranch (5 U.S.) 137 (1803) presieduta dal grande *Chief Justice* Marshall. Il *reasoning* della decisione — di immensa portata politica, e probabilmente la chiave per spiegare la vitalità della costituzione, a oltre 200 anni dalla sua adozione emendata appena 26 volte — è, in breve, il seguente. O la costituzione è una legge superiore e sovrana che non può essere modificata con una legge ordinaria, o la costituzione si colloca allo stesso livello della legge ordinaria ed è quindi modificabile quando piaccia al legislatore. Pertanto, occorre scegliere: o una legge contraria alla costituzione non è una legge, o le costituzioni (rigide) sono un assurdo tentativo di limitare un potere (quello legislativo) che di per sé non soffre limitazioni. In altre parole, in presenza di una costituzione rigida (che trova in quella nordamericana il suo archetipo) la legge contraria alla costituzione non può essere considerata una legge e quindi obbligare i giudici ad applicarla. Si tratta, forse, della pagina più rivoluzionaria della grande rivoluzione costituzionale americana (CORTE COSTITUZIONALE; COSTITUZIONE POLITICA; GIUSTIZIA MILITARE; ILLEGITTIMITÀ COSTITUZIONALE; LEGITTIMITÀ COSTITUZIONALE; *NEW DEAL*; SEPARAZIONE DEI POTERI; SOVRANITÀ; STATO DI DIRITTO; SUPREMAZIA DEL PARLAMENTO). [vol. I: JUDICIAL REVIEW]

Bibl.:

Brigham, J., *Judicial Review*, in *Oxford* 1992: 464.

– **governativo.** Government, o governmental, supervision (ORGANO DI CONTROLLO).

– **internazionale.** International control (DIRITTO (I) INTERNAZIONALE).

– **legale.** Legal control.

– **nazionale.** Domestic, local, national control.

Controllore in genere. Inspector, comptroller, overseer (CONTROLLO; DIRETTORE; ISPETTORE; REVISORE; SUPERVISORE). [vol. I: COMMISSIONER; COMPTROLLER; INSPECTOR; RECEIVER]

– **parlamentare in genere.** Parliamentary watchdog (COMMISSARIO PARLAMENTARE; DIFENSORE CIVICO). [vol. I: OMBUDSMAN; PARLIAMENTARY COMMISSIONER]

Controparte. Adverse, o opposite, party, counterpart (CONTRADDITTORIO; CONTRAENTE PIÙ DEBOLE; OMOLOGO; PARTE). [vol. I: COUNTERPART]

– **commerciale.** Trading partner (COMMERCIO).

– **di un contratto.** Counterpart, co-contractor (CONTRATTO).

Contropartita contabile. Offset (CONTROPRESTAZIONE; REVISIONE CONTABILE).

Controprestazione in genere. Grosso modo, valuable consideration, reward. Ma, in effetti, non esiste un equivalente esatto: la *consideration* non coincide con il corrispettivo contrattuale; tantomeno sancisce l'equivalenza delle prestazioni (CONTRATTO A PRESTAZIONI CORRISPETTIVE; CORRISPETTIVO; SCOPO DI LUCRO). [vol. I: CONSIDERATION; CONTRACT: V, XVIII]

Contropretesa. Counterclaim, cross-demand (DOMANDA RICONVENZIONALE; PRETESA). [vol. I: COUNTERCLAIM]

Controproposta. Counter-offer (CONTRATTO; PROPOSTA). [vol. I: CONTRACT; OFFER]

Controprova. Disproving evidence, rebuttal evidence, rebutting evidence. La *cross-examination* dell'imputato o testimone è diretta a dare la controprova (CONTROESAME; PROVA). [vol. I: DISPROVE; EXAMINATION; EXECUTION; REBUTTABLE; REBUTTER]

Controquerela. Non esiste; ma, grosso modo, si potrebbe parlare di counter-charge (ACCUSA; IMPUTAZIONE; QUERELA). [vol. I: PROSECUTION]

Contrordine in genere. Counterdemand (DIRITTO (II) DI CONTRORDINE NEL TRASPORTO; REVOCA; RICHIAMO).

Controspionaggio. Counter-intelligence, intelligence, espionage (SPIONAGGIO).

Controstallia o **controstallie.** Demurrage (COMPENSO DI CONTROSTALLIA; GIORNI DI CONTROSTALLIA; NOLEGGIO DI NAVE). [vol. I: *ad vocem*; AFFREIGHTMENT; CESSER CLAUSE; CHARTERPARTY: I. 5; DEAD FREIGHT; NOTICE OF READINESS; SHIP ON DEMURRAGE]

Controvalore. Countervalue, equivalent (CONTROPRESTAZIONE; VALORE). [vol. I: VALUE]

Controversia in genere. Controversy, litigation, argument, row (CAUSA (III); CONTENZIOSO; CONTESA; PROBLEMA; QUESTIONE CONTROVERSA; VERTENZA).

- **civile.** Civil case, civil litigation (PROCEDURA CIVILE). [vol. I: CASE; CIVIL PROCEDURE; LITIGATION]
- **collettiva di lavoro.** Labour (o labor) dispute, trade dispute, industrial dispute (*infra*, CONTROVERSIA SINDACALE; ACCORDO COLLETTIVO DI LAVORO; BOICOTTAGGIO; CONFLITTO COLLETTIVO DI LAVORO; LAVORO; MEDIAZIONE; PERIODO DI RAFFREDDAMENTO; PICCHETTAGGIO; PREAVVISO DEI SESSANTA GIORNI; SCIOPERO; VERTENZA SINDACALE INDIVIDUALE). [vol. I: LABOUR; STRIKE; TRADE DISPUTE; TRADE UNION]
- **commerciale.** Commercial case, commercial dispute (DIRITTO (I) COMMERCIALE). [vol. I: TRADE LAW]
- **di frontiera.** Frontier, border o boundary, dispute (FRONTIERA; TERRITORIO CONTESTATO).
- **di interesse pubblico.** Public controversy (INTERESSE PUBBLICO).
- **giudiziaria.** (*infra*, CONTROVERSIA LEGALE)
- **internazionale.** International dispute, international litigation (CORTE INTERNAZIONALE DI GIUSTIZIA). [vol. I: INTERNATIONAL LAW]
- **legale in genere.** Legal dispute, court litigation, lawsuit, judicial litigation, legal controversy, suit, legal issue, legal difference, legal wrangling, judicial litigation, legal difference. Il giudice può conoscere solo di una *justiciable controversy*; una controversia che non sia *justiciable* è concetto non agevole che indica, tra l'altro, una questione politica, di natura ipotetica, ma anche quella che né il giudice ordinario, né i *tribunals* possono decidere come, ad es., nel sistema inglese, in tema di controversie collettive di lavoro, le questioni interne a un'associazione, un sindacato, etc. Tuttavia, l'intervento del giudice può essere sempre invocato qualora le procedure impiegate violino, nel sistema inglese le regole della *natural justice* e, in quello nordamericano, delle *due process clauses* (AMMONTARE IN CONTROVERSIA; ARBITRATO; BATTAGLIA LEGALE; CAUSA (III); COMPONIMENTO DI UNA CONTROVERSIA LEGALE; CONCILIAZIONE; CONFLITTO; CONOSCIBILE DAL GIUDICE; CONTENZIOSO; CONTESTAZIONE; CREDITO CONTROVERSO; DECISIONE DI UNA CONTROVERSIA; DECISIONE IN UDIENZA DI UN PUNTO CONTROVERSO; DEFINIZIONE DI UNA CONTROVERSIA; DISPARITÀ DI OPINIONI GIURIDICHE; DISPUTA; FATTO NON CONTESTATO DI UNA CONTROVERSIA; GIURISDIZIONE; GIUSTIZIA ALTERNATIVA; INTERESSI DIFFUSI: 5; LITE GIUDIZIARIA; OPINIONE; QUESTIONE POLITICA; PROBLEMA GIURIDICO; PROCESSO; VALORE DELLA CAUSA; VERTENZA). [vol. I: ACTION; ARBITRATION; CASE; CIVIL PROCEDURE; CONTENTIOUS; DISPUTE; JUDGMENT; JURISDICTION; JUSTICIABILITY]
- **legale complessa.** Negli S.U. — stato federale — in caso di *multidistrict litigation*, ossia di azioni civili che comportano una o più complesse questioni di fatto pendenti davanti a diversi distretti federali, esse possono essere trasferite ad un solo distretto federale e decise da un solo giudice: è questo più spesso il caso di *antitrust actions*, incidenti collettivi (aereo, etc.), di brevetti e marchi di fabbrica, responsabilità del produttore, violazione delle leggi sui titoli mobiliari (*securities law actions*), etc. I procedimenti sono rimessi a un *Judicial Panel on Multidistrict Litigation*: la procedura è retta dalle *Rules of Procedure of the Judicial Panel on Multidistrict Litigation* e dal *Manual for Complex Litigation* (AZIONE (I) DI CATEGORIA; AZIONE (II) DI SOCIETÀ; BORSA VALORI; INTERESSI DIFFUSI: 5; INVESTIMENTO: 2; LETTERA; OBBLIGAZIONE (II) QUALE TITOLO MOBILIARE; OPERATORE IN TITOLI MOBILIARI; SOCIETÀ (II) QUALE SOGGETTO COLLETTIVO; *SWAP*). [vol. I: SECURITIES]
- **salariale.** Wage dispute (*supra*, CONTROVERSIA COLLETTIVA DI LAVORO; SALARIO). [vol. I: INDUSTRIAL DISPUTE; TRADE DISPUTE; WAGE]
- **sindacale.** Industrial dispute, labour dispute, trade dispute (*supra*, CONTROVERSIA COLLETTIVA DI LAVORO). [vol. I: INDUSTRIAL DISPUTE; STRIKE; TRADE DISPUTE]
- **territoriale.** Land issue (*supra*, CONTROVERSIA DI FRONTIERA).
- **tra Stati.** State difference (ARBITRATO; GUERRA; STATO).

Contumace in genere. Defaulter, o absent, defendant in default; si parla anche talvolta anche di *parte non comparente* con termine latineggiante (ASSENZA; CONTUMACIA; IMPUTATO CONTUMACE). [vol. I: CONTUMACIOUS]

- **nel processo civile.** Absent defendant, defendant not entering an appearance (COMPARIZIONE IN GIUDIZIO; CONVENUTO). [vol. I: ABSCONDER; APPEARANCE]
- **nel processo penale.** Absent accused, absent defendant, *absente reo*; ma il regime della materia è assai diverso nella tradizione di *common law* (CONTUMACIA).

Contumacia in genere. Default, non-appearance, absconding, absentia.
1. Costituisce uno dei principi fondamentali del diritto processuale penale inglese e dei sistemi di *common law* in genere che l'imputato deve essere presente al *trial*; non è ammesso il procedimento in contumacia per le *indictable offences*, ossia per i reati più gravi. Questo principio non si applica alle *summary offences*, in cui è ammesso anche che l'imputato si dichiari colpevole mediante comunicazione postale. Sorprende quindi non poco che, anche nel nuovo codice di procedura penale, che pure aspira a un *pedigree* accusatorio, il legislatore italiano abbia deciso di mantenere sostanzialmente immutato il precedente regime della materia, in tal modo ribadendo una diversità negativa rispetto non soltanto al sistema processuale penale anglo-americano, ma anche a quello di paesi come la Francia, Germania e Spagna. Non poche della difficoltà che il nostro paese incontra in tema di estradizione e di applicazione della convenzione internazionale sull'esecuzione delle sentenze pronunciate all'estero derivano da questa « originalità » che, sotto non pochi aspetti, si pone anche in contrasto con la convenzione europea per la salvaguardia dei diritti dell'uomo e delle libertà fondamentali del 1952, entrata a far parte del nostro ordinamento con legge del 4 agosto 1955 n. 848. In buona sostanza, il processo contumaciale italiano si presenta come l'opposto del *fair trial* (ESTRADIZIONE; FAIR TRIAL).
2. Per contro, assume grande importanza nel processo *civile* inglese e nordamericano il fenomeno dei provvedimenti emessi in contumacia del convenuto o intimato; fattore che contribuisce in maniera notevole alla efficienza del sistema processuale di quei paesi (ASSENZA DELL'IMPUTATO; COMPARIZIONE; CONDANNA CIVILE IN CONTUMACIA; CONDANNATO IN CONTUMACIA; CONTRADDITTORIO; CONTUMACE; IN CONTUMACIA; PROCEDURA CIVILE; PROCEDURA PENALE; PROCESSO IN CONTUMACIA; SENTENZA CONTUMACIALE; TERMINI DI COMPARIZIONE). [vol. I: ABSENCE OF ACCUSED; APPEARANCE; CIVIL PROCEDURE; CONTUMACY; CRIMINAL PROCEDURE; JUDGMENT; JUDGMENT IN DEFAULT; SUMMARY JUDGMENT; TRIAL]

– **civile.** Default of appearance (*supra*, CONTUMACIA IN GENERE: 2). [vol. I: DEFAULT; JUDGMENT IN DEFAULT; SUMMARY JUDGMENT]

– **dell'imputato.** Absence of accused (*supra*, CONTUMACIA IN GENERE; IMPUTATO; LATITANZA). [vol. I: ABSENCE OF ACCUSED]

Convalida in genere. Confirmation, adoption, affirmation, ratification, validation (APPROVAZIONE; CONFERMA; CORREZIONE; DISCONOSCIMENTO; RATIFICA; RETTIFICA; SANATORIA; VIDIMAZIONE; VISTO).

– **del contratto.** Adoption, o affirmation, of contract (CONTRATTO CON SÉ MEDESIMO; CORREZIONE DELL'ACCORDO o CONTRATTO). [vol. I: ACQUIESCENCE; ADOPTION OF CONTRACT; AFFIRM; CONTRACT: XII; RATIFICATION; RESCISSION; VOID e VOIDABLE]

– **del contratto invalido.** Adoption, affirmation, o ratification, of voidable contract (CONFERMA DI UN CONTRATTO INVALIDO). [vol. I: ADOPTION OF CONTRACT; AFFIRM; CONTRACT: XII; RECTIFICATION; RESCISSION]

– **di disposizione testamentaria nulla.** Confirmation of invalid testamentary disposition (DISPOSIZIONE TESTAMENTARIA). [vol. I: WILL]

– **di sfratto.** Grosso modo, order for possession; ma non esiste un equivalente esatto (SFRATTO). [vol. I: NOTICE TO QUIT]

– **di un atto in genere.** Adoption, affirmation, confirmation, o ratification, of an act (RATIFICA). [vol. I: RATIFICATION]

Convenuto. Defendant; nelle cause matrimoniali è detto *respondent*; ma il termine *defendant* indica anche l' imputato; nel senso di stabilito, concordato, si dice *agreed upon* (APPELLATO; ATTORE; AVVOCATO DEL CONVENUTO; CITAZIONE IN GIUDIZIO; COIMPUTATO CONTUMACE; COINTIMATO; INTIMATO; *IUS TERTII*; PLURALITÀ DI CONVENUTI; RESIDENZA; TERMINE CONVENUTO; TERZO). [vol. I: APPELLEE; DEFENDANT; PLAINTIFF; RESPONDENT]

Convenzionale in genere. Conventional, contractual (CONTRATTUALE; CONVENZIONE; NEGOZIABILE; SEQUESTRO CONVENZIONALE; VOLONTARIO). [vol. I: CONSTRUCTIVE; CONVENTIONAL ESTATES]

Convenzione/i in genere. Convention, covenant, agreement, pact, compact. La convenzione come forma di accordo non patrimoniale è detta *agreement*. Il termine *covenant* — impiegato in diritto internazionale per indicare un patto — è riferito nel diritto interno alle convenzioni concluse in modo formale (CONTRATTO: III; OBBLIGO FORMALE; PATTO). Il termine *convention* non indica la convenzione civile qual è intesa nel nostro sistema. Nel linguaggio politico nordamericano si parla di *legislative convention* per indicare un'assemblea costituente, e di *political convention* per indicare un'assemblea di delegati di un partito che procede alla nomina dei candidati ad un'elezione, come quella presidenziale. In tal senso, si parla di *Democratic Convention* e *Republican Convention* (ASSEMBLEA; CONGRESSO DI PARTITO; PARTITI POLITICI; PROGETTO DI CONVENZIONE; REVISIONE DI UNA CONVENZIONE INTERNAZIONALE; RIUNIONE; *STATUS*: 4). [vol. I: AGREEMENT; COMPACT; CONTRACT: I; CONVENTION; COVENANT; PACT]

– **costituzionali in genere.** Grosso modo, conventions of the constitution, constitutional conventions. Ma con queste espressioni si intendono nel sistema costituzionale britannico delle *non-legal rules*, ossia delle regole appartenenti all'extragiuridico che, in effetti, non trovano una corrispondenza precisa nei sistemi costituzionali dei paesi di *civil law*; tantomeno poi esse corrispondono alla prassi costituzionale nostrana. Si noti che negli S.U. il termine *constitutional convention* indica un'assemblea prevista dall'art. V della costituzione per emendare la stessa a richiesta dei *due terzi* delle due camere del Congresso, o dei due terzi degli organi legislativi degli stati dell'Unione (COSTITUZIONE POLITICA; PRASSI COSTITUZIONALE). [vol. I: CONVENTIONS OF THE CONSTITUTION]

– **dell'Aia.** Hague conventions; si tratta di una serie di convenzioni internazionali in materia di diritto internazionale privato (*infra*, CONVENZIONI DI BRUXELLES; CONVENZIONI DOGANALI; CONVENZIONE INTERNAZIONALE; CONFERENZA DELL'AIA). [vol. I: HAGUE CONFERENCE]

– **di Bruxelles.** È detta così una serie di convenzioni internazionali in materia marittima fatte a Bruxelles ad iniziativa del governo belga (*supra*, CONVENZIONI DELL'AIA; *infra,* CONVENZIONI DOGANALI; CONVENZIONE INTERNAZIONALE). [vol. I: BRUSSELS CONVENTIONS]

– **di voto nella società.** Shareholders agreement on voting rights (AZIONE (II) DI SOCIETÀ; DELEGA PERMANENTE DI VOTO NELL' ASSEMBLEA SOCIETARIA; PATTO DI SINDACATO; VOTO NELL'ASSEMBLEA DI SOCIETÀ). [vol. I: VOTING TRUST]

– **doganali.** Customs conventions; sono dette così le convenzioni internazionali in materia doganale (*supra*, CONVENZIONI DELL'AIA; CONVENZIONI DI BRUXELLES; *infra*, CONVENZIONE INTERNAZIONALE; DOGANA; LIBERTÀ DI CIRCOLAZIONE COMUNITARIA). [vol. I: CUSTOMS (2) CONVENTIONS]

– **familiari.** Family arrangements, family agreements, domestic agreements. In principio, esulano dalla disciplina del contratto in quanto non esigono il requisito della *consideration* (*infra*, CONVENZIONI MATRIMONIALI; CONTRATTO: III; FAMIGLIA; GIUSTIZIA ALTERNATIVA). [vol. I: *ad vocem*; AGREEMENT; ARRANGEMENT]

– **internazionale.** International convention, o semplicemente convention; ma un sinonimo di *convention* è *treaty* (ADESIONE A UNA CONVENZIONE INTERNAZIONALE; ADOZIONE DI UNA CONVENZIONE INTERNAZIONALE; AEROMOBILE; ALIMENTI; APOLIDE; BREVETTO; CAMBIALE; CAMPO DI APPLICAZIONE DI UNA LEGGE, DI UNA CONVENZIONE INTERNAZIONALE; PREAMBOLO DI UNA CONVENZIONE INTERNAZIONALE; PROGETTO DI CONVENZIONE; REVISIONE DI UNA CONVENZIONE INTERNAZIONALE; STATO FIRMATARIO DI UNA CONVENZIONE INTERNAZIONALE; TRATTATO INTERNAZIONALE; VIGORE DI UNA CONVENZIONE INTERNAZIONALE). [vol. I: TREATY]

– **matrimoniali.** Grosso modo, domestic agreements, matrimonial arrangements. Quanto ai *marriage settlements,* che sono stipulati prima (*ante nuptial*) e dopo (*post nuptial*) il matrimonio, si tratta di un tipo di convenzioni matrimoniali prive di equivalenza nel diritto italiano e nella *civil law* in genere per cui beni e diritti, o il reddito da essi derivanti, sono destinati mediante un *trust* ai coniugi e alla prole (*supra*, CONVENZIONI FAMILIARI; CONVIVENZA; DOTE; FAMIGLIA). [vol. I: DOMESTIC AGREEMENT; MARRIAGE ARTICLES; MARRIAGE SETTLEMENT; SUCCESSION]

– **nucleari.** Nuclear conventions (*supra*, CONVENZIONE INTERNAZIONALE; AMBIENTE; ENERGIA NUCLEARE). [vol. I: *ad vocem*]

Conversazione. Conversation; ma il termine *criminal conversation*, impiegato in passato, indicava l'adulterio, un *tort* che dava diritto all'altro coniuge ad un'azione di risarcimento nei confronti del *co-respondent* (ADULTERIO; INTERCETTAZIONE TELEFONICA). [vol. I: CRIMINAL CONVERSATION]

Conversione in genere. Conversion; ma questo termine assume numerosi significati ignoti alla *civil law* (ALTERAZIONE; APPROPRIAZIONE INDEBITA; CAMBIAMENTO; COMMUTAZIONE; CONVERTIBILITÀ VALUTARIA; MUTAMENTO; *SWAP*; TRASFORMAZIONE). [vol. I: *ad vocem*]

– **del contratto nullo.** (CONVALIDA DEL CONTRATTO)

– **della multa** o **ammenda in pena detentiva.** Conversion of fine into imprisonment. Ma non esiste nel sistema inglese quella versione della *prigione per debiti* che ancora oggi è prevista dall'art. 136 del c.p. nostrano per cui, in caso di insolvibilità del condannato alla pena pecuniaria, essa viene convertita, a seconda dei casi, nella reclusione o nell'arresto. Nel sistema inglese, invece, la conversione della pena pecuniaria in pena detentiva ha luogo esclusivamente qualora l'imputato sia in condizioni di pagare (*able to pay*) ma non voglia pagare (AMMENDA; COMMUTAZIONE DELLA PENA; MULTA; PENA).

– **della pena.** Conversion of punishment (COMMUTAZIONE DELLA PENA; PENA).

– **dell'azione al portatore in azione nominativa.** Conversion (o transformation) of bearer share, o stock, into registered share, o stock (AZIONE (II) AL PORTATORE).

Convertibilità valutaria. Currency convertibility (CONTROLLO DEI CAMBI; CONVERSIONE; VALUTA).

Convinzione. Belief (CONOSCENZA).

Convivenza. Cohabitation; è detta *cohabitation agreement* la convenzione stipulata tra persone che vivono *more uxorio* (ALIMENTI; COABITAZIONE; CONVENZIONI MATRIMONIALI; DOMICILIO; FAMIGLIA; MATRIMONIO). [vol. I: *ad vocem*]

Convocato. Summoned (CITAZIONE IN GIUDIZIO; CONVENUTO; CONVOCAZIONE).

Convocazione in genere. Summoning, calling, convening (ACCOMPAGNAMENTO COATTIVO DEL TESTE ALL'UDIENZA; CITAZIONE IN GIUDIZIO). [vol. I: SUBPOENA; SUMMONS]

– **della giuria.** Summoning the jury (GIURIA). [vol. I: JURY]

– **di assemblea.** Calling, convening, summoning, a meeting, an assembly (ASSEMBLEA).

– **di una conferenza diplomatica.** Convening a diplomatic conference (CONFERENZA DIPLOMATICA). [vol. I: DIPLOMATIC CONFERENCE]

– **di un testimone.** Witness summons (TESTIMONE).

Coobligato. Co-promisor, co-obligor, co-stipulator, joint promisor e, nelle obbligazioni solidali, joint and several debtor, o obligor. Ma si notino le differenze esistenti in tema di obbligazioni solidali tra le due tradizioni giuridiche (AZIONE (I) DI REGRESSO; OBBLIGATO; OBBLIGAZIONE (I) SOLIDALE; SOLIDARIETÀ). [vol. I: CONTRIBUTION; JOINT; JOINT TORTFEASORS; LIABILITY]

Cooling off period. (CLAUSOLA DI RIPENSAMENTO; PERIODO DI RAFFREDDAMENTO)

Cooperativa (società). Co-operative, o co-operative society: nell'ordinamento inglese rientra nelle *industrial and provident societies*. Ma non esistono cooperative rosse o bianche all'italiana. La cooperative costituisce una *non-profit association*. Negli Stati Uniti — stato federale — la materia è regolata dalla legge dei singoli stati dell'Unione. Ma si noti la torrenziale ricchezza di terminologia che esprime anche la complessità della materia (BENEFICENZA; MUTUALITÀ; PREVIDENZA; SCOPO DI LUCRO; SOCIETÀ (II) QUALE SOGGETTO COLLETTIVO). [vol. I: FRIENDLY SOCIETY; INDUSTRIAL AND PROVIDENT SOCIETIES; NON-PROFIT ASSOCIATION]

Bibl.:

Verrucoli, P., *Non-profit organizations (A comparative approach)*, Milano, Giuffrè, 1985.

– **di consumo.** Consumer co-operative (CONSUMATORE).

– **di credito.** Financial co-operative, co-operative bank, credit union (CREDITO).

– **di distribuzione e di vendita.** Marketing co-operative (DISTRIBUZIONE; VENDITA).

– **di produzione.** Producer co-operative.

– **di risparmio.** (BANCA DI RISPARMIO)

Cooperazione in genere. Co-operation (COLLABORAZIONE; COMITATO DI COORDINAMENTO; COOPERATIVA).

– **giudiziaria.** Judicial co-operation (COLLABORAZIONE CON LA GIUSTIZIA).

– **nell'assicurazione.** È detta co-operation clause la clausola assicurativa che prevede l'obbligo dell'assicurato di collaborare con l'assicuratore nella difesa avverso una domanda di indennizzo (ASSICURAZIONE).

– **nell'attività giuridica altrui.** (RAPPRESENTANZA). [vol. I: AGENCY; BROKER; GUARDIAN; NEGOTIORUM GESTIO; TRUSTEE]

– **nel reato.** Contributing, participating, o aiding, in the commission of crime (ASSOCIAZIONE PER DELINQUERE; CORREITÀ NEL REATO). [vol. I: ABETTING; ACCESSORY; CONSPIRACY]

Cooptazione. Co-optation; il termine è riferito più spesso alla scelta di un socio di una *close corporation*. La cooptazione è una prassi molto diffusa nella nomina degli alti magistrati inglesi; ma la parola non deve impressionare: essa avviene ad altissimi livelli qualitativi. È, invece, il tipo di cooptazione nell'ambito della classe dirigente (*pour ainsi dire*) nostrana che produce risultati paurosi (NOMINA PER COOPTAZIONE; ORDINAMENTO GIUDIZIARIO; SISTEMA DELLE SPOGLIE). [vol. I: CLOSE COMPANY; ELECTION]

Copertura in genere. Cover, coverage, backing (NOTA DI COPERTURA). [vol. I: COVER]

- **assicurativa.** Insurance cover, insurance coverage; l'estensione della copertura assicurativa è definita *scope of coverage* (ASSICURAZIONE; INTERAMENTE COPERTO; MASSIMALE DI POLIZZA DI ASSICURAZIONE; RISCHIO; SOVRASSICURAZIONE; SUPPLEMENTO DI ASSICURAZIONE).
- **assicurativa provvisoria.** Temporary insurance coverage (ASSICURAZIONE; POLIZZA (I) PROVVISORIA).
- **assicurativa totale.** Full coverage (*supra*, COPERTURA ASSICURATIVA).
- **da parte dei *media*.** Media coverage; l'eccessivo trattamento di una notizia è detto *overcoverage* (*MEDIA*).

Copia in genere. Copy, duplicate, o anche, talvolta, exemplification, transcript (ATTO AUTENTICO; DOCUMENTO; DUPLICATO; ESEMPLARE DI DOCUMENTO; ESTRATTO; IMITAZIONE; MATRICE; ORIGINALE DI UN DOCUMENTO; PROVA). [vol. I: BEST EVIDENCE; COPY; EXAMINED COPY; NOTARY; TRANSCRIPT]

- **autenticata.** Grosso modo, certified true copy, certified copy; ma non sembra che vi sia un'equivalenza esatta (ATTESTAZIONE DI DOCUMENTO; ATTO AUTENTICO).
- **certificata di atti pubblici.** Certified copy of public records (ATTO PUBBLICO; AUTOCERTIFICAZIONE).
- **conforme.** Certified true copy (ATTO AUTENTICO).
- **della sentenza.** Duplicate of judgment; ma si avvertano le differenze con la sentenza nostrana e gli abbagli possibili in materia (SENTENZA).
- **di ufficio.** Office copy (UFFICIO).

Co-presidente. Co-chairman (PRESIDENTE).

Coprifuoco. Curfew. In tempo di pace il termine è più spesso riferito al potere delle autorità locali negli Stati Uniti di imporre mediante *ordinance*, in particolare ai minori, l'obbligo di abbandonare le strade e i luoghi pubblici a una certa ora della notte (LEGGE MARZIALE; REVOCA DEL COPRIFUOCO; SICUREZZA PUBBLICA). [vol. I: EMERGENCY POWERS; PEACE; PUBLIC ORDER; RIOT; TERRORISM; TRAGIC CHOICES; UNLAWFUL ASSEMBLY; WAR]

- **notturno.** Night time curfew.

Corona. Crown (ABDICAZIONE AL TRONO; COSTITUZIONE POLITICA; DISCORSO DELLA CORONA; POTERE ESECUTIVO; RESPONSABILITÀ DELLA PUBBLICA AMMINISTRAZIONE; STATO; SUPREMAZIA DEL PARLAMENTO; TRONO).

Corpo. Body, corpus; ma body indica anche la persona fisica o giuridica (*natural body-artificial body,* o *corporation*): un *body corporate* è una persona giuridica. Body indica, tra l'altro, un organismo; un insieme, unità o gruppo è detto *corps* come, ad es., il Corpo del Genio, che è detto *Engineers Corps*; ma si parla anche di *Corps Diplomatique*, termine impiegato *tel quel.* Il patto sociale, o anche una istituzione politica, sono detti *body politic.* L'arresto di una persona per mettere ad esecuzione — in taluni casi — una sentenza di condanna civile è detto *body execution.* Più spesso in tema di *entail*, il termine *heir of the body* indica il discendente diretto e non anche gli altri eredi. La prova sostanziale è detta *body of evidence.* Quando il termine è riferito a un documento, il *body* indica la parte essenziale o sostanziale di esso in quanto distinta dai *recitals*, ossia dalla premessa o parte introduttiva; più in generale, *body* indica la parte principale rispetto alla secondaria; ma la parte essenziale è detta anche *core:* per questo si parla, ad es., di *common core of legal systems* per indicare il nucleo di principi e regole comuni alle tradizioni giuridiche di *civil law* e di *common law* (ATTI DI DISPOSIZIONE DI PARTI DEL PROPRIO CORPO; AUTOPSIA; CADAVERE; ENTE; ENTITÀ; ESECUZIONE FORZATA DELLA SENTENZA CIVILE; LESIONI PERSONALI; PERSONA; VENDITA A CORPO). [vol. I: ADVISORY BODY; BODY; GOVERNING BODY; HEIR OF THE BODY; POLICY; PUBLIC BODY; STATUTORY BODY; SUBSIDIARY BODY]

- **di leggi.** Body of laws (*CORPUS IURIS CIVILIS*; RACCOLTA DI LEGGI).
- **di nave, di aeromobile.** Hull (ASSICURATORE DI CORPO; ASSICURAZIONE DI CORPO; NAVE; SCAFO; SICURTÀ CORPI). [vol. I: HULL INSURANCE; HULL UNDERWRITER; INSURANCE: II]
- **diplomatico.** Foreign service, *corps diplomatique,* diplomatic corps (DIPLOMAZIA). [vol. I: DEPARTMENT OF STATE; DIPLOMATIC

AGENT; DIPLOMATIC CONFERENCE; DIPLOMATIC IMMUNITY; DIPLOMATIC MISSION; DIPLOMATIC PRIVILEGES AND IMMUNITIES; FOREIGN AND COMMONWEALTH OFFICE; PRACTICE]

– **di (o del) reato in genere.** Subject matter of the crime. Ma anche qui si riscontra la consueta confusione di concetti e terminologia. Si parla anche di *corpus delicti*; ma, in senso lato, questo termine indica anche la prova o i fatti sostanziali di un reato. Il *corpus delicti*, nel senso di corpo del reato, rientra nella *demonstrative evidence*, ossia in quel tipo di prova che prescinde dall'intervento dei testimoni. Si parla di *autoptic evidence* quando essa è esibita alla giuria nel processo. Sono definiti *fruits of crime* gli oggetti acquisiti a seguito della commissione del reato, tra cui vi può rientrare anche il corpo del reato (ALLEGATO; DOCUMENTO ESIBITO IN GIUDIZIO; PRODOTTO o PROFITTO DEL REATO; PROVA MATERIALE ALLEGATA AGLI ATTI DEL PROCESSO; REATO; REPERTO). [vol. I: CORPUS DELICTI; CRIME; EVIDENCE; MENS REA; REAL EVIDENCE]

– **elettorale.** Electorate (ELEZIONI POLITICHE). [vol. I: *ad vocem*]

Corporale. Bodily (BENE CORPORALE; CORPO; LESIONI CORPORALI; TANGIBILE).

Corporazione (medievale). Guild; non va tradotta con *corporation*, che indica in generale la persona giuridica e, negli S.U., più spesso, grosso modo, la società per azioni. Il termine viene spesso usato da associazioni di categoria (ASSOCIAZIONE; CONFRATERNITA; LEGA; SOCIETÀ (II) QUALE SOGGETTO COLLETTIVO). [vol. I: ASSOCIATION; CORPORATION; GUILD; INNS OF COURT; TRADE UNION]

– **dei piloti di nave.** Pilots association e, in Inghilterra, *Corporation of Trinity House* (PILOTAGGIO MARITTIMO). [vol. I: PILOTAGE; TRINITY HOUSE]

***Corpus iuris civilis* di Giustiniano.** Justinian's Corpus Iuris Civilis: definito da R. B. Schlesinger [1950, ed. 1988: 248, n. e.] « the most influencial legislative pronouncement of all times » (DIRITTO (I) ROMANO; RACCOLTA DI LEGGI).

Correità nel reato. Complicity, participation in a crime, conspiracy (COMPLICITÀ; CONCORSO DI PERSONE NEL REATO; COOPERAZIONE NEL REATO).

Correlativi giuridici. Jural correlatives (DIRITTO (I); SISTEMA GIURIDICO). [vol. I: *ad vocem*; CORRELATIVES; IS AND OUGHT; RIGHT]

Bibl.:
Stone 1964, ed. 1968: 139.

Corrente di partito. Party faction (PARTITI POLITICI).

Correntezza di un'azienda. Goodwill of a business (AVVIAMENTO). [vol. I: GOODWILL]

Correntista. Holder of a current account, depositor (CONTO CORRENTE). [vol. I: CURRENT ACCOUNT]

Correo. Accomplice, accessory, abettor, confederate (AUTORE MATERIALE DEL REATO; CHIAMATA DI CORREO; COIMPUTATO; CONCORSO DI PERSONE NEL REATO; CORREO; FAVOREGGIATORE). [vol. I: ACCESSORY]

– **che testimonia contro i propri complici.** Approver o prover; ma si dice più spesso che un complice è diventato *Queen's evidence* o, negli Stati Uniti, *state evidence* (CHIAMATA DI CORREO; COMPLICE). [vol. I: QUEEN'S EVIDENCE]

Correttezza in genere. Propriety, fairness; lo standard della correttezza è costituito dalla figura del *reasonable man* (BUONA FEDE; COMPORTAMENTO SECONDO CORRETTEZZA; CONDOTTA; DOVERE DI CORRETTEZZA; INTEGRITÀ MORALE; RAGIONE; REGOLE DI CORRETTEZZA; SCORRETTEZZA). [vol. I: FAIR; FAIRNESS]

– **commerciale.** Fair trade practice. Nei paesi in cui esiste una evoluta economia di mercato la materia coincide spesso, anche se non necessariamente, con la tutela del consumatore (COMMERCIO; COMPORTAMENTO; CONCORRENZA SLEALE; CONDOTTA; TUTELA DEL CONSUMATORE). [vol. I: FAIR TRADING]

– **professionale.** Professional diligence, professional care (CONCORRENZA SLEALE; DEONTOLOGIA PROFESSIONALE; RESPONSABILITÀ PROFESSIONALE). [vol. I: PROFESSIONAL LIABILITY; PROFESSIONAL MISCONDUCT]

Correzionale. (CARCERE GIUDIZIARIO; ISTITUTO CORREZIONALE; ISTITUTO DI PENA; ISTITUTO DI RIEDUCAZIONE PER MINORENNI)

Correzione in genere. Rectification, amendment, reformation; si noti che negli S.U. il termine *law of corrections* indica il diritto penitenziario: il carcere è definito, tra l'altro, negli S.U., *house of correction* (ABUSO DI MEZZI DI CORREZIONE; CARCERE; CONVALIDA; CORREZIONALE; DIRITTO (I) PENITENZIARIO; RETTIFICA).

– **degli atti processuali.** Amendment of pleadings (ATTI DELLA CAUSA; ERRORE NEI *PLEAD-*

INGS; SANABILITÀ DEGLI ERRORI NEI *PLEADINGS* O NELL'*INDICTMENT*). [vol. I: AMENDMENT OF WRIT AND PLEADINGS; PLEADINGS; SLIP ORDER]

– **dell'accordo** o **contratto.** Rectification of agreement; o of contract. Quello della *rectification* e della *cancellation* è un potere del giudice inglese privo di equivalenza nella *civil law* (CONVALIDA DEL CONTRATTO; RETTIFICA). [vol. I: RECTIFICATION]

– **di errori materiali.** Amendment of clerical errors (ERRORE MATERIALE). [vol. I: CLERICAL ERROR]

– **di errori nel testo** o **nelle copie certificate di un trattato.** Correction of errors in texts or in certified copies of treaties L'art. 79 della convenzione di Vienna regola la procedura di correzione degli errori materiali contenuti nel testo di un trattato o nelle copie certificate (ERRORE; TRATTATO INTERNAZIONALE). [vol. I: ERROR]

Corridoio aereo. Flight path, air corridor (TRASPORTO AEREO; ZONA AEREA).

Corriere diplomatico. Diplomatic courier (CORPO DIPLOMATICO; IMMUNITÀ DIPLOMATICA; VALIGIA DIPLOMATICA).

Corrispettivo. Poiché, in principio, il contratto di *common law* mira ad assicurare uno scambio, indipendentemente dall'adeguatezza delle prestazioni, il termine *consideration* non rende il concetto di corrispettivo che, quindi, in senso stretto, resta privo di equivalenza. Peraltro, nella buona parte delle transazioni di una società industriale di massa, come quella inglese e nordamericana, i termini *consideration, reward, quid pro quo, bargain* esprimono in sostanza, se non proprio tecnicamente, nella maggioranza dei casi, il concetto nostrano di corrispettivo. Una *consideration* costituita da un obbligo morale è definita *moral consideration*. Il compenso spettante al *factor* è definito *factorage* (COMMISSIONE COMMERCIALE; COMPENSO; CONTRATTO: III; CONTROPRESTAZIONE; *DO UT DES*; INDENNIZZO; LESIONE; OBBLIGO MORALE; PRESTAZIONE; PROVVIGIONE; *QUID PRO QUO*; REMUNERAZIONE; RESCISSIONE PER LESIONE; RETRIBUZIONE; SCAMBIO; SCOPO DI LUCRO; SINALLAGMA). [vol. I: BARGAIN; CONSIDERATION; CONTRACT: V, XVIII; FACTOR; QUID PRO QUO; UNCONSCIONABILITY]

– **simulato.** Grosso modo, fictitious consideration (FRODE; SIMULAZIONE).

Corrispondenza in genere. Mail (COMUNICAZIONE; CONCLUSIONE DEL CONTRATTO PER CORRISPONDENZA; VENDITA PER CORRISPONDENZA).

– **tra chiesto e pronunciato.** Grosso modo, agreement, correspondence, concordance, relationship, between the relief sought and the decision, o award (DOMANDA GIUDIZIALE; *PETITUM*; PROCEDURA CIVILE).

Corroborazione in genere. Corroboration. In principio, nel sistema inglese la testimonianza di un solo testimone costituisce prova sufficiente sia nel processo civile che in quello penale; ma, in quest'ultimo caso, si verificano spesso eclatanti errori giudiziari quando la confessione o la chiamata di correo dell'imputato non è corroborata. Nel sistema inglese in relazione ai maxiprocessi del terrorismo irlandese — celebrati senza giuria — erano state utilizzate diffusamente le chiamate di correo senza corroboration giungendo a un gran numero di condanne. Ma la *Court of Appeal* ne ha annullato la gran parte. Questo tema va inquadrato nella problematica del riscontro della prova (AMMISSIONE; CONFESSIONE; ERRORE GIUDIZIARIO; PROVA; RISCONTRO DELLA PROVA; TESTIMONIANZA). [vol. I: CORROBORATION; EVIDENCE: II. 8]

– **della confessione.** Corroboration of confession (CONFESSIONE; ERRORE GIUDIZIARIO).

– **della prova.** Corroboration of evidence (CONFESSIONE; PROVA).

– **della testimonianza.** Corroboration of testimony (CONTROESAME; TESTIMONIANZA).

Corrotto. Receiver of bribe, briber (CONCUSSORE; CORRUTTORE).

Corruttore. Briber, extortioner (CONCUSSORE; CORRUZIONE; ESTORSORE).

Corruzione in genere. Corruption, bribery, graft, adulteration.
1. Il tema è vecchio come il mondo; nessun paese ne è immune, incluso quelli che pretendono particolari virtù: nella Svizzera «virtuosa» ricorrenti scandali nazionali coinvolgono direttamente poteri pubblici e privati. Insomma, è impossibile citare un solo paese in cui non si riscontrino corruzione, scandali finanziari e/o misteri di ogni genere.
2. Com'è stato osservato, «un fenomeno negativo che si estende alla totalità degli uomini cessa di essere negativo» e diventa «puramente e semplicemente la 'condizione umana'» [Moravia, *La contestazione studentesca* (1968), in 1943-78, ed. 1980: 127, at 132].

3. Ma, scontata l'universalità del fenomeno, resta pur sempre da fare una distinzione fondamentale tra paesi e paesi, a seconda della diffusione, del grado di penetrazione del fenomeno, e delle implicazioni che esso comporta sul potere. Non per ragioni moralistiche, ma politiche: la distinzione consente di individuare la *soglia* oltre la quale la corruzione politica (che in un paese industrializzato è quasi sempre *crimine organizzato*), impedisce il normale funzionamento (economico e politico) di un paese, e lo porta allo sfacelo.
4. Il problema della corruzione assume una assai minore importanza nelle società, come dire, sacerdotali, come non poche del Terzo Mondo, in cui, cioè, il diritto non è certo il fattore prevalente nell'assicurare la coesione sociale e politica. Ma nelle società pluraliste e secolarizzate dell'Occidente il diritto vi assume un ruolo centrale essendo l'unica tavola di valori comunemente condivisi o condivisibili. In questo senso, la corruzione, *proprio perché distrugge la base stessa del diritto*, produce effetti devastanti: e non resta che la legge della giungla.
5. Nell'ambito dei paesi industrali dell'Occidente, la legislazione degli Stati Uniti in questa materia può essere considerata la più avanzata, penetrante e severa, in linea con alcuni tratti caratteristici di quel paese. Ma la corruzione costituisce ormai oggetto di ampi studi delle Nazioni Unite e delle più prestigiose organizzazioni internazionali, governative e non; tra queste ultime, basterebbe citare l'intensa attività della *Camera di Commercio Internazionale* che, giustamente, considera la corruzione e la criminalità organizzata come uno degli ostacoli maggiori allo sviluppo dei traffici internazionali.
6. Quando però dalle proposizioni generali — esposte anche a titolo balsamico, scaramantico, propiziatorio e consolatorio — si passa ai problemi di casa nostra, resta da constatare che, confrontati a quelli degli altri sistemi industriali dell'Occidente, essi rivelano una *sindrome* priva di riscontro altrove. Beninteso, è impossibile delineare una media di corruzione al di là della quale si precipita nel Terzo Mondo: eppure, sembra potersi dire che la particolarità della corruzione nostrana consiste nel fatto che non di corruzione si tratta — ossia dello sfrido fisiologico di una società in cui vige, tutto sommato, un ordine legale — ma del riflesso di un *regime pretoriano* in cui la stessa « forza legale » si pone intrinsecamente come potere delinquenziale. Corruzione e inefficienza appaiono come un modo di essere del potere pubblico, e si confondono e non sono facili da districare.
7. È un fatto che i nostri partners europei hanno manifestato in mille forme — come del resto risulta da *atti ufficiali comunitari* — il loro vivo, e non ingiustificato allarme, che l'Europa economica e, in un futuro non troppo lontano anche politica, possa diventare, per così dire, la discarica nella quale l'Italia riversi i veleni prodotti dal proprio « laboratorio » criminale; ossia che l'organizzazione pretoriana del potere qual è venuta a configurarsi nel nostro possa trasmigrare negli altri paesi membri.
8. Beninteso, soppesare la corruzione di un paese non è impresa facile; ancora meno facile è compararla a quella degli altri per la mancanza di indicatori univoci ed obiettivi. Eppure, un caso Enimont — unico al mondo nel suo genere, ma uno dei tanti che ha illustrato la nostra classe dominante nell'ultimo mezzo secolo — può nascere solo in un *habitat* di generale inefficienza, illegalità e irresponsabilità, e quindi di *totale assenza di controlli*, a partire dall'opposizione in parlamento, madre di tutti i controlli, se intesa come credibile alternanza di governo, alla Banca d'Italia, alla Corte dei Conti, alla Consob, al Secit, alla magistratura, alla Guardia di Finanza, ai Carabinieri, ai servizi segreti, etc. Basterebbe pensare ai grandi gruppi industriali privati coinvolti in vario grado e misura nell'infinita saga di Tangentopoli: costruzioni edili, meccanica, trasporti, informatica, servizi metropolitani, farmaceutica, piano frequenze televisive e legge Mammì; insomma, la grande industria italiana si è rivelata *organica* al regime politico esistente nel paese. Uno sguardo alle leggi « strategiche » nostrane offre la conferma di quell'*inquinamento legislativo* di cui parla Agostino Cordova, procuratore della Repubblica di Napoli.
9. Si pensi alle violente tradizionali polemiche della sinistra contro qualsiasi tentativo di introdurre un minimo di efficienza nell'attività del potere pubblico; al CORECO che, come organismo multipartitico, attua di fatto lo smantellamento sistematico di qualsiasi forma di controllo al livello regionale; alla ostinata e sempre vittoriosa opposizione dei grandi gruppi capitalistici italiani all'introduzione nel nostro paese di regole a tutela del mercato e degli investitori; al devastante contributo del sindacato pubblico (di tutti i colori) nello smantellamento delle strutture portanti dello stato, etc.
10. Si potrà e si dovra *sviolinare* sui gradi di

colpa, ma resta il fatto che questo insieme è privo di comune misura con qualsiasi altro paese industrializzato dell'Occidente. In questo senso, la risposta giudiziaria, al di là dei gravi e spesso complici ritardi con cui si è manifestata, anche se di innegabile importanza rivoluzionaria come quella milanese, non può di per sé sostituire una risposta politica di cui appare evidente la mancanza.

11. Ma, sbottano gli studiosi: attenzione! bisogna distinguere tra corruzione politica e *criminalità tout court*: la corruzione politica serve a lubrificare la macchina del potere; essa è addirittura indispensabile in un paese come il nostro in cui il potere pubblico è storicamente inefficiente. Soprattutto, essi dicono, la corruzione consente la vita dei partiti, e quindi della democrazia, dato che non è pensabile una democrazia rappresentativa senza partiti.

12. Ma — a parte che in una società industrializzata di massa la *corruzione politica è spesso criminalità organizzata* — resta da stabilire se un regime basato sulla *privatizzazione del potere pubblico* da parte dei gruppi, che, insomma, dà luogo, come la nostra, alla più iniqua *status society* mai esistita, possa essere definito democratico; se è democrazia quella mediata da *questi* partiti (come se non bastassero le facce) e da *questi* gruppi di potere, che hanno ammassato immense ricchezze impoverendo il paese. In altre parole, se non sia questo regime, che include anche il c.d. partito di opposizione e tutta la classe dirigente del paese (politici, amministratori, imprenditori, sindacalisti, magistrati, professori di università, burocrati), ad aver impedito l'avvento di un regime autenticamente democratico nel nostro paese; ad avere tutto l'interesse a che ciò non avvenga mai.

13. Naturalmente, non si esce da una corruzione sistemica come la nostra senza sconvolgere certi assetti di potere e *meccanismi giuridici* creati per consentire il crimine (ad es.: la famigerata legge 219/81 per la ricostruzione delle zone terremotate, estesa con legge n. 80 del 1987 a tutto il territorio nazionale); come non si esce dall'*usura* senza una economia assai diversa da quella italiana. Non si contano nella fauna di *grand commis*, magistrati e dipendenti pubblici e mezzani e politici, del governo e dell'opposizione, sindacalisti e professori che, iniziata la loro carriera con le toppe al sedere, la concludono con patrimoni di centinaia se non di migliaia di miliardi. Vi è quindi una intima coerenza nella ribellione del sistema di Tangentopoli contro il pool milanese, per invocare una diversa giustizia in nome del generale della GdF Cerciello, di Sergio Cusani e consimili personaggi.

14. Povero Al Capone; si rivolterà nella tomba al pensiero dell'errore commesso: tanti sacrifici e dolori (l'emigrazione ha, per i poveri, un costo altissimo che non è solo quello del passaggio nelle stive di un cargo): lasciarsi dietro il paradiso della corruzione e dell'impunità per andare a esercitare nella difficile America: sarebbe bastato farsi nominare sindaco o assessore comunale o regionale di Milano (sic!) o di Torino al tempo del CAF per accumulare ricchezze: ma erano altri tempi i suoi, e l'Italietta di Giolitti ben diversa e più seria cosa. Ma come?!: negli Stati Uniti cacciano un presidente colpevole, al confronto, di sciocchezze, mentre qui da noi si minaccia di arrestare quei pochi magistrati che fanno il proprio dovere!

15. Il giurista non può ignorare che la corruzione totalizzante del sistema politico, economico e sociale finisce col fare del sistema giuridico una colossale caricatura. Un eminente comparatista [Schlesinger 1950, ed. 1988: 880] scrive pagine, si direbbe, definitive su questa materia: *oltre una certa soglia*, la corruzione significa morte del diritto: essa fa a pezzi il sistema. Il potere — sottratto a qualsiasi controllo democratico — trova il suo limite solo nel ricatto degli altri poteri, quando non anche nella violenza fisica; la stessa legge del parlamento diviene lo strumento per raggiungere obiettivi criminosi (BUSTARELLA; CERTEZZA DEL DIRITTO; CODICE DI CONDOTTA; CONCUSSIONE; CRIMINALITÀ ORGANIZZATA; ECONOMIA NERA; ESTORSIONE; IMMUNITÀ PARLAMENTARE; LOTTIZZAZIONE; MALCOSTUME; MALVERSAZIONE; PIRATERIA; *SPOILS SYSTEM*; SOCIETÀ (II) QUALE SOGGETTO COLLETTIVO; TANGENTE; TUTELA DEI DIRITTI). [vol. I: CORRUPTION]

Bibl.:
Pasquino, G., *Corruzione,* in *Dizionario di Politica* 1976, ed. 1983: 261.
Ziegler, *La Svizzera lava più bianco*, Milano, Mondadori, 1990.

– **del rappresentante.** Bribery of agent (RAPPRESENTANTE). [vol. I: BRIBERY]

– **di acque** o **sostanze alimentari.** Adulteration of water, o of food (INQUINAMENTO).

– **di elettore.** Bribery of voter, treating (BROGLI ELETTORALI; ELEZIONI; VOTO DI SCAMBIO). [vol. I: *ad vocem*; CORRUPT PRACTICES; ELECTION]

– **di minore.** Abuse of child, child abuse (PEDOFILIA).

– **di pubblico ufficiale.** Bribery of public officer (PUBBLICO UFFICIALE).

Corsa. Fare (GUERRA DI CORSA SUL MARE; PREZZO DELLA CORSA IN TASSÌ; TARIFFA; TRASPORTO).

Corso in genere. Rate, price, course, flow, run, stream, current (IN CORSO; MONETE A CORSO LEGALE; RATA; TASSO). [vol. I: COURSE OF BUSINESS; COURSE OF EMPLOYMENT]

– **azionario.** Share price (AZIONE (II) DI SOCIETÀ). [vol. I: SHARE]

– **d'acqua.** Stream (ACQUA; BONIFICA FONDIARIA; SERVITÙ DI CORSO D'ACQUA).

– **dei cambi.** Rate of exchange, exchange rate (CAMBIO; DIVISA). [vol. I: CURRENCY; EXCHANGE]

– **delle divise.** Rate of exchange, exchange rate (DIVISA).

– **forzoso della moneta.** Inconvertible currency (*supra*, CORSO DEI CAMBI; VALUTA A CORSO FORZOSO).

– **legale.** (MONETA A CORSO LEGALE)

Corte. Court, law court, court of law. È proprio in tema di ordinamento giudiziario che sussistono le più eclatanti differenze tra le due tradizioni giuridiche di *common law* e di *civil law*. In effetti, in senso stretto, non si riscontra concordanza neanche rispetto ad *un solo* organo giudiziario. Anche qui, gli *acoustic agreements* possono dar luogo a formidabili abbagli. Come, ad es., nel caso del termine *tribunal* che, genericamente, indica l'autorità giudiziaria e nel sistema inglese non indica il tribunale nostrano, ma, più spesso, un organo decisorio posto addirittura al di fuori dell'ordine giudiziario e sottoposto alla *supervisory jurisdiction* della *High Court*. È in tal senso che va intesa la distinzione tra *law courts*, con cui si indica la giurisdizione ordinaria, e *tribunals*, con cui si indicano, grosso modo, degli organi decisori collocati al di fuori di essa.
1. Un punto la cui importanza non può essere esagerata è che l'evoluzione della *common law* è strettamente collegata a quella della procedura e dell'evoluzione dell'ordine giudiziario, la cui conoscenza costituisce il punto di partenza per un serio studio della materia. Parlare di corti significa, insomma, parlare di ordinamento giudiziario: in questa materia va rilevata, storicamente, la *centralizzazione* delle corti reali inglesi che costituisce un dato fondamentale di quell'ordinamento giudiziario, che si contrappone al doppio ordine di giurisdizioni, federale e dei singoli stati dell'Unione, negli S.U., e al doppio ordine di giurisdizioni (ordinaria e amministrativa) dei sistemi di *civil law* (CORTE). [vol. I: INTRODUZIONE: III. 3, 5, 10, 12, 25, 26, 28, 29; COURT]
2. Tra le tante notevoli differenze che si possono segnalare vi è, anzitutto, quella tra corti di *common law* e corti di *equity* che, per quanto ora fuse nell'ordinamento giudiziario inglese e in quello federale (ma non necessariamente di tutti gli stati dell'Unione) degli S.U., riflette ancora oggi una dicotomia fondamentale di regole giurisprudenziali ignote alla *civil law*.
3. Come si è accennato, non esiste parallelismo tra la doppia giurisdizione ordinaria e amministrativa, caratteristica di molti paesi di *civil law*, e l'ordinamento giudiziario inglese e nordamericano.
4. Il doppio grado di giurisdizione così com'è attuato nell'ordinamento giudiziario italiano è ignoto ai sistemi di *common law*, anche se negli S.U., si è da tempo manifestata la tendenza nella pratica a considerare l'appello come un aspetto abbastanza frequente del processo (APPELLO).
5. Per quanto riguarda gli S.U. — stato federale — si ricorda che coesiste in quel sistema un duplice ordine di giurisdizioni, ossia: a) dei singoli stati dell'Unione (ognuno dei quali con un proprio ordine giudiziario); e, b) un ordinamento giudiziario federale (APPELLO; COMPOSIZIONE DELLA CORTE; CONTRADDITTORIO: 5; DIRITTO (I) AMMINISTRATIVO; FORO; DOPPIO GRADO DI GIURISDIZIONE; GIORNO DI UDIENZA; GIUDICE; GIURISDIZIONE; ORDINAMENTO GIUDIZIARIO; RICERCA DEL FORO PIÙ CONVENIENTE; SIGILLO DELLA CORTE). [vol. I: ADMINISTRATIVE LAW; COMMON LAW; COURT; LAW COURTS; RULE OF LAW; TRIBUNAL]

– **bagattellare.** Small claims court (CAUSA (III) DI MODESTA ENTITÀ; GIUSTIZIA BAGATTELLARE).

– **baronale.** Court-baron; ne esiste ancora qualcuna in Inghilterra; ma si tratta più che altro di curiosità storiche (GIURISDIZIONE SIGNORILE). [vol. I: *ad vocem*]

– **civile.** Civil court (*infra*, CORTE ECCLESIASTICA).

– **competente.** Grosso modo, court having jurisdiction, court of competent jurisdiction, competent court (COMPETENZA).

– **costituzionale in genere.** Constitutional court.
1. Negli S.U., dove ha avuto origine, il

controllo giurisdizionale di costituzionalità delle leggi — detto *judicial review of constitutionality,* o *of legislation* — è svolto dalla *Supreme Court of the United States*, corte federale che fa parte dell'ordine giudiziario federale ed è prevista dall'art. III, s.1, della costituzione che recita: « The judicial Power of the United States, shall be vested in one supreme Court, and in such inferior Courts as the Congress may from time to time ordain and establish ». Essa può essere storicamente considerata la madre di tutte le altre corti costituzionali di questo mondo. Anche se, ovviamente, l'effettivo regime giuridico di queste ultime va accertato di volta in volta. In questo senso, si noti che notevoli differenze esistono tra la *Supreme Court* degli S.U. e la Corte Costituzionale nostrana, collocata com'è al di fuori dell'ordine giudiziario.
2. Nell'ordinamento costituzionale britannico non esiste una corte costituzionale non solo perché non esiste una costituzione scritta, ma anche perché in esso prevale l'opposto principio della *supremacy of Parliament* (CONGRESSO DEGLI S.U.; CONTROLLO GIURISDIZIONALE DI COSTITUZIONALITÀ; COSTITUZIONE POLITICA; MAGISTRATURA; ORDINAMENTO GIUDIZIARIO; SUPREMAZIA DEL PARLAMENTO NELLA COSTITUZIONE BRITANNICA). [vol. I: INTRODUZIONE: III. 36; CONSTITUTION: VIII; JUDICIAL REVIEW]

– **d'appello in genere.** Court of appeal; ma questo termine si presta ad equivoci: quando è riferito ai singoli stati dell'Unione negli S. U., esso può indicare non già una corte di appello, ma bensì il giudice di ultima istanza, o corte suprema, come, ad es., nello stato di New York, dove è detta *Court of Appeals*. La Corte d'Appello nostrana non corrisponde alla *Court of Appeal* inglese (APPELLO; DOPPIO GRADO DI GIURISDIZIONE). [vol. I: INTRODUZIONE: III. 25, 29; APPEAL; COURT OF APPEAL]

– **dei Conti.** Grosso modo, Court of Auditors, state auditors' court. Ma non esiste una istituzione del genere, di chiara ispirazione francese. Premessa la diversa natura del bilancio dello stato e della tecnica di revisione nel sistema finanziario britannico, un analogo è costituito dal *Comptroller and Auditor General of the Exchequer and Audit Department* al quale è assicurata l'indipendenza dal governo. Esso ha la duplice funzione di controllare le entrate e le uscite di denaro pubblico, di revisionare i conti dei ministeri e uffici pubblici facendone rapporto al parlamento. Negli S.U. un analogo della Corte dei Conti nostrana — con le diversità accennate più sopra — è costituito in sede federale dal *General Accounting Office*, organismo indipendente cui è preposto il *Comptroller General of the United States* (BILANCIO DELLO STATO; CONTROLLO: 2; REVISIONE CONTABILE). [vol. I: ADMINISTRATIVE LAW; BUDGET; CHANCELLOR OF THE EXCHEQUER; COMPTROLLER; PARLIAMENT; PUBLIC ACCOUNTS COMMITTEE]

– **della Camera Stellata.** (CAMERA STELLATA)

– **dell'ammiragliato.** (AMMIRAGLIATO)

– **delle prede.** (TRIBUNALE DELLE PREDE)

– **di assise.** Lett., court of assize: ma si tratta soltanto di un altro *acoustic agreement* poiché, in effetti, non vi è esatta equivalenza né nel sistema inglese né in quello nordamericano. Nel sistema inglese rientrano nella competenza delle *Crown Courts* (che operano con la partecipazione della giuria) quei reati che in Italia sarebbero giudicati dalle Corti di Assise. Negli S.U. — stato federale — bisogna distinguere tra reati previsti dai singoli stati dell'Unione e reati federali. Mentre nel primo caso un analogo della nostra Corte di Assise va ricercato nell'ambito degli ordinamenti giudiziari dei singoli stati, nel secondo caso (reati federali) un analogo della Corte di Assise nostrana è il *federal judicial district* (ASSISE; ORDINAMENTO GIUDIZIARIO). [vol. I: ASSISE; COURT; CROWN COURT; JURY]

– **di Cassazione.** Talvolta si traduce con Court of Cassation, o *Cour de Cassation*; ma non esiste né nell'ordinamento giudiziario inglese, né in quello nordamericano, un organo giudiziario che svolga la funzione di cassazione nel senso francese del termine. Né la *House of Lords* né la *Supreme Court of the U.S.*, poste al vertice del rispettivo ordine giudiziario, costituiscono delle corti di cassazione: si fa luogo all'annullamento della sentenza impugnata con rinvio, oppure all'annullamento o modifica della sentenza impugnata sostituendovi la propria decisione. La fatale distinzione tra giudizio di fatto e giudizio di diritto — cui si ricollega la struttura « rigidimente gerarchica e piramidale dell'ordinamento giudiziario » italiano [De Gennaro 1974: 555, n. 309], la distinzione tra magistrati di merito e magistrati di cassazione — non trova equivalenza nell'ordinamento inglese; distinzione fatale giacché alla fonte di non poche aberrazioni che hanno indotto giuristi sommi a tardive rivisitazioni [cfr. De Gennaro, ibid.: 541, n. 276]. La distinzione tra *question of fact* e *question of law* è fatta a tutt'altri fini nei sistemi di *common law* (*infra*, CORTE SUPREMA; APPELLO; CASSAZIONE; QUESTIONE DI FATTO-DI DIRITTO; RINVIO; SEZIONI UNITE DELLA CORTE DI CASSAZIONE). [vol. I: INTRODUZIONE: III. 26, 14; FACT AND LAW; QUESTION OF FACT-QUESTION OF LAW]

– **di Giustizia delle Comunità Europee.** Court of Justice of the European Communities o CJEC. L'organo giudiziario supranazionale delle Comunità Europee si ricollega, sul piano della tradizione giuridica, agli ordini giudiziari continentali: le maggiori differenze rispetto al modello inglese consistono nella figura dell'Avvocato Generale, nella procedura prevalentemente scritta, nei criteri di interpretazione della legge scritta (che consentono il ricorso ai lavori preparatori), nella formulazione delle sentenze, nell'assenza di *dissenting opinions,* nell'inesistenza dell'obbligo dell'applicazione del precedente giudiziario, almeno qual è inteso nei sistemi di *common law* (*infra*, CORTE INTERNAZIONALE DI GIUSTIZIA; DIRITTO (I) COMUNITARIO; REGOLE DI PROCEDURA DELLA CORTE DI GIUSTIZIA DELLE COMUNITÀ EUROPEE; SEDUTE DELLA CORTE DI GIUSTIZIA DELLE COMUNITÀ EUROPEE; UNIONE EUROPEA). [vol. I: EUROPEAN COMMUNITIES LAW; GENERAL PRINCIPLES OF LAW; IUS COMMUNE]

– **ecclesiastica in genere.** Ecclesiastical court, spiritual court (*supra*, CORTE CIVILE; CHIESA). [vol. I: *ad vocem*; ECCLESIASTICAL LAW]

– **Europea dei Diritti dell'Uomo.** European Court of Human Rights (DIRITTI (II) DELL'UOMO).

– **federale negli S.U.** Federal court (*infra*, CORTE STATALE NEGLI S.U.; FEDERALISMO; GIURISDIZIONE; ORDINAMENTO GIUDIZIARIO).

– **interna** o **nazionale.** Domestic court (*infra*, CORTE INTERNAZIONALE DI GIUSTIZIA; RICERCA DEL FORO PIÙ CONVENIENTE). [vol. I: DOMESTIC JURISDICTION; DOMESTIC TRIBUNAL; PRIVATE INTERNATIONAL LAW]

– **Internazionale di Giustizia.** International Court of Justice; la procedura di questa corte costituisce per molti versi un compromesso tra le due tradizioni giuridiche di *common law* e di *civil law*: tra l'altro, la sentenza prevede il sistema della *dissenting opinion,* fattore di notevole sviluppo del diritto internazionale (*supra*, CORTE DI GIUSTIZIA DELLE COMUNITÀ EUROPEE; FONTI DEL DIRITTO INTERNAZIONALE; RAPPRESENTANTE DEL GOVERNO; STATUTO DELLA CORTE INTERNAZIONALE DI GIUSTIZIA; TRIBUNALE INTERNAZIONALE PER I CRIMINI CONTRO L'UMANITÀ). [vol. I: *ad vocem*; OPINION: 1; OPTIONAL CLAUSE]

– **itinerante.** Circuit, itinerant o ambulatory, court. [vol. I: CIRCUIT JUDGES; CROWN COURT; ITINERANT JUSTICES]

– **locale.** Local court (*supra,* CORTE INTERNA).

– **marziale.** Court-martial; ma si notino le notevoli differenze tra il regime giuridico delle corti marziali britanniche e degli S.U. Quanto in particolare a quest'ultimo, sembra potersi dire che il *Code of Military Justice* costituisce uno dei testi più avanzati e garantista nella materia. Tra l'altro, esso prevede l'appello automatico avverso le decisioni di quello che sarebbe definito primo grado nei sistemi di *civil law*; l'organo di appello è costituito da giudici civili; nessuna decisione di una corte marziale è eseguibile senza che essa sia stata confermata in appello (AMMUTINAMENTO; COSCRIZIONE MILITARE OBBLIGATORIA; DISERZIONE; ESERCITO; GIUSTIZIA MILITARE; GUERRA; TRADIMENTO; TRUPPE). [vol. I: COURT MARTIAL]

– **Permanente di Arbitrato.** Permanent Court of Arbitration (*supra*, CORTE INTERNAZIONALE DI GIUSTIZIA; ARBITRATO).

– **statale negli S.U.** State court (*supra*, CORTE FEDERALE).

– **suprema in genere.** Lett., supreme court; nel senso di giudice di ultima istanza si potrebbe tradurre con *superior appellate juridiction.* Come si avverte in tema di ordinamento giudiziario, le assonanze acustiche determinano quasi invariabilmente disastrosi abbagli data la radicale diversità di strutturazione dell'ordine giudiziario inglese e nordamericano rispetto a quello italiano. La *Supreme Court of Judicature* inglese non corrisponde alla Suprema Corte nostrana, e negli S.U. talvolta il termine *Supreme Court* può indicare in qualche stato dell'Unione addirittura una corte di prima istanza. In quel paese, dove esiste un doppio ordine di giurisdizioni, ordinaria e federale, vi è una *supreme court* dei singoli stati e una *Supreme Court of the U.S.*, ossia federale (*supra,* CORTE DI CASSAZIONE; ORDINAMENTO GIUDIZIARIO). [vol. I: COMMONWEALTH; COURT OF

APPEAL; HIGH COURT; PRIVY COUNCIL; SUPREME COURT; SUPREME COURT OF JUDICATURE; SUPREME COURT OF THE U.S.]

– **Suprema degli Stati Uniti.** Supreme Court of the United States; *il più venerando organo giudiziario dell'Occidente.* Collocato al vertice dell'ordinamento giudiziario *federale*, esso svolge nella sostanza una prevalente attività di corte costituzionale (CONGRESSO DEGLI S.U.: 3; CONTROLLO GIURISDIZIONALE DI COSTITUZIONALITÀ). [vol. I: INTRODUZIONE: III. 36; CONSTITUTION: VIII; COURT: V; JUDICIAL REVIEW; SUPREME COURT OF THE U.S.]

Cortesia in genere. Curtesy, comity (GRATUITÀ; OSPITE). [vol. I: OCCUPIER'S LIABILITY]

– **internazionale.** Comity of nations, international comity. Il termine è impiegato per indicare, a seconda dei casi, quella forma di riconoscimento della sovranità, della legge, o della sentenza straniera che deriva non da un obbligo, ma dalla cortesia internazionale. Nel caso della sentenza o di un provvedimento giudiziario, si parla di *judicial comity* (DIRITTO (I) INTERNAZIONALE; RICONOSCIMENTO DELLA SENTENZA STRANIERA). [vol. I: COMITY OF NATIONS; CURTESY; FOREIGN JUDGMENT; JUDGMENT]

Cosa/e (bene, oggetto) in genere. Thing, property, chattel, chose; ma si noti l'assai diverso regime giuridico dei beni nella *law of property* (BENE; PROPRIETÀ; *RES*). Le cose mobili sono dette, grosso modo, *chattels* o, più spesso, *goods*; ma il termine *thing* indica anche un diritto. I beni e diritti vengono distinti in *things,* o *choses, in action* e *things,* o *choses, in possession*, classificazione, questa, priva di corrispondenza nella *civil law*. La principale diversità consiste in questo: che nella *common law* oggetto di diritto sono non soltanto, come nella *civil law*, le cose, ma anche i diritti, come *patents, copyrights, shares, claims*. Un'altra notevole differenza è costituita dal fatto che — salvo in tema di diritto internazionale privato — la *common law* non accoglie la distinzione fondamentale tra beni mobili e immobili, ma vi contrappone l'altra, priva di equivalenza nella *civil law*, tra *real* e *personal property*. I concetti di *common law* in questa materia sono tra i più complessi di quella tradizione giuridica (ACCETTAZIONE DELLE MERCI; APPROPRIAZIONE DI COSE SMARRITE; BENE; COMMISTIONE DI COSE DI DIVERSI PROPRIETARI; CONFUSIONE DI COSE; FURTO; MERCI; OGGETTO; RESTITUZIONE DI COSE RUBATE; SOTTRAZIONE DI COSE PIGNORATE o SEQUESTRATE; TRASPORTO DI MERCI; VENDITA). [vol. I: INTRODUZIONE: III. 21; ABSTRACT THING; APPURTENANCE; CHATTEL; CHOSE; CORPOREAL PROPERTY; ESCAPE OF THINGS; FOLLOWING ASSETS; HEREDITAMENT; INTANGIBLES; MOVABLES AND IMMOVABLES; PROPERTY; REAL THINGS; TANGIBLE; TRACING]

– **abbandonata.** (BENI ABBANDONATI)

– (o **bene) assicurato.** Insured property (ASSICURAZIONE). [vol. I: INSURANCE]

– **astratta.** (BENI IMMATERIALI)

– **comune.** Common property, property in common; ma si noti l'assai diverso regime della comunione nella tradizione di *common law* (ABBANDONO DELLA COSA COMUNE; BENE COMUNE; COMUNIONE).

– **consumabili.** (BENI CONSUMABILI)

– **corporale.** (BENE CORPORALE)

– **deperibili.** Perishable goods, perishable property (ABBUONO; LOGORÌO; MERCI DEPERIBILI; TRASPORTO; VENDITA; VIZIO DELLE MERCI). [vol. I: *ad vocem*; CARRIAGE; GOODS; SALE; WEAR AND TEAR]

– **di genere.** Unascertained goods (*supra*, COSE CONSUMABILI; *infra*, COSE FUNGIBILI; CONFUSIONE; IDENTIFICAZIONE DELLE MERCI; MASSA DI COSE GENERICHE). [vol. I: *ad vocem*; APPROPRIATION; ASCERTAINMENT OF GOODS; CONFUSION; SALE]

– **di specie.** Ascertained goods (*supra*, COSE DI GENERE). [vol. I: ASCERTAINMENT OF GOODS]

– **durevoli.** (BENI DUREVOLI)

– **fungibili.** (BENI FUNGIBILI)

– **future.** (BENI FUTURI)

– **giudicata in genere.** Res judicata (o, più correttamente, iudicata), final, o conclusive, judgment (SENTENZA DEFINITIVA).

1. Com'è stato osservato da uno dei più eminenti comparatisti [Schlesinger 1950, ed. 1988: 454], il termine *res judicata* costituisce uno dei tanti *acoustic agreements among legal systems*. In effetti, da quella che sembra una premessa comune alle due tradizioni giuridiche — per cui, a certe condizioni, una decisione debba divenire inattacabile ed eseguibile, il che è detto *policy in favour* (o *favor) of finality of judgment* — si perviene, in pratica, ad una quasi totale diversità di regimi. Nella misura in cui una così complessa materia può essere schematizzata, sembra potersi dire che nella *common law* il concetto di cosa giudicata si richiama all'*estoppel*

(istituto, sotto molti profili, ignoto alla *civil law*).

2. Mentre la sentenza nostrana diventa cosa giudicata allo scadere di tutti i vari mezzi di impugnazione, quella inglese e statunitense, secondo l'opinione prevalente, acquista gli effetti della cosa giudicata appena emessa dal giudice di merito, ma, negli S.U., essa è soggetta a *collateral attack*. A questo proposito, sembra opportuno rilevare che nella tradizione di *common law* l'appello ha un carattere eccezionale, concetto questo che si ricollega alla forza esecutiva e all'autorità piena della cosa giudicata di cui è rivestito il giudizio che chiameremmo di prima prima istanza, principio diametralmente opposto a quello dell'appello come via di ricorso ordinario qual è concepito nella *civil law*.

3. In effetti, quando, come da noi, al giudice di appello si riconosce il potere di decidere della sostanza della causa, l'appello non si presenta tanto come uno strumento per realizzare il doppio grado di giurisdizione, quanto piuttosto come un modo di assicurare la continuazione del primo completandolo. In cui, cioè, il vero giudizio diventa quello di appello; a parte i casi in cui — di fatto — non sia addirittura costituito dalla decisione della Corte di Cassazione.

4. In ogni caso, va segnalato il c.d. *collateral attack*, termine col quale si allude negli S.U. a forme di impugnazione collaterali della sentenza al di fuori dei mezzi ordinari, elaborate sulla base di provvedimenti previsti originariamente dalla *common law*, come i *writs of error coram nobis*, *of coram vobis* o, in materia penale, di *habeas corpus* al punto di risultare irriconoscibili nel sistema inglese da cui provengono. I *writs of error coram nobis* e *of error coram vobis*, sono stati aboliti, ma trovano ora la loro disciplina nella R. 60(b) delle *Federal Rules of Civil Procedure*. Il *collateral attack*, che non costituisce un appello, si propone davanti *alla stessa corte* che ha emesso la sentenza di cui si chiede l'annullamento, più spesso per incompetenza, errore di fatto e frode. In effetti, proprio la possibilità del *collateral attack*, espediente ignoto alla *civil law*, costituisce una delle ragioni principali della *fragilità* del giudicato di *common law*, in un sistema in cui la nullità del giudicato può essere pronunciata in un successivo giudizio anche senza l'intervento delle parti al primo giudizio. Si noti che il concetto di cosa giudicata, oltre che dall'ambiguo termine *res iudicata*, è reso anche da altre espressioni quali *estoppel by record* o *by judgment*, *final judgment*, etc.

5. Il notevole sviluppo dell'arbitrato, specie negli S.U., comporta non agevoli problemi attinenti agli effetti preclusivi della decisione arbitrale in una controversia derivante da questioni risolte in un precedente arbitrato. In base alla c.d. *doctrine of res judicata*, nota anche come *claim preclusion*, la sentenza definitiva sul merito di un'azione preclude alle parti o agli interessati (*privies*) di rilitigare questioni che sono state o che avrebbero potuto essere sollevate in quell'azione. Il c.d. *collateral estoppel*, definito anche *issue preclusion*, si applica ad un'azione successiva tra le stesse parti ma fondata su una diversa *causa petendi* (*cause of action*). Una volta che il giudice abbia deciso una questione di fatto o di diritto necessaria alla decisione del caso, quella decisione può precludere il riesame della questione in un'azione basata su una diversa *causa petendi* che interessi una delle parti coinvolta nel primo giudizio. Queste dottrine sono state sviluppate dalla *common law* allo scopo di sollevare le parti dalle spese delle transazioni collegate con cause multiple (*multiple lawsuits*) e anche per mettere fine alla lite. In ogni caso, sembra ormai pacifico che le dottrine della *res iudicata* e del *collateral estoppel* si applicano anche al lodo arbitrale. La s. 84 del *Restatement (second) of Judgment* stabilisce, tra l'altro, « a valid and final award by arbitration has the same effects under the rules of res judicata, subject to the same exceptions and qualifications, as a judgment of a court ».

6. La materia non ha subito nella *common law* una elaborazione paragonabile ai filosofemi elaborati nella *civil law*; comunque, sembra potersi dire che l'autorità del giudicato si ha esclusivamente sul merito della causa, e non si estende alle decisioni in materia di giurisdizione e di competenza, e che è consentito, sembra, di rinunciare agli effetti della cosa giudicata.

7. In materia penale, l'effetto del giudicato è costituito dal divieto della *double jeopardy*, che stabilisce l'inimpugnabilità della sentenza da parte dell'accusa (non dell'imputato), ossia di procedere di nuovo per lo stesso reato contro l'imputato condannato o prosciolto in primo grado. Il divieto, tipico del diritto inglese, costitui-

sce un principio costituzionale negli S.U. La sentenza penale non costituisce *res iudicata* relativamente al risarcimento del danno derivante dagli stessi fatti; non è ammessa l'azione civile nel giudizio penale per il danno derivante dal reato (APPELLO; ARBITRATO; CON PREGIUDIZIO; DECISIONE; DOPPIO GRADO DI GIURISDIZIONE; ESECUZIONE FORZATA DELLA SENTENZA CIVILE; INAPPELLABILITÀ DELLA SENTENZA; PASSAGGIO IN GIUDICATO DELLA SENTENZA; PRESUNZIONE DI INNOCENZA; *REFORMATIO IN PEIUS*; SENTENZA). [vol. I: APPEAL; COLLATERAL ATTACK; DOUBLE JEOPARDY; ESTOPPEL; FINAL JUDGMENT; JUDGMENT; RES IUDICATA]

Bibl.:

Damaska 1986, trad. it.: 246.
Hazard e Taruffo 1993: 221, 224.
Karlen 1967: 217
Wright 1967, ed. 1976: 57.

– **immateriale.** (BENI IMMATERIALI)

– **immobile.** (BENI IMMOBILI)

– **inconsumabile.** (BENI DUREVOLI)

– **incorporale.** (BENI IMMATERIALI)

– **indivisibile.** Indivisible thing, o property (DIVISIBILE).

– **infungibili.** (BENE INFUNGIBILE)

– **materiale.** (BENE MATERIALE)

– **mobile.** (BENI MOBILI)

– **mobile registrato.** (BENE MOBILE REGISTRATO)

– **Nostra.** Racketeering organization (ASSOCIAZIONE PER DELINQUERE).

– **oggetto del contratto.** Contract goods (CONTRATTO).

– **pignorate** o **sequestrate.** Seized, attached, property (SOTTRAZIONE DI COSE PIGNORATE o SEQUESTRATE).

– **rubate.** Stolen goods (RESTITUZIONE DI COSE RUBATE).

– **rubate e abbandonate.** Waif (BENI ABBANDONATI; COSE ABBANDONATE; *RES NULLIUS*). [vol. I: *ad vocem*]

– **smarrita.** (OGGETTI SMARRITI)

– **tangibile.** (BENE TANGIBILE)

Coscientemente e intenzionalmente in genere. Knowingly and wilfully (COLPA GRAVE; DOLO; PREMEDITAZIONE). [vol. I: WILFUL; WILFUL MISCONDUCT]

Coscienza in genere. Conscience. La coscienza costituisce, storicamente, il parametro delle corti di *equity*, dette, per questo, anche *courts of conscience*. Un contratto o accordo (*bargain*) a condizioni inique è detto *against conscience,* o *unconscionable* (EQUITÀ; OBIETTORE DI COSCIENZA; PRIGIONIERO DI COSCIENZA; SCIENZA; SCRUPOLO DI COSCIENZA).

Coscrizione militare obbligatoria. Military draft; conscription, compulsory conscription, draft; ma si noti che in Gran Bretagna il servizio militare in tempo di pace è volontario. Negli S.U. esso è stato abolito nel 1972; ma, ai fini di una possibile chiamata alle armi (*call up*), i diciottenni sono tenuti ad iscriversi in un apposito registro (CHIAMATA ALLE ARMI; CORTE MARZIALE; DISERZIONE; DISOBBEDIENZA CIVILE; ESERCITO; GIUSTIZIA MILITARE; OBIEZIONE DI COSCIENZA; RECLUTAMENTO; RENITENTE ALLA LEVA; SERVIZIO MILITARE; UFFICIALE DI NOMINA REGIA o STATALE MUNITO DI BREVETTO; VOLONTARIO). [vol. I: NATIONAL SERVICE]

Bibl.:

Bova, S., *Forze armate,* in *Dizionario di Politica* 1976, ed. 1983: 444, at 447, 449.
Pasquino, G., *Militarismo*, in *Dizionario di Politica* 1976, ed. 1983: 645.

Cospirazione in genere. Conspiracy, plot; ma questo termine si presta ad equivoci: *conspiracy* indica più spesso un concetto analogo a, ma che non coincide necessariamente con, quello di associazione per delinquere. La cospirazione politica è detta più spesso *treason,* o *sedition*. Nel sistema inglese, entrambe costituiscono un reato contro la *Crown,* ma il secondo è meno grave del primo (ALTO TRADIMENTO; ASSOCIAZIONE PER DELINQUERE; COLPO DI STATO; COMPLOTTO CONTRO LO STATO; REATI ASSOCIATIVI; SEDIZIONE). [vol. I: CONSPIRACY; SEDITION; TREASON]

Bibl.:

Bonazzi, T., *Maccartismo,* in *Dizionario di Politica* 1976, ed. 1983: 622.
Bongiovanni, R., *Giacobinismo*, in *Dizionario di Politica* 1976, ed. 1983: 467, at 468.

– **politica mediante associazione.** Seditious conspiracy (SEDIZIONE).

Costa del mare. Sea cost (COSTIERO; MARE TERRITORIALE; STATO INTERCLUSO).

Costiero. Coastal (CABOTAGGIO; COSTA DEL MARE; GUARDIA COSTE; TRAFFICO DI CABOTAGGIO). [vol. I: COASTAL SHIPPING; COASTAL STATE; COASTAL TRADE; COASTING TRADE; COASTLINE; OFFSHORE; TERRITORIAL SEA]

Costituente in genere. Constituent (ASSEMBLEA COSTITUENTE; COSTITUTIVO).

– **del pegno.** Pledgor (PEGNO).

Costitutivo in genere. Constituent (COSTITUENTE). [vol. I: CONSTITUENT AGREEMENT; CONSTITUENT INSTRUMENT; CONSTITUENT STATUTE]

Costituto possessorio. Non esiste un equivalente esatto di questo istituto di *civil law*; ma l'antico *lease and release* ne costituisce, grosso modo, un analogo (CONSEGNA; POSSESSO). [vol. I: ATTORNMENT; CIVIL PROCEDURE; CONVEYANCE; LEASE AND RELEASE]

Costituzionale. Constitutional (CORTE COSTITUZIONALE; COSTITUZIONE; DIRITTO (I) COSTITUZIONALE; DIRITTO (II) COSTITUZIONALE; INCOSTITUZIONALE).

Costituzionalismo. Constitutionalism. La maggiore corrente di pensiero politico nel XVIII secolo include pensatori come Hobbes, Locke, Montesquieu e i founding fathers della costituzione degli S.U. (COSTITUZIONALITÀ; COSTITUZIONE; FEDERALISMO; PLURALISMO; SEPARAZIONE DEI POTERI; SOVRANITÀ POPOLARE; STATO ASSOLUTO; STATO DI DIRITTO; SUPREMAZIA DELLA LEGGE).

Bibl.:

Matteucci, N., *Costituzionalismo*, in *Dizionario di Politica* 1976, ed. 1983: 270.

Costituzionalità. Constitutionality (CONTROLLO GIURISDIZIONALE DI COSTITUZIONALITÀ; COSTITUZIONALE; COSTITUZIONALISMO; COSTITUZIONE POLITICA; INCOSTITUZIONALE).

Costituzione in genere. Constitution, foundation, creation; riferito alla costituzione politica si parla anche di *organic law* nel senso di *Grundgesetz* (ASSEMBLEA COSTITUENTE; CONGRESSO DEGLI S.U.; COSTRUZIONE; GARANZIA COSTITUZIONALE; PADRI FONDATORI; PARLAMENTO; PRINCÌPI GENERALI DI DIRITTO; RIFORMA COSTITUZIONALE). [vol. I: CONSTITUTION]

– **di dote.** Grosso modo, making of a marriage settlement. Ma non v'è equivalenza esatta; del resto, l'art. 166bis del nostro codice civile fa ora divieto della costituzione di dote (CONVENZIONI MATRIMONIALI; DOTE). [vol. I: DOWRY; MARRIAGE SETTLEMENT]

– **di parte civile.** Grosso modo, civil action in a criminal proceeding; ma non è ammessa (AZIONE (I) CIVILE NEL PROCESSO PENALE; PARTE CIVILE; PROCESSO GIURISDIZIONALE).

– **di società.** Formation, creation, of partnership, incorporation of company, of corporation (SOCIETÀ (II) QUALE SOGGETTO COLLETTIVO). [vol. I: COMPANY: VIII; FLOATATION OF COMPANY; INCORPORATION; PARTNERSHIP]

– **di società mediante pubblica sottoscrizione.** Floatation of company; questa espressione è impiegata in Inghilterra. [vol. I: FLOATATION OF COMPANY]

– **di una rendita.** Grant of an annuity; quando è costituita con testamento, dà luogo a una forma di *legacy* [vol. I: ANNUITY]. Quando è costituita *inter vivos,* può rientrare nello schema della donazione (*gift*) (DONAZIONE; RENDITA). [vol. I: CONSIDERATION]

– **in giudizio con riserva** o **per eccepire l'improcedibilità della domanda.** Conditional appearance, appearance under protest, o special appearance (GIURISDIZIONE; IMPROCEDIBILITÀ DELLA DOMANDA). [vol. I: ACTION IN REM; FORUM NON CONVENIENS; JURISDICTION; STAY]

– **in giudizio del convenuto.** Entry of appearance (COMPARIZIONE IN GIUDIZIO; CONVENUTO; INTERESSI DIFFUSI; RINUNZIA ALLA COSTITUZIONE IN GIUDIZIO). [vol. I: ACTION; APPEARANCE; CIVIL PROCEDURE; CLASS ACTION]

– **politica in genere.** Constitution.

1. La più suggestiva e, sul piano letterario, la più bella, perché i padri fondatori, per loro e nostra fortuna, non erano dei professori tedeschi, ma erano, oltre che geniali pensatori politici, anche grandi letterati di lingua e di cultura inglese; la più integra (appena 26 emendamenti in 200 anni): si tratta della costituzione degli Stati Uniti d'America che, tra i mille princìpi che enuncia, introduce anche quello della *costituzione rigida.* Con questo atto comincia la storia delle costituzioni moderne. Molte sono le ascendenze ideologiche di un testo che appare il culmine, forse insuperabile, del pensiero politico liberaldemocratico dell'Occidente; del resto, basta rileggere le pagine del *Federalist* e, in particolare, i contributi di James Madison per rendersi conto del debito che i padri fondatori avevano verso il pensiero francese. Ma la costituzione degli Stati Uniti d'America trova prevalentemente nel costituzionalismo inglese e nella *Englishness* la sua origine storica; la stessa formulazione tecnica del testo e il suo notevole valore letterario rivelano, com'è naturale, la cultura inglese, oltre

che giuridica, letteraria, dei padri fondatori. Con che non si nega in alcun modo la loro genialità politica che rifulge in particolare nel *federalismo*, contributo originale fondamentale al pensiero politico moderno. Paese delle etnie, è attorno ai valori della costituzione che si riconosce il popolo americano. Negli S.U. — accanto alla costituzione federale — vi è quella di ogni singolo stato dell'Unione (DICHIARAZIONE DEI DIRITTI).

2. Ancora più antica — ma non scritta — è la costituzione britannica, ossia del primo stato nazionale moderno, di cui quella nordamericana si può considerare in qualche modo erede e figlia. Fondamentali nell'ordinamento britannico — e sostanzialmente prive di equivalenza — sono le *conventions of the constitution*, descritte opportunamente come *non-legal rules* in quanto cioè appartenenti all'extragiuridico (*infra,* COSTITUZIONE FLESSIBILE; COSTITUZIONE MATERIALE; COSTITUZIONE RIGIDA; AUTOGOVERNO; CAMERA DEI DEPUTATI; CHIESA; CLAUSOLA COSTITUZIONALE DI SUPREMAZIA NEGLI S.U.; CONTROLLO GIURISDIZIONALE DI COSTITUZIONALITÀ; DICHIARAZIONE DEI DIRITTI; DIRITTI (II) COSTITUZIONALI; DIRITTO (I) COSTITUZIONALE; DIRITTO(I) FEDERALE NEGLI S.U.; DIRITTO (I) INTERNAZIONALE; ELEZIONI POLITICHE; EQUILIBRIO COSTITUZIONALE; FEDERALISMO; GABINETTO; GIUSTIZIA; GOVERNO PARLAMENTARE; GOVERNO PRESIDENZIALE; GUERRA CIVILE; IMPOSTE; LEGGE COSTITUZIONALE; LEGGE ISTITUTIVA; LIBERTÀ; MAGISTRATURA; MONARCHIA; NORMA COSTITUZIONALE PRECETTIVA-PROGRAMMATICA; PARLAMENTO; PARTITI POLITICI; POTERE; QUESTIONE FEDERALE; REPUBBLICA; RIVOLUZIONE; SINDACATO; SOVRANITÀ; STATO; STATO DI DIRITTO; SUPREMAZIA DEL DIRITTO FEDERALE NEGLI S.U.; TUTELA DEI DIRITTI). [vol. I: INTRODUZIONE: III. 1, 12, 36; CONSTITUTION; CONVENTIONS OF THE CONSTITUTION; JUDICIAL REVIEW; PARLIAMENT; RULE OF LAW; SUPREMACY OF PARLIAMENT]

Bibl.:

de Vergottini, G., *Costituzione*, in *Dizionario di Politica* 1976, ed. 1983: 282.

– **della Repubblica Italiana.** Constitution of the Republic of Italy: l'opera di Cappelletti, Merryman e Perillo contiene una traduzione in inglese del testo italiano [1965, ed. 1967: 281].

– **flessibile.** Flexible constitution (*infra*, COSTITUZIONE RIGIDA).

– **materiale.** Grosso modo, constitution in action, constitution as actually practised. Walter Bagehot, illustre costituzionalista inglese, distingue tra il *dignified* e l'*efficient use of power*; distinzione in qualche misura parallela a quella tra costituzione formale e costituzione materiale. Ma il termine sembra una delle tante trovate della politica nostrana (DIRITTO (I) DEI TESTI). [vol. I: INTRODUZIONE: III. 12; CONSTITUTION; LAW IN ACTION-LAW IN THE BOOKS]

– **non scritta.** Unwritten constitution.

– **rigida.** Rigid constitution; la prima costituzione scritta moderna — quella degli S.U. — è una costituzione rigida (*supra*, COSTITUZIONE POLITICA; COSTITUZIONE FLESSIBILE).

– **scritta.** Written constitution.

Costo. Cost, da non confondere con *costs*, che sono le spese processuali (CLAUSOLE INTERNAZIONALI DI CONSEGNA ATTINENTI ALLA DISCIPLINA DEI COSTI E DEI RISCHI DI TRASPORTO; DIVISIONE DEI COSTI; *INCOTERMS*; NOLO; PREZZO DI MERCATO; SPESE; TERMINI COMMERCIALI INTERNAZIONALI; UNITÀ DI COSTO; VENDITA SOTTO COSTO). [vol. I: COST; INCOTERMS; PRIME COST; SALE; TERMS OF SHIPMENT; TERMS OF TRADE]

– **al dettaglio.** Retail cost (CONSUMATORE; DETTAGLIO). [vol. I: RETAIL]

– **, assicurazione e nolo.** Cost, insurance and freight, o CIF. [vol. I: CARRIAGE; COST, INSURANCE AND FREIGHT; INCOTERMS]

– **, assicurazione, nolo, commissione e interesse.** Cost, insurance, freight, commission and interest, o CIFCI (*supra*, COSTO, ASSICURAZIONE E NOLO). [vol. I: COST, INSURANCE, FREIGHT, COMMISSION AND INTEREST; INCOTERMS]

– **, assicurazione, nolo e cambio.** Cost, insurance, freight and exchange, o CIFE (*supra*, COSTO ASSICURAZIONE E NOLO). [vol. I: COST, INSURANCE, FREIGHT AND EXCHANGE; INCOTERMS]

– **della vita.** Cost of living (INDICIZZAZIONE DEL COSTO DELLA VITA).

– **di esercizio di un'azienda.** Operating expenses of a business (ESERCIZIO; SPESE).

– **e nolo.** Cost and freight o C&F (*supra*, COSTO, ASSICURAZIONE E NOLO). [vol. I: COST AND FREIGHT]

Costringimento fisico. Duress, coercion (COAZIONE; COERCIZIONE; ESECUZIONE; FORZA; MINACCIA; VIOLENZA). [vol. I: *ad vocem*; UNDUE INFLUENCE]

Costruttore in genere. Developer, builder, contractor (APPALTATORE; COSTRUZIONE).

Costruzione/i o **edificio.** Building; si noti che il termine *construction* si presta ad equivoci in quanto esso è riferito anche ad una forma di interpretazione (APPALTO DI COSTRUZIONE; CONTIGUO; CONTRATTO DI COSTRUZIONE; DISTANZE TRA LE COSTRUZIONI; EDIFICIO; IMMOBILE; INTERPRETAZIONE; LICENZA EDILIZIA; NAVE IN COSTRUZIONE; SUPERFICIE). [vol. I: *ad vocem*; BUILDING CONTRACT; BUILDING LEASE; BUILDING PLOT; BUILDING SOCIETIES; CONSTRUCTION; PLANNING; PREMISES; TOWN AND COUNTRY PLANNING ACTS]

– **di nave.** Shipbuilding (NAVE). [vol. I: SHIP]

– **in aderenza.** Adjoining building (MURO COMUNE). [vol. I: ABUTTALS; ADJOINING OWNERS; PARTY WALL; SUPPORT]

– **pubbliche.** Public housing.

Costume. Habit, practice, custom (CONDOTTA; CONSUETUDINE; MALCOSTUME).

Co-sussidiaria. (SOCIETÀ (II) CO-SUSSIDIARIA)

Cottimista. Piece-worker, jobber; ma è detto anche talvolta *independent contractor*, o contractor (APPALTATORE; CONTRATTO DI COTTIMO). [vol. I: TRUCK ACTS]

Cottimo. (CONTRATTO DI COTTIMO)

Countertrade. (SCAMBIO IN COMPENSAZIONE)

Coupon. (CUPONE)

Covo o **rifugio.** Safe-house, shelter (ASILO; FAVOREGGIAMENTO; RIFUGIO; SEQUESTRO DI PERSONA).

Creazione in genere. Creation. Il termine è riferito più spesso all'opera dell'ingegno (COSTITUZIONE; PROPRIETÀ INTELLETTUALE).

– **della persona giuridica.** Incorporation, creation of corporation (PERSONA GIURIDICA).

– **di servitù.** Creation of easement (SERVITÙ).

– **in collaborazione di opera dell'ingegno.** Joint authorship (DIRITTO (II) DI AUTORE; OPERA DELL'INGEGNO; PROPRIETÀ INTELLETTUALE; PROPRIETÀ LETTERARIA).

Credenziale/i in genere. Credential, testimonial (ATTESTATO; BENSERVITO; BUONA CONDOTTA; LETTERA DI GARANZIA; RACCOMANDAZIONE; REFERENZA; REPUTAZIONE). [vol. I: CREDENTIALS]

– **diplomatiche.** Diplomatic credentials (ACCREDITAMENTO DI UN AGENTE DIPLOMATICO; COMITATO PER LA VERIFICA DEI POTERI; DIPLOMATICO; *EXEQUATUR*; LETTERA CREDENZIALE). [vol. I: COMMITTEE ON CREDENTIALS; CONFERENCE; CREDENTIALS; FULL POWERS; TREATY]

Credibilità del testimone. (ATTENDIBILITÀ DEL TESTIMONE)

Credito/i in genere. Claim; il termine *credit* sembra più spesso riferito ad una somma di danaro determinata; avere un credito verso qualcuno è detto *have (to) a claim against someone* piuttosto che have (to) a credit against someone; in questo senso, il termine claim indica il diritto di credito inteso principalmente come diritto al pagamento. In effetti, negli S.U., il Bankruptcy Code tratta di *claims*, non di « creditors ». Il termine « claim » è definito nella s. 101(4); dal par. 101(4) A risulta che esso indica qualsiasi diritto al pagamento, che può essere, a seconda dei casi, *contingent, unliquidated, unmatured* e *undisputed*. Ma spesso per indicare il credito si usa anche il termine *debt*, ossia il suo correlativo. Il credito assistito da una garanzia, o da una causa di prelazione, è detto *secured credit*; quello chirografario è detto *unsecured credit*, la cessione di credito *assignment of credit* (o *of debt*); il pignoramento di crediti presso terzi è detto più spesso *third party attachment*. È definito *non recourse debt* quel tipo di credito, fatto più spesso in occasione della vendita di beni di consumo, in cui l'unica garanzia è costituita dal diritto del creditore di rientrare in possesso della merce venduta. Ma il debitore-acquirente non risponde del mancato pagamento con il suo patrimonio. Infine, il credito viene distinto in *lender credit* e *vendor credit* a seconda che tragga origine rispettivamente da un mutuo, ovvero dalla vendita a credito (CAUSE (I) LEGITTIME DI PRELAZIONE).

1. Com'è stato osservato in Amos e Walton: « The French are to be envied for the word *créance*, which enables them to distinguish more easily than we do between the creditor's right and the debtor's obligation. The correct English equivalent, 'chose in action', is neither elegant nor popular. The French have two pairs of terms for creditor and debtor — the more general words *créancier* and *débiteur*, and the terms *créditeur* and *crédité*, specially applicable when the *créance* arises from a loan or opening of credit » [1935, ed. 1967: 21, n. 1].

2. In virtù del diverso regime della *law of*

property, rientrano nella categoria dei beni anche i diritti. *Choses in action* (o *right in action*) costituisce una categoria che non ha corrispondenza nella *civil law*: essa non indica i beni oggetto del diritto, ma bensì qualsiasi diritto verso terzi che non comporti il possesso materiale, come quello derivante da *leaseholds, patents, copyrights, shares* e, in una parola, tutti quei diritti per la cui soddisfazione forzata è richiesta un'azione in giudizio. Le *choses in action* si distinguono dalle *choses in possession*.
3. Particolare importanza assume in questa materia la regola peculiare di *common law* che stabilisce la nullità dell'obbligazione assunta sulla base di un precedente obbligo morale che, come tale, costituisce una *past consideration* (CONTRATTO: III).
4. Si segnala nel sistema inglese, il Consumer Credit Act 1974, legge fondamentale che regola qualsiasi forma di credito al consumatore non eccedente le cinquemila sterline. L'Act in parola si applica a qualsiasi contratto che comporti un credito bancario, un finanziamento, un prestito, carte di credito, etc. Nelle società industriali mature come quella nordamericana, il credito assume una funzione economica fondamentale nell'economia del paese; esso pone il problema della tutela del credito al consumatore, che negli S.U. ha raggiunto il massimo sviluppo legislativo e giurisprudenziale. Anche qui, il confronto con il regime nostrano, che già contrasta in maniera plateale con la normativa comunitaria, è, a dir poco, umiliante. Il credito al consumatore comporta quasi invariabilmente un'operazione di finanziamento e un *security agreement*, ossia un accordo concernente la garanzia del credito. Rientra in questa assai diversa ottica il fallimento civile del non imprenditore, ossia del consumatore-debitore (ACCREDITAMENTO; ACQUISTO A CREDITO; ACQUISTO DI CREDITO DI IMPRESA; A CREDITO; AFFIDABILITÀ; AGENZIA DI INFORMAZIONI SULLA SOLVIBILITÀ; AGENZIA PER IL RECUPERO DI CREDITI; AMMISSIONE DI UN CREDITO AL PASSIVO DEL FALLIMENTO; APERTURA DI CREDITO BANCARIO; ASSICURAZIONE DEL CREDITO; BENE; BUONO DI DI ACQUISTO; CARTA COMMERCIALE; CARTA DI CREDITO; CAUSE (I) LEGITTIME DI PRELAZIONE; CESSIONE DI CREDITO; COMPENSAZIONE; CONDIZIONI DI CREDITO; CONSUMATORE; CONTANTE; CONTRATTO DI CREDITO; CONTRO CREDITO; COSA; CREDITORE; DEBITO; DEGNO DI CREDITO; DIRITTO (II) DI CREDITO; DISCREDITO; ESECUZIONE; ESTINZIONE DEL CREDITO; FACILITAZIONI CREDITIZIE; FALLIMENTO; FIDO BANCARIO; FINANZIAMENTO DEL CREDITO; GARANZIA; GARANZIA DEL CREDITO; GESTIONE DI CREDITI; INCASSO; INSINUAZIONE DI CREDITI AL PASSIVO; INTERESSI SUL CAPITALE; ISTITUTO DI CREDITO; LETTERA DI CREDITO; LETTERA DI *PATRONAGE*; LINEA DI CREDITO; MERITEVOLE DI CREDITO; MILLANTATO CREDITO; MONTE DI PIETÀ; MORA; MUTUO; NEGOZIAZIONE DI UN MUTUO; NOTA DI CREDITO; NOVAZIONE; OBBLIGAZIONE (I) *QUERABLE* o *PORTABLE*; ORDINE DI PREFERENZA DEI CREDITI; PAGAMENTO; PIGNORAMENTO DI CREDITI PRESSO TERZI; PRESCRIZIONE; PREZZO; PRIVILEGIO FLOTTANTE; PROMESSA DI PAGAMENTO; PROVA DEL CREDITO; RANGO DEL CREDITO; *RATING*; REALIZZO DI UN CREDITO; RECUPERO DI CREDITO; REGOLE SULLA PUBBLICITÀ DEL CREDITO; REMISSIONE DEL DEBITO; RIDUZIONE PROPORZIONALE DEL CREDITO; RINUNCIA AL CREDITO; SOCIETÀ (II) DI CREDITO AL CONSUMATORE; SOCIETÀ (II) DI CREDITO COMMERCIALE; SODDISFAZIONE DEL CREDITO; SOFFERENZA DI UN CREDITO; SOLVIBILITÀ; SURROGAZIONE; TITOLI DI CREDITO; TUTELA DEI DIRITTI; TUTELA DEL CONSUMATORE; USURA; VENDITA AL CONSUMATORE; VENDITA MEDIANTE APERTURA DI CREDITO; VERIFICA DEI CREDITI NEL FALLIMENTO). [vol. I: ACCELERATION CLAUSE; ACCOUNT; ASSIGNMENT; ATTACHMENT OF DEBTS; BANKRUPTCY; CHOSE; CLAIM; CONFIRMED CREDIT; CONSUMER CREDIT; CONTRACT: V; CREDIT; CREDITOR; DEBT; DOCUMENTARY CREDIT; EXECUTION; LIMITATION OF ACTIONS; MONEY; MUTUAL CREDITS; PAPER CREDIT; PAYMENT; PROPERTY; RETENTION OF TITLE; REVOLVING CREDIT; SECURED CREDIT; SECURITY; SET-OFF; TRACING; VOUCHER]

Bibl.:
Poletti, D., *Dalla lesione del credito alla responsabilità extracontrattuale da contratto* (1987) 1 CeI 124.

– **al consumatore.** Consumer credit, consumer loan. Materia sulla quale esiste una imponente normativa legislativa e giurisprudenziale a tutela del consumatore nel R.U. e, ancor più, negli S.U., che occupa intere biblioteche. Nel primo caso, il testo base è costituito dall'ormai famoso Consumer Credit Act 1974; nel secondo, dal Consumer Credit Protection Act detto popolarmente *Truth-in-Lending Act*, legge federale alla cui applicazione presiede la celebre *Federal Trade Commission*; la legislazione federale è integrata da quella esistente nei singoli stati dell'Unione (CAUSE (I) LEGITTIME DI PRELAZIONE; PAGAMENTO RATEALE; PEGNO; SOCIETÀ (II) DI CREDITO AL CONSUMATORE; USURA; VENDITA AL CONSUMATORE; VENDITA A RATE).

– **all'esportazione.** Export credit (ASSICURAZIONE DEL CREDITO ALL'ESPORTAZIONE; GARANZIA DEI CREDITI ALL'ESPORTAZIONE). [vol. I: EXPORT]

– **allo scoperto.** Open credit, uncovered credit, unsecured debt (*infra*, CREDITO ASSI-

STITO DA GARANZIA; SCOPERTO DI CONTO CORRENTE).

– **ammessi al passivo.** Proved credits (*infra*, CREDITO AMMISSIBILE AL PASSIVO DI UN FALLIMENTO; CREDITO INSINUABILE AL PASSIVO).

– **ammissibile al passivo di un fallimento.** Debt provable in bankruptcy, provable debt (AMMISSIONE DI UN CREDITO AL PASSIVO DEL FALLIMENTO; FALLIMENTO; INSINUAZIONE DI CREDITI AL PASSIVO DEL FALLIMENTO). [vol. I: BANKRUPTCY; DEBT; PROVE]

– **assistito da garanzia.** Secured credit (*supra*, CREDITO ALLO SCOPERTO; GARANZIA). [vol. I: *ad vocem*; PREFERENTIAL PAYMENTS]

– **bancario.** Bank credit (CONTO CORRENTE BANCARIO).

– **cartolare.** (*infra*, CREDITO DOCUMENTARIO)

– **chirografari.** Unsecured debts, book debts, general debts, unsecured claims; sono detti anche *debts ranking equally between them in preferential payments* (*supra,* CREDITO IN GENERE; *infra*, CREDITO GARANTITO; CREDITO PRIVILEGIATO; CREDITO RISULTANTE DAI LIBRI CONTABILI; FALLIMENTO; GARANZIA). [vol. I: MARSHALLING; PARI PASSU; PREFERENCE; PREFERENTIAL PAYMENTS; PRIORITY; SECURED CREDIT; SECURITY]

– **commerciale in genere.** Commercial credit (SOCIETÀ (II) DI CREDITO COMMERCIALE).

– **congelati.** (*infra,* CREDITI SEQUESTRATI)

– **congiunti.** Joint debts (CREDITORE SOLIDALE). [vol. I: JOINT ACCOUNT]

– **contestato.** Disputed, o litigious, claim o credit. Il credito non contestato è detto *undisputed,* o *non-litigious claim (*o *credit)* (*infra*, CREDITO LITIGIOSO; DIRITTO (II) CONTROVERSO). [vol. I: DISPUTED CLAIM]

– **controverso.** (*supra*, CREDITO CONTESTATO)

– **dello Stato.** Governmental claim o, anche, state debt e nel sistema inglese, Crown debt (PRIVILEGIO DELLO STATO). [vol. I: CROWN DEBT]

– **documentario.** Documentary credit, paper credit (ACCETTAZIONE CONTRO DOCUMENTI; PAGAMENTO CONTRO DOCUMENTI; SURROGAZIONE). [vol. I: DOCUMENTARY CREDIT; NEGOTIABLE INSTRUMENT]

– **esigibile.** Recoverable, o good, debt (*infra*, CREDITO IRRECUPERABILE). [vol. I: DEBT; DUE]

– **federale negli S.U.** Federal claim.

– **garantito.** Secured debt, secured credit (*supra*, CREDITO CHIROGRAFARIO).

– **immobiliare.** Grosso modo, loan on mortgage (ASSOCIAZIONE MUTUA DI CREDITO IMMOBILIARE; DISCRIMINAZIONE; SOCIETÀ (II) DI CREDITO IMMOBILIARE).

– **inesigibile.** (*infra*, CREDITO IRRECUPERABILE)

– **insinuabile al passivo.** Credit provable in bankruptcy (*supra*, CREDITI AMMESSI AL PASSIVO; FALLIMENTO; INSINUAZIONE DI CREDITI AL PASSIVO DEL FALLIMENTO).

– **in via di regresso.** Recourse claim (REGRESSO).

– **ipotecario.** Grosso modo, mortgage credit (ASSOCIAZIONE MUTUA DI CREDITO IMMOBILIARE; IPOTECA).

– **irrecuperabile.** Irrecoverable debt, bad debt, desperate debt, uncollectable debt (*supra*, CREDITO ESIGIBILE; AGENZIA DI INFORMAZIONI SULLA SOLVIBILITÀ; DEBITO DI GIOCO; MORA).

– **irrevocabile.** Irrevocable credit (IRREVOCABILE).

– **liquido.** Ascertained debt (LIQUIDAZIONE).

– **liquido ed esigibile.** Liquidated claim (LIQUIDAZIONE).

– **litigioso.** Disputed credit (*supra*, CREDITO CONTESTATO; PATTO DI QUOTA LITE).

– **marittimo.** Maritime claim (LIMITAZIONE DELLA RESPONSABILITÀ DELL'ARMATORE). [vol. I: MARITIME CLAIM]

– **maturato.** Matured claim (DEBITO SCADUTO; MORA).

– **non fatto valere.** Dormant claim (PRESCRIZIONE). [vol. I: LIMITATION OF ACTIONS]

– **non garantito.** General credit, unsecured debt (*supra*, CREDITO GARANTITO).

– **ordinario.** Banker's credit, bankers' commercial credit.

– **pagato con preferenza.** Debt paid in priority to others (*infra*, CREDITO PRIVILEGIATO; PRIVILEGIO). [vol. I: PREFERENTIAL PAYMENTS; PRIORITY]

– **precedente.** Antecedent debt (CREDITORE PRECEDENTE).

– **preferenziale.** (*infra*, CREDITO PRIVILEGIATO)

– **prescritto.** Statute barred debt, claim, o

credit (PRESCRIZIONE; REVIVISCENZA DEL DEBITO PRESCRITTO). [vol. I: LIMITATION OF ACTIONS]

– **privilegiato.** Privileged debt, preferred debt, secured debt, preferential claim, o debt, debt having priority over other claims. Ma si parla anche di *senior debt*, o *senior security interest* per indicare la preferenza rispetto ai crediti o ai pagamenti che prendono grado o sono pagati successivamente (*supra*, CREDITI CHIROGRAFARI; FALLIMENTO; GARANZIA DEL CREDITO; PRIVILEGIO). [vol. I: LIEN; PREFERENCE; PREFERENTIAL PAYMENTS; PRIORITY; SECURITY; SENIOR INTEREST; SENIOR LIEN; WAGE]

– **reciproci.** Mutual credits (CONTO CORRENTE). [vol. I: *ad vocem*]

– **revocabile.** Revocable credit (REVOCABILE).

– **risultante dai libri contabili.** Book debt (*supra*, CREDITI CHIROGRAFARI; CONTABILITÀ; LIBRI CONTABILI). [vol. I: *ad vocem*]

– **scoperto.** Overdraft, open credit, overdrawn account (MORA; SCOPERTO DI CONTO CORRENTE BANCARIO).

– **sequestrati.** Frozen credits, frozen assets (ATTIVITÀ CONGELATE).

– **simulato.** Fraudulent debt, fraudulent credit. [vol. I: FRAUDULENT CREDITOR; FRAUDULENT DEBTOR]

– **sottoposto a condizione** o **termine.** Contingent claim, contingent debt (CONDIZIONE). [vol. I: *ad vocem*; CONTINGENGY]

Creditore/i. Creditor; detto anche *obligee*, *promisee* (nel *simple contract*) o *covenantee* nel *covenant*; nel *mortgage* è detto *mortgagee*. Ma spesso il creditore viene definito in base all'atto o al titolo da cui deriva il suo diritto. Così, si parla di *simple contract creditor, specialty creditor, judgment creditor*, etc. per indicare, rispettivamente, il creditore che deriva il suo diritto da un *simple contract,* da uno *specialty contract*, o da una sentenza. Il creditore è spesso detto anche *claimant.* Nel concorso di più creditori, si distingue tra *senior* e *junior creditors*: i primi hanno diritto ad essere soddisfatti con precedenza rispetto ai secondi. In effetti, negli S.U., il Bankruptcy Code tratta di *claims*, non di « creditors ». Il termine « claim » è definito nella s. 101 (4); dal par. 101 (4)A risulta che esso indica qualsiasi diritto al pagamento, che può essere, a seconda dei casi, *contingent, unliquidated, unmatured* e *undisputed* (ALIENAZIONE IN FRODE DEI CREDITORI; ASSEMBLEA DEI CREDITORI; ATTO IN FRODE DEI CREDITORI; AVENTE DIRITTO; CAUSE (I) LEGITTIME DI PRELAZIONE; CHIROGRAFARIO; COMITATO DEI CREDITORI; CONCORDATO; CONCORSO DEI CREDITORI; CREDITO; DEBITORE; DONAZIONE IN FRODE AI CREDITORI; FALLIMENTO; *FIDUCIA CUM CREDITORE*; GARANZIA GENERICA DEL CREDITORE; MASSA DEI CREDITORI; MUTUANTE; PRIORITÀ NEL PAGAMENTO; PRIVILEGIO; RECLAMANTE; RIUNIONE DEI CREDITORI; VENDITA IN FRODE DEI CREDITORI; TUTELA DEL CREDITORE). [vol. I: ASSIGNEE; CLAIMANT; COVENANT; CREDITOR; FICTITIOUS PAYEE; JUDGEMENT CREDITOR; OBLIGEE; PROMISEE; SECURITY; SIMPLE CONTRACT; SPECIALTY CONTRACT]

– **avente una causa di prelazione.** Secured creditor, creditor having priority, creditor having a security interest (CAUSE (I) LEGITTIME DI PRELAZIONE; CREDITO GARANTITO; GARANZIA; PRELAZIONE).

– **chirografario.** Unsecured creditor, general creditor, o book creditor (CREDITO CHIROGRAFARIO). [vol. I: SECURITY]

– **concorrenti.** Competing creditors. Nel concorso di più creditori, si distingue tra *senior* e *junior creditors*: i primi hanno diritto ad essere soddisfatti con precedenza rispetto ai secondi (CAUSE (I) LEGITTIME DI PRELAZIONE; FALLIMENTO; POSTERGAZIONE DEL CREDITO; PREFERENZA TRA CREDITORI; PRELAZIONE; PRIORITÀ; PRIVILEGIO; SUBORDINAZIONE DI UN CREDITO A UN ALTRO).

– **di buona fede.** Bona fide claimant (BUONA FEDE). [vol. I: *ad vocem*; CLAIM; CLAIMANT]

– **dissenziente.** Dissenting creditor (AZIONISTA DISSENZIENTE). [vol. I: BANKRUPTCY]

– **diversi.** Sundry creditors (CREDITORE).

– **esecutante** o **espropriante.** Execution creditor, levying creditor, attaching creditor (*infra,* CREDITORE PIGNORANTE; ESECUZIONE FORZATA DELLA SENTENZA CIVILE).

– **fittizio nella cambiale.** Fictitious payee (*infra*, CREDITORE SIMULATO). [vol. I: *ad vocem*]

– **garantito.** Secured creditor; ma si parla anche di *bond creditor* quando il credito è assistito da una fideiussione o cauzione (CAUZIONE; CREDITO GARANTITO; FIDEIUSSIONE; GARANZIA). [vol. I: CREDITOR; SECURITY]

– **insoddisfatto.** Unsatisfied creditor, unpaid creditor (*infra*, CREDITORE SODDISFATTO; CREDITO IRRECUPERABILE; FALLIMENTO; MORA).

– **internazionale.** International creditor (*infra*, CREDITORE INTERNO).

– **interno.** Home creditor (*infra*, CREDITORE STRANIERO).

– **ipotecario.** Grosso modo, mortgagee; ma il termine *mortgagee creditor* indica anche il creditore privilegiato (DEBITORE IPOTECARIO; IPOTECA; PRIVILEGIO). [vol. I: *ad vocem*]

– **istante.** Petitioning creditor (FALLIMENTO). [vol. I: BANKRUPTCY]

– **istituzionale.** Institutional creditor (BANCA; INVESTITORE ISTITUZIONALE).

– **non privilegiato.** General creditor, unsecured o, unprivileged, creditor (*supra*, CREDITORE CHIROGRAFARIO; *infra*, CREDITORE PRIVILEGIATO).

– **pignorante.** Attaching creditor, o execution creditor (*supra,* CREDITORE ESECUTANTE; ESECUZIONE FORZATA DELLA SENTENZA CIVILE; PIGNORAMENTO). [vol. I: ATTACHMENT; CREDIT; CREDITOR; EXECUTION]

– **pignoratizio.** Pawnee o pledgee (DEBITORE PIGNORATIZIO; DEPOSITARIO; PEGNO). [vol. I: PAWN]

– **precedente.** Antecedent creditor (*infra*, CREDITORE PRIVILEGIATO; CREDITO PRECEDENTE).

– **privilegiato.** Lien creditor, secured, preferred, preferential creditor. Ma si parla anche di *mortgagee creditor* per indicare, oltre che il creditore ipotecario, il creditore privilegiato in genere (*supra*, CREDITORE CHIROGRAFARIO; CREDITORE NON PRIVILEGIATO; CREDITO PRIVILEGIATO; IPOTECA; PRIVILEGIO). [vol. I: CREDITOR; SECURED CREDITOR]

– **pubblico.** Governmental creditor (CREDITO DELLO STATO).

– **simulato.** Fraudulent creditor (*supra*, CREDITORE FITTIZIO NELLA CAMBIALE; FALLIMENTO). [vol. I: *ad vocem*]

– **soddisfatto.** Satisfied creditor (*supra*, CREDITORE INSODDISFATTO).

– **solidale.** Joint and several creditor; ma si notino le numerose radicali differenze esistenti in tema di solidarietà tra le due tradizioni giuridiche (OBBLIGAZIONE (I) SOLIDALE; SOLIDARIETÀ). [vol. I: CREDITOR; JOINT: 2]

– **straniero.** Foreign creditor (*supra*, CREDITORE INTERNO).

Credulità popolare. (ABUSO DELLA CREDULITÀ POPOLARE)

Criminale. Come aggettivo è detto penal o criminal; come sostantivo *criminal*; ma l'autore di un reato è detto più spesso *offender* (CRIMINE; DETENUTO; IMPUTATO). [vol. I: *criminal*; DEFENDANT; OFFENDER]

– **di guerra.** War criminal (GUERRA). [vol. I: NUREMBERG TRIALS]

Criminalista. Penologist (CRIMINALE; DIRITTO (I) PENALE).

Criminalità in genere. Crime; la criminalità nel senso di malavita è definita di solito *underworld*, *mob* (CRIMINALE; CRIMINE).

– **organizzata in genere.** Organized crime, racket; ma si parla anche, genericamente, tra l'altro, di *cartel*, come ad es., *drug cartel*, e di *global racket* quando si vuole indicare la criminalità organizzata internazionale.
1. La distinzione tra organizzazione criminale e organizzazione terroristica non è accolta da tutti i paesi: negli S.U. alle organizzazioni terroristiche si applicano le regole relative alla criminalità organizzata comune prevista dalle *RICO laws*, ossia dalle leggi che si richiamano al Racketeer Influenced and Corrupt Organizations Act (REATI ASSOCIATIVI; TERRORISMO).
2. Nella redazione dei capi di imputazione nei processi di Norimberga, il Tribunale si pose la questione se un determinato partito politico, nella specie il partito nazionalsocialista, o determinate formazioni di esso, come le SS, potessero essere considerate, nel loro insieme, organizzazioni criminali, e come tali i suoi membri processati. In vista delle dimensioni bibliche che un processo del genere avrebbe assunto, si ripiegò sulla decisione di processare determinati individui [Tusa and Tusa 1983, ed. 1984: 92, 433, *passim*]. Un problema analogo, anche se non in termini processuali, si sarebbe posto all'indomani del crollo dei regimi comunisti: in Cekoslovakia il partito comunista veniva dichiarato un'associazione illegale, e in Russia sembra che vi sia stato un orientamento diretto a dichiarare il Pcus organizzazione criminale.
3. In un contesto meno truculento di quello nazi-comunista, ma di non minore generale corrompimento politico, economico e morale, si inquadra lo scioglimento del parlamento italiano avvenuto nel 1994, del consiglio comunale di Napoli nel 1993 e di tantissimi altri nel nostro paese, ormai, come si dice in odore di mafia. In effetti, anche qui la dottrina costituzionalista italiana, pur così prolifica, evita (*et pour cause!*) i temi più dolenti ri-

fugiandosi in un mondo silvo-pastorale o in elucubrazioni, per così dire, alla *don Ferrante*, che rifuggono da una realtà con la quale non pochi dei suoi più noti rappresentanti si sono troppo spesso confusi.
4. Ma, per ritornare al nostro tema, la domanda è se, e a quali condizioni — in un regime democratico — un partito politico, un sindacato (sic!), una giunta comunale o regionale, una qualsiasi associazione pubblica o privata che formalmente perseguono fini legittimi possano essere dichiarate organizzazioni o associazioni illegali e come tale sciolte. Insomma, se in un regime *consociativo* qualsiasi forma di raggruppamento non sia *inevitabilmente destinata a divenire un'associazione per delinquere.* In questo senso — tenendo conto delle illazioni, implicazioni e risultanze della c.d. operazione Mani Pulite — se, oltre che a contestare il vincolo associativo tra i partecipanti diretti, almeno al livello locale, i partiti non possano essere dichiarati delle associazioni illegali, o per delinquere e quindi sciolti dal magistrato, senza con questo coinvolgere i soci in buona fede.
5. L'esperienza nordamericana ha dimostrato che il processo penale accusatorio può benissimo, come negli S.U., coesistere con una lotta efficace alla criminalità organizzata, come risulta dai grandi successi conseguiti in quel paese (di contro al sostanziale fallimento dell'azione nostrana). Il povero Giovanni Falcone ha troppe volte e inutilmente rilevato questa semplice verità. Peraltro, quando, come in Italia, ad essere organizzata è la *criminalità politica* (spesso di governo e di opposizione), il tipo di processo, accusatorio o inquisitorio, diviene irrilevante: si pone la necessità di una risposta politica che spezzi i *meccanismi giuridici* e di potere che, al di là delle persone, ne consentono la nascita e il perpetuarsi (ABITUALITÀ; ANTIMAFIA; BANDA ARMATA; BUSTARELLA; CASELLARIO GIUDIZIALE; CERTIFICATO ANTIMAFIA; CONNESSIONE; CORRUZIONE; CUSTODIA CAUTELARE; DISSOCIATO; DROGA; ECONOMIA NERA; ELUSIONE FISCALE; ESTORSIONE; EVASIONE FISCALE; GIURIA; INFORMATORE; LOTTIZZAZIONE; MAFIA; MAXI-PROCESSO; N'DRANGHETA; PARTITI POLITICI; PARTITOCRAZIA; PENTITO; RAPINA; REATI ASSOCIATIVI; REVISIONE CONTABILE; RICICLAGGIO DI DENARO SPORCO; SEPARAZIONE DEI PROCEDIMENTI; SEQUESTRO DI PERSONA; SOGGIORNO OBBLIGATO; SOVRANITÀ; TANGENTE; TASSO DI CRIMINALITÀ). [vol. I: MAFIA; NUREMBERG TRIALS]

Bibl.:
Ambrosoli, M., *Brigantaggio*, in *Dizionario di Politica* 1976, ed. 1983: 120.

– **urbana.** Urban crime, inner city crime (*supra*, CRIMINALITÀ ORGANIZZATA).

Crimine/i. Crime, offence, criminal offence, criminal wrong; negli S.U. — stato federale — i termini *crime* e *misdemeanour* sono sinonimi (REATO). [vol. I: CRIME; OFFENCE]

– **contro la pace.** Crimes against peace (PACE).

– **contro l'umanità.** Crimes against humanity (DIRITTI (II) DELL'UOMO; TRIBUNALE INTERNAZIONALE PERMANENTE PER I CRIMINI CONTRO L'UMANITÀ).

– **di guerra.** War crimes (CRIMINALE DI GUERRA; DIRITTO (I) BELLICO; DIRITTO (I) INTERNAZIONALE DI GUERRA). [vol. I: NUREMBERG TRIALS]

Bibl.:
Bianchi, G., *Crimini di guerra*, in *Dizionario di Politica* 1976, ed. 1983: 291, at 292.

– **organizzato.** Organized crime, racketeering (CRIMINALITÀ ORGANIZZATA).

Crisi di governo. Government crisis (GOVERNO).

Bibl.:
Farneti, P., *Sociologia politica*, in *Dizionario di Politica* 1976, ed. 1983: 1094, at 1096.
Pasquino, G., *Crisi*, in *Dizionario di Politica* 1976, ed. 1983: 293, at 295.

Crociera. (CONTRATTO DI CROCIERA TURISTICA)

Cronaca. News media reporting. Il diritto di cronaca è detto più spesso *freedom of the press*; celebre in materia è la storica decisione *New York Times Co.* v. *Sullivan* 376 U.S. 254 (1964) che ha sancito una regola fondamentale in materia. Ma, come al solito, essa tarda a farsi strada nel nostro paese (DIFFAMAZIONE; DIRITTO (II) DI CRONACA; LIBERTÀ DI STAMPA; *MEDIA*; RISERVATEZZA).

– **giornalistica.** News reporting (GIORNALE; PRIVILEGIO DEL GIORNALISTA; QUOTIDIANO DI INFORMAZIONI).

– **giudiziaria.** Judicial reporting; né in Inghilterra né negli S.U. (nei processi federali) sono ammessi fotografi o riprese televisive in udienza (*MEDIA*). [vol. I: LAW REPORTS]

Crudeltà. Cruelty. Termine impiegato più spesso nelle cause matrimoniali per indicare i maltrattamenti, gli eccessi o sevizie. Costituiva, ai sensi del Matrimonial Causes Act 1969, una causa di divorzio. Con il Divorce Reform Act 1969, la sola causa di divorzio ammissibile si ha quando il rapporto coniugale è « irretrievably broken down », cioè irrimediabilmente distrutto, di cui la cruelty può costituire una prova. Negli S.U. — stato federale — la cruelty è nella maggior parte degli stati dell'Unione una causa di divorzio (DIVORZIO; MALTRATTAMENTI; VIOLENZA). [vol. I: CRUELTY; DIVORCE; HUMAN RIGHTS; MARRIAGE; TORTURE]

- **verso gli animali.** (MALTRATTAMENTO DI ANIMALI)

- **verso minori.** (MALTRATTAMENTO DI MINORI)

Crumiraggio. Strike-breaking; strike breaker, scab o blackleg, è detto il lavoratore che prenda il posto di uno scioperante, che non ottemperi alle indicazioni del sindacato, che passi una linea di picchettaggio, che lavori per un salario o a condizioni inferiori a quelle sindacali (DISSENZIENTE; PICCHETTAGGIO; SCIOPERO). [vol. I: PICKETING; STRIKE; STRIKE BREAKER; TRADE UNION]

***Culpa* in genere.** Detta più spesso *fault*, *neglect, misconduct, negligence, neglect, carelessness, liability*; ma si notino le grandi diversità esistenti nella materia tra le due tradizioni giuridiche (COLPA).

- ***in contrahendo.*** Pre-contractual liability. In principio, essa non è ammessa né in diritto inglese, né in quello nordamericano. Salvo nei casi riguardanti i contratti di *uberrimae fidei*, in cui si ha un *duty of disclosure*, ossia un obbligo specifico di fare dichiarazioni esatte e non reticenti. Sul piano dei principi, la *common law* non impone un obbligo di buona fede nella fase precontrattuale; ma è consentito provare la *fraud*; cosa, peraltro, non facile (AFFIDAMENTO CONTRATTUALE; BUONA FEDE; CONTRATTO: V; DICHIARAZIONE CONTRATTUALE; OBBLIGO DI INFORMAZIONE; RESPONSABILITÀ CONTRATTUALE-EXTRACONTRATTUALE; RETICENZA NEL CONTRATTO; RISERVA MENTALE; TRATTATIVE PRECONTRATTUALI). [vol. I: *ad vocem*; CONCEALMENT; CONTRACT: VI; DISCLOSURE; DUTY OF DISCLOSURE; GOOD FAITH; MISREPRESENTATION; INSURANCE; UBERRIMAE FIDEI]

  Bibl.:

  Benatti, F., *Culpa in contrahendo* (1987) 1 CeI 287.

- ***in eligendo*** o ***in vigilando.*** Vicarious liability (RESPONSABILITÀ INDIRETTA).

- ***lata dolo aequiparatur.*** In genere, la *common law* non accoglie questo principio (COLPA). [vol. I: *ad vocem*; CARE; FRAUD; GROSS NEGLIGENCE; WILFUL MISCONDUCT]

Culto in genere. Cult, worship, faith, religion (CHIESA; LIBERTÀ DI CULTO; MINISTRO DI CULTO).

Cultura giuridica. Legal culture, legal education (AMMINISTRAZIONE DELLA GIUSTIZIA; FORMAZIONE GIURIDICA; ORDINAMENTO GIUDIZIARIO; TRADIZIONE GIURIDICA). [vol. I: COMMON CORE OF LEGAL SYSTEMS; LEGAL METHOD; LEGAL REASONING; LEGAL TRADITION]

Cumulo in genere. Aggregate, aggregation, overlapping (ADDIZIONE; CONNESSIONE; IMPOSTA CUMULATIVA). [vol. I: AGGREGATE; AGGREGATION]

- **dei crediti.** Aggregation of, o aggregate, claims (CREDITO). [vol. I: AGGREGATE OF CLAIMS]

- **dei redditi tra coniugi.** Aggregation of incomes (DICHIARAZIONE CONGIUNTA DEI REDDITI; REDDITO). [vol. I: INCOME TAX; TAX]

- **della responsabilità.** Aggregation of, o aggregate, liability (RESPONSABILITÀ). [vol. I: LIABILITY]

- **delle domande.** Grosso modo, joinder of causes of action (CONNESSIONE; DOMANDA GIUDIZIALE; RIUNIONE DEI PROCEDIMENTI; SEPARAZIONE DEI PROCEDIMENTI). [vol. I: CAUSE OF ACTION]

- **delle pene.** Aggregation of sentences, o of punishments. La materia sembra regolata da un regime meno severo nell'ordinamento inglese e in quello nordamericano (il quale ultimo ricade nelle attribuzioni dei singoli stati dell'Unione). Mentre il legislatore italiano adotta il sistema del cumulo materiale delle pene (*tot crimina, tot poenae*), nel sistema inglese spetta al giudice stabilire, caso per caso, se si debba far luogo ad assorbimento delle pene, ovvero se esse debbano essere scontate per intero, una dopo l'altra, ossia, come si dice, se le pene debbano essere scontate *concurrently* o *consecutively*. In principio, si applica la seconda soluzione quando il massimo della pena previsto per ogni reato non è sufficiente ad assicurare per un periodo adeguato la tutela della collettività. Ma si tratta di materia molto complessa (PENA). [vol. I: CONCURRENCE OF SENTENCES;

CONSECUTIVE SENTENCES; SENTENCING PROCESS: 8]

- **del rischio.** Pooling of risk (RISCHIO). [vol. I: RISK]

- **nel processo penale.** Joinder of charges (cumulo dei reati); joinder of defendants (cumulo relativo a più imputati); ma si tratta di materia tecnicamente assai complessa. Peraltro, resta da rilevare la virtuale assenza di maxi-processi nel sistema inglese e nordamericano (CONNESSIONE; MAXI-PROCESSO; SEPARAZIONE).

  Bibl.:

  Marafioti, L., *Aspetti del processo penale cumulativo: l'esperienza tedesca, francese ed inglese,* in *L'Indice Penale*, Anno XXII, n. 2, maggio-agosto 1988, Padova, Cedam.

Cupone. Voucher (BUONO; CEDOLA TAGLIANDO; *VOUCHER*). [vol. I: COUPON; MONEY; STAMP; VOUCHER]

Cura. Care, detta anche diligence o carefulness; l'assenza di care è detta *carelessness, recklessness*, o *negligence*. Ma quest'ultimo termine indica anche, nell'ambito dell'illecito, una figura di *tort* che non trova equivalenza nella *civil law*. A questo proposito va rilevata la diversità di ottica e di terminologia in tema di diligenza, colpa e negligenza tra le due tradizioni giuridiche che, peraltro, in pratica, sovente pervengono a risultati analoghi (ATTO ILLECITO; COLPA; DILIGENZA).

Curatela. Grosso modo, guardianship, custodianship; ma il termine indica più spesso la custodia o il controllo del minore o incapace, o dei beni di lui. Esso non corrisponde né alla patria potestà, né alla tutela, né alla curatela, pur avendo con questi istituti ovvi punti di contatto. In effetti, il *guardian* dispone di poteri molto più ristretti del genitore esercente la patria potestà nella *civil law*. In materia di amministrazione dei beni del minore, nella *common law* i genitori e gli altri *guardians* non hanno normalmente a che fare col patrimonio del minore, né sono i rappresentanti legali di quest'ultimo: i beni del minore sono affidati a *trustees,* o *personal representatives* e soggetti alle regole relative all'amministrazione del *trust.* In questo senso, si parla di *trusteeship of minor's property* (AMMINISTRAZIONE DEI BENI DEL MINORE; MINORE; PATRIA POTESTÀ; TUTELA). [vol. I: GUARDIANSHIP; TRUST]

Curatore. Grosso modo, guardian, trustee, receiver, curator, conservator; in Louisiana, *enclave* (grosso modo) di *civil law* negli S.U., si parla di *curator* anche per indicare il curatore dell'assente (ASSENTE; CONSEGNATARIO; CONSERVATORE; CURATELA; CUSTODE; GUARDIANO; INABILITATO; LIQUIDATORE; PROVVEDITORE; RENDICONTO; RICEVITORE; TENUTARIO; TUTORE). [vol. I: GUARDIAN]

- **al ventre.** Grosso modo, guardian of a child en ventre *sa mère* (FETO). [vol. I: GUARDIAN]

- **del fallimento.** Grosso modo, nel sistema inglese, trustee in bankruptcy, nel caso di fallimento di persone fisiche, e *liquidator* nel procedimento del *winding up* di società munite di personalità giuridica. La materia è disciplinata dall'Insolvency Act 1986: ma si avverta la assai diversa meccanica dei procedimenti fallimentari inglesi, e la necessità di evitare abbagli in una materia in cui si riscontrano degli analoghi, ma mai delle equivalenze esatte, e figure che non trovano riscontro nel sistema nostrano come, ad es., quella del *trustee.* Negli S.U., un analogo del curatore è costituito dalla figura del *trustee in bankruptcy*; ma le due figure, quella inglese e quella nordamericana, non coincidono esattamente (FALLIMENTO). [vol. I: INTRODUZIONE: III. 15; LIQUIDATOR; RECEIVER; TRUSTEE]

- **dell'eredità giacente.** Non esiste una figura analoga nella *common law* (EREDITÀ GIACENTE). [vol. I: BONA VACANTIA; SUCCESSION]

- **dell'inabilitato in genere.** Grosso modo, guardian (o anche, negli S.U., curator) of disabled (INABILITATO).

- **dell'infermo di mente.** Grosso modo, guardian (o anche, negli S.U., curator) of mental patient, o of mentally disordered person (INFERMO DI MENTE). [vol. I: MENTAL DISORDER]

- **dell'interdetto.** Grosso modo, guardian of incompetent person (INTERDETTO).

- **del minore.** Grosso modo, guardian (o anche, negli S.U., curator) o conservator of minor (CURATELA; DONAZIONE A MINORI).

- **di una pubblicazione.** Editor; il commento editoriale è detto *editorial comment* (COLLABORATORE DI UNA RIVISTA; EDITORE; PUBBLICAZIONE).

Custode in genere. Watchman, conservator, caretaker, bailee, receiver, depositary, custodian, trustee, warden, guardian, keeper, consignee; in caso di sequestro convenzionale è detto *stakeholder*. Data la diversità di concetti e la complessità delle relative figure, il termine che più si approssima al custode nostrano va accertato di volta in volta; a questo proposito, va rilevato che il *bailee*, privo di equivalenza nella *civil law*, è la persona alla quale sono affidati, a titolo diverso, beni mobili per uno scopo specifico, senza l'intenzione di trasferirgliene la proprietà (CONSERVATORE; CURATORE; CUSTODIA; DEPOSITARIO; GUARDIANO; RICEVITORE; SEQUESTRO CONVENZIONALE; SORVEGLIANTE; TENUTARIO). [vol. I: BAILEE; CONSIGNEE; CONVERSION; CUSTODIAN; DEPOSITARY; GUARDIAN; KEEPER; TRUSTEE; WARDEN]

– **dell'oggetto di un *trust*.** Custodian trustee (TRUST). [vol. I: *ad vocem*]

– **di banchina.** Wharfinger (BANCHINA; MOLO). [vol. I: *ad vocem*]

– **di beni nemici.** Custodian of enemy property. [vol. I: *ad vocem*; ALIEN ENEMY]

– **di beni sequestrati** o **pignorati.** Custodian of seized, o of attached, property (*infra*, CUSTODE DI UN PATRIMONIO COINVOLTO IN CONTROVERSIE GIUDIZIARIE; AUSILIARI DELLA GIUSTIZIA; BENI SEQUESTRATI o PIGNORATI; PIGNORAMENTO; SEQUESTRO). [vol. I: ATTACHMENT; EXECUTION; FIERI FACIAS; SEIZURE]

– **di cose sequestrate nel corso del processo.** Receiver pendente lite (*supra*, CUSTODE DI BENI SEQUESTRATI o PIGNORATI; *infra*, CUSTODE DI UN PATRIMONIO COINVOLTO IN CONTROVERSIE GIUDIZIARIE). [vol. I: *ad vocem*]

– **di un patrimonio coinvolto in controversie giudiziarie.** Custodian of assets (*supra*, CUSTODE DI BENI SEQUESTRATI o PIGNORATI; CUSTODE DI COSE SEQUESTRATE NEL CORSO DEL PROCESSO; PATRIMONIO).

– **giudiziario in genere.** Receiver, o anche consignee o manager (*supra*, CUSTODE DI UN PATRIMONIO COINVOLTO IN CONTROVERSIE GIUDIZIARIE; AMMINISTRATORE GIUDIZIARIO; AUSILIARI DELLA GIUSTIZIA; BENI SEQUESTRATI o PIGNORATI; COMMISSARIO GIUDIZIARIO; PIGNORAMENTO; SEQUESTRO).

Custodia in genere. Custody; la *custody,* intesa quale detenzione, va distinta dalla *possession*, ossia dal possesso. Si avverta che nella *common law* quando si effettua la consegna di cose mobili per un certo scopo con l'intesa che esse saranno restituite, ovvero consegnate ad altre persone designate dal depositante, si fa luogo ad un rapporto tra le parti detto *bailment*, di natura extracontrattuale, privo di equivalenza nella *civil law*. Ma la custodia appare spesso anche intrecciata all'obbligo fiduciario del *trustee*, figura ignota alla *civil law*. Impiegato in materia penale, il termine custody indica a un di presso, la carcerazione o, anche, grosso modo, la custodia cautelare dell'imputato, anche se va precisato che in senso stretto quest'ultima non ha esatta equivalenza nei sistemi di *common law* (*infra,* CUSTODIA CAUTELARE; AGENTE DI CUSTODIA; DEPOSITO A CUSTODIA; DEPOSITO DI TITOLI IN CUSTODIA; DETENZIONE; FIDUCIA; INTERROGATORIO DI POLIZIA; OBBLIGO DI CUSTODIA; RESPONSABILITÀ *EX RECEPTO*; TENUTA DELL'ALBO PROFESSIONALE). [vol. I: BAILMENT]

– **cautelare.** Grosso modo, pretrial custody, pretrial incarceration, preventive detention, arrest before trial. Ma, in senso stretto, non esiste custodia cautelare (o carcerazione preventiva, come recita l'art. 13 della nostra costituzione) nella tradizione di *common law*. Comunque, anche soltanto a stare al senso elementare delle parole e al di là della comparazione, il termine nostrano appare sul piano tecnico e nell'ambito della stessa logica del codice di procedura penale, per molti versi, insensato. L'art. 303 c.p.p. — fatto, come si dice a Caserta, con i piedi — mette nello stesso calderone sia il *detenuto in attesa di giudizio* sia il *condannato all'ergastolo (magari anche in secondo grado!)*. Eppure si tratta di due diversissime categorie e condizioni, due *status* che andavano trattati in *separate* parti lontane nel codice le famose mille miglia una dall'altra, ma da tenere separati anche nel senso fisico della parola ai fini della custodia delle persone! Come si fa a parlare di custodia cautelare nel caso di persona già condannata? e quali prove potrà mai inquinare il condannato se esse sono già servite a farlo condannare? In verità, presumibilmente anche per compiacere la classe forense, il legislatore ha voluta dare una lettura decisamente aberrante del principio di presunzione di innocenza, già di per sé pazzescamente formulato nel testo costituzionale.

1. Proprio perché nella tradizione di *common law* non esiste carcerazione preventiva, una volta proceduto all'arresto, si pone subito la questione se la detenzione dell'arrestato debba protrarsi (*custody*) ovvero egli debba essere rilasciato su cauzione (*bail*) in attesa del processo. Ma il problema del *bail* si pone non soltanto prima del processo: dopo la dichiarazione di colpevolezza e prima della condanna (*after conviction and before sentencing*) o

anche dopo la condanna (*after sentencing*), nella fase dell'appello. Il *bail* può essere definito come « the release of a person subject to a duty to surrender to custody at an appointed time and place » [Emmins 1981, ed. 1992: 438]. Nel sistema inglese, la materia è regolata dal Bail Act 1976. Nella misura in cui può essere schematizzato un così complesso e articolato istituto profondamente radicato nella cultura anglo-americana, sembra potersi aggiungere quanto appresso.
2. Ai sensi della s. 47 del Police and Criminal Evidence Act 1984, quando ricorrono le condizioni previste dalla legge, il rilascio della persona arrestata deve essere disposto dalla polizia che ne abbia la custodia, con o senza *bail*. Diversamente, l'arrestato deve essere portato davanti al *magistrate* al più presto.
3. All'udienza preliminare (*preliminary examination*), quando si tratti di reati più gravi, il *magistrate* stabilisce se rinviare l'imputato a giudizio o meno; nel primo caso, egli stabilisce anche se l'imputato debba restare in stato di detenzione (*remand in custody*), ovvero se debba essere rilasciato su cauzione (*remand on bail*).
4. Ai sensi della s. 4 dell'Act del 1976, sussiste una presunzione legislativa a favore della concessione del *bail*; importante, a questo fine, è la distinzione tra i reati, a seconda che comportino o meno una pena detentiva; i reati sono *bailable* o *non bailable*, ossia passibili o non passibili di *bail*. Il rifiuto del *bail* può essere impugnato. Quando l'imputato è accusato di un reato che comporti una pena detentiva, il diritto al *bail* viene meno in una serie di circostanze, come nel caso in cui, tra l'altro, il giudice ha ragione di ritenere che, se rilasciato, l'imputato potrebbe inquinare la prova (*interfere with witnesses or otherwise obstruct the course of justice*), etc.
5. Nel caso di diniego del *bail*, l'imputato viene confinato in una *remand prison*, ossia in una prigione in cui si trovano detenuti in attesa di giudizio e *non* anche dei condannati: questa civile prassi è ignota al sistema carcerario italiano.
6. Fino alla creazione di *bail hostels* gestiti da servizi volontari, era possibile, ai sensi della s. 1 (4) del Magistrates' Courts Act 1980, rifiutare il *bail* a persone senza fissa dimora. Ora, invece, ai sensi della s. 131 del Criminal Justice Act 1988, il giudice può condizionare la concessione del *bail*, al fatto dell'imputato di risiedere in un *bail hostel*.
7. L'imputato rilasciato che non compaia nel luogo e al tempo stabilito commette il reato di *absconding*. Resta da rilevare — tanto per stabilire una delle tante differenze esistenti in materia — che non si ha diritto al *bail* nel caso di appello contro la condanna a pena detentiva. A questo proposito, si osserva che nella tradizione di *common law* la sentenza (penale e civile) di primo grado è esecutiva: pertanto, di solito, dopo la condanna si procede all'arresto dell'imputato (che fino a quel momento avesse beneficiato del *bail*): la sentenza di primo grado — diversamente da quanto previsto dall'art. 27 della nostra costituzione — è esecutiva e, in sostanza, inverte l'onere della prova a carico del condannato: il principio è comune anche al diritto nordamericano. Una delle ragioni del divieto del *bail* nel corso del processo di impugnazione risiede nel fatto che, secondo un noto autore, « bail pending an appeal is usually undesirable because of the trauma of being returned to custody should the appeal fail » [Emmins 1981, ed. 1992: 444]. Un principio analogo esiste negli S.U.: la *Supreme Court* ha stabilito fin dal 1984 che non esiste un diritto costituzionale ad ottenere il *bail* nelle more dell'appello contro una condanna a pena detentiva [Lafave and Israel 1985, ed. 1992: 616].
8. Nel sistema inglese, sono definiti *custody-time limits* i termini massimi di detenzione nel caso di *trials on indictment*, ossia per i reati più gravi. La materia è regolata dalla s. 22 del Prosecutions of Offences Act 1985. In breve, i termini di detenzione sono i seguenti, trascorsi i quali l'imputato (in attesa di giudizio) ha diritto ad un *absolute bail*, ossia alla scarcerazione senza condizioni: (i) 70 giorni dalla sua prima comparizione in una *magistrates' court* e il procedimento di rinvio a giudizio (*committal proceedings*); (ii) 70 giorni tra la prima comparizione e il *summary trial*; (iii) 112 giorni tra il rinvio a giudizio e l'*arraignment* [Emmins, ibid.: 447].
9. Di solito, anche se non necessariamente, la decisione se l'arrestato debba essere o meno rilasciato su cauzione avviene davanti alle *magistrates' courts*; spesso prevale l'opinione dell'accusa; ma il *magistrate* esercita una certa misura di discrezione.
10. Negli S.U. — stato federale — la ma-

teria rientra nelle attribuzioni dei singoli stati dell'Unione. Tuttavia, il Federal Bail Reform Act del 1966 — relativo alla *pretrial release* in sede federale — ha svolto una notevole funzione di modello, basato sulla *personal recognisance*, nella riforma della legislazione degli stati dell'Unione. Questa legge è stata sostituita dal Bail Reform Act del 1984. Appare alquanto difficile descrivere in dettaglio la prassi dei diversi stati dell'Unione, in quanto essa varia spesso notevolmente da stato a stato; ma sembra potersi dire che, in principio, nella maggioranza degli stati dell'Unione si ammette un diritto al *bail* prima della condanna o della celebrazione del processo o prima della condanna, ad eccezione dei reati che comportino la pena capitale.

11. Di fatto, con il diniego del *bail* all'imputato in stato di arresto si raggiunge un risultato non troppo diverso dalla custodia cautelare nostrana. In tal caso, come si è accennato, quando l'imputato è rinviato a giudizio in stato di arresto si parla di *committal for trial in custody*. Com'è stato notato, nelle prigioni dello stato di New York vi sono più detenuti in attesa di giudizio che condannati [Karlen 1967: 139].

12. Quanto al sistema nostrano, nel febbraio del 1995 ha suscitato scandalo e titoloni sui giornali il caso di un uomo condannato nonostante che fosse già morto. Ma il vero scandalo è che quest'uomo, *condannato per omicidio*, prima di morire era in libertà...per decorrenza dei termini della custodia cautelare [*la Repubblica*, 11 febbraio 1995]. Se si pensa alla durata media dei nostri processi, al fatto che nel nostro sistema — a differenza di tutti gli altri — vi sono ben *tre gradi di giurisdizione* (il ricorso per cassazone è diventato di fatto un altro grado di giurisdizione!), che raramente un processo è definito entro i termini massimi stabiliti per qualsiasi misura cautelare, si ha un'idea della situazione per cui persino *condannati* a 10 o venti anni di reclusione se ne stanno a casa in attesa dell'ordine di arresto.

13. In un articolo-intervista di Daniele Mastrogiacomo apparso su *la Repubblica* dell'11 febbraio 1995, Mario Almerighi, noto magistrato del Tribunale di Roma, mette opportunamente in rilievo il pazzesco regime della custodia cautelare nel nostro paese. E bisogna dare atto della sciatteria con cui l'allegra brigata di professori (quasi sempre avvocati essi stessi) presiede alle vicende di tanta parte della nostra amministrazione della giustizia. Anzitutto, vi è sul piano tecnico l'assurdo di considerare custodia cautelare quella che non è, come nel caso del *condannato*: una plateale contraddizione tra il combinato disposto degli artt. 272 (*Limitazioni alle libertà della persona)*, 274 (*Esigenze cautelari*) e l'art. 303 (*Termini di durata massima della durata cautelare*) del c.p.p.: a rigor di logica, la materia del Libro IV (Misure cautelari) dovrebbe essere limitata al detenuto in attesa di giudizio (infatti, la prima parte del suddetto art. 303 riguarda appunto questo caso): ma essa viene poi nei commi successivi estesa al condannato. La assurda situazione di prolungate e intollerabili custodie cautelari per detenuti in attesa di giudizio da un lato, e di *condannati* per gravissimi reati in libertà per decorrenza dei termini della custodia cautelare, dall'altro, costituisce l'aspetto più eclatante di una patologia che andrebbe radicalmente riformata secondo il buon senso delle regole angloamericane per cui, schematicamente: (i) la sentenza di primo grado è esecutiva e ribalta sul condannato l'onere della prova; (ii) non esistono *automatismi* di scarcerazione se non nel caso di decorrenza dei termini massimi per la detenzione in attesa di giudizio, ma mai del condannato; (iii) non esistono i c.d. *tre gradi di giurisdizione*, e la materia delle impugnazioni non conosce quelle glorificazioni virtualmente illimitate note al sistema italiano. A non parlare dei tempi della giustizia che si direbbe coincidere perfettamente con gli interessi della criminalità organizzata, tali, cioè, da consentire quasi sempre il rilascio dei condannati. Questo significa che raramente un processo può essere definito con sentenza irrevocabile entro i limiti di tempo stabiliti per qualsiasi misura cautelare. Su un campione di 13 mila detenuti, il tempo medio che trascorre dal momento del passaggio in giudicato della sentenza di condanna al momento della carcerazione è di 538 giorni. Cioè oltre un anno mezzo.

14. Ma sia consentito di affermare la convizione che qui, come in altre materie, non esistono allo stato né le condizioni politiche, né gli *uomini*, per realizzare riforme del genere. Soprattutto la classe forense appare incapace di guardare al di là del proprio naso, che è poi quello del proprio cliente o delle proprie tasche (APPELLO; ARRESTO; CAMPO DI CONCENTRAMENTO;

CAUZIONE GIUDIZIARIA; *COMPUTER*; COSA GIUDICATA; FERMO DI POLIZIA; GARANTISMO; IMPUTATO; INQUINAMENTO DELLA PROVA; ORDINANZA DI CUSTODIA CAUTELARE; PRESUNZIONE DI INNOCENZA; PROCEDURA PENALE; SCARCERAZIONE DEL CONDANNATO PER DECORRENZA DEI TERMINI DI CUSTODIA CAUTELARE; TEMPI DELLA GIUSTIZIA). [vol. I: APPEAL; ARREST; BAIL; COMMITTAL PROCEEDINGS; CUSTODY; DELAY; INNOCENCE, PRESUMPTION OF; REMAND; SPEEDY TRIAL]

– **dei figli.** (AFFIDAMENTO DEI FIGLI; VISITA AI FIGLI)

– **dei minori.** Custody of children (MINORE).

D

Da accreditare. Account payee only (ACCREDITO; ASSEGNO (II) BANCARIO).

Da eseguirsi. Executory; ma, quando il termine è riferito al contratto, esso assume un significato particolare nella tradizione di *common law*, ossia, in breve, di un contratto di cui l'adempimento deve ancora aver luogo. A questo proposito, si parla di *executory consideration* per indicare quella da prestare dopo l'adempimento del contratto per cui è stata prevista. Ma si tratta di materia non agevole che attiene al tormentato concetto di *consideration* (CONTRATTO: III, VII; *DATIO IN SOLUTUM*; ESECUTORIO; ESECUZIONE DEL CONTRATTO; ESEGUIBILE). [vol. I: *ad vocem*; EXECUTED; EXECUTION]

Dalla data. From date (DATA).

Dall'origine. Ab initio (ORIGINE; RETROATTIVITÀ). [vol. I: *ad vocem*]

Danaro. (DENARO)

Danneggiamento. Damage, injury, waste, damnification, vandalism; talvolta si parla anche di *disabling*, come quando si dice, ad es., *disabling an equipment* per indicare il fatto di danneggiarlo al punto di renderlo non funzionante (DANNO; DETURPAZIONE; DISTRUZIONE; IMPIANTO; INCURIA; INQUINAMENTO; RISARCIMENTO; SICUREZZA). [vol. I: CAUSATION; DAMAGE; LIABILITY]

– **doloso.** Malicious damage, criminal damage (DOLO). [vol. I: CRIMINAL DAMAGE]

Danneggiato in genere. Injured party, party injured, victim, casualty, aggrieved party; l'ultimo termine indica anche il soccombente (DANNO; INCIDENTE; LEGITTIMAZIONE; PARTE LESA; RICORRENTE; SOCCOMBENTE; VITTIMA). [vol. I: AGGRIEVED PERSON; DAMAGE; DAMAGES; INJURY; LOCUS STANDI; PARTY]

Danno/i in genere. Damage, loss, harm, injury; ma anche qui, come del resto assai spesso nella tradizione di *common law,* la terminologia appare alluvionale e fuorviante: il termine *loss* ricorre spesso, specie nell'assicurazione, in alternativa o come sinonimo di *damage*; *injury* indica sia l'antigiuridicità o l'illecito, sia il danno. Sul piano della terminologia, la *common law* non conosce talune delle distinzioni fatte dalla *civil law*, ma essa ricorre ad altre tecniche per esprimere in sostanza analoghi concetti; ma le parole non devono ingannare: i contenuti sono spesso, anzi, quasi sempre più avanzati di quelli nostrani.

1. Il termine *damage* non va confuso con l'altro di *damages* che indica, essenzialmente, ma non soltanto, il risarcimento. *Damage* e *damages* sono, in qualche senso, correlativi, giacché è il danno subito (*damage*) che, in determinate condizioni, dà diritto al risarcimento (*damages* o *compensation*). Ma la terminologia è equivoca: spesso *damages* può indicare sia il risarcimento, sia anche il plurale di danno (danni).

2. Ad ogni modo, ciò che preme rilevare è che, nella tradizione di *common law*, se la funzione risarcitoria (o *compensatory*) dei *damages* è la più diffusa, essa non è la sola, poiché essi hanno anche altre funzioni, come, ad es., quella punitiva.

3. Anche nella *common law*, la più importante condizione per il risarcimento attiene al rapporto di causalità tra l'illecito e il danno, o un certo tipo di danno, subito. Va appunto sotto il nome di *question of remoteness of damage* la questione della causalità e, più spesso, del tipo di danno indiretto da risarcire. Il principio generale in materia di causalità è espresso dalla massima *causa proxima et non remota spectatur*. Il *damage* va distinto dall'*injury*, ossia dall'antigiuridicità che può sussistere senza determinare necessariamente un danno. Si parla di *out-of-pocket loss* per indicare, ad es., nella vendita, la differenza tra quanto ha esborsato l'acquirente e il valore di quanto ha ricevuto, ossia il valore di mercato delle merci.

4. *Rischio-danno-responsabilità-fideiussione-assicurazione* si intrecciano strettamente: si potrà alterare la sequenza e sviolinare variamente; eppure, si tratta di fattori che rientrano in pieno nella fisiologia di una società mediamente moderna. *Hélas*, congiunzioni astrali per un giurista di un paese come il nostro in cui, o lo stesso principio di responsabilità è contestato in radice, o non esistono quelle strutture pubbliche per renderle operanti (si pensi alla pubblica amministrazione e alla giustizia); in cui, nella quasi totalità dei casi, o il rischio non è neanche assicurato o lo è solo parzialmente, non di rado con compagnie fasulle; in cui, insomma, *di solito, a chi subisce un danno non resta che la magra consolazione di ritenersi un fortunato per il fatto che poteva andargli assai peggio* (ASSICURAZIONE; DANNO; FIDEIUSSIONE; RESPONSABILITÀ; RISCHIO).
5. Nell'assicurazione, il *damage* va distinto dal *wear and tear*, che è il logorìo derivante dall'uso normale della cosa.
6. Ai fini fiscali, si parla di *casualty loss* per indicare quella perdita totale o parziale derivante da un evento naturale e irresistibile tale da distruggere in tutto o in parte la materia imponibile: essa può essere dedotta dalle imposte (ACCERTAMENTO DEL DANNO; AGGRAVAMENTO DEL DANNO; ALEA; AMMONTARE DEL DANNO; ANTIGIURIDICITÀ; ASSICURAZIONE CONTRO I DANNI; ASSUNZIONE DEL RISCHIO; ATTO ILLECITO; CAUSALITÀ; CAUZIONE; CLAUSOLA PENALE; DENUNZIA DI NUOVA OPERA E DI DANNO TEMUTO; DETERIORAMENTO; DETRIMENTO; ECCESSIVO AMMONTARE DEL RISARCIMENTO DEL DANNO; FIDEIUSSIONE; LESIONI PERSONALI; LIQUIDAZIONE ANTICIPATA DEL DANNO; LOGORÌO; PERDITA; PERICOLO; PREVEDIBILITÀ DEL DANNO; RAPPORTO DI CAUSALITÀ; RAPPORTO SUL DANNO; RESPONSABILITÀ; RIDUZIONE DEL DANNO; RIPARAZIONE DEL DANNO; RIPARTIZIONE DEL DANNO TRA ASSICURATORI MARITTIMI; RISARCIMENTO DEL DANNO; RISCHIO; STIMA DEL DANNO; TUTELA DEI DIRITTI; *VOLENTI NON FIT INIURIA*). [vol. I: APPARENT DAMAGE; AVERAGE; CONTRIBUTORY NEGLIGENCE; CRIMINAL DAMAGE; DAMAGE; DAMAGES; DAMNUM ABSQUE o SINE INIURIA; INJURY; LIABILITY; LOSS; MEASURE OF DAMAGE; NUCLEAR DAMAGE; PECUNIARY DAMAGE; PROPERTY DAMAGE; REMOTENESS OF DAMAGE]

Bibl.:

Galgano, F., *Le mobili frontiere del danno ingiusto* (1985) 1 CeI 1.
Libertini, M., *Le nuove frontiere del danno risarcibile* (1987) 1 CeI 85.

– **accidentale.** Accidental loss, accidental damage by act of God (ATTO DI DIO; CAUSALITÀ; FORZA MAGGIORE; INCIDENTE). [vol. I: ACCIDENT; ACT OF GOD; CAUSATION; FRUSTRATION; LOSS]

– **alla persona.** Personal injury (LESIONI PERSONALI).

– **ambientale.** Environmental damage. Materia in effervescenza, il cui effettivo regime giuridico va rintracciato, oltre che nella disciplina internazionale relativa al danno ambientale internazionale, nella legislazione e nella giurisprudenza dei singoli stati. Sembra quasi inutile aggiungere che essa ha subito la maggiore elaborazione negli S.U. in cui — come del resto anche in altri settori — il regime interno appare più severo e i limiti di risarcimento notevolmente più elevati. La quantificazione dell'ammontare del risarcimento del danno ambientale comporta una serie di imponderabili che la rendono particolarmente difficile (AMBIENTE).

Bibl.:

Alpa. G., *Pubblico e privato nel danno ambientale* (1987) 3 CeI 685.

– **apparente.** Apparent damage (APPARENTE).

– **biologico.** Biological damage (AMBIENTE).

Bibl.:

Alpa, G., *Il danno biologico e le tecniche di valutazione della persona* (1985) 1 CeI 65.
Franzoni, M., *Danno biologico e danno alla salute negli studi recenti* (1988) 3 CeI 847.
Giuliani, A., *Il danno biologico è, dunque, patrimoniale* (1986) 1 CeI 47.

– **causato da forza maggiore.** (*supra*, DANNO ACCIDENTALE)

– **causato da negligenza** o **omissione.** Damage due to negligence (*supra,* DANNO ACCIDENTALE). [vol. I: BREACH OF CONTRACT; NEGLIGENCE; TORT]

– **causato da uno Stato.** State inflicted harm (RESPONSABILITÀ DELLA PUBBLICA AMMINISTRAZIONE; RESPONSABILITÀ INTERNAZIONALE DEGLI STATI). [vol. I: LIABILITY FOR LAWFUL ACTS; RESPONSIBILITY OF STATES; STATE LIABILITY]

– **contrattuale.** Contractual damage (*infra,* DANNO EXTRACONTRATTUALE; ADEMPIMENTO DEL CONTRATTO; CONTRATTO: X; INADEMPIMENTO CONTRATTUALE). [vol. I: BREACH OF CONTRACT; PERFORMANCE; TORT: V]

– **di guerra.** War damage (GUERRA; RIPARA-

ZIONE DEI DANNI DI GUERRA). [vol. I: *ad vocem*]

– **diretti.** Direct, o proximate, damage o loss (*infra,* DANNI INDIRETTI; CAUSALITÀ). [vol. I: CAUSA PROXIMA ET NON REMOTA SPECTATUR; PROXIMATE CAUSE; REMOTENESS OF DAMAGE; VICARIOUS LIABILITY]

– **doloso.** Malicious damage o injury, o mischief (*infra,* DANNO INTENZIONALE; DOLO). [vol. I: WILFUL MISCONDUCT]

– **economico.** Economic damage (*infra,* DANNO PATRIMONIALE).

– **effettivi.** Actual, o real, damage; loss o injury; da non confondere con *actual damages,* termine che indica il risarcimento dei danni effettivamente subiti in quanto distinto dal risarcimento nominale, esemplare o punitivo. Con il termine actual, o real, damage si indica più spesso il danno suscettibile di valutazione patrimoniale. Ma esso è riferito anche al danno specifico particolare, non presunto dalla legge, che va quindi provato di volta in volta come conseguenza diretta di un certo atto, sia, infine, al danno riportato da un singolo in quanto distinto da quello riportato da un gruppo (*infra,* DANNO EMERGENTE-LUCRO CESSANTE; RISARCIMENTO: 1).

– **emergente - lucro cessante.** La *common law* non adotta, sul piano definitorio, la stessa distinzione; ma, ovviamente, accoglie la regola che il risarcimento debba includere entrambi. Il danno emergente potrebbe essere tradotto con *actual damage,* e il lucro cessante con *loss of anticipated profits, loss of profits, ceasing gain.* È con l'espressione *restitution in integrum* che, di solito, si esprime il concetto del risarcimento dei due tipi di danno. Negli S.U. si parla anche di *restitution of status quo.* Peraltro, il limite è costituito, sembra, dalla prevedibilità (PREVEDIBILITÀ DEL DANNO; PROFITTO; *RESTITUTIO IN INTEGRUM*; UTILE). [vol. I: CONSEQUENTIAL DAMAGE; ECONOMIC TORT; FORESEEABILITY; RESTITUTIO IN INTEGRUM; TANGIBLE INTEREST]

– **extracontrattuale.** Extracontractual damage, tortious damage (*supra,* DANNO CONTRATTUALE). [vol. I: TORT: V]

– **generico.** General damage; si noti che il termine *unliquidated damages* indica il risarcimento generico (*infra,* DANNO SPECIFICO). [vol. I: UNLIQUIDATED]

– **grave.** Serious damage. [vol. I: MEASURE OF DAMAGES]

– **immateriale.** Abstract damage (*infra,* DANNO MATERIALE).

– **imprevedibile.** Unforeseeable damage; non risarcibile, sembra, nel caso di danno contrattuale (CAUSALITÀ; PREVEDIBILITÀ DEL DANNO). [vol. I: CONTRACT: X; DAMAGES; FORESEEABILITY; NEGLIGENCE: 2; TORT]

– **in avaria comune.** General average (AVARIA COMUNE). [vol. I: *ad vocem*]

– **in avaria particolare.** Particular average (AVARIA PARTICOLARE). [vol. I: PARTICULAR AVERAGE]

– **indiretti.** Consequential damage, remote damage. Materia non facile (*supra,* DANNI DIRETTI; CAUSALITÀ). [vol. I: ACT OF GOD; CAUSATION; CONSEQUENTIAL DAMAGE; ECONOMIC TORT; REMOTENESS OF DAMAGE]

– **intenzionale.** Malicious damage, malicious injury, o mischief (*supra,* DANNO DOLOSO).

– **lieve.** Slight damage (*supra,* DANNO GRAVE).

– **materiale.** Physical damage, concrete damage, property damage (*supra,* DANNO IMMATERIALE; *infra,* DANNO MORALE; DANNO PATRIMONIALE).

Bibl.:
Lawson 1972: 150.

– **morale in genere.** Non-pecuniary damage, non-economic damage, extrapatrimonial damage: la *common law* non adotta la dicotomia danno materiale-danno morale.
1. Di regola, il danno da risarcire dev'essere patrimoniale: in principio, il risarcimento del danno morale nostrano è ammesso in tema di *torts,* e soltanto in casi eccezionali nei *contracts.* Quanto all'illecito, il danno è riferito, di volta in volta a: *pain and sufferings, loss of amenities of life, loss of consortium, shortened expectation of life*, etc.: il risarcimento relativo è detto talvolta *hedonic damages.*
2. Ma si noti la possibilità esistente nel sistema inglese e nordamericano di ricorrere all'azione delittuale anche nell'ambito del contratto. Spesso sotto la rubrica degli *exemplary, vindictive o punitive damages* viene fatto rientrare in effetti il risarcimento del *danno morale.*
3. Negli S.U. — stato federale — la materia rientra nelle attribuzioni dei singoli stati dell'Unione.

4. Si noti il regime della diffamazione che, nella tradizione di *common law*, consiste, in buona sostanza, in un illecito civile che dà luogo alla condanna al risarcimento dei danni per offesa alla reputazione (*infra,* DANNO PATRIMONIALE; REPUTAZIONE; RISARCIMENTO DEL DANNO MORALE). [vol. I: DAMAGES: I; DEFAMATION; PECUNIA DOLORIS; SOLATIUM]

Bibl.:
Amos and Walton 1935, ed. 1967: 209.
Franzoni, M., *Danno morale* (1990) 1 CeI 307.
Gorla 1955, vol. I: 436.
Lawson 1972: 138.

- **nell'assicurazione.** Loss (ASSICURAZIONE). [vol. I: *ad vocem*; INSURANCE]
- **non economico.** Non-economic damage (*supra*, DANNO MORALE).
- **non patrimoniale.** (*infra,* DANNO PATRIMONIALE)
- **nucleare.** Nuclear damage (DIRITTO (I) NUCLEARE; ENERGIA NUCLEARE; RESPONSABILITÀ PER DANNO NUCLEARE). [vol. I: *ad vocem*]
- **occulto.** Hidden damage (VIZIO OCCULTO).
- **palese.** Apparent damage.
- **patrimoniale.** Property damage, pecuniary damage, pecuniary loss, economic damage, economic loss; il danno non economico (ad es., pene, sofferenze) è detto *non-economic damage*. Quando il termine *economic loss* ricorre in tema di azione di responsabilità del produttore, esso include il recupero per le spese di riparazione e di sostituzione del prodotto difettoso, oltre alla perdita derivante dal ridotto valore di esso e dai minori utili (*supra*, DANNO MORALE; RESPONSABILITÀ DEL PRODUTTORE). [vol. I: DAMAGE; ECONOMIC LOSS; ECONOMIC TORT; PERSONAL DAMAGE]
- **pecuniario.** Pecuniary damage (*supra*, DANNO PATRIMONIALE).
- **presunto.** Constructive loss (PERDITA PRESUNTA).
- **punitivi.** (RISARCIMENTO PUNITIVO)
- **specifico.** Actual damage (*supra*, DANNO GENERICO).
- **temuto.** (DENUNZIA DI NUOVA OPERA E DI DANNO TEMUTO)

Dannoso. Damaging, injurious, noxious, tortious, obnoxious (DANNO; ILLECITO).

Dante causa. In genere, person by, through, from, o under whom another claims; i termini *predecessor in title*, *alienor, assignor, transferor, deceased person*, *propositus* indicano, di volta in volta, un concetto analogo. Ma, dati gli assai diversi principi in materia, non esiste in tema di successione *mortis causa* un termine esattamente equivalente (ALIENAZIONE; AUTORE; AVENTE CAUSA; CEDENTE DI UN DIRITTO; *DE CUIUS*; SUCCESSIONE PER CAUSA DI MORTE). [vol. I: INTRODUZIONE: III. 24; ALIENOR; ASSIGNOR; DECEASED; DE CUIUS; NEMO DAT QUOD NON HABET; PREDECESSOR IN TITLE; TRANSFEROR]

- **a titolo particolare negli immobili.** Predecessor in title (SUCCESSORE; TITOLO). [vol. I: PREDECESSOR]

Dare. (BILANCIO; DEBITO; LATO DARE)

Darsena. Dock (BACINO; CERTIFICATO DI DEPOSITO E NOTA DI PEGNO; MAGAZZINI GENERALI; NAVE; TITOLI RAPPRESENTATIVI DI MERCI). [vol. I: DOCK; SHIP]

Data. Date (A BREVE DATA; ANTEDATAZIONE; DALLA DATA; GIORNO; POSTDATAZIONE; RETRODATAZIONE; SCADENZA; TERMINI; VISTA).

- **certa.** Certified date (UFFICIO DEL REGISTRO).
- **della morte presunta.** Date of presumed death (MORTE PRESUNTA).
- **di consegna.** Date of delivery (CONSEGNA).
- **di emissione.** Date of issue (EMISSIONE).
- **di entrata in vigore.** Date of entry into force (ENTRATA IN VIGORE).
- **di pagamento.** Date of payment (PAGAMENTO).
- **di scadenza.** Maturity date (SCADENZA).

Datio in solutum. Non esiste un equivalente esatto nella *common law*; ma l'*accord and satisfaction* — in cui si fa luogo ad una *unilateral discharge* del contratto, consistente nell'estinzione dell'obbligazione originariamente dedotta in contratto (*original contract*) — può coincidere in sostanza con la *datio in solutum* in caso di *executory accord*, o con la novazione oggettiva in caso di *non-executory accord*. Si noti, peraltro, il requisito della *consideration* (ADEMPIMENTO DEL CONTRATTO; DA ESEGUIRSI; NOVAZIONE; PRESTAZIONE IN LUOGO DELL'ADEMPIMENTO). [vol. I: ACCORD AND SATISFACTION; ARRANGEMENT; COMPOSITION; CONTRACT: VIII, IX; NOVATION; SUBSTITUTED PERFORMANCE]

Dato. (ELABORAZIONE ELETTRONICA DEI DATI)

Datore di lavoro. Employer, principal e, in passato, master; ma nella *common law* il contratto di lavoro viene considerato sotto il profilo del rapporto tra *master and servant* o, come si dice ora, con terminologia meno vittoriana, tra *employer and employee.* Si parla di *management-union* per indicare nei complessi aziendali di un certo rilievo il rapporto tra gli amministratori e il sindacato. Per quanto riguarda l'ambiente di lavoro, sembra interessante rilevare i c.d. *Whistleblower Acts* degli S.U., ossia le leggi federali e dei singoli stati dell'Unione, dirette a proteggere i dipendenti pubblici e privati dalla rappresaglia del datore di lavoro per la denunzia di reati o violazioni della legge commesse da quest'ultimo. Un esempio, tra i tanti possibili, si riferisce alle violazioni delle norme sulla sicurezza sul lavoro previste dall'Occupational Safety and Health Act. Una grande impresa è definita *big employer* (ASSICURAZIONE CONTRO LA RESPONSABILITÀ CIVILE DEL DATORE DI LAVORO; AUSILIARI DELL'IMPRENDITORE; COMMITTENTE; DIPENDENTE; DISCRIMINAZIONE; LAVORO; OMESSA DENUNCIA DI REATO; PRESTATORE DI LAVORO; RESPONSABILITÀ DEI PADRONI E COMMITTENTI; RESPONSABILITÀ DEL DATORE DI LAVORO; UGUAGLIANZA DI OPPORTUNITÀ). [vol. I: CONTRACT OF EMPLOYMENT; MASTER AND SERVANT; PRINCIPAL; TRADE UNION]

- **privato.** Private employer (IMPIEGO PRIVATO).
- **pubblico.** Public employer (IMPIEGO PUBBLICO).

Dazio/i in genere. Customs (CLAUSOLA DELLA NAZIONE PIÙ FAVORITA; ESENTE DA DAZIO; FRANCO DI DAZIO; IMPOSTA DOGANALE; LIBERTÀ DI CIRCOLAZIONE COMUNITARIA; SCHIAVO DI DAZIO). [vol. I: CUSTOMS (2)]

- **anti-dumping.** Anti-dumping duties (*DUMPING*).
- **di consumo.** Excise duty (ACCISE). [vol. I: *ad vocem*]
- **di esportazione.** Export duty (ESPORTAZIONE).
- **di importazione.** Import duty (IMPORTAZIONE).
- **di ritorno.** Drawback. [vol. I: *ad vocem*]
- **doganale.** Customs duty, o customs (ACCISE; ATTO UNICO EUROPEO; CLAUSOLA DELLA NAZIONE PIÙ FAVORITA; COMUNITÀ ECONOMICA EUROPEA; ESENTE DA DAZIO; FRANCO DI DAZIO; IMPOSTA DOGANALE; LIBERTÀ DI CIRCOLAZIONE COMUNITARIA). [vol. I: ABATEMENT OF CUSTOMS AND EXCISE DUTIES; CUSTOMS (2) DUTY; DUTIABLE; TOLL]
- **doganali e di consumo.** Customs and excise duties (IMPOSTA DOGANALE).

Dazione in genere. Giving (*DATIO IN SOLUTUM*; DONAZIONE; TRASFERIMENTO).

Debitamente. Duly (DEBITO; INDEBITAMENTE; PAGAMENTO; PRESTAZIONE). [vol. I: *ad vocem;* DEBT; DUE; PAYMENT]

Debito. Debt; ma assai spesso questo termine indica anche il suo correlativo, ossia il credito. È definito *nonrecourse debt* quel tipo di credito, nato più spesso in occasione della vendita di beni di consumo, di cui l'unica garanzia è costituita dal diritto del creditore di rientrare in possesso della merce venduta. Ma il debitore-acquirente non è responsabile del mancato pagamento con il suo patrimonio. Un tipo di mutuo — e quindi di credito — di cui non si può esagerare l'importanza, è costituito dal *nonrecourse loan,* ossia dal quel mutuo che esclude il ricorso del creditore ad altri beni del debitore nel caso in cui il valore dell' oggetto della garanzia divenga inferiore all' ammontare effettivamente dovuto: esso è praticato negli S.U. più spesso in materia di credito agli agricoltori (ACCERTAMENTO DEL DEBITO; ACCOLLO DI DEBITO; ADDEBITAMENTO; ADDEBITO; ANNULLAMENTO DEL DEBITO; ARRETRATO; CAUSE (I) LEGITTIME DI PRELAZIONE; COMPENSAZIONE; CREDITO; DEBITO; DEBITORE; FALLIMENTO; INDEBITAMENTO; IN SOFFERENZA; INSOLUTO; INSOLVENZA; INTERESSI SUL CAPITALE; MUTUO; PAGAMENTO; POSIZIONE DEBITORIA; PRESTITO; PRIGIONE PER DEBITI; *RATING*; REMISSIONE DEL DEBITO; RESPONSABILITÀ; RICONOSCIMENTO DI DEBITO; RICORSO; SCADENZA; SOLVIBILITÀ). [vol. I: *ad vocem;* BANKRUPTCY; EXECUTION; PAYMENT]

Bibl.:
Gorla 1981: 15.

- **a breve termine dovuto al commerciante.** Account payable. [vol. I: *ad vocem*]
- **di gioco.** Gaming, o betting, debt; il pagamento del debito di gioco o scommessa è irripetibile (*infra,* DEBITO DI ONORE; CREDITO IRRECUPERABILE; GIOCO; PAGAMENTO). [vol. I: DEBT OF HONOUR; GAMING; HONOUR; IMPERFECT OBLIGATION; UNENFORCEABLE]
- **di imposta.** Tax debt, tax liability (PRIVILEGIO DELLO STATO PER CREDITI DI IMPOSTA; IMPOSTA).
- **di onore.** Debt of honour (*supra,* DEBITO

DI GIOCO). [vol. I: *ad vocem;* ACCEPTANCE; BILL OF EXCHANGE; HONOUR]

– **di valore.** Grosso modo, value debt (CLAUSOLA ORO; UNITÀ DI CONTO; VALORE).

– **di valuta.** Pecuniary, o monetary, debt (*supra,* DEBITO DI VALORE; VALUTA).

– **ereditario.** Grosso modo, debt of a deceased person's estate; ma si noti l'assai diverso regime successorio dei sistemi di *common law* (SUCCESSIONE PER CAUSA DI MORTE). [vol. I: SUCCESSION]

– **e responsabilità.** Questa distinzione, derivante dalla dogmatica tedesca (*Schuld* e *Haftung*), non è adottata dalla *common law* senza che, peraltro, qui, come del resto altrove, ciò comporti disastrose conseguenze (RESPONSABILITÀ).

– **fluttuante.** Floating debt (FLOTTANTE; PRIVILEGIO FLOTTANTE). [vol. I: DEBT]

– **insoluto.** Outstanding, overdue, unpaid, delinquent debt (CAMBIALE INSOLUTA; INSOLUTO; MORA).

– **ipotecario.** Grosso modo, mortgage debt (CREDITO IPOTECARIO; IPOTECA). [vol. I: MORTGAGE]

– **non scaduto e non ancora esigibile.** Debt accruing (*infra,* DEBITO SCADUTO ED ESIGIBILE). [vol. I: *ad vocem*]

– **obbligazionario.** Bonded debt (OBBLIGAZIONE (II) QUALE TITOLO MOBILIARE). [vol. I: BOND; DEBENTURE]

– **pagabile a rate.** Debt payable by, o on, instalments (CREDITO AL CONSUMATORE; RATA DI PREZZO). [vol. I: CONSUMER CREDIT; INSTALMENT]

– **pecuniario.** Pecuniary debt, debt of sum of money (*supra,* DEBITO DI VALUTA).

– **pregresso.** (*infra,* DEBITO SCADUTO)

– **prescritto.** (CREDITO PRESCRITTO)

– **pubblico.** National debt, public debt (FONDO CONSOLIDATO; PROFITTO; RENDITA; TITOLI MOBILIARI CONSOLIDATI). [vol. I: BOND; BUDGET; CONSOLIDATED FUND; DEBENTURE; NATIONAL DEBT]

– **pubblico federale negli S.U.** Federal debt (*supra,* DEBITO PUBBLICO).

– **scaduto ed esigibile.** Debt owing (*supra,* DEBITO NON SCADUTO E NON ANCORA ESIGIBILE; CREDITO MATURATO; SCADENZA). [vol. I: *ad vocem*; OWING]

– **scoperto.** Overdue, o outstanding, debt (SCOPERTO DI CONTO CORRENTE). [vol. I: MATURITY; MORA; OVERDRAFT; OVERDUE]

Debitore. Debtor; il termine indica, in senso stretto, il debitore di una somma di denaro, detto anche *obligor* quando il debito deriva da un *bond.* Nella tradizione di *common law* il debitore, l'obbligato e il responsabile sono definiti più spesso come *person liable* o *liable person*; nel contratto, si parla di *promisor* (OBBLIGATO; PROMITTENTE).

1. Di fatto, nelle società industriali dell'Occidente il debitore è, nella stragrande maggioranza delle transazioni commerciali interne di un paese, o addirittura di un'intera area come quella comunitaria, il consumatore. Probabilmente, il *fatto che la tutela del consumatore sia virtualmente inesistente* nel nostro paese — in plateale violazione dei princìpi e della normativa comunitaria — spiega perché, salvo rare eccezioni, la scienza giuridica italiana spesso omette di rilevare questa circostanza.

2. Ma parlare di debitore e debito significa anche, inevitabilmente, parlare di fallimento. A questo proposito, si rileva che uno dei tratti caratteristici della *policy* legislativa inglese e, ancor più, nordamericana, nella materia è il concetto che, oltre alla soddisfazione dei creditori, il fallimento debba servire anche a mettere in grado il debitore di liberarsi mediante la *discharge* — istituto privo di equivalenza nella *civil law* — dalle obbligazioni insinuate o insinuabili al passivo indipendentemente dalla percentuale pagata ai creditori, riacquistando in tal modo la propria capacità patrimoniale.

3. Sulla scia degli antichi statuti italiani, il sistema inglese e quello nordamericano accolgono il *fallimento civile,* la cui introduzione nel nostro ordinamento fu autorevolmente, ma senza fortuna, sostenuta fin dal 1901 da Cesare Vivante, astro di prima grandezza del diritto commerciale italiano. Proposta che, tra i tanti argomenti, invocava l'antico istituto della Lex Rodhia: come scrive questo giurista, essa « quantunque abbia raccolto l'accordo di quasi tutti gli studiosi e sia passata nelle leggi straniere più autorevoli, sembra in Italia condannata alla sterilità dall'inerzia della coscienza giuridica nazionale » [1893, ed. 1992, vol. I: 323].

4. Ai numerosi argomenti avanzati da Cesare Vivante, se ne potrebbe aggiungere, forse, uno ulteriore: ossia, che a cominciare dalla società per azioni, arco di volta delle società ad economia di mercato, la responsabilità per i danni derivanti dall'esercizio di

una qualsiasi attività — non soltanto imprenditoriale — non può non essere limitata. Del resto, il diffusissimo sviluppo dell'attività assicurativa — peraltro, non in Italia in cui si può definire a livelli da Terzo Mondo — che si accompagna all'attività economica delle società capitalistiche più avanzate, si spiega in buona parte, oltre che con l'aumento del rischio che essa comporta, anche con l'esigenza di limitare la responsabilità dell'imprenditore. Di fatto, il limite finanziario della capacità assicurativa dell'assicuratore è anche quello della responsabilità massima dell'operatore economico-industriale, in un regime di responsabilità tendenzialmente limitata, anche se, specie negli S.U., nella determinazione del risarcimento, le giurie oltrepassano spesso questo limite.
5. In altre parole, in un sistema in cui la limitazione della responsabilità viene anche troppo generosamente accordata all'imprenditore, escludere da tale beneficio proprio il consumatore, ossia l'anello più debole della catena, appare come una forma di arretratezza di quei pochi regimi che, come il nostro (e quello francese), non ammettono il fallimento civile.
6. L'anticipo che, anche in questo, il regime nordamericano del fallimento mostra su quello italiano, consiste, appunto, nell'ammettere il fallimento del *consumer-debtor*, figura centrale nell'economia dei paesi industriali di massa. In base al *Chapter 13* del c.d. Bankruptcy Code, un debitore insolvente che sia percettore di reddito fisso (*wage earner*) può proporre al giudice competente, che concede un termine ulteriore, un piano di pagamento dei creditori non privilegiati. Il piano deve stabilire che i redditi futuri del debitore saranno sottoposti al controllo del *trustee* fino alla soddisfazione dei debiti. Il *Chapter 12* dello stesso testo prevede un procedimento analogo a favore degli agricoltori con un reddito fisso (ASSICURAZIONE; BENI DEL DEBITORE; CAUSE (I) LEGITTIME DI PRELAZIONE; CLIENTE; CONCORDATO; CONSUMATORE; DEBITO; ESECUZIONE; FALLIMENTO: VI.1; FALLITO; *FAVOR DEBITORIS*; LIMITAZIONE DELLA RESPONSABILITÀ CIVILE; MORA; MUTUATARIO; OBBLIGATO; PAGAMENTO; PIGNORAMENTO DEI BENI DEL DEBITORE; PIGNORAMENTO PRESSO IL DEBITORE; PROMITTENTE; RESPONSABILE; RIABILITAZIONE DEL FALLITO; SEQUESTRO DEI BENI DEL DEBITORE). [vol. I: BANKRUPTCY; CONSUMER PROTECTION; DEFAULT; DISCHARGE; EXECUTION; MORA]

– **esecutato.** Execution debtor (*infra*, DEBITORE PIGNORATO; CREDITORE ESECUTANTE; ESECUZIONE FORZATA).

– **in mora.** Defaulter, defaulting debtor, o debtor in arrears; ma si noti che non è richiesta la sua costituzione in mora, e che è ignota la mora del creditore (CLAUSOLA DI ACCELERAZIONE; DEBITO; INSOLVENZA; MORA; *RATING*). [vol. I: ARREARS; DEFAULT; LIMITATION OF ACTIONS; MORA; PERFORMANCE: 3; TIME]

– **insolvente.** Insolvent debtor; ma la dichiarazione di fallimento non richiede necessariamente, nel sistema inglese, lo stato di insolvenza (*supra*, DEBITORE IN MORA; DILAZIONE DI PAGAMENTO; DIPENDENTE; FALLIMENTO: IV.1; INSOLVENZA; NULLATENENTE; PRIGIONE PER DEBITI). [vol. I: INSOLVENCY]

– **ipotecario.** Grosso modo, mortgagor (CREDITORE IPOTECARIO; IPOTECA). [vol. I: MORTGAGE]

– **pignoratizio.** Pawnor, o pledgor (CREDITORE PIGNORATIZIO; PEGNO). [vol. I: PAWN]

– **pignorato.** Execution debtor (*supra*, DEBITORE ESECUTATO; ESECUZIONE; PIGNORAMENTO).

– **principale nella fideiussione.** Principal, o principal debtor (FIDEIUSSORE). [vol. I: GUARANTEE; PRIMARY LIABILITY; PRINCIPAL AND SURETY]

– **residente.** Resident debtor (PIGNORAMENTO DI BENI STRANIERI).

– **secondario.** Surety (FIDEIUSSORE). [vol. I: *ad vocem;* GUARANTEE; INDEMNITY]

– **simulato.** Fraudulent debtor (ALIENAZIONE IN FRODE DEI CREDITORI; FALLIMENTO). [vol. I: *ad vocem*; FRAUDULENT CONVEYANCE]

– **solidale.** Joint and several, o in solidum, debtor; ma si noti l'assai diverso regime della solidarietà nella tradizione di *common law* (COMUNIONE; OBBLIGAZIONE (I) SOLIDALE). [vol. I: CONTRIBUTION; JOINT: 2]

Decadenza in genere. Grosso modo, forfeiture, lapse, bar. Ma non sembra che la *common law* distingua nettamente tra decadenza e prescrizione: quest'ultima è detta *limitation of actions*. Peraltro, diversi termini possono esprimere, di volta in volta, un concetto analogo a quello di decadenza come, ad es., quando si parla di *estoppel, laches, foreclosure*, *forfeiture, lapse*. Effetto della decadenza è spesso il c.d. « debarment from action ». La clausola di decadenza contrattuale è detta più spesso *forfeiture clause*: la *cancelling clause*, ossia la clausola del cancello contenuta nei *charterparties*, costituisce una *forfeiture clause.* Nella prassi internazionale, la decadenza è espressa sovente dal termine *time-limit* (CLAUSOLA DEL CANCELLO; CLAUSOLA DI DECADENZA; CLAUSOLA PENALE; PRECLUSIONE o DECADENZA DAL DIRITTO DI PAGARE IL DEBITO IPOTECARIO; PRESCRIZIONE e DECADENZA; TERMINE). [vol. I: BAR; DAMAGES; ESTOPPEL; FORECLOSURE; FORFEITURE; LAPSE; LIMITATION OF ACTIONS; PENALTY; PRESCRIPTION; STATUTE BARRED; TIME-LIMIT]

– **dai termini nel processo.** Forfeiture of time-limit, lapse of time-limit, barring through lapse of time, debarment from action (DECORRENZA DEI TERMINI; TERMINI). [vol. I: BAR; TIME-LIMIT]

– **dal beneficio del termine.** Grosso modo, forfeiture, expiry of time-limit (BENEFICIO DEL TERMINE; CLAUSOLA DI ACCELERAZIONE; INDEMPIMENTO; TERMINE). [vol. I: ACCELERATION CLAUSE]

– **dal diritto di voto.** Disqualification from voting (DIRITTO (II) DI VOTO). [vol. I: DISQUALIFICATION]

– **dalla patria potestà.** Grosso modo, disqualification of guardian (PATRIA POTESTÀ).

– **da un diritto.** Grosso modo, lapse, loss of a right; ma è dubbio che esista un'espressione esattamente corrispondente. Peraltro, la figura dell'*estoppel*, e i termini *forfeiture of a right, debarment from a right, expiration of right* rendono, a un di presso, un concetto analogo (DIRITTO (II); PRECLUSIONE).

Decentramento. Grosso modo, devolution. Il R.U. è uno stato in cui vige l'autogoverno, ma non uno stato federale. Con l'espressione *devolution of government* si indica più spesso il regionalismo, ossia il decentramento di taluni poteri legislativi ed esecutivi dagli organi centrali alle varie regioni della Gran Bretagna, peraltro finora non attuato (AUTOGOVERNO; DELEGA DEI POTERI; FEDERALISMO; REGIONALISMO). [vol. I: LOCAL GOVERNMENT]

Bibl.:

Roversi-Monaco, F., *Decentramento*, in *Dizionario di Politica* 1976, ed. 1983: 299, at 301.

Decimalizzazione della moneta. Decimalization of currency (MONETA; SISTEMA METRICO DECIMALE; UNITÀ DI CONTO).

Decisione/i in genere. Decision, ruling, determination, award. Anche qui la terminologia appare ondeggiante e ambigua. Il termine decision — che indica più spesso il dispositivo della sentenza — è impiegato di solito come sinonimo di *judgment*, ma quest'ultimo indica, in senso stretto, la sentenza, o il giudizio, tipico di un organo giurisdizionale: in quest'ultimo senso, si parla anche di *judicial decision, judicial judgment, judicial determination*. Ma si noti la assai diversa articolazione della sentenza di *common law* (si noti altresì che *sentence* non indica la sentenza nostrana ma la pena o condanna). Infine, sono definite *decisions* quelle prese dal giudice sulla base di *motions* proposte dalle parti nel corso del *trial* (GIUDIZIO; SENTENZA).

1. Peraltro, una sentenza può prendere svariati nomi come *decree, order,* etc.: ad es., la sentenza di divorzio è detta *decree of divorce.* Una sentenza che stabilisce una nuova regola di diritto è spesso definita *landmark decision, landmark ruling, major ruling.* Nei casi in cui la sentenza sia stata emanata da un collegio, si parla di *narrow decision* quando la maggioranza è appena sufficiente a raggiungere il *quorum* (OPINIONE DISSENZIENTE).

2. *Ruling* indica una decisione giudiziaria o, anche, extragiudiziaria che procede all'interpretazione di una legge, di un regolamento, etc. come, ad es., nel caso delle *Revenue Rulings;* ma indica anche la decisione del giudice, detta anche *decision,* presa nel corso del *trial* sulla base di *motions* avanzate dalle parti come, ad es., in tema di ammissibilità di una prova, etc.

3. Col termine *adjudication* si indica sia l'attività decisionale, giudiziaria o meno, sia la decisione stessa: si parla di *adjudication in bankruptcy* per indicare il fatto di dichiarare fallito qualcuno o la stessa dichiarazione di fallimento. È detto *power of adjudication* il potere decisorio in genere.

4. Spesso, per indicare che la corte o il giudice ha deciso a favore di una delle parti, si dice che esso *finds in favour of XY.*

5. Il delitto contro l'autorità di una decisione o un provvedimento giudiziario è definito *contempt of court* (REATI CONTRO L'AMMINISTRAZIONE DELLA GIUSTIZIA).

6. Una decisione soggetta al diritto di veto deve essere presa all'unanimità dei membri di un collegio (VETO).

7. Negli S.U. è definita *memorandum decision* quella decisione giudiziaria che contiene soltanto il *ruling*, ossia il dispositivo, ma non l'*opinion*, ossia la motivazione (*reasons for the decision*).

8. Il lodo arbitrale è detto *arbitral award*, o *award* (ANNULLAMENTO DI UNA DECISIONE; APPELLO; AUTORITÀ DI UNA DECISIONE; AUTORITÀ GIUDICANTE; CONFERMA DELLA SENTENZA IN APPELLO; DE-

LIBERAZIONE; DETERMINAZIONE; DISPOSITIVO DELLA SENTENZA; FIGURA PUBBLICA; FONTI DEL DIRITTO; GIUDIZIO; IMPUGNAZIONE DI UNA DECISIONE; LODO ARBITRALE; MAGGIORANZA; MOTIVAZIONE DELLA SENTENZA; NOZIONI DI FATTO POSTE A BASE DELLA DECISIONE; PRECEDENTE GIUDIZIARIO; PROVVEDIMENTO GIUDIZIARIO; RIGETTO DELLA SENTENZA; SENTENZA; UNANIMITÀ; VETO). [vol. I: AWARD; CONTEMPT OF COURT; DECISION; JUDGMENT; POWER OF ADJUDICATION; RULE; RULING; SENTENCE; VETO]

– **all'unanimità.** Unanimous decision (UNANIMITÀ).

– **a maggioranza.** Majority decision (*supra*, DECISIONE IN GENERE: 1; MAGGIORANZA).

– **arbitrale.** Arbitration, o arbitral, award (ARBITRATO; LODO ARBITRALE). [vol. I: ARBITRATION; AWARD]

– **collettive.** Collective decisions.

Bibl.:

D'Alimonte, R., *Decisioni collettive, Teoria delle*, in *Dizionario di Politica* 1976, ed. 1983: 304.

– **di una controversia in genere.** Adjudication of a dispute (CONTROVERSIA). [vol. I: ADJUDICATION; DISPUTE]

– **implicita.** Implied decision (IMPLICITO; TACITO). [vol. I: IMPLIED]

– **in udienza di un punto controverso.** Ruling. Questo termine indica spesso la decisione presa dal giudice su una questione incidentale nel corso del procedimento (ORDINANZA; QUESTIONE INCIDENTALE). [vol. I: *ad vocem*; OVERRULING]

– **maggioritaria di un organo collegiale.** Plurality decision (MAGGIORANZA).

– **motivata.** Decision giving reasons for it (MOTIVAZIONE DELLA SENTENZA).

– **politica.** Political decision (ATTO POLITICO).

– **pregiudiziale (CGCE).** Preliminary ruling.

– **sul merito.** Judgment, o decision, on the merits (APPELLO; COSA GIUDICATA; GIUDICE DI MERITO; MERITO).

Decisorio in genere. Adjudicatory (DECISIONE; GIURISDIZIONE; ORGANO DECISORIO; POTERE DECISORIO; SISTEMA DECISORIO).

Declino in genere. Decline, disclaimer (REVOCA; RIFIUTO; SCONFESSIONE).

– **della giurisdizione.** Declining the jurisdiction of the court (GIURISDIZIONE; RICUSAZIONE DEL GIUDICE).

– **della responsabilità.** Disclaimer of liability, o of responsibility (RESPONSABILITÀ; SOLLIEVO DALLA RESPONSABILITÀ). [vol. I: DISCHARGE; DISCLAIMER; EXEMPTION; EXONERATION]

Decolonizzazione. Decolonization (PAESE IN VIA DI SVILUPPO).

Decorrenza in genere. Running, lapse, currency, effluxion, expiration (CADUCITÀ; DECADENZA; DECORSO DEL TEMPO; PRESCRIZIONE; SCADENZA; TEMPO; TERMINE).

– **dei termini.** Running of time (DECADENZA DAI TERMINI NEL PROCESSO; PRESCRIZIONE; SCADENZA; TERMINE). [vol. I: TIME-LIMIT]

– **della prescrizione.** Running of the statute of limitation; ma si noti la notevole diversità di regime della materia nella tradizione di *common law* (PRESCRIZIONE). [vol. I: LIMITATION OF ACTIONS; STATUTE OF LIMITATION]

– **del tempo.** Running of time, expiration of time (PRESCRIZIONE; TEMPO). [vol. I: LIMITATION OF ACTIONS; OUT OF TIME; PRESCRIPTION; TIME]

– **e durata delle stallie.** Commencement and duration of lay days (STALLIE).

Decorso del tempo. Running of time, lapse of time (DECORRENZA DEI TERMINI).

– **dell'assicurazione in genere.** Currency of insurance (DURATA DELL'ASSICURAZIONE).

Decozione. Insolvency (INSOLVENZA; FALLIMENTO).

Decremento. Reduction (AUMENTO; DEPERIMENTO; DETRIMENTO; DIMINUZIONE; INCREMENTO; RIBASSO; RIDUZIONE).

Decreto in genere. Decree, order, ordinance, statutory order. Ma, anche qui, si entra nelle sabbie mobili dell'intraducibilità dovuta alla notevole differenza di regime cui il termine viene, di volta in volta, riferito; ma non esistono le finezze nostrane tra decreto e ordinanza giudiziaria, etc. *Decree* è termine originario dell'*equity*: esso indica anche la sentenza nostrana come, ad es., in materia di divorzio (DECISIONE; PROVVEDIMENTO GIUDIZIARIO; SENTENZA DI DIVORZIO). [vol. I: DECREE; ORDER]

– **che dispone il giudizio.** Non esiste un provvedimento unico come quello nostrano previsto dall'art. 429 del c.p.p. Il rinvio a giudizio si svolge attraverso due fasi: quella del *committal for trial*, e quella successiva dell'*indictment*, ossia l'atto di accusa vero e proprio redatto dall'organo giudiziario presso cui si svolgerà il *trial* (AZIONE (I) PENALE: 5; COMPARIZIONE DELL'IMPUTATO; RINVIO A GIUDIZIO). [vol. I: COMMITTAL FOR TRIAL]

– **di citazione a comparire in giudizio.** (INVITO A PRESENTARSI)

– **di perquisizione.** Grosso modo, search warrant (PERQUISIZIONE).

– **giudiziario in genere.** Per quanto non esista una equivalenza esatta, le espressioni *order* e *direction* sembrano quelle che maggiormente si approssimano al concetto italiano. Il *decree* è il provvedimento tipico dell'*equity* (SENTENZA). [vol. I: DIRECTION; JUDGMENT; ORDER]

– **ingiuntivo.** Non esiste un corrispondente esatto; ma sia il sistema inglese che quello nordamericano (regole di procedura civile federale) prevedono un rimedio di altrettanta rapidità ed efficacia che va sotto il nome di *summary judgment*: si tratta di un provvedimento *ex parte*. Ad esso non si applica la convenzione di Bruxelles 1968 sulla giurisdizione e l'esecuzione delle sentenze civili e commerciali (ESECUZIONE FORZATA DELLA SENTENZA CIVILE STRANIERA; GIUDIZIO ABBREVIATO; PROCEDIMENTI SPECIALI; TITOLO ESECUTIVO). [vol. I: DEFAULT; DEFAULT SUMMONS; JUDGMENT IN DEFAULT; ORDER 14 PROCEDURE; SUMMARY JUDGMENT]

– **legge.** Lett., decree-law; ma non esiste un equivalente esatto né nel sistema costituzionale britannico, né in quello nordamericano.

1. Il felice sistema politico britannico — almeno tale appare visto dall'Italia — fondato su un sistema elettorale maggioritario e sull'esistenza di partiti alternativi fungibili tra loro, realizza un bipartitismo perfetto che comporta, di solito, saldissime maggioranze parlamentari che evitano il ricorso all'odioso provvedimento nostrano quale il decreto-legge che costituisce — specie quando il governo ne fa oggetto di voto di fiducia — una violenza usata al parlamento. A parte che nella stragrande maggioranza dei casi mancano i previsti requisiti costituzionali di necessità e urgenza. Ad ogni modo, nel sistema britannico, in casi di eccezionale urgenza, la *House of Commons* può approvare una legge in un solo giorno con una *resolution* della camera che sospende gli *standing orders*. La *Royal Proclamation* e l'*Order in Council* costituiscono un lontano analogo del decreto legge nostrano. Altrettanto sembra potersi dire dell'*executive order* del Presidente degli S.U.

2. Si noti che nel sistema costituzionale britannico il potere esecutivo è sfornito di potestà regolamentare propria: deve cioè sussistere, ogni volta, una espressa delegazione di potere normativo, di fatto frequentissima. È detta *enabling act*, o *statute*, o *enabling clause*, la legge, o la parte di essa, che delega poteri legislativi materiali all'esecutivo. Di fatto, molta della materia che nel nostro sistema richiede una legge, nel sistema britannico riceve una disciplina regolamentare resa possibile dalla *delegated legislation* assicurata da una pubblica amministrazione di leggendaria efficienza, almeno rispetto a quella nostrana. Il sistema britannico riflette, in sostanza, la tendenza esistente in molti paesi occidentali avanzati a conferire all'esecutivo poteri sempre più ampi in materia legislativa. Si tratta di un tema fondamentale nelle democrazie industriali dell'Occidente, nelle quali si assiste ad un ruolo sempre più imponente di delega di poteri legislativi all'esecutivo. Ad ogni modo, resta da rilevare che anche se questa tendenza fosse seguita nel nostro paese, *la pessima qualità della pubblica amministrazione* renderebbe virtualmente impossibile all'esecutivo di svolgere con gli stessi effetti un allargato ruolo normativo. Quello britannico è un sistema di governo parlamentare in cui la supremazia del parlamento è intesa, di fatto, come supremazia dell'esecutivo (CENTRALITÀ DEL PARLAMENTO; DELEGA DEI POTERI ALLO STATO FEDERALE NEGLI S.U.; LEGISLAZIONE; PRESIDENTE DEL CONSIGLIO DEI MINISTRI; REGOLAMENTO). [vol. I: ADMINISTRATIVE LAW; CABINET; COUNCIL; DELEGATED LEGISLATION; ENABLING ACT; LEGISLATION: 4; ORDER IN COUNCIL; ROYAL PROCLAMATION; STATUTORY INSTRUMENTS]

– **legislativo.** Lett., legislative decree: ma né nel sistema costituzionale britannico, né in quello nordamericano esiste un equivalente esatto (*supra,* DECRETO LEGGE; DELEGA LEGISLATIVA).

– **ministeriale.** Grosso modo, ministerial order, o decree; ma non v'è corrispondenza esatta (MINISTRO). [vol. I: LEGISLATION: 4]

De cuius. Lett., person by, through, from o under whom another claims. Ma questo termine è impiegato di rado nella *common law* in cui, nella successione *mortis causa*, si parla di *defunct, deceased person, testator*, *propositus*. In effetti, dati gli assai diversi princìpi che regolano la successione in quella tradizione giuridica, il termine non trova equivalenza in senso stretto (DANTE CAUSA; SUCCESSIONE PER CAUSA DI MORTE). [vol. I: DECEASED; INTESTACY; SUCCESSION; TESTATOR]

Deducibile dall'imposta. Tax deductible (DEDUZIONE; IMPOSTA).

Deduzione in genere. Deduction, allowance, abatement, recoupment (ABBUONO; DEDUCIBILE DALL'IMPOSTA; DETRAZIONE; DIFFERENZA TRA IL NUOVO E IL VECCHIO NELL'ASSICURAZIONE MARITTIMA; SOTTRAZIONE). [vol. I: ALLOWANCE; NEW FOR OLD; RECOUPMENT; SET OFF]

- **da una somma.** Defalcation; ma questo termine indica anche l'appropriazione indebita di fondi, l'inadempimento e la compensazione (APPROPRIAZIONE INDEBITA DI FONDI; COMPENSAZIONE; INADEMPIMENTO).
- **d'uso.** Customary allowance (ABBUONO).
- **fiscale.** Tax deduction, tax allowance (DEDUCIBILE DALL'IMPOSTA; IMPOSTA).

Deduzione come processo logico. Deduction, inference, implication.
1. La *common law* si sviluppa non già da sillogismi deduttivi, ma attraverso il ragionamento analogico fondato su precedenti situazioni di fatto; è questa una distinzione di fondo, quanto a processo mentale, tra le due tradizioni giuridiche. La *civil law* procede dal principio generale alla decisione particolare; la *common law*, invece, parte da una determinata decisione per risalire al principio attraverso una serie di casi, metodo eminentemente induttivo che consiste nell'estendere l'applicazione della regola giurisprudenziale da un caso particolare ad altri casi analoghi. Ma si noti che al giudice di *common law* è fatto divieto dell'interpretazione analogica della *statute law*.
2. Sherlock Holmes — archetipo di *detective* scientifico — ricorre alla *science of deduction* come strumento di indagine (ANALOGIA; COMPLETEZZA DELL'ORDINAMENTO GIURIDICO; CONCLUSIONE; ILLAZIONE; NUOVE DEDUZIONI; POLIZIA; PRECEDENTE GIUDIZIARIO; RAGIONAMENTO GIURIDICO; SISTEMA GIURIDICO CHIUSO-APERTO; TRADIZIONE GIURIDICA). [vol. I: INTRODUZIONE: III. 5, 6, 7, 8; ANALOGY; CASE LAW; COMMON LAW; GENERAL PRINCIPLES OF LAW; IMPLICATION; LEGAL REASONING; PRECEDENT; STARE DECISIS]

Deferimento in genere. Submission (DENUNZIA; RIFERIMENTO; RIMESSIONE; RINVIO).

- **del giuramento.** Referring oath (GIURAMENTO; RIFERIMENTO; RINVIO). [vol. I: COMMITTAL; SUBPOENA]
- **di reato all'autorità giudiziaria.** (DENUNZIA DI REATO)
- **di una questione al giudice.** Referral of, o referring, an issue to a court. [vol. I: REFERENCE]

Deficienza in genere. Deficiency; ma si noti che in materia tributaria questo termine indica l'imposta, o la parte di imposta, non pagata rispetto a quella effettivamente dovuta (DEFICIT; IMPOSTA NON PAGATA; MANCANZA).

Deficit. Deficit, imbalance, shortage, deficiency (AMMANCO; AVANZO; BILANCIO; DEFICIENZA; EQUILIBRIO; SQUILIBRIO). [vol. I: BUDGET; DEFICIENCY]

- **commerciale.** Trade deficit, trade gap, trade imbalance (COMMERCIO INTERNAZIONALE). [vol. I: IMPORTATION; TRADE]
- **dei conti correnti.** Current accounts deficit (BILANCIA COMMERCIALE).
- **del bilancio dello stato.** Budget deficit (BILANCIO DELLO STATO).
- **esterno.** External deficit.
- **interno.** Domestic deficit.

Definitivo in genere. Final, conclusive (COSA GIUDICATA; FINALE; INTERIM; INTERLOCUTORIO; PROVVISORIO). [vol. I: FINAL; INTERIM; INTERLOCUTORY]

Definizione/i in genere. Definition, characterization (DENOMINAZIONE; DESCRIZIONE).

- **di una controversia.** Settlement of a dispute (CONTROVERSIA; TRANSAZIONE).
- **giuridiche.** Legal definitions. La definizione dei termini impiegati nei singoli testi di legge assume particolare importanza nei sistemi di *common law* in cui vigono diversi criteri interpretativi della legge scritta: la parte di una legge riservata alle definizione dei termini in essa contenuti è detta, appunto, *statutory definitions*. Questa prassi, adottata anche nelle convenzioni e nei contratti commerciali internazionali, è stata di recente introdotta anche in talune leggi italiane (INTERPRETAZIONE; TEO-

RIA GENERALE DEL DIRITTO; TRADIZIONE GIURIDICA; TRADUZIONE GIURIDICA). [vol. I: INTERPRETATION; STATUTE LAW: VI; TREATY]

Deflazione. Deflation (INFLAZIONE).

Defunto. Deceased person, defunct (*DE CUIUS*; SUCCESSIONE PER CAUSA DI MORTE). [vol. I: COMMORIENTES; DEATH; DECEASED; REPRESENTATION; SUCCESSION; SURVIVORSHIP]

Degno in genere. Worthy.

– **di credito.** Creditworthy (CREDITO).

– **di fede.** Credible, reliable, creditworthy (AFFIDABILITÀ; ATTENDIBILITÀ DEL TESTIMONE).

Degradazione. Degradation (DEPOSIZIONE; DESTITUZIONE; DIMISSIONI). [vol. I: *ad vocem*; AMOTION; DISMISSAL; QUAMDIU BENE SE GESSERIT]

Delatore. Accuser, informer, delator, mole (DELAZIONE; INFILTRATO; INFORMATORE; PENTITO; SOFFIATA; SPIA; TALPA; TESTIMONE).

Delazione. Information (DELATORE; OMERTÀ; OMESSA DENUNZA DI REATO).

– **dell'eredità.** Non vi è concetto corrispondente, la tecnica della devoluzione successoria essendo del tutto diversa nei sistemi di *common law*: l'eredità, intesa in senso lato, si devolve non già all'erede, ma a un terzo, detto *personal representative*, che procede al pagamento dei debiti e alla divisione del residuo tra gli aventi diritto (EREDITÀ; SUCCESSIONE PER CAUSA DI MORTE). [vol. I: DEVOLUTION; SUCCESSION]

Del credere. (COMMISSIONARIO TENUTO ALLO STAR DEL CREDERE)

Delega in genere. Grosso modo, delegation, authority, mandate, commission, proxy. La delega va distinta dall'*assignment*, ossia dalla cessione; ma si tratta di materia non agevole (*infra,* DELEGA DEI POTERI ALLO STATO FEDERALE NEGLI S.U.; CESSIONE DEL CONTRATTO; CESSIONE DEL DIRITTO; DELEGAZIONE; PROCURA; SUPPLENZA).

– **dei poteri in genere.** Delegation of powers (POTERE; SUPPLENZA).

– **dei poteri allo stato federale negli S.U.** In base al X emendamento [1791] della costituzione federale: « The powers not delegated to the United States by the Constitution, nor prohibited by it to the States, are reserved to the States respectively, or to the people ». Ciò che colpisce di questa norma è il riferimento alla *sovranità popolare*, che prescinde cioè dal potere dello stato in quanto tale (FEDERALISMO; SOVRANITÀ).

1. Premesso che si ha una *federal delegation* e una *state delegation* (ossia dei singoli stati dell'Unione), sta di fatto che, a sua volta, il Congresso federale delega poteri legislativi alle *admnistrative agencies*, potere definito non a torto « dangerous » data la sua ampiezza [Davis 1951, ed. 1972: 26].

2. In effetti, da tempo una massiccia delega di poteri legislativi da parte del Congresso rientra in una lunga e ormai consolidata prassi, e i tentativi giudiziari di stabilirne la incostituzionalità principalmente in quanto in violazione del principio della separazione dei poteri (la c.d. *non delegation doctrine*) possono ormai considerarsi come una curiosità storica superata dalla decisione della *Supreme Court* nel caso *Sunshine Anthracite Coal* v. *Adkins*, 310 U.S. 381, 386, 60 S. Ct. 907, 914, 84 L. Ed. 1263 (1940). Un discorso analogo vale per la *state delegation*. Ma si tratta di tema assai complesso trattato da una massa considerevole di decisioni.

3. Il citato autore ha opportunamente messo in rilievo la necessità che tutto il sistema di delega del potere legislativo sia sottoposto ad una radicale revisione e basato su principi giuridici più accettabili di quelli attuali. Egli ha rilevato l'assurdità di un sistema in cui, da un canto, centinaia di decisioni stabiliscono che la delega di potere legislativo è illegale se non è accompagnata da *statutory standards* (ossia dalla determinazione di princìpi e criteri direttivi, etc.) e, dall'altro, il potere delegato viene esercitato a tutti i livelli e da numerosi organi spesso in maniera incontrollata e arbitraria, dando luogo a frequentissimi scandalosi abusi di potere [ibid.: 43]. La materia rivela gravissime carenze in ordine al rispetto della legalità e dei diritti dei cittadini anche a causa della scarsissima elaborazione dottrinale e giurisprudenziale; la materia abbisogna, quindi, di radicale rivisitazione in una situazione in cui la *delegation of powers* non si limita al potere legislativo, ma si estende anche a quello amministrativo, impositivo e addirittura penale, etc. Un aspetto particolare della *delegation of powers* si riferisce alla delega a una entità privata di poteri impositivi e di espropriazione (*annexation powers*), ossia di poteri di espropriazione immobiliare, etc., come nel caso della Disneyland in Florida; in tal

caso, si parla di *granting governing powers*.
4. Connesso al fenomeno della delega, vi è quello della *supplenza giudiziaria* che, beninteso, prescinde da una delega formale e negli S.U. assume fenomeni imponenti data la nota difficoltà del Congresso federale e degli organi legislativi dei singoli stati dell'Unione di legiferare, ed un significato particolare trattandosi di un sistema giuridico a diritto giurisprudenziale (AUTOGOVERNO; CONCESSIONE; DECENTRAMENTO; DECRETO LEGGE; DECRETO LEGISLATIVO; DIRITTO (I) AMMINISTRATIVO; POTERI RESIDUALI; REGOLATORE; SEPARAZIONE DEI POTERI; SUPPLENZA; TUTELA DEI DIRITTI; VERIFICA DEI POTERI).

– **del diritto di voto societario.** È definita *proxy*, forma contratta di *procuracy*. Il termine indica sia la delega che il delegato. Si parla di *proxy contests*, o *proxy fights*, per indicare la battaglia delle deleghe per conquistare il controllo di una società, nella gran parte dei casi decise dall'autorità giudiziaria con notevole dispendio di spese; talvolta si tratta di un sistema più comodo e più rapido dell'offerta pubblica di acquisto. Gli oppositori alla maggioranza sono definiti *insurgents;* si parla di *proxies at a meeting of a company* (o *of a corporation*) per indicare le deleghe o i delegati all'assemblea societaria, e di *proxy rules* per indicare le regole in materia (ASSEMBLEA DELLA SOCIETÀ PER AZIONI; CONVENZIONE DI VOTO NELLA SOCIETÀ; DISTURBATORE DI ASSEMBLEA; MODULO PER DELEGA; OFFERTA PUBBLICA DI ACQUISTO; PROCURA; RAPPRESENTANZA; SOCIETÀ (II) QUALE SOGGETTO COLLETTIVO; VOTO). [vol. I: AGENCY; DELEGATION; PROXY]

Bibl.:
Henn 1961, ed. 1970: 386.
Schlesinger 1950, ed. 1988: 824 n. 12a.

– **legislativa.** Non esiste il decreto legislativo in senso stretto; ma è con un *enabling act* o *statute*, o con l'*enabling clause* della legge che la contempla, che ha luogo la delega legislativa all'esecutivo (*supra*, DELEGA DEI POTERI ALLO STATO FEDERALE NEGLI S.U.; DECRETO LEGGE; REGOLAMENTO). [vol. I: DELEGATED LEGISLATION; ENABLING ACT]

– **permanente di voto nell'assemblea societaria.** Permanent proxy (CONVENZIONE DI VOTO NELLA SOCIETÀ; SOCIETÀ (II) COMMERCIALE).

Delegante. Principal (DELEGA; DELEGATO; DELEGAZIONE).

Delegato. Proxy, commissioned (più spesso in tema di assemblea societaria), deputy, agent, attorney, delegate, representative, deputy, vicar, commissary (COMMISSIONE; DELEGA; DELEGANTE; RAPPRESENTANTE; VICARIO). [vol. I: AGENCY]

– **sindacale.** Union steward, shop steward (SINDACATO). [vol. I: TRADE UNIONS]

Delegatus non potest delegare. Questo principio ha particolare importanza rispetto ai poteri-doveri del *trustee*, basati essenzialmente su un rapporto fiduciario (DELEGA DEI POTERI ALLO STATO FEDERALE NEGLI S.U.; *TRUST*). [vol. I: *ad vocem*]

Delegazione. Delegation. Come forma di modifica del lato passivo dell'obbligazione, è detta *novation*; va distinta dall'*assignment*, ossia dalla cessione (CESSIONE DEL CONTRATTO; CESSIONE DEL DIRITTO; DELEGA; DELEGATO; NOVAZIONE; RAPPRESENTANZA). [vol. I: *ad vocem*; ASSIGNMENT; NOVATION]

Bibl.:
Farnsworth, Young, Jones 1965, ed. 1972: 950, 963.

– (o **rappresentanza) a una riunione.** Delegation (CAPO DELEGAZIONE; DELEGA). [vol. I: ALTERNATE; CONFERENCE]

Delegificazione. (*DE-REGULATION*)

Delibazione. Grosso modo, examination, recognition.

– **della sentenza straniera.** Con l'espressione *recognition of foreign judgment* si indica un procedimento analogo a, ma che non coincide con, quello della delibazione nostrana. Tra i paesi del *Commonwealth* britannico ha luogo la c.d. *registration of Commonwealth judgments*. Ma si noti la convenzione di Bruxelles del 1968 relativa alla giurisdizione e all'esecuzione delle sentenze civili e commerciali nell'ambito dei paesi comunitari (ESECUZIONE FORZATA DELLA SENTENZA CIVILE STRANIERA; GIUDIZIO DI DELIBAZIONE; GIURISDIZIONE VOLONTARIA; RICONOSCIMENTO DELLA SENTENZA STRANIERA; SENTENZA STRANIERA). [vol. I: FOREIGN JUDGMENT; JUDGMENT; JURISDICTION; RECOGNITION OF FOREIGN JUDGMENT]

Deliberatamente. Deliberately, knowingly, advisedly, wilfully (DELIBERATO; DOLOSO; INTENZIONALE; PREMEDITAZIONE). [vol. I: MALICE; MALICIOUS; WILFUL MISCONDUCT]

Deliberato. (DELIBERATAMENTE; DELIBERAZIONE; DOLOSO; INTENZIONALE)

Deliberazione in genere. Deliberation, consideration, resolution (ANNULLAMENTO DI DELIBERAZIONE; DECISIONE; INTENTO; INTENZIONE; PREMEDITAZIONE; PROMULGAZIONE DELLA LEGGE; VERBALE DELLE DELIBERAZIONI DI UNA RIUNIONE). [vol. I: DELIBERATION; RESOLUTION]

- **della sentenza.** Rendition of judgment (SENTENZA). [vol. I: JUDGMENT]
- **dell'assemblea di società.** Resolution of company, o of corporation (ASSEMBLEA; SOCIETÀ (II) QUALE SOGGETTO COLLETTIVO). [vol. I: COMPANY: IX; MEETING]
- **di fusione di società.** Resolution to consolidate companies o corporations (FUSIONE DI SOCIETÀ).
- **presa all'unanimità.** Unanimous resolution (DECISIONE ALL'UNANIMITÀ; DISSENSO; UNANIMITÀ; VETO). [vol. I: NEM. CON.]

Delimitazione dei confini. Marking, delimitation, o determination, of boundaries (CONFINI; DEMARCAZIONE).

Delinquente in genere. Offender, criminal, delinquent; ma quest'ultimo termine indica anche l'inadempiente, il moroso, l'evasore (INADEMPIENTE; MINORE). [vol. I: CRIMINAL LAW]

- **abituale.** Habitual criminal. Negli S.U. — stato federale — diversi stati dell'Unione prevedono, in base alla *statute law,* ossia legislativamente, la figura dell'*habitual criminal*, ignota alla *common law*. In questo senso, si parla di *habitual offender statutes* (diversi da stato a stato) che, in breve, stabiliscono pene, spesso notevolmente più severe, a carico del recidivo. Ma nel sistema inglese si parla piuttosto di *persistent offender* (RECIDIVO). [vol. I: PERSISTENT OFFENDER; PREVENTION OF CRIMES]
- **minorenne.** Juvenile offender (MINORENNE AUTORE DI REATO).

Delinquenza minorile. Juvenile delinquency, teen delinquency (GIUSTIZIA MINORILE).

Delitto (reato). Offence, criminal offence, o crime; il delitto, nel senso di omicidio volontario, è detto *murder* (CONTRAVVENZIONE; IN FLAGRANTE DELITTO; QUASI DELITTO; REATO). [vol. I: CRIME; MURDER; OFFENCE].

- **colposo-doloso.** In tema di omicidio, in talune ipotesi che nel nostro sistema sarebbero definite di omicidio colposo, si parla di *manslaughter by criminal negligence*, o anche di *culpable homicide*.
  1. Peraltro, salvo il caso in cui un comportamento colposo sia punito espressamente dalla legge scritta, come, ad es., nella circolazione stradale, sembra potersi dire che, in genere, nei sistemi di *common law* non esiste la categoria dei delitti colposi. In effetti, fu proprio perché in Inghilterra le giurie si rifiutavano di condannare per fatti colposi, che veniva creato con legge, ossia con il Road Traffic Act 1956, il reato di *causing death by reckless driving* [cfr. Jackson, ed. 1977: 211, n. 1]. Nel sistema inglese va sotto il nome di Fatal Accidents una serie di leggi, dette anche *Campbell's Acts*, che — innovando la regola di *common law* per cui la morte non dà diritto ad azione di risarcimento — prevedono l'azione civile a favore dei congiunti di vittime di infortuni. [vol. I: SURVIVAL OF CAUSES OF ACTION]
  2. Negli S.U. — stato federale — la materia rientra nelle attribuzioni dei singoli stati dell'Unione. Sono dette *wrongful death statutes* le leggi esistenti nei vari stati dell'Unione che prevedono la possibilità per gli aventi diritto di esperire un'azione in giudizio di risarcimento (*wrongful death action*) nel caso di omicidio colposo (COLPA; DOLO; INCIDENTE MORTALE; INCIDENTE STRADALE; MORTE; OMICIDIO; PREMEDITAZIONE; REATO). [vol. I: CRIMINAL LAW: I; FATAL ACCIDENT; INTENTION; MANSLAUGHTER; MENS REA; MURDER; SURVIVAL OF CAUSES OF ACTION]
- **tentato.** Attempted crime (REATO). [vol. I: ATTEMPT]

Demaniale in genere. Demesnial (DEMANIO; SUOLO DEMANIALE).

Demanio in genere. Demesne. Non esiste nella *common law* un regime giuridico equivalente al demanio pubblico o privato dello stato. Come si avverte in proposito: « There is no doctrine of the *the domaine public.* Crown lands are owned in the same way as private land and they are administered according to a law closely analogous to that governing land comprised in a family settlement. The only comprehensive account is in the article on Constitutional Law in *Halsbury's Laws of England* » [Chloros 1956, ed. 1973: 158].
1. Si parla quindi di *Crown land* e *Crown property* e, specie negli S.U., di *public domain*, per indicare gli immobili dello stato

federale e dei singoli stati dell'Unione, definiti anche *public lands*; in quest'ultimo caso, si parla anche di *state property*. Ma negli S.U. si parla anche di *general public domain* per indicare (l'immenso) demanio immobiliare federale. Comunque, quello che resta da sottolineare è il fatto che il regime giuridico della materia rientra nel diritto comune, a differenza di quello nostrano (ABORIGENO; FORESTE DELLO STATO; PUBBLICO DOMINIO; SUOLO DEMANIALE). [vol. I: CORPORATION; CROWN; EMINENT DOMAIN]

– **idrico.** Public waters (ACQUE PUBBLICHE).

Demarcazione. Demarcation (CONFINE; DELIMITAZIONE DEI CONFINI).

De minimis. Talvolta i reati minori sono detti *de minimis offences* (REATO).

Democrazia in genere. Democracy; ecco una bella parola che può significare tante cose quante sono le testoline o i testoloni: Mussolini affermava, senza alcun sospetto del ridicolo, che il fascismo era una « superdemocrazia »; idem, con varianti, per Stalin, Hitler e Mao Tse Tung. Per mezzo secolo, se non di più, una parte ragguardevole della cultura italiana e non solo quella (basta pensare alla scandalosa posizione del gruppo di intellettuali che si raccoglieva attorno alle *Lettres Françaises* al tempo dell'*affaire* Kravcenko nei primi anni del II dopoguerra) si è mostrata profondamente convinta che vi potesse essere davvero democrazia oltrecortina. Beninteso, al limite, la democrazia può essere anche soltanto una questione di punti di vista. Ma il maccartismo — pericolosa deviazione della democrazia americana, come sempre, stoppata a tempo — non si può capire senza tener conto del fatto che centinaia di intellettuali italiani e francesi, *intendence* dei rispettivi partiti comunisti, si sono schierati — fino alla caduta del Muro — dalla parte di un regime criminale come quello comunista. Quanto al comunismo degli intellettuali inglesi, esso appare piuttosto come eccentricità e stravaganza che prodotto di maturate convinzioni: uomini troppo raffinati per credervi profondamente. Da noi, *a rileggere le cose scritte dalla scienza giuridica italiana durante il fascismo viene il voltastomaco* [cfr. Schwarzenberg 1977]: illustri costituzionalisti, penalisti, filosofi ed economisti sono passati dal fascismo al comunismo con un salto della quaglia che dimostra che a loro del diritto, della filosofia e dell'economia importava ben poco (il sospetto persiste). Si sono inventati illustri costituzionalisti, illustri filosofi, non meno che illustri pittori sol perché di fede comunista. Ma ora — caduto il Muro — gli stessi illustri protofisici vengono a spiegarci cos'è la vera democrazia. Ma lasciamo perdere: essa è una sola (con tutte le differenze istituzionali di questo mondo): quella anglo-americana: il resto o non esiste o si tratta di varianti. Ad ogni modo, per chi intende il termine in quanto liberaldemocrazia, quella nordamericana rappresenta la forma più avanzata; sempre, quando si tratta dei primi principi, si impone il ritorno ai grandi padri americani (COSTITUZIONE POLITICA; FEDERALISMO; PLURALISMO; SEPARAZIONE DEI POTERI; SOVRANITÀ; STATI UNITI D'AMERICA; STATO DI DIRITTO).

– **consociativa in genere.** Consociational democracy, concordant democracy [cfr. Linz 1978, trad. it.: 13]. Ma neanche questa categoria è frutto degli studiosi nostrani che, come si sa, anche nella *political science*, e non certo per loro colpa — a parte le originalità nostrane, come trasformismo e fascismo, e, appunto, democrazia consociativa, in cui eccellono — lavorano su materiali di risulta. La categoria trae origine dallo studio delle democrazie *non competitive* esistenti in civilissimi paesi quali Austria, Svizzera, Olanda, Belgio, etc. Ora solo se si guardi per un attimo a questi paesi e si tenga a mente il *regime* politico italiano si capisce subito che la c.d. *democrazia consociativa* nostrana è ben altra e ben *pretoriana cosa.*

1. Pertanto, anche qui, occorre denunziare il gioco delle tre carte consistente nell'accomunare il *regime* politico italiano che ha retto per mezzo secolo il paese, e che ancora lo regge, ai sistemi politici dei civilissimi paesi citati più sopra. Nulla di più falso: il regime politico italiano, solitamente definito come *democrazia consociativa*, è un animale esclusivamente nazionale, privo di riscontro altrove: come il trasformismo e il fascismo.

2. La *unicità* del caso nostro sta in questo: che, al di là di tutte le buone intenzioni, ammesso e non concesso che esistano, e al di là degli uomini, il *potere legale* finisce inevitabilmente per farsi *potere criminale*. E gli scandali colossali, le bombe e le stragi, lo « scarrupamento » fisico del paese quasi divorato a pezzi (cfr. il nostro territorio) da partiti, camorre del Nord e del Sud, sindacati, imprenditori, burocrati, magistrati, etc., insomma l'*illegalità di massa*, non sono che *accidenti* rispetto a una *sostanza* di per sé fisiologicamente criminale. La democrazia consociativa al-

l'italiana, in quanto autentico regime, ingloba società civile e società politica, sindacato e potere economico, accademia e intellettuali. Da questo punto di vista, va rimarcata una differenza fondamentale con il regime fascista che, al confronto, e retrospettivamente, acquista una sua dignità e i suoi *leaders* l'insospettabile taglia di statisti se si pensa che, nonostante il postulato corporativo, esso è riuscito a farsi portatore di interessi generali ben più e meglio di quanto abbia fatto la I Repubblica: a parte, ovviamente, la costituzione, le grandi leggi italiane (quelle che possono meritare tale appellativo) sono leggi fasciste. In nessuno dei civilissimi paesi definiti di democrazia consociativa sopra mentovati è mai esistita una consociazione *con un partito anti-sistema*, come in Italia. Impossibile partito di alternanza, che attua l'accordo con i cattolici, prima tappa di un progetto di conquista dell'egemonia nel paese; al quale corrisponde l'opposto disegno di democratizzare o svuotare i comunisti. Insomma, il consociativismo all'italiana consiste in una *double sovereignty* tra due forze reazionarie di massa (Dc-Pci) che, *mutatis mutandis, operano storicamente nel solco tracciato dal concordato fascista.* Esclusa, in maniera definitiva, non soltanto l'idea stessa dell'alternanza di governo, questi due partiti si arrogano il diritto esclusivo di rappresentare *per sempre* tutto il paese. In tal modo, storicamente, il *compromesso* realizza in pieno la concezione togliattesca dei Tre Soli che fa dei tre partiti (Dc-Pci-Psi) le tre forze destinate a governare in eterno il paese (ma si trattava di versione ufficiale: in effetti, in quella concezione, i soli erano soltanto due).

3. Ma tutto questo non esiste e non è mai esistito altrove: insomma, una cosa è la consociazione tra forze politiche *fungibili*, un'altra — e quale altra! — è quella con una forza politica infungibile. In questo secondo caso, si tratta, in definitiva, di nient'altro che di un accordo di spartizione del paese intero e delle anime che lo abitano. Tanto per nobilitare una assai trista materia, la *democrazia consociativa* all'italiana fa pensare, per taluni versi, a una specie di trattato di Tordesillas con cui nel 1494, con la mediazione del papa Alessandro VI si procede alla spartizione del Nuovo Mondo e si mette fine al conflitto tra le corone di Spagna e di Portogallo: con un tratto di penna.

4. L'*understanding* cattolico-comunista alla base della *democrazia consociativa* esclude, per definizione, il *controllo dei controlli*, ossia quello dell'opposizione sull'esecutivo che, di per sé, nei regimi demoliberali si prospetta come possibile alternanza di governo. E lo esclude perché il Pci è partito antisistema al quale interessa ben poco una alternanza al governo dello stato che, del resto, non può, non vuole, e non saprebbe neanche fare. In questo senso, storicamente, l'opposizione del Pci, che non di rado arriva allo scontro fisico, in realtà, è, di volta in volta determinato o da deluse aspettative spartitorie, o dal conflitto, intrinseco alla diversa fedeltà internazionale delle due forze politiche (nessuna delle quali peraltro è fedele al paese in cui opera). L'URSS, potenziale nemico armato dell'Italia, è fino al suo crollo il referente e la centrale da cui il Pci prende ordini e denaro. *In una nota inchiesta giornalistica* condotta al tempo degli « anni di piombo » nell'ambito dei simpatizzanti della sinistra fu chiesto agli intervistati se, in caso di invasione dell'Italia da parte di un esercito comunista, essi avrebbero difeso il paese: un buon 60 per cento rispondeva in maniera nettamente negativa, il resto dichiarava addirittura che si sarebbe affiancato all'Armata Rossa.

5. Ma il « patto tra i produttori », bandiera della sinistra italiana, non elimina la lotta politica: al contrario, con il *compromesso* la lotta politica da trasparente come quella (opposizione-governo), tipica della democrazie liberali *competitive*, si trasferisce all'interno dei gruppi di potere: le bombe e le stragi fanno parte della dialettica interna al consociazionismo. Si potrà e si dovrà *sviolinare* sulle responsabilità del Pci, distinguere tra Scotti, Gava, Pomicino, Fanfani e Stefanini, Greganti, etc., tra cooperative rosse e bianche; su chi abbia rubato di più: la risposta è ovvia. Ma non è questo il punto: che è invece quello che la *presenza* di un partito come il Pci, che al limite dell'eliminazione fisica, ha ferocemente *impedito* la nascita di un movimento di democrazia liberale nel nostro paese, imposto il suo monopolio di un'opposizione che non poteva, non voleva, e non sapeva fare; insomma, ponendosi storicamente con la sua stessa presenza come la *condicio sine qua non* del regime e la spiegazione principale del *fallimento della democrazia nel nostro paese.*

6. Secondo una definizione della scienza

politica si qualificano come *blackmail parties* quei partiti che non si propongono la conquista del potere, ma solo di conquistare una parte dei consensi per condizionare il potere degli altri: se è così, ad eccezione della Dc, rientrano in questa categoria tutti i partiti italiani. Ad ogni modo, il prezzo che il paese ha pagato a questa forma di consociazione che, per tante ragioni non può farsi dittatura compiuta ma che pure realizza, forse più del regime fascista il controllo del paese, è altissimo: l'Italia si è allontanata dall'Occidente ben più di quanto fosse accaduto col fascismo. Il *compromesso* vive di un *tripotage* permanente: a ogni forza spetta un pezzo delle carni del paese, della ricchezza pubblica, misurato dal potere di ricatto; crollata per sempre l'*autorità* del potere pubblico essa è sostituita da un *potere* frammentato in mille mani; spezzata la catena del comando, dei controlli e delle responsabilità, l'anarchia regna sovrana, anche se, ovviamente, è essa stessa ordine. Un caos di 150 mila leggi senza regole (sic!) che non riesce ad assicurare le più elementari decenze pubbliche; il potere trova il suo limite solo in un potere più forte: il cittadino inerme non è che un miserabile insetto che può essere impunemente schiacciato. Pensare che il paese possa uscire da un regime di questo genere con la stessa agevolezza con cui è uscito dal regime fascista significa non avere contezza del dramma che lo ha coinvolto. Il *compromesso* è stato consentito da una profonda comunanza di visione delle due grandi forze politiche esistenti nel paese: esso è il frutto di grandi intelligenze applicate ad un comune progetto antidemocratico e reazionario, fondato sull'odio per gli S.U. che dei sistemi demoliberali resta il modello.

7. La legittimazione di quel regime va cercata quindi *non già nell'anticomunismo*, ossia in un impegno negativo, ma nel *compromesso,* obiettivo strategico ultimo delle due forze in causa. E proprio perché esso mirava al mantenimento formale dei riti democratici, il sistema non poteva non sboccare in un assetto delinquenziale del potere legale del tutto ignoto al regime fascista. Soccorre ancora una volta, Manzoni, modesto romanziere, ma grande osservatore del sociale: col descrivere la società lombarda del XVII secolo sotto il dominio spagnolo, egli finisce anche col presentare una visione agghiacciante della democrazia consociativa italiana: la grande rivoluzione americana era ancora lontana, come lontane erano la rivoluzione francese, l'avvento del capitalismo industriale, la democrazia rappresentativa, le istituzioni democratiche, la rivoluzione economica dei modi di produzione. Incommensurabilmente più grave appare quindi un regime come quello nostrano che dopo quei fatti ne costituisce la replica: « L'impunità era organizzata, e aveva radici che le gride non toccavano, o non potevano smovere. Tali eran gli asili, tali i privilegi d'alcune classi, in parte riconosciuti dalla forza legale, in parte tollerati con astioso silenzio, o impugnati con vane proteste, ma sostenuti in fatto e difesi da quelle classi, con attività d'interesse, e con gelosia di puntiglio. Ora, quest'impunità minacciata e insultata, ma non distrutta dalle gride, doveva naturalmente, a ogni minaccia, e a ogni insulto, adoperar nuovi sforzi e nuove invenzioni, per conservarsi (...) Ma chi, prima di commettere il delitto, aveva prese le sue misure per ricoverarsi a tempo in un convento, in un palazzo, dove i birri non avrebber mai osato metter piede; chi, senz'altre precauzioni, portava una livrea che impegnasse a difenderlo la vanità e l'interesse d'una famiglia potente, di tutto un ceto, era libero nelle sue operazioni, e poteva ridersi di tutto quel fracasso delle gride. Di quegli stessi ch'eran deputati a farle eseguire, alcuni appartenevano per nascita alla parte privilegiata, alcuni ne dipendevano per clientela; gli uni e gli altri, per educazione, per interesse, per consuetudine, per imitazione, ne avevano abbracciate le massime, e si sarebbero ben guardati dall'offenderle, per amor d'un pezzo di carta attaccato sulle cantonate (...) L'uomo che vuole offendere, o che teme, ogni momento, d'essere offeso, cerca naturalmente alleati e compagni. Quindi era, in quei tempi, portata al massimo punto la tendenza degl'individui a tenersi collegati in classi, a formarne delle nuove, e a procurare ognuno la maggior potenza di quella a cui apparteneva (...) Ognuna di queste piccole oligarchie aveva una sua forza speciale e propria; in ognuna l'individuo trovava il vantaggio d'impiegar per sé, a proporzione della sua autorità e della sua destrezza, le forze riunite di molti. I più onesti si valevan di questo vantaggio a difesa soltanto; gli astuti e i facinorosi ne approfittavano, per condurre a termine ribalderie, alle quali i loro mezzi personali non sarebber bastati,

e per assicurarsene l'impunità » [*I Promessi Sposi,* Cap. I].
8. Ancora oggi, rivedere le foto di gruppo dell'*establishment* democristiano è forse il modo migliore per rendersi conto del tipo di regime che ha governato, e governa, il paese da mezzo secolo: le facce dicono tutto, molto più di intere biblioteche. La più orrenda immagine della « forza legale » al tempo dell'unità nazionale resta la foto di gruppo in chiesa di Andreotti contornato dai caporioni del suo governo e dai boss politici ai funerali di Aldo Moro: una famiglia Somoza, Batista o Trujillo mediterranea.
9. Al confronto, i guasti del fascismo non sono che delle superficiali graffiature su un corpo tutto sommato sano, anche se nato gobbo, come diceva Giolitti. Non si tratta di negare generosità di intenti al Pci, né la decenza dei militanti, né le loro capacità o la loro personale onestà: il fatto è che questo partito antisistema e infungibile ha difeso con i denti, al limite dell'eliminazione fisica, il monopolio di un'opposizione che non aveva nessuna intenzione di fare, se non nel senso rituale e pro forma: esso ha *impedito* la nascita di un partito liberaldemocratico nel nostro paese. *Questo partito ha scaricato sul paese la propria arretratezza, le propria ignoranza politica, le proprie contraddizioni.*
10. In effetti, assieme al fascismo, la *democrazia consociativa* all'italiana si può considerare forse la più originale elaborazione politica nostrana: di entrambe le quali c'è semplicemente da vergognarsi. Su 3080 leggi approvate nelle ultime quattro legislature della I Repubblica, il Pci-Pds ha votato a favore per il 74,8 per cento, si è astenuto per il 13,3 per cento, ha votato contro per l'11,9 per cento. Quanto alle leggi di spesa il concorso del Pci-Pds arriva al 95 per cento. Basta aggiungere la proposta di legge di sgravio fiscale a favore dell'Enimont di cui si è parlato nel processo Cusani [cfr. *Visco teste in cattedra*, in *Corriere della Sera*, 24 marzo 1994, p. 6] per avere un'idea abbastanza realistica della situazione.
11. Il dr. Agostino Cordova, procuratore della Repubblica di Napoli, in occasione di taluni sviluppi dell'inchiesta sulla malasanità ha denunziato « l'inquinamento legislativo » dovuto alla presenza in parlamento di taluni personaggi inquisiti [*Corriere della Sera*, 5 marzo 1994]. Ma la *delinquenzialità* della legislazione italiana — tale può essere definita una buona parte di quella che coinvolge gli interessi dei gruppi — non va misurata sulla presenza di individui sospetti in parlamento, ma sui *meccanismi di potere* che la *democrazia consociativa* ha prodotto. L'elenco delle leggi comprate e vendute o scambiate è lungo, ma soprattutto inutile. Resta però da segnalare, come si direbbe, la madre di tutte le leggi consociative: ossia la c.d. legge finanziaria, nel suo genere *unica al mondo.* Al di fuori di questa legge non si capisce l'anomalia del debito pubblico italiano.
12. Non è quindi un caso che in tutt'Italia il culmine della criminalità politica, anzi, l'apoteosi del crimine politico, economico e giudiziario si sia registrato al tempo dell'unità nazionale; quando bandiere bianche e rosse garrivano al vento delle manifestazioni di massa. Si è detto, a torto, che in questo Napoli ha anticipato; ma è falso: il sistema dominava e domina tutto il paese; tutt'al più si tratta di diversità folkloristiche. Napoli è solo emblematica di una situazione che vede un Pci alla guida della città, fattosi centro motore dei più scandalosi traffici; la legge 219 del 1981 sulla ricostruzione del dopoterremoto dice tutto: fortissimamente voluta dal Pci essa fu il prezzo pagato dal parlamento italiano alla *camorra dei costruttori* per la liberazione di Ciro Cirillo: all'apparenza, *una nullità umana e politica*, ma che da noi — per essere evidentemente un punto nodale del compromesso storico campano — ha scomodato tutto il potere legale, politico ed economico del paese; che colpisce se si confronta alla condanna a morte (di questo si è trattato) di Aldo Moro voluta dallo stesso potere pubblico. Carlo Alemi, coraggioso magistrato inquirente che ha accertato gravissime responsabilità politiche nell'*affaire* Cirillo, è stato oggetto di una serie infinita di persecuzioni, a cominciare, ovviamente, dallo stesso Consiglio Superiore della Magistratura.

Democrazia e partecipazione.

13. Ma, si obietta: come si fa a definire delinquenziale il potere legale di un determinato sistema politico quando diecine di milioni di cittadini eleggono liberamente i propri rappresentanti? Il fatto è che, di per sé, le elezioni non hanno troppo a che fare con la democrazia: può essere discutibile la tesi di Popper per cui la rappresentanza proporzionale costituisce — nella sostanza, al di là della sua pretesa

Democrazia consociativa

maggiore democraticità — una frode della sovranità popolare. Eppure, l'opinione di questo filosofo diviene un giudizio inappellabile quando si guarda alla situazione italiana. A proposito della catena sistema elettorale-mobilitazione delle masse-partecipazione-democrazia, sembra acconcio richiamare quanto scrive Domenico Fisichella: « la mobilitazione ha con la partecipazione solo qualche somiglianza apparente, ma non garantisce quel controllo sul potere 'generalmente associato con l'ammissione di nuovi attori nel sistema politico'. In tali regimi, anzi, incoraggiare la mobilitazione di massa è l'espediente tipico per prevenire la partecipazione di massa (...) Dal che discende che neppure la presenza del momento elettorale fa prova della democraticità del regime: come dire che il voto è testimonianza democratica allorché costituisce un aspetto della partecipazione, ma non dimostra nulla in tal senso quando è utilizzato come l'accorgimento tecnico della mobilitazione cui è demandato di ratificare — spesso plebiscitariamente — scelte fatte altrove » [1982: 70, n.o.].

14. Democrazia non governante, democrazia non competitiva, elezioni senza scelta sono state per mezzo secolo il *trade mark* del sistema politico italiano grazie alla micidiale miscela di sistema elettorale proporzionale e partito antisistema di lotta/governo. La domanda se fin dall'inizio dell'unità italiana vi sia mai stata democrazia nel nostro paese ritorna frequente nei giorni di Tangentopoli: il Caso Italia è paradigmatico di una situazione in cui la « mobilitazione » di diecine di milioni di individui manovrati dai partiti segna non già la vittoria, ma il crollo della democrazia. Jürgen Habermas ha scritto, pagine illuminanti sul tema della partecipazione dei cittadini al governo dello stato e sul ruolo dei partiti in una società democratica di un paese industrializzato. Ma qui occorrebbe ricordare che vi sono grandi *democrazie senza partiti*, come quella nordamericana. Habermas riporta il pensiero di Morris Janowitz per cui: « In una libera società il sistema educativo deve produrre anche una feconda indifferenza politica, perché solo in questo modo si possono impedire gli eccessi cui può portare una esagerata partecipazione ». In altre parole: « L'elasticità del 'mercato politico' richiederebbe l'esistenza di riserve intatte da mobilitare attraverso proposte di compromesso » [1973, trad. it: 4]. Nulla di più vero: purtroppo, nel nostro paese mezzo secolo di democrazia partecipatoria e di mobilitazione ha ormai esaurito le riserve: non esistono gruppi e persone credibili. E, più oltre: « I partiti sono strumenti per la formazione della volontà, ma non nelle mani del popolo bensì di coloro che dominano il loro apparato (...) non ci si può sottrarre all'impressione che ai cittadini della cosiddetta società del consumo sia riservato, anche giuridicamente, lo status di clienti ai quali non resta che il compito di pagare al termine del banchetto e per i quali del resto tutto è stato preparato in modo che non solo non abbiano bisogno di far nulla ma anche non lo possano » [ibid.: 24, 41]. Del resto, il nostro Gaetano Salvemini — stella polare di quei quattro gatti demoliberali che ancora sopravvivono nel nostro paese — ha detto queste cose analoghe usando, ancora una volta, il rasoio di Occam: « Un regime democratico non è il governo di tutti. È il governo della maggioranza, sorvegliato dai rappresentanti della minoranza (o delle minoranze). L'ufficio della minoranza (o delle minoranze) non è quello di partecipare al governo, ma quello di sorvegliare l'opera della maggioranza che governa » [Il Mondo, 27 settembre 1952, cit. in Quagliariello (cur.) 1993: 49].

15. In un articolo sulla gravissima situazione esistente negli uffici giudiziari napoletani, Nicola Tranfaglia scrive, tra l'altro: « Anzitutto ci si chiede come è stato possibile che un simile intreccio, un sistema di potere criminale così esteso e ramificato si sia appropriato dell'economia come della politica napoletana e meridionale » [*Il riscatto di Napoli*, in *la Repubblica*, 11 marzo 1994]. Ma sono domande che fanno cascare le braccia, specie se formulata nel 1994: basterebbe stabilire i collegamenti tra il marasma dell'università italiana con il regime politico del paese per intendere. Non si tratta di Napoli ma, con tutte le *sviolinate* di questo mondo, di camorra del Nord e camorra del Sud. In effetti, non sono pochi e non sono certi gli ultimi gli studiosi italiani che ancora oggi discettano sul punto se la I Repubblica sia stata un *regime* o qualcos'altro; rifiutandosi di vedere quello che non sfugge a *un turista in transito* nel nostro paese: ossia il fallimento dell'esperimento democratico nel nostro paese.

16. Non era solo don Ferrante a negare l'esistenza della peste: essa era negata da

tutto l'*establishment* dell'epoca: « In principio dunque, non peste, assolutamente no, per nessun conto: proibito anche di proferire il vocabolo. Poi, febbri pestilenziali: l'idea s'ammette per isbieco in un aggettivo. Poi, non vera peste; vale a dire peste sì, ma in un certo senso; non peste proprio, ma una cosa alla quale non si sa trovare un altro nome. Finalmente, peste senza dubbio, e senza contrasto: ma già ci s'è attaccata un'altra idea, l'idea del venefizio e del malefizio, la quale altera e confonde l'idea espressa dalla parola che non si può più mandare indietro » [Manzoni, ibid., Cap. XXXI]. Con un marameo a studiosi e professoroni e professorini che trattano o maltrattano la materia, è questo il contributo di Francesco de Franchis alla comprensione di un regime che ha scavato la fossa al paese (AGONISTICA; CENTRALITÀ DEL PARLAMENTO; FEDELTÀ VERSO IL SOVRANO O ALLO STATO; FEDERALISMO; GOVERNO DI COALIZIONE; GOVERNO DI UNITÀ NAZIONALE; GRUPPO DI PRESSIONE; *LEADER*; *LOBBYING*; MAFIA; MAGGIORANZA; OPPOSIZIONE PARLAMENTARE; PARLAMENTO; PARTITI POLITICI; PARTITOCRAZIA; PRESIDENTE DEL CONSIGLIO DEI MINISTRI; PROGRAMMA POLITICO; SISTEMA DELLE SPOGLIE).

Bibl.:
Bobbio, N., *Democrazia*, in *Dizionario di Politica* 1976, ed. 1983: 308, at 317.

– **diretta.** Direct democracy; si è osservato opportunamente che la democrazia di massa o è rappresentativa o non è (*infra*, DEMOCRAZIA RAPPRESENTATIVA; REFERENDUM).

Bibl.:
Bobbio, N., *Democrazia*, in *Dizionario di Politica* 1976, ed. 1983: 308, at 317.

– **economica.** Ecomomic democracy; espressione generica che descrive, grosso modo, l'insieme delle regole che, in un'economia di mercato, disciplinano l'attività imprenditoriale stabilendo un sistema di controlli entro i quali si svolge l'attività economica intesa in senso lato; ne fa parte, tra l'altro, il regime delle società, la legislazione antimonopolistica, il controllo dei mercati finanziari, etc. Non si ha democrazia economica — e neanche politica — là dove, come da noi, non esistano regole e organi di controllo a tutela del mercato, dell'investitore, del consumatore, etc., e anche, che, nell'insieme, infrenino in qualche misura lo strapotere economico (*infra*, DEMOCRAZIA INDUSTRIALE; REGOLATORE).

– **industriale.** Industrial democracy; termine con il quale si intende essenzialmente la partecipazione operaia alla gestione dell'impresa. [vol. I: *ad vocem*]

Bibl.:
Bobbio, N., *Democrazia,* in *Dizionario di Politica* 1976, ed. 1983: 307, at 314.

– **plebiscitaria.** Plebiscitary democracy (PLEBISCITO; REFERENDUM).

– **rappresentativa** o **parlamentare.** Representative democracy, parliamentary democracy: invenzione inglese (*supra*, DEMOCRAZIA DIRETTA; COSTITUZIONE POLITICA; PARLAMENTO; SOVRANITÀ POPOLARE). [vol. I: PARLIAMENT]

Bibl.:
Belligni, S., *Apparato*, in *Dizionario di Politica* 1976, ed. 1983: 42.
Bobbio, N., *Democrazia*, in *Dizionario di Politica* 1976, ed. 1983: 308, at 313-314.
Levi, L., *Regime politico*, in *Dizionario di Politica* 1976, ed. 1983: 966.
Settembrini, D., *Leninismo*, in *Dizionario di Politica* 1976, ed. 1982: 585, at 590.

– **societaria.** Shareholder democracy, share owning democracy. Principio fondamentale secondo cui ogni azione ordinaria conferisce il diritto a un voto: è questo il fondamento delle *public companies*, ossia delle società ad azionariato diffuso (ignote nel nostro paese). Forse per questo qualche imprenditore nostrano sostiene che in Italia le « azioni si pesano, non si contano ». Con tanti saluti al « parco buoi » dei piccoli azionisti che, finalmente, sembrano avere appreso la lezione (AZIONE (II) DI SOCIETÀ; AZIONISTA; DIRITTI (II) DELL'AZIONISTA; DISTURBATORE DI ASSEMBLEA; INTERVENTISTA DI ASSEMBLEA).

Bibl.:
Henn 1961, ed. 1970: 361.

Demolizione di nave. Scrapping of ship; *scrap value* indica il valore di demolizione in genere (NAVE; ROTTAME; SCARTO).

Denaro in genere. Money; l'*argent de poche* è detto *pin money* (AMMONTARE; CAMBIO; CASSA; CONTANTE; INVESTIMENTO; MERCATO MONETARIO; MERCATO VALUTARIO; MONETA; MUTUO DI DENARO; PAGABILE; PAGAMENTO; RICAVATO IN DENARO; RIMBORSO DI DENARO; UNITÀ DI CONTO; VALUTA).

– o **altra utilità.** Money, or other (another) thing of value (ADEMPIMENTO; *CASH AND CARRY*; CASSA; CONTANTI; PAGAMENTO; PREZZO; SOMMA; UNITÀ DI CONTO). [vol. I: AC-

COUNT; CASH; CASH AND CARRY; CURRENCY; DAMAGES; EARMARK; EARNEST; FOLLOWING ASSETS; FORGERY; INDEXATION; INFLATION; LEGAL TENDER; MONEY; OVERREACHING; PAYMENT; PERFORMANCE; SALVAGE MONEY; TENDER; TRACING; UNIT OF ACCOUNT]

- **derivante da attività illecite.** Dirty money (RICICLAGGIO DI DENARO SPORCO).
- **pubblico in genere.** Public funds (APPROPRIAZIONE DI DENARO PUBBLICO; FONDI PUBBLICI; SPERPERO DI DENARO PUBBLICO).
- **sporco.** Dirty money (*supra,* DENARO DERIVANTE DA ATTIVITÀ ILLECITE).

Denegata giustizia. Denial of justice (DINIEGO DI GIUSTIZIA; ERRORE GIUDIZIARIO; GIUSTIZIA; RITARDO NEL RENDERE GIUSTIZIA; TEMPI DELLA GIUSTIZIA). [vol. I: DELAY]

Denigrazione in genere. Defamation, discredit, slander, disparagement (ATTENDIBILIÀ DEL TESTIMONE; DIFFAMAZIONE; DISCREDITO). [vol. I: DEFAMATION; SLANDER]

- **del prodotto del concorrente.** Slander of goods, disparagement of goods: una forma di concorrenza sleale (CONCORRENZA SLEALE). [vol. I: *ad vocem*; COMPETITION; FAIR TRADE; UNFAIR COMPETITION]

Denominazione in genere. Name, denomination (DEFINIZIONE; IDENTITÀ; NOME).

- **commerciale di un prodotto.** Trade name (MARCHIO). [vol. I: *ad vocem*; TRADE MARK]
- **sociale.** Business name (DITTA; RAGIONE SOCIALE). [vol. I: FIRM]

Denunzia in genere. Grosso modo, complaint, report, information, charge denunciation, notice, caveat, disclosure, declaration, warning (ACCUSA; DEFERIMENTO; DISSOCIAZIONE).

- **contro ignoti.** Grosso modo, complaint, report against John Doe; John Doe summons (IGNOTO; FINZIONE GIURIDICA; PARTE; TIZIO, CAIO, SEMPRONIO).
- **dei redditi.** (DICHIARAZIONE DEI REDDITI)
- **dei vizi della cosa.** Notice, notification, communication of defects (VIZIO). [vol. I: SALE]
- **del contratto.** Grosso modo, repudiation, o rescission of contract (CONTRATTO: X; RECESSO). [vol. I: CONTRACT: IX. 2; REPUDIATION; RESCISSION]
- **di danno temuto.** (*infra*, DENUNZIA DI NUOVA OPERA E DI DANNO TEMUTO)
- **di nuova opera e di danno temuto.** È detta *quia timet* l'azione diretta ad ottenere un'*injunction* esperita da chi tema un *trespass*, ossia un danno futuro ai suoi beni o diritti ad opera di un terzo. Essa è utilizzata anche per porre in essere misure conservative come, ad es., a favore di un avente diritto sotto condizione, o di chi ha un'aspettativa di diritto (CONDIZIONE; TURBATIVA). [vol. I: QUIA TIMET]

  Bibl.:

  Buckland and McNair 1936, ed. 1952: 393.

- **di reato in genere.** Grosso modo, reporting a crime to the police, laying an information before a magistrate, charging a suspect with a crime.

  1. Non esiste, nella diversa articolazione dell'accusa penale inglese e nordamericana una denunzia dei privati all'autorità giudiziaria intesa nel senso nostrano. La denunzia di reati va fatta alla polizia; non esiste un'autorità giudiziaria che eserciti attività inquirenti. In questo senso, si dovrebbe forse parlare piuttosto di reporting to the police. Ma si noti la assai diversa articolazione del sistema dell'accusa penale nella tradizione di *common law*: non esiste, come da noi, un'autorità che si fregi dell'aggettivo di... giudiziaria che esercita invece attività inquirenti (attività di parte). Nel sistema inglese si parla più spesso di *information* (*and summons*) nel caso di denunzia di reati minori (decisi direttamente da una *magistrates' court* senza la partecipazione della giuria), e di *charging* nel caso di reati più gravi (o *indictable offences*), di *indictment,* o *bill of indictment* (in cui il reato è giudicato con la partecipazione della giuria da una *Crown Court*). In ogni caso, la prima autorità giudiziaria a esaminare la denunzia è una *magistrates' court* [Emmins 1981, ed. 1992: 12]. L'omessa denuncia di reato è detta *concealing offence*; un reato o fatto non denunciato è detto di solito *unreported.* Si noti che la polizia è munita di poteri discrezionali in ordine al perseguimento o meno dei reati.
  2. Per quanto riguarda i reati relativi all'ambiente di lavoro, sono da segnalare i c.d. *Whistle-blower Acts* degli S.U., ossia le leggi federali e dei singoli stati dell'Unione, dirette a proteggere i dipendenti pubblici e privati dalla rappresaglia del datore di lavoro per la denunzia di reati o

violazioni della legge commesse da quest'ultimo. Un esempio, tra i tanti possibili, si riferisce alle violazioni delle norme sulla sicurezza sul lavoro previste dall'Occupational Safety and Health Act (ARCHIVIAZIONE DELLA DENUNZIA PENALE; AUTORITÀ GIUDIZIARIA; AZIONE (I) PENALE; DIPENDENTE; DISCREZIONALITÀ DELL'AZIONE PENALE; OMERTÀ; OMESSA DENUNZIA DI REATO; PENTITO; POLIZIA; REATI CONTRO L'AMMINISTRAZIONE DELLA GIUSTIZIA; REATO DENUNZIATO; RIPUDIO; TESTIMONIANZA; VITTIMA DEL REATO). [vol. I: CONCEALING OFFENCE; COURT; CRIMINAL PROCEDURE; CROWN COURT; INFORMATION; PROSECUTION]

– **di sinistro.** Notice of loss (ASSICURAZIONE). [vol. I: *ad vocem*; ACCIDENT; INSURANCE; LOSS]

– **di un trattato.** Denunciation of a treaty (TRATTATO INTERNAZIONALE). [vol. I: DENUNCIATION; FINAL CLAUSES; TREATY]

– **penale.** (*supra*, DENUNZIA DI REATO)

Denunziante. Complainant, indictor, reporting officer (nel caso di una denunzia di un funzionario di polizia); ma si parla anche di person preferring an accusation o levying a charge against another (DENUNZIA DI REATO; INFORMATORE; QUERELANTE).

Bibl.:
Lafave and Israel 1985, ed. 1992: 22.

Denunziato. Accused, o defendant; person charged (CONVENUTO; DENUNZIANTE; IMPUTATO; INDIZIATO DI REATO). [vol. I: ACCUSED; DEFENDANT]

Deontologia professionale forense. Legal ethics, etiquette of the profession. Negli S.U. le *Model Rules of Professional Conduct*, regole adottate dall'*American Bar Association* nel 1983, emendate nel 1987, sono il *corpus* fondamentale di deontologia professionale; esse includono anche la materia della responsabilità professionale, e costituiscono « the minimum level of conduct below which no lawyer can fall without being subject to disciplinary action ». Sono state adottate dalla maggioranza degli stati dell'Unione, di solito ad opera delle corti supreme locali. Le sanzioni disciplinari (*sanctions*) irrogate ad un *attorney* sono la censura (*censure*), la sospensione (*suspension*) e la radiazione dall'albo (*disbarment*). Si noti che negli S.U. le misure disciplinari sono irrogate dal giudice ordinario in base all'*inherent power* delle corti di giustizia sui propri *officers*: tali sono considerati gli avvocati. Il procedimento relativo è definito *summary* in quanto non prevede la presenza della giuria. Si segnala, tra gli altri, per quanto riguarda l'avvocatura degli S.U., l'articolo di William H. Simon, *L'ideologia dell'avvocatura: giustizia processuale ed etica professionale*, nell'opera collettanea a cura di Angelo Dondi, *Avvocatura e giustizia negli S.U.*, Bologna, il Mulino 1993, at 75 (CENSURA; CODICE DI DEONTOLOGIA DELLA PROFESSIONE FORENSE; CONDOTTA; CORRETTEZZA PROFESSIONALE; DISCIPLINA DELLA PROFESSIONE FORENSE; ETICA GIUDIZIALE; ETICA PROFESSIONALE; FIDUCIARIO; FORMAZIONE GIURIDICA; PROFESSIONE FORENSE; RESPONSABILITÀ PROFESSIONALE; SCORRETTEZZA PROFESSIONALE). [vol. I: ETIQUETTE AT THE BAR; PROFESSIONAL LIABILITY]

Depenalizzazione. Decriminalization (AMNISTIA; LEGGE PENALE; PENALIZZAZIONE; PRESUNZIONE DI INNOCENZA). [vol. I: CRIMINAL LAW]

Deperimento. Depreciation (ABBUONO; CALO; DANNO; DEPREZZAMENTO; DETERIORAMENTO; MERCI DEPERIBILI).

– **materiale.** Wear and tear (LOGORIO). [vol. I: *ad vocem*]

Deponente. Deponent, witness (CONTROESAME; DEPOSIZIONE; TESTIMONE; TESTIMONIANZA). [vol. I: DEPONENT; DEPOSITION]

Deportato. Displaced person, deportee, deported (PROFUGO; RIFUGIATO; STRANIERO). [vol. I: REFUGEE; STATELESS]

Deportazione. Deportation; è detta così più spesso la espulsione di stranieri indesiderabili (ASILO POLITICO).

– **di uno straniero.** Deportation, o exclusion, of an alien (ESPULSIONE; ESTRADIZIONE). [vol. I: DEPORTATION; EXCLUSION ORDER]

Depositante in genere. Depositor; ma si noti la notevole diversità di regime in tema di deposito. Nella *common law* si parla di *bailor*, figura priva di equivalente nella *civil law*. Il termine indica spesso anche chi effettua un deposito bancario, un investitore, o un risparmiatore. Il Protection of Depositors Act 1963 britannico, emendato successivamente, ha appunto la funzione di tutelare gli investitori (DEPOSITARIO; DEPOSITO). [vol. I: BAILOR; CONSIGNOR; DEPOSITARY; DEPOSITOR; INVESTOR]

– **bancario.** Bank depositor (ASSEGNO (II) PER L'INCASSO; BANCA; CONTO CORRENTE; DEPOSITO BANCARIO).

Depositario in genere. Depositary, custodian, receiver, keeper, conservator. In senso stretto, nella *common law* il depositario è un *bailee*, figura che si ricollega al *bailment*, istituto ignoto alla *civil law*. In breve, il *bailee* è la persona alla quale sono affidati — a titoli diversi — beni mobili per uno scopo specifico, senza peraltro trasferirgliene la proprietà (AGENTE DEPOSITARIO; APPROPRIAZIONE; COMODATARIO; CONDUTTORE; CONSEGNATARIO; CREDITORE PIGNORATIZIO; CUSTODE; DEPOSITANTE; PRIVILEGIO DEL DEPOSITARIO; RAPPRESENTANTE; RESPONSABILITÀ DEL DEPOSITARIO; RITENZIONE; VETTORE). [vol. I: BAILEE; BAILMENT; CARRIER; DEPOSITARY; HOLDER; RECEIVER; STAKEHOLDER; TRUSTEE]

- **di un trattato.** Depositary of a treaty. Gli artt. 76-80 della convenzione di Vienna stabiliscono i princìpi relativi alla designazione e alle funzioni dei depositari di trattati internazionali. La Carta delle N.U. dispone, all'art. 102, che qualsiasi trattato internazionale concluso da un paese membro dovrà essere registrato presso il segretariato e pubblicato da quest'ultimo; in mancanza, esso non può essere invocato davanti a qualsiasi organo delle N. U. (AUTORITÀ CENTRALE; TRATTATO INTERNAZIONALE). [vol. I: *ad vocem*; INTRODUZIONE: III. 37; TREATY]

Deposito in genere. Depot, entrepot, bare, o naked, bailment of goods; detto anche *depositum* o deposit.
1. L'espressione *deposit*, derivante dal diritto romano, è più spesso impiegata in tema di deposito bancario, detto *deposit account* o, in senso lato, deposit. Ma si avverta che nella *common law* il deposito rientra nella più vasta figura del *bailment*, ignota alla *civil law*, che raggruppa una serie di rapporti giuridici non necessariamente di natura contrattuale. Il *bailment* dà luogo a rapporti che nella *civil law* rientrano, a seconda dei casi, nel deposito, nel comodato, nel pegno, nella locazione, nel trasporto, nel mandato con consegna di cose, etc.
2. Il deposito nel senso di anticipo di pagamento è detto *part* o *down payment*; nel senso di caparra è detto *earnest*. La vendita in conto deposito è detta *on sale or return*. Nel senso di locale dove si trovano cose depositate, si parla più spesso di *warehouse*, o anche *magazine* (ANTICIPO; CAPARRA; CERTIFICATO DI DEPOSITO E DI NOTA DI PEGNO; CONTO DEPOSITO; CONTRATTO DI DEPOSITO; CUSTODIA; FEDE DI DEPOSITO; FRANCO DEPOSITO; IN DEPOSITO; *LOCATIO CUSTODIAE*; NOLEGGIO; PAGAMENTO; POLIZZA DI DEPOSITO DI MERCI; RICEVUTA DI DEPOSITO; VENDITA IN CONTO DEPOSITO; VERSAMENTO). [vol. I: BAILMENT; CONSIGNMENT; CUSTODY; WAREHOUSE]

- **a custodia.** Custodian account (CONTO CORRENTE).
- **a risparmio.** Savings deposit (CONTO CORRENTE; RISPARMIO).
- **a termine.** Time deposit (TERMINE).
- **bancario.** Bank deposit. Negli S.U. la materia è regolata, quanto alla responsabilità del banchiere, dall'Art. 4-103 dell'*Uniform Commercial Code*. Si parla di *time deposit* per definire quel tipo di deposito in cui il ritiro dei fondi deve essere preceduto da un preavviso (*infra*, DEPOSITO BANCARIO A BREVISSIMA SCADENZA; CONTO CORRENTE BANCARIO; DEPOSITANTE BANCARIO).
- **bancario a brevissima scadenza.** Overnight deposit, overnight loan, overnight; dura lo spazio di una notte, e la liquidazione dell'interesse avviene allo stesso tempo dell'estinzione del deposito (*supra*, DEPOSITO BANCARIO; MUTUO).
- **cauzionale in genere.** Bail bond, security (CAUZIONE). [vol. I: BAIL]
- **della cauzione.** Posting of security (CAUZIONE; GARANZIA). [vol. I: SECURITY]
- **della sentenza.** Grosso modo, entry of judgment; ma si noti la assai diversa articolazione della sentenza di *common law* (EMISSIONE DELLA SENTENZA; REGISTRAZIONE DELLA SENTENZA; SENTENZA).
- **di atti presso la cancelleria.** Filing of pleadings and other papers with the court (CANCELLERIA).
- **di denaro.** Deposit of money (ANTICIPO; DENARO; DEPOSITANTE; PAGAMENTO).
- **di titoli in custodia.** Deposit for safe custody (CUSTODIA).
- **di un documento.** Filing of a document (DOCUMENTO). [vol. I: DISTRINGAS; FILING SYSTEM]
- **doganale.** Bonded warehouse, customs warehouse, entrepot (*infra*, DEPOSITO NEI MAGAZZINI GENERALI; BOLLA DI ACCOMPAGNAMENTO; DOGANA; MAGAZZINI GENERALI; PUNTO FRANCO).
- **franco.** (PUNTO FRANCO)
- **giudiziario.** Deposit in court (*supra*, DEPOSITO DI ATTI PRESSO LA CANCELLERIA; CAUZIONE). [vol. I: DEPOSIT; PAYMENT INTO COURT]
- **in albergo.** Deposit in hotel (ALBERGATORE; RESPONSABILITÀ DELL'ALBERGATORE). [vol. I: INNKEEPER]

– **irregolare.** Non esiste un termine equivalente; grosso modo, si potrebbe definire come a deposit whereby the bailor is entitled to the redelivery not of the same things but of things of the same kind.

Bibl.:
Schlesinger 1950, ed. 1988: 821, n. 3.

– **nei magazzini generali.** Deposit in public warehouses (*supra*, DEPOSITO DOGANALE; MAGAZZINI GENERALI). [vol. I: WAREHOUSE]

– **per il caso di soccombenza.** Security for costs (SOCCOMBENZA; SPESE PROCESSUALI). [vol. I: *ad vocem*; CAUTIO IUDICATUM SOLVI; COSTS]

Deposizione in genere. Deposition, testimony, giving evidence; ma si noti che il termine deposition indica più spesso la deposizione effettuata nella fase del *pre-trial.* Rientra nella categoria della *discovery*, ignota al processo civile e penale di *civil law.* Negli S.U., la materia è regolata al livello federale, rispettivamente, dalle R. 26 e segg. delle *Federal Rules of Civil Procedure* e dalle R. 15 e segg. delle *Federal Rules of Criminal Procedure.* Peraltro, come, del resto, da noi, il termine è impiegato anche nel senso di destituzione (COLPO DI STATO; DEGRADAZIONE; DEPONENTE; DESTITUZIONE DA UN UFFICIO O INCARICO; *DISCOVERY*; FALSA TESTIMONIANZA; PROVA; RINFRESCARE LA MEMORIA; RITRATTAZIONE DI UNA DEPOSIZIONE; TESTIMONIANZA). [vol. I: AFFIDAVIT; DEPOSITION; EVIDENCE; EXAMINATION; WITNESS]

– **a futura memoria.** (TESTIMONIANZA A FUTURA MEMORIA)

– **giurata.** Sworn deposition, o testimony (GIURAMENTO). [vol. I: AFFIDAVIT]

– **nel processo penale in genere.** Testimony, giving evidence. Per quanto riguarda la deposizione dell'imputato, si riscontra una radicale differenza tra le due tradizioni giuridiche in relazione al fatto che nella *common law*, oltre al testimone, anche l'imputato depone sotto giuramento. Ciò spiega in buona parte il *privilege against self incrimination* — privo di equivalenza nella *civil law* — per cui, in principio, l'imputato o il testimone ha, rispettivamente, il diritto di non deporre, o di non rispondere a domande che possano comportare la propria incriminazione. Il *privilege* trova la sua spiegazione storica nella pratica delle corti di *High Commission* e della famigerata *Star Chamber* che nei loro procedimenti imponevano il giuramento ai dissidenti religiosi o politici interrogati allo scopo di ottenere ammissioni o confessioni. Nel 1641 il parlamento inglese aboliva sia le corti di *High Commission*, sia la *Star Chamber* stabilendo il divieto di esigere dagli imputati risposte sotto giuramento in materia penale [La Fave and Israel 1985, ed. 1992].
1. Negli S.U. il *privilege* è garantito dal V emendamento [1791] della costituzione che recita, tra l'altro: « nor shall [any person] be compelled in any criminal case to be a witness against himself ». Si tratta di uno degli istituti più peculiari — e complessi — della tradizione di *common law* che va inquadrato, storicamente, nella filosofia accusatoria del processo penale anglo-americano e in quella regola fondamentale della prova per cui spetta all'accusa provare la colpevolezza dell'imputato senza però poterlo costringere ad autoincriminarsi nel corso della deposizione che, come si è accennato, avviene sotto giuramento.
2. L'imputato è nella tradizione di *common law* un *competent* ma non un *compellable witness*, ossia ha il diritto, ma non può essere obbligato a deporre. La non lieve decisione se far deporre (*take (to) the stand*, *put (to) on the stand*) o meno l'imputato costituisce il passaggio fondamentale della strategia processuale nel processo penale di *common law*. Qualora decide di deporre, l'imputato si trova nella condizione di un qualsiasi altro testimone, e come tale, soggetto alla temibilissima *cross-examination* (o, come viene definita da noi, controesame), oltre al pericolo di dover rispondere di falsa testimonianza. Ma, diversamente dagli altri testimoni, all'imputato possono essere poste domande dirette alla sua incriminazione relativamente — si badi — al reato di cui è imputato e, in quel caso, non può — diversamente dagli altri testimoni — invocare il *privilege* di cui sopra. La ragione di questa diversità di trattamento rispetto al testimone ordinario sta in questo: che sarebbe assurdo ammettere l'imputato a testimoniare a sua discolpa consentendogli di evitare domande nella *cross-examination* dirette invece a dimostrare la sua colpevolezza. Nel caso di deposizione del testimone, il *privilege* deve essere invocato di volta in volta, e spetta al giudice stabilire se ad esso si ha diritto.
3. Il *privilege* in parola è definito anche *right to silence*, nel senso che il diritto di non deporre si esercita in sede processuale appunto mediante il silenzio. Nel siste-

ma inglese, fino a qualche anno fa, l'imputato aveva il diritto di rendere una deposizione *outside the witness box* non giurata — quindi senza essere sottoposto alla *cross-examination*. Ma la possibilità di rendere un *unsworn statement* è stata abolita dalla s. 72 del Criminal Justice Act 1982. Di modo che attualmente l'imputato si trova di fronte al dilemma tra: (i) avvalersi del privilegio restando in silenzio — un comportamento che probabilmente una giuria potrebbe trovare sospetto — e (ii) deporre sotto giuramento (*giving evidence on oath*) esponendosi alla *cross-examination*. La scelta spetta esclusivamente all'imputato.

4. Si parla di *compulsory self-incrimination* per indicare qualsiasi forma di coazione fisica o psicologica che si traduca in una *involontaria* confessione di un reato o in una ammissione che costituisca violazione del V [1791] e del XIV [1868] emendamento della costituzione degli S.U. In questo senso, le *due process clauses* — clausole costituzionali nel sistema nordamericano, ma di origine inglese — appaiono come la più robusta garanzia dell'imputato. Negli S.U., è detto *taking the fifth* il fatto dell'imputato di invocare il diritto — stabilito dal V emendamento — di rifiutare di deporre sotto giuramento.

5. Il processo penale di *common law* ha un *pedigree* accusatorio che nessun sistema continentale può eguagliare: esso ha una sua intima coerenza, una sua logica interna ignota al processo penale di *civil law*. Nel nostro sistema, l'imputato non depone sotto giuramento, e di solito approfitta della mollezza in cui il processo è condotto per abbandonarsi all'invenzione dei più fantasiosi teoremi e delle più spudorate menzogne; l'impressione di lezioso *entretien*, di sciatteria, di assenza di pathos del nostro processo si deve non poco anche a questo fatto (AUTOINCRIMINAZIONE; AZIONE (I) PENALE; COMPARIZIONE DEL TESTIMONE; CONFESSIONE; CONTROESAME; DIRITTI (II) DELL'UOMO; GIURAMENTO; IMMUNITÀ DALL'AZIONE PENALE; IMPUTATO; INTERROGATORIO DI POLIZIA; OMERTÀ; PATTEGGIAMENTO; PRESUNZIONE DI INNOCENZA; PROCEDURA PENALE; PROVA; SISTEMA PENALE ACCUSATORIO; SILENZIO DELL'IMPUTATO; SOSPETTATO; TESTIMONIANZA). [vol. I: DUE PROCESS CLAUSES; EXAMINATION; FIFTH AMENDMENT; SELF-INCRIMINATION]

Bibl.:

Emmins 1981, ed. 1992: 137.

Depredazione della nave o **del carico.** Pilferage, o theft and pilferage (CARICO; FURTO; NAVE; RELITTO DI NAVE). [vol. I: PILFERAGE; SCUTTLING; WRECK]

Deprezzamento. Depreciation, depletion (AMMORTAMENTO; DANNO; DEPERIMENTO; DETERIORAMENTO; DETRIMENTO; ESAURIMENTO; LOGORÌO; ROTTAME; VALORE DI RECUPERO).

Deputato al parlamento. Nel sistema costituzionale britannico si parla di *member of Parliament*, o M.P. (la sola camera elettiva è la *House of Commons*); il termine *deputy* indica di solito il sostituto. Negli S.U. si parla di *Congressman*, o *Senator,* a seconda della camera di cui fa parte. Nel Regno Unito e negli S.U. i parlamentari sono i rappresentanti della *constituency* dalla quale sono eletti; non, come dice, con retorica rousseauiana, la costituzione italiana (art. 67), i rappresentanti della « Nazione » (COSTITUZIONE POLITICA; MEMBRO DELLA *HOUSE OF COMMONS*; PARLAMENTO; SISTEMA ELETTORALE). [vol. I: CONGRESS; ELECTORAL SYSTEM; PARLIAMENT]

Deregolamentazione. (*DE-REGULATION*)

De-regulation. Questo termine, di origine nordamericana, ormai entrato nel linguaggio giuridico italiano e quasi sempre riportato *tel quel*, indica la deregolamentazione o delegificazione. Nel suo luogo di origine, il termine è riferito soprattutto alla regolamentazione prodotta dalle *regulatory agencies*, ossia, grosso modo, da possenti commissioni federali o statali in svariate materie. Non solo: ma la polemica contro le agenzie federali si ricollega al federalismo, ossia attiene alla portata dei poteri dello stato federale rispetto a quelli degli stati dell'Unione; insomma alla dialettica Hamilton-Jefferson, ai corsi e ricorsi federalisti e repubblicani della storia di quella grande nazione. La *deregulation* si pone negli S.U. come reazione al *New Deal*, intensamente regolatorio. Ma da noi questi *regulators* semplicemente non esistono: meno che mai esistono gli uomini, a non parlare del federalismo. Si riscontra, invece, un primato mondiale che consiste nel combinare un baraccone di 150 mila leggi — essenzialmente di gruppo, in quanto tali, incapaci di assicurare le *regole* più elementari del confronto politico ed economico e, si direbbe, della vita civile — che veglia su un regime di totale *anomia* e — suvvia, diciamolo — una economia da straccivendoli in cui prevalgono nettamente le attività sommerse. Se si pensa che paesi come Francia, Germania e Gran Bretagna so-

no retti da un insieme di circa 7-10 mila leggi, si ha un'idea della diversa dimensione della sindrome nostrana. Con questa premessa fattuale è facile immaginare quale sia il senso che il termine *de-regulation* acquista nel nostro paese; specie se tiene conto che la corporazione dei giuristi è stata sempre storicamente — ma mai come ora — la più indecorosa *intendence* del potere.
1. Il tema si colloca nell'ambito dell'autonomia dei privati, o *self-regulation* e, in definitiva, della pluralità degli ordinamementi giuridici. Si pensi a due sfere concentriche, una nell'altra di cui la più piccola — interna — costituisce l'autonomia dei privati: al di fuori di essa vi è la legge statuale. La *de-regulation*, che si innesta sull'autoregolamentazione, fenomeno antico ed imponente nella realtà politica, economica e sociale britannica, ha ricevuto il massimo impulso durante il periodo thatcheriano. Peraltro, essa ha rivelato gravissime carenze con il virtuale fallimento della *self-regulation* dei mercati finanziari. Si tratta, sul piano economico-politico di un movimento che trova la sua origine negli S.U. dove ha il suo massimo sviluppo nel periodo reaganiano.
2. La differenza tra *de-regulation* anglo-americana e quella di cui parlano — ma parlano soltanto — le confraternite accademico-affaristiche nostrane sta in questo: che, mentre nel primo caso essa si svolge nell'ambito di un quadro di regole politiche ed economiche generali invalicabili e valevoli per tutti, nel caso nostro si tratta di un tema agitato periodicamente, e poi lasciato cadere nel dimenticatoio, a seconda dell'aria che tira. In effetti, salvo che per il cittadino senza potere, i gruppi che hanno creato il sistema hanno ben poco interesse a disboscare una foresta di 150 mila leggi che assicura indecenti privilegi e licenze. Perché se di una enorme foresta di leggi si tratta, essa è segnata al suo interno da enormi spazi vuoti in tutte quelle materie che altrove identificano un paese moderno (anti-trust, opa, mercati finanziari in genere, tutela dell'investitore, del consumatore, un decoroso sistema fiscale, sicurezza, tutela dell'ambiente, etc). Insomma, la foresta appare come un autentico paradiso terrestre, ma per i bracconieri. In questa situazione, *non esiste alcun reale interesse* ad una *de-regulation* che, per essere minimamente decorosa, dovrebbe, oltre che abolire le leggi inutili, coordinare e unificare le altre, e anche, e soprattutto, operare una razionalizzazione della disciplina delle varie materie e, quindi, intaccare posizioni e interessi, turbare equilibri consolidati, smantellare la più perfetta *status society* dell'Occidente: in una parola, dar luogo a un ben diverso tipo di capitalismo.
3. Eppure, si tratta di argomenti di drammatica importanza: la domanda se in Italia vi sia mai stata democrazia nel nostro paese è ormai vecchia; anche qui, gli studiosi non sembrano d'accordo: ma come mai si può definire democratico un paese con un siffatto regime giuridico?
4. Il tema — che, in effetti, non interessa affatto nessuno dei gruppi che lo agitano — risente delle vicende della nostra politica. A periodi di straordinaria fortuna del tema, succedono altri di silenzio tombale. Simposi, seminari, tavole rotonde, quadrate, rettangolari, di università, circoli e trattorie, ritiri individuali e di gruppo, interviste a « statisti », studiosi, politici e politicanti, amministratori, imprenditori, sindacalisti, prelati, magistrati e manovratori vari; fiumi di saggi, valanghe di articoli, su riviste, quotidiani e rotocalchi; arzigogoli tra i più arditi. Poi, all'improvviso, la tensione si affloscia, cala la tela, e si passa ad altro articolo.
5. Ma ora se ne riparla: dietro una passione ...a fasi alterne si intravede il tentativo di un'imprenditoria insofferente di ogni regola ansiosa di stabilire un regime legale da *Far West*: come se non bastasse quello esistente (AMNISTIA; AUTOREGOLAMENTAZIONE; CODICE DI CONDOTTA; GIUSTIZIA ALTERNATIVA; *NEW DEAL*; PRIVATIZZAZIONI; PROCESSO DI MASSA; REGOLATORE).

Derelictio. Abandonment, dereliction (ABBANDONO; ACQUISTO DELLA PROPRIETÀ). [vol. I: ABANDONMENT; DERELICTION]

Derelizione. (*DERELICTIO*)

Derequisizione. De-requisition (CONFISCA; ESPROPRIAZIONE; NAZIONALIZZAZIONE; REQUISIZIONE).

Derivato. (*FUTURES* FINANZIARI)

Deroga in genere. Derogation, exoneration, exception, exemption, exculpation (CLAUSOLA DEROGATORIA; CONTRAVVENZIONE; DIRITTO (I) IMPERATIVO-DISPOSITIVO; DIRITTO (I) SUPERIORE; DISSOCIAZIONE; ECCEZIONE; ESONERO; MODIFICA; NORMA DEROGABILE; RECESSO; RINUNZIA; STATO DI NECESSITÀ; VARIAZIONE). [vol. I: DEROGATION]

- **alla legge in genere.** Departure from the law, derogation, exception (ELEZIONE DEL FORO; LEGGE).
- **convenzionale alla legge.** È detta *variation by agreement* la deroga convenzio-

nale ad una disposizione legislativa come, ad es., nell'Art. 1-102(3) dell'*Uniform Commercial Code* degli S.U. che recita, tra l'altro: « The effect of provisions of this Act may be varied by agreement ». Talvolta la deroga convenzionale della legge è detta anche *stipulatio iuris* (DIRITTO (I) IMPERATIVO-DISPOSITIVO).

– **della giurisdizione** o **della competenza.** Ouster of jurisdiction (ARBITRATO; CLAUSOLA COMPROMISSORIA; COMPETENZA; ELEZIONE DEL FORO; STIPULAZIONE). [vol. I: *ad vocem*; AGREEMENT; ALSATIAS; ARBITRATION CLAUSE; CHOICE; EXORBITANT JURISDICTION; FORUM NON CONVENIENS; JURISDICTION; JURISDICTION CLAUSE; STANDARD CONTRACT]

– **della responsabilità.** Exoneration from liability (CONTRATTO DI ADESIONE; ESONERO DALLA RESPONSABILITÀ; RESPONSABILITÀ). [vol. I: CONTRACT; EXONERATION CLAUSE; ILLEGAL; IMPLIED TERMS; LIABILITY; PUBLIC POLICY; STANDARD CONTRACT; STRICT LIABILITY]

– **di una condizione.** Waiver of a condition; ma si noti il peculiare significato di quest'ultimo termine (CONDIZIONE).

Derrate. Commodities (ACCAPARRAMENTO; A PRONTI; BENI A TERMINE; BENI FUTURI; BORSA MERCI; *FUTURES* FINANZIARI; INDICE DEL PREZZO DELLE DERRATE; MAGAZZINI GENERALI; MERCATO DEI PRODOTTI AGRICOLI E DELLE MATERIE PRIME; MERCI; *SPOT*). [vol. I: FUTURE CONTRACT]

– **agricole future.** Futures (BENI FUTURI; BORSA MERCI; CONTRATTAZIONE A TERMINE).

Derubricazione. Reducing the charge to a lesser offence, adjusting the charge (GIURIA; MUTAMENTO DEL TITOLO DI REATO).

Bibl.:
Emmins 1981, ed. 1992: 210.

Descrizione in genere. Description, characterization (DEFINIZIONE; DESIGNAZIONE; ERRORE DI DESCRIZIONE; ESTREMI; IDENTIFICAZIONE).

– **delle merci.** Description of goods (MERCI). [vol. I: FAILURE TO PARTICULARIZE; PARTICULARS OF SALE]

– **erronea** o **inesatta.** Misdescription. Termine riferito più spesso all'inesatta descrizione dell'oggetto del contratto tale da dar luogo ad errore o inganno su un termine rilevante di esso. Se la misdescription è rilevante (*material*), il contratto è annullabile ad istanza dell'altra parte, indipendentemente dalla *fraud*, dal *concealment* o dalla *misrepresentation*. Si noti, tra l'altro, in questa materia, nel sistema inglese, il Trade Descriptions Act 1968 che prevede sanzioni penali a tutela del consumatore (ERRORE; FALSA DESCRIZIONE DELLE MERCI). [vol. I: CONTRACT: VI, 2; DISCLOSURE; MATERIAL; MISREPRESENTATION; UBERRIMAE FIDEI]

Designato. Nominee (DESIGNAZIONE; ISTITUITO; RAPPRESENTANTE).

Designazione. Designation, appointment, nomination (DESIGNATO; IDENTIFICAZIONE; NOMINA). [vol. I: DESIGNATIO UNIUS EST EXCLUSIO ALTERIUS; NOMINATION]

– **del beneficiario nell'assicurazione.** Nomination of the beneficiary of an insurance policy (BENEFICIARIO; POLIZZA (I) DI ASSICURAZIONE). [vol. I: BENEFICIARY OF A LIFE INSURANCE POLICY]

Desistenza in genere. Withdrawal, waiver (ABBANDONO; RINUNZIA; RITIRO; RITRATTAZIONE).

– **dall'azione in giudizio.** Discontinuance, o abandonment, of action; ma negli S.U. — stato federale — si parla di *voluntary dismissal* per indicare la rinunzia agli atti del giudizio da parte dell'attore effettuata prima dell'*answer* del convenuto, ovvero, dopo di essa, con l'accordo di tutte le parti, ai sensi della Rule 41(a) delle *Federal Rules of Civil Procedure*. Un altro modo di mettere fine alla causa è costituito dal c.d. *withdrawing record* consistente nel ritiro del *nisi prius roll* o del *record* (grosso modo, fascicolo di causa) immediatamente prima che il *trial* abbia inizio allo scopo di impedirne la celebrazione. Ciò può essere fatto prima che la giuria abbia prestato giuramento, ovvero successivamente, con il consenso dell'altra parte (ABBANDONO; ARCHIVIAZIONE DELLA DENUNZIA PENALE; AZIONE (I) CIVILE; *DOMINUS*; FASCICOLO DI CAUSA; INATTIVITÀ PROCESSUALE; RIMESSIONE DEL PROCEDIMENTO PENALE; RINUNZIA AGLI ATTI DEL GIUDIZIO; RINUNZIA ALL'APPELLO; RINUNZIA ALL'AZIONE CIVILE; RITIRO DI UN GIURATO; RITRATTAZIONE). [vol. I: ABANDONMENT; ACTION; DISCONTINUANCE OF ACTION; NOLLE PROSEQUI; WAIVER]

– **da un procedimento in genere.** Discontinuance of a proceeding (DISCREZIONALITÀ DELL'AZIONE PENALE; PROCEDIMENTO E PROCESSO).

Destinatario. Receiver, addressee; nel trasporto è detto *consignee*. Nell'art. 1, par. 4, della convenzione della N.U. sul trasporto marittimo di cose del 1978, è definito come la persona che ha diritto alla consegna delle merci (CONSEGNATARIO; DESTINAZIONE; NOTIFICA; RICEVITORE; TRASPORTO). [vol. I: CONSIGNEE; CONSIGNMENT]

– **dei servizi.** Recipient of services (SERVIZIO).

Destinazione in genere. Appropriation, allocation, destination, affectation, dedication, earmark, appointment (DESTINATARIO; PORTO DI DESTINAZIONE; SCOPO; STANZIAMENTO; TRASPORTO). [vol. I: APPROPRIATION; DEDICATION; DESTINATION; DESTINATION BILL OF LADING; DESTINATION CONTRACT; EARMARK]

– **del padre di famiglia.** Non esiste un equivalente esatto; ma forse il concetto potrebbe essere reso, grosso modo, da espressioni quali, ad es., quelle di *use* o *easement* on one part of one's property in favour of another, o dedication of land for the use of another (PADRE DI FAMIGLIA; SERVITÙ). [vol. I: EASEMENT]

– **di un bene immobile in genere.** Dedication, appropriation, destination, affectation of property. La destinazione di un immobile è detta più spesso *appropriation of land*; in tal senso, si parla di *land appropriated for public buildings, military reservations or other public use,* etc. (ESPROPRIAZIONE PER PUBBLICA UTILITÀ). [vol. I: DEDICATION OF WAY]

– **finale.** Ultimate destination (TRASPORTO).

– **giuridica.** Legal destination, legal affectation (SCOPO).

Destituzione da un uffico o **incarico in genere.** Removal from office; ma si parla anche di dismissal, termination, demotion, discharge, amotion (DEGRADAZIONE; DEPOSIZIONE; DIMISSIONI; GIUSTA CAUSA; *IMPEACHMENT*; INCARICO; LICENZIAMENTO; REINTEGRAZIONE IN UN UFFICIO O INCARICO; RESPONSABILITÀ POLITICA; REVOCA ANTICIPATA DEL MANDATO ELETTORALE; RIMOZIONE DA UN UFFICIO O INCARICO; UFFICIO). [vol. I: IMPEACHMENT; JUDGE; MASTER AND SERVANT; OFFICE; REMOVAL]

– **da una carica elettiva.** (REFERENDUM: 2; REVOCA ANTICIPATA DEL MANDATO ELETTORALE)

Desuetudine. Desuetude, o obsolescence: ma nella tradizione di *common law* non si ammette l'abrogazione della legge scritta per desuetudine. Quanto alle regole giurisprudenziali, taluni parlano di obsolescence almeno per quanto attiene a quelle più anacronistiche; ma anche questo è dubbio (CONSUETUDINE; OBSOLESCENZA GIURIDICA). [vol. I: DESUETUDE; OBSOLESCENCE]

– **di un trattato.** Desuetude of a treaty. Ma si tratta di argomento controverso (*REBUS SIC STANTIBUS*). [vol. I: DESUETUDE IN TREATIES]

Detentore. Holder, custodian, bailee, keeper, bearer; ma è detto anche possessor o detainer; si noti la figura del *bailee*, ignota alla *civil law* (APPROPRIAZIONE INDEBITA; CUSTODE; DETENZIONE; PORTATORE). [vol. I: BAILMENT; CONVERSION]

– **della cambiale.** Holder, o bearer, of bill of exchange (CAMBIALE; PORTATORE DELLA CAMBIALE). [vol. I: HOLDER OF A BILL OF EXCHANGE]

– **di immobile.** Occupier of land (OCCUPANTE ABUSIVO DI UN'ABITAZIONE O DI UN IMMOBILE; POSSESSORE PRECARIO).

Detenuto. Detained person, prison inmate. Nel senso di persona condannata e detenuta, è detto *prisoner*; l'imputato è detto *defendant* o *accused*. Negli S.U. — stato federale — si distingue tra il detenuto per reati federali, o *federal prisoner*, e *state prisoner*, a seconda che egli sia tale per la commissione di reati previsti da leggi federali o da quelle dei singoli stati dell'Unione (ARRESTATO; ASSISTENZA SOCIALE AGLI EX DETENUTI; CARCERE; CONDANNA; DETENZIONE; FERMO DI POLIZIA; IMPUTATO; LIBERAZIONE DEL CONDANNATO O DETENUTO; PAZIENTE DETENUTO; PRIGIONIERO; RECLUSIONE; RECLUSO; RILASCIO DELL'ARRESTATO; SCARCERAZIONE; SEQUESTRO DI PERSONA). [vol. I: BAIL; CONVICTION; DEFENDANT; PRISONER]

– **che sconta la pena.** Serving prisoner (PENA).

– **in attesa di giudizio.** Prisoner awaiting trial (CONDANNATO; CUSTODIA CAUTELARE).

– **in isolamento.** Prisoner in solitary confinement (RECLUSIONE).

– **legalmente.** Lawfully detained (*HABEAS CORPUS*).

Detenzione in genere. Detention, captivity (DETENUTO).

1. Quando il termine è riferito ad una cosa, si distingue tra *detention* e *possession*: la prima indica il possesso fisico o detenzione, ma non la *possession in law*. Si noti che nella *common law* la detenzione dà luogo spesso alla figura del *bailment*, priva di equivalenza nella *civil law*. La detenzione è detta anche *naked* o *bare possession*, o *possession without colour of title*; ovvero anche *derivative*

possession, come nel caso di un *tenant*, di un *bailee*, di un *licensee*, o anche *special* o *qualified property*. Nel caso in cui il detentore abbia un diritto sulla cosa, si parla di *possession coupled with an interest*, come nel caso dell'*auctioneer* o del *licensee*. Anche qui, una terminologia alluvionale esprime un sistema che, per essere storico, non si pone troppi problemi di economia concettuale (CUSTODIA; MERO POSSESSO; PENA; POSSESSO DI FATTO; TENUTA). [vol. I: BAILMENT; CONVERSION; DETAINER; DETENTION; DETINUE; LIEN; POSSESSION: 4]

2. Il termine detention è riferito anche alla libertà personale dell'imputato o condannato; con l'espressione *detention at Her Majesty's pleasure* si indica la detenzione di durata indeterminata, come nel caso di minori condannati per omicidio. La pena di durata indeterminata per l'omicidio volontario è caratteristica della *common law* (CARCERE; CUSTODIA CAUTELARE; DETENUTO; FERMO DI POLIZIA; *HABEAS CORPUS*; IMPRIGIONAMENTO; INTERNAMENTO; LUOGO DI DETENZIONE; PENA; PRIGIONIA). [vol. I: ARREST; BAIL; CUSTODY; DETAINMENT; DETENTION; IMPRISONMENT; PERSISTENT OFFENDER; REMAND; SENTENCING PROCESS]

– **arbitraria.** (ARRESTO ILLEGALE; *HABEAS CORPUS*; SEQUESTRO DI PERSONA)

– **del sospettato presso la stazione di polizia.** Detention at the police station for investigation (FERMO DI POLIZIA; INDAGINI DI POLIZIA).

– **di merci.** Detention of goods. Con questa espressione si indica, a seconda dei casi, la mancata consegna, il ritardo nella consegna, o il rifiuto della consegna delle merci (MERCI). [vol. I: CONVERSION; DELIVERY; DETINUE]

– **interessata.** Possession coupled with an interest (POSSESSO). [vol. I: POSSESSION: 4]

– **preventiva.** In senso stretto, non esiste un equivalente. Grosso modo, il remand in custody per diniego del *bail* costituisce nella sostanza, anche se non in principio, un analogo (CAUZIONE GIUDIZIARIA; CUSTODIA CAUTELARE). [vol. I: BAIL]

Deterioramento in genere. Deterioration, wear and tear (DANNO; DEPERIMENTO; DEPREZZAMENTO; LOGORÌO). [vol. I: ALLOWANCE; INSURANCE; WEAR AND TEAR]

– **nel *lease*.** Wear and tear (LOCAZIONE). [vol. I: DILAPIDATION; LEASE; WASTE]

– **normale.** Fair wear and tear; questo termine è impiegato più spesso nell'assicurazione (LOGORÌO). [vol. I: WEAR AND TEAR]

Determinazione in genere. Determination, fixing; ma il termine ha anche il significato di decisione giudiziaria o amministrativa. In questo senso, assume il significato di decisione finale del giudice di merito, suscettibile quindi di impugnazione (DECISIONE).

– **dei prezzi.** (FISSAZIONE DEI PREZZI)

– **della competenza in genere.** Determination of jurisdiction (COMPETENZA).

Deterrente nucleare. Nuclear deterrent (ENERGIA NUCLEARE).

Detrazione. Allowance (ABBUONO; DEDUZIONE; TARA). [vol. I: *ad vocem*]

– **fiscale.** Tax deduction (IMPOSTA; INCENTIVO FISCALE; SGRAVIO FISCALE).

Detrimento. Detriment, damage, loss or damage, prejudice. Ma quando il termine *detriment*, nel senso di sacrificio o pregiudizio, è impiegato nell'ambito del *simple contract*, come correlativo di *benefit*, esso indica il tormentato concetto di *consideration* inteso come sacrificio, anche non patrimoniale, subito dal promissario (ARRICCHIMENTO; BENEFICIO; CONTRATTO: III; DECREMENTO; DEPERIMENTO; DEPREZZAMENTO; PREGIUDIZIO; SACRIFICIO; VANTAGGIO). [vol. I: DAMNUM ABSQUE INIURIA; DETRIMENT]

Dettagliante. Retailer (COMMERCIANTE; CONSUMATORE; DETTAGLIO; ESERCENTE; INGROSSO; GROSSISTA; NEGOZIANTE; RIVENDITORE; VENDITA AL DETTAGLIO).

Dettaglio. Retail (*CASH AND CARRY*; COMMERCIANTE; CONSUMATORE; DETTAGLIANTE; INDICE DEI PREZZI AL DETTAGLIO; INGROSSO; TUTELA DEL CONSUMATORE; VENDITA AL DETTAGLIO). [vol. I: CASH AND CARRY; CONSUMER PROTECTION; CONSUMER SALE; RETAIL; SALE; WHOLESALE]

Deturpazione. (DANNEGGIAMENTO; INQUINAMENTO)

Devastazione, saccheggio e strage. Pillage (STRAGE; TERRORISMO; VANDALISMO).

Deviazione. Departure; il termine *deviation* è riferito al trasporto marittimo (DEROGA; DIROTTAMENTO; PERCORSO; ROTTA; STORNO; SVIAMENTO; VIA). [vol. I: CARRIAGE: IV; DEVIAZIONE]

– **di nave.** (CAMBIAMENTO DI VIA, DI VIAGGIO DI NAVE)

Devoluzione in genere. Devolution, transfer, alienation.

1. Ma il termine *devolution* si presta ad equivoci. Con esso si indicano più spesso quei fenomeni caratteristici della *common law* che hanno luogo *ope legis*, come nella successione per causa di morte (in cui il relitto ereditario si trasferisce, peraltro non già agli eredi, ma al *personal representative*), nel fallimento (in cui l'attivo fallimentare si trasferisce al *trustee in bankruptcy*), nel *trust*, in cui si ha devoluzione della *legal ownership* al *trustee* e della *equitable ownership* al *beneficiary*. A quest'ultimo proposito, appare opportuno tener conto del dualismo fondamentale esistente tra regole di *common law* e regole di *equity* che danno luogo, rispettivamente, alla *legal ownership* e all'*equitable ownership*, ignote alla tradizione della *civil law* e al diritto italiano (ALIENAZIONE; CESSIONE; DISEREDAZIONE; TRASFERIMENTO; *TRUST*). [vol. I: ALIENATION; ASSIGNMENT; BANKRUPTCY; CONVEYANCE; EQUITY; OWNERSHIP; PERSONAL REPRESENTATIVE; REVERSION; SUCCESSION; VESTING]

2. In materia costituzionale, il termine devolution indica in un primo senso la delega di poteri legislativi all'esecutivo; a questo proposito un eminente giurista inglese osserva che la devolution è alla base della *delegated legislation*. In un altro senso, l'espressione *devolution of government* indica il regionalismo, ossia il decentramento di taluni poteri legislativi ed esecutivi degli organi centrali alle varie regioni della Gran Bretagna, cioè di una fascia intermedia a livello regionale tra governo centrale ed enti locali, peraltro finora non attuata (AUTOGOVERNO; DISTRIBUZIONE; FEDERALISMO). [vol. I: INTRODUZIONE: III. 12; HOME RULE; LOCAL GOVERNMENT]

– **dell'eredità.** Grosso modo, devolution of the estate of a deceased person. Ma la *common law* non accoglie il concetto di successione universale, o *di hereditas*: di conseguenza, non vi sono eredi in senso stretto, ma solo, di fatto, secondo la concezione nostrana, dei legatari. L'*estate* si devolve non già direttamente ai beneficiari, ma a un terzo, detto *personal representative*, figura ignota alla *civil law* che, nei limiti del valore dell'attivo, diviene debitore dei creditori del defunto, paga i debiti e distribuisce il residuo netto tra i beneficiari indicati nel testamento (la forma prevalente di successione), o secondo le regole della successione intestata: ma, anche in questo caso, la devoluzione ha luogo a favore del *personal representative*, e non già dell'erede (DIRITTO (I) DELLE SUCCESSIONI; EREDITÀ; SUCCESSIONE PER CAUSA DI MORTE). [vol. I: SUCCESSION]

Diaria. Daily allowance (INDENNITÀ DI MISSIONE).

Dibattimento. Grosso modo, trial; ma, in senso stretto, non vi ha equivalenza esatta. Nella assai diversa articolazione del processo penale e civile inglese e nordamericano, la fase del *pre-trial* sbocca nel *trial* in cui trionfano concentrazione, oralità e immediatezza, *shibboleths* dei nostri processualisti restati peraltro allo stato di astrazione e mai visti concretamente nel processo di *civil law*. È nella fase del *trial* che si forma la prova davanti al giudice e alla giuria (quando è prevista) — in cui si svolge la celebre *cross-examination* — e si decide la causa (APERTURA DEL DIBATTIMENTO; AZIONE (I) PENALE; CONDANNA PENALE; CONTRADDITTORIO; CONTROESAME; DISCUSSIONE DI UNA CAUSA; GIUDICE DEL DIBATTIMENTO; GIURIA; ISTRUTTORIA; ORALITÀ, CONCENTRAZIONE E IMMEDIATEZZA; PROCESSO; RINVIO DEL DIBATTIMENTO; SISTEMA PENALE ACCUSATORIO; SOSPENSIONE DEL DIBATTIMENTO; VERBALE DEL DIBATTIMENTO). [vol. I: CROSS-EXAMINATION; DAY IN COURT; PRELIMINARY EXAMINATION: 2; PRE-TRIAL; PROCEDURE; TRIAL]

– **a porte aperte.** Public trial.

– **a porte chiuse.** Secret trial, proceeding in camera (DIBATTIMENTO; GIURISDIZIONE VOLONTARIA; PROCESSO PUBBLICO; UDIENZA). [vol.I: CAMERA; STAR CHAMBER]

Diceria. Hearsay (SENTITO DIRE; TESTIMONIANZA PER SENTITO DIRE).

Dichiarante in genere. Declarant, o person making a declaration, a statement, a representation (DICHIARAZIONE). [vol. I: AFFIANT; DECLARATION; DEED]

– **nel contratto.** Representor (DICHIARAZIONE CONTRATTUALE).

Dichiarato. Disclosed (DICHIARANTE; DICHIARAZIONE; NON DICHIARATO; PUBBLICITÀ).

Dichiarazione/i in genere. Declaration, representation, statement, disclosure, entry (AFFERMAZIONE; ASSERZIONE; ATTESTAZIONE; CERTIFICAZIONE; CONTRODICHIARAZIONE; DIVERGENZA TRA VOLONTÀ E DICHIARAZIONE NEL CONTRATTO; FALSA DICHIARAZIONE; PRONUNZIA; PUBBLICITÀ; RETICENZA; SENTENZA DICHIARATIVA). [vol. I: COUNTER-DEED; DECLARATORY; DISCLOSURE; ENTRY; REPRESENTATION; SHAM TRANSACTION; STATEMENT]

– **confidenziali.** Confidential communications (COMUNICAZIONE; SEGRETO PROFESSIONALE).

– **congiunta dei redditi.** Joint tax return (*infra*, DICHIARAZIONE DEI REDDITI; DICHIARAZIONE DEI REDDITI SEPARATA; CUMULO DEI REDDITI).

– **contrattuale.** Contractual statement, contractual representation; ma in questa materia la *common law* ha elaborato concetti originali, privi di equivalenza nella *civil law*. Molto schematicamente, con il termine *statement* si indicano le dichiarazioni delle parti, classificate in: a) *terms of the contract*; b) *mere representations*. Nel primo caso, le dichiarazioni delle parti costituiscono parte integrante del contratto, e sono, come tali, vincolanti; nel secondo, non fanno parte del contratto e, in principio, non sono vincolanti. Di fondamentale importanza e assoggettate a un particolare regime, sono le dichiarazioni nell'ambito di taluni contratti — tra cui quello di assicurazione — che impongono l'obbligo della massima buona fede, e quindi un *duty of disclosure* (*infra*, DICHIARAZIONE INESATTA o RETICENTE ALL'ASSICURATORE; DICHIARAZIONE PRECONTRATTUALE; ASSICURAZIONE; BUONA FEDE; CLAUSOLA CONTRATTUALE; CONTRATTO: IX; *CULPA IN CONTRAHENDO*; ERRORE NELLA DICHIARAZIONE; FALSA DICHIARAZIONE; RESPONSABILITÀ PRECONTRATTUALE; RETICENZA NEL CONTRATTO; VIZI DEL CONSENSO). [vol. I: CONTRACT: IV, VI; CULPA IN CONTRAHENDO; DISCLOSURE; REPRESENTATION; STATEMENT; TERM OF CONTRACT; UBERRIMAE FIDEI]

– **contrattuale erronea** o **inesatta.** Misrepresentation; ma si tratta di figura ignota alla *civil law* (*supra*, DICHIARAZIONE CONTRATTUALE; ERRORE). [vol. I: *ad vocem*]

– **contrattuale fraudolenta.** Fraudulent misrepresentation; ma si tratta di figura ignota alla *civil law* (*supra,* DICHIARAZIONE CONTRATTUALE ERRONEA o INESATTA).

– **dei diritti.** Lett., declaration of rights. Il celebre *Bill of Rights* inglese è, nella storia moderna, il precedente storico di tutte le successive dichiarazioni dei Diritti dell'Uomo.

1. Elaborato nel 1688 dal parlamento inglese per assicurare la continuità e il buon funzionamento del regime monarchico dopo la incruenta *Glorious Revolution*, esso precede di cento anni la rivoluzione francese (1789) dalla quale scaturì la *Déclaration des Droit de l'Homme et du Citoyen*. Il *Bill of Rights* — che riprende i princìpi di libertà già accolti nella Magna Carta del 1215 — afferma, tra l'altro, le libertà e i diritti fondamentali dei sudditi del regno, e la supremazia della *rule of law*, limitando severamente l'esercizio delle prerogative reali. Nel 1689, William e Mary di Orange, prima di essere elevati al trono, dovettero sottoscrivere la dichiarazione che, nello stesso anno, diveniva legge. A differenza della dichiarazione francese del 1789, che costituisce soltanto il preambolo della costituzione del 1791, il *Bill of Rights* inglese — derivato dalle opere di John Locke, che propugna il riconoscimento della libertà come diritto naturale e la tolleranza come condizione per il suo esercizio — è un testo giuridico vincolante. Tutto questo ci riporta al primato storico del costituzionalismo inglese, e poi nordamericano. Il *Bill of Rights* inglese — anche se di portata più modesta rispetto all'omonimo nordamericano — costituisce il primo testo legislativo (beninteso, dopo la Magna Carta) al mondo a garantire i diritti dell'uomo. Entrambi, quello inglese e quello nordamericano, sono dei testi legislativi vincolanti, e non già come si è accennato, mere dichiarazioni, come quella francese.

2. Bisogna essere grati a Vittorio Frosini, tipo sempre più raro di giurista laico che, trasportandoci *in più spirabil aree,* lontane dal *Pandektenstall*, nel corso degli ultimi anni si è dedicato con particolare impegno ai problemi etici, giuridici e pratici del diritto. In una tradizione di studi che tende a considerare in senso eurocentrico le vicende del pianeta, questo studioso contribuisce a ristabilire la verità storica ricordando il primato, che non è solo precedenza cronologica, dei *Bill of Rights* americani, Alpha e Omega dei diritti dell'uomo. Si tratta di un prezioso libretto di poche ma dense pagine che aiutano a intendere lo spirito e la portata della rivoluzione americana; questo fatto vorrà scusare presso i lettori, si spera, il diffuso ricorso alla citazione. Come scrive l'autore: « Oggi i diritti umani sono attribuiti a tutti gli uomini di tutta la terra, anche a coloro che ne ignorano il nome o che ne disconoscono il merito » [1993: 5]; in effetti, Frosini coglie « l'intima connessione fra il progresso tecnologico e la comparsa dei diritti umani sull'orizzonte morale del mondo storico » [ibid.: 7]. A riprova della natura, si direbbe pre-giuridica, dei diritti, egli cita l'art. 60(5) della convenzione di Vienna sul diritto dei trattati per

Dichiarazione dei diritti

cui, quando si è verificata la « sostanziale violazione » di un accordo stipulato fra due stati, la parte offesa, cioè vittima della violazione, può denunziare l'accordo, ma deve continuare comunque a rispettare le norme attinenti ai diritti umani. E commenta con queste parole: « Questi diritti formano, in ogni caso, una eccezione: giacché essi non sono considerati come aventi un carattere convenzionale o pattizio, al pari delle altre norme, ma sono considerati come diritti assoluti; pertanto, essi non si basano su una condizione di reciprocità fra gli Stati, ma fanno parte del diritto internazionale generale (...) Occorre indagare — prosegue — come sia avvenuta e perché si sia verificata questa radicale trasformazione nei rapporti giuridici fra gli uomini, ignota alle età precedenti in cui valeva sempre in qualche forma l'*aeterna auctoritas adversus hostes*; una novità tale, da potersi definire come una mutazione di antropologia giuridica » [1993:6]. Tutto questo si deve storicamente al *Bill of Rights* americano: « i diritti umani, che si sono affermati come riflessi morali della società tecnologica hanno in comune il richiamo alla 'qualità della vita', moderna formulazione del diritto al perseguimento della felicità. Questo diritto alla felicità, invocato nella letteratura filosofica settecentesca, proclamato nella Dichiarazione dei diritti della Virginia (1776), poi trascurato dalla dottrina giusnaturalista e persino irriso e vilipeso dai tiranni (...) è quel diritto umano non scritto, che muove forse più di ogni altro l'animo dell'uomo dell'età tecnologica, anche quando egli lo intravede sotto le sembianze del consumismo e della libertà sessuale (nel senso, che il rapporto erotico si può realizzare senza i condizionamenti naturali delle età precedenti). Alle scaturigini dell'attrazione sensibile vi è però un impulso morale, che è il bisogno umano di vivere una vita degna di essere vissuta, non oppressa dalla servitù e dalla miseria, non costretta alla rinuncia ed alla repressione quotidiane. È stato questo impulso a determinare la rivoluzione del 1989 nei Paesi dell'Europa orientale » [ibid: 10].

3. Come osserva Frosini: « Il rapporto fra le due rivoluzioni ha dato luogo ad un dibattito, originato da una affermazione del giurista germanico Georg Jellinek, secondo cui 'la dichiarazione francese dei diritti è stata imitata, nel suo insieme, dai 'bills of rights' americani (...). Tutti i progetti della Dichiarazione francese sviluppano con maggiore o minore ampiezza le idee americane. In fatto di aggiunte originali, questi progetti non contengono che delle discussioni puramente dottrinali, o sviluppi che appartengono piuttosto al dominio della metafisica politica'. Dal punto di vista di un confronto testuale, la dimostrazione data da Jellinek è innegabile; ma alla sua tesi venne opposta nel 1903 una critica avanzata dal filosofo del diritto italiano Giorgio Del Vecchio, il quale osservò che le carte dei diritti americane e quella francese avevano una matrice ideale comune, che era la filosofia giuridica e politica dell'età dell'illuminismo, e in particolare la filosofia della scuola del diritto naturale, alla quale si ispiravano le affermazioni contenute nei *Bills of Rights* degli *inherent rights* dell'individuo e dei *rights of the people*; vale a dire, che la matrice dei *Bills of Rights* era proprio quella 'metafisica politica' a cui accennava con una punta di dispregio lo Jellinek » [ibid.: 13, n.o.]. Poche proposizioni bastano a schiudere davanti agli occhi la portata politica e sociale della rivoluzione americana nella storia dell'umanità; si tratta, si ripete, di un approccio insolito nella produzione nostrana in cui la tendenza all'eurocentrismo, nel trascurare il dato storico, fa vedere nella Dichiarazione francese l'inizio dei diritti dell'uomo.

4. Quanto in particolare alle diversità tra il *Bill of Rights* inglese e quello americano, mentre quest'ultimo ha un carattere di universalità, quello inglese riprende i principi di libertà della Magna Carta limitati peraltro ai sudditi della corona britannica. Invece, come scrive Frosini: « Le carte dei diritti americane si rivolgevano invece solennemente a tutti gli uomini, perché 'all men are by nature free and independent and have certain inherent rights'; il principio così proclamato era dunque di diritto naturale, aveva un carattere intrinsecamente filosofico (...) ebbene, proprio questo è ciò che contraddistingueva una nuova nazionalità, quella degli Stati Uniti d'America, per i quali vale la recente definizione formulata da Michael Walzer, 'una nazione politica composta di nazionalità culturali' » [ibid.: 17, n.o.]. Frosini mette opportunamente in rilievo « il significato rivoluzionario, di svolta epocale nella storia del pensiero filosofico-giuridico, corrispondente al carattere stesso di quella, che viene comu-

Dichiarazione dei diritti

nemente designata come la Rivoluzione Americana » [ibid.: 18, n.o.]. Nell'esaminare singolarmente i diritti fondamentali di carattere filosofico, cioè universale, del *Bill of Rights* americano, l'autore si sofferma, tra l'altro, sul diritto di libertà e sul principio di tolleranza, e afferma che « la libertà è la capacità di autorealizzarsi, di costruirsi la propria vita morale, di assumere la propria responsabilità nelle decisioni e nelle azioni. Il diritto di libertà è dunque intimamente collegato al principio della tolleranza religiosa e civile, che si fece strada nella pubblica opinione nelle colonie nord-americane prima ancora che in Europa (...) sicché il primo Emendamento stabilì, a porre le basi della convivenza civile, il divieto di 'porre in essere leggi per il riconoscimento ufficiale di una religione o per proibirne il libero culto, o per limitare la libertà di parola o di stampa o il diritto dei cittadini di riunirsi in forma pacifica e di chiedere giustizia' » [1993: 20].

5. Ma, più che nella stessa libertà, l'essenza della democrazia consiste nell'*uguaglianza* giuridica: una democrazia, come quella italiana, che assicura la libertà ma nell'*anomia*, nel privilegio, nell'assenza di regole valide per tutti è una non democrazia. Perché quando la libertà è solo quella dei più forti non si può parlare di libertà né di democrazia. Già basterebbe questa semplice constatazione a troncare il dibattito se in Italia vi sia o vi sia mai stata democrazia. Gli studiosi potranno pure discettare su categorie e caselle e collocazioni e definizioni e richiami storici e dotti riferimenti: se la democrazia italiana può essere definita o meno un *regime*; cosa sia mai un regime; e se si tratta di fascismo Doc o da tavola, come si addice ai gusti della nostra classe dirigente (si fa per dire!); e se il paese è in uno stato di marasma o meno. Ma per il giurista la domanda è semplice: se cioè vi sia o quando vi sia stato mai *stato di diritto* nel nostro paese.

6. Comunque, anche qui, Vittorio Frosini coglie la portata storica dei *Bill of Rights* americani: « La trasformazione del diritto di libertà, avvenuta con le Dichiarazioni dei diritti degli Stati Uniti, consiste non soltanto nel suo proclamato carattere di universalità, ma anche in una sua conversione di significato (...) Quando il diritto di libertà, fino ad allora attribuito soltanto agli uomini liberi, cioè maschi, adulti e portatori di armi (un riflesso di tale precedente è nel diritto di possedere e portare armi, sancito nel secondo Emendamento), viene invece attribuito a tutti gli uomini, si verifica un passaggio dalla concezione di una libertà chiusa, cioè ristretta a determinati gruppi, all'idea di una libertà aperta, di cui tutti possono diventare partecipi (...) Se il diritto di libertà non è ancora riconosciuto a tutti gli uomini, tanto è vero che esso viene invocato nei *Bills of Rights*, esso dovrà essere riconosciuto anche a coloro che ne sono ancora privi: questa fu una rivoluzione ideale, che diede l'avvio ad una rivoluzione sociale senza precedenti nella storia umana (...) come il diritto di libertà è stretto in un nodo indissolubile al diritto alla vita, giacché non avrebbe senso un uomo libero che non fosse libero di vivere, così pure lo stesso diritto di libertà diventa, dopo quella svolta rivoluzionaria, fermamente agganciato all'idea della uguaglianza di diritto, a quella *isonomia*, che l'antico Erodoto definì il nome più bello di tutti, l'essenza del governo del popolo » [ibid.: 21, n.o.].

Il diritto alla felicità.

7. La Dichiarazione di Indipendenza del 4 luglio 1776 [cfr., per la versione italiana, D'Addio e Negri (cur.) 1980: 687] recita, tra l'altro: « Noi riteniamo che le seguenti verità siano di per sé stesse evidenti: che tutti gli uomini sono stati creati uguali, che il Creatore ha fatto loro dono di determinati inalienabili Diritti, che tra questi sono la Vita, la Libertà ed il Perseguimento della Felicità. Che per salvaguardare tali Diritti, gli uomini si son dati dei governi che derivano la propria giusta autorità dal consenso dei governati; che ogniqualvolta una determinata forma di governo giunga a negare tali fini, sia diritto del Popolo il modificarla o l'abolirla, istituendo un nuovo governo che ponga le sue basi su questi principî, strutturandone i Poteri nel modo che ad esso sembri il più atto a garantire la sua Sicurezza e la sua Felicità. È ben vero che la prudenza consiglierà di non rovesciare i governi, ormai stabiliti da lungo tempo, per motivi futili e transitori, e che, di conseguenza, l'esperienza ha dimostrato come l'Umanità sia piuttosto propensa a soffrire tutto il soffribile, anziché farsi giustizia abolendo le forme cui è abituata. Ma allorché una lunga serie di abusi e di torti, tutti inevitabilmente tendenti al medesi-

mo scopo, tradisce il disegno di ridurla ad uno stato di completa sottomissione, diviene allora suo dovere oltre che suo diritto, rovesciare un tal governo, munendosi di nuove garanzie per la propria sicurezza futura ». Questo è certamente un testo non meno rivoluzionario del messaggio cristiano: come scrive Frosini: « Il diritto alla felicità, alla *recherche du bonheur*, caratterizzò il pensiero di diversi filosofi del Settecento, specialmente quello dei sensisti o materialisti francesi (...) Anche un pensatore italiano e cristiano come Ludovico Anton Muratori aveva indicato nel suo libro *Della pubblica felicità* del 1749 in essa l'ideale del principe. La novità rivoluzionaria dei *Bills of Rights* al riguardo è da riconoscersi in un capovolgimento della prospettiva: il perseguimento della felicità non è prerogativa del sovrano, per favorire i sudditi, ma è un diritto dell'individuo come libero cittadino, al pari del diritto alla vita e del diritto di libertà. (...) Questo diritto alla felicità era sconosciuto alle precedenti rivendicazioni dei diritti, come il *Bill of Rights* britannico del 1689; giacché esso significava il diritto a disporre del proprio destino, e cioè il diritto al dissenso, invocato e non concesso, che aveva spinto i *Pilgrim Fathers* sulla via dell'esilio (...) Il *pursuit of happiness* ha dunque una origine puritana (esso è voluto dal Creatore) e una vocazione etico-sociale, per cui non va confuso con la ricerca di felicità in senso edonistico; anche se, quando esso venga riproposto in un'epoca come la nostra, di consumismo, di assistenza sociale, di liberazione erotica, acquista un diverso significato » [1993: 23]. A conclusione di questa breve rassegna su una così vasta materia, si vuole segnalare l'opera di Guglielmo Negri, uno dei maggiori americanisti del nostro paese, presidente del Centro di Studi Americani di Roma, che di recente ha curato un fortunato simposio internazionale che ha riconfermato l'originalità e la freschezza della madre di tutte le costituzioni moderne.

8. Non esiste una *dichiarazione dei doveri*; né un ... *Bill of Duties*, né una *Déclaration des Devoirs de l'Homme et du Citoyen* [Maitland 1908, ed. 1977: 284, 296]. Come ricorda Norberto Bobbio [1990: 131], l'abbé Grégoire, aveva proposto all'Assemblea che la Dichiarazione dei diritti fosse accompagnata da una dichiarazione dei doveri. Proposta per fortuna non accolta, ché, altrimenti, a quest'ora si starebbe ancora a scrivere. Ma, anche qui, non si può non rilevare la aberrante via italiana alla tutela dei diritti concepita come *abolizione dei doveri e smantellamento di quel tessuto connettivo di controlli* che tiene assieme un paese mediamente civile. L'anarchia del paese non si riesce a spiegare al di fuori di questa semplice fatto, che sembra anche il tratto fondamentale della diversità italiana. Il caos delle nostre città, lo sfregio permanente al Giardino d'Europa, è emblematico della scomparsa dello stesso principio di autorità, sostituito dalla polverizzazione del potere tra tanti grandi e piccoli boss, di volta in volta, in combutta o in lotta tra loro nella spoliazione del paese. Il « diritto alla vita e la vita del diritto », una delle tante demenziali formule che imperversano da noi, è consistito nello smantellamento di qualsiasi ordine costituito che, al di là del dato tecnico giuridico, è qualcosa che deve vivere anzitutto nel cuore della gente: e, invece, si ubbidisce solo al potere al quale non si può resistere per motivi di complicità, sudditanza, gratitudine o convenienza (DIRITTI (II) COSTITUZIONALI; DIRITTI (II) DELL'UOMO; DIRITTO (II) ALLA FELICITÀ; FEDERALISMO; SEPARAZIONE DEI POTERI; STATO DI DIRITTO; TUTELA DEI DIRITTI). [vol. I: ACT OF SETTLEMENT; GLORIOUS REVOLUTION; MAGNA CARTA]

Bibl.:

Frosini, V., *Teoria e tecnica dei diritti Umani*, Napoli, Esi, 1993.
Negri, G. (cur.), *Il Federalista: 200 anni dopo*, Bologna, il Mulino, 1988.

– **dei redditi.** Income tax return, income return, tax return (*supra*, DICHIARAZIONE CONGIUNTA DEI REDDITI; *infra*, DICHIARAZIONE DEI REDDITI SEPARATA; IMPOSTA; REDDITO). [vol. I: INCOME TAX; RETURN; TAX]

– **dei redditi separata.** Separate tax return (*supra*, DICHIARAZIONE CONGIUNTA DEI REDDITI).

– **dell'imputato.** Statement of the accused (AUTOINCRIMINAZIONE; CONFESSIONE ESTORTA; CONTROESAME; DEPOSIZIONE; INCRIMINAZIONE). [vol. I: CAUTION; SELF-INCRIMINATION]

– **di abbandono di nave, etc.** Notice of abandonment of ship (ABBANDONO DI NAVE; NAVE). [vol. I: ABANDONMENT OF SHIP, CARGO, CLAIM]

– **di assenza.** Lett., declaration of absence; ma si noti che nel sistema inglese non vi si fa luogo (*infra*, DICHIARAZIONE DI MORTE PRESUNTA). [vol. I: ABSENCE; COMMORIENTES; PRESUMPTION OF DEATH; SURVIVORSHIP]

– **di avaria.** (TESTIMONIALE DI AVARIA)

– **di colpevolezza dell'imputato.** Plea of guilty (COLPEVOLEZZA; DICHIARAZIONE DI INNOCENZA DELL'IMPUTATO). [vol. I: *ad vocem*; GUILTY]

– **di fallimento in genere.** Grosso modo, adjudication in bankruptcy; ma nel sistema inglese si parla di *bankruptcy order* nel caso di fallimento civile, o di *winding up order* nel caso di società di capitali, ai sensi, rispettivamente, della s. 271 e della s. 122 dell'Insolvency Act 1986 (FALLIMENTO; GIUDICE DELEGATO AL FALLIMENTO). [vol. I: ADJUDICATION]

– **di fatto.** Statement of fact (FATTO). [vol. I: STATEMENT]

– **di guerra.** Declaration of war; negli S.U. ai sensi dell'art. I, s. 8, cl. 11, della costituzione, spetta al Congresso; ma, in diritto internazionale, si ritiene che la dichiarazione di guerra sia facoltativa, ossia che non costituisca un obbligo da parte degli Stati (GUERRA; RAGION DI STATO; ULTIMATUM).

– **di indipendenza.** Declaration of Independence. È per antonomasia quella del 4 luglio 1776 del Congresso Generale dei tredici stati d'America che proclamava l'indipendenza dalla corona britannica dei sudditi delle colonie, e la creazione di uno stato libero e indipendente (*supra*, DICHIARAZIONE DEI DIRITTI; RICERCA DELLA FELICITÀ; STATI UNITI D'AMERICA).

– **di innocenza dell'imputato.** Plea of not guilty (*supra*, DICHIARAZIONE DI COLPEVOLEZZA DELL'IMPUTATO; INNOCENZA). [vol. I: GUILTY; INNOCENCE, PRESUMPTION OF]

– **di morte presunta.** Lett., declaration of presumed death; ma non esiste nella *common law* (*supra*, DICHIARAZIONE DI ASSENZA; MORTE PRESUNTA). [vol. I: PRESUMPTION OF DEATH]

– **di origine.** (FATTURA CON DICHIARAZIONE DI ORIGINE)

– **di principio.** Declaration of principle. Termine impiegato più spesso in diritto internazionale (PRINCIPIO).

– **di volontà.** Lett., declaration of will, statement, representation; ma la *common law* ignora le elaborazioni pandettistiche in questa materia. Sembra appena il caso di aggiungere che essa non ha adottato il paradigma del negozio giuridico (*supra*, DICHIARAZIONE CONTRATTUALE; CONTRATTO: III; NEGOZIO GIURIDICO; VOLONTÀ). [vol. I: CONTRACT; GIFT; INTENTION TO CREATE LEGAL RELATIONS; TRUST; WILL]

– **doganale.** Customs entry (DOGANA). [vol. I: CUSTOMS (2); ENTRY]

– **extragiudiziale.** Out of court statement (EXTRAGIUDIZIALE; PROVA).

– **extragiudiziale giurata.** Affidavit, sworn statement (*infra*, DICHIARAZIONE GIURATA).

– **giudiziale di paternità.** Lett., judicial declaration of paternity; ma anche in questa materia sussistono notevoli differenze tra il diritto inglese e quello italiano. Con l' *affiliation order* si fa luogo alla dichiarazione giudiziale della maternità naturale e la condanna del padre al mantenimento del minore (LUTTO VEDOVILE). [vol. I: AFFILIATION ORDER; CHILD; LEGITIMATION; PATERNITY; PUTATIVE FATHER]

– **giurata.** Sworn, o verified, statement (*supra*, DICHIARAZIONE EXTRAGIUDIZIALE GIURATA; ATTO DI NOTORIETÀ; GIURAMENTO). [vol. I: AFFIDAVIT; DEPOSITION; OATH: 2]

Bibl.:
De Vita, A., *Affidavit*, in *Digesto IV Utet, Civ.*, vol. I: 167.

– **inesatta.** Misrepresentation (*supra*, DICHIARAZIONE CONTRATTUALE).

– **inesatta** o **reticente all'assicuratore.** Nondisclosure, o misrepresentation to insurer (*supra*, DICHIARAZIONE CONTRATTUALE; *infra*, DICHIARAZIONE NELLA PROPOSTA DI ASSICURAZIONE; RETICENZA). [vol. I: CONCEALMENT; CONTRACT: IV, VI; CULPA IN CONTRAHENDO; DISCLOSURE; INSURANCE: I. 6; II. 4; NON DISCLOSURE; UBERRIMAE FIDEI]

– **informale, ufficiosa.** Off the record statement (UFFICIOSO; VERBALE).

– **nella proposta di assicurazione.** Representation. La dichiarazione inesatta o reticente è detta *misrepresentation* (*supra*, DICHIARAZIONE INESATTA O RETICENTE ALL'ASSICURATORE). [vol. I: *ad vocem*; UBERRIMAE FIDEI]

– **per la registrazione.** Registration statement; è detta così negli S.U. la dichiarazione informativa che deve essere inoltrata alla *Securities and Exchange Commission* quando si effettuano offerte al pubblico di titoli (AZIONE (II) DI SOCIETÀ; PUBBLICITÀ; REGISTRAZIONE; TITOLI MOBILIARI).

– **per trasbordo.** Entry for shipment (TRASBORDO).

– **precontrattuale.** Precontractual statement, representation (*supra,* DICHIARAZIONE CONTRATTUALE; *CULPA IN CONTRAHENDO*). [vol. I: CULPA IN CONTRAHENDO; MISREPRESENTATION; REPRESENTATION; TERM OF CONTRACT; UBERRIMAE FIDEI]

– **precontrattuale errata** o **falsa.** Misrepresentation, misstatement (*supra*, DICHIARAZIONE PRECONTRATTUALE).

– **Universale dei Diritti dell'Uomo.** (DIRITTI (II) DELL'UOMO)

Di diritto. As of right (DI FATTO; DIRITTO (I); FATTO).

Dies. Day (CONDIZIONE; GIORNO; TERMINE). [vol. I: CONDITION; DAY; MORA; TERM; TIME]

– ***ad quem.*** Last day (TERMINE FINALE). [vol. I: TIME]

– ***a quo.*** Commencing day (TERMINE INIZIALE). [vol. I: TIME]

– ***solutionis.*** Time of performance, time of payment (ADEMPIMENTO; PAGAMENTO). [vol. I: ESSENCE, OF THE; PAYMENT; PERFORMANCE]

Dietimi. Daily accrued interest (INTERESSI SUL CAPITALE). [vol. I: INTEREST]

Di fatto in genere. *De facto*, in deed, actually (DI DIRITTO; FUSIONE DI SOCIETÀ: 5; SOCIETÀ (II) DI FATTO). [vol. I: CORPORATION; DOMICILE; GOVERNMENT]

Difensore in genere. Defender, counsel (ACCUSATORE; INVESTIGATORE PRIVATO).

– **civico.** Ombudsman. Nel sistema costituzionale britannico è detto *Parliamentary Commissioner* quello relativo all'amministrazione centrale, mentre si parla di *local government commissioner*, o *local government ombudsman*, per gli enti locali.
1. Ma l'istituto, di origine scandinava, anche se trova qualche difficoltà di collocamento nel sistema inglese e nordamericano, ha ricevuto una vastissima applicazione, oltre che nei rapporti tra le amministrazioni locali e i cittadini, nei rapporti privati, specialmente nell'ambito della tutela del consumatore; basta pensare al *banking ombudsman* esistente in Gran Bretagna, organo indipendente chiamato a decidere le controversie tra clienti e banche. Negli S. U. — stato federale — l'ombudsman è definito più spesso *public advocate*.
2. Istituto importato da noi — sembra, piuttosto che per assicurare al cittadino un improbabile minimo di tutela di fronte alla più corrotta e inefficiente macchina burocratica dell'Occidente, statale o locale che sia — per sistemare qualche portaborse o, nel migliore dei casi, qualche prefetto in pensione del tutto impossibilitato a svolgere le proprie funzioni istituzionali: si pensi alle difficili condizioni in cui è chiamato ad operare un difensore civico nell'ambito delle (disastrate) regioni italiane, etc.
3. La conclusione non sembra troppo diversa da quella attinente al giudice di pace e, in ultima analisi, a tutte le « riforme » adottate nel nostro paese. Anche qui, un penoso destino sembra perseguire le idee, gli istituti, i principi, affermatisi altrove spesso dopo lunghe lotte e col sacrificio di molte vite, per così dire, pirateggiati e adattati alle patologie nostrane (ARBITRATO; COMMISSARIO PARLAMENTARE; CONCILIATORE; GIUDICE DI PACE; MEDIATORE EUROPEO; *OMBUDSMAN*; TUTELA DEI DIRITTI). [vol. I: OMBUDSMAN]

Bibl.:
De Vergottini, G., *Ombudsman*, in *Dizionario di Politica* 1976, ed. 1983: 729, at 732.

– **di fiducia in genere.** (AVVOCATO DI FIDUCIA)

– **di ufficio in genere.** Court appointed defender, assigned counsel.
1. Negli S.U., il diritto alla difesa in materia penale è garantito, nel caso di imputati indigenti, dal VI emendamento [1791] della costituzione federale, attuato anche nella gran parte degli stati dell'Unione. A tal fine, la corte procede alla nomina di un difensore di ufficio. Trattandosi di uno stato federale, sono da menzionare le *Federal Public Defender Organizations* e *Community Defender Organizations*. Quanto ai singoli stati dell'Unione, la gran parte di essi si è dotata di *public defender programs* diretti ad assicurare la difesa gratuita degli imputati non abbienti.
2. Ma resta da rilevare che uno dei più avanzati sistemi del mondo in tema di assistenza giudiziaria è quello britannico, introdotto nel 1949 dal governo laburista. Tra l'altro, a differenza del regime nordamericano, esso si estende anche al processo civile (ASSISTENZA GIUDIZIARIA; AVVOCATO

DELLA DIFESA; DIRITTO (II) ALLA DIFESA; IMPUTATO INDIGENTE; PATTO DI QUOTA LITE; PROFESSIONE FORENSE). [vol. I: LEGAL AID]

Difesa/e in genere. Defence; inteso il termine nel senso di atto processuale si parla, a seconda dei casi di bar, plea, motion, submission. La posizione della difesa è detta *the defence case* (ATTENUANTE; AUTODIFESA NEL PROCESSO PENALE; CIRCOSTANZA ATTENUANTE; ECCEZIONE; LEGITTIMA DIFESA; SCUSA).

- **defatigatoria** o **dilatoria.** Sham plea, sham defence, vexatious, o false, defence, false plea, dilatory plea, dilatory exception. Ma nel sistema inglese la difesa defatigatoria, e l'azione vessatoria, costituiscono abuso processuale severamente represso. A differenza di quanto accade nel nostro paese, in cui, a spese di chi attende giustizia e del contribuente, avvocati e magistrati *si fanno beffe di un servizio pubblico fondamentale*, a seconda dei casi, promuovendo o tollerando un'aberrante interpretazione del principio dispositivo che contribuisce alla paralisi della giustizia civile (ABUSO DELLE NORME PROCESSUALI; AZIONE (I) VESSATORIA; ESPEDIENTE DILATORIO). [vol. I: ABUSE OF PROCESS; FRIVOLOUS; PLEA; SHAM PLEA; VEXATIOUS ACTION]
- **di infermità mentale.** Insanity defence (INFERMITÀ MENTALE).
- **dilatoria.** (*supra*, DIFESA DEFATIGATORIA)
- **fittizia.** (*supra*, DIFESA DEFATIGATORIA; FITTIZIO)
- **in subordine.** (IN SUBORDINE)
- **integrativa nel processo civile.** Supplemental pleading. Negli S.U. — stato federale — la materia è regolata in sede federale dalla R. 15 delle *Federal Rules of Civil Procedure*.
- **legittima.** (LEGITTIMA DIFESA)
- **nel merito.** Defense upon the merits (MERITO). [vol. I: MERITS; QUESTION OF FACT-OF LAW]
- **nel processo civile in genere.** Grosso modo, defence to a civil action, legal brief, brief; ma anche qui non esistono equivalenze in senso stretto (COMPARSA CONCLUSIONALE).

1. Gli atti e difese che le parti si scambiano nella fase del *pre-trial* sono dette, nell'insieme, *pleadings*; con questo termine si indica una categoria generale di atti che prendono nomi svariati. Ma si parla anche di *allegations of the parties*. Anche qui emerge l'originaria distinzione che attiene alle fonti del diritto, tipica della tradizione giuridica di *common law*: accanto ad un regime originario del processo di *common law* che si riflette nella terminologia della pratica giudiziaria, vi è una imponente massa di norme legislative che regola la materia che peraltro non ha subito quella elaborazione dottrinaria tipica dei sistemi di *civil law*. I due regimi processuali (*common law-statute law*) appaiono strettamente intrecciati, il secondo essendo una semplificazione del primo, probabilmente privo di propria autonomia. Ad ulteriore complicazione del quadro, va aggiunto che per quanto il processo di *equity* sia stato fuso (integralmente nel sistema inglese e, al livello federale e nella gran parte degli stati dell'Unione, negli S.U.) *sul piano delle giurisdizioni* con quello di *common law*, spesso sopravvive la relativa terminologia degli atti.
2. In questa materia — avvertito che il processo civile inglese e nordamericano si ispirano ad una analoga concezione di fondo e articolazione (*pre-trial* e *trial*) — va nondimeno rilevato che si tratta di distinti ordinamenti tra i quali si riscontrano spesso diversità di istituti processuali e di terminologia; che, sulla base del solido tronco del processo di *common law*, la processualistica nordamericana ha sviluppato istituti che non trovano riscontro nel sistema inglese. Per quanto riguarda gli S.U., si applicano davanti alle giurisdizioni federali le *Federal Rules of Civil Procedure*. Quanto ai singoli stati dell'Unione, la materia rientra nelle attribuzioni di ognuno di essi, anche se va rilevato un tendenziale orientamento verso l'uniformità consistente nell'adozione delle menzionate norme processuali federali.
3. I *pleadings* previsti dalla Rule 7(a) delle suindicate norme federali sono, nell'ordine: *complaint, answer, reply to counterclaim, answer to a cross-claim, third party complaint, third party answer*.
4. I *pleadings* previsti dalla *common law* — caratterizzati da un rigido regime di preclusioni e soggetti ad un processo di semplificazione specie nello stato di New York con il c.d. *Field Code* — sono, nell'ordine: *declaration* dell'attore, *plea* del convenuto, *replication* dell'attore, *rejoinder* del convenuto, *surrejoinder* dell'attore, *rebutter* del convenuto, *surrebutter* dell'attore.
5. Ma, descritti molto schematicamente

gli atti che le parti del processo si scambiano nella fase del *pre-trial*, resta da rilevare — oltre alla mancanza di precise corrispondenze con gli atti processuali nostrani — che siffatta fase non trova riscontro nei sistemi di *civil law*. La preminente funzione dello scambio dei *pleadings* è di identificare i fatti e le questioni rispetto alle quali vanno esperiti i c.d. *discovery devices* e le *pre-trial conferences* prima che la causa passi alla fase del *trial*. Questa fase è diretta a stabilire quali sono, per così dire, le carte in mano all'avversario: in un sistema del genere non dovrebbe sorprendere che la stragrande maggioranza delle azioni in giudizio non arrivi mai alla fase del *trial* perché transatte dalle parti.
6. Ma vi sono due *briefs* (grosso modo, memorie) di fondamentale importanza nel processo civile nordamericano che non trovano equivalenza nei sistemi di *civil law*. In breve, con l'*amicus curiae* si verifica l'intervento in giudizio di un terzo per offrire al giudice pareri su questioni di fatto o di diritto. Di origine inglese, esso ha subito uno spettacolare sviluppo negli S.U. consentendo l'intervento di individui o, più spesso, di gruppi di pressione in processi la cui decisione può avere riflessi che vanno al di là del solo interesse delle parti in causa. Il *Brandeis brief* consiste in una memoria presentata al giudice della controversia contenente un esame comparatistico di come la stessa questione è risolta in altri paesi, l'opinione di economisti ed altri esperti, etc.
7. Salvo, in parte, questi due casi, sostanzialmente ignote sono le chilometriche comparse in fatto e diritto, e non meno chilometriche sentenze, che costituiscono una delle non ultime cause della patologia giudiziaria nostrana.
8. Il processo civile e penale di *common law* — a differenza di quello dei paesi di *civil law* — è un processo che realizza, senza « genialità », l'ideale chiovendiano caratterizzato dalla triade dell' oralità, concentrazione e immediatezza. Il processo civile nostrano e dei paesi di *civil law* in genere resta, invece, un processo scritto.
9. Ma difese processuali-sentenza-appello appaiono spesso fattori concatenati specie in relazione all'obbligo della *motivazione* qual è inteso nel nostro sistema (ABBANDONO DELLA DIFESA; ACCUSA; ARRINGA; ASSISTENZA GIUDIZIARIA; ATTO PROCESSUALE; AUTODIFESA; AVVOCATO DELLA DIFESA; COLLEGIO DI DIFESA; COMPARSA CONCLUSIONALE; COMPARSA DI RISPOSTA; DINIEGO DI UNA CIRCOSTANZA DI FATTO NEL PROCESSO; DIRITTI (II) CIVILI; DIRITTO (II) ALLA DIFESA; DIRITTO (II) DI RITENZIONE; DISCOLPA; DOCUMENTI DI CAUSA; DOMANDA; ECCEZIONE; ESAME DEGLI ATTI PROCESSUALI AVVERSARI; FATTO E DIRITTO; IN SUBORDINE; ISTANZA DI RIGETTO DELLA DIFESA AVVERSA; LEGITTIMA DIFESA; MEMORIA DIFENSIVA; MOTIVAZIONE DELLA SENTENZA; MOZIONE; OBIEZIONE; OPPOSIZIONE; OPPOSIZIONE NEL CORSO DEL *TRIAL*; PROVA A DISCOLPA DELL'IMPUTATO; REPLICA; REQUISITORIA; RINUNZIA A UNA DIFESA; RISPOSTA; SUPERFLUITÀ DI LINGUAGGIO NEGLI ATTI DEL GIUDIZIO; TESTIMONE A DISCARICO). [vol. I: ACTION; ANSWER; CIVIL OBJECTION; CROSS-CLAIM; PLEA; PLEADINGS; PROCEDURE; PROSECUTION; STATEMENT OF DEFENCE]

– **nel processo penale.** Plea to the arraignment, o to the indictment. Una delle difese tipiche del processo penale (accusatorio) di *common law* è la dichiarazione di *not guilty* fatta dall'imputato nella fase dell'*arraignment*; un'altra è la *submission of no case to answer* con la quale la difesa eccepisce che l'accusa non ha fornito elementi di prova tali da poter costituire la base per una eventuale dichiarazione di colpevolezza. Qualora il giudice accolga tale difesa (*submission*) richiede alla giuria di emettere un verdetto di non colpevolezza. Un'altra è quella in base alla quale l'imputato invoca il c.d. *privilege against self-incrimination* (AUTODIFESA NEL PROCESSO PENALE; AUTOINCRIMINAZIONE; AZIONE (I) PENALE: 5; CIRCOSTANZA ATTENUANTE; CONFESSIONE; PROCESSO PENALE). [vol. I: ARRAIGNMENT; CRIMINAL PROCEDURE; PLEA: 2; PROSECUTION]

Difetto. Defect, fault, vice, mischief (CON QUALSIASI VIZIO; DEFICIENZA; DIFETTOSO; IMPERFEZIONE; INECCEPIBILE; MANCANZA; MERCI DIFETTOSE; VIZIO). [vol. I: CAVEAT EMPTOR; CONSUMER PROTECTION; DEFECT; SALE: X; WARRANTY]

– **di giurisdizione.** Lack, o want, of jurisdiction (GIURISDIZIONE). [vol. I: JURISDICTION]

– **di legittimazione.** Grosso modo, defect of title (INCAPACITÀ; LEGITTIMAZIONE; TITOLO).

– **di una legge scritta.** Mischief of a statute; ma si notino la diversa teoria delle fonti della tradizione di *common law* e i diversi criteri di interpretazione della *statute law* (FONTI DEL DIRITTO; INTERPRETAZIONE; LEGGE SCRITTA). [vol. I: INTERPRETATION: I; MISCHIEF RULE; STATUTE LAW: VIII]

Difettoso. Defective, faulty (DIFETTO; IRREGOLARE).

Diffamatore. Slanderer, famacide (DIFFAMAZIONE).

Diffamatorio in genere. Slanderous, libellous, defamatory (DIFFAMAZIONE).

Diffamazione in genere. Grosso modo, defamation. Ma sussistono notevolissime differenze nella disciplina della materia tra il sistema inglese e nordamericano da un lato, notevolmente più evoluti, e quello nostrano.
1. In effetti, la defamation costituisce essenzialmente un illecito civile (*tort*) e non un illecito penale: l'azione civile di risarcimento costituisce un mezzo efficacissimo per realizzare il ristoro della reputazione offesa. La defamation si articola nelle due figure del *libel* e dello *slander*, a seconda del mezzo con cui si estrinseca. L'ingiuria o offesa generica al decoro consistente nel rivolgere epiteti offensivi a una persona come, ad es., « idiota » etc., detta *abuse* o *insult* (anche — si noti — a un pubblico ufficiale), non solo non costituisce reato, ma di solito non dà luogo neanche al diritto di proporre un'azione civile di risarcimento.
2. Resta da rilevare in una materia che rivela, anche qui, un maggior rispetto del principio di uguaglianza di fronte alla legge, che un membro del parlamento britannico (che — si noti — non gode dell'immunità parlamentare intesa all'italiana), non può essere perseguito per le opinioni espresse non già « nell'esercizio delle proprie funzioni », com'è previsto dall'ineffabile art. 68 della nostra costituzione, ma limitatamente a quelle manifestate nel corso dei lavori parlamentari *e nell'ambito dei locali parlamentari*: al di fuori dei quali egli si trova nella condizione di qualsiasi altro cittadino.
3. Indubbiamente, in un paese come il nostro, mezzo secolo di *democrazia consociativa* ha finito col trasferire la lotta politica *all'interno* del ceto dominante (politica, imprenditoria, sindacato, magistratura, burocrazia): la diffamazione diventa quindi quasi uno strumento di governo in un quadro di vasta ricattibilità ambientale derivante dalle complicità consumate in tanto tempo. La diffamazione impunita che si arroga costituzionalmente il ceto politico italiano costituisce forse uno dei tanti privilegi che violano il principio di uguaglianza di fronte alla legge stabilito dall'art. 3 della costituzione.
4. Comunque, com'è stato osservato, il più difficile problema della *law of defamation* in una società democratica è quello di conciliare le contrastanti esigenze della tutela della reputazione dell'individuo con la libertà di opinione e il diritto di cronaca. Anche qui, la disciplina italiana esprime la « diversità » nazionale col combinare una patente ineguatezza ad assicurare i diritti di cronaca, di critica politica e di opinione riconosciuti dall'art. 21 della costituzione, con una ridicola tutela del diffamato come, ad es., in tema di reati commessi a mezzo della stampa.
5. Negli S.U. — stato federale — la materia è regolata dai singoli stati dell'Unione, fatte salve, s'intende, le fondamentali decisioni della *Supreme Court* che attengono alle libertà costituzionali, come la libertà di stampa: celebre è la decisione *New York Times Co.* v. *Sullivan* che ha dato inizio ad una serie di pronunciati per cui la critica di pubblici ufficiali costituisce ora un diritto costituzionale riducendo le ipotesi di *libel* al caso in cui — si noti — la persona che si ritiene offesa *provi* la mala fede da parte dell'autore dell'articolo.
6. Con le abituali oscitanze, da qualche tempo una parte della dottrina nostrana — nell'assoluta indifferenza del legislatore e di buona parte della giurisprudenza — si sta avvicinando all'ottica anglo-americana della diffamazione intesa essenzialmente come illecito civile (ASSICURAZIONE DELLA RESPONSABILITÀ CIVILE PER DIFFAMAZIONE; CALUNNIA; CAMPAGNA DIFFAMATORIA; DENIGRAZIONE; DISCREDITO; FIGURA PUBBLICA; IMMUNITÀ PARLAMENTARI; INGIURIA; INVASIONE DELLA RISERVATEZZA; LIBERTÀ DI OPINIONE; *MEDIA*; PARLAMENTARE; RESPONSABILITÀ CIVILE; RISERVATEZZA; SCANDALO; STAMPA; TUTELA DEI DIRITTI). [vol. I: DEFAMATION; NEW YORK TIMES V. SULLIVAN; PRESS; PRIVACY]

Bibl.:
Roppo, E. *Libel*, in *Digesto IV Utet, Pen.*, vol. VII: 408.
Visintini, G., *Dottrine civilistiche nella vicenda della responsabilità civile* (1989) 1 CeI 136.

– **a mezzo della stampa.** Libel by press. Costituisce essenzialmente un illecito civile. La relativa controversia giudiziaria è detta *libel case* (*supra*, DIFFAMAZIONE IN GENERE; REATI COMMESSI A MEZZO DELLA STAMPA). [vol. I: DEFAMATION]

Differenza in genere. Difference; ma si noti che questo termine indica anche il disaccordo, la disputa o contestazione (CONTROVERSIA; DIFFERENZIALE; DISACCORDO; DISCREPANZA; DISSENSO; DIVERGENZA). [vol. I: *ad vocem*]

– **tra il nuovo e il vecchio nell'assicurazione marittima.** New for old, deduction for new (ASSICURAZIONE MARITTIMA; DEDUZIO-

NE; DEPREZZAMENTO; DETERIORAMENTO; LOGORìO). [vol. I: AVERAGE; INSURANCE: II. 9; NEW FOR OLD]

Differenziale. Yield spread o, più spesso, spread; si indica con questo termine di borsa il differenziale tra acquisto e vendita di un titolo, fra il prezzo garantito e quello di mercato, etc. Costituisce spesso il guadagno dell'investitore (AGGIO; BORSA VALORI; DIVIDENDO; INTERESSI SUL CAPITALE; SCARTO; UTILE).

Differimento in genere. Adjournment, deferment, postponment, respite (DILAZIONE; OPERAZIONE A TERMINE; PAGAMENTO DIFFERITO; PROROGA; RINVIO; SOSPENSIONE). [vol. I: DELAY; LACHES; LIMITATION OF ACTIONS; RESPITE]

- **dell'appello.** Adjournement of appeal (APPELLO).
- **dell'esecuzione della pena.** (RINVIO DELL'ESECUZIONE DELLA PENA)
- **dell'udienza.** (RINVIO DELL'UDIENZA)

Difficoltà in genere. Impracticability, hardship (ADEMPIMENTO; ATTO DI DIO; FORZA MAGGIORE; IMPOSSIBILITÀ; STATO DI BISOGNO).

- **nell'adempimento del contratto.** Hardship, o difficulty, in the performance of contract (NELL'ADEMPIMENTO DEL CONTRATTO; ECCESSIVA DIFFICOLTÀ; *HARDSHIP CLAUSE;* INIQUITÀ).

Diffida in genere. Notice, caution, caveat, warning, invitation (ANNUNZIO; AVVERTENZA; AVVISO; DISDETTA PER FINITA LOCAZIONE; INTIMAZIONE; MISURA CONSERVATIVA; PREAVVISO; PRECAUZIONE). [vol. I: CAUTION; CAVEAT; GARNISHMENT; NOTICE; WARNING]

- **ad adempiere.** Invitation to perform (ADEMPIMENTO). [vol. I: CONTRACT: IX, X; PERFORMANCE; SPECIFIC PERFORMANCE]
- **attuata mediante trascrizione nei registri immobiliari.** Caveat, caution; ma si noti la grande diversità di regime nella materia (REGISTRI IMMOBILIARI). [vol. I: CAUTION; CAVEAT]

Difforme. Unlike, not true, not in accordance with (CONFORME; DIFFERENZA).

Diffusione in genere. Spreading (DIVULGAZIONE; PROPALAZIONE DI NOTIZIE FALSE).

Digesto in genere. Digest. Va sotto questo titolo un numero enorme di disparate pubblicazioni dai contenuti più diversi, incluso articoli, brani di libri di testo, decisioni, etc.
1. Ma si tratta di traduzione ambigua in quanto il concetto usuale di Digest angloamericano non coincide con quello nostrano. La materia assume fondamentale importanza in sistemi a diritto giurisprudenziale come quelli di *common law*. In Inghilterra è detto *digest of case law* una sorta di repertorio della giurisprudenza (*case law*) ordinato alfabeticamente o sistematicamente. Non va confuso con il *law report* o *report* di un *case*. Talvolta, il termine digest è riservato anche a un libro di testo formulato a mo' di digesto. *Dig.* o *Digest* indica anche il Digesto giustinianeo.
2. Negli S.U. — stato federale — l'*American Digest System* è un sistema di classificazione della giurisprudenza riportata cronologicamente nelle varie parti del *National Reporter System*. La materia è organizzata per argomenti, secondo criteri originali, privi di equivalenza in opere analoghe nostrane; ma sembra opportuno rilevare la difficoltà per il *civil lawyer* di districarsi tra categorie e rubriche non familiari. L'*American Digest System* è in effetti l'indice generale di tutta la *case-law* nordamericana e, altresì, lo strumento per individuare il *key number*, che consente di accedere alle varie rubriche giurisprudenziali. Vi sono poi degli *special digests* che includono il materiale già compreso nell' *American Digest System* o in digesti dei singoli stati. Tra i più importanti di questo gruppo si indicano il *U.S. Supreme Court Digest,* digesto delle decisioni della *Supreme Court* federale e il *West's Federal Practice Digest*, digesto delle decisioni delle corti federali. Infine, restano da menzionare i *Regional Digests*, digesti delle decisioni su basi regionali (*Atlantic, Northwestern*, etc.) e gli *State Digests*, digesti delle decisioni emesse nei vari stati dell'Unione (CASI E MATERIALI; FONTI DEL DIRITTO; LIBRI GIURIDICI; MASSIMA GIURISPRUDENZIALE; MASSIMARIO; REPERTORIO; RIVISTE DI GIURISPRUDENZA; TESTI GIURIDICI). [vol. I: *ad vocem*; LAW REPORTS; RESTATEMENT]

Dignità dell'uomo. Human dignity. L'art. 1 della Dichiarazione Universale dei Diritti dell'Uomo adottata dalle N.U. il 10 dicembre 1948 recita: « All human beings are born free and equal in dignity and rights. They are endowed with reason and conscience and should act towards one another in a spirit of brotherhood » (DIRITTI (II) DELL'UOMO; STATO DI DIRITTO; STATO DI POLIZIA).

Bibl.:

Schiera, P., *Stato di polizia*, in *Dizionario di Politica* 1976, ed. 1983: 1141, at 1144.

Dilapidazione in genere. Maladministration; si noti che il termine *dilapidation* è riferito unicamente all'incuria nel mantenimento degli immobili (DISSIPAZIONE; PRODIGALITÀ). [vol. I: DILAPIDATION]

Dilazione in genere. Deferment, postponement, forbearance, delay, respite, extension, moratorium (DIFFERIMENTO; ESPEDIENTE DILATORIO; MORA; PROROGA; RINVIO; RITARDO; SENZA ULTERIORE RITARDO o DILAZIONE; SOSPENSIONE). [vol. I: LACHES; LIMITATION OF ACTIONS]

– **dell'esecuzione.** (RINVIO DELL'ESECUZIONE)

– **di pagamento.** Respite of debt, o of payment, moratorium. Nel sistema inglese, la s. 252 dell'Insolvency Act 1986 parla di « moratorium for insolvent debtor » per indicare la dilazione concessa al debitore insolvente. Sono detti *days of grace* i giorni entro i quali, in taluni casi, il pagamento può aver luogo dopo la scadenza. Ma si noti che la dilazione esige spesso il requisito della *consideration* (BENEFICIO DEL TERMINE; CONTRATTO: III; DEBITORE INSOLVENTE; FALLIMENTO; INSOLVENZA; INTERESSI SUL CAPITALE; MORA; MORATORIA; PAGAMENTO; USURA). [vol. I: DAYS OF GRACE; DEBT; MORA; MORATORIUM; PAYMENT; PERFORMANCE; RESPITE OF DEBT; TIME]

– **di pagamento di somme di denaro da parte del creditore-mutuante.** Forbearance of money (INTERESSI SUL CAPITALE; USURA).

Diligenza in genere. Diligence, care. Ad eccezione del *bailment*, la *common law* non distingue tra gradi di diligenza e di colpa. Il tipo di diligenza richiesta non è articolato in gradi, ma è fondato sul concetto di *reasonable care*, ossia della diligenza ragionevole esatta nelle circostanze. L'adempimento diligente del contratto è detto *due performance*. Inoltre, la colpa grave non è equiparata al dolo; salvo casi determinati, non sembra che vi sia un obbligo generale di buona fede nell'adempimento dell'obbligazione analogo a quello stabilito dall'ordinamento italiano. Principio fondamentale in materia extracontrattuale è quello per cui la responsabilità per *negligence* sussiste solo nel caso in cui vi sia stata violazione di uno specifico *duty of care* a carico dell'autore dell'illecito; non esisterebbe, quindi, secondo molti, un principio generale del *neminem laedere*. Il termine correlativo di diligence è *negligence*; ma è da rilevare che esso indica anche una figura di *tort* priva di equivalenza nella *civil law* (BUONA FEDE; BUON PADRE DI FAMIGLIA; COLPA; *CULPA IN CONTRAHENDO*; CURA; DOLO; GRADI DI COLPA; GRADI DI DILIGENZA; IMPRUDENZA; INVESTIMENTO: 2; MANCANZA DI DILIGENZA; NEGLIGENZA; OBBLIGO DI DILIGENZA; PRUDENZA; RAGIONE; RAGIONEVOLEZZA; RESPONSABILITÀ; UOMO MEDIO). [vol. I: BREACH OF CONTRACT; CARE; CULPA; DUE CARE; DUE DILIGENCE; DUE PERFORMANCE; DUTY OF CARE; NEGLIGENCE; REASONABLE CARE; REASONABLE MAN DOCTRINE; TORT]

– **del buon padre di famiglia.** La *common law* non ha elaborato questa figura; ma, forse, l'espressione *reasonable care* potrebbe rendere un concetto non troppo diverso (*supra*, DILIGENZA IN GENERE; BUON PADRE DI FAMIGLIA; PADRE DI FAMIGLIA). [vol. I: BONUS PATER FAMILIAS; NEGLIGENCE; REASONABLE MAN DOCTRINE]

– **del conduttore.** Grosso modo, duty of tenant to use the premises in tenant like-manner (CONDUTTORE). [vol. I: COVENANT; DILAPIDATION; LANDLORD AND TENANT; TENANCY]

– **del mandatario.** Grosso modo, diligence of agent (RAPPRESENTANTE). [vol. I: AGENCY]

– **del prestatore di lavoro.** Employee's duty of care (LAVORO). [vol. I: COMMON EMPLOYMENT; EMPLOYMENT, CONTRACT OF; MASTER AND SERVANT]

– **media.** Grosso modo, reasonable care (*supra*, DILIGENZA IN GENERE; GRADI DI DILIGENZA).

– **nell'adempimento.** Due, o reasonable, diligence in the performance of contract, due performance (*supra*, DILIGENZA IN GENERE; ADEMPIMENTO).

– **ordinaria.** Ordinary care (*supra*, DILIGENZA IN GENERE).

– **richiesta dalle circostanze.** Due diligence (*supra*, DILIGENZA IN GENERE).

Diminuzione in genere. Decrease (AUMENTO; DETRIMENTO; RIBASSO; RIDUZIONE).

– **della garanzia.** Reducing the security (GARANZIA).

– **della pena.** (AUMENTO o DIMINUZIONE DELLA PENA)

– **del rischio nell'assicurazione.** Decrease of risk (ASSICURAZIONE; RISCHIO). [vol. I: INSURANCE; PREMIUM; RISK]

Dimissioni. Resignation.

1. Istituto praticamente scomparso dalla pratica politica e pubblica italiana; come, del resto, quello della destituzione anche

per gravissimi reati di politici e funzionari, come alto tradimento, omicidio, concussione, rapina, traffico di droga, etc. Semplicemente, non usa più.
2. Il caso dell'on. Cossiga, ministro dell'interno dimessosi all'indomani della scoperta del cadavere dell'on. Moro, costituisce un'eccezione solitaria in mezzo secolo di vita politica italiana svoltasi, in questa materia, all'insegna del più indecente attaccamento al potere.
3. In Gran Bretagna, negli S.U. ed altri paesi dell'Occidente le dimissioni sono una pratica diffusa tutte le volte che, come si dice, o la moglie di Cesare non appare al di sopra di ogni sospetto, o un ministro diviene obiettivamente responsabile per *culpa in eligendo* rispetto ai propri subordinati, o perché appaia *unfit* a ricoprire il suo posto. Da noi, invece, si invoca artatamente il principio — *giuridico* — di presunzione di innocenza per restare attaccati a un posto che, quando è politico, esige, prima ancora che l'innocenza, la *fiducia* dei cittadini.
4. Questo è, tra i tanti, un *test* fondamentale della democraticità di un paese. Non fosse che per questo, il nostro, fin quando sarà così governato non potrà essere affiancato alle grandi democrazie dell' Occidente (DEPOSIZIONE; DESTITUZIONE; IMMUNITÀ PARLAMENTARI; LICENZIAMENTO; PRESUNZIONE DI INNOCENZA; RESPONSABILITÀ POLITICA). [vol. I: DISMISSAL; EMPLOYMENT; TERMINATION]

Dimora. Termine di non agevole traduzione, reso, di volta in volta da abode, place of abode, residence, habitation. In particolare, *abode*, del quale appare virtualmente impossibile dare una precisa definizione giuridica, indica, a seconda dei casi, la dimora, la residenza o il domicilio. La difficoltà di questa caratterizzazione dipende principalmente dall'inesistenza dei concetti di domicilio e residenza quali sono intesi nella *civil law*. *Abode* indica anche il luogo dell'attività professionale, la sede degli affari (*place of business*) o, più in generale, quello in cui si svolge un'attività durante la giornata. Il suo significato va accertato di volta in volta tenendo conto, tra l'altro, che — fatto di cui non si può esagerare l'importanza — il termine *domicile*, nonostante l'assonanza acustica con quello nostrano ha, giuridicamente, un significato nettamente diverso da quello della *civil law*: esso assume particolare rilevanza in tema di diritto internazionale privato (ABITAZIONE; ALLOGGIO; CASA; DOMICILIO; FISSA DIMORA; RESIDENZA; SENZA FISSA DIMORA; VIOLAZIONE DI DOMICILIO). [vol. I: ABODE; DOMICILE; DWELLING; HOME; PLACE OF ABODE; PREMISES; RESIDENCE; SERVICE OF PROCESS]

- **abituale.** Grosso modo, habitual abode o place of abode, residence, place of residence (RESIDENZA). [vol. I: PLACE OF BUSINESS]
- **delle persone giuridiche in genere.** (SEDE DELLA PERSONA GIURIDICA)
- **fissa.** Permanent abode (RESIDENZA).
- **ignota.** Unknown abode, unknown address (SENZA FISSA DIMORA).

Dimostrabile. Provable (CREDITO INSINUABILE AL PASSIVO; PROVA).

Dimostrante. Demonstrator, protester (DIMOSTRAZIONE; GRUPPO DI PRESSIONE; SCIOPERANTE).

Dimostrazione. Demonstration (ASSICURAZIONE; BOICOTTAGGIO; DIMOSTRANTE; ORDINE PUBBLICO; PROTESTA). [vol. I: RIOTS AND CIVIL COMMOTIONS; INSURANCE]

- **dell'opposizione.** Opposition demonstration (OPPOSIZIONE).
- **popolare.** Popular demonstration (INSURREZIONE).

Diniego in genere. Denial, disclaimer, refusal, traverse; ma traverse indica anche un *pleading* di *common law*, ossia una difesa processuale, consistente nel diniego dei fatti asseriti dall'avversario (DIFESE NEL PROCESSO CIVILE; DISCONOSCIMENTO; RIFIUTO). [vol. I: DISCLAIMER; TRAVERSE]

- **del contratto.** Disaffirmance of contract (CONTRATTO CON SÉ MEDESIMO; DISCONOSCIMENTO DEL CONTRATTO; RATIFICA DEL CONTRATTO).
- **dell'accusa.** Denial of charge (ACCUSA). [vol. I: DENIAL; DISCLAIMER; TRAVERSE]
- **di giustizia.** Denial of justice (DENEGATA GIUSTIZIA; RESPONSABILITÀ CIVILE DEL GIUDICE; TEMPI DELLA GIUSTIZIA). [vol. I: DELAY]
- **di una circostanza di fatto nel processo.** Traverse (DIFESE NEL PROCESSO CIVILE). [vol. I: *ad vocem*]
- **orale davanti alla CGCE.** Oral argument (CORTE DI GIUSTIZIA DELLE COMUNITÀ EUROPEE).

Dipartimento. Department; ma questo termine è polisenso: esso indica più spesso, ma non necessariamente, un ministero (MINISTERO). [vol. I: CABINET; CIVIL SERVICE; DEPARTMENT; DEPARTMENT OF LAW; GOVERNMENT]

Dipendente in genere. Employee, attendant; ma un sinonimo ottocentesco ancora impiegato è quello di *servant*. Il dipendente è spesso considerato un *agent* del proprio datore di lavoro. Si noti peraltro che il termine *dependant*, o *dependent*, indica non già il dipendente, ma la persona a carico.
1. Per quanto riguarda l'ambiente di lavoro, si segnalano i c.d. *Whistle-blower Acts* degli S.U., ossia le leggi federali e dei singoli stati dell'Unione, dirette a proteggere i dipendenti pubblici e privati dalla rappresaglia del datore di lavoro per la denunzia di reati o violazioni di leggi commesse da quest'ultimo. Un esempio, tra i tanti possibili, si riferisce alle violazioni delle norme sulla sicurezza sul lavoro previste dall'Occupational Safety and Health Act.
2. Negli S.U. la legge fallimentare prevede particolari procedure nell'interesse dei percettori di reddito fisso che siano divenuti insolventi (DEBITORE: 6; FALLIMENTO CIVILE; SALARIATO).
3. La materia va inquadrata nell'ambito del rapporto di lavoro (ADDETTO; AGENTE; AZIONARIATO DEI DIPENDENTI; AZIONI (II) DI SOCIETÀ A FAVORE DEI DIPENDENTI; COMMESSO; CONTRATTO COLLETTIVO DI LAVORO; CONTRATTO DI LAVORO SUBORDINATO; DEBITORE: 6; DENUNZIA DI REATO; DIPENDENZA; FEDELTÀ DEL DIPENDENTE; FUNZIONARIO; INCARICATO; INSERVIENTE; INVENZIONE DEL PRESTATORE DI LAVORO; LAVORATORE; LAVORO; OMESSA DENUNCIA DI REATO; OPERAIO; PATTO DI NON CONCORRENZA; PENTITO; PERCETTORE DI REDDITO FISSO; PERSONALE; REATI CONTRO L'AMMINISTRAZIONE DELLA GIUSTIZIA; RESPONSABILITÀ INDIRETTA; SALARIATO; SCIOPERO; SUBALTERNO; SUBORDINATO; TRASFERIMENTO DEL DIPENDENTE; VITTIMA DEL REATO). [vol. I: AGENT; CIVIL SERVICE; EMPLOYERS' LIABILITY; EMPLOYMENT, CONTRACT OF; MASTER AND SERVANT; VICARIOUS LIABILITY]

– **avventizio.** Temporary employee (ASSUNZIONE IN PROVA; AVVENTIZIATO; LAVORATORE AVVENTIZIO).

– **pubblico.** Person in public employment (FUNZIONE PUBBLICA; IMPIEGATO CIVILE DELLO STATO; IMPIEGO PUBBLICO; PUBBLICO UFFICIALE; UFFICIO PUBBLICO). [vol. I: CIVIL SERVICE]

Dipendenza. Dependancy o dependency; la dipendenza nell'ambito del rapporto di lavoro è detta, grosso modo, *master and servant relationship*. Ma si noti che il termine dependency indica anche il rapporto tra la persona a carico e la persona a cui carico essa si trova (DIPENDENTE; PERSONA A CARICO).

– **territoriale.** Dependancy o dependency (PROTETTORATO; SOVRANITÀ; TERRITORIO).

Diploma in genere. Certificate (CERTIFICATO DI IDONEITÀ; EQUIPOLLENZA DI TITOLI DI STUDIO; SCUOLA). [vol. I: *ad vocem*]

– **di capitano di lungo corso.** Master's certificate (COMANDANTE DI NAVE). [vol. I: CREW; MASTER OF SHIP; SEAMEN]

Diplomatico/a in genere. Diplomatic (ADDETTO DIPLOMATICO; AGENTE DIPLOMATICO; ASILO DIPLOMATICO; CORPO DIPLOMATICO; CORRIERE DIPLOMATICO; CREDENZIALI DIPLOMATICHE; DIPLOMAZIA; IMMUNITÀ DIPLOMATICA; MISSIONE DIPLOMATICA; PRIVILEGI DIPLOMATICI). [vol. I: DIPLOMATIC; SOVEREIGNTY]

Diplomazia. Diplomacy (AMBASCIATORE; DIPLOMATICO; PROTOCOLLO DIPLOMATICO; RELAZIONI DIPLOMATICHE).

– **viaggiante.** Shuttle diplomacy.

Diporto in genere. Pleasure travel (IMBARCAZIONE DA DIPORTO; TURISMO).

Di propria iniziativa. Of his own action (DI UFFICIO; INIZIATIVA). [vol. I: MOTION]

Direttiva in genere. Directive, direction, regulation, guideline. Nel processo di *common law*, che conosce l'istituto della giuria, sono dette *directions to the jury*, le istruzioni del giudice alla giuria (GIURIA; INDICAZIONE; ISTRUZIONI DEL GIUDICE ALLA GIURIA). [vol. I: DIRECTION; MISDIRECTION]

– **comunitaria.** Community, o EC directive. Non immediatamente esecutiva negli stati membri, essa obbliga all'adozione di una analoga legislazione interna. Ma, secondo una corrente di pensiero, anche le direttive comunitarie sarebbero direttamente applicabili. Ad ogni modo, bisogna distinguere tra l'*adozione* nel sistema interno della direttiva comunitaria e la sua effettiva *applicazione*: un marchingegno avvocatesco fa sì che il nostro paese adotti, per così dire, *in bulk*, diecine di direttive, in una sola fiata, necessariamente svuotandole di contenuto. Comunque, sta di fatto che la gran parte delle direttive comunitarie resta lettera morta spesso a causa di una pubblica amministrazione incapace di emanare ed applicare regolamenti e circolari. Tra i grandi paesi comunitari, il primato dello svuotamento e della mancata applicazione, quando non anche della mancata adozione interna *tout court* della normativa comunitaria, spetta indubbiamente all'Italia (ATTO UNICO EURO-

PEO; COMUNITÀ EUROPEE; REGOLAMENTO COMUNITARIO).

Direttore in genere. Director, manager, comptroller, executive, officer, comptroller. Un eminente comparatista dedica un capitolo ai tranelli della traduzione giuridica; tra i tanti, indica il termine direttore, parola ambigua che indica piuttosto il funzionario che l'amministratore di una *corporation* qual è inteso negli S.U. (AMMINISTRATORE DI SOCIETÀ; CONDIRETTORE; CONTROLLORE; DIRIGENTE; VICE DIRETTORE).

Bibl.:
Schlesinger 1950, ed. 1988: 869 n. b.

- **delle vendite.** Sales manager (VENDITA). [vol. I: SALE]
- **di banca.** Bank manager (BANCA). [vol. I: BANK]
- **di filiale bancaria.** Branch manager (FILIALE).
- **di zona.** Field manager.
- **generale nella società per azioni.** Company director, corporation director (AMMINISTRATORE DI SOCIETÀ). [vol. I: COMPANY: XI; DIRECTOR]

Direzione in genere. Management (AMMINISTRAZIONE; DIRETTORE; GUIDA; SINDACATO).

- **della società per azioni.** Head office of a company, o of a corporation (SEDE DELLA SOCIETÀ DI CAPITALI). [vol. I: DOMICILE-RESIDENCE OF COMPANY; FOREIGN COMPANY; SEAT OF CORPORATION; TRANSNATIONAL CORPORATION]
- **politica.** (GUIDA POLITICA)

Dirigente. Executive, executive employee; ma non è detto manager. Si noti che — quando esso è riferito ai poteri dello stato — il termine *Executive* indica anche il potere esecutivo, e che negli S.U. — stato federale — il Presidente, capo dell'esecutivo, è detto *Chief Executive of the Nation* (AMMINISTRATORE DI SOCIETÀ; DIRETTORE; ESECUTIVO; FUNZIONARIO; IMPRESA; PRINCIPALE). [vol. I: EXECUTIVE]

- **più alto in grado.** Chief executive (CAPO; COMANDANTE; DIRETTORE).
- **sindacale.** Union leader (SINDACATO). [vol. I: TRADE UNION]

Diritto (I) oggettivo. Law. La *common law* non adotta la dicotomia diritto oggettivo-diritto soggettivo tipica della pandettistica tedesca, ricalcata più o meno pedissequamente dalla dottrina di *civil law*. A questo proposito, un eminente studioso rileva gli: « Equivoci sempre annidatisi nella distinzione tra diritto oggettivo e soggettivo » [Orestano 1959-68, ed. 1978: 144]. Ma si tratta di un equivoco che se tocca sul piano categoriale e terminologico la dogmatica di *civil law*, si ricollega, nondimeno, al problema più generale della stessa definizione del diritto trattato da Julius Stone che, a proposito della dicotomia diritto oggettivo-diritto soggettivo scrive: « Other languages, such as French and German, have the additional hurdle of using the same word (‘*droit*’, ‘*Recht*’) to mean both ‘law’ and ‘right’, or something of both, according to context, not always clarified by distinguishing between ‘*subjektives Recht*’ and ‘*objektives Recht*’, ‘*droit subjectif*’ and ‘*droit objectif*’ » [1964, ed. 1968: 167]. In questo senso, sembra una beffa della storia giuridica che debba essere proprio il linguaggio pragmatico di *common law* a rendere la dicotomia tanto ostinatamente perseguita da quella grande *Haarspaltemaschine* che è la pandettistica tedesca. In effetti, mentre il termine *ius, diritto, droit, derecho, Recht* è sostanzialmente ambiguo, nel senso che, senza aggettivazioni (oggettivo-soggettivo), può indicare sia l'uno che l'altro, la *common law*, diritto storico, distingue, invece, tra *law* e *right*, che indicano rispettivamente, e in modo inequivocabile, rispettivamente, il diritto oggettivo e soggettivo. Peraltro, sembra appena il caso di aggiungere che su questa materia nei paesi di *common law* non vi è stata una elaborazione dottrinaria paragonabile a quella verificatasi nei sistemi di *civil law*; circostanza rivelatasi del tutto ininfluente sul piano dei contenuti sociali del diritto inglese e nordamericano, spesse volte più avanzati di quelli dei sistemi di *civil law*. Il correlativo di *right* — che, assieme a numerosi altri termini esprime, grosso modo, il nostro diritto soggettivo — è *duty*.

1. Ma *right* non è il solo termine al quale la *common law* faccia ricorso per esprimere il concetto di diritto soggettivo: si parla, ad es., di *claim, interest, faculty, liberty, power, privilege, licence, title*, etc.; molti di questi termini non trovano una esatta collocazione nella *civil law*. Come scrive Paton: « I have a claim against Jones for five pounds and he is under a duty to pay it » [1946, ed. 1972: 291]. La prima osservazione che viene alla mente in questa materia attiene all'approccio del *common lawyer*: il principio *ubi re-*

medium, ibi ius, in senso stretto ormai sostanzialmente superato, pervade ancora oggi la terminologia e la sua *forma mentis*, per cui spesso con l'espressione *right of action* si intende il diritto sostanziale. La concezione formulare del diritto soggettivo si esprime anche in tema di prescrizione che ha per oggetto, non già il diritto sostanziale, come nei sistemi di *civil law*, ma bensì il diritto di proporre l'azione in giudizio. Ad ogni modo, si osserva che le distinzioni pù importanti sul piano sostanziale attengono agli effetti della assai diversa teoria delle fonti e alla nota dicotomia tra *common law* e *equity*, che dà luogo a tipi di diritti soggettivi che non trovano equivalenza nella *civil law*. Solo tenendo conto di questo dato si può intendere la intraducibile distinzione tra *legal rights* e *equitable rights*, ossia tra diritti riconosciuti, rispettivamente, dall'uno o dall'altro ordine di regole, e il concorso dei due tipi di diritti che si verifica nel *trust*: con il *legal right* del *trustee*, riconosciuto dalla *common law*, e l'*equitable right* del *beneficiary* riconosciuto dalle regole dell'*equity*; il che dà luogo ad una *split ownership* tra queste due figure ignote alla *civil law*. Come si è ripetuto instancabilmente nel corso del I volume, la *common law* è un diritto storico, una *lawyers' law* sviluppatasi negli interstizi della procedura, e non una *professors' law*: la distinzione tra *legal rights* ed *equitable rights* discende dalle due diverse giurisdizioni che rispettivamente statuivano su questi diritti. In questa ottica, si comprende meglio perché in una tradizione giuridica dalla quale è esclusa per definizione la giurisdizione amministrativa non esiste neanche la distinzione tra diritti e interessi, anche se ci si affretta a precisare che la figura dell'interesse legittimo, invenzione nostrana, non è condivisa neanche dagli altri paesi di *civil law* (ASTRATTEZZA DELLA NORMA GIURIDICA; BRANCA DEL DIRITTO; CERTEZZA DEL DIRITTO; CORRELATIVI GIURIDICI; DOCENTE DI DIRITTO; FATTO E DIRITTO; *IURA NOVIT CURIA*; PRINCÌPI GENERALI DI DIRITTO; PUNTO DI DIRITTO; QUESTIONE DI DIRITTO; RAGIONI DI DIRITTO; SISTEMA GIURIDICO CHIUSO-APERTO; STATO DI DIRITTO; STUDIOSO DI DIRITTO; TEORIA GENERALE DEL DIRITTO; UNIFICAZIONE DEL DIRITTO). [vol. I: INTRODUZIONE: III. 11, 27; ACTION; ARTIFICIAL REASON; DEFEASIBLE; EQUITY OF REDEMPTION; ESTATE; EX LEGE; FORMS OF ACTION; HABEAS CORPUS; IUS; LAW; LIMITATION OF ACTIONS; REMEDY; RIGHT; STRIKE; TITLE]

– **aeronautico.** Air law (*infra*, DIRITTO SPAZIALE; AVIAZIONE CIVILE; SPAZIO AEREO; TRASPORTO AEREO). [vol. I: *ad vocem*; CARRIAGE: II]

– **ambientale.** (*infra*, DIRITTO DELL'AMBIENTE)

– **amministrativo.** Sembra quasi naturale tradurre questo termine con *administrative law*; ma bisogna resistere: in effetti, se esiste il termine inglese e nordamericano non esiste la cosa. Almeno non nel senso nostrano. Ignota è al diritto inglese e nordamericano quella frattura netta che nei sistemi continentali distingue e spesso contrappone il diritto amministrativo al diritto costituzionale [Losano 1978: 69]. Giannini [*Pres.* a Wade 1961, trad. it.: x] spiega bene gli effetti di questa perniciosa contrapposizione per cui il diritto amministrativo — che tende ad evolversi lungo linee proprie secondo le esigenze del potere esecutivo e della burocrazia — comporta negli ordinamenti continentali la grave « elusione amministrativa dei precetti costituzionali ».

1. In effetti, il termine *administrative law*, che pure si trova sul frontespizio delle pubblicazioni inglesi e nordamericane, non deve indurre a ritenere che la tradizione di *common law* — ossia del diritto comune a privati e pubblici operatori — contenga anche il suo opposto, ossia il diritto amministrativo qual è inteso in Italia e nei paesi di *civil law*. Insomma, il termine *administrative law* impiegato nel diritto inglese e nordamericano indica quella parte del diritto costituzionale relativa all'esercizio della funzione di governo delle autorità amministrative e di quella che da noi sarebbe definita la giustizia amministrativa.

2. Peraltro, si dice, non del tutto a torto, che anche nei sistemi di *common law* si è venuta formando una qualche forma di diritto amministrativo, diverso dalla *common law*; ma questa affermazione va presa *cum grano salis*, tenendo conto, cioè, che, nonostante l'armamentario di *special tribunals* inglesi e di *administrative agencies* nordamericane che si occupano della materia, in ultima analisi ad esso si applica la *rule of law*, ossia le regole fondamentali della *common law*. Sotto questo aspetto, la c.d. *judicial review of administrative action* — priva di equivalenza nei sistemi di *civil law* — gioca un ruolo fondamentale nella materia.

3. Si ricorda altresì che i sistemi di *common law* ignorano « la grande dicotomia dell'universo giuridico » dei paesi di *civil law*, ossia quella tra diritto pubblico e diritto privato, che acquista presso di essi un valore essenzialmente descrittivo e privo di conseguenze pratiche; che non com-

Diritto (I) amministrativo

porta il doppio ordine di giurisdizioni, ordinaria e amministrativa, il doppio ordine di regole, il doppio ordine di diritti che da esse derivano, come nella *civil law*.

4. Per effetto della *rule of law* sussiste — almeno in principio — un solo ordine di regole che appunto perché applicabili a tutti i soggetti e a tutti i rapporti giuridici, governa, in ultima analisi, anche l'attività della pubblica amministrazione. In altre parole, l'ordinamento inglese (e quelli che ad esso si ispirano) costituisce, come si suol dire, un *ordinamento a normazione comune*; in tal senso, va rilevato che esso, pur avendo organismi amministrativi molto evoluti, non conosce un diritto amministrativo alla maniera continentale, giacché i suddetti organismi sono, in ultima analisi, soggetti alla *common law*. Per quanto numerose possano essere le regole che disciplinano la materia amministrativa in Inghilterra e negli S.U., per quanto numerosi possano essere gli organi competenti a decidere, tutto sbocca, da ultimo, nel gran mare della *common law*. La differenza è notevole. In effetti, nella tradizione di *common law* si parla di *supervisory jurisdiction* o di *supervisory control* per indicare la giurisdizione di controllo delle *superior courts* sulle *inferior courts* e sugli atti della pubblica amministrazione. Questo potere — ignoto agli ordini giudiziari della tradizione di *civil law* — è alla base della *judicial review*.

5. Sembra quasi inutile aggiungere che nei sistemi di *common law* è ignoto il paradigma dell'atto amministrativo; tantomeno esiste una giurisdizione amministrativa analoga a quella che fa capo al Consiglio di Stato nel nostro paese. Neanche, ovviamente, trova corrispondenza l'invenzione nostrana della dicotomia diritti-interessi. Del resto, a distanza di oltre 100 anni da questa trovata, non sussistono ancora criteri precisi per sapere *ex ante*, se sia in presenza degli uni o degli altri, di modo che il discrimine tra *diritti e interessi* si appalesa troppo spesso come una *colossale truffa scientifica* che lascia indifeso il cittadino.

6. Taluni studiosi nostrani affermano con vigore l'esistenza di un diritto amministrativo americano, lasciando intravedere una analoga dicotomia tra diritto pubblico e diritto privato, una doppia normativa, un negozio giuridico e un atto amministrativo, un diritto soggettivo e un interesse legittimo, una doppia giurisdizione ordinaria e amministrativa (con gli ineffabili TAR, Consiglio di Stato, etc.), e cose del genere, anche in quell'ordinamento. Ma questo baraccone, che consente al diritto amministrativo — e a coloro che lo gestiscono (professori, burocrati, magistrati e camorre varie) — di andarsene per conto proprio rispetto ai principi costituzionali, non esiste né nel sistema inglese né in quello nordamericano, che restano dei sistemi *a diritto comune*, in cui, cioè, vige la *judicial review*: nella quale si concreta, per molti versi, la *rule of law*, ossia lo stato di diritto qual è inteso in quella tradizione giuridica.

7. Pertanto, quando negli S.U. si parla di *administrative state* o *administrative law* il riferimento non è né allo stato... amministrativo, né al diritto amministrativo nostrano. Quei termini indicano, invece, negli S.U., il diritto che regola le *administrative agencies* federali (ve ne sono di analoghe anche nei singoli stati dell'Unione), entità peculiari al diritto nordamericano che, sulla base di una delega del Congresso, esercitano di fatto funzioni legislative, giudiziarie ed esecutive in determinati settori.

8. Com'è stato osservato, con una ingannevole semplicità, la costituzione federale presiede alla ripartizione del potere tra le tre branche: legislativa, giudiziaria e esecutiva. Ma se questa ripartizione riflette la visione dei padri fondatori, va rilevato anche che essa non trova fattuale rispondenza nell'attuale assetto dei poteri nel sistema federale. In effetti, mentre nel XX secolo la costituzione ha subito una notevole trasformazione nell'area dei diritti civili, un altrettanto fondamentale mutamento si riscontra nella struttura del sistema di potere. Ovviamente, il Congresso continua a esercitare vasti poteri legislativi; ma, nel periodo successivo al *New Deal*, la legge diviene sempre più emanazione delle *administrative agencies*: essa occupa ormai una importanza uguale alla *statute law* nel regolare quasi ogni aspetto della società americana. La *Supreme Court* — che continua a giocare un ruolo chiave nell'equilibrio dei poteri — ha svolto anche qui una importante funzione: ma le *administrative agencies* appaiono uno strano animale difficile da collocare nell'assetto costituzionale, soprattutto a causa di quel mix dei tre poteri che esse esercitano. Così, ad es., il *National Labor Relations Board* (NLRB) — ente deputato con legge alla disciplina delle attività sindacali — è autorizzato a emanare *rules*

che, di fatto, non si distinguono dagli atti legislativi. Inoltre, esso esercita funzioni esecutive, sia in quanto attua la politica legislativa, sia in quanto pone in essere particolari funzioni considerate esecutive, come la promozione dell'azione penale; infine, il *Board* esercita funzioni giudiziarie nel decidere le controversie tra i sindacati e i datori di lavoro. Come si spieghi questa delega di poteri federali alle *agencies* non è chiaro sul piano costituzionale. E, in effetti, la più radicale obiezione al c.d. *administrative state* si riferisce alla costituzionalità di tale delega. La risposta affermativa della *Supreme Court* al quesito ha rappresentato un fondamentale cambiamento nella storia costituzionale americana. Ma, senza seguire le tappe del lungo e non agevole percorso della *Supreme Court* nella materia — del resto sintetizzato ottimamente nell'articolo di N. S. Zeppos [*Administrative State*, in *Oxford* 1992: 10] — resta il fatto che la *Supreme Court* considera la costituzione federale come la *supreme law of the land* siccome sancita dalla Corte stessa; le *administrative agencies*, come qualsiasi ente federale, sono quindi tenute ad agire nei limiti della costituzione qual è interpretata dalla Corte (e, in particolare, del *due process*), che ritiene ed esercita in maniera considerevole nei loro confronti la *judicial review,* essenziale ai fini dell'ammissibilità della delega del potere legislativo alle *administrive agencies* dallo incerto *status* costituzionale. In definitiva, qui come altrove, la *Supreme Court*, tende a mettere sullo stesso piano la *judicial review* con il concetto stesso di *rule of law*, ossia di stato di diritto (*infra*, DIRITTO PUBBLICO-PRIVATO; APPELLO; ATTO AMMINISTRATIVO; ATTO DISCREZIONALE; CONSIGLIO DI STATO; CONTROLLO GIURISDIZIONALE; DELEGA DEI POTERI; *DE-REGULATION*; ENTE PUBBLICO; GIURISDIZIONE; IMPUGNAZIONE; INTERESSE LEGITTIMO; *NEW DEAL*; PRATICA AMMINISTRATIVA; PROCEDURA AMMINISTRATIVA; PROIBIZIONE; REGOLAMENTO: 1; REGOLATORE; STATO; SUPERVISIONE; TESTO UNICO; TUTELA DEI DIRITTI). [vol. I: INTRODUZIONE: III. 10; ADMINISTRATIVE LAW; COMMON LAW; CONSTITUTION; DUE PROCESS CLAUSES; JUDICIAL REVIEW; SUPERVISORY JURISDICTION]

Bibl.:
D'Alberti, M., *Diritto amministrativo comparato*, Bologna, il Mulino 1992.
Merusi, F., Sanviti, G., *L'« ingiustizia » amministrativa italiana*, Bologna, il Mulino 1986.

– **anglo-americano in genere.** Anglo-american law; ma non esiste in senso stretto un diritto anglo-americano: si tratta di due distinti sistemi giuridici. Il *diritto anglo-americano* sottotitola un recente — ma pessimo, addirittura non di rado tecnicamente incorretto e, comunque, di nessuna utilità — saggio comparatistico [Utet, 1992]: come a dire il diritto italo-francese. Beninteso, il termine può essere impiegato nel senso di tradizione (o famiglia) giuridica comune, di nucleo comune, *di storia comune*, etc.; di fatto, di un legame ben più forte ed unitario di quanto appaia quello tra sistemi di *civil law*, come, appunto, tra diritto italiano e diritto francese. Di notevole interesse appare il saggio di O. Kahn-Freund, *English law and American law - Some comparative Reflections* (1962), in 1948-74, ed. 1978: 320 (*infra*, DIRITTO COMPARATO; FAMIGLIE GIURIDICHE; FEDERALISMO: 3; TRADIZIONE GIURIDICA). [vol. I: INTRODUZIONE: III. 36; ANGLO-AMERICAN LAW]

– **apparente-effettivo.** (*infra*, DIRITTO DEI TESTI)

– **automobilistico.** Motor vehicle law (AUTOVEICOLO; CIRCOLAZIONE STRADALE; TRASPORTO STRADALE).

– **bancario.** Banking law (BANCA). [vol. I: *ad vocem*]

– **bellico.** Law of war (GUERRA). [vol. I: WAR]

Bibl.:
Bianchi, G., *Crimini di guerra*, in *Dizionario di Politica* 1976, ed. 1983: 291, at 292.

– **canonico.** Roman canon law, o ius canonicum, da non confondere con la *canon law* o *ecclesiastical law* siccome intese nel sistema inglese e che indicano, non già il diritto canonico in senso stretto, ma il diritto canonico della Chiesa d'Inghilterra. Quest'ultimo rientra nella *common law*, può essere modificato da un *Act of Parliament* ed è applicato dalla giurisdizione ordinaria. Di guisa che il diritto canonico della Chiesa d'Inghilterra deve essere considerato piuttosto un diritto ecclesiastico vero e proprio.

1. Il diritto canonico della Chiesa di Roma è stato il tramite attraverso il quale taluni istituti di *civil law*, specie processuali, sono penetrati nel sistema inglese: ancora oggi, la procedura applicata dalla

Chancery Division, erede della *Chancery Court*, si distingue da quella di *common law* per i suoi forti sedimenti canonici.
2. La procedura applicata dalla *Court of Chancery* — prima dell'assorbimento nella *Supreme Court of Judicature* — era molto diversa, quando non opposta, a quella applicata davanti alle corti di *common law*. Mentre quest'ultima era orale, accusatoria e pubblica e prevedeva la partecipazione della giuria, quella della *Chancery Court*, ispirata al diritto canonico, era scritta e segreta, ossia inquisitoria, e non prevedeva la partecipazione della giuria; quanto poi al diritto sostanziale, questa corte applicava norme di diritto romano e di diritto canonico.
3. Infine, talune fondamentali differenze tra le due tradizioni giuridiche che attengono al processo come, ad es., in tema di prova, di anonimità della sentenza, di giurisdizione, appaiono spesso dovute all'influenza che il diritto canonico ha esercitato sui sistemi continentali, ma non sull'Inghilterra, primo stato nazionale d'Europa che vedeva, non a torto, nella Chiesa di Roma e nel suo diritto un notevole ostacolo all'indipendenza nazionale e allo sviluppo delle libere istituzioni locali (*infra*, DIRITTO ECCLESIASTICO; CANONE; CHIESA; DISTINZIONE DEI POTERI; GIURIA). [vol. I: INTRODUZIONE: III. 26; ADMIRALTY; CANON LAW; CHURCH OF ENGLAND; CIVILIAN; CIVIL PROCEDURE; CRIMINAL PROCEDURE; DOCTORS' COMMONS; ECCLESIASTICAL LAW; MEASURES]

– **civile.** Lett., civil law; ma si tratta di termine essenzialmente ambiguo che può assumere una notevole varietà di significati a seconda dei correlativi cui è riferito. Schlesinger [1950, ed. 1988: 299] ha analizzato i significati più importanti che, a seconda dei casi, il termine può assumere. In un primo senso, *civil law* indica — nel sistema inglese — il diritto romano; in un altro, si parla di *civil law* e *common law jurisdictions* o *countries* per indicare, con una classificazione alquanto arbitraria, l'appartenenza di un ordinamento ad una determinata tradizione giuridica. Ma *civil law* è anche talvolta sinonimo di *private law*; tra l'altro, si oppone a *criminal law*. Si noti che l'ordinamento inglese e quello nordamericano non adottano la separazione tra diritto civile e commerciale, caratteristica di taluni sistemi continentali (*infra*, DIRITTO COMMERCIALE; GLOSSA). [vol. I: CIVIL LAW]

– **civile-commerciale.** Lett., civil law-commercial law; ma si tratta di distinzione puramente descrittiva (*infra,* DIRITTO COMMERCIALE).

– **codificato.** Codified law, written law. È nell'ambito della teoria delle fonti che si riscontrano talune delle più notevoli differenze tra le due tradizioni giuridiche di *common law* e di *civil law*. I sistemi di *common law* sono definiti di diritto non scritto o non codificato (CODICE; CODIFICAZIONE; FONTI DEL DIRITTO; RACCOLTA DI LEGGI). [vol. I: INTRODUZIONE: III. 5; LAW: 1; SOURCES OF LAW]

– **cogente-diritto dispositivo.** (*infra*, DIRITTO IMPERATIVO)

– **commerciale.** Commercial law, business law, mercantile o merchant law; ma in diritto internazionale si parla di *international trade law,* o *trade law.*
1. Privo di autonomia dogmatica e legislativa, fa parte della *common law*. In Inghilterra la *Commercial Court* della Q.B.D. tratta — ma in maniera non esclusiva — cause commerciali. Negli S.U. — stato federale — la *Court of International Trade,* organo giudiziario federale, tratta prevalentemente questioni connesse alle imposte doganali e talune altre materie in cui ha competenza esclusiva.
2. In altre parole, nel sistema inglese e nordamericano, il termine *commercial law* ha un valore essenzialmente descrittivo: ignota è la distinzionle tra diritto civile e diritto commerciale fondata, a seconda dei casi, sulla natura dell'atto, la qualità della persona che lo pone in essere, o l'autorità giudiziaria competente a dirimere le relative controversie. Si noti che in Inghilterra e negli S.U., come del resto anche in numerosi paesi di *civil law* (ma non nel nostro), si fa luogo al *fallimento civile*, ossia del non imprenditore.
3. Per quanto riguarda in particolare gli S.U., tenendo conto del doppio ordine di norme federali e dei singoli stati esistenti in quel paese (*federal law-state law*), si osserva che il diritto commerciale, come, del resto, tutto il diritto privato, è riservato alle attribuzioni dei singoli stati dell' Unione. L'*Uniform Commercial Code*, che non corrisponde a un codice di commercio di un sistema di *civil law*, contiene una definizione di « merchant » in tema di compravendita e talune poche disposizioni limitate ai commercianti. Ma, a parte queste eccezioni, esso si applica indifferentemente a commercianti e non com-

Diritto (I) comparato

mercianti. Il Bankruptcy Reform Act si applica, oltre che alle persone fisiche, commercianti o meno, anche alle persone giuridiche. La *commerce clause* è uno stratagemma col quale il legislatore federale ha abilmente stabilito un regime uniforme in materie commerciali riservate, in principio, alla legislazione dei singoli stati (*infra*, DIRITTO DEL CONSUMATORE; DIRITTO PERSONALE; ATTO CIVILE-ATTO DI COMMERCIO; CAUSA (III) COMMERCIALE; CODICE DI COMMERCIO UNIFORME DEGLI S.U.; COMMERCIO; FALLIMENTO; *INCOTERMS; LEX MERCATORIA*; VENDITA). [vol. I: INTRODUZIONE: III.15; BANKRUPTCY; COMMERCE CLAUSE; COMMERCIAL LAW; EUROPEAN COMMUNITIES LAW; INCOTERMS; LAW MERCHANT; LEX MERCATORIA; MOST FAVOURED NATION CLAUSE; SALE; TOOLS OF TRADE; TRADE; TRADE LAW; TRADE TERMS]

– **comparato.** Comparative law. Scienza o metodo? Questione sulla quale, come accade troppo spesso da noi, si sono versati fiumi di inchiostro da parte di comparatisti ai quali non di rado resta poco tempo per la comparazione. Le questioni di metodo, nelle quali indulgono i nostri studiosi, spesso ammazzano la scienza. Vi sono, beninteso, delle « isole di eccellenza », come ormai si dice sempre più spesso per indicare l'eccezione alla regola, a titolo scaramantico e consolatorio, e forse anche, per evitare rappresaglie. Comunque, non si può seriamente dubitare dell'utilità del metodo che è, in buona sostanza, specie quando si tratta del diritto di paesi come l'Inghilterra e gli Stati Uniti, non già un fatto tecnico, ma confronto di cultura politica, economica e di contenuti sociali; confronto anche tra percorsi mentali diversi magari anche quando si perviene ad un risultato sostanzialmente analogo. Perché — con tutto il rispetto, anzi senza troppo rispetto — la comparazione ha la funzione principale (tra le svariatissime che si possono immaginare) non tanto di consentire i *legal transplants* da un sistema all'altro, quanto quella di attuare una *verifica* del *reasoning*, e anche della ragione che dovrebbe presiedere agli istituti giuridici; scontate, beninteso, alcune assonanze di fondo: diversamente, si tratta di esercitazione inutile.

1. Se mai, si deve robustamente dubitare dell'utilità (salvo che per i beneficiati) di diecine e diecine di cattedre di diritto comparato superiori in numero a quelle esistenti in tanti altri paesi in cui gli studi universitari sono ben più seria cosa. In effetti, il metodo non dovrebbe essere riservato a cattedre particolari, ma prima appreso e poi praticato come sussidio naturale e normale di tutto il diritto, anzitutto per capire meglio quello di riferimento, e poi, forse, anche per elaborare una politica del diritto adeguata ai tempi. Quanto poi all'unificazione del diritto, essa appare addirittura impensabile senza il ricorso alla comparazione. In ogni caso, come mai si può pretendere di balbettare qualcosa in diritto costituzionale senza avere anche soltanto un'infarinatura del costituzionalismo inglese e nordamericano? Eppure sono rari i nostri costituzionalisti che includano nei loro manuali anche soltanto dei riferimenti al costituzionalismo anglo-americano. Beninteso, vi sono delle cattedre di diritto costituzionale americano: comunque, a prescindere dalla qualità dei docenti, la materia è trattata come una stravaganza, riservata a pochi curiosi interessati all'archeologia giuridica. Eppure il diritto costituzionale è *tutto* americano o, se si vuole, inglese (a meno che non ci si voglia limitare a Kelsen, allo statuto albertino, a Massimo D'Azeglio, a Santi Romano, a V. E. Orlando, alla costitituzione attuale, a Mortati, Jemolo, Calamandrei, Crisafulli, Dossetti, Fanfani, Togliatti: poca cosa (rispetto al tema), anche per un insegnamento alquanto superficiale come quello nostrano. La situazione è analoga nelle altre materie: a non parlare poi del diritto commerciale da cui, del resto, è partito l'interesse comparatistico di alcuni dei nostri migliori giuristi come Tullio Ascarelli. A non parlare della procedura penale (e civile), e così via cantando.

2. In effetti, non c'è nessun campo del diritto — a meno che non si tratti della nostra penosa diversità nazionale — che, aspirando ad un qualche decoro scientifico, possa fare a meno del metodo comparatistico; una esigenza che varia di intensità nelle varie culture, ma che ormai nessuna, anche la più aliena per *forma mentis*, come quella anglo americana, può radicalmente negare.

3. Sotto questo aspetto appare, ma appare soltanto, assai bizzarra la vivace resistenza a praticare la comparazione con la *common law* inglese e nordamericana di non pochi giuristi nostrani che perdono tempo e talvolta energie intellettuali per inseguire una passione — peraltro non corrisposta — per il giure teutonico: troppo spesso si va dalla prafrasi alla copia letterale. Un rifiuto che, quando attie-

ne ai sistemi di *common law* se, da un canto, rivela una assai modesta *envergure* culturale, dall'altro, si traduce in pratica nella difesa di regimi e istituti, e quindi di equilibri politici e posizioni di potere, di cui il giurista nostrano si fa troppo spesso garante. In nota a uno dei suoi scritti sulla libertà di stampa, de Viti de Marco [1930, ed. 1994: 335] chiarisce: « Le condizioni sulle origini e sulla formazione delle libertà politiche in Inghilterra sono prese da alcuni tra i più noti costituzionalisti inglesi. Se son parse originali è perché i nostri costituzionalisti, invece di studiare la storia del paese in cui il popolo ha sostenuto lotte secolari per conquistare tali libertà, hanno preferito dedurle dalle elucubrazioni filosofiche dei professori tedeschi di diritto pubblico, che erano pagati per legittimare sotto formule liberali il regime assolutista ». Siamo ancora a questo.

4. Ad ogni modo, così com'è praticata nel nostro paese, la comparatistica appare non di rado come la celebrazione di riti occulti praticati da una confraternita di incappucciati, incomprensibili alla stragrande maggioranza degli studenti. Le conseguenze, gravissime, non sono difficili da immaginare per un paese la cui scienza giuridica ha molto da apprendere, sul piano dei *contenuti* etici (sic!), politici, economici e sociali del diritto, dai sistemi giuridici di paesi più moderni e, per molti versi, immensamente più evoluti del nostro, ritenuti, di solito, « scientificamente » inferiori (si mette nel mazzo anche ...la Francia); da un confronto che potrebbe concorrere a elaborare quella politica del diritto tanto necessaria a riformare un ordinamento come il nostro, effetto, ma anche causa dell'arretratezza generale del paese. Invece, si coltiva nei poveri studenti l'illusione della universalità dei parametri, dei modelli, delle categorie, dicotomie — e aberrazioni — giuridiche nostrane, e anche, in definitiva, della superiorità del sistema e dei giuristi che hanno contribuito a crearlo. Ma lasciamo perdere.

5. Si vuole, comunque, ricordare assieme ad Emerico Amari, precursore del diritto comparato, taluni dei più bei nomi del diritto italiano sensibili alla esigenza della comparazione con i sistemi di *common law* come, oltre a Tullio Ascarelli, Gino Gorla e Mauro Cappelletti. Si vuole altresì menzionare Francesco Galgano che ha inteso appieno l'importanza della comparatistica con il mondo anglo- americano: *Contratto e Impresa*, l'ottima rivista da lui fondata e diretta, testimonia questa acuta consapevolezza. Per coloro poi tanto fortunati da leggere testi giuridici in lingua inglese, si segnala l'opera, ormai notissima, di R. B. Schlesinger *Comparative law* [1950, ed. 1988]. Infine, l'opera collettanea a cura di Mario Rotondi, dal titolo significativo *Buts et méthodes du droit comparé* [1973], raccoglie i contributi dei più noti comparitisti tra cui, oltre a Mauro Cappelletti, Helmut Coing, René David, Wolfgang Friedmann, Otto Kahn-Freund, Viktor Knapp, Max Rheinstein, Mario Rotondi, Rodolfo Sacco, André Tunc, Konrad Zweigert; ma vi figura anche un importante contributo del noto filosofo del diritto Giorgio Del Vecchio (*supra,* DIRITTO ANGLO-AMERICANO; *infra,* DIRITTO INTERNAZIONALE PRIVATO; PRINCÌPI GENERALI DI DIRITTO; TRADIZIONE GIURIDICA; TRAPIANTI GIURIDICI). [vol. I: INTRODUZIONE: III. 2, 32, V. 2; COMMON CORE OF LEGAL SYSTEMS; COMPARATIVE LAW; IUS COMMUNE; PRIVATE INTERNATIONAL LAW; UNIFICATION OF LAW]

Bibl.:
Gorla, G., *Diritto Comparato*, in *Enciclopedia Giuridica Treccani*, Roma, 1989, vol. XI: 1.

– **comune.** Ius commune. Non si traduce e non va confuso con la *common law.* [vol. I: COMMON LAW; IUS COMMUNE]

– **comune europeo.** « Common law of Europe »; ma si noti che se esiste una *common law of England*, e una grande tradizione giuridica che da essa deriva, non esiste, invece, una « common law of Europe », sogno di giuristi non ancora avverato. In effetti, ancora oggi, nonostante l'importanza sempre maggiore che il diritto comunitario europeo va assumendo, gli ordinamenti primari restano ancora quelli statali (*infra*, DIRITTO COMUNITARIO; DIRITTO UNIFORME). [vol. I: COMMON LAW; COMMON LAW OF EUROPE; UNIFORM LAW]

– **comunitario.** European Communities law, European Community law, Community law, o EC law. Si tratta, probabilmente, del fenomeno giuridico più imponente del XX secolo, almeno per quanto attiene all'Occidente: un diritto sostanzialmente comune in materia economica e sociale e, da ultimo, politica, governerà in prospettiva 320 milioni di europei (*supra,* DIRITTO COMUNE EUROPEO; APPROSSIMAZIONE DELLE LEGISLAZIONI DEI PAESI MEMBRI DELLA COMU-

NITÀ ECONOMICA EUROPEA; COMUNITÀ EUROPEE; LIBERO SCAMBIO; SOCIETÀ (II) PER AZIONI EUROPEA; SUPREMAZIA DELLA LEGGE: 5). [vol. I: EUROPEAN COMMUNITIES LAW]

Bibl.:
Mengozzi, P., *Il giudice nazionale di fronte al diritto comunitario* (1986) 3 CeI 792.
id., *Diretta applicabilità del diritto comunitario, poteri del giudice ordinario e decisioni della Commissione CEE* (1990) 1 CeI 56.

– **consuetudinario.** Customary law o, meno spesso, consuetudinary law. Ma si noti che la *common law* non è un diritto consuetudiario; si tratta, invece, di un diritto giurisprudenziale (CONSUETUDINE). [vol. I: COMMON LAW; CUSTOM; CUSTOMARY INTERNATIONAL LAW; CUSTOMS (1); USAGE; UNWRITTEN LAW]

– **continentale europeo.** Continental law; con questo termine si indica spesso in Inghilterra la *civil law* in quanto distinta dalla *common law of England* e dalla *common law* in genere. [vol. I: CIVIL LAW]

Bibl.:
Carlini, P., *A proposito dell'uso del diritto continentale europeo (o civil law) durante la cosiddetta Formative era del diritto statunitense*, Estratto da *Il Foro Italiano*, vol. ciii, fasc. 2, Roma, Soc. Editr. del « Foro Italiano », 1980, pp. 2-15.

– **cosmico.** (*infra*, DIRITTO SPAZIALE)

– **costituzionale in genere.** Constitutional law.
1. Non esiste nell'ordinamento costituzionale britannico una costituzione scritta, fatto unico nella storia dei regimi costituzionali dell'Occidente. Con il termine *constitution* si intende piuttosto l'ordinamento costituzionale in genere, o l'insieme delle regole che garantiscono le libertà fondamentali dei cittadini. Quanto alle fonti del diritto costituzionale britannico, esse vanno rintracciate sia in regole di carattere giurisprudenziale (*common law*), sia scritte (*statute law*), sia, infine, nelle *conventions of the constitution*, ossia nelle cosiddette *non-legal rules*. Sembra appena il caso di precisare che la costituzione britannica, così descritta, è una costituzione flessibile, diversamente da quella degli S.U. che costituisce l'archetipo della costituzione rigida. Redatta nel 1787, ed entrata in vigore nel 1789, essa costituisce la legge fondamentale degli S.U., in cui la sovranità è suddivisa fra uno stato federale e i singoli stati dell'Unione; alla costituzione federale corrisponde una costituzione dei singoli stati. La costituzione federale degli S.U. è la prima e la più antica costituzione scritta tra quelle degli stati moderni dell'Occidente; come tale, si tratta di un testo di fondamentale importanza.
2. Ignota è al diritto inglese e nordamericano quella frattura netta che nei sistemi continentali distingue e spesso *contrappone* il diritto amministrativo al diritto costituzionale [Losano 1978: 69]. Giannini [*Pres.*a Wade 1961, trad. it.: x] spiega bene gli effetti di questa perniciosa contrapposizione per cui il diritto amministrativo — che tende ad evolversi lungo linee proprie secondo le esigenze del potere esecutivo e della burocrazia — comporta negli ordinamenti continentali la grave « elusione amministrativa dei precetti costituzionali » (*supra*, DIRITTO COMPARATO; COSTITUZIONE POLITICA; DICHIARAZIONE DEI REDDITI; DIRITTI (II) COSTITUZIONALI; QUESTIONE COSTITUZIONALE; UGUAGLIANZA DI FRONTE ALLA LEGGE). [vol. I: INTRODUZIONE: III. 10, 12, 36; ADMINISTRATIVE LAW; CHECKS AND BALANCES; CONSTITUTION; CONVENTIONS OF THE CONSTITUTION; JUDICIAL REVIEW OF LEGISLATION; NON-LEGAL RULES; SEPARATION OF POWERS; SUPREMACY OF PARLIAMENT]

– **creato dai giudici.** Judge-made law; ma quest'espressione assume nei sistemi di *common law* un significato tecnico preciso che non si può intendere senza tener conto della diversa teoria delle fonti di quella tradizione giuridica. Essa esprime quel processo di formazione della *legal rule* che, sulla base del principio dello *stare decisis*, ossia del *precedent* giudiziario, risulta dall'attività giurisprudenziale. Si argomenta che, di fatto, anche nei sistemi di *civil law* l'attività giurisprudenziale odierna produce risultati sostanzialmente non troppo diversi; eppure, bisognerebbe guardarsi dall'esasperare le analogie, che pure vi sono, annullando delle differenze che attengono, oltretutto, ad una cultura e ad un *legal reasoning*, ad un approccio che ancora oggi costituisce uno dei fattori di differenziazione più importanti tra *common law* e *civil law* (*infra*, DIRITTO GIURISPRUDENZIALE; FONTI DEL DIRITTO; PRECEDENTE GIUDIZIARIO). [vol. I: INTRODUZIONE: III. 5; ANALOGY; CASE LAW; CASE METHOD; GENERAL PRINCIPLES OF LAW; JUDGE-MADE LAW; LAW MAKING; SOURCES OF LAW; STATUTE LAW: 3]

Bibl.:
Bobbio, N., *Diritto*, in *Dizionario di Politica* 1976, ed. 1983: 334, at 336.

- **degli affari.** Business law o commercial law (*supra,* DIRITTO COMMERCIALE).
- **dei beni e diritti.** Law of property; ma questo termine è virtualmente privo di equivalenza nella *civil law* e si ricollega alla originale classificazione dei beni e diritti operata dalla *common law* (PROPRIETÀ). [vol. I: INTRODUZIONE: III. 21; PROPERTY]
- **dei *media*.** Media law (MEDIA).
- **dei servizi pubblici.** Public utility law (SERVIZIO PUBBLICO).
- **dei testi.** Law in the books. Celebre la dicotomia proposta da Pound tra *law in action* e *law in the books*, ossia tra il diritto quale risulta dai testi e quello che, invece, Tullio Ascarelli definiva la realtà giuridica effettuale. Dicotomia che in buona sostanza coincide con quella tra diritto apparente e diritto reale (*infra,* DIRITTO PROMOZIONALE; COSTITUZIONE MATERIALE; PUBBLICAZIONE GIURIDICA; REALTÀ GIURIDICA EFFETTUALE; TESTO GIURIDICO). [vol. I: INTRODUZIONE: II. 7, III. 5, 12; AGREEMENT; CITY CODE; COLLECTIVE AGREEMENT; CONSTITUTION; LAW IN ACTION-LAW IN THE BOOKS; NON-LEGAL RULES]
- **del consumatore.** Consumer law (*supra,* DIRITTO COMMERCIALE; CONSUMATORE).
- **del divorzio.** Divorce law (*infra,* DIRITTO MATRIMONIALE; DIVORZIO).
- **del foro.** Lex fori, law of forum, forum law, foral law (FORO). [vol. I: CHOICE; FORUM; LEX FORI]. [vol. I: *ad vocem*]
- **dell'ambiente.** Environment law, law of environment (AMBIENTE). [vol. I: ENVIRONMENT]
- **della navigazione marittima.** (*infra,* DIRITTO MARITTIMO)
- **dell'atto illecito.** Law of torts (ATTO ILLECITO).
- **del lavoro.** Labour law (o labor, negli S.U.), employment law, industrial law, law of work. Talvolta si distingue tra labour law e employment law per indicare, rispettivamente, il diritto dei rapporti collettivi e quello dei rapporti individuali di lavoro. Il tema viene spesso trattato in connessione col diritto sindacale; ma non esiste una elaborazione dogmatica della materia anche lontanamente paragonabile a quella nostrana. Peraltro, non sempre comprensibile nelle sue astrazioni e intrisa di sedimenti dolfussiano-consociativi, della cui concreta utilità per la promozione della causa dei lavoratori sembra doveroso dubitare. Senza alcuna pretesa di completezza, si accenna ad alcuni aspetti della *labour law* britannica: a) scarso apporto della *common law* allo sviluppo dei rapporti collettivi di lavoro; b) tendenza del mondo sindacale ad evitare strutture e sanzioni giuridiche al punto che, pur avendo il R. U. ratificato la convenzione dell'ILO sul diritto di organizzazione e di contrattazione collettiva, essa non è stata introdotta nell'ordinamento interno, laddove in Italia il negoziato collettivo tende a svilupparsi in forma giuridica; c) i *collective agreements*, ossia i contratti collettivi di lavoro, non costituiscono dei contratti giuridicamente vincolanti; essi non impediscono alle parti di un contratto individuale di stipulare termini e condizioni diverse e *meno vantaggiose* rispetto a quelle previste dal contratto collettivo. (È questa una notevole differenza col sistema degli S.U. in cui gli accordi sono giuridicamente vincolanti: la gran parte di essi stabilisce anche l'illegalità dello sciopero durante la loro vigenza); d) inesistenza di procedure obbligatorie per la risoluzione delle controversie collettive di lavoro, a parte quelle previste dagli accordi stessi; e) esistenza del *closed shop*; f) *arretratezza* complessiva nella tutela dei diritti individuali dei lavoratori rispetto alla normativa della maggior parte di altri paesi comunitari come Germania, Francia e Italia, e notevole ritardo nella realizzazione della democrazia industriale (LAVORO; SCIOPERO; SINDACATO; STATUTO DEI LAVORATORI). [vol. I: INTRODUZIONE: III. 7, 12; CLOSED SHOP; COLLECTIVE AGREEMENT; DOMESTIC TRIBUNALS; EMPLOYMENT; INTENTION TO CREATE LEGAL RELATIONS; LABOUR LAW; STRIKE; TRADE UNION]
- **delle assicurazioni.** Insurance law (ASSICURAZIONE).
- **dell'ecologia.** (*supra,* DIRITTO DELL'AMBIENTE; ECOLOGIA)
- **delle comunicazioni di massa.** Mass communication law (*MEDIA*).
- **delle Comunità Europee.** (*supra,* DIRITTO COMUNITARIO)
- **delle genti.** Law of nations, ius gentium (*infra,* DIRITTO INTERNAZIONALE).
- **dell'energia e delle risorse naturali.** Energy and natural resources law (ENERGIA).

– **delle obbligazioni.** La *common law* non ha elaborato una teoria generale delle obbligazioni, né la categoria dei diritti reali; di guisa che questa distinzione fondamentale del diritto privato italiano e degli ordinamenti di *civil law* non trova equivalenza in quella tradizione giuridica, che ricorre ad altri ordini concettuali. Secondo un noto comparatista inglese, il diritto delle obbligazioni della *common law* potrebbe essere descritto come l'insieme della *law of contract* e della *law of torts*. Comunque, tradurre diritti reali con real rights e diritto delle obbligazioni con rights of obligation costituisce un marchiano errore (*supra*, DIRITTO (I) OGGETTIVO). [vol. I: INTRODUZIONE: III. 16; ESTATE; IUS IN PERSONAM-IN RE; PROPERTY; REAL RIGHT; RIGHT]

– **delle persone.** Law of persons; nei sistemi di *common law* la materia non è oggetto di una trattazione sistematica; essa è considerata in modo frammentario in rapporto alle varie branche del diritto come il contratto, l'atto illecito, la *law of property*, etc. (CAPACITÀ). [vol. I: CAPACITY; GUARDIANSHIP; INFANT; PATRIA POTESTAS; SUI IURIS]

– **delle persone giuridiche.** Law of corporations; ma questo termine indica più spesso negli S.U. il diritto delle società commerciali; in Inghilterra si parla in quest'ultimo caso di *company law* (PERSONA GIURIDICA; SOCIETÀ (II) QUALE SOGGETTO COLLETTIVO).

– **delle prede.** Prize law (PREDA).

– **delle prove.** Law of evidence. È in questa materia che si riscontrano talune delle maggiori differenze tra le due tradizioni giuridiche. Premessa la sostanziale unitarietà del processo civile e penale di *common law*, si osserva che la law of evidence non può essere pienamente intesa se non si tiene conto: a) dell'oralità, concentrazione e immediatezza del *trial*; b) della presenza, attuale o presunta, della giuria — istituto ignoto alla *civil law* — nel processo, che ha determinato le note regole di esclusione dirette a selezionare il materiale probatorio sul quale essa è chiamata a pronunciarsi; c) del fatto che la prova si forma nel corso del *trial* davanti al giudice e alla giuria; d) dell'assenza della libera valutazione delle prove da parte del giudice. A ciò va aggiunto il carattere accusatorio, o meglio contraddittorio, dell'indagine sui fatti, lasciata all'iniziativa delle parti, e la gerarchia delle prove che considera la *prova testimoniale*, e la conseguente *cross-examination*, come il mezzo di prova per eccellenza, con una netta prevalenza della prova orale (*infra*, DIRITTO PROCESSUALE; CONTRADDITTORIO; PROVA). [vol. I: INTRODUZIONE: III. 25; EVIDENCE]

– **delle società.** Company law: in Inghilterra; negli S.U. si parla di *law of corporations* o corporation law (AVVOCATO ESPERTO DI DIRITTO SOCIETARIO; SOCIETÀ (II) QUALE SOGGETTO COLLETTIVO).

– **delle successioni.** Law of succession. Ma i princìpi che regolano la devoluzione del patrimonio del defunto nella *common law* sono radicalmente diversi da quelli degli ordinamenti di derivazione romanistica. In effetti, non si accoglie il concetto di successione universale, o di *hereditas*: di conseguenza, non vi sono eredi in senso stretto, ma solo, di fatto, secondo la concezione nostrana, dei legatari. L'*estate* si devolve non già direttamente ai beneficiati, ma a un terzo, detto *personal representative*, figura ignota alla *civil law* che, nei limiti del valore dell'attivo, diviene debitore dei creditori del defunto, paga i debiti e distribuisce il residuo netto tra i beneficiati indicati nel testamento (la forma prevalente di successione), o secondo le regole della successione intestata (DEVOLUZIONE DELL'EREDITÀ; SUCCESSIONE PER CAUSA DI MORTE). [vol. I: INTRODUZIONE: III. 24; SUCCESSION]

– **del mare.** Law of the sea. Con questo termine si intende più spesso il diritto internazionale pubblico del mare contenuto ora, in gran parte, nella convenzione delle N.U. sul diritto del mare del 1982. Per il fatto di enunciare i princìpi più generali sulla materia, essa costituisce in qualche modo il paradigma o la legge generale alla quale la regolamentazione specifica di determinate branche deve conformarsi. *Law of the sea* e *maritime law* possono per certi aspetti coincidere, se quest'ultimo termine è inteso nel senso di diritto pubblico; ma la *law of the sea* non è mai riferita al diritto marittimo privato, quale, ad es., in tema di *charterparties*, contratti di trasporto, etc. (*infra*, DIRITTO MARITTIMO; GOLFI, SENI, BAIE; LIDO DEL MARE; ZONA ECONOMICA ESCLUSIVA). [vol. I: LAW OF THE SEA]

– **derogabile-non derogabile.** (*infra*, DIRITTO IMPERATIVO-DISPOSITIVO)

– **di famiglia.** Family law. Negli S.U. —

stato federale — in cui la materia rientra nelle attribuzioni dei singoli stati dell'Unione, le relazioni nell'ambito dei rapporti di famiglia intese in senso lato vanno sotto la rubrica delle *domestic relations*. Per ragioni storiche, si tratta di una materia che non ha mai raggiunto una effettiva unità. Essa trova la sua fonte nel diritto canonico, nell'*equity*, nella *common law* e nella legislazione scritta (*statute law*); quest'ultima ha assunto importanza prevalente negli ultimi tempi. Nel diritto internazionale privato inglese e nordamericano, il concetto di *domicile* — privo di equivalenza nella tradizione di *civil law* — regola lo *status* delle persone e costituisce forse una delle più notevoli differenze rispetto al sistema nostrano basato sulla nazionalità (*infra*, DIRITTO INTERNAZIONALE PRIVATO; DIRITTO PERSONALE; DOMICILIO; FAMIGLIA). [vol. I: HUSBAND AND WIFE; ISSUE; MAINTENANCE; MARRIAGE; PARENT; SUCCESSION]

Bibl.:

Vitta, E., *Diritto di famiglia nel diritto internazionale privato e processuale*, in *Digesto IV Utet*, *Civ.*, vol. VI: 197.

– **di guerra.** Laws of war (*infra*, DIRITTO INTERNAZIONALE DI GUERRA).

Bibl.:

Oppenheim 1906-06, vol. II, ed. 1940: 179.

– **dispositivo-imperativo.** (*infra,* DIRITTO IMPERATIVO-DISPOSITIVO)

– **ecclesiastico.** Ecclesiastical law. Ma questo termine non coincide con quello di diritto ecclesiastico qual è inteso nel sistema nostrano, nel senso che quest'ultimo suppone la coesistenza di un autonomo ordinamento canonico. In effetti, con il ripudio della supremazia papale al tempo di Enrico VIII, la legge canonica — nella misura in cui era compatibile con quella nazionale — divenne l'*ecclesiastical law of England.* Non esiste un ordinamento canonico autonomo, e l'ecclesiastical law inglese è considerata come parte della *law of the land* (*supra*, DIRITTO CANONICO; CHIESA; PERSONA GIURIDICA DI DIRITTO ECCLESIASTICO). [vol. I: CHURCH OF ENGLAND; ECCLESIASTICAL LAW]

– **effettivo.** (*supra*, DIRITTO DEI TESTI)

– **europeo.** European law (*supra*, DIRITTO COMUNITARIO).

– **fallimentare in genere.** Bankruptcy law, insolvency law. Anche in questa materia, si riscontrano notevoli differenze tra le due tradizioni giuridiche; tra l'altro, il regime inglese e nordamericano prevedono il *fallimento civile* del non imprenditore, ammesso, peraltro, anche in taluni sistemi di *civil law,* ma non in Italia (*supra*, DIRITTO CIVILE-COMMERCIALE; FALLIMENTO: VI. 1).

– **federale negli S.U.** Federal law; negli S.U. — stato federale — si tratta di una distinzione fondamentale che separa, appunto, il diritto federale da quello dei singoli stati dell'Unione. In quest'ultimo caso, si parla di *state law*. Il diritto federale costituisce la *supreme law of the land* e prevale su quello degli stati dell'Unione (*supra*, DIRITTO COSTITUZIONALE; FEDERALE; FEDERALISMO; LEGGE; QUESTIONE FEDERALE; SUPREMAZIA DEL DIRITTO FEDERALE NEGLI S.U.; SUPREMAZIA DELLA LEGGE: 3).

– **finanziario.** Finance law.

– **fiscale.** (*infra*, DIRITTO TRIBUTARIO)

– **formale-sostanziale.** Substantial law, procedural law. Distinzione non facile in sé; assume una portata diversa e meno rilevante in una tradizione giuridica come quella di *common law* in cui, com'è stato osservato, il diritto sostanziale si è sviluppato negli interstizi della procedura. Basterebbe pensare che nell'ordinamento inglese la libertà dell'individuo è tutelata mediante un procedimento, come quello dell'*habeas corpus* (*infra*, DIRITTO PROCESSUALE). [vol. I: PROCEDURE]

– **francese.** French law. Non va confusa con la *law-French*, che è altra cosa. [vol. I: LAW FRENCH]

– **giurisprudenziale.** Case law, judge made law; un eminente comparatista parla anche di *decisional law* e afferma che non di rado il giudice di *civil law* ha una maggiore libertà creativa; proposizione discutibile almeno per quanto riguarda quello italiano. In ogni caso, queste espressioni si ricollegano alla assai diversa teoria delle fonti della tradizione di *common law* (*supra,* DIRITTO CREATO DAI GIUDICI; *infra*, DIRITTO LEGISLATIVO; CODIFICAZIONE; FONTI DEL DIRITTO; INTERPRETAZIONE; PRECEDENTE GIUDIZIARIO). [vol. I: INTRODUZIONE: III. 5; CASE LAW; JUDGE-MADE LAW; JUDICIAL OPINION; RESTATEMENT; STARE DECISIS]

Bibl.:

Schlesinger 1950, ed.1988: 620.

– **imperativo-dispositivo.** Grosso modo, mandatory law-non mandatory law; si

parla anche, rispettivamente, di *imperative law* e *directory law* o anche, in quest'ultimo caso, di *optional law* e di *permissive law* (che, ovviamente, non indica una legge... permissiva).
1. Ma se la distinzione in sé, ovviamente, non sfugge al *common lawyer*, resta da rilevare che la *common law* ignora — per la sua stessa natura di diritto giurisprudenziale che prescinde dalla posizione di una fattispecie astratta — la distinzione tra norme imperative e norme suppletive, ossia tra *ius cogens* e *ius dispositivum* qual è intesa nella *civil law*. Peraltro, in tema di contratto, la *common law*, ponendosi da un diverso punto di vista, ammette delle regole di diritto suppletivo, definite *implied conditions*. Beninteso, in materia contrattuale il concetto non è ignoto, e Schlesinger [1950, ed. 1988: 587, n. 3 e 4] rileva che i *common lawyers* impiegano una diversa terminologia per esprimere un concetto analogo: l'*Uniform Commercial Code* degli S.U. si riferisce ad una norma dispositiva definendola « subject to agreement otherwise ». È detta *variation by agreement* la deroga convenzionale di una disposizione legislativa come, ad es., nell'Art. 1-102(3) dell'*Uniform Commercial Code* degli S.U. che recita, tra l'altro: « The effect of provisions of this Act may be varied by agreement ».
2. In diritto internazionale, l'art. 53 della convenzione di Vienna stabilisce che un trattato è nullo (*void*) se al tempo della sua conclusione è in contrasto con una *norm of general international law* (*ius cogens*), ossia con una norma imperativa di diritto internazionale generale (*infra*, DIRITTO INTERNAZIONALE; DIRITTO SUPERIORE; DIRITTO SUPPLETIVO; CONDIZIONE TACITA; DEROGA; *IUS COGENS*; NORMA DISPOSITIVA; ORDINE PUBBLICO; VARIAZIONE; VINCOLANTE). [vol. I: CONTRACT: VIII; IMPERATIVE; IMPLIED TERMS OF CONTRACT; IUS COGENS; MANDATORY RULE; OPTIONAL LAW; PEREMPTORY NORM OF GENERAL INTERNATIONAL LAW; PUBLIC POLICY]

– **in azione.** (*supra*, DIRITTO DEI TESTI)

– **industriale.** Industrial law. [vol. I: INDUSTRIAL PROPERTY]

– **internazionale.** International law, law of nations o *ius gentium*. Il termine indica il diritto internazionale pubblico, o *public international law*, e va distinto dal diritto internazionale privato o *private international law* o *conflict of laws* che, nonostante l'aggettivo internazionale, non è altro che diritto interno.
1. L'international law si contrappone alla *municipal, domestic* o *internal law*, ossia al diritto interno di ciascun paese. L'art. 38 dello Statuto della Corte Internazionale di Giustizia contiene un elenco non esaustivo delle fonti del diritto internazionale. A questo proposito, va distinta la *customary international law*, o diritto internazionale consuetudinario, dalla *legislative international law*, o diritto internazionale pattizio o convenzionale. È appunto sulla base di questa dicotomia che va tenuto conto dei diversi princìpi che nell'ordinamento costituzionale britannico e in quello degli S.U. si applicano in tema di adeguamento del diritto interno al diritto internazionale. Di particolare importanza è la convenzione di Vienna sul diritto dei trattati del 1969 — in vigore anche per il nostro paese — che costituisce forse la più imponente codificazione della materia. Ai sensi dell'art. 102 della Carta delle N.U., qualsiasi trattato concluso da un membro dell'organizzazione deve essere registrato presso il segretariato e pubblicato da quest'ultimo; in mancanza, non potrà essere invocato di fronte a qualsiasi organo delle N.U.
2. Negli S.U. — stato federale — i rapporti tra gli stati dell'Unione sono talvolta definiti come regolati dal diritto internazionale; ma, se vi sono senza dubbio non pochi parallelismi con il diritto internazionale, bisogna tener conto del fatto che nella grandiosa costruzione dei *founding fathers*, gli stati dell'Unione non sono stati sovrani e sono privi di capacità internazionale (*supra*, DIRITTO COMUNITARIO; DIRITTO IMPERATIVO-DISPOSITIVO; *infra*, DIRITTO INTERNAZIONALE PRIVATO; ACCORDO INTERNAZIONALE; ADATTAMENTO DEL DIRITTO INTERNO AL DIRITTO INTERNAZIONALE; AFFIDAMENTO IN DIRITTO INTERNAZIONALE; CONFEDERAZIONE: 5; ESTRADIZIONE; FONTI DEL DIRITTO INTERNAZIONALE; NAZIONI CIVILI; NUOVO ORDINE ECONOMICO INTERNAZIONALE; TRATTATO INTERNAZIONALE). [vol. I: INTRODUZIONE: III. 37; COMMON CORE OF LEGAL SYSTEMS; GENERAL PRINCIPLES OF LAW; INTERNATIONAL LAW; SOURCES OF INTERNATIONAL LAW; TREATY; UNIFICATION OF LAW]

– **internazionale consuetudinario.** Customary international law (*infra*, DIRITTO INTERNAZIONALE PATTIZIO).

– **internazionale di guerra.** International law of war (*supra*, DIRITTO DI GUERRA; ARMISTI-

ZIO; ARRUOLAMENTO; ASSEDIO; CRIMINI DI GUERRA; GUERRA).

Bibl.:

Oppenheim 1906-06, vol. II, ed. 1940: 179.

– **internazionale di pace.** International law of peace (NEUTRALITÀ; PACE).

– **internazionale pattizio.** Conventional international law (*supra*, DIRITTO INTERNAZIONALE CONSUETUDINARIO).

– **internazionale privato.** Private international law o conflict of laws.

1. Nel sistema inglese e in quelli di *common law* in genere, i termini sono sinonimi, a differenza di quanto accade in molti ordinamenti di *civil law*, in cui i conflitti di leggi costituiscono solo una parte del diritto internazionale privato. Così, ad es., la materia dei *conflict of laws* non si estende alla cittadinanza, né alla condizione dello straniero; ma essa è più ampia dei conflitti di leggi siccome intesi nei sistemi di *civil law* nei casi in cui vi sia un elemento di collegamento straniero, o relativo al riconoscimento e all'esecuzione delle sentenze straniere, etc. In tal senso, il diritto internazionale privato inglese non tratta che una parte della materia considerata nel diritto internazionale privato dei paesi di *civil law*. Come, del resto, le regole di diritto internazionale privato di molti ordinamenti (ma non di quello italiano), esse sono di carattere essenzialmente giurisprudenziale. Problemi di diritto internazionale privato si presentano spesso nel R. U. — stato unitario in cui coesistono diversi sistemi giuridici — definito, come tale, una *plurilegal unit of sovereignty*.

2. Negli S.U. — stato federale — la materia dei conflitti di leggi non è regolata da una legge federale e, di conseguenza, ciascuno stato può avere un suo proprio sistema di conflitti di leggi. Con 51 ordinamenti giuridici, gli S.U. sono storicamente la patria dei conflitti di leggi: la materia è insegnata nell'ambito della procedura civile.

3. Nella misura in cui è possibile riassumere i tratti salienti di una così complessa materia, sembra potersi dire che, tra le numerose diversità esistenti tra gli ordinamenti di *civil law* e di *common law*, quella fondamentale sta in questo: che i primi fanno dipendere la capacità, lo *status*, la successione e altri rapporti personali dalla *nazionalità*, mentre i secondi adottano il criterio del *domicile*. Numerosi e complessi sono i conflitti tra le norme di diritto internazionale privato dei vari ordinamenti; all'unificazione della materia è preposta principalmente la benemerita Conferenza Permanente dell'Aia che ha promosso numerose convenzioni internazionali (*supra*, DIRITTO DI FAMIGLIA; *infra*, DIRITTO STRANIERO; CODICE BUSTAMANTE; CONFERENZA DELL'AIA; CONFLITTO DI LEGGI; DOMICILIO; GIURISDIZIONE; *IURA NOVIT CURIA*; LEGGE REGOLATRICE DEL CONTRATTO; ORDINE PUBBLICO; PROCEDURA: 10; PROVA DELLA LEGGE STRANIERA; SCELTA DEL FORO; STATO E CAPACITÀ DELLE PERSONE; SUCCESSIONE PER CAUSA DI MORTE; UNIFICAZIONE DEL DIRITTO INTERNAZIONALE PRIVATO). [vol. I: COMPARATIVE LAW; CONNECTING FACTOR; FULL FAITH AND CREDIT CLAUSE; HAGUE CONFERENCE; INTERNATIONAL LAW; PRIVATE INTERNATIONAL LAW]

Bibl.:

Jayme, E., *Formazione progressiva del diritto internazionale privato da parte dei giudici: l'esperienza americana e tedesca* (1988) 2 CeI 423.

Vitta, E., *Diritto internazionale privato*, in *Digesto IV Utet, Civ.*, vol. VI: 227.

– **internazionale pubblico.** Public international law (*supra,* DIRITTO INTERNAZIONALE).

– **interno.** (*supra,* DIRITTO INTERNAZIONALE; ORDINAMENTO GIURIDICO INTERNO)

– **irlandese.** Irish law; il diritto della repubblica irlandese (Eire), va tenuto distinto dal diritto vigente in Irlanda del Nord, o *Northern Ireland law* — regione facente parte del R.U. — dotato, tra l'altro, di un proprio ordinamento giudiziario; gli appelli avverso le decisioni della *Court of Appeal* locale in sede civile e penale vanno proposti alla *House of Lords* (*infra*, DIRITTO SCOZZESE). [vol. I: NORTHERN IRELAND LAW]

– **legislativo.** Statute law; ma questa categoria può essere intesa solo tenendo conto dell'assai diversa teoria delle fonti della tradizione di *common law* (*supra*, DIRITTO GIURISPRUDENZIALE). [vol. I: STATUTE LAW]

Bibl.:

Bobbio, N., *Diritto*, in *Dizionario di Politica* 1976, ed. 1983: 334, at 335-337.

– **libero.** Lett., free law school; forse il c.d. *American realism* è quello che più si avvicina nel mondo di *common law* alla scuola del *Freirechtslehre* (ATTIVISMO GIUDIZIARIO; CERTEZZA DEL DIRITTO; INTERPRETAZIONE; REALISMO AMERICANO). [vol. I: AEQUITAS; CER-

TAINTY OF LAW; INTERPRETATION; MORAL CERTAINTY; NULLA POENA SINE LEGE; REALISM]

Bibl.:
Lombardi Vallauri, L., *Diritto libero*, in *Digesto IV Utet*, *Civ.*, vol. VI: 279.

- **locale.** Local law; ma si noti che era detta così la legge locale esistente in passato in determinate zone dell'Inghilterra; costituisce un'eccezione alla legge comune o *general law of the land* (*supra,* DIRITTO COMUNE; DIRITTO CONSUETUDINARIO; AUTOGOVERNO; CONSUETUDINE). [vol. I: *ad vocem*]

- **marittimo in genere.** Admiralty law; il sinonimo *maritime law* è impiegato soltanto in senso molto generale. Sia l'*admiralty law* che la *maritime law* indicano soltanto la parte privatistica del diritto marittimo. Invece, con il termine *shipping law* si intende anche la parte pubblicistica. Negli S.U. — stato federale — il diritto marittimo rientra nelle attribuzioni federali, ai sensi dell'art. III (2) della costituzione federale e del Judiciary Act del 1789; ma nella gran parte dei casi — ad eccezione, tra l'altro, dell'*action in rem* — si tratta di giurisdizione non esclusiva, che concorre con quella degli stati dell'Unione.
1. I *common lawyers* descrivono spesso l'*admiralty law* come parte della *civil law,* proposizione certamente non corretta in senso stretto, ma che, nondimeno, ne sottolinea le peculiarità rispetto alle corti di *common law* come, ad es., per *l'inesistenza della giuria.*
2. Di formazione giurisprudenziale, l'*admiralty law* appare la branca della tradizione di *common law* più aperta alle influenze esterne. È infatti attraverso il diritto marittimo internazionale che importanti istituti di *civil law* sono penetrati nel diritto marittimo inglese e nordamericano. Non esiste nel sistema inglese, dei paesi del *Commonwealth* e degli S.U. un codice della navigazione marittima (e aerea) come quello nostrano.
3. Molti dei concetti fondamentali del diritto marittimo, i tipi di contratto di trasporto e assicurativo, e la relativa terminologia, sono di origine inglese, grazie al tradizionale primato di vettore internazionale marittimo della flotta britannica (*supra*, DIRITTO DEL MARE; ASSICURAZIONE MARITTIMA; CAUSA (III) MARITTIMA; COMMISSIONE MARITTIMA FEDERALE DEGLI S.U.; CONFERENZA MARITTIMA; GENTE DI MARE; TRASPORTO MARITTIMO). [vol. I: ADMIRALTY LAW; LAW OF THE SEA; MARITIME LAW]

Bibl.:
Berlingieri, F., *Admiralty*, in *Digesto IV Utet, Comm.,* vol. I: 18.
Friedell, S. F., *Admiralty and maritime law*, in *Oxford* 1992: 16.

- **matrimoniale.** Marriage law (*supra*, DIRITTO DEL DIVORZIO).

- **mercantile.** Commercial law (*supra*, DIRITTO COMMERCIALE).

- **musulmano.** Moslem law (*infra*, DIRITTO PERSONALE).

Bibl.:
Castro, F., *Diritto musulmano*, in *Digesto Utet IV*, *Civ.,* vol. VI: 284.

- **naturale.** Natural law. Com'è stato osservato [Habermas 1988, trad. it.: 67], il diritto naturale moderno è stato sostituito dall'idea dello *stato di diritto.* In effetti: « Il diritto naturale moderno non è stato abbandonato solo per ragioni filosofiche; ormai esso appariva inadeguato agli sviluppi della realtà sociale che avrebbe dovuto interpretare. Fu presto evidente che la dinamica di una società integrata da mercati non era più afferrabile nei termini normativi del diritto, e tantomeno *congelabile* nel quadro di un sistema giuridico a priori. Ogni tentativo di derivare teoricamente, e in maniera definitiva, i fondamenti del diritto (pubblico e privato) partendo da principî supremi era destinato a naufragare di fronte alla complessità della società e della storia ».
1. Ma tutto questo sembra troppo semplice: a meno che Habermas non precisi che il diritto naturale moderno è stato sostituito, non già dallo stato di diritto teutonico o continentale, ma dalla *rule of law*, beninteso, in quei sistemi in cui essa vige, come nel diritto inglese e in quello nordamericano. Ma no: il diritto naturale non è morto. Julius Stone ricorda che con la Dichiarazione di Indipendenza ha inizio il suo spettacolare sviluppo nel diritto costituzionale degli S.U. a partire dai *Bill of Rights* federali e degli stati dell'Unione. Passata l'epoca rivoluzionaria, il diritto naturale continua ad operare: « endowing traditional legal rights with the authority of natural rights, and these natural rights in turn with the force and immutability of a rigid constitution » [1946: 248]. Questo eminente filoso del diritto coglie un aspetto fondamentale della straordinaria vitalità e la ragione del fascino del diritto americano, impregnato di spirito religioso e messianico che, altrove, grazie (ma non

Diritto (I) naturale

soltanto) ai professori sembra sparito del tutto. Le grandi battaglie giudiziarie sono combattute in nome della giustizia e il correlativo *diritto giusto-diritto ingiusto* tanto appassionatamente sentito dai popoli di tutto il mondo (anche se in misura diversa), attiene non al diritto positivo, ma al diritto naturale, all'etica.

2. Norberto Bobbio nell'introduzione ad una sua serie di saggi espone in una prosa luminosa il dilemma diritto naturale-diritto positivo: « l'opposizione tra giusnaturalismo e positivismo giuridico ha luogo, infine, dentro ciascuno di noi, tra la nostra vocazione scientifica e la nostra coscienza morale, tra la nostra professione di scienziati e la nostra missione di uomini ». E, più oltre: « Esiste dunque un limite tra positivismo e giusnaturalismo che taglia a metà la nostra stessa persona e per il quale ci accade di essere o positivisti o giusnaturalisti non secondo i tempi o le occasioni, ma addirittura secondo la parte che rappresentiamo nella società » [1956-64, ed. 1977: 12 e 13].

3. Ma la Dichiarazione di Indipendenza americana, e prima ancora, il padre Dante ci liberano da un dilemma straziante quando si presenta in un regime autoritario. Perché il problema del diritto naturale si pone in modo diverso, a seconda che se ne discorra in un regime democratico o in una dittatura; e se nel primo caso si può pretendere che esso è scomparso, o lo si può rivestire di panni diversi e chiamarlo in mille altri modi, esso riappare in tutta la sua irresistibile forza quando la libertà e i diritti sono perduti. E diventa il vero diritto. Il fatto è che il diritto dei sistemi democratici (storicamente, anzitutto, il diritto americano) dispone già al suo interno di strumenti liberatori, o che comunque evitano che il dilemma si riproponga nei termini di una tragedia greca; qual è mai altra la funzione di una costituzione rigida, di un *Bill of Rights*, e di una *judicial review*, del *due process?* La legge che nega i diritti degli individui, la legge iniqua e irragionevole è una non-legge: è questa la lezione dei padri americani che, risparmiandoci il dramma di Antigone, ci pongono di fronte all'imperativo categorico di sollevarci contro i tiranni e abbatterne i regimi. E non si tratta di letteratura: ma di problema che tocca i paesi del Terzo Mondo che vivono tutti, o quasi tutti, sotto spietati regimi tirannici (sia detto *en passant*, tanto cari ai nostri cattolici e comunisti).

4. Antigone e Porzia di Ascarelli [(1955) in 1954-59, vol. I: 3] sono tutto sommato personaggi di regimi autoritari. Invece, in un regime autenticamente democratico prevale la lezione del padre Dante: « Quod si ad utilitatem eorum qui sunt sub lege leges directe non sunt, leges nomine solo sunt, re autem leges esse non possunt: leges enim oportet homines devincire ad invicem propter comunem utilitatem » [*Monarchia*, Liber Secundus, V]. Dante pone il problema della legge in un regime democratico: la legge iniqua non è legge e né il cittadino è tenuto a rispettarla né il giudice ad applicarla.

5. Rifiuto, quindi, di applicare la legge iniqua (non legge), intesa non già come diritto di resistenza in sé, ma come prima fase di quel *dovere* di rovesciare i governi tirannici: ecco la lezione della Dichiarazione di Indipendenza americana. Ed, in effetti, in una società industriale di massa che si vuole anche democratica, la qualità della legge, il suo *contenuto*, appaiono dati fondamentali addirittura al mantenimento del sistema politico stesso: *dura lex sed lex* è soltanto uno stupido invito alla rivoluzione. E viene da ridere quando si pensa a quei giuristi nostrani che ancora oggi proclamano una tesi di comodo (salvo a sostenere il contrario quando si toccano le loro tasche e interessi), essere cioè il diritto « scienza » che nulla ha a che vedere con i suoi contenuti.

6. In una lettera di Lodovico Antonio Muratori del 4 novembre 1739 « ad un giovane amico suo, Domenico Brichieri Colombi, che si era recato a Vienna per dedicarsi agli studi giuridici », egli scrive, tra l'altro: « S'io arrivassi un dì (...) a poter trattare, come ne avrò voglia, dei difetti della giurisprudenza, non mi potrei tenere di non ridere dietro a definizione tale [quella ulpianea: *divinarum et humanarum rerum notitia*] che non può mai sostenersi in piedi se non vi si mettono mille puntelli » [cit. da Solmi, *Pref.*, in Muratori 1742, ed. 1933: 11]. Ma nella *common law*, il dilemma diritto naturale-diritto positivo non è mai così straziante come per i giuristi di *civil law* in cui la legge è stabilita dal legislatore, senza filtraggio del giudice, *bouche de la loi* (anche questa, nella realtà effettuale, una sciocchezzuola).

7. Forse se Montesquieu avesse prefigurato le moderne dittature plebiscitarie di massa avrebbe avuto qualche esitazione a proferire la sua dottrina del giudice *bou-*

che de la loi che, storicamente, si oppone a quella di *common law* per cui il giudice è, invece, l'oracolo della legge. Insomma, il giudice di Montesquieu è un impiegato che fa la gioia di Napoleone, Hitler (e Stalin) e si incarna nel Dr. Roland Freisler, presidente del *Volksgericht*, morto sotto una liberatrice bomba americana, e solo per questo impossibilitato, a differenza di tutti gli altri giudici tedeschi, anch'essi fanatici nazisti, a passare, indenni e senza batter ciglio, al servizio della nuova democrazia tedesca. Il giudice di *common law* è, invece, allo stesso tempo « rule maker and decision maker » [Kahn-Freund 1972, ed. 1977: 18, 54]. Nel *Dr. Bonham's Case* (1610) 8 Co. Rep. 114, 118, Sir Edward Coke che presiede la corte dichiara: « when an Act of Parliament is against common right and reason, or repugnant, or impossible to be performed, the common law will controul it, and adjudge such act to be void ». Il caso è citato, tra i tanti, in Phillips [1948, ed. 1977: 44] che, nel notare che si tratta di un *obiter dictum*, osserva anche maliziosamente, in nota (30), la volatilità del battagliero campione della *common law* che, a seconda dei casi, quale *Law Officer* sostiene la prerogativa reale, quale giudice la supremazia della *common law* (che egli equiparava alla ragione) e quale parlamentare la supremazia del parlamento. Di fatto, molti *dicta* giurisprudenziali inglesi fino al diciassettesimo secolo danno atto di una legge di natura o della *ragione*; insomma di una *higher law* che si impone anche alla legge del parlamento. Numerose decisioni costellano gli alti e bassi di un conflitto (per molti versi privo di equivalenza nei sistemi di *civil law*) tra il potere giudiziario (che invocava la ragione e un fortissimo *rattachement* alle istanze popolari) e il potere legislativo. Risoltosi poi con l'affermazione della *supremacy of Parliament*, quest'ultima non ha eliminato la *judicial review*, limitata, peraltro, nel sistema costituzionale britannico, alla c.d. *administrative action*. Ma non si tratta solo di questo: restato intatto il principio dello *stare decisis* che fa del giudice, in sostanza, un legislatore, gli stessi criteri di interpretazione della legge scritta formano nel sistema anglo-americano, beninteso in varianti diverse, un notevole limite alla portata effettiva della legislazione e quindi del potere del parlamento.

8. Ma la *judicial review* ha trionfato pienamente nella più grande democrazia dell'Occidente nel caso *Marbury* v. *Madison* 1 Cranch (5 U.S.) 137 (1803), in cui il grande *Chief Justice* Marshall enunciava — per la prima volta in Occidente — la dottrina della *judicial review of constitutionality* con cui la *Supreme Court* degli S.U. si è arrogata il potere di controllo giurisdizionale di costituzionalità. Il *reasoning* della decisione — di immensa portata storica e politica, e forse la spiegazione della vitalità di una costituzione che, a oltre 200 anni dalla sua adozione ha subito solo 26 emendamenti — è, in breve, il seguente. O la costituzione è una legge superiore e sovrana che non può essere modificata con una legge ordinaria, o la costituzione si colloca allo stesso livello della legge ordinaria, ed è quindi modificabile quando piaccia al legislatore. Pertanto, occorre scegliere: o una legge contraria alla costituzione non è una legge, o le costituzioni (rigide) sono un assurdo tentativo di limitare un potere (quello legislativo) che di per sé non soffre limitazioni. In altre parole, in presenza di una costituzione rigida (che trova in quella nordamericana il suo archetipo), la legge contraria alla costituzione non può essere considerata una legge e quindi obbligare i giudici ad applicarla. Si tratta della pagina forse più rivoluzionaria della grande rivoluzione costituzionale americana. In ogni caso, la *rule of law*, intesa come stato di diritto fondato sulla ragione (del giudice), appare di per sé riferirsi a un concetto giusnaturalistico (quale che sia il *nomen iuris*).

9. Ma il dilemma diritto naturale/diritto positivo non si risolve in un problema di scelta individuale tra la propria legge morale interna e quella esterna del tiranno. Interessante a tal proposito appare il dibattito sul diritto naturale negli S.U., il paese che più degli altri ha fondato la sua stessa esistenza sui principi del diritto naturale, a partire proprio dalla Dichiarazione di Indipendenza. In questo senso, il *legal positivism* di Oliver Wendell Holmes si capisce se solo se si tiene conto che a quell'epoca negli S.U. infuriava la battaglia tra interventisti e non interventisti nell'economia o, in altre parole, tra sostenitori e avversari del *New Deal*. I partigiani del *laissez-faire*, che contrastavano la politica di F.D. Roosevelt, invocavano, talvolta, il diritto naturale in quanto opposto al diritto positivo rappresentato, appunto, dall'interventismo legislativo

Diritto (I) naturale

rooseveltiano. I critici del diritto naturale, che assunsero col tempo preminenza nella *Supreme Court,* propugnavano, invece, il *legal positivism* o, in altre parole, la legislazione del *New Deal.* Da esso si evolse il c.d. *pragmatism* rappresentato dagli scritti di Roscoe Pound che propugnava la necessità dell'adattamento del diritto alle mutate condizioni sociali. Si tratta di una vicenda segnata da fasi alterne; di modo che non sembra che il discorso sul diritto naturale sia definitivamente chiuso. Perché esso, sotto rubriche diverse, riemerge continuamente nel dibattito giuridico. In una delle prime decisioni della *Supreme Court* il giudice Chase affermava nel caso *Calder* v. *Bull* 3 U.S. 386 (1798) il potere delle corti di sancire « princìpi di giustizia naturale » a prescindere dalle particolare disposizioni costituzionali, ma questo concetto venne superato quando dei princìpi di giustizia naturale furono introdotti con la clausola del *due process* nel XIV emendamento [1868] adottato dopo la guerra civile. E, d'altro canto, agli inizi del secolo entrambe le parti della contesa tra schiavisti e antischiavisti invocavano a sostegno delle loro ragioni il diritto naturale.

10. Dagli anni '40 fino agli inizi degli anni '60 Felix Frankfurter e Hugo Black, due prominenti giudici della *Supreme Court*, si scontravano sul diverso significato del *due process.* Secondo Frankfurter, si trattava di un concetto di notevole generalità e flessibilità, il cui contenuto doveva essere stabilito facendo ricorso ai « canons of decency and fairness which express the notions of English-speaking peoples » (opinione concorrente nel caso *Adamson* v. *California* 332 U.S. 46 (1947). Black replicava criticando la posizione soggettivistica del diritto naturale quale era intesa da Frankfurter. Successivamente, lo stesso Black nella sua opinione dissenziente nel caso *Griswold* v. *Connecticut* 381 U.S. 479 (1965), affermava che la *doctrine of substantive due process* — impiegata in passato per giustificare il *laissez-faire* in materia economica — veniva ora resuscitata per invocare un nuovo diritto alla *privacy*, inclusa l'autonomia personale nella decisione delle gestanti.

11. La tendenza attuale nel pensiero giuridico contemporaneo rigetta la dottrina del diritto naturale. In questo senso, l'opera di John Rawls *A Theory of Justice* del 1971 ha avuto una importanza determinante nel prospettare una teoria contrattualistica. Altre importanti posizioni come quella dell'utilitarismo respingono il pensiero giusnaturalistico. Peraltro, pensatori giusnaturalisti si ritrovano tra giuristi libertari, e un approccio verso il diritto naturale classico sopravvive presso John Finnis [cfr. *Natural Law and Natural Rights* del 1980].

La giuria e il diritto naturale.

12. Ma la *common law* conosce un istituto ignoto alla *civil law* (almeno nella sua pienezza), che è quello della giuria: quale diritto applica la giuria: quello positivo o quello naturale? Perché, se è esatto che — in principio, ma non necessariamente — la giuria decide del fatto e il giudice del diritto, composta da non giuristi, nel decidere, essa dovrà avere una sua propria idea della giustizia e del diritto. Diversamente, come altro si spiegherebbero le molte assoluzioni di imputati platealmente colpevoli? In questo senso, sembra potersi dire che la giuria costituisce un istituto fondamentale e vitalissimo di diritto naturale nella tradizione di *common law*. Ma cosa succede nella tradizione di *civil law* in cui non esiste giuria, in cui il giudice svolge entrambi i ruoli (giudice del fatto/del diritto)? Ma dovunque un giudice degno del nome è convinto (o almeno spera) con la sua sentenza di rendere giustizia, solo in parte attività tecnica; ora che anche nei paesi di *civil law* nessun giudice si sogna di prestarsi al ruolo di *bouche de la loi*. Il decreto Biondi del 13 luglio 1994 sulla custodia cautelare, lasciato decadere dal governo per le sollevazioni popolari che ha suscitato, ha riproposto l'antico dilemma se si debba applicare la legge iniqua. E quello che *tutta* la magistratura italiana avrebbe dovuto fare, ossia *rifiutarsi* di applicare il decreto che con l'*esclusione* della custodia cautelare per i *reati contro la pubblica amministrazione* violava in maniera plateale l'*equal protection clause*, per definizione, un principio giusnaturalistico (cfr. art. 3 della costituzione italiana), lo ha fatto, invece, un solo magistrato: Francesco Terrusi, che ne ha *sospeso* l'applicazione in attesa delle determinazioni della Corte Costituzionale [cfr. A. Grandi, *Io giudice non applico il decreto,* in *Corriere della Sera*, 19 luglio 1994]. L'argomento che, nel sistema italiano « concentrato » di controllo di costituzionalità della legge, non spetta al giudice ordinario esercitare tale controllo è privo di pregio quando la leg-

Diritto (I) naturale

ge nel suo stesso dettato appare iniqua o, com'è spesso il caso da noi, strumento per la realizzazione di obiettivi criminali. Nessun giudice che, oltre allo stipendio e ai privilegi della carica, aspira anche alla dignità del suo ufficio, può applicare una legge per cui « uno che rubi una mela in un supermercato possa essere arrestato per furto pluriaggravato » [mentre] « è vietata la custodia cautelare per un pubblico amministratore che si appropri di milioni ». La custodia cautelare secondo — suvvia, diciamolo — l'infame decreto Biondi si applicava all'*estorsore*, ma non al *concussore*, che è poi l'estorsione praticata da un pubblico ufficiale.

13. A parte il problema linguistico, il nostro diritto risulta all'estero incomprensibile ai più; privo di contenuti interessanti, esso trova una spiegazione solo nella provincialissima e contadinesca diversità nazionale: come certi inesportabili film di Lino Banfi, Carlo Verdone e Renato Pozzetto che celebrano la incomprensibile diversità italiana. Purtroppo, ancora oggi da noi per molti giuristi la valutazione dei contenuti della legge non spetta a loro: una dottrina comoda che consente di cambiare casacca, e frutta cattedre e onori e potere e denaro. Fino a quando da noi il diritto continuerà ad essere oggetto di pura analisi descrittiva rimettendo ad altri le considerazioni valutative, esso resterà roba da professori e da *perroquet*; contribuendo non allo sviluppo del paese, ma al suo degrado, com'è attualmente.

Il diritto naturale e i princìpi generali di diritto.

14. I rapporti tra *general principles of law* e *natural justice* sono stretti: Friedmann [1944, ed. 1967: 97] suggerisce che quest'ultima è descritta ora da più modeste espressioni come, appunto, *general principles of law*. Ma *general principles of law* e *natural justice* non sono sinonimi: i positivisti e la scuola storica hanno sempre insistito che i primi dovessero essere ricavati da un determinato ordinamento positivo nazionale. È stato solo di recente che una più ampia nozione di princìpi generali di diritto è divenuta predominante, in parte in conseguenza dell'art. 38 dello Statuto della Corte Internazionale di Giustizia. Nell'ambito dell'Unione Europea, l'art. 215(2) del Trattato di Roma menziona, senza indicarli, i « princìpi generali comuni ai diritti degli Stati membri », mentre la Corte di Giustizia dell'Unione Europea si rifà ai « princìpi del diritto comunitario », basati sulla propria giurisprudenza.

15. Eppure i *common lawyers* sogliono dire che la *common law* è priva di princìpi generali, proposizione corretta se riferita a riferimenti testuali come quelli di *civil law*. Del resto, perfino la stessa espressione di princìpi generali di diritto sembra estranea alla cultura del *common lawyer*. Il che si spiega — oltre che con diverse premesse culturali e una diversa *forma mentis* — col fatto che la *common law* è un diritto a normazione giurisprudenziale; ma è soprattutto un diritto storico.

16. Insomma, i princìpi generali sarebbero roba da *civil lawyers*: ma, al di là della diversa formulazione che essi assumono, questo atteggiamento riflette una suprema forma di civetteria: come mai potrebbe sopravvivere senza princìpi generali un sistema che si fonda sulla *rule of law*, un sistema costituzionale come quello britannico che si permette addirittura il lusso di fare a meno di una costituzione scritta? Quanto poi agli S.U., la costituzione federale, oltre che il più importante testo in materia, costituisce una autentica miniera di princìpi generali che hanno inondato il mondo civile.

17. Altra questione è se vi siano princìpi generali comuni alle due tradizioni giuridiche di *civil law* e di *common law*; a questo proposito, si parla di *common core of legal systems*. Questo termine indica il nucleo giuridico e di pensiero comune alle diverse tradizioni giuridiche; si tratta di un concetto analogo a quello di *general principles of law recognized by civilized nations*. Quale poi sia questo *common core* non è agevole stabilire. W. Friedmann menziona i seguenti princìpi: clausola *rebus sic stantibus, estoppel, unjust enrichment, abuse of right* [1944, ed. 1967: 550]. L'esistenza di un nucleo giuridico comune — al di là delle diversità tecniche — facilita il processo di unificazione internazionale del diritto.

18. E così, cacciato dalla porta, il diritto naturale rientra dalla finestra, anche sotto altre forme: il *common core of legal systems* di cui sopra appare evidentemente limitato all'ottica privatistica, ma basta immaginarsi, come si è accennato, un regime dittatoriale per vedere riemergere con tutta la sua forza dirompente i diritti dell'uomo. Insomma il *diritto naturale* appare come una *riserva sommersa* alla qua-

le, anche se volesse, l'uomo non può rinunziare. E quale che sia la rubrica sotto la quale viene sepolto, esso riemerge in tempi di *emergenza*. Cos'è mai il *due process* e la *ragione* (del giudice) se non un qualche nucleo di diritto naturale che consente la convivenza di così numerose e diverse culture ed etnie, di così confliggenti interessi? Sempre più spesso le sentenze della nostra Corte Costituzionale invocano il principio di ragionevolezza, il senso comune, e quindi anche la giustizia e l'equità, a base della loro decisione; tendenza non ignota in altri sistemi di *civil law*, ma che deriva in ultima analisi dalla concezione anglo-americana del ruolo del giudice: la *bouche de la loi* è sconfitta da Sir Edward Coke. Si tratta di un approccio nuovo nel nostro paese che, se seguito, e se ragionevole — perché sulla ragione del giudice ci sarebbe molto da ragionare — potrebbe avere conseguenze rivoluzionarie. Come un uragano, la *ragione* potrebbe spazzare d'un sol colpo il baraccone di 150 mila leggi che mortifica il paese: allegoria di un regime che per mezzo secolo ha piegato la legge alla *sua* ragione, che era ed è quella del crimine, della corruzione, della spartizione e della più delirante imbecillità. Siamo o saremmo quindi nelle mani dei giudici: auguri, auguri: ne abbiamo bisogno (*infra,* DIRITTO POSITIVO; DICHIARAZIONE DEI DIRITTI; DISOBBEDIENZA CIVILE; DIRITTI (II) COSTITUZIONALI; DIRITTO (II) DI RESISTENZA; GIURIA; INTERPRETAZIONE; *NEW DEAL*; OBBLIGAZIONE (I) NATURALE; PRINCÌPI GENERALI DI DIRITTO; RAGIONE; STATO DI DIRITTO). [vol. I: *ad vocem*; EQUITY; GENERAL PRINCIPLES OF LAW; INTERPRETATION; IS AND OUGHT; NATURAL JUSTICE; POSITIVE LAW; REASON; REASONABLENESS; STRICT LAW]

Bibl.:

Bobbio, N., *Diritto,* in *Dizionario di Politica* 1976, ed. 1983: 334, at 335-37.
Fassò, G., *Giusnaturalismo*, in *Dizionario di Politica* 1976, ed. 1983: 469-73.
Vallauri Lombardi, L., *Diritto naturale*, in *Digesto Utet IV*, *Civ.,* vol. IV: 314.
Wolfe, C., *Natural Law*, in *Oxford* 1992: 581.

– **nazionale.** National o domestic law (*supra*, DIRITTO INTERNAZIONALE).

– **non scritto.** (*infra*, DIRITTO SCRITTO-NON SCRITTO).

– **nordamericano in genere.** American law; ma si noti la struttura federale dello stato nordamericano (*supra*, DIRITTO ANGLO-AMERICANO; DIRITTO FEDERALE; ORDINAMENTO GIUDIZIARIO; ORDINAMENTO GIURIDICO; STATI UNITI D'AMERICA).

– **nucleare.** Nuclear law. Con questo termine si intende più spesso il diritto internazionale pattizio, relativo all'utilizzazione pacifica dell'energia nucleare, adottato di volta in volta sotto gli auspici dell'Agenzia Internazionale per l'Energia Atomica (IAEA) e di altre agenzie e istituzioni internazionali quali l'ENEA, etc. (ENERGIA NUCLEARE). [vol. I: NUCLEAR CONVENTIONS; NUCLEAR DAMAGE; NUCLEAR INCIDENT; NUCLEAR INSTALLATION; NUCLEAR OPERATOR; NUCLEAR RISKS; NUCLEAR SHIP]

– **oggettivo.** Law, rule (*supra*, DIRITTO OGGETTIVO).

– **penale.** Criminal law o penal law. A differenza della procedura penale, in cui la *common law*, si pone, per molti versi, come modello insuperato di sistema accusatorio, il diritto penale sembra costituire la parte più carente di quella tradizione giuridica: le sue gravi arretratezze tecniche e concettuali, di evidente origine storica, spesso non fanno onore al *common lawyer*. Com'è stato osservato da Schlesinger [1950, ed. 1988: 841], almeno in quei sistemi di *civil law* che consentono la costituzione di parte civile, il processo penale svolge talune delle funzioni della *stockholders' suit*. A questo proposito, secondo lo stesso autore, sembra che, in generale, la codificazione dei sistemi di *civil law*, concepita nel quadro di un efficiente sistema di polizia e di un sistema processuale che consente la costituzione di parte civile nel processo penale, ricorre a sanzioni penali là dove nella tradizione di *common law* si fa luogo, invece, alla giustizia civile (AZIONE (I) PENALE; AZIONE (I) SOCIALE DI RESPONSABILITÀ CONTRO GLI AMMINISTRATORI; CODICE PENALE; PENA; POTERE PUNITIVO; SOCIETÀ (II) QUALE SOGGETTO COLLETTIVO). [vol. I: CRIMINAL LAW]

– **penitenziario.** Law of corrections; sotto la rubrica *penal institutions* viene di solito compreso l'insieme degli istituti e delle istituzioni penitenziarie (CARCERE GIUDIZIARIO; CORREZIONE; PENA; PENITENZIARIO).

Bibl.:

Karlen 1967: 70.

– **personale.** Personal law. Si parla di diritto personale quando la legge applicabile a una persona e agli atti da lei posti in essere è quella della sua etnia, del suo

gruppo religioso, della sua casta, della sua nazionalità, o altro fattore personale, in quanto distinto dalla *legge del territorio* in cui essa persona si trovi. Storicamente, con la caduta dell'impero romano e a seguito degli insediamenti barbarici in territorio romano, si sviluppò un sistema di diritti personali per cui ogni gruppo ritenne il proprio diritto, mentre i cittadini romani che vivevano nei territori conquistati erano governati dal diritto romano. Così i Franchi, i Burghignoni, i Goti ed altri erano soggetti al proprio diritto personale. Dall'XI secolo, questo sistema si infranse con lo sviluppo del feudalesimo e la nascita delle città-stato; il che diede luogo alla supremazia del princìpio della territorialità della legge.
1. Ma vi sono attualmente non pochi casi in cui il diritto personale assume grande rilevanza. Così in India, a Mauritius, etc. gli Indù e i Maomettani — in materia di diritto di famiglia e di successione — restano retti dal proprio diritto personale.
2. Nel sistema inglese, i divorzi pronunziati al di fuori di un processo giurisdizionale ma validi secondo il diritto religioso delle parti sono stati ritenuti validi, diversamente da quanto accadrebbe se le parti fossero soggette al diritto inglese.
3. Ma il termine indica anche l'insieme degli elementi che attengono allo stato giuridico della persona (*supra*, DIRITTO COMMERCIALE; CERTEZZA DEL DIRITTO; CITTADINANZA; DIRITTO (II) PERSONALE; IMMIGRAZIONE; *LEX MERCATORIA*; ORDINAMENTI PLURILEGALI o COMPOSITI; ORDINE PUBBLICO; REGIME DELLE CAPITOLAZIONI; RIPUDIO; *STATUS*; SUPPLENZA; TERRITORIALITÀ DELLA LEGGE; TUTELA DEI DIRITTI).

– **positivo.** Positive law o strict law (*supra*, DIRITTO NATURALE; FONTI DEL DIRITTO; LEGGE; RACCOLTA DI LEGGI). [vol. I: LAW; LEGAL POSITIVISM; NATURAL JUSTICE; POSITIVE LAW; REALISM; STRICT LAW]

Bibl.:
Bobbio, N., *Diritto*, in *Dizionario di Politica* 1976, ed. 1983: 334, at 335.

– **privato in genere.** Private law (*supra*, DIRITTO CIVILE; DIRITTO COMMERCIALE; *infra*, DIRITTO PUBBLICO-PRIVATO; UNIFICAZIONE DEL DIRITTO PRIVATO).

– **privato uniforme.** Uniform private law (UNIFICAZIONE DEL DIRITTO). [vol. I: UNIFICATION OF LAW]

– **processuale.** Procedural o adjective law. La distinzione tra diritto sostanziale (*substantive law*) e diritto processuale (*adjective law*) è ancora più difficile nella *common law*, in cui fino ad epoca recente, il diritto sostanziale veniva fatto dipendere dall'esistenza di un *writ* col quale poterlo far valere in giudizio.
1. Ma il diritto processuale di *common law*, si direbbe per fortuna (le riflessioni dell'ultimo Calamandrei in proposito sono illuminanti), non ha mai subito l'elaborazione dottrinaria verificatasi nei sistemi di *civil law*. Nei sistemi di *common law* le cattedre di diritto processuale o non esistono affatto o sono assai rare.
2. Questa circostanza non ha impedito l'evoluzione del processo di *common law* che, per molti versi, si pone addirittura come modello: il processo civile, tra l'altro, per il fatto di contemperare il diritto dispositivo delle parti con l'interesse generale a che esse non si facciano beffe di una funzione fondamentale dello stato, consente di realizzare meglio di altri la tutela degli interessi diffusi; il processo penale, come si è detto, esprime la forma più avanzata di modello accusatorio.
3. In effetti, l'assenza di una « scienza » alla maniera nostrana non impedisce un più avanzato contenuto etico, politico e sociale del diritto quando esso è espresso da una società politicamente e socialmente evoluta: la processualcivilistica e penalistica italiana fanno fede di una grande sviluppo dottrinario cui fa riscontro, anche sul piano tecnico, un processo civile e penale assai arretrato.
4. Ad ogni modo, va rilevata la sostanziale unitarietà del processo civile e penale di *common law*; a differenza di quanto accade nei sistemi di *civil law* in cui si tratta di due distinti universi (*supra*, DIRITTO CANONICO; DIRITTO DELLE PROVE; DIRITTO FORMALE-SOSTANZIALE; AZIONE (I) CIVILE NEL PROCESSO PENALE). [vol. I: INTRODUZIONE: III. 26; ADJECTIVE LAW; PROCEDURE]

– **processuale civile.** Civil procedure (*supra,* DIRITTO PROCESSUALE). [vol. I: CIVIL PROCEDURE]

Bibl.:
Taruffo, M., *Diritto processuale civile nei paesi anglosassoni*, in *Digesto IV Utet, Civ.,* vol. IV: 324.

– **processuale penale.** Criminal procedure (*supra*, DIRITTO PROCESSUALE; PROCEDURA PENALE). [vol. I: CRIMINAL PROCEDURE]

– **promozionale.** Promotional law. Il primo e più antico testo costituzionale per così dire, promozionale della storia mo-

derna si rinviene nel preambolo alla costituzione degli S.U. che recita: « We the People of the United States, in Order to form a more perfect Union, establish Justice, insure domestic Tranquility, provide for the common defence, promote the general Welfare, and secure the Blessings of Liberty to ourselves and our Posterity... ».
1. Il diritto come fattore promozionale costituisce quindi il dato fondamentale del pensiero dei *founding fathers* americani, del resto rilevato a suo tempo da Alexis de Tocqueville: salvo eccezioni, la scienza giuridica continentale sembra essersi accorta con quasi duecento anni di ritardo anche di questa funzione del diritto che ai padri pellegrini, imbevuti di spirito evangelico, ma anche eredi del costituzionalismo inglese, sembrava quella più naturale.
2. Ma le belle frasi non devono ingannare: tutte le costituzioni delle più feroci dittature africane, mediorientali e latinoamericane (inclusa quella del « compagno » Castro), traboccano di propositi promozionali. Al di là delle parole, solo società politica e società civile (e, beninteso, una magistratura all'altezza dei propri doveri) possono fare del diritto un fattore di promozione. E quindi potrebbe sostenersi, non senza ragione, che, in definitiva, tutto il discorso sul diritto promozionale si risolve, almeno in parte, nel problema dell'*interpretazione* (*supra*, DIRITTO DEI TESTI; INGEGNERIA SOCIALE; INTERPRETAZIONE; SOCIOLOGIA DEL DIRITTO; SUPPLENZA). [vol. I: INTRODUZIONE: IV. 4]

– **pubblico-privato.** Public law-private law.
1. Costituisce forse uno dei più importanti corollari della *common law*, intesa come tradizione giuridica a normazione comune, l'inesistenza della grande dicotomia tra diritto privato e diritto pubblico, caratteristica dell'universo giuridico dei sistemi di *civil law*. A questo proposito, volendo menzionare una dicotomia di eguale importanza — ma non dello stesso genere — presso quei sistemi giuridici bisogna riferirsi a quella tra *common law* e *equity*.
2. Con che, naturalmente, non si vuol dire che la distinzione tra diritto privato e diritto pubblico sia ignorata, ma solo che essa ha sostanzialmente una portata di ordine descrittivo, priva di conseguenze pratiche, almeno nel senso che né nel sistema inglese, né in quelli che ad esso si ispirano, come gli S.U., esiste un insieme di norme di diritto privato separate da altre di diritto pubblico. Tantomeno poi esiste il doppio ordine di giurisdizioni, ordinaria e amministrativa, che ne è la conseguenza più eclatante; la *common law* ignora il paradigma dell'atto amministrativo: essa ignora anche quella *pazzesca* distinzione fatta nell'ordinamento italiano — ma non in altri di *civil law* — tra *diritti* e *interessi*, che ha assorbito tante energie di studiosi e operatori giuridici e assicurato, assieme a tante ingiustizie, anche un diluvio di cattedre universitarie. Infine, proprio la dicotomia diritto pubblico-diritto privato (ignota, *et pour cause!* alla *common law*), con due ordini di norme e di giurisdizioni, ordinarie e amministrative, sancisce lo *status* privilegiato accordato al potere pubblico e la natura dei diritti (diversi) a seconda che l'altra parte sia il potere pubblico (ossia i gruppi che lo gestiscono) o dei privati. In questo senso, non soltanto la dicotomia è fonte di *status* ignoti alla tradizione di *common law*: essa si pone addirittura, di per sé, come radicale *negazione dello stato di diritto* (*supra*, DIRITTO AMMINISTRATIVO; DIRITTO COSTITUZIONALE; FUNZIONE DEL DIRITTO; PROCEDURA; STATO DI DIRITTO; TUTELA DEI DIRITTI). [vol. I: INTRODUZIONE: III. 10, 11, 14; ADMINISTRATIVE LAW; COMMON LAW; LAW; PRIVATE LAW-PUBLIC LAW]

Bibl.:
Bobbio, N., *Diritto,* in *Dizionario di Politica* 1976, ed. 1983: 334, at 335.

– **reali-delle obbligazioni.** (*supra,* DIRITTO DELLE OBBLIGAZIONI)

– **romano.** Roman law; con questo termine si intende più spesso il diritto romano giustinianeo e non quello classico [Schlesinger 1950, ed. 1988: 249, n. i].
1. Non sembra che vi sia accordo tra i *common lawyers* sulla questione se e in che misura il diritto romano sia stato recepito dalla tradizione di *common law*. Secondo alcuni, vi sarebbe stata una recezione in dosi « omeopatiche »; secondo altri, essa sarebbe stata, in ogni caso, trascurabile. In effetti, sembra potersi dire che, salvo qualche parziale accoglimento avvenuto in diverse epoche storiche, non vi è mai stata una recezione del diritto romano paragonabile a quella avvenuta nei paesi latini. In questo senso, va rilevato che il riferimento al diritto romano è diretto più spesso alla tradizione romanistica e allo *ius commune*, che al diritto romano in senso stretto, « scomparso con

l'evacuazione dell'isola da parte delle legioni romane», come avverte Cavanna [1979: 591].
2. In sostanza, si può affermare che il diritto inglese e la tradizione giuridica cui esso ha dato luogo si pone, rispetto ai sistemi di diritto romanistico, come il prodotto autoctono del genio giuridico locale. Un diritto, peraltro, che — rispetto agli ordinamenti civilistici fondati sulla pandettistica — per molti versi appare come il più affine nel suo *modus operandi*, al diritto romano classico per quanto attiene alle forme di azione, al carattere casistico della regola giuridica, alla sfiducia verso la sistematica e le formulazioni generali.
3. Ma anche qui le affinità non vanno esasperate, giacché, ad es., il diritto romano non ha mai accolto la regola del *precedent* che costituisce invece il principio fondamentale della teoria delle fonti dei sistemi di *common law*. Comunque, non sembra azzardato sostenere che se per un miracolo risorgesse l'imperatore-legislatore, egli riuscirebbe difficilmente ad adattarsi ad una lettura pandettistica del diritto romano. In questo senso, sembrerebbe che dopo l'ondata pandettistica nessun *civil lawyer* sia anche un *roman lawyer*. Di particolare interesse è il noto saggio comparatistico di Buckland and McNair, *Roman Law and Common Law* [1936, ed. 1952], più volte citato in questo lavoro (*CORPUS IURIS CIVILIS* DI GIUSTINIANO; GIURECONSULTO; ISTITUZIONI DI GIUSTINIANO; RACCOLTA DI LEGGI). [vol. I: INTRODUZIONE: III. 9; CIVIL PROCEDURE; CRIMINAL PROCEDURE; EQUITY; JURY; ROMAN CATHOLIC; ROMAN-DUTCH LAW; ROMAN LAW; STAR CHAMBER]

– **romano classico.** Classical roman law; mai codificato, sotto molti aspetti si avvicina più a una fonte di *common law* che a un codice di *civil law*. Nel nostro paese non esiste un saggio comparatistico tra diritto romano e *common law* come quello di Buckland and McNair [1936, ed. 1952]; ma è motivo di conforto rilevare che taluni romanisti nostrani siano anche dei solidi comparatisti. Come si dice, le ...vie della comparazione sono infinite: in effetti, la comparazione *roman law-common law* è anche un modo per dare nuova vita e una qualche giustificazione all'insegnamento del diritto romano nel nostro paese, anche se, certamente, non al diluvio di cattedre esistenti (*supra*, DIRITTO ROMANO).

Bibl.:
Schlesinger 1950, ed. 1988: 286.

– **romano-olandese.** Roman-Dutch law; sistema di *civil law* giurisprudenziale, ossia non codificato — com'è, del resto, la *Scots law* — in vigore in Sud Africa, nello Zimbabwe, in Sri Lanka e in Guiana. Esso è costituito da una combinazione di diritto romano e di vecchie consuetudini olandesi; nella gran parte dei casi è penetrato da forti componenti di *common law* (*supra*, DIRITTO ROMANO). [vol. I: INTRODUZIONE: I. 2, III. 2; CIVIL LAW; IUS COMMUNE; ROMAN-DUTCH LAW]

– **sanitario.** Health law (SICUREZZA).

– **scozzese.** Scots law. Per quanto la Scozia faccia parte del R.U., essa è dotata di un proprio sistema giuridico che va tenuto nettamente distinto da quello esistente in Inghilterra e nel Galles. Il R.U. dà quindi luogo ad una entità in cui coesistono diversi ordinamenti giuridici (*plurilegal unit of sovereignty*), ossia la *common law* d'Inghilterra e del Galles, il diritto scozzese e quello dell'Irlanda del Nord.
1. Nel suo insieme, il diritto scozzese appartiene alla tradizione giuridica di *civil law* non codificata; peraltro, in virtù dell'assorbimento di numerosi elementi del sistema inglese, esso si trova ora in una posizione intermedia tra *civil law* e *common law* e combina, almeno in parte, entrambe le tradizioni giuridiche.
2. Il diritto scozzese ignora la distinzione tra *common law* ed *equity*; ha un proprio ordinamento giudiziario distinto da quello inglese, una propria organizzazione della professione forense, una diversa terminologia giuridica e un diverso diritto sostanziale, nella gran parte dei casi di origine romanistica. Esso ha recepito l'istituto del *trust*, ma con varianti locali che lo rendono diverso da quello che si riscontra nel suo ordinamento di origine.
3. La *House of Lords* decide sugli appelli in materia civile avverso le sentenze delle corti scozzesi (ASSOLUZIONE PER INSUFFICIENZA DI PROVE; TRADIZIONE GIURIDICA). [vol. I: ACT OF UNION; GREAT BRITAIN; PLURILEGAL UNITS OF SOVEREIGNTY; ROMAN-DUCTH LAW; SCOTS LAW; UNITED KINGDOM]

– **scritto-non scritto.** Written, unwritten law. È nell'ambito della teoria delle fonti che si riscontrano talune delle più notevoli differenze tra le due tradizioni giuridiche di *common law* e di *civil law*; nel primo caso, si parla anche di ordinamenti di diritto giurisprudenziale; nel secondo, di ordinamenti di diritto legislativo (FONTI DEL DIRITTO).

– **sostanziale.** Substantive law (*supra*, DIRITTO FORMALE-SOSTANZIALE; DIRITTO PROCESSUALE). [vol. I: PROCEDURE]

– **spaziale.** Space law, o law of outer space. È detto così il diritto internazionale cosmico o spaziale; si distingue dall'*air law* che invece indica il diritto aeronautico. Si noti la diversità di regime giuridico tra spazio esterno e spazio aereo, o atmosferico. Infatti, mentre quest'ultimo è soggetto alla sovranità dello stato sottostante, lo spazio esterno si trova in una condizione di libertà a favore di tutti gli stati ed è suscettibile di appropriazione. Di qui la necessità di stabilire un regime internazionale della materia, del resto già oggetto di numerose convenzioni (*supra*, DIRITTO AERONAUTICO; SATELLITE ARTIFICIALE). [vol. I: AIR LAW; OUTER SPACE; SPACE LAW]

– **sportivo.** Sports law.

– **statale in genere.** Municipal law; ma si noti che quando l'espressione è riferita all'ordinamento degli S.U. si parla di *state law* e *federal law* per indicare, rispettivamente, il diritto di un singolo stato dell'Unione e quello federale (*supra*, DIRITTO INTERNO; *DEREGULATION*; FEDERALISMO). [vol. I: INTRODUZIONE: III. 36]

– **straniero.** Foreign law; ma si noti che in una *plurilegal unit of sovereignty* quale il R.U. costituisce *foreign law* anche la legge scozzese, etc. Un discorso analogo vale per gli S.U. — stato federale — in cui ogni stato dell'Unione costituisce una *foreign jurisdiction* rispetto all'altro (*supra,* DIRITTO INTERNAZIONALE: 2; DIRITTO INTERNAZIONALE PRIVATO; ACCERTAMENTO DEL DIRITTO STRANIERO; FEDERALISMO; *IURA NOVIT CURIA*; LEGGE STRANIERA; SISTEMA GIURIDICO STRANIERO; STRANIERO). [vol. I: ARBITRATION; CONFLICT OF LAWS; FOREIGN JUDGMENT; FOREIGN LAW; FULL FAITH AND CREDIT CLAUSE; IURA NOVIT CURIA; JUDGMENT]

– **superiore, inderogabile.** Higher law; con l'espressione *supreme law of the land*, contenuta nell'art. VI, s. 2, della costituzione degli S.U., si intende la prevalenza della legge federale su quella dei singoli stati dell'Unione (*supra*, DIRITTO COSTITUZIONALE; DIRITTO IMPERATIVO-DISPOSITIVO; SUPREMAZIA DEL DIRITTO FEDERALE NEGLI S.U.; SUPREMAZIA DELLA LEGGE). [vol. I: SUPREME LAW OF THE LAND]

– **suppletivo.** Non esiste, per definizione, nella *common law* un diritto suppletivo. Ma, in effetti, in materia contrattuale le *implied conditions* svolgono un'analoga funzione (*supra*, DIRITTO IMPERATIVO-DISPOSITIVO; CONDIZIONE TACITA; NORME INDEROGABILI). [vol. I: IMPLIED CONDITION; IMPLIED TERMS OF CONTRACT; MANDATORY RULE]

– **testuale.** (*supra,* DIRITTO DEI TESTI)

– **transitorio.** Transitional law (TRANSITORIO).

– **tributario.** Tax law (GIUSTIZIA TRIBUTARIA; IMPOSIZIONE FISCALE; IMPOSTA). [vol. I: TAX]

Bibl.:

Garbarino, C., *Imprese multinazionali nel diritto tributario,* in *Digesto Utet IV, Comm.,* vol. VII: 257.

– **uniforme.** Uniform law. Ma diritto uniforme non significa identico diritto: forse l'esempio più illustre di diritto uniforme tra gli stati di un'Unione federale è costituito dall'*Uniform Commercial Code* degli S.U, stato federale. Ma il termine è riferito anche al diritto internazionale pattizio, il cui scopo, anche se non sempre dichiarato, è quello di pervenire ad una regolamentazione uniforme delle varie materie: vi sono addirittura entità internazionali che *eo nomine* si ispirano a questo obiettivo come, ad es., l'Istituto per l'Unificazione del Diritto Privato, o *Unidroit* (APPLICAZIONE UNIFORME; UNIFICAZIONE DEL DIRITTO). [vol. I: UNIFORM LAWS]

– **universale.** Universal law (*supra*, DIRITTO UNIFORME).

– **vigente.** Law in force, existing law (ENTRATA IN VIGORE). [vol. I: COMMENCEMENT; ENTRY INTO FORCE]

Bibl.:

Mengoni, L., *Diritto vigente*, in *Digesto IV Utet, Civ.,* vol. VI: 445.

– **vivente.** Living law (*supra*, DIRITTO DEI TESTI).

Diritto/i (II) soggettivo in genere. Inteso come correlativo di diritto oggettivo, il termine va tradotto con *right*, o con gli altri numerosi termini, grosso modo equivalenti, come *claim*, *interest*, *faculty, liberty, freedom, power*, *title, privilege, estate*, etc. Inoltre, il difficile concetto di *remedy* indica anche il diritto; secondo l'Art. 1-201(34) dell'UCC: « 'Remedy' means any remedial right » e (36): « 'Rights' includes remedies ». Taluni di quelli che nel sistema italiano sono definiti come dei diritti, nel sistema inglese, specie in materia costituzionale, sono concepiti come libertà; in questo senso, si parla di *freedom of* (of association, of choice, of contract, of expression, of information, of press, of speech, etc.). Si noti che spesso il termine *benefit* non indica tanto il beneficio nostrano quanto piuttosto un diritto come, ad es., nell'espressione *retirement benefit*, ossia diritto alla pensione. Talvolta il diritto viene definito *entitlement,* termine che identifica piuttosto la titolarità o legittimazione come, ad es., quella di ottenere il sussidio di disoccupazione in presenza di determinate condizioni. Il concetto di diritto soggettivo costituisce uno degli argomenti più travagliati della scienza giuridica europeo-continentale [Orestano 1959-68. ed. 1978: 151]: peraltro, queste doglie non sono mai state condivise da un robusto diritto storico come la *common law*. Eppure, in tutti i sistemi di questo mondo, un diritto che non sia *enforceable* è, in buona sostanza, un non-diritto, un *wishful thinking*, se non addirittura un vaneggiamento. Un *continuous right* è un diritto imprescrittibile come, ad es., quello di contestare in ogni tempo, la legalità della propria detenzione mediante il ricorso all'*habeas corpus* (*HABEAS CORPUS*; TUTELA DEI DIRITTI). Il termine diritto, nel senso di onorario, è detto *fee*; nel senso di tassa, *due, charge;* nel senso di canone, *royalty* (ABBANDONO DI UN DIRITTO; ABUSO DI DIRITTO; ACQUISTO DI UN DIRITTO; APPARENZA DEL DIRITTO; ASPETTATIVA DI DIRITTO; AVENTE CAUSA; AVENTE DIRITTO; AVENTI DIRITTO E EREDI; BENEFICIARIO DI UN DIRITTO; CONCESSIONE; CONFERIMENTO DI UN DIRITTO; CREDITO; DI DIRITTO; ESERCIZIO DEL DIRITTO; ESTINZIONE DEL DIRITTO; FACOLTÀ; INERZIA NELL'ESERCIZIO DEL DIRITTO; INTERESSE; LIBERTÀ; LIMITAZIONE DEI DIRITTI; PERMESSO; PRESCRIZIONE; PRETESA; PRIVAZIONE DI UN DIRITTO; PRIVILEGIO; QUATTRO LIBERTÀ; QUIESCENZA DEL DIRITTO; RECLAMO DI UN DIRITTO; REVOCA DI UN PRIVILEGIO, DI UNA CONCESSIONE, DI UN DIRITTO; RIMEDIO GIURIDICO; RINUNZIA A UN DIRITTO; RIVENDICAZIONE DI UN DIRITTO; SUBORDINAZIONE DI UN CREDITO o PRIVILEGIO A UN ALTRO; SUCCESSORE NEL DIRITTO CONTROVERSO; TUTELA DEI DIRITTI; UGUAGLIANZA DI FRONTE ALLA LEGGE). [vol. I: RIGHT; TITLE]

– **a contraddire.** To have a locus standi (*infra*, DIRITTO AD AVERE GIUSTIZIA; CONTRADDITTORIO; LEGITTIMAZIONE).

– **acquisito.** Grosso modo, vested right, acquired, established right. Non sembra che la *common law* abbia adottato *eo nomine* la categoria dei diritti acquisiti. Ma un analogo sostanziale potrebbero essere gli *equitable rights* peraltro, in senso stretto, privi di equivalenza nella *civil law*.
1. Si noti che il termine *vested right* assume una accezione particolare in tema di *real property*. Talvolta si distingue tra *natural rights* e *acquired rights* relativamente agli immobili per indicare, rispettivamente, un diritto che fa parte dell'essenza stessa della proprietà e uno accessorio acquistato successivamente. Non trova riscontro l'ineffabile categoria dei diritti acquisiti accolta dal diritto amministrativo italiano. Infine, con il termine *acquired rights* si intendono talvolta anche i diritti acquisiti in quanto distinti da quelli naturali.
2. Il diritto acquisito va tenuto distinto dal diritto inalienabile. A proposito dei diritti dell'*azionista di società*, nel testo di Schlesinger [1950, ed. 1988: 809] riferito all'art. 646 del codice delle obbligazioni svizzero che regola la materia, il concetto di diritti acquisiti viene reso dal termine *vested rights*, per indicare quei diritti dei quali egli non può essere privato senza il proprio consenso.
3. Il concetto nostrano di diritto acquisito sembra accolto, anche se non pacificamente, in diritto internazionale (*infra*, DIRITTI FONDAMENTALI; DIRITTO ALIENABILE-INALIENABILE; DIRITTO INCONDIZIONATO; DIRITTO MATURATO; ABROGAZIONE DELLA LEGGE SCRITTA; DIRITTO (I) NATURALE; FATTO COMPIUTO). [vol. I: ACQUIRED RIGHT; ADMINISTRATIVE LAW; NATURAL RIGHTS; VEST]

– **ad avere giustizia.** Grosso modo, right to have one's « day in court », ossia, a vedere il proprio caso deciso in contraddittorio dal giudice ordinario. Ma il popolarissimo termine termine « day in court » non trova effettiva equivalenza nella tradizione di *civil law* (CONTRADDITTORIO; GIUSTIZIA). [vol. I: AUDI ALTERAM PARTEM; DAY IN COURT; DUE PROCESS CLAUSES]

– **affievolito.** La tradizione di *common law* ignora l'atroce dicotomia diritto soggettivo-interesse legittimo escogitata dal nostro giure (*supra* DIRITTO SOGGETTIVO IN GENERE; DIRITTO (I) AMMINISTRATIVO; TUTELA DEI DIRITTI; TUTELA DEL CONSUMATORE).

– **agli utili.** Right to dividend (DIVIDENDO; UTILI). [vol. I: DIVIDEND]

– **alienabile-inalienabile.** Alienable rightinalienable right; va distinto dal diritto acquisito (*supra*, DIRITTO ACQUISITO; *infra,* DIRITTO INDISPONIBILE; ALIENABILE; ALIENAZIONE; INALIENABILE).

– **all'aborto.** Right to abortion; ma si parla anche di *freedom of choice*, o di *woman's right to choose* (*infra*, DIRITTO ALLA MORTE; ABORTO).

– **alla casa.** Right to housing (CASA).

Bibl.:

De Vita, A., *Diritto alla casa in diritto comparato*, in *Digesto IV Utet, Civ.*, vol. VI: 34.

– **alla difesa.** Right to counsel. Previsto negli S.U. dal VI [1791] e dal XIV [1868] emendamento della costituzione e dalle regole di procedura penale federale (*infra*, DIRITTI DELL'UOMO; ARRESTO; ASSISTENZA GIUDIZIARIA; AVVOCATO; DIFESA; INTERROGATORIO DI POLIZIA). [vol. I: HUMAN RIGHTS; LEGAL AID]

– **alla felicità.** Right to pursuit of happiness; il termine, che figura nella Dichiarazione di Indipendenza del 4 luglio 1776, riflette la concezione a un tempo illuministica e religiosa della cultura politica nordamericana. Ma il corollario del diritto alla felicità è il diritto di resistenza, vaso di Pandora delle teorie più svariate. Julius Stone [1946: 272] ha rilevato il debito di Jeremy Bentham verso Cesare Beccaria (o chi per lui) per avere ripreso il concetto e l'espressione poi finita nella Dichiarazione di Indipendenza americana. Ma si noti anche il preambolo della Dichiarazione dei Diritti dell'Uomo del 1789 che, tra i fini della stessa, indica il « maintien de la constitution » e il « bonheur de tous » (*infra*, DIRITTO DI RESISTENZA; DICHIARAZIONE DEI DIRITTI; DICHIARAZIONE DI INDIPENDENZA; RICERCA DELLA FELICITÀ).

– **alla morte.** Right to die. Il Werther di Goethe sostiene questo diritto: ma si tratta di materia non facile, in cui diverse e opposte concezioni, come si dice, si contendono il campo (*supra*, DIRITTO ALL'ABORTO; *infra*, DIRITTO DI ESISTERE; ABORTO; EUTANASIA; MORTE; SUICIDIO).

– **alla riservatezza.** Right of, o to, privacy (*infra*, DIRITTI DELLA PERSONALITÀ; RISERVATEZZA). [vol I: PRIVACY]

– **alla sussistenza.** Right to support (MANTENIMENTO; SUSSISTENZA).

– **al lavoro.** Right to work; ma, beninteso, esso non va inteso come diritto che sfida la legge economica della domanda e dell'offerta; da imporre, cioè, quando non esistano le condizioni economiche dell'occupazione. Negli S.U. sono dette *right to work laws* quelle leggi dei singoli stati dell'Unione che — in base alla s. 14(b) del National Labor Relations Act federale — stabiliscono il principio dell'*open shop* ossia, in breve, il divieto di esigere dal prestatore di lavoro la iscrizione al sindacato come condizione per l'assunzione o la continuazione a prestare la propria opera (LAVORO; SCIOPERO; SERRATA; SINDACATO). [vol. I: CLOSED SHOP]

– **all'immagine.** Lett., right of privacy with regard to one's own likeness. Va inquadrato nel diritto alla riservatezza (FIGURA PUBBLICA; IMMAGINE; RISERVATEZZA). [vol. I: PRIVACY]

– **all'informazione.** Right to know, right to be informed (*infra*, DIRITTO DI ACCESSO AD INFORMAZIONI; CONSENSO INFORMATO; INFORMAZIONE; RETICENZA).

– **all'intimità.** (*supra*, DIRITTO ALLA RISERVATEZZA)

– **allo studio.** Right to study (*infra*, DIRITTI DELL'UOMO).

Bibl.:

Matteucci, N., *Diritti dell'uomo*, in *Dizionario di Politica* 1976, ed. 1983: 326, at 327.

– **al nome.** Lett., right to name; ma non esiste. Si noti che in questa materia sussistono numerose differenze rispetto alla tradizione di *civil law* (*infra*, DIRITTI DELLA PERSONALITÀ; NOME). [vol. I: NAME]

– **al possesso.** Right to possession (POSSESSO).

– **al silenzio.** Right to silence; ma non indica il diritto al silenzio dell'imputato qual è inteso nel sistema nostrano. Si tratta, in effetti, del *privilege against self-incrimination*, ossia del diritto riconosciuto all'imputato o testimone nel processo penale inglese e americano di rifiutarsi di rispondere sotto giuramento a domande che potrebbero comportare la propria incriminazione, salvo che, per l'imputato, rispetto all'imputazione che gli è mossa (*infra*, DIRITTI DELL'IMPUTATO; ACCUSA PENALE; AUTOINCRIMINAZIONE; DEPOSIZIONE NEL PROCESSO PENALE; GIURAMENTO; SILENZIO). [vol. I: SELF-INCRIMINATION]

– **antecedente.** Antecedent claim (*supra*, DIRITTO ACQUISITO; ANTECEDENTE).

– **a portare armi.** Right to bear arms. Negli S.U. è diritto riconosciuto dal II emendamento [1791] della costituzione federale (ARMI).

– **assistito da privilegio.** Preferential claim (PRIVILEGIO). [vol. I: LIEN; PREFERENCE; SECURITY]

– **assoluto di proprietà immobiliare.** Grosso modo, absolute title. Ma il sistema dei diritti immobiliari di *common law* — anche se, sul piano dei contenuti, per molti versi più avanzato di quello di *civil law* — ha conservato, per quanto attiene ai concetti e alle categorie di fondo, e quindi alla terminologia, molte delle sue origini feudali. Ad esempio, esso non conosce la proprietà allodiale e il concetto di *dominium*, o proprietà assoluta dei sistemi romanistici (*infra,* DIRITTO DI PROPRIETÀ; PROPRIETÀ; PROPRIETÀ ALLODIALE; TITOLO). [vol. I: ALLODIUM]

– **assoluto-relativo.** Grosso modo, absolute o unqualified right-qualified right. Ma la *common law* non accoglie questa categorizzazione: si noti che, salvo eccezioni, il diritto di proprietà immobiliare — che ha per oggetto non l'immobile, come nella tradizione romanistica, ma un *estate* — è essenzialmente un diritto relativo (*infra,* DIRITTO LIMITATO; DIRITTO DI PROPRIETÀ). [vol. I: ABSOLUTE; IUS IN PERSONAM-IN RE; OWNERSHIP; RIGHT: 3]

– **a un processo sollecito.** Right to a speedy trial (PROCESSO SOLLECITO; TEMPI DELLA GIUSTIZIA).

– **civili.** Civil rights o civil liberties. Negli S.U. si intendono più spesso come quei diritti fondati sul divieto di discriminazione razziale, per età, sesso o credo religioso. La privazione dei diritti civili è detta *disenfranchisement.* Un potente strumento di rappresentanza dei diritti civili e degli interessi diffusi in sede processuale è costituito (negli S.U.) dall'*Amicus Curiae brief* con cui si attua l'intervento in un processo civile in corso (*infra,* DIRITTI DELL'UOMO; ABORTO; CERTIFICATO PENALE; DIFESE NEL PROCESSO CIVILE: 6; DISCRIMINAZIONE RAZZIALE; GARANTISMO; INTERVENTO IN GIUDIZIO DEL TERZO; LIBERTÀ CIVILI; RISERVATEZZA). [vol. I: CIVIL LIBERTIES; CIVIL RIGHTS]

Bibl.:

Cesa, C., *Romanticismo politico*, in *Dizionario di Politica* 1976, ed. 1983: 1011, at 1017.

– **coniugali.** Conjugal rights, marital rights (CONIUGE; MATRIMONIO; REINTEGRAZIONE NEI DIRITTI CONIUGALI). [vol. I: MARITAL RIGHTS]

– **controverso** o **contestato nel corso del giudizio.** Litigious claim, disputed claim (*infra*, DIRITTO LITIGIOSO; CONTROVERSIA; CREDITO CONTESTATO; SUCCESSIONE NEL DIRITTO CONTROVERSO; TRASFERIMENTO DEL DIRITTO CONTROVERSO NEL CORSO DEL GIUDIZIO).

– **costituzionali.** Constitutional rights; ma negli S.U. come, del resto, dovunque viga una costituzione scritta, essi non sempre risultano da una lettura testuale.

1. In effetti, diritto costituzionale è quello riconosciuto, e nella misura in cui è direttamente o indirettamente riconosciuto, dall'organo giurisdizionale chiamato ad esprimere il giudizio di costituzionalità. Negli S.U. la *Supreme Court* — il più celebre organo giudiziario dell'Occidente — ha svolto una funzione fondamentale nel riconoscere una svariata serie diritti costituzionali sulla base di una interpretazione che secondo i canoni di *civil law* può agevolmente essere definita come rivoluzionaria. È sotto la rubrica *Equal Protection* — che riprende l'espressione *equal protection of the laws* del XIV emendamento [1868] della costituzione federale — che nei testi di diritto costituzionale americano si rinviene la materia dell'uguaglianza dei cittadini di fronte alla legge.

2. Non è quindi per caso che nell'ordinamento costituzionale britannico — privo di una costituzione scritta rigida e, quindi, di un controllo giurisdizionale di costituzionalità — non si parli e non si possa parlare, in senso stretto, di diritti costituzionali dei cittadini: la battaglia per quelli che sarebbero altrove definiti come dei diritti costituzionali si svolge in altre sedi, ossia principalmente davanti alla giustizia ordinaria e in sede politica; ma senza le garanzie assicurate da una costituzione rigida. È questa la ragione per cui da molto tempo autorevoli gruppi politici e di intellettuali si battono per l'adozione nel R.U. di un *entrenched Bill of Rights,* ossia di una carta dei diritti rigida, pur essendo l'Inghilterra la terra del *Bill of Rights* adottato in occasione della *Glorious Revolution.* Del resto, anche in Francia — in cui non esiste una corte costituzionale in senso stretto — si può par-

lare di diritti costituzionali dei cittadini soltanto con una notevole approssimazione. La tutela dei diritti costituzionali pone spesso negli S.U. il problema della *state action*, specie in relazione ai diritti invocati in base alle *due process clauses* e al Civil Rights Act, in cui un cittadino chiede il risarcimento del danno o la revoca del provvedimento in quanto illegittima intrusione nella propria sfera giuridica da parte di un *privato* che non agisce per conto di un potere pubblico. L'espressione deriva dal XIV emendamento [1868] della costituzione federale. In breve, si tratta di questo. La maggior parte della tutela dei diritti e delle libertà individuali previste dalla costituzione e dai suoi emendamenti contempla in effetti atti di entità pubbliche (*governmental entities*), ossia atti degli stati dell'Unione o del governo federale ma non dei privati (salvo il caso del XIII emendamento [1865], sull'abolizione della schiavitù che si riferisce direttamente agli atti di individui privati (*actions of private individuals*). In altre parole, ogni qualvolta che si intenti un'azione per violazione dei diritti costituzionali contro un privato insorge il problema della *state action*, ossia se gli atti di un individuo possano essere limitati dalle leggi costituzionali. E la decisione attiene al punto se gli atti del convenuto costituiscano « state actions » del tipo disciplinato da una determinata disposizione costituzionale, ascrivibili come tali ad un organismo pubblico. In questo senso, ai fini del suddetto XIV [1868] emendamento, i termini *state action* e *under color of state law* sono considerati come sinonimi. Naturalmente, la messe di decisioni giurisprudenziali in materia ha dilatato notevolmente il concetto originario; ma, negli S.U., questo è uno dei temi fondamentali nelle controversie costituzionali (*supra*, DIRITTO ALIENABILE-INALIENABILE; ALIENABILE; CONTROLLO GIURISDIZIONALE DI COSTITUZIONALITÀ; COSTITUZIONE POLITICA; DICHIARAZIONE DEI DIRITTI; DIRITTO (I) NATURALE; GARANTISMO; GARANZIE COSTITUZIONALI; INTIMIDAZIONE; PRIVAZIONE DI UN DIRITTO COSTITUZIONALE; QUESTIONE COSTITUZIONALE; UGUAGLIANZA). [vol. I: BILL OF RIGHTS; CONSTITUTION]

Bibl.:

Nowak and Rotunda 1978, ed. 1991: 452.

– **del beneficiario.** Grosso modo, beneficial interest; ma questo termine assume un significato particolare nei sistemi di *common law*, in cui esiste l'istituto del *trust* che prevede una *split property*, ossia una doppia proprietà: quella del *beneficiary* e quella del *trustee*, ignota alla *civil law* (BENEFICIARIO; *TRUST*). [vol. I: BENEFICIAL INTEREST]

– **del cittadino.** (CARTA DEI DIRITTI DEL CITTADINO)

– **del concepito.** Rights of unborn child (ABORTO; CONCEPITO).

– **del fanciullo.** Child's rights (FANCIULLO; MINORE).

– **della donna.** Women's rights. È sotto la rubrica *gender* che negli S.U. viene trattata più spesso la materia dei diritti della donna. Lo splendido articolo di K. O'Connor traccia la storia del lungo e doloroso cammino della donna americana nella conquista dei diritti attraverso le decisioni della *Supreme Court*: in effetti, ancora oggi non può dirsi che negli S.U. — in cui pure il movimento per la liberazione della donna ha anticipato gli sviluppi di altri paesi — vi sia assoluta uguaglianza di diritti tra i due sessi. Come ricorda l'autrice: « As early as 31 March 1776, Abigail Adams wrote to her husband John, who was attending the Second Continental Congress, urging him to 'remember the Ladies, and be more generous and favourable to them than your ancestors' (...) Adams's admonitions to her husband had little impact on either the Articles of Confederation or the Constitution (...) The Supreme Court is often looked upon as ahead of its time, or at least public opinion, in the expansion of rights of minorities. This has not been the case with the rights to women. Instead, as a general rule, the Court has lagged behind societal mores and realities when it has dealt with issues of concern to women » (*infra*, DIRITTI DELL'UOMO: 2; ABORTO; DONNA; FEMMINISMO; SESSO).

Bibl.:

Conti Odorisio, G., *Femminismo*, in *Dizionario di Politica* 1976, ed. 1983: 414.
O'Connor, K., *Gender*, in *Oxford* 1992: 328.

– **della minoranza.** Minority rights; ma si noti che — a parte i diritti delle minoranze etniche, etc. — il termine indica anche i diritti delle minoranze nella società per azioni (*supra*, DIRITTI COSTITUZIONALI; *infra*, DIRITTI DELL'AZIONISTA; AZIONE SOCIALE DI RESPONSABILITÀ CONTRO GLI AMMINISTRATORI; DEMOCRAZIA SOCIETARIA; MINORANZA; SUPREMAZIA

DEL PARLAMENTO). [vol. I: *ad vocem*; CONSTITUTION; MAJORITY; SUPREMACY OF PARLIAMENT]

- **della personalità.** Grosso modo, rights to privacy. La questione se la personalità di per sé sia fonte di diritti non è mai stata esaminata nella *common law* d'Inghilterra [Arminjon, Nolde, Wolff 1950-51, vol. II: 586]: né la giurisprudenza né la dottrina hanno sviluppato la concezione, creata dalla scuola di diritto naturale, dei diritti che sono gli attributi della personalità, né i diritti al nome, né quello all'immagine. Peraltro, un impulso decisivo alla tutela della riservatezza qual è intesa nella pratica delle società industriali dell'Occidente è venuto dagli S.U. (*supra*, DIRITTO ALLA RISERVATEZZA; IMMAGINE; NOME). [vol. I: NAME; PRIVACY]

- **dell'azionista.** Shareholder's rights (*supra*, DIRITTI DELLA MINORANZA; AZIONE (I) SOCIALE DI RESPONSABILITÀ CONTRO GLI AMMINISTRATORI; AZIONISTA DI SOCIETÀ; DEMOCRAZIA SOCIETARIA).

- **dell'imputato in genere.** Rights of accused, rights of defendant.
1. Gli emendamenti V [1791] e VI [1791] del *Bill of Rights* della costituzione degli S.U. possono essere definiti, sul piano costituzionale, la *Summa* dei diritti dell'imputato; ma non sembra inutile aggiungere che si tratta della consacrazione testuale di princìpi elaborati dagli inglesi, veri padri della prima costituzione moderna dell'Occidente. Il loro concreto rispetto è garantito dall'applicazione dei canoni del processo accusatorio. In quella ottica, *processo accusatorio* e *diritti dell'imputato* (*non la sola*, ma certo la parte più rilevante dei Diritti dell'Uomo) sono due facce della stessa medaglia; *rectius*, solo la concreta attuazione di una serie di regole *procedurali* consente in pratica il rispetto dei diritti dell'imputato: la procedura assurge a forma suprema di garanzia. In questo senso, la tendenza — tutta continentale — di declamare il principio senza curarsi di allestire gli strumenti giuridici (e le strutture) per la sua concreta attuazione se, in buona sostanza, si riduce spesso ad una solenne presa in giro, riflette un processo mentale *diametralmente opposto*, a quello anglo-americano al quale ultimo ripugnano proposizioni generali, specie quelle che lasciano a un'*intendence* — che non c'è e che nessuno si preoccupa di mettere in piedi — la loro concreta attuazione.
2. Ma, ritornando ai diritti dell'imputato, a differenza della Dichiarazione francese dei Diritti dell'Uomo — *préambule* alla costituzione del 1791, non vincolante giuridicamente, sul piano dei princìpi contraddetto in maniera plateale da un codice di procedura penale inquisitorio che solo negli ultimi tempi ha attenuato la sua ferocia — nel sistema inglese e nordamericano essi sono garantiti da testi giuridicamente vincolanti, a seconda del caso, giurisprudenziali o legislativi, che, sostanzialmente, prescrivono delle procedure. Per quanto riguarda gli S.U., come si è visto, si tratta di diritti consacrati addirittura in un testo costituzionale affidato all'interpretazione (*rectius*, alla creazione) della *Supreme Court* degli S.U. Il processo *by an impartial jury* costituisce la garanzia fondamentale del processo penale inglese e nordamericano, e le *due process clauses* formano le garanzie costituzionali di legalità e di giustizia (*supra*, DIRITTI COSTITUZIONALI; DIRITTO AL SILENZIO; *infra*, DIRITTI DELL'UOMO; DIRITTO DI CRONACA; AZIONE (I) PENALE; COLPEVOLE-INNOCENTE; GIURIA; IMPUTATO; PRESUNZIONE DI INNOCENZA; PROCEDURA PENALE; PROCESSO ACCUSATORIO; PROVA).

- **dell'uomo.** Human rights. Norberto Bobbio [1990: 8] spiega bene che si tratta di termine ampio, sostanzialmente ambiguo ed eterogeneo. Insomma, una categoria aperta; la classificazione non è agevole e spesso i parametri si accavallano. Forse il massimo diritto dell'uomo è quello della libertà: ma in cosa consiste la libertà?
1. Eppure, non sembra inutile introdurre la distinzione tra *democrazie declamatorie* — come quella francese — e *democrazie non declamatorie,* o serie, che dir si voglia, come quella inglese (e nordamericana) in cui, all'assenza di proclami di comparabile sapore letterario, fanno riscontro procedure quali l'*habeas corpus* e, nell'insieme, un processo penale che realizza in maniera concreta, *se non certamente tutti i diritti dell'uomo,* almeno quelli dell'imputato; che non è poco. Insomma, i diritti dell'uomo — intesi come diritti dell'imputato — non sono *concretamente separabili* da determinati istituti processuali e, in particolare, dal processo accusatorio: non è un caso che gli operatori di cultura giuridica inglese definiscano la convenzione europea sui Diritti dell'Uomo del 1950 come l'*European Bill of Rights.*
2. Connesso al problema dei diritti del-

l'uomo vi è quello dei *diritti del gruppo*, in aggiunta a quelli che a ciascun membro di esso spettano in quanto individui: è questo il caso degli omosessuali negli S.U., una minoranza combattiva, colta ed affluente, che esige diritti particolari in quanto gruppo. Ossia, il diritto di una *lobby* su un'altra o sul resto della popolazione per il fatto di essere tale. Ma nelle democrazie, i diritti appartengono agli individui e non già al gruppo in quanto titolare di diritti particolari o maggiori e/o diversi rispetto a quelli degli altri cittadini. Da noi purtroppo, siamo sempre alla farsa, alla intraducibilità, alla diversità di un paese alla deriva. Grazie alle imbecilli trovate legislative dell'ineffabile Pds che, degno erede del Pci, non smette di stupire per il suo populismo da quattro soldi, per la nuova legge elettorale, le liste dovranno contenere una percentuale fissa di donne candidate, premessa di un'ulteriore legge per cui il parlamento italiano — anche in questo unico al mondo — dovrà essere costituito da una quota fissa di donne (magari nominate di autorità se nessuno le vuole), alla faccia dalla sovranità popolare. Di questo passo, da noi gli arei saranno pilotati non già di chi, uomo o donna, abbia i numeri per farlo, ma da una donna in quanto tale, per rispettare la quota. Dai diritti del gruppo (ammesso che vi siano) di cui sopra vanno distinti i *diritti collettivi* di *autodeterminazione* dei popoli, considerati più spesso in diritto internazionale, e il correlativo diritto interno all'*autogoverno*.

3. Ma, tutto questo detto, resta da segnalare che la effettiva tutela dei diritti dell'uomo — comunque articolata — presuppone un determinato ambiente culturale: *Amnesty International*, organizzazione privata nata in Inghilterra, vive esclusivamente di contributi privati (sic!). La sua esistenza si deve all'indignazione di una sola persona: Peter Berenson, avvocato inglese. Il contrasto col nostro paese colpisce; un fiume di chiacchiere, di scritti, articoli, saggi, prolusioni e interventi, delibere, mozioni e risoluzioni; convegni, ritiri, conviti e banchetti, tavole rotonde, ogivali, quadrate, e rettangolari: una massa enorme di denaro sperperato. Secondo la regola.

4. Collegato al tema dei diritti è quello dei *doveri* di cui, per una serie di ragioni, non vi è traccia nella Dichiarazione del 1789. Ad ogni modo, a scanso di equivoci, la convezione europea ha ritenuto necessario chiarire che non può essere considerata una forma di lavoro forzato o obbligatorio (presumibilmente con vivo disappunto dei « grandi » sindacalisti nostrani): « *tout travail ou service formant partie des obligations civiques normales* » (art. 4d); che nessuno può essere privato della sua libertà... salvo: « *s'il est détenu régulièrement après condamnation par un tribunal compétent* » (art. 5a); regola presumibilmente inaccettabile dai nostri « garantisti » etc. La convenzione non stabilisce il dovere di concorrere alla spesa pubblica; ma è da ritenere esso che sia presunto (*supra*, DIRITTI CIVILI; DIRITTI COSTITUZIONALI; DIRITTI DELL'IMPUTATO; DIRITTO AL SILENZIO; *infra*, DIRITTO DI CRONACA; DIRITTO DI RESISTENZA; CONDANNA; DEPOSIZIONE IN GIUDIZIO; DICHIARAZIONE DEI DIRITTI; DIGNITÀ DELL'UOMO; DISCRIMINAZIONE SESSUALE; EUTANASIA; FEDERALISMO; GARANZIA COSTITUZIONALE; GIUSTO PROCESSO; GRUPPO; INTERROGATORIO DI POLIZIA; LIBERTÀ; LIMITAZIONE DEI DIRITTI; PENA; SCHIAVITÙ; SICUREZZA AMBIENTALE; STATO DI DIRITTO; SUICIDIO; TOLLERANZA; TUTELA DEI DIRITTI). [vol. I: BILL OF RIGHTS; CONSTITUTION; DUE PROCESS CLAUSES; GLORIOUS REVOLUTION; HABEAS CORPUS; HUMAN RIGHTS; RULE OF LAW]

Bibl.:
Mengozzi, P., *Diritti dell'uomo*, in *Dizionario di Politica* 1976, ed. 1983: 326, at 331.

– **di abitazione.** Non esiste in senso stretto nel diritto inglese (*supra,* DIRITTO ALLA CASA; ABITAZIONE).

– **di accesso ad informazioni in genere.** Right of access to information; negli S.U. — stato federale — sono definite *right to know acts* quelle leggi federali e dei singoli stati dell'Unione che impongono ai fabbricanti di prodotti potenzialmente pericolosi, come i medicinali, di informare gli acquirenti dei pericoli che il loro uso comporta, come pure quelle in tema di sicurezza sui luoghi di lavoro (*supra*, DIRITTO ALL'INFORMAZIONE; INFORMAZIONE; SICUREZZA).

– **di accesso al fondo proprio.** Right of access to one's own land (SERVITÙ DI ACCESSO). [vol. I: ACCESS; EASEMENT; RIGHT OF WAY; TRESPASS]

– **di angheria.** *Droit d'angarie* o right of angary (ANGHERIA). [vol. I: ANGARY]

– **di appello.** Right of appeal; ma si noti il diverso regime della materia nei sistemi di *common law*: grosso modo, si può dire che non esiste un diritto all'appello qual è concepito nel nostro sistema (APPELLO). [vol. I: APPEAL]

– **di appoggio.** Right of support; ma si noti che *support* è termine ambiguo, dato che indica anche gli alimenti: il diritto agli alimenti è detto più spesso *right to support* (ALIMENTI; APPOGGIO; CONFINE; MANTENIMENTO; MURO; SERVITÙ DI SUPPORTO). [vol. I: ADJOINING OWNERS; BOUNDARY; COMMON WALL; SUPPORT; WALL]

– **di approccio.** Right of approach; il termine è impiegato in diritto internazionale (*infra*, DIRITTO DI INSEGUIMENTO IN FLAGRANZA; DIRITTO DI VISITA E DI PERQUISIZIONE DI NAVE; APPROCCIO). [vol. I: ACCESS; APPROACH; SEARCH]

– **di aria, luce.** Right to air, to light; il diritto di utilizzare la colonna d'aria al di sopra del proprio fondo è detto *air right* (*infra*, DIRITTO DI VEDUTA; ARIA; SERVITÙ DI LUCI, DI ARIA).

– **di asilo.** Right of asylum (ASILO). [vol. I: ASYLUM; EXTRADITION; HUMAN RIGHTS; IMMUNITY; SANCTUARY]

Bibl.:

Baldi, C., *Asilo, Diritto di*, in *Dizionario di Politica* 1976, ed. 1983: 46.

– **di associazione.** Right of assembly; diritto garantito negli S.U. dal I emendamento [1791] della costituzione federale; è detto anche *freedom of assembly*, o *of association*. Si distingue dal diritto a creare una persona giuridica, detto *freedom of incorporation* (ASSOCIAZIONE; LIBERTÀ DI ASSOCIAZIONE; PERSONA GIURIDICA; RIUNIONE; SOCIETÀ (II) QUALE SOGGETTO COLLETTIVO). [vol. I: ASSEMBLY; CIVIL DISOBEDIENCE; FREEDOM OF ASSEMBLY; RIOT]

Bibl.:

Schlesinger 1950, ed. 1988: 801, n. 7.

– **di autore.** Copyright. Prima in tutto, la costituzione degli S.U. è anche la prima a fare della proprietà intellettuale un diritto costituzionale; questo spiega anche perché la materia rientri nelle attribuzioni dello stato federale. In effetti, l'art. I, relativo ai poteri del Congresso, recita, alla s. 8, cl. 8: « To promote the Progress of Science and useful Arts, by securing for limited Times to Authors and Inventors the exclusive Right to their respective Writings and Discoveries ». Nel sistema inglese, in cui il riconoscimento del diritto ha origini ancora più antiche, la materia è regolata dal Copyrights, Designs and Patents Act 1988 (AUTORE; BREVETTO; CANONE DI CONCESSIONE; CONTRATTO DI EDIZIONE; DISEGNO INDUSTRIALE; ELABORAZIONE ELETTRONICA DEI DATI; MONOPOLIO; PIRATERIA; PLAGIO; PROPRIETÀ; PROPRIETÀ INTELLETTUALE; PROPRIETARIO DEL DIRITTO DI AUTORE; PSEUDONIMO; PUBBLICO DOMINIO; *SOFTWARE*; VIOLAZIONE DEL DIRITTO DI AUTORE). [vol. I: *ad vocem*]

– **di azione.** Right of action; ma si parla anche di *cause of action*, termine sostanzialmente intraducibile (AZIONE (I) CIVILE). [vol. I: INTRODUZIONE: III. 25; ACTION; CAUSE OF ACTION; FORMS OF ACTION; LOCUS STANDI; UBI REMEDIUM, IBI IUS]

– **di bacino.** Dock charges (BACINO).

– **di banchina.** Wharfage (BANCHINA).

– **di brevetto.** Patent right (BREVETTO). [vol. I: PATENT]

– **di caccia.** Right of hunting, o of game (CACCIA; LEGGE SULLA CACCIA; LICENZA DI CACCIA; RISERVA DI CACCIA). [vol. I: FOREST; POACHING; TRESPASS]

– **di cancelleria.** (SPESE DI CANCELLERIA)

– **di cappa.** Right to primage (CAPPA).

– **di circolazione.** (LIBERTÀ DI CIRCOLAZIONE; LIBERTÀ DI CIRCOLAZIONE COMUNITARIA)

– **di contrattazione collettiva.** Right to collective bargaining (CONTRATTAZIONE COLLETTIVA).

– **di contrordine nel trasporto.** Right of *stoppage in transitu* (IN TRANSITO; MITTENTE; PRIVILEGIO DEL VENDITORE CREDITORE DEL PREZZO; RESTITUZIONE DELLE MERCI NELLA VENDITA; SOSPENSIONE DEL TRASPORTO A RICHIESTA DEL MITTENTE; TRASPORTO).

– **di controstallia.** Demurrage charges (CONTROSTALLIE).

– **di costituire una persona giuridica.** Freedom of incorporation (*supra*, DIRITTO DI ASSOCIAZIONE).

– **di credito.** Claim o, in senso stretto, chose in action (CREDITO). [vol. I: CLAIM; CREDIT; PROPERTY]

– **di cronaca.** Freeedom of the press. Di fatto, vi è poca differenza con il *freedom of speech,* ossia la libertà di parola o di pensiero.

1. Nel sistema inglese, il diritto di cronaca subisce limitazioni indirette in materia di atti o fatti oggetto di un processo in corso. Costituisce *contempt of court*, reato di particolare gravità, pubblicare notizie o

commenti relativi a un caso *sub judice* che possano avere per effetto di impedire un *fair trial*, cioè un processo imparziale. Un'altra ancora è costituita dalle severe regole, in tema di *law of libel*, relative alla diffamazione a mezzo dei *media*, particolarmente severe. Infine, vi è il c.d. «*D*» *notice system*, ossia una forma di autocensura che la stampa britannica pratica in tema di segreto di stato.
2. Di modo che si può dire che tra autocensura e limiti esterni, la libertà di cronaca esistente nel R.U. appare notevolmente inferiore, a quella degli S.U. che possono considerarsi la terra della libertà di stampa, in cui cioè essa ha assunto la massima estensione riscontrata sul pianeta. Mentre negli S.U. prevale il diritto di cronaca, nel sistema inglese prevale nettamente l'esigenza effettiva, o pretesa tale, del *fair trial* al punto che, talvolta, la regola del *sub judice* comporta effettivamente delle gravi compressioni del diritto di cronaca, come nel celebre caso *Thalidomide*.
3. È detta *trial by press* — o, negli S.U., *trial by news media* — quella forma di cronaca giudiziaria che assume una tale ampiezza e penetrazione da attuare quasi un processo dell'imputato prima ancora che questi compaia davanti al giudice. *Freedom of the press* (parte del diritto di cronaca) e *fair trial* sono valori concorrenti, spesso in conflitto tra loro: il compromesso non è agevole. Negli S.U. il diritto dell'imputato ad un *fair trial* è garantito dalle *due process clauses* del V [1791] e del XIV [1868] emendamento della costituzione, mentre il diritto di cronaca è sancito dal I [1791] emendamento. Nei vari stati dell'Unione sono state adottate norme dirette a stabilire un compromesso ragionevole tra *free press* e *fair trial* mediante restrizioni imposte ai difensori e al personale giudiziario sui più eclatanti processi in corso e anche *mediante il divieto di riprese fotografiche, cinematografiche e televisive nell'aula di udienza e dell'installazione degli impianti relativi nelle prossimità di essa* (RIMESSIONE DEL PROCEDIMENTO).
4. Negli S.U. vengono definite *gag orders* i provvedimenti del giudice diretti a immobilizzare l'imputato recalcitrante che impedisca il regolare svolgimento dell'udienza. Ma il termine indica altresì gli ordini del giudice adottati in un processo eclatante impartiti ai difensori e ai testimoni con i quali si fa loro divieto di rilasciare interviste o discutere il processo con i giornalisti (*supra*, DIRITTI DELL'IMPUTATO; ABUSO DI DIRITTO; DIFFAMAZIONE; FIGURA PUBBLICA; GIORNALISTA; LIBERTÀ DI CRONACA; LIBERTÀ DI STAMPA; *MEDIA*; PUBBLICITÀ DELL'UDIENZA; RISERVATEZZA; SEGRETO ISTRUTTORIO; STAMPA; TELEVISIONE). [vol. I: CONTEMPT OF COURT; CORRUPTION; DEFAMATION; HUMAN RIGHTS; NEW YORK TIMES V. SULLIVAN; PRESS; PRIVACY; SUB JUDICE; THALIDOMIDE CASE]

– **di disposizione.** Right of disposal (ALIENAZIONE; DISPOSIZIONE). [vol. I: DISPOSAL, RIGHT OF]

– **di drogarsi.** Right to intoxicate one's self. Ma i proibizionisti contestano l'esistenza di un siffatto diritto (DROGA).

– **di esclusiva.** Exclusive right; può concretare una *restrictive trade practice* (ESCLUSIVA; PRATICA RESTRITTIVA DELLA CONCORRENZA).

– **di esercitare attività professionali.** Right to pursue business activities (LIBERA INIZIATIVA).

– **di esistere.** Right to exist (*supra*, DIRITTO ALLA MORTE; RICONOSCIMENTO).

– **di imputazione.** Right of appropriation (IMPUTAZIONE DI PAGAMENTO). [vol. I: APPROPRIATION]

– **di incorporazione.** (*supra,* DIRITTO DI ASSOCIAZIONE)

– **di ingresso e residenza.** Right of entry and residence (*infra*, DIRITTO DI STABILIMENTO; INGRESSO; RESIDENZA).

– **di inseguimento in flagranza.** Right of hot pursuit; il termine è impiegato in diritto internazionale (*supra,* DIRITTO DI APPROCCIO; *infra*, DIRITTO DI VISITA E PERQUISIZIONE DI NAVE; FLAGRANZA; INSEGUIMENTO). [vol. I: HOT PURSUIT]

– **di legittima difesa.** Right of self-defence (LEGITTIMA DIFESA). [vol. I: SELF-DEFENCE]

– **di opzione.** Pre-emptive right (OPZIONE). [vol. I: *ad vocem*; PRE-EMPTION]

– **di parola.** Freedom of speech (*supra,* DIRITTO DI CRONACA; LIBERTÀ DI PAROLA).

Bibl.:

Matteucci, N., *Costituzionalismo*, in *Dizionario di Politica* 1976, ed. 1983: 270, at 281.

– **di pascolo.** Right of pasture; rientra nella categoria dei *profits à prendre* (PASCOLO). [vol. I: COMMON; EASEMENT; PROFITS À PRENDRE]

– **di passaggio.** Right of way; ma si noti che il termine indica anche il diritto di precedenza nel traffico automobilistico (PASSAGGIO; SERVITÙ). [vol. I: EASEMENT; PASSAGE; WAY]

– **dipendente da un evento futuro.** Contingent, executory right (*infra*, DIRITTO SOTTOPOSTO A CONDIZIONE; EVENTO FUTURO; FUTURO). [vol. I: CONDITION; CONTINGENCY; CONTINGENT]

– **di pesca in acque altrui.** Right of fishing, common of piscary (PESCA). [vol. I: PISCARY]

– **di petizione.** Right of petition (*infra*, DIRITTI POLITICI; PETIZIONE).

– **di precedenza stradale.** Right of way (CIRCOLAZIONE STRADALE; PRECEDENZA STRADALE). [vol. I: ROAD; WAY]

– **di preferenza.** Preferential right, o priority right (PREFERENZA; PRIVILEGIO). [vol. I: PREFERENCE; PRIORITY]

– **di prelazione nella vendita.** Right of pre-emption, pre-emption right, right of first refusal (PRELAZIONE; PRIVILEGIO). [vol. I: PRE-EMPTION]

– **di prelievo.** (*infra*, DIRITTI SPECIALI DI PRELIEVO)

– **di proprietà.** Property right, ownership. Ma si avverta che in questa materia sussistono notevolissime differenze tra le due tradizioni giuridiche di *civil law* e *common law*: ad es., oggetto della proprietà immobiliare è non già l'immobile, come nella *civil law*, ma un *estate*, concetto ignoto da noi; il *trust*, istituto privo di equivalenza nella *civil law*, prevede la *split property* del beneficiario e del *trustee, e così via (supra*, DIRITTO ASSOLUTO-RELATIVO; DIRITTO ASSOLUTO DI PROPRIETÀ IMMOBILIARE; *infra,* DIRITTO PROPRIETARIO; PROPRIETÀ). [vol. I: DOMINIUM; ESTATE; OWNERSHIP; PROPERTY]

– **di regresso.** Right of recourse (AZIONE (I) DI REGRESSO). [vol. I: RECOURSE]

– **di replica.** Right to reply (MEDIA; REPLICA).

– **di resistenza.** Lett., right to law-breaking o, in senso giuridico, natural right to rebel; la c.d. *civil disobedience*, esprime un concetto più limitato relativo alla deliberata, pacifica, mancata osservanza di una legge specifica per ottenerne la modifica. La Dichiarazione Universale dei diritti dell'uomo del 1948 non prevede il diritto di resistenza che, del resto, non compare neanche nella Dichiarazione del 1789 [cfr. Bobbio 1980: 108]; mentre invece il diritto (anzi il dovere) di resistenza, definito come il più sacrosanto dei diritti e il più indefettibile dei doveri appare solennemente proclamato nella successiva Dichiarazione del 1793.
1. Julius Stone [1946: 229] svolge una serie di interessanti considerazioni in materia, rilevando, anzitutto, che è stato nella politica che il diritto naturale ha subito il suo più eclatante sviluppo. In effetti, la stessa nozione che il diritto positivo poteva essere giustificato soltanto da un patto sociale valido per il diritto naturale poteva, e in effetti è servito, nel campo dell'azione politica per dar luogo ad una razionalizzazione persuasiva del diritto di ribellarsi (*right to rebellion*) qualora si ritenga violato il patto. Così concepito, quel diritto doveva contribuire sul continente e nelle Americhe alle violente rivoluzioni americana e francese che a loro volta probabilmente « changed the whole course of western civilisation, and were not without influence on the development of democracy in England itself ».
2. Comunque, la Dichiarazione di Indipendenza americana, dopo avere proclamato come *self-evident* il fatto che gli uomini sono dotati in maniera inalienabile del diritto alla vita, alla libertà e al raggiungimento della felicità, e che i governi vengono creati per assicurare questi diritti, afferma che quando un governo qualsiasi dovesse conculcare questi diritti « it is the Right of the People to alter or to abolish it, and to institute new Government, laying its foundation on such principles and organising its powers in such form, as to them shall seem most likely to effect their Safety and Happiness » (*supra,* DIRITTO ALLA FELICITÀ; DIRITTI DELL'UOMO; AUTODETERMINAZIONE; DICHIARAZIONE DEI DIRITTI; DIRITTO (I) NATURALE; DISOBBEDIENZA CIVILE; LEGITTIMA DIFESA; OBIEZIONE DI COSCIENZA; RESISTENZA).

– **di respingere le merci nella vendita.** Right of rejection of goods (MERCI; RIFIUTO DELLE MERCI NON CONFORMI AI PATTI NELLA VENDITA; VENDITA SU CAMPIONE). [vol.I: REJECTION; SALE: VI, XIII; SEASONABLY]

– **di rimorchio.** Towage dues (RIMORCHIO).

– **di riscatto nel *mortgage*.** Right of redemption; da non confondere con l'*equi-*

ty of redemption, diritto analogo derivante non già dalla *statute law*, ma dall'*equity*, esercitabile solo prima della vendita (FONTI DEL DIRITTO; IPOTECA; RISCATTO). [vol. I: MORTGAGE; REDEMPTION]

– **di risposta.** (*supra*, DIRITTO DI REPLICA)

– **di ritenzione.** Il diritto di ritenzione è detto talvolta *right of retention*, o *right of retainer*; ma il diritto di ritenzione è definito anche *general lien*. Peraltro, è in effetti nell'ambito del *lien*, concetto caratteristico della *common law*, che va ricercato il regime che regola la materia. Il *lien* è equiparabile al privilegio solo in senso generale. Non esiste nella *common law* un concetto corrispondente a quello di privilegio qual è inteso nel diritto nostrano: *privilege* indica più spesso un'immunità, un'esonerazione. Il tipo di *lien* in parola è detto anche *possessory* o *retaining lien*, giacché presuppone per la sua esistenza il possesso del bene; esso si distingue dall'*equitable lien* che prescinde da tale requisito. Di guisa che si parla di *possessory* e *non-possessory lien* a seconda che esso esiga o meno il possesso della cosa per la sua esistenza. Il *possessory lien* risulta di solito da un *bailment* (CAUSE (I) LEGITTIME DI PRELAZIONE; DEPOSITARIO; POSSESSO; PRIVILEGIO; PRIVILEGIO PER PRESTAZIONI O SPESE DI CONSERVAZIONE; RITENZIONE). [vol. I: BAILMENT; LIEN; PRIVILEGE; RETENTION]

– **di ritenzione del commissionario.** Factor's lien (*supra*, DIRITTO DI RITENZIONE; COMMISSIONARIO).

– **di ritenzione del creditore.** Creditor's lien (*supra*, DIRITTO DI RITENZIONE; CREDITORE). [vol. I: CREDITOR]

– **di ritenzione del depositario.** Bailee's o depositary's lien (*supra*, DIRITTO DI RITENZIONE; DEPOSITARIO). [vol. I: BAILEE]

– **di ritenzione del fornitore.** Supplier's lien (*supra*, DIRITTO DI RITENZIONE; FORNITORE). [vol. I: LIEN FOR SUPPLIES]

– **di ritenzione della banca.** Banker's lien (*supra*, DIRITTO DI RITENZIONE; BANCA). [vol. I: *ad vocem*]

– **di ritenzione dell'appaltatore.** Builder's lien (*supra*, DIRITTO DI RITENZIONE; APPALTATORE).

– **di ritenzione dell'avvocato.** Attorney's lien; ma nel sistema inglese si parla di *solicitor's lien* (*supra*, DIRITTO DI RITENZIONE; PROFESSIONE FORENSE). [vol. I: ATTORNEY'S LIEN; SOLICITOR'S LIEN]

– **di ritenzione del titolo di proprietà.** Retention of title (*supra*, DIRITTO DI RITENZIONE; RISERVA DELLA PROPRIETÀ NELLA VENDITA).

– **di ritenzione del vettore.** Carrier's lien (*supra*, DIRITTO DI RITENZIONE; VETTORE). [vol. I: CARRIER]

– **di riunione.** Freedom of assembly, right to assemble (DICHIARAZIONE DEI DIRITTI; RIUNIONE). [vol. I: FREEDOM OF ASSEMBLY]

– **di rivalsa.** (*supra,* DIRITTO DI REGRESSO; RIVALSA)

– **di scelta.** Right to choose; il termine è impiegato, negli S.U., tra l'altro, in tema di integrazione scolastica e di aborto; in quest'ultimo caso, per indicare il diritto all'aborto della donna (ABORTO; SCELTA).

– **di sciopero.** Freedom to strike, right to strike (*supra*, DIRITTO AL LAVORO; SCIOPERO). [vol. I: COMBINATION; PICKETING; STRIKE; TRADE DISPUTE; TRADE UNIONS]

Bibl.:

Carinci, F., *Autoregolamentazione del diritto di sciopero,* in *Digesto IV Utet, Comm.,* vol. II: 25.

– **di sequela.** Right to follow, right to trace, right of following; negli S.U. si parla più spesso di *right to pursue.* Questi termini indicano il diritto di sequela di beni e diritti entrati nel patrimonio altrui. Ma si tratta di un *droit de suite* molto più ampio di quello previsto dalla *civil law.* I concetti di *charge* e *security* appaiono fondamentali in una materia che ha subito una notevole elaborazione specie nell'ambito del *trust*, istituto privo di equivalenza nella *civil law* che prevede la contemporanea *split property* dell'oggetto del *trust* a favore del beneficiario e del *trustee.* Il diritto di sequela si estende all'oggetto del *trust* e al ricavato in danaro e, al di fuori del *trust,* a somme di denaro acquisite dal terzo di buona fede (*supra*, DIRITTO DI INSEGUIMENTO IN FLAGRANZA; CAUSE (I) LEGITTIME DI PRELAZIONE; ESECUZIONE; FALLIMENTO; PIGNORAMENTO PRESSO TERZI; *TRUST*). [vol. I: BANKRUPTCY; CHARGE; CONFUSION; EARMARK; EXECUTION; FOLLOWING; GARNISHMENT; RETENTION OF TITLE; ROMALPA CLAUSE; SALE: VI; SECURITY: 2; TRACING; TRUST]

– **di stabilimento.** Right of establishment. Uno dei diritti fondamentali previsti dal Trattato di Roma che consente alle persone fisiche e giuridiche private di stabilirsi ed esercitare la propria attività nel territorio dei paesi membri. Ma per quanto riguarda le attività professionali delle persone fisiche, l'esercizio concreto di questo diritto è subordinato alla adozione di criteri comuni di equipollenza dei titoli di studio e di abilitazione, materia che costituisce una autentica « selva selvaggia » data le grandi diversità di parametri impiegati dai vari paesi membri (CAPACITÀ; CITTADINANZA; EMIGRAZIONE; IMMIGRAZIONE; LIBERTÀ DI CIRCOLAZIONE COMUNITARIA; NAZIONALITÀ DELLE PERSONE GIURIDICHE; PROFESSIONE FORENSE; STABILIMENTO; STUDIO LEGALE ASSOCIATO; TITOLO DI STUDIO). [vol. I: ESTABLISHMENT, RIGHT OF; LEGAL PROFESSION]

- **di superficie.** Non esiste in senso stretto un equivalente; ma sembra che, da un punto di vista sostanziale, il suo analogo sia costituito, grosso modo, dal *building lease.* È detto *ground rent* il corrispettivo per la costruzione sul suolo oggetto del contratto (CONSOLIDAZIONE NELLA SUPERFICIE; ENFITEUSI; SUPERFICIE). [vol. I: BUILDING LEASE; GROUND RENT; SUPERFICIES]
- **di tiraggio.** (*supra*, DIRITTI DI PRELIEVO)
- **di traffico.** Traffic rights; termine impiegato più spesso in tema di traffico aereo (TRAFFICO AEREO).
- **di transito.** Transit rights (TRANSITO). [vol. I: TRANSIT]
- **di uso.** Right of user; ma si parla più spesso di easement (SERVITÙ).
- **di veduta.** Right of prospect (SERVITÙ; VEDUTA). [vol. I: EASEMENT]
- **di veto.** (POTERE DI VETO)
- **di visita e perquisizione di nave.** Right of visit and search. In diritto internazionale è detto così il diritto dei belligeranti di visitare e perquisire una nave neutrale in alto mare e nelle acque territoriali, ed eventualmente confiscare il carico di contrabbando. Esso va tenuto distinto dal *right of visit* sull'alto mare delle navi da guerra in tempo di pace, come nel caso di sospetto di pirateria previsto dall'art. 110 della convenzione sul diritto del mare del 1982 (*supra,* DIRITTO DI APPROCCIO; DIRITTO DI INSEGUIMENTO IN FLAGRANZA; INCHIESTA DI BANDIERA; ISPEZIONE; ISPEZIONE DEL CARICO DELLA NAVE; ISPEZIONE DOGANALE; PERQUISIZIONE; VERIFICA; VISITA). [vol. I: EXAMINATION; HOT PURSUIT; INSPECTION; SEARCH, RIGHT OF; VIEW; VISIT AND SEARCH]
- **di voto.** Right to vote, voting right; ma il diritto di voto politico è anche detto *right of suffrage*, o *electoral franchise* (ELEZIONI POLITICHE; SUFFRAGIO ELETTORALE; VOTO). [vol. I: ELECTORAL FRANCHISE; VOTING]

  Bibl.:

  Nowak and Rotunda 1978, ed. 1991: 816.
- **di voto dell'azionista di società.** Shareholder, o stockholder, voting right, voting stock right (AZIONE (II) DI SOCIETÀ; DELEGA DEL DIRITTO DI VOTO SOCIETARIO).
- **e doveri dei cittadini.** Rights and duties of citizens (*supra*, DIRITTI COSTITUZIONALI; DICHIARAZIONE DEI DIRITTI; TUTELA DEI DIRITTI).

  Bibl.:

  Cesa, C., *Romanticismo politico*, in *Dizionario di Politica* 1976, ed. 1983: 1011, at 1017.
- **e interessi.** (DIRITTO (I) AMMINISTRATIVO; GIURISDIZIONE)
- **elettorali in genere.** Electoral franchise (*supra*, DIRITTO DI VOTO; ELEZIONI; VOTO).
- **esclusivo.** Exclusive right (*supra,* DIRITTO DI ESCLUSIVA; ESCLUSIVA). [vol. I: EXCLUSIVE ECONOMIC ZONE; EXCLUSIVE LIABILITY; MONOPOLY; RIGHT]
- **esclusivo di pesca.** Exclusive right of fishery, o exclusive fishing right (*supra,* DIRITTO DI PESCA). [vol. I: LAW OF THE SEA]
- **essenziali.** Fundamental rights, vested rights, inalienable rights (*supra*, DIRITTO ACQUISITO; *infra,* DIRITTI FONDAMENTALI).

  Bibl.:

  Cesa, C., *Romanticismo politico*, in *Dizionario di Politica* 1976, ed. 1983: 1011, at 1017.
- **fondamentali.** Fundamental rights (*supra*, DIRITTI COSTITUZIONALI; DIRITTI DELL'UOMO; DICHIARAZIONE DI INDIPENDENZA). [vol. I: HUMAN RIGHTS; NATURAL RIGHTS]
- **futuro.** Grosso modo, contingent right, executory interest, future interest; ma in questa materia esistono notevolissime differenze tra le due tradizioni giuridiche (CONDIZIONE; FUTURO). [vol. I: CONTINGENCY WITH DOUBLE INTEREST; CONTINGENT; FUTURE ESTATE; FUTURE INTERESTS]
- **immobiliare.** Grosso modo, right, o interest, in realty o in land; ma si notino le radicali differenze esistenti nella tradizione di *common law* che, in senso stretto, non distingue tra mobili e immobili, ma ricorre ad altre categorizzazioni (*supra,* DI-

RITTO DI PROPRIETÀ; BENI IMMOBILI; DIRITTO (I) DELLE OBBLIGAZIONI).

– **imprescrittibile.** Imprescriptible, indefeasible right, continuous right (*supra*, DIRITTO SOGGETTIVO IN GENERE; *infra*, DIRITTO INALIENABILE; DIRITTO SOTTOPOSTO A CONDIZIONE; PRESCRIZIONE). [vol. I: BAR; DEFEASIBLE; INDEFEASIBLE; LIMITATION OF ACTIONS; PRESCRIPTION]

– **inalienabile.** Inalienable right (*supra*, DIRITTO ACQUISITO; DIRITTO ALIENABILE-INALIENABILE; DIRITTI ESSENZIALI).

– **incondizionato.** Grosso modo, vested right (*supra*, DIRITTO ACQUISITO).

– **indisponibile.** Inalienable right, intransferable right, right incapable of alienation or assignment (*supra*, DIRITTO ALIENABILE-INALIENABILE; LIBERA CIRCOLAZIONE DEGLI IMMOBILI; MANOMORTA; TRASFERIBILE). [vol. I: ALIENATION; ASSIGNMENT; PUBLIC POLICY; TRANSFERABLE]

– **individuali.** Individual rights (*supra*, DIRITTI DELL'UOMO; *infra*, DIRITTI NATURALI).

Bibl.:

Cesa, C., *Romanticismo politico*, in *Dizionario di Politica* 1976, ed. 1983: 1011, at 1017.

– **in via di maturazione.** Accruing interest (*infra*, DIRITTO MATURATO; MATURAZIONE). [vol. I: ACCRETION; ACCRUED; ACCRUER]

– **limitato.** Qualified right (*supra*, DIRITTO ASSOLUTO; *infra*, DIRITTO SOTTOPOSTO A CONDIZIONE). [vol. I: QUALIFIED]

– **litigioso.** Disputed claim (*supra*, DIRITTO CONTROVERSO; CREDITO CONTESTATO; PATTO DI QUOTA LITE).

– **maturato, venuto ad esistenza.** Accrued right (*supra*, DIRITTO ACQUISITO; DIRITTO IN VIA DI MATURAZIONE; MATURATO). [vol. I: *ad vocem*]

– **mobiliare.** Grosso modo, chose in action, right (o interest), in personalty. Ma si tratta di termini che non possono essere intesi senza tener conto della assai diversa articolazione dei beni e diritti fatta dalla *law of property* (*supra*, DIRITTO DI PROPRIETÀ; DIRITTO IMMOBILIARE; DIRITTO (I) DELLE OBBLIGAZIONI). [vol. I: CHOSE; PROPERTY]

– **morale.** Moral right; non va confuso con *equitable right* (*infra*, DIRITTI NATURALI). [vol. I: EQUITABLE]

– **naturali.** Moral rights, natural rights. Ma si noti che quest'ultimo termine assume un significato particolare nell'ambito della *law of property* (*supra*, DIRITTO ACQUISITO; DIRITTO (I) NATURALE). [vol. I: NATURAL RIGHTS]

– **non rivendicato.** Unclaimed right (RIVENDICAZIONE). [vol. I: *ad vocem*]

– **patrimoniali.** Grosso modo, property, o proprietary, rights; ma si noti la assai diversa articolazione dei beni e diritti nella tradizione di *common law* (*supra*, DIRITTO DI PROPRIETÀ; PATRIMONIO). [vol. I: PROPERTY]

– **personale.** Grosso modo, personal right, chose in action; ma la *common law* non conosce una distinzione tra diritti personali e diritti reali analoga a quella di *civil law*. Nel senso di diritto non reale, si parla di *right in personalty* (*supra*, DIRITTO DI CREDITO; CREDITO; DIRITTO (I) DELLE OBBLIGAZIONI; DIRITTO (I) PERSONALE). [vol. I: IUS IN PERSONAM-IUS IN RE]

– **politici.** Political rights; la categoria include il diritto di elettorato attivo e passivo, di cittadinanza, di ricoprire cariche pubbliche e il *right of petition*, ossia alla tutela dei diritti sia in sede giurisdizionale che esecutiva (*supra*, DIRITTI COSTITUZIONALI; DIRITTI ELETTORALI; PETIZIONE; POLITICA; TUTELA DEI DIRITTI).

– **portuali.** (TASSE PORTUALI)

– **potestativo.** Non esiste un termine corrispondente in senso stretto; ma le parole *power, licence, faculty, option, liberty* rendono, di volta in volta, un concetto analogo. [vol. I: FACULTY; LIBERTY; LICENCE; OPTION; POWER]

– **prescritto.** Statute barred right o interest; debarred, o statute barred, right; ma si noti la diversità dei princìpi in tema di prescrizione (PRESCRIZIONE). [vol. I: LACHES; LIMITATION OF ACTIONS; PRESCRIPTION; STATUTE BARRED; TIME]

– **proprietario in genere.** Proprietary right (*supra*, DIRITTO PATRIMONIALE).

– **pubblico di pesca.** Public, o common, fishery, o public common of fishery (*supra*, DIRITTO DI PESCA).

– **quesito in genere.** (*supra*, DIRITTO ACQUISITO)

– **reale.** (DIRITTO (I) DELLE OBBLIGAZIONI)

– **reale di garanzia.** Non esiste in senso stretto una categorizzazione equivalente; ma, fatta questa premessa, sembra potersi dire che il termine *real security* esprime, grosso modo, un concetto analogo (*infra*, DIRITTI SULLA COSA ALTRUI; DIRITTO (I) DELLE OBBLIGAZIONI; GARANZIA; *IURA IN RE ALIENA*). [vol. I: COLLATERAL; SECURITY: 2]

– **reale di godimento.** Non esiste in senso stretto una categoria corrispondente; ma sembra potersi dire che, grosso modo, l'istituto del *life estate* realizza un caso del genere (*infra*, DIRITTI SULLA COSA ALTRUI; DIRITTO (I) DELLE OBBLIGAZIONI). [vol. I: LIFE ESTATE; PROPERTY]

– **redimibili.** Reedimable rights (REDIMIBILE).

– **riscattabili.** Redeemable rights (RISCATTO).

– **rivieraschi.** Riparian rights (RIVIERASCO). [vol. I: *ad vocem*]

– **sociali.** Civil rights (*supra*, DIRITTI CIVILI).

– **soggettivo.** Right; ma non esiste in senso stretto una categorizzazione siffatta nella tradizione di *common law*. Eppure, ironia dei termini giuridici, essa esprime con maggiore nettezza la dicotomia tra il diritto soggettivo nostrano (*right*) e diritto oggettivo (*law*). Invece, la *civil law,* che si avvale della stessa parola in entrambi i casi, per evitare equivoci, deve affrettarsi ad aggiungere, di volta in volta, l'aggettivo soggettivo o oggettivo (DIRITTO (I); INTERESSE LEGITTIMO; LEGGE; TUTELA DEI DIRITTI).

Bibl.:

Hyland, R., *Diritto soggettivo nei paesi di common law*, in *Digesto IV Utet, Civ.*, vol. VI: 433.

– **sottoposto a condizione.** Contingent interest o right; defeasible interest o right (*supra*, DIRITTO DIPENDENTE DA UN EVENTO FUTURO; CONDIZIONE). [vol. I: CONDITION; CONTINGENT]

– **speciali di prelievo del FMI** o **D.S.P.** Special drawing rights (SDR) (*supra*, DIRITTI DI PRELIEVO; UNITÀ DI CONTO). [vol. I: *ad vocem*; UNIT OF ACCOUNT]

– **sulla cosa altrui.** L'*easement* può essere definito come un *right over another's land*; ma non esiste una sifatta categorizzazione nella *common law* (*supra*, DIRITTO REALE DI GARANZIA; DIRITTO REALE DI GODIMENTO; SERVITÙ). [vol. I: EASEMENT]

– **tradizionali** o **consuetudinari.** Traditional, o customary, rights (DIRITTO (I) CONSUETUDINARIO).

– **violato.** Infringed right (TUTELA DEI DIRITTI).

Dirottamento in genere. Diversion (DEVIAZIONE; ROTTA).

– **di aeromobile, nave, etc.** Hijacking of aircraft, of ship, etc. (CAMBIAMENTO DI VIA, DI VIAGGIO DI NAVE; CLAUSOLA DEL DIROTTAMENTO NEL TRASPORTO MARITTIMO; NAVE; SEQUESTRO DI AEROMOBILE O DI NAVE A FINI DI RICATTO). [vol. I: *ad vocem*]

Disabile. Disable; ma si tratta di uno dei tanti termini inglesi importati nel nostro linguaggio (INVALIDO). [vol. I: *ad vocem*]

Disaccordo. Disagreement, dispute, controversy, litigation (ACCORDO; ARBITRATO; ASSENSO; CONSENSO; CONTROVERSIA; DIFFERENZA; DISSENSO; DIVERGENZA). [vol. I: ACTION; AGREEMENT; ARBITRATION; CAUSE; DISAGREEMENT; LITIGATION]

Disamina in genere. Consideration, examination, investigation (ESAME; INCHIESTA; INDAGINE). [vol. I: INQUIRY; PROBE; SURVEY]

Disarmo. Disarmament, de-commissioning (ARMAMENTO DI NAVE; GUERRA; PACE).

– **nucleare.** Nuclear disarmament (ENERGIA NUCLEARE).

– **unilaterale.** Unilateral disarmament (PACE). [vol. I: WAR]

Disastro in genere. Catastrophe, disaster (AMBIENTE; AREA DISASTRATA; ASSICURAZIONE; CATASTROFE NATURALE; EMERGENZA; FORZA MAGGIORE).

– **ferroviario doloso.** Malicious railway disaster. [vol. I: MALICIOUS]

Disavanzo. Deficit, imbalance (AVANZO; BILANCIO; ECCEDENZA; ECCESSO; ESUBERANZA; DURATA; SOVRABBONDANZA).

– **di bilancio.** Budget deficit (BILANCIO).

Discarica di rifiuti. Dumping area, waste disposal place (DIVIETO DI IMMISSIONE; INQUINAMENTO; RIFIUTI; SCARICAZIONE; SCORIE).

– **di nave.** (SCARICAZIONE DI NAVE)

Discendente in genere. Descendant o descendent, issue, child; ma, in tema di successione *mortis causa*, sussistono notevoli differenze tra la tradizione di *civil law* e di *common law* (DISCENDENZA; PARENTELA; SUCCESSIONE PER CAUSA DI MORTE).

– **in linea diretta.** Lineal descendant (DISCENDENZA).

Discendenza in genere. Issue, children and issue; ma il termine *descent* indica un modo di successione *mortis causa* negli immobili che aveva luogo in Inghilterra prima dell'entrata in vigore dell'Administration of Estates Act 1925. Il meccanismo della devoluzione ereditaria è molto diverso nella tradizione di *common law* (DISCENDENTE; FILIAZIONE; PARENTELA; PROLE; SENZA DISCENDENZA; SUCCESSIONE PER CAUSA DI MORTE). [vol. I: DESCENDANT; DESCENT; HEIR; KIN; SUCCESSION]

– **in linea diretta.** Lineal descent (PARENTELA).

Disciplina in genere. Discipline; nel senso di regime giuridico, è detta *law*, *law of*, *regime*; ma *to be disciplined* significa subire una sanzione disciplinare (AUDIZIONE DISCIPLINARE; COMMISSIONE DISCIPLINARE; POTERE DISCIPLINARE; PROCEDIMENTO DISCIPLINARE; PUNIZIONE; REGIME; SANZIONE DISCIPLINARE).

– **della concorrenza.** Competition law, competition rules (CONCORRENZA). [vol. I: COMPETITION LAW; CONSUMER PROTECTION; FAIR TRADE; RESTRAINT OF TRADE]

– **della professione forense.** Disciplinary rules of legal profession (DEONTOLOGIA PROFESSIONALE FORENSE; FORMAZIONE GIURIDICA; RADIAZIONE DI UN *BARRISTER* DALLA SUA *INN OF COURT*).

– **generale del contratto.** Grosso modo, law of contract (CONTRATTO).

– **militare.** Military discipline (GIUSTIZIA MILITARE).

Discolpa. Excuse, justification, exculpation, exoneration (ATTENUANTE; DIFESA; ESONERO; GIUSTIFICAZIONE; PROVA A DISCOLPA DELL'IMPUTATO; SCAGIONAMENTO; SCUSA NELLA DIFFAMAZIONE). [vol. I: ACQUITTAL; EXCULPATORY CLAUSE; EXCUSE; EXONERATION; GUILTY; JUSTIFICATION]

– **dall'accusa di un reato.** Exoneration from a criminal charge (REATO).

– **nella diffamazione.** Justification; ma si noti l'assai diverso regime della diffamazione nella tradizione di *common law* (DIFFAMAZIONE). [vol. I: DEFAMATION; JUSTIFICATION]

Disconoscimento in genere. Disclaimer, repudiation, rejection, disavowal (DINIEGO; RICONOSCIMENTO; RIFIUTO; RIPUDIO; SCONFESSIONE).

– **del contratto.** Repudiation, disaffirmance, of contract (CONTRATTO CON SÉ MEDESIMO; RATIFICA DEL CONTRATTO; RECESSO UNILATERALE DAL CONTRATTO).

– **della paternità.** Disclaimer of paternity, bastardizing o, più elegantemente, proof of non access, proof of illegitimacy (ACCESSO MATRIMONIALE; FIGLIO ILLEGITTIMO; PATERNITÀ). [vol. I: ACCESS; ADOPTION OF CHILDREN; AFFILIATION; BASTARD; CHILD; LEGITIMATION; PATERNITY]

Discorso in genere. Address, speech (ARRINGA).

– **della Corona.** Queen's (o King's) speech; inaugura la nuova legislatura o sessione del parlamento britannico. È preparato dal governo in carica e contiene le indicazioni di massima sul programma legislativo del partito di maggioranza (CORONA; PARLAMENTO; PROGRAMMA ELETTORALE; SESSIONE PARLAMENTARE). [vol. I: *ad vocem*]

– **di accettazione di una nomina.** Acceptance speech, acceptance address. Come, ad es., negli S.U., quello del candidato alla presidenza nominato dalla *convention* del partito (CONGRESSO DI PARTITO; ELEZIONE DEL PRESIDENTE DEGLI S.U.).

Discovery. Va sotto questo nome un importante istituto processuale civile (e penale) anglo-americano praticato nella fase del *pre-trial*, diretto, in breve, a identificare e semplificare le questioni sulle quali sarà chiamato a decidere il giudice, attuare l'eventuale modifica delle domande delle parti, mettere in grado le parti di conoscere reciprocamente gli elementi di prova disponibili all'avversario e *selezionare il materiale probatorio* evitando il fattore sorpresa una volta pervenuti al *trial*, limitare il numero dei consulenti tecnici, decidere il deferimento di talune questioni a un *master* per accertamenti da utilizzare successivamente nella fase del *trial*, etc. Ma si noti che — con finalità e modalità diverse — si parla di *discovery* anche in fase di esecuzione della sentenza civile. Per quanto riguarda gli S.U., la materia è regolata in sede federale dalle R. 16 e 26 delle *Federal Rules of Civil Procedure*.

1. Come si è accennato, la *discovery* è priva di esatto equivalente nella *civil law*. L'istituto — come, del resto, tutto il processo di *common law* civile e penale — si spiega principalmente con la presenza attuale o presunta della *giuria* nella fase del *trial* e con la necessità che siano identificate le questioni di fatto sulle quali è chiamata a decidere.

2. In un testo il cui pretenzioso titolo non riesce a nascondere la sua vuotaggine e superficialità, affrettato e fuorviante, redatto da orecchianti del diritto comparato, e tutto sommato perfettamente inutile, figurano proposizioni come: « lo stesso fenomeno [lo sviluppo della c.d. pre-trial discovery] non è avvenuto nel processo penale ». E, più oltre, « così come (...) l'imputato può rifiutarsi di collaborare in qualunque forma con l'accusa, altrettanto l'accusa può mantener segrete nei confronti dell'imputato le prove di cui intende servirsi nel trial (...) Nondimeno, in linea di principio, la discovery è nel processo penale l'eccezione; la qual cosa è motivo di preoccupazione per non pochi studiosi » [Utet, 1992: 358, n.o.]. Ma non è vero.

3. Sarebbe bastato consultare un manuale istituzionale per constatare che non è affatto così, e che il tema della *disclosure* costituisce negli S.U. uno degli argomenti più dibattuti della processualpenalistica nordamericana, in cui non è difficile intravedere la tendenza ad uno sviluppo parallelo a quello che la materia ha subito in sede civile. Beninteso, la *disclosure of pre-trial evidence*, per ragioni di ordine obiettivo che attengono alla natura stessa del processo penale e del sistema accusatorio non può mai essere equiparata pienamente al processo civile. Ad ogni modo, solo per citare taluni aspetti della *discovery* nel processo penale, basta ricordare che, come scrivono Lafave and Israel [1985, ed. 1992: 858]: « the Supreme Court, in a series of cases starting with *Brady v. Maryland*, has established a constitutional obligation of the prosecution to disclose exculpatory evidence within its possession when that evidence might be material to the outcome of the case ».

4. Il caso *Brady* 373 U.S. 83 (1963) risale a oltre trenta anni or sono. Nell'ineffabile saggio non si fa menzione né delle differenze intrinseche al processo civile e penale e, tantomeno, al sistema processuale inglese che, per molti versi, appare più interessante e non di rado più avanzato di quello nordamericano. A questo proposito, è stato osservato che la *preliminary investigation* inglese equivale alla *full disclosure* per quanto riguarda l'accusa; il quadro appare invece più complesso nel sistema nordamericano (che è quello di uno stato federale). In effetti, mentre nel primo il rinvio a giudizio avviene invariabilmente a seguito della *preliminary examination,* non è così nel sistema nordamericano, in cui esistono metodi alternativi per il rinvio a giudizio di un imputato: oltre che in sede federale, il *Grand Jury* — abolito nel sistema inglese — esiste ancora in numerosi stati dell'Unione. L'azione penale può essere iniziata davanti a quell'organo e l'imputato rinviato a giudizio senza che vi sia mai stata una udienza davanti alla *magistrates' court*. Inoltre, mentre negli S.U. la *coroner's inquest* può sostituire la *preliminary hearing*, nel sistema inglese essa è sempre seguita da una *preliminary examination*. Infine, mentre negli S.U. si può rinunziare alla *preliminary hearing*, ciò non è possibile nel sistema inglese [Karlen 1967: 144]. In ogni caso, si può tranquillamente affermare che attualmente nel processo penale inglese e nordamericano si pratica la *pre-trial discovery*, anche se con diversi gradi di intensità (AZIONE (I) *AD EXHIBENDUM*; DEPOSIZIONE; DIVULGAZIONE; ESAME DEGLI ATTI PROCESSUALI AVVERSARI; PRIGIONE PER DEBITI; PROCEDURA: 7; PRODUZIONE DI DOCUMENTI; PROVA; RINVIO A GIUDIZIO; SILENZIO; TESTIMONE: 2; TRASPARENZA; UDIENZA). [vol. I: COMMITTAL PROCEEDINGS; DISCOVERY; PRETRIAL]

Bibl.:
Hampton 1973, ed. 1977: 93.
Karlen 1967: 38.

Discredito in genere. Discredit, defamation, slander (CREDITO; DENIGRAZIONE; DIFFAMAZIONE; RISERVATEZZA). [vol. I: CREDIT; DISCREDIT]

- **agli occhi del pubblico.** False light in the public eye (DIFFAMAZIONE; PUBBLICITÀ; RISERVATEZZA).
- **del concorrente.** (CONCORRENZA SLEALE)
- **della testimonianza.** Impeachment of witness (ATTENDIBILITÀ DEL TESTIMONE; CONTROESAME; TESTIMONIANZA). [vol. I: DISCREDIT; EVIDENCE: II; HOSTILE WITNESS]
- **del prodotto del concorrente.** (DENIGRAZIONE DEL PRODOTTO DEL CONCORRENTE)

Discrepanza in genere. Variance, disagreement, difference (CONFORMITÀ; DIFFERENZA; DISACCORDO; DISSENSO; EMENDAMENTO; IMPOSSIBILITÀ; INCOMPATIBILITÀ; MODIFICA; MUTAMENTO; VARIAZIONE). [vol. I: AMENDMENT OF WRIT AND PLEADINGS; CLERICAL ERROR; RECTIFICATION; VARIANCE]

Discrezionale. Prerogative, discretionary (ATTO DISCREZIONALE; DIRITTO (I) AMMINISTRATIVO; DISCREZIONALITÀ; FACOLTATIVO; MINISTERIALE; POTERE DISCREZIONALE). [vol. I: MINISTERIAL]

Discrezionalità in genere. Discretion (ABUSO DI POTERE; DISCREZIONALE; LIBERTÀ).

- **amministrativa.** Administrative, executive, ministerial o official discretion o, più semplicemente, discretion. Si osserva, anzitutto, che né l'ordinamento inglese, né quello nordamericano hanno elaborato un diritto amministrativo, e una giustizia amministrativa come sono intese nei sistemi di *civil law*. Peraltro — senza la pretesa « genialità » del sistema francese, e attraverso una notevole diversità di ordini concettuali e di tecnica — essi pervengono in maniera ancora più incisiva al controllo giudiziario della discrezionalità amministrativa mediante la celebre *judicial review of administrative action* per cui spetta, in definitiva, al giudice ordinario il controllo sugli atti della pubblica amministrazione. A tal proposito, si dice che il potere discrezionale (*discretion*) deve essere esercitato *reasonably and in good faith*; una serie di formule viene usata di volta in volta per dichiarare l'atto discrezionale *ultra vires*, e quindi nullo. Anzi, è stato autorevolmente rilevato che, di fatto, con l'applicazione del principio dell'*ultra vires*, il potere del giudice inglese va molto al di là di quello riconosciuto al giudice continentale che valuti un atto amministrativo dal punto di vista dell'eccesso di potere. Infine, mentre, in generale, il giudice inglese mostra una certa riluttanza ad entrare nel merito dell'atto, quello nordamericano tende a sostituire la propria decisione a quella dell'amministrazione (ABUSO DI POTERE; ECCESSO DI POTERE; REGOLATORE). [vol. I: INTRODUZIONE: III. 10 e 12; ABUSE OF DISCRETION; ADMINISTRATIVE LAW; DISCRETION; DUE PROCESS CLAUSES; JUDICIAL REVIEW; PROPORTIONALITY]

– **assoluta.** Unfettered discretion (ABUSO DI POTERE).

– **del giudice in genere.** Judicial discretion (GIUDIZIO DI MERITO; INTERPRETAZIONE). [vol. I: *ad vocem*]

– **del giudice nell'applicazione della pena.** Judicial discretion in the imposition of sentence (PENA). [vol. I: SENTENCING PROCESS]

– **del giudice nella valutazione delle prove.** Lett., judicial discretion in the assessment of evidence; ma si noti che nei sistemi di *common law* nei processi penali per i reati maggiori la valutazione della prova spetta alla giuria. Quest'ultima, del resto, negli S.U. partecipa anche ai processi civili. È proprio la esistenza della giuria che spiega le notevolissime differenze esistenti in tema di prova e di valutazione di essa nelle due tradizioni giuridiche e, anche, il regime delle impugnazioni (GIURIA; MERITO; PROVA).

– **dell'azione penale in genere.** Prosecutor's discretion, discretion as to whether prosecute, police discretion, discretion in the enforcement of criminal law, discretion in the charging process. La discrezionalità dell'azione penale — caratteristica fondamentale del sistema processuale penale (accusatorio) della tradizione di *common law* — costituisce forse la manifestazione più eclatante della condizione di *parte* che l'accusa assume nel processo. Del resto, in una concezione della funzione del giudice come arbitro, essa trova un parallelo nel potere dispositivo delle parti in materia civile, peraltro ben nota e attivimente praticata specie nel nostro processo civile. In breve, essa consiste nel potere discrezionale dell'organo di accusa (collocato in ogni caso al di fuori dell'ordine giudiziario) di rinunziare ad iniziare l'azione penale o, successivamente, a una, talune o tutte le imputazioni proposte nei confronti dell'imputato, ovvero anche a perseguirlo per un reato diverso (minore) da quello effettivamente commesso. Nel sistema inglese, prima del 1985, anche questo potere spettava per intero alla polizia — peraltro non centralizzata e non alle dipendenze del potere esecutivo — che, esperite le indagini, stabiliva anche se dare corso o meno all'azione penale avvalendosi o di propri avvocati o di avvocati incaricati *ad hoc*. Invece, con il Prosecution of Offences Act 1985 è stato istituito un apposito servizio, titolare — peraltro in maniera non monopolistica — dell'azione penale (*prosecution service*) per l'Inghilterra e il Galles; fatta eccezione dei reati stradali minori, rispetto ai quali la promozione e il perseguimento dell'azione penale spetta ancora oggi alla polizia. Come si è accennato, si tratta di un servizio collocato al di fuori dell'ordine giudiziario, al quale ultimo compete nei sistemi di *common law* la sola funzione giurisdizionale. A capo del *Crown Prosecution Service* è preposto il *Director of Public Prosecutions* (o DPP) e quest'ultimo a sua volta è sottoposto alla supervisione generale (politica) dell'*Attorney-General*, membro della *House of Commons* che appartiene al partito di maggioranza e cessa dall'ufficio con le dimisssioni del governo. Consulente legale principale del governo, l'*Attorney-General* risponde al parlamento del suo operato.

1. Con il citato Act del 1985 si opera una *netta distinzione* (rispetto al passato in cui l'azione penale veniva promossa e perse-

guita dalla stessa polizia, anche se nominalmente dalla Corona) tra la *promozione dell'azione penale* (detta *prosecution of offences*) e l'attività della polizia consistente essenzialmente nella individuazione e investigazione (*detection and investigation*) dei reati. La polizia continua a ritenere la sua discrezionalità nello stabilire se dare inizio o meno all'azione penale. Peraltro, nel primo caso (promozione dell'azione penale), essa è tenuta trasmettere il caso al *Crown Prosecutor* competente: spetta a quest'ultimo decidere se darvi seguito assumendo la veste di pubblica accusa. Qualòra la polizia abbia promosso l'azione penale, i *Crown Prosecutors*, ai quali, come si è detto, spetta se proseguirla o meno, hanno il potere di fornire direttive (*advice*) alla polizia; ma essi non hanno il diritto di essere informati delle indagini in corso e di impartire direttive alla polizia fino a quando quest'ultima non abbia deciso di promuovere l'azione penale. Più articolata appare la decisione di rinunziare all'azione penale una volta iniziato il processo: mentre davanti alla *Crown Court* il giudice può dichiarare inammissibile la rinunzia all'azione penale da parte dell'accusa (*R* v. *Broad* (1978), 68 Cr. App. R. 281), la s. 23 del citato Act del 1985 consente ai *Crown Prosecutors* di rinunziare all'azione penale nella fase del procedimento che si svolge davanti alle *magistrates' courts*, in quella fase cioè che precede il *trial* davanti alla *Crown Court* (che è il caso dei reati più gravi).

2. Si è parlato di titolarità dell'azione penale riecheggiando una delle tante formule nostrane; ma si tratta, in effetti, di una titolarità *condivisa* tra la polizia, il *Crown Prosecution Service* ed altri organi.

3. Titolarità *non monopolistica* dell'azione penale significa inoltre, che l'azione penale — nel sistema inglese ma, di fatto, non in quello nordamericano — può essere promossa anche dal privato (e non limitatamente alle ipotesi della querela nostrana): in questo caso, si parla di *private prosecution*. Il limite di questo tipo di azione consiste nel fatto che il *Director of Public Prosecutions* può sempre avocare il caso e, in pratica, mettervi fine, rifiutandosi di sottoporre prove per sostanziare l'azione. Le *private prosecutions* sono di solito promosse nei casi in cui la polizia si mostri riluttante a trattare il caso come, ad es., nelle liti tra vicini, etc. Ma vi sono anche casi più rilevanti. Questo tipo di azione diviene in effetti non agevole per il fatto che la section 6 del citato Act del 1985 nega il diritto della parte privata ad ottenere il materiale di cui dispone il *Crown Prosecution Service*. Tuttavia, una volta iniziata l'azione, il giudice può disporre che la parte può avervi accesso. Inoltre, in base a una decisione del 1973, in caso di omissione dell'azione penale da parte della polizia, il giudice può disporre che essa la proponga. A questo proposito, sorge la domanda se un analogo potere sia ammissibile nei confronti dei *Crown Prosecutors* che decidessero di non proseguire l'azione penale: in ogni caso, dato il meccanismo esistente, è ipotizzabile una diversità di posizioni tra la polizia che promuove l'azione penale e i *Crown Prosecutors* che stabiliscono diversamente. Del resto, la legge in materia trova la sua principale spiegazione, sembra, nel fatto che in passato la polizia aveva promosso numerose azioni penali dimostratesi prive di fondamento in sede giudiziaria. Il nuovo sistema appare quindi diretto ad esercitare un controllo sulle azioni penali promosse dalla polizia. [vol. I: PROSECUTION: I. 5]

4. Uffici pubblici quali, ad es., l'*Inland Revenue*, dispongono di un proprio gruppo di *prosecutors* che promuovono l'azione penale relativa ai reati concernenti l'attività di istituto, come l'evasione fiscale fraudolenta, etc.

5. Come si è accennato, nel sistema inglese, spetta alla polizia l'inizio e la condotta delle indagini, ultimate le quali, salvo che in taluni reati minori, dopo aver promosso l'azione penale, essa rimette il caso ai *Crown Prosecutors* ai quali ultimi spetta decidere se proseguirla o meno e, nel primo caso, di rappresentare l'accusa. Il *Crown Prosecution Service* è dislocato in diverse aree del paese. Proprio in virtù del suo potere di continuare o meno l'azione penale promossa dalla polizia, esso viene a disporre di un notevolissimo potere il cui esercizio è, in ultima analisi, sottoposto al controllo politico del parlamento al quale risponde l'*Attorney-General* posto al vertice del sistema dell'accusa.

6. Negli S.U. — stato federale — titolare dell'azione penale, anche qui in maniera discrezionale, è, a seconda dei casi, lo *state attorney* o, più spesso, il *district attorney* nei singoli stati dell'Unione, ovvero lo *U.S. Attorney* per i reati previsti dalla legge federale. Il Congresso può nominare uno *special prosecutor* — persona al di

Discrezionalità dell'azione penale

fuori degli organi di accusa istituzionli — perché proceda ad un'indagine e promuova l'azione penale nei casi più gravi.

7. Sembrano queste, schematicamente, talune delle maggiori differenze tra il sistema processuale — di parti — angloamericano e quello italiano che vede sancita addirittura costituzionalmente l'obbligatorietà dell'azione penale nell'art. 112 della nostra carta. Ma non si tratta solo di questo: la differenza principale risiede, sembra, nella diversa figura del *prosecutor* anglo-americano che, in quanto parte, può *disporre* dell'azione, e il pubblico ministero che nei sistemi continentali *parte non è*; comunque non nel senso pieno in cui è inteso nei sistemi di *common law*. Ma qui occorre un *caveat*: pubblico ministero parte-non parte, etc.: ma si tratta di semplificazioni nostrane: in effetti, negli S.U., dopo il caso *Brady*, che impone al *prosecutor* degli obblighi attinenti alla *discovery*, si potrebbe discutere se si tratti di parte in senso pieno.

8. La materia appare di grandissima delicatezza, specie se si pensa che negli S.U. — ma non nel sistema inglese — in sede statale gli organi dell'accusa sono di natura elettiva, fattore che, com'è stato osservato [Karlen 1967: 29], costituisce « a grave weakness of American prosecution ». Comunque, i due sistemi schematicamente accennati, vanno soppesati tenendo conto, oltre che di ulteriori elementi, specie giurisprudenziali, anche della cultura e dell'atmosfera politica, insomma della *realtà giuridica effettuale*, tanto per dirla con Tullio Ascarelli, in cui essi operano. In questo senso, appare assai difficile fare una scelta netta per l'uno o l'altro approccio (anglo-americano o continentale). In effetti, anche il sistema inglese, il più equilibrato — non foss'altro perché esclude la natura elettiva del capo dell'ufficio preposto all'accusa — suscita nel suo concreto operare delle perplessità in ordine alle garanzie (che ovviamente non vanno ricercate tutte nel diritto) di legalità nel concreto esercizio di un potere di cui non si può esagerare l'importanza in qualsiasi tradizione giuridica. Ad es., il fatto che dell'esercizio discrezionale dell'azione risponda in parlamento l'*Attorney-General* può costituire, tutto sommato, un controllo molto relativo in un sistema in cui di solito il partito di governo dispone di una fortissima maggioranza. Anche se va aggiunto il peso non indifferente dell'*opinione pubblica* su quel sistema politico e, anche, la generale osservanza di talune decenze di fondo nella gestione del potere pubblico.

9. Per quanto riguarda più in particolare il nostro paese, è ormai prassi consolidata delle nostre autorità inquirenti — nell'ambito della collaborazione con omologhi uffici stranieri (specie nordamericani) nella lotta alla criminalità organizzata — di non perseguire penalmente quegli imputati nei confronti dei quali gli inquirenti stranieri abbiano rinunziato a proporre imputazioni per reati (anche se commessi nel nostro paese) di cui si dichiarino colpevoli, qualora essi siano divenuti testimoni di accusa. In tal modo, in circostanze del genere, il sistema italiano si adegua, in sostanza, a quello della discrezionalità dell'azione penale.

10. Ma se il *sistema della discrezionalità* suscita perplessità — e non solo nel *civil lawyer* [cfr. Karlen 1967: 29] — il *sistema dell'obbligatorietà* così com'è attuato specie nel nostro paese suscita spesso forte indignazione. In effetti, non si può negare che, di fatto, si riscontra una discrezionalità tanto più sconcertante in quanto *del tutto incontrollata*: a non dire altro per carità di patria (cfr., per tutti, le vicende degli uffici giudiziari napoletani (marzo 1994), la deliberata omissione di atti di ufficio storicamente praticata in maniera sistematica dalla stragrande maggioranza delle procure in quasi mezzo secolo di *democrazia consociativa*, etc.). Com'è stato osservato: « Teoria e pratica sono più visibilmente in contrasto per quel che riguarda la discrezionalità dell'azione penale. L'art. 112 Cost. impone al pubblico ministero l'obbligo di esercitare l'azione penale, in tal modo negandogli qualunque discrezionalità in materia. Tuttavia, vi è una procedura attraverso la quale il pubblico ministero può chiedere all'organo giurisdizionale l'emissione di un decreto di archiviazione che consente di abbandonare un caso evitando il dibattimento. Ciò attribuisce al pubblico ministero una considerevole discrezionalità » [A.A.S. Zuckerman, *L'errore giudiziario nel processo penale inglese: un trattamento radicale* (1992) 16 GP 295, at 327, n. (37)].

11. Comunque, al di là delle iniziative di singoli magistrati o gruppi di magistrati — non pochi dei quali hanno pagato di persona, *incluso gravi sanzioni disciplinari da parte del Consiglio Superiore della Magistratura (sic!)* — non sembra ingeneroso

Discrezionalità dell'azione penale

attribuire, in non piccola parte, il degrado irreversibile della vita pubblica italiana, al mancato esercizio di un dovere cui la magistratura è tenuta per legge. Beninteso, i nomi di quei magistrati-eccezione che hanno sfidato la « forza legale » e anche lo stesso potere giudiziario resteranno a lungo iscritti nella memoria degli italiani (onesti); tra essi un posto speciale spetta ai *magistrati milanesi*, che diversamente dai pur coraggiosi colleghi siciliani, anche grazie a diverse condizioni politiche sopravvenute, hanno messo in luce l'organigramma criminale del potere legale nel nostro paese. Il filone siciliano, al di là di una innegabile e specifica efferatezza locale, veniva artatamente gonfiato nella misura in cui era diretto depistare l'attenzione dal vero regime politico del paese.

12. Si pensi alla decisione della Procura della Repubblica di Roma presa nel novembre 1993 nell'*affaire* Sisde per cui « non è possibile fare alcun accertamento giudiziario sul Capo dello Stato anche per le imputazioni dei reati più gravi, anche quando quelli di cui è accusato si riferiscono a un periodo precedente la sua elezione » [*la Repubblica*, 7 novembre 1993, p. 3]. Non solo: ma chiunque proferisca accuse, anche se documentatissime, si rende colpevole per ciò solo del delitto di attentato alla costituzione. Ragion di stato?; ma di quale stato?

13. Ovviamente, nel sistema inglese e nordamericano, in un assai diverso contesto politico e istituzionale e suvvia, diciamolo, di pubbliche decenze, la discrezionalità dell'azione penale comporta, in sostanza, il conferimento di un notevole potere politico che, come tale, va sottoposto a controlli che non possono non essere a loro volta di natura politica, senza peraltro illudersi che essi siano sempre adeguati ad evitarne gli abusi. Ma fra tutte le discrezionalità immaginabili, sembrerebbe che la peggiore e la più grave sia la discrezionalità all'italiana, quella di fatto, in cui i magistrati non rispondono a nessuno, se non a determinati gruppi di potere.

14. Esiste ormai tutta una letteratura più o meno buona che si occupa del Caso Italia anche in questa materia: ossia, il fatto che il nostro è l'unico paese dell'Occidente in cui gli organi inquirenti facciano parte dell'ordine giudiziario. Le proposte di riforma diluviano: simposi, seminari, tavole rotonde, quadrate, rettangolari, a ferro di cavallo, di università, circoli e trattorie, ritiri individuali e di gruppo, interviste a « statisti », studiosi, politici e politicanti, amministratori, imprenditori, sindacalisti, prelati, magistrati e ambasciatori, pompieri e carabinieri; fiumi di saggi, valanghe di articoli, su riviste, quotidiani e rototocalchi; arzigoli tra i più arditi. E si propone, oltre a lasciare le cose come stanno, la discrezionalità dell'azione penale, e addirittura di sottoporre di nuovo la magistratura inquirente al potere esecutivo (come nel periodo fascista, ma in un assetto pretoriano del potere come quello attuale: ergo, mettendo fine, in pratica, all'attività inquirente nei confronti della grande criminalità organizzata), l'elezione diretta dei giudici e, perché no, anche degli inquirenti. Marco Pannella, geniale evangelista laico, non sempre agevole da seguire nei suoi ragionamenti e nelle sue scelte, appare uno dei più autorevoli sostenitori di una riforma giudiziaria attuata mediante l'adozione degli istituti processuali « anglosassoni », come dice lui. E gli va dato atto di essere uno dei rari politici e intellettuali italiani — nell'armata di professori e studiosi, o pretesi tali, comparatisti, scienziati della politica, etc. — ad avere avvertito la portata autenticamente dirompente che l'introduzione delle regole processuali e di sostanza (in definitiva dei modelli economici e culturali) anglo-americani avrebbe come strumento di modernizzazione del nostro paese. Si tratta di un approccio che politicamente si ricollega alla migliore tradizione risorgimentale italiana, che però va verificato con estrema cura tenendo conto dei pericoli dei *legal transplants* in un paese di cultura politica ed economica terzomondista come il nostro. Tenendo conto soprattutto dei *compagni di strada*: perché da noi si parla molto di riforme ma, di fatto, spesso si vuole la controriforma, se non addirittura l'abolizione del codice penale. Un *caveat* quindi ad evitare ulteriori scempi e ridicolo scaricato sul paese come sarebbe, ad es., nel caso dell'elezione dei giudici, che ha dato pessima prova negli S.U. ed è ora un sistema che la maggior parte degli stati dell'Unione ha abbandonato. Idem per la discrezionalità dell'azione penale.

15. Tutta questa materia va inquadrata sotto la rubrica generale dei *controlli politici e giuridici* e di quella *tavola generale delle incompatibilità e delle decenze* che, allo stato sembrano troppo lontane dalla realtà effettuale di un paese che esce da una regime semidittatoriale durato mezzo

secolo. Azione penale discrezionale-azione penale obbligatoria: per molti versi, un falso dilemma. Perché, come si è accennato, una notevole discrezionalità — incontrollata — viene esercitata anche in quei sistemi che prevedono l'obbligatorietà dell'azione penale. Nel caso italiano, poi, per decenni si è verificata una addirittura una generale e scandalosa violazione di quell'obbligo. Come scrivono Lafave e Israel: « While it is thus fair to say that discretionary enforcement in the charging process is a significant problem in current criminal justice administration, clearly the answer does not lie in depriving the prosecutor of any discretion whatsoever. Full enforcement is neither possible nor tolerable. The issue is not discretion versus no discretion, but rather how discretion should be confined, structured, and checked ». [1985, ed. 1992: 626]. In effetti, il problema della discrezionalità dell'azione penale costituisce soltanto un aspetto, importante quanto si vuole, ma un aspetto soltanto, di quella discrezionalità che, in varia misura, appare intrinseca a qualsiasi attività umana. Da quella del legislatore, del giudice, dell'imprenditore, del medico, e, insomma, di chi svolge la funzione la più piattamente esecutoria possibile, come il vigile urbano (con tutto il rispetto per la categoria), il *controllo della discrezionalità costituisce il tema fondamentale della democrazia.* La discrezionalità è intrinseca al concetto stesso di *potere*; ed è di ogni potere di espandersi indefinitamente fin quando non si scontri con un altro potere: il sistema dei *checks and balances* ha appunto la funzione di stabilire un meccanismo di controlli reciproci tra i poteri dello stato. Si potranno riempire biblioteche intere sul tema della discrezionalità dell' azione penale, ma se se non si vuole ridurre il tutto ad una esercitazione inutile deve tenersi a mente che *discrezionalità* significa *libertà* e quindi anche *responsabilità* e *controllo.* Ma, in definitiva, il tema della discrezionalità pone in primo piano il problema della *qualità degli uomini* che da noi assume aspetti di drammatica gravità. Quando gli studiosi nostrani rilevano, ad es., che il nostro è l'unico ordinamento giudiziario dell'Occidente a raggruppare nello stesso ordine la funzione giurisdizionale e quella inquirente, che la *qualità* dei nostri magistrati è modesta (guardandosi bene dall'aggiungere che *ancora peggiore è quella dei docenti che li hanno, per così dire, formati*), che di fronte alla attuale anomala discrezionalità dell'azione penale sarebbe preferibile una discrezionalità controllata, e così via cantando, affermano cose esatte. Ma compito dello studioso è anche quello di domandarsi quali sarebbero le conseguenze dell'adozione di taluni istituti che vanno bene altrove; insomma, se esistono le condizioni per le auspicate riforme, e se il rimedio non rischi di diventare peggiore del male. La storia delle riforme nostrane del dopoguerra fa parte ormai della barzellettistica nazionale; ed è troppo nota per doverla rivisitare. È bensì vero che non c'è mai in nessun paese un tempo per le riforme, ma non sembra azzardato sostenere che, tenuto conto della attuale situazione di marasma, delle forze e degli interessi che muovono taluni « riformatori », l'adozione formale del sistema discrezionale dell'azione penale nelle attuali condizioni di illegalità di massa esistente nel paese significherebbe, in sostanza, la fine di qualsiasi attività inquirente degna del nome (ARCHIVIAZIONE DELLA DENUNZIA PENALE; AZIONE (I) PENALE; CHIAMATA DI CORREO; DENUNCIA PENALE; ERRORE GIUDIZIARIO; INVESTIGATORE PRIVATO; MAXI-PROCESSO: 12; MESSA IN STATO DI ACCUSA DEL PRESIDENTE DELLA REPUBBLICA; PATTEGGIAMENTO; POTERE DISPOSITIVO DELLE PARTI; PUBBLICO MINISTERO; RAGION DI STATO; REATI ASSOCIATIVI; RINUNZIA ALL'AZIONE PENALE; SISTEMA PENALE ACCUSATORIO). [vol. I: CRIMINAL PROCEDURE; DIRECTOR OF PUBLIC PROSECUTIONS; NOLLE PROSEQUI; PROSECUTION]

Bibl.:

Pizzi, W. T, *La discrezionalità del prosecutor nell'esercizio dell'azione penale* (1991) 11-12 GP 298.

Discriminazione in genere. Discrimination. Negli S.U. è definita *redlining* (dal fatto che in origine i finanziatori delineavano una determinata zona di una città con dei segni in rosso) la pratica di istituzioni finanziarie (proibita dalla legge federale in materia) consistente nel negare un credito immobiliare — indipendentemente dalla solvibilità del richiedente — se riferito a determinati immobili situati in quartieri degradati. Sempre negli S.U., viene definita *affirmative action*, l'attività della pubblica amministrazione che, direttamente o indirettamente, ha lo scopo di eliminare la discriminazione a danno di gruppi meno favoriti come, ad es., assicurando lavoro, l'ingresso alle università o scuole professionali etc. (CREDITO IMMOBILIARE; DIRITTI (II) DELL'UOMO; DISUGUAGLIANZA; SEGREGAZIONE; *STATUS*; TOLLERANZA; TRATTAMENTO DI-

SCRIMINATORIO; UGUAGLIANZA DI DIRITTI; UGUAGLIANZA DI FRONTE ALLA LEGGE; VESSAZIONE).

– **arbitraria.** Arbitrary discrimination (COMMERCIO; COMUNITÀ EUROPEE).

– **dei prezzi.** Price discrimination (ABUSO DI POSIZIONE DOMINANTE; PREZZO; VENDITA IN ESCLUSIVA).

– **della donna.** Discrimination against women (DONNA; FEMMINISMO).

– **di bandiera nel trasporto marittimo.** Flag discrimination (BANDIERA; CABOTAGGIO; TRASPORTO MARITTIMO). [vol. I: *ad vocem*]

– **dissimulata.** Covert discrimination (DISSIMULAZIONE).

– **per età.** Age discrimination (ETÀ).

– **razziale.** Racial o race discrimination. Negli S.U. il Civil Rights Act del 1964 proibisce la discriminazione razziale (DIRITTI (II) CIVILI; DIRITTI (II) DELLA DONNA; PREGIUDIZIO RAZZIALE; PURIFICAZIONE ETNICA; RAZZA). [vol. I: HUMAN RIGHTS; RACE DISCRIMINATION; RACE RELATIONS]

– **sessuale.** Sex discrimination, gender discrimination. Negli S.U. — stato federale — la cl. 1 del XIX emendamento [1920] stabilisce: « The right of citizens of the United States to vote shall not be denied or abridged by the United States or by any State on account of sex » (DONNA; MOLESTIE SESSUALI; RELAZIONE TRA SESSI DIVERSI; SESSO; *STATUS*; UGUAGLIANZA DI OPPORTUNITÀ; UGUAGLIANZA SESSUALE; VIOLENZA SESSUALE). [vol. I: SEX DISCRIMINATION]

– **sul lavoro.** Work, o employment, discrimination (LAVORO).

Discussione in genere. Discussion; ma si noti che questo termine indica anche l'escussione (ESCUSSIONE; QUESTIONE). [vol. I: *ad vocem*]

– **di una causa in genere.** Hearing of a case (AUDIZIONE; CAUSA (III); CONTRADDITTORIO; DIBATTIMENTO; UDIENZA A PORTE CHIUSE). [vol. I: HEARING IN CAMERA; TRIAL]

Disdetta. Notice (ANNUNZIO; AVVISO; DIFFIDA; SFRATTO PER FINITA LOCAZIONE). [vol. I: NOTICE TO QUIT]

– **di un abbonamento.** Notice of discontinuance of subscription (ABBONAMENTO).

– **per finita locazione.** Grosso modo, notice to quit (SFRATTO). [vol. I: *ad vocem*; LEASE; RENT; RENT CONTROL]

Disegno in genere. Design.

– (o **proposta) di legge.** Bill in Parliament o, negli S.U., bill in Congress: il termine bill indica sia il disegno che la proposta di legge.
1. Di fatto, nel sistema britannico di bipartitismo perfetto, il bill — salvo rare eccezioni di proposte di legge di singoli parlamentari, dette *private member's bills* — è sempre, per definizione, di origine governativa (*public bills*). In altre parole, salvo qualche eccezione di minore importanza, la totalità della legislazione adottata dal parlamento britannico è di iniziativa governativa: *et pour cause!*. Sul governo incombe l'obbligo di attuare il programma elettorale nei tempi stretti previsti dalla legislatura (in pratica, quattro anni). Pertanto, se, in principio, un membro del parlamento può avanzare qualsiasi proposta di legge, numerose limitazioni ne annullano quasi completamente la portata pratica, specie in materia *finanziaria,* in cui il potere propositivo dei singoli parlamentari si può considerare inesistente. Chiunque abbia una pallida idea delle migliaia di « leggine » — a non parlare della legge finanziaria, barzelletta unica al mondo, figlia della *centralità del parlamento* — che nel nostro sistema hanno contribuito alla catastrofe del debito pubblico, non può che auspicare quel radicale mutamento istituzionale che riporti l'attività parlamentare — dall'attuale anarcoide assemblea trasformatasi in centro di spesa e di sperpero di denaro pubblico — alla sua originaria funzione di *controllo politico,* che è in parte non piccola *controllo delle spese.*
2. Negli S.U., in cui di solito non si riscontrano maggioranze parlamentari del genere britannico, non sussistono analoghe restrizioni; ma va segnalato il potere di veto del Presidente anche sulle leggi di spesa approvate dal Congresso. Ai sensi dell'art. I, s. 7, della costituzione federale tutte le leggi di imposta devono avere origine nella *House of Representatives.* La proposta di legge popolare presentata nell'ambito dei singoli stati dell'Unione è detta *proposition* ed è contraddistinta da un numero progressivo.
3. L'approvazione del disegno o della proposta di legge è detta *adoption of bill in Parliament* o, negli S.U., *in Congress* (APPROVAZIONE DI DISEGNO o PROPOSTA DI LEGGE; BILANCIO DELLO STATO; CENTRALITÀ DEL PARLAMENTO; INIZIATIVA LEGISLATIVA; LEGGE; PRIMA, SECONDA, TERZA LETTURA DI UN DISEGNO DI LEG-

GE; PROGETTO DI LEGGE; PROPOSTA DI LEGGE). [vol. I: BILL IN PARLIAMENT; GOVERNMENT BILL; PARLIAMENT: IX; PRIVATE MEMBER'S BILL]

Bibl.:
Varano, V., *Bill*, in *Digesto IV Utet, Civ.*, vol. II: 109.

– (o **proposta) di legge decaduto.** Lost bill.

– **di legge di bilancio.** Budget bill; ma questo termine, siccome è inteso nel sistema inglese, non ha equivalenza nel sistema italiano (BILANCIO DELLO STATO).

– **di legge finanziaria.** Finance bill, o money bill (BILANCIO DELLO STATO; LEGGE FINANZIARIA). [vol. I: FINANCE BILL; MONEY BILL]

– **di legge governativo.** Grosso modo, government's bill (INIZIATIVA DI LEGGE POPOLARE; PRIMA, SECONDA, TERZA LETTURA DI UN DISEGNO DI LEGGE; PROPOSTA DI LEGGE).

– **industriale.** Industrial design. Rientra nell'*industrial property*: la sua tutela, attuata nell'ambito del diritto di autore, comporta una complessa problematica (ARTE APPLICATA; BREVETTO; DIRITTO (II) DI AUTORE; PROPRIETÀ INTELLETTUALE). [vol. I: *ad vocem*; INDUSTRIAL PROPERTY; INTELLECTUAL PROPERTY]

Bibl.:
Bergomi, G., *Industrial design* (1987) 3 CeI 966.

– **ornamentale.** Ornamental design; il brevetto relativo è detto *design patent* (BREVETTO).

Diseredazione. Disinheritance, abdication; ma il termine va inteso soltanto in senso molto lato. In effetti, dato il diverso criterio di devoluzione del patrimonio per causa di morte, nei sistemi di *common law* non esistono in senso stretto né eredità, né eredi, ma solo legatari (EREDITÀ). [vol. I: *ad vocem*; INTRODUZIONE: III. 24; HEREDITAS; SUCCESSION]

Disertore. Deserter, defector (DISERZIONE; DISPERSO; EVASORE; OBIETTORE DI COSCIENZA).

Diserzione. Defection, desertion, dodging. Ma il termine *desertion* è impiegato anche per indicare l'abbandono del domicilio coniugale (ABBANDONO DEL DOMICILIO CONIUGALE; ABBANDONO DI POSTO; CHIAMATA ALLE ARMI; CORTE MARZIALE; COSCRIZIONE MILITARE OBBLIGATORIA; DISERTORE; DISOBBEDIENZA CIVILE; ESERCITO; OBIEZIONE DI COSCIENZA; RENITENZA ALLA LEVA; SERVIZIO MILITARE). [vol. I: ABANDONMENT; DESERTION; FORCES; FOREIGN ENLISTEMENT]

Disfattismo economico in genere. Economic defeatism (ACCAPARRAMENTO; AGGIOTAGGIO; ECONOMIA DI MERCATO). [vol. I: FALSE NEWS; PUBLIC ORDER; SPREADING FALSE NEWS]

Disincentivo. Disincentive (INCENTIVO).

Disinformazione. Misinformation (INFORMAZIONE).

Disinteressato. (TERZO DISINTERESSATO)

Disinvestimento. Divestment (INVESTIMENTO).

Dismissione. Disclaimer, renunciation, rejection, repudiation; il termine *divesting* è riferito più spesso alla materia dei diritti immobiliari per indicare un fenomeno opposto al *vesting* (ALIENAZIONE; DISPOSIZIONE). [vol. I: DIVEST]

– **di bandiera della nave.** Deregistration of ship (BANDIERA OMBRA; NAVE). [vol. I: DEREGISTRATION; FLAG OF CONVENIENCE; SHIP]

Disobbedienza in genere. Disobedience, insubordination (AMMUTINAMENTO; DISERZIONE; INSUBORDINAZIONE; OBBEDIENZA; RENITENZA ALLA LEVA; RESISTENZA; RIFIUTO DI OBBEDIENZA).

– **civile.** Civil disobedience. Trasgressione — non violenta — della legge (*law-breaking*) che pretende di essere giustificata e che quindi trova in questa giustificazione la ragione della propria differenziazione da tutte le altre forme di trasgressione. Si tratta di strumento di lotta ampiamente praticato nei paesi di antica democrazia. Il diritto di resistere in maniera non violenta ad una legge che non si ritiene legittima sembra ormai comunemente accettato, anche se si riscontra una notevole diversità di opinioni per quanto riguarda l'abuso che un certo esercizio di esso può determinare. Ma è dubbio che la disobbedienza civile debba consistere necessariamente nella trasgressione non violenta; in effetti, sembra generalmente accolta la legittimità della disobbedienza nei confronti di talune leggi fiscali imputate di particolare iniquità: le sommosse popolari contro la *poll tax* voluta da Mrs. Thatcher ci ricordano che le grandi rivoluzioni politiche dell'Occidente sono state innescate da rivolte fiscali. Ma disobbedienza civile-autodeterminazione-guerra civile possono essere — non necessariamente nell'ordine — gli anelli di una stessa stessa catena. In questo senso, se sembra pacifico il diritto (esercitato a proprio rischio) di insorgere in armi contro un regime oppressivo, la domanda si pone se e fino a che punto un diritto del genere esiste in quelle situazioni in cui, come in Italia, dietro il paravento dei rituali della democrazia si nasconde un autentico regime autoritario che reagisce a suon di bombe alla sola prospettiva che taluni equilibri di potere possano cambiare. La disobbedienza civile viene spesso prospettata come una manifestazione del diritto di resistenza della minoranza. Gianfranco Miglio [1993] è autore di una interessante introduzione al saggio di H.D. Thoreau sulla disobbedienza civile (AUTODETERMINAZIONE; COSCRIZIONE OBBLIGATORIA; DICHIARAZIONE DEI DIRITTI; DIRITTO (II) DI RESISTENZA; DIRITTO (I) NATURALE; GUERRA CIVILE; OBIETTORE DI COSCIENZA; RESISTENZA; TRASGRESSIONE). [vol. I: CIVIL DISOBEDIENCE; CONSCIENCE OBJECTOR; HUMAN RIGHTS; PRESSURE GROUP]

Bibl.:

Bobbio, N., *Disobbedienza civile*, in *Dizionario di Politica* 1976, ed. 1983: 338.

Disoccupato. Unemployed (DISOCCUPAZIONE).

Disoccupazione. Unemployment (ASSICURAZIONE CONTRO LA DISOCCUPAZIONE; DISOCCUPATO; ESUBERANZA DI PERSONALE O DI MANODOPERA; LAVORO; OCCUPAZIONE; SUSSIDIO DI DISOCCUPAZIONE). [vol. I: DISMISSAL; EMPLOYMENT; LABOUR; REDUNDANCY; UNFAIR DISMISSAL]

– **occulta.** Disguised unemployment.

Disordine/i in genere. Disorders, riots and civil commotions, disturbances (GUERRA CIVILE; INSURREZIONE; ORDINE PUBBLICO; RIVOLTA; SEDIZIONE; SOMMOSSA; TURBATIVA DELL'ORDINE PUBBLICO). [vol. I: DISORDERS; RIOT]

– **etnici.** Ethnic unrest (RAZZA).

– **urbani.** Urban unrest.

Disparità di opinioni giuridiche. Divergence of legal opinions (CONTROVERSIA; DISPUTA; LITE; OPINIONE GIURIDICA).

Dispensa in genere. Licence, exemption, exoneration, dispensation (CONCESSIONE; ESONERO; IMPEDIMENTO MATRIMONIALE).

– **dalla presentazione della cambiale.** Dispensation with the presentment of bill of exchange (PRESENTAZIONE DELLA CAMBIALE).

– **dalle pubblicazioni di matrimonio.** Dispensation with the publication of banns (PUBBLICAZIONI DI MATRIMONIO).

– **matrimoniale.** Dispensation (MATRIMONIO). [vol. I: MARRIAGE]

Disperso. Missing person (ASSENZA; COMMORIENZA; DISERTORE; GUERRA; IRREPERIBILE; NAVE DISPERSA IN MARE).

– **in azione.** Missing in action (PRIGIONIERO DI GUERRA).

Disponibile in genere. Transferable, assignable, disposable, available. Il termine italiano, quando è riferito alla quota disponibile nella successione *mortis causa*, non ha equivalenza nella tradizione di *common law;* parimenti, non esiste il correlativo di riserva (DISPOSIZIONE; INDISPONIBILE; QUOTA DISPONIBILE NELLA SUCCESSIONE; RISERVA; SUCCESSIONE PER CAUSA DI MORTE; TRASFERIBILE).

Dispositivo in genere. Operative part (FACOLTATIVO; PRINCIPIO DISPOSITIVO; STRUMENTO).

– **della sentenza.** Si può tradurre, grosso modo, con ruling, memorandum decision, decision, operative part, o ordering part of a judgment. Ma, detto questo, ci si precipita ad aggiungere che la sentenza di *common law* si articola in modo totalmente diverso da quella nostrana: in breve, il termine *judgment* è impiegato sia per indicare il dispositivo e, in tal caso si parla di *formal judgment* (es.: *judgment for plaintiff*), il solo ad essere iscritto nei *records*, sia le ragioni date per motivare la decisione. I *law reports* riportano queste ultime (DECISIONE: 9; MASSIMA GIURISPRUDENZIALE; MOTIVAZIONE DELLA SENTENZA; RIVISTE DI GIURISPRUDENZA; SENTENZA). [vol. I: JUDGMENT; LAW REPORTS; OPINION; RECORD]

– **di una legge.** Purview of a statute (LEGGE; PREAMBOLO). [vol. I: PREAMBLE; PURVIEW; STATUTE]

Disposizione/i. Nel senso di alienazione, è detta disposition, disposal, alienation, transfer, conveyance, parting with; la disposizione di legge è detta di solito *provision*, o *clause*; la stipulazione contrattuale è detta *clause* o anche *provision*. Nel senso di norma o regola, è detta *rule* o *provision* (A DISPOSIZIONE; ALIENAZIONE; ATTI DI DISPOSIZIONE DI PARTI DEL PROPRIO CORPO; ATTO DI BENEFICENZA; CLAUSOLA CONTRATTUALE; DIRITTO (II) DI DISPOSIZIONE; DISMISSIONE; DISPOSITIVO; LETTERA DI UNA DISPOSIZIONE DI LEGGE; NORMA; POTERE DI DISPOSIZIONE; PRINCIPIO DISPOSITIVO; REGOLA). [vol. I: ALIENATION; CLAUSE; COMMERCE CLAUSE; CONVEYANCE; DISPOSAL; DISPOSITION; ENTAILMENT; MORTMAIN; PROVISION;

PROVISO; SETTLEMENT; SUPREMACY CLAUSE; TRANSFER]

– **a favore dell'anima.** Bequest for the soul of a deceased: nel sistema inglese — ma non in quello nordamericano — è considerata un *superstitious use* di cui è stabilita la nullità e la devoluzione ad un effettivo scopo di beneficenza. [vol. I: CHARITY; SUPERSTITIOUS USE]

– **aggiuntive in genere.** Additional provisions.

– **comuni in genere.** Common provisions.

– **confliggenti in genere.** Conflicting provisions (CONFLITTO DI LEGGI). [vol. I: CONFLICT OF LAWS]

– (o **clausola) contrattuale.** Contractual clause, o provision, term of contract (CLAUSOLA CONTRATTUALE). [vol. I: CONTRACT: VII; PROVISO; TERM OF CONTRACT]

– **del proprio corpo.** Disposition of one's body (DONAZIONE DI ORGANI; TRAPIANTO).

– **di beneficenza.** Pious o charitable use (BENEFICENZA).

– **di legge restrittiva.** Restrictive provision, clawback provision (RESTRIZIONE).

– **di legge scritta.** Statutory provision; va distinta dalla *rule*, ossia dalla regola giurisprudenziale della *common law* (DIRITTO (I) SCRITTO-NON SCRITTO; FONTI DEL DIRITTO; LEGGE; NORMA GIURIDICA; REGOLA).

– **fiduciaria.** Fiduciary provision (FIDUCIA). [vol. I: FIDUCIARY RELATIONSHIP]

– **finale di legge.** Lett., final provision of a statute (*infra,* DISPOSIZIONE TRANSITORIA).

– **finali di una convenzione, di un trattato internazionale.** Final clauses of an international convention, of a treaty (CONVENZIONE). [vol. I: INTRODUZIONE: III. 37; CONVENTION; FINAL CLAUSES OF A CONVENTION; TREATY]

– **fiscale.** Tax provision (FISCALE; IMPOSTA).

– **fondamentale.** Basic provision.

– (o **alienazione) fraudolenta.** Fraudulent conveyance, o fraudulent preference (ALIENAZIONE IN FRODE DEI CREDITORI). [vol. I: FRAUDULENT CONVEYANCE; FRAUDULENT PREFERENCE; VOLUNTARY CONVEYANCE]

– **generale.** General provision.

– **imperativa.** Grosso modo, mandatory provision of a statute (DIRITTO (I) IMPERATIVO-DISPOSITIVO).

– **in vigore.** Provision in force (VIGORE).

– **preliminari.** (*infra*, DISPOSIZIONI SULLA LEGGE IN GENERALE)

– **sulla legge in generale** o **disposizioni preliminari.** Grosso modo, provisions on the law in general, general provisions. Ma non esiste un equivalente esatto, dato che non esistono nei paesi di *common law* dei codici alla maniera nostrana. Ma cfr. le *General Provisions* dell'*Uniform Commercial Code* degli S.U. e il *Titre préliminaire* del *Code Civil* vigente in Louisiana (CODICE; PRINCÌPI GENERALI DI DIRITTO).

– **testamentaria.** Testamentary disposition, o provision; disporre per testamento è detto *dispose (to) by will*; ma si notino le notevoli differenze che in tema di successione *mortis causa* esistono tra le due tradizioni giuridiche di *civil law* e di *common law* (REVOCA DEL TESTAMENTO; REVOCA DI DISPOSIZIONE TESTAMENTARIA; SUCCESSIONE PER CAUSA DI MORTE; TESTAMENTO). [vol. I: SUCCESSION; TESTAMENTARY; WILL]

– **transitoria.** Transitional provision (TRANSITORIO). [vol. I: *ad vocem*]

Dispotismo. Despotism (DICHIARAZIONE DEI DIRITTI; DITTATURA).

– **delle masse in democrazia.** Democratic despotism (DITTATURA DELLA MAGGIORANZA; MAGGIORANZA; MINORANZA; PARTITI POLITICI).

Bibl.:

Matteucci, N., *Opinione pubblica*, in *Dizionario di Politica* 1976, ed. 1983: 733, at 735.

– **giuridico.** Legal despotism (IMPERIALISMO GIURIDICO). [vol. I: LEGAL IMPERIALISM]

Bibl.:

Bobbio, N., *Dispotismo,* in *Dizionario di Politica* 1976, ed. 1983: 342, at 348.

Maffey, A., *Fisiocrazia*, in *Dizionario di Politica* 1976, ed. 1983: 428, at 430-31.

Matteucci, N., *Costituzionalismo*, in *Dizionario di Politica* 1976, ed. 1983: 270, at 275.

id., *Diritti dell'uomo*, in *Dizionario di Politica* 1976, ed. 1983: 326.

Disputa. Difference, litigation, dispute (ARBITRATO; CAUSA (III); CONTESA; CONTROVERSIA; DISPARITÀ; DISSENSO; GIUSTIZIA ALTERNATIVA; LITE; RISOLUZIONE DI UNA DISPUTA).

– **bilaterale.** Bilateral dispute.

– **territoriale.** Territorial dispute (TERRITORIO CONTESTATO).

Dissenso in genere. Disagreement, dissent; l'unanimità richiesta in talune decisioni trasforma il dissenso in un potere di veto, e quindi nello stallo decisorio (ASSENSO; CONSENSO; DISACCORDO; DISPUTA; DISSUASIONE; DISTURBATORE DI ASSEMBLEA; ELEZIONI POLITICHE; MINORANZA; OPINIONE DISSENZIENTE DEL GIUDICE; UNANIMITÀ; VETO; VOTO). [vol. I: AGREEMENT; DISAGREEMENT; DISSENTIENTE; DISSENTING OPINION; DISSENTING SHAREHOLDER]

Bibl.:
Morling, L., *Dissenso*, in *Dizionario di Politica* 1976, ed. 1983: 349.

– **mutuo nel contratto.** Mutual error (ERRORE). [vol. I: CONTRACT: IX; DISCHARGE: I; MISTAKE]

– **politico.** Political dissent (AGONISTICA; DISOBBEDIENZA CIVILE; OPPOSIZIONE; PARLAMENTARE).

Dissenziente in genere. Dissenter, not-consenting (AZIONISTA DISSENZIENTE; CREDITORE DISSENZIENTE; DIRITTI (II) CIVILI; DISOBBEDIENZA CIVILE; DISSENSO; DISSIDENTE; OPINIONE DISSENZIENTE DEL GIUDICE).

Dissequestro in genere. Release, discharge of sequestration (RILASCIO; SEQUESTRO). [vol. I: EXECUTION; SEQUESTRATION]

– **di nave su cauzione.** Release of ship on bail (CAUZIONE MARITTIMA; NAVE; SEQUESTRO CONSERVATIVO DI NAVE). [vol. I: ADMIRALTY ACTION; ARREST OF SHIP; BAIL; RELEASE: 3]

Dissesto finanziario. Bankruptcy, insolvency (FALLIMENTO; INSOLVENZA).

Dissidente. Dissident (ASILO POLITICO; DIRITTI (II) DELL'UOMO; DISSENZIENTE; OBIETTORE DI COSCIENZA; RIFUGIATO POLITICO).

Dissimulazione. Misrepresentation, concealment, non disclosure: ma si notino le radicali e numerose differenze esistenti in questa materia tra le tradizioni giuridiche di *civil law* e di *common law* (CONTRATTO: VIII; OCCULTAMENTO; RETICENZA; RISERVA MENTALE; SIMULAZIONE). [vol. I: CAVEAT EMPTOR; CONCEALMENT; CONTRACT: IV; DISCLOSURE; MISREPRESENTATION; SILENCE; UBERRIMAE FIDEI]

Dissipazione in genere. Depletion, dissipation, squandering (DILAPIDAZIONE; INSOLVENZA; PRODIGALITÀ). [vol. I: DILAPIDATION]

– **di fondi.** Squandering of funds (FONDI).

Dissociato. Grosso modo, accomplice or joint participant in a crime opting out of criminal activity (COLLABORATORE DELLA GIUSTIZIA; DISSOCIAZIONE; PENTITO).

Dissociazione. Withdrawal, opting out, dissociation (ABBANDONO; AUTODETERMINAZIONE; CRIMINALITÀ ORGANIZZATA; DENUNZIA; DISSOCIATO; RECESSO; REVOCA; RINUNCIA; RITIRO; RITRATTAZIONE; SECESSIONE). [vol. I: ABANDONMENT; REVOCATION; SELF-DETERMINATION; WAIVER; WITHDRAWAL]

– **da un'associazione per delinquere.** Withdrawal from a criminal conspiracy o association (ASSOCIAZIONE PER DELINQUERE). [vol. I: QUEEN'S EVIDENCE]

Dissuasione. Deterrence (DISSENSO; MINACCIA; PERSUASIONE; RAPPRESAGLIA; RITORSIONE).

Bibl.:
Bonanate, L., *Dissuasione*, in *Dizionario di Politica* 1976, ed. 1983: 352.

Distanze tra le costruzioni. Distance between buildings (COSTRUZIONE; MURO COMUNE). [vol. I: ABUTTALS; BOUNDARY; CONVENTION; EASEMENT; RIGHT OF SUPPORT; WALL]

Distensione. Peaceful coexistence, *détente* (PACE).

Distinta di accompagnamento. Remittance advice, remittance slip (ACCOMPAGNAMENTO; BOLLETTA; TRASPORTO). [vol. I: REMITTANCE]

Distinzione dei poteri. Distinction of powers; espressione riferita alla distinzione tra il potere temporale e quello religioso (CHIESA; DIRITTO (I) CANONICO; POTERE; SEPARAZIONE DEI POTERI).

Bibl.:
Zanone, V., *Laicismo*, in *Dizionario di Politica* 1976, ed. 1983: 573, at 574.

Distrazione in genere. Embezzlement, misapplication, misappropriation, peculation, conversion (APPROPRIAZIONE INDEBITA; FURTO PER DISTRAZIONE; PECULATO; SVIAMENTO). [vol. I: CONVERSION]

– **di fondi.** Embezzlement of funds, misuse of funds (APPROPRIAZIONE DI FONDI; FURTO PER DISTRAZIONE).

Distretto giudiziario. Judicial district o circuit. Ma in questa materia, come, del resto, in tema di ordinamento giudiziario in genere, non esiste alcuna coincidenza tra il sistema italiano e quello inglese o nordamericano: le assonanze acustiche possono ingenerare gravi abbagli. Il termine *district court* indica negli S.U. la corte federale distrettuale, ossia il giudice di merito nelle controversie che ricadono nella giurisdizione federale. Ma non vi è coincidenza col concetto nostrano di distretto giudiziario (CIRCOSCRIZIONE GIUDIZIARIA; COMPETENZA; GIURISDIZIONE; MANDAMENTO GIUDIZIARIO; ORDINAMENTO GIUDIZIARIO). [vol. I: CIRCUIT; DISTRICT COURT]

Distributore esclusivo. Sole distributor (DISTRIBUZIONE; ESCLUSIVA; VENDITA). [vol. I: MARKETING; SOLE AGENT; SOLUS AGREEMENT]

Distribuzione in genere. Apportionment, allocation, distribution; ma si avverta che quest'ultima espressione indica, in materia di successione *ab intestato*, grosso modo, la divisione ereditaria (ACCORDO DI DISTRIBUZIONE ESCLUSIVA; ALLOCAZIONE; ASSEGNAZIONE; ATTRIBUZIONE; COOPERATIVA DI DISTRIBUZIONE E DI VENDITA; DEVOLUZIONE; DISTRIBUTORE ESCLUSIVO; *FRANCHISING*; MACCHINA PER LA VENDITA AUTOMATICA DI PRODOTTI; *MARKETING*; MERCATO; STANZIAMENTO; SUCCESSIONE LEGITTIMA). [vol. I: ALLOCATION; APPORTIONMENT; APPROPRIATION; DISTRIBUTION; MARKETING]

– **del potere.** Allocation o distribution of power (DELEGA DEI POTERI; FEDERALISMO; POTERE; SEPARAZIONE DEI POTERI).

Bibl.:

Levi, L., *Federalismo*, in *Dizionario di Politica* 1976, ed. 1983: 403, at 410.

– **di dividendo.** Apportionment o distribution of dividend (DIVIDENDO).

Distruzione in genere. Destruction (ASSICURAZIONE; DANNEGGIAMENTO; INQUINAMENTO; SOPPRESSIONE).

– **della polizza di assicurazione.** Destruction of insurance policy (POLIZZA (I) DI ASSICURAZIONE).

– **del testamento.** Destruction of will (REVOCA DEL TESTAMENTO). [vol. I: *ad vocem*; WILL]

Disturbatore. Molester, stalker (DISTURBO; IMPUTATO DISTURBATORE IN UDIENZA; MOLESTATORE).

– **di assemblea.** Dissenting shareholder; ma negli S.U. si parla nel linguaggio corrente di *gadfly* (ASSEMBLEA; DELEGA DEL DIRITTO DI VOTO SOCIETARIO; DEMOCRAZIA SOCIETARIA; TUTELA DELLE MINORANZE). [vol. I: DISSENTING SHAREHOLDER]

Disturbo. Disturbance, molestation, nuisance. La materia, di una notevole complessità tecnica, viene distinta, sotto la rubrica della *disturbance*, in *public* e *private*; la seconda costituisce un *tort*, ossia un illecito civile, consistente nella turbativa del pacifico godimento di un diritto immobiliare su cosa altrui, più spesso nella turbativa di un *easement*, *common*, etc. (DISTURBATORE; EMULAZIONE; MOLESTIA; TURBATIVA). [vol. I: ABUSE OF RIGHT; DISTURBANCE]

Disuguaglianza. Inequality (DIRITTI (II) DELL'UOMO; DISCRIMINAZIONE; MERITOCRAZIA; *STATUS*; UGUAGLIANZA; UGUALI OPPORTUNITÀ). [vol. I: EQUALITY BEFORE THE LAW]

Bibl.:

Anfossi, A., *Proprietà*, in *Dizionario di Politica* 1976, ed. 1983: 906, at 911.

Fischer, L., *Meritocrazia*, in *Dizionario di Politica* 1976, ed. 1983: 644.

Gentili, A. M., *Apartheid*, in *Dizionario di Politica* 1976, ed. 1983: 38, at 39.

Disuso. Non-user. *Loss of right by non-user* è detta l'estinzione del diritto a seguito del suo mancato esercizio (DESUETUDINE; ESERCIZIO DEL DIRITTO; INERZIA; PRESCRIZIONE; USO). [vol. I: NON USER]

Ditta. Firm, firm name, trade name, business name, commercial name; ma è dubbio che nel sistema inglese e nordamericano vi sia un concetto tecnicamente equivalente (AZIENDA; CASA; DENOMINAZIONE SOCIALE; ESERCIZIO COMMERCIALE; IMPRESA; MARCHIO DI COMMERCIO; NOME COMMERCIALE; RAGIONE SOCIALE; REGISTRAZIONE DELLA DITTA; SIGLA DELL'IMPRENDITORE). [vol. I: BUSINESS NAME; CONCERN; FIRM; FRANCHISE; GOODWILL; TRADE MARK]

– **individuale.** One man business, individual concern (SOCIETÀ (II) QUALE SOGGETTO COLLETTIVO).

Dittatore. Dictator (DITTATURA; *LEADERSHIP*).

Dittatura. Dictatorship (COSTITUZIONE POLITICA; DEMOCRAZIA; DEMOCRAZIA CONSOCIATIVA; DIRITTO (I) NATURALE; DISOBBEDIENZA CIVILE; DISPOTISMO; MONARCHIA ASSOLUTA; MONOPARTITISMO; PARTITI POLITICI; PARTITO UNICO; POTERE ASSOLUTO; REGIME TOTALITARIO).

Bibl.:

Stoppino, M., *Dittatura*, in *Dizionario di Politica* 1976, ed. 1983: 355.

– **della maggioranza.** Democratic despotism; ma si tratta di un pericolo che non si è mai verificato nelle grandi democrazie; del resto, non vi è mai stata una vera dittatura della maggioranza neanche nei regimi comunisti, nazisti e fascisti, dominati da ristrettissime oligarchie di fanatici, non di rado addirittura degli autentici criminali. Piuttosto, se si tiene conto del ruolo dei partiti di massa (e dei gruppi di pressione come i sindacati e le *lobbies* economiche) nelle democrazie industriali dell'Occidente, appare facile constatare che si è verificato, invece, il dispotismo dei partiti (dei sindacati, dei gruppi economici), manovrati da pochi individui. Se da questa anamnesi, di cui Habermas resta [1973, trad. it.: 21, *passim*] uno dei più lucidi analisti, si passa a quei regimi, come quello italiano, privi per mezzo secolo di un partito di opposizione fungibile, appare altrettanto facile constatare che dal parlamento trasformato « in un comitato di frazioni » si è passati da noi, grazie alla *centralità del parlamento* ingraiana, ad assemblee legislative anarcoidi dominate da gruppi collocati al di fuori dell'istituzione (DISPOTISMO DELLE MASSE IN DEMOCRAZIA; GRUPPI DI PRESSIONE; MAGGIORANZA).

Di ufficio. Ex officio, suo officio, of its own will o motion, *sua sponte* (AD ISTANZA DI PARTE; ATTO DI UFFICIO; DI PROPRIA INIZIATIVA; GIUDICE; OMISSIONE DI ATTI DI UFFICIO; ORDINAMENTO GIUDIZIARIO; *MOTU PROPRIO*; PRINCIPIO DISPOSITIVO; PROCEDIMENTO D'UFFICIO; UFFICIO). [vol. I: EX PARTE; MOTION]

– **da parte del giudice.** On the court's own motion, on the court's own initiative (AD ISTANZA DI PARTE).

– **della corte.** The court of its own initiative (CORTE).

Divergenza. Difference (CONTROVERSIA; DIFFERENZA; DISACCORDO; DISPARITÀ; DISPUTA; LITE).

– **legale.** (CONTROVERSIA LEGALE)

– **tra volontà e dichiarazione nel contratto.** La *common law* non conosce la categoria generale dei vizi del consenso; quelli che vengono definiti come tali nella *civil law*, sono trattati, grosso modo, sotto il titolo relativo agli elementi che viziano il contratto. La materia è soggetta ad una disciplina notevolmente diversa, e trova la sua origine nelle due fonti di diritto principali del sistema inglese e nordamericano, ossia la *common law* e l'*equity* (VIZI DEL CONSENSO). [vol. I: CONTRACT: VI; DURESS; MISREPRESENTATION; MISTAKE; UNDUE INFLUENCE]

Diversità in genere. Diversity (DIVERGENZA; IDENTIFICAZIONE).

– **di cittadinanza.** Diversity of citizenship (CITTADINANZA: 3).

Dividendo in genere. Dividend; il dividendo è in generale l'utile derivante da un investimento in titoli mobiliari; ma si parla anche di *yield* (ACCONTO SUL DIVIDENDO; AGGIO; AZIONI (II) CUMULATIVE PRIVILEGIATE; CEDOLA DI DIVIDENDO; COMMISSIONE COMMERCIALE; DIFFERENZIALE; DISTRIBUZIONE DI DIVIDENDO; INTERESSI SUL CAPITALE; INVESTIMENTO; SOSPENSIONE DEL PAGAMENTO DEI DIVIDENDI; UTILI DI SOCIETÀ NON DISTRIBUITI; UTILE NETTO DEVOLUTO AL PAGAMENTO DEI DIVIDENDI; UTILI RIPARTITI). [vol. I: BONUS; COMPANY; CUM DIVIDEND; DIVIDEND; SHARE]

– **arretrato.** Accumulated dividend, arrears of dividend.

– **azionario.** Dividend; è di diversi tipi, come *cash dividend*, *property dividend, share o stock dividend* (AZIONE (II) DI SOCIETÀ).

– **definitivo.** Final dividend (ACCONTO SUL DIVIDENDO).

– **di azione privilegiata.** Preferred dividend (AZIONE (II) PRIVILEGIATA).

– **di fine anno.** Final dividend (ANNO).

– **fittizio.** Sham dividend (FITTIZIO).

– **maturato.** Accrued dividend, matured dividend (MATURATO).

– **non riscosso.** Unclaimed dividend (RISCOSSO).

– **provvisorio.** Interim dividend (PROVVISORIO).

Divieto. Prohibition, ban, bar, interdiction, inhibition, proscription o restraint in genere.
1. Il divieto legale è reso più spesso dall'espressione *rule against...* quando esso deriva da una regola giurisprudenziale come, ad es., la *rule against perpetuities*. Ovviamente, un'espressione del genere si ricollega all'assai diversa teoria delle fonti del diritto dei sistemi di *common law* che prevedono la regola giurisprudenziale (FONTI DEL DIRITTO).
2. Il provvedimento col quale il giudice impone un obbligo di non fare è detto *injunction*; per la sua natura, i suoi effetti e la sua ampiezza, esso è privo di equivalenza nella tradizione di *civil law* (INIBITORIA).
3. Il termine prohibition assume un significato particolare, tra l'altro, nell'ambito dei *prerogative orders* con i quali si effettua il controllo giudiziario (*judicial review*) sugli

atti della pubblica amministrazione (DIRITTO (I) AMMINISTRATIVO).
4. Infine, specie in tema di provvedimenti amministrativi, il divieto viene anche espresso dalla particella « No », come, ad es., nell'espressione *No Parking*, *No Smoking*, etc. per indicare il divieto di sosta, di fumare, etc. (IMPEDIMENTO; INAMMISSIBILE; LIMITAZIONE; PERMESSO; PROIBITO; PROIBIZIONE; PROIBIZIONISMO; REVOCA DI UN DIVIETO; VETO; VIETATO; VINCOLO; ZONA INTERDETTA). [vol. I: BAN; CAVEAT; INHIBITION; INJUNCTION; INTERDICTION; PROHIBITION; PROHIBITION DEL ROY; RESTRAINT; RULE]

– **dell'analogia.** Prohibition of analogic interpretation (ANALOGIA).

– **del patto commissorio.** Prohibition of agreement for foreclosure; ma esso è reso più spesso dalla massima dell'equity *once a mortgage, always a mortgage* (PATTO COMMISSORIO). [vol. I: MORTGAGE]

– **di asilo.** Prohition of asylum, ban of asylum, of sanctuary (ASILO).

– **di immissione.** Prohibition of discharge (DISCARICA; IMMISSIONE). [vol. I: ABUSE OF RIGHT; NUISANCE]

– **di pesca.** No fishing (PESCA).

– **di pubblicità.** Advertising ban (PROFESSIONE FORENSE; PUBBLICITÀ).

– **di rapporti commerciali.** Interdiction of commercial intercourse (COMMERCIO; EMBARGO).

– **di sosta.** No parking (CONTRAVVENZIONE AL DIVIETO DI SOSTA; SOSTA).

Divisa. Currency (CAMBIO; EURO-DIVISA; MONETA; VALUTA).

– **estera.** Foreign currency (CAMBIO; CORSO DELLE DIVISE; EURO-DIVISA; PAGAMENTO; SISTEMA MONETARIO EUROPEO; UNITÀ DI CONTO). [vol. I: CURRENCY; EXCHANGE; LEGAL TENDER; PAYMENT; UNIT OF ACCOUNT]

– **forte.** Hard currency (VALUTA).

Divisibile in genere. Divisible, severable; si noti che i contratti di durata sono detti più spesso *divisible contracts* (CONTRATTO DI DURATA; DIVISIONE; INDIVISIBILE; OBBLIGAZIONE (I) SOLIDALE; SOLIDARIETÀ). [vol. I: DIVISIBLE CONTRACT; JOINT AND SEVERAL; SEVERABLE CONTRACT; SEVERAL]

Divisibilità della prestazione. Divisible, severable o apportionable performance (ADEMPIMENTO; DIVISIBILE; PRESTAZIONE). [vol. I: DIVISIBLE, SEVERABLE o APPORTIONABLE CONTRACT].

Divisione in genere. Separation, severance, partition, apportionment; ma il termine *division* indica anche la separazione che avviene nelle assemblee legislative per procedere alle votazioni, e quindi la votazione stessa (DIVIDENDO; ESCUSSIONE; FRAZIONAMENTO; IMPUTAZIONE NELLA DIVISIONE; PARTIZIONE; *PRO INDIVISO*; QUOTA INDIVISA; SCIOGLIMENTO; SEPARAZIONE; RIPARTIZIONE; UTILE; VOTAZIONE). [vol. I: APPORTIONMENT; DISCUSSION; DISTRIBUTION; DIVISION; SEVERANCE; TRUST FOR SALE]

– **degli utili.** Profit-sharing (COSTI; UTILI).

– **dei beni fra coniugi.** (SEPARAZIONE DEI BENI FRA CONIUGI)

– **dei costi.** Cost sharing (COSTO).

– **dei poteri.** Separation of powers; talvolta si parla anche di *division of powers*, ma questo termine indica più spesso nel sistema nordamericano la ripartizione dei poteri tra il governo federale e quello dei singoli stati dell'Unione. Ma anche nella letteratura giuridica nostrana si parla spesso indifferentemente di *divisione* e *separazione dei poteri*. L'art. XVI della Dichiarazione dei Diritti dell'Uomo del 1789 recita: « *Toute société dans laquelle la garantie des droits n'est pas assurée, ni la séparation des pouvoirs déterminée, n'a pas de constitution* » (SEPARAZIONE DEI POTERI).

– **dei profitti.** Profit sharing (UTILI).

– **della comunione.** (SCIOGLIMENTO DELLA COMUNIONE)

– **del potere in genere.** Power-sharing (POTERE; SEPARAZIONE DEI POTERI).

– **ereditaria.** Grosso modo, distribution of assets of a deceased person, partition of a succession. Ma, dato l'assai diverso meccanismo della successione nella tradizione di *common law*, non sussiste, in senso stretto, un'espressione corrispondente. Con i termini *administration of the estate of a deceased person* o, a seconda dei casi, *distribution*, si esprime il concetto della liquidazione del patrimonio del defunto e la distribuzione dell'attivo tra gli aventi diritto (SUCCESSIONE PER CAUSA DI MORTE). [vol. I: INTRODUZIONE: III. 23; ADMINISTRATION OF ESTATES; DECEASED PERSON; DISTRIBUTION; PERSONAL REPRESENTATIVE; SUCCESSION]

– **legale.** (SEPARAZIONE GIUDIZIALE)

– **nelle obbligazioni solidali.** (FIDEIUSSIONE)

Divisioni del diritto. Departments of law

(BRANCA DEL DIRITTO; CATEGORIA GIURIDICA; DIRITTO (I); TRADIZIONE GIURIDICA). [vol. I: DEPARTMENT OF LAW]

Divorziato/a. Divorced, divorcee (CELIBE; DIVORZIO; NUBILE).

Divorzio in genere. Divorce.
1. Si noti la notevole diversità tra le cause di divorzio nel sistema italiano (art. 3 della l. 1 dicembre 1970 n. 898) e in quello inglese consistente esclusivamente nell'*irretrievable breakdown of marriage*, ossia nell'irreversibile disfacimento del rapporto matrimoniale.
2. Negli S.U. — stato federale — la materia è disciplinata dai singoli stati dell'Unione; è detto *no-fault divorce* quello pronunziato per *irretrievable breakdown of marriage*, o per *irreconciliable differences* che non comporta, cioè, l'onere di provare la colpa di uno dei coniugi. Esso è previsto da numerosi stati dell'Unione. Talvolta, data la diversità di regime esistente tra i singoli stati dell'Unione, si presentano, in tema di riconoscimento delle sentenze di altri stati, problemi che attengono all'ordine pubblico. Si parla di *mail order divorce* per indicare quel divorzio ottenuto più spesso in Messico da coniugi che non sono né presenti né domiciliati nella giurisdizione locale. Essi non sono riconosciuti negli S.U. È detto *divorce proctor* la persona, di solito un avvocato, nominata a tutela del minore o dei suoi interessi nel corso del procedimento di divorzio (*divorce action*).
3. In diritto internazionale privato inglese la materia assume notevole complessità. A questo proposito si segnala il difficile concetto di *domicile*, privo di equivalenza nei sistemi di *civil law*.
4. Ma il termine divorce è impiegato nel linguaggio corrente per indicare anche la separazione tra persone che non sono legate dal vincolo matrimoniale: ad es., un minore adottato è detto *divorced* dai propri genitori biologici se il giudice nega a questi ultimi il diritto di fargli visita (ABORTO; *AFFECTIO MARITALIS*; AZIONE (I) DI DIVORZIO; CAUSA DI DIVORZIO; COLLUSIONE; COLPA; CONDONO; DIRITTO (I) DEL DIVORZIO; DOMANDA DI DIVORZIO; INCOMPATIBILITÀ DI CARATTERE; RICONCILIAZIONE DEI CONIUGI; RICONOSCIMENTO DI SENTENZA DI DIVORZIO STRANIERA; SCIOGLIMENTO DEL MATRIMONIO; SENTENZA DI DIVORZIO; SEPARAZIONE GIUDIZIALE DEI CONIUGI; SEVIZIE NEL MATRIMONIO). [vol. I: *ad vocem*; CUSTODY OF CHILDREN; DIVORCE; DOMICILE; JUDICIAL SEPARATION; MAINTENANCE; MARRIAGE]

Bibl.:
Quadri, E., *Divorzio nel diritto civile e internazionale*, in *Digesto IV Utet, Civ.*, vol. VI: 508.

Divulgazione. Disclosure; ma questo termine assume un significato particolare in materia contrattuale in cui — salvo che nei contratti di *uberrimae fidei* e nei rapporti fiduciari — la *common law* non impone un *duty of disclosure*, ossia un obbligo di portare a conoscenza dell'altra parte fatti e circostanze che potrebbero avere effetto sulla decisione di quest'ultima di concludere il contratto o sulle modalità di esso (BUONA FEDE; DIFFUSIONE; *DISCOVERY*; INDISCREZIONI SOCIETARIE; INFORMAZIONE; MANCATA DIVULGAZIONE; PROPALAZIONE; PUBBLICAZIONE; RESPONSABILITÀ EXTRACONTRATTUALE). [vol. I: CULPA IN CONTRAHENDO; DISCLOSURE; INSIDER DEALINGS]

– **di notizie** o **metodi dell'impresa.** Disclosure of trade, o of industrial secrets (*KNOW-HOW*; SEGRETEZZA; SEGRETO DI IMPRESA).

Dizionario giuridico. Law, o legal, dictionary; come, ad es., il Dizionario de Franchis, unico nel suo genere.

Dna. (ESAME DEL SANGUE; INFORMAZIONE GENETICA)

Docente di diritto. Law teacher (DIRITTO (I); FONTI DEL DIRITTO; TRADIZIONE GIURIDICA).

Documentario in genere. Documentary (DOCUMENTO; PROVA DOCUMENTALE; TESTIMONIALE).

Documento/i. Document, paper, instrument, title, record, charter; privo di documento è detto più spesso *undocumented*. È in materia di prova che si riscontrano talune delle più importanti differenza tra le due tradizioni giuridiche: il processo di *common law* — a differenza di quello nostrano — realizza, di fatto, l'ideale chiovendiano della concentrazione, oralità e immediatezza, con una netta prevalenza della prova orale (ABRASIONE DI DOCUMENTO; ACCESSO A DOCUMENTI; ACCETTAZIONE CONTRO DOCUMENTI; ALLEGATO; ALTERAZIONE DI DOCUMENTO; ANNOTAZIONE IN CALCE, A MARGINE, A TERGO DI UN DOCUMENTO; ARCHIVIO; ATTESTATO; ATTESTAZIONE DI DOCUMENTO; ATTO NOTARILE; ATTO SIGILLATO-NON SIGILLATO; AUTENTICA DI UN DOCUMENTO; BOZZA DI DOCUMENTO; CAMBIALE DOCUMENTARIA; CARTA; CHIROGRAFARIO; CODICILLO; COLLAZIONE; CONTANTE CONTRO DOCUMENTI; COPIA AUTENTICATA; CREDITO DOCUMENTARIO; DEPOSITO DI UN DOCUMENTO; DUPLICATO; ESAME DEGLI ATTI PROCESSUALI AVVERSARI; ESTRATTO DA UN DOCUMENTO; ESTREMI DI UN DOCUMENTO; LEGALIZZAZIONE DI UN DOCUMENTO; MATRICE DI UN DOCUMENTO; MUTILA-

ZIONE; NOTAIO; NOTIFICA DI DOCUMENTI; ORDINE DI PRODUZIONE IN GIUDIZIO DI DOCUMENTI; PAGAMENTO; PAGAMENTO CONTRO DOCUMENTI; PATTO AGGIUNTO o CONTRARIO AL CONTENUTO DI UN DOCUMENTO; POSTILLA; PRODUZIONE DI DOCUMENTI o LIBRI CONTABILI; PRODUZIONE DI UN DOCUMENTO IN UN PROCEDIMENTO GIUDIZIARIO; PROGETTO DI DOCUMENTO; PROPOSTA; PROVA; PROVA DOCUMENTALE; PUBBLICITÀ; RAPPORTO; RICERCA DOCUMENTARIA; RILASCIO DI UN DOCUMENTO; SCRITTO; SCRITTURA; STRANIERO PRIVO DI DOCUMENTI; TITOLO; TITOLO DI LEGITTIMAZIONE; TITOLI RAPPRESENTATIVI DI MERCI; VENDITA DOCUMENTARIA). [vol. I: CONTRACT; DISCOVERY; DOCUMENT; DOCUMENT OF TITLE; EVIDENCE; FORM; PAROL EVIDENCE; PUBLIC RECORDS; SUBPOENA; TITLE]

– **assicurativi.** Insurance papers o documents (ASSICURAZIONE). [vol. I: INSURANCE]

– **attestato da un notaio.** Grosso modo, notarized document; ma si noti la diversità di regime in questa materia tra le due tradizioni giuridiche (ATTO AUTENTICO; NOTAIO).

– **certificato.** Certified document (CERTIFICAZIONE).

– **classificato.** (*infra*, DOCUMENTO RISERVATO)

– **contabili.** Accounting records, accounting documents (CONTABILITÀ; LIBRI CONTABILI DELL'IMPREDITORE; RENDICONTO; REVISIONE DEI CONTI). [vol. I: ACCOUNT; ACCOUNTING; AUDITING; VOUCHER]

– **contro pagamento.** Documents against payment (CREDITO DOCUMENTARIO; VENDITA DOCUMENTARIA). [vol. I: *ad vocem*; DOCUMENTARY; PAYMENT; SALE]

– **di bordo.** Ship's documents, ship's papers; da non confondere con gli *shipping documents* relativi ad un'operazione di vendita internazionale, costituiti dalla fattura, dalla polizza di assicurazione e dalla polizza di carico (NAVE; VENDITA INTERNAZIONALE). [vol. I: LOG BOOK; SHIPPING DOCUMENTS; SHIP'S DOCUMENTS]

– **di causa.** (ATTI DELLA CAUSA)

– **di legittimazione.** Document of title, voucher (*infra*, DOCUMENTO GIUSTIFICATIVO; TITOLO DI LEGITTIMAZIONE). [vol. I: *ad vocem*]

– **di proprietà immobiliare.** (TITOLO DI PROPRIETÀ IMMOBILIARE)

– **di riconoscimento.** Grosso modo, identification paper. Ma, poiché né in Inghilterra, né negli S.U. esiste la carta d'identità, si tratta di un termine generico che in concreto può indicare sia la patente di guida (peraltro in Gran Bretagna priva di fotografia), sia il passaporto, la carta di credito, sia qualsiasi altra evidenza di riconoscimento (CARTA D'IDENTITÀ).

– **di spedizione nella vendita internazionale.** Shipping documents come, ad. es., la fattura, la polizza di assicurazione, la polizza di carico (*INCOTERMS*; SPEDIZIONE; VENDITA INTERNAZIONALE DI MERCI). [vol. I: *ad vocem*; INCOTERMS; SALE; SHIPMENT; TERMS OF SHIPMENT]

– **di Stato** State paper (SEGRETO DI STATO).

– **di trasporto combinato.** CT document (TRASPORTO COMBINATO).

– **esibito in giudizio.** Exhibit (CORPO DI REATO; PROVA). [vol. I: DISCOVERY]

– **falso.** Forged document (FALSO). [vol. I: FORGERY]

– **giurato.** Sworn document, affidavit. [vol. I: AFFIDAVIT]

– **giustificativo.** Supporting document (*supra*, DOCUMENTO DI LEGITTIMAZIONE; TITOLO DI LEGITTIMAZIONE).

– **negoziabile in genere.** Negotiable paper (NEGOZIABILE; TITOLO DI CREDITO; TITOLO NEGOZIABILE).

– **privato-pubblico.** (*infra*, DOCUMENTO PUBBLICO-PRIVATO)

– **probatorio.** Documentary evidence, probative document (PROVA). [vol. I: EVIDENCE: II. 2]

– **pubblico-privato.** Public document, public record, come un *Act of Parliament*, la sentenza, gli atti del processo, un certificato. Ma questi termini si prestano ad equivoci: la *common law* non conosce l'atto pubblico della *civil law*, ma l'atto sigillato e non sigillato (ARCHIVIO PUBBLICO; ATTO PRIVATO; ATTO PUBBLICO; ATTO SIGILLATO-NON SIGILLATO; VERBALE). [vol. I: PUBLIC DOCUMENT; PUBLIC RECORDS; SEAL]

– **rappresentativo di merci.** (TITOLI RAPPRESENTATIVI DI MERCI)

– **riservato.** Classified document (SEGRETO DI STATO).

– **sigillato-non sigillato.** (ATTO SIGILLATO-NON SIGILLATO; CONTRATTO SIGILLATO-NON SIGILLATO)

– **smarrito.** Lost document o paper. Può essere data prova del suo contenuto mediante una copia, o la prova orale (OGGETTI SMARRITI; PROVA). [vol. I: *ad vocem*; EVIDENCE: II: 2]

– **stranieri.** Foreign papers, foreign documents (STRANIERO). [vol. I: EVIDENCE]

Dogana. Customs; da non confondere con *custom* che indica più spesso la consuetudine. Negli S.U. — stato federale — l'amministrazione doganale fa capo all'ufficio federale dell'*U.S. Customs Service* (ACQUE DOGANALI; AGENTE DOGANALE; ATTO UNICO EUROPEO; AUTORITÀ DOGANALI; BARRIERA TARIFFARIA; CAUZIONE DOGANALE; COMMERCIO; CONTROLLO DOGANALE; CONVENZIONI DOGANALI; DAZIO DOGANALE; DEPOSITO DOGANALE; DICHIARAZIONE DOGANALE; FATTURA DOGANALE; FORMALITÀ DOGANALI; FRONTIERA DOGANALE; FUNZIONARIO DOGANALE; IMPOSTA DOGANALE; ISPEZIONE DOGANALE; LIBERTÀ DI CIRCOLAZIONE COMUNITARIA; MAGAZZINO FUORI DOGANA; MERCE IN DOGANA; PERMESSO DOGANALE; PROCEDURA DOGANALE SEMPLIFICATA; SDOGANAMENTO; SPESE DOGANALI; TARIFFA DOGANALE; UFFICIO DOGANALE; UNIONE DOGANALE). [vol. I: CUSTOMS (2); GOODS]

Doglianza processuale in genere. Claim, complaint, appeal, challenge, objection, plea, grievance (APPELLO; CONTESTAZIONE; ECCEZIONE; IMPUGNAZIONE; INVALIDAZIONE; OPPOSIZIONE; PROTESTA; RECLAMO; RICUSAZIONE; RIMEDIO GIURIDICO). [vol. I: APPEAL; CHALLENGE; COMPLAINT; EXCEPTION; GRIEVANCE; OBJECTION; PLEA; REMEDY]

Dogmatismo giuridico. Legal dogmatism (TEORIA GENERALE DEL DIRITTO; TRADIZIONE GIURIDICA).

Dollaro degli S.U. U.S. dollar; nell'assicurazione è detta *split dollar insurance* quella in cui l'assicuratore divide il premio in dollari tra l'assicurazione sulla vita e l'investimento a favore dell'assicurato (ASSICURAZIONE SULLA VITA; UNITÀ DI CONTO).

Dolo. La *common law* non adotta questo concetto romanistico (COLPA). [vol. I: DOLUS]
1. I termini che si avvicinano maggiormente al concetto di dolo sono, grosso modo, di volta in volta, *fraud, deceit, wilful deceit, intentional wrongdoing* e *misrepresentation.* Si noti che la *gross negligence* o, a un di presso, colpa grave, non è equiparata al dolo, come negli ordinamenti di *civil law.* Inoltre, nei sistemi di *common law* — ad eccezione dei contratti detti di *uberrimae fidei* — non esiste, almeno sul piano dei princìpi (anche se nella realtà giurisprudenziale le posizioni in effetti non sono troppo diverse), un obbligo generale di buona fede nelle trattative prenegoziali, né, di conseguenza, una *culpa in contrahendo.* Inoltre, la *common law* — in principio — non prevede un rimedio per il caso di contratto concluso a condizioni inique. Di fatto, come si è accennato, le regole elaborate in tema di *unconscionability* conducono in sostanza a soluzioni non troppo diverse (AFFIDAMENTO CONTRATTUALE; CONTRATTO: VIII; VIZI DEL CONSENSO). [vol. I: CULPA; DECEIT; EXCLUSION CLAUSES; FRAUD; GOOD FAITH; INTENTIONAL WRONG; MISREPRESENTATION; UNCONSCIONABILITY; WILFUL MISCONDUCT]. Il concetto di dolo dovrebbe essere ricollegato anche all'*abuso di diritto* e delle norme processuali (ABUSO DELLE NORME PROCESSUALI: ABUSO DI DIRITTO). [vol. I: ABUSE OF PROCESS]
2. Il dolo nel reato è detto *mens rea*, *malice aforethought*, *malice, wrongful intent*, *criminal intention, intentional wrongdoing* o *moral fault*; ma si parla anche di *will* (BENE E MALE; CAPACITÀ; COLPA; DELITTO COLPOSO-DOLOSO; ELEMENTO PSICOLOGICO DEL REATO; FRODE; INGANNO; INTENZIONE; PREMEDITAZIONE; REATO). [vol. I: ACTUS NON FACIT REUM NISI MENS SIT REA; CRIMINAL LAW; DECEPTION; DOLI CAPAX; INTENTION; MALICE; MENS REA; OFFENCE]

Doloso/a in genere. Fraudulent, malicious (ATTI FRAUDOLENTI; COLPOSO; DELIBERATAMENTE; DOLO; INTENZIONALE; SURRETTIZIO). [vol. I: FRAUDULENT; MALICIOUS]

– **preordinazione di prove di reato a carico di un innocente.** Framing, frame-up, entrapment, manufacturing (ERRORE GIUDIZIARIO; FABBRICAZIONE; INGANNO; INNOCENTE; PROVA). [vol. I: ENTRAPMENT; FRAMING]

Domanda in genere. Demand, claim, application, petition, request. L'espressione « a domanda di » è resa più spesso da *at the quest*, o *request, of* (ACCOGLIMENTO DI UN'ISTANZA, PRETESA, RICHIESTA; A DOMANDA DI UNA DELLE PARTI IN GIUDIZIO; AZIONE (I) IN GIUDIZIO; CITAZIONE IN GIUDIZIO; CONNESSIONE; CONSUMATORE; CONTROPRETESA; ECCEZIONE; FORMULARIO; INTERPELLANZA; ISTANZA; MODULO DI DOMANDA; MOZIONE; OFFERTA; PAGABILE A DOMANDA; PETIZIONE; PLURALITÀ DI DOMANDE; PRESENTAZIONE DI UNA DOMANDA; RICHIESTA; RITIRO DI UNA DOMANDA; SUPPLICA; SU PRESENTAZIONE). [vol. I: EX PARTE]

– **accessoria.** Ancillary claim, demand, request.

– **di brevetto.** (BREVETTO)

– **di divorzio.** Petition for divorce (DIVORZIO; ISTANZA). [vol. I: DIVORCE; PETITION]

– **di impiego.** Application for employment (IMPIEGO).

– **di licenza** o **concessione amministrativa.** Permit application (LICENZA AMMINISTRATIVA).

– **di licenza edilizia.** Planning application (LICENZA AMMINISTRATIVA).

– **di pagamento.** Request for payment (MORA; PAGAMENTO). [vol. I: MORA; PAYMENT]

– **giudiziale.** Claim, defence (CITAZIONE IN GIUDIZIO; DIFESE NEL PROCESSO CIVILE; IN SUBORDINE; ISTANZA GIUDIZIALE; *PETITUM*; SEPARAZIONE DELLE DOMANDE IN GIUDIZIO).

– **giudiziale aggiuntiva.** Supplemental claim (*supra*, DOMANDA GIUDIZIALE).

– **riconvenzionale.** Counterclaim. Ma si tratta di concetto notevolmente più ampio di quello italiano. Va distinto dall'eccezione di compensazione, detta *set-off*. Il counterclaim va anche distinto dal *cross-claim* che ha luogo tra più convenuti. Ma in Louisiana, *enclave* (grosso modo) di *civil law* negli S.U. (e anche nel Texas), si impiega il termine romanistico di *reconvention* (AZIONE (I) INCIDENTALE; CHIAMATA IN GARANZIA; COMPENSAZIONE; RISPOSTA). [vol. I: COUNTERCLAIM; RECOUPMENT; SET-OFF]

– **suggestiva** o **tendenziosa.** Leading question; nella *cross-examination* è consentito porre domande suggestive (CONTROESAME). [vol. I: *ad vocem*; CROSS-EXAMINATION; EVIDENCE: II. 1; QUESTION]

– **tardiva, prescritta.** Stale demand, stale claim (PRESCRIZIONE).

– **tendenziosa.** (*supra*, DOMANDA SUGGESTIVA)

Domestico. Domestic servant, servant, employee. Ma l'aggettivo domestic significa anche interno, come quando si parla, ad es., di *domestic law* per indicare il diritto interno, etc. (DIPENDENTE; DIRITTO (I) INTERNO; INSERVIENTE; LAVORATORE DOMESTICO; PRESTATORE DI LAVORO).

Domiciliatario. Addressee (DESTINATARIO; DOMICILIO; NOTIFICA PRESSO IL DOMICILIATARIO).

– **per la notifica.** Process agent (NOTIFICA). [vol. I: ADDRESS FOR SERVICE]

Domicilio. Il termine *domicile* costituisce forse uno dei più ovvi *acoustic agreements* che si riscontrano nella materia.

1. Eppure, bisogna resistere alla tentazione: il domicilio della *civil law* e il *domicile* della *common law* sono concetti assai diversi. Il *domicile* è uno dei concetti più complessi dell'ordinamento inglese e della *common law* in genere: il suo significato preciso va ricercato di volta in volta nel contesto in cui è impiegato. A questo proposito, va rilevato che spesso si parla, a seconda dei casi, di *domicile*, *residence* (*permanent home*), *habitation*, *abode*, *address*, etc. In ogni caso, *domicile* non indica né il domicilio, né la residenza, giacché l'ordinamento inglese e nordamericano non conoscono l'idea del domicilio in un luogo particolare nell'ambito dello stesso paese: essi impiegano altri *tests* per indicare il domicilio nostrano. Se mai, è il termine di *habitual residence* che rende, grosso modo, il nostro concetto di domicilio.

2. *Domicile* indica, invece, un rapporto con un *law district*, ossia con un territorio e *un determinato ordinamento giuridico al quale ultimo una persona si ritiene legata*: per esprimere questo concetto si parla del luogo (nel senso di ordinamento) al quale si ha l'intenzione di ritornare. Insomma, il concetto di *domicile* si confonde con quello di cittadinanza e, in definitiva, esprime una forma di *allegiance* o appartenenza a un certo paese e alle sue regole. Si suol dire a questo proposito che « a person may have more than one residence, but only one domicile ». Forse si intende meglio il concetto di *domicile* anglo-americano se si tiene conto che esso è definito come « a person's legal home ». Per queste ragioni si parla di *national domicile*: ossia, riferito ad un paese nel suo complesso, senza fare riferimento a particolari suddivisioni all'interno di esso.

3. Il *domicile* in diritto internazionale privato inglese e nordamericano costituisce un cruciale fattore di collegamento. In effetti, è la legge del *domicile* — e non già quella della nazionalità, come negli ordinamenti di *civil law* — che regola in via generale la capacità, lo *status*, i rapporti di famiglia e la successione delle persone. Si noti altresì che in tema di conflitto di leggi — per quanto il diritto inglese e nordamericano non si siano lasciati influenzare dal criterio continentale della nazionalità, ma abbiano adottato quello del *domicile* — quest'ultimo termine ha finito per assumere nei due sistemi una diversa connotazione: le regole relative all'acquisto, alla perdita, alla ritenzione e alle reviviscenza del *domicile* sono diverse, come diverse sono quelle attinenti alla *choice of law* [cfr. O. Kahn Freund, *English and American Law-Some Comparative Reflections* (1962), in 1948-74: 320, at 322].

4. È questo, forse, il contrasto maggiore

nell'ambito dei sistemi di diritto privato internazionale che si rifanno alle due tradizioni giuridiche: una persona è « domiciled » in un paese nel suo insieme (Inghilterra, Scozia, etc.) e non già in una determinata città o luogo. Di conseguenza, se l'espressione *domiciled in England* può significare, grosso modo, domiciliato, residente o dimorante in Inghilterra, non va trascurato che, in senso stretto, essa significa altra cosa.

5. La materia, non agevole, si complica ulteriormente negli S.U. — stato federale — in cui è il *domicile* e non la *residence* che stabilisce l'ordinamento del luogo nei confronti del quale sussiste l'obbligo del pagamento delle imposte e si esercita il diritto di voto. Talvolta i concetti di *citizenship, habitancy e residence* possono costituire un sinonimo di *domicile*. Così, ai fini della *diversity jurisdiction* federale, *citizenship* e *domicile* sono sinonimi. Ai fini fiscali, *commercial domicile* è quello che nasce dallo svolgimento dell'attività commerciale di una *non resident corporation* in uno degli stati dell'Unione diverso dallo stato del *domicile* della corporation stessa (*taxing state*) e che, a certe condizioni, consente l'imposizione fiscale. È detta *corporate domicile* la sede legale della società commerciale. Infine, la c.d. *diversity of citizenship* comporta la giurisdizione federale in luogo di quella dei singoli stati dell'Unione. In effetti, fino al 1958 (anno in cui si è fatto luogo alla definizione legislativa di *corporate citizenship*) era possibile per una società che svolgesse la sua attività in uno stato dell'Unione di fare ricorso alla giurisdizione federale semplicemente perché essa era stata costituita in un altro stato. Ancora oggi una giurisdizione federale artificiale può essere creata nominando un *administrator* o *guardian* di un altro stato anche per convenire in giudizio una parte residente nello stesso stato. Ma si tratta di materia non semplice [cfr. Wright 1963, ed. 1976: 85].

6. Il concetto di *domicile* ha un'importanza fondamentale ai fini della giurisdizione, specie negli S.U., stato federale (GIURISDIZIONE).

7. Ai fini dell'imposta sul reddito (*income tax*), il criterio per l'applicazione della legge inglese è fondato sul concetto di *residence* e non già su quello di *domicile*; negli S.U., invece, è quello del *domicile* (ABBANDONO DEL DOMICILIO CONIUGALE; ABBANDONO DI DOMICILIO; ABITAZIONE; ALLOGGIO; ARRESTI DOMICILIARI; CAMBIO DI RESIDENZA; CITTADINANZA: 5; COABITAZIONE; DIMORA; DIRITTO (I) INTERNAZIONALE PRIVATO; DIRITTO (I) PERSONALE; DOMICILIATARIO; ELEZIONE DI DOMICILIO PER LA NOTIFICA; ESECUZIONE FORZATA DELLA SENTENZA CIVILE STRANIERA; FERMO DI POLIZIA; GIURISDIZIONE; IMPOSTA SUL REDDITO; MATRIMONIO; RESIDENZA; RIVENDITORE A DOMICILIO; SEDE DELLA PERSONA GIURIDICA; SEDE DELLA SOCIETÀ DI CAPITALI; SISTEMA GIURIDICO STRANIERO). [vol. I: ABANDONMENT OF DOMICILE; ABODE; DOMICILE; DOMICILE-RESIDENCE OF COMPANY; FOREIGN COMPANY; JURISDICTION; LEX LOCI; MATRIMONIAL DOMICILE; NATIONALITY; RENVOI]

- **coatto.** House arrest (ARRESTI DOMICILIARI; CAMPO DI CONCENTRAMENTO; CONFINO DI POLIZIA; INTERNAMENTO).
- **coniugale.** Matrimonial domicile (ABITAZIONE; CASA CONIUGALE; MATRIMONIO).
- **della società.** (SEDE LEGALE DELLA SOCIETÀ COMMERCIALE)
- **di elezione.** Domicile of choice.
- **di origine.** Domicile of origin; ma, in senso stretto, non corrisponde al concetto nostrano di domicilio di origine (ORIGINE). [vol. I: DOMICILE]
- **eletto ai fini contrattuali.** Elected domicile. [vol. I: DOMICILE]
- **eletto ai fini della notifica degli atti giudiziari.** Address for service (ELEZIONE DI DOMICILIO PER LA NOTIFICA). [vol. I: JURISDICTION; SERVICE OF PROCESS]
- **estero.** Foreign domicile; ma anche qui possono insorgere equivoci: il termine è riferito al cittadino di un paese che stabilisce il suo *domicile*, inteso nel senso anglo-americano, in un altro paese (ESTERO).
- **fiscale in genere.** Domicile for tax purposes (IMPOSTA).
- **fiscale dell'imprenditore.** Tax situs; così definito negli S.U. (IMPOSTA).
- **ignoto.** (DIMORA IGNOTA)

Dominio in genere. Dominance, *dominium*, title (CONTROLLO; *DOMINIUM*; *DOMINUS*; PROPRIETÀ; PUBBLICO DOMINIO; RISERVATO DOMINIO; SIGNORIA; SUPREMAZIA; TITOLO).

- **del mercato.** Market dominance (CONTROLLO DEL MERCATO).
- **pubblico.** (ESPROPRIAZIONE PER PUBBLICA UTILITÀ; FATTO DI DOMINIO PUBBLICO; PUBBLICO DOMINIO)

***Dominium* o signoria nei diritti immobiliari.** Costituisce uno degli aspetti fondamentali — di origine feudale — del sistema dei diritti immobiliari di *common law*, che ad esso è estraneo il concetto di *dominium*, signoria, o proprietà assoluta. In effetti, principio fondamentale nella materia — in buona sostanza privo di contenuto economico — è che solo il sovrano ha il *dominium*: tutti gli altri non sono che dei concessionari. La natura del diritto del concessionario è costituita da un *feodum* o *fee*. È appunto l'assenza di *dominium* che consente nella *common law* lo smembramento della proprietà e il concetto di *estate*. A ciò va aggiunta la *split property,* ossia la doppia proprietà, prevista dal *trust* — istituto ignoto alla *civil law* — del beneficiario e del *trustee* (DIRITTO (I) DELLE OBBLIGAZIONI; DOMINIO; *DOMINUS*; PROPRIETÀ ALLODIALE; *TRUST*). [vol. I: INTRODUZIONE: III. 21, 22; ALLODIUM; ESTATE; OWNERSHIP; TENURE]

Dominus. Questo termine ricorre nel diritto inglese e nordamericano in materia processuale, in cui si parla di *dominus litis* per indicare la persona legittimata a rinunciare all'azione in giudizio o a non comparire o a non costituirsi in giudizio consentendo a una sentenza di condanna contro di lei (DESISTENZA DALL'AZIONE IN GIUDIZIO; *DOMINIUM*; LEGITTIMAZIONE PROCESSUALE). [vol. I: DOMINUS LITIS]

Donante in genere. Donor, grantor (DONATARIO; DONAZIONE).

Donatario. Donee, grantee, recipient (BENEFICIARIO; DONANTE; DONAZIONE). [vol. I: BENEFICIARY; GIFT; GRANTEE]

Donazione/i in genere. Gift, transfer; talvolta si parla anche di *donatio*; ma questo termine, date le differenze esistenti, non costituisce che un ennesimo *acoustic agreement* col concetto civilistico di donazione. Le parti della donazione sono dette, rispettivamente, *donor* (donante) e *donee* (donatario); ma *gift* costituisce un'espressione generale che indica anche il legato e include svariati atti a titolo gratuito che vanno sotto diverse denominazioni. Premessa la notevole complessità della materia, si osserva che la *common law* non distingue tra contratti a titolo oneroso e a titolo gratuito: in virtù del requisito della *consideration*, il *simple contract* — in definitiva il vero contratto di *common law* — è un atto per definizione oneroso. Di conseguenza, la donazione — priva di per sé di *consideration* — resta esclusa dallo schema e dalla disciplina contrattuale. Gli atti di donazione, e in genere i trasferimenti privi di *valuable consideration*, detti perciò *voluntary conveyances*, vanno attuati con *deed* a pena di nullità. Il che non significa che nella *common law* gli atti gratuiti siano di difficile realizzazione; al contrario, nel sistema inglese e nordamericano la legislazione fiscale — e anche uno sviluppatissimo senso della solidarietà sociale — contribuisce a renderli molto più diffusi che in Italia e nei paesi di *civil law*. A questo proposito, si rileva che la donazione può aver luogo anche mediante il *trust* — istituto ignoto alla *civil law* — con il quale si crea a favore di una determinata persona un *equitable right* o un'*equitable ownership*. D'altro canto, se si tiene conto che il *deed* è atto meno formale dell'atto pubblico di *civil law* e che il *trust* non richiede addirittura alcuna forma, si perviene alla conclusione che la *common law*, specie mediante quest'ultimo diffusissimo istituto, realizza gli atti di liberalità in modo ben più ampio della *civil law* (ACCETTAZIONE DELLA DONAZIONE; ALIENAZIONE; *ANIMUS DONANDI*; ATTO DI DONAZIONE; ATTO GRATUITO-ONEROSO; ATTO SIGILLATO-NON SIGILLATO; BENEFICENZA; CONDIZIONE DI RIVERSIBILITÀ NELLA DONAZIONE; CONTRATTO: III; DOTAZIONE; DOTE; IMPOSTA SULLE DONAZIONI; LIBERALITÀ; *NEGOTIUM MIXTUM CUM DONATIONE*; PROMESSA DI DONAZIONE; REGALIA; REVOCA DELLA DONAZIONE; RINUNZIA ALLA DONAZIONE; TRASFERIMENTO). [vol. I: ASSIGNMENT; BEQUEST; CONVEYANCE; DEVISE; ENDOWMENT; GIFT; GRATIS; GRATUITOUS PROMISE; GRATUITY; LEGACY; SETTLEMENT]

– **a minori.** Transfer to minors; ma si noti che nella tradizione di *common law* il patrimonio dei minori non è amministrato da chi ne ha la custodia (genitori, etc.), ma da altre persone incaricate a questo scopo (guardian, conservator, custodian). Negli S.U. — stato federale — la materia è regolata nella maggior parte degli stati dell'Unione dall'Uniform Transfers to Minors Act che consente le donazioni ai minori con maggior larghezza rispetto al prevalente regime precedente (MINORE; TRASFERIMENTO).

– **a titolo di beneficenza.** Charitable gift (BENEFICENZA). [vol. I: CHARITY]

– ***cum onere.*** (DONAZIONE MODALE)

– **di beni futuri.** Gift of future property of the donor. È ammessa (BENI FUTURI).

– **di modico valore.** Gratuity (REGALIA). [vol. I: *ad vocem*; GRATIS]

– **di organi.** Anatomical gift; negli S.U. — stato federale — è oggetto dell'Uniform Anatomical Gifts Act adottato dalla maggioranza degli stati dell'Unione (ESPIANTO; TRAPIANTO DI ORGANI).

– **in frode ai creditori.** Fraudulent conveyance, o conveyance in fraud of creditors (DISPOSIZIONE O ALIENAZIONE FRAUDOLENTA). [vol. I: FRAUDULENT CONVEYANCE]

– ***inter vivos.*** Gift o donatio inter vivos.

– **modale.** Onerous gift, gift *cum onere.* Nella *civil law* non è agevole distinguere tra la donazione *cum onere* e il contratto oneroso. Come ha osservato Gino Gorla [1955, vol. II: 630], non è così, invece, nella *common law* in cui la distinzione è assorbita dallo schema astratto del *bargain* (MODO; ONERE).

– ***mortis causa.*** Gift o *donatio mortis causa.* È ammessa (LEGATO).

– **obnuziale.** *Donatio propter nuptias* o, grosso modo, marriage settlement (DOTE). [vol. I: MARRIAGE SETTLEMENT]

– **remuneratoria.** Gift o reward for past services o *donatio remuneratoria*; anche qui, il requisito della *consideration* comporta diverse soluzioni nelle due tradizioni giuridiche (CONTRATTO: III; REMUNERAZIONE).

– **tra coniugi.** Gift between spouses. È ammessa; come, del resto, anche da noi da qualche anno, grazie alla sentenza del 29 giugno 1975 n. 91 della Corte Costituzionale (CONIUGE).

Donna/e. Woman (ABORTO; DIRITTI (II) DELLA DONNA; DIRITTI (II) DELL'UOMO: 2; DISCRIMINAZIONE DELLA DONNA; DISCRIMINAZIONE SESSUALE; FEMMINISMO; SUCCESSIONE; UGUAGLIANZA; VIOLENZA CARNALE; VIOLENZA SULLE DONNE). [vol. I: COERCION; FEME; HUMAN RIGHTS; HUSBAND AND WIFE; MARRIED WOMEN'S PROPERTY]

– **sposata.** Married woman o, con linguaggio normanno, *feme covert* (CONIUGI; DIVORZIATA). [vol. I: HUSBAND AND WIFE]

Doppio/a. Double.

– **assicurazione.** Double insurance (SOVRASSICURAZIONE).

– **cittadinanza.** Double citizenship, double nationality. Negli S.U., col termine *dual citizenship* si intende spesso la cittadinanza degli S.U. e di uno degli stati dell'Unione (CITTADINANZA; NAZIONALITÀ; RESIDENZA). [vol. I: CITIZEN; CITIZENSHIP; NATIONALITY]

– **criminalità.** Double criminality (CRIMINALITÀ; ESTRADIZIONE).

– **grado di giurisdizione.** Lett., double level of adjudication. Ma, in effetti, in senso stretto, non esiste un termine corrispondente semplicemente perché non esiste la cosa: non di rado, i giuristi di *common law* si riferiscono al principio di *civil law* impiegando il termine francese di *double degré de juridiction.* Negli S.U., stato federale, la R. 38 delle *Federal Rules of Civil Procedure* stabilisce che qualora la corte accerti che l'appello proposto è defatigatorio (*frivolous*) essa può condannare l'appellante al risarcimento del danno o al doppio delle spese del giudizio (ABUSO DELLE NORME PROCESSUALI; APPELLO; COSA GIUDICATA; ESECUZIONE PROVVISORIA DELLA SENTENZA; GIURISDIZIONE; GRADO DI GIURISDIZIONE; ORDINAMENTO GIUDIZIARIO; PRIMO GRADO DI GIURISDIZIONE; SENTENZA). [vol. I: APPEAL]

– **imposizione.** Double taxation. Di solito, essa dà luogo ad accordi o convenzioni bilaterali tra Stati, dette *double taxation conventions*, dirette ad evitarla (ACCERTAMENTO FISCALE DOPPIO; ARMONIZZAZIONE FISCALE; ESENZIONE DALLA DOPPIA IMPOSIZIONE; IMPOSIZIONE; IMPOSIZIONE FISCALE). [vol. I: TAX]

– **indennizzo.** Double indemnity (INDENNIZZO).

– **proprietà.** Split property (PROPRIETARIO; *TRUST*).

– **sovranità.** Double sovereignty. Negli S.U., l'organizzazione federale dello stato dà luogo ad una *double sovereignty*, ossia quella federale, e quella degli stati dell'Unione: i conflitti di leggi e tra gli stati dell'Unione vanno ricollegati a questa realtà. Il concetto di *residual powers,* ossia dei poteri originari che spettano agli stati dell'Unione rispetto a quelli delegati con la carta costituzionale allo stato federale, presuppongono, appunto, una *double sovereignty* (CONFEDERAZIONE; CONFLITTO DI LEGGI; FEDERALISMO; POTERE LIMITATO; POTERI RESIDUALI; SOVRANITÀ; STATO A SOVRANITÀ LIMITATA).

– **turno.** (SISTEMA ELETTORALE MAGGIORITARIO A DOPPIO TURNO)

Dotazione. Endowment o anche dotation; rientra nella categoria della *charity* (DONAZIONE; FONDAZIONE; FONDO DI DOTAZIONE). [vol. I: *ad vocem*; CHARITY; FOUNDATION]

Dote. Dowry, detta anche, nell'accezione civilistica, *dos.* Ma l'istituto è ignoto alla *common law*, anche se il *settlement* presenta delle affinità, ma non coincide, col regime dotale. Del resto, nel sistema italiano la legge 19 maggio 1975 n. 151 ha stabilito la nullità della convenzione che comunque tenda alla costituzione di beni in dote (BENI PARAFERNALI; DONAZIONE; SPILLATICO). [vol. I: *ad vocem*; CONTRACT: V; DOWER; MARRIAGE SETTLEMENT]

Dottrina. Non esiste nel linguaggio giuridico del giurista di *common law* un termine esattamente equivalente, specie se considerato nell'ambito della dicotomia dottrina-giurisprudenza, così tipica della tradizione giuridica di *civil law*. Questo spiega il frequente ricorso al termine francese *doctrine* quando si vuol rendere il concetto nostrano. In effetti, la *common law* è una *lawyers' law*, non una *professors' law* e, fino a poco tempo fa, era fatto addirittura divieto di citare le opinioni di giuristi viventi davanti agli organi giudiziari. Ma — al di là della inesistente dicotomia — si parla anche, in generale, di *legal science*, *legal theory*, *legal literature*, *opinion of academic commentators*, o *jurisprudence*. Ad evitare abbagli che, anche qui, gli *acoustic agreements* possono determinare, si noti che il termine inglese *doctrine* indica, non già la dottrina nostrana, ma una regola di fonte giurisprudenziale, e che *jurisprudence* indica, non già la nostra giurisprudenza, ma, grosso modo, la teoria generale del diritto (AUTORI GIURIDICI; AUTORITÀ DEL PRECEDENTE GIUDIZIARIO; CITAZIONE DI AUTORI GIURIDICI; FONTI DEL DIRITTO; GIURISPRUDENZA; OPERE DELLA DOTTRINA; TEORIA GENERALE DEL DIRITTO). [vol. I: INTRODUZIONE: III. 11; AUTHORITY; DOCTRINE; JURISPRUDENCE; PRECEDENT; STARE DECISIS]

Do ut des. (*QUID PRO QUO*)

Dovere/i in genere. Duty, obligation. Il termine *duty* si presenta spesso come correlativo di *right* o *claim*, ed è talvolta sinonimo di *obligation*; esso è reso anche dal termine *responsibility*: essere obbligato, tenuto, è detto *to be bound to...* L'obbligazione contrattuale è espressa, grosso modo, dai termini *promise* o *liability*. Duty indica, tra l'altro, il dovere di ufficio, derivante da una carica o funzione, etc. Il termine assume spesso significati privi di equivalenza nella *civil law*: la dicotomia *common law-statute law* fa sì che si parli, di volta in volta, di *common law duty* e di *statutory duty*, a seconda della fonte da cui l'obbligo o dovere deriva. Nella *law of torts*, ossia dell'atto illecito, il *tort* di *negligence* deriva dalla violazione di un preesistente *duty of care*: da essa discende la *liability*, cioè la responsabilità civile. Non esiste una Dichiarazione dei Doveri dell'Uomo correlativa a quella dei Diritti dell'Uomo del 1789. Infine, il termine duty indica anche una svariata serie di imposte, tasse e tributi (COMPITO; DIRITTI (II) DELL'UOMO; DIRITTI (II) E DOVERI DEI CITTADINI; MISSIONE; OBBLIGO; OMISSIONE DI DOVERE; OSSERVANZA; TUTELA DEI DIRITTI; VIOLAZIONE DI DOVERE). [vol. I: COMMON LAW; DUTY; DUTY OF CARE; LIABILITY; STATUTE LAW]

– **assoluto, privo di discrezionalità.** Strictly ministerial duty (DIRITTO (II) ASSOLUTO-RELATIVO; DISCREZIONALITÀ).

– **astratto.** Ought (DIRITTO (II); OBBLIGO). [vol. I: *ad vocem*; IS AND OUGHT; LIABILITY; MAY; MUST; OBLIGATION]

– **coniugali.** Conjugal duties (DIRITTI (II) CONIUGALI).

– **contrattuale.** (OBBLIGO CONTRATTUALE)

– **costituzionale.** Constitutional obligation (DIRITTI (II) COSTITUZIONALI).

– **dei genitori.** Parental duties; la mancata osservanza dei doveri dei genitori verso i figli minori è definita *parental neglect* (GENITORE; PATRIA POTESTÀ; SUCCESSIONE). [vol. I: MAINTENANCE; PARENT AND CHILD]

– **dell'assicurato.** (OBBLIGHI DELL'ASSICURATO)

– **del *neminem laedere*.** Non sembra che, in tema di atto illecito, esista nella *common law* un obbligo generale del *neminem laedere* qual è inteso nella *civil law*. L'illecito sorge, invece, secondo il prevalente orientamento, dalla violazione di un preesistente, specifico, *duty of care* che incombe sull'autore dell'atto, da accertare di volta in volta. Peraltro — a parte la diversità di approccio dovuta a ragioni storiche — in definitiva, specie nel diritto nordamericano, i risultati ultimi non sono troppo diversi (ATTO ILLECITO; OSPITE). [vol. I: DUTY OF CARE; TORT: III]

– **di correttezza.** Duty of fairness; non sembra che nella *common law*, ad eccezione dei contratti definiti di *uberrimae fidei*, sussista un dovere generale di correttezza nella fase precontrattuale (*infra*, DOVERE DI INFORMAZIONE; BUONA FEDE; CONDOTTA; CORRETTEZZA; *CULPA IN CONTRAHENDO*; DIRITTO (II) ALL'INFORMAZIONE; RESPONSABILITÀ EXTRACONTRATTUALE; RETICENZA). [vol. I: CULPA IN CONTRAHENDO; FAIR; GOOD FAITH; UBERRIMAE FIDEI]

– **di diligenza.** Duty of care; ma quest'espressione ha un significato particolare in tema di atto illecito (*supra*, DOVERE DEL *NEMINEM LAEDERE*; OSPITE).

- **di fedeltà coniugale.** Covenant of fidelity (FEDELTÀ CONIUGALE).
- **di fedeltà del dipendente.** (OBBLIGO DI FEDELTÀ DEL PRESTATORE DI LAVORO)
- **di fedeltà dell'amministratore di società.** Duty of faithfulness of company, o corporation, director (AMMINISTRATORE DI SOCIETÀ).
- **di informazione.** (*supra*, DOVERE DI CORRETTEZZA)
- **di obbedienza del dipendente.** Duty of obedience, duty of service, of employee, o of agent (*supra*, DOVERE DI FEDELTÀ DEL DIPENDENTE; DIPENDENTE; FEDELTÀ; LAVORO). [vol. I: EMPLOYMENT; FIDELITY]
- **di ufficio.** Duty of office, official duty, ministerial duty (CORRUZIONE; UFFICIO).
- **fiduciari.** Fiduciary duties (PROCURA; RAPPORTI FIDUCIARI; TRUST).

  Bibl.:
  Schlesinger 1950, ed. 1988: 792.
- **giuridico.** Legal duty.
- **inderogabile.** Absolute duty (INDEROGABILE). [vol. I: ABSOLUTE]
- **legale.** Legal duty (OBBLIGO LEGALE).
- **morale.** Moral duty, moral obligation. Nell'ambito del tormentato concetto della *consideration* in materia contrattuale, il dovere morale non può costituire una *valuable consideration* (CONTRATTO: III; CORRISPETTIVO; DIRITTO (I) NATURALE; OBBLIGO MORALE).

Doveri. (DOVERE/I)

Dovuto in genere. Due, owing, due and owing, outstanding, payable (DOVERE; INADEMPIMENTO; MORA; PAGAMENTO; SALDO DOVUTO; SCADUTO). [vol. I: ACCOUNT PAYABLE; DEBT; DEFAULT; DUE; OUTSTANDING; OWING; PAYMENT]

Drenaggio fiscale. Fiscal drag (IMPOSIZIONE FISCALE). [vol. I: TAX]

Droga. La materia è regolata nel R.U. dal Misuse of Drugs Act 1971; esso prevede un comitato consultivo che avanza proposte dirette all'aggiornamento dell'elenco delle droghe, di cui esistono tre liste allegate alla legge che parla di *controlled drugs* per indicare quelle sostanze di cui esiste il divieto di importazione, esportazione, produzione, spaccio e possesso. Negli S.U. — stato federale — la materia è regolata dall'Uniform Controlled Substances Act federale preso a modello dalle leggi della maggioranza degli stati dell'Unione. Si parla di *drug paraphernalia* per definire quegli oggetti mediante i quali ha luogo la somministrazione della droga quali, ad es., siringhe, etc. (BENE CONFISCATO; CRIMINALITÀ ORGANIZZATA; DIRITTO (II) DI DROGARSI; PROIBIZIONISMO; RICICLAGGIO DI DENARO SPORCO; SPACCIATORE DI DROGA; STUPEFACENTE; TOSSICODIPENDENTE; TRAFFICO DI DROGA).

Dubbio in genere. Doubt (CERTEZZA).

- **ragionevole.** Reasonable doubt. Questa espressione ricorre più spesso nel processo penale di *common law* in cui, per la dichiarazione di colpevolezza (ad opera della giuria nei reati più gravi), si richiede che l'accusa provi la colpevolezza dell'imputato *beyond (all) reasonable doubt.* In mancanza, quest'ultimo deve essere assolto senza che su di lui incomba alcun onere di provare la propria innocenza. Si tratta di una formula giuridica fondamentale, ignota storicamente al processo penale di *civil law* (COLPEVOLEZZA; GIURIA; PRESUNZIONE DI INNOCENZA; PROVA: 5; RAGIONE; VERITÀ). [vol. I: BEYOND REASONABLE DOUBT; INNOCENCE, PRESUMPTION OF; REASON; REASONABLE; REASONABLENESS]

Due process clauses. (APPARENZA DEL DIRITTO; CONTRADDITTORIO; PRIVAZIONE DELLA PROPRIETÀ; PRIVAZIONE DI UN DIRITTO COSTITUZIONALE; STATO DI DIRITTO; TUTELA DEI DIRITTI). [vol. I: DUE PROCESS CLAUSES]

Dumping. È definita così una forma di concorrenza sleale consistente nel vendere prodotti sui mercati stranieri ad un costo inferiore a quello di produzione; di solito consentita da sovvenzioni pubbliche.
1. Negli S.U. il Dumping Act stabilisce che il ministro del Tesoro è tenuto ad informare la U.S. International Trade Commission (USITC) di quei casi in cui un prodotto straniero è venduto negli S.U., o si ritiene probabile che sia venduto negli S.U., o all'estero, ad un prezzo inferiore al suo valore effettivo (*fair value*). La suddetta Commissione federale stabilisce quindi il danno all'industria nordamericana e, qualora i prodotti importati danneggino la vendita di analoghi prodotti interni, può stabilire il divieto di importazione dei prodotti stranieri.
2. L'art. 91 del Trattato di Roma contiene disposizioni *anti-dumping.* Una volta constatata l'esistenza della pratica, la Commissione ingiunge all'impresa in questione di porvi fine, in mancanza di che, essa autorizza lo stato membro ad imporre dazi *anti-*

dumping. Ma, su un piano più generale, la materia è disciplinata dalle regole del GATT che prevedono, in determinate condizioni, l'imposizione di dazi alle importazioni (AIUTI ALL'ESPORTAZIONE; CONCORRENZA SLEALE; DAZIO ANTI-DUMPING; ESPORTAZIONE SOTTO COSTO; IMPORTAZIONE; LIBERA PRATICA; PRATICA PROTEZIONISTICA; PREZZO DI MERCATO; PRODOTTO STRANIERO; SUSSIDIO ALLE ESPORTAZIONI; VENDITA SOTTO COSTO).

Duplicato. Duplicate, copy, counterfoil, counterpart; ma, in alcuni casi, il termine *duplicate* indica anche l'originale (COPIA; MATRICE; PROVA). [vol. I: BEST EVIDENCE; CERTIFIED COPY; COPY; COUNTERFOIL; COUNTERPART; DUPLICATE; EXAMINED COPY]

- **della cambiale.** Duplicate bill of exchange (AMMORTAMENTO DELLA CAMBIALE; CAMBIALE). [vol. I: BILL OF EXCHANGE]
- **della lettera di vettura.** Counterfoil waybill (LETTERA DI VETTURA). [vol. I: WAYBILL]
- **della polizza di carico.** Duplicate bill of lading (POLIZZA (II) DI CARICO). [vol. I: DUPLICATE]
- **dell'assegno.** Duplicate cheque (ASSEGNO (II) BANCARIO). [vol. I: CHEQUE]
- **del testamento.** Duplicate will (TESTAMENTO). [vol. I: WILL]

Durata in genere. Duration (CONTRATTO DI DURATA; PERIODO; PRESCRIZIONE; TEMPO; TERMINE). [vol. I: *ad vocem;* CURRENCY]

- **del contratto.** Duration of contract (CONTRATTO).
- **del contratto di lavoro.** Duration of the contract of employment (CONTRATTO DI LAVORO).
- **della custodia cautelare.** Grosso modo, duration of custody, o of arrest, before trial; ma, in senso stretto, non esiste custodia cautelare (CUSTODIA CAUTELARE).
- **dell'affitto.** Grosso modo, duration of lease (AFFITTO). [vol. I: LEASE]
- **della pena.** Length of sentence; ma si notino le numerose diversità che esistono in questa materia nella tradizione di *common law* (PENA). [vol. I: SENTENCE; SENTENCING PROCESS]
- **dell'assicurazione.** Duration of insurance (ASSICURAZIONE; DECORSO DELL'ASSICURAZIONE).
- **del preavviso.** Amount of notice (PREAVVISO).
- **di una carica, di un ufficio.** Term of office (PERMANENZA IN UNA CARICA; UFFICIO). [vol. I: DURING GOOD BEHAVIOUR; OFFICE; TENURE]
- **presunta della vita.** Life expectancy (VITA).

E

Eccedenza/e. Surplus (DISAVANZO; ECCESSO; ESUBERANZA; RIASSICURAZIONE DI ECCEDENZA; SOVRABBONDANZA). [vol. I: SURPLUSAGE]

– **agricole.** Farm surplus (AIUTI ALL'AGRICOLTURA; COLTIVATORE DIRETTO).

Eccessi. (ECCESSO/I)

Eccessivo/a in genere. Excessive, undue (CAUZIONE ECCESSIVA; ECCESSO; ESUBERANZA; MULTA O AMMENDA ECCESSIVA; PENA ECCESSIVA). [vol. I: UNDUE HARDSHIP; UNDUE INFLUENCE; UNDUE PREFERENCE]

– **ammontare del risarcimento del danno.** Excessive damages. Questo non è mai il caso delle corti nostrane, *salvo assai sospette eccezioni*. Il termine è riferito negli S.U. — stato federale — al caso in cui la giuria (sic!) stabilisca un risarcimento eccessivo, irragionevole e sproporzionato. Qualora ciò sia in contrasto con princìpi giuridici (in quanto distinti dall'apprezzamento dei fatti, spettanti alla giuria), il giudice di merito può disporne la riduzione ordinando all'attore di rinunziare (*remit*) ad una parte di esso. In mancanza, può disporre un nuovo processo (*new trial*), ovvero anche un nuovo processo limitato alla questione del *quantum* del risarcimento. Il giudice può anche condizionare il rigetto dell'istanza per un *new trial* (evidentemente dalla parte tenuta al risarcimento) alla accettazione da parte dell'attore di una riduzione dell'ammontare del risarcimento per un certo ammontare. Questo procedimento è definito *remittitur*, nel senso che, in qualche modo, dà luogo ad una remissione del debito o rinunzia al credito. Si parla, invece, di *additur* per indicare la situazione inversa, in cui il giudice di merito ha un potere analogo, ma opposto, di aumentare l'ammontare di un risarcimento stabilito dalla giuria qualora esso appaia inadeguato (APPELLO; DANNO; GIURIA; IMPUGNAZIONE; QUESTIONE DI FATTO-DI DIRITTO; RISARCIMENTO DEL DANNO).

– **difficoltà nell'adempimento del contratto.** Undue hardship. È detta *hardship clause* quella clausola del contratto che si riferisce, a seconda dei casi, all'iniquità, alla sproporzione o eccessiva difficoltà che un determinato contratto comporta per una parte nel corso del suo svolgimento. Essa figura spesso in determinati tipi di contratto (specie internazionali) di durata, e prevede meccanismi diretti a riequilibrare il rapporto tra le parti (*infra*, ECCESSIVA ONEROSITÀ SOPRAVVENUTA; ADEMPIMENTO DEL CONTRATTO; CONTRATTO A CONDIZIONI INIQUE; *HARDSHIP CLAUSE*; INIQUITÀ).

– **onerosità del contratto.** Grosso modo, unconscionability of contract (RESCISSIONE PER LESIONE).

– **onerosità nel mutuo al consumatore.** (MUTUO AL CONSUMATORE).

– **onerosità sopravvenuta.** Lett., e grosso modo, supervening unconscionability, o hardship, of contract (*HARDSHIP CLAUSE;* IMPOSSIBILITÀ SOPRAVVENUTA DELLA PRESTAZIONE; ONEROSITÀ; RESCISSIONE PER LESIONE; RISOLUZIONE DEL CONTRATTO PER ECCESSIVA ONEROSITÀ SOPRAVVENUTA).

Eccesso in genere. Excess, o abuse. Come causa di separazione personale, è resa dal termine *cruelty* (ABUSO; DIVORZIO; ECCEDENZA; ECCESSIVO; ESUBERANZA; MALTRATTAMENTI; PROLISSITÀ; SOVRABBONDANZA; SUPERFLUITÀ DI LINGUAGGIO NEGLI ATTI DEL GIUDIZIO; VALUTAZIONE IN ECCESSO). [vol. I: ABUSE; CRUELTY; EXCESS CLAUSE O EXCESS INSURANCE; EXCESS FARE; EXCESS LIABILITY; EXCESS OF AUTHORITY; EXCESS OF JURISDICTION; EXCESS OF POWER; EXCESS REINSURANCE]

– **di giurisdizione.** (GIURISDIZIONE ESUBERANTE)

– **di legittima difesa.** Excessive self-defence (LEGITTIMA DIFESA). [vol. I: SELF-DEFENCE]

– **di manodopera.** (ESUBERANZA DI PERSONALE O DI MANODOPERA)

– **di potere in genere.** Grosso modo, excess of authority, abuse, o misuse of power, abuse of discretion, abuse of discretionary power; un atto compiuto in eccesso di potere è detto *ultra vires*, ossia in eccesso, o al di là, dei poteri conferiti. Ma non esiste, in senso stretto, un concetto equivalente.
1. Anche se nella materia si ricorre ad ordini concettuali diversi, si osserva che, nell'ambito della *judicial review of administrative action*, è mediante la *doctrine of ultra vires* — che comprende ipotesi di eccesso di potere e di incompetenza — che nel sistema inglese e nordamericano si attua il controllo giurisdizionale sulla legislazione delegata e degli atti della pubblica amministrazione. Inoltre, l'applicazione della suddetta regola attribuisce al giudice dei poteri analoghi a quelli che un giudice continentale avrebbe in materia di eccesso di potere. Anzi, come osserva un eminente giurista italiano, si tratta di poteri notevolmente più ampi, al punto che il giudice inglese e quello nordamericano dispongono di uno strumento superiore per efficienza a quello del controllo dell'eccesso di potere del giudice continentale.
2. Con queste premesse, sembra appena il caso di rilevare che non esiste un ricorso analogo a quello per eccesso di potere del diritto amministrativo francese. Al contrario, si obbliga l'amministrazione a motivare le proprie decisioni.
3. Infine, una notevole caratteristica del sistema inglese e nordamericano — priva di equivalenza nel sistema italiano — è che il giudice emette degli ordini nei confronti della pubblica amministrazione. A questo proposito, si ricorda che quelli di *common law* sono dei sistemi a normazione comune in cui, cioè — a parte i numerosissimi organi al di fuori dell'ordine giudiziario, competenti in una materia che, grosso modo, costituisce un analogo del contenzioso amministrativo nostrano — il controllo ultimo sulla legalità degli atti della pubblica amministrazione spetta al giudice ordinario.
4. Non esiste una giurisdizione amministrativa, distinta da quella ordinaria qual è intesa nel diritto italiano. La *common law* (*et pour cause*!) non ha elaborato la figura dell'atto amministrativo (ABUSO DI POTERE; DIRITTO (I) AMMINISTRATIVO; DISCREZIONALITÀ AMMINISTRATIVA; INCOMPETENZA DEL PUBBLICO UFFICIALE; POTERE; REGOLATORE). [vol. I: INTRODUZIONE: III. 11; ADMINISTRATIVE LAW: III. 1; CERTIORARI; HABEAS CORPUS; JUDICIAL REVIEW; MALADMINISTRATION; MANDAMUS; PROHIBITION; ULTRA VIRES: 2]

– **di potere della persona giuridica.** Ultra vires a corporation: si tratta di un principio — i cui effetti rivestono particolare importanza nella materia societaria — caratteristico della *common law*, privo, cioè, di corrispondenza nel diritto italiano e nella *civil law*. Esso attiene alla validità degli atti posti in essere da una *corporation* in relazione ai poteri previsti dall'atto costitutivo (PERSONA GIURIDICA; SOCIETÀ (II) QUALE SOGGETTO COLLETTIVO: VII. 5). [vol. I: CORPORATION; ULTRA VIRES: 1]

– **di potere del rappresentante.** Excess of authority, breach of warranty of authority (RAPPRESENTANTE; RATIFICA). [vol. I: AGENCY; AUTHORITY; EXCESS OF AUTHORITY; RATIFICATION]

– **in famiglia.** (MALTRATTAMENTI, ECCESSI, SEVIZIE)

Eccezione in genere. Nel senso di esonero o dispensa, si parla di exception, exemption o exoneration, *exceptio*; talvolta l'eccezione è detta anche *equity* quando è riferita ai *negotiable instruments*. L'eccezione processuale è detta più spesso, a seconda dei casi, *bar*, *plea*, *objection*, o anche *defence*. La deroga è definita di solito *departure*. La *plea* costituisce una forma di difesa: come scrive un noto comparatista riferendosi ai sistemi di *civil law*: « The defence of prescription must ordinarily be pleaded », ossia, di regola, la prescrizione deve essere eccepita [Schlesinger 1950, ed. 1988: 209]. In senso metaforico, volendo distinguere tra eccezione, o difesa, e azione si dice, ad es., che l'*estoppel* e il *set off* (compensazione) costituiscono uno scudo (*shield*), mentre il *counterclaim* è una spada. Ma si parla anche di *claims and defences* per indicare, rispettivamente, le azioni ed eccezioni e difese. Una delle più formidabili eccezioni — in origine di ordine processuale e, successivamente, sostanziale — è costituita dall'*estoppel*, istituto, per taluni versi, privo di equivalenza nella *civil law*. L'eccezione è detta *plea of;* la mancata proposizione dell'eccezione, *failure to plead*; respingere un'eccezione è detto *overrule (to) an objection*. Infine, l'eccezione (*plea*) con la quale il convenuto oppone l'avvenuta prescrizione è detta *non accrevit*. Eccepire la prescrizione è detto *set (to) up the statute of limitations* (AZIONE (I) IN GIUDIZIO; DEROGA; DIFESE NEL PROCESSO CIVILE; DOMANDA; ESENZIONE; ESONERO; IMMUNITÀ; INECCEPIBILE; LISTA DELLE ECCEZIONI; OBIEZIONE; OPPOSIZIONE NEL CORSO DEL *TRIAL;* OSSERVAZIONE; PRECLUSIONE; PRESCRIZIONE; RICUSAZIONE; SALVO; SCUSA). [vol. I: COUNTERCLAIM; DEFENCE; DEPARTURE; EXCEPTION; EXEMPTION; EXONERATION; FREE FROM EQUITIES; NEGOTIABLE INSTRUMENTS; OBJECTION; PLEA; PROVISO; SUBJECT TO EQUITIES]

Bibl.:
Williams, G., *The logic of « Exceptions »* (1988) CLJ 261.

– **cambiaria.** Defence on a bill of exchange; ma si noti che in questa materia sussistono radicali differenze tra il sistema cambiario uniforme e quello inglese e nordamericano (CAMBIALE). [vol. I: SUBJECT TO EQUITIES]

Bibl.:
Schlesinger 1950, ed. 1988: 618, n. e.

– **defatigoria.** Sham plea. Una abissale differenza esiste in materia tra il sistema e la prassi processuale italiana e quella inglese e nordamericana in cui il giudice può ordinare — ed ordina — la cancellazione o la modifica di qualsiasi atto o difesa defatigatoria che possa impedire o ritardare il *fair trial* del caso (ABUSO DELLE NORME PROCESSUALI; APPELLO: 2; AZIONE (I) DEFATIGATORIA; CAUZIONE PER LE SPESE PROCESSUALI). [vol. I: ABUSE OF RIGHT; DILATORY PLEA]

– **di compensazione.** Plea, o defence, of set off (COMPENSAZIONE). [vol. I: COUNTERCLAIM]

– **di difetto di giurisdizione** o **di competenza.** Plea to the jurisdiction, jurisdictional plea (GIURISDIZIONE). [vol. I: JURISDICTION]

– **di illegalità.** Plea of illegality (ILLEGALITÀ). [vol. I: SUPERVENING ILLEGALITY; PUBLIC POLICY]

– **di inadempimento.** (*INADIMPLENTI NON EST ADIMPLENTUM*)

– **di incompetenza.** Plea to the jurisdiction (COMPETENZA).

– **di insufficienza della prova.** Demurrer to evidence (INSUFFICIENZA DI PROVA). [vol. I: DEMURRER; EVIDENCE]

– **dilatoria.** (*supra*, ECCEZIONE DEFATIGATORIA)

– **di litispendenza.** Plea of lis alibi pendens, autre action pendant (LITISPENDENZA). [vol. I: FORUM NON CONVENIENS; LIS ALIBI PENDENS]

– **intempestiva.** Time barred plea o defence. [vol. I: CIVIL PROCEDURE; PLEADINGS; TIME-BAR]

– **opponibile al cessionario.** Equity opposable to assignee (CESSIONARIO). [vol. I: EQUITIES]

– **perentoria.** Plea in bar, demurrer (PERENZIONE). [vol. I: PLEA IN BAR]

– **pregiudiziale.** Demurrer, defence striking at the root of an action. [vol. I: DEMURRER]

– **processuale accolta in udienza.** Objection sustained.

– **processuale respinta in udienza.** Objection overruled.

– **riconvenzionale.** Counterclaim (AZIONE (I) RICONVENZIONALE). [vol. I: *ad vocem*]

Ecologia. Ecology (AMBIENTE).

Bibl.:
Conti, L., *Politica e ecologia*, in *Dizionario di Politica* 1976, ed. 1983: 848.

Economia/e. Economy.

– **di mercato.** Market economy. Le opere che trattano la materia delle *international business transactions* distinguono tra Market e Non-market Economy Nations, a seconda che si tratti di paesi ad economia di mercato o meno. La distinzione è fondamentale, dato che, ovviamente, il regime giuridico cambia in maniera radicale nell'un caso o nell'altro. Un vero rompicapo per gli operatori stranieri, è stabilire in quale delle due categorie si colloca l'economia italiana, autentico *tertium genus*: non si tratta di una curiosità teoretica, come hanno sperimentato a loro spese gli operatori stranieri che hanno trattato con le controllate della Confagricoltura o dell'Efim (*infra*, ECONOMIA PIANIFICATA; ATTIVITÀ ECONOMICA PRIVATA; BORSA MERCI; BORSA VALORI; CAPITALISMO; CONCORRENZA; CONSUMATORE; FONDI NERI; FONDI PENSIONE; INDISCREZIONI SOCIETARIE; INIZIATIVA ECONOMICA PRIVATA; INTERDIZIONE DALL'ATTIVITÀ DI AMMINISTRATORE DI SOCIETÀ; LIBERA INIZIATIVA; PIANIFICAZIONE CENTRALE; PROFITTO; REGOLATORE; RENDITA; SCALATA DI SOCIETÀ; SOCIETÀ (II) QUALE SOGGETTO COLLETTIVO).

– **di scala.** Economies of scale.

– **nera.** Black economy, underground economy; ma è definita anche *informal economy*. Si tratta di fenomeno interstiziale, esistente in tutti i paesi industrializzati. Appunto perché, come si dice, nera, essa consiste in attività illegali e, molto spesso, addirittura criminali. I governanti italiani hanno l'impudenza di vantarsi di un fenomeno che altrove farebbe arrossire e che, date le sue colossali dimensioni, fa del nostro un paese del Terzo Mondo. Comunque, l'illegalità di massa, incoraggiata da un diluvio di amnistie, condoni, sanatorie e lassismo istituzionale degli organi di controllo, non sarebbe spiegabile al di fuori di questa diversità dell'economia italiana (AMBIENTE; CONTRABBANDO; CORRUZIONE; CRIMINALITÀ ORGANIZZATA; ELUSIONE FISCALE; EVASIONE FISCALE; INCIDENTE SUL LAVORO; INQUINAMENTO; LIBERA INIZIATIVA; MAFIA; MERCATO ILLEGALE; MERCATO NERO; RICICLAGGIO DI DENARO SPORCO; RISARCIMENTO; SOCIETÀ (II) DI COMODO; USURA).

– **pianificata.** Planned economy, state-planned economy; crollata con grande fracasso, ha significato anche il crollo dei regimi e dell'ideologia comunista, e il ritorno a una forma più o meno aberrante di economia di mercato. Ma da noi gli accademici continuano ad insegnare il ...diritto dei paesi socialisti, e a scrivere saggi sul Kolcoz sovietico (*supra*, ECONOMIA DI MERCATO).

– **sommersa.** (*supra*, ECONOMIA NERA)

Economo. (TESORIERE)

Ecu. (UNITÀ DI CONTO)

Edificio. Building, structure (ABBATTIMENTO DI EDIFICIO APPOGGIATO AL MURO COMUNE; COSTRUZIONE; IMMOBILE; OCCUPAZIONE ABUSIVA DI STRUTTURE IMMOBILIARI; STABILE; SUPERFICIE). [vol. I: BUILDING; COMPULSORY PURCHASE; TOWN AND COUNTRY PLANNING ACT; ZONING]

– **in adesione.** Adjoining building (CONFINE; MURO COMUNE). [vol. I: ADJOINING]

– **in condominio.** Grosso modo, apartment house, flat house; ma non esiste, in senso stretto, il condominio negli edifici (CONDOMINIO NEGLI EDIFICI). [vol. I: CONDOMINIUM]

– **pubblico.** Public building (PUBBLICO).

Editore. Publisher; non *editor*, che indica più spesso il curatore. L'editoriale, l'articolo di fondo di un quotidiano o rivista, è detto *editorial* (CURATORE DI UNA PUBBLICAZIONE).

Edizione. (CONTRATTO DI EDIZIONE)

Educazione. Lett., education. Ma si noti che il termine indica spesso più che l'istruzione in senso stretto, la formazione.

– **della prole.** Education of children (MANTENIMENTO; PROLE). [vol. I: MAINTENANCE AND EDUCATION CLAUSES]

– **giuridica.** (FORMAZIONE GIURIDICA)

Effettivo. Actual; si contrappone a *constructive*, *contingent*, *virtual* (PRESUNTO). [vol. I: ACTUAL; CONSTRUCTIVE; CONTINGENT]

Effetto/i. Effect; oltre a un bene, a ciò che è prodotto da una causa, il termine effect, di derivazione francese, viene talvolta impiegato nel gergo bancario per indicare l'effetto cambiario (CAUSA (II); SENZA EFFETTI GIURIDICI). [vol. I: EFFECT]

– **a breve scadenza.** Short-term bill, short-dated paper (CAMBIALE).

– **all'ordine.** Bill, o paper, to order (CAMBIALE).

– **attivo.** Bill receivable (CAMBIALE).

– **a vista.** Sight draft, sight bill (CAMBIALE).

– **cambiario.** Bill of exchange (CAMBIALE).

– **di commercio in genere.** Negli S.U. con il termine *commercial paper* si indica una categoria generale che comprende quei titoli di credito che comportano il pagamento di somme di denaro, quali cambiale-tratta (*bill of exchange, draft*), vaglia cambiario (*promissory note*), assegno (*check*), etc. Comunque, poiché il termine indica un gruppo di titoli, è necessario di volta accertare se si sia in presenza di una cambiale, di un assegno, etc. La materia è regolata dall'Art. 3 dell'UCC (*infra*, EFFETTI INSOLUTI; EFFETTO PASSIVO; ASSEGNO (II) BANCARIO; CAMBIALE; CAMBIALE FINANZIARIA; CARTA COMMERCIALE; TITOLI DI CREDITO; TITOLI MOBILIARI). [vol. I: COMMERCIAL PAPER; NEGOTIABLE INSTRUMENTS: 6; NOTE]

Bibl.:

Atti, A., *Commercial papers* (1988) 2 CeI 626.

– **futuro.** Prospective effect (*infra*, EFFETTO RETROATTIVO; CAUSA (II); CONDIZIONE; FUTURO).

– **giuridici.** Legal effects; senza effetti giuridici o legali, è detto *without legal effects*

(SENZA EFFETTI GIURIDICI; SENZA PREGIUDIZIO). [vol. I: UNENFORCEABLE; VOID e VOIDABLE]

– **insoluti.** Overdue effects, overdue commercial paper, overdue notes, notes payable; si parla anche, nel gergo bancario, di *effects not cleared* (*supra*, EFFETTI DI COMMERCIO; DEBITO; INSOLUTO).

– **legale.** Legal effect (*supra*, EFFETTI GIURIDICI).

– **passivo.** Bill payable (*supra*, EFFETTI DI COMMERCIO; EFFETTI INSOLUTI; CAMBIALE).

– **personali.** Personal effects, personal belongings; ma si noti che questi termini assumono spesso un significato particolare nella tradizione di *common law* in cui, specie in tema di successione, indicano la *personal property,* categoria ignota alla *civil law* ma che, grosso modo, si può dire indica i beni mobili del dante causa (APPARTENENTE A; SUCCESSIONE PER CAUSA DI MORTE). [vol. I: EXECUTION; TOOLS OF TRADE]

– **retroattivo.** Retroactive o retrospective effect (RETROATTIVITÀ).

– **sospensivo.** Suspensory effect (SOSPENSIONE).

Effettuazione. Implementation (ADEMPIMENTO; ESECUZIONE). [vol. I: *ad vocem*; ENFORCEMENT; EXECUTION; PERFORMANCE]

Efficace in genere. Effective, o operational, operative (EFFICACIA; TERMINE DI EFFICACIA; VALIDO; VIGORE).

Efficacia. Effectiveness, efficacy. Ma si noti che il concetto di efficacia, nel senso di giuridicamente sanzionabile, ossia passibile di esecuzione forzata, è reso dal termine *enforceability* che assume un significato particolare negli ordinamenti di *common law* in relazione al requisito della *consideration* nel *simple contract*, e anche all'intenzione delle parti di creare un vincolo giuridico (CONTRATTO: III; CONTROVERSIA LEGALE; EFFETTO; TERMINE DI EFFICACIA; VIGORE). [vol. I: EFFECTIVENESS, PRINCIPLE OF; ENFORCEABLE; UNENFORCEABLE]

– **delle sentenze straniere.** Enforceability of foreign judgments (ESECUZIONE FORZATA DELLA SENTENZA CIVILE STRANIERA; SENTENZA STRANIERA). [vol. I: FOREIGN JUDGMENT]

– **giuridica.** Legal validity, legal enforceability (VALIDITÀ). [vol. I: AGREEMENT; UNENFORCEABLE]

– **giuridica di un contratto.** Enforceability of a contract. [UNENFORCEABLE; VALIDITY]

Effigie. Effigy, picture, likeness (IMMAGINE; RISERVATEZZA). [vol. I: PRIVACY]

Effrazione. Effraction; ma si parla più spesso di *burglary* o anche di *break in* (FURTO; VIOLAZIONE DI SIGILLI). [vol. I: BURGLARY; EFFRACTOR]

Eguaglianza. (UGUAGLIANZA)

Elaboratore elettronico. (*COMPUTER*; ELABORAZIONE ELETTRONICA DEI DATI)

Elaborazione elettronica dei dati. Electronic data processing (*COMPUTER*; DIRITTO (II) DI AUTORE; PIRATERIA INFORMATICA).

Electa una via non datur recursus ad alteram. Il concetto più prossimo a questo brocardo potrebbe essere quello di *estoppel by election*. In tema di testamento, si parla di *equitable election* (PRECLUSIONE; QUOTA LEGITTIMA NELLA SUCCESSIONE; SCELTA; TESTAMENTO).

Eleggibile. Eligible, o, anche, *qualified to be elected.* Ma si noti che il termine *eligible* indica anche suscettibile di, avente i requisiti per, capace (ELEGGIBILITÀ ALLA *HOUSE OF COMMONS*; ELEZIONE; NON ELEGGIBILE). [vol. I: ELIGIBLE]

Eleggibilità alla *House of Commons.* Qualification for membership of the House of Commons (ELEGGIBILE; PARLAMENTO). [vol. I: DISQUALIFICATION; ELECTION; FRANCHISE]

Elemento/i in genere. Element, ingredient (COMPONENTE; FATTORE).

– **del reato.** Elements of crime, ingredients of crime (REATO).

– **di prova.** Evidence, probative evidence (EVIDENZA; PROVA).

– **psicologico del reato.** Mental ingredient of crime (DELITTO COLPOSO-DOLOSO; DOLO). [vol. I: ABSOLUTE OFFENCE; INTENTION; LIABILITY; MENS REA]

Elenco in genere. List, panel, catalogue (ALBO; CATALOGO; INVENTARIO; LISTA; LISTA DELLE ECCEZIONI).

– **degli azionisti.** Shareholders' list (AZIONISTA; OFFERTA PUBBLICA DI ACQUISTO).

– **dei giurati.** Jury-list, juror's book (FORMAZIONE DELL'ELENCO DEI GIURATI; GIURATO; GIURIA).

– **dei passeggeri.** Passengers' list (MANIFESTO DI CARICO; PASSEGGERO; TRASPORTO).

– **riservato.** Restricted list. L'epressione è

riferita di solito all'elenco delle società di una banca di investimento che riserva in tal modo la trattazione dei rapporti relativi al direttore per evitare l'*insider trading* (INFORMAZIONE RISERVATA; *INSIDER TRADING*).

Eletto. Elected (ELETTORATO; ELEZIONI POLITICHE; NON ELETTO).

Elettorato. Electorate, voters (ELETTORE). [vol. I: ELECTORATE]

Elettore. Elector, voter. Nel R.U. l'iscrizione nelle liste elettorali non è automatica né collegata alla residenza: ogni volta che vi sono delle elezioni i potenziali elettori ricevono un invito a registrare il proprio nome nelle liste elettorali. Negli S.U. — stato federale — il regime è sostanzialmente analogo. Si parla quindi di *legal voter* o *qualified voter* per indicare l'elettore iscritto nelle liste elettorali, e di *voter apathy* per indicare l'apatia elettorale (ELEZIONI POLITICHE; LISTE ELETTORALI; PARTECIPAZIONE; VOTANTE). [vol. I: ELECTOR]

– **fluttuante.** Floating voter.

Elettrodotto coattivo. Compulsory wayleave for electric mains; ma si parla anche di *right of way* (SERVITÙ DI PASSAGGIO). [vol. I: EASEMENT; WAY]

Elettronica in genere. Electronics (*COMPUTER*; ELABORATORE ELETTRONICO; ELABORAZIONE ELETTRONICA DEI DATI; TRASFERIMENTO ELETTRONICO DI FONDI).

Elezione/i in genere. Election, choice.
1. Ma il termine election assume un significato particolare nella *common law*: in breve, la *doctrine of election* — che va ricondotta al concetto di *estoppel* — indica la regola della preclusione che deriva dall'esercizio della facoltà di scelta tra soluzioni o rimedi incompatibili. [vol. I: ELECTION: 1]
2. Il giorno delle elezioni politiche o presidenziali negli S.U. è detto di solito *election day*; candidarsi alle elezioni è detto *contest (to) an election* (CAMPAGNA ELETTORALE; CANDIDATURA; COOPTAZIONE; DOMICILIO DI ELEZIONE; DOMICILIO ELETTO AI FINI CONTRATTUALI; MEMBRO ELETTO; NOMINA; RECLAMO ELETTORALE; SCELTA; SISTEMA ELETTORALE; UFFICIO; VOTAZIONE). [vol. I: ELECTION: 1; NOMINATION; PARLIAMENT]

– **a doppio turno.** Two-round election; il sistema elettorale britannico prevede, invece, l'elezione uninominale a *turno unico*; in questo senso, si parla di *single round election system,* o *first past the post* (*infra*, ELEZIONI A TURNO UNICO; SISTEMA ELETTORALE).

– **a medio termine.** Mid-term elections; come, ad es., negli S.U., quelle per (tutta) la Camera dei Rappresentanti, e di un terzo dei senatori, che ha luogo ogni due anni e, quindi, a metà del mandato presidenziale. Sono un *test* della popolarità del Presidente (MANDATO ELETTORALE).

– **amministrative.** Local government elections, local elections, mayoral elections. Ma si noti che negli S.U. — stato federale — le c.d. elezioni amministrative hanno luogo nei singoli stati dell'Unione in base a un regime che spesso varia da uno all'altro; inoltre, sono di natura elettiva numerosissime cariche pubbliche, come quella di *sheriff*, giudice locale, procuratore distrettuale, etc. (*infra*, ELEZIONI POLITICHE). [vol. I: LOCAL GOVERNMENT]

– **anticipate.** Early elections.

– **a turno unico.** Single-round election (*supra*, ELEZIONI A DOPPIO TURNO).

– **del foro.** Choice of forum, choice of court. La scelta della legge è detta *choice of law*. Si tratta di termini fondamentali in tema di diritto internazionale privato che indicano, rispettivamente, la determinazione della giurisdizione e della legge regolatrice di un atto, contratto o situazione nelle ipotesi in cui sussistano elementi di collegamento con uno o più ordinamenti stranieri. Ma essi ricorrono anche in tema di clausola compromissoria di un contratto o accordo: la *choice of law clause* è fondamentale, tra l'altro, ai fini della procedura e del regime della prova, della prescrizione, etc, che variano spesso in maniera radicale tra sistemi di *civil law* e di *common law* (ARBITRATO; CLAUSOLA COMPROMISSORIA; DEROGA DELLA GIURISDIZIONE O DELLA COMPETENZA; DIRITTO (I) INTERNAZIONALE PRIVATO; ELUSIONE DELLA LEGGE; FORO; GIURISDIZIONE; LEGGE DEL FORO; RICERCA DEL FORO PIÙ CONVENIENTE; RICERCA DELLA LEGGE PIÙ CONVENIENTE). [vol. I: CHOICE; FORUM SHOPPING]

– **della legge.** Choice of law (*supra*, ELEZIONE DEL FORO).

– **del Presidente degli S.U.** U.S. Presidential election, election of the President of the United States. Data la importanza delle elezioni presidenziali della più grande democrazia del pianeta, sembra opportuno accennare schematicamente al relativo sistema elettorale. Il Presidente degli Stati Uniti non è eletto mediante votazione popolare diretta, ma con un sistema *indiretto.* La materia è disciplinata dall'art. II della costituzione federale e dai relativi emendamenti XII [1804], XX [1933], XXII [1951] e XXVI [1971]. In breve, i cittadini votano per un certo numero di *Electors* i quali ultimi si riuniranno per eleggere formalmente il presidente e il vice-presidente, il che avviene il 21 dicembre successivo alle elezioni. Ognuno dei cinquanta stati dell'Unione nomina un numero di *Electors* pari ai membri della *House of Representatives* e ai senatori che esso manda al Congresso federale; in questo senso, si parla di *electoral college* (escogitato da Benjamin Franklin), termine che indica non già il collegio elettorale, ma bensì un gruppo di grandi elettori di ciascuno stato che elegge il presidente. Siccome i membri del Congresso sono proporzionali alla popolazione (i senatori sono due per ogni stato, ma quelli della *House of Representatives* sono determinati in relazione alla popolazione, con almeno uno per ogni stato: in tutto sono 435) gli stati più grandi finiscono per disporre di una forza elettorale maggiore, e per questo sono definiti *key states* (ad es., la California dispone di 54 *Electors,* il Texas di 32, la Florida di 25, la Pennsylvania di 23, il Michigan di 18 e il New Jersey di 16, mentre il New Mexico dispone solo di 5 *electoral votes*). È opportuno quindi distinguere il *popular vote* dall'*electoral vote,*ossia il voto popolare dato per l'elezione degli *electors* che a loro volta eleggeranno il Presidente degli Stati Uniti. Peraltro, in quasi tutti gli stati, vige il sistema maggioritario, nel senso che, se la maggioranza degli elettori vota in favore di un candidato, quest'ultimo si aggiudica *tutti* gli *Electors* di quello stato: in altre parole, anche negli S.U. vige la regola del c.d. *first past the post*, e solo nel Nebraska e nel Maine si procede ad una attribuzione proporzionale. Questo spiega perché anche quando i (di solito due) candidati ricevono un numero di voti press'a poco simile, la elezione viene decisa sulla base del numero di *Electors* che ognuno di essi riesce a conquistare. Gli *Electors* sono complessivamente 538, e occorrre quindi conquistarne 270 per assicurarsi l'elezione. In questo senso, la *majority of popular vote* può non coincidere con la *majority of Electoral vote.* Infine, se, ad es., a causa della presenza di diversi candidati, non si raggiunge la maggioranza, la *House of Representatives* procede alla nomina del Presidente e il Senato a quella del vicepresidente (BIPARTITISMO; CAMPAGNA ELETTORALE; FEDERALISMO; MANDATO ELETTORALE; STATI UNITI D'AMERICA).

Bibl.:

Fabbrini 1993: 5.

Volterra 1963: 119.

– **di domicilio per la notifica.** Election of address for service (DOMICILIO ELETTO AI FINI CONTRATTUALI; NOTIFICA). [vol. I: ADDRESS FOR SERVICE]

– **multipartitiche.** Multiparties elections; vanno distinte da quelle monopartitiche, tipiche dei regimi comunisti (PARTITI POLITICI).

– **parziali limitate a uno** o **più collegi elettorali.** (*infra*, ELEZIONI SUPPLETIVE)

– **per alzata di mano.** (VOTAZIONE PER ALZATA DI MANO)

– **politiche in genere.** General election, parliamentary elections, polls. Vincere un'elezione è detto *carry (to) an election*; una questione politica dibattuta nella campagna elettorale (ad es., l'aborto, la riduzione delle imposte, etc.) è detta *election issue.* Una elezione (o votazione) che si conclude con un pareggio di voti tra due candidati è detta finire in un *dead heat* (AFFLUENZA ALLE URNE; BALLOTTAGGIO; BROGLI ELETTORALI; CABINA ELETTORALE; CAMPAGNA ELETTORALE; CANDIDATO; COLLEGIO ELETTORALE; COMIZIO ELETTORALE; CONTRIBUTO ELETTORALE; DIRITTO (II) DI VOTO; GALOPPINO ELETTORALE; LIBERE ELEZIONI; LISTE ELETTORALI; REATO ELETTORALE; REGISTRI ELETTORALI; RICORSO ELETTORALE; SCHEDA ELETTORALE; SECONDO TURNO DELLE ELEZIONI PARLAMENTARI; SISTEMA ELETTORALE; SOLLECITAZIONE DEL VOTO PORTA A PORTA; SPESE ELETTORALI; URNA ELETTORALE; VERBALI ELETTORALI; VOTO). [vol. I: ELECTION: 2.; ELECTORAL SYSTEM; NOMINATION; PARLIAMENT; POLITICAL PARTIES; RETURNING OFFICER]

– **politiche anticipate.** Early elections (*supra*, ELEZIONI POLITICHE).

– **politiche multirazziali.** All-race elections (*supra*, ELEZIONI POLITICHE).

– **primarie.** Primary election, caratteristiche del sistema nordamericano dei partiti. Schematizzando una assai complessa materia, sembra potersi dire che esse consistono in *pubbliche elezioni* sottoposte alla legge e condotte da pubblici ufficiali per designare (primaria diretta) i candidati dei singoli partiti a tutte le cariche elettive in un dato stato dell'Unione e i candidati per il legislativo nazionale. Sono dette *primary elections*, o *primaries*, perché hanno luogo prima delle elezioni generali. Le leggi della maggioranza degli stati rendono obbligatorio il ricorso alla primaria diretta. Le primarie, che si distinguono in tre specie (*closed primary, open primary, blanket primary*) costituiscono un potente strumento di democrazia interna dei partiti nordamericani e, in buona sostanza, della democrazia di tutto il sistema. La dirompente valenza democratica delle elezioni primarie fu colta lucidamente da Giuseppe Maranini — profeta inascoltato e sbeffeggiato dalla nostra sinistra — quasi trenta anni or sono come strumento per sottoporre ad un minimo di *controllo* i partiti nostrani, altrimenti destinati a diventare, com'è poi avvenuto, delle autentiche associazioni per delinquere. A questo proposito, nel sostenere il progetto Sturzo sviluppato e integrato anche con disposizioni tratte dall'esempio delle primarie dirette americane, egli scriveva: « Stabilito che i partiti sono organi costituzionali, è ovvio che le loro interne elezioni riguardano tutto il Paese, e non si vede perché i pubblici poteri non debbano assumerne la iniziativa e garantirne la regolarità (...) È in buona parte grazie alla legislazione sulle primarie dirette, oltre che grazie al collegio uninominale maggioritario, che l'America ha frenato e impedito la espropriazione partitocratica delle libertà costituzionali » [Da *Il tiranno senza volto,* Edizioni Di Comune, Milano, 1963, articolo pubblicato il 2 ottobre 1958, in Quagliariello (cur.) 1993: 93]. Elezioni primarie, da un lato, e organizzazione interna e democraticità dei partiti, dall'altro, sono per molti versi due facce della stessa medaglia (CANDIDATO; PARTITI POLITICI).

Bibl.:

Nowak and Rotunda 1978, ed. 1991: 826.
Somaini, E., *Elezioni primarie e coalizioni elettorali*, il Mulino 5/93: 983.
Volterra 1963: 178.

– **suppletive.** By-election o, negli S.U., special elections; le elezioni suppletive, o parziali, — ignote al sistema elettorale proporzionale che prevede il voto di lista, e quindi la successione del primo non eletto — sono tipiche del sistema uninominale maggioritario. Esse hanno luogo qualora venga meno (di solito con la morte) il parlamentare eletto. Nel sistema elettorale a scrutinio di lista si fa luogo, invece, al più comodo « subentro » a favore del primo dei non eletti. Ma il sistema consente ulteriori finezze: come nella cessione di una farmacia, l'eletto baratta col primo dei non eletti la propria rinunzia al seggio in cambio di qualcos'altro (un posto importante, o anche una rimessa preferibilmente su conto estero). Questa prassi, molto diffusa da noi, è consentita ancora oggi dal nuovo nuovo sistema elettorale per la parte proporzionale, grazie all'aborto del *Mattarellum*, ossia del nuovo sistema elettorale, così battezzato da Giovanni Sartori (COLLEGIO ELETTORALE; PARTITI POLITICI; SISTEMA ELETTORALE). [vol. I: *ad vocem*; CONSTITUENCY]

Elezioni. (ELEZIONE/I)

Eliminazione in genere. Phasing out, abatement.

– **di molestia.** Abatement of nuisance. Con questo termine si indica una forma di autotutela consistente nell'eliminazione di una molestia da parte della vittima senza l'intervento del giudice; ammessa se ha luogo pacificamente (AUTOTUTELA; AZIONE (I) NEGATORIA; ESTINZIONE; MOLESTIA). [vol. I: ABATEMENT OF NUISANCE]

– **progressiva delle regole esistenti.** Phasing out existing regulations (*DE-REGULATION*).

Elusione. Avoidance (ELUSORE; EVASIONE).

– **della legge.** Avoidance of law (ELEZIONE DEL FORO; LACUNA GIURIDICA; LEGGE; RICERCA DEL FORO PIÙ CONVENIENTE; RICERCA DELLA LEGGE PIÙ FAVOREVOLE; SCAPPATOIA LEGALE). [vol. I: AVOIDANCE; EVASION]

– **di provvedimenti del giudice.** Failure to comply with an order of the court; può costituire, anche in materia civile, *contempt of court* (PROVVEDIMENTO GIUDIZIARIO). [vol. I: CONTEMPT OF COURT]

– **di un'obbligazione** o **della responsabilità mediante raggiro.** Evasion of liability by deception (OBBLIGAZIONE (I); RAGGIRO; RESPONSABILITÀ; TRUFFA). [vol. I: EVASION OF DEBTS BY DUD CHEQUES; EVASION OF LIABILITY]

– **fiscale.** Tax avoidance e, talvolta, tax dodging. L'elusione fiscale, che si avvale delle deduzioni, esenzioni o smagliature della legge, non va confusa con l'evasione fiscale punita nei paesi seri con pene detentive e finanziarie (CRIMINALITÀ ORGANIZZATA; EVASIONE FISCALE; FRUTTO).

Elusore. Dodger (ELUSIONE; EVASORE).

– **fiscale.** Tax dodger (ELUSIONE DELLA LEGGE; ELUSIONE FISCALE; IMPOSIZIONE FISCALE).

Emanazione in genere. Issue (EMISSIONE; PROPAGAZIONI DAL FONDO DEL VICINO; PROPALAZIONE DI NOTIZIE FALSE, ESAGERATE o TENDENZIOSE).

– **di una legge in genere.** Issuing of a statute, adoption of a statute. Si avverta che nel sistema costituzionale britannico e in quello nordamericano la legge (*statute*) non è soggetta a promulgazione (APPROVAZIONE DI UNA LEGGE; LEGGE; PROMULGAZIONE). [vol. I: ACT OF PARLIAMENT; PROMULGATION; STATUTE LAW]

Emancipazione. Istituto ignoto alla *common law* [Cfr. Buckland and McNair 1936, ed. 1952: 41].
1. Il termine *emancipation* impiegato negli S.U. mostra talune concordanze con l'istituto di *civil law*, ma non ne costituisce un esatto equivalente. La materia rientra nelle attribuzioni dei singoli stati dell'Unione dove non sembra che essa sia regolata con legge; il suo concreto regime va ricercato di volta in volta nel materiale giurisprudenziale. L'emancipazione può essere espressa, tacita, condizionata o assoluta, completa o parziale. Di fatto, essa costituisce un effetto automatico della coscrizione militare, del matrimonio o della raggiunta capacità di autosostentamento. Uno degli effetti principali dell'emancipazione è che, con la fine di quella che un *civil lawyer* definirebbe come patria potestà, viene meno anche l'obbligo degli alimenti da parte dei genitori (*parental obligation of support*). Ma l' istituto sembra che abbia scarsa importanza dato che il raggiungimeno della maggiore età è fissato a 18 anni (ALIMENTI; ETÀ; MAGGIORE ETÀ; MINORE).
2. Celebre resta la *Emancipation Proclamation*, ossia il proclama del 1 ottobre 1863 di Abraham Lincoln, presidente degli S.U., che dichiarava libere tutte le persone tenute in schiavitù in certi stati del paese. Lanciato durante la guerra civile, questo proclama sanzionava la superiorità morale della posizione dell'Unione rispetto a quella dei Confederati (CONFEDERAZIONE; GENITORE; GUERRA CIVILE; SECESSIONE). [vol. I: EMANCIPATION; GUARDIAN; INFANT; MINOR]

Embargo in genere. Embargo (AGGRESSIONE; BOICOTTAGGIO; RAPPRESAGLIA; RITORSIONE; VIOLAZIONE DELL'EMBARGO). [vol. I: EMBARGO; REPRISALS]

– **civile.** Civil embargo; si distingue dall'embargo internazionale in quanto misura prevista dall'ordinamento interno inglese: corrisponde alla requisizione (REQUISIZIONE). [vol. I: EMBARGO]

– **commerciale.** Trade embargo (*infra*, EMBARGO SULLE ESPORTAZIONI; REVOCA DELL'EMBARGO COMMERCIALE).

– **sulle esportazioni.** Embargo on export (ESPORTAZIONE). [vol. I: *ad vocem*]

– **sulle esportazioni di armi.** Arms embargo (ARMA).

Emendamento in genere. Amendment, alteration, variation, variance. Fondamentale importanza assumono nell'ordinamento costituzionale degli S.U. gli emendamenti della costituzione federale (sono solo 26 in ben 200 anni di storia). Da essi derivano dei diritti costituzionali: in questo senso, si parla ad es., di *First Amendment rights*, e così via (CAMBIAMENTO; CORREZIONE; INTEGRAZIONE; MODIFICA; RETTIFICA; REVISIONE; SUPPLEMENTO).

– **degli atti processuali.** (CORREZIONE DEGLI ATTI PROCESSUALI)

– **di una legge scritta.** Amendment of statute law. Il sistema inglese e nordamericano si avvalgono spesso di una tecnica molto diversa da quella italiana (INIZIATIVA LEGISLATIVA; LEGGE). [vol. I: AMENDMENT BY REFERENCE; STATUTE LAW: VI]

– **e modifica dei trattati.** Amendment and modification of treaties. È sotto questo titolo che la convenzione di Vienna, agli artt. 39-41, stabilisce una serie di norme suppletive relative all'emendamento (revisione) e alla modifica dei trattati (REVISIONE DI UN TRATTATO INTERNAZIONALE; TRATTATO INTERNAZIONALE: 2). [vol. I: *ad vocem*; INTRODUZIONE: III. 37; TREATY; UNIFICATION OF LAW]

Emergenza. Emergency (ALEA; AREA DISASTRATA; CONSENSO INFORMATO; CONTINGENZA; EVENTO; LEGISLAZIONE DI EMERGENZA; OCCORRENZA; ORDINE PUBBLICO; PIANO DI EMERGENZA; POTERI DI EMERGENZA; RIUNIONE DI EMERGENZA; SOCCORSO; SOPRAVVENIENZA; STATO DI BISOGNO; STATO DI EMERGENZA; URGENZA). [vol. I: *ad vocem*]

Emigrante. Emigrant (IMMIGRANTE; PROFUGO). [vol. I: IMMIGRATION; NATIONALITY]

– **economico.** Economic migrant (RIFUGIATO POLITICO).

Emigrazione. Emigration.
1. Nei paesi comunitari la legislazione in materia si riferisce prevalentemente all'immigrazione dai paesi del Terzo Mondo: per quanto riguarda i paese membri, uno dei capisaldi del sistema è la libera circolazione di persone, merci e capitali.
2. Talvolta si parla di *emigration of companies* per indicare il loro trasferimento all'estero (AGENTE DI EMIGRAZIONE; DIRITTO (II) DI STABILIMENTO; LEGGE SULL'EMIGRAZIONE; LIBERTÀ DI CIRCOLAZIONE COMUNITARIA; SEDE DELLA SOCIETÀ DI CAPITALI; TUTELA DEI DIRITTI).

Emissario. Emissary, envoy (AMBASCIATORE; INVIATO).

Emissione in genere. Issue, issuance, release, discharge (AGGIO DI EMISSIONE; BANCA DI EMISSIONE; DATA DI EMISSIONE; EMANAZIONE; IMMISSIONE; PAESE DI EMISSIONE).

– **abusiva di gas, vapori, fumo.** Unauthorized discharge of gas, vapours, smoke. Costituisce l'illecito di *nuisance* (ELIMINAZIONE DI MOLESTIA; INQUINAMENTO). [vol. I: NUISANCE; POLLUTION]

– **della sentenza.** Rendition of judgment. Si distingue da *entering judgment*, che indica l'aspetto formale di essa, ossia, grosso modo, il suo deposito o annotazione; ma si noti l'assai diversa articolazione della sentenza nei sistemi di *common law* (DEPOSITO DELLA SENTENZA). [vol. I: ENTER; ENTRY; JUDGMENT]

– **di assegni, cambiali, etc.** Drawing of cheques (o *checks*), bills, etc. (TRAENTE). [vol. I: DRAWEE; DRAWER]

– **di azioni di società.** Issue of shares, equity issue. Negli S.U. si parla — in tema di *securities* (azioni, obbligazioni, etc.) — di *control person* per indicare quell'entità che ha il potere effettivo sulla politica delle emissioni azionarie e che, di fatto, partecipa alle decisioni importanti della società; la vendita di *securities* da parte di *control persons* è soggetta a molti dei requisiti applicabili alla vendita diretta dall'emittente. Il diritto preferenziale, ovvero l'opzione o facoltà degli azionisti esistenti di acquistare proporzionalmente nuove azioni emesse, è definito un *pre-emptive right*. Negli S. U. si parla di *stock rights* per indicare il diritto preferenziale, l'opzione o la facoltà (*privilege*) dell'azionista di acquistare nuove azioni. Di solito, questi diritti sono contenuti in titoli (*securities*), definiti *warrants*, vendibili a terzi. Essi sono talvolta emessi con la clausola « when, as, and if », che subordina l'esercizio del diritto a se e quando l'emissione avrà luogo. Il titolo che incorpora il diritto costituisce un *negotiable certificate*. Si tratta di un diritto che ha una sua propria valutazione patrimoniale dato che esso consiste nella facoltà di acquistare nuove azioni ad un prezzo inferiore a quello della quotazione di mercato. Questo spiega perché gli *stock rights* sono trattati sul mercato azionario. Ma lo *stock right* in parola va tenuto distinto dal *warrant*, nel senso che mentre il primo comporta l'opzione di acquistare altre azioni dello stesso tipo di quello già posseduto, il *warrant* consente a un azionista privilegiato di acquistare azioni ordinarie (AUMENTO DI CAPITALE DELLA SOCIETÀ PER AZIONI; AZIONE (II) DI SOCIETÀ; AZIONE (II) PRIVILEGIATA; BANCA DI AFFARI; OPZIONE; QUOTA DI PARTECIPAZIONE AZIONARIA; SOCIETÀ (II) DI INVESTIMENTO; *WARRANTS*).

Bibl.:
Gower 1954, ed. 1979: 222.

– **di biglietto.** Issue of ticket (BIGLIETTO).

– **di obbligazioni.** Issue of debentures (OBBLIGAZIONE (II) QUALE TITOLO MOBILIARE).

– **di titoli al portatore.** Issue of instruments to bearer (TITOLI DI CREDITO).

– **di titoli nominativi.** Issue of registered instruments (AZIONE (II) NOMINATIVA; TITOLO NOMINATIVO).

– **e distribuzione di titoli mobiliari.** Issue and distribution of securities (TITOLI MOBILIARI).

– **fiduciaria.** Fiduciary issue (FIDUCIA).

– **gratuita.** Free issue (DONAZIONE).

Emittente. Drawer, o issuer, maker (EMISSIONE). [vol. I: DRAWER]

– **di assegno.** Drawer, o writer, of cheque, o *check* (ASSEGNO (II) BANCARIO).

– **di assegno a vuoto.** Writer of bounced cheque o check (ASSEGNO (II) A VUOTO).

– **di cambiale.** Drawer, writer, of bill of exchange, o maker of promissory note; rispettivamente, in caso di cambiale tratta o di vaglia cambiario (CAMBIALE; VAGLIA CAMBIARIO).

– **di favore di assegno** o **cambiale.** Accommodation maker.

- **di *securities*.** Issuer of *securities* (EMISSIONE DI AZIONI DI SOCIETÀ; SOCIETÀ (II) DI INVESTIMENTO).

Emolumento in genere. Emolument (COMMISSIONE; CORRISPETTIVO; LUCRO; PROVENTO; REMUNERAZIONE; SALARIO; STIPENDIO). [vol. I: *ad vocem*; BENEFIT; EARNINGS; PERQUISITE; PROFIT; SALARY; WAGE]

Emulazione. (ATTI DI EMULAZIONE)

Energia in genere. Energy (AMBIENTE; DIRITTO (I) DELL'ENERGIA E DELLE RISORSE NATURALI; RISORSE NATURALI).

- **naturale.** Natural energy.
- **nucleare.** Nuclear energy; il trattato di non proliferazione nucleare è detto *nuclear non proliferation treaty* (ARMA NUCLEARE; CONVENZIONI NUCLEARI; DANNO NUCLEARE; DETERRENTE NUCLEARE; DIRITTO (I) NUCLEARE; ESPERTO NUCLEARE; INCIDENTE NUCLEARE; INSTALLAZIONE NUCLEARE; OPERATORE NUCLEARE; RESPONSABILITÀ CIVILE PER DANNO NUCLEARE; SCORIE NUCLEARI; SICUREZZA; SOSPENSIONE DEGLI ESPERIMENTI NUCLEARI; STATO CONCEDENTE; TRASPORTO DI MATERIALE NUCLEARE). [vol. I: NUCLEAR; SAFETY]

Enfiteusi. Emphyteusis. La *common law* ignora questo istituto; ma sul piano del contenuto economico, l'analogo che maggiormente vi si approssima sembra costituito da un *long lease*. In tema di *building lease*, la rendita relativa, detta *ground rent*, è analoga alla rendita enfiteutica (DIRITTO (II) DI SUPERFICIE). [vol. I: LEASE: 2]

Ente in genere. La terminologia è vastissima, e riflette una materia virtualmene non suscettibile di essere riportata a criteri unitari, in cui le diversità, e non di rado, anomalie del sistema nostrano rendono se non impossibile, assai difficile la comparazione.

1. Si parla, di volta in volta, di instrumentality, authority, agency, board, corporation, association, society, institution, body, body corporate, entity. Negli S.U. — stato federale — con il termine generico di *governmental instrumentality* si indica una agenzia o ente federale soggetto al controllo federale e non dei singoli stati dell'Unione.

2. Molto diffuso è nel nostro paese il termine — usato a vanvera — di agenzia, inteso come ente pubblico, che arieggia le *agencies* nordamericane, dette anche, tra l'altro, *federal regulators* o *regulators,* a seconda dei casi: ma sono cose che, in senso stretto, non esistono da noi; ovvero, peggio, di cui esiste una versione che spesso costituisce una presa in giro: con quella impudenza mista a mancanza di senso del ridicolo che caratterizza i più genialoidi dei nostri politici, è stata suggerita addirittura una *Tiburtina Valley Authority* (sic!) (AGENZIA; AGENZIA GOVERNATIVA; CORPO; ENTITÀ; GARANTE; ISTITUTO; LEGGE ISTITUTIVA; ORGANO; REGOLATORE; SEGRETARIO DI UN ENTE). [vol. I: ADMINISTRATIVE AGENCY; ASSOCIATION; AUTHORITY; BOARD; CORPORATION; INSTITUTION; REGULATORY AGENCY; SOCIETY]

- **autonomo.** Grosso modo, independent authority, independent agency, independent body, self-regulatory body (REGOLATORE).
- **concedente.** Licensing authority (CONCESSIONE). [vol. I: *ad vocem*]
- **del porto.** Grosso modo, port authority (PORTO). [vol. I: AUTHORITY; PORT]
- **di beneficenza in genere.** L'analogo più prossimo è costituito dalla *charity.* Ma si parla anche di *relief agency* (*infra,* ENTE SENZA SCOPO DI LUCRO; BENEFICENZA; SOCCORSO).
- **di fatto.** De facto entity, de facto corporation (PERSONA GIURIDICA).
- **ecclesiastico.** Ecclesiastical, o spiritual, corporation (*infra,* ENTE NON ECCLESIASTICO; ENTE SENZA SCOPO DI LUCRO; CHIESA). [vol. I: CHURCH OF ENGLAND; ECCLESIASTICAL LAW; LAY CORPORATION]
- **esponenziale.** (GRUPPO DI PRESSIONE)
- **federale dell'aviazione civile negli S.U.** Federal Aviation Agency (AVIAZIONE CIVILE; REGOLATORE).
- **finanziato dallo Stato.** Government funded body (FINANZIAMENTO).
- **giuridico in genere.** Body corporate (PERSONA GIURIDICA).
- **locale.** Local body; negli S.U. — stato federale — la *municipal corporation* costituisce un ente locale munito di personalità giuridica facente parte del sistema di governo locale (AUTOGOVERNO; CONSIGLIERE ELETTIVO DI ENTE LOCALE). [vol. I: MUNICIPAL CORPORATIONS; PROPRIETARY CAPACITY; PUBLIC UTILITY]
- **morale in genere.** Charity, not-for-profit corporation (PERSONA GIURIDICA). [vol. I: *ad vocem*; PERSON]
- **non ecclesiatico.** Lay corporation, secular corporation (*supra,* ENTE ECCLESIASTICO).

– **non riconosciuto.** Non-recognized body (*infra*, ENTE RICONOSCIUTO; RICONOSCIMENTO). [vol. I: RECOGNITION]

– **parastatale in genere.** Grosso modo, public agency, public authority, state controlled body, semi-official body. Ma sussistono fieri dubbi che vi sia in senso stretto una corrispondenza giuridica esatta di questo tipo di ente nel sistema inglese e nordamericano (ECONOMIA DI MERCATO; ORGANO).

– **portuale.** (*supra*, ENTE DEL PORTO)

– **preposto a un servizio di pubblica utilità.** Public utility authority, o agency o body (SERVIZIO PUBBLICO). [vol. I: PUBLIC UTILITY AUTHORITY; PUBLIC UTILITY]

– **previsto dalla legislazione.** Statutory body.

– **pubblico.** Grosso modo, public agency, public body, public institution, public authority, governmental body, etc. Negli S.U. — stato federale — si parla anche genericamente di *governmental instrumentality* o più spesso di *instrumentality,* per indicare una agency, ossia, grosso modo, un ente pubblico: il termine esprime il concetto di strumento, mezzo, per lo svolgimento di una funzione. In questo senso, *federal instrumentality* indica una *federal agency* che svolge una funzione federale (*supra*, ENTE IN GENERE; ENTITÀ PUBBLICA; REGOLATORE). [vol. I: ADMINISTRATIVE AGENCY; QUANGO]

– **riconosciuto.** Recognized body (*supra*, ENTE NON RICONOSCIUTO).

– **senza scopo di lucro.** Non-profit corporation, non-profit body, non-profit association, etc. Rientra nella categoria più generale della *charity*. Peraltro, quest'ultimo termine indica non soltanto un ente di beneficenza, ma anche un ente senza scopo di lucro come, ad es., il *National Trust* inglese (ASSOCIAZIONE CON-SENZA SCOPO DI LUCRO). [vol. I: ASSOCIATION; CHARITY; COMPANY: IV; CORPORATION; NON-PROFIT o NOT FOR PROFIT ASSOCIATION]

– **televisivo.** Television authority (TELEVISIONE).

Entità. Body, entity, institution, organization, agency, society, association (CORPO; ENTE; ISTITUZIONE; ORGANO; ORGANISMO). [vol. I: BODY]

– **giuridica.** Legal entity (ENTE GIURIDICO).

– **pubblica.** Public entity. Con questo termine, assai vasto, si intende una nazione, uno stato, una contea, un ente pubblico (*public authority, public agency*), una persona giuridica pubblica, etc. (ENTE PUBBLICO).

Entrata/e in genere. Entry. Nel senso di reddito, è detta *income*. Ma *entry* indica anche l'annotazione, l'iscrizione o la trascrizione (ANNOTAZIONE; GETTITO; IMPOSTA; INGRESSO; INTROITO; ISCRIZIONE; PROFITTO; REDDITO; RICAVATO; SPESA; USCITA; UTILE).

– **e uscite pubbliche ordinarie.** Government ordinary expenditures and revenues (BILANCIO DELLO STATO).

– **fiscali in genere.** Revenues (IMPOSIZIONE FISCALE; REDDITO; RICAVATO). [vol. I: *ad vocem*]

– **in vigore in genere.** Entry into force, coming into force, coming into operation, going into effect (*VACATIO LEGIS*; VIGORE). [vol. I: ENTRY INTO FORCE]

– **in vigore di una legge, di una disposizione, di una regola.** Entry into force, coming into force, coming into effect — o, anche — commencement of a law (*statute*), provision, rule, etc. (DATA DI ENTRATA IN VIGORE; DIRITTO (I) VIGENTE; LEGGE; PROMULGAZIONE; SENZA EFFETTI GIURIDICI). [vol. I: COMMENCEMENT; ENTRY INTO FORCE; PROMULGATION; STATUTE LAW: III]

– **in vigore di un trattato.** Entry into force of a treaty. Prevista di solito da ciascun istrumento, è regolata dalle norme suppletive contenute negli artt. 24 e segg. della convenzione di Vienna (CLAUSOLE FINALI DI UN TRATTATO, DI UNA CONVENZIONE INTERNAZIONALE; TRATTATO). [vol. I: INTRODUZIONE: III. 37; FINAL CLAUSES OF A CONVENTION]

– **pubbliche.** Public revenues (*supra*, ENTRATE E USCITE PUBBLICHE ORDINARIE; IMPOSTE; SPESA PUBBLICA). [vol. I: REVENUE]

Entro il. Not later than (SCADENZA; TERMINE). [vol. I: TIME; TIME-LIMIT]

Equilibrio in genere. Balance (DEFICIT; PEREQUAZIONE; SQUILIBRIO).

– **costituzionale.** Constitutional balance (COSTITUZIONE POLITICA; SEPARAZIONE DEI POTERI). [vol. I: CHECKS AND BALANCES; SEPARATION OF POWERS]

– **dei poteri.** Balance of powers (*infra*, EQUILIBRIO TRA POTENZE).

– **tra attivo e passivo del bilancio di un'azienda.** Balance between profit and loss of a business (BILANCIO).

– **tra potenze.** Balance of powers (POTENZA; POTERE).

Equipaggio in genere. Crew. [vol. I: *ad vocem*]

– **di aeromobile.** Aircraft's crew (AEROMOBILE). [vol. I: AIRCRAFT]

– **di nave.** Ship's crew (ABBANDONO DI MEMBRO DELL'EQUIPAGGIO AMMALATO O FERITO; CONTRATTO DI ARRUOLAMENTO DELL'EQUIPAGGIO DI NAVE; LAVORATORE MARITTIMO; NAVE; RUOLO DI EQUIPAGGIO). [vol. I: CREW; SHIP]

Equipollenza. Equivalence (EQUIVALENZA).

– **di titoli di studio.** Equivalence of diplomas o of study certificates (DIPLOMA; SCUOLA; TITOLO DI STUDIO).

Equità. Questo è uno dei casi in cui l'*acoustic agreement* tra i termini di *civil law* e di *common law* può determinare formidabili abbagli. Il concetto italiano di equità (*aequitas*) non va in nessun caso tradotto col termine di *equity*, che nella tradizione giuridica di *common law* assume un ben altro significato.
1. In breve, *equity* indica una serie di regole giurisprudenziali che trovano la loro origine nelle decisioni della *Chancery Court*, giurisdizione, a suo tempo, parallela e concorrente con quella delle corti reali. In questo senso, l'*equity* deve essere riferita a una fonte particolare del sistema inglese, e di quelli che da esso derivano, priva di equivalenza nella *civil law*.
2. Nell'ambito della teoria delle fonti, l'*equity* si pone spesso come un concetto correlativo di *common law*: le espressioni *at law-in equity* sottoindendono appunto, rispettivamente, l'uno o l'altro ordine di regole. È appunto l'esistenza di una fonte di diritto come l'*equity* a spiegare molte regole e istituti del sistema di *common law* e, in particolare, il *trust*, ignoto alla *civil law* appunto perché ignota è l'*equity* che consente la *split property* sull'oggetto di esso, allo stesso tempo, a favore del beneficiario e del *trustee*.
3. La dicotomia *common law-equity* percorre ancora oggi tutta quella tradizione giuridica, gli istituti sostanziali e quelli processuali, come pure i rimedi disponibili; anche se ormai rare, negli S.U., dove in qualche stato dell'Unione sopravvivono, sono le giurisdizioni dell'*equity*. Si pensi, ad es., alla giuria, istituto tipico del processo di *common law*, e non di *equity* (la *Chancery Division* della *High Court* inglese opera senza giuria, come senza giuria opera l'*Admiralty court* ritenuta, non del tutto a torto, una corte di *civil law*, sia in Inghilterra che negli S.U.)
4. Con questo non si vuol dire che il sistema inglese ignori il concetto o la prassi dell'*aequitas*; ma solo che quest'ultima come, del resto, nel sistema italiano, non costituisce una fonte di diritto. La tradizione di *common law* per rendere l'idea di *aequitas* ricorre ad altri ordini concettuali e all'impiego di una svariata serie di termini come *reason, reasonableness*, *fairness*, *justice and raisonableness*, *aequum et bonum* e, anche, *general equity*.
5. Ma si noti il significato del termine *equity* nel contesto finanziario-commerciale; in tal senso, quando è riferito a un'azienda (*business*), esso indica l'attivo netto. Nel caso di una *partnership* indica il totale del capitale e dei conti correnti, mentre nel caso di una società di capitali (*company* o, negli S.U., *corporation*), il totale del capitale azionario e delle riserve. Il termine *equity* indica anche il concetto di partecipazione o quota azionaria (AZIONE (I) SOCIALE DI RESPONSABILITÀ CONTRO GLI AMMINISTRATORI; CERTEZZA DEL DIRITTO; COSCIENZA; FIDUCIA; FONTI DEL DIRITTO; GIURIA; INIQUITÀ; MOTIVI DI EQUITÀ; QUOTA DI PARTECIPAZIONE AZIONARIA; RAGIONE; RAGIONEVOLEZZA). [INTRODUZIONE: III. 5-6; COMMON CORE OF LEGAL SYSTEMS; COMMON LAW; EQUITY; GENERAL PRINCIPLES OF LAW; IMPLIED CONTRACT; REASONABLE; REASONABLE MAN DOCTRINE; REASONABLENESS]

– **fiscale.** Justice of taxation, equality of taxation (IMPOSIZIONE FISCALE).

Equitativo in genere. Equitable (EQUITÀ).

Equivalenza delle condizioni. Equivalence of conditions (CAUSA (II); CAUSALITÀ; EQUIPOLLENZA). [vol. I: CAUSA PROXIMA ET NON REMOTA SPECTATUR; CAUSATION; INSURANCE: I. 1, II. 6; PROXIMATE CAUSE]

Equivocità. (AMBIGUITÀ; EQUIVOCO SULLA NATURA DEL CONTRATTO)

Equivoco sulla natura del contratto. (ERRORE SULLA NATURA DEL CONTRATTO)

Equo. Fair, reasonable (EQUITÀ; ONESTO; RAGIONE; RAGIONEVOLE). [vol. I: FAIR AND REASONABLE; FAIR COMMENT; FAIR DEALING; FAIR HEARING; FAIR RENT; FAIR TRADING; FAIR TRIAL]

– **apprezzamento.** Fair assessment o evaluation (COMPONIMENTO BONARIO; VALUTAZIONE). [vol. I: AMIABLE COMPOSITION]

– **canone.** Fair rent; nel R.U., anche se in via di smantellamento, vige ancora oggi un vasto regime vincolistico. Un agile e rapido sistema per la fissazione dell'equo canone è previsto da varie leggi: esso si basa, come tutto quello che funziona in qualsiasi paese del mondo industrializzato, sull'efficienza e probità degli uffici e dei cittadini, sul reciproco rapporto di fiducia. Nella quasi totalità dei casi, le controversie si risolvono con l'accettazione della decisione del *Rent Officer* — si badi — un funzionario del comune. La semplicità, efficienza ed economicità del sistema e il confronto con il mostruoso, inefficiente e costosissimo macchinario nostrano inducono alle solite riflessioni sul caso italiano (CANONE; GIUDICE DELL'EQUO CANONE; LOCAZIONE SOGGETTA A LEGISLAZIONE VINCOLISTICA; SFRATTO DEL *TENANT* DA PARTE DEL *LANDLORD*). [vol. I: FAIR RENT; RENT]

– **indennizzo.** Just compensation (GIUSTO INDENNIZZO).

– **salario.** Fair wage (SALARIO).

Erario. Non esiste un equivalente esatto, come non esiste quello di fisco, entrambi di origine romanistica. Il termine che maggiormente vi si approssima è quello di *Treasury* (FISCO). [vol. I: CROWN; TREASURY]

Erede in genere. Heir, successor. Ma, a parte l'*acoustic agreement* dei termini, in senso stretto, la *common law* non conosce né la figura dell'erede, né l'istituto dell'eredità quali sono intesi nei sistemi di romanistici. La *common law* ignora il meccanismo nostrano della successione universale. In breve, non vi sono eredi veri e propri perché non vi è eredità in senso stretto; pertanto, volendo usare una terminologia civilistica, sembrerebbe più accurato parlare di legatari. Infatti, sia nella successione testamentaria — di gran lunga la più diffusa nei sistemi di *common law* — sia in quella intestata, l'*estate* del *de cuius* passa al *personal representative*, ed è quest'ultimo, e non i beneficiati, a rispondere dei debiti del primo, beninteso, nei limiti dell'*estate* relitto. Sarà solo dopo la liquidazione del passivo che il *personal representative* provvederà, secondo le regole dell'uno e dell'altro tipo di successione, a che il residuo attivo sia distribuito agli aventi diritto. Non vi è quindi istituzione di erede: qualsiasi disposizione costituisce, in sostanza, un legato (AVENTI DIRITTO E EREDI; EREDITÀ; LEGATO; SUCCESSIONE PER CAUSA DI MORTE). [vol. I: HEIR; HEREDITAS; LEGACY; PERSONAL REPRESENTATIVE; SUCCESSION]

– **apparente.** Lett., apparent heir; ma questo termine non indica l'erede apparente della *civil law* (*supra,* EREDE IN GENERE). [vol. I: APPARENT HEIR]

– **legittimo.** Grosso modo, person legally entitled to a share in the distribution on intestacy. Ma non esiste in senso stretto (*supra*, EREDE IN GENERE; SUCCESSIONE LEGITTIMA). [vol. I: SUCCESSION]

– **presunto.** Presumptive heir; ma non v'ha equivalenza col concetto di *civil law*. [vol. I: APPARENT HEIR]

– **testamentario.** Grosso modo, beneficiary; ma non esiste in senso stretto (*supra*, EREDE IN GENERE).

– **universale.** Lett., universal heir: ma nella *common law* non si ha successione universale. Forse la figura del *residuary legatee* (si badi, un legatario!) è la meno lontana da quella romanistica (*supra*, EREDE IN GENERE). [vol. I: RESIDUARY LEGATEE]

Eredità. La *common law* ignora il concetto di *hereditas* qual è intesa nella tradizione romanistica: non esiste successione universale. Si parla di *estate of a deceased person*, per indicare non già il patrimonio, ma il complesso dei beni e diritti del defunto che passa al *personal representative*. Il concetto di diritti ereditari — in senso stretto privo di equivalenza — può essere reso, grosso modo, con « rights against the estate of a deceased's person » (ACCETTAZIONE DELL'EREDITÀ; AMMINISTRAZIONE DELL'EREDITÀ; ASSE EREDITARIO; ATTIVO DELL'EREDITÀ; DELAZIONE DELL'EREDITÀ; DISEREDAZIONE; DIVISIONE DELL'EREDITÀ; EREDE; MASSA EREDITARIA; SUCCESSIONE PER CAUSA DI MORTE; *UNIVERSITAS*). [vol. I: INTRODUZIONE: III. 24; ESTATE; HEIR; HEREDITAS; SUCCESSION]

– **giacente.** *Hereditas iacens*; grosso modo, *estate in abeyance*; ma non vi è corrispondenza esatta (SUCCESSIONE PER CAUSA DI MORTE). [vol. I: ESTATE IN ABEYANCE; SUCCESSION]

– **vacante.** Grosso modo, vacant succession; ma non vi è corrispondenza esatta (BENI VACANTI; SUCCESSIONE PER CAUSA DI MORTE). [vol. I: BONA VACANTIA; ESCHEAT; INTESTATE; LAST HEIR; SUCCESSION]

Ereditabile. Lett., inheritable; ma l'aggettivo non ha lo stesso senso giuridico nella *common law* in cui, in senso stretto, non esiste successione universale (EREDE; EREDITÀ). [vol. I: INHERITANCE]

Ergastolano. Grosso modo, life prisoner o lifer; ma, in senso stretto, non v'ha equivalenza (ERGASTOLO).

Ergastolo in genere. Life sentence, imprisonment for life. Ma le parole non devono ingannare: non esiste la pena dell'ergastolo né nell'ordinamento inglese né in quello nordamericano nel quale ultimo, peraltro, la materia ricade nelle attribuzioni dei singoli stati dell'Unione. Ma si notino le differenze con il sistema italiano (CONDANNA ALLA RECLUSIONE A VITA; PENA).

Ermeneutica. Hermeneutics, construction, interpretation (INTERPRETAZIONE). [vol. I: CONSTRUCTION; INTERPRETATION]

Erogazione. Supply, distribution, grant (*CATERING*; FORNITURA). [vol. I: DIVISIBLE CONTRACT; PUBLIC UTILITY]

Errante nel contratto. Mistaken party (ERRORE). [vol. I: CONTRACT: VI, XIII; MISTAKE]

Erroneo/a in genere. False, mistaken (FALSO). [vol. I: FALSE]

- **identificazione.** (IDENTIFICAZIONE)
- **interpretazione.** Misinterpretation, misconstruction (INTERPRETAZIONE).
- **istruzione.** Misdirection (ISTRUZIONI ALLA GIURIA). [vol. I: *ad vocem*]

Errore in genere. Mistake, error, fault, slip; il termine error è impiegato principalmente in materia procedurale (AMBIGUITÀ DI ATTO O CONTRATTO; CORREZIONE DEGLI ATTI PROCESSUALI; EMENDAMENTO DEGLI ATTI PROCESSUALI; IRREGOLARE; REVOCAZIONE DELLA SENTENZA).

- **accidentale.** Accidental slip (ACCIDENTALE).
- **che può dar luogo a riforma della sentenza.** Reversible error (RIFORMA DELLA SENTENZA).
- **comune alle parti nel contratto.** Mutual mistake; si distingue dal *common mistake* in cui le parti sono in errore, ma quest'ultimo non è comune a entrambe (*infra*, ERRORE NEL CONTRATTO; ERRORE UNILATERALE).
- **del giudice nelle istruzioni alla giuria.** Misdirection to the jury (GIURIA; ISTRUZIONI DEL GIUDICE ALLA GIURIA). [vol. I: *ad vocem*]
- **di calcolo.** Miscalculation (CALCOLO; QUANTITÀ).
- **di descrizione.** Misdescription (DESCRIZIONE).
- **di diritto.** Mistake of law; ma è detto *error in law* quello commesso dal giudice nell'applicare la legge (APPELLO; FATTO E DIRITTO).
- **di fatto.** Mistake of fact; ma è detto *error in fact* quello commesso dal giudice nel decidere sui fatti della causa. L'errore sul fatto in un processo cui partecipa la giuria può essere impugnato chiedendo un *new trial* (*supra*, ERRORE DI DIRITTO; APPELLO). [vol. I: NEW TRIAL]
- **di fatturazione.** Billing error (FATTURAZIONE).
- **di forma.** (VIZIO DI FORMA)
- **di identità della persona.** (*infra*, ERRORE SULL'IDENTITÀ PERSONALE)
- **di nome.** Misnomer, *error nominis* (NOME). [vol. I: MISDESCRIPTION; MISNOMER]
- **di persona nella sentenza.** Mistake as to the person in the judgment (*infra,* ERRORE SULLA PERSONA DEL CONTRAENTE; ERRORE SULL'IDENTITÀ; APPELLO).
- **essenziale nel contratto.** Fundamental mistake (*infra*, ERRORE NEL CONTRATTO).
- **giudiziario.** Miscarriage of justice: il termine è riferito più spesso al processo penale, ma non esclude il processo civile. Si parla, invece, di *mistrial* per indicare in genere il processo (*trial*) erroneo, invalido o incompleto; che, come tale, costituisce un *nugatory trial*, o un non-processo, come, ad es., in caso di assenza di un giurato, dell'avvocato, qualora la giuria non riesca ad esprimere il verdetto, carenza di giurisdizione, errore nella costituzione della giuria, etc. Nel caso di *miscarriage of justice*, ossia di errore giudiziario in senso stretto, si è in presenza, invece, di un processo ultimato in tutte le sue fasi, ma viziato da errore. Una volta accertato, in quanto *mistrial*, esso dà luogo a un *new trial*, ossia ad un nuovo processo davanti alla stessa corte che ha emesso la sentenza. Comunque, se, da un canto, non si può eliminare l'errore dalle vicende umane, si capisce anche, dall'altro, che l'errore giudiziario susciti maggiore indignazione proprio perché commesso in nome della giustizia. Ma errore giudiziario *non è soltanto la condanna dell'innocente: è*

anche l'assoluzione del colpevole. Quest'ultimo è molto diffuso nella pratica dei sistemi di *common law* dato il tipo di prova richiesto per la condanna, giustamente considerato dalla assai diversa cultura popolare sulle libertà dell'individuo come un prezzo da pagare a garanzia dell'innocente.

1. L'errore giudiziario non costituisce una prerogativa esclusiva delle corti di *civil law*: i *Guildford Four* il *Maguires' case*, tra i tantissimi degli ultimi anni, lasciano ritenere che non si tratti soltanto di pagine nere della giustizia inglese, ma che la possibilità dell'errore giudiziario è intrinseca al processo in qualsiasi sistema. Piuttosto, anche qui, bisogna dare atto della rapidità con la quale il parlamento britannico ha adottato leggi dirette a, si spera, prevenire o ridurre il ripetersi di quegli errori. Non più, o non con tanto ardore, « a Londra, a Londra », come si gridava ai tempi del processo Tortora; la giustizia essendo spesso una « mala bestia » anche in Inghilterra. Il che non toglie, ovviamente, che il processo accusatorio — elaborato proprio dalla cultura inglese e nordamericana — resti una conquista della civiltà giuridica dell'Occidente. Se mai, si tratta di stabilire quale dei due modelli (accusatorio o inquisitorio-misto come, ancora oggi, il nostro) comporti un numero potenziale di minori errori giudiziari e, per altri versi, quale di essi consenta al meglio, allo stesso tempo, di combattere la criminalità (ormai organizzata in tutti i paesi del mondo), assicurando i diritti dell'imputato. E, in definitiva, a prescindere dai modelli, quali siano le soluzioni richieste per ridurre un fenomeno che, ovviamente, come l'errore umano, appare di per sé ineliminabile.

2. Il tema non è agevole e meriterebbe ben più approfondito trattamento; e, anche, si teme, un maggiore spessore culturale di quello su cui in questa materia può contare l'autore: ci vorrebbe Franco Cordero. Eppure, anche nei limiti di spazio e di tempo consentiti, sembrerebbe che non non si possa neanche avviare un discorso senza partire dalle *indagini di polizia*, ormai per generale accordo, la fonte originaria, anche se non la sola, dell'errore giudiziario in sede penale.

3. In un interessante articolo, A.A.S. Zuckerman (cit.) ha esaminato in chiave comparatistica, e con grande penetrazione, la problematica dell'errore giudiziario in un sistema processuale accusatorio per antonomasia come quello inglese. Si tratta di un saggio stimolante che consente approfondite riflessioni sul nostro sistema. Come egli osserva: « Recenti rivelazioni di importanti errori giudiziari hanno posto in evidenza, sebbene non per la prima volta, le carenze del dibattimento penale come affidabile *test* di accertamento della colpevolezza (...) Le radici dell'errore giudiziario vanno individuate nelle indagini di polizia. Sono le errate conclusioni della polizia a condurre all'esercizio dell'azione penale e ad ingiustificate condanne ».

4. La ragione principale per cui nel sistema inglese non sono stati introdotti meccanismi correttivi risiede nella « convinzione che la procedura penale inglese fornisca ampi meccanismi di verifica sia attraverso il riesame del Crown Prosecution Service (*prosecutorial review*), l'udienza preliminare (*committal proceedings*), il dibattimento (*trial*), sia in virtù di disposizioni normative disciplinanti la conduzione delle indagini. Tuttavia, una attenta analisi mostra che il processo penale non adempie, né è in grado di adempiere, questo ruolo ». A sostegno di questa affermazione, l'autore precisa:

a) che la *prosecutorial review* dei risultati ottenuti dalla polizia è diretta a stabilire se, sulla base del rapporto della polizia relativo ad indagini cui i *Crown Prosecutors* non hanno partecipato, sussistono elementi sufficienti per sostenere con successo l'accusa al dibattimento;

b) quanto al *committal proceedings* o, grosso modo, udienza preliminare, quest'ultima dovrebbe accertare la solidità dell'accusa ma, nel complesso, non accade niente di tutto ciò poiché la difesa di solito preferisce riservare le sue mosse per la fase del giudizio;

c) d'altro canto, poiché la prova della colpevolezza deve essere data oltre ogni ragionevole dubbio, di fatto, vengono assolti molti colpevoli; se poi si aggiunge che non di rado le giurie assolvono nonostante l'esistenza di valide prove di colpevolezza, allora bisogna concludere che un'assoluzione non significa solo per questo che la polizia abbia erroneamente ritenuto l'imputato colpevole.

5. Ma qui bisogna indicare, anche se schematicamente, talune differenze di fondo tra il sistema continentale e quello inglese e anche, in buona sostanza, quello nordamericano, per quanto riguarda i rapporti tra polizia e magistratura. In effetti, nel sistema inglese la separazione tra

indagini di polizia e *promozione dell'azione* penale appare nettissima, specie dopo l'adozione del Prosecution of Offences Act 1985 con l'istituzione di un apposito servizio, titolare — peraltro in maniera non monopolistica — dell'azione penale (*prosecution service*) per l'Inghilterra e il Galles. Spetta alla polizia esperire le indagini; concluse le quali, se ritiene che sussistono sufficienti elementi dà inizio all'azione penale e trasmette un rapporto ai *Crown Prosecutors* che, nel decidere se proseguirla o meno, si basano unicamente sul materiale fornito dalla polizia alle cui indagini non hanno partecipato. In effetti, anche nella fase del dibattimento, il caso presentato è essenzialmente quello preparato dalla polizia. Insomma, con il citato Act del 1985 si opera una *netta distinzione* (rispetto al passato in cui l'azione penale veniva promossa e perseguita dalla stessa polizia) tra la *promozione dell'azione penale* (detta *prosecution of offences*) e l'attività della polizia consistente essenzialmente nella individuazione e investigazione (*detection and investigation*) dei reati. Non è certo questo il sistema nostrano in cui, come stabilisce l'art. 109 della costituzione: « L'autorità giudiziaria dispone direttamente della polizia giudiziaria », e l'art. 327 del c.p.p. recita: « Il pubblico ministero dirige le indagini e dispone direttamente della polizia giudiziaria ».

6. In effetti, storicamente assai diversa da quello anglo-americana è stata la strada seguita in questa materia nei sistemi del continente europeo. Com'è stato osservato: « I sistemi legali continentali hanno tentato con scarso successo, di superare la vulnerabilità nei riguardi dei risultati ottenuti dalla polizia mediante l'introduzione di un funzionario legale [*rectius*, magistrato, N.d.A.] nel procedimento investigativo ».

7. Dopo aver rilevato l'inadeguatezza del modello continentale che, oltretutto — a differenza di quello inglese e nordamericano — si affida ad una polizia ordinata gerarchicamente, *centralizzata* e alle dipendenze dell'esecutivo — Zuckerman propone una *strategia di reinvestigazione ad opera della stessa polizia*. In questo quadro la proposta parte dalla premessa che la causa principale delle indagini di polizia viziate *ha di solito le sue radici nei gravi problemi incontrati nella ricostruzione di eventi passati*.

8. Se si pensa che — secondo dati statistici ufficiali — in Italia circa l'80 per cento degli omicidi volontari e il 90 per cento delle rapine, furti, etc. restano di autori ignoti e che la durata media di un processo penale (e civile) si calcola sul filo dei lustri, si ha la misura di quanto importante sia — al di là dei modelli — il problema di riportare soglie minime di efficienza anche in questo settore. In effetti, gli omicidi e i reati insoluti richiedono capacità investigative pure. In cui non vale la soffiata, la vendetta, il crollo nervoso, la confessione, ma è necessario lavorare servendosi anzitutto di capacità logiche di analisi e di induzione, di attenzione ai particolari, ai riscontri, alle intuizioni, ai collegamenti. Ma tutto questo manca, e se la polizia inglese è considerata la migliore del mondo non è un caso. Come non è un caso che il nostro sia più un paese di « letterati » che di ricercatori. Le disastrose inchieste sui numerosi omicidi restati insoluti nella capitale si inquadrano in un contesto di colossale incapacità professionale combinata dei magistrati, della polizia e dell'avvocatura (sic!). Ai magistrati inquirenti nostrani (ma non solo a quelli) viene universalmente rimproverata la loro carenza di preparazione professionale, del resto riconosciuta ampiamente dalla stessa corporazione. Ma il rimprovero appare ingeneroso: *quasi che essi provenissero dalle università del Libano o del Perù*, e non già da quelle nostrane, in cui fa premio una provinciale nozionistica che prepara mediocrissimi uomini: avvocati, funzionari, amministratori, politici o docenti universitari che siano.

9. A tutti, giovani e meno giovani, mediocri e non, si consiglia vivamente la lettura del libro di Titta Mazzuca, testo importante sull'errore giudiziario scritto da uno dei più brillanti penalisti italiani (AZIONE (I) PENALE; CONFESSIONE; DISCREZIONALITÀ DELL'AZIONE PENALE; GIURIA; GIUSTIZIA; GIUSTIZIA GIUSTA; INDIZIO; INNOCENTE; LIBERO CONVINCIMENTO; MAXI-PROCESSO; POLIZIA; PROCEDURA; PROVA; RESPONSABILITÀ PROFESSIONALE; REVOCAZIONE DELLA SENTENZA; RIPARAZIONE DEGLI ERRORI GIUDIZIARI; VERITÀ). [vol. I: FAIR TRIAL; MISCARRIAGE OF JUSTICE]

Bibl.:

Justice Report, 33rd Annual Report, June 1990, p. 12, 17.

Mazzuca, T., *Anatomia dell'errore giudiziario*, Roma, Bucalo, 1978.

Rozenberg 1994: 303.

Zuckerman, A.A.S., *L'errore giudiziario nel processo penale inglese: un tratta-*

mento radicale (1992) 16 GP 297, at 298, 299, 301, 313, *passim*.

- **in un trattato.** Error in a treaty. In diritto internazionale il termine *error* è riferito al vizio del consenso di uno Stato ad essere obbligato da un trattato (CORREZIONE DI ERRORI NEL TESTO o NELLE COPIE CERTIFICATE DI UN TRATTATO; TRATTATO INTERNAZIONALE). [vol. I: ERROR]

- **irrilevante nel processo civile.** Harmless error; cfr. per gli S.U. — stato federale — la R. 61 delle *Federal Rules of Civil Procedure*.

- **materiale nella sentenza.** Clerical mistake in the judgment (CORREZIONE DEGLI ATTI PROCESSUALI; CORREZIONE DI ERRORI MATERIALI- ;RETTIFICA DI ERRORE MATERIALE; SENTENZA). [vol. I: SLIP ORDER]

- **nei *pleadings*.** Mispleading (CORREZIONE DEGLI ATTI PROCESSUALI; SANABILITÀ DEGLI ERRORI NEI *PLEADINGS* o NELL'*INDICTMENT*). [vol. I: *ad vocem*; SLIP ORDER]

- **nel contratto in genere.** Mistake.
1. La *common law* classifica quelli che la tradizione civilistica definisce come vizi del consenso in maniera originale; a questo proposito, va rilevato che la stessa categoria è ignota alla *common law*. Nell'ambito di una assai complessa materia, si fa una distinzione fondamentale tra l'errore (*mistake*) e quelli che da noi sarebbero definiti come gli altri vizi del consenso. La *common law* non tiene conto dell'errore vizio, nel quale vede solo un errore sul motivo; il tipo di errore considerato è l'errore ostativo. Se, invece, è comune alle parti, esso comporta la nullità del consenso, a condizione che verta sull'oggetto del contratto. D'altro canto, quando l'errore esclude il consenso, esso rende il contratto inesistente (*void ab initio*). Un altro tipo di errore è quello che attiene alla natura giuridica dell'atto, che consente all'interessato di sollevare l'eccezione *non est factum*: questa regola non si applica in materia di *negotiable instruments*. È detta *plea of non est factum* l'eccezione di chi, avendo sottoscritto un atto, invoca l'errore sulla natura giuridica di esso.
2. *Mistake of law* è l'errore di diritto, come nel caso in cui si ignori che il contratto di vendita immobiliare va redatto per iscritto; il *mistake of fact* dà luogo alla nullità del contratto. Le questioni attinenti al diritto straniero sono considerate nel diritto inglese questioni di fatto e, di conseguenza, l'errore sul diritto straniero costituisce un errore di fatto. L'*unilateral mistake* in genere non determina l'invalidità dell'atto. Comunque, per intendere la disciplina della materia, è necessario rifarsi alla assai diversa teoria delle fonti di quella tradizione giuridica, ossia alla fondamentale dicotomia tra due ordini di regole, dette, di volta in volta, di *common law* e di *equity*. In tal senso, è da rilevare che la disciplina dell'errore risulta dalla combinazione di questo duplice ordine di regole. A tal proposito, si osserva che mentre l'errore considerato dalla *common law,* detto *common law mistake*, è essenzialmente limitato all'errore che rende impossibile l'incontro delle volontà e la formazione del contratto (*fundamental mistake*), a ipotesi limitate, ed ha per effetto la nullità del contratto, invece, l'errore considerato dall'*equity* procede, a differenza di quanto accade nella *common law*, alla ricerca dell'intenzione delle parti, ammette un numero maggiore di casi e ha per effetto non già la nullità del contratto, ma l'annullabilità, intesa nel senso che il giudice ha il potere discrezionale se annullare o meno il contratto. Inoltre, è da rilevare che è pure un rimedio dell'*equity* la *rectification*, cioè la rettifica del contratto affetto da errore. L'*equity* ha altresì elaborato la figura della *misrepresentation*, che si ha quando l'errore invocato da una delle parti è dovuto a una falsa o erronea dichiarazione dell'altra parte. Per queste ragioni, vi è una forte tendenza ad adottare nella pratica le soluzioni dell'*equity*. Il difetto principale dell'errore qual è concepito dalla *common law* — ma non dall'*equity* — è che, una volta ammesso, esso rende nullo il contratto *ab initio*. La maggior parte della dottrina inglese rileva che l'effetto di tale nullità risulta in danno del terzo di buona fede: di qui la riluttanza dei giudici ad intervenire, ovvero la tendenza ad applicare gli *equitable remedies* che, da un canto, attribuiscono loro poteri discrezionali e, dall'altro, non comportano la nullità del contratto, ma soltanto l'annullabilità. Sotto questo aspetto, va rilevata una notevole diversità di regime rispetto agli S.U., in cui l'errore rende in principio annullabile (*voidable*) il contratto, e solo in casi eccezionali comporta la nullità *ab initio* (*void ab initio*). Si tratta di materia molto complessa che appare caratterizzata da una notevole serie di incongruenze e ini-

quità; tra l'altro, è da ricordare l'assenza di un obbligo generale di buona fede nella fase precontrattuale, salvo che nei contratti detti di *uberrimae fidei* (CONCLUSIONE DEL CONTRATTO; CONTRATTO: VIII; CORREZIONE DELL'ACCORDO o CONTRATTO; *CULPA IN CONTRAHENDO*; DESCRIZIONE ERRONEA o INESATTA; DISSENSO MUTUO NEL CONTRATTO; INTENTO; INTENZIONE; MALINTESO; RETTIFICA DEL CONTRATTO VIZIATO DA ERRORE; RIFORMA; TEORIA DELLA PRESUPPOSIZIONE; VIZI DEL CONSENSO). [vol. I: ADOPTION; CONTRACT: VI, XVIII; CULPA IN CONTRAHENDO; MISREPRESENTATION; MISTAKE; NON EST FACTUM; RECTIFICATION]

- **nella dichiarazione** o **ostativo in genere.** Unilateral mistake, misrepresentation (*supra*, ERRORE NEL CONTRATTO). [vol. I: CONTRACT: VI]
- **rilevante nel contratto.** Operative mistake (*supra*, ERRORE NEL CONTRATTO; RILEVANZA DELL'ERRORE). [vol. I: CONTRACT: VI, XVIII]
- **sulla natura del contratto.** Mistake as to the legal nature of contract (*supra*, ERRORE NEL CONTRATTO). [vol. I: NON EST FACTUM]
- **sulla persona del contraente.** Mistake as to the identity of the contracting party (*supra*, ERRORE NEL CONTRATTO; CONTRAENTE).
- **sull'identità personale in genere.** Misidentification, mistaken identity (IDENTITÀ).
- **sull'oggetto del contratto.** Mistake as to the subject matter of the contract (*supra*, ERRORE NEL CONTRATTO).
- **unilaterale nel contratto.** Unilateral mistake (*supra*, ERRORE NEL CONTRATTO).

Esalazioni dal fondo vicino. (DISCARICA DI RIFIUTI; EMISSIONE ABUSIVA DI GAS, VAPORI, FUMO; INQUINAMENTO)

Esame. Test, examination, inspection, survey, audit, probe (COLLAUDO; CONTROLLO; DISAMINA; ESPERIMENTO; INCHIESTA; INDAGINE; ISPEZIONE; ISTRUZIONE; RICERCA; RIESAME; VERIFICA; VISITA; VISURA). [vol. I: AUDIT; EXAMINATION; INQUIRY; INSPECTION; PROBE; SURVEY; TEST]

- **degli atti processuali avversari.** Inspection of documents. Ma va bene al di là della prassi nostrana. Ha luogo in quella fase del processo che è detta *pre-trial* e rientra nell'ambito della *discovery*, istituto processuale ignoto alla *civil law* (ATTO PROCESSUALE; DIFESE NEL PROCESSO CIVILE; *DISCOVERY*; DOCUMENTO). [vol. I: *ad vocem*; CIVIL PROCEDURE; DISCOVERY]
- **dell'alito dell'automobilista.** Breath test (ETILOMETRO; GUIDA IN STATO DI EBBREZZA). [vol. I: DRIVING LICENCE; ROAD]
- **del proprio testimone.** Examination in chief (CONTROESAME).
- **del sangue.** Blood test (INFORMAZIONE GENETICA; SANGUE).
- **del testimone.** Examination of witness (CONTROESAME; INTERROGATORIO). [vol. I: CROSS-EXAMINATION; DEPOSITION; EVIDENCE; EXAMINATION]
- **del testimone a futura memoria.** Examination of witness de bene esse (INTERROGATORIO; PROVA PREVENTIVA A FUTURA MEMORIA; TESTIMONIANZA A FUTURA MEMORIA). [vol. I: DEATHBED DECLARATIONS; DEPOSITION; DE BENE ESSE]
- **fiscale.** (ACCERTAMENTO FISCALE)
- **testimoniale.** Examination of witness (PROVA; TESTIMONE).

Esatto adempimento. Strict, exact, literal performance; si notino in proposito le diverse regole esistenti in tema di arricchimento senza causa (ADEMPIMENTO DEL CONTRATTO; ARRICCHIMENTO SENZA CAUSA; INESATTO ADEMPIMENTO DEL CONTRATTO; TERMINE ESSENZIALE NEL CONTRATTO).

Esattore. Collector o anche gatherer (AGENZIA PER IL RECUPERO DI CREDITI; ESATTORIA DELLE IMPOSTE; ESAZIONE; PERCETTORE; RICEVITORE).

- **delle imposte.** Tax collector, collector of taxes (ESAZIONE DELLE IMPOSTE; IMPOSTA). [vol. I: COLLECTION OF REVENUES]

Esattoria delle imposte in genere. Grosso modo, tax collector's office (ESATTORE DELLE IMPOSTE; ESAZIONE).

Esaurimento delle risorse. Depletion of resources (AMBIENTE; DEPREZZAMENTO; INQUINAMENTO; RISORSA).

Esaurito. (ESAURIMENTO DELLE RISORSE; MERCI ESAURITE)

Esazione. Collection, levy (COLLETTORE; ESATTORE; INCASSO; RACCOLTA). [vol. I: COLLECTION; LEVY]

- **delle imposte.** Tax collection, collection of revenues. È effettuata dai *Commissioners of Inland Revenue* e dai *Commissioners of Customs and Excise* nel caso di imposte doganali, di fabbricazione e dell'imposta sul valore aggiunto. Negli S.U., l'esazione delle imposte federali è effettuata dall'*Internal Revenue Office* (I.R.S.), ad eccezione della gran parte delle imposte indirette come quelle doganali, di fabbricazione, etc. Come nella maggior parte degli altri paesi, ma a differenza dell'Italia, dove è affidata anche ai privati con notevole aggio, si tratta di funzione riservata ad organi pubblici (AGGIO ESATTORIALE; METALLI PREZIOSI). [vol. I: REVENUE; TAX]

– **di crediti.** Debt collection (AGENZIA DI INFORMAZIONI SULLA SOLVIBILITÀ; AGENZIA PER IL RECUPERO DI CREDITI; CREDITO INESIGIBILE; RECUPERO DI CREDITI).

– **di imposta in genere.** Levy of tax (IMPOSTA).

Esborso. Disbursement, expenditure, outgoings (PAGAMENTO; PASSIVO; SPESA). [vol. I: ESTIMATES OF EXPENDITURE; EXPENDITURE; GENERAL AVERAGE EXPENDITURE; OUTGOINGS]

Esclusione in genere. Exclusion. Le clausole esonerative della responsabilità sono dette, tra l'altro, anche *exclusion clauses* (ESONERO; ESPROMISSIONE; ESPULSIONE; ESTROMISSIONE; REGOLA CHE ESCLUDE UNA PROVA; RILASCIO). [vol. I: EXCLUSION CLAUSES]

– **della giurisdizione.** Ouster of jurisdiction (DEROGA DELLA GIURISDIZIONE).

– (o **limitazione) della responsabilità.** Exclusion o limitation of liability (LIMITAZIONE DELLA RESPONSABILITÀ).

Esclusiva in genere. Exclusive. Prima in tutto, la costituzione degli S.U. è anche la prima a fare della proprietà intellettuale un diritto costituzionale. In effetti, l'art. I, relativo ai poteri del Congresso, recita, alla s. 8, cl. 8: « To promote the Progress of Science and useful Arts, by securing for limited Times to Authors and Inventors the exclusive Right to their respective Writings and Discoveries ». Il contratto di esclusiva è detto *exclusive contract,* e l'agente esclusivo è detto *exclusive agent.* Il *franchising* realizza una forma di esclusiva o monopolio (ABUSO DI POSIZIONE DOMINANTE; ACCORDI COMMERCIALI ESCLUSIVI; AGENTE ESCLUSIVO; AGENZIA ESCLUSIVA; CLAUSOLA DI ESCLUSIVA; CONCESSIONE DI SERVIZIO PUBBLICO; CONCORRENZA; CONTRATTO DI ESCLUSIVA; DIRITTO (II) DI ESCLUSIVA; DISTRIBUZIONE; ESCLUSIONE; ESCLUSIVISTA; ESCLUSIVITÀ DEL MARCHIO DI FABBRICA; *FRANCHISING;* GIURISDIZIONE ESCLUSIVA; MONOPOLIO; PATTO DI NON CONCORRENZA; PRIVATIVA; PROPRIETÀ ESCLUSIVA; PROPRIETÀ INTELLETTUALE; RESPONSABILITÀ ESCLUSIVA; VENDITA IN ESCLUSIVA; ZONA ECONOMICA ESCLUSIVA). [vol. I: *ad vocem*; FRANCHISE: 3; RESTRAINT OF TRADE; SALE]

Esclusivista. A seconda dei casi, sole agent, franchisee (AGENTE ESCLUSIVO; ESCLUSIVA; *FRANCHISING*). [vol. I: FRANCHISE: 3]

Esclusività del marchio di fabbrica. Exclusivity of trade mark (ESCLUSIVA; MARCHIO DI FABBRICA; MONOPOLIO; PRIVATIVA).

Escussione. Discussion; il diritto alla preventiva escussione è detto *benefit* o *right of discussion*; ma non costituisce un rimedio di *common law.* Quanto in particolare alla fideiussione, si noti che — salvo patto contrario — il fideiussore (*surety*) non gode del beneficio della preventiva escussione del debitore principale (ESECUZIONE FORZATA DELLA SENTENZA CIVILE; FIDEIUSSSIONE; OBBLIGAZIONE (I) SOLIDALE; PAGAMENTO). [vol. I: DISCUSSION; ENFORCEMENT OF JUDGMENT; GUARANTEE; PAYMENT]

– **del debitore.** Exhausting the property of the debtor (ESECUZIONE FORZATA DELLA SENTENZA CIVILE).

– **del testimone.** (ESAME DEL TESTIMONE)

Esecutivo in genere. Executive, enforceable, executory, actionable, absolute.

1. Negli S.U. è detto *executive branch of government* il potere esecutivo; il termine *government* non indica il governo, ma, grosso modo, lo stato federale nel suo insieme. Un *governmental act* indica un atto posto in essere dall'esecutivo. Quando è riferito ai poteri dello stato, il termine *Executive* indica il potere esecutivo. Negli S.U. — stato federale — il Presidente, capo dell'esecutivo, è detto *Chief Executive of the Nation.*

2. Infine, quando il termine *executive* è riferito al personale di un'impresa o azienda, esso indica i dirigenti di essa; ma si parla anche di *executive employees.*

3. L'aggettivo esecutivo è detto più spesso ministerial (AMMINISTRATIVO; AMMINISTRATORE DI SOCIETÀ; ATTI ESECUTIVI; CAPO DELL'ESECUTIVO; COATTIVO; DIRETTORE; DIRIGENTE; ESECUTORIETÀ; ESECUTORIO; ESECUZIONE; FUNZIONARIO; GOVERNO; IMMEDIATAMENTE ESECUTIVO; NORMA PRECETTIVA; POTERE ESECUTIVO; PROCEDIMENTO ESECUTIVO; TITOLO ESECUTIVO). [vol. I: ABSOLUTE; ACTIONABLE; ENFORCEABLE; EXECUTIVE; EXECUTORY; MINISTERIAL]

Esecutore in genere. Executor, agent (ESECUTIVO; MEZZO).

– **materiale del reato.** Perpetrator of crime (AUTORE MATERIALE DEL REATO; CONCORSO DI PERSONE NEL REATO; REATO).

– **testamentario.** Lett., executor of will. Ma si tratta soltanto di un *acoustic agreement* con l'esecutore nostrano; l'assonanza può quindi ingenerare gravi abbagli. In effetti, l'executor di *common law* non ha nulla in comune con l'esecutore testamentario di *civil law* a causa dei princìpi notevolmente diversi che regolano il meccanismo della devoluzione ereditaria nelle due tradizione giuridiche. L'executor, come l'*administrator*, concreta la figura del *personal representative*, ignota alla tradizione di *civil law* (SUCCESSIONE PER CAUSA DI MORTE; TESTAMENTO). [vol. I: HEREDITAS; PERSONAL REPRESENTATIVE; SUCCESSION; WILL]

Esecutorietà. Enforceability (AZIONABILE IN GIUDIZIO; ESECUTIVO; ESECUTORIO; ESECUZIONE; SANZIONABILE). [vol. I: EXECUTION]

– **di una sentenza in genere.** Enforceability of a judgment (ESECUZIONE FORZATA DELLA SENTENZA CIVILE). [vol. I: ENFORCEMENT; EXECUTION; JUDGMENT]

– **di un contratto.** Enforceability of a contract; ma questo termine assume un significato particolare nei sistemi di *common law* in relazione al requisito della *consideration* (CONTRATTO: III). [vol. I: ENFORCEABLE; UNENFORCEABLE]

Esecutorio in genere. Enforceable, capable of execution; ma il termine *executory* assume un significato particolare nel contratto di *common law* (AZIONABILE; DA ESEGUIRSI; ESECUTIVO; ESECUTORIETÀ; ESECUZIONE; ESEGUIBILE). [vol. I: EXECUTORY; SELF-EXECUTING].

Esecuzione in genere. Execution, enforcement, implementation, compliance, performance. Il termine *enforcement* indica l'esecuzione o applicazione forzata in genere: *law enforcement agency,* o *officer*, indica di solito, in generale, un organo o un funzionario che svolge attività di polizia, che veglia, cioè, all'applicazione (forzata) della legge. La R. 69 delle *Federal Rules of Civil Procedure* degli S.U. definisce l'*execution* come un *process to enforce a judgment.* Il termine *execution* è ambiguo (cfr., *infra*, ESECUZIONE DEL CONTRATTO); inoltre, mentre *enforcement* indica l'esecuzione forzata (della legge, della sentenza, etc.), in italiano solo il participio passato chiarisce (*esecuzione forzata*) che si tratta di esecuzione non spontanea. L'esecuzione forzata della sentenza è detta più spesso *enforcement of judgment* (ADEMPIMENTO; APPELLO; APPLICAZIONE; ASTA GIUDIZIARIA; ATTUAZIONE; AZIONABILE; COAZIONE; DA ESEGUIRE; DEBITO; DEBITORE; EFFETTUAZIONE; ESECUTORIO; ESPROPRIAZIONE FORZATA DEI BENI DEL DEBITORE; FALLIMENTO; INADEMPIMENTO; OPPOSIZIONE DI TERZO ALL'ESECUZIONE O AL PIGNORAMENTO; OSSERVANZA; PIGNORAMENTO; PRECETTO; SEQUESTRO). [vol. I: ENFORCEABLE; ENFORCEMENT; EXECUTION]

– **all'estero della sentenza italiana in genere.** Execution abroad of Italian judgment (*infra,* ESECUZIONE FORZATA DELLA SENTENZA CIVILE STRANIERA).

– **a soddisfazione della sentenza in genere.** Execution in satisfaction of the judgment (*infra*, ESECUZIONE FORZATA DELLA SENTENZA CIVILE; SODDISFAZIONE DELLA SENTENZA).

– **coattiva in genere.** Enforcement (*infra*, ESECUZIONE FORZATA; ESPROPRIAZIONE FORZATA DEI BENI DEL DEBITORE).

– **degli obblighi contrattuali.** Performance of contractual obligations (*infra*, ESECUZIONE DEL CONTRATTO; OBBLIGO CONTRATTUALE). [vol. I: PERFORMANCE; TERM OF CONTRACT]

– **del contratto.** Performance of contract; non va tradotta con *execution of contract* che, negli atti che non richiedano altre formalità, indica la sottoscrizione di esso (ADEMPIMENTO DEL CONTRATTO; CONTRATTO: IX, X; DA ESEGUIRSI; FEDELE ESECUZIONE DEL CONTRATTO; *HARDSHIP CLAUSE*; IMPOSSIBILITÀ SOPRAVVENUTA DELLA PRESTAZIONE; LUOGO DI ESECUZIONE DEL CONTRATTO; PRESTAZIONE; RITARDO NELL'ESECUZIONE DEL CONTRATTO). [vol. I: DEED; EXECUTION OF CONTRACT; PERFORMANCE]

Bibl.:
Schlesinger 1950, ed. 1988: 663.

– **del contratto in forma specifica.** Specific performance of contract (*infra*, ESECUZIONE SPECIFICA DEL CONTRATTO).

– **della legge in genere.** Enforcement, enactment, implementation of law (ENTRATA IN VIGORE DI UNA LEGGE, DI UNA DISPOSIZIONE, DI UNA REGOLA; VIOLAZIONE DELLA LEGGE). [vol. I: ENTRY INTO FORCE; LAW]

– **della pena.** Enforcement of sentence (*infra*, ESECUZIONE DELLA SENTENZA PENALE STRANIERA; PENA; RINVIO DELL'ESECUZIONE DELLA PENA). [vol. I: SENTENCE]

– **della sentenza penale straniera.** Execution, o enforcement, of foreign penal judgment; l'esecuzione della pena è detta *execution* o *enforcement of sentence.* La convenzione del Consiglio d'Europa sul trasferimento delle persone condannate consente al condannato detenuto all'estero di scontare la pena nel proprio paese di origine (ESTRADIZIONE; SENTENZA PENALE STRANIERA).

- **del lodo arbitrale.** Enforcement of arbitration award (LODO ARBITRALE).
- **del *trust*.** Enforcement of trust (TRUST).
- **di un codice.** Enactment of a code (CODICE). [vol. I: CODE]
- **forzata in genere.** Enforcement, execution (*supra*, ESECUZIONE IN GENERE; EFFICACIA). [vol. I: EFFECTIVENESS, PRINCIPLE OF; ENFORCEABLE; ENFORCEMENT; UNENFORCEABLE]
- **forzata della sentenza civile** o **di un provvedimento giudiziario in genere.** Execution, o enforcement, of a civil judgment, o of an order. Il potere di procedere all'esecuzione è detto più spesso *power to levy execution.*

1. Nel sistema inglese, il concetto di esecuzione della sentenza va ricollegato a quello della natura dei provvedimenti giudiziari — *judgment, order* — di cui si effettua l'esecuzione. È, infatti, il tipo di *judgment* a determinare il tipo di procedimento esecutivo da applicare. Sul piano terminologico, pur essendo *execution* il termine tecnico per indicare l'esecuzione forzata della sentenza, in pratica si fa più spesso ricorso al termine di *enforcement of judgment.* Se si compara nel suo complesso l'armentario di provvedimenti disponibili nel sistema inglese e nordamericano per assicurare l'esecuzione forzata della sentenza o dell'ordine del giudice, appare difficile sottrarsi all'impressione che in effetti si sia un presenza di un *vero e proprio potere giudiziario in tutto e per tutto alla pari con gli altri poteri dello stato.*

2. Quanto a talune delle diversità più rilevanti, sembra opportuno notare che nella pratica processuale inglese il *trial*, la sentenza e l'esecuzione forzata di essa costituiscono l'eccezione piuttosto che la regola. In effetti, è previsto un gran numero di procedure in base alle quali la quasi totalità delle cause è definita prima di arrivare al *trial*: circa il 90% delle azioni iniziate davanti alla *Queen's Bench Division* inglese si conclude con un *default judgment* o con una transazione prima del *summons for directions*.

3. Comunque, ammesso che un'azione civile non venga definita, come accade nella quasi totalità dei casi, prima di pervenire al *trial*, nel sistema inglese, una volta emessa la sentenza — di solito non notificata specie quando comporta il pagamento di una somma di danaro — l'esecuzione ha luogo spontaneamente e, di conseguenza, l'*execution* si presenta come un fatto alquanto insolito. A questo si aggiunga che la sentenza di primo grado — come direbbe un *civil lawyer* — è esecutiva e che, comunque, nella stragrande maggioranza dei casi, essa, di fatto, mette fine alla lite. D'altro canto, quando è ammesso l'appello, esso non comporta la sospensione dell'esecuzione, peraltro concessa nella gran parte dei casi, ma condizionata al deposito della somma dovuta presso l'ufficio giudiziario: molto diffusa è la pratica della *cautio iudicatum solvi.* A questo proposito va ribadito che né in Inghilterra né negli S.U. si è fatto luogo a quella glorificazione nostrana dei mezzi di impugnazione che fa del giudizio di I grado un semplice anticipo del giudizio finale che sarà quello di appello, se non addirittura quello della Cassazione.

4. Frequentissimo nella prassi giudiziaria inglese è il *judgment in default*, privo di equivalenza nel sistema italiano; circostanza che si potrebbe definire una qualche compensazione per il fatto di ignorare i numerosi titoli esecutivi extragiudiziali nostrani come, ad es., la cambiale, etc. Ma forse una delle particolarità più rilevanti è costituita dal fatto che — almeno sul piano dei princìpi — mentre la *civil law* opera esclusivamente *in rem*, ossia gli effetti della mancata esecuzione della sentenza civile si esercitano esclusivamente sul patrimonio del debitore, nella *common law* essa opera *in personam*, e la mancata esecuzione di un'*injunction* può dar luogo al reato abbastanza grave di *civil contempt of court*, consistente nella violazione dell'ordine del giudice. In questo senso, l'esecuzione forzata di un *non money judgment*, ossia di una sentenza che non comporti l'obbligo di un pagamento, ma che impone un fare o un non fare, si realizza attraverso il reato di *contempt of court* per cui, in caso di mancata esecuzione, a richiesta dell'avente diritto, il giudice può disporre l'arresto e la condanna dell'inadempiente. In luogo di un *writ of sequestration*, il giudice può disporre il sequestro dei beni dell'intimato inadempiente fin quando quest'ultimo non abbia eseguito l'ordine contenuto nella sentenza. Tra i numerosi rimedi disponibili per l'esecuzione della sentenza, il *writ of fieri facias* è il più diffuso nella

prassi. Con esso si procede al pignoramento, detto *seizure of goods*, e alla vendita all'incanto dei beni del debitore. Quanto agli altri rimedi, con il *charging order* si procede al pignoramento immobiliare o di altri beni del debitore come, ad es., azioni di società. La materia è regolata dal Charging Order Act 1979 che indica i tipi di beni che possono essere oggetto del procedimento; tra l'altro, esso può riguardare anche i diritti del beneficiario di un *trust* che sia debitore di una somma di denaro. Al di fuori dei *writs of execution*, col *garnishee order* si fa luogo al pignoramento presso terzi di una somma di danaro; con l'*attachmentof earnings* si procede al pignoramento di stipendi e salari; con l'*equitable execution* il giudice nomina un *receiver*, ossia un amministratore giudiziario, come, ad es., nel caso del socio di una *partnership*, con cui si procede al pignoramento degli utili per il pagamento al creditore.

5. Poiché nella tradizione di *common law* esiste il fallimento civile, ossia il fallimento del non imprenditore, quando nel sistema inglese le obbligazioni del debitore insolvente superano la cifra di 750 sterline si può procedere alla dichiarazione di fallimento (FALLIMENTO: VI. 1).

6. La sentenza non è eseguibile contro la p. a., circostanza in sé irrilevante, giacché gli ordini del giudice sono diretti non già alla *Crown*, ma, di solito, ai ministri o ai funzionari, nessuno dei quali, come del resto nessun uomo ragionevole, si sognerebbe di non eseguirli. Infine, si noti che l'esecuzione della sentenza non può aver luogo nei confronti di quei beni e diritti di cui il debitore sia titolare nella veste di *trustee*.

7. L'ordinamento inglese ha elaborato numerose e penetranti tecniche che assicurano una vastissima estensione del diritto di sequela di beni e diritti entrati nel patrimonio altrui. Esse appaiono notevolmente più ampie del *droit de suite* della *civil law* (DIRITTO (II) DI SEQUELA).

8. Quanto agli S.U. in particolare, va ricordato che trattandosi di uno stato federale, la materia rientra, nella gran parte dei casi, nelle attribuzioni dei singoli stati dell'Unione. Per le controversie federali, la materia è regolata dalla R. 69 delle *Federal Rules of Civil Procedure*. Salvo che non sia disposto diversamente, il processo esecutivo ha luogo in base a un *writ of execution* da eseguire secondo le modalità previste dallo stato dell'Unione in cui si trova la corte federale che ha emesso il provvedimento. Sono definiti *supplementary proceedings* o *post-judgment remedies* quei procedimenti esecutivi diretti alla *discovery* del patrimonio del debitore; essi consentono la citazione in giudizio di chiunque possa dare informazioni atte a reperire i beni del debitore da sottoporre ad esecuzione. Inoltre, il creditore a cui favore sia stata emessa una sentenza può convenire in giudizio il debitore sottoponendolo ad interrogatorio circa l'ubicazione e la consistenza del suo patrimonio. Il giudice può emettere un *order for payment;* qualora il debitore non vi adempia, egli può essere processato per *contempt* e incarcerato.

L'injunction e *les astreintes*.

9. Una sentenza che, di fatto, non possa essere messa a esecuzione in tempi ragionevoli, o che resti addirittura ineseguita, lascia insoddisfatto lo scopo fondamentale dell'attività giudiziaria. Si tratta di un problema che riguarda tutti i sistemi e tutte le tradizioni giuridiche. L'approssimazione crescente delle economie dei vari paesi spinge quindi la comunità internazionale a darvi, mediante apposite convenzioni, una accettabile soluzione. Ma una cosa sono le difficoltà, note, di eseguire all'estero la sentenza o il provvedimento del magistrato, un'altra sono quelle di eseguire la sentenza all'interno dello stesso paese in cui essa è stata emessa. Da questo punto di vista, la situazione esistente nel nostro sistema presenta, anche qui, patologie peculiari rispetto agli altri paesi industriali dell'Occidente. Esse possono essere ascritte solo in parte al disfunzionamento della macchina della giustizia. Teoriche a parte, non si trova traccia nel nostro sistema non diciamo dell'*injunction,* ma neanche delle *astreintes* elaborate queste ultime — si badi — dalla giurisprudenza francese. Pertanto, se è vero che la effettiva tutela dei diritti si attua principalmente mediante l'esecuzione della sentenza, bisogna riconoscere che questa è una delle parti più gravemente carenti della giustizia nostrana (ATTI ESECUTIVI; AZIONE (I) ESECUTIVA; CAUSE (I) LEGITTIME DI PRELAZIONE; CAUZIONE PER LE SPESE PROCESSUALI; CREDITO; ESPROPRIAZIONE DEI BENI DEL DEBITORE; IMPIGNORABILITÀ; OPPOSIZIONE DI TERZO ALL'ESECUZIONE; PRIGIONE PER DEBITI; PRIVILEGIO; PROCESSO; SOSPENSIONE DELL'ESECUZIONE; TITOLO ESECUTIVO; *TRUST*; TUTELA DEI DIRITTI; VENDITA GIUDIZIARIA). [vol. I: COMPULSORY SALE; EX-

Esecuzione forzata della sentenza civile

ECUTION; FOLLOWING; FOREIGN JUDGMENT; FULL FAITH AND CREDIT CLAUSE; JUDGMENT]

Bibl.:

Cendon, P., *Le misure compulsorie a carattere pecuniario* (1988) 1 CeI 65.

Schlesinger 1950, ed. 1988: 669.

– **forzata della sentenza civile straniera.** Enforcement of foreign civil judgment.

1. Anche in Inghilterra, come negli altri sistemi, la materia del riconoscimento e dell'esecuzione delle sentenze straniere rientra nel diritto internazionale privato. Con l'entrata in vigore per il R.U. della convenzione di Bruxelles sulla giurisdizione e sull'esecuzione delle sentenze civili e commerciali del 1968, è radicalmente cambiato il regime relativo al riconoscimento e all'esecuzione nel R.U. delle sentenze emesse nei paesi comunitari. Lo scopo fondamentale di questa convenzione è la libera circolazione delle sentenze tra i paesi membri della Comunità. Non è un caso che essa sia stata descritta come la *Full Faith and Credit Clause Convention.*

2. L'origine di questa definizione risale al sistema costituzionale e all'ordinamento federale degli S.U. per cui, in virtù della *full faith and credit clause*, una sentenza resa in uno stato dell'Unione è eseguibile negli altri stati: in breve, una valida sentenza civile — ma non penale — ha gli stessi effetti che nello stato di origine. La clausola si applica anche alle decisioni delle corti federali; ma non alle sentenze emesse in paesi stranieri, rispetto alle quali non sussiste obbligo di riconoscimento e di esecuzione, che hanno luogo in base alla *doctrine of comity*, peraltro, ampiamente applicate in quel paese.

3. Per ritornare alla convenzione di Bruxelles del 1968, in vigore per il Belgio, la Danimarca, la Repubblica Federale Tedesca, la Francia, l'Italia, il Lussemburgo e i Paesi Bassi e, per il R.U., dal 1 gennaio 1987, si osserva che la convenzione stabilisce: *a*) il principio del riconoscimento automatico delle sentenze, di guisa che, per quanto attiene al R.U., nessuna delle condizioni richieste dalla *common law* o dalla legislazione deve essere soddisfatta; *b*) l'esecuzione è una conseguenza del riconoscimento e diventa sostanzialmente una questione di ordine procedurale; *c*) le eccezioni e difese disponibili in base alla convenzione sono limitate; in particolare, la convenzione fa obbligo alla corte di un altro Stato contraente di riconoscere e dare esecuzione alla sentenza anche se il giudice che l'ha emessa ha erroneamente applicato le norme sulla giurisdizione previste dalla convenzione. Ai sensi dell'art. 1, la convenzione non si applica all'arbitrato. Non è richiesto che la sentenza sia definitiva e, in principio, la convenzione si applica anche ai provvedimenti provvisori; a differenza di quanto stabilito in tema di riconoscimento ed esecuzione in Inghilterra secondo la *common law* e sulla base di trattati bilaterali, la convenzione non è limitata a sentenze di condanna di pagamento di somme di danaro, ma si estende anche ai provvedimenti che stabiliscano l'adempimento specifico o anche a provvedimenti analoghi all'*injunction* inglese. Il rapporto Schlosser prevede addirittura che, nell'esecuzione di una sentenza straniera che dispone l'adempimento specifico, si applichino le stesse sanzioni previste per le sentenze nazionali e, quindi, per quanto riguarda il R.U., anche quelle relative al *contempt of court.*

4. La materia si riferisce al riconoscimento e all'esecuzione internazionale della sentenze, e pertanto non si applica al caso in cui, ad es., si richiede ad una corte inglese di riconoscere una sentenza scozzese.

5. Sono esclusi altresì dall'applicazione della convenzione quei provvedimenti che nel sistema procedurale inglese sono definiti *ex parte*, ossia emanati senza che sia stato instaurato un contraddittorio, come, ad es., una *Mareva injunction*, ossia un sequestro conservativo.

6. L'art. 27 della convenzione stabilisce cinque difese o eccezioni invocabili: *a*) violazione dell'ordine pubblico (*public policy*); *b*) assenza di contraddittorio e, quindi, della c.d. *natural justice* inglese; *c*) conflitto con una sentenza emessa nello Stato contraente in cui si chiede il riconoscimento; *d*) conflitto con una sentenza emessa in uno Stato non contraente; *e*) se il giudice dello Stato in cui la sentenza è stata emessa ha deciso una questione preliminare sullo *status* delle persone fisiche, matrimonio, successione etc. che confligge con una norma di diritto internazionale privato dello Stato in cui si chiede il riconoscimento.

7. Il principio del riconoscimento automatico delle sentenze, ossia, come si sostiene, senza garanzie giurisdizionali, è stato oggetto di vivaci critiche da parte di numerosi giuristi nordamericani. La ragione principale risiede nel fatto che la

convenzione stabilisce il riconoscimento automatico e l'esecuzione delle sentenze contro convenuti *residenti in Stati non contraenti*, in assenza di quelle salvaguardie giurisdizionali assicurate, invece, ai convenuti residenti negli Stati contraenti. In effetti, quando il convenuto risiede in uno Stato contraente, sussiste il divieto della giurisdizione esuberante e l'obbligo del rispetto di standards minimi relativi al contraddittorio. Per contro, la convenzione ammette l'uso di basi esuberanti di giurisdizione nei confronti di convenuti residenti in Stati non contraenti e, in base all'art. 4, comma 2, ne estende addirittura il ricorso. Quali che siano le spiegazioni dell'attuale regime, sembra poco contestabile che in definitiva il convenuto di un paese non contraente è trattato, com'è stato scritto, « unfairly ».
8. Infine, per quanto riguarda in particolare gli S.U., è da segnalare l'Enforcement of Foreign Judgment Act, una delle leggi uniformi adottata da parecchi stati dell'Unione che — in applicazione della *Full Faith and Credit Clause* — in pratica attribuisce all'avente diritto in base a sentenza, o altro provvedimento emesso in uno stato dell'Unione, gli stessi poteri di espropriazione (*to levy and execution*) che si avrebbero in base ad analogo provvedimento emesso nello stato dell'Unione in cui si procede all'espropriazione. Qui l'espressione enforcement of foreign judgment può trarre in inganno: la sentenza straniera alla quale si fa riferimento è quella emessa in un altro stato dell'Unione, non già al di fuori degli S.U. La terminologia si spiega tenendo conto che questi ultimi sono uno stato federale (CONTRADDITTORIO; DECRETO INGIUNTIVO; DELIBAZIONE DELLA SENTENZA STRANIERA; EFFICACIA DELLE SENTENZE STRANIERE; ESPROPRIAZIONE; FEDERALISMO; GIURISDIZIONE ESUBERANTE; RICONOSCIMENTO DELLA SENTENZA STRANIERA; SENTENZA STRANIERA; TITOLO ESECUTIVO; TUTELA DEI DIRITTI). [vol. I: FOREIGN JUDGMENT; FULL FAITH AND CREDIT CLAUSE; JURISDICTION]

Bibl.:
Cheshire and North 1935, ed. 1987: 403.

– **forzata della sentenza civile sulla persona del debitore.** (PRIGIONE PER DEBITI)

– **forzata sulla nave.** (SEQUESTRO DI NAVE)

– **legale.** Legal enforcement.

– **provvisoria della sentenza.** Non vi è bisogno di alcuna decisione o autorizzazione particolare: nel sistema inglese e nordamericano e di *common law,* salvo quanto sia diversamente disposto, la sentenza di merito (*trial judgment*) che da noi si definirebbe di primo grado, è di per sé esecutiva. La sospensione dell'esecuzione viene decisa di volta in volta dal giudice ad istanza del soccombente: di solito essa è condizionata al deposito di una cauzione per la sorta, gli interessi e le spese. Ma essa può anche essere stabilita d'accordo tra le parti. Negli S.U. — stato federale — la materia in sede federale è regolata dalla R. 62 delle *Federal Rules of Civil Procedure* che stabilisce, tra l'altro, alla R. 62 (c), che la decisione di sospendere l'esecuzione (*stay of Proceedings to Enforce a Judgment*) deve aver luogo a quelle condizioni ritenute adeguate « for the security of the rights of the adverse party », ossia dell'appellato. In sede penale, il termine *stay of execution* indica più spesso la sospensione dell'esecuzione della pena capitale prevista in sede federale dalla R. 38(a) delle *Federal Rules of Criminal Procedure* (APPELLO; COSA GIUDICATA; DOPPIO GRADO DI GIURISDIZIONE; SENTENZA INTERLOCUTORIA; SOSPENSIONE DELL'ESECUZIONE DELLA SENTENZA CIVILE O PENALE).

– **specifica del contratto.** Specific performance. Questo rimedio dell'*equity* corrisponde, in sostanza, all'esecuzione in forma specifica del contratto qual è intesa nella *civil law*. Ma — a parte che non sussiste un diritto ad ottenerlo, dato che si tratta di un rimedio di *equity* concesso, quindi, discrezionalmente — una radicale diversità di ottica sussiste tra le due tradizioni giuridiche in questa materia. Anche se resta da rilevare una tendenziale approssimazione di sostanza tra le originarie posizioni, specie nel diritto nordamericano; in effetti, secondo taluni autori, anche nell'ordinamento inglese la specific performance costituirebbe ora il rimedio normale nel caso di inadempimento di un obbligo di dare. Peraltro, sembra opportuno rilevare che, nonostante la accennata tendenza, il rimedio non ha assunto quella generalità tipica dei *sistemi di civil law*, di guisa che appare essenziale di volta in volta il riscontro giurisprudenziale per verificarne l'ammissibilità. A questo proposito, per evitare abbagli e sorprese, è opportuno tener presente che, mentre negli ordinamenti di *civil law* l'esecuzione in forma specifica è la regola, nella *common law* il rimedio originario per l'inadempimento è il risarcimento del danno, o *damages*: la specific performance costituisce un rimedio eccezionale concesso discrezionalmente quando il solo risarcimento non appaia di per sé solo un provvedimento adeguato. Si noti, infine, che, come si è accennato, nel sistema inglese e nordamericano la mancata esecuzione dell'ordine di adempiere specificamente un' obbligazione contrattuale può configurare il reato di *contempt of court* e l'arresto dell'obbligato fino a quando non proceda all'esecuzione (*supra*, ESECUZIONE FORZATA DELLA SENTENZA CIVILE o DI UN PROVVEDIMENTO GIUDIZIARIO: 3; ADEMPIMENTO DEL CONTRATTO; IN SPECIE; *INTUITUS PERSONAE*). [vol. I: PERFORMANCE; REPLEVIN; SPECIFIC PERFORMANCE]

– **specifica dell'obbligo di concludere un contratto.** Specific performance of the obligation to stipulate a contract. Ma non è ammessa nei sistemi di *common law* (CONTRATTO PRELIMINARE).

Esegesi. Exegesis (INTERPRETAZIONE). [vol. I: INTERPRETATION]

Eseguibile in genere. Enforceable; ma si noti che i termini *enforceable* e *unenforceable* assumono nella materia contrattuale dei significati privi di equivalenza nel sistema italiano (CONTRATTO: III; DA ESEGUIRSI; ESECUTORIO; ESECUZIONE). [vol. I: CONTRACT: XII; ENFORCEABLE; UNENFORCEBLE]

Esemplare di documento. Copy, duplicate, specimen (CAMPIONE; COPIA; DOCUMENTO; DUPLICATO). [vol. I: BEST EVIDENCE; CERTIFIED COPY; COPY; DOCUMENT; DOCUMENTARY EVIDENCE; EXAMINED COPY; NOTARY]

Esente. Exempt, free (ESENZIONE; FRANCO). [vol. I: EXEMPTION]

– **da bollo.** Exempt from stamp duty (BOLLO).

– **da dazio doganale.** Duty free (DAZIO DOGANALE).

– **da imposta.** Duty free, tax-free, tax exempt (IMPOSTA). [vol. I: TAX].

– **da spese in genere.** Free of charge (GRATUITO; SPESA).

– **da tassa.** Duty o tax free (TASSA).

Esenzione in genere. Exemption, exoneration, privilege, immunity, exclusion, dispensation. Il concetto di esenzione-eccezione è reso anche dall'espressione save: *saving clause* è definita la disposizione di una legge scritta che prevede una eccezione (ECCEZIONE; ESONERO; RECESSO; SGRAVIO). [vol. I: EXCEPTION; EXEMPTION CLAUSE; PRIVILEGE; PROVISO; SAVE HARMLESS CLAUSE]

– **dalla doppia imposizione sul reddito.** Double income-tax relief, double taxation relief (DOPPIA IMPOSIZIONE).

– **dalla giurisdizione.** Exemption from jurisdiction (CLAUSOLA DEROGATORIA DELLA COMPETENZA-GIURISDIZIONE; IMMUNITÀ DALLA GIURISDIZIONE).

– **fiscale.** (SGRAVIO FISCALE)

Esercente in genere. Trader, retailer, merchant, shopkeeper, dealer, licensee, operator (DETTAGLIANTE; GERENTE; OPERATORE). [vol. I: NUCLEAR OPERATOR; OPERATOR]

– **di aeromobile.** Aircraft operator (ARMATORE DI NAVE). [vol. I: AIRCRAFT]

Bibl.:

Berlingieri, F., *Armatore ed esercente di aeromobile*, in *Digesto IV Utet, Comm.*, vol. I: 225.

– **di nave nucleare.** Nuclear ship operator (ARMATORE; NAVE NUCLEARE; OPERATORE DI NAVE NUCLEARE).

Esercitazione in genere. Exercise, training (ESERCIZIO).

– **militare congiunta.** Joint military exercise (ESERCITO).

Esercito. Military, army (COSCRIZIONE MILITARE OBBLIGATORIA; ESERCITAZIONE MILITARE CONGIUNTA; FORZE ARMATE; GIUSTIZIA MILITARE; OBIETTORE DI COSCIENZA; ORGANIZZAZIONE PARAMILITARE; RENITENZA ALLA LEVA; TRUPPE). [vol. I: COURT-MARTIAL; DESERTION; NATIONAL SERVICE; VETERAN]

– **di occupazione.** Occupation army (MONETA DELL'ESERCITO DI OCCUPAZIONE; OCCUPAZIONE).

– **permanente.** Standing army (SERVIZIO MILITARE).

Esercizio in genere. Operation (ATTIVITÀ; CAPITALE DI ESERCIZIO; COSTO DI ESERCIZIO DI UN'AZIENDA; ESERCITAZIONE; PROFESSIONE; UTILE DI ESERCIZIO DI UN'AZIENDA; UTILIZZAZIONE).

– **abusivo di attività commerciale.** Illicit trade. [vol. I: LICENCE]

– **abusivo di una professione.** Illicit practice, illicit trade (PROFESSIONE).

– **arbitrario delle proprie ragioni.** Self-help involving breach of the peace (ECCESSO DI LEGITTIMA DIFESA). [vol. I: REMEDY; SELF-HELP]

– **commerciale.** Business, trade, shop, business, establishment, public house; negli S.U. si parla più spesso di *cash business* per indicare un bar, un negozio, etc. (ATTIVITÀ; DITTA; POLIZZA (I) DI ASSICURAZIONE CONTRO LA INTERRUZIONE DI ESERCIZIO COMMERCIALE; SERVIZIO: 5).

– **del diritto.** Exercise of right, utilization of right: il proprietario del fondo intercluso non può esercitare il suo principale diritto, che è quello di accedervi fisicamente [Buckland and McNair 1936, ed. 1952: 138]. Ma l'esercizio del diritto può essere impedito anche da incapacità, abuso, mancato esercizio protratto per un certo tempo. Soprattutto può essere impedito dalla mancanza di determinate *premesse* di ordine politico-sociale (ABUSO DI DIRITTO; ASSISTENZA GIUDIZIARIA; DIRITTO (II); DISUSO; GODIMENTO DI UN DIRITTO; INCAPACITÀ; INERZIA NELL'ESERCIZIO DEL DIRITTO; LEGITTIMAZIONE; MANCATO ESERCIZIO DEL DIRITTO; NON USO; TUTELA DEI DIRITTI).

– **della professione forense.** Practice of law (PROFESSIONE FORENSE).

– **di funzioni in genere.** Performing functions (FUNZIONE).

– **di una nave.** Operation of a ship (ARMAMENTO DELLA NAVE).

– **di un diritto altrui.** Assumption of another's right (*NEGOTIORUM GESTIO*).

– **finanziario.** Financial year (BILANCIO). [vol. I: *ad vocem*; BUDGET; FISCAL YEAR]

– **professionale in genere.** Professional practice (PROFESSIONE).

– **provvisorio dell'impresa del fallito.** Grosso modo, interim management of the business of the company (o corporation) pending liquidation (FALLIMENTO). [vol. I: BANKRUPTCY; WINDING UP]

– **pubblico.** Shop, public house, common calling (LICENZA DI COMMERCIO; RESPONSABILITÀ DELL'OCCUPANTE DI IMMOBILE NEI CONFRONTI DELL'OSPITE). [vol. I: PUBLIC HOUSE]

Esibizione in genere. Exhibition, production (ESPOSIZIONE DEI PREZZI; PRODUZIONE).

– **di atti e documenti.** Production o exhibition of papers and documents; nel processo civile inglese e nordamericano la produzione di atti e documenti, che ha luogo nella fase del *pre-trial*, è finalizzata alla *discovery*, istituto processuale ignoto alla *civil law* (ATTO; AZIONE (I) *AD EXHIBENDUM*; *DISCOVERY*; DOCUMENTO; PROCEDURA: 5, 6, 8, 11; PRODUZIONE DI DOCUMENTI o DI LIBRI CONTABILI). [vol. I: DISCOVERY]

Esigibile. Collectible (CREDITO IRRECUPERABILE; ESAZIONE; ESIGIBILITÀ DI UN CREDITO; INCASSO).

Esigibilità di un credito. Recoverability o enforceability of a debt (AGENZIA PER IL RECUPERO DI CREDITI; CREDITO; ESAZIONE; ESIGIBILE; INCASSO; RISCOSSIONE). [vol. I: DUE]

Esiliato. Exiled (ASILO; ESILIO; RIFUGIATO). [vol. I: REFUGEE]

Esilio. Exile (ESILIATO).

Esitabile. Merchantable, marketable, saleable (COMMERCIABILE; MERCI; VENDIBILE). [vol. I: GOODS; MERCHANTABLE QUALITY; SALE: X. 2]

Esonerato in genere. Exempt (ESENTE; ESONERO).

Esonero in genere. Exemption, exoneration, exclusion, release, immunity, privilege, disclaimer, discharge. La clausola di esonero dalla responsabilità è detta, più spesso, *exemption*, *exception*, *exoneration*, *exculpatory clause*, o *disclaimer clause*. Ma si parla anche di *opting out of liability* (BENI IMPIGNORABILI; DEROGA; DISCOLPA; DISPENSA; ECCEZIONE; ESENZIONE; FRANCO; IMMUNITÀ; PRIVILEGIO; RINUNCIA AD UNA CLAUSOLA DI ESONERO). [vol. I: CONTRACTING OUT; LIABILITY; PUBLIC POLICY; STANDARD CONTRACT]

– **dalla responsabilità.** Exemption from liability (CANALIZZAZIONE DELLA RESPONSABILITÀ; CLAUSOLA DI ESONERO DALLA RESPONSABILITÀ; CONTRATTO DI ADESIONE; DEROGA DELLA RESPONSABILITÀ; LIMITAZIONE DELLA RESPONSABILITÀ; RESPONSABILITÀ; *VOLENTI NON FIT INIURIA*). [vol. I: EXEMPTION]

– **dalla responsabilità del venditore di merci al consumatore.** Contracting out, o disclaimer of responsibility (TUTELA DEL CONSUMATORE). [vol. I: CONTRACTING OUT]

– **fiscale.** Tax allowance, tax relief (IMPOSTA; TASSA). [vol. I: TAX]

Espatrio. Expatriation, emigration; ma il termine expatriation indica anche il fatto di perdere la cittadinanza per effetto dell'acquisto di un'altra (CITTADINANZA; EMIGRAZIONE; IMMIGRAZIONE; INDENNITÀ DI ESPATRIO; RIMPATRIO). [vol. I: DEPORTATION; EXPATRIATION; NATIONALITY]

Espediente dilatorio. Vexatious o false defence, sham plea, delaying practice o tactic (ABUSO DELLE NORME PROCESSUALI; DIFESA DEFATIGATORIA; DILAZIONE). [vol. I: ABUSE OF RIGHT]

– **giuridico.** Legal device (RIMEDIO GIURIDICO).

– **processuale.** Judicial remedy o procedural remedy (RIMEDIO GIURIDICO).

Esperienza comune. (FATTI DI COMUNE ESPERIENZA)

Esperimento in genere. Test (ESAME; PROVA).

– **della prova.** Taking of evidence (PROVA).

– **nucleare.** Nuclear test (ENERGIA NUCLEARE; ESPLOSIONE NUCLEARE; SOSPENSIONE DEGLI ESPERIMENTI NUCLEARI).

Esperto in genere. Expert. Ma anche in questa materia sussistono notevoli differenze nelle due tradizioni giuridiche di *common law* e di *civil law* (CONSULENTE TECNICO). [vol. I: *ad vocem*; ASSESSOR]

– **fiscale.** Tax expert (COMMERCIALISTA; IMPOSTA).

– **in tema di concorrenza.** Competition expert (CONCORRENZA).

– **nucleare.** Nuclear expert (ENERGIA NUCLEARE).

Espianto. Explant (DONAZIONE DI ORGANI; TRAPIANTO DI ORGANI).

Esplicito/a. Express (ESPRESSO; IMPLICITO; TACITO).

Esplosione nucleare. Nuclear explosion (ENERGIA NUCLEARE; ESPERIMENTO NUCLEARE).

Esportatore. Exporter (ESPORTAZIONE; IMPORTATORE; IMPORTAZIONE).

Esportazione. Export (AIUTI ALL'ESPORTAZIONE; ATTO UNICO EUROPEO; CLAUSOLA DELLA NAZIONE PIÙ FAVORITA; COMMERCIO INTERNAZIONALE; *DUMPING*; EMBARGO SULLE ESPORTAZIONI; FATTURA PER L'ESPORTAZIONE; FINANZIAMENTO DELLE ESPORTAZIONI; IMPORTAZIONE; INCENTIVI ALL'ESPORTAZIONE; *INCOTERMS*; LIBERTÀ DI CIRCOLAZIONE COMUNITARIA; LICENZA DI ESPORTAZIONE; QUOTA DI ESPORTAZIONE; RIMBORSO ALL'ESPORTAZIONE; SCAMBIO; TERMINI COMMERCIALI INTERNAZIONALI; TRASPORTO). [vol. I: *ad vocem*; CARRIAGE; CUSTOMS (2); IMPORTATION; INCOTERMS; MOST FAVOURED NATIONS CLAUSE; SALE; STOPPAGE IN TRANSITU; TRADE; TRADE LAW; TRADE TERMS]

– **sotto costo.** (CONCORRENZA SLEALE; *DUMPING*)

Esposizione dei prezzi. Price display; regolata nel R.U. dal Price Act 1974 e dal Trade Descriptions Act 1968 (ESIBIZIONE; PREZZO).

– **valutaria.** Currency exposure (VALUTA).

Esposto in genere. Complaint, charge, report, information, appeal, relation, application, petition (APPELLO; DENUNZIA; DOMANDA; ESPOSIZIONE; ISTANZA; PETIZIONE; QUERELA; RAPPORTO; RECLAMO; RICORSO). [vol. I: APPLICATION; CHARGE; COMPLAINT; INFORMATION; PLEADINGS; RELATION; REPORT]

– **particolareggiato delle violazioni e dei reclami.** Particulars of breaches and objections (RECLAMO; VIOLAZIONE).

Espresso/a. Express, explicit (ESPLICITO; IMPLICITO; TACITO). [vol. I: EXPRESS; CONSTRUCTIVE; IMPLIED; TACIT; TERM OF CONTRACT]

Espromissione. Nei sistemi di *common law* si parla di *novation* (ESCLUSIONE; ESTROMISSIONE; *NEGOTIORUM GESTIO*; NOVAZIONE). [vol. I: NOVATION]

Espropriazione in genere. Execution, levy, expropriation. Ma il termine *expropriation* è impiegato più spesso in diritto internazionale per indicare diverse forme di intervento dello Stato sulla proprietà privata di stranieri. *Requisition* indica la requisizione in caso di emergenza (che comporta l'obbligo dell'indennizzo); *nationalization* o *socialization*, cioè la nazionalizzazione, anche mediante indennizzo, e *confiscation* la confisca senza indennizzo (*infra*, ESPROPRIAZIONE FORZATA DEI BENI DEL DEBITORE; ESECUZIONE FORZATA DELLA SENTENZA CIVILE; SEQUESTRO). [vol. I: ACT OF STATE; COMPENSATION; CONFISCATION; FORFEITURE; INVESTMENT; NATIONALIZATION; NEW INTERNATIONAL ECONOMIC ORDER; REQUISITION; SABBATINO CASE]

– **a favore di servizi pubblici.** Expropriation for public utilities (*infra*, ESPROPRIAZIONE PER PUBBLICA UTILITÀ; SERVIZIO PUBBLICO).

Bibl.:
Buckland and McNair 1936, ed 1952: 95.

– **della garanzia reale.** Levy on the collateral (GARANZIA).

– **forzata dei beni del debitore.** Execution; espropriare è detto *levy (to) execution*; *levy (to) on property, on goods* indica procedere all'espropriazione di beni o diritti del debitore. Negli S.U. — stato federale — essa ha luogo di solito con un *writ of execution*; è detto *levying creditor* il creditore espropriante: *non-leviable assets* sono definiti i beni e diritti (*property*, *assets*) non suscettibili di espropriazione come, ad es., l'*homestead*, ossia grosso modo, una specie di patrimonio familiare. La materia rientra nelle attribuzioni dei singoli stati dell'Unione: sono dette, pertanto, *exemption laws* le leggi dei singoli stati che stabiliscono i beni e diritti impignorabili dei debitori (ESECUZIONE FORZATA DELLA SENTENZA CIVILE; IMPIGNORABILITÀ; PIGNORAMENTO; PRIGIONE PER DEBITI; PRIVILEGIO: 5; PROCESSO; SENTENZA; TUTELA DEI DIRITTI; VENDITA GIUDIZIARIA). [vol. I: EXECUTION; MARSHALLING]

– **per pubblica utilità in genere.** Nell'ordinamento inglese l'espropriazione per pubblica utilità è detta *compulsory purchase of land* (o di altri beni). Negli S. U. l'espropriazione per pubblica utilità è definita *expropriation* (o *taking of property*) *by right of eminent domain*; ma il potere di espropriazione per pubblica utilità è anche definito *power of annexation.* L'esercizio del potere di espropriazione è definito *exercise of public domain.* La materia è regolata dal V emendamento [1791] della costituzione che, tra l'altro, stabilisce: « *nor shall private property be taken for public use, without just compensation* ». Una controversia relativa all'espropriazione per publica utilità è definita più spesso *eminent domain case.* Il provvedimento con cui si fa luogo all'espropriazione è detto *condemnation*; ma si parla anche di *condemnation suit* per indicare la relativa controversia. L'indennizzo per l'espropriazione per pubblica utilità è definito *compensation for compulsory purchase of property* nel sistema inglese e *compensation for the taking of property for public use* in quello nordamericano. In entrambi le controversie in materia rientrano nella giurisdizione del giudice ordinario. Per quanto attiene al diritto federale, negli S.U., la R. 71A(a) delle *Federal Rules of Civil Procedure* stabilisce quanto segue: « The Rules of Civil Procedure for the United States District Courts govern the procedure for the condemnation of real and personal property under the power of eminent domain, except as otherwise provided in this rule ». Ma come avvertono Nowak and Rotunda [1978, ed. 1991: 429] si tratta di materia non agevole, in cui sussiste una notevole confusione giurisprudenziale sulla c.d. *doctrine of eminent domain*; non ultimo a causa della natura federale degli S.U. (ANNESSIONE; CONDANNA; CONFISCA; DELEGA DEI POTERI; DESTINAZIONE DI UN BENE IMMOBILE; EQUO INDENNIZZO; GARANTISMO; INDENNIZZO; PIANO REGOLATORE GENERALE; PIGNORAMENTO; POTERE DI ESPROPRIAZIONE PER PUBBLICA UTILITÀ; PRIVAZONE DELLA PROPRIETÀ; PUBBLICA UTILITÀ; SEQUESTRO; SERVIZIO PUBBLICO). [vol. I: APPROPRIATION; COMPULSORY PURCHASE OF LAND; DUE PROCESS OF LAW; EMINENT DOMAIN; EXPROPRIATION; REQUISITION]

Bibl.:

Ferrari, G.F., *Eminent domain*, in *Digesto IV Utet, Pubbl.,* vol. V: 517.

– **per pubblica utilità di beni e diritti mobiliari.** Compulsory purchase of personal property; ma negli S.U. si parla più correttamente di *condemnation of personal property under the power* (o *by right*) *of eminent domain* (*supra*, ESPROPRIAZIONE PER PUBBLICA UTILITÀ).

– **per pubblica utilità di beni immobili.** Compulsory purchase of land; ma negli S.U. si parla più spesso e più correttamente di *condemnation of real property under the power* (o *by right*) *of eminent domain* (*supra*, ESPROPRIAZIONE PER PUBBLICA UTILITÀ).

Espulsione in genere. Expulsion, eviction, exclusion, deportation. Nel R.U., l'espulsione dello straniero è detta più spesso *deportation*; ma si parla anche di *exclusion.* Il procedimento di espulsione è detto *deportation*, o *exclusion, proceeding* (DEPORTAZIONE; DIRITTI (II) DELL'UOMO; ESTROMISSIONE; ORDINE DI ESPULSIONE DELLO STRANIERO). [vol. I: DEPORTATION; EXCLUSION ORDER; EXPULSION; EXTRADITION; TERRORISM]

– **dello straniero.** Deportation of alien, exclusion of alien; ma, in base alla più recente legislazione in materia, si parla nella prassi britannica di *deportation of non-patrial* (*supra*, ESPULSIONE IN GENERE; FOGLIO DI VIA OBBLIGATORIO; STRANIERO). [vol. I: EXTRADITION; IMMIGRATION]

– **in massa.** Mass expulsion.

Essentialia negotii. Non esiste un'espressione corrispondente: il diritto inglese e i sistemi di *common law* non hanno adottato il paradigma del negozio giuridico. Ma si può parlare genericamente di *essentials of contract* e, in tema di testamento, di *essentials of will.* Peraltro, per quanto riguarda il contratto in particolare, va rilevato che la *common law* fa delle distinzioni ignote alla *civil law* relative alle clausole essenziali e non essenziali del contratto (CONTRATTO: IX; ESSENZA

DEL CONTRATTO; NEGOZIO GIURIDICO). [vol. I: ESSENCE, OF THE; TERM OF CONTRACT]

Essenza del contratto. Essence of the contract. Con questo termine, riferito ad un'obbligazione contrattuale, si indica un elemento essenziale del contratto, il cui mancato adempimento dà diritto all'altra parte di risolverlo (*rescission*) e di ottenere il risarcimento del danno (*damages*). Costituisce una questione di fatto accertare se un'obbligazione contrattuale sia o meno, come si dice, *of the essence of the contract* (ADEMPIMENTO DEL CONTRATTO; CLAUSOLA ESSENZIALE DEL CONTRATTO; CONTRATTO: IX, X; *ESSENTIALIA NEGOTII*; ESSENZIALE; TERMINE ESSENZIALE DEL CONTRATTO). [vol. I: CONTRACT: IX; ESSENCE, OF THE]

Essenziale. Essential, material, relevant (ESSENZA DEL CONTRATTO; RILEVANTE).

Essenzialità dell'errore. Fundamentality of mistake (ERRORE ESSENZIALE). [vol. I: MISTAKE]

Estensione. (PROROGA)

Estensore. Draftsman (REDATTORE).

- **della sentenza.** Grosso modo, draftsman of judgment. Ma non v'ha equivalenza. Si noti la radicale diversità nella tecnica di formulazione della sentenza di *common law*: i *law reports*, soltanto un analogo della nostra sentenza, sono redatti da *reporters* specializzati, di solito dei giuristi (RIVISTE DI GIURISPRUDENZA; SENTENZA). [vol. I: JUDGMENT: I; PARLIAMENTARY DRAFTSMAN; RECORD; REPORT; REPORTER]
- **di un atto legale in genere.** Draftsman (NOTAIO). [vol. I: NOTARY]

Esterno. Outsider, stranger, alien, third party; in tema di trasporti marittimi, il termine *outsider* indica il vettore marittimo non conferenziato (CONFERENZA MARITTIMA; ESTERO; ESTRANEO; INIZIATO; INTERNO; STRANIERO; TERZO). [vol. I: *ad vocem*; ALIEN; CARRIER; INSIDER; SHIPPING CONFERENCES; STRANGER; THIRD PARTY]

Estero in genere. Foreign; l'espressione « all'estero » è resa con *abroad*. Quando in un rapporto giuridico sussiste un elemento di collegamento straniero, esso comporta problemi di diritto internazionale privato, materia nella quale il sistema inglese presenta talune notevoli differenze rispetto a quello nostrano (ALL'ESTERO; CAMBIALE EMESSA o PAGABILE ALL'ESTERO; DIRITTO (I) INTERNAZIONALE PRIVATO; DOMICILIO; EMIGRAZIONE; ESPULSIONE; ESTRANEO; NAZIONALE; NOTIFICA ALL'ESTERO; OLTREMARE; PRESTITO ESTERO; REATO COMMESSO ALL'ESTERO; RESIDENZA; STRANIERO). [vol. I: ABROAD; BILL OF EXCHANGE; DEPORTATION; EXTRADITION; FOREIGN; HIGH SEAS; OFFENCE COMMITTED ABROAD; OFFSHORE; OVERSEAS; PRIVATE INTERNATIONAL LAW; SERVICE OF PROCESS; TERRITORIAL SEA]

Estinguibile, risolubile in genere. Determinable o defeasible (ESTINZIONE; RISOLUBILE). [vol. I: CONDITION; CONTINGENT; DEFEASIBLE; DETERMINABLE; DETERMINATION]

Estinzione in genere. Expiry, abatement, extinction, dissolution, cesser, lapse, determination, termination, avoidance, defeasance, divesting, satisfaction, cancellation, execution. In materia contrattuale, particolare importanza assume la *discharge*, modo di estinzione del contratto privo di corrispondenza nel diritto italiano e nella *civil law* in genere (CANCELLAZIONE; CESSAZIONE; CONTRATTO: X; ESTINGUIBILE; MORTE; PRESCRIZIONE; SCADENZA; SCIOGLIMENTO). [vol. I: AVOIDANCE; CANCELLATION OF CONTRACT; CANCELLATION OF TREATIES; CESSER CLAUSE; CONTRACT: IX; DEATH; DEFEASANCE; DETERMINATION; DISCHARGE; DISSOLUTION; DIVESTING; EXPIRATION; EXPIRING LAWS; EXTINCTION OF RIGHTS; LAPSE AND REVIVAL OF POLICY; LAPSE OF OFFER; SURVIVAL OF CAUSES OF ACTION; TERMINATION OF AGENCY; TERMINATION OF EMPLOYMENT; TERMINATION OF TREATY]

- **del contratto.** In genere, determination of contract, termination of contract; rientra nel concetto di *discharge* del contratto (CONTRATTO: IX). [vol. I: CONTRACT: IX; DISCHARGE: I]
- **del credito.** Discharge o exstinguishment of debt (CREDITO). [vol. I: DISCHARGE]
- **del diritto.** Extinguishment of right (DIRITTO (II); ESERCIZIO DEL DIRITTO). [vol. I: EXTINCTION OF RIGHTS]
- **del diritto per prescrizione.** Extinguishment of right by the expiry of the limitation period (*supra*, ESTINZIONE DEL DIRITTO; PRESCRIZIONE). [vol. I: LIMITATION OF ACTIONS; STATUTE BARRED; UNENFORCEABLE]
- **della cambiale.** Discharge of bill (CAMBIALE). [vol. I: BILL OF EXCHANGE; PAYMENT]
- **della fideiussione.** Discharge of security (FIDEIUSSIONE). [vol. I: SECURITY]
- **della *partnership*.** Dissolution of partnership. [vol. I: PARTNERSHIP: V]
- **della pena.** Execution of sentence, extinguishment of punishment (PENA). [vol. I: SENTENCE]

- **della persona giuridica.** Dissolution of corporation (PERSONA GIURIDICA). [vol. I: CORPORATION; DISSOLUTION]
- **della rappresentanza.** Grosso modo, termination of agency (RAPPRESENTANZA).
- **della servitù.** Exstinguishment of easement (SERVITÙ). [vol. I: EASEMENT]
- **della società.** Dissolution of company; negli S.U. si parla di dissolution of corporation (SOCIETÀ (II) QUALE SOGGETTO COLLETTIVO). [vol. I: COMPANY: XIV]
- **dell'azione in giudizio.** Bar to a cause of action (AZIONE (I) IN GIUDIZIO; PRECLUSIONE). [vol. I: BAR; LIMITATION OF ACTIONS]
- **dell'obbligazione.** Discharge of obligation, discharge from liability (OBBLIGAZIONE (I) NATURALE).
- **del processo.** Grosso modo, expiry of proceedings (AZIONE (I) IN GIUDIZIO; PROCESSO; SOSPENSIONE DEL PROCEDIMENTO). [vol. I: ABANDONMENT OF ACTION].
- **del rapporto di lavoro.** Termination of employment (ESUBERANZA DI PERSONALE O DI MANODOPERA; LAVORO; RAPPORTO DI LAVORO). [vol. I: TERMINATION OF EMPLOYMENT]
- **del rapporto giuridico.** (*infra*, ESTINZIONE DI UN RAPPORTO GIURIDICO)
- **del reato.** Extinguishment of offence; un reato prescritto è detto *statute barred crime* (REATO).
- **di ipoteca.** Grosso modo, redemption of mortgage; ma non esiste un equivalente esatto dell'ipoteca di *civil law* (IPOTECA). [vol. I: MORTGAGE].
- **di un rapporto giuridico.** Determination, o expiry, of a legal relation (RAPPORTO GIURIDICO). [vol. I: DEFEASANCE; DETERMINATION; EXTINGUISHMENT]
- **per prescrizione.** Expiry by virtue of the statute of limitation; ma si notino le differenze esistenti tra le due tradizioni giuridiche in tema di prescrizione (PRESCRIZIONE). [vol. I: INTRODUZIONE: III. 26; LIMITATION OF ACTIONS; PRESCRIPTION].

Estorsione in genere. Extortion; ma ora è detta nel sistema inglese *blackmail*, reato previsto dalla s. 21 del Theft Act 1968 che si applica anche agli atti dei pubblici ufficiali. Ma si parla anche di *shakedown* o *exaction*. Peraltro, nel caso di criminalità organizzata, si impiega più spesso il termine di *racketeering*, di origine nordamericana (BUSTARELLA; CONCUSSIONE; CORRUZIONE; CRIMINALITÀ ORGANIZZATA; MAFIA; MUTUO USURARIO; RICATTO; RISCATTO; SEQUESTRO DI PERSONA A FINE DI ESTORSIONE; TANGENTE; TRUFFA; USURA; VIOLENZA). [vol. I: *ad vocem*; BRIBERY; EXTORTION]

Estorsivo. Extortionate (ESTORSIONE; INIQUO).

Estorsore. Extortioner, blackmailer (CONCUSSORE; CORRUTTORE; ESTORSIONE; TRUFFATORE).

Estradizione in genere. Extradition.

1. Nel R.U. la materia è regolata dall'Extradition Act 1989 e, in diritto internazionale europeo, dalla convenzione europea sull'estradizione del 1957 e successivi protocolli e accordi. Per quanto riguarda l'Italia, vi sono accordi bilaterali con diversi paesi, tra i quali si ricordano il trattato bilaterale di estradizione con il Regno Unito del 1986, e quello del 1983 con gli S.U. La materia va ricollegata al grave fenomeno del terrorismo e alla convenzione europea per la repressione del terrorismo del 1977.
2. Negli S.U. — stato federale — l'estradizione tra gli stati dell'Unione è regolata dall'art. IV, s. 2, cl. 2, della costituzione federale che prevede la consegna del latitante da uno stato all'altro. In tal senso, si parla di *interstate extradition* e di *interstate rendition*. La quasi totalità degli stati dell'Unione ha adottato l'Uniform Criminal Extradition Act che regola la materia. Data la natura di stato federale degli S.U., si tratta di un procedimento che si avvicina di molto all'estradizione tra stati sovrani (ARRESTO; CONSEGNA DEL DETENUTO; CONSEGNA DEL LATITANTE; CONTUMACIA; DIRITTO (I) INTERNAZIONALE: 2; ESECUZIONE DELLA SENTENZA PENALE STRANIERA; ESPULSIONE; ESTERO; EVASIONE; FEDERALISMO; LATITANTE; ORDINANZA DI CUSTODIA CAUTELARE; PROCEDIMENTO DI ESTRADIZIONE; REATO COMMESSO ALL'ESTERO; REATO ESTRADABILE; TERRORISMO; TRATTATO DI ESTRADIZIONE). [vol. I: *ad vocem*; DEPORTATION]

Bibl.:

Pisani, M., Mosconi, F., *Codice delle leggi di estradizione ed assistenza giudiziaria penale degli stati membri delle Comunità Europee*, Milano, Giuffrè, 1983.
Riccarda, M. M., *L'estradizione: profili processuali e principio di specialità*, Padova, Cedam, 1990.
id., *Estradizione*, in *Digesto IV Utet, Pen.*, vol. IV: 390.

Estraneo. Stranger (ALIENO; ESTERNO; NEMICO; STRANIERO; TERZO). [vol. I: *ad vocem*]

Estratto in genere. Abstract, summary, certificate, brief, estreat, docket, extract, excerpt, particulars (CERTIFICATO; COPIA; DOCUMENTO; SOMMARIO). [vol. I: ABSTRACT OF TITLE; BRIEF; CERTIFICATE; COPY; DOCKET; DOCUMENT; ESTREAT; MEMORANDUM; PARTICULARS]

– **conto di un conto corrente bancario.** Statement of account, stated account, account stated (CONTO CORRENTE BANCARIO).

– **conto presentato.** Account rendered (CONTO CORRENTE).

– **dai registri immobiliari.** Grosso modo, land certificate; ma si noti la grande diversità di regime giuridico nella materia (REGISTRI IMMOBILIARI). [vol. I: *ad vocem*]

– **dal titolo di proprietà immobiliare.** Grosso modo, abstract of title (*supra*, ESTRATTO DAI REGISTRI IMMOBILIARI; TITOLO DI PROPRIETÀ IMMOBILIARE). [vol. I: ABSTRACT OF TITLE]

– **da un documento.** Abstract from a document, summary of a document, particulars of a document (DOCUMENTO). [vol. I: ABSTRACT; DOCUMENT]

– **di sentenza.** Non esiste un equivalente. In effetti, forse, il *judgment*, contenuto nel *judgment docket*, potrebbe essere considerato un analogo del nostro estratto dalla sentenza. Ma si tratta di materia in cui esistono notevoli diversità rispetto al sistema inglese e a quello nordamericano (SENTENZA). [vol. I: JUDGMENT]

Estremi in genere. Particulars (DESCRIZIONE; ESTRATTO; PREAMBOLO; PREMESSA). [vol. I: *ad vocem*]

– **del contratto.** Terms and conditions of contract (CONDIZIONE CONTRATTUALE; CONTRATTO: IX, X). [vol. I: CONDITION; CONTRACT: VII, IX; STANDARD CONTRACT; TERM OF CONTRACT]

– **del reato.** Ingredients of crime (REATO).

– **di un documento.** Particulars of a document (DOCUMENTO; ESTRATTO). [vol. I: PARTICULARS]

Estromissione. Ouster (ESCLUSIONE; ESONERO; ESPROMISSIONE; ESPULSIONE).

– **dell'obbligato.** Interpleader (OBBLIGATO). [vol. I: *ad vocem*]

– **di una parte dal giudizio.** Dropping a party from action; ha luogo in caso di *misjoinder of parties* (INTEGRAZIONE DEL CONTRADDITTORIO; LITISCONSORZIO). [vol. I: ACTION; JOINDER; PARTY: 2]

Esuberanza in genere. Excess (ECCEDENZA; ECCESSO; GIURISDIZIONE ESUBERANTE; RIDONDANZA; SOVRABBONDANZA; SUPERFLUITÀ).

– **di personale** o **di manodopera.** Overmanning, overstaffing, redundancy (ASSICURAZIONE CONTRO L'ESUBERANZA DI PERSONALE; DISOCCUPAZIONE; LAVORO; MANODOPERA; PERSONALE; RIDONDANZA; SOVRABBONDANZA). [vol. I: *ad vocem*; DISMISSAL; EMPLOYMENT; LABOUR; UNFAIR DISMISSAL]

Esubero. (ESUBERANZA)

Età in genere. Age (ALIMENTI; CAPACITÀ; DISCRIMINAZIONE PER ETÀ; EMANCIPAZIONE; LIMITE DI ETÀ; MAGGIORE ETÀ; MINORE; MINORE ETÀ; NECESSITÀ; STATO DI BISOGNO; TUTORE). [vol. I: CAPACITY; FULL AGE; LEGAL AGE; MARRIAGE; MINOR; NECESSARIES; WILL]

– **del discernimento.** Age of majority, age of consent; quest'ultima espressione è riferita al consenso matrimoniale (BENE E MALE; CONSENSO NEL MATRIMONIO; MAGGIORE ETÀ; MATRIMONIO).

– **dell'obbligo scolastico.** School leaving age (SCUOLA DELL'OBBLIGO).

– **legale.** Legal age, majority, full age (CAPACITÀ). [vol. I: MAJORITY]

– **minima per il voto.** Minimum voting age (VOTO).

– **pensionabile.** Retiring o retirement age (PENSIONE). [vol. I: QUAMDIU BENE SE GESSERIT]

Etica in genere. Ethics, morals, equity.

1. Lo sviluppo giuridico dell'Occidente — un percorso accidentato, fatto di interruzioni e inversioni (si pensi, da ultimo, al diritto nazista e a quello bolscevico) sembra orientato, sul piano dei princìpi, verso la positivizzazione legale del diritto naturale sia in diritto interno che in diritto internazionale.

2. Ma l'intreccio morale-diritto-politica non è facile da districare; la ricerca di un *ubi consistam* del diritto rispetto alla politica forma uno dei temi centrali della riflessione di J. Habermas [1988, trad. it.] che, collocandosi da un punto di vista « esterno » al diritto, nega la « scientificità » della « dottrina » giuridica e della giurisprudenza, rifiuta una *razionalità intrinseca* alla forma del diritto che conferisca *legittimità* al potere esercitato in forme legali. In effetti, la contrapposizione, per così dire, « interno-esterno » si risolve in una diversa concezione dello stato di diritto.

3. Negata qualsiasi originaria autonomia del diritto, per Habermas è il potere politi-

co che fonda e sorregge il diritto dello stato: in buona sostanza, il potere politico è la fonte originaria del diritto. Il diritto moderno si struttura secondo regole e principî: « Molti di questi principî — come appare evidente dal diritto costituzionale — sono nello stesso tempo di natura giuridica e di natura morale. Negli stati costituzionali moderni, i principî morali del diritto naturale si sono trasformati in diritto positivo » [1988, trad. it.: 17].

4. La prima delle Tanner Lectures di J. Habermas ha per oggetto la distinzione tra *legalità* e *legittimità* del diritto: secondo una tesi che ha suscitato vivaci discussioni: « Max Weber concepisce gli ordinamenti statali delle moderne società occidentali come forme di potere legale »; sarebbe « la stessa razionalità intrinseca alla forma del diritto che conferisce legittimità al potere esercitato in forme legali ». Insomma, con essa, Max Weber « sosteneva una concezione positivistica del diritto: diritto è per l'appunto ciò che un legislatore politico (sia egli legittimato democraticamente oppure no) statuisce come diritto secondo una procedura giuridicamente istituzionalizzata. Con questa premessa la forma del diritto non potrà mai trarre la sua forza legittimante da una qualche parentela con la morale. È unicamente in base alle sue proprietà *formali* che il diritto moderno deve poter legittimare un potere esercitato legalmente ».

5. In altre parole, secondo Weber, il diritto dispone di una sua propria razionalità, indipendente dalla morale, e « ogni confusione di diritto e morale minaccerebbe la razionalità del diritto e dunque la base di legittimità del potere legale » [ibid.: 5].

6. Per contro, Habermas ritiene che la *legalità* può pervenire alla *legittimità* soltanto da una procedura ricca di contenuti morali; e quindi la legittimazione della legalità « non va spiegata a partire da una razionalità autonoma, moralmente neutra, intrinseca alla forma del diritto. Essa va piuttosto ricondotta a una relazione interna esistente tra diritto e morale » [ibid.: 16].

7. Come osserva Habermas, la tesi di Max Weber « si è dimostrata insostenibile. Al contrario, esercitandosi nelle forme di un diritto positivo che è sempre obbligato a giustificarsi, il potere politico deve la sua legittimità al contenuto morale implicito nelle qualità formali del diritto » [ibid.: 30].

8. In effetti, vi è un legame interno tra politica e morale che non si è mai spezzato [ibid.: 55]. Ed è un peccato che questo autore non si sia soffermato sull'*equity*, che *eo nomine* introduce la morale nel diritto inglese — il *mother system* della tradizione giuridica di *common law* — attraverso regole elaborate da una giurisdizione speciale che, storicamente, anche nel nome ad essa si richiama. Ed è ancora maggior peccato che questo studioso non si sia soffermato sulla portata rivoluzionaria del costituzionalismo americano e sullo straordinario fascino di una rivoluzione che mette la morale alla base del diritto pubblico o privato che sia (DICHIARAZIONE DEI DIRITTI; DIRITTO (I) NATURALE).

9. In effetti, non di rado gli scambi tra filosofi del diritto diventano discorsi tra sordi a causa di una scarsa conoscenza della tradizione giuridica dell'altro; come quando si parla, come fa Habermas, della « forma classica della *legge astratta e universale* » [ibid.: 12] che è un carattere della *civil law*, ma non della *common law*. Lo stesso vale per il tema delle proprietà formali del diritto, della certezza del diritto, della *razionalità* del diritto derivante dall'universalità e astrazione della legge, che, tutti, si rifanno a parametri di *civil law* e dei sistemi codificati in particolare. Si pensi alla dicotomia tra diritto privato e diritto pubblico, e alla distinzione, nell'ambito di quest'ultimo, tra diritto costituzionale e diritto amministrativo, tipico della *civil law*, ognuno dei quali segue percorsi propri, che non si incontrano mai: questo fatto ha avuto conseguenze disastrose. Giannini spiega bene gli effetti di questa contrapposizione per cui il diritto amministrativo — che tende ad evolversi lungo linee proprie secondo le esigenze del potere esecutivo e della burocrazia — comporta negli ordinamenti continentali la grave « elusione amministrativa dei precetti costituzionali » [*Pres.* a Wade 1961, trad. it.: x].

10. Come osserva Habermas: « In Germania, il contenuto morale del giusnaturalismo kantiano trovò dapprima sviluppi paralleli nella dottrina di diritto privato, da un lato, e nell'idea dello stato di diritto [*Rechtsstaat*], dall'altro. Poi, nel corso dell'Ottocento, quel contenuto morale si è positivisticamente abbiosciato. Dal punto di vista della 'scienza delle Pandette', il diritto si esauriva sostanzialmente nel codice civile, amministrato da avvocati e giurisperiti. Il contenuto morale del diritto andava salvato qui, nel sistema di diritto privato, piuttosto che nell'attività del legislatore democratico » [ibid.: 68-70, n.o]. In altre parole, non è un caso, ma riflesso di un regime politico autoritario, di cui i giuristi tedeschi non sono, storicamente, che l'*intendence* tecnica, che da Windscheid a Savigny il contenuto morale

del diritto è *limitato al diritto privato*. Dopo la fondazione del *Reich* i pubblicisti tedeschi sviluppano presto la dottrina della legge svincolata da ogni contenuto. Di tal che, con tutte le varianti di questo mondo, si assiste presso tutta la scuola giuridica tedesca all'erosione del concetto kantiano di legge, cioè al « suo sganciamento dai contenuti morali del giusnaturalismo ».

11. Per contro: « Nei paesi anglosassoni, dove fin dall'inizio l'idea di 'stato di diritto' si sviluppò democraticamente come *rule of law*, l'equa procedura giudiziaria — *due process* — si prestò subito come il modello unitario da applicarsi sia alla legislazione sia alla giurisdizione » [ibid.: 70].

12. Già, da un lato, l'accennata dicotomia tra diritto pubblico e diritto privato, con due ordini separati di giurisdizioni e di regole (*civil law*) e, dall'altro, un diritto a normazione comune come la *common law* spiega di per sé l'assai diverso percorso che il concetto di stato di diritto ha seguito nelle due tradizioni giuridiche. Fattori politici sono, in sostanza, alla base di questa diversità.

13. Nel diritto inglese l'intreccio tra diritto e morale è ancora più evidente: si crea addirittura un giurisdizione diversa, concorrente con quella reale che ispira le sue decisioni e stabilisce le sue regole giurisprudenziali in base alla morale, o *equity*. È attraverso le regole dell'*equity* che la morale diventa diritto positivo; nascono nuovi istituti (come il *trust* e l'*estoppel*, etc.), le massime dell'*equity* diventano delle regole di diritto vero e proprio e, insomma, tutta la *common law* viene sostanzialmente modificata dalle nuove regole. Si pensi alle massime come, ad es., « equity does not suffer a wrong to be without remedy », « equity looks to the intent rather than to the form », « equity looks at that as done which ought to have been done », « he who comes to equity must come with clean hands », etc. (EQUITÀ). [vol. I: EQUITY]

14. Quanto ai rapporti tra diritto naturale e diritto positivo, come scrive Habermas: « Negli stati costituzionali moderni, i principî morali del diritto naturale si sono trasformati in diritto positivo » [ibid.: 17]: la costituzione degli S.U. e, si direbbe, la democrazia americana, sono l'esempio più eclatante di questa tendenza.

15 . Ecco quindi che, nella concezione di Habermas, il diritto assume una funzione chiave : supremo mediatore e regolatore dei conflitti, esso consente di tradurre l'impegno morale nei meccanismi sociali del potere amministrativo, economico, tecnico; la violenza bruta della sanzione esterna essendo sostituita dalla forza spontanea della convinzione morale e razionale. Insomma, la modernità si esprime nel raccordo tra 'diritto, politica e morale'.

16. Che vi debba essere un « common core of legal systems » che sia, oltre che di diritto positivo, anche di ordine etico, costituisce un'idea che si fa sempre più strada nella comunità giuridica internazionale.

17. L'art. 38 dello Statuto della Corte Internazionale di Giustizia è riferito ai principi generali di diritto riconosciuti dalle « nazioni civili ». Sembra legittimo presumere che quest'ultima espressione alluda ai paesi dell'Occidente: ad esempio, è assai dubbio che i paesi musulmani possano essere considerati dei paesi civili secondo gli standard etico-giuridici occidentali (AGONISTICA; CITTADINANZA; CODICE ETICO; COMMISSIONE DEL SENATO SULL'ETICA PARLAMENTARE; DEONTOLOGIA; DICHIARAZIONE DEI DIRITTI; DIRITTI (II) DELL'UOMO; DIRITTO (I) NATURALE; GENETICA; MORALE; PARLAMENTO; POLITICA; POTERE; RAGION DI STATO; SOVRANITÀ; STATO DI DIRITTO). [vol. I: CIVILIZED NATIONS; COMMON CORE OF LEGAL SYSTEMS; EQUITY; GENERAL PRINCIPLES OF LAW; INTERPRETATION; NATURAL LAW; POSITIVE LAW; REASONABLENESS; STRICT LAW]

– **giudiziale.** Judicial ethics; questa materia, sviluppatissima e continuamente aggiornata negli S.U., si può dire virtualmente inesistente da noi, se intesa come regole di condotta della categoria nel suo insieme. Del resto, la immunità dalla *responsabilità civile* di cui gode storicamente, il *giudice* anglo-americano trova anche una sua, anche se non esclusiva, spiegazione nell'esistenza di rigide regole di etica giudiziale. Pretendere allo stesso tempo, come fanno i nostri *magistrati*, immunità e libertà di condotta sembra un po' troppo. Il fatto che il Consiglio Superiore della Magistratura svolga anche funzioni disciplinari significa solo che esso tocca solo una parte assai modesta della più vasta e complessa materia: a buoi scappati, ossia *ex post*, a scorrettezza — ma di solito si tratta di gravi reati — avvenuta e irreparabile. Questa situazione dipende in buona parte dal collegamento organico della nostra magistratura con i partiti e i gruppi di potere, che rende virtualmente *impossibile* un accordo sulle regole fondamentali di comportamento; ma un ruolo non piccolo in questa gravissima carenza è svolto anche da una cultura giuridica contadinesca che vede il diritto essenzialmente come fatto sanzionatorio. Un discorso non troppo diverso vale per la deontologia professionale forense, la confraternita accademica dei professori, etc. etc., a riprova che la *reconstruction* morale del paese costituisce la premessa di qualsiasi etica categoriale in una *status society* così esasperata come la nostra (*infra,* ETICA PROFESSIONALE; CODICE DI CONDOTTA; DIRITTO (I) NATURALE; RESPONSABILITÀ CIVILE DEL GIUDICE).

Bibl.:

Hazard, C., Jr., *Judicial Ethics*, in *Oxford* 1992: 454.

– **professionale in genere.** Etiquette of the profession, legal etiquette (riferita ai praticanti la professione forense). In Inghilterra si parla più spesso di « etiquette at the bar » per indicare un insieme di regole di condotta, in gran parte non scritte e di natura consuetudinaria, che attengono alla deontologia professionale. Di solito assai rigide, ed assai scrupolosamente applicate, spiegano in buon parte il notevole prestigio di cui godono la categoria degli avvocati e dei giudici degli alti gradi che da essa provengono. A questo proposito, va tenuto presente che in Inghilterra la professione legale è esercitata da due distinte categorie di professionisti, « barristers » e « solicitors », e che quando si parla di « etiquette of the profession », o « legal etiquette », il riferimento è ad entrambe (CONDOTTA: 6; DEONTOLOGIA PROFESSIONALE FORENSE; PROFESSIONE FORENSE). [vol. I: BAR; CONDUCT AND ETIQUETTE AT THE BAR; ETIQUETTE AT THE BAR; LEGAL EDUCATION; LEGAL PROFESSION]

Etichettaggio. Labelling; l'etichetta a tutela del consumatore è detta più spesso *warning label* (AVVERTIMENTO; AVVISO; MARCHIO DI FABBRICA; PIRATERIA; TUTELA DEL CONSUMATORE). [vol. I: SALE; TRADE DESCRIPTION; TRADE MARK]

Etilometro. Breathalizer; negli S.U. si parla anche di intoxilyzer, intoximeter, drunk-o-meter (ESAME DELL'ALITO DELL'AUTOMOBILISTA; GUIDA; UBRIACHEZZA).

Euro in genere. Euro.

– **-assegno.** Euro-cheque (CARTA ASSEGNI).

– **-banca.** Euro-bank. È detta così quella che partecipa al mercato dell' Euro-divisa.

– **-divisa** o **eurovaluta.** Euro-currency (CAMBIO; DIVISA; PAGAMENTO; UNITÀ DI CONTO).

– **-dollaro.** Euro-dollar (DOLLARO DEGLI S.U.).

– **-legislazione.** Euro-regulation (COMUNITÀ ECONOMICHE EUROPEE).

– **-obbligazione.** Euro-bond (OBBLIGAZIONE (II) QUALE TITOLO MOBILIARE).

Europa. Europe (CITTADINANZA; COMUNITÀ ECONOMICHE EUROPEE; DIRITTI (II) DELL'UOMO; DIRITTO (I) COMUNITARIO; FEDERALISMO).

Eutanasia. Euthanasia, assisted suicide, mercy killing. Argomento trattato anche dal Parlamento Europeo. Dà luogo a una serie di non facili problemi etico-giuridici. Non esiste nel R.U. una disciplina legislativa di una materia come questa, che suscita appassionati dibattiti e forti contrasti. L'eutanasia viene definita dai suoi fautori come un *act of compassion* e dai suoi detrattori come un *crime*. Negli S.U. si definisce *medicide* l'eutanasia realizzata con l'assistenza medica, di cui alcuni casi praticati nello stato del Michigan hanno avuto l'onore delle cronache giudiziarie. In taluni stati dell'Unione si fa luogo dell'*assisted suicide* mediante l'acquisto, e l'uso di farmaci letali prescritti dal medico. La legge stabilisce le condizioni e le modalità di questa forma di eutanasia (Oregon). Sono definite *right to die laws* quelle leggi degli stati dell'Unione che prevedono — a determinate condizioni — il diritto di una persona morente (o del suo *guardian*) di rifiutare trattamenti straordinari per essere tenuta artificialmente in vita (*life sustaining procedures*). Si richiede la prova non equivoca della volontà del paziente; in questo senso, l'eutanasia sembra configurabile, come del resto il suicidio, come un diritto fondamentale dell'uomo. Di recente il parlamento dei Paesi Bassi ha ammesso legislativamente — a determinate condizioni — la pratica dell'eutanasia su richiesta di malati incurabili che soffrano pene insopportabili (DIRITTI (II) DELL'UOMO; DIRITTO (II) ALLA MORTE; MORTE; OMICIDIO; SUICIDIO;).

Evacuato. Evacuee (EVACUAZIONE; RIFUGIATO).

Evacuazione. Evacuation (ESPULSIONE; EVACUATO; OCCUPAZIONE; RIFUGIATO; TRASFERIMENTO).

Evasione in genere. Evasion, escape, dodging, avoidance. L'evasione dal carcere è detta *prison breach*, *prison escape*. Ma il primo termine è riferito più spesso a quel tipo di evasione che ha luogo mediante l'uso della forza: in tal caso, si parla anche di *breaking jail,* etc. (ARRESTATO; CARCERE; DETENUTO; ELUSIONE; ESTRADIZIONE; EVASO; FUGA; LATITANTE; NA-

SCONDIGLIO; RIFUGIO; SCHIAVITÙ). [vol. I: ESCAPE; PRISON BREACH; RESCUE]

– **agevolata.** (FAVOREGGIAMENTO DELL'EVASIONE)

– **fiscale.** Tax evasion, tax dodging; va distinta dall'elusione fiscale. Negli S.U. sono detti *tax ferrets* quei privati che la cui attività consiste nell'individuare i cespiti sfuggiti alla imposizione fiscale: essi sono ammessi in taluni stati dell'Unione (CACCIATORE FISCALE; CRIMINALITÀ ORGANIZZATA; ECONOMIA NERA; ELUSIONE FISCALE; FRODE FISCALE; GUARDIA DI FINANZA; IMPOSIZIONE FISCALE; PARADISO FISCALE; RICICLAGGIO DI DENARO SPORCO). [vol. I: AVOIDANCE; DODGER; TAX]

Evaso. Fugitive, fugitive offender, escapee. Il termine *fugitive* indica sia il latitante che l'evaso (CONSEGNA DELL'EVASO o CONDANNATO AD ALTRO PAESE; DETENUTO; ESTRADIZIONE; EVASIONE; FAVOREGGIAMENTO; LATITANTE; OCCULTAMENTO DI UN EVASO; PRIGIONE; RICERCATO; SCHIAVITÙ).

Evasore. Dodger (DISERTORE; ELUSORE).

– **fiscale.** Tax dodger, dodger (EVASIONE FISCALE).

Evento in genere. Event, occurrence, contingency (AVVENIMENTO; CASO; CIRCOSTANZA; CONDIZIONE; CONTINGENZA; FATTO; FORZA MAGGIORE; OCCORRENZA; POSSIBILITÀ). [vol. I: COSTS TO FOLLOW THE EVENT]

– **dedotto in condizione.** Event, contingency, possibility. [vol. I: ACCIDENT; ACT OF GOD; CONDITION; CONTINGENCY WITH DOUBLE INTEREST; FORCE MAJEURE]

– **fortuito.** Fortuitous event (*infra*, EVENTO IMPREVEDIBILE; ATTO DI DIO; CATASTROFE NATURALE; FORZA MAGGIORE; IMPOSSIBILITÀ SOPRAVVENUTA DELLA PRESTAZIONE). [VOL. I: ACCIDENT; ACT OF GOD; FORCE MAJEURE]

– **futuro.** Future event (DIRITTO (II) DIPENDENTE DA UN EVENTO FUTURO; FUTURO).

– **imprevedibile.** Unforeseeable event, unforseseeable contingency, unexpected contingency (*supra*, EVENTO FORTUITO; ATTO DI DIO; *HARDSHIP CLAUSE*).

– **nel reato.** Grosso modo, consequence of crime (REATO).

Eventuale. Contingent, prospective, possible (ACCIDENTALE; ALEATORIO; CONDIZIONE; CONTINGENTE; EVENTO; INCIDENTALE; OCCASIONALE; SPESE EVENTUALI). [vol. I: CONTINGENT; POSSIBILITY; PROSPECTIVE; RETROSPECTIVE]

Eventualità. (EVENTUALE)

Eversione. Subversion (SABOTAGGIO; SEDIZIONE; TERRORISMO; TRADIMENTO).

Evidenza. Evidence.

– **genetica.** Genetic evidence, DNA evidence (GENETICA; INFORMAZIONE GENETICA; SANGUE).

– **giudiziaria.** Forensic evidence (PROVA).

– **insufficiente.** Insufficient evidence (PROVA).

– **probatoria.** Probative evidence o, più spesso, evidence. Termine che indica non la prova, ma gli elementi di prova diretti a raggiungerla; la prova essendo un'operazione logica (CONGETTURA; FALSIFICAZIONE DELLA PROVA; FATTO PROBATORIO; INDIZIO; PROVA; TRACCIA; VALORE PROBATORIO). [vol. I: EVIDENCE]

Evizione. (AZIONE (I) DI RIVENDICAZIONE; GARANZIA PER EVIZIONE)

Ex. Ex; ma si dice anche past, former, onetime, etc. (PRECEDENTE; USCENTE).

Exceptio. Plea (ECCEZIONE).

– ***doli.*** (PRECLUSIONE)

Exequatur. Exequatur; rilasciato a un console dal paese nel quale questi è chiamato a svolgere le proprie funzioni (CONSOLE; CREDENZIALI DIPLOMATICHE; DIPLOMATICO). [vol. I: CONSUL; DIPLOMATIC PRIVILEGES]

Expressio unius est exclusio alterius. (INTERPRETAZIONE). [vol. I: *ad vocem*]

Extracontrattuale. Tortious, extracontractual (ATTO ILLECITO; COLPA EXTRACONTRATTUALE; CONTRATTUALE; RESPONSABILITÀ CONTRATTUALE-EXTRACONTRATTUALE). [vol. I: TORTIOUS]

Extragiudiziale in genere. Extrajudicial, o out of court (ACCORDO EXTRAGIUDIZIALE; CONFESSIONE; GIUDIZIALE; PROVA EXTRAGIUDIZIALE; TRANSAZIONE EXTRAGIUDIZIALE). [vol. I: CONFESSION; CONTENTIOUS; EXTRA-JUDICIAL; JUDICIAL; NON-LEGAL RULES; OUT OF COURT]

Extragiudiziaria. (EXTRAGIUDIZIALE)

Extraparlamentarismo. Extraparliamentarianism (PARLAMENTARISMO; PARLAMENTO; TERRORISMO).

Bibl.:
de Vergottini, G., *Costituzione*, in *Dizionario di Politica* 1976, ed. 1983: 282, at 288.

Extra petita. Grosso modo, unclaimed relief (DOMANDA; *PETITUM*; PRINCIPIO DISPOSITIVO; RIMEDIO GIURIDICO).

Extraprofitto. (PROFITTI STRAORDINARI)

Extraterritorialità. Extraterritoriality (SOVRANITÀ; TERRITORIO). [vol. I: DIPLOMATIC PRIVILEGES; IMMUNITY; JURISDICTION; OFF-SHORE; SOVEREIGNTY; TERRITORY]

F

Fabbisogno in genere. Requirement, need (BISOGNO; NECESSITÀ; REQUISITO).

– **finanziario.** Financial requirement, borrowing requirement (BILANCIO; INDEBITAMENTO; PREVENTIVO DI SPESA). [vol. I: ESTIMATES OF EXPENDITURES]

– **preventivo delle spese pubbliche.** Estimates of expenditure (BILANCIO; PREVENTIVO DI SPESA; STANZIAMENTO). [vol. I: *ad vocem*; ALLOCATION; APPROPRIATION; BUDGET; SUPPLY]

Fabbrica. Factory (AZIENDA; CONSUMATORE; FABBRICANTE; FRANCO FABBRICA; IMPOSTA DI FABBRICAZIONE; IMPRENDITORE; IMPRESA; *INCOTERMS*; LAVORO; RESPONSABILITÀ DEL PRODUTTORE; SALARIO; SICUREZZA).

Fabbricante in genere. Manufacturer, producer (FABBRICA; PRODUTTORE; RESPONSABILITÀ DEL PRODUTTORE).

Fabbricato su licenza. Made under licence of..., made under authorithy of... (BREVETTO; LICENZA DI FABBRICAZIONE).

Fabbricazione in genere. Manufacturing, production. Si noti che il termine *fabrication* indica sia la falsificazione di atti, fatti o documenti, sia la sostituzione di persona; è detta *fabricated evidence* la prova inventata di sana pianta (DOLOSA PREORDINAZIONE DI PROVE A CARICO DI UN INNOCENTE; FABBRICA; FABBRICANTE; IMPOSTA DI FABBRICAZIONE; NUOVO PROCESSO DI FABBRICAZIONE; PRODUZIONE; PROVA). [vol. I: FABRICATION]

– **di banconote false.** Forgery of notes (BANCONOTA; FALSIFICAZIONE). [vol. I: FORGERY; LEGAL TENDER]

– **e commercio di sostanze nocive.** Offensive trade (COMMERCIO; SOSTANZE PERICOLOSE).

Facchinaggio. Porterage (TRASPORTO).

Faccia di un documento. (RETTO DI UN DOCUMENTO)

Facente funzioni di. Acting as (FUNZIONE; SOSTITUTO; SUPPLENTE; SURROGATO; VICARIO).

Facilitazione/i in genere. Facilitation; in diritto internazionale, talune convenzioni sono definite *facilitation conventions* perché il loro scopo è di facilitare un determinato tipo di operazioni come, ad. es., quelle relative allo sbarco e imbarco marittimo di passeggeri e merci (BARRIERA; PROCEDURA DOGANALE SEMPLIFICATA).

– **creditizie.** Credit facilities (CREDITO). [vol. I: CONSUMER CREDIT; CREDIT; FACILITY LETTER]

Facoltà in genere. Option, liberty, faculty, freedom, privilege, power, authority, right, leave, permission, licence, concession, franchise, consent (CONCESSIONE; DIRITTO (II); EMISSIONE DI AZIONI DI SOCIETÀ; LIBERTÀ; MERA FACOLTÀ; OPZIONE; PERMESSO; POTESTÀ; PRESIDE DI FACOLTÀ). [vol. I: AUTHORITY; CONCESSION; ELECTION; FRANCHISE; FREEDOM; LEAVE; LICENCE; OPTION; PERMISSION; POWER; PRIVILEGE; RIGHT]

– **di acquisto.** Option to purchase, option to buy (ACQUISTO; OPZIONE). [vol. I: OPTION TO PURCHASE; SALE]

– **di ripensamento.** (CLAUSOLA DI RIPENSAMENTO)

– **di scelta.** Freedom of choice (ABORTO; LIBERTÀ DI SCELTA; SCELTA). [vol. I: POWER OF ELECTION]

Facoltativo in genere. Optional, discretionary, permissive: il correlativo è più spesso *mandatory*. In diritto internazionale, è detto *optional clause* l'art. 36, par. 2, dello Statuto della Corte Internazionale di Giustizia per cui uno Stato parte può dichiarare di accettare come obbligatoria *ipso facto* la giurisdizione della Corte in una serie di controversie internazionali rispetto a qualsiasi altro

Stato che assuma lo stesso obbligo (CORTE INTERNAZIONALE DI GIUSTIZIA; DIRITTO (I) IMPERATIVO-DISPOSITIVO; DISPOSITIVO; FACOLTÀ; GIURISDIZIONE; OBBLIGATORIO; OPZIONALE). [vol. I: DISCRETIONARY; OPTIONAL; OPTIONAL CLAUSE; PERMISSIVE]

Factoring. Questo termine, riferito a un contratto elaborato dalla prassi nordamericana, è entrato ormai anche nel linguaggio giuridico italiano. Contratto atipico, di solito la dottrina italiana lo inquadra nell'ambito della cessione di credito (ACQUISTO DI CREDITO DI IMPRESA; AGENZIA PER IL RECUPERO DI CREDITI; CESSIONE DI CREDITO; FATTURA; SOCIETÀ (II) FINANZIARIA). [vol. I: FACTORING]

Bibl.:
Ferrigno, L., *Factoring* (1988) 3 CeI 957.
Torrente 1952, ed. 1978: 404.

Factum principis. (ATTO POLITICO)

Fair trial. Lett., processo giusto; termine piuttosto generico che indica una serie di garanzie di forma e di sostanza che il processo penale (e civile) deve assicurare per meritare tale qualifica, consistenti, più spesso, nel sistema inglese, nelle regole della *natural justice* e, negli S.U., delle *due process clauses*. Ad es., un processo privo di, o con un contraddittorio non pieno, non può essere definito un *fair trial*. Anche se, beninteso, il processo giusto costituisce una istanza primordiale dell'uomo, sul piano storico e nella sua pratica realizzazione, si tratta, *hélas*, di concetto anglo-americano. Il *fair trial* è concetto tipico delle grandi democrazie di lingua inglese: esso è riferito sostanzialmente all'*adversary process*, ossia al processo accusatorio. Fu al tempo del caso Tortora — marchio infamante per la magistratura italiana — che il termine nella sua versione italiana di *giustizia giusta* cominciò a circolare nel nostro paese grazie ad un appello firmato da Leonardo Sciascia e Alessandro Galante Garrone. Esso è ormai entrato nel bagaglio terminologico e culturale del giurista di *civil law* al punto di essere impiegato *tel quel* perfino in numerosissime decisioni dei tribunali tedeschi. Ma i trapianti giuridici si scontrano spesso con opposti sedimenti culturali che spesso ne provocano il rigetto: basterebbe pensare alla fine del nostro recentissimo codice di procedura penale, ormai stravolto nella sua sostanza accusatoria dalle intervenute modifiche giurisprudenziali e legislative (CONTRADDITTORIO; CONTUMACIA; ERRORE GIUDIZIARIO; GIORNO DI UDIENZA; GIURIA; GIUSTO PROCESSO; *MEDIA*; PROCEDURA PENALE; PROCESSO EQUO; SISTEMA PENALE ACCUSATORIO). [vol. I: INTRODUZIONE: III. 26; ADVERSARY SYSTEM; CRIMINAL PROCEDURE; DUE PROCESS CLAUSES; FAIR TRIAL; LEGAL TRANSPLANTS; NATURAL JUSTICE; TRIAL BY PRESS]

Fallimentare in genere. Bankruptcy (FALLIMENTO).

Fallimento/i in genere. Bankruptcy. Nel R.U. il fallimento delle società di capitali (*companies*) è definito *winding up*. Negli S.U. si parla di *straight*, *traditional* o *liquidation bankruptcy* per indicare quel fallimento che si conclude con la liquidazione della massa fallimentare e la *discharge* del fallito. Esso viene distinto da quel procedimento, previsto dalla legge fallimentare, diretto alla *reorganization,* e quindi al salvataggio dell'impresa. Ma anche qui la terminologia è ondeggiante e non di rado ambigua: essa si presta a non pochi abbagli per il *civil lawyer*.

I. PREMESSA.

Quanto si trova sotto la v. BANKRUPTCY del I vol. va integrato con gli sviluppi legislativi successivi, che vengono riassunti sommariamente come segue. Anche l'etimologia del termine (banco rotto) rivela che le origini storiche del fallimento inglese (e, quindi, pur con tutte le numerose differenze, nordamericano) vanno rintracciate negli ordinamenti latini e, in particolare, negli antichi statuti italiani.

1. Rilevato che nel sistema inglese e nordamericano esiste — a differenza di quello italiano — il *fallimento civile*, ossia del non imprenditore, si aggiunge che nel sistema inglese il termine *bankruptcy* è riferito all'*insolvency of individuals*, laddove, in tema di società commerciali munite di personalità giuridica, si parla di *winding up*. Quest'ultimo termine indica semplicemente la liquidazione della società, che può aver luogo anche, ad es., per deliberazione dell'assemblea dei soci (*voluntary winding up*). Pertanto, soltanto il *winding up by the court* per *inability to pay debts* (o, più semplicemente, per *insolvency)* corrisponde al nostro fallimento di società di capitali.

2. Il fallimento è regolato nel sistema inglese dall'Insolvency Act 1985 e dall'Insolvency Act 1986 il quale ultimo costituisce la *consolidation* dell'intera materia e, quindi, il testo fondamentale. La parte di esso che si riferisce al *winding up* delle *companies* contiene anche disposizioni già esistenti nei vari Companies Acts.

3. Il nuovo regime fallimentare inglese, con l'accostarsi al modello nordamericano, ha

introdotto radicali riforme: basta accennare alla abolizione degli *acts of bankruptcy* e della *doctrine of relation back*, alla riforma del regime delle *fraudulent conveyances*, alla creazione della figura dell'*Administrator* in tema di insolvenza societaria, etc.
4. Fondamentale nella politica legislativa in materia, non a caso entrato in vigore contemporaneamente al citato Insolvency Act 1986, è il Company Directors Disqualification Act 1986, legge organica che introduce una complessa e severissima disciplina che prevede l'interdizione — attuata mediante un *disqualification order* — dall'attività di amministratori di società, oltre che per la violazione delle norme societarie, per essersi — si noti — con la loro condotta dimostrati incapaci (*unfit*) di svolgere le loro funzioni. Il periodo di interdizione va da un minimo di 5 a un massimo di 15 anni; la ripresa dell'attività di amministratore di società è condizionata all'autorizzazione del giudice. Si tratta di norme di cui non si può esagerare l'importanza: il giudice è investito del potere, notevolissimo in una società ad economia di mercato, di dichiarare l'amministratore inidoneo (*unfit*) ad amministrare in futuro altre società. L'*order* è emesso ad istanza di parte, o del ministro competente quando quest'ultimo ritenga di doverlo sollecitare nell'interesse pubblico. Il sistema trova il suo coerente compendio nel *Register of Disqualification Orders*, registro pubblico che riporta gli ordini di interdizione e le eventuali autorizzazioni a riprendere l'attività di amministratore di società. Sembra appena il caso di precisare che nel nostro paese non esiste neanche l'ombra di una normativa del genere. In effetti, queste regole esprimono la preoccupazione del legislatore britannico di stabilire un regime della materia che, oltre a conferire credibilità al sistema capitalistico nel suo insieme, tuteli in modo adeguato gli investitori nelle *public companies* diffusissime, queste ultime, nel R.U. e negli S.U., e caratterizzate da una vastissima partecipazione azionaria popolare. Sembra quasi inutile aggiungere, anche qui, che nel nostro sistema non vi è traccia di *public companies*, tipiche di un regime societario notevolmente più evoluto, ossia più adeguato ad un'economia di mercato di un paese industrializzato. Regime assai diverso da quello nostrano, in cui proprietà e gestione della società confluiscono in sostanza in una sola mano, dando luogo a quelle « signorie economiche », delizia del nostro sistema, che consente a dei poco credibili « condottieri » di esercitare una influenza — troppo spesso disastrosa — sull'economia e sulla politica italiana in una misura ignota in altri paesi del mondo.
5. Uno dei tratti caratteristici della filosofia concorsuale inglese, e ancor più nordamericana, sulla quale si tornerà più oltre, è l'idea che, oltre alla soddisfazione dei creditori, il fallimento debba essere un procedimento che metta in grado il debitore insolvente di liberarsi mediante la *discharge* — istituto tipico del diritto fallimentare anglo-americano privo di equivalenza nei sistemi di *civil law* — dalle obbligazioni insinuate o insinuabili al passivo indipentemente dalla percentuale pagata ai creditori, riacquistando in tal modo la propria capacità patrimoniale.

II. Il sistema inglese.

1. La procedura è distinta in due fasi successive: *a*) la prima, di carattere preliminare, consente al debitore di stipulare dei concordati (*arrangements*) con i suoi creditori evitando il fallimento; *b*) la seconda, cui si fa luogo qualora non sia stato possibile raggiungere un concordato con i creditori, consistente nel fallimento vero e proprio per cui si procede alla liquidazione, alla ripartizione dell'attivo e alla *discharge* del fallito.
2. Una notevole originalità del sistema inglese — priva di equivalenza nel regime nordamericano — consiste nell'affidare, nella prima fase dell'accennata procedura preliminare la gestione e la custodia del patrimonio del debitore all'autorità amministrativa nella figura del *receiver*.
3. L'istituto conserva ancora oggi tracce del suo antico carattere penalistico, il che spiega l'applicabilità delle regole della *bankruptcy* alle sole persone fisiche, imprenditori o meno. Una procedura diversa prevista dallo stesso Insolvency Act 1986 si applica al caso di insolvenza delle società di capitali (*companies*): essa è detta *winding up*.

III. Condizioni per l'inizio della procedura.

1. Con una sorprendente fedeltà ai princìpi degli statuti italiani, in materia di fallimento civile (*bankruptcy*), nel precedente regime, perché la procedura potesse avere inizio, si richiedeva non già lo stato di insolvenza o *Zahlungsunfähigkeit*, ma che il debitore avesse commesso un *act of bankruptcy*, ossia uno degli atti tassativamente previsti dalla s. 1 del Bankruptcy Act 1914. Avendo abolito questa categoria, il regime attuale pone come requisito della dichiarazione di fallimento — sia in caso di insolvenza individuale che di società di capitali — l'*inability to pay*

debts, concetto che, nonostante la formulazione, non coincide con quello italiano di insolvenza. In effetti, in tema di società di capitali, ai sensi della s. 123 (1)(a) dell'Insolvency Act 1986, sussiste *inability to pay debts*, e quindi si verifica la condizione per l'inizio della procedura, anche — si noti — nel caso di mancato pagamento di un *solo* debito che non sia inferiore a 750 sterline, a condizione che la richiesta di pagamento abbia avuto luogo con determinate formalità; per il sottopar.(b), nel caso in cui il procedimento esecutivo fondato su sentenza, o analogo provvedimento giudiziario, lasci in tutto o in parte insoddisfatto il creditore; se, per il sottopar.(e), la società è incapace di soddisfare le proprie obbligazioni mano a mano che vengono a scadere. Ai sensi del par. (2) della stessa s., sussiste *inability to pay* quando l'attivo della società (*company's assets*) è inferiore al passivo (*liabilities*), tenuto conto, per quanto attiene a quest'ultimo, anche delle passività eventuali e probabili. In tema poi di *individual insolvency*, la s. 267 stabilisce che l'istanza di fallimento è proponibile rispetto a uno o più debiti (anche qui non inferiori a 750 sterline) e, tra l'altro, che sussiste *inability to pay* quando il debitore è incapace di soddisfarli attualmente, ovvero non vi siano ragionevoli prospettive di poterlo fare in futuro, ai sensi della parte (2)(c) della s. 267; sempre a condizione che la domanda di pagamento sia stata proposta con talune formalità, anche qui sussiste, ai sensi della s. 268 (1)(b), *inability to pay*, e quindi la condizione per l'inizio della procedura, quando l'esecuzione basata su una sentenza o su un analogo provvedimento giudiziario, lasci in tutto o in parte insoddisfatto il creditore.

2. Ai sensi della s. 266 (2) dell'Insolvency Act 1986, il ricorso di fallimento può essere ritirato solo con l'autorizzazione del giudice. Questa norma esprime la costante preoccupazione del legislatore e del giudice inglese e, ancor più nordamericano, di evitare che l'istanza di fallimento si presti in pratica a diventare un indebito strumento di pressione sul debitore, in contrasto con il costume nostrano che troppo spesso realizza, anche in questa materia, un plateale abuso delle regole di diritto. Il ricorso proposto al di fuori delle ipotesi di legge o a scopi vessatori si presta a diverse azioni come la *malicious prosecution* o il *malicious abuse* che, se provati, danno diritto al risarcimento del danno.

3. In generale, i sistemi di *common law* non conoscono, in senso stretto, la cosiddetta revocatoria fallimentare; peraltro, l'Insolvency Act 1986 stabilisce la nullità di determinati trasferimenti effettuati dal fallito o di talune obbligazioni da lui assunte. Risultati non troppo diversi dalla revocatoria fallimentare si ottengono mediante il ricorso all'azione di *fraudulent conveyance*, concernente i trasferimenti in frode dei creditori, o contrari alla *par condicio creditorum*.

IV. LA *DISCHARGE*.

Questo istituto costituisce l'arco di volta del regime fallimentare inglese e, in maniera ancora più accentuata, di quello nordamericano: il fallito viene liberato mediante un provvedimento del giudice dai debiti insinuati o insinuabili al passivo, quale che sia la percentuale ricevuta dai creditori e indipendentemente dal consenso di questi ultimi. La *discharge* — che non coincide con la riabilitazione del diritto italiano — non trova equivalenza nei sistemi di *civil law*. Non possono essere oggetto di *discharge* taluni tipi di debito come quelli derivanti da imposte, da dolo o frode, da obbligazioni per alimenti, etc. Gli *undischarged bankrupts*, ossia i falliti che non abbiano ottenuto la *discharge*, non possono fungere da amministratori di società senza l'autorizzazione del giudice. La violazione di tale divieto costituisce reato.

V. CAMPO DI APPLICAZIONE DEL REGIME DEL FALLIMENTO.

1. Sulla scia degli antichi statuti italiani, l'ordinamento inglese (e quello nordamericano) accoglie il fallimento civile, la cui introduzione nel nostro ordinamento fu autorevolmente, ma senza fortuna, sostenuta fin dal 1901 da Cesare Vivante, massimo commercialista italiano del tempo. Una proposta di legge in tal senso giace ora nel parlamento repubblicano (XI LEGISLATURA); ma se si tiene conto dell'intervenuto crollo della I Repubblica e degli assai scoraggianti inizi della cosiddetta II, non è difficile immaginare la... sollecitudine con la quale essa sarà presa in considerazione. Ad ogni modo, a cominciare dalla società per azioni, strumento fondamentale dell'economia di mercato, la *responsabilità limitata* costituisce un passaggio ineluttabile dell'economia capitalistica: società di capitali significa di per sé responsabilità limitata. Del resto, l'enorme sviluppo dell'attività assicurativa, purtroppo, non in Italia, ma nei paesi di autentica cultura industriale, si spiega proprio col fenomeno della responsabilità limitata non solo dell'imprenditore, ma di tutti gli operato-

ri economici. In un sistema del genere, tipico delle società ad economia avanzata, escludere il consumatore dal beneficio della limitazione della responsabilità appare una notevole carenza sul piano dell'efficienza economica, oltre che un'iniquità nei confronti dell'anello più debole della catena. In effetti, l'anticipo che, anche in questo, il regime nordamericano mostra su quello italiano consiste nel prevedere il fallimento del *consumer-debtor*, figura centrale dell'economia industriale di massa. In questo senso, il giurista italiano che non tenesse conto dell'esistenza del fallimento civile avrebbe difficoltà a capire il significato del capitolo 13 del Bankruptcy Reform Act del 1978 degli S.U. descritto come *Adjustment of debts of an Individual with Regular Income*. Del resto, il nostro è uno dei pochi paesi, assieme alla Francia, al Belgio, al Brasile etc., a non ammettere questo tipo di fallimento (VENDITA: 3).

2. Come si è detto, l'Insolvency Act 1986 britannico è diviso in due parti che regolano due gruppi paralleli di regole che, per quanto per molti versi analoghe, si applicano rispettivamente, al fallimento delle società di capitali, ovvero munite di personalità giuridica (The First Group of Parts — Company Insolvency; Companies Winding Up) e al fallimento civile (The Second Group of Parts — Insolvency of Individuals; Bankruptcy). A ciò va aggiunto che, quando si tratti di una *partnership*, corrispondente, grosso modo, alla società in nome collettivo, si fa luogo al fallimento non già della società, ma a quello dei singoli soci, responsabili sia individualmente che solidalmente.

3. Né il sistema inglese, né quello nordamericano prevedono l'apertura del procedimento fallimentare o la dichiarazione di fallimento di ufficio. Alla dichiarazione di fallimento si fa luogo se vi sia un ricorso di fallimento (*petition*) dei creditori o del debitore stesso, per cui si parla, rispettivamente, di *involuntary* e *voluntary bankruptcy*. Ma è da rilevare che, ai sensi del Criminal Courts Act 1973, la Crown Court, qualora non emetta un *compensation order*, può disporre mediante un *criminal bankruptcy order* il fallimento del condannato che abbia provocato un danno superiore alle 15.000 sterline.

VI. Il fallimento negli S.U.

1. Anche in questa materia, sussistono concordanze di fondo tra il sistema inglese e quello nordamericano. Peraltro, si rileva che, nel considerare qualsiasi istituto del diritto nordamercano, è necessario tener conto del fatto che gli S.U. sono uno stato federale e che quindi esiste un diritto federale e dei singoli stati dell'Unione; e che la costituzione federale attribuisce al Congresso il potere di legiferare in materia di fallimento per tutto il territorio degli S.U. La materia è regolata dalla Public Law No. 95-598 del 6.11.1978, entrata in vigore il 1.10.1979, che realizza una sostanziale revisione del precedente regime. La legge federale in vigore viene designata di solito come Bankruptcy Reform Act. Ma il potere del Congresso federale di legiferare in tema di *bankruptcy* non esclude del tutto il potere legiferante dei singoli stati dell'Unione, di guisa che su certe materie sussiste il concorso del diritto federale e, di volta in volta, quello locale.

2. Il Bankruptcy Reform Act prevede quattro diversi tipi di procedure concorsuali cui il debitore è assoggettabile. Va segnalato, tra i vari capitoli che fanno parte della legge, il capitolo 7 (*Liquidation*) che regola la procedura che da esso prende nome, e che nel vigore del Bankruptcy Act del 1898 era comunemente definita *straight bankruptcy*, ossia il fallimento vero e proprio. I capitoli 9 (*Adjustment of debts of a municipality*), 11 (*Reorganization*) e 13 (*Adjustment of debts of an Individual with Regular Income*) disciplinano tre procedure aventi per scopo, non la *liquidation*, ossia il fallimento in senso stretto, ma il ristabilimento delle condizioni finanziarie del debitore mediante un progetto di pagamento dei debiti omologato dal tribunale: alla sua esecuzione segue la *discharge* del debitore.

VII. Presupposti della dichiarazione di fallimento.

1. Al fallimento a richiesta del debitore o dei creditori, la nuova legislazione nordamericana ha aggiunto l'ipotesi dei *joint-cases* in cui, cioè, sono i coniugi congiuntamente a richiedere il proprio fallimento dato che nel caso di fallimento di *consumer-debtor* essi si trovano spesso in regime di comunione dei beni. Di conseguenza, un procedimento congiunto appare spesso vantaggioso sia per i creditori che per i debitori stessi.

2. A differenza del regime inglese, che per le società di capitali prevede la procedura del *winding up*, quello nordamericano si applica sia alle persone fisiche, sia alle persone giuridiche. Come si è già detto, né il diritto inglese, né quello nordamericano limitano il fallimento ai soli imprenditori, come fa il sistema italiano. Non sono assoggettabili al fallimento (*liquidation*) le società ferrovia-

rie, né le compagnie di assicurazione e gli istituti di credito sia nazionali che stranieri operanti negli S.U., nonché, in caso di procedimento ad istanza dei creditori, gli agricoltori e le società di capitali senza scopo di lucro.
3. La nuova legge ha abolito gli *acts of bankruptcy*. Il nuovo regime ha adottato il principio dell' *equity insolvency* consistente nell'incapacità di pagare i debiti alla scadenza accertata dal mancato pagamento dei debiti mano a mano che vengono a scadere. Di notevole importanza è la disposizione di cui alla s. 305 (a) per cui il tribunale può rigettare un ricorso di fallimento qualora ciò sia nell'interesse dei creditori e del debitore. È questo il caso, ad es., in cui il debitore e i creditori stiano addivenendo a un concordato extragiudiziale in cui gli interessi dei creditori non siano pregiudicati, ma una parte di essi ha presentato il ricorso al solo scopo di esercitare pressioni sul debitore per ottenere il pagamento integrale dei propri crediti. La decisione di rigetto non è impugnabile.

VIII. Massa del fallimento.

1. Diversamente da quanto accadeva col regime precedente, il Bankruptcy Reform Act ha stabilito che l'*estate* (grosso modo, insieme dei diritti suscettibili di valutazione patrimoniale) del fallito comprende tutti gli *interests in property* in qualsiasi stato dell'Unione si trovino. La questione se un certo cespite debba far parte o meno dell'*estate* fallimentare va decisa sulla base del diritto federale e non già di quello dei singoli stati.
2. Diversamente dalla legge inglese che non ammette i crediti per *unliquidated damages* di natura extracontrattuale, derivanti cioè da atto illecito, negli S.U. tali crediti sono ammissibili al passivo se al momento della presentazione del ricorso di fallimento era in corso l'azione di risarcimento.
3. Uno degli obiettivi fondamentali della legge consiste nel consentire un *fresh start* al debitore. A parte i beni sopravvenuti al debitore dopo il fallimento, che non rientrano nella massa, numerosi cespiti esistenti al tempo della dichiarazione di fallimento vengono esclusi dall'*estate* proprio per consentire al debitore di ricominciare da capo. I beni esenti dal fallimento sono detti *exemptions*: il debitore è tenuto a scegliere alternativamente tra le esenzioni previste dai singoli stati e quelle previste dalla legge federale. La larghezza e generosità delle esenzioni federali — prive di eguale in altri sistemi — hanno fatto osservare che piuttosto che un *fresh start*, esse sembrano dirette ad assicurare al debitore... una nuova ricchezza. La riforma del 1978 ha reso più efficace il regime della *discharge*: ne possono profittare soltanto le persone fisiche dichiarate fallite, mentre le società di capitali o di persone, pur essendo assoggettabili alla disciplina concorsuale, non possono più nel presente regime ottenere la *discharge*, ad evitare che le forme societarie siano oggetto di strumentalizzazioni. Non può ottenere la *discharge* chi ne abbia beneficiato già nei sei anni precedenti il ricorso di fallimento. La legge estende la tutela del debitore mediante il divieto del ricorso a qualsiasi strumento processuale o a molestie o pressioni usate nei suoi confronti per ottenere il pagamento del debito oggetto della *discharge*. La politica del legislatore nordamericano si spiega con la realtà economica di quel paese consistente nel credito facile e nella sollecitazione agli acquisti; in cui, in altre parole, il fallimento del debitore-consumatore costituisce una specie di valvola di sicurezza.

IX. La *reorganization*.

La crisi delle grandi imprese nei paesi industriali e i modi per sottrarle al fallimento costituiscono materia di grande importanza sociale e giuridica: essa coinvolge migliaia di persone tra azionisti-risparmiatori, dipendenti, creditori, banche e fornitori. Il caso della AEG in Germania e quello della *Chrysler* negli S.U. costituiscono alcuni tra i più recenti esempi. Negli S.U. la materia è regolata dal *Chapter* 11 del titolo 11, designato col termine di *Reorganization*. Con esso si intende non già il fallimento (o *liquidation*) del patrimonio dell'impresa in crisi, ma il risanamento delle sue basi finanziarie al fine di consentirne la continuazione dell'attività. In breve, il sistema si fonda su un preventivo esame da parte dei creditori per stabilire se l'impresa sia risanabile. In caso positivo, i creditori elaborano un piano di risanamento (*plan of reorganization*) che viene omologato dal tribunale. Le parti del processo di *reorganization* sono i creditori, il debitore, il tribunale e il *trustee in bankruptcy* (un analogo della figura del curatore con la quale peraltro non coincide). I creditori sono divisi in categorie diverse, a seconda che si tratti di crediti chirografari o privilegiati. Ogni categoria di creditori è rappresentata da comitati nominati dal tribunale per consentire di rappresentare i vari tipi di crediti. Le *committees* dei creditori sono le effettive promotrici della *reorganization*. Esse provvedono all'esame della procedura e, qualora il

Fallimento

debitore non presenti un piano di risanamento entro 120 giorni dal provvedimento del tribunale, ne redigono uno. Il piano può fornire con opportune garanzie la copertura finanziaria mediante l'emissione di obbligazioni da parte del debitore. Nel frattempo, il *trustee* è autorizzato all'esercizio provvisorio dell'impresa. Nel caso di accettazione del piano di risanamento da parte dei creditori, esso è sottoposto all'approvazione del tribunale che ha luogo in un'udienza speciale. Una volta approvato, il piano vincola debitore e creditori, incluso quelli che non l'hanno approvato. I limiti di spazio non consentono di approfondire questa importante materia; resta peraltro da rilevare che la caratteristica fondamentale del sistema nordamericano di salvataggio delle imprese consiste nel rimettere l'adozione del piano di risanamento al consenso maggioritario dei creditori che, anche se vedono il loro credito ridotto, sono in grado di conoscere fin dall'inizio la misura del loro sacrificio ed hanno la garanzia dell'autorità giudiziaria nell'approvazione del piano e nel controllo sulla sua esecuzione. In tal modo, il capitale di credito si trasforma in capitale di rischio per i creditori che, con l'accettare il piano di risanamento, fanno credito all'impresa rifinanziandola attraverso la sottoscrizione di nuove azioni o l'acquisto di vecchie. La procedura — a parte il tribunale chiamato ad approvare e controllare l'esecuzione del piano — è privata e non prevede la partecipazione di altri organi pubblici e — si badi — si attua senza l'esborso di danaro pubblico. Nei pochissimi casi in cui è stato concesso un aiuto finanziario in vista delle dimensioni dell'impresa coinvolta, come, ad es., della *Chrysler* o della *Lockheed*, etc., esso è stato concesso di volta in volta con una contrastatissima legge del Congresso che non ha comportato esborso di danaro pubblico, ma soltanto una garanzia federale sui mutui bancari ottenuti dall'impresa. Se poi si pensa che negli S.U. le attività bancarie sono tutte private è facile concludere che il salvataggio delle imprese in crisi dipende in buona parte, in definitiva, dal settore privato. Il modello nordamericano non può trovare corrispondenza nel nostro paese, e alcuni autori hanno messo opportunamente in rilievo il contrasto tra la via nordamericana al risanamento delle imprese in crisi e la via italiana. Da una parte un sistema che lascia la decisione sul salvataggio delle imprese ai creditori, con un intervento statale eccezionale, stabilito di volta in volta e sottoposto a regole ferree da applicare prima, durante e dopo l'impegno di danaro pubblico sotto forma di garanzia e secondo le regole del mercato finanziario. Dall'altro, il sistema italiano, contenuto in varie leggi, tra cui si ricorda la n. 95 del 1979 sull'amministrazione straordinaria di grandi imprese in crisi che consente ai partiti di mettere mano su una parte consistente dell'industria privata, ma in cui i creditori, privati di ogni voce di adesione o meno al tentativo di risanamento, sono di fatto espropriati dei loro crediti, immobilizzati per diversi anni senza neanche la corresponsione degli interessi. Anche in questo caso, l'intervento legislativo italiano sembra perseguire obiettivi in contrasto con l'interesse generale; in effetti, i due accennati sistemi riflettono diversità astronomiche di concezioni politiche. Il fallimento delle grandi imprese (*corporate bankruptcy*) pone il problema di raggiungere un punto di equilibrio tra i creditori e gli azionisti. I vari sistemi danno una risposta diversa. Il celebre *Chapter 11* della legge fallimentare nordamericana cerca di dare eguale peso agli uni e agli altri, ma esso viene considerato criticamente per la sua lentezza, assenza di equità, e i suoi costi e se ne propone una riforma radicale. Infine, negli S.U. la materia delle fusioni, delle acquisizioni, della *reorganization* e dei rilievi societari va più spesso sotto la rubrica di *corporate finance*.

X. Il fallimento in diritto internazionale.

1. In una realtà imprenditoriale che supera i confini territoriali dei vari paesi, il tema del fallimento dell'impresa dovrebbe costituire un aspetto fondamentale di quel regime uniforme delle regole dell'economia che 320 milioni di europei si stanno dando. In questa materia, oltre ai lavori in sede comunitaria ed europea, grande importanza assume il diritto internazionale privato. Sotto questo aspetto, due sono le opposte scuole o dottrine relative agli effetti del fallimento: *a*) principio dell'universalità, per cui il curatore di un fallimento dichiarato in un paese può reclamare i cespiti del fallito in qualsiasi altro paese; *b*) principio della territorialità per cui il fallimento ha effetto soltanto nel paese in cui esso è stato dichiarato. Può il curatore di un fallimento dichiarato in un determinato paese avocare alla massa fallimentare i beni del fallito che si trovino all'estero? Si tratta di materia molto complessa in cui non resta che segnalare, tra i tanti scritti sulla materia, quelli di Kurt Hans Nadelmann, uno dei massimi esperti della materia.

2. Numerosi sono stati i tentativi di addive-

nire ad una convenzione uniforme sulla materia; essi sono restati finora senza successo. Peraltro, ineludibile sembra l'orientamento verso una soluzione globale del regime del fallimento che risponda alle crescenti esigenze di integrazione. In questo senso, sono molto importanti, anche sul piano comparatistico, i lavori in corso in sede internazionale per l'unificazione della materia, come quelli che si svolgono presso il Consiglio d'Europa e la Comunità Economica Europea (AMMISSIONE DI UN CREDITO AL PASSIVO DEL FALLIMENTO; ATTIVO DEL FALLIMENTO; AZIONE (I) REVOCATORIA; BILANCIO DEL FALLIMENTO; CAPACITÀ DI PAGARE; COLTIVATORE DIRETTO; COMITATO DEI CREDITORI; CONCORDATO; CONCORDATO FALLIMENTARE; CONSUMATORE; CONTRATTO NON INFLUENZATO DAL FALLIMENTO; CREDITO; CREDITO AMMESSO AL PASSIVO; CURATORE DEL FALLIMENTO; DEBITO; DEBITORE SIMULATO; DICHIARAZIONE DI FALLIMENTO; DIRITTO (I) COMMERCIALE; DIRITTO (I) FALLIMENTARE; ESECUZIONE FORZATA DELLA SENTENZA CIVILE; FALLITO; GIUDICE DELEGATO AL FALLIMENTO; GIUDICE FALLIMENTARE; GIURISDIZIONE FALLIMENTARE; INSOLVENZA; ISTANTE IN GIUDIZIO; LEGGE FALLIMENTARE; LIQUIDAZIONE DELL'ATTIVO FALLIMENTARE; MASSA FALLIMENTARE; MORA; PASSIVO DEL FALLIMENTO; PATRIMONIO FALLIMENTARE; PATRIMONIO FIDUCIARIO; PICCOLO FALLIMENTO; PROCEDIMENTO FALLIMENTARE; PROCEDURA FALLIMENTARE; REATO FALLIMENTARE; RESPONSABILITÀ; RETROATTIVITÀ DELLA SENTENZA DI FALLIMENTO; REVOCATORIA FALLIMENTARE; RICORSO DI FALLIMENTO; RIDUZIONE PROPORZIONALE DEL CREDITO; RIPARTIZIONE DELL'ATTIVO FALLIMENTARE; RIUNIONE DEI CREDITORI; SENTENZA DICHIARATIVA DI FALLIMENTO; SUCCESSIONE DELLE PERSONE GIURIDICHE; TRIBUNALE FALLIMENTARE; VENDITA: 3). [vol. I: BANKRUPTCY; SMALL BANKRUPTCY]

Bibl.:

Castagnola, A., *La nuova disciplina del fallimento negli Stati Uniti*, in *Giurisprudenza Commerciale*, XIV-1987, Giuffrè, p. 319.

- **civile.** Nel sistema inglese si parla di bankruptcy of individuals, insolvency of individuals, individual insolvency; il fallimento delle società di capitali è detto *winding up*. Negli S.U., quando si tratta del consumatore debitore, che è poi la stragrande maggioranza dei casi, si parla di *bankruptcy of consumer-debtor* (*supra*, FALLIMENTO IN GENERE: V).
- **concorrenti.** Concurrent bankruptcies (*supra*, FALLIMENTO IN GENERE). [vol. I: BANKRUPTCY: VI]
- **della società di capitali.** Winding up of company in Inghilterra; bankruptcy of corporation negli S.U. (*supra*, FALLIMENTO IN GENERE; SOCIETÀ (II) DI PERSONE DI CAPITALI).
- **dell'assicurato.** Bankruptcy of the insured; non dà luogo allo scioglimento del rapporto assicurativo (*supra*, FALLIMENTO IN GENERE; ASSICURATO). [vol. I: BANKRUPTCY]
- **dell'imprenditore in genere.** Bankruptcy of businessman (*supra*, FALLIMENTO IN GENERE; IMPRENDITORE).
- **doloso.** Fraudulent bankruptcy (*supra*, FALLIMENTO IN GENERE; ATTO IN FRODE DEI CREDITORI). [vol. I: FRAUDULENT CONVEYANCE]
- **in un paese straniero.** Adjudication in bankruptcy in a foreign country (PAESE STRANIERO).

Fallito in genere. Bankrupt. Qualora si tratti di una società di capitali, si parla di *wound up company* o, negli S.U., di *bankrupt corporation*. Ma si noti che nel *Federal Bankruptcy Code* si parla di *debtor* e non più, come in passato, di *bankrupt* (DEBITORE; FALLIMENTO; RIABILITAZIONE DEL FALLITO).

- **non riabilitato.** Grosso modo, undischarged bankrupt (FALLIMENTO: IV; RIABILITAZIONE).
- **riabilitato.** Grosso modo, discharged bankrupt (*supra*, FALLITO NON RIABILITATO).

Falsa/o in genere. False, forged, fabricated, faked, counterfeited (ASSEGNO (II) FALSO; AUTENTICITÀ; CAMBIALE FALSA; DOCUMENTO FALSO; ERRONEO; FABBRICAZIONE; FALSARIO; FALSIFICAZIONE; FALSITÀ; NOTIZIA FALSA; QUERELA DI FALSO; TESTAMENTO FALSO). [vol. I: FALSE]

- **accusa penale.** Malicious prosecution (AZIONE (I) PENALE; CALUNNIA). [vol. I: *ad vocem*]
- **attestazione.** False, o forged, certification o attestation (ATTESTAZIONE; AUTENTICAZIONE; DOCUMENTO).
- **contabilità.** (*infra*, FALSO IN BILANCIO)
- **deposizione.** (*infra*, FALSA TESTIMONIANZA)
- **descrizione delle merci.** False trade description, misrepresentation of goods (CONCORRENZA SLEALE; MERCI; VENDITA SU DESCRIZIONE). [vol. I: TRADE DESCRIPTION]
- **dichiarazione.** False statement o representation e, nel contratto, false o fraudulent misrepresentation (CONTRATTO: VIII; DICHIARAZIONE). [vol. I: FALSE PRETENCE; FALSE REPRESENTATION; FALSE STATEMENT; MISREPRESENTATION]

– **giuramento.** Perjury, false oath (DEPOSIZIONE NEL PROCESSO PENALE; GIURAMENTO). [vol. I: FALSE OATH; PERJURY]

– **in bilancio.** False accounting: a edificazione degli investitori, si tratta di uno sport cui si dedica con particolare impegno la stragrande maggioranza della grande impresa italiana, come risulta dagli atti del processo Enimont, ovvero, meglio, di quella saga del « grande » capitale italiano che va sotto il nome corrente di Tangentopoli. Il falso in bilancio è un c.d. *reato-guida:* esso viene attuato per creare fondi neri i quali ultimi sono impiegati per attività illecite più spesso di corruzione. In effetti, la corruzione sistematica attuata dalle grandi imprese nostrane (che sovente operano in un mercato interno in cui virtualmente non esiste concorrenza che, del resto, non sarebbero in grado di affrontare) non sarebbe possibile se esse non disponessero di fondi neri cui attingere. E costituisce forse l'unico mezzo per acquisire una fetta di mercato, piccola o grande che sia. Con tanti saluti al « parco buoi », ossia ai piccoli risparmiatori ai quali si rimprovera a torto la scarsissima propensione a investire nell'imprenditoria nostrana. Ma il falso in biliancio, che non è certo prerogativa italiana — se non per sistematicità — non sarebbe ipotizzabile senza la negligenza o complicità delle società di certificazione contabile, spesso tra le più famose del mondo. Di qui, da qualche tempo, specie negli S.U., la tendenza a convenirle in giudizio per il risarcimento del danno (BILANCIO; CONCORRENZA; CONTABILITÀ; FALSIFICAZIONE DEI LIBRI CONTABILI; FONDI NERI; REVISIONE CONTABILE; RISERVE OCCULTE DI CAPITALE). [vol. I: FALSE ACCOUNTING]

– **interpretazione.** Misinterpretation, misconstruction (ERRONEA INTERPRETAZIONE; INTERPRETAZIONE).

– **offerente nella vendita all'asta.** Puffer (VENDITA ALL'ASTA). [vol. I: *ad vocem*]

– **testimonianza.** Perjury (*supra*, FALSO GIURAMENTO; INQUINAMENTO DELLA PROVA; OMERTÀ; TESTIMONIANZA). [vol. I: *ad vocem*]

Falsario. Forger, counterfeitor (FALSA; FALSIFICAZIONE; FALSITÀ). [vol. I: FORGERY]

Falsificazione. Forgery, fabrication, counterfeiting, falsification, tampering with (CONTRAFFAZIONE; FABBRICAZIONE DI BANCONOTE FALSE; FALSA; INQUINAMENTO; MANIPOLAZIONE; PIRATERIA; REGISTRO PUBBLICO; SPACCIO DI BANCONOTE FALSE, ASSEGNI FALSI, etc.; TRAVESTIMENTO). [vol. I: FABRICATION; FALSE TRADE DESCRIPTION; FALSIFICATION; FORGERY; MISREPRESENTATION; PERSONATION]

– **dei libri contabili.** False accounting, falsification of accounts (FALSO IN BILANCIO; LIBRI CONTABILI).

– **della girata.** Forgery of indorsement. È detta *impostor rule* quella stabilita nell'Art. 3-405(1)(a) dell'UCC degli S.U. che prevede la validità della girata di un titolo di credito pagabile a un truffatore (GIRATA FALSA; IMPOSTORE).

Bibl.:

Farnsworth and Honnold 1965, ed. 1976: 35, 36, 366.

– **della prova.** Fabrication of evidence (CONFESSIONE; EVIDENZA; FABBRICAZIONE; MANIPOLAZIONE DEL TESTIMONE; PROVA).

– **di atti** o **documenti concernenti la sicurezza dello Stato.** Forgery of acts or documents concerning the national security (COLPO DI STATO; SEGRETO DI STATO; SICUREZZA DELLO STATO). [vol. I: OFFICIAL SECRET]

– **di banconote, di testamento, di firma.** Forgery of banknotes, of will, of signature [vol. I: FORGERY]

– **di sigilli.** Forgery of seals (SIGILLO).

– **di targa automobilistica.** Tampering with motor vehicle identification number (TARGA AUTOMOBILISTICA).

– **di un documento.** Forgery of a document (MANIPOLAZIONE DI UN DOCUMENTO).

Falsità. Forgery, falsification, fabrication, counterfeiture (FALSA; FALSIFICAZIONE).

– **del giuramento.** Perjury (FALSO GIURAMENTO; GIURAMENTO). [vol. I: *ad vocem*]

– **della testimonianza.** Falsity of deposition (FALSO GIURAMENTO; TESTIMONIANZA). [vol. I: DEPOSITION].

– **di scrittura.** Grosso modo, forgery of written document (SCRITTURA).

– **ideologica-materiale.** Non esistono espressioni corrispondenti: entrambi i due concetti sono resi dal termine forgery (FALSO).

– **personale.** Personation. Ma si noti il fenomeno della *personation* in materia marittima (IDENTITÀ PERSONALE; IMMAGINE; SOSIA; SOSTITUZIONE DI PERSONA; TRUFFA; TRUFFATORE). [vol. I: *ad vocem*; ACTION IN REM]

Falso. (FALSA/O)

Famiglia in genere. Family (ABORTO; ASSEGNO FAMILIARE; CAPOFAMIGLIA; CIMELI DI FAMIGLIA; CONGEDO PER RAGIONI DI FAMIGLIA; CONSIGLIO DI FAMIGLIA; CONTRACCETTIVO; CONVENZIONI MATRIMONIALI; DIRITTO (I) DI FAMIGLIA; MORALE FAMILIARE; PIANIFICAZIONE FAMILIARE; REDDITO FAMILIARE; REGIME PATRIMONIALE DELLA FAMIGLIA; RILIEVO DI SOCIETÀ DA PARTE DEI FAMILIARI; SOSTEGNO DI FAMIGLIA; SUSSIDIO).

- **di fatto in genere.** De facto family (CONVIVENZA).
- **giuridica.** Brillante escogitazione classificatoria di René David per raggruppare un certo numero di sistemi giuridici affini nell'ambito di una determinata tradizione giuridica. Così, ad es., il sistema italiano appartiene alla famiglia dei sistemi romano-germanici, quello inglese, alla famiglia dei sistemi di *common law* (TRADIZIONE GIURIDICA).

Fanciullo. Child (DIRITTI (II) DEL FANCIULLO; MALTRATTAMENTO DI MINORI; MINORE).

Fare in genere. To do (INIBITORIA; ORDINE DI NON FARE).

- **le veci.** To take the place of, to act as (IN SUA VECE; PER CONTO DI; RAPPRESENTANZA; SOSTITUTO). [vol. I: PRO HAC VICE]

Fascicolo in genere. File, papers, bundle of documents.

- **di causa in genere.** Trial record, file of case, papers in the case. In questa materia, data la diversità dei princìpi processuali, e in particolare della formazione della prova, sussistono numerose differenze con il sistema nostrano. Si riscontrano differenze, anche se, ovviamente, di diversa natura, tra il sistema inglese e quello nordamericano. Il ritiro del fascicolo (*withdrawing of the trial record*) equivale, in sostanza, alla rinunzia all'azione in giudizio (ATTI DELLA CAUSA; CANCELLERIA GIUDIZIARIA; CAUSA (III); DESISTENZA DALL'AZIONE IN GIUDIZIO; PRATICA). [vol. I: INTRODUZIONE: III. 25; DISCOVERY; JUDICIAL DOCUMENTS; PLEADINGS; PRE-TRIAL; RECORD]

  Bibl.:
  Varano 1973: 251.
- **di parte.** Grosso modo, party's papers in the case; ma non esiste un equivalente esatto del fascicolo nostrano.
- **di ufficio in genere.** Court's record. Ma, dato il diverso sistema processuale, non esiste un fascicolo di ufficio corrispondente a quello nostrano (CANCELLERIA GIUDIZIARIA).

Fastidio. (MOLESTIA)

Fattibilità. (STUDIO DI FATTIBILITÀ)

Fattispecie. Questo termine — quando è riferito, grosso modo, alla previsione legislativa, come nei sistemi di *civil law* — non trova sul piano concettuale esatto riscontro nella *common law* data la natura giurisprudenziale della *legal rule*. Tra i tentativi di traduzione, si segnalano quelli volti a rendere l'espressione con « model fact situation » [Merryman 1969, ed. 1973: 76] o, secondo altri [Cappelletti, Merryman, Perillo 1965, ed. 1967: 176] « hypothetical fact situation to which the rule attaches a legal consequence » (FATTO; FONTI DEL DIRITTO). [vol. I: GENERAL PRINCIPLES OF LAW]

- **concreta.** Instant case, case in point, case in issue (CASO IN QUESTIONE).

Fatto/i in genere. Fact, event, occurrence, contingency (ACCERTAMENTO FATTUALE; AMMISSIONE DI UN FATTO; CONCLUSIONE DEL CONTRATTO; EVENTO; FALSA DESCRIZIONE DELLE MERCI; FATTISPECIE; MISFATTO; OCCULTAMENTO DI FATTI NELLE TRATTIVE PRECONTRATTUALI; QUESTIONE DI FATTO DI DIRITTO; SOCIETÀ (II) DI FATTO; SUL FATTO). [vol. I: CONTINGENCY; EVENT; FACT AND LAW; OCCURRENCE]

- **, atto e negozio giuridico.** Sfuggita all'influenza della pandettistica, la *common law* non ha elaborato la nota trilogia nostrana; né il paradigma del negozio giuridico. In teoria generale del diritto, si distingue tra *fact-act-event* [Paton 1946, ed. 1972: 309]; si parla anche di *legal fact* per indicare il fatto giuridico, e di *act* per indicare l'atto giuridico. Sistema a normazione comune, la *common law* non ha neanche elaborato il paradigma dell'atto amministrativo. Tutto questo non ha avuto conseguenze drammatiche sullo sviluppo giuridico: al contrario, come dimostra il frequente primato, sul piano dei contenuti, del diritto inglese e ora, ancor più, degli S.U. (*infra*, FATTO NATURALE; ATTO AMMINISTRATIVO; ATTO GIURIDICO; FATTISPECIE; NEGOZIO GIURIDICO). [vol. I: FACT AND LAW]
- **compiuto.** La *common law* ignora, sembra, questa teoria (DIRITTO (II) ACQUISITO). [vol. I: ACQUIRED RIGHT; ESTOPPEL; RETROACTIVE]

- **di comune esperienza.** Notorious fact, fact of common knowledge (CONOSCENZA; *IURA NOVIT CURIA*; NOTORIO; PRESUNZIONE; PROVA). [vol. I: COGNISANCE; FOREIGN LAW; IURA NOVIT CURIA; JUDICIAL NOTICE; NOTORIOUS]
- **di dominio pubblico.** (*supra*, FATTO DI COMUNE ESPERIENZA; DOMINIO PUBBLICO)
- **e diritto.** Fact and law. La distinzione più importante in materia è quella tra *question of fact* e *question of law*, ossia tra questione di fatto e questione di diritto; ma essa, per molti versi, non coincide con quella nostrana. Le questioni di fatto sono decise dalla giuria, quelle di diritto dal giudice. La distinzione è anche importante nel quadro dei *pleadings*, cioè delle difese che si scambiano le parti nel corso del processo civile, che devono contenere soltanto l'esposizione dei fatti sui quali si basano le rispettive pretese (CORTE DI CASSAZIONE; DIFESE NEL PROCESSO CIVILE; *DISCOVERY*; GIURIA; QUESTIONE DI FATTO-DI DIRITTO). [vol. I: *ad vocem*; FINDING; PLEADINGS; QUESTION OF FACT-QUESTION OF LAW]
- **giuridico.** (*supra*, FATTO, ATTO E NEGOZIO GIURIDICO)
- **illecito.** Unlawful act, tort (ATTO ILLECITO). [vol. I: TORT]
- **irrilevante.** Immaterial fact (*infra*, FATTO RILEVANTE). [vol. I: IMMATERIAL]
- **materiale.** Material fact (*supra*, FATTO IRRILEVANTE).
- **naturale.** Non-juridical fact (*supra*, FATTO, ATTO E NEGOZIO GIURIDICO; ATTO DI DIO).
- **non contestato di una controversia.** Uncontested factual issue (CONTROVERSIA; QUESTIONE; STIPULAZIONE).
- **probatorio.** Probative fact (EVIDENZA PROBATORIA; PROVA; VALORE PROBATORIO).
- **rilevante.** Material fact; ma nel contratto inglese questo termine assume un significato particolare, ossia quello di un fatto che costituisce la *consideration* o un elemento di fatto senza il quale il contratto non sarebbe stato concluso (*supra*, FATTO IRRILEVANTE; CONTRATTO: III; *REBUS SIC STANTIBUS*; RILEVANTE). [vol. I: *ad vocem*]

Fattore in genere. Factor, element (ELEMENTO; *FACTORING*).

- **di collegamento.** Connecting factor, connecting link. Termini impiegati in diritto internazionale privato: uno degli aspetti più complessi nel *choice of law process* è costituito dalla scelta del pertinente fattore di collegamento. Ed è appunto la diversità dei fattori di collegamento dei vari sistemi che spesso dà luogo al problema del rinvio (CONFLITTO DI LEGGI; DIRITTO (I) INTERNAZIONALE PRIVATO; DOMICILIO; RAPPORTO GIURIDICO; RESIDENZA; RICERCA DEL FORO PIÙ CONVENIENTE; RICERCA DELLA LEGGE PIÙ CONVENIENTE; RINVIO). [vol. I: CHOICE; CONFLICT OF LAWS; CONNECTING FACTOR; DOMICILE; NATIONALITY]

Fattura in genere. Invoice, bill (AMMONTARE LORDO; *FACTORING*; FATTURAZIONE; PAGAMENTO CONTRO DOCUMENTI; VALORE DI FATTURA). [vol. I: BILL OF SALE]

- **certificata.** Certified invoice (CERTIFICATO).
- **con dichiarazione di origine.** Invoice with declaration of origin (DICHIARAZIONE DI ORIGINE).
- **definitiva.** Final invoice (DEFINITIVO).
- **di vendita.** Sales invoice (VENDITA).
- **doganale.** Customs invoice (DOGANA).
- **d'origine.** Original invoice (ORIGINE).
- **per l'esportazione.** Export invoice (ESPORTAZIONE).
- **pro forma.** Pro-forma invoice (*supra*, FATTURA IN GENERE).
- **quietanzata.** Receipted invoice (QUIETANZA).
- **relativa a fornitura pubblica.** (BOLLETTA PER SERVIZI DI PUBBLICA UTILITÀ)

Fatturato. Turnover (CIFRA DI AFFARI; FATTURA; VOLUME DI AFFARI).

Fatturazione. Invoicing, billing (ERRORE DI FATTURAZIONE; FATTURA).

***Favor* in genere.** Favor, bias, lenity; si parla di *favor matrimonii, favor negotii, favor paternitatis, favor testamenti*, etc.

- ***debitoris.*** Questa espressione è resa più spesso da *debtor oriented.* Ad es., si definisce *debtor-oriented* la legge fallimentare nordamericana, particolarmente favorevole al debitore (BENEFICIO; DEBITORE).
- ***rei.*** Favor rei; la *lenity rule* stabilisce che nell'interpretazione di un testo di legge ambiguo, l'interpretazione deve aver luogo a favore dell'imputato (COLPEVOLE-IN-

NOCENTE; INTERPRETAZIONE; PENA; PRESUNZIONE DI INNOCENZA).

Favore in genere. Accommodation (CAMBIALE DI FAVORE; EMITTENTE DI FAVORE; *FAVOR*; GIRATA DI FAVORE; PARTE DI FAVORE NELLA CAMBIALE; PRESTITO DI FAVORE).

Favoreggiamento. Assistance, assisting, being accessory after the fact, aiding, abetting, aiding and abetting, harbouring. Ma anche nella *common law* non è agevole distinguere tra favoreggiamento e concorso nel reato (AIUTO; ASILO; ASSISTENZA; COMPLICITÀ; CONCORSO DI PERSONE NEL REATO; FAVOREGGIATORE; ISTIGAZIONE; OCCULTAMENTO DI UN EVASO; OMERTÀ; OMESSA DENUNZIA DI REATO; RICETTAZIONE; RIFUGIO). [vol. I: ABETTING; ASSISTANCE; ASSISTING]

- **consistente nel dare rifugio all'autore del reato.** Harbouring a criminal (EVASIONE). [vol. I: ABETTOR; ACCESSORY; ASYLUM HARBOURING]
- **dell'evasione.** Aiding escape. Ma si parla di *voluntary escape* per indicare il reato del custode consistente nel favorire l'evasione, mentre si parla di *negligent escape* quando essa avviene per negligenza (EVASIONE; FAVOREGGIAMENTO).
- **personale.** Assisting offender (AUTORE DEL REATO; REATO). [vol. I: ABETTING; ACCESSORY].
- **reale.** Grosso modo, assisting and abetting (FURTO).

Favoreggiatore. Accessory, aider, abettor, accessory after the fact, helper (AUTORE MATERIALE DEL REATO; COMPLICE; CORREO; FAVOREGGIAMENTO). [vol. I: HANDLING STOLEN GOODS]

Fazione. Faction (CORRENTE DI PARTITO).

Fede in genere. Faith, trust (BUONA FEDE; DEGNO DI FEDE; FIDUCIA).

- **di deposito.** Dock warrant, deposit warrant, warehouse warrant, warehouse receipt (BOLLA DI ACCOMPAGNAMENTO; DEPOSITO; MAGAZZINI GENERALI; NOTA DI PEGNO). [vol. I: DOCK WARRANT; DOCUMENT OF TITLE; WAREHOUSE]
- **di deposito di banchina.** Wharfinger's warrant (BANCHINA). [vol. I: WHARFINGER]
- **di deposito doganale.** Customs' warehouse warrant o receipt (DOGANA). [vol. I: CUSTOMS (2)]
- **pubblica.** Public faith (ATTO PUBBLICO).

Fedecommesso. *Fidei-commissum.* Com'è noto, nell'ordinamento italiano la riforma del diritto di famiglia ha totalmente svuotato la sostituzione fedecommissaria facendo dell'art. 692 c.c. un istituto diretto unicamente alla protezione dell'incapace. Ciò premesso, si osserva che nella *common law* non si riscontra un equivalente esatto della sostituzione fedecommissaria. Ma è mediante il *trust* che nei sistemi di *common law* si raggiungono risultati analoghi e ben più penetranti nel mantenere un patrimonio nell'ambito di un determinato gruppo di persone o della stessa famiglia facendo ricorso all'*entail* o al *settlement*. A questo proposito, si rileva che nel diritto successorio dei sistemi di *common law* non esiste la c.d. quota di riserva, un dato che spiega, in parte, la diffusione di questa prassi dovuta anche al modello feudale di devoluzione della proprietà (LEGATO IN FEDECOMMESSO; MAGGIORASCO; SOSTITUZIONE; SUCCESSIONE PER CAUSA DI MORTE). [vol. I: DE DONIS; ENTAIL; SETTLEMENT; SUCCESSION]

Fedecommissario. Non esiste un termine corrispondente, ma forse il termine *tenant in tail*, di più vasta portata, costituisce l'analogo più prossimo (FEDECOMMESSO).

Fedele esecuzione del contratto. Faithful performance of contract (CAUZIONE; CONTRATTO: X; ESECUZIONE DEL CONTRATTO).

Fedeltà in genere. Fidelity, loyalty, allegiance (ALTO TRADIMENTO; APPARTENENZA; ASSICURAZIONE DI FEDELTÀ; CAUZIONE DI FEDELTÀ DEL DIPENDENTE; DOMICILIO; DOVERE DI FEDELTÀ DEL DIPENDENTE; DOVERE DI FEDELTÀ DELL'AMMINISTRATORE DI SOCIETÀ; FEDERALISMO; INFEDELTÀ; TRADIMENTO). [vol. I: FIDELITY; LOYALTY ARRANGEMENTS]

- **coniugale.** Fidelity of spouses; la violazione del dovere di fedeltà coniugale è detta *criminal conversation, crim. con.*, o *breakdown of the covenant of fidelity*. In passato dava diritto all'altro coniuge a proporre un'azione di risarcimento del danno. Questa azione non è più ammessa nel sistema inglese; mentre negli S.U — stato federale — parecchi stati dell'Unione ne hanno stabilito legislativamente il divieto (ADULTERIO; CONIUGE; DOVERE DI FEDELTÀ CONIUGALE). [vol. I: ADULTERY]
- **del prestatore di lavoro.** Fidelity of employee (CAUZIONE DI FEDELTÀ DEL DIPENDENTE; OBBLIGO DI FEDELTÀ DEL PRESTATORE DI LAVORO). [vol. I: RESTRAINT OF TRADE]
- **verso il sovrano o lo Stato.** Allegiance

to the sovereign e, negli S.U., to the government. Storicamente, il costituzionalismo inglese, e poi del continente europeo, marca il passaggio dallo stato di *suddito* a quello di *cittadino*. La rivoluzione francese ha segnato in maniera violenta e teatrale questo passaggio; la rivoluzione inglese, più antica e più profonda, si è svolta in maniera diversa e graduale, secondo lo stile. Ma si tratta di un tema universale e attuale che attiene, in definitiva, a quel *patriottismo costituzionale* che solo può tenere assieme una democrazia pluralista. Attualissimo poi per il nostro paese per lo sgangheramento di tutta la società italiana che il crollo (per implosione) della I Repubblica sotto il peso dei furti e dell'imbecillità organizzata (la peggiore forma di criminalità) doveva inevitabilmente rivelare. In questo senso, le tendenze secessioniste che si manifestano nelle regioni più produttive e meno arretrate d'Italia, peraltro ora in via di *effritement*, appaiono come un *effetto* — una sorta di reazione ormai allergica al regime consociativo che ha governato il paese per mezzo secolo — piuttosto che la causa della crisi. Diversamente non si spiegherebbe la assai bislacca diversità del « federalismo » all'italiana, fenomeno *unico al mondo* consistente nel *rifiuto* di continuare a lasciarsi governare alla vecchia maniera. Per le tredici colonie ribelli del Nord America, figlie del costituzionalismo, e di lingua inglese, protestanti, ispirate da un fortissimo sentimento di religiosità, la *confederazione* prima, e l'*Unione* dopo, sono state due tappe successive dettate da un fortissimo amor di patria, che nel suo senso più vero è rispetto della propria identità non meno di quella altrui. Da noi, invece, il « federalismo » all'italiana (in effetti, una malcelata velleità secessionistica) trova la sua unica fonte in un *sacrosanto disgusto* per il modo in cui il paese è stato governato per mezzo secolo. A questo punto, in una situazione in cui *questo* stato unitario appare come fattore di *disunione degli spiriti*, del resto, previsto da Cattaneo, il discorso e le preoccupazioni sul pericolo *« Se cessiamo di essere una nazione »*, tanto per riprendere il titolo di un recente saggio di dubbia correttezza tecnica, sono fuori luogo per la elementare ragione che viviamo già lo *status* di non-nazione, in cui *questa* unità è essa stessa fonte di disunione; anzi, essa impedisce la vera unione del paese, che non consiste in un marchingegno giuridico, ma nel cuore degli uomini. Insomma, e in breve, tutte le grandi formule istituzionali che abbiano mostrato una certa vitalità si basano su certe *prémisses* politiche (e di *uomini*), senza le quali esse non sono che delle (spesso modeste) costruzioni fondate sulla sabbia. Da noi mancano del tutto: *a*) quelle per la federazione o confederazione; *b*) come pure quelle di uno stato unitario degno di questo nome. Per quanta tristezza possano indurre queste constatazioni, si tratta di prendere atto di uno dei più drammatici risultati della *democrazia consociativa* nel nostro paese: in questo senso, si potrà definire quanto si vuole, e non del tutto a torto, come lazzaronesco il movimento secessionista; ma esso non si sarebbe mai tradotto in notevole fenomeno politico se solo il paese fosse stato amministrato con un minimo di decorosa efficienza politica ed economica. Ma la storia è sempre *storia del presente*. Uno scritto anonimo dei rivoluzionari napoletani del 1647, riscoperto da Rosario Villari « propone infatti un'idea nuova di fedeltà, contrapponendo ad un rapporto di sudditanza dinastico e personale le esigenze politiche e civili, il valore e l'identità della comunità nazionale. Nel secolare panorama di subalternità e di particolarismo offerto dalla storia della società napoletana e delle sue classi dirigenti, un impegno civico di questa natura rappresenta un mutamento profondo rispetto alla tradizione politica ed una straordinaria novità » [1994: 4]. A quanto pare, l'Italia del XX secolo non ha ancora trovato il suo Tomaso Aniello (CITTADINANZA; CONFEDERAZIONE; DEMOCRAZIA CONSOCIATIVA; FEDERALISMO; STATO DI DIRITTO; TRADIMENTO). [vol. I: *ad vocem*; CITIZENSHIP; TREASON]

Federale. Federal, national; ma nel Nord America l'attributo di federale è anche espresso più spesso dal termine *United States* o *U.S.*: ad es., *U.S. Court* indica una corte federale in quanto distinta da una dei singoli stati dell'Unione. La natura di stato federale degli S.U. fa sì che coesistano in quell'ordinamento due ordini di norme: federali e dei singoli stati dell'Unione (DIRITTO (I) FEDERALE NEGLI S.U. ; FEDERALISMO; GOVERNO FEDERALE; STATI UNITI D'AMERICA). [vol. I: INTRODUZIONE: III. 36; CONSTITUTION: VIII; FEDERAL]

Federalismo. Federalism; orami celebri sono i c.d. *federalist papers,* una serie di 85 saggi di Alexander Hamilton, James Madison e John Jay, pubblicati dal 1787 al 1788, con cui — nel rilevare l'inadeguatezza degli *Articles of Confederation* — si sostiene la necessità dell'adozione di una costituzione federale. Essi costituiscono ormai un classico della storia delle dottrine politiche, la più completa teoria della costituzione di uno stato federale, e uno dei momenti più alti del pensiero politico occidentale. In passato sono stati utilizzati dalla *Supreme Court* federale come strumento di interpretazione della stessa costituzione. L'opera — perché tale può chiamarsi — esprime il carattere pragmatico della cultura anglo-americana; non si tratta di saggio dottrinario (*et pour cause!*) del genere che si incontra nella letteratura del continente europeo: essa non è opera di professori. E — via, diciamolo — per fortuna. Si noti — sul piano terminologico — che la parola *Union* indica la federazione, non lo stato unitario. Il preambolo della costituzione degli S.U. — stato federale — recita: « *We the people of the United States, in Order to form a more perfect Union...* ». Qui il riferimento *to a more perfect Union* indica il passaggio dalla *confederazione* alla *federazione* (CONFEDERAZIONE). Una grande nazione multietnica come quella nordamericana non può che reggersi su una serie di valori politici consacrati da una costituzione accettata da tutti; ben più che in Europa, il diritto assume una funzione centrale nella distribuzione del potere, nella risoluzione dei conflitti e nella promozione sociale. Come ha osservato Alexis de Tocqueville, negli S.U. non c'è questione politica che presto o tardi non diventi questione giudiziaria; in questo senso, quella nordamericana è stata definita non a torto una *litigation society*. Ma, per quanto importanti siano le regole giuridiche, esse restano, anche negli S.U., soltanto una parte del sistema che regge un paese: la radice delle regole si trova al di fuori, al di sotto o al di sopra, del diritto; in questo senso, la *Lettera agli amici americani* di Ernesto Galli della Loggia aiuta a capire le differenze tra Europa e America molto meglio di tanti manuali giuridici. Vi è all'origine della democrazia americana e dell'idea stessa di libertà una profonda ispirazione religiosa; riesce difficile intendere la storia degli S.U. senza tenere conto del posto rilevantissimo che la religione occupa nella società americana. Questo lucido saggista ha colto bene le differenze tra S.U. e Europa. Come egli ha scritto: « Negli Stati Uniti la scristianizzazione della politica e per conseguenza della vita collettiva avutasi in Europa non si è verificata » [1986: 35]. La stessa costituzione degli S.U. sembra spesso più ispirata da Dio che fatta dagli uomini: Gladstone ebbe a definire la costituzione degli S.U. come « l'opera più meravigliosa che sia stata in un dato momento espressa dalle capacità creative e progettuali dell'uomo » [cit. in Levi, *Introduzione* a Hamilton 1788: 8]. Del resto, i federalisti erano perfettamente consapevoli della *importanza storica* della battaglia che essi andavano menando; di quanto essa fosse importante per l'umanità tutta intera. Nel passaggio dalla *confederazione*, priva di un reale potere sugli stati membri, alla *federazione* che crea una *doppia sovranità* tra stati dell'Unione e stato federale, quest'ultimo munito di ampi poteri *sugli stati* e *sui cittadini degli stati* dell'Unione, sta, in breve, la grande invenzione dei giganti americani. Per quanto diverso possa essere il contesto storico, il problema di fondo dell'organizzazione comunitaria europea con la sua precarietà, le crisi e i contrasti al suo interno, ripropone il dilemma sollevato dai federalisti americani: *confederazione* o *federazione*; del resto, il migliore federalismo europeo ha sempre fatto riferimento al modello americano. Un discorso analogo vale ugualmente — in un quadro più allargato — per l'organizzazione delle N.U. (in sostanza una *confederazione*: a parte le note difficoltà derivanti dal potere di veto nel Consiglio di Sicurezza, il notorio stallo della Corte Internazionale di Giustizia, la difficoltà di stabilire, non un tribunale permanente, ma soltanto un tribunale *ad hoc* per i crimini di guerra commessi nella ex Jugoslavia, ne sono la riprova); per quanto riguarda il nostro paese, tutto il gran parlare che si fa sulla forma stato, ci riporta allo stesso ordine di problemi. Un grande patriottismo commisto a una profonda religiosità sono, quindi, ancora oggi, il tratto più vero dell'Unione. Federare significa unire; l'obiettivo è di restare uniti per amore nel rispetto delle diversità, delle etnie, delle religioni, delle culture e anche, in definitiva, del diritto degli altri. Come nessun altro paese, gli S.U. hanno sviluppato i connotati di una cultura democratico-liberale, alla quale viceversa l'Europa (continentale) ha mostrato storicamente una profondissima avversione dando luogo alle più criminali utopie antiliberali. Galli della Loggia ha anche qui colto con acuta intelligenza questo nodo cruciale della cultura americana. Come ha osservato, si tratta « dell'unica cultura nazionale moderna che, pur essendo tale, non ha perso un rapporto reale con la dimensione religiosa, con l'aspirazione etica del monoteismo giudaico-cristiano e che, tra l'altro, proprio per questo è riuscita a restare immune dal fascismo e dal comunismo» [*L'Uomo Comune Batte l'Ideologia*, in *Corriere della Sera*, 13 novembre 1993]. La forma repubblicana è stata una scelta storica fondamentale dei *founding fathers* del primo stato federalista democratico dell'Occidente; ossia, degli Stati Uniti d'America. La repubblica presidenziale è l'altra faccia del federalismo: se si pensa che la duplice scelta federalista e repubblicana fu fatta in un'epoca storica in cui imperavano monarchie assolute (che, ovviamente, governavano stati unitari) si ha la misura della portata rivoluzionaria della costituzione americana, del perché da duecento anni il nuovo viene in politica dagli Stati Uniti d'America. Ma vi è anche un'altra ragione della scelta repubblicana: la repubblica romana era il modello delle virtù pubbliche al quale guardavano i *founding fathers*, come risulta da tutta la simbologia adottata dalla giovane repubblica.

1. Storicamente, il primo e più illustre, più compiuto (quello tedesco appare come un tipo non già di federalismo, ma di regionalismo estremo) esempio di stato federale del mondo moderno, gli Stati Uniti, sono formati da uno stato federale (che siede a Washington D.C., distretto federale) e da 50 stati dell'Unione. Soprattutto, a parte il nobilissimo *pedigree* illuministico, il federalismo americano realizza allo stesso tempo, mediante l'accennata doppia sovranità, la massima concentrazione di potere politico nello stato federale e nel suo Presidente con la massima autonomia dei singoli stati dell'Unione. Nella concezione nordamericana, il federalismo appare come lo sbocco naturale del pluralismo; una società pluralista che non sia anche federalista non è tale che in parte; insomma, il *federalismo* si pone come l'altra faccia del *pluralismo* democratico.

2. Come si è accennato, gli S.U. — in quanto stato federale — sono costituiti da 51 sistemi giuridici (uno per ogni stato dell'Unione + il sistema federale): ognuno di essi ha una propria costituzione, propri organi legislativi, esecutivi e giudiziari. Lo stato federale postula inevitabilmente che gli stati membri dell'Unione, nel darvi vita, abbiano *delegato all'Unione* una parte dei propri poteri, ovvero, in effetti, rinunziato ad una parte della propria sovranità. I diversi stati dell'Unione si considerano come «foreign», ossia, in qualche misura, come stranieri uno rispetto all'altro, fatta eccezione dei loro rapporti in quanto membri dell'Unione: questo spiega l'enorme sviluppo dei *conflict of laws* verificatosi negli S.U. [vol. I: FULL FAITH AND CREDIT CLAUSE]. Sono definite *interstate laws* quelle leggi che stabiliscono princìpi e regole dirette alla risoluzione di controversie tra cittadini dei vari stati dell'Unione per quanto riguarda i loro diritti e obblighi, e nella misura in cui essi comportino una diversità di regime derivante dalle leggi dei vari stati. A questo proposito, non si può esagerare l'importanza del fatto che gli stati dell'Unione sono retti da ordinamenti giuridici diversi, il cui regime va accertato di volta in volta; anche se non va trascurato, oltre al possente collante di una comune tradizione giuridica, una tendenziale comunanza di soluzioni dovuta, oltre che alla legislazione federale in numerose materie, al grande movimento di unificazione del diritto derivante dalle leggi modello.

3. Gli S.U. sono il figlio, se così può dirsi, più illustre della cultura illuministica europea e del costituzionalismo inglese in particolare; comune a S.U. e Inghilterra, oltre alla lingua, è la tradizione giuridica, la *forma mentis;* insomma, quelle premesse culturali che tanto avvicinano o allontanano i popoli. Ma il federalismo è invenzione dei giganti americani, mentre il R.U., è stato unitario, anche se si tratta di una *plurilegal unit of sovereignty*, nella quale coesistono diversi ordinamenti giuridici; anche se l'Inghilterra è la patria dell'*autogoverno*, storicamente, forse, in qualche modo, nucleo ancestrale del federalismo americano. Diverso è quindi l'ordinamento costituzionale dei due paesi non soltanto perché uno si è data la prima costituzione scritta (e per di più rigida) della storia moderna (gli S.U.) e l'altro, invece, non ne ha nessuna: un lusso che solo un popolo antico cementato dai secoli può permettersi, non consentito a una giovane nazione caratterizzata al suo interno da una intrinseca diversità. D'altro canto, come afferma Dicey: «while the formal differences between the constitution of the American Republic and the constitution of the English monarchy are, looked at from one point of view, immense, the institutions of America are in their spirit little else then a gigantic development of the ideas which lie at the basis of the political and legal institutions of England» [1885, ed. 1959: 139]. Ma si tratta di una realtà più articolata: in un magistrale articolo, O. Kahn-Freund tratteggia le più importanti diversità tra il sistema inglese e quello nordamericano specie sul piano privatistico; in questo senso, pur condividendo l'opinione di Roscoe Pound sulla «funda-

mental unity of system of English and American law », che, insomma, vede « the hallmark of the common law in its method rather than in its substance », egli precisa che, in tema di princìpi fondamentali del contratto, incluso la dottrina della *consideration*, di *law of torts*, come di responsabilità del datore di lavoro, di diritti immobiliari, di conflitto di leggi, di *domicile*, divorzio, diritto di famiglia, etc. « the differences are almost as marked as the common traits » [*English law and American Law-Some Comparative Reflections* (1962), in 1948-74: 320-322, n.o.]. Sul piano costituzionale, la *judicial review of constitutionality* costituisce una delle differenze più salienti tra i due sistemi. Essa è esercitata, negli S.U., dalla veneranda *Supreme Court*: il principio è stato poi adottato da tutte le corti costituzionali di questo mondo. D'altro canto, non essendovi una costituzione scritta nel sistema costituzionale britannico, non vi è neanche bisogno di una corte costituzionale che ne assicuri l'osservanza. Vi sono poi problemi che attengono esclusivamente allo stato federale e che il sistema britannico ignora: come, ad es., se vi sia una *federal common law*, questione a lungo dibattuta negli S.U.; se cioè, al di fuori delle materie rette dalla costituzione o dalla legge federale, vi sia una *common law* federale applicabile dalle corti federali (CONTROLLO GIURISDIZIONALE DI COSTITUZIONALITÀ; DICHIARAZIONE DEI DIRITTI; DIRITTO (I) ANGLO-AMERICANO; DIRITTO (I) NATURALE; GIURISDIZIONE: 9).

4. La sentenza di uno stato dell'Unione costituisce un *foreign judgment* rispetto agli altri stati, il trasferimento di un imputato ricercato da uno stato dell'Unione all'altro non è molto diverso da quello di estradizione tra paesi sovrani. Ma le diversità e i conflitti sono composti dalla supremazia della legge federale qual è stabilita dalla veneranda *Supreme Court* degli S.U. (CONFLITTI TRA GLI STATI DELL'UNIONE NEGLI S.U.).

5. Peraltro, poiché i poteri dello stato federale sono concepiti come *granted powers* dagli stati dell'Unione, ad eccezione dei poteri delegati — come, ad es., in tema di politica estera — tutti gli altri poteri spettano ai singoli stati dell'Unione. In questo senso, si parla di *reserved* o *residual state powers* per indicare i poteri non attribuiti dalla costituzione allo stato federale, e che spettano quindi ai singoli stati dell'Unione. Il diritto federale — nelle ormai numerose materie che spettano a un fortissimo stato federale soprattutto grazie ad una certa interpretazione legislativa e giurisprudenziale dei propri poteri — costituisce *the supreme law of the land*, in base all'art. VI della costituzione federale. Tuttavia, le corti federali applicheranno il diritto dei singoli stati dell'Unione in quelle materie che non siano disciplinate dal diritto federale. D'altro canto, in base alla *pre-emption doctrine*, quando il Congresso esercita con legge un potere delegato (*granted power*), la legge federale prevale su quella dei singoli stati dell'Unione con la quale venisse a configgere (SEPARAZIONE DEI POTERI; SUPREMAZIA DEL DIRITTO FEDERALE NEGLI S.U.).

6. La genialità del federalismo di Alexander Hamilton, James Madison e John Jay (*nessuno dei quali — si noti — era professore di università*, come, del resto, nessuno dei grandi politici inglesi), consiste nell'avere assestato un colpo mortale alla sovranità assoluta, dando inizio quindi a una autentica rivoluzione nella storia del costituzionalismo e del pluralismo dei poteri. Da questo punto di vista, la differenza con la rivoluzione francese è eclatante: quest'ultima si colloca in un'ottica di *continuità* rispetto all'assolutismo che dichiara di combattere, conservando gelosamente proprio il suo dato fondamentale, ossia il *centralismo*, altra faccia della sovranità assoluta. Il federalismo americano, invece, fa a pezzi la sovranità assoluta introducendo il pluralismo della sovranità, ossia la *doppia sovranità* dei singoli stati dell'Unione e dello stato federale. In questo senso, quando si afferma che da 200 anni il *nuovo* viene dagli S.U. non si dice cosa inesatta. A questo proposito, va ricordato che con soli 26 emendamenti la costituzione degli S.U. regge un paese passato da 4 a 280 milioni di abitanti diventato la più potente democrazia del pianeta. Questo miracolo — unico al mondo tra i paesi con una costituzione scritta — è stato possibile, per molti versi, più per la grande opera di adattamento della magistratura nordamericana e, in particolare, della *Supreme Court* degli S.U., che del legislatore federale.

7. Com'è stato ricordato, Kant è stato « il primo grande pensatore federalista e il suo apporto teorico consiste nell'aver fondato il F. [ederalismo] su una visione autonoma dei valori e del corso storico. Tuttavia, non avendo riflettuto sulla natura dell'innovazione costituzionale che aveva consentito la fondazione degli Stati Uniti d'America, non conosceva il funzionamento dello Stato federale e quindi non possedeva gli strumenti concettuali per concepire in modo reale la possibilità di un governo democratico mondiale, capace di limitare la sovranità assoluta

degli Stati, ma che ne fosse a sua volta limitato. Prigioniero della teoria unitaria dello Stato, temeva che la federazione mondiale potesse degenerare in tirannide. Così tutte le volte che affrontò il problema del potere politico mondiale fu indotto a optare per il suo 'surrogato negativo', cioè una confederazione di Stati, la quale però, mantenendo la sovranità assoluta dei suoi membri, avrebbe perpetuato l'anarchia internazionale, che il governo mondiale avrebbe dovuto eliminare » [Levi, cit., 408].

8. Ma già nella *Monarchia* di Dante si trova l'anticipo di una soluzione federalista, diretta, con la restaurazione dell'Impero, a conservare la pace universale e la salvezza dell'umanità minacciata dalla *cupidigia*, ossia da quel pluralismo *nature* che squassa il mondo di ora non meno di quello di allora: « ergo unum opertet esse regulans sive regens, et hoc 'Monarcha' sive 'Imperator' dici debet » [Liber Primus, V].

Autogoverno, federalismo, partecipazione.

9. L'autogoverno è un potere *originario* proprio delle collettività locali inglesi e americane, di cui le *charters* reali costituiscono storicamente il *riconoscimento*; ma si tratta di uno *status* che precede addirittura la formazione del potere centrale. Gli spesso male informati politici nostrani (ma vanno definiti tali tutti quelli all'oscuro dell'assetto politico degli S.U.) vanno spesso in giro dicendo che quella nordamericana è una mezza democrazia dato che il Presidente degli S.U. è eletto mediamente da poco più del 50 per cento degli elettori. Ma non si tiene conto che alla scarsa partecipazione alle elezioni presidenziali fa riscontro una attivissima partecipazione alla vita degli enti locali. Esattamente il contrario di quanto accade da noi: partecipazione... bulgara alle elezioni politiche generali da un lato, e sostanziale indifferenza per la vita politica locale dall'altro: lo sfacelo delle nostre città ne è la testimonianza visiva. Anzi, come ha ricordato Habermas [1973, trad. it.: 4] in tema di partecipazione alla politica, una certa quota di apatia è necessaria per costituire delle « riserve intatte da mobilitare attraverso proposte di compromesso », evitando in tal modo gli eccessi di una esagerata partecipazione.

10. L'opera di Alexis de Tocqueville, uno dei maggiori pensatori politici della democrazia liberale, resta il testo fondamentale in materia. Tocqueville [1835-1840, trad. it., vol. II: 78] aveva visto bene la contrapposizione tra la profonda valenza democratica dell'autogoverno anglo-americano, derivazione diretta più importante della sovranità popolare, e l'accentramento, tipico anche della Francia rivoluzionaria. È questa la differenza fondamentale tra due diverse concezioni della democrazia e la spiegazione della natura dispotica della rivoluzione e dei sedimenti autoritari che ha lasciato nella democrazia francese. L'autogoverno si pone così come il punto di inizio e il nucleo primigenio della grande democrazia nordamericana: « Accentramento è una parola che oggi tutti ripetono continuamente, e di cui nessuno, per lo più, cerca di precisare il significato. Vi sono, tuttavia, due specie di centralizzazione, assai diverse tra loro, che bisogna ben distinguere ». Chiarito che vi è accentramento politico e accentramento amministrativo, de Tocqueville continua: « A mio giudizio, non credo che una nazione possa vivere, e ancor meno prosperare, senza un forte accentramento del potere politico ». E qui, ancora una volta, gli S.U. sono il modello che combina un fortissimo accentramento politico nello stato federale con la totale assenza di accentramento amministrativo [ibid.: 109-110]. L'origine di questa concezione è inglese, come inglese è la terminologia: nell'ambito di ciascuno stato dell'Unione vi sono le *counties*, entità locali; ma non esistono leggi uniformi che regolino l'autogoverno in ogni stato dell'Unione. La *county* è la massima divisione territoriale del governo locale negli S.U.: i suoi poteri variano da stato a stato, e anche nello stesso stato: in taluni stati del New England esiste solo ai fini dell'amministrazione della giustizia: in Louisiana l'unità equivalente è costituita dalla *parish*. Il diritto all'autogoverno locale è detto *right of local self-government*.

11. Splendido, ma orrendo spettacolo quello della rivoluzione francese, con superbi attori e declamazioni consegnate alla storia: forse il più grande esempio della superbia umana. Ma non liberaldemocrazia, *please*: la rivoluzione francese aveva nel *centralismo* il germe del dispostismo: in effetti *centralismo* e *libertà* sono incompatibili. Al di sotto di una *couche* declamatoria sui diritti dell'uomo, il dispotismo se ne andava per conto suo grazie a una amministrazione centralizzata nelle mani dell'esecutivo che esigeva il *certificat de civisme*, a una infame procedura penale durata fino ai nostri giorni (DIRITTI (II) DELL'UOMO; SCHIAVITÙ).

12. Basterebbe rileggere l'art. 13 della legge del 16-24.8.1790 (adottata in piena rivoluzione, e — si noti — ancora oggi in vigore) che, meglio di qualunque altra, riflette due

concezioni opposte della democrazia: quella francese da un canto, e quella inglese e nordamericana dall'altro, espressa dalla *judicial review*: « Les fonctions judiciaires sont distinctes et demeureront toujours séparées des fonctions administratives. Le juges ne pourront, à peine de forfaiture, troubler de quelque manière que se soit, les opérations des corps administratifs, ni citer devant eux les administrateurs par raison de leur fonction » [in Kahn-Freund, Lévy, Rudden 1973: 196]. Non si tratta di preferire *Lantenac* a *Cimourdain*, tanto per rifarsi al *Quatre-vingt-treize*, di Victor Hugo, né la Vandea alla rivoluzione: il fatto è che si può fare una « bella » rivoluzione con centinaia di milioni di morti per scoprire che essa era guidata da un pugno di fanatici criminali. A un livello, ovviamente, meno eroico e più pecoreccio, come accade da noi, si può parlare di rivoluzione e allo stesso tempo compattare con il preteso avversario come ha praticato il Pci per mezzo secolo con la famigerata *democrazia consociativa*. In uno splendido articolo pieno di *sense of humour*, Pietro Citati dà la baia a chi vede nella storia umana una necessaria traiettoria verso il progresso; insomma una *freccia* della storia. Laddove nella storia di quasi tutti i popoli prevale un elemento di follia, di irrazionalità, o caso o capriccio: « Se la follia francese dell'Ottocento ci appare grandiosa, atroce e frivola, la follia, che negli ultimi settant'anni ha imperversato nella storia italiana, è farsesca, triviale e sinistra (...) Tra le molte illusioni degli uomini moderni, la più diffusa è che la storia abbia un senso e una direzione (...) Nella storia di certi popoli, come in quella moderna della Gran Bretagna, l'elemento di follia, o irrazionalità, o caso, o capriccio, è meno visibile (...) Se prendiamo la storia della Francia, ecco le cose cambiare. Nei grandi movimenti, che hanno fatto di quel popolo il cuore e il modello della storia europea, dove è possibile scorgere una qualche necessità? C'è soltanto il desiderio di un popolo, meravigliosamente immaginoso e chiacchierone, di trasformare la storia in teatro. Tutti diventano protagonisti: tutti salgono sulla scena: lassù si parla, si declama, si recita, si fa festa, si tagliano teste: si inventa la Repubblica o l'impero, come fossero mode di cappelli per signora: altri attori sostituiscono i primi attori, con nuovi discorsi, declamazioni e tagli di teste; e questo movimento di ombre canore si propaga lontanissimo, fino in Germania, in Italia e in Russia, dove viene preso sul serio e puntigliosamente imitato » [*La sinistra follia nella storia d'Italia, la Repubblica*, 27 dicembre 1992].

Federalismo e sovranità.

13. Come si è accennato, negli S.U. una delle conseguenze immediate della natura federalista dell'Unione (in quanto tale distinta dalla *confederazione*) è quella di dar luogo a una *double sovereignty*, ossia degli stati dell'Unione e dello stato federale. Ma in uno stato di diritto, com'è per definizione quello federalista nordamericano, la manifestazione più eclatante, anche se, ovviamente, non la sola, della *doppia sovranità*, tipica dello stato federale nordamericano, consiste nell'esercizio del potere di imposizione fiscale: si hanno imposte federali (*federal taxes*) e imposte previste dai singoli stati dell'Unione, dette *state taxes*.
L'invenzione che consegna alla storia i padri fondatori e, in particolare, Alexander Hamilton, James Madison e John Jay, giganti del pensiero politico moderno, consiste, oltre che in tutto l'impianto della costituzione, nella doppia sovranità tra stato federale e stati dell'Unione: essa è di per sé un rapporto, un equilibrio, non fissato una volta per tutte, ma continuamente cercato e rivisitato. È nella natura stessa della doppia sovranità che ogni generazione debba trattare il rapporto stato federale-stati membri come una questione nuova. Come ricorda H.N. Scheiber [*Federalism*, in *Oxford* 1992: 278]: « The proper balance of state and national powers in the American federal system, wrote Woodrow Wilson in 1911, is not a matter that can be settled 'by the opinion of any one generation'. Changes in the social and economic condition of society, in the electorate's perception of issues needing to be addressed by government, and in the prevailing political values, Wilson declared, require each successive generation to treat federal-state relationships as 'a new question', subject to full and searching reappraisal ». La storia del federalismo americano può essere definita nel senso politico come la più bella avventura dell'uomo; ma non va trascurato questo fattore di intrinseca dialettica, culminato nella guerra di secessione, temperato successivamente in maniera graduale con la sempre maggiore accettazione del ruolo dello stato federale mano a mano che cresceva la grande nazione americana che oggi conosciamo. Ma la conflittualità (beninteso, ora di ordine politico-giurisdizionale) è parte intrinseca del federalismo, della dialettica interna al sistema; venuta meno la quale non più di federali-

smo deve parlarsi ma di stato unitario: che, nei paesi di lunga tradizione di autogoverno, è sinonimo di stato autoritario e antidemocratico. Come risulta dallo splendido *Oxford Companion to the Supreme Court,* un filo rosso percorre le tappe delle decisioni di questa corte, ed è la tenace resistenza combattuta in sede giudiziaria e politica all'espansione del potere federale. Tutt'altra questione è se poi, con il vento che tira da noi, con l'incapacità del nostro ceto dominante (pubblico e privato) di assicurare delle *public conveniences* (tolette) funzionanti, con gli uomini che ci ritroviamo, e la loro cultura contadinesca e, peggio, levantina, ci si debba o possa spingere a esperienze del genere.

14. All'origine della soluzione federalista nordamericana — realizzata attraverso la doppia sovranità federale e degli stati dell'Unione — vi è l'accertata incapacità del modello di stato unitario europeo e della confederazione di conciliare l'unità con la diversità. In questo senso, si è rilevato che proprio il modello di stato unitario, che restava nell'inconscio anche dei più attenti osservatori del federalismo americano come Tocqueville e Bryce, ha fatto ritenere al primo che l'equilibrio federale si sarebbe rotto a favore degli stati per la mancanza di poteri adeguati dello stato federale in un sistema in cui, a torto, si riteneva che la sovranità spettasse *unicamente* agli stati, e al secondo una tendenza dello stato federale a divenire stato unitario. Un capitolo a parte dell'affascinante storia dell'Unione è costituito dalla graduale notevole estensione del potere dello stato federale, che trae spunto da talune clausole costituzionali, in materia economica e anche di lotta alla criminaltà organizzata mediante il ricorso alla celebre *commerce clause.*

15. Guardare, quindi, anzitutto, ai poteri e al diritto dei singoli stati, alle decisioni degli organi giudiziari locali sembra l'approccio più corretto: all'incirca il 95 per cento di tutte le cause civili e penali è trattato al livello dei singoli stati. Con che, ovviamente, non si vuol dire — come pure è stato ritenuto in passato — che la sovranità appartiene *unicamente* agli stati dell'Unione: la costituzione federale costituisce la *supreme law of the land.* Ma è da rilevare che spesso, non soltanto sul piano dei diritti civili, si tratta di standard minimi rispetto a quelli più elevati stabiliti dalle costituzioni di non pochi stati dell'Unione come, ad es., in California e in quel gruppo di stati che nell'Unione fungono da...battistrada nello sviluppo giuridico. Salvo che si tratti di Washington D.C., distretto federale, chiunque metta piedi sul suolo degli S.U. è soggetto alle leggi di un particolare stato dell'Unione.

Forma stato-Nazione-Patriottismo.

16. Stato unitario-stato federale sono alternative che non comportano un grado più o meno intenso di patriottismo inteso come lealismo e solidarismo civico. Comunque, si tratta di ingredienti fondamentali: chi pensa che l'Unione europea sarà cosa fatta quando l'attuale raggruppamento di stati si sarà data una costituzione federale si illude; si direbbe per fortuna: le identità e le culture nazionali sopravviveranno all'Unione se e quando essa sarà mai. In effetti, si può avere forte identità nazionale e fortissimo patriottismo indifferentemente in uno stato federale come gli S.U. o in uno stato unitario come quello francese o quello britannico; si può non sentire un'identità nazionale, o amor di patria, in uno stato unitario come quello italiano, o in uno stato federale come il Brasile, il Venezuela o la Nigeria. Insomma, non è dalla forma stato che nasce l'amor di patria, come non è dal vincolo matrimoniale che nasce l'amore di coppia: il federalismo può essere lo sbocco naturale di una storia e di un destino comune, come negli S.U., ovvero soltanto un marchingegno per tenere assieme con la forza della dittatura delle regioni divise da odio implacabile, come nella ex federazione jugoslava. In questo senso, il titolo *Se cessiamo di essere una nazione* dato di recente a un libro sulla materia appare quantomeno *somewhat misleading*. Perché una nazione italiana — come, del resto, quella polacca — esisteva ben prima che vi fosse uno stato italiano o uno stato polacco. Titolo *maladroit*: se mai, bisognava dire *Se cessiamo di essere uno stato unitario*; perché parte da un assunto erroneo, ossia dall'equivalenza tra *stato unitario* e *nazione*, come se non potessero esserci stati federali e nazioni allo stesso tempo (com'è il caso degli S.U.). Il celebre film di Griffith — *Birth of a Nation* — è proprio la celebrazione della nascita della grande nazione americana — e che nazione ! — che si avvera attraverso la vittoria dei federali sui sudisti secessionisti. Chiaramente, il termine nazione è un *container* nel quale si può mettere di tutto; ma non fino al punto di obliterare la distinzione tra *stato*, concetto giuridico, e *nazione*, concetto che giuridico non è; e, anche, per quanto vi siano delle contiguità che possono indurre a confonde-

Federalismo

re le due cose, tra *nazione* e *identità nazionale*. Ad ogni modo, questa è una delle tante topiche — come quella tra politica e morale — in cui i nostri studiosi sembrano annaspare nel mare dei loro filosofemi. Il titolo di quel libro è sbagliato non già perché non esista una nazione italiana, ma perché confonde tra stato (unitario o federale che sia) e nazione. Che vi sia e vi sia stata una nazione italiana (o tedesca o polacca), prima di uno stato italiano è constatazione ovvia. Del resto — agli appassionati del pensiero teutonico — si ricorda che i *Reden an die deutsche Nation* (1807) di Fichte, diretti a fomentare quel sentimento patriottico necessario per promuovere le guerre di liberazione antinapoleoniche (*Befreiungskriege*), precedono di molto la nascita di uno stato tedesco. Di modo che si può avere una nazione senza identità nazionale (com'è appunto il caso nostro); ossia, in parole semplici, senza *patriottismo*. Questo imbroglio delle lingue deriva dal fatto che da noi si usa il termine di identità nazionale perché, temendo di essere scambiati per fascisti, non si ha il coraggio (sic!) — neanche da coloro che si richiamano alla tradizione risorgimentale e liberaldemocratica — di usare la parola giusta. E si può capire che dopo il fascismo — al di là delle parole, sostanzialmente, una caricatura del patriottismo che ha ridicolizzato per sempre il paese — non sia agevole parlarne; ma non è questa la sola ragione per cui i nostri studiosi si vergognino di parlare di amor di patria. Le due ideologie ecumeniche, ma preindustriali, contadinesche e, si aggiunge, « pecorecce », come quella cattolica e quella marxista (il marxismo è ideologia pre-industriale anche se pretende di essere nata come reazione ai misfatti del capitalismo), di per sé sono nemiche di qualsiasi identità collettiva e individuale. Su questo punto del patriottismo non si dirà mai abbastanza. Ma da noi si parla ora più spesso di identità nazionale: i due concetti sarebbero distinti, e l'identità nazionale sarebbe la premessa dell'amor di patria. Ma non si parla affatto di *allegiance*, o fedeltà al sovrano, allo stato o al *Commonwealth*, che dir si voglia, momento culminante dell'identità nazionale, e meno ancora di *treason*, suo correlativo, ossia di *tradimento*, considerato nei paesi di forte tradizione nazionale il reato più grave in assoluto, punito con la pena di morte. Al di fuori dei rapporti interpersonali, la *democrazia consociativa* ha espunto il concetto di *allegiance*, ossia di fedeltà al paese, limitandolo esclusivamente all'ideologia, al partito, al gruppo, e spesso, alla *cosca*: ecco il più devastante tra i tanti *cadeaux* che essa ha fatto all'Italia. Tutto questo gran parlare che si fa nel nostro paese dell'*autonomia* della *politica* dalla *morale* (come si dice, la lingua batte dove il dente duole) rivela una situazione unica in Occidente, in cui le due ideologie hanno abolito la *morale generale* per sostituirla con la *morale del gruppo*: i doveri etici del singolo sono sempre rapportati al gruppo: mai alla generalità, allo stato o al *Commonwealth,* che dir si voglia, di cui si nega in radice la stessa esistenza. Questo è un tema nel quale troppo spesso i nostri studiosi figurano come pulcini nella stoppa, più o meno come quelli tedeschi quando si parla di nazismo e quelli francesi di Vichy. In effetti, non si può spiegare lo scempio del nostro paese senza rilevare che i gruppi di potere si sono collocati nell'ottica di un esercito di occupazione svincolato da qualsiasi *allegiance* o carità di patria nei confronti del territorio nemico. Atteggiamento comune ai gruppi di potere sudamericani e del Terzo Mondo in genere. Storicamente, il costituzionalismo inglese, e poi del continente europeo, marca il passaggio dallo stato di *suddito* a quello di *cittadino.* La rivoluzione francese ha segnato in maniera violenta e teatrale questa fase; quella inglese, più antica e più profonda, si è svolta in maniera diversa e graduale, secondo lo stile. Ma si tratta di un tema universale e attuale che attiene, in definitiva, a quel *patriottismo costituzionale* che solo può tenere assieme una democrazia pluralista. Del resto, la esasperata *status society* che si è venuta a costituire da noi *costituisce già di per sé una non-nazione* che impedisce la vera unione del paese; da cercare, più che nei marchingegni giuridici, nel cuore degli uomini. E, quindi, stato unitario o stato federale, da questo punto di vista, appaiono delle variabili, tutto sommato, irrilevanti. In ogni caso, l'amor di patria, a partire dalla *county* per finire allo stato, appare come l'*ubi consistam* di qualsiasi forma stato, unitaria o federalista che sia, di qualsiasi sistema politico; il cemento che tiene assieme la comunità nazionale. In effetti, se la *democrazia consociativa* ha ingenerato il fallimento irreversibile della democrazia italiana trascinando nelle sue rovine lo stato unitario, nulla lascia pensare al successo di qualsiasi altra formula statuale che non sia preceduta o accompagnata da un'opera di *reconstruction* dell'identità nazionale: in mancanza, qualsiasi federalismo (presidenziale o meno), qualsiasi confederazione mascherata da federazione, qualsiasi regionalismo mascherato da federalismo, qualsiasi secessione mascherata da confederazione, sarà un edificio costruito sulla sabbia. Ma dove cercare i materiali e le forze per ricostruire? È un compito certo più gravoso della *reconstruction of the Union* dopo la guerra di secessione: nel caso nostro si tratta non già di richiamare al federalismo gli sconfitti in nome di valori superiori, ma di inventare un sistema politico che non ci faccia vergognare di essere italiani. Secondo una corrente di pensiero, il trauma dell'8 settembre, rovinosa conclusione del fascismo, significò la perdita dell'identità nazionale, mai più ritrovata nella nuova repubblica. Ma la lezione dell'8 settembre è ben diversa da quella che ci propinano i nostri studiosi: in effetti, il ceto dirigente dell'epoca ha operato un vero e proprio tradimento del paese gettando in un gigantesco conflitto tra potenze industriali un paese di contadini come il nostro: altro che amor di patria! Pietro Scoppola, serio studioso, propone delle convincenti spiegazioni. Chiarito che: « La questione della identità nazionale non si pone solo al livello delle élite politiche o culturali di un paese, ma anche e soprattutto delle grandi realtà popolari », egli spiega la difficoltà di fare gli italiani: « Il vero grande ostacolo all'opera delle classi dirigenti fu rappresentato dalla questione romana, dalla frattura che essa aveva aperto fra coscienza religiosa popolare e sentimento nazionale unitario. Giustamente Ernesto Galli della Loggia (...) ha messo l'accento sulla importanza centrale per la vita civile e politica e del nostro paese, fino ai suoi sviluppi più recenti, della mancata intesa fra liberalismo e Chiesa cattolica ». Di modo che lo stato unitario « è rimasto a lungo privo di una sua legittimazione nella coscienza popolare, profondamente segnata dal ruolo della Chiesa. Lo 'statuto politico della religione' per riprendere una felice espressione di Francesco Traniello si è venuto configurando insomma in un senso alternativo a quello offerto dalla democrazia americana: la presenza cristiana come parte, come elemento di divisione e non come lievito di una comune vita civile » [*La nazione non popolare*, il Mulino 4/94: 616, 618, n.o.; ma cfr. anche C. Casucci, *Il trauma dell'otto settembre e il problema dell'identità nazionale italiana*, ibid.: 607]. Ma il secondo dopoguerra doveva vedere una ben più dirompente « questione », questa volta si direbbe « romano-sovietica »: da un plausibile sondaggio fatto al tempo della massima tensione della guerra fredda risultava che la stragrande maggioranza dei simpatizzanti di sinistra si divideva tra coloro che non avrebbe mai preso le armi contro un possibile invasore sovietico per difendere l'Italia e quelli che avrebbero marciato addirittura a suo fianco: in una situazione in cui un fortissimo partito di massa che si propone come partito del cambiamento appare collegato politicamente, e anche finanziariamente, a un'ideologia sovvertitrice, a un paese potenziale nemico dell'Italia, parlare di identità nazionale diventa addirittura impossibile. È stata rilevata la storica fragilità del sentimento di identità nazionale nelle realtà popolari del nostro paese: in parte si capisce, se si tiene conto del fatto che la « forza legale » si è presentata tradizionalmente, ma specie durante le ultime fasi della I Repubblica, forse ancora più che come persecutore dei deboli, come autentica organizzazione criminale. Può darsi anche che per capire gli italiani, bisogna risalire a Agilulfo, re dei longobardi; insomma, che le tare del carattere nazionale siano un prodotto storico. Ma questo non serve a molto; mezzo secolo di *democrazia consociativa* accompagnato da una subitanea e scombinata ricchezza collettiva che sembra avere accentuato le diversità ha segnato un radicale mutamento antropologico degli italiani quale non si era visto nei 2000 anni precedenti. Mentre il fascismo non aveva intaccato la grande civiltà contadina del paese, l'attacco su due fronti menato per mezzo secolo contro il *Commonwealth* da due forze corrompitrici ha avuto un effetto devastante. E così, quando con la I Repubblica, grazie anche alla legge elettorale più proporzionale del mondo e alla rivoluzione economica, le masse, come si dice « entrano nello stato », esse si accorgono che si tratta di uno spazio vuoto del quale ognuno può fare quello che vuole a condizione che ne abbia la forza. E tuttavia, l'assenza di identità nazionale — al di là delle componenti storiche — va cercata nella questione comunista molto più che in quella romana. Come, del resto, dimostra l'esempio della Spagna, in effetti, non sono stati né il cattolicesimo né la Chiesa di Roma a provocare quella mancata *alternanza* delle forze politiche al governo del paese, fonte prima del *corrompimento* del sistema di potere e di smarrimento delle coscienze. Ora, se Dante e Machiavelli hanno identificato con precisione la fonte storica del nostro dramma nazionale, resta da rilevare l'effetto devastante della *democrazia consociativa* nel mezzo secolo post-fascista. I nostri studiosi si affannano sulle grandi battaglie e i grandi uomini, e dicono: non abbiamo *identità nazionale* perché non abbiamo grandi battaglie o guerre nazionali alle spalle, etc. etc. E la Svizzera?: ma no!: anche le diversità possono essere motivo di patriottismo: si pensi al nostro patrimonio artistico e paesistico, alle nostre tradizioni regionali (ormai in via di degrado); perfino le cucine regionali possono essere, se si vuole e si sa come fare, motivo di patriottismo. In effetti, non sembra che la stessa Germania, dove pure fortissimo, anzi decisamente eccessivo, è il *Deutschtum*, abbia alle spalle un grande stato nazionale e tantomeno grandi vittorie militari, un impero, grandi uomini politici liberali, etc. (ma ha Lutero). Ad ogni modo, sembrerebbe che l'identità nazionale è fatta di tante cose, grandi e piccole; anche da un lavoro o un prodotto ben fatto, un servizio efficiente, pulito, da talune decenze comportamentali della « forza legale » e degli individui, dal rispetto di noi stessi, che è poi il rispetto del nostro passato rappresentato dal paese nella sua sostanza fisica, da città meno indecenti di quelle nostre, da marciapiedi puliti; magari dalla *pastiera napoletana* contrapposta alla *Sachertorte*, etc. Se si pensa al massacro pianificato del paese, si capisce perché non vi possa essere identità nazionale quando la stessa esistenza fisica dell'oggetto del nostro amore viene cancellata o lordata. In Germania la storia della *Volkswagen* fa parte della saga e dell'orgoglio nazionale: come si scrive nei libri delle elementari: « Der Name 'Volkswagen' steht weltweit für zuverlässige, hochwertige Qualität und ausgezeichneten Service. Er is ein Synonym für 'made in Germany' geworden » [in Heinrich-Selmi, *Länder und Leute*, Bologna, Poseidonia, 1993: 29]. Così in Giappone. Ma dove sta tutto questo nel Regno della Sciatteria? Si è affermato che quando dopo la Resistenza si trattò di decidere l'assetto dello stato italiano, il senso dell'appartenenza, di solidarietà, non venne fornito dall'idea di nazione, bensì dalla fondazione della repubblica democratica. Ma non è esatto: la costituzione è un *fudge*, ossia un pasticcio, tra *due ideologie nessuna delle quali ha mai saputo dove la democrazia sta di casa.* Non è neanche esatto che « Democrazia e nazione viaggiano su binari diversi e tempi e modi differenti ». È vero invece il contrario, come dimostra l'esperienza americana, in cui la democrazia è valore patriottico e crea la nazione; e la nazione esiste perché vi è un patriottismo costituzionale che tiene assieme lo sterminato pluralismo delle diversità. Sarebbe interessante sapere, ora che gli « anni di piombo » sono alle nostre spalle, quanti italiani sarebbero disposti a levare un solo dito nella difesa del paese-sistema: si ha ragione di ritenere che essi sarebbero ancora meno di allora, anche tra coloro ai quali esso ha consentito di ammassare immense ricchezze. I professori farebbero meglio a studiare perché nelle attuali condizioni non può esservi identità nazionale e patriottismo, e di quale *reconstruction* morale e politica abbia bisogno il paese perché il cittadino italiano si possa identificare con il sistema politico che regge il paese. Perché tutto questo lungo discorso attiene in definitiva all'*identificazione con un regime politico*: in questo senso, rimproverare all'italiano medio di non identificarsi con Tangentopoli, alla cassa integrazione, allo « stato sociale », o alle stragi sembra un pò troppo. Se storicamente questa identificazione non vi è stata vuol dire semplicemente che non vi è stata democrazia o, comunque, non abbastanza. Ma ritorniamo ancora una volta alle origini. Alexis de Tocqueville ha colto anche qui un aspetto fondamentale della democrazia americana con l'affermare che negli S.U. ogni questione politica diviene presto o tardi una questione giuridica: ed in effetti solo una magistratura, specie federale, di immenso prestigio può tenere assieme, in nome del diritto, un paese fatto di mille etnie e mille culture. In questo senso, il diritto assume, si direbbe per necessità, un ruolo insostituibile di coesione della società americana consentito, tra l'altro, dalla grande tradizione di indipendenza e di forza di carattere espressa sovente da leggendarie figure di giudici-giureconsulti. Ma da noi dove sono gli uomini? se perfino i giudici della Corte Costituzionale non hanno il coraggio della *dissenting opinion*?

17. Ma federalismo e ragion di stato appaiono in qualche misura intrecciati. La *raison d'État* viene definita come quella dottrina per cui la sicurezza dello stato è un'esigenza tale che — nei rapporti internazionali — per garantirla, si possono violare le norme giuridiche, morali, politiche, etc. Ma la dottrina non si applica soltanto ai rapporti interstatali: essa si estende anche a quelli interni di ciascuno stato. Peraltro, le vicende storiche dello stato di diritto hanno segnato un notevole progressivo restringimento dello spazio della ragion di stato interna, dato che, salvo casi eccezionali di emergenza, i conflitti interni vengono risolti dal diritto. Diversa è, invece, la situazione nell'ambito esterno in cui il ricorso alla violenza (o la possibilità di essa) appare giustificata dalla

struttura anarchica della società internazionale, che rende impossibile la regolamentazione pacifica, cioè giuridica, delle controversie. Com'è stato osservato: « il contributo specifico della corrente federalista alla teoria della R.[agion] di Stato consiste nell'individuazione dello strumento istituzionale in grado di superare la R. di Stato. Il punto di partenza del discorso relativo al superamento della R. di Stato attraverso il federalismo è nel pensiero politico di Kant » [Pistone, cit., 950]. Ma se le tesi di Kant costituiscono la base teorica per il superamento in senso federalista della ragion di stato, va rilevato che, anche qui, l'insegnamento dei *founding fathers* della costituzione federale americana costituisce il passaggio ineludibile per realizzare l'ideale kantiano. Tra di essi si deve ricordare almeno con qualche rigo Alexander Hamilton che resta — dalle tormentate e modeste origini, dal suo fervente patriottismo, al coraggio impavido mostrato sui campi di battaglia nell'esercito rivoluzionario, alla sua morte, ideatore principale dello stato federale, uomo di immenso talento giuridico e politico — col suo rivale Thomas Jefferson e tanti altri uno dei grandi eroi americani; a riprova di quanto importante sia il ruolo degli uomini nelle vicende storiche. E stupisce che, almeno a conoscenza dell'autore, il grande cinema americano non abbia dedicato a *Mr Hamilton*, come lo definiscono i testi di diritto costituzionale americano, il grande film che meriterebbe.

Federalismo internazionale e federalismo europeo.

18. Il federalismo americano realizza l'ideale kantiano e costituisce l'unica alternativa alle pseudosoluzioni della Società delle Nazioni, le N.U., etc. escogitate finora per risolvere il problema dell'anarchia internazionale. Esso resta il solo modello al quale guardare se si vuole uscire dalle teorizzazioni; anche se le diversità nazionali sono tali da farlo ritenere poco meno che una utopia allo stato attuale dei rapporti internazionali; anche se con la caduta per implosione dei regimi comunisti sembra che sia venuta meno una delle ragioni principali della paralisi dell'Organizzazione.

19. Lo stato federale nordamericano, la più imponente costruzione politico-costituzionale dei tempi moderni, *Summa* del pensiero illuministico, resta il termine di riferimento inevitabile per chi pensa (alla) o spera (nella) Unione politica europea. Come osserva Habermas [1988, trad. it.: 118]: « La 'Comunità economica europea' si è oggi trasformata in una 'Comunità europea' che mostra la volontà politica di costruire una 'Unione europea'. Per una simile formazione politica di 320 milioni di abitanti c'è soltanto l'esempio, se prescindiamo dall'India, degli Stati Uniti d'America. Questi rappresentano certo una società multiculturale, unificata da una stessa cultura politica e (almeno finora) da una stessa lingua, laddove l'Unione europea verrebbe a rappresentare un multilinguistico stato di nazionalità diverse. Quest'associazione politica dovrebbe poi conservare — se (com'è sperabile) si rendesse più simile a uno stato federale che non a una confederazione di singoli stati parzialmente sovrani — alcuni tratti di quella 'Europa delle patrie' di cui parlava De Gaulle ».

20. Ma è difficile azzardare previsioni in materia; se, cioè, per effetto dei successivi allargamenti della Comunità, il continente europeo tende a diluirsi verso una *confederazione* dai legami assai tenui tra gli stati membri o una *federazione* integrata con poteri supranazionali. Connessa a questa questione di fondo è quella relativa al diritto di veto nel Consiglio dei Ministri delle Comunità. Attualmente — in base al sistema del voto ponderato — 23 voti, ossia, in pratica, il voto di due grandi paesi e di un piccolo paese, costituiscono il *quorum* per l'esercizio del potere di veto. Con l'ammissione di quattro nuovi membri, la c.d. *blocking minority* salirebbe a 27; il che indebolirebbe il potere di veto dei grandi paesi introducendo, si sostiene, una forma di federalismo strisciante, vigorosamente opposto dal R.U. In definitiva, sembra potersi dire che l'attuale sistema europeo, sempre in fase di evoluzione, costituisce, si direbbe, un *mix* di elementi confederali e federalistici, o per essere più corretti, un raggruppamento di stati che non è né una confederazione, né una federazione. Comunque, a prescindere da ogni altro fattore che attiene al parlamento europeo, difficilmente si potrà parlare di federazione compiuta senza escogitare un meccanismo che sostituisca l'attuale potere di veto. Da quest'ultimo punto di vista, un discorso non troppo diverso vale per l'organizzazione delle N.U. In questo senso, tenendo conto dell'art. 148 del trattato istitutivo della Comunità Economica Europea, il *diritto di veto* nell'ambito delle deliberazioni del Consiglio dei Ministri delle Comunità, così com'è stato originariamente concepito e attualmente esercitato, lascia chiaramente ritenere che, almeno finora, si è in

presenza piuttosto di una *confederazione* di stati che di una *federazione*, anche se, ad es., la immediata efficacia del regolamento comunitario e i poteri della Corte di Giustizia delle Comunità esprimono per altri versi delle indubbie tendenze federalistiche. In effetti, degli studiosi nordamericani [Nowak and Rotunda 1978, ed. 1991: 315], nel riferirsi ai poteri degli organismi comunitari rispetto agli stati membri, osservano che la normativa comunitaria realizza una forma di *pre-emption* ben più rigorosa di quella che negli S.U. assicura — mediante la *supremacy clause* — la supremazia della legge federale. Inoltre, quando, ad es., si definisce la Convenzione di Bruxelles sulla giurisdizione e sull'esecuzione delle sentenze civili e commerciali del 1968 come la *Full Faith and Credit Clause Convention* europea, il riferimento all'esperienza nordamericana appare evidente. Questo termine deriva dalla norma contenuta nell'art. IV (s.1) della costituzione degli S.U. per cui ogni stato dell'Unione è tenuto a riconoscere le leggi, gli atti e le decisioni degli altri stati. In base a tale disposizione, i giudici sono tenuti ad attribuire alla sentenza civile (ma non a quella penale) emessa in un altro stato (*sister state*) lo stesso effetto di una sentenza statale: lo stesso dicasi delle decisioni delle corti federali. Comunque, le N.U. ora (e la SdN prima) appaiono, se mai, più una *confederazione* che una federazione: questa constazione spiega perché nella fase decisionale, esecutiva e giudiziaria l'attività delle N.U. si trovi in una *impasse* permanente. Le manifestazioni più eclatanti di questo regime sono il potere di veto e la necessità di un certo tipo di unanimità nel Consiglio di Sicurezza; quanto poi alla Corte Internazionale di Giustizia — organo giudiziario delle N.U. — le sue decisioni hanno efficacia solo nei confronti degli stati che hanno volontariamente accettato in anticipo la sua giurisdizione. Questi dati, per quanto sommari, valgono a spiegare, almeno in gran parte, la notevole diversità di regime giuridico interno e internazionale nel quale ultimo la *rule of law* ha tante difficoltà ad affermarsi. In effetti, quale che sia la via che il c.d. federalismo europeo potrà imboccare nei prossimi anni, sarà virtualmente impossibile ignorare il primo e più importante modello di federalismo funzionante nel mondo che, tra l'altro, ha addirittura elaborato il concetto di controllo giurisdizionale di costituzionalità. Ma non si tratta solo di questo primato: come scrive Tullio Ascarelli [*Interpretazione del diritto e studio del diritto comparato* (1954), in 1952-54, ed. 1955: 481, at 510]: « l'America del Nord ha da insegnare all'Europa »; perché essa è entrata per prima nel ventesimo secolo nel settore della produzione, degli scambi e dei consumi della società industriale di massa; perché è « più ricca la elaborazione giuridica dei problemi relativi e più viva la relativa coscienza giuridica ».

21. Del resto, già ora il trattato di Maastricht impone delle *convergenze* che costituiscono dei limiti notevoli alla politica economica dei paesi membri. Ma l'unione politica europea esige una rinunzia massiccia da parte dei singoli stati alla sovranità nazionale, ben maggiore di quella prevista dall'art. 148 del Trattato di Roma e, a quanto pare, di quella sulla quale gli stati membri appaiono disposti a concordare. Ma, per quanto lungo e accidentato potrà essere il processo di unione politica, quando il tempo sarà venuto di una qualche forma di associazione politica più stretta, sarà importante sapere se il nostro paese faccia parte dell'Unione come *Stati Uniti d'Italia*, *Confederazione Italiana* o *Repubblica Italiana* (CONTROLLO GIURISDIZIONALE DI COSTITUZIONALITÀ; MAGGIORANZA QUALIFICATA; VOTO PONDERATO).

22. L'orrore del passato — prodotto degli stati nazionali e della sovranità assoluta — « condanna » i popoli europei alla pace e alla democrazia; il federalismo europeo del primo e del secondo dopoguerra nasce con questa urgenza di fondo. Ma i paesi d'Europa, associati in un patto economico concepito all'origine come prima tappa dell'Unione politica, non hanno nulla a che vedere con le tredici colonie inglesi protestanti che in Nordamerica, in nome della libertà, dell'amor di patria, e del Signore si associarono prima in una *Confederazione* e poi in una *Federazione*; insomma, con quel clima morale, politico e patriottico che diede vita alla grande nazione americana. L'Europa (continentale) non ha tutte queste fortune messe assieme: comune origine, cultura, lingua, religiosità, anche se non necessariamente unica fede, assenza di regimi da abbattere o cambiare radicalmente, ma soltanto bisogno di costruire. A parte solidissime ragioni economiche che, di per sé sole, *faute de mieux* formano un collante di notevole presa, lo spettro di Lenin, Stalin, Hitler, Mussolini, Franco e Pétain spinge ad un matrimonio che sembra più di convenienza che d'amore (ma non di rado anche questi ultimi riescono bene). Il federalismo europeo (ammesso che non si tratti, invece, di qualcos'altro) nasce, invece, tra paesi segna-

ti da una storia di conflitti sanguinosi, da autentiche guerre civili, da diversità di lingua, di cultura, di identità e di umori. A questo punto potrebbe sembrare poco caritatevole rilevare quanto sia semplicistica l'idea pannelliana che l'*esperanto*, lingua artificiale, negatrice della diversità e delle identità nazionali formatesi nel corso di secoli, ricchezza stessa d'Europa, possa indurre quell'unità europea che va invece cercata altrove.

Ma lo schema federalista nordamericano e il suo linguaggio sono ormai diventati patrimonio comune di studiosi e politici, anche quando ne avversano la sostanza. Resta il fatto che, con tutte le critiche che si possono levare, se il conflitto nell'ex Jugoslavia non è degenerato in una ennesima deflagrazione europea lo si deve non tanto alle iniziative (poche o nessuna) dell'Unione Europea, quanto al fatto obiettivo della sua stessa esistenza. D'altro canto, non si deve trascurare il pericolo che il federalismo europeo si risolva in un aeropago politico-burocratico sottratto al controllo dei paesi membri e dei loro cittadini: insomma, una specie di Regione Sicilia o Lombardia. Questo problema, avvertito lucidamente specie in paesi di antica tradizione democratica come il R.U., appare del tutto assente dalle preoccupazioni dei nostri federalisti, culturalmente inconsapevoli della necessità che vi sia un raccordo e un *sistema di controlli* tra istituzioni democratiche e cittadini che vada al di là delle periodiche e rituali elezioni. Del resto, nel sistema interno del nostro paese, la vicenda dell'istituto regionale (siccome *voluto anche da nostri illustri giuristi*) che appare — già sulla carta — come un baraccone burocratico-clientelare lontano le mille miglia dal cuore e dai problemi dei cittadini (dis)amministrati, dovrebbe indurre a qualche riflessione. Con quell'intuito di analista del *trend* globale che bisogna riconoscergli, John Naisbitt [1994: 12] afferma che il federalismo europeo è idea ormai superata, mentre si fa strada la tendenza verso alleanze economiche ma non politiche che lascino sopravvivere l'individualità dei paesi. Può darsi che questa sua analisi, che sembra coincidere con le posizioni britanniche, sia esatta: resta il fatto che l'Unione Europea si trova di fronte ad un dilemma (confederazione-federazione) non troppo diverso da quello che in America del Nord ha preceduto la creazione degli S.U.; se cioè la confederazione costituisca strumento istituzionale adeguato ai bisogni e agli sviluppi dell'Unione Europea. Ma il linguaggio unionista non deve ingannare; ormai a credere ciecamente nella federazione europea sono restati solo i federalisti italiani: l'esperanto aggiusta tutto, sostengono. Si tratta di una forma di disperazione, di chi ormai non ha alcuna speranza che il paese possa riformarsi dall'interno.

Federalismo italiano e all'italiana.

23. Per Fernand Braudel [*L'histoire des civilisations: le passé explique le présent* (1959), in 1944-63, ed. 1969: 255, at 308], il mondo è violentemente spinto verso l'unità e allo stesso tempo resta fondamentalmente diviso. Convivono due opposte tendenze, una all'omologazione dei modi di esistenza, e l'altra a rivendicare le radici, la propria identità, e spesso il proprio interesse. Giulio Tremonti [in Galgano, Cassese, Tremonti 1993: 9] ha scritto: « come il '600 fu il secolo delle scoperte e del nuovo mondo, così l'età in cui viviamo è l'età dell'integrazione del mondo »: ma gli stati appaiono per taluni versi troppo piccoli (per quanto attiene ai mercati) e per altri troppo grandi quando si pensa agli stati unitari che sopprimono le autonomie delle regioni. Si direbbe, quindi, che il federalismo appare come il destino d'Europa, della comunità internazionale, del mondo. Si pensi alle attuali carenze dell'organizzazione delle N.U., una *confederazione* tra stati e non già una *federazione*. Il federalismo — come strumento istituzionale per assicurare tra i vari paesi e all'interno di essi la coesistenza delle diversità — costituisce il dibattito fondamentale del XXI secolo: la nuova frontiera.

Comunque, ormai è la stessa complessità della società industriale di massa a rendere tendenzialmente ingovernabile lo stato unitario indipendentemente dagli uomini — fattore che pure resta fondamentale in qualsiasi soluzione — che più o meno efficamente vi sono preposti.

24. Ma allora, si dirà, il federalismo è formula, interna e internazionale, vincente? Si direbbe di sì, dato che, come per la democrazia, non si è riuscito ad inventare nulla di meglio. Si tratta di un *vulnus* straziante per lo smisurato orgoglio dell'accademia giuridica del continente europeo, sempre sensibilissima a rivendicare la propria superiorità, sui pragmatici inglesi e americani. Se poi l'Europa la possa adottare, se non sia preferibile, perché più realistica, un'« Europa delle Patrie » è tutt'altro discorso: una formula politica, per quanto geniale e felice altrove, non si presta, di per sé, ad adattarsi a tutte le realtà, anche se può restare un idea-

le da perseguire. Così, ritorna il problema dei *legal transplants*: perché se, da un lato, è troppo superficiale (ma si tratta più spesso di un ovvio interesse al mantenimento dello *status quo*) sostenere che da noi, dalle istituzioni democratiche all'etichettaggio delle scatole di pomodori, nulla è trapiantabile data la nostra diversità, dall'altro, appare non meno superficiale ignorare le premesse esatte da qualsiasi trapianto giuridico. Norberto Bobbio [cfr. Russo 1992: 11] ha affermato che la questione meridionale è ormai questione dei meridionali: parole d'oro che si ricollegano alla logica di Gaetano Salvemini per cui solo in un quadro federalista i meridionali potranno trovare la forza di liberarsi da quel « blocco sociale » (tanto per usare la definizione impiegata da Pasquale Saraceno) che come una sanguisuga sugge le energie del Mezzogiorno. Ma se è così, a rigor di logica, anche la questione italiana (e che questione!) è questione degli italiani. Ad ogni modo, si pensa davvero che negli Stati Uniti d'Europa — di là da venire — l'Italia possa essere qualcosa di più e di meglio di quanto non le spetti per il suo prestigio, la sua efficienza politica ed economica, il talento dei suoi uomini e — suvvia, diciamolo — i suoi gravissimi problemi e l'incapacità di farsi paese moderno? Che, inquinando l'Europa con i suoi veleni, possa diminuire il tasso di quelli interni a spese degli altri? O non vi è forse una *Louisiana* negli S.U.? I federalisti nostrani pensano davvero che gli altri paesi europei possano permettersi il lusso di trascinarsi dietro dei vagoni frenati? di accollarsi inefficienza, corruzione, illegalità di massa, *democrazia consociativa*, i nostri professori di università, il falso in bilancio e la cassa integrazione, il salario variabile indipendente, le stragi; insomma, *le sconcezze della peggiore classe dirigente dell'Occidente*? E si pensa davvero che tutte queste cose possano sparire per incanto solo perché si fa parte dell'Unione Europea dalla quale peraltro nessuno avrà mai il coraggio di cacciarci?

25. Ma vi è un federalismo europeo di casa nostra del quale non si è detto abbastanza. Ossia, quello che propugna lo stato unitario all'interno e lo stato federale all'esterno, quest'ultimo perseguito con un entusiasmo privo di riscontro altrove, e per ciò solo, sospetto. Tanto più che al travolgente entusiasmo federalista *da attuare in casa d'altri* non corrisponde un'uguale passione per il federalismo interno, lasciato interamente alla Lega. Beninteso, il federalismo europeo può, anzi, deve essere concepito come la seconda tappa del processo di unificazione europea; la comunità economica prima, e l'unione politica europea dopo (propugnare la sequenza inversa appare del tutto irrealistico). Ma è difficile sottrarsi all'impressione che il federalismo nostrano concepisca l'europeismo come una nuova trovata per riformare dall'esterno un paese che non riesce a riformarsi dall'interno, e l'Europa come una immensa discarica nella quale riversare i veleni prodotti da uno stato *consociativo* come quello italiano. E non v'ha dubbio che i nostri partner europei fanno bene a diffidare di un federalismo all'italiana che finisce col distruggere con il suo culto dell'inefficienza e della sciatteria taluni dei *bienfaits* del centralismo come, ad es., l'*École Normale Supérieure de garçons (Rue d'Ulm)*, l'*École Nationale des Ponts et Chaussées, l'ENA*, etc. etc.

26. Resta comunque il fatto che, a parte Cattaneo, Salvemini e pochi altri, i quali vedevano con chiarezza l'esigenza di dare al nostro paese un assetto federalistico proprio per assicurare l'unità dell'Italia — *il federalismo italiano è sempre stato principalmente europeo* [cfr. Romano 1993: 109, at 110]. Alla base di questo atteggiamento vi è la diffusa convinzione che « soltanto l'Europa possa riscattare l'Italia dalle sue tare politiche e morali, strapparla alla palude del suo sottosviluppo culturale, costringerla a riformarsi e a rinnovarsi » [S. Romano, *La cambiale europea dell'Italia*, il Mulino 4/91: 664, at 666; cfr. id., 1993: 114]. Si è fatta tanta retorica, specie dalla nostra sinistra, sul *Manifesto di Ventotene*; eppure si tratta di messaggio datato anche al livello europeo, del tutto irrealizzabile nella sua pienezza, che non tiene conto di quanto sia importante per i grandi paesi europei non soltanto la tutela dei propri interessi, ma anche della propria identità, della propria diversità; si tratta, comunque, di un federalismo *soltanto* europeo che va collocato nella cultura del tempo e, non di rado, appare più un messaggio contro gli stati nazionali autoritari dell'epoca, un fatto esterno più che una concezione intrinseca all'idea stessa di democrazia.

Da noi l'argomento si presenta come una babele di lingue, una colossale nuvola nera nella quale si scontrano e incontrano e discettano professoroni e professorini che non sembrano veramente troppo interessati a ciò di cui parlano. L'argomento non è né popolare né sentito, *dato che nessuno dei partiti, e tantomeno gli intellettuali* che allietano il paese, *se ne sono mai occupati in mezzo secolo.* Vi è una vaga aspirazione popolare secessionista e qualunquista in talune regioni del paese derivante dalla insoddisfazione per la criminosa gestione della cosa pubblica, di solito attribuita alla corruzione che alligna nella capitale. Ed è probabile che un fenomeno come la Lega, del resto in via di ridimensionamento, non sarebbe mai sorto nel Nord del paese se vi fosse stato un minimo di decorosa gestione del denaro pubblico. Comunque, manca lo spirito civico e patriottico, la tensione morale, insomma quella cultura che forma la premessa di un qualsiasi federalismo che non voglia restare vuota chiacchiera.

27. Ma se si bada alla cosa e non alla parola, non v'è dubbio che l'unica soluzione liberaldemocratica per tenere assieme un paese che il ceto dominante italiano ha per mezzo secolo già diviso nei fatti è quella indicata da Carlo Cattaneo, da Gaetano Salvemini e da pochi altri; l'unica che — specie per quanto riguarda il Sud consente — con l'assunzione della responsabilità della gestione della cosa pubblica da parte dei cittadini, forma la *premessa fondamentale* per sbarazzarsi « con o senza violenza, poco importa » — come scriveva Salvemini [in Salvadori 1963: 55] — di quella colossale associazione per delinquere meridionale che, come si è accennato, Nicola Saraceno definisce cortesemente « blocco sociale ».

28. In effetti, per come è stata realizzata, l'unità d'Italia aveva in sé stessa il germe della disunione, del conflitto: un matrimonio forzato e senza amore; tra l'altro, sorprende il *toupet* di quelle forze che, avendo storicamente impedito e/o ritardato l'unità d'Italia si scoprono ora appassionate unitarie. Al contrario, il federalismo nordamericano è atto supremo di *patriottismo*, elemento fondante di quella grande democrazia, che consiste nel servire in pace e in guerra il proprio paese, nelle virtù civiche, tra cui, anzitutto, vi è il sacro dovere di pagare le imposte, e il non meno sacro diritto di controllare il tassatore.

29. Sembrerebbe, invece, che il « federalismo » della Lega parta da premesse esattamente opposte a quelle dei patrioti americani. E non si può negare che, nel complesso, il movimento appare come una versione nostrana del *poujadisme* francese, un separatismo siciliano in panni lombardi; che pretende di ignorare che, comparato all'Europa centrale, per non pochi versi, *vi è un problema del Nord non meno grave di quello del Sud.* In questo senso, l'arrivo al potere degli uomini del Nord se non ha riscattato il Mezzogiorno dall'orrore della sua classe dirigente, ha dato nondimeno la misura di quanto grave — le facce bastano — sia il problema della *qualità degli uomini* in entrambe le regioni del paese (con tutte le sviolinate possibili sulle differenze che pure ci sono), e perché sia virtualmente impossibile sperare di modernizzarlo fino a quando non ci sarà stata una autentica rivoluzione culturale: beninteso parlare di un Nord meno arretrato del Sud appare addirittura banale, *ma vantare un Nord europeo è semplicemente ridicolo.* A distanza di trenta anni dal fenomeno napoletano, si assiste a un « laurismo del Nord » che, anche qui, si raccoglie dietro un capitalismo insofferente di ogni legge, lazzarone e populista, da repubblica delle banane, rapinatore, e sfregiatore del paese: autentico monumento alla *democrazia consociativa* che lo ha prodotto. In ogni caso, può darsi che — a parte l'inconsistenza del progetto federalista — per pochezza di uomini (e di donne), per avere rinunziato all'istanza laica e alla lotta alla corruzione, soprattutto per l'incapacità di farsi *movimento nazionale* di modernizzazione, a cominciare dallo stesso Nord del paese; insomma, per queste e mille altre ragioni, che la stella leghista si spenga con la stessa rapidità con cui si è accesa, e che l'Italia si trovi di fronte a un'ennesima occasione perduta. Però resta il fatto che Umberto Bossi è stato l'unico uomo politico italiano ad avere individuato in mezzo secolo nella formula federalista (o quantomeno ad averne parlato) la *premessa* della modernizzazione del paese, questione di fondo della politica italiana, sopita dall'autoritarismo sabaudo e fascista prima e *consociativo* dopo, ma riemersa in tutta la sua virulenza dalle macerie della I Repubblica. L'unico ad avere sollevato le maggiori *issues* nazionali (federalismo, problema meridionale, spesa pubblica, problema fiscale, immigrazione), dando inizio a quel tanto o poco di cambiamento che vi è stato in Italia. Ad avere individuata nella *immigrazione incontrollata degli extracomunitari* la vera *emergenza nazionale*: in un paese come il nostro, per molti versi, esso stesso paese del Terzo Mondo: a parte le disastrose condizioni dei servizi, basta pensare alla mancanza letterale di spazio fisico in un territorio disastrato con un tasso di popolazione per kmq. tra i più alti del mondo, alla fragilissima consistenza politica, sociale e morale del paese, dilaniato da una *status society* unica al mondo, afflitto da una gigantesca *illegalità di massa* e da una cultura contadinesca e premoderna. Tutto questo nonostante il diluvio di « sta-

tisti» (l'unico a meritare senza ironia questo titolo è Alcide De Gasperi) di centro, di destra e di sinistra che hanno «illustrato» il paese negli ultimi 50 anni. Si può ironizzare sul personaggio, e sulle scompostezze del movimento: ma non si può negare il *debito* che il paese ha verso quest'uomo che ha visto più lontano di tanti nostri scaltrissimi professoroni e professorini i problemi del paese.

30. Ma la scomparsa del leghismo non farebbe scomparire i problemi che esso ha sollevato. Il fallimento dell'esperimento regionalista all'italiana è ormai incontestabile: sia per le devianze dell'istituto assicurate dai partiti, sia, cosa ancora più grave, per la sua stessa ideazione. L'antologia delle prodezze delle regioni del Nord e del Sud del paese, rivelatesi quasi esclusivamente in sede giudiziaria, fa ormai parte della barzellettistica internazionale. Eppure, per fare un solo esempio, la Regione Sicilia ha un bilancio di circa 23 mila miliardi, press'a poco uguale a quello della Regione Baviera: quale altro raffronto è mai possibile? La Comunità Economica Europea stanzia a favore delle regioni meno sviluppate dei paesi membri migliaia di miliardi all'anno; l'Italia perde questi fondi che vengono trasferiti alla Spagna, alla Grecia e al Portogallo per — incredibile ma vero — l'*incapacità* (sic!) delle regioni italiane di mettere assieme dei progettini credibili sull'uso da farne. Basterebbero questi soli dati a dimostrare le responsabilità di una classe dirigente che si è dimostrata in *assoluto* la peggiore dell'Occidente industrializzato. Far passare l'istituto regionale come una forma di decentralizzazione costituisce un autentico inganno ideologico e politico: in effetti, si è sostituito un centralismo statale inefficiente e corrotto con un centralismo regionale infinitamente peggiore. E non si tratta affatto di conferimento di più o meno ampi poteri alle regioni: è l'istituto in sé che dalla Lombardia alla Sicilia fa della regione una organizzazione burocratica *incontrollabile*, di leggendaria inefficienza e corruzione infinite volte più grave del più scalcinato degli uffici statali. Altri meccanismi sono necessari per stabilire un diverso rapporto che assicuri una *partecipazione* e un *controllo* che attualmente non esistono: le stesse elezioni regionali appaiono immensamente più lontane dagli interessi della gente di quanto lo siano quelle nazionali: il deficit democratico delle nostre istituzioni è pauroso. Del resto, la regione è istituto artificiale: è il comune l'ente di autogoverno per definizione della storia italiana. Se poi si pensa alla nuova legge elettorale del 1995 voluta, tra l'altro, dalla Lega e dal Pds, si ha un'idea degli sviluppi a venire.

31. Protagonista del Risorgimento «perdente», ma ora vendicato federalista, Carlo Cattaneo è uno dei più importanti personaggi, oltre che della storia, della cultura italiana. Come ha scritto Luciano Cafagna nella sovracoperta della nuova edizione Donzelli delle sue pagine curate da Gaetano Salvemini: «Cattaneo attraversa il suo tempo con un'idea semplice e magnetica: il motto 'scienza è forza' che riecheggia il *Knowledge is power* di Francis Bacon, costituisce il punto vero di raccordo di interessi e ricognizioni che spaziano in campi così diversi. Quello stesso motto attraversa anche la raccolta di testi curata da Gaetano Salvemini e pubblicata nel 1922 (...) in una prestigiosa e fortunata collana diretta da Ugo Ojetti, con un'introduzione che è a sua volta un piccolo classico della riflessione civile della nostra Italia».

32. L'accostamento Cattaneo-Salvemini non è casuale; la scoperta del grande lombardo ha fatto di Gaetano Salvemini il suo più attento studioso e l'appassionato seguace dell'idea federalista. Piero Gobetti [1924, ed. 1950: 38], che ha colto solo in parte la lezione di Carlo Cattaneo proprio perché non conosceva tutte le implicazioni del federalismo, ha scritto di questo grande italiano: «La sua opera resta un esempio di critica interna dello sviluppo dialettico del nostro Risorgimento, per il quale egli fu il solo, dopo Cavour, a postulare una preparazione economica. Visti in questa luce, i suoi motivi anti-unitari, ancora validi, appaiono l'equilibrata antitesi dell'illusione patriottica di risolvere con l'unità tutti i problemi popolari, e il suo regionalismo è soprattutto un problema di stile e di misura». Ma i suoi non erano motivi antiunitari: al contrario; Cattaneo era un grande patriota che voleva l'unità d'Italia con lo stesso ardore con cui i patrioti americani avevano voluto e lottato (la guerra di secessione è costata 600mila morti e 400mila feriti) per l'Unione federale. Egli si opponeva allo stato unitario dei Savoia considerandolo — a ben ragione — autocratico e reazionario ben più del regime austriaco. Essere federalisti non significa essere anti-unitari; significa invece essere per la sola forma di unione compatibile con la libertà.

33. Come scrive Salvadori [1963: 60]: «Il positivismo storicistico del Cattaneo divenne la base essenziale del pensiero salveminiano. Di modo che dopo il 1900 per il No-

stro l'adesione al Partito socialista non fu che lo strumento per l'attuazione nella pratica politica degli ideali cattaneani. Nella critica cattaneana allo Stato burocratico egli riconobbe la critica dei meridionalisti allo Stato accentratore e soffocatore delle energie del Sud; nei principî federalistici intravvide i nuovi ordinamenti che avrebbero liberato il Sud, ridonandogli vitalità (...) 'Il federalismo — scriveva Salvemini — è l'unica via per la soluzione della questione meridionale' » [ibid.: 61].

34. Per Cattaneo [*Il 1848 in Italia-Scritti 1848-1851*: 271, n. o., enfasi aggiunta]: « Ogni stato d'Italia deve rimaner sovrano e libero in sé. (...) Così ne insegna la sapiente America. Ogni famiglia politica deve avere il separato suo patrimonio, i suoi magistrati, le sue armi. Ma deve conferire alle communi necessità e alle communi grandezze la debita parte; deve sedere con sovrana e libera rappresentanza nel congresso fraterno di tutta la nazione; e deliberare in commune le leggi che preparano, nell'intima coordinazione e uniformità delle parti, *la indistruttibile unità e coesione del tutto* ».

35. Ma, si afferma, ormai un'Italia come quella prefigurata da Catteneo non è più possibile; insomma, l'unità è cosa fatta. In effetti, non si può negare che si è verificata quella mostruosa saldatura tra camorra del Nord e camorra del Sud paventata da Salvemini. Beninteso, uno stato unitario non deve necessariamente versare nelle condizioni di quello italiano: basta guardare alla vicina Francia, o al Regno Unito. I gravi difetti dello stato unitario centralista non bastano a spiegare l'abisso e il marasma nostrano: la specialità italiana consiste nella combinazione, unica al mondo, di *stato unitario* e *regime consociativo* (ormai le due cose si confondono e non sono più sceverabili).

36. Uno stimato storico dell'area di sinistra lamenta che il disegno di un paese fondato su autentici poteri locali delineato nell'800 dai democratici sia stato abbandonato da socialisti e comunisti e invece ripreso con contorni profondamente diversi, a volte sconfinanti col razzismo, da una forza di destra [N. Tranfaglia, *L'Italia spezzata*, in *la Repubblica*, 1 luglio 1993]. Ben detto: e si potrebbe aggiungere con Sciascia l'antica domanda da lui posta in un racconto che fece scandalo: « 'E se fossero soltanto degli imbecilli?' » [*Candido ovvero un sogno fatto in Sicilia* 1977, ed. 1990: 118]. Qui, evidentemente, si parla di imbecillità politica: la domanda percorre tutta la storia della sinistra italiana. Eppure, l'assenza di un progetto federalista si spiega con l'esistenza di un disegno *egemonico* che riguardava tutto il paese: che per un pelo non è andato a segno se non ci fosse messa di mezzo la caduta del Muro di Berlino, la caduta della Chiesa Madre; in ogni caso, esso postulava di per sé il centralismo. Comunque, egemonia o non egemonia, l'ideologia della sinistra italiana non è mai stata e non è ora federalista: il federalismo attiene a una concezione della democrazia liberale e pluralista che nulla a che vedere con l'ideale democratico della rivoluzione francese: tra le due rivoluzioni, quella francese centralista, e quella americana federalista, vi è un abisso che attiene alla idea stessa di democrazia. In questo senso, non v'ha dubbio che il concetto di democrazia, giacobina o meno, della sinistra italiana, anche presso i riformisti (salvo eccezioni), è di per sé centralista. E l'attuale federalismo del Pds, come del resto l'ambientalismo, sono degli optionals storicamente estranei e avversati dalla cultura profonda della sinistra italiana; oltretutto, il federalismo viene dall'America, paese storicamente odiato per quasi 70 anni: « come ne insegna la sapiente America » scriveva Carlo Cattaneo a proposito del modello federalista: e chi nella sinistra italiana avrebbe mai osato fino alla caduta del Muro riecheggiare il messaggio del nostro apostolo federalista? Quanto poi al federalismo (europeo) spinelliano, esso era supportato dalla sinistra essenzialmente in funzione antiamericana: scomparsa l'Unione Sovietica, è cosa che non interessa più. E così non è un caso che da noi, se si guarda al recente passato, a parte pochissimi laici liberali come Gaetano Salvemini e qualche socialista riformista, bisogna rifarsi a un federalismo *sui generis* come quello cattolico per sentir pronunziare anche soltanto la parola. Ancora oggi i federalisti di sinistra di un qualche spessore si contano sulle dita di una sola mano (tra essi si segnala, *belatedly,* Massimo Cacciari, probabilmente uno degli intellettuali più sensibili all'istanza di Carlo Cattaneo). Risale infatti al '900 la polemica di Gaetano Salvemini — apostolo del Mezzogiorno e appassionato federalista — contro Turati, propugnatore dello stato unitario. Salvemini è stato profeta: « 'Nessuna illusione è più fallace di questa, che un governo unitario, purché democratico, possa risolvere la questione meridionale... Succederà alla democrazia quel che è successo prima alla Destra, e poi alla Sinistra: fuori una facciata liberale, e

Federalismo

dentro la verminaia delle camorre del Nord e del Sud' » [in Salvadori 1963: 62].

37. E poi, come mai si può essere federalisti quando invece il *regime consociativo* si può reggere solo su un rigorississimo accentramento, anche per disporre delle leve di comando che consentano di incanalare l'alluvione di denaro pubblico verso partiti come il Pci, così mastodontici da far morire di invidia, se non fosse già morto, Achille Starace?; che manovra centinaia di aziende e organizza traffici di ogni genere, intrattiene intelligenze, e riceve fondi anche da paesi potenziali nemici dell'Italia?

38. Il fatto è che la sinistra nostrana è sempre stata, storicamente, ecumenica, antinazionale, reazionaria e centralista (*et pour cause!*), specie nella sua componente comunista. Nel 1947 essa si dilania su una di quelle tante questioni che l'hanno squalificata: se accettare o no gli aiuti del piano Marshall; per ordine sovietico, si decide di boicottare gli aiuti americani, e in quei giorni Togliatti scrive sull'Unità un articolo che si fa ricordare per il suo titolo: « *Come sono cretini gli americani* ». Con questi « statisti » non sembra azzardato affermare che si contano sulle dita di una sola mano i casi in cui le posizioni del Pci sono state in consonanza con l'interesse del paese, come ad. es,. nel sostenere che l'*Alfa Romeo* fosse venduta alla *Ford*, e non già alla Fiat, com'è poi avvenuto, con i prevedibili risultati che sappiamo. Ma dalla svolta di Salerno, alla lotta al Piano Marshall, a quella al Patto Atlantico, al Mercato Comune alla c.d. « centralità del parlamento », alla stessa lotta Antimafia, si tratta di una catena di posizioni e atteggiamenti che fanno l'interesse del partito, mai del paese. Comunque, ciò che sembra grave non è tanto che la sinistra italiana non sia mai stata federalista, quanto il fatto che non lo sia neanche ora. Come mai la sinistra può apprendere cos'è il federalismo se idee, riferimenti, stimoli, tutto proviene dall'odiata America? E quando mai la sinistra italiana comincerà a studiare le cose serie? Se oggi (1995) docenti di materie economico-finanziarie che occupano posti rilevanti nel Pds ignorano cos'è lo Sherman Antitrust Act del 1890?

39. È stato osservato che è assai grave che nel paese di Carlo Cattaneo e di Gaetano Salvemini la bandiera del federalismo sia stata raccolta esclusivamente dai leghisti del Nord; che mentre il federalismo di Cattaneo e Salvemini era caratterizzato da istanze democratiche di tolleranza e di antigiacobinismo, quello leghista si pone come movimento lazzarone e antimeridionale: nell'800 il federalismo era un progetto progressista e patriottico allo stesso tempo. Indubbiamente è fatto che mozza il fiato la constatazione che nel Mezzogiorno d'Italia — in cui una ignorante, sguaiata e corrotta borghesia ama troppo spesso proclamarsi « borbonica di sinistra » e gli intellettuali assumere non di rado atteggiamenti di trasgressione impossibili da distinguere dalla macchietta partenopea — il tema fondamentale del federalismo sia passato sotto silenzio. Ben diverso sarebbe stato il corso della politica se il movimento del Nord si fosse confrontato con un movimento federalista meridionale. Ma ormai potenti interessi coalizzati — di natura camorristica — fanno delle regioni meridionali le più appassionate sostenitrici di un'unità d'Italia che non sta a cuore a nessuno ma che assicura il trasferimento di un fiume di denaro pubblico al quale non si vuole rinunziare. Duole dirlo, ma gli intellettuali meridionali, anche in questo caso, fungono da *intendence* di un sistema di potere che non può che essere definito criminale. In queste condizioni, ammesso che resista a qualche altra tornata elettorale, il federalismo, qualunque cosa possa significare in concreto, sembra destinato a restare un fatto del Nord. Sempre, nella lezione di Gaetano Salvemini — grande federalista — ricorre quell'irrefrenabile insofferenza per le astrazioni, che rende così « intraducibile » l'idealismo napoletano. Sempre ritorna il motivo di fondo che « 'il carattere val più che l'ingegno e la dottrina' » [in Salvadori, ibid.: 18], che la scuola ha un'importanza fondamentale nella vita morale, politica ed economica di un paese; che le sventure italiane si spiegano troppo spesso con la pessima qualità degli uomini. Giovanni Russo spiega bene il ruolo negativo degli accademici e *savants* (si fa per dire) meridionali nelle attuali condizioni di sfascio ambientale del Mezzogiorno: « La responsabilità della situazione attuale è della 'cultura' accademica e universitaria, fatta eccezione per rari e meritevoli casi di impegno individuale » [1992: 87]. Ma si tratta di discorso ben più generale che attiene alla *riserva* di uomini di qualità sui quali un paese o una comunità deve poter contare in caso di emergenza. Questa riserva non esiste, perché, salvo rare ed encomiabili eccezioni, *tutta l'accademia italiana si è messa al soldo del regime in maniera ben più indecorosa di quanto abbia fatto nei confronti del fascismo*. Il « blocco sociale » ha trovato fin dall'origine, ancor più che nelle altre regioni, nell'università meri-

dionale la sua sede di elezione. Anche se il caso del prof. Copione — sviluppatosi all'ombra di un noto carrozzone culturale partenopeo — può essere definito come tipico dei criteri di selezione di tutto il ceto dirigente italiano. Indubbiamente, è un tratto sintomatico del degrado morale e politico della cultura meridionale che — tra le diecine di migliaia di docenti del Sud sparsi in tutt'Italia e in particolare nelle numerosissime università del Mezzogiorno, da quella fredericiana a quella di Campobasso, Caserta, Teramo, Arcacavata, Bari, Benevento, etc. (ma è ormai impossibile tenerne il conto) — a nessuno di essi sia mai venuto in mente di riprendere la lezione di Gaetano Salvemini. Nessuno dei due grandi carrozzoni culturali napoletani, dove pure si discute senza cessa dei massimi sistemi, del destino dell'umanità e della questione meridionale (sic!) che, nella patria di Gaetano Filangieri, abbia deciso (*et pour cause!*) di farsi centro propulsivo del federalismo meridionalista. E forse è arrivato il momento di riconoscere che, stante gli attuali meccanismi di potere, il diluvio di denaro pubblico che — sotto il ricatto permanente di rivolta armata — il contribuente dovrà in ogni caso destinare al Mezzogiorno si tradurrà in ulteriore *devastazione* del tessuto morale e civico di quelle regioni. In questo senso, tenendo conto che il regime consociativo, ben più che il fascismo, ha usurato quasi tutte le risorse umane e quindi le speranze, specie meridionali, la posizione leghista appare come una doverosa presa d'atto di una situazione che vede da un lato il Meridione unitario e, dall'altro, il Nord, diciamo così, federalista. Ormai è tempo di riconoscere che la differenza radicale tra Sud e Nord del paese non risiede tanto nella diversità del *pil* quanto nell'incapacità di ribellarsi ai propri ceti dominanti per darsi una vita più decorosa. Personaggi autorevoli hanno proferito gigantesche *foutaises* sul tema del federalismo, ma non si può negare la correttezza dell'affermazione per cui i popoli di paesi politicamente più evoluti, di fronte a un millesimo di quanto è emerso al Sud e al Nord d'Italia sarebbero insorti in armi. Del resto, com'è stato realisticamente affermato: « Nella visione ormai dominante, il problema è quello di evitare che il ritardo del Mezzogiorno inceppi lo sviluppo delle altre regioni: di qui le proposte di accentuare il decentramento federale dello Stato, di assegnare largamente alle singole regioni i compiti di prelievo fiscale e di spesa pubblica, di rendere autonomi i sistemi regionali di assistenza sanitaria » [A. Graziani, *Economia al bivio*, in Ginsborg (cur.) 1994: 366, at 370].

40. Ma affermare che il leghismo è un sintomo, che il vero problema nazionale è il Mezzogiorno finisce col diventare una banalità se non si aggiunge che l'unica formula che consenta di affrontarlo è il federalismo. E poi non è neanche esatto che la vera questione nazionale sia *soltanto* quello meridionale, visto che ogni paese industrializzato dell'Occidente ha una qualche sua forma di meridione: in effetti, non diciamo da Parigi, Londra, Francoforte, Berlino, Amburgo, Barcelona, Amsterdam, ma da Monaco di Baviera, Milano appare ben povera cosa. Come scrive Alberto Magnaghi « Milano è una delle città più degradate d'Europa: 4 mq di verde pubblico per abitante, traffico caotico, inquinamento dell'aria sopra le soglie di rischio, acqua sempre più scarsa per quantità e qualità. Una conurbazione di caotici insediamenti periferici, che rappresenta il 'cuore dell'economia italiana', copre e degrada il ricco reticolo dei sistemi urbani » [*Bisogno di identità dell'abitare e ricostruzione dei luoghi*, in Ginsborg (cur.) 1994: 40]. Non il solo problema nazionale, dunque; vi è anche una *questione settentrionale*: ignorarla sarebbe grave errore da parte di quelle forze che pretendono di modernizzare il paese o anche soltanto una parte di esso. A questo proposito, non sembra inutile rilevare che il c.d. federalismo interno (di quello esterno si è già detto) non tiene abbastanza conto del fatto che sarà la natura dell'assetto produttivo nazionale e, in particolare, la piccola impresa, a fondare la nuova (?) costituzione materiale del paese, così come, del resto, lo è al giorno d'oggi. In altre parole, se il federalismo si dovesse ridurre a fare della Padania una regione, o cantone, *offshore*, ossia fuori legge, una marca dell'economia nera e di traffici illegali o criminali, un *tax haven* in panni e accenti lombardi; se il federalismo dovesse diventare tutto questo: insomma, se tutto dovesse ridursi a preferire un Prandini a un Cirino Pomicino, allora è meglio lasciar perdere. Perché se è vero che non vi è mai un tempo giusto per le riforme e che non si può attendere, che bisogna fare, questo non impedisce di innalzare un gigantesco cartello per avvertire che un federalismo che riflettesse non già l'interesse generale ma la componente elettorale di maggior rilievo del movimento leghista (microimpresa-economia sommersa e, magari, evasori fiscali), esso si ridurrebbe a un disastroso esperimento.

41. Federalismo fiscale, federalismo possi-

bile. Nell'affermare che il federalismo è molto più flessibile e molto meno terribile di quanto finora comunque si pensi, Giulio Tremonti, intelligente ma, secondo lo stile accademico nostrano, saccente studioso, e poco credibile riformatore fiscale, osserva: « Perché il federalismo o è fiscale, o non è: non ci può essere federalismo politico con centralismo fiscale, che spegnerebbe ogni forma di autonomia. E poi perché le grandi imposte che caratterizzano il sistema fiscale italiano sono da un lato insostituibili (almeno per ora), dall'altro lato molto meno flessibili di quel che si crede: sono infatti imposte strutturalmente *nazionali* (...) Rispetto al modello di un federalismo fiscale possibile, il modello italiano di finanza pubblica è esattamente l'opposto: è il contromodello. Si tratta infatti del più verticale ed orientale tra i modelli fiscali possibili. La riforma fiscale del 1971-'73 ha, in specie, azzerato l'autonomia fiscale degli enti locali, *trasformandoli* in centri di spesa elettorale irresponsabile, *trasferendo* tutto il potere fiscale allo Stato, infine *spingendo* lo Stato — caricato di un onere politico ed economico eccessivo — a fare sempre più massiccio ricorso al debito pubblico. È in questi termini che la democrazia è degenerata in cleptocrazia: i corpi politici rappresentativi — i Municipi, le Regioni, il Parlamento — essendo così progressivamente diventati centrali di intermediazione del debito, banche d'affari e di malaffari. Ciò che è soprattutto evidente, in questa realtà devastata, è il legame tra politica e finanza; la politica è degenerata perché la finanza era incontrollata, e viceversa. All'opposto, l'essenza del federalismo sta proprio nella ricerca del legame più stretto ed efficiente possibile tra *politica* e *finanza* (...) Il modello federale politicamente 'ottimo' è, in particolare, quello in cui il soggetto tassato vota il soggetto tassatore; in cui tanto l'oggetto tassato, quanto l'opera finanziata, sono nella competenza dell'amministratore votato (...) C'è un *primo stadio* di autonomia finanziaria possibile. Uno stadio che, del federalismo fiscale, può essere considerato iniziale: il *municipalismo* fiscale. Il municipalismo è molto importante (...) le tavole del federalismo non sono state consegnate sul Monte Sinai; piuttosto, sul tavolo del municipalismo-federalismo fiscale si può aprire una trattativa e si possono trovare combinazioni e graduazioni politiche finora impensabili, ma indispensabili per la nostra democrazia » [*Il federalismo possibile*, in *Corriere della Sera*, 10 dicembre 1993].

42. Beninteso, l'accenno al Monte Sinai va bene se significa che nessun modello è da prendere a scatola chiusa, ma che vi debbono essere dei margini e delle flessibilità che consentano soluzioni diverse; che, insomma, si tratta di *termini di riferimento*, con i quali bisogna necessariamente confrontarsi, di cui bisogna capire il significato e l'organamento e soprattutto lo spirito che anima rotellone e rotelline di un così complesso macchinario come lo stato, unitario o federalista che sia, in una società industriale di massa.

43. Non va più bene se si vuol dire che gli aggiustamenti locali possono essere tali e tanti da fare del federalismo una barzelletta, come del resto si verifica invariabilmente da noi ogni qualvolta ci si accinge alle grandi (e piccole) « riforme ». Non va bene soprattutto perché non è ipotizzabile federalismo fiscale senza federalismo istituzionale. E qui viene voglia di ripetere il detto napoletano, volgare ma efficace, che certe cose non possono essere messe nelle mani dei bambini. Il pericolo che si corre è di una gravità eccezionale. Può sembrare eccessivamente *méchant* affermare che se Carlo Cattaneo e Gaetano Salvemini vedessero le facce dei federalisti odierni o ascoltassero i loro *propos,* rinunzierebbero al sogno della loro vita. Ma è certo che il federalismo del Monte Sinai (ossia quello americano) è anzitutto un fatto politico. Dallo statuto albertino, allo stato centralista, alla costituzione repubblicana, a non poche delle grandi riforme, tra cui il Servizio Sanitario Nazionale, al capitalismo nostrano, alle privatizzazioni, si tratta di atroci copie di cose maturate altrove. Copiare o parafrasare è il ruolo che tocca a chi, in queste cose, arriva dopo. Ma vi è di peggio: copiare male o addirittura pretendere di essere originali. Saverio Vertone in uno spiritoso *pamphlet* dal titolo eloquente *L'ultimo manicomio-Elogio delle Repubblica italiana* [1992], *ahinoi* troppo breve, ha illustrato talune leggi approvate all'*unanimità* talmente bislacche da consentire di definire il nostro paese come un manicomio. Ma, a voler registrare tutte le assurdità e follie, non basterebbe una intera biblioteca. Perché, al di là dell'ingrediente di criminalità pura che — duole doverlo dire — è tanta parte della legge, ve ne è uno di gran lunga prevalente che è quello dell'*incapacità coordinatoria* legislativa e gestionale, pubblica *e privata*, che non di rado assimila il ceto dominante nostrano a quello di un paese del Terzo Mondo. Basta pensare al caos dei soccorsi in occasione di gravi calamità. Ferrarotti — attento studioso delle cose nostra-

ne — ha colto bene questo tratto del ceto dominante del nostro paese: « La parola invece della cosa. Come se la parola, sacramentalmente, operasse 'ex opere operato'. Nessun controllo, nessuna cura per l'attuazione pratica, per le sue modalità, per le sue conseguenze, previste e impreviste. Scarso orecchio per la manutenzione » [1990: 17].

44. Si è osservato che la Lega ha inventato un federalismo radicalmente nuovo: il federalismo socio-economico determinato dalle diverse condizioni economiche del nostro paese e dalla questione di fondo di chi debba pagare il conto della solidarietà; che non ci si è accorti che il vero conflitto nelle società industriali avanzate è di tipo nuovo e divide chi paga troppe imposte e chi vuole più spese sociali a spese degli altri. Ma non si tratta solo di questo: il leghismo è essenzialmente un movimento per l'*autodeterminazione* che — *faute de mieux* — accetta il federalismo (*rectius*, confederalismo). In questo senso, esso appare l'opposto del (vero) federalismo nordamericano patriota e unionista. In effetti, mentre il federalismo americano passa dalla *diversità all'unità*, quello italiano segue un percorso *inverso*, a rovescio: ossia dallo stato unitario allo stato c.d. federale. Ad ogni modo, quali che siano le motivazioni, di per sé, in definitiva addirittura irrilevanti — tra le quali appare fondamentale il rifiuto totale di continuare a lasciarsi governare alla maniera della I Repubblica — non si può negare il sacrosanto diritto all'autodeterminazione dei popoli del Nord anche se è dubbio che il suo esercizio possa assicurare un effettivo miglioramento rispetto alla attuale situazione. Con questo si chiarisce la distinzione tra *confederazione, federazione* (due forme di alleanze tra stati) e *autodeterminazione*. In effetti, il punto di partenza della Lega è l'autodeterminazione: le oscillazioni e le carenze del progetto federale leghista si spiegano anche con questo dato: la federazione (ma in effetti si vuole una *confederazione*) è l'unica via di uscita quando non si è disposti a portare l'autodeterminazione alle ultime conseguenze (la secessione). Del resto, un separatismo-secessione, se effettivamete realizzato, comporterebbero un disastro economico per il Nord ben più che per il Sud del paese. Significativo a questo proposito, è che quello leghista appaia un movimento essenzialmente *poujadiste* cui non partecipa la grande impresa, di per sé ostile a soluzioni che ne possano restringere gli spazi e, in ogni caso, legata alla formula unitaria da assai corposi interessi.
Queste sembrano le premesse del federalismo nostrano al quale manca, com'è evidente, quell'*affectio* che, al contrario, ha mosso l'unionismo nordamericano: non potendo divorziare, ci si accomoderebbe a restare separati in casa. Federare significava, per Alexander Hamilton e i padri fondatori, unire nella libertà, nell'autonomia, nell'autogoverno; insomma, un atto di patriottismo. Per altri, federare significa dividere, erigere barriere. Ma si tratta di situazioni integralmene diverse.

Il federalismo e il chiosco del gelataio - Polichinelle aux aguets.

45. È noto che proprio perché federalista il sistema giuridico nordamericano è uno dei più complessi e difficili, se non il più difficile al mondo: un gigantesco meccanismo in cui ruotano allo stesso tempo 51 ordinamenti giuridici. Un federalismo europeo — quale che fosse il suo concreto regime — sarebbe presumibilmente ben più complesso di quello nordamericano per l'assenza di quel collante culturale, linguistico, di sistema giuridico e di storia che ha reso possibile il primo e rende assai problematico se non addirittura impossibile il secondo. Ad ogni modo, nessun sistema è una *slot machine*; sono gli *uomini* a far funzionare qualsiasi meccanismo politico-costituzionale, a gestire un comune, come un'impresa, e solo gli uomini danno alle regole il loro vero significato; ma gli uomini sono allo stesso tempo causa e risultato di determinate condizioni storiche. Così, non può stupire l'affermazione che la *democrazia consociativa* all'italiana ha prodotto *il peggiore ceto dirigente* (partiti di governo, di cosiddetta opposizione, grande imprenditoria, sindacati, magistratura, burocrazia, professori, « grand commis », servizi segreti, etc.) che il paese abbia mai avuto dall'unità d'Italia: in effetti, il paese è dominato da una *zerocracy*. Sembra, quindi, assai dubbio che una classe dirigente (pubblica e privata) come quella nostrana, priva perfino dell'intelligenza politica (ed economica) di conservare decorosamente un frammento dell'immenso patrimonio artistico-monumentale e paesistico della nazione, abbia quella ben maggiore di manovrare i meccanismi delicatissimi di uno stato federale.

46. Il federalismo americano — come, del resto tutte le grandi conquiste dell'uomo — è il frutto di una grandiosa tensione morale e politica, di grande patriottismo, di lacrime e sangue, di una guerra civile costata 600mila morti e 400mila feriti; non è un miracolo,

né un fenomeno della natura, ma una costruzione paziente e dolorosa. Il suo *ubi consistam* — l'invenzione che consegna alla storia i padri fondatori e, in particolare, Alexander Hamilton, James Madison e John Jay, giganti del pensiero politico moderno — consiste nella doppia sovranità tra stato federale e stati dell'Unione, nell'idea che la democrazia, in quanto pluralista per definizione, o è federalista o non è. Ma la doppia sovranità è di per sé un rapporto, un equilibrio, non fissato una volta per tutte, ma continuamente testato e rivisitato: è nella natura stessa della doppia sovranità che ogni generazione debba trattare il rapporto stato federale-stati membri come una questione nuova. Il conflitto che divideva Alexander Hamilton, federalista, da Thomas Jefferson, repubblicano, non era che in parte dovuto allo scontro tra due potenti ma configgenti personalità: esso riflette, invece, due modi diversi di intendere il federalismo: per poco che si guardi alle decisioni della veneranda *Supreme Court* federale, esso è proseguito nel tempo e costituisce ancora oggi il dibattito fondamentale negli S.U. Il federalismo appare storicamente vincente; ma conoscendo la pochezza degli uomini che si accingono a « rifare » il paese, si consenta di esprimere la speranza che la carità di patria li possa illuminare, e che tra qualche tempo non si debba parlare di loro come di *padri sfondatori* di quel poco che ci aveva lasciato la *democrazia consociativa*.

47. In ogni caso — a parte la Relazione della Commissione Bicamerale per le Riforme, specie sulla forma stato, che consiste, in sostanza, in un regionalismo anarcoide che non essendo né autonomia né autogoverno promette effetti ancora più devastanti di quelli prodotti finora dall'istituto regionale — le proposte principali attengono alla divisione dell'Italia in: (i) tre macroregioni *più le cinque regioni già a statuto speciale* (Miglio); (ii) nove raggruppamenti regionali (Speroni); (iii) dodici regioni (Fondazione Agnelli). La Lega avrà certamente le sue contraddizioni e difficoltà, le sue interne confusioni; ma, ancora una volta, il vero tradimento progettuale proviene dalla nostra ineffabile sinistra che, con centinaia di professori in libera uscita di cui dispone ed un personale politico di capacità notevolmente superiori alla media delle altre forze politiche, si rifiuta di mettersi a capo di un serio progetto federalista e democratico nel nostro paese. Auguri, tanti auguri: ne abbiamo bisogno. Tutti: federalisti e unionisti. Ma attenzione: Pulcinella è in agguato.

48. Distinto dal federalismo è il *regionalismo* che si ha nell'ambito dello stato unitario; nel Regno Unito, stato unitario, va sotto il nome di *devolution*. Essa ha comportato la devoluzione di taluni poteri del parlamento britannico a favore dell'Assemblea Legislativa Scozzeze e del Galles. Ma non esiste equivalenza del regionalismo nostrano. Nel caso dello stato federale tedesco sembrerebbe che si debba parlare piuttosto di regionalismo che di stato federale vero e proprio; in Francia — stato unitario e centralista per definizione — è stata promossa di recente una vasta regionalizzazione amministrativa del paese (AUTOGOVERNO; CITTADINANZA; COMUNITÀ ECONOMICA EUROPEA; CONFEDERAZIONE; COSTITUZIONE POLITICA; DECENTRAMENTO; DELEGA DEI POTERI ALLO STATO FEDERALE NEGLI S.U.; DEMOCRAZIA CONSOCIATIVA; DEVOLUZIONE: 2; DICHIARAZIONE DEI DIRITTI; DIRITTI (II) DELL'UOMO; DISTRIBUZIONE DEL POTERE; ELEZIONE DEL PRESIDENTE DEGLI S. U.; ESECUZIONE FORZATA DELLA SENTENZA CIVILE STRANIERA; ESTRADIZIONE; EVASIONE FISCALE; FEDELTÀ VERSO IL SOVRANO O LO STATO; FEDERAZIONE; GIURISDIZIONE; GUERRA CIVILE; IMPOSIZIONE FISCALE; LIBERO SCAMBIO; LINGUAGGIO GIURIDICO; MINISTERO; MODELLI GIURIDICI; PADRI FONDATORI; POTERI RESIDUALI; PREFETTO; QUESTIONE FEDERALE; RAGION DI STATO; REGIONALISMO; SCHIAVITÙ; SECESSIONE; SEPARAZIONE DEI POTERI; SOCIETÀ (II) PER AZIONI EUROPEA; SOVRANITÀ: 2; STATI UNITI D'AMERICA; STATO: 2; STATO A SOVRANITÀ LIMITATA; SUPREMAZIA DEL DIRITTO FEDERALE NEGLI S.U.; TERRITORIO; TRIBUNALE INTERNAZIONALE PERMANENTE PER I CRIMINI CONTRO L'UMANITÀ; UGUAGLIANZA DEGLI STATI; UNIFICAZIONE DEL DIRITTO; UNIONE EUROPEA). [vol. I: COMMERCE CLAUSE; FULL FAITH AND CREDIT CLAUSE; PLURILEGAL UNITS OF SOVEREIGNTY]

Bibl.:

Agnew, J., *Italia arretrata, Europa moderna*, il Mulino 1/94: 11.

Baldi, C., *Autodeterminazione,* in *Dizionario di Politica* 1976, ed. 1983: 76.

Bevilacqua, P., *Questione Meridionale*, in Ginsborg (cur.) 1994: 72.

Cash, W., *Against a federal Europe,* London, Duckworth, 1991.

Cattaneo, C., *Il 1848 in Italia-Scritti 1848-1851*, a cura di D. Castelnuovo Frigessi, Torino, Einaudi, 1972.

id., *Le più belle pagine scelte da Gaetano Salvemini*, Postf. di L. Cafagna, Roma, Donzelli, 1922, ed. 1993.

Cavalli, A., *Il Mezzogiorno, la vera questione nazionale*, il Mulino 6/93: 1080.

Dastoli, P.V., *Fra il magnete tedesco e il*

diluente britannico, il Mulino/Europa/2 1994: 5.
Galli della Loggia, E., *Lettera agli amici americani*, Milano, Mondadori, 1986.
Ginsborg, P., *L'Italia, l'Europa, il Mediterraneo*, in Ginsborg (cur.) 1994: 643.
Gori, U., *Guerra*, in *Dizionario di Politica* 1976, ed. 1983: 505.
Hamilton, A., *Lo stato federale*, trad. it., introd. di L. Levi, Bologna, il Mulino, 1987.
Levi, L., *Federalismo*, in *Dizionario di Politica* 1976, ed. 1983: 403.
Manzella, A., *Il nuovo costituzionalismo europeo,* il Mulino/Europa/2 1994: 31.
Massari, M., *Unione all'inglese,* il Mulino 1/95: 163.
Matteucci, N., *La rivoluzione americana: una rivoluzione costituzionale*, Bologna, il Mulino, 1987.
McDonald, F., *Hamilton, Alexander,* in *Oxford* 1992: 359.
Pistone, S., *Ragion di Stato*, in *Dizionario di Politica* 1976, ed. 1983: 944.
Pombeni, P., *Esiste una storia dell'Italia unita?*, il Mulino 5/94: 769.
Romano, S., *La Germania e l'Europa: niente di nuovo sul fronte occidentale,* il Mulino/Europa/2 1994: 53.
Rutland, R.A., *Madison, James*, in *Oxford* 1992: 517.
Salvadori, M.L., *Gaetano Salvemini*, Torino, Einaudi, 1963.
Santoro, C.M., *La ricostruzione dell'Europa,* il Mulino 1/95: 148.
Scheiber, N.H., *Federalism*, in *Oxford* 1992: 278.
id., *Dual federalism*, ibid.: 236.
Tocqueville, Charles Alexis Henri Clérel de, *Démocratie en Amérique*, trad. it., *La democrazia in America*, in *Scritti politici di Alexis de Tocqueville*, a cura di N. Matteucci, Torino, Utet, 1991, vol. II.
VanBurkleo, S.F., *Jay, John*, in *Oxford* 1992: 446.
Walzer, M., *Che cosa significa essere americani*, trad. it. di N. Urbinati, Venezia, Marsilio, 1992.
Zamagni, *L'idea di Europa*, il Mulino 1/95: 139.

Federazione. Federation. Quando il termine è riferito agli S.U., si parla di *Union*: la parola *federation* non è mai usata nella costituzione: *United States* indica lo stato federale. L'aggettivo *federal* è impiegato peraltro in tutti i riferimenti allo stato federale, e alle norme federali, come ad es., quando si parla di *Federal Rules of Civil Procedure,* etc. Si noti che l'aggettivo *federal* sta a significare ciò che attiene allo stato federale in quanto distinto dai singoli stati dell'Unione. Lo stato federale degli S.U. è detto *U.S. Government.* L'ammissione di nuovi stati nell'Unione è detta *admission of new states into the Union.* Gli stati che formano l'*Union* nordamericana sono stati a sovranità limitata, nel senso che — appunto in quanto tali — condividono la sovranità con quella dello stato federale. Il preambolo della costituzione degli S.U. recita: *We the people of the United States, in Order to form a more perfect Union...* In altre parole, *a more perfect Union* è una unione più perfetta di quella assicurata dalla confederazione che si intendeva superare (CONFEDERAZIONE; FEDERALISMO; LEGA; RATIFICA DI UN TRATTATO INTERNAZIONALE; SOVRANITÀ; TERRITORIO; UNIONE). [vol. I: CONSTITUTION: VIII]

Fedina penale. Grosso modo, criminal record o, negli S.U., arrest record (PRECEDENTI PENALI).

Felicità. (DICHIARAZIONE DEI DIRITTI; DIRITTO (II) ALLA FELICITÀ; RICERCA DELLA FELICITÀ)

Femminismo in genere. Feminism (ABORTO; DIRITTI (II) DELLA DONNA; DISCRIMINAZIONE DELLA DONNA; DISCRIMINAZIONE SESSUALE; DONNA).

Ferie in genere. Holidays, leave (FESTIVITÀ; GIORNO FESTIVO; UDIENZA NEL PERIODO FERIALE; VACANZA). [vol. I: HOLIDAY]

– **annuali.** Annual leave (CONGEDO ANNUALE).

– **giudiziarie.** Legal holidays, vacations. Talvolta si parla di *non-terms* per indicare il periodo tra una sessione giudiziaria e l'altra (ANNO GIUDIZIARIO; GIORNO DI UDIENZA; SESSIONE GIUDIZIARIA; TERMINE; UDIENZA NEL PERIODO FERIALE). [vol. I: LEGAL HOLIDAYS; SITTING; TERMS]

– **pagate.** Paid leave, holidays with pay (SALARIO).

Fermata. Stop (FERMO; LOCALITÀ DI FERMATA; SOSTA; TRASPORTO). [vol. I: CARRIAGE; STOP ORDER]

– **convenuta.** Agreed stopping place (SCALO; TRASPORTO AEREO). [vol. I: CARRIAGE: II]

Fermo in genere. Stop, stoppage, stay, arrest (FERMATA; SOSPENSIONE). [vol. I: STOP; STOP ORDER]

– **della nave o del carico.** Arrest of ship or cargo (NAVE; SEQUESTRO CONSERVATIVO DI

NAVE). [vol. I: ACTION IN REM; ADMIRALTY; EMBARGO]

– **delle merci da parte del mittente.** (SOSPENSIONE DEL TRASPORTO A RICHIESTA DEL MITTENTE; VENDITA).

– **di indiziati di reato in genere.** Arrest of suspects (*infra*, FERMO DI POLIZIA; ARRESTO).

– **di polizia.** Grosso modo, detention without charge, police detention, investigative detention, stop, arrest on suspicion, holding of a suspect. Si parla di on-the-street detention, di stop and frisk per indicare il fermo e la perquisizione che si svolge in luoghi pubblici, e di detention for questioning per indicare il fermo di persone sospette per alcune ore per interrogarle e controllare le loro risposte. Premessa la distinzione tra *arresto* e *fermo di polizia* (quest'ultimo può anche non tramutarsi in arresto), sembra potersi dire che nel sistema inglese e nordamericano la tendenza è quella di assicurare al fermato un insieme di diritti analoghi a quelli dell'arrestato, evitando in tal modo che, di fatto, la persona fermata venga a trovarsi in una condizione più sfavorevole di quella arrestata.
1. La materia è ora regolata nel sistema inglese dal *Code of Practice for Detention, Treatment and Questioning of Persons by the Police*, emanato dall'Home Office in base ai poteri delegati dalla s. 66 del Police and Criminal Evidence Act 1984; la sua ultima versione è entrata in vigore il 1 aprile 1991. Il *Code* in parola (in effetti un regolamento), che realizza un sistema di controllo dei poteri della polizia, appare diretto, tra l'altro, ad evitare che il fermato sia indotto, mediante l'interrogatorio, a dichiararsi colpevole. La maggiore garanzia del *Code*, ma altre se ne sono aggiunte nel frattempo, come la registrazione su nastro dell'interrogatorio, consiste in questo: che quando la polizia ritiene che il fermato abbia commesso un reato, quali che siano le prove in suo possesso, l'interrogatorio relativo a quel reato può continuare, ma solo dopo che il fermato è stato « cautioned ». Il che comporta, tra l'altro, che la persona fermata non è tenuta a parlare, ma che se fa dichiarazioni esse possono essere impiegate contro di lei. Qualora l'interrogatorio è interrotto, il sospettato deve essere « cautioned » di nuovo ogni volta che esso venga ripreso. In base al suddetto *Code*, di regola, quando è stato deciso di procedere all'arresto di una persona, non è consentito condurre l'interrogatorio in un luogo diverso da una stazione di polizia.
2. Le ss. 41 e 42 del Police and Criminal Evidence Act 1984 o, più brevemente, PACE, stabiliscono che quando il fermo di un sospetto (*holding of a suspect*) dura già da 24 ore senza che sia stata mossa un'accusa (*charge*), un fermo ulteriore di 12 ore deve essere autorizzato da, grosso modo, un commissario di polizia (*superintendent*) e, per un periodo ulteriore, da una *magistrates' court*. La quale ultima può stabilire qualsiasi altro periodo a condizione che, nell'insieme, il fermo non superi le 96 ore, trascorse le quali si deve procedere a muovere l'accusa (*charge*) o al rilascio della persona fermata. Qualora, invece, la corte rigetti l'istanza per prolungare il fermo, al fermato deve essere mossa l'accusa ovvero deve essere rilasciato. Ma vi sono delle eccezioni in cui queste regole non si applicano; esse sono stabilite nella s. 51 del PACE che include, tra l'altro, anche i reati di terrorismo. Il *Code* prevede una serie numerosa di diritti a favore dei fermati e arrestati elencati in un Avviso alle Persone Detenute (*Notice to Detained Persons*) affisso nei locali in cui ha luogo l'interrogatorio. I principali diritti sono: (i) all'assistenza gratuita di un *solicitor*; (ii) di informare un congiunto o conoscenti dell'avvenuto fermo o arresto; (iii) di consultare il suddetto *Code*.
3. Negli S.U. — stato federale — la materia rientra nelle attribuzioni dei singoli stati dell'Unione, salvo, beninteso, il rispetto delle norme costituzionali federali esistenti in materia siccome interpretate da numerose decisioni della *Supreme Court* degli S.U. Molto schematicamente, sembra potersi dire che i termini giuridici della materia vanno riferiti anzitutto, al IV emendamento [1791] della costituzione federale che, a tutela della libertà personale, del domicilio, degli effetti personali, etc., impone, oltre al requisito della ragionevolezza, quello della *probable cause* per la legittimità dell'arresto, perquisizione e sequestro, etc. Invece, per quanto riguarda il *fermo*, oltre a un ragionevole sospetto, quest'ultimo sembra subordinato ad una forma affievolita di *probable cause* rispetto a quella richiesta per l'arresto. In base alla s. 2 dell'Uniform Arrest Act o al suo equivalente adottato in cinque stati dell'Unione, la polizia può

fermare (*detain*) una persona sospetta per alcune ore allo scopo di accertare la esattezza delle dichiarazioni rese nel corso dell'interrogatorio. Peraltro, le decisioni emesse in quegli stati sulla materia hanno stabilito che anche per il fermo si richiede il rispetto del requisito della *probable cause*. In tal modo, se esse, da un canto, assicurano il rispetto del IV emendamento suindicato, dall'altro annullano l'obiettivo principale della legge che era quello di stabilire la legittimità del fermo. In ogni caso, l'Act in parola era destinato a conferire alla polizia un potere di fermo che, di fatto, essa esercita già e maniera assai intensa.

4. In breve, la questione di fondo è se — in assenza delle condizioni che possono giustificare l'arresto — la polizia ha il potere di fermare, perquisire ed interrogare persone sospette ai fini delle indagini. Essa è oggetto di vasto e vivace dibattito, e di numerose decisioni giurisprudenziali della *Supreme Court* degli S.U., di cui la prima, e forse ancora oggi più importante, è la *Terry* v. *Ohio*, 392 U.S. 1 (1968). Si parla di *stop and frisk laws* per indicare le leggi relative al fermo e alla perquisizione dei sospetti condotta in pubblico [cfr. Lafave and Israel 1985, ed. 1992: 202].

5. Comunque, l'opinione prevalente negli S.U. e in Inghilterra è che la detenzione prolungata di un sospetto è illegittima e che se la polizia ritiene necessario trattenere un sospetto, bisogna che essa proceda all'arresto, con tutte le conseguenze che esso comporta. E stato osservato che il fermo è praticato *more politely* in Inghilterra, di modo che in molti casi di *detention for questioning* appare difficile distinguere se il fermato abbia volontariamente aderito alle richieste della polizia o abbia ceduto alle sue pressioni. La formula impiegata è tipica: si dice che il fermato « is helping the police with inquiries ». Un altro espediente impiegato nel sistema inglese consiste nel portare il fermato davanti al giudice delle *magistrates' courts* chiedendo un rinvio dell'udienza, allo scopo di raccogliere le prova. Molto diffusa appare negli S.U. la pratica del fermo con la falsa accusa di vagabondaggio (*vagrancy*), ovvero in quanto *material witness*, ossia come teste rilevante ai fini di un procedimento penale in corso [Karlen 1967: 118].

6. La materia è regolata nel nostro sistema dagli artt. 13 e 14 della costituzione e dall'art. 384 e segg. del codice di procedura penale. Quest'ultimo configura il potere di fermo non più come un potere meramente discrezionale della sola polizia giudiziaria, come era previsto dall'art. 238, primo comma, del vecchio codice per cui gli ufficiali e agenti di polizia giudiziaria « possono » fermare chiunque si trovi nelle condizioni contemplate in detta norma, ma come potere-dovere in primo luogo del p.m. e, in subordine, della polizia giudiziaria. In questo senso — tenendo conto dei requisiti per l'esercizio del potere di fermo (fondato pericolo di fuga, gravi indizi della commissione di un reato che comporti una pena non inferiore a due anni e superiore nel massimo a sei anni, etc.) — sembra potersi dire che, oltre alla diversità di regime giuridico, l'istituto nostrano del fermo si pone in una chiave notevolmente più garantista — ma, come sempre, con assai minori preoccupazioni di efficienza — rispetto al sistema inglese e nordamericano (ARRESTO; AVVERTENZA ALL'IMPUTATO ALL'ATTO DELL'ARRESTO DA PARTE DELLA POLIZIA; CUSTODIA CAUTELARE; DETENZIONE DEL SOSPETTATO PRESSO LA STAZIONE DI POLIZIA; GARANTISMO; *HABEAS CORPUS*; IDENTIFICAZIONE DEI SOSPETTI; INDAGINI DI POLIZIA; INDIZIATO DI REATO; INTERROGATORIO DI POLIZIA; LIBERAZIONE DELL'IMPUTATO SU CAUZIONE; PERQUISIZIONE; POLIZIA; RAGIONEVOLE SOSPETTO; SOSPETTO). [vol. I: ARREST; HABEAS CORPUS; POLICE; STOP AND FRISK].

Bibl.:

Emmins 1981, ed. 1992: 395.

– **di polizia per l'interrogatorio.** Detention for questioning (*supra*, FERMO DI POLIZIA; INTERROGATORIO).

– **di un sospetto.** Holding of a suspect (*supra*, FERMO DI POLIZIA).

Ferrovia. (TRASPORTO FERROVIARIO)

Festività in genere. Holiday (FERIE).

– **nel corso del rapporto di lavoro.** Holiday (CONGEDO ANNUALE).

Feto. Foetus, fetus; ma si parla anche di *child* (ABORTO; CONCEPITO; CURATORE AL VENTRE; LESIONI PRE-NATALI; NEONATO).

Feudalesimo. Feudalism. Diritto storico, la *common law* ricorre a figure e categorie della feudalità tipiche del suo periodo formativo, specie in quello che da noi sarebbe definito il sistema dei diritti immobiliari: i concetti di *estate, fee, landlord, tenant*, etc. sono alcuni dei tantissimi esempi possibili. Ma la terminologia feudale — i « ferri vecchi » di cui parla Gorla [1955, vol. I: 399] — non deve ingannare. Essa nasconde spesso sul piano dei contenuti delle soluzioni molto più avanzate di quelle dei sistemi romanistici (FINZIONE GIURIDICA). [vol. I: INTRODUZIONE: III. 4; ESTATE; OWNERSHIP]

Fideiussione. Guarantee o surety; il concetto rientra nella categoria della *security*. La guarantee costituisce una *personal security*, una garanzia personale, come tale distinta dalla garanzia reale, detta, quest'ultima, grosso modo, *real security*.

1. È detto *contract of guarantee* o *suretyship* il contratto fideiussorio; il fideiussore è definito *guarantor* o *surety*; l'obbligazione del fideiussore è *collateral* (accessoria) rispetto a quella del debitore principale, detto *principal debtor*. Anche il contratto fideiussorio è soggetto alla regola generale della *common law* per cui tutti i contratti — salvo quelli *under seal* — devono essere supportati da una *consideration*: di fatto, i complessi formulari di fideiussione bancaria la menzionano invariabilmente. Il requisito in parola può riservare qualche amara sorpresa al *civil lawyer* (CONTRATTO: III).

2. Salvo che il *contract of guarantee* stabilisca diversamente, l'azione contro il fideiussore può aver luogo anche senza che gli sia notificato l'inadempimento del debitore principale e senza previa escussione di quest'ultimo. Il fideiussore che abbia estinto l'obbligazione principale ha il diritto di surrogarsi al creditore; tale diritto è detto *right of subrogation* o, con espressione più... pedestre, *to step into the shoes of the creditor*.

3. Ma, anche in questa materia, la alluvionale terminologia è fonte di notevoli confusioni: si rammenta che negli S.U., dove i termini *guarantee* e *suretyship* sono impiegati alternativamente, si distingue — sembra — tra *contract of suretyship* e *contract of guarantee*, nel senso che nel primo si avrebbe un'obbligazione solidale del fideiussore con il debitore principale, laddove nel *contract of guarantee*, o *collateral guarantee,* si avrebbe un contratto separato e distinto dall'obbligazione principale, in cui cioè il *guarantor* si obbliga a risarcire il danno derivante dall'inadempimento del debitore principale. In altre parole, mentre nel *contract of suretyship* il *surety* si obbliga ad effettuare la stessa prestazione cui è tenuto il debitore principale, nel *contract of guarantee* il *guarantor* si obbliga al pagamento del risarcimento in caso di inadempimento.

4. È detta *continuing* la fideiussione che non ha per oggetto l'adempimento di una specifica obbligazione, ma una serie di transazioni che resta, cioè, in vigore fino a quando non sia revocata.

5. Si verifica l'estinzione della fideiussione se il creditore e il debitore modificano senza il consenso del fideiussore i termini dell'obbligazione principale come, ad es., nel caso in cui venga stipulata una dilazione, o se il creditore rinunci ad una delle garanzie da cui è assistita l'obbligazione stessa.

6. Nell'ambito della tematica fideiussoria — accanto al tipo di rapporto caratterizzato dall'esistenza di un'obbligazione accessoria ed ausiliare rispetto all'obbligazione principale — occorre accennare a un nuovo tipo di contratto sviluppatosi notevolmente nel quadro di operazioni internazionali di credito documentario e, in particolare, nei contratti di appalto o di fornitura da effettuare in paesi esteri. Non disciplinato per legge, esso va sotto svariati nomi, come *performance bond*, *performance guarantee*, *repayment guarantee, tender bond*, etc.; esso rientra nella categoria (anomala) del contratto autonomo di garanzia che — prescindendo dal carattere accessorio o ausiliare dell'obbligazione e dal rapporto sottostante — consiste nell'obbligazione del garante di pagare al beneficiario le somme che quest'ultimo dichiarerà a lui dovute dal debitore principale, senza tener conto di eventuali contestazioni, opposizioni o eccezioni. La complessa materia si ricollega anche all'evoluzione delle lettere di credito e, in particolare, alla *standby letter of credit*, ossia alla lettera di credito confermata elaborata negli S.U.

7. La *guarantee* va distinta dall'*indemnity* che ne costituisce una importante variante (CAUZIONE; CONTRATTO DI INDENNIZZO; ESCUSSIONE; ESTINZIONE DELLA FIDEIUSSIONE; FIDEIUSSORE; FIDO; GARANZIA; OBBLIGAZIONE (I) SOLIDALE; REGRESSO; RESPONSABILITÀ EVENTUALE; SURROGAZIONE). [vol. I: COLLATERAL; COLLATERAL SECURITY; CONSIDERATION; DISCUSSION; GUARANTEE; HOLD HARMLESS CLAUSE; INDEMNITY; LETTER OF INDEMNITY; SECURITY; SUBROGATION]

Bibl.:

Atti, A., *La responsabilità del « patron » è dunque extracontrattuale* (1986) 1 CeI 41.

Bastianini, M., *Bonds,* in *Digesto IV Utet, Comm.,* vol. II: 269.

– **bancaria.** Bank guarantee.

Bibl.:
Grippo, G., *Clausola di « sopravvivenza » e clausola « a semplice richiesta » nei modelli A.B.I. di fideiussione: le tappe della giurisprudenza* (1990) 1 CeI 1.

– **cambiaria.** (AVALLO)

– **collaterale.** Collateral guarantee (COLLATERALE).

– **omnibus.** Blanket guarantee, open-end guarantee, continuing guarantee.

Bibl.:
Galasso, A., *Perché, come e quando la fideiussione omnibus è valida* (1988) 1 CeI 28.
Grana, P. L., *Determinabilità dell'oggetto e giudizio di buona fede nella fideiussione omnibus* (1985) 3 CeI 749.
Piazza, G., *Fideiussione omnibus anche per fatto illecito?* (1985) 3 CeI 722.
Vialle, M., *I nuovi modelli A.B.I. di fideiussione « omnibus »* (1988) 1 CeI 302.

Fideiussore. Surety o guarantor; detto anche bondsman o sponsor (CO-FIDEIUSSORE; DEBITORE PRINCIPALE; DEBITORE SECONDARIO; FIDEIUSSIONE; GARANTE; REGRESSO DEL FIDEIUSSORE). [vol. I: GUARANTEE]

Fido. Credit (CREDITO; FIDEIUSSIONE). [vol. I: *ad vocem*]

– **bancario.** Bank credit (CREDITO; SCOPERTO DI CONTO CORRENTE). [vol. I: OVERDRAFT]

Fiducia. Trust, confidence. Nella tradizione di *common law* la fiducia costituisce un elemento essenziale di molti rapporti giuridici, definiti *fiduciary relationships* (o *relations*), che si verificano ogni volta che una persona riponga fiducia in un'altra, ovvero quando il diritto assume che vi debba essere.
1. Sembra opportuno rilevare che nel sistema inglese — il *mother system* di quella tradizione giuridica — storicamente, la sanzione degli obblighi fiduciari veniva considerata da una giurisdizione speciale, ossia dalla Corte del Cancelliere definita di *equity* per il principio cui si ispirava. Gli obblighi fiduciari sono sanzionati dalle regole dell'*equity*. Rientrano nel quadro dei rapporti fiduciari non solo quelli creati in base al *trust* — come tale non soggetto alla disciplina contrattuale — e il *mortgage,* ma anche il rapporto tra *guardian* e *ward*, *parent* e *child*, *solicitor* e *client,* etc.
2. Inoltre, i *promoters* e *directors* di una *company* (o *corporation*) si trovano in un rapporto fiduciario rispetto ad essa.
3. La violazione dell'obbligo fiduciario è severamente sanzionata; ma va rilevato che non tutti i rapporti fiduciari vanno ascritti all'*equity*, giacché, ad es., l'*agency* è originariamente un concetto di *common law* intesa quest'ultima in senso stretto.
4. L'importanza del *trust*, istituto che pervade tutto il sistema giuridico, è tale che la Conferenza dell'Aia sul diritto internazionale privato ha adottato nel 1985 una convenzione internazionale sulla legge applicabile al *trust*: essa è stata introdotta nel nostro ordinamento con legge del 16 ottobre 1989 n. 364 che riconosce i *trusts* validamente stipulati nei paesi in cui l'istituto è riconosciuto.
5. Negli S.U. molti stati dell'Unione hanno adottato l'*Uniform Fiduciaries Act* e l'*Uniform Management of Institutional Funds Act*.
6. Nella terminologia costituzionale-parlamentare si usa il termine *confidence* per indicare la fiducia (ABUSO DI FIDUCIA; CENSURA; *DELEGATUS NON POTEST DELEGARE;* EQUITÀ; FEDE; INFEDELTÀ; INFORMAZIONE; INGANNO; *INTUITUS PERSONAE*; INVESTIMENTO: 2; OBBLIGO FIDUCIARIO; PATRIMONIO FIDUCIARIO; PUBBLICA FEDE; SFIDUCIA; SOCIETÀ (II) FIDUCIARIA; *TRUST*). [vol. I: AT ARM'S LENGTH; BREACH; CHANCERY; CONFIDENCE; CONFIDENTIAL; EQUITY; FIDUCIARY RELATIONSHIP; INSIDER DEALINGS; LEGAL RELATIONSHIP; TRUST; UNCONSCIONABILITY]

– ***cum amico.*** Negozio fiduciario che, grosso modo, ha luogo col *trust* (*TRUST*).

– ***cum creditore.*** Negozio fiduciario che, grosso modo, ha luogo col *mortgage for a term of years absolute* (CREDITORE; IPOTECA). [vol. I: MORTGAGE]

– ***cum testamento.*** Negozio fiduciario che, grosso modo, ha luogo con la costituzione del *trust* mediante testamento (TESTAMENTO; *TRUST*).

– **del consumatore.** Consumer confidence. Nell'economia americana costituisce un indicatore economico di fondamentale importanza (CONSUMATORE).

– **parlamentare.** Confidence (VOTO DI FIDUCIA; VOTO DI SFIDUCIA). [vol. I: *ad vocem*]

Fiduciario in genere. Fiduciary; grosso modo, trustee. Ma quest'ultima figura non ha equivalenza esatta nella *civil law*. Rientrano nel concetto generale del fiduciario le figure dell'*executor*, *administrator*, *receiver in bankruptcy, guardian*, *trustee* (nessuna delle quali ha, in senso stretto, un equivalente esatto nei sistemi di *civil law*). Negli S.U., molti stati dell'Unione hanno adottato l'*Uniform Fiduciaries Act e l'Uniform Management of Institutional Funds Act.* L'avvocato si trova in un rapporto fiduciario (*fiduciary relationship*) con il proprio cliente: la materia è prevista dal canone 3(c)(3)(b) del *Code of Judicial Conduct* dell'*American Bar Association* (AMMINISTRATORE DI SOCIETÀ; AMMINISTRATORE FIDUCIARIO; AMMINISTRAZIONE FIDUCIARIA; BUONA FEDE; *DELEGATUS NON POTEST DELEGARE;* FIDUCIA; GARANTE; INVESTIMENTO: 2; PROFESSIONE FORENSE; RAPPORTI FIDUCIARI; *TRUST*; VIOLAZIONE DI DOVERI FIDUCIARI).

– **nel deposito.** Bailee (DEPOSITO). [vol. I: *ad vocem*]

– **nel *trust*.** Trustee (*TRUST*). [vol. I: *ad vocem*]

– **sindacale.** (DELEGATO SINDACALE)

Fiera. Fair, exhibition (COMMERCIO). [vol. I: EXHIBITION RISKS; TRADE]

– **commerciale.** Trade fair (COMMERCIO).

Figli. (FIGLIO/I)

Figlio/i. Child, son (ABORTO; ACCESSO AI FIGLI; ADOZIONE; ALIMENTI; DISCENDENZA; DISCONOSCIMENTO; DIVORZIO; EMANCIPAZIONE; FETO; GENITORE; IN ESSERE; LEGITTIMAZIONE; MANTENIMENTO; RICONOSCIMENTO DI FIGLIO NATURALE; SUCCESSIONE PER CAUSA DI MORTE). [vol. I: ADOPTION OF CHILDREN; AFFILIATION; GUARDIANSHIP; ISSUE; LEGITIMATION; MAINTENANCE; SUCCESSION]

– **adottivo.** Grosso modo, adopted child; ma si notino le differenze di regime tra il sistema nostrano e quello inglese e nordamericano nella materia (ADOZIONE). [vol. I: ADOPTION OF CHILDREN]

– **adulterino.** Illegitimate child, bastard; il sistema inglese consente l'*adoption* del figlio adulterino. Si parla di *bastardize* per indicare il procedimento per la dichiarazione di figlio adulterino o illegittimo (*infra*, FIGLIO ILLEGITTIMO; FIGLIO NATURALE; ADULTERIO). [vol. I: ACCESS, ADOPTION OF CHILDREN; ADULTERY; AFFILIATION; BASTARD; BASTARDIZE; ILLEGITIMACY; LEGITIMATION]

– **di ignoti.** Child of unknown parents (IGNOTO; MINORE).

– **illegittimo.** Illegittimate, o natural, child o son, bastard (*supra*, FIGLIO ADULTERINO; *infra*, FIGLIO NATURALE). [vol. I: AFFILIATION; ILLEGITIMACY; LEGITTIMATION]

– **incestuoso.** Incestuous child (INCESTO).

– **legittimato.** Legitimated child o son (LEGITTIMAZIONE). [vol. I: LEGITIMATION]

– **legittimo.** Legitimate child, o son; child born out of lawful wedlock (*infra*, FIGLIO NATURALE; LEGITTIMAZIONE; SUCCESSIONE; VINCOLO CONIUGALE).

– **nato in costanza di matrimonio.** Child born out of lawful, o during, wedlock (*supra*, FIGLIO LEGITTIMO; *infra*, FIGLIO NATURALE).

– **naturale.** Natural child, illegitimate child, bastard (*supra*, FIGLIO ILLEGITTIMO; LEGITTIMAZIONE). [vol. I: LEGITIMATION]

– **postumo.** Posthumous child, after born child. [vol. I: POSTHUMOUS CHILD]

– **sopravvenienti.** Supervening children (SOPRAVVENIENZA; SUCCESSIONE PER CAUSA DI MORTE).

Figura pubblica. Public figure. Negli S.U., questo termine — oggetto di una ampia elaborazione giurisprudenziale — assume un significato particolare in tema di diffamazione che, in breve, è questo. La public figure — ossia *anyone who is famous or infamous because of who he is or has done* — proprio perché tale, qualora sostiene di essere stato diffamato, è tenuto a provare il dolo da parte del preteso autore. Un principio analogo vige in tema di invasione della riservatezza; insomma, la figura pubblica, in quanto tale, riceve una più affievolita tutela rispetto a quella di cui gode un privato che tale non sia. In base alla decisione storica *New York Times Co.* v. *Sullivan* della Corte Suprema degli S.U., la garanzia costituzionale della libertà di stampa e di pensiero esige che un parlamentare, magistrato, funzionario pubblico, etc. che promuove un'azione di diffamazione è tenuto a provare il dolo dell'autore, ovvero il *reckless disregard of its falsity*. Il nostro sistema in materia appare scandalosamente opposto a quello nordamericano: esso prevede non soltanto la stessa tutela a favore della public figure (di solito un inquisito), ma addirittura il diritto di diffamare (quando non anche ricattare) avvalendosi dell'immunità parlamentare (DIFFAMAZIONE; DIRITTO (II) DI CRONACA; IMMAGINE; INVASIONE DELLA RISERVATEZZA; *MEDIA*; PUBBLICITÀ; RISERVATEZZA; STAMPA). [vol. I: DEFAMATION; NEW YORK TIMES V. SULLIVAN; PRIVACY]

Bibl.:

Stone, R., *New York Times Co.* v. *Sullivan*, in *Oxford* 1992: 686.

Filiale in genere. Branch, agency, subsdiary, office (BANCA; DIRETTORE DI FILIALE; SEDE CENTRALE; SOCIETÀ (II) CONTROLLATA; SUCCURSALE). [vol. I: COMPANY; DOMICILE; JURISDICTION; RESIDENCE]

– **di banca.** Bank branch (BANCA).

– **di società.** Branch of company o corporation (SOCIETÀ (II) DI CAPITALI).

– **estera.** Overseas branch, foreign branch (SEDE CENTRALE).

Filiazione. Filiation, issue (DISCENDENZA; FIGLIO; SUCCESSIONE PER CAUSA DI MORTE). [vol. I: ISSUE; LEGITIMATION; PATERNITY]

– **illegittima.** Illegitimate issue (FIGLIO ILLEGITTIMO).

– **legittima.** Legitimate issue (FIGLIO LEGITTIMO).

Filosofia del diritto. Philosophy of law, o legal theory; ma è detta anche *jurisprudence*: quest'ultimo termine indica, in senso stretto, la teoria generale del diritto (DIRITTO (I); ETICA; TEORIA GENERALE DEL DIRITTO). [vol. I: JURISPRUDENCE; LEGAL THEORY]

Filtraggio. (PROCESSO DI FILTRAGGIO)

Finale in genere. Final (CLAUSOLE FINALI DI UN TRATTATO; CONTO FINALE; DEFINITIVO; GIUDIZIO FINALE; INIMPUGNABILE; INTERIM; PROVVISORIO).

Finalità in genere. Purpose, end, finality (FINALE; FINE; MEZZO; SCOPO; STRUMENTO).

– **del diritto.** Finality, o end, of law (DIRITTO (I) PROMOZIONALE; FILOSOFIA DEL DIRITTO).

– **pubblica.** Public purpose, governmental purpose (PUBBLICA UTILITÀ; SCOPO DI PUBBLICA UTILITÀ).

Finanziamento. Funding, financing, financial support. Il finanziamento di un progetto è detto *financing* o *funding a project.*
1. Vendita a credito-finanziamento-garanzia-pubblicità sono le fasi di un fenomeno che assume fondamentale importanza nelle economie dei paesi più sviluppati come quella degli S.U.; ad es., collegati ad un'operazione di finanziamento sono il *leasing* e il *factoring*, etc. La società di finanziamento è detta *finance company;* ma si parla anche, in generale, di *lending institutions.*
2. Sembra appena il caso di aggiungere che la materia assume eccezionale importanza nel più vasto e più ricco mercato del pianeta, ossia quello nordamericano. A questo proposito, si ricorda che negli S.U. — stato federale — la materia, per quanto regolata in maniera uniforme dall'*Uniform Commercial Code*, e quindi da quegli stati che lo hanno adottato, essa è anche soggetta alle possibili varianti della normativa locale e, soprattutto, all'interpretazione giudiziale delle corti dei singoli stati (AGENZIA DI FINANZIAMENTO; ANNO FINANZIARIO; CAPITALE; CAUSE (I) LEGITTIME DI PRELAZIONE; GARANZIA; INTERESSI SUL CAPITALE; INVESTIMENTO: 2; IPOTECA; MUTUO; PRELAZIONE; PRIVILEGIO FLOTTANTE; RIFINANZIAMENTO DI UN MUTUO; SERVIZI FINANZIARI; SPONSORIZZAZIONE; SUSSIDIO; USURA; VENDITA; VENDITA A RATE).

– **a breve termine.** Short-term financing (BREVE TERMINE).

– **a credito indeterminato.** Sale on open end credit (USURA).

– **al consumatore.** Consumer financing (GARANZIA).

– **a lungo termine.** Long-term financing (LUNGO TERMINE).

– **del credito.** Nella vendita a credito o in operazioni analoghe è definito *finance charge* l'interesse per il finanziamento del credito (CREDITO; INTERESSI SUL CAPITALE).

– **della vendita a rate in genere.** Financing of instalment sale (VENDITA A RATE).

– **delle esportazioni.** Export financing (ESPORTAZIONE). [vol. I: EXPORT]

– **parallello di garanzia.** Back-to-back loan (GARANZIA).

– **pubblico.** Public funding.

– **segreto.** Secret funding.

Finanziatore. Financing body, financial backer, sponsor (FINANZIAMENTO; INTERMEDIARIO FINANZIARIO; PROMOTORE).

Fine/i in genere. (FINALITÀ; INTENTO; MEZZO; MOTIVO; OBIETTIVO; SCOPO)

– **di lucro.** (SCOPO DI LUCRO)

– **di un rapporto giuridico.** (ESTINZIONE DI UN RAPPORTO GIURIDICO)

Finestre. Windows (MURO).

– **sul fondo del vicino in genere.** Windows on neighbour's tenement (ARIA; DIRITTO (II) DI ARIA, LUCE; FONDO; LUCI; SERVITÙ DI LUCI, DI ARIA). [vol. I: LIGHT; NUISANCE]

Fino a nuovo avviso. Until further notice (AVVISO).

Finzione giuridica. Fiction, fiction of law, lection, *fictio iuris, fictio legis.* L'evoluzione della *common law* e, del resto, anche della *civil law*, è costellata di finzioni giuridiche: cos'è infatti il *quasi-contract* se non una finzione giuridica?; a non parlare di importanti figure di *trust* come il *trust by operation of law*. La terminologia giuridica di *common law* — fatto storico e non sistematico — fa ricorso spesso ancora oggi a numerose finzioni giuridiche (ANALOGIA; APPARENZA DEL DIRITTO; DENUNZIA CONTRO IGNOTI; FEUDALESIMO; FITTIZIO; FORMALISMO GIURIDICO; *FUMUS*; IMPLICAZIONE; PRESUNZIONE; PROVA; QUASI; SIMULAZIONE; SOCIETÀ (II) DI COMODO; TACITO; TESTA DI LEGNO; TIZIO, CAIO, SEMPRONIO; VERITÀ). [vol. I: ACTION FOR THE RECOVERY OF LAND; DUMMY; EJECTMENT; FICTION; IMPLIED; JOHN DOE; MAN OF STRAW]

Firma/e. Signature, subscription. Ma in relazione ad alcuni atti, come il *deed* o il *will*, si parla di *execution,* termine con cui si indica una serie di adempimenti, tra cui quello della sottoscrizione è il più importante. La sottoscrizione di una *corporation* è costituita dal sigillo (*seal*). Di fatto, gli atti di una *trading company* sono sottoscritti da un *agent* o *officer* della *company* (ABUSO DI FIRMA IN BIANCO; ATTO PUBBLICO; CONTROFIRMA; LEGALIZZAZIONE DELLA FIRMA; MARCHIO; SIGILLO; SOTTOSCRIZIONE). [vol. I: DEED; EXECUTION; MARK; MARKSMAN; SEAL; SIGNATURE]

– **ad referendum.** Signature ad referendum. È detta così in diritto internazionale la sottoscrizione di un trattato soggetta a ratifica, prevista dall'art. 12, par. 2. (b) della convenzione di Vienna (RATIFICA).

– **congiunte.** Joint signatures.

– **di paragone.** Specimen signature.

– **disgiunte.** Separate, disjoined, signatures.

– **di un trattato.** Signature of a treaty (TRATTATO INTERNAZIONALE). [vol. I: SIGNATURE: 3; TREATY]

– **falsa.** Forged signature. Una notevole diversità di regime esiste in materia cambiaria tra il sistema della legge uniforme delle convenzioni di Ginevra del 1930 e 1931 da un lato e quello inglese e nordamericano dall'altro (CAMBIALE; FALSIFICAZIONE DI FIRMA). [vol. I: BILL OF EXCHANGE]

– **in bianco.** Blank signature (ABUSO DI FIRMA IN BIANCO). [vol. I: BLANK]

– **legalizzata.** Grosso modo, signature attested o legalized by a public officer (ATTO PUBBLICO; LEGALIZZAZIONE). [vol. I: COMMISSIONER FOR OATHS; NOTARY PUBLIC; SOLICITOR]

– **per procura.** Signature by procuration, signature by proxy, signatute per pro., signature p.p.(PROCURA). [vol. I: SIGNATURE BY PROCURATION]

Firmatario in genere. Signatory, subscriber (FIRMA; SOTTOSCRITTORE; STATO FIRMATARIO DI UN TRATTATO).

Fiscale in genere. Fiscal, financial (ACCERTAMENTO FISCALE; AGGRAVIO FISCALE; ANNO FISCALE; ARMONIZZAZIONE FISCALE; CONDONO FISCALE; CONTROVERSIA FISCALE; ELUSIONE FISCALE; ESPERTO FISCALE; EVASIONE FISCALE; FISCO; IMPOSIZIONE FISCALE; LEGISLAZIONE FISCALE; MONOPOLIO FISCALE; POLITICA FISCALE; REGIME FISCALE). [vol. I: REVENUE; TAX; TREASURY]

Fisco in genere. Fisc; ma non esiste un termine che renda esattamente questo concetto romanistico; come, del resto, non esiste quello di erario. Le espressioni *Treasury* e *Crown* (nel R.U.) rendono di volta in volta un concetto analogo. Diffuso è invece l'aggettivo *fiscal* (DIRITTO (I) TRIBUTARIO; ERARIO; FISCALE; IMPOSIZIONE FISCALE; RAPPRESENTANZA POLITICA). [vol. I: COMMISSIONERS OF INLAND REVENUE; CROWN; EXCHEQUER; TAX; TREASURY]

Fissa dimora. Permanent abode (DIMORA; SENZA FISSA DIMORA).

Fissato di assicurazione. Insurance slip, slip. Ma non ha equivalenza esatta nella prassi assicurativa italiana (POLIZZA (I) DI ASSICURAZIONE).

Fissazione in genere. Fixing (FISSATO DI ASSICURAZIONE). [vol. I: FIXTURE]

– **dei contingenti.** Determination of quotas (CONTINGENTE).

– **dei prezzi.** Price-fixing o *fixing.* Quest'ultimo termine è riferito più spesso all'operazione di borsa, fatta al termine dell'orario ufficiale di chiusura delle contrattazioni, con cui si procede alla determinazione del prezzo delle valute e dei metalli preziosi (BORSA; GIORNO DI LIQUIDAZIONE; PREZZO).

Fittizio in genere. Fictitious, sham, dummy, feigned (ACQUISTO FITTIZIO; APPARENTE; CREDITORE FITTIZIO NELLA CAMBIALE; FALSIFICAZIONE; FINZIONE GIURIDICA; LICITAZIONE FITTIZIA; OSTENTATO; PALESE; PRENDITORE FITTIZIO; PROCESSO SIMULATO; SIMULAZIONE; VALORE FITTIZIO). [vol. I: DUMMY; FICTION; MAN OF STRAW]

Fitto. Inteso quale corrispettivo della locazione di immobili, non esiste, in senso stretto, un equivalente esatto. Ma il termine *rent* rende economicamente un concetto analogo (AFFITTO; CANONE DI LOCAZIONE; LOCAZIONE).

– **bloccato.** Grosso modo, controlled rent (EQUO CANONE). [vol. I: RENT CONTROL]

Fiume. River (ALLUVIONE; ALVEO ABBANDONATO; LETTO DEL FIUME; NAVIGAZIONE FLUVIALE; NAVIGAZIONE INTERNA; PEDAGGIO; RIVIERASCO; TRAGHETTO). [vol. I: ALLUVION; INLAND NAVIGATION; RIVER]

– **privato.** Private river (PEDAGGIO; SERVITÙ).

– **pubblico.** Public river (TRAGHETTO).

Flagrante in genere. Flagrant (FLAGRANZA).

– **reato.** (REATO FLAGRANTE)

– **violazione.** Flagrant violation (FLAGRANZA; VIOLAZIONE).

Flagranza in genere. Flagrancy. Di chi è sorpreso in flagranza, sul fatto, si dice che esso è *caught in the act, caught red-handed.* Ma non sembra che esista nel diritto inglese un concetto corrispondente alla flagranza nostrana (ARRESTO IN FLAGRANZA; REATO FLAGRANTE).

– **di reato.** *Flagrante delicto*; red-handed, in the act of committing the crime. Ma non sembra che esista nella *common law* un concetto esattamente corrispondente alla flagranza nostrana (ARRESTO; REATO FLAGRANTE). [vol. I: ARREST; IN THE ACT; RED HANDED]

Flottante in genere. Floating; si tratta di termine di uso molto ampio; non solo la valuta « floats » rispetto alle altre, ossia flotta raggiungendo il suo equilibrio naturale sulla base della domanda e dell'offerta. Ma anche in tema di cause di prelazione vi sono la *floating charge* e il *floating lien* (CAPITALE CIRCOLANTE; CAUSE (I) LEGITTIME DI PRELAZIONE; POLIZZA (I) FLOTTANTE; PREFERENZA; PRELAZIONE; PRIVILEGIO FLOTTANTE; VALUTA FLOTTANTE). [vol. I: *ad vocem*]

Flusso in genere. Flow.

– **di capitali.** Flow of capitals (CAPITALE).

– **di cassa.** Cash flow (CASSA; CONTABILITÀ).

– **di tesoreria.** Cash flow (TESORERIA).

– **netto di cassa.** Net cash flow (CASSA).

– **valutario.** Currency flow (VALUTA).

Fluttuante. (FLOTTANTE; FLUTTUAZIONI VALUTARIE)

Fluttuazioni valutarie. Currency fluctuations (VALUTA).

Fob (free on board). [vol. I: FOB; INCOTERMS]

Foglio in genere. Paper, sheet (ATTO; DOCUMENTO). [vol. I: PAPER]

– **annunzi legali.** (ANNUNZIO LEGALE)

– **di allungamento.** Allonge, rider (ALLEGATO; ATTERGATO; CAMBIALE). [vol. I: ALLONGE; BILL OF EXCHANGE; RIDER]

– **di via obbligatorio in genere.** Lett., banishment order; ma non esiste in senso stretto il foglio di via obbligatorio da una parte all'altra del paese né nel sistema inglese né in quello nordamericano; si fa luogo all'espulsione dello straniero con un *deportation order* (ESPULSIONE DELLO STRANIERO; ORDINE PUBBLICO; RESIDENZA). [vol. I: DEPORTATION]

– **in bianco in genere.** Blank signature, *carte blanche* (ABUSO DI FOGLIO IN BIANCO; RAPPRESENTANZA). [vol. I: AUTHORITY; BLANK]

– **paga.** Payroll (SALARIO; STIPENDIO).

Fondamento giuridico di un'azione in giudizio. Gist of action; senza il quale l'azione non può essere proposta. In passato il termine si riferiva a un requisito procedurale (AZIONE (I) IN GIUDIZIO; CAUSA (I) *PETENDI*). [vol. I: CAUSE OF ACTION]

Fondatore. Founder, promoter (MEMBRO FONDATORE; PADRI FONDATORI; PROMOTORE; SOCIO FONDATORE).

– **di società.** Founder of company o, negli S.U., of corporation (AZIONI (II) SPETTANTI AI FONDATORI; SOCIETÀ (II) DI CAPITALI). [vol. I: PROMOTER]

Fondazione. Non esiste un equivalente esatto della fondazione nostrana — di origine canonistica — nella teoria delle persone giuridiche elaborata dalla *common law*, che non distingue tra fondazioni e associazioni, ma tra *corporations sole* e *aggregate.* Di fatto, mediante il ricorso al *trust* — istituto privo di equivalenza nella *civil law* — si raggiungono con maggiore facilità e ampiezza gli scopi della fondazione di *civil law* come, ad es., con la *charity* o il *charitable trust.* Un'istituzione senza fini di lucro è detta anche, nel sistema nordamericano, *foundation*, ma il suo regime non coincide con quello nostrano della fondazione. L'analogo anglo-americano più prossimo alla fondazione di *civil law* appare l'*endowment* (ASSOCIAZIONE CON-SENZA SCOPO DI LUCRO; BENEFICENZA; DONAZIONE; DOTAZIONE; NEGOZIO DI FONDAZIONE; PERSONA GIURIDICA; SCOPO DI LUCRO; SOCIETÀ (II) QUALE SOGGETTO COLLETTIVO). [vol. I: CHARITY; CORPORATION; CY-PRÈS DOCTRINE; ENDOWMENT; FOUNDATION; GIFT; TRUST]

Bibl.:
Ponzanelli, G., *Le fondazioni in diritto comparato* (1989) 1 CeI 230.

Fondi. (FONDO/I)

Fondiario in genere. Pertaining to land, landed (DIRITTO (I) DELLE OBBLIGAZIONI; IMPOSTA FONDIARIA; PROPRIETÀ FONDIARIA; RENDITA FONDIARIA). [vol. I: LAND]

Fondo/i in genere. Fund, allowance, provision, reserve, stock; decurtare i fondi è detto popolarmente *slushing funds.* Si noti che il termine fund è storicamente un sinonimo di capitale (CAPITALE; CASSA; DENARO; INCAMERAMENTO DI FONDI; MANCANZA DI FONDI; PRELIEVO DI FONDI DA UNA BANCA; RACCOLTA DI FONDI; SEQUESTRO DI FONDI; SPERPERO DI FONDI; TRASFERIMENTO ELETTRONICO DI FONDI; VALUTA). Nel senso di immobile, è detto land, tenement (CHIUSURA DEL FONDO; LATIFONDO; VIOLAZIONE DEL FONDO ALTRUI). [vol. I: LAND; TENEMENT]

– **accantonati.** Appropriated, o allocated, funds (STANZIAMENTO DI FONDI). [vol. I: APPROPRIATION]

– **adiacenti.** Adjoining lands (ADIACENTE; CONTIGUO; IMMOBILI CONFINANTI; PROPAGAZIONI DAL FONDO DEL VICINO). [vol. I: ABUTTALS; ADJOINING; PARTY WALL]

– **agricolo.** Grosso modo, land, tenement, property (BONIFICA FONDIARIA; FINESTRE SUL FONDO DEL VICINO).

– **comune tra vettori.** Pool between carriers (VETTORE). [vol. I: POOL]

– **comuni di investimento in genere.** Investment funds, investment trusts, mutual funds, unit trusts; gestiti di solito da società finanziarie e banche. Ma in questa materia esistono numerose differenze col regime nostrano dato che essi fanno ricorso al *trust,* istituto ignoto alla *civil law* (COMMISSIONE PER LA GESTIONE DI UN FONDO COMUNE DI INVESTIMENTO; INVESTITORE ISTITUZIONALE; SOCIETÀ (II) DI INVESTIMENTO; SOCIETÀ (II) FINANZIARIA). [vol. I: INVESTMENT FUND; INVESTMENT TRUST; UNIT TRUST]

Bibl.:
Gandini, C., *Gestione e responsabilità nei fondi comuni di investimento* (1989) 1 CeI 151.

– **congelati.** (*infra*, FONDI SEQUESTRATI)

– **consolidato.** Consolidated fund (DEBITO PUBBLICO). [vol. I: *ad vocem*; BUDGET; DEBENTURE; NATIONAL DEBT]

– **contigui.** (*supra*, FONDI ADIACENTI)

– **corneliano.** Un fondo ipotetico è designato più spesso come *Blackacre, Whiteacre* (FINZIONE GIURIDICA). [vol. I: LAND]

– **di ammortamento.** Sinking fund (AMMORTAMENTO).

– **di dotazione.** Endowment fund (DOTAZIONE).

– **di garanzia.** Guarantee fund (GARANZIA).

– **di investimento.** (*supra*, FONDI COMUNI DI INVESTIMENTO)

– **di investimento aperto.** Open-end funds; sono detti così quei fondi di investimento che continuano a emettere e riscattare quote sulla base delle variazioni del prezzo dei titoli in portafoglio (*supra*, FONDI COMUNI DI INVESTIMENTO).

– **di investimento esteri.** Foreign, o offshore, investment funds (*supra*, FONDI COMUNI DI INVESTIMENTO). [vol. I: OFFSHORE]

– **di magazzino.** Stock in trade (INVENTARIO). [vol. I: *ad vocem*; BANKRUPTCY; REPUTED OWNERSHIP]

– **di previdenza.** Provident fund (*infra*, FONDI PENSIONE; PREVIDENZA).

– **di riserva nella s.p.a.** Legal reserve fund (*infra*, FONDI NERI DI SOCIETÀ; SOCIETÀ (II) DI CAPITALI).

– **di riserva per sopravvenienze passive.** Contingency reserve, contingency fund (PASSIVO).

– **di terzi.** Third party funds; sono detti così dei fondi di vario genere affidati ad una banca (BANCA).

– **dominante.** Dominant tenement (*infra*, FONDO SERVENTE; SERVITÙ PREDIALE).

– **Europeo per lo Sviluppo Regionale.** European Regional Development Fund o ERDF (COMUNITÀ EUROPEE).

– **in bilancio.** Budgeted fund (BILANCIO DELLO STATO; TRASFERIMENTO DI FONDI IN BILANCIO).

– **indiviso.** Undivided land, tenancy in common; ma si noti l'assai diverso regime della comunione nella tradizione di *common law* (COMUNIONE). [vol. I: JOINT: 1]

– **insufficienti.** No funds, not sufficient funds o NSF; espressioni apposte dalla banca su assegni privi di copertura (ASSEGNO (II) SCOPERTO; MANCANZA DI FONDI; SCOPERTO DI CONTO CORRENTE). [vol. I: OVERDRAFT]

– **intercluso.** Land shut off from access (SERVITÙ COATTIVA; SERVITÙ DI PASSAGGIO COATTIVO).

– **inutilizzati.** Unused funds (UTILIZZAZIONE).

– **marino.** Sea-bed (DIRITTO (I) DEL MARE; MARE). [vol.I: *ad vocem*]

– **Monetario Internazionale.** International Monetary Fund o IMF (DIRITTI (II) SPECIALI DI PRELIEVO; INFLAZIONE; UNITÀ DI CONTO).

– **neri di società.** Unaccounted reserves of company, o of corporation; secret reserves of company, o of corporation, slush funds, slush money. Una delle peculiarità del « laboratorio » consociativo nostrano è che sono addirittura le imprese dell'IRI, *holding* delle imprese di stato, che, oltre che ad illustrarsi per un colossale sperpero della ricchezza pubblica, si dedicano sistematicamente alla costituzione di fondi neri da impiegare a fini di corruzione: la prassi è comune alla stragrande maggioranza delle grandi imprese private italiane (cfr. il caso *Ferfin*). Il falso in bilancio — spesso avallato da prestigiose società di revisione contabile — non è certamente prerogativa delle imprese italiane, come dimostrano gli scandali finanziari della *City* e di *Wall Street*. Eppure, bisognerebbe trovare il coraggio di ammettere che in nessun paese dell'Occidente ha assunto quel carattere di sistematicità che si riscontra da noi, rivelandosi intrinsecamente connaturato al capitalismo nostrano. Ad edificazione del « parco buoi » dei piccoli risparmiatori nostrani (BORSA VALORI; FALSO IN BILANCIO; REVISIONE CONTABILE; RISERVE OCCULTE; SOCIETÀ (II) DI CAPITALI; SUSSIDIO OCCULTO). [vol. I: RESERVE]

Bibl.:

Gower 1954, ed. 1979: 514.

– **non utilizzati.** (*supra*, FONDI INUTILIZZATI)

– **pensione.** Pension funds; detti così perché gestiscono su base privatistica, e quindi massimizzandone il rendimento, i contributi pensionistici.

1. Investitori istituzionali, i fondi pensione nei paesi ad economia di mercato avanzata — e quindi non Italia — disponendo di ingenti quantità di depositi, sono i tradizionali sostenitori del mercato azionario grazie alla loro politica di investimenti a lungo termine. In qualche maniera, il capitalismo anglo-americano, senza fucilazioni e campi di concentramento, realizza l'aspirazione dei lavoratori a diventare proprietari delle imprese: una parte notevole del capitale azionario delle imprese inglesi e nordamericane è posseduta dai fondi pensione che diventano così tra i principali promotori dello sviluppo economico. Negli S.U. la materia è regolata principalmente dalla legge federale che va sotto il nome di *Employees Retirement Income Security Act* o ERISA. Da mezzo secolo, si attende una legge — ovviamente osteggiata dalla nostra imprenditoria e dal sindacato — che consenta all'Italia di allinearsi finalmente agli altri paesi.

2. Ma ora c'è una *mezza legge* in materia; mezza legge come merita di essere definita la stragrande maggioranza delle leggi nostrane che anche da lontano sfiorano interessi costituiti. Un serio economista italiano ha affermato che con essa *l'Italia ottiene il passaporto per il mondo civile*. Speriamo bene.

3. C'è da augurarsi che non si tratti soltanto di un *wishful thinking* e che la resistenza di una imprenditoria abituata ad autofinanziarsi con i fondi dei dipendenti sia effettivamente superata. D'altro canto, le imprese nostrane, già gravate da oneri sociali tra i più pesanti (ma che spesso non pagano affatto) rispetto ai concorrenti esteri, incontrerebbero serie difficoltà a rinunciare d'un colpo a quella preziosa forma di *autofinanziamento* che sono gli accantonamenti per le liquidazioni. La resistenza si spiega anche con la natura familiare del capitalismo italiano: senza la liquidatà del Tfr, le grandi famiglie non riuscirebbero a mantenere il controllo dei grandi gruppi. Dovrebbero rivolgersi al mercato: sarebbe, com'è stato osservato, la fine del *capitalismo alla Cuccia,* l'avvento anche da noi delle *public companies* (*supra*, FONDI COMUNI DI INVESTIMENTO; BORSA VALORI; ECONOMIA DI MERCATO; INVESTIMENTO: 2; INVESTITORE ISTITUZIONALE; PENSIONE; SOCIETÀ (II) QUALE SOGGETTO COLLETTIVO).

– **pubblici.** Public funds (APPROPRIAZIONE DI

DENARO PUBBLICO; BILANCIO DELLO STATO; DENARO PUBBLICO).

– **sequestrati.** Frozen funds, impounded funds (SEQUESTRO DI FONDI).

– **servente.** Servient tenement (*supra,* FONDO DOMINANTE; ABBANDONO DEL FONDO SERVENTE; SERVITÙ; SERVITÙ PREDIALE).

– **societari.** Company funds (APPROPRIAZIONE INDEBITA DI FONDI SOCIETARI).

Fonti/e in genere. Source.

– **del diritto.** Sources of law, legal sources. Quasi tutti i *civil codes* (ad eccezione del BGB tedesco) contengono disposizioni relative alle fonti.
1. La differenza fondamentale tra sistemi di *civil law* e di *common law* law risiede appunto nella diversa importanza data all'autorità del precedente giudiziario, fonte di diritto nei secondi ma non nei primi.
2. Peraltro, una disamina dei vari ordinamenti di *civil law* rivela che il fronte non è compatto. Dal divieto espresso dell'autorità del precedente giudiziario del codice Napoleone (art. 4), peraltro preso molto sul serio in America Latina — ma restato lettera morta proprio in Francia, destinata a collocarsi addirittura quasi a fianco dei paesi di *common law* per l'importanza data al precedente giudiziario — si passa al riconoscimento della sentenza come fonte di diritto (art. 1, codice delle obbligazioni svizzero).
3. Molti codici dei paesi di *civil law* contengono disposizioni particolari — come, ad es., l'art. 12 delle preleggi del codice civile italiano — che enumerano le fonti del diritto alle quali il giudice dovrà fare riferimento qualora una controversia non possa essere decisa con una precisa disposizione.
4. Nei sistemi di *common law*, privi di codificazioni generali, non esistono disposizioni analoghe; ma è da rilevare che si tratta di ordinamenti giuridici aperti che consentono il ricorso anche a fonti straniere.
5. In questa materia va rilevata una differenza tra il sistema costituzionale britannico e quello nordamericano; mentre nel primo non si ha una costituzione scritta, nel secondo si ha una costituzione federale rigida: la cl. 2 dell'art. VI stabilisce che tutte le leggi adottate in ottemperenza della costituzione federale costituiscono la « supreme Law of the Land ». Peraltro, questa diversità non intacca, ai fini classificatori, la natura di sistema di *common law* del diritto nordamericano in quanto basato su una determinata teoria del precedente giudiziario (SUPREMAZIA DEL DIRITTO FEDERALE NEGLI S.U.).
6. Il discorso sulle fonti si è arricchito, anche per il R.U., per il fatto che esso fa parte delle Comunità Europee. Di conseguenza, come per il nostro paese, anche nel R.U. il diritto comunitario prevale su quello nazionale: la normativa comunitaria (regolamento) è di diretta ed automatica applicazione senza intermediazione di istituzioni locali; le questioni di diritto comunitario sono in ultima analisi di competenza della Corte di Giustizia delle Comunità Europee. Secondo la concorde giurisprudenza della Corte di Giustizia delle Comunità (sentenza 22 giugno 1989 in causa 133/88) e della nostra Corte Costituzionale (sentenza 4 luglio 1989, numero 389) — prevalendo il diritto comunitario su quello interno secondo il principio affermato dalla nota sentenza di quest'ultima Corte (n. 1707/84) e in seguito concordemente ribadito — non solo gli organi giurisdizionali, ma anche quelli amministrativi hanno il potere-dovere di disapplicare le norme interne incompatibili con il diritto comunitario.
7. Di guisa che, in caso di inerzia del legislatore nazionale, prevale l'ordinamento comunitario che può far cadere impedimenti, limitazioni e monopoli esistenti nella legislazione italiana: com'è avvenuto con la ricordata sentenza della Corte di Giustizia del Lussemburgo 10 dicembre 1991 che ha abolito il monopolio previsto dall'art. 110 del codice della navigazione.
8. Notevole importanza assumono in società industriali avanzate come quella inglese e, massime, nordamericana le c.d. *extra legal sources of law*, specie in materia commerciale in cui si assiste, nei rapporti internazionali, al progressivo ridursi dell'area del diritto statuale e all'avanzata della *lex mercatoria* (ANALOGIA; ARBITRATO; AUTORITÀ DEL PRECEDENTE GIUDIZIARIO; CONSUETUDINE; DIRITTO (I) CODIFICATO; DIRITTO (I) COMUNITARIO; DIRITTO (I) CREATO DAI GIUDICI; FATTISPECIE; GERARCHIA DELLE FONTI DEL DIRITTO; LEGISLAZIONE; MATERIALI GIURIDICI; PRECEDENTE GIUDIZIARIO; PRODUZIONE NORMATIVA; PROPRIETÀ: 8; RAGIONAMENTO GIURIDICO; RAGIONE; RAGIONEVOLEZZA; SISTEMA GIURIDICO CHIUSO-APERTO; SOVRANITÀ; *TRUST*; TUTELA DEI DIRITTI). [vol. I: INTRODUZIONE: III. 5; ARBITRATION; CASE LAW; CASUS OMISSUS; COMMERCIAL LAW; COMMON LAW; COMMON LAW OF EUROPE; CONTRACT: *Premessa*;

EUROPEAN COMMUNITIES LAW; INCOTERMS; LEX MERCATORIA; NON-LEGAL RULES; SOURCES OF LAW]
Bibl.:
Schlesinger 1950, ed. 1988: 229, 597, 643.

– **del diritto internazionale.** Sources of international law. Si ritiene generalmente che l'art. 38 dello Statuto della Corte Internazionale di Giustizia costituisca un catalogo completo delle fonti di diritto internazionale (DIRITTO (I) INTERNAZIONALE; NAZIONI CIVILIZZATE; PUBBLICISTA). [vol. I: *ad vocem*]

– **della *common law*.** Sources of common law (*supra*, FONTI DEL DIRITTO). [vol. I: COMMON LAW]

– **delle obbligazioni.** Lett., sources of obligations; ma la *common law* non ha elaborato una teoria generale del diritto delle obbligazioni (DIRITTO (I) DELLE OBBLIGAZIONI).

– **extrastatuali del diritto.** Extra-legal sources of law (AUTOREGOLAMENTAZIONE). [vol. I: NON-LEGAL RULES; SOURCES OF LAW]

– **formali del diritto.** Formal sources of law.

– **legali del diritto.** Legal sources of law.

– **letterarie del diritto.** Literary sources of law.

– **materiali del diritto.** Repositories of law.

– **non nominata di una informazione.** Unnamed source (INFORMAZIONE).

– **persuasive.** Persuasive sources (*infra*, FONTI VINCOLANTI; PRECEDENTE GIUDIZIARIO; PRECEDENTE PERSUASIVO, NON VINCOLANTE). [vol. I: AUTHORITY; PERSUASIVE AUTHORITY; PRECEDENT; SECONDARY AUTHORITIES]

– **principali del diritto.** Principal sources of law.

– **storiche del diritto.** Historical sources of law.

– **sussidiarie del diritto.** Subsidiary sources of law, secondary authorities. [vol. I: SECONDARY AUTHORITIES]

– **vincolanti.** Binding o authoritative sources of law (*supra*, FONTI PERSUASIVE; PRECEDENTE GIUDIZIARIO; PRECEDENTE VINCOLANTE). [vol. I: BINDING AUTHORITY]

Forense. Legal. Il termine *forensic* è più spesso riferito alla medicina legale, detta *forensic medicine*, o al consulente tecnico, detto *forensic expert*, o anche *expert witness* (CONSULENTE TECNICO; MEDICINA LEGALE; PROFESSIONE FORENSE). [vol. I: FORENSIC]

Foreste dello Stato. Crown o royal forests; negli S.U. si parla di *national forests*. Ma non esiste un regime demaniale analogo a quello italiano (AMBIENTE; DEMANIO; INCENDIO NATURALE DI BOSCHI E FORESTE; PARCHI NAZIONALI). [vol. I: DEMESNE; FOREST]

Forfait. Flat rate, lump sum, all inclusive (ACQUISTO A *FORFAIT*; ASSICURAZIONE IN ABBONAMENTO; PAGAMENTO A *FORFAIT*; POLIZZA (I) A *FORFAIT*; PROPORZIONALMENTE; SISTEMA FORFETTARIO). [vol. I: FLAT RATE; LUMP]

Forma/e. Form (ATTO PUBBLICO; ATTO SIGILLATO-NON SIGILLATO; CONTRATTO: III; CONTRATTO A CONTENUTO PREDISPOSTO; DIRITTO (I) PROCESSUALE; FORMULARIO; IN BUONA E DOVUTA FORMA; LIBERTÀ DI FORMA; MANCANZA DI FORMA; PROCEDURA; PUBBLICITÀ; REQUISITI DI FORMA; SOSTANZA; VIZIO DI FORMA).

– **d'azione.** Forms of action (AZIONE (I) IN GIUDIZIO). [vol. I: *ad vocem*]

– **del contratto.** Form of contract (CONTRATTO: III).

– **della girata.** Form of indorsement (GIRATA).

– **di governo.** System of government (*infra*, FORMA STATO; GOVERNO).

– **di stato in genere.** System of government (*supra*, FORMA DI GOVERNO; STATO).

– **di un atto** o **documento.** Form of a document (ATTO; DOCUMENTO). [vol. I: CONTRACT: V, XI; DEED; DOCUMENT; GIFT; WILL; STANDARD CONTRACT; STATUTE OF FRAUDS]

– **vincolata.** Prescribed form, compulsory form (LIBERTÀ DI FORMA).

Formale. Formal (CONTRATTO: III; FORMA; PROMESSA FORMALE).

Formalismo giuridico. Legal formalism. L'espressione è usata in diversi contesti, nei paesi di *civil law* come in quelli di *common law*, con intento spesso polemico, per designare quelle concezioni della giustizia, del diritto o dell'interpretazione che ne privilegiano i profili sintattici. Ma, a parte la polemica, non va trascurato che una certa componente di formalismo è intrinseca a qualsiasi manifestazione giuridica. Appaiono quindi affrettate quelle caratterizzazioni della *common law* come meno formale della *civil law* (FINZIONE GIURIDICA; FONTI DEL DIRITTO; INTERPRETAZIONE; POSITIVISMO GIURIDICO; PRAGMATISMO GIURIDICO; PRECEDENTE GIUDIZIARIO; PROVA; REALISMO GIURIDICO; TEORIA GENERALE DEL DIRITTO).

Formalità in genere. Formality, procedure (FORMA; FORMALISMO GIURIDICO; FORMULARIO; MODALITÀ). [vol. I: FORM; FORMS ACTION]

- **del contratto.** Formalities of contract (CONTRATTO: III).
- **della legge.** Legal formalities, legal requirements (LEGGE; REQUISITO).
- **di partenza.** Departure procedures (PARTENZA).
- **doganali.** Customs formalities (DOGANA; FACILITAZIONE).

Formazione in genere. Formation.

- **del contratto.** Formation of contract. Ormai classica in materia è l'opera collettanea a cura di R. B. Schlesinger [1968] dal titolo *Formation of Contracts* (CONCLUSIONE DEL CONTRATTO; CONTRATTO: III).
- **della legge.** Formation of statute law (GIUSTIZIA ALTERNATIVA; LEGGE).
- **dell'elenco dei giurati.** Empanelling the jury (ELENCO DEI GIURATI; GIURIA).
- **giuridica.** Legal education. Premessa la distinzione tra *barristers* e *solicitors* — tipica delle professione forense inglese e priva di equivalenza negli S.U. — la formazione e la disciplina della professione forense ha seguito due strade diverse nel sistema inglese e in quello nordamericano. Nel primo, per quanto riguarda i *barristers*, sussiste una rigida organizzazione della professione relativa alla formazione, all'ammissione e alla disciplina dell'ordine, concentrata nelle mani delle *Inns of Court*. La *Law Society*, che raggruppa i *solicitors*, costituisce un'associazione volontaria che stabilisce i criteri e veglia all'attuazione concreta dell'ammissione all'ordine. Una *Disciplinary Committee*, collocata al di fuori della *Society*, ma composta dai membri passati e attuali del Consiglio della suddetta *Society,* è preposta all'esercizio del potere disciplinare, di cui la misura più estrema è costituita dalla radiazione dall'albo (salvo il diritto di impugnare la decisione davanti all'autorità giudiziaria). Viceversa, negli S.U. la professione legale nel complesso appare molto meno organizzata di ciascuno dei rami della professione inglese. La formazione giuridica è essenzialmente di natura universitaria (*law schools*) (mentre quella inglese, per ragioni storiche, è di natura corporativa, e si svolge presso la *Inns of Courts School of Law*). L'ammissione all'ordine (*admission to the bar*) è controllata dalle corti dei singoli stati dell'Unione, preposte anche all'esercizio di mansioni disciplinari. Si hanno, inoltre, ordini professionali al livello nazionale, dei singoli stati dell'Unione, e locali. Nella gran parte degli stati dell'Unione la iscrizione all'albo è obbligatoria ai fini dell'esercizio della professione. La gran parte delle associazioni professionali è costituita da associazioni volontarie (CULTURA GIURIDICA; DEONTOLOGIA PROFESSIONALE FORENSE; DISCIPLINA DELLA PROFESSIONE FORENSE; GIUDICE; ORDINAMENTO GIUDIZIARIO; PROFESSIONE FORENSE; STUDENTE DI MATERIE GIURIDICHE; TRADIZIONE GIURIDICA). [vol. I: *ad vocem*]
- **professionale in genere.** Vocational training (APPRENDISTATO).

Formulario in genere. Form (DOMANDA; FORMA; FORMALITÀ; STAMPATO; TABELLA; TAVOLA). [vol. I: FORM]

- **commerciale.** Commercial form (CONTRATTO DI ADESIONE).
- **contrattuale.** Standard form contract (CLAUSOLA VESSATORIA; CONTRATTO DI ADESIONE; INTERPRETAZIONE). [vol. I: STANDARD CONTRACT]
- **in bianco.** Blank form (FOGLIO IN BIANCO).

Fornitore. Supplier, purveyor, contractor, *fournisseur* (APPALTATORE; APPALTO; FORNITURA; PRIVILEGIO DEL FORNITORE DI MATERIALI DA COSTRUZIONE; PROVVEDITORE; SOMMINISTRAZIONE).

- **della real casa britannica.** By appointment to H.M. The Queen (REAL CASA).

Fornitura. Supply, procurement, catering. Gli avvisi di pagamento relativi alla fornitura di pubblici servizi come gas, elettricità, acqua, etc. sono detti *utility bills* (APPALTO; APPROVVIGIONAMENTO; *CATERING*; CONTRATTTO: III; CONTRATTO DI SOMMINISTRAZIONE; EROGAZIONE; FIDEIUSSIONE; FORNITORE; OFFERTA DI FORNITURA; PROFITTI STRAORDINARI; REVISIONE DEI PREZZI; RIFORNIMENTO; RINEGOZIAZIONE OBBLIGATORIA DEI CONTRATTI DI FORNITURA AGLI ENTI PUBBLICI NEGLI S.U.; SOMMINISTRAZIONE; VENDITA A CONSEGNE RIPARTITE). [vol. I: DIVISIBLE CONTRACT; PUBLIC UTILITY;

REQUIREMENT CONTRACT; RESTRAINT OF TRADE; SOLUS AGREEMENT; SUPPLY]

– **di guerra.** War procurement contract (PROFITTI STRAORDINARI).

– **di merci.** Supply of goods (MERCI).

– **di servizi.** Supply of services, retta nel R.U. dal Supply of Goods and Services Act 1982 (CONTRATTO DI SOMMINISTRAZIONE; SERVIZIO PUBBLICO).

– **in appalto.** Supply by competitive tender (APPALTO). [vol. I: TENDER]

– **monopolistica.** Monopoly supply (MONOPOLIO; SERVIZIO PUBBLICO).

– **pubblica.** Public supply (ENTE PUBBLICO; REVISIONE DEI PREZZI; SERVIZIO PUBBLICO). [vol. I: PUBLIC UTILITY]

Foro (avvocatura). Bar. Negli S.U. — stato federale — esistono associazioni professionali al livello federale, statale e locale (AVVOCATURA; PROFESSIONE FORENSE). [vol. I: BAR; BENCH; LEGAL PROFESSION; PROCEDURA; PROVA]

– **(giurisdizione).** Forum (CORTE; DIRITTO (I) DEL FORO; DOMICILIO; ELEZIONE DEL FORO; GIURISDIZIONE; ORDINE PUBBLICO; RESIDENZA: 2; RICERCA DEL FORO PIÙ CONVENIENTE). [vol. I: *ad vocem*]

– **competente.** Court having jurisdiction, competent jurisdiction, place of jurisdiction; ma si notino le notevoli diversità esistenti in materia tra le due tradizioni giuridiche (COMPETENZA; DIRITTO (I) DEL FORO; GIURISDIZIONE; RICERCA DEL FORO PIÙ CONVENIENTE). [vol. I: FORUM SHOPPING; JURISDICTION]

Fortuito in genere. Accidental, fortuitous, casual, contingent (ACCIDENTALE; ATTO DI DIO; CASO FORTUITO; CASUALE; CONDIZIONATO; FORZA MAGGIORE; VOLONTARIO). [vol. I: ACT OF GOD; FORCE MAJEURE]

Fortuna di mare. Marine adventure (AVVENTURA MARITTIMA; FORTUITO; SPEDIZIONE NAUTICA).

Forum shopping. (FORO; RICERCA DEL FORO PIÙ CONVENIENTE; TRATTATO INTERNAZIONALE). [vol. I: FORUM SHOPPING]

Forza/e in genere. Force (AUTODIFESA; EFFICACIA; FORZOSO; RESISTENZA; VIGORE; VIOLENZA). [vol. I: *ad vocem*]

– **armate.** Armed forces, o forces (ARRUOLAMENTO; CAPO DI STATO MAGGIORE GENERALE; COMANDANTE SUPREMO DELLE FORZE ARMATE; ESERCITO; GIUSTIZIA MILITARE; GUERRA; RENITENZA ALLA LEVA). [vol. I: FORCES]

– **di lavoro.** Workforce, manpower (LAVORO).

– **di sicurezza.** Security forces (FORZA PUBBLICA; SICUREZZA NAZIONALE).

– **governative.** Government forces (GOVERNATIVO).

– **legale.** Legal force (DIRITTO (I) IMPERATIVO-DISPOSITIVO). [vol. I: BINDING LAW]

– **maggiore.** Si parla di *force majeure,* o anche di *vis maior, necessity, irresistible force*. Ma, in senso stretto, la *common law* non conosce questa figura. Essa ricorre, invece, all'analogo costituito dall'*act of God*, che ha una portata più ristretta in quanto indica un evento naturale inevitabile. Peraltro, l'espressione *force majeure* figura sempre più spesso nella giurisprudenza e, talvolta, anche in testi legislativi. In materia penale, la forza maggiore come causa di non punibilità è detta *misadventure* (ATTO DI DIO; AUTODIFESA; AUTOTUTELA; CASO DI FORZA MAGGIORE; CASO FORTUITO; CONTRATTO: X. 3; DANNO CAUSATO DA FORZA MAGGIORE; EVENTO FORTUITO; FORTUITO; *HARDSHIP CLAUSE;* IMPOSSIBILITÀ SOPRAVVENUTA DELLA PRESTAZIONE; INADEMPIMENTO; INCIDENTE; PERICOLO IMMINENTE; RESPONSABILITÀ OGGETTIVA; STATO DI BISOGNO; STATO DI EMERGENZA; STATO DI NECESSITÀ). [vol. I: ACT OF GOD; CONTRACT: IX. 3; DISCHARGE; FORCE MAJEURE; FRUSTRATION; INEVITABLE ACCIDENT; LIABILITY; MISADVENTURE; NECESSITY; STRICT LIABILITY]

– **per il mantenimento della pace.** Peace keeping force (PACE).

– **pubblica.** Security forces, police (ORDINE PUBBLICO; POLIZIA).

Forze. (FORZA/E)

Forzoso in genere. Compulsory, forced, mandatory (COATTIVO; CORSO FORZOSO DELLA MONETA; DIRITTO (I) IMPERATIVO-DISPOSITIVO; FORZA; OBBLIGATORIO; PRESTITO FORZOSO; VIOLENZA). [vol. I: COMPULSORY; ENFORCEMENT]

Franchigia in genere. Franchise, allowance, exemption (ABBUONO; BAGAGLIO IN FRANCHIGIA; BONUS; FRANCO).

– **assicurativa.** Excess clause, excess insurance, excess liability; la relativa clausola della polizza è detta *franchise clause* (ASSICURAZIONE CON FRANCHIGIA; PARTECIPAZIONE; SCOPERTO DI SICURTÀ). [vol. I: EXCESS CLAUSE]

– **doganale.** (MERCI IN FRANCHIGIA DOGANALE)

– **fiscale.** Tax allowance (IMPOSTA).

– **postale.** Postage free. È detta *franking privilege* la franchigia postale riservata ai membri del Congresso degli S.U. Ma è limitata quantitativamente, e molto meno ampia di quella che spetta, tra i tanti indecenti privilegi di cui essi godono, ai fortunatissimi parlamentari nostrani (IMMUNITÀ PARLAMENTARI).

Franchising o ***franchise.*** Questi termini, riferiti a uno dei tanti contratti elaborati dalla prassi commerciale nordamericana, sono ormai entrati a far parte anche della terminologia giuridica italiana. Il franchising costituisce nel sistema italiano e in altri di *civil law* un contratto innominato che dà luogo ad una forma di privativa. Nel ponderoso materiale esistente in argomento, si segnala il lucido ed esaustivo articolo di G. De Nova (CONCEDENTE; ESCLUSIVA; ESCLUSIVISTA; PATTO DI NON CONCORRENZA; ZONA DI ESCLUSIVA). [vol. I: FRANCHISE: 3]

Bibl.:

De Nova, G., *Franchising*, in *Digesto IV Utet, Comm.,* vol. VI.: 296.

Franco/a. Free; termine che ricorre più spesso nelle clausole di consegna internazionale: a questo proposito, si osserva che virtualmente tutta la comunità internazionale ha adottato gli *Incoterms* della Camera di Commercio Internazionale. Nell'assicurazione, il rischio indicato dopo l'espressione *free* non è assicurato; così, ad es., si dice *free of capture and seizure* per indicare franco cattura e sequestro (CLAUSOLE INTERNAZIONALI ATTINENTI ALLA DISCIPLINA DEI COSTI E DEI RISCHI DI TRASPORTO; ESONERO; FRANCHIGIA; LIBERO; ZONA FRANCA). [vol. I: FREE FROM; INCOTERMS]

– **banchina.** Ex quay, ex wharf (BANCHINA). [vol. I: EX QUAY]

– **d'avaria.** Free of all average, free of average (AVARIA COMUNE). [vol. I: *ad vocem*]

– **d'avaria particolare.** Free of particular average (AVARIA PARTICOLARE). [vol. I: *ad vocem*]

– **deposito.** Ex warehouse (*infra,* FRANCO FABBRICA; FRANCO MAGAZZINO).

– **di dazio.** Duty-free (DAZIO).

– **di nolo.** Free of freight (NOLO).

– **di ogni spesa.** Free of charge (SPESA).

– **fabbrica.** Ex works (FABBRICA). [vol. I: *ad vocem*]

– **magazzino.** Ex warehouse (MAGAZZINO). [vol. I: *ad vocem*]

– **rottura.** Free from breakage (ROTTURA).

Fraudolento in genere. Fraudulent (ATTI FRAUDOLENTI; AZIONE (I) REVOCATORIA; BANCAROTTA FRAUDOLENTA; DISPOSIZIONE FRAUDOLENTA; DOLO-SO; FRODE; SURRETTIZIO). [vol. I: *ad vocem*]

Frazionamento. Severance, partition, parcelling (DIVISIONE; FRAZIONE; LOTTIZZAZIONE). [vol. I: SEVERANCE; PARTITION]

Frazione. Grosso modo, borough, faction (AUTOGOVERNO; CORRENTE DI PARTITO; FAZIONE; FRAZIONAMENTO). [vol. I: *ad vocem*]

– **di giorno.** Fraction of day (GIORNO).

Frode. Fraud, deceit, deception. Ma, in materia contrattuale, il concetto di fraud della *common law* non coincide con quella di frode del diritto italiano, giacché essa prescinde dal requisito del dolo. Si parla di *badges of fraud* per indicare una serie di circostanze, fatti, evidenze, indizi o sospetti che accompagnano un atto lasciandone presumere la sua natura fraudolenta. I *badges of fraud* non costituiscono di per sé la prova della frode, ma la lasciano presumere, specie quando sussiste il concorso di parecchi di essi. Il termine è riferito più spesso ad una alienazione o trasferimento in cui si presume la intenzione dell'alienante di impedire, ritardare o frodare i creditori. L'indizio di frode può essere estraneo all'atto, ovvero risultare dall'atto stesso. I casi più noti di *badges of fraud* riconosciuti in sede giurisprudenziale sono, ad es., la *fictitious consideration*, ossia grosso modo, un corrispettivo simulato, false dichiarazioni attinenti alla *consideration*, un tipo di contratto diverso da quello che sarebbe normale nelle circostanze, il trasferimento di tutti i beni del debitore, l'insolvenza, il rapporto di confidenzialità tra le parti, trasferimenti in previsione di azioni in giudizio, o di atti esecutivi. Nel sistema inglese, il Criminal Justice Act 1987 ha creato un nuovo organo investigativo, con il potere di promuovere l'azione penale, ossia il *Serious Fraud Office* competente in materia di frodi finanziarie più importanti. L'ufficio è costituito da un piccolo nucleo di specialisti provenienti da altre entità pubbliche: tra di essi figurano giuristi, contabili e investigatori. Munito di vasti poteri di indagine, esso si avvale della *Police*

Fraud Squad alla quale impartisce direttive limitate, beninteso, all'attuazione dei propri compiti istituzionali. Si noti che — a differenza del *Crown Prosecution Service* — il *Serious Fraud Office* svolge sia attività investigativa, sia di promozione e condotta dell'azione penale (AFFIDAMENTO; ALIENAZIONE IN FRODE DEI CREDITORI; ATTO IN FRODE DEI CREDITORI; AZIONE (I) PENALE: 11; CACCIA DI FRODO; CASO DI FRODE; CONFIDENZIALITÀ; FRAUDOLENTO; *FUMUS*; LIBERO DA INFLUENZA ALTRUI; RAGGIRO NEL CONTRATTO; SIMULAZIONE; VIZI DEL CONSENSO). [vol. I: CONTRACT: VI; DECEIT; DECEPTION; DEFRAUD; FRAUD: 3; JUDGMENT; MISREPRESENTATION; THEFT]

– **alimentare.** Adulteration of food (TUTELA DEL CONSUMATORE). [vol. I: TRADE DESCRIPTION]

– **alla legge.** Fraud on a statute (LEGGE). [vol. I: *ad vocem*]

– **elettorale.** Voter fraud (BROGLI ELETTORALI).

– **fiscale.** Tax fraud; negli S.U. comporta la definizione di *tax delinquent* e severe pene detentive. Nel nostro paese si tratta di prassi istituzionalizzata, generale e di massa, promossa e consentita dal ceto dominante (partiti di governo, di cosiddetta opposizione, grande imprenditoria, sindacati, magistratura, burocrazia, professori, « grand commis », servizi segreti, etc.) a danno dei percettori di reddito fisso, che assume il tono della presa in giro se si tiene conto della indecente qualità dei servizi pubblici erogati (AMNISTIA; EVASIONE FISCALE; FEDERALISMO; IMPOSIZIONE FISCALE; IMPOSTA).

– **in commercio.** Trade fraud (COMMERCIO). [vol. I: TRADE DESCRIPTION]

– **in danno dei creditori.** Fraud on creditors (ALIENAZIONE IN FRODE DEI CREDITORI; ATTI IN FRODE DEI CREDITORI; VENDITA IN FRODE DEI CREDITORI). [vol. I: FRAUDULENT CONVEYANCE]

– **in danno del consumatore.** Consumer fraud (CONSUMATORE).

– **negli investimenti.** Fraud in investments, o share pushing (INVESTIMENTO). [vol. I: PREVENTION OF FRAUDS; SHAREPUSHING]

– **presunta dalla legge.** Constructive fraud (FIDUCIA). [vol. I: CONSTRUCTIVE; FIDUCIARY; FRAUD]

– **processuale.** Non esiste un titolo di reato esattamente equivalente; ma l'ipotesi, di fatto abbastanza improbabile nella prassi giudiziaria inglese e nordamericana, rientrerebbe nella figura del *contempt of court* (ABUSO DELLE NORME PROCESSUALI; APPELLO). [vol. I: ABUSE OF RIGHT; CONTEMPT OF COURT; VEXATIOUS ACTION]

Frontiera/e. Border o frontier (CONFINE; CONTROLLI DI FRONTIERA; CONTROVERSIA DI FRONTIERA; ESTRADIZIONE; LIBERTÀ DI CIRCOLAZIONE COMUNITARIA; LAVORATORE FRONTALIERO; POLIZIA DI FRONTIERA; RESO FRONTIERA). [vol. I: BORDER; EXTRADITION; FRONTAGER; FRONTIER; SOVEREIGNTY; TERRITORY]

– **doganale.** Customs boundary (DOGANA).

– **interne della Comunità Economica Europea.** EEC's internal frontiers (ATTO UNICO EUROPEO; COMUNITÀ ECONOMICA EUROPEA; LIBERTÀ DI CIRCOLAZIONE COMUNITARIA; UNIONE EUROPEA).

Fruizione. Enjoyment (GODIMENTO; UTENTE). [vol. I: *ad vocem*]

– **di un diritto.** Enjoyment of a right (DIRITTO (II); GODIMENTO DI UN DIRITTO). [vol. I: USER]

Fruttante interessi. Interest-bearing (FRUTTI; INTERESSI SUL CAPITALE; UTILE). [vol. I: INTEREST]

Fruttifero. Remunerative, interest-bearing (BUONO FRUTTIFERO; FRUTTANTE INTERESSI; FRUTTI; INFRUTTIFERO).

Frutto/i in genere. Increase, fruits, fructus. La *common law* non distingue tra frutti naturali e frutti civili; essa fa altre distinzioni. I frutti naturali di un fondo sono detti *fructus industriales*, ma il termine indica i prodotti agricoli risultanti dalla coltivazione dell'uomo. Sono invece detti *fructus naturales* quei frutti del suolo che crescono spontaneamente. Negli S.U. si parla, in materia di elusione fiscale, di *fruit and tree doctrine* per indicare quella regola giurisprudenziale per cui non è consentito cedere ad altri il frutto del proprio patrimonio o della propria attività allo scopo di eludere il pagamento dell'imposta sul reddito (INTERESSI SUL CAPITALE; PERQUISIZIONE; PROFITTO; USUFRUTTO; UTILE). [vol. I: EMBLEMENTS; FRUCTUS INDUSTRIALES; GROWING CROPS; PROFITS À PRENDRE; RENT]

– **pendenti.** Lett., ungathered fruits. [vol. I: AWAY GOING CROPS; EMBLEMENTS]

Fuga in genere. Escape, flight (EVASIONE).

– **di capitali.** Capital flight (CAPITALE).

– **di notizie.** Leak of news (NOTIZIE).

– **di sostanze.** Escape of substances (IM-

MISSIONE; INQUINAMENTO; MOLESTIA; SOSTANZE PERICOLOSE; TURBATIVA). [vol. I: DISCHARGE; ESCAPE OF THINGS; NUISANCE; TORT]

Fuggitivo. Absconder, fugitive, escapee (EVASO; LATITANTE; RIFUGIATO; SCHIAVITÙ). [vol. I: ABSCONDER; FUGITIVE OFFENDER]

Fumus. Il concetto nostrano è reso dal termine *badge*; ad es., si parla di *badges of fraud* per indicare quelle circostanze o altri fatti che accompagnano il trasferimento della proprietà tali da far presumere che esso abbia avuto luogo in frode dei creditori. Ma si parla anche di *indicia* (APPARENZA DEL DIRITTO; FINZIONE GIURIDICA; FRODE; INDIZIO; PARVENZA DI DIRITTO; PRESUNZIONE; SEGNO).

Funerale. Funeral (PRIVILEGIO PER LE SPESE DI FUNERALI; SPESE FUNERARIE).

Fungibile in genere. Fungible (BENI FUNGIBILI; COSE CONSUMABILI; COSE DI GENERE; MARCHIO; MUTUO; SPECIFICAZIONE DELLE MERCI NELLA VENDITA). [vol. I: FUNGIBLES]

Fungibilità delle cose in genere. Replaceability of things, o of goods (FUNGIBILE).

Funzionario in genere. Officer, official; quando si parla di *officer* e *employee*, si allude a una distinzione non troppo diversa da quella tra funzionario e impiegato. Ma il termine *officer* non ha un preciso significato burocratico. Esso è diffusamente riferito anche alle attività private per indicare di solito funzioni importanti: il presidente del consiglio di amministrazione di una società commerciale è un *officer* della società. È dubbio quindi che esista un termine esattamente corrispondente a quello nostrano: il *civil servant* è un dipendente del governo centrale britannico, e negli S.U., il dipendente pubblico, federale, statale o locale reclutato con concorso pubblico per esami (CONCORSO PUBBLICO PER ESAMI; DIPENDENTE; DIRIGENTE; FIGURA PUBBLICA; IMPIEGATO). [vol. I: CIVIL SERVANT; CIVIL SERVICE; COMMISSIONER; OFFICER]

- **addetto alla disciplina.** Discipline officer (DISCIPLINA).
- **comunale.** Grosso modo, local council officer, municipal officer (AUTOGOVERNO).
- **del governo federale negli S.U. in genere.** U.S. civil servant (GOVERNO FEDERALE).
- **di polizia.** Police officer; negli S.U. si parla più spesso di *law enforcement officer* (AGENTE DI POLIZIA).
- **distaccato.** Seconded officer.
- **di una società.** Officer of a company, of a corporation (SOCIETÀ (II) QUALE SOGGETTO COLLETTIVO).
- **doganale.** Customs officer (DOGANA).
- **giudiziario.** Grosso modo, judicial officer (AUSILIARI DELLA GIUSTIZIA).
- **più alto in grado, pubblico** o **privato in genere.** Chief executive (ESECUTIVO).
- **statale.** (*supra*, FUNZIONARIO IN GENERE)

Funzione in genere. Office, function, duty, responsibility, purpose (CARICA; COMPITO; DOVERE; FACENTE FUNZIONI DI; FUNZIONARIO; IMPIEGO; INCARICO; MANSIONE; MEZZO; MISSIONE; OPERANTE; POTERE; SCOPO; SERVIZIO; STRUMENTO; SVOLGIMENTO DI FUNZIONI; UFFICIO).

- **del diritto.** Function, purpose, of law. Di recente, nel nostro paese si è fatto un gran parlare su questo tema: una rivisitazione, come ora si dice; ma si tratta, anche qui, troppo spesso, di materiale di risulta. In definitiva, così come si presentano le due dottrine (politiche, ovviamente) sulla funzione del diritto, appaiono entrambe, per così dire,...promozionali. La prima, strutturalista, promuove la conservazione, e l'obbedienza *perinde ac cadaver* del giurista al politico (*rectius*, al giurista fattosi politico); la seconda, funzionalista, promuove il progresso sociale (ma mentre negli S.U. il significato è chiarissimo, da noi la nebbia è fitta, e quindi la promozione può assumere toni anarcoidi o sinistri o, più spesso, anche soltanto ridicoli). In effetti, parlare della funzione del diritto significa né più né meno che *parlare della natura del diritto*: cos'è e in che consiste e, si aggiunge, in buona sostanza, dell'eterna, e irrisolta, questione se cioè il giurista debba fungere da *bouche de la loi*, ossia da registratore di cassa (o *intendence*) del potere, o avere un suo ruolo da svolgere. Ma se l'alato dibattito deve avere una qualche *attache* con la realtà giuridica effettuale del nostro paese, resta da chiedersi come si conciliano questi discorsi con un sistema dalle 150mila leggi e 300 tra imposte e tasse come il nostro, in cui una *status society*, particolarmente esasperata, rende difficile, se non impossibile, una promozione che non sia quella dei gruppi stessi. Ad ogni modo, si potrebbe ragionevolmente sostenere che, in effetti, il problema della funzione del diritto si risolve in quello dell'*interpretazione*. Anche se, ovviamente, col porre il problema della funzione del diritto i giuristi presumibilmente alludono anche alla stessa formulazione della legge. Tra i nostri maggiori, meritano di essere ricordate le parole di Dante [*Monarchia*, Liber Primus, II]: « Est ergo sciendum quod quedam sunt que, nostre potestati minime subiacentia, speculari tantummodo possumus, operari autem non: velut mathematica, physica et divina; quodam vero sunt que, nostre potestati subiacentia, non solum speculari sed etiam operari possumus: et in hiis non operatio propter speculationem, sed hec propter illam assummitur, quoniam in talibus operatio finis. Cum ergo materia presens politica sit, ymo fons atque principium rectarum politiarum, et omne politicum nostre potestati subiaceat, manifestum est quod materia presens non ad speculationem per prius, sed ad operationem ordinatur » (DIRITTO (I) PROMOZIONALE; INTERPRETAZIONE; LEGGE).

– **della pena.** Purpose of punishment (PENA).

– **esecutiva.** Ministerial function (DISCREZIONALE; ESECUTIVO). [vol. I: MINISTERIAL]

– **giudiziaria.** Judicial function (GIURIA; ORDINAMENTO GIUDIZIARIO; RESPONSABILITÀ DEL GIUDICE). [vol. I: JUDICIAL FUNCTION]

– **pubblica, privata.** Public, private office o capacity o position. La caratteristica principale della funzione pubblica, è l'esercizio di una parte della sovranità, ossia del potere pubblico (*exercise of some portion of sovereign functions of government*). Ma public office indica, oltre che la funzione, anche l'ufficio pubblico; ad esso è preposto un *public official*; non tutti i dipendenti pubblici (*persons in public employment*) sono dei *public officials* (DIPENDENTE PUBBLICO; UFFICIO PUBBLICO).

Fuoco in genere. Fire (ARMA DA FUOCO; ASSICURAZIONE; INCENDIO DOLOSO).

Fuori in genere. Out.

– **commercio.** Not for sale (COMMERCIO; VENDITA).

– **controllo.** Out of control (CONTROLLO).

– **servizio.** Out of commission, out of order (COMMISSIONE; SERVIZIO).

– **termini.** Out of time (DECADENZA; PRESCRIZIONE; TERMINE). [vol. I: APPLICATION; COMPLAINT]

Fuorilegge in genere. Outlaw; questo termine indicava in passato la condizione di una persona che aveva commesso il reato di *contempt*. Ora indica più spesso il latitante, detto di solito *fugitive* (CACCIATORE DI TAGLIE; LATITANTE; NEMICO PUBBLICO; RICERCATO).

Furto. Theft; si parla anche di embezzlement, larceny, conversion, pilferage, plunderage. Ma il Theft Act 1968 britannico, che prevede il furto, punisce anche forme affini di reato (APPROPRIAZIONE INDEBITA; BORSEGGIO; DEPREDAZIONE DELLA NAVE o DEL CARICO; EFFRAZIONE; IMPOSSESSAMENTO; MALVERSAZIONE; MANOMISSIONE; PECULATO; SACCHEGGIO; SCIPPO). [vol. I: THEFT]

– **aggravato.** Aggravated theft, robbery, o burglary (RAPINA).

– **a mano armata.** Armed robbery (RAPINA).

– **con destrezza.** Stealing by stealth.

– **con effrazione.** (*infra*, FURTO CON SCASSO)

– **con scasso.** Burglary, o house breaking, break in. Rientra nel reato di *theft* (VIOLAZIONE DI DOMICILIO). [vol. I: BURGLARY]

– **d'arte in genere.** Theft of works of art; quando la refurtiva, come spesso accade, viene trasferita da un paese all'altro, insorgono non di rado problemi giuridici derivanti dalla diversità di regime come, tra l'altro, in tema di acquisto *a non domino*, di prescrizione, etc. Particolarmente interessante appare l'articolo che si segnala (ARTE; BENI CULTURALI; PATRIMONIO ARTISTICO).

Bibl.:

Bellettini, E., *Mercanti e giudici di fronte al furto d'arte* (1986) 2 CeI 344.

– **di autoveicolo.** Auto theft (*infra*, FURTO D'USO DI AUTOVEICOLO; AUTOVEICOLO).

– **di cose appartenenti al carico della nave.** Plunderage (CARICO DELLA NAVE; NAVE). [vol. I: *ad vocem*]

– **di cose di tenue valore.** Pilferage, petty larceny (VALORE).

– **d'uso.** Temporary taking of things; quando si tratta di autoveicoli si parla di *joyriding* e, ora, anche di *carjacking* (*supra*, FURTO DI AUTOVEICOLO).

– **d'uso di autoveicolo.** Joyriding, carjacking (*supra*, FURTO D'USO; AUTOVEICOLO).

– **in negozi** o **grandi magazzini.** Shoplifting, retail theft (AZIONE (I) PENALE: 2; VENDITA AL DETTAGLIO). [vol. I: SHOPLIFTING]

– **per distrazione.** Grosso modo, embezzlement, conversion (DISTRAZIONE DI FONDI).

– **semplice.** Theft.

Fusione in genere. Fusion, merger (CONFUSIONE; CONSOLIDAZIONE; SCORPORO).

– **dei poteri.** Fusion of powers; tipica del sistema di governo britannico (SEPARAZIONE DEI POTERI).

– **di contratti.** (NOVAZIONE)

– **di società in genere.** Amalgamation, merger, reconstrution, take over, o consolidation of companies. Fenomeno opposto a quello dello scorporo di società.
1. Negli Stati Uniti — stato federale — la materia rientra nelle attribuzioni dei singoli stati dell'Unione, ma alla legislazione locale si sovrappone, per molti versi, quella federale come, ad es., in tema di regime antimonopolistico. Numerose sono le implicazioni della materia, di per sé, assai complessa: la terminologia appare altrettanto complessa. Si parla di *amalgamation of corporations* per indicare quella fusione di due società per cui una di esse sopravvive e l'altra si estingue. Il termine indica l'assorbimento di una società (*absorbed company*) da parte di un'altra (*surviving company*) che ritiene la propria identità ed acquisisce il patrimonio della prima. L'*amalgamation* si distingue dalla *consolidation* in cui ha luogo l'estinzione delle società e la nascita di una nuova società (*new corporation*). Una forma di fusione per *amalgamation* è detta *triangular merger* per cui la società destinata all'estinzione si fonde con la sussidiaria della società superstite e gli azionisti della prima (*disappearing corporation*) ricevono azioni della seconda (*surviving corporation*). In un *reverse triangular merger,* la sussidiaria si fonde con la società destinata all'estinzione, di guisa che essa diviene una sussidiaria totalmente controllata (*wholly owned subsidiary*) dalla società superstite.
2. Sembra appena il caso di aggiungere che una delle conseguenze più rilevanti della fusione attiene al possibile controllo del mercato (*market dominance*) che ne può derivare. Com'è stato osservato, storicamente, le fusioni di società sono state lo strumento per acquisire posizioni dominanti sul mercato; per questa ragione, una imponente legislazione federale esige che, quale che sia il tipo di fusione (*vertical-horizontal-conglomerate*), esse siano soggette alla disciplina della legislazione antimonopolistica federale, e in particolare alla s. 7 del Clayton Act in tema di *mergers*. Le fusioni di società comportano particolari metodi contabili alternativi: si parla più spesso, a tal proposito, a seconda dei casi, di *pooling of interests* e di *purchase method of accounting*.
3. Con il termine *cash merger* si indica quel tipo di fusione per cui, mentre taluni azionisti ricevono un pagamento in contanti per le loro azioni, altri ricevono azioni della società superstite (*continuing enterprise*). Questo tipo di fusione è consentito di solito dalla legislazione degli stati dell'Unione; ma esso è sottoposto a controllo giudiziale specie per quanto attiene alla sua equità e, in taluni casi, alla sua validità economica.
4. È definito *conglomerate merger* quel tipo di fusione in cui le società interessate non sono né concorrenti, né potenziali o attuali clienti o fornitori una dell'altra. In cui, cioè, non esistono rapporti economici tra società acquirente (*acquiring firm*) e società acquisita (*acquired firm*). Il *conglomerate merger* si distingue in diverse sottospecie.
5. Si parla di *de facto merger* per indicare quel tipo di accordo per effetto del quale una società è assorbita dall'altra, senza peraltro che ciò avvenga in conformità dei requisiti previsti dalla legislazione in materia. Produce gli effetti di uno *statutory merger*, ma è articolata sotto forma di acquisizione del patrimonio, ovvero delle azioni con diritto di voto.
6. È definita *downstream merger* la fusione di una società controllante (*parent corporation*) con la sua sua sussidiaria. Per quanto riguarda il caso inverso, ossia la fusione della controllata con la controllante, la legislazione di taluni stati dell'Unione prevede la fusione semplificata (*short form merger*) qualora la controllante possegga sostanzialmente tutto il pacchetto azionario della *subsidiary*: si tratta di un tipo di fusione più rapido e meno costoso.
7. Negli S.U. la materia delle fusioni, delle acquisizioni, della *reorganization* e dei rilievi societari va più spesso sotto la rubrica di *corporate finance*.
8. Nel sistema inglese si parla, in tema di fusioni di società, a seconda dei casi, di *amalgamation* o *merger* (ABUSO DI POSIZIONE DOMINANTE; ACQUISIZIONE DI CONTROLLO DI SO-

CIETÀ; ASSOCIAZIONE DI IMPRESE; ASSOCIAZIONE TEMPORANEA DI IMPRESE; DELIBERAZIONE DI FUSIONE; INCORPORAZIONE; INTEGRAZIONE; *LEVERAGED BUY OUT*; MONOPOLIO; OFFERTA; RILIEVO; SCALATA DI SOCIETÀ; SCORPORO DI SOCIETÀ; SOCIETÀ (II) QUALE SOGGETTO COLLETTIVO; SUCCESSIONE DELLE PERSONE GIURIDICHE; TRASFORMAZIONE DELLA SOCIETÀ COMMERCIALE). [vol. I: AMALGAMATION; ANTI-TRUSTACTS; COMPANY: XIV; CONSOLIDATION; JOINT VENTURE; MERGER: 4; MONOPOLY]

Bibl.:

Rubino-Sammartino, M., *Compravendita e fusioni internazionali* (1989) 3 CeI 995.

Futile. Nugatory, futile, ineffectual, vexatious (DIFESA; VESSATORIO).

Futura. (FUTURO/A/I)

***Futures* finanziari.** Sono detti così negli S.U. dei contratti a termine (*future*) riferiti a taluni indicatori finanziari sensibili al mercato e ai tassi di interesse come, ad es., buoni del Tesoro, certificati di deposito, valute, e indice del mercato azionario. Ma si notino anche i *futures* sulle derrate agricole che, storicamente, sono all'origine di questo tipo di transazioni di borsa, dette anche *derivatives trading*. Il tracollo della *Barings Futures* di Singapore ha riportato all'attenzione dei circoli finanziari il fatto che in un mercato globale come quello odierno, dominato da operazioni in tempi reali, non esistono regole a tutela dell'integrità dei mercati e delle istituzioni finanziarie. Questo è ancora più vero nel c.d. *derivatives market*, in cui opzioni particolarmente articolate e *futures contract*s consentono agli operatori di *scommettere*, oltre che sul prezzo futuro delle derrate, sul corso delle valute e addirittura sugli indici di un intero mercato azionario come, ad es., l'indice *Nikkei* (per questo si parla di *Nikkei futures*). Il c.d. *derivates business* rientra nella *arbitrage activity* (ARBITRAGGISTA; AZIONE (II) DI SOCIETÀ: 13; BENI A TERMINE; BORSA MERCI; BORSA VALORI; CONTRATTAZIONI A TERMINE; DERRATE; FUTURO; PREZZO A TERMINE). [vol. I: FUTURE CONTRACT; FUTURE GOODS; FUTURE INTERESTS]

Futuro/a/i in genere. Future, executory, prospective (A TERMINE; CONTRATTAZIONI A TERMINE; DIRITTO (II) DIPENDENTE DA UN EVENTO FUTURO; DIRITTO (II) FUTURO; EFFETTO FUTURO; ESAME DEL TESTIMONE A FUTURA MEMORIA; *FUTURES* FINANZIARI). [vol. I: FUTURE CONTRACT; FUTURE GOODS; FUTURE INTERESTS]

– **utili.** Future earnings (UTILE).

G

Gabinetto in genere. Cabinet. Nell'ambito del sistema di governo parlamentare, quello britannico costituisce l'archetipo del governo di gabinetto. Ma il Cabinet britannico, cui è preposto il *Prime Minister,* non va confuso con il *President's Cabinet* degli S.U., che si colloca in un regime presidenziale puro, mero organo consultivo del Presidente: esso è costituito dai responsabili di circa 13 *executive departments,* definiti — salvo l'*Attorney-General* — come *Secretary* del rispettivo dipartimento, o ministero che dir si voglia. Gli S.U. sono uno stato federale (COSTITUZIONE POLITICA; ESECUTIVO; FEDERALISMO; GOVERNO; MINISTRO; PRESIDENTE DEL CONSIGLIO DEI MINISTRI).

– **del giudice.** Judges chambers, judge's chambers (GIUDICE). [vol. I: CHAMBERS]

Galleggiante. Floating craft (NAVE). [vol. I: AIR CUSHION VEHICLE; SHIP]

Galoppino elettorale. Canvasser (ELEZIONI POLITICHE).

Gara in genere. Bid, tender (AGONISTICA; CONCORRENZA; CONCORSO).

– **a offerta segreta.** Sealed bid tender (OFFERTA SEGRETA). [vol. I: TENDER]

– **di appalto.** Competitive bidding (APPALTO; CAPITOLATO D'APPALTO; CAUZIONE DELL'APPALTATORE; LICITAZIONE PUBBLICA-PRIVATA; OFFERTA IN UNA GARA DI APPALTO).

Garante. Guarantor, surety, warrantor. Nel senso di figura pubblica preposta ad un'entità diretta ad assicurare l'osservanza di una legge o di un insieme di leggi su una certa materia, si potrebbe parlare di *Commissioner* o *Director.* È stato giustamente osservato che solo in in Italia esiste un'*Authority* monocratica, anziché collegiale. Ma si tratta di mostro prodotto dal « laboratorio » italiano che consente, salvo eccezioni, di assegnare — a spese pubbliche — dei posti lautamente remunerati a creature troppo spesso di modestissima taglia professionale e di carattere (AUTORITÀ; COMMISSIONE NAZIONALE PER LE SOCIETÀ E LA BORSA; ENTE; FIDEIUSSORE; FIDUCIARIO; GARANZIA). [vol. I: FAIR TRADING]

Bibl.:

Mele, M., *La Tv italiana: in trattativa perenne col potere politico,* il Mulino 1/93: 134.

– **solidale.** Joint and several surety (FIDEIUSSORE).

Garantismo. Grosso modo, si potrebbe parlare di « safeguards of individuals against state oppressive practices ». Ad es., il *fair trial* costituisce un precetto garantistico fondamentale nel processo penale inglese e nordamericano. Così, ancora, il *Bill of Rights* inglese e nordamericano e le *due process clauses.* Insomma, il concetto risale alle garanzie assicurate, storicamente, dal costituzionalismo inglese e nordamericano e dall'incessante attività della giurisprudenza, specie della *Supreme Court* degli S.U. come, ad es., in tema di diritti civili. Si noti, a questo proposito, che nell'ordine giudiziario nordamericano (e inglese), federale e dei singoli stati dell'Unione, la regola è che il giudice del merito *(trial judge)* sia monocratico: il collegio si ha soltanto in appello. Peraltro, in taluni casi si può avere un collegio giudicante costituito da tre giudici (*three-judge court*), di solito, quando cioè si ritiene necessario per assicurare particolari garanzie contro atti arbitrari anche da parte dell'autorità giudiziaria. Diverse leggi prevedono il *three-judge court* e il ricorso diretto alla *Supreme Court* come, ad es., nel caso di espropriazione per pubblica utilità per conto della *Tennessee Valley Authority,* di talune azioni previste dal Civil Rights Act del 1964 e dal Voting Rights del 1965, di esecuzione di leggi federali o statali basata su princìpi costituzionali, etc. È sotto la rubrica *equal protection of the laws* che nel sistema nordamericano si rinviene la tutela costituzionale dei diritti (UGUAGLIANZA DI FRONTE ALLA LEGGE).

1. L'art. 3 della costituzione italiana stabilisce l'uguaglianza dei cittadini di fronte alla legge; ma non sembra che si possa dire che nel nostro sistema vi sia una *equal protection clause* alla maniera nordamericana, specie quale appare dalle decisioni della veneranda *Supreme Court*: è infatti sotto la rubrica dell'*equal protection* che nel sistema costituzionale nordamericano va rintracciata molta della materia che nel nostro sistema va sotto il *nomen* assai fumoso di garantismo.

2. In effetti, il termine nostrano è venuto ad assumere — in un contesto politico e sociale di illegalità di massa — un significato assai sospetto.

3. Un elenco delle mostruosità garantistiche nostrane richiederebbe un ponderoso volume: ma basti pensare al principio solennemente confermato dalla Corte Costituzionale per cui il dipendente pubblico condannato per peculato o truffa o concussione in danno della pubblica amministrazione non può essere licenziato se non dopo un procedimento disciplinare che potrebbe perfino statuire il suo diritto al posto, all' art. 304 del codice di procedura penale che — nell'intento dichiarato di assicurare il principio costituzionale della presunzione di innocenza — perviene ad una normativa che per la sua meccanicità lo ridicolizza. Un garantismo, insomma, che appare tanto più degenere in quanto del tutto indifferente alla concreta attuazione dei diritti così rumorosamente proclamati: come nel caso della « liberazione » degli infermi di mente dai lager pubblici nostrani. Del resto, la stessa *solidarietà* che, in quanto inefficiente, diventa *iniqua* proprio verso i più deboli, si appalesa come una colossale beffa proprio in danno di coloro nei cui confronti si pretende di essere maggiormente solleciti. In altre parole, in una società industriale di massa, i diritti dei cittadini si realizzano attraverso adeguati meccanismi giuridici e amministrativi, senza i quali si resta sempre nel regno della declamazione pura.

4. In margine all'*affaire* della c.d. Malasanità, Gustavo Zagrebelsky [*Il passo estremo dell'arresto*, *La Stampa*, 24 settembre 1993] ha sintetizzato bene la situazione italiana: « La verità è che nell'attuale momento politico-parlamentare mancano le condizioni per il normale apprezzamento delle regole costituzionali (...) Che senso ha difendere la rappresentatività del Parlamento attraverso i suoi singoli membri quando è il Parlamento stesso a non essere più considerato come rappresentativo? (...) Sino a quando non si ripristineranno le condizioni normali della rappresentanza politica, tutte le ragioni delle garanzie parlamentari saranno alterate » (ABUSO DELLE NORME PROCESSUALI; APPELLO; *AUDI ALTERAM PARTEM*; AUTOREGOLAMENTAZIONE; COLLEGIO GIUDICANTE; CONTRADDITTORIO; CUSTODIA CAUTELARE; DIRITTI (II) CIVILI; DIRITTI (II) COSTITUZIONALI; DIRITTI (II) DELL'UOMO; ERRORE GIUDIZIARIO; *FAIR TRIAL*; FERMO DI POLIZIA; GIUDICE NATURALE; MAGISTRATURA; ORDINAMENTO GIUDIZIARIO; PENA; POLIZIA; PRESUNZIONE DI INNOCENZA; SISTEMA PENALE ACCUSATORIO; TUTELA DEI DIRITTI; VERITÀ). [vol. I: BILL OF RIGHTS; HABEAS CORPUS; DUE PROCESS CLAUSES; FAIR TRIAL; INNOCENCE, PRESUMPTION OF; JURY]

Bibl.:

Mazzuca, T., *Questione morale e abuso dei mezzi di cautela processuale* (1992) 16 GP 417.

Garantito in genere. Warranted, guaranteed, secured; ma si dice anche *certified* (ANTICIPO ALLO SCOPERTO; ANTICIPO CONTRO GARANZIA; GARANZIA; NON GARANTITO). [vol. I: WARRANTY]

Garanzia/e in genere. Guarantee, guaranty, warranty, security, security interest, indemnity, collateral, bond, bail, charge; safeguard: dare una garanzia o cauzione si dice anche, tra l'altro, *giving indemnity*. La grande varietà della terminologia non facilita la comprensione della complessa materia.

1. I concetti di fideiussione e garanzia appaiono virtualmente indissolubili: in effetti, il termine *guarantee* (come il termine *suretyship*) indica sia la fideiussione che la garanzia. Di fatto, i termini *guaranty* e *suretyship* sono spesso impiegati indifferentemente nella prassi; ma essi non vanno confusi. La distinzione tra un *contract of suretyship* e un *contract of guaranty* risiede nella distinzione se l'obbligazione è assunta congiuntamente assieme al debitore principale, ovvero se essa dà luogo a un contratto distinto e separato. Nel primo caso si parla di *suretyship*, nel secondo di *guaranty*. Ma anche *guaranty* e *warranty*, che hanno una comune etimologia, sono impiegati indifferentemente; così, in un primo senso, di un prodotto si dice che è *guaranteed* o, più spesso, *warranted*. Nella pratica commerciale, si distingue talvolta tra *guaranty* come garanzia collaterale (*collateral guarantee*), spesso sottoposta a condizione, contro qualche vizio, mentre il termine *warranty* indica una obbligazione attuale contro i vizi o la qualità o quantità dell'oggetto del contratto.

2. I termini correlativi di *condition* e *warranty* impiegati in materia contrattuale sono privi di equivalenza nella teoria del contratto di *civil law*; inoltre, il termine *warranty* assume un significato particolare nel contratto di assicurazione.
3. Il termine *security* indica, in breve, una causa di prelazione, o ciò che concorre a soddisfare le ragioni del creditore (ad es., un privilegio) o l'assunzione da parte del debitore (o anche del terzo) di un obbligo secondario o sussidiario che integri o rafforzi il diritto del creditore. In tal senso, esso include sia la garanzia impropria, come nel caso di vendita con riserva della proprietà nella vendita a rate, sia la garanzia personale. Ma il termine indica anche l'atto, documento o istrumento ad essa relativo, ovvero anche l'oggetto della garanzia.
4. È definito *nonrecourse debt* quel tipo di credito, fatto più spesso in occasione della vendita di beni di consumo, in cui l'unica garanzia è costituita dal diritto del creditore di rientrare in possesso della merce venduta. Ma il debitore-acquirente non è responsabile del mancato pagamento con il suo patrimonio. Un diritto di credito assistito da una causa di prelazione è definito un *security interest*.
5. Un tipo di mutuo — e quindi di credito — di cui non si può esagerare l'importanza è costituito dal *nonrecourse loan,* ossia da quel mutuo che esclude il ricorso del creditore ad altri beni del debitore nel caso in cui il valore dell'oggetto della garanzia divenga inferiore all'ammontare effettivamente dovuto: esso è praticato negli S.U. più spesso in materia di credito agli agricoltori.
6. Grande importanza assume nella materia il requisito della *consideration* nel *simple contract* che dia luogo a una *guarantee*, e nel caso del terzo datore di pegno o *mortgage* (CONTRATTO: III).
7. Vendita a credito-finanziamento-garanzia-pubblicità sono le fasi di un fenomeno che assume fondamentale importanza nelle economie dei paesi più sviluppati, come quella degli S.U.; nello stesso contesto si collocano le operazioni di *leasing* e di *factoring*, etc. che, anch'esse, postulano un finanziamento. In una economia dei consumi così sviluppata *il credito al consumatore* assume un ruolo centrale, ma il suo sviluppo è condizionato dall'esigenza di assicurare al finanziatore una causa di prelazione sui beni del debitore, resa particolarmente pressante dal fatto che negli S.U. — fatto unico nell'imprenditoria nordamericana — le industrie *automobilistica e dei prodotti di consumo durevoli* esigono il pagamento in contanti e non effettuano operazioni di credito. In caso di inadempimento, si fa luogo alla *foreclosure on security*, ossia, all'esecuzione sull'oggetto della garanzia (*disposing of collateral*).
8. La materia assume eccezionale importanza nel più vasto e più ricco mercato del pianeta, ossia quello nordamericano. A questo proposito si ricorda che negli S.U. — stato federale — per quanto regolata in maniera uniforme dall'*Uniform Commercial Code*, essa è anche soggetta alle varianti della normativa locale e, soprattutto, interpretative da parte delle corti locali di ogni singolo stato dell'Unione
9. L '*Uniform Commercial Code* riserva l'intero Art. 9 — il più avanzato nella materia, sembra — alla disciplina delle cause di prelazione sulla *personal property* (termine che indica, grosso modo, non solo i beni mobili, ma anche diritti patrimoniali non immobiliari) e alle varie forme di garanzia impropria in genere: il sistema stabilisce — ai fini dell'opponibilità del privilegio ai terzi — un *Central Filing System* nei vari stati dell'Unione, fondamentale ai fini della priorità. Si tratta di un rivoluzionario approccio unitario della complessa materia, che si intreccia con la normativa sul fallimento: un problema che si presenta sovente è se un *security device*, ossia un privilegio o, più in generale, una causa di prelazione, può essere impugnata dal *trustee in bankruptcy* in quanto *preference*, ossia in quanto atto in frode dei creditori [Farnsworth and Honnold 1956, ed. 1976: 760].
10. In effetti, con i termini *security transaction* o *security agreement* si indicano dei parametri ommibus che coprono svariati istituti diretti a costituire una causa di prelazione. Essi danno luogo a un *security interest*, ossia a un diritto di credito assistito da una causa di prelazione: *collateral* è l'oggetto della garanzia (RIENTRO IN POSSESSO DEL BENE GARANZIA DEL CREDITO).
11. Il termine *security* non va confuso con quello di *securities*, che indica una serie di titoli mobiliari emessi per effetto di un investimento (azioni, obbligazioni, certificati, etc.) in una società: per questo sono detti in senso stretto *investment securities*: ad essi l'*Uniform Commercial Code* dedica l'intero Art. 8. Com'è stato osservato, « 'Securities' are not necessarily secured in the legal sense » [Henn 1961, ed. 1970: 276]: con che si vuol dire efficacemente che i titoli mobiliari (*securities*) non sono di per sé assistiti da una causa di prelazione (*secured*). Insomma,

quando si dice che un credito è *secured* si indica che esso è assistito da una causa di prelazione (AGENZIA DI FINANZIAMENTO; ANTICIPO CONTRO GARANZIA; AZIONE (II) GARANTITA; CAUSE (I) LEGITTIME DI PRELAZIONE; CAUZIONE; CHIAMATA IN GARANZIA; CHIROGRAFARIO; CONTRATTO: X.; CONTRATTO DI INDENNIZZO; CONTROGARANZIA; CREDITO ASSISTITO DA GARANZIA; CREDITO PRIVILEGIATO; DEPOSITO DELLA CAUZIONE; DIMINUZIONE DELLA GARANZIA; DIRITTO (II) REALE DI GARANZIA; ESECUZIONE; ESPROPRIAZIONE DELLA GARANZIA REALE; FIDEIUSSIONE; FINANZIAMENTO; INVESTIMENTO; IPOTECA; LAVORI PUBBLICI; LETTERA DI GARANZIA; LETTERA DI GARANZIA PER POLIZZA DI CARICO NETTA; LETTERA DI *PATRONAGE*; MUTUO; PATTO COMMISSORIO; PEGNO; PIGNORAMENTO; PRESTITO; PRIVILEGIO FLOTTANTE; PROPRIETÀ ACQUISTATA SUCCESSIVAMENTE; QUALITÀ COMMERCIABILE; QUALITÀ DELLA MERCE; RISERVA DELLA PROPRIETÀ; SALVAGUARDIA; SERVIZIO FUORI GARANZIA; SERVIZIO IN GARANZIA; SOCIETÀ (II) DI GARANZIA; TITOLO: 5; VENDITA A RATE; VENDITA A SCOPO DI GARANZIA; VENDITA SENZA GARANZIA; VIOLAZIONE DI GARANZIA). [vol. I: CHARGE; GUARANTEE; SAVE HARMLESS CLAUSE; WARRANTY]

Bibl.:
Bastianini, M., *Bonds,* in *Digesto IV Utet, Comm.,*vol. II: 269.
Farnsworth and Honnold 1956, ed. 1976: 754.

– **accessoria.** Collateral security (*infra*, GARANZIA AGGIUNTIVA; GARANZIA COLLATERALE). [vol. I: COLLATERAL; SECURITY]

– **aggiuntiva.** Collateral, additional, security; ossia una garanzia reale in aggiunta a quella principale o *direct security* (*supra*, GARANZIA ACCESSORIA; *infra*, GARANZIA COLLATERALE). [vol. I: COLLATERAL; SECURITY]

– **autonoma.** Bond; tipica dei sistemi di *common law* (CAUZIONE; CONTRATTO INDENNITARIO; INDENNIZZO). [vol. I: BOND]

Bibl.:
Bastianini, M., *Bonds,* in *Digesto IV Utet, Comm.,* vol. II: 269.

– **a vita.** Lifetime warranty.

– **bancaria.** Bank guarantee (BANCA).

– **collaterale.** Collateral, collateral security (*supra*, GARANZIA AGGIUNTIVA; FIDEIUSSIONE). [vol. I: COLLATERAL; SECURITY]

– **commerciabile.** Marketable collateral.

– **costituzionali.** Constitutional guarantees. L'Inghilterra è la patria del costituzionalismo moderno; gli S.U. — politicamente figli del costituzionalismo inglese, retti dalla prima e più illustre costituzione scritta dell'Occidente — appaiono quelli in cui, grazie all'interpretazione ad opera della veneranda *Supreme Court*, le garanzie costituzionali hanno trovato finora la massima estensione (COSTITUZIONE POLITICA; DICHIARAZIONE DEI DIRITTI; DIRITTI (II) COSTITUZIONALI; DIRITTI (II) DELL'UOMO; FEDERALISMO; GARANTISMO; UGUAGLIANZA DI FRONTE ALLA LEGGE).

Bibl.:
Nowak and Rotunda 1978,ed. 1991: 331.

– **dei crediti all'esportazione.** Export risk guarantee (ASSICURAZIONE ALL'ESPORTAZIONE; ASSICURAZIONE DEL CREDITO; CREDITI ALL'ESPORTAZIONE; ESPORTAZIONE).

– **del credito.** Credit security (*supra*, GARANZIA IN GENERE; CAUSE (I) LEGITTIME DI PRELAZIONE; CREDITO PRIVILEGIATO; MUTUO ALLO SCOPERTO; SODDISFAZIONE DEL CREDITO).

– **della corretta esecuzione del contratto da parte dell'appaltatore** o **dell'aggiudicatario di una gara.** Performance bond, performance guarantee. Usata nei contratti di appalto di opere pubbliche, prevede, tra l'altro, particolari sanzioni in caso di ritardo; assume una importanza fondamentale nel sistema inglese e nordamericano in cui è collegata ad una polizza assicurativa (ADEMPIMENTO; AGGIUDICATARIO; APPALTO; CAUZIONE DELL'APPALTATORE; GARA). [vol. I: PERFORMANCE BOND]

– **del produttore.** Manufacturer's guarantee (RESPONSABILITÀ DEL PRODUTTORE).

– **del titolo di proprietà immobiliare.** Warranty of title; ma si noti la grande diversità di regime esistente nella materia (TITOLO: 5; TITOLO DI PROPRIETÀ; VENDITA). [vol. I: *ad vocem*]

– **di fedeltà.** (CAUZIONE DI FEDELTÀ)

– **di idoneità.** Warranty of fitness (*infra*, GARANZIA PER VIZI DELLE MERCI; IDONEITÀ; VIZIO).

– **di indennizzo.** (CAUZIONE; INDENNIZZO)

– **di navigabilità della nave.** Warranty of seaworthiness (NAVIGABILITÀ DELLA NAVE). [vol. I: SEAWORTHINESS]

– **di pacifico godimento della cosa locata.** Covenant for quiet enjoyment (LOCAZIONE). [vol. I: LEASE]

– **di primo grado.** Senior security (*supra*, GARANZIA IN GENERE).

– **di qualità.** Warranty of quality (*supra,* GARANZIA IN GENERE: 2; QUALITÀ DELLA MERCE).

– **finanziaria.** Financial security.

– **generale in genere.** Grosso modo, charge. Una causa di prelazione priva di equivalenza (sembra; anche se vi è qualche analogia con il privilegio generale sui mobili nostrano) nella *civil law* è costituita dalla *floating charge,* consistente in un tipo di *security*, ossia di privilegio riferito a tutto il patrimonio della società di capitali. Essa trova la sua fonte nelle regole dell'*equity*, e indica più spesso il privilegio da cui è assistita una *debenture*, ossia un'obbligazione. La sua caratteristica principale consiste nel fatto che essa non ha per oggetto singoli beni, ma si tratta di una privilegio *ambulatorio* riferito a tutto il patrimonio della società che, al verificasi di un certo evento (insolvenza, etc.), secondo la terminologia corrente, *crystallizes,* ossia diviene fisso. Il vantaggio è che essa consente, nella fase precedente, la libera disposizione dei beni fin quando non si verifichi l'evento in parola, ossia senza le difficoltà derivanti dalla disposizione di un bene gravato da una *fixed charge.* Al di fuori della materia societaria, un altro tipo di causa di prelazione è il cosiddetto *floating lien* consistente in un privilegio che ha per oggetto un mobile, o un insieme di mobili, anche se esso o essi cambiano natura, classificazione o ubicazione. È questo il caso, ad es., di un mutuo su inventario (*inventory loan*), in cui il mutuante acquista un privilegio oltre che su tutto l'inventario presente, anche su quello futuro del debitore. In quest'ultimo senso, esso si estende anche alla c.d. *after-acquired inventory* o *accounts*: è definito *after-acquired collateral* il bene o diritto acquistato dal debitore successivamente alla conclusione del mutuo o atto (fonte della sua obbligazione) sul quale si viene ad estendere il privilegio del creditore per effetto del di lui acquisto. Negli S.U. la materia è regolata dall'Art. 9-204 dell'UCC relativa all'*After-Acquired Property* e alle *Future Advances* (CAUSE (I) LEGITTIME DI PRELAZIONE; INVENTARIO; OBBLIGAZIONE (II) A GARANZIA GENERALE; PRIVILEGIO FLOTTANTE).

– **generica del creditore.** È dubbio che vi sia un termine esattamente equivalente; ma, ridotto all'osso, il concetto nostrano potrebbe essere reso con le espressioni « property of the debtor being the common pledge of his creditors », oppure debtor's personal resources being collateral (CREDITORE). [vol. I: PLEDGE]

– **in solido.** Joint and several bond (OBBLIGAZIONE (I) SOLIDALE).

– **ipotecaria.** Grosso modo, mortgage of landed property. Ma si noti l'assai diverso regime del mortgage, che ha per oggetto anche cose mobili (IPOTECA). [vol. I: MORTGAGE]

– **legale dell'immunità da vizi e dell'idoneità delle merci.** Implied condition as to quality and fitness of goods (*supra*, GARANZIA IN GENERE: 2; AZIONE (I) REDIBITORIA; CONTRATTO: IX; MERCI; TUTELA DEL CONSUMATORE). [vol. I: CAVEAT EMPTOR; CONSUMER GOODS; GOODS; SALE]

– **marittima.** (PRIVILEGIO MARITTIMO)

– **nella vendita del prodotto al consumatore.** Warranty in the sale of a consumer product; a seconda dei casi, si parla di warranty of merchantability e di warranty of fitness (CONSUMATORE; VENDITA AL CONSUMATORE).

– **per evizione.** Non esiste, in senso stretto, un concetto equivalente nella *common law*. Ma un analogo è costituito — in tema di vendita di mobili — dalla s. 12 del Sale of Goods Act 1979 britannico, per cui sussiste una *implied condition as to title* a carico del venditore, la cui violazione dà luogo alla risoluzione del contratto e al risarcimento del danno. In tema di vendita di immobili, il venditore è tenuto *to make good a title* (AZIONE (I) DI RIVENDICAZIONE; CONTRATTO: IX; TITOLO DI PROPRIETÀ; VENDITA). [vol. I: IMPLIED CONDITION; NEMO DAT QUOD NON HABET; SALE]

– **per evizione e molestie.** Grosso modo, covenant for quiet enjoyment (*supra*, GARANZIA PER EVIZIONE; MOLESTIA).

– **personale.** Personal security (FIDEIUSSIONE).

– **per vizi delle merci.** Warranty, o undertaking, of quality or fitness (*supra*, GARANZIA IN GENERE; CONTRATTO: IX; MERCI; QUAL È; *QUANTI MINORIS*; TUTELA DEL CONSUMATORE; VENDITA SENZA GARANZIA; VIZIO). [vol. I: CAVEAT EMPTOR; CONDITION; SALE; WARRANTY]

– **per vizi e difformità.** Warranty, o undertaking, of quality or fitness (*supra*, GARANZIA PER VIZI DELLE MERCI). [vol. I: CAVEAT EMPTOR; CONDITION; SALE]

– **per vizi occulti.** Warranty for hidden defects (*supra*, GARANZIA PER VIZI DELLE MERCI; VIZIO OCCULTO). [vol. I: DEFECT; SALE: X]

– **reale.** Collateral, collateral security e, in senso descrittivo, property subject to a security interest; ma si noti l'assonanza col termine *real security* (GRAVAME SULLA PROPRIETÀ; IPOTECA; PEGNO; PRIVILEGIO FLOTTANTE). [vol. I: CHATTEL; COLLATERAL: 2; SECURITY: 2; LIEN; MORTGAGE; PLEDGE; SURETY]

– **reale accessoria ad una principale.** Collateral security (*supra*, GARANZIA ACCESSORIA). [vol. I: COLLATERAL: 2; COLLATERAL SECURITY]

– **scaduta.** Expired guarantee.

– **secondaria.** Secondary security.

– **specifica.** Fixed charge, specific charge. [vol. I: CHARGE]

Gazzetta in genere. Gazette.

– **Ufficiale.** Lett., Official Gazette. Ma non esiste né nel R.U., né negli S.U. un corrispondente esatto della nostra Gazzetta Ufficiale. La *London Gazette* è un analogo, ma non corrisponde alla Gazzetta Ufficiale italiana delle leggi e decreti. Negli S.U. — stato federale — l'*Official Gazette* è una pubblicazione settimanale dell'*U.S. Patent Office* concernente brevetti e marchi di fabbrica. Se mai, un analogo della nostra Gazzetta Ufficiale è il *Federal Register* pubblicato ogni giorno, ma limitato agli atti del potere esecutivo con particolare riguardo alle regole emanate dalle *Federal agencies*. Le leggi federali sono contenute nella raccolta ufficiale che va sotto il nome di *United States Code*, pubblicata ogni sei anni ed aggiornata con supplementi nei periodi tra una pubblicazione e l'altra; l'*United States Code Annotated* — la raccolta più frequentemente usata — ripòrta, oltre alle leggi federali, annotazioni giurisprudenziali e materiali vari, ed è integrata dall'*United States Code Congressional and Administrative News*; è aggiornata con supplementi sulle leggi approvate dal Congresso durante ogni sessione (ANNUNZIO LEGALE; LEGGE; PROMULGAZIONE; *VACATIO LEGIS*). [vol. I: ACT OF PARLIAMENT; ENTRY INTO FORCE; GAZETTE; STATUTE LAW: III]

Genealogia. Genealogy (DISCENDENZA). [vol. I: PEDIGREE]

Generale in genere. General; ma sembra che il termine *universal* sia in taluni contesti più ampio (GENERALITÀ; PARTICOLARE; PRINCÌPI GENERALI DI DIRITTO; RAPPRESENTANTE GENERALE; SUCCESSIONE UNIVERSALE).

Generalità in genere. Generality, particulars (GENERALE; PARTICOLARE).

– **della legge.** Grosso modo, generality of law. Ma nei sistemi a diritti giurisprudenziali di *common law* non si ha norma giuridica vera e propria: la *rule* giurisprudenziale — anche quella che si forma sulla base dell'interpretazione di un testo legislativo — manca di per sé di questo carattere (ETICA: 11; FONTI DEL DIRITTO; LEGGE; NORMA GIURIDICA).

– **personali.** Personal particulars, personal details (IDENTITÀ PERSONALE).

Genere. Gender (SESSO).

Genetica in genere. Genetics; la scienza consistente nella conoscenza e manipolazione dei geni umani. Per quanto non sia spesso agevole distinguere sul piano concreto, due sembrerebbero le direzioni principali di questa scienza: una volta alla conoscenza dei meccanismi genetici e alla loro manipolazione nella prevenzione o trattamento delle malattie, l'altra diretta a manipolare la stessa essenza dell'essere umano: *Brave New World* all'orizzonte. In ogni caso, i riflessi giuridici, oltre che etici e politici, di questa scienza sono enormi: ad es., per fare il caso più banale ma più concreto, mediante l'esame genetico un assicuratore (o un datore di lavoro) sarà in grado di stabilire con decenni di anticipo se un possibile assicurato (o dipendente) sarà affetto da un certo tipo di malattia, e quindi rifiutare l'assicurazione (o l'impiego) o imporre premi più elevati o condizioni di lavoro più onerose. *Genetic engineering* indica la manipolazione genetica; *medical ethics attorney* è l'avvocato o il giurista che tratta problemi di etica medica, e *medical ethicist* il medico che tratta questioni di etica medica. Celebre è il *Genome Project* degli S.U. (ETICA; INFORMAZIONE GENETICA; INGEGNERIA GENETICA).

Genitore/i in genere. Parent; la mancata osservanza dei doveri dei genitori verso i figli minori è definita *parental neglect* (AFFIDAMENTO DI MINORI; AMMINISTRAZIONE DEI BENI DEL MINORE; AUTORITÀ DEL GENITORE; CONSENSO DEI GENITORI; DOVERI DEI GENITORI; EMANCIPAZIONE; FIGLIO; MADRE; MATERNITÀ; MINORE; PROLE; RESPONSABILITÀ DEI GENITORI). [vol. I: AFFILIATION; PARENT AND CHILD]

– **adottivo.** Foster parent; ma questa figura non coincide esattamente con quella del genitore adottivo prevista dall'ordinamento italiano (ADOZIONE).

– **naturali.** Natural parents, biological parents (*supra*, GENITORE ADOTTIVO; *infra*, GENITORE SURROGATO).

– **surrogato.** Surrogate parent (*supra*, GENITORI NATURALI; MADRE SURROGATA; SURROGATO). [vol. I: SURROGATE PARENT]

Genocidio. Genocide. Attività alla quale, durante il periodo nazista, si è dedicato, con tipico entusiasmo ed efficienza, quello che viene di solito definito il civilissimo popolo tedesco: ma non si tratta di prerogativa tedesca o europea. Esso è ancora oggi largamente praticato nei paesi del Terzo Mondo, specie in Africa, in Asia e in America Latina. Eppure, non si può mettere sullo stesso piano il genocidio nazista, prodotto di una ideologia, con lo sterminio degli aborigeni avvenuto negli S.U. senza che nessuno ne avesse fatto un dichiarato obiettivo politico. Come ricorda R.J. Strickland: « For Native Americans, law and the courts have provided both examples of balanced justice and instruments of a conquering empire. In the nineteenth century Alexis de Tocqueville noted in *Democracy in America* that the 'conduct of the Americans of the United States towards the aborigines is characterized ... by a singular attachment to the formalities of law.' The United States, he observed, accomplished an extermination of much of its Indian race through law 'with singular felicity, tranquility legally, philantropically ... without violating a single great principle of morality in the eyes of the world.' De Tocqueville concluded: 'It is impossible to destroy men with more respect for the laws of humanity' ». Questo autore conclude: « As an abettor in the task of conquering the continent, the Court, despite its constitutional humanitarianism and commitment to 'the rule of law', spoke not the language of the Native American but the language of the European » [*Native Americans*, in *Oxford* 1992: 577, 581]. Marlon Brando, attivo campione della causa dei *Native Americans*, ricorda che gli S.U. hanno violato ben 400 trattati stipulati con le tribù indiane (CRIMINI DI GUERRA; DIRITTI (II) DELL'UOMO; PURIFICAZIONE ETNICA; RAZZISMO; STRAGE). [vol. I: *ad vocem*; NUREMBERG TRIALS; WAR CRIME]

Bibl.:

Bianchi, G., *Genocidio*, in *Dizionario di Politica* 1976, ed. 1983: 465.

Gente di mare. Seafarers o seamen. Negli S.U. — stato federale — la materia rientra nelle attribuzioni federali. Viene definito *protection* l'attestato rilasciato, di solito da un *notary public*, alla gente di mare che si reca all'estero; esso certifica la cittadinanza degli S.U. del portatore ivi indicato. In diritto internazionale, la materia è regolata dall'International Convention on Standards of Training, Certification and Watchkeeping for Seafarers del 1978 (DIRITTO (I) MARITTIMO; LAVORATORE MARITTIMO; LAVORATORE PORTUALE; MARE; MARINAIO; MEMBRO DELL'EQUIPAGGIO; SCARICATORE DI PORTO). [vol. I: CREW; MARINER; SEAFARER; SEAMEN; SEAWORTHINESS]

Gentlemen's agreement. Questa espressione è ormai entrata a far parte del linguaggio dei *media* e affaristico mondiale. Ma, in effetti, in senso stretto, non trova equivalenza esatta nei sistemi di *civil law*; e non perché i *gentlemen* esistono o, *rectius*, esistevano, solo in Inghilterra come qualche sciocchino potrebbe suggerire (AFFARI; CONTRATTO: III; INTENTO GIURIDICO). [vol. I: GENTLEMEN'S AGREEMENT]

Gerarchia in genere. Hierarchy; di solito, questo termine è riferito alla gerarchia ecclesiastica (GRADO; POTERE). [vol.I: CIVIL SERVICE]

– **delle fonti del diritto.** Hierarchy of sources of law (FONTI DEL DIRITTO).

Gerente in genere. Manager, director, principal (AMMINISTRATORE; ARMATORE-GERENTE DI NAVE; CO-GERENTE; ESERCENTE; SOCIO GERENTE). [vol. I: DIRECTOR; MANAGER; PRINCIPAL]

Gerenza. (GERENTE; GESTIONE)

Gestazione. Gestation, pregnancy. Nel sistema inglese si presume che duri dai 270 ai 280 giorni. Ma non esiste il periodo del c.d. lutto vedovile, e la vedova può contrarre matrimonio in qualsiasi momento (ABORTO; GRAVIDANZA; PATERNITÀ). [vol. I: ABORTION; ACCESS; PATERNITY]

Gestione in genere. Management. Si noti che nella gestione del patrimonio altrui si fa spesso ricorso alla figura del *trustee,* ignota alla *civil law* (ATTI DI GESTIONE-DI IMPERIO; COMMISSIONE PER LA GESTIONE DI UN FONDO COMUNE DI INVESTMENTO; FALLIMENTO; GERENTE; GESTITO DALLO STATO; MINORE; PROPRIETÀ E GESTIONE DELLE SOCIETÀ DI CAPITALI; SOCIETÀ (II) DI GESTIONE). [vol. I: GOODWILL; MANAGEMENT; MINOR; TRUSTEE]

– **commissariale in genere.** Grosso modo, management by a government commissioner.

– **dei cambi.** Exchange management, foreign-exchange management (CAMBIO; VALUTA).

– **delle attività e passività.** Assets and liability management (ATTIVITÀ E PASSIVITÀ).

– **di affari.** (*NEGOTIORUM GESTIO*)

– **di azienda.** Management of firm, conduct of business (AZIENDA; IMPRESA). [vol. I: COMPANY; MANAGING DIRECTOR]

– **di crediti.** Credits management (CREDITO).

– **di negozio.** (*NEGOTIORUM GESTIO*)

– **di società.** Management of company o corporation (SOCIETÀ (II) QUALE SOGGETTO COLLETTIVO).

Gestito/a dallo Stato. State-run (GESTIONE; STATO).

Gestore in genere. Director, contractor, manager, managing agent, keeper, operator (AMMINISTRATORE DI SOCIETÀ; GESTIONE DI AZIENDA; *NEGOTIORUM GESTIO*; OPERATORE).

– **di affari.** Grosso modo, volunteer, spontaneous agent without authority (INTERVENTO; *NEGOTIORUM GESTIO*; VOLONTARIO).

– **di agenzia di pegni.** Pawnbroker (PEGNO).

– **di esercizio per la vendita di bevande alcoliche.** Victualler, publican (ESERCENTE; ESERCIZIO PUBBLICO).

Gettito in genere. Yield, levy (ENTRATA).

– **di imposta.** Tax yield (IMPOSTA).

Getto in genere. Dumping (INQUINAMENTO).

– **di sostanze pericolose.** Dumping of dangerous substances (DISCARICA DI RIFIUTI; INQUINAMENTO).

– **in mare.** Jettison (AVARIA COMUNE; SACRIFICIO NELLA SPEDIZIONE MARITTIMA). [vol. I: GENERAL AVERAGE; JETTISON]

Giacenza di magazzino. Stock-in-trade, trading stock, inventory (INVENTARIO). [vol. I: INVENTORY; STOCK-IN-TRADE]

Gilda. Guild (ASSOCIAZIONE; LEGA). [vol. I: *ad vocem*]

Gioco in genere. Game o gaming (AGONISTICA).

– **d'azzardo.** Game of chance, gaming, gambling; l'attività relativa, molto sviluppata negli S.U., è definita *gaming industry* (AZZARDO; CASA DA GIOCO; DEBITO DI GIOCO; DEBITO DI ONORE; IMPOSTA SUL GIOCO D'AZZARDO; OBBLIGAZIONE (I) NATURALE; SCOMMESSA LEGALE). [vol. I: GAMING; NATURAL OBLIGATION]

– **delle tre carte.** Flim-flam, faith and trust, confidence game.

– **e scommessa.** Gaming and betting, gambling and wagering (SCOMMESSA).

Giornale in genere. Newspaper, journal, day book, log book (GAZZETTA UFFICIALE; LIBRO GIORNALE; *MEDIA*; QUOTIDIANO DI INFORMAZIONI; REGISTRO).

– **degli annunzi ufficiali.** (ANNUNZIO LEGALE; GAZZETTA UFFICIALE)

– **dell'imprenditore.** (LIBRI CONTABILI)

– **di bordo.** Log book (LIBRI DI BORDO). [vol. I: *ad vocem*]

– **di carico.** (MANIFESTO DI CARICO)

– **mastro.** Book of original entry (LIBRI CONTABILI).

– **nautico.** (*supra*, GIORNALE DI BORDO)

Giornalismo in genere. Journalism (GIORNALE; GIORNALISTA; *MEDIA*).

Giornalista. Newsman; il diritto del giornalista di non rivelare le fonti delle sue informazioni è definito *newsman's privilege*. Sono dette negli S.U. *shield laws* le leggi dei vari stati dell'Unione a tutela di tale diritto. In tema di *defamation,* si parla di *journalists' privilege*. Fondamentale in materia è la sentenza *New York Times Co.* v. *Sullivan* (CRONACA GIORNALISTICA; CRONACA GIUDIZIARIA; DIFFAMAZIONE; DIRITTO (I) DI CRONACA; GIORNALE; ORDINE DEI GIORNALISTI; QUOTIDIANO DI INFORMAZIONI).

Giornata in genere. Day (GIORNO; ORA; ORARIO; PRESTITO ALLA GIORNATA; TEMPO; TERMINI).

– **lavorativa.** Work-day (LAVORO).

Giorni. (GIORNO/I)

Giorno/i in genere. Day, date; talvolta si usa anche il termine *dies* (A GIORNI VISTA; AL GIORNO; *DIES*; FRAZIONE DI GIORNO; NOTIFICA; PREAVVISO DEI SESSANTA GIORNI; TERMINE). [vol. I: DAY; TIME]

– **consecutivi.** Running days. Ma si noti che questa espressione assume un significato particolare nel *charterparty*. [vol. I: RUNNING DAYS]

– **data.** From date (DATA).

– **della notifica.** Day of service (NOTIFICA).

– **di calendario.** Calendar day (CALENDARIO).

– **di contestazione.** Cavilling days; espressione impiegata nel trasporto marittimo (CONTESTAZIONE; NOLEGGIO DI NAVE; TRASPORTO MARITTIMO). [vol. I: CAVILLING DAYS; LAY DAYS]

– **di controstallia.** Demurrage days (*infra*, GIORNI DI STALLIA; CONTROSTALLIA). [vol. I: LAY DAYS]

– **di discarica.** Discharging days (SCARICAZIONE DI NAVE). [vol. I: DISCHARGE: 6]

– **di liquidazione.** Setting day, settlement date, settling day (FISSAZIONE DEI PREZZI; LIQUIDAZIONE). [vol. I: STOCK EXCHANGE]

– **di pagamento.** Pay day (PAGAMENTO).

– **di presentazione.** Day of entry (PRESENTAZIONE).

– **di riporto.** Contango day (RIPORTO).

– **di rispetto** o **di tolleranza in genere.** Days of grace (GRAZIA; SCADENZA; TERMINE DI GRAZIA). [vol. I: DAYS OF GRACE; INSURANCE]

– **di sosta della nave.** Demurrage days (SOSTA DELLA NAVE). [vol. I: DEMURRAGE]

– **di stallia.** Lay days (*supra*, GIORNI DI CONTROSTALLIA; STALLIE). [vol. I: *ad vocem*]

– **di udienza.** Judicial day, juridical day; un giorno non di udienza è detto *non-judicial*, o *dies non juridicus,* o *dies non*. Il termine *day in court* assume un significato particolare alla tradizione di *common law* per indicare non già il fatto di passare una giornata davanti al giudice, ma l'esigenza di instaurare il contraddittorio, ossia di consentire di asserire le proprie pretese o difendere il proprio diritto davanti al giudice. La sentenza emessa contro un convenuto o imputato che non abbia avuto il suo « day in court » è viziata di nullità. Infine, *go (to) without day* indica il fatto della corte di respingere l'azione, appunto in quanto non viene fissato un termine per la comparizione della parte (CONTRADDITTORIO; CONTUMACIA; FERIE GIUDIZIARIE; UDIENZA). [vol. I: SITTING]

– **feriale.** Work-day, working day, business day, week-day (*infra*, GIORNO FESTIVO).

– **festivo.** Public holiday, non working holiday, bank holiday (*supra*, GIORNO FERIALE; FERIE GIUDIZIARIE). [vol. I: BANK HOLIDAY; BUSINESS; HOLIDAY; TIME; VACATION]

– **lavorativi.** Working days, business days (*supra*, GIORNO FERIALE; LAVORO). [vol. I: DAY; HOLIDAY]

– **liberi.** Clear days (TERMINE). [vol. I: *ad vocem*; TIME]

– **naturale.** Natural day; va da una mezzanotte all'altra.

– **perduti.** Lost days.

– **solare.** Solar day; va da un mezzogiorno all'altro.

– **utili.** Clear days (*supra*, GIORNI LIBERI; TERMINE).

– **utili consecutivi.** Clear running days (*supra*, GIORNI CONSECUTIVI; GIORNI LIBERI).

Gip. (GIUDICE PER LE INDAGINI PRELIMINARI)

Girabile. Indorsable o endorsable. Si noti che nel sistema inglese e nordamericano la dicitura *Account Payee Only* apposta sulla faccia dell'assegno indica che esso può essere pagato soltanto *sul conto corrente bancario* della persona indicata sul titolo. Essa ne fa quindi un effetto non all'ordine (ALL'ORDINE; GIRANTE; GIRATA; NEGOZIABILE; NON ALL'ORDINE; NON GIRABILE; ORDINE). [vol. I: INDORSABLE]

Girante. Indorser o endorser (GIRABILE; GIRATA).

– **di favore.** Accommodation indorser o endorser (CAMBIALE DI FAVORE; PRESTITO DI FAVORE).

– **per l'incasso.** Collection indorser (GIRATA PER L'INCASSO).

– **precedente.** Prior indorser.

– **successivo.** Subsequent indorser.

Girata in genere. Indorsement o endorsement. Si noti che la cambiale e l'assegno nel diritto inglese e nordamericano sono disciplinati non già dalle convenzioni di Ginevra del 1930 e 1931 in tema di unificazione del diritto cambiario, ma bensì, rispettivamente, dal Bills of Exchange Act 1882 e, per quanto riguarda gli S.U., dall'*Uniform Commercial Code*. Pertanto, anche in tema di girata, sussistono differenze notevoli tra il sistema uniforme, cui appartiene l'Italia, e quello inglese e nordamericano (ANNOTAZIONE IN CALCE, A MARGINE, A TERGO DI UN DOCUMENTO; CESSIONE; FORMA DELLA GIRATA; GIRABILE; REGOLARITÀ DELLE GIRATE; SBARRAMENTO; SENZA GIRATA; TRASFERIMENTO). [vol. I: ASSIGNMENT; BILL OF EXCHANGE; CHEQUE; INDORSEMENT; NEGOTIABLE INSTRUMENTS; TRANSFER]

– **condizionata** o **parziale.** Qualified indorsement, conditional indorsement, partial indorsement. Restringe, limita o esclude la responsabilità del girante, come, in quest'ultimo caso, con l'apposizione della dicitura « without recourse to me » : è ammessa. Si tratta di una forma di *restrictive indorsement* (*infra*, GIRATA INCONDIZIONATA). [vol. I: QUALIFIED INDORSEMENT]

– **della cambiale.** Indorsement of bill of exchange (*infra*, GIRATA DELL'ASSEGNO; CAMBIALE; CANCELLAZIONE DELLA GIRATA CAMBIARIA). [vol. I: INDORSEMENT OF BILL OF EXCHANGE]

– **della fede di deposito.** Indorsement of dock warrant (FEDE DI DEPOSITO). [vol. I: DOCK WARRANT; DOCUMENT OF TITLE]

– **della lettera di vettura.** Indorsement of consignment note (LETTERA DI VETTURA). [vol. I: CONSIGNMENT NOTE]

– **della polizza di assicurazione.** (CESSIONE DELLA POLIZZA DI ASSICURAZIONE)

– **della polizza di carico.** Indorsement of bill of lading (POLIZZA (II) DI CARICO). [vol. I: BILL OF LADING]

– **dell'assegno.** Indorsement of cheque (o of check). Si noti che nel sistema inglese e nordamericano la dicitura *Account Payee Only* apposta sulla faccia dell'assegno indica che esso può essere pagato soltanto *sul conto corrente bancario* della persona indicata sul titolo. Essa ne fa quindi un effetto non all'ordine (ASSEGNO (II) BANCARIO; NEGOZIABILE; NON ALL'ORDINE; ORDINE). [vol. I: NON ENDORSABLE]

– **falsa della cambiale.** Forged o false indorsement. In questa materia sussiste una radicale differenza tra i due sistemi: quello anglo-americano vi nega efficacia, a differenza di quanto previsto dalla legge uniforme (CAMBIALE; FALSIFICAZIONE DELLA GIRATA; FALSO).

– **in bianco.** Blank, o general, indorsement (BIANCO SEGNO).

– **incondizionata.** General indorsement (*supra*, GIRATA CONDIZIONATA o PARZIALE).

– **irregolare.** Irregular indorsement.

– **nominativa.** Full indorsement, special indorsement (NOMINALE).

– **non all'ordine.** Restrictive indorsement; come, ad es., « pay to A.B. for my account », « for deposit », « for collection », « not negotiable », etc. Si noti che nel sistema inglese e nordamericano la dicitura *Account Payee Only* apposta sulla faccia dell'assegno indica che esso può essere pagato soltanto *sul conto corrente bancario* della persona indicata sul titolo. Essa ne fa quindi un titolo non all'ordine (ALL'ORDINE; GIRANTE; NEGOZIABILE; NON ALL'ORDINE; ORDINE). [vol. I: NOT NEGOTIABLE]

– **parziale.** Partial, o qualified, indorsement (*supra,* GIRATA CONDIZIONATA o PARZIALE).

– **per l'incasso.** Indorsement for collection; di solito consiste in espressioni quali *for collection*, etc., apposte sul titolo (INCASSO).

– **per procura.** Indorsement by procuration (per pro., o p.p.); tale tipo di girata è definita *qualified endorsement* (PROCURA).

– **piena.** Special indorsement (*supra*, GIRATA NOMINATIVA).

– ***sans recours.*** Indorsement without recourse (*supra*, GIRATA CONDIZIONATA o PARZIALE). [vol. I: SANS RECOURS]

– **simulata.** Sham indorsement (*supra*, GIRATA FALSA DELLA CAMBIALE; SIMULAZIONE).

Giratario. Indorsee, endorsee (GIRATA).

Giudicato. (COSA GIUDICATA)

Giudice in genere. Judge, justice; ma si parla anche, specie negli S.U., di *judicial officer*, termine che indica, in senso lato, sia il giudice vero e proprio, sia un ausiliare della giustizia. Si noti che nel sistema inglese i giudici delle *superior courts* sono insigniti di un titolo nobiliare (*Sir* o *Lord*). In ogni caso, il judge va distinto dal *magistrate*, figura che svolge in parte attività giurisdizionali per reati minori e per cause civili di modesta entità; ma essa ha un ruolo fondamentale nella fase del *pre-trial* in materia penale. Il termine *magistrate* inglese e nordamericano non indica quindi il magistrato nostrano (MAGISTRATO).
1. Il fatto che nel nostro paese magistrati inquirenti e giudici facciano parte — per ragioni politiche in parte valide — del medesimo ordine giudiziario determina numerosi problemi, non soltanto di ordine terminologico. Oltretutto, nel sistema inglese e nordamericano — dato il netto distacco istituzionale tra funzioni inquirenti e giurisdizionali — non c'è pericolo di sentir definire degli inquirenti come giudici. Ad es., il problema della *responsabilità civile dei giudici* si pone

in modo assai più netto in un sistema come quello inglese e nordamericano in cui la *judicial immunity*, ossia l'immunità dalla responsabilità civile, si riferisce *esclusivamente* alla *giurisdizione*, ma non si estende a chi tale funzione non esercita, ossia agli organi inquirenti, collocati al di fuori dell'ordine giudiziario, e quindi responsabili come qualsiasi altro dipendente pubblico.

2. Il sistema di *reclutamento* dei giudici non è soltanto radicalmente diverso nelle due tradizioni giuridiche (burocratico nella *civil law*–non burocratico nella *common law*): esso è la chiave per capire le maggiori diversità esistenti tra di esse. In buona sostanza, nella tradizione di *common law* il giudice è un *ex avvocato* e, diversamente da quanto accade nei sistemi continentali, il rapporto tra avvocatura e ordine giudiziario, è strettissimo, con un passaggio di uomini, e di *forma mentis*, dalla prima al secondo.

3. Negli S.U. — stato federale — vi sono *giudici federali* e giudici dei singoli stati dell'Unione: i giudici federali sono nominati dal Presidente con l'*advise and consent* del Senato. Vi sono 649 *trial judges* e 179 *appellate judges* federali: questo potere è stabilito dall'art. II, s. 2, cl. 2, della costituzione. Per quanto riguarda, invece, i singoli stati dell'Unione, poichè la materia rientra nelle attribuzioni di ognuno di essi, il sistema di reclutamento va accertato di volta in volta. Comunque, si può dire che mentre l'*elezione popolare* costituisce, storicamente, la forma di reclutamento dei giudici (*state court judges*), si riscontra ora nella maggior parte degli stati una marcata tendenza nel senso opposto, ossia alla *nomina* da parte del governatore dello stato sulla base di una rosa di candidati selezionati da una apposita commissione in cui l'ordine degli avvocati gioca un notevole ruolo. Questo radicale mutamento appare dovuto, essenzialmente, alla cattiva riuscita del sistema elettivo che tutto sommato, produce modesti e, non di rado, corrotti giudici.

4. Questo fatto potrebbe o dovrebbe costituire occasione di riflessione per quanti nel nostro paese avanzano la *demenziale* — perché non tiene conto né delle condizioni del paese né del *disastro* che potrebbe provocare — proposta di adozione del sistema elettivo, ormai superato persino proprio là dove esso è storicamente nato. Che l'attuale sistema di reclutamento dei magistrati italiani sia il peggiore, anche rispetto a quelli burocratici del continente d'Europa (Francia, Germania, Spagna) sembra fuor di dubbio; ma ciò non giustifica di per sé solo una riforma in peggio. Ad ogni modo, quali che siano le tecniche di reclutamento (burocratico, come quello del continente europeo–non burocratico, come quello inglese e nordamericano), riforme del genere presuppongono, oltre che un assai diverso assetto politico, ossia una III o IV Repubblica, una diversa *qualità degli uomini*; diciamo, in breve, un diverso clima e, soprattutto, *un radicale rivoluzionamento dello studio e del metodo di insegnamento del diritto nell'università italiana*, incessante produttrice di armate di invertebrati e *perroquet* quali sono, salvo rarissime eccezioni, non soltanto i nostri giovani, ma gli stessi docenti. *Adelante,* certo, ma con *juicio*, se si vuole evitare che ogni riforma, come accade troppo spesso da noi, si risolva in una commedia aristofanesca. Certo, si può e si deve sperare che *nuove regole* producano anche, in definitiva, *nuovi uomini*; ma ci vuole del tempo e, soprattutto, è difficile nutrire speranze quando a fare le nuove regole sono gli uomini vecchi.

5. Quanto al sistema inglese, i *Lords of Appeal* e i *Lords Justices of Appeal* sono nominati dal sovrano — di solito tra i giudici della *High Court*, ma talvolta anche direttamente tra gli avvocati (*barristers*) — su parere del Primo Ministro e dopo aver consultato il *Lord Chancellor*; i giudici della *High Court* e molti *inferior judges* sono nominati di solito tra gli avvocati (*barristers* e talvolta *solicitors*) dal *Lord Chancellor* o su suo parere. Si richiede di solito l'esercizio immacolato della professione legale per almeno 15 o dieci anni; ma si tratta di requisiti minimi, di fatto sempre superati. In definitiva, sembra potersi dire che, al di là degli aspetti formali (nomina, proposta, parere, etc.), in buona sostanza, il reclutamento degli alti magistrati inglesi consiste in una *cooptazione* da parte di giudici-ex avvocati nell'ambito dell'ordine forense (*barristers*). J. Rozenberg [1994: 72] denunzia indignato l'atmosfera da *Star Chamber* in cui avviene la nomina dei giudici inglesi, ignota, anzi addirittura opposta, al sistema di reclutamento dei giudici nordamericani. Si noti, *en passant*, che, per quanto attiene ai giuridici togati, quello inglese è uno dei *più piccoli* ordini giudiziari esistenti al mondo. Comunque, resta la domanda di fondo perché i giudici inglesi e nordamericani — nonostante che siano nominati dall'esecutivo — costituiscano un *autentico potere giudiziario*, siano i più indipendenti e godano del massimo prestigio riscontrato in Occidente. Naturalmente, la prima risposta che viene alla mente risale alle diversa teoria delle fonti, al fat-

to che, in qualche modo, attraverso la regola giurisprudenziale e la *case law* il giudice di *common law* finisce col disporre di un potere quasi legislativo; in effetti, il giudice di *civil law*, nonostante l'importanza determinante assunta dalla giurisprudenza nel corso del tempo, resta — tecnicamente — *bouche de la loi*. Ma questa non è che una parte, e forse neanche la più importante, della spiegazione. Il discorso attiene alla *diversa storia della giurisdizione* com'è venuta a configurarsi storicamente nelle due tradizioni giuridiche e all'assai diverso ruolo politico svolto dai giudici in ognuna di esse. Per quanto riguarda in particolare il nostro paese — che esperimenta tutte le forme immaginabili di reclutamento, con o senza varianti: (i) concorso pubblico (magistratura ordinaria); (ii) a seconda dei casi, concorso pubblico-nomina dell'esecutivo (magistrature amministrative); (iii) nomina mista dei tre poteri (esecutivo-parlamento-giudiziario) per la Corte Costituzionale — il confronto appare, ad essere gentili, perlomeno scoraggiante. Manca alla panoplia delle tecniche di reclutamento nostrane l'elezione diretta del giudice come pure — con demenziale impudenza — è stato proposto; ma è assai facile prevederne i risultati. Il che significa che le ragioni dei modesti risultati vanno ricercate, in buona parte, al di là delle diverse tecniche di reclutamento, anche se ognuna di esse appare gravemente carente. Quanto alla terminologia inglese, si parla di *procedural judge e trial judge* per definire, rispettivamente, i *masters* e figure affini, che operano nella fase del *pre-trial*, e il giudice di merito, o *trial judge*. In occasione della *Justice Annual Lecture* del 7 luglio 1994, Sir Thomas Bingham, M.R., ha prospettato una riforma del processo civile che adombra in qualche modo la istituzione del giudice istruttore nel processo civile [cfr. *Justice Bulletin* 1994, p. 2].

6. Il giudice americano, come il suo collega inglese, è un ex avvocato, spesso un grande avvocato allenato a accanite battaglie giudiziarie, non di rado rese spettacolari dalla presenza della giuria al processo. Degli avvocati conserva la *forma mentis* e soprattutto la concezione *adversarial* del processo, contesa con vincitori e vinti. Conosce, quindi, gli avvocati che si presentano davanti a lui molto meglio di quanto possa mai arrivare al giudice di *civil law*. Tra il *Bench* e il *Bar* vi è un rapporto di osmosi e di stretta integrazione: gli avvocati, *officers of the court*, possono essere assoggettati dal giudice a sanzioni disciplinari. Nel rilevare la centralità del diritto, Alexis de Tocqueville afferma che negli S.U. non c'è questione politica che presto o tardi non diventi una questione giudiziaria: la veneranda *Supreme Court* si pone quindi come organo nelle cui decisioni si rintraccia una buona parte della storia civile e politica della nazione americana. Grazie ai suoi grandi giudici, il diritto americano è spesso scuola di coraggio civile; delle grandi battaglie legali combattute nel paese, molte sono anche battaglie politiche che si iscrivono nell'epopea nazionale. La guerra del Vietnam non poteva risparmiare la *Supreme Court*: essa doveva scatenare dei conflitti costituzionali che ponevano la Corte di fronte a talune delle più spinose questioni che essa abbia affrontato nel periodo 1965-1975. Ma è la *rule of law,* ossia la stessa concezione dello stato di diritto, a fare del giudice l'oracolo della legge e, in definita, l'arbitro della vita politica e sociale del paese. In un sistema in cui non esistono troppi santuari giuridici per i malfattori della politica e dell'economia, *il potere dei giudici è immenso perché immenso è il loro prestigio* guadagnato sul campo in una lunga lotta storica diretta a provare la propria indipendenza rispetto allo stesso potere che li ha nominati: esso appare temperato più dal *judicial self-restraint*, da severe regole di etica giudiziale (ignote al nostro paese) e da una attenta opinione pubblica, piuttosto che da precise norme giuridiche che, in ogni caso, sono lasciate alla loro interpretazione. Dal caso *Marbury* v. *Madison*, che dava inizio all'*invenzione* americana del controllo di costituzionalità delle leggi, alle lotte del lavoro, alla stessa concezione del capitalismo e dell'economia, al *Jackson-Black feud*, all'aborto, alla libertà di stampa, al caso Nixon, alla guerra del Vietnam, la storia delle decisioni della *Supreme Court* degli S.U. coincide con quella del popolo americano. Scorrere la splendido *Oxford Companion to the Supreme Court* significa per il *civil lawyer* non già ripercorrere l'ammuffita galleria di personaggi giudiziari scialbi e insignificanti di cui non si ricordano né le gesta né le sembianze, tipica della *civil law*, ma una lunga carrellata di eroi forgiatisi nella difficile arte dell'avvocatura in una società che ha il culto dell'agonismo, dell'eccellenza, della qualità; che, insomma, forma le *grandi personalità* nella politica come nell'imprenditoria, nell'avvocatura come nella giustizia, e nella vita. Beninteso, non si tratta di superuomini e tantomeno di grandi dottrinari, ma di uomini di carattere, formatisi alla dura scuola dell'individualismo

americano, con le loro radicate convinzioni, giuste o sbagliate che siano, muniti di abbastanza coraggio per manifestarle pubblicamente senza nascondersi dietro lo schermo dell'anonima sentenza di *civil law*. Come osserva René David, esiste nel sistema inglese e in quello nordamericano un vero e proprio *pouvoir judiciare* [1964, ed. 1978: 384; id., 1965, ed. 1975: 22] di un ordine nominato, in buona sostanza, dall'esecutivo. Ma la fonte ultima dell'autorità del giudice anglo-americano risiede nel grande prestigio che ha saputo meritarsi piuttosto che in precise norme costituzionali (un potere legale senza autorità, come da noi, finisce sempre per diventare un potere mafioso). Da Sir Edward Coke, campione della *common law*, la storia dell'ordine giudiziario anglo-americano è quella dei suoi grandi giudici che, come si è accennato, hanno saputo mostrare la loro indipendenza rispetto al potere stesso di cui sono parte e da cui sono nominati. Tutto questo — storicamente — non esiste nei sistemi di *civil law*. Comunque, la nomina di illustri avvocati a giudici nel sistema anglo-americano si oppone al ruolo di funzionario che nei sistemi di *civil law* assume il giudice. In un contesto di carenza di uomini che è poco definire drammatico si pone da noi *il problema della qualità degli uomini che amministrano la giustizia*. In un paese conformista quanto altri mai, devastato dalla prassi consociativa di due ideologie populiste e reazionarie, in cui da un canto « tutto si aggiusta » e dall'altro « il potere logora chi non ce l'ha », in cui non esiste agonistica e spesso anche i più brillanti oratori parlamentari non fanno altro che leggere la velina preparata in anticipo, aspettarsi le grandi personalità giudiziarie anglo-americane è chiedere troppo. Infine, gli avvocati italiani si battono da tempo per la attuazione del dettato costituzionale che prevede la chiamata di professori e avvocati alla funzione giudiziaria. Certo, ma a una condizione: che non si tratti di assicurarsi dei posti, ma di un passo verso una diversa giustizia non disgiunto dallo sforzo per dare una nuova e maggiore dignità all'avvocatura. Perché non è pensabile avere un *giudice nuovo senza un nuovo avvocato*. Pertanto, la auspicata riforma dell'ordinamento giudiziario dovrebbe vedere la parellela radicale incisiva riforma dell'avvocatura.

7. Lo stereotipo che di solito i comparatisti presentano del giudice di *common law* è quello di un arbitro privo di poteri di iniziativa, che lascia la dialettica processuale quasi esclusivamente all'iniziativa delle parti. Ma si tratta di immagine da rivisitare, non solo in vista della attuale tendenza ad attribuirgli un ruolo più attivo, ma anche perché egli dispone di poteri notevoli, ignoti al giudice di *civil law*. Comunque, si corre il rischio di *confondere* il ruolo del giudice nel processo, dettato dalla natura *adversarial* di quest'ultimo, con quello, notevolissimo, che l'ordine giudiziario gioca rispetto agli altri poteri dello stato al punto di presentarsi esso stesso come un autentico potere dello stato in tutto uguale, se non spesso superiore, agli altri poteri. In effetti, il giudice di *common law* è l'*oracolo della legge*; come ha scritto O. Kahn Freund [1972, ed. 1977: 18, 54], egli è, allo stesso tempo, *rule maker and decision maker*; l'unicità della giurisdizione — tratto tipico della tradizione di *common law* — non può spiegarsi al di fuori della *judicial review*, ossia di un potere privo di riscontro nei sistemi di *civil law*. Non è un caso che nella *common law* le decisioni che stabiliscono nuove regole giurisprudenziali sono definite *authorities*, quasi a dare atto di un potere in qualche modo sostanzialmente creativo di nuovo diritto. Inoltre, in base al *rule making power,* lo stesso ordine giudiziario dispone — in base a una delega legislativa permanente — di quello che è ormai un potere proprio, consistente nell'emanare, oltre che nell'applicare, le regole di procedura; in pratica, un autentico potere legiferante. Si pensi, nell'ambito del processo, ai *punitive damages*, al *contempt of court* e, in materia penale, alla condanna alla reclusione di durata indeterminata, al potere di *dismissal* dell'azione penale nel giudizio di primo grado da parte di un giudice monocratico, per cui l'obbligo della motivazione può sembrare quasi una formalità, almeno rispetto all'obligo che incombe sul giudice nostrano, ai limiti notevoli che incontra il diritto di impugnazione; e si potrebbe continuare menzionando il potere disciplinare sugli avvocati considerati *officers of the court*. Chiunque segua un processo civile o penale in una corte di *common law* si rende conto dell'importanza della figura del giudice, della sua autorità, del rispetto da cui è circondato *e della grande dignità dell'ufficio*. Com'è stato detto del giudice federale negli S.U.: « A federal judge is a very puissant figure » [Wright 1963, ed. 1977: 482].

8. Nel sistema nordamericano i giudici federali restano in carica *during good behaviour*, cioè a vita; salvo il caso di rimozione mediante *impeachment*. Anche nel sistema inglese i *superior judges* restano in carica *dur-*

ing good behaviour, salvo il caso di rimozione (*removal*) ad opera del sovrano su iniziativa delle due camere del parlamento. Ma ora la loro nomina non è più a vita: l'ufficio viene a cessare automaticamente al 75mo anno di età senza possibilità di proroghe (sic!).

9. Negli S.U. si parla di *rent a judge* per indicare quel fenomeno di risoluzione extragiudiziaria delle controversie per cui le parti si affidano a un ex giudice per la decisione alternativa della lite (GIUSTIZIA BAGATTELLARE).

10. Infine, giudice e processo, giudice e giuria, vanno visti in un unico dinamico contesto. In effetti, il ruolo del giudice di *common law* non può essere inteso senza tener conto della presenza attuale o presunta della *giuria* nel processo. In principio, la giuria è giudice del fatto, il giudice del diritto: a parte tutte le altre implicazioni che la presenza della giuria ha sul processo in genere e sul sistema delle prove in particolare, essa svolge, di fatto, vere e proprie funzioni giurisdizionali (ABUSO DELLE NORME PROCESSUALI; AGONISTICA; AMMONIZIONE; AMNISTIA; APPUNTI DEL GIUDICE; ASTENSIONE E RICUSAZIONE DEL GIUDICE; AUSILIARI DEL GIUDICE; AUTORIZZAZIONE DEL GIUDICE; CONCILIAZIONE DAVANTI AL GIUDICE; CORTE; DIRITTO (I) CREATO DAI GIUDICI; DIRITTO (I) NATURALE; ETICA GIUDIZIALE; GABINETTO DEL GIUDICE; GIURIA; GRADI DEL GIUDIZIO; INGIUNZIONE DEL GIUDICE; ISTRUZIONI DEL GIUDICE ALLA GIURIA; MAGISTRATO; MESSA IN STATO DI ACCUSA DEL PRESIDENTE DELLA REPUBBLICA; *NEW DEAL*; ORDINAMENTO GIUDIZIARIO; PENSIONI DEI GIUDICI; PROCEDIMENTO e PROCESSO; PROFESSIONE FORENSE; PROVA; PUBBLICO MINISTERO; RESPONSABILITÀ CIVILE DEL GIUDICE; RICUSAZIONE DEL GIUDICE; RISARCIMENTO; SENTENZA; SISTEMA DELLE SPOGLIE; STIPENDI DEI GIUDICI; TOGA DI AVVOCATO; UDITORE GIUDIZIARIO). [vol. I: INTRODUZIONE: III. 29, 36; CASE LAW; COURT; IMPEACHMENT; JUDGE; JUDICIARY; JURISDICTION; JUSTICE; MAGISTRATE; RULE-MAKING POWER]

– ***a latere.*** Associate justice, associate judge (*infra*, GIUDICE PRESIDENTE DEL COLLEGIO; AGGIUNTO).

– **civile.** Civil judge, civilian court (*infra*, GIUDICE MILITARE).

– **collegiale.** Associate justice, associate judge (*infra*, GIUDICE MONOCRATICO; COLLEGIO GIUDICANTE; GARANTISMO).

– **competente in genere.** Court, o judge, having jurisdiction (COMPETENZA). [vol. I: JURISDICTION]

– **conciliatore.** Ricordata la notevole diversità tra i relativi ordinamenti giudiziari, si osserva che non esiste una figura esattamente equivalente, né nel sistema inglese, né in quello nordamericano, anche se entrambi, anche qui, sembrano aver affrontato meglio che da noi il problema della giustizia bagattellare. Del resto, la figura del giudice conciliatore è stata di recente abolita nel nostro sistema e sostituita da quella del giudice di pace che riecheggia il titolo, ma non il resto, del giudice di pace inglese (*infra*, GIUDICE DI PACE; CONCILIAZIONE). [vol. I: ARBITRATION; COUNTY COURT; COURT; JUSTICE OF THE PEACE; MAGISTRATES' COURT; OMBUDSMAN; SMALL CLAIMS COURT]

– **del dibattimento.** Trial court, trial judge; ma il termine indica più spesso il giudice di merito in quanto distinto dal giudice di appello. Una distinzione analoga attiene all'avvocatura, in cui si parla di *trial lawyer* per indicare l'avvocato di merito rispetto all'avvocato di appello (*infra*, GIUDICE DI MERITO; DIBATTIMENTO; GRADI DEL GIUDIZIO). [vol. I: TRIAL COURT]

– **delegato al fallimento.** Non esiste una figura equivalente; ma si potrebbe parlare, grosso modo, negli S.U. di bankruptcy court, nel senso di tribunale fallimentare. Nel sistema inglese una funzione analoga è svolta dalla *High Court* (CURATORE DEL FALLIMENTO; DICHIARAZIONE DI FALLIMENTO). [vol. I: BANKRUPTCY; LIQUIDATOR; WINDING UP]

– **del lavoro.** Industrial tribunal (TRIBUNALE DEL LAVORO).

– **dell'equo canone.** Rent tribunal; ma non fa parte dell'ordine giudiziario; gli addetti sono dei funzionari comunali (EQUO CANONE). [vol. I: *ad vocem*]

– **dell'esecuzione.** Execution judge, execution court (ESECUZIONE FORZATA DELLA SENTENZA CIVILE o DI UN PROVVEDIMENTO GIUDIZIARIO). [vol. I: EXECUTION]

– **di appello.** Appellate judge, appellate court, reviewing court (*infra*, GIUDICE DI MERITO; APPELLO; RINVIO). [vol. I: APPEAL]

– **di merito.** Trial judge, trial court (*supra*, GIUDICE DEL DIBATTIMENTO; GIUDICE DI APPELLO).

– **di pace.** Justice of the peace; ma il giudice di pace italiano, figura introdotta recentissimamente nell'ordine giudiziario italiano, non ha troppo a che vedere con il ben più antico modello da cui prende il nome.

1. In effetti, il termine adottato dal legislatore italiano è soltanto una delle tante

catchwords alle quali il legislatore non ha saputo resistere: la parola e non la cosa continua a restare la stella polare della politica giudiziaria nostrana. A sottolineare le limitazioni e i condizionamenti che questa, come del resto qualsiasi altra riforma, incontra nel nostro paese, basta pensare che il reclutamento dei nuovi giudici stabilisce l'età minima per la nomina in anni 50 e quella massima in anni 71: una trovata impossibile da spiegare sul filo del buon senso. Si dice che, poiché lo stato (che spreca centinaia di migliaia di miliardi per altri versi) si propone di pagare in maniera irrisoria questi nuovi giudici, non resta che reclutarli tra chi ha già un reddito, ergo a partire dai 50 anni; ma, in effetti, sembra che il demenziale limite massimo di 70 anni sia dovuto alla magistratura togata per la quale l'età pensionabile è di 70 anni: insomma, collocato a riposo, il magistrato può cominciare la sua carriera di giudice di pace alla verde età di 71 anni.

2. Con una *zerocracy* meno indecente di quella nostrana, l'istituzione del giudice di pace avrebbe potuto e dovuto essere un'occasione per cercare di educare i cittadini all'esercizio della giurisdizione e, magari, per utilizzare i giovani laureati in giurisprudenza che intendono intraprendere la carriera di magistrato o di avvocato.

3. Peraltro, i criteri di selezione, le competenze attribuite a questa figura, la kafkiana complessità delle procedure restata inalterata, la modestissima remunerazione prevista, lasciano temere un ennesimo risultato fallimentare di questa nuova trovata del legislatore nostrano. Non si può neanche, a rigor di logica, parlare di requisiti professionali per la nomina: è sufficiente la sola laurea in giurisprudenza. Data la rinunzia ad esigere qualsiasi anche minima preparazione professionale, non è difficile previsione quella per cui — essendo le sentenze di questi nuovi giudici impugnabili in sede di merito e di legittimità — che esse daranno luogo ad un diluvio di impugnazioni destinate ad *aumentare paurosamente* anziché diminuire il carico giudiziario.

4. Ancora una volta si è perduta l'occasione per consentire ai giovani avvocati di cimentarsi in questa importante funzione. La riprova che al di là di dichiarazioni più o meno retoriche e battaglie di netto sapore corporativo menate dall'avvocatura, essa gode di ben scarso prestigio se non riesce a opporsi vittoriosamente a mostruosità di questo genere (AVVOCATURA; CAUSA (III) DI MODESTA ENTITÀ; DIFENSORE CIVICO; GIUSTIZIA ALTERNATIVA; ORDINAMENTO GIUDIZIARIO; PROFESSIONE FORENSE; TUTELA DEI DIRITTI).

– **di prima istanza.** Grosso modo, trial judge, trial court (GRADI DI GIURISDIZIONE).

– **di rinvio.** Transferee court, trial court; ma si noti la notevole diversità di regole in materia specie negli S.U., in cui esiste un doppio ordine di giurisdizioni, federali e dei singoli stati dell'Unione (RINVIO).

– **di sorveglianza.** Le funzioni relative non sono esercitate da magistrati né in Inghilterra, né negli S.U. Nel sistema inglese sono affidate all'amministrazione (*Home Office*) e a commissioni di cui fanno parte, tra l'altro, anche assistenti sociali e psichiatri. Un regime non troppo diverso esiste negli S.U.: il principio è che, una volta pronunciata la condanna, l'esecuzione della pena non è affare del giudice (CONDANNA). [vol. I: PAROLE; SENTENCING PROCESS]

– **dissenziente in un collegio.** Dissenting judge (COLLEGIO GIUDICANTE; SENTENZA).

– **di ultima istanza.** Court of last resort (*supra*, GIUDICE DI PRIMA ISTANZA; GRADI DI GIURISDIZIONE).

– **estensore.** Lett., e grosso modo, judge drawing up the judgment; ma non esiste equivalente. Si noti la assai diversa strutturazione della sentenza di *common law* (*infra*, GIUDICE RELATORE; SENTENZA). [vol. I: JUDGMENT; LAW REPORTS; RAPPORTEUR]

– **fallimentare.** Bankruptcy judge, bankruptcy court (TRIBUNALE FALLIMENTARE).

– **federale negli S.U.** Federal court, federal judge. Si noti che negli S.U. — stato federale — oltre alla giurisdizione federale, vi è un ordine giudiziario in ogni stato dell'Unione. I giudici federali sono nominati dal Presidente con l'*advise and consent* del Senato. Vi sono 649 *trial judges* e 179 *appellate judges* federali. L'insieme dei giudici federali è definito *federal bench* (GIURISDIZIONE FEDERALE; ORDINAMENTO GIUDIZIARIO; STATI UNITI D'AMERICA).

– **incompetente.** Grosso modo, judge, o court, lacking jurisdiction. Ma non si parla di... incompetent judge, a meno che non si voglia parlare di un giudice incapace, che è altra cosa. La s. 118 dell'Insolvency Act 1986 britannico parla di *proceeding taken in wrong court* per indicare il procedimento iniziato davanti al giudice incompetente (INCOMPETENZA).

– **investito della controversia.** Court having seisin of the case (CORTE). [vol. I: SEISIN]

– **istruttore.** Grosso modo, e lett., in materia penale, investigating o investigative judge e, in materia civile, forse — con grande approssimazione — *master* (ma non fa parte dell'ordine giudiziario). Ma si tratta di assai improbabili traduzioni. I *common lawyers* parlano più spesso di *juge d'instruction,* come si fa per tutte quelle cose prive di equivalente nel proprio idioma. In effetti, né nel processo penale, né in quello civile esiste la figura del giudice istruttore, ripugnante a tutta la filosofia del processo penale e civile di *common law* e, in particolare, all'assai diverso ruolo del giudice nel processo; che *giudica*, ma non inizia l'azione penale, non istruisce e non veglia all'applicazione della pena. Il giudice di *common law* giudica e basta.
Nel processo civile inglese il *master* — nella fase del *pre-trial* — è investito di taluni dei poteri che nel processo italiano spettano al giudice istruttore; ma egli opera in una fase del processo e in un contesto normativo del tutto diversi. Nel processo penale non esiste il giudice istruttore, né il pubblico ministero, e le parti (accusa e difesa) sono su un piede di perfetta eguaglianza giuridica davanti al giudice. Del resto, il giudice istruttore è sparito anche dal nuovo codice di procedura penale nostrano. Il famoso, o meglio famigerato, *juge d'instruction*, tanto caro alla letteratura e ai giuristi del paese della decantata Dichiarazione dei Diritti dell'Uomo, non è un giudice, ma un investigatore. Si tratta di una figura, storicamente tipica del processo inquisitorio continentale, che contrasta con tutta la filosofia del processo penale e civile di *common law* e, in particolare, con l'assai diverso ruolo del giudice nel processo; che, come si è accennato, *giudica*, ma non inizia l'azione penale, non istruisce il processo, e non veglia all'applicazione della pena. Il giudice di *common law* esercita *unicamente* la giurisdizione: e neanche da solo, nei casi in cui al processo partecipi la giuria. Del resto, dal nuovo processo penale italiano sono sparite la fase istruttoria e la figura del giudice istruttore sostituite, rispettivamente, dalle indagini preliminari e dal giudice per le indagini preliminari (*supra*, GIUDICE IN GENERE; *infra*, GIUDICE PER LE INDAGINI PRELIMINARI; CONDANNA; ISTRUTTORE; ISTRUTTORIA; PRINCIPIO DISPOSITIVO; PROCESSO CIVILE; PROCESSO PENALE; PUBBLICO MINISTERO; RISARCIMENTO DEL DANNO; SISTEMA ACCUSATORIO). [vol. I: ADVERSARY SISTEM; CIVIL PROCEDURE; CRIMINAL PROCEDURE; DAMAGES; INJUNCTION; MASTER; PRELIMINARY EXAMINATION; PRETRIAL; PROCEDURE]

– **militare.** Military judge, military court (*supra*, GIUDICE CIVILE; CORTE MARZIALE; GIUSTIZIA MILITARE).

– **monocratico.** Single-judge court; nel sistema inglese e nordamericano, la regola è che il giudice del merito (*trial judge)* sia monocratico: il collegio si ha soltanto in appello. Peraltro, in taluni casi si può avere un collegio giudicante costituito da tre giudici (*three-judge court*), di solito, quando cioè si ritiene necessario assicurare particolari garanzie contro decisioni giudiziarie arbitrarie. Negli S.U. — stato federale — diverse leggi prevedono il *three-judge court* e il ricorso diretto alla *Supreme Court* come, ad es., nel caso di espropriazione per pubblica utilità per conto della *Tennessee Valley Authority*, di talune azioni previste dal Civil Rights Act del 1964, e dal Voting Rights del 1965, e di esecuzione di leggi federali o statali basate su princìpi costituzionali, etc. In materia penale, qualora nelle *district courts* l'imputato abbia rinunziato alla giuria, si fa luogo al processo non più davanti a un giudice unico, ma davanti un organo collegiale. Da noi, si parla da decenni di introdurre il giudice monocratico; ma si tratta di riforma che si scontra con la corporazione dei magistrati che oltre a un perverso interesse alla proliferazione dei posti, appare ostile all'assunzione di responsabilità dei suoi membri. Una riforma del genere potrebbe dare un contributo notevole alla soluzione del problema della giustizia nel nostro paese. Il collegio in genere è detto *panel of judges, court sitting in panel* (*supra*, GIUDICE COLLEGIALE; COLLEGIO GIUDICANTE; GARANTISMO; GRADI DEL GIUDIZIO; ORDINAMENTO GIUDIZIARIO; UDIENZA TENUTA DA UN GIUDICE UNICO).

– **naturale.** Si impiega, talvolta, l'espressione natural judge. Ma, anche qui, è la costituzione degli S.U. ad anticipare il concetto: il VI emendamento [1791], stabilisce il diritto dell'accusato *to a speedy trial,* e *by an impartial jury of the State and district wherein the crime shall have been committed, which district shall have been previously ascertained by law.* Il primo comma dell'art. 25 della nostra costituzione è la parafrasi del precetto nordamericano. Una trasposizione dell'intero emendamento nel testo nostrano sarebbe forse stata più opportuna data la importanza della materia. La rimessione del processo penale prevista nel nostro ordinamento dall'art. 45 del c.p.p. costituisce una deroga al principio costituzionale del giudice naturale precostituito per legge (*infra*, GIUDICE STRAORDINARIO; COMPETENZA; GIURIA; GIURISDIZIONE; RIMESSIONE DEL PROCESSO PENALE; TEMPI DELLA GIUSTIZIA; VICINATO).

– **non togato.** Lay judge, part-time judge; come, ad es., i *justices of the peace* (*infra*, GIUDICE ONORARIO). [vol. I: JUSTICE OF THE PEACE; LAY JUDGE]

– **onorario.** Lay judge, part-time judge (*supra*, GIUDICE NON TOGATO).

– **per le indagini preliminari.** Questa figura del nostro nuovo codice di procedura penale non trova *eo nomine* esatta corrispondenza nel sistema processuale di *common law*, anche se essa arieggia l'articolazione del processo accusatorio di quella tradizione giuridica. La figura che, grosso modo, ha ispirato il nostro legislatore è il *magistrate* inglese e nordamericano davanti al quale avviene, in sede contraddittoria, un prima delibazione dell'accusa per stabilire se essa ha una consistenza tale da giustificare il rinvio a giudizio dell'imputato e, altresì, ha luogo la *discovery*. Funzione, questa, che rientra in quella fase preliminare del processo penale detta nel sistema inglese *preliminary examination* e, in quello nordamericano, *preliminary hearing* (*supra*, GIUDICE ISTRUTTORE; AZIONE (I) PENALE; *DISCOVERY*; INDAGINI PRELIMINARI; ISTRUZIONE; PROCEDURA PENALE). [vol. I: JUSTICE OF THE PEACE; MAGISTRATE; PRELIMINARY EXAMINATION: 2]

– **popolare.** Grosso modo, lett., layman sitting in a panel with ordinary judges; « popular » judge. Ma non esiste equivalente nei sistemi di *common law* in cui, mediante la giuria — regina del processo penale e civile (sic!) — si realizza una ben più ampia partecipazione popolare all'esercizio della giurisdizione. Il membro della giuria — che non va confuso col giudice popolare — è detto *jury-member* (GIURIA).

– **presidente del collegio.** Presiding judge, chief justice (COLLEGIO).

– **relatore.** Non esiste in senso stretto una figura corrispondente, data la diversa articolazione del processo di *common law* e della sentenza stessa. Ma si parla di *judge-rapporteur* nell'ambito della Corte di Giustizia delle Comunità Europee, la cui procedura peraltro è quella di una corte di *civil law* (*supra*, GIUDICE ESTENSORE; CORTE DI GIUSTIZIA DELLE COMUNITÀ EUROPEE).

– **straniero.** Foreign court, foreign jurisdiction, foreign judge (GIURISDIZIONE; SENTENZA STRANIERA). [vol. I: FOREIGN JUDGMENT; FOREIGN LAW; JURISDICTION]

– **straordinario.** Grosso modo, special judge, special court. Ma il tribunale speciale nostrano di infausta memoria, od organi analoghi, contrastano con i princìpi fondamentali dello stato di diritto e dell'ordine giudiziario quali sono intesi nei sistemi di *common law* come quello inglese e nordamericano. Tra l'altro, un organo del genere violerebbe anche il principio della *judicial review*, intrinseco ai princìpi dell'ordinamento giudiziario dei sistemi di *common law*. Ma, in effetti, non esiste neanche un termine esattamente corrispondente (*supra*, GIUDICE NATURALE; CONTROLLO GIURISDIZIONALE; TRIBUNALE SPECIALIZZATO). [vol. I: STAR CHAMBER]

– **supplente.** Puisne judge, junior judge. [vol. I: PUISNE JUDGE]

– **tutelare.** Grosso modo, probate judge. Ma non esiste figura corrispondente in senso stretto. Peraltro, funzioni non troppo diverse sono svolte nel sistema inglese, a seconda dei casi, dalla *Family Division* della *High Court* e dalla *Court of Protection.* Negli S.U. — stato federale — la materia rientra nelle attribuzioni dei singoli stati dell'Unione; di solito, si parla di probate judge (GIURISDIZIONE VOLONTARIA; MINORE; TUTELA). [vol. I: GUARDIANSHIP; WARD OF COURT]

Giudiziale in genere. Judicial; il correlativo è *ministerial*, ossia esecutivo, non attinente alla giurisdizione (ACCERTAMENTO GIUDIZIARIO; AMMISSIONE PROCESSUALE; ATTO GIUDIZIARIO; CASELLARIO GIUDIZIALE; CONFESSIONE GIUDIZIALE; CONTROLLO GIURISDIZIONALE; DOMANDA GIUDIZIALE; EXTRAGIUDIZIALE; GIUDIZIARIO; GIURISDIZIONALE). [vol. I: JUDICIAL; JUDICIAL REVIEW; MINISTERIAL]

Giudiziario in genere. Judicial (ANNO GIUDIZIARIO; ASSISTENZA GIUDIZIARIA; AUTORITÀ GIUDIZIARIA; AUTORIZZAZIONE DEL GIUDICE; CAUZIONE GIUDIZIARIA; DISTRETTO GIUDIZIARIO; ERRORE GIUDIZIARIO; FUNZIONE GIUDIZIARIA; GIUDIZIALE; GIUDIZIO; GIURISDIZIONALE; POTERE GIUDIZIARIO; PROCEDIMENTO). [vol. I: MINISTERIAL]

Giudizio in genere. Nel senso di processo, si parla di action, proceeding, process, case, cause, trial, litigation; nel senso di sentenza o decisione, è detto judgment o decision (AZIONABILE IN GIUDIZIO; AZIONE (I) IN GIUDIZIO; CITAZIONE IN GIUDIZIO; COMPARIZIONE IN GIUDIZIO; CONTROVERSIA LEGALE; COSTITUZIONE IN GIUDIZIO; DECISIONE; DOPPIO GRADO DI GIURISDIZIONE; ESTROMISSIONE DI UNA PARTE DAL GIUDIZIO; INTEGRAZIONE DEL GIUDIZIO; PROCEDIMENTO e PROCESSO; PROCESSO GIURISDIZIONALE; REVISIONE DEL GIUDIZIO; RIASSUNZIONE DELLA CAUSA o DEL GIUDIZIO; RINNOVAZIONE DEL GIUDIZIO; RINUNZIA AGLI ATTI DEL GIUDIZIO; RINVIO A GIUDIZIO; SENTENZA; SPESE PROCESSUALI). [vol. I: ACTION; AWARD; CASE; CAUSE; DUE PROCESS CLAUSES; JUDGMENT; PRECEDENT; PROCEDURE; PROCEEDING; TRIAL]

– **abbreviato.** Grosso modo, e in genere, summary trial. Senza entrare nelle superfetazioni fatte dai nostri giuristi in tema di procedimenti penali speciali, si osserva che il sistema inglese non distingue tra procedimento ordinario e direttissimo. Viene definito *summary trial* il procedimento che si svolge senza la partecipazione della giuria davanti alle *magistrates' courts* nei reati minori. Di fatto, il *plea bargain* dà luogo a un giudizio rapidissimo se non proprio direttissimo alla maniera nostrana. In materia civile, con il *summary judgment* si indica un procedimento *ex parte* col quale, qualora l'attore ritenga che il convenuto non possa proporre una seria difesa, chiede l'emissione della sentenza di condanna senza far luogo al *trial*: negli S.U. esso è previsto dalla R. 56 delle *Federal Rules of Civil Procedure* (CONTUMACIA; DECRETO INGIUNTIVO; PATTEGGIAMENTO). [vol. I: CRIMINAL PROCEDURE; PLEA BARGAIN; SUMMARY JUDGMENT; SUMMARY TRIAL]

– **civile.** Civil case (AZIONE (I) IN GIUDIZIO; CAUSA (III); CONTROVERSIA).

– **definitivo.** (SENTENZA DEFINITIVA)

– **di appello.** Appellate proceeding; review o rehearing proceeding (APPELLO).

– **di cognizione.** (*infra*, GIUDIZIO DI MERITO)

– **di delibazione della sentenza straniera.** Proceeding to obtain recognition of foreign judgment (DELIBAZIONE DELLA SENTENZA STRANIERA).

– **di Dio.** Ordeal (ATTO DI DIO). [vol. I: *ad vocem*; OBSOLESCENCE; TRIAL BY BATTLE]

– **di merito.** Trial proceeding (*supra*, GIUDIZIO DI APPELLO; *infra*, GIUDIZIO SUL MERITO; MERITO).

– **di prima istanza.** Grosso modo, trial proceeding (*infra*, GIUDIZIO DI ULTIMA ISTANZA; GRADI DI GIURISDIZIONE; PRIMO GRADO DI GIURISDIZIONE; SENTENZA DI PRIMA ISTANZA).

– **direttissimo.** (GIUDIZIO ABBREVIATO)

– **di rinvio.** Remand proceeding (RINVIO A GIUDIZIO).

– **di ultima istanza.** Final o conclusive proceeding (*supra*, GIUDIZIO DI PRIMA ISTANZA; APPELLO; COSA GIUDICATA; GRADI DI GIURISDIZIONE; SENTENZA DEFINITIVA; SENTENZA DI ULTIMA ISTANZA).

– **di valore.** Value judgment (VALORE).

– **equo.** (GIUSTO PROCESSO)

– **erroneo.** Misjudgment (ERRORE GIUDIZIARIO). [vol. I: MISCARRIAGE OF JUSTICE]

– **finale.** (*supra*, GIUDIZIO DI ULTIMA ISTANZA). [vol. I: APPEAL; FINAL; INTERLOCUTORY]

– **incidentale.** Interim, interlocutory, proceeding (PROCEDIMENTI SPECIALI; SENTENZA INCIDENTALE).

– **in contumacia.** Proceeding in absentia, default proceeding (CONTUMACIA; SENTENZA CONTUMACIALE).

– **separato.** Several judgment (COIMPUTATO; PROCESSO SEPARATO).

– **sul merito.** Trial on merits (*supra*, GIUDIZIO DI MERITO; MERITO; PROVVEDIMENTI CAUTELARI).

Giunta. Junta. Questo termine ha una connotazione negativa nella letteratura angloamericana: esso è riferito di solito ai governi militari golpisti dell'America Latina. Nel senso nostrano, si parla di council, committee, board, etc.

– **comunale.** Grosso modo, local council, municipal council, local borough. Ma non esiste un equivalente esatto: si tratta di materia in cui vi è una tale diversità di regime giuridico da rendere la comparazione di dubbia utilità, almeno sul piano terminologico (AUTOGOVERNO; CONSIGLIO COMUNALE). [vol. I: LOCAL GOVERNMENT]

– **delle autorizzazioni a procedere.** Lett., e grosso modo, Committee of Privileges. Ma non esistono, né nel sistema costituzionale britannico, né in quello americano, sconcezze del genere nostrano (AUTORIZZAZIONE A PROCEDERE CONTRO UN MEMBRO DEL PARLAMENTO; IMMUNITÀ PARLAMENTARI).

– **regionale in genere.** Regional council (REGIONE).

Giuramento. Oath, affirmation, affidavit, adjuration, swearing. Ma in questa materia esistono notevoli differenze tra la tradizione di *common law* e il sistema italiano in particolare, che riflettono ancora oggi marcatamente, in quest'ultimo caso, la sua derivazione dalla procedura dei tribunali ecclesiastici. Qualora, per ragioni religiose, è fatto divieto a chi deve giurare di prestare giuramento, ovvero quando egli non è credente, si fa luogo all'*affirmation* in luogo dell'*oath*. Celebre è la formula del giuramento del Presidente degli S.U. all'atto del suo insediamento, prevista dall'art. II, s. 1, cl. 8, della costituzione. Si noti che qualora abbia deciso di deporre, l'imputato nel processo penale di *common law* assume la veste di testimone, e quindi giura (ABIURA; AUTOINCRIMINAZIONE; CERIMONIA DEL GIURAMENTO; DEFERIMENTO DEL GIURAMENTO; DEPOSIZIONE NEL PROCESSO PENALE; DICHIARAZIONE EXTRAGIUDIZIALE GIURATA; DICHIARAZIONE GIURATA; FALSO GIURAMENTO; FORMAZIONE DELL'ELENCO DEI GIURATI; NOTAIO; PROVA; TESTIMONIANZA). [vol. I: AFFIDAVIT; AFFIRMATION; CONFESSION; DEPOSITION; EVIDENCE: I. 1; FALSE OATH; INSURANCE: I. 6; OATH; SELF-INCRIMINATION]

– **decisorio.** Decisory oath. Ma è ignoto alla *common law*. Del resto, l'Italia è uno dei pochi paesi di *civil law* in cui esso sia ancora ammesso (*infra*, GIURAMENTO SUPPLETORIO). [vol. I: CIVIL PROCEDURE; EVIDENCE]

– **del testimone.** Oath of witness (AUTOINCRIMINAZIONE; TESTIMONIANZA). [vol. I: AFFIRMATION; EVIDENCE; OATH; WITNESS]

– **estimatorio.** Non è previsto dalla *common law* (STIMA). [vol. I: CIVIL PROCEDURE; EXPERT EVIDENCE]

– **suppletorio.** Suppletory o supplementary oath; ma non è previsto dalla *common law*; peraltro, il termine è talvolta impiegato negli S.U. per indicare il giuramento richiesto ad una parte che produca una prova documentaria (*supra*, GIURAMENTO DECISORIO). [vol. I: CIVIL PROCEDURE; EXPERT EVIDENCE]

Giurato. Juror, jury-member, member of the jury (ALBO DEI GIURATI; COLLEGIO DEI GIURATI; GIURIA; MEMBRO DELLA GIURIA; PROCESSO ACCUSATORIO; RICUSAZIONE DI UN GIURATO; RITIRO DI UN GIURATO; SEQUESTRO). [vol. I: JURY; VERDICT]

– **imparziale.** Impartial juror (GIURIA).

– **iscritto nell'elenco dei giurati.** Prospective juror.

– **supplente.** Alternate juror, talesman (SUPPLENTE).

Giureconsulto. Jurisconsult (DIRITTO (I) ROMANO; GIURISTA). [vol. I: PUBLICIST]

Giuria. Jury. « The glory of English law », come scrive Blackstone [cit. in Wright 1963, ed. 1970: 447], è un antichissimo istituto anglosassone, tipico della *common law*, la cui partecipazione, attuale o presunta, al *trial*, spiega le regole della prova del processo penale e civile, e una parte non piccola dei princìpi di quella tradizione giuridica. Nel *trial by jury,* o *jury trial*, una volta stabilito il rinvio a giudizio, a seconda dei casi, dell'imputato o della causa, si fa luogo alla *jury selection*, un processo *contraddittorio* che può essere molto complesso dato che nel corso di esso si verificano le ricusazioni dei giurati. La costituzione della giuria di un determinato processo è detta *empanelling* o *impanelling a jury*, o *pannellation of a jury*. Il processo senza la partecipazione della giuria è detto *judge trial*, *bench trial,* o *non-jury trial.*

1. L'istituto, profondamente radicato nella cultura dei popoli di lingua inglese, e considerato la massima garanzia di un *fair trial*, è oggetto, peraltro, di numerose rivisitazioni. La giuria è per definizione un organo che opera nel processo di primo grado e non in appello; salvo nel caso di *new trial* (APPELLO). Essa va vista nella dinamica processuale; in questo senso, la *law of evidence* non può essere intesa appieno se non si tiene conto del fatto che — proprio grazie alla giuria — il processo civile e penale di *common law* realizza, di fatto, senza la « genialità » dei giuristi continentali, l'ideale chiovendiano dell'*oralità, concentrazione e immediatezza* peraltro mai concretatosi in nessun sistema di *civil law*. Tra l'altro, la partecipazione, attuale o presunta, della giuria al processo ha determinato le note regole di esclusione dirette a selezionare il materiale probatorio.

2. Come si è accennato, il regime della pro-

va nei sistemi di *common law* è storicamente articolato in funzione della presenza della giuria nel processo; ma oggi negli S.U. — il paese in cui l'istituto conserva la sua maggiore vitalità — all'incirca solo il 3 per cento di tutti i processi federali e degli stati dell'Unione si svolgono con la partecipazione della giuria. È stato quindi argutamente osservato che... il sistema della prova è diretto a regolare solo quel 3 per cento, mentre per il restante 97 per cento non esiste un sistema delle prove *ad hoc*, per quelli cioè che si svolgono senza di essa [Davis 1951, ed. 1972: 274]. La giuria è priva di esatte equivalenze nella *civil law* che però ha elaborato più modeste varianti che, meno bene, assicurano, la partecipazione popolare all'amministrazione della giustizia.

3. In effetti, nella concezione di *common law,* il *right to jury trial* affida alla giuria (formata da comuni cittadini) una autentica *funzione giurisdizionale*, beninteso, condivisa con quella del giudice. Nell'allocazione delle funzioni processuali tra giudice e giuria, principio generale è che mentre la giuria è giudice del fatto (*trier of fact*), al giudice spetta la condotta del processo e la soluzione delle questioni di diritto. Ma — ricordato che negli S.U. è attiva la giuria anche nel processo civile, ormai quasi scomparsa dal sistema inglese — si osserva che in numerosi stati dell'Unione la funzione della giuria va al di là della decisione sul fatto, ma si estende anche a stabilire la natura e la durata della pena e, in materia civile, oltre che all'accertamento della responsabilità, anche alla determinazione dell'ammontare del risarcimento del danno. Si parla in materia penale di *jury sentencing* per indicare quel tipo di giuria che, oltre a stabilire la colpevolezza dell'imputato, irroga anche la pena. Ma il *jury sentencing* tende ad essere considerato negli S.U. come un anacronismo [Lafave and Israel 1985, ed. 1992: 1093].

4. Alexis de Tocqueville ha intuito la valenza democratica della giuria nel processo [1835-1840, trad. it., vol. II: 319]. Del resto, da secoli, tra i diritti fondamentali dei sudditi (prima) e dei cittadini (dopo) inglesi vi era (e vi è) quello di essere giudicati da una giuria (*right to trial by jury*, o *right to jury trial*); la istituzione, nel periodo pre-rivoluzionario, di una corte di viceammiragliato nelle colonie americane del Nord America da parte della Corona fu una delle cause della rivolta dei coloni contro la madrepatria. In effetti, le corti di *admiralty*, storicamente, hanno sempre operato senza la partecipazione della giuria allora come ora (DIRITTO (I) MARITTIMO). [vol. I: ADMIRALTY COURT]

5. Ma non è solo nei processi di *admiralty* che non si ha giuria. Anche in questa materia, ritorna il discorso sulla diversa teoria delle fonti e riemerge la dicotomia fondamentale della tradizione di *common law,* ossia quella tra *common law*, intesa in senso stretto, ed *equity*. La giuria è istituto tipico delle corti di *common law*, ma non delle corti di *equity:* essa non figura nei procedimenti regolati dall'*equity* (FONTI DEL DIRITTO). Il *right to jury trial* (diritto costituzionale negli S.U.) si intreccia con questa dicotomia di fondo sia in materia civile che penale [Wright 1963, ed. 1970: 447]. Ma non vi è giuria neanche nelle *administrative agencies* nordamericane, né negli *administrative tribunals* britannici [Davis, ibid.: 210; Wright, ibid.: 444, 447].

6. Nel sistema inglese, l'imputato accusato di reato punibile con la reclusione superiore a tre mesi ha diritto ad un processo con la partecipazione della giuria; negli S.U. l'imputato ha diritto al processo con la giuria in tutti i casi di reati maggiori (*felonies*) o anche reati minori (*misdemeanours*) punibili con una pena superiore a sei mesi di reclusione [Lafave and Israel 1985, ed. 1992: 26]. Il *trial by jury* in materia civile — quasi scomparso (salvo il caso di *defamation*) nel sistema inglese — costituisce la caratteristica saliente del procedimento civile nordamericano. La R. 38(a) delle *Federal Rules of Civil Procedure* stabilisce che il *right of trial by jury* previsto dal VII emendamento [1791] della costituzione in materia civile « shall be preserved to the parties inviolate ». L'azione relativa è definita *jury action.*

7. La giuria è stata abolita nei processi penali celebrati nell'Irlanda del Nord: si parla di « Diplock courts » per indicare quel tipo di corti senza giuria che opera nella provincia, dal nome del giudice che se ne è fatto promotore. A questo si aggiunge che è diffusa prassi del governo britannico nella provincia di procedere all'internamento senza processo, anche per lunghi anni, di quei sospetti di terrorismo a carico dei quali non sussistono prove sufficienti per pervenire a una condanna. Soluzioni che hanno provocato diverse condanne da parte della Corte Europea di Giustizia dei Diritti dell'Uomo del governo britannico. Tutto ciò a riprova del fatto che, in determinate situazioni di sconvolgimento dell'ordine sociale e politico, la macchina giudiziaria non costituisce una adeguata supplenza di quella che deve essere, invece, una risposta politica. Del resto, basta pensare alle intimidazioni eserci-

tate sui giudici popolari dai terroristi rossi in occasione del processo Curcio a Torino — respinte, specie grazie al coraggio di Adelaide Aglietta — per rendersi conto dei limiti della risposta giudiziaria.

8. Negli S.U. — in cui il regime della materia rientra nelle attribuzioni dei singoli stati dell'Unione — il *right to jury trial* costituisce una garanzia costituzionale fondamentale stabilita dall'art. III, s. 2, cl. 3, che recita: « *The Trial of all Crimes, except in Cases of Impeachment, shall be by Jury* »; esso è inoltre garantito dal V e dal VI emendamento [1791] della costituzione: in questo senso, si parla di « constitutional guarantee of trial by jury ». Ma la garanzia si estende anche al processo civile: il VII emendamento [1791] prevede il *right of trial by jury* anche in materia civile per le cause eccedenti il valore di 20 dollari. Negli S.U., quando la giuria stabilisce l'ammontare del risarcimento, si parla di *jury award.*

9. La distinzione tra *grand jury* e *petty jury*, scomparsa in Inghilterra, è sopravvissuta nel sistema nordamericano. Ma le parole non devono ingannare: il *grand jury*, abolito nel sistema inglese, ma sopravvissuto in numerosi stati dell'Unione (le c.d. *indictment jurisdictions*) non è un giuria, ma un organo che ha una duplice funzione (*the shield and the sword*, come si dice, del processo penale) di filtro e controllo della decisione dell'organo inquirente, di promuovere l'azione penale (*shield*) e di organo investigativo (*sword*) che utilizza i propri poteri investigativi per assicurare all'accusa elementi di prova non ancora disponibili; in quest'ultimo senso si parla di *grand jury investigation* [Lafave and Israel 1985, ed. 1992: 376]. Ma se la sua attività può essere definita, per alcuni aspetti, analoga a quella che ha luogo nella *preliminary hearing*, sussistono numerose differenze che ne fanno un organo di natura inquisitoria: essa si riunisce a porte chiuse, esamina esclusivamente le prove sottoposte dall'accusa, e l'accusato o prevenuto non ha il diritto di sottoporre prove a difesa, né di essere presente alle udienze. Si noti che per quanto riguarda i reati federali (come, ad es., quelli previsto dal RICO, l'evasione fiscale, il sequestro di persone trasportate da uno stato all'altro) il suddetto V emendamento [1791] della costituzione stabilisce che « No persons shall be held to answer for a capital, or otherwise infamous crime, unless on a presentment or indictment of a Grand Jury ». Per quanto riguarda, invece, i reati non federali non sussiste tale obbligo e quindi si può procedere, salvo che sia diversamente stabilito dai singoli stati dell'Unione, mediante il procedimento della *preliminary hearing.*

10. Quanto alla composizione della giuria, il numero tradizionale di *common law* è costituito da 12 giurati; negli S.U. — stato federale — la materia rientra nelle attribuzioni dei singoli stati dell'Unione; di solito, nelle corti federali essa è costituita da 6 membri. Il *Federal Grand Jury* è costituito da non meno di 16 e non più di 23 membri. La selezione della giuria — che ha luogo dopo il rinvio a giudizio e prima della celebrazione del *trial* — è un fatto di cruciale importanza per assicurare un *fair trial* all'imputato. Il fatto è che quando si tratti di *celebrity trials* come, ad es., nel caso di O.J. Simpson in California, il pregiudizio favorevole verso l'imputato, considerato quasi una specie di eroe nazionale, appare così vasto e diffuso, da rendere molto difficile trovare una giuria che assicuri un *trial* corretto. La selezione può essere — specie negli S.U. — una lunga e complessa procedura, specie nei casi in cui vi sia stata la c.d. *pre-trial publicity*; tra l'altro, una delle difficoltà è costituita anche dalla diversa composizione etnica della comunità da cui deve essere estratta la giuria. La selezione dei giurati avviene in sede giudiziaria, in un procedimento contraddittorio, in cui assume importanza la ricusazione dei possibili giurati (*prospective jurors*), che ha luogo mediante la c.d. *challenge* che può essere *peremptory* o *for cause* (ossia, rispettivamente, non motivata o motivata; ma si noti che la ricusazione immotivata non è più ammessa nel sistema inglese). Il numero delle ricusazioni possibili varia da stato a stato: in California esse sono 20 tra *peremptory* e *for cause*. *Jury consultants* sono definiti quei privati incaricati dalle parti di elaborare, sulla base di sondaggi dell'opinione pubblica locale (di solito il giurato è estratto entro una ventina di miglia dal luogo del fatto), una lista di *prospective jurors.*

11. Un giuria che non riesca a raggiungere un verdetto è detta *deadlocked,* o *hung jury*; in questo caso, ne informa il giudice: sono dette negli S.U. *dynamite instructions* o *Allen charge* le ulteriori istruzioni date dal giudice alla giuria nel tentativo di indurre i giurati a raggiungere un verdetto. Se alla fine la giuria non riesce a accordarsi su un verdetto, il processo va rifatto da capo con una diversa giuria (*new trial*). Una causa che sia decisa senza la partecipazione della giuria è detto *bench trial.* Un *jury case* è una causa che va (o è stata) decisa con la partecipazio-

ne della giuria; il contrario vale per un *non-jury case*. Questo è uno dei capitoli fondamentali della civiltà giuridica di *common law*: la giuria segna lo spartiacque con la tradizione autoritaria di *civil law* e il culmine della partecipazione popolare all'amministrazione della giustizia. Perché se, storicamente, nei sistemi di *civil law* è sempre esistita *in materia penale* e per i reati più gravi, una certa qual forma di coinvolgimento popolare nel processo, essa non ha mai raggiunto la pienezza e l'importanza processuale e politica della giuria di *common law* che opera sia nel processo penale, sia nel *processo civile* (sic!), determina addirittura tutto l'impianto processuale, sostanzialmente un fatto unitario, e diventa anche uno dei più importanti istituti, costituzionalmente garantito negli S.U. Soprattutto, nessun altro istituto è così popolare come questo nella tradizione giuridica di *common law*. Beninteso, sia nel diritto francese che in quello tedesco esistono in materia di reati che si definirebbero di corte d'assise delle forme di partecipazione popolare al processo penale: ma si tratta di formule partecipatorie che di solito prevedono un collegio giudicante unico costituito da giudici togati e non togati, ossia, in senso stretto, una non-giuria. Tra i sistemi continentali più prossimi al modello inglese, appaiono i codici di procedura penale italiani del 1865 e del 1913 che, entrambi, nei giudizi di corte d'assise prevedevano una giuria vera e propria, con delle modalità molto vicine a quelle del sistema di *common law*, specie nel codice del 1865. Com'è noto, l'istituto della giuria fu abolito dal codice di procedura penale del 1930, per effetto della svolta politica autoritaria intervenuta nel paese. E sorprende, anzi non sorprende affatto, che nell'alluvione, anzi nel diluvio di scritti di procedura penale che deliziano il nostro paese vi sia tanto poco su un punto tanto importante. D'altro canto, va ricordata la diversità di regime tra il sistema inglese — che tende a restringere la portata dell'istituto [cfr. Emmins 1981, ed. 1992: 101] — e quello nordamericano che, invece, lo ritiene in tutto il suo originario vigore. Comunque, non è un caso che l'*admiralty* e le *equity courts* operino senza giuria: in quanto contenenti elementi di diritto romano-canonico, di *ius commune* o di diritto internazionale consuetudinario, esse in qualche modo sono estranee alla struttura originaria delle corti di *common law*. Grazie alla giuria e, quindi alla partecipazione popolare all'amministrazione della giustizia, il *diritto naturale*, cacciato dalla porta, rientra dalla finestra. Il *right to trial by jury* ha preso due strade diverse nel sistema inglese e in quello nordamericano. Com'è stato osservato, quelli che sono considerati difetti dell'istituto nel primo sono ritenuti vantaggi nel secondo. L'abolizione della giuria nel processo civile inglese è attribuibile a diversi fattori, tra cui il tempo richiesto dal funzionamento dell'istituto e i costi che comporta. Un altro punto è costituito dalla imprevedibilità degli ammontari del risarcimento liquidati, che nel sistema inglese ha indotto alla elaborazione di una formula matematica che peraltro ha dato risultati deludenti. Negli S.U., invece, il fatto che sia la giuria a stabilire l'ammontare del risarcimento è considerato un vantaggio. Per quanto riguarda la giustizia penale, nel sistema inglese il bisogno di certezza del diritto è alla base delle proposte dirette all'abolizione dell'istituto. Il movimento abolizionista inglese assume che la sola funzione della giuria consiste nell'accertare la effettiva colpevolezza dell'imputato. Ma non è così: diversamente, la giuria non dovrebbe considerare quei casi i cui dati di fatto sono non contestati. In altre parole, un giudice può ordinare a una giuria di emettere un verdetto di assoluzione, ma né nel sistema inglese, né in quello nordamericano può ordinare alla giuria di emettere un verdetto di colpevolezza, per quanto grande possa essere la prova fattuale della colpa. In effetti, *nel processo penale il compito della giuria va ben oltre la sola decisione delle questioni di fatto*. Essa ha il potere di clemenza e di fare giustizia nel caso concreto. Essa ha il potere, anche se non necessariamente il diritto, di annullare l'azione penale mediante l'emissione di un verdetto di non colpevolezza, anche se sul piano giuridico in senso stretto il caso impone un verdetto contrario. La giuria può decidere come, ad es., in un caso di eutanasia, che la legge non si applica a ipotesi del genere e che un verdetto di colpevolezza sarebbe ingiusto nel caso concreto. La giuria può addirittura stabilire che la legge stessa è ingiusta come quando assolve l'imputato accusato di aver violato la legge che impone la segregazione razziale. Può anche stabilire di assolvere l'imputato quando, al di là della prova, la polizia o gli inquirenti si sono comportati in maniera reprensibile come quando sull'imputato si è esercitata violenza, quando la polizia si è comportata scorrettamente inducendo dolosamente l'imputato a commettere il reato. Com'è stato osservato: « The strength of the jury lies in the fact that it is not totally circumscribed by legal rules; and that it has the practical power to do what is right, and not just what is technically required by law» [J. J. Gobert, *Trial by Jury*, in *Oxford* 1992: 879, at 880]. Mentre di questo potere le giurie possono di fatto avere abusato, il suo corretto esercizio presenta questo venerando istituto nella sua luce migliore. Com'è stato osservato, l'abuso potenziale quasi inevitabile di così vasti poteri può e deve essere corretto con una maggiore cura nella selezione dei giurati e nelle istruzioni alla giuria; ma si ritiene che esso costituisca un prezzo accettabile per un istituto che consente di fare giustizia nel caso concreto. Si ricorda che negli S.U. questo diritto è sancito dalla costituzione, mentre non lo è nel sistema costituzionale britannico in cui quindi il legislatore è libero di limitare o abolire la giuria. Peraltro, se l'istituto è di origine inglese e se con tutta la sua *Englishness* esso è diventato patrimonio culturale nordamericano, non vanno trascurate le diversità di regime. Il sistema inglese appare, nel complesso, più razionale e più moderno di quello nordamericano nel quale ultimo si riscontra: (i) un regime federale e dei singoli stati dell'Unione; (ii) diversità della composizione della giuria tra stato e stato; (iii) diversità del regime della selezione della giuria; (iv) diversità di regime in tema di unanimità non più richiesta, nel sistema inglese, ma che in quello nordamericano comporta il grave problema della *hung jury*; (v) come si è detto, la giuria è praticamente scomparsa dal processo civile inglese. Comunque, anche nel sistema inglese la giuria, anche se invisibile, resta viva e vegeta per quanto attiene al regime della prova e a tutto l'impianto del processo civile e penale. Come si è accennato, nel sistema inglese si fa luogo al processo con la partecipazione della giuria in materia civile nelle ipotesi di *defamation* (APPELLO; CAPO DELLA GIURIA; CAUSA (III); COLPEVOLE-INNOCENTE; CONDANNA; CONFESSIONE; DEBITORE: 4; DIFFAMAZIONE; DIRITTI (II) DELL'IMPUTATO; DIRITTO (I) MARITTIMO; DIRITTO (I) NATURALE; ELENCO DEI GIURATI; FATTO E DIRITTO; FUNZIONE GIUDIZIARIA; GIUDICE NATURALE; GIURATO; GIURISDIZIONE; GIUSTIZIA ALTERNATIVA; GIUSTIZIA MILITARE; INDAGINI DI POLIZIA; ISTRUZIONI DEL GIUDICE ALLA GIURIA; LEGGE STRANIERA; LIBERA VALUTAZIONE DELLA PROVA; LIBERO CONVINCIMENTO DEL GIUDICE; LIQUIDAZIONE DEL DANNO; LUOGO DI RIUNIONE DELLA GIURIA; MESSA IN STATO D'ACCUSA DEL PRESIDENTE DELLA REPUBBLICA: 2; MORTE; ORALITÀ, CONCENTRAZIONE E IMMEDIATEZZA; PROCEDURA PENALE; PROCESSO CON LA PARTECIPAZIONE GIURIA; PROCESSO SENZA GIURIA; PROVA; QUESTIONE DI FATTO-DI DIRITTO; RICUSAZIONE DELLA GIURIA; SEQUESTRO; SISTEMA PENALE ACCUSATORIO; VERDETTO ABERRANTE, PARTIGIANO, ECCESSIVO NELLO STABILIRE L'AMMONTARE DEL RISARCIMENTO). [vol. I: ADVERSARY SYSTEM; EVIDENCE; JURY; MISDIRECTION; NEW TRIAL; STAR CHAMBER; TRIAL BY JURY]

Bibl.:
Karlen 1967: 143.

– **bloccata.** Deadlocked jury, hung jury.

– **federale negli S.U..** Federal jury (FEDERALISMO).

– **imparziale.** Impartial jury. Negli S.U., il VI emendamento [1791] della costituzione federale stabilisce, tra l'altro, che « the accused shall enjoy the right to a speedy and public trial, by an impartial jury » in tutte le azioni penali (GIUDICE NATURALE; RICUSAZIONE DELLA GIURIA).

Giuridica. (GIURIDICO/A)

Giuridicamente in genere. Legally (LEGALMENTE).

– **operativo.** Legally operational (EFFICACIA; VIGORE).

– **vincolante.** Legally binding (VINCOLANTE).

Giuridico/a in genere. Legal, jural, juristic, juridical (ATTO GIURIDICO; CONCETTO GIURIDICO; DIRITTO (I) POSITIVO; EFFICACIA GIURIDICA; GIUDIZIALE; IMPERIALISMO GIURIDICO; LEGALE; OPINIONE GIURIDICA; QUALITÀ GIURIDICA; RAPPORTO GIURIDICO; REQUISITO GIURIDICO; RIMEDIO GIURIDICO; SANZIONE GIURIDICA).

Giurí d'onore. Grosso modo, court of honour (GIURIA).

Giurimetrica. Jurimetrics (INFORMATICA GIURIDICA).

Giurisdizionale in genere. Judicial, adjudicatory; si oppone a *ministerial*, ossia esecutivo (ATTIVITÀ GIURISDIZIONALE; GIUDIZIALE; GIUDIZIARIO; GIURISDIZIONE; PROCEDIMENTO GIUDIZIARIO). [vol.I: ADMINISTRATIVE LAW; PREROGATIVE ORDERS; MINISTERIAL]

Giurisdizione/i in genere. Jurisdiction. In Inghilterra e, più tardi in Europa, la nascita degli stati nazionali si è storicamente realizzata in buona parte attraverso la lotta della giurisdizione reale contro quella baronale ed ecclesiastica (BENEFICIO ECCLESIASTICO; CHIESA; CONFLITTO DI GIURISDIZIONE TRA GIUDICI DI DIVERSI

PAESI; DIRITTO (I) PERSONALE; REGIME DELLE CAPITOLAZIONI).

1. Non è solo che i termini *giurisdizione e sovranità* sono per molti versi inestricabilmente intrecciati: nella terminologia angloamericana *jurisdiction* indica la sovranità, il potere, e anche, a seconda dei casi, un paese, un ordinamento giuridico, un'area entro la quale si esercita un determinato potere, giurisdizionale o meno. Una controversia che non può essere decisa dal giudice è definita *non-justiciable*. Ciò premesso, si osserva, anzitutto, che la *common law* non ha elaborato i concetti nostrani di giurisdizione e competenza (distinzione ignorata, peraltro, anche in Francia). Pertanto, il termine *jurisdiction* può indicare, di volta in volta, grosso modo, l'una o l'altra.

2. Ma parlare di giurisdizione significa anche, ovviamente, parlare degli organi chiamati ad esercitarla, e quindi, in definitiva, dell'ordine giudiziario, probabilmente la più radicale diversità tra le due tradizioni giuridiche di *common law* e di *civil law*. A questo proposito, va rilevata, storicamente, la *centralizzazione* delle corti reali, ancora oggi dato fondamentale dell'ordinamento giudiziario inglese (da distinguere da quello scozzese), che si contrappone al doppio ordine di giurisdizioni, federale e dei singoli stati dell'Unione, negli S.U. (CORTE). [vol. I: INTRODUZIONE: III. 3, 5, 10, 12, 25, 26, 28, 2; COURT]

3. La caratteristica fondamentale della *common law* è costituita dall'*unicità della giurisdizione*, conseguenza principale di un sistema a diritto comune. In effetti, la *common law* ignora la distinzione tra giurisdizione ordinaria e giurisdizione amministrativa. La distinzione che nel sistema inglese si fa tra *law courts* e *tribunals* non coincide con quella nostrana tra giurisdizione ordinaria e amministrativa. Gli *administrative tribunals*, che possono essere considerate delle giurisdizioni speciali aventi competenza su materie determinate specificamente dalla legge scritta (non soltanto quello che sarebbe definito da noi il contenzioso amministrativo, ma anche in materia di lavoro, etc.), non costituiscono delle giurisdizioni amministrative, ma applicano e sono soggetti a un diritto comune, detto *common law,* appunto in quanto valido indistintamente per tutti i rapporti giuridici e tutti i soggetti. Insomma, sembra potersi dire che un diritto amministrativo qual è inteso nella *civil law* non trova equivalenza nei sistemi di *common law*.

4. Gli atti della pubblica amministrazione sono soggetti alla *supervisory jurisdiction,* base della *judicial review*, ossia al controllo giudiziario da parte della *High Court*; le decisioni degli *administrative tribunals* sono impugnabili in determinate circostanze davanti alla *High Court*. È appunto questo dato, ma non certo il solo — che si oppone alla netta separatezza tra le giurisdizioni dei sistemi di *civil law* — a formare il dato inconfondibile del concetto, storico, di giurisdizione qual è intesa nella tradizione costituzionale inglese.

5. In definitiva, nei sistemi di *common law* il giudice si pone come oracolo della legge: in questo senso, se il *controllo costituzionale di legalità* ad opera del giudice ordinario è creazione del genio giuridico americano, esso è figlio del concetto di *judicial review*, prodotto del costituzionalismo inglese. Ma si tratta di concetti assai diversi da quelli nostrani, che non si possono compiutamente intendere senza tener conto degli sviluppi storici che li hanno determinati. Il diritto è storia e non — come si insegna (male, più spesso) ancora nelle università nostrane — logica o geometria di concetti. [vol. I: ADMINISTRATIVE LAW; JUDICIAL REVIEW; SUPERVISORY JURISDICTION]

6. Sembra appena il caso di aggiungere che il diritto inglese e quello degli altri paesi di *common law* ignorano la disastrosa dicotomia tra diritti soggettivi e interessi legittimi che, con immenso gaudio dei nostri amministrativisti, e gran tormento degli utenti della giustizia, costituisce in Italia la base — a oltre un secolo dalla formulazione, quanto mai imprevedibile, imponderabile e incerta — della rispettiva giurisdizione ordinaria e amministrativa.

7. Nonostante la vantata genialità del doppio sistema di giurisdizioni, tipico dei paesi di *civil law*, in effetti, esso ha avuto effetti disastrosi non solo in ordine alla tutela dei diritti, ma anche allo sviluppo del sistema democratico. Tra l'altro, è stata la duplicità della giurisdizione nostrana a far configurare la tutela degli *interessi diffusi* come tutela di *interessi affievoliti*. Quando nelle commissioni bicamerali del nostro parlamento ci si riempie la bocca dell'espressione unicità della giurisdizione, si tratta, in concreto, di ben modesta cosa. Si vuole, in sostanza, non già istituire una giurisdizione unica abolendo quella amministrativa, che incontrerebbe formidabili ostacoli corporativi ma, semplicemente, sul piano delle proposte, la soppressione di quello scandalo che è la *nomina governativa dei magistrati delle giurisdizioni amministrative*; scandalo non

già perché fatta all'esecutivo, ma perché attuata nell'ambito di un'organizzazione criminogena del potere (CONTROLLO GIURISDIZIONALE; DIRITTO (I) AMMINISTRATIVO; DIRITTO (I) PUBBLICO-PRIVATO; GIUDICE; INTERESSI DIFFUSI: 5).

8. Va rilevato altresì l'assai diverso modo di radicamento della giurisdizione nei sistemi di *common law*, in cui si parla di *transient jurisdiction* per indicare una tipica forma di giurisdizione transeunte, fondata sulla notifica personale della citazione al convenuto presente sul territorio del paese anche soltanto per pochi istanti. È appunto il diverso modo di radicamento della giurisdizione che, in buona sostanza, spiega il fenomeno del *forum shopping*, consistente nel fatto dell'attore di scegliere e intentare l'azione davanti a quella giurisdizione che si presenti più vantaggiosa in tema, ad es., di ammontare del risarcimento, termini di prescrizione, requisiti procedurali, etc.: una prassi analoga attiene al *treaty shopping* nell'ambito dei trattati internazionali. Ma la giurisdizione esuberante non è una prerogativa della tradizione di *common law* (*infra*, GIURISDIZIONE ESUBERANTE; PIGNORAMENTO; TRATTATO INTERNAZIONALE).

9. Negli S.U. — stato federale — gli organi giudiziari federali costituiscono *courts of limited jurisdiction*, per cui chi invochi la giurisdizione federale è tenuto a darne la prova; gli organi giudiziari degli stati dell'Unione sono, invece, *courts of general jurisdiction*.

Vi sono aspetti della giurisdizione intrinseci al sistema federale. In effetti, è il *concurrent power*, o doppia sovranità condivisa tra stato federale e stati dell'Unione, a costituire un dato conflittuale permanente in tema di giurisdizione. Si pensi, ad es., al concorso di norme parallele in tema di cittadinanza, per cui il cittadino degli S.U. è soggetto alla doppia giurisdizione dello stato in cui risiede e dello stato federale: in caso di controversia tra cittadini di diversi stati dell'Unione (*diversity of citizenship*), la materia rientra nella giurisdizione federale. Come si è accennato, la regola generale è quella della giurisdizione degli stati dell'Unione; le giurisdizioni federali non possono essere adite che quando sia in gioco la costituzione federale o una legge federale. I casi in cui la giurisdizione federale può essere adita si ricollegano a due filoni principali, e cioè o la natura della controversia (costituzione federale o legge federale), o la natura delle parti (materie che riguardano gli S.U., rappresentanti diplomatici stranieri, diversità di cittadinanza di due diversi stati dell'Unione): in ogni caso, il valore della controversia non deve essere inferiore a 10 mila dollari. Ma quando la giurisdizione federale può essere adita, essa è di rado esclusiva. In caso di giurisdizione concorrente, le parti possono adire, invece della giurisdizione federale, le giurisdizioni degli stati le cui decisioni sono impugnabili davanti alla *Supreme Court* federale qualora esse coinvolgano la costituzione federale o una legge federale. Peraltro, quando si tratti di giurisdizione non concorrente che in ogni caso non coinvolge la costituzione o la legge federale, le decisioni degli stati dell'Unione non possono essere impugnate davanti alla *Supreme Court* federale. Per quanto riguarda in particolare le società munite di personalità giuridica, fino al 1958 (anno in cui si è fatto luogo alla definizione legislativa di *corporate citizenship*) era possibile per una società che svolgesse la sua attività in uno stato dell'Unione di fare ricorso alla giurisdizione federale semplicemente perché essa era stata costituita in un altro stato. Ancora oggi, una giurisdizione federale artificiale può essere creata nominando un *administrator* o *guardian* di un altro stato, anche per convenire in giudizio una parte residente nello stesso stato. Ma si tratta di materia non semplice [cfr. Wright 1963, ed. 1976: 85].

Infine, si noti che circa il 95 per cento di tutte le controversie civili è giudicato dalle giurisdizioni dei singoli stati dell'Unione; una cifra leggermente inferiore attiene alla materia penale. A quest'ultimo proposito, va rilevato che sono *federal crimes* quelli che trovano la propria fonte nella legislazione federale in quanto distinta da quella dei singoli stati dell'Unione: la maggior parte dei reati federali è prevista dal Title 18 dell'United States Code; ma altri Titles dello stesso Code prevedono reati federali specifici. Rientrano nella categoria dei reati federali, e sono quindi perseguiti davanti alle corti federali, tra l'altro, i reati RICO (c.d. *RICO offenses*), l'evasione fiscale federale, quei reati che, come l'*interstate kidnapping*, etc., sono commessi o eseguiti attraverso più di uno stato dell'Unione. Ma non esistono *federal common law crimes*.

D'altro canto, se si considera che la giurisdizione costituisce un aspetto fondamentale della sovranità si capisce perché, connesso al problema della giurisdizione federale e dei singoli stati in senso stretto, vi sia quello, più generale, che attiene a un rapporto di per sé destinato a restare intimamente dialettico: la questione di fondo attiene alla natura della *delega* dei poteri da parte degli stati allo stato federale. Se cioè, per quelle materie in cui la delega vi è stata, si sia trattato di delega *esclusiva*, ovvero abbia invece lasciato dei poteri residui agli stati: questo spiega perché accanto alla legislazione federale su diverse materie, come ad es., in tema di *bankruptcy*, attribuita in maniera non esclusiva allo stato federale, possa esistere anche una concorrente legislazione dei singoli stati dell'Unione. In effetti, i *granted powers* non sempre sono esclusivi (questione sulla quale il giudice ultimo è la *Supreme Court*) e quindi non escludono necessariamente la legislazione dei singoli stati dell'Unione: il solo limite è che la legislazione degli stati dell'Unione non può violare il diritto federale. Ma nulla impedisce di adottare leggi che si aggiungano o integrino il diritto federale. Questo spiega anche perché di rado la giurisdizione delle corti federali è esclusiva: di solito, essa concorre con quella degli organi giudiziari degli stati dell'Unione. Intesa in questo senso, se, in generale, i conflitti di giurisdizione sono conflitti tra poteri giudiziari sia nell'ambito dello stesso ordinamento, sia tra organi giudiziari di diversi stati (giurisdizione nazionale-straniera), la doppia sovranità, intrinseca alla concezione americana del federalismo, dà luogo a dei tipi di conflitti ignoti allo stato unitario. Essendo la giurisdizione un aspetto fondamentale del potere statale, i relativi conflitti si ricollegano in definitiva alla sovranità. Determinante nell'accettazione della suddetta doppia sovranità fu negli S.U. la decisione, intervenuta dopo un travagliato compromesso, di istituire l'organo che sarebbe stato l'arbitro ultimo nei rapporti tra lo stato federale e gli stati dell'Unione, ossia la *Supreme Court* degli S.U. La decisione che stabilisce il criterio standard di delimitazione tra i due poteri è il c.d. *Passenger Cases* (*Smith* v. *Turner, Norris* v. *Boston*), 7 How. (48 U.S.) 283 (1849), in cui il giudice Mac Lean affermò che: « The general government and a State exercise concurrent powers in taxing the people of the State. The objects of taxation may be the same, but the motives and policy of the tax are different, and the powers are distinct and independent ». In effetti, come si è accennato, le corti federali e dei singoli stati dell'Unione condividono una giurisdizione concorrente (*concurrent jurisdiction*) in molte materie che non siano negate agli stati dall'art. III o da una esplicita limitazione del Congresso: spetta alla *Supreme Court* il compito incessante di definire i limiti di quella giurisdizione. Connessa alla questione della giurisdizione concorrente è quella se esista una *common law* federale. Come si è detto, esiste un doppio ordine di giurisdizioni, ma non esiste concordanza di materie che rientrino nelle attribuzioni legislative dello stato federale e dei singoli stati dell'Unione. Ad es., lo stato federale non può legiferare in tema di responsabilità civile; ma, nel caso di *diversity of citizenship*, la controversia spetta alla giurisdizione federale. Il Judiciary Act 1789, legge federale seguita da numerose altre successive dallo stesso nome, impone di applicare le leggi di uno stato, ossia di quello stabilito dalle norme sui conflitti di leggi in vigore là dove si trova la giurisdizione federale. Ma si era argomentato che la norma relativa si riferisse alla leggi intese in quanto *statute law* e non anche per quanto attiene al diritto giurisprudenziale e che, quindi, in quest'ultimo caso, le giurisdizioni federali, autonome rispetto a quelle dei singoli stati e non tenute all'osservanza delle regole del precedente, fossero libere di elaborare una *common law* federale. Ma una giurisprudenza oscillante ha adottato difformi decisioni sulla materia. Così, in un primo tempo con la celebre sentenza *Swift* v. *Tennison* 16 Pet. (41 U.S.) 1 (1842) per bocca di *Story* veniva stabilita la libertà delle corti federali di seguire princìpi di diritto commerciale generale anche se contrari alle decisioni dello stato in cui sedeva la corte federale. Ma le conseguenze inaccettabili di questa decisione diedero luogo all'altra fondamentale decisione *Erie Railroad Co.* v. *Tompkins*, 304 U.S. 64 (1938) nella quale il non meno celebre presidente *Brandeis* dichiarava che « 'there is no general federal common law' ». Ma la questione non è sedata del tutto: nello stesso giorno in cui Brandeis pronunciava la sentenza della corte, egli ammetteva l'esistenza di parti determinate di *federal common law*. Insomma, per concludere un capitolo lungo e complesso di una materia non agevole e in continua rivisitazione, com'è stato osservato da W.M. Wiecek [*Erie Railroad Co.* v. *Tompkins*, in *Oxford* 1992: 259]: « Nor did *Erie* resolve the enigma of *Swift*. Since 1938, the Court has attempted without much success to articulate guidelines that would achieve 'the twin aims of the *Erie* rule: discouragement of forum-shopping and avoidance of inequitable administration of the laws' » (COSTITUZIONE POLITICA; DOPPIA SOVRANITÀ; FEDERALISMO; STATI UNITI D'AMERICA).

10. Infine, quanto all'esecuzione delle sentenze straniere, di notevole importanza tra i

paesi comunitari appare la convenzione di Bruxelles del 1968 sulla giurisdizione e sull'esecuzione delle sentenze civili e commerciali, definita, talvolta come *Full Faith and Credit Clause Convention* (AUTORITÀ DECISORIA; AUTORITÀ GIUDIZIARIA; AZIONE (I) IN GIUDIZIO; BENEFICIO ECCLESIASTICO; CARENZA DI GIURISDIZIONE; CIRCOSCRIZIONE GIUDIZIARIA; CITTADINANZA; CLAUSOLA DEROGATORIA DELLA COMPETENZA-GIURIDIZIONE; CLAUSOLA SULLA GIURISDIZIONE; COMPETENZA; CONFLITTO DI LEGGI; CONTROLLO GIURISDIZIONALE; CONTROVERSIA; CORTE; COSA GIUDICATA; DEROGA DELLA GIURISDIZIONE; DIFETTO DI GIURISDIZIONE; DIRITTO (I) AMMINISTRATIVO; DIRITTO (I) INTERNAZIONALE PRIVATO; DISTRETTO GIUDIZIARIO; DOMICILIO; DOPPIO GRADO DI GIURISDIZIONE; ELEZIONE DEL FORO; ESCLUSIONE DELLA GIURISDIZIONE; ESECUZIONE FORZATA DELLA SENTENZA CIVILE STRANIERA; FEDERALISMO; FORO; FUNZIONE GIUDIZIARIA; GIUDICE NATURALE; GIURISPRUDENZA; GRADI DI GIURISDIZIONE; IMMUNITÀ DEGLI STATI ESTERI DALLA GIURISDIZIONE; NOTIFICA; *OFFSHORE*; ORDINAMENTO GIUDIZIARIO; ORDINE PUBBLICO: 2; PIGNORAMENTO; POTERE DECISORIO; PRIMO GRADO DI GIURISDIZIONE; PROCEDURA: 10; PROIBIZIONE; REGIME DELLE CAPITOLAZIONI; REGOLATORE; RESIDENZA: 2; RESPONSABILITÀ DELLA PUBBLICA AMMINISTRAZIONE; RICERCA DEL FORO PIÙ CONVENIENTE; SOVRANITÀ; STATO DI DIRITTO). [vol. I: ADMINISTRATIVE LAW; COMMON LAW; COURT; DUE PROCESS CLAUSES; FOREIGN JUDGMENT; FORUM NON CONVENIENS; FORUM SHOPPING; FULL FAITH AND CREDIT CLAUSE; JUDGMENT; JUDICIAL REVIEW; JUDICIARY; JURISDICTION: 4; LONG ARM STATUTES; OPTIONAL CLAUSE; PROCLAMATIONS, CASE OF; PROHIBITION DEL ROY; ROYAL PROCLAMATION; TRANSIENT JURIDICTION; TRIBUNAL; VENUE]

– **amministrativa.** Lett., administrative jurisdiction; ma non esiste, almeno nel senso nostrano (*supra*, GIURISDIZIONE IN GENERE: 4).

– **civile.** Civil jurisdiction; quando un organo giudiziario è competente in materia civile e penale, si suol parlare, a seconda dei casi, di *civil* o *criminal side* di una corte (*infra*, GIURISDIZIONE PENALE).

– **concorrenti.** Concurrent jurisdictions; il fenomeno del *forum shopping* e della giurisdizione esuberante nasce nel caso di possibili giurisdizioni concorrenti (*supra*, GIURISDIZIONE IN GENERE; *infra*, GIURISDIZIONE ESCLUSIVA; GIURISDIZIONE ESUBERANTE). [vol. I: *ad vocem*]

– **contenziosa.** Contententious jurisdiction. La giurisdizione non contenziosa è detta talvolta *voluntary jurisdiction*, ma si parla anche di *contentious* o *non contentious business* per indicare, rispettivamente, un affare contenzioso o non contenzioso. Esempi di quest'ultimo caso si hanno in tema di *probate* o *administration*, cioè di successione o di minori (*infra*, GIURISDIZIONE VOLONTARIA; PROCEDIMENTO CIVILE CONTENZIOSO). [vol. I: ADMINISTRATION; BUSINESS; COURT; PROBATE]

– **di appello.** Appellate jurisdiction (APPELLO; GRADI DI GIURISDIZIONE). [vol. I: APPEAL]

– **di *equity*.** Equity jurisdiction. Ma si tratta di un tipo di giurisdizione ignota ai sistemi di *civil law*, che si ricollega alla diversa teoria delle fonti del diritto dei sistemi di *common law* (EQUITÀ; FONTI DEL DIRITTO). [vol. I: EQUITY]

– **di primo grado.** Grosso modo, trial jurisdiction, original jurisdiction, court of first instance (GIUDIZIO DI PRIMA ISTANZA; GRADI DI GIURISDIZIONE).

– **ecclesiastica.** Ecclesiastical jurisdiction (*infra*, GIURISDIZIONE TEMPORALE; CHIESA D'INGHILTERRA; DIRITTO (I) CANONICO).

– **esclusiva.** Esclusive jurisdiction. Ma il termine non è riferito alla giurisdizione del Consiglio di Stato che nei sistemi di *common law* non esiste nemmeno: e non si tratta di una perdita.
1. Nel sistema inglese, il termine è più spesso riferito alla giurisdizione esclusiva della *Chancery Division* prima dei Judicature Acts 1873-1875, a seguito dei quali essa divenne *concurrent* con quella delle altre *Divisions* della *High Court*.
2. Negli S.U. — stato federale — si parla, ad es., di exclusive jurisdiction in tema di azioni basate sul Securities Exchange Act, che vanno intentate esclusivamente davanti a una corte federale distrettuale. Le corti federali hanno una *original and exclusive jurisdiction* per quanto riguarda determinate azioni come, ad es., in tema di controversie tra stati dell'Unione, mentre si ha una *concurrent jurisdiction* con quella delle corti degli stati dell'Unione quando si tratti di azioni tra cittadini di stati diversi dell'Unione. Infine, la *Court of International Trade* ha, tra l'altro, una giurisdizione esclusiva sulle azioni civili contro gli S.U. in tema di importazioni, etc. Ovviamente, l'esclusione va vista di volta in volta nell'ambito di un determinato ordinamento giudiziario (*supra*, GIURISDIZIONI CONCORRENTI). [vol. I: *ad vocem*]

– **esorbitante.** (*infra*, GIURISDIZIONE ESUBERANTE)

– **esuberante.** Exorbitant jurisdiction, excessive jurisdiction. È detta così, a seconda dei casi, quella fondata, negli ordinamenti di *civil law,* ad es., sulla nazionalità e, talvolta, la residenza dell'attore o sull'esistenza di un bene del convenuto di infimo valore nello stato del foro adito ovvero, in quelli di *common law,* sulla presenza anche fugace del convenuto sul territorio dello stato di cui si pretende di instaurare la giurisdizione. In quest'ultimo caso, si parla di *transient jurisdiction.*
1. Per quanto riguarda in particolare gli S.U., ormai notorio è il fenomeno dei c.d. *long arm statutes*, termine col quale si indicano quelle leggi che consentono ad uno stato dell'Unione di esercitare la propria *jurisdiction in personam* su un non residente in forza di una notificazione eseguita fuori dello stato del foro. Il fattore di collegamento è costituito dal compimento di singoli atti nello stato come, ad es., in tema di *torts,* la commissione dell'illecito, etc. Di fatto, si riscontra nei singoli stati una tendenza a contentarsi dei contatti più effimeri del convenuto — persona fisica o giuridica — con lo stato ai fini della giurisdizione.
2. Nell'ambito dei sistemi di *civil law*, la c.d. *umbrella rule* allude alla prassi svedese relativa all'insorgere della giurisdizione del giudice locale nei confronti dello straniero: se un non residente lascia il proprio ombrello in Svezia, questo è sufficiente a fondare la giurisdizione del giudice svedese e a far luogo alla condanna del proprietario per qualsiasi ammontare (ESECUZIONE FORZATA DELLA SENTENZA CIVILE STRANIERA; INCOMPETENZA; SEDE DELLA SOCIETÀ DI CAPITALI; SOCIETÀ (II) QUALE SOGGETTO COLLETTIVO: I. 2). [vol. I: EXORBITANT JURISDICTION; FORUM NON CONVENIENS; FORUM SHOPPING; LONG ARM STATUTES; UMBRELLA RULE]

– **fallimentare in genere.** Bankruptcy jurisdiction (TRIBUNALE FALLIMENTARE; FALLIMENTO).

– **federale.** Federal jurisdiction. La distinzione tra giurisdizione federale e giurisdizione dei singoli stati dell'Unione assume importanza fondamentale nel diritto nordamericano. Si parla — più spesso in tema di ripartizione territoriale della giurisdizione federale delle *district courts* — di *territory of a judge* per indicare l'ambito territoriale, ossia il distretto o i confini della sua giurisdizione (*supra*, GIURISDIZIONE IN GENERE: 9; COSTITUZIONE POLITICA; FEDERALISMO; GIUDICE FEDERALE NEGLI S.U.; TERRITORIO).

– **illimitata.** Unlimited o original jurisdiction (*supra*, GIURISDIZIONE IN GENERE: 9). [vol. I: COURT: IV. 3]

– **marittima.** Maritime jurisdiction (DIRITTO (I) MARITTIMO; GIURIA: 4). [vol. I: ADMIRALTY COURT; ADMIRALTY LAW]

– **penale.** Criminal, o penal, jurisdiction (*supra*, GIURISDIZIONE CIVILE).

– **piena.** Unlimited jurisdiction (*supra*, GIURISDIZIONE ILLIMITATA).

– **signorile.** Seigneurial jurisdiction, court-baron jurisdiction (*supra*, GIURISDIZIONE IN GENERE; CORTE BARONALE).

– **straniera.** Foreign jurisdiction; ma si noti che negli S.U. — stato federale — il termine indica anche la giurisdizione di un *sister state* dell'Unione (ESECUZIONE FORZATA DELLA SENTENZA CIVILE STRANIERA; FEDERALISMO; LEGGE STRANIERA; STATI UNITI D'AMERICA). [vol. I: LONG ARM STATUTES]

– **temporale.** Temporal jurisdiction (*supra*, GIURISDIZIONE ECCLESIASTICA).

– **territoriale.** Territorial jurisdiction (*supra*, GIURISDIZIONE FEDERALE; TERRITORIO). [vol. I: JURISDICITON]

– **tributaria in genere.** Revenue tribunal, tax court (IMPOSIZIONE FISCALE; IMPOSTA; REATI FEDERALI).

– **volontaria.** Lett., voluntary jurisdiction, *non contentious jurisdiction*, *non-contentious business.* Si parla di *probate jurisdiction* per indicare quel tipo di giurisdizione (delle corti ordinarie) competenti in materia di delibazione di testamenti, di successione, di protezione dei minori, etc. Negli S.U. — stato federale — la materia rientra nelle attribuzioni dei singoli stati dell'Unione che si ispirano, spesso con numerose varianti, all'*Uniform Probate Code.* Infine, nel sistema inglese, una penetrante funzione di grande rilievo è svolta dalla *Chancery Division* della *High Court* e, negli S.U., dall'autorità giudiziaria dei singoli stati dell'Unione in tema di supervisione della amministrazione dei *trusts.* Ma non esiste sul piano dell'ordine giudiziario una giurisdizione volontaria corrispondente a quella di *civil law.* Tantomeno poi si riscontra una elaborazione dottrinale corrispondente. Ma la mancanza di « scienza » non impedisce che, in sostanza, gli affari di giurisdizione volontaria siano trattati con incommensurabile maggiore efficienza nel sistema inglese e nordamericano che da noi (*supra*, GIURISDIZIONE CONTENZIOSA; CONTRADDITTORIO; MINORE; OMOLOGAZIONE; PROCEDIMENTO E PROCESSO; PROCEDURA; PROCESSO; PUBBLICO MINISTERO; SUCCESSIONE; SURROGATO; TRIBUNALE PER I MINORENNI; *TRUST*; TUTELA; UDIENZA A PORTE CHIUSE). [vol. I: CONTENTIOUS BUSINESS; COURT: V; TRUST: III]

Giurisprudenza. Inteso come insieme di sentenze, il termine si traduce, grosso modo, con decisions of the courts, line of decisions, line of cases; ma mai con *jurisprudence* o *general jurisprudence,* termini che indicano, invece, la teoria generale del diritto, o scienza giuridica. Ma una volta chiarito che, ancora una volta, sul piano terminologico siamo di fronte ad un *acoustic agreement* che può ingenerare abbagli, va aggiunto che questa materia si ricollega alla assai diversa teoria delle fonti delle due tradizioni giuridiche. A questo proposito, si osserva che — a differenza della *civil law* — nella *common law*, diritto di formazione giurisprudenziale e non legislativo, le decisioni giudiziarie sono fonti di diritto. In questo senso, la *case law,* o *judge-made law*, non trova equivalenza nel sistema nostrano. Schlesinger [1950, ed. 1988: 597, 643, *passim*] procede ad una brillante rassegna comparatistica delle caratteristiche, spesso difformi tra loro, della giurisprudenza nei sistemi di *civil law*. Il controllo giurisdizionale di legalità derivante dalla *supervisory jurisdiction*, base della *judicial review*, costituisce forse il più rilevante apporto del costituzionalismo inglese, e poi nordamericano, allo sviluppo del diritto moderno. Nell'ambito della problematica sul rapporto tra *legalità e legittimità*, Habermas 1988, trad. it.: 27, n. o.] rileva che « Denninger ha osservato come il potere legale (il potere fondato sulla *legalità* della legge e del provvedimento) sia stato ormai sostituito da un 'potere sanzionante a posteriori la sua legittimità in sede giudiziaria' » (CASI E MATERIALI; CONTROLLO GIURISDIZIONALE; DIGESTO; DIRITTO (I) CREATO DAI GIUDICI; DIRITTO (I) GIURISPRUDENZIALE; DOTTRINA; FONTI DEL DIRITTO; GIURISDIZIONE: 4; MASSIMA GIURISPRUDENZIALE; PRECEDENTE GIUDIZIARIO; REGOLA GIURISPRUDENZIALE; REPERTORIO DI GIURISPRUDENZA; RIVISTE DI GIURISPRUDENZA; SENTENZA; TESTI GIURIDICI). [vol. I: AUTHORITY; CASE LAW; COMMON LAW; JURISPRUDENCE; PRECEDENT]

Bibl.:

Galgano, F., *Giurisdizione e giurisprudenza in materia civile* (1985) 1 CeI 29.
id., *Dei difetti della giurisprudenza, ovvero dei difetti delle riviste di giurisprudenza* (1988) 2 CeI 504.
Guastini, R., *La giurisprudenza come politica del diritto (rileggendo Bobbio)* (1985) 1 CeI 49.
Monateri, P.G., *Giurisprudenza*, in *Digesto IV Utet,* Civ., vol. IX: 150.

– **analitica.** Analytical jurisprudence (PUREZZA DEL DIRITTO). [vol. I: *ad vocem*]

Bibl.:

Cattaneo, M., *Giurisprudenza analitica*, in *Digesto IV Utet, Civ.*, vol. IX: 168.

– **costante.** Questa espressione, priva di esatta equivalenza, potrebbe essere resa, grosso modo, con *unbroken line of authorities* (*supra*, GIURISPRUDENZA).

– **creativa.** Creative law making.

– **della Corte Europea di Giustizia.** Reports of cases before the Court of Justice of the European Communities; ma si noti che si tratta di una corte di *civil law*, che non adotta la regola del precedente giudiziario, almeno non alla maniera dei sistemi di *common law* (CORTE DI GIUSTIZIA DELLE COMUNITÀ EUROPEE).

Giurista. Legal writer, legal analyst, jurist, lawyer (AVVOCATO; DOTTRINA; GIURECONSULTO; GIURISPRUDENZA; PROFESSIONE FORENSE). [vol. I: CIVILIAN; COMMON LAW]

– **d'affari.** (AVVOCATO D'AFFARI)

– **di *civil law*.** Civilian, civil lawyer. [vol. I: CIVILIAN]

– **di *common law*.** Common lawyer. [vol. I: CIVIL LAWYER]

– **d'impresa.** House counsel, in house counsel (CONSULENTE LEGALE ESTERNO).

Bibl.:

Bernini, G., *Il giurista d'Impresa e l'avvocato d'affari* (1990) 3 CeI 973.

– **non praticante l'avvocatura.** Non practising lawyer (AVVOCATO).

Giusnaturalismo. (DIRITTO (I) NATURALE)

Giusta. (GIUSTO/A)

Giustezza. Reasonableness, fairness, justice (EQUITÀ; GIUSTO; RAGIONEVOLEZZA).

Giustificazione. Justification, excuse, defence, exculpation, warrant (ATTO INVOLONTARIO; CAUSA (I) DI GIUSTIFICAZIONE; DIFESA; DISCOLPA; LEGITTIMA DIFESA; PROVA A DIFESA; SCAGIONAMENTO).

– **nella *defamation*.** Justification (DIFFAMAZIONE).

Giustiniano. (*CORPUS IURIS CIVILIS* DI GIUSTINIANO)

Giustizia. Justice; ma il termine indica anche il giudice di una *superior court*. Una delle massime più frequenti nel mondo giuridico anglo-americano è che «*justice must not only be done, but seen to be done*» (AMMINISTRAZIONE DELLA GIUSTIZIA; CERTEZZA DEL DIRITTO; DENEGATA GIUSTIZIA; DIRITTO (II) AD AVERE GIUSTIZIA; DIRITTO (I) NATURALE; EQUITÀ; ERRORE GIUDIZIARIO; ETICA; GIUSTO; INGIUSTIZIA; MORALE; ORDINAMENTO GIUDIZIARIO; RAGIONEVOLEZZA; REATI CONTRO L'AMMINISTRAZIONE DELLA GIUSTIZIA; RITARDO NEL RENDERE GIUSTIZIA; TEMPI DELLA GIUSTIZIA; TRASPARENZA; VERITÀ). [vol. I: DELAY; JUSTICE; NATURAL JUSTICE]

Bibl.:

Oppenheim, F.E., *Giustizia*, in *Dizionario di Politica* 1976, ed. 1983: 474.

– **alternativa.** Alternative dispute resolution o, più spesso, ADR. Ovviamente, l'alternativa è al processo giurisdizionale civile, o *court adjudication*: *negotiation*, *mediation*, *arbitration, mini-trial, summary jury trial,* etc. sono procedure alternative al processo giurisdizionale. Comunque, non sembra azzardato affermare che tra i paesi industriali dell'Occidente, anche qui, il nostro è quello che peggio di tutti ha affrontato il problema. Ma forse sarebbe più corretto dire che — nonostante il diluvio di « alati » dibattiti parlamentari, seminari, ritiri, studi e conferenze, tavole rotonde, quadrate, a ferro di cavallo e rettangolari, in cui i problemi della giustizia vengono appassionatamente *agitati* (sic!) da professoroni-avvocati-politici-magistrati (spesso queste molteplici qualità confluiscono in una sola persona) — esso non è mai stato preso sul serio. Già la filosofia, per così dire, alla base del sistema processuale inglese e nordamericano è radicalmente diversa: la stessa concezione del principio dispositivo non raggiunge le — suvvia, diciamolo — indecenti esasperazioni riscontrate nel sistema e nella prassi nostrana in cui si attua l'*abuso sistematico* e legalizzato delle norme processuali; l'articolazione del processo civile (e penale) in due fasi nettamente distinte, di cui la prima si pone come premessa logica e *filtro* per passare alla seconda (*pre-trial* e *trial*), alla quale ultima arrivano solo il 3-4 per cento di tutte le cause iniziate non è né un miracolo, né un mistero. In effetti, nella fase del *pre-trial* si ha l'istituto della *discovery* che, obbligando le parti a mettere le carte in tavola, consente loro di farsi un'idea abbastanza realistica dell'esito del *trial* qualora venisse celebrato. Se a questo, tra le tante cose che si potrebbero menzionare, si aggiunge il più ragionevole regime delle impugnazioni, il fatto che — diversamente da quanto accade nel nostro paese — i gruppi di pressione portatori di interessi generali partecipano *alla formazione* della regolamentazione promossa dalle *administrative agencies* (che peraltro da noi non esistono), e il cittadino a quella dell'atto amministrativo che lo interessa, si può avere una idea del quadro complessivo assai diverso in cui si pongono i problemi della giustizia nel sistema inglese e in quello nordamericano.

1. Molto sviluppata è negli S.U. una vasta serie di procedure alternative, spesso addirittura *obbligatorie*, che le parti sono tenute ad esperire in via preliminare come *condizione* per avere diritto successivamente ad un processo giurisdizionale vero e proprio. Con il termine generale di *alternative dispute resolution* (o ADR) si indica, oltre che un vero *corpus* di procedure e prassi (nel quale peraltro non sembra agevole districarsi), addirittura il prodotto di un *movimento di riforma della giustizia* promossa dalla stessa magistratura ad iniziativa del *Chief Justice* Warren Burger della *Supreme Court* nel lontano 1976. L'*originalità* dell'approccio nordamericano consiste nella *istituzionalizzazione* nell'ambito dell'attività giudiziaria di numerose procedure alternative, o ADR; in tal modo, esse sono portate all'*interno* della prassi giudizaria che, in un numero sempre crescente di casi, *subordina* il processo giurisdizionale vero e proprio al preliminare esperimento delle procedure in parola (a seconda dei casi, *negotiation, mediation, arbitration*, etc.).

2. Naturalmente, non è possibile in questo contesto descrivere i vari procedimenti; si tratta di una materia interdisciplinare di grande complessità, spesso in via di sperimentazione, che riflette la straordinaria flessibilità consentita da un approccio pragmatico e, in particolare, da quella *cultura del coordinamento* (*il vero segno della modernità*), nella specie tra organi legislativi-magistratura-associazioni forensi, che fa tanto grave difetto al nostro paese. Ma, molto schematicamente, sembra potersi dire che — le procedure ADR si distinguono in due gruppi principali: (i)

quelle — di cui, come si è accennato, si fa uso in maniera sempre crescente — richieste dalla legge, dalle norme processuali e dalle *court rules*, ossia dalla regole adottate dalle varie autorità giudiziarie, che stabiliscono la *compulsory*, o *mandatory*, *dispute resolution* preliminare all'eventuale processo giurisdizionale: in tal senso, si parla di *dispute resolution in the court system* o anche di *court annexed* ADR e, (ii) quelle che obbligatorie non sono e si svolgono al di fuori della prassi giudiziaria, anche se spesso un eventuale accordo transattivo (*settlement*) raggiunto richiede la delibazione dell'autorità giudiziaria (*court approval*) perché esso possa divenire vincolante per le parti. È questo il caso, ad es., nella procedura della *negotiation*, in tema di *class action* (azione di categoria), di interessi di un minore, di divorzio, di *antitrust*, brevetto o marchio, e naturalmente, di patteggiamento in materia penale (*criminal plea bargain*). La corte procede ad una analisi dell'accordo tenendo conto dei risultati di un eventuale processo giurisdizionale; l'approvazione dell'accordo viene subordinatata all'accertamento della sua equità e ragionevolezza, e all'assenza di collusione tra le parti.

3. Quanto alle ADR extragiudiziarie, si potrebbe osservare che la *negotiation, mediation* e *arbitration* come procedure alternative al *litigation process*, ossia al processo giurisdizionale, sono vecchie come il mondo; ma esse hanno ricevuto nuova vita che si esprime in regole e prassi nuove, grazie al contributo determinante delle associazioni forensi. Tra le procedure ADR extragiudiziali, va ricordato il c.d. *Mini-Trial*, impiegato per la prima volta nel 1977 per definire una complessa controversia in tema di violazione di brevetto per un valore di diversi milioni di dollari, e ora molto praticato. A questo proposito, per dare un'idea approssimativa della grande varietà di procedure alternative elaborate, si fa riferimento, oltre che alle *Mini-Trial Procedures* dell'*American Arbitration Association*, agli *Standards of Practice for Lawyer Mediators in Family Disputes,* alla *Mandated Participation and Settlement Coercion* del *Law and Public Policy Committee of the Society of Professionals in Dispute Resolution,* agli *Ethical Standards of Professional Reponsibility for the Society of Professionals in Dispute Resolution*, etc.

4. In effetti, la varietà delle procedure alternative esistenti è tale da sfidare qualsiasi tentativo classificatorio basato sulle categorie nostrane: nei vari stati dell'Unione, esse sono più spesso previste, a seconda dei casi, dalla legge, dalle regole processuali o dalle *court rules*, ossia dalle regole processuali adottate da ciascuno organo giudiziario, che, come si è accennato, sempre più *impongono* la preventiva partecipazione a una delle procedure ADR come condizione giuridica per poter dar luogo, in caso di insuccesso, al giudizio vero e proprio. Ad es., le *rules of court* di numerosi organi giudiziari degli stati dell'Unione impongono il *preliminare* esperimento della procedura arbitrale in tema di *mala praxis* medica.

5. Peraltro, trattandosi di un così vasto fenomeno in corso di evoluzione, la materia non è sedimentata, numerose sono le aree grigie, e non poche sono le questioni di ordine pubblico attinenti alla legalità di talune procedure alternative *court annexed*, ossia inglobate nell'attività delle corti.

6. L'ordine giudiziario è coinvolto direttamente nell'applicazione dell'ADR; i giudici partecipano spesso ai c.d. *summary jury trials* (che, sembra appena il caso di aggiungere, non hanno nulla a che vedere col processo sommario nostrano).

7. Quanto al foro, l'*American Bar Association*, fin dal 1976 ha riconosciuto il movimento con lo stabilire una *Special Committee on Minor Disputes*, sostituita poi dalla *Special Committee on Dispute Resolution*. Inoltre, la maggioranza degli ordini professionali federali e degli stati dell'Unione dispongono di *ADR committees*.

8. Notevole è la partecipazione del legislatore federale al movimento; in questo senso, si parla di *ADR legislation*: una delle leggi più importanti in materia è il Civil Justice Reform Act 1990, 28 U.S.C.A., che al § 1 impone a ogni *district court* federale di formulare « a civil expense and delay reduction plan ». Inoltre, non meno importante appare il Negotiated Rulemaking Act del 1990, 5 U.S.C.A., che autorizza l'impiego di procedimenti negoziali di formazione regolamentare (*negotiated rulemaking* in quanto opposta alla *adversarial rulemaking*) da parte delle *federal agencies* (o *public agencies regulators*) mediante la partecipazione dell'impresa privata e dei gruppi di pressione interessati.

9. Di fatto, le corti nordamericane fanno

grande ricorso alle procedure della *negotiation, mediation* e *arbitration* mediante la c.d. *judicial settlement conference* (prevista dalla R. 16 delle *Federal Rules of Civil Procedure* e dalle omologhe disposizioni dei singoli stati dell'Unione) che consente al giudice di indire *pre-trial conferences* e acquisire i dati della controversia al fine di una semplificazione delle questioni. In casi complessi, il giudice può nominare dei *magistrates* per condurre *pre-trial conferences.* Il giudice, nella veste di mediatore, offre alle parti una indicazione di massima neutrale su quella che, allo stato, potrebbe essere la decisione della corte se essa fosse chiamata a decidere la controversia.

10. Sembra appena il caso di ribadire che, trattandosi di uno stato federale, la disciplina concreta dell'ADR va ricercata oltre che nel diritto federale, di volta in volta, nell'ambito di ciascuno stato dell'Unione e delle *rules of court* di un determinato organo giudiziario.

11. Negli S.U., la giustizia alternativa diventa sempre più spesso materia di esame e di corsi specifici nelle facoltà di giurisprudenza; molte riviste giuridiche si dedicano esclusivamente all'ADR. Sviluppi analoghi si riscontrano anche nelle *business schools.* Come si è più volte sottolineato, un movimento riformatore di siffatta portata sarebbe impensabile al di fuori di uno *sforzo coordinato* della *magistratura*, dell'*ordine forense*, e del *legislatore* federale e dei singoli stati dell'Unione. In particolare, cruciale appare il *ruolo propulsivo dell'avvocatura* nella realizzazione degli obiettivi del movimento riformatore, anche mediante la istituzione di commissioni *ad hoc*, l'elaborazione di procedure specifiche, etc. A questo proposito, senza trascurare altre responsabilità, come quelle politiche del legislatore (*rectius*, dei partiti) e della magistratura, sembra nondimeno opportuno rilevare *il ruolo negativo del ceto professorale-forense nell'attuale collasso della giustizia italiana.*

12. Comunque, in un sistema giuridico fortemente burocratizzato e paurosamente inefficiente come quello nostrano, assume particolare importanza il problema della giustizia nei confronti della pubblica amministrazione. Se si pensa che l'atto amministrativo nostrano — salvo qualche eccezione come in tema di pubblico impiego — si forma escludendo del tutto il contraddittorio, si può facilmente immaginare quale tipo di tutela dei diritti (si fa per dire) esista in materia. A oltre cento anni dalla introduzione della fatale distinzione tra *diritti* e *interessi* nessun operatore della giustizia è in grado di sapere se sta trattando degli uni o degli altri; *ancora oggi la violazione degli interessi non dà diritto al risarcimento del danno.*

13. Si dice — giustamente — che il *consumatore, l'utente e l'investitore sono le figure tipiche* delle moderne società industriali; anzi, che la loro condizione potrebbe essere definita addirittura uno *status*. Il tema della giustizia alternativa rientra in questo quadro più generale (*infra*, GIUSTIZIA BAGATTELLARE; ARBITRATO; ASSISTENZA GIUDIZIARIA; ATTO AMMINISTRATIVO: 2; AZIONE (I) DI CATEGORIA; AZIONE (I) IN GIUDIZIO; CAUSA (III); CONTROVERSIA; CONVENZIONI FAMILIARI; *DE-REGULATION*; DISPUTA; FORMAZIONE DELLA LEGGE; GIUDICE DI PACE; GIURIA; GRUPPO DI PRESSIONE; IMPRESA PRIVATA; INTERMEDIARIO; INTERMEDIAZIONE; INTERESSI DIFFUSI; LITE; MARCHIO DI FABBRICA; MEDIAZIONE; MINORE; MONOPOLIO; NEGOZIATO; ORDINAMENTO GIUDIZIARIO; PATTEGGIAMENTO; PROCEDURA; PROCESSO GIURISDIZIONALE: 3; PROFESSIONE FORENSE; REGOLATORE; SPESE PROCESSUALI; TRANSAZIONE; TUTELA DEI DIRITTI; VERTENZA GIUDIZIARIA).

Bibl.:

Nolan-Haley, J. M., *Alternative Dispute Resolution*, Nutshell Series, St. Paul, Minn., West Publishing, 1992.

– **amministrativa.** Grosso modo, administrative process; ma non esiste una giustizia amministrativa nel senso nostrano. (*supra*, GIUSTIZIA ALTERNATIVA; ATTO AMMINISTRATIVO; CONTRADDITTORIO; CONTROLLO GIURISDIZIONALE; DIRITTO (I) AMMINISTRATIVO; GIURISDIZIONE AMMINISTRATIVA; OMBUDSMAN; ORDINAMENTO GIUDIZIARIO; PROIBIZIONE; UDIENZA PUBBLICA; TUTELA DEI DIRITTI). [vol. I: INTRODUZIONE: III. 10].

– **aperta.** Open justice (PUBBLICITÀ).

– **bagattellare in genere.** Small claims court (*supra*, GIUSTIZIA ALTERNATIVA; *infra*, GIUSTIZIA TRIBUTARIA: 2; ASSISTENZA GIUDIZIARIA). [vol. I: SMALL CLAIMS COURT]

– **civile.** Civil justice, civilian courts (AZIONE (I) CIVILE).

– **giovanile.** (*infra*, GIUSTIZIA MINORILE)

– **giusta.** Fair and impartial trial (*FAIR TRIAL*).

– **fiscale.** (*infra*, GIUSTIZIA TRIBUTARIA; EQUITÀ FISCALE; IMPOSIZIONE FISCALE)

– **minorile.** Juvenile system of courts (DELINQUENZA MINORILE; MINORENNE; TRIBUNALE PER I MINORENNI).

– **militare.** Military justice, military courts. Si tratta, per quanto riguarda gli S.U., di un capitolo a sé rispetto alla giustizia civile.
1. In questa materia la legislazione del Congresso degli S.U., adottata per la prima volta nel 1775, derivava quasi integralmente dalla legge marziale, o *Articles of War*, britannica. Con il termine military justice si intende l'insieme di princìpi, regole, leggi e procedure e pene applicabili alle persone soggette alla giurisdizione militare. Per quanto vi siano state nel corso del tempo modificazioni minori, in sostanza, la giustizia militare americana è restata la stessa dal 1775 al 1951. Come in altri sistemi, la giustizia militare americana resta strettamente intrecciata alla disciplina militare. Ai sensi dell'art. I della costituzione, spetta al Congresso disciplinare con legge la materia; ma notevole importanza assume il ruolo del Presidente degli S.U., comandante supremo delle forze armate. Il testo di legge ora in vigore è l'*Uniform Code of Military Justice* (UCMJ), adottato nel 1950, che contiene disposizioni di ordine generale, mentre regole specifiche sono contenute nel *Manual for Courts Martial,* testo emanato tradizionalmente dal Presidente. Con il suddetto codice, la giustizia militare veniva unificata per tutte le forze armate. Quanto al sistema della prova, anche se il codice adotta in grande misura le *federal rules of evidence,* esso fa parte di un insieme di norme a sé, e con un sistema particolare di raccolte giurisprudenziali. In breve, mentre, in generale, la procedura della giustizia militare appare simile a quella della giurisdizione penale ordinaria, sussistono, nondimeno, talune importanti differenze. A questo proposito, va rilevato che, contrariamente a quanto generalmente si ritiene, in taluni casi la giustizia militare è apparsa più attenta delle corti civili ai diritti dell'imputato. Ad es., il citato *Code* stabilisce una *pre-trial investigation* che appare notevolmente più equa del procedimento davanti al *grand jury* praticato nella giustizia ordinaria. D'altro canto, la giustizia militare contiene in sé un ingrediente peculiare suscettibile di abuso che è il ruolo del comandante, anche se dopo il 1950 il suo potere appare notevolmente più limitato che nel periodo precedente. Tuttavia, il comandante — detto anche *convening authority* — ha ancora il potere di selezionare i membri della corte marziale: una procedura molto diversa da quella delle corti penali della giurisdizione ordinaria. Inoltre, spetta al comandante approvare la pena irrogata, che egli può ridurre ma non aumentare. D'altro canto, dato che il sistema stabilisce la responsabilità del comandante per gli ordini impartiti, si capisce anche che la giustizia militare gli attribuisca un peso determinante nell'iniziare il processo e nell'approvarne o respingerne il risultato; salvo che, ovviamente, non si faccia luogo a un'assoluzione. Un articolato sistema di impugnazioni è previsto dal *Code*; quasi ogni forza armata dispone della propria corte di appello; al di sopra di esse vi è la *U.S. Court of Military Appeals.*
2. La legge marziale (*martial law*) va distinta dal military trial, detto più spesso court-martial. Le corti marziali sono la più antica istituzione giudiziaria federale nella storia del diritto degli S.U. Le regole per il loro funzionamento furono emanate nel 1775 dal Congresso Continentale un anno prima della Dichiarazione di Indipendenza e dodici anni prima che la costituzione fosse scritta. Storicamente, la *Supreme Court* — salvo poche eccezioni — ha respinto gli appelli avverso le sentenze di tribunali militari o le richieste di impartire ordini a questi ultimi. Essa basa la sua posizione sull'art. I della costituzione che conferisce al Congresso il potere di legiferare sulle forze armate, incluso la giurisdizione militare; peraltro, questo potere è stato ritenuto essere indipendente dal potere giudiziario conferito allo stato federale dall'art. III. Inoltre, il V emendamento [1791] sottrae specificamente le corti marziali al procedimento del *grand jury.* In effetti, la virtuale autonomia dei tribunali militari dalla *supervision* delle corti civili — così importante nella tradizione di *common law* — pone numerosi problemi per coloro che intendono impugnare un verdetto dei tribunali militari. Di solito, essi devono ricorrere a un *collateral attack* del processo militare, come ad es., sostenendo pregiudizialmente che il tribunale era privo di giurisdizione. In breve, sotto diversi aspetti, la giustizia marziale e la accettazione della sua sostanziale autonomia appaiono difficili da riconciliare con la tradizionale concezione dei diritti civili diffusa negli S.U. Storicamente, le c.d. « esigenze militari » specialmente quando invocate in tempo di guer-

ra, sono state e probabilmente continueranno ad essere degli ostacoli all'intervento della *Supreme Court* (CODICE MILITARE; CONTROLLO GIURISDIZIONALE DI COSTITUZIONALITÀ; COPRIFUOCO; CORTE MARZIALE; EMERGENZA; GIURIA; GUERRA; LEGGE MARZIALE; STATO D'ASSEDIO). [vol. I: COURT MARTIAL; EMERGENCY; MARTIAL LAW]

Bibl.:

Bishop, J. W., *Military Justice*, in *Oxford* 1992: 545.

Shanor, C. A. and Terrell, T. P., *Military Trials and Martial Law*, ibid.: 546.

– **naturale.** Natural justice; ma questo termine assume un significato particolare nel sistema inglese (CONTRADDITTORIO: 4; DIRITTO (I) NATURALE; GIURIA; PRINCÌPI GENERALI DI DIRITTO).

– **nel caso concreto.** Justice in the individual case (GIURIA).

– **ordinaria.** Civilian justice, civilian courts (*supra*, GIUSTIZIA MILITARE).

– **penale.** Criminal justice (DIRITTO (I) PENALE; PROCEDURA PENALE).

– **tributaria.** Grosso modo, tax court, tax tribunal. Ma non esiste, in senso stretto, una giuridizione tributaria alla maniera nostrana.
1. Poiché uno dei più moderni, efficienti e completi sistemi fiscali esistenti al mondo è quello nordamericano, sembra interessante rilevare brevemente talune sue caratteristiche. Gli S.U. sono uno stato federale; esiste quindi un sistema tributario federale e un sistema tributario dei singoli stati dell'Unione, con imposte federali e imposte dei singoli stati. Organo della giustizia tributaria federale, è la *United States Tax Court* competente a decidere le controversie tributarie determinate dall'accertamento del *Commissioner of Internal Revenue* in tema di imposta sul reddito, sul patrimonio e sulle donazioni. Nel caso di imposte di modesta entità, a richiesta del contribuente, è prevista l'adozione di procedure semplificate per la decisione della controversia; ma, in questo caso, la decisione è finale e non soggetta al successivo controllo giudiziario che altrimenti ha luogo in base al principio della *judicial review*. Tutte le altre decisioni sono appellabili davanti alla *United States Court of Appeals* e, successivamente alla *Supreme Court* federale, peraltro qualora quest'ultima conceda un *writ of certiorari*.
2. Quanto alla giustizia tributaria dei singoli stati dell'Unione, il suo regime va accertato caso per caso. Esistono *tax courts* nel Maryland, in Minnesota, New Jersey, Oklahoma, Oregon. Di solito, anche al livello statale, si riscontra la *judicial review* da parte degli organi della giustizia ordinaria che, peraltro, non si limita ad un giudizio di legalità, ma si estende anche al merito, con il potere di modificare l'accertamento impugnato. Talune delle *tax courts* prevedono sessioni particolari dedicate al contenzioso tributario di modesta entità in cui il contribuente può comparire senza l'assistenza di difensori (*supra*, GIUSTIZIA BAGATTELLARE; ACCERTAMENTO FISCALE ECCESSIVO, SPROPORZIONATO; CONTENZIOSO TRIBUTARIO; IMPOSIZIONE FISCALE).

Giustiziabilità. Justiciability (GIURISDIZIONE; QUESTIONE POLITICA).

Giusto/a in genere. Just. Ma si ricorre anche ai concetti di *reasonable, equitable, fair, lawful*. Tutta la *common law* è dominata dall'esigenza della ragionevolezza, e il ricorso del giudice alla *reason* equivale in sostanza all'*aequitas* della *civil law*. La ragione è una fonte sussidiaria di diritto di grande importanza nella tradizione di *common law*. Fondamentale è il concetto di *due process of law* che indica un giusto processo inteso non soltanto come garanzia di legalità, ma anche di giustizia. Grazie all'interpretazione di questo concetto fattone dalla *Supreme Court* degli S.U., la regola ha assunto un particolare valore di garanzia costituzionale nel processo civile e penale, consistente nell'efficace controllo sulla legislazione e sulla giurisprudenza, sia federale, sia dei singoli stati, e sugli atti della pubblica amministrazione mediante il test della *reasonableness*. Insomma, *la legge non potrà essere irragionevole, arbitraria o capricciosa* e i mezzi prescelti debbono avere un ragionevole rapporto con gli obiettivi che essa si propone (EQUO; GIUSTEZZA; RAGIONE; RAGIONEVOLEZZA).

– **causa.** Title, just cause, legitimate cause. Questo concetto è riferito invariabilmente, oltre che alla legalità, alla ragionevolezza e alla buona fede. La destituzione o il licenziamento di un pubblico ufficiale devono avvenire *for cause*, motivate in base alla legge e alla *public policy*; nelle società di capitali, gli azionisti non possono rimuovere gli amministratori senza giusta causa (*without cause*), a meno che non sia stato così stabilito al tempo della loro elezione [Henn 1961, ed. 1970: 377]. Ma non esiste né negli S.U., né nel R.U. un concetto di giusta causa analogo a quello introdotto nello Statuto dei Lavoratori del nostro paese. Una concessione amministrativa non può essere *revoked without just cause*; che, nel sistema nordamericano, significa senza che sia stato instaurato il contraddittorio tra le parti (*supra*, GIUSTO IN GENERE; CAUSA (I); CONTRADDITTORIO; EQUO; LICENZIAMENTO; MOTIVAZIONE; RAGIONEVOLEZZA; RECESSO; *REBUS SIC STANTIBUS*).

– **indennizzo.** Just compensation, adequate compensation (EQUO INDENNIZZO; ESPROPRIAZIONE PER PUBBLICA UTILITÀ; INDENNIZZO NELL'ESPROPRIAZIONE PER PUBBLICA UTILITÀ).

– **processo.** Fair trial, fair and impartial trial. Concetto fondamentale nell'amministrazione della giustizia inglese e nordamericana. Esso si riferisce a una numerosa serie di garanzie cui il processo deve ispirarsi per meritare l'aggettivo. Negli S.U. questo requisito è espresso dalle ormai celebri clausole fondamentali degli emendamenti V [1791] e XIV [1868] della costituzione federale che vanno sotto il nome di *due process clauses.* Ma al di là del fatto tecnico, il concetto è profondamento radicato nella cultura popolare di quei paesi.

1. Il termine giusto processo ha acquistato di recente un diffuso corso nel linguaggio politico-giuridico nostrano (come, del resto, *ragione* e *ragionevolezza*, ingredienti che pure fanno tanto difetto). E, sulle prime, l'aggettivo giusto potrebbe sembrare pleonastico, un processo dovendo essere di per sé giusto: un processo ingiusto è un non-processo: come scrive Dante: « iustitia, de se et in propria natura considerata, est quedam rectitudo sive regula obliquum hinc inde abiciens: et sic non recipit magis et minus, quemadmodum albedo in suo abstracto considerata » [*Monarchia*, Liber Primus, XI]. Eppure, si tratta di attributo fondamentale: basta pensare al processo penale: storicamente, una colossale ingiustizia. Ma la lotta per il giusto processo, attualissima, è combattuta ogni giorno nelle aule di giustizia e nelle assisi politiche di tutto il mondo: *Amnesty International* è l'associazione (privata) che ha fatto appunto del giusto processo la sua prestigiosa bandiera. I paesi del Terzo Mondo — quasi tutti retti da regimi autoritari e troppo spesso da feroci dittature — sono per definizione quelli nei quali si commettono mediante processi-farsa le più sistematiche violazioni dei diritti dell'uomo.

2. Nel nostro paese il *fair trial* appare particolarmente difficile in un momento in cui — col pretesto di lottare una criminalità organizzata che ha già stravinto essendosi fatta criminalità politica — si stravolge quel nuovo codice di procedura penale che, dopo tanti travagli e pensamenti, anche se in parte, aveva accolto taluni postulati del processo accusatorio anglo-americano. *Il Giusto Processo* è quindi il *giusto* titolo di una stimolante rivista di politica del diritto ideata da un tipo di giurista-letterato quale Domenico Marafioti, di cui nel nostro paese si sta perdendo il seme. Di questo cavaliere del diritto si vuole ricordare il caso Di Sarro che, ancora più grave del caso Tortora, doveva diventare un caso nazionale se non fosse che da noi troppo spesso i movimenti radical-garantisti si battono solo a favore di personaggi la cui notorietà comporta un sicuro ritorno pubblicitario. Purtroppo, l'appassionata battaglia di Domenico Marafioti e Nino Marazzita non è riuscita ad assicurare un minimo di giustizia giusta (ora, scrivo, 1995) in uno dei più nefandi misfatti di imbecille ferocia degli anni di piombo ad opera dei « tutori dell'ordine ». Bene ha fatto Domenico Marafioti a parlare di « giustizia ingiusta » [1990: 107].

3. La sera del 24 febbraio 1979, a Roma, il dr. Luigi Di Sarro medico-pittore, in compagnia di un'amica, passa con la sua Porsche, sotto la casa dell'on. Giulio Andreotti — *tanto nomini* — in Corso Vittorio; una pattuglia di tre carabinieri della scorta gli si mette alle calcagna con un'Alfetta. Bloccata l'auto al di là del Tevere, due militi scendono dall'auto con le armi in pugno, e cominciano a sparare: per il povero Di Sarro è la fine. Dopo 16 anni, la Corte di Appello di Roma ha stabilito nel giugno del 1993 che la vittima (disarmata) era stata uccisa... per legittima difesa: una decisione che avrebbe ricevuto il plauso di Arturo Rocco e di Alfredo De Marsico. Ma se indecente è la decisione, che non merita di essere definita sentenza, indecente ancor più è la *zerocracy* che prima uccide e poi si assolve; che non sa trovare, pur tra quotidiane genuflessioni per i più alti valori religiosi e civili, il coraggio di inviare un fascio di fiori alla madre della vittima, invocandone il perdono: da noi il potere non ha mai chiesto perdono (DIRITTI (II) DELL'UOMO; DIRITTO (II) DI

CRONACA; DIRITTO (I) NATURALE; *FAIR TRIAL*; LIBERO CONVINCIMENTO DEL GIUDICE; PROCESSO EQUO; RAGIONE; RAGIONEVOLEZZA). [vol. I: DUE PROCESS CLAUSES; FAIR TRIAL]

– **valore di mercato.** Fair market value (MERCATO; VALORE DI MERCATO).

Glossa. Gloss (INTERPRETAZIONE; NOTA).

Glossatore. Glossator (DIRITTO (I) CIVILE; *IUS COMMUNE*).

Godimento in genere. Enjoyment (AZIONE (II) DI GODIMENTO; DIRITTO (II) REALE DI GODIMENTO; FRUIZIONE; PACIFICO GODIMENTO).

– **di un diritto.** Enjoyment of a right (ESERCIZIO DI UN DIRITTO). [vol. I: ENJOYMENT; POSSESSION: 2; PRESCRIPTION; USER]

– **effettivo.** Beneficial enjoyment. Questo termine va inquadrato nell'istituto del *trust,* ignoto alla *civil law* (*TRUST*). [vol. I: BENEFICIAL]

– **pacifico.** (PACIFICO GODIMENTO)

Governabilità. Governability. Problema di fondo della democrazia in tutti i sistemi di questo mondo. Una democrazia che assicura non l'effettivo governo del paese, ma il caos organizzato, come quella italiana, è una non-democrazia. Uno dei detti memorabili di F.D. Roosevelt, grande presidente e *leader* politico nordamericano, è che la democrazia può permettersi tutti i lussi, salvo quello di essere inefficiente (INGOVERNABILITÀ).

Governativo in genere. Governmental (ENTE; GOVERNO; NON GOVERNATIVO).

Governatore di uno degli stati dell'Unione negli S.U. Governor (FEDERALISMO; FEDERAZIONE; STATI UNITI D'AMERICA).

Governo. Executive, government, ministry, cabinet. Ma anche qui gli *acoustic agreements* possono determinare abbagli. In una tradizione giuridica come quella di *common law*, che non ha elaborato la figura dello stato alla maniera continentale, il termine government include il potere legislativo, esecutivo e giudiziario, ossia lo stato nostrano e anche il regime politico. In questo senso, i termini *national government* o *federal government* indicano negli S.U. lo stato federale. Con il termine *governmental powers* si indica, nel complesso, la sovranità pubblica, l'insieme dei poteri dello stato federale. Peraltro, mentre la fonte dei poteri del *federal government* (stato federale) e degli *state governments* (stati dell'Unione), risiede nelle rispettive costituzioni (federale e dei singoli stati) quella dei poteri dei *municipal governments* (enti locali) risiede nelle rispettive *charters*. Il governo in senso stretto è detto *executive branch of government*; ma si parla anche di *administration*. Nel sistema costituzionale britannico il governo inteso in senso lato si identifica anche con il concetto di *Crown,* privo di equivalenza nel diritto italiano; il governo alla maniera nostrana va considerato come una piramide al cui vertice si trova il *Cabinet* presieduto dal *Prime Minister*. Solo alcuni dei membri del governo, ossia quelli a capo dei ministeri più importanti, fanno parte del *Cabinet*, che può quindi essere considerato il nucleo essenziale del governo che, sotto la guida del *Prime Minister*, elabora e assicura l'attuazione della politica dell'esecutivo. Tale articolazione del governo in due ordini, uno più ampio, l'altro più ristretto, ha trovato una pallida imitazione nel Consiglio di Gabinetto nostrano. Sempre nell'ottica politica nostrana *della parola e mai della cosa*, il partito sedicente di opposizione ha inventato sul piano nominalistico il c.d. governo ombra; ma si tratta di un'amenità (AMMINISTRAZIONE CENTRALE DELLO STATO; AUTOGOVERNO; COSTITUZIONE POLITICA; CRISI DI GOVERNO; DELEGA DEI POTERI ALLO STATO FEDERALE NEGLI S.U.; ESECUTIVO; GOVERNABILITÀ; GABINETTO; GUIDA POLITICA; *LEADERSHIP* POLITICA; MALGOVERNO; MINISTERO; MINORANZA GOVERNANTE; ORDINARIA AMMINISTRAZIONE; PARLAMENTO; PERSONA GIURIDICA PUBBLICA; POTERE ESECUTIVO; POTERE GOVERNATIVO; POTERI STATALI; PRESIDENTE DEL CONSIGLIO DEI MINISTRI; PUBBLICA AMMINISTRAZIONE; SEPARAZIONE DEI POTERI; SISTEMA DI GOVERNO; SOVRANITÀ POPOLARE; STATO; VILIPENDIO DEL GOVERNO). [vol. I: CABINET; CONSTITUTION; ELECTION; GOVERNMENT; PARLIAMENT; PRIME MINISTER]

– **aperto.** Open government; il più aperto sistema di governo in Occidente — che ricorre, cioè, meno degli altri al segreto di stato e alla segretezza dell'attività governativa — è quello degli Stati Uniti (INFORMAZIONE; POTERE OCCULTO; SEGRETO DI STATO). [vol. I: OPEN GOVERNMENT]

– **assoluto.** Absolute government (ASSOLUTISMO; STATO ASSOLUTO).

– **autonominatosi.** Self-declared government.

– **costituzionale.** Constitutional government (COSTITUZIONE POLITICA).

– **della maggioranza.** Majority rule (MAGGIORANZA).

– **di coalizione.** Coalition government; il partito membro della coalizione di governo è detto *coalition partner*. Una coalizione governativa risicata è detta *narrow coalition*. In un regime bipartitico come quello britannico, fondato sul sistema elettorale maggioritario uninominale a turno unico, il governo di coalizione costituisce un'anomalia. Nel nostro paese — salvo casi ipotetici — si tratta, invece, di un modo normale di governare il paese. E ciò sia a causa del sistema elettorale proporzionale che non consente la formazione di chiare maggioranze, sia perché non esistono due grandi forze politiche alternative. Insomma — a parte i sistemi elettorali — la politica non è mai stata vista né dai partiti di governo, né dal sedicente partito di opposizione come una competizione tra forze e programmi alternativi: mezzo secolo di un regime assembleare di oltre mezza dozzina di partiti, e quindi senza responsabili, ha lasciato dei sedimenti profondi nella cultura politica italiana. Le elezioni politiche del 1994 (XII Legislatura) attuate con una nuova ma pasticciata legge elettorale maggioritaria (il c.d. *Mattarellum*) sembrano confermare l'opinione che, per quanto grande possa essere la maieutica legislativa, essa non è idonea da sola a creare un sistema bipartitico (DEMOCRAZIA CONSOCIATIVA; ELEZIONI POLITICHE; SISTEMA ELETTORALE).

– **di diritto.** Government *de iure* (STATO DI DIRITTO).

– **di gabinetto.** Cabinet government: è detto così quello britannico. Si distingue dal *presidential government* nordamericano (GABINETTO).

Bibl.:

Pasquino, G., *Forme di governo*, in *Dizionario di Politica* 1976, ed. 1983: 439.

– **di unità nazionale.** National government, national unity government (DEMOCRAZIA CONSOCIATIVA).

– **fantoccio.** Puppet government (GOVERNO OMBRA).

– **federale.** Executive branch of government, administration (FEDERALISMO; FUNZIONARIO DEL GOVERNO FEDERALE NEGLI S.U.; STATO FEDERALE).

– **invisibile.** Invisible government; il termine è riferito a quelle forze che, al di fuori delle istituzioni, determinano, di fatto, la vita politica di un paese, come i gruppi economici, i sindacati, la burocrazia, etc. Da non confondere con il governo ombra del sistema bipartitico britannico (*infra*, GOVERNO OMBRA; GRUPPO DI PRESSIONE; POTERE).

– **locale.** Local government (AUTOGOVERNO; SINDACO).

– **militare.** Military government (GUERRA; OCCUPAZIONE).

– **nazionale.** National government; ma questo termine indica più spesso lo stato nel suo complesso.

– **ombra.** Shadow cabinet; questo termine va inquadrato nell'ambito del bipartitismo perfetto che regge il sistema di governo britannico (*supra*, GOVERNO INVISIBILE; COSTITUZIONE POLITICA; MINISTRO OMBRA). [vol. I: CABINET: 4; TWO-PARTY SYSTEM]

– **parlamentare.** Parliamentary government (*infra*, GOVERNO PRESIDENZIALE; COSTITUZIONE POLITICA; PARLAMENTO).

– **presidenziale.** Presidential government. È tale, ad es., quello degli S.U. (*supra*, GOVERNO PARLAMENTARE; FEDERALISMO; STATI UNITI D'AMERICA).

– **provvisorio.** Provisional government, interim government (PROVVISORIO).

Gradi. (GRADO/I)

Gradimento. Approval, acceptance in genere (CLAUSOLA DI GRADIMENTO NEL TRASFERIMENTO DI AZIONI; PRIVATIZZAZIONI; RISERVA DI GRADIMENTO NELLA VENDITA; VENDITA CON RISERVA DI GRADIMENTO).

Grado/i in genere. Degree, rank (DEGRADAZIONE; GERARCHIA; GRADUATORIA; POTERE; QUALIFICA).

– **della pena.** (DURATA DELLA PENA)

– **dell'ipoteca.** Grosso modo, ranking of mortgages; ma si notino le differenze con il sistema inglese e nordamericano in tema di ipoteca (GARANZIA; IPOTECA). [vol. I: PREFERENTIAL PAYMENTS; RANKING OF MORTGAGES AND HYPOTHÈQUES]

– **di affinità.** Degrees of affinity (*infra*, GRADI DI PARENTELA; AFFINITÀ; PARENTELA). [vol. I: CONSANGUINITY; IMPEDIMENT; KIN; RELATION]

– **di colpa.** Lett., degrees of fault. Ma — salvo che in tema di *bailment* — la *common law* non distingue tra gradi di colpa:

essa si riferisce alla diligenza del *reasonable man* nelle circostanze del caso (COLPA; DILIGENZA; NEGLIGENZA; RAGIONE; RAGIONEVOLEZZA). [vol. I: CULPA; FAULT; REASONABLE MAN]

– **di diligenza.** Lett., degrees of care; ma la *common law* non adotta questo parametro (*supra*, GRADI DI COLPA; DILIGENZA).

– **di giurisdizione.** Lett., degrees of adjudication. Ma i sistemi di *common law* non adottano, almeno sul piano dei principi, la regola del doppio grado di giurisdizione (APPELLO; COSA GIUDICATA; DOPPIO GRADO DI GIURISDIZIONE; GIURISDIZIONE; PRIMO GRADO DI GIURISDIZIONE; SECONDO GRADO DI GIURISDIZIONE; SENTENZA).

– **di parentela.** Degrees of kinship, degrees of consanguinity. Peraltro, mentre la *civil law* segue il diritto romano nello stabilire i gradi di parentela (*degrees of kin*) tra collaterali, la *common law* segue, invece, il diritto canonico. Conseguenza di tale sistema di computazione è che due fratelli sono parenti di primo grado, i cugini di secondo grado, zio e nipote, ancora, di secondo grado. Le linee di parentela, dette *lines of kin, of kindred,* o *of kinship* vanno distinte in: a) *lineal* o *direct line*, ossia parentela in linea diretta; b) *collateral* o *indirect line*, ossia parentela in linea collaterale. È detta *consanguinity* la parentela tra persone che discendono da uno stesso stipite, sia in linea diretta (*lineal consanguinity*), sia in linea collaterale (*collateral consanguinity*). Sono definiti *prohibited degrees of consanguinity* quei gradi di parentela che comportano il divieto di matrimonio (CONSANGUINEITÀ; MATRIMONIO; PARENTELA). [vol. I: DISTRIBUTION; IMPEDIMENT; KIN; SUCCESSION]

– **di parentela proibiti nel matrimonio.** Prohibited degrees (MATRIMONIO). [vol. I: *ad vocem*]

Graduatoria. Ranking (GRADO).

Gran Bretagna. Great Britain o Britain; non va confusa col Regno Unito, di cui è una parte (ORDINAMENTI GIURIDICI PLURILEGALI; REGNO UNITO). [vol. I: GREAT BRITAIN; UNITED KINGDOM]

Grande in genere. Large (PICCOLO).

– **azionariato.** Large shareholding (AZIONARIATO; PICCOLO AZIONISTA).

– **impresa.** Big company, large business, big firm (FALLIMENTO; IMPRESA; PICCOLO IMPRENDITORE; *REORGANIZATION*).

– **investitore.** Large investor (INVESTITORE; PICCOLO AZIONISTA).

Gratifica in genere. Gratuity, perquisite, perk o perq., bonus, allowance (DONAZIONE DI MODICO VALORE; GRATUITÀ; REGALIA). [vol. I: EARNINGS; EX GRATIA PAYMENT; GIFT; PERQUISITE]

Gratuità in genere. Gratuity (DONAZIONE; FAVORE; GRATIFICA; GRATUITO; LIBERALITÀ; LUCRO; MANCIA; PARTE DI FAVORE NELLA CAMBIALE; REGALIA). [vol. I: *ad vocem*]

Gratuito in genere. Free, without reward, free of charge, gratuitous. In materia contrattuale, si dice piuttosto *without valuable consideration* o *not for value*. Si avverta che, nel *simple contract*, la *consideration* o *bargain* costituisce un requisito di esistenza di esso: un atto gratuito non rientra nella categoria del *simple contract* (ATTO GRATUITO-ONEROSO; CONTRATTO: III; ESENTE DA SPESE; FRANCO; GRATUITÀ; VOLONTARIO). [vol. I: CONSIDERATION; CONTRACT: V]

– **patrocinio.** (ASSISTENZA GIUDIZIARIA)

Gravame in genere. Nel senso di peso, è detto burden, encumbrance, charge, liability e, talvolta, *onus*: ad es., il *mortgage* è un peso sulla proprietà. Nel senso di impugnazione, appello, etc. è detto challenge, grievance, appeal, complaint, attack (APPELLO; CAUSE (I) LEGITTIME DI PRELAZIONE; GRADI DI GIURISDIZIONE; IMPUGNAZIONE; ONERE; PESO o ONERE; RECLAMO; RICORSO). [vol. I: APPEAL; BURDEN; CHARGE; ENCUMBRANCE; LIABILITY]

– **sulla proprietà in genere.** Encumbrance (CAUSE (I) LEGITTIME DI PRELAZIONE; GARANZIA; IPOTECA; PRIVILEGIO; PROPRIETÀ). [vol. I: *ad vocem*]

Gravidanza. Pregnancy (ABORTO; CONCEPITO; DIRITTI (I) CIVILI; GESTAZIONE; LAVORO; NEONATO; SICUREZZA SOCIALE).

– **non voluta.** Unwanted pregnancy (ABORTO).

Gravità del reato. Seriousness of the offence, seriousness of the crime (PENA; REATO GRAVE).

Grazia. Pardon, clemency. Negli S.U. viene definito *executive clemency* il potere del Presidente degli S.U., previsto dalla s. 2 dell'art. II della costituzione, di sospendere la pena, graziare (*grant Reprieves and Pardons*), o commutare (*commute*) una condanna penale (come, ad es., la pena di morte nella reclusione a vita) per i reati federali (*for offences against the United States*). Ma — si noti — egli non ha questo potere nel caso di *impeachment* (*except in Cases of Impeachment*). I governatori dispongono di un potere analogo per quanto attiene ai reati previsti dai singoli stati dell'Unione. Il potere di grazia è detto generalmente *pardoning power* (AMNISTIA; CLEMENZA; COMMUTAZIONE DELLA PENA; CONDONO; GIORNI DI RISPETTO; *IMPEACHMENT*; INDULTO; PERIODO DI GRAZIA; TERMINE DI GRAZIA). [vol. I: AMNESTY; PARDON; SENTENCING PROCESS]

Bibl.:
Nowak and Rotunda 1978, ed. 1991: 235.

Grossista in genere. Wholesaler, wholesale trader, wholesale dealer, wholesale merchant, merchant wholesaler (*CASH AND CARRY*; COMMERCIO ALL'INGROSSO; DETTAGLIANTE; MAGAZZINI GENERALI; VENDITA). [vol. I: CASH AND CARRY; MERCHANT; RETAIL; SALE; TRADE; WHOLESALE]

Gruppo/i in genere. Group, class, category; i conflitti tra gruppi sociali sono detti *intergroup conflicts*. Il gruppo contro la comunità: la legge voluta dal Pds — chi altri mai? — che *riserva* alle donne il 30 per cento dei seggi nelle istituzioni elettive locali fa il paio con le pretese dei gruppi omosessuali negli S.U. che, in quanto omosessuali, ossia portatori di uno *status*, pretendono diritti maggiori e diversi da quelli che competono agli altri cittadini che non si trovano nelle stesse condizioni, esigendo, insomma, diritti rafforzati. Il colmo arriva a Napoli, ovviamente: le cooperative di ex detenuti organizzati godono, oltre che di sovvenzioni, di riserve di posti negli uffici pubblici a favore dei propri membri, a danno di chi è soltanto disoccupato, ma non può vantare il *pedigree* di ex detenuto (ASSICURAZIONE DI GRUPPO; ASSOCIAZIONE; AUTOREGOLAMENTAZIONE; AZIONE (I) DI CATEGORIA; CATEGORIA; COMITATO; CONCILIAZIONE; DIRITTI (II) DELL'UOMO; MEMORIA DIFENSIVA; ORGANISMO; ORGANIZZAZIONE; RAGGRUPPAMENTO; RAPPRESENTANZA IN GIUDIZIO; *STATUS*). [vol. I: *ad vocem*; ASSOCIATION]

– **dei 5.** Group of five industrialized nations (PAESE IN VIA DI SVILUPPO).

– **dei 7.** Group of seven leading industrialized nations (PAESE IN VIA DI SVILUPPO).

– **di controllo.** Controlling group, syndicate (*infra*, GRUPPO DI PRESSIONE; CONTROLLO; *HOLDING*; RILIEVO DELLA QUOTA AZIONARIA DI CONTROLLO DI SOCIETÀ; SINDACATO DI CONTROLLO; TUTELA DELLA MINORANZA AZIONARIA).

– **di imprese in genere.** Joint enterprise, consortium (ASSOCIAZIONE TEMPORANEA DI IMPRESE). [vol. I: CONSORTIUM; HOLDING; JOINT VENTURE]

– **di lavoro.** Working group (LAVORO).

– **di maggioranza.** Majority group (MAGGIORANZA; PARLAMENTO).

– **di minoranza.** Minority group (MINORANZA; PARLAMENTO).

– **di pressione.** Pressure group, interest group. Quella dei gruppi di pressione costituisce forse la manifestazione più eclatante del *pluralismo* delle società democratiche industriali e, anche, la spiegazione della loro intrinseca conflittualità. Ma gruppo di pressione è termine generico che indica un gruppo o associazione volontaria che persegue, a seconda dei casi, sia gli interessi del gruppo stesso come un'associazione di costruttori, di commercianti o, da noi, la Confindustria, sia per promuovere una determinata causa di interesse generale. Rientrano nel primo gruppo, ad es., i sindacati, le associazioni imprenditoriali, e le associazioni di categoria in genere, definiti *sectional groups, interest groups*, o *partisan organizations*. Ben altra cosa sono, invece, i *promotional*, o *cause groups*, o *non partisan organizations* come, ad es., le associazioni per i diritti civili, dei consumatori, e gli ormai celebri *Amnesty International, American Civil Liberties Union*, e *Greenpeace*, etc.; questi ultimi gruppi sono definiti anche *public interest groups*, appunto perché perseguono interessi di carattere generale. In diritto internazionale, i gruppi di pressione sono definiti *non-governmental organizations* o, più spesso, NGOs; essi, come ad es., la *Camera di Commercio Internazionale* e il *Comité Maritime International* (ma ve sono infiniti altri), etc., godono, se ammessi, dello *status* di osservatore presso le organizzazioni che svolgono attività omologhe agli interessi da loro promossi. Sembra quasi inutile aggiungere che i gruppi di pressione costituiscono una importante realtà sociale; essi non vanno intesi e non sono soltanto associazioni che perseguono gli interessi del gruppo stesso, ma tra essi, come si è accennato, vi sono anche quelli che perseguono interessi di carattere generale. Purtroppo, tra le tante patologie del nostro paese — e non si tratta certamente dell'ultima — di fronte a potentissime *lobbies* che perseguono al di là di ogni decenza gli interessi di gruppo, da noi non vi è ombra di *public interest groups* lontanamente paragonabili — per peso politico, per partecipazione all'attività decisionale, per la promozione di cause generali — a quelli esistenti in paesi di democrazia avanzata come gli S.U., il R.U., i paesi scandinavi, la Francia e — suvvia, diciamolo — anche la Germania. In questo senso, al di fuori di una generale corruzione indotta dai partiti politici mediante la *democrazia consociativa* e, in parte di *una diffusa indifferenza alle cause generali*, resta difficile spiegare l'apparente mistero del perché nel R.U. e negli S.U., dove pure non esiste rappresentanza parlamentare dei Verdi (il più importante tra i *public interest groups* nostrani), le conquiste conseguite (a non parlare dei diritti civili, dei consumatori, etc.) appaiono incommensurabilmente superiori, anzi neanche paragonabili, a quelle assai modeste o inesistenti delle numerose e rumorose associazioni nostrane in perpetuo conflitto tra loro, ma troppo spesso d'amore e d'accordo con *le lobbies* di cui dovrebbero essere naturali antagoniste; insomma, in tutto e per tutto, dei partitini. Indubbiamente, l'avere concepito come *pluralismo* esclusivamente quello *dei partiti*, la regola che tutta la società civile dovesse sussumersi nei partiti e che quindi non potesse esserci pluralismo al di fuori di essi, ha avuto effetti devastanti; da un canto, nel reprimere i più deboli *public interest groups* e, dall'altro nel far sorgere delle *lobbies* imprenditoriali-finanziarie il cui potere sarebbe impensabile in un qualsiasi paese civile. Il *lobbying* costituisce una parte fondamentale dell'attività dei *pressure groups*: esso consiste, in breve, in un'attività diretta ad esercitare pressioni sulle assemblee legislative o gli organi decisionali in genere. Anche questo è uno dei capitoli più sconcertanti della nostra vita pubblica (ASSOCIAZIONE DI CATEGORIA; CAMERA DI COMMERCIO INTERNAZIONALE; DEMOCRAZIA CONSOCIATIVA; DIMOSTRANTE; DITTATURA DELLA MAGGIORANZA; GIUSTIZIA ALTERNATIVA; GOVERNO INVISIBILE; IMPRESA PRIVATA; INTERESSI DIFFUSI: 5; LIBERTÀ CIVILI; *LOBBYING*; MAFIA; PARTITOCRAZIA; QUARTO POTERE; RECLUTAMENTO DEI GIUDICI; TUTELA DEI DIRITTI). [vol. I: LOBBYING; NATIONAL TRUST; PRESSURE GROUP]

– **di redazione.** Drafting group (COMITATO DI REDAZIONE; REDAZIONE). [vol. I: *ad vocem*]

– **paramilitare.** Paramilitary group (GUERRA; ORDINE PUBBLICO).

– **parlamentare.** Parliamentary group (PARLAMENTO).

– **politico estremista.** Hard line political group (PARTITI POLITICI).

– **sanguigno.** Blood group (SANGUE).

– **senza scopo di lucro.** Non-profit group.

Guadagno/i in genere. Gain, earnings, profit, return (CAPITALE; FRUTTI; LUCRO; PROFITTO; REDDITO; SALARIO; STIPENDIO; UTILE).

– **di borsa.** Capital gain (BORSA).

– **inaspettato.** Windfall (PROFITTI STRAORDINARI). [vol. I: *ad vocem*]

– **in conto capitale.** Capital gain; si tratta della differenza tra il prezzo di acquisto e quello di vendita di un'azione (AZIONE (II) DI SOCIETÀ; CAPITALE).

Guardasigilli. (MINISTRO DELLA GIUSTIZIA)

Guardia in genere. Guard (AGENTE CARCERARIO; AGENTE DI POLIZIA; CUSTODE; GUARDIACOSTE; SICUREZZA).

– **di finanza.** Grosso modo, fiscal police, tax police. Ma non esiste un analogo del corpo militarizzato nostrano né in Inghilterra, né negli S.U. Le relative funzioni vengono svolte nel R.U. dall'ufficio dei *Commissioners of Inland Revenue* e, negli S.U., dall' *Internal Revenue Service* (EVASIONE FISCALE; GIUSTIZIA TRIBUTARIA; IMPOSIZIONE FISCALE; POLIZIA). [vol. I: REVENUE]

– **giurata in genere.** Security guard (GUARDIANO; POLIZIA).

Guardiacoste. Coast Guard. Ma non esiste in Italia un corpo come quello preposto negli S.U. ad assicurare l'osservanza delle leggi federali sull'alto mare e sulle acque navigabili degli S.U.; anche se da noi se ne è da anni suggerita l'adozione(CAPITANERIA DI PORTO; COSTA; UFFICIALE DI PORTO). [vol. I: TRINITY HOUSE]

Guardiano. Watchman, guardian, custodian, warden, caretaker (CURATORE; CUSTODE; GUARDIA; TUTORE). [vol. I: BAILEE; CUSTODIAN; DEPOSITARY; RECEIVER; REGISTRAR]

Guasto. Defect, defective (DIFETTO; INVALIDO; VIZIO). [vol. I: CONSUMER PROTECTION; DEFECTIVE GOODS; DEFECTIVE PRODUCTS; DEFECTIVE TITLE; SALE]

Guerra in genere. War, warfare.
1. Kant definisce la guerra come « il più grande ostacolo alla moralità, l'eterna nemica del progresso ». E auspica il *federalismo* tra le nazioni per raggiungere la pace perpetua: perché vi sia pace è necessario che prevalga l'imperio della legge (FEDERALISMO).
2. Nel sistema costituzionale britannico la dichiarazione di guerra spetta al sovrano in virtù delle sue prerogative reali; ma la decisione è presa dal parlamento (*rectius*, dalla Camera dei Comuni); negli S.U. spetta al Congresso, ai sensi dell'art. I, s. 8, cl. 11 (ma cfr. anche le cl. 12-16), della costituzione.
3. Nel rilevare la centralità del diritto, Alexis de Tocqueville afferma che negli S.U. non c'è questione politica che presto o tardi non diventi questione giudiziaria; la veneranda *Supreme Court* si pone quindi come organo nelle cui decisioni si legge la storia civile e politica della grande nazione americana. Il diritto americano è spesso scuola di coraggio civile; molte delle grandi battaglie legali sono battaglie politiche e parte dell'epopea nazionale. La guerra del Vietnam non poteva risparmiare la *Supreme Court*: essa doveva scatenare dei conflitti costituzionali che ponevano la Corte di fronte a talune delle più spinose questioni che essa abbia affrontato nel periodo 1965-1975. La *Supreme Court* riusciva ad evitare di pronunciarsi sulla questione fondamentale sollevata, relativa alla costituzionalità della guerra; peraltro, mentre da un canto essa si rifiutava di ordinare al governo federale di mettere fine ai combattimenti, dall'altro, formulava una sorprendente varietà di ipotesi di protezione degli oppositori della guerra. In particolare, essa estendeva notevolmente il numero e le categorie di persone aventi diritto all'esenzione dal servizio militare come obiettori di coscienza. Per quanto favoriti da una serie di decisioni della Corte, gli oppositori della guerra non nascondevano la propria delusione per il suo costante rifiuto di dichiarare l'inconstituzionalità dell'intervento americano. Il citato art. I della costituzione stabilisce che il potere di dichiarare la guerra spetta al Congresso, ma, di fatto, nessuna dichiarazione aveva preceduto la decisione del Presidente Johnson di impegnare mezzo milione di uomini nel Sud Est asiatico. Johnson e il suo successore Nixon affermavano che la risoluzione dell'agosto 1964 sul Golfo del Tonkino, con la quale il Congresso sollecitava il Presidente « a prendere tutte le misure per respingere qualsiasi attacco armato contro le forze armate degli S.U. e prevenire ulteriori aggressioni », e le numerose leggi di stanziamento di fondi per le forze armate costituivano una autorizzazione sufficiente per condurre operazioni militari nel Vietnam. Gli oppositori della guerra sostenevano che poiché non vi era stata una dichiarazione di guerra da parte del Congresso i loro ordini erano incostituzionali. Taluni oppositori accusavano perfino gli S.U. di essere responsabili di una guerra di aggressione, e che quindi i partecipanti al conflitto erano soggetti alle sanzioni stabilite nei processi di Norimberga. M. R. Belknap traccia un avvincente profilo giudiziario-politico di una lacerante conflitto che ha diviso la nazione [*Vietnam War*, in *Oxford* 1992: 896].
4. La materia è regolata da una numerosa serie di convenzioni internazionali stipulate a Ginevra e all'Aia a partire dal 1899, da Dichiarazioni varie, etc.
5. Sono dette *articles of war* le leggi relative alle forze armate come, ad es., un codice penale militare, etc. Una nave da guerra è detta, ma ora meno spesso, *man-of-war*; ma adesso viene definita di solito *combat war, war ship,* o *naval ship* (AGGRESSIONE; AGONISTICA; ARMA; ARMISTIZIO; ASSEDIO; ASSICURAZIONE CONTRO I RISCHI DI GUERRA; ATTO DI GUERRA; BELLIGERANTE; BELLIGERANZA; BOTTINO DI GUERRA; CAPITOLAZIONE; CARTELLO: 2; CESSATE IL FUOCO; CLAUSOLA DEI RISCHI DI GUERRA; COMANDANTE SUPREMO DELLE FORZE ARMATE; CONFLITTO ARMATO; CONTRABBANDO DI GUERRA; CRIMINALE DI GUERRA; DANNI DI GUERRA; DICHIARAZIONE DI GUERRA; DIRITTO (II) DI VISITA E PERQUISIZIONE DI NAVE; DIRITTO (I) INTERNAZIONALE DI GUERRA; DISARMO; DISTENSIONE; FEDERALISMO; FORZE ARMATE; GRUPPO PARAMILITARE; LEGGE MARZIALE; MORTE PRESUNTA; NAVE; NEMICO; NEUTRALITÀ; OBIETTORE DI COSCIENZA; OPERAZIONI BELLICHE; OSTILITÀ; PACE; PREDA BELLICA; PRESTITO DI GUERRA; PREVENZIONE DELLA GUERRA; PROFITTI DI GUERRA; RAGION DI STATO; REDUCE DI GUERRA; RISARCIMENTO DEI DANNI DI GUERRA; RISCHI DI GUERRA; STATO D'ASSEDIO; STRANIERO; TESTAMENTO; TRIBUNALE INTERNAZIONALE PERMANENTE PER I CRIMINI CONTRO L'UMANITÀ; USO LEGITTIMO DELLE ARMI; ZONA CUSCINETTO; ZONA DI GUERRA). [vol. I: ABSENCE; ALIEN ENEMY; FRUSTRATION; INSURANCE; MARRIAGE BY PROXY; PRESUMPTION OF LIFE OR DEATH; SHIP; SUPERVENING IMPOSSIBILITY; WAR; WILL]

Bibl.:
Gori, U., *Guerra*, in *Dizionario di Politica* 1976, ed. 1983: 505.
Levi, L., *Federalismo*, in *Dizionario di Politica* 1976, ed. 1983: 403, at 408.

– **civile.** Civil war; negli S.U. questo termine è riferito più spesso alla guerra civile del 1861-1865, detta anche *War between the States*. La guerra civile costituisce uno spartiacque fondamentale nella storia del federalismo nordamericano: gli emendamenti della costituzione e, in particolare, il XIII [1865] e XIV [1868] non possono essere intesi se non si tiene conto della guerra civile tra gli stati confederati e gli stati dell'Unione e di talune delle più importanti ragioni per cui essa è scoppiata, di cui il problema della schiavitù resta una delle più importanti. Questo spiega perché si parli di *Antebellum federalism* per indicare il diritto federale precedente la guerra civile (ATTENTATO ALL'INTEGRITÀ, INDIPENDENZA E UNITÀ DELLO STATO; AUTODETERMINAZIONE; CONFEDERAZIONE; DISOBBEDIENZA CIVILE; DISORDINI; EMANCIPAZIONE; FEDERALISMO; INSURREZIONE; RICOSTRUZIONE; RIVOLUZIONE; SCHIAVITÙ; SECESSIONE; SEDIZIONE; SOMMOSSA). [vol. I: WAR RISKS]

- **commerciale.** Trade war (COMMERCIO INTERNAZIONALE).
- **dei nervi.** War of nerves (*infra*, GUERRA FREDDA).
- **dei noli.** Rate war (*infra,* GUERRA DELLE TARIFFE AEREE; NOLO).
- **dei prezzi.** Price war (PREZZO).
- **dei sessi.** Gender war (SESSO).
- **delle offerte pubbliche di acquisto.** Bidding war (OFFERTA PUBBLICA DI ACQUISTO).
- **delle tariffe in genere.** Tariff war, fare war (TARIFFA).
- **delle tariffe aeree.** Airfare war (*supra*, GUERRA DEI NOLI; GUERRA DELLE TARIFFE).
- **di corsa sul mare.** Privateering (CORSA; PIRATERIA). [vol. I: PRIVATEER]
- **di secessione.** (*supra*, GUERRA CIVILE; SECESSIONE)
- **fasulla.** Phoney war; questo termine è usato più spesso per descrivere quei mesi di tregua apparente durante la II guerra mondiale tra la conquista della Polonia e l'attacco tedesco alla Francia (TREGUA).
- **fredda.** Cold war (DISTENSIONE).
- **marittima.** Warfare on sea (*supra*, GUERRA AEREA).
- **non dichiarata.** Undeclared war (DICHIARAZIONE DI GUERRA).
- **nucleare.** Guerra nucleare (ARMA NUCLEARE; ENERGIA NUCLEARE; ESERCENTE NUCLEARE; ISPETTORE NUCLEARE).
- **partigiana.** Partisan war.
- **spaziale.** Space war (SPAZIO).
- **terrestre.** Warfare on land (*supra*, GUERRA IN GENERE).
- **totale.** Total war, perfect war.

Guerriglia. Guerrilla (GUERRA; TERRORISMO).

Guida in genere. Guide, leadership (DIREZIONE; *LEADERSHIP* POLITICA).

- **di autoveicoli in genere.** Driving (ALMANACCO; ASSICURAZIONE; AUTOVEICOLO; CODICE DELLA STRADA; PATENTE DI GUIDA; PILOTAGGIO; PRECEDENZA).
- **imprudente.** (*infra*, GUIDA PERICOLOSA)
- **in stato di ebbrezza.** Drunken driving; negli S.U. si parla più spesso di *driving while intoxicated* o, in forma abbreviata, DWI. Costituisce reato (ETILOMETRO; RITIRO DELLA PATENTE DI GUIDA).
- **pericolosa.** Dangerous o careless driving. Si tratta di un reato di fatto depenalizzato nel nostro paese anche dato il crollo integrale dei controlli in questa ed altre materie. Secondo le statistiche degli assicuratori internazionali, i guidatori italiani sono i più pericolosi d'Europa (LIMITE DI VELOCITÀ; PREMIO DI ASSICURAZIONE; VELOCITÀ ECCESSIVA). [vol. I: INSURANCE: IV; ROAD; RUNNING DOWN]
- **politica.** Political leadership; quando questo termine è riferito al sistema bipartitico, si tratta di cosa che da noi non esiste (AGONISTICA; GOVERNO; *LEADERSHIP* POLITICA; PARTITI POLITICI; PRESIDENTE DEL CONSIGLIO DEI MINISTRI). [vol. I: LEADER OF THE OPPOSITION; POLITICAL PARTIES]

Guidatore in genere. Driver, motorist, operator of automobile (AUTISTA; CONDUTTORE; GUIDA; STRADA; TRASPORTO STRADALE).

H

Habeas corpus. Famosa procedura inglese a garanzia della libertà dell'individuo. Essa ha subito una enorme espansione negli S.U. come anomalo strumento di impugnazione: la dottrina alla base di questo sviluppo consiste nel sostenere che chiunque sia detenuto (anche in base a una sentenza di condanna) ha un *continuous right*, ossia un diritto imprescrittibile, a contestare la legalità della sua detenzione. Combinato con il *collateral attack* delle sentenze penale di condanna, serve a spiegare la abnorme durata dei processi di esecuzione capitale in taluni dei casi più noti (APPELLO; DETENZIONE; DICHIARAZIONE DEI DIRITTI; DIRITTI (II) DELL'UOMO; FERMO DI POLIZIA; IMPUGNAZIONE; LIBERTÀ COSTITUZIONALI; SEQUESTRO DI PERSONA; TUTELA DEI DIRITTI). [vol. I: BILL OF RIGHTS; HABEAS CORPUS]

Bibl.:

Gambini Musso, R., *Habeas Corpus* in *Digesto IV Utet, Pen.,* vol. VI: 58.

Karlen 1967: 217.

Hardship clause. È detta così nei contratti internazionali di durata, specie, ma non soltanto, in tema di *joint-venture*, la clausola con cui le parti stabiliscono dei meccanismi per risolvere i problemi dovuti a cause imprevedibili insorti durante l'esecuzione del contratto. Di solito, essa prevede un arbitrato che consente il riequilibro tra le posizioni economiche delle parti diretto ad evitarne l'interruzione dell'esecuzione. Ma si parla anche, nei contratti interni e internazionali di durata, di *changed conditions clause* (più spesso nei contratti governativi di costruzione) o di *force majeure clause.* Stabilire una clausola riferita a eventi imprevedibili è detto *allowing for contingencies by contract.* Di particolare interesse appare il corposo e documentatissimo articolo-saggio di Livia Fiorillo che, in tema di contratti internazionali di costruzione e consegna di impianti industriali, materia importante ma trattata da finora da pochi, tra cui Aldo Frignani, considera anche, tra l'altro, la problematica della *hardship clause* (APPALTO; ARBITRATO; CAMBIAMENTO DELLE CIRCOSTANZE; CAUZIONE DELL'APPALTATORE; CONTRATTO CHIAVI IN MANO; CONTRATTO DI COSTRUZIONE; CONTRATTO DI DURATA; DIFFICOLTÀ; ECCESSIVA ONEROSITÀ SOPRAVVENUTA; ESECUZIONE DEL CONTRATTO; FORZA MAGGIORE; IMPOSSIBILITÀ SOPRAVVENUTA DELLA PRESTAZIONE; *REBUS SIC STANTIBUS*; STATO DI BISOGNO; SVALUTAZIONE). [vol. I: UNDUE HARDSHIP]

Bibl.:

Astolfi, A., *Contratto di joint venture*, in *Dizionari del Diritto Privato* 1980-81, vol. 3: 403, at 439.

Farnsworth, Young and Jones 1965, ed. 1978: 747, 835.

Fiorillo, L., *I contratti internazionali di costruzione e consegna di impianti industriali*, in *Diritto del Commercio Internazionale*, Milano, Giuffrè, 1993: 370.

Holding. È detta così ormai anche nel nostro paese la società controllante; il fenomeno per cui una sussidiaria o divisione di una società diviene una società indipendente è detto *spin-off* (CONGLOMERATA; FUSIONE DI SOCIETÀ; GRUPPO DI CONTROLLO; PARTECIPAZIONE AZIONARIA DI CONTROLLO; RAGGRUPPAMENTO DI SOCIETÀ; SCORPORO DI SOCIETÀ; SOCIETÀ (II) CAPOGRUPPO; SOCIETÀ (II) DI INVESTIMENTO). [vol. I: HOLDING]

Bibl.:

Galgano, F., *Qual è l'oggetto della società holding?* (1986) 2 CeI 327.

id., *Responsabilità della società controllante per la sua pregiudizievole influenza esercitata sulla società controllata* (1988) 2 CeI 359.

id., *L'oggetto della holding è dunque l'esercizio mediato e indiretto dell'impresa di gruppo* (1990) 1 CeI 401.

Weigmann, R., *L'autorizzazione dei soci della capogruppo per le operazioni finanziarie delle società controllate* (1988) 2 CeI 335.

– **bancaria.** Bank holding company (BANCA).

Hotel. (ALBERGATORE)

I

Identificazione. Identification; l'erronea identificazione è detta *misidentification* (ACCERTAMENTO; CARTA D'IDENTITÀ; CONOSCENZA; DESCRIZIONE; DESIGNAZIONE; ERRORE SULL'IDENTITÀ PERSONALE; IDENTITÀ; IMPRONTA; IMPUTAZIONE; INDICAZIONE; INDIVIDUAZIONE; INFORMAZIONE GENETICA; PERSONA IGNOTA; POLIZIA; PREVIA IDENTIFICAZIONE; PROVA; RICOGNIZIONE; RICONOSCIMENTO; SCONTRINO DI IDENTIFICAZIONE DEL BAGAGLIO; SEGNO DI RICONOSCIMENTO; SPECIFICAZIONE). [vol. I: APPORTIONMENT; ASCERTAINMENT; IDENTIFICATION]

- **dei sospetti.** Identification of suspects (BROGLIACCIO DELLA POLIZIA CON LE FOTO SEGNALETICHE DEI SOSPETTI; SOSPETTO).
- **dei testimoni.** Identification of witnesses (TESTIMONE). [vol. I: WITNESS]
- **delle merci.** (FUNGIBILE; SPECIFICAZIONE DELLE MERCI NELLA VENDITA)
- **del sospetto autore del reato.** Identification of suspect, of alleged criminal offender; ha luogo sia mediante un *lineup* (ossia nella sfilata di più sospetti; ma nel sistema inglese si parla di *identification parade*), sia mediante il confronto con un testimone, detto più spesso *showup* (*supra*, IDENTIFICAZIONE DEI SOSPETTI; AUTORE DEL REATO; CONFRONTO TRA IMPUTATO E TESTIMONE DELL'ACCUSA; SOSPETTO). [vol. I: IDENTIFICATION PARADE]
- **genetica.** (INFORMAZIONE GENETICA)

Identità in genere. Identity (CARTA D'IDENTITÀ; CONFUSIONE; DENOMINAZIONE; DIVERSITÀ DI CITTADINANZA; IDENTIFICAZIONE; PROVA DELL'IDENTITÀ).

- **aziendale.** Corporate identity (AZIENDA).
- **del coniuge.** Identity of spouse (CONIUGE).
- **personale.** Personal identity (ERRORE SULL'IDENTITÀ PERSONALE; GENERALITÀ PERSONALI).

Idoneità in genere. Fitness, ability, eligibility, competency, qualification (CAPACITÀ; CERTIFICATO DI IDONEITÀ; GARANZIA DI IDONEITÀ; IDONEO; QUALIFICA; VALIDITÀ). [vol. I: ABILITY; ABLE-BODIED; COMPETENCY; FITNESS; QUALIFICATION]

- **alla navigazione.** (NAVIGABILITÀ)
- **all'uso delle merci in genere.** Fitness to use (GARANZIA DI IDONEITÀ; MERCI IDONEE ALL'USO; VENDITA; VIZI DELLE MERCI). [vol. I: CAVEAT EMPTOR; CONSUMER GOODS; DEFECT; GOODS; QUALITY; SALE: X]
- **a un uso particolare.** Fitness of goods for a particular purpose (*supra*, IDONEITÀ ALL'USO DELLE MERCI).

Idoneo. Di una persona che corrisponde ai requisiti richiesti, si dice che essa *qualifies*, è *qualified, competent, fit, eligible* (CAPACE; IDONEITÀ; INADATTO; INTERDIZIONE).

Ignoranza. Ignorance (CONOSCENZA; ERRORE; INFORMAZIONE).

- **dei vizi nella vendita.** Ignorance of defects (VIZI DELLE MERCI). [vol. I: CAVEAT EMPTOR; DEFECT]
- **del fatto.** Ignorance of fact (FATTO). [vol. I: DISCLOSURE; MISREPRESENTATION; UBERRIMAE FIDEI]
- **della legge.** Ignorance of law (LEGGE). [vol. I: MISTAKE; NON EST FACTUM]
- **della legge penale.** Ignorance of criminal law (LEGGE PENALE).
- **delle condizioni generali di contratto.** Ignorance of general conditions of contract (CONDIZIONI GENERALI DI CONTRATTO; CONTRATTO DI ADESIONE). [vol. I: STANDARD CONTRACT]

Ignoto in genere. Unknown, unidentified; l'azione civile e penale contro ignoti è esperita di solito contro *John Doe* (CONOSCIUTO ANCHE COME; DENUNZIA CONTRO IGNOTI; DIMORA IGNOTA; FIGLIO DI IGNOTI; FINZIONE GIURIDICA; IDENTIFICAZIONE; INNOMINATO; MAPPA; NOME; NOTO; PERSONA

IGNOTA; PROCEDIMENTO CONTRO IGNOTI; TIZIO, CAIO, SEMPRONIO). [vol. I: IDENTIFICATION; JOHN DOE]

Illazione. Inference (DEDUZIONE; INTERPRETAZIONE; RAGIONAMENTO GIURIDICO).

Illecito in genere. Illicit; ma è detto più spesso *unlawful*, *wrongful*, *illegal*, *tortious* (ANTIGIURIDICO; ATTO ILLECITO; AUTORE DI ATTO ILLECITO; CAUSA (I) ILLECITA DEL CONTRATTO; CO-AUTORE; CONDOTTA; CONTRATTO ILLECITO; DANNEGGIATO; DANNOSO; DOVERE DEL *NEMINEM LAEDERE*; ILLEGALE; ILLEGITTIMO; PROIBITO; VIOLAZIONE; VITTIMA). [vol. I: TORT; TORTIOUS; WRONGFUL]

- **civile.** Civil wrong, private wrong o, più spesso, semplicemente tort (ATTO ILLECITO).
- **collettivo.** Joint tort (RESPONSABILITÀ SOLIDALE). [vol. I: JOINT TORTFEASORS]
- **e danno.** Tort and injury (ATTO ILLECITO; DANNO).
- **intenzionale.** Wilful tort, intentional wrongdoing, wanton misconduct. Ma il termine *wilful misconduct* assume un significato privo di equivalenza nella *civil law* (ATTO ILLECITO). [vol. I: WILFUL MISCONDUCT]
- **invocabile in giudizio.** Actionable tort, actionable wrong (AZIONE (I) IN GIUDIZIO).
- **matrimoniale.** Matrimonial offence (ADULTERIO; CONDONO; MATRIMONIO). [vol. I: DIVORCE; MATRIMONIAL OFFENCE]
- **penale in genere.** Offence, crime (REATO; RESPONSABILITÀ: 2). [vol. I: *ad vocem*]

Illegale. Illegal, unlawful, lawless (ARRESTO ILLEGALE; COMMERCIO ILLEGALE; CONTRATTO ILLEGALE; ILLECITO; ILLEGALITÀ; PRESUNTO ILLEGALE). [vol. I: PUBLIC POLICY]

Illegalità. Illegality (ECCEZIONE DI ILLEGALITÀ; ECONOMIA NERA; ILLEGALE; ILLEGITTIMITÀ; PROVA ACQUISITA ILLEGALMENTE; SOPRAVVENUTA ILLEGALITÀ DEL CONTRATTO).

Illegittimità in genere. Grosso modo, illegitimacy, unlawfulness, illegality (ILLEGALITÀ; ILLEGITTIMO).

- **costituzionale.** Constitutional illegality. Il giudice inglese — a differenza di quello degli Stati Uniti — non ha il potere, di sanzionare la costituzionalità della legge. Ma può dichiarare *ultra vires*, cioè illegittimo, rifiutandone l'applicazione, un atto di legislazione materiale (*subordinate legislation*) che ecceda i poteri conferiti all'organo che li ha emanati (CONTROLLO GIURISDIZIONALE DI COSTITUZIONALITÀ). [vol. I: ADMINISTRATIVE LAW; BILL OF RIGHTS; CONSTITUTION; JUDICIAL REVIEW; SUBORDINATE LEGISLATION; ULTRA VIRES]

Illegittimo in genere. Illegitimate, unconscionable, unfair, illegal, lawless (FIGLIO ILLEGITTIMO; ILLEGALE; ILLEGITTIMITÀ; PATERNITÀ).

Illiceità. Non sembra che vi sia un termine esattamente corrispondente. Forse il concetto più prossimo è espresso, di volta in volta, da immorality, unlawfulness, illegality, tortiousness (ILLEGALITÀ; ORDINE PUBBLICO). [vol. I: PUBLIC POLICY]

- **della condizione.** Unlawfulness of condition (CONDIZIONE).

Illimitata/o in genere. Unlimited, unqualified (ASSOLUTO; GIURISDIZIONE ILLIMITATA; LIMITATA; RESPONSABILITÀ ILLIMITATA; TASSATIVO).

Imballaggio. Packing, secondary packaging, wrapping (CALO; TRASPORTO). [vol. I: CONTAINER; PACKAGE]

- **difettoso.** Faulty packing (DIFETTO; VIZIO).
- **escluso.** Packing excluded (CONDIZIONI GENERALI DI CONTRATTO).
- **incluso.** Packing included (*supra*, IMBALLAGGIO ESCLUSO).

Imbarcazione in genere. Craft (NAVE). [vol. I: HOVERCRAFT; SHIP]

- **da diporto.** Pleasure boat, pleasure craft.
- **di salvataggio.** Life boat (SALVATAGGIO).

Imbarco in genere. Embarkation, shipment (CARICAZIONE; SBARCO).

- **di merci.** Shipment of goods (CARICAZIONE DI NAVE; NOTA DI TRASBORDO; POLIZZA (II) DI CARICO RICEVUTO PER L'IMBARCO; SBARCO; SPEDIZIONE; TRASPORTO). [vol. I: *ad vocem*]
- **di passeggeri.** Embarkation of passengers (CARTA DI IMBARCO; PASSEGGERO; SBARCO).

Imbonimento. Hawking (VENDITORE AMBULANTE). [vol. I: HIRE-PURCHASE; PEDLAR; PUFFING; SALE]

Imboscata. Ambush (ATTENTATO).

Imbrago. (LOCAZIONE A SCAFO NUDO)

Imitatore del prezzo. Price follower (PREZZO; VENDITA MEDIANTE MERCI CIVETTA).

Imitazione. Imitation, counterfeit, forgery, fake, bogus, sham (CONCORRENZA; CONTRAFFAZIONE; COPIA; FALSIFICAZIONE; MARCHIO DI FABBRICA; PIRATERIA; SIMULAZIONE). [vol. I: COUNTERFEIT; FORGERY; PASSING OFF; PIRACY; TRADE MARK]

– **servile.** Precise imitation (PIRATERIA).

Immagazzinamento. (MAGAZZINAGGIO)

Immagine in genere. Likeness, picture; il diritto alla propria immagine è detto *right to one's own likeness* (ABUSO DELL'IMMAGINE ALTRUI; DIRITTI (II) DELLA PERSONALITÀ; DIRITTO (II) ALL'IMMAGINE; FIGURA PUBBLICA; IDENTITÀ; PUBBLICITÀ; RISERVATEZZA; SOSIA; TUTELA DELLA RISERVATEZZA).

– **aziendale.** Corporate image (AZIENDA).

Immateriale in genere. Incorporeal (BENI IMMATERIALI; INTANGIBILE). [vol. I: INCORPOREAL]

Immatricolazione in genere. Registration, registry, entry (MATRICOLA).

– **di nave.** Registration of ship (CERTIFICATO DI IMMATRICOLAZIONE DI NAVE; NAVE; PASSAVANTI PROVVISORIO; PORTO DI IMMATRICOLAZIONE; PORTO DI REGISTRO; REGISTRAZIONE o IMMATRICOLAZIONE DI NAVE). [vol. I: REGISTRATION; REGISTRY; SHIP]

Immediatamente esecutivo. Self-executing. Negli S.U., quando quest'espressione è riferita ad una norma costituzionale, essa indica sostanzialmente una norma precettiva. Ma è impiegata anche in diritto internazionale (ESECUTIVO; NORMA PRECETTIVA; OPERATIVO). [vol. I: *ad vocem*]

Immediatezza. (A PRONTI; ORALITÀ, CONCENTRAZIONE E IMMEDIATEZZA)

Immemoriale in genere. Immemorial. È detto così il tempo di memoria legale che si suppone dall'inizio del regno di Riccardo I (CONSUETUDINE IMMEMORIALE; TEMPO IMMEMORIALE). [vol. I: IMMEMORIAL; TIME IMMEMORIAL]

Immersione di rifiuti in mare. Dumping of wastes at sea. Una serie di convenzioni internazionali proibisce, o regola, la discarica di rifiuti in mare, sul territorio, e nello spazio cosmico (DISCARICA DI RIFIUTI; RIFIUTI).

Immigrante. Immigrant (CITTADINANZA; EMIGRANTE; IMMIGRAZIONE; PROFUGO; RIFUGIATO).

– **clandestino.** (*infra*, IMMIGRANTE ILLEGALE)

– **illegale.** Illegal immigrant, illegal alien, undocumented alien (NAZIONALITÀ). [vol. I: STOWAWAY]

Immigrato. Immigrant (IMMIGRANTE; IMMIGRAZIONE; TUTELA DEI DIRITTI).

Immigrazione. Immigration: la legge relativa è detta *immigration law*; il ministero dell'immigrazione, dove esiste, è detto *Department of Immigration* (ATTO UNICO EUROPEO; CITTADINANZA; DIRITTO (II) DI STABILIMENTO; IMMIGRATO; INGRESSO; ISPETTORE DI IMMIGRAZIONE; PERMESSO DI SOGGIORNO; POLIZIA DI IMMIGRAZIONE; TUTELA DEI DIRITTI; VISTO DI INGRESSO). [vol. I: ALIEN; ESTABLISHMENT; HABEAS CORPUS; HUMAN RIGHTS; NATIONALITY; REFUGEE; RESIDENCE PERMIT; STRANIERO]

Immissione in genere. Discharge (ABUSO DI DIRITTO; DISCARICA; DIVIETO DI IMMISSIONE; EMISSIONE; ESALAZIONI DAL FONDO VICINO; IMMERSIONE DI RIFIUTI IN MARE; TURBATIVA). [vol. I: *ad vocem*; ABUSE OF RIGHT]

– **di fumo** o **calore nel fondo vicino.** Discharge of smoke or heat in neighbouring land, immission of smoke, etc. (ABUSO DI DIRITTO; FUGA DI SOSTANZE). [vol. I: NUISANCE]

– **nel possesso.** Occupation (POSSESSO). [vol. I: *ad vocem*]

Immobile/i in genere. Grosso modo, structure, land, landed property, estate, premises. Ma non esiste un esatto equivalente (AGENTE IMMOBILIARE; AGENZIA IMMOBILIARE; ASSOCIAZIONE MUTUA DI CREDITO IMMOBILIARE; BENI IMMOBILI; DANTE CAUSA A TITOLO PARTICOLARE NEGLI IMMOBILI; EDIFICIO; OCCUPAZIONE ABUSIVA DI STRUTTURE IMMOBILIARI; ORDINANZA DI RILASCIO DI IMMOBILE; OSPITE; PATTO DI NON ALIENARE; PERMUTA DI IMMOBILI; PESO GRAVANTE SU UN IMMOBILE; PIGNORAMENTO IMMOBILIARE; PRIVILEGIO SUGLI IMMOBILI; RESPONSABILITÀ DELL'OCCUPANTE DI IMMOBILE NEI CONFRONTI DELL'OSPITE; RETROCESSIONE; STABILE; TITOLO; TRASFERIMENTO DI IMMOBILI).

– **confinanti** o **contigui.** Adjoining lands, adjoining estates, adjoining premises (CONFINANTE; FONDI ADIACENTI). [vol. I: ADJOINING LANDS; BOUNDARY; SUPPORT]

– **ipotecato.** Grosso modo, encumbered, charged, burdened, o mortgaged, land (GARANZIA; IPOTECA).

– **libero da pesi.** Unencumbered land, unencumbered property (GARANZIA; IPOTECA).

– **per destinazione.** Non esiste in senso stretto una figura corrispondente; ma quella che vi si avvicina sostanzialmente è la *fixture* (INCORPORAZIONE DI BENI AL SUOLO). [vol. I: FIXTURE; QUASI-REALTY]

– **pubblico in genere.** Public land, public building, public property; il suolo pubblico fa parte del *general public domain* (DEMANIO PUBBLICO).

Immobiliare. Quest'aggettivo non ha, in senso stretto, corrispondenza esatta nei sistemi di *common law.* In pratica, si parla di *real* o *landed property,* o *realty* (AGENTE IMMOBILIARE; AGENZIA IMMOBILIARE; IMMOBILE; IMMOBILIZZAZIONI; RICERCA IMMOBILIARE). [vol. I: PROPERTY; REAL PROPERTY]

Immobilizzazioni. Fixed assets (FONDO; IMMOBILE; INVESTIMENTO).

Immunità in genere. Immunity, exemption, privilege (ABUSO DI IMMUNITÀ; BENEFICIO; ECCEZIONE; ESONERO; NON PUNIBILITÀ; POLIZIA; PREROGATIVA; PRIVILEGIO; RESPONSABILITÀ; SEGRETO DI STATO). [vol. I: EXEMPTION; IMMUNITY; PRIVILEGE; SOVEREIGNTY]

– **dalla giurisdizione.** Sovereign immunity, immunity from jurisdiction; si tratta di una manifestazione della sovranità assoluta degli Stati (*infra,* IMMUNITÀ DEGLI STATI ESTERI DALLA GIURISDIZIONE E DALL'ESECUZIONE; ATTI DI GESTIONE-DI IMPERIO; RESPONSABILITÀ DELLA PUBBLICA AMMINISTRAZIONE; SOVRANITÀ).

– **dalla responsabilità civile della pubblica amministrazione.** Governmental immunity, o sovereign immunity; non va confusa con l'immunità dalla giurisdizione degli Stati esteri. Anche, qui, per ragioni storiche basate sul peculiare concetto di stato che si concreta nella figura del sovrano, il percorso verso l'equiparazione della pubblica amministrazione a un qualsiasi soggetto privato si presenta più tortuoso che nella *civil law* (*infra,* IMMUNITÀ DEGLI STATI ESTERI DALLA GIURISDIZIONE E DALL'ESECUZIONE; RESPONSABILITÀ DELLA PUBBLICA AMMINISTRAZIONE). [vol. I: TORT: XV]

Bibl.:

Davis 1951, ed. 1972: 466.

– **dall'arresto.** Privilege o immunity from arrest (*infra,* IMMUNITÀ PARLAMENTARI; ARRESTO). [vol. I: ARREST; IMMUNITY; PRIVILEGE]

– **dall'autoincriminazione.** Privilege against self-incrimination; ma è priva di equivalenza nella tradizione di *civil law* (AUTOINCRIMINAZIONE; CONFESSIONE; DEPOSIZIONE NEL PROCESSO PENALE; PRESUNZIONE DI INNOCENZA; SISTEMA PENALE ACCUSATORIO; TESTIMONE).

– **dall'azione penale a favore del testimone.** Immunity from prosecution; è concessa dal *prosecutor.* Va messa in rapporto con i princìpi del *privilege against self-incrimination* e della discrezionalità dell'azione penale, entrambi caratteristici del sistema processuale penale di *common law* e privi di equivalenza nel sistema italiano. Negli S.U. la materia è regolata, oltre che dal V emendamento [1791] della costituzione federale, da leggi federali specifiche (*immunity statutes*) e da una numerosa serie di decisioni giurisprudenziali: la questione dell'estensione dell'immunità dall'azione penale insorge più spesso nei procedimenti davanti al *grand jury.* Ma si tratta di materia complessa (*infra,* IMMUNITÀ PARLAMENTARI; AUTOINCRIMINAZIONE; AUTORIZZAZIONE A PROCEDERE; AUTORIZZAZIONE A PROCEDERE CONTRO UN MEMBRO DEL PARLAMENTO; AZIONE (I) PENALE; DEPOSIZIONE NEL PROCESSO PENALE; DISCREZIONALITÀ DELL'AZIONE PENALE; TESTIMONE CHE GODE DELL'IMMUNITÀ DALL'AZIONE PENALE). [vol. I: QUEEN'S EVIDENCE]

Bibl.:

Lafave and Israel 1985, ed. 1992: 416, *passim.*

– **degli Stati esteri dalla giurisdizione e dall'esecuzione.** Foreign sovereign immunity o, più spesso, state immunity, sovereign immunity. Partiti da posizioni di assoluta immunità, si può dire che ora, con l'accoglimento della fondamentale distinzione (di *civil law*) tra atti di gestione e atti di imperio, sia il diritto inglese che quello americano si sono finalmente allineati alla posizione della grande maggioranza dei paesi dell'Occidente. In particolare, la materia è regolata nel sistema inglese dallo State Immunity Act 1978 che ricalca la Convenzione Europea sull'Immunità degli Stati del 1972 prevendendo addirittura un regime più restrittivo dell'immunità e la estensione dell'Act in parola, oltre che ai paesi europei, a qualsiasi altro Stato (ATTI DI GESTIONE-DI IMPERIO; GIURISDIZIONE; SOVRANITÀ; STATO ESTERO). [vol. I: STATE IMMUNITY; SOVEREIGN IMMUNITY]

– **del giudice dalla responsabilità civile.** Judicial immunity; si tratta di immunità *absolute,* ossia anche se l'atto relativo sia posto in essere in mala fede. L'immunità attiene esclusivamente alla *funzione giurisdizionale;* pertanto, non si estende all'attività degli organi inquirenti che, del resto, non fanno parte dell'ordine giudiziario né nel sistema inglese, né in quello nordamericano (GIUDICE; POLIZIA).

– **diplomatica.** Diplomatic immunity (CORPO DIPLOMATICO; DIPLOMAZIA; VALIGIA DIPLOMATICA). [vol. I: DIPLOMATIC PRIVILEGES AND IMMUNITIES; PRIVILEGES AND IMMUNITIES; SOVEREIGNTY]

– **fiscale.** Immunity from taxation, tax immunity (GIUSTIZIA TRIBUTARIA; IMPOSIZIONE FISCALE; PRIVILEGIO FISCALE).

– **limitata.** Qualified immunity, qualified privilege (PRIVILEGIO). [vol. I: DEFAMATION; QUALIFIED]

– **parlamentari.** Parliamentary privileges; negli S.U. si parla di *congressional privilege from arrest*. Con la desuetudine dell'istituto dell'*impeachment* nel sistema costituzionale britannico, il primo ministro e i ministri si trovano di fronte alla giustizia penale (e civile) esattamente nella stessa condizione degli altri soggetti.

1. Quanto alle opinioni espresse nell' esercizio dell'attività dei parlamentari, l'immunità è limitata esclusivamente alle dichiarazione fatte *in parlamento e non al di fuori di esso*: appena fuori del palazzo del parlamento, il parlamentare si trova nella stessa condizione di qualsiasi altro cittadino. A differenza del suo omologo italiano egli ha, per così dire, il diritto di diffamare, esclusivamente nell'aula del ramo del parlamento di cui è membro.

2. In tema di responsabilità penale, esiste un ben strano regime che non fa troppo onore al parlamento britannico: mentre il parlamentare risponde come un qualsiasi soggetto per i reati comuni, quando si tratti di imputazione di corruzione connesse all'esercizio dell'attività parlamentare, egli viene inquisito non già dal giudice ordinario ma da una apposita commissione parlamentare. Il sistema consente, come del resto è gia accaduto in passato, l'insabbiamento dei grandi scandali nazionali — non troppi per la verità e, in ogni caso, in misura incommensurabilmente inferiore a quelli nostrani — nei quali sono coinvolti i due partiti maggiori.

3. Per quanto riguarda gli S.U., a edificazione del lettore, sembra opportuno riportare in proposito il testo della costituzione degli S.U., la più antica e illustre costituzione scritta dell'Occidente; esso vale a stabilire l'*abisso* esistente con il regime giuridico nostrano (a non parlare dell'osceno abuso fattone per mezzo secolo da tutti i partiti, incluso quello sedicente di « opposizione »). L'art. I, s. 6, cl. 1, recita: « The Senators and Representatives shall receive a Compensation for their Services, to be ascertained by Law, and paid out of the Treasury of the United States. They shall in all Cases, except Treason, Felony, and Breach of the Peace, be privileged from Arrest during their Attendance at the Session of their respective Houses, and in going to and returning from the same; and for any Speech or Debate in either House, they shall not be questioned in any other Place ». Ma, come avvertono due costituzionalisti americani [Nowak and Rotunda 1978, ed. 1991: 256], questa norma viene ormai considerata addirittura obsoleta, nel senso che non offre neanche la assai limitata immunità prevista in origine, che si spiega col fatto che al tempo della redazione della costituzione l'arresto nelle cause civili era diffuso. Pertanto, l'immunità — limitata all'arresto per cause civili — è ora venuta meno con la fine di tale tipo di misura restrittiva. In altre parole, i membri del Congresso degli S.U. — e questo fa onore alla grande democrazia americana — si trovano nella stessa condizione di tutti gli altri soggetti sia in materia penale che civile. Il recentissimo caso Rostenkowski (giugno 1994), potentissimo presidente della Commissione Finanze della Camera dei Rappresentanti accusato di una svariata serie di reati e trattato nella maniera più assoluta alla stregua di un qualsiasi cittadino americano, dà la misura delle differenze con il regime nostrano della materia. Invece, l'art. 68 della nostra costituzione, anche nella sua versione emendata, crea uno *status* di immunità a favore dei parlamentari in plateale contrasto con l'art. 3 della stessa costituzione che stabilisce il *supereminent principle* dell'uguaglianza dei cittadini di fronte alla legge, tipico dello stato di diritto (AUTORIZZAZIONE A PROCEDERE CONTRO UN MEMBRO DEL PARLAMENTO; DIFFAMAZIONE; GIUNTA DELLE AUTORIZZAZIONI A PROCEDERE; DIMISSIONI; *IMPEACHMENT*; MESSA IN STATO D'ACCUSA DEL PRESIDENTE DELLA REPUBBLICA; RAGION DI STATO; RESPONSABILITÀ POLITICA; SEGRETO DI STATO; SOVRANITÀ; TUTELA DEI DIRITTI). [vol. I: PARLIAMENT: XI]

Bibl.:

Baker, R.A., *Congress, Arrest and Immunity of Members of*, in *Oxford* 1992: 175.

– **professionale.** (SEGRETO PROFESSIONALE). [vol. I: *ad vocem*]

Imparziale. Impartial, unbiased, fair, disinterested, indifferent (ARBITRATO; *FAIR TRIAL*; GIURIA IMPARZIALE; GIUSTO PROCESSO; IMPARZIALITÀ). [vol. I: BIAS; FAIR TRIAL; NATURAL JUSTICE]

Imparzialità in genere. Impartiality (IMPARZIALE).

– **del giudice.** Impartiality of judge (GIUDICE; PARZIALITÀ DEL GIUDICE; RESPONSABILITÀ CIVILE DEL GIUDICE; RICUSAZIONE DEL GIUDICE).

– **della pubblica amministrazione.** Grosso modo, impartiality of the Administration o of civil service. Essa è prevista dall'art. 97 della nostra costituzione. Ma, tra partiti e sindacati, non solo non esiste l'ombra dell'imparzialità: forse non esiste neanche una pubblica amministrazione degna di questo nome. D'altro canto, in Gran Bretagna la permanenza al governo dello stesso partito per quasi un quindicennio non poteva non avere conseguenze negative anche sulla leggendaria probità e imparzialità del *civil service* britannico (AMMINISTRAZIONE PUBBLICA; ATTO ILLECITO; SISTEMA DELLE SPOGLIE). [vol. I: CIVIL SERVICE]

Impatto in genere. Impact (INCIDENZA).

– **ambientale.** Environmental impact. Negli S.U. sono definiti *environmental impact statements* o *studies* gli studi sull'impatto ambientale che devono accompagnare le proposte di intervento sul territorio o di lavori pubblici di una certa importanza. Essi sono prescritti dal National Environmental Policy Act federale e dalle leggi dei singoli stati dell'Unione. La legge distingue tra *mandatory* e *permissive environmental impact study*. Particolare importanza assume la ormai celebre *public inquiry* britannica di cui invano da decenni si è proposta l'introduzione, *mutatis mutandis*, nella legislazione nostrana. Essa è stata stroncata dalla camorra dei costruttori che conta tra i suoi affiliati professoroni, magistrati, giudici, avvocati, politici e amministratori e burocrazia centrale e periferica (AMBIENTE; INCHIESTA; OBIETTIVO AMBIENTALE; PIANO REGOLATORE; RISCHIO AMBIENTALE; SICUREZZA AMBIENTALE). [vol. I: PUBLIC INQUIRY]

Impeachment. Di questo termine viene, o veniva fatto (più spesso al tempo della presidenza dell'on. Cossiga, *spoilt darling* del regime consociativo) quotidiano abuso nel nostro paese. Ma, *hélas*, il procedimento non trova equivalenza nel nostro sistema costituzionale in cui: (i) il presidente della repubblica italiana « non è responsabile degli atti compiuti nell'esercizio delle sue funzioni, tranne che per alto tradimento o per attentato alla costituzione » (art. 90 della costituzione); (ii) peraltro, al di fuori di queste ipotesi (alto tradimento-attentato alla costituzione), a lui non si applicano neanche le immunità previste dall'art. 68 della costituzione per « i membri del Parlamento »: egli risponde quindi come tutti gli altri soggetti davanti al giudice ordinario per qualsiasi altro reato; (iii) invece, sta di fatto che, come risulta dalla decisione della procura della repubblica di Roma in margine all'*affaire* Sisde-Broccoletti (*nomen omen* del degrado del paese) il presidente della repubblica è *totalmente immune dalla giurisdizione penale* anche per i più efferati reati di cui possa essere accusato fin quando resti in carica, a qualunque periodo riferito. Chiarito quanto sopra, resta da aggiungere che l'*impeachment* così com'è inteso nel sistema costituzionale nordamericano non è un procedimento che sostituisce il processo penale; quest'ultimo ha luogo successivamente e con la partecipazione della giuria. Esso è soltanto la manifestazione del *power of removal*, ossia del potere di rimozione dall'ufficio del Presidente, del vice-presidente *and all civil Officers of the United States*, di cui è investito il Congresso degli S.U, ai sensi dell'art. II, s. 4, della costituzione. Trattandosi di una *political question* e di una prerogativa esclusiva del Congresso (la *House of Representatives* procede all'*impeachment*, il Senato giudica su di esso), la decisione del Senato di rimozione non è impugnabile; non esiste una legge che contenga un elenco delle *impeachable offences* (IMMUNITÀ PARLAMENTARI; MESSA IN STATO DI ACCUSA DEL PRESIDENTE DELLA REPUBBLICA; PADRI FONDATORI; RIMOZIONE DA UN UFFICIO O INCARICO; SEGRETO DI STATO). [vol. I: IMPEACHMENT]

Bibl.:

Nowak and Rotunda 1978, ed. 1992: 35, 112, 228.

Impedimento in genere. Bar, impediment, hindrance (DECADENZA; DIVIETO; ECCEZIONE; IMPUGNAZIONE; INTRALCIO; OSTACOLO; PRECLUSIONE; PRESCRIZIONE; PROIBIZIONE). [vol. I: BAR; IMPEDIMENT]

– **dell'avverarsi della condizione.** Hindrance of performance of condition (CONDIZIONE).

– **dirimente.** Impedimentum dirimens (*infra*, IMPEDIMENTO MATRIMONIALE).

– **impediente.** Impedimentum impediens (*infra*, IMPEDIMENTO MATRIMONIALE).

– **legittimo in genere.** Lawful impediment.

– **matrimoniale.** Impediment to marriage, o bar to marriage (*supra*, IMPEDIMENTO DIRIMENTE; IMPEDIMENTO IMPEDIENTE; DISPENSA; GRADI DI PARENTELA; MATRIMONIO; ORDINE PUBBLICO: I; PARENTELA). [vol. I: DISABILITY; MARRIAGE]

– **procedurale.** Bar (PRECLUSIONE). [vol. I: *ad vocem*; ESTOPPEL; PRECLUSION]

Impegnativa. (IMPEGNO)

Impegno in genere. Promise, covenant, engagement, agreement, commitment, obligation, liability, bond, undertaking, recognizance, pledge. Nel senso di obbligo politico o morale, la violazione di un impegno è detta *broken pledge* (CAUZIONE; OBBLIGAZIONE (I); OBBLIGO; OFFERTA IRREVOCABILE; PEGNO; PROMESSA; PROPOSTA SENZA IMPEGNO).

– **a lungo termine.** (OBBLIGAZIONE (I) A LUNGO TERMINE)

– **di bilancio.** Budgetary commitment (BILANCIO).

– **di spesa.** Appropriation (SPESA). [vol. I: APPROPRIATION]

– **formale.** Covenant; è assunto *under deed* [vol. I: COVENANT]

– **nel contratto.** Promise; è sempre revocabile, a meno che non sia assunto *under deed*, ovvero costituisca parte di uno scambio o *bargain* (CAUZIONE; CONTRATTO: III; PROPOSTA IRREVOCABILE). [vol. I: CONSIDERATION]

Imperativo in genere. Order, command, imperative, mandatory (DIRITTO (I) IMPERATIVO-DISPOSITIVO; NORMA IMPERATIVA; ORDINE).

– **giuridico.** Command (ORDINE). [vol. I: COMMAND; OUGHT]

– **tacito.** Tacit command (TACITO).

Imperfetto in genere. Inchoate. Espressione più spesso riferita alla cambiale (CAMBIALE; IMPERFEZIONE; INCOMPIUTO; INVALIDO). [vol. I: IMPERFECT OBLIGATION; INCHOATE]

– (o **inesatto) adempimento.** Imperfect performance (ADEMPIMENTO PARZIALE; INESATTO ADEMPIMENTO). [vol. I: MISFEASANCE; NONFEASANCE; PERFORMANCE]

Imperfezione. Defect (CONCLUSIONE DEL CONTRATTO; DIFETTO; IMPERFETTO; VIZIO).

Imperialismo giuridico. Legal imperialism (PACIFISMO GIURIDICO; TRADIZIONE GIURIDICA). [vol. I: *ad vocem*]

Imperizia in genere. Unskilfulness, inexperience (DELITTO COLPOSO-DOLOSO; IMPRUDENZA; RESPONSABILITÀ PROFESSIONALE). [vol. I: DUTY OF CARE; TORT]

Impersonificazione. (FALSITÀ PERSONALE)

Impianto. Installation, plant, equipment (DANNEGGIAMENTO; INSTALLAZIONE; MACCHINA). [vol. I: KNOW-HOW; TURN-KEY CONTRACT]

– **industriale.** Industrial plant (BREVETTO PER INVENZIONI INDUSTRALI; *KNOW-HOW*; LOCAZIONE D'IMPIANTO; MACCHINA; VENDITA DI MACCHINE).

– **nucleare.** Nuclear plant (ENERGIA NUCLEARE).

Impiegato in genere. Employee, clerk, civil servant (DIPENDENTE; FUNZIONARIO; IMPIEGO; PERSONALE). [vol. I: CLERK; EMPLOYMENT, CONTRACT OF; EMPLOYER]

– **a tempo parziale.** Part time employee (LAVORO).

– **a tempo pieno.** Full time employee (LAVORO).

– **civile dello Stato.** Grosso modo, civil servant. Ma non vi è un corrispondente esatto: il *civil servant* britannico è esclusivamente un dipendente dell'amministrazione centrale. Negli S.U., inteso in senso lato, il termine indica gli impiegati civili federali, dei singoli stati dell'Unione e degli enti locali: la materia è regolata da una complessa legislazione, tra cui si indica il Civil Service Act del 1883 e il Civil Service Reform Act del 1978. L'assunzione avviene per concorso per esami (AMMINISTRAZIONE PUBBLICA; CONCORSO PUBBLICO PER ESAMI). [vol. I: CIVIL SERVANT; CIVIL SERVICE]

– **di banca.** Bank clerk (BANCA).

– **pubblico in genere.** Public employee (DIPENDENTE PUBBLICO).

Impiego. Employment, post. Nel senso di funzione, si parla di *office*; riferito a un impiego, il termine *tenure* indica un rapporto di lavoro a tempo indeterminato (ARRUOLAMENTO; CARICA; CONCORRENTE AD UN IMPIEGO; CONTRATTO DI LAVORO; DOMANDA DI IMPIEGO; DURATA DI UNA CARICA DI UN UFFICIO; FUNZIONE; IMPIEGATO; INGAGGIO; LAVORO; OCCUPAZIONE; OFFERTA DI IMPIEGO; POSTO VACANTE; PRIMO IMPIEGO; UFFICIO). [vol. I: EMPLOYMENT]

– **della nave.** Employment of vessel, employment of ship (NAVE). [vol. I: CARRIAGE; CHARTERPARTY; DEVIATION: 1; EMPLOYMENT OF VESSEL; SHIP]

– **pieno.** Full employment (LAVORO).

– **privato.** Private employment (CONTRATTO DI LAVORO; DATORE DI LAVORO PRIVATO; LAVORO).

– **pubblico.** Public employment (DIPENDENTE PUBBLICO; FUNZIONE PUBBLICA; IMPIEGATO CIVILE DELLO STATO; PUBBLICO UFFICIALE; UFFICIO PUBBLICO).

– **remunerato.** Gainful employment, gainful occupation (LAVORO; REMUNERAZIONE).

– **vacante.** (POSTO VACANTE)

Impignorabile. Privileged from execution; *non leviable assets* sono i beni o cespiti impignorabili. Ma si parla anche di *exempt property* o *exempt assets*: i beni non impignorabili sono detti *non-exempt assets* (BENI IMPIGNORABILI; ESECUZIONE FORZATA DELLA SENTENZA CIVILE; ESPROPRIAZIONE FORZATA DEI BENI DEL DEBITORE; IMPIGNORABILITÀ).

Impignorabilità. Privilege from execution; *non leviable assets* sono i beni o cespiti impignorabili come, ad es., negli S.U., l'*homestead*, ossia, grosso modo, una specie di patrimonio familiare. La materia rientra negli S.U. nelle attribuzioni dei singoli stati dell'Unione: sono dette *exemption laws* quelle leggi che indicano i beni e diritti impignorabili (BENI IMPIGNORABILI; ESECUZIONE FORZATA DELLA SENTENZA CIVILE; ESPROPRIAZIONE FORZATA DEI BENI DEL DEBITORE; INSEQUESTRABILITÀ; PATRIMONIO FAMILIARE; PIGNORABILE; PIGNORAMENTO). [vol. I: ATTACHMENT; DISTRESS; EXECUTION; GOODS; PRIVILEGE; PRIVILEGED FROM EXECUTION]

– **degli stipendi.** Exemption of salaries, earnings, wages o emoluments from garnishment, o privileged from execution (PIGNORAMENTO DI STIPENDI E SALARI).

– **degli strumenti indispensabili all'esercizio della professione.** Tools of trade privileged from execution (STRUMENTI DEL MESTIERE). [vol. I: TOOLS OF TRADE]

Implantatio. (ACCESSIONE)

Implementazione. (ATTUAZIONE)

Implicazione. Implication. La *common law* ricorre frequentemente all'implicazione (FINZIONE GIURIDICA; IMPLICITAMENTE; IMPLICITO; TACITO). [vol. I: FICTION; IMPLICATION; IMPLIED; PRESUMPTION]

Implicitamente. By implication (FINZIONE GIURIDICA; IMPLICAZIONE; IMPLICITO; PRESUNZIONE). [vol. I: IMPLICATION]

Implicito. Implied, tacit, constructive (IMPLICAZIONE).

Imponibile. Assessable (AUTODETERMINAZIONE DELL'IMPONIBILE FISCALE; BASE IMPONIBILE; IMPOSIZIONE FISCALE; REDDITO IMPONIBILE; TASSABILE; VALORE IMPONIBILE).

Importatore. Importer (IMPORTAZIONE).

Importazione. Importation o import (CLAUSOLE INTERNAZIONALI DI CONSEGNA ATTINENTI ALLA DISCIPLINA DEI COSTI E DEI RISCHI DI TRASPORTO; COMMERCIO INTERNAZIONALE; DAZIO; *DUMPING*; ESPORTAZIONE; LIBERTÀ DI CIRCOLAZIONE COMUNITARIA; LICENZA DI IMPORTAZIONE; QUOTA DI IMPORTAZIONE; SCAMBIO). [vol. I: CUSTOMS (2); EXPORT; IMPORTATION; INCOTERMS; SALE; TRADE LAW]

Imposizione in genere. Imposition (VIOLENZA).

– **fiscale in genere.** Taxation, tax levying, fiscal imposition.

1. *No taxation without representation* costituisce uno dei temi centrali della storia parlamentare inglese e nordamericana. Insomma, imposizione fiscale e rappresentanza politica vanno assieme: il pagamento delle imposte viene subordinato all'elezione di rappresentanti politici, ai quali ultimi spetta votare le imposte. In tal modo, il sovrano non era in grado di governare il paese, se non per brevi periodi di tempo, senza convocare il parlamento, e quest'ultimo poteva esigere il riconoscimento di taluni diritti in cambio dell'autorizzazione a imporre tributi [cfr. Maitland 1908, ed. 1977: 179]. Per i coloni americani il principio ha significato che essi non avrebbero più pagato le imposte senza poter eleggere i propri rappresentanti politici. Quel principio sul quale nacquero gli Stati Uniti d'America,

è diventato uno dei pilastri della democrazia moderna. Come scrive Piero Gobetti [1924, ed. 1950: 166], che aveva ben presente la lezione della democrazia liberale anglo-americana: « In Italia il contribuente non ha mai sentito la sua dignità di partecipe della vita statale: la garanzia del controllo parlamentare sulle imposte non era una esigenza, ma una formalità giuridica: il contribuente italiano paga bestemmiando lo Stato; non ha coscienza di esercitare, pagando, una vera e propria funzione sovrana ».
2. In effetti, la manifestazione più eclatante della sovranità di uno stato democratico è il potere di imposizione fiscale: negli S.U. — che devono in parte non piccola la loro stessa origine ad una ribellione fiscale — esso riflette la doppia sovranità, tipica di quello stato federale. Si hanno, quindi, imposte federali (*federal taxes*) e imposte previste dai singoli stati dell'Unione, dette *state taxes*.
3. Nel R.U., l'autorità fiscale è costituita dai *Commissioners of Inland Revenue*; negli S.U., per le imposte federali, dall'*Internal Revenue Service* (I.R.S.). Organo della giustizia tributaria in tema di imposte federali è l'*U.S. Tax Court*: nei singoli stati dell'Unione vi sono delle *state tax courts* come nel Maryland, Minnesota, New Jersey, Oklahoma, Oregon. Nel R.U. esistono, invece, dei *revenue tribunals*. Il contenzioso tributario può essere definito, grosso modo, come *tax cases*; nel R.U. sono dette *Taxation Reports* le rassegne di giurisprudenza tributaria.
4. Ma non esiste una organizzazione (si fa per dire) della giustizia tributaria all'italiana. A questo proposito, non si può esagerare l'importanza del fatto che nel sistema inglese e nordamericano le decisioni degli organi della giustizia tributaria sono soggette alla *judicial review* da parte della giurisdizione ordinaria. Numerosi tipi di imposta come, ad es., l'*alternative minimum tax* nordamericana, non esistono nel nostro paese; e viceversa, molte imposte nostrane non trovano riscontro né nel sistema inglese, né in quello nordamericano.
5. Nel complesso, il sistema fiscale e l'amministrazione finanziaria federale si presentano come uno dei più sistematici, compiuti ed efficienti dell'Occidente, cui fa riscontro una elevatissima moralità fiscale.
6. In una interessante intervista del 23 marzo 1994, Maria Teresa Cometto interroga due esperti di orientamento diverso sul problema fiscale italiano, il pattista Giulio Tremonti e il progressista Filippo Cavazzuti [*Federalisti tutti? No, tu no*, in *La Voce*, 23 marzo 1994]. Ecco Giulio Tremonti: « 'i progressisti parlano di federalismo o decentramento fiscale' — spiega. 'E Visentini è proprio il padre di quella riforma fiscale centralista di metà degli anni Settanta, che ci ha ridotti in questo stato: l'unico paese, fra quelli industrializzati, a non avere un sistema di finanza locale'. Forse è una contraddizione fino a un certo punto, visto che quella riforma non fu osteggiata dalla sinistra. 'Appunto. Fu approvata in pieno clima di consociativismo politico. Fu allora che si legittimò la democrazia del deficit, concentrando sullo stato tutto il potere fiscale e, di riflesso, trasformando gli enti locali in centri di spesa irresponsabile. È così che è cominciata la spinta verso la spesa pubblica fatta con il debito pubblico: la cleptocrazia politica ha lì le sue radici' ». Ed ecco Filippo Cavazzuti: « 'Il fisco ideale per il Pds? Un misto fra quello canadese e quello statunitense', spiega Filippo Cavazzuti, esperto di economia del Partito democratico della sinistra e candidato nel collegio di Bologna. 'Il modello canadese ci piace per come organizza la solidarietà verso le regioni più povere', precisa Cavazzuti. 'Del fisco Usa ci va bene invece la distinzione fra le imposte progressive, gestite a livello federale, e quelle proporzionali, gestite dai singoli stati (...) Solo oggi si vedono i guasti di un meccanismo basato su un prelievo centrale e spesa locale e si capisce che bisogna dare responsabilità tributaria alle amministrazioni locali (...) Quanto alla ripartizione del gettito fiscale, 50% locale e 50% centralizzato, è semplicemente il modello canadese' ».
7. Certo, purtroppo, *quasi tutti* i nostri studiosi lavorano su materiali di risulta: la ricerca originale postula condizioni che si verificano di rado da noi. Ma è impossibile trattenersi dal fare un commento: non si dubita né della serietà né dell'impegno degli studiosi mentovati; ma quali speranze può destare un partito come il Pci-Pds che impiega ben 70 anni per arrivare a conclusioni del genere per bocca di uno dei suoi autorevoli esperti? Ma come?! non si tratta di paesi imperialisti demoplutomassonici?: il fatto è che lo spaventevole ritardo politico e culturale della

sinistra italiana è stato pagato dal paese tutto intero.
8. Se si volesse cercare tra i parametri possibili quello più idoneo a giudicare, oltre che l'ideologia, la *qualità* del nostro ceto dominante (partiti di governo, di opposizione, imprenditoria, sindacato, magistratura, burocrazia, università) non ci sarebbe che l'imbarazzo della scelta. Eppure, quello del sistema fiscale sembra riassumere tutto ciò che di più iniquo, demenziale e corrotto sia mai stato prodotto in mezzo secolo. Chi sa quale sarebbe il commento di Piero Gobetti allo spettacolo della discussione di una legge finanziaria *unica al mondo* (voluta dalle forze consociative) in cui partiti di governo e di opposizione — e, all'interno di essi, bande di ogni genere che non meritano la qualifica di *lobbies*, organizzate in *commandos parlamentari* di ricattatori, si formano, si disfano e si riformano — rivali tra loro, appaiono alleati di ferro nello sconquasso della finanza pubblica. Sebastiano Messina [1992: 121] ha tracciato un quadro agghiacciante di questa ennesima diversità del « laboratorio » consociativo nostrano.
9. Tutto questo spiega perché nel nostro paese vengano accolte con incredulità le notizie provenienti dagli S.U. di vite politiche stroncate da una infedele dichiarazione dei redditi. Sotto questo profilo, il punto non sembra tanto per il nostro paese quello di « entrare » in Europa, ma piuttosto quello di « entrare » in Occidente (AMNISTIA; CONTENZIOSO TRIBUTARIO; CONTRIBUENTE; DOPPIA IMPOSIZIONE; DRENAGGIO FISCALE; *DUMPING;* ECONOMIA NERA; ELUSIONE FISCALE; EVASIONE FISCALE; FEDERALISMO; FISCALE; FISCO; GIUSTIZIA TRIBUTARIA; IMMUNITÀ FISCALE; IMPOSTA; MARCA DA BOLLO; *MINIMUM TAX*; POTERE IMPOSITIVO; PRIVILEGIO DELLO STATO PER CREDITI DI IMPOSTA; PRIVILEGIO FISCALE; RAPPRESENTANZA POLITICA). [vol. I: JUDICIAL REVIEW; REVENUE; TAX]

Bibl.:

Nowak and Rotunda 1978, ed.1971: 188.

- **diretta.** Direct taxation.
- **discriminatoria.** Discriminatory taxation.
- **indiretta.** Indirect taxation.
- **interna.** Internal taxation.

Impossessamento in genere. Seizure (APPROPRIAZIONE; CATTURA; OCCUPAZIONE; POSSESSO; RIENTRO IN POSSESSO; SPOGLIO).

- **di beni mobili altrui.** (APPROPRIAZIONE INDEBITA)
- **di nave di un belligerante.** (CATTURA DI NAVE)
- **violento di un immobile.** Forcible entry, trespass (AZIONI (I) PETITORIE-POSSESSORIE; SPOGLIO). [vol. I: RECOVERY OF LAND]

Impossibilità in genere. Impossibility; talvolta è impiegato come sinonimo anche il termine *impracticability*. Ma il secondo indica piuttosto la difficoltà pratica che l'impossibilità. Ad es., negli S.U. il termine *impracticability* impiegato nella R. 23 delle *Federal Rules of Civil Procedure* in tema di *class action*, o azione di categoria, è riferito alla notevole difficoltà di citare in giudizio tutti gli interessati. Un atto può essere *physically, legally* (o *juridically*), o *logically impossible*. Ma si parla anche di *practical impossibility* per indicare un atto che può essere compiuto soltanto a un costo eccessivo o esorbitante. Peraltro, la terminologia e i concetti in materia non appaiono preclari (DIFFICOLTÀ; *HARDSHIP CLAUSE*). [vol. I: IMPOSSIBILITY]

- **della condizione.** Impossibility of contingency, o of condition (CONDIZIONE). [vol. I: CONDITION]
- **della prestazione.** Impossibility of performance. Essa dà luogo alla *frustration* del contratto, figura ignota alla *civil law* (CONTRATTO: X; PRESTAZIONE). [vol. I: FRUSTRATION]
- **legale.** Legal impossibility (*infra*, IMPOSSIBILITÀ SOPRAVVENUTA DELLA PRESTAZIONE). [vol. I: SUPERVENING ILLEGALITY]
- **sopravvenuta della prestazione.** Supervening impossibility of performance. Ma l'espressione non deve indurre a ritenere l'esistenza nella *common law* della risoluzione del contratto per impossibilità sopravvenuta della prestazione, giacché essa fa ricorso al diverso concetto di *frustration*.
  1. La *doctrine of impossibility of performance* (*of contract*) costituisce un'eccezione rispetto alla regola per cui l'obbligato è tenuto all'adempimento o, in mancanza, al risarcimento del danno, indipendentemente dall'onerosità sopravvenuta dell'adempimento a causa di circostanze impreviste. Essa ha subito una notevole elaborazione, specie giurisprudenziale; peraltro, un dato pacifico è che deve trattarsi di impossibilità *obiettiva*, e non già attinente alla persona del debitore (distru-

zione dell'oggetto del contratto, morte della persona tenuta all'adempimento, illegalità sopravvenuta del contratto, etc.).
2. Tuttavia, negli S.U. — stato federale — il concetto di impossibilità sembra essere stato esteso anche all'*impracticability*; in questo senso, un atto è *impracticable* quando può essere compiuto soltanto ad un costo esorbitante o irragionevole. Quando la questione è sollevata e si eccepisce l'intervento di *changed circumstances*, di solito almeno tre condizioni sono richieste. Che si sia verificato un evento imprevisto; che le parti non abbiano ripartito tra loro il rischio dell'evento imprevisto; che il verificarsi dell'evento abbia reso l'adempimento *commercially impracticable*. In tal senso, *impossibility of performance* o *impraticability of performance* — due concetti intrinsecamente distinti — divengono almeno in parte sinonimi. In effetti, il concetto di *commercial impracticability* costituisce, come si è detto una estensione della *doctrine of impossibility*, per cui in un contratto di vendita la parte obbligata viene sciolta dal suo obbligo qualora la *promise* (es.: la esistenza di determinate merci) sulla quale il contratto era fondato non esiste più a causa di eventi imprevedibili.
3. *Frustration* e *impossibility* vanno tenute distinte: l'*impossibility* costituisce una variante della *frustration*.
4. Le disposizioni fondamentali dell'*Uniform Commercial Code* degli S.U. — il più avanzato codice di commercio dell'Occidente — relative all'impossibilità sopravvenuta della prestazione sono contenute nell'Art. 2-613, 2-615, 2-616 (ATTO DI DIO; CONTRATTO: X; CONTRATTO DI DURATA; ECCESSIVA ONEROSITÀ SOPRAVVENUTA; FORZA MAGGIORE; *HARDSHIP CLAUSE*; INFLAZIONE; *PACTA SUNT SERVANDA;* PRESTAZIONE; RISOLUZIONE DEL CONTRATTO PER IMPOSSIBILITÀ SOPRAVVENUTA; SVALUTAZIONE). [vol. I: ACT OF GOD; CONTRACT: IX. 3, XII; CORONATION CASES; FORCE MAJEURE; FRUSTRATION; IMPOSSIBILITY; PACTA SUNT SERVANDA; PERFORMANCE; SUPERVENING IMPOSSIBILITY OF PERFORMANCE]

Bibl.:

Farnsworth, Young, Jones 1965, ed. 1978: 817.

– **sopravvenuta dell'esecuzione di un trattato.** Supervening impossibility of performance of a treaty. L'art. 61 della convenzione di Vienna stabilisce che l'impossibilità sopravvenuta dell'esecuzione di un trattato derivante dal venir meno permanente o dalla distruzione di un elemento indispensabile alla sua esecuzione può essere invocata come fonte di estinzione del trattato (TRATTATO). [vol. I: SUPERVENING IMPOSSIBILITY OF PERFORMANCE OF A TREATY]

Imposta/e in genere. Tax, rate, impost, charge, revenue, duty; in senso descrittivo, enforced contribution. Si noti che negli S. U., stato federale, si hanno imposte federali (*federal taxes*) e imposte previste dai singoli stati dell'Unione, dette *state taxes*; sono dette *county taxes* quelle stabilite da una contea, e *town*, *city* o *municipal taxes* le imposte locali in genere. Per ragioni storiche connesse all'indipendenza del parlamento inglese, le imposte vanno votate ogni anno dal parlamento; questo spiega perché via sia bisogno di un Finance Act annuale (ACCERTAMENTO DELL'IMPOSTA SUL REDDITO; ACCERTAMENTO FISCALE DOPPIO; ACCISE; AGEVOLAZIONE FISCALE; AGGIO ESATTORIALE; ALIQUOTA DI IMPOSTA; AL NETTO DI IMPOSTA; ANNO FISCALE; ATTO UNICO EUROPEO; AUMENTO DELLE IMPOSTE o TASSE; AUTORITÀ FISCALE; BILANCIO DELLO STATO; CAPACITÀ CONTRIBUTIVA; CODICE FISCALE; CONDONO FISCALE; CONTENZIOSO TRIBUTARIO; CONTRIBUENTE; DAZIO DOGANALE; DEDUCIBILE DALL'IMPOSTA; DETRAZIONE FISCALE; DICHIARAZIONE DEI REDDITI; DIRITTO (I) TRIBUTARIO; DOMICILIO FISCALE; DOPPIA IMPOSIZIONE; ECONOMIA NERA; ENTE SENZA SCOPO DI LUCRO; ENTRATA; ENTRATE PUBBLICHE; EQUITÀ FISCALE; ESAZIONE DELLE IMPOSTE; ESENTE DA DAZIO; ESENTE DA IMPOSTA; GETTITO DI IMPOSTA; GIUSTIZIA TRIBUTARIA; GUARDIA DI FINANZA; IMPONIBILE; IMPOSIZIONE FISCALE; INCENTIVO FISCALE; *MINIMUM TAX*; PAGAMENTO INSUFFICIENTE DELLE IMPOSTE; PEREQUAZIONE TRIBUTARIA; POTERE IMPOSITIVO; PRIVILEGIO DELLO STATO PER CREDITI DI IMPOSTA; RICEVITORE DELLE IMPOSTE; TRIBUNALE FISCALE; TRIBUTARISTA). [vol. I: CHARITY; RATE; REVENUE; TAX]

– **accertata.** Assessed tax (ACCERTAMENTO FISCALE).

– **addizionale.** Surtax (SOVRATTASSA).

– ***ad valorem.*** Ad valorem tax (VALORE).

– **arretrate.** Back taxes, past, due and unpaid taxes; dette anche, negli S.U., *delinquent taxes* (ARRETRATO).

– **catastale.** Grosso modo, real estate tax (CATASTO).

– **comunale.** Municipal o local tax (*infra*, IMPOSTA LOCALE).

– **cumulativa.** Cumulative tax (CUMULO).

– **di bollo.** Stamp duty (BOLLO; CARTA BOLLATA).

– **di bollo *ad valorem.*** Stamp duty ad valorem (*supra*, IMPOSTA DI BOLLO).

– **di concessione mineraria** o **forestale.** Severance tax (CONCESSIONE MINERARIA).

– **di consumo.** Excise duty, excise tax, consumption tax (CONSUMO).

– **di fabbricazione.** Excise duty, excise tax (FABBRICAZIONE).

– **di miglioria.** (CONTRIBUTO DI MIGLIORIA)

– **di registro in genere.** Grosso modo, registration tax, capital transfer tax; ma è dubbio che esista un equivalente della famigerata imposta nostrana (REGISTRO).

– **diretta.** Direct tax (*infra*, IMPOSTA INDIRETTA).

– **di successione in genere.** Estate duty. Sostituita nel R.U. dalla capital transfer tax o CCT. Nel R.U. l'elevatissimo tasso dell'imposta sui trasferimenti *mortis causa* — a parte i marchingegni elaborati dalla « scienza » dell'elusione fiscale per sfuggire a questo tipo di imposta — ha consentito l'acquisizione alla collettività di beni di grande valore artistico e ambientale, mediante la cessione allo stato di cespiti del patrimonio ereditario in luogo dell'imposta stessa. Anche da questo punto di vista, il confronto col nostro paese fa cascare le braccia. Negli S.U. — stato federale — l'imposta di successione è detta *estate tax*; va distinta dall'*inheritance tax*, o *legacy tax*, esistente in taluni stati dell'Unione, che grava sul designato per il fatto di acquisire il diritto di beneficiare della disposizione (SUCCESSIONE PER CAUSA DI MORTE). [vol. I: CAPITAL TRANSFER TAX; ESTATE DUTY]

– **doganale.** Customs duty (DOGANA).

– **federale negli S.U.** Federal tax (*infra*, IMPOSTA STATALE NEGLI S.U.).

– **federale sul reddito negli S.U.** Federal income tax (*supra*, IMPOSTA FEDERALE NEGLI S.U.).

– **fondiaria.** Land tax (FONDO).

– **globale.** Total tax.

– **immobiliare.** Land tax (IMMOBILE).

– **indiretta.** Indirect tax (*supra*, IMPOSTA DIRETTA).

– **interna.** Inland revenue. [vol. I: INLAND REVENUES]

– **locale in genere.** Local tax, local rate, rate (*supra*, IMPOSTA COMUNALE; AUTOGOVERNO). [vol. I: RATE]

– **non pagata.** Unpaid tax (*supra*, IMPOSTA ARRETRATA; DEFICIENZA).

– **progressiva.** Progressive tax, graduated tax (*supra*, IMPOSTA IN GENERE).

– **proporzionale.** Proportional tax (*supra*, IMPOSTA IN GENERE).

– **regressiva.** Regressive tax (*supra*, IMPOSTA IN GENERE).

– **ritenuta alla fonte.** Withholding tax (RITENUTA).

– **statale negli S.U.** State tax (*supra*, IMPOSTA FEDERALE NEGLI S.U.).

– **sugli affari.** Transfer tax (AFFARE).

– **sugli utili delle società.** Corporation tax (SOCIETÀ (II) DI CAPITALI; UTILI DI SOCIETÀ). [vol. I: CORPORATION TAX]

– **sugli utili di capitali.** Capital gains tax; negli S.U. sono tassati nella stessa misura del reddito ordinario (CAPITALE).

– **sugli utili non distribuiti.** Undistributed profits tax.

– **sui profitti straordinari.** Excess profits tax, windfall profits tax; come quella stabilita negli S.U. sulle compagnie petrolifere per i profitti straordinari realizzati in occasione dell'embargo sui prodotti petroliferi dei paesi arabi (APPALTO PUBBLICO; PROFITTI STRAORDINARI; UTILI RAGIONEVOLI DA UN INVESTIMENTO).

– **sui trasferimenti di titoli mobiliari.** Stock transfer tax (TITOLI MOBILIARI).

– **sul gioco d'azzardo.** Gambling tax (CASA DA GIOCO; GIOCO D'AZZARDO).

– **sulla cifra di affari.** Turnover tax (CIFRA DI AFFARI).

– **sulle attività professionali** o **commerciali in genere.** Occupation tax (ATTIVITÀ).

– **sulle donazioni.** Gift tax (DONAZIONE).

– **sulle società di capitali in quanto concessionarie del diritto di esercitare la propria attività in uno stato dell'Unione negli S.U.** Franchise tax (*supra*, IMPOSTA SUGLI UTILI DELLE SOCIETÀ).

– **sulle vendite.** (*infra*, IMPOSTA SUL VALORE AGGIUNTO; VENDITA)

– **sul patrimonio.** Property tax, personal property tax (PATRIMONIO).

– **sul reddito.** Income tax; quella inglese è la più antica in materia (DOMICILIO: 6; REDDITO).

Bibl.:
Domenicantonio, F., *Income tax, in Digesto IV Utet, Comm.*, vol. VII: 304.

– **sul Valore Aggiunto (IVA).** Value added tax (VAT). Non esiste ancora negli S.U.; in diversi stati dell'Unione si ha peraltro una c.d. *sales tax,* (o *use tax* qualora le parti si trovino in stati diversi) relativa alla vendita al dettaglio di taluni articoli (VALORE AGGIUNTO; VENDITA). [vol. I: TAX; VALUE ADDED TAX]

Impostore. Impostor; la *impostor rule* è riferita alla girata falsa (FALSIFICAZIONE DELLA GIRATA; TRUFFATORE).

Impotenza. Impotency (ANNULLAMENTO DEL MATRIMONIO; MATRIMONIO).

Impregiudicato ogni altro diritto in genere. Any other rights unprejudiced (SENZA PREGIUDIZIO).

Imprenditore in genere. Grosso modo, entrepreneur, trader, businessman, industrialist, contractor, merchant, venturer; ma, in senso stretto, non esiste un termine equivalente. Si noti che sia il diritto inglese che quello nordamericano conoscono il fallimento civile, ossia del non imprenditore (AUSILIARI DELL'IMPRENDITORE; DIRITTO (I) COMMERCIALE; FALLIMENTO; FALLIMENTO DELL'IMPRENDITORE; IMPRESA; INDUSTRIALE; LIBRI CONTABILI DELL'IMPRENDITORE; PICCOLO IMPRENDITORE; PROCURATORE DELL'IMPRENDITORE; PRODUTTORE; *STATUS*). [vol. I: BANKRUPTCY; INSOLVENCY]

Bibl.:
Galgano, F., *Imprenditore,* in *Digesto IV Utet, Comm.,* vol. VII: 1.

– **autonomo.** Self-employed (LAVORATORE AUTONOMO). [vol. I: *ad vocem*]

– **commerciale.** Businessman, business entrepreneur.

Bibl.:
Galgano, F., *Imprenditore Commerciale,* in *Digesto IV Utet, Comm.,* vol. II: 16.

– **edile.** Independent contractor, builder (CONTRATTO DI COSTRUZIONE).

– **in compartecipazione.** Joint venturer (ASSOCIAZIONE IN PARTECIPAZIONE).

– **individuale.** Sole trader, individual proprietor (*supra*, IMPRENDITORE AUTONOMO). [vol. I: *ad vocem*]

– **in proprio.** Sole trader, sole proprietor.

– **occulto in genere.** Grosso modo, sleeping partner, nella *partnership* (AZIONISTA UNICO; IMPRESA; SUPERAMENTO DELLA PERSONALITÀ GIURIDICA). [vol. I: COMPANY; LIFTING THE CORPORATE VEIL; PARTNERSHIP; SLEEPING PARTNER]

Imprenditoria in genere. Business community, industry (IMPRENDITORE; IMPRESA).

Impresa. Grosso modo, business enterprise, business firm, concern, enterprise, house, establishment, venture, undertaking. Ma non esiste un equivalente esatto del termine italiano.

1. Le imprese commerciali sono dette genericamente *business associations* o, negli S.U., più spesso *business enterprises*. Né nel R.U., né negli S.U. esiste un registro delle imprese (del resto, di fatto, ancora non esiste neanche nel nostro paese); esiste invece, quello delle società.

2. Nella maggioranza dei casi, l'impresa collettiva assume la forma della *partnership* o della *company* (o *corporation* negli S.U.).

3. La più potente e la più ricca economia del pianeta è quella degli S.U. Di qui l'importanza fondamentale di quel regime giuridico. Ricordato che gli S.U. sono uno stato federale, ossia una *plurilegal unit of sovereignty*, si osserva che le *business enterprises* sono regolate dalla legge dei singoli stati dell'Unione. Peraltro, in talune materie, una mole sempre crescente di legislazione federale si sovrappone all'originario regime statale.

4. Di modo che il regime giuridico delle imprese nordamericane risulta spesso in non pochi punti fondamentali dall'insieme del diritto statale e federale. In ordine a quest'ultimo, vi è, anzitutto, la costituzione che, per quanto priva di poteri espressi in materia, gode di fatto di *implied incorporation powers*; a ciò vanno aggiunte le leggi federali in applicazione della costituzione, i trattati conclusi dal governo federale, varie leggi federali e le *administrative regulations* emanate in applicazione della politica fiscale e, infine, i notevoli poteri federali sul commercio tra stati (*interstate commerce clause*).

5. Di questo insieme di diritto federale fa parte la normativa antimonopolistica, a tu-

tela dell'investitore e del consumatore e la materia della *labor law*, etc. Perfino talune regole sulla giurisdizione finiscono per assicurare un regime federale alla materia.
6. Le *business enterprises* si aggirano sui 12 milioni, costituite da: (i) circa 1.500 *corporations*, munite cioè di personalità giuridica; (ii) circa 950 mila *partnerships,* ossia società prive di personalità giuridica; (iii) circa 9 milioni di *individual proprietorships,* ossia imprese individuali. Dalle *business enterprises* vanno distinte le *non-business enterprises* o *non-business associations* che possono essere *corporate* o *non-corporate*, ossia munite o meno di personalità giuridica. Pertanto, le *corporations*, ossia le società, vanno distinte in *business corporations* e *non-profit corporations*, a seconda che perseguano o meno un fine di lucro. Le imprese pubbliche (*public* o *municipal corporations*) sono rette da leggi speciali il cui regime va accertato di volta in volta.
7. Si noti — nell'ambito della legislazione sulla criminalità organizzata negli S.U. — il concetto di *enterprise* o *criminal enterprise* previsto dal Racketeer influenced and Corrupt Organizations Act (RICO), complessa e possente legge *federale* contro la criminalità organizzata che si avvale appunto delle norme federali in tema di interferenze nel commercio tra gli stati dell'Unione per giustificare il proprio intervento legislativo. Il concetto di organizzazione criminale è reso in quella legge dal termine « enterprise » o « criminal enterprise » (ACQUISIZIONE DI CONTROLLO DI SOCIETÀ; AIUTI GOVERNATIVI ALLE IMPRESE; ASSOCIAZIONE TEMPORANEA DI IMPRESE; ATTIVO DELLA SOCIETÀ; AVVIAMENTO; AZIENDA; CARTELLO; CASA; COALIZIONE TRA IMPRESE; CODICE DI COMMERCIO; COMMERCIO INTERNAZIONALE; CONCORRENZA; CONDOTTA; CONSORZIO TRA IMPRESE; DIRIGENTE; DITTA; FALLIMENTO; GRANDE IMPRESA; GRUPPO DI IMPRESE; INTESA TRA IMPRESE; LIBERA INIZIATIVA; LIMITAZIONE DELLA RESPONSABILITÀ CIVILE; MONOPOLIO; PICCOLA IMPRESA; RAGIONE SOCIALE; REGISTRO DELLE IMPRESE; REGOLATORE; RILIEVO DI AZIENDA; SALVATAGGIO DELL'IMPRESA; SEDE DELL'IMPRESA COMMERCIALE; SEGRETO DI IMPRESA; SOCIETÀ (II) DI CAPITALI; SOCIETÀ (II) QUALE SOGGETTO COLLETTIVO; SPEDIZIONE NAUTICA; TITOLARE DI IMPRESA). [vol. I: BANKRUPTCY; BUSINESS ASSOCIATIONS; BUSINESS CORPORATION; COMMERCE CLAUSE; COMPANY; GOODWILL; PARTNERSHIP; RESTRAINT OF TRADE]

– **agricola.** Commercial farm (FALLIMENTO: VIII. 2).

– **a partecipazione statale.** State controlled enterprise.

– **attiva.** Going concern (ATTIVO PATRIMONIALE; AZIENDA). [vol. I: CONCERN]

– **autocratica.** One-man business (*infra*, IMPRESA INDIVIDUALE).

– **che assume manodopera non iscritta ai sindacati.** Open shop business (SINDACATO). [vol. I: CLOSED SHOP]

– **collettiva.** Partnership, company (o corporation).

– **commerciale in genere.** Business enterprise, commercial undertaking, commercial concern, business, business entity (AZIENDA).

– **cooperativa in genere.** Co-operative (COOPERATIVA). [vol. I: *ad vocem*]

– **di assicurazione.** Insurance company (ASSICURAZIONE).

– **di costruzioni.** Building contractor, buildig firm, construction firm (CONTRATTO DI COSTRUZIONE).

– **di navigazione.** (COMPAGNIA DI NAVIGAZIONE)

– **di pubblici servizi.** Public-utility business (company o corporation), public-service corporation, utility company, utility (SERVIZIO PUBBLICO). [vol. I: PUBLIC UTILITY]

– **di Stato.** State enterprise, state undertaking (STATO).

– **di trasporto su strada.** Haulage contractor (TRASPORTO STRADALE).

– **edilizia.** (*supra*, IMPRESA DI COSTRUZIONI)

– **familiare.** Family business.

– **globale.** Global company. Sviluppo ultimo della società transnazionale, essa produce, assembla e vende in tutto il mondo (*infra*, IMPRESA TRANSNAZIONALE).

– **individuale.** Individual proprietorship, one man business, one man company, sole trader (*infra*, IMPRESA COLLETTIVA).

– **industriale.** Industrial undertaking, industrial concern, manufacturing business, o concern (RESPONSABILITÀ DEL PRODUTTORE).

– **in partecipazione.** Joint adventure, joint venture, joint trade (ASSOCIAZIONE IN PARTECIPAZIONE).

– **marittima.** (COMPAGNIA DI NAVIGAZIONE)

– **monopolistica.** Monopolistic firm (MONOPOLIO).

– **multinazionale.** Multinational company; ma si parla ora, più correttamente, di impresa transnazionale (*supra*, IMPRESA GLOBALE; *infra*, IMPRESA TRANSNAZIONALE).

– **municipalizzata.** Municipal utility (SERVIZIO PUBBLICO).

– **munita di personalità giuridica.** Company o, negli S.U., corporation (PERSONA GIURIDICA).

– **nazionalizzata.** Nationalized industry (PRIVATIZZAZIONI). [vol. I: NATIONALIZED INDUSTRIES]

– **privata.** Private business, private enterprise, private concern, private owned enterprise (GIUSTIZIA ALTERNATIVA; GRUPPO DI PRESSIONE; INIZIATIVA PRIVATA).

– **pubblica.** Public enterprise (*infra*, IMPRESA STATALE; PARTECIPAZIONI STATALI).

– **statale.** Government enterprise, state enterprise, nationalized industry (*supra*, IMPRESA NAZIONALIZZATA).

– **transnazionale.** Transnational corporation o enterprise (*supra*, IMPRESA GLOBALE; SOCIETÀ (II) TRANSNAZIONALE). [vol. I: TRANSNATIONAL CORPORATION]

Bibl.:

Garbarino, C., *Imprese multinazionali nel diritto tributario,* in *Digesto IV Utet, Comm.,* vol. VII: 257.

Impresario in genere. Businessman, trader, industrialist, contractor (IMPRENDITORE).

Imprescrittibile. (DIRITTO (II) IMPRESCRITTIBILE)

Imprescrittibilità in genere. Imprescriptibility (PRESCRIZIONE).

Imprevedibilità in genere. Unforeseeability (DANNO IMPREVEDIBILE; EVENTO FORTUITO; FORZA MAGGIORE; *HARDSHIP CLAUSE*; IMPOSSIBILITÀ SOPRAVVENUTA DELLA PRESTAZIONE; PREVEDIBILITÀ).

Imprigionamento in genere. Jailing (ARRESTO; CARCERAZIONE; DETENZIONE; PRIGIONE).

Improcedibilità in genere. Grosso modo, bar, demurrer, estoppel (CONDIZIONI DI PROCEDIBILITÀ; PRECLUSIONE). [vol. I: BAR; DEMURRER; ESTOPPEL]

– **della domanda.** Grosso modo, claim preclusion (DOMANDA; DOMANDA GIUDIZIALE).

Impronta in genere. Imprint, print (IDENTIFICAZIONE; INFORMAZIONE GENETICA; MARCHIO; PROVA; SEGNO).

– **della palma della mano.** Palmprint.

– **del piede.** Footprint.

– **digitale.** Fingerprint. [vol. I: *ad vocem*]

Improponibilità. (IMPROCEDIBILITÀ)

Imprudenza. Carelessness, recklessness, negligence (COLPA; DILIGENZA; IMPERIZIA; INAVVERTENZA; NEGLIGENZA; OMICIDIO COLPOSO; PRUDENZA). [vol. I: CARE; DUTY OF CARE; LIABILITY; NEGLIGENCE; RECKLESSNESS; TORT]

Impugnabile in genere. Objectionable, challengeable, contestable, impeachable, appealable, reviewable, liable to attack. Negli S.U. quando il concetto è riferito alle decisioni delle *administrative agencies*, si dice che queste ultime sono *reviewable* dalle corti ordinarie in base alla *judicial review* (APPELLABILE; APPELLO; ATTACCABILE; CONTESTABILE; GIURISDIZIONE; IMPUGNABILITÀ; IMPUGNAZIONE; INIMPUGNABILE; LEGALMENTE INATTACCABILE). [vol. I: JUDICIAL REVIEW]

Impugnante. (OPPONENTE)

Impugnazione in genere. Attack, appeal, challenge, objection, exception, impeachment, grievance, defiance. Il termine *attack* indica un mezzo di impugnazione in senso lato: l'appello costituisce una delle forme più importanti di *attack*; in questo senso, si parla, ad es., di *attack on judgment*. Da segnalare — al di là dell'appello in senso stretto — la straordinaria ricchezza di espedienti per contestare una sentenza o un provvedimento giudiziario specie, ma non soltanto, in tema di libertà personale — dall'*habeas corpus*, al *collateral attack* (negli S.U.), ai c.d. *prerogative orders*, al *certiorari* etc. — non solo nei confronti degli organi giudiziari, ma anche di qualsiasi altro organo autorizzato dalla legge a emettere decisioni che producano effetti sui diritti dei cittadini. Sempre, ovviamente nell'ambito di una cultura giuridica comune, si riscontrano talune notevoli differenze tra il sistema inglese e quello nordamericano. Da quest'ultimo punto di vista, l'impugnazione della sentenza nel sistema nordamericano viene distinta in *direct attack* e *collateral attack*: l'appello rientra nella prima categoria. Ma non esiste equivalente del *collateral attack* nel sistema processuale penale e civile inglese nel quale ultimo, ad es., in tema di libertà personali, esauriti i rimedi di appello in senso stretto, a un condannato non resta che sperare nella grazia. La materia è un'autentica valle di Giosafatte nella quale non è agevole districarsi (APPELLO; CONDANNA; CONTESTAZIONE; COSA GIUDICATA; ECCESSIVO AMMONTARE DEL RISARCIMENTO DEL DANNO; ECCEZIONE; GARANTISMO; GRADI DI GIURISDIZIONE; GRAVAME; *HABEAS CORPUS*; LEGALMENTE INATTACCABILE; MEZZO DI IMPUGNAZIONE; OBIEZIONE; OPPOSIZIONE; RICUSAZIONE; SENTENZA; ULTIMA ISTANZA). [vol. I: APPEAL; ATTACK; IMPUGN; JUDGMENT; RES IUDICATA]

– **della sentenza.** Appeal against, o from, a judgment, attack on a judgment (APPELLO; SENTENZA). [vol. I: APPEAL; JUDGMENT]

– **del testamento.** Contestation of will, challenge of will (TESTAMENTO).

– **di costituzionalità di una legge.** Attack on the constitutionality of a statute (CONTROLLO GIURISDIZIONALE DI COSTITUZIONALITÀ). [vol. I: JUDICIAL REVIEW]

– **di una decisione in genere.** Challenging a decision (DECISIONE). [vol. I: APPEAL; ATTACK; TRIAL]

– **penale in genere.** Challenge of penal judgment.

Bibl.:

Galantini, N., *Impugnazioni penali in diritto comparato,* in *Digesto IV Utet, Pen.,* vol. VI: 233.

Impunità. Impunity o immunity (IMMUNITÀ). [vol. I: CRIMINAL LIABILITY; IMMUNITY; PRIVILEGE]

Imputabile in genere. Chargeable, criminally responsible, accountable (IMMUNITÀ; IMPUTABILITÀ; IMPUTATO; LEGALMENTE RESPONSABILE; RESPONSABILE).

Imputabilità. Criminal responsibility (BENE E MALE; CAPACITÀ DI DELINQUERE; CAPACITÀ DI INTENDERE E DI VOLERE; IMPUTABILE; IMPUTATO; RESPONSABILITÀ; SANITÀ MENTALE). [vol. I: JUVENILE OFFENDER]

– **del minore.** Criminal responsibility of minor; recenti decisioni emesse in Inghilterra in processi per efferati crimini commessi da minorenni hanno abbassato l'età dell'imputabilità penale dei minori da 14 a 10 anni: a condizione, beninteso, che il minore dai 10 anni in su sia in grado di intendere e di volere, egli risponde come un adulto. Esse hanno determinato vivaci critiche e un dibattito nel paese che non sarà certo sedato dalla attesa decisione della *House of Lords* chiamata a decidere in sede definitiva la questione. Ma si tratta di materia non facile sulla quale spetta al legislatore statuire. In effetti, nel nostro paese il problema assume giganteschi aspetti sociali che vanno ben oltre il dato tecnico-giuridico: è un fatto che nel Sud d'Italia la criminalità organizzata utilizza sistematicamente dei minorenni, oltre che per traffici illegali, anche per portare ad esecuzione le più svariate forme di attività criminose, incluso l'omicidio su commissione. Le decisioni inglesi — piuttosto che demonizzate — dovrebbero essere quindi motivo di riflessione. Il ragionamento delle corti inglesi appare non privo di senso comune: il minore di almeno 10 anni che, col pianificare anche nei dettagli un efferato omicidio, dimostri di essere capace di intendere e di volere come un adulto, non può avvalersi di quello scudo legale esistente proprio per chi di tale capacità non dispone. Tutt'al più si può considerare la sua inimputabilità come una forma di presunzione *iuris tantum.* Come si ripete, la materia è complessa e delicata; ma bisogna riconoscere che con le loro decisioni le corti inglesi hanno posto un problema reale finora ignorato da noi (INFERMITÀ MENTALE; MINORE; TRIBUNALE PER I MINORENNI).

Imputato in genere. Defendant, accused, person charged, criminal defendant. Ma, tecnicamente, non vi ha equivalenza tra l'imputato nostrano e l'accusato nel processo penale di *common law.* Si parla di *prisoner at the bar* per definire l'imputato presente davanti alla corte nella fase del *trial.* L'accusato che risulti tale da un *indictment*, imputazione relativa ai reati più gravi, è detto anche *indicted* o *indicted person.* A differenza del processo inglese, in cui l'imputato si trova sul banco degli imputati (*dock*) nel sistema nordamericano egli siede al banco degli avvocati.

1. Nel sistema nordamericano l'*arrestee* (arrestato) assume la veste di *defendant* dopo la denunzia (*complaint*) alla *magistrates' court*: dopo di che deve essere presentato alla corte [Lafave and Israel 1985, ed. 1992: 23]. Nel processo (*trial*) l'imputato, se crede, può deporre; in tal caso assume la veste di testimone, deve giurare, e si espone alla temibile *cross-examination* e, eventualmente, alla responsabilità per falsa testimonianza. Ma, in virtù del *privilege against self-incrimination*, non vi può essere obbligato. Si tratta di una non agevole decisione di strategia processuale che, di fatto, può esercitare una influenza negativa sulla giuria in un sistema e in una cultura che vuole che l'imputato, come qualsiasi altro testimone,

sia assoggettato alla *cross-examination,* architrave e *pièce maitresse* di quel processo penale. Un processo penale di qualche rilevanza senza *cross-examination* dell'imputato è evento insolito.
2. Naturalmente, lo *status* di testimone dell'imputato non può essere inteso se non si tiene conto che esso si inquadra in un processo penale accusatorio, assai diverso da quello italiano e da altri paesi di *civil law*. Nei sistemi processuali inglese e nordamericano, proprio perché applicano il metodo accusatorio *tout court,* non trovano equivalenze le finezze processuali italiane, che spesso riflettono sedimenti inquisitori, sull'acquisizione della qualità di imputato. Tantomeno esistono equivalenze esatte delle figure dell'indagato, dell'inquisito e dell'indiziato di reato.
3. Non esiste la figura dell'imputato nostrano, esonerato dal giuramento e libero di spacciare impunemente le più spudorate e incontrollate menzogne; tantomeno poi esiste quella del c.d. pentito che, assurto ormai, in taluni casi, addirittura a massimo ispiratore della politica giudiziaria del paese, gode in più anche del privilegio di potersi sottrarre al controesame. Comunque, a un *common lawyer* sembra assai bizzarro un sistema che richiede al testimone di dire la verità, ma consente all'imputato di dire la bugia (ACCUSA; ACCUSATORE; AMMISSIONE DI COLPEVOLEZZA DELL'IMPUTATO; ARRESTO; ASSENZA DELL'IMPUTATO; AUTOINCRIMINAZIONE; AZIONE (I) PENALE; BANCO DELL'ACCUSATO; CARCERAZIONE PREVENTIVA; CAUZIONE GIUDIZIARIA; CITAZIONE DELL'IMPUTATO A COMPARIRE; COIMPUTATO; CONDANNATO; CONFRONTO TRA IMPUTATO E TESTIMONE DELL' ACCUSA; CONTESTAZIONE IN UDIENZA DEI CAPI DI IMPUTAZIONE; CONTROESAME; CONTUMACE; DEPOSIZIONE NEL PROCESSO PENALE; DETENUTO; DICHIARAZIONI DELL'IMPUTATO; DIRITTI (II) DELL'IMPUTATO; DIRITTI (II) DELL'UOMO; DIRITTO (II) DI CRONACA; FERMO DI POLIZIA; GIURIA IMPARZIALE; IMPUTABILITÀ; IMPUTAZIONE; INDAGATO; INDIZIATO DI REATO; *IN DUBIO PRO REO*; INQUINAMENTO DELLA PROVA; INQUISITO; INTERROGATORIO DELL'ARRESTATO; LIBERAZIONE DELL'IMPUTATO SU CAUZIONE; PLURALITÀ DI IMPUTATI; PRECEDENTI PENALI; PROCEDURA PENALE; SILENZIO DELL'IMPUTATO; TESTIMONE; TESTIMONIANZA). [vol. I: INTRODUZIONE: III. 28; ACCUSED; ADVERSARY SYSTEM; BAIL; CRIMINAL PROCEDURE; CROSS-EXAMINATION; DEFENDANT; INDICTMENT; OFFENDER; SELF-INCRIMINATION]

Bibl.:
Karlen 1967: 37.

– **contumace.** Absent defendant, absent accused (*infra*, IMPUTATO LATITANTE; CONTUMACIA DELL'IMPUTATO). [vol. I: ABSENCE OF ACCUSED]

– **disturbatore dell'udienza.** Disruptive defendant (DISTURBATORE).

– **federale negli S.U.** Federal defendant (REATO).

– **incensurato.** First offender, one time offender (PRECEDENTI PENALI).

– **indigente.** Indigent defendant, indigent accused (ASSISTENZA GIUDIZIARIA; BISOGNOSO; DIFENSORE DI UFFICIO; INDIGENTE; SPESE PROCESSUALI).

– **infermo di mente.** Defendant mentally incompetent to stand trial (INFERMITÀ MENTALE).

– **in stato di arresto.** Accused, defendant o, anche, prisoner remanded in custody (ARRESTO; CONDANNATO; LIBERTÀ PROVVISORIA). [vol. I: PRISONER; REMAND]

– **latitante.** Absent accused, fugitive defendant, absconding accused, accused at large (*supra*, IMPUTATO CONTUMACE; CONTUMACIA; LATITANTE). [vol. I: ABSENCE OF ACCUSED]

– **recidivo.** Persistent offender, two time offender, recidivist (*supra*, IMPUTATO INCENSURATO; RECIDIVO). [vol. I: PERSISTENT OFFENDER]

Imputazione in genere. Nel senso di accusa, è detta criminal charge, accusation, charge, indictment, information, count, complaint. La contestazione dell'imputazione all'imputato in udienza è detta *arraignment*. Dopo il rinvio a giudizio, si tratta del primo atto processuale di un *trial on indictment*, in cui il giudice chiede all'imputato se si dichiara colpevole (*guilty*) o non colpevole (*not guilty*); nel primo caso, si procede ad irrogare la pena (di solito preceduta dal *plea bargain*), ovvero a rinviare l'udienza qualora la corte abbia bisogno di informazioni sull'imputato prima di stabilire la pena. Qualora, invece, l'imputato si dichiari non colpevole, si fa luogo alla costituzione della giuria [cfr., per il sistema inglese, Emmins 1981, ed. 1992: 83]. Negli S.U. — stato federale — l'imputazione va distinta in *federal charge* o *state charge*, a seconda che essa sia riferita ad un reato previsto dalla legge federale o di un singolo stato dell'Unione. L'atto di accusa o imputazione penale assume diversi termini negli S.U.: indictment, information, complaint, a seconda dei casi. In un sistema processuale che non conosce le attenuanti in senso stretto, il mutamento del capo di imputazione, sia nel sistema inglese che in quello nordamericano, è molto praticato per concedere un'attenuante, ovvero anche quando la prova non appare idonea a giustificare l'imputazione di un reato più grave; in questo senso, si parla di *charge reduction*, o di *substituting a lower charge* [Lafave and Israel 1985, ed. 1992: 22, 24, 25]. Quando il termine è riferito alla specificazione o imputazione di pagamento, si parla di *appropriation* (ACCUSA; ADDEBITO; AZIONE (I) PENALE; CAPO DI IMPUTAZIONE; COMPARIZIONE IN GIUDIZIO; CONFESSIONE; DIRITTO (II) DI IMPUTAZIONE; IMPUTATO; INCRIMINAZIONE; MUTAMENTO DEL TITOLO DI REATO; PROCESSO; RICHIESTA DI RINVIO A GIUDIZIO; RINUNZIA ALL'AZIONE PENALE). [vol. I: ARRAIGNMENT; CHARGE; PROBABLE CAUSE; PROSECUTION]

Bibl.:

Ruggieri, F., *Imputazione in diritto processuale penale comparato,* in *Digesto IV Utet, Pen.,* vol. VI: 292.

- **di omicidio.** Charge of murder (OMICIDIO).
- **di pagamento.** Appropriation of payment (PAGAMENTO; RIPARTIZIONE). [vol. I: APPROPRIATION; CLAYTON'S CASE]
- **di reato.** (*supra*, IMPUTAZIONE IN GENERE)
- **di reato minore.** Charging a lesser crime (*supra*, IMPUTAZIONE IN GENERE).
- **di spesa.** Appropriation, o allocation, of expense (STANZIAMENTO DI SPESA).
- **penale.** Criminal charge (*supra*, IMPUTAZIONE IN GENERE; ACCUSA PENALE; AZIONE (I) PENALE).

Inabilità. Disability, disablement (CAPACITÀ; INIDONEITÀ; INVALIDITÀ). [vol. I: DISABILITY; DISABLEMENT]

- **permanente-temporanea.** Permanent-temporary disablement.
- **totale.** Total disability.

Inabilitato. Person under care, in care; ma si noti che, in senso stretto, non esiste l'istituto dell'inabilitazione (CURATORE DELL'INABILITATO; INABILITÀ; INABILITAZIONE; INADATTO; INVALIDO). [vol. I: PERSON]

Inabilitazione. La *common law* non conosce l'istituto dell'inabilitazione; ma è prevista la nomina di un *guardian* nel caso di *mentally disordered person.* In origine, non è ammessa l'inabilitazione per prodigalità (INTERDIZIONE; PRODIGALITÀ). [vol. I: MENTAL DISORDER; SPENDTHRIFT]

Inadatto. Unfit, unqualified (CAPACE; IDONEO; INABILITATO).

Inadempiente in genere. Defaulter, non performer; ma è detto anche *delinquent* (CONTRAVVENTORE; DELINQUENTE; INADEMPIMENTO; OFFENSORE; PARTE INADEMPIENTE; TRASGRESSORE). [vol. I: DEFAULTER; DELINQUENT; PERFORMANCE]

Inadempienza. (INADEMPIMENTO)

Inadempimento in genere. Default, non compliance, defalcation; in materia contrattuale, si parla più spesso di *breach of contract*, *non-performance*, *failure to perform* o anche, ancora oggi, talvolta, di *non-feasance.* Con l'*acceleration clause* si stabilisce contrattualmente la decadenza dal beneficio del termine nel caso di inadempimento del debitore (ADEMPIMENTO SPECIFICO; BENEFICIO DEL TERMINE; CLAUSOLA DI ACCELERAZIONE; CLAUSOLA PENALE; CONTRATTO: IX; DECADENZA; ISTIGAZIONE ALL'INADEMPIMENTO CONTRATTUALE; MANCANZA; MORA; MUTUALITÀ; OMISSIONE; PAGAMENTO: 3; RISARCIMENTO PER INADEMPIMENTO CONTRATTUALE; RISOLUZIONE DEL CONTRATTO PER INADEMPIMENTO; SCADENZA; TERMINE ESSENZIALE; VENDITA GIUDIZIARIA; VIOLAZIONE DEL CONTRATTO). [vol. I: ACCELERATION CLAUSE; BREACH OF CONTRACT; DEFAULT; NON-FEASANCE; NON-PERFORMANCE; PERFORMANCE]

- **contrattuale in genere.** Breach of contract (CONTRATTO: IX; VIOLAZIONE DEL CONTRATTO).
- **degli obblighi fiduciari in genere.** Breach of trust (OBBLIGO FIDUCIARIO; *TRUST*). [vol. I: *ad vocem*]
- **parziale.** Partial breach (*supra*, INADEMPIMENTO CONTRATTUALE).
- **totale.** Total breach (*supra*, INADEMPIMENTO CONTRATTUALE).

Inadempiuto. Unperformed, unfulfilled (INADEMPIMENTO).

Inadimplenti non est adimplendum. Ignoto è l'uso del brocardo latino. Ma forse un concetto analogo può essere ricercato nel requisito della *mutuality of contract* (CONTRATTO: IX; MUTUALITÀ; RISOLUZIONE DEL CONTRATTO PER INADEMPIMENTO). [vol. I: DISCHARGE; MUTUALITY OF CONTRACT; RESCISSION]

Inalienabile in genere. Inalienable, untransferable, unassignable; ma in materia di diritti immobiliari si parla anche di *tied up prop-*

erty. In effetti, sia il sistema inglese che quello nordamericano si ispirano al principio della circolazione dei beni: non è possibile stabilire l'inalienabilità di un bene. Peraltro, la mancanza nella *common law* di norme relative alla quota di riserva a favore degli eredi ha contribuito allo sviluppo di una serie di istituti diretti al *tying up* o all'*entail*. Di guisa che, anche se un immobile non può mai essere reso inalienabile, esso può essere *settled* in modo tale che, in caso di vendita, il ricavato deve essere reinvestito e il nuovo investimento deve sostituire l'oggetto originario del *settlement*, il quale ultimo sopravvive (ALIENABILE; DIRITTO (II) INALIENABILE; INDISPONIBILE; IRRINUNZIABILE; MANOMORTA; SUCCESSIONE). [vol. I: ALIENATION; ENTAIL; INDEFEASIBLE; MORTMAIN; PERPETUITY; PROPERTY; RESTRAINT ON ALIENATION; SETTLEMENT; SUCCESSIONE]

Inalienabilità. Inalienability (ALIENABILE; ALIENABILITÀ; ALIENAZIONE; CIRCOLAZIONE DEI BENI; DIRITTO (II) ALIENABILE-INALIENABILE; LASCITO CON VINCOLO DI INALIENABILITÀ).

Inammissibile in genere. Inadmissible, not receivable; come, ad es., la prova orale contro un patto scritto, la prova ottenuta mediante perquisizione e sequestro illegale, taluni tipi di *hearsay evidence*. Ma il concetto di inammissibilità è anche reso dall'espressione *principle against* per indicare il divieto di un secondo giudizio a carico dell'imputato prosciolto, detto, appunto, *principle against double jeopardy* (AMMISSIBILITÀ; DIVIETO).

Inammissibilità. Inadmissibility (INAMMISSIBILE).

Inamovibilità della magistratura. Judges' security of tenure (GIUDICE; INDIPENDENZA DELLA MAGISTRATURA; MAGISTRATURA; ORDINAMENTO GIUDIZIARIO).

In anticipo di. In advance of (ANTICIPO; IN ARRETRATO).

Inappellabile (di una decisione, etc.). Final (INAPPELLABILITÀ DELLA SENTENZA; INATTACCABILE; SENTENZA INAPPELLABILE).

Inappellabilità della sentenza. Finality of judgment, inappealability of judgment (APPELLO; COSA GIUDICATA; SENTENZA INAPPELLABILE). [vol. I: APPEAL]

In applicazione dell'articolo. Pursuant to article..., in pursuance of article... (AI SENSI DELL'ARTICOLO...; APPLICAZIONE; ARTICOLO DI LEGGE).

In arretrato. Behind, in arrears, outstanding (ARRETRATO; IN ANTICIPO).

Inattaccabile in genere. Unchallengeable, unimpeachable (APPELLABILE; ATTACCABILE; IMPUGNABILE; IMPUGNAZIONE; INAPPELLABILE; INOPPUGNABILE; LEGALMENTE INATTACCABILE).

Inattività processuale. Want of prosecution inaction. Negli S.U. — stato federale — si impiega il termine *non prosequitur* per indicare l'inattività processuale dell'attore; il convenuto può chiedere che venga emesso un *judgment of non prosequitur* contro di lui. Ai sensi delle Rules 41 e 55 delle *Federal Rules of Civil Procedure* l'inattività dell'attore dà luogo o al rigetto della domanda o a una sentenza in contumacia (*default judgment*) dell'attore. Inoltre, con il termine generale di *nonsuit* si indica una serie di decisioni con cui si fa luogo al rigetto di un'azione in giudizio senza che la causa sia decisa nel merito, sia per inattività dell'attore, sia per incapacità di provare il merito della sua domanda. I c.d. *judgments of nonsuit* sono definiti anche *dismissal* e possono essere *voluntary* o *involuntary*, a seconda che abbiano luogo con o senza l'assenso dell'attore (ABBANDONO DELLA CAUSA; CANCELLAZIONE DELLA CAUSA DAL RUOLO PER INATTIVITÀ PROCESSUALE; CAUSA (III); DESISTENZA; INATTIVO). [vol. I: DISCONTINUANCE OF ACTION; DISMISSAL FOR WANT OF PROSECUTION]

Inattivo in genere. Dormant (INATTIVITÀ PROCESSUALE; SALDO INATTIVO). [vol. I: *ad vocem*; SLEEPING PARTNER]

Inaudita altera parte. Ex parte. Il termine indica principalmente un provvedimento giudiziario interlocutorio emesso *inaudita altera parte* (CONTRADDITTORIO; DECRETO INGIUNTIVO; GIURISDIZIONE VOLONTARIA; INIBITORIA). [vol. I: ADVERSARY SYSTEM; AUDI ALTERAM PARTEM; BUSINESS; CAMERA; EX PARTE; INJUNCTION; NATURAL JUSTICE; ORDER 14 PROCEDURE]

Inavvertenza. Carelessness (AVVERTENZA; IMPRUDENZA; NEGLIGENZA). [vol. I: *ad vocem*; CARE]

In blocco. (ALL'INGROSSO)

In buona e dovuta forma. In due and proper form (FORMA).

In cambio di. In return for (CAMBIO; CORRISPETTIVO; SCAMBIO).

Incameramento di fondi. Forfeiture of funds

(CONFISCA; FONDO; SEQUESTRO DI FONDI). [vol. I: FORFEITURE]

Incanto in genere. Auction (ASTA; VENDITA ALL'ASTA). [vol. I: *ad vocem*]

– **a sistema olandese.** Dutch auction (ASTA). [vol. I: *ad vocem*]

– **pubblico.** Public auction (APPALTO).

Incapace in genere. Disabled person, disqualified, incompetent, unable, incapable, unfit; l'infermo di mente è detto *mentally disordered person*, *insane*, *person of unsound mind*, *non compos mentis*, *non-sane, non sui iuris*. Essere dichiarati *non compos* significa essere dichiarati incapaci (AMMINISTRAZIONE DEI BENI DEL MINORE O DELL'INCAPACE; CAPACITÀ DI INTENDERE E DI VOLERE; CURATELA; CURATORE; FALLIMENTO: I. 4; GIURISDIZIONE VOLONTARIA; INABILITAZIONE; INCAPACITÀ; INTERDIZIONE; INTERDIZIONE DALL'ATTIVITÀ DI AMMINISTRATORE DI SOCIETÀ; INVALIDO; MINORE; RAPPRESENTANZA DELL'INCAPACE; RESPONSABILITÀ CONTRATTUALE DELL'INCAPACE; RESPONSABILITÀ EXTRACONTRATTUALE DEGLI INCAPACI; RESPONSABILITÀ PENALE; SOTTRAZIONE DI MINORE O INCAPACE; TUTELA). [vol. I: DISABILITY; GUARDIANSHIP; INCOMPETENCY; INSANITY; MENTAL DISORDER; NECESSARIES; STATUS]

Bibl.:

Venchiarutti, A., *Incapaci in diritto comparato*, in *Digesto IV Utet, Civ.*, vol. IX: 384.

– **di contrattare.** Incompetent to contract (CAPACITÀ). [vol. I: INCOMPETENT]

– **di intendere e di volere.** Grosso modo, mentally disordered person (CAPACITÀ DI INTENDERE E DI VOLERE; IMPUTABILITÀ DEL MINORE). [vol. I: MENTAL DISORDER]

– **di provvedere ai propri interessi.** Unable to manage one's own property and business affairs effectively, incapable of managing and administering one's own property and affairs (INTERESSE). [vol. I: DISABILITY]

Incapacità in genere. Disability, incompetency, incapacity, non-ability. Ma non si ha nella *common law* un concetto generale di incapacità analogo a quello della *civil law*. Si parla di *legal incapacity* per indicare che una persona è titolare di un diritto, ma non può esercitarlo; in tal senso, si dice che *the right is vested in him but he is prevented from exercising it*. È questo il caso, ad es., di minori, persone condannate, etc. Ma il termine *incapacity* indica anche l'invalidità; così, ad es., *total incapacity* indica l'invalidità totale. Il tema dell'incapacità si intreccia con quello della legittimazione: è detta *inability to sue*, o *non valentia agere*, l'assenza di capacità processuale (CAPACITÀ; INCAPACE; INVALIDITÀ; LEGITTIMAZIONE PROCESSUALE; MINORE). [vol. I: INTRODUZIONE: III. 13; DISABILITY; DISQUALIFICATION; NECESSARIES]

– **contrattuale.** Incompetency to contract, disability to enter a contract (CAPACITÀ). [vol. I: CONTRACT: XVI; MINOR; NECESSARIES]

– **di contrarre matrimonio.** Disability to marry (MATRIMONIO). [vol. I: DISABILITY]

– **di intendere e di volere in materia penale.** Inability to distinguish right and wrong (BENE E MALE; CAPACITÀ DI INTENDERE E DI VOLERE; IMPUTABILITÀ DEL MINORE; RESPONSABILITÀ PENALE).

– **di testimoniare.** Incompetency to testify (PROVA; TESTIMONIANZA). [vol. I: COMPETENCY OF EVIDENCE; INCOMPETENCY]

– **giuridica.** Legal disability, legal incapacity.

– **lavorativa.** Disablement (LAVORO).

– **naturale.** Natural disability.

– **processuale attiva.** Inability to sue o *non valentia agere* (CAPACITÀ PROCESSUALE).

In carica. La persona in carica nel senso di responsabile, è detta person in charge; quella che ricopre attualmente un posto o ufficio è detta *current incumbent* o *incumbent* (CARICA).

Incaricato in genere. Agent, manager, representative, commissioner, envoy, charged (ADDETTO; IN CARICA; INCARICO).

– **d'affari.** Chargé d'affaires (DIPLOMAZIA). [vol. I: DIPLOMATIC AGENT]

– **d'affari commerciali.** Business agent (AGENTE DI AFFARI; AGENTE DI COMMERCIO). [vol. I: MANAGER]

– **di.** In charge of (IN CARICA).

– **di pubblico servizio.** Grosso modo, public service employee. Ma, in senso stretto, non esiste questa figura né nel sistema inglese, né in quello nordamericano (PUBBLICO UFFICIALE).

– **marittimo.** Maritime agent (AGENTE MARITTIMO).

Incarico. Appointment, assignment, commission, charge, office, post, place, position, employment. Un incarico remunerato è detto office of profit; un incarico fiduciario, office of trust; un incarico onorario, office of honour, honorary office. Il verbo *commission (to)* indica, tra l'altro, conferire un'autorità, un potere, nominare. Un *public official* è una persona che ha ricevuto una *commission*, ossia che è stato investito di un potere dall'autorità competente. Il termine *commission* è storicamente riferito al potere di nomina del sovrano di un giudice, ufficiale dell'esercito, pubblico ufficiale, etc. Di una persona incaricata, cui si affida un mandato, come un avvocato, si dice che essa è *hired* (CONFERIMENTO DI AUTORITÀ o POTERE; DESTITUZIONE DA UN UFFICIO; DURATA DI UNA CARICA; FUNZIONE PUBBLICA, PRIVATA; INCARICATO; MANDATO; MANDATO *AD LITES;* MANSIONE; NOMINA; UFFICIO). [vol. I: OFFICE]

– **confliggente con gli interessi del mandante.** Conflicting employment (CONFLITTO DI INTERESSI; MANDATO *AD LITES*).

In caso di. In case of (CASO).

– **bisogno.** (CASO DI BISOGNO)

– **ritardo.** In case of delay (RITARDO).

Incassabile. Collectible o collectable.

Incasso in genere. Collection, encashment, takings. Negli S.U., il Fair Debt Collection Practice, in tema di *consumer credit*, regola le attività delle agenzie preposte all'incasso dei crediti, o *debt collector* (ASSEGNO (II) PER L'INCASSO; CREDITO; ESAZIONE; INCASSABILE; PER L'INCASSO; SPESE PER L'INCASSO; TUTELA DEL CONSUMATORE).

– **dell'assegno.** Collection of cheque (o check); è detta *collecting bank* la banca che procede all'incasso dell'assegno (ASSEGNO (II) BANCARIO; GIRATA PER L'INCASSO).

Incastrare. (DOLOSA PREORDINAZIONE DI PROVE DI REATO A CARICO DI UN INNOCENTE)

Incauto in genere. Careless (IMPRUDENZA).

– **acquisto.** Grosso modo, purchase of property of apparent illegal origin (ACQUISTO; RICETTAZIONE).

Incendio. Fire (FUOCO; RISCHI DA INCENDIO). [vol. I: *ad vocem*; INSURANCE: II]

– **di cosa assicurata.** Fire of insured property (ASSICURAZIONE CONTRO L'INCENDIO).

– **doloso.** Arson (DOLO). [vol. I: *ad vocem*]

– **naturale di boschi e foreste.** Wild fire (FORESTE DELLO STATO).

Incensurato. Without criminal, o police, records, without previous convictions (IMPUTATO INCENSURATO; PRECEDENTI PENALI).

Incentivo in genere. Incentive (AIUTO; DETERRENTE; DISINCENTIVO).

– **all'esportazione.** Export incentive (AIUTI ALL'ESPORTAZIONE; ESPORTAZIONE).

– **fiscale.** Tax incentive (DETRAZIONE FISCALE; IMPOSIZIONE FISCALE; IMPOSTA).

– **in contanti.** Cash incentive (CONTANTE).

Incertezza giuridica. Legal uncertainty (CERTEZZA DEL DIRITTO).

Incerto. Contingent (CONDIZIONE; EMERGENZA; EVENTO). [vol. I: *ad vocem*; CONDITION]

Incesto. Incest; costituisce reato ma diversamente dal nostro sistema, l'esistenza del reato non è fatta dipendere dal « pubblico scandalo » (cfr. art. 564 c.p.), per cui, in effetti, in molti casi il fatto non è considerato reato (FIGLIO INCESTUOSO; PARENTELA; VIOLENZA CARNALE).

Incetta. Forestalling the market, buying-up, hoarding, engrossment (ACCAPARRAMENTO; AGGIOTAGGIO). [vol. I: FORESTALLING THE MARKET]

Inchiesta in genere. Inquiry, inquest, investigation, inspection, inquisition, probe (in senso meno formale). Indagare su delle accuse è detto *investigate (to) allegations.* Di straordinaria importanza, e priva di equivalenza nel sistema italiano, è la *public inquiry* alla quale si fa ricorso nel R. U. in occasione di grandi lavori pubblici. Sono definite *coroner's inquest* le indagini esperite dal *coroner* assistito dalla giuria in occasione di morti violente, o apparentemente non naturali. Ma si tratta di una figura ignota alla *civil law* (ACCERTAMENTO; ACCUSA; AMBIENTE; COMMISSIONE DI INCHIESTA; ESAME; IMPATTO AMBIENTALE; INDAGINE; INVESTIGAZIONE; MORTE; POLVERONE; RISULTANZE DI UN'INCHIESTA; VERIFICA; VISITA). [vol. I: CORONER'S INQUEST; INQUIRY: 3; TOWN AND COUNTRY PLANNING ACT; TRADE DISPUTES]

– **del Congresso degli S.U.** Congressional investigation. Notevolmente più penetrante ed efficiente di quella parlamentare nostrana (AUDIZIONE DEL CONGRESSO DEGLI S.U.; CONGRESSO DEGLI S.U.).

– **di bandiera.** In diritto internazionale marittimo, si parla di *enquête du pavillon* (BANDIERA). [APPROACH]

– **giudiziaria.** (INDAGINI GIUDIZIARIE)

– **indipendente.** Independent inquiry (AZIONE (I) PENALE).

– **interna a un organo pubblico** o **privato.** In house investigation.

– **marittima.** Shipping inquiry; è svolta nel sistema inglese da *naval courts* (COMMISSIONE DI INCHIESTA MARITTIMA). [vol. I: *ad vocem*; CASUALTY; COURT OF INQUIRY; LIABILITY; NAVAL COURTS; SHIPWRECK]

– **parlamentare.** Parliamentary inquiry e, negli S.U., congressional investigation (*supra*, INCHIESTA DEL CONGRESSO DEGLI S.U.). [vol. I: INQUIRY: 2]

– **statistica.** Poll (ELEZIONI; VOTAZIONI).

Inchmaree clause. [vol. I: *ad vocem*]

Bibl.:
Zunarelli, S., *Inchmaree clause,* in *Digesto IV Utet, Comm.,* vol. VII: 301.

Incidentale in genere. Incidental, incident (ACCESSORIO; APPELLO INCIDENTALE; AUSILIARE; AZIONE (I) INCIDENTALE; EVENTUALE; INCIDENTE).

Incidente in genere. Accident, incident, casualty, occurrence, contingency, event. Nel senso di espediente processuale, è detto, grosso modo, a seconda dei casi, objection, plea, challenge, disproving, disputing, calling in question, etc. (AUTOVEICOLO; DANNEGGIATO; DANNO ACCIDENTALE; FORZA MAGGIORE; INCIDENTALE; INFORTUNIO; RIMEDIO GIURIDICO; SINISTRO; VITTIMA). [vol. I: ACCIDENT; ACT OF GOD]

– **aereo.** Air crash, plane crash, air accident (TRASPORTO AEREO).

– **automobilistico.** (*infra*, INCIDENTE STRADALE)

– **di esecuzione.** Grosso modo, objecting to the execution of a judicial measure (ESECUZIONE).

– **di falso.** Grosso modo, contesting, o impeaching, the truthfulness o veracity of an act. Ma non esiste in senso stretto (FALSO; NOTAIO).

– **fittizio.** Phoney accident (FALSIFICAZIONE; SIMULAZIONE; TRUFFA IN DANNO DELL'ASSICURATORE).

– **inevitabile.** Inevitable accident, unavoidable accident, unavoidable casualty (ATTO DI DIO; FORZA MAGGIORE; IMPOSSIBILITÀ SOPRAVVENUTA DELLA PRESTAZIONE; RESPONSABILITÀ OGGETTIVA). [vol. I: INEVITABLE ACCIDENT]

– **marittimo.** (SINISTRO MARITTIMO)

– **mortale.** Fatal accident, fatality (DELITTO COLPOSO-DOLOSO; MEDICO LEGALE; MORTE; SUICIDIO). [vol. I: *ad vocem*; SURVIVAL OF CAUSES OF ACTION]

– **nautico.** Accident of navigation. [vol. I: *ad vocem*]

– **nucleare.** Nuclear incident (ENERGIA NUCLEARE). [vol. I: *ad vocem*]

– **probatorio.** Grosso modo, e in maniera descrittiva, taking of evidence in the pretrial stage of a criminal proceeding whenever it can not be produced or gathered at a later stage. Ma non esiste in senso stretto: l'incidente probatorio comprime notevolmente il senso del processo accusatorio (PROCEDURA PENALE; PROVA; TESTIMONIANZA A FUTURA MEMORIA).

– **processuale in genere.** Objection, plea (ECCEZIONE). [vol. I: *ad vocem*]

– **stradale.** Road accident, automobile accident (ASSICURAZIONE CONTRO I DANNI DALLA CIRCOLAZIONE DI AUTOVEICOLI; AUTOVEICOLO; AZIONE (I) DI RISARCIMENTO DA INCIDENTE STRADALE; CIRCOLAZIONE STRADALE; DELITTO COLPOSO-DOLOSO; LESIONI PERSONALI; REATO CONNESSO ALLA CIRCOLAZIONE STRADALE; STRADA; TRAFFICO STRADALE; VEICOLO). [vol. I: COLLISION CLAUSE; INSURANCE: II. 5; RUNNING DOWN CASE; RUNNING DOWN CLAUSE]

– **sul lavoro.** Industrial accident (DELITTO COLPOSO-DOLOSO; ECONOMIA NERA; LAVORO). [vol. I: *ad vocem*]

Incidenza. Impact (EFFETTO; IMPATTO; RILEVANZA).

Incitamento. Inducement, instigation, abetting, solicitation, decoy (ISTIGAZIONE). [vol. I: ENTRAPMENT; INDUCEMENT; INSTIGATION]

In colpa. At fault (COLPA).

Incolpazione. (IMPUTAZIONE)

Incompatibilità in genere. Incompatibility, repugnancy, inconsistency, conflict, contrariety, opposition, variance, discrepancy (CONFLITTO DI INTERESSI; CONTRADDITTORIETÀ; DISCREPANZA; IMPOSSIBILITÀ; INTERDIZIONE). [vol. I: INCONSISTENCY; REPUGNANCY]

– **di carattere in genere.** Incompatibility of temperaments, o of personalities. Nel sistema inglese non costituisce né una causa di separazione legale, né di divorzio: quest'ultimo è dichiarato solo in caso di « irretrievable breakdown of marriage ». Negli S.U. — in cui la materia è regolata dai singoli stati dell'Unione — l'incompatibilità di carattere costituisce una causa di divorzio obiettiva (*no-fault divorce*) in taluni stati. Ma la terminologia varia: in alcuni di essi si parla di *irreconciliable differences*, in altri ancora di *irretrievable breakdown of marriage* (CONDONO; DIVORZIO; MALTRATTAMENTI NEL MATRIMONIO). [vol. I: DIVORCE; IRRETRIEVABLE BREAKDOWN OF MARRIAGE; JUDICIAL SEPARATION]

- **di leggi.** Repugnancy between statutes (LEGGE).
- **giuridica in genere.** Legal repugnancy.
- **tra le clausole di un atto, di una legge, tra i fatti invocati in giudizio, etc.** Repugnancy, inconsistency, opposition o contrariety, between clauses of the same deed, contract, statute, or between two or more material allegations of the same pleading (CONTRADDITTORIETÀ TRA LE CLAUSOLE DI UN ATTO). [vol. I: INCONSISTENCY; REPUGNANCY]

Incompetenza. Grosso modo, lack, o want, of jurisdiction. Il termine *excess of jurisdiction* indica più spesso la giurisdizione esuberante o esorbitante. Sul piano descrittivo, l'incompetenza potrebbe essere definita come quella di una court dealing with matters about which it is without power or authority to act. Ma non è detta *incompetency*, termine che indica più spesso l'incapacità in genere e, più spesso, quella a testimoniare. Si noti che, in senso stretto, la *common law* non distingue tra competenza e giurisdizione (COMPETENZA; ECCEZIONE DI INCOMPETENZA; GIUDICE INCOMPETENTE; GIURISDIZIONE ESUBERANTE). [vol. I: INCOMPETENCY; JURISDICTION]

- **del pubblico ufficiale.** Public official acting ultra vires (ECCESSO DI POTERE; PUBBLICO UFFICIALE). [vol. I: ULTRA VIRES]
- **territoriale.** Grosso modo, lack, o want, of territorial jurisdiction (COMPETENZA PER TERRITORIO).

Incompiuto/a. Inchoate (IMPERFETTO). [vol. I: *ad vocem*]

In complicità con. In complicity with (COMPLICITÀ; IN CONCORSO CON).

In concorso con. Together with (CONCORSO; IN COMPLICITÀ CON).

Incondizionata/o in genere. Absolute, unconditional, unqualified, indefeasible, clear (ASSOLUTO; CONDIZIONATO; CONDIZIONE; ORDINE INCONDIZIONATO; SENZA CONDIZIONI). [vol. I: ABSOLUTE AND INDEFEASIBLE; CONDITION; INDEFEASIBLE]

In conformità con o **di.** In pursuance of, pursuant to, in agreement with, according to, in conformity with (CONFORMITÀ; IN SEGUITO A; IN VIRTÙ DELLA LEGGE).

In contanti. Cash (*CASH AND CARRY*; CASSA; CONTANTI; PAGAMENTO). [vol. I: *ad vocem*]

Incontestabilità in genere. Incontestability (CLAUSOLA DI INCONTESTABILITÀ; CONTESTAZIONE).

In conto. On account (ACCONTO; ANTICIPO; CONTO).

In contraddittorio con. In opposition to (CONTRADDITTORIO).

Incontro in genere. Meeting (RIUNIONE; SCONTRO).

- **delle volontà nel contratto.** Meeting of minds, agreement, consensus ad idem; ma nel *simple contract* esso non è sufficiente a costituire un vincolo giuridico tra le parti: è necessario che vi sia anche una *consideration*, requisito ignoto alla tradizione di *civil law* (CONFRONTO; CONSENSO NEL CONTRATTO; CONTRATTO: III; VOLONTÀ). [vol. I: CONSENSUS AD IDEM]
- **segreto.** Secret meeting (SEGRETO).

In contumacia. In absentia, in absence (CONTUMACIA).

Inconveniente. Nuisance, molestation (MOLESTIA).

Incorporazione in genere. Merger, accession, confusion; il termine *incorporation* indica più spesso la creazione o costituzione di una persona giuridica, detta, appunto, *corporation* (ACCESSIONE; FUSIONE DI SOCIETÀ; INFISSO; PERSONA GIURIDICA; PROCEDURA DI COSTITUZIONE DI SOCIETÀ; SOCIETÀ (II) QUALE SOGGETTO COLLETTIVO). [vol. I: ACCESSION; CONFUSION; FIXTURE; INCORPORATION; MERGER]

- **di beni al suolo.** Things annexed to the soil (ACCESSIONE; IMMOBILE PER DESTINAZIONE; PERTINENZA). [vol. I: FIXTURE]
- **per accessione.** Fixture by accession (ACCESSIONE). [vol. I: ACCESSION]

Incorporeo in genere. Incorporeal (BENI IMMATERIALI).

In corso. Pending (PENDENTE). [vol. I: PENDENCY]

Incostituzionale. Unconstitutional (COSTITUZIONALE).

Incoterms. È questa l'abbreviazione di *International Rules for the Interpretation of Trade Terms*, ossia delle regole per l'interpretazione delle clausole commerciali internazionali standard elaborate dalla Camera di Commercio Internazionale. Ormai di adozione universale, sono particolarmente importanti in materia di disciplina dei costi e dei rischi di trasporto, di pagamento, etc. (*CIF*; CLAUSOLE INTERNAZIONALI DI CONSEGNA ATTINENTI ALLA DISCIPLINA DEI COSTI E DEI RISCHI DI TRASPORTO; COMMERCIO INTERNAZIONALE; CREDITO DOCUMENTARIO; PASSAGGIO DEL RISCHIO; TERMINI DI RESA NEL COMMERCIO INTERNAZIONALE; TRASPORTO; VENDITA DOCUMENTARIA; VENDITA INTERNAZIONALE). [vol. I: INCOTERMS]

Incremento. Appreciation (DECREMENTO; MIGLIORIA).

Incriminazione. Incrimination, criminal prosecution, charge, accusation, indictment, impeachment (AUTOCALUNNIA; AUTOINCRIMINAZIONE; AZIONE (I) PENALE; IMPUTAZIONE). [vol. I: PROSECUTION]

Incuria. Negligence, carelessness, neglect; quando è riferita all' occupante di un immobile, si parla più spesso di *dilapidation* (DANNEGGIAMENTO; IMPRUDENZA; NEGLIGENZA). [vol. I: DILAPIDATION]

Incursore societario. (*RAIDER*)

In custodia legis. (SEQUESTRO)

Indagato in genere. Grosso modo, indicted person; ma, in senso stretto, la figura nostrana non trova equivalenza nel processo penale di *common law*. Essa potrebbe essere descritta come the condition of a suspected person in the stage of judicial investigation before a formal request for prosecution is made (ARRESTO; IMPUTATO; INDAGINI DI POLIZIA; INDIZIATO DI REATO; INDIZIO; INFORMAZIONE DI GARANZIA; PROCESSO ACCUSATORIO; SOSPETTATO; TESTIMONE).

Indagine/i. Inquiry, inquest, investigation, inquisition (ACCERTAMENTO; ARRESTO; CONTROLLO; ESAME; INCHIESTA; INFORMAZIONE; INTERROGATORIO; INVESTIGAZIONE; MORTE; PERQUISIZIONE; POLIZIA; RICERCA; VERIFICA). [vol. I: CORONER'S INQUEST; PROBE]

– **antimonopolistica negli S.U.** Anti-trust investigation; ha luogo ad opera del *Department of Justice* federale (MONOPOLIO).

– **che precedono l'arresto.** Pre-arrest investigation (ARRESTO; FERMO DI POLIZIA).

– **conoscitiva del parlamento in genere.** Parliamentary hearing; negli S.U., i congressional hearings sono ormai celebri per la loro importanza (AUDIZIONE DEL CONGRESSO DEGLI S.U.; CONTRADDITTORIO).

– **di polizia in genere.** Police inquiry, police investigation, criminal investigation, probe, interview (*infra*, INDAGINI PRELIMINARI; ARRESTO; FERMO DI POLIZIA; GIURIA: 9; INDAGATO; INFORMAZIONE GENETICA; INTERCETTAZIONE; INTERROGATORIO DI POLIZIA; PEDINAMENTO DI PERSONA SOSPETTA; POLIZIA; PROVA ACQUISITA ILLEGALMENTE; RIAPERTURA DELLE INDAGINI DI POLIZIA; SISTEMA PENALE ACCUSATORIO).

– **giudiziarie.** Grosso modo, judicial inquiry. Ma in materia penale, va ricordata la assai diversa articolazione del processo accusatorio di *common law*: l'autorità giudiziaria esercita esclusivamente la giurisdizione, e non effettua indagini di polizia; non esiste la figura del pubblico ministero, etc. La magistratura inglese e quella nordamericana esercitano esclusivamente la giurisdizione. Le indagini rientrano nelle attribuzioni della polizia (*supra,* INDAGINI DI POLIZIA; *infra*, INDAGINE PRELIMINARI; ACCERTAMENTO GIUDIZIARIO; INFORMAZIONE DI GARANZIA; GIURIA: 9; ORDINAMENTO GIUDIZIARIO).

– **preliminari.** Grosso modo, police investigation, pre-trial investigation; ma, in virtù della diversa articolazione del processo penale di *common law* inglese e nordamericano, non esiste equivalenza esatta delle indagini preliminari nostrane siccome concepite dall'art. 326 del nostro c.p.p.: non esiste la figura del pubblico ministero (gli organi inquirenti sono collocati al di fuori dell'ordine giudiziario), e non esiste neanche una polizia giudiziaria alle dipendenze di lui. Nel sistema nordamericano il *grand jury* — in sede federale e in quegli stati dell'Unione in cui sopravvive — è un organo collegiale che svolge, tra l'altro, anche funzioni di indagini (GIURIA: 9). Un controllo — indiretto — sulle indagini di polizia viene esercitato dal *magistrate* davanti al quale, al termine delle indagini e qualora sia stato deciso (nel sistema inglese dalla polizia prima e, successivamente, dal *Crown Prosecutor* che la fa propria e, nel sistema nordamericano, a seconda dei casi, dallo *State Attorney* o dal *District Attorney*) di proseguire o dar corso all'azione penale, ha luogo in udienza pubblica e in contraddittorio tra le parti con la *preliminary examination* (o *hearing* nel sistema nordamericano). Quest'ultima è diretta, tra l'altro, ad accertare giudizialmente la sussistenza di elementi di prova tali da giustificare il rinvio a giudizio dell'imputato davanti all'organo giudiziario competente. In questa fase si svolge la c.d. *discovery* che attiene, tra l'altro, alla selezione delle prove ammesse al *trial*. Il nostro sistema arieggia la terminologia, più che la sostanza, dell'articolazione del processo accusatorio di *common law* (*supra*, INDAGINI GIUDIZIARIE; AZIONE (I) PENALE; *DISCOVERY*; DISCREZIONALITÀ DELL'AZIONE PENALE; GIUDICE PER LE INDAGINI PRELIMINARI; INVESTIGATORE PRIVATO; ISTRUZIONE; POLIZIA; RINVIO A GIUDIZIO; SISTEMA PENALE ACCUSATORIO). [vol. I: MAGISTRATE; PRELIMINARY EXAMINATION: 2]

– **sulla paternità.** Investigation into paternity, determination of paternity; si attua, tra l'altro, mediante il c.d. *HLA test* (INFORMAZIONE GENETICA; PATERNITY). [vol. I: ACCESS]

Indebita influenza. Undue influence (ECCESSIVA ONEROSITÀ DEL CONTRATTO; INDEBITAMENTE; INIQUITÀ; LIBERO DA INFLUENZA ALTRUI; STATO DI BISOGNO; VIOLENZA). [vol. I: *ad vocem*]

Indebitamente. Unduly, wrongly (DEBITAMENTE; INDEBITA INFLUENZA; INDEBITO).

Indebitamento. Borrowing, indebtness; ma si parla anche di *liabilities*. È detto *debt ceiling* il tetto dell'indebitamento, e *borrowing requirement* il fabbisogno finanziario (BILANCIO; DEBITO; FABBISOGNO FINANZIARIO; INSOLVENZA; PASSIVO; PATRIMONIO). [vol. I: DEBT; INSOLVENCY]

– **pubblico.** Public borrowing (DEBITO PUBBLICO).

Indebito in genere. Undue (INDEBITAMENTE; PAGAMENTO DELL'INDEBITO; RIPETIZIONE DELL'INDEBITO). [vol. I: *ad vocem*]

– **arricchimento.** (ARRICCHIMENTO SENZA CAUSA; RIPETIZIONE DELL'INDEBITO)

– **pagamento.** Undue payment (PAGAMENTO DELL'INDEBITO; RIPETIZIONE DELL'INDEBITO).

Indegnità in genere. Indignity.

– **di succedere.** Non esiste una disposizione generale analoga a quella italiana dell'art. 463 c.c. L'indegnità di succedere, stabilita dalla c.d. *slayer's rule*, può essere definita, grosso modo, unfitness o disqualification from deriving any benefit under the will of his victim. Essa è limitata al caso di omicidio volontario e alla successione testamentaria. Ma si notino le notevoli diversità esistenti in tema di successione nella due tradizioni giuridiche di *civil law* e di *common law* (OMICIDIO; REVOCA DELLA DONAZIONE PER INGRATITUDINE; SUCCESSIONE PER CAUSA DI MORTE). [vol. I: SUCCESSION].

– **nel matrimonio.** Indignity. Con questo termine si indica in taluni stati degli S.U. una forma di *cruelty*, ossia di maltrattamenti non fisici tali da giustificare il divorzio (DIVORZIO; MALTRATTAMENTI NEL MATRIMONIO).

Indennità. Allowance, allocation, benefit, bonus, indemnity, compensation, perquisite o perq, pay (ASSEGNO (I); COMPENSO; GARANZIA; INDENNIZZO; PRINCIPIO INDENNITARIO; RISARCIMENTO; STIPENDIO; SUSSIDIO; VACANZA). [vol. I: ALLOWANCE; CONTRACT; HOLD HARMLESS CLAUSE; INDEMNITY; INSURANCE]

– **di espatrio.** Expatriation allowance (ESPATRIO).

– **di licenziamento.** Redundancy payment, severance pay (LICENZIAMENTO). [vol. I: GOLDEN HANDSHAKE]

– **di missione.** Travel allowance, per diem allowance (DIARIA; MISSIONE). [vol. I: PERQUISITE]

– **di sosta nel *charterparty*.** (CONTROSTALLIE)

– **di trasferta.** Travel allowance (TRASFERTA).

– **di viaggio.** Travel allowance (VIAGGIO).

– **e compenso di rimorchio.** Towage remuneration (RIMORCHIO).

– **integrativa.** Supplementary benefit, supplementary allowance.

– **spettante al testimone.** Witness fees, witness costs (TESTIMONE).

Indennitario. (CONTRATTO INDENNITARIO; INDENNIZZO)

Indennizzo in genere. Indemnity, compensation, reward (ARRICCHIMENTO SENZA CAUSA; ASSICURAZIONE; CLAUSOLA INDENNITARIA; COMMISSIONE

COMMERCIALE; COMPENSO; CONTRATTO INDENNITARIO; CORRISPETTIVO; EQUO INDENNIZZO; ESPROPRIAZIONE; GARANZIA AUTONOMA; GIUSTO INDENNIZZO; INDENNITÀ; LETTERA DI GARANZIA; PREZZO; PRIVAZIONE DELLA PROPRIETÀ; RICHIESTA DI INDENNIZZO ASSICURATIVO; RICHIESTA DI INDENNIZZO ESORBITANTE; RIPARAZIONE; RISARCIMENTO). [vol. I: DAMAGES; INDEMNITY; SAVE HARMLESS CLAUSE]

– **nell'espropriazione per pubblica utilità in genere.** Compensation for expropriation; il V emendamento [1791] della costituzione degli S.U. stabilisce tra l'altro, « *nor shall private property be taken for public use, without just compensation* ». L'art. 42 della nostra costituzione ne costituisce una parafrasi, con la differenza che elimina l'aggettivo *giusto* (CONFISCA; ESPROPRIAZIONE PER PUBBLICA UTILITÀ: 2; VALORE DI MERCATO). [vol. I: EXPROPRIATION]

– **per requisizione.** Compensation for requisition, compensation for requisitioned property (REQUISIZIONE). [vol. I: REQUISITION]

In deposito. On deposit (DEPOSITO).

Inderogabile in genere. Mandatory, absolute, peremptory (DEROGABILE; DIRITTO (I) IMPERATIVO-DISPOSITIVO; DOVERE INDEROGABILE; NORMA INDEROGABILE; OBBLIGATORIO; ORDINE PUBBLICO; PERENTORIO; REQUISITO INDEROGABILE; TASSATIVO).

Inderogabilità in genere. In senso lato e, grosso modo, not subject to variation by agreement (DEROGA; INDEROGABILE; NORMA DISPOSITIVA).

– **della competenza.** Grosso modo, jurisdiction not subject to variation by agreement (COMPETENZA).

– **della giurisdizione.** Grosso modo, jurisdiction not subject to variation by agreement (CLAUSOLA COMPROMISSORIA; GIURISDIZIONE).

Indicatario al bisogno nella cambiale. Referee in case of need (CAMBIALE; PAGAMENTO; PROTESTO). [vol. I: *ad vocem*; ACCEPTANCE OF BILL OF EXCHANGE; BILL OF EXCHANGE; DISHONOUR; PROTEST]

– **a ricevere il pagamento.** Payee, person to whom payment must be made (PAGAMENTO).

Indicatore. Indicator, rating (*FUMUS*; INDICE; INTERESSI SUL CAPITALE; SEGNO).

– **economico.** Economic indicator (MERCATO).

Indicazione. Direction (DEDUZIONE; DIRETTIVA; ERRONEA ISTRUZIONE; IDENTIFICAZIONE; INDAGINE; INDICATARIO; INDICE; ISTRUZIONI ALLA GIURIA; MANDATO). [vol. I: *ad vocem*; JURY]

Indice in genere. Index; il mondo degli affari adotta numerosi indici (INDICATORE; PENSIONE INDICIZZATA).

– **azionario.** Share index come, ad es., il Financial Times share index inglese (FTI) o il *Dow Jones* nordamericano (AZIONE (II) DI SOCIETÀ; BORSA VALORI).

– **dei prezzi.** Price index (PREZZO).

– **dei prezzi al dettaglio.** Retail price index (DETTAGLIO; PREZZI AL DETTAGLIO).

– **dei prezzi delle derrate.** Commodity price index (DERRATE).

Indicizzazione. Indexation (INDICE; POLIZZA (I) INDICIZZATA; RISPARMIO INDICIZZATO; TASSO VARIABILE DEGLI INTERESSI).

– **del costo della vita.** Cost of living indexation (COSTO DELLA VITA; OSCILLAZIONE DEI PREZZI).

– **salariale.** Wage indexation (SALARIO; STIPENDIO).

Indigente. Indigent, needy. Negli S.U. — in tema di spese processuali — la R. 24 delle *Federal Rules of Appellate Procedure* parla di *proceeding in forma pauperis* per indicare il procedimento di appello in cui si consente alla parte indigente di parteciparvi senza essere tenuta al pagamento eventuale delle spese processuali e degli onorari di avvocato (ASSISTENZA GIUDIZIARIA; BISOGNOSO; IMPUTATO INDIGENTE; LITIGANTE INSOLVENTE; NULLATENENTE; SPESA PUBBLICA; SPESE PROCESSUALI; STATO DI BISOGNO).

Indigenza. Need, poverty (INDIGENTE).

Indipendenza in genere. Independence (AUTONOMIA; DICHIARAZIONE DI INDIPENDENZA).

– **della magistratura.** Independence of the judiciary, o judicial independence.
1. L'espressione *during good behaviour,* o quella analoga *quamdiu bene se gesserit*, sta ad indicare una delle massime garanzie di indipendenza dei giudici inglesi delle *superior courts* e, in generale, dei giudici delle corti superiori dei sistemi di *common law.* L'una e l'altra indicano la nomina a vita del giudice delle corti superiori, storicamente concetto fondamentale dell'ordine giudiziario inglese e nordame-

ricano. Ma ora, per quanto riguarda i giudici delle *superior courts* inglesi, l'espressione *during good behaviour*, in effetti, non indica più a vita, ma soltanto fino all'età di 75 anni, in cui vanno in pensione. Essi possono essere rimossi dal sovrano solo per *misbehaviour* a seguito di una mozione dei due rami del parlamento, ai sensi del Judicature (Consolidation) Act 1925; ma l'assenza di precedenti dovuta essenzialmente alla probità dei giudici superiori inglesi pone qualche problema di interpretazione. Negli S.U. — stato federale — l'art. III, s. 1, della costituzione stabilisce che i giudici federali restano in carica anch'essi *during good behaviour*; ma la loro nomina, secondo l'antica tradizione inglese, è effettivamente a vita. La loro rimozione ha luogo mediante il procedimento di *impeachment*, ossia quello stesso previsto per il Presidente degli S.U., ai sensi dell'art. II, s. 4, della stessa costituzione (*IMPEACHMENT*; MESSA IN STATO DI ACCUSA DEL PRESIDENTE DELLA REPUBBLICA).

2. Ma in Inghilterra e negli S.U. — dove il *judiciary* è costituito esclusivamente da giudici che esercitano effettivamente ed esclusivamente la *giurisdizione* — indipendenza della magistratura significa in effetti indipendenza della giurisdizione, diversamente da quanto accade nel nostro paese in cui per magistratura si intende anche quella esercente funzioni requirenti. Questo pone in un'ottica totalmente diversa, ad es., il problema della responsabilità civile dei magistrati.

3. Per quanto, ovviamente, il termine si riferisca ad un concetto comune ai paesi democratici dell'Occidente, in effetti la sua concreta accezione è determinata, oltreché da diverse premesse storiche, da taluni dati tecnico-politici quali, ad es., il regime delle fonti e il principio della *judicial review* (ossia, in genere, il controllo giurisdizionale di costituzionalità della legge e degli atti della pubblica amministrazione), il sistema di reclutamento dei giudici e, più in generale, il sistema politico: da questo punto di vista, partendo da concetti condivisi almeno parzialmente si arriva spesso, in pratica, a risultati opposti. Si pensi, ad es., che, ad eccezione del famigerato Roland Freisler — presidente del tribunale del popolo « giustiziato » da una sacrosanta bomba americana — in Germania, i giudici, tutti fanatici nazisti, hanno continuato tranquillamente a svolgere la loro attività anche dopo il crollo del regime, e quindi a portare nell'amministrazione della giustizia della nuova democrazia tedesca (del resto, nella zona occidentale, un'invenzione imposta dalle Forze Armate Alleate) il contributo negativo della loro ideologia; un discorso non troppo diverso vale per la Francia di Vichy e anche per il nostro paese. Ma non è concepibile l'indipendenza della magistratura come ceto in sé, distaccato dal suo naturale correlativo, ossia dall'avvocatura. In effetti, l'indipendenza della magistratura, così com'è intesa nella tradizione di *common law*, appare spesso per molti versi strettamente legata alle vicende dell'avvocatura; del resto, l'altissima funzione della giurisdizione (tale essa è considerata universalmente) è esercitata da ex avvocati: i giudici inglesi e nordamericani sono storicamente prescelti tra i più prestigiosi membri del foro.

4. Quasi a ribadire l'altissimo ruolo della funzione giudiziaria nel sistema inglese, gli stipendi medi dei giudici delle *superior courts* appaiono tra i più elevati tra quelli pagati dallo stato, addirittura superiori a quelli del primo ministro [cfr. *Whitaker's Almanack* 1994: 282, 370]. Ma, come scrive René David: « Ce ne sont pas ces hauts traitments qui assurent la qualité des magistrats anglais ». La possibilità di corromperli o di influenzarli « est exclue par la tradition, et c'est là sans doute la seule garantie effective qui puisse être fournie dans n'importe quel système de droit » [1948: 290, 291]. Chiarito che qui per *tradition* vanno intese anche determinate condizioni politiche e morali di un paese, queste poche proposizioni valgono a sgombrare il campo della tesi per cui l'aumento dei già altissimi stipendi dei magistrati nostrani e la loro nomina a vita possano, di per sé, assicurare quella indipendenza e quelle *qualità* professionali, quelle decenze, quelle doti umane e di carattere che, salvo rare ed encomiabili eccezioni, fanno così vistosamente difetto; carenze che, sia detto *en passant,* trovano un significativo parallelismo nel ceto forense, accademico e della classe dirigente del nostro paese. Insomma, *non è un fatto di soldi*; o non solo di soldi. Pertanto, al di là di un augurio di *reconstruction* politica e morale del nostro paese, premessa delle necessarie riforme, sia consentito di esprimere dei fieri dubbi sulla concreta utilità dei numerosi marchingegni proposti per assicurare l'indipendenza di una magistratura che, a quanto sembra, tale *non vuole essere*; almeno a giudicare dal-

l'ultimo mezzo secolo e, beninteso, salvo rare ed encomiabili eccezioni. Situazione unica al mondo, nel nostro sistema fanno parte dell'ordine giudiziario i rappresentanti dell'accusa, mentre invece l'indipendenza della magistratura dovrebbe essere rivendicata *esclusivamente* da quella parte di essa che esercita la giurisdizione. Ma ora, il nuovo regime si accinge a separare le carriere giudicante e requirente.
5. Ma, anche questa volta, come spesso accade, *il vessillo di una buona causa viene agitato per raggiungere risultati perversi.* In effetti, per quanto doloroso sia doverlo constatare, non esistono le condizioni politiche e morali nel paese per una ragionevole riforma di siffatta importanza, come, del resto, di qualsiasi altra di qualche conseguenza. L'orda di scalzacani [cfr., per questo termine, A. Manzoni, *I Promessi Sposi*, Cap. XIV] giunta al potere a seguito delle elezioni politiche del marzo del '94 sembra determinata più dal proposito di mettere fine a qualsiasi ulteriore indagine sulla criminalità imprenditoriale — tanta parte della criminalità organizzata nel nostro paese — che da quello di correggere una evidente anomalia dell'ordinamento giudiziario nostrano. Il famigerato decreto Biondi sulla custodia cautelare (beninteso, poca cosa rispetto al decreto Amato-Conso), travolto dalla collera popolare, costituisce un piccolo ma significativo saggio di quanto a cuore taluni quartieri della politica nazionale abbiano i problemi della giustizia. Mai, anche durante il regime fascista, la magistratura inquirente ha subito tante e così gravi intimidazioni come, dopo la vittoria elettorale, da parte del governo Berlusconi. Riandare agli episodi di un crescendo rossiniano costituisce inutile esercitazione; ma le sbavature del conflitto non devono far trascurare in quale ambiente sono destinate a vedere la luce le « riforme » dell'ordine giudiziario nel nostro paese. I nostri magistrati, anche grazie al sistema elettorale del Consiglio Superiore della Magistratura che consente la fedele riproduzione delle divisioni partitiche o per bande del potere, partecipano in folla ed entusiasticamente alle attività legislative ed esecutive, e a non poche di quelle *private* del paese (in una situazione in cui distinguere tra pubblico e privato appare spesso virtualmente impossibile), assumendo così un ruolo centrale di passaggio nella mediazione tra il potere politico, economico e burocratico. Situazione di cui, in tutta la storia dell'Occidente, si trova un analogo soltanto in quello della magistratura francese dell'*Ancien Régime.* Dall'università gremita di ex magistrati, dal parlamento, agli enti locali, alle organizzazioni internazionali, alle segreterie dei ministeri, al ministero di Grazia e Giustizia, ai consigli di amministrazione di imprese pubbliche e private, alle commissioni di collaudo e agli arbitrati, la compenetrazione, l'intreccio, e la commistione e il *tripotage* incessante col potere politico ed economico è tale che l'unico modo di parlare di indipendenza della magistratura — salvo rare eccezioni di gruppi e individui che pagano di persona e non di rado anche con la vita — si riduce alla rivendicazione dei numerosi privilegi e immunità di cui essa gode.
6. Durante i lavori dell'assemblea costituente qualcuno dei *founding fathers* (si fa per dire) aveva avanzato il sospetto che un certo modo di intendere l'indipendenza della magistratura così come veniva concepita avrebbe prodotto dei gravi guasti; ma non si tratta tanto di un errore dei costituenti quanto piuttosto degli effetti più disastrosi della *democrazia consociativa* (AVVOCATURA; CONSIGLIO SUPERIORE DELLA MAGISTRATURA; CONTROLLO GIURISDIZIONALE; ETICA GIUDIZIALE; INAMOVIBILITÀ DELLA MAGISTRATURA; MAGISTRATURA; ORDINAMENTO GIUDIZIARIO; PROFESSIONE FORENSE; RESPONSABILITÀ CIVILE DEL GIUDICE; STIPENDIO DEI GIUDICI).

Bibl.:
Nowak and Rotunda 1978, ed. 1991: 35.

– **politica.** Political independence (SOVRANITÀ). [vol. I: EQUALITY OF STATES; INTERVENTION: 2; SOVEREIGNTY; STATE]

Indiretto in genere. Indirect, remote, consequential (CAUSALITÀ; CONSEGUENZIALE; DANNO INDIRETTO). [vol. I: CAUSATION; EVIDENCE; INDIRECT; REMOTENESS OF DAMAGE]

In diritto in genere. In law. Ma quando nella tradizione di *common law* si parla di *at law* e *in equity* si allude ad una dicotomia di fonti del diritto ignote alla *civil law* (DIRITTO (I); EQUITÀ; FONTI DEL DIRITTO). [vol. I: INTRODUZIONE: III. 6; COMMON LAW; EQUITY]

Indirizzo in genere. Address (DIMORA; DOMICILIO; RESIDENZA).

– **del vettore.** Carrier's address (VETTORE).

– **permanente.** Permanent home address.

Indiscrezioni societarie o **di borsa.** Insider

Indiscrezioni societarie

trading, insider dealing, share dealings. La soffiata di borsa è detta più spesso *tip off*, chi la fa *tipper*, e chi la riceve *tippee*: il *tipper* per essere tale, deve essere un *insider*.

1. Significativa è la traduzione francese di questo illecito penale e civile anglo-americano che parla di *délit d'initié*: essa rende efficacemente il fatto che l'illecito può essere commesso soltanto da un iniziato, addentro alle vicende societarie.

2. Sono definite *insider trading* le speculazioni effettuate da chi si avvale di informazioni riservate relative a società quotate in borsa, di cui è venuto a conoscenza nel corso della propria attività (amministratori di società, funzionari, impiegati, uomini d'affari, etc.), ma ignote agli altri azionisti e al pubblico.

3. Notissimi in questa materia sono negli S.U. i procedimenti penali e civili iniziati dalla giustamente celebrata *Securities and Exchange Commission*. Secondo la legge federale in tema di acquisti e vendite di titoli mobiliari, è un *insider* chiunque possegga informazioni non disponibili al pubblico. Anche qui, gli S.U. sono pionieri nella tutela dell'investitore: peraltro, anche se dopo moltissimi anni, ma in nessun altro caso con la stessa efficacia, la gran parte dei paesi industrializzati dell'Occidente si è dotata di strumenti più o meno analoghi.

4. Ma ciò che negli S.U. è severamente sanzionato in sede penale e civile, da noi ha costituito fino a ieri e costituisce ancora oggi — assieme al *falso in bilancio* ormai istituzionalizzato, e beatificato da prestigiose società di revisione anche straniere (sic!) — una prassi radicata e una forma, si direbbe, naturale delle speculazioni di borsa: perfino i giornalisti si dedicano attivamente all'*insider* su titoli di cui scrivono sui propri giornali. Del resto, la stessa definizione, ad opera dei circoli finanziari nostrani, dei piccoli risparmiatori-investitori nostrani come « il parco buoi » esprime questa realtà. Inoltre, in Italia i passaggi dei pacchetti azionari di controllo avvengono tutti fuori borsa, spesso tra gli amici del « salotto buono » (*pour ainsi dire)*, ammesso che si possa parlare così di un luogo tanto mal frequentato, come dimostra la cronaca giudiziaria nostrana. Ma sembra che i « buoi » abbiano finalmente capito la lezione.

5. Con un ritardo di oltre mezzo secolo rispetto agli S.U. e di parecchi decenni rispetto agli altri paesi europei, l'Italia ha finalmente adottato — per effetto di una direttiva comunitaria del 13.11.1989 (16) debitamente annacquata — delle norme relative all'uso di informazioni riservate nelle operazioni in valori mobiliari. Ma è stato osservato che — per quanto esse garantiscano soltanto un minimo di trasparenza necessaria — in assenza di una legge sull'OPA (Offerta Pubblica di Acquisto), gli effetti della suddetta legge saranno notevolmente attenuati. D'altro canto, le strenue resistenze all'introduzione della legge sono significative dell'ambiente in cui essa è destinata ad operare. Com'è stato osservato, l'Italia è l'unico paese al mondo che punisce le indiscrezioni societarie senza avere una legge sull'OPA, ossia la materia prima alla quale la legge si dovrebbe applicare.

6. Si è detto che l'*insider trading* è un reato... diabolico: ossia difficilissimo da provare: una tesi che fa comodo in un *environment* in cui, assieme al falso in bilancio, l'*insider trading* appare storicamente come una prassi consolidata. Eppure, negli S.U. la *Securities and Exchange Commission* questo reato lo prova spesso; essa può procedere ad intercettazioni telefoniche, effettuare interrogatori, etc. Eppure, in Francia gli *insider* finiscono in galera. Ma se, indubbiamente, i poteri della Sec sono notevolmente più penetranti della Consob nostrana, il vero punto sembra un altro: ossia il fatto che — come è emerso da ultimo anche nell'*affaire* Ferfin — quest'ultima si rifiuta di esercitare anche quelli di cui dispone.

7. Celebre è restato lo scandalo della divulgazione del piano di privatizzazzioni del governo Amato: nel paese in cui non pochi (anche se non tutti) i « segreti » sembrano di dominio pubblico, il gran parlare che si fa dell'*insider trading* sembra provenire da un altro pianeta agli operatori di un sistema economico-finanziario che proprio su di esso appare fondato. È stato osservato che in Italia il potere politico non è mai riuscito ad imporre una borsa moderna ai gruppi economico-finanziari italiani; proposizione alquanto ingenua se si pensa che storicamente sono sempre stati quei gruppi a manovrare la politica. In ogni caso, resta da vedere se effettivamente l'economia italiana — al di là della normativa annacquata che *obtorto collo* è stata adottata — possa continuare a permettersi il lusso di un capitalismo così « diverso » come quello che ci ritroviamo e allo stesso tempo pretendere di figurare tra i paesi con una economia di mercato degna di questo nome (ABUSO DI INFORMAZIONI SOCIETARIE PRIVILEGIATE; BORSA VALORI; CODICE DI CONDOTTA; COMMISSIONE NAZIONALE PER LE SOCIETÀ E LA BORSA; ECONOMIA DI MERCATO; INIZIATO; PRIVATIZZAZIONI; OFFERTA PUBBLICA DI ACQUISTO; SOFFIATA

DI BORSA; TUTELA DELL'INVESTITORE; VANTAGGIO DELL'*INSIDER*). [vol. I: INSIDER DEALINGS; TIPPEES]

Bibl.:

Ballarini, S., *Insider Trading: problemi attuali e profili di comparazione* (1990) 3 CeI 1160.

Bartalena, A., *L'abuso di informazioni privilegiate*, Giuffrè, Milano, 1990.

id., *Insider trading*, in *Digesto IV Utet, Comm.*, vol. VII: 399.

Indisponibile. Inalienable, indisposable, unassignable, not transferable, not negotiable (DIRITTO (II) INDISPONIBILE; DISPONIBILE; DISPOSIZIONE; INALIENABILE; INTRASFERIBILE; NEGOZIABILE).

Indissolubile in genere. Indissoluble, indefeasible, not liable to dissolution (MATRIMONIO; SCIOGLIMENTO). [vol. I: DISSOLUTION; INDEFEASIBLE]

Individuazione in genere. Identification, appropriation, ascertainment (IDENTIFICAZIONE). [vol. I: IDENTIFICATION PARADE]

– **di cose nella vendita.** Identification, o ascertainment, of goods (SPECIFICAZIONE DELLE MERCI NELLA VENDITA; TRASFERIMENTO DI COSE DI GENERE). [vol. I: APPROPRIATION; ASCERTAINMENT OF GOODS; FUNGIBLES; IDENTIFICATION OF GOODS; UNASCERTAINED GOODS]

Indivisibile. Indivisible, indefeasible (DIVISIBILE; DIVISIONE; INDIVISO). [vol. I: DEFEASIBLE; DIVISIBLE CONTRACT]

Indiviso in genere. Joint, undivided. La comunione può assumere due forme: *joint tenancy* o *tenancy in common*. La prima è priva di equivalenza nella *civil law* (COMUNIONE; DIVISIONE; INDIVISIBILE; OBBLIGAZIONE (I) SOLIDALE; *PRO INDIVISO*; SOPRAVVIVENZA). [vol. I: CO-OWNERSHIP; OWNERSHIP: 8]

Indiziato di reato. Suspect, accused, ma si parla anche di *indicted* o *indicted person* nei procedimenti *on indictment* quando gli sia stato notificato l'atto relativo, nel qual caso egli diviene tecnicamente un imputato (ACCUSA PENALE; DENUNZIA DI REATO; FERMO DI INDIZIATI DI REATO; FERMO DI POLIZIA; IMPUTATO; INDAGATO; SOSPETTATO).

Indizio. Evidence, lead. Ma si impiega anche l'espressione *indicia* per indicare quel complesso di circostanze o elementi di fatto che, senza assicurarne la certezza, lasciano ritenere l'esistenza d'un fatto determinato come probabile. Come, ad es., quando si parla di « *indicia* of partnership » per indicare l'esistenza di circostanze di fatto tali da far ritenere che una certa persona sia socio di una *partnership*. Comunque, sembra potersi dire che l'espressione *indicia* sia, in buona sostanza, intesa come sinonimo di *circumstantial evidence*, ossia, grosso modo, di prova indiziaria o presunzione di prova. Essa denota i fatti che danno luogo alla deduzione piuttosto che quest'ultima direttamente. Ma, a parte il significato di *indicia*, l'indizio di per sé non va confuso con la prova: a questo proposito, si suol dire che mille indizi non fanno una prova. Ma un indizio non va neanche confuso col sospetto. Negli S.U., con il termine *probable cause to arrest* si indica, in tema di arresto, il requisito fondamentale di ragionevolezza consistente nella sussistenza non già del mero sospetto, ma bensì di ragionevoli indizi tali da giustificarlo; effettuare indagini su degli indizi è detto *investigating leads* (ARRESTO; ERRORE GIUDIZIARIO; EVIDENZA PROBATORIA; FERMO DI POLIZIA; *FUMUS*; INTERCETTAZIONE TELEFONICA; LIBERO CONVINCIMENTO DEL GIUDICE; PRESUNZIONE; PROVA: 5; PROVA INDIZIARIA; RACCOLTA DEGLI INDIZI; RAGIONEVOLEZZA; SOSPETTO).

In dubio pro reo. Lett., doubt resolved in favour of defendant. La *rule of lenity* stabilisce che, in caso di ambiguità di una legge scritta (*statute*) penale, il dubbio è risolto a favore dell'imputato. Il brocardo nostrano non è diffuso tra i *common lawyers* che impiegano, ma raramente, l'altro *favorabiliores rei, potius quam actores, habentur*. Probabilmente, l'uso più o meno frequente del brocardo va ricollegato, rispettivamente, alla natura inquisitoria e accusatoria del processo penale delle due tradizioni giuridiche. Con esso nella *civil law* si allude all'assoluzione per insufficienza di prova, inammissibile, anche concettualmente, nella tradizione di *common law* che parte da un'ottica radicalmente opposta. Per dichiarare l'imputato colpevole si richiede che la *prosecution* ne provi la colpevolezza *beyond reasonable doubt;* se esiste un ragionevole dubbio sulla sua colpevolezza, l'imputato deve essere dichiarato *not guilty* (COLPEVOLE-INNOCENTE; *FAVOR REI;* INDIZIO; PRESUNZIONE DI INNOCENZA; REO; VERITÀ). [vol. I: BEYOND REASONABLE DOUBT; GUILTY; INNOCENCE, PRESUMPTION OF]

Indulgenza in genere. Lenity (*IN DUBIO PRO REO*).

Indulto. Grosso modo, commutation of sentence; ma si parla anche di pardon. Peraltro, non sembra che esista un termine esattamente equivalente (AMNISTIA; COMMUTAZIONE

DELLA PENA; CONDONO; GRAZIA). [vol. I: REMISSION]

Industria in genere. Industry, business, trade; *industry* indica l'attività imprenditoriale in genere per la produzione di beni o servizi. Si parla, ad es., di *insurance industry* o *business* per indicare l'attività, il ramo assicurativo, etc. Negli S.U. sono definite *regulated industries* quelle attività sottoposte al controllo delle *administrative agencies* (ATTIVITÀ; IMPRENDITORIA; LAVORO; PRODOTTO; PRODUTTORE; RAMO COMMERCIALE; REGOLATORE; SUSSIDI ALL'INDUSTRIA).

– **alberghiera.** Hospitality industry (ALBERGATORE; TURISMO).

– **edilizia.** Construction industry (CONTRATTO DI COSTRUZIONE).

– **manifatturiera.** Manufacturing industry (RESPONSABILITÀ DEL PRODUTTORE).

Industrial design. (DISEGNO INDUSTRIALE)

Industriale in genere. Industrialist, manufacturer, businessman (IMPRENDITORE; INDUSTRIA MANIFATTURIERA; PRODUTTORE).

Induzione in genere. Inducement, instigation (ISTIGAZIONE).

– **a concludere il contratto.** Inducement to make the contract (CONTRATTO).

– **all'inadempimento contrattuale.** (ISTIGAZIONE ALL'INADEMPIMENTO CONTRATTUALE)

– **in errore nella truffa.** Deception (ARTIFICIO; RAGGIRO; TRUFFA). [vol. I: *ad vocem*]

Induzione come processo logico. Induction, inference (DEDUZIONE COME PROCESSO LOGICO).

Ineccepibile. Unexceptionable (DIFETTO; ECCEZIONE; INIMPUGNABILE; INOPPUGNABILE; IRREPRENSIBILE; OPPONIBILE; VIZIO).

Inefficace in genere. Inoperative, ineffectual in law, unenforceable; ma quest'ultimo termine assume un significato particolare nella materia contrattuale dei sistemi di *common law*. La s. 3 dell'emendamento XXI [1933] della costituzione degli S.U., per indicare che esso resterà senza effetto in caso di mancata ratifica, recita: « This article shall be inoperative unless it shall have been ratified... » (CONTRATTO: III; EFFICACE; INOPERANTE; OPERATIVO; VIGORE). [vol. I: PUBLIC POLICY; UNENFORCEABLE]

Ineleggibile. Disqualified from... (ELEGGIBILE; INTERDETTO).

Inerzia in genere. Inactivity (DISUSO).

– **nell'esercizio del diritto.** Laches (ESERCIZIO DEL DIRITTO; MANCATO ESERCIZIO DEL DIRITTO; NON USO; PRESCRIZIONE). [vol. I: *ad vocem*; ACQUIESCENCE; LIMITATION OF ACTIONS; PRESCRIPTION]

– **processuale.** (INATTIVITÀ PROCESSUALE)

Inesatto adempimento del contratto. Partial performance; anche qui, si riscontrano regole particolari alla *common law* (ADEMPIMENTO DEL CONTRATTO; ADEMPIMENTO PARZIALE DEL CONTRATTO; ESATTO ADEMPIMENTO; IMPERFETTO ADEMPIMENTO; INADEMPIMENTO). [vol. I: PERFORMANCE: 6]

Inesigibile. (CREDITO IRRECUPERABILE; ESAZIONE)

Inesistenza giuridica in genere. Grosso modo, legal voidness. Quando il termine è riferito a un atto o contratto, esso introduce il lettore nelle sabbie mobili di concetti e distinzioni difficili in entrambe le tradizioni giuridiche e quasi impossibili da comparare data anche la volatilità della terminologia (NULLITÀ). [vol. I: NON EST FACTUM]

In essere. In being; espressione che indica in vita, o concepito (FIGLIO).

Inevitabile in genere. Inevitabile (FORZA MAGGIORE; INCIDENTE INEVITABILE; STATO DI NECESSITÀ).

Infanticidio. Infanticide (ABORTO). [vol. I: *ad vocem*; ABORTION; MURDER]

Infedeltà in genere. Infidelity (FEDELTÀ; FIDUCIA; TRADIMENTO).

– **coniugale.** Infidelity in marriage (ADULTERIO; CONDONO; CONIUGALE; DIVORZIO; DOVERI CONIUGALI; FEDELTÀ CONIUGALE; MATRIMONIO).

– **del dipendente.** Infidelity of employee (CAUZIONE DI FEDELTÀ DEL DIPENDENTE).

– **del patrocinatore** o **del consulente tecnico in genere.** Lawyer's (o expert witness') infidelity, abuse of confidence, breach of confidence, prevarication (FIDUCIA; PATROCINIO INFEDELE; SCORRETTEZZA PROFESSIONALE).

– **in affari di stato.** Treason (SPIONAGGIO; TRADIMENTO).

– **patrimoniale.** Grosso modo, misappropriation, conversion, of funds (APPROPRIAZIONE INDEBITA).

Bibl.:
Foffani, L., *Infedeltà patrimoniale in diritto comparato,* in *Digesto IV Utet, Pen.,* vol. VI: 398.

Infermità in genere. Sickness, illness, infermity; un caso interessante si è verificato negli S.U. in cui un malato di Aids è stato accusato di omicidio volontario per avere contagiato deliberatamente le persone cui si era accompagnato (CAPACE; CAPACITÀ; INCAPACE; INVALIDITÀ; MALATTIA; SANITÀ).

– **mentale.** Mental disorder, unsoundness of mind, insanity, abnormality of mind. È detta *insanity defense* la difesa di infermità mentale avanzata dall'imputato di un reato (più spesso un omicidio). L'assoluzione per infermità mentale è detta « not guilty by reason of insanity » (CAPACITÀ DI INTENDERE E DI VOLERE; IMPUTABILITÀ DEL MINORE; INTERDIZIONE; ISTITUTO DI CURA PER LE MALATTIE MENTALI; MANICOMIO; NON PUNIBILITÀ; RESPONSABILITÀ PENALE). [vol. I: GUARDIAN; INSANITY; MENTAL DISORDER]

Infermo di mente. Mental patient, mentally disordered person, person of unsound mind, etc. (CURATORE DELL'INFERMO DI MENTE; INFERMITÀ MENTALE). [vol. I: COURT OF PROTECTION; GUARDIANSHIP]

Inficiato in genere. Vitiated (INESISTENZA GIURIDICA; INFIRMATO; VIZIATO).

In fieri. In the making (IN ESSERE). [vol. I: INCHOATE]

Infiltrato. Undercover agent, informer, supergrass, *agent provocateur.* Il ricorso agli undercover agents è molto diffuso negli S.U. nella lotta contro la criminalità organizzata (AGENTE PROVOCATORE; CONFIDENTE; CRIMINALITÀ ORGANIZZATA; DELATORE; INFORMATORE; PENTITO; SPIONAGGIO). [vol. I: QUEEN'S EVIDENCE]

Infirmato in genere. Vitiated, invalidated, contested, challenged, impeached (INFICIATO; VIZIATO).

Infisso. Fixture (ACCESSIONE; INCORPORAZIONE DI BENI AL SUOLO).

In flagrante in genere. In the act (FLAGRANZA).

– **delitto.** Flagrante delicto, in the act, o red handed (FLAGRANZA; INSEGUIMENTO IN FLAGRANZA; INSEGUIMENTO IN FLAGRANZA DI NAVE MERCANTILE STRANIERA; SUL FATTO).

Inflazione. Inflation; un indicatore la cui presenza diviene sempre più diffusa nella maggior parte delle transazioni interne e internazionali e, tra l'altro, in tema di concessione di credito, ipoteca, assicurazioni, rischi di cambio, etc. Altrettanto diffusi appaiono i meccanismi diretti ad evitarne o limitarne gli effetti. Com'è stato osservato da W. Friedmann [1959, ed.1972: 143], importanti istituti giuridici sono stati elaborati in quei paesi in cui si riscontrava un alto tasso di inflazione come, ad es., la risoluzione per eccessiva onerosità sopravvenuta. Svalutazione come effetto dell'inflazione, probabilmente il più dirompente fattore di destabilizzazione politica e sociale, spesso anticamera della dittatura e, comunque, fonte di miseria per i più e di arricchimento per pochi. Di qui i parametri e le convergenze del trattato di Maastricht che in sede europea obbliga i paesi membri ad una determinata politica economica e monetaria (CLAUSOLA ORO; DEFLAZIONE; IMPOSSIBILITÀ SOPRAVVENUTA DELLA PRESTAZIONE; INDICIZZAZIONE; LESIONE; OBBLIGAZIONE (I) DI VALORE; ONEROSITÀ SOPRAVVENUTA; PAGAMENTO; *REBUS SIC STANTIBUS*; RISCHIO DI CAMBIO; SVALUTAZIONE; TASSO DI INFLAZIONE; UNITÀ DI CONTO; VALUTA).

Influenza in genere. (INDEBITA INFLUENZA; LIBERO DA INFLUENZA ALTRUI)

Infondato in genere. Irrelevant, immaterial, groundless, false (IRRILEVANTE; MOTIVAZIONE).

Informatica in genere. Data processing (*COMPUTER*; INFORMAZIONE; PIRATERIA INFORMATICA; PROPRIETÀ INTELLETTUALE). [vol. I: COMPUTER; DATA]

– **giuridica.** Jurimetrics. In breve, è detta così l'utilizzazione dell'investigazione scientifica nel campo del diritto: comporta l'elaborazione elettronica dei dati. [vol. I: *ad vocem*]

Informatore. Informer. Negli S.U. si parla di *informer's privilege* per indicare il diritto dell'accusa di rifiutarsi di rivelare l'identità dell'informatore. In effetti, la *Supreme Court,* con una serie di decisioni, ha stabilito il principio che nei procedimenti penali federali non esiste l'obbligo di rivelare sempre l'identità dell'informatore. È detto *citizen-informant* il testimone oculare che fornisce volontariamente informazioni alla polizia. Gli informatori giocano un ruolo importante nella lotta alla criminalità organizzata che in quel paese, ma non nel nostro, ha riportato numerosi successi. Anche se, ad onor del vero, bisogna precisare che da noi la *criminalità organizzata* è in primo luogo *criminalità politica*, e di conseguenza ben più difficile da perseguire (CONFIDENTE; CRIMINALITÀ ORGANIZZATA; DELATORE; DENUNZIANTE; INFILTRATO; PENTITO; PROVA; TALPA; TESTIMONE).

– **di polizia.** Police informer.

Bibl.:

Bruno, P.F., *Informatori di polizia*, in *Digesto IV Utet, Pen.*, vol. VII: 1.

Informazione/i. Information, disclosure, intelligence, notice, publication, communication.

1. Il termine information indica in procedura penale, grosso modo, una denunzia di reato che allo stesso tempo avverte l'imputato dell'esistenza di un'accusa penale contro di lui. *Indictment* e *information* sono gli atti con i quali si fa luogo alla denunzia dei reati, rispettivamente, più o meno gravi (IMPUTAZIONE).

2. Vi sono degli illeciti che possono essere commessi soltanto da chi dispone di un certo tipo di informazioni come, ad es., nell' *insider trading*, da parte dell'*insider,* addentro a talune informazioni societarie (INDISCREZIONI SOCIETARIE).

3. Anche se gli scandali dell'*Irangate* e dell'*Irakgate* sembrerebbero provare il contrario, in effetti, modello di *open government* resta quello degli S.U. (GOVERNO APERTO).

4. Sia nella procedura civile inglese, sia in quella nordamericana l'istituto della *discovery* — ignoto alla *civil law* — comporta per le parti nella fase del *pre-trial* il dovere reciproco di informazione degli elementi di prova di cui dispone e, altresì, la individuazione di quelle ammissibili al *trial*, evitando così in buona parte l'elemento della sorpresa (*DISCOVERY*).

5. Negli S.U. — stato federale — sono dette *sunshine laws* quelle leggi che garantiscono la partecipazione pubblica dei cittadini alle audizioni e riunioni delle *agencies* e degli uffici pubblici in genere come pure l'accesso ai relativi atti. Inoltre, si parla di *right to know laws* per indicare quelle leggi federali e dei singoli stati dell'Unione che impongono ai fabbricanti di prodotti pericolosi, come i medicinali, di informare il pubblico dei pericoli che il loro uso comporta, come pure ai datori di lavoro di informare i dipendenti sulla sicurezza dei luoghi di lavoro. In tema di tutela del consumatore, il Consumer Protection Act — relativo al credito al consumatore — è definito di solito come *Truth-in-Lending Act.*

6. Nell'assicurazione, sussiste un *duty of disclosure* nei confronti dell'assicuratore sui fatti che possono avere influenza sulla sua decisione di concludere o meno il contratto, o di concluderlo a diverse condizioni (AGENZIA DI INFORMAZIONI SULLA SOLVIBILITÀ; ANNUNZIO; ARCHIVIO; ATTO AMMINISTRATIVO; AVVERTENZA ALL'IMPUTATO; AVVISO; COMUNICAZIONE; CONFIDENZIALITÀ; CONOSCENZA; CONSENSO INFORMATO; DENUNZIA DI REATO; DIRITTO (II) ALL'INFORMAZIONE; DOCUMENTO; FIDUCIA; INFORMATICA; INIZIATO; ISTRUZIONE; MONOPOLIO DELL'INFORMAZIONE; NOTIZIA; OBBLIGO DI INFORMAZIONE; PROPAGANDA; PUBBLICITÀ; RISERVATEZZA; SEGRETO DI STATO; SICUREZZA; TUTELA DEL CONSUMATORE; VERITÀ). [vol. I: ACCESS TO DOCUMENTS; COMMUNICATION; CREDIT BUREAUX; CREDIT REFERENCE AGENCIES; DISCLOSURE; DISCOVERY; DOCUMENT; FREEDOM OF INFORMATION; INFORMATION; NOTICE OF INTENDED PROSECUTION; PRESS; PRIVACY; PUBLICITY; WITNESS]

– **confidenziale.** Confidential communication, privileged communication (*infra*, INFORMAZIONE PROTETTA DAL SEGRETO PROFESSIONALE; SEGRETO PROFESSIONALE). [vol. I: COMMUNICATION; CONFIDENTIAL INFORMATION; PRIVILEGED COMMUNICATIONS]

– **di garanzia.** Lett., e grosso modo, notice of indictment, notice of investigation, information. Ma non esiste un istituto analogo a quello previsto dall'art. 369 del c.p.p. nostrano: nel processo penale inglese e nordamericano le indagini della polizia e degli organi inquirenti avvengono senza alcun obbligo di informazione di garanzia (AVVERTENZA ALL'IMPUTATO; INDAGATO; INDAGINI GIUDIZIARIE; INTERROGATORIO DI POLIZIA).

Bibl.:

Cervadoro, M., *Informazione di garanzia*, in *Digesto IV Utet, Pen.*, vol. VII: 19.

– **genetica.** DNA (Deoxyribonucleic Acid) identification. Tipo di analisi impiegata nella medicina forense per stabilire la identificazione della struttura chimica dell'informazione genetica di un individuo. Si parla di *genetic crime fighting* per indicare la lotta alla criminalità che si avvale di tale tecnica. Ma si noti che di recente negli S.U. talune decisioni hanno messo in dubbio l'affidabilità del *test* relativo (INDAGINI; INGEGNERIA GENETICA; MEDICINA LEGALE; PROVA; SANGUE).

– **protetta dal segreto professionale.** Confidential communication (*supra*, INFORMAZIONE CONFIDENZIALE).

– **riservata.** Classified information (*supra,* INFORMAZIONE CONFIDENZIALE; ACCESSO AD INFORMAZIONI RISERVATE).

– **societaria privilegiata.** Insider information (INDISCREZIONI SOCIETARIE; *INSIDER TRADING*).

– **sulla solvibilità del debitore.** Credit information, credit status information, market intelligence (AGENZIA DI INFORMAZIONI SULLA SOLVIBILITÀ; CONSUMATORE; CREDITO; DEBITORE; SOLVIBILITÀ). [vol. I: CREDIT BUREAUX; CREDIT REFERENCE]

Infortunio. Accident, incident, misadventure (ANTINFORTUNISTICA; ASSICURAZIONE CONTRO GLI INFORTUNI; FORZA MAGGIORE; INCIDENTE). [vol. I: ACCIDENT; ACT OF GOD; CASUALTY; FORCE MAJEURE; FRUSTRATION; INJURY]

– **mortale.** Accidental death, fatal accident, fatal injury (DELITTO COLPOSO-DOLOSO; MORTE). [vol. I: DEATH; FATAL ACCIDENT]

– **nell'industria delle costruzioni.** Construction accident (COSTRUZIONE).

– **sul lavoro in genere.** Industrial accident (LAVORO; RESPONSABILITÀ DEL DATORE DI LAVORO; SICUREZZA DEI LUOGHI DI LAVORO).

Infortunistica. Industrial accident law (INFORTUNIO).

Infrazione in genere. Infraction, breach, trespass, infringement, violation, misdemeanour, malfeasance, offence. Talvolta il termine infraction viene riferito alla violazione di una disposizione di legge scritta (*statute*) che comporta una multa (*fine*) (INOSSERVANZA; REATO; TRASGRESSIONE; VIOLAZIONE).

– **della legge penale.** Breach, violation, of criminal law (LEGGE PENALE).

– **delle norme sulla circolazione stradale.** Motoring, o road, offence; traffic, o road, offence, traffic violation (AUTOVEICOLO; CIRCOLAZIONE STRADALE; VEICOLO). [vol. I: MOTORING OFFENCES]

Infruttifero. Not bearing interest; interest-free (FRUTTIFERO; INTERESSI SUL CAPITALE; UTILI).

Infungibile. Not fungible (FUNGIBILE).

Ingaggio in genere. Hiring, engagement, employment, recruitment, enrolment, enlistment (ARRUOLAMENTO; IMPIEGO; MEDIATORE D'INGAGGI; RECLUTAMENTO).

Ingannevole. Misleading, deceiving (ERRORE; INGANNO; PUBBLICITÀ INGANNEVOLE).

Inganno. Deceit, deception, fraud, decoy. Con quest'ultimo termine (*decoy*) si indica più spesso il fatto di indurre deliberatamente taluno in errore per raggiungere un determinato obiettivo come, ad es., una persona a trasferirsi entro una certa giurisdizione per consentire la notifica di un atto, un latitante a recarsi in un luogo dove possa essere arrestato senza bisogno di ricorrere al procedimento di estradizione, la vittima ad abbandonare il proprio domicilio per poterla sequestrare, etc. (ADESCAMENTO; ARTIFICIO; DOLO; FIDUCIA; FRODE; INGANNEVOLE; RAGGIRO; SIMULAZIONE; TRAPPOLA; TRUFFA). [vol. I: CONCEALMENT; DECEIT; ENTRAPMENT; MISREPRESENTATION; RELIANCE; THEFT]

Ingegneria in genere. Engineering (SOCIETÀ (II) DI INGEGNERIA).

– **genetica.** Genetic engineering (INFORMAZIONE GENETICA; INSEMINAZIONE ARTIFICIALE).

– **sociale.** Social engineering (DIRITTO (I) PROMOZIONALE). [vol. I: *ad vocem*; JUDICIAL ACTIVISM]

Ingerenza in genere. Interference, intervention, intermeddling, encroachment (INTERFERENZA; INTERPOSIZIONE; INTERVENTO; INTRUSIONE). [vol. I: INTERFERENCE; INTERVENTION]

– **negli affari interni di uno Stato.** Interference in the domestic affairs of a State (INTERVENTO; NEUTRALITÀ).

Ingiunzione in genere. Intimation, order, notice. L'*injunction* con cui il giudice ordina un fare o un non fare, è un provvedimento che non ha equivalenza né nel diritto italiano, né nella *civil law* in genere (CITAZIONE DEI TESTIMONI; DECRETO INGIUNTIVO; INIBITORIA; ORDINE). [vol. I: CONTEMPT OF COURT; INJUNCTION; ORDER]

– **del giudice.** Grosso modo, court order, injunction (GIUDICE).

Ingiuria. Abuse, word of abuse. Diversamente da quanto è stabilito nel nostro sistema, salvo che non si concreti in minacce, ovvero dia luogo a un *breach of the peace*, non costituisce reato, ma è semplicemente un *tort*, ossia un illecito civile che dà diritto al risarcimento del danno solo in casi determinati. Del resto, nell'ambito di una disciplina originale e notevolmente più evoluta di quella nostrana, anche la diffamazione, salvo eccezioni, non costituisce reato, ma dà luogo ad un illecito civile che comporta il risarcimento del danno (DIFFAMAZIONE; OFFESA; OLTRAGGIO; RITORSIONE DELL'INGIURIA). [vol. I: ABUSE; DEFAMATION]

Ingiurioso in genere. Abusive (DIFFAMATORIO; INGIURIA).

Ingiusta pretesa. (PRETESA INGIUSTA)

Ingiustificato/a in genere. Undue, excessive (ABBANDONO INGIUSTIFICATO; ANTIGIURIDICO; DOLOSO; ECCESSIVA DIFFICOLTÀ NELL'ADEMPIMENTO DEL CONTRATTO; GIUSTA CAUSA; INDEBITO; INGIUSTO; INIQUITÀ).

– **arricchimento.** (INDEBITO ARRICCHIMENTO)

– **difficoltà.** Undue hardship (ECCESSIVA ONEROSITÀ DEL CONTRATTO; *HARDSHIP CLAUSE*; IMPOSSIBILITÀ SOPRAVVENUTA DELLA PRESTAZIONE). [vol. I: *ad vocem*]

Ingiustizia. Injustice (GIUSTIZIA; INGIUSTO; MANIFESTA INGIUSTIZIA).

Ingiusto. Unfair, wrongful, tortious (ANTIGIURIDICO; *FAIR TRIAL*; GIUSTO; INGIUSTIFICATO; INGIUSTIZIA; PROFITTO INGIUSTO).

Ingovernabilità. Ingovernability (GOVERNABILITÀ).

Ingratitudine in genere. Ingratitude (REVOCA DELLA DONAZIONE PER INGRATITUDINE).

Ingrediente. Ingredient (COMPONENTE; ELEMENTO; FATTORE).

Ingresso in genere. Entry. Questo termine è impiegato nella legge sull'immigrazione per indicare l'ingresso dello straniero nel paese. Ma il termine indica anche l'annotazione, registrazione, trascrizione, etc. su un registro o documento analogo. È definito *right of entry* il diritto di riprendere pacificamente il possesso del fondo (ACCESSO; IMMIGRAZIONE; STABILIMENTO; STRANIERO; VISTO DI INGRESSO). [vol. I: *ad vocem*]

– **illegale sul fondo altrui.** Unlawful entry. [vol. I: ENTRY]

– **violento sul fondo da parte di terzi.** Trespass (ATTO ILLECITO; SPOGLIO). [vol. I: *ad vocem*]

Ingrosso. (ALL'INGROSSO)

Inibitoria. Non esiste in senso stretto nei sistemi di *common law* un istituto del genere. Anche se l'analogo che viene immediatamente alla mente è l'*injunction*, potente rimedio previsto dalle regole dell'*equity* che, per la natura dei poteri attribuiti al giudice, gli effetti dell'inosservanza dell'ordine emesso, e l'ampiezza di applicazione non trova equivalenza nella *civil law* e nell'ordinamento italiano, particolarmente carente in questa materia. Da questo punto di vista va rilevato che con *les astreintes* il sistema francese presenta strumenti notevolmente più adeguati per assicurare l'esecuzione del provvedimento del giudice e, in definitiva la tutela dei diritti. Aldo Frignani ha dedicato all'*injunction* un importante saggio comparatistico (DIVIETO; *INAUDITA ALTERA PARTE*; INTERDIZIONE; PROIBIZIONE; PROVVEDIMENTI CAUTELARI; TUTELA DEI DIRITTI). [vol. I: INJUNCTION]

In idem consensus. Mutuality of assent (CONSENSO NEL CONTRATTO; *CONSENSUS AD IDEM*).

Inidoneo. Unfit, unqualified (FALLIMENTO: 4; IDONEO; INCAPACE; INTERDIZIONE).

Inimpugnabile in genere. Final, conclusive. Negli S.U., quando il termine è riferito alle decisioni delle *administrative agencies*, si dice che esse sono *unreviewable* per indicare che non sono soggette alla *judicial review* delle corti ordinarie (COSA GIUDICATA; DECISIONE; FINALE; IMPUGNABILE; INOPPUGNABILE; INTERLOCUTORIO; SENTENZA INAPPELLABILE). [vol. I: JUDICIAL REVIEW]

Iniquità in genere. Unconscionability, undue hardship, unfairness, iniquity; nel contratto si parla di unconscionability (BUONA FEDE; CONTRAENTE PIÙ DEBOLE; CONTRATTO A CONDIZIONI INIQUE; COSCIENZA; EQUITÀ; GIUSTIZIA; INGIUSTIFICATO; INIQUO; RESCISSIONE PER LESIONE). [vol. I: UNCONSCIONABILITY]

Iniquo in genere. Unconscionable, extortionate, vexatious, unfair, unjust, inequitable (EQUO; ESTORSIVO; GIUSTO; INIQUITÀ; ONESTO; VESSATORIO).

Iniuria. Injury (DANNO). [vol. I: INJURY; TORT: XI]

Iniziale. (SIGLA)

Iniziativa in genere. Initiative; si noti che il termine indica in taluni stati degli S.U. la proposta di legge di iniziativa popolare (DI PROPRIA INIZIATIVA; DI UFFICIO; INERZIA; LIBERA INIZIATIVA; PROPOSTA DI LEGGE DI INIZIATIVA POPOLARE).

– **di legge.** Promoting a bill in Parliament o, negli S.U., a bill in Congress (*infra*, INIZIATIVA DI LEGGE POPOLARE; DISEGNO DI LEGGE; PROPOSTA DI LEGGE).

– **di legge popolare.** Lett., popular initiative of bills and laws. Non è ammessa nell'ordinamento costituzionale britannico, né in quello federale degli S.U. Peraltro, la proposta di legge popolare è prevista da numerosi stati dell'Unione, ma non da tutti. In tal caso, si parla di *initiative*, termine che, senza altri aggettivi, indica, appunto, la proposta di legge di iniziativa popolare (PROPOSTA DI LEGGE DI INIZIATIVA POPOLARE; REFERENDUM).

– **di pace.** Peace initiative (PACE).

– **economica privata.** Private enterprise, private economy (ECONOMIA DI MERCATO; ECONOMIA NERA; LIBERA INIZIATIVA).

– **legislativa.** Legislative initiative; si attua mediante la proposta di legge, ma anche, in sostanza, mediante l'emendamento (CENTRALITÀ DEL PARLAMENTO; DISEGNO o PROPOSTA DI LEGGE; EMENDAMENTO).

– **processuale.** Party prosecution (AZIONE (I) PENALE; INATTIVITÀ PROCESSUALE). [vol. I: DISCONTINUANCE OF ACTION; NOLLE PROSEQUI; PROSECUTION]

Iniziato. Insider. Termine importante in tema di transazioni su valori mobiliari (INDISCREZIONI SOCIETARIE; *INSIDER TRADING*).

Inizio del rischio a carico dell'assicuratore. (RISCHIO)

In libertà. At large (EVASO; LIBERTÀ).

In luogo di. In lieu of (IN SOSTITUZIONE DI; INVECE DI; LUOGO; VECI; VICARIO; VICE).

In mare. At sea (MARE).

In mora. Grosso modo, in default, in delay. Ma non si richiede la costituzione in mora del debitore; è ignota la mora del creditore (CLAUSOLA DI ACCELERAZIONE; INADEMPIMENTO; MORA).

In natura. In kind, in specie (REMUNERAZIONE IN NATURA; SCAMBIO; VENDITA).

Innavigabilità della nave. Unseaworthiness (NAVE; NAVIGABILITÀ DELLA NAVE; PILOTA MARITTIMO). [vol. I: *ad vocem*; ABANDONMENT; BILL OF LADING; CHARTERPARTY]

Innocente in genere. Innocent. La formula assolutoria è *not guilty* (o *non culpabilis,* o *non cul*); dichiararsi non colpevole nel processo è detto *plead (to) not guilty*. L'imputato del quale l'accusa non è riuscita a fornire *beyond reasonable doubt* la prova della colpevolezza deve essere assolto. Quando, ancora oggi, si legge o si sente dire che scopo del processo penale è di accertare la verità si dice una mezza verità se non si aggiunge che di verità processuale si tratta, ossia quella che è tale in base alle prove accettate dal giudice o dalla giuria. L'innocenza attiene, invece, alla realtà effettuale e può essere ben diversa cosa dalla non colpevolezza (ASSOLTO; ASSOLUZIONE; AZIONE (I) PENALE: 5; COLPEVOLE-INNOCENTE; CONFESSIONE; CUSTODIA CAUTELARE; DOLOSA PREORDINAZIONE DI PROVE A CARICO DI UN INNOCENTE; ERRORE GIUDIZIARIO; INNOCENZA; PRESUNZIONE DI INNOCENZA; VERITÀ). [vol. I: ACQUITTAL; GUILTY; INNOCENCE, PRESUMPTION OF]

Innocenza. Innocence (COLPEVOLEZZA; DICHIARAZIONE DI INNOCENZA DELL'IMPUTATO; INNOCENTE; PRESUNZIONE DI INNOCENZA; VERITÀ).

In nome di. In the name of, on behalf of (IN QUALITÀ DI; NOME; PER CONTO ALTRUI; PER CONTO DI).

Innominato in genere. Innominate (CONTRATTO INNOMINATO; IGNOTO; NOME).

Innovazione in genere. Innovation, change, alteration, novelty (INVENZIONE; NOVAZIONE; NOVITÀ). [vol. I: ALTERATION; FIXTURE; NOVELTY; WASTE]

Inoltro in genere. Despatch, forwarding, shipment (SPEDIZIONE; TRASBORDO). [vol. I: CONSIGNMENT; FORWARDING AGENT]

Inoperante. Ineffective, ineffectual (DESUETUDINE; INEFFICACE; IN VIGORE; OPERANTE). [vol. I: ABEYANCE; ENTRY INTO FORCE]

Inoppugnabile. Irrebuttable, conclusive, absolute (INIMPUGNABILE). [vol. I: EVIDENCE; IRREBUTTABLE; PRESUMPTION]

Inosservanza in genere. Non-compliance; infraction, offence, default, disregard, failure to comply with, breach, trespass (INADEMPIMENTO; INFRAZIONE; MANCANZA; OSSERVANZA; TRASGRESSIONE; VIOLAZIONE).

In pendenza. In abeyance, outstanding, pending (IN SOSPESO; LITISPENDENZA; PENDENZA).

In previsione della morte. In contemplation of death (MORTE; TESTAMENTO).

In qualità di. (IN NOME DI; NELLA CAPACITÀ DI)

In quanto. As, because, in that (CAUSALITÀ).

Inquilino. Grosso modo, tenant; ma in senso stretto non vi è un equivalente esatto (COINQUILINO; LOCAZIONE). [vol. I: TENANT]

Inquinamento in genere. Pollution, contamination (ADULTERAZIONE DI SOSTANZE; ALTERAZIONE; AMBIENTE; AVVELENAMENTO DI ACQUE; BELLEZZE NATURALI; CONTRACCETTIVO; CONTROLLO DELL'INQUINAMENTO; CORRUZIONE; DANNEGGIAMENTO; ECONOMIA NERA; ESALAZIONI DAL FONDO VICINO; ESAURIMENTO DELLE RISORSE; FALSIFICAZIONE; FUGA DI SOSTANZE; MANIPOLAZIONE; NATURA; RISARCIMENTO; SICUREZZA; SOSTANZE PERICOLOSE; TUTELA DEI DIRITTI; TUTELA DEL CONSUMATORE). [vol. I: ENVIRONMENT; NATIONAL TRUST; POLLUTION]

– **della giuria.** Contamination of jury, polluting the jury (GIURIA).

– **della prova in genere.** Tampering with evidence, hindering prosecution, hindering investigation, obstructing investigation, interfere with witnesses or otherwise obstruct the course of justice. Ma si parla anche di suppression of evidence, witholding of evidence. Quando sussiste il pericolo che l'arrestato inquini la prova si procede al diniego del *bail*, prolungando così la detenzione dell'imputato. Ma non esiste *eo nomine* la c.d. custodia cautelare (CAUZIONE GIUDIZIARIA; CUSTODIA CAUTELARE; IMPUTATO; MANIPOLAZIONE DEL TESTIMONE; OMERTÀ; PROVA; REATI CONTRO L'AMMINISTRAZIONE DELLA GIUSTIZIA; RETICENZA NELLA TESTIMONIANZA; SUBORNAZIONE DI TESTIMONE). [vol. I: EVIDENCE]

Inquisito in genere. Indicted, accused, defendant (IMPUTATO; INDAGATO).

Inquisitorio. (SISTEMA PENALE INQUISITORIO)

Insediamento. Installation, settlement (CONCESSIONE; EMIGRAZIONE; IMMIGRAZIONE; STABILIMENTO).

Insegna. Firm, business name, trade mark, insignia, badge, colours, flag, sign (BANDIERA; DITTA; INDICATORE; MARCHIO; PUBBLICITÀ; SEGNO; SIGILLO).

Insegnamento giuridico. Legal teaching (FORMAZIONE GIURIDICA; TRADIZIONE GIURIDICA). [vol. I: LEGAL EDUCATION; LEGAL TRADITION; JURISPRUDENCE]

Inseguimento in genere. Following, tracing, pursuit (RICERCA; SEQUELA). [vol. I: FOLLOWING; PURSUIT; TRACING]

– **di animali.** Following animals (RESPONSABILITÀ CIVILE PER DANNI PROVOCATI DA ANIMALI).

– **in flagranza.** Fresh pursuit (FLAGRANZA; IN FLAGRANTE DELITTO). [vol. I: *ad vocem*; HOT PURSUIT]

– **in flagranza di nave mercantile straniera al di fuori delle acque territoriali.** Hot pursuit (DIRITTO (II) DI INSEGUIMENTO IN FLAGRANZA). [vol. I: *ad vocem*; CONTRABAND; ENEMY; INNOCENT PASSAGE; PORT JURISDICTION; PURSUIT; SEA; VISIT]

In seguito a, a seguito di. Pursuant to (IN CONFORMITÀ DI; SECONDO).

Inseminazione artificiale. Artificial insemination (INGEGNERIA GENETICA; MADRE SURROGATA).

Insenatura. Bay (BAIA; PORTO). [vol. I: SEA; TERRITORIAL SEA]

Insequestrabile. Grosso modo, non-leviable, exempt from attachment, not seizable, privileged from execution (INSEQUESTRABILITÀ). [vol. I: FORFEITURE]

Insequestrabilità. Exemption, privilege, o immunity, from execution o distraint, non-leviable (IMPIGNORABILITÀ; SEQUESTRO). [vol. I: ATTACHMENT OF EARNINGS; ENFORCEMENT OF JUDGMENT; FORFEITURE; PRIVILEGED FROM EXECUTION; SEQUESTRATION]

Inserviente. Domestic servant, servant, employee (DIPENDENTE; DOMESTICO). [vol. I: MASTER AND SERVANT]

Inserzione automatica di clausole nei contratti di adesione. Automatic insertion of clauses in standard contracts (CONTRATTO DI ADESIONE; DIRITTO (I) IMPERATIVO-DISPOSITIVO). [vol. I: CONTRA PROFERENTEM; IMPLIED CONDITION; SMALL PRINTS; STANDARD CONTRACT]

– **pubblicitaria.** Advertisement, classified advertisement (PUBBLICITÀ). [vol. I: ADVERTISEMENT; ADVERTISING]

Inserzionista. Advertiser (INSERZIONE PUBBLICITARIA).

Insider. (INIZIATO)

Insider trading. Questo termine, ormai entrato nel linguaggio giuridico nostrano, anche se non in quello legislativo, è riferito alle indiscrezioni societarie (AGGIOTAGGIO; CODICE DI CONDOTTA; INDISCREZIONI SOCIETARIE; RIALZO FRAUDOLENTO DI TITOLI QUOTATI IN BORSA).

Insindacabile. Unimpeachable, unchallangeable, unappealable, privileged, immune, final (IMMUNITÀ; INECCEPIBILE; INIMPUGNABILE). [vol. I: EXECUTIVE PRIVILEGE; IMMUNITY; PRIVILEGE; PRIVILEGED STATEMENT]

Insinuabile al passivo in genere. (CREDITO INSINUABILE AL PASSIVO; DIMOSTRABILE)

Insinuazione in genere. Insinuation, suggestion, allegation (ALLUSIONE; SOSPETTO). [vol. I: INNUENDO]

– **di crediti al passivo del fallimento.** Proving in bankruptcy, proving against the estate of a bankrupt. Il creditore che non insinua il suo credito nei termini è detto *creditor not proving in time* (AMMISSIONE DI UN CREDITO AL PASSIVO DEL FALLIMENTO; AZIONE (I) REVOCATORIA; CREDITO AMMISSIBILE AL PASSIVO; FALLIMENTO: IV, X; RANGO DEL CREDITO). [vol. I: BANKRUPTCY; DEBT; PROVABLE DEBT; PROVE]

– **diffamatoria.** Innuendo (DIFFAMAZIONE). [vol. I: *ad vocem*]

In sofferenza. Overdue, outstanding (DEBITO SCADUTO; INSOLUTO; SOFFERENZA).

In solido. Jointly and severally, joint and several e, talvolta, *in solidum.* Ma si notino le numerose differenze con il regime della *civil law* (OBBLIGAZIONE (I) SOLIDALE; SOLIDARIETÀ). [vol. I: JOINT: 2; JOINT AND SEVERAL]

Insoluto in genere. Outstanding, overdue, delinquent (DEBITO INSOLUTO; EFFETTI INSOLUTI; IN SOFFERENZA; INSOLVENZA; MORA; PAGAMENTO; SCADUTO). [vol. I: OUTSTANDING; OVERDUE]

Insolvente. Insolvent; man of no property (INSOLVENZA).

Insolvenza in genere. Insolvency. Ma si avverta che — nonostante l'assonanza acustica — il concetto di insolvenza quale presupposto della dichiarazione di fallimento appare a tratti notevolmente diverso in diritto inglese e nordamericano rispetto a quello italiano e dei paesi di *civil law* in genere che adottano il criterio della *Zahlungsunfähigkeit.* Si noti anche la *acceleration clause* — frequentissima nei contratti, specie quelli di finanziamento internazionale — che determina la decadenza dal beneficio del termine in caso di insolvenza del debitore (ASSICURAZIONE DEL CREDITO; AZIONE (I) REVOCATORIA; BENEFICIO DEL TERMINE; DEBITORE INSOLVENTE; DILAZIONE DI PAGAMENTO; FALLIMENTO: IV, VII; INTERDIZIONE DALL'ATTIVITÀ DI AMMINISTRATORE DI SOCIETÀ; INVESTITORE; MORA; PAGAMENTO; PASSIVITÀ).

Bibl.:

Schiano Di Pepe, G., *Insolvenza in diritto comparato,* in *Digesto IV Utet, Comm.,* vol. VII: 410.

– **fraudolenta.** Grosso modo, fraudulent conveyance (AZIONE (I) REVOCATORIA).

Insolvibilità in genere. Inability to pay, insolvency (INSOLVENZA).

– **del condannato.** Offender's inability to pay (CONVERSIONE DELLA MULTA o AMMENDA IN PENA DETENTIVA).

Insorto. Rebel, insurgent (DEMOCRAZIA SOCIETARIA; INSURREZIONE; OPPOSITORE).

In sospeso. In abeyance, dormant (PENDENZA; SOSPESO). [vol. I: ABEYANCE; BONA VACANTIA; DORMANT; ESTATE IN ABEYANCE; LAND IN ABEYANCE; LAW IN ABEYANCE]

In sostituzione di. In lieu of (IN LUOGO DI; INVECE DI).

In specie. In kind. Un provvedimento che ordina l'adempimento *in specie* costituisce un *decree of specific performance* (ESECUZIONE DEL CONTRATTO IN FORMA SPECIFICA; IN NATURA).

Installazione nucleare. Nuclear installation (ENERGIA NUCLEARE; IMPIANTO NUCLEARE). [vol. I: *ad vocem*]

Institore. Grosso modo, agent, factor, employee charged to manage a business; ma, in senso stretto, questa figura non trova equivalenza nella *common law* (PROCURA INSTITORIA; RAPPRESENTANZA; VICE). [vol. I: FACTOR; MANAGER]

In sua vece. In his place, o in his stead (FARE LE VECI; IN LUOGO DI; INVECE DI; PER CONTO DI; VECI).

Insubordinazione. Insubordination; ma si tratta di termine generico relativo a qualsiasi rifiuto di eseguire un ordine dato legalmente, incluso quello del datore di lavoro (AMMUTINAMENTO; DISOBBEDIENZA; INSURREZIONE; LAVORO; OBBEDIENZA; RIBELLIONE; RIFIUTO DI OBBEDIENZA; TRADIMENTO).

In subordine. Alternatively, in the order, etc.; la proposizione di domande o difese subordinate è definita *alternative pleading.* La materia è prevista negli S.U. — stato federale — dalla R. 8(e)(2) delle *Federal Rules of Civil Procedure.* Ai sensi della R. 12(b) delle suddette *Rules* la, grosso modo, comparsa di risposta del convenuto va articolata secondo un formulario non tassativo, ma di fatto seguito puntualmente, che prevede, tra l'altro una *First Defence, Second Defence, Third Defence, Fourth Defence,* etc. (CITAZIO-

NE IN GIUDIZIO; DIFESE NEL PROCESSO CIVILE; DOMANDA; *PETITUM*).

Insufficienza in genere. Insufficiency (ASSOLUZIONE PER INSUFFICIENZA DI PROVE; MANCANZA).

– **dell'attivo.** Insufficiency of assets (ATTIVO; FALLIMENTO; INSOLVENZA; PASSIVO).

Insula in flumine nata. Accretion (ACCESSIONE). [vol. I: *ad vocem*]

Insulto. (INGIURIA)

Insurrezione. Insurrection, insurgency, rebellion, civil commotion (DEMOCRAZIA SOCIETARIA; GUERRA CIVILE; INSORTO; INSUBORDINAZIONE; RIBELLIONE; SICUREZZA INTERNA; SOMMOSSA). [vol. I: INSURGENCY; RIOTS AND CIVIL COMMOTIONS]

– **armata contro i poteri dello Stato.** Armed insurrection against the government (ALTO TRADIMENTO; ASSOCIAZIONE PER DELINQUERE; ASSOCIAZIONE SEDIZIOSA CONTRO LO STATO; COLPO DI STATO). [vol. I: TREASON]

Intangibile in genere. Intangible goods (BENI IMMATERIALI; IMMATERIALE). [vol. I: *ad vocem*]

Intavolazione. (SISTEMA TAVOLARE DEI REGISTRI IMMOBILIARI)

Integrativo in genere. Supplemental (ADDIZIONALE; AGGIUNTIVO; COMPLEMENTARE; DIFESA INTEGRATIVA; INTEGRAZIONE; LEGGE INTEGRATIVA).

Integrazione in genere. Integration. Si noti che il termine è impiegato negli S.U. anche per indicare la integrazione o fusione di imprese dello stesso tipo o di tipo diverso a vari livelli (EMENDAMENTO; FUSIONE DI SOCIETÀ; INTEGRATIVO).

– **del contraddittorio.** Joinder of a party to an action, adding a party to an action (CONTRADDITTORIO; ESTROMISSIONE DI UNA PARTE DAL GIUDIZIO; LITISCONSORZIO). [vol. I: ACTION; AMICUS CURIAE; COMPULSORY JOINDER; INSURANCE: I. 10; JOINDER OF PARTIES; MISJOINDER; NON-JOINDER; PARTY; PERMISSIVE JOINDER; THIRD PARTY]

– **del contratto.** Grosso modo, integration of contract. Ha luogo nel diritto inglese mediante gli *implied terms of contract* (DIRITTO (I) IMPERATIVO-DISPOSITIVO). [vol. I: CONTRACT: VII; IMPLIED TERMS OF CONTRACT]

– **del giudizio.** (*supra*, INTEGRAZIONE DEL CONTRADDITTORIO)

– **delle memorie difensive.** Supplementation of pleadings (DIFESE NEL PROCESSO CIVILE).

– **economica.** Economic integration (COMUNITÀ EUROPEE).

– **europea.** European integration (ATTO UNICO EUROPEO; COMUNITÀ ECONOMICA EUROPEA; LIBERALIZZAZIONE).

– **politica.** Political integration.

– **razziale.** Racial integration (DIRITTI (II) CIVILI; RAZZA).

Integrità in genere. Integrity.

– **fisica dei dipendenti.** Physical integrity of employees (INFORTUNIO SUL LAVORO; SICUREZZA DEI LUOGHI DI LAVORO).

– **morale.** Moral integrity, reputation (CORRETTEZZA; DIFFAMAZIONE).

Intento in genere. Intent, intention, animus (*ANIMUS*; DOLO; INTENZIONE; LETTERA DI INTENTI; MOTIVO; PREMEDITAZIONE; SCOPO).

– **criminoso.** Malice, mens rea, guilty mind (*infra*, INTENTO NEL REATO; CAPACITÀ DI INTENDERE E DI VOLERE; DOLO: 2; PREMEDITAZIONE). [vol. I: MENS REA; OFFENCE]

– **giuridico.** Intention to create legal relations. Nella tradizione di *common law,* le parti, nel concludere una convenzione o accordo, possono escludere l'intento giuridico, stabilendo che esso sia fonte di obblighi di carattere morale o non giuridico, ossia che impegnano « in honour », con la conseguenza che l'atto diviene *unenforceable*, nel senso che il giudice non può prenderne conoscenza (AZIONABILE; CONTRATTO: III; *GENTLEMEN'S AGREEMENT*; INCONTRO DELLE VOLONTÀ; INTERPRETAZIONE; RAPPORTO GIURIDICO; VOLONTÀ). [vol. I: III. 17; CONTRACT: V. 2; ENFORCEABLE; GENTLEMEN'S AGREEMENT; HONOUR CLAUSE; INTENTION TO CREATE LEGAL RELATIONS]

– **nel reato.** Mens rea (*supra*, INTENTO CRIMINOSO).

– **speculativo.** Profit purpose (SCOPO DI LUCRO; SPECULAZIONE).

Intenzionale. Intentional, wilful, malicious, deliberate, knowingly, *scienter* (CONDOTTA; DANNO INTENZIONALE; DELIBERATAMENTE; INTENTO; INTENZIONE; PREMEDITATO). [vol. I: MENS REA; WILFUL MISCONDUCT]

Intenzione. Animus, intention, intent, meaning, design, contemplation. Si parla, rispettivamente, di *animus manendi* e *animus possidendi* in tema di *domicile* e di *possession.*

Senza intenzione è detto, tra l'altro, *without meaning*. Il dolo nel reato è detto più spesso *mens rea* (*ANIMUS*; DELIBERAZIONE; DOLO; ERRORE; INTENTO; PREMEDITAZIONE; PROPOSITO; SCOPO; VOLONTÀ). [vol. I: DOMICILE; MENS REA; POSSESSION]

– **del legislatore.** Intention of the legislator, legislative intent, policy of the statute. Ma nel sistema inglese sussistono ancora notevoli resistenze alla ricerca dell'intento del legislatore. Diversa è invece la situazione negli S.U., in cui il ricorso ai lavori preparatori è di uso corrente (INTERPRETAZIONE; LAVORI PREPARATORI; LETTERA DELLA LEGGE; *RATIO LEGIS*; SPIRITO DELLA LEGGE; TEORIA DELL'ARGOMENTAZIONE). [vol. I: INTERPRETATION: II, V; STATUTE LAW: VIII; TRAVAUX PRÉPARATOIRES]

– **delle parti.** Intention of the parties (CONSENSO NEL CONTRATTO).

– **di creare un rapporto giuridico.** (INTENTO GIURIDICO)

Interamente coperto. Fully insured (COPERTURA ASSICURATIVA).

Intercettazione in genere. Interception (INDAGINI DI POLIZIA; ORDINE DI INTERCETTAZIONE).

– **di comunicazioni.** Interception of communications, eavesdropping, wire tapping, telephone tapping; di solito richiede una autorizzazione giudiziaria. Negli S.U. — stato federale — la materia è regolata dai singoli stati dell'Unione (INVASIONE DELLA RISERVATEZZA). [vol. I: HUMAN RIGHTS; PRIVACY; TELEPHONE TAPPING]

– **telefonica.** Wire tapping, telephone tapping; la prova relativa è detta *wire tapping evidence*: non è ammessa in giudizio, ma viene utilizzata solo per ottenere indicazioni o indizi (*leads*). Si tratta di una forma di invasione della *privacy* che, come tale, comporta dei problemi relativi alla tutela della riservatezza. Materia in movimento; non agevole (*supra*, INTERCETTAZIONE DI COMUNICAZIONI; INDAGINI DI POLIZIA; INDIZIO; PROVA; RISERVATEZZA). [vol. I: TELEPHONE TAPPING]

Bibl.:
Karlen 1967: 113.

Interdetto. Grosso modo, incompetent person, non compos mentis. Ma, in senso stretto, non esiste questa figura (CURATORE DELL'INTERDETTO; DIVIETO; INCAPACE; INELEGGIBILE; INTERDIZIONE).

Interdizione in genere. Nel senso di divieto, si parla di disqualification, ban, injunction, prohibition, proscription, inhibition, restraint, interdiction. Ma non esiste un equivalente esatto dell'interdizione per infermità mentale, istituto di *civil law*. Esso si riscontra nel diritto franco-canadese (CAPACITÀ; DIVIETO; IDONEITÀ; IDONEO; INABILITAZIONE; INELEGGIBILE; INFERMITÀ MENTALE; INIBITORIA; INIDONEO; PROIBIZIONE). [vol. I: DISABLEMENT; DISQUALIFICATION; WARD OF COURT]

– **dai pubblici uffici.** Disqualification from holding public offices (CONFLITTO DI INTERESSI; INELEGGIBILE; SOSPENSIONE DALL'ESERCIZIO DELL'ATTIVITÀ PROFESSIONALE; UFFICIO PUBBLICO). [vol. I: *ad vocem*; FORFEITURE OF A PUBLIC OFFICE; TREASON]

– **dall'attività di amministratore di società.** Disqualification of company director; la materia, priva di equivalenza nel nostro sistema, è regolata dal Company Directors Disqualification Act 1986 britannico per cui, in determinate circostanze, l'amministratore di società insolvente dimostratosi *unfit,* ossia *incapace* di svolgere le sue mansioni, può essere interdetto dal giudice dall'esercitare in futuro analoghe attività per un periodo che va da 5 a 15 anni. L'interdizione in parola non presuppone, come da noi, la condanna penale; insomma, non costituisce una pena accessoria: la differenza è notevole. Sembra importante segnalare fino a che punto nei paesi di capitalismo maturo — tra i quali non figura certo quello nostrano — giunga il legislatore, ossia la classe politica, nel cercare di assicurare quelle decenze minime nell'esercizio del potere economico a tutela degli investitori e dell'economia nazionale. A questo punto si potrebbe argomentare che non esistendo nel nostro paese la *public company*, ossia non essendovi un *management* distinto dalla proprietà e, in ultima analisi, non esistendo neanche investitori, e meno che mai un interesse generale dell'economia da tutelare, queste regolacce straniere sono nel nostro paese del tutto inutili (AMMINISTRATORE DI SOCIETÀ; FALLIMENTO: I. 4; INSOLVENZA; TUTELA DELL'INVESTITORE). [vol. I: DIRECTOR; DISQUALIFICATION]

– **dall'esercizio dell'attività professionale in genere.** Disqualification from practising a professional activity (PROFESSIONE FORENSE; RADIAZIONE DI UN *BARRISTER* DALLA SUA *INN OF COURT*).

Interessato in genere. Having an interest in, interested party; l'espressione « a chiunque possa avervi interesse » è tradotta con *to whom it may concern* (COINTERESSATO; INTERESSE; INTERESSI DIFFUSI; PARTE; PARTE INTERESSATA).

Interesse/i in genere. Interest, right, share, participation, stake.
1. Ma *interest* è il termine più vasto possibile per indicare un *right, claim, title* ossia, grosso modo, un diritto, una pretesa, un titolo. Si tratta di materia nella quale si riscontrano non poche assonanze acustiche, potenziali fonti di abbagli. Come quello che potrebbe consistere nel tradurre *right* e *interest*, rispettivamente, con diritto soggettivo e interesse legittimo, dicotomia, si direbbe per somma fortuna, ignota al *common lawyer*. A questo proposito, si osserva che la terminologia inglese in questa materia riflette la fondamentale distinzione tra *common law* e *equity*, priva di equivalenza nella *civil law*, e la diversa natura dei diritti e interessi riconosciuti dai due ordini di regole. La *common law* opera distinzioni originali in tema di diritti immobiliari che vengono distinti in *estates* e *interests* (*estates in land, interests,* o *charges in,* o *over land*). Il concetto di *interest* appare spesso strettamente intrecciato a quello di legittimazione. L'*interest* viene distinto dall'*expectation* (grosso modo, aspettativa). In alcuni rapporti giuridici, una persona ha un *interest* in un'altra (*husband in his wife*; *guardian in his ward*; *master in his servant,* etc.). Nel proprio interesse è detto, tra l'altro, *in his own interest, for purposes of his own.*
2. Nella prassi parlamentare britannica, l'espressione *disclosure of interest* indica il fatto di un parlamentare che, nel prendere parte a un dibattito o che comunque sia investito di una questione che interessi il parlamento, è tenuto a dichiarare se ha un interesse personale nella questione che sta trattando. La violazione di tale obbligo costituisce *contempt of Parliament,* sanzionato severamente anche dall'opinione pubblica (CAPACITÀ DI INTENDERE E DI VOLERE; COINTERESSENZA; COMUNIONE; CONFLITTO DI INTERESSI; DIRITTO (I) AMMINISTRATIVO; DIRITTO (II) SOGGETTIVO; FONTI DEL DIRITTO; GIURISDIZIONE; INTERESSATO; INTERESSENZA; INTERESSI SUL CAPITALE; LEGITTIMAZIONE; LUCRO; PARTE; PARTECIPAZIONE; QUOTA; TITOLARITÀ; TITOLO: 7). [vol. I: INTEREST; LOBBYING; PARLIAMENT: VI; POLITICAL PARTIES; PRIVITY]

– **ad agire.** Grosso modo, *interest to bring an action*. Per proporre un'azione in giudizio bisogna avere una *cause of action*: la sua mancanza determina lo « striking out » della domanda dal ruolo, ossia il rigetto di essa. Ma il concetto di *cause of action* appare sul piano tecnico notevolmente complesso (*infra*, INTERESSE ALL'AZIONE; AZIONE (I) IN GIUDIZIO; LEGITTIMAZIONE). [vol. I: CAUSE OF ACTION; INTEREST; LOCUS STANDI; PROSECUTION; STRIKING OUT]

– **all'assicurazione.** Insurable interest (ASSICURAZIONE). [vol. I: INSURANCE: I. 5, II. 3, III. 1]

– **all'azione.** Interest to maintain an action, locus standi (*supra*, INTERESSE AD AGIRE). [vol. I: CAUSE OF ACTION; LOCUS STANDI]

– **al nome.** Interest in the name (MARCHIO DI FABBRICA; NOME).

– **assicurabile.** (*supra*, INTERESSE ALL'ASSICURAZIONE)

– **contrattuale negativo.** (*CULPA IN CONTRAHENDO*)

– **costituito.** Grosso modo, vested interest (DIRITTO (II) ACQUISITO).

– **creditorio.** Creditor's interest (CREDITO; CREDITORE).

– **di controllo in una società.** (PARTECIPAZIONE AZIONARIA DI CONTROLLO).

– **diffusi.** Class having a common interest. Sono tutelati negli S.U. mediante la *class* (o *representative*) *action,* probabilmente una delle più geniali creazioni della processualcivilistica nordamericana.
1. Questa azione è definita da noi come azione di categoria; ma essa è ignota al pensiero giuridico nostrano e della *civil law* e addirittura alla prassi processuale inglese.
2. Un analogo della *class action* è l'altro istituto nordamericano detto *public interest action*, anch'esso a tutela degli interessi diffusi.
3. Nel nostro sistema è stata introdotta di recente una, come al solito annacquata, versione della *class action*. Gli interessi diffusi sono stati configurati come interessi legittimi, conseguenza dell'esistenza della doppia giurisdizione (ordinaria e amministrativa), croce del nostro e di altri paesi di *civil law*. Comunque, le distanze in tema di tutela degli interessi diffusi restano ancora siderali.
4. La *class action* e la *public interest action* costituiscono efficaci strumenti di rappresentanza dei diritti civili e degli interessi diffusi in sede processuale; ad esse va aggiunto l'*Amicus Curiae brief* con cui si attua l'intervento in un processo civile

in corso, spesso a tutela di interessi diffusi.

5. Nel caso di *multidistrict litigation*, ossia di azioni civili che comportino una o più complesse questioni di fatto pendenti davanti a diversi distretti federali, esse possono essere trasferite ad un solo distretto federale e decise da un solo giudice: è questo più spesso il caso delle *antitrust actions*, incidenti collettivi (aereo, etc.), di brevetto e marchio di fabbrica, responsabilità del produttore, violazione delle leggi sui valori mobiliari (*securities law actions*). I procedimenti sono rimessi a un *Judicial Panel on Multidistrict Litigation*: la procedura è retta dalle *Rules of Procedure of the Judicial Panel on Multidistrict Litigation* e dal *Manual for Complex Litigation*.

6. In definitiva, si ha l'impressione che *l'interesse generale* sia spesso realizzato attraverso la tutela degli *interessi di gruppo*. Un orientamento del genere sarebbe tanto più necessario nel nostro paese in cui la tutela dell'interesse generale è virtualmente inesistente. Negli S.U. si dice che un business è *affected with a public interest* più spesso nel caso del concessionario di un servizio pubblico, in cui non solo esso è oggetto di *regulation*, ma è anche tenuto a comportarsi ragionevolmente nei confronti del pubblico. Qui riemerge il requisito della ragionevolezza che percorre tutta la *common law*. Spetta, in definitiva, al giudice accertarne la sussistenza (*infra*, INTERESSE GENERALE; AZIONE (I) DI CATEGORIA; COMMISSIONE REGOLATRICE FEDERALE; CONCESSIONE; DIFESE NEL PROCESSO CIVILE; DIRITTI (II) CIVILI; DIRITTO (II) SOGGETTIVO; DISCRIMINAZIONE RAZZIALE; GIURISDIZIONE: 7; GIUSTIZIA ALTERNATIVA; INTERVENTO IN GIUDIZIO DEL TERZO; LEGITTIMAZIONE; LIBERTÀ CIVILI; PROCESSO DI MASSA; PUBBLICO MINISTERO; REGOLATORE; SERVIZIO PUBBLICO; TUTELA DEGLI INTERESSI DIFFUSI; TUTELA DEL CONSUMATORE; TUTELA DELL'AMBIENTE). [vol. I: CIVIL LIBERTIES; CIVIL RIGHTS; CLASS ACTION; PUBLIC INTEREST ACTION]

Bibl.:

Alpa, G., *Interessi diffusi*, in *Digesto IV Utet, Civ.*, vol. IX: 609.

– **di un beneficiario.** Beneficial interest (BENEFICIARIO). [vol. I: *ad vocem*]

– **effettivo.** Actual interest.

– **generale.** Public welfare, public purpose, governmental purpose; si oppone a *private interest*; è attraverso la *class action* e la *public interest action* che spesso, anche se non necessariamente, si tutela l'interesse generale (*supra*, INTERESSI DIFFUSI: 6; *infra*, INTERESSE PUBBLICO; POTERE PUBBLICO; PUBBLICA UTILITÀ; SOVRANITÀ).

– **legittimo.** Lett., legitimate interest; ma non esiste la sciagurata dicotomia tra interesse legittimo e diritto soggettivo, pretesto per la creazione di centinaia di cattedre universitarie e, non di rado, di colossali fortune personali (DIRITTO (I) AMMINISTRATIVO; DIRITTO (II) SOGGETTIVO; TUTELA DEI DIRITTI). [vol. I: ADMINISTRATIVE LAW]

– **negativo.** (*supra*, INTERESSE CONTRATTUALE NEGATIVO)

– **nella causa.** Interest in the case (*supra*, INTERESSE ALL'AZIONE; INTERVENTO IN GIUDIZIO DEL TERZO; RICUSAZIONE DEL GIUDICE; RICUSAZIONE DELLA GIURIA). [vol. I: DISQUALIFICATION FOR INTEREST]

– **patrimoniale-non patrimoniale.** Grosso modo, proprietary-non proprietary interest, economic-non economic interest (PATRIMONIO). [vol. I: PROPRIETARY INTEREST]

– **privato in atti di ufficio.** Lett. having an interest in an official business, conflict of interest. Ma non esiste *eo nomine* un tipo di reato esattamente corrispondente (CONFLITTO DI INTERESSI; CORRUZIONE). [vol. I: CORRUPTION; DISQUALIFICATION FOR INTEREST; MALADMINISTRATION]

– **pubblico.** Public interest, public welfare (*supra*, INTERESSE GENERALE; AZIONE (I) DI CATEGORIA; BENE COMUNE; BENI PUBBLICI; CONCESSIONE; CONTROVERSIA DI INTERESSE PUBBLICO; GRUPPO DI PRESSIONE; MONOPOLIO NATURALE; POTERE DI POLIZIA; POTERE PUBBLICO; SERVIZIO PUBBLICO).

– **semplice.** Interest; ma non esiste l'interesse semplice nel senso tecnico nostrano (*supra*, INTERESSE LEGITTIMO).

Interessenza. Interest, stake, profit-sharing, sharing (COINTERESSENZA; INTERESSE; PARTECIPAZIONE AZIONARIA; QUOTA).

Interessi/e sul capitale. Interest; il capitale è detto *principal*.

1. L'interesse è il *price of credit*, ossia il prezzo per il credito. Sul mercato dei capitali, si parla di *prime rate* per indicare il tasso più basso praticato nei confronti del più affidabile dei clienti sui mutui a breve termine non garantiti. Il *prime rate* costituisce anche la base per determinare i tassi (di solito più elevati) su altri tipi di mutui. Da questo punto di vista, il *credit rating*, effet-

tuato da agenzie specializzate, consistente nella valutazione della solvibilità del possibile debitore, è influente sia nella determinazione del tasso, sia nell'accordare lo stesso mutuo. Ormai celebri nel mercato internazionale dei capitali sono le *rating agencies* nordamericane *Standard & Poor's* e *Moody's* che adottano appositi indici espressi in lettere. Il *rating* più elevato relativo a un paese o a una obbligazione è la ormai notissima tripla AAA con la quale si stabilisce la massima affidabilità del debitore. L'utile derivante da un investimento, e quindi anche gli interessi, sono definiti *yield.*
2. Il testo di Farnsworth and Honnold [1965, ed. 1976: 1017] riporta sotto un chiarissimo capitolo dedicato alla *Regulation of the price Credit* lo sviluppo storico della disciplina degli interessi, dal Codice di Hammurabi al regime e alla problematica attuale del *price of credit* sia negli S.U. che in altri paesi di *common law.* Fortunati quegli studiosi che possono disporre di testi del genere, invece che dei testi « scientifici » nostrani! Nella vendita a credito o in operazioni analoghe, è definita *finance charge* l'interesse per il finanziamento del credito. Ma questa materia va vista nell'ambito della tutela del consumatore: in questo senso, va ricordato che, nonostante la *Letter in Defence of Usury* di Jeremy Bentham, la National Consumer Finance Commission, i Commissioners on Uniform State Laws etc., di fatto, negli S.U. esistono leggi e *rate regulations* che stabiliscono il tasso di interesse della stragrande maggioranza delle *consumer credit transactions.* L'usura consiste quindi in tre elementi: (i) mutuo o dilazione relativa a una somma di denaro; (ii) esazione di un interesse superiore al tasso legale; (iii) intenzionalità di praticare il tasso usurario da parte del mutuante. Di fatto, tenendo conto della massa di decisioni esistenti in materia, sembra potersi dire che il prestito diventa di per sé usurario quando esso supera il tasso legale; salvo un errore di calcolo o la buona fede (AGENZIA DI INFORMAZIONI SULLA SOLVIBILITÀ; ANATOCISMO; CAPITALE; CAPITALE PRINCIPALE; CLAUSOLA DI ACCELERAZIONE; CONTO CORRENTE BANCARIO FRUTTANTE INTERESSI; CREDITO; DEPOSITO BANCARIO A BREVISSIMO TERMINE; DIETIMI; DIFFERENZIALE; FINANZIAMENTO; FRUTTANTE INTERESSI; INFRUTTIFERO; INVESTIMENTO; MATURAZIONE DEGLI INTERESSI; MERCATO DEI CAPITALI; MORA; MUTUO USURARIO; OBBLIGAZIONE (II) SPAZZATURA; *RATING*; RENDITA; TASSO DEGLI INTERESSI; TASSO PRIMARIO; TUTELA DEL CONSUMATORE; USURA; UTILE; VENDITA A CREDITO; VENDITA A RATE). [vol. I: INTEREST]

– **a lungo termine.** Long term interest.

– **a tasso variabile.** (TASSO VARIABILE DEGLI INTERESSI)

– **a titolo di risarcimento per il mancato pagamento.** Interest as damages for non payment of a debt (CLAUSOLA DI ACCELERAZIONE; MANCATO PAGAMENTO).

– **bancari.** Bank interest (BANCA).

– **composti.** Compound interest, o interest upon interest (ANATOCISMO).

– **convenzionali.** Conventional interest.

– **correnti.** Accruing interest.

– **di mora.** Lett., delay interest, default interest. Ma è dubbia la loro validità (CLAUSOLA DI ACCELERAZIONE; CLAUSOLA PENALE; MORA). [vol. I: PENALTY]

– **fisso.** Fixed interest.

– **indicizzati.** Indexed interest (INDICE).

– **legali.** Legal interest; negli S.U. sono stabiliti dai vari stati dell'Unione con leggi dette di solito *usury laws.* Ma si noti l'ambiguità del termine che — nella diversa teoria delle fonti della tradizione di *common law* — indica un diritto (*interest*) riconosciuto dalla *common law* intesa in senso stretto in quanto distinto da un diritto riconosciuto dall'*equity*: distinzione priva di equivalenza nella tradizione di *civil law* (*infra*, INTERESSI USURARI; FONTI DEL DIRITTO; USURA). [vol. I: LEGAL INTEREST]

– **lordi.** Gross interest.

– **per l'uso di un capitale.** Interest for use of money (CAPITALE; MONETA). [vol. I: MONEYLENDER]

– **prepagati.** Prepaid interest.

– **semplici.** Ordinary interest.

– **su prestito a cambio marittimo.** Marine interest, maritime interest (PRESTITO A CAMBIO MARITTIMO).

– **usurari.** Usurious interest, unconscionable interest (USURA).

Interferenza. Interference, intermeddling (INGERENZA).

Inter-governativo. Inter-governmental (GOVERNATIVO).

Interim. Interim, ad interim (DEFINITIVO, FINA-

LE; INTERINALE; INTERLOCUTORIO; PROVVISORIO; TEMPORANEO). [vol. I: INTERIM; INTERLOCUTORY]

Interinale. Acting, ad interim (*INTERIM*).

Interlocutorio. Interlocutory, interim (INIMPUGNABILE; *INTERIM*; PROCEDIMENTI CAUTELARI; PROCEDIMENTO INTERLOCUTORIO; SENTENZA INTERLOCUTORIA). [vol. I: INTERIM; INTERLOCUTORY; PROVISIONAL]

Intermediario. Middleman, broker, agent, mediator, intermediary, jobber, go-between; può essere un *agent* di entrambe le parti (*BROKER* DI ASSICURAZIONE; CONCILIATORE; GIUSTIZIA ALTERNATIVA; MEDIATORE). [vol. I: BROKER; MIDDLEMAN]

Bibl.:
Alpa, G. e Forlino, G. B., *Broker*, in *Digesto IV Utet, Comm.* vol. II: 361.

– **finanziario.** Financial intermediary (FINANZIAMENTO; FINANZIATORE).

Intermediazione. Brokerage (AGENZIA DI INTERMEDIAZIONE MOBILIARE; BROKERAGGIO; GIUSTIZIA ALTERNATIVA; INTERMEDIARIO; SOCIETÀ (II) DI INTERMEDIAZIONE MOBILIARE).

Internamento. Internment (CAMPO DI CONCENTRAMENTO; CONFINO DI POLIZIA; DIRITTI (II) DELL'UOMO; IRREDENTISMO; PRIGIONIA).

International Chamber of Commerce. (CAMERA DI COMMERCIO INTERNAZIONALE; *INCOTERMS*)

Internato. Internee, detainee, prisoner (INTERNAMENTO).

Internazionale in genere. International (DIRITTO (I) INTERNAZIONALE; INTERNO; MULTINAZIONALE; TRANSNAZIONALE).

Interno in genere. Domestic, national, local, municipal, insider (DIRITTO (I) INTERNO; ESTERNO; ESTRANEO; INDISCREZIONI SOCIETARIE; INIZIATO; INTERNAZIONALE; MINISTERO DELL'INTERNO; NAZIONALE).

Interpellanza in genere. Question (DOMANDA).

– **parlamentare.** Parliamentary question, question in Parliament, congressional question. Ha suscitato molto scandalo in Gran Bretagna che alcuni parlamentari del partito conservatore abbiano presentato alla *House of Commons* delle interpellanze parlamentari addomesticate in cambio di denaro: i giornali locali — con quel gusto per l'*understatement* che li distingue — parlano di « Conservative MPs tabling parliamentary question in return for fees » [*Rwanda phone aid profits anger donors*, di Michael White e Gary Younge, nell'*Observer* dell'8 agosto 1994]. Ma si tratta di volgari casi di corruzione; beninteso, rose e fiori con chi facesse dei confronti con la situazione italiana di corruzione e caos legalizzato e permanente, o anche, in misura minore, con il parlamento francese e tedesco. Ma rose e fiori che meritano qualche riflessione: esse sono anche il frutto della permanenza al governo di un partito conservatore che da oltre 15 anni gode della maggioranza assoluta (DOMANDA; INTERROGAZIONE PARLAMENTARE). [vol. I: QUESTION TIME]

Interposizione in genere. Interposition, intermediation, intervention, intermeddling. La *doctrine of interposition* assume rilevanza negli S.U., stato federale. Respinta dalla *Supreme Court*, essa propugna l'assenza di un obbligo costituzionale degli stati dell'Unione di rispettare le decisioni della *Supreme Court* con le quali sono in disaccordo. In breve, per la dottrina dell'*interposition*, gli stati dell'Unione avrebbero il diritto di interporre il proprio potere a tutela dei propri cittadini nei confronti delle misure dello stato federale ritenute anticostituzionali: in sostanza, essa contesta alla *Supreme Court* la funzione di interprete ultimo della costituzione federale. La secessione fu la più drammatica forma di *interposition*: essa trovò una altrettanto drammatica e determinata opposizione da parte del Presidente Lincoln. Considerata un residuo del passato, la dottrina venne inutilmente invocata negli anni '50 e '60 negli stati ostili alla desegregazione razziale. Essa rientra nella dialettica intrinseca al sistema federale che ha tanto marcato le vicende e le passioni della grande nazione americana fin dalle origini (FEDERALISMO; INGERENZA; INTERFERENZA; INTERVENTO; *NEGOTIORUM GESTIO*; POTERE PUBBLICO; SECESSIONE; SOVRANITÀ).

– **fittizia di persona.** Man of straw (FEDECOMMESSO; SIMULAZIONE).

– **reale.** (RAPPRESENTANZA INDIRETTA)

Interpretatio contra stipulatorem. Interpretation contra proferentem (INTERPRETAZIONE DEL CONTRATTO). [vol. I: CONTRA PROFERENTEM]

Interpretazione in genere. Interpretation, construction.
1. Anzitutto, — tenendo conto della diversa teoria delle fonti della *common law* — bisogna tenere distinta l'interpretazione della

case law da quella della *statute law*. Esse obbediscono a criteri assai diversi tra loro, e da quelli seguiti nei sistemi di *civil law* per quanto attiene alla interpretazione della legislazione anche se, sotto questo aspetto, va rilevata una tendenza al ravvicinamento ai criteri nostrani specie da parte nordamericana. Anzi, come ha osservato R. David, i giudici della *Supreme Court* degli S.U. hanno « devancé de cent ans les méthodes téléologiques prônées en France par Josserand » [1964, ed. 1978: 452]. A questo proposito, va rilevato che sia in tema di *statute law*, sia di decisioni giurisprudenzali, si riscontrano, per molti versi, radicali differenze di tecnica e teoria dell'interpretazione tra il sistema inglese e quello nordamericano. Queste diversità appaiono dovute principalmente, da un lato, alla necessità di interpretare una costituzione scritta in uno stato federale (il sistema costituzionale britannico è invece privo di una costituzione scritta) e, dall'altro, al più rapido *tempo of social change* della società americana. Comunque, la peculiarità dei criteri interpretativi della *common law* va vista principalmente come l'altra faccia del principio della *judicial review* e della diversa teoria delle fonti di quella tradizione giuridica.

2. Quanto poi all'interpretazione dei testi legislativi, negli S.U. assume notevole importanza la *legislative history*, ossia quelli che sono definiti da noi i lavori preparatori, utilizzati per stabilire l'intenzione del legislatore. Si noti la prassi dell'*interpretation clause* nei testi di legge inglesi e nordamericani in cui una *section* della legge (di solito, la prima) elenca il significato preciso dei termini impiegati; tale prassi è ormai estesa ai contratti e alle convenzioni internazionali. Si noti, ad. es., l'UCC degli S.U. che all'Art. 1 (un titolo di codice nostrano) contiene le *General Provisions*: la Part 1 attiene, tra l'altro, alla *Construction* e *Application* dell'*Act*, mentre la Part 2 contiene le *General Definitions and Principles of Interpretation*.

3. Ma *interpretation* e *construction*, per quanto a volte impiegati come sinonimi, non coincidono. La *construction* ha un campo di applicazione più vasto dell'*interpretation*: mentre l'*interpretation* si limita ad accertare il senso, la *construction* si spinge a spiegare gli effetti giuridici dell'atto in questione: l'*interpretation* precede la *construction*, ma si ferma al testo scritto. Una *rule of construction* regola gli effetti di un'intenzione accertata, ovvero indica il principio che il giudice è tenuto a seguire in assenza di un'intenzione espressa o tacita. Per contro, l'*interpretation* regola l'accertamento dell'intenzione dell'autore dell'atto. Per intendere meglio la differenza tra i due termini di *construction* e interpretation, entrambi riferibili alla teoria generale dell'interpretazione, appare utile riportare due esempi estratti dal citato UCC. L'Art. 1-102 (*Purposes; Rules of Construction*; *Variation by Agreement*) recita: (1) This Act shall be liberally construed and applied to promote its underlying purposes and policies. (2) Unde lying purposes and policies of this Act are (a) to simplify, clarify and modernize the law governing commercial transactions; (b) to permit the continued expansion of commercial practices through custom, usage and agreement of the parties; (c) to make uniform the law among the various jurisdictions. Invece, la Part 2 parla di *General Definitions and Principles of Interpretation*. All'Art. 1-201 (*General Definitions*) si legge, tra l'altro: « Subject to additional definitions (...) in this Act: (1) 'Action' in the sense of a judicial proceeding includes (...) (2) 'Aggrieved party' means a party entitled to resort to a remedy (...) (4) 'Bank' means any person engaged in the business of banking » etc.

4. Su un piano più generale, i termini *interpretivism* e *noninterpretivism* alludono a due concetti al centro del dibattito odierno sulla natura e la estensione del potere giudiziario nell'assetto costituzionale degli S.U. Essi riassumono il dilemma se la *Supreme Court* debba attenersi al testo della costituzione e alle intenzioni che ne sono alla base, ovvero può andare oltre i c.d. *four corners* del documento per accertarne il suo significato. Il dibattito su *interpretivism* e *noninterpretivism* appare strettamente legato al ruolo del c.d. *original intent*, ossia all'intenzione originaria nell'interpretazione costituzionale e giuridica in genere. Essi non vanno confusi con la tradizionale distinzione tra interpretazione restrittiva (*strict construction*) e interpretazione estensiva (*loose construction*), dato che entrambe sono forme di *interpretivism* che si riferiscono a *come* la costituzione debba essere letta, ossia in maniera restrittiva o estensiva. Invece, il concetto di *noninterpretivism* attiene alla questione *se* la costituzione debba essere letta al punto di restarne vincolati, e alla sua portata al di là di essa. I più radicali tra i *noninterpretivist,* come, ad es., Michael Perry e Ronald Dworkin, ritengono che, oltre che opportuno, sia addirittura necessario che i giudici infondano nella costituzione i

concetti contemporanei della giustizia; la domanda essendo non già ciò che la costituzione significhi, ma ciò che dovrebbe significare. Lo scopo del *noninterpretivism* è di rendere la costituzione un documento moralmente evolutivo libero dal testo inteso in senso stretto, e anche dall'originaria intenzione e dal suo significato sottostante. I critici di questa dottrina argomentano che essa riduce la costituzione a nulla più che l'opinione dei giudici, e che l'*interpretivism* costituisce il solo approccio legittimo nei riguardi di una costituzione scritta che si ritiene destinata a durare, compresi i suoi formali emendamenti. Gli *interpretivist* in senso stretto sostengono che le decisioni devono essere fondate, oltre che sul testo letterale, sul c.d. *original intent*; altri, più moderati, sembrano essere guidati dal testo piuttosto che dall'originario intento del legislatore. Di fatto, la maggior parte dei giudici si attesta su una posizione pragmatica tra i due estremi nelle questioni che sono chiamate a decidere.

5. Negli S.U. la *doctrine of legal acumen* stabilisce che quando un vizio attinente a un titolo di proprietà immobiliare è di tale complessità da richiedere un difficile processo di interpretazione, in tal caso è possibile far ricorso alla giurisdizione o alle regole dell'*equity* allo scopo di rimuovere la confusione determinata da tale vizio (ABROGAZIONE; ATTIVISMO GIUDIZIARIO; CANONE DI INTERPRETAZIONE; CERTEZZA DEL DIRITTO; CONTROLLO GIURISDIZIONALE; DECISIONE; DEFINIZIONI GIURIDICHE; DIRITTO (I) PROMOZIONALE; ERRONEA INTERPRETAZIONE; FALSA INTERPRETAZIONE; *FAVOR REI*; FONTI DEL DIRITTO; FUNZIONE DEL DIRITTO; GLOSSA; INTENZIONE DEL LEGISLATORE; LACUNA GIURIDICA; LAVORI PREPARATORI; METODO DI INTERPRETAZIONE; POLITICA DEL DIRITTO; PRESUNZIONE; PRINCIPIO DELL'INTERPRETAZIONE UNIFORME; RAGIONAMENTO GIURIDICO; REGOLE DI INTERPRETAZIONE; SISTEMA GIURIDICO CHIUSO-APERTO; SPIRITO DELLA LEGGE; SUPPLENZA; TUTELA DEI DIRITTI: 31). [vol. I: INTRODUZIONE: III. 2, 3, 5, 8; ANALOGY; CASE LAW; CASUS OMISSUS; CIVIL LAW; COMMON LAW; GENERAL PRINCIPLES OF LAW; INTERPRETATION; INTERPRETATION CLAUSE; JUDICIAL REVIEW; LEGAL REASONING; RATIO DECIDENDI; STATUTE LAW; TRAVAUX PRÉPARATOIRES]

Bibl.:
Bobbitt, P., *Constitutional Interpretation*, in *Oxford* 1992: 183.
Frosini, V., *La lettera e lo spirito della legge,* Milano, Giuffrè, 1993.
McDowell, G.L., *Interpretivism and Noninterpretivism*, in *Oxford* 1992: 436.
id., *Original Intent*, ibid.: 613.

– **ampia.** Liberal, wide, construction o interpretation: l'Art. 1-102(1) dell'UCC recita, tra l'altro: « This Act shall be liberally construed and applied to promote its underlying purposes and policies » (*infra*, INTERPRETAZIONE ESTENSIVA; INTERPRETAZIONE RESTRITTIVA).

– **analogica.** Reasoning by analogy. Mentre nell'interpretazione della *case law* il giudice di *common law* fa ricorso all'analogia, per quanto attiene all'interpretazione della legge scritta (*statute law*), sussiste ancora oggi, anche se meno rigoroso negli S.U., il principio del divieto dell'interpretazione analogica (ANALOGIA; LACUNA GIURIDICA). [vol. I: ANALOGY; CASUS OMISSUS; GENERAL PRINCIPLES OF LAW]

– **autentica ad opera di una legge successiva.** Auhentic interpretation, statutory exposition.

– **dei trattati.** Interpretation of treaties (TRATTATO INTERNAZIONALE). [vol. I: INTERPRETATION: V]

– **del contratto.** Construction o interpretation of contract (CLAUSOLA DI INTERPRETAZIONE CONTRO L'AUTORE DELL'ATTO; *CONTRA PROFERENTEM*; CONTRATTO; PRINCIPIO DELLA CONSERVAZIONE DEL CONTRATTO). [vol. I: CONTRACT: XV; CONTRA PROFERENTEM]

– **della legge scritta.** Construction o interpretation of statute law (*supra*, INTERPRETAZIONE IN GENERE; INTENZIONE DEL LEGISLATORE; LEGGE).

– **del testamento.** Construction o interpretation of will (TESTAMENTO).

– **dottrinale.** Doctrinal interpretation (*supra*, INTERPRETAZIONE AUTENTICA).

– **estensiva.** Liberal, extensive, loose, wide construction o interpretation of law (*supra,* INTERPRETAZIONE AMPIA).

– **giudiziale.** Judicial construction o interpretation; ma si notino le differenze esistenti in materia tra le due tradizioni giuridiche di *civil law* e di *common law* (FONTI DEL DIRITTO; PRECEDENTE GIUDIZIARIO).

– **giuridica.** Legal interpretation (*supra*, INTERPRETAZIONE GIUDIZIALE; LINGUAGGIO GIURIDICO; TRADUZIONE GIURIDICA).

– **logica.** Logical construction o interpretation; diretta cioè ad accertare la volontà del legislatore (INTENZIONE DEL LEGISLATORE).

– **restrittiva.** Restrictive, narrow, close, strict, literal construction o interpretation (*supra*, INTERPRETAZIONE AMPIA; INTERPRETAZIONE ESTENSIVA).

– **stretta.** (*supra*, INTERPRETAZIONE RESTRITTIVA)

– **teleologica.** Teleological interpretation (*supra*, INTERPRETAZIONE IN GENERE).

– **vasta in genere.** (*supra*, INTERPRETAZIONE ESTENSIVA)

Interrogatorio in genere. Examination, interrogation o questioning, interview (AZIONE (I) INTERROGATORIA; ESAME DEL TESTIMONE; FERMO DI POLIZIA PER L'INTERROGATORIO; INTERROGAZIONE; PROVA; TESTIMONE; TESTIMONIANZA). [vol. I: CIVIL PROCEDURE; CRIMINAL PROCEDURE; CROSS-EXAMINATION; EXAMINATION; INTERROGATION BY THE POLICE; JUDGES' RULES; POLICE: I; QUESTIONING]

– **dell'arrestato.** Questioning of the arrestee (ARRESTO; IMPUTATO).

– **dell'imputato.** Examination of defendant (IMPUTATO).

– **del testimone.** Examination of witness (CONTROESAME; TESTIMONE). [vol. I: EVIDENCE; EXAMINATION]

– **di polizia.** Police interrogation, police questioning, interrogation by the police, police interview.
1. Nel sistema inglese, esso ha luogo in base al *Code of Practice for the Detention, Treatment and Questioning of Persons by the Police*, emanato dall'*Home Office* in base alla s. 66 del Police and Criminal Evidence Act 1984 [cfr. Emmins 1981 ed. 1992: 392, 393, 412]. All'atto dell'arresto, l'arrestato deve essere informato del reato di cui è accusato. Di fatto, spesso l'arresto è preceduto da un interrogatorio del sospettato da parte del funzionario di polizia: in tal caso, l'interrogato deve essere *cautioned*, ossia informato che egli non è obbligato a rispondere, ma che qualsiasi dichiarazione fatta potrà essere utilizzata come prova contro di lui. In ogni caso, all'arrivo alla stazione di polizia, l'arrestato deve essere informato dei suoi diritti e, come si è accennato, *prima* dell'interrogatorio deve aver luogo il *cautioning*.
2. L'interrogatorio dell'arrestato è detto *custodial interrogation* se l'indiziato si trova in stato di arresto; è detto invece *investigatory interrogation* l'interrogatorio effettuato dalla polizia nel corso delle indagini che non hanno ancora raggiunto la fase accusatoria e l'indiziato non è stato ancora arrestato, o comunque privato della sua libertà: in questo caso non si applica negli S.U. la c.d. *Miranda rule*. Con questa regola, che prende origine dal caso omonimo *Miranda* v. *Arizona*, 384 U.S. 436 (1966), nel caso di *custodial interrogation*, prima che abbia inizio l'interrogatorio, l'imputato deve essere avvertito: (i) del suo diritto di mantenere il silenzio; (ii) che qualsiasi dichiarazione fatta potrà essere impiegata contro di lui; (iii) che ha diritto ad essere assistito da un avvocato; (iv) che qualora non disponga di un avvocato di fiducia, ne potrà essere nominato uno prima dell'interrogatorio, se ne fa richiesta. In caso di mancata osservanza della *Miranda rule*, nessuna prova ottenuta nel corso dell'interrogatorio potrà essere utilizzata contro l'imputato. L'interrogatorio di polizia di c.d. terzo grado — detto *sweating* — che si avvale cioè di metodi illegali per estorcere la confessione dell'interrogato è incostituzionale. Ma questa materia va inquadrata nel processo accusatorio inglese e nordamericano, nel diverso ordinamento giudiziario, nel diverso sistema di prosecuzione dell'azione penale, nelle diverse funzioni della polizia (AVVERTENZA ALL'IMPUTATO; AZIONE (I) PENALE; CONFESSIONE; DEPOSIZIONE NEL PROCESSO PENALE; DIRITTI (II) DELL'UOMO; FERMO DI POLIZIA; POLIZIA; SISTEMA PENALE ACCUSATORIO; VERBALE DELLA POLIZIA). [vol. I: CAUTION; INTERROGATION BY THE POLICE; JUDGES' RULES]

Bibl.:
Kamisar, Y., *Miranda* v. *Arizona*, in *Oxford* 1992: 552.

– **di polizia di terzo grado.** Sweating; è incostituzionale negli S.U. (*supra*, INTERROGATORIO DI POLIZIA).

– **di una parte all'altra, nella fase del *pre-trial*.** Interrogatory; è in forma scritta e si svolge in una fase processuale ignota al processo di *civil law* (*infra*, INTERROGATORIO FORMALE; PROCEDURA: 5). [vol. I: INTERROGATORIES; PRE-TRIAL]

– **formale.** Lett., formal interrogatory: ma non esiste nei sistemi di *common law*; un grossolano analogo è costituito dagli *interrogatories*, ossia da uno dei *pre-trial discovery devices* previsto negli S.U. dalla R. 33 delle *Federal Rules of Civil Procedure* (*supra*, INTERROGATORIO DI UNA PARTE ALL'ALTRA, NELLA FASE DEL *PRE-TRIAL*; GIURAMENTO DECISORIO; GIURAMENTO SUPPLETORIO; PERIZIA SCRITTA).

– **incrociato.** Cross-examination (CONTROESAME; LOGICA GIURIDICA; RETORICA).

– **nel corso del *trial*.** Examination (*supra*, INTERROGATORIO INCROCIATO; DEPOSIZIONE). [vol. I: EVIDENCE; EXAMINATION]

– **nella stazione di polizia.** Stationhouse interrogation (*supra*, INTERROGATORIO DI POLIZIA).

Interrogazione in genere. Question (DOMANDA; ESAME; INTERPELLANZA; INTERROGATORIO).

– **parlamentare.** Parliamentary question (INTERPELLANZA PARLAMENTARE).

Interruzione in genere. Interruption, discontinuance, stay, sist, layoff, disruption (INTERDIZIONE; POSSESSO ININTERROTTO; SOSPENSIONE). [vol. I: DISCONTINUANCE; INTERRUPTION; STAY]

– **dei termini.** Interruption of time limit (*infra*, INTERRUZIONE DELLA PRESCRIZIONE; TERMINE). [vol. I: TIME]

– **della prescrizione.** Toll of the statute of limitation; interruption of the period of limitation, interruption of the runnning of the statute of limitation, interruption of the limitation period (*supra*, INTERRUZIONE DEI TERMINI; PRESCRIZIONE). [vol. I: INTERRUPTION OF THE PERIOD OF LIMITATION; LIMITATION OF ACTIONS; PRESCRIPTION]

– **del possesso.** Discontinuance of possession (POSSESSO).

– **del processo.** (SOSPENSIONE o INTERRUZIONE DEI TERMINI DI PRESCRIZIONE)

– **del rapporto di causalità.** (RAPPORTO DI CAUSALITÀ)

– **di pubblica riunione.** Disturbance of public meeting, breach of the peace (PUBBLICA RIUNIONE; RIUNIONE; TURBATIVA DI RIUNIONE). [vol. I: PUBLIC MEETING]

– **e sospensione in genere.** Interruption and suspension; ma la distinzione giuridica non è agevole: la sospensione è detta più spesso, tra l'altro, *stay*.

Interventista di assemblea. Shareholder participating to an assembly meeting, *gadfly* (DEMOCRAZIA SOCIETARIA; DISTURBATORE DI ASSEMBLEA; ESTORSIONE).

Intervento in genere. Intervention, interference, intermeddling (GESTORE DI AFFARI; INGERENZA NEGLI AFFARI INTERNI DI UNO STATO; INTERPOSIZIONE; INTERVENTORE; INTRUSIONE; NON INTERVENTO; PAGAMENTO DELLA CAMBIALE PER INTERVENTO).

– **ad istanza di parte.** Intervention ex parte. [vol. I: EX PARTE]

– **bancario.** Bank intervention (BANCA).

– **cambiario.** (ACCETTAZIONE CAMBIARIA PER INTERVENTO)

– **dei creditori nella divisione.** Creditors' intervention in a partition proceding (DIVISIONE).

– **in giudizio del terzo.** Third party intervention in a case o suit. Negli S.U., secondo le regole federali di procedura civile, può avvenire in virtù di un diritto del terzo o di una autorizzazione del giudice, ai sensi della R. 24 delle *Federal Rules of Civil Procedure*. Fondamentale importanza nella tutela dei diritti civili e degli interessi diffusi assume l'intervento che si realizza mediante l'*Amicus Curiae brief* nel processo di appello. La materia è prevista in sede federale dalla R. 29 delle *Federal Rules of Appellate Procedure* che reca il titolo *Brief of An Amicus Curiae* (APPELLO; COMPARSA CONCLUSIONALE; DIFESE NEL PROCESSO CIVILE; DIRITTI (I) CIVILI; INTERESSI DIFFUSI; PARTE). [vol. I: AMICUS CURIAE; INTERPLEADER; INTERVENTION]

– **governativo.** Government intervention.

– **militare.** Military intervention (GUERRA).

Interventore. Intervener, intervening party, interventor (GESTORE DI AFFARI; INTERVENTO). [vol. I: AMICUS CURIAE; INTERPLEADER; INTERVENER; INTERVENTION]

– **in giudizio.** Intervener in a case o suit (INTERVENTO IN GIUDIZIO DEL TERZO).

Interversione del titolo nel possesso. Grosso modo, change of title in possession (INVERSIONE; POSSESSO).

Intesa/e. Agreement, understanding, undertaking, accord, arrangement, settlement, deal (ACCORDO; PATTO).

– **segreta.** Secret deal (SEGRETO).

– **tra imprese.** Agreement between undertakings. Quando si concreta in una limitazione della concorrenza, viene definita di solito *agreement in restraint of trade* (ASSOCIAZIONE TEMPORANEA DI IMPRESE; CONCORRENZA; CONSORZIO TRA IMPRESE; IMPRESA; MONOPOLIO). [vol. I: ANTI-TRUST ACTS; COMPETITION; RESTRAINT OF TRADE]

Intestatario. Nominee, registered holder, registered keeper, vested person (INTESTATO A; INTESTAZIONE; TITOLARE).

Intestato/a. Registered in the name of, in the name of, ticketed in the name of (INTESTATARIO; INTESTAZIONE; TITOLARE).

Intestazione in genere. Registration, heading, headline, title, entry (INTESTATARIO; INTESTATO A; ISCRIZIONE; REGISTRAZIONE).

Intimato in genere. Enjoined o enjoyned (APPELLATO; AVVERTENZA ALL'IMPUTATO; CONVENUTO; IMPUTATO; INIBITORIA; INTIMAZIONE). [vol. I: INJUNCTION]

Intimazione in genere. Injunction, order, caveat, caution, garnishment, intimation, notice, summon(s), warning (ANNUNZIO; AVVERTENZA; AVVISO; DIFFIDA; INVITO; NOTIFICA; PREAVVISO). [vol. I: CAVEAT; CONTEMPT OF COURT; INJUNCTION; INTIMATION; INVITATION TO TREAT; NOTICE]

- **a comparire.** Summons (o order) to appear, notice to appear (COMPARIZIONE IN GIUDIZIO).
- **ad adempiere.** Notice to perform (ADEMPIMENTO).
- **a un testimone di comparire in giudizio.** Subpoena ad testificandum (TESTIMONE). [vol. I: CONTEMPT OF COURT; SUBPOENA]
- **di pagamento.** Summons to pay, placing in default, notice of payment (PAGAMENTO). [vol. I: ORDER 14 PROCEDURE]
- **di sfratto.** Notice to quit (SFRATTO).
- **di sfratto per morosità.** Notice to quit in default of payment. Ma non esiste un corrispondente esatto (SFRATTO). [NOTICE TO QUIT]

Intimidazione. Intimidation, putting in fear; costituisce l'ingrediente di molti reati. Negli S.U. — stato federale — la *chilling effect doctrine* è riferita a qualsiasi atto legislativo o pratica che, avvalendosi dell'uso o della minaccia dell'uso di un potere coercitivo, impedisce l'esercizio di un diritto costituzionale (COARTAZIONE; DIRITTI (II) COSTITUZIONALI; INTIMAZIONE; LIBERO DA INFLUENZA ALTRUI; MINACCIA; MOLESTIA ALLE PERSONE; VIOLENZA). [vol. I: DURESS; INTIMIDATION; UNDUE INFLUENCE]

- **del testimone.** Intimidation of witness (INQUINAMENTO DELLA PROVA).

Intimità. Privacy (DIRITTO (II) ALLA RISERVATEZZA; PUDORE; RISERVATEZZA).

Intimo convincimento. (LIBERO CONVINCIMENTO DEL GIUDICE)

Intolleranza. Intolerance (DIRITTI (II) DELL'UOMO; TOLLERANZA).

Intossicometro. (ETILOMETRO)

Intralcio. Obstruction, interference, bar (DISOBBEDIENZA CIVILE; IMPEDIMENTO; OSTACOLO; PRECLUSIONE; RESISTENZA; TRASGRESSIONE).

In transito. In transitu (DIRITTO (II) DI CONTRORDINE NEL TRASPORTO; TRANSITO; TRASPORTO).

Intrappolamento. (DOLOSA PREORDINAZIONE DI PROVE DI REATO A CARICO DI UN INNOCENTE)

Intrasferibile. (IRRINUNZIABILE; NON TRASFERIBILE)

Intrinseco in genere. Inherent (VIZIO INTRINSECO).

Introduttivo. Preliminary (PRELIMINARE).

Introito. Receipt, proceeds, profit, income (ENTRATA; REDDITO; RICAVATO; UTILE; VENDITA).

Intrusione. Interference, intrusion, trespass (INGERENZA; INTERVENTO; INVASIONE; SPOGLIO). [vol. I: INTRUSION; TRESPASS]

Intruso. Intruder, trespasser, stranger, squatter, interloper, abator (INTRUSIONE).

Intuitus personae. Nel contratto, questo concetto è reso dall'aggettivo *personal*: un *personal services contract* è un contratto *intuitus personae*, non suscettibile di *injunction*, di *specific performance* o di *vicarious performance*. *Office of trust* sono definite le funzioni, come quelle del difensore, che comportano un elemento fiduciario (ADEMPIMENTO DEL TERZO; ESECUZIONE SPECIFICA DEL CONTRATTO; FIDUCIA; PRESTAZIONE IN LUOGO DELL'ADEMPIMENTO). [vol. I: *ad vocem*; AGENCY; DELECTUS PERSONAE; OFFICE; PARTNERSHIP; PERFORMANCE; PERSONAL CONTRACT; PERSONAL SERVICES CONTRACT; VICARIOUS PERFORMANCE; TRUST]

In udienza pubblica. In open court (GIURISDIZIONE VOLONTARIA; UDIENZA PUBBLICA).

Inutilizzato in genere. Unused (FONDI INUTILIZZATI; UTILIZZAZIONE).

Invalidabile. Voidable (INVALIDAZIONE; INVALIDITÀ). [vol. I: *ad vocem*]

Invalidazione in genere. Challenge, impeachment, invalidation, annulment, discharge, avoidance (CONTESTAZIONE; IMPUGNAZIONE; INFICIATO; INFIRMATO; INVALIDITÀ DEL CONTRATTO; INVALIDO; VIZIATO). [vol. I: INVALIDATION]

Invalidità in genere. Invalidity (INCAPACITÀ; VALIDITÀ). [vol. I: *ad vocem*]

– **del contratto.** Grosso modo, invalidity of contract; ma si parla più spesso, a seconda dei casi, di contratto *void, voidable, illegal.* Si tratta di materia assai complessa nella quale bisogna guardarsi dagli *acoustic agreements* che possono indurre in gravi abbagli (ANNULLABILITÀ; CONOSCENZA; CONTRATTO: III, X; NULLITÀ; RETTIFICA DEL CONTRATTO VIZIATO DA ERRORE; RINUNZIA A FAR VALERE L'INVALIDITÀ DI UN CONTRATTO). [vol. I: INVALIDITY; ILLEGAL; VOID e VOIDABLE]

– **del testamento in genere.** Invalidity of will (TESTAMENTO).

– **di un trattato.** Invalidity of a treaty. La materia è regolata dall'art. 46 e segg. della convenzione di Vienna (ACQUIESCENZA ALLA INVALIDITÀ DI UN TRATTATO; TRATTATO INTERNAZIONALE). [vol. I: INVALIDITY OF TREATIES]

– **fisica.** Disability, disablement; *disability claims* sono definiti i diritti all'indennizzo, o la pensione, per invalidità (ASSEGNO (I) DI INVALIDITÀ; ASSICURAZIONE CONTRO L'INVALIDITÀ; INABILITÀ; INCAPACITÀ; INFERMITÀ; INVALIDO; MALATTIA; PENSIONE DI INVALIDITÀ). [vol. I: DISABILITY; DISABLEMENT; INSANITY]

– **fisica permanente.** Permanent disability. [vol. I: DISABILITY]

– **fisica temporanea.** Temporary disability (*supra*, INVALIDITÀ FISICA PERMANENTE).

– **giuridica in genere.** Legal invalidity.

Invalido. Quando il termine è riferito ad una persona, si parla di disabled person (BARRIERA ARCHITETTONICA; DISABILE; INCAPACITÀ; INVALIDITÀ; PERSONA). Quando esso è riferito ad un atto o contratto, si parla di defective, unenforceable, illegal, unlawful act (GUASTO; IMPERFETTO; INVALIDITÀ DEL CONTRATTO; TESTAMENTO INVALIDO; TITOLO DI PROPRIETÀ INVALIDO; VIZIATO).

Invasione in genere. Invasion, encroachment, trespass (INTRUSIONE; OCCUPAZIONE MILITARE; SPOGLIO).

– **arbitraria e violenta di proprietà altrui.** Forcible entry (SPOGLIO). [vol. I: TRESPASS]

– **della riservatezza.** Invasion of privacy, eavesdropping (FIGURA PUBBLICA; RISERVATEZZA).

– **occupazione, sabotaggio di azienda.** Wrongful invasion and sabotage of agriculture or industrial concern (ORDINE PUBBLICO; PICCHETTAGGIO; SCIOPERO). [vol. I: PICKETING]

Invece di. Instead of (IN LUOGO DI; IN SUA VECE; VECI).

Invendibile. Unmarketable (COMMERCIABILE; INVENDUTO; QUALITÀ COMMERCIABILE; VENDITA).

In vendita. For sale (VENDITA).

Invenduto. Unsold (ESAURITO; INVENDIBILE; VENDUTO).

Inventario in genere. Inventory, schedule, list, itemized list; può costituire oggetto di una *security*, ossia di una garanzia reale (ACCETTAZIONE DELL'EREDITÀ CON BENEFICIO DI INVENTARIO; ACQUISTO IN BLOCCO; CAPITALE; CAUSE (I) LEGITTIME DI PRELAZIONE; ELENCO; FONDI DI MAGAZZINO; GARANZIA GENERALE; GIACENZA DI MAGAZZINO; LIBRO DEGLI INVENTARI; MAGAZZINO; PRIVILEGIO FLOTTANTE; PROPRIETÀ ACQUISTATA SUCCESSIVAMENTE; RIMANENZA; SCORTA; VALORE DI INVENTARIO; VENDITA ALL'INGROSSO). [vol. I: STOCK-IN-TRADE]

– **delle attività fallimentari.** Inventory of bankrupt's estate, o of a wound up company (FALLIMENTO).

Inventore di cose smarrite. Finder of goods, o of lost property (OGGETTI SMARRITI; RICOMPENSA AL RITROVATORE DI COSA SMARRITA). [vol. I: FINDER OF GOODS]

Invenzione o **novità in genere.** Invention (BREVETTO; INNOVAZIONE; RITROVAMENTO; RITROVATO; SCOPERTA). [vol. I: COPYRIGHT; NOVELTY; PATENT]

– **del prestatore di lavoro.** Invention by employee (BREVETTO PER INVENZIONI INDUSTRIALI; PRESTATORE DI LAVORO; SEGRETO INDUSTRIALE). [vol. I: INTELLECTUAL PROPERTY; INVENTION; NOVELTY; PATENT; TITLE BY INVENTION]

Inversione in genere. Shift, reversion, swap (CAMBIAMENTO; INTERVERSIONE DEL TITOLO NEL POSSESSO; SCAMBIO).

– **convenzionale dell'onere della prova.** Conventional shifting of the burden of proof (*infra*, INVERSIONE DELL'ONERE DELLA PROVA).

– **dell'onere della prova.** Shifting the burden of proof, reversing the onus of proof (ONERE DELLA PROVA; PRESUNZIONE DI INNOCENZA). [vol. I: BURDEN OF PROOF; CIRCUMSTANTIAL EVIDENCE; CIVIL PROCEDURE; CRIMINAL PROCEDURE; EVIDENCE; INNOCENCE, PRESUMPTION OF; STRICT LIABILITY]

Investigatore. Detective, investigator (INDAGINE).

– **privato.** Private detective. Deve essere munito di un'autorizzazione rilasciata dalla polizia.
1. Il processo accusatorio, specie nordamericano, consente un notevole margine all'investigazione privata; tra l'altro, l'azione penale nei sistemi di *common law* non è, in senso stretto, monopolio di un organo pubblico, e quindi può essere promossa anche da un privato (di fatto, nel sistema nordamericano molto meno spesso che in quello inglese). Peraltro, ovviamente, l'investigazione privata è sfornita dei poteri che accompagnano l'esercizio della stessa attività da parte degli organi pubblici. Non di rado investigazione pubblica e privata si sviluppano parallelamente o anche in concorrenza tra loro.
2. Non esiste nel nostro sistema equivalente di questo tipo di investigatore, non consentito dal sistema vigente: lo stesso difensore gode di limitatissimi poteri di indagini e di ricerca delle prove a favore del proprio assistito, e nella gran parte dei casi è tenuto ad indicarle al pubblico ministero o al giudice. Da questo punto di vista, il sistema italiano si differenzia anche addirittura da taluni sistemi di *civil law*, come quello tedesco. Ad ogni modo, non diciamo un avvocato investigatore, ma anche soltanto più attento alle prove richiederebbe un tipo di formazione culturale ben diversa, anzi opposta a quella che si matura sui banchi dell'università nostrana che ancora oggi considera troppo spesso come modelli di avvocatura le arringhe dei nostri « Prìncipi del Foro », tipiche di un processo sostanzialmente inquisitorio in cui l'avvocato, costretto a confrontarsi esclusivamente con le prove dell'accusa, non può che abbandonarsi alla declamazione. Ad ogni modo, con il nuovo codice di procedura penale (quello che ne resta dopo le modifiche legislative e giurisprudenziali) il nuovo ruolo dell'avvocato postula un diverso approccio rispetto alla prova e, anzitutto, alla *cross-examination*, o controesame che dir si voglia, di fatto, oggi, salvo rarissimi casi, non praticato nelle nostre aule di giustizia (AGENTE DI POLIZIA; AZIONE (I) PENALE; CONTROESAME; DISCREZIONALITÀ DELL'AZIONE PENALE; INDAGINI DI POLIZIA; INDAGINI PRELIMINARI; PROCESSO PENALE; PROFESSIONE FORENSE; SEGRETO DELLE INDAGINI PRELIMINARI; SISTEMA PENALE ACCUSATORIO).

Investigazione in genere. Investigation, probe, inquiry (INCHIESTA; INDAGINE; INVESTIGATORE; POLIZIA INVESTIGATIVA).

– **della polizia in genere.** Investigation by the police (INDAGINI DI POLIZIA).

– **segreta della polizia.** Undercover investigation (INFILTRATO).

– **sull'accusa.** Investigation of allegation (ACCUSA).

Investimento. Investment; l'utile derivante da un investimento (e quindi anche gli interessi) è definito *yield.*
1. Negli S.U. l'Art. 8 dell'*Uniform Commercial Code* dedica un intero paragrafo alle *investment securities* — o più spesso *securities* — ossia a quell'insieme di titoli o valori mobiliari come azioni, obbligazioni, certificati, etc, emessi da una *common enterprise* per effetto di un investimento monetario. Si parla di *securities law* per indicare in generale il regime giuridico che regola la complessa materia, la cui importanza non può essere esagerata in un paese ad economia di mercato sviluppato come quello nordameriano. Le *securities,* ossia i titoli mobiliari indicati, non vanno confusi con la *security* che, grosso modo, indica, una causa di prelazione, una garanzia del credito.
2. Negli S.U. è detta *prudent man rule* una regola che attiene ai criteri e agli obblighi di un fiduciario nell'investimento dei fondi affidatigli. Il gestore assume la veste e le responsabilità del *trustee.* In taluni stati dell'Unione la *prudent man rule* esige che un fiduciario (ossia la persona alla quale sono affidati fondi da investire) come, ad es., un *trustee* per i fondi pensione, debba investirli esclusivamente nell'ambito di un elenco di valori mobiliari redatto dallo stato stesso, detta *legal list.* In altri stati dell'Unione, il *trustee* può investire in quei titoli nei quali investirebbe un *prudent man of discretion and intelligence* per ottenere un ragionevole utile e preservare il capitale. La *prudent man rule* vigente nello stato di New York è quella per cui il fiduciario investe in quei titoli in cui investirebbe con la stessa diligenza e prudenza impiegata nella gestione dei propri affari (BANCA DI AFFARI; BUON PADRE DI FAMIGLIA; CAPITALE DI RISCHIO; CAUSE (I) LEGITTIME DI PRELAZIONE; CAUZIONE; CREDITO; DIFFERENZIALE; DILIGENZA; DISINVESTIMENTO; DIVIDENDO; FINANZIAMENTO; FONDO DI INVESTIMENTO; INTERESSI SUL CAPITALE; INVESTITORE ISTITUZIONALE; PIANO DI INVESTIMENTO; PROFITTI STRAORDINARI; PRUDENZA; RAGIONEVOLEZZA; SERVIZIO DI CONSULENZA PER GLI IN-

VESTIMENTI IN TITOLI MOBILIARI; SOCIETÀ (II) DI CAPITALI; SOCIETÀ (II) FINANZIARIA; TITOLI MOBILIARI; *TRUST*; UTILI RAGIONEVOLI DA UN INVESTIMENTO). [vol. I: INVESTMENT; SECURITIES]

Bibl.:
Afferni, V., *Investment (Regno Unito)*, in *Digesto IV Utet, Comm.*, vol. VII: 529.

– **automobilistico.** (INCIDENTE AUTOMOBILISTICO)

– **azionario.** Share investment (AZIONE (II) DI SOCIETÀ).

– **di capitale.** Capital investment (CAPITALE; FONDO DI INVESTIMENTO; PIANO DI INVESTIMENTO; SOCIETÀ (II) DI INVESTMENTO).

– **di prim'ordine.** Blue chip investment (AZIONI (II) DI PRIM'ORDINE; TITOLI MOBILIARI DI PRIM'ORDINE). [vol. I: BLUE CHIPS]

– **finanziario.** Financial investment (FINANZIAMENTO).

– **straniero.** Foreign investment (ATTO DI STATO; NAZIONALIZZAZIONE; PROTEZIONE DIPLOMATICA). [vol. I: CALVO CLAUSE]

– ***una tantum***. Lump sum investment.

– **volontario.** Voluntary investment.

Investitore/i. Investor (CREDITORE ISTITUZIONALE; GRANDE INVESTITORE; INVESTIMENTO; PICCOLO INVESTITORE; PORTAFOGLIO; RISPARMIATORE; SOCIETÀ (II) DI CAPITALI; SOCIETÀ (II) FINANZIARIA; *STATUS*; TUTELA DELL'INVESTITORE). [vol. I: PREVENTION OF FRAUDS]

– **istituzionale.** Institutional investor, institution; nel nostro paese, di fatto, non esistono (ancora): questa carenza, assieme ad altre, spiega non poco la natura *silvo-pastorale* del nostro capitalismo (ACQUIRENTE ISTITUZIONALE; BANCA DI AFFARI; BORSA VALORI; FONDI COMUNI DI INVESTIMENTO; FONDI PENSIONE; INVESTIMENTO: 2; SOCIETÀ (II) DI ASSICURAZIONE; SOCIETÀ (II) DI INVESTIMENTO). [vol. I: INSTITUTIONAL INVESTOR; INSTITUTIONS]

– **passivo.** Passive investor.

In via gradata. (IN SUBORDINE)

Inviato in genere. Envoy, representative (AMBASCIATORE; INTERMEDIARIO; INVIO; INVITATO). [vol. I: DIPLOMATIC AGENT; IMMUNITY]

– **speciale.** Special envoy.

– **straordinario.** Ambassador extraordinary (AMBASCIATORE). [vol. I: AMBASSADOR]

In vigore. In force (ENTRATA IN VIGORE; INOPERANTE; OPERANTE; VIGORE).

Invio. (INVIATO; SPEDIZIONE)

Inviolabilità in genere. Privilege, immunity (IMMUNITÀ; VIOLAZIONE).

– **dall'arresto.** Immunity, o privilege, from arrest (ARRESTO; IMMUNITÀ DALL'ARRESTO).

– **del segreto di Stato.** Immunity from disclosure of state secrets (SEGRETO DI STATO). [vol. I: EXECUTIVE PRIVILEGE]

In virtù della legge. By operation of law (A SEGUITO DI; IN CONFORMITÀ CON o DI; IN SEGUITO A; IN VIRTÙ DI).

In virtù di. By virtue of, pursuant to (IN VIRTÙ DELLA LEGGE).

Invitato. Invitee (CLIENTE; INVIATO; INVITO; OSPITE).

Invito in genere. Invitation (CITAZIONE; INTIMAZIONE; INVITATO; OFFERTA).

– **a partecipare a un'asta.** Invitation to bid, to tender (OFFERTA ALL'ASTA). [vol. I: BID; TENDER]

– **a presentarsi.** Grosso modo, summons to appear. Il termine nostrano (cfr. art. 375 c.p.p.) sostituisce l'ordine di comparizione del vecchio codice di procedura penale italiano. In qualsiasi lingua indoeuropea un invito può essere declinato; sembra quasi che il legislatore si scusi con l'imputato. Invito: dove? da Tiffany? (COMPARIZIONE IN GIUDIZIO; COMUNICAZIONE GIUDIZIARIA).

– **a trattare nel contratto.** Invitation to treat (OFFERTA; PROPOSTA CONTRATTUALE). [vol. I: CONTRACT: IV]

– **di comparizione per testimoniare.** Witness order, witness summons, subpoena (COMPARIZIONE). [vol. I: REMAND; SUBPOENA; WRIT OF SUMMONS]

Involontario. Involuntary; ma si notino taluni significati particolari del termine nei sistemi di *common law*, in cui si definisce come involuntary un effetto giuridico derivante dalla legge come, ad es., nel fallimento (FALLIMENTO: I. 1; OBBLIGATORIO; VOLONTARIO).

Iperinflazione. Hyperinflation (INFLAZIONE).

Ipermercato. Hypermarket (MERCATO; SUPERMERCATO).

Ipoteca. Non ha corrispondenza esatta nella *common law*, anche se, sul piano funzionale, ossia di garanzia reale, l'analogo è spesso costituito dal *mortgage* che, peraltro, non è limitato agli immobili, ma può avere per oggetto anche i beni mobili. Il termine ipoteca non va tradotto con *hypothecation*, forma di garanzia reale avente ad oggetto beni mobili. Gli autori inglesi per riferirsi al termine nostrano riportano, di solito, la parola francese *hypothèque*, appunto per sottolineare l'assenza di equivalenza tra ipoteca e mortgage. A questo proposito, si noti che la convenzione di Bruxelles del 1967 sui privilegi e ipoteche marittime menziona all'art. 1 nei testi autentici francese e inglese i termini di *mortgage* e *hypothèque* senza tentarne una traduzione. Comunque, si noti anche la difficoltà di distinguere tra *mortgage* e *lien* (PRIVILEGIO).

1. Schematicamente, il concetto originario di mortgage elaborato dalla *common law* consiste in un *interest in land,* ossia in un diritto su un immobile costituito mediante un atto scritto per garantire il pagamento di un debito. Esso dà luogo alla creazione di un *estate* a favore del creditore ipotecario (*mortgagee)* diretto ad assicurare il pagamento; avvenuto l'adempimento si fa luogo alla *redemption* o retrocessione del diritto trasferito. In questo senso, va rilevato che il mortgage, nella sua originaria articolazione, pur avendo lo scopo di costituire una garanzia reale, comporta il trasferimento della proprietà al *mortgagee.* Così inteso, esso presenta delle analogie — ma non coincide — col patto commissorio nostrano: quest'ultimo fa dipendere il trasferimento della proprietà dell'immobile dal mancato adempimento, mentre nel mortgage il trasferimento ha luogo fin dall'inizio. Naturalmente, le regole dell'*equity* hanno temperato la rigidità del mortgage specie attraverso la regola *once a mortgage always a mortgage* che consente, comunque, la *redemption*, ossia il ritrasferimento del diritto di proprietà.

2. Il mortgage di *common law* sopra descritto — che, a seconda dei casi, dà luogo alla creazione di un *estate* o al trasferimento del diritto (*title*) del debitore o *mortgagor* — costituisce un tipo di contratto ancora ammesso negli S.U. in taluni stati dell'Unione. Ma nella gran parte degli stati dell'Unione un mortgage costituisce soltanto un *lien*, ossia una causa di prelazione che non comporta di per sé il trasferimento del titolo di proprietà. Esso realizza una forma di garanzia, o *security interest*, per l'adempimento, anche se, di fatto, può essere formulato in termini di trasferimento. Altri stati dell'Unione hanno adottato una forma ibrida o intermedia. Ed è per questo che quando il termine mortgage è riferito agli S.U. — il più vasto e ricco mercato del pianeta — è necessario ricordare che si tratta di uno stato federale in cui la materia rientra nelle attribuzioni dei singoli stati dell'Unione; di particolare importanza è l'interpretazione giudiziale locale. Ovviamente, va tenuto conto che nella quasi totalità degli stati dell'Unione è stato adottato l'*Uniform Commercial Code* che, all'Art. 9, regola la materia delle *secured transactions*, ossia dei contratti che comportano la creazione di una causa legittima di prelazione, tra cui rientra anche il *mortgage.* Si ricorda, infine, che negli S.U. — stato federale — la materia, per quanto regolata in maniera uniforme dall'*Uniform Commercial Code*, rientra nelle attribuzioni dei singoli stati dell'Unione.

3. Nel sistema inglese — per quanto attiene all'ipoteca immobiliare in particolare — il *mortgage by way of legal charge* è, in sostanza, non dissimile dall'ipoteca immobiliare qual è intesa nel sistema nostrano, mentre al *mortgage by term of years* non vi ha alcuna corrispondenza. Infine, è nell'ambito del vasto concetto di *charge*, anch'esso privo di esatta equivalenza nella *civil law*, che vanno individuate le varie forme di garanzia, come *liens, writs of execution*, etc., di cui è ricca la *common law.*

4. Vendita a credito-finanziamento-garanzia-pubblicità sono le fasi di un fenomeno che assume fondamentale importanza nelle economie dei paesi più sviluppati come quella degli S.U.; come pure collegati ad un'operazione di finanziamento sono il *leasing* e il *factoring*, etc. (AGENZIA DI FINANZIAMENTO; ANNO FINANZIARIO; ANTICRESI; ASSICURAZIONE IPOTECARIA; CAPITALE; CAUSE (I) LEGITTIME DI PRELAZIONE; CONDIZIONE DI RIVERSIBILITÀ; CREDITORE IPOTECARIO; DEBITORE IPOTECARIO; ESTINZIONE DI IPOTECA; GARANZIA; GRADO DELL'IPOTECA; IMMOBILE IPOTECATO; IMMOBILE LIBERO DA PESI; ISCRIZIONE IPOTECARIA; MUTUO; ORDINE DELLE IPOTECHE; PATTO COMMISSORIO; PEGNO; PRIMA IPOTECA; PRIVILEGIO; PURGAZIONE DALLE IPOTECHE; RICERCA IPOTECARIA; VENDITA A RATE; VENDITA A SCOPO DI GARANZIA; VINCOLO SULLA PROPRIETÀ). [vol. I: HYPOTHECATION; LIEN; MORTGAGE; SECURITY]

Bibl.:
Farnsworth and Honnold 1965, ed. 1976: 718, 819.

– **aeronautica.** (*infra*, IPOTECA NAVALE O AERONAUTICA)

– **a tasso fisso.** Fixed rate mortgage (TASSO DI INTERESSI).

– **a tasso variabile.** Adjustable, o variable, mortgage rate (INDICIZZAZIONE).

– **giudiziale.** Lett., judicial mortgage. Ma essa è in senso stretto ignota alla *common law* (*infra*, IPOTECA LEGALE; SEQUESTRO).

– **indicizzata.** (*supra*, IPOTECA A TASSO VARIABILE)

– **legale.** Grosso modo, statutory lien, lien by operation of law; si noti che negli S.U. — stato federale — essi risultano dalla legislazione federale e da quella dei singoli stati dell'Unione (*supra*, IPOTECA GIUDIZIALE; PRIVILEGIO). [vol. I: LIEN]

– **legale a favore dell'alienante.** Grosso modo, vendor's lien nella vendita immobiliare (PRIVILEGIO DEL VENDITORE CREDITORE DEL PREZZO). [vol. I: SALE; STOPPAGE IN TRANSITU]

– **marittima.** Grosso modo, maritime mortgage. Ricordato che negli S.U. la materia rientra nelle attribuzioni dello stato federale, la legge che va sotto il nome di Ship Mortgage Act disciplina il *mortgage* sulle navi battenti la bandiera degli S.U. Esso attiene sostanzialmente alla messa ad esecuzione dei *maritime liens* a favore dei fornitori della nave, etc. (DIRITTO (I) MARITTIMO; PRIVILEGIO MARITTIMO). [vol. I: *ad vocem*; MARITIME LIEN]

– **navale** o **aeronautica.** Mortgage of ship o of aircraft (AEROMOBILE; NAVE).

Bibl.:

Righetti, E., *Ipoteca navale ed aeronautica,* in *Digesto IV Utet, Comm.*, vol. VII: 535.

– **volontaria.** Consensual o voluntary mortgage (*supra*, IPOTECA LEGALE).

Ipoteticità della norma giuridica. (ASTRATTEZZA DELLA NORMA GIURIDICA)

Irragionevole. Unreasonable (RAGIONEVOLEZZA).

Irrecuperabile in genere. Irrecoverable (CREDITO IRRECUPERABILE).

Irredentismo. Irredentism; ma si tratta di parola di origine italiana (AUTODETERMINAZIONE; CAMPO DI CONCENTRAMENTO; INTERNAMENTO; TERRORISMO).

Irredimibile. Irredeemable (REDIMIBILE; RISCATTABILE).

Irrefutabile in genere. Conclusive, irrebuttable (PRESUNZIONE IRREFUTABILE).

Irregolare in genere. Irregular, unlawful, flawed, disorderly, improper, ultra vires (CONSEGNA IRREGOLARE; DIFETTOSO; ECCESSO DI POTERE; ERRORE; IRREGOLARITÀ; REGOLARE).

Irregolarità in genere. Irregularity; nel senso di pratica illegale è detta *malpractice* (ILLEGALITÀ; INVALIDITÀ; IRREGOLARE; SCORRETTEZZA).

– **del procedimento.** Irregularity, illegality of the proceeding (PROCEDIMENTO).

– **procedurale.** Procedural flaw (CORREZIONE DEGLI ATTI PROCESSUALI; ERRORE MATERIALE NELLA SENTENZA).

Irreparabile rottura del rapporto matrimoniale. Irretrievable breakdown of marriage (DIVORZIO; INCOMPATIBILITÀ DI CARATTERE; MATRIMONIO; ROTTURA DEL RAPPORTO MATRIMONIALE). [vol. I: DIVORCE; MARRIAGE]

Irreperibile. Without fixed abode, untraceable, unaccounted for (CONTUMACIA; DISPERSO; IGNOTO; PERSONA IRREPERIBILE; SENZA FISSA DIMORA).

Irreprensibile. Unexceptionable (INECCEPIBILE; REPRENSIBILE).

Irresponsabile. Privileged, unaccountable, not liable, immune from (RESPONSABILE). [vol. I: LIABILITY; PRIVILEGE; PRIVILEGED]

Irresponsabilità in genere. Immunity, privilege (IRRESPONSABILE; RESPONSABILITÀ).

– **del Capo dello Stato.** Immunity of the Head of State (CAPO DELLO STATO; IMMUNITÀ; MESSA IN STATO D'ACCUSA DEL PRESIDENTE DELLA REPUBBLICA).

Irretrattabilità dell'azione penale. Grosso modo, criminal charge, criminal prosecution not subject to withdrawal. Il processo penale inglese e nordamericano si basa, invece, sulla discrezionalità dell'azione penale, e quindi anche sulla possibilità da parte dell'accusa di ritirare una o tutte le imputazioni (AZIONE (I) PENALE; DISCREZIONALITÀ DELL'AZIONE PENALE).

Irretroattività in genere. Non retroactivity, non retrospectivity (RETROATTIVITÀ).

– **della legge penale.** Non-retroactivity of criminal law. Figlia diretta dell'illuminismo, la costituzione degli S.U. stabilisce il divieto della legislazione penale retroattiva: l'art. I, s. 9, cl. 3 e 10, sancisce la *prohibition of ex post facto law*. A differenza del sistema nordamericano, nel sistema costituzionale britannico (in cui non esiste una costituzione scritta) si tratta, invece, soltanto di una presunzione (peraltro strettamente rispettata), detta *presumption against retrospective effect of penal* o *criminal law* (AMNISTIA; *NULLA POENA SINE LEGE*; PROCESSO PENALE; RETROATTIVITÀ). [vol. I: EX POST FACTO; RETROSPECTIVE LEGISLATION]

Irretroattivo in genere. Non-retroactive, non-retrospective (IRRETROATTIVITÀ DELLA LEGGE PENALE; RETROATTIVO).

Irrevocabile in genere. Irrevocable, absolute, indefeasible, not liable to be rescinded (CREDITO IRREVOCABILE; IRRINUNZIABILE; OFFERTA IRREVOCABILE; PROCURA IRREVOCABILE; REVOCA; RISOLUBILE).

Irrilevabilità d'ufficio della prescrizione non opposta. Nei sistemi di *common law* si dice più spesso che un certa « defence must be pleaded » ; così, ad. es., si dice che « the defence of prescription must be pleaded » (ECCEZIONE; PRESCRIZIONE; RILEVABILE DI UFFICIO).

Bibl.:
Schlesinger 1950, ed. 1988: 209.

Irrilevante. Immaterial, irrelevant, peripheral, nugatory (INFONDATO; RILEVANTE). [vol. I: ABUSE OF PROCESS]

Irrilevanza. Irrelevance (RILEVANZA; SUPERFLUITÀ).

Irrinunziabile in genere. Inalienable, indisposable, not subject to relinquishment, surrender, forbearance, renunciation, repudiation, disclaimer, abandonment, rejection, refusal, waiving (ABBANDONO; ACCETTAZIONE; INALIENABILE; INDISPONIBILE; INTRASFERIBILE; IRREVOCABILE; NON TRASFERIBILE; RINUNZIA).

Irripetibile. Grosso modo, irrecoverable, non restorable, non returnable. Il diritto inglese non ammette la ripetizione dell'indebito come principio generale, ma solo in pochi casi determinati. Il pagamento effettuato nel gioco e nella scommessa è irripetibile: in questo senso, si dice che i *gaming debts* sono *irrecoverable* (ARRICCHIMENTO SENZA CAUSA; DEBITO DI GIOCO; RIPETIZIONE DELL'INDEBITO). [vol. I: IMPERFECT OBLIGATION; MONEY HAD AND RECEIVED; QUASI-CONTRACT]

Iscrizione in genere. Entry, registration, recording, recordation, enrollment, inscription (ANNOTAZIONE IN UN REGISTRO; CERTIFICATO DI IMMATRICOLAZIONE DI NAVE; INTESTAZIONE; QUOTA DI ISCRIZIONE; TRASCRIZIONE IPOTECARIA). [vol. I: ENTRY; PUBLICITY; PUBLIC RECORDS; RECORDATION; REGISTER; REGISTRATION OF TITLE TO LAND]

– **della causa nel ruolo.** Grosso modo, setting down the action, o listing of action, entry of action upon o into the docket, o cause list. Ma non v'ha equivalenza. L'iscrizione inglese equivale alla rimessione della causa per il *trial*, una volta superata la fase del *pre-trial*; l'iscrizione nostrana non significa affatto questo: una causa può restare iscritta al ruolo per decenni senza che intervenga mai una decisione. Negli S.U. — stato federale — l'espressione *enter (to) the appeal upon the docket* indica, grosso modo, l'iscrizione a ruolo dell'appello, ai sensi della R.12 delle *Federal Rules of Civil Procedure* (ABUSO DELLE NORME PROCESSUALI; RUOLO DELLE CAUSE).

– **di oneri** o **pesi su immobili.** Registration of charges on land (PESO). [vol. I: LAND REGISTRY]

– **di titolo di proprietà immobiliare.** Registration of title to land; ma si notino le diversità con la tradizione di *common law* in questa materia (REGISTRI IMMOBILIARI; TITOLO IMMOBILIARE). [vol. I: *ad vocem*]

– **in un albo professionale.** Entry o registration in a professional roll, list, register o roster (PROFESSIONE FORENSE).

– **ipotecaria.** Grosso modo, registration of title to land. Ma il sistema dei registri immobiliari inglesi non è esteso a tutto il territorio del paese; tantomeno il suo regime giuridico corrisponde a quello nostrano. Negli S.U. — in cui la materia rientra nelle attribuzioni dei singoli stati dell'Unione — esiste un diverso sistema di registrazione dei titoli immobiliari (IPOTECA; REGISTRI IMMOBILIARI). [vol. I: RECORDATION; REGISTRATION OF TITLES TO LAND]

– **nei registri in genere.** Registration e, negli S.U., più spesso, recordation (REGISTRO). [vol. I: RECORDATION; REGISTRATION]

– **nei registri di nascita.** Registration of birth (NASCITA).

– **nei registri elettorali.** Registration of electors (REGISTRI ELETTORALI).

– **nel registro delle imprese.** Grosso modo, registration in the register of enterprises (REGISTRO DELLE IMPRESE).

Isola formata nel fiume. (*INSULA IN FLUMINE NATA*)

Isolamento del detenuto. Solitary confinement, incommunicado (RECLUSIONE).

Ispettore in genere. Inspector, commissioner, comptroller (CONTROLLORE; ISPEZIONE).

– **di immigrazione.** Immigration inspector (IMMIGRAZIONE).

– **di polizia.** Grosso modo, nel sistema inglese, police superintendent. Ma non vi ha corrispondenza esatta (POLIZIA). [vol. I: CONSTABLE; POLICE]

– **fiscale.** (IMPOSIZIONE FISCALE)

– **nucleare.** Nuclear inspector (ARMA NUCLEARE; ENERGIA NUCLEARE).

Ispezione. Inspection, visit, examination, search (CONTROLLO; ESAME; INCHIESTA; INDAGINE; ISPETTORE; PATTUGLIAMENTO; PERLUSTRAZIONE; PERQUISIZIONE; PUBBLICO REGISTRO; RICERCA; VERIFICA; VISITA).

– **contabile.** Inspection of business books (CONTABILITÀ; LIBRI CONTABILI DELL'IMPRENDITORE; REVISIONE CONTABILE). [vol. I: *ad vocem*; AUDIT; BUSINESS BOOKS]

– **dei titoli immobiliari.** Title search o searches; non coincide con la visura ipotecaria nostrana (REGISTRI IMMOBILIARI; TITOLO IMMOBILIARE). [vol. I: SEARCHES]

– **del carico della nave.** Search of cargo of ship (CARICO DI NAVE; NAVE; VISITA). [vol. I: VISIT]

– **delle merci nei magazzini generali.** Inspection of goods in a warehouse (MAGAZZINI GENERALI).

– **del luogo del reato.** Viewing the scene of crime, inspecting the scene of crime. (REATO; SCENA DEL REATO).

– **di documenti.** Inspection of documents; particolare importanza assume in sede processuale civile l'ispezione dei documenti avversari nella fase del *pre-trial* (*DISCOVERY*; DOCUMENTO; PROCEDURA: 6). [vol. I: *ad vocem*; DISCOVERY]

– **doganale.** Customs inspection (DOGANA).

– **giudiziale dei luoghi.** View, inspection of premises, of a place, of property, judicial inspection of the scene, investigation on the spot. Rientra più spesso in quella fase del processo inglese e nordamericano che è detta *pre-trial.* Di solito non è effettuata dal giudice del *trial,* ma da ausiliari della giustizia (*supra*, ISPEZIONE DI DOCUMENTI; SOPRALLUOGO). [vol. I: EVIDENCE; INQUIRY; INSPECTION; INSPECTION OF PREMISES; VIEW]

– **internazionale.** International inspection.

– **sul posto.** On the spot inspection.

Istante in giudizio in genere. Claimant, applicant, petitioner, suitor, relator, mover, movant, objectant (AD ISTANZA DI PARTE; APPELLANTE; ATTORE; ISTANZA; PARTE; POSTULANTE; RECLAMANTE; RICHIEDENTE; RICORRENTE).

Istanza in genere. Application, motion, petition, action, claim, submission, complaint. Respingere un'istanza da parte del giudice è detto *deny (to) a motion*; respingere una domanda in genere è detto *disallow (to) an application.* Infine, l'istanza della difesa nel processo è detta *defence motion* (ACCOGLIMENTO DI UN'ISTANZA; AD ISTANZA DI; CITAZIONE IN GIUDIZIO; DOMANDA; GRADI DI GIURISDIZIONE; MOZIONE; PRIMA ISTANZA; RICHIESTA; RICORSO; RIGETTO DI UNA RICHIESTA; SUPPLICA; ULTIMA ISTANZA).

– **al giudice.** Motion before the court (MOZIONE).

– **dell'attore.** Plaintiff's motion (ATTORE).

– **di annullamento del procedimento penale.** Motion to suppress (ANNULLAMENTO).

– **di fallimento in genere.** (RICORSO DI FALLIMENTO)

– **di parte.** Ex parte motion (PROCEDIMENTI CAUTELARI). [vol. I: EX PARTE]

– **di rigetto della difesa avversa.** Motion to strike the defence, motion to dismiss, o to strike (*supra*, ISTANZA DI ANNULLAMENTO DEL PROCEDIMENTO PENALE; DIFESA).

– **di risarcimento.** Application for damages (AZIONE (I) DI RISARCIMENTO).

– **giudiziale.** Motion, application; come, ad es., motion, o application, for new trial (*infra*, ISTANZA NEL CORSO DEL *TRIAL*; DOMANDA GIUDIZIALE).

– **nel corso del *trial*.** Motion (*supra*, ISTANZA GIUDIZIALE).

– **presentata nei termini.** Timely application (TERMINI).

Istigatore. Instigator, abettor, aider, inciter

(AUTORE MATERIALE DEL REATO; ISTIGAZIONE; MANDANTE NEL REATO).

Istigazione. Instigation, inducement, abetting, incitement, solicitation, urging (ADESCAMENTO; COMPLICITÀ; FAVOREGGIAMENTO; INCITAMENTO; INDUZIONE; ISTIGATORE; REATI ASSOCIATIVI; SUBORNAZIONE). [vol. I: ABET; ABETTING; ACCESSORY; CONSPIRACY; INDUCEMENT; INDUCING BREACH OF CONTRACT; INSTIGATION]

– **a commettere un reato.** Criminal solicitation, incitement, inducement, instigation, solicitation to commit a crime, abetting (ASSOCIAZIONE PER DELINQUERE; MANDANTE NEL REATO; REATO). [vol. I: ACCESSORY; INSTIGATION]

– **all'inadempimento contrattuale.** Inducing breach of contract, inducement to breach of contract. Costituisce un illecito, talvolta anche penale, che dà luogo all'obbligo del risarcimento del danno. La materia si inserisce nella tematica della tutela aquiliana del contratto cui la giurisprudenza anglo-americana ha dato un contributo fondamentale (INADEMPIMENTO; VIOLAZIONE DEL CONTRATTO). [vol. I: CONSPIRACY; INDUCING BREACH OF CONTRACT]

Bibl.:
Visintini, G., *La tutela aquiliana delle posizioni contrattuali* (1985) 3 CeI: 651.

– **al suicidio.** Aiding, abetting, counselling or procuring suicide (EUTANASIA; SUICIDIO).

Istituito in genere. Beneficiary, nominee, legatee (BENEFICIARIO; DISPONENTE; RAPPRESENTANTE; *TRUST*). [vol. I: BENEFICIAL OWNER; BENEFICIARY; LEGATEE]

Istituto. Institute, institution, agency, society. Si noti che il termine *institutions* indica nel gergo finanziario gli investitori istituzionali e che il termine *Institute clauses* è impiegato in materia di assicurazione marittima per indicare le clausole elaborate dall'*Institute of London Underwriters* (CASA; ENTE; ENTITÀ; ISTITUZIONE). [vol. I: CORPORATION; HOLDING; INSTITUTE; INSTITUTES; INSTITUTION; INSTITUTIONS; INSURANCE: II. 7; INVESTMENT TRUST]

– **bancario.** Banking institution (BANCA).

– **correzionale.** Correctional institution (*infra*, ISTITUTO DI PENA).

– **di beneficenza.** Charitable institution, relief agency, benevolent agency, eleemosynary corporation (BENEFICENZA; ENTE DI BENEFICENZA). [vol. I: CHARITY]

– **di classificazione navale** o **aeronautica.** Classification society (REGISTRO DI CLASSIFICAZIONE NAVALE; SOCIETÀ DI CLASSIFICAZIONE). [vol. I: CLASSIFICATION SOCIETY; LLOYD'S REGISTER OF SHIPPING]

– **di credito.** Lending institution; banking institution (BANCA; CREDITO).

– **di cura per le malattie mentali in genere.** Mental hospital, mental health facility (INFERMITÀ MENTALE).

– **di diritto pubblico-privato.** Public-private institution.

– **di emissione.** Bank of issue (EMISSIONE). [vol. I: *ad vocem*]

– **di pena.** Penal institution; ma in numerosi stati dell'Unione si parla anche di *correctional institution*, mentre l'amministrazione addetta alla supervisione degli istituti di pena è detta *Department of Corrections* (*infra*, ISTITUTO DI RIEDUCAZIONE PER MINORENNI; CARCERE; PENA). [vol. I: PRISON; SENTENCING PROCESS]

– **di rieducazione per minorenni.** Correctional institution for minors (*supra*, ISTITUTO DI PENA; MINORENNE). [vol. I: BORSTAL INSTITUTIONS; JUVENILE OFFENDER; SENTENCING PROCESS]

– **finanziario.** Financial institution.

– **giuridico.** Legal institute o institution; così, ad es., si parla di *legal institution of prescription* per indicare l'istituto giuridico dell'usucapione (sic!). [vol. I: INSTITUTE; INSTITUTION]

Istituzionale. (CAMBIAMENTO ISTITUZIONALE)

Istituzione/i in genere. Establishment, foundation, institution, institute, society, association. Ma il termine indica anche una entità privata: *financial institution* indica una banca. Nel senso di creazione si parla di *establishment*, come nell'espressione *establishment of the European Communities* (ISTITUTO; NOMINA; ORGANISMO).

– **di beneficenza.** (ISTITUTO DI BENEFICENZA)

– **di erede.** Appointment of heir; ma si notino le notevoli differenze esistenti in materia tra le due tradizioni giuridiche di *civil law* e di *common law* (EREDE; SUCCESSIONE PER CAUSA DI MORTE).

– **di Giustiniano.** Justinian's institutions (*CORPUS IURIS CIVILIS* DI GIUSTINIANO; DIRITTO (I) ROMANO).

– **europee.** European institutions (COMUNITÀ EUROPEE).

– **finanziarie.** Financial institutions (MERCATI FINANZIARI). [vol. I: INSTITUTIONS]

– **penitenziaria.** Penal institution (ISTITUTO CORREZIONALE; ISTITUTO DI PENA; PENA).

– **politica.** Political institution (COSTITUZIONE POLITICA).

Istrumento. Deed, instrument, paper, instrumentality (ATTO; AUTORE DI UN ISTRUMENTO; ENTE: I; MANOSCRITTO). [vol. I: CONTRACT: III, V; FORM; INSTRUMENT; NEGOTIABLE INSTRUMENTS; STATUTORY INSTRUMENTS]

– **diplomatico.** Diplomatic instrument (PARAFAZIONE DI UN ISTRUMENTO DIPLOMATICO).

– **formale.** Deed under seal; ma non costituisce un atto pubblico, ed è privo di equivalenza nella *civil law* (ATTO SIGILLATO-NON SIGILLATO). [vol. I: DEED]

Istruttoria in genere. Inteso nel senso processuale, questo termine non ha equivalenza nel processo civile e penale inglese e nordamericano, e di *common law* in genere. Quest'ultimo è un processo di parti, anche se nella versione inglese e nordamericana il suo carettere dispositivo, temperato da esigenze di giustizia e di efficienza, non conosce gli eccessi anarcoidi di quello italiano. Un discorso analogo vale per il processo penale. Sia nel processo civile che penale nordamericano esiste una fase che precede il *trial* detta, rispettivamente, *pre-trial* e *preliminary investigation* (o *preliminary hearing* nel sistema nordamericano), che peraltro non corrisponde all'istruttoria nostrana. Tantomeno equivale all'istruttoria sommaria il *summary proceeding*. Questa fondamentale articolazione del processo di *common law* in due fasi, ossia il *pre-trial* e il *trial*, si deve alla presenza attuale o presunta della giuria nel processo. La fase istruttoria esiste, invece, nei processi davanti alla Corte di Giustizia delle Comunità Europee, organo giudiziario internazionale retto dai princìpi processuali di *civil law*. Del resto, dal nuovo processo penale italiano sono sparite la fase istruttoria e la figura del giudice istruttore sostituite, rispettivamente da quella delle indagini preliminari e dal giudice per le indagini preliminari (DIBATTIMENTO; GIUDICE ISTRUTTORE; GIUDICE PER LE INDAGINI PRELIMINARI; INDAGINI PRELIMINARI; ORDINAMENTO GIUDIZIARIO; PROCEDURA; PROCEDURA CIVILE; PROCEDURA PENALE; PROCESSO GIURISDIZIONALE; SEGRETO ISTRUTTORIO; SISTEMA PENALE ACCUSATORIO). [vol. I: INTRODUZIONE: III. 26, 28; CIVIL PROCEDURE; CRIMINAL PROCEDURE; PRELIMARY EXAMINATION; PRE-TRIAL; SUMMARY PROCEEDINGS]

Istruzione/i in genere. Instruction, direction, briefing. Nel senso di insegnamento si dice *education*; nel senso di trattamento di un causa, di un caso, di un dossier, di una pratica, si parla di examination, di processing (DIRETTIVA; INDICAZIONE; ISTRUTTORIA; MANDATO; PROCESSO ACCUSATORIO; SCUOLA; SISTEMA PENALE ACCUSATORIO; SISTEMA PENALE INQUISITORIO).

– **alla banca.** Instructions to banker (BANCA).

– **allo spedizioniere.** Instructions to forwarding agent (SPEDIZIONIERE).

– **al mandatario.** Instructions to agent (MANDATARIO).

– **dei minori.** Education of children (MANTENIMENTO; MINORE).

– **del giudice alla giuria.** Directions, charge to the jury. È detta *non-direction* la erronea istruzione da parte del giudice alla giuria su una questione di diritto. Costituisce una delle più frequenti occasioni di impugnazione della sentenza (APPELLO; ERRORE DEL GIUDICE NELLE ISTRUZIONI ALLA GIURIA; GIURIA). [vol. I: DIRECTION; JURY; MISDIRECTION; NEW TRIAL]

– **della causa.** (ISTRUTTORIA)

– **erronee.** Misdirections (*supra*, ISTRUZIONI DEL GIUDICE ALLA GIURIA). [vol. I: MISDIRECTION]

– **professionale del dipendente.** Vocational, professional, training (LAVORO).

– **sommaria.** (ISTRUTTORIA)

***Iter* (processo, svolgimento).** Course of, path, development, stage (ITINERARIO; PERCORSO; PROCESSO).

– **processuale.** Grosso modo, development of process, its stages from beginning to end (PROCESSO).

Itinerante in genere. Itinerant, errant (AMBULATORIA; GIUDICE ITINERANTE). [vol. I: ITINERANT JUSTICES]

Itinerario. Route, itinerary (PERCORSO; ROTTA; TRASPORTO). [vol. I: CARRIAGE]

– **aereo.** Air route (TRASPORTO AEREO).

– **di nave.** Ship's route (ROTTA DI NAVE).

Iura in re aliena. Questa categoria non esiste nella *common law*: ma esiste la cosa. Un analogo è costituito dai concetti, più ampi, di *encumbrance* e *charge* (DIRITTO (I) INTERNAZIONALE PRIVATO; DIRITTO (II) REALE DI GARANZIA; FATTO DI COMUNE ESPERIENZA; GARANZIA; GIURISDIZIONE; IPOTECA; LEGGE STRANIERA; PEGNO; PESO; PRECEDENTE GIUDIZIARIO; PRIVILEGIO; PROCEDURA: 15).

Iura novit curia. Costituisce, questa, una delle piu spettacolari differenze tra il processo di *civil law* e quello di *common law*. La differenza assume particolare importanza in tema di legge straniera, in cui la parte che la invochi è tenuta negli S.U. a dare « judicial notice of foreign country law » ed, eventualmente, a provarla mediante testimoni costituiti da consulenti di parte soggetti alla *examination* e *cross-examination* durante il *trial*. In principio, il giudice è tenuto a pronunciarsi esclusivamente sulle domande delle parti. Diversamente da quanto accade nei paesi di *civil law* — in cui sul giudice incombe l'obbligo di accertare il diritto straniero — nei sistemi di *common law*, esso va provata come un qualsiasi fatto; nel sistema nordamericano, come, del resto, in quello inglese, spetta al giudice, e non alla giuria, decidere in materia. L'applicabilità della legge straniera è subordinata al fatto che essa appartenga a un paese « civilized » (FATTO DI COMUNE ESPERIENZA; LEGGE STRANIERA; PROCEDURA: 15). [vol. I: IURA NOVIT CURIA]

Ius. Spesso scritto *jus*. Ma, nonostante la assonanza acustica con note espressioni di *civil law*, il suo significato giuridico può essere talvolta notevolmente diverso da quello nostrano. [vol. I: IUS]

– ***cogens.*** Grosso modo, mandatory law. Il termine *ius cogens*, riferito più spesso al diritto internazionale pubblico, figura negli artt. 53 e 64 della convenzione di Vienna ed indica una norma imperativa di diritto internazionale generale, come tale inderogabile da qualsiasi trattato. *Ius cogens* e *mandatory law* sono concetti che ricorrono anche in diritto internazionale privato: Otto Kahn-Freund [1976: 281] ha rilevato che la identificazione dello *ius cogens* e dell'*ordre public*, nel senso internazionale, alla *public policy* qual è intesa in un determinato ordinamento interno, è generalmente rigettata. Ad es., costituisce una regola inderogabile dell'ordinamento inglese che gli sposi siano presenti alla cerimonia; il che non impedisce il riconoscimento di matrimoni validamente celebrati all'estero per procura (DIRITTO (I) IMPERATIVO-DISPOSITIVO; ORDINE PUBBLICO; VARIAZIONE). [vol. I: INTRODUZIONE: III. 32; IUS COGENS; PEREMPTORY NORM OF GENERAL INTERNATIONAL LAW; PUBLIC ORDER: 2]

– ***commune.*** Ius commune; da non confondere con la *common law*, che è altra cosa (GLOSSA). [vol. I: IUS COMMUNE]

– ***dispositivum.*** (DIRITTO (I) DISPOSITIVO)

– ***gentium.*** (DIRITTO (I) INTERNAZIONALE)

– ***in personam-ius in re.*** Questi termini hanno nella *common law* un significato diverso da quello generalmente accolto nei sistemi di *civil law*. [vol. I: IUS IN PERSONAM-IUS IN RE]

– ***in re propria*** e ***in re aliena.*** (*IURA IN RE ALIENA*)

– ***possessionis.*** Right of possession. Come, ad es., nel caso del ladro (DETENZIONE; POSSESSO). [vol. I: POSSESSION]

– ***possidendi.*** Right of possession as consequence of ownership (POSSESSO). [vol. I: POSSESSION]

– ***soli.*** (CITTADINANZA)

– ***tertii.*** Dicesi del convenuto in giudizio che egli *sets up the ius tertii* quando eccepisce che titolare del diritto superiore e legittimato all'esercizio dell'azione relativa è il terzo (CONVENUTO; TERZO). [vol. I: IUS TERTII]

J

***Jason,* clausola.** [vol. I: JASON CLAUSE]

Joint venture. (ASSOCIAZIONE TEMPORANEA DI IMPRESE)

***Junk bond*.** (OBBLIGAZIONE (II) SPAZZATURA)

***Jus*.** (IUS)

K

Know-how. Con questo termine si intende più spesso un patrimonio di conoscenze tecnologiche — non brevettabili — di tipo sia teorico che pratico relative a specifiche aree di ricerca, a un processo industriale segreto, etc; ovvero anche l'insieme delle cognizioni tecniche necessarie alla costruzione e alla conduzione di un impianto (BREVETTO; CONOSCENZA; DIVULGAZIONE DI NOTIZIE O METODI DELL'IMPRESA; MACCHINA; SEGRETEZZA; SEGRETO DI IMPRESA; SOCIETÀ (II) DI INGEGNERIA). [vol. I: *ad vocem*]

L

Lacuna giuridica. Casus omissus, casus omissi, gap, *lacuna*. Il concetto è riferito alla *statute law*, ossia alla legislazione. In questo senso, per poter intendere la diversità di regime della materia, è necessario rifarsi alla diversa teoria delle fonti della tradizione di *common law*, sistema a diritto giurisprudenziale in cui vige il principio della *completeness of common law* (intesa in senso stretto, ossia di diritto giurisprudenziale) e dell'*incompleteness* (sic !) *of statute law*. Di conseguenza, in principio, la dottrina in materia è che la lacuna di un testo legislativo può essere colmata soltanto da una nuova legge, giacché il giudice non può fare ricorso all'analogia o ai principi di *common law*. Se, invece, si tratta di una lacuna che attiene alla *case-law*, il giudice fa ricorso all'analogia o ai princìpi generali di quest'ultima o, in mancanza, alla *reason* che costituisce una importante fonte sussidiaria. Ovviamente, il problema della lacune giuridiche si pone nell'ambito della teoria dell'interpretazione (ANALOGIA; COMPLETEZZA DELL'ORDINAMENTO GIURIDICO; ELUSIONE DELLA LEGGE; FONTI DEL DIRITTO; INTERPRETAZIONE; SCAPPATOIA LEGALE; SISTEMA GIURIDICO CHIUSO-APERTO; VUOTO GIURIDICO). [vol. I: CASE OF FIRST IMPRESSION; CASUS OMISSUS; INTERPRETATION; LACUNA; PRECEDENT]

Ladro in genere. Thief (FURTO; RAPINATORE).

Laesio ultra dimidium. (RESCISSIONE PER LESIONE)

Lagnanza. Complaint, grievance. Ma si noti che il termine *complaint* assume un particolare significato procedurale nel diritto inglese e nordamericano: ai sensi della R. 3 delle *Federal Rules of Civil Procedure,* l'azione civile ha inizio con un atto definito *complaint* (AZIONE (I) CIVILE; CITAZIONE IN GIUDIZIO; DENUNZIA; IMPUGNAZIONE; PROTESTA; RECLAMO; RICORSO; RIMOSTRANZA). [vol. I: COMPLAINT; GRIEVANCE]

Laico in genere. Lay, secular (RELIGIOSO).

Lasciapassare. Laissez passer, pass (PASSAPORTO). [vol. I: PASSPORT]

Lascito. Legacy, bequest, devise (LEGATO). [vol. I: GIFT; LEGACY; SETTLEMENT; TRUST; WILL]

– **con vincolo di inalienabilità.** Grosso modo, entailment (INALIENABILITÀ). [vol. I: ENTAIL]

Latente in genere. Hidden, concealed, dormant (AMBIGUITÀ; PENDENTE; VIZIO OCCULTO). [vol. I: AMBIGUITY; LATENT DEFECT]

Latifondo in genere. Grosso modo, large estate, large possession, latifundium (FONDO; PROPRIETÀ). [vol. I: COMMON]

Latitante o **fuggitivo.** Absconder, fugitive, fugitive offender, fugitive of justice (CATTURA; CONSEGNA DEL LATITANTE; CONTUMACIA; ESTRADIZIONE; EVASO; FUORILEGGE; IMPUTATO LATITANTE; IRREPERIBILE; RICERCATO). [vol. I: ABSCONDER; ABSENCE OF ACCUSED; FUGITIVE OFFENDER]

Latitanza. Absconding, to be at large; ma si parla anche di *flee (to) from justice* o *flight from prosecution* (CONTUMACIA; LATITANTE; NASCONDIGLIO). [vol. I: *ad vocem*; ABSENCE OF ACCUSED]

Lato avere. Credit side (ATTIVO; BILANCIO; CREDITO).

Lato dare. Debit side (DEBITO; PASSIVO).

Lavoratore. Worker, workman, labourer, servant, employee (DEMOCRAZIA INDUSTRIALE; DIPENDENTE; LAVORO; PARTECIPAZIONE DEI LAVORATORI; PRESTATORE DI LAVORO; SINDACATO). [vol. I: EMPLOYEE; EMPLOYMENT; MASTER AND SERVANT; TRADE UNION; WORKER]

– **a cottimo.** Jobber, jobbing worker (CONTRATTO DI COTTIMO).

– **a domicilio.** Outworker.

– **a giornata.** Day labourer.

– **agricolo.** Farmer (AGRICOLTORE; COLTIVATORE DIRETTO; FALLIMENTO: VIII. 2; TERRENO AGRICOLO).

– **a tempo determinato.** Fixed-time worker.

– **a tempo parziale.** Part-time worker.

– **a tempo pieno.** Full-time worker.

– **autonomo.** Self employed, subcontractor, independent contractor (*infra*, LAVORATORE DIPENDENTE; COTTIMO; LAVORATORE SUBORDINATO).

– **avventizio.** Temporary worker, day labourer (DIPENDENTE AVVENTIZIO).

– **dipendente.** Employee (*supra*, LAVORATORE AUTONOMO; PRESTATORE DI LAVORO).

– **disoccupato.** Unemployed worker (DISOCCUPAZIONE).

– **domestico.** Household, domestic, o menial servant (PRESTATORE DI LAVORO). [vol. I: EMPLOYMENT; MASTER AND SERVANT]

– **emigrante.** Migrant worker (EMIGRANTE).

– **frontaliero.** Border worker (FRONTIERA).

– **indipendente.** (*supra*, LAVORATORE AUTONOMO)

– **manuale dell'industria in genere.** Workman; ma si parla anche di *blue collar*, come tale distinto dal *white collar* (REATI COMMESSI DAI C.D. COLLETTI BIANCHI).

– **marittimo.** Seaman, seafarer, mariner (GENTE DI MARE). [vol.I: SEAFARERS; SEAMEN; MARINER]

– **portuale in genere.** Longshoreman, docker, stevedore, port labourer. Il termine longshoreman ha un significato generico che include sia il caricatore o stivatore, sia lo scaricatore (*supra*, LAVORATORE MARITTIMO; EQUIPAGGIO; NAVE; PORTO; STIVATORE). [vol. I: DOCKER; LONGSHOREMAN; SEAMEN; STEVEDORE]

– **straniero.** Alien worker (STRANIERO).

Lavorazione difettosa. Faulty workmanship (RESPONSABILITÀ DEL PRODUTTORE; VIZIO).

Lavori. (LAVORO/I)

Lavoro/i in genere. Labour (labor), work, employment. Si parla di *labour-management* per indicare, al livello delle relazioni industriali, rispettivamente, la forza di lavoro e il padronato. Per quanto riguarda l'ambiente di lavoro, sembra opportuno rilevare i c.d. *Whistle-blower Acts* degli S.U., ossia le leggi federali e dei singoli stati dell'Unione dirette a proteggere i dipendenti pubblici e privati dalla rappresaglia del datore di lavoro per la denunzia di reati o violazioni della legge commesse da quest'ultimo. Un esempio, tra i tanti possibili, si riferisce alle violazioni delle norme sulla sicurezza sul lavoro previste dall'Occupational Safety and Health Act. Il *monitoring* praticato dai datori di lavori può spesso dar luogo alla violazione della *privacy*; la questione è stata sollevata con vigore dalle associazioni di categoria negli S.U. (ABBANDONO DEL LAVORO; ACCORDO COLLETTIVO DI LAVORO; AGENZIA DI COLLOCAMENTO; AMBIENTE DI LAVORO; ASSENTEISMO; ASSUNZIONE AL LAVORO; ASSUNZIONE IN PROVA; ATTITUDINE AL LAVORO; AVVENTIZIATO; CARICO DI LAVORO; COMMITTENTE; CONDIZIONI DI LAVORO; CONFLITTO COLLETTIVO DI LAVORO; CONGEDO; CONTRATTO DI LAVORO; CONTRATTO DI LAVORO AUTONOMO; CONTRATTO DI LAVORO SUBORDINATO; CONTRATTO D'OPERA; CONTROVERSIA COLLETTIVA DI LAVORO; COTTIMO; DATORE DI LAVORO; DILIGENZA DEL PRESTATORE DI LAVORO; DIRITTO (II) AL LAVORO; DIRITTO (I) DEL LAVORO; DISCRIMINAZIONE SUL LAVORO; DISOCCUPAZIONE; DOVERE DI OBBEDIENZA DEL DIPENDENTE; DURATA DEL CONTRATTO DI LAVORO; ESTINZIONE DEL RAPPORTO DI LAVORO; GRUPPO DI LAVORO; GRUPPO DI PRESSIONE; IMPIEGO; INCAPACITÀ LAVORATIVA; LAVORATORE; *LOCATIO OPERARUM*; *LOCATIO OPERIS*; MONOPOLIO DEL LAVORO; NEGOZIATO COLLETTIVO DI LAVORO; NELL'AMBITO DEL CONTRATTO DI LAVORO; OBBLIGO DI FEDELTÀ DEL PRESTATORE DI LAVORO; OFFERTA DI LAVORO; OMERTÀ; ORARIO DI LAVORO; PARTECIPAZIONE AGLI UTILI; PATTO DI NON CONCORRENZA; PERMESSO DI LAVORO; PIANO DI LAVORO; POSTO DI LAVORO; QUALIFICAZIONE DEL LAVORO; RAPPORTO DI LAVORO; RECESSO DEL DATORE DI LAVORO; REDDITO DA LAVORO; REGOLATORE; REMUNERAZIONE IN NATURA; RESPONSABILITÀ DEL DATORE DI LAVORO; RETRIBUZIONE A COTTIMO; SALARIO; SCIOPERO; SERVIZIO: 2; SICUREZZA; SICUREZZA DEI LUOGHI DI LAVORO; SINDACATO; STIPENDIO; TRIBUNALE DEL LAVORO; UFFICIO DI COLLOCAMENTO; UGUAGLIANZA DI OPPORTUNITÀ). [vol. I: BAILMENT; INFANT; LABOUR; NECESSARIES; SAFETY; TRADE UNION]

– **a cottimo.** Piecework, task work, work by the job (COTTIMO).

– **arretrato.** Arrears of work.

– **a tempo determinato.** Fixed-time employment.

– **a tempo parziale.** Part-time work, part-time employment, part-time job.

– **a tempo pieno.** Full-time employment.

– **autonomo.** Self-employment (*infra*, LAVORO SUBORDINATO; CONTRATTO DI LAVORO AUTONOMO; LAVORATORE AUTONOMO; PROFESSIONISTA AUTONOMO). [vol. I: SELF-EMPLOYED]

– **domestico.** Domestic employment (LAVORATORE DOMESTICO).

– **forzati in genere.** Hard labour (CONDANNA AI LAVORI FORZATI).

– **in appalto.** Contract work (APPALTO).

– **in subappalto.** Subcontract work (SUBAPPALTO).

– **minorile.** Child labour (MINORE; SCHIAVITÙ).

– **preparatori.** Legislative history, *travaux préparatoires* (INTERPRETAZIONE; RESOCONTI PARLAMENTARI). [vol. I: INTERPRETATION; TRAVAUX PRÉPARATOIRES]

– **pubblici.** Public works; negli S.U. il *Miller Act* impone a carico dei costruttori il deposito di una cauzione (*performance and payment bond*) prima della conclusione di un contratto di appalto di lavori pubblici per il governo federale. Non che le cauzioni non siano previste anche dal sistema italiano, ma è l'insieme della normativa che mai come in questa materia rivela l'assoluta incomparabilità tra il regime nordamericano, britannico e comunitario rispetto a quello italiano. In effetti, unica al mondo, è la *legislazione criminogena* voluta dalle *lobbie*s dei costruttori e dei partiti italiani, diventata lo standard giuridico e morale dei comportamenti pubblici e privati del paese. In questo senso, non sembra azzardato affermare che il regime giuridico dei lavori pubblici costituisce la metafora della natura delinquenziale che la « forza legale » ha assunto nel nostro paese. Perfettamente inutile appare quindi rilevare che mentre negli S.U. si impongono cauzioni al costruttore, nel nostro paese gli si regala — con legge (si pensi alla famigerata 219) voluta fortissimamente anche dall'« opposizione » — fino al 75 per cento dell'importo dei lavori che non di rado non vengono neanche iniziati se non per chiedere la revisione dei prezzi (APPALTO; ATTO AMMINISTRATIVO; CAUZIONE). [vol. I: PUBLIC UTILITY]

– **straordinario.** Overtime, overtime work.

– **subordinato.** Employment (*supra*, LAVORO AUTONOMO; SUBORDINAZIONE).

Leader. Non esiste di questo termine, tipico della cultura anglo-americana, un equivalente nella tradizione politico-giuridica dei paesi di *civil law*.

1. L'assenza è significativa: il *leader* dei paesi di *civil law* è, ahinoi!, quasi sempre un dittatore, travestito o meno; un *Führer* (un *Gauleiter*), un *Duce*, un *Caudillo*, uno *Chef de l'État*, o un *Général*, più o meno carismatico (Napoleone I o III, Boulanger, Pétain, etc.). Assai raro, se non impossibile, un caso come quello di Churchill, capo di guerra vittorioso messo da parte da una « semplice » sconfitta elettorale.

2. Nel sistema costituzionale britannico, in cui vige il bipartitismo perfetto, il leader del partito di maggioranza è di solito anche primo ministro, autentico *capo del governo* e non già, come da noi, un *primus inter pares*; il leader del partito di opposizione ha un suo *status* costituzionale. Al *Her Majesty's Government* fa riscontro la *Her Majesty's Opposition* capeggiata dal *Leader of the Opposition*. Negli S.U. — in cui pure vige un sistema sostanzialmente bipartitico — la materia va inquadrata nel diverso assetto costituzionale di quel paese, ossia federale e presidenziale.

3. Per mezzo secolo, la funzione politica è stata nel nostro paese in buona sostanza attività di brokeraggio sia all'interno degli stessi partiti, sia tra le varie forze politiche dell'immancabile governo di coalizione, di solito squassato da risse di osteria.

4. Beninteso, non si vuole suggerire in alcun modo una inferiorità genetica degli uomini politici continentali. Ma solo dire che è il sistema di selezione della classe politica (e, in definitiva, della classe dirigente) a formare gli uomini.

5. Come ha scritto in un profetico articolo Ernesto Galli della Loggia sul nostro paese: « La classe politica ha svolto e svolge un ruolo centrale nella degradazione e nella scomparsa di una classe dirigente, di un sistema di élites degne di questo nome ». [*Il Potere degli Spettri*, in *Mondoperaio*, nov. 1979, in Quagliariello 1993: 146].

6. Invece, il sistema consociativo solidaristico nostrano — fondato sull'accomodamento e l'assenza di agonistica e di qualsiasi confronto sui contenuti, sulla selezione in negativo grazie alla scomparsa di qualsiasi controllo di valore, di efficienza, di professionalità — è, per definizione, un ambiente ostile alla nascita di quelle qualità che fanno i *leaders* politici anglo-americani. Se si pensa che il sistema ha escluso, oltre al *rischio politico,* anche *quello di impresa*, che, in buona

sostanza, non poche delle funzioni pubbliche (e private) si ereditano o sono oggetto di lascito o di baratto (dalla politica, all'università, alle banche, alla magistratura) non ci si può meravigliare dell'inesistenza di grandi personalità politiche, di grandi imprenditori, di grandi personalità giudiziarie, che altrove sono tanta parte della politica e del diritto. La selezione degli uomini sarà pur sempre una *cooptazione*; ma, com'è stato osservato, da noi si tratta di una « cooptazione che però non è in alcun modo formalizzata, politicamente controllata e controllabile dal corpo dei cittadini, o comunque misurabile con criteri oggettivi ed eguali per tutti. Essa si svolge invece per linee interne, nell'ombra, lungo itinerari che sono congrui ad un potere sociale il quale si articola non già in istituzioni e in gruppi dirigenti, bensì in centri di potere, in clans e in rackets ». [ibid.: 155].

7. Il sistema nostrano sviluppa, peraltro, altre qualità come una capacità insuperabile di compromesso, di patteggio perpetuo. I risultati sono sotto gli occhi di tutti (AGONISTICA; BIPARTITISMO; CAPO; OPPOSIZIONE PARLAMENTARE). [vol. I: LEADER]

– **della maggioranza.** Majority leader (MAGGIORANZA).

– **della minoranza.** Minority leader (MINORANZA).

– **del prezzo.** Price leader, price setter (PREZZO).

– **di sindacato.** Union leader (SINDACATO).

***Leadership* politica.** Political leadership. Ecco uno dei tanti termini ormai entrati a fare parte del linguaggio dei politologi nostrani. Peraltro, almeno finora, c'è la parola, ma non la cosa (AGONISTICA; *LEADER*; PRESIDENTE DEL CONSIGLIO DEI MINISTRI). [vol. I: CABINET; CONSTITUTION; ELECTION; LEADER; PARLIAMENT; POLITICAL PARTIES]

Bibl.:

Sartori 1992: 46.

Leale, giusto, equo. Fair (EQUITÀ; *FAIR TRIAL*; GIUSTO PROCESSO). [vol. I: FAIR]

Lealtà. Fidelity, loyalty (OBBLIGO DI FEDELTÀ DEL PRESTASTORE DI LAVORO; SLEALTÀ). [vol. I: LOYALTY ARRANGEMENTS]

– **del consumatore.** Consumer loyalty (CONCORRENZA SLEALE; CONSUMATORE; SVIAMENTO DELLA CLIENTELA). [vol. I: GOODWILL; LOYALTY ARRANGEMENTS; PASSING OFF]

– **del prestatore di lavoro.** (OBBLIGO DI FEDELTÀ DEL PRESTATORE DI LAVORO)

***Leasing*.** Questo istituto, che si ricollega a concetti di *common law*, è ormai entrato a far parte, anche se parzialmente e con degli adattamenti, dell'ordinamento giuridico italiano. Di solito, esso è menzionato *tel quel* nelle opere giuridiche nostrane. Ma il legislatore parla più spesso di locazione finanziaria (LOCAZIONE FINANZIARIA; VENDITA E LOCAZIONE FINANZIARIA DI RITORNO). [vol. I: LEASING]

Bibl.:

Bussani, M., *Il contratto di lease back* (1986) 2 CeI 558.

Caselli, G., *Leasing* (1985) 1 CeI 213.

De Nova, G., *Leasing*, in *Digesto IV Utet, Civ.,* vol. X: 462.

Lecito. Lawful, licit (ATTO ILLECITO; ILLECITO). [vol. I: ILLEGAL; LAWFUL; PUBLIC POLICY]

Lega in genere. Guild, league, union. Nel sistema inglese rientra nella categoria delle « industrial and provident societies »; ma non vi sono movimenti politici che in Gran Bretagna o negli S.U. prendano, come in Italia, il nome di lega (ASSOCIAZIONE; CONFRATERNITA; CORPORAZIONE; FEDERAZIONE; LEGAME; SINDACATO). [vol. I: FRIENDLY SOCIETY; GUILD; INNS OF COURT; TRADE UNION]

– **delle nazioni.** (SOCIETÀ DELLE NAZIONI)

Legale in genere. Legal, juridical, jural, juristic, lawful, licit, legitimate; ma, inteso il termine nel senso di presunto, o *iuris et de iure* dalla legge, si parla anche di *constructive* come, ad es., nel *constructive contract* (ASSISTENZA GIUDIZIARIA; AZIONE (I) LEGALE; CONSULENZA LEGALE; CONTRATTO: I; CONTRATTUALE; GIURIDICO; ILLEGALE; LEGALITÀ; QUESITO LEGALE; REQUISITO LEGALE; SEPARAZIONE LEGALE; STRUTTURA LEGALE). [vol. I: CONSTRUCTIVE; IMPLICATION; LEGAL; PRESUMPTION]

Legalità. Legality, lawfulness (APPARENZA DI LEGALITÀ; LEGALE; LEGALIZZAZIONE; PRINCIPIO DI LEGALITÀ).

Legalizzazione. Grosso modo, certification, attestation, authentication o anche legalization. Ma non esiste un equivalente esatto presso pubbliche amministrazioni inglesi e nordamericane di un istituto che, invece, costituisce l'architrave e il tocco di finale sadismo della sgangherata pubblica amministrazione nostrana (AUTOCERTIFICAZIONE; DOCUMENTO; LEGALE; LEGALITÀ; NOTAIO; VIDIMAZIONE).

[vol. I: ATTESTATION; AUTHENTICATION; CERTIFICATION; CERTIFIED COPY; LEGALIZATION]

– **consolare.** Consular legalization (CONSOLATO; UFFICIO CONSOLARE).

– **della firma in genere.** Authentication of signature, certification of signature (FIRMA).

– **di un documento.** Certification of a document (DOCUMENTO).

Legalmente in genere. Legally (GIURIDICAMENTE; LEGALE).

– **costituito.** Legally constituted (COSTITUZIONE).

– **inattaccabile.** Legally unexceptionable (ATTACCABILE; INATTACCABILE; INIMPUGNABILE).

– **responsabile.** Legally liable (IMPUTABILE; RESPONSABILE).

– **vincolante.** Legally binding (VINCOLANTE).

Legame in genere. Link, tie; nel senso di vincolo, obbligo, è detto *bond* (CONNESSIONE; LEGA; OBBLIGO; RAPPORTO; RELAZIONE; VINCOLO).

– **di causalità.** (RAPPORTO DI CAUSALITÀ)

– **genuino.** Genuine link. Questo concetto è impiegato più spesso in diritto internazionale per indicare il tipo di rapporto con uno Stato tale da determinare l'insorgere della cittadinanza; ma esso è riferito anche alla nazionalità delle navi (BANDIERA OMBRA; CITTADINANZA; NAZIONALITÀ; NAZIONALITÀ DELLA NAVE). [vol. I: GENUINE LINK; NOTTEBOHM CASE]

– **giuridico.** (RAPPORTO GIURIDICO)

Legatario in genere. Beneficiary, legatee (di mobili), devisee (di immobili), legatary, donee. In effetti, nella *common law* non esiste — in senso stretto — la distinzione tra erede e legatario nel senso romanistico dei termini (CO-LEGATARIO; LEGATO; SUCCESSIONE). [vol. I: LEGACY; SUCCESSION]

Legato in genere. Grosso modo, legacy, bequest, gift, devise. In effetti, data la meccanica successoria della *common law*, tutte le disposizioni testamentarie costituiscono — nel senso romanistico — dei legati (*CAUTIO MUCIANA;* LASCITO; LEGATARIO; REVOCA TACITA DEL LEGATO; RIDUZIONE DEI LEGATI; SUCCESSIONE). [vol.I: INTRODUZIONE: III. 24; BEQUEST; DEVISE; GIFT; HEREDITAS; LEGACY; SUCCESSION]

– **a favore del proprio creditore.** Legacy to his own creditor (CESSIONE DEI BENI AI CREDITORI; CREDITORE). [vol. I: SATISFACTION]

– **condizionato.** Conditional bequest, conditional devise (CONDIZIONE).

– **di diritti immobiliari.** Devise. [vol. I: *ad vocem*]

– **di diritti non immobiliari.** Legacy, bequest, gift.

– **di specie.** Specific bequest, specific devise, specific legacy.

– **in fedecommesso.** Grosso modo, trust legacy; ma il *trust* non esiste nei sistemi di *civil law* (FEDECOMMESSO; *TRUST*).

– **pecuniario.** Pecuniary legacy.

Legazione diplomatica. Legation (AMBASCIATA). [vol. I: DIPLOMATIC]

Legge in genere. Law.
1. Il concetto di legge assume diverse caratterizzazioni a seconda della sua fonte e della sua forma: si parla, quindi, di *statute law* per indicare la legislazione in generale (in quanto distinta dalla *common law*) e di *Act of Parliament* o di *Act of Congress* per indicare, rispettivamente, la legge del parlamento britannico o del Congresso federale degli S.U. In questi ultimi si parla di *Federal Act* o *statute* e di *State statute* per indicare, rispettivamente, la legge federale o quella di un determinato stato dell'Unione.
2. Ma non si può intendere il significato del termine *law* se non si tiene conto della assai diversa teoria delle fonti della tradizione di *common law*. In breve, quelli di *common law* sono dei sistemi a diritto giurisprudenziale, non legislativo e, in ultima analisi, la legge è quella stabilita in base al sistema del *case law* derivante, anche in presenza di una legge scritta, dall'interpretazione giurisprudenziale: insomma « the law » è quella stabilita dal giudice, oracolo della legge. Oltre che un dato tecnico che attiene alla diversità delle fonti, si tratta di un processo mentale di ordine storico che distingue radicalmente l'atteggiamento del *common lawyer* rispetto al concetto stesso di legge. Del resto, la prestigiosa rassegna che negli S.U. va sotto il nome di *Restatement of the Law,* si riferisce non già alla legislazione o legge scritta, ma alla *common law,* ossia al *diritto giurisprudenziale.* Sono dette *sunset laws* negli S.U. quelle leggi o parti di esse che richiedono un loro riesame periodico per stabilire se le ragioni che le hanno in origine giustificate,

se talune attività da esse previste come, ad es., di una determinata *administrative agency* o di una determinata attività governativa federale, sussistano ancora attualmente. In tal caso, in mancanza di una decisione positiva da parte degli organi legislativi diretta a confermare la ulteriore efficacia della legge, quest'ultima cessa di avere effetto. Una legge non applicata pienamente è detta *relaxed law*.

3. Tutta la *common law* è dominata dall'esigenza della ragionevolezza, e il riferimento del giudice alla *reason* equivale in sostanza all' *aequitas* della *civil law*. La ragione è una fonte sussidiaria di diritto di grande importanza nella tradizione di *common law*. Fondamentale è il concetto di *due process of law* che indica un giusto processo inteso non soltanto come garanzia di legalità, ma anche di giustizia. Grazie all'interpretazione di questo concetto fattone dalla *Supreme Court* degli S.U., la regola ha assunto un particolare valore di garanzia costituzionale nel processo civile e penale, consistente nell'efficace controllo sulla legislazione e sulla giurisprudenza, sia federale, sia dei singoli stati, e sugli atti della pubblica amministrazione mediante il test della *reasonableness*. Insomma, la legge non potrà essere irragionevole, arbitraria o capricciosa e i mezzi prescelti debbono avere un ragionevole rapporto con gli obiettivi che essa si propone.

4. Notevole importanza assume negli affari internazionali la c.d. *law shopping* — variante del fenomeno del *forum shopping* — che indica quella ricerca, assurta ormai quasi al rango di « scienza » giuridica, diretta ad accertare, tra i molteplici possibili, il regime giuridico più conveniente agli interessi delle parti. In particolare, si parla poi di *treaty shopping* per indicare quella ricerca diretta ad accertare quale, tra più convenzioni esistenti su una determinata materia, assicuri il regime più conveniente: in questo senso, il gioco dei *protocolli di emendamento* alle convenzioni originarie e delle *riserve* assume un ruolo determinante. In altre parole, un trattato internazionale successivamente emendato può essere fonte di diversi regimi giuridici per gli stati contraenti, a seconda che gli emendamenti siano stati accettati o meno da uno o dall'altro stato; inoltre, lo stesso trattato in vigore può dar luogo a diversi regimi giuridici per i paesi contraenti, a seconda che essi abbiano avanzato o meno delle riserve. È appunto nella ricerca degli interstizi giuridici internazionali che, come si è accennato, il *treaty shopping* prospetta le soluzioni più o meno convenienti dal punto di vista degli interessi delle parti. Del resto, il fatto di un imputato di rifugiarsi in un paese con cui non esiste un trattato di estradizione costituisce, in qualche modo, la forma più nota di *treaty shopping* (ABROGAZIONE TACITA DI UNA LEGGE; ADOZIONE DI UNA LEGGE; AMBITO DI UNA LEGGE; APPROVAZIONE DI UNA LEGGE; ARTICOLO DI LEGGE; BANDIERA OMBRA; BENEFICIO DI LEGGE; CAMPO DI APPLICAZIONE DI UNA LEGGE; CARTA; CONFLITTO DI LEGGI; *DE-REGULATION*; DEROGA ALLA LEGGE; DIRITTO (I) OGGETTIVO; DISEGNO DI LEGGE; DISPOSITIVO DI UNA LEGGE; ENTRATA IN VIGORE DI UNA LEGGE; ESTRADIZIONE; FONTI DEL DIRITTO; FORMAZIONE DELLA LEGGE; GENERALITÀ DELLA LEGGE; IGNORANZA DELLA LEGGE; INTERPRETAZIONE; IRRETROATTIVITÀ DELLA LEGGE PENALE; *IURA NOVIT CURIA*; NORMA; OBBLIGATORIETÀ DELLA LEGGE; *OPE LEGIS*; PER EFFETTO DI LEGGE; POTERE; PRIMATO LEGISLATIVO DEL PARLAMENTO; PROGETTO DI LEGGE; PROMULGAZIONE DELLA LEGGE; PUBBLICAZIONE DELLA LEGGE; RACCOLTA DI LEGGI; REGOLA; REVOCA DELLA LEGGE; RICERCA DELLA LEGGE PIÙ CONVENIENTE; RICEZIONE DELLA LEGGE; RINVIO AD ALTRA LEGGE; SCOPO DELLA LEGGE; SPIRITO DELLA LEGGE; STATO CONTRAENTE; STATUTO; SUCCESSIONE DI LEGGI; SUPREMAZIA DELLA LEGGE; TERRITORIALITÀ DELLA LEGGE; TESTO UNICO; TRATTATO INTERNAZIONALE; UNIFORMITÀ DELLA LEGGE; *VACATIO LEGIS*; VETO; VIGORE DELLA LEGGE; VINCOLANTE IN BASE ALLA LEGGE SCRITTA; VIOLAZIONE DELLA LEGGE). [vol. I: CONSTITUTION; FORUM SHOPPING; JUDICIAL REVIEW; LAW; LAW SHOPPING; LEGISLATION; NON-LEGAL RULES; OFFSHORE; RESTATEMENT OF LAW; RULE OF LAW; STATUTE LAW; ULTRA VIRES]

– **abrogata.** Repealed law o statute; rescinded law o statute (ABROGATA; ABROGAZIONE). [vol. I: REPEAL]

– **antimonopolistica.** Anti-trust law (MONOPOLIO). [vol. I: ANTI-TRUST ACTS]

– **a tutela del consumatore.** Consumer law (CONSUMATORE). [vol. I: *ad vocem*]

– **blanda.** Lax law.

– **comune.** General law of the land; da non confondere con lo *ius commune*, che è altra cosa (*infra*, LEGGE LOCALE). [vol. I: COMMON LAW; IUS COMMUNE; LAW OF THE LAND]

– **consuetudinaria.** Customary law (CONSUETUDINE). [vol. I: *ad vocem*]

– **costituzionale.** Constitutional law. Ma si noti che nel sistema costituzionale britannico — in cui non esiste una costituzione scritta — la distinzione tra legge ordinaria e legge costituzionale non viene fatta; anche se vi sono delle singole leggi aventi rilevanza costituzionale. Modello di costituzione rigida, quella degli S.U. è la prima costituzione ad avere stabilito la distinzione tra legge costituzionale e legge ordinaria, disponendo che gli emendamenti della costituzione federale hanno luogo con una maggioranza qualificata prevista dall'art. V della costituzione. Peraltro, sul piano terminologico, non trova equivalenza la dicotomia nostrana legge costituzionale-legge ordinaria: la legge costituzionale è detta constitutional law, constitutional clause; la legge ordinaria è detta Act of Congress (CONTROLLO GIURISDIZIONALE; COSTITUZIONE POLITICA; EMENDAMENTO). [vol. I: CONSTITUTION]

– **del bilancio.** È detta Finance Act nel R.U. (*infra*, LEGGE FINANZIARIA; BILANCIO).

– **del Congresso negli S.U.** Congressional law, Act of Congress (CONGRESSO DEGLI S.U.).

– **delegata in genere.** Delegated o subordinated legislation (DECRETO LEGGE; LEGISLAZIONE). [vol. I: DELEGATED LEGISLATION; LEGISLATION; STATUTE LAW]

– **del foro.** Lex fori (DIRITTO (I) DEL FORO; FORO).

– **della bandiera.** Law of the flag (BANDIERA OMBRA; NAVE).

– **del parlamento britannico.** Act of Parliament, o Act. [vol. I: *ad vocem*; STATUTE LAW]

– **di stanziamento.** Appropriation Act (STANZIAMENTO).

– **eccezionale.** Emergency, o exceptional, law o statute (EMERGENZA). [vol. I: EMERGENCY LEGISLATION]

– **economica.** Economic law (ECONOMIA DI MERCATO).

– **fallimentare.** Bankruptcy law (FALLIMENTO).

– **federale.** (*supra*, LEGGE IN GENERE)

– **finanziaria in genere.** Finance Act; ma non ha uguale in nessun paese dell'Occidente una legge finanziaria come quella nostrana, adottata in regime di *democrazia consociativa* (*supra*, LEGGE DEL BILANCIO; BILANCIO).

– **fondamentale.** Supreme law of the land. Si parla anche di organic law. Questo termine figura nell'art. VI, s. 2, della costituzione degli S.U. per indicare la prevalenza delle leggi adottate in esecuzione della costituzione federale e dei trattati internazionali sulle leggi dei singoli stati dell'Unione (COSTITUZIONE POLITICA; SUPREMAZIA DEL DIRITTO FEDERALE NEGLI S.U.). [vol. I: INTRODUZIONE: III. 36; PRE-EMPTION DOCTRINE; SUPREMACY CLAUSE; SUPREME LAW OF THE LAND]

– **illegittima.** Illegal law (*infra,* LEGGE INGIUSTA).

– **imperativa.** Mandatory law, mandatory statute (DIRITTO (I) IMPERATIVO-DISPOSITIVO). [vol. I: MANDATORY RULE; MANDATORY STATUTE]

– **incostituzionale.** Unconstitutional law (*supra,* LEGGE COSTITUZIONALE).

– **ingiusta.** Unfair law, capricious law. Il requisito del *due process of law* comporta, tra l'altro, che la legge non sia irragionevole, capricciosa o arbitraria (*supra*, LEGGE IN GENERE: 3; DIRITTO (I) NATURALE; RAGIONE). [vol. I: DUE PROCESS CLAUSES; NATURAL LAW]

– **integrativa.** Supplemental act (NORME COMPLEMENTARI).

– **interna in quanto distinta da quella internazionale.** Domestic, municipal, o internal law (*infra*, LEGGE LOCALE; DIRITTO (I) INTERNO). [vol. I: DOMESTIC LAW]

– **invalida.** Grosso modo, invalid law.

– **istitutiva in genere.** Organic law, organic statute (COSTITUZIONE POLITICA; ORGANIZZAZIONE; REGOLATORE).

– **locale.** Local o municipal law (*supra*, LEGGE INTERNA; *infra*, LEGGE STRANIERA; AUTOGOVERNO; DIRITTO (I) LOCALE). [vol. I: LOCAL GOVERNMENT]

– **marziale.** Martial law (COPRIFUOCO; EMERGENZA; GIUSTIZIA MILITARE; GUERRA; STATO D'ASSEDIO). [vol. I: *ad vocem*; COURT MARTIAL; EMERGENCY]

– **modello.** Model Act. Sono dette così negli S.U. — stato federale — le leggi modello proposte dalla *National Conference of Commissioners on Uniform State Laws* all'adozione dei singoli stati dell'Unione (UNIFICAZIONE DEL DIRITTO). [vol. I: *ad vocem*]

– **nazionale.** National law, national legislation (*supra*, LEGGE DEL FORO; *infra*, LEGGE STRANIERA).

– **ordinaria.** (*supra*, LEGGE COSTITUZIONALE)

– **penale.** Criminal law (DEPENALIZZAZIONE; DIRITTO (I) PENALE).

– **permanente, i cui effetti non sono limitati nel tempo.** Permanent law (*supra*, LEGGE IN GENERE: 2).

– **permissiva.** Non mandatory law (DIRITTO (I) IMPERATIVO-DISPOSITIVO; PERMESSO).

– **procedurale.** Procedural o adjectival law (*infra*, LEGGE SOSTANZIALE; PROCEDURA). [vol. I: PROCEDURE]

– **regolatrice del contratto.** Law of contract; è detta *proper law of the contract* in diritto internazionale privato la legge regolatrice del contratto (CONTRATTO; DIRITTO (I) INTERNAZIONALE PRIVATO). [vol. I: PROPER LAW OF THE CONTRACT]

Bibl.:
Cheshire 1935, ed. 1987: 447.

– **regolatrice della capacità.** Law governing the status and capacity of persons and family relations (CAPACITÀ; CONFERENZA DELL'AIA; DIRITTO (I) INTERNAZIONALE PRIVATO; DOMICILIO).

– **regolatrice della forma degli atti.** Law governing the form of instruments and acts (CONFERENZA DELL'AIA; DIRITTO (I) INTERNAZIONALE PRIVATO; FORMA). [vol. I: HAGUE CONFERENCE]

– **regolatrice della prescrizione.** Statute of limitation (PRESCRIZIONE).

– **retroattiva.** Retroactive o retrospective law, ex post facto law (RETROATTIVITÀ). [vol. I: EX POST FACTO; NULLA POENA SINE LEGE; PROSPECTIVE; RETROACTIVE]

– **scritta in genere in quanto distinta dalla *case law*.** Statute law, statute, enactment, written law; ma questa distinzione si intende solo tenendo conto della assai diversa teoria delle fonti nella tradizione di *common law* (*supra,* LEGGE IN GENERE; DIFETTO DI UNA LEGGE SCRITTA; DIRITTO (I) SCRITTO-NON SCRITTO; FONTI DEL DIRITTO; LEGISLAZIONE). [vol. I: STATUTE LAW; UNWRITTEN LAW; WRITTEN LAW]

– **sostanziale.** Substantive law (*supra*, LEGGE PROCEDURALE).

– **statale.** (*supra*, LEGGE IN GENERE)

– **stralcio.** Grosso modo, transitional o special law (STRALCIO). [vol. I: PARLIAMENT]

– **straniera.** Foreign law. Si noti che la legge scozzese costituisce *foreign law* rispetto a quella inglese. Negli S.U. — stato federale — la legge di uno stato dell'Unione rispetto a quella di un altro stato dell'Unione (*sister state*) è considerata una *foreign law*; ancora, uno stato dell'Unione rispetto a un altro stato dell'Unione costituisce una *foreign jurisdicton*. Queste diversità si spiegano col regime federale esistente in quel paese (FEDERALISMO).

1. Principio generale di *common law* — gradualmente eroso da successivi sviluppi legislativi e giurisprudenziali sia nel sistema nordamericano (la « patria » dei conflitti di leggi) che in quello inglese — è che la legge straniera è un *fatto* che va quindi invocato e provato, come qualsiasi altro fatto, con l'osservanza delle regole della prova (tra cui l'esame e il controesame del testimone), che va accertato dalla *giuria*. Qui la distinzione tra questione di fatto e questione di diritto assume importanza fondamentale nella tradizione di *common law*, che prevede l'istituto della giuria anche nel processo civile.

2. Ma un graduale e salutare allontanamento dal principio consente di dire che attualmente negli S.U. la legge straniera viene considerata come legge (e non come fatto); da accertare, quindi, dal giudice, peraltro con il concorso delle parti: una posizione intermedia rispetto a quei paesi di *civil law* che procedono all'accertamento della legge straniera senza il concorso delle parti in base alla regola *iura novit curia*. Tra l'altro, poiché gli S.U. sono uno stato federale, bisogna distinguere tra la *foreign law* di un altro stato dell'Unione e la *foreign-country law*, ossia la legge straniera di uno stato estero *tout court*. Ventiquattro stati dell'Unione hanno adottato l'Uniform Judicial Notice of Foreign Law Act, che risale al 1936, ma successivamente emendato, per cui il giudice del foro *takes judicial notice* della legge del *sister state,* ma non della *foreign-country law*. Esso stabilisce anche che la determinazione della legge straniera (del *sister state*) spetta al giudice (e non alla giuria); ma sopravvive la regola di *common law* per cui quest'ultima va invocata e provata. Diversi altri stati hanno adottato l'Uniform Interstate and International Procedure Act del 1962 che si applica *anche* alla *foreign-country law* (dello stato estero): la legge straniera va invocata dalle parti, viene accertata dal giudice e non dalla giuria e consente al primo di ricorrere a qualsiasi mezzo di prova (inclusa la testimonianza) prodotto o meno dalle

parti. Questo Act, che attribuisce grande libertà al giudice nell'accertamento della legge straniera, esclude il non agevole riferimento alla *judicial notice*. Per quanto riguarda il diritto federale, la R. 44.1 delle *Federal Rules of Civil Procedure* — relativa alla *Determination of Foreign Law* — essa contiene disposizioni sostanzialmente analoghe a quelle previste dall'Uniform Interstate and International Procedure Act. La questione della giuria non si pone nel processo civile inglese in cui, salvo pochissimi casi, è virtualmente scomparsa.

3. Particolare importanza assume in questa materia la Convenzione Europea sulle Informazioni sulla Legge Straniera del 1969 — in vigore tra numerosi paesi europei, ma non rispetto al R. U. — per cui le autorità giudiziarie dei paesi membri possono chiedere informazioni sulla legge di altri stati membri (*supra*, LEGGE NAZIONALE; CONFERENZA DELL'AIA; CONFLITTO DI LEGGI; DIRITTO (I) INTERNAZIONALE PRIVATO; DIRITTO (I) STRANIERO; GIURIA; GIURISDIZIONE STRANIERA; *IURA NOVIT CURIA*; PROVA DELLA LEGGE STRANIERA; QUESTIONE DI FATTO-DI DIRITTO). [vol. I: CONFLICT OF LAWS; DUE PROCESS CLAUSES; FACT AND LAW; FOREIGN JUDGMENT; FOREIGN LAW; FULL FAITH AND CREDIT CLAUSE; IURA NOVIT CURIA; JUDICIAL NOTICE; JURY; PLURILEGAL UNITS OF SOVEREIGNTY; QUESTION OF FACT-QUESTION OF LAW; SISTER STATE]

Bibl.:

Scoles and Hay 1982, ed. 1992: 418.

- **sul bollo.** Stamp Act (BOLLO; FEDERALISMO).
- **sul controllo dell'uso del territorio.** Land use control law (PIANO REGOLATORE; TERRITORIO).
- **sulla caccia.** Game law (CACCIA).
- **suntuarie.** Sumptuary laws (SPESE VOLUTTUARIE). [vol. I: SUMPTUARY LAWS]
- **suppletiva.** Non mandatory law (DIRITTO (I) SUPPLETIVO). [vol. I: MANDATORY RULE]
- **territoriale.** Territorial law (DIRITTO (I) PERSONALE; GIURISDIZIONE).
- **uniforme.** Uniform law (UNIFORMITÀ DELLA LEGGE). [vol. I: UNIFICATION OF LAW]
- **vigente.** Law, o rule, in force; existing law o rule (VIGORE). [vol. I: ENTRY INTO FORCE]

Legislatore. Lawgiver, Parliament, Congress, legislature (INTENZIONE DEL LEGISLATORE; LEGGE; LEGISLATURA; LEGISLAZIONE). [vol. I: LAWGIVER]

Legislatura in quanto istituzione. Legislature. La legislatura, intesa come periodo di tempo in cui siede il parlamento eletto fino allo scioglimento, è detta, non legislature, ma *Parliament* (sic!); essa è divisa in sessioni, dette *sessions of Parliament*. Negli S.U., mentre il Senato è eletto per 6 anni, la Camera dei Rappresentanti è eletta per 2 anni. Il lavoro di questi organi è articolato in sessioni. Per quanto attiene ai singoli stati dell'Unione, si parla di *state legislature* per indicare i relativi organi legislativi (LEGISLAZIONE; POTERE LEGISLATIVO). [vol. I: SESSION OF PARLIAMENT]

Legislazione in genere. Legislation, o statute law.

1. Nel rilevare la radicale diversità della teoria delle fonti nella tradizione di *common law*, si osserva che la legislazione (*statute law*) occupa una posizione diversa nella gerarchia delle fonti rispetto al sistema italiano e, in genere, a quelli di *civil law*. A questo proposito, va osservato che se nel sistema costituzionale britannico la *doctrine of supremacy of Parliament* stabilisce la primazia della legislazione su qualsiasi altra fonte, particolari criteri interpretativi e l'applicazione dei canoni della *case law* e del precedente giudiziario ne riducono notevolmente la portata. Come fonte di diritto, la *statute law* si oppone alla fonte primaria degli ordinamenti di *common law*, ossia alla *case law* o *unwritten law*. Va aggiunto altresì che si parla di *judicial legislation* per descrivere il fatto che — in virtù della *doctrine of precedent* — la decisione di una *superior court* inglese stabilisce una nuova *rule* applicabile giudizialmente a casi analoghi successivi.

2. Tenendo conto del fatto che l'ordinamento costituzionale britannico è privo di una costituzione scritta, si capisce perché non si faccia la distinzione tra legislazione costituzionale e legislazione ordinaria. In tema di *delegated legislation*, va rilevato che — a differenza del sistema italiano — in quello costituzionale britannico il potere esecutivo è sfornito di potestà regolamentare propria diretta all'esecuzione delle leggi; peraltro, va rilevata la diffusa prassi della delega legislativa attuata da una pubblica amministrazione di leggendaria efficienza (almeno rispetto a quella italiana). Vi deve quindi essere, di volta in volta, una delega. Tuttavia, mentre gli *Acts of Parliament* non possono essere oggetto di sindacato da par-

te del giudice inglese, esso è esercitabile nei confronti della *delegated legislation* che, se eccede la delega, può essere dichiarata *ultra vires*, ossia illegale.
3. Nelle transazioni internazionali, di solito è mediante la definizione del foro che si identifica la legislazione o il regime giuridico di un determinato ordinamento (ARBITRATO; CLAUSOLA COMPROMISSORIA).
4. Una delle perle del *modus procedendi* della legislazione italiana si riferisce all'art. 72 della nostra costituzione per cui le leggi possono essere approvate, piuttosto che dalle assemblee plenarie delle due camere, dalle rispettive *commissioni legislative* permanenti. Si tratta di una procedura unica al mondo escogitata dal regime fascista, che aveva una sua logica nell'ambito del partito unico, per definizione ispirato a univocità di indirizzo politico: applicata ad una sistema pluripartitico retto per mezzo secolo da un sistema elettorale proporzionale e da un regime di *democrazia consociativa*, le commissioni legislative parlamentari non potevano non trasformarsi in un mercato delle vacche. Perché — contrariamente alla tendenza esistente in tutti i paesi dell'Occidente — nel nostro paese si debba legiferare in maniera elefantiaca e sgangherata senza, invece, aumentare i poteri di legislazione materiale dell'esecutivo, ha una spiegazione abbastanza semplice, ma convincente: non solo il regime assembleare non si fida dell'esecutivo, ma esso tende ad espandere un potere che consente quel *tripotage* tra i partiti che gli sarebbe sottratto da un esecutivo più forte. Ma — a parte questa premessa, e la pessima qualità della legislazione nostrana cui attende peraltro *il fiore dei* « cervelli » *accademici nostrani* — l'attività legislativa in qualsiasi paese del mondo è solo una parte dei compiti istituzionali del potere pubblico: la quasi totalità della legislazione — se non vuole restare un *flatus vocis* — deve avvalersi di una pubblica amministrazione efficiente che la applichi ragionevolmente: questa condizione non esiste nel nostro paese.
5. La prassi italiana dei decreti-legge costituisce un'aberrazione giuridica del sistema costituzionale nostrano, tipica di governi privi di una maggioranza stabile: essa è priva di riscontro nel sistema britannico. Ma si tratta di aberrazioni politiche prima ancora che giuridiche; per contro, il governo britannico conta di solito su una fortissima maggioranza e su una rigida disciplina dei gruppi parlamentari. Esso può, se lo ritiene necessario, ottenere l'approvazione di una legge anche in una sola giornata.
6. Ma tutto questo può sembrare un trascurabile dettaglio se si pensa che nel nostro paese non esistono adeguati meccanismi istituzionali in cui si elabori la politica del diritto e si apprestino in tempi ragionevoli testi legislativi adeguati. Non vi è nulla di paragonabile alle *Royal Commissions* britanniche. Naturalmente, questa gravissima carenza ha una spiegazione che attiene al regime politico che ha retto il paese per mezzo secolo. Tutto questo avviene in un paese in cui *centinaia e centinaia di professori di diritto* e magistrati e giuristi *inquinano* con la loro logorrea le istituzioni e il paese intero; tavole rotonde, quadrate, rettangolari, a ferro di cavallo e seminari, ritiri e incontri e dibattiti ormai non si contano più (APPROSSIMAZIONE DELLE LEGISLAZIONI; CONSOLIDAZIONE; CONTROLLO GIURISDIZIONALE; CONTROLLO GIURISDIZIONALE DEGLI ATTI DELLA PUBBLICA AMMINISTRAZIONE; CONTROLLO GIURISDIZIONALE DI COSTITUZIONALITÀ; DECRETO LEGGE; FONTI DEL DIRITTO; INTERPRETAZIONE; LEGGE; POTERE NORMATIVO; PROGRAMMA LEGISLATIVO; REFERENDUM; SUPREMAZIA DELLA LEGGE; TECNICA REDAZIONALE LEGISLATIVA; TRADIZIONE GIURIDICA). [vol. I: JUDICIAL REVIEW; LEGISLATION; PARLIAMENT: VIII; ROYAL COMMISSION; SOURCES OF LAW; STATUTE LAW; ULTRA VIRES]

– **delegata** o **materiale.** Delegated o subordinated legislation, statutory instruments. Di notevole interesse appare l'informato articolo di G. Bognetti (*supra*, LEGISLAZIONE IN GENERE; REGOLAMENTO). [vol. I: DELEGATED o SUBORDINATE LEGISLATION; STATUTORY INSTRUMENTS]

Bibl.:

Bognetti, G., *Legislation, delegated*, in *Digesto IV Utet, Pubbl.,* vol. IX: 200.

– **di emergenza.** Emergency legislation (EMERGENZA; POTERI DI EMERGENZA). [vol. I: *ad vocem*]

– **interna.** Domestic legislation (*infra*, LEGISLAZIONE INTERNAZIONALE).

– **internazionale in genere.** International legislation (*supra*, LEGISLAZIONE INTERNA; DIRITTO (I) INTERNAZIONALE PATTIZIO).

– **in vigore.** Legislation in force (ENTRATA IN VIGORE). [vol. I: COMMON LAW; STATUTE LAW]

– **valutaria straniera.** Foreign exchange regulations (VALUTA).

Legitimatio ad causam. Grosso modo, cause of action, right of action (INTERESSE AD AGIRE;

INTERESSI DIFFUSI; LEGITTIMATO; LEGITTIMAZIONE). [vol. I: ACTION; CAUSE OF ACTION; DOMINUS LITIS]

– ***ad processum.*** Grosso modo, locus standi, competency, legal capacity to sue (LEGITTIMATO; LEGITTIMAZIONE PROCESSUALE; LESIONI PRENATALI). [vol. I: LOCUS STANDI]

Legittima/o in genere. Lawful, legal, legitimate, rightful (EREDE LEGITTIMO; FIGLIO LEGITTIMO; INTERESSE LEGITTIMO; LEGITTIMITÀ; POSSESSORE LEGITTIMO; QUOTA LEGITTIMA NELLA SUCCESSIONE; SCOPO LEGITTIMO).

– **difesa.** Self-defence, self-help. Detta anche *private defence*. Ma sembra che questa causa di giustificazione abbia nel sistema inglese una portata più ristretta di quella prevista dall'art. 52 del nostro c.p. È ammessa anche nell'illecito civile. È detto *excessive self-defence*, o *excessive defence*, l'eccesso di legittima difesa. Il termine *self-defence* è impiegato anche in diritto internazionale; ma si tratta di materia non pacifica, in pratica spesso non priva di abusi da chi ne invoca il diritto. La *self-defence* è prevista dall'art. 51 della Carta delle N.U. È detta anche *self-preservation* (AUTOTUTELA; CAUSA (I) DI GIUSTIFICAZIONE; CAUSA (I) DI NON PUNIBILITÀ; DIFESA; DIRITTO (II) DI RESISTENZA; ECCESSO DI LEGITTIMA DIFESA; GIUSTIFICAZIONE; NON PUNIBILITÀ; OMICIDIO PRETERINTENZIONALE o COLPOSO; USO LEGITTIMO DELLE ARMI). [vol. I: ASSAULT; HOMICIDE; INCOMPLETE PRIVILEGE; NECESSITY; REMEDY; SELF-DEFENCE; TORT: X]

– **sospetto.** Lett., reasonable suspicion. (RIMESSIONE DEL PROCESSO PENALE).

– **suspicione.** (LEGITTIMO SOSPETTO)

Legittimario. Lett., e grosso modo, person entitled by law to a share of the deceased's estate. Ma, in senso stretto, non esiste; si notino le rilevanti differenze con il sistema successorio di *common law* (QUOTA LEGITTIMA NELLA SUCCESSIONE; SUCCESSIONE PER CAUSA DI MORTE). [vol. I: HEREDITAS; SUCCESSION; WILL]

Legittimato in genere. Qualified (AVENTE DIRITTO; COMPETENTE; LEGITTIMAZIONE; PARTE; PROPRIETARIO; TITOLARE).

– **processuale.** Grosso modo, person having a cause of action, a locus standi, person having an interest in the case (AZIONE (I) DI CATEGORIA; *LEGITIMATIO AD PROCESSUM*; LEGITTIMAZIONE; PARTE). [vol. I: CLASS ACTION; LOCUS STANDI]

– **sostanziale.** Person having a cause of action, a right of action, a title to, person entitled, person having an interest in (INTERESSE; PARTE; TITOLO). [vol. I: CAUSE OF ACTION; CLASS ACTION; ENTITLED; PRIVITY; PRIVY]

Legittimazione. È dubbio che vi sia un'esatta corripondenza: più che nella *civil law,* i concetti di legittimazione processuale, legittimazione sostanziale e capacità si intrecciano e si confondono, anche sul piano terminologico. Comunque, gli unici termini che non rendono il concetto di legittimazione e legittimato di *civil law* sono quelli di legitimation e legitimate, riferiti quasi esclusivamente al diritto familiare. Il concetto di legittimazione sostanziale espresso, grosso modo, dal termine *entitlement* o *title,* si intreccia con le concezioni processuali radicate nella *forma mentis* del *common lawyer* portato istintivamente a pensare al brocardo — tecnicamente superato — *ubi remedium ibi ius.* Il concetto di legittimazione sostanziale non si distingue agevolmente da quello di persona avente un *interest* in un rapporto, e con quello di parte. Da quest'ultimo punto di vista, si suol dire che nel contratto a favore di terzo quest'ultimo per mancanza di *privity* — ossia non essendo parte del contratto — non può agire in giudizio. Ma si tratta di una problematica estremamente complessa. Si noti che la scuola processualistica nordamericana ha il non piccolo merito di avere per prima affrontato e dato una soluzione adeguata alla tutela degli interessi diffusi (ASTRATTEZZA DELL'OBBLIGAZIONE; ASTRAZIONE PROCESSUALE; CAPACITÀ; CONCEPITO; DANNEGGIATO; DIFETTO DI LEGITTIMAZIONE; DIRITTO (II); DOCUMENTO; INCAPACITÀ; INTERESSI DIFFUSI; *LEGITIMATIO AD CAUSAM; LEGITIMATIO AD PROCESSUM;* LEGITTIMATO; LEGITTIMITÀ; LESIONI PRE-NATALI; PARTE LESA; PROPRIETARIO; QUALIFICA; QUALITÀ; RAPPRESENTANZA PROCESSUALE; RICORRENTE; TITOLARITÀ; TITOLO; TITOLO DI LEGITTIMAZIONE; VESTE; VITTIMA). [vol. I: CLASS ACTION; PUBLIC INTEREST ACTION; UBI REMEDIUM, IBI IUS]

Bibl.:

Rescigno, P., *Legittimazione*, in *Digesto Utet IV*, *Civ.,* vol. X: 518.

– **ad agire.** (*LEGITIMATIO AD PROCESSUM*)

– ***ad causam.*** (*LEGITIMATIO AD CAUSAM*)

– ***ad processum.*** (*LEGITIMATIO AD PROCESSUM*)

– **attiva.** (*LEGITIMATIO AD PROCESSUM*)

– **di figli naturali per matrimonio.** Legitimation of natural children by subsequent marriage (PRESUNZIONE DI LEGITTIMITÀ; RICONO-

SCIMENTO DI FIGLIO NATURALE). [vol. I: LEGITIMATION]

– **passiva.** Capacity to be sued (CAPACITÀ PROCESSUALE).

– **processuale.** (*LEGITIMATIO AD PROCESSUM*)

– **sostanziale.** (*LEGITIMATIO AD CAUSAM*)

Legittimità in genere. Legality (CONTROLLO GIURISDIZIONALE; CORTE DI CASSAZIONE; LEGITTIMATO; LEGITTIMAZIONE; MERITO; PRESUNZIONE DI LEGITTIMITÀ; QUESTIONE DI FATTO-DI DIRITTO; RECLAMO DELLA LEGITTIMITÀ DA PARTE DEL FIGLIO).

– **costituzionale.** Constitutional legality (CONTROLLO GIURISDIZIONALE DI COSTITUZIONALITÀ; COSTITUZIONE POLITICA). [vol. I: CONSTITUTION; JUDICIAL REVIEW]

– **dello Stato in genere.** Legality of government (RICONOSCIMENTO DI STATI E GOVERNI; STATO).

– **del potere in genere.** Legality of power, of authority (POTERE).

– **internazionale.** International legality (DIRITTO (I) INTERNAZIONALE).

Legittimo. (LEGITTIMA/O)

Legnatico. (SERVITÙ DI LEGNATICO)

Lenocinio. Pimping, pandering, procuring (PROSTITUZIONE).

Leonino in genere. Unconscionable (PATTO LEONINO; SOCIETÀ (II) LEONINA).

Lesa maestà. *Lèse majesté;* ma si parla più spesso di *treason* (ALTO TRADIMENTO; TRADIMENTO). [vol. I: LAESE MAIESTATIS; TREASON]

Lesione/i in genere. Injury, wound, harm (RESCISSIONE PER LESIONE).

– **colposa.** (*infra*, LESIONI PERSONALI COLPOSE)

– **corporale.** (*infra*, LESIONI PERSONALI)

– **permanente.** Permanent injury.

– **personale dolosa.** Malicious wounding (*infra*, LESIONI PERSONALI).

– **personali.** Bodily injury, actual bodily harm, personal injury, battery. La causa in materia è detta *personal injury case.* Perché si possa configurare l'imputazione di omicidio come effetto delle lesioni personali subite si richiede che la morte sia sopravvenuta entro un anno dal fatto (CONSENSO INFORMATO; CORPO; CORPORALE; DANNO; DELITTO COLPOSO-DOLOSO; MALTRATTAMENTI; MINACCIA; OMICIDIO o LESIONE PERSONALE PER CAUSA DI ONORE; PARTE LESA; PERCOSSE; VITTIMA). [vol. I: ASSAULT; BATTERY; BODILY HARM; DAMAGES; FATAL INJURY; PERSONAL INJURY]

– **personali aggravate.** Grievous bodily harm (*supra*, LESIONI PERSONALI). [vol. I: *ad vocem*; DAMAGES]

– **personali colpose.** Accidental injury, negligent personal injury. Ma nei sistemi di *common law* — a parte ipotesi particolari previste specificamente dalla legge scritta (*statute law*), come, ad es., in tema di circolazione stradale, etc. — non esiste la categoria del reato colposo. A questo proposito sarebbe interessante stabilire in che misura la paralisi della giustizia penale italiana non sia dovuta anche all'enorme numero di procedimenti penali per lesioni colpose (COLPA; DELITTO COLPOSO-DOLOSO; OMICIDIO; REATO; RESPONSABILITÀ OGGETTIVA; VEICOLO).

– **pre-natali.** Pre-natal injuries (CONCEPITO; NEONATO). [vol. I: *ad vocem*; STANDING; THALIDOMIDE CASE; UNBORN CHILD]

– **volontaria.** Malicious injury to the person (*supra*, LESIONE PERSONALE DOLOSA; LESIONI PERSONALI AGGRAVATE). [vol. I: MALICIOUS INJURIES TO THE PERSON]

Lettera in genere. Letter. Nel contratto tra assenti la conclusione di esso ha luogo alla data in cui è imbucata la lettera di accettazione, secondo la c.d. *mail-box rule* (CONCLUSIONE DEL CONTRATTO PER CORRISPONDENZA; GARANZIA; MUTUO; RISERVATEZZA; TESTI GIURIDICI; TITOLI MOBILIARI). [vol. I: CONTRACT: IV; FACILITY LETTER; LETTER]

– **circolare.** Circular letter (CIRCOLARE).

– **con avviso di ricevimento.** Registered letter with advice of delivery.

– **credenziale.** Letter of credence, credential (*infra*, LETTERA DI GARANZIA; CREDENZIALI; RACCOMANDAZIONE). [vol. I: COMMITTEE ON CREDENTIALS; CONFERENCE; CREDENTIALS; FULL POWERS; TREATY]

– **della legge.** Wording of a statute, literal tenour of a statute (*infra*, LETTERA E SPIRITO DI UN TESTO; INTENZIONE DEL LEGISLATORE; INTERPRETAZIONE; SPIRITO DELLA LEGGE).

– **di assicurazione.** Letter of assurance; è detta, così nell'ambito delle trattative internazionali, una lettera da un paese a un altro diretta a rassicurare quest'ultimo sull'esecuzione di determinati impegni assunti in precedenza (NEGOZIATO). [vol. I: NEGOTIATION: 3]

– **di assunzione.** Letter of appointment (*infra*, LETTERA DI NOMINA; ASSUNZIONE).

– **di autorizzazione.** Authority, letter of licence (AUTORIZZAZIONE).

– **di autorizzazione a negoziare.** Letter of authority to negotiate (*supra*, LETTERA DI ASSICURAZIONE; NEGOZIATO).

– **di avviso.** Letter of advice, railway advice, advice note, arrival notice (AVVISO).

– **di cambio.** Bill of exchange (CAMBIALE). [vol. I: *ad vocem*]

– **di conferma.** Confirmed letter of credit (*infra*, LETTERA DI CREDITO; CONFERMA).

– **di copertura.** (NOTA DI COPERTURA)

– **di credito.** Letter of credit. Negli S.U. un analogo è costituito dalla *circular note* diretta da un banchiere residente al proprio corrispondente straniero a favore di persona che viaggi all'estero (*infra*, LETTERA DI *PATRONAGE*; CREDITO; PROMESSA DI PAGAMENTO; RACCOMANDAZIONE; REFERENZA BANCARIA). [vol. I: GUARANTEE: 5; LETTER OF CREDIT; LETTER OF PATRONAGE; STANDBY ARRANGEMENT; STANDBY LETTER OF CREDIT]

– **di credito aperta.** Open letter of credit (*supra*, LETTERA DI CREDITO).

– **di credito irrevocabile.** Standby, irrevocable, letter of credit (*supra*, LETTERA DI CREDITO). [vol. I: STANDBY LETTER OF CREDIT]

– **di garanzia.** Letter of indemnity, detta anche indemnity, o indemnity bond o security (*supra*, LETTERA CREDENZIALE; *infra*, LETTERA DI PRESENTAZIONE; GARANZIA; INDENNIZZO; TITOLI MOBILIARI). [vol. I: LETTER OF INDEMNITY]

– **di garanzia per polizza di carico netta.** Letter of indemnity (POLIZZA (II) DI CARICO CON RISERVA). [vol. I: BILL OF LADING; GUARANTEE; HAMBURG RULES; INDEMNITY; PROTECTION AND INDEMNITY CLUBS]

– **di intenti.** Letter of intent (INTENTO). [vol. I: *ad vocem*]

– **di manleva.** Letter of patronage (*supra*, LETTERA DI GARANZIA; *infra*, LETTERA DI *PATRONAGE*). [vol. I: *ad vocem*]

– **di marca.** (*infra*, LETTERA DI RAPPRESAGLIA)

– **d'indennizzo.** (*supra*, LETTERA DI GARANZIA)

– **di nomina.** Letter of appointment (*supra*, LETTERA DI ASSUNZIONE; NOMINA).

– **di offerta.** Letter of offer (OFFERTA).

– **di opzione.** Letter of offer (OPZIONE).

– **di *patronage*.** Letter of patronage. Si tratta di una prassi evolutasi negli S.U. consistente in una dichiarazione da parte di una società controllante, diretta più spesso ad una banca, con la quale si dichiara che una determinata società fa parte del gruppo o della *holding* ai fine della concessione di un credito a favore della controllata (*supra*, LETTERA DI MANLEVA). [vol. I: *ad vocem*]

Bibl.:

Atti, A., *Il « patronage » e i gruppi di società: le fattispecie e il valore giuridico* (1985) 3 CeI 878.

– **di pegno.** Letter of lien (PEGNO). [vol. I: LIEN]

– **di presentazione.** Letter of introduction, comfort letter. Quest'ultima è richiesta negli S.U. dai sottoscrittori di titoli mobiliari (*securities*) per corroborare (*to give comfort*) le informazioni finanziarie fornite alla *Securities and Exchange Commission* (*supra*, LETTERA DI GARANZIA; TITOLI MOBILIARI).

– **di rappresaglia.** Letter of marque (RAPPRESAGLIA). [vol. I: *ad vocem*]

– **di sollecito.** Reminder (SOLLECITO).

– **di trasporto.** (*infra*, LETTERA DI VETTURA)

– **di una disposizione di legge.** Wording of a provision (DISPOSIZIONE).

– **di vettura.** Consignment note, o C/N (BOLLETTINO DI SPEDIZIONE). [vol. I: *ad vocem*]

– **di vettura aerea internazionale.** Air consignment note, o A.C.N., regolata dalla convenzione di Varsavia 1929 non emendata; si parla invece di *air way bill* o AWB nel caso della convenzione di Varsavia emendata (POLIZZA (II) DI CARICO; TRASPORTO AEREO DI MERCI). [vol. I: *ad vocem*; CARRIAGE: II. 4]

– **di vettura ferroviaria.** Rail consignment note (POLIZZA (II) DI CARICO; TRASPORTO FERROVIARIO DI MERCI). [vol. I: *ad vocem*; CARRIAGE: III. 2]

– **di vettura stradale.** Road consignment note (TRASPORTO STRADALE DI MERCI). [vol. I: *ad vocem*; CARRIAGE: III. 1]

– **e spirito di un testo.** Wording and spirit of a text (*supra*, LETTERA DELLA LEGGE).

– **patente.** Letter patent, patent, charter, commission (BREVETTO; COMMISSIONE). [vol. I: PATENT]

– **raccomandata.** Nel R.U. quella per l'interno è detta recorded delivery; la raccomandata all'estero è detta *registered letter* o *registered mail* (NOTIFICA).

– **ricevuta per l'imbarco.** (POLIZZA (II) DI CARICO RICEVUTO PER L'IMBARCO).

– **rogatoria.** Letter, o letters, rogatory, rogatory letter o letters (ROGATORIA).

Letteralità dei titoli di credito. Grosso modo, literality of negotiable instruments (TITOLO DI CREDITO).

Letto, confermato e sottoscritto dalle parti. As read, approved and signed by the parties (CONFERMATO).

Letto in genere. Bed.

– **del fiume.** Bed of river (ALVEO ABBANDONATO). [vol. I: ALLUVION]

– **del mare.** Sea-bed (FONDO MARINO; PIATTAFORMA CONTINENTALE; SOTTOSUOLO MARINO). [vol. I: *ad vocem*; SEA]

Lettura in genere. Reading (PRIMA, SECONDA, TERZA LETTURA DI UN DISEGNO DI LEGGE).

– **dei capi di accusa all'imputato in udienza.** Arraignment of the accused (AZIONE (I) PENALE: 5; CONFESSIONE; CONTESTAZIONE IN UDIENZA DEI CAPI DI IMPUTAZIONE). [vol. I: *ad vocem*; ABSENCE OF ACCUSED]

Leva. (SERVIZIO MILITARE)

Levata del protesto. Making of protest, causing a bill to be protested (PROTESTO). [vol. I: PROTEST]

Leveraged buy out. Questo termine, alquanto generico, indica una serie di operazioni di tecnica finanziaria, elaborate negli S.U., che consentono il rilievo di una società mediante l'indebitamento. L'acquisto di una società mediante LBO ha luogo di solito in tre fasi: *a*) concessione di un finanziamento alla società acquirente (si tratta spesso di una società appositamente costituita) ad opera di una banca; una delle peculiarità del LBO consiste nel fatto che il finanziamento ricevuto deve essere rimborsato con gli utili prodotti o la cessione dei beni acquisiti; *b*) acquisto delle azioni della società oggetto dell'operazione da parte della società acquirente; *c*) fusione eventuale tra le due società. Ma esistono numerose varianti che rendono non agevole schematizzare una materia notevolmente complessa. Il *leveraged buy out* costituisce una forma di *take over*. Di particolare interesse appare l'ottimo articolo di Aldo Frignani, del resto in linea con la qualità della sua produzione scientifica (FUSIONE DI SOCIETÀ; INDISCREZIONI SOCIETARIE; *MANAGEMENT BUY OUT*; RILIEVO DI SOCIETÀ DA PARTE DEI DIPENDENTI; RILIEVO DI SOCIETÀ DA PARTE DEI FAMILIARI; SCALATA DI SOCIETÀ; VENDITA PIRAMIDALE).

Bibl.:

Ballarini, S., *Insider Trading: problemi attuali e profili di comparazione* (1990) 3 CeI 1160.

Calvello, S., *Leveraged buy out* (1990) 3 CeI 1255.

Frignani, A., *Leveraged buy-out*, in *Digesto IV Utet, Comm.,* vol. IX: 1.

Lex. Lex (LEGGE). [vol. I: LEX; LEX ACTUS; LEX ANGLIAE SINE PARLIAMENTO MUTARI NON POTEST; LEX CAUSAE; LEX DELICTI; LEX DOMICILII; LEX FORI; LEX LOCI; LEX MERCATORIA; LEX NON SCRIPTA; LEX SCRIPTA; LEX TERRAE]

– ***condita.*** Existing law, positive law (DIRITTO (I) POSITIVO).

– ***ferenda.*** Grosso modo, law in the making.

– ***fori.*** (FORO; LEGGE DEL FORO; ORDINE PUBBLICO: 2). [vol. I: LEX FORI]

– ***mercatoria.*** *Lex mercatoria*, law merchant. Nell'ambito del diritto commerciale internazionale, si parla di una nuova *lex mercatoria* che, grazie alle N.U., alle sue commissioni e istituzioni specializzate, all'opera dell'*Unidroit*, etc., si sta sviluppando come una specie di diritto comune del commercio internazionale. Essa si distingue dall'antico *ius mercatorum* — di natura consuetudinaria — giacché è opera legislativa, nel senso che comporta la partecipazione diretta degli stati alla sua elaborazione (AUTOREGOLAMENTAZIONE; CAMERA DI COMMERCIO INTERNAZIONALE; DIRITTO (I) COMMERCIALE; DIRITTO (I) PERSONALE). [vol. I: COMMERCIAL LAW: 4]

Bibl.:

Bonell, M. J., *Lex mercatoria*, in *Digesto IV Utet, Comm.,* vol. IX: 11.

Galgano, F., *La giurisprudenza nella società post-industriale* (1989) 2 CeI 357.

Libello. (DIFFAMAZIONE; *PAMPHLET*)

Libera. (LIBERO/A/E)

Liberalità in genere. Gratuity (*ANIMUS DONANDI*; A TITOLO ONEROSO; ATTO DI LIBERALITÀ; ATTO GRATUITO-ONEROSO; CONTRATTO: III; DONAZIONE; GRATUITÀ; LIBERALIZZAZIONE; LUCRO). [vol. I: *ad vocem*]

Liberalizzazione. Liberalization (ATTO UNICO EUROPEO; COMUNITÀ EUROPEE; INTEGRAZIONE EUROPEA; LIBERALITÀ; PROTEZIONISMO).

Liberazione. Liberation, release, rescue, enfranchisement (AFFRANCAZIONE; LIBERTÀ; PROVA LIBERATORIA; QUIETANZA; REMISSIONE; RICEVUTA; RILASCIO; RINUNZIA; RISCATTO; SCARCERAZIONE).

- **condizionale del condannato.** Si parla, in generale, a seconda dei casi, di release of prisoner on parole, early release, remission, licence. Nel sistema inglese, la materia è regolata, da ultimo, dal Criminal Justice Act 1991 che, salvo eccezioni, prevede la liberazione condizionale del condannato soggetta alla supervisione del *probation service*. I termini e le condizioni della liberazione condizionale (*release on licence*) variano a seconda della durata della pena. La *licence* può essere sospesa o revocata, a seconda dei casi [cfr. Emmins 1981, ed. 1992: 289]. Con il termine *after-care* si indica nel sistema inglese il servizio sociale diretto al reinserimento sociale degli ex detenuti (*infra*, LIBERAZIONE DEL CONDANNATO o DETENUTO; ASSISTENTE SOCIALE; CONDANNA PENALE; CONDANNATO; CUSTODIA CAUTELARE; PENA). [vol. I: PAROLE; SENTENCING PROCESS]
- **da un obbligo.** Release, o discharge, from an obligation, from a duty (OBBLIGO; REMISSIONE DEL DEBITO; RINUNZIA). [vol. I: DISCHARGE; RELEASE]
- **dei beni dalle ipoteche.** Grosso modo, redemption of mortgage, release of property from encumbrances. Ma non esistono equivalenze esatte: il mortgage non corrisponde all'ipoteca di *civil law*, né ha per oggetto soltanto gli immobili (IPOTECA; RISCATTO DELL'IPOTECA).
- **del condannato** o **detenuto.** Release, o discharge, of prisoner (*supra*, LIBERAZIONE CONDIZIONALE DEL CONDANNATO; *infra*, LIBERAZIONE DELL'ARRESTATO; CONDANNATO; DETENUTO). [vol. I: RELEASE OF PRISONERS; SENTENCING PROCESS]
- **dell'arrestato.** Release of arrestee, release of the arrested person, arrest-clearance (*supra*, LIBERAZIONE DEL CONDANNATO o DETENUTO).
- **dell'imputato su cauzione.** Grosso modo, release on bail of accused (CAUZIONE ECCESSIVA; CAUZIONE GIUDIZIARIA; FERMO DI POLIZIA; IMPUTATO; LIBERTÀ PROVVISORIA). [vol. I: BAIL: I]
- **dell'individuo.** Freedom of individual (DIRITTI (II) DELL'UOMO; *HABEAS CORPUS*). [vol. I: HABEAS CORPUS]

Libere. (LIBERO/A/E)

Libero/a/e in genere. Free (FRANCO; LIBERALIZZAZIONE; LIBERTÀ). [vol. I: FREE]

- **arbitrio.** Free will (CAPACITÀ; COARTAZIONE; LIBERTÀ CONTRATTUALE; RESPONSABILITÀ; VOLONTÀ).
- **circolazione in genere.** Free movement (LIBERTÀ DI CIRCOLAZIONE COMUNITARIA).
- **circolazione degli immobili.** Free alienability of land (ALIENAZIONE; CIRCOLAZIONE DEI BENI; DIRITTO (II) INDISPONIBILE; PATTO DI NON ALIENARE).
- **concorrenza.** Free competition (CONCORRENZA; MERCATO; MONOPOLIO; PROTEZIONISMO).
- **consenso.** Free consent (CONSENSO).
- **convincimento del giudice.** Questo termine, privo di esatta equivalenza nella *common law*, è reso più spesso dal francese *intime conviction*.
1. Questa assenza si spiega con il fatto che il processo di *common law* è un *adversary process*, ossia un processo di parti sia in materia civile che penale; con l'esistenza della giuria nel processo civile e penale (presenza comunque presunta sul piano delle regole, anche là dove essa è virtualmente scomparsa dal processo civile, come in Inghilterra), e col ruolo di terzietà del giudice nel processo, sostanzialmente privo di poteri propri al di là dell'iniziativa delle parti. Nei sistemi accusatori di *common law* vige l'opposta regola della prova legale. Peraltro, resta da rilevare che una forma di libero convincimento *della giuria* si verifica quando essa emette un verdetto, di per sé non motivato. Laddove il giudice di *civil law* è tenuto almeno all'obbligo della motivazione. Peraltro, quest'ultima costituisce spesso una garanzia marginale — che non sia quella di prolungare il processo con una serie di impugnazioni — se si pensa al caso assai

frequente in cui la motivatissima sentenza di condanna di I grado viene spesso annullata in II grado con una altrettanto motivata che assolve per non aver commesso il fatto. Colpevole-innocente: ma il *common lawyer* non si trova — sul piano giuridico — nella posizione del *civil lawyer* per il quale il dilemma impone di scandagliare le coscienze. Per lui, si tratta di prove; *guilty-not guilty*: in cui il primo corno del dilemma significa colpevole, ma il secondo (*not guilty*) non significa innocente, ma solo non colpevole, ossia imputato a carico del quale non sono state avanzate prove tali da farlo ritenere colpevole; che poi sia innocente o colpevole è fatto che attiene al suo foro interno.
2. Titta Mazzuca — uno dei più brillanti penalisti italiani — in un saggio che meriterebbe attento studio da parte dei giovani che aspirano alla magistratura o all'avvocatura, molto maggiore di quello dedicato ai *disastrosi testi universitari*, ha messo opportunamente in rilievo gli equivoci che la formula e la sua applicazione hanno ingenerato nella nostra giustizia penale: « È una formula troppo esuberante, nata con l'entusiasmo della polemica, come reazione al rigido formalismo delle 'prove legali'. È una formula che non corrisponde all'istituto che vuole denominare. L'istituto rappresenta il riscatto del giudice dallo schematismo probatorio, non lo sbrigliamento del giudice alla libera ricerca d'una opinione qualunque essa sia ». E, più oltre: « Bisognerebbe attenersi rigorosamente alla chiara regola di Geremia Bentham, per cui cento indizi — privi delle necessarie caratteristiche — non fanno una prova, come cento conigli non fanno un cavallo » [1978: 17, 18].
3. È in tema di maxiprocessi che il libero convincimento del magistrato inquirente prima e del giudice dopo hanno prodotto dei risultati che hanno discreditato per sempre la funzione giudiziaria nel nostro paese: il caso Tortora parla per tutti (*infra*, LIBERA VALUTAZIONE DELLA PROVA; COLPEVOLE-INNOCENTE; GIURIA; MAXI-PROCESSO; MOTIVAZIONE DELLA SENTENZA; PRESUNZIONE DI INNOCENZA; PROCESSO; PROVA; VERITÀ).

– **da influenza altrui.** At arm's length; si parla di *arm's length transaction* per indicare un atto o contratto in cui nessuna delle parti ha influenzato l'altra e che, comunque, esso è stato concluso correttamente. Ad es., se una società di capitali vende al proprio unico azionista un cespite, per stabilire se il prezzo X della vendita è un *arm's length price* è necessario stabilire quale sarebbe stato il prezzo che la suddetta società avrebbe ottenuto mediante la vendita a un terzo di buona fede (BUONA FEDE; CLAUSOLA LEONINA; COERCIZIONE; CONFLITTO DI INTERESSI; CONTRATTO: III; FRODE; GIUSTO PROCESSO; INDEBITA INFLUENZA; INFLUENZA; INTIMIDAZIONE; *METUS REVERENTIALIS*; PATTO LEONINO; PLAGIO; PRESTAZIONE; RESCISSIONE PER LESIONE; STATO DI BISOGNO; TERZO DISINTERESSATO; TIMORE REVERENZIALE; VESSATORIO; VIOLENZA). [vol. I: AT ARM'S LENGTH]

– **elezioni.** Free elections (ELEZIONI POLITICHE).

– **iniziativa.** Free enterprise, freedom of economic initiative. La libertà contrattuale è l'altra faccia della libertà di iniziativa economica privata che, non da noi, ma in, paesi politicamente più maturi, si svolge nell'ambito di un quadro legislativo diretto a tutelare l'interesse generale (AUTONOMIA CONTRATTUALE; ECONOMIA DI MERCATO; ECONOMIA NERA; INIZIATIVA ECONOMICA PRIVATA; LIBERALIZZAZIONE; LIBERTÀ CONTRATTUALE; OBBLIGAZIONE (I) CONTRATTUALE; QUATTRO LIBERTÀ).

– **movimento.** Free movement (LIBERTÀ DI CIRCOLAZIONE COMUNITARIA).

– **negoziabilità.** Free negotiability (LIBERTÀ CONTRATTUALE; NEGOZIABILITÀ).

– **pratica.** Quando il termine è riferito ai prodotti, si parla di free circulation of products, o free of customs duties. La materia è regolata in sede comunitaria, tra l'altro, dall'art. 91 istitutivo della Comunità Economica Europea. Nella navigazione marittima, il termine *bill of health*, o *pratique*, è riferito alle navi ammesse alla libera pratica (CERTIFICATO DI LIBERA PRATICA; *DUMPING*; MAGAZZINO FUORI DOGANA; NAVE; PERMESSO DI PARTENZA DELLA NAVE; QUARANTENA). [vol. I: BILL OF HEALTH]

– **professionista.** Professional, practitioner (LAVORATORE AUTONOMO; PROFESSIONISTA).

– **scambio.** Free trade, free exchange. La maggiore area geografica e la più importante sul piano economico-industriale è quella costituita con il *North American Free Trade Agreement* del 1992, che interessa gli Stati Uniti, il Canada e il Messico, di recente ratificato dal Congresso degli S.U. Ma si tratta di un tipo di accordo ben diverso da quello previsto dal Trattato di Roma che, assieme alla creazione di organi istituzionali comunitari, forma la premessa economica dell'unione politica europea (COMMERCIO INTERNAZIONALE; COMUNITÀ EUROPEE; CONFINE; DIRITTO (I) COMUNITARIO; FEDERALISMO; LIBERTÀ DI CIRCOLAZIONE COMUNITARIA; SCAMBIO; ZONA DI LIBERO SCAMBIO).

– **valutazione della prova.** Lett., judge's free evalutation of evidence; l'altra faccia del principio del libero convincimento del giudice. Ma è ignota al sistema della prova elaborato dalla *common law*, in cui vige il principio della prova legale. Peraltro, ai fini della comparazione, bisogna tener presente l'istituto della *giuria*, ignoto alla tradizione giuridica di *civil law,* che determina le maggiori differenze nel processo delle due tradizioni giuridiche. Una di essa è che mentre spetta alla giuria decidere sul fatto, al giudice spetta decidere le questioni di diritto. Pertanto, va rilevato che se nei sistemi di *civil law* la libera valutazione della prova va riferita al giudice, in quelli di *common law* essa va riferita invece alla giuria, che è giudice del fatto; beninteso, quando essa partecipa al processo (*supra*, LIBERO CONVINCIMENTO DEL GIUDICE; MOTIVAZIONE DELLA SENTENZA; PROCESSO; PROVA; SISTEMA PENALE INQUISITORIO; VERITÀ).

Libertà in genere. Freedom, liberty, option, authority, franchise, licence. Ormai celebri le quattro libertà enunciate nella Carta Atlantica dagli Alleati Anglo-Americani al tempo della lotta contro il nazi-fascismo. Ma il termine *freedom* indica spesso il diritto: diritto di associazione è detto *freedom of association* (ABUSO DI DIRITTO; AUTONOMIA; CAPACITÀ; DIRITTI (II) CIVILI; DIRITTI (II) DELL'UOMO; FACOLTÀ; QUATTRO LIBERTÀ; RISERVATEZZA; STATO DI DIRITTO; VERITÀ). [vol. I: CIVIL RIGHTS; FOUR FREEDOMS; FRANCHISE; FREEDOM; FREE FROM; HUMAN RIGHTS; LIBERTY; LICENCE; RULE OF LAW]

– **civili.** Civil liberties o civil rights. Celebre negli S.U. è la *American Civil Liberties Union*: da noi non esiste l'ombra di associazioni volontarie private di questo genere (DIRITTI (II) CIVILI; GRUPPO DI PRESSIONE). [vol. I: CIVIL LIBERTIES]

Bibl.:

Walker, S., *American Civil Liberties Union*, in *Oxford* 1992: 29.

– **condizionale.** Conditional release (LIBERAZIONE CONDIZIONALE DEL CONDANNATO). [vol. I: RELEASE]

– **contrattuale.** Freedom of contract o, anche, liberty of contract. Negli S.U., la s. 10 dell'art. I della costituzione stabilisce il divieto di emanare una legislazione *impairing the Obligation of Contract*, ossia che interferisca con l'autonomia contrattuale. Ma in una società industriale di massa assume importanza la tutela del contraente più debole; ed in effetti il sistema nordamericano — assai meno quello inglese — ha elaborato un insieme di regole legislative e giurisprudenziali che si può considerare il più avanzato in materia. Questo *corpus* va di pari passo con la tutela dell'utente e dell'investitore riportando ad un meno iniquo equilibrio i rapporti tra le parti di un contratto che spesso, in definitiva, per troppi versi, non può essere considerato tale (AUTONOMIA CONTRATTUALE; CONTRATTO DI ADESIONE; *STATUS*).

– **costituzionali.** Constitutional freedoms (COSTITUZIONE POLITICA; DIRITTI (II) CIVILI; DIRITTI (II) COSTITUZIONALI; DIRITTI (II) DELL'UOMO).

– **di.** Freedom of. Ma si noti che taluni di quelli che nel sistema italiano sono definiti come dei diritti, nel sistema inglese, specie in materia costituzionale, sono formulati in termini di libertà (DIRITTO (II); LIBERTÀ). [vol. I: FREEDOM OF]

– **di accesso.** Freedom of access (ACCESSO).

– **di accesso a banche dati.** Freedom of access to data banks (BANCA DATI; CONOSCENZA: 4). [vol. I: DATA BANK]

Bibl.:

Frosini 1981: 259.

– **di associazione.** Freedom of association (*infra*, LIBERTÀ DI RIUNIONE; DIRITTO (II) DI ASSOCIAZIONE). [vol. I: ASSOCIATION]

– **di azione in genere.** Freedom of action (AZIONE).

– **di circolazione in genere.** Freedom of movement (*infra*, LIBERTÀ DI CIRCOLAZIONE COMUNITARIA).

– **di circolazione comunitaria.** Freedom of movement. Il Trattato di Roma istitutivo, tra l'altro, della Comunità Economica Europea stabilisce — nella Parte II-Titolo I — la libera circolazione delle merci e, sotto il Titolo III, la libera circolazione delle persone, dei servizi e dei capitali. Nella traduzione inglese del trattato si parla, rispettivamente, di *freedom of movement of goods, of persons, services and capitals*. Negli S.U. — stato federale — la libertà di circolazione in qualsiasi stato dell'Unione è definita *right to travel*; essa costituisce un diritto costituzionale (*infra*, LIBERTÀ DI STABILIMENTO; DIRITTO (II) DI STABILIMENTO; PROFESSIONE FORENSE; VIAGGIO).

– **di coscienza.** (*infra*, LIBERTÀ DI CULTO)

– **di cronaca.** Freedom of the press (*infra*, LIBERTÀ DI CULTO; DIRITTO (II) DI CRONACA).

– **di culto.** Freedom of religion, religious freedom. Una libertà fondamentale negli S.U. Il I emendamento [1791] della costituzione federale recita: « *Congress shall make no law respecting an establishment of religion, or prohibiting the free exercise thereof; or abridging the freedom of speech, or of the press; or the right of people peaceably to assemble, and to petition the Government for a redress of grievances* ». La libertà attiene sia alla credenza religiosa sia all'esercizio delle pratiche religiose. Peraltro, mentre il primo (libertà di coscienza) costituisce un diritto assoluto, il secondo (diritto di praticare la propria religione) è soggetto a norme di ordine pubblico. Infine, la libertà di culto significa non solo che le autorità civili non possono ingerirsi negli affari della Chiesa, ma anche il contrario, ossia che la Chiesa non può ingerirsi negli affari civili (CHIESA; CULTO; QUATTRO LIBERTÀ; RELIGIONE).

– **di espressione.** Freedom of expression (*infra*, LIBERTÀ DI PENSIERO).

– **di forma nel contratto.** Freedom of contract (*supra*, LIBERTÀ CONTRATTUALE; CONSENSO NEL CONTRATTO).

– **di insegnamento.** Academic freedom (*supra*, LIBERTÀ DI ESPRESSIONE; SCUOLA).

Bibl.:

Tigar, M.E., *Academic freedom*, in *Oxford* 1992: 6.

– **di navigazione.** Freedom of navigation (ALTO MARE; NAVIGAZIONE). [vol. I: *ad vocem*]

– **di opinione.** Freedom of speech (*supra*, LIBERTÀ DI CULTO; DIFFAMAZIONE).

– **di parola.** Freedom of speech (*supra*, LIBERTÀ DI CULTO; CENSURA PREVENTIVA; *MEDIA*; PAROLA). [vol. I: FREEDOM]

Bibl.:

Nowak and Rotunda 1978, ed. 1991: 934.

– **di pensiero.** Freedom of expression (*supra*, LIBERTÀ DI CULTO; LIBERTÀ DI PAROLA; *infra*, LIBERTÀ DI STAMPA).

– **di riunione.** Freedom of assembly, right to assemble (*supra*, LIBERTÀ DI CULTO; RIUNIONE). [vol. I: FREEDOM OF ASSEMBLY]

– **di scelta.** Freedom of choice; questo termine è più spesso riferito negli S.U. al diritto di aborto (ABORTO; SCELTA).

– **di stabilimento.** Freedom of establishment (*supra*, LIBERTÀ DI CIRCOLAZIONE COMUNITARIA; STABILIMENTO).

– **di stampa.** Freedom of the press, liberty of the press (*supra*, LIBERTÀ DI CULTO; CENSURA PREVENTIVA; CRONACA; DIRITTO (II) DI CRONACA; *MEDIA*; PUBBLICAZIONI OSCENE; PUBBLICITÀ; STAMPA). [vol. I: CONTEMPT OF COURT; LAW REPORTS; PRESS; SUB JUDICE; TRIAL BY PRESS]

– **di stato per il matrimonio.** Freedom from previous marriages (MATRIMONIO).

– **di transito.** Freedom of transit, transit freedom (TRANSITO). [vol. I: TRANSIT FREEDOM]

– **di volere.** Freedom of will (LIBERO DA INFLUENZA ALTRUI; STATO DI BISOGNO; VOLONTÀ).

– **di voto.** Freedom of vote (ELEZIONI POLITICHE; VOTO).

– **economica.** Economic freedom (ECONOMIA DI MERCATO; LIBERA INIZIATIVA).

– **personale.** Personal freedom (DIRITTI (II) DELL'UOMO).

– **provvisoria.** Grosso modo, release on bail. Ma non è la stessa cosa. È detto *bailable offence* (o *offense*) quel tipo di reato che consente il rilascio su cauzione dell'imputato; *bailable process* è quel procedimento in cui ha luogo il rilascio dell'imputato su cauzione (CAUZIONE GIUDIZIARIA; CUSTODIA CAUTELARE; LIBERAZIONE DELL'IMPUTATO SU CAUZIONE). [vol. I: BAIL]

– **religiosa.** (*supra*, LIBERTÀ DI CULTO)

– **sindacale.** Trade union freedom (SCIOPERO; SINDACATO). [vol. I: TRADE UNION]

– **testamentaria.** Testamentary freedom (TESTAMENTO).

– **vigilata del condannato.** (LIBERTÀ CONDIZIONALE)

Libreria dello Stato. Grosso modo, nel R.U., *Her Majesty's Stationery Office* (HMSO) e, negli S.U., in sede federale, *U.S. Government Printing Office* (ARCHIVIO DI STATO; LIBRO; PUBBLICAZIONE DELLA LEGGE; ZECCA).

Libretto in genere. Book (LIBRO).

– **di assegni.** Cheque (o check) book (ASSEGNO (II) BANCARIO). [vol. I: CHEQUE]

– **di circolazione di autoveicolo.** Grosso modo, car ownership document, car registration book. Ma, in senso stretto, non esiste un equivalente esatto; si noti, tra l'altro, che negli S.U. — stato federale — la materia è regolata dai singoli stati dell'Unione (AUTOVEICOLO; PRIVILEGIO SULL'AUTOVEICOLO; REGISTRAZIONE DI AUTOVEICOLI).

– **di deposito.** (*infra*, LIBRETTO DI RISPARMIO)

– **di risparmio.** Savings book, pass book, bank book (RISPARMIO).

Libri. (LIBRO/I)

Libro/i in genere. Book (CASI E MATERIALI; GIORNALE; LIBRERIA DELLO STATO; LIBRETTO; MANUALE DI DIRITTO; REGISTRO; TESTI GIURIDICI). [vol. I: BOOK; BOOKS OF AUTHORITY; GREEN BOOK; WHITE BOOK]

– **bancari.** Bank records (*infra*, LIBRI CONTABILI DI UNA BANCA).

– **contabile in genere.** Accounting journal (*infra*, LIBRI CONTABILI DELL'IMPRENDITORE).

– **contabili dell'imprenditore in genere.** Books of account, business books, account books. Costituiscono *prima facie evidence* ai fini della prova di quanto in essi contenuto (*AUDIT*; CATTIVA TENUTA DEI LIBRI CONTABILI; CONTABILITÀ; CREDITO RISULTANTE DAI LIBRI CONTABILI; DOCUMENTI CONTABILI; FALSIFICAZIONE DEI LIBRI CONTABILI; IMPRENDITORE; PARTITA DI GIRO; PARTITA DOPPIA; POSTA DI BILANCIO, DI LIBRO CONTABILE; PRODUZIONE DI DOCUMENTI O DI LIBRI CONTABILI; PROVA DOCUMENTALE; REVISIONE CONTABILE; SCRITTURE CONTABILI; VALORE CONTABILE; VERIFICA DEI LIBRI CONTABILI). [vol. I: ACCOUNT; ASSIGNMENT OF BOOK DEBTS; AUDIT; BLOCK DISCOUNT; BUSINESS BOOKS; DEBT; EVIDENCE; FACTORING]

– **contabili di una banca.** Bankers' books, books of account of a bank, bank records (*supra*, LIBRI BANCARI).

– **contabili di una società.** Company, o corporate, books (SOCIETÀ (II) QUALE SOGGETTO COLLETTIVO).

– **degli inventari.** Inventory book (INVENTARIO).

– **degli obbligazionisti.** (REGISTRO DEGLI OBBLIGAZIONISTI)

– **dei soci di una *company* o *corporation.*** (REGISTRO DEI SOCI DI SOCIETÀ)

– **della società.** (REGISTRO DELLE SOCIETÀ)

– **delle presenze.** Attendance book (PRESENZA).

– **di bordo.** Shipping documents, ship's documents (NAVE). [vol. I: SHIPPING DOCUMENTS; SHIP'S DOCUMENTS]

– **di cassa.** Cash book (*supra*, LIBRO CONTABILE; CASSA).

– **di codice.** (ARTICOLO DI LEGGE; CODICE)

– **di testo.** Textbook (CASI E MATERIALI; DIGESTO; TESTI GIURIDICI).

– **giornale.** Log book, day book, journal, books of a business; è detta *journal entry* l'annotazione in un libro contabile (GIORNALE). [vol. I: BOOK; LOG BOOK]

– **giuridici in genere.** Lawbooks (*supra* LIBRO DI TESTO; DIGESTO; MANUALE GIURIDICO; PUBBLICAZIONE GIURIDICA; TESTI GIURIDICI).

– **mastro.** Ledger (*supra*, LIBRO GIORNALE).

– **paga.** Payroll (PAGA).

– **sociali.** (*supra*, LIBRI CONTABILI DI UNA SOCIETÀ)

– **sociali obbligatori.** Mandatory books of companies o of corporations (*supra*, LIBRI CONTABILI DI UNA SOCIETÀ).

Licenza in genere. License, franchise, certificate, leave, permit, charter.
1. Nel senso di autorizzazione o concessione amministrativa, essa è definita più spesso *franchise*. Ma si parla anche di *certificate*. Si noti che nel sistema inglese taluni tipi di licenze-autorizzazioni sono rilasciate dalle *magistrates' courts* nell'ambito di un procedimento quasi contenzioso. Inoltre, alcune altre autorizzazioni del genere richiesto nel nostre paese sono ignote nel sistema inglese e nordamericano. Il potere concessorio è detto *licensing power*. *Unlicensed* è l'attività non autorizzata, come ad es., nel caso di una stazione televisiva che operi senza la prescritta concessione.
2. Negli S.U. — stato federale — numerosi tipi di licenze sono rilasciate dalle *administrative agencies*, a seguito dell'esperimento di apposite procedure (REGOLATORE).
3. Una *licence* non dà luogo a un contratto tra il concedente e il concessionario, ma costituisce un concessione (*personal permit*). La tassa di concessione è detta *licence fee* o *licence tax*.
4. In materia di violazione del fondo altrui (*trespass*), una causa di giustificazione è co-

stituita dal permesso rilasciato dall'avente diritto (*licence*).
5. Il termine *licence* è riferito anche alla licenza per l'uso di un brevetto o di un marchio di fabbrica da parte dell'avente diritto (BREVETTO; CONCESSIONE AMMINISTRATIVA; CONGEDO; DOMANDA DI LICENZA o CONCESSIONE AMMINISTRATIVA; LIBERAZIONE CONDIZIONALE DEL CONDANNATO; PERMESSO; REVOCA DELLA LICENZA CONCESSA DA UN ENTE PUBBLICO). [vol. I: LICENCE; LICENSING AUTHORITY]

– **di brevetto.** Licence (*infra*, LICENZA DI FABBRICAZIONE; BREVETTO; LICENZIATARIO DI BREVETTO). [vol. I: FACTORING; LICENCE: 2; PATENT]

– **di caccia.** Game licence (CACCIA).

– **di commercio.** Trade licence (*supra*, LICENZA IN GENERE; COMMERCIO).

– **di costruzione.** (*infra*, LICENZA EDILIZIA)

– **di esportazione.** Export licence, export permit (ESPORTAZIONE; PERMESSO DI ESPORTAZIONE).

– **di fabbricazione.** Licence, authority, to produce (FABBRICAZIONE).

– **di maternità.** (CONGEDO PER MATERNITÀ)

– **di matrimonio.** Marriage licence. Negli S.U. — stato federale — è richiesta nella gran parte degli stati dell'Unione per poter contrarre matrimonio (BANDI DI MATRIMONIO). [vol. I: *ad vocem*]

– **d'importazione.** Import licence, import permit (IMPORTAZIONE). [vol. I: IMPORT LICENCE]

– **di porto d'armi.** Nel R. U. si parla di firearms certificate; negli S.U. di firearms licence (ARMI DA FUOCO; PORTO D'ARMI).

– **di utilizzazione di un brevetto.** Licence (BREVETTO). [vol. I: LICENCE: 2]

– **di utilizzazione di un marchio di fabbrica.** Trade mark license (MARCHIO DI FABBRICA).

– **di vendita di alcolici al dettaglio.** Licence for the sale of spirits by retail, licence to sell liquor (VENDITA AL DETTAGLIO). [vol. I: LICENCE: 3; MAGISTRATE: 1]

– **edilizia.** Building permission, building permit, planning permission (COSTRUZIONE). [vol. I: DEVELOPMENT; PLANNING; PLANNING INQUIRY; TOWN AND COUNTRY PLANNING ACTS]

– **per malattia.** (CONGEDO PER MALATTIA)

Licenziamento in genere. Dismissal, termination, discharge, lay-off (più spesso temporaneo). Nel linguaggio popolare si parla di *firing* per indicare il licenziamento in tronco di un dipendente (ASSUNZIONE; AVVISO DI LICENZIAMENTO; DESTITUZIONE; DISOCCUPAZIONE; GIUSTA CAUSA; INDENNITÀ DI LICENZIAMENTO; LAVORO; RAPPRESAGLIA DEL DATORE DI LAVORO; REINTEGRAZIONE NEL POSTO DI LAVORO). [vol. I: DISCHARGE; DISMISSAL; EMPLOYMENT, CONTRACT OF; LAY OFF; REDUNDANCY; REINSTATEMENT; TERMINATION OF AN APPOINTMENT; UNFAIR DISMISSAL; WRONGFUL DISMISSAL]

– **del dipendente.** Termination, dismissal, discharge of employee (DIPENDENTE; GIUSTA CAUSA). [vol. I: EMPLOYMENT]

– **ingiustificato.** (*infra*, LICENZIAMENTO SENZA GIUSTA CAUSA)

– **in tronco.** Summary dismissal.

– **per esuberanza di manodopera.** Lay off, redundancy. Il licenziamento ad opera di società di una certa dimensione è detto più spesso *corporate lay-off* (ESUBERANZA DI PERSONALE o DI MANODOPERA).

– **senza giusta causa.** Grosso modo, unfair dismissal, wrongful dismissal, improper dismissal (GIUSTA CAUSA).

Licenziatario. Licensee (CONCESSIONARIO; LICENZA).

– **di brevetto.** Licensee of patent (BREVETTO; CONCESSIONARIO DI BREVETTO; *FRANCHISE*; LICENZA DI BREVETTO). [vol. I: PATENT]

– **esclusivo.** Sole, exclusive, licensee (ESCLUSIVA).

Licitazione pubblica-privata in genere. Inviting tenders (APPALTO; ASTA; OFFERTA). [vol. I: AUCTION; BID; BIDDING; GOVERNMENT CONTRACTS; TENDER; TENDERING PROCEDURE]

– **concorrenziale.** Competitive biddings (GARA DI APPALTO; OFFERTE IN CONCORRENZA).

– **fittizia.** Dummy tendering (FITTIZIO).

– **privata.** Private treaty, restricted tendering procedure (APPALTO).

Lido del mare. Seabord (DIRITTO (I) DEL MARE; MARE; RIVA; SPIAGGIA DEL MARE). [vol. I: *ad vocem*]

Lifting the corporate veil. (SUPERAMENTO DELLA PERSONALITÀ GIURIDICA)

Limitata/o. Qualified, limited (ASSOLUTO; CONDIZIONATO; ILLIMITATA; INCONDIZIONATA; RELATI-

VO; RESPONSABILITÀ LIMITATA; SOVRANITÀ LIMITATA). [vol. I: *ad vocem*]

Limitazione in genere. Constraint, restraint, limitation, qualification, abridgment (DIVIETO; INIBIZIONE; INTERDIZIONE; RESTRIZIONE; SOVRANITÀ LIMITATA; VINCOLO). [vol. I: LIMITATION; QUALIFICATION; QUALIFIED; RESTRAINT; RESTRICTION; RESTRICTIVE TRADE PRACTICES]

- **degli scambi.** Restraint of trade (*infra*, LIMITAZIONE DELLA CONCORRENZA; LIBERO SCAMBIO).

- **dei diritti in genere.** Abridgment of rights. Il I emendamento [1791] della costituzione degli S.U. recita tra l'altro: « Congress shall make no law (...) abridging the freedom of speech, or of the press » (DIRITTI (II) COSTITUZIONALI).

- **dei poteri della polizia.** Limitations on police powers (POLIZIA; POTERI DELLA POLIZIA).

- **della concorrenza.** Restraint of trade, o of competition (CONCORRENZA; MONOPOLIO). [vol. I: RESTRAINT OF TRADE]

- **della responsabilità civile.** Limitation of civil liability o, più spesso, limitation of liability. Com'è stato opportunamente affermato: « We live in a world of limited liability ». È nel trasporto marittimo che la limitazione della responsabilità trova le sue origini più antiche. Negli S.U. — stato federale — sono definite *limitation of liability acts* le leggi federali e statali che stabiliscono un limite alla responsabilità civile per taluni tipi di danno come, ad es., quelli derivanti da dolori e sofferenze, ovvero che limitano la responsabilità civile di talune persone o gruppi come, ad es., degli amministratori per gli atti della società o, infine, che stabiliscono un determinato termine di prescrizione entro il quale un'azione può essere esperita (ASSICURAZIONE; AVARIA COMUNE; CANALIZZAZIONE DELLA RESPONSABILITÀ; CONSUMATORE; DEBITORE; ESCLUSIONE o LIMITAZIONE DELLA RESPONSABILITÀ; FALLIMENTO; RESPONSABILITÀ CIVILE; RESPONSABILITÀ ESCLUSIVA; RESPONSABILITÀ LIMITATA DELLE SOCIETÀ DI CAPITALI; RISARCIMENTO; SOCIETÀ (II) QUALE SOGGETTO COLLETTIVO). [vol. I: LIMITATION OF LIABILITY]

- **della responsabilità dell'armatore.** Limitation of shipowner's liability; ma ora si parla più spesso di *limitation of maritime claims*. Vari sono i sistemi adottati dalle diverse legislazioni nazionali: manco a dirlo, quello italiano appare il più favorevole all'armatore ben al di là di ogni vincolo di decenza come accade immancabilmente quando sono in gioco gli interessi della grande impresa. Ma la materia è anche regolata da convenzioni internazionali di cui le più recenti, *more solito*, non sono state ratificate dal nostro paese appunto perché meno favorevoli agli armatori. Si dice che la limitazione è *breakable* o *unbreakable*, a seconda che, rispettivamente, la decadenza dal beneficio della limitazione sia più o meno facile da determinare (ARMATORE; CANALIZZAZIONE DELLA RESPONSABILITÀ; CREDITO MARITTIMO).

- **della responsabilità del vettore.** Carrier's limitation of liability (*supra,* LIMITAZIONE DELLA RESPONSABILITÀ CIVILE; AVVISO AI PASSEGGERI INTERNAZIONALI SULLA LIMITAZIONE DELLA RESPONSABILITÀ DEL VETTORE NEL TASPORTO AEREO).

Limite/i in genere. Limit, limitation (CONFINE; LIMITAZIONE; LINEA; TETTO; VINCOLO).

- **della competenza.** Grosso modo, jurisdictional limit (COMPETENZA PER VALORE).

- **della responsabilità civile.** Liability limit (LIMITAZIONE DELLA RESPONSABILITÀ CIVILE).

- **della sovranità.** Limit to sovereignty (SOVRANITÀ).

- **del risarcimento.** Limit to compensation (*supra*, LIMITE DELLA RESPONSABILITÀ CIVILE; RISARCIMENTO; TETTO DEL RISARCIMENTO).

- **di età.** Age limit (ETÀ).

- **di tre miglia.** Three-mile limit (MARE TERRITORIALE).

- **di velocità.** Speed limit (GUIDA PERICOLOSA).

Linciaggio. Lynching; si parla di *Lynch law* per indicare la pratica particolarmente diffusa in passato negli S.U., da cui del resto il termine trae origine, consistente nel fatto di bande organizzate o gruppi di persone di fare giustizia sommaria di un sospettato o accusato senza regolare processo; ma si parla anche di *vigilantes law* (ARMI; PENA DI MORTE).

Linea/e in genere. Line, lineage. [vol. I: LINER]

- **aerea.** Airline (COMPAGNIA AEREA; TRASPORTO AEREO).

– **collaterale.** Collateral relation (COLLATERALE; PARENTELA). [vol. I: AFFINITY; KIN]

– **costiera.** Coastline (MARE TERRITORIALE). [vol. I: *ad vocem*]

– **della bassa marea.** Low water-line (*infra*, LINEA DELL'ALTA MAREA). [vol. I: *ad vocem*; BASELINE; HIGH AND LOWER WATER MARK; TERRITORIAL SEA; WATER]

– **dell'alta marea.** High water-line o mark (*supra*, LINEA DELLA BASSA MAREA; ALTO MARE). [vol. I: HIGH AND LOW WATER MARK; TERRITORIAL SEA]

– **di base.** Baseline; utilizzata per la determinazione del mare territoriale (MARE TERRITORIALE). [vol. I: *ad vocem*; SEA; TERRITORIAL SEA]

– **di bordo libero.** (*infra*, LINEA DI MASSIMO CARICO DELLA NAVE)

– **di carico.** (*infra*, LINEA DI MASSIMO CARICO DELLA NAVE)

– **di confine.** Border line (CONFINE).

– **di credito.** Line of credit, credit line (CREDITO). [vol. I: LINE OF CREDIT]

– **di massimo carico della nave.** Loadline. La materia è regolata da convenzioni internazionali per quanto attiene ai trasporti marittimi internazionali (CERTIFICATO DI BORDO LIBERO; NAVIGABILITÀ DELLA NAVE). [vol. I: *ad vocem*; SEAWORTHINESS; SHIP]

– **di parentela.** Lineage of kindred (*supra*, LINEA COLLATERALE; PARENTELA). [vol. I: CONSANGUINITY; KIN]

– **di picchettaggio.** Picket line; il superamento della linea di picchettaggio è definito *crossing the picket line* (PICCHETTAGGIO).

– **editoriale.** Editorial line (*MEDIA*).

– **elettriche.** Electric lines (ELETTRODOTTO COATTIVO).

– **marittima conferenziata.** Conferenced shipping line (CONFERENZA MARITTIMA). [vol. I: SHIPPING CONFERENCE]

– **politica di un partito.** Party line (PARTITI POLITICI; PROGRAMMA ELETTORALE).

Lingua in genere. Language (LINGUAGGIO). [vol. I: INTERPRETATION; LANGUAGES, PRINCIPLE OF EQUAL AUTHENTICITY OF; TREATY; UNIFICATION OF LAW]

Linguaggio in genere. Language, idiom (LINGUA).

– **giuridico.** Legal language. La grande diversità che si riscontra tra il linguaggio giuridico dei *common* e *civil lawyers,* dipende da numerosi fattori, tra cui quello storico, attinente alle rispettive culture giuridiche, appare forse il più importante. Essa si traduce, in definitiva, oltre che in diversità di concetti, categorie, istituti e regole, in una diversità di *legal reasoning* o, come si dice, di stile giuridico.
1. Come osservano i comparatisti, la *civil law* è una *professors' law*; la *common law,* invece, è una *lawyers' law*, ossia un diritto storico il cui linguaggio è quello dei giudici; in buona sostanza, degli ex avvocati, com'è nella storia di quella tradizione giuridica. Questo dato è fondamentale per intendere perché la *civil law*, pesantemente influenzata dal pensiero giuridico tedesco si presenti come un diritto *metastorico.* Ma, evidentemente, quando si parla di tradizioni giuridiche si tratta di semplificazioni, anche se utilissime, impiegate per farsi capire. Ad ogni modo, resta da segnalare, nell'ambito dei sistemi di *civil law*, il ruolo originale e di grande dignità scientifica che il diritto francese ha saputo conservare rispetto alla straripante invasione teutonica.
2. Comunque, è un fatto che in una *global society*, in cui quasi tutte le scienze sono riuscite ad elaborare un linguaggio sostanzialmente comune, quello giuridico si mostra sostanzialmente refrattario a questa tendenza, nonostante la pressante esigenza di approssimazione dei sistemi giuridici proveniente dall'economia, dagli affari e anche dalla politica.
3. Peraltro, vi sono specifici settori in cui, *obtorto collo*, il *civil lawyer* deve ogni giorno di più adattarsi a termini e concetti, categorie e istituti elaborati al di fuori della propria tradizione giuridica: in questo senso — a volersi limitare al diritto privato, e senza considerare la materia del diritto costituzionale in cui, *et pour cause!* il primato terminologico (e di concetti) anglo-americano appare schiacciante — si può dire che ormai una buona parte del diritto commerciale di *civil law* appare invaso da termini e istituti elaborati dalla più dinamica realtà economico-finanziaria nordamericana.
4. Ma la diversità del *legal reasoning* dipende anche da precise caratteristiche di ordine tecnico. In questa situazione, la traduzione giuridica appare spesso —

quando non impossibile, data la mancanza o la diversità dei concetti — sempre oltremodo difficile e, in ogni caso, bisognevole di un adeguato filtraggio comparatistico del quale questo lavoro — per la sua globalità — è il solo esempio, in Italia e all'estero. R. B. Schlesinger, eminente comparatista, ha messo opportunamente in guardia contro i formidabili abbagli che possono risultare specie dagli *acoustic agreements,* ossia dalle assonanze acustiche tra termini che nascondono concetti radicalmente diversi [1950, ed. 1988]. A questo avvertimento se ne potrebbe aggiungere, tra i tanti, un altro: ossia che la cultura giuridica nostrana (prevalentemente non contenutistico-promozionale, ma sistematico-classificatoria) mostra — all'opposto di quella del *common lawyer* — una maggiore propensione per la *parola* che per la *cosa.*

5. Ovviamente, si potrà sostenere che anche la *egemonia* del linguaggio giuridico, come quello della cultura più in generale, si regge sulla forza delle cannnoniere [Said 1992: 59]. Ma essa non è tutto, dato che da sola non spiega il ruolo dominante che in una certa epoca storica ha svolto il diritto commerciale italiano nello sviluppo di molti istituti del diritto moderno: se Lord Mansfield ha definito gli italiani del XV e XVI sec. « the first great traders of the modern world » [cit. in Ivamy 1969, ed. 1974: 174], non è stato per le cannoniere, che restano soltanto uno degli strumenti nell'armamentario economico, scientifico e tecnologico che consente a un paese di imporsi sugli altri. In questo senso, se si bada ai contenuti delle norme, sembra difficile contestare che *lo scarso interesse* che la nostra scienza giuridica — nonostante la grande e talvolta *eccessiva* capacità di astrazione di non pochi giuristi nostrani — suscita all'estero e all'interno è dovuta alla indifferenza per i temi economici, sociali e politici generali da un lato, e al ruolo di *intendence* del potere che troppo spesso essa svolge.

6. Prorompente appare il *legal jargon* nordamericano, dal diritto costituzionale a quello ambientale. A non parlare della materia finanziaria piena di immagini che esprimono un particolare tipo di capitalismo: la terminologia giuridica commerciale nordamericana riflette la natura di quel modello di capitalismo neo-americano così bene descritto da Michel Albert [1991, trad. it]. In una società caratterizzata da un irrefrenabile *tempo of social change*, si coniano quasi ogni giorno nuove espressioni per definire nuovi istituti, tecniche o situazioni, adottate ben presto dalla prassi giudiziaria e anche da quella legislativa e che, per forza di cose, si impongono ben presto agli altri paesi industriali. E così, ad es., si parla di *boilerplate* per indicare il linguaggio o le clausole standard più o meno identiche, che figurano più spesso nei contratti a contenuto predisposto, diffusissime in una economia in cui il consumo e il credito di massa è tanto importante. Ma la terminologia più pittoresca si riscontra nel linguaggio borsistico e della finanza, nell'ambito delle varie forme di rilievo azionario, etc.: *poison pills, porcupine provisions, golden parachute, white knight, raider, lockup, sweetheart's deal, Saturday night special*: sono questi, tra i tanti, i termini più diffusi (CLAUSOLA DI STILE; CONTRATTO DI ADESIONE; FEDERALISMO; INTERPRETAZIONE; LINGUA; LOGICA GIURIDICA; RAPPORTO GIURIDICO; REDAZIONE; TERMINE GIURIDICO; TRADUZIONE GIURIDICA; UNIFICAZIONE DEL DIRITTO). [vol. I: INTRODUZIONE: III. 4; IV. 3; BLUE SKY LAWS; INCOTERMS; INTERPRETATION; LANGUAGES, PRINCIPLE OF EQUAL AUTHENTICITY OF; LEGAL REASONING; STANDARD CONTRACT; TREATY; UNIFICATION OF LAW]

Bibl.:

Calò, E., *Traduzione (aspetti giuridici della)* (1987) 1 CeI 325.

Memmo, D., *La lingua nel diritto. Il rischio linguistico nella dichiarazione contrattuale* (1985) 2 CeI 486.

- **tecnico.** Technical language; ma si parla spesso anche di words of art (*supra*, LINGUAGGIO GIURIDICO). [vol. I: WORDS OF ART]

Liquidato. Liquidated, wound up (CLAUSOLA PENALE; LIQUIDAZIONE; NON LIQUIDATO). [vol. I: DAMAGES]

Liquidatore in genere. Liquidator, adjuster (CURATORE; PERITO LIQUIDATORE). [vol. I: LIQUIDATOR]

- **d'avaria.** Average adjuster, adjuster (ACCERTAMENTO DEL DANNO; AVARIA COMUNE; PERITO LIQUIDATORE D'AVARIA). [vol. I: GENERAL AVERAGE]
- **di una *company* o di una *partnership.*** Liquidator, receiver (COMMISSARIO LIQUIDATORE). [vol. I: ARRANGEMENT; BANKRUPTCY; LIQUIDATOR]

Liquidazione in genere. Liquidation, settlement, adjustment, winding up, receivership.

Ma negli S.U. il termine liquidation indica, in tema di scioglimento delle società, una procedura prevista dal Bankruptcy Reform Act 1978 alternativa alla *reorganization*. Nel senso di saldo nella vendita al dettaglio, si parla di *sale* o *clearance sale*. Nel senso di indennità di licenziamento, è detta più spesso *severance pay* o *redundancy payment* (FALLIMENTO; INDENNITÀ DI LICENZIAMENTO).

– **agli amministratori di società.** (AMMINISTRATORE DI SOCIETÀ)

– **anticipata del danno.** Liquidated damages; con questa espressione si indica la liquidazione convenzionale preventiva del danno. Ma spesso è in pratica molto difficile distinguere tra liquidated damages e *penalty*. La materia assume notevole importanza nei contratti commerciali internazionali in cui spesso figurano sia liquidated damages che *penalty clauses*. Dalla liquidazione del danno va distinto l'*assessment of damages* che indica la determinazione del risarcimento più spesso in sede giudiziaria (*infra*, LIQUIDAZIONE DEL DANNO; CAPARRA; CLAUSOLA PENALE; DANNO; RISARCIMENTO DEL DANNO; STIMA DEL DANNO). [vol. I: DAMAGES; LIQUIDATED DAMAGES; PENALTY]

– **coatta amministrativa.** Grosso modo, compulsory winding-up. Ma non esiste un equivalente esatto (FALLIMENTO).

– **del danno.** Award of damages. In sede giudiziaria l'*assessment of damages,* ossia la determinazione dell'ammontare del danno e del risarcimento dovuto, ha luogo successivamente alla decisione della causa; negli S.U., è fatta dalla giuria (*supra*, LIQUIDAZIONE ANTICIPATA DEL DANNO; DANNO; GIURIA; RISARCIMENTO DEL DANNO). [vol. I: *ad vocem*; DAMAGES; LIQUIDATED DAMAGES; MEASURE OF DAMAGES; TORT: XI]

– **del danno da parte dell'assicuratore marittimo.** Adjustment of loss (DANNO). [vol. I: *ad vocem*; AVERAGE; LOSS]

– **della persona giuridica.** Grosso modo, winding up of corporation, liquidation of corporation (FALLIMENTO; PERSONA GIURIDICA).

– **della società in genere.** Winding up, o liquidation, of a company o corporation. Ha luogo quando essa distribuisce l'attivo del patrimonio ai propri azionisti e mette fine alla propria esistenza giuridica: quest'ultimo atto è definito *dissolution*. Il termine *receivership* sembra più spesso riservato alla liquidazione di società insolvente (FALLIMENTO; SCIOGLIMENTO DELLA SOCIETÀ; SOCIETÀ (II) DI CAPITALI). [vol. I: BANKRUPTCY; LIQUIDATION]

– **dell'attivo fallimentare.** Liquidation of assets (ATTIVO DEL FALLIMENTO).

– **delle spese processuali.** Taxation of costs. Ma si tratta di procedimento che non ha equivalenza nel sistema nostrano (SPESE PROCESSUALI). [vol. I: *ad vocem*]

– **di associazioni e fondazioni in genere.** Liquidation, o winding up, of associations and foundations (ASSOCIAZIONE; FONDAZIONE).

– **di avaria comune.** Average adjustment (AVARIA COMUNE; REGOLAMENTO DI AVARIA).

– **giudiziaria di una *company* o di una *partnership*.** Winding up by the court (FALLIMENTO). [vol. I: BANKRUPTCY]

– **volontaria di una *company* o di una *partnership*.** Voluntary winding up. È effettuata da un liquidator (*supra*, LIQUIDAZIONE GIUDIZIARIA DI UNA *COMPANY* O DI UNA *PARTNERSHIP*).

Lista/e in genere. List, catalogue; ma quando il termine è riferito ai valori mobiliari come, ad es., *shares listed on the Stock Exchange*, significa azioni quotate in borsa; ma si usa anche il termine *quoted*. Negli S.U. le organizzazioni operaie pubblicano regolarmente un elenco delle imprese il cui comportamento viene considerato antisindacale, detto *unfair list* (ALBO; CATALOGO; ELENCO; LISTINO; TAVOLA). [vol. I: LIST; LISTED; LISTED STOCK; PANEL]

– **civile.** Civil list (COSTITUZIONE POLITICA). [vol. I: *ad vocem*; PRIVY PURSE]

– **dei passeggeri.** Passengers' list (MANIFESTO DI CARICO; PASSEGGERO).

– **delle decisioni citate in un'opera giuridica.** Table of cases (CASI E MATERIALI; DECISIONE; GIURISPRUDENZA; SENTENZA). [vol. I: CASE LAW]

– **delle eccezioni.** Catalogue of exceptions (ECCEZIONE; ESONERO).

– **elettorali.** Electors' lists. Nel R.U. e negli S.U. l'esercizio del diritto di voto richiede la preventiva *registration* negli appositi registri. L'iscrizione nelle liste elettorali non è automatica: ogni volta che vi sono delle elezioni, i potenziali elettori ricevono un invito a registrare il proprio nome nelle liste elettorali. Mentre nel R.U. e nel Canada l'ufficio comunale competente invia al domicilio dell'elettore un modulo da compilare, nel sistema nordamericano colui che intende votare è tenuto a recarsi presso l'ufficio competente dimostrando di essere in possesso dei requisiti per votare. Questo meccanismo — che ha la sua originaria spiegazione nella politica consistente nell'escludere dal voto i nuovi arrivati, i negri o le minoranze — spiega, anche se in parte, perché il numero degli elettori sia così basso alle elezioni presidenziali negli S.U. A questo bisogna aggiungere che né nel R. U., né negli S.U., esiste una possente partitocrazia che trasforma il *diritto* di voto in un *dovere* sanzionato addirittura da una pena come da noi. Si parla quindi di *legal voter* o *qualified voter* per indicare l'elettore iscritto nelle liste elettorali. Il regime appare notevolmente diverso da quello nostrano, in cui si riscontrano meccanismi e regole dirette alla iscrizione automatica nelle liste elettorali (ELETTORE; VOTO). [vol. I: ELECTION: 2: ELECTOR]

– **nera.** Black list. Con questo termine si indica una svariata serie di liste, di solito di connotazione negativa, tra le quali si accenna a quelle di debitori insolventi, di persone con cui si sconsiglia di entrare in rapporto, di accordare credito, etc. Una delle più note si riferisce agli operatori di borsa inadempienti; ma liste nere sono tenute anche dai sindacati. La pubblicazione di una *black list* può costituire una forma di diffamazone (*libel*) se l'inclusione comporta l'attribuzione di fatti non veri, ha luogo a fini diffamatori, ovvero può esporre alla pubblica riprovazione un lavoratore o un datore di lavoro (AGENZIA PER IL RECUPERO DI CREDITI; BOICOTTAGGIO; BORSA VALORI; SINDACATO). [vol. I: *ad vocem*]

Listino in genere. Lista (LISTA).

– **dei cambi.** Exchange list (CAMBIO).

– **dei prezzi.** Price list (PREZZO).

– **di borsa.** Stock exchange price list, listed stock, stock exchange listing o market reports. I requisiti per l'ammissione al listino sono definiti *listing requirements*. I titoli non quotati vengono trattati nei mercati *over-the-counter* (AMMISSIONE AL LISTINO DI TITOLI DI SOCIETÀ; AZIONE (II) DI SOCIETÀ; BORSA VALORI; MERCATO AZIONARIO RISTRETTO; QUOTAZIONE; SOCIETÀ (II) QUALE SOGGETTO COLLETTIVO). [vol. I: CITY; OVER-THE-COUNTER MARKET; STOCK EXCHANGE]

– **giornaliero.** Daily list.

– **valori.** Share list (AZIONE (II) DI SOCIETÀ).

Lite in genere. Litigation, quarrel, dispute, controversy (CAUSA (III); CONTESA; CONTROVERSIA; DISPUTA; GIUSTIZIA ALTERNATIVA).

– **di modesta entità.** (CAUSA (III) DI MODESTA ENTITÀ)

– **giudiziaria.** Legal dispute, legal controversy, lawsuit, suit, action, case, action, cause, etc. (CAUSA (III); CONTENZIOSO; CONTROVERSIA LEGALE; GIUSTIZIA ALTERNATIVA; PATTO DI QUOTA LITE; PERSONA LEGITTIMATA A RINUNCIARE ALLA LITE). [vol. I: ACTION; CONTENTIOUS BUSINESS; DOMINUS LITIS; LITIGATION; LOCUS STANDI]

– **legale.** Legal litigation (*supra*, LITE GIUDIZIARIA).

– **temeraria.** Vexatious action (ABUSO DELLE NORME PROCESSUALI; LITIGANTE TEMERARIO). [vol. I: *ad vocem*; ABUSE OF RIGHT]

Litigante in genere. Litigant, party, party in a suit, case o action (LITE; PARTE). [vol. I: JOINDER; LITIGANT; LITIGATION; PARTY]

– **insolvente.** Impecunious litigant (CAUZIONE PER LE SPESE PROCESSUALI; INDIGENTE; INSOLVENZA).

– **temerario.** Vexatious litigant (ABUSO DELLE NORME PROCESSUALI; BUONA FEDE; LITE TEMERARIA). [vol. I: *ad vocem*; ABUSE OF PROCESS; VEXATIOUS ACTION]

Litigio. Quarrel, dispute (CONTROVERSIA; LITE). [vol. I: LITIGATION]

Litigioso in genere. Litigious, contentious (CREDITO LITIGIOSO; GIURISDIZIONE CONTENZIOSA). [vol. I: CONTENTIOUS BUSINESS; CONTENTIOUS JURISDICTION; LITIGIOUS]

Litisconsorzio in genere. Joinder of parties; negli S.U. — stato federale — la materia è regolata dalle R. 19, 20 e 21 delle *Federal Rules of Civil Procedure* relative, rispettivamente, al « Joinder of persons needed for Just Adjudication », « Permissive Joinder of Parties » e al « Misjoinder and Non-Joinder of Parties »; in base a quest'ultima Rule: « Parties may be dropped or added by order of the court on motion of any party or of its own initiative » (*infra*, LITISCONSORZIO NECESSARIO; CAUSA (III); INDIVISIBILE; CHIAMATA IN CAUSA DEL TERZO; ESTROMISSIONE DI UNA PARTE DAL GIUDIZIO; PARTE; SEPARAZIONE DELLE CAUSE CIVILI). [vol. I: JOINDER OF PARTIES]

– **attivo.** Joinder of plaintiffs (*infra*, LITISCONSORZIO PASSIVO).

– **facoltativo.** Permissive joinder of parties. Ha luogo nei confronti delle c.d. *proper parties* che cioè, pur non essendo essenziali al contraddittorio, hanno una connessione con l'oggetto del giudizio. Negli S.U., in sede federale, è regolato dalla R. 20 delle *Federal Rules of Civil Procedure* (*infra*, LITISCONSORZIO NECESSARIO).

– **necessario.** Necessary o compulsory joinder of parties: si verifica nel caso di una *indivisible cause of action*. Sono definite *necessary parties* quelle richieste per una corretta decisione (*persons needed for just adjudication*); ma si parla anche di *indispensable parties*. L'integrazione del contraddittorio ha luogo mediante il c.d. *joinder of parties*. Negli S.U., in sede federale essa è disciplinata dalla R. 19 delle *Federal Rules of Civil Procedure* (CAUSA (III) INDIVISIBILE; PARTE). [vol. I: JOINDER; MISJOINDER; NECESSARY PARTY; NON-JOINDER; PARTIES]

– **passivo.** Joinder of defendants (*supra*, LITISCONSORZIO ATTIVO).

Litispendenza. Lis alibi pendens, autre action pendant (CAUSA (III) PENDENTE; ECCEZIONE DI LITISPENDENZA; INTERESSI DIFFUSI: 5; PENDENTE DAVANTI A). [vol. I: FORUM NON CONVENIENS; LIS ALIBI PENDENS]

– **davanti a giudice straniero.** Lis alibi pendens before a foreign court (GIUDICE STRANIERO; GIURISDIZIONE). [vol. I: CONFLICT OF LAWS; FORUM SHOPPING]

Litorale. Coastline (LINEA; MARE TERRITORIALE). [vol. I: SEA; TERRITORIAL SEA]

Livello di marea. Water-mark (LINEA; LITORALE; MARE TERRITORIALE).

Lobbista. Lobbyist (*LOBBYING*).

Lobbying. Ecco uno dei tanti termini angloamericani ormai entrato nel gergo accademico, politico e dei *media* nostrani per indicare quel fenomeno per cui i *pressure groups* esercitano la loro influenza sulle assemblee legislative cercando di ottenere, a seconda dei casi, una legislazione loro favorevole, meno sfavorevole, o addirittura la sua bocciatura. Si tratta di un tema fondamentale nei paesi democratici, che va ricollegato al fenomeno del *pluralismo* politico, economico e sociale dei paesi industriali dell'Occidente. La materia è oggetto negli S.U. della più elaborata regolamentazione giuridica esistente; poiché si tratta di uno stato federale, si hanno *lobbying acts* federali e dei singoli stati dell'Unione. In maniera non esaustiva, si ricorda il Federal Regulation of Lobbying Act, che esige la registrazione dei lobbisti presso il Senato e la Camera dei Rappresentanti e la presentazione di rapporti trimestrali nei quali essi sono tenuti ad indicare l'ammontare e la fonte dei pagamenti ricevuti per attività lobbistiche. Un regime analogo esiste nella stragrande maggioranza degli stati dell'Unione. Per contro, il *lobbying* non è disciplinato con legge nel R.U.; un'assenza di chiara marca thatcheriana che, dato il diverso contesto politico, non ha avuto quegli effetti devastanti verificatisi nel nostro paese.

1. In Italia non esiste una disciplina giuridica di questa pur legittima attività; beninteso se esercitata nell'ambito della legge, e ammesso che la legge stessa non sia stata a sua volta troppo influenzata dalle *lobbies*. La ragione di questa mancanza — e quindi della *legge della giungla* che vige attualmente nel nostro paese in cui, tra l'altro, sono virtualmente inesistenti o, comunque, di scarsissimo peso, i gruppi di pressione che perseguono interessi generali — è semplice: le *lobbies* (ossia i *sectional groups* che perseguono con tutti i mezzi gli interessi del gruppo) sono talmente potenti da impedire persino che si addivenga ad un progetto legislativo. In nessun paese dell'Occidente si verifica un così sfacciato strapotere delle *lobbies* come in Italia, in cui manovrano centinaia di parlamentari, non di rado presidenti del consiglio e diecine di ministri, *dispongono dei migliori docenti universitari*, di magistrati, di c.d. *grand commis*, dei *media* etc. Questa mostruosa anomalia nostrana non si può spiegare al di fuori del regime politico che per mezzo secolo ha dominato il paese e consentito un autentico assetto delinquenziale della « forza legale » formatosi per effetto della *democrazia consociativa* tra due componenti ideologiche reazionarie e antimoderniste.

2. A questo proposito, si potrebbe osservare che neanche il regime più avanzato come quello nordamericano è idoneo infrenare gli aspetti più negativi del fenomeno: il caso della *gun lobby,* che si raccoglie attorno alla *National Rifle Association* e manovra una buona metà del Congresso federale e dei singoli stati dell'Unione e dispone di mezzi quasi illimitati, è paradigmatico: è più facile cacciare un presidente degli S.U. che introdurre un controllo sia pur minimo sulla vendita, e quindi sull'uso, delle armi.

3. Ma si tratta di caso limite collegato al *culto delle armi* condiviso dalla stragrande maggioranza del popolo americano. Addirittura trascurabile se confrontato alla situazione italiana in cui il paese appare in una situazione non troppo diversa da quella del Guatemala al tempo dello strapotere dell'*United Fruit Co.* Per mezzo secolo il paese è stato governato da un regime assembleare basato su un sistema di condizionamenti, rectius, di ricatti reciproci, con fragilissimi governi che sopravvivono a furia di decreti-legge, voti di fiducia e *tripotage* sottobanco con l'opposizione. È questo il significato ultimo della *centralità del parlamento* di ingraiana memoria.
4. Tra l'altro, l'*incontrollato potere di iniziativa legislativa in materia finanziaria* dei parlamentari nostrani fa del parlamento una istituzione unica al mondo, in cui cioè ognuno dei suoi membri diventa un entusiasta lobbista. La stessa legge finanziaria — altra mostruosità senza uguali voluta dal Pci — che attribuisce a un parlamento anarcoide e irresponsabile una funzione di governo fondamentale, non è diretta a realizzare la politica economico-finanziaria del governo (quando c'è), ma a stravolgerla senza che si possa mai chiamare qualcuno a risponderne politicamente. Sebastiano Messina descrive efficacemente l'autentico arrembaggio alle casse dello stato scatenato dall'esame della legge finanziaria, il *tripotage* tra lobbisti e governo, ricatti e blandizie, trattative sottobanco, sedute notturne, voti di fiducia, *coup de théatre*, *sceneggiata unica al mondo* che spiega in buona parte il colossale ammontare del nostro debito pubblico [1992: 121]. Del resto, dice tutto, o quasi, che da noi spesso la legge prende nome non già, come altrove, dal parlamentare che l'ha proposta, ma dalla *lobby* per favorire la quale è stata imposta al parlamento (cfr. il c.d. « decreto Berlusconi »). Ma non è sempre così: la camorra politica e dei costruttori che annovera consistenti gruppi di *professori* e *magistrati* al seguito (il c.d. « blocco sociale », per dirla con Pasquale Saraceno) preferisce l'anonimato. Eppure, resta la domanda chi sa come mai potrebbe essere definita la legge 219 del 1981 per la ricostruzione dopo il terremoto approvata con l'ardente supporto della c.d. opposizione comunista.
5. In sede comunitaria, la Commissione si sta orientando verso la regolamentazione giuridica del fenomeno (ARMA; CONFLITTO DI INTERESSI; CONSUMATORE; DEMOCRAZIA CONSOCIATIVA; GRUPPO DI PRESSIONE; INIZIATIVA LEGISLATIVA; LOBBISTA; PARLAMENTO).

Locale/i (immobile). Premises (ISPEZIONE DEI LUOGHI; LUOGO; RESPONSABILITÀ DELL'OCCUPANTE DI IMMOBILE NEI CONFRONTI DELL'OSPITE). [vol. I: EXTRATERRITORIALITY; PREMISES; SOVEREIGNTY; VIEW]

– **aziendali.** Business premises (AZIENDA).

Località in genere. Place (DIMORA; DOMICILIO; LOCALE; LUOGO; RESIDENZA). [vol. I: *ad vocem*]

– **di fermata convenuta.** Agreed stopping place (FERMATA; TRASPORTO AEREO). [vol. I: CARRIAGE: II]

Locatario. Non esiste un corrispondente esatto. Peraltro, i termini che spesso vi si approssimano sul piano economico-funzionale sono, a seconda dei casi, quelli di *tenant*, o anche di *lessee* o *leaseholder*. Il danno alla cosa locata da parte del locatario è detto *dilapidation* (AFFITTUARIO; CONDUTTORE; *LOCATIO CONDUCTIO*; LOCATORE; LOCAZIONE). [vol. I: DILAPIDATION; LANDLORD AND TENANT; LEASING: I; TENANT]

Locatio conductio. Grosso modo, letting and hiring; nella tradizione di *common law* rientra nella figura del *bailment*, ignota alla *civil law*. Si parla, appunto, di *bailment for hire* (LOCAZIONE). [vol. I: LOCATIO]

Locatio custodiae. Grosso modo, hiring of custody of a thing, hiring of care and services to be bestowed on the thing delivered; nella tradizione di *common law* rientra nella figura del *bailment*, ignota alla *civil law*. Si parla, appunto, anche di *bailment or deposit of goods* (DEPOSITO). [vol. I: BAILMENT]

Locatio operarum. Gross modo, hiring of services, employment (LAVORO). [vol. I: EMPLOYMENT, CONTRACT OF; MASTER AND SERVANT]

Locatio operis. Hire of labour and services (LAVORO AUTONOMO).

Locatio rei. Grosso modo, hiring of a thing; nella tradizione di *common law* rientra nella figura del *bailment*, ignota alla *civil law* (LOCAZIONE; NOLEGGIO). [vol. I: BAILMENT; HIRE]

Locatore. Non esiste un corrispondente esatto, come, del resto, di quello di locatario: termini che, grosso modo, costituiscono un analogo sono quelli di *lessor* e *landlord* (LOCATARIO; LOCAZIONE). [vol. I: LEASING: I]

– **d'opera.** Employer (CONTRATTO DI LAVORO). [vol. I: *ad vocem*; EMPLOYMENT]

Locazione in genere. Letting. Ma non esiste un corrispondente esatto: il termine *location* indica un luogo. La *tenancy* di un *lease* o, come si dice più spesso, il *lease*, costituisce l'analogo più prossimo. Detto questo, vanno avvertite sommariamente talune fondamentali differenze di principio per evitare abbagli assai frequenti in questa materia. In effetti, il *lease* (che abbia una determinata durata minima) dà luogo a favore del *lessee* a un diritto di natura che, grosso modo, si potrebbe definire reale, peraltro non sull'immobile, ma su un *estate*, concetto privo di equivalenza nella *civil law*. In materia di mobili, la locazione è detta più spesso *letting of things, hire, rental* e, quando comporti un'operazione di finanziamento, *leasing*. Sul piano tecnico, la locazione di mobili rientra nel *bailment*, altra figura ignota alla *civil law* (AFFITTO; CANONE DI LOCAZIONE; CESSIONE DELLA LOCAZIONE; FITTO; LOCATARIO; *LOCATIO CONDUCTIO*; *LOCATIO REI*; MIGLIORAMENTO DELLA COSA LOCATA; NOLEGGIO; PERDITA DELL'IMMOBILE LOCATO; PERTINENZA DI MOBILE A IMMOBILE POSTA IN ESSERE DAL *TENANT*; RINNOVAZIONE TACITA DELLA LOCAZIONE; RIPARAZIONE DELLA COSA LOCATA; VALORE LOCATIVO; VENDITA A RATE). [vol. I: ESTATE; HIRE; LEASE; LEASING: I; RENT; RENTAL; TENANCY]

– **a tempo determinato.** Grosso modo, tenancy, o lease, for years.

– **a tempo indeterminato.** Grosso modo, tenancy at will.

– **breve.** Short lease.

– **di aeromobile.** Grosso modo, rental of aircraft e, se è connessa ad un'operazione, finanziaria, *leasing of aircraft* (AEROMOBILE; NOLEGGIO DI AEROMOBILE). [vol. I: LEASING]

– **di autoveicolo.** Rental of motorcar, car rental: una delle più note transnazionali che opera nel settore è denominata, appunto, *Rent A Car*. Negli S.U. sono dette *drive-it-yourself cars* le autovetture offerte in locazione. Quando la locazione è connessa ad una operazione di *leasing*, si parla di *leasing of car*: gli autoveicoli relativi sono definiti *leased cars* (AUTOVEICOLO; NOLEGGIO DI AUTOVEICOLO). [vol. I: LEASING]

– **di immobile.** Lease of land (*supra*, LOCAZIONE IN GENERE; SFRATTO DEL *TENANT* DA PARTE DEL *LANDLORD*).

– **d'impianto.** Plant hire (IMPIANTO INDUSTRIALE).

– **di nave a scafo nudo** o **imbrago.** Bareboat charter, charter by demise (NAVE; NOLEGGIO DI NAVE). [vol. I: CHARTERPARTY]

– **di un appartamento.** Renting a flat (*supra*, LOCAZIONE IN GENERE).

– **finanziaria.** È questa la traduzione legislativa italiana del *finance* o *financial leasing* al quale ultimo si limita il regime nostrano (VENDITA E LOCAZIONE FINANZIARIA DI RITORNO). [vol. I: LEASING]

– **lunga.** Long lease (*supra*, LOCAZIONE IN GENERE).

– **soggetta a legislazione vincolistica.** Grosso modo, protected tenancy (EQUO CANONE). [vol. I: *ad vocem*]

Loclupletazione ingiustificata. (ARRICCHIMENTO SENZA CAUSA)

Locus poenitentia. Era detta così in diritto romano in tema di contratti innominati la possibilità di risoluzione unilaterale del contratto prima che l'altra parte avesse adempiuta la propria prestazione; una eccezione al principio *pacta sunt servanda* (*PACTA SUNT SERVANDA*).

Bibl.:
Lawson 1953: 149.

Lodi eccessive della propria merce. Puffing. Ammesse dalla legge, non danno luogo a *misrepresentation* (CONTRATTO: VIII; IMBONIMENTO; TUTELA DEL CONSUMATORE; VENDITA; VIZI DEL CONSENSO). [vol. I: *ad vocem*; MISREPRESENTATION]

Lodo arbitrale. Arbitration, o arbitral, award (ARBITRATO; AUTORITÀ DEL PRECEDENTE GIUDIZIARIO; DECISIONE ARBITRALE; ESECUZIONE DEL LODO ARBITRALE; FONTI DEL DIRITTO; GIUSTIZIA ALTERNATIVA; RICONOSCIMENTO DELLA SENTENZA ARBITRALE STRANIERA; SENTENZA ARBITRALE). [vol. I: ARBITRATION; AWARD; FOREIGN JUDGMENT]

– **arbitrale straniero.** Foreign arbitration award (RICONOSCIMENTO DEL LODO ARBITRALE STRANIERO).

Logica giuridica. Legal logic (LINGUAGGIO GIURIDICO; RAGIONAMENTO GIURIDICO; TOPICA GIURIDICA; TRADIZIONE GIURIDICA).

Logorìo in genere. Deterioration; ma nell'assicurazione si parla più spesso di *wear and tear*. Con quest'ultimo termine si indica l'usura normale, il logorìo derivante dall'uso ordinario di una cosa. Nelle polizze di assicurazione marittima è usato specie per indicare il logorìo derivante dall'esercizio normale della nave, non costituente un rischio e, come tale, non coperto da assicurazione, ai sensi della s. 55 (2) del Marine Insurance Act 1906 britannico (ABBUONO; ASSICURAZIONE; CALO DI MERCI; CONSUMO; DANNO; DEPERIMENTO MA-

TERIALE; DEPREZZAMENTO; DETERIORAMENTO; DIFFERENZA TRA IL NUOVO E IL VECCHIO; SCIUPÌO; USURA). [vol. I: INSURANCE: II. 6; WEAR AND TEAR]

– **tecnico.** Wear and tear (*supra*, LOGORÌO IN GENERE).

Lordo/a. Gross (AL LORDO DI IMPOSTA; AMMONTARE LORDO; NETTO; PERDITA NETTA).

Lotta in genere. Struggle, fight (CONFLITTO).

– **alla criminalità in genere.** Crime fighting (CRIMINALITÀ ORGANIZZATA).

– **per il potere.** Power struggle (POTERE).

– **politica.** Political struggle (AGONISTICA; COMPETIZIONE; CONCORRENZA POLITICA; OPPOSIZIONE; POLITICA; SISTEMA ELETTORALE).

Lotteria. Lottery (GIOCO).

Lottizzazione in genere. Parcelling (FRAZIONAMENTO).

– **di suolo edificatorio.** Residential development, planned unit development, parcelling of building site (DIVISIONE; FRAZIONAMENTO; LOTTO; PIANO DI LOTTIZZAZIONE; PIANO REGOLATORE).

– **politica.** (SISTEMA DELLE SPOGLIE; *STATUS*)

Lotto. Lot, job lot, parcel, batch, round lot, trading lot (ARTICOLO; LOTTIZZAZIONE; PORZIONE; VENDITA A LOTTI). [vol. I: LOT]

– **di terreno.** Parcel of land, lot of land (SUOLO; TERRENO).

– **in una vendita all'asta.** Lot (ASTA). [vol. I: AUCTION]

L.S. o ***locus sigilli.*** (ATTO SIGILLATO-NON SIGILLATO; SIGILLO)

Luci. Lights (FINESTRE SUL FONDO DEL VICINO; SERVITÙ DI LUCI, DI ARIA; VEDUTA). [vol. I: EASEMENT; LIGHT]

Lucrativo in genere. For profit, for reward, for a valuable consideration (CONTRATTO GRATUITO-ONEROSO; CORRISPETTIVO; GRATUITÀ; LUCRO; NON ONEROSO; ONEROSO; SCOPO DI LUCRO).

Lucro. Profit (A SCOPO DI LUCRO; BENEFICIO PECUNIARIO; CONTRATTO GRATUITO ONEROSO; GRATUITÀ; GUADAGNO; LIBERALITÀ; LUCRATIVO; MUTUALITÀ; PROFITTO; SENZA SCOPO DI LUCRO; UTILE).

– **cessante.** (DANNO EMERGENTE-LUCRO CESSANTE)

Lungo bordo. (SOTTO PARANCO)

Luogo. Venue, place, premises, location, locus, situs (ASSEMBRAMENTO IN LUOGO PUBBLICO; COMPETENZA TERRITORIALE; DIMORA; DOMICILIO; ISPEZIONE DEL LUOGO DEL REATO; ISPEZIONE GIUDIZIALE DEI LUOGHI; LOCALE; POSTO; RIUNIONE; SCENA DEL REATO; SEDE; SITO; SOPRALLUOGO; TERRITORIO; UBICAZIONE). [vol. I: BUSINESS; DOMICILE; LOCUS REGIT ACTUM; PLACE; PREMISES; RESIDENCE; SITUS]

– **della consegna.** Place of delivery (CONSEGNA).

– **dell'adempimento.** Place of performance (ADEMPIMENTO; OBBLIGAZIONE (I) *QUERABLE* o *PORTABLE*).

– **del pagamento.** Place of payment. Si noti che in diritto inglese, come in quello italiano, salvo che non sia diversamente stabilito, il pagamento è *portable,* ossia va effettuato al domicilio del creditore (PAGAMENTO).

– **del reato.** Scene of crime, place of crime (GIUDICE NATURALE; REATO).

– **di attività.** Place of business (DOMICILIO FISCALE DELL'IMPRENDITORE; SEDE LEGALE DELLA SOCIETÀ COMMERCIALE).

– **di conclusione del contratto.** Place of contract (CONTRATTO: VI). [CONTRACT: IV]

– **di detenzione in genere.** Place of detention (CARCERE; DETENZIONE).

– **di emissione e di pagamento della cambiale.** Place of issue and payment of bill (CAMBIALE).

– **di esecuzione del contratto.** Place of performance (ESECUZIONE DEL CONTRATTO).

– **di installazione nucleare.** Nuclear site (ENERGIA NUCLEARE).

– **di lavoro.** Place of employment, place of work (LAVORO).

– **di origine.** Place of origin (ORIGINE).

– **di presentazione.** Place of presentment (PRESENTAZIONE).

– **di residenza abituale.** Usual place of abode (DIMORA; RESIDENZA).

– **di riunione della giuria.** Venue (COMPETENZA; GIURIA; GIURISDIZIONE).

– **pubblico.** Public place (ASSEMBRAMENTO; RIUNIONE). [vol. I: ASSEMBLY; PUBLIC MEETING]

Lutto vedovile. Grosso modo, time during which widow is banned from marrying; non è previsto dalla *common law* (DICHIARAZIONE GIUDIZIALE DI PATERNITÀ). [vol. I: GESTATION; PATERNITY]

M

Macchina/e in genere. Machine, machinery (BREVETTO PER INVENZIONI INDUSTRIALI; IMPIANTO; *KNOW-HOW*; VENDITA DI MACCHINE). [vol. I: MACHINERY; MACHINERY OF GOVERNMENT]

– **della verità.** Polygraph, lie-detector. Per quanto di per sé inaffidabile, negli S.U. l'uso della *polygraph evidence*, ossia della prova mediante la macchina della verità, comincia ad essere ammesso con sempre maggior frequenza specie nei casi in cui le parti si accordano in precedenza sul suo impiego (PROVA; VERITÀ).

– **per la vendita automatica di prodotti.** Dispensing machine, vending machine (DISTRIBUZIONE; VENDITA AL DETTAGLIO).

Madre. Mother (FIGLIO; GENITORE; MATRICE; MATRIGNA).

– **naturale.** Natural mother (PADRE NATURALE).

– **surrogata.** Surrogate mother. Inseminata artificialmente, dopo il parto cede i suoi diritti di genitrice (*parental rights*) alla coppia (sposata) a favore della quale ha avuto luogo il concepimento. La moglie adotta il neonato e da quel momento lei e il marito, definito *birth father,* acquistano la veste legale di genitori a tutti gli effetti. La madre surrogata viene separata per sempre da suo figlio. È detta *surrogate parenting agreement* la convenzione relativa, ritenuta legale. Peraltro, la giurisprudenza nordamericana ha stabilito la sua nullità se la cessione dei diritti della madre surrogata ha luogo per un corrispettivo in danaro. Sembra quasi inutile aggiungere che la problematica si è presentata per la prima volta negli S.U. dove ha ricevuto la maggiore elaborazione (GENITORE SURROGATO).

Maestranze. Workmen, workforce (LAVORO; MANO D'OPERA).

Mafia. Racketeering, organized crime. Ecco uno dei pochi termini italiani che non ha bisogno di traduzione, essendosi ormai imposto in tutto il mondo, anche se, ovviamente, la criminalità organizzata non è solo di marca italiana: basterebbe pensare alla *jazuka* giapponese.

1. Negli S.U. si parla più spesso, e più correttamente, di *racketeering* per indicare la criminalità organizzata. Ma talvolta si usa anche, in senso lato, il termine *Cosa Nostra* per indicare la criminalità organizzata di origine siculo-italiana. La legge federale in materia è il famoso RICO, ossia il Racketeer Influenced and Corrupt Organizations Act del 1970, emendato nel 1984, efficace strumento legislativo diretto principalmente a punire i reati consistenti nella infiltrazione criminale in attività legali. Si parla di *RICO laws* per indicare il poderoso insieme di leggi federali e dei singoli stati dell'Unione sulla materia.

2. Comunque, il termine mafia figura ormai nelle maggiori opere politico-giuridiche e enciclopediche italiane e straniere, che spesso vi dedicano una voce apposita, a cominciare dal noto *Dizionario di Politica* di Bobbio e Matteucci [1976, ed. 1983: 623]. Il termine appare anche, tra l'altro, e duole constatarlo, negli atti ufficiali della Commissione Europea, in cui i partner comunitari dell'Italia hanno espresso il loro allarme che l'integrazione europea possa contribuire a diffondere il virus mafioso dal nostro agli altri paesi membri.

3. Il RICO, utilizzato da organi federali efficienti e sostanzialmente probi, ha contribuito — si noti, utilizzando il processo accusatorio e senza maxi-processi, insomma nel rispetto dei diritti degli imputati, ossia senza i campi di internamento o addirittura l'interruzione dei servizi pubblici (acqua, telefono, gas) a intere zone del paese o l'applicazione della legge marziale invocata da « mafiologhi » e penne d'oro del nostro giornalismo — ad assestare notevoli colpi al crimine organizzato. Ma non è né la legge,

né la scontata incommensurabile maggiore efficienza degli organi di indagine a spiegare il successo delle autorità nordamericane nella lotta contro la mafia, confrontato al fallimento dei risultati italiani. Lo spiega bene Michele Pantaleone: « Negli Stati Uniti la mafia è al servizio del sistema di potere, ma non è una componente della struttura di potere. Per questo gli Usa la lotta al gangsterismo hanno potuto farla sul serio mandando in galera boss e processando politici » e, ancora: « Di mafia si poteva parlare finché era industria del delitto, ma non ora che è industria del potere » [*7 Incontra Michele Pantaleone*, intervista di Felice Cavallaro, in *Corriere della Sera*, 31 agosto 1991]. In questo senso, il regime consociativo deve ritenersi il fondamento sul quale si è costruita — al di là delle intenzioni degli inventori della mostruosa formula — la criminalità organizzata, che nel nostro paese è anzitutto criminalità politica: il resto segue. Tutto ciò senza diminuire in alcun modo il rispetto e la riconoscenza per i molti che hanno dato la vita nella lotta ad un fenomeno che inteso in senso esclusivamente poliziesco non aiuta a capire la natura intrinsecamente delinquenziale della « forza legale » nel nostro paese (CERTIFICATO ANTIMAFIA; CORRUZIONE; CRIMINALITÀ ORGANIZZATA; DEMOCRAZIA CONSOCIATIVA; ECONOMIA NERA; EVASIONE FISCALE; MAXI-PROCESSO; N'DRANGHETA; RICICLAGGIO DI DENARO SPORCO; TANGENTE). [vol. I: MAFIA]

Magazzinaggio. Storage, warehousing (MAGAZZINI GENERALI; MAGAZZINO; SPESE DI MAGAZZINAGGIO). [vol. I: WAREHOUSING SYSTEM]

Magazzini. (MAGAZZINO/I)

Magazzino/i. Warehouse, depot, warehouse department, store, storeroom, entrepot (*CASH AND CARRY*; DOGANA; FRANCO MAGAZZINO; GIACENZA DI MAGAZZINO; *INCOTERMS*; INVENTARIO; MAGAZZINAGGIO; MERCE; NEGOZIO). [vol. I: CASH AND CARRY; EX WAREHOUSE; INCOTERMS]

– **di sconto.** Discount house (SCONTO).

– **doganale.** (DOGANA)

– **franco.** Entrepot (FRANCO MAGAZZINO).

– **fuori dogana.** Bonded warehouse; sono detti così quei magazzini affidati alle autorità doganali nelle quali l'importatore deposita le merci importate: egli è tenuto a pagare le spese di magazzinaggio, ma non i dazi doganali, dovuti soltanto nel caso in cui le merci siano importate definitivamente nel paese. Si parla di *warehouse system* per indicare l'insieme dei magazzini generali rispetto ai quali vige un siffatto regime (DEPOSITO DOGANALE; FRANCO DOGANA; LIBERA PRATICA). [vol. I: *ad vocem*]

– **generali.** Warehouse, dock (*CASH AND CARRY*; FEDE DI DEPOSITO; ISPEZIONE DELLE MERCI NEI MAGAZZINI GENERALI; MAGAZZINAGGIO; TITOLI RAPPRESENTATIVI DI MERCI). [vol. I: CASH AND CARRY; DOCK WARRANT; DOCUMENT OF TITLE; WAREHOUSE RECEIPT]

Maggioranza in genere. Majority. Principio generale del concetto di democrazia angloamericana è che in tutte le votazioni prevale la maggioranza.

1. Tra due candidati, quello che ottiene la maggioranza dei voti è detto avere una *majority*; nel caso di più candidati il candidato che ottiene il maggior numero di voti è detto avere una *plurality*: ma non ha una *majority*, a meno che non ottenga un numero di voti maggiore di quelli ricevuti dai suoi concorrenti messi assieme, o in altre parole, più della metà dei voti espressi. Così, ad es., quando si dice che il partito XY ha una *38 per cent plurality of the vote* ciò significa che esso ha la *maggioranza relativa* dei voti; per vincere un'elezione (*carry (to) an election*) un candidato deve ricevere la maggioranza assoluta (*majority*) o relativa (*plurality*).

2. Nell'ordinamento costituzionale britannico, il sistema elettorale è diretto alla formazione di governi che governino proprio in nome di quella maggioranza da cui hanno ricevuto i suffragi; alla minoranza, che è poi l'opposizione, spetta una funzione di controllo. Beninteso, un sistema politico del genere può funzionare se esistono due partiti alternativi e fungibili al governo del paese; se, come accade in Italia, queste due forze politiche alternative non esistono e non ci vogliono essere, un sistema elettorale maggioritario può certo concorrere a farle nascere, ma non ad inventarle di sana pianta. Si paventa nei sistemi democratici una dittatura della maggioranza. E si sollecitano regole a tutela della minoranza. Ma il pericolo non si verifica, ed accade di peggio: Tocqueville non poteva prevedere la nascita di una *status society* per effetto del *pluralismo* (*STATUS*).

3. Di fatto, con l'adozione della *democrazia consociativa* ad opera delle forze cattoliche e comuniste, il nostro paese ha virtualmente abolito il principio di maggioranza sostituendolo con quelli della *partecipazione* e *unanimità*; di qui l'impossibilità del controllo politico (e di qualsiasi altro controllo), e

la fine del principio di responsabilità e della stessa democrazia, ammesso che vi sia mai stata nel nostro paese. Insomma, in un sistema assembleare anarcoide e partecipativo la responsabilità non può che essere collettiva, ossia di nessuno.
4. Le grandi democrazie — espressione con le quali si devono intendere esclusivamente quella inglese e quella nordamericana — fondano la selezione della propria classe politica sul sistema elettorale maggioritario. È detta *majority rule* la regola espressa da coloro che hanno effettivamente votato, senza tener conto se si tratti o meno della maggioranza degli aventi diritto al voto. Infine, una decisione maggioritaria nell'ambito di un organo collegiale è detta *plurality decision* (AGONISTICA; BIPARTITISMO; DECISIONE; DEMOCRAZIA CONSOCIATIVA; DITTATURA DELLA MAGGIORANZA; GOVERNO DELLA MAGGIORANZA; GRUPPO DI MAGGIORANZA; MINORANZA; OPINIONE; *QUORUM*; REFERENDUM; SISTEMA ELETTORALE MAGGIORITARIO; TOLLERANZA; UNANIMITÀ; VETO; VOTAZIONE). [vol. I: ELECTION; MAJORITY; OPPRESSION; PARLIAMENT; PLURALITY; QUORUM]

– **assoluta.** Absolute majority (*supra*, MAGGIORANZA IN GENERE).

– **azionaria.** Shareholders' majority, majority of shareholders (AZIONISTA).

– **parlamentare in genere.** Parliamentary majority (MINORANZA PARLAMENTARE; PARLAMENTO).

– **ponderata.** Qualified majority, weighed majority (VOTO PONDERATO).

– **qualificata.** Qualified majority. Nell'ambito comunitario, ai sensi dell'art. 148 del trattato istitutivo della Comunità Europea, per le deliberazioni del Consiglio dei Ministri delle Comunità che richiedono una maggioranza qualificata, ai voti dei membri è attribuita una ponderazione: ad es., mentre il R.U., la Francia, la Germania, e l'Italia dispongono di 10 voti, la Spagna ne dispone di 8, altri paesi membri di 4 o due, come nel caso del Lussemburgo: una maggioranza qualificata è di 54 su 76. Due grandi paesi e uno piccolo possono formare una *blocking minority* (CONFEDERAZIONE; FEDERALISMO; *QUORUM*; VETO; VOTO PONDERATO). [vol. I: QUORUM]

– **relativa.** Simple majority (*infra*, MAGGIORANZA SEMPLICE).

– **semplice.** Simple majority (*supra*, MAGGIORANZA RELATIVA). [vol. I: QUORUM]

– **silenziosa.** Silent majority (*supra*, MAGGIORANZA IN GENERE).

– **stretta.** Narrow majority (*supra*, MAGGIORANZA IN GENERE).

Maggiorasco. Non esiste un equivalente esatto, ma l'*entailed estate* o lo *strict settlement* costituiscono degli analoghi non troppo diversi (FEDECOMMESSO). [vol. I: ENTAIL; STRICT SETTLEMENT]

Maggiorazione in genere. Increase, loading charge, loading, stagging, surcharge (AUMENTO).

– **del premio di assicurazione.** Loading the premium (PREMIO DI ASSICURAZIONE).

– **di un conto.** Overcharge, overbilling (CONTO). [vol. I: CHARGE; OVERCHARGE]

Maggiore età. Majority, lawful age, legal age, age of consent, full age, of age. Si acquista nel R.U. e nella maggior parte degli S.U. — stato federale — al compimento del diciottesimo anno (CAPACITÀ; DIRITTO (II) DI VOTO; EMANCIPAZIONE; ETÀ; MINORE ETÀ). [vol. I: AGE; MAJORITY]

Maggiorenne. Adult, of age (ADULTO; CAPACITÀ; MAGGIORE ETÀ; MINORENNE).

Magistrato in genere. Magistrate. Il termine nostrano appare difficile da tradurre con la terminologia di una tradizione giuridica, come quella di *common law*, in cui vige il sistema per cui i membri dell'ordine giudiziario sono soltanto dei giudici: chi non esercita la giurisdizione ne resta fuori. Pertanto — dato il netto distacco istituzionale tra funzioni inquirenti e giurisdizionali — non c'è pericolo di sentir definire dei magistrati inquirenti come giudici, confusione che si riscontra spessissimo da noi. Non esiste la figura del magistrato, ossia del membro dell'ordine giudiziario che esercita non la giurisdizione, ma funzioni di investigazione e di accusa; né sono ipotizzabili navette tra funzione requirente e giudicante, normali nel nostro sistema. In conclusione, quando si vuole indicare chi esercita la giurisdizione bisognerà parlare di *judge*; quando, invece, si parla dell'organo dell'accusa si parla, a seconda dei casi, di *prosecutor, public attorney, Crown prosecutor*, che non fanno parte dell'ordine giudiziario. Il termine *magistrate* non indica un magistrato, ma un giudice delle *inferior courts* che svolge in parte attività giurisdizionali per reati minori e per cause civili di modesta entità; esso svolge anche un ruolo importante nella fase del *pre-trial* in materia penale. Il termine *magistrate* inglese e nordamericano non indica quindi il magistrato nostrano (GIUDICE; ORDINAMENTO GIUDIZIARIO; TOGA DI AVVOCATO). [vol. I: COURT; JUDGE; JUSTICE; LEGAL PROFESSION; LORD CHANCELLOR; MAGISTRATE; SEPARATION OF POWERS]

– **competente.** (GIUDICE COMPENTE)

– **incompetente.** (GIUDICE INCOMPETENTE)

Magistratura in genere. Grosso modo, judiciary. Ma si noti che il significato del termine inglese e nordamericano è assai diverso da quello italiano, nel senso che esso si riferisce unicamente alla magistratura giudicante; chi non esercita la giurisdizione, chi non è un giudice, non fa parte del *judiciary*. Assai diversi — e preferibili — appaiano i criteri di reclutamento dei giudici inglesi e di quelli federali negli S.U. rispetto a quelli nostrani.
1. A costo di apparire (ma apparire soltanto) ingenerosi, sembra opportuno rilevare che le patologie della corporazione nostrana riflettono quelle più generali di tutto il potere pubblico e privato nel nostro paese; le gravi devianze della magistratura italiana non si possono capire al di fuori di un costante raccordo al regime politico che di esse è la fonte primigenia. Una diversa politica giudiziaria che volesse ridurre la colossale inefficienza della giustizia italiana, introdurre dei diversi (più seri) criteri di reclutamento, e controlli di qualità, postulerebbe un regime politico assai diverso da quello uscito dalle macerie della I Repubblica.
2. In questo senso, le proposte di « riforma » avanzate con insistenza dal « nuovo » regime, come, ad es., la separazione delle carriere requirente e giudicante (un ritornello tanto caro ai socialisti del tempo che fu) — in sé di semplice buonsenso in un paese diverso — appaiono invece da noi, oltre che dirette a preparare la strada a una generale amnistia per la criminalità politica, a conservare gli antichi meccanismi di potere.
3. Un'imponente quanto, *hélas*, inutile massa di materiale bibliografico esiste sulla materia. Fenomeno unico al mondo, *nel circo Barnum delle discipline universitarie italiane* (per mezzo secolo oltre *ottomila*, ridotte poi con un decreto a *quattromila* da un giorno all'altro, senza che nessun docente fosse messo alla porta!), non potevano mancare cattedre e centri e dipartimenti e istituti sull'ordinamento giudiziario (sic!). In ogni caso, gravissime appaiono le degenerazioni e le devianze di una funzione fondamentale dello stato come quella della giustizia. Eppure, ben più gravi appaiono quelle delle c.d. *magistrature amministrative*, appendici del potere e dei partiti, e della stessa *Corte Costituzionale* oggetto, in diverse occasioni, di non poche e non infondate critiche che non attengono soltanto al sistema di selezione dei giudici. Ben più gravi appaiono le condizioni di degrado professionale ed etico dell'*avvocatura*; ben più gravi appaiono le gravissime carenze delle *procedure*, punto nevralgico di una giustizia efficiente. Avulsi dal *contesto più generale,* studi del genere appaiono troppo spesso più diretti a giustificare delle cattedre che a sollecitare una diversa politica giudiziaria, del resto impossibile se non in senso peggiorativo, allo stato della politica italiana.
4. Proprio perché puntigliosi, questi studi e ricerche sull'ordinamento giudiziario fanno perdere il bandolo delle patologie nostrane che tutte risalgono alla politica. In effetti, le condizioni della magistratura italiana, *mutatis mutandis*, non sono che la replica di un copione omnibus praticato fedelmente da tutti i poteri pubblici *e privati* del nostro paese; in parole semplici, dell'*assetto pretoriano* del potere legale venutosi a creare nel nostro paese come prodotto della *democrazia consociativa*. In questo senso, se un analogo impegno fosse dedicato, ad es., *alla nostra università* si scoprirebbe che la magistratura italiana è — al confronto — un miracolo di efficienza, correttezza e professionalità; non di rado un mestiere anche pericoloso. Rimproverare ai magistrati la loro impreparazione può sembrare, questa volta sì, assai ingiusto se si tiene conto del disastroso modello di sciatteria e di impreparazione, di svogliatezza, di privilegi e prepotenze offerto dalla confraternita universitaria. Ernesto Galli della Loggia — uno dei più attenti studiosi delle vicende del nostro paese — ha finora evitato questo argomento: sarebbe ancora più stimato se con il suo acume aiutasse a redigere la carta di un pelago restato più degli altri sconosciuto.
5. Comunque, è significativo quanto scrive a proposito di un altro fenomeno unico al mondo, ossia di un imprenditore diventato presidente del consiglio e delle « garanzie » di correttezza politica che egli può o deve dare. Ecco quanto osserva, tra l'altro, sulla Commissione dei Tre Saggi che dovrebbe vegliare alla bisogna, in un articolo dal titolo emblematico [*I garanti del Nulla*, in *Cor-*

riere della Sera, 30 aprile 1994]: « Uno dei peggiori lasciti della Prima Repubblica è senz'altro rappresentato dalla perdita di prestigio che ha progressivamente colpito le alte magistrature dello Stato. Tale perdita di prestigio è stata soprattutto causata — e si è massimamemente sostanziata — nell'abbandono da parte delle suddette magistrature di ogni gelosia di indipendenza. Per decenni, all'opposto, esse non hanno fatto che prosternarsi e mischiarsi al potere politico-partitico. La Corte Costituzionale non ha fatto eccezione. Le hanno dato il cattivo esempio i suoi presidenti, quasi tutti affrettatisi, appena lasciata la carica, a mettersi in caccia dei più validi incarichi di natura politica, a procacciarsi posti di ministri, di deputati, di senatori, a diventare gli obbedienti vassalli dei capi politici e dei loro partiti, come lo erano stati, assai spesso, già prima di assumere l'incarico di presidente della Corte ». E, a proposito dei « garanti »: « Essi fanno pensare piuttosto alle tipiche figure che la Prima Repubblica amava scegliere per cariche di questo tipo, sul modello — ormai quasi leggendario — del garante dell'editoria professor Santaniello. Per vocazione personale e per intenzione di chi li designa sono garanti del nulla » (CONFLITTO DI INTERESSI; CORTE COSTITUZIONALE; GARANTISMO; GIUDICE; GIURISDIZIONE; INAMOVIBILITÀ DELLA MAGISTRATURA; INDIPENDENZA DELLA MAGISTRATURA; MAGISTRATO; MAXI-PROCESSO; ORDINAMENTO GIUDIZIARIO; POLIZIA). [vol. I: INTRODUZIONE: III. 28, 36; BENCH; JUDGE; JUDICIARY; MACHINERY]

- **di carriera.** Career judiciary; viene così definita, in virtù dei sistemi di reclutamento, la magistratura dei paesi di *civil law*. Diversamente da quella dei paesi di *common law* come l'Inghilterra e gli S. U. (ORDINAMENTO GIUDIZIARIO).

- **di sorveglianza.** (GIUDICE DI SORVEGLIANZA)

- **e foro.** Grosso modo, Bench and Bar; ma la dicotomia indica in senso stretto la Giurisdizione e l'Avvocatura (FORO). [vol. I: BENCH; LEGAL PROFESSION]

- **federale negli S.U.** Federal judiciary (RECLUTAMENTO DEI GIUDICI).

- **requirente.** Non esiste una magistratura requirente nell'ordine giudiziario inglese e nordamericano, fatto che sarebbe considerato una contraddizione in termini. Gli organi dell'accusa penale si collocano al di fuori dell'ordine giudiziario del quale ultimo fanno parte solo coloro che esercitano la giurisdizione (*supra*, MAGISTRATURA IN GENERE; AZIONE (I) PENALE).

Maieutica giuridica. Legal reasoning. Essa rifulge nel processo penale di *common law* e, in particolare, *nella cross-examination*, ignota alla *civil law*. Il *criminal lawyer* deve essere particolarmente esercitato in questa arte. Per quanto il nuovo codice di procedura penale abbia introdotto una variante della *cross-examination* nel nostro sistema, manca ancora la cultura e la tecnica del processo di parti che ne è alla base (*COMPUTER*; CONTROESAME; RAGIONAMENTO GIURIDICO). [vol. I: CROSS-EXAMINATION]

Mala fede. Bad faith, fraud, dishonesty, not innocently (ACQUIRENTE DI MALA FEDE; BUONA FEDE). [vol. I: BAD FAITH; BONA FIDES; GOOD FAITH]

- **nella diffamazione.** Malice (DIFFAMAZIONE). [vol. I: DEFAMATION; MALICE]

- **processuale.** Abuse of process (ABUSO DELLE NORME PROCESSUALI). [vol. I: ABUSE OF RIGHT]

Malattia in genere. Infermity, disease, sickness (ASSEGNO (I) DI INVALIDITÀ; ASSICURAZIONE CONTRO LE MALATTIE; CONGEDO PER MALATTIA; INCAPACITÀ; INFERMITÀ; INVALIDITÀ; SANITÀ; SERVIZIO SANITARIO NAZIONALE; SUSSIDIO DI STATO).

- **mentale.** (INFERMITÀ MENTALE)

- **professionale.** Industrial disease, occupational disease. [vol. I: INDUSTRIAL ACCIDENT; INDUSTRIAL DISEASE]

Malavita organizzata. Organized crime (CRIMINALITÀ ORGANIZZATA; MAFIA).

Malcostume. Immorality, corruption, malpractice, misconduct, unethical behaviour (ATTO ILLECITO; CONDOTTA SCORRETTA; CORRUZIONE; MALGOVERNO; NEGLIGENZA PROFESSIONALE). [vol. I: *ad vocem*]

Malgoverno. Misruling, maladministration, mismanagement (ABUSO DI POTERE; GOVERNO; MALGOVERNO).

Malinteso. Misunderstanding, mistake (ERRORE NEL CONTRATTO: I). [vol. I: MISREPRESENTATION; NON EST FACTUM]

Mallevadore. (FIDEIUSSORE)

Malleveria. Guarantee o suretyship (CAUZIONE; FIDEIUSSIONE). [vol. I: GUARANTEE; SURETYSHIP]

Maltrattamenti/o, eccessi, sevizie in genere. Cruelty; ma nell'ambito familiare si parla più in generale di domestic violence, abuse, brutality. Negli S.U., in caso di maltrattamenti, specie nell'ambito familiare, la persona molestata può ottenere un *protection order* giudiziario che impone al molestatore l'obbligo dell'astensione (CRUDELTÀ; DIVORZIO; LESIONI PERSONALI; MOLESTIE; PERCOSSE; VIOLENZA DOMESTICA). [vol. I: MOLESTATION]

- **al coniuge.** Cruelty to spouse (CRUDELTÀ; DIVORZIO). [vol. I: DIVORCE]
- **da parte della polizia.** Police brutality (POLIZIA).
- **di animali.** Abuse of animals, cruelty to animals.
- **di minori** o **fanciulli.** Abuse of children, cruelty to children (MINORE). [vol. I: CHILD; MINOR]
- **nel matrimonio.** Cruelty. Ma si noti che nell'ordinamento inglese e nella quasi totalità degli stati dell'Unione negli S.U. unica causa di divorzio è l'« irretrievable breakdown of marriage », cioè la distruzione affettiva del vincolo matrimoniale (CRUDELTÀ; DIVORZIO; INCOMPATIBILITÀ DI CARATTERE; INDEGNITÀ NEL MATRIMONIO; MATRIMONIO). [vol. I: DIVORCE; JUDICIAL SEPARATION]
- **sessuali.** Sex abuse (SESSO).

Maltrattamento. (MALTRATTAMENTI/O)

Malversazione. Non esiste in senso stretto una siffatta figura di reato. Detta *embezzlement*, o anche *defalcation*, rientra nella figura del furto (CORRUZIONE; FURTO; PECULATO). [vol. I: EMBEZZLEMENT; MALVERSATION; THEFT]

Management buy-out. Nell'ambito delle operazioni finanziarie dirette all'acquisizione di un'impresa comprese nella definizione generale di *leveraged buy-out,* il *management buy-out* si realizza quando un *manager* o un gruppo di *managers,* detto *management team*, stabilisce di acquisire, mediante la partecipazione nel capitale di rischio, la società in cui fino a quel momento ha svolto la propria attività. Il *family buy-out* si ha, invece, quando, in una società a proprietà familiare, un dato numero di familiari-azionisti decide di acquistare le azioni degli altri membri allo scopo di meglio promuovere un ulteriore sviluppo di essa (AMMINISTRATORE DI SOCIETÀ; FUSIONE DI SOCIETÀ; *LEVERAGED BUY OUT*).

Manager. Inteso secondo l'uso nostrano di direttore o responsabile di una grande impresa privata, si tratta di termine non corretto. In effetti, si dovrebbe parlare di *chairman* (ad es., dell'Alcatel) per indicare, grosso modo, il presidente del consiglio di amministrazione, l'amministratore delegato, o anche, più in generale, di *executive* e di *executive leadership* per indicare la dirigenza della società in genere; ma si parla anche di *company director* o *corporate director* per indicare l'amministratore di società (AMMINISTRATORE DI SOCIETÀ; PERSONALE DIRETTIVO).

Mancanza in genere. Lack, want of, failure, failure to, default, lapse, deficit (ASSENZA; DEFICIENZA; DIFETTO; INADEMPIMENTO; INOSSERVANZA; INSUFFICIENZA; MANCATA; OMISSIONE; VIZIO).

- **del consenso in genere.** Lack of consent (CONSENSO).
- **del *consensus ad idem.*** (CONSENSO; *CONSENSUS AD IDEM*; VIZI DEL CONSENSO)
- **della condizione.** Non-performance of condition (CONDIZIONE).
- **di attivo.** Lack of assets, no assets (ATTIVO; FONDI INSUFFICIENTI).
- **di competenza.** (INCOMPETENZA)
- **di diligenza.** Lack of care (DILIGENZA). [vol. I: CARE]
- **di fondi.** No funds (*supra*, MANCANZA DI ATTIVO; FONDI INSUFFICIENTI).
- **di forma.** Want of form (FORMA).
- **di giurisdizione.** (DIFETTO DI GIURISDIZIONE)
- **di prova.** Lack of evidence (PROVA).
- **di sicurezza.** Safety lapse (SICUREZZA).
- **di titolo.** Lack of title (LEGITTIMAZIONE; TITOLO).

Mancata/o in genere. Failed (MANCANZA).

- **accettazione.** Non acceptance (ACCETTAZIONE; RINUNZIA).
- **accettazione cambiaria.** Non acceptance of, dishonour of, bill of exchange (ACCETTAZIONE CAMBIARIA; CAMBIALE; PROTESTO). [vol. I: PROTEST]
- **accettazione della donazione.** Disclaimer of gift (DONAZIONE). [vol. I: COUNTER-OFFER; DISCLAIMER]
- **adempimento.** Non performance (INADEMPIMENTO). [vol. I: BREACH OF CONTRACT; NON-FEASANCE; PERFORMANCE]

– **comparizione** o **costituzione in giudizio.** Non appearance, absence, default (COMPARIZIONE IN GIUDIZIO; CONTUMACIA). [vol. I: APPEARANCE; DEFAULT; JUDGMENT IN DEFAULT; NON-APPEARANCE; SUMMARY JUDGMENT]

– **consegna.** Non-delivery; termine impiegato in tema di mancata consegna da parte del venditore, vettore o depositario (CONSEGNA).

– **denuncia di reato.** (OMESSA DENUNZIA DI REATO)

– **divulgazione.** Non-disclosure (DIVULGAZIONE). [vol. I: DISCLOSURE]

– **entrata.** Lost revenue (*infra*, MANCATO UTILE; ENTRATA).

– **esercizio del diritto.** Laches (ESERCIZIO DEL DIRITTO; INERZIA NELL'ESERCIZIO DEL DIRITTO; NON USO DEL DIRITTO; PRESCRIZIONE).

– **pagamento.** Non-payment, failure to pay (ESECUZIONE FORZATA DELLA SENTENZA CIVILE; INADEMPIMENTO; INTERESSI SUL CAPITALE; PAGAMENTO). [vol. I: BILL OF EXCHANGE; DEFAULT; PERFORMANCE; PROTEST]

– **pagamento della cambiale.** Dishonouring a bill of exchange (PAGAMENTO DELLA CAMBIALE). [vol. I: DISHONOUR; PROTEST]

– **presentazione.** Non-attendance (PRESENTAZIONE). [vol. I: SUBPOENA]

– **utile.** Loss of profit, loss of earnings (*supra*, MANCATA ENTRATA; UTILE).

Mancia. Tip, gratuity (DONAZIONE; GRATUITÀ; REGALIA).

Mandamento giudiziario. Non esiste un corrispondente esatto. Un concetto analogo potrebbe essere quello di *circuit* che delimita in Inghilterra la competenza delle *county courts*. Ma con termini del genere si entra nelle sabbie mobili dell'incomparabilità degli ordinamenti giudiziari (CIRCOSCRIZIONE GIUDIZIARIA; DISTRETTO GIUDIZIARIO; ORDINAMENTO GIUDIZIARIO). [vol. I: COURT; JURISDICTION]

Mandante. Principal; ma è detto anche *employer* quando il mandato deriva da un rapporto di lavoro. Il mandante è definito talvolta *constituent* quando l'*authority* è conferita mediante *power of attorney*. Ma non vi è esatta corrispondenza dato che la *common law* conosce l'*agency* e non il mandato (MANDATARIO; MANDATO; PROCURA). [vol. I: AGENCY; MANDANT; POWER OF ATTORNEY; PROCURA]

– **nel reato.** Instigator, abettor, accessory before the fact, principal (ISTIGAZIONE A COMMETTERE UN REATO). [vol. I: ABETTOR; INSTIGATION]

Mandatario in genere. Mandatary, agent, attorney in fact, procurator. Ma in effetti non vi è esatta corrispondenza dato che la *common law* conosce l'*agency* e non il mandato. Assume anche nomi diversi come « factor » (commesso addetto alla vendita), se il mandato deriva dal rapporto di lavoro. Quando il mandato è conferito con *power of attorney*, il mandatario è detto *agent*, mentre è detta *proxy* la persona cui viene conferito il potere di votare a propria discrezione più spesso, ma non soltanto, nell'assemblea di una società commerciale (AGENTE; COMPENSO AL MANDATARIO; MANDANTE; RAPPRESENTANTE). [vol. I: AGENT; COMPANY; MANDATARY; PROXY]

– **apparente.** Apparent authority; ma si tratta di concetto di *civil law* (MANDATO).

– **commerciale.** Mercantile agent. Viene distinto in *broker* e *factor*. Ma si tratta di figure prive di corrispondenza esatta nel nostro sistema (AGENTE). [vol. I: BROKER; FACTOR; MERCANTILE AGENT]

– **generale.** Grosso modo, general agent (*supra*, MANDATARIO IN GENERE).

– **postale.** Grosso modo, Post Office officer, factor.

– **speciale.** Proxy, special agent (RAPPRESENTANTE).

Mandato in genere. Grosso modo, mandate, commission, authority, warrant, order, terms of reference, term of office. Ma, in senso stretto, la *common law* non conosce il contratto di mandato: essa ricorre all'analogo dell'*agency*, peraltro priva di corrispondenza esatta nella *civil law*: di conseguenza, il termine *mandate* non deve indurre a ritenere l'esistenza del mandato nella tradizione di *common law*.

1. Il mandato, negozio essenzialmente gratuito, almeno nella sua originaria articolazione romanistica, appunto perché privo di *consideration*, non costituisce un contratto nella *common law*, che conosce invece l'*agency*, che non è un contratto, ma un rapporto. Quest'ultimo dà luogo alla rappresentanza, giacché l'*agent* che tratta per il suo *principal* crea un rapporto con il terzo, ossia un rapporto di cui, in senso stretto, lo stesso *agent* non è parte.

2. La sola forma di mandato gratuito ammessa nella *common law* sembra essere quella in cui un rapporto tra le parti e un

obbligo di diligenza sorgono per il mandatario quando ha iniziato la sua attività. Ma in casi del genere si fa luogo più spesso al *trust*.

3. È questo uno dei capitoli più complessi della comparatistica tra le due tradizioni giuridiche. Le notevoli diversità esistenti in materia risalgono, oltre che al concetto romanistico di *mandatum*, alla grande elaborazione apportata dalla dottrina tedesca alla materia, fatta propria poi dai paesi di *civil law*. Nei paesi di *common law* si tende a tradurre il termine *mandatum* con quello di *agency*. Ma non è esatto. Nella *law of contract*, l'*agency* è concepita come un rapporto tra il *principal* e un terzo creato da un intermediario chiamato *agent*: la rubrica *Principal and Agent* si riferisce essenzialmente a questo tipo di rapporto piuttosto che al rapporto tra *Principal and Agent* di per sé. In diritto romano il potere in virtù del quale X era in grado di creare rapporti giuridici diretti su Y era detto *procuratio*. Ma la distinzione tra *mandatum* e *procuratio* non appare chiara neanche nel Codice Napoleone che all'art. 1984 parla di « *mandat ou procuration* » trattando i due concetti come sinonimi: approccio seguito dai numerosi codici di *civil law* influenzati da quello francese. Si deve, invece, alla dottrina tedesca la netta distinzione tra *mandatum* e *procuratio* introdotta, specie sulla base della prassi commerciale, nel *BGB* del 1896, poi adottata da altri codici, come, in particolare, quello italiano, che distingue nettamente tra *mandato* (artt. 1703-30) e *rappresentanza* (art. 1387-1400). Comunque, una delle maggiori differenze tra le due tradizioni giuridiche attiene al trattamento dell'*undisclosed principal*. A proposito dell'assai bizzarra regola in materia, sembra opportuno ricordare che, com'è stato osservato: « the whole law as to the rights and liabilities of an undisclosed principal is inconsistent with the elementary doctrines of the law of contract » [cit. in Goldschmidt 1937: 203]. Allo scopo di superare le diversità in almeno una materia importante, è stata adottata la convenzione sulla rappresentanza nella vendita internazionale di merci, fatta a Ginevra nel 1983. Particolare importanza assume la materia della rappresentanza in ordine alle varie figure di ausiliari dell'imprenditore. Peraltro, nella misura in cui è possibile concludere su una siffatta non agevole materia, sembra potersi dire che la parte sostanziale delle diversità tecniche esistente tra le due tradizioni giuridiche attiene al problema della tutela degli interessi del terzo. Come scrive Schlesinger [1950, ed. 1988: 793, n.o.]: « one is driven to the general conclusion that at least some of the civil-law systems tend to value the interests of the third party more highly than those of the principal » (ABUSO DI MANDATO; COMMISSIONE; ESTINZIONE DELLA RAPPRESENTANZA; INCARICO; MANDANTE; MANDATARIO; MISSIONE; NEI LIMITI DEL MANDATO; OBBLIGO DEL RENDICONTO; PROCURA; RAPPORTO DI LAVORO; RAPPRESENTANZA; REVOCA DELLA PROCURA; RINUNCIA AL MANDATO *AD LITES*). [vol. I: AGENCY; AUTHORITY; MANDATE; ULTRA VIRES]

– ***ad lites* in genere.** Grosso modo, retainer. Non si parla di mandato: il rapporto viene configurato come un contratto di lavoro autonomo (*hiring of services*); *to retain a counsel* o, negli S.U., un *attorney*, indica in genere assicurarsi le prestazioni professionali di un avvocato. L'accordo relativo è definito *retaining agreement*. Quello concernente una causa particolare è detto *special retainer,* mentre nel caso in cui il professionista sia impegnato genericamente per un periodo di tempo determinato, si parla di *general retainer*. Durante detto periodo l'avvocato non può accettare altri incarichi confliggenti (*conflicting employment*) con gli interessi del suo cliente. L'onorario iniziale versato *contestualmente* dal cliente è definito *retaining fee*. Questo spiega perché il termine retainer può indicare, a seconda dei casi, sia il mandato nostrano sia l'onorario versato allo stesso tempo. L'avvocato ha un diritto di ritenzione *(retaining lien)* sulle carte e le cose del proprio cliente di cui sia venuto in possesso in occasione dell'espletamento del suo incarico. Quanto al regime inglese in particolare, occorre tener presente la diversa organizzazione della professione forense, la dicotomia tra *barristers* e *solicitors* e il ruolo del *clerk* in un *set of chambers*; peculiarità prive di equivalenza negli S.U. In Inghilterra il mandato nostrano è costituito dal *brief* che il *barrister* riceve dal *solicitor*, accompagnato, oltre che da una nota illustrativa dei fatti della causa, dall'onorario iniziale. Si noti, infine, l'assai diverso regime delle spese processuali (ANTICIPO VERSATO AL DIFENSORE; ASSISTENZA GIUDIZIARIA; CONFLITTO DI INTERESSI; GIUSTIZIA ALTERNATIVA; ONORARI DI AVVOCATO; PRIVILEGIO DELL'AVVOCATO; PROCURATORE; PROFESSIONE FORENSE; RAPPRESENTANZA IN GIUDIZIO; REVOCA DEL MANDATO *AD LITES*; SPESE PROCESSUALI). [vol. I: RETAINER; RETAINING FEE]

– **a un ufficio, una funzione.** Grosso modo, term of office (*infra*, MANDATO ELETTORALE; UFFICIO).

- **con rappresentanza.** Non vi ha equivalenza esatta, ma grosso modo, potrebbe definirsi come agency with disclosed principal (MANDATO; RAPPRESENTANZA).
- **di cattura.** Warrant of arrest (ARRESTO; CATTURA; CUSTODIA CAUTELARE; ORDINANZA DI CUSTODIA CAUTELARE). [vol. I: *ad vocem*; ARREST; BENCH WARRANT]
- **di comparizione.** (INVITO A PRESENTARSI)
- **di pagamento in genere.** Order of payment, authority to pay, warrant, bank payment order (PAGAMENTO).
- **di perquisizione.** (DECRETO DI PERQUISIZIONE; PERQUISIZIONE)
- **elettorale.** Electoral mandate, mandation, term of office, term; alla base della democrazia rappresentativa vi sarebbe la *doctrine of mandation*; ma si tratta di materia non agevole. Si noti che negli S.U. — stato federale — circa la metà degli stati dell'Unione stabilisce un limite al numero di mandati elettorali dei parlamentari, detto *term-limit* (*supra,* MANDATO A UN UFFICIO, UNA FUNZIONE; DEMOCRAZIA RAPPRESENTATIVA; ELEZIONE DEL PRESIDENTE DEGLI S.U.; REVOCA ANTICIPATA DEL MANDATO ELETTORALE).
- **elettorale imperativo.** Imperative electoral mandate (ELEZIONI POLITICHE).

  Bibl.:

  Cotta, M., *Rappresentanza politica*, in *Dizionario di Politica* 1976, ed. 1983: 954.
- **fiduciario.** Office of trust (FIDUCIA). [vol. I: MANDATE; TRUST]
- **generale.** Grosso modo, general agency o power, general power of attorney, general authority (PROCURA GENERALE; RAPPRESENTANZA). [vol. I: AGENCY; AUTHORITY; POWER OF ATTORNEY]
- **illimitato.** Grosso modo, unlimited authority (PROCURA). [vol. I: AUTHORITY]
- ***in rem propriam.*** Grosso modo, authority, o agency, coupled with an interest (PROCURATORE *IN REM SUAM*). [vol. I: AGENCY COUPLED WITH AN INTEREST; AUTHORITY]
- **popolare.** Popular mandate (VOTO).
- **senza rappresentanza.** Grosso modo, undisclosed agency (RAPPRESENTANZA).
- **speciale.** Special o particular power of attorney, special authority. [vol. I: AUTHORITY; POWER OF ATTORNEY]

Mandria. Herd, flock (RESPONSABILITÀ PER DANNO CAUSATO DA ANIMALI).

Manicomio. Mental hospital (ISTITUTO DI CURA PER LE MALATTIE MENTALI). [vol. I: MENTAL DISORDER]

- **giudiziario.** È detto special hospital nel R.U.

Manifesta. (MANIFESTO/A)

Manifestante. Demonstrator (MANIFESTAZIONE).

Manifestazione in genere. Demonstration (DIMOSTRANTE; ORDINE PUBBLICO; RIUNIONE; SCIOPERO).

- **di volontà.** È detta, talvolta, nella teoria generale del diritto, *act of the party*, o *act in the law* (NEGOZIO GIURIDICO; VOLONTÀ).

Manifesto/a in genere. Apparent, manifest, obvious. Ma nella prassi politica britannica il sostantivo *manifesto* o *party political manifesto* indica il programma elettorale dei partiti (PROGRAMMA ELETTORALE). [vol. I: MANIFESTO]

- **delle provviste di bordo.** Stores list (LIBRI DI BORDO).
- **del movimento delle navi.** Sailing card, shipping card (NAVE).
- **di carico.** Cargo manifest (ELENCO DEI PASSEGGERI; PIRATERIA). [vol. I: MANIFEST; SEA LETTER]
- **di emissione di azioni.** Prospectus (AZIONE (II) DI SOCIETÀ).
- **elettorale.** (PROGRAMMA ELETTORALE)
- **ingiustizia.** Manifest injustice (ERRORE GIUDIZIARIO; REVOCAZIONE DELLA SENTENZA).

Manipolazione in genere. Manipulation, tampering with. Ma nella legislazione federale degli S.U. il termine manipulation indica una forma di aggiotaggio (ADULTERAZIONE; AGGIOTAGGIO; INDISCREZIONI SOCIETARIE; INQUINAMENTO DELLA PROVA). [vol. I: MANIPULATION; RIGGING THE MARKET]

- **dei prezzi.** Manipulation of prices (ACCAPARRAMENTO; AGGIOTAGGIO; PREZZI).
- **del testimone.** Tampering with witness (INQUINAMENTO DELLA PROVA).
- **di un documento.** Tampering with a document (FALSIFICAZIONE DI UN DOCUMENTO).

– **di un prodotto.** Tampering with a product (PRODOTTO; TUTELA DEL CONSUMATORE).

Manleva. (GARANZIA; LETTERA DI MANLEVA)

Mano. Hand (*BREVI MANU*; RAPINA A MANO ARMATA; SECONDA MANO).

– **d'opera.** Labour force, manpower, workforce (ESUBERANZA DI PERSONALE O DI MANODOPERA; LAVORO; OFFERTA DI LAVORO).

– **d'opera generica.** Unskilled labour (LAVORO).

– **d'opera specializzata.** Skilled labour (LAVORO).

Manomissione. Pilferage; questo termine è riferito più spesso alla manomissione o al furto di cose nel corso del trasporto o di cose depositate. Rientra nella figura del *theft* (APPROPRIAZIONE INDEBITA; FURTO; MANIPOLAZIONE). [vol. I: *ad vocem*; INSURANCE: II. 5; LARCENY; NON-DELIVERY]

Manomorta. Mortmain. Ha luogo nelle alienazioni a favore di una persona giuridica e, storicamente, di enti ecclesiastici. Proibita da diversi *Statutes of Mortmain*. Fanno eccezione alcune *corporations* come le università di Oxford e Cambridge e le diverse *associations*, come *building societies*, *friendly societies*, *industrial and provident societies*, etc. La materia è ora regolata in Inghilterra dal Charities Act 1960, che prevede appunto un'eccezione al divieto nel caso di alienazione a favore di una *charity* (ASSOCIAZIONE CON-SENZA SCOPO DI LUCRO; CIRCOLAZIONE DEI BENI; DIRITTO (II) INDISPONIBILE; LIBERA CIRCOLAZIONE DEGLI IMMOBILI; PERPETUITÀ; SUCCESSIONE DELLE PERSONE GIURIDICHE). [vol. I: CHARITY; CORPORATION; MORTMAIN; PERPETUITY; SETTLEMENT]

Manoscritto. Manuscript (ATTO; ISTRUMENTO).

Manovre fraudolente in titoli di società in genere. Manipulation, rigging the market, insider trading o dealing (AGGIOTAGGIO; INDISCREZIONI SOCIETARIE; MANIPOLAZIONE; SOCIETÀ (II) COMMERCIALE).

Mansione in genere. Duty, office, commission, task, assignment, job, function, mission. In tema di responsabilità indiretta per i danni commessi dai preposti o dipendenti (*agents and servants*), il criterio consiste nell'accertare se il dipendente ha agito nell'ambito delle proprie mansioni, ossia « within the scope of his authority », o « of the employment » (COMPITO; FUNZIONE; MANDATO; RAPPORTO DI LAVORO; RESPONSABILITÀ INDIRETTA). [vol. I: VICARIOUS LIABILITY; WITHIN THE COURSE AND SCOPE OF EMPLOYMENT]

Mantenimento in genere. Maintenance, alimony, support. Ma si noti che il termine *maintenance* indica, in senso stretto, a seconda dei casi, sia il mantenimento che gli alimenti nostrani. Negli S.U. — stato federale — la materia è disciplinata, anche se non interamente, dai singoli stati dell'Unione (ALIMENTI; ASSEGNO (I) ALIMENTARE; MANUTENZIONE; MATRIMONIO; MEZZI DI SUSSISTENZA; OBBLIGO DEL MANTENIMENTO; SENTENZA CHE STABILISCE IL MANTENIMENTO; STATO DI BISOGNO; SUCCESSIONE). [vol. I: AFFILIATION; ALIMONY; FAMILY PROVISIONS; MAINTENANCE; PALIMONY; SUPPORT]

– **dei figli.** Support of children, maintenance of children (ALIMENTI; STATO DI BISOGNO). [vol. I: AFFILIATION; MAINTENANCE OF CHILDREN; NECESSARIES]

– **del coniuge.** Maintenance of spouse, support of spouse (ALIMENTI; CONIUGE). [vol. I: DIVORCE; JUDICIAL SEPARATION; MARRIAGE]

– **del prezzo.** Price maintenance (PREZZO).

– **provvisorio.** Maintenance pending suit, alimony pendente lite, temporary alimony (ALIMENTI).

Manuale giuridico. Law textbook, textbook, o handbook. Si distingue dal *book of authority* e dal *case book* (CASI E MATERIALI; CITAZIONE DI AUTORI GIURIDICI; DOTTRINA; FONTI DEL DIRITTO; PUBBLICAZIONE GIURIDICA; TESTI GIURIDICI). [vol. I: AUTHORITY: 2; BOOK; CASE BOOK; CASE METHOD; DOCTRINE; TEXTBOOK]

Manutenzione in genere. Maintenance, servicing o repair service. Il contratto di manutenzione di un prodotto è detto *service contract* (ATTO DI ORDINARIA-STRAORDINARIA AMMINISTRAZIONE; AZIONE (I) DI MANUTENZIONE; CATTIVA MANUTENZIONE; GARANZIA; LOGORÌO; MANTENIMENTO; ORDINARIA MANUTENZIONE; SERVIZIO FUORI GARANZIA; SERVIZIO IN GARANZIA). [vol. I: WEAR AND TEAR]

– **ordinaria.** Ordinary maintenance servicing (ORDINARIA AMMINISTRAZIONE). [vol. I: WEAR AND TEAR]

– **ordinaria di un immobile da parte del *tenant*.** Keeping the premises in good repair o in a tenant like manner (CATTIVA MANUTENZIONE). [vol. I: DILAPIDATION; LANDLORD AND TENANT; WASTE]

– **straordinaria.** Extraordinary maintenance o servicing.

Mappa. Map, charter. *Unchartered waters* sono dette le acque di cui non esiste una mappa o rilevazione; ma si tratta anche di una espressione metaforica per indicare l'ignoto (ACQUE; CARTA; CATASTO; IGNOTO; NAVIGAZIONE).

– **catastale.** Grosso modo, plat map: è così definita negli S.U. (CATASTO).

Marca in genere. Mark, stamp (LETTERA DI MARCA; MARCHIO; SIGILLO).

– **da bollo.** Stamp, stamp duty, revenue stamp. Ma non esiste né nel R.U. né negli S.U. comune misura con l'alluvionale fenomeno nostrano delle marche da bollo richieste nel nostro sistema che, nel solco della tradizione borbonica, impone il pagamento di una tassa per l'esercizio di un diritto. Lo Stamp Act del 1765 fu una delle cause non ultime della ribellione dei coloni americani alla corona britannica (BOLLO; IMPOSIZIONE FISCALE).

Marchio. Mark, trademark (CONTRASSEGNO; FIRMA; FUNGIBILE; IMPRONTA; MARCA; PUNZONE; SEGNO; SIGILLO; SPECIFICAZIONE; TARGA). [vol. I: COUNTERMARK; EARMARK; MARK; TRACING; TRADE MARK]

– **depositato.** (*infra*, MARCHIO DI FABBRICA DEPOSITATO)

– **di commercio.** Trade name, brand, house brand, private brand, merchandise mark (DENOMINAZIONE COMMERCIALE DI UN PRODOTTO; DITTA). [vol. I: TRADE NAME]

– **di fabbrica** o **di impresa in genere.** Trade mark. In senso lato, il termine indica, oltre che il marchio di fabbrica, anche il *trade name*, cioè la ditta o insegna. Si parla di *merchandising of trade marks* per indicare il commercio dei marchi, e di *gray market goods* per indicare una serie di ipotesi in cui delle merci prodotte all'estero e recanti un marchio di fabbrica americano sono importate negli S.U. senza il consenso del titolare americano del marchio (CONTRAFFAZIONE DEL MARCHIO DI FABBRICA; ESCLUSIVITÀ DEL MARCHIO DI FABBRICA; ETICHETTAGGIO; GIUSTIZIA ALTERNATIVA; INTERESSE AL NOME; MERCI; MONOPOLIO; PIRATERIA; PREUSO DEL MARCHIO DI FABBRICA; TRASFERIMENTO DEL MARCHIO DI FABBRICA; VIOLAZIONE DEL MARCHIO DI FABBRICA). [vol. I: FRANCHISE: 3; GOODWILL; PASSING OFF; PIRACY: 2; TRADE MARK]

Bibl.:

Auteri, P., *Lo sfruttamento del valore suggestivo dei marchi d'impresa mediante merchandising* (1989) 2 CeI 510.

Benussi, F., *Marchio comunitario*, in *Digesto IV Utet, Comm.*, vol. IX: 276.

id., *Marchio nelle convenzioni internazionali*, ibid.: 298.

Floridia, G., *Marchio nazionale di esportazione*, in *Digesto IV Utet, Comm.*, vol. IX: 296.

Franceschelli, R., *Il marchio dei creatori del gusto e della moda* (1988) 3 CeI 780.

Galgano, F., *Il marchio nei sistemi produttivi integrati; sub forniture, gruppi di società, licenze « merchandising »* (1987) 1 CeI 173.

Sena, G., *Marchio di impresa (natura e funzione)*, in *Digesto IV Utet, Comm.*, vol. IX: 292.

Toni, A. M., *Merchandising e marchio celebre in Italia: affievolimento della funzione distintiva?* (1990) 1 CeI 15.

– **di fabbrica collettivo.** Combined trade mark.

– **di fabbrica depositato.** Registered trade-mark (*supra*, MARCHIO DI FABBRICA O DI IMPRESA).

– **di identificazione dei metalli preziosi.** (PUNZONATURA DEI METALLI PREZIOSI)

– **d'impresa.** Trade mark (*supra*, MARCHIO DI FABBRICA O DI IMPRESA).

– **di origine.** Merchandise mark (ORIGINE).

Mare. Sea, seas (ALTO MARE; ASSICURAZIONE MARITTIMA; DIRITTO (I) DEL MARE; FONDO MARINO; IN MARE; LETTO DEL MARE; LIDO DEL MARE; MARINA; NAVE; NAVIGAZIONE MARITTIMA; OLTREMARE; PERICOLI DI MARE; RIVA DEL MARE; SPEDIZIONE NAUTICA; TRASPORTO MARITTIMO). [vol. I: ADMIRALTY; MARINE; MARITIME; NAVIGATION; OFF-SHORE; SEA]

– **adiacente.** Adjacent o contiguous sea (ZONA CONTIGUA). [vol. I: ADJACENT SEA; CONTIGUOUS ZONE; SEA]

– **aperto.** High seas, open sea (*infra*, MARE CHIUSO; MARE TERRITORIALE; ALTO MARE). [vol. I: *ad vocem*]

– **chiuso.** Close sea, come il Mar Baltico e il Mar Nero (*supra*, MARE APERTO; *infra*, MARE INTERCLUSO). [vol. I: CLOSE SEAS]

– **intercluso.** Land-locked sea (*supra*, MARE CHIUSO). [vol. I: LAND-LOCKED SEAS AND LAKES]

– **interno.** (ACQUE INTERNE)

– **patrimoniale.** Patrimonial sea. [vol. I: EXCLUSIVE ECONOMIC ZONE]

– **territoriale.** Territorial sea o waters (ACQUE INTERNE; BAIA; CABOTAGGIO; RADA; TRAFFICO COSTIERO; ZONA CONTIGUA). [vol. I: TERRITORIAL SEA]

Marea. (LIVELLO DI MAREA; MARE)

Margine di profitto. Profit margin (PROFITTO).

Marina in genere. Shipping, marine (MARE; NAVE). [vol. I: SHIPPING]

– **da guerra.** Navy (NAVE DA GUERRA).

– **mercantile.** Merchant navy, merchant shipping (CONFERENZA MARITTIMA). [vol. I: *ad vocem*]

Marinaio. Seaman, mariner, seafarer (LAVORATORE MARITTIMO).

– **semplice.** Ordinary seaman (GENTE DI MARE).

Maritale. Marital o conjugal (CONIUGALE; MARITO; MATRIMONIO). [vol. I: CONJUGAL RIGHTS; MARITAL; MARRIAGE]

Marito allontanatosi dalla moglie. Estranged husband (DIVORZIO; MOGLIE ALLONTANATASI DAL MARITO; SEPARAZIONE LEGALE).

Marito e moglie. Husband and wife. I diritti e doveri del marito sono detti rights and duties of husband (ALIMENTI; ASSISTENZA TRA CONIUGI; MANTENIMENTO; MATRIMONIO; MOGLIE). [vol. I: CONJUGAL RIGHTS; HUSBAND AND WIFE; MARRIAGE]

Marittimo. (LAVORATORE MARITTIMO; MARINAIO)

Marketing. Termine non giuridico riferito alla tecnica aziendale concernente lo sviluppo delle vendite di beni e servizi (MARCHIO DI FABBRICA; PREZZO; PROMOZIONE DELLE VENDITE; PUBBLICITÀ; VENDITA PROMOZIONALE). [vol. I: *ad vocem*]

Massa. Mass, bulk. Nel senso di patrimonio, termine privo di equivalenza, si parla, grosso modo, di *estate* (ALL'INGROSSO; ATTIVO; FALLIMENTO; PASSIVO; PATRIMONIO).

– **attiva del fallimento.** Bankruptcy assets (ATTIVO; FALLIMENTO). [vol. I: ASSETS]

– **dei creditori.** Grosso modo, creditors of the bankruptcy estate.

– **di cose generiche.** Unascertained goods in bulk (BENI FUNGIBILI). [vol. I: GOODS; UNASCERTAINED GOODS]

– **ereditaria.** Grosso modo, estate of deceased person; ma in effetti non sussiste equivalenza in senso stretto data la notevole diversità del regime della devoluzione ereditaria (SUCCESSIONE PER CAUSA DI MORTE). [vol. I: SUCCESSION]

– **fallimentare attiva.** Grosso modo, bankrupt's estate; nel caso di società, si parla di bankrupt company estate, o di bankrupt corporation estate (FALLIMENTO).

– **fallimentare passiva.** Liabilities of the bankruptcy estate (FALLIMENTO).

Massacro. (STRAGE)

Massima/e in genere. Maxim.

– **giuridica.** Legal maxim. La *common law* fa largo ricorso alle massime giuridiche. Ma gli *acoustic agreements* non devono ingannare: esse nascondono spesso significati giuridici assai diversi per il *civil lawyer*. Celebri sono le *maxims of equity*. [vol. I: LATIN; LEGAL MAXIMS; MAXIMS OF EQUITY]

– **giurisprudenziale.** Grosso modo, court holding, headnote, holding of judgment, maxim, rule. Ma non esiste la massima qual è intesa nel nostro sistema, né massimari, né l'Ufficio del Massimario, e tantomeno, l'utilizzazione spesso aberrante che delle massime si fa nel nostro paese. Ufficio descritto con reverenza e ammirazione; spesso si assicura che è l'unico o il migliore esistente al mondo. Eppure, nel paese dei primati negativi come il nostro, qualche riserva è d'obbligo. Il fatto che spesso non esista un equivalente in ben meno disatrate amministrazioni giudiziarie (di *civil law*) insospettisce. Ad ogni modo, esso appare al comparatista una delle tante stranezze nostrane: in un sistema come il nostro, per princìpi e diritto positivo di natura legislativa, e non giurisprudenziale — in altre parole, in cui, almeno sul piano della teoria delle fonti, il precedente giudiziario non ha forza vincolante — si assiste ad un'applicazione meccanica di massime che, infarcite di *obiter dicta*, usano invariabilmene violenza al caso da cui pretendono di estrarre la regola (DIGESTO; DISPOSITIVO DELLA SENTENZA; FONTI DEL DIRITTO; GIURISPRUDENZA; PRECEDENTE GIUDIZIARIO; *RESTATEMENT*; RIVISTE DI GIURISPRUDENZA). [vol. I: LAW REPORTS]

Bibl.:

De Nova, G., *L'astrattezza delle massime e le origini dell'Ufficio del Massimario* (1988) 2 CeI 516.

Galgano, F., *Dei difetti della giurisprudenza, ovvero dei difetti delle riviste di giurisprudenza* (1988) 2 CeI 504.
Roselli, F., *Massimazione e memorizzazione della giurisprudenza costituzionale* (1988) 2 CeI 488.

Massimale in genere. Maximum, top, ceiling, plafond.

- **di polizza di assicurazione.** Threshold insurance amount, top policy cover o coverage, insurance limit. Il nostro paese — dopo aver introdotto con una ritardo di oltre mezzo secolo l'assicurazione obbligatoria della responsabilità civile in tema di circolazione automobilistica — è il solo in Europa a prevedere massimali di rischio del tutto risibili, diversamente dalla stragrande maggioranza dei paesi industriali dell'Occidente, in cui l'assicurazione automobilistica comporta una copertura illimitata. A riconferma dello strapotere delle compagnie di assicurazione nel nostro paese (ASSICURAZIONE CONTRO I DANNI DALLA CIRCOLAZIONE DI AUTOVEICOLI; COPERTURA ASSICURATIVA; LIMITE DELLA RESPONSABILITÀ CIVILE; POLIZZA (I) DI ASSICURAZIONE).

  Bibl.:
  Franzoni, M., *La valicabilità del massimale di polizza nell'assicurazione obbligatoria della responsabilità civile* (1985) 1 CeI 89.

- **di rischio.** Insurance cover, insurance coverage (*supra*, MASSIMALE DI POLIZZA DI ASSICURAZIONE; RISCHIO).

Massimario di giurisprudenza. Grosso modo digest of case law (DIGESTO; FONTI DEL DIRITTO; MASSIMA GIURIDICA; REPERTORIO DI GIURISPRUDENZA; RIVISTE DI GIURISPRUDENZA).

Massimo della pena. Maximum sentence, maximum penalty (MINIMO DELLA PENA; PENA). [vol. I: PUNISHMENT; SENTENCE]

Mastro. (LIBRO MASTRO)

Materia/e in genere. Matter, substance. [vol. I: MATTER]

- **contenziosa.** Contentious business (COMPETENZA PER MATERIA; GIURISDIZIONE CONTENZIOSA). [vol. I: CONTENTIOUS BUSINESS]
- **del contendere.** Matter in issue (CONTROVERSIA; QUESTIONE DI FATTO-DI DIRITTO). [vol. I: ISSUE]
- **prime.** Commodities, raw materials (A PRONTI; BORSA MERCI; DERRATE; MATERIALE NUCLEARE; MERCATO DEI PRODOTTI AGRICOLI E DELLE MATERIE PRIME).

Materiale/i in genere. Material (IMMATERIALE; IRRILEVANTE; RILEVANTE).

- **giuridici.** Legal materials, ossia, almeno in parte, le fonti del diritto. Ormai notissima è la raccolta bimensile dal titolo *International Legal Materials* (ILM), edita dall'American Society of International Law, Washington, D.C., che fornisce in lingua inglese dati documentali legislativi, giurisprudenziali e di diritto internazionale pattizio di prima mano altrimenti non facilmente reperibili. *Cases-Text-Materials* recita il sottotitolo della notissima opera di R. B. Schlesinger dal titolo *Comparative Law* [1950, ed. 1988]. *Materials* indica i materiali giuridici, a parte le decisioni e il testo (FONTI DEL DIRITTO; MANUALE GIURIDICO).
- **nucleare.** Nuclear material (TRASPORTO DI MATERIALE NUCLEARE).
- **probatorio.** Probative material; rientra in questa definizione l'*evidence,* ossia le testimonianze, gli scritti, e gli oggetti materiali proposti come elementi di prova (EVIDENZA PROBATORIA; PRODUZIONE DI DOCUMENTI O DI LIBRI CONTABILI; PROVA).
- **probatorio esibito all'autorità giudiziaria.** Exhibit (*DISCOVERY*; PRODUZIONE; REPERTO).

Maternità. Maternity (CONGEDO PER MATERNITÀ; GENITORE; MADRE; PADRE; PATERNITÀ).

- **naturale.** Natural maternity. La dichiarazione giudiziale della maternità naturale avviene in Inghilterra e negli S.U. mediante un *affiliation order* (PATERNITÀ). [vol. I: AFFILIATION]

Matrice in genere. Matrix (COPIA; DOCUMENTO; DUPLICATO; MADRE; ORIGINALE DI UN DOCUMENTO). [vol. I: COUNTERFOIL]

- **di un documento.** (ORIGINALE DI UN DOCUMENTO)

Matricola in genere. Register, roll, list, registration number, number, matricula (ALBO; REGISTRO). [vol. I: REGISTER; REGISTRY]

- **delle navi.** Register of ships (NAVE; REGISTRO DELLE NAVI). [vol. I: *ad vocem*]

Matrigna. Step-mother (MADRE).

Matrimonio. Marriage. Negli S.U. la materia è regolata dal diritto dei singoli stati dell'Unione; ma va rilevata una tendenziale uniformità di regime. Talvolta il matrimonio viene descritto come un *contract*; ma è dubbio se si tratti di un rapporto contrattuale o di uno *status*: anzi, secondo una celebre sentenza della *Supreme Court* nel caso *Maynard* v. *Hill*, 125 U.S. 190 (1888), il matrimonio nasce come un contratto, ma diviene uno *status* (ACCESSO MATRIMONIALE; ADULTERIO; ALIMENTI; ANNULLAMENTO DEL MATRIMONIO; ASSENZA DI RAPPORTI SESSUALI TRA CONIUGI; ASSISTENZA TRA CONIUGI; CASA MATRIMONIALE; CAUSA (III) MATRIMONIALE; CERTIFICATO DI MATRIMONIO; COABITAZIONE; COMUNIONE DEI BENI TRA CONIUGI; CONIUGALE; CONIUGE; CONIUGIO; CONSENSO NEL MATRIMONIO; CONSUMAZIONE DEL MATRIMONIO; CONTRATTO: III; DIRITTO (I) INTERNAZIONALE PRIVATO; DISPENSA DALLE PUBBLICAZIONI DI MATRIMONIO; DISPENSA MATRIMONIALE; DIVORZIO; DOMICILIO; DONAZIONE OBNUZIALE; FEDELTÀ CONIUGALE; GRADI DI PARENTELA PROIBITI NEL MATRIMONIO; ILLECITO MATRIMONIALE; INCAPACITÀ DI CONTRARRE MATRIMONIO; INCOMPATIBILITÀ DI CARATTERE; IRREPARABILE ROTTURA DEL RAPPORTO MATRIMONIALE; MANTENIMENTO; MARITALE; MARITO E MOGLIE; MATRIMONIO; MORTE; NULLITÀ DEL MATRIMONIO; ORDINE PUBBLICO; PRESUNZIONE DI LEGITTIMITÀ; PROMESSA DI MATRIMONIO; PUBBLICAZIONI DI MATRIMONIO; RAPPORTI PATRIMONIALI TRA CONIUGI; RICONCILIAZIONE; SCIOGLIMENTO DEL MATRIMONIO; SEPARAZIONE DEI CONIUGI; SEVIZIE NEL MATRIMONIO; *STATUS*: 4; TRASCRIZIONE DEL MATRIMONIO; VEDOVA; VINCOLO AL MATRIMONIO; VITA). [vol. I: ABSENCE; HUSBAND AND WIFE; MARRIAGE; MARRIED WOMEN'S PROPERTY; ORDRE PUBLIC; PRESUMPTION OF LIFE OR DEATH; SEPARATE ESTATES]

- **annullabile.** Voidable marriage.
- **civile.** Civil marriage. In Inghilterra è definito marriage by certificate of a superintendent registrar, o marriage in a registry office (*infra*, MATRIMONIO RELIGIOSO).
- **misto.** Intermarriage.
- **nullo.** Void marriage (NULLITÀ DEL MATRIMONIO).
- **per procura.** Marriage by proxy, proxy marriage. Non è ammesso dall'ordinamento inglese; ma è riconosciuto quello celebrato in un paese che ammette tale forma (DIRITTO (I) INTERNAZIONALE PRIVATO; IMPEDIMENTO MATRIMONIALE; ORDINE PUBBLICO: 1). [vol. I: IUS COGENS; MARRIAGE; MARRIAGE BY PROXY; PROXY; PUBLIC ORDER]
- **putativo.** Putative marriage (PUTATIVO).
- **religioso.** Religious marriage (*supra*, MATRIMONIO CIVILE).

Maturato. Due, owing, outstanding, accrued. Un diritto maturato, venuto ad esistenza, è detto *accrued right* (DEBITO SCADUTO ED ESIGIBILE; DIVIDENDO DOVUTO; MATURAZIONE DEGLI INTERESSI; MATURITÀ; NOLO MATURATO; SCADUTO). [vol. I: ACCRUED; DEBT; DUE; MATURITY; OUTSTANDING; OWING]

Maturazione degli interessi. Accrual, accruing, o apportionment, of interests (INTERESSI SUL CAPITALE; MATURATO; MATURITÀ).

Maturità in genere. Si noti che il termine maturity indica non la maggiore età, ma la scadenza (MAGGIORE ETÀ; MATURATO; SCADENZA). [vol. I: MATURITY]

Maxi-processo o **processo penale di massa.** Grosso modo, cage-trial, multitrial, maxitrial, show-trial. Ma non esiste nel linguaggio giuridico inglese e nordamericano un termine esattamente equivalente, dato che non esiste la cosa — se non in dimensioni molto ridotte — ossia il maxi-processo o, se si vuole, il processo penale di massa, definito un processo mostro non solo dai giuristi di *common law*.

1. In un collegamento televisivo via satellite *Worldnet*, riportato dal *Messaggero* del 13 marzo 1991, Rudolph Giuliani, notissimo procuratore distrettuale nordamericano, ha dichiarato: « In Usa portiamo alla sbarra un massimo di 25 imputati, perché se aumentasse il numero crescerebbe il rischio di errori e quindi di insuccessi della giustizia ». Del resto, i processi di Norimberga ai criminali di guerra nazisti che coinvolgevano, a dir poco, diecine di migliaia di collaboratori ed esecutori, sono stati celebrati, nella sua fase principale, soltanto contro 18 imputati. Tra i tanti misteri della ricerca (*pour ainsi dire*) nostrana vi è anche quello del perché il più importante processo di massa celebrato in tutta la storia giudiziaria dell'Occidente sia stato tanto trascurato dall'alluvione di studi processualpenalistici nostrani, spesso concentrati su temi, a dir poco, assai bizzarri.

2. Sul tema del processo di massa appaiono illuminanti gli atti del Convegno Nazionale di S. Remo del 1987 — *Anatomia del Maxiprocesso* (pubblicati dalla rivista *Difesa Penale*, Latina, Bucalo) — che ha visto la partecipazione di numerosi e noti giuristi italiani. Tramontata la prassi del maxi-processo, grazie al nuovo codice di procedura penale, restano, però il dibattito e le nostalgie dei molti che ancora oggi ne esaltano i pregi nella... lotta alla criminalità organizzata.

Maxi-processo

3. Il compianto Giovanni Falcone [*Le critiche ai maxiprocessi,* in *Mondoperaio*, aprile 1992, p. 33] osserva, tra l'altro, che: « Sarebbe augurabile, in particolare, che si cominciasse a riconoscere che i cosiddetti processi di massa non sono stati il frutto di una perversa volontà dei giudici ma l'effetto, in presenza di una certa disciplina della connessione in un sistema processuale inquisitorio, di una criminalità di massa costituente connotazione essenziale della realtà contemporanea ».
4. Si tratta di una analisi sostanzialmente corretta che mette in rilievo la micidiale miscela tra connessione e processo inquisitorio. Se poi la *criminalità di massa* — che senza alcun dubbio ha assunto nel nostro paese dimensioni impensabili altrove — debba comportare questo tipo di processo, se questo tipo di processo sia la risposta più adeguata, è un discorso diverso. Da molti si è collegato il processo di massa al tipo di società industriale contemporanea: di massa gli autori dell'illecito penale (o civile), di massa le vittime, di massa il processo. Ma quale società di un qualsiasi paese industriale non è una società di massa? E perché tra i paesi occidentali solo l'Italia ha adottato questa soluzione?
5. Il collegamento tra processo e società è ormai così normale da rasentare ormai la banalità. Il fatto è che nessun paese ha dato una risposta così disastrosa ai problemi della società di massa nel campo della giustizia penale. A non parlare del processo civile, che pure è processo di massa negli S.U. (si pensi alla *class action*), del tutto ignorato dal legislatore e dai nostri prolifici processualcivilisti.
6. Titta Mazzuca ripete ormai da anni un ritornello, ossia la necessità di razionalizzare il potenziamento della macchina della giustizia quale premessa di un recupero minimo di efficienza di un'attività fondamentale dello stato. Basterebbe pensare al disastroso rapporto tra p.m. e polizia, combinazione di due colossali inefficienze.
7. Una delle giustificazioni del maxi-processo starebbe in questo; che, essendo la mafia una organizzazione che fa capo ad una « cupola », seguendo le divagazioni (chiamate di correo) dei pentiti, percorrendo giudiziariamente tutte le diramazioni da loro suggerite (migliaia di persone in tutti i punti del globo), si possa arrivare al vertice, eliminato il quale verrebbe a cadere la ragnatela mafiosa stesa su tutto il paese, o, almeno, su una gran parte di esso. Ma la procura di Milano — alla quale va la riconoscenza di milioni di italiani — ha dimostrato *per tabulas* che la « cupola » andava cercata in ben altra direzione: ossia che da noi la grande *criminalità organizzata* è *criminalità politica* (di cui quella del Mezzogiorno, con tutte le sue innegabili specificità, ne costituisce semplicemente una diramazione) organizzata in un *assetto delinquenziale del potere legale* qual è inevitabilmente quello che si produce in qualsiasi paese del mondo in cui da mezzo secolo si è smantellato qualsiasi tipo di controllo, a cominciare da quello costituito dall'opposizione al governo. In questo senso, con tutto il rispetto, non piccolo, che si deve a coloro che hanno pagato di persona per il loro impegno, l'enorme spreco di uomini e di risorse nel perseguire una criminalità geograficamente localizzata appare, per molti versi, come *una colossale operazione di depistaggio politico.* Non già che non esista criminalità siculo-meridionale; non già che essa non sia specialmente efferata; non già che non esista una innegabile specificità locale. Il fatto è che, il fenomeno per la sua enormità, non è neanche ipotizzabile al di fuori di un determinato assetto del potere legale nel nostro paese. Insomma, un pò come lottare il nazismo limitandosi a perseguire il comandante del campo di sterminio.
8. Ma al di là delle posizioni e opinioni sul maxi-processo, non sembra che sia stato sottolineato abbastanza che esso è nato nell'alveo della *democrazia consociativa.* Quando il maggior partito della sinistra non riesce a proporsi come credibile partito di opposizione — anzi, *impedisce* il ricambio — la lotta politica deve essere trasferita al di fuori delle sue sedi naturali, ossia, più spesso, nelle aule giudiziarie che offrono l'occasione di tallonare in provincia l'avversario col quale si intende spuntare il migliore accordo possibile al centro.
9. Una buon parte della magistratura nostrana — anche di quella giudicante — ha riservato al nuovo codice di procedura penale un'accoglienza non troppo diversa da quella manifestata a suo tempo al codice Zanardelli. La ragione di questo atteggiamento risiede nell'opinione che il nuovo processo rende difficili i maxi-processi, e che questi ultimi sono uno strumento insostituibile nella lotta contro la criminalità organizzata. Ma si tratta di una non-ragione: di fatto, *i risultati dei maxi-processi italiani condotti col rito inquisitorio sono fallimentari.* Istruttorie e processi *monstre*, risoltisi, a diecine di anni di distanza, in bolle di sapone che non resistono al benché minimo con-

trollo di legalità; incontrollabili teoremi accusatori che crollano come castelli di carta; congetture, sentito dire, allusioni, ricatti. Il problema non è quello del rito, ma del tipo di risposta che nel suo insieme la classe dirigente di un paese può dare a talune gravi devianze collettive da essa stessa ingenerate.

10. Si dice anche, correttamente, che il maxi-processo nasce da due matrici: la criminalità organizzata e il pentitismo, incentivato dal legislatore in tutti i modi con la legislazione premiale. Ma la criminalità organizzata — nelle mostruose dimensioni italiane — nasce da un fatto politico, dalla gestione consociativa del potere (e dalla assenza, anche solo sul piano potenziale, del ricambio delle forze politiche al governo del paese) e, quindi, dallo smantellamento di tutte quelle forme di *controllo* politico, economico, amministrativo, giudiziario, etc., che assicurino quel minimo di decorosa efficienza a un paese che si pretende civile.

11. In effetti, per quanto i grandi processi possano spesso servire ad evocare dei grandi temi politici come, ad es., nel caso Dreyfus, una delle più importanti conquiste della civiltà giuridica occidentale è che il processo penale non è fatto per affrontare situazioni di criminalità di massa che coinvolgono addirittura diecine di milioni di persone: questo compito spetta alla politica, alla decente amministrazione della cosa pubblica, alla polizia, e così via cantando; e solo in una fase ultimativa alla giustizia che interviene, quando interviene, per sua natura, sempre *ex post*, ossia quando i buoi sono scappati. Scopo del processo penale è di accertare se un determinato imputato, o più imputati (un numero ragionevole: nei ben più efficienti sistemi giudiziari inglese e nordamericano un maxi-processo con più di 25 imputati sarebbe difficilmente ipotizzabile) siano colpevoli di specifiche violazioni della legge penale sulla base di prove credibili fornite dall'accusa. Questo spiega perché nel paese dell'*habeas corpus*, il R.U. faccia ricorso nell'*Ulster* alla pratica massiccia dell'internamento senza processo degli irredentisti irlandesi. Processo, peraltro, già privato, grazie alle c.d. *Diplock courts*, del suo ingrediente fondamentale, ossia della giuria. Una situazione che impedisce al R.U. di introdurre nel proprio ordinamento interno la Convenzione Europea sui Diritti dell'Uomo. Negli S.U. qualora si ritiene che il processo duri più di 4 mesi esso non può essere celebrato contro un numero maggiore di 10 imputati.

12. Come ha osservato Titta Mazzuca: « la lotta alla criminalità organizzata attraverso il maxi-processo e il pentitismo tende soprattutto ai grandi numeri, ma non raggiunge mai quei vertici e quei collegamenti tra mafia e politica che il pentito non denuncia mai, forse anche per mancanza di conoscenza, a cui si potrebbe pervenire dopo il travaglio di raffinate investigazioni e di ardue infiltrazioni » [Convegno Nazionale, cit., 27]. Ciò che in effetti hanno dimostrato i magistrati milanesi.

13. Ma vi è anche un'altra miscela che spiega i processi *monstre* nostrani, ossia la combinazione di reato associativo e obbligatorietà dell'azione penale. Di modo che la proposta di Titta Mazzuca di abolire tutti i reati associativi come titoli autonomi e stabilire invece circostanze aggravanti dei delitti commessi dall'associato sembra la più ragionevole in un regime che sancisce l'obbligatorietà dell'azione penale. In questo senso, va rilevato che se il RICO ha introdotto nel sistema penale nordamericano federale e dei singoli stati il reato associativo di *racketeering*, soltanto la discrezionalità dell'azione penale consente la ragionevole gestione dei processi. Insomma, delle due l'una; ma combinare, in un paese di illegalità di massa come il nostro, obbligatorietà e reati associativi significa volere il fallimento della giustizia. L'obbligatorietà dell'azione penale determina dimensioni mostruose del processo penale in una situazione in cui il sistema non consente di selezionare le imputazioni e gli imputati, distinguere tra i reati minori e quelli maggiori per colpire anzitutto questi ultimi. Pertanto, una discrezionalità ponderata e controllata dell'azione penale sembra un passaggio ineludibile che peraltro può essere affrontato soltanto in un contesto politico radicalmente diverso da quello attuale che vede la criminalità organizzata insediata nel cuore del potere politico. In questo senso, l'ineludibile tema della discrezionalità dell'azione penale, nelle attuali condizioni del paese, pone il problema irresolubile degli *organi* e degli *uomini* cui un tale terribile potere possa essere attribuito.

14. La vittima più illustre — non la sola, certo — della pratica dei maxi-processi, — è stato Enzo Tortora. Era il tempo — solo qualche anno fa — in cui chiunque poteva essere arrestato in qualsiasi ora del giorno e della notte e gettato a marcire in carcere per mesi o anni senza che nessuno fosse mai chiamato a rispondere delle *lettres de cachet* emesse dagli inquirenti. Duole dirlo, ma, col

caso Tortora la magistratura italiana si è inferta da sé un colpo di mortale discredito.
15. Fino a qualche tempo fa — ossia, fino a quando le indagini giudiziarie condotte in alcune regioni del Nord non hanno rivelato la ampiezza e sistematicità della criminalità organizzata delle amministrazioni locali e l'intreccio tra imprese pubbliche e private, tra politica e criminalità, non pochi opinionisti e mafiologhi (ormai una autentica armata) facevano a gara nel proporre misure draconiane da imporre al peraltro indifendibile Mezzogiorno. Si è spesso invocato l'esempio dell'Irlanda del Nord, l'apertura di campi di internamento, il taglio delle forniture pubbliche (acqua, gas, telefono) a interi quartieri, rastrellamenti e perquisizioni militari, etc. Le recenti rivelazioni giudiziarie hanno fatto giustizia delle proposte che assumevano una situazione criminale limitata ad una sola regione del paese. Concludendo: (i) il processo penale non può essere strumento di lotta alla criminalità di massa; (ii) o la classe politica si riforma o si porrà, come già si pone, il problema di dichiarare associazioni per delinquere non pochi dei poteri legali esistenti nel paese, come del resto si è fatto con numerosissimi consigli regionali e comunali regolarmente eletti, a cominciare da quello di Napoli.
16. Quando la forza politica che si autodefinisce di opposizione non esercita quella funzione di controllo che dovrebbe essere la sua prima ragione di essere, ma persegue un demenziale progetto di *egemonia* da realizzare attraverso l'alleanza stretta con la forza che dovrebbe combattere per cacciare a furor di popolo; quando sono gli stessi meccanismi, gli stessi istituti giuridici (si pensi al blocco sociale e politico — anche di opposizione — che difende a spada tratta il criminoso regime dei lavori pubblici esistente nel nostro paese), addossare alla magistratura il compito di lottare la criminalità di massa è un volgare inganno al quale la magistratura italiana, *che ha assistito spesso complice allo scempio del paese*, ha il gravissimo torto di essersi prestata (AZIONE (I) DI CATEGORIA; AZIONE (I) PENALE; CONNESSIONE DI CAUSE; CORROBORAZIONE; CRIMINALITÀ ORGANIZZATA; CUMULO NEL PROCESSO PENALE; DISCREZIONALITÀ DELL'AZIONE PENALE; ERRORE GIUDIZIARIO; INTERESSI DIFFUSI; INVESTIGATORE PRIVATO; LIBERO CONVINCIMENTO DEL GIUDICE; MAFIA; MAGISTRATURA; ORDINAMENTO GIUDIZIARIO; PROCESSO DI MASSA; PROCESSO PENALE; REATI ASSOCIATIVI; RISCONTRO DELLA PROVA; SEPARAZIONE DEI PROCEDIMENTI; SISTEMA PENALE ACCUSATORIO). [vol. I: NUREMBERG TRIALS]

Meccanismo utili. Profit-sharing mechanism (UTILI).

Media. Espressione inglese ormai entrata nel linguaggio nostrano per indicare i *media of communication*, ossia i mezzi di informazione come la radio, televisione, stampa, cinematografia, etc. Il diritto dei media è detto *media law*.
1. È detto *trial by news media* il fatto dei *media* di riportare in maniera così diffusa un processo in corso da dar luogo, in sostanza, a un altro processo dell'imputato davanti all'opinione pubblica. Le leggi inglesi e nordamericane, per quanto entrambe ispirate fortemente alla necessità di assicurare all'imputato un *fair trial*, ossia un processo imparziale, divergono grandemente per quanto attiene alla copertura dei *media* dei fatti di cronaca giudiziaria. Negli S.U. il primo emendamento [1791] della costituzione, nella sua ampiezza privo di equivalenza nel sistema costituzionale britannico, sembra, in effetti sacrificare, nella sua concreta attuazione, il *fair trial* al diritto di espressione e al diritto di sapere del pubblico. Assai restrittivo appare, invece, al confronto, il regime inglese che troppo spesso, al contrario, in nome della c.d. *sub judice rule* sacrifica considerevolmente il diritto di cronaca. Negli S.U. — stato federale — il quadro appare più articolato. In effetti, sembra potersi dire che, in generale, si passa da un iniziale divieto della ripresa fotografica e radiotelevisiva del processo, ad una tendenziale accettazione di questi *media*. L'ostilità nei confronti delle riprese fotografiche emerse verso la fine degli anni '30, in occasione del processo, ampiamente pubblicizzato dai *media* dell'epoca, a Bruno Hauptmann, accusato del rapimento e dell'omicidio del piccolo Lindbergh. Questa *coverage*, ritenuta eccessiva, indusse l'*American Bar Association* a raccomandare nel 1937 il divieto di qualsiasi ripresa fotografica di processi in corso. Il Congresso adottava, quindi, la R. 53 delle *Federal Rules of Criminal Procedure* che stabiliva il divieto assoluto di riprese fotografiche e radiotelevisive di qualsiasi processo penale federale. La maggior parte degli stati dell'Unione adottava questo principio, di guisa che, fino al 1962, ad eccezione del Texas e del Colorado, negli S.U. esisteva il divieto delle c.d. *cameras in courtrooms*. In effetti, il dilemma, non ancora risolto del tutto, è se la ripresa televisiva del processo penale costituisca violazione dei diritti dell'imputato a un *fair trial*, e quindi una violazione del *due process*. Peraltro, dal 1965

alla fine degli anni '80 le decisioni della *Supreme Court* segnano il passaggio, da un iniziale divieto stabilito nel caso *Estes,* ad una posizione intermedia, ma in sostanza liberalizzatrice, costituita dal caso *Chandler* con cui — pur non annullando la regola *Estes* — nell'affermare che la copertura radiotelevisiva non costituisce di per sé violazione del *due process*, si lasciava liberi gli stati dell'Unione di stabilire il proprio regime in materia. D'altro canto, il passaggio da *Estes* a *Chandler* si spiega anche con il miglioramento delle tecniche di diffusione radiotelevisiva e con una raggiunta parità con la stampa per quanto attiene all'accesso ai processi in corso. In breve, nel 1990 circa 45 stati dell'Unione consentivano, a seconda dei casi, su base sperimentale o in maniera permanente, la copertura totale o parziale dei processi. Resta, invece, il *divieto* di qualsiasi copertura fotografica o radiotelevisiva per i *processi penali federali*, ai sensi della citata R. 53 delle *Federal Rules of Criminal Procedure*. Peraltro, nel 1991 la *U.S. Judicial Committee* ha autorizzato la ripresa diretta radiotelevisiva in sei dei 94 distretti giudiziari federali per i processi civili. Resta da segnalare peraltro la recisa opposizione dei Presidenti Earl Warren e Warren Burger alla ripresa televisiva dei processi della *Supreme Court* fondata sulla convinzione che essa avrebbe distrutto l'immagine della Corte nel paese e che, quindi, tutt'al più, potrebbero essere diffuse in diretta soltanto brevi parti di determinati procedimenti.

2. Nell'ambito comunitario, grande importanza assume la normativa che tende a stabilire nel settore televisivo degli standards uniformi nei paesi membri.

Quanto al regime nostrano, salvo determinati casi come il processo Cusani-Enimont — in buona sostanza, per la sua obiettiva rilevanza, processo politico a una classe dirigente (si fa per dire) delinquenziale — appare di assai dubbia correttezza giuridica e assai poco rispettosa dei diritti dell'imputato la rubrica fissa di Rai Tre (rete Pds) « Un giorno in Pretura ».

3. Ma non si può parlare di *media* senza almeno accennare al tema del regime radiotelevisivo. Anche qui, il contromodello politico, economico e sociale del paese rende se non impossibile, certamente molto difficile la comparazione. La materia si ricollega sul piano dei princìpi all'assenza di un decoroso regime antimonopolistico nel nostro paese. Più in particolare, se notorio è il caso della stampa italiana controllata da gruppi industriali, è la *straordinarietà* del regime radioteleviso a lasciare sbigottiti gli osservatori stranieri e i nostri partner europei. In effetti, il *duopolio* radioteleviso Rai-Fininvest che, tra l'altro, monopolizza il 90 per cento della pubblicità, appare unico al mondo: lo stesso organamento della radiotelevisione di stato — spartita tra i partiti — è privo di riscontro. A differenza del R.U., dell'Europa in genere e degli S.U. — in cui al sostanziale equilibrio tra fini pubblicistici ed interessi privati si è sempre affiancato il pluralismo dell'informazione — da noi dopo il primo decennio di giungla dell'etere (a seguito della famigerata sentenza n. 207/76 della Corte Costituzionale che liberalizzava l'utilizzo delle frequenze in ambito locale) sono seguiti tre provvedimenti legislativi che hanno sempre più consolidato il duopolio dell'informazione esclusivamente a favore della Rai e della Fininvest. Ora — dopo la strepitosa vittoria elettorale di una forza politica che dispone di uno dei due poli del duopolio — il tema di una sospirata legge *antitrust* in materia radiotelevisiva contribuisce in maniera determinante alla grave crisi politica del paese. Grossi interessi privati e di corporazioni pubbliche si intrecciano e si scontrano a questioni politiche di prima grandezza, che attengono ai diritti fondamentali dei cittadini. Nel Mezzogiorno, dove particolarmente conflittuale si presenta la situazione soprattutto a causa delle gravissime specificità locali, Marco Del Gaiso, combattivo avvocato napoletano, difensore delle reti televisive regionali campane, protesta vivacemente contro l'attuale regime radiotelevisivo e la farsa delle graduatorie per l'individuazione dei *network* concessionari. Ma è tutto il sistema che, su scala nazionale, come si dice, è nato storto: la « forza legale », essa stessa parte in causa, dispone dell'etere — bene comune e limitato — allo stesso modo in cui gestisce le concessioni sul *demanio pubblico*: con che è detto tutto. E la serie infinita di diritti acquisiti, aspettative e interessi confliggenti tra loro, in maniera spesso violenta, appare ormai assai difficile da compattare nell'interesse generale. In effetti, c'è un solo interesse di cui nessuno in sede politica o giudiziaria ha mai tenuto conto: ossia, quello comune, come se l'etere fosse appropriabile dal primo arrivato e spezzettabile tra amiconi.

Ecco una delle tante materie che, come si è detto, proprio per la sua *diversità* sistemica non si presta a comparazione: e, d'altro canto, la mera descrizione comparatistica del complesso regime italiano di per sé appare di scarso interesse sul piano giuridico, se non, magari a riconferma dello squallore di una classe, per così dire, dirigente.

4. Negli S.U., sotto la rubrica *right of reply* vengono sussunte talune diverse questioni che attengono, tra l'altro, al I emendamento [1791] della costituzione. Una di esse attiene alla questione, posta abbastanza vigorosamente, se la legge, proprio per consentire l'applicazione di detto emendamento, non dovrebbe stabilire che i *media* riservino, a seconda dei casi, dello spazio o del tempo, a coloro che desiderino replicare a o commentare talune delle opinioni espresse. Secondo alcuni giuristi, il suddetto emendamento stabilisce il divieto della limitazione della libertà di espressione, ma non la sua estensione. Essi sostengono che, esattamente come la scarsità di frequenze limita il numero di trasmissioni radiotelevisive, così la concentrazione economica ha ridotto drasticamente il numero di giornali. E, quindi, per sviluppare lo scambio di idee sul mercato dei *media*, sembra ragionevole esigere che giornali ed emittenti radiotelevisive offrano qualche diritto di accesso a coloro che di tali mezzi non possono disporre. Ma nel *leading case* del *Miami Herald Publishing Co.* v. *Tornillo* 418 U.S. 241 (1974), la *Supreme Court* federale dichiarava incostituzionale — in quanto in violazione del I emendamento che garantisce la libertà di stampa — la legge locale che stabiliva il *right of reply* (diritto di replica), e quindi l'obbligo di riservare uno spazio ai candidati o persone attaccate dal giornale. La Corte motivava la sua decisione sostenendo, tra l'altro, che una tale legge avrebbe comportato una forma di autocensura e una intrusione ingiustificata nel processo editoriale. Peraltro, sembra che vi sia una diversità di regime in materia tra la carta stampata e gli altri *media*. In effetti, solo cinque anni prima, nel caso *Red Lion Broadcasting Co. Inc.* v. *Federal Communications Commission* 395 U.S. 367 (1969), la Corte aveva unanimamente sostenuto un *right of reply* relativamente ai mezzi radiotelevisivi. In quel caso la *Supreme Court* aveva ritenuto la costituzionalità della c.d. *fairness doctrine* e delle *rules* in tema di *personal attack* e di editoriali politici imposte dalla *Federal Communications Commission.* Tacitamente, la decisione confermava anche la costituzionalità della disposizione sulla c.d. *equal opportunity* del Federal Communications Act. Nel 1978 la Commission aboliva la suddetta *fairness doctrine*, ma le c.d. *personal attack rule, political editorial rule* e la *Equal Opportunity Law* restavano in vigore. Le *rules* della FCC in parola, salvo talune eccezioni, stabiliscono l'obbligo a carico di emittenti radiotelevise di riservare tempo a favore di persone o gruppi di cui si contesta la integrità personale e ai candidati politici da esse opposti. Quanto alla *Equal Opportunity Law*, anche qui, con qualche eccezione, essa stabilisce l'obbligo per le stazioni radiotelevisive che prevedano trasmissioni per taluni candidati di stabilire un uguale tempo disponibile per altri candidati alla stessa carica. Attualmente, sembra potersi dire che un *right of reply* relativo ai *media* radiotelevisivi è limitato a un certo tipo di attacchi personali e nell'ambito delle campagne politiche. Ma, com'è stato avvertito, è dubbio fin quando possa sopravvivere un *right of reply* in un sistema dominato tecnologicamente dall'elettronica. Le poche proposizioni che precedono appaiono utili nella misura in cui danno un'idea della complessità di una materia sulla quale esiste una sterminata bibliografia (CANALE TELEVISIVO; CRONACA GIUDIZIARIA; DIFFAMAZIONE; DIRITTO (I) DELLE COMUNICAZIONI DI MASSA; DIRITTO (II) DI CRONACA; FIGURA PUBBLICA; GIORNALE; GIORNALISMO; GIORNALISTA; INFORMAZIONE; MONOPOLIO; *NETWORK*; OPINIONE PUBBLICA; PROCESSO EQUO; PROCESSO PUBBLICO; PUBBLICITÀ PREGIUDIZIEVOLE; QUARTO POTERE; REATI COMMESSI A MEZZO DELLA STAMPA; RISERVATEZZA; SEGRETO ISTRUTTORIO; STAMPA; STAZIONE RADIO PIRATA; TELEVISIONE). [vol. I: FREEDOM OF INFORMATION; MEDIA; PRESS; PRIVACY; SUB JUDICE; THALIDOMIDE CASE; TRIAL BY PRESS]

Bibl.:

Barron, J.A., *Reply, Right of*, in *Oxford* 1992: 726.

Chamberlin, B. F., *Speech and the Press*, ibid.: 808.

Gambaro, M., *Per un'analisi economica della televisione*, il Mulino 1/93: 116.

Mele, M., *La Tv italiana*: *in trattativa perenne con il potere politico*, ibid.: 134.

Rosenberg, N.L., *Libel*, in *Oxford* 1992: 502.

Silva, F., *Le politiche pubbliche per il settore televisivo*, il Mulino 1/93: 125.

Stone, G. R., *New York Times Co.* v. *Sullivan*, in *Oxford* 1992: 586.

Vertone, S., *Nel nome dell'audience: l'ultima divinità del conformismo di massa*, il Mulino 1/93: 111.

Mediatore in genere. Broker, intermediary, mediator, finder. In particolare, il mediatore — inteso nel senso di cui all'art. 1754 c.c. — è reso dalla figura del *finder* che si limita a mettere in relazione due o più parti per la conclusione di un affare senza essere legato ad alcuna di esse da rapporti di collaborazione, di dipendenza o di rappresentanza. Il finder non è *agent* di alcuna delle parti, e non partecipa al negoziato finale e alla conclusione del contratto. Egli svolge una diffusa e importante attività specie in materia di fusione di società, di sottoscrizione di titoli mobiliari, di contratti di mutuo, di reclutamento di un particolare tipo di professionista o amministratore di società, etc. Diversa appare la figura del *broker*, che conclude contratti. Ma questa è una materia in cui appare difficile distinguere e comparare tra le varie figure di operatori. I termini *mediator* e *mediation* sono impiegati in diritto internazionale per indicare il mediatore e la mediazione come forma di regolamento pacifico delle controversie. Il mediatore tra poteri è detto *power broker* (AGENTE DI BORSA; ARBITRATO; ARBITRO IMPARZIALE; *BROKER*; COMMISSIONE DI MEDIAZIONE; INTERMEDIARIO; MEDIAZIONE; POTERE; PROCACCIATORE; SENSALE). [vol. I: BROKER; CONCILIATION; MEDIATION]

Bibl.:

Alpa, G. e Forlino, G. B., *Broker* in *Digesto IV Utet, Comm.*, vol. II: 361.

– **commerciale in genere.** Broker, mercantile agent. La natura giuridica di queste figure va accertata di volta in volta: il *mercantile agent* è un commesso addetto alla vendita. Talvolta il *broker* assume la figura di *agent* di una o di entrambe le parti (COMMISSIONARIO). [vol. I: AGENT; BROKERAGE; FACTOR; GENERAL COMMISSION AGENT]

– **di assicurazione.** Insurance broker. Si tratta di figura di operatore ritornata da poco a nuova vita in Italia, difficile da collocare nel nostro regime. Anche la traduzione di mediatore di assicurazione sembra inadeguata (*BROKER* DI ASSICURAZIONE). [vol. I: BROKER; INSURANCE: I. 21]

Bibl.:

Bin, M., *Broker di assicurazione* (1987) 2 CeI 531.

– **di carico.** Loading broker (SPEDIZIONIERE).

– **d'ingaggi.** Shipping commissioner (INGAGGIO).

– **Europeo.** European Mediator. Il parlamento europeo ha messo allo studio un progetto per la istituzione di un *Mediatore Europeo* competente a conoscere dei ricorsi dei cittadini dell'Unione nei casi di cattiva amministrazione delle istituzioni e degli organi comunitari (DIFENSORE CIVICO).

– **internazionale.** International mediator; come, ad es., nella guerra civile jugoslava. (ARBITRATO INTERNAZIONALE).

– **marittimo.** (SENSALE MARITTIMO)

– **tra poteri.** (*supra*, MEDIATORE IN GENERE)

Mediazione in genere. Brokerage, mediation. Ma il termine mediation è anche riferito alla mediazione internazionale. Negli S.U. il *Mediation and Conciliation Service* è un organismo federale incaricato di risolvere le controversie collettive di lavoro mediante la conciliazione e la mediazione (ARBITRATO; CONCILIAZIONE; GIUSTIZIA ALTERNATIVA; LAVORO; MEDIATORE; SENSERIA). [vol. I: BROKERAGE; MEDIATION]

Medicina legale. Forensic medicine, medical jurisprudence, legal medicine (ANTROPOLOGIA GIURIDICA; INFORMAZIONE GENETICA; PERIZIA MEDICA; PROVA; REFERTO MEDICO). [vol. I: FORENSIC MEDICINE; MEDICAL JURISPRUDENCE]

Medico in genere. Medical practitioner, general practitioner o G.P. (MEDICINA LEGALE; RESPONSABILITÀ PROFESSIONALE). [vol. I: MALA PRAXIS; MALPRACTICE; MEDICAL PRACTITIONER]

– **legale.** Forensic expert, forensic pathologist, medical expert, medical examiner. È un *expert* o *professional witness*; si noti che il *coroner* è una figura che non ha equivalenza nella tradizione di *civil law* (CONSULENTE TECNICO NEL PROCESSO; MORTE; RINVIO A GIUDIZIO). [vol. I: CORONER; EVIDENCE: II. 4, 9; EXPERT WITNESS; FORENSIC]

Medio/a in genere. Average, medium. Ma il termine *average* significa anche avaria, ossia danno (AVARIA). [vol. I: AVERAGE]

– **circolante.** Circulating medium (MONETA; VALUTA). [vol. I: *ad vocem*; BANK; CURRENCY; MONEY]

Megaprocesso. (MAXI-PROCESSO)

Membro in genere. Member. La qualità, lo stato di membro è definito *membership*; l'appartenenza a un gruppo dà luogo spesso ad uno *status*. Negli S.U. è definita *member bank* la banca affiliata al *Federal Reserve System*; nel mercato dei valori mobiliari e delle derrate si parla di *member firm* per indicare l'operatore (*brokerage firm*) affiliato, a seconda dei casi, a una borsa valori o a una borsa merci particolare (AFFILIATO; ASSOCIATO; BORSA MERCI; BORSA VALORI; PARTECIPAZIONE; SOCIO; STATUS; TESSERATO). [vol. I: MEMBER; MEMBERSHIP]

– **associato.** Associate-member (ASSOCIATO).

– **componente.** Component member (COMPONENTE).

– **del Congresso degli S.U.** Member of Congress, congressman; nell'uso popolare, member of Congress indica il membro della Camera dei Rappresentanti (CONGRESSO DEGLI S.U.). [vol. I: CONGRESS; CONSTITUTION]

– **del consiglio di amministrazione di società.** Director (AMMINISTRATORE DI SOCIETÀ; CONSIGLIO DI AMMINISTRAZIONE DI SOCIETÀ). [vol. I: DIRECTOR]

– **della commissione interna.** Grosso modo, shop steward, steward, union steward (COMMISSIONE INTERNA).

– **della giuria.** Jury-member (GIURATO).

– **della *House of Commons*,** o **deputato.** Member of Parliament o, più spesso, M.P. (PARLAMENTO). [vol. I: MEMBER OF PARLIAMENT]

– **della *House of Lords.*** Lord of Parliament (*supra*, MEMBRO DELLA *HOUSE OF COMMONS*. [vol. I: HOUSE OF LORDS; LORDS OF PARLIAMENT]

– **dell'equipaggio.** Crew member (EQUIPAGGIO; GENTE DI MARE).

– **eletto.** Elected member (ELEZIONI POLITICHE).

– **fondatore.** Original member (APPARTENENZA; FONDATORE; NAZIONI UNITE; PADRI FONDATORI).

– **non eletto.** Non elected member (COOPTAZIONE; NOMINA).

– **non permanente del Consiglio di Sicurezza delle N.U.** Non permanent member of the Security Council of the U.N.

– **permanente del Consiglio di Sicurezza delle N.U.** Permanent member of the Security Council of the U.N. (CONSIGLIO DI SICUREZZA; VETO).

– **uscente.** Retiring member.

Me medesimo. Self (PAGATE A FAVORE DI ME MEDESIMO).

Memorandum in genere. Memorandum, note. Il termine memorandum è impiegato in tema di: i) forma dei contratti nello *Statute of Frauds*, che esige per alcuni di essi la forma scritta *ad substantiam*; ii) assicurazione marittima, per indicare una postilla aggiunta alla polizza: essa esonera l'assicuratore dall'obbligo di risarcire il danno subito da merci particolarmente deperibili; iii) nel sistema inglese, costituzione di società commerciali (*memorandum of association*); iv) e nell'*hire-purchase* (MEMORIA). [vol. I: HIRE-PURCHASE; MEMORANDUM]

Memoria o **documento.** Pleading, brief, memorial; nel senso di facoltà intellettuale, si dice *memory* o *recollection* (A MEMORIA D'UOMO; MEMORANDUM; PROMEMORIA; RAPPORTO; RINFRESCARE LA MEMORIA; TESTIMONIANZA A FUTURA MEMORIA).

– **difensiva in genere.** Grosso modo, defence brief. Ma vi sono due *briefs* (grosso modo, memorie) di fondamentale importanza nel processo civile nordamericano che non trovano equivalenza nei sistemi di *civil law*. In breve, con l'*Amicus Curiae* si verifica in sede di appello l'intervento in giudizio di un terzo per offrire al giudice pareri su questioni di fatto o di diritto. Di origine inglese, esso ha subito uno spettacolare sviluppo negli S.U. consentendo l'intervento di individui o, più spesso, di gruppi di pressione in processi la cui decisione può avere riflessi che vanno al di là del solo interesse delle parti in causa. Il *Brandeis brief* consiste in una memoria presentata al giudice della controversia contenente un esame comparatistico di come la stessa questione è risolta in altri paesi, l'opinione di economisti ed altri esperti, etc. (COMPARSA CONCLUSIONALE; COMPARSA DI RISPOSTA; DIFESE NEL PROCESSO CIVILE; GRUPPO DI PRESSIONE; INTEGRAZIONE DELLE MEMORIE DIFENSIVE; NUOVE DEDUZIONI; OSSERVAZIONE SCRITTA; PROLISSITÀ; REPLICA). [vol. I: AMICUS CURIAE; BRANDEIS BRIEF; BRIEF; DEFENCE BRIEF; PLEADINGS; STATEMENT OF DEFENCE]

Memoriale. Memorandum, report (MEMORIA; PROLISSITÀ; PROMEMORIA).

Mensa. (BUONO MENSA). [vol. I: A MENSA ET THORO]

Mera/o in genere. Mere, sheer.

– **facoltà.** Mere licence; ma è dubbio che nella *common law* esista una esatta equivalenza (FACOLTÀ). [vol. I: LICENCE]

– **possesso.** Naked possession (DETENZIONE; POSSESSO DI FATTO).

Mercato/i in genere. Market, business. Nel diritto inglese non vige il principio che nell'acquisto di mobili il possesso vale titolo, ad eccezione delle merci acquistate a titolo oneroso e in buona fede in un *market overt.* Ma va aggiunto che, in pratica, specie grazie alla intensa tutela del consumatore, le opposte posizioni originarie delle due tradizioni giuridiche si sono avvicinate di molto (*infra*, MERCATO COMUNE EUROPEO; ABUSO DI POSIZIONE DOMINANTE; ACCETTAZIONE DELLE MERCI NELLA VENDITA; ACQUISTO *A NON DOMINO*; A PRONTI; AUTONOMIA CONTRATTUALE; BORSA VALORI; *CASH AND CARRY;* COMMERCIO; CONCORRENZA; DERRATE; DIRITTO (I) COMMERCIALE; DIRITTO (II) DI AUTORE; DOMANDA; ECONOMIA DI MERCATO; ECONOMIA NERA; FUSIONE DI SOCIETÀ; INDICATORE ECONOMICO; IPERMERCATO; *LEX MERCATORIA*; LIBERA INIZIATIVA; MERCI; MONOPOLIO; OFFERTA; POSIZIONE DOMINANTE NEL MERCATO; POSSESSO VALE TITOLO; PREZZO; PRODOTTO; PUBBLICITÀ; QUOTA DI MERCATO; QUOTAZIONE DI MERCATO; RICERCA DI MERCATO; SUPERMERCATO; TASSO DI MERCATO; TRASFERIMENTO DELLA PROPRIETÀ; TUTELA DEL CONSUMATORE; VALORE DI MERCATO). [vol. I: MARKET OVERT; NEMO DAT QUOD NON HABET; OWNERSHIP; POSSESSION]

– **all'ingrosso.** Wholesale market (ALL'INGROSSO).

– **a pronti.** Spot market, spot trading (*infra*, MERCATO A TERMINE; MERCATO DEI PRODOTTI AGRICOLI E DELLE MATERIE PRIME; A PRONTI; CONSEGNA A PRONTI). [vol. I: FUTURE CONTRACT]

– **assicurativo.** Insurance market (ASSICURAZIONE).

– **a termine.** Futures market (*supra*, MERCATO A PRONTI; BORSA MERCI; *SPOT*). [vol. I: FUTURE CONTRACT]

– **azionario** o **borsistico.** Stock market, equity market. Nella terminologia degli *Stock Exchanges* nordamericani, sono definiti *Market Movers* quei titoli che tipicizzano il movimento delle quotazioni. Il rialzo fraudolento delle quotazioni dei titoli è detto *rigging the market* (AGGIOTAGGIO; BORSA VALORI; INDISCREZIONI SOCIETARIE; *INSIDER TRADING*; TITOLI MOBILIARI QUOTATI IN BORSA).

– **azionario al rialzo.** Bull market, seller's market (BORSA VALORI).

– **azionario al ribasso.** Bear market, buyer's market (BORSA VALORI).

– **azionario ristretto.** Over-the-counter market, over-the-counter securities business, secondary market; relativo ai titoli non quotati in borsa. È detto così il mercato ristretto della borsa di New York, in cui vengono trattati, fuori dai recinti delle contrattazioni ufficiali, titoli non quotati in borsa. L'associazione degli operatori (*brokers-dealers*) su questo tipo di mercato è negli S.U. la NASD, o National Association of Securities Dealers, Inc.; il relativo sistema informatico è il NASDAQ, o National Association of Securities Dealers Automated Quotations, di cui analoghi esistono in Giappone e in altri paesi ma (ovviamente) non in Italia: o, almeno, non ancora (AZIONI (II) TRATTATE FUORI BORSA; BORSA VALORI; SOCIETÀ (II) NON QUOTATA IN BORSA; TITOLI MOBILIARI ATIPICI). [vol. I: OVER-THE-COUNTER MARKET]

– **azionario secondario.** (*supra*, MERCATO AZIONARIO RISTRETTO)

– **comunale.** Local market (*supra*, MERCATO IN GENERE).

– **comune europeo.** (COMUNITÀ ECONOMICA EUROPEA)

– **dei cambi.** Currency market, foreign exchange market (CAMBIO).

– **dei capitali.** Capital market (*infra*, MERCATI FINANZIARI).

– **dei *futures*.** (*supra*, MERCATO A PRONTI; *infra*, MERCATO DEI PRODOTTI AGRICOLI E DELLE MATERIE PRIME).

– **dei metalli preziosi.** Bullion market (BORSA DEI METALLI; METALLI PREZIOSI).

– **dei noli.** Freight market (NOLO).

– **dei prodotti agricoli e delle materie prime.** Commodity market. Negli S.U., dove questo tipo di mercato è nato ed ha avuto il suo massimo sviluppo, esso è soggetto al controllo della *Commodity Futures Trading Commission,* una *agency* federale. Nel mercato delle derrate vengono definite *spot trading* quelle transazioni di vendita e pagamenti a pronti, in contrasto con le c.d. *trading in futures* (*supra*, MERCATO A PRONTI; MERCATO A TERMINE; A PRONTI; A TERMINE; BORSA DEI METALLI; BORSA MERCI; DERRATE). [vol. I: FUTURE CONTRACT]

– **dei titoli di Stato.** Gilt-edged market (TITOLI DI STATO).

– **dei titoli mobiliari.** Stock-Exchange (BORSA VALORI; TITOLI MOBILARI).

– **dei titoli non quotati in borsa.** (*supra*, MERCATO AZIONARIO RISTRETTO)

– **delle derrate e materie prime.** (*supra*, MERCATO DEI PRODOTTI AGRICOLI E DELLE MATERIE PRIME)

– **delle obbligazioni.** Bond market (OBBLIGAZIONE (II) QUALE TITOLO MOBILIARE).

– **delle obbligazioni di rischio.** Junk bond market (OBBLIGAZIONE (II) DI RISCHIO).

– **delle opzioni.** Option market (OPZIONE).

– **delle opzioni trattate.** Traded options market (OPZIONE).

– **delle valute.** Currency market, exchange market (*infra*, MERCATO MONETARIO; VALUTA).

– **di sconto.** Discount market; è detta così quella parte del mercato monetario che tratta i *commercial paper* ossia, grosso modo, le cambiali (*infra*, MERCATO MONETARIO; EFFETTI DI COMMERCIO).

– **di voto.** (VOTO DI SCAMBIO)

– **estero dei cambi.** Foreign exchange market (CAMBIO).

– **finanziari.** Financial markets (*infra*, MERCATO MONETARIO; BANCA DI AFFARI; BANCA DI INVESTIMENTO; BORSA VALORI; ISTITUZIONI FINANZIARIE).

Bibl.:

Regoli, D., *Mercati finanziari in diritto comparato*, in *Digesto IV Utet, Comm.*, vol. IX: 407.

– **illegale.** Illegal market (ECONOMIA NERA).

– **immobiliare.** Housing market (IMMOBILE).

– **internazionale delle merci.** International commodity trading (*supra*, MERCATO DEI PRODOTTI AGRICOLI E DELLE MATERIE PRIME; A PRONTI).

– **interno.** Domestic market, home market, internal market (ATTO UNICO EUROPEO).

– **istituzionale.** Institutional market (INVESTITORE ISTITUZIONALE). [vol. I: INSTITUTIONS]

– **mobiliare.** Securities market (BORSA VALORI).

– **monetario.** Money market (*supra*, MERCATO DELLE VALUTE; MERCATO DI SCONTO; DENARO; MONETA).

– **nero.** Black market (CONTRABBANDO; ECONOMIA NERA; TASSO DI CAMBIO AL MERCATO NERO).

– ***offshore***. Offshore market. [vol. I: OFFSHORE]

– **oligopolistico.** Oligopolistic market (MONOPOLIO).

– **ristretto dei valori mobiliari.** (*supra*, MERCATO AZIONARIO RISTRETTO)

– **terziario.** (*supra*, MERCATO AZIONARIO RISTRETTO)

– **unico.** Single market (ATTO UNICO EUROPEO).

– **Unico Europeo.** European Single Market o ESM (ATTO UNICO EUROPEO; COMUNITÀ ECONOMICA EUROPEA; UNIONE EUROPEA).

– **valutario.** (*supra*, MERCATO DELLE VALUTE)

Merce. (MERCI/E)

Merchandising. (MARCHIO DI FABBRICA)

Bibl.:

Introvigne, M., *Merchandising*, in *Digesto IV Utet, Comm.*, vol. IX: 463.

Merci/e in genere. Goods, merchandises, commodities. Sembra appena il caso di menzionare che nei paesi ad economia di mercato si tratta di un concetto giuridico fondamentale, oltre che economico. Respingere le merci è detto *reject (to) goods* (ABBUONO; ANTICIPO SU MERCI; ARTICOLO CIVETTA; ASSICURAZIONE DI MERCI; AVENTE DIRITTO ALLE MERCI; BENE; CALO DELLA MERCE; COMMERCIABILE; COMMERCIO; CONCORRENZA; CONFUSIONE DI COSE; CONSEGNA; CONSUMO; CONTRAZIONE DELLA MERCE; COSE DEPERIBILI; DAZIO DOGANALE; DERRATE; DESCRIZIONE DELLE MERCI; DETENZIONE DI MERCI; DIRITTO (II) DI CONTRORDINE NEL TRASPORTO; DIRITTO (II) DI RESPINGERE LE MERCI NELLA VENDITA; ESITABILE; FALSA DESCRIZIONE DELLE MERCI; FERMO DELLE MERCI DA PARTE DEL MITTENTE; FORNITURA DI MERCI; IDENTIFICAZIONE DELLE MERCI; IDONEITÀ ALL'USO DELLE MERCI; IMBARCO; LIBERTÀ DI CIRCOLAZIONE COMUNITARIA; LODI ECCESSIVE DELLA PROPRIA MERCE; MAGAZZINAGGIO; MAGAZZINI GENERALI; MAGAZZINO; MARCHIO DI FABBRICA; MERCATO; MERCATO DEI PRODOTTI AGRICOLI E DELLE MATERIE PRIME; MITTENTE; NEGOZIO; PASSAGGIO DEL RISCHIO; POLIZZA DI DEPOSITO DI MERCI; PRODOTTO; PRODUTTORE; PUBBLICITÀ; QUALITÀ COMMERCIABILE; QUALITÀ DELLA MERCE; RICEVITORE DI COSE o MERCI; RIFIUTO DELLE MERCI NON CONFORMI AI PATTI NELLA VENDITA; SCAMBIO; SCARICAZIONE DI MERCI; SFRIDO; SOSPENSIONE DEL TRASPORTO A RICHIESTA DEL MITTENTE; TERMINI DI RESA; TITOLI RAPPRESENTATIVI DI MERCI; TRASPORTO DI MERCI; TUTELA DEL CONSUMATORE; VEICOLO PER IL TRASPORTO DI MERCI; VENDITA DI MERCI; VENDITA DI MERCI CIVETTA; VENDITA SU DESCRIZIONE; VIZIO DELLE MERCI). [vol. I: AS IS; CARRIAGE OF GOODS; DOCUMENT OF TITLE; GOODS; INCOTERMS; MARKET OVERT; REJECTION OF GOODS; SALE; STOPPAGE IN TRANSITU; TALE QUALE]

– **accettate.** Accepted goods (*supra*, MERCI IN GENERE).

– **avariate.** Damaged goods (CALO DI MERCI).

– **caricate sopra coperta nel trasporto marittimo.** Goods carried on deck (TRASPORTO MARITTIMO). [vol. I: BILL OF LADING; CARRIAGE BY SEA]

– **civetta.** (VENDITA DI MERCI CIVETTA)

– **commerciabili.** Merchantable goods (*infra*, MERCI IDONEE ALL'USO; TUTELA DEL CONSUMATORE). [vol. I: CONSUMER PROTECTION; GOODS; MERCHANTABLE QUALITY; PRODUCT LIABILITY; SALE: X. 2]

– **contraffatte.** Counterfeit goods, pirated goods (CONTRAFFAZIONE; PIRATERIA). [vol. I: PASSING OFF; PIRACY]

– **danneggiate.** Damaged goods (TRASPORTO DI MERCI).

– **deperibili.** Perishable goods (DANNO; DEPERIMENTO; MEMORANDUM). [vol. I: *ad vocem*; CARRIAGE; GOODS; SALE; WEAR AND TEAR]

– **depositate nei magazzini doganali.** (*infra,* MERCI IN DOGANA)

– **depositate nei magazzini generali.** Goods in public warehouses (MAGAZZINI GENERALI). [vol.I: BONDED GOODS; DOCK WARRANT; DOCUMENT OF TITLE; WAREHOUSE; WAREHOUSE RECEIPT]

– **destinate al consumatore.** Consumer goods (TUTELA DEL CONSUMATORE). [vol. I: *ad vocem*]

– **di contrabbando.** Smuggled goods (CONTRABBANDO; SEQUESTRO DI MERCI DI CONTRABBANDO).

– **difettose.** Defective, o faulty, goods (DIFETTO; RESPONSABILITÀ DEL PRODUTTORE; VIZIO).

– **di seconda qualità.** « Second » (SECONDA MANO).

– **durevoli.** Durable goods (BENI DUREVOLI).

– **esaurite.** Sold out goods (ESAURIMENTO DELLE RISORSE; INVENDUTO; VENDUTO).

– **estere.** Foreign goods (COMMERCIO ESTERO; COMMERCIO INTERNAZIONALE).

– **future.** Future goods (MERCATO DEI *FUTURES*).

– **giacenti in magazzino doganale.** (*infra*, MERCI IN DOGANA)

– **idonee all'uso.** Si dice che esse sono *of merchantable quality* (*supra*, MERCI COMMERCIABILI). [vol. I: *ad vocem*; CAVEAT EMPTOR]

– **in conto deposito.** Goods on sale or return. Questa espressione indica, oltre che la vendita con riserva di gradimento, anche le merci in conto deposito (VENDITA IN CONTO DEPOSITO).

– **in deposito.** Goods on consignment (DEPOSITO).

– **in dogana.** Goods in bond, bonded goods (BOLLA DI ACCOMPAGNAMENTO; DAZIO DOGANALE; DOGANA; MAGAZZINI GENERALI). [vol. I: BILL OF SIGHT; BOND; BONDED GOODS; CUSTOMS (2); DOCK WARRANT; GOODS IN BOND; WAREHOUSE]

– **in franchigia doganale.** Duty-free goods (FRANCHIGIA DOGANALE; MAGAZZINI GENERALI).

– **in transito.** Goods in transit (*infra*, MERCI VIAGGIANTI; TRANSITO).

– **non durevoli.** Non-durable goods (BENI DUREVOLI).

– **non richieste.** Unsolicited goods; materia regolata nel R.U. dall'Unsolicited Goods and Services Act 1971 (CARTA DI CREDITO NON RICHIESTA; CLAUSOLA DI RIPENSAMENTO; SOLLECITAZIONE; TUTELA DEL CONSUMATORE).

– **non sdoganate.** Uncleared goods, goods in bond (MAGAZZINI GENERALI; SDOGANAMENTO). [vol. I: BONDED GOODS; CUSTOMS (2)]

– **pericolose.** Dangerous goods (SICUREZZA; TRASPORTO DI MERCI).

– **respinte.** Rejected goods (RESTITUZIONE DELLE MERCI NELLA VENDITA). [vol. I: REJECTION OF GOODS]

– **schiave di dazio.** Dutiable goods (DAZIO; DOGANA).

– **sdoganate.** Cleared goods (DOGANA). [vol. I: BONDED GOODS]

– **su ordinazione.** Goods on order (ORDINAZIONE).

– **viaggianti.** Goods in transit (*supra*, MERCI IN TRANSITO; DIRITTO (II) DI CONTRORDINE NEL TRASPORTO; TRASPORTO DI MERCI). [vol. I: STOPPAGE IN TRANSITU]

Mercuriali in genere. Market reports, market lists (PREZZO).

Meretricio. Prostitution (ADESCAMENTO; LENOCINIO; PROSTITUZIONE).

Meritevole di credito. Creditworthy (AFFIDABILITÀ; CREDITO).

Merito in genere. Merits; questo termine è riferito di solito alla sostanza della causa, ai diritti delle parti. È definita *judgment on the merits* la sentenza sul merito. Con il termine *nonsuit* si intende la decisione (*judgment of nonsuit*) con la quale — senza entrare nel merito — si fa luogo al rigetto della domanda dell'attore per inattività processuale o incapacità di provare la sostanza della sua pretesa. Ma, inteso in senso processuale, questo termine si presta a non pochi equivoci. Basta considerare, ad es., che non esistono né nel sistema inglese né in quello nordamericano giurisdizioni di merito e di legittimità in senso stretto e che, in principio, le questioni di fatto sono decise dalla giuria e quelle di diritto dal giudice. Dato il sistema di impugnazione esistente in quegli ordinamenti, la decisione di merito, che in un sistema di *civil law* si direbbe di primo grado, è esecutiva. La giuria, che emette un verdetto, come tale non motivato, non è ammessa in appello, il che spiega in buona parte perché, oltretutto, il merito non possa essere riesaminato in appello (APPELLO; CORTE DI CASSAZIONE; DECISIONE SUL MERITO; GIUDIZIO DI MERITO; GIUDIZIO SUL MERITO; GIURIA; GRADI DI GIURISDIZIONE; INATTIVITÀ PROCESSUALE; LEGITTIMITÀ; MERITOCRAZIA; PRIVO DI MERITO; QUESTIONE DI FATTO-DI DIRITTO; QUESTIONE DI MERITO).

– **della causa.** Merits of the case (*supra*, MERITO IN GENERE). [vol. I: QUESTION OF FACT-QUESTION OF LAW]

Meritocrazia. Meritocracy. Negli S.U. è detto *merit system* il sistema di reclutamento dei funzionari pubblici basato sul concorso pubblico per esami. Il *Merit System Protection Board* è l'organo federale competente a statuire sui ricorsi dei dipendenti federali in tema di rapporto di impiego. Le sue decisioni sono impugnabili davanti alla *Court of Appeals for the Federal Circuit* ossia — si noti — a un organo della giustizia ordinaria federale (AGONISTICA; CONCORSO PUBBLICO PER ESAMI; CONTROLLO DI QUALITÀ; DISUGUAGLIANZA; GIURISDIZIONALE; MERITO).

Mero. (MERA/O)

Mescolanza di cose. Confusion, intermixture (ACCESSIONE; CONFUSIONE; BENI FUNGIBILI; FUNGIBILITÀ; SPECIFICAZIONE DELLE MERCI NELLA VENDITA; UNIONE DI COSE). [vol. I: CONFUSION; FIXTURE]

Mese di scadenza. Month of expiry (SCADENZA).

Messaggio in genere. Address, message (PROMULGAZIONE DELLA LEGGE).

– **al Congresso del Presidente degli S.U.** Negli S.U. — stato federale — il Presidente (o il governatore di uno stato dell'Unione) può esprimere il proprio *veto* rifiutando di dare il richiesto assenso ad un *bill* approvato dal Congresso (o dagli organi legislativi dei singoli stati, ad eccezione del Rhode Island e del North Carolina). Il veto presidenziale è espresso con messaggio motivato: l'art. I, s. 7, cl. 2, della costituzione federale stabilisce che qualora il Presidente non approvi un *bill,* egli *shall return it with his Objections to the House* in cui ha avuto origine per una nuova deliberazione. Se il *bill* è approvato dai due terzi del Congresso, esso diviene legge. In tal caso si parla di *override (to) the veto*. Si tratta di un aspetto del sistema dei *checks and balances* che spiega, anche, lo stallo della politica nel caso — frequente da oltre 20 anni negli S.U. — in cui nel Congresso vi siano maggioranze diverse da quelle che esprimono la politica presidenziale. Inoltre, si parla di *pocket veto* per indicare quella forma particolare di veto del Presidente degli S.U. (o del governatore di uno stato dell'Unione) consistente, non già nel rifiuto motivato dell'approvazione di un *bill* approvato dal Congresso, ma nell'inerzia fino alla chiusura delle Camere. In effetti, ai sensi dello stesso articolo, qualora entro dieci giorni il Presidente non rinvii alle Camere un *bill* presentatogli, esso diviene legge automaticamente. Peraltro, se nel frattempo è intervenuta la chiusura delle Camere, il rinvio diviene impossibile e quindi il *Bill* decade. Per converso, si parla di *legislative veto* per indicare il rifiuto opposto dal Congresso alla legislazione materiale e agli atti dell'esecutivo. L'art. 74 della nostra costituzione costituisce, *mutatis mutandis*, la parafrasi della norma costituzionale nordamericana peraltro, con la differenza che nel caso italiano non si richiede che la legge rinviata sia approvata a maggioranza dei due terzi delle Camere. Beninteso, nel caso americano si è in presenza — a differenza del nostro — di una forma di governo presidenziale (*infra*, MESSAGGIO ALLE CAMERE DEL PRESIDENTE DELLA REPUBBLICA; PROMULGAZIONE DELLA LEGGE; RINVIO DI UNA LEGGE ALLE CAMERE CON MESSAGGIO MOTIVATO DEL PRESIDENTE DELLA REPUBBLICA PER CHIEDERE UNA NUOVA DELIBERAZIONE; VETO: 2).

– **alle Camere del Presidente della Repubblica.** Lett., message to the legislative bodies. Anche qui, riecheggia in qualche modo lo spirito della più antica e più prestigiosa costituzione nordamericama. Ai sensi dell'art. 87 della nostra costituzione, il Presidente della Repubblica può inviare messaggi alle Camere. Inoltre, in virtù del'art. 87, il Presidente della Repubblica, prima di promulgare la legge, può con messaggio motivato alle Camere chiedere una nuova deliberazione. Ma si tratta, *mutatis mutandis*, di un *déjà vu* (*supra*, MESSAGGIO AL CONGRESSO DEL PRESIDENTE DEGLI S.U.; *infra*, MESSAGGIO SULLO STATO DELL'UNIONE; VETO: 2).

– **pubblicitario.** Advertisement, commercial (*MEDIA*; PUBBLICITÀ).

– **sullo stato dell'Unione.** *State of the Union address* è il messaggio del Presidente degli S.U. al Congresso: « *He shall from time to time give to the Congress Information of the State of the Union, and recommend to their Consideration such Measure*s *as he shall judge necessary and expedient* » recita la s. 3 dell'art. II della costituzione federale (UNIONE).

Messa in mora. Putting in default (MORA).

Messa in pericolo. Putting in fear (MINACCIA; PERICOLO).

Messa in servizio. Commission, to (DISARMO).

Messa in stato di accusa del Presidente della Repubblica. Grosso modo, *impeachment of the President of the Republic.* Ma si tratta solo di una proposta di traduzione, accettabile solo se ci si affretta ad aggiungere che, in senso stretto, da noi, come del resto né nel sistema francese, né in quello tedesco, esiste l'*impeachment*. Ecco una delle tante espressioni di origine anglo-americana di cui il politichese nostrano e i nostri studiosi fanno quotidiano scempio; che riflette anche, forse, si spera, il desiderio di avere, oltre che la parola, anche la cosa; che, ancora un volta, non c'è.

1. Il procedimento appartiene in origine alla prassi parlamentare britannica; ma si tratta, sembra, di istituto caduto in desuetudine, essendo stato sostituito dalla *convention of ministerial responsibility* con l'obbligo delle dimissioni per fatti politicamente sanzionabili, mentre per quanto riguarda i reati comuni il primo ministro e i ministri rispondono davanti alla giustizia ordinaria.

2. Quanto agli S.U., il procedimento di *impeachment* (o *impeachment process*) del sistema costituzionale nordamericano non trova equivalenza nel procedimento di messa in stato d'accusa previsto dagli artt. 90 e 134 della nostra costituzione. In breve, nel nostro sistema, alla regola dell'irresponsabilità del Presidente della Repubblica per gli atti compiuti nell'esercizio delle sue funzioni si hanno le eccezioni tassative di alto tradimento o attentato alla costituzione. Al di fuori di queste ipotesi di reato, qualsiasi altra imputazione di reato dovrebbe essere perseguita davanti alla magistratura ordinaria. L'*impeachment* nordamericano, fondato su imputazioni di qualsiasi *reato* di una qualche gravità, ha per scopo unicamente la rimozione del Presidente, dei giudici, e di alti pubblici ufficiali federali sulla base di valutazioni esclusivamente politiche dei capi di imputazione. Il potere di *impeachment* spetta alla Camera dei Rappresentanti, mentre il Senato procede al giudizio. Il procedimento, definito *criminal*, si svolge davanti a una *quasi political court* costituita dal Senato degli S.U. che, ai sensi dell'art. II, s. 4, della costituzione, prevede la rimozione del Presidente *on Impeachment for, and Conviction of, Treason, Bribery, or other high Crimes and Misdemeanors.* La decisione si limita, in caso di condanna, esclusivamente alla rimozione dall'ufficio, mentre l'accertamento della responsabilità penale e l'eventuale condanna ha luogo davanti alla giurisdizione ordinaria. Ai sensi dell'art. I, s. 3, cl. 7, della costituzione federale: « *Judgment in Cases of Impeachment shall not extend further than to removal from Office, and disqualification to hold and enjoy any Office of honor, Trust, or Profit under the United States: but the Party convicted shall nevertheless be liable and subject to Indictment, Trial, Judgment, and Punishment, according to Law* ». Basterebbe questa *clause* della costituzione federale a caratterizzare il concetto di democrazia com'è intesa negli S.U. Ad ogni modo, se oggi, in sostanza, le disposizioni costituzionali sull'*impeachment* sono confinate alla condotta penalmente riprovevole, specie a seguito della decisione *Chase* del 1805, non va dimenticato che, nella lotta tra federalisti e repubblicani, che per diversi decenni ha squassato la giovane federazione, con la vittoria di questi ultimi si è tentato, al tempo della presidenza Jefferson, di utilizzare l'istituto dell'*impeachment* al di là delle imputazioni penali in senso stretto, ossia come strumento di rimozione degli avversari politici, piuttosto che per fatti di natura penale. I giudici federali, in quanto ri-

tenuti campioni del federalismo, erano il principale obiettivo dei repubblicani. In effetti, una serie di precedenti inglesi e americani anteriori all'indipendenza mostrava che l'istituto era stato impiegato per ottenere la rimozione degli avversari politici dalle loro cariche, e non soltanto come una punizione per la commissione di atti penalmente rilevanti. Ma, a seguito del case *Chase*, si consolidava l'odierna concezione dell'istituto per cui le ragioni dell'*impeachment* debbano essere fondate su fatti di natura penale. Si tratta di un procedimento macchinoso — usato di rado — limitato a una condanna (*conviction*) che comporta la sola rimozione dall'ufficio; mentre, come si è detto, ai fini della responsabilità penale in senso stretto la parte *convicted* (politicamente) risponde davanti al giudice penale ordinario. L'*impeachment process* è, quindi, un istituto squisitamente politico, anche se le ragioni messe a base di esso attengono solo alla commissione di illeciti penali. E che si tratti di un procedimento politico e non giudiziario in senso stretto, risulta, oltre che dalla natura della *conviction*, anche dall'*assenza della giuria*, in un sistema come quello americano che ne fa una fondamentale garanzia costituzionale.

3. Per contro, la irresponsabilità del Presidente della Repubblica italiana — a parte i reati di alto tradimento o attentato alla costituzione — arriva al punto di consentirgli qualsiasi scorrettezza anche la più grave, qualsiasi messa in ridicolo del paese che rappresenta senza che sia *impeachable* politicamente. La trovata dei nostri *founding fathers* suscita perplessità tanto più che il Presidente della Repubblica è eletto dal parlamento, e non dal popolo; insomma, diversamente da quanto accade negli S.U., in Italia il Presidente della Repubblica può essere rimosso esclusivamente per i due reati di cui sopra. Il giudizio ad opera della Corte Costituzionale (art. 134 della costituzione) si limita ad un accertamento tecnico-giuridico ad esclusione di qualsiasi valutazione politica che del resto non avrebbe neanche il potere di fare.

4. Ma è ancora niente. Si pensi alla decisione della Procura della Repubblica di Roma presa nel novembre 1993 nell'*affaire* Sisde per cui fin quando il Presidente della Repubblica resta in carica non è possibile fare alcun accertamento giudiziario su di lui, per quanto gravi possano essere i reati di cui è accusato e anche se si riferiscono a un periodo precedente la sua elezione [cfr. *la Repubblica*, 7 novembre 1993, p. 3]. Non solo: ma chiunque avanzi accuse contro di lui, anche se documentatissime, si rende colpevole per ciò solo del delitto di attentato alla costituzione e quindi meritevole di sanzioni penali.

5. In questa materia i confronti sono sempre umilianti (per noi); ma questo è dovere del comparatista serio: se si pone mente alla vicenda Nixon — sia detto *en passant*, notevole uomo di stato — e alla ben diversa strada seguita nel trattare un caso che al paragone appare addirittura insignificante, riesce difficile trattenere una profonda sensazione di vergogna per l'abisso in cui pare precipitata la nostra democrazia (ACCUSA; ALTO TRADIMENTO; DISCREZIONALITÀ DELL'AZIONE PENALE; IMMUNITÀ PARLAMENTARI; IRRESPONSABILITÀ DEL CAPO DELLO STATO; POTERE ESECUTIVO; RAGION DI STATO; TRIBUNALE DEI MINISTRI). [vol. I: IMPEACHMENT]

Bibl.:
Ellis, E.R., *Impeachment*, in *Oxford* 1992: 423.
Kisrolov, S., *Nixon* v. *United States*, ibid.: 593.
Nowak and Rotunda 1978, ed. 1991: 233.

Messo di tribunale in genere. Usher. Si noti che il *clerk of court* non è l'usciere nostrano, ma un ausiliare della giustizia — nel sistema inglese spesso un *barrister* o un *solicitor* — che svolge funzioni nel processo più rilevanti di quelle del nostro cancelliere. Negli S.U. — stato federale — le funzioni e i compiti del *clerk* sono descritti dalle R. 77 e 79 delle *Federal Rules of Civil Procedure* (AUSILIARI DELLA GIUSTIZIA; ORDINAMENTO GIUDIZIARIO; TRIBUNALE). [vol. I: AGENCY; CLERK TO THE JUSTICES; EMPLOYEE]

Mestiere in genere. Trade, business, mistery (ARTE; PROFESSIONE; SEGRETO DI UN'ARTE O MESTIERE; STRUMENTI DEL MESTIERE).

- **girovago.** Pedlar, hawker (COMMERCIANTE AMBULANTE; COMMERCIO AMBULANTE; VENDITA PORTA A PORTA).

Metalli preziosi. Precious metals. L'Italia è l'unico stato dell'Occidente che, con grande scandalo della comunità internazionale, affida ai privati una propria primordiale funzione, ossia la certificazione dei metalli preziosi. Oro e argento sono certificati dai privati sulla base di una assai generica delega sul cui effettivo esercizio non esiste virtualmente alcun controllo: *la frode in commercio è garantita dallo Stato* (BORSA DEI METALLI; ESAZIONE DELLE IMPOSTE; MERCATO DEI METALLI PREZIOSI; PUNZONATURA DEI METALLI PREZIOSI; SOCIETÀ (II)

DI CLASSIFICAZIONE; TUTELA DEL CONSUMATORE). [vol. I: HALLMARK; TRADE DESCRIPTION]

Metodo in genere. Method (PROCESSO; SISTEMA).

– **casistico.** Case method. In breve, è detto così il metodo di insegnamento delle materie giuridiche di natura induttiva fondato sulle decisioni giudiziarie, impiegato specialmente negli S.U. Naturalmente, esso presuppone che si operi in un sistema di diritto giurisprudenziale e non legislativo come quelli di *civil law,* e quindi in un diverso sistema delle fonti (CASI E MATERIALI; FONTI DEL DIRITTO; PUBBLICAZIONE GIURIDICA). [vol. I: CASE LAW; CASE METHOD; PRECEDENT]

– **di interpretazione.** Method of interpretation (INTERPRETAZIONE).

– **giudiziale.** Judicial method (INTERPRETAZIONE).

– **socratico.** Socratic method; viene talvolta così definito il *case method*; ma la dialettica socratica è anche impiegata nella *pièce maitresse* del processo di *common law*, ossia nella *cross-examination* (*supra*, METODO CASISTICO; CONTROESAME).

Metrico. Metric (SISTEMA METRICO DECIMALE).

Metus reverentialis. Undue influence. Una delle due forme in cui si manifesta la violenza; l'altra è la *duress* (LIBERO DA INFLUENZA ALTRUI; VIOLENZA). [vol. I: AT ARM'S LENGTH; DURESS]

Mezzadria. Grosso modo, sharecropping, metayer system. Tipo di contratto agrario poco praticato in Inghilterra e negli S.U. (AFFITTO).

Mezzo/i in genere. Means, remedy, agency, instrumentality (ENTE; ENTE PUBBLICO; FINALITÀ; FUNZIONE; MISURA; RISORSA). [vol. I: REMEDY]

– **di conservazione della garanzia patrimoniale.** Grosso modo, means to assure payment, security (CAUSE (I) LEGITTIME DI PRELAZIONE; GARANZIA).

– **di correzione.** Means of correction, means of chastisement (ABUSO DI MEZZI DI CORREZIONE).

– **di impugnazione.** Grosso modo, means of attack on judgment (IMPUGNAZIONE).

– **di prova.** Mode of proof, evidence (PROVA).

– **di sussistenza.** Means of support (MANTENIMENTO; SUSSISTENZA).

– **di trasporto.** Mode of transport, means of transport (REATO CONNESSO ALLA CIRCOLAZIONE STRADALE; TRASPORTO; VEICOLO).

– **nautico.** Craft, aircraft, seacraft (AEROMOBILE; NATANTE).

Miglioramento in genere. Improvement, betterment (MIGLIORÌA).

– **della cosa locata.** Improvement of leased premises (ADDIZIONE; LOCAZIONE; MIGLIORÌA). [vol. I: DEVELOPMENT; DILAPIDATION; FIXTURES; LANDLORD AND TENANT; WASTE]

Migliore offerente. Highest bidder (AGGIUDICAZIONE AL MIGLIOR OFFERENTE; APPALTO; ASTA; OFFERENTE; OFFERTA).

Miglioria in genere. Betterment, improvement. Quest'ultimo termine indica sia il miglioramento dei fondi rustici, sia quello edilizio, detto anche *redevelopment,* e i miglioramenti e le pertinenze destinate dal *tenant* all'immobile, dette più spesso *fixtures* (ADDIZIONE; AGGIUNTA; CONTRIBUTO DI MIGLIORÌA; PERTINENZA; PLUSVALORE). [vol. I: BETTERMENT; CHARGE; DILAPIDATION; FIXTURE; LAND; PLANNING; WASTE]

Miglior prezzo. Best price (A BASSO PREZZO; ASTA; PREZZO).

Militare in servizio. Serviceman (ARRUOLAMENTO; CORTE MARZIALE; DISERZIONE; ESERCITO; GUERRA; MATRIMONIO; SERVIZIO MILITARE; TESTAMENTO). [vol. I: FOREIGN ENLISTMENT; NATIONAL SERVICE]

Militarizzazione. Commandeering (REQUISIZIONE).

Millantato credito. Grosso modo, influence, peddling, false pretence, false representation to obtain property of another, obtaining property by deception, theft by deception (CREDITO; INDEBITA INFLUENZA; TRUFFA). [vol. I: BRIBERY; FALSE PRETENCE]

Minaccia. Threat, assault, intimidation; costituisce un elemento di molti reati realizzati mediante violenza o minacce alla persona. La minaccia è definita anche negli S.U. *putting in fear*; perché si abbia *robbery* si richiede che essa sia stata commessa *by putting in fear* la vittima. Si noti che il termine *assault* indica in senso stretto non già l'assalto o aggressione, ma il comportamento minaccioso (ASSALTO; COARTAZIONE; COERCIZIONE; DISSUASIONE; ESTORSIONE; FORZA; INTIMIDAZIONE; MESSA IN

PERICOLO; PERCOSSE; PERICOLO; VIOLENZA). [vol. I: ASSAULT; BLACKMAIL; THREAT]

– **aggravata.** Aggravated assault (AGGRESSIONE). [vol. I: ASSAULT]

– **a pubblico ufficiale.** Grosso modo, violence or threats towards a public officer (RESISTENZA A PUBBLICO UFFICIALE).

– **di far valere un diritto.** Threat to enforce a claim, a right (ABUSO DI DIRITTO).

– **per costringere a commettere un reato.** Violence or threats to compel the commission of a crime (ISTIGAZIONE A COMMETTERE UN REATO; STATO DI NECESSITÀ).

Miniera/e in genere. Mine (RENDITA FONDIARIA; SFRUTTAMENTO MINERARIO). [vol. I: MINING LEASE; ROYALTY]

– **, cave e torbiere.** Mines, quarries and turf pits.

Minima. (MINIMO/A)

Minimo/a in genere. Minimum.

– **della pena.** Minimum penalty; ma si noti che in questa materia esistono notevoli differenze tra le due tradizioni giuridiche di *civil law* e di *common law* (MASSIMO DELLA PENA; PENA). [vol. I: PUNISHMENT; SENTENCE]

– **salariale.** Minimum wage (SALARIO).

Minimum tax. Viene definita così nel nostro paese l'imposta introdotta dal governo Amato (1992) sul reddito dei lavoratori autonomi che tante reazioni ha suscitato da parte di una potentissima categoria chiamata, per la prima volta, nella gran parte dei casi, a pagare le imposte. Opposizione trasformatasi in aperta rivolta fiscale di tali dimensioni da indurre il parlamento (incluso il Pds) a cancellare la legge nel settembre 1993. Ma, bisogna aggiungere, si trattava di una proposta tecnicamente scorretta e iniqua nella sostanza. L'amministrazione finanziaria italiana, praticamente incapace nonostante — o, meglio, a causa — dell'armata dei 140 mila addetti, di accertare il reddito effettivo dei contribuenti, è costretta a espedienti di questo genere. Comunque, come sempre da noi, *il nome e non la cosa*: la *minimux tax* nostrana non ha nulla a che vedere con la più seria imposta nordamericana di cui si è mutuato solo il nome. In effetti, il contribuente nordamericano è tassato secondo la contabilità e mai secondo parametri prefissati; questo non vuol dire che non vi siano parametri riservati che mettano in relazione il reddito dichiarato con altri elementi. Insomma, l'*alternative minimum tax* serve ad evitare che una società ad alto livello di reddito eluda l'imposizione fiscale utilizzando le mille detrazioni previste. In pratica, ogni dichiarazione dei redditi di persona giuridica contiene, oltre al normale computo delle imposte, anche un conteggio che prescinde dalle deduzioni e sul quale si calcola una imposta fissa del 20 per cento chiamata, appunto, 'alternative minimum tax'. Nel caso che risulti più alta di quella calcolata in modo normale sarà quella ad essere pagata dal contribuente nordamericano, ma mai in base a presunzioni o redditi di categoria (IMPOSIZIONE FISCALE).

Ministeriale in genere. Governmental o departmental. Si avverta che il termine « ministerial », è impiegato per indicare di solito una funzione meramente esecutiva. Così, un *ministerial office* o *duty* viene distinto da un *judicial* o *discretionary office* o *duty*, che comporta l'esercizio di attività decisorie o discrezionali (DISCREZIONALE; MINISTERO; REGOLAMENTO MINISTERIALE). [vol. I: MINISTERIAL]

Ministero in genere. Nel R.U. assume varie denominazioni tra cui quella di *Department* (es.: *Department of the Environment*), *Office* (es.: *Foreign and Commonwealth Office*), *Ministry* (es.: *Ministry of Agriculture, Fisheries and Food*), etc. Il ministero nel senso di governo è detto *Cabinet*. Si parla anche di *Government* o *Ministry* per indicare l'insieme dei membri del *Cabinet* e degli altri uffici che restano in carica col governo come, ad es., il *Lord Chancellor*, i *Law Officers* (*Attorney-General, Solicitor-General*). Negli S.U. un ministero del governo federale è detto *Department* (es.: *Department of Justice*); ma è da aggiungere che spesso le funzioni di quello che chiameremmo un ministero sono esercitate da una *agency* federale che peraltro ha ben diversi e più vasti poteri. Beninteso, la materia va inquadrata nel diverso sistema costituzionale britannico e nordamericano: nel primo, si ha l'archetipo di governo di gabinetto di uno stato unitario; nel secondo, l'archetipo di governo presidenziale di uno stato federale (AGENZIA; AMMINISTRAZIONE; DIPARTIMENTO; FEDERALISMO; GABINETTO; GOVERNO; MINISTRO; REGOLAMENTO MINISTERIALE). [vol. I: CABINET; CIVIL SERVICE; DEPARTMENT; LOCAL GOVERNMENT; REGULATORY AGENCY]

– **della Giustizia.** Nel R.U. non esiste un ministero della giustizia. Di fatto, le sue funzioni sono svolte, a seconda dei casi, dal *Lord Chancellor's Office* e dall'*Home Office*. Negli S.U, al livello federale, vi è invece, il *Department of Justice* cui è preposto l'*Attorney-General*: esso svolge funzioni analoghe — ma non identiche — a quelle del nostro Ministero di Grazia e Giustizia. A questo proposito è sufficiente ricordare l'assai diverso organamento dell'ordine giudiziario per intuire talune differenze di fondo (ORDINAMENTO GIUDIZIARIO). [vol. I: HOME OFFICE; LORD CHANCELLOR]

- **dell'Ambiente.** Department of the Environment nel R.U.; Environmental Protection Agency negli S.U. (AMBIENTE).

- **dell'Interno.** Lett., Ministry of the Interior. Nel sistema britannico è definito *Home Office*: ma si tratta soltanto di un analogo del ministero nostrano. La fortissima tradizione dell'autogoverno che si esprime in un assai diverso — decentrato — sistema delle autonomie locali, il fatto che non esiste una polizia nazionale, ma che la polizia dipende dagli enti locali, spiega in buona parte perché non esista nella tradizione di *common law* un ministero dell'interno alla francese. Quanto poi agli S.U. — stato federale in cui non esistono forze di polizia federali se non per quanto riguarda i reati federali — un ministero dell'interno alla maniera nostrana sarebbe addirittura impensabile, sia in sede federale, sia nell'ambito dei singoli stati dell'Unione. In questi ultimi, esiste una *National Guard* che funge sia da riserva dell'esercito federale, sia come forza interna alle dipendenze del governatore, da impiegare in caso di emergenza attinente alla sicurezza locale. Il *Department of the Interior* federale non corrisponde quindi al nostro ministero (AUTOGOVERNO; FEDERALISMO; POLIZIA). [vol. I: HOME OFFICE]

- **del Tesoro.** Treasury: nel sistema britannico fa capo al *Chancellor of the Exchequer*. Ma non equivale al ministero nostrano. Negli S.U. — stato federale — il *Department of the Treasury* fu creato con legge del Congresso nel 1789; ad esso è preposto il *Secretary of the Treasury*: del ministero fa parte, tra l'altro, il noto *Internal Revenue Service* (IMPOSTA; TESORERIA; TESORO). [vol. I: EXCHEQUER; TREASURY]

Ministro. Nel R.U., nel senso di segretario di stato, si parla di *Secretary of State for*...Ma talvolta, per ragioni storiche, assume un titolo diverso, come il *Chancellor of the Exchequer* corrispondente, grosso modo, al nostro ministro delle finanze, del tesoro e del bilancio messi assieme. Si avverta altresì che il termine *minister* non corrisponde sempre a quello di segretario di stato. In tal senso, è opportuno tener presente che nel sistema britannico i ministri vengono distinti in due grandi categorie, a seconda che facciano parte o meno del *Cabinet*: in tal senso, si parla di *ministers in the Cabinet* e di *ministers not in the Cabinet*. Questi ultimi possono essere equiparati, grosso modo, ai sottosegretari di stato nostrani. Negli S.U., al livello federale, a parte il *Secretary of State*, ministro degli esteri preposto al *Department of State,* e primo in ordine di importanza tra i ministri del *President's Cabinet*, gli altri ministri sono detti, ad es., *Secretary of the Interior*, o *Interior Secretary, Treasury Secretary*, e così via. Beninteso, la materia va inquadrata nel diverso sistema costituzionale britannico e nordamericano: nel primo si ha l'archetipo di governo di gabinetto di uno stato unitario; nel secondo l'archetipo di governo presidenziale di uno stato federale. Nel primo, i ministri sono membri della *House of Commons*; nel secondo, non fanno parte del Congresso (DECRETO MINISTERIALE; FEDERALISMO; GABINETTO; MINISTERO; PRESIDENTE DEL CONSIGLIO DEI MINISTRI; TRIBUNALE DEI MINISTRI). [vol. I: CABINET; GOVERNMENT; PRIME MINISTER]

- **competente in genere.** Appropriate Secretary of State (COMPETENTE).

- **dell'Interno.** Grosso modo, Home Secretary (MINISTERO DELL'INTERNO). [vol. I: HOME SECRETARY]

- **di culto.** Religious minister, minister (CHIESA).

- **ombra.** Shadow minister. Anche in questo caso, da noi si è importata la parola, ma non la cosa: nel R.U. questa figura presuppone il governo di gabinetto e un sistema bipartitico perfetto. Cose che da noi non esistono. Si tratta di una forzatura che sfiora il ridicolo; che potrebbe essere tutt'al più perdonata se esprimesse il desiderio di fare quello che l'opposizione non ha mai fatto nel nostro paese: ossia, appunto, l'opposizione (GABINETTO; GOVERNO DI GABINETTO; *LEADER*; OPPOSIZIONE; SISTEMA DEI PARTITI; SISTEMA ELETTORALE). [vol. I: CABINET: 4]

- **plenipotenziario.** Minister plenipotentiary, o plenipotentiary (DIPLOMATICO). [vol. I: AMBASSADOR; DIPLOMATIC PRIVILEGES AND IMMUNITIES; ENVOY]

Minoranza in genere. Minority; i diritti della

minoranza sono detti *minority rights* (AZIONISTA DI MINORANZA; DEMOCRAZIA SOCIETARIA; DIRITTI (II) DELLA MINORANZA; GRUPPO DI MINORANZA; MAGGIORANZA; MINORE; OPINIONE; OPPRESSIONE DEGLI AZIONISTI DI MINORANZA; OSTRUZIONISMO PARLAMENTARE; *QUORUM*; SOCIO DI MINORANZA; TOLLERANZA; TUTELA DELLA MINORANZA AZIONARIA; UNANIMITÀ; VOTO). [vol. I: DERIVATIVE ACTION; MINORITIES; MINORITY RIGHTS]

– **azionaria.** Shareholders minority (AZIONE (I) SURROGATORIA; MAGGIORANZA AZIONARIA; OFFERTA PUBBLICA DI ACQUISTO; TUTELA DELLA MINORANZA AZIONARIA). [vol. I: DERIVATIVE ACTION]

– **dissenziente nella comunione.** Dissenting minority (AZIONE (I) SURROGATORIA; COMPROPRIETÀ; COMUNIONE).

– **etnica.** Ethnic minority (DIRITTI (II) DELL'UOMO; RAZZISMO). [vol. I: MINORITIES]

– **governante.** Governing minority (GOVERNO).

– **parlamentare.** Parliamentary minority. Nel sistema (bipartitico) britannico il capo della minoranza parlamentare è il *leader* dell'opposizione; in quello nordamericano la terminologia è analoga, anche se diverso è lo status giuridico dell'opposizione parlamentare: ad es., *House minority leader* è il capo del partito di opposizione della *House of Representatives* (*LEADER*; MAGGIORANZA PARLAMENTARE; PARLAMENTO).

Minore/i in genere. Minor, infant, person under age; il termine non giuridico di *teenager* indica la persona dai 13 ai 19 anni (AMMINISTRAZIONE DEI BENI DEL MINORE o DELL'INCAPACE; CAPACITÀ; DONAZIONE A MINORI; EMANCIPAZIONE; GENITORI; GIUDICE TUTELARE; GIURISDIZIONE VOLONTARIA; GIUSTIZIA ALTERNATIVA; GIUSTIZIA MINORILE; ISTITUTO DI RIEDUCAZIONE PER MINORENNI; MAGGIORE ETÀ; PATRIMONIO DEL MINORE; PENA; RIFORMATORIO PER MINORENNI; SPESE NECESSARIE INCORSE DA o PER MINORI; TRIBUNALE DEI MINORENNI).

– **autore di reato.** Young offender, juvenile offender (BENE E MALE; DELINQUENTE MINORENNE; IMPUTABILITÀ DEL MINORE; MAGGIORENNE; MINORENNE; PENA; TRIBUNALE PER I MINORENNI). [vol. I: *ad vocem*; DOLI CAPAX]

– **età.** Minority, o under age, non age (*supra*, MINORE AUTORE DI REATO; BENE E MALE; MAGGIORE ETÀ). [vol. I: NECESSARIES; TORT]

Minorenne in genere. Minor, child, infant, person under age, juvenile, junior.
1. Negli S.U. — stato federale — la maggior parte degli stati dell'Unione stabilisce la maggiore età al compimento del 18mo anno. Peraltro, in talune materie può essere richiesta un'età superiore per il compimento di taluni atti come, ad es., l'acquisto di bevande alcoliche.
2. Si noti la differenza tra *juvenile* e *minor*. Il primo termine (*juvenile*) è impiegato di solito ai fini della legge penale per indicare più spesso il minore delinquente. In base al Juvenile Delinquency Act federale, è definita *juvenile* una persona che non ha ancora raggiunto il diciottesimo anno d'età. Ma il termine *juvenile* è riferito anche talvolta alla capacità contrattuale, di contrarre matrimonio, etc.
3. Dai *juvenile offenders* vanno distinti i *youthful offenders*, ossia quei giovani delinquenti dai 18 ai 25 anni di età rispetto ai quali esistono norme particolari relative al sistema delle pene, dirette a facilitare la loro reintegrazione nella società. In questo senso, si parla di *youthful offender status* per indicare la condizione di *youthful offender*. La decisione se riconoscere o meno lo *status* in parola a un imputato spetta di volta al giudice.
4. Ancora diversa appare la figura del *delinquent child*, ossia quella di un minore che abbia violato la legge penale o che dia prove di anomalie nella condotta o del carattere tali da richiedere un trattamento di riabilitazione, ovvero l'adozione di un provvedimento di controllo (ABBANDONO DI MINORE; ABUSO DI MINORE; ADOZIONE; AFFIDAMENTO DI MINORI; AMMINISTRAZIONE DEI BENI DEL MINORE; CARCERE MINORILE; CORRUZIONE DI MINORE; CURATELA; CUSTODIA DEI MINORI; EMANCIPAZIONE; ETÀ; FANCIULLO; GENITORI; GIUDICE TUTELARE; GIURISDIZIONE VOLONTARIA; MALTRATTAMENTO DI MINORI; MANTENIMENTO; MINORE; MINORITÀ; RESPONSABILITÀ CONTRATTUALE DEL MINORE; SFRUTTAMENTO DI MINORI; SOTTRAZIONE DI MINORE; SPESE NECESSARIE INCORSE DA O PER MINORI; TUTELA; VIOLENZA SUI MINORI). [vol. I: INFANT; MAJORITY; MINOR; MINORITY; NECESSARIES]

– **autore di un reato.** Young offender (MINORE AUTORE DI REATO).

Minorità. Minority, non age, under age (MAGGIORE ETÀ; MINORE; MINORENNE). [vol. I: MINORITY]

Minuta in genere. Minute, draft, memorandum, protocol (APPUNTI DEL GIUDICE; BOZZA DI DOCUMENTO; COMITATO DI REDAZIONE; NOTA; PROGETTO DI DOCUMENTO; PROTOCOLLO; VERBALE). [vol. I: MEMORANDUM; MINUTE; RECORD; VERBAL]

Misfatto. Misdeed (FATTO; REATO).

Missione in genere. Mission, assignment (COMPITO; INDENNITÀ DI MISSIONE; MANDATO). [vol. I: PERQUISITE]

- **congiunta.** Joint mission (CONGIUNTO).
- **diplomatica.** Diplomatic mission (DIPLOMATICO). [vol. I: *ad vocem*]
- **di soccorso.** Relief mission (SOCCORSO).
- **di sorveglianza.** Surveillance mission (SORVEGLIANZA).
- **speciale.** Special assignment.

Misto/a. Nel senso di comune, congiunto, è detto joint (COMUNE; CONGIUNTO). [vol. I: JOINT]

Misura/e in genere. Measure, remedy, means; ma si noti che nel sistema inglese, in cui esiste una Chiesa stabilita, il termine measure indica una norma approvata dal *General Synod* (ADOZIONE DI UNA MISURA; ATTO; MEZZO; PESI E MISURE; PROVVEDIMENTO; RIMEDIO; SISTEMA METRICO DECIMALE; STANDARD; UNITÀ DI MISURA; VENDITA A MISURA). [vol. I: MEASURE; MEASURES; REMEDY]

- **amministrative di sicurezza.** Security measures. Ma non esiste un equivalente esatto nei sistemi inglese e nordamericano (ORDINE PUBBLICO; POLIZIA; PROCEDURA PENALE; SICUREZZA).
- **cautelare.** (*infra*, MISURA CONSERVATIVA)
- **coercitiva.** Coercive measure (COERCIZIONE; ESECUZIONE). [vol. I: COERCION]
- **conservativa.** Precautionary measure, measure of conservation, conservatory measure (PROVVEDIMENTI CAUTELARI; SEQUESTRO CONSERVATIVO). [vol. I: INJUNCTION; MAREVA INJUNCTION; REMEDY]
- **degli alimenti.** Measure of support (ALIMENTI).
- **di armonizzazione.** Harmonization measure (ARMONIZZAZIONE; COMUNITÀ EUROPEE). [vol. I: UNIFICATION OF LAW]
- **giuridica.** Remedy, o judicial remedy (RIMEDIO GIURIDICO). [vol. I: MEASURE; REMEDY]
- **precauzionale.** Precautionary measure (PRECAUZIONE; PROVVEDIMENTI CAUTELARI).
- **preventiva.** Preventive measure (PROVVEDIMENTI CAUTELARI).
- **protettiva.** Protective measure (TUTELA).
- **provvisoria.** Interim, o provisional, measure (*supra*, MISURA CONSERVATIVA). [vol. I: INTERIM]
- **transitoria.** Transitional measure.
- **vessatoria.** Oppressive measure (ABUSO DI DIRITTO; VESSATORIO; VIOLENZA). [vol. I: OPPRESSION; VEXATIOUS]

Mittente in genere. Sender, addresser; ma nel trasporto di merci, in cui spesso mittente è il venditore, è detto *consignor, shipper, forwarder* (A RISCHIO DEL MITTENTE; CARICATORE; DESTINATARIO; DIRITTO (II) DI CONTRORDINE NEL TRASPORTO; SOSPENSIONE DEL TRASPORTO A RICHIESTA DEL MITTENTE; SPEDIZIONIERE; TRASPORTO DI MERCI). [vol. I: CONSIGNMENT; CONSIGNOR; FORWARDING AGENT; SENDER; SHIPPER; STOPPAGE IN TRANSITU]

Mobile in genere. Movable; ma si notino le differenze in materia tra le due tradizioni di *civil law* e di *common law* (BENI MOBILI; CONFLITTO TRA ACQUIRENTI DI BENI MOBILI; IPOTECA; PATRIMONIO MOBILIARE; PIGNORAMENTO DI MOBILI; SEQUESTRO MOBILIARE).

- **pignorabile.** Attachable, seizable, distrainable chattel, personal o movable property (*supra*, MOBILE IN GENERE; PIGNORAMENTO).
- **registrato in genere.** Registered chattel (IPOTECA; REGISTRO).

Mobilitazione alle armi. (CHIAMATA ALLE ARMI; SMOBILITAZIONE)

Modale in genere. Conditional, modal (LEGATO MODALE; MODALITÀ; MODO; UNIMODALE).

Modalità in genere. Conditions, terms and conditions, particulars, formalities, modalities (FORMALITÀ; MODALE).

Modello/i in genere. Model, design, pattern (LEGGE MODELLO).

- **di condotta.** Pattern of conduct (CONDOTTA).
- **di utilità.** Utility patent (BREVETTO; DISEGNO INDUSTRIALE). [vol. I: COPYRIGHT; PATENT]
- **e disegni ornamentali.** Ornamental models and designs, registered designs (DISEGNO INDUSTRIALE). [vol. I: COPYRIGHT; PATENT]
- **giuridici in genere.** Legal models; ma da che mondo è mondo i modelli giuridici non sono altro che dei *modelli politici.* Solo che da noi i giuristi non lo vogliono dire; fanno politica — quasi tutti — piegando lo strumento giuridico troppo

spesso al livello del *tripotage,* ma si giura sulla purezza del diritto (per i fessi).
1. Anche, qui, come si dice, parecchio inchiostro è stato versato sull'argomento, specie da parte di non pochi giuristi nostrani — finora comodamente adagiati sulle categorie germanico-pandettistiche che hanno risparmiato loro la necessità di qualsiasi sforzo di originalità — che trovano ora qualche difficoltà ad adattarsi al nuovo, a un diverso *reasoning*: in sostanza, si accettano pedissequamente i modelli dell'autoritarismo pandettistico, ma si rigettano quelli della democrazia (americana o inglese: non si sfugge). Ma, volendo ridurre all'*ubi consistam* un lungo, noioso, e soprattutto inutile discorso, bisogna riconoscere la elementare verità che quando si arriva in ritardo alle scienze sociali (come, del resto, a quelle esatte) si finisce per forza di cose con l'essere costretti a lavorare con, si direbbe, materiali di risulta, confrontandosi con dei modelli, o comunque li si voglia chiamare, dei meccanismi, delle soluzioni, discutibilissime quanto si vuole, ma realtà già funzionanti, risultato di lunghe lotte politiche, di studi, di esperienze, di sacrifici non di rado costati del sangue. Di fronte a queste realtà, talune escogitazioni professorali nostrane suscitano perplessità (si pensi, ad es., alle formule federalistiche o spacciate per tali): si spera che il *genius loci* non provochi un pasticcio (come capita immancabilmente da noi). Si pensi ai disastrosi risultati del sistema presidenziale nordamericano in America Latina. Il fatto è che *ogni modello giuridico in realtà è un modello politico* che proprio per questo trova le sue *premesse* al di fuori del diritto: in questo senso, se in America Latina è fallito il sistema presidenziale nordamericano, in India è fallito il sistema del governo di gabinetto britannico. Ma falliscono anche i sistemi autoctoni come il comunismo; da noi con la *democrazia consociativa* è fallita anche la democrazia *tout court* di cui per molti versi era un distillato. Falliscono quindi modelli importati e modelli autoctoni (ma per altre ragioni). Eppure una certa omologazione voluta dalla politica e dall'economia e anche la assurda pretesa nostra di far parte di tutta una serie di koinè (da quella internazionale a quella europea, della *civiltà giuridica*, dei paesi democratici, dell'economia di mercato, etc. etc.) obbliga a confrontarci e ad accettare dei modelli vincenti perché accettati — con tutte le varianti possibili ma mai al punto di ridicolizzarli — dalla stragrande maggioranza dei paesi e degli uomini con i quali proclamiamo ad ogni attimo di provare tante cose in comune. Pertanto, i margini per l'invenzione di cose nuove, per nuove trovate, appaiono molto ridotti (anche se non vanno sottovalutati quei nostri studiosi che sembrano specializzati quasi esclusivamente nell'innovazione disastrata). Insomma, chi voglia considerare il problema delle concentrazioni imprenditoriali non potrà ignorare quanto è gia stato fatto altrove, ossia il regime *anti-trust* nordamericano.
2. Beninteso, non si può negare del tutto a una paese il diritto ad una propria via originale rispetto ai modelli politici, economici, etici etc. degli altri: il *fascismo* e la *democrazia consociativa* sono nel loro genere delle « grandi » e originali creazioni del pensiero politico-costituzionale nostrano ignote al resto del mondo, come, del resto, tra i milioni di *contromodelli* che si potrebbero citare, il *duopolio televisivo* (ma è augurabile che nessuno voglia prenderli a modelli). Se poi i modelli degli altri siano anche degli ideali o la perfezione è tutt'altra questione; che politicamente e giuridicamente non ha senso. Il tema riporta al problema (sic!) dei *legal transplants* (CIRCOLAZIONE DEI MODELLI GIURIDICI; CIVILTÀ GIURIDICA). [vol. I: COMMON CORE OF LEGAL SYSTEMS; GENERAL PRINCIPLES OF LAW; LEGAL IMPERIALISM; LEGAL TRANSPLANTS]

Moderatore. Moderator; negli S.U. è così definito, oltre al presidente di una assemblea o riunione, il presidente delle assemblee elettive locali nel *New England* (ASSEMBLEA; PRESIDENTE; RIUNIONE).

Modifica in genere. Amendment, alteration, rectification, change, modification, variation (ALTERAZIONE; EMENDAMENTO; MUTAMENTO; RETTIFICA; VARIAZIONE). [vol. I: ALTERATION; AMENDMENT; RECTIFICATION]

– **degli atti processuali.** (CORREZIONE DEGLI ATTI PROCESSUALI)

– **dei confini.** Alteration of boundaries, of border-line (CONFINE). [vol. I: ADJOINING; BOUNDARY; PARTY WALL]

– **del capitale sociale di una società di capitali.** Alteration of share capital (CAPITALE SOCIALE DI SOCIETÀ DI CAPITALI). [vol. I: *ad vocem*]

– **del contratto di comune accordo.** Variation by agreement (CONTRATTO; VARIAZIONE).

– **della domanda giudiziale.** Amendment of statement of claim o, negli S.U., of complaint (CITAZIONE IN GIUDIZIO). [vol. I: AMENDMENT OF WRIT AND PLEADINGS]

– **della pena.** Variation of sentence (AUMENTO O DIMINUZIONE DELLA PENA; PENA).

– **della polizza assicurativa.** Alteration, o amendment, of policy (POLIZZA (I) DI ASSICURAZIONE).

– **dello stato dei luoghi.** Alteration of places (STATO DEI LUOGHI).

– **del *trust*.** Variation of trust (*TRUST*). [vol. I: TRUST: XI]

– **giudiziale del conto corrente.** Surcharge and falsify (CONTO CORRENTE). [vol. I: *ad vocem*]

Modificazione in genere. (MODIFICA)

Modo/i in genere. Condition, restriction, qualification, mode e, talvolta, *modus* (*CAUTIO MUCIANA*; DONAZIONE MODALE; MODALITÀ; OBBLIGAZIONE (I) MODALE; ONERE). [vol. I: PRECATORY WORDS; SUB MODO]

– **di acquisto della proprietà.** Modes of acquisition of ownership, modes of acquiring property; ma si noti la diversità di princìpi giuridici tra le due tradizioni di *civil law* e di *common law* (ACQUISTO *A NON DOMINO*; ACQUISTO DELLA PROPRIETÀ; CONFUSIONE; PASSAGGIO DELLA PROPRIETÀ; PROPRIETÀ; SPECIFICAZIONE DELLE MERCI NELLA VENDITA; USUCAPIONE; VENDITA). [vol. I: NEMO DAT QUOD NON HABET; OCCUPANCY]

– **di trasporto.** Modes of transport (TRASPORTO AEREO; TRASPORTO COMBINATO; TRASPORTO FERROVIARIO; TRASPORTO MARITTIMO; TRASPORTO MULTIMODALE; TRASPORTO STRADALE; UNIMODALE).

Modulo in genere. Form (MODALITÀ).

– **di domanda.** Application form (DOMANDA).

– **di iscrizione.** Registration form (ISCRIZIONE).

– **di ordinazione.** Order form (ORDINAZIONE).

– **di polizza di carico.** Bill of lading form (POLIZZA (II) DI CARICO).

– **di sottoscrizione.** Subscription form (SOTTOSCRIZIONE).

– **di verdetto.** Verdict sheet (VERDETTO).

– **di versamento.** Paying-in slip (VERSAMENTO).

– **in bianco.** Blank form (BIANCO SEGNO).

– **per delega.** Proxy form (DELEGA).

Modus. (MODO)

Moglie. Wife (ABBANDONO DEL DOMICILIO CONIUGALE; ALIMENTI; DOMICILIO; MARITO E MOGLIE; MATRIMONIO; REGIME PATRIMONIALE DELLA FAMIGLIA). [vol. I: COMMON LAW WIFE; CRIMINAL EVIDENCE; HUSBAND AND WIFE]

– **allontanatasi dal marito.** Estranged wife (DIVORZIO; MARITO ALLONTANATOSI DALLA MOGLIE; SEPARAZIONE LEGALE).

Molestatore. Molester, stalker (DISTURBATORE; MOLESTIA).

Molestia/e in genere. Harassment, molestation. La molestia alle persone è detta *molestation*; si distingue dalla *nuisance* o *disturbance* riferite alla molestia connessa al godimento degli immobili. La molestia costituisce un *tort* e, spesso, un reato. Ma negli S.U. si impiega il termine *harassment* a preferenza di *molestation*; in caso di maltrattamenti, specie nell'ambito familiare, la persona molestata può ottenere un *protection order* giudiziario che impone al molestatore l'obbligo di astenersene (ABUSO DI DIRITTO; *ANIMUS NOCENDI*; AZIONE (I) NEGATORIA; BOICOTTAGGIO; CRUDELTÀ; DISCRIMINAZIONE SESSUALE; ELIMINAZIONE DI MOLESTIA; EMULAZIONE; FUGA DI SOSTANZE; INTIMIDAZIONE; LAGNANZA; MALTRATTAMENTI; PERSECUZIONE; PROTEZIONE; RUMORI DAL FONDO ADIACENTE; TURBATIVA; VESSAZIONE). [vol. I: ABATEMENT OF NUISANCE; DISTURBANCE; HARASSMENT; INTIMIDATION; MOLESTATION; NUISANCE; TORT]

– **alle persone.** Molestation, harassment, o intimidation, of people (INTIMIDAZIONE).

– **morale.** Moral harassment (MALTRATTAMENTI).

– **nel possesso.** Nuisance (AZIONI (I) PETITORIE POSSESSORIE; MANUTENZIONE; POSSESSO).

– **passibile di azione in giudizio.** Actionable nuisance.

– **sessuali.** Sexual harassment (DISCRIMINAZIONE SESSUALE; SESSO; VESSAZIONE).

Molo in genere. Quay, wharf, pier; il diritto di banchina è detto *wharfage* (BANCHINA; CUSTODE DI BANCHINA; PONTILE; PORTO). [vol. I: EX QUAY; INCOTERMS; QUAY; TERMS OF TRADE; WHARF]

Molteplicità di azioni in giudizio sulla stessa materia. (PLURALITÀ DI DOMANDE IN GIUDIZIO BASATE SULLA STESSA *CAUSA PETENDI*)

Momento di collegamento con un ordinamento straniero. (FATTORE DI COLLEGAMENTO)

Monarchia. Monarchy (ASCESA AL TRONO; FORMA DI STATO; POTERE; REGNO UNITO; REPUBBLICA; STATO; SUCCESSIONE AL TRONO). [vol. I: CONSTITUTION; UNITED KINGDOM]

– **assoluta.** Absolute monarchy (DITTATURA).

– **costituzionale.** Constitutional monarchy (COSTITUZIONE POLITICA; SUCCESSIONE AL TRONO). [vol. I: CONSTITUTION]

– **ereditaria.** Hereditary monarchy (SUCCESSIONE AL TRONO).

– **parlamentare.** Parliamentary monarchy (*supra*, MONARCHIA COSTITUZIONALE).

Moneta. Money, coin, cash, tender (BANCONOTA; BIGLIETTO DI BANCA; DECIMALIZZAZIONE DELLA MONETA; DENARO; DIVISA; OBBLIGAZIONE (I) PECUNIARIA; OFFERTA REALE; PAGAMENTO; RICICLAGGIO DI DENARO SPORCO; SVALUTAZIONE; UNIONE MONETARIA EUROPEA; UNITÀ DI CONTO; VALUTA; ZECCA). [vol. I: MONEY; PAYMENT; UNIT OF ACCOUNT; VOUCHER]

– **a corso forzoso.** Inconvertible money, irredeemable money (CORSO FORZOSO DELLA MONETA).

– **a corso legale.** Legal tender (OFFERTA REALE; VALUTA A CORSO LEGALE). [vol. I: *ad vocem*; CURRENCY; UNIT OF ACCOUNT]

– **cartacea.** Paper money (BANCONOTA).

– **comune europea.** European common currency (ATTO UNICO EUROPEO).

– **contante.** Cash (CONTANTI CONTRO DOCUMENTI).

– **contraffatta.** Counterfeit money (CONTRAFFAZIONE). [vol. I: FORGERY]

– **dedotta in contratto.** Money contract (UNITÀ DI CONTO).

– **dell'esercito di occupazione.** Occupation money (ESERCITO DI OCCUPAZIONE).

– **divisionale.** Fractional money, fractional currency.

– **estera.** Foreign currency o money (CAMBIO; VALUTA).

– **europea.** European currency; ma non esiste ancora (UNITÀ DI CONTO).

– **forte.** Hard currency, hard money.

– **sopravvalutata.** Overvalued currency (CAMBIO; SVALUTAZIONE; VALUTA).

– **sottovalutata.** Undervalued currency (*supra*, MONETA SOPRAVVALUTATA).

– **unica.** Single currency (DIVISA; SISTEMA MONETARIO EUROPEO; UNITÀ DI CONTO).

Monitoraggio. (CONTROLLO)

Monocameralismo. Monocameral system of parliament (BICAMERALISMO; COSTITUZIONE POLITICA; PARLAMENTO). [vol. I: CONGRESS; CONSTITUTION; PARLIAMENT]

Monogamia in genere. Monogamy (BIGAMIA; ORDINE PUBBLICO).

Monopartitismo. One-party sistem (DITTATURA; MULTIPARTITISMO; PARTITI POLITICI; PLURALISMO POLITICO).

Monopolio in genere. Monopoly; ma si parla anche di *trust*, come risulta dalla stessa denominazione dello Sherman Antitrust Act del 1890 nordamericano, il primo che si riferisca a quel tipo di monopolio tra imprese creato facendo ricorso all'istituto in parola. Ma il concetto di monopolio non è riferibile soltanto alle attività imprenditoriali relative alla produzione di beni o servizi: in effetti, anche il *copyright*, il *trade mark* e la *patent* danno luogo ad una forma di monopolio da parte dell'avente diritto, limitata nel tempo in caso di *copyright* e *patent*, illimitata, invece, in caso di *trade mark*. Taluni tipi di monopolio determinano una forma di rendita (*FRANCHISING*; RENDITA MOBILIARE).

1. Nel R.U. una complessa legislazione, costituita principalmente dal Restrictive Trade Practices Act 1976 e dal Fair Trading Act 1973, stabilisce un sistema di controlli su accordi tra imprese che hanno per effetto di limitare la concorrenza a danno del consumatore. In tal senso, le norme relative alle pratiche limitative della concorrenza vanno viste anche nel quadro della tutela del consumatore.

2. Peraltro, occorre rilevare una fondamentale diversità di approccio tra la *policy* del legislatore britannico e quello nordamericano: mentre per quest'ultimo il monopolio è, in principio, illecito di per sé, il primo non stabilisce un divieto del genere, ma si limita soltanto a reprimere gli abusi che da esso possono derivare. Il « monopoly » qual è definito dalla s. 2 dello Sherman Antitrust Act è costituito da due elementi principali:

Monopolio

(i) possesso del *monopoly power* su un *relevant market* e, (ii) la deliberata acquisizione o il mantenimento di quel *power* in quanto distinto dal semplice sviluppo o dalla crescita di un'impresa derivante dalla superiorità di un prodotto, da capacità imprenditoriale, o da un fatto storico. Una forma di monopolio proibita dallo Sherman Antitrust Act è costituita dal potere di fissare i prezzi o escludere la concorrenza, assieme a una strategia diretta a usare o conservare detto potere. Infine, costituisce « monopolization » proibita dall'Act citato il fatto di più persone di accordarsi (o « cospirare ») per acquisire o mantenere il potere di escludere altri concorrenti da una qualsiasi attività commerciale. Si parla di *vertical restraint of trade* per indicare quella pratica monopolistica consistente nell'accordo tra imprese operanti a diversi livelli della struttura di mercato come, ad es., quello tra produttori e distributori. Il danno riportato per effetto di pratiche monopolistiche altrui è definito *antitrust injury*: di esso, ai sensi del Clayton Act, bisogna dare la prova per ottenere il risarcimento dei danni. Ma si noti che la materia si è sviluppata in un imponente *corpus* di leggi e di dati giurisprudenziali oggetto di una vasta produzione bibliografica. Esso è costituito da leggi federali e dei singoli stati dell'Unione sostanzialmente modellate sulle prime. Le più importanti leggi *federali* sulla materia sono: Sherman Act (1890), Clayton Act (1914), Federal Trade Commission Act (1914), Robinson-Patman Act (1936). Fondamentale in materia è l'attività della *Federal Trade Commission*, ormai famosa agenzia federale la cui funzione principale è di promuovere la libera attività economica tra gli stati dell'Unione mediante la prevenzione delle restrizioni alla concorrenza, pubblicità ingannevole, boicottaggio, accordi illegali tra concorrenti ed altre forme di concorrenza sleale.

3. Le violazioni dello Sherman Antitrust Act sono punite con gravi sanzioni penali. Inoltre, il *Department of Justice* — che svolge un attivissimo ruolo in materia, di cui sarebbe semplicemente farsesco ipotizzare un analogo nel nostro sistema, dati gli assetti di potere esistenti — e le parti private possono richiedere l'emissione di una *injunction* per violazione sia dello Sherman Act che del Clayton Act. Inoltre, la *Federal Trade Commission* ha il potere di emettere ordinanze dette *cease and desist* — eseguibili, se necessario, mediante il ricorso alle corti ordinarie — contro la violazione delle leggi in parola. Infine, sia le parti danneggiate, sia il governo federale, possono ottenere i c.d. *treble damages* nei confronti dei trasgressori di queste due leggi.

4. Beninteso, questi pochi paragrafi non possono riassumere una materia che di per sé denota l'idea stessa che del capitalismo si fa, oltre che il legislatore, la *Supreme Court* e, infine, la politica e la cultura della grande nazione americana. Nondimeno, resta da rilevare la fondamentale importanza delle decisioni della *Supreme Court* nel determinare la stessa filosofia politica dell'*antitrust*. Storicamente, alla legislazione antimonopolistica americana preesisteva una serie di regole giurisprudenziali inglesi e nordamericane (in materia contrattuale, di *combinations*, di *conspiracies in restraint of trade*, etc.); ma il fatto nuovo e l'invenzione americana consiste nell'aver redatto (oltre alla prima costituzione politica scritta) *il primo testo di legge antimonopolistica della storia*. Peraltro, se la legislazione assume importanza fondamentale nello stabilire nuovi princìpi, come si è detto, l'effettivo regime della materia non può essere percepito senza tener conto delle numerose decisioni della *Supreme Court*, che da una iniziale (breve) inerzia è venuta poi, nel corso del tempo, e con alterni orientamenti, a dare contenuto concreto al sistema antimonopolistico. In effetti, per quanto fondata su testi legislativi federali, la c.d. *antitrust doctrine* si è sviluppata fin dall'inizio mediante le decisioni della *Supreme Court*, apparentemente interpretative della legislazione federale, ma in effetti fonti di nuovo diritto. In questo senso, va rilevato che né lo Sherman Antitrust Act, né i lavori preparatori stabilivano alcuna guida relativa alla applicazione concreta della legge. La prima decade successiva all'adozione della legge vedeva la Corte attestarsi su una interpretazione restrittiva del potere derivante al Congresso dalla *commerce clause* federale. Ma entro pochi anni essa assumeva un ruolo centrale nella formulazione di un robusto regime antimonopolistico, cominciando con l'applicazione della legge ai monopoli ferroviari. E già dal 1911 la Corte ordinava, con decisioni ormai entrate nella leggenda, lo scioglimento delle più possenti concentrazioni monopolistiche dell'epoca, come quelle che toccavano gli interessi della *Standard Oil* e della *American Tobacco Co.* Ma è il concetto stesso di *antitrust* che di per sé si presta a diverse accezioni, opinioni, posizioni e interpretazioni politiche ed economiche. Questa diversità di concezioni si manifestava all'interno della stessa *Supreme Court* in cui emergevano opposte opinioni

sullo spirito dell'*antitrust*. E ancora oggi sembrano potersi identificare negli orientamenti giurisprudenziali due tendenze che distinguono tra attività condannabili *per se* e quelle che invece possono essere giudicate tali dopo una *rule of reason examination* degli scopi, del potere di mercato, e di possibili alternative meno restrittive disponibili per raggiungere determinati scopi legittimi. Negli anni '70 la legislazione antimonopolistica subiva una vasta e penetrante applicazione da parte dell'esecutivo e in sede giurisprudenziale; in numerose decisioni, la Corte sosteneva vigorosamente l'applicazione della legge federale *antitrust* mostrando ripetute volte una sostanziale diffidenza, tra l'altro, nei confronti delle fusioni societarie e limitando severamente il tipo di quelle consentite. Non sembra che successivamente al rigetto dell'azione contro la *International Business Machines Corporation* il governo federale abbia dato inizio ad alcuna rilevante azione antimonopolistica. D'altro canto, va rilevato che allo stesso tempo aveva luogo una transazione che metteva fine all'azione del governo federale contro la *American Telephone and Telegraph Company* conclusasi con il massimo scorporo societario della storia.

5. Sia l'applicazione che l'interpretazione giurisprudenziale dell'*antitrust* riflettono nel corso del tempo gli andamenti e le tensioni esistenti nella politica, nell'economia e nella cultura americana. Come si è accennato, fin dal suo inizio si è manifestata una diversità di concezioni della dottrina antimonopolistica: per un gruppo di giuristi, studiosi e amministratori, la legislazione antimonopolistica costituisce uno strumento per la tutela della concorrenza o principalmente per accrescere l'efficienza economica. Per altri gruppi, il suo scopo è più vasto e attiene a una più equa distribuzione della ricchezza, alla tutela della libertà politica da minacce potenziali poste da crescenti concentrazioni del potere economico, etc. Attualmente, anche se il disaccordo di fondo permane, prevale un orientamento ispirato a prospettive economiche neoclassiche che vedono nel regime antimonopolistico uno strumento diretto a promuovere una maggiore efficienza economica. La data del 1890 dello Sherman Antitrust Act non è casuale: essa segna allo stesso tempo, da un lato, il punto della massima concentrazione monopolistica nella storia del capitalismo americano e, dall'altro, la reazione popolare verso un tipo di grande imprenditoria che si abbandonava a pratiche economiche predatorie.

6. Se si pensa che, storicamente, la nostra economia appare la più concentratata dell'Occidente, alle drammatiche implicazioni politiche ed economiche di questa patologia, si capisce anche perché, almeno allo stato degli atti, non mette conto soffermarsi sulla istituzione antimonopolistica nostrana, che non ha storia, oltre che per la sua giovanissima vita, per la mancanza di adeguati poteri, per la scarsissima sua rilevanza agli occhi del mondo imprenditoriale e politico italiano, sia per modestia degli addetti ai quali, va dato atto, farebbe d'uopo un (inesistente) coraggio leonino per promuovere la rimozione almeno dei più indecenti monopoli esistenti nel paese. Di modo che sembra potersi tranquillamente affermare che fino a quando non vi sia un radicale ma assai improbabile mutamento del quadro politico, resta valida, forse ora più di allora, la denunzia di Tullio Ascarelli, che risale a quasi mezzo secolo or sono, per cui: la « struttura monopolistica della nostra economia (...) costituisce uno tra i più gravi dei nostri problemi nazionali » [*Disciplina della società per azioni e legge antimonopolistica* (1955), in 1954-59, vol. II: 879, at 931].

7. L'art. 86 del Trattato di Roma — relativo all'abuso di posizione dominante — adotta una meno articolata ma non troppo dissimile filosofia antimonopolistica rispetto a quella nordamericana che resta — con tutti i limiti di questo mondo — il punto massimo al quale si sia spinta la politica antimonopolistica nell'Occidente industrializzato. Nella terminologia anglo-americana e anche in sede comunitaria si parla anche di *cartel*; ma si tratta di termine di ispirazione tedesca (in effetti, l'ufficio federale competente in materia è il *Bundeskartellamt*). Una controversia in materia antimonopolistica è definita in sede comunitaria, tra l'altro, *competition case* o *cartel case*.

8. È mediante lo strumento societario che nei paesi industriali si realizzano situazioni di monopolio o di controllo legale o di fatto; il regime della società è quindi il metro della credibilità di un determinato sistema capitalistico. Al monopolio tra imprese si perviene, tra l'altro, anche mediante la *combination*, ossia la *joint venture* o associazione temporanea di imprese, o la fusione di società. Costituisce violazione della legislazione *antitrust* negli S.U. il c.d. *tie-in arrangement*, ossia l'accordo tra imprese per cui il venditore vende un prodotto solo a condizione che l'acquirente ne acquisti un altro diverso, detto *tied product* (ABUSO DI POSIZIONE DOMINANTE; ASSOCIAZIONE PER DELINQUERE; CAPITA-

LISMO; CARTELLO INDUSTRIALE; CLAUSOLA DI ESCLUSIVA; COMMISSIONE SUI MONOPOLI; CONCENTRAZIONE TRA IMPRESE; CONCORRENZA; CONFERENZA MARITTIMA; ESCLUSIVA; FONTI DEL DIRITTO: 6; FORNITURA MONOPOLISTICA; *FRANCHISING*; FUSIONE DI SOCIETÀ; GIUSTIZIA ALTERNATIVA; *MEDIA*; MERCATO OLIGOPOLISTICO; PATTO DI NON CONCORRENZA; PRATICA RESTRITTIVA DELLA CONCORRENZA; PRIVATIVA; REGOLATORE; RENDITA; RINVIO ALLA *MONOPOLY COMMISSION*; SERVIZIO PUBBLICO; SOCIETÀ (II) DI CAPITALI; TUTELA DEL CONSUMATORE; VENDITA IN ESCLUSIVA; VINCOLO ALLA CONCORRENZA). [vol. I: ANTI-TRUST ACTS; CARTEL; COMPETITION LAW; MONOPOLY; RESTRAINT OF TRADE; RESTRICTIVE TRADE PRACTICES; TIE-IN ARRANGEMENT]

Bibl.:

Franzosi, M., *Monopolio e art. 86 del Trattato C.E.E.: insufficienza delle valutazioni economiche* (1988) 1 CeI 217.

Galgano, F., *Gruppi di società e concentrazione di testate editoriali (parere pro veritate sul caso Rizzoli-Corriere della Sera)* (1986) 1 CeI 59.

Hovenkamp, H., *Capitalismi*, in *Oxford* 1992: 117.

May, J., *Antitrust*, in *Oxford* 1992: 34.

Rossi, G., *L'antitrust come libertà dei cittadini*, in MicroMega 1/95: 113.

– **assoluto.** Absolute monopoly.

– **bilaterale.** Bilateral monopoly.

– **commerciale.** Commercial monopoly, trade monopoly.

– **dei cambi.** Exchange monopoly (CAMBIO).

– **del compratore.** Buyer's monopoly (COMPRATORE).

– **del lavoro.** Labour monopoly (LAVORO). [vol. I: CLOSED SHOP]

– **dell'informazione.** Monopoly of information (INFORMAZIONE).

– **del potere.** Monopoly of power (POTERE).

– **del venditore.** Sellers' monopoly, supplier's monopoly (VENDITA IN ESCLUSIVA; VENDITORE).

– **di stato.** State monopoly (STATO).

– **fiscale.** Fiscal monopoly (FISCO).

– **legale.** Legal monopoly. Il temine è riferito più spesso al diritto esclusivo concesso ad un'impresa di effettuare un servizio pubblico come, ad es., quello elettrico o telefonico. Le tariffe (*rates*) e le modalità sono stabilite, peraltro, da organi pubblici ossia, negli S.U., da *administrative agencies* le cui decisioni sono soggette alla *judicial review* da parte degli organi giudiziari federali (CONCESSIONE AMMINISTRATIVA; REGOLATORE; SERVIZIO PUBBLICO).

Bibl.:

Nowak and Rotunda 1978, ed. 1991: 438.

– **naturale.** È definito così negli S.U. quel monopolio che si ha quando una impresa di dimensioni ottimali può produrre tutto o più di ciò che il mercato può assorbire; insomma, derivante da circostanze sulle quale il monopolista non ha influenza. Ad es., il mercato di un particolare prodotto può essere così limitato da rendere economicamente remunerativo produrlo soltanto in una singola fabbrica grande abbastanza da fare fronte a tutta la domanda. Il concetto giuridico di monopolio naturale non coincide con quello economico. Rientrano in questo gruppo anche i servizi pubblici relativi alla fornitura di acqua, elettricità, gas, telefoni, etc. (BENE COMUNE; CONCESSIONE; INTERESSE PUBBLICO; REGOLATORE).

Monte di pietà. Montes pietatis, public pawnbroking establishment. Ignoto al sistema inglese e nordamericano che conoscono soltanto analoghe istituzioni private: celebre a New York è il *Provident Loan Society*, società filantropica (AGENZIA DI PEGNI; CREDITO; INTERESSI SUL CAPITALE; PEGNO; USURA).

Bibl.:

Farnsworth and Honnold 1965, ed. 1976: 1021.

Monumento naturale. Natural monument; la legislazione federale e dei singoli stati dell'Unione ritiene tale: ruscelli, laghi, stagni, spiagge, e rive del mare; talvolta il termine include anche strade e autostrade, mura, steccati, alberi, rocce, cascate, etc. Un concetto più ampio, quindi, delle nostre bellezze naturali (AMBIENTE; BENI CULTURALI; NATURA).

Moody's. (MORA; *RATING*)

Mora in genere. Default, delay. Non è richiesta la costituzione in mora del debitore se il termine per l'adempimento è già stabilito nel contratto; è ignota la mora del creditore.

1. Il creditore ha la facoltà di indirizzare una *notice to perform* al debitore ingiungendogli di eseguire la prestazione; in mancanza, può procedere alla risoluzione unilaterale del contratto. La messa in mora è inutile

se il termine *is of the essence of the contract*. Si parla di *putting* o *placing in default* per rendere il nostro concetto di messa in mora.
2. In questa materia va ricordata l'*acceleration clause* inserita di solito nei contratti, specie internazionali, in virtù della quale, in caso di inadempimento o di insolvenza del debitore, si pattuisce la decadenza dal beneficio del termine e l'anticipata scadenza di esso.
3. Negli S.U., l'Art. 1-208 dell'UCC (*Option to Accelerate at Will*) stabilisce che quando in tema di adempimento o pagamento è prevista la clausola « at will », la richiesta di pagamento anticipato deve essere avanzata in « good faith », ossia nella convinzione che la possibilità del futuro pagamento sia pregiudicata.
4. In effetti, è stata la sospensione dei pagamenti da parte del commissariato (e disastrato) baraccone di stato Efim, e quindi l'evidenza dell'insolvenza, a far scattare la *acceleration clause* esistente a favore delle banche estere, malcapitate creditrici straniere, nei relativi accordi di mutuo, di quella che si è rivelata essere una *holding* diretta, almeno in parte, da dissipatori di denaro pubblico quando non anche da *delinquenti comuni*. Ovviamente incostituzionale, e comunque fonte di grave discredito sui mercati internazionali, appare il decreto di scioglimento che ha bloccato i pagamenti verso le imprese creditrici; una ennesima truffa del potere pubblico in danno dei creditori (ADEMPIMENTO RITARDATO; AGENZIA DI INFORMAZIONI SULLA SOLVIBILITÀ; CLAUSOLA DI ACCELERAZIONE; CREDITO; CREDITO MATURATO; DEBITO INSOLUTO; DEBITORE MOROSO; DILAZIONE; FALLIMENTO; INSOLVENZA; MORATORIA; OFFERTA DI PAGAMENTO; PAGAMENTO: 3; *RATING*; RITARDO NELL'ESECUZIONE DEL CONTRATTO; RITARDO NEL PAGAMENTO; SCOPERTO DI CONTO CORRENTE; SOSPENSIONE DEI PAGAMENTI; TERMINE ESSENZIALE). [vol. I: ACCELERATION CLAUSE; CONTRACT: IX; DEFAULT; DELAY; PERFORMANCE: 3; REPUDIATION; TENDER]

Bibl.:
Schlesinger 1970, ed. 1988: 666.

– **del debitore.** Default of debtor (DEBITORE).

Morale in genere. Morals, moral, equity, fairness (CONDOTTA; DIRITTO (I) NATURALE; EQUITÀ; ETICA; GIUSTIZIA; POLITICA; POTERE; RAGIONE; RAGION DI STATO; SANZIONE; SFERA MORALE).

– **familiare.** Familiy morals (FAMIGLIA).

– **pubblica.** Public morals (ORDINE PUBBLICO).

Moratoria in genere. Moratorium, delay, postponement (DILAZIONE DI PAGAMENTO; MORA; PAGAMENTO; RINVIO; SOSPENSIONE DEI PAGAMENTI). [vol. I: MORATORIUM]

– **fiscale.** Tax moratorium, fiscal moratorium (AREA DISASTRATA).

Morosità in genere. Default, delay (INTIMAZIONE DI SFRATTO PER MOROSITÀ; MORA).

Morte in genere. Death. Ogni sospetto suicidio o una morte per cause apparentemente non naturali comporta una *coroner's inquest*. La materia è regolata nel sistema inglese dal Coroners Act 1988: il *coroner* esperisce ora le sue indagini senza la partecipazione della giuria. Negli S.U. — stato federale — la materia rientra nelle attribuzioni dei singoli stati dell'Unione in taluni dei quali la sua indagine ha luogo ancora oggi con la partecipazione della giuria. Ma in molti altri stati la figura del *coroner* è stata sostituita dal *medical examiner* (ABORTO; BRACCIO DELLA MORTE; CADAVERE; CERTIFICATO DI MORTE; COMMORIENZA; DELITTO COLPOSO-DOLOSO; DIRITTO (II) ALLA MORTE; DURATA PRESUNTA DELLA VITA; EUTANASIA; GIURIA; INCHIESTA; INCIDENTE MORTALE; IN PREVISIONE DELLA MORTE; MEDICO LEGALE; PENA DI MORTE; PERIZIA NECROSCOPICA; PRESUNZIONE DI MORTE; RISARCIMENTO DEL DANNO; SCIOGLIMENTO DEL MATRIMONIO; SUCCESSIONE NEL DIRITTO CONTROVERSO; SUCCESSIONE PER CAUSA DI MORTE; SUICIDIO). [vol. I: *ad vocem*; CAUSE OF ACTION; COMMORIENTES; CORONER; LIFE; PRESUMPTION OF DEATH; SENTENCE OF DEATH]

– **accidentale.** Accidental death, fatal accident (DELITTO COLPOSO-DOLOSO; REATO CONNESSO ALLA CIRCOLAZIONE STRADALE).

– **improvvisa, sospetta** o **violenta.** Sudden, suspicious or violent death (*supra*, MORTE IN GENERE).

– **presunta.** Presumed death (ASSENZA; PRESUNZIONE DI MORTE).

– **violenta.** (*supra*, MORTE IMPROVVISA, SOSPETTA O VIOLENTA; VIOLENZA)

Mostra. Exhibition (COMMERCIO; FIERA).

Motivazione in genere. Grosso modo, reasons, grounds, objection, motivation (GIUSTA CAUSA; PROMULGAZIONE DELLA LEGGE; VERDETTO).

– **della sentenza.** Grosso modo, reasons for the decision, grounds of a decision, opinion.
1. La *ratio decidendi* dei sistemi di *common law* viene spesso equiparata alla motivazione; ma, in effetti, essa costituisce

un concetto molto più complesso. Nel rilevare che la sentenza di *common law* si articola molto diversamente da quella nostrana, si osserva che la *ratio decidendi* si distingue dall'*obiter dictum*, dichiarazione incidentale fatta dal giudice nell'enunciare la sua decisione. È dalla *ratio decidendi* — e non dall'*obiter dictum* — che si estrae la *rule* o, negli S.U., più spesso *holding*, applicabile ad altri casi analoghi. In principio, non esiste un obbligo legale della motivazione, almeno nel senso nostrano. Di fatto, in sede civile, quando si tratta di organi collegiali, tenendo conto delle diverse *opinions* dei membri del collegio, spesso si verifica una esuberanza di motivazioni, come nel caso in cui ad un medesimo dispositivo corrispondono diversi apprezzamenti dei fatti e diverse motivazioni dei singoli giudici che rendono la ricerca della *ratio decidendi* e la distinzione dagli *obiter dicta* talvolta estremamente difficile se non addirittura impossibile. D'altro canto, com'è stato osservato, tutto il sistema della *case law* sarebbe impensabile senza motivazione.
2. Quanto sopra è riferito al caso in cui il processo abbia luogo senza la partecipazione della *giuria*, istituto fondamentale del sistema processuale nella tradizione di *common law*, sia nel processo penale che in quello civile. A quest'ultimo poposito, si ricorda che mentre — salvo talune ipotesi particolari — la giuria è virtualmente scomparsa dal processo civile inglese, diversa è la situazione negli S.U. in cui ancora oggi essa svolge una importante funzione. Ad ogni modo, quando il processo si celebra con la partecipazione della giuria — più spesso in materia penale, e per i reati di maggiore gravità nel sistema inglese — il verdetto di quest'ultima — limitato all'accertamento dei fatti e quindi alla colpevolezza o meno dell'imputato — non è motivato (come ogni verdetto). Tantomeno motivata è la sentenza del giudice che si limita ad applicare la pena o a disporre l'assoluzione: di conseguenza, l'appello è limitato ai casi di *misdirection* della giuria da parte del giudice; ma si può impugnare il verdetto (o anche la sentenza) nei casi in cui è ammesso il c.d. *new trial* davanti allo stesso organo giudiziario (o in appello) come, ad es., nel caso in cui la sentenza o il verdetto siano state emessi sulla base di un errore, per la scoperta di nuove prove, etc., negli S.U. in base alla *plain error rule*.
3. Negli S.U. è definita *memorandum decision* quella decisione giudiziaria che contiene soltanto il *ruling*, ossia il dispositivo, ma non l'*opinion*, ossia la motivazione (reasons for the decision).
4. È virtualmente impossibile stabilire la ragione sufficiente del collasso ormai irreversibile della giustizia italiana; ma vi sono pochi dubbi che, tra i numerosi fattori che un diligente studioso potrebbe elencare, vi è quello dell'obbligo della motivazione, così come è attuato nella prassi giudiziaria nostrana. Chilometriche difese e chilometriche motivazioni appaiono correlative in un sistema che prevede la cassazione della sentenza con rinvio per difetto di motivazione (cfr. punto 5 dell'art 360 del c.p.c.). In questo senso, l'art. 111 della costituzione, che stabilisce una regola garantistica, purché ragionevolmente applicata, mescolata alla glorificazione dei mezzi di impugnazione che caratterizza il nostro sistema processuale civile e penale, produce spesso una miscela dirompente sul funzionamento di un servizio pubblico fondamentale (APPELLO; CASI E MATERIALI; DECISIONE; DIFESE NEL PROCESSO CIVILE; DIGESTO; DISPOSITIVO DELLA SENTENZA; FONTI DEL DIRITTO; GIURIA: 10; GIUSTA CAUSA; LIBERO CONVINCIMENTO DEL GIUDICE; LIBERA VALUTAZIONE DELLA PROVA; MASSIMARIO; OBBLIGO DELLA MOTIVAZIONE; PENA; PRECEDENTE GIUDIZIARIO; RIVISTE DI GIURISPRUDENZA; SENTENZA; VERDETTO; VERITÀ). [vol. I: JUDGMENT; MOTIVATION; OBITER DICTUM; PRECEDENT; RATIO DECIDENDI; REASONS FOR DECISIONS]

Bibl.:

Guastini, R., *Problemi di analisi logica della motivazione* (1986) 1 CeI 104.
Preite, D., *Tecnica della motivazione delle sentenze e coesione sociale (a proposito di un libro di Guido Calabresi)* (1986) 2 CeI 476.
Sbisà, G., *Certezza del diritto e flessibilità del sistema (la motivazione della sentenza in common law e civil law)* (1988) 2 CeI 519.

– **dissenziente.** Dissenting opinion; evidentemente, nel caso di un collegio (COLLEGIO GIUDICANTE; GIUDICE DISSENZIENTE; OPINIONE DISSENZIENTE; SENTENZA). [vol. I: JUDGMENT: 3; OPINION]

Motivi. (MOTIVO/I)

Motivo/i in genere. Motive, reason, ground (CAUSA (I); GIUSTA CAUSA; INTENTO; MOTIVAZIONE; RAGIONE; SCOPO; SENZA GIUSTA CAUSA).

– **abietto.** Despicable o base reason (REATO).

– **di appello.** Grounds for appeal (APPELLO; MOTIVAZIONE).

– **di divorzio.** (CAUSA (I) DI DIVORZIO)

– **di equità.** Equitable grounds (EQUITÀ).

– **giusto.** (GIUSTA CAUSA)

– **legittimo.** Lawful cause (GIUSTA CAUSA).

Motto pubblicitario. Slogan, logo (PUBBLICITÀ).

Motu proprio. Ex mero motu, spontaneously, ex officio, on his own motion. Appare importante segnalare il ruolo di terzietà del giudice nel processo civile e penale di *common law*, che è processo di parti; egli appare sprovvisto di poteri di iniziativa processuale. Almeno è questa l'immagine tradizionale, ma non del tutto esatta, che si dà del giudice di *common law* (DI UFFICIO; GIUDICE; ORDINAMENTO GIUDIZIARIO). [vol. I: EX OFFICIO; EX PARTE]

Movente in genere. Inducement, motive, cause, reason (MOTIVAZIONE; MOTIVO).

– **di un reato.** Reasons for a crime (REATO).

Movimento/i in genere. Movement (CIRCOLAZIONE; LIBERTÀ DI CIRCOLAZIONE COMUNITARIA).

– **dei capitali.** Movement of capitals (*infra*, MOVIMENTO INTERNAZIONALE DEI CAPITALI; ATTO UNICO EUROPEO; CAPITALE).

– **delle merci.** Movement of goods (MERCI; TRASPORTO).

– **delle persone.** Movement of people (COMUNITÀ EUROPEE; LIBERTÀ DI CIRCOLAZIONE COMUNITARIA).

– **internazionale dei capitali.** International movement of capitals (CAPITALE; LIBERTÀ DI CIRCOLAZIONE COMUNITARIA).

Mozione. Motion, proposal. Il termine motion è riferito sia alla prassi parlamentare, sia a quella processuale. In quest'ultimo caso indica una istanza scritta o verbale fatta al giudice per ottenere un determinato provvedimento prima (es.: *motion to dismiss*), durante (es.: *motion for directed verdict*) o dopo il *trial* (es.: *motion for new trial*). Ma il termine indica anche l'eccezione di preclusione sollevata da una delle parti, come, ad es., quando si parla di *motion in bar* per indicare l'eccezione di preclusione. Di solito, la *motion* ha luogo *on notice* all'altra parte, ma talune domande, specie in tema di procedimenti cautelari o di urgenza, vengono fatte *without notice*: in tal caso, si parla di *ex parte motion*. Negli S.U., la R. 7 delle *Federal Rules of Civil Procedure* stabilisce i requisiti e le condizioni delle mozioni in materia civile (ASSEMBLEA; CONTRADDITTORIO; DIFESA; DOMANDA; ECCEZIONE; ISTANZA; PRECLUSIONE; PROCEDIMENTI CAUTELARI; PROPOSTA; RISOLUZIONE; RIUNIONE). [vol. I: EX PARTE; MOTION; RESOLUTION]

– **di censura.** Motion of censure (CENSURA; FIDUCIA; SFIDUCIA; VOTO DI CENSURA). [vol. I: *ad vocem*; CONFIDENCE; PARLIAMENT: XIV]

– **di sfiducia parlamentare.** No confidence motion, motion of censure, o of no confidence (CENSURA; SFIDUCIA).

– **d'ordine.** Point of order (ASSEMBLEA; RIUNIONE). [vol. I: *ad vocem*]

– **parlamentare.** Motion (INTERPELLANZA PARLAMENTARE).

Multa. Grosso modo, fine, monetary penalty, mulct; nel caso di infrazioni automobilistiche (es.: divieto di sosta) si parla anche di *ticket*. Ma, in senso stretto, né il diritto penale inglese né quello nordamericano distinguono tra delitti e contravvenzioni; e non esiste un equivalente esatto, rispettivamente, della multa e dell'ammenda; pertanto, di fatto, il termine *fine* equivale, a seconda dei casi, all'una o all'altra. Negli S.U. — stato federale — la materia rientra nelle attribuzioni dei singoli stati dell'Unione; peraltro, l'VIII emendamento [1791] della costituzione federale, replicato, *mutatits mutandis*, dalla maggioranza degli stati, stabilisce: « *Excessive bail shall not be required, nor excessive fines imposed, nor cruel and unusual punishments inflicted* » (AMMENDA; CONCILIAZIONE DELL'AMMENDA SUL POSTO; CONVERSIONE DELLA MULTA o AMMENDA IN PENA DETENTIVA; OBLAZIONE DELL'AMMENDA SUL POSTO; PENA; PIGNORAMENTO DI STIPENDI E SALARI; PROCEDURA PENALE; REATO). [vol. I: INTRODUZIONE: III. 28; CRIMINAL LAW; FINE; INDICTABLE-SUMMARY OFFENCE; MISDEMEANOUR; OFFENCE; SENTENCING PROCESS]

– (o **ammenda) eccessiva.** Excessive fine (*supra*, MULTA).

Multilaterale. Multilateral (BILATERALE; PARTE; UNILATERALE).

Multimodale. Multimodal (MODO DI TRASPORTO; TRASPORTO COMBINATO; UNIMODALE). [vol. I: COMBINED TRANSPORT]

Multinazionale. Multinational; ma è più corretto transnazionale (INTERNAZIONALE; TRANSNAZIONALE).

Multipartitismo. Multiparty system (MONOPARTITISMO; PARTITI POLITICI; PLURALISMO POLITICO).

Multiproprietà. Un analogo della multiproprietà — da inquadrare peraltro nei concetti di *common law* — è costituito negli S.U. dai c.d. *co-operative apartments* in cui il titolare ha un diritto sull'intero complesso e un *lease* sul suo appartamento. L'insieme è organizzato di solito in forma di *corporation,* ossia di società commerciale avente personalità giuridica proprietaria del tutto (*owner-co-operative*); il partecipante è allo stesso tempo azionista (*stockholder)* e titolare di un *lease* (*leaseholder*), per cui si parla di *tenant-shareholder* (CONDOMINIO NEGLI EDIFICI).

Bibl.:

Drudi, A. M., *Multiproprietà* (1985) 1 CeI 238.

Negri, A., *La multiproprietà nel sistema francese* (1989) 2 CeI 615.

Multirazziale. Multiracial (RAZZA).

Municipale. Municipal, related to local government (AUTOGOVERNO; AZIENDA MUNICIPALIZZATA; SERVIZIO PUBBLICO). [vol. I: MUNICIPAL]

Muro in genere. Wall. [vol. I: *ad vocem*]

- **comune.** Common wall, party wall; il diritto di appoggio sul muro comune è detto « right of support from party wall » (COMUNIONE FORZOSA DEL MURO DIVISORIO). [vol. I: COMMON WALL; PARTY WALL; SUPPORT]
- **contiguo.** Adjoining wall (CONTIGUO). [vol. I: TENANCY IN COMMON]
- **divisorio.** Partition wall (CONFINE). [vol. I: ABUTTALS; ADJOINING LANDS; TENANCY IN COMMON; WALL]
- **divisorio comune.** Party wall (COMUNIONE).

Museo. Museum (AMBIENTE; BENI CULTURALI; FURTO D'ARTE; PATRIMONIO ARTISTICO).

Mutamento in genere. Change, alteration, variation (ALTERAZIONE; CAMBIAMENTO DELLE CIRCOSTANZE; CAMBIO; COMMUTAZIONE; DISCREPANZA; EMENDAMENTO; IMPOSSIBILITÀ SOPRAVVENUTA DELLA PRESTAZIONE; MODIFICA; SOSTITUZIONE; TRASFORMAZIONE; VARIAZIONE). [vol. I: VARIANCE; VARIATION; VARYING SENTENCE]

- **del titolo di reato** o **del capo di imputazione.** Reducing a crime to another; ad es., mutare il capo di imputazione da omicidio volontario a omicidio colposo si dice *reducing murder to manslaughter* (CAPO DI IMPUTAZIONE; DERUBRICAZIONE; REATO; TITOLO DI REATO).

Mutilazione in genere. Mutilation, mayhem; ma il termine mutilation è anche riferito ad un documento per indicarne la sua alterazione fisica senza peraltro distruggerlo completamente (DOCUMENTO; LESIONI PERSONALI; SFREGIO PERMANENTE). [vol. I: MUTILATED CHEQUE]

Mutua assicuratrice. Mutual insurance company (ASSICURAZIONE MUTUA).

Mutualità in genere. Mutuality. Tutte le associazioni mutualistiche, che prendono svariate denominazioni quali *friendly societies, co-operatives*, *mutual benefit insurance* e le *associations not for profit,* rientrano nella figura generale della *charity*. Ma il concetto di mutuality è impiegato nei rapporti bilaterali in genere e nel contratto per indicare il requisito della reciprocità — ma non necessariamente equivalenza — tra le obbligazioni o posizioni delle parti: in tal senso, si parla di *mutuality of assent, mutuality of contract, mutuality of obligation, mutuality of remedy*. Così, ad es., nel contratto, il termine indica la interdipendenza (non l'equivalenza) delle obbligazioni a carico delle parti, in cui, cioè, l'obbligazione dell'una costituisce la *consideration* per la sussistenza dell'obbligazione dell'altra, e viceversa. *Mutual fund* è detta la società di investimento (ASSICURAZIONE MUTUA; ASSOCIAZIONE CON-SENZA SCOPO DI LUCRO; ASSOCIAZIONE MUTUA DI CREDITO IMMOBILIARE; CORRISPETTIVO; *INADIMPLENTI NON EST ADIMPLENTUM*; LUCRO; MUTUA ASSICURATRICE; MUTUO; ORGANIZZAZIONE SENZA SCOPO DI LUCRO; RECIPROCITÀ; SCOPO DI LUCRO; SENZA SCOPO DI LUCRO; SOCIETÀ (II) COOPERATIVA). [vol. I: CHARITY; INVESTMENT TRUST; MUTUAL FUND; MUTUALITY; PROFIT]

Mutuante. Lender, moneylender; *mortgagee* nel caso che il prestito sia garantito da *mortgage* (CREDITORE; IPOTECA; MUTUO).

Mutuatario. Borrower, mutuary; *mortgagor* nel caso che il mutuo sia garantito da *mortgage* (DEBITORE; MUTUANTE).

Mutuo in genere. Loan, loan for consumption, o loan of money (nel caso in cui abbia per oggetto una somma di denaro), *mu-*

tuum. Il comodato è detto *gratuitous loan for use* e rientra nella figura del *bailment.*
1. La *common law* ha difficoltà a distinguere tra mutuo e comodato. Il comodatario, o mutuatario, è detto *borrower*, il comodante, o mutuante, *lender*. Non è ammessa azione in giudizio per l'adempimento specifico dell'obbligo sia di prestare, sia di prendere a prestito; ma con una *commitment letter* il mutuante si può obbligare, o a condizione (*conditional commitment*), o in maniera vincolante (*firm commitment*), a concedere un credito.
2. È definito *nonrecourse debt* quel tipo di credito, sorto più spesso in occasione della vendita di beni di consumo, di cui l'unica garanzia è costituita dal diritto del creditore di rientrare in possesso della merce venduta. Ma il debitore-acquirente non è responsabile del mancato pagamento con il suo patrimonio.
3. Un tipo di mutuo — e quindi di credito — di cui non si può esagerare l'importanza è costituito dal *nonrecourse loan,* ossia da quel mutuo che esclude il ricorso del creditore ad altri beni del debitore nel caso in cui il valore dell'oggetto della garanzia divenga inferiore a quanto effettivamente dovuto: esso è praticato negli S.U. più spesso in materia di credito agli agricoltori.
4. Nella prassi bancaria si parla di *loan loss reserves* per indicare le riserve relative ai mutui effettuati per coprire possibili perdite.
5. L'aggettivo è reso dai termini *mutual, reciprocal* (CAPITALE PRINCIPALE NEL MUTUO; CAUSE (I) LEGITTIME DI PRELAZIONE; CLAUSOLA DI ACCELERAZIONE; COMODATO; CONTRATTO DI MUTUO; CREDITO IMMOBILIARE; FUNGIBILE; GARANZIA DEL CREDITO; INTERESSI SUL CAPITALE; IPOTECA; MORA; MUTUALITÀ; PIGNORAMENTO; PRESTITO USURARIO; PRIVILEGIO FLOTTANTE; RECIPROCO; RIFINANZIAMENTO DI UN MUTUO; SOCIETÀ (II) DI MUTUO SOCCORSO; TUTELA DEL CONSUMATORE; USURA). [vol. I: BAILMENT; BORROW; CONSUMER CREDIT]

– **a breve termine.** Short term loan (*supra*, MUTUO IN GENERE).

– **al consumatore.** Consumer loan; il mutuo usurario o oneroso al consumatore è definito nel sistema inglese *extortionate credit bargain* e, come tale, severamente sanzionato (CONSUMATORE; INTERESSI SUL CAPITALE; LESIONE; USURA). [vol. I: CATCHING BARGAIN]

– **allo scoperto.** Unsecured loan (GARANZIA DEL CREDITO).

– **a lungo termine.** Long term loan (*supra*, MUTUO IN GENERE).

– **a tasso d'interesse fisso.** Fixed-rate loan (TASSO D'INTERESSE).

– **a tasso d'interesse variabile.** Floating rate loan (TASSO DEGLI INTERESSI).

– **di denaro.** Loan of money (DENARO).

– **garantito.** Secured loan (GARANZIA).

– **in valuta estera.** Foreign currency loan (VALUTA).

– **ipotecario.** Loan on mortgage; ma, in senso stretto, il mortgage non ha equivalenza nei sistemi di *civil law* (GARANZIA; IPOTECA). [vol. I: LOAN ON MORTGAGE]

– **riconoscimento.** Mutual recognition (RICONOSCIMENTO). [vol. I: DIPLOMATIC RELATIONS; RECOGNITION]

– **senza interessi.** Interest-free loan (INTERESSI SUL CAPITALE).

– **su inventario.** Inventory loan (PRIVILEGIO FLOTTANTE).

– **su polizza.** Policy loan (POLIZZA (I) DI ASSICURAZIONE).

– **usurario.** Usurious, o usurary, loan (*supra*, MUTUO AL CONSUMATORE; CONTRATTO USURARIO; ESTORSIONE; INTERESSI SUL CAPITALE; LESIONE; PATTO LEONINO; TUTELA DEL CONSUMATORE; USURA).

N

Nascita. Birth (ABORTO; CERTIFICATO DI NASCITA; CITTADINANZA; CONTROLLO DELLE NASCITE; ISCRIZIONE NEI REGISTRI DI NASCITA; LESIONI PRENATALI; MORTE; NASCITURO; NATO MORTO; OMESSA DENUNZIA DI NASCITA; PAESE DI NASCITA; PRESUNZIONE DI CONCEPIMENTO DURANTE IL MATRIMONIO). [vol. I: ABORTION; BIRTH; CAPACITY; DEATH; PRE-NATAL INJURIES]

Nascituro. Unborn child, o child en ventre sa mere (NASCITA). [vol. I: ABORTION; EN VENTRE SA MERE; GESTATION; PRE-NATAL INJURIES]

Nascondiglio. Refuge, sanctuary, shelter (EVASIONE; LATITANZA; RIFUGIO).

Natante. Craft (NAVE).

Nativo. Native; negli S.U. si parla di *Native Americans* per indicare gli indiani che, appunto, sono gli abitanti originari del paese (CITTADINO).

Nato morto. Still born (ABORTO; NASCITA).

Natura. Nature (AMBIENTE; BENEFICIO IN NATURA; IN NATURA; INQUINAMENTO; IN SPECIE; MONUMENTO NATURALE; PRESTAZIONE IN NATURA; REMUNERAZIONE IN NATURA).

Naturalia negotii. (CONDIZIONI GENERALI DI CONTRATTO)

Naturalizzazione. Naturalization; il procedimento attraverso il quale si acquista la cittadinanza. Ma si tratta di materia incandescente, in cui le regole di ieri non valgono più: l'esodo delle popolazioni del Terzo Mondo verso l'Occidente costringe a mutare i principi tradizionali. Gli S.U., paesi di immigrati, sono sempre stati in passato tra i più generosi nel consentire la naturalizzazione (ACQUISTO DELLA CITTADINANZA; CITTADINANZA; NAZIONALITÀ). [vol. I: DENIZATION; NATIONALITY; NATURALIZATION]

– **collettiva.** Collective naturalization; come quella verificatasi negli S.U. al tempo dell'acquisto della Louisiana da parte degli S.U., o *Louisiana Purchase* (CITTADINANZA).

Naufragio. Shipwreck, detto anche, talvolta, *naufrage* o *naufragium* (ARENAMENTO DI NAVE; NAUFRAGO; NAVE; RELITTO DI NAVE; SALVATAGGIO MARITTIMO). [vol. I: CONSTRUCTIVE LOSS; JETTISON; SALVAGE; SEMI-NAUFRAGIUM; SHIPWRECK; WRECK]

– **doloso.** Scuttling. Pericolo non assicurato, va distinto dalla *barratry*, pericolo assicurato nella polizza ordinaria, consistente nell'atto doloso del comandante o dell'equipaggio in pregiudizio e all'insaputa dell'armatore (BARATTERIA; COLPA NAUTICA; PIRATERIA MARITTIMA). [vol. I: *ad vocem*; BARRATRY; INSURANCE: II. 6; MUTINY; SCUTTLING; STRANDING; TERRORISM; TREASON]

Naufrago. Cast away (NAUFRAGIO).

Nave in genere. Ship, vessel, boat, craft. Per quanto i termini *ship* e *vessel* siano spesso impiegati come sinonimi, in effetti essi non coincidono necessariamente. Nell'*admiralty law* il termine vessel non è limitato alle navi in senso stretto: ad es., negli S.U. molti natanti vengono definiti *vessels* ai fini del Jones Act. Il requisito della *seaworthiness* si applica alla nave (*ship, vessel*) ma non, ad es., ad un bacino di carenaggio galleggiante attraccato al molo di un cantiere navale. Ma la esatta portata del termine va accertata di volta in volta, tenendo conto della notevole complessità della materia e dell'ondeggiare della terminologia (ABBANDONO DI NAVE; AFFONDAMENTO o DISTRUZIONE DI NAVE IN MARE; ALLESTIMENTO DI NAVE; AMMUTINAMENTO A BORDO DI NAVE; ARENAMENTO DI NAVE; ARMAMENTO DI NAVE; ARMATORE DI NAVE; ASSICURAZIONE MARITTIMA; ATTREZZO DI NAVE; BACINO; BAIA; BANDIERA OMBRA; BORDO LIBERO; CAMBIAMENTO DI VIA, DI VIAGGIO DI NAVE; CARATISTA DI NAVE; CARICAZIONE DI NAVE; CARICO; CATTURA DI NAVE; CAUZIONE MARITTIMA; CERTIFICATO DI CLASSE; CERTIFICATO DI IMMATRICOLAZIONE DI NAVE; CERTIFICATO DI LIBERA PRATICA; CERTIFICATO DI NAVIGABILITÀ DELLA NAVE; CLAUSOLE INTERNAZIONALI DI

CONSEGNA ATTINENTI ALLA DISCIPLINA DEI COSTI E DEI RISCHI DI TRASPORTO; COLPA NAUTICA; COMANDANTE DI NAVE; COMMISSARIO DI BORDO; COMPROPRIETÀ DELLA NAVE; CONFERENZA MARITTIMA; CONFISCA DI NAVE; COSTRUZIONE DI NAVE; DARSENA; DEMOLIZIONE DI NAVE; DEPREDAZIONE DELLA NAVE o DEL CARICO; DIRITTO (I) MARITTIMO; DIRITTO (II) DI APPROCCIO; DIRITTO (II) DI VISITA E PERQUISIZIONE DI NAVE; DISMISSIONE DI BANDIERA DELLA NAVE; DOCUMENTI DI BORDO; FERMO DELLA NAVE; GALLEGGIANTE; GIORNALE DI BORDO; IMBARCAZIONE; IMPOSSESSAMENTO DI NAVE DI UN BELLIGERANTE; *INCOTERMS*; INNAVIGABILITÀ DELLA NAVE; IPOTECA NAVALE O AERONAUTICA; ISPEZIONE DEL CARICO DELLA NAVE; LAVORATORE MARITTIMO; LAVORATORE PORTUALE; LEGGE DELLA BANDIERA; LIBERA PRATICA; LIBRI DI BORDO; LINEA DI MASSIMO CARICO DELLA NAVE; LOCAZIONE DI NAVE; LOCAZIONE DI NAVE A SCAFO NUDO; MAGAZZINI GENERALI; MANIFESTO DI CARICO; MARE TERRITORIALE; MEDIATORE MARITTIMO; NATANTE; NAUFRAGIO; NAVICERT; NAVIGABILITÀ DELLA NAVE; NAVIGAZIONE MARITTIMA; NAZIONALITÀ DELLA NAVE; NOLEGGIO DI NAVE; ORMEGGIO; PASSEGGERO; PERSONIFICAZIONE DELLA NAVE; PERTINENZA DI NAVE; PIGNORAMENTO DI NAVE; PILOTAGGIO MARITTIMO; PIRATERIA; PIROSCAFO; PORTATA LORDA DELLA NAVE; PORTO; PORTO DI REGISTRO; PRIVILEGIO SULLA NAVE; PROCURATORE DELL'ARMATORE; PROPRIETARIO DI NAVE; QUARANTENA; RADA; RASSETTO DI NAVE; REGISTRAZIONE DI NAVE; RELITTO DI NAVE; REQUISIZIONE DI NAVE; RICONSEGNA DELLA NAVE; RICUPERO DI NAVE; RICUPERO DI RELITTO DI NAVE; RIFORNIMENTO DI CARBURANTE ALLA NAVE o BUNKERAGGIO; RILASCIO DI NAVE SEQUESTRATA; RISCHI DI GUERRA ALLA NAVE; ROTTA DI NAVE; RUOLO DI EQUIPAGGIO; SALVATAGGIO DI NAVE; SCALO; SCARICAZIONE DI NAVE; SEMPRE A GALLA; SENSALE MARITTIMO; SEQUESTRO CONSERVATIVO DI NAVE; SOCIETÀ (II) DI CLASSIFICAZIONE; STAZZA DI NAVE; TESTAMENTO IN MARE; TONNELLAGGIO; TRASPORTO MARITTIMO; URTO DI NAVI IN MARE; VENDITA DI NAVE; VIOLENZA A BORDO DI NAVE; VISITA). [vol. I: ADMIRALTY; ARREST OF SHIP; CARRIAGE: IV; CLASSIFICATION SOCIETY; COASTING TRADE; FLAG DISCRIMINATION; FLAG OF CONVENIENCE; GENUINE LINK; LOADLINE; SEA; SEAWORTHINESS; SHIP; SHIPPING CONFERENCE]

- **abbandonata in mare.** Derelict ship, derelict vessel (ABBANDONO DI NAVE). [vol. I: ABANDONMENT OF SHIP, CARGO, CLAIM; DERELICT]
- **addetta alla navigazione interna.** Inland navigation ship (NAVIGAZIONE INTERNA). [vol. I: INLAND NAVIGATION]
- **addetta alla navigazione marittima.** Sea going ship (NAVIGAZIONE MARITTIMA). [vol. I: SEA GOING SHIP; SHIP]
- **a propulsione nucleare.** Nuclear ship (ENERGIA NUCLEARE). [vol. I: *ad vocem*]
- **armata.** Ship in commission (*infra*, NAVE IN DISARMO; COMMISSIONE).
- **arrivata.** Arrived ship (*infra*, NAVE DISPERSA IN MARE). [vol. I: *ad vocem*]
- **atta a tenere il mare.** Seaworthy ship (NAVIGABILITÀ DELLA NAVE). [vol. I: SEAWORTHINESS]
- **battente bandiera straniera.** Foreign-flag ship (BANDIERA).
- **cabotiera.** (*infra*, NAVE DA CABOTAGGIO)
- **cisterna.** Tanker (*infra*, NAVE DA CARICO; NAVE DA PASSEGGERI).
- **conferenziata.** Conference ship (CONFERENZA MARITTIMA). [vol. I: SHIPPING CONFERENCE]
- **corsara.** Pirate ship (PIRATERIA). [vol. I: PRIVATEER]
- **costiera.** (*infra*, NAVE DA CABOTAGGIO)
- **da cabotaggio.** Home trade ship, coasting ship, coasting vessel, coaster (TRAFFICO DI CABOTAGGIO). [vol. I: COASTING TRADE]
- **da carico.** Cargo ship, freighter (*supra*, NAVE CISTERNA; *infra*; NAVE DA PASSEGGERI; CARICO). [vol. I: CARGO; FREIGHTER]
- **da carico alla rinfusa.** Bulk carrier (*supra*, NAVE DA CARICO).
- **da diporto.** Pleasure boat, pleasure craft (*infra*, NAVE DA PASSEGGERI).
- **da guerra.** Warship, ship of war, naval ship, combat ship. [vol. I: MAN-OF-WAR; NAVAL SHIP]
- **da passeggeri.** Passenger ship; di solito, in diritto internazionale è quella che trasporta più di dodici passeggeri (*supra*, NAVE DA CARICO; PASSEGGERO). [vol. I: *ad vocem*]
- **da pesca.** Fishing boat, fishing vessel, trawler (PESCA).
- **di linea.** Liner ship, liner (*supra*, NAVE CONFERENZIATA; *infra*, NAVE VOLANDIERA). [vol. I: LINER e TRAMP SHIPPING TRADE]
- **dispersa in mare.** Ship lost at sea, missing ship (*supra*, NAVE ARRIVATA; DISPERSO). [vol. I: MISSING SHIP]
- **di Stato** o **appartenente a un ente pubblico.** Government ship, state-owned ship. Può essere gestita *for commercial* o *non commercial purposes*. Si distingue dalla *warship,* ossia dalla nave da guerra, ai sensi dell'art. 21 e segg. della convenzione di

Ginevra del 1958 sul mare territoriale e sulla zona contigua (ATTI DI GESTIONE-DI IMPERIO).

- **emigranti.** Emigrant ship (*supra*, NAVE DA PASSEGGERI; EMIGRANTE).
- **gemella.** Sister ship. Il termine assume rilevanza in tema di sequestro conservativo di nave (SEQUESTRO CONSERVATIVO DI NAVE). [vol. I: ARREST OF SHIP; SISTER SHIP; SISTER SHIP CLAUSE]
- **inadatta a tenere il mare.** Unseaworthy ship (*supra*, NAVE ATTA A TENERE IL MARE; INNAVIGABILITÀ DELLA NAVE).
- **in costruzione.** Ship under construction (COSTRUZIONE).
- **in disarmo.** Decommissioned ship; ship out of commission (*supra*, NAVE ARMATA).
- **innocente.** Innocent ship (URTO DI NAVI IN MARE). [vol. I: COLLISION; INNOCENT-DELINQUENT SHIP]
- **in ritardo rispetto al tempo dell'arrivo.** Overdue ship (*supra*, NAVE DISPERSA IN MARE).
- **iscritta nei registri.** Registered ship (MATRICOLA DELLE NAVI; NAZIONALITÀ DELLA NAVE; REGISTRO DELLE NAVI). [vol. I: REGISTER OF SHIPS]
- **maggiore.** Large ship. Di solito, in diritto internazionale si tratta, a fini della sicurezza della navigazione, di nave superiore a 500 tonnellate di stazza lorda (SICUREZZA DELLA NAVIGAZIONE; STAZZA DI NAVE).
- **mercantile.** Merchant ship, merchantman (*supra*, NAVE DA GUERRA).
- **mercantile appartenente allo Stato.** Government, o state owned, merchant ship (*supra*, NAVE DI STATO).
- **minore.** Small ship. Di solito, in diritto internazionale si tratta, ai fini della sicurezza della navigazione, di nave inferiore a 500 tonnellate di stazza lorda (*supra*, NAVE MAGGIORE).
- **nazionale.** National ship (*infra,* NAVE STRANIERA; NAZIONALITÀ DELLA NAVE).
- **nemica.** Enemy ship (*infra,* NAVE NEUTRALE).
- **neutrale.** Neutral ship, free ship (*supra*, NAVE NEMICA). [vol. I: ENEMY GOODS, ENEMY SHIP, etc.]
- **noleggiata.** Chartered ship, freighted ship (NOLEGGIO DI NAVE). [vol. I: CHARTER-PARTY]
- **non conferenziata.** Non-conference ship (*supra*, NAVE CONFERENZIATA).
- **porta *container*.** Container ship (TRASPORTO COMBINATO).
- **responsabile.** (*supra*, NAVE INNOCENTE)
- **soccorritrice.** Salving vessel (SALVATAGGIO MARITTIMO).
- **sorella.** (*supra*, NAVE GEMELLA)
- **straniera.** Foreign ship, foreign vessel (*supra*, NAVE NAZIONALE).
- **volandiera.** Tramp, tramp ship, tramp steamer (*supra*, NAVE DI LINEA).

Navicert. Navicert (CERTIFICATO DI NAVIGABILITÀ DELLA NAVE; NAVE).

Navigabilità in genere. Seaworthiness, airworthiness, a seconda dei casi (NAVIGAZIONE).

- **dell'aeromobile.** Airworthiness (CERTIFICATO DI NAVIGABILITÀ DELL'AEROMOBILE).
- **della nave.** Seaworthiness (ARMAMENTO DELLA NAVE; GARANZIA DI NAVIGABILITÀ; GENTE DI MARE; INNAVIGABILITÀ DELLA NAVE; LINEA DI MASSIMO CARICO DELLA NAVE; NAVE; PILOTA). [vol. I: *ad vocem*]

Navigazione in genere. Navigation (LIBERTÀ DI NAVIGAZIONE; MAPPA; NAVIGABILITÀ; PERICOLI DI MARE; SERVITÙ DI NAVIGAZIONE SU ACQUE PRIVATE; SOCIETÀ (II) DI NAVIGAZIONE MARITTIMA).

- **aerea.** Air navigation (TRASPORTO AEREO). [vol. I: *ad vocem*; AIR; AVIATION; CARRIAGE: II; SOVEREIGNTY]
- **costiera.** Home trade, coasting trade (NAVE DA CABOTAGGIO; TRASPORTO MARITTIMO DI CABOTAGGIO). [vol. I: COASTING TRADE]
- **fluviale.** Inland navigation, river navigation (*infra*, NAVIGAZIONE INTERNA; FIUME; TRASPORTO FLUVIALE).
- **interna.** Inland, o internal, navigation (CABOTAGGIO).
- **marittima.** Maritime navigation (ASSICURAZIONE CONTRO I RISCHI DELLA NAVIGAZIONE MARITTIMA; RISCHI DELLA NAVIGAZIONE; SICUREZZA DELLA NAVIGAZIONE MARITTIMA). [vol. I: SAFETY OF NAVIGATION; SEAWORTHINESS; SHIP]

Nazionale, interno in genere. Domestic, national, local, municipal. Ma si noti che negli S.U. — stato federale — il termine national è sinonimo di federale: ad es., con il termine *national judiciary* si indica la giustizia federale (ESTERO; INTERNO; NAZIONALITÀ; STRANIERO). [vol. I: DOMESTIC]

Nazionalità. Nationality, nationhood; ma il primo termine indica anche la cittadinanza (CITTADINANZA; LEGAME GENUINO; NATURALIZZAZIONE). [vol. I: CITIZENSHIP; DOMICILE; GENUINE LINK; NATIONALITY; NATURALIZATION]

- **della nave.** Nationality of ship; è detto *ship's certificate of registry* l'atto di nazionalità della nave (BANDIERA OMBRA; LEGAME GENUINO; NAVE). [vol. I: FLAG OF CONVENIENCE; GENUINE LINK; REGISTRY; SHIP]
- **delle persone giuridiche.** Nationality of corporations. Di notevole complessità si presenta il problema della nazionalità delle persone giuridiche e delle società commerciali in particolare, che si ricollega anche alla natura delle società transnazionali (DIRITTO (II) DI STABILIMENTO; LIBERTÀ DI CIRCOLAZIONE COMUNITARIA; SEDE DELLA PERSONA GIURIDICA). [vol. I: DOMICILE-RESIDENCE OF COMPANY; LIFTING THE CORPORATE VEIL; NATIONALITY: 2; TRANSNATIONAL CORPORATION]
- **delle società.** Nationality of companies, of corporations (*supra*, NAZIONALITÀ DELLE PERSONE GIURIDICHE).

Nazionalizzazione in genere. Nationalization; ma questo termine indica anche l'espropriazione di beni appartenenti a cittadini stranieri. Particolare importanza assume, in tema di nazionalizzazione di beni di cittadini stranieri, l'ormai celebre *Sabbatino case* (ATTO POLITICO; BENI NAZIONALI; CONFISCA; ESPROPRIAZIONE; PRIVATIZZAZIONI). [vol. I: ACT OF STATE; IMMUNITY; NATIONALIZATION; SABBATINO CASE]

Nazione/i. Nation, nationhood, country. Negli S.U. — stato federale — il termine *nation* è impiegato per indicare l'Unione in quanto distinta dai singoli stati che la compongono; in questo senso, si parla di *the nation and the states*. L'aggettivo *national* indica quindi federale, attinente cioè all'Unione, mentre *local* è riferito agli stati dell'Unione. Il Presidente degli S.U., in quanto capo dell'Esecutivo, è definito *Chief Executive of the Nation* (CITTADINANZA; CLAUSOLA DELLA NAZIONE PIÙ FAVORITA; FEDERALISMO; NAZIONALITÀ; NAZIONI CIVILI; PAESE; POPOLO; SOCIETÀ NAZIONALE; STATO; SUPREMAZIA; UNIONE). [vol. I: CIVILIZED LEGAL SYSTEMS; CIVILIZED NATIONS; CORPORATION; CROWN; NATION]

- **civilizzate.** Civilized nations: termine tecnico che dovrebbe indignare i terzomondisti nostrani tra le cui file si annoverano diversi docenti di materie giuridiche, *hélas,* spesso docenti da Terzo Mondo essi stessi. Ma niente paura: questo termine, impiegato dall'art. 38 dello Statuto della Corte Internazionale di Giustizia, è riferito ai princìpi generali di diritto riconosciuti dalle nazioni civili (DIRITTO (I) INTERNAZIONALE; ETICA; FONTI DEL DIRITTO INTERNAZIONALE; NAZIONI UNITE; PRINCÌPI GENERALI DI DIRITTO).
- **creditrice.** Creditor nation (CREDITORE).
- **debitrice.** Debtor nation (DEBITORE).
- **in via di sviluppo.** (PAESE IN VIA DI SVILUPPO)
- **più favorita.** Most favoured nation (CLAUSOLA DELLA NAZIONE PIÙ FAVORITA).
- – **stato.** Nation-state. La distinzione tra stato e nazione è fondamentale ma non priva di ambiguità: parecchi secoli prima che nascesse uno stato italiano esisteva già una nazione italiana (CITTADINANZA; FEDERALISMO; STATO).
- **Unite.** United Nations (CARTA DELLE N.U.; COMMISSIONE ECONOMICA E SOCIALE DELLE N.U.; CONSIGLIO DI SICUREZZA DELLE N.U.; DIRITTO (I) INTERNAZIONALE; MEMBRO FONDATORE; SEGRETARIO GENERALE DELLE N.U.; SICUREZZA COLLETTIVA).

N'drangheta. Calabrian racket; ma anche qui, come in tema di mafia, il nostro paese ha il discutibile privilegio del...*copyright* (CRIMINALITÀ ORGANIZZATA; MAFIA).

Ne bis in idem. Questo brocardo latino, riportato più spesso come *non bis in idem*, è riferito di solito nella tradizione di *common law* alla *prohibition of double jeopardy*, ossia al divieto di promuovere l'azione penale più di una volta contro una persona per lo stesso reato (APPELLO; AZIONE (I) PENALE; COSA GIUDICATA; *REFORMATIO IN PEIUS*). [vol. I: DOUBLE JEOPARDY]

Necessità. Necessity; ma il termine *necessaries* assume un significato particolare nel sistema inglese e nordamericano in tema di alimenti o mezzi di sussistenza (ALIMENTI; BANDIERA DI NECESSITÀ; BENI DI PRIMA NECESSITÀ; LESIONE; *NEGOTIORUM GESTIO;* RAPPRESENTANZA NECES-

SARIA; STATO DI BISOGNO; STATO DI NECESSITÀ; URGENZA). [vol. I: NECESSARIES; NECESSITY]

Negligente. Careless, negligent (COMPORTAMENTO NEGLIGENTE; NEGLIGENZA). [vol. I: NEGLIGENCE]

Negligenza in genere. Negligence, carelessness, recklessness, heedlessness, neglect. Ma il termine *negligence* indica, oltre all'elemento psicologico dell'illecito (contrattuale o extracontrattuale), anche una figura autonoma di illecito, la più ampia, priva di equivalenza nella *civil law*. Essa consiste nella violazione di un dovere di diligenza (*duty of care*) previsto dalla *common law* o dalla legislazione (*statute law*) (ATTO ILLECITO; COLPA; DILIGENZA; INERZIA NELL'ESERCIZIO DEL DIRITTO; RESPONSABILITÀ; TRASCURATEZZA). [vol. I: LIABILITY; NEGLIGENCE; TORT: III]

- **grave.** Gross negligence. Non è mai equiparata al dolo (COLPA; GRADI DI COLPA). [vol. I: *ad vocem*; FRAUD]
- **medica professionale.** Medical malpractice; l'assicurazione relativa è definitiva *malpractice insurance* (ASSICURAZIONE; CONSENSO INFORMATO; RESPONSABILITÀ PROFESSIONALE).
- **professionale.** Professional negligence (PROFESSIONE FORENSE; RESPONSABILITÀ PROFESSIONALE).

Negotiorum gestio. Grosso modo, in inglese, spontaneous agency, altruistic intermeddling. Ma la *common law* non ammette questa figura; peraltro, un'eccezione sembra che sia costituita dal salvataggio marittimo. Infine, la *doctrine of agency of necessity* può essere considerata in qualche caso una variante minore della figura nostrana. Com'è stato scritto: « *Negotiorum gestio* is an institution which is not recognised in our law with the generality it had under Justinian (...) Our law contains no general rubric of this character. The governing principle is that no voluntary service can of itself give either a lien or a right of action for reimbursement (...) But though our law rejects the principle of *negotiorum gestio* it is able, by its doctrine of agency by necessity, to give relief in some cases which present a certain analogy to it » [Buckland and McNair 1936, ed. 1952: 334-335, n.o.]. Con l'*equitable subrogation* chi ha effettuato il pagamento di debito altrui, viene surrogato nei diritti del creditore (ARRICCHIMENTO SENZA CAUSA; CAUSA (I) DEL CONTRATTO; ESPROMISSIONE; INTERPOSIZIONE; NOVAZIONE; PAGAMENTO; PRIVILEGIO PER LE SPESE DI CONSERVAZIONE; OMISSIONE DI SOCCORSO; RAPPRESENTANZA NECESSARIA; SALVATAGGIO MARITTIMO; STATO DI NECESSITÀ; SURROGAZIONE; *VARIAE CAUSARUM FIGURAE*). [vol. I: AGENCY OF NECESSITY; EXECUTOR DE SON TORT; NEGOTIORUM GESTIO; QUASI-CONTRACT]

Negotium mixtum cum donatione. Il requisito della *consideration* nel contratto di *common law* pone dei problemi particolari in questa materia (CONTRATTO: III; DONAZIONE). [vol. I: GIFT]

Negozi. (NEGOZIO/I)

Negoziabile in genere. Negotiable, transferable; ma i due termini non coincidono necessariamente. Il termine negotiable è riferito ai titoli di credito (grosso modo, assegno, cambiale) e, talvolta, ad azioni e obbligazioni al portatore trasferibili mediante girata (*indorsement*) e consegna e, infine, ai *documents of title*, ossia ai titoli rappresentativi di merci. Sono definiti *negotiable instruments* dei titoli negoziabili; ma si tratta di categoria che non coincide con quella nostrana dei titoli di credito. Essa indica quella parte dei nostri titoli di credito che comportano il pagamento di somme di denaro e sono caratterizzati dalla trasferibilità e dall'autonomia (AZIONE (II) NEGOZIABILE; CARTA COMMERCIALE; CEDIBILE; DOCUMENTO NEGOZIABILE; NON ALL'ORDINE; NON NEGOZIABILE; POSTDATAZIONE; TITOLO DI CREDITO; TRASFERIBILE). [vol. I: NEGOTIABLE; NEGOTIABLE INSTRUMENTS; TRANSFERABLE]

Negoziabilità in genere. Negotiability, transferability (ALIENABILITÀ; ANTEDATAZIONE; GIRABILE; LIBERA NEGOZIABILITÀ; NEGOZIABILE; POSTDATAZIONE; RETRODATAZIONE; TRASFERIBILITÀ; TRASMISSIBILITÀ).

Negoziante. Retailer, shopkeeper, storekeeper (DETTAGLIANTE; NEGOZIO).

Negoziato/i. Talk, negotiation, bargaining. Nel senso di accordo, si parla di *agreement*, *transaction* (ACCORDO NEGOZIATO; CONTRATTAZIONE; *CULPA IN CONTRAHENDO*; GIUSTIZIA ALTERNATIVA; LETTERA DI ASSICURAZIONE; LETTERA DI AUTORIZZAZIONE A NEGOZIARE; NEGOZIATORE; POTERE NEGOZIALE). [vol. I: CULPA IN CONTRAHENDO; MISREPRESENTATION; NEGOTIATION]

- **collettivo di lavoro.** Collective bargaining (ACCORDO COLLETTIVO DI LAVORO; CONTRATTAZIONE COLLETTIVA; LAVORO). [vol. I: *ad vocem*; COLLECTIVE AGREEMENT]
- **commerciali.** Trade talks (COMMERCIO).

– **di pace.** Peace talks (PACE).

– **precontrattuali.** Precontractual negotiations (*CULPA IN CONTRAHENDO*). [vol. I: CULPA IN CONTRAHENDO; MISREPRESENTATION]

Negoziatore. Negotiator, mediator (NEGOZIATO). [vol. I: BROKER; MEDIATION]

– **capo.** Chief negotiator (CAPO DELEGAZIONE).

Negoziazione. Negotiation, trading (NEGOZIABILE; NEGOZIATO; RINEGOZIAZIONE).

– **dell'assegno.** Negotiation of cheque, o of *check* (TRASFERIMENTO DELL'ASSEGNO). [vol. I: NEGOTIABLE INSTRUMENTS]

– **di titoli quotati in borsa.** Equities trading (BORSA VALORI; SCAMBIO; TITOLI MOBILIARI).

– **di un mutuo.** Negotiation of a loan (MUTUO).

– **di valuta.** Currency negotiation (VALUTA).

Negozio/i. Nel senso di bottega, è detto shop, store, business, department store, trade. Il termine *magazine* indica la rivista (ASSISTENTE ALLA VENDITA; *CASH AND CARRY*; DETTAGLIANTE; MAGAZZINI GENERALI; NEGOZIANTE; VENDITA AL DETTAGLIO). [vol. I: MARKET OVERT; PEDLAR; SALE; SHOP; TRADE]. Nel senso di affare, contratto, transazione in genere, non trova una equivalenza terminologica esatta (AFFARE).

– **a catena.** Chain store (SOCIETÀ (II) DI NEGOZI A CATENA; VENDITA).

– **all'ingrosso.** Wholesale store (ALL'INGROSSO; VENDITA AL DETTAGLIO).

– **di accertamento.** Non esiste un termine corrispondente; ma è da notare che, nei casi in cui nell'ordinamento italiano si avrebbe una promessa valida sulla base di un negozio di accertamento, nella *common law* — salvo che si tratti di atti posti in essere con *deed* — l'esclusione della *past consideration* dà luogo a situazioni molto diverse e, in genere, rende l'atto *unenforceable* (ACCERTAMENTO; CONTRATTO: III; SENTENZA DI ACCERTAMENTO). [vol. I: ACKNOWLEDGEMENT; DEED; I.O.U.; PAST CONSIDERATION; UNENFORCEABLE]

Bibl.:

Gorla 1955, vol. I: 385, 444.

– **di attribuzione patrimoniale.** Grosso modo, alienation, assignment, transfer, disposition of property; ma si tratta di termine privo di esatta corrispondenza (*infra*, NEGOZIO GIURIDICO; ALIENAZIONE; ATTI DI DISPOSIZIONE; ATTRIBUZIONE).

– **di fondazione.** Endowment, charity, foundation, settlement (FONDAZIONE).

– **di sconto.** Discount store (SCONTO).

– **di vendita al dettaglio.** Retail store (VENDITA AL DETTAGLIO).

– **franco.** Duty-free shop (FRANCO).

– **giuridico.** Grosso modo, legal transaction, act in the law, juristic act, jural act. Ma il concetto è ignoto alla tradizione di *common law* [Schlesinger 1950, ed. 1988: 534, n. d.]. E non si tratta di una perdita; se mai, la perdita esiste per la nostra scienza giuridica e per generazioni di studiosi e studenti che hanno profuso enormi energie in un paradigma ormai opportunamente dismesso come un abito *démodé* che si passa a un robivecchi. La ragione per cui esso è virtualmente sconosciuto non ha a che vedere con la nota scarsa influenza del diritto post-giustinianeo sulla *common law*: il negozio giuridico è un'astrazione elaborata dalla pandettistica tedesca. La sua entusiastica e pedissequa adozione da parte della dottrina nostrana appare come un prodotto di quell'imperialismo culturale del *Reich* tedesco di cui, da almeno un secolo a questa parte, il pensiero filosofico e giuridico nostrano, salvo rare ed encomiabili eccezioni, costituisce una provincia. A questo proposito, è interessante rilevare lo scarsissimo successo di questa astrazione presso il più autentico e più robusto pensiero giuridico francese. Di notevole interesse appare il saggio di Francesco Galgano sul negozio giuridico: in effetti, si tratta di un'espressione « dialettale »; continuamo pure a parlare in dialetto, ma tenendo conto che insistere significa isolarsi (ASTRATTEZZA DELL'OBBLIGAZIONE; ATTO GIURIDICO; DICHIARAZIONE DI VOLONTÀ; *ESSENTIALIA NEGOTII*; FATTO, ATTO E NEGOZIO GIURIDICO; MANIFESTAZIONE DI VOLONTÀ). [vol. I: JURAL ACT; JURISTIC ACT]

Bibl.:

Alpa, G., *Il negozio giuridico tra libertà e norma (a proposito di un libro recente)* (1987) 3 CeI 752.

Galgano, F., *Crepuscolo del negozio giuridico* (1987) 3 CeI 733.

– **in franchigia doganale.** Duty-free shop (FRANCHIGIA; VENDITA AL DETTAGLIO).

Nei confronti di. As against, as between (CONFRONTO).

Nei limiti del mandato. Within the scopc of authority, intra vires (MANDATO; NELL'AMBITO DEI POTERI, etc.; NELL'AMBITO DEL CONTRATTO DI LAVORO). [vol. I: AUTHORITY; INTRA VIRES; ULTRA VIRES; WITHIN THE COURSE AND SCOPE OF EMPLOYMENT]

Nei termini. Within the time-limit, seasonably, within the deadline (AVVISO TEMPESTIVO; TERMINE).

Nella capacità di, in qualità di. In the capacity of, as (CAPACITÀ; NELLA QUALITÀ DI; QUALITÀ).

Nell'ambito dei poteri, nei limiti dei poteri. Within the authority, intra vires, o within the limits (NEI LIMITI DEL MANDATO; POTERE). [vol. I: AUTHOR]

Nell'ambito del contratto di lavoro. Within the course and scope of employment (CONTRATTO DI LAVORO; RESPONSABILITÀ INDIRETTA). [vol. I: *ad vocem*]

Nella qualità di. In the capacity of, qua... (CAPACITÀ; NELLA CAPACITÀ DI; QUALITÀ).

– **agente.** Acting as agent (RAPPRESENTANTE).

Nemico. Enemy (ALIENO; AMICO; AVVERSARIO; AZIONISTA DI PAESE NEMICO; BENI NEMICI; COLLABORAZIONE COL NEMICO; COMBATTENTE ILLEGITTIMO; COMMERCIO CON IL NEMICO; ESTRANEO; NAVE NEMICA; NEUTRALE; OSTILE; PRESTITO AL NEMICO; RIFUGIO NEMICO; STRANIERO; TRADIMENTO). [vol. I: ADVERSARY; ALIEN; ENEMY; FOREIGN ENLISTMENT; HOSTILE; TRADE WITH THE ENEMY; TREASON]

– **pubblico.** Public enemy (FUORI LEGGE).

Neminem laedere. (DOVERE DEL *NEMINEM LAEDERE*)

Nemo dat quod non habet. (ACQUISTO *A NON DOMINO*; POSSESSO VALE TITOLO; TRASFERIMENTO DELLA PROPRIETÀ)

Nemo iudex in causa propria. (RICUSAZIONE DEL GIUDICE). [vol. I: NATURAL JUSTICE]

***Nemo plus iuris transferre potest,* etc.** (*NEMO DAT QUOD NON HABET*)

Neonato. Newborn, child (LESIONI PRE-NATALI; NASCITA).

Nepotismo. Nepotism; precedente storico della lottizzazione. Il termine è di origine italiana, ed allude alla prassi papale consistente nel distribuire feudi e privilegi tra i suoi nipoti e familiari (LOTTIZZAZIONE; SISTEMA DELLE SPOGLIE).

Nesso in genere. Nexus, connexion, link, relation (CONNESSIONE; LEGAME; NAZIONALITÀ; RAPPORTO).

– **di causalità.** (RAPPORTO DI CAUSALITÀ)

Nessun saldo dovuto. No balance due (SALDO).

Netto in genere. Net (LORDO; PATRIMONIO NETTO; PERDITA NETTA; REDDITO NETTO).

Network. Con questo termine generico si intende di solito una rete di stazioni radio o televisive controllate da una proprietà comune, o comunque loro collegate, che trasmettono gli stessi programmi (*MEDIA*).

Neutrale. Neutral, non combatant; quest'ultimo termine è riferito più spesso al personale non combattente inquadrato nelle forze armate come, ad es., medici, cappellani, obiettori di coscienza, etc. (BELLIGERANTE; COMBATTENTE; NEMICO; NEUTRALITÀ).

Neutralismo. Neutralism, non-alignment (NEUTRALE; NEUTRALITÀ).

Neutralità. Neutrality (BELLIGERANZA; CONTRABBANDO; GUERRA; INGERENZA NEGLI AFFARI INTERNI DI UNO STATO; NEMICO; NEUTRALISMO; PORTO NEUTRALE; STATO NEUTRALE). [vol. I: ALABAMA CASE; NEUTRALITY; WAR]

Bibl.:

Mosconi, F., *Neutralità*, in *Dizionario di Politica* 1976, ed. 1983: 709, at 711.

New Deal. Lett., nuovo patto. Va sotto questo nome il programma politico di F. D. Roosevelt al tempo della crisi degli anni '30 negli S.U. La povera sinistra nostrana — il morto che cammina — pur respingendo alla radice la cultura politica e l'idea stessa di democrazia anglo-americana, si è impadronita da qualche tempo di questo slogan che dovrebbe sedurre i pochissimi *liberals* esistenti da noi, lasciando intravedere un nuovo corso, un più equo assetto economico e di potere nel paese. Un altro più recente slogan di cui la sinistra si è pure appropriata è quello di *New Frontier*, dovuto a un altro Presidente americano: John F. Kennedy. Ma, a parte queste osservazioni marginali, va rilevato, anzitutto, che il termine si riferisce al programma politico del Presidente Roosevelt durante i suoi due mandati elettorali (1933-1941): esso ha comportato, specie a partire dal 1937, una autentica *constitutional revolution*. La nascita del c.d. *administrative state* (che nulla a che fare con lo... stato amministrativo qual è inteso nella dottrina continentale) o *regulatory state,* ossia del potere pubblico come regolatore. Anche in questa materia, la *Supreme Court* ha svolto un ruolo epocale: inizialmente negativo e poi decisamente positivo. L'approccio di Roosevelt al problema della depressione economica era caratterizzato da un atteggiamento pragmatico e dalla convinzione che la costituzione fosse abbastanza flessibile per consentire di affrontare i problemi economici. I primi cento giorni dell'amministrazione Roosevelt venivano contrassegnati da un considerevole gruppo di misure legislative e dalla creazione di nuove *regulatory agencies* federali. Nonostante la presenza nella Corte di un blocco conservatore di giudici, definito dai giornalisti come i *Four Horsemen,* in un primo tempo la *Supreme Court* accettava alcune misure che rientravano nel *New Deal.* Ma, successivamente, quando al gruppo di giudici conservatori si aggiungeva Owen Roberts, mediante una serie di decisioni memorabili, essa assestava colpi di maglio al programma del *New Deal* annullando, ad es., il National Industrial Recovery Act e l'Agricultural Adjustment Act del 1933; inoltre, essa riesumava la discreditata dottrina enunciata nel caso *United States* v. *E. C. Knight* 156 U.S. 1 (1895) per annullare un determinato impiego della *commerce clause.* Se a ciò si aggiungono le decisioni con le quali si contrastava all'amministrazione Roosevelt il potere di istituire talune *regulatory agencies,* sembrava ragionevole l'opinione degli osservatori dell'epoca per cui, con le sue decisioni, la *Supreme Court* fosse nettamente ostile a tutti i tentativi dell'amministrazione Roosevelt di affrontare il problema della depressione economica. Il Presidente rispondeva con un c.d. *court packing plan* del 1937 (diretto a nominare giudici meno conservatori) che si rivelava un fallimento sul piano tattico: ma, sul piano strategico, determinava un radicale cambiamento dell'orientamento della Corte che, a cominciare dal *West Coast Hotel Co.* v. *Parrish* 300 U.S. 379 (1937), accettava la legislazione federale e degli stati dell'Unione istitutiva di *regulatory agencies.* Di più, essa smantellava sistematicamente l'intera struttura costituzionale del *laissez faire*, mediante l'annullamento delle decisioni *Lochner* e *Knight*, cui si accompagnavano i dogmi del c.d. *substantive due process* e della *freedom of contract.* Di lì a poco i membri del blocco conservatore si ritiravano, come pure, oltre al *Chief Justice* Highes, i celebri Cardozo e Brandeis; di modo che veniva a crearsi una nuova situazione che consentiva la nomina di una serie di giudici come Black, Frankfurter, Douglas, Murphy, Reed e Jackson che consolidavano il trionfo del *New Deal* (CONTROLLO GIURISDIZIONALE DI COSTITUZIONALITÀ; DEMOCRAZIA CONSOCIATIVA; *DE-REGULATION*; FEDERALISMO; STATI UNITI D'AMERICA).

Bibl.:

Wiececk, W. M., *New Deal*, in *Oxford* 1992: 584.

Zeppos, N.S., *Administrative State*, ibid.: 10.

New frontier. (*NEW DEAL*)

Nobiltà. Nobility. L'art. I, s. 9, cl. 8, della costituzione degli S.U. stabilisce, tra l'altro, che « *No Title of Nobility shall be granted by the United States* » (ARALDICA; ARISTOCRAZIA; REPUBBLICA). [vol. I: *ad vocem*]

Nocumento. Damage (DANNO; MOLESTIA; TURBATIVA). [vol. I: NUISANCE]

Noleggiante in genere. Owner (NOLEGGIATORE; NOLEGGIO). [vol. I: HIRE]

– **di nave.** Owner (NOLEGGIO DI NAVE).

Noleggiatore in genere. Hirer; ma nel *time charterparty* (noleggio a tempo) è detto *charterer*, e *charterer,* o *freighter*, nel *voyage charteparty* (noleggio a viaggio) della nave (ARMATORE-NOLEGGIATORE DI NAVE; NOLEGGIANTE; NOLEGGIO).

– **di autoveicolo.** Hirer of car (LOCAZIONE DI AUTOVEICOLO).

Noleggio in genere. Hire, rental. Il primo termine può essere riferito al verbo (*to hire*), nel senso di prendere a nolo, o al sostantivo *hire.* Di solito, esso indica il fatto di noleggiare o dare in locazione, o il noleggio o la locazione di cose mobili. Ma esso indica anche il corrispettivo dell'uno o dell'altra, detto, a seconda dei casi, *hire, rent,* o *reward.* In genere, si parla di *hire, let* (o *rent*) *of things* o *of goods,* e di *lease of land.* Più spesso il termine *hire* è riferito alle cose mobili: così, ad es., si dice to *hire a taxi or a ship* per indicare il noleggio (non la locazione) di un tassì o di una nave. Ma, si ripete, *hire* indica altresì il corrispettivo del noleggio, detto anche *reward.* Infine, si noti che la *common law* non ha adottato lo schema della *locatio-conductio* romana; tuttavia, si parla, con una terminologia di origine latina non priva di equivoci, di: a) *hiring of a thing for use* per indicare il rapporto di locazione o di noleggio; b) *hire of work and labour* per indicare il rapporto di locazione di opera; c) *hire of care and services to be performed on a thing* per indicare il deposito; d) *hiring of carriage of goods* per indicare il trasporto. *The owners let and the charterers hire the vessel* recita la polizza Baltime (1939) di noleggio a tempo per indicare che l'armatore (*owners*) dà e il noleggiatore (*charterer*) prende a noleggio la nave. Ma si tratta di terminologia spesso ambigua e fuorviante che rivela una scarsa preoccupazione sistematoria da parte dei *common lawyers*. Pertanto, il significato preciso dei termini va accertato di volta in volta (AFFITTO; LOCAZIONE; NOLO; SOSPENSIONE DEL NOLEGGIO; SUB NOLEGGIO; TRASPORTO). [vol. I: CHARTERPARTY; HIRE; HIRE-PURCHASE]

– **a collettame di nave.** Liner freighting (NAVE; TRASPORTO MARITTIMO). [vol. I: CARGO; CHARTERPARTY]

– **a tempo di nave.** Time charter, time affreightment (NAVE; TRASPORTO MARITTIMO). [vol. I: CHARTERPARTY]

– **a viaggio di nave.** Voyage charter (NAVE; RAGIONEVOLE SPEDITEZZA; STALLIE; TRASPORTO MARITTIMO). [vol. I: CHARTERPARTY]

– **di aeromobile.** Hiring of aircraft, charter flight: il contratto relativo è detto *air charter* (AEROMOBILE; LOCAZIONE DI AEROMOBILE; TRASPORTO AEREO; VOLO).

– **di autoveicolo.** Hire of motorcar, of car (LOCAZIONE DI AUTOVEICOLO).

– **di film.** Film rental (*supra*, NOLEGGIO IN GENERE).

– **di nave in genere.** Hire of ship, hire of vessel. *Contract of affreightment* è il termine generale, alquanto ambiguo, che indica sia il contratto di utilizzazione della nave, sia il contratto di trasporto in senso stretto. Esso è riferito sia al contratto di locazione di nave, sia al contratto di noleggio marittimo il quale ultimo ha luogo mediante *charterparty*. In tal caso, si parla di *affreightment by charterparty*, in cui il corrispettivo è detto *hire* nel *time charter* (noleggio a tempo), e *freight* nel *voyage charter*. Infine, nel contratto di trasporto, si parla di *affreightment by bill of lading* o, più spesso, di *contract of carriage* espresso da un *bill of lading* (polizza di carico) per un corrispettivo detto *freight*, ossia il nolo nostrano (ARMAMENTO DI NAVE; ARMATORE DI NAVE; CLAUSOLA DEL CANCELLO; GIORNI CONSECUTIVI; GIORNI DI STALLIA; NAVIGABILITÀ DELLA NAVE; NOLO; RAGIONEVOLE SPEDITEZZA; SCARICAZIONE DI NAVE; SEMPRE A GALLA; SENSALE MARITTIMO; TRASPORTO MARITTIMO). [vol. I: AFFREIGHTMENT; CHARTERPARTY; FREIGHT; HIRE; SEAWORTHINESS]

Nolo in genere. Hire. Quando il termine è riferito al noleggio o al trasporto, si parla più spesso di *freight* o *hire*; ma talvolta si usano anche termini come *charges of carriage*, o *rates*. Il termine *freight* ricorre, in occasione della vendita internazionale di merci, in alcuni degli *Incoterms* elaborati dall'ICC (ABBANDONO DELLA NAVE, DEL CARICO E DEL NOLO ALL'ASSICURATORE; ANTICIPO SUL NOLO; ASSICURAZIONE DEL NOLO; CAPPA; CARICO; COSTO; FRANCO DI NOLO; GUERRA DEI NOLI; *INCOTERMS*; MERCATO DEI NOLI; NOLEGGIO; PAGAMENTO DEL NOLO; PRIVILEGIO SUL NOLO; QUIETANZA PER NOLO; RATA DI NOLO; RATA DI NOLO CONFERENZIATA; RIBASSO DI NOLO; SENSALE DI NOLI NEL TRASPORTO MARITTIMO; SOSPENSIONE DEL NOLO; SOVRANNOLO; TRASPORTO; VENDITA). [vol. I: CARRIAGE; HIRE; OFF-HIRE CLAUSE; SHIPPING CONFERENCE]

– **aereo.** Air freight (TRASPORTO AEREO).

– **a forfait.** Lump-sum freight, through freight (TRASPORTO AEREO).

– **di ritorno.** Back freight (TRASPORTO MARITTIMO). [vol. I: *ad vocem*]

– **marittimo.** Maritime freight, sea freight (NOLEGGIO DI NAVE; TRASPORTO MARITTIMO). [vol. I: FREIGHT]

– **maturato.** Accrued freight (TRASPORTO MARITTIMO). [vol. I: *ad vocem*]

– **morto.** Dead freight (*infra*, NOLO VUOTO PER PIENO). [vol. I: *ad vocem*]

– **nel *time charterparty*.** Hire (NOLEGGIO DI NAVE).

– **nel trasporto aereo con *airway bill* o *air consignment note*.** Freight (TRASPORTO AEREO).

– **nel trasporto ferroviario interno e internazionale.** Carriage charges (TRASPORTO FERROVIARIO).

– **nel trasporto marittimo con polizza di carico.** Freight (POLIZZA (II) DI CARICO). [vol. I: BILL OF LADING]

– **nel trasporto stradale interno e internazionale.** Carriage charges (TRASPORTO STRADALE).

– **nel *voyage charterparty*.** Freight (NOLEGGIO DI NAVE).

– **prepagato.** Prepaid freight (TRASPORTO MARITTIMO).

– **vuoto per pieno.** Dead freight, detto così nel *charterparty* (*supra*, NOLO MORTO; TRASPORTO MARITTIMO). [vol. I: DEAD FREIGHT]

Nome in genere. Name. Il cognome, o nome patronimico, è detto *surname* o *family name*, mentre il prenome, o nome individuale, è detto *name*, o *first name*. Chiunque ha diritto di cambiare il proprio cognome, di fatto o, più spesso, mediante una rapida procedura; ma non si può cambiare il proprio prenome. Non vi ha tutela del nome patronimico; ma è ammessa quella del nome e dello pseudonimo ai fini del diritto di autore; ma sono protetti la ditta, o *business name*, e il *trade mark* (APPELLATIVO; AUTOCERTIFICAZIONE; CAMBIO DI NOME; COGNOME; DENOMINAZIONE; DIRITTI (II) DELLA PERSONALITÀ; IGNOTO; IMMAGINE; IN NOME DI; INTERESSE AL NOME; INTESTATARIO; NOMINALE; PRENOME; PRESTANOME; PSEUDONIMO; PUBBLICITÀ; RETTIFICA DEL NOME). [vol. I: COPYRIGHT; NAME; PRIVACY; TRADE MARK; TRADE NAME]

– **collettivo.** (SOCIETÀ (II) IN NOME COLLETTIVO)

– **commerciale.** Business name, trade name (DITTA).

– **dell'impresa.** Trade name (DITTA). [vol. I: BUSINESS NAME; PASSING OFF]

– **del vettore.** Carrier's name (VETTORE).

– **di fantasia.** Fictitious name.

– **patronimico.** Surname. [vol. I: *ad vocem*]

Nomenclatura tariffaria di Bruxelles. Brussels Tariff Nomenclature (TARIFFA).

Nomen iuris. (DEFINIZIONI GIURIDICHE)

Nomina. Appointment, designation, nomination, commission. Ai sensi dell'art. II, s. 3, della costituzione federale degli S.U., il Presidente *shall Commission all the Officers of the United States*. La nomina dei giudici federali e di alti ufficiali federali è soggetta alla *confirmation* da parte del Senato. La nomina va distinta dall'elezione, effetto del voto popolare (AUTORITÀ INVESTITA DEL POTERE DI NOMINA; CONFERMA; DESIGNAZIONE; DISCORSO DI ACCETTAZIONE DI UNA NOMINA; ELEZIONE; INCARICO; LETTERA DI NOMINA). [vol. I: APPOINTMENT; NOMINATION; NOMINEE]

– **a una carica pubblica.** Public appointment, appointment to a public office, accession to a public office (ASCESA AL TRONO; INCARICO; UFFICIO PUBBLICO).

– (o **revoca) dell'amministratore.** Appointment, o removal, of manager, o of director (AMMINISTRATORE).

– **di un arbitro.** Appointment of an arbitrator (ARBITRO).

– **per cooptazione.** Appointment o recruitment by cooptation; di fatto, assume una importanza fondamentale nella nomina degli alti magistrati inglesi (COOPTAZIONE; ORDINAMENTO GIUDIZIARIO).

Nominale. Nominal, ostensible, apparent (AFFITTO NOMINALE; APPARENTE; CAPITALE NOMINALE; INTESTATARIO; NOME; PRESTANOME; PROFITTO NOMINALE; PROPRIETARIO NOMINALE; RENDITA NOMINALE; SOCIO APPARENTE; TITOLO NOMINATIVO; VALORE NOMINALE; VOTO PER APPELLO NOMINALE). [vol. I: APPARENT; ESTOPPEL; HOLDING OUT; NOMINAL; OSTENSIBLE; PARTNERSHIP; PRIMA FACIE]

Nominatività obbligatoria dei titoli azionari. Mandatory registration of shares (AZIONE (II) DI SOCIETÀ; NOMINALE; TITOLO AZIONARIO).

Non in genere. Non, not, no (SENZA). [vol. I: NO; NON; NOT]

– **abbiente.** Indigent (ASSISTENZA GIUDIZIARIA; DIFENSORE DI UFFICIO; IMPUTATO INDIGENTE; INDIGENTE).

– **agli atti.** Off the record (AGLI ATTI; DICHIARAZIONE INFORMALE; UFFICIOSO). [vol. I: *ad vocem*]

– **allineamento.** Non-alignment (ALLINEAMENTO; NEUTRALITÀ).

– **all'ordine.** Not negotiable, not transferable; nel sistema inglese e nordamericano la dicitura *Account Payee Only* apposta sull'assegno indica che esso può essere pagato soltanto *sul conto* della persona indicata sulla faccia del titolo. Essa ne fa quindi un titolo non all'ordine (*infra*, NON NEGOZIABILE; ALL'ORDINE DI; NEGOZIABILE; SBARRAMENTO DELL'ASSEGNO).

– **assicurato.** Uninsured (ASSICURATO).

– **azionabile in giudizio.** Not actionable (AZIONE (I) IN GIUDIZIO). [vol. I: ACTIONABLE; UNENFORCEABLE]

– ***bis in idem.*** (*NE BIS IN IDEM*)

– **cancellabile.** Non cancellable (ASSICURAZIONE; CANCELLAZIONE).

– **cedibile.** Not assignable, not transferable (CEDIBILE; NON TRASFERIBILE).

– **colpevole.** Not guilty. Ma non significa necessariamente innocente (COLPEVOLE-INNOCENTE).

– **concorrenziale.** Uncompetitive (CONCORRENZIALE).

– **dichiarato.** Undisclosed, undeclared (CONFIDENZIALE; DICHIARATO; RETICENZA NEL CONTRATTO).

– **eleggibile.** Ineligible (ELEGGIBILE).

– **garantito.** Unsecured (GARANTITO).

– **girabile.** Non-endorsable (*supra*, NON ALL'ORDINE; GIRABILE).

– **governativo.** Non-governmental (GOVERNATIVO; ORGANIZZAZIONE INTERNAZIONALE GOVERNATIVA-NON GOVERNATIVA). [vol. I: INTERNATIONAL ORGANIZATION]

– **intervento.** Non intervention (INTERVENTO).

– **liquidato.** Unliquidated (LIQUIDATO).

– **luogo a procedere in genere.** Grosso modo, discharge, dismissal (ASSOLUZIONE; AZIONE (I) PENALE; SENTENZA DI NON LUOGO A PROCEDERE). [vol. I: NO CASE TO ANSWER; NOLLE PROSEQUI]

– **negoziabile.** Not negotiable, non-negotiable. Questi termini sono riferiti di solito a un titolo rappresentativo di merci (*document of title*) per indicare che esso non può essere trasferito mediante girata e consegna (*indorsement and delivery*); oppure per indicare uno strumento che non può essere trasferito mediante girata e consegna o mediante la sola consegna, ma che, nondimeno, può essere oggetto di cessione (*assignment*). Solo mediante la negoziazione del titolo di credito si acquista la figura di *holder*. Infine, la dicitura *Account Payee Only* apposta su un assegno o titolo analogo ha per effetto che il pagamento può aver luogo soltanto sul conto bancario dell'ordinatario (*payee*): essa ne fa un titolo non all'ordine (*supra*, NON ALL'ORDINE; ALL'ORDINE; NEGOZIABILE; ORDINE; SBARRAMENTO DELL'ASSEGNO; TITOLI DI CREDITO; TITOLI RAPPRESENTATIVI DI MERCI).

– **oneroso.** Not for profit, profitless (*infra*, NON REMUNERATIVO; LUCRATIVO; ONEROSO; SENZA SCOPO DI LUCRO).

– **pagato.** Outstanding (PAGAMENTO).

– **professionale.** Lay, non professional (GIUDICE NON TOGATO; GIUDICE ONORARIO; PROFESSIONALE; PROFESSIONE).

– **punibilità in genere.** Not criminally liable. È detta *privilege of necessity* la non punibilità, o irresponsabilità, per un atto commesso in stato di necessità; ma si parla anche di *privilege of self-defence* in tema di legittima difesa (CAPACITÀ: 3; IMMUNITÀ; INFERMITÀ MENTALE; LEGITTIMA DIFESA; RESPONSABILITÀ PENALE; STATO DI NECESSITÀ).

– **qualificato.** Ineligible (*supra*, NON ELEGGIBILE; QUALIFICATO).

– **reclamato.** Unclaimed (OGGETTI NON RECLAMATI; RECLAMATO). [vol. I: DORMANT; LOST PROPERTY; RES NULLIUS; UNCLAIMED PROPERTY]

– **remunerativo.** Not for profit, profitless (*supra*, NON ONEROSO; REMUNERAZIONE; SENZA SCOPO DI LUCRO).

– **residente.** Non-resident (RESIDENTE).

– **risarcitorio.** Non compensatory (RISARCITORIO). [vol. I: COMPENSATION; DAMAGES]

– **stimato/a.** Unvalued (POLIZZA (I) STIMATA).

– **testimoniato.** Unwitnessed (TESTIMONATO; TESTIMONIANZA).

– **trasferibile.** Untransferable, non-transferable, not negotiable, not assignable (*supra,* NON ALL'ORDINE; NON CEDIBILE; NON NEGOZIABILE; TRASFERIBILE).

– **uso del diritto.** Non user (MANCATO ESERCIZIO DEL DIRITTO).

– **vincolante.** Non binding (VINCOLANTE).

– **violenza.** Non-violence (VIOLENZA).

Norma/e in genere. Norm, law, provision, rule (CANONE; DISPOSIZIONE; REGOLA).

– **abrogativa in genere.** Overriding provision (ABROGAZIONE). [vol. I: OVERRIDING PRINCIPLES]

– **cogente.** Imperative provision of a statute (*infra*, NORMA IMPERATIVA).

– **complementari.** Supplemental rules (*infra*, NORMA GIURIDICA).

– **consuetudinaria.** Customary law (CONSUETUDINE).

– **costituzionale.** Constitutional provision, constitutional clause (CLAUSOLA: 1; COSTITUZIONE POLITICA). [vol. I: SUPREME LAW OF THE LAND]

– **costituzionale precettiva-programmatica in genere.** Grosso modo, self-executingnon self-executing constitutional provision. Ma, come ha robustamente e opportunamente affermato Giuseppe Maranini [1967, ed. 1983: 385, n. 11], la dicotomia nostrana è una trovata aberrante inventata dalla nostra giurisprudenza spesso per disattendere l'applicazione di talune norme costituzionali e perpertuare l'applicazione di leggi ordinarie precedenti che ne sono l'esatto contrario. In questo senso, essa non trova equivalenza in quei sistemi di *common law* dotati, come gli S.U., di una costituzione rigida: il termine *self-executing*, che non allude ad una correlativa norma programmatica, ha un significato diverso. La questione non si pone nell'ordinamento costituzionale britannico in cui non vi ha neanche una costituzione scritta (*supra*, NORMA COSTITUZIONALE). [vol. I: SELF-EXECUTING]

– **derogabile.** (*infra*, NORMA DISPOSITIVA)

– **di attuazione in genere.** Supplemental rule.

– **dichiarativa.** Declaratory provision of a statute (DICHIARAZIONE).

– **di comportamento.** (REGOLA DI CONDOTTA)

– **dispositiva.** Grosso modo, directory provision o rule, non mandatory provision o rule, provision subject to agreement otherwise. Ma, in effetti, dato il diverso sistema delle fonti, questa categoria è priva di esatta equivalenza nella *common law*. Beninteso, il concetto non è ignoto, specie in tema contrattuale, e Schlesinger [1950, ed. 1988: 587, n. 3 e 4] rileva che i *common lawyers* impiegano una diversa terminologia per esprimere un concetto analogo: l'*Uniform Commercial Code* degli S.U. si riferisce ad una norma dispositiva definendola « subject to agreement otherwise » (*infra*, NORMA IMPERATIVA; AUTONOMIA CONTRATTUALE; DEROGA; DIRITTO (I) IMPERATIVO-DISPOSITIVO). [vol. I: DIRECTORY STATUTE; IMPERATIVE STATUTE; IUS COGENS; PUBLIC POLICY; STATUTE]

– **e regolamenti.** Grosso modo, rules and regulations (REGOLAMENTO).

– **federale negli S.U.** (DIRITTO (I) FEDERALE NEGLI S.U.; LEGGE)

– **finale.** (DISPOSIZIONE FINALE)

– **giuridica in genere.** Norm, legal norm, legal rule o, più spesso, rule, law, provision, clause; ma nella tradizione di *common law* il termine norm è quasi esclusivamente impiegato nella teoria generale del diritto. Si parla anche, a seconda dei casi, di doctrine, regulation, practice, direction.

1. Comunque, a parte la spesso fuorviante varietà terminologica, non si può esagerare l'importanza del fatto che la norma giuridica nostrana — soprattutto nei suoi caratteri di astrattezza e generalità — non trova equivalenza nella *common law*.

2. Questo si spiega con la diversità della teoria delle fonti del diritto nelle due tradizioni giuridiche. In effetti, la *common law* è un diritto giurisprudenziale (e non legislativo come la *civil law*), in cui, cioè, la regola di diritto ha la sua fonte nella *case law*: le nostre norme giuridiche appaiono al *common lawyer* delle formulazioni generali, e non delle regole di diritto. Pertanto, tra la norma giuridica nostrana e la *rule of law* non vi è rispondenza. Ad es., nei sistemi di *common law* si parla, della « rule in Shelley's case » o della « rule in Rylands v. Fletcher » per indicare la regola enunciata o il principio che si desume da una determinata decisione.

3. Beninteso, con questo non si vuol dire che non vi siano testi legislativi che in maniera astratta e generalizzata stabiliscano una norma come quella nostrana: basterebbe pensare alla costituzione degli S.U., il più prestigioso e venerando testo costituzionale esistente in Occidente. Ma anche qui, bisogna tener conto del diverso metodo di interpretazione della *statute law* in sistemi in cui vige la regola del precedente giudiziario: la fonte del diritto diviene non già il testo di legge *tel quel*, ma nella sua concreta interpretazione giurisprudenziale, ossia nella *rule* che essa enuncia di volta in volta.

4. Si parla, invece, di *statutory rule* per indicare una regola che trova la sua fonte in un testo legislativo, detto, appunto, *statute law* (ABROGAZIONE DELLA LEGGE SCRITTA; ARTICOLO DI LEGGE; ASTRATTEZZA DELLA NORMA GIURIDICA; CLAUSOLA: 1; COATTIVI; CONCETTI GIURIDICI; DIRITTO (I); DISPOSIZIONE; ENTRATA IN VIGORE DI UNA LEGGE; FONTI DEL DIRITTO; INTERPRETAZIONE; LEGGE; POTERE NORMATIVO; PRINCÌPI GENERALI DI DIRITTO; PRODUZIONE NORMATIVA; REGOLA GIURISPRUDENZIALE; RIVISTE DI GIURISPRUDENZA; SUCCESSIONE DI LEGGI; VIGORE DELLA LEGGE). [vol. I: COMMON LAW; DOCTRINE; INTERPRETATION; RULE OF LAW; UNWRITTEN LAW; WRITTEN LAW]

– **giurisprudenziale.** (REGOLA GIURISPRUDENZIALE)

– **imperativa.** Grosso modo, mandatory, compulsory, overriding, imperative o peremptory norm, rule o provision. Ma, in effetti, la *common law*, per la sua diversa teoria delle fonti e per la natura stessa della *legal rule*, non conosce, in senso stretto, la dicotomia nostrana tra norma imperativa e dispositiva. Comunque, le norme imperative o inderogabili vanno collegate al concetto di ordine pubblico, alle clausole generali e ai princìpi generali dell'ordinamento giuridico. In diritto internazionale, l'art. 53 della convenzione di Vienna definisce la norma imperativa di diritto internazionale come una *peremptory norm of general international law,* o *ius cogens* (*supra*, NORMA DISPOSITIVA; CLAUSOLA GENERALE; COGENTE; DIRITTO (I) IMPERATIVO-DISPOSITIVO; ORDINE PUBBLICO; PRINCÌPI GENERALI DI DIRITTO; SUPREMAZIA DELLA LEGGE). [vol. I: COMMON LAW; DIRECTORY; GENERAL PRINCIPLES OF LAW; ILLEGAL CONTRACT; IMPLIED CONDITIONS; IUS COGENS; LEGAL RULE; OVERRIDING PRINCIPLES; PUBLIC POLICY; SUPREME LAW OF THE LAND]

– **in bianco.** Grosso modo, blank norm (CLAUSOLA GENERALE; PRINCÌPI GENERALI DI DIRITTO).

Bibl.:
Schlesinger 1950, ed. 1988: 647.

– **inderogabile.** Grosso modo, overriding provision (*supra*, NORMA COSTITUZIONALE; NORMA IMPERATIVA; COGENTE). [vol. I: PUBLIC POLICY; SUPREME LAW OF THE LAND]

– **interpretativa.** Interpretation rule (INTERPRETAZIONE). [vol. I: INTERPRETATION]

– **irretroattiva.** Non retrospective rule (*infra*, NORMA RETROATTIVA; RETROATTIVITÀ). [vol. I: EX POST FACTO; RETROSPECTIVE]

– **obbligatoria.** (*supra*, NORMA IMPERATIVA). [vol. I: DIRECTORY]

– **permanente.** Standing rule. [vol. I: *ad vocem*]

– **precettiva.** Grosso modo, self-executing provision, enforceable provision (*supra*, NORMA COSTITUZIONALE PRECETTIVA-PROGRAMMATICA; APPLICAZIONE; IMMEDIATAMENTE ESECUTIVO). [vol. I: SELF-EXECUTING]

– **procedurale.** Rule of procedure, procedural rule, rule of court (*infra,* NORMA SOSTANZIALE; PROCEDURA).

– **programmatica.** Grosso modo, non self-executing provision (*supra*, NORMA COSTITUZIONALE PRECETTIVA-PROGRAMMATICA).

– **retroattiva.** Ex post facto, restrospective, o retroactive, law, rule o provision (*supra*, NORMA IRRETROATTIVA). [vol. I: EX POST FACTO; RETROACTIVE]

– **scritta.** Written law (LEGGE SCRITTA). [vol. I: *ad vocem*]

– **sostanziale.** Substantive rule o provision. Ma la distinzione tra norma procedurale e norma sostanziale appare più difficile nella tradizione giuridica di *common law,* in cui ancora oggi il *common lawyer*, per la propria *forma mentis*, applica inconsciamente la massima tecnicamente superata *ubi remedium, ibi ius* derivante dalla antica concezione formulare del diritto (PROCEDURA). [vol. I: COMMON LAW; STATUTE LAW; STATUTORY INSTRUMENTS; UBI REMEDIUM, IBI IUS]

– **statale negli S.U.** State statute (DIRITTO (I) FEDERALE NEGLI S.U.).

– **sulla concorrenza.** Competition rules (CONCORRENZA).

– **suppletiva.** (*supra,* NORMA IMPERATIVA; DIRITTO (I) SUPPLETIVO)

– **tecnica.** Technical rule.

– **transitoria.** Transitional provision (*supra*, NORMA GIURIDICA IN GENERE).

Normativa. Grosso modo, law, legislation (LEGGE; LEGISLAZIONE; NORMA GIURIDICA; PRODUZIONE NORMATIVA).

– **secondaria.** Subordinate legislation (LEGGE; LEGISLAZIONE). [vol. I: *ad vocem*]

Nota/e in genere. Note, bill, warrant, account, invoice, memorandum, o indorsement; spesso il termine note costituisce una abbreviazione, come nel caso della *promissory note*, ossia del vaglia cambiario (APPUNTI DEL GIUDICE; DIFESA; POSTILLA; PROVA; SCAMBIO DI NOTE DIPLOMATICHE). [vol. I: *ad vocem*; ADVANCE NOTE; AIR CONSIGNMENT NOTE; ALLOTMENT NOTE; APPROVED INDORSED NOTE; BANK NOTE; BOUGHT AND SOLD NOTES; CONSIGNMENT NOTE; JUDGE'S NOTES; MARGINAL NOTE; PROMISSORY NOTE; WEIGHT NOTE]

– **a piè di pagina.** Footnote.

– **a sentenza.** Note of case (RIVISTE DI GIURISPRUDENZA; SENTENZA).

– **di accreditamento.** Credit note (ACCREDITAMENTO).

– **di addebitamento.** Debit note, debit memorandum, debit memo (ADDEBITAMENTO).

– **di consegna.** Consignment note, o C/N. (CONSEGNA; LETTERA DI VETTURA). [vol. I: *ad vocem*]

– **di copertura.** Cover note (ASSICURAZIONE; COPERTURA). [vol. I: *ad vocem*; INSURANCE: I. 15, II. 7; POLICY]

– **di credito.** Credit note, o C/N (CREDITO). [vol. I: *ad vocem*]

– **difensiva.** (MEMORIA DIFENSIVA)

– **di pegno.** Dock warrant, bond warrant, warehouse warrant (di merci), pawn ticket, warrant (CERTIFICATO DI DEPOSITO E DI NOTA DI PEGNO; FEDE DI DEPOSITO; PEGNO; TITOLI RAPPRESENTATIVI DI MERCI). [vol. I: DOCK WARRANT; DOCUMENT OF TITLE; PAWN]

– **diplomatica.** Diplomatic note (*infra,* NOTA VERBALE; SCAMBIO DI NOTE DIPLOMATICHE).

– **di trasbordo.** Transhipment note (TRASBORDO).

– **di vendita.** Commercial invoice, sold note (FATTURA; VENDITA).

– **esplicativa.** Explanatory note.

– **spese per attività processuale.** Grosso modo, bill of costs (PARCELLA DI AVVOCATO; SPESE LEGALI; SPESE PROCESSUALI). [vol. I: *ad vocem*]

– **verbale.** Note verbale (*supra,* NOTA DIPLOMATICA; VERBALE).

Notaio in genere. Public notary o notary. Ma, a parte l'ovvio *acoustic agreement*, non vi è equivalenza col notaio qual è inteso nella tradizione di *civil law.* Come ha osservato Gino Gorla [1955, vol. I: 446, n.o.]: « L'istituto del notariato, proprio della *civil law*, è sconosciuto nei paesi di *common law.* Ivi il *public notary* è una persona che è soltanto autorizzata ad autenticare la sottoscrizione e che può essere, come si vede negli Stati Uniti, anche un *barman,* purché persona che meriti la pubblica fede. Un documento autenticato da un *public notary* non è un atto formale, quando non vi sia la cerimonia propria dell'*act under seal* ». In Inghilterra la qualifica di notary è riservata a 16 distinti professionisti tra i quali figurano anche dei notevoli giuristi come R. J. Saville, ottimo conoscitore del nostro sistema giuridico e della nostra cultura, amico del nostro paese. Ma sussistono notevoli differenze tra il notary inglese e quello nordamericano. La funzione principale del notaio nordamericano consiste nel raccogliere dichiarazioni giurate, attestare l'autenticità delle sottoscrizioni, certificare alcuni tipi di documenti da utilizzare all'estero, certificare *deeds* e *conveyances,* compiere taluni atti in materia commerciale come il protesto di cambiali, l'annotazione di cambiali straniere, e il protesto marittimo in caso di perdita o danno. Il *notary public* nordamericano è autorizzato all'esercizio delle sue funzioni dalle autorità dei singoli stati dell'Unione o federali, a seconda dei casi (ATTO NOTARILE; ATTO PUBBLICO; AUTOCERTIFICAZIONE; CANCELLIERE; DOCUMENTO ATTESTATO DA UN NOTAIO; ESTENSORE; FEDE PUBBLICA; PROTESTO DELLA CAMBIALE; REDATTORE; SCRITTURA; SOCIETÀ (II) QUALE SOGGETTO COLLETTIVO: III. 1). [vol. I: NOTARY; NOTING; PROTEST]

Bibl.:

Brooks, C. W., Helmoz, R. H. and Stein, P.J., *Notaries Public in England since the Reformation*, Norwich, Erskine Press, 1991.

Schlesinger 1950, ed. 1988: 17.

Notariato. (NOTAIO)

Notarile in genere. Notarial (ATTO NOTARILE; AUTENTICAZIONE NOTAIO).

Notifica in genere. Notice, notification; ma la notifica nel senso processuale è detta *service of process.* Il fatto di eludere o evitare o sottrarsi alla notifica è detto *evading service.* Si noti che, in principio, è mediante la notifica del *writ* che nei sistema di *common law* si radica la giurisdizione (AVVISO; CONOSCENZA; DESTINATARIO; GIORNO DELLA NOTIFICA; GIURISDIZIONE; INFORMAZIONE; INTIMAZIONE; PROCESSO GIURISDIZIONALE; PROVA; PROVVEDIMENTI CAUTELARI: 4; RESIDENZA: 2; RIFIUTO DI RICEVERE LA NOTIFICA; TERMINE PER LA NOTIFICA DI ATTI PROCESSUALI). [vol. I: *ad vocem*; INTIMATION; NOTIFICATION]

– **al domicilio eletto.** Substituted service (*infra*, NOTIFICA IN MANI PROPRIE). [vol. I: ADDRESS FOR SERVICE]

– **all'amministrazione pubblica.** Grosso modo, service on a government department (AMMINISTRAZIONE PUBBLICA).

– **all'estero.** Service out of the jurisdiction, service abroad; negli S.U. — stato federale — il *service out of the jurisdiction* indica più spesso la notifica effettuata in un altro stato dell'Unione (*infra*, NOTIFICA DELLA CITAZIONE IN GIUDIZIO; ALL'ESTERO). [vol. I: SERVICE OUT OF THE JURISDICTION]

– **al rappresentante, ai familiari, etc.** Substituted service (*infra*, NOTIFICA IN MANI PROPRIE).

– **a mezzo di pubblicazione.** Service by publication (*infra,* NOTIFICA MEDIANTE INSERZIONE; ANNUNZIO LEGALE; PUBBLICAZIONE).

– **a mezzo posta.** Service by post. [vol. I: SERVICE OF PROCESS]

– **a persona incapace.** Service on a person under disability (INCAPACE).

– **a persona non residente, né dimorante, né domiciliata nello Stato.** Service out of the jurisdiction (*supra*, NOTIFICA ALL'ESTERO).

– **a una persona giuridica.** Service on a body corporate (PERSONA GIURIDICA).

– **della cessione.** Notice of assignment (CESSIONE).

– **della citazione in giudizio.** Service of writ of summons, service of summons. Si tratta di atto di parte; non ha luogo a mezzo dell'ufficiale giudiziario (che, peraltro, in senso stretto, non esiste neanche), ed è di solito effettuata direttamente dalla parte interessata. La materia è soggetta ad una disciplina molto diversa e, in sostanza, più agevole di quella nostrana. Va segnalato un riflesso fondamentale della notifica: nei sistemi di *common law* la notifica del *writ* ad uno straniero che si trovi anche per pochi attimi sul territorio inglese o nordamericano per una controversia, anche se priva di alcun collegamento oggettivo o soggettivo con quegli ordinamenti, fa nascere la giurisdizione locale (ACCETTAZIONE DELLA NOTIFICA; ALL'ESTERO; ANNUNZIO; AVVISO; CITAZIONE IN GIUDIZIO; COMUNICAZIONE; DISDETTA; DOMICILIO ELETTO AI FINI DELLA NOTIFICA DEGLI ATTI GIUDIZIARI; GIURISDIZIONE ESUBERANTE; INTIMAZIONE; PROCLAMA; PROVA; RELAZIONE DI NOTIFICA; REQUISIZIONE DI NAVE; RIFIUTO DI RICEVERE LA NOTIFICA). [vol. I: JURISDICTION; NOTICE; NOTIFICATION; SERVICE OF PROCESS; SERVICE OUT OF THE JURISDICTION; SUBPOENA; SUMMONS]

– **della sentenza.** Service of judgment (SENTENZA). [vol. I: SERVICE]

– **di documenti in genere.** Service of documents (DOCUMENTO). [vol. I: SERVICE OF PROCESS]

– **in mani proprie.** Personal service; il *writ of summons,* ossia l'atto di citazione, va notificato in mani proprie (*supra,* NOTIFICA AL RAPPRESENTANTE, AI FAMILIARI; *BREVI MANU*). [vol. I: SUBSTITUTED SERVICE]

– **mediante inserzione.** Service by publication (*supra*, NOTIFICA A MEZZO DI PUBBLICAZIONE). [vol. I: *ad vocem*]

– **nella residenza, nella dimora** o **nel domicilio.** Substituted service at the address of the person to be served. [vol. I: ADDRESS FOR SERVICE]

– **per pubblici proclami in genere.** Service by publication, service by proclamation (*supra*, NOTIFICA A MEZZO DI PUBBLICAZIONE; NOTIFICA MEDIANTE INSERZIONE).

– **presso il domiciliatario.** Substituted service (*supra*, NOTIFICA AL RAPPRESENTANTE, AI FAMILIARI).

Notificazione. (NOTIFICA)

Notizia/e in genere. News, knowledge, report, notice, account (FUGA DI NOTIZIE; INDISCREZIONI SOCIETARIE; INFORMAZIONE; NOTO; PROPALAZIONE DI NOTIZIE FALSE). [vol. I: COGNISANCE; JUDICIAL NOTICE; NOTICE; SEDITION]

– **false.** False news (PROPALAZIONE DI NOTIZIE FALSE). [vol. I: FALSE NEWS]

Noto. Known (CONOSCIUTO ANCHE COME; CONOSCIUTO IN PRECEDENZA COME; IGNOTO; NOTORIO; SCONOSCIUTO).

Notorio. Notorious. L'espressione è impiegata, tra l'altro, in materia di prova per indicare quei fatti che, essendo notori, non hanno bisogno di essere provati in giudizio (CONOSCENZA; FATTI DI COMUNE ESPERIENZA; *IURA NOVIT CURIA;* NOTO; NOZIONI DI FATTO POSTE A BASE DELLA DECISIONE; PUBBLICO). [vol. I: *ad vocem*]

Novazione. Novation; questo termine indica sia la novazione oggettiva che quella soggettiva.
1. La prima dà luogo alla *discharge* del contratto originario, detto *original contract*, che viene sostituito dal nuovo contratto, detto *substituted contract* o *agreement*. Ma si parla anche di *merger of contracts*.
2. La novazione soggettiva è definita anche *substitution of the original obligor*; essa si distingue dalla cessione di credito, detta *assignment o debt*. Ma si noti il requisito della *consideration* che nella novazione pone complessi problemi ignoti ai sistemi di *civil law*.
3. Negli S.U. la più avanzata dottrina sulla materia è contenuta nel § 280 del *Restatement of Contract Second* (ADEMPIMENTO; CONTRATTO: III; CREDITO; *DATIO IN SOLUTUM*; ESPROMISSIONE; *NEGOTIORUM GESTIO*; PRESTAZIONE IN LUOGO DELL'ADEMPIMENTO; SOSTITUZIONE). [vol. I: AC-

CORD AND SATISFACTION; ASSIGNMENT; CONTRACT: VIII; DEBT; DISCHARGE; NOVATION; RESTATEMENT; VICARIOUS PERFORMANCE]

Novità. Novelty. Questo termine viene impiegato più spesso in tema di brevetti: l'opposizione al rilascio di un brevetto *for want of novelty* è quella che invoca la mancanza di novità o originalità (BREVETTO; INNOVAZIONE; INVENZIONE; NUOVO PROCESSO DI FABBRICAZIONE; UTILITÀ). [vol. I: *ad vocem*; PATENT]

Nozioni di fatto poste a base della decisione. Quando il giudice pone a base della decisione un fatto di comune esperienza si dice che egli « takes judicial notice » di esso (DECISIONE; FATTI DI COMUNE ESPERIENZA; *IURA NOVIT CURIA*; NOTORIO; PROVA; SENTENZA). [vol. I: COGNISANCE; IURA NOVIT CURIA; JUDICIAL NOTICE]

Nubile. Unmarried, single. Ma si noti che quest'ultimo termine indica anche la persona (uomo o donna) che vive da sola, coniugata o vedova che sia, con o senza prole (CELIBE; CONIUGATO; DONNA SPOSATA).

Nucleare. (ENERGIA NUCLEARE)

Nuda proprietà. Lett., naked property. Ma non esiste in senso stretto un termine esattamente equivalente nella *common law*, data la assai diversa articolazione dei diritti immobiliari di quella tradizione giuridica, fondata su concetti di natura feudale per cui il vero proprietario è, in principio, il sovrano. In quel sistema, oggetto della proprietà non è l'immobile, ma un *estate*, concetto ignoto alla tradizione romanistica che conosce, invece, la proprietà allodiale. Ma termini che approssimativamente possono rendere il senso nostrano sono quelli di *reversion* o *remainder,* a seconda dei casi. Talvolta, un analogo del concetto nostrano di nuda proprietà viene reso approssimativamente, più spesso negli S.U., dal termine *right of property.* Si noti anche che la *common law,* per analoghe ragioni, non conosce l'istituto dell'usufrutto (PROPRIETÀ; SUPERFICIE; USUFRUTTO). [vol. I: LIFE TENANCY; REMAINDER; REVERSION; USUFRUCT]

Nudum pactum. Nella tradizione di *common law*, indica il patto non fondato su una *consideration*: come tale, non costituisce un *contract* e non è azionabile in giudizio (CONTRATTO: III; *PACTA SUNT SERVANDA*). [vol. I: *ad vocem*]

Nulla osta. Permit, permission, licence, visa, waiver, fiat (PERMESSO).

Nulla poena sine lege. Questo brocardo non è molto frequente nelle opere inglesi e nordamericane; si parla più spesso di *principle of legality,* o di *prohibition against ex post facto law*. Se, di fatto, il principio, è, ovviamente, applicato anche nel sistema inglese, va rilevato che, sul piano teoretico, esso confligge con la *supremacy of Parliament*, regola fondamentale dell'ordinamento costituzionale britannico (ma non di quello nordamericano). L'art. I, s. 10, della costituzione degli S.U. stabilisce, tra l'altro: *No State shall... pass... ex post facto Law*. Ma il principio non è applicato nei sistemi di *common law* con quella rigidità tipica del sistema italiano: in questo senso, è dubbio che nel nostro sistema sarebbero ammissibili i c.d. *punitive damages*. Si noti che quando il brocardo è riferito alla *common law*, per *lege* deve intendersi anche o, meglio, soprattutto, la regola giurisprudenziale: diversamente, non si potrebbe parlare di legittimità della pena irrogata per l'omicidio volontario (*murder),* dato che essa è prevista solo da questo tipo di regola (CLAUSOLA PENALE; PENA; PRESUNZIONE DI INNOCENZA; PRINCIPIO DI LEGALITÀ; RETROATTIVITÀ; RISARCIMENTO; STATO DI DIRITTO). [vol. I: *ad vocem*; LEGALITY, PRINCIPLE OF; PUNITIVE DAMAGES; RULE OF LAW]

Nullatenente. Impecunious (ASSISTENZA GIUDIZIARIA; DEBITORE INSOLVENTE; INDIGENTE).

Nullità. Nullity, ma talvolta si parla di *invalidity*. Un atto o contratto nullo è detto *void*. Ma si parla anche di *contract illegal by statute*, o *void at common law on grounds of public policy*. Peraltro, nel contratto, i termini *void* e *voidable* non equivalgono, rispettivamente, alla nullità e annullabilità del diritto italiano. Si noti che il concetto di nullità è reso anche dal termine *unenforceable*. In questa materia sussistono, oltre a una notevole confusione concettuale nella stessa *common law*, sostanziali differenze di regime con la *civil law*: anche qui, gli *acoustic agreements* comportano abbagli fatali (ANNULLABILITÀ; CONTRATTO: X; CONVALIDA DEL CONTRATTO INVALIDO; ORDINE PUBBLICO; RETTIFICA DEL CONTRATTO VIZIATO DA ERRORE). [vol. I: CONTRACT: XII; NULLITY; NULLITY OF MARRIAGE; ORDRE PUBLIC; PUBLIC ORDER; VOID e VOIDABLE]

– **assoluta.** Voidness; un atto o contratto affetto da nullità assoluta è definito *void.* [vol. I: VOID e VOIDABLE]

– **della sentenza.** Grosso modo, voidness of judgment (IMPUGNAZIONE; SENTENZA).

– **del matrimonio.** Nullity of marriage (MATRIMONIO).

Nullo. Null and void; ma si noti che questi termini riferiti al contratto spesso non indicano la nullità, ma bensì la annullabilità, detta *voidability*. Il termine nullo è reso anche dalla parola *unenforceable* come quando si dice che una clausola di non alienare è *unenforceable* in quanto contraria all'ordine pubblico (ANNULLABILE; NULLITÀ; ORDINE PUBBLICO). [vol. I: NULL AND VOID; VOID e VOIDABLE; UNENFORCEABLE]

Nullum crimen, nulla poena sine lege. (*NULLA POENA SINE LEGE*)

Numero in genere. Number (MISURA; VENDITA A MISURA).

– **di conto.** Account number (CONTO).

– **di protocollo.** Grosso modo, reference number (PROTOCOLLO).

– **di serie.** Serial number.

– **legale.** Quorum (*QUORUM*). *[vol. I: ad vocem*; ELECTION; VOTE]

Nunciazione. (AZIONE (I) DI NUNCIAZIONE)

Nuncius. Nuncius, representative, agent (MANDATARIO; RAPPRESENTANTE).

Nunzio pontificio. Nuncio (AMBASCIATORE).

Nuova opera. (AZIONE (I) DI NUNCIAZIONE)

Nuove deduzioni. Additional pleadings. Ma non hanno nulla a che vedere con le produzioni processuali nostrane. Del resto, il sistema dei *pleadings* rende la presentazione di nuove deduzioni nella fase del *pre-trial* eccezionale se non addirittura impossibile. A parte il fatto che gli atti processuali sono spesso articolati a mò di formulari e si ispirano alla maggiore semplicità possibile: sono rare le chilometriche « memorie » che formano la delizia e, in buona parte, lo sfascio, del nostro processo. La sentenza riflette anch'essa questa semplicità (DIFESE NEL PROCESSO CIVILE; INTEGRAZIONE DELLE MEMORIE DIFENSIVE; MEMORIA DIFENSIVA). [vol. I: APPEAL; CIVIL PROCEDURE; JUDGMENT; PLEADINGS]

Nuove elezioni. Fresh elections (ELEZIONI PARZIALI). [vol. I: ELECTION: 2]

Nuovo Ordine Economico Internazionale. New International Economic Order. Con questa espressione elaborata dalle Nazioni Unite, si intende quell'orientamento diretto a stabilire su nuove e più eque basi i rapporti economici tra i paesi industriali e quelli del Sud del mondo. Tema tra i più complessi e difficili sul quale, come sempre, si è fatto nel nostro paese, grande sfoggio di retorica, specie in quegli ambienti in cui il crollo del Muro di Berlino non ha eliminato l'odio antioccidentale e anticapitalistico, vivissimo nel nostro paese (COMMERCIO INTERNAZIONALE; ORDINE PUBBLICO MONDIALE; PAESE IN VIA DI SVILUPPO). [vol. I: NEW INTERNATIONAL ECONOMIC ORDER]

Nuovo per vecchio. (DEDUZIONE; DIFFERENZA TRA IL NUOVO E IL VECCHIO)

Nuovo processo di fabbricazione. New manufacturing process (BREVETTO; FABBRICAZIONE; *KNOW-HOW*; NOVITÀ).

O

Obbedienza in genere. Obedience (DIRITTO (II) DI RESISTENZA; DISOBBEDIENZA; INSUBORDINAZIONE; RENITENZA ALLA LEVA; RIFIUTO DI OBBEDIENZA).

Obbligatario. Obligee (CREDITORE; OBBLIGATO; PROMISSARIO). [vol. I: *ad vocem*]

Obbligato. Obligor, promisor, debtor, stipulator, person liable (COOBBLIGATO; CREDITORE; DEBITORE; ESTROMISSIONE DELL'OBBLIGATO; OBBLIGATARIO; OBBLIGAZIONE (I); PROMITTENTE; RESPONSABILE; TENUTO A RISPONDERE; VINCOLATO). [vol. I: OBLIGOR; PROMISOR]

- **principale.** Principal and surety (o guarantor), sono detti, rispettivamente, il debitore principale, detto anche *principal debtor*, e il fideiussore (DEBITORE; FIDEIUSSIONE). [vol. I: GUARANTEE; PRIMARY LIABILIY; PRINCIPAL AND SURETY; SURETY]
- **solidale.** Jointly and severally liable promisor e, in tema di illecito, tortfeasor (CONTRIBUTO DEL DEBITORE SOLIDALE; FIDEIUSSIONE; OBBLIGAZIONE (I) SOLIDALE; SEPARAZIONE DELLE CAUSE CIVILI). [vol. I: JOINT AND SEVERAL LIABILITY]

Obbligatorietà della legge. Binding effect of law; ma si noti la diversa teoria delle fonti nella tradizione di *common law* (FONTI DEL DIRITTO; LEGGE; NORMA GIURIDICA). [vol. I: BINDING AUTHORITY]

Obbligatorio in genere. Compulsory, imperative, mandatory, mandated: il correlativo è più spesso *permissive* (ARBITRATO OBBLIGATORIO; COATTIVO; COGENTE; FORZOSO; INDEROGABILE; INVOLONTARIO; NORMA IMPERATIVA; PERMISSIVO; TASSATIVO).

Obbligazione/i (I) in genere. Obligation, promise, duty, pledge, engagement, undertaking, committment, bond.

1. Ma, in senso stretto, non esiste una nozione corrispondente. Il termine *obligation* appare ambiguo: esso indica, originariamente, il riconoscimento di debito (*sealed bond*), ossia l'obbligazione assunta con determinate formalità. È solo successivamente che esso è venuto ad acquistare nella pratica, grosso modo, il senso nostrano di obbligazione scritta (*written promise*) di effettuare un pagamento o di fare alcunché. In effetti, la *common law* non ha elaborato una teoria generale delle obbligazioni [Buckland and McNair 1936, ed. 1952: 193]. Com'è stato osservato, nella *common law* l'obbligazione non interessa che allo stato patologico della responsabilità, cioè al momento in cui si pone il problema di fissarne la sanzione o di dedurla in giustizia: questo spiega perché il concetto di obbligazione è reso dal termine di *liability*, ossia di responsabilità. Quanto in particolare all'obbligazione contrattuale — a meno che non siano state adottate determinate formalità — essa è tale solo se assunta per una *valuable consideration*, concetto ignoto alla *civil law*. D'altro canto, va osservato che in quella tradizione giuridica l'*equity* attribuisce grande importanza, e sanziona con regole apposite, gli obblighi fiduciari e doveri di coscienza, primi fra tutti quelli derivanti dal *trust*, istituto privo di equivalenza nella *civil law*. *Promise* (o *obligation*) è termine che rende il concetto di obbligazione contrattuale; ma si parla anche genericamente di *duty*. Quanto sopra spiega anche perché la *common law* non faccia quelle distinzioni note al giurista di *civil law* tra obbligazione di dare, fare o non fare, di mezzo e di risultato, etc. Mancanza che, sul piano sostanziale, non determina grandi inconvenienti, dato che, con diverse tecniche, il diritto nordamericano in particolare, perviene, sul piano dei contenuti, a risultati spesso più avanzati.

2. Importante appare la distinzione tra *personal* e *heritable obligation* priva di equivalenza nella tradizione di *civil law* appunto perché quest'ultima adotta il concetto di successione universale. Una *obligation* è detta *heritable* se essa si trasferisce sulla

massa ereditaria; quella *personal* obbliga soltanto il debitore, ma non il *personal representative*. Dipende dalla volontà dell'obbligato che si tratti dell'una o dell'altra; una *obligation* è definita *personal* quando può essere messa ad esecuzione soltanto dall'*obligee* (ossia la persona a cui favore è assunta, il creditore), ovvero quando può essere messa ad esecuzione soltanto nei confronti dell'*obligor* (ossia l'obbligato, il debitore). Una *obligation* può essere *personal* per l'*obligee* (creditore) e *heritable* per l'*obligor* (debitore), o viceversa. Infine, la differenza tra *personal* e *real obligation* sta in questo: che nella prima (*personal*) l'*obligor* si obbliga a compiere un atto senza però rispondere col proprio patrimonio in caso di inadempimento; nel secondo caso, invece, egli ne risponde col proprio patrimonio. Ma si tratta di concetti non agevoli (ASTRATTEZZA DELL'OBBLIGAZIONE; BENEFICIO DEL TERMINE; BUONO; CAUZIONE; CONTRATTO: III; CREDITO; DEBITO; DEBITO OBBLIGAZIONARIO; ELUSIONE DI UN'OBBLIGAZIONE O DELLA RESPONSABILITÀ MEDIANTE RAGGIRO; ESTINZIONE DI UN'OBBLIGAZIONE; FIDEIUSSIONE; FONTE DELLE OBBLIGAZIONI; FONTI DEL DIRITTO; IMPEGNO; INVESTIMENTO; OBBLIGO; PASSIVO; PRESTAZIONE; RAPPORTI FIDUCIARI; RESPONSABILITÀ; RICONOSCIMENTO DI DEBITO; SOLLIEVO DA UN'OBBLIGAZIONE; SUCCESSIONE PER CAUSA DI MORTE; *VARIAE CAUSARUM FIGURAE*). [vol. I: DEBT; EQUITY; LIABILITY; OBLIGATION; PERFORMANCE]

– **accessoria.** (*infra*, OBBLIGAZIONE SUSSIDIARIA)

– **a lungo termine in genere.** Long term commitment.

– **cambiaria.** Liability under a bill of exchange (CAMBIALE).

– **condizionale.** Contingent liability, conditional obligation (*infra*, OBBLIGAZIONE INCONDIZIONATA; OBBLIGAZIONE SUSSIDIARIA; CONDIZIONE). [vol. I: CONTINGENT LIABILITY]

– **congiuntiva** o **alternativa.** Conjunctive o alternative obligation.

– **contrattuale in genere.** Contractual obligation (OBBLIGO CONTRATTUALE).

– **di avaria.** General average bond (AVARIA COMUNE). [vol. I: *ad vocem*]

– **di genere-di specie.** Indeterminate-determinate obligation (*infra*, OBBLIGAZIONE DIVISIBILE O INDIVISIBILE; SPECIFICAZIONE DELLE MERCI NELLA VENDITA).

– **di valore.** Value for value contract (INFLAZIONE; *REBUS SIC STANTIBUS*; VALORE).

– **divisibile** o **indivisibile.** Grosso modo, divisible o indivisible obligation; ma questa traduzione è ambigua perché i termini possono assumere diverso significato nella *common law*. Sarebbe forse preferibile parlare di « divisible performance, the obligor (debtor) being bound to pay only his share of the debt » (*infra,* OBBLIGAZIONE SOLIDALE). [vol. I: BOND; JOINT AND SEVERAL LIABILITY; LIABILITY; SEVERAL LIABILITY]

– **espressa o tacita.** Express (o conventional) obligation, o implied obligation (o liability).

– **garantita.** Secured liability (GARANZIA).

– **incondizionata.** Simple obligation (*supra*, OBBLIGAZIONE CONDIZIONALE).

– **indivisibile.** (*supra*, OBBLIGAZIONE DIVISIBILE O INDIVISIBILE)

– **in solido.** (*infra*, OBBLIGAZIONE SOLIDALE)

– ***intuitus personae.*** Personal obligation, personal contract (SUCCESSIONE NEL RAPPORTO GIURIDICO).

– **legale in genere.** Grosso modo, statutory obligation, obligation in law, constructive contract, quasi contract, implied in law contract. Si noti che la *common law* fa ricorso alla finzione giuridica del *quasi-contract* per imporre un'obbligazione legale (ARRICCHIMENTO SENZA CAUSA; FINZIONE GIURIDICA; *NEGOTIORUM GESTIO*; OBBLIGO LEGALE; *OPE LEGIS*; QUASI CONTRATTO; *VARIAE CAUSARUM FIGURAE*). [vol. I: CONSTRUCTIVE]

– **modale.** Conditional obligation (MODO).

– **morale.** Moral obligation (*infra*, OBBLIGAZIONE NATURALE).

– **naturale.** Imperfect o natural obligation; come, ad es., il debito di gioco; ma si parla anche di *obligation which can not be enforced*. In quanto *past consideration*, non è idonea a dar luogo a un *simple contract*, salvo che non si tratti di un *negotiable instrument*. Non è ammessa la ripetizione di quanto sia stato pagato in base a un'obbligazione naturale (*infra*, OBBLIGAZIONE PERFETTA O IMPERFETTA; DIRITTO (I) NATURALE; GIOCO; SCOMMESSA). [vol. I: CONSIDERATION; CONTRACT: V; ENFORCEABILITY; GAMING; IMPERFECT OBLIGATION; NATURAL OBLIGATION]

– **naturale** o **civile.** Natural o civil obligation (*supra*, OBBLIGAZIONE NATURALE).

– **parziale.** Separate debt, separate liability, proportionate share of debt (*infra,* OBBLIGAZIONE SOLIDALE). [vol. I: JOINT: 2]

– **parziaria.** Divisible performance; obligor bound to pay only his share of the debt (*infra*, OBBLIGAZIONE SOLIDALE).

– **pecuniaria.** Money engagement; debt (PAGAMENTO). [vol. I: ENGAGEMENT; UNDERTAKING]

– **perfetta** o **imperfetta.** Perfect o imperfect obligation; la prima è quella riconosciuta e sanzionata dal diritto positivo (*supra*, OBBLIGAZIONE NATURALE).

– **personale** o **reale.** Grosso modo, personal o real obligation.

– **principale** o **accessoria.** Principal o accessory obligation.

– **principale** o **secondaria.** Primary o secondary obligation, primary o secondary liability (*infra*, OBBLIGAZIONE SUSSIDIARIA; FIDEIUSSIONE). [vol. I: *ad vocem*]

– ***querable*** o ***portable.*** Come nel sistema italiano, salvo che non sia diversamente stabilito, il pagamento di somme di denaro va adempiuto al domicilio del creditore. L'obbligazione è quindi di solito *portable* (ADEMPIMENTO; CREDITO; PAGAMENTO). [vol. I: PAYMENT; PERFORMANCE]

– **reciproche.** Mutual promises o concurrent considerations. Nel *simple contract* di *common law*, requisito di esistenza è la presenza della *consideration*; quando quest'ultima è costituita da obbligazioni reciproche, si parla di mutual promises, in cui ognuna funge da *consideration* per l'altra (PROMESSA). [vol. I: CONSIDERATION; MUTUAL PROMISES; WILL]

– **scaduta.** Matured liability (CREDITO MATURATO).

– **secondaria.** (*infra*, OBBLIGAZIONE SUSSIDIARIA)

– **senza causa.** Espressione intraducibile, dato che la *common law* ignora il concetto di causa, ma adotta, invece, quello di *consideration,* a sua volta sconosciuto alla *civil law*. Forse si potrebbe parlare di *unenforceable obligation*, *imperfect obligation* (*supra*, OBBLIGAZIONE NATURALE; CAUSA (I) DEL CONTRATTO; CONTRATTO: III).

– **solidale.** Joint and several liability, liability *in solido*, solidary obligation. Quando due o più persone sono *jointly liable* ognuno dei coobbligati (*copromisors*) risponde dell'intero; tuttavia, i coobbligati sono considerati come una sola persona: essi devono quindi essere tutti convenuti in giudizio, in mancanza di che, la sentenza contro uno di essi preclude l'azione contro gli altri.

1. La remissione del debito a uno dei coobbligati comporta la liberazione anche degli altri; il coobbligato che abbia pagato l'intero debito ha diritto all'azione di regresso nei confronti degli altri, detta *entitlement to contribution*; ma — ed è questo l'aspetto più importante del regime della *joint liability* — alla morte di uno dei coobbligati o dei concreditori la quota del debito o del credito di lui viene rispettivamente ad accrescere il debito o il credito dei coobbligati o dei concreditori superstiti e non si devolve ai successori di lui, salvo nel caso della *partnership*, in cui la quota e le obbligazioni del socio si devolvono al patrimonio personale del socio scomparso. In definitiva, sia la *joint liability* che la *joint and several liability* si fondano sostanzialmente sulla distinzione tra *joint ownership* e *ownership in common*.

2. Sia la *joint liability* che la *joint and several liability* costituiscono un'obbligazione solidale, nel senso che il creditore può esigere dal *joint debtor* l'intero credito ma, mentre nel caso di *joint liability* la quota del debito del coobligato si accresce ai coobbligati superstiti e il creditore è tenuto a convenire in giudizio tutti i coobbligati, nel caso di *joint and several liability* la quota del debito del coobbligato non si accresce ai superstiti, ma grava il patrimonio personale dello scomparso e, d'altro canto, il creditore non è tenuto a convenire tutti i coobbligati, ma può rivolgersi soltanto a uno di essi.

3. Quando l'azione civile è intentata separatamente contro ciascuno tra più coobbligati si parla di *several action*; e, invece, di *joint action* quando è intentata contro tutti i coobbligati.

4. La *joint and several liability* equivale, in sostanza, all'obbligazione solidale della *civil law*: peraltro, la *joint liability* non trova esatta equivalenza nella *civil law*; l'obbligazione divisibile è detta *separate* o *individual liability*. In questo senso, la *common law* ricorre a dei concetti e opera delle distinzioni prive di equivalenza nella *civil law*.

5. Negli S.U. — stato federale — si parla di *solidary obligation* in Louisiana, *enclave* (grosso modo) di *civil law*, per indicare l'obbligazione solidale nostrana; in questo senso, essa si distingue dalla *joint obligation* che obbliga proporzionalmente cia-

scuno dei debitori. Ma si tratta di materia molto complessa nella *common law*, ancor più che nella *civil law* (*supra,* OBBLIGAZIONE PARZIARIA; AZIONE (I) DI REGRESSO; BENEFICIO DELLA DIVISIONE NELLA FIDEIUSSIONE; COMUNIONE; CONTRIBUTO; ESCUSSIONE; FIDEIUSSIONE; PROCEDIMENTO SEPARATO NELLE OBBLIGAZIONI SOLIDALI; RESPONSABILITÀ SOLIDALE; SEPARAZIONE DELLE CAUSE CIVILI). [vol. I: JOINT; JOINT AND SEVERAL]

– **sussidiaria.** Secondary liability, contingent liability. La responsabilità sussidiaria, o secondary liability, come quella del *surety* o fideiussore, presuppone una *primary liability*, ossia una obbligazione principale (*supra*, OBBLIGAZIONE PRINCIPALE; FIDEIUSSIONE; GARANZIA). [vol. I: COLLATERAL; CONTINGENT LIABILITY; GUARANTEE; SECONDARY LIABILITY]

Obbligazione (II) quale titolo mobiliare. Debenture, bond; spesso i termini vengono impiegato come sinonimi. Si parla di *corporate debenture* e *corporate bond* per indicare le obbligazioni emesse da una società, persona giuridica o entità pubblica; debenture holder o bond holder è detto, a seconda dei casi, il titolare dell'una o dell'altro. Le debentures e i bonds rientrano nella più vasta categoria delle *securities*. Si tratta di materia molto complessa nella quale bisogna tener conto della grande varietà di forme create dalla inesauribile fantasia del mercato finanziario nordamericano (EMISSIONE DI OBBLIGAZIONI; EURO-OBBLIGAZIONE; PRIVILEGIO FLOTTANTE; QUOTAZIONE DI TITOLI MOBILIARI; RENDIMENTO CORRENTE DI UN'OBBLIGAZIONE; RIMBORSO DI OBBLIGAZIONE; RIPARTIZIONE DI AZIONI, OBBLIGAZIONI; RISCATTO DI OBBLIGAZIONE; TITOLI MOBILIARI; TITOLI DI CREDITO; TITOLI DI STATO). [vol. I: BLUE CHIPS; BOND; COMMERCIAL PAPER; DEBENTURE; I.O.U.; SECURITIES]

– **a garanzia generale.** Floating debenture (GARANZIA GENERALE; PRIVILEGIO FLOTTANTE). [vol. I: CHARGE]

– **al portatore.** Bearer bond (PORTATORE).

– **a premio.** Prize bond (PREMIO). [vol. I: BOND]

– **dello Stato, di enti locali in genere.** Governmental, municipal bond o debenture (*supra*, OBBLIGAZIONE QUALE TITOLO MOBILIARE; *infra*, OBBLIGAZIONE MUNICIPALE CON OPZIONE DI VENDITA).

– **del Tesoro.** Treasury bond (BUONO DEL TESORO).

– **differita.** Deferred bond (*supra*, OBBLIGAZIONE QUALE TITOLO MOBILIARE).

– **di investimento.** Investment-grade bond (*infra*, OBBLIGAZIONE DI RISCHIO; INVESTIMENTO).

– **di rischio.** Junk bond, high risk bond (*infra*, OBBLIGAZIONE SPAZZATURA; MERCATO DELLE OBBLIGAZIONI DI RISCHIO).

– **di servizi pubblici.** Public utility bond (SERVIZIO PUBBLICO).

– **di società.** Corporate debenture, corporate bond (SOCIETÀ (II) DI CAPITALI).

– **estera.** Foreign bond (EURO-OBBLIGAZIONE).

– **garantita da ipoteca in genere.** Mortgage backed bond (IPOTECA).

– **interna.** Domestic bond (*supra*, OBBLIGAZIONE QUALE TITOLO MOBILIARE).

– **legata agli indici di borsa.** Index-linked bond (INDICIZZAZIONE).

– **municipale con opzione di vendita.** Municipal option put security, o mops negli S.U. (*supra*, OBBLIGAZIONE DELLO STATO, DI ENTI LOCALI) .

– **nominativa.** Registered debenture, registered bond; i cui detentori figurano negli elenchi dell'emittente dei titoli (AZIONE (II) NOMINATIVA).

– **redimibile.** Redeemable bond, callable bond (REDIMIBILE).

– **spazzatura.** Junk-bond; ma si parla anche di *mezzanine debt*. È questo il termine colloquiale per definire un tipo particolare di obbligazioni ad elevato tasso di interesse e ad altrettanto elevato rischio emesse da una società per finanziare un *take-over bid*, un *management buy-out*, o un *management buy-in*. Esse sono valutate da agenzie di *rating*. Il *junk-bond* è venuto alla ribalta di recente per riempire il vuoto esistente, da un lato, tra il ricorso al finanziamento mediante le obbligazioni (*debentures*) ordinarie e l'aumento di capitale e, dall'altro, il fabbisogno finanziario richiesto per il pagamento di qualche vittima di un rilievo azionario, ovvero la chiusura da parte di un'impresa di una o più delle sue unità operative (*divestment*). Ai fini del pagamento, i portatori di tali obbligazioni sono posposti ai creditori obbligazionari ordinari. Spesso il c.d. *mezzanine debt* ha luogo sulla base di un *bridging loan*, al quale una società fa ricorso per finanziare un *take-over* che, se concluso favorevolmente, viene rimborsato mediante la vendita di talune delle attività dell'impresa rilevata (*supra*, OBBLIGAZIONE DI RISCHIO; AGENZIA DI INFORMAZIONI SULLA SOLVIBILITÀ; INTERESSI SUL CAPITALE; RILIEVO DELLA QUOTA AZIONARIA DI CONTROLLO).

Obbligazionista. Debenture holder, bond holder (ASSEMBLEA DEGLI OBBLIGAZIONISTI; AZIONE (I) IN GIUDIZIO DEGLI OBBLIGAZIONISTI; OBBLIGAZIONE (II) QUALE TITOLO MOBILIARE; REGISTRO DEGLI OBBLIGAZIONISTI). [vol. I: DEBENTURE HOLDER]

Obbligo/ghi. Duty, liability, obligation (ACCETTAZIONE DI UN OBBLIGO; ADEMPIMENTO DI UN OBBLIGO; DOVERE; IMPEGNO; LEGAME; LIBERAZIONE DA UN OBBLIGO; OBBLIGAZIONE (I); RAPPORTO; VINCOLO; VIOLAZIONE DI OBBLIGO FIDUCIARIO). [vol. I: DUTY; DUTY OF CARE; DUTY OF DISCLOSURE]

- **contrattuale in genere.** Contractual obligation. A questo proposito si segnalano le *implied conditions*, ossia una sorta di diritto suppletivo che, nel silenzio delle parti, sulla base della loro presunta intenzione, il giudice ritiene che esse devono avere contemplato per dare efficacia al contratto (CLAUSOLA CONTRATTUALE; CONTRATTO: III; DIRITTO (I) SUPPLETIVO; LIBERA INIZIATIVA). [vol. I: DEBT; IMPLIED TERMS OF CONTRACT; PERFORMANCE; QUASI-CONTRACT; TERM OF CONTRACT]

- **degli alimenti.** Duty to support; in principio, per quanto riguarda gli aventi diritto, la *common law* ignora l'obbligo degli alimenti nell'ampiezza in cui è inteso nei sistemi di *civil law* ed è consacrato nell'art. 433 del codice civile italiano. L'obbligo degli alimenti a favore dei figli, detto *maintenance of children*, si è affermato di recente nel diritto inglese.
  1. Negli S.U. — stato federale — la materia è disciplinata da ogni singolo stato dell'Unione: il § 247 del *Civil Code* della California stabilisce che: « *Every person shall support his or her spouse and child, and shall support his or her parent when in need* ». Di fatto, l'obbligo degli alimenti o del mantenimento è riferito più spesso alle cause matrimoniali. L'assegno provvisorio nel corso del giudizio è detto, nel sistema inglese, *maintenance pending suit*, mentre quello stabilito con sentenza è detto *permanent financial provisions*. Non sembra che nella *common law* esista, sul piano terminologico, una corrispondenza esatta della distinzione nostrana tra alimenti e mantenimento.
  2. Si noti che la mancata osservanza dell'obbligo degli alimenti comporta l'arresto del debitore solvibile fin quando non vi abbia adempiuto (ALIMENTI; MANTENIMENTO; PRIGIONE PER DEBITI). [vol. I: AFFILIATION; ALIMONY; MAINTENANCE; NECESSARIES; PARENT AND CHILD]

- **dei genitori nei confronti dei figli.** Parental duties (ALIMENTI; EMANCIPAZIONE).

- **dell'assicurato.** Duties of insured (ASSICURATO; ASSICURAZIONE).

- **del mantenimento.** Duty to support (*supra*, OBBLIGO DEGLI ALIMENTI; MANTENIMENTO).

- **del rendiconto.** Liability to render accounts (MANDATO; RENDICONTO).

- **di buona fede.** Obligation of good faith. Negli S.U., l'Art. 1-203 dell'UCC stabilisce che: « *Every contract or duty within this Act imposes an obligation of good faith in its performance or enforcement* » (BUONA FEDE; OCCULTAMENTO DI FATTI NELLE TRATTATIVE PRECONTRATTUALI).

- **di diligenza.** Duty of care; ma questa espressione assume un significato particolare nell'ambito dell'atto illecito (DILIGENZA).

- **di evitare il sinistro** o **di ridurne gli effetti nell'assicurazione marittima.** Duty to avert or minimising the loss. Nel sistema inglese, la s. 78 (4) del Marine Insurance Act 1906 stabilisce a carico dell'assicurato l'obbligo (*duty*) di prendere tutte le misure ragionevoli per evitare il sinistro o ridurne gli effetti (ASSICURAZIONE MARITTIMA; SINISTRO). [vol. I: SUING AND LABOURING CLAUSE]

- **di fare in genere.** Obligation to do.

- **di fedeltà del prestatore di lavoro in genere.** Duty of loyalty of employee (CAUZIONE DI FEDELTÀ DEL DIPENDENTE; DIPENDENTE; FEDELTÀ; LAVORO). [vol. I: FIDELITY AND GUARANTEE INSURANCE]

- **di informazione.** Duty of disclosure; assume un rilievo particolare nell'assicurazione. Ma si noti che, salvo eccezioni, in principio, la *common law* non ammette la responsabilità precontrattuale (ASSICURAZIONE; BUONA FEDE; *CULPA IN CONTRAHENDO*; INFORMAZIONE; RETICENZA). [vol. I: *ad vocem*; CONTRACT; GOOD FAITH; UBERRIMAE FIDEI]

- **di motivazione.** Duty to give, o state, reasons; ma in questa materia sussistono numerose diversità rispetto al regime nostrano (MOTIVAZIONE).

– **di non concorrenza.** Obligation not to compete (CONCORRENZA; PATTO DI NON CONCORRENZA).

– **di subordinazione del dipendente.** (DOVERE DI OBBEDIENZA DEL DIPENDENTE)

– **di trasferimento.** Covenant to convey (TRASFERIMENTO).

– **fiduciario.** Fiduciary duty. Gli obblighi fiduciari sono sanzionati dall'*equity*; il *trust*, istituto da essa elaborato, ne costituisce la fonte più importante (AMMINISTRATORE DI SOCIETÀ; FONTI DEL DIRITTO; RAPPORTI FIDUCIARI; SOCIETÀ (II) DI CAPITALI; *TRUST*; VIOLAZIONE DI OBBLIGO FIDUCIARIO). [vol. I: ABUSE OF RIGHT; DIRECTOR; EQUITY; FIDUCIARY RELATIONSHIP; TRUST]

– **formale.** Covenant; è assunto *under deed* (ATTO PUBBLICO). [vol. I: COVENANT]

– **legale.** Legal obligation; ma si parla anche di *implied promise* per indicare un obbligo legale che prescinde dalla volontà delle parti. *Statutory duty* è, invece, l'obbligo previsto dalla legge scritta. Ma questi termini si possono intendere soltanto tenenendo conto dell'assai diversa teoria delle fonti della tradizione di *common law* (DIRITTO (I) SUPPLETIVO; DOVERE LEGALE; FINZIONE GIURIDICA; FONTI DEL DIRITTO; OBBLIGAZIONE (I) LEGALE; PROMESSA TACITA). [vol. I: IMPLIED CONDITION; IMPLIED PROMISE]

– **morale.** Moral obligation (CORRISPETTIVO; DOVERE MORALE; OBBLIGAZIONE (I) NATURALE).

Obiettivo in genere. Target; nella scalata di società si parla, negli S.U., di *target corporation* per indicare la società di cui si intende assumere il controllo (FINE; SCALATA DI SOCIETÀ; SCOPO).

– **ambientale.** Environmental objective (AMBIENTE; IMPATTO AMBIENTALE).

Obiettore in genere. Objector, objectant (OPPONENTE; RICORRENTE).

– **di coscienza.** Conscientious objector; nel sistema nordamericano, che maggiormente ha elaborato la materia, si richiede la prova di una genuina opposizione di coscienza a qualsiasi forma di guerra. In luogo del servizio attivo, l'obiettore è tenuto a svolgere servizi civili. Diversamente dalla recente legge nostrana che, in buona sostanza, fa dipendere il mancato servizio militare dalla semplice dichiarazione dell'interessato (COSCIENZA; DIRITTI (II) CIVILI; DIRITTI (II) DELL'UOMO; DISERTORE; DISOBBEDIENZA CIVILE; DISSIDENTE; ESERCITO; GUERRA; SCRUPOLO DI COSCIENZA; SERVIZIO MILITARE).

Obiezione in genere. Objection, defense, demurrer (DIFESA; ECCEZIONE; OPPOSIZIONE; PROMULGAZIONE DELLA LEGGE; PROTESTA). [vol. I: OBJECTION]

– **di coscienza.** Conscientious objection (COSCIENZA; COSCRIZIONE OBBLIGATORIA; DIRITTO (II) DI RESISTENZA; DISOBBEDIENZA CIVILE; GUERRA; OBIETTORE DI COSCIENZA). [vol. I: CIVIL DISOBEDIENCE; CONSCIENTIOUS OBJECTOR; HUMAN RIGHTS]

– **processuale.** Objection, exception. Respingere un'obiezione, è detto, tra l'altro, *overrule, reject (to),* o *disallow (to) an objection* (DIFESA; ECCEZIONE; OPPOSIZIONE). [vol. I: DEMURRER; OBJECTION]

Obiter dictum. Espressione latineggiante impiegata nei sistemi di *common law* in tema di precedente giudiziario ora entrata, non senza un pizzico di civetteria comparatistica, anche nel linguaggio giuridico nostrano. Ma il trapianto in un diverso sistema delle fonti che, almeno formalmente, ignora il precedente giudiziale ne stravolge il senso originario. Grosso modo, indica una dichiarazione incidentale fatta dal giudice nella sentenza: non fa parte della *ratio decidendi* ed è generalmente ritenuta irrilevante ai fini della regola del precedente (FONTI DEL DIRITTO; MOTIVAZIONE DELLA SENTENZA; OPINIONE; PRECEDENTE GIUDIZIARIO; REGOLA GIURISPRUDENZIALE). [vol. I: OBITER DICTUM; RATIO DECIDENDI].

Bibl.:

Grippo, G., *Travisamento e persuasività dell'obiter dictum in due casi emblematici* (1987) 3 CeI 659.

Nanni, L., *Ratio decidendi e obiter dictum nel giudizio di legittimità* (1987) 3 CeI 865.

Obitorio. Mortuary, morgue (AUTOPSIA; MORTE IMPROVVISA, SOSPETTA O VIOLENTA).

Oblazione dell'ammenda sul posto. Grosso modo, payment of fine on the spot; ma non è ammessa in Gran Bretagna (AMMENDA; CONCILIAZIONE DELL'AMMENDA SUL POSTO; MULTA).

Obsolescenza giuridica. Legal obsolescence. Costituisce un principio della tradizione di *common law* che una legge scritta — per quanto di fatto non applicata — non viene mai considerata desueta (DESUETUDINE). [vol. I: LEGAL OBSOLESCENCE; OBSOLESCENCE]

– **economica.** Economic obsolescence (VITA ECONOMICA DI UN BENE).

Occasionale in genere. Occasional, ad hoc, pro hac vice (CONDIZIONALE; EVENTUALE; OCCORRENZA; PROVVISORIO; TEMPORANEO). [vol. I: PRO HAC VICE]

Occorrenza. Occurrence (EVENTO).

Occultamento in genere. Concealment, non-disclosure, misprision (BUONA FEDE; DISSIMULAZIONE; INFORMAZIONE; OBBLIGO DI BUONA FEDE; OBBLIGO DI INFORMAZIONE; RETICENZA; RISERVA MENTALE; SIMULAZIONE; SOCIO OCCULTO; SUPERAMENTO DELLA PERSONALITÀ GIURIDICA; VIZIO OCCULTO). [vol. I: CAVEAT EMPTOR; CONCEALMENT; CONTRACT: IV; DISCLOSURE; DUTY OF DISCLOSURE; GOOD FAITH; LIFTING THE CORPORATE VEIL; MISPRISION; MISREPRESENTATION; NON-DISCLOSURE; UBERRIMAE FIDEI]

– **dei vizi.** Concealment of defects (VIZIO). [vol. I: SALE]

– **della prova.** Concealment of evidence, failure to disclose evidence (*DISCOVERY*).

– **di cadavere.** Concealment of corpse (CADAVERE; MORTE; OMICIDIO).

– **di fatti nelle trattative precontrattuali.** Concealment, o non disclosure, of facts. Salvo che in tema di assicurazione, sembrerebbe che si tratti di circostanza irrilevante in un sistema come quello di *common law* che non esige obbligo di buona fede nelle trattative precontrattuali. Almeno è questa, storicamente, la diversità originaria tra le due tradizioni giuridiche. Ma ora le posizioni sembrano meno distanti che in passato (*CULPA IN CONTRAHENDO*; FATTO; OBBLIGO DI BUONA FEDE; RETICENZA; TRATTATIVE PRECONTRATTUALI). [vol. I: CONCEALMENT; CULPA IN CONTRAHENDO; DISCLOSURE; MISREPRESENTATION; UBERRIMAE FIDEI]

– **di reato.** Misprision of felony (REATO). [vol. I: MISPRISION]

– **di un evaso.** Harbouring an escaped prisoner, concealment of an escapee (EVASO; FAVOREGGIAMENTO; RIFUGIO).

Occulto/a in genere. Hidden, undisclosed (FONDI NERI; LATENTE; OCCULTAMENTO; PALESE; SANZIONE OCCULTA; TACITO; VIZIO OCCULTO).

Occupante in genere. Occupier (OSPITE; POSSESSORE). [vol. I: *ad vocem*]

– **abusivo di un'abitazione** o **di un immobile.** Squatter. [vol. I: EVICTION; OCCUPIER'S LIABILITY; ORDER FOR POSSESSION; SQUATTING]

– **di un'abitazione** o **di un immobile.** Occupier (OSPITE). [vol. I: OCCUPIER'S LIABILITY]

Occupazione. Nel senso di impiego o attività, si parla di employment, occupation, trade, business. Negli S.U. è definita *occupation tax* quella imposta che grava sugli individui per il fatto di esercitare un'attività commerciale o professionale. Nel senso di presa di possesso, è detta occupancy, taking possession; ma, tecnicamente, i concetti di occupation e possession vanno distinti (ATTIVITÀ; DISOCCUPAZIONE; ESERCITO DI OCCUPAZIONE; EVACUAZIONE; IMPOSSESSAMENTO; PIENA OCCUPAZIONE; TERRITORIO OCCUPATO; TRUPPE DI OCCUPAZIONE). [vol. I: EMPLOYMENT; OCCUPATION; TRADE]

– **abusiva di strutture immobiliari (appartamenti, etc.).** Squatting in structures (SPOGLIO).

– **abusiva di suolo.** Squatting on land (EDIFICIO; IMMOBILE; SPOGLIO).

– **a tempo parziale.** Part-time employment (IMPIEGO).

– **a tempo pieno.** Full-time employment (IMPIEGO).

– **di animali.** Occupancy of animals. [vol. I: *ad vocem*; GAME]

– **di *res nullius*.** Occupancy of res nullius (*RES NULLIUS*). [vol. I: DETAINER; OCCUPANCY; POSSESSION; PRESCRIPTION; RES NULLIUS]

– **in proprio.** Self-employment (LAVORO AUTONOMO).

– **militare.** Military occupation, taking-over (ESERCITO DI OCCUPAZIONE).

Offensore nel reato. Offender (AUTORE DEL REATO; INADEMPIENTE; TRASGRESSORE). [vol. I: *ad vocem*]

Offerente in genere. Offeror, bidder, tenderer (MIGLIORE OFFERENTE; OFFERTA; PROPONENTE). [vol. I: OFFER; TENDER]

– **in un gara di appalto.** Bidder, tenderer (GARA DI APPALTO).

Offerta o **proposta.** Offer, bid, supply (CONCLUSIONE DEL CONTRATTO PER CORRISPONDENZA; CONTROFFERTA; LETTERA DI OFFERTA; LICITAZIONE; MIGLIORE OFFERENTE; OFFERENTE; PROPOSTA; PROPOSTA IRREVOCABILE; PROPOSTA VINCOLANTE; REVIVISCENZA DELLA PROPOSTA o OFFERTA CONTRATTUALE; REVOCA DELLA PROPOSTA; RIFIUTO DELLA PROPOSTA). [vol. I: OFFER; OFFEREE]

– **all'asta.** Bid to auction (*infra*, OFFERTA IN UNA GARA DI APPALTO; ASTA). [vol. I: PUFFING]

– **al pubblico.** Offer to the world at large (PROMESSA AL PUBBLICO; SOTTOSCRIZIONE PUBBLICA; VENDITA AL PUBBLICO). [vol. I: INVITATION TO TREAT]

– **aperta.** Open bid.

– **di adempimento.** Tender of performance (*infra*, OFFERTA REALE; ADEMPIMENTO).

– **di azioni.** Negli S.U. si parla di offering. Le offerte di vendita di azioni (*securities offerings*) sono di solito di due tipi: *primary*, che ha luogo mediante una nuova emissione, e *secondary* in cui il ricavato della vendita va (di solito) agli azionisti o a entità diversa dalla società (AZIONE (II) DI SOCIETÀ; PROSPETTO).

– **di fornitura.** Tender of supply (FORNITURA).

– **di lavoro.** Labour offer, labour supply (LAVORO).

– **d'impiego.** Vacancy notice (IMPIEGO).

– **di pagamento.** Offer of payment, tender of payment (PAGAMENTO). [vol. I: LEGAL TENDER; PAYMENT INTO COURT]

– **di salario nelle controversie di lavoro.** Pay offer (SALARIO).

– **di *take over*.** (*infra*, OFFERTA PUBBLICA DI ACQUISTO)

– **di vendita.** Sale offer (VENDITA).

– **e domanda.** Supply and demand (CONCORRENZA; DOMANDA; MERCATO).

– **fissa.** Fixed supply.

– **fittizia.** Dummy tender (SIMULAZIONE).

– **in busta chiusa in una gara di appalto.** Sealed bid (*supra*, OFFERTA ALL'ASTA; *infra*, OFFERTA IN UNA GARA DI APPALTO; OFFERTA SEGRETA).

– **in concorrenza.** Competing bid, competitive tender (CONCORRENZA; GARA DI APPALTO).

– **in una gara di appalto.** Competitive bid, tender, offer by tender (*supra*, OFFERTA IN BUSTA CHIUSA IN UNA GARA DI APPALTO; APPALTO; ASTA; GARA DI APPALTO).

– **irrevocabile.** Firm offer, firm bid, binding offer. In principio, è valida solo se fatta *under deed* o, in mancanza, se l'offerente riceva una *consideration*. Altrimenti, è sempre revocabile, anche se dichiarata irrevocabile dallo stesso offerente. Ma si noti l'Art. 2-205 dell'UCC degli S.U. che prevede che la *firm offer* dichiarata tale dall'offerente non è revocabile per mancanza di *consideration* durante il periodo indicato o per un periodo ragionevole (CONTRATTO: III; IRREVOCABILE; OPZIONE). [vol. I: OPTION]

– **legale.** Legal tender.

– **pubblica di acquisto (Opa).** Take-over bid; ma negli S.U. si parla più spesso di *tender offer*.
1. Negli S.U. è detto *tender offer* il pubblico annunzio — fatto direttamente agli azionisti di un'altra società, di solito nel caso di scalata ostile — con il quale una società o un individuo informano che essi pagheranno un prezzo superiore a quello di mercato per le azioni « tendered » di un'altra società della quale si propongono di acquisire il controllo. Talvolta l'offerta è limitata ad un massimo o minimo di azioni che l'offerente è disposto ad accettare. L'annunzio è comunicato agli azionisti mediante la stampa o, qualora l'offerente riesca ad ottenere l'elenco degli azionisti (evidentemente, in caso di *friendly tender*), con una comunicazione postale ad ognuno di essi. Ma di solito l'offerta è fatta per scalzare il *management* della seconda società che si oppone all'acquisizione.
2. L'offerta di rilievo fallita è detta *abortive bid*; l'offerta di acquisto ostile è detta *hostile take-over bid*, o negli S.U., *hostile tender offer*: si parla di *take-over battle* per indicare la contesa per la scalata ostile; *hostile bidder* è detto l'offerente ostile.
3. La c.d. *tender offer* costituisce uno dei diversi modi di rilievo societario (*corporate take-over*); la materia è regolata da leggi federali e dei singoli stati dell'Unione e, in particolare, da provvedimenti della celebre *Securities and Exchange Commission*.
4. Quanto alle cose nostre, salvo l'ormai mitico caso Bastogi, di offerta pubblica di acquisto, non ve n'è mai stata una nel nostro paese: si tratta di uno dei capitoli più indecenti dello scandaloso libro sul capitalismo italiano. A riprova, se mai ve ne fosse bisogno, dell'esattezza della definizione della Borsa nostrana come « un luogo di malaffare ».
5. Nonostante che da qualche anno (1992) sia entrata in vigore la legge che rende obbligatoria l'Offerta Pubblica di Acquisto, non esiste nella realtà giuridica effettuale nostrana un regime analogo a quello inglese e nordamericano. La legge

Offerta pubblica di acquisto

in parola, sulla scia della antica e consolidata prassi anglo-americana, e nel tentativo di conferire un minimo di credibilità ai mercati finanziari nostrani, tende a tutelare i diritti degli azionisti di minoranza stabilendo l'obbligo di acquisto delle azioni della minoranza allo stesso prezzo della quota di controllo di una società quotata in Borsa.

6. La legge ha incontrato vivissime resistenze nei circoli finanziari nostrani: in gergo calcistico — tanto popolare nel nostro ceto imprenditoriale nostrano — essi hanno accanitamente praticato e difeso un sistema che prevede *titoli di serie A (quelli che fanno parte del pacco azionario di controllo) e titoli di serie B (quelli che circolano in Borsa).* Il sistema anglo-americano, invece, stabilisce lo stesso prezzo per tutte le azioni. Una autentica rivoluzione per il nostro paese: con l'Opa il « parco buoi » esce di scena. Finora, con l'eccezione di Mondadori-Espresso ed Enimont (*et pour cause!*), vi hanno fatto ricorso solo gruppi stranieri: ma per abbandonare la borsa. Questa constazione consente di spiegare in non piccola parte perché mai i risparmiatori si guardino bene dall'investire in titoli privati. In questo senso, se è certamente vero che il drenaggio del risparmio privato da parte dello stato ha storicamente impedito la nascita di un capitalismo maturo nel nostro paese, che l'elevato tasso di interesse (concesso fino a ieri) e l'attuale favorevolissimo regime fiscale sono tali da indurre gli stessi imprenditori a investire in titoli di stato, non bisogna trascurare quel grande *OK Corrall* che è sempre stata la finanza italiana, manipolata da discreditati grandi bucanieri, dei quali il « parco buoi » è stato storicamente la vittima predestinata.

7. Ed ecco quanto scrive Salvatore Bragantini su *Affari & Finanza*, l'ottimo supplemento di *la Repubblica* [30 ottobre 1992, p. 1] in un articolo dal titolo *Credit: Barucci, Nobili e i trucchi nel gioco dell'Opa:* « L'establishment finanziario italiano, dopo averla lungamente avversata, ha accettato la legge che rende obbligatoria l'Offerta Pubblica di Acquisto (Opa), solo quando si è convinto che sarebbe stato facile eluderla. Basta volerlo, infatti, e si riesce a sfuggire all'obbligo — previsto in teoria dalla legge sull'Opa — di acquistare le azioni della minoranza allo stesso prezzo al quale si acquista il controllo di una società quotata. Un'ulteriore prova ce la fornisce l'Iri, che, secondo indiscrezioni di stampa, sembra voler impostare la privatizzazione del Credito Italiano in modo da sfuggire alla legge sull'Opa (...) Il meglio in questo campo, per il momento, ce lo offre l'Iri, impegnatissimo a disfare, con il suo comportamento, quel che il Parlamento fa nella sua attività legislativa. Il vero simbolo di questa Repubblica al tramonto dovrebbe essere Penelope, che disfa di notte la tela che di giorno ordisce; il fenomeno, tragico in altri campi, è semplicemente stupido in materia finanziaria (...) Per quel che si è capito, siccome la legge sull'Opa si applica, letteralmente, quando qualcuno acquista il controllo, qui nessuno acquista il controllo, e quindi niente Opa ».

8. Lo stesso supplemento riporta in proposito le dichiarazioni di Attilio Ventura, presidente della Borsa, come segue [ibid., *È lo stato che deve dare il buon esempio*, p. 9] : « l'Opa costituisce un momento importante di democrazia »; essa « permetterà ai soci di minoranza di godere degli stessi benefici della maggioranza. Finora questo in Italia non è mai accaduto (...) Quando la società effettua un aumento di capitale tutti gli azionisti sono (...) chiamati ad acquistare le azioni allo stesso prezzo. Non capisco perché, al momento di ricevere il corrispettivo di una vendita, alcuni devono essere più avvantaggiati di altri (...) La legge si preoccupa principalmente di tutelare le minoranze azionarie e questo è giusto. Inoltre tutti dicono che la Borsa italiana deve crescere: le privatizzazioni e l'Opa sono il banco di prova per verificare questa volontà. Si è detto in passato che la Borsa non funzionava perché era poco trasparente. È giunto il momento di cambiare rotta e credo che su questo tutti siano d'accordo ». Staremo a vedere: per ora, anche dopo la legge l'Opa non si fa (ACQUISIZIONE DI CONTROLLO DI SOCIETÀ; COMMISSIONE NAZIONALE PER LE SOCIETÀ E LA BORSA; DELEGA SOCIETARIA; GUERRA DELLE OFFERTE PUBBLICHE DI ACQUISTO; INDISCREZIONI SOCIETARIE; INFORMAZIONE SOCIETARIA PRIVILEGIATA; RILIEVO DI SOCIETÀ; SCALATA DI SOCIETÀ; SOCIETÀ (II) DI CAPITALI; TITOLI MOBILIARI; TUTELA DELLA MINORANZA AZIONARIA; TUTELA DELL'INVESTITORE; VALORE DEL RILIEVO AZIONARIO). [vol. I: TAKE-OVER]

Bibl.:
Malagutti, V., *Borsa, come si aggira una legge - Obbligo di opa? - È una favola* in *il Mondo,* 16/23 maggio 1994, p. 80.

– **pubblica di appalto.** Open tender procedure (APPALTO).

– **pubblica di vendita.** Offering (*supra*, OFFERTA DI AZIONI; PRIVATIZZAZIONI).

– **reale.** Tender of performance (*supra*, OFFERTA DI ADEMPIMENTO; ADEMPIMENTO; MONETA; VALUTA AVENTE CORSO LEGALE). [vol. I: *ad vocem*; PAYMENT INTO COURT]

– **revocabile.** Revocable offer (*supra*, OFFERTA IRREVOCABILE).

– **segreta.** Sealed bid, sealed tender (*supra*, OFFERTA IN BUSTA CHIUSA IN UNA GARA D'APPALTO; GARA A OFFERTA SEGRETA).

– **speciale.** Special offer.

Offesa in genere. Abuse, insult (INGIURIA; OLTRAGGIO; VILIPENDIO).

– **alla bandiera.** Flag desecration; secondo una recente decisione della *Supreme Court* degli S.U. non costituisce reato (BANDIERA).

– **alla libertà del Capo dello Stato.** Treason (CAPO DELLO STATO; TRADIMENTO).

– **alla reputazione in genere.** Injury to reputation, defamation. Ma si noti l'assai diverso regime della diffamazione nel sistema inglese e nordamericano (DIFFAMAZIONE; REPUTAZIONE).

– **all'onore e al prestigio dei Capi di Stato esteri.** Defamation of foreign Heads of State. Non costituisce reato.

– **all'onore e al prestigio del Capo dello Stato.** Defamation of the Head of State. Non costituisce reato.

– **al pudore.** Indecent behaviour, indecent exposure, o indecency (PORNOGRAFIA). [vol. I: INDECENT BEHAVIOUR]

Offshore. (CENTRO FINANZIARIO *OFFSHORE*; CRIMINALITÀ ORGANIZZATA; ECONOMIA NERA; GIURISDIZIONE; PARADISO FISCALE; PIAZZA FINANZIARIA *OFFSHORE*; REVISIONE CONTABILE; RICICLAGGIO DI DENARO SPORCO; RIMPATRIO DI CAPITALI; SOCIETÀ (II) DI COMODO; TUTELA DEI DIRITTI; TUTELA DELL'INVESTITORE). [vol. I: OFFSHORE]

Oggetto/i in genere. Subject, object, subject-matter; nel senso di scopo si dice *purpose*, *end* (BENE; COSA; FINE; OBIETTIVO; SCOPO; SOGGETTO).

– **del contratto.** Grosso modo, subject matter of the contract. Ma non esiste in senso stretto un termine equivalente: la *common law* non si occupa dell'oggetto nella definizione del contratto. Le decisioni inglesi parlano di « subject matter of the contract »: si tratta in effetti sia dell'oggetto materiale, sia dell'insieme delle operazioni che le parti si propongono di effettuare (CONTRATTO). [vol. I: IMPLIED TERMS OF CONTRACT]

– **della controversia.** Matter in controversy (CONTROVERSIA).

– **di valore.** Valuables (TITOLI; VALORI).

– **non reclamati.** Unclaimed property (*infra*, OGGETTI SMARRITI; RECLAMATO; *RES NULLIUS*). [vol. I: *ad vocem;* BONA VACANTIA; OWNERLESS; RES NULLIUS]

– **preziosi.** (*supra*, OGGETTI DI VALORE)

– **smarriti.** Lost property (APPROPRIAZIONE DI COSE SMARRITE; CAMBIALE SMARRITA; *RES NULLIUS*; RICOMPENSA AL RITROVATORE DI COSA SMARRITA; TESORO RITROVATO). [vol. I: *ad vocem*; CONVERSION; POSSESSION; RES NULLIUS; TREASURE TROVE]

– **sociale.** Company, o corporate, purpose (SOCIETÀ (II) COMMERCIALE).

Olografo. Olograph e, descrittivamente, instrument wholly written by the person from whom it emanates (TESTAMENTO OLOGRAFO).

Oltraggio. Grosso modo, abuse; ma i sistemi inglese e nordamericano non fanno dell'ingiuria al pubblico ufficiale un reato: del resto, l'ingiuria stessa, salvo rare eccezioni, non costituisce reato (DIFFAMAZIONE; INGIURIA; OFFESA; VILIPENDIO). [vol. I: ASSAULT; DEFAMATION]

– **a pubblico impiegato.** (*infra,* OLTRAGGIO A PUBBLICO UFFICIALE).

– **a pubblico ufficiale.** Né il diritto inglese, né quello nordamericano conoscono questa figura di reato. Tra l'altro, non hanno neanche elaborato, in senso stretto, le categorie di pubblico ufficiale, pubblico impiegato e incaricato di pubblico servizio, e tantomeno l'armamentario di norme penali a tutela dello *status* speciale di chi svolge pubbliche funzioni (PUBBLICO UFFICIALE).

– **a un corpo politico, amministrativo** o **giudiziario.** Non costituisce reato. Il *contempt of Parliament* non indica l'oltraggio al parlamento; il noto *contempt of court* costituisce di rado l'oltraggio alla magistratura: esso concreta, invece, il mancato adempimento di un ordine del giudice o, più in generale, un atto che turbi lo svolgimento della giustizia come, ad es., la pubblicazione di notizie o indiscrezioni relative a un caso *sub judice*. [vol. I: CONTEMPT OF COURT; CONTEMPT OF PARLIAMENT]

Oltremare. Beyond the seas, offshore (ESTERO; MARE). [vol. I: BEYOND THE SEAS; OFFSHORE; SERVICE OUT OF THE JURISDICTION]

Omaggio. (PREMIO)

***Ombudsman*.** Negli S.U. — stato federale — si parla di *ombudsperson* per indicare di solito un privato che svolge funzioni di mediazione (COMMISSARIO PARLAMENTARE; DIFENSORE CIVICO; GIUSTIZIA AMMINISTRATIVA; MEDIATORE; PARLAMENTO).

Omertà. Grosso modo, conspiracy of silence, misprision of felony, concealing offence, compounding felony, refusing to testify. Come scrive Sciascia, la verità è letteraria: ed infatti la pagina più bella sull'omertà in un paesino della Sicilia si trova nell'ormai celebre *Il giorno della civetta* [1961, ed. 1984: 9]. Qui l'omertà è quella di chi ha visto e tace, di chi sa e tace; ma vi è anche l'omertà della vittima del reato, o dei suoi, terrorizzati dalla minaccia di ulteriori violenze. In effetti, il trattamento riservato ai pentiti costituisce una eccezione nella prassi legislativa e giudiziaria come la nostra che, storicamente, vuole, in sostanza, il testimone o la vittima lasciate nelle mani dell'offensore.
1. Non esiste nel nostro paese né il Witness Protection Act degli S.U., né una cultura politica, burocratica e giudiziaria diretta alla protezione di chi denuncia la violazione della legge: chi lo fa assume gravi rischi, non solo nei confronti del denunziato ma addirittura nei confronti del potere pubblico che non di rado si abbandona a un accanimento persecutorio risparmiato ai criminali.
2. Beninteso, il fenomeno del testimone o della stessa vittima del reato che rifiuta di testimoniare temendo rappresaglie è universale.
3. Omertà, favoreggiamento e complicità sono difficili da distinguere: ma quando la prima assurge a fenomeno di massa come da noi, sembra difficile negare che si tratti dell'altra faccia del regime in cui vive il paese.
4. Per quanto riguarda l'ambiente di lavoro, sembra interessante rilevare i c.d. *Whistle-blower Acts* degli S.U., ossia le leggi federali e dei singoli stati dell'Unione, dirette a proteggere i dipendenti pubblici e privati dalla rappresaglia del datore di lavoro per la denunzia di reati o violazioni della legge da lui commesse. Un esempio, tra i tanti possibili, si riferisce alla violazione delle norme sulla sicurezza sul lavoro previste dall'Occupational Safety and Health Act (COMPLICITÀ; FALSA TESTIMONIANZA; FAVOREGGIAMENTO; INQUINAMENTO DELLA PROVA; LAVORO; OMESSA DENUNCIA DI REATO; PENTITO; PROTEZIONE DEL TESTIMONE; RETICENZA NELLA TESTIMONIANZA; TESTIMONIANZA; VITTIMA DEL REATO). [vol. I: COMPOUNDING FELONY; HOSTILE WITNESS]

Omessa in genere. Concealed (OMISSIONE).

- **denunzia di nascita.** Concealment of birth (NASCITA).

- **denunzia di reato.** Grosso modo, misprision of felony, misprision of treason, concealing crime, failing to inform police, judge, etc. Nel sistema inglese, diversamente da quanto stabilito dalla legge federale negli S.U., non costituisce reato, salvo che si tratti di omessa denuncia del reato di tradimento. Ma si parla anche genericamente di *concealing offence* che, nel sistema inglese, consiste nel fatto di una persona al corrente di un'*arrestable offence* che accetti un corrispettivo per la mancata denuncia. Non agevoli da definire sono i confini tra omessa denunzia di reato, favoreggiamento, omertà e concorso di persone nel reato (CONCORSO DI PERSONE NEL REATO; DELAZIONE; FAVOREGGIAMENTO; OMERTÀ; OMISSIONE). [vol. I: CONCEALING OFFENCE; MISPRISION]

Omicida in genere. Killer (OMICIDIO).

- **a ripetizione.** Serial killer (*supra*, OMICIDA IN GENERE).

- **in serie.** (*supra*, OMICIDA A RIPETIZIONE)

Omicidio/i in genere. Homicide. L'omicidio rilevante ai fini penali è detto *criminal homicide*. *Murder* è l'omicidio volontario. Tenendo conto della distinzione tra *common law* e *statute law* fatta nell'ambito della teoria delle fonti, si osserva che nel sistema inglese il *murder* costituisce una *common law offence*: questo reato non è previsto dalla legge scritta, ma da una numerosa, non preclara, serie di decisioni giurisprudenziali. L'omicidio volontario comporta ora nel sistema inglese l'obbligo di comminare la pena dell'*imprisonment for life*; in tal caso si parla di *mandatory life sentence*. Anche il *manslaughter* costituisce un reato giurisprudenziale (anche in tal caso può essere comminato il *life imprisonment*, ma si parla di *discretionary life sentence*). Si tratta di uno dei capitoli più oscuri e confusi del diritto penale inglese e nordamericano. La materia sembra spesso fondata su concetti e distinzioni che sfidano il senso comune; il suo evidente sottosviluppo tecnico si spiega con la natura stessa dell'istituto, di ordine storico, previsto dalla *common law,* e non già opera della sistematica.

1. Comunque, l'omicidio viene distinto in due categorie: a) *murder*; b) *manslaughter*; la distinzione comporta una notevole diversità di pene. Si suol dire che nel primo (*murder*) si richiede il *malice aforethought*, ossia il dolo, ma non nel secondo. La distinzione lascerebbe ritenere a prima vista che ci si trovi di fronte alla nota distinzione tra omicidio doloso e omicidio colposo: ma non è così. Poiché *non esiste un articolato regime delle attenuanti*, si parla infatti di *voluntary manslaughter* (sic!) per indicare l'omicidio volontario che viene considerato *manslaughter* (e non *murder*) soltanto perché si è in presenza di una attenuante come, ad es., la *provocation*. In effetti, quando si dice *mitigating murder to manslaughter* ci si riferisce ad una forma di attenuante determinata, ad es., dalla provocazione. A questo va aggiunto che la difficoltà della prova della premeditazione induce spesso la giuria a emettere un verdetto di *manslaughter* anche quando sarebbe più corretto parlare di *murder*. La prassi del mutamento del titolo di reato comporta spesso che omicidi platealmente volontari vengano puniti con pene ridicolmente brevi. Senza addentrarsi in complicatissime distinzioni, assurdità e stranezze che non fanno onore al *common lawyer*, resta da rilevare che è solo in casi di eccezionale imprudenza, ovvero quando esso è specificamente previsto dalla *statute law*, che si configura il reato di *manslaughter* (inteso nel senso di reato colposo nostrano), laddove si fa ricorso a questa figura o nel caso di omicidio preterintenzionale, ovvero allorquando, come si è detto, nell'omicidio volontario si riscontri un'attenuante. Di solito, non costituisce omicidio l'*accidental negligence* o *excusable homicide*, ossia, grosso modo, l'omicidio colposo nostrano. Come si è accennato, la differenza tra *murder* e *manslaughter* ai fini della pena è notevolissima: ciò che stupisce l'osservatore straniero è appunto l'impiego del diverso titolo di reato a ipotesi evidenti di omicidio volontario in cui sussiste un'attenuante; il che consente in pratica all'imputato di evitare nella gran parte dei casi anche un minimo di pena detentiva.

2. Negli S.U. — stato federale in cui la materia è disciplinata dai singoli stati dell'Unione, ma è prevista anche dalla legislazione federale limitatamente ai reati federali — l'omicidio è considerato dalla maggior parte degli stati dalla legislazione, e non può quindi essere definito, se non in parte, un *common law crime*. Nella maggior parte degli stati dell'Unione e anche nella legislazione federale — ma non nel sistema inglese — il *murder* viene di solito distinto in due gradi (*degrees of murder*): si parla di *murder of the first degree* e *murder of the second degree*, distinzione non agevole che include nel primo gruppo non soltanto l'omicidio premeditato o volontario, ma anche quello commesso in particolari circostanze (ad es., nel tentativo di commettere un incendio doloso); di modo che vi possono rientrare i casi nostrani di omicidio preterintenzionale o colposo (come, ad es., nel caso di omicidio commesso *recklessly*), ossia in circostanze che rivelano somma indifferenza per la vita umana. La distinzione ha in sostanza lo scopo di consentire la comminazione di una pena più o meno grave. La più compiuta formulazione legislativa dell'omicidio volontario (*murder*) è contenuta nel § 210.2 del *Model Penal Code* degli S.U. che, peraltro, come si è accennato, vi fa rientrare anche quello che sarebbe da noi definito l'omicidio preterintenzionale o colposo commesso in determinate circostanze.

3. Era detta, specie in passato, *year and a day rule* quella regola della *common law* per cui per potersi procedere all'imputazione di omicidio volontario, la morte della vittima dovesse seguire entro un anno e un giorno; essa è ora ritenuta superata. Peraltro, negli S.U. essa si applica tuttora in numerosi stati dell'Unione.

4. Il *murder* (omicidio volontario) non si prescrive. Si parla di *depraved heart murder* per indicare l'omicidio volontario commesso con particolare efferatezza, e di *serial murder* per indicare gli omicidi in serie commessi su vittime selezionate a caso o in quanto esse condividono talune caratteristiche (ABORTO; AGGRESSIONE A FINE DI OMICIDIO; AUTOPSIA; CAPACITÀ: 3; CAUSA DI ONORE; DELITTO COLPOSO-DOLOSO; EUTANASIA; INDEGNITÀ DI SUCCEDERE; INFANTICIDIO; INFERMITÀ MENTALE; LESIONI PERSONALI; REATO PRETERINTENZIONALE; TENTATO OMICIDIO; UXORICIDIO; VIOLENZA). [vol. I: HOMICIDE; MANSLAUGHTER; MURDER; OFFENCE; PROVOCATION]

– **accidentale.** Accidental killing, killing by misadventure, excusable homicide (*infra,* OMICIDIO COLPOSO).

– **colposo.** Grosso modo, culpable homicide, manslaughter, involuntary manslaughter, accidental killing, killing by misadventure, excusable homicide, negligent homicide. La terminologia in materia è vastissima. Si parla negli S.U. di *vehicular homicide* per indicare l'omicidio colposo derivante dalla circolazione di autoveicoli. Di solito, l'omicidio colposo non costituisce reato, a meno che non sia stato commesso *recklessly*, ossia con manifesto dispregio della vita umana, ovvero non sia espressamente previsto dalla legislazione: ma la materia è disciplinata dai singoli stati dell'Unione, tra i quali sussistono non poche differenze di regime (*supra,* OMICIDIO IN GENERE; CIRCOLAZIONE STRADALE; DELITTO COLPOSO-DOLOSO). [vol. I: MISADVENTURE]

- **in serie.** (*supra*, OMICIDIO IN GENERE)

- **multiplo.** Multiple homicide (CIRCOSTANZA).

- **non risolto.** Unsolved murder.

- (o **lesione) personale per causa di onore.** Lett., murder or personal injury committed in the heat of passion. Figura di reato scomparsa dal nostro codice penale, che peraltro non esiste *eo nomine* né nel nel sistema penale inglese, né in quello nordamericano. Eppure, di fatto, in Inghilterra e negli S.U. se ne pratica una versione peggiorata consistente nell'ammettere l'attenuante della *provocation* che comporta il mutamento del titolo di reato da *murder* a *manslaughter*, per cui si assiste troppo spesso alla scandalosa assoluzione di evidenti omicidi volontari (ONORE). [vol. I: PROVOCATION]

- **politico.** Political killing (*supra*, OMICIDIO IN GENERE).

- **premeditato.** Premeditated murder.

- **preterintenzionale** o **colposo.** A seconda dei casi, involuntary o voluntary manslaughter, manslaughter; negli S.U. si parla anche di *Chance-medley* che, in senso stretto, indica l'omicidio commesso per legittima difesa (*supra*, OMICIDIO IN GENERE; LEGITTIMA DIFESA). [vol. I: MANSLAUGHTER; PROVOCATION]

- **scusabile.** Excusable homicide (*supra*, OMICIDIO COLPOSO).

- **volontario.** Murder (*supra*, OMICIDIO IN GENERE; CONDANNA PENALE ALLA RECLUSIONE A VITA; INDEGNITÀ A SUCCEDERE; INFERMITÀ; PENA DI MORTE).

Omissione in genere. Neglect, forbearance, inaction, abstention, omission; ma si parla anche di *default*, ovvero di *failure to...*, o *failure to comply with* ... L'atto od omissione è detto *act or forbearance*. Nel contratto, la *forbearance* può costituire una valida *consideration* (ASTENSIONE; ATTO O OMISSIONE; CONTRATTO: III; INADEMPIMENTO; OMESSA DENUNZIA DI REATO; RESPONSABILITÀ PER OMISSIONE; RETICENZA). [vol. I: BREACH OF CONSIDERATION; CONTRACT; FORBERANCE; NON-FEASANCE; PERFORMANCE]

- **di atti di ufficio.** Nonfeasance; i termini misfeasance e malfeasance indicano, rispettivamente, grosso modo, l'abuso di atti di ufficio, mentre malfeasance indica il compimento di un atto dal quale il pubblico ufficiale dovrebbe astenersi (ATTI DI UFFICIO; DISCREZIONALITÀ DELL'AZIONE PENALE; PUBBLICO UFFICIALE; RINUNZIA ALL'AZIONE PENALE). [vol. I: MANDAMUS; NON-FEASANCE]

- **di dovere.** Neglect of duty (DOVERE).

- **di soccorso.** Lett., failure to rescue, omission to rescue. Nella *common law*, in assenza di una *relation* tra le parti o di un *duty of care*, il soccorso a una persona in pericolo costituisce solo un dovere morale, da buon samaritano: per questo si parla di *good Samaritan doctrine*. Questa *doctrine* stabilisce anche che, in caso di negligenza da parte di un soccorritore volontario, perché si possa invocare la sua *contributory negligence* è necessario provare che il soccorso ha prodotto un effettivo aggravamento della situazione. L'omissione di soccorso non costituisce reato, né colui che lo ha effettuato ha diritto a un indennizzo. Questa stessa ottica spiegherebbe, almeno in parte, perché la *common law* non accoglie la figura della *negotiorum gestio* (BUON SAMARITANO; *NEGOTIORUM GESTIO*; SOCCORSO). [vol. I: GOOD SAMARITAN; NEGOTIORUM GESTIO; TORT]

- **nel contratto.** Breach of contract, nonperformance, default, neglect, failure to perform (INADEMPIMENTO). [vol. I: FORBEARANCE; NEGLECT]

- **rilevante.** Material omission (RILEVANTE).

Omnibus. Questo termine è impiegato in vari contesti per indicare, tra l'altro, l'assortimento di materie diverse come, ad es., negli S.U. l'*omnibus bill,* ossia il progetto di legge che abbia per oggetto argomenti disparati, ovvero l'*omnibus hearing* per indicare l'udienza nel cui ruolo figurano cause di natura diversa (CLAUSOLA OMNIBUS).

Omologazione in genere. Termine che, riferito alla giurisdizione volontaria, va tradotto, grosso modo, di volta in volta, con probate, approbation, confirmation by court, approval of court, judgment ordering execution, recognition, registration, etc. (GIURISDIZIONE VOLONTARIA; SURROGATO).

– **del concordato.** Court's approval of scheme of arrangement (CONCORDATO; FALLIMENTO).

– **della sentenza straniera.** (DELIBAZIONE DELLA SENTENZA STRANIERA)

– **della società.** Incorporation, registration of company, registration of corporation. Si noti che negli S.U. la materia è regolata dalla legge dei singoli stati dell'Unione; ma si tende a seguire il *Model Business Corporation Act* (SOCIETÀ (II) QUALE SOGGETTO COLLETTIVO). [vol. I: COMPANY; INCORPORATION; REGISTRATION OF COMPANY]

– **del testamento.** Probate of will, grant of probate (TESTAMENTO). [vol. I: GRANT OF ADMINISTRATION; PROBATE; SUCCESSION]

Omologo in genere. Counterpart (CONTROPARTE; OMOLOGAZIONE; PARTE).

Onere in genere. Forse il termine più prossimo è quello di burden, charge, condition, onus, encumbrance, duty. Quando si dice che qualcosa è accettata *cum onere* significa che è accettata col peso (*charge* o *burden*) che grava su di essa. Ma non vi è stata in questa materia una elaborazione dottrinale paragonabile a quella nostrana. Nel senso di passivo, si parla di *liabilities* (CAUSE (I) LEGITTIME DI PRELAZIONE; *CAUTIO MUCIANA*; DONAZIONE MODALE; GRAVAME; MODO; OBBLIGO; ONEROSITÀ; PAGAMENTO DELLA CAMBIALE PER INTERVENTO; PESO GRAVANTE SU UN IMMOBILE; PROPRIETÀ GRAVATA DA PESI o ONERI). [vol. I: BURDEN; CHARGE; ENCUMBRANCE; LIMITATION]

– **della denunzia di sinistro.** Duty of notice of loss (ASSICURAZIONE; DENUNZIA DI SINISTRO; SINISTRO). [vol. I: LOSS]

– **della prova.** Burden of proof, onus of proof, onus probandi. Nel processo penale accusatorio, spetta all'accusa fornire la prova della colpevolezza dell'imputato; in questo senso, si dice che *it is the burden of the government to accuse and carry the burden of proof of guilt* (ACCUSA; ATTRIBUZIONE DELL'ONERE DELLA PROVA; INVERSIONE DELL'ORDINE DELLA PROVA; PARTE SULLA QUALE GRAVA L'ONERE DELLA PROVA; PATTO DI INVERSIONE o MODIFICAZIONE DELL'ONERE DELLA PROVA; PRESUNZIONE DI INNOCENZA). [vol. I: ADVERSARY SYSTEM; BEST EVIDENCE; BURDEN OF PROOF; ESTOPPEL; EVIDENCE; STRICT LIABILITY]

– **fiscale.** Tax burden (IMPOSTA).

– **fiscale deducibile.** Deductible tax burden (DETRAZIONE FISCALE).

– **fisso.** Standing charge (*supra*, ONERE IN GENERE).

Onerosità in genere. Il concetto di onerosità riferito al contratto è reso da espressioni quali *based upon, supported by,* o *relating to, a good and valuable consideration.* Ma qui si entra nella sabbie mobili del requisito della *consideration* nel contratto di *common law.* In questo senso, il *simple contract* è per definizione un contratto oneroso. Peraltro, quando nel sistema inglese e nordamericano si parla di *onerous contract* non si indica il contratto oneroso nostrano (in quanto distinto dal contratto gratuito), ma un contratto gravoso, iniquo, definito anche *unconscionable, burdensome* o *one-sided* (CONTRATTO: III; CONTRATTO GRATUITO-ONEROSO; ECCESSIVA ONEROSITÀ SOPRAVVENUTA; ONEROSO; RESCISSIONE PER LESIONE; RICOMPENSA; RISOLUZIONE DEL CONTRATTO PER ECCESSIVA ONEROSITÀ SOPRAVVENUTA; USURA; VESSAZIONE). [vol. I: CONSIDERATION]

Oneroso in genere. For reward; nel senso di gravoso, iniquo, è detto *unconscionable, burdensome, one-sided* (A TITOLO ONEROSO; CONTRATTO DI ADESIONE; CONTRATTO GRATUITO-ONEROSO; GRATUITO; LUCRATIVO; ONEROSITÀ; SCOPO DI LUCRO). [vol. I: CONTRACT: V; GRATUITOUS PROMISE; VOLUNTARY]

Onesto. Fair, reasonable (EQUO; RAGIONEVOLE). [vol. I: FAIR; REASONABLE]

Onorari. (ONORARIO/I)

Onorario/i in genere. Fee, honorarium, emolument (COMMISSIONE; COMPENSO; GIUDICE ONORARIO; RETRIBUZIONE; SPESE PROCESSUALI; STIPENDIO; TARIFFA). [vol. I: BRIEF; FEE; RETAINER]

– **del *solicitor*.** Solicitor's fees. A differenza del *barrister,* può agire in giudizio per il pagamento; ha un diritto di ritenzione (*lien*) sulle carte; può ottenere un *charging order* (*infra*, ONORARI DI AVVOCATO; PRIVILEGIO DELL'AVVOCATO; PROFESSIONE FORENSE; SPESE PROCESSUALI). [vol. I: SOLICITOR'S LIEN]

– **di avvocato in genere.** Legal fees, lawyer's fees, attorney's fees. Nel sistema inglese sono detti, a seconda dei casi, *barrister's fees* o *solicitor's fees.* Gli onorari del *barrister* sono talvolta definiti anche *honorarium*. Diversamente dal *solicitor,* il *barrister* non ha diritto al recupero giudiziale dei propri onorari, né quello di ritenere le carte e i documenti affidatigli. Quando gli onorari si riferiscono ad uno studio legale associato, si parla di *law firm fees*. Ma si noti che in questa materia sussistono notevoli differenze col regime italiano della materia e, anche, tra quello inglese e quello nordamericano. Le spese processuali sono dette *costs* (*supra*, ONORARI DEL *SOLICITOR*; MANDATO *AD LITES*; PARCELLA DI AVVOCATO; PATTO DI QUOTA LITE; PRIVILEGIO DELL'AVVOCATO; PROFESSIONE FORENSE; SPESE LEGALI; SPESE PROCESSUALI; TARIFFA DEGLI ONORARI DI AVVOCATO). [vol. I: BARRISTER; CONTINGENT FEE; COSTS; FEE; LEGAL PROFESSION; REFRESHER; RETAINER; SOLICITOR]

– **e spese processuali.** Legal fees and costs (SPESE LEGALI; SPESE PROCESSUALI).

– **legali.** Legal fees, legal expenses, attorney's fees (negli S.U.): è detta *legal expenses cover* l'assicurazione contro le spese legali (ASSICURAZIONE CONTRO LE SPESE PROCESSUALI E LEGALI; SPESE LEGALI).

– **processuali recuperabili.** Recoverable costs (*supra*, ONORARI E SPESE PROCESSUALI).

Onore in genere. Honour. Il diritto inglese fa un uso piuttosto discreto di questo sostantivo. Ma va rilevato che l'onore, inteso come reputazione, emerge in tema di diffamazione e, anche, talvolta, di tutela della *privacy*. È ignota *eo nomine* la causa di onore, anche se va precisato che, di fatto, negli omicidi passionali, il riconoscimento della *provocation* comporta spesso scandalose assoluzioni ben più gravi di quelle registrate sotto il precedente regime italiano. *Honour clause* è la clausola di un *agreement* — che va distinto dal contratto — con cui le parti escludono l'intento giuridico stabilendo che esse si ritengono obbligate soltanto moralmente. Quando l'espressione *to honour* è riferita alla cambiale, essa indica l'accettazione da parte del trattario, ovvero il pagamento da parte dell'accettante o dell'emittente (ABORTO PER CAUSA DI ONORE; CAUSA (I) DI ONORE; DEBITO DI ONORE; DIFFAMAZIONE; GIOCO; GIURÌ D'ONORE; OMICIDIO o LESIONE PERSONALE PER CAUSA DI ONORE; REPUTAZIONE; RISERVATEZZA). [vol. I: AGREEMENT; DEFAMATION; GENTLEMEN'S AGREEMENT; HONOUR; INTENTION TO CREATE LEGAL RELATIONS; PRIVACY]

Opa. (OFFERTA PUBBLICA DI ACQUISTO)

Ope legis. By operation of law (OBBLIGAZIONE (I) LEGALE). [vol. I: IMPLIED CONTRACT; IMPLIED TERMS OF CONTRACT]

Opera/e in genere. Work (CONTRATTO D'OPERA; DENUNZIA DI NUOVA OPERA).

– **d'arte.** Work of art (BENI CULTURALI; DIRITTO (I) DI AUTORE). [vol. I: COPYRIGHT]

– **della dottrina.** Juristic, o doctrinal, writing (DOTTRINA; PUBBLICAZIONE GIURIDICA; RIVISTE GIURIDICHE). [vol. I: AUTHORITY]

– **dell'ingegno.** Literary, dramatic, musical and artistic works (CREAZIONE IN COLLABORAZIONE DI OPERA DELL'INGEGNO; PROPRIETÀ INTELLETTUALE). [vol. I: COPYRIGHT; INTELLECTUAL PROPERTY]

– **marittime.** Maritime installations (PORTO).

– **pia.** Grosso modo, charity (ASSOCIAZIONE CON-SENZA SCOPO DI LUCRO; BENEFICENZA; SCOPO DI LUCRO). [vol. I: CHARITY]

– **pubbliche.** Public works (APPALTO).

Operaio in genere. Worker, labourer, employee, servant (DIPENDENTE; LICENZIAMENTO; RAPPORTO DI LAVORO). [vol. I: EMPLOYMENT; MASTER AND SERVANT]

– **a giornata.** Daily worker (*supra*, OPERAIO IN GENERE).

– **avventizio.** (DIPENDENTE AVVENTIZIO; LAVORATORE AVVENTIZIO)

– **cottimista.** Jobber (CONTRATTO DI COTTIMO; COTTIMISTA).

– **non qualificato.** Unskilled worker (QUALIFICATO).

– **qualificato.** Skilled worker (QUALIFICATO).

Operante in genere. Operative; quando il termine è riferito alla legge, si dice di solito, ma non soltanto, che essa è *in force* (FUNZIONE; INOPERANTE; OPERATIVO; VIGORE).

Operativo. Operative (EFFETTI GIURIDICI; EFFICACE; INEFFICACE; INOPERANTE; OPERANTE; SENZA EFFETTI GIURIDICI; VIGORE).

Operatore in genere. Operator, broker, dealer, trader (CONDUTTORE; ESERCENTE; GESTORE; OPERAZIONE).

– **commerciale.** Dealer (COMMERCIANTE).

– **del diritto.** Grosso modo, legal practitioner (PROFESSIONE FORENSE).

– **di autoveicolo.** (CONDUTTORE DI AUTOVEICOLO)

– **di borsa.** Stock broker, stock dealer (BORSA VALORI; MERCATO AZIONARIO RISTRETTO; TITOLI MOBILIARI). [vol. I: STOCK EXCHANGE]

– **di nave nucleare.** Nuclear ship operator (ARMATORE DI NAVE; ESERCENTE DI NAVE NUCLEARE).

– **finanziario.** Trader; si distingue dal *broker* e dal *dealer* (BORSA VALORI; *BROKER*).

– **in titoli mobiliari.** Dealer in securities. La materia è regolata, oltre che da una complessa legislazione volta alla tutela del mercato e degli investitori, dagli statuti delle singole borse sull'ammissione all'esercizio della relativa attività. Si noti che negli S.U. la materia rientra nelle attribuzioni dei singoli stati dell'Unione e anche, per numerosi versi, della legislazione federale e, per essa, della celebre *Securities and Exchange Commission* (AGENTE DI CAMBIO; BORSA VALORI; TITOLI MOBILIARI). [vol. I: SECURITIES]

– **in valute.** Exchange dealer, exchanger (VALUTA).

– **nucleare.** Nuclear operator (ENERGIA NUCLEARE; ESERCENTE DI NAVE NUCLEARE). [vol. I: *ad vocem*]

– **turistico.** Tour operator (AGENZIA DI VIAGGI; TURISMO).

Operazione/i in genere. Operation, trading, bargain, transaction, venture, dealing, business (AFFARE; CONTRATTAZIONE; CONTRATTO; OPERATORE; TRANSAZIONE).

– **a pronti.** Spot trading (A PRONTI).

– **a termine.** Forward (contract), futures; si noti che in origine i c.d. *futures* avevano per oggetto transazioni su merci; col tempo hanno assunto una caratteristica sempre più marcatamente finanziaria (A TERMINE; BORSA MERCI; COMMISSIONARIO DI OPERAZIONI A TERMINE; CONTRATTO A TERMINE).

– **belliche.** Warlike operations (GUERRA). [vol. I: ALIEN ENEMY; WAR]

– **commerciale in genere.** Business transaction, business deal, commercial transaction (COMMERCIO).

– **commerciale a termine.** Futures trading (*supra*, OPERAZIONE A TERMINE). [vol. I: FUTURE CONTRACT]

– **di affari internazionale.** International business transaction (COMMERCIO INTERNAZIONALE; ECONOMIA DI MERCATO; TRANSAZIONE).

– **di banca.** Banking transaction (BANCA).

– **di borsa.** Stock exchange transaction, trading at Stock Exchange (BORSA VALORI; CONTRATTAZIONE DI BORSA; CONTRATTI DI BORSA).

– **di borsa allo scoperto.** Time bargain, short sale (*supra*, OPERAZIONE A TERMINE; DIFFERENZIALE; SCOPERTO).

– **di pagamento.** Money transfer (PAGAMENTO).

– **di riporto.** Contango bargain (RIPORTO). [vol. I: CONTANGO]

– **di soccorso.** Relief operation; è detta *salvage operation* nel salvataggio marittimo (OMISSIONE DI SOCCORSO; SALVATAGGIO MARITTIMO; SOCCORSO).

– **di sostegno di azioni di società.** Share support operation (AZIONE (II) DI SOCIETÀ).

– **doganale.** Customs operation (DOGANA).

– **finanziaria.** Financial transaction, financial deal o operation.

– **internazionale.** International transaction (COMMERCIO INTERNAZIONALE).

– **per consegna differita.** Forward dealing (*supra*, OPERAZIONE A TERMINE; CONSEGNA DIFFERITA).

Opinio iuris ac necessitatis. (CONSUETUDINE). [vol. I: CUSTOM]

Opinione in genere. Opinion; questo termine assume particolare importanza nella assai diversa articolazione della sentenza di *common law* che, diversamente da quella di *civil law,* prevede la pubblicità delle opinioni dei membri del collegio (DISSENSO; *MEDIA*; MOTIVAZIONE; SENTENZA; SONDAGGIO DI OPINIONE). [vol. I: *ad vocem*; DISSENTIENTE; JUDGMENT; OBITER DICTUM; RATIO DECIDENDI]

– **concordante del giudice.** Concurring opinion (*infra*, OPINIONE DISSENZIENTE DEL GIUDICE). [vol. I: *ad vocem*]

– **di maggioranza.** Majority opinion (MAGGIORANZA). [vol.I: *ad vocem*]

– **di minoranza.** Minority opinion (MINORANZA). [vol. I: *ad vocem*]

– **dissenziente del giudice.** Dissenting opinion (DECISIONE: 1; DISSENSO; MOTIVAZIONE DISSENZIENTE). [vol. I: JUDGMENT: 3]

– **distinta.** Separate opinion; ossia diversa, non necessariamente dissenziente, rispetto alle altre espresse nella sentenza (*supra*, OPINIONE DISSENZIENTE DEL GIUDICE).

– **giuridica.** Legal opinion (DISPARITÀ DI OPINIONI GIURIDICHE; PARERE LEGALE).

– **pubblica.** Public opinion (DISPOTISMO DELLE MASSE; *MEDIA*; PUBBLICO; SONDAGGIO DI OPINIONE).

Bibl.:
Matteucci, N., *Opinione pubblica*, in *Dizionario di Politica* 1976, ed. 1983: 733.

Opponente. Objector, objectant (APPELLANTE; AVVERSARIO; OBIETTORE; OBIEZIONE; OPPONIBILE; OPPOSITORE; OPPOSIZIONE; RICORRENTE). [vol. I: OBJECTION]

Opponibile. Objectionable, exceptionable (AVVERSARIO; CONOSCENZA; ECCEZIONE; OPPONENTE; OPPOSIZIONE). [vol. I: EXCEPTIONABLE; PLEA]

Opportunità. (UGUAGLIANZA DI OPPORTUNITÀ)

Oppositore. Opponent, insurgent (DEMOCRAZIA SOCIETARIA; INSORTO; OBIETTORE; OPPONENTE).

Opposizione in genere. Opposition, objection, challenge, attack, grievance, appeal. Nell'ordinamento costituzionale britannico, il termine *Opposition* è riferito più spesso all'opposizione politica o parlamentare, riflesso evidente del *two-party system* (AGONISTICA; CONTESTAZIONE; DIFESA; ECCEZIONE; IMPEDIMENTO; IMPUGNAZIONE; LOTTA POLITICA; OBIEZIONE; OSTACOLO; OSTRUZIONE; OSTRUZIONISMO). [vol. I: OBJECTION; OPPOSITION]

– **alla sentenza contumaciale.** Appeal against judgment by default (SENTENZA CONTUMACIALE).

– **al matrimonio.** Objection to marriage (IMPEDIMENTO MATRIMONIALE).

– **al pagamento di un assegno.** Stop payment order (ASSEGNO (II) BANCARIO).

– **al pignoramento.** (*infra*, OPPOSIZIONE DI TERZO ALL'ESECUZIONE o AL PIGNORAMENTO)

– **davanti all'a.g. in genere.** Objection, defence, caveat (OBIEZIONE PROCESSUALE). [vol. I: APPEAL; COUNTERCLAIM; IMPEDIMENT; PLEADINGS]

– **di terzo in genere.** Third party proceeding (CGCE).

– **di terzo all'esecuzione** o **al pignoramento.** Inquiry, o examination, pro interesse suo (ESECUZIONE; PIGNORAMENTO; TERZO). [vol. I: EXECUTION; INTERVENTION; PRO INTERESSE SUO; SEQUESTRATION]

– **nel corso del *trial*.** Objection. Quando è scritta è detta *written objection* (DIFESE NEL PROCESSO CIVILE; ECCEZIONE; OBIEZIONE). [vol. I: APPEAL; CHALLENGE; EXCEPTION; OBJECTION; REBUT]

– **parlamentare.** Nel R.U. si parla di *The Opposition* o di *H.M.'s Opposition*. Si tratta di un'opposizione ufficializzata esercitata da un solo partito in un sistema bipartitico perfetto come quello britannico [Fisichella 1982: 223]. L'opposizione extraparlamentare è detta *extra-parliamentary opposition* (BIPARTITISMO; COSTITUZIONE POLITICA; DEMOCRAZIA CONSOCIATIVA; *LEADER*; *LEADERSHIP* POLITICA; MINISTRO OMBRA). [vol. I: CONSTITUTION; GOVERNMENT; LEADER OF THE OPPOSITION; OPPOSITION; PARLIAMENT]

– **politica.** Political opposition (LOTTA POLITICA).

Opposto. Adverse (OPPONENTE; OPPOSIZIONE; PARTE AVVERSA).

Oppressione in genere. Oppression (COARTAZIONE; DIRITTI (II) DELL'UOMO; MAGGIORANZA; REPRESSIONE; VIOLENZA).

– **degli azionisti di minoranza.** Oppression of minority shareholders (AZIONE (I) SURROGATORIA; AZIONISTA; MAGGIORANZA; TUTELA DELLA MINORANZA AZIONARIA). [vol. I: DERIVATIVE ACTION; OPPRESSION]

Bibl.:
Henn 1961, ed. 1970: 475.

Opting out. (RECESSO)

Opv. (OFFERTA PUBBLICA DI VENDITA)

Opzionale. Optional (FACOLTATIVO; OPZIONE).

Opzione/i in genere. Option, liberty, faculty, choice.
1. Quando il termine è riferito al contratto, esso indica l'opzione derivante da un'offerta irrevocabile, detta anche *continuing offer*, per un periodo determinato. Perché l'offerta sia irrevocabile è necessario — nella tradizione di *common law* — che essa sia fatta per una *consideration*. In tal senso, si parla di *option contract*, di *promisor* per indicare il promittente, di *option holder* per indicare il titolare del diritto di opzione (*option right*). L'opzione è concepita come un diritto assicurato a titolo oneroso per l'acquisto di materie prime, derrate o *securities* entro un determinato periodo di tempo, a un prezzo

convenuto, ovvero per la vendita ad una certa persona ad un prezzo stabilito. Se l'opzione consiste nella scelta dell'acquisto-non acquisto, essa è definita *call*; se essa consiste nella scelta tra vendita-non vendita, essa è definita *put*. Se, invece, l'opzione consiste nella combinazione delle due ed essa dà il diritto di comprare e/o di vendere o meno, si parla di *straddle* o di *spread eagle*.
2. È definito *commodity futures option* il diritto — ma non l'obbligo — di comprare o vendere un *future contract* a un prezzo determinato entro un certo periodo di tempo, di solito tre, sei, nove mesi, e oltre. L'acquirente, detto *option buyer*, paga un *premium* al *dealer* per questo diritto, e il prezzo al quale l'*option purchaser* ha diritto di acquistare è detto *striking price*; in mancanza di esercizio del diritto, il *premium* è perduto. *Option premium* è il corrispettivo per l'opzione irrevocabile. La data entro la quale l'opzione deve essere esercitata è definita *exercise date* o *expiration date*. *Commodity option* è detta l'opzione di acquisto (*call option*) o di vendita (*put option*) a un prezzo ed entro un periodo di tempo determinati di un certo prodotto minerale o derrata agricola.
3. *Index option* è definito un tipo di *security* in cui l'avente diritto (*holder*) ha il diritto di acquistare o vendere per un prezzo determinato entro una certa data azioni collegate a taluni indicatori finanziari; analogo agli *index futures*. Sono dette *naked options* quelle vendute dagli investitori che conferiscono il diritto di acquistare azioni da loro, anche se essi non possiedono i titoli rispetto ai quali si impegnano. Infine, si definisce *stock option* il diritto di acquistare azioni in futuro ad un prezzo prestabilito.
4. Tanto i *futures* che i *warrants* sono strumenti di tipo speculativo e di breve termine: la loro redditività dipende dalla capacità di individuare l'andamento della borsa e dei tassi di interesse. Il *warrant* consente di puntare sull'apprezzamento o il calo di un determinato titolo, senza acquistarlo o venderlo direttamente, ma investendo solo una cifra minima. Esso conferisce la facoltà, ovvero, l'opzione, ma non l'obbligo, di acquistare (*call warrant*) o di vendere (*put warrant*) un titolo ad un prezzo determinato, definito *strike price*, entro un periodo di tempo prestabilito o a una certa data. Il *warrant* può consentire guadagni percentualmente elevati mentre la perdita massima è limitata al prezzo pagato. Rispetto al *future* presenta il vantaggio di mantenere aperta, con un esborso iniziale limitato, una opzione di acquisto (o vendita) su un capitale di valore nominale elevato. Il *future*, invece, è un contratto a termine che consente di acquistare o vendere, ad un prezzo e ad una data prefissata, una determinata quantità di titoli. Caratterizzati da un elevato grado di incertezza, i *futures* possono consentire guadagni ma anche determinare perdite molto elevate in rapporto alla cifra effettivamente impegnata (AMMINISTRATORE DI SOCIETÀ: 1; A SCELTA DI; A TERMINE; AZIONI (II) A FAVORE DEI DIPENDENTI; AZIONE (II) AL PORTATORE; BORSA MERCI; BORSA VALORI; CONTRATTAZIONE A TERMINE; CONTRATTO: III; EMISSIONE DI AZIONI DI SOCIETÀ; FACOLTÀ; *FUTURES* FINANZIARI; MERCATO DELLE OPZIONI TRATTATE; OFFERTA IRREVOCABILE; PREZZO; SCELTA; VENDITA ALLO SCOPERTO « NUDA » DI TITOLI; VENDITA PIRAMIDALE; *WARRANTS*). [vol. I: FACULTY; OPTION; OPTIONS]

– **contrattuale.** Option, binding o irrevocable offer. Si avverta che nel *simple contract* la proposta contrattuale è irrevocabile solo se chi la fa (*promisor*) ha ricevuto una *consideration* o se essa ha luogo *under seal*; diversamente, essa è sempre revocabile anche se dichiarata irrevocabile dal proponente. La *consideration* può essere costituita anche dal versamento di una somma simbolica. È detto *option agreement*, *contract of option*, *option contract* il patto di opzione; il diritto di opzione è detto *right of option* (*supra*, OPZIONE IN GENERE: 1; CONTRATTO: III; LETTERA DI OPZIONE; PROPOSTA CONTRATTUALE; PROPOSTA IRREVOCABILE). [vol. I: CONSIDERATION; OPTION]

– **di acquisto.** Option to purchase (*supra*, OPZIONE CONTRATTUALE; ACQUISTO; CONTRATTO A PREMIO DI TITOLI E MERCI).

– **di acquisto di titolo mobiliare.** Call (*infra*, OPZIONE DI VENDITA DI TITOLO MOBILIARE).

– **di vendita di titolo mobiliare.** Put. Consente all'acquirente di rivenderlo all'emittente entro un periodo di tempo determinato per un prezzo prestabilito. Il contrario dell'opzione di acquisto (*supra*, OPZIONE IN GENERE: 2; VENDITA PIRAMIDALE).

– **doppia di titoli mobiliari e merci.** Put and call (*supra*, OPZIONE IN GENERE: 2; BORSA VALORI). [vol. I: *ad vocem*; OPTIONS]

– **negoziate.** Traded options (*supra*, OPZIONE IN GENERE: 2; BORSA VALORI).

Ora/e in genere. Hour (GIORNATA; LAVORO; ORARIO; TEMPO; TERMINE).

– **di presenza.** Attendance time (PRESENZA).

– **di punta.** Peak hour, rush hour (*supra*, ORA IN GENERE).

– **lavorativa.** Working hour (LAVORO).

– **legale nel R.U.** Summer time (*supra*, ORA IN GENERE).

Orale. Oral, verbal, parol, unwritten. Ma si noti che quando si parla di *parol* o *verbal agreement* si indica, oltre che una convenzione o un accordo verbale, anche un atto scritto che non sia *under seal* (ATTO SIGILLATO-NON SIGILLATO; PROVA ORALE; SCRITTO; VERBALE; VERBALMENTE). [vol. I: ORAL AGREEMENT; PAROL; UNWRITTEN LAW; VERBAL; WRITTEN LAW]

Oralità, concentrazione e immediatezza. Lett., orality, concentration and immediacy of process. I tre pilastri del processo civile (e penale) auspicati dal grande Chiovenda, mai realizzati del tutto in nessuno dei sistemi di *civil law* e — manco a dirlo, meno che mai — in Italia. Il che non ha impedito, naturalmente, che intere (inutili) biblioteche venissero scritte sull'argomento da quegli stessi che nelle commissioni legislative e nella pratica giudiziaria hanno fatto di tutto per affossarne anche soltanto la speranza. La parola, e non la cosa. In effetti, costituisce una delle tante stranezze della terminologia giuridica che nella *common law* non esista una traduzione corrente della famosa triade, anche se il processo civile (e penale) inglese e nordamercano costituiscono, di fatto — arzigogoli a parte — l'archetipo del processo chiovendiano. In questo senso, non sembra inopportuno ricordare l'osservazione di un attento giurista [Sereni 1954: 9, n. 15] che rileva, in sostanza, le gravi carenze dell'impostazione comparatistica degli studi processualistici dell'epoca, ben diversi da quelli attuali, grazie principalmente all'impulso di Mauro Cappelletti: « È strano che il Chiovenda, nelle sue ammirabili osservazioni sulla storia del processo civile, non abbia considerato l'evoluzione storica e le caratteristiche del processo civile angloamericano, il quale attua in larga misura i princìpi propugnati dall'illustre maestro » (GIURIA; ORDINAMENTO GIUDIZIARIO; PROCEDURA; PROCESSO; PROVA; TUTELA DEI DIRITTI). [vol. I: ADVERSARY PROCESS]

Orario. Timetable, schedule (ITINERARIO; ORA; PERCORSO; PIANO; ROTTA; TABELLA; TEMPO; TRASPORTO).

– **del vettore.** Carrier's time-table (VETTORE).

– **di apertura.** Opening time (APERTURA).

– **di cassa.** Cash hours (CASSA).

– **di esercizio.** Business hours (ESERCIZIO).

– **di lavoro.** Working hours, hours of work, working time (LAVORO; SETTIMANA CORTA; SFRUTTAMENTO DI MINORI; VACANZA).

– **di lavoro elastico** o **flessibile.** Flexitime (LAVORO).

– **di ufficio.** Office hours (UFFICIO).

Ordalia. (GIUDIZIO DI DIO)

Ordinamento/i in genere. Grosso modo, order (ORGANIZZAZIONE).

– **giudiziario in genere.** Grosso modo, judiciary, judicature, judicial machinery, machinery of justice, administration of justice, judicial system, system of courts. Nel rinviare al vol. I: INTRODUZIONE: III. 29, 36, si avverte che in questa materia si riscontrano *le maggiori incomparabilità* tra le due tradizioni giuridiche di *civil law* e *common law*. Gli *acoustic agreements* terminologici che talvolta si riscontrano nella tradizione di *common law* possono dar luogo in questa materia, più che altrove, a formidabili abbagli. Anche qui, sembra appena il caso di aggiungere, la comparazione deve avvenire nel contesto storico e culturale che solo può spiegare le grandi diversità. Come scrive Michele Taruffo in una perspicua introduzione al saggio di Damaška [1986, trad. it.: 11]: « l'amministrazione della giustizia, nelle sue varie forme, è direttamente connessa all'organizzazione del potere — in particolare a quella del potere giudiziario — alle sue forme e ai suoi scopi (...) Ciò che egli considera decisivo è la struttura organizzativa che il potere assume, in particolare nel settore giudiziario, in connessione generale con la funzione che lo Stato si attribuisce (...) Vi è anzitutto una cultura giuridica prodotta da — o in funzione di — burocrazie giudiziarie, e in riferimento ai valori che esse esplicitamente o implicitamente incorporano: è la cultura del formalismo positivistico, che accomuna l'Europa continentale molto più delle istituzioni processuali e giudiziarie considerate sotto il profilo della loro specifica disciplina (...) la fase, tra il Seicento e il Settecento, in cui si consolidano le strutture centralizzate degli stati assoluti, e contemporaneamente emergono esempi rilevanti di potere onnicomprensivo nei confronti della società, ed esempi di disciplina processuale idonea all'attuazione burocratica delle scelte politiche compiute dal potere (...) In effetti sono fattori propriamente culturali, più che tecnico-giuridici, quelli che caratterizzano il 'punto di vista' angloamericano rispetto a quello europeo, e su cui Damaška pone a più riprese l'accento. Vi è per un verso il *laissez-faire*, inteso come archetipo mentale più che come una specifica ideologia politica, ma che proprio per questo condiziona profondamente la cultura giuridica angloamericana e permea le istituzioni processuali dei sistemi di *common law* (...) l'assetto non burocratico e non gerarchico del potere giudiziario. Emerge qui uno dei fattori profondi della cultura giuridica e istituzionale angloamericana, ma anche uno degli elementi di più difficile comprensione per chi resti legato agli schemi di derivazione europea. L'idea che l'amministrazione della giustizia possa funzionare in un assetto istituzionale non compatto, non coerente e non gerarchico, nel quale per di più non esiste o comunque non è dominante la figura del giudice professionista del diritto, appare paradossale al giurista europeo, mentre è ovvia per il giurista di *common law* (...) uno dei fattori-chiave di un modello fondamentale di organizzazione del potere giudiziario» [ibid.: 18-19].

1. Per il *civil lawyer* è impossibile intendere le caratteristiche fondamentali dell'ordinamento giudiziario di un sistema di *common law* senza tener conto dell'altra faccia di esso, ossia della assai diversa teoria delle fonti che ne costituisce la premessa (FONTI DEL DIRITTO).

2. Va rilevata, storicamente, la *centralizzazione* delle corti reali inglesi che ha avuto effetti determinanti nello stabilire talune caratteristiche fondamentali di quell'ordinamento giudiziario. Essa si contrappone negli S.U. — stato federale — al doppio ordine di giurisdizioni, federale e dei singoli stati dell'Unione. Con il termine *United States Courts* si indica la giurisdizione federale al cui vertice si colloca la veneranda *Supreme Court*. Ma non si può esagerare l'importanza del fatto — che deriva dalla ripartizione del potere giudiziario tra stato federale e stati dell'Unione — che gli organi giudiziari federali sono *courts of limited jurisdiction*, mentre quelli dei singoli stati, *che trattano la quasi totalità delle cause civili e penali,* sono, invece, *courts of general jurisdiction*. Chi invoca la giurisdizione del giudice federale è tenuto a darne la prova: è questo uno degli aspetti più eclatanti della doppia sovranità tra stato federale e stati dell'Unione cui dà luogo il federalismo nordamericano (FEDERALISMO; SOVRANITÀ).

3. Premessa la natura di ordinamento a diritto comune e l'assenza della dicotomia nostrana tra giurisdizione ordinaria e amministrativa, il discrimine fondamentale tra le due tradizioni giuridiche in tema di ordinamento giudiziario attiene alla *supervisory jurisdiction*, fondamento della *judicial review*, consistente nel controllo giurisdizionale di costituzionalità della legge (negli S.U.) e degli atti della pubblica amministrazione; questo potere di per sé esprime un assai diverso concetto dello stato di diritto. La *judicial review* mette il potere giudiziario sullo stesso piano degli altri poteri dello stato (legislativo-esecutivo): essa costituisce il tratto caratteristico del potere giudiziario dei sistemi di *common law*, privo di equivalenza nei sistemi di *civil law* (CONTROLLO GIURISDIZIONALE; DIRITTO (I) AMMINISTRATIVO; STATO DI DIRITTO).

4. Un'altra importante peculiarità della giurisdizione siccome è intesa nella tradizione di *common law* è il c.d. *rule-making power,* per cui sia nel sistema inglese che in quello nordamericano l'ordine giudiziario, in base a una delega legislativa permanente, dispone di un potere proprio consistente nell'emanare, oltre che nell'applicare, le regole di procedura, ossia di un autentico potere legislativo. Negli S.U. tale potere viene esercitato, tra l'altro, in base al Rules Enabling Act del 1934, legge federale che ha delegato il c.d. *rule-making power* alla *Supreme Court* la quale ultima emanava le *Federal Rules of Civil Procedure*. Anche da questo punto di vista, la differenza con il sistema nostrano e dei sistemi di *civil law* in genere, in cui di solito si procede a una delega al governo, è fondamentale. Si noti altresì il notevole potere di ogni corte di emanare regole (*court rules*) che hanno spesso, in sostanza, una notevola importanza ai fini procedurali come, ad es., la regola con cui una determinata autorità giudiziaria stabilisce di non procedere alla decisione di una controversia a meno che non sia stata preceduta da una procedura arbitrale (GIUSTIZIA ALTERNATIVA).

5. I comparatisti sogliono dire che il giudice di *common law*, privo com'è di poteri di iniziativa processuale, si pone quasi nella veste di arbitro della controversia, anche se notano una recente tendenza ad aumentare i suoi poteri. Ma questo si

spiega con la natura autenticamente *adversarial* del processo di *common law*, che non tocca la natura di autentico e, in buona sostanza, incontestato potere della magistratura inglese e nordamericana nel suo complesso rispetto agli altri poteri dello stato. A parte la fondamentale *judicial review* e, negli S.U., il controllo giurisdizionale di costituzionalità, resta da rilevare, tra l'altro, l'inesistenza di immunità parlamentari all'italiana e lo stesso procedimento di *impeachment*, per cui, a partire dal Presidente degli Stati Uniti, tutti rispondono, senza eccezioni, davanti al giudice civile e penale, al potere di condanna dell'imputato ad una pena indeterminata, al potere di condanna per *contempt*, a quello di infliggere in sede civile *punitive damages,* al potere di *injunction.* Insomma, la giurisdizione, svolge una funzione fondamentale in un sistema politico che fa della legge il perno centrale per la soluzione dei conflitti. Soprattutto, come si è accennato — ed è quello che conta, in definitiva — il potere giudiziario, specie negli S.U., appare in tutto uguale agli altri poteri dello stato perché, al di là degli assetti costituzionali, esso è tale nel cuore (sic!) della gente. Anzi, l'*autorità* della magistratura, specie federale, e della *Supreme Court* in particolare (anche se talune sentenze possono essere vivacemente contestate), supera di gran lunga quello degli altri poteri: il che si spiega, da un canto, con l'insostituibile coesione che il diritto assicura alla società americana e, dall'altro, con la grande tradizione di indipendenza — e di forza di carattere — espressa sovente da leggendarie figure di giudici-giureconsulti. Alexis de Tocqueville ha colto, anche qui, un aspetto fondamentale della democrazia americana con l'affermare che negli S.U. ogni questione politica diviene presto o tardi una questione giuridica: ed in effetti solo una magistratura di grande prestigio, può tenere assieme, in nome del diritto, un paese fatto di mille etnie e mille culture. Ma per fare questo ci vuole una magistratura adeguata, alla quale il sistema politico assegna compiti politici di prima grandezza ignoti alle magistrature di altri paesi, una grande costituzione come quella americana nella quale credere. E degli uomini (GIUDICE; MESSA IN STATO DI ACCUSA DEL PRESIDENTE DELLA REPUBBLICA; MONOPOLIO).

6. Diversi sono il reclutamento, le funzioni e i poteri del giudice di *common law* anche nella formazione della regola di diritto; diverso è l'organamento delle corti e la loro distribuzione territoriale. Diverso è il concetto di giurisdizione. Il giudice di *common law* è l'oracolo della legge: come scrive Otto Kahn-Freund, egli è *rule maker and decision maker all at once* [1972, ed. 1977: 18, 55]. Per questo, e anche per avere storicamente rivendicato il ruolo della *common law* di fronte al potere assoluto, egli gode di un prestigio infinitamente superiore a quello del giudice di *civil law*, parte di una burocrazia giudiziara priva, per definizione, di grandi personalità. Come scrive Farnsworth [1963, ed. 1975: 30]: « The great names in American law are in large part the names of its great judges ».

7. Ma si tratta di una caratteristica tipica di tutta quella tradizione giuridica, di origine inglese, per cui i giudici vengono reclutati principalmente tra i più brillanti avvocati. Ed è singolare che un ceto *nominato interamente dall'esecutivo*, com'è in buona sostanza quello inglese e nordamericano (per quanto riguarda la giurisdizione federale), debba godere, a differenza dei giudici continentali, di tanto prestigio. Si tratta di *un punto fondamentale che sembra sfuggito ai nostri studiosi*, anche di coloro che vantano virtù specialistiche nella materia. Un'occasione perduta per la ricerca di una spiegazione che si trova al di fuori del diritto, nelle sue *premesse* storiche e politiche. Troppo spesso nel nostro paese si è stabilita nei fatti un rapporto tra *livello degli stipendi* dei magistrati (e dei parlamentari) e la decenza minore o maggiore dei loro comportamenti: anzi, si è fatto dipendere il livello degli emolumenti dei parlamentari addirittura da quello dei magistrati: già di per sé una interdipendenza mostruosa che spiega le molte gravi devianze e *complicità* tra i due ceti. Gli stipendi dei giudici inglesi e nordamericani — fissati da un parlamento (e da un Congresso) dove non esistono ex magistrati-politicanti — sono certamente tra i più elevati tra quelli pagati a pubblici dipendenti. Ma, come osserva René David: « Ce ne sont pas ces hauts traitements qui assurent la qualité des magistrats anglais » [1948: 290]. La possibilità di corromperli o di influenzarli « est exclue par la tradition, et c'est là sans doute la seule garantie effective qui puisse être fournie dans n'importe quel système de droit » [ibid.: 291].

8. Assai diverso è poi il rapporto tra ma-

Ordinamento giudiziario

gistratura (che nei sistemi di *common law* esercita unicamente la giurisdizione) e avvocatura, ognuna delle quali appare, per molti versi, lo specchio dell'altra: i magistrati delle *superior courts* inglesi sono degli ex (brillanti) avvocati. Il Presidente degli Stati Uniti, interrogato sulla sostituzione del giudice White della *Supreme Court* ha dichiarato: « I am going to pick a person that has a fine mind, good judgment, wide experience in the law and in the problems of real people and someone with a big heart » [*International Herald Tribune*, March 20-21, 1993]. Un proposito che dice tutto sulle diversità esistenti tra il nostro sistema da un lato e quello inglese e nordamericano dall'altro.

9. In definitiva, sistema giuridico e ordine giudiziario sono lo specchio uno dell'altro: non esiste sistema giuridico compiuto che non si debba avvalere di un qualche ordine giudiziario per applicarne le norme e, per converso, non vi è ordine giudiziario che non postuli un sistema giuridico. Non solo: ma a un certo tipo di processo *deve* corrispondere un certo tipo di ordine giudiziario. La *trovata* — imposta dalla potente corporazione dei magistrati — consistente nell'affidare un processo tendenzialmente accusatorio a un ordine giudiziario modellato sul sistema inquisitorio spiega almeno in parte, il clamoroso fallimento del nuovo codice di procedura penale italiano, ormai completamente stravolto a pochissimi anni dalla sua adozione.

10. Gino Gorla ha osservato che la *common law*: « dato il suo modo di formazione, è un arsenale di ferri vecchi e di buone armi che vi si conservano gli uni accanto alle altre » [1955, vol. I: 399]. Ragione di più per riconoscere la qualità dei giudici anglo-americani che, con i materiali che si ritrovano, ne fanno il diritto della massima potenza industriale del pianeta e, spesso, sul piano dei contenuti il più avanzato del mondo.

11. Negli S.U. — archetipo dello stato federale — coesistono 51 sistemi giuridici (uno per ogni stato dell'Unione, più l'ordinamento federale) e 51 ordini giudiziari: quelli dei singoli stati sono spesso assai diversi tra loro: in alcuni di essi esistono ancora giurisdizioni di *equity,* abolite nella gran parte degli altri, oltre che al livello federale.

12. Pertanto, l'ordine giudiziario angloamericano, incessante creatore di regole giurisprudenziali, costituisce, per molti versi, la base del sistema della fonti di quella tradizione giuridica. Per fare un solo esempio, non si può capire il sistema delle fonti della *common law* se non si tiene conto della originaria doppia giurisdizione di corti di *common law* e di corti di *equity*.

13. Nella tradizione di *common law* appare più evidente il rapporto tra *ordine giudiziario* e *procedura*. L'avere da noi trascurato questo plateale collegamento ha avuto effetti calamitosi sugli studi processualistici (salvo eccezioni, privi di originalità, replica di astrazioni elaborate nel *Reich* giuridico tedesco, incomprensibile e intraducibile scienza esoterica, ormai sfuggita di mano anche ai suoi più autorevoli sacerdoti) e, in ultima analisi, sull'amministrazione della giustizia. Da noi, ordine giudiziario e procedura appaiono come pianeti appartenenti a galassie diverse. Eppure, la stragrande maggioranza dell'armata dei processualisti nostrani è costituita da indaffaratissimi pratici quasi interamente (sic!) assorbiti dall'attività professionale: qui la « separatezza » tra « Scuola » e « Palazzo » (pasoliniano) rivela una sua sindrome tutta nostrana. Comunque, è raro trovare un testo di procedura civile o penale dell'ultimo cinquantennio che tratti in maniera didatticamente decorosa di un legame, una interazione evidente anche all'uomo della strada. Almeno a conoscenza dell'autore, non esiste un solo manuale di procedura che, calato dalle nuvole del *Begriffshimmel,* tocchi terra riportando in appendice un grafico sull'organamento delle corti ordinarie e amministrative nostrane e tantomeno un formulario degli atti procedurali più importanti. Ma quello dei libri di testo nostrani costituisce, salvo eccezioni, un melancolico capitolo della tristissima condizione dell'università italiana.

14. Beninteso, come in tutti i sistemi politici di questo mondo, le grandi magistrature inglese e nordamericana sono parti integranti e fondamentali del sistema di governo. In questo senso — al di là di un drammatico problema di carenza di professionalità direttamente ascrivibile, oltre che al sistema di reclutamento, alle gravissime deficienze didattiche e scientifiche della nostra università — nel nostro paese il rapporto magistratura-ceto politico forma da anni uno dei temi più incandescenti della politica italiana, in una situazione ciò in cui la crisi del regime ha conferito alla magistratura un obiettivo ruolo poli-

tico di primo piano impensabile in un paese minimamente ben ordinato. Tra le patologie da rilevare, vi sono quelle che attengono al collocamento degli organi inquirenti nell'ordine giudiziario, agli avanzamenti in carriera, alla selezione dei componenti del Consiglio Superiore della Magistratura e alle funzioni di quest'organo. Si tratta di patologie specifiche alla magistratura italiana, prive di riscontro altrove. Caso unico in tutto l'Occidente, il pubblico ministero in Italia appartiene allo stesso corpo di magistrati che esercitano la giurisdizione. Come del resto nelle università e nella burocrazia, la « carriera » in magistratura avviene, di fatto, per sola anzianità, con una paurosa caduta di qualità. Infine, quanto al CSM, per come è formato e funziona, anch'esso appare unico al mondo. Com'è stato osservato da Angelo Panebianco [*Giustizia, crocevia di tutte le crisi*, in *Corriere della Sera*, 6 dicembre 1992]: « Resta il fatto che il CSM si è posto con sempre maggiore forza, man mano che declinavano le gerarchie interne, quelle basate sul ruolo dei magistrati di grado più elevato, come *vertice politico* della magistratura. Nulla del genere si è mai verificato in altri Paesi occidentali. Il CSM, grazie anche al sistema elettorale interno proporzionale, funziona esattamente come funzionava il Parlamento italiano nell'epoca d'oro del consociativismo (...) Si può dire che l'anomalia del sistema giustizia è parte della più generale anomalia del sistema politico italiano della prima Repubblica, di cui ha riprodotto al suo interno, come era forse inevitabile, tutti i principali vizi (...) La domanda, anche in tema di magistratura, è quella classica: chi controlla i custodi? E la risposta, come è tipico della tradizione occidentale quando sono in gioco beni ugualmente preziosi e ambiti come la tutela sociale (la tutela della collettività dal crimine) e la tutela della libertà individuale, potrà essere trovata in un solo modo: ristabilendo quel sistema di *checks and balances*, di equilibri, di pesi e contrappesi, fra la magistratura e gli altri poteri, nonché all'interno della magistratura, che oggi, per le vicende che conosciamo, in questo Paese non c'è » (*infra*, ORDINAMENTO GIURIDICO; ACCUSATORE NEL PROCESSO PENALE; AMMINISTRAZIONE DELLA GIUSTIZIA; APPELLO; ATTIVISMO GIUDIZIARIO; AUTORITÀ GIUDIZIARIA; CIRCOSCRIZIONE GIUDIZIARIA; COMPARSA; COMPETENZA; CONFLITTI DI GIURISDIZIONE; CONSIGLIO DI STATO; CONSIGLIO SUPERIORE DELLA MAGISTRATURA; CONTROLLO GIURISDIZIONALE; CORTE COSTITUZIONALE; CORTE SUPREMA DEGLI STATI UNITI; DIRITTO (I) AMMINISTRATIVO; DIRITTO (I) CANONICO; DIRITTO (I) PROCESSUALE; DISTRETTO GIUDIZIARIO; FEDERALISMO; FONTI DEL DIRITTO; GARANTISMO; GIUDICE DI PACE; GIUDICE MONOCRATICO; GIURISDIZIONE; GIUSTIZIA ALTERNATIVA; GIUSTIZIA AMMINISTRATIVA; MAGISTRATO; MAGISTRATURA; MESSA IN STATO DI ACCUSA DEL PRESIDENTE DELLA REPUBBLICA; MINISTERO DELLA GIUSTIZIA; PENA; PENSIONE DEI GIUDICI; POLIZIA; PROCEDURA; PROCEDURA CIVILE; PROCEDURA PENALE; PROCESSO; RISARCIMENTO; SENTENZA; SESSIONE GIUDIZIARIA; SOVRANITÀ; STATO DI DIRITTO; STIPENDIO DEI GIUDICI; TUTELA DEI DIRITTI). [vol I: ARTIFICIAL REASON; CASE LAW; CONTEMPT OF COURT; COURT; JUDICIAL REVIEW; JUDICIARY; MACHINERY; RULE-MAKING POWER; SUPERVISORY JURISDICTION]

Bibl.:

Chiarloni, S., *Nuovo processo penale e vecchio giudiziario (una antinomia da emendare)* (1989) 3 RDP 682.

Damaška 1986, trad. it.

– **giuridici plurilegali** o **compositi.** Plurilegal unit of sovereignty. Questo termine è impiegato in diritto internazionale privato per indicare quelle entità statuali unitarie, come il Regno Unito, o federali, come gli S.U., in cui coesistono diversi ordinamenti giuridici (REGNO UNITO; STATI UNITI D'AMERICA). [vol. I: PLURILEGAL UNIT OF SOVEREIGNTY]

– **giuridico in genere.** Grosso modo, legal order, legal system, jurisdiction; ma il concetto, di origine tedesca, non trova esatta equivalenza nei sistemi di *common law* (*supra*, ORDINAMENTO GIUDIZIARIO; ORDINAMENTI GIURIDICI PLURILEGALI o COMPOSITI; COMPLETEZZA DELL'ORDINAMENTO GIURIDICO; GIURISDIZIONE; PRINCÌPI GENERALI DI DIRITTO; SISTEMA GIURIDICO; SISTEMA GIURIDICO CHIUSO-APERTO; STATO DI DIRITTO; TRADIZIONE GIURIDICA).

– **giuridico interno.** Internal, domestic, municipal law o legal system (DIRITTO (I) INTERNO).

– **giuridico straniero.** Foreign legal system, foreign system of law; ma si parla anche di *foreign jurisdiction* (*supra*, ORDINAMENTO GIURIDICO; CONFLITTO DI LEGGI; DIRITTO (I) INTERNAZIONALE PRIVATO; SENTENZA STRANIERA). [vol. I: CONFLICT OF LAWS; FOREIGN LAW; IURA NOVIT CURIA; JURISDICTION]

Ordinanza in genere. Ordinance, order; il termine ordinance indica più spesso il provvedimento regolamentare di un ente autonomo locale come, ad es., di una municipalità, etc.: in tal caso, si parla di *municipal ordinance*; o anche di un'autorità militare di occupazione. Ma talvolta indica anche una legge di carattere generale di natura organica che non riveste peraltro lo *status* di costituzione come, ad es., negli S.U., l'*Ordinance for the government of the North-West Territory*, adotta dal Congresso nel 1787. Nell'ordinamento costituzionale britannico il termine ordinance indica una legge cui manchi il concorso di una delle due camere o del sovrano; vanno sotto questo nome le leggi emanate nel periodo 1642-1660. Il termine è ora impiegato per indicare l'atto con il quale il sovrano crea un nuovo ordine cavalleresco; negli ex *dominions* britannici la legge assume spesso tale denominazione (CATASTO; DECISIONE IN UDIENZA DI UN PUNTO CONTROVERSO; ORDINE; PIANO REGOLATORE GENERALE; PROCLAMA; REGOLAMENTO). [vol. I: ACT OF PARLIAMENT; ORDINANCE; STATUTE]

- **di custodia cautelare.** Grosso modo, warrant of arrest. Appunto perché emesso dall'autorità giudiziaria, il provvedimento dovrebbe costituire una forma di controllo sull'esercizio dei poteri della polizia; di fatto, come ha osservato Karlen [1967: 108], negli S.U. la polizia ottiene i *warrants* con una notevole facilità e il controllo si riduce a una formalità. Sembra potersi dire, invece, che il sistema inglese assicuri maggiori garanzie. Negli S.U. è detto *bench warrant* l'ordine di arresto emesso dal giudice in udienza in caso di *contempt* o di mancata comparizione di un testimone (ARRESTO; CITAZIONE DELL'IMPUTATO A COMPARIRE; CUSTODIA CAUTELARE; MANDATO DI CATTURA). [vol. I: BENCH WARRANT]
- **di nomina del *receiver*.** Receiving order (FALLIMENTO). [vol. I: BANKRUPTCY; RECEIVER]
- **di rilascio di immobile.** Writ of possession (IMMOBILE; RILASCIO).
- **giudiziale.** Grosso modo, court order, ruling, o decree: quest'ultimo termine indica anche, in taluni casi, la sentenza. Comunque, non sembra che esista un equivalente esatto. Presso la Corte di Giustizia delle Comunità si parla di order (DECISIONE DEL GIUDICE IN UDIENZA). [vol. I: ADJUDICATION; DECREE; ORDER; ORDINANCE]
- **legislativa.** (DECRETO LEGGE; DECRETO LEGISLATIVO)

Ordinario/a in genere. Ordinary (STRAORDINARIO). [vol. I: *ad vocem*]

- **amministrazione.** Care-taking; un governo in carica solo per l'ordinaria amministrazione è definito *caretaker government* (ATTO DI ORDINARIA-STRAORDINARIA AMMINISTRAZIONE; GOVERNO).
- **manutenzione.** Ordinary maintenance, ordinary servicing, ordinary repair (MANUTENZIONE).
- **prudenza in genere.** Ordinary care, due care, reasonable care. Si tratta di concetto che va riferito alle circostanze del caso. In generale, indica quel tipo di prudenza che una persona ordinariamente accorta adotterebbe nelle circostanze (*infra*, ORDINARIA PRUDENZA NEGLI AFFARI; RAGIONEVOLEZZA).
- **prudenza negli affari.** Ordinary business prudence (*supra*, ORDINARIA PRUDENZA; AFFARE; BUON PADRE DI FAMIGLIA; DILIGENZA; GRADI DI COLPA; OSPITE; PRUDENZA; RAGIONEVOLEZZA; UOMO MEDIO).

Ordinatario. Drawee (TRATTARIO).

- **di assegno o cambiale.** Payee, drawee (ASSEGNO (II) BANCARIO; PRENDITORE DI CAMBIALE O ASSEGNO). [vol. I: BILL OF EXCHANGE]

Ordinativo in genere. Order (ORDINE).

- **arretrato.** Back order (ARRETRATO).
- **di approvvigionamento.** Purchase order, purchasing order (ACQUISTO; APPROVVIGIONAMENTO).
- **di pagamento.** Order of payment (PAGAMENTO).
- **inevaso.** Unexecuted order (ORDINE).
- **nuovo.** New order (NUOVO ORDINE ECONOMICO INTERNAZIONALE).

Ordinatorio. (TERMINE ORDINATORIO)

Ordinazione. Order (MERCI SU ORDINAZIONE; MODULO DI ORDINAZIONE; ORDINATIVO).

- **per corrispondenza.** Mail order (CLAUSOLA DI RIPENSAMENTO; VENDITA A DOMICILIO).

Ordine/i in genere. Order, command, rule, direction, decree, warrant, writ, mandate; nel senso di associazione o corporazione, è detto più spesso *guild*. L'appartenenza a un ordine denota uno *status* (ALL'ORDINE DI; ASSOCIAZIONE DI CATEGORIA; COMANDO; COMMESSA; DIRETTIVA; GRADO; INGIUNZIONE; MANDATO; MOZIONE D'ORDINE; NON ALL'ORDINE; ORDINANZA; ORDINATIVO; PROVVEDIMENTO; RANGO; *STATUS*). [vol. I: COMMAND; DIRECTION; ORDER; RULING; WARRANT]

– **alla banca di sospendere un pagamento.** Stop order, order not to pay (PAGAMENTO; SOSPENSIONE DEI PAGAMENTI). [vol. I: STOP ORDER]

– **all'industria.** Factory orders (COMMESSA).

– **degli avvocati e procuratori.** Grosso modo, *Bar Associaton*; ma non vi è un corrispondente esatto; non esiste una distinzione tra avvocato e procuratore analoga a quella nostrana. In Inghilterra, dove sussiste ancora la distinzione tra *barristers* e *solicitors*, i primi sono raggruppati nel *General Council of the Bar* o, in forma abbreviata, *Bar Council*; i *solicitors* sono raggruppati nella *Law Society*. Negli S.U., dove questa dicotomia non sussiste, l'*American Bar Association* o ABA, costituisce l'associazione federale dei diversi *Bars* esistenti nei singoli stati dell'Unione, ognuno dei quali stabilisce proprie regole di ammissione di solito tendenzialmente uniformi (PROFESSIONE FORENSE). [vol. I: BAR; INN OF COURT; LEGAL PROFESSION]

– **dei giornalisti.** Grosso modo, Press Association; ma non esiste né nel sistema inglese, né in quello nordamericano un ordine del genere nostrano, di origine fascista, ma sopravvissuto rigogliosamente nella I Repubblica. Come già aveva opportunamente osservato de Viti de Marco [1930, ed. 1994: 335] in tema di libertà di stampa: « la opinione, che sembra ora in Italia tanto plausibile, secondo la quale si dovrebbe esigere dal giornalista una prova della sua attitudine e preparazione scientifica e letteraria, come si fa pel medico o per l'avvocato, deriva dal concetto che il giornalista sia lo strumento di una funzione pubblica posta sotto la sorveglianza dello Stato. In Inghilterra, giornalista è ogni cittadino che manifesta in un giornale quel che pensa; ed ogni cittadino ha diritto di dire quel che pensa » (*infra,* ORDINE PROFESSIONALE; GIORNALISTA).

– **dei privilegi.** Ranking of preferences, ranking of priorities (PRIVILEGIO).

– **del giorno.** Agenda; detto anche, talvolta, order of the day (RIUNIONE). [vol. I: MEETING]

– **della corte.** Court order (INGIUNZIONE).

– **delle ipoteche.** Grosso modo, ranking of mortgages; ma non vi è un equivalente esatto (IPOTECA). [vol. I: FIRST, SECOND, THIRD MORTGAGE; MORTGAGE; PREFERENCE; PREFERENTIAL PAYMENTS; PRIORITY; SECURITY]

– **di accompagnamento.** Grosso modo, bench warrant o, in genere, court order to bring in a witness or the accused (*infra,* ORDINE DI PRODUZIONE IN GIUDIZIO DI DOCUMENTI; ACCOMPAGNAMENTO; CITAZIONE DEI TESTIMONI; CITAZIONE DELL'IMPUTATO A COMPARIRE; COMPARIZIONE). [vol. I: SUBPOENA]

– **di banca.** Banker's order (BANCA).

– **di bonifico.** Bank payment order (BONIFICO).

– **di cattura.** (ORDINANZA DI CUSTODIA CAUTELARE)

– **di comparizione in genere.** (INVITO A PRESENTARSI)

– **di consegna nel trasporto.** Delivery order (TRASPORTO). [vol. I: *ad vocem*]

– **di consegna per il trasbordo.** Transhipment delivery order (TRASBORDO).

– **di distribuzione delle somme nella procedura concorsuale.** Marshalling of assets (FALLIMENTO; PRIVILEGIO). [vol. I: MARSHALLING]

– **di esecuzione della sentenza.** Writ of execution (ESECUZIONE; SENTENZA). [vol. I: EXECUTION]

– **di espulsione dello straniero.** Deportation order, exclusion order (ESPULSIONE).

– **di fare.** Order to do (INIBITORIA). [vol. I: INJUNCTION]

– **di intercettazione.** Intercept order (INTERCETTAZIONE).

– **di non fare.** Order not to do (INIBITORIA). [vol. I: INJUNCTION]

– **di non pagare.** (*supra*, ORDINE ALLA BANCA DI SOSPENDERE UN PAGAMENTO)

– **di pagamento in genere.** Money order (PAGAMENTO; VAGLIA POSTALE). [vol. I: BANKER'S DRAFT; BANKER'S NOTE; ORDER]

– **di preferenza dei crediti.** Ranking of claims (CAUSE (I) LEGITTIME DI PRELAZIONE; CREDITO; PREFERENZA TRA CREDITORI; PRIORITÀ NEL PAGAMENTO; SUBORDINAZIONE DI UN CREDITO O PRIVILEGIO A UN ALTRO). [vol. I: CLAIM; PRIORITY]

– **di prelazione.** Ranking of claims (*supra,* ORDINE DEI PRIVILEGI; ORDINE DELLE IPOTECHE; CAUSE (I) LEGITTIME DI PRELAZIONE).

– **di produzione in giudizio di documenti.** Subpoena duces tecum, order for production of documents (*supra*, ORDINE DI AC-

COMPAGNAMENTO; PRODUZIONE DI DOCUMENTI o DI LIBRI CONTABILI). [vol. I: CIVIL PROCEDURE; DISCOVERY; SUBPOENA]

- **di restituzione in sede civile e penale in genere.** Writ of restitution (RESTITUZIONE).
- **di sbarco.** Landing order (SBARCO).
- **di sequestro in genere.** Writ, o order, of attachment (SEQUESTRO). [vol. I: ATTACHMENT; DISTRESS]
- **di sospensione del procedimento.** Order to stay the proceeding (SOSPENSIONE DEL PROCEDIMENTO). [vol. I: STAY OF PROCEEDINGS]
- **giudiziario.** (ORDINAMENTO GIUDIZIARIO; POLIZIA)
- **incondizionato.** Unconditional order (CAMBIALE). [vol. I: BILL OF EXCHANGE]
- **internazionale.** International order (DIRITTO (I) INTERNAZIONALE).
- **professionale in genere.** Professional association, guild. Negli S.U. — stato federale — gli ordini professionali come, ad es., i medici, gli avvocati, i chirurghi, architetti etc., sono di solito associati in persone giuridiche dette *professional corporations* secondo la legge dei rispettivi stati dell'Unione. Questo ha luogo soprattutto per ragioni fiscali. Ma la natura di persona giuridica non ha effetto sulla responsabilità professionale degli associati (*supra*, ORDINE DEGLI AVVOCATI E PROCURATORI; ASSOCIAZIONE DI CATEGORIA; PROFESSIONE FORENSE; RESPONSABILITÀ PROFESSIONALE). [vol. I: ASSOCIATION; CORPORATION; GUILD; INNS OF COURT; TRADE UNION]
- **pubblico.** Grosso modo, public order; il termine è inteso nel duplice senso di: a) sicurezza pubblica interna; b) complesso di princìpi e regole fondamentali dell'ordinamento giuridico di incondizionata applicazione. In questo secondo senso, ossia di ordine pubblico o buon costume, si parla più spesso di *public policy*; ma sembra opportuno rilevare che quest'ultimo termine costituisce un analogo — ma non equivale — al più vasto concetto di *ordre public* della *civil law*. Questo spiega perché — in diritto internazionale privato — le opere in lingua inglese che vogliano riferirsi a quest'ultimo riportino il termine francese *tel quel*. È definito *contract illegal on grounds of public policy* il contratto invalido in quanto contrario alla *public policy* [vol. I: CONTRACT: XII, XVIII]. Si parla di *public policy doctrine* per indicare quella regola che consente al giudice di rifiutare l'esecuzione del contratto qualora esso violi l'ordine pubblico come, ad es., nel caso di un contratto di lavoro che preveda il licenziamento qualora il dipendente denunzi una violazione di legge da parte del datore di lavoro, più spesso in tema di *Whistle-blower Acts*. Una nozione parallela a quella di ordine pubblico interno è stata invocata per sostenere l'esistenza di un ordine pubblico in diritto internazionale pubblico, concetto quest'ultimo, dai contorni assai imprecisi, di cui lo *ius cogens*, peraltro anch'esso indefinito, sarebbe un aspetto. In tal senso, si parla di *international public order* (AGITAZIONI; ALLARME PUBBLICO; CONFLITTO DI LEGGI; DIMOSTRAZIONE; DIRITTO (I) PERSONALE; FOGLIO DI VIA OBBLIGATORIO; FORZA PUBBLICA; GRUPPO PARAMILITARE; INVALIDITÀ; *IUS COGENS*; NORMA IMPERATIVA; POLIZIA; POTERE DELLA POLIZIA; PROPALAZIONE DI NOTIZIE FALSE, ESAGERATE o TENDENZIOSE; PROTESTA STRADALE; PUBBLICA SICUREZZA; PUBBLICAZIONI OSCENE; QUIETE; SOMMOSSA; STATO DI EMERGENZA; *STATUS*; TURBATIVA DELL'ORDINE PUBBLICO; VALIDITÀ; VIOLENZA URBANA). [vol. I: PUBLIC ORDER; PUBLIC POLICY]

1. Una prima distinzione va fatta nell'ambito del sistema inglese e nordamericano — come, del resto, negli ordinamenti di *civil law* — ed è quella tra *internal*, o *domestic, public policy* e *international,* o *external, public policy*, ossia, come si dice più spesso, tra *ordre public interne* e *ordre public international.* Questi due concetti non coincidono: quello di *international public policy* ha una portata più ristretta della *internal public policy*; in altre parole, non ogni norma imperativa (*ius cogens*) interna è anche necessariamente una norma di *international public policy.* Il che spiega perché, in determinte circostanze, il giudice inglese possa riconoscere la validità di norme straniere contrarie all'ordine pubblico interno: è questo il caso, ad es., della clausola penale, considerata illegale nell'ordinamento interno, della *consideration*, richiesta ai fini dell'esistenza del *simple contract*, del matrimonio per procura, di taluni impedimenti matrimoniali relativi ad un certo grado di parentela tra i coniugi, etc.

2. *Public policy* o, più spesso, *ordre public*, è quel principio di diritto internazionale privato per cui, in determinate situazioni, si applica la *lex fori* a questioni alle quali andrebbe invece applicata la legge straniera qualora l'applicazione di quest'ultima non

comportasse un conflitto con i princìpi fondamentali della *lex fori*. D'altro canto, com'è stato osservato, il modesto ruolo della *public policy* nella pratica e nella teoria dei conflitti di leggi inglese si spiega con la prevalenza in vaste aree di regole giurisdizionali su quelle dei conflitti di leggi. In tal senso, mentre in un sistema di *civil law* l'applicazione della *lex fori* si fonda su considerazioni di *ordre public*, in quello inglese si farà spesso ricorso ai princìpi che regolano la giurisdizione, giacché questi ultimi stabiliscono i poteri del giudice per quanto attiene, ad es., alle condizioni per lo scioglimento del matrimonio, alla custodia dei minori, all'adozione, etc. In altre parole, mentre l'applicazione della legge straniera è esclusa dal giudice inglese sulla base della mancanza di *jurisdiction*, in Francia si dice che essa è contro l'*ordre public*. [vol. I: LEX FORI]
3. Il principio dell'*ordre public* è intrinseco al diritto internazionale privato; esso postula un ruolo creativo del giudice anche in quei pochi ordinamenti che, come quelli italiano e tedesco, hanno codificato la materia e, in un certo senso, con l'attribuire al giudice il potere di stabilirne di volta in volta la portata, costituiscono la negazione dell'armonia della materia.
4. Il termine *public policy* è impiegato in numerose convenzioni internazionali in cui è presentato talvolta come la traduzione di quello francese di *ordre public*: v., ad es., l'art. 6 della convenzione di Bruxelles del 1924 sulla polizza di carico. L'art. 6 della convenzione dell'Aia del 1955 sulla legge applicabile in materia di vendita internazionale di merci stabilisce che in ognuno degli stati contraenti l'applicazione della legge stabilita da detta convenzione può essere esclusa « *on a ground of public policy* ».
5. Quanto al trattato istitutivo della Comunità Economica Europea, nella traduzione del 1967 apprestata dal *Foreign Office* britannico, all'art. 36, nel tradurre il termine di ordine pubblico con *public policy,* si riporta tra parentesi l'espressione francese *ordre public* (CONFLITTO DI LEGGI; DIRITTO (I) IMPERATIVO-DISPOSITIVO; DIRITTO (I) INTERNAZIONALE PRIVATO; DIRITTO (I) PERSONALE; FORO; GIURISDIZIONE; POTERI DI POLIZIA; PRINCÌPI GENERALI DI DIRITTO; RESCISSIONE PER LESIONE). [vol. I: INTRODUZIONE: III. 32; CONFLICT OF LAWS; GENERAL PRINCIPLES OF LAW; HAGUE CONFERENCE; IURA NOVIT CURIA; IUS COGENS; JURISDICTION; ORDRE PUBLIC; OVERRIDING PRINCIPLES; PRIVATE INTERNATIONAL LAW]
6. Ma si tratta di assai complessa materia: un eminente giurista definisce argutamente l'*ordre public* come l'*enfant terrible* del diritto internazionale privato [Kahn-Freund 1976: 28].

– **pubblico internazionale.** (*supra*, ORDINE PUBBLICO: 1)

– **pubblico interno.** (*supra*, ORDINE PUBBLICO: 1)

– **pubblico mondiale.** World public order (DIRITTO (I) INTERNAZIONALE; NUOVO ORDINE ECONOMICO INTERNAZIONALE).

– **sociale.** Social order.

Ordre public. (ORDINE PUBBLICO)

Orfano. Orphan, foundling (ADOZIONE; MINORE).

Organico. Nel senso di personale, è detto personnel, staff (PERSONALE).

– **di filiale.** Branch personnel, branch staff (FILIALE).

Organismo in genere. Organization, body, agency, corporation, entity, association, instrumentality (ASSOCIAZIONE; CORPO; ENTE; ENTITÀ; GRUPPO DI PRESSIONE; ISTITUZIONE; ORGANIZZAZIONE; PERSONA GIURIDICA). [vol. I: BODY]

– **di controllo in genere.** Watchdog body (CONTROLLO).

– **di soccorso.** Relief agency, charity (BENEFICENZA; ISTITUTO DI BENEFICENZA; SOCCORSO; VOLONTARIATO).

– **politico.** Political body (*supra*, ORGANISMO IN GENERE).

Organizzazione in genere. Organization (ASSOCIAZIONE; GRUPPO; ORDINAMENTO; ORGANISMO; ORGANO; SEDE DI UN'ORGANIZZAZIONE).

– **amministrativa in genere.** Administrative organization (PUBBLICA AMMINISTRAZIONE).

– **dei diritti dell'uomo.** Human rights organization; la più nota è Amnesty International (DIRITTI (II) DELL'UOMO; GRUPPO DI PRESSIONE).

– **del Patto del Nord Atlantico.** North Atlantic Treaty Organization o NATO (*infra,* ORGANIZZAZIONE INTERNAZIONALE).

– **di categoria.** (ASSOCIAZIONE DI CATEGORIA)

– **internazionale in genere.** International organization (ATTO COSTITUTIVO DI UN'ORGANIZZAZIONE INTERNAZIONALE; DIRITTO (I) INTERNAZIONALE; LEGGE ISTITUTIVA; NAZIONI UNITE; SE-

DE DI UN'ORGANIZZAZIONE; SEGRETARIATO DI UN'ORGANIZZAZIONE; STATO MEMBRO DI UN'ORGANIZZAZIONE INTERNAZIONALE; STATO OSPITANTE DI UN'ORGANIZZAZIONE INTERNAZIONALE). [vol. I: *ad vocem*; INTERNATIONAL LAW]

– **internazionale governativa-non governativa.** Governmental-non governmental organization o NGO (GOVERNATIVO; GRUPPO DI PRESSIONE; NON GOVERNATIVO). [vol. I: INTERNATIONAL ORGANIZATION; PRESSURE GROUP]

– **paramilitare.** Paramilitary organization come, in Irlanda, l'Irish Republican Army o IRA (ESERCITO).

– **per i diritti dell'uomo.** Human rights organization, come la ormai celebre *Amnesty International* (DIRITTI (II) DELL'UOMO).

– **per la Cooperazione Economica e lo Sviluppo.** Organization for Economic Cooperation and Development, o OECD.

– **professionale.** Trade organization (ORDINE PROFESSIONALE)

– **regionale in genere.** Regional organization (REGIONE).

– **senza scopo di lucro.** Non-profit organization (ASSOCIAZIONE CON-SENZA SCOPO DI LUCRO; LUCRO; MUTUALITÀ; SENZA SCOPO DI LUCRO)

– **sovversiva.** (ASSOCIAZIONE SOVVERSIVA)

– **volontaria senza scopo di lucro.** (*supra*, ORGANIZZAZIONE SENZA SCOPO DI LUCRO).

Organo/i in genere. Body, agency, authority, board, council, association, society, instrumentality (ASSOCIAZIONE; DONAZIONE DI ORGANI; ENTE; ENTITÀ; GRUPPO DI PRESSIONE; LEGGE ISTITUTIVA; ORGANISMO; ORGANIZZAZIONE; REGOLATORE; TRAPIANTO DI ORGANI). [vol. I: AGENCY; ASSOCIATION; AUTHORITY; BOARD; BODY; COUNCIL; ORGAN]

– **consultivo.** Advisory body (CONSULTIVO; OPINIONE; PARERE).

– **costituzionale.** Constitutional organ (COSTITUZIONE POLITICA).

– **decisorio.** Adjudicatory body, adjudicatory machinery (DECISIONE; DECISORIO).

– **della società.** Company's organs, corporation's organs (SOCIETÀ (II) QUALE SOGGETTO COLLETTIVO).

– **di appello indipendente.** Independent review body (APPELLO).

– **di controllo in genere.** Watchdog body, come, negli S.U., la General Services Administration federale; regulatory body (CONTROLLO; REGOLATORE). [vol. I: REGULATORY AGENCY]

– **di governo.** (*infra*, ORGANO ESECUTIVO)

– **di persona giuridica.** Organ of a corporation (PERSONA GIURIDICA).

– **direttivo.** Policy making body, governing body (POLITICA).

– **esecutivo.** Governing body (GOVERNO).

– **giudiziario.** Court of law (AUTORITÀ GIUDIZIARIA; GIURISDIZIONE; ORDINAMENTO GIUDIZIARIO). [vol. I: COURT]

– **locale.** Local body, local organ (AUTOGOVERNO).

– **sociale in genere.** Organ of an association (ASSOCIAZIONE).

Originale di un documento. Original, master matrix, first draft of a document (CONFORME ALL'ORIGINALE; COPIA; DOCUMENTO).

Originalità nel brevetto. (NOVITÀ)

Origine. Origin, source (CERTIFICATO DI ORIGINE; DALL'ORIGINE; DOMICILIO DI ORIGINE; FATTURA CON DICHIARAZIONE DI ORIGINE; FONTE; LUOGO DI ORIGINE; PROVENIENZA).

Ormeggio. Mooring, berthing. Nella polizza di assicurazione marittima del *Lloyd's*, il rischio continua fino a quando la nave non abbia ormeggiato all'ancora per ventiquattr'ore in condizioni di sicurezza (APPRODO; ASSICURAZIONE MARITTIMA; NAVE; SEMPRE A GALLA). [vol. I: INSURANCE: II; MOORING]

Ornamento. Appurtenance (PERTINENZA). [vol. I: *ad vocem*; FIXTURE]

Oro. (CLAUSOLA ORO; OGGETTI DI VALORE; UNITÀ DI CONTO)

Oscenità. Obscenity (CENSURA; PORNOGRAFIA).

Oscillazione/i in genere. Fluctuation, vacillation.

– **dei prezzi.** Price fluctuations (INDICIZZAZIONE; PREZZO).

– **valutarie.** Fluctuations of exchange rate (VALUTA).

Ospedale psichiatrico. Mental hospital (INFERMITÀ MENTALE; SANITÀ MENTALE).

Ospite. Guest. Negli S.U. sono dette *guest statutes* le leggi relative alla responsabilità del conduttore (*automobile operator*) nei confronti del suo ospite nel trasporto automobilistico di cortesia (*automobile guest*) in caso di incidenti. Di solito, tendono in qualche modo a restringere le ipotesi di responsabilità. Ma si noti che — trattandosi di uno stato federale — la materia (sulla quale esiste una imponente massa di decisioni giurisprudenziali) è regolata dai singoli stati dell'Unione. Una problematica analoga insorge nel caso dell'occupante dell'immobile nei confronti dei suoi ospiti (*social guest*) o delle persone autorizzate ad accedervi; nel caso che si tratti di un pubblico esercizio, si parla di *public invitee*, di *business invitee*, *business guest*, *business visitor* (questi ultimi termini, riferiti ad un'attività commerciale o imprenditoriale, appaiono trattati più spesso come sinonimi; ma si tratta di figure che possono non coincidere necessariamente). La giurisprudenza o la legge stabiliscono un *duty of care* nei confronti delle suddette persone: la spiegazione di questa peculiare articolazione della responsabilità civile, agli occhi del *civil lawyer*, risiede nella diversità del regime dell'atto illecito della tradizione di *common law* per cui essa discende dalla violazione di uno specifico *duty of care,* e non già dalla violazione del dovere generale del *neminem laedere*. Nel R.U. la materia è disciplinata dall'Occupiers' Liability Act 1957 (ATTO ILLECITO; AUTOVEICOLO; DOVERE DI DILIGENZA; IMMOBILE; OCCUPANTE; ORDINARIA PRUDENZA NEGLI AFFARI; RESPONSABILITÀ DELL'OCCUPANTE DI IMMOBILE NEI CONFRONTI DELL'OSPITE; TRASPORTO AMICHEVOLE; VISITATORE). [vol. I: OCCUPIER'S LIABILITY]

Ospizio per i senzatetto. Homeless shelter (CASA; SENZA TETTO).

Osservanza in genere. Compliance, performance, adherence, abyding by, observance (ADEMPIMENTO; DOVERE; ESECUZIONE; INOSSERVANZA; OSSERVAZIONE).

Osservatore a una conferenza. Observer; la veste di osservatore è definita *observer status* (CONFERENZA DIPLOMATICA; GRUPPO DI PRESSIONE; ORGANIZZAZIONE INTERNAZIONALE GOVERNATIVA-NON GOVERNATIVA). [vol. I: DELEGATE; OBSERVER; REPRESENTATIVE]

Osservazione in genere. Submission (DIFESA; DOMANDA; ECCEZIONE; MEMORIA; OSSERVANZA; PROPOSTA). [vol. I: *ad vocem*]

- **orale.** Oral submission (*supra*, OSSERVAZIONE IN GENERE).
- **scritta.** Written submission (MEMORIA DIFENSIVA).

Ostacolo in genere. Obstacle, obstruction, hindrance, impediment, bar, barrier, estoppel (BARRIERA; IMPEDIMENTO; INTRALCIO; OPPOSIZIONE; OSTRUZIONE; OSTRUZIONISMO; PRECLUSIONE; VINCOLO). [vol. I: ESTOPPEL]

- **al commercio internazionale.** Trade barrier (BARRIERA COMMERCIALE; COMMERCIO INTERNAZIONALE; PROTEZIONISMO).
- **legale.** Legal obstacle (IMPEDIMENTO; OPPOSIZIONE; PRECLUSIONE).

Ostaggio. Hostage, captive, prisoner (RILASCIO DI OSTAGGIO; RISCATTO DI OSTAGGIO; SEQUESTRO DI PERSONA; TERRORISMO). [vol. I: KIDNAPPING; RANSOM; TERRORISM]

Ostentato. Ostensible, apparent, nominal (APPARENTE; FITTIZIO; NOTORIO; PALESE; SIMULATO). [vol. I: APPARENT; NOMINAL; OSTENSIBLE]

Ostile. Hostile (AMICO; NEMICO; OSTILITÀ; TESTIMONE OSTILE). [vol. I: HOSTILE WITNESS]

Ostilità. Hostily, hostilities (CESSAZIONE DELLE OSTILITÀ; GUERRA; OSTILE).

Ostruzione. Obstruction (BLOCCO; DISOBBEDIENZA CIVILE; INTRALCIO; OSTACOLO; OSTRUZIONISMO; RESISTENZA; TRASGRESSIONE).

Ostruzionismo parlamentare. Filibustering, parliamentary filibustering, obstructionism, parliamentary obstructionism. Ma il regolamento parlamentare britannico, che postula un sistema bipartitico, consente la sua rapida soppressione ad opera della maggioranza. Negli S.U., in sede federale, è detta *cloture* la tecnica che consente, anche se meno agevolmente che nel parlamento britannico, di eliminare l'ostruzionismo (ABUSO DEL REGOLAMENTO PARLAMENTARE; PARLAMENTO; TUTELA DELLE MINORANZE). [vol. I: CLOSURE; FILIBUSTERING; GUILLOTINE; KANGAROO; MAJORITY; OBSTRUCTIONISM; OPPOSITION; PARLIAMENT: VI]

Bibl.:

Olivetti, N., *Processo legislativo*, in *Dizionario di Politica* 1976, ed. 1983: 882.

P

Pacchetto. Parcel, package, package deal, packet (ACCORDO; COLLO; PACCO; TRASPORTO). [vol. I: PARCEL]

– **azionario.** Block of stock, block of shares (AZIONE (II) DI SOCIETÀ; PARTECIPAZIONE AZIONARIA).

– **azionario di controllo.** Control stock, controlling shareholding (AZIONE (II) DI SOCIETÀ; PARTECIPAZIONE AZIONARIA DI MAGGIORANZA).

– **azionario di maggioranza.** Majority stockholding, majority stake (*supra*, PACCHETTO AZIONARIO DI CONTROLLO; PARTECIPAZIONE AZIONARIA).

Pacco. Package o unit (ABBUONO; BAGAGLIO; COLLO; PACCHETTO; PESI E MISURE; TRASPORTO). [vol. I: CARRIAGE: IV; LIMITATION OF SHIPOWNER'S LIABILITY; PACKAGE]

Pace. Peace; il mantenimento della pace è detto *peace-keeping* (ACCORDO DI PACE; ARMISTIZIO; CESSATE IL FUOCO; CONFERENZA DI PACE; CONFERENZA REGIONALE DI PACE; DIRITTO (I) INTERNAZIONALE DI PACE; DISARMO UNILATERALE; FORZA PER IL MANTENIMENTO DELLA PACE; GIUDICE DI PACE; GUERRA; INIZIATIVA DI PACE; NEGOZIATI DI PACE; QUIETE; RESA; TRATTATIVE DI PACE; TRATTATO DI PACE; TREGUA). [vol. I: *ad vocem*; ALIEN; BREACH OF THE PEACE; RIOT; WAR]

Bibl.:

Attinà, F., *Appeasement*, in *Dizionario di Politica* 1976, ed. 1983: 45.

Pacifico godimento. Quiet enjoyment. Questa espressione ricorre più spesso in tema di *lease* (GODIMENTO). [vol. I: *ad vocem*]

Pacifismo giuridico. Legal pacifism. L'espressione viene usata per indicare quei pensatori, spesso di tendenze giusnaturaliste, che ritengono il diritto essere lo strumento adeguato per preservare la pace (DIRITTO (I) NATURALE; IMPERIALISMO GIURIDICO; PACE).

Pacta sunt servanda. Questo, almeno nella concezione tradizionale, sembra essere il fondamento dell'obbligatorietà del contratto nella *civil law*, per cui le obbligazioni liberamente assunte vanno eseguite, a condizione che la causa sia lecita. La *common law*, invece, non ha accolto tale principio: soltanto i patti fondati su una *valuable consideration* sono giuridicamente vincolanti. Quelli che ne sono privi non sono vincolanti, a meno che non rivestano una forma particolare. Ma il principio sembra ammesso in diritto internazionale pubblico consuetudinario e convenzionale: l'espressione figura nell'art. 26 della convenzione di Vienna per cui qualsiasi trattato in vigore obbliga le parti contraenti e deve essere eseguito in buona fede (ATTO SIGILLATO-NON SIGILLATO; CONSENSO; CONTRATTO: III; IMPOSSIBILITÀ SOPRAVVENUTA DELLA PRESTAZIONE; *LOCUS POENITENTIA*; *NUDUM PACTUM*; PATTO; *REBUS SIC STANTIBUS*). [vol. I: BONA FIDE; CONSIDERATION; CONTRACT: I; ESTOPPEL; NUDUM PACTUM; REBUS SIC STANTIBUS; VOLUNTARY LAW]

Pactum in genere. Pactum, pact (ACCORDO; PATTO). [vol. I: PACTUM]

– ***de contrahendo.*** (CONTRATTO PRELIMINARE)

– ***de retrovertendo.*** Contract of pre-emption (RETROCESSIONE). [vol. I: PACTUM]

Padre/i. Father (ADOZIONE; AFFIDAMENTO DEI MINORI; FIGLIO; GENITORE; MADRE SURROGATA; MINORE). [vol. I: AFFILIATION; FOUNDING FATHERS; GUARDIANSHIP; LEGITIMATION; PARENTAL AUTHORITY; PATERNITY]

– **biologico.** Biological father (*infra*, PADRE NATURALE).

– **di famiglia.** La *common law* non ha accolto questa figura romanistica; essa adottata quella del *reasonable man* (BUON PADRE DI FAMIGLIA; DESTINAZIONE DEL PADRE DI FAMIGLIA; DILIGENZA; *PATER FAMILIAS*). [vol. I: PATER FAMILIAS; REASONABLE MAN DOCTRINE]

– **fondatori.** Founding fathers; ma si parla anche di *Framers of the Constitution*. Sono founding fathers negli S.U. i cinquantacinque delegati presenti alla stesura della costituzione federale nella Convenzione di Filadelfia del maggio 1787. Com'è stato osservato, la costituzione nordamericana è il « documento con cui inizia la storia costituzionale moderna » [Losano 1978: 55]. Con soli 26 emendamenti che non ne intaccano l'impianto, ma anzi lo completano, concepita al tempo di una società agricola di qualche milione di abitanti, essa regge oggi il più potente paese del pianeta. Forse è questo il massimo elogio di un evento politico-costituzionale unico al mondo. In Italia vengono gratificati di questo titolo i più modesti costituenti nostrani; per la verità, assai improvvidi padri se, a distanza di neanche mezzo secolo, il regime da loro delineato è entrato in agonia. Basterebbe pensare alla virtuale assenza di un esecutivo richiesto da un paese industriale moderno, al ruolo dei partiti *legibus soluti*, ai criteri di selezione del ceto dominante del paese. Se mai anche nel caso nostro si potesse parlare di padri fondatori, la qualifica — in senso lato — andrebbe attribuita a quei pochi che, come Gaetano Salvemini, battutisi per l'instaurazione di un regime autenticamente democratico, intravidero, fin dall'inizio, il baratro verso il quale si avvitava inesorabilmente il paese (COSTITUZIONALISMO; COSTITUZIONE POLITICA; FEDERALISMO; LEGGE FONDAMENTALE; STATI UNITI D'AMERICA). [vol. I: INTRODUZIONE: III. 36; CONSTITUTION]

– **naturale.** Natural father, birth father, biological father (ADOZIONE; AFFIDAMENTO DEI MINORI).

– **putativo.** Putative father (PUTATIVO). [vol. I: *ad vocem*; AFFILIATION]

Padronato in genere. Management, employers; i rapporti tra la forza lavoro e il padronato nel loro insieme sono definiti *labour* (o *labor*)*-management relationships* o *industrial relations* (CONTRATTO COLLETTIVO DI LAVORO; LAVORO; *MANAGER*; PADRONE; RAPPORTO DI LAVORO; SINDACATO). [vol. I: TRADE UNION]

Padrone. Nel senso di datore di lavoro, è detto employer, principal o, con terminologia vittoriana, master. Nel senso di proprietario, è detto *owner* (CONTRATTO DI LAVORO; DATORE DI LAVORO; LAVORO; PADRONATO; PROPRIETÀ; RESPONSABILITÀ DEI PADRONI E COMMITTENTI). [vol. I: AGENCY; MASTER AND SERVANT; TRADE UNION]

Paese. Nation, country in genere; ma si noti che un paese nel senso di ordinamento giuridico è detto anche *jurisdiction*: lasciare un paese è detto *leave (to) the jurisdiction*; la notifica all'estero è detta *service out of the jurisdicton*. Negli S.U. — stato federale — il termine *jurisdiction* è più spesso riferito ad uno degli stati dell'Unione (CITTADINO DI PAESE AMICO; DIRITTO (I) INTERNAZIONALE; DOMICILIO; GIURISDIZIONE; NAZIONE; POPOLO; POTENZA; RELAZIONI INTERNAZIONALI; STATO; TRADIMENTO). [vol. I: COUNTRY; JURISDICTION; SERVICE OUT OF THE JURISDICTION]

– **allineato-non allineato.** Aligned-non aligned country (*supra*, PAESE).

– **amico.** Friendly country (*infra*, PAESE NEMICO; PAESE NEUTRALE; CITTADINO DI PAESE AMICO).

– **civilizzato.** (NAZIONI CIVILIZZATE)

– **del foro.** (*LEX FORI*; STATO DEL FORO)

– **di *civil law*.** Civil law country (TRADIZIONE GIURIDICA). [vol. I: CIVIL LAW]

– **di *common law*.** Common law country (TRADIZIONE GIURIDICA). [vol. I: COMMON LAW]

– **di emissione.** Country of issuance, country of issue (EMISSIONE).

– **di nascita.** Country of birth (*infra*, PAESE DI ORIGINE; NASCITA).

– **di origine.** Country of origin, country of birth (*supra*, PAESE DI NASCITA; ORIGINE).

– **di partenza.** Country of departure (PARTENZA; TRASPORTO).

– **guida.** Leading country; come, in Occidente, gli Stati Uniti d'America (STATI UNITI D'AMERICA).

– **industrializzato.** Industrialized country (GRUPPO DEI 5; GRUPPO DEI 7).

– **in via di sviluppo.** Developing country; termine adottato dalle N.U. e nel linguaggio internazionale: più caritatevole, ma meno realistico di quello di *underdeveloped countries* usato in passato. Ma poiché tra di essi vi sono notevolissime differenze in termini di sviluppo, si parla di *More Developed Countries*, o MDC, ovvero di *Less Developed Countries*, o LDC, per indicare, rispettivamente, i più o meno sviluppati tra loro (AIUTO AI PAESI IN VIA DI SVILUPPO; AMBIENTE; CONTRACCETTIVO; CORRUZIO-

NE; NUOVO ORDINE ECONOMICO INTERNAZIONALE; TERZO MONDO; VINCOLO ALL'AIUTO AI PAESI IN VIA DI SVILUPPO). [vol. I: DEVELOPING COUNTRIES; NEW ECONOMIC ORDER]

Bibl.:

Sacco, R., *Colonizzazione e decolonizzazione*, in *Digesto IV Utet, Civ.,* vol. II: 503.

– **nemico.** Enemy country (*supra*, PAESE AMICO; *infra*, PAESE NEUTRALE; NEMICO).

– **neutrale.** Neutral country (*supra,* PAESE NEMICO; BENI APPARTENENTI A CITTADINI DI PAESI NEUTRALI; GUERRA; NEUTRALITÀ). [vol. I: ALIEN ENEMY]

– **ospitante.** Host country, host nation (ACCORDO DI SEDE; OSPITE).

– **protettore.** Protecting power (PROTETTORATO).

– **sottosviluppato.** (*supra*, PAESE IN VIA DI SVILUPPO)

– **straniero.** Foreign country (STRANIERO).

– **terzo.** Third country (TERZO).

Paga in genere. Pay (GIORNO DI PAGAMENTO; LIBRO PAGA; OFFERTA DI PAGAMENTO; PAGABILE; PAGAMENTO; SALARIO; STIPENDIO; VERSAMENTO).

– **base.** Basic pay, base pay (*supra*, PAGA IN GENERE).

– **lorda.** Gross pay (*supra*, PAGA IN GENERE).

– **netta.** Net pay (*supra*, PAGA IN GENERE).

– **oraria.** Hourly pay (*supra*, PAGA IN GENERE).

Pagabile in genere. Payable. Ma questo termine indica più spesso una somma di denaro pagabile a vista; in tal senso, si distingue da *owing*, che indica una somma pagabile in futuro (DENARO; PAGAMENTO). [vol. I: *ad vocem*]

– **a certo tempo data.** Payable a certain time after date (CAMBIALE).

– **a certo tempo vista.** Payable a certain time after sight (CAMBIALE).

– **a domanda.** Payable on demand (DOMANDA).

– **alla consegna.** Payable on delivery, cash on delivery, collect (CONSEGNA).

– **alla presentazione.** Payable on presentation (PRESENTAZIONE).

– **alla scadenza.** Payable on maturity (SCADENZA).

– **all'ordine.** Payable to order (ALL'ORDINE).

– **al portatore.** Payable to bearer (PORTATORE).

– **a richiesta.** (*supra*, PAGABILE A DOMANDA)

– **a vista.** Payable at sight, on demand, on presentation (VISTA).

– **contro assegno.** (*supra*, PAGAMENTO ALLA CONSEGNA)

Pagamenti. (PAGAMENTO/I)

Pagamento in genere. Payment e, talvolta, payment in satisfaction. Payment indica il pagamento di somma di denaro o di un'obbligazione pecuniaria, e non già l'adempimento di un'obbligazione. Chi effettua il pagamento è detto *payor;* chi lo riceve, o ha diritto a riceverlo, è detto *payee.* Il pagamento in quanto forma di adempimento rientra nella categoria generale della *performance.* Si noti che il termine *claim* indica più spesso il diritto di credito inteso principalmente come diritto al pagamento. In effetti, negli S.U., il Bankruptcy Code tratta di *claims*, non di « creditors ». Il termine « claim » è definito nella s. 101(4); dal par. 101(4) A risulta che il termine « claim » indica qualsiasi diritto al pagamento, che può essere, a seconda dei casi, *contingent, unliquidated, unmatured* e *undisputed* (ADEMPIMENTO; CREDITO).

1. La *common law* impiega una vastissima terminologia per definire varie forme di pagamento distinto in: a) *payment in fact*, corrispondente cioè al pagamento effettivo; b) *payment in law*, corrispondente a un modo di estinzione dell'obbligazione in parte diverso dal pagamento, come in caso di *retainer, set-off, payment into court*, deduzione da un conto, e qualsiasi altra forma che abbia per effetto la soddisfazione del credito. In ogni caso, sembra opportuno rilevare che, anche in questa materia, la terminologia può essere fuorviante. Come nell'ordinamento italiano, il pagamento di somme di danaro è *portable*, ossia va eseguito al domicilio del creditore, salvo che non sia diversamente stabilito.

2. In virtù delle regole in tema di *consideration*, la transazione con cui il debitore paga una somma inferiore a quella dovuta non è giuridicamente vincolante per il creditore, che può agire successivamente per la differenza, a meno che l'atto non sia stato stipulato con *deed* (REMISSIONE DEL DEBITO). [vol. I: ACCORD AND SATISFACTION]

3. Importanza fondamentale assume la

clausola contrattuale detta *acceleration clause* che prevede la decadenza dal beneficio del termine in caso di mancato pagamento del debito alla scadenza stabilita, o di insolvenza (MORA). Non minore importanza assume la clausola penale per il mancato adempimento; il suo regime è notevolmente diverso da quello esistente nel nostro sistema e in quelli di *civil law* in genere (CLAUSOLA PENALE).

4. In una società industriale di massa assume importanza fondamentale il *credito al consumatore*, materia oggetto di un particolare regime giuridico protettivo che negli S.U., e nel R.U. va sotto il nome di *consumer law* (TUTELA DEL CONSUMATORE).

5. Ormai noto in tutto il mondo è il termine *no cure-no pay* impiegato in tema di salvataggio marittimo nella *Standard Form of Salvage Agreement* del *Lloyd's* che indica il sistema di indennità e compenso, universalmente accettato nella prassi internazionale, per cui nulla spetta al soccorritore se il salvataggio non abbia conseguito un risultato utile. Ma si tratta di una regola che ha subito qualche modifica in una recente convenzione internazionale (ACCORDO DI PAGAMENTO; ADEMPIMENTO; AGENZIA DI INFORMAZIONI SULLA SOLVIBILITÀ; ALL'ORDINE; AMMONTARE PAGATO IN PIÙ; ANTICIPO DI PAGAMENTO; ARRETRATO; ASSEGNAZIONE DI PAGAMENTO; A VISTA; AVVISO DI PAGAMENTO; BARATTO; BENEFICIARIO FITTIZIO DI UN PAGAMENTO; BENEFICIARIO ORIGINARIO DEL PAGAMENTO; BENEFICIO DELL'ESCUSSIONE; CAMBIO; CAPARRA; *CASH AND CARRY*; CESSAZIONE DEI PAGAMENTI; CESSIONE DI CREDITO; CLAUSOLA DI PAGAMENTO; CLAUSOLA ORO; CLAUSOLA PENALE; COMPENSO; CONDIZIONI DI PAGAMENTO; CONTANTE; CREDITO; CREDITO IRRECUPERABILE; DATA DI PAGAMENTO; *DATIO IN SOLUTUM*; DEBITO DI GIOCO; DECRETO INGIUNTIVO; DELEGAZIONE; DEPOSITO, 2; DEPOSITO DI DENARO; DILAZIONE DI PAGAMENTO; DIRITTO (II) DI RITENZIONE; DIVISA; DOCUMENTI CONTRO PAGAMENTO; DOMANDA DI PAGAMENTO; DOVUTO; ESECUZIONE FORZATA DELLA SENTENZA CIVILE; EURO-ASSEGNO; EURO-DIVISA; FALLIMENTO; IMPUTAZIONE DI PAGAMENTO; INDEBITO ARRICCHIMENTO; INDICATARIO AL BISOGNO NELLA CAMBIALE; INDICATARIO A RICEVERE IL PAGAMENTO; INFLAZIONE; INSOLUTO; INSOLVENZA; INTERESSI SUL CAPITALE; INTIMAZIONE DI PAGAMENTO; LUOGO DEL PAGAMENTO; MANCATO PAGAMENTO; MANDATO DI PAGAMENTO; MONETA; MORA; NON NEGOZIABILE; OFFERTA DI PAGAMENTO; ORDINATARIO DI ASSEGNO; ORDINE ALLA BANCA DI SOSPENDERE UN PAGAMENTO; ORDINE DI PAGAMENTO; PIAZZA DI PAGAMENTO; PREFERENZA TRA CREDITORI; PRESENTAZIONE DI UN TITOLO DI CREDITO; PRIORITÀ NEL PAGAMENTO; PROMESSA DI PAGAMENTO; PROROGA DEI TERMINI; PROTESTO; QUIETANZA; RATA DI PREZZO; REVOCA DELL'ORDINE DI PAGAMENTO DELL'ASSEGNO; RIACQUISTO DI AZIONI DI SOCIETÀ; RICEVUTA DI PAGAMENTO; RIFIUTO DI PAGAMENTO; RIMBORSO; RIMESSA BANCARIA; RITARDO NEL PAGAMENTO; RITARDO VESSATORIO NEL PAGAMENTO; SISTEMA MONETARIO EUROPEO; SOSPENSIONE DEI PAGAMENTI; SOSPENSIONE DEL PAGAMENTO DEI DIVIDENDI; SURROGAZIONE; SVALUTAZIONE; TACITAZIONE; TANGENTE; TRASFERIMENTO; TUTELA DEL CONSUMATORE; UNITÀ DI CONTO; USURA; VALUTA; VENDITA GIUDIZIARIA DI BENE OGGETTO DI PRIVILEGIO O IPOTECA PER MANCATO PAGAMENTO; VERSAMENTO). [vol. I: ACCORD AND SATISFACTION; BANKRUPTCY; CASH; CASH AND CARRY; CURRENCY; DEMAND PAYMENT; EX GRATIA PAYMENT; LIEN; OVERCHARGE; NO CURE-NO PAY; PAYMENT; PAYMENT INTO COURT; PERFORMANCE; PREFERENCE; PRIORITY; STOPPAGE IN TRANSITU; SUBROGATION; TENDER]

Bibl.:

Mariconda, V., *Il pagamento traslativo* (1988) 3 CeI 735.
Sesta, M., *Pagamento a prima richiesta* (1985) 3 CeI 939.

– **a domanda** o **a richiesta.** (*infra*, PAGAMENTO A VISTA)

– **a *forfait*.** Lump sum payment (*FORFAIT*).

– **alla consegna.** Cash, o payment, on delivery, o COD (CONSEGNA). [vol. I: CASH ON DELIVERY]

– **alla residenza** o **domicilio.** Payment at the residence, o place of business (PRESENTAZIONE; RESIDENZA).

– **alla ricezione delle merci.** Payment on receipt of goods (MERCI).

– **alla scadenza.** Payment at maturity, payment in due course (SCADENZA).

– **all'ordine.** Payment to order. Il pagamento all'ordine di una persona specifica è detto *payment to the order of a specified person* (ORDINE).

– **a mezzo cambiale.** Payment by bill of exchange (CAMBIALE).

– **anticipato.** Advance payment, prepayment (ANTICIPO DI PAGAMENTO).

– **a pronti.** Cash payment, spot payment, prompt payment (A PRONTI; OPZIONE; PRONTI).

– **a rate.** (*infra*, PAGAMENTO RATEALE)

– **a richiesta.** (*infra*, PAGAMENTO A VISTA)

– **arretrato.** Back payment (ARRETRATO).

– **a saldo.** Full payment, payment in full (SALDO).

– **a vista.** Payment on demand (DOMANDA). [vol. I: DEMAND]

– **con riserva.** Payment under protest (PROTESTA; PROTESTO; RISERVA; *SOLVE ET REPETE*). [vol. I: *ad vocem*]

– **con surrogazione.** Payment with subrogation (SURROGAZIONE). [vol. I: SUBROGATION]

– **contro documenti.** Payment against documents (DOCUMENTO). [vol. I: *ad vocem*; DOCUMENTARY CREDIT]

– **del debito ipotecario.** Grosso modo, payment of mortgage (IPOTECA).

– **del dividendo.** Payment of dividend (DIVIDENDO).

– **della cambiale.** A seconda dei casi, payment of bill of exchange, payment of promissory note (CAMBIALE).

– **della cambiale per intervento.** Payment (o acceptance) for honour (CAMBIALE; INTERVENTO; PROTESTO). [vol. I: BILL OF EXCHANGE; CASE OF NEED; PAYMENT FOR HONOUR; PROTEST]

– **dell'assegno.** Payment of cheque. Nel sistema inglese, ai sensi della s. 75 del Bills of Exchange Act 1882, l'obbligo da parte della banca viene meno in caso di revoca dell'ordine o di morte del traente (ASSEGNO (II) BANCARIO).

– **dell'indebito.** Undue payment. In principio, non è ammessa la ripetizione dell'indebito nei sistemi di *common law;* ma è da rilevare un recente notevole avvicinamento alle posizioni di *civil law* in questa materia. Accolta in pochissimi casi nel sistema inglese, si può considerare un rimedio generale nel più avanzato sistema nordamericano (ARRICCHIMENTO SENZA CAUSA; RIPETIZIONE DELL'INDEBITO). [vol. I: QUASI-CONTRACT; RESTITUTION; UNJUST ENRICHMENT]

– **del nolo.** Payment of hire (NOLO). [vol. I: HIRE]

– **di debito prescritto.** Payment of statute-barred debt (CREDITO PRESCRITTO; PRESCRIZIONE). [vol. I: IMPERFECT OBLIGATION; STATUTE BARRED]

– **differito.** Deferred payment; l'accordo relativo è detto *deferred payment agreement* (ANTICIPO DI PAGAMENTO; VENDITA A RATE). [vol. I: INSTALMENT]

– **effettuato dai servizi sociali in genere.** Welfare payment (SICUREZZA SOCIALE).

– **in contanti.** Payment in cash (CONTANTE).

– **in corso d'opera.** Progress payment (APPALTO; CONTRATTO DI COSTRUZIONE).

– **in eccesso di quanto effettivamente dovuto.** Overpayment (*supra*, PAGAMENTO DELL'INDEBITO; *infra*, PAGAMENTO INSUFFICIENTE; DEFICIENZA; MANCATO PAGAMENTO; MORA).

– **in natura.** Payment in kind (IN NATURA).

– **in numerario.** Payment in cash (*supra*, PAGAMENTO IN CONTANTI; CASSA). [vol. I: LEGAL TENDER; TENDER]

– **insufficiente.** Underpayment (*supra*, PAGAMENTO IN ECCESSO DI QUANTO EFFETTIVAMENTE DOVUTO).

– **insufficiente delle imposte.** Underpayment of tax (IMPOSTA).

– **integrale.** Payment in full (*infra*, PAGAMENTO PARZIALE).

– **internazionali.** International payments (TRASFERIMENTO ELETTRONICO DI FONDI).

– **in unica soluzione.** Lump-sum payment (*supra*, PAGAMENTO A *FORFAIT*).

– **nell'obbligazione naturale.** Payment without consideration (OBBLIGAZIONE (I) NATURALE). [vol. I: IMPERFECT OBLIGATION; PAYMENT INTO COURT]

– **parziale.** Part payment, partial payment, pro tanto payment (*supra*, PAGAMENTO INTEGRALE; *infra*, PAGAMENTO RATEALE). [vol. I: PART PAYMENT]

– **per alimenti.** Alimony payment (ALIMENTI).

– **per conto di un terzo.** Lett., payment on behalf of a third party (*NEGOTIORUM GESTIO*; TERZO).

– **preferenziale.** Preferential payment (PRIVILEGIO). [vol. I: PREFERENCE; PREFERENTIAL PAYMENTS; PRIVILEGE]

– **privilegiato.** (*supra*, PAGAMENTO PREFERENZIALE)

– **rateale.** Payment by, o on, instalments. Negli S.U. si parla di *balloon payment* per indicare quel tipo di pagamento rateale che prevede una rata finale di ammontare superiore (ad es., 11 pagamenti da 100 dollari ciascuno e una rata finale di 500 dollari (*supra*, PAGAMENTO PARZIALE; PREZZO; RATA DI PREZZO; VENDITA A RATE). [vol. I: DEBT PAYABLE BY INSTALMENTS; HIRE-PURCHASE; INSTALMENT]

– **sotto protesto.** Payment under protest (*supra*, PAGAMENTO CON RISERVA).

– **tardivo.** Late payment (MORA; RITARDO).

– ***una tantum.*** Lump sum payment (*supra* PAGAMENTO A *FORFAIT*).

Pagate a favore di me medesimo. Pay self (ASSEGNO (II) BANCARIO; CAMBIALE; ME MEDESIMO; PAGAMENTO).

Pagato. Paid, liquidated (MANCATO PAGAMENTO; NON PAGATO; PAGAMENTO).

Pagherò cambiario. (VAGLIA CAMBIARIO)

Palese. Ostensible, nominal, apparent, disclosed (APPARENTE; FITTIZIO; OCCULTO; SOCIO PALESE).

Pallettizzazione. Palletization (TRASPORTO).

Pamphlet. *Pamphlet*, libel (DIFFAMAZIONE). [vol. I: LIBEL]

Panatiche dell'equipaggio. Wages and victuals of crew (EQUIPAGGIO).

Pandettistica. In genere, study of Pandects; salvo eccezioni, ha avuto scarsa influenza sul pensiero giuridico anglo-americano. Si direbbe, tutto sommato, per fortuna (CONTRATTO SINALLAGMATICO; DIRITTO (I) SOGGETTIVO; NEGOZIO GIURIDICO; RAPPORTO GIURIDICO; TRADIZIONE GIURIDICA). [vol. I: ANALYTICAL JURISPRUDENCE]

Paniere valutario. Currency basket, currency cocktail (UNITÀ DI CONTO; VALUTA).

Papista. Papist. Termine dispregiativo ancora oggi impiegato in Inghilterra per indicare un traditore o anche soltanto uno che su certi tabù la pensa diversamente: ha origini storiche che risalgono allo scisma anglicano in occasione del quale veniva così definito chi era restato fedele alla Chiesa di Roma (CHIESA D'INGHILTERRA; TRADIMENTO).

Paradiso fiscale. Tax haven. A parte la libera circolazione dei capitali, la politica thatcheriana ha incoraggiato a poche miglia di distanza dalla capitale (Guernsey, Jersey, etc.) la creazione di paradisi fiscali. Ma all'interno del paese esiste una efficientissima macchina tributaria; l'evasione fiscale rispetto a quella nostrana ammonta a poca cosa. Se si pensa che le banche italiane si oppongono vivacemente alla creazione di un cervellone centralizzato da impiegare nella lotta all'evasione fiscale e alla criminalità organizzata, non sembra azzardato sostenere che — con l'eccezione dei percettori di reddito fisso — il nostro paese si può considerare nel suo complesso un colossale paradiso fiscale (CRIMINALITÀ ORGANIZZATA; ECONOMIA NERA; ELUSIONE FISCALE; EVASIONE FISCALE; FRODE FISCALE; IMPOSIZIONE FISCALE; REVISIONE DEI CONTI; RICERCA DELLA LEGGE PIÙ CONVENIENTE; RICICLAGGIO DI DENARO SPORCO; SOCIETÀ (II) DI COMODO). [vol. I: AVOIDANCE; DODGER; TAX]

Parafazione di un istrumento diplomatico. Initialling, signing, a diplomatic instrument (ISTRUMENTO DIPLOMATICO; SOTTOSCRIZIONE). [vol. I: EXECUTION; INITIAL]

Parafernale. (BENI PARAFERNALI)

Paranco. (SOTTO PARANCO)

Parcella di avvocato in genere. Bill of costs; si noti che il termine si riferisce alle spese processuali. Si parla di *legal billing* o anche di *parcelling* per indicare il fatto di redigere e rimettere al cliente la parcella, o nota spese (MANDATO *AD LITES*; NOTA SPESE PER ATTIVITÀ PROCESSUALE; ONORARI DI AVVOCATO; SPESE PROCESSUALI). [vol. I: BILL OF COSTS]

Parco/chi in genere. Park, forest (AMBIENTE).

– **nazionali.** Negli S.U. sono chiamati *national forests* i celebri parchi nazionali. La guardia forestale è detta *National Forest Service* (AMBIENTE; FORESTE DELLO STATO; RISERVA MARINA NATURALE).

Parco buoi. (PICCOLO AZIONISTA)

Par condicio creditorum. Pari passu, without preference, equal ranking of debts (PRIVILEGIO; PROCEDIMENTO CONCORSUALE). [vol. I: ADMINISTRATION; MARSHALLING; PARI PASSU; PREFERENTIAL PAYMENT; PRIORITY]

Pareggio in genere. Balancing, draw, tie (BILANCIO).

– **di un bilancio.** Balance, balancing of accounts, balanced budget. È detto *break even point* il primo bilancio in pareggio raggiunto da una nuova azienda (BILANCIO).

– **in una votazione** o **competizione in genere.** Il pareggio in una competizione elettorale (o sportiva) è detto *draw* o *tie*; ma si parla anche di *dead heat* quando due candidati ricevono un ugual numero di voti (BALLOTTAGGIO; VOTO BLOCCATO).

Parente. Relation, relative (ASCENDENTE; CONGIUNTO; PARENTELA).

Parentela in genere. Consanguinity, kin, kinship, relation (AFFINITÀ; ASCENDENTE; CONGIUN-

TO; CONSANGUINEITÀ; FIGLI; GENITORI; GRADO DI AFFINITÀ; GRADO DI PARENTELA; INCESTO; LINEA COLLATERALE; LINEA DI PARENTELA; PATERNITÀ; RAPPORTO DI PARENTELA). [vol. I: AFFINITY; CONSANGUINITY; IMPEDIMENTS TO MARRIAGE; KIN]

- **in linea collaterale.** Collateral consanguinity. Il grado di parentela tra collaterali viene computato nella *common law* secondo il diritto canonico e non quello romano, come nella *civil law* (LINEA COLLATERALE).

Parere in genere. Opinion, advice (CONSULENZA; CONSULTIVO; OPINIONE).

- **con riserva.** Qualified opinion (RISERVA).
- **consultivo.** Advisory opinion (COMITATO CONSULTIVO; CONSULENZA; CONSULTIVO; ORGANO CONSULTIVO).
- **legale in genere.** Legal advice, legal opinion (CONSULENZA LEGALE; ONORARI DI AVVOCATO; PROFESSIONE FORENSE; QUESTIONE LEGALE; SPESE LEGALI). [vol.I: ADVICE; ADVICE OF COURT; ADVISORY OPINION; LEGAL AID AND ADVICE; LEGAL EXPENSES; LEGAL PROFESSION; OPINION]
- ***pro veritate.*** Legal opinion.
- **senza riserva.** Unqualified opinion (RISERVA).
- **vincolante in genere.** Binding opinion (VINCOLANTE).

Pari. (ALLA PARI; PARITÀ; SOPRA LA PARI; SOTTO LA PARI)

Parità in genere. Parity (PARI; UGUAGLIANZA).

- **della donna.** Women's parity (DISCRIMINAZIONE DELLA DONNA; DONNA).
- **salariale.** Equal pay (SALARIO).
- **valutaria.** Currency parity (VALUTA).

Parlamentare in genere. Parliamentary. Nel senso di membro del parlamento, è detto *parliamentarian* o, più spesso, *Member of Parliament* o M.P., per indicare un membro della *House of Commons*. Negli S.U. è definito in genere *congressman*; ma in pratica questo termine è riferito ai membri della *House of Representatives*, mentre il membro del Senato è detto *senator* (PARLAMENTO; REGOLAMENTO PARLAMENTARE; STATI UNITI D'AMERICA). [vol. I: CONGRESS; PARLIAMENT]

Parlamentarismo. Parliamentarianism (EXTRAPARLAMENTARISMO).

Parlamento in genere. Parliament, legislature. Dei due rami del parlamento britannico (*House of Lords-House of Commons*) solo la *House of Commons* è elettiva.
1. Di fatto, con il termine *Parliament* si intende la *House of Commons*, sul piano costituzionale vero organo di indirizzo politico e legislativo del paese. Ma si noti che il termine *Parliament* indica anche la legislatura. Si parla di *hung parliament* per indicare quello che non consente la formazione di un governo con una chiara maggioranza, da sempre l'incubo degli elettori britannici. Il parlamento britannico viene — giustamente — definito come la *mother of parliaments*: una conoscenza elementare della storia e del regime del parlamento inglese prima e britannico poi, e della nascita negli S.U. del primo stato moderno dell'Occidente, dovrebbe costituire l'ovvia propedeutica, *e non solo per i poveri studenti nostrani*, per poter cominciare soltanto *a balbettare* in tema di istituzioni democratiche rappresentative. Il fatto è che queste semplici premesse didattiche sono ignorate, oltre che da noi, anche in Francia e in Germania. Ma lasciamo perdere.
2. La *democrazia consociativa* all'italiana ha operato una radicale innovazione del concetto originario anglo-americano di parlamento inteso come organo rappresentativo la cui principale funzione è quella del *controllo politico* dell'esecutivo (almeno da parte dell'opposizione). Con la c.d. *centralità del parlamento* tale funzione è stata virtualmente abolita e il *regime* cui essa ha dato luogo viene così a dar vita ad una formula politico-costituzionale assolutamente originale, specie per le sue aberrazioni, non inferiore per ... dignità scientifica all'altra sola originalità del pensiero politico-costituzionale nostrano che è stato il *fascismo* (BICAMERALISMO; CENTRALITÀ DEL PARLAMENTO; COSTITUZIONE POLITICA; DEMOCRAZIA CONSOCIATIVA; DEMOCRAZIA RAPPRESENTATIVA; DEPUTATO AL PARLAMENTO; GOVERNO; GRUPPO PARLAMENTARE; *LEADER*; LEGISLATURA; *LOBBYING*; MAGGIORANZA PARLAMENTARE; MINORANZA PARLAMENTARE; MEMBRO DEL PARLAMENTO; OMBUDSMAN; SCIOGLIMENTO DEL PARLAMENTO; SISTEMA DEI PARTITI; SPESA PUBBLICA; VILIPENDO DEL PARLAMENTO). [vol. I: CONSTITUTION; PARLIAMENT]

- **aristocratico.** Aristocratic parliament (ARISTOCRAZIA). [vol. I: HOUSE OF LORDS]
- **bicamerale.** Bicameral parliament (BICAMERALISMO).
- **Europeo.** European Parliament o EP (UNIONE EUROPEA).

– **monocamerale.** Monocameral parliament (BICAMERALISMO).

Parola in genere. Word; ma un *parol agreement* non è necessariamente un contratto verbale: può essere anche scritto. Avere la parola in una assemblea, riunione, etc. si dice *have (to) the floor* (LIBERTÀ DI PAROLA; TERMINE TECNICO; VERBALE). [vol. I: PAROL AGREEMENT; PRECATORY WORDS; WORDS OF ART; WORDS OF PROCREATION; WORDS OF PURCHASE-OF LIMITATION; WORDS OF SEVERANCE]

– **di codice.** Code word (CODICE).

– **per parola.** Verbatim (VERBALE).

Parrocchia in genere. Parish; ma si noti che nel sistema dell'autogoverno inglese la *civil parish* va distinta dall'*ecclesiastical parish*; la prima è la più piccola e la più antica delle collettività autonome locali evolutasi storicamente dalla *ecclesiastical parish* (AUTOGOVERNO; CHIESA PARROCCHIALE; CONTEA).

Parsimonia. Thrift, parsimony (RISPARMIO). [vol. I: THRIFT]

Parte in genere. Party. Questo termine indica più spesso, ma non necessariamente, la parte nel processo. Un atto, istanza, o provvedimento avanzato od emesso *inaudita altera parte* è detto *ex parte*. Le parti di un litisconsorzio necessario sono dette *necessary parties*. Il concetto di parte appare spesso inestricabilmente connesso a quello di legittimazione sostanziale e processuale: negli S.U., la R. 17 (a) delle *Federal Rules of Civil Procedure* stabilisce che l'azione in giudizio deve essere promossa dalla *real party in interest,* in questo innovando sulla *common law*. Con questo termine va inteso chiunque vi abbia un interesse sostanziale, indipendentemente dalla titolarità legale del diritto, come, ad es., nel caso di chi ha un *equitable interest,* ovvero della persona a cui favore avrà luogo in definitiva la decisione. Infine, si parla di *plaintiff side* e *defendant side* per indicare, rispettivamente, la parte attrice e il convenuto. Non agevole sembra il concetto di *aggrieved party* che indica più spesso la parte legittimata a proporre un'impugnazione. Si noti che il concetto di parte nel senso di soggetto di un rapporto giuridico è reso anche dal termine *privy* (ACCORDO DELLE PARTI; AZIONE (I) SURROGATORIA; COINTERESSATO; CONTRADDITTORIO; CONTRAENTE; CONTROPARTE; DENUNZIA CONTRO IGNOTI; ESTROMISSIONE DI UNA PARTE DAL GIUDIZIO; FINZIONE GIURIDICA; INTENZIONE DELLE PARTI; INTERESSE; INTERVENTO IN GIUDIZIO DEL TERZO; LEGITTIMATO PROCESSUALE; LEGITTIMAZIONE; LETTO, CONFERMATO E SOTTOSCRITTO DALLE PARTI; LITISCONSORZIO; MOZIONE; OMOLOGO; PARTECIPANTE; PROCEDIMENTI CAUTELARI; RAPPORTO GIURIDICO; RESISTENTE; TENTATIVO DI RICONCILIAZIONE DEI CONIUGI o DELLE PARTI; TERZO; TUTELA DEL CONTRAENTE PIÙ DEBOLE). [vol. I: AUDI ALTERAM PARTEM; EX PARTE; NECESSARY PARTIES; PARTY; PRIVITY; PRIVY; REAL PARTY IN INTEREST]

– **attrice.** Plaintiff, demandant (ATTORE).

– **avversa.** Opposing party, opposite party, adverse party; così in materia civile e penale (OPPOSTO).

– **civile.** Lett., e grosso modo, aggrieved party acting in a criminal proceeding to recover damages.
1. Ma non esiste questa figura nel processo di *common law*: soprattutto a causa del diverso rigore della prova richiesta nel processo penale e in quello civile, non é ammessa la costituzione di parte civile nel giudizio penale. Il risarcimento del danno provocato dal reato ha luogo in sede separata davanti al giudice civile.
2. In materia societaria, Schlesinger [1950, ed. 1988: 783-784, 841] sostiene che almeno in quei sistemi di *civil law* che consentono la costituzione di parte civile, il processo penale svolge talune delle funzioni della *stockholders' suit*. A questo proposito, secondo lo stesso autore, sembra che, in generale, la codificazione dei sistemi di *civil law*, concepita nel quadro di un efficiente sistema di polizia e di un sistema processuale che consente la costituzione di parte civile nel processo penale, ricorre a sanzioni penali là dove nella tradizione di *common law* si fa luogo invece alla giustizia civile. Un altro esempio si riferisce al *trust* e ai *power of attorneys* (AVVOCATURA DELLO STATO; AZIONE (I) SOCIALE DI RESPONSABILITÀ CONTRO GLI AMMINISTRATORI; RISARCIMENTO DEL DANNO; SOCIETÀ (II) QUALE SOGGETTO COLLETTIVO). [vol. I: BEYOND REASONABLE DOUBT; CRIMINAL PROCEDURE: V]

– **contraente del contratto.** Contracting party, o party to a contract; nella società industriale di massa, si tratta molto spesso del consumatore, di cui nel nostro sistema virtualmente non esiste tutela. Si noti che il termine *privity of contract* indica la relazione esistente tra le parti di un rapporto contrattuale (CONSUMATORE; CONTRATTO A FAVORE DI TERZI; CONTRATTO DI ADESIONE; RAPPORTO CONTRATTUALE; RELATIVITÀ DEL CONTRATTO; VENDITA). [vol. I: CONTRACT FOR THE BENEFIT OF THIRD PARTY; CONTRACTOR; PRIVITY OF CONTRACT; SALE; STRANGER]

– **contraente di un trattato.** Contracting party to a treaty. Ai sensi dell'art. 2, par. 1(g), del trattato di Vienna, indica uno Stato che ha consentito ad essere vincolato da un trattato e per cui quest'ultimo sia in vigore (TRATTATO INTERNAZIONALE).

– **danneggiata in genere.** Aggrieved party (*supra*, PARTE CIVILE; *infra*, PARTE LESA). [vol. I: AGGRIEVED PARTY]

– **di favore nella cambiale.** Accommodation party (CAMBIALE DI FAVORE; FAVORE; GRATUITÀ).

– **inadempiente.** Defaulting party (INADEMPIENTE).

– **in causa.** (*infra*, PARTE IN GIUDIZIO)

– **in colpa in genere.** Party at fault (ASSICURATORE DELLA PARTE IN COLPA).

– **indispensabile nel processo.** (LITISCONSORZIO NECESSARIO)

– **in giudizio.** Party to an action, litigant, party to a suit o lawsuit (*infra*, PARTE NEL PROCESSO; CAUSA (III); LITE).

– **interessata.** Interested party; nel senso di parte di un contratto è detta, oltre che *party*, anche *privy* (*supra*, PARTE CONTRAENTE DEL CONTRATTO; INTERESSATO; INTERESSE; LEGITTIMAZIONE). [vol. I: PRIVY]

– **lesa.** Injured party. Ma non esiste sul piano processuale un equivalente esatto (*supra*, PARTE CIVILE; *infra*, PARTE OFFESA DAL REATO; DANNEGGIATO; INCIDENTE; LESIONI PERSONALI; VITTIMA). [vol. I: AGGRIEVED PARTY]

– **nel processo.** Party, o party to a legal proceeding. Si noti che nel processo penale l'imputato, se vuole, assume la veste di testimone (*supra*, PARTE IN GIUDIZIO; ATTORE; COIMPUTATO; CONVENUTO; IMPUTATO; PUBBLICO MINISTERO). [vol. I: EVIDENCE; LOCUS STANDI].

– **offesa dal reato.** Injured party, victim of a crime (*supra*, PARTE CIVILE; PARTE LESA). [vol. I: INJURED PARTY]

– **più debole.** (CONTRAENTE PIÙ DEBOLE)

– **responsabile della lesione personale.** Injuring party (*supra*, PARTE OFFESA DAL REATO; LESIONI PERSONALI).

– **richiedente.** Requesting party, applicant (AD ISTANZA DI PARTE; ISTANTE; RICHIEDENTE).

– **soccombente in giudizio.** Losing party, loser, o unsuccessful party (*infra*, PARTE VITTORIOSA IN GIUDIZIO; DANNEGGIATO; SPESE PROCESSUALI A CARICO DEL SOCCOMBENTE; SPESE PROCESSUALI). [vol. I: COSTS]

– **sulla quale grava l'onere della prova.** Party with burden of proof (ONERE DELLA PROVA).

– **vittoriosa in giudizio.** Winning party, successful party, victorious party, prevailing party (*supra*, PARTE SOCCOMBENTE IN GIUDIZIO; SPESE PROCESSUALI). [vol. I: COSTS]

Partecipante in genere. Participant, participator (MEMBRO; PARTE; PARTECIPAZIONE). [vol. I: PARTICIPATOR]

– **all'asta.** Bidder (ASTA).

Partecipazione/i in genere. Participation, partaking. Il termine *participation* è impiegato più spesso nell'assicurazione per indicare varie forme di compartecipazione percentuali da parte dell'assicurato al rischio coperto dalla polizza; ma si parla anche di *co-insurance*. Esso è impiegato talvolta anche per indicare la partecipazione al reato. In materia societaria, è definita *equity* la quota di partecipazione nel capitale sociale e agli utili; *equity* indica la misura dell'interesse proprietario in un'attività economica. In effetti, il termine *equity* è riferito non già ad un concetto giuridico ma finanziario per cui la quota in un'impresa è uguale all'attivo meno il passivo. In diritto internazionale, la c.d. *all participation clause* è quella con la quale le parti contraenti stabiliscono che una convenzione sarà messa ad esecuzione solo se viene ratificata da tutte le parti. *Have (to) an interest in*, *have (to) a stake in* indica, rispettivamente, avere un interesse giuridico, o una partecipazione o interessenza in qualcosa (ASSICURAZIONE; ASSOCIAZIONE IN PARTECIPAZIONE; AZIONARIATO DEI DIPENDENTI; COMPARTECIPAZIONE; CONCORSO DI PERSONE NEL REATO; CONSAPEVOLEZZA; ELETTORE; FEDERALISMO; FRANCHIGIA ASSICURATIVA; INTERESSENZA; PARTECIPANTE; QUOTA DI CONTROLLO; QUOTA DI PARTECIPAZIONE). [vol. I: PARTICIPATION]

– **agli utili.** Profit-sharing (UTILE).

– **a un solo affare.** (ASSOCIAZIONE TEMPORANEA DI IMPRESE)

– **azionaria in genere.** Stake, shareholding, interest; avere una partecipazione in una società è detto, ad es., *have (to) a 10% stake in...Renault*, etc. In materia societaria, è definita *equity* la quota di partecipazione nel capitale sociale e agli utili; *equity* indica la misura dell'interesse proprietario in un'attività economica. In effetti, il termine *equity* è riferito non già ad un concetto giuridico ma finanziario, per cui la quota in un'impresa è uguale all'attivo meno il passivo (AZIONE (II) DI SOCIETÀ; PACCHETTO AZIONARIO; QUOTA DI CONTROLLO DI UN'AZIENDA, SOCIETÀ, etc.; QUOTA DI PARTECIPAZIONE AZIONARIA; SOCIETÀ (II) DI CAPITALI).

– **azionaria di controllo.** Control stock, controlling interest; non è costituita necessariamente da una maggioranza delle azioni (*supra,* PARTECIPAZIONE AZIONARIA; *HOLDING*).

– **azionaria di maggioranza.** Majority stake (*supra*, PARTECIPAZIONE AZIONARIA; PACCHETTO AZIONARIO DI MAGGIORANZA).

– **azionaria di minoranza.** Minority stock, minority stake (*supra*, PARTECIPAZIONE AZIONARIA; TUTELA DELLA MINORANZA AZIONARIA).

– **azionaria individuale.** Individual stake (*supra*, PARTECIPAZIONE AZIONARIA).

– **dei lavoratori.** Employees o worker participation (DEMOCRAZIA INDUSTRIALE).

– **statali.** Lett., state participation in the economy. Una delle difficoltà maggiori che incontrano gli sconcertati partner stranieri delle imprese pubbliche nostrane risiede nella natura dell'IRI, specie nelle sue devianze giuridiche ed economiche assunte negli ultimi decenni. Questo gigantesco animale tutto italiano, che ha perso la sua originaria *raison d'être,* costituisce un ostacolo formidabile all'espansione della nostra economia sui mercati esteri e alla credibilità del paese. Il fallimento della scalata della *Comit* nei confronti della banca nordamericana *Irving* avvenuto nel 1988 rappresenta uno dei tanti esempi in materia: cfr. *Quella lezione che viene da New York*, di Guido Rossi, la *Repubblica*, 12 settembre 1993 (IMPRESA PUBBLICA).

Partenza. Departure; rispetto alla nave autorizzata a lasciare il porto si parla di *clearance* (AEROPORTO DI PARTENZA; ARRIVO; FORMALITÀ DI PARTENZA; PAESE DI PARTENZA; PORTO DI PARTENZA; TRASPORTO). [vol. I: DEPARTURE; CLEARANCE]

Particella in genere. Lot, parcel (COLLO; LOTTO).

– **catastale e unità immobiliare urbana.** Grosso modo, platted land lot (CATASTO).

– **di suolo.** Parcel of land (SUOLO).

Particolare in genere. Particular; ma si noti che il termine *particulars* ha il significato di dati di fatto, estremi, dettagli, condizioni, generalità, etc. (GENERALE). [vol. I. PARTICULARS]

Partita. Consignment, cargo, lot, parcel, stock, batch, posting, entry, item (CARICO; SPEDIZIONE; TRASPORTO). [vol. I: CARGO; CONSIGNMENT; ENTRY; LOT]

– **di giro.** Clearing transaction, clearing entry (COMPENSAZIONE; STANZA DI COMPENSAZIONE).

– **di merci.** Consignment (MERCI). [vol. I: CARGO]

– **doppia.** Double entry (LIBRI CONTABILI).

– **invisibile della bilancia dei pagamenti.** Invisible item of balance of payments (BILANCIA DEI PAGAMENTI).

– **visibile della bilancia commerciale.** Visible item of balance of trade (BILANCIA COMMERCIALE).

Partitario. Ledger (LIBRI CONTABILI; PARTITA DOPPIA).

Partiti politici. Political parties. Mentre negli S.U. i partiti politici si possono considerare dei veri e propri comitati elettorali che entrano in attività nell'imminenza delle elezioni presidenziali o statali e appaiono privi di strutture burocratiche permanenti, nel R. U. si riscontrano due grandi partiti con strutture permanenti — leggerissime, anzi, eteree — quali il partito conservatore (*Conservative Party*) e il partito laburista (*Labour Party*): essi riflettono un sistema di governo parlamentare che si regge sul *two-party system*, che trova anche, per taluni versi, un riconoscimento giuridico nello *status* di partito di opposizione. Le loro strutture, peraltro molto modeste e molto parche (sic!), sono ben lontane dalle faraoniche organizzazioni nostrane come, in passato, quella del Pci, modello successivamente adottato, *mutatis mutandis*, per necessità di cose, dagli altri partiti italiani. Ma il modello Pci, anche qui *mutatis mutandis*, si era esso stesso ispirato all'organizzazione del PNF, fornendone una versione per non pochi versi addirittura più burocratizzata.

1. In breve, sembra potersi dire: *a*) che la democrazia o è rappresentativa o non è; *b*) che i partiti politici si presentano in una democrazia industriale di massa come i collettori del consenso popolare; *c*) che non è vero, come per mezzo secolo — ad eccezione

di pochi come Giuseppe Maranini — hanno opinato più o meno illustri pensatori nostrani, che senza partiti all'italiana non vi è democrazia. È vero, invece, il contrario: ossia che *con dei partiti all'italiana di democrazia non se ne può neanche parlare*, teorema che non ha bisogno di dimostrazione. L'esempio americano è illuminante: non vi sono partiti politici all'italiana ma, in sostanza, comitati elettorali: però vi è l'istituto delle *elezioni primarie*, diretto a selezionare dall'interno i candidati dei partiti, di cui Giuseppe Maranini aveva invano proposto l'adozione nel nostro sistema. Ma, anche nel sistema britannico, che non conosce le primarie, i partiti politici non possono essere definiti dei partiti alla maniera nostrana.
2. In occasione della presentazione a Milano del I vol. di quest'opera, un docente universitario che si fa passare per comparatista ha manifestato il suo stupore per il fatto che il volume — accanto a diffusissime trattazioni della costituzione, del governo, delle istituzioni, e in particolare del parlamento britannico — comprendesse *anche* una voce dedicata ai partiti politici. Domanda rivelatrice di una certa cultura giuridica diffusa tra i nostri cattedratici; in effetti, uno studente nostrano che prenda tra le mani un testo di diritto costituzionale, salvo rare eccezioni, non vi trova che qualche rigo dedicato al sistema dei partiti. Eppure, a significare l'abisso, in un aureo libretto di diritto costituzionale, diffuso in centinaia di migliaia di copie perfino nelle scuole medie, un notissimo costituzionalista inglese afferma che un esame realistico dell'ordinamento costituzionale britannico dovrebbe cominciare e finire con lo studio dei partiti politici [Jennings 1941, ed. 1968: 29]. È detta *party line* la linea del partito.
3. Nel nostro paese — a parte il generico art. 49 della costituzione — non esiste una legge dello stato che assicuri, la *democraticità interna* e la *legalità* dei partiti politici, associazioni non riconosciute. Il problema ha assunto una importanza drammatica in un regime politico di *democrazia consociativa* come quella nostrana in cui non di rado — e non solo in sede locale — i partiti politici si sono trasformati in autentiche associazioni per delinquere di stampo mafioso: il caso del Psi al tempo della gestione Craxi, in cui tutta la dirigenza costituiva, in senso stretto, una autentica associazione per delinquere di stampo mafioso non è isolato (BIPARTITISMO; CONGRESSO DI PARTITO; CONSIGLIO DEI MINISTRI; CORRENTE DI PARTITO; CRIMINALITÀ ORGANIZZATA; DEMOCRAZIA CONSOCIATIVA; DISPOTISMO DELLE MASSE IN DEMOCRAZIA; ELEZIONI PRIMARIE; ELEZIONI SUPPLETIVE; GOVERNO; GRUPPO DI PRESSIONE; MONOPARTITISMO; PARLAMENTO; PARTITOCRAZIA; SISTEMA DEI PARTITI; SISTEMA ELETTORALE; SOVRANITÀ POPOLARE; STATO). [vol. I: CABINET; CONSTITUTION; ELECTION; PARLIAMENT; POLITICAL PARTIES; TWO-PARTY SYSTEM]

Partito di opposizione. Opposition party; è detto così nel sistema costituzionale britannico — caratterizzato dal bipartitismo perfetto — il partito di opposizione, che ha un suo *status* giuridico (BIPARTITISMO; *LEADER* DELL'OPPOSIZIONE). [vol. I: OPPOSITION; TWO-PARTY SYSTEM]

Partito di opposizione legale. Legal opposition party (PARTITO DI OPPOSIZIONE).

Partito unico. Single party. Il sistema di governo a partito unico, detto *one party system,* tipico dei regimi europei fascisti, nazisti e comunisti, è ora diffuso, oltre che in Cina, etc., nella stragrande maggioranza dei paesi del Terzo Mondo tanto cari ai cattocomunisti nostrani (DITTATURA; MONOPARTITISMO; PAESE IN VIA DI SVILUPPO; PARTITI POLITICI).

Partitocrazia. Grosso modo, government by political parties; il termine è stato coniato da G. Maranini per definire un fenomeno presente in qualche misura in parecchie democrazie rappresentative, ma non in tutte.
1. Ma, se si trattasse solo di questo, il nostro si potrebbe considerare un paese fortunato, perché, anche se con qualche sforzo, sarebbe in linea con non pochi paesi dell'Occidente; ancora, se si trattasse di una *democrazia consociativa* all'austriaca saremmo non meno fortunati perché ci troveremmo, per qualche verso, nella condizione di un civilissimo paese europeo (del resto, la figura della democrazia consociativa, per essere un fenomeno straniero, neanche è stata elaborata da studiosi nostrani); infine, se si trattasse di una *democrazia non competitiva*, sempre però con un po' di buona volontà, potremmo passare, nondimeno, anche qui, per un paese dell'Occidente.
2. Ma noi non abbiamo tutte queste fortune: il fatto è che la *democrazia consociativa* all'italiana costituisce un Mostro unico al mondo. Un autentico *regime* di cogestione di tutto il potere prolungatosi per mezzo secolo che proprio perché lascia inalterato — per dirla con Walter Bagehot — il *dignified exercise of power*, ossia gli orpelli della democrazia, ha dato luogo ad un *efficient exercise of power* che non poteva non sboccare in una *status society* al centro e in periferia,

con effetti enormemente più devastanti di quelli derivanti dal partito unico tipico del regime fascista. Un regime che non è stato, come si vuole far credere, *soltanto* l'inevitabile riflesso della divisione del mondo in due blocchi contrapposti. Pertanto, la legittimazione di quel regime va cercata non al di fuori di esso, come fanno taluni nostri illustri studiosi, ossia nella contrapposizione dei blocchi — tutt'al più semplice pretesto iniziale, un alibi — ma nel regime stesso.
3. Secondo una definizione della scienza politica si qualificano come *blackmail parties* (partiti ricattatori) quei partiti che non si propongono la conquista del potere, ma solo di condizionare le altre forze politiche, da alleati o avversari: se è così, rientrano in questa categoria quasi tutti i partiti italiani, a cominciare dal partito c.d. di opposizione, che l'opposizione non faceva (certamente non quella che propone un'alternanza di governo). La categoria è fondamentale: essa spiega il perché della natura intrinsecamente criminaloide del rapporto, *rectius* del regime che, al di là dei conflitti, legava i partiti tra loro al mantenimento di un sistema che li faceva tutti *ricattabili* e *complici* allo stesso tempo, che sono poi, in senso stretto, le costanti dell'associazione criminale: anche se si potrà *sviolinare* sui gradi e sulle responsabilità di ciascuno. Questa analisi non deve scandalizzare: basta pensare ai tanti regimi democratici sudamericani o del Terzo Mondo in genere, tramandati anche da grandi filoni letterari per trovarne infiniti esempi. Regime politico bloccato; il fatto è che i partiti erano addivenuti a un *understanding* per cui la lotta politica dall'esterno (opposizione-governo) si trasferisce all'interno dei gruppi di potere: le bombe e le stragi, le spartizioni — le facce stesse degli uomini — scandiscono le passioni del regime e la sua intima natura. Si trattava di un sistema blindato anche grazie alla legge elettorale proporzionale, che solo un fattore esterno come una III guerra mondiale, o meno tragicamente, un assai imprevedibile crollo del Muro poteva infrangere. Crollato il Muro, e con esso, il regime che lo giustificava, crolla anche la Dc, in buona parte erede del fascismo contadinesco e qualunquista: rispondendo a un ancestrale richiamo, ora i suoi elettori si rifugiano a destra, mentre la sinistra appare mesmerizzata, incapace di prospettare il riscatto morale politico ed economico del paese da una situazione che ha contribuito massicciamente a costruire. I travagli politici del dopo Muro stanno a significare che non basta cambiare i sistemi elettorali — di cui non si nega l'importanza — per aversi un sistema bipartitico quando tutti i partiti per mezzo secolo sono abituati a spartirsi anche le mutande del paese. A distanza di trenta anni dal fenomeno napoletano si assiste a un « laurismo del Nord » che, anche qui, *si raccoglie dietro un capitalismo lazzarone*, da repubblica delle banane, rapinatore e populista, negatore di ogni regola e sfregiatore del paese. Autentico monumento alla *democrazia consociativa* che lo ha prodotto: perché non vi è dubbio che quando si amministra un paese in un certo modo non vi possono essere altri risultati.
4. Unico al mondo, esso non è stato il compromesso strumentale che, *faute de mieux*, due grandi forze politiche antagoniste che non vogliano o non possano combattersi sul filo dell'alternanza al potere, sono costrette a raggiungere: il *regime* esprime la comune e radicata filosofia di fondo di *due ideologie antidemocratiche, antimoderniste e reazionarie*, la loro comune visione pecoreccia e levantina della politica, dell'ecomonia, del sociale. Il fatto che, crollato il Muro, esse non siano riuscite a proporre qualcosa di diverso dal regime che hanno creato ne è la riprova: di esso sopravvivono tutti i meccanismi giuridici e di potere in un paese in cui *mancano regole* nonostante, o meglio a causa, di ben 150 mila leggi che allietano il paese. Comunque, gli effetti del regime sulla morale del paese sono stati devastanti: ecco ora un paese che, diventato sempre più invivibile, si torce nelle convulsioni del Caos di una ex democrazia popolare. In questo senso, i disastri del fascismo, materiali e morali, si presentano addirittura come trascurabili.
5. Concludendo, non si tratta di sopprimere i partiti *tout court*; ma di assoggettarli alla legge e al controllo democratico, così come dovrebbe essere di qualsiasi forma di potere come — tanto per ripetere le parole di Carlo Cattaneo, grande italiano — « ne insegna la sapiente America » (AGONISTICA; CRIMINALITÀ ORGANIZZATA; DEMOCRAZIA CONSOCIATIVA; FORMA DI GOVERNO; GRUPPO DI PRESSIONE; PARTITI POLITICI; POTERE; SISTEMA DEI PARTITI; SISTEMA DELLE SPOGLIE; TANGENTE).

Partizione. Partition (DIVISIONE; MURO DIVISORIO; SPARTIZIONE). [vol. I: PARTITION]

***Partner* commerciale.** Trade partner (COMMERCIO; SOCIO).

Parvenza. Colour (APPARENZA; PRETESA; SIMULAZIONE).

– **di diritto, *fumus*.** Colour of right, prima

facie right, apparent right (APPARENTE; FINZIONE GIURIDICA; PALESE). [vol. I: APPARENT; ESTOPPEL; FALSE PRETENCE; FICTION; NOMINAL; OSTENSIBLE]

Parzialità del giudice. Partiality of judge, bias of judge (IMPARZIALITÀ DEL GIUDICE; PREGIUDIZIO; RICUSAZIONE DEL GIUDICE). [vol. I: BIAS; CHALLENGE; JUDGE; NATURAL JUSTICE]

Pascolo. Pasture (DIRITTO (II) DI PASCOLO; SERVITÙ DI PASCOLO).

Passaggio in genere. Passage, transit. È detto *contract of passage* il contratto di trasporto marittimo di passeggeri. In diritto internazionale marittimo, il diritto di passaggio inoffensivo di nave è detto *right of innocent passage.* Nel senso di trasferimento, si parla di *transfer* e di *conveyance* se esso ha per oggetto degli immobili. Si noti che il termine passage è riferito anche all'adozione di una proposta di legge (*bill*) o di una risoluzione da parte degli organi legislativi (CONDUTTURE ELETTRICHE; CONTRATTO DI PASSAGGIO; DIRITTO (II) DI PASSAGGIO; PASSAVANTI PROVVISORIO; PEDAGGIO; SERVITÙ DI PASSAGGIO; TASSA DI PASSAGGIO; TRAGHETTO; TRANSITO; TRAPASSO; TRASMISSIONE; TURBATIVA DEL DIRITTO DI PASSAGGIO; VIA). [vol. I: INNOCENT PASSAGE; PASSAGE; TRANSFER; TRANSIT]

– **aereo.** Air carriage (TRASPORTO AEREO).

– **coattivo.** Way of necessity (FONDO INTERCLUSO; SERVITÙ DI PASSAGGIO COATTIVO). [vol. I: EASEMENT]

– **della proprietà.** Transfer of property, passing of property, passing of title, passing of ownership. Ma si notino le diversità esistenti tra le due tradizioni giuridiche, specie in tema di acquisto *a non domino.* Nel linguaggio corrente si parla anche di *shifting assets* per indicare i trasferimenti di beni come, ad es., quelli che, per diversi scopi, avvengono tra i coniugi (*infra*, PASSAGGIO DEL RISCHIO; ACQUISTO *A NON DOMINO*; ACQUISTO DELLA PROPRIETÀ; ASSUNZIONE DEL RISCHIO; CONSEGNA; SPECIFICAZIONE DELLE MERCI NELLA VENDITA; TITOLO; TRASFERIMENTO). [vol. I: CONVEYANCE; OWNERSHIP; PASSING OF PROPERTY; PASSING OF TITLE; PROPERTY]

– **del rischio.** Passing of risk; nell'assicurazione si parla di *attachment of risk.* Si notino le regole *Incoterms* per cui — salvo che non sia diversamente stabilito tra le parti — il rischio passa quando le merci sono consegnate al compratore o al suo rappresentante nei contratti *ex works* e *fot*, quando le merci sono collocate *alongside ship* in un un contratto *fas* e, infine, quando esse sono consegnate *over the ship's rail* nel contratto *fob* e *cif* (*supra*, PASSAGGIO DELLA PROPRIETÀ; CONSEGNA; *INCOTERMS*; RISCHIO; TRASPORTO; VENDITA). [vol. I: ATTACHMENT OF RISK; INCOTERMS; PASSING OF RISK; RES PERIT DOMINUS; RISK; SALE: VII]

– **in giudicato della sentenza.** Grosso modo, judgment passing in rem judicatam, judgment becoming final o conclusive (COSA GIUDICATA).

– **marittimo.** Maritime passage (SENSALE DI PASSEGGERI; TRASPORTO MARITTIMO).

– **pubblico.** Thoroughfare, public highway. *Public passage* indica più spesso il passaggio sopra un corso d'acqua altrui (SERVITÙ DI PASSAGGIO; STRADA). [vol. I: WAY]

Passante. Bystander; questo termine ricorre in tema di *product liability* per indicare il danno provocato dal prodotto difettoso, non già al consumatore, ma al terzo, come, ad es., in tema di incidenti automobilistici (RESPONSABILITÀ DEL PRODUTTORE; TERZO). [vol. I: *ad vocem*]

Passaporto in genere. Passport (CARTA D'IDENTITÀ; CITTADINANZA; DOPPIA CITTADINANZA; LASCIAPASSARE; PASSI; SALVACONDOTTO; STRANIERO; TITOLARE DI PASSAPORTO; VISTO D'INGRESSO). [vol. I: BRITISH SUBJECT; PASSPORT]

– **internazionale.** International passport (*supra*, PASSAPORTO IN GENERE).

– **marittimo.** Maritime passport, sea-letter (MANIFESTO DI CARICO; PASSAVANTI PROVVISORIO).

Passavanti provvisorio. Grosso modo, provisional certificate of registration of ship (CERTIFICATO DI IMMATRICOLAZIONE DI NAVE; IMMATRICOLAZIONE DI NAVE; NAVE). [vol. I: SHIP]

Passeggero. Passenger (AVVISO AI PASSEGGERI INTERNAZIONALI SULLA LIMITAZIONE DELLA RESPONSABILITÀ DEL VETTORE NEL TRASPORTO AEREO; CARTA DI IMBARCO; CLANDESTINO; ELENCO DEI PASSEGGERI; IMBARCO DI PASSEGGERI; ITINERARIO; LISTA DEI PASSEGGERI; MANIFESTO DI CARICO; PASSAGGIO; RESPONSABILITÀ PER MORTE O LESIONE AI PASSEGGERI; SBARCO DI PASSEGGERI; TRASPORTO; VETTORE; VIAGGIATORE). [vol. I: *ad vocem*; CARRIAGE; CARRIER]

– **aereo.** Air passenger (TRASPORTO AEREO).

– **clandestino.** Stowaway. Il passeggero aereo clandestino è detto *stowaway on aircraft*; quello marittimo *stowaway on ship* (*supra*, PASSEGGERO). [vol. I: STOWAWAY]

– **ferroviario.** Rail passenger (TRASPORTO FERROVIARIO).

– **in lista di attesa.** Passenger on standby, passenger on waiting list (LISTA DI ATTESA).

– **marittimo.** Maritime passenger (SENSALE DI PASSEGGERI; TRASPORTO MARITTIMO).

Passi. Pass (PASSAGGIO; PASSAPORTO; PERMESSO).

Passibile di. Liable to (RESPONSABILE; SOGGETTO A; SUSCETTIBILE DI). [vol. I: LIABLE]

– **pignoramento.** Leviable, liable to attachment, to execution (ESECUZIONE; PIGNORABILITÀ; PIGNORAMENTO).

Passività in genere. Liabilities; una passività, un peso, in genere è detto *a liability*. Ma si noti, in questa materia, la diversità giuridica e contabile tra le due tradizioni giuridiche (ATTIVITÀ; *AUDIT*; INSOLVENZA; OBBLIGAZIONE (I); PARTITA DI GIRO; PASSIVO; PATRIMONIO; PESO). [vol. I: ASSETS AND LIABILITIES; INSOLVENCY]

– **a breve termine.** Short-term liabilities (BREVE TERMINE; TERMINE).

– **a lungo termine.** Long-term liabilities (*supra*, PASSIVITÀ A BREVE TERMINE; TERMINE).

– **correnti.** Current liabilities (*supra,* PASSIVITÀ IN GENERE).

Passivo in genere. Deficit, liabilities, liabilities side; l'attivo è detto *assets* (ATTIVO; BILANCIO; FALLIMENTO; FONDO DI RISERVA PER SOPRAVVENIENZE PASSIVE; INDEBITAMENTO; INSINUAZIONE AL PASSIVO; PASSIVITÀ; PESO; SOPRAVVENIENZA PASSIVA; STATO DEL PASSIVO). [vol. I: ASSETS; LIABILITY]

– **del fallimento.** Bankruptcy liabilities; nel sistema inglese, quando si tratti di società soggetta al *winding up*, si parla di liabilities of a wound up company. Nel sistema americano si parla di liabilities of a bankrupt corporation (ATTIVO DEL FALLIMENTO; FALLIMENTO).

– **della società.** Company's, o corporation's, liabilities (FALLIMENTO; SOCIETÀ (II) QUALE SOGGETTO COLLETTIVO).

– **di un'azienda.** Liabilities of a business (AZIENDA). [vol. I: BANKRUPTCY; WINDING UP]

– **di un bilancio di società.** Liabilities side of a balance sheet (BILANCIO DI SOCIETÀ). [vol. I: *ad vocem*]

– **e attivo.** Assets and liabilities (ATTIVO; PATRIMONIO; RENDICONTO DEL PASSIVO E DELL'ATTIVO).

– **sociale.** Company's liabilities, corporation's liabilities, partnership's liabilities (*supra*, PASSIVO IN GENERE).

Patentato. Chartered, licenced, patented, certified, qualified (BREVETTO). [vol. I: CHARTERED; LICENSED]

Patente in genere. Charter, patent, licence, certificate, warrant (BREVETTO; PATENTATO). [vol. I: PATENT; WARRANT]

– **di guida.** Driving licence, operator's licence (CARTA D'IDENTITÀ; RITIRO DELLA PATENTE DI GUIDA). [vol. I: DRIVING LICENCE]

– **di navigazione.** Sea letter (NAVE; PASSAPORTO MARITTIMO; PASSAVANTI PROVVISORIO). [vol. I: *ad vocem*]

– **reale.** Royal warrant, royal charter (FORNITORE DELLA REAL CASA).

Pater familias. La *common law* non conosce questa figura: essa si riferisce a quella del *reasonable man* (BUON PADRE DI FAMIGLIA; DILIGENZA DEL *BONUS PATER FAMILIAS*; RAGIONE). [vol. I: BONUS PATER FAMILIAS; REASONABLE MAN DOCTRINE]

Paternità. Paternity; è detta *paternity lawsuit* l'azione di riconoscimento della paternità (ACCESSO MATRIMONIALE; DICHIARAZIONE GIUDIZIALE DI PATERNITÀ; DISCONOSCIMENTO DELLA PATERNITÀ; INDAGINE SULLA PATERNITÀ; MATERNITÀ; PARENTELA; PRESUNZIONE DI PATERNITÀ; RAPPORTI SESSUALI; RECLAMO DELLA LEGITTIMITÀ DA PARTE DEL FIGLIO). [vol. I: ACCESS; AFFILIATION; LEGITIMATION; NATURAL CHILD; PATERNITY]

– **naturale.** Natural paternity (MATERNITÀ NATURALE; PADRE).

Patria in genere. Homeland; concetto sostanzialmente non giuridico, difficile da spiegare a chi non ci crede. Sul piano tecnico-giuridico, esso può coincidere con quello di *domicile*, inteso nel senso anglo-americano di ordinamento giuridico di riferimento (CITTADINANZA; DOMICILIO; LEGAME GENUINO; TERRITORIO).

Patria potestà. Grosso modo, parental authority; ma, in senso stretto, si tratta di concetto ignoto alla *common law*. In questo senso, il termine *parental authority* non esprime che in parte il concetto nostrano di patria potestà. L'istituto più affine che si ricollega alla patria potestà nostrana è la *guardianship* che, peraltro, di solito non comporta l'amministrazine dei beni del minore. Notevole impressione ha destato il recentissimo *test case* in cui negli S.U. un giudice della Florida, ad istanza di un minorenne dato in affidamento, ha stabilito che egli poteva essere sottratto in permanenza alla patria potestà materna e adottato dalla famiglia presso cui si trovava (ABUSO DELLA PATRIA POTESTÀ; CAPACITÀ; CURATELA; DECADENZA DALLA PATRIA POTESTÀ). [vol. I: CHILD; GUARDIANSHIP; PARENTAL AUTHORITY; PATRIA POTESTAS]

Patrigno. Step-father (PADRE).

Patrimoniale in genere. Proprietary, patrimonial (MARE PATRIMONIALE; PATRIMONIO; PRESTAZIONE). [vol. I: *ad vocem*]

Patrimonio in genere. Per quanto il termine venga tradotto spesso con property, estate, total assets, patrimony o fund, in effetti, esso, sul piano tecnico-giuridico, non trova un corrispondente esatto nella *common law*: ad eccezione della Louisiana — *enclave* (grosso modo) di *civil law* negli S.U. — in cui il termine patrimony è impiegato nel senso nostrano.

1. Comunque, in generale, la descrizione che più si avvicina al patrimonio nostrano è quella di *assets and liabilities susceptible of pecuniary evaluation*. In tema di successione (*probate proceedings*), il termine *estate* indica l'insieme dell'attivo e del passivo del defunto (*totality of assets and liabilities of decedent*). Resta peraltro da rilevare una differenza importante costituita dal fatto che mentre nella *civil law* — salvo i pochi casi dell'accettazione dell'eredità con beneficio d'inventario e della separazione dei beni del defunto da quelli dell'erede — una persona non può avere che un solo patrimonio, questa regola non trova riscontro nella *common law*. Può darsi che sia questa la spiegazione del fenomeno per cui nella *civil law* — in assenza del *trust* — la riluttanza ad ammettere una pluralità di patrimoni induce alla creazione di una separata persona giuridica ogni qualvolta che si vuole creare un patrimonio separato.

2. In effetti — a parte il caso del nucleo patrimoniale elevato a persona giuridica — uno dei problemi più dibattuti, e di solito risolto negativamente, è quello se la persona fisica possa essere titolare di più patrimoni separati. A questo proposito è stato rilevato che nella *civil law* si hanno solo casi di relativa indipendenza, laddove nella *common law* si può far luogo alla assoluta indipendenza dei patrimoni mediante il *trust* che configura il patrimonio fiduciario separato (ATTIVO PATRIMONIALE; CAPITALE; CONSERVAZIONE DELLA GARANZIA PATRIMONIALE; IMPOSTA SUL PATRIMONIO; INTERESSE PATRIMONIALE-NON PATRIMONIALE; MARE PATRIMONIALE; PARTECIPAZIONE AZIONARIA; PRESTAZIONE; PRODIGALITÀ; *TRUST*). [vol. I: ASSETS; ESTATE; SEPARATION OF ESTATES]

Bibl.:

Varano, V., *Patrimonio*, in *Digesto IV Utet, Civ.,* vol. I: 477.

– **artistico.** Cultural heritage (ARTE; BENI CULTURALI; FURTO D'ARTE).

– **autonomo.** Grosso modo, separate estate (*supra,* PATRIMONIO IN GENERE; SEPARAZIONE DEI BENI). [vol. I: ASSETS]

– **aziendale.** Business' assets and liabilities (AZIENDA).

– **della società.** Assets and liabilities of company, o of corporation (SOCIETÀ (II) DI CAPITALI).

– **dello Stato.** Crown property; national o state property negli S.U. (BENI DEMANIALI; STATO).

– **del minore.** Minor's estate (BENI DEL MINORE; MINORE).

– **fallimentare.** Grosso modo, bankruptcy estate (FALLIMENTO: 1).

– **familiare.** Non esiste in senso stretto un equivalente esatto; ma negli S.U. il termine *homestead* indica un istituto analogo diffuso in molti stati dell'Unione; esso è *non leviable*, ossia non può essere oggetto di espropriazione. Le leggi relative sono definite *homestead laws* (BENI IMPIGNORABILI; COMUNIONE DEI BENI TRA CONIUGI; IMPIGNORABILE; IMPIGNORABILITÀ; PROPRIETÀ MATRIMONIALE; SOCIETÀ (II) QUALE SOGGETTO COLLETTIVO). [vol. I: HOMESTEAD]

– **fiduciario.** Grosso modo, trust property. Ma il *trust*, istituto privo di equivalenza nella *civil law,* è molto più ampio e complesso del nostro patrimonio fiduciario. Una questione che si pone nel sistema italiano si riferisce, nell'ipotesi di fallimento, alla sorte dei beni che taluno possegga in forza di un rapporto fiduciario (FALLIMENTO; FIDUCIA). [vol. I: FRAUDULENT CONVEYANCE]

– **immobiliare.** Grosso modo, real property (PROPRIETÀ).

– **mobiliare.** Grosso modo, personal property (BENI MOBILI; DIRITTO (I) DELLE OBBLIGAZIONI; PROPRIETÀ).

– **nazionale.** National wealth, national capital, social capital.

– **netto.** Grosso modo, net assets, net worth, net capital, shareholders' equity (NETTO).

– **netto di una società di capitali.** Net

worth of a company o corporation (CAPITALE).

- **separato in genere.** Separate estate (*supra*, PATRIMONIO IN GENERE; PROPRIETÀ MATRIMONIALE; RAPPORTI PATRIMONIALI TRA CONIUGI; *UNIVERSITAS*). [vol. I: SEPARATE ESTATES]
- **sociale.** Total assets (o, talvolta, property) of a company, of a corporation, of a partnership, of an association (CAPITALE SOCIALE).

Patrocinatore legale. Grosso modo, lawyer; ma non esiste un equivalente analogo né nel sistema inglese né in quello degli S.U. (PROFESSIONE FORENSE).

Patrocinio in genere. Patronage, sponsorship, defence (AVVOCATURA; DIFESA; PATROCINATORE; *PATRONAGE*; SISTEMA DELLE SPOGLIE).

- **gratuito.** (ASSISTENZA GIUDIZIARIA)
- **infedele.** Lawyer's infidelity, lawyer's unfaithful conduct, prevarication; concreta la figura della *legal malpractice* (ABUSO DI FIDUCIA; INFEDELTÀ DEL PATROCINATORE O DEL CONSULENTE TECNICO; PREVARICAZIONE; RESPONSABILITÀ PROFESSIONALE). [vol. I: MALPRACTICE]
- **legale in genere.** Advocacy in court (DIFESA; PROFESSIONE FORENSE).

Patronage. (LETTERA DI *PATRONAGE*)

Patteggiamento. Plea bargain. Vi sono due ipotesi principali nella tradizione di *common law* in cui ha luogo il plea bargain.
1. La prima si ha quando l'accusa, pur essendo convinta della colpevolezza dell'imputato ritiene di non disporre di prove sufficienti per ottenere la condanna. In tal caso, essa prospetta all'imputato di rinunziare a perseguire il reato maggiore in cambio della dichiarazione di colpevolezza di un reato minore davanti al giudice; l'imputato che ha ragione di temere di essere condannato per l'imputazione più grave, può ritenere conveniente questa soluzione. Il plea bargain parte da una premessa fattuale fondamentale, ossia che l'imputato è nella stragrande maggioranza dei casi colpevole, e che l'accusa, sulla quale incombono rigidissimi oneri probatori, teme di non riuscire a convincere delle giurie tendenzialmente innocentiste in un processo impostato decisamente a favore dell'imputato. Si tratta di differenze radicali con il sistema nostrano in cui — nell'assenza strutturale di capacità di indagini degli organi inquirenti — la prova viene cercata, se e quando viene cercata, dopo l'arresto o affidata di solito prima, e nel corso del processo, esclusivamente alle — incontestabili — dichiarazioni dei pentiti. Il plea bargain presuppone, invece, una efficienza degli organi inquirenti che da noi non esiste. Insomma, si tratta di un *bargain* per entrambe le parti fondato su un imponderabile, ossia il possibile esito del processo (condanna-assoluzione dell'imputato): l'accusa preferisce vedere l'imputato condannato per un reato minore o che addirittura non ha commesso piuttosto che correre il rischio di vederlo del tutto assolto. Il sistema ha una sua logica se si tiene conto della diversa natura della figura del *prosecutor* negli S.U. — che non coincide con quella del pubblico ministero, nel senso che il primo è tenuto solo a proporre l'accusa ed a cercare di ottenere, nella misura del possibile, una condanna, del fatto che di solito nella gran parte degli stati dell'Unione la sua è una carica elettiva — per intendere che una assoluzione costituisce uno smacco ed ha delle conseguenze ben diverse che per un pubblico ministero di un sistema di *civil law*.
2. Un'altra ipotesi di plea bargain consiste nel negoziato informale tra accusa e imputato, nella fase delle indagini o — in fase giudiziaria — tra accusa e difesa, per cui, in cambio della deposizione contro i propri complici, l'accusa procede per un reato minore rispetto a quelli ipotizzabili, ovvero anche nella rinunzia *tout court* all'azione penale contro di lui mediante il rilascio di una *immunity from prosecution*.
3. Comunque, perché abbia effetto, il plea bargain è subordinato all'approvazione del giudice che può ritenerlo inammissibile, nel qual caso si fa luogo al processo. L'istituto va inquadrato nel processo penale accusatorio di *common law*, e trova la sua spiegazione nella discrezionalità dell'azione penale e nel potere del *prosecutor* di operare una selezione tra più autori di reati e tra più capi di imputazione a carico dello stesso imputato o, addirittura, di rinunciare a proporre l'azione penale. A questo si aggiunga che — in un sistema in cui sono poste a carico dell'accusa rigidissimi oneri probatori, in cui nessun *prosecutor* dà inizio ad un'azione penale senza elementi tali da fare ragionevolmente presumere una condanna — i processi che si concludono con un'assoluzione suscitano non di rado aspre e non sempre immeritate critiche per l'avvenuto dispendio di pubblico denaro.
4. In altre parole, il plea bargain, oltre che in un assai diverso quadro di princìpi giuridici, si spiega anche con una non meno di-

versa politica giudiziaria in cui appaiono difficilmente concepibili processi-teoremi che crollano come castelli di carta, come sovente accade nel nostro paese. Nel caso di criminalità organizzata, il *plea bargaining* costituisce spesso il passaggio ineludibile che consente al coimputato di collaborare con la giustizia testimoniando (sic!) contro i suoi complici in cambio della rinunzia dell'accusa a perseguire taluni capi di imputazione, ovvero anche della totale immunità. Si tratta di un espediente del quale il *common lawyer* farebbe volentieri a meno, ma che il genio giuridico anglo-americano considera con grande pragmaticità. Senza plea bargain, che oltretutto *presuppone una ben diversa efficienza della polizia*, la giustizia penale specie nordamericana finirebbe in breve tempo per bloccarsi del tutto.
5. Peraltro, in un sistema processuale come quello nostrano in cui all'obbligatorietà dell'azione penale (art. 112 della costituzione) si accoppia l'istituto della connessione, anche se in misura parzialmente ridotta rispetto al precedente regime, la piena introduzione dell'istituto nel sistema italiano incontrerebbe formidabili ostacoli. Nondimeno, la circostanza che in Italia — per quanto in presenza di forze di polizia *mediamente quadruple rispetto a quelle europee* — le capacità investigative appaiono gravissimamente carenti, rende di fondamentale importanza la collaborazione dei pentiti: questo spiega la massiccia ma fuorviante legislazione premiale che riconosce il contributo del pentitismo e, cosa ben più grave assegna, un aberrante *status* giuridico al pentito che contrasta con le più elementari decenze processuali. Una variante minore del plea bargaining è stata introdotta nel nuovo codice di procedura penale (*Applicazione della pena su richiesta* artt. 444-448), ma decisioni recenti e discutibili ne hanno ridotto la già modesta portatata limitata ai reati che comportano una pena di reclusione o di arresto non superiore a due anni.
6. Peraltro, così come appare formulata, la c.d. applicazione della pena su richiesta appare come una aberrante versione nostrana del plea bargain di *common law* di cui tradisce lo spirito. Essa sembra consistere in una anomala concessione di circostanze attenuanti all'imputato che si dichiari colpevole (ACCORDO DI PATTEGGIAMENTO; AZIONE (I) PENALE; DEPOSIZIONE NEL PROCESSO PENALE; DISCREZIONALITÀ DELL'AZIONE PENALE; GIUSTIZIA ALTERNATIVA; IMPUTATO; PENA; PENTITO; PUBBLICO MINISTERO). [vol. I: CRIMINAL PROCEDURE; IMMUNITY FROM PROSECUTION; PLEA BARGAINING; QUEEN'S EVIDENCE; SENTENCING PROCESS]

Patto in genere. Pact, stipulation, compact, covenant, agreement, understanding, contract, deal, clause. Ma nei sistemi di *common law* patto e contratto non sono dei sinonimi giuridici: un patto (*agreement*) che non sia fondato sulla *consideration* esula dalla disciplina del *contract.* Il singolo patto di un contratto è detto più spesso *clause.* In materia politica, ormai celebre è il *New Deal,* programma politico di F.D. Roosevelt e il nuovo patto offerto ai cittadini per superare la grave crisi economica verificatasi negli anni '30 negli S.U. (ACCORDO; CLAUSOLA; CONTRATTO: III; CONVENZIONE; *GENTLEMEN'S AGREEMENT*; *NEW DEAL*; *NUDUM PACTUM*; *PACTA SUNT SERVANDA*; *PACTUM*). [vol. I: AGREEMENT; CONSIDERATION; DEAL; GENTLEMEN'S AGREEMENT; PACT; PACTA SUNT SERVANDA; PACTUM]

Bibl.:

Carlini, P., *Contratto e patto nel diritto medievale e moderno*, in *Digesto IV Utet*, *Civ.*, vol. IV: 77.

– **aggiunto** o **contrario al contenuto di un documento.** Lett., added clause or agreement contrary to the contents of a document. Si parla più spesso di *rider* qualora esso è formulato per iscritto. La prova relativa è detta *extrinsic evidence*, ossia esterna al documento stesso, quando si tratti di patto verbale (DOCUMENTO). [vol.I: PAROL EVIDENCE; RIDER]

– **arbitrale.** (CLAUSOLA COMPROMISSORIA; COMPROMESSO)

– **commissorio.** Agreement, o covenant, of forfeiture. Per quanto non sia rintracciabile nel sistema inglese un divieto espresso del patto commissorio analogo a quello dell'art. 1963 del c.c. italiano, si può ritenere che, grazie alla regola *once a mortgage, always a mortgage* stabilita dall'*equity*, in sostanza, il divieto sussiste anche nella *common law.* Resta tuttavia da rilevare una differenza notevole tra il patto commissorio della *civil law* e il *mortgage* (che ha per oggetto mobili e immobili): mentre nel primo è solo a seguito del mancato pagamento del debito che l'immobile passa creditore, nel *mortgage*, almeno nella sua formulazione originaria, il passaggio della proprietà ha luogo immediatamente, salvo ad operare la retrocessione in caso di pagamento. Tra l'altro, in siffatta materia, vanno rilevate, nelle operazioni di credito, anche le norme a tutela del consumatore (ANTICRESI; DIVIETO DEL PATTO COMMISSORIO; GARANZIA; IPOTECA; VENDITA A SCOPO DI GARANZIA). [vol. I: MORTGAGE; REDEMPTION]

Bibl.:

Buckland and McNair 1936, ed. 1952: 321.

– **contrattuale.** Term of contract; contractual clause, term, condition o provision (CLAUSOLA CONTRATTUALE; TERMINE). [vol. I: CONTRACT: VII; IX. 2; TERM OF CONTRACT]

– **di cittadinanza.** Allegiance. È stata opportunamente rilevata la cospicua assenza della voce *Cittadinanza* « nel famoso *Dizionario di Politica* diretto da Norberto Bobbio e Nicola Matteucci »; a rigor di logica, non dovrebbe esserci neanche la voce « Nazione » che, invece, risulta trattata. Ad ogni modo, il non meno famoso Dizionario de Franchis riporta *tutte* le voci relative a questo concetto nel I e nel II volume dell'opera. In un brillante articolo, Pietro Scoppola — eminente studioso cattolico impegnato in un civile ma, si teme, assai improbabile rinnovamento politico della sua parte e del nostro paese — scrive, tra l'altro, che: « La cittadinanza in Italia è una nozione giuridica, priva di quella valenza sociologica, culturale e morale che ha assunto in altri paesi ». E si capisce: senza scomodare le forze che, *storicamente*, hanno impedito un siffatto auspicato evento, si direbbe che la rilevata carenza di — suvvia, diciamolo — amor di patria (che, tenendo conto delle cose nostre, non può che essere carità di patria) costituisce il lascito più disastroso della *democrazia consociativa,* ossia del patto tra due forze ecumeniche e reazionarie che hanno dominato il paese per mezzo secolo (CITTADINANZA; FEDERALISMO; NAZIONALITÀ). [vol. I: ALLEGIANCE; CITIZENSHIP; NATIONALITY]

Bibl.:

Scoppola, P., *Una incerta cittadinanza italiana,* il Mulino 1/91: 47.

– **di esonero dalla responsabilità.** Exoneration clause (CLAUSOLA DI ESONERO DALLA RESPONSABILITÀ; ESONERO DALLA RESPONSABILITÀ). [vol. I: *ad vocem*]

– **di fedeltà coniugale.** Covenant of fidelity (FEDELTÀ CONIUGALE).

– **di inversione** o **modificazione dell'onere della prova.** Stipulation as to the shifting of the burden of proof (ONERE DELLA PROVA).

– **di non alienare.** Provision, o stipulation, in restraint of alienation. La maggior parte delle relative stipulazioni è nulla (*unenforceable*) in quanto contraria alla *public policy* e al principio della libera circolazione degli immobili. Una stipulazione del genere si riscontra talvolta in Louisiana, *enclave* (grosso modo) di *civil law* negli S.U., in materia di *mortgage*; in tal caso, si parla anche di *pact de non alienando* (ALIENAZIONE; IPOTECA; ORDINE PUBBLICO). [vol. I: RESTRAINT ON ALIENATION]

– **di non concorrenza.** Pact not to compete, covenant not to compete, stipulation, o contract, in restraint of trade, o in restraint of competition. Deve essere limitato nella durata, di portata e applicazione territoriale ragionevole e limitata, e supportato da una *adequate consideration*: viene stipulato di solito nell'ambito di un contratto di lavoro, ovvero nella vendita di azienda (AZIENDA; CONCORRENZA; CONTRATTO: III; DIPENDENTE; ESCLUSIVA; *FRANCHISING*; LAVORO; MONOPOLIO; PRATICA RESTRITTIVA DELLA CONCORRENZA). [vol. I: COMPETITION; EXCESS OF JURISDICITON; RESTRAINT OF TRADE; RESTRICTIVE TRADE PRACTICE; ULTRA VIRES]

– **di opzione.** Option contract, contract of option, option agreement (OPZIONE).

– **di prelazione.** Stipulation as to preemption (PRELAZIONE).

– **di quota lite.** Nel sistema inglese — in cui è vietato — è detto più spesso *champerty*, e costituisce un illecito civile e penale, oltre che una grave violazione della deontologia professionale. Negli S.U., dove invece è ammesso e largamente praticato, si parla di contingency fee agreement. Anche nel nostro sistema vige il divieto del patto di quota lite. Ma si tratta di materia da rivisitare. La battaglia di Mauro Cappelletti per la introduzione di un sistema di assistenza giudiziaria nel nostro paese resta un raro esempio di impegno civile da parte di un giurista nostrano. Tanto più rimarchevole in quanto si distacca dalla condotta della confraternita, notoriamente indifferente ai problemi politici, giuridici, economici e sociali del paese, acquattatasi in una comoda attività descrittiva. Non è agevole identificare tutte le ragioni dell'insuccesso di questo generoso e faticoso tentativo. Ma data la colossale *illegalità di massa* che si riscontra nel paese e, in particolare, la profonda crisi etica della nostra avvocatura, l'impossibilità di ideare strutture snelle ed efficaci, di istituire adeguati sistemi di *controllo* della gestione del denaro pubblico; insomma, data la tendenza storica a stravolgere qualsiasi riforma, beninteso, ammesso che ve ne siano di sensate [cfr. Vertone 1992], resta la domanda se questo scacco non debba considerarsi un male minore di fronte a un prevedibilissimo scandaloso spreco di denaro pubblico che avrebbe ridicolizzato per sempre l'idea stessa di assistenza giudiziaria; salvo, naturalmente, a riprendere il progetto in una diversa stagione. Un'altra domanda è *se per ora non si debba ammettere, con le dovute accortezze, una qualche forma di patto di quota lite* che, almeno in determinati casi, funga da surrogato, mediocre quanto si vuole, di una assistenza giudiziaria augurabilissima, ma di là da venire (ASSISTENZA GIUDIZIARIA; CREDITO LITIGIOSO; ONORARI DI AVVOCATO; PROFESSIONE FORENSE; SPESE PROCESSUALI). [vol. I: AMBULANCE CHASER; CHAMPERTY; CONTINGENCY FEE; COSTS; MAINTENANCE]

- **di riscatto nella vendita.** Covenant of redemption, stipulation as to repurchase (RISCATTO; VENDITA CON PATTO DI RISCATTO). [vol. I: REDEMPTION]

- **di riservato dominio.** Stipulation as to retention of title, stipulation as to reservation of title (RISERVATO DOMINIO). [vol. I: HIRE-PURCHASE; RESERVATION OF TITLE]

- **di rivendita a un prezzo minimo.** Resale price maintenance agreement (PREZZO). [vol. I: RESALE PRICE MAINTENANCE]

- **di sicurezza collettiva.** Collective security pact (SICUREZZA COLLETTIVA).

- **di sindacato.** Grosso modo, voting trust. Ma, in senso stretto, non esiste equivalente nel sistema societario anglo-americano. Con il patto di sindacato alcuni soci stringono tra loro un'intesa che impone di votare all'unisono alle assemblee. E quindi permette a pochi pacchetti azionari di contare, messi assieme, come un unico forte azionista di riferimento. Poiché in seguito a un regolamento emesso dalla Consob, l'esistenza dei patti di sindacato deve essere resa pubblica, quelli emersi confermano il controllo di 40 società quotate mediante i patti c.d. parasociali su un totale di 208. Si tratta dei soliti nomi (Fiat, Pirelli, Gemina, Premafin, Imi, Banco Ambroveneto, per citare i principali). I primi tre gruppi industriali privati (Agnelli-Fiat, Generali e Ferruzzi-Montedison) da soli rappresentano 134mila miliardi di capitalizzazione di borsa su un totale complessivo di 335 mila miliardi: una quota superiore al 40 per cento nelle mani delle grandi famiglie. Con tanti saluti al « parco buoi ». L'elenco delle società « blindate » fotografa la realtà della nostra borsa e di un paese che in effetti non ha mai conosciuto il mercato. E che non ha ancora una pallida idea del capitalismo diffuso. Patti e intrecci e alleanze appaiono tipiche di un sistema organizzato per mantenere oltreché la proprietà, il potere che decide le scelte economiche del paese. In breve, non è mai possibile essere sostituiti nel sindacato; i gruppi principali si scambiano tra loro pacchetti e pacchettini dell'1-2-3 per cento delle rispettive società. Questo ineffabile capitalismo nostrano — che assicura il controllo della società a gruppi che hanno una modesta partecipazione azionaria — non trova equivalenza (*et pour cause!*) nella concezione anglo-americana della *public company.* L'inventiva giuridica nostrana ha escogitato un nuovo marchingegno per assicurarsi il controllo della società senza con questo — come prescrive la legge — procedere anche all'acquisto allo stesso prezzo delle azioni della minoranza: si chiama « patto di consultazione », il patto di sindacato mascherato che prevede non obblighi di voto o di comportamenti, ma solo, per l'appunto, di consultazione in tema di offerta pubblica di acquisto [Cfr. *Credit: Barucci, Nobili e i trucchi nel gioco dell'Opa* di Salvatore Bragantini su *Affari & Finanza*, l'ottimo supplemento di *la Repubblica* del 30 ottobre 1992, p. 1]. (AZIONE (II) DI SOCIETÀ; CONVENZIONE DI VOTO; OFFERTA PUBBLICA DI ACQUISTO; PACCHETTO AZIONARIO; PRIVATIZZAZIONI; SINDACATO AZIONARIO DI VOTO; VOTO NELL'ASSEMBLEA DELLA SOCIETÀ).

Bibl.:

Stevens Grande, F., *Ancora sui patti di voto* (1990) 3 CeI 961.

- **di suicidio.** Suicide pact (*supra*, PATTO IN GENERE; SUICIDIO).

- **in deroga.** Grosso modo, opting out clause (DEROGA; RECESSO).

- **leonino.** Nella *common law* si parla di *leonina societas*. Ma non esiste un'espressione esattamente corrispondente al nostro patto leonino. Peraltro, è da presumere che esso sarebbe nullo anche nei sistemi di *common law.* D'altro canto, i concetti di *unconscionability, oppressive agreement, catching bargain,* etc. si riferiscono a talune ipotesi di contratto capzioso qual è inteso nella *civil law.* A questo proposito, si rileva che la *common law* non ammette, almeno sul piano dei princìpi, l'azione generale di rescissione per lesione (CONTRATTO USURARIO; ESTORSIONE; INDEBITA INFLUENZA; LIBERO DA INFLUENZA ALTRUI; MUTUO USURARIO; RESCISSIONE PER LESIONE; SOCIETÀ (II) LEONINA; STATO DI BISOGNO). [vol. I: CATCHING BARGAIN; OPPRESSIVE; UNCONSCIONABILITY]

Bibl.:

Minervini, G., *Partecipazione a scopo di finanziamento e patto leonino* (1988) 3 CeI 771.

– **segreto.** Secret deal (ACCORDO SEGRETO).

– **solenne.** Grosso modo, covenant; ma il termine è impiegato anche in diritto internazionale pattizio per indicare un trattato cui si attribuisce una particolare importanza (ATTO PUBBLICO). [vol. I: *ad vocem*]

– **successorio.** Grosso modo, agreement of inheritance; in principio è valido; ma si noti l'assai diverso regime della devoluzione ereditaria nella tradizione di *common law* (SUCCESSIONE PER CAUSA DI MORTE).

– **tra gentiluomini.** Gentlemen's agreement; ma, in senso stretto, non ha un equivalente esatto nei sistemi di *civil law* (*GENTLEMEN'S AGREEMENT*).

Pattugliamento. Patrolling (ISPEZIONE; PERLUSTRAZIONE).

Pauliana. (AZIONE (I) REVOCATORIA)

Paziente detenuto. Detained patient (DETENUTO).

Peculato. Grosso modo, embezzling of public money, corruption, bribery, maladministration, financial misconduct. Ma non esiste in senso stretto un reato specifico in quanto commesso dal pubblico ufficiale: per questo si parla di *theft*, *apropriation* o *misappropriation of public property* o *of public funds.* Nel sistema inglese si parlava in passato di *depeculation* (APPROPRIAZIONE DI DENARO PUBBLICO; APPROPRIAZIONE INDEBITA; CONCUSSIONE; DENARO PUBBLICO; DISTRAZIONE; FURTO; PROPRIETÀ PUBBLICA). [vol. I: BRIBERY; CORRUPTION; MALVERSATION; THEFT]

Pecunia* o *pretium doloris. (RISARCIMENTO DEL DANNO MORALE)

Pedaggio. Toll, fare, tollage (AUTOSTRADA; CONCESSIONE AMMINISTRATIVA; PASSAGGIO; TRAGHETTO; TRIBUTO). [vol. I: DUE; FERRY; FRANCHISE; TOLL]

– **stradale.** Road toll (STRADA; TASSA DI PASSAGGIO).

Pedinamento di persona sospetta. Nel linguaggio corrente è detto tailing of suspect (INDAGINE; SOSPETTO).

Pedofilia. Paedophilia (CORRUZIONE DI MINORE; MINORE).

Pegno. Pawn o pledge. Rientra nella figura generale del *bailment*, priva di equivalenza nella *civil law* e, in quanto garanzia, nel concetto di *security.* Il pegno fa parte delle *secured transactions*, ora negli S.U. quasi interamente regolate dall'Art. 9 dell'*Uniform Commercial Code* e, sembra appena il caso di aggiungere, da una poderosa legislazione e massa di decisioni giurisprudenziali in tema di *consumer credit.* Il mutuo su pegno è detto *lending on collateral* (AGENZIA DI PEGNI; ANTICRESI; CARTELLA DI PEGNO; CONTRATTO DI PEGNO; COSTITUENTE DEL PEGNO; CREDITO AL CONSUMATORE; GARANZIA; IMPEGNO; LETTERA DI PEGNO; MONTE DI PIETÀ; NOTA DI PEGNO; TUTELA DEL CONSUMATORE). [vol. I: PAWN; PLEDGE]

– **di azione di società.** Pawn, o pledge, of shares o of stock (AZIONE (II) DI SOCIETÀ).

Pena in genere. Penalty, punishment, sentence. Ovviamente, la materia richiederebbe ben più ampia e articolata trattazione, mentre qui non si può che dare un quadro necessariamente schematico e parziale che, non di meno, si spera possa aiutare a intuire talune differenze di fondo. Per inquadrare la materia, sembra opportuno richiamare taluni concetti che si ricollegano all'istituto della pena. Anzitutto, la pena postula che sia stato accertata la commissione di un reato e che vi sia stata una condanna, ma: (i) diverso è il processo: tra, l'altro, nei reati più gravi, esso si svolge con la partecipazione della giuria, istituto ignoto ai sistemi di *civil law,* il cui effetto principale è di determinare oltre al sistema delle prove, tutto l'impianto processuale; (ii) diversi sono i princìpi e le regole alla base del *plea bargain* di cui una versione (necessariamente infedele) è costituita dal patteggiamento nostrano; (iii) diverso è il regime della pena relativo al *massimo* e *minimo della pena*, specie se collegato ai notevolissimi poteri del giudice, e alla *esecuzione* e *durata* della stessa pena. Ma ciò che conta rilevare è che *condanna ad una pena detentiva* e *esecuzione e effettiva* *durata* di essa rientrano in due fasi *nettamente distinte*: la prima è opera del giudice mentre la seconda spetta alle autorità amministrative e, nel sistema inglese, all'*Home Secretary*. Così, ad es., in caso di omicidio volontario (*murder*), il giudice è tenuto a comminare la pena del *life imprisonment* (che non equivale all'ergastolo nostrano), ma egli può raccomandare un periodo minimo di detenzione prima che il condannato sia rilasciato *on licence*. Peraltro, l'*Home Secretary* resta il solo organo che possa stabilire la durata effettiva della pena: l'organo giudiziario, a parte la condanna, può solo fare delle raccomandazioni. Inoltre (iv), *reato* e *pena* appaiono come concetti — giuridicamente — correlativi. Nelle due tradizioni giuridiche i reati spesso sanzionano fattispecie diverse; inoltre, lo stesso fatto può costituire reato in un sistema ed essere lecito in un altro (come, ad es., nel sistema inglese e quello nordamericano). Gli S.U. sono uno stato federale: vi sono quindi reati (e pene) federali, e reati (e pene) dei singoli stati dell'Unione; proprio perché stato federale, vi sono fatti puniti come reati in taluni stati e non in altri, e reati che sono tali per la legge federale e non per quella degli stati dell'Unione, e viceversa. Un'altra conseguenza del federalismo americano è l'esistenza di singoli sistemi penitenziari, rispettivamente, per gli stati dell'Unione e in sede federale. Infine, anche se condividono una comune cultura di fondo, il regime inglese e quello nordamericano vanno tenuti — anche qui — distinti, in una materia in cui gli *acoustic agreements* possono spesso indicare concetti assai diversi.

1. Per quanto riguarda il sistema inglese in particolare, nella maggior parte dei casi, le pene sono stabilite con legge (ma si noti che taluni reati sono previsti dalla *common law*). Di solito, la legge prevede una pena massima detentiva e/o la multa o ammenda (*fine*), lasciando al giudice stabilire la pena entro quel massimo. In breve, i detenuti che scontano la pena di *life imprisonment* possono essere rilasciati in ogni tempo *on licence*, con provvedimento dell'*Home Secretary*. I detenuti per altri reati hanno diritto ad una riduzione della pena fino a un terzo per buona condotta. Inoltre, coloro che hanno scontato un terzo della pena, ma non meno di sei mesi di reclusione, possono essere rilasciati *on licence* o *on parole*. Il Powers of Criminal Courts Act 1973 e il Criminal Justice Act 1991 (che restringe il potere delle corti previsto dalla prima legge) regola il sistema delle condanne condizionali, o *suspended sentences*. Per quanto attiene invece alle condanne che comportano una pena detentiva (*custodial sentences*), una serie di regole stabilisce, tra l'altro, l'obbligo del giudice di accertare che essa sia imposta dalla gravità del reato e che nessun'altra pena (non detentiva) sarebbe adeguata nelle circostanze, l'obbligo di motivare le ragioni dell'imposizione di quella pena e di considerare, prima della decisione, un *pre-sentence report* preparato dai competenti servizi sociali.

2. Un particolare regime attiene alla multa o ammenda (*fine*), prevista per qualsiasi reato, ad eccezione dell'omicidio volontario (*murder*) e alto tradimento (*treason*). Anzitutto, non esiste nel sistema inglese quella versione della *prigione per debiti* che ancora oggi è prevista dall'art. 136 del c.p. nostrano per cui, in caso di insolvibilità del condannato la pena pecuniaria viene convertita, a seconda dei casi, nella reclusione o nell'arresto. Nel sistema inglese, invece, la conversione della pena pecuniaria in pena detentiva ha luogo esclusivamente qualora l'imputato sia in condizioni di pagare (*able to pay*) ma non voglia farlo. Il giudice può imporre una pena pecuniaria fino ad un massimo stabilito dalla legge. Di solito, essa arriva al massimo di 5mila sterline nelle *magistrates' courts*, mentre *non vi è limite massimo* di pene pecuniarie nelle *Crown Courts*. Come si è detto, il mancato pagamento della multa/ammenda comporta l'arresto qualora il condannato sia solvibile. La multa/ammenda costituisce un tipo adeguato di sanzione specie nei confronti delle persone giuridiche; la legge societaria prevede diverse ipotesi di multa in caso di inadempimento di taluni obblighi (*default fines*) a carico delle società e dei loro rappresentanti.

3. Di particolare interesse appare l'articolato sistema delle c.d. *unit fines* previsto dalle ss. 17-24 del Criminal Justice Act 1991. L'ammontare delle multe/ammende irrogate dalle *magistrates' courts* è stabilito, di volta in volta, *moltiplicando delle unità equivalenti alla serietà del reato per il reddito settimanale dell'autore del reato fino a* ma non oltre il massimo previsto per un certo reato. A tal fine, una volta condannato, l'imputato può essere tenuto a provare l'ammontare del suo reddito. In altre parole, *scopo del sistema è di far sì che la multa sia graduata sulla base del reddito del condannato* di modo che, nel caso di commissione dello *stesso reato* da parte di due persone aventi un *reddito diverso,* l'ammontare di essa sarà diver-

so (maggiore o minore) a seconda del reddito di ciascuno. Se mai la *souplesse* e la intelligenza pragmatica del legislatore britannico dovesse essere ancora dimostrata, e con essa tutto il meccanismo per produrre in tempi brevi una adeguata e moderna legislazione, la disciplina di questa materia dovrebbe bastare da sola.

4. Per quanto riguarda la giustizia minorile, un ventaglio assai ricco di misure prevede l'adozione di provvedimenti adeguati. Il minore tra 10 e 17 anni compare di solito davanti a una c.d. *youth court* o come *child* (da 10 a 14 anni) o come *young person* (da 14 anni a meno di 18). La materia è disciplinata, tra l'altro, dal Children Act 1989. I procedimenti relativi si dividono in due grandi categorie, ossia *care and supervision proceedings* e *criminal proceedings*. In quest'ultimo caso, in base al Criminal Justice Act 1982 e 1988, le persone di età inferiore a 21 anni trovate colpevoli di un reato da un tribunale dei minorenni (se inferiori a 18 anni) o da una *magistrates' court* o da una *Crown Court,* se tra i 18 e 21 anni, non possono essere condanne ad una pena detentiva per qualsiasi reato abbiano commesso. Le penalità che possono essere imposte sono, a seconda dei casi, una *community sentence*, una pena detentiva in un carcere minorile (*Young Offenders Institution*), la frequenza di un *attendance centre.* Per quanto riguarda i reati commessi da minori degli anni 21 che comportano un pena stabilita per legge, come omicidio e *manslaughter*, essi devono essere condannati alla *custody for life*, ma se si tratta di persone da 10 a 14 anni o di persone oltre i 14 anni e meno dei 18, la durata della pena ha luogo *during Her Majesty's pleasure.* Ma talvolta una persona inferiore ai 18 anni può essere processata in una c.d. *adult court* quando essa è imputata con altri di età maggiore di 18 anni e il giudice ritiene che debbano essere processati assieme come, ad es., i membri di una banda, oppure quando è accusata di omicidio volontario o di altro reato grave.

5. In particolare, *l'accertamento della colpevolezza* e la *determinazione della pena* (nei reati più gravi) sono due fasi distinte del processo penale di *common law.* Nei processi che si svolgono con la partecipazione della giuria, spetta a quest'ultima dichiarare l'imputato colpevole (*guilty*) o non colpevole (*not guilty*); nel primo caso (colpevolezza), si parla di *conviction*, e spetta al giudice determinare e irrogare la pena, detta *sentence.* Si pensi, inoltre, ad esempio, alle c.d. *indeterminate sentences*, ossia alle pene detentive di durata indeterminata, la cui effettiva estensione viene decisa — spesso, ma non necessariamente, entro i limiti stabiliti dal giudice — da organi del sistema penitenziario (*penal authorities*) collocati al di fuori dell'ordine giudiziario.

6. La distinzione tra reati previsti dalla *common law* e reati previsti dalla *statute law*, o legislazione, ha effetti rilevanti anche sulla durata della pena. Nel sistema inglese il *murder* (omicidio volontario) e il *manslaughter* sono reati previsti dalla *common law*, non dal legislatore; nel caso di *conspiracy*, che nel sistema inglese costituisce un reato di *common law,* spetta al giudice stabilire una ragionevole durata della pena. Quando, come avviene nella stragrande maggioranza dei casi, un reato è previsto dalla legge, si riscontra una notevolissima varietà di regime in ordine alla pena: mentre talune leggi ne fissano il massimo e il minimo, altre prevedono soltanto il massimo, altre ancora non stabiliscono una pena massima. Di solito, nel sistema inglese la legislazione prevede *solo* i limiti massimi della pena, lasciando al giudice un largo margine di apprezzamento, il che spiega il vasto fenomeno della *disparity of sentencing*, ancora più grave negli S.U. in cui la materia rientra, in buona parte, nelle attribuzioni dei singoli stati dell'Unione.

7. Sempre sul piano delle diversità, salvo il caso in cui un comportamento colposo sia punito espressamente dalla legge scritta come, ad es., in tema di circolazione stradale, sembra potersi dire che nei sistemi di *common law* in genere non esiste la categoria dei delitti colposi (DELITTO COLPOSO-DOLOSO). In senso stretto, né il diritto penale inglese né quello nordamericano distinguono tra delitti e contravvenzioni; non esiste un equivalente esatto, rispettivamente, della multa e dell'ammenda; pertanto, di fatto, il termine *fine* equivale, a seconda dei casi, all'una o all'altra (AMMENDA; MULTA).

8. Quanto al concorso di pene, mentre il legislatore italiano adotta il sistema del cumulo materiale delle pene (*tot crimina, tot poenae*), nel sistema inglese e nordamericano spetta al giudice stabilire, caso per caso, se si debba far luogo ad assorbimento delle pene, ovvero se esse debbano essere scontate per intero una dopo l'altra; ossia se le pene, come si dice, debbano essere scontate *concurrently* o *consecutively.* In principio, si applica la seconda soluzione quando il massimo della pena prevista per ogni reato non è sufficiente ad assicurare per un periodo adeguato la tutela della collettività.

9. Va segnalato altresì il reato di *contempt of court*, privo di equivalenza nella *civil law*, che può concretarsi anche nel corso del processo civile. Inoltre, sempre in materia civile, il giudice di *common law* è investito di poteri sanzionatori, anche in questo caso, ignoti alla *civil law*: si pensi ai c.d. *contemptuous damages, exemplary, vindicative, punitive damages, aggravated damages*, che comportano la condanna al risarcimento al di sotto o al di là del danno effettivamente subito o arrecato, per punire una condotta considerata riprovevole (RISARCIMENTO).
10. Da segnalare altresì il potere di *discharge* del giudice, privo di equivalenza nel sistema italiano, per cui, in presenza dell'accertata colpevolezza dell'imputato di un reato che comporti una pena detentiva, egli può, in determinate circostanze, astenersi dal pronunciare la condanna facendo liberare l'imputato, come, ad es., quando esistano circostanze attenuanti (termine da non intendere in senso stretto) come l'assenza di precedenti penali e il fatto di trattarsi di disoccupati o anziani (*absolute discharge*). Va menzionata anche la c.d. *conditional discharge* con cui il giudice si astiene dall'emettere la condanna a condizione che l'autore non commetta un altro reato entro un determinato periodo di tempo non eccedente tre anni, nel qual caso potrà essere condannato anche per il primo reato.
11. Sembra appena il caso di accennare che spesso la durata concreta della pena è determinata in pratica dal *plea bargaining*, ossia dal patteggiamento, istituto fondamentale del processo penale inglese e, ancora più, nordamericano (PATTEGGIAMENTO).
12. Notevolissime differenze si riscontrano in tema di durata della pena, lasciata spesso alla concreta decisione dell'autorità amministrativa, un lusso che solo paesi di antica democrazia come quello inglese e nordamericano possono permettersi. In questo senso, si distingue tra *determinate* e *indeterminate* (o *indefinite*) *sentences*. Negli S.U. tale forma di pena è prevista in numerosi stati dell'Unione le cui leggi prevedono di solito che la pena sarà per un periodo « not less than » un certo numero di anni, « nor more than » né maggiore di un certo numero di anni, ovvero non meno della pena minima prescritta. In tal caso — nei limiti stabiliti dal giudice o dalla legge — la effettiva durata della pena viene stabilita successivamente da organismi dell'amministrazione penitenziaria che tiene conto dei precedenti del condannato, della sua condotta, etc. Una condanna la cui durata è interamente indeterminata può andare da un giorno alla condanna a vita. Negli S.U. — in cui, come si è detto, la materia rientra, a seconda dei casi, nelle attribuzioni dei singoli stati dell'Unione o dello stato federale — il partito democratico ha incluso nel proprio programma l'abolizione del sistema delle pene minime obbligatorie (*mandatory minimum sentences*) che, obbligando il giudice ad emettere una condanna in ogni caso, contribuisce notevolmente all'affollamento carcerario [Lafave and Israel 1985, ed. 1992: 27].
13. Costituisce nel sistema inglese una forma di pena indeterminata la c.d. « detention during Her Majesty's pleasure » — come, ad es., nel caso di condanna di un minore per omicidio volontario — che consente all'*Home Secretary*, ossia a organismi (*Parole Board*) facenti parte dell'amministrazione, di disporre la liberazione del condannato *on licence*, quando cioè sia ritenuto opportuno. Celebre negli S.U. il caso del giudice Sirica che condannò gli uomini dello scandalo *Watergate* ad una pena indeterminata. Il termine *life sentence* o *life imprisonment* non indica nel sistema inglese l'ergastolo, che non esiste. In effetti, si tratta di una pena di durata indeterminata che, di fatto, non va, all'incirca, oltre i dieci anni, salvo che il giudice abbia raccomandato che il condannato sconti un numero minimo di anni di reclusione. La raccomandazione del giudice non può essere impugnata. Nel sistema inglese l'omicidio volontario (*murder*) comporta l'obbligo per il giudice di irrogare una condanna a vita (e si parla, quindi, di *mandatory life sentence*); in caso invece di *manslaughter* — tipo di omicidio che va da quello volontario cui venga riconosciuta una attenuante o giustificazione, fino all'omicidio preterintenzionale — il giudice dovrebbe irrogare una pena determinata senza lasciare ad altri organi di stabilire successivamente la sua durata, salvo il caso in cui per ragioni di ordine pubblico da valutare successivamente all'espiazione della pena il condannato non debba essere trattenuto a tutela della sicurezza pubblica. In tal modo, la durata effettiva della pena nel caso di condanna a vita (*life imprisonment*) viene determinata dal *Parole Board* (organo non giurisdizionale composto, tra l'altro, da assistenti sociali e psichiatri), a meno che — come si è detto — nell'irrogare la pena il giudice non abbia stabilito che il condannato debba scontare un periodo minimo determinato.
14. In altre parole, in quel sistema, una volta imposta la pena, il giudice non ha più a

che fare con gli aspetti relativi alla esecuzione e durata effettiva di essa [Hampton 1973, ed. 1977: 225, 257]. Come scrive Emmins [1981, ed. 1992: 290] a proposito del sistema inglese: « the sentence pronounced in court is not the last word on how long the offender will be detained. That is determined by the rules relating to early release, by whatever name it is called ». Quanto, in particolare, alle pene di durata indeterminata, la c.d. *indefinite detention at Her Majesty's Pleasure* è stata impugnata davanti alla Corte Europea dei Diritti dell'Uomo nel caso Abed Hussain in quanto in violazione degli artt. 5(4) (diritto a un giusto processo) e 14 (discriminazione irrazionale) della convenzione europea sui diritti dell'uomo; è stato infatti sostenuto che il controllo sulla detenzione del condannato deve essere effettuato da un organo giudiziario e non amministrativo; inoltre, la procedura seguita non prevede il contraddittorio né la *cross-examination*: la decisione finale sulla raccomandazione del *Parole Board*, un organo amministrativo, non giudiziario, spetta al Ministro dell'Interno (*Home Secretary*). Nel sistema inglese si parla, a seconda dei casi, di *adult discretionary lifers* e di *juvenile discretionary lifers* nel caso di minori. Assieme alla Francia e all'Olanda, il sistema inglese è unico in Europa a prevedere la pena detentiva indeterminata dei minorenni. Ma nei due paesi di cui sopra essa è soggetta ad una revisione annuale o biennale giudiziaria, e non già amministrativa, come quella inglese (CONDANNA PENALE; PRECEDENTI PENALI).

15. Nel caso di *first offender*, ossia di imputato senza precedenti penali, egli non può essere condannato ad una pena detentiva, a meno che il giudice non ritenga che ciò sia indispensabile. D'altro canto, in caso di *persistent offender*, il giudice può stabilire una pena superiore a quella prevista per il reato commesso. La pena massima prevista è l'*imprisonment for life*, di cui si è detto innanzi. Per quanto riguarda gli altri reati, il condannato che abbia scontato un terzo della pena può essere considerato ai fini della liberazione condizionale regolata dalla procedura che va sotto il nome di *parole*.

16. Negli S.U. — stato federale — la materia è disciplinata dai singoli stati dell'Unione e, per i reati federali, dalla legge federale. Di qui il frequente caso di disparate e spesso bizzarre pene irrogate nei vari stati dell'Unione per lo stesso reato; del resto, Alexis de Tocqueville era stato colpito dalla severità e dalla stranezza delle sanzioni penali esistenti in taluni stati dell'Unione [1835, trad. it., vol. I: 43, at 56]. Peraltro, anche in questa materia la costituzione federale degli S.U. — probabilmente la massima conquista dell'Illuminismo — esprime precetti giuridici che hanno il sapore del messaggio biblico: l'VIII emendamento [1791] recita: « *Excessive bail shall not be required, nor excessive fines imposed, nor cruel and unusual punishments inflicted.* » D'altro canto, per quanto il processo non sia troppo diverso tra i vari stati dell'Unione, va rilevato che, come si è già detto, taluni fatti costituiscono reati in taluni stati dell'Unione e non in altri, e che spesso a reati uguali non corrispondono uguali pene: si pensi, ad es., alla pena di morte, prevista in 37 stati dell'Unione ma non nei rimanenti 13. *Sentencing guidelines* sono emanate dall'*U.S. Sentencing Commission* dirette alle corti federali che infliggono una pena per un reato federale (*federal offence*).

17. La convenzione del 1983 sul trasferimento delle persone condannate prevede — tra i paesi membri del Consiglio d'Europa — la possibilità del trasferimento del condannato straniero per scontare la pena nel paese d'origine.

18. Anche qui, la terminologia può dar luogo a gravi abbagli: *appealing sentence* non indica l'appello contro la sentenza — la quale ultima è detta *judgment* — ma unicamente contro quella parte di essa che determina la pena, ossia la *sentence*. Imporre una pena è detto *imposing a penalty* o *a sentence*, ovvero *to sentence*; scontare una pena è detto *serve (to) a sentence*. La sospensione dell'esecuzione della pena è definita *reprieve of sentence* o *stay of execution*; si differenzia dalla *commutation* che indica la riduzione della pena e dal *pardon*, che indica la grazia.

19. Francesco D'Agostino ha scritto un interessante saggio dal titolo *Sanzione e pena nell'esperienza giuridica* [1987] e, tra l'altro, sulla funzione e il destino del diritto sanzionatorio nella nostra epoca (ABORTO; AFFIDAMENTO IN PROVA AL SERVIZIO SOCIALE; AMNISTIA; ARRESTO; ATTESTATO; AUMENTO o DIMINUZIONE DELLA PENA; CLAUSOLA PENALE; CLEMENZA; COMMUTAZIONE DELLA PENA; COMPUTO DELLE PENE; CONCORSO DI PENE; CONDANNA; CONDONO; CONDOTTA: 3; CONFERMA DELLA PENA; CONVERSIONE DELLA PENA; CUMULO DELLE PENE; DETENZIONE; DIMINUZIONE DELLE PENE; DIRITTI (II) DELL'UOMO; DIRITTO (I) PENALE; DIRITTO (I) PENITENZIARIO; DURATA DELLA PENA; ERGASTOLO; ESECUZIONE DELLA PENA; ESTINZIONE DELLA PENA; *FAVOR REI*; FUNZIONE DELLA PENA; GRAZIA; INDULTO; ISTITUZIONE PENITENZIARIA; MASSIMO DELLA PENA; MINIMO DELLA PENA; MINORE; MODIFICA DELLA

PENA; MULTA; PATTEGGIAMENTO; PENALITÀ; PERDONO GIUDIZIALE; POTERE PUNITIVO; PRECEDENTI PENALI; PROCEDURA PENALE; REATO; RECIDIVA; RECLUSIONE; *REFORMATIO IN PEIUS*; RESPONSABILITÀ; REVISIONE DELLA PENA; RIDUZIONE DELLA PENA; RINVIO DELL'ESECUZIONE DELLA PENA; RISARCIMENTO; SANZIONE; SCARCERAZIONE; SOSPENSIONE CONDIZIONALE DELLA PENA; SOSPENSIONE DELLA PENA; TRASFERIMENTO DI PERSONE CONDANNATE ALL'ESTERO). [vol. I: CRIMINAL PROCEDURE; DETENTION: 2; JURY; NULLA POENA SINE LEGE; PENALTY; PUNISHMENT; PUNITIVE DAMAGES; SENTENCING PROCESS]

Bibl.:
Smith and Keenan 1963, ed. 1992: 95, 113.

– **accessoria.** Grosso modo, combined minor punishment, conseguential punishment, ancillary punishment (*infra*, PENA PRINCIPALE).

– **alternativa.** Grosso modo, alternative punishment (SERVIZIO ALLA COMUNITÀ).

– **amministrativa.** Non custodial sentence, fine (*infra*, PENA DETENTIVA).

– **capitale.** Capital punishment (*infra*, PENA DI MORTE).

– **concorrente.** Concurrent sentence (*supra*, PENA IN GENERE: 8).

– **condizionale.** Suspended sentence (CONDANNA PENALE CONDIZIONALE).

– **consecutiva.** Consecutive sentence (*supra*, PENA IN GENERE: 8).

– **contrattuale.** Penalty clause, penalty provision, contractual penalty (CLAUSOLA PENALE). [vol. I: PENALTY]

– **detentiva.** Custodial sentence, prison sentence; la pena non detentiva è detta *non-custodial sentence*. La pena detentiva è detta anche *prison term*: ad es., una pena di dieci anni di reclusione è detta *10 years prison-term* (*supra*, PENA AMMINISTRATIVA).

– **detentiva di durata determinata.** Determinate sentence (*infra*, PENA DETENTIVA DI DURATA INDETERMINATA).

– **detentiva di durata indeterminata.** Indeterminate sentence (*supra*, PENA IN GENERE: 12; PENA DETENTIVA DI DURATA DETERMINATA; CONDANNA PENALE). [vol. I: DETENTION: 2; LIFE IMPRISONMENT; SENTENCING PROCESS]

Bibl.:
Lafave and Israel 1985, ed. 1992: 1089.

– **di morte.** Death penalty, sentence of death, capital punishment.

1. La pena di morte è stata abolita nel R.U. dal Murder (Abolition of Death Penalty) Act 1965. Le ricorrenti proposte di ripristino della pena capitale che corrispondono in sostanza all'orientamento della grande maggioranza della popolazione sono state finora respinte dal parlamento britannico dopo appassionati dibattiti che fanno onore alla classe politica di quel paese che, come si addice ad una classe politica degna del nome, sa trovare il coraggio dell'impopolarità. Gli unici casi in cui la pena di morte in tempo di pace può essere ancora tecnicamente comminata sono quelli di tradimento, pirateria e incendio di cantieri navali.

2. Negli S.U. — stato federale — ad eccezione di 13 stati dell'Unione (*Alaska, Connecticut, Hawai, Iowa, Kansas, Maine, Michigan, Minnesota, New Jersey, North Dakota, Ohio, West Virginia, Wisconsin*) la pena di morte, eseguita con tecniche diverse, è prevista da tutti gli altri stati dell'Unione. La *Supreme Court* ha stabilito che essa non costituisce una punizione crudele ed insolita vietata dall'VIII emendamento [1791] della costituzione federale. Ma, sempre secondo le decisioni della suddetta Corte, essa può essere imposta solo in caso di omicidio volontario e soltanto a coloro che vi hanno partecipato o hanno previsto il risultato della loro condotta. È stato sostenuto che la pena di morte di per sé contraddice gli assunti morali che sorreggono la nozione di stato di diritto; ma si tratta di argomento di assai dubbio pregio. Mario Ricciardi — giovanissimo ma geniale studioso di cose giuridiche — ha trattato questa *hot topic* con particolare riguardo agli S.U.: la lucidità di questo articolo richiama il rasoio di Occam, tanto poco usato sia dai *common lawyers* che dai nostri studiosi.

3. Su un piano più generale, bisogna essere grati a Norberto Bobbio per avere sintentizzato — nell'ambito del più vasto tema dei diritti dell'uomo — il sempre attuale dibattito sulla pena di morte. Ma in una situazione in cui — almeno in Occidente — il diritto si pone come regolatore ultimo dei conflitti, il tema della pena di morte non può non essere collocato nell'ambito delle realtà processuali dei vari ordinamenti.

4. Ovviamente, queste poche proposizioni non si propongono di esaurire un argomento sul quale la letteratura è stermi-

nata. Ma non si può chiudere senza un omaggio a *Amnesty International*, organizzazione privata inglese che vive esclusivamente di fondi privati, senza *trasferimenti*, sovvenzioni, cassa integrazione, fondi neri, truffe etc. che sono tanta parte delle vicende nostrane. La sua nascita si deve all'indignazione di una sola persona: Peter Berenson, avvocato inglese. Il contrasto col nostro paese colpisce per la sua drammaticità; un fiume di chiacchiere, di scritti, articoli, saggi, prolusioni e interventi, delibere, mozioni e risoluzioni; convegni e ritiri e seminari e conviti e banchetti e tavole rotonde, ogivali, circolari, a ferro di cavallo, quadrate e rettangolari: un immenso sperpero di denaro pubblico che produce una profonda diseducazione e un grande senso di fastidio anche negli uomini di buona volontà (*supra*, PENA IN GENERE; APPELLO; CONDANNA PENALE ALLA RECLUSIONE A VITA; DIRITTI (II) DELL'UOMO; ERGASTOLO; ERRORE GIUDIZIARIO; MORTE; OMICIDIO VOLONTARIO; SENTENZA DI MORTE; TORTURA; TRADIMENTO; TRIBUNALE INTERNAZIONALE PERMANENTE PER I CRIMINI CONTRO L'UMANITÀ). [vol. I: SENTENCING PROCESS: 11]

Bibl.:

Lafave and Israel 1985, ed. 1992: 1088.

Ricciardi, M., *Sulla giustificazione morale delle pene. Una nota sulla 'camera a gas'* (1992) 14 GP 190.

- **eccessiva in genere.** Excessive punishment (*supra*, PENA IN GENERE: 16).
- **minima obbligatoria.** Mandatory minimum sentence.
- **mite.** Lenient sentence.
- **pecuniaria.** Pecuniary punishment, fine (*supra*, PENA IN GENERE). [vol. I: FINE]
- **principale.** Principal punishment (*supra*, PENA ACCESSORIA).
- **scontata.** Spent conviction (PRECEDENTI PENALI). [vol. I: PREVIOUS CONVICTIONS; REHABILITATION OF OFFENDERS]
- **sospesa.** Suspended sentence (SOSPENSIONE DELLA PENA). [vol. I: *ad vocem*]

Penale. Penalty, charge, fee, fine, liquidated damages; in materia di (grosso modo) locazione, si parla di *early termination charge* per indicare la penale dovuta per l'anticipata risoluzione di un *lease*. Ma nei mercati finanziari si parla più spesso di fee come, ad es., nel caso di ritiro anticipato del capitale presso un fondo di investimento (CLAUSOLA PENALE; PENA; PENALISTA; PENALITÀ). [vol. I: PENALTY]. Inteso come aggettivo, si parla di penal, criminal in genere (AZIONE (I) PENALE; CERTIFICATO PENALE; CODICE PENALE; RESPONSABILITÀ PENALE; SANZIONE PENALE).

Penalista. Criminal lawyer (PENALE; PROFESSIONE FORENSE).

Penalità. Penalty, punishment, sentence, fine, forfeiture (CLAUSOLA PENALE; DECADENZA; PENA; PENALE).

Penalizzazione. Criminalization (DEPENALIZZAZIONE). [vol. I: CRIMINAL LAW]

Pendente in genere. Pending, depending (IN CORSO; LATENTE).

- **davanti a.** Pending before (LITISPENDENZA; PENDENZA).

Pendenza in genere. Pendency (IN SOSPESO). [vol. I: *ad vocem*]. Nel senso di controversia, si parla di action, case, cause, lawsuit, dispute, litigation, controversy, dispute (CAUSA (III); IN PENDENZA; QUIESCENZA; REGOLAMENTO DI UNA PENDENZA). [vol. I: ACTION; CASE; CAUSE; CONTENTIOUS BUSINESS; DISPUTE; LITIGATION]

- **della condizione.** Grosso modo, pendency of condition, pending possibility, pending contingency; ma non sembra che vi sia un'espressione univoca corrispondente in questo capitolo oscuro della *common law*. Di fatto, in tema di contratto, si parla, di volta in volta, di *obligation or right subject to a condition precedent* nel caso di pendenza della condizione sospensiva, e di *contract subject to a condition subsequent*, quando si tratti di condizione risolutiva (AVVERAMENTO DELLA CONDIZIONE; CONDIZIONE).
- **del termine.** Pending time, pending time-limit (TERMINE). [vol. I: TIME]
- **di una lite.** (CAUSA (III) PENDENTE; LITE; LITISPENDENZA). [vol. I: SUB JUDICE]

Penitenziario. Penitentiary; ma si parla più spesso di prison, o anche di *correctional institution* (CARCERE GIUDIZIARIO; DIRITTO (I) PENITENZIARIO; PENA; PRIGIONE). [vol. I: PRISON]

Pensionamento. Retirement (PENSIONE).

- **anticipato.** Early retirement.

Pensionato. Pensioner, retiree, superannuated (PENSIONE).

Pensione/i. Pension, detta anche superannuation o retirement benefit. Questa materia è regolata da una complessa legislazione sia nel R.U. che negli S.U. tra i quali sussistono notevoli diversità di regime giuridico. Quanto agli S.U. — stato federale — la materia è retta da leggi federali e leggi dei singoli stati dell'Unione. A differenza del R.U., che ne è stato l'iniziatore, non esiste negli S.U. un *Welfare State* almeno così com'è inteso in Europa (ETÀ PENSIONABILE; FONDI PENSIONE; QUIESCENZA; SEQUESTRO DI STIPENDI, SALARI E PENSIONI; STIPENDIO). [vol. I: ATTACHMENT OF EARNINGS; PENSION]

- **dei giudici.** Judicial pensions (GIUDICE; ORDINAMENTO GIUDIZIARIO; STIPENDIO DEI GIUDICI).
- **dei magistrati.** (*supra*, PENSIONE DEI GIUDICI)
- **di invalidità.** Disability pension, disablement pension, disability benefits (INVALIDITÀ).
- **di vecchiaia.** Retirement benefit, retirement annuity, annuity (*supra*, PENSIONE).
- **indicizzata.** Indexed pension (INDICIZZAZIONE).
- **reversibile.** Joint pension.

Pentitismo in genere. Criminal turning State's evidence (PENTITO).

Pentito in genere. Repentant, penitent. Ma non esiste, sul piano processualpenalistico, un termine esattamente equivalente a una figura che, *eo nomine*, sembra trovare la sua spiegazione nella visione cattolica del peccato. Peraltro, volendo rendere il significato del termine nostrano, si dovrebbe parlare, grosso modo, di repentant criminal, o criminal turning State's (o, nel sistema inglese, Queen's) evidence, *accomplice witness*, *supergrass*. La figura è vecchia come il mondo; ma essa ha assunto drammatica importanza nell'ambito della lotta alla criminalità organizzata, politica, comune o terroristica che sia, nella società industriale di massa. Il collaboratore della giustizia nel sistema inglese e in quello nordamericano ha uno *status* processuale molto diverso da quello dell'omologo nostrano: a questo proposito si rileva che il processo penale anglo-americano è accusatorio, più o meno puro, ed è caratterizzato, tra l'altro, dalla discrezionalità dell'azione penale (AGENTE PROVOCATORE; ASSOCIAZIONE PER DELINQUERE; CHIAMATA DI CORREO; COLLABORATORE DELLA GIUSTIZIA; CONFIDENTE; CRIMINALITÀ ORGANIZZATA; DELATORE; DELAZIONE; DISCREZIONALITÀ DELL'AZIONE PENALE; IMPUTATO; INFILTRATO; INFORMATORE; MAXI-PROCESSO; OMERTÀ; ORDINAMENTO GIUDIZIARIO; PATTEGGIAMENTO; PERDONO; POLIZIA; REATI ASSOCIATIVI; TERRORISMO; TESTIMONE *DE RELATO*; VITTIMA DEL REATO). [vol. I: AGENT; QUEEN'S EVIDENCE]

Percettore in genere. Receiver, drawer, collector (ESATTORE).

- **di reddito fisso.** Fixed income earner (DIPENDENTE; REDDITO FISSO; SALARIATO).

Per conto altrui. In autre droit, in right of another; ad es., il *trustee* è titolare *in right of* (per conto) del beneficiario. L'espressione indica in genere chi è temporaneamente investito di, o esercita, un diritto altrui (CONTO; IN NOME DI; PER CONTO DI; RAPPRESENTANZA; *TRUST*). [vol. I: AUTRE DROIT; IN HIS OWN RIGHT]

Per conto di. On behalf of, for the benefit of, for account of (CONTO; CONTRATTO A FAVORE DI TERZI; FARE LE VECI; IN NOME DI; IN SUA VECE; PER CONTO ALTRUI; RAPPRESENTANZA; TERZO). [vol. I: CONTRACT FOR THE BENEFIT OF THIRD PARTIES]

- **chi spetta.** On behalf, o on account, of whom it may concern; formula che ricorre, tra l'altro, in tema di assicurazione. [vol. I: ON BEHALF OF WHOM IT MAY CONCERN]
- **terzi.** On commission (COMMISSIONE; TERZO). [AGENCY; CONTRACT FOR THE BENEFIT OF THIRD PARTIES]

Percorso. Route (DEVIAZIONE; *ITER*; ITINERARIO; ORARIO; ROTTA; TRAGITTO; TRASPORTO).

Percosse. Battery, assault and battery (LESIONI PERSONALI; MALTRATTAMENTI; MINACCIA). [vol. I: BATTERY]

- **domestiche.** Domestic battery (VIOLENZA DOMESTICA).

Perdita/e. Loss. In tema di risarcimento, il termine costituisce un sinonimo di damage, deprivation, detriment, injury e, anche, di damages. Si parla spesso di *loss or damage* per indicare le due componenti principali del danno. Il termine *loss* ricorre spesso nell'assicurazione marittima per cui una perdita (*loss*) può essere *total* o *partial*, ossia totale o parziale (ABBUONO; ASSICURAZIONE; CALO; DANNO; LOGORÌO ; PERDUTO o NON PERDUTO; PROFITTI E PERDITE; SACRIFICIO; SINISTRO; SMARRIMENTO; TOLLERANZA). [vol. I: ABANDONMENT; DAMAGE; INSURANCE: II. 9; LOSS; PROFIT]

- **accidentale.** Accidental loss (DANNO).

– **assicurative.** Underwriting losses (ASSICURAZIONE).

– **della cambiale.** Loss of bill of exchange (AMMORTAMENTO; CAMBIALE).

– **della cittadinanza.** Loss of nationality, loss of citizenship (APOLIDIA; CITTADINANZA). [vol. I: NATIONALITY]

– **della cosa dovuta.** Loss of the thing owed (PASSAGGIO DELLA PROPRIETÀ; PASSAGGIO DEL RISCHIO). [vol. I: DAMNUM SENTIT DOMINUS; SALE]

– **dell'immobile locato.** Loss, o destruction, of the leased premises (LOCAZIONE). [vol. I: LANDLORD AND TENANT; LEASE]

– **derivante da sinistro.** Casualty loss (SINISTRO).

– **di futuri utili.** Loss of future earnings (PROFITTO; UTILE).

– **di salvataggio.** Salvage loss (SALVATAGGIO MARITTIMO).

– **di una causa.** Loosing a case (CAUSA (III); PARTE VITTORIOSA IN GIUDIZIO). [vol. I: COSTS; JUDGMENT]

– **di un diritto.** Loss of a right, loss of a title (ABBANDONO DI UN DIRITTO; DIRITTO (II); RINUNZIA A UN DIRITTO; TITOLO). [vol. I: FORFEITURE]

– **di un diritto per mancato esercizio.** Laches, o forfeiture of a right (DECADENZA; PRESCRIZIONE). [vol. I: ESTOPPEL; LACHES; LAPSE; PRESCRIPTION]

– **economica.** Economic loss (DANNO ECONOMICO).

– **indiretta.** (DANNO INDIRETTO)

– **lorda.** Gross loss (LORDO).

– **netta.** Net loss (NETTO).

– **parziale.** Partial loss (*infra*, PERDITA TOTALE). [vol. I: *ad vocem*; ABANDONMENT]

– **per avaria comune.** General average loss (AVARIA COMUNE; DANNO IN AVARIA COMUNE).

– **per avaria particolare.** Particular average loss (AVARIA PARTICOLARE). [vol. I: PARTICULAR AVERAGE]

– **per sinistro.** Casualty loss (SINISTRO).

– **presunta.** Constructive loss (*infra*, PERDITA TOTALE; PRESUNTO). [vol. I: *ad vocem*]

– **secca.** Dry loss (*supra*, PERDITA NETTA).

– **totale.** Total loss (*supra*, PERDITA PARZIALE; PERDITA PRESUNTA; ABBANDONO DELLA NAVE, DEL CARICO E DEL NOLO ALL'ASSICURATORE). [vol. I: *ad vocem*; ABANDONMENT OF SHIP, CARGO, CLAIM]

– **totale assoluta.** Absolute total loss, actual total loss (*supra,* PERDITA TOTALE).

– **totale presunta.** Constructive total loss, presumed total loss (*supra*, PERDITA PRESUNTA; PERDITA TOTALE).

Perdono in genere. Pardon, amnesty, condonation; ma si noti che il termine pardon indica più spesso la grazia (nel senso giuridico) (CONDONO; GRAZIA; PENTITO; REMISSIONE DELLA PENA).

– **giudiziale.** Lett., judicial pardon; ma non esiste in senso stretto un equivalente esatto. Peraltro, i sistemi inglese e nordamericano dispongono di istituti analoghi, spesso anche più avanzati (PENA: 4; TRIBUNALE PER I MINORENNI). [vol. I: JUVENILE OFFENDER; PARDON; PAROLE SYSTEM; PUNISHMENT]

Perduto o **non perduto.** Lost or not lost (PERDITA). [vol. I: *ad vocem*]

Per effetto di legge. By operation of law (LEGGE). [vol. I: CONSTRUCTIVE; ESTOPPEL; IMPLICATION; LAW; OPERATION OF LAW; QUASI-CONTRACT]

Perentorio in genere. Imperative, peremptory, mandatory (DIRITTO (I) IMPERATIVO-DISPOSITIVO; INDEROGABILE; TASSATIVO; TERMINE PERENTORIO). [vol. I: DIRECTORY; MANDATORY; PEREMPTORY]

Perenzione. Bar, preclusion (DECADENZA; ECCEZIONE PERENTORIA; INATTIVITÀ PROCESSUALE; PERENTORIO; PRECLUSIONE).

Perequazione. Equalization (EQUILIBRIO).

– **tributaria.** Equality of taxation (IMPOSTA).

Perfezionamento del contratto. (CONCLUSIONE DEL CONTRATTO; IMPERFETTO; IMPERFEZIONE)

Pericoli. (PERICOLO/I)

Pericolo/i in genere. Danger, peril, risk, hazard, jeopardy, distress; in pericolo è detto, tra l'altro, *in jeopardy* (APPELLO: 4; CONTRATTO CONCLUSO IN STATO DI PERICOLO; DANNO; MESSA IN PERICOLO; MINACCIA; NECESSITÀ; PERICOLOSO; RESPONSABILITÀ PER ATTIVITÀ PERICOLOSA; RISCHIO; SALVATAGGIO; SEGNALE DI PERICOLO; SICUREZZA; SOCCORSO; STATO DI PERICOLO; ZONA DI PERICOLO).

[vol. I: ACT OF GOD; FORCE MAJEURE; JEOPARDY; PERILS]

– **della navigazione marittima.** (*infra*, PERICOLI DI MARE)

– **della strada.** Hazards of the road (STRADA).

– **di mare.** Perils of the seas (ASSICURAZIONE MARITTIMA; RISCHI DELLA NAVIGAZIONE). [vol. I: *ad vocem*; INSURANCE: II. 5; SALVAGE]

– **eccettuati.** Perils excepted, o excepted perils. Questi termini ricorrono più spesso in tema di responsabilità del vettore marittimo (TRASPORTO MARITTIMO). [vol. I: CARRIAGE: I. 2, IV; PERILS EXCEPTED]

– **imminente.** Imminent danger (LEGITTIMA DIFESA; STATO DI NECESSITÀ).

– **inesistente nell'assicurazione.** (RISCHIO PUTATIVO)

Pericoloso in genere. Dangerous, unsafe, insecure (PERICOLO; RISCHIO; SICUREZZA). [vol. I: DANGEROUS; SAFETY]

Perimento. Loss (PERDITA).

Periodico. Periodical (RIVISTE DI GIURISPRUDENZA).

Periodo. Term, period, session (DURATA; GIORNO; SESSIONE; TERMINE). [vol. I: SITTING; TIME-LIMIT]

– **breve.** Short-term, short period (BREVE TERMINE).

– **contabile.** Accounting period (CONTABILITÀ).

– **di assicurazione.** Period of insurance (COPERTURA ASSICURATIVA).

– **di attesa.** Waiting period; di solito è detto così il periodo di tempo che deve trascorrere prima che un certo diritto possa essere esercitato come, ad es., in tema di assicurazione, il periodo di tempo in cui la polizza non è in vigore, ovvero, anche se in vigore, non comporta l'obbligo dell'indennizzo. Se, ad es., una polizza di assicurazione contro l'invalidità prevede un *waiting period* di 30 giorni l'invalidità dell'assicurato dovrà durare almeno 30 giorni prima che l'assicuratore sia tenuta a pagare l'indennizzo per il mancato guadagno (*infra*, PERIODO DI GRAZIA; PERIODO DI RAFFREDDAMENTO; ASSICURAZIONE).

– **di grazia.** Grace period, period of grace. Negli S.U. è detto *grace period* il periodo di circa 100 giorni che i *media* concedono al Presidente eletto prima di iniziare una disamina critica della sua politica; esso viene definito anche *honeymoon* (*infra*, PERIODO DI RAFFREDDAMENTO; GRAZIA; TERMINE DI GRAZIA). [vol. I: DAYS OF GRACE]

– **di prescrizione.** Limitation period; ma si parla anche, talvolta, incorrettamente, di period of prescription (*infra*, PERIODO DI USUCAPIONE; PRESCRIZIONE). [vol. I: LIMITATION OF ACTIONS]

– **di prova.** Trial period (PROVA).

– **di raffreddamento.** Cooling time, cooling-off period, waiting period. Questi termini sono impiegati più spesso in tema di controversie collettive di lavoro per indicare il periodo di tempo dedicato alla conciliazione, durante il quale nessuna delle parti può proclamare lo sciopero o indire la serrata. Ma essi sono riferiti anche al periodo previsto dalla clausola di ripensamento nella vendita porta a porta. Negli S.U., cooling off period indica anche, in taluni stati dell'Unione, un termine che si aggiunge automaticamente a quello previsto per un adempimento giudiziario (*supra,* PERIODO DI ATTESA; CLAUSOLA DI RIPENSAMENTO; CONTROVERSIA COLLETTIVA DI LAVORO; PREAVVISO DEI SESSANTA GIORNI; SCIOPERO; TERMINE).

– **di riposo.** Rest period (LAVORO; RIPOSO).

– **di tempo determinato.** Term. Quando questa parola è riferita all'ordine giudiziario, essa indica la sessione durante la quale si svolge l'attività giudiziaria. Ma nel sistema inglese si parla ora di *sitting* (ORDINAMENTO GIUDIZIARIO; SESSIONE GIUDIZIARIA). [vol. I: TERMS]

– **di usucapione.** Prescription period; da non confondere con limitation period che indica il periodo di prescrizione estintiva (*supra*, PERIODO DI PRESCRIZIONE; PRESCRIZIONE; USUCAPIONE).

– **non ancora scaduto.** Unexpired period (SCADENZA).

Perito in genere. Surveyor, assessor, expert; ma si noti la diversa veste che assume nel processo di *common law* il consulente tecnico (COLLEGIO PERITALE; CONSULENTE TECNICO NEL PROCESSO).

– **di avaria.** Average surveyor (AVARIA COMUNE).

– **liquidatore.** Claim adjuster (LIQUIDAZIONE).

– **liquidatore d'avaria.** Average adjuster (AVARIA COMUNE). [vol. I: *ad vocem*]

– **navale.** Ship surveyor, marine surveyor (NAVE). [vol. I: MARINE SURVEY]

– **settore.** Grosso modo, coroner (MEDICO LEGALE).

– **stimatore in genere.** Valuer, surveyor (STIMA; STIMATORE).

Perizia in genere. Appraisal, expertise, examination, survey, estimate, valuation, assessment, inquiry, account. Quando il termine è riferito alla consulenza tecnica nel processo si parla di *expert testimony*. Diversa è la veste del consulente tecnico: egli è un testimone che depone oralmente, viene interrogato e *cross-examined*. Il documento relativo è detto *expert report* (CONSULENTE TECNICO NEL PROCESSO).

– **contabile.** Audit (REVISIONE CONTABILE). [vol. I: ACCOUNT; AUDIT]

– **di avaria.** Average survey (AVARIA COMUNE).

– **giurata.** Grosso modo, sworn expert testimony; ma il consulente è un testimone che depone oralmente, viene interrogato e *cross-examined* (*supra*, PERIZIA IN GENERE).

– **medica.** Medical examination, medical report, forensic report (CARTELLA CLINICA; MEDICINA FORENSE; REFERTO MEDICO; RESPONSABILITÀ PROFESSIONALE). [vol. I: CORONER]

– **necroscopica.** Post mortem examination, post mortem, autopsy; praticata in caso di morti violente o innaturali (AUTOPSIA; INCIDENTE MORTALE; MORTE).

– **scritta.** Lett., writtern expert testimony; ma non esiste: la perizia è orale, anche se il consulente può avvalersi di atti e altri elementi a sostegno della sua deposizione.

– **tecnica.** Technical report (CONSULENTE TECNICO).

Per l'incasso. For collection (INCASSO).

Perlustrazione. Patrolling (ISPEZIONE; PATTUGLIAMENTO).

Permanente. Permanent; ma il concetto è espresso anche dal termine *standing*. Una *injunction* può essere *permanent* o *interim* (o *temporary*). Il termine permanent non significa necessariamente perpetuo (PROCEDIMENTI CAUTELARI; PROVVISORIO; TEMPORANEO). [vol. I: INJUNCTION; PERMANENT; PERMANENT FINANCIAL PROVISION; PERMANENT HOME; PERMANENT MISSION; PERMANENT SECRETARY; STANDING; STANDING COMMITTEE; STANDING ORDER; STANDING RULE]

Permanenza in un luogo. Stay (DOMICILIO; PERMANENTE; RESIDENZA). [vol. I: DOMICILE]

– **in una carica.** Tenure of an office; ma il termine tenure indica anche, tra l'altro, un rapporto di impiego a tempo indeterminato (CARICA; DURATA DI UNA CARICA, DI UN UFFICIO; IMPIEGO; UFFICIO). [vol. I: TENURE]

Permesso in genere. Permit, permission, licence, consent, acquiescence, liberty, privilege, certificate, leave, authority, clearance, waiver, power. Nel senso di consentito, è detto più spesso permitted, allowed, authorized, etc. (AUTORIZZAZIONE; CONCESSIONE; CONGEDO; CONSENSO; DIRITTO (II); DIVIETO; FACOLTÀ; LEGGE PERMISSIVA; LICENZA; NULLA OSTA; PASSI; PERMISSIVO; PROIBITO).

– **di atterraggio.** Landing permit (ATTERRAGGIO; TRASPORTO AEREO).

– **di lavoro.** Work, o labour, permit (*infra*, PERMESSO DI SOGGIORNO; IMMIGRAZIONE; LAVORO; STRANIERO). [vol. I: ALIEN]

– **di partenza della nave.** Ship's clearance (LIBERA PRATICA; NAVE; PORTO DI PARTENZA). [vol. I: CLEARANCE]

– **di sbarco.** Disembarkation permit (SBARCO).

– **di soggiorno.** Residence permit (*supra*, PERMESSO DI LAVORO; IMMIGRAZIONE; RESIDENZA; SOGGIORNO). [vol. I: IMMIGRATION; RESIDENCE]

– **di transito.** Transit permit (TRANSITO).

– **doganale.** Customs permit (DOGANA).

Permissivo. Permissive; si oppone a *compulsory* (FACOLTATIVO; OBBLIGATORIO; PERMESSO). [vol. I: PERMISSIVE]

Permuta. Barter, exchange (BARATTO; SCAMBIO; VENDITA). [vol. I: BARTER; EXCHANGE; SALE]

– **di cose mobili.** Barter (SCAMBIO).

– **di immobili.** Exchange of land (IMMOBILE).

Perorazione. Defence, plea, summing up (ARRINGA; DIFESA). [vol. I: PLEADINGS]

Perpetuità. Perpetuity (FEDECOMMESSO; MANOMORTA; PERMANENTE; TESTIMONIANZA A FUTURA MEMORIA). [vol. I: MORTMAIN; PERPETUITY]

Perpetuo. Perpetual (PERMANENTE; PERPETUITÀ).

Per procura. Per procuration, by procuration, per pro., p.p. (PROCURA). [vol. I: PROCURATION]

Perquisizione in genere. Search. Negli S.U. è definita *fruit of poisonous tree doctrine*, quella regola giurisprudenziale che — in applicazione del IV emendamento [1791] della costituzione — stabilisce la inammissibilità delle prove raccolte che si ricollegano ad una perquisizione o ad un interrogatorio illegali. In questa materia sussiste una radicale diversità di approccio tra il sistema inglese e quello nordamericano, nel senso che mentre il primo tende ad ammettere la prova frutto di una perquisizione illegale (*unlawful search*), il sistema americano la esclude del tutto in base alla *exclusionary rule*; è questo uno dei modi in cui si esercita il controllo della magistratura sull'operato della polizia; un altro è costituito dalle frequenti e solenni critiche giudiziarie all'operato della polizia. In principio, allo stesso modo in cui la polizia non ha il potere generale di fermo dei sospetti, essa non ha neanche quello di costringere una persona a sottoporsi alla perquisizione dei suoi beni o degli immobili. Una perquisizione della polizia (*police search*), per essere valida, deve avvenire col consenso della parte o nel corso dell'arresto. Quanto alla perquisizione dei luoghi, in entrambi i sistemi si richiede un *search warrant*; in mancanza, essa dà luogo a un *trespass*. Ma anche qui va ricordato che gli S.U. sono uno stato federale e che la materia è disciplinata dal *Bill of Rights* federale e da una notevole serie di decisioni interpretative della veneranda *Supreme Court*. Il citato IV emendamento [1791] della costituzione federale stabilisce: « The right of the people to be secure in their persons, houses, papers, and effects, against unreasonable searches and seizures, shall not be violated, and no Warrants shall issue, but upon probable cause, supported by Oath or affirmation, and particularly describing the place to be searched, and the persons or things to be seized ». Importante appare negli S.U. la c.d. *plain view doctrine* in tema di perquisizione e sequestro per cui gli oggetti che ricadono sotto la vista dell'agente che ha diritto di trovarsi in un certo posto possono essere sequestrati senza un preventivo mandato e prodotti come evidenza in giudizio. La materia, non agevole, rientra nella problematica dell'ammissibilità delle prove in giudizio che nel sistema americano ha assunto uno sviluppo privo di equivalenza nel sistema inglese; a non parlare di quello nostrano (ARRESTO ILLEGALE; DECRETO DI PERQUISIZIONE; DIRITTO (II) DI VISITA E PERQUISIZIONE DI NAVE; FERMO DI POLIZIA; FRUTTO; INDAGINE; ISPEZIONE; POLIZIA; PROVA: 5; PROVA ACQUISITA ILLEGALMENTE; RAGIONEVOLEZZA: 1; RICERCA; SEQUESTRO; VISITA). [vol. I: SEARCH; STOP AND FRISK]

Bibl.:
Karlen 1967: 129.

– **di nave.** (DIRITTO (II) DI VISITA E PERQUISIZIONE DI NAVE)

– **domiciliare.** Housing inspection, search of premises, search of house (*supra*, PERQUISIZIONE IN GENERE; FERMO DI POLIZIA). [vol. I: PREMISES]

– **personale.** Search of person; ma negli S.U. si parla più spesso di *stop and frisk* (*supra*, PERQUISIZIONE IN GENERE). [vol. I: STOP AND FRISK]

Perry Mason. Nome d'arte di David Burr, popolare protagonista del grande e piccolo schermo: avvocato nella vita, diviene avvocato in arte, abilissimo nella dialettica processuale, fa emergere l'innocenza e smaschera il colpevole: eroe tutto americano, ossia di una cultura che fa della legge l'elemento centrale della vita politica, economica e sociale del paese. La sua figura di artista si colloca nelle radici profonde della tradizione giuridica popolare anglo-americana che vede nel processo penale una tenzone ad armi pari tra accusa e difesa, in cui la dialettica socratica e la capacità di indagine fanno premio sul sospetto. Il nuovo processo penale italiano « non sarà mai un processo alla *Perry Mason* »; mai e poi mai la gloriosa (*really?*) tradizione processualpenalistica nostrana sarebbe arrivata a tanta ignominia, assicurava, non senza sarcasmo, una buona parte dell'armata di studiosi, e meno studiosi, che per oltre 20 anni ha atteso alla preparazione di un altro codice misto. Proposito che non ha impedito numerosissime spensierate gite in terra d'America che, a giudicare dai risultati, potevano essere risparmiate al contribuente italiano. Oltretutto, sarebbe bastata una rapida scorsa al saggio di Delmar Karlen [1967] per intendere le ragioni che suggerivano invece *un serio studio del processo penale inglese* per molti versi più interessante e più prossimo, non solo logisticamente di quello nordamericano, oltretutto costituito da 51 sistemi processuali penali. L'avvocatura alla *Perry Ma-*

son non è esattamente quella che si svolge nelle aule di giustizia; tuttavia essa divulga i problemi fondamentali del processo penale, tra cui, non ultimo, la tutela dei diritti dell'imputato, l'esigenza di metodi di indagine adeguati, di una prova credibile, ed enfatizza l'importanza della *cross-examination*, prova regina; essa popolarizza una grande scuola di civiltà giuridica. Come osserva Mauro Barberis in un interessante articolo: « L'immagine della nostra cultura giuridica restituita dai media è, più o meno, quella fornita dalla commedia all'italiana »: una bella differenza rispetto a quella del tanto disprezzato, ma spesso in segreto male imitato, sistema anglo-americano impersonato da *Perry Mason* (CODICE PENALE; INVESTIGATORE PRIVATO; PROCEDURA PENALE; PROVA: 4; SISTEMA PENALE ACCUSATORIO).

Bibl.:

Barberis, M., *La cultura giuridica degli italiani*, il Mulino 4/92: 602.

Persecuzione in genere. Molestation, harassment, vexation, persecution (MOLESTIE; PERSEGUIBILE; PERSEGUITATO POLITICO; VESSAZIONE; VIOLENZA).

Perseguibile in genere. Indictable, suable.

- **civilmente.** Actionable, liable to be sued (AZIONE (I) CIVILE). [vol. I: ACTIONABLE]
- **penalmente.** Liable to prosecution, criminally liable (AZIONE (I) PENALE).

Perseguitato politico. Political victim (ASILO; PERSECUZIONE).

Persona/e in genere. Person; difficile questione è se il concepito sia da considerare persona o meno (ABORTO; CAPACITÀ; CITTADINO; CONCEPITO; CONTRATTO PER PERSONA DA NOMINARE; CONTROLLO; CORPO; DANNO ALLA PERSONA; DIRITTO (I) DELLE PERSONE; ENTE; ENTITÀ; FALSITÀ PERSONALE; FETO; IDENTITÀ; LESIONI PRE-NATALI; PERSONALE; RICOGNIZIONE DI PERSONE, DI SOSPETTI; SEQUESTRO DI PERSONA; SOGGETTO GIURIDICO; SOSTITUZIONE DI PERSONA; STATO E CAPACITÀ DELLE PERSONE).

- **a carico.** Dependant o dependent (*infra*, PERSONA TENUTA AGLI ALIMENTI; A CARICO DI; ALIMENTI; ASSEGNI (I) FAMILIARI; DIPENDENTE). [vol. I: *ad vocem*]
- **capace di diritti e obblighi.** Person capable of having rights and being liable to duties (CAPACITÀ).
- **civilmente responsabile.** Civilly liable person (RESPONSABILITÀ CIVILE).
- **condannata.** Convicted person (CONDANNA; PENA).
- **con diritto di voto.** Qualified voter (ELETTORE; VOTANTE).
- **designata.** Nominee, appointee (DESIGNATO; NOMINA).
- **dispersa.** (DISPERSO)
- **fisica.** Natural person (PERSONALITÀ). [vol. I: *ad vocem*; IMPERSONATION; PERSONATION]
- **fisica e persona giuridica.** Natural person and corporation (*infra,* PERSONA GIURIDICA).
- **giuridica.** Corporation, artificial person, corporate person, body corporate, corporate entity.

1. Ma è detta anche legal o juristic person, juridical person, legal entity, body politic. *Business corporations* sono dette negli S.U. le società di capitali munite di personalità giuridica. Non si distingue tra associazioni e fondazioni, ma tra *corporations aggregate* e *corporations sole*. La persona giuridica trova la sua fonte nella *common law,* come la *Crown,* in uno *statute* (legge scritta) o in una *charter*. Appartegono alla categoria delle persone giuridiche che traggono la loro origine dalla legge (*statute*) quelle che vengono ad esistenza una volta adempiuti i requisiti previsti dalla legge, come nel caso delle *companies* (o *corporations* negli S.U.). La nascita e la costituzione della persona giuridica sono dette *incorporation*; la libertà, ossia il diritto, di costituire una persona giuridica è detta *freedom of incorporation*. Come avverte Schlesinger [1950, ed. 1988: 798], nella tradizione di *civil law* non vi è mai stata confusione — come nella *common law* — tra le persone giuridiche con scopi di lucro (*business corporations*) ed altre persone giuridiche come le fondazioni, associazioni, etc. Di particolare importanza è la dottrina detta *ultra vires* (priva di equivalenza nella *civil law*), che stabilisce dei limiti all'attività di una persona giuridica relativamente agli atti non previsti dall'atto costitutivo.

2. È questo il capitolo maestro della teoria generale della persona giuridica, dell'associazionismo con e senza scopi di lucro, della persona giuridica con e senza fini di lucro, della società civile o commerciale che sia e, infine, della società di capitali che tanta importanza assume nella società industriale di massa. Ma le due

tradizioni giuridiche di *civil law* e di *common law* hanno seguito ognuna una diversa strada descritta magistralmente da Rudolf Schlesinger [1950, ed. 1988: 793].
3. Com'è stato osservato: « Mediocre interesse ha, dunque, il problema — già a lungo dibattuto — se la persona giuridica sia soggetto fittizio o reale; tale problema non ha senso *per il diritto*, poiché la persona giuridica ha, quanto meno, una sua realtà *nel e per il mondo giuridico*, anche se questa non sia tale, alla stregua delle leggi di natura, o secondo i criteri del senso comune, perché manca di 'corporeità' » [Messineo 1939, ed. 1954-65, vol. I: 276]. Ma si tratta di ottica, oltre che positivistica, *privatistica*, che non tocca la teoria della persona giuridica pubblica, distinzione peraltro inesistente nella tradizione di *common law*, che considera la materia in modo unitario, caratteristica che spiega il diverso concetto di stato nelle due tradizioni giuridiche e anche, almeno in parte, in particolare la diversa concezione dello *stato di diritto* (ABUSO DELLA PERSONALITÀ GIURIDICA; AMMINISTRAZIONE DELLA PERSONA GIURIDICA; CREAZIONE DELLA PERSONA GIURIDICA; DIRITTO (I) DELLE PERSONE GIURIDICHE; DIRITTO (II) DI ASSOCIAZIONE; DIRITTO (II) DI STABILIMENTO; ECCESSO DI POTERE DELLA PERSONA GIURIDICA; ESTINZIONE DELLA PERSONA GIURIDICA; LIBERTÀ DI CIRCOLAZIONE COMUNITARIA; LIQUIDAZIONE DELLA PERSONA GIURIDICA; NAZIONALITÀ DELLE PERSONE GIURIDICHE; PERSONALITÀ GIURIDICA; REGISTRAZIONE DELLE PERSONE GIURIDICHE; REGOLAMENTO DELLE PERSONE GIURIDICHE; RICONOSCIMENTO DELLA PERSONALITÀ GIURIDICA; SEDE DELLA PERSONA GIURIDICA; SOCIETÀ (II) QUALE SOGGETTO COLLETTIVO; STATO; SUCCESSIONE DELLE PERSONE GIURIDICHE; SUPERAMENTO DELLA PERSONALITÀ GIURIDICA). [vol. I: INTRODUZIONE: III. 13; CHARITY; CORPORATION; CROWN; LIFTING THE CORPORATE VEIL; ULTRA VIRES]

Bibl.:

Galgano, F., *L'abuso della personalità giuridica nella giurisprudenza di merito (e negli « obiter dicta » della Cassazione)* (1987) 2 CeI 365.
Inzitari, B., *La « vulnerabile » persona giuridica* (1985) 3 CeI 679.
Vittoria, D., *Gli acquisti delle persone giuridiche e gli attuali limiti di applicazione dell'art. 17 c.c.* (1987) 3 CeI 830.

– **giuridica con-senza scopo di lucro.** Rispettivamente, business corporation, non business corporation, not for profit corporation (ASSOCIAZIONE CON-SENZA SCOPO DI LUCRO; SCOPO DI LUCRO; SOCIETÀ (II) DI CAPITALI).

– **giuridica di diritto ecclesiastico.** Ecclesiastical corporation (CHIESA; DIRITTO (I) ECCLESIASTICO).

– **giuridica pubblica.** Public corporation; si può trattare di una *municipality* o di una *government corporation*. Ma il termine *public corporation* indica anche quella che viene definita come *public company*, ossia, grosso modo, la società per azioni ad azionariato diffuso gestita non già dai detentori della quota di controllo, ma dal *management*. Nel primo caso (capitalismo familare o all'italiana, tanto per impiegare espressioni correnti) si parla di *close* o *private corporation*, come, in effetti, verrebbero classificate — data la loro struttura proprietaria — le maggiori imprese italiane nel sistema societario anglo-americano (GOVERNO; PUBBLICO; *PUBLIC COMPANY*; STATO).

– **giuridica straniera.** Foreign corporation (DIRITTO (II) DI STABILIMENTO).

– **ignota.** Unknown person (IDENTIFICAZIONE). [vol. I: IDENTIFICATION]

– **in buona fede.** Person acting in good faith (BUONA FEDE).

– **incapace.** Disabled person, person under disability (INCAPACE; INCOMPETENZA).

– **indigente.** (INDIGENTE)

– **interessata.** Interested person (LEGITTIMAZIONE).

– **interposta.** Nominee, man of straw (UOMO DI PAGLIA).

– **irreperibile.** Person at large (*infra,* PERSONA RICERCATA; IRREPERIBILE; LATITANTE; SENZA FISSA DIMORA). [vol. I: ABSCONDER]

– **legittimata.** Person entitled (AVENTE DIRITTO; LEGITTIMATO; TITOLO).

– **legittimata a rinunciare alla lite.** Dominus litis (LEGITTIMAZIONE; LITE). [vol. I: *ad vocem*]

– **morale.** Corporation; taluno traduce con moral person. Quando persegue scopi di beneficenza, l'analogo più prossimo è la *charity*. Ma non esiste un equivalente esatto (*supra*, PERSONA GIURIDICA; ENTE DI BENEFICENZA).

– **offesa dal reato.** Grosso modo, victim of crime (PROVA).

– **ricercata.** Person wanted, wanted, person sought (*supra*, PERSONA IRREPERIBILE).

– **sospetta.** Suspect (FERMO DI INDIZIATI DI REATO; PROVA).

– **sottoposta alle indagini.** (IMPUTATO)

– **tenuta agli alimenti.** Person liable to give support (*supra*, PERSONA A CARICO; ALIMENTI).

– **umana.** Human person (DIRITTI (II) DELL'UOMO).

Personale in genere. Staff, personnel, staff, il potere gestionale del personale è detto managerial activity o ability; ridurre il personale è detto popolarmente *slushing staff*. Sono definiti *executive employees* quei dipendenti come, ad es., gli amministratori di società, dotati di *managerial authority* e quindi di poteri direttivi, ossia di direzione, gestione, e/o supervisione del lavoro di altre persone. Da noi sono definiti incorrettamente *managers* (AMMINISTRATORE DI SOCIETÀ; A TITOLO PERSONALE; COLPA PERSONALE; ESUBERANZA DI PERSONALE; IMPIEGO; LAVORO; ORGANICO; STATUTO DEL PERSONALE).

– **a tempo pieno.** Full-time personnel (IMPIEGO; RAPPORTO DI LAVORO).

– **ausiliare di studio di avvocato.** Negli S.U. è detto *paralegal* il personale ausiliare di studi di avvocati; presso numerose università sono tenuti *paralegal courses* che comportano il conseguimento di una laurea (AUSILIARI DELLA GIUSTIZIA; STUDIO DI AVVOCATO).

– **dipendente in genere.** Staff, personnel (*supra*, PERSONALE IN GENERE).

– **direttivo di entità pubblica** o **privata.** Executive employees (*supra,* PERSONALE IN GENERE; *MANAGER*).

– **esterno.** Field personnel (*supra*, PERSONALE IN GENERE).

– **in sovrannumero.** Redundant personnel (ESUBERANZA DI PERSONALE).

– **marittimo.** Seamen (GENTE DI MARE; LAVORATORE MARITTIMO). [vol. I: *ad vocem;* CREW; SHIP]

Personalità in genere. Personality, character. In materia penale si definisce *evidence of character* la testimonianza relativa alla condotta, ai precedenti e alla personalità dell'imputato (CARATTERE; DIRITTI (II) DELLA PERSONALITÀ; PERSONA GIURIDICA; RICONOSCIMENTO DELLA PERSONALITÀ GIURIDICA; SUPERAMENTO DELLA PERSONALITÀ GIURIDICA).

– **dell'individuo.** (REPUTAZIONE)

– **giuridica.** Juristic personality, legal o corporate personality (ASSOCIAZIONE; PERSONA GIURIDICA; SOCIETÀ (II) DI COMODO; SOCIETÀ (II) QUALE SOGGETTO COLLETTIVO; SUPERAMENTO DELLA PERSONALITÀ GIURIDICA).

– **internazionale.** International personality (CONFEDERAZIONE; FEDERAZIONE; ORGANIZZAZIONE INTERNAZIONALE).

– **morale.** Legal o corporate personality (PERSONA MORALE).

Personificazione della nave. Personification of the ship. Si tratta di un concetto impiegato in diritto marittimo nordamericano, ma non accolto nel diritto inglese, per indicare, secondo una certa teoria, il fondamento dell'*action in rem* diretta all'esecuzione di un *lien*. In tal caso, si usa dire che la nave oggetto del procedimento si personifica e diventa essa stessa il convenuto nell'azione (NAVE). [vol. I: LIEN; PERSONIFICATION OF THE SHIP]

Bibl.:
Gilmore and Black 1957, ed. 1975: 589.

Persuasione. Suasion; si dice che, nell'esercizio delle sue funzioni di controllo, la Banca d'Inghilterra operi *by suasion* per indicare che essa non emette ordini legalmente vincolanti, ma si limita a suggerire alle altre banche un certo *modus operandi*.
1. Il metodo della *moral suasion* riflette la concezione tutta inglese: *a*) delle *non-legal rules* e della *self-regulation* o autoregolamentazione; *b*) dei rapporti di fiducia esistenti — in passato, ma ormai in buona sostanza tramontati — in quello e altri settori della realtà politica, sociale ed economica britannica. Ma, venuto meno l'elemento fiduciario nel rapporto tra controllori e controllati, tutto il sistema fondato sulla *suasion* è, in buona parte, clamorosamente crollato, come ha dimostrato ampiamente, per citare un solo esempio, il caso della *Bank of Credit and Commerce* (*Bcci*), in cui la Banca d'Inghilterra ha dato prova di totale e deliberata inefficienza. Il discorso si allarga alla *City*, ossia alla disciplina dei mercati finanziari, e alla pretesa, oggi ridicola, dei gruppi dominanti di autoregolarsi: la *self-regulation* — chiodo fisso del partito conservatore che contrasta con la ben diversa e più efficace prassi nordamericana basata su controlli previsti dalla legge e affidati alla celebre *Securities and Exchange Commission* (SEC) — si è rivelata un non meno clamoroso fallimento, e non soltanto a causa dei numero-

sissimi scandali che hanno discreditato il *ja-dis* leggendario *establishment* degli affari.
2. Beninteso, a un livello più modesto e pur in presenza di controlli stabiliti della legge, si colloca il mancato sindacato della Banca d'Italia in occasione degli affari Sindona, Calvi, e Banca Nazionale del Lavoro, che hanno comportato un enorme dispendio di denaro pubblico e privato. A non parlare dell'*affaire* Ferfin e delle prodezze della Consob (AUTOREGOLAMENTAZIONE; BANCA D'INGHILTERRA; CODICE DI CONDOTTA; DISSUASIONE; *FUTURES* FINANZIARI; PRECEDENTE PERSUASIVO; PUBBLICITÀ PERSUASIVA; REGOLA DI CONDOTTA). [vol. I: BANK OF ENGLAND; NON-LEGAL RULES; SUASION, BY]

– **morale.** Moral suasion (*supra*, PERSUASIONE).

Pertinente. Appurtenant, appertaining, appendant, germane, pertinent, incidental, relevant, material (ACCESSORIO; PERTINENZA; RILEVANTE).

Pertinenza in genere. Appurtenance, annex (ACCESSIONE; ADDIZIONI; ANNESSIONE; ANNESSO; INCORPORAZIONE; MIGLIORAMENTO; MIGLIORIA; PERTINENTE; SUPPELLETTILI). [vol. I: ACCESSORIUS SEQUITUR PRINCIPALIS; APPENDANT; APPURTENANCE; FIXTURE]

– **commerciale.** Trade fixture. [vol. I: FIXTURE]

– **di immobile a immobile.** Appurtenance, o appendant and appurtenant, addition. La pertinenza è detta *adjunct* o *accessory hereditament*, e la cosa principale *principal hereditament* (IMMOBILE; MOBILE).

– **di mobile a immobile posta in essere dal *tenant*.** Fixture (LOCAZIONE).

– **di nave** o **aereomobile.** Appurtenance of ship o of aircraft (NAVE).

Pesca. Fishery o fishing (DIRITTO (I) DEL MARE; DIRITTO (II) DI PESCA IN ACQUE ALTRUI; DIRITTO (II) ESCLUSIVO DI PESCA; DIRITTO (II) PUBBLICO DI PESCA; DIVIETO DI PESCA). [vol. I: EXCLUSIVE ECONOMIC ZONE; FISHERY; FISHING; FREEDOM OF THE HIGH SEAS; LAW OF THE SEA]

Peso/i in genere. Weight; nel senso di passivo, è detto *liability* (PASSIVO).

– o **onere.** Onus, burden, encumbrance; gravare di privilegio un bene o anche gli stipendi è detto *encumber (to) property* o *encumber (to) future earnings* (CAUSE (I) LEGITTIME DI PRELAZIONE; GRAVAME; ONERE; PASSIVITÀ; PASSIVO; PRIVILEGIO; REGISTRI IMMOBILIARI; VINCOLO SULLA PROPRIETÀ).

– **della prova.** Weight of evidence (ONERE DELLA PROVA). [vol. I: *ad vocem*]

– **e misure in genere.** Weights and measures (ABBUONO; CALO DI PESO; COLLO; MISURA; PACCO; SISTEMA METRICO DECIMALE). [vol. I: *ad vocem*]

– **gravante su un immobile.** Encumbrance: il termine include *mortgages, charges, liens*, e le trascrizioni di atti di citazione o di sentenze relative all'immobile. [vol. I: ENCUMBRANCE; LAND]

Petitum. Grosso modo, relief (o redress) sought (AZIONE (I) IN GIUDIZIO; *CAUSA PETENDI*; CITAZIONE IN GIUDIZIO; CORRISPONDENZA TRA CHIESTO E PRONUNCIATO; DOMANDA GIUDIZIALE; *EXTRA PETITUM*; IN SUBORDINE). [vol. I: RELIEF; REMEDY]

Petizione in genere. Petition, application, demand, request, claim, memorial. Ma in senso stretto la *petition* costituisce la domanda giudiziale tipica dell'*equity*. Il *right of petition* costituisce nell'ottica costituzionale inglese e poi nordamericana un diritto fondamentale del cittadino: il I emendamento [1791] della costituzione degli S.U. stabilisce, tra l'altro, « the right of the people peaceably to assemble, and to petition the Government for a redress of grievances ». Esso figura in quasi tutte le costituzioni (successive) come quella italiana (art. 50; ma sfigurato) e quella tedesca (art. 17); si tratta di un motivo illuministico che ha avuto la sua consacrazione formale per la prima volta nella costituzione degli S.U. (CITAZIONE IN GIUDIZIO; DIRITTI (II) POLITICI; DOMANDA; ESPOSTO; FONTI DEL DIRITTO; POSTULANTE; REFERENDUM; RICHIESTA; SUPPLICA). [vol. I: PETITION; PETITION OF RIGHT]

– **ereditaria.** Non esiste nella tradizione di *common law*, data la diversa articolazione della materia (SUCCESSIONE PER CAUSA DI MORTE). [vol. I: SUCCESSION]

Pezza di appoggio. Voucher, supporting title (TITOLO).

Pianificazione in genere. Planning, economic planning (PIANO).

– **centrale.** Central planning (ECONOMIA DI MERCATO).

– **familiare.** Family planning (CONTRACCETTIVO; FAMIGLIA).

– **normativa.** Regulatory planning (*supra*, PIANIFICAZIONE IN GENERE).

– **urbanistica.** Town planning, city planning, urban planning; negli S.U. si parla di *zoning* (PIANO REGOLATORE GENERALE).

Piano. Scheme, plan, schedule (ORARIO; PIANIFICAZIONE; PROGETTO; PROGRAMMA; SCHEMA; TABELLA). [vol. I: SCHEME]

- **assicurativo.** Insurance scheme (ASSICURAZIONE).
- **a termine di assicurazione sulla vita.** Term plan of life insurance (ASSICURAZIONE SULLA VITA).
- **di ammortamento.** Sinking fund plan, sinking plan, lapsing schedule, amortization (AMMORTAMENTO). [vol. I: SINKING FUND]
- **di compartecipazione agli utili.** Profit-sharing scheme, profit sharing plan (COMPARTECIPAZIONE; UTILE).
- **di emergenza.** Contingency plan (EMERGENZA; RIUNIONE DI EMERGENZA).
- **di investimento.** Investment plan (INVESTIMENTO: 2).
- **di lavoro.** Work program (LAVORO).
- **di lottizzazione.** General building scheme (*infra*, PIANO REGOLATORE; LOTTIZZAZIONE; PIANIFICAZIONE URBANISTICA).
- **di pace.** Peace plan (PACE).
- **di ristrutturazione di un'azienda.** Restructuring plan (*REORGANIZZATION*; RICOSTRUZIONE).
- **di sviluppo.** Development plan (SVILUPPO).
- **regolatore generale in genere.** Master plan, town planning, city planning. Negli S.U. — stato federale — la materia rientra nelle attribuzioni dei singoli stati dell'Unione. Definita più spesso *zoning*, è regolata da una imponente legislazione sulla destinazione e l'uso del suolo. Oggetto di numerose e vivaci dispute politiche e giudiziarie vertenti sull'interpretazione del XIV emendamento [1868] relativo, tra l'altro, ai diritti di proprietà, lo *zoning* venne dichiarato costituzionale nel 1926 dalla *Supreme Court*. Resta, peraltro, vivissima la disputa se una *zoning ordinance* non comporti di per sé un *taking of property* dando luogo al diritto a un indennizzo per espropriazione. Particolarmente avanzata appare la legislazione in materia esistente in California. Si parla di *zoning*, di *zoning statutes* (o *ordinances*) e di *zoning regulations* per indicare, i vincoli e le prescrizioni di zona. È definita *nonconforming use* quella struttura che, legale al tempo della sua erezione, diviene successivamente non conforme alle nuove norme del piano regolatore successivamente adottate: in tal caso, queste ultime si applicheranno solo alle costruzioni successive (AMBIENTE; CENTRO ABITATO; CINTURA VERDE; CONDONO EDILIZIO; ESPROPRIAZIONE PER PUBBLICA UTILITÀ; IMPATTO AMBIENTALE; LEGGE SUL CONTROLLO DELL'USO DEL TERRITORIO; LOTTIZZAZIONE DI SUOLO EDIFICATORIO; QUARTIERE DI CITTÀ; TERRITORIO; ZONA). [vol. I: TOWN AND COUNTRY PLANNING ACTS; ZONING]

  Bibl.:

  Nowak and Rotunda 1978, ed. 1991: 426.

Piattaforma continentale. Continental shelf (LETTO DEL MARE). [vol. I: *ad vocem*]

Piazza. Place, market (VENDITA). [vol. I: MARKET OVERT]

- **bancaria.** Banking place of payment (PAGAMENTO).
- **di pagamento.** Place of payment (CAMBIALE SU PIAZZA; PAGAMENTO).
- **finanziaria *offshore*.** Offshore financial centre [vol. I: OFFSHORE]

Picchettaggio in genere. Picketing; ma esso non ha luogo soltanto in occasione di controversie collettive di lavoro. Ad es., negli S.U., la *Supreme Court* è stata chiamata a pronunciarsi sulla legalità del picchettaggio da parte di gruppi antiabortisti di cliniche in cui si pratica l'aborto: in tal caso, si è parlato di *blocked abortion clinics* (CONTROVERSIA COLLETTIVA DI LAVORO; CRUMIRAGGIO; LINEA DI PICCHETTAGGIO; SCIOPERO). [vol. I: PICKETING; STRIKE; TRADE UNION]

- **del consumatore.** Consumer picketing (CONSUMATORE). [vol. I: *ad vocem*]
- **di massa.** Mass picketing (*supra*, PICCHETTAGGIO IN GENERE).
- **illegale.** Unlawful picketing (*supra*, PICCHETTAGGIO IN GENERE).
- **pacificio.** Peaceful picketing (*supra*, PICCHETTAGGIO IN GENERE).
- **primario.** Primary picketing (*supra*, PICCHETTAGGIO IN GENERE).
- **secondario.** Secondary picketing (*supra*, PICCHETTAGGIO IN GENERE).

Piccola/e/o in genere. Small (GRANDE). [vol. I: *ad vocem*].

– **agricoltore.** (COLTIVATORE DIRETTO)

– **annunzio pubblicitario.** Small ad (ANNUNZIO PUBBLICITARIO; PUBBLICITÀ; TUTELA DEL CONSUMATORE).

– **azionista.** Small shareholder. Tra i paesi industrializzati, il nostro è l'unico in cui i piccoli azionisti vengono definiti dagli stessi circoli borsistici e dagli imprenditori come il « parco buoi », ossia degli animali *destinati* ad essere macellati dalle poche « grandi famiglie » che controllano i pacchetti di maggioranza: da sé solo, questo fatto dà un'idea del tipo di economia di mercato e di capitalismo (*pour ainsi dire*) esistente nel paese (AZIONISTA DI SOCIETÀ; OFFERTA PUBBLICA DI ACQUISTO; REVISIONE CONTABILE; TUTELA DEI DIRITTI; TUTELA DELLA MINORANZA AZIONARIA; TUTELA DELL'INVESTITORE).

– **fallimento.** Small bankruptcy; è detto così nel sistema inglese il fallimento il cui valore non superi una certa cifra; prevede un procedimento abbreviato in cui funge da *trustee* un *insolvency practitioner*, ai sensi delle ss. 273 e 418 dell'Insolvency Act 1986. Per i fallimenti di valore ancora inferiore si procede alla *summary administration*, ai sensi della s. 275 del suddetto Act, ossia ad una forma di procedimento sommario (FALLIMENTO; PROCEDIMENTO SOMMARIO).

– **imprenditore.** Small businessman, small trader (IMPRENDITORE).

– **impresa.** Small business, small company, small business, small firm; si dice *going public* di una piccola impresa che viene quotata in borsa (AMMISSIONE AL LISTINO DI TITOLI DI SOCIETÀ; GRANDE IMPRESA; IMPRESA; QUOTAZIONE DI TITOLI MOBILIARI; SOCIETÀ (II) QUALE SOGGETTO COLLETTIVO: V, VI; SOCIETÀ (II) UNIPERSONALE).

Bibl.:

Drury, R. R., *Legal Structures of Small Businesses in France and England Compared* (1978) 27 I.C.L.Q. 510.

– **investitore.** Small investor (*supra*, PICCOLO AZIONISTA; INVESTITORE).

– **risparmiatore.** Small saver (*supra*, PICCOLO AZIONISTA).

– **spese.** Petty expenses (SPESA).

Piena occupazione. Full employment; obiettivo fondamentale del *Welfare State* (OCCUPAZIONE; STATO SOCIALE).

Pieni poteri. Full powers, plenary powers; il 22 maggio 1940 il parlamento britannico conferiva *extraordinary powers*, ossia i pieni poteri, al governo di unità nazionale presieduto da Winston Churchill per il periodo della durata della guerra (CREDENZIALI; POTERE; POTERI DI EMERGENZA; PROCURA; RAPPRESENTANZA). [vol. I: FULL POWERS]

Pigione. (CANONE DI LOCAZIONE)

Pignorabile. Attachable, seizable, leviable (BENI PIGNORABILI; IMPIGNORABILITÀ; PASSIBILE DI PIGNORAMENTO; PIGNORAMENTO).

Pignoramento in genere. Attachment, seizure of property, garnishment. Ma negli S.U. il termine attachment indica anche il sequestro conservativo, mentre nel sistema inglese quest'ultimo è definito più spesso *Mareva injunction,* dall'ormai celebre caso. Quanto al termine *garnishment*, esso indica il pignoramento e, a seconda dei casi, anche il sequestro conservativo presso terzi.

1. È questo uno dei capitoli più oscuri della *common law*, in cui l'ondeggiare della terminologia riflette il dato storico e asistematico della materia che prevede in sede di esecuzione forzata una serie di procedere parallele, non agevoli da distinguere tra loro. A questo va aggiunto che negli S.U. — stato federale — la materia rientra nelle attribuzioni dei singoli stati dell'Unione: ai sensi della R. 64 delle *Federal Rules of Civil Procedure*, le corti federali applicano in materia le leggi locali.

2. Ad ogni modo, il concetto di pignoramento (*attachment* che, come si è detto, indica anche il sequestro conservativo) è reso anche da termini quali *sequestration* e *arrest*; in questo senso, si parla di *property under arrest* per indicare sia il pignoramento che il sequestro conservativo di beni.

3. I beni impignorabili sono di solito definiti *non leviable property*, *goods privileged from execution* e, nel caso di *distress for rent*, si parla di *chattels privileged from distress*.

4. La *quasi-in rem jurisdiction* che — salvo talune eccezioni — non ha equivalente nei sistemi di *civil law*, presuppone l'*attachment*, che ha appunto la funzione di radicare la *jurisdiction* nei limiti del valore dei beni sequestrati (GIURISDIZIONE: 8). Negli S.U. il sequestro conservativo è detto anche *prejudgment attachment* per indicare, appunto, il sequestro conservativo che cioè precede la decisione nel merito. In taluni stati dell'Unione l'*attachment* (pignoramento-sequestro conservativo) viene distinto in *domestic* and *foreign attachment*. Il primo termine

(*domestic*) è riferito al procedimento nei confronti del debitore residente nello stato; il secondo (*foreign*) è riferito al debitore non residente in quello stato dell'Unione.
5. Di un bene sequestrato o pignorato si dice anche che esso è « in the custody of the law » o anche « in custodia legis ». Ma si tratta di capitolo non agevole della *common law*, in cui si riscontrano differenze di sostanza e di terminologia tra il sistema inglese e quello nordamericano. *Seizure* è un termine generale che indica più spesso la presa di possesso dei beni del debitore per soddisfare le ragioni del creditore riconosciute da una sentenza. La funzione principale dell'*attachment* viene definita, specie negli S.U., come quella di prendere possesso dei beni del debitore sulla base di un provvedimento giudiziario allo scopo di assicurare la garanzia del credito in un giudizio non ancora pronunziato; in sostanza una nozione che coincide con quella del sequestro conservativo nostrano; ma si parla anche di *sequestration*. In tema di *equity*, questo termine indica il fatto di sequestrare giudizialmente i beni di una persona fin quando quest'ultima non abbia purgato il *contempt* di cui si sia resa responsabile.
6. La accennata ambiguità del termine *attachment* sta in questo: che, come si è detto, esso indica anche il pignoramento come atto di espropriazione del debitore condannato con sentenza; per questo negli S.U. il sequestro conservativo viene definito anche *pre-judgment attachment*, appunto per distinguerlo dal pignoramento. D'altro canto, l'*attachment of debts* o *third party attachment* o *garnishment* indica il pignoramento presso terzi.
7. Come si è detto, negli S.U. — stato federale — la materia è regolata, a seconda dei casi, dal diritto dei singoli stati dell'Unione o dal diritto federale. Lo *sheriff* (o il *bailiff*) che esegue un *writ of fieri facias,* detto ora *writ of execution* previsto dalla R. 69 delle *Federal Rules of Civil Procedure,* procede al pignoramento (*seizure*) e alla vendita (*sale*) dei beni del debitore.
8. Fondamentale in materia è il concetto di *nonrecourse*: quando il termine è riferito alla cambiale, esso indica la condizione del portatore che, in caso di mancato pagamento, non ha il diritto di esperire l'azione di ricorso nei confronti dei precedenti giranti o del traente (CAMBIALE; REGRESSO). È definito *nonrecourse debt* quel tipo di credito, sorto più spesso in occasione della vendita di beni di consumo, in cui l'unica garanzia è costituita dal diritto del creditore di rientrare in possesso della merce venduta: ma il debitore-acquirente non risponde del mancato pagamento con il suo patrimonio. Un tipo di mutuo — e quindi di credito — di cui non si può esagerare l'importanza è costituito dal *nonrecourse loan,* ossia da quel mutuo che esclude il ricorso del creditore ad altri beni del debitore nel caso in cui il valore dell'oggetto della garanzia divenga inferiore all'ammontare effettivamente dovuto: esso è praticato negli S.U. più spesso in materia di credito agli agricoltori.
9. La materia è inestricabilmente connessa alle cause legittime di prelazione (BENI IMPIGNORABILI; CAUSE (I) LEGITTIME DI PRELAZIONE; CONTO PIGNORATO; CREDITO; CREDITORE PIGNORANTE; DIRITTO (II) DI SEQUELA; ESECUZIONE FORZATA DELLA SENTENZA CIVILE o DI UN PROVVEDIMENTO GIUDIZIARIO ESPROPRIAZIONE FORZATA DEI BENI DEL DEBITORE; FALLIMENTO; GARANZIA; MOBILE PIGNORABILE; OPPOSIZIONE DI TERZO ALL'ESECUZIONE o AL PIGNORAMENTO; PROVVEDIMENTI CAUTELARI; SEQUESTRO; SEQUESTRO CONSERVATIVO; SOTTRAZIONE DI COSE PIGNORATE o SEQUESTRATE). [vol. I: ARREST; ATTACHMENT; DISTRESS FOR RENT; EXECUTION; FORECLOSURE; FOREIGN ATTACHMENT; GOODS; PRIVILEGE; SEIZURE; SEQUESTRATION]

Bibl.:
Varano, V., *Attachment*, in *Digesto IV Utet, Civ.,* vol. I: 501.

– **dei beni del debitore.** Attachment of debtor's assets (*supra*, PIGNORAMENTO IN GENERE). [vol. I: ENFORCEMENT OF JUDGEMENT; SEIZURE]

– **di beni stranieri.** Attachment o seizure of foreign goods, attachment o seizure of foreign assets. Si parla anche in alcuni stati degli S.U. — stato federale — di *domestic* e *foreign attachment* per indicare, rispettivamente, il pignoramento in danno del debitore residente e quello contro il debitore non residente nello stato. Ma si noti che il termine *foreign attachment* ha anche altri significati (BENI STRANIERI; SEQUESTRO CONSERVATIVO). [vol. I: FOREIGN ATTACHMENT]

– **di crediti presso terzi.** Third party attachment, attachment of debts, garnishment (*infra,* PIGNORAMENTO PRESSO TERZI).

– **di mobili in genere.** Grosso modo, attachment of personal property, attachment o seizure of goods and chattels (MOBILE).

– **di nave.** Attachment of ship (NAVE; SEQUESTRO CONSERVATIVO DI NAVE). [vol. I: ACTION IN REM]

– **di rendite.** Attachment of annuities (*supra*, PIGNORAMENTO DI CREDITI PRESSO TERZI).

– **di stipendi e salari presso terzi.** Attachment of wages and earnings; ma negli S.U. si parla più spesso di *garnishment of earnings* o *garnishment of wages*. In questa materia sussistono notevoli differenze tra il regime italiano e quello inglese. Quest'ultimo ha virtualmente abolito l'impignorabilità assoluta di salari e stipendi che risaliva al 1870. Esso è consentito non soltanto per i crediti da alimenti e le pene pecuniarie, ma anche per quelli derivanti da una sentenza contro il debitore. Spetta al giudice stabilire di volta in volta la quota pignorabile. Gli stipendi dei *civil servants* non possono formare oggetto di *mortgage*. Negli S.U. — stato federale — la materia è disciplinata, oltre che dai singoli stati dell'Unione, anche da leggi federali. Essa assume notevole importanza in tema di credito al consumatore, oggetto quest'ultimo nei sistemi inglese e americano di particolare tutela (ALIMENTI; AMMENDA; CAUSE (I) LEGITTIME DI PRELAZIONI; CESSIONE DI STIPENDI E SALARI; GARANZIA; SEQUESTRO CONSERVATIVO DI STIPENDI E SALARI PRESSO TERZI; STIPENDIO; TUTELA DEL CONSUMATORE). [vol. I: ATTACHMENT OF EARNINGS; MAINTENANCE; MORTGAGE]

Bibl.:

Farnsworth and Honnold 1965, ed. 1976: 1018.
Jackson 1940, ed. 1977: 93.
Langan 1970, ed. 1976: 217.

– **immobiliare in genere.** Attachment of land, sequestration of land (IMMOBILE).

– **per canoni di locazione dovuti.** Distress for rent, forma di autotutela consistente nel pignoramento dei beni mobili del locatario esistenti nell'immobile messa in essere direttamente dal *landlord*. Di fatto, quasi scomparsa; si fa ricorso all'azione ordinaria (CANONE DI LOCAZIONE). [vol. I: DISTRESS]

– **presso il debitore.** Attachment o seizure of property at debtor's premises (*infra*, PIGNORAMENTO PRESSO TERZI; DEBITORE).

– **presso terzi.** Attachment of debts o third party attachment; ma è detto anche *garnishment* (*supra*, PIGNORAMENTO DI CREDITI PRESSO TERZI; DIRITTO (II) DI SEQUELA; TERZO). [vol. I: ATTACHMENT OF DEBTS; CHARGE; FOREIGN ATTACHMENT; GARNISHMENT]

Pilota marittimo. Maritime pilot (INNAVIGABILITÀ DELL'A NAVE; NAVIGABILITÀ DELLA NAVE; PILOTAGGIO; RESPONSABILITÀ DEL PILOTA MARITTIMO).

Pilotaggio in genere. Pilotage (GUIDA).

– **di nave.** (*infra*, PILOTAGGIO MARITTIMO)

– **marittimo.** Maritime pilotage, pilotage (CONTRATTO DI PILOTAGGIO MARITTIMO; NAVE; PILOTA MARITTIMO; PORTO; RIMORCHIO MARITTIMO; SALVATAGGIO MARITTIMO). [vol. I: PILOTAGE; SEAWORTHINESS; TRINITY HOUSE]

– **marittimo facoltativo.** Optional pilotage (*supra*, PILOTAGGIO MARITTIMO).

– **marittimo obbligatorio.** Compulsory pilotage (SICUREZZA DELLA NAVIGAZIONE).

Pirata in genere. Pirate (PIRATERIA).

– **informatico.** Hacker (PIRATERIA INFORMATICA).

Pirateria. Piracy. Ma questo termine è impiegato anche in tema di proprietà intellettuale per indicare la c.d. pirateria letteraria, o industriale, il plagio o la contraffazione dei prodotti altrui. In questo caso, si parla, in senso stretto, rispettivamente, di *infringement of copyright*, *infringement of patent*, *infringement of trade mark*, o *passing off*. Non senza scandalo internazionale, per quasi mezzo secolo si riscontra una drammatica disapplicazione della già carentissima legislazione in materia nel nostro paese: non stupisce quindi che esso vanti uno dei primi posti mondiali nella contraffazione delle idee e dei prodotti altrui (BREVETTO; CONCORRENZA SLEALE; CONTRAFFAZIONE; ECONOMIA NERA; IMITAZIONE; MARCHIO DI FABBRICA; PIRATA; PLAGIO LETTERARIO; PROPRIETÀ INTELLETTUALE). [vol. I: INTELLECTUAL PROPERTY; LETTER OF MARQUE; PASSING OFF; PIRACY; PLAGIARISM]

– **aerea.** Air piracy; detta anche *aircraft hijacking*. La materia è regolata da convenzioni internazionali sulle attività terroristiche (CATTURA ILLECITA DI AEROMOBILE; TERRORISMO). [vol. I: AIR PIRACY; HIJACKING]

– **informatica.** Data piracy. Il nostro è l'unico paese europeo in cui la copia — fino alla recentissima legge in materia, di cui peraltro non si sono ancora viste sistematiche applicazioni — non autorizzata di un programma e il suo uso non erano sanzionati dalla legge. Questo spiega bene la posizione di prima fila che spetta all'Italia nella pirateria informatica mondiale. Colui che si inserisce dolosamente nei programmi informatici altrui è detto più spesso *hacker*; i reati commessi nella materia sono definiti più spesso *computer offences* (COMPUTER; INFORMATICA; PROPRIETÀ INTELLETTUALE; *SOFTWARE*). [vol. I: COMPUTER; DATA; DATA BANK; DATA PROTECTION; ELECTRONIC FUNDS TRANSFER; HARDWARE; PRIVACY; SOFTWARE]

– **marittima.** Maritime piracy, sea piracy, piracy. Ma essa non è più, come sembrava fino a qualche decennio fa, un crimine praticato in epoche storiche superate, materia di racconti di avventure o rappresentazioni sceniche. Si tratta, invece, di un fenomeno di gravissime dimensioni — diffuso sulle acque di quasi tutti i paesi del Terzo Mondo — diventato oggetto dei lavori della Camera di Commercio Internazionale (significativo del fatto che si tratta di attività criminosa che minaccia la libertà dei traffici) e delle Nazioni Unite (AFFONDAMENTO DOLOSO DI NAVE; BARATTERIA; DIRITTO (II) DI VISITA E PERQUISIZIONE DI NAVE; MANIFESTO DI CARICO; NAUFRAGIO DOLOSO; PIRATA; STAZIONE RADIO PIRATA; TERRORISMO). [vol. I: BARRATRY; INSURANCE; PIRACY; SCUTTLING]

Piroscafo. Steamship, S.S., o steamer (MOTONAVE; NAVE). [vol. I: SHIP]

Plagio. Non esiste questa figura di reato; un analogo è l'*undue influence*. Il termine *plagiarism* indica il plagio dell'opera altrui (CAPTAZIONE TESTAMENTARIA; INFLUENZA; LIBERO DA INFLUENZA ALTRUI; PIRATERIA). [vol. I: PLAGIARISM; UNDUE INFLUENCE]

– **letterario.** Plagiarism, piracy: dà luogo all'*infringement of copyright* se l'opera plagiata è protetta da un *copyright* (DIRITTO (I) DI AUTORE; PIRATERIA). [vol. I: PLAGIARISM]

Platea continentale. (PIATTAFORMA CONTINENTALE)

Plebiscito. Plebiscite; ma si tratta di un istituto estraneo (*et pour cause!*) al concetto anglo-americano di democrazia. Si noti che talvolta il termine referendum viene impiegato come sinonimo di plebiscito (AUTODETERMINAZIONE; DEMOCRAZIA PLEBISCITARIA; REFERENDUM).

Plenipotenziario. Plenipotentiary (AMBASCIATORE; DIPLOMAZIA; MINISTRO PLENIPOTENZIARIO).

Pluralismo in genere. Pluralism (COSTITUZIONALISMO; DEMOCRAZIA; FEDERALISMO; GRUPPO DI PRESSIONE; SOVRANITÀ; TOLLERANZA).

– **giuridico.** Legal pluralism (*supra*, PLURALISMO IN GENERE).

– **politico.** Political pluralism (ANARCHIA; MONOPARTITISMO; MULTIPARTITISMO).

Pluralità. Plurality; ma questo termine assume un significato particolare in tema di maggioranze (MAGGIORANZA).

– **degli ordinamenti giuridici.** Grosso modo, plurality of legal systems (*DE-REGULATION*).

– **di cittadinanza.** Plural citizenship (CITTADINANZA; DOPPIA CITTADINANZA).

– **di convenuti.** Plurality of defendants, joint defendants (COIMPUTATO; CONVENUTO; LITISONSORZIO).

– **di domande in giudizio basate sulla stessa *causa petendi*.** Plurality of claims, multiplicity of actions: esse vanno riunite, ossia, come si dice, *joined*. La prassi della separazione è definita *splitting a cause of action*. La regola che proibisce la prassi della separazione delle domande è detta *rule against splittig causes of action*. Nel sistema nordamericano, ai sensi della R. 23 delle *Federal Rules of Civil Procedure*, vanno riunite (*joined*), ovvero proposte come una singola *class action*. Schlesinger [1950, ed. 1988: 365, n. 52a] rileva che la gran parte dei sistemi di *civil law* non adotta questa regola (AZIONE (I) DI CATEGORIA; *CAUSA PETENDI*; CONNESSIONE; DOMANDA; RIUNIONE DEI PROCEDIMENTI; SEPARAZIONE DELLE CAUSE CIVILI; SEPARAZIONE DELLE DOMANDE IN GIUDIZIO). [vol. I: JOINDER OF CAUSES OF ACTION; SPLITTING A CAUSE OF ACTION; SURPLUSAGE]

– **di imputati.** Plurality of defendants (*supra*, PLURALITÀ DI CONVENUTI; COIMPUTATO; IMPUTATO).

Plusvalenza. Capital appreciation, capital gain, appreciation (CAPITALE; GUADAGNO IN CONTO CAPITALE).

Poligamia. Polygamy (BIGAMIA; MATRIMONIO; ORDINE PUBBLICO). [vol. I: *ad vocem*; BIGAMY; MARRIAGE; PUBLIC POLICY]

Politica. Politics: scienza, o arte, di governo. Secondo una definizione corrente negli S.U., la politica consiste nella *peaceful resolution of conflicts among legitimate competing interests;* essa rende difficile distinguere tra politica e diritto. La *politics* non va confusa con la *policy* (ASILO POLITICO; ATTO POLITICO; DIRITTI (I) POLITICI; ETICA; LOTTA POLITICA; MORALE; PARTITI POLITICI; PRATICA; QUESTIONE POLITICA; RAGION DI STATO; RAPPRESENTANZA POLITICA; SCIENZA POLITICA). [vol. I: POLICY; POLITICAL]

- **agricola comune.** Common agricultural policy o CAP (COMUNITÀ EUROPEE).
- **commerciale.** Trade policy, commercial policy (COMMERCIO). [vol. I: TRADE]
- **comparata.** Comparative politics (DIRITTO (I) COMPARATO).
- **creditizia.** Credit policy (CREDITO).
- **criminale.** Penal policy (DIRITTO (I) PENALE).
- **degli appalti pubblici.** Public procurement policy (APPALTO PUBBLICO).
- **dei prezzi.** Price policy (PREZZO).
- **dei redditi.** Incomes policy, national incomes policy (REDDITO).
- **del diritto.** Policy of law (DIRITTO (I); INTERPRETAZIONE).
- **fiscale.** Fiscal policy (IMPOSTA).
- **giudiziaria.** Judicial policy (FONTI DEL DIRITTO; ORDINAMENTO GIUDIZIARIO).
- **interna.** Domestic, internal politics (INTERNO).
- **regionale della CEE.** Regional policy (REGIONE).
- **salariale.** Pay policy (SALARIO).

Politico professionale. Professional politician (PARTITI POLITICI).

Politologo. Political analyst, political scientist (POLITICA).

Polizia in genere. Police, law enforcement agency. Ma *law enforcement* ha un significato più ampio, nel senso che si riferisce, oltre che alla polizia, a qualsiasi pubblico ufficiale cui sia demandata l'applicazione della legge, come ad es., un *traffic warden.*

Nulla più della polizia, per la sua natura, i suoi poteri, le sue funzioni nella società, il suo ruolo nel processo penale, va inquadrato nel regime politico e giuridico e, in definitiva, al di là del dato normativo, nella *cultura* di un paese. Le norme che ne regolano l'attività e, soprattutto, il *modus operandi*, variano in maniera considerevole, tra l'altro, a seconda che essa operi in un sistema processuale misto come il nostro, ovvero accusatorio, come quello inglese e nordamericano di cui, tra l'altro, uno dei cardini è costituito dalla discrezionalità dell'azione penale. Quanto al R.U. e agli S.U., tra cui pure fortissimi appaiono i legami culturali comuni, anche quando si parte da premesse condivise, quali, ad es., la *decentralizzazione* delle forze di polizia, si assiste a un notevolissimo scarto di regime giuridico e di *mores* comportamentali solo in parte derivanti dalla natura di stato federale di quest'ultimo. Comunque, processo penale e attività di polizia appaiono ovviamente interdipendenti: non è pensabile un corretto processo penale che non sia preceduto da una seria indagine di polizia; l'efficienza della polizia costituisce, quindi, oltretutto, una condizione fondamentale, per una ragionevole promozione dell'azione penale, per pervenire a un giusto processo; insomma, per evitare *l'errore giudiziario* che, nella stragrande maggioranza dei casi, deriva da errori commessi durante le indagini di polizia. Una tra le tantissime *lezioni* ricavabili dalla *machinery of justice* inglese e nordamericana si riferisce alla regola radicata presso gli organi di promozione dell'azione penale per cui nessuna imputazione è contestata se non si disponga di *elementi di prova* tali da essere presumibilmente idonei a convincere una giuria. La ricerca della prova — e non la semplice individuazione di un sospetto — costituisce quindi l'obiettivo fondamentale dell'indagine di polizia, soggetta, negli S.U., al rigido *test* della c.d. *probable cause.* Una polizia efficiente e una rivisitazione del rapporto polizia-magistratura sarebbero poi tanto più necessarie nel nostro paese in quanto le indagini pre-dibattimentali costituiscono nel processo nostrano un pesante fardello che viene scaricato sul dibattimento condizionandone gli esiti, specie dopo le ultime modifiche legislative del codice; laddove il sistema accusatorio anglo-americano, in cui la prova si forma davvero, e non a parole, davanti alla giuria, appare più idoneo a ribaltare l'accusa e a far emergere la verità (processuale).

1. Fatta questa *premessina* didascalica e propiziatoria, va rilevata, anzitutto, l'esistenza di una forte tradizione di *autogoverno*, tipica del sistema costituzionale inglese e nordamericano, che spiega il raccordo e l'organizzazione della polizia nell'ambito degli enti locali. Non esiste nel R.U. una polizia di stato organizzata su basi nazionali alle dipendenze di un ministro dell'interno che, del resto, in senso stretto, non trova un omologo esatto nel sistema costituzionale britannico, come non esiste la figura del *préfet*, tipica del centralismo alla francese adottato anche dal nostro paese: esistono, invece, circa 43 forze di polizia collegate alle collettività locali. Questa fondamentale diversità trova la sua spiegazione, oltre che

nell'evoluzione storica del paese e nell'originale organizzazione del governo locale, anche in una concezione politica comunemente accettata che vede in una polizia di stato un possibile, anche se assai improbabile, pericolo di impiego autoritario da parte del governo. Vi sono, naturalmente, organismi di coordinazione delle varie polizie locali presso l'*Home Office*; inoltre, sembra potersi rilevare nell'organizzazione della polizia britannica una crescente tendenza verso la centralizzazione che peraltro trova ostacoli di vario genere. Non esiste polizia giudiziaria così com'è intesa da noi: la polizia (neanche in parte) dipendente dalla magistratura e, del resto, non esiste una magistratura requirente come quella italiana: l'accusa penale *è funzione di parte* esercitata da organi collocati al di fuori dell'ordine giudiziario il quale ultimo esercita *esclusivamente la giurisdizione*. Nel sistema inglese, dalla A alla Z le indagini sono svolte esclusivamente dalla polizia. È solo dopo il completamento delle indagini e dopo aver promosso l'azione penale (*charge*), che la polizia si rivolge al *Crown Prosecution Service*, ufficio di recente creazione che, a parte un controllo di legalità dell'imputazione, ha la funzione di rappresentare l'accusa nei procedimenti penali per conto delle forze di polizia (*police prosecutions)* nei casi di maggior rilievo; beninteso, qualora decide di proseguire l'azione penale iniziata. Quanto ai reati minori, essi sono di solito perseguiti direttamente dalla polizia davanti alle *magistrates' courts*. Non esiste né nel sistema inglese né in quello nordamericno una norma analoga a quella dell'art. 109 della nostra costituzione per cui « L'autorità giudiziaria dispone direttamente della polizia giudiziaria »: in un sistema in cui la sola autorità giudiziaria è quella che *esercita la giurisdizione* una norma del genere sarebbe inammissibile.

2. Gli S.U. — stato federale — costituiscono forse il più decentralizzato sistema di polizia al mondo. Ogni stato dell'Unione ha la sua forza di polizia (come i suoi organi legislativi, giudiziari ed esecutivi); ma, oltre a questa, vi sono le c.d. *local forces* (*sheriffs*); in ognuna delle più di tremila contee vi è uno *sheriff* eletto e un *deputy-sheriff*. In generale, la polizia, secondo la tradizione inglese, dipende dagli enti locali, come, ad es., a New York, dal Sindaco (*New York Police Department* o NYPD). Ma la concreta organizzazione della polizia va accertata per ogni stato dell'Unione. Diversamente dalla polizia inglese delle varie contee, il capo della polizia di ogni singola contea di ogni stato dell'Unione — lo *sheriff*, antichissima figura di origine inglese — è eletto mediante votazione popolare. Accanto alla polizia dei singoli stati dell'Unione, vi sono diverse forze di polizia federale: quasi ogni branca del governo federale dispone di un proprio organo investigativo, di cui il più noto è il favoloso *Federal Bureau of Investigation*, competente ad investigare su tutti i reati federali che non siano di diretta competenza di altri organi governativi; esso dipende dal *Department of Justice*. L'FBI è giustamente celebrato per il suo elevato livello qualitativo e i suoi rigorosi criteri di reclutamento. Ma vanno menzionate altresì: (i) le tre unità del *Treasury* che si occupano delle violazioni delle leggi federali relative alle imposte federali, alcol e imposte doganali; (ii) il *Bureau of Narcotics* del *Treasury;* (iii) la *Secret Service Division* del *Treasury*, competente in materia di falsificazione di banconote, etc., e di protezione del Presidente; (iv) il *Post Office Department Inspector*, competente in tema di reati postali; (v) l'*Immigration Border Patrol* del *Department of Justice,* polizia di frontiera. Le *agencies* della polizia federale agiscono su tutto il territorio federale; esse non svolgono funzioni di mantenimento dell'ordine pubblico (che spetta alla polizia locale), e la loro competenza rispettiva è limitata ad una elencazione dettagliata di leggi federali. Quanto in particolare al *Federal Bureau of Investigation*, creato nel 1908, esso ha una vasta competenza nel settore penale, in quello civile, e in materia di sicurezza. Si ricordano, tra l'altro, lo spionaggio, il sabotaggio ed altre attività sovversive, i sequestri di persona, le estorsioni, rapine bancarie, il trasporto tra stati dell'Unione di cose rubate, problemi attinenti ai diritti civili, violazioni della legge sul gioco d'azzardo intrastatale, frodi in danno del governo federale, attentato o omicidio del Presidente degli S.U. o di un funzionario federale. Infine, in ogni distretto giudiziario federale vi è un *marshal,* ossia un agente federale, ausiliare della giustizia con poteri di polizia analoghi a quelli dello *sheriff* dei singoli stati dell'Unione. Com'è facile immaginare, in un sistema in cui le forze di polizie sono — in virtù del regime federale — le più decentrate al mondo, in cui, cioè, coesistono forze di polizia federali e dei singoli stati e, all'interno di ciascuno di essi, forze di polizia di contea e dello stato, e un agente di polizia può operare solo nell'ambito territoriale dell'organo da cui dipende, i *conflitti di competenza* tra polizia di stato e polizia fe-

Polizia

derale e, nell'ambito dei singoli stati, tra polizia di stato e i c.d. *rural sheriffs*, appaiono intrinseci al sistema, inevitabili e frequentissimi, ormai addirittura parti del folklore delle indagini di polizia giudiziaria, al punto di apparire, com'è stato argutamente osservato, quasi... come conflitti tra stati sovrani. Invece, nel sistema inglese non si verificano i problemi derivanti dalla *dual sovereignty* federale e dei singoli stati dell'Unione.

3. La figura centrale nella promozione dell'azione penale nei singoli stati dell'Unione è il *District Attorney,* designato variamente come *state's attorney*, *commonwealth attorney*, etc., di solito eletto per un periodo di due anni in ogni *county*. Esso non trova equivalenza nel sistema processuale inglese: di solito, il *District Attorney* promuove l'azione penale sulla base delle indagini della polizia. Ma gli uffici più importanti sono dotati di una propria forza investigativa e, nei casi più gravi o complessi, le indagini sono effettuate dall'inizio alla fine dall'ufficio stesso. Nei casi di omicidio, un *assistant district attorney* può accompagnare la polizia sul luogo del delitto. Resta comunque, da segnalare che spetta al *District Attorney* stabilire per quali dei casi a sua conoscenza dovrà essere iniziata l'azione penale; egli è, grosso modo, come si darebbe da noi, titolare (anche se non monopolistico) dell'azione penale.

4. Probabilmente il diritto costituzionale nordamericano *to keep and bear Arms* previsto dal II emendamento [1791] della costituzione non trova riscontro in nessun'altra costituzione del mondo e, ovviamente, meno che mai nel R.U., in cui esistono strette regole relative al rilascio del porto d'armi. Del resto, la stessa polizia inglese non è armata se non all'incirca al 10 per cento della sua forza effettiva. È anche probabile che il libero acquisto di armi e il loro diffusissimo uso spieghi non poco il grave clima di violenza generalizzato negli S.U. — che col tempo *non potrà non comportare una grave minaccia alla stessa democrazia americana* — e la ormai, si direbbe, *notoria brutalità* (e troppo spesso anche *corruzione*) di una buona parte della polizia *locale* nordamericana. Si pensi che, nella lotta alla droga, la legislazione di numerosi stati dell'Unione prevede che una percentale dell'importo dei beni confiscati sia devoluta alla polizia locale: è facile immaginare il resto, ossia false operazioni per impadronirsi dei beni di pretesi trafficanti di droga. Da questo punto di vista, le distanze dalla polizia inglese appaiono siderali: quest'ultima resta, ancora oggi e nonostante una certa perdita di smalto dovuta a casi di corruzione, probabilmente la più corretta e una delle più efficienti polizie al mondo. In questo senso, non sembra venir meno all'ammirazione e amicizia per gli S.U. rilevare che ormai in quel paese si è sviluppata una vera e propria industria della violenza che, oltre a profonde radici culturali, rivela l'esistenza di potenti interessi economici rappresentati in particolare dalla ormai famigerata *National Rifle Association*. Si è osservato che l'eccesso di *pluralismo* finisce nel *barbarismo*: si tratta di tema difficile che attiene ai limiti della democrazia. Comunque, ha un po' il sapore della beffa parlare della costituzione degli S.U. come del più bel documento politico prodotto dall'uomo e allo stesso tempo dover constatare che in quello stesso paese il valore della vita e la libertà dell'uomo valgono meno di un soldo bucato.

5. Nel nostro paese esistono cinque forze di polizie nettamente distinte e in concorrenza tra loro: non è raro il caso di polizia di stato e carabinieri che indagano sulla stessa materia all'insaputa una dell'altra arrivando a conclusioni opposte. Si dice che la democrazia italiana non è abbastanza matura da permettersi il *lusso dell'efficienza* che deriverebbe da una sola polizia: una delle tante *foutaises* imposte ogni giorno al nostro povero paese per impedirgli di divenire adulto. In effetti, in una situazione in cui le forze di polizia nel loro insieme ammontano a circa il doppio o il triplo di quelle esistenti mediamente negli altri paesi industriali dell'Occidente di comparabile popolazione [cfr. G. Rochat, *Le forze armate: un nuovo ruolo per gli anni novanta*, in Ginsborg (cur.) 1944: 507, at 509], il problema dell'unificazione delle forze di polizia e — soprattutto — di stabilire un diverso rapporto tra magistratura inquirente e polizia si pone in maniera drammatica. Ed ecco quanto ha dichiarato il compianto Giovanni Falcone — magistrato molto amato dalla gente ma assai poco dai suoi colleghi — in una intervista concessa a Mario Pirani « *Vorrei fare una premessa di carattere più generale sul rapporto magistratura-polizia: ebbene io credo che sia profondamente sbagliata la concezione, che si evince anche dal nuovo codice, secondo cui il Pm è il capo effettivo, addirittura operativo, della polizia giudiziaria. Si è confuso l'organo investigativo con l'organo dell'esercizio dell'azione penale. Il controllo di un Pm che indica alla polizia i modelli giuridici validi e ne controlla l'applicazione è una norma di civiltà, ma il timore che una*

Polizia

polizia giudiziaria troppo indipendente possa ledere l'indipendenza della magistratura si è tradotto nella pericolosa e velleitaria utopia di un Pm, magari di prima nomina, superpoliziotto per diritto. È questa una delle cause della attuale situazione catastrofica, in cui la polizia giudiziaria è indotta a deresponsabilizzarsi, attende istruzioni e si appiattisce sull'inadeguatezza del Pm, divenuto punto di riferimento di ogni possibile errore (...) *la forza d'urto americana è basata su una collaborazione interdisciplinare tra uomini delle varie agenzie (Fbi, antidroga, delitti fiscali, dogane, polizia territoriale). Da noi abbiamo tre organismi — Carabinieri, Ps e GdF — con competenze promiscue e indifferenziate. Si dice che questo esalta una concorrenza positiva ma non è vero niente: non serve a nessuno che tutti e tre lavorino sulle stesse indagini e questo provoca solo duplicazioni e intralci reciproci*» [*la Repubblica*, 3 ottobre 1991]. Anche da questo punto di vista, la differenza col sistema anglo-americano appare nettissima se si pensa che in quest'ultimo il caso presentato nella fase dibattimentale è essenzialmente quello preparato dalla polizia. In particolare, nel sistema inglese il *Crown Prosecution Service* opera sulla base del materiale fornito dalla polizia alle cui indagini non ha partecipato, né ha diretto. In buona sostanza, al di là delle differenze che pure esistono tra il sistema inglese e quello nordamericano, il principio è che nei due sistemi lo svolgimento delle indagini è opera della polizia; invece, nei sistemi di *civil law* esse appaiono svolte dal magistrato che si avvale delle forze di polizia.

6. Tra le tante stranezze che colpiscono della situazione nostrana — paese in cui fiumi di parole, e di denaro pubblico, sono spesi sul tema del garantismo nelle sedi e dai personaggi più svariati — vi è da segnalare il *silenzio* su un tema che altrove, ossia nel R.U. e negli S.U., costituisce oggetto di un vivace e importante dibattito, ossia quello relativo al *controllo sulla polizia, agli organi disciplinari, alla responsabilità civile dei singoli agenti e degli uffici da cui dipendono.* Entrambi questi paesi hanno stabilito degli organi *ad hoc* per la revisione di reclami avanzati contro gli atti illegali della polizia; nel sistema inglese questa funzione spetta alla *Police Complaints Authority.* Ma il punto fondamentale resta quello di decidere se, come si sostiene, detti organi piuttosto che interni alle forze di polizia, debbano collocarsi al di fuori di esse in assoluta indipendenza così come, del resto, è stato realizzato negli S.U. in qualche stato dell'Unione. In taluni altri stati dell'Unione esistono organi paritari indipendenti con la partecipazione dei cittadini come, ad es., in Pennsylvania nel *Citizen Review Board.* Quanto al risarcimento del danno, punto fondamentale, si segnala la soluzione inglese per cui responsabile civile è considerato l'organo di polizia nel suo complesso. Sia nel sistema inglese, sia in quello nordamericano, precise norme giuridiche e organi istituzionali sono addetti alla repressione degli abusi e illegalità commesse dalle forze di polizia; ma questi illeciti sembrano perseguiti con molto maggior rigore negli S.U. in cui, tra l'altro, la polizia opera nell'ambito di una costituzione scritta, diversamente dall'Inghilterra: le disposizioni della costituzione che attengono alla procedura penale sono: gli emendamenti IV, V, VI, VIII [1791] e XIV [1868]. Così come sono stati interpretati dalla *Supreme Court*, essi danno luogo ad una forma di controllo giudiziario sull'operato della polizia. Nel sistema inglese, la materia delle indagini di polizia è regolata dal *Code of Practice for the Detention, Treatment and Questioning of Persons by the Police*, elaborato dall'Home Office in base alla s. 66 del Police and Criminal Evidence Act 1984).

7. Peraltro, il fatto che nel nostro paese magistrati inquirenti — alle cui dipendenze è posta la polizia (giudiziaria) — e giudici facciano parte del medesimo ordine giudiziario spiega non poco il *silenzio* al quale si accennava più sopra. È un fatto che, storicamente, nel nostro paese la polizia gode di una forma di *impunità* e *immunità* dalla responsabilità penale e civile consacrata in centinaia di decisioni della magistratura italiana: e quindi, anche soltanto da questo punto di vista, sembra assai difficile sostenere che il nostro sia uno *stato di diritto.* Ma se la spiegazione ultima di questo *status* si perde nella natura autoritaria del potere legale, resta il fatto che le strettissime *contiguità* tra polizia e magistratura (non solo requirente), di per sé indicative di un torbido rapporto istituzionale, spiegano in buona parte tante altrimenti inspiegabili decisioni e, altresì, *la difficoltà o impossibilità per il nostro giudice di porsi di fronte alla polizia nella stessa posizione di distacco e di indiscussa autorità che si riscontra presso il giudice anglo-americano.* Se mai non vi fosse nessun'altra ragione (e ve ne sono!) per separare la magistratura inquirente dalla magistratura giudicante nel nostro paese, questa da sola basterebbe.

8. La materia della responsabilità civile dei magistrati — ormai finita da noi nel retro-

Polizia

bottega legislativo come può capitare a un cappello passato di moda — è stata oggetto di un fiume di trattazioni più o meno serie, alcune delle quali necessariamente anche di carattere comparististico; tra queste ultime, non poche hanno trascurato di rilevare che il problema si pone in tutt'altri termini nella tradizione di *common law,* e comunque di quei sistemi in cui l'immunità dalla responsabilità civile si riferisce unicamente ai giudici, ossia a coloro che esercitano la giurisdizione: il discorso non si pone neanche per chi non esercita la giurisdizione, ma svolge attività investigativa, non fa parte dell'ordine giudiziario e risponde secondo il diritto comune. In altre parole, nel sistema inglese e nordamericano la *judicial immunity*, ossia l'immunità dalla responsabilità civile, si riferisce *esclusivamente* alla *giurisdizione*; ma non si estende a chi tale funzione non esercita, ossia agli organi inquirenti, collocati al di fuori dell'ordine giudiziario, e quindi responsabili come qualsiasi altro dipendente pubblico. Del resto, come risulta anche dalla cronaca giornalistica, molto frequente è nel sistema inglese il caso di condanne al risarcimento di notevoli somme per atti colposi o dolosi delle forze di polizia commessi sia nel corso di attività investigative che nel mantenimento dell'ordine pubblico.

9. Ma vi è una impunità di fatto della polizia nostrana che non discende soltanto dal fatto di essere parzialmente alle dipendenze della magistratura (polizia giudiziaria); il caso Di Sarro — di agghiacciante gravità — e la « strage degli innocenti », cioè di coloro che con la fuga non rispondono all'alt delle forze dell'ordine, dimostra che la magistratura (requirente e giudicante) italiana ritiene che anche gravissimi reati commessi per sciatteria e spregio della vita umana dalle forze dell'ordine costituiscano una forma di... autodifesa che in nessun caso possono comportare una sanzione penale; a non parlare di sanzioni disciplinari e meno che mai di una qualsiasi forma di risarcimento. Invece, le azioni di risarcimento contro la polizia in Inghilterra e negli S.U. costituiscono una fenomeno diffusissimo: l'astronomico risarcimento stipulato tra la municipalità di New York e Rodney King, vittima di un trattamento brutale da parte della polizia, può stupire il *civil lawyer*, ma, in effetti, a parte le dimensioni del risarcimento, *affermare la responsabilità, anche civile, delle forze di polizia è parte integrante delle funzioni di uno stato di diritto degno del nome.* Sotto questo aspetto, le distanze tra il regime nostrano e quello inglese e nordamericano appaiono semplicemente abissali.

10. In Italia, come risulta dalle statistiche Istat, quasi l'80 per cento degli omicidi volontari e il 90 per cento delle rapine, dei furti, etc. restano di autori ignoti [cfr. *Annuario Statistico Italiano* 1991-Tavola 6.33, p. 225]. Numerosi casi eclatanti di omicidio irrisolti — come, ad es., quelli di via Poma e dell'Olgiata a Roma — giustificano *la grave sfiducia nelle capacità professionali dei nostri organi inquirenti*, salvo eccezioni, si intende. L'ineffabile capo della polizia Parisi dichiara che la qualità della nostra polizia è talmente elevata che numerosissimi paesi (quali?) fanno a ressa per ottenere la consulenza tecnica dei nostri investigatori: il giorno dopo, a Firenze, il presidente del Tribunale, al processo al « mostro », denunzia la sciatteria delle indagini condotte per oltre 10 anni da una autentica armata di forze di polizia e carabinieri e corpi speciali e magistrati inquirenti [cfr. *Corriere della Sera*, 30 aprile 1994].

11. In effetti, quando manca il pentito, la spiata o la confessione, la giustizia italiana si blocca, dato che, a giudicare dai risultati, manca, o è assai rara, una professionalità investigativa consistente in capacità logiche di deduzione, attenzione ai particolari, ai riscontri, alle intuizioni e, insomma, una preparazione scientifica che consenta di promuovere di per sé l'azione penale. Una eccezione (*rectius*, una *lezione*), che andrebbe meditata è rappresentata dalle indagini condotte dalla Procura di Milano nell'*affaire* Montedison e in particolare da Antonio Di Pietro, che resterà nella storia della giustizia penale italiano l'iniziatore di un *nuovo corso*, che rivendica come — senza troppi pentiti, anzi nonostante l'omertà degli imputati e dei testi — si possa condurre a termine una indagine scientificamente impeccabile. In ogni caso, se anche confessioni e collaborazioni vi sono state, esse sono state per la *prima volta* inquadrate in un contesto accusatorio di elevata professionalità. Per troppi anni la giustizia italiana si è limitata al ruolo di diligente scriba e depositaria delle dottrine, teoremi e rivelazioni dei pentiti: beninteso, questi ultimi possono svolgere una grande funzione nella lotta alla criminalità organizzata. Ma il pentitismo al di fuori di un quadro investigativo efficiente e intelligente si riduce ad un lavorio meccanico che sbocca quasi inevitabilmente nel caso Tortora o in maxi-processi che davanti agli organi giudiziari si affloscianano come vesciche sgonfiate.

12. Si tratta, in definitiva, come sempre, non già di riserve di uomini e materiali nel senso quantitativo — di cui si assiste ogni giorno ad un *immenso spreco* — ma di capacità e intelligenza di coordinamento e di serietà professionale attualmente, salvo eccezioni, virtualmente inesistenti. In effetti, se la polizia inglese può vantare di essere la migliore del mondo non è un caso: come non è un caso che *Sherlock Holmes* [cfr. *A Study in Scarlet-The Science of Deduction* di Sir Arthur Conan Doyle 1887, ed. 1986, vol. I: 9], ideale popolare dell'investigatore scientifico, sia nato in Inghilterra. Ma tutto questo ci porta alle vere origini del problema, ossia, oltre che a una *forma mentis* più idonea ad un certo tipo di indagini, alle *disastrose condizioni* della scuola e *dell'università italiana*; del resto, basta pensare alle prove concorsuali di esame per magistrati e funzionari di polizia per rendersene conto. Naturalmente, queste osservazioni non toccano gli individui che quanto più sono dediti al proprio dovere, quanto più si impegnano, tanto più trovano difficile operare in determinate strutture (AGENTE DI POLIZIA; AGENTE DI POLIZIA IN BORGHESE; ARMI; AZIONE (I) PENALE; CARABINIERI; COMMISSARIATO DI POLIZIA; COMMISSARIO DI POLIZIA; CONFIDENTE DELLA POLIZIA; CRIMINALITÀ ORGANIZZATA; DENUNZIA; DISCREZIONALITÀ DELL'AZIONE PENALE; ERRORE GIUDIZIARIO; FERMO DI POLIZIA; FORZA PUBBLICA; FUNZIONARIO DI POLIZIA; GIURIA: 9; INDAGINI DI POLIZIA; INTERROGATORIO DI POLIZIA; INVESTIGATORE PRIVATO; LIMITAZIONE DEI POTERI DELLA POLIZIA; MAGISTRATURA; ORDINAMENTO GIUDIZIARIO; ORDINE PUBBLICO; PENTITO; PERQUISIZIONE; POTERI DELLA POLIZIA; POTERI DI POLIZIA; PRECEDENTI PENALI; PROCESSO PENALE; PROVA ACQUISITA ILLEGALMENTE; PUBBLICA SICUREZZA; QUESTURA; REATO; SERVIZIO SEGRETO; SPIONAGGIO; UFFICIALE DI POLIZIA). [vol. I: ATTORNEY-GENERAL; CRIMINAL PROCEDURE; DIRECTOR OF PUBLIC PROSECUTIONS; JUDGES' RULES; JURY: IV; POLICE; PROBABLE CAUSE]

Bibl.:

Bova, S., *Polizia*, in *Dizionario di Politica* 1976, ed. 1983: 853.
Karlen 1967: 1-29.

- **anti-sommossa.** Riot police (SOMMOSSA).
- **di contea.** County police force (*supra*, POLIZIA IN GENERE).
- **di frontiera in genere.** Frontier police (*supra*, POLIZIA IN GENERE; *infra*, POLIZIA DI IMMIGRAZIONE; FRONTIERA).
- **di immigrazione.** Immigration forces, Immigration Board Patrol (*supra*, POLIZIA IN GENERE; IMMIGRAZIONE).
- **di sicurezza.** Security police (SICUREZZA).
- **di stato.** State police; da non confondere con stato di polizia, che è detto *police state*. Si noti che negli S.U. — stato federale — il termine *state police* non indica la polizia di stato alla maniera nostrana, ossia distinta dalle altre polizie esistenti nel paese (carabinieri, guardia di finanza, etc.): esso indica, invece, la polizia di uno degli stati dell'Unione in quanto distinta, a seconda dei casi, da quella della Contea o da quella federale. Pertanto, ad es., *New York State Police* indica la polizia dello stato di New York in quanto distinta o dalla polizia della contea o dalla polizia federale (*supra*, POLIZIA IN GENERE).
- **di stato negli stati dell'Unione.** State police force (*supra*, POLIZIA IN GENERE).
- **federale negli S.U.** (*supra*, POLIZIA IN GENERE)
- **giudiziaria.** Non si traduce con judicial police (*supra*, POLIZIA IN GENERE; *infra*, POLIZIA INVESTIGATIVA).
- **investigativa in genere.** Criminal Investigation Department (CID), Crime Squad (INVESTIGAZIONE).
- **penitenziaria in genere.** Prison officers (AGENTE DI CUSTODIA).
- **segreta in genere.** Secret police (SERVIZIO SEGRETO; SPIONAGGIO).
- **stradale.** Road patrol, highway patrol negli S.U. (CIRCOLAZIONE STRADALE).

Poliziotto. Police officer, policeman, law enforcement officer, investigator (AGENTE DI POLIZIA).

Polizza in genere. Policy, ticket, receipt, warrant. Il termine è più spesso riferito alla polizza di assicurazione (POLIZZA (I) DI ASSICURAZIONE; TITOLO DI LEGITTIMAZIONE; TITOLI RAPPRESENTATIVI DI MERCI).

- **di deposito di merci.** Dock warrant (DEPOSITO; MERCI). [vol. I: *ad vocem*]
- **di pegno.** Pawn ticket (PEGNO). [vol. I: *ad vocem*]

Polizza (I) di assicurazione in genere. Policy of insurance, insurance policy. È detta, di volta in volta, *maritime* (o *marine*), *fire*, *life* o *accident policy*, etc., a seconda del ramo o tipo di assicurazione, o rischio assicurato. Un assai opportuno e apprezzato articolo illustra la grave situazione di sistematica violazione della normativa comunitaria e delle regole sulla concorrenza da parte delle compagnie di assicurazione italiane. [Cfr. *Polizze fuori legge*, in *il Mondo*, 19/26 luglio 1993 p. 65]. (ANNULLAMENTO o CANCELLAZIONE DELLA POLIZZA DI ASSICURAZIONE; ASSICURAZIONE; CESSIONE DELLA POLIZZA DI ASSICURAZIONE; CONDIZIONI GENERALI DI CONTRATTO; CONTRATTO DI ADESIONE; FISSATO DI ASSICURAZIONE; MASSIMALE DI POLIZZA DI ASSICURAZIONE; MODIFICA DELLA POLIZZA ASSICURATIVA; POLIZZETTA DI ASSICURAZIONE; POSTILLA AD UNA POLIZZA DI ASSICURAZIONE; RETTIFICA DELLA POLIZZA DI ASSICURAZIONE; REVIVISCENZA DELLA POLIZZA DI ASSICURAZIONE; RINNOVAZIONE DELLA POLIZZA DI ASSICURAZIONE; RISCATTO DELLA POLIZZA DI ASSICURAZIONE SULLA VITA; TITOLARE DELLA POLIZZA DI ASSICURAZIONE; TRASFERIMENTO DELLA POLIZZA DI ASSICURAZIONE; VALORE DI RISCATTO DELLA POLIZZA; VIGORE DELLA POLIZZA DI ASSICURAZIONE). [vol. I: DUTY OF DISCLOSURE; INSURANCE: I. 14, II. 7, III. 2; POLICY; STANDARD CONTRACT; UBERRIMAE FIDEI]

– **ad adeguamento.** Adjustable policy (*supra*, POLIZZA DI ASSICURAZIONE IN GENERE).

– **a *forfait*.** Unvalued policy (*supra*, POLIZZA DI ASSICURAZIONE IN GENERE).

– **aperta.** Open policy, blanket policy, open-end policy, floating policy (*infra*, POLIZZA FLOTTANTE; ASSICURAZIONE IN ABBONAMENTO). [vol. I: BLANKET POLICY; FLOATING POLICY; OPEN POLICY]

– **a sostanziare.** Declaration policy (*supra*, POLIZZA DI ASSICURAZIONE IN GENERE).

– **a tempo nell'assicurazione marittima.** Time policy (ASSICURAZIONE MARITTIMA). [vol. I: *ad vocem*]

– **a tutti i rischi.** All-risks policy (RISCHIO).

– **automobilistica contro tutti i rischi.** Comprehensive motor policy (ASSICURAZIONE CONTRO I DANNI DALLA CIRCOLAZIONE DI AUTOVEICOLI). [vol. I: INSURANCE: IV; MOTOR CAR]

– **a vita intera.** Whole life policy (ASSICURAZIONE SULLA VITA). [vol. I: INSURANCE: III. 2]

– **bagaglio.** Baggage policy (BAGAGLIO).

– **collettiva sulla vita.** Group life policy (ASSICURAZIONE DI GRUPPO). [vol. I: INSURANCE: III. 2]

– **combinata.** Combined policy (*supra*, POLIZZA DI ASSICURAZIONE IN GENERE).

– **con partecipazione agli utili.** With profit policy (*infra*, POLIZZA SENZA PARTECIPAZIONE AGLI UTILI; PARTECIPAZIONE AGLI UTILI).

– **contro il furto.** Theft insurance policy (ASSICURAZIONE CONTRO IL FURTO).

– **contro la interruzione di esercizio commerciale.** Use and occupancy policy, loss of profits policy, profits policy (ESERCIZIO COMMERCIALE).

– **contro la pioggia.** Pluvius policy. [vol. I: *ad vocem*]

– **contro la responsabilità civile del datore di lavoro.** Employers' liability policy (RESPONSABILITÀ DEL DATORE DI LAVORO).

– **contro l'incendio.** Fire insurance policy (INCENDIO).

– **contro l'insolvenza.** Solvency insurance policy (INSOLVENZA). [vol. I: CREDIT INSURANCE; INSURANCE: I. 3; SOLVENCY INSURANCE]

– **cumulativa.** Comprehensive policy.

– **del capofamiglia.** Householder's policy, houseowner's comprehensive insurance policy (CAPOFAMIGLIA).

– **del credito.** Credit insurance policy (*supra*, POLIZZA CONTRO L'INSOLVENZA; CREDITO). [vol. I: CREDIT INSURANCE]

– **di assicurazione medica a lungo termine.** Long term health insurance policy (*supra*, POLIZZA DI ASSICURAZIONE IN GENERE).

– **di fedeltà.** Fidelity and guarantee insurance policy (FEDELTÀ). [vol. I: FIDELITY AND GUARANTEE INSURANCE]

– **di protezione e indennità.** Protection and indemnity policy (ASSICURAZIONE MARITTIMA; ASSICURAZIONE MUTUA; *CLUB* DI PROTEZIONE E INDENNITÀ MARITTIMA). [vol. I: PROTECTION AND INDEMNITY CLUBS]

– **di responsabilità civile professionale.** Professional indemnity policy (RESPONSABILITÀ PROFESSIONALE). [vol. I: PROFESSIONAL INDEMNITY INSURANCE]

– **flottante in genere.** Floating policy, floater policy, open policy, running policy; la floating policy, o floater policy, è diretta ad estendere l'assicurazione a beni che per il frequente cambio di ubicazione e di quantità non possono essere coperti da una assicurazione specifica (*supra*, POLIZZA APERTA; *infra*, POLIZZA IN ABBONAMENTO; POLIZZA IN QUOVIS). [vol. I: BLANKET POLICY; FLOATING POLICY]

– **generale.** Master policy, blanket policy, general policy (*supra*, POLIZZA DI ASSICURAZIONE IN GENERE). [vol. I: BLANKET POLICY; MASTER POLICY]

– **globale.** Comprehensive policy.

– **in abbonamento** o **fluttuante.** Floating policy (*supra*, POLIZZA APERTA; POLIZZA FLOTTANTE; *infra*, POLIZZA IN QUOVIS). [vol. I: FLOATING POLICY]

– **indicizzata.** Indexed policy (INDICIZZAZIONE).

– **in quovis.** Running policy (*supra*, POLIZZA IN ABBONAMENTO).

– **intestata.** Named policy (*supra*, POLIZZA DI ASSICURAZIONE IN GENERE).

– **marittima.** Marine insurance policy. Di fatto, la polizza più comune in materia è la c.d. *Lloyd's policy*, il cui contenuto è riprodotto sostanzialmente in tutte le altre polizze di assicurazione marittima (*supra*, POLIZZA DI PROTEZIONE E INDENNITÀ; ASSICURAZIONE MARITTIMA). [vol. I: INSURANCE: I. 1; II. 1 e 5; PROTECTION AND INDEMNITY CLUBS]

– **marittima a viaggio.** Voyage policy (*supra*, POLIZZA MARITTIMA; ASSICURAZIONE MARITTIMA). [vol.I: *ad vocem*]

– **nominata.** (*supra*, POLIZZA INTESTATA)

– **non stimata.** Unvalued o open policy (*supra*, POLIZZA FLOTTANTE; *infra*, POLIZZA VALUTATA). [vol. I: UNVALUED o OPEN POLICY]

– **per il caso di morte.** (*supra*, POLIZZA A VITA INTERA)

– **per un valore determinato.** Valued policy (*infra*, POLIZZA VALUTATA).

– **provvisoria.** Cover note; è rilasciata dall'agente di assicurazione, e non dalla compagnia (COPERTURA ASSICURATIVA PROVVISORIA). [vol. I: *ad vocem*]

– **scaduta.** Lapsed policy (*supra*, POLIZZA DI ASSICURAZIONE IN GENERE) . [vol. I: LAPSE AND REVIVAL OF POLICY]

– **senza partecipazione agli utili.** No-profit policy (*supra*, POLIZZA CON PARTECIPAZIONE AGLI UTILI).

– **stimata.** Valued policy (*supra*, POLIZZA NON STIMATA). [vol. I: VALUED POLICY]

– **sulla vita.** Life assurance policy, life insurance policy (ASSICURAZIONE SULLA VITA). [vol. I: INSURANCE: III]

– **su merci viaggianti.** Goods-in-transit policy (*supra*, POLIZZA FLOTTANTE; TRASPORTO).

– **tipo.** Standard policy (CONTRATTO DI ADESIONE).

– **valutata.** (*supra*, POLIZZA STIMATA)

Polizza (II) di carico in genere. Bill of lading (DUPLICATO DELLA POLIZZA DI CARICO; LETTERA DI GARANZIA PER POLIZZA DI CARICO NETTA; LETTERA DI VETTURA; MODULO DI POLIZZA DI CARICO; TRASPORTO MARITTIMO). [vol. I: *ad vocem*; CARRIAGE: IV; DESTINATION BILL OF LADING; DOCUMENT OF TITLE]

– **aerea.** Air consignment note (o A.C.N.), o air waybill (o A.W.B.), a seconda dei casi (LETTERA DI VETTURA AEREA INTERNAZIONALE; TRASPORTO AEREO). [vol. I: AIR CONSIGNMENT NOTE; AIR WAYBILL]

– **all'ordine.** Order bill of lading (ALL'ORDINE).

– **collettiva.** General bill of lading (*supra*, POLIZZA DI CARICO IN GENERE).

– **con riserva.** Foul, dirty o unclean bill of lading, qualified bill of lading (*infra*, POLIZZA DI CARICO SPORCA; LETTERA DI GARANZIA PER POLIZZA DI CARICO NETTA). [vol. I: DIRTY, FOUL o UNCLEAN BILL OF LADING; LETTER OF GUARANTEE]

– **cumulativa.** (*infra*, POLIZZA DI CARICO DIRETTA)

– **diretta.** Through, o straight, bill of lading (TRASPORTO COMBINATO). [vol. I: COMBINED TRANSPORT; THROUGH BILL OF LADING]

– **ferroviaria.** (LETTERA DI VETTURA FERROVIARIA)

– **flottante.** Floating bill of lading (*supra*, POLIZZA DI CARICO IN GENERE).

– **generale.** Blanket bill of lading (*supra*, POLIZZA DI CARICO IN GENERE).

– **in bianco.** Blank bill of lading (*supra*, POLIZZA DI CARICO IN GENERE).

– **netta.** Clean bill of lading (*supra*, POLIZZA DI CARICO CON RISERVA; *infra*, POLIZZA DI CARICO SPORCA). [vol. I: *ad vocem*]

– **ricevuto per l'imbarco.** Bill of lading received for shipment (IMBARCO). [vol. I: RECEIVED FOR SHIPMENT]

– **senza riserve.** Clean bill of lading (*supra*, POLIZZA DI CARICO CON RISERVA; POLIZZA DI CARICO NETTA).

– **sporca.** Dirty bill of lading (*supra*, POLIZZA DI CARICO CON RISERVA; POLIZZA DI CARICO NETTA).

– **sudicia.** (*supra*, POLIZZA DI CARICO SPORCA)

– **terrestre.** (LETTERA DI VETTURA)

Polizzetta di assicurazione. Slip (FISSATO DI ASSICURAZIONE; POLIZZA (I) DI ASSICURAZIONE).

– **vincolante.** Binding slip (POLIZZA (I) DI ASSICURAZIONE).

Polverone. Cover-up, whitewash, scam (INCHIESTA).

Pontile. Wharf, pier (BANCHINA; MOLO; PORTO).

Popolo in genere. People, national community. La costituzione degli S.U. comincia con il celebre preambolo « *We the People of the United States...* ». Nel linguaggio costituzionale nordamericano, il termine *state* è riferito agli stati dell'Unione, mentre il termine *nation* è riferito allo stato federale, ovvero al popolo nordamericano nel suo insieme (CITTADINANZA; COMUNITÀ; GOVERNO; NAZIONALE; NAZIONE; STATO).

Pornografia. Pornography (CENSURA; OFFESA AL PUDORE).

Porta/e in genere. Door.

– **a porta.** Door to door (SOLLECITAZIONE DEL VOTO PORTA A PORTA; VENDITA PORTA A PORTA).

– **chiuse.** Closed doors (GIURISDIZIONE VOLONTARIA; RIUNIONE A PORTE CHIUSE; UDIENZA A PORTE CHIUSE).

Portafoglio. Portfolio; ossia, più spesso, l'insieme dei titoli mobiliari posseduti da un investitore (CAMBIALE IN PORTAFOGLIO; FONDI COMUNI DI INVESTIMENTO; INVESTITORE; TITOLI MOBILIARI).

Portata lorda della nave. Deadweight (LINEA DI MASSIMO CARICO DELLA NAVE).

Portatore. Holder, bearer (ASSEGNO (II) AL PORTATORE; AZIONE (II) AL PORTATORE; CAMBIALE AL PORTATORE; OBBLIGAZIONE (II) AL PORTATORE; PAGABILE AL PORTATORE; POSSESSORE; TITOLO AL PORTATORE; TITOLI DI CREDITO; TITOLO DI LEGITTIMAZIONE; TITOLI RAPPRESENTATIVI DI MERCI). [vol. I: BEARER; DOCUMENT OF TITLE; HOLDER; NEGOTIABLE INSTRUMENTS; TITLE]

– **del biglietto di controllo bagaglio.** Bearer of the baggage check (BAGAGLIO).

– **della cambiale.** Holder of bill of exchange (DETENTORE DELLA CAMBIALE; PRENDITORE; REGRESSO CAMBIARIO). [vol. I: BEARER; HOLDER IN DUE COURSE]

– **di buona fede a titolo oneroso della cambiale.** Bona fide holder for value (CAMBIALE; REGRESSO CAMBIARIO). [vol. I: *ad vocem*]

– **legittimo** o **regolare della cambiale.** Holder in due course (REGRESSO CAMBIARIO). [vol. I: *ad vocem*]

Portavoce. Spokesman, spokesperson (RAPPRESENTANTE).

– **militare.** Military spokesman (GUERRA).

Porto. Port o harbour (BACINO; CAPITANERIA DI PORTO; COMANDANTE DI PORTO; COMPAGNIA PORTUALE; CONSORZIO DEL PORTO; ENTE DEL PORTO; IMBARCO; NAVE; PARTENZA; QUARANTENA; SBARCO; SCARICATORE DI PORTO; STALLIA; TASSE PORTUALI; UFFICIALE DI PORTO). [vol. I: HARBOUR; INCOTERMS; LAY DAYS; PORT; SHIP]

– **abusivo di armi.** Illegal possession of firearms (ARMI DA FUOCO).

– **d'armi.** Firearms certificate, ma negli S.U si parla più spesso di firearms license (ARMI DA FUOCO). [vol. I: *ad vocem*]

– **di caricazione.** Port of shipment (*infra*, PORTO DI SCARICAZIONE; CARICAZIONE DI NAVE; *INCOTERMS*).

– **di consegna.** Port of delivery (CONSEGNA; *INCOTERMS*; TERMINI DI RESA NEL COMMERCIO INTERNAZIONALE). [vol. I: INCOTERMS]

– **di destinazione.** Port of destination (*supra*, PORTO DI CONSEGNA; DESTINAZIONE).

– **di imbarco.** Port of embarkation (IMBARCO).

– **di immatricolazione.** Home port, port of registry (*infra*, PORTO DI REGISTRO).

– **di partenza.** Port of departure (*supra*, PORTO DI DESTINAZIONE; PARTENZA; PERMESSO DI PARTENZA DELLA NAVE).

– **di registro.** Home port, port of registry (*supra*, PORTO DI IMMATRICOLAZIONE; IMMATRICOLAZIONE DI NAVE; NAVE; REGISTRAZIONE o IMMATRICOLAZIONE DI NAVE; REGISTRO DELLE NAVI).

– **di residenza dell'armatore.** Home port (ARMATORE).

– **di sbarco.** Port of disembarkation (*supra*, PORTO DI IMBARCO; SBARCO).

– **di scalo.** Port of call (SCALO). [vol. I: *ad vocem*; DEVIATION]

– **di scaricazione.** Port of discharge, port of delivery (*supra*, PORTO DI CARICAZIONE; SCARICAZIONE).

– **di transito.** Port of transit, transit port (TRANSITO).

– **di trasbordo.** Transhipment port (TRASBORDO).

– **franco.** Free port (FRANCO).

– **neutrale.** Neutral port (NEUTRALITÀ). [vol. I: NEUTRALITY; PORT]

– **pagato.** Postage prepaid, carriage paid home, carriage free (TRASPORTO).

– **straniero.** Foreign port (STRANIERO).

Porzione. Share (INTERESSENZA; LOTTO; PARTICELLA DI SUOLO; QUOTA). [vol. I: EQUITY; SEPARATION; SHARE; TENANCY]

Positivismo giuridico. Legal positivism (FORMALISMO GIURIDICO). [vol. I: *ad vocem*; NATURAL LAW; POSITIVE LAW]

Bibl.:
Friedmann 1944, ed. 1967: 134.

Posizione in genere. Position, situation, condition, station (*STATUS*).

– **debitoria.** Indebtedness (DEBITO).

– **dominante nel mercato.** Market dominance, dominant position (ABUSO DI POSIZIONE DOMINANTE; CONCORRENZA; FUSIONE DI SOCIETÀ; MONOPOLIO). [vol. I: ANTI-TRUST ACTS; AT ARM'S LENGTH; DOMINANT POSITION, ABUSE OF; MONOPOLY; RESTRICTIVE TRADE PRACTICES]

– **giuridiche soggettive.** Respective legal positions of the parties (PARTE; RAPPORTO GIURIDICO).

Possedimento. Possession, territory (POSSESSO; PROTETTORATO; TERRITORIO). [vol. I: TERRITORY]

Possesso in genere. Possession, occupation. Ma se, in principio, la nozione fondamentale di possesso nella *common law* è sostanzialmente analoga a quella esistente nella *civil law*, le assonanze acustiche nascondono, nondimeno, numerose e notevoli diversità tra le due tradizioni giuridiche. A tal proposito, si osserva che mentre la *civil law* è erede delle concezioni romanistiche, la *common law*, invece, si è evoluta secondo linee originali. La terminologia, variabile e non di rado fuorviante, è anche qui il prodotto di un lungo processo storico: spesso nella *common law* il termine *possessor* è impiegato per rendere, grosso modo, il concetto nostrano di proprietario, mentre in altri casi si parla di *special property* per indicare alcune forme di possesso che si riscontrano specialmente nel *bailment*. Quest'ultimo istituto, privo di equivalente nel diritto italiano e nella *civil law* in genere, prevede un doppio ordine di *possession*, ossia del *bailor* (depositante, mutuante, mittente) e del *bailee* (depositario, etc.), in cui il primo è possessore mediato e il secondo possessore immediato. In questo senso, si parla di *special property* per indicare il tipo di possesso che ha il *bailee* sull'oggetto del *bailment*, in quanto distinto dalla *general property* del *bailor*.
1. In effetti, la *common law* non ha adottato la netta distinzione romanistica tra *dominium* e *possessio* e, nella misura in cui la terminologia di *civil law* è idonea a descrivere i concetti di una diversa tradizione giuridica, si può dire che essa ammette solo il possesso e non il *dominium* nel senso romanistico. Com'è stato osservato: « It is broadly true to say that our Courts deal with rights to possess where the Roman Courts dealt with ownership. Our normal actions for the recovery of land or goods are based upon right of possession and not upon ownership, though it must not be overlooked that since 1883 the Courts have the power to make a declaration of right or title, even when no question of the right to possession is raised and no substantive or ancillary relief is sought » [Buckland and McNair 1936, ed. 1952: 68-69].
2. Rifacendosi ad una tipica concezione feudale in materia di immobili, la *common law* non ammette un diritto di proprietà vero e proprio, che è riservato al sovrano; qualsiasi altro non può che avere il possesso: questo spiegherebbe perché nella *common law* si parli di *ownership of an estate*, astrazione priva di equivalenza nei sistemi romanistici [vol. I: INTRODUZIONE: III. 20, 23; OWNERSHIP]. Il diritto assoluto di proprietà è, invece, sostanzialmente ammesso rispetto ai beni mobili e ai diritti mobiliari [vol. I: OWNERSHIP].
3. Una delle conseguenze di questa diversa concezione si riscontra a proposito di quelle che nella *civil law* sono definite azioni possessorie e petitorie, distinzione ignota alla *common law*; in effetti, come si è detto, la *common law* protegge non già la proprietà, ma il possesso: la tutela accordata si riferisce al possesso attraverso le azioni di *trespass*, *conversion* o *detinue* [vol. I: CONVERSION; DETINUE; TRESPASS], a seconda dei casi. Inoltre, la *common law* non conosce l'azione di reintegrazione o di spoglio ma, attraverso il rimedio dell'*injunction*, raggiunge in pratica un risultato analogo.

4. Un altro aspetto importante del diverso regime della materia si ha in tema di effetti del possesso. A parte casi determinati, la *common law* non ammette l'usucapione o prescrizione acquisitiva: il possessore del fondo non acquista un diritto in quanto tale, ma per effetto della *limitation of actions*. Quanto all'acquisto in buona fede del possesso di mobili *a non domino*, in analogia al diritto romano, la *common law* — salvo eccezioni specie in tema di compravendita commerciale — adotta il principio *nemo dat quod non habet*, e non già quello secondo il quale *possession vaut titre*.
5. La materia del possesso non è trattata nell'ambito dei diritti reali — categoria non accolta nel diritto inglese — né della *real property*, che tratta dei beni immobili, ma va ricercata nell'ambito dell'atto illecito. [vol. I: LAW OF TORTS]
6. Il possesso è *actual* o *constructive*. Il secondo si ha più spesso nel caso di *bailment*, ovvero quando si possiede per altri, come nel caso dell'*agent*. Quando un soggetto ha il possesso materiale di un immobile, si parla di *actual possession;* dicesi, invece, *possession in law* la situazione in cui egli ne diviene titolare senza, tuttavia, acquistarne il possesso. Requisito del possesso è l'*animus possidendi*. In caso di morte del possessore, il possesso si trasferisce al *personal representative* (ACCESSIONE NEL POSSESSO; ACQUISTO DEL POSSESSO; AZIONE (I) DI RIVENDICAZIONE; AZIONI (I) PETITORIE-POSSESSORIE; *COMMODA POSSESSIONIS*; COMPOSSESSO; CONSEGNA DEL POSSESSO; CONTINUITÀ NEL POSSESSO; DETENZIONE; DIRITTO (II) AL POSSESSO; DIRITTO (II) DI RITENZIONE; IMMISSIONE NEL POSSESSO; IMPOSSESSAMENTO; INTERRUZIONE DEL POSSESSO; INTERVERSIONE DEL TITOLO NEL POSSESSO; OCCUPAZIONE; POSSEDIMENTO; POSSESSORE; PRESA DI POSSESSO; PROPRIETÀ; PROVVEDIMENTO POSSESSORIO; RAPPRESENTANZA NEL POSSESSO; RECUPERO DEL POSSESSO; REINTEGRAZIONE NEL POSSESSO; RIENTRO IN POSSESSO; RIPRESA DEL POSSESSO; SPOGLIO; SUCCESSIONE NEL POSSESSO; USUCAPIONE). [vol. I: CUSTODY; EMBEZZLEMENT; HOLDING; LARCENY; OCCUPATION; OWNERSHIP; PERSONAL REPRESENTATIVE; POSSESSION; PRESCRIPTION; RECOVERY; THEFT]

Bibl.:

Arminjon, Nolde, Wolff 1950-51, vol. III: 10.
Cabella Pisu, L., *Azioni possessorie*, in *Digesto IV Utet, Civ.,* vol. II: 55.
Ferreri, S., *Azioni petitorie*, in *Digesto IV Utet, Civ.,* vol. II: 49.

– **attuale.** Actual possession, *de facto* possession (*supra*, POSSESSO IN GENERE).

– **come fonte di acquisto della proprietà di mobili.** Occupancy (USUCAPIONE). [vol. I: *ad vocem*]

– **di buona fede.** Possession in good faith (BUONA FEDE).

– **di fatto.** Actual, de facto, naked possession (DETENZIONE; MERO POSSESSO). [vol. I: *ad vocem*]

– **di immobile.** Possession of land (BENI IMMOBILI).

– **di mobile.** Possession of chattels, o of personal property (BENI IMMOBILI).

– **di stato in genere.** Lett., possession of civil status; ma non esiste in senso stretto un termine equivalente nella *common law*. Di fatto, azioni di stato, configurate sul piano tecnico in maniera diversa, sono praticate anche nei sistemi di *common law* (STATO CIVILE).

Bibl.:

Amos and Walton 1935, ed. 1967: 38.

– **ininterrotto.** Uninterrupted possession (*supra*, POSSESSO IN GENERE).

– **mediato** o **indiretto.** Constructive possession, o possession in law (*supra*, POSSESSO DI FATTO; RAPPRESENTANZA). [vol. I: *ad vocem*]

– **per rappresentanza.** Possession by agency (*supra*, POSSESSO MEDIATO O INDIRETTO; RAPPRESENTANZA NEL POSSESSO).

– **precario.** Special o qualified property (PRECARIO).

– **presunto dalla legge.** Constructive possession o possession in law (PRESUNZIONE).

– **senza diritto.** Wrongful o adverse possession (*supra*, POSSESSO IN GENERE).

– **vale titolo.** La *common law* si ispira al principio opposto, ossia a quello caratterizzato dal brocardo *nemo dat quod non habet*. Peraltro, esso ha subito una tale erosione che, specie in tema di vendita commerciale e di tutela del consumatore, può dirsi che la originaria differenza tra le due tradizioni giuridiche si è grandemente ridotta (ACQUIRENTE DI BUONA FEDE A TITOLO ONEROSO; ACQUISTO *A NON DOMINO*; CONFLITTO TRA ACQUIRENTI DI COSE MOBILI; CONTRATTO: IX; TRASFERIMENTO). [vol. I: MARKET OVERT; NEMO DAT QUOD NON HABET; OWNERSHIP; POSSESSION]

Bibl.:

Bellettini, E., *Mercanti e giudici di fronte al furto d'arte* (1986) 2 CeI 344.

Mengoni, L., *Acquisto a non domino*, in *Digesto IV Utet, Civ.,* vol. I: 69.

Possessore in genere. Possessor, occupier, owner, proprietor, holder. Ma il termine *possessor* indica anche, in sostanza, in taluni contesti, un concetto non troppo diverso da quello nostrano di proprietario (DETENTORE; OCCUPANTE; PORTATORE; POSSESSO; PROPRIETARIO). [vol. I: OCCUPIER; POSSESSION]

- **di buona fede.** Bona fide possessor, bona fide person in possession (BUONA FEDE; POSSESSO). [vol. I: BAILMENT; BONA FIDE; POSSESSION; TRESPASS]
- **di buona fede di cambiale a titolo oneroso.** Bona fide holder for value of bill of exchange (CAMBIALE; PORTATORE). [vol. I: BONA FIDE HOLDER FOR VALUE; HOLDER IN DUE COURSE]
- **legittimo.** Rightful possessor (*supra*, POSSESSORE IN GENERE).
- **precario di immobile.** Naked possessor of land, occupier (POSSESSO PRECARIO). [vol. I: *ad vocem*; TENANT AT SUFFERANCE]

Possessorio in genere. Possessory (AZIONI (I) PETITORIE-POSSESSORIE; COSTITUTO POSSESSORIO; POSSESSORE; PROVVEDIMENTO POSSESSORIO). [vol. I: POSSESSION]

Possibilità in genere. Possibility. È detta talvolta *common possibility* (*potentia propinqua* o *remota*, cioè prossima o remota) per distinguerla dalla possibility che indica sia una condizione, sia, in tema di diritti reali, una aspettativa (CONDIZIONE; EVENTO). [vol. I: CONDITION; CONTINGENCY; POSSIBILITY]

Posta in genere. Item, entry, stake (ANNOTAZIONE; POSTO).

- **di bilancio, di libro contabile.** A seconda dei casi, item of budget, of balance sheet, of book of accounts (BILANCIO; LIBRI CONTABILI; STANZIAMENTO).
- **di scommessa.** Stake (DEBITO DI GIOCO; GIOCO; SCOMMESSA). [vol. I: GAMING; STAKEHOLDER; WAGER]

Postdatazione. Postdating, forward dating, o ex post facto dating. La cambiale, il vaglia cambiario e l'assegno possono essere postdatati, ai sensi della s.13(2) del Bills of Exchange Act 1882 britannico. Negli S.U. è detto *post-dated check* l'assegno postdatato; ai sensi dell'Art. 3-114 dell'UCC, ciò non ne impedisce la negoziabilità (ANTEDATAZIONE; ASSEGNO (II) BANCARIO; DATA; NEGOZIABILITÀ; RETRODATAZIONE). [vol. I: BILL OF EXCHANGE; DATE; DAY; POST-DATING]

Postergazione del mutuo ipotecario. Grosso modo, postponing a mortgage (IPOTECA; SUBORDINAZIONE DI UN CREDITO O PRIVILEGIO A UN ALTRO).

Postilla in genere. Note, rider, codicil (ANNOTAZIONE; CLAUSOLA; CODICILLO; NOTA; POSTA).

- **ad una polizza di assicurazione.** Indorsement (POLIZZA (I) DI ASSICURAZIONE). [vol. I: *ad vocem*; RIDER]
- **a un contratto** o **documento in genere.** Rider to a contract o to a document (ADDIZIONE; CLAUSOLA AGGIUNTIVA). [vol. I: *ad vocem*]
- **testamentaria.** (CODICILLO TESTAMENTARIO)

Postmatrimoniale. Post nuptial (MATRIMONIALE). [vol. I: *ad vocem*; MARRIAGE; SETTLEMENT]

Posto. Nel senso di luogo è detto place, location, site, position, situs, station, stall (LUOGO; POSIZIONE). Nel senso di impiego, è detto più spesso employment, post, situation (ABBANDONO DI POSTO; IMPIEGO; LAVORO; LUOGO; SOPRALLUOGO; SUL POSTO; UFFICIO). [vol. I: EMPLOYMENT; MASTER AND SERVANT; PLACE; SPOT FINE]

- **di blocco.** Checkpoint; ormai passato alla storia è il favoloso *Check point Charlie* esistente a Berlino nella zona di occupazione americana prima della caduta del Muro e della riunificazione tedesca (BLOCCO).
- **di blocco stradale.** Road block (STRADA).
- **di controllo.** (*supra*, POSTO DI BLOCCO)
- **di lavoro.** Place of work, workplace, work station (LAVORO; REINTEGRAZIONE NEL POSTO DI LAVORO; VOTO SUL POSTO DI LAVORO).
- **in aereo.** Seat (TRASPORTO AEREO).
- **vacante.** Vacancy (IMPIEGO; VACANZA). [vol. I: VACANCY]

Postulante in genere. Applicant, petitioner, claimant (ATTORE IN GIUDIZIO; ISTANTE; PETIZIONE; RICHIEDENTE; RICORRENTE).

Potenza. Nel senso di paese, è detta power (EQUILIBRIO TRA POTENZE; GRUPPO DEI 5; NAZIONE; PAESE; POTERE; STATO).

- **nucleare.** Nuclear power (ENERGIA NULEARE).

Potenziale in genere. Potential, constructive (POSSIBILITÀ; PRESUNTO; VIRTUALE).

Potere/i in genere. Power, authority, right; il concetto di potere pubblico appare inestricabilmente legato a quello di sovranità. A sua volta, la sovranità è alla base dello stato assoluto moderno. Il conferimento di un potere pubblico è definito più spesso *commission* (AUTORITÀ; COMMISSIONE; DELEGA DEI POTERI; SOVRANITÀ; STATO).
1. Il termine *power* assume un significato particolare in tema di diritti immobiliari: il *power* legittima colui a cui favore è concesso (*donee of the power*) a creare o modificare diritti immobiliari (PROPRIETÀ). [vol. I: POWER: 3]
2. Il potere che viene concesso nell'*agency* con, grosso modo, la procura (*power of attorney*) è detto *authority*: si parla quindi di « acting within the limits of the authority conferred » etc. L'eccesso di potere del rappresentante è detto « to exceed the authority conferred » (PROCURA; RAPPRESENTANZA). [vol. I: AGENCY; AUTHORITY; IMPLIED WARRANTY OF AUTHORITY]
3. Il termine « ultra vires » è, in senso stretto, riferito agli atti di una persona giuridica eccedenti il suo campo di attività siccome previsto nell'atto costitutivo o statuto. Ma esso è impiegato anche in un senso più generale per indicare l'eccesso di potere (ECCESSO DI POTERE; SOCIETÀ (II) QUALE SOGGETTO COLLETTIVO: VII. 5). [vol. I: ULTRA VIRES]
4. Il termine *discretionary power* indica non tanto il potere discrezionale in senso stretto siccome inteso nei sistemi di *civil law* quanto il potere in senso lato. Così si parla di *judicial* o *discretionary office*, il cui esercizio comporta un giudizio o discrezione, distinguendo dal *ministerial duty* o *office* nell'ambito di un'attività esecutiva (DISCREZIONALITÀ). [vol. I: ADMINISTRATIVE LAW]

– **aggiuntivi.** Additional powers (*supra*, POTERE IN GENERE).

– **apparente.** Apparent o ostensible authority; questi termini sono riferiti al potere dell'*agent* (*supra*, POTERE IN GENERE: 2). [vol. I: AUTHORITY: 1]

– **arbitrario in genere.** Arbitrary power (ABUSO DI POTERE; ARBITRIO; ATTO ARBITRARIO).

– **assoluto.** Absolute power (DITTATURA; SOVRANITÀ ASSOLUTA).

– **coattivo.** Coercive power (COAZIONE).

– **comunitari.** Community powers (COMUNITÀ EUROPEE).

– **concorrenti tra stato federale e stati dell'Unione negli S.U.** Concurrent powers (FEDERALISMO; GIURISDIZIONE: 9; SOVRANITÀ).

– **contrattuale.** (*infra*, POTERE NEGOZIALE)

– **costituente.** Constituent power (COSTITUZIONE POLITICA).

– **decisorio.** Adjudicatory power, power of adjudication, jurisdiction (AUTORITÀ DECISORIA; AUTORITÀ GIUDIZIARIA; DECISIONE; GIURISDIZIONE). [vol. I: ADJUDICATION; JURISDICTION; POWER]

– **della polizia.** Police powers (*infra*, POTERE DI POLIZIA; AUTOGOVERNO; LIMITAZIONE DEI POTERI DELLA POLIZIA; POLIZIA; PUBBLICA SICUREZZA).

– **dello Stato.** (*infra*, POTERI STATALI)

– **derivanti dalla legislazione in quanto distinti da quelli derivanti dalla *common law*.** Statutory powers; si tratta di concetto che si può intendere solo tenendo conto della diversa teoria delle fonti di quella tradizione giuridica (FONTI DEL DIRITTO). [vol. I: COMMON LAW]

– **di acquisto.** Purchasing power (*infra*, POTERE DI SPESA; ACQUISTO).

– **di apprezzamento in genere.** Discretion; si parla di *judicial* o *legal discretion* per indicare la discrezionalità giudiziale consistente nel decidere nel caso concreto ciò che appare *fair and equitable*. Temperata, peraltro, dai princìpi e dalle regole di diritto, e quindi non arbitraria, capricciosa, illimitata, e tantomeno diretta a realizzare il volere del giudice (APPREZZAMENTO; DISCREZIONALITÀ; *DUE PROCESS CLAUSES*). [vol. I: DISCRETION]

– **di disposizione.** Power of disposition, power of alienation, power of disposal, power of devolution (ALIENAZIONE; DIRITTO (II) DI DISPOSIZIONE; DISPOSIZIONE).

– **di emergenza.** Emergency powers. Nel R.U. si fonda su pochissime leggi, tra cui il Public Order Act 1936 e l'Emergency Powers (Defence) Act 1939 il quale ultimo autorizza il governo ad emanare *Orders in Council* (EMERGENZA; LEGISLAZIONE DI EMERGENZA; ORDINE PUBBLICO).

– **di espropriazione per pubblica utilità.** Nel sistema inglese si parla di right, o power, of compulsory purchase; negli S.U. è definito *right,* o *power, of eminent domain* (ESPROPRIAZIONE PER PUBBLICA UTILITÀ).

– **di governo.** Governing powers; ma il

termine indica anche negli S.U. dei poteri normativi attribuiti a una *corporation* come, ad es., in tema di gestione del territorio (*infra*, POTERI DI POLIZIA; POTERE IMPOSITIVO; POTERI STATALI; ESPROPRIAZIONE PER PUBBLICA UTILITÀ; CONCESSIONE).

– **di imposizione fiscale.** (*infra*, POTERE IMPOSITIVO)

– **di polizia.** Police power; ma questo termine può indurre in abbagli: in effetti, in diritto costituzionale esso indica la *sovranità*. È quindi sotto la rubrica *Police Power* che nel diritto costituzionale americano si dibatte la questione — intrinseca al sistema federale basato sulla doppia sovranità — relativa ai rispettivi limiti della sovranità dello stato federale (*federal police power*) e dei singoli stati dell'Unione (*states' police power*). Pertanto, quando si parla dei *police powers of American government* si intendono i poteri, ossia la sovranità dello stato federale (AUTOGOVERNO; FEDERALISMO; POLIZIA; PUBBLICA SICUREZZA; SOVRANITÀ: IV).

Bibl.:
Nowak and Rotunda 1978, ed. 1991: 431, 446.

– **di rappresentanza.** Grosso modo, authority (*supra*, POTERE IN GENERE: 2).

– **di revoca.** Power of revocation (REVOCA). [vol. I: *ad vocem*]

– **di rinunzia.** Power of disclaimer (RINUNZIA).

– **disciplinare.** Disciplinary power (DISCIPLINA).

– **discrezionale in genere.** Prerogative power, discretionary power, discretion. Ma sussistono numerose e notevoli differenze con la concezione del potere discrezionale siccome inteso nel sistema amministrativo nostrano (*supra*, POTERE DI APPREZZAMENTO; DIRITTO (I) AMMINISTRATIVO; DISCREZIONALE; DISCREZIONALITÀ). [vol. I: ADMINISTRATIVE LAW]

– **di spesa.** Spending power (*supra*, POTERE DI ACQUISTO; SPESA).

– **dispositivo delle parti.** Grosso modo, power of party prosecution in civil cases (DISCREZIONALITÀ DELL'AZIONE PENALE; PRINCIPIO DISPOSITIVO).

– **di veto.** Right of veto, veto power (VETO).

– **– dovere.** A seconda dei casi, i correlativi equivalenti sono *right-duty* ovvero *power-liability*. Ma è dubbio che vi sia una traduzione esattamente corrispondente data la diversità terminologica e concettuale tra le due tradizioni giuridiche. Quanto al potere-dovere incombente su un individuo in virtù del suo ufficio, il termine *office* sembra il più adeguato: in tal senso, si parla, ad es., di *office of a trustee, office of a guardian*, etc. (DIRITTO (II); DOVERE; UFFICIO). [vol. I: OFFICE]

Bibl.:
Paton 1946, ed. 1972: 290.

– **eccezionali.** (*supra*, POTERI DI EMERGENZA)

– **economico.** Economic power (ECONOMIA DI MERCATO).

– **esecutivo.** Executive, executive power. Negli S.U. si distingue l'*executive* dalla *legislative* e dalla *judicial branch of government*. È definita *executive privilege* la dottrina (non semplice e non univoca) dell'immunità dell'esecutivo (*rectius,* del Presidente) sia nei confronti del Congresso, sia degli organi giudiziari, dall'obbligo di rivelare informazioni, dati o elementi di prova in quanto contrari all'interesse pubblico. Costituisce un aspetto della *sovereign immunity*. Nell'ordinamento costituzionale britannico si parla di *Crown privilege* (CAPO DELL'ESECUTIVO; COSTITUZIONE POLITICA; DELEGA DEI POTERI ALLO STATO FEDERALE NEGLI S.U.; FEDERAZIONE; GOVERNO; MESSA IN STATO DI ACCUSA DEL PRESIDENTE DELLA REPUBBLICA; PIENI POTERI; SEPARAZIONE DEI POTERI; STATO; VERIFICA DEI POTERI IN UNA CONFERENZA DIPLOMATICA INTERNAZIONALE). [vol. I: CHECKS AND BALANCES; CHIEF OF THE EXECUTIVE; CONSTITUTION; CROWN PRIVILEGE; EXECUTIVE; EXECUTIVE PRIVILEGE; SEPARATION OF POWERS; SOVEREIGN IMMUNITY; STATE LIABILITY]

– **giudiziario in genere.** Judiciary, judicial power; ma si parla sempre più spesso anche di judicial service: e non a caso, ma per sottolineare la sua natura di servizio. Ma, in effetti, nei sistemi di *common law* si tratta di un autentico *potere* comparabile in tutto agli altri poteri dello stato. E, del resto, come potrebbe essere diversamente con una così diversa teoria delle fonti, di cui la *judicial review* appare come il suo più importante corollario? Servizio dunque, *of course*; ma anche potere (*supra*, POTERE ESECUTIVO; *infra*, POTERE POLITICO; CONSIGLIO SUPERIORE DELLA MAGISTRATURA; ORDINAMENTO GIUDIZIARIO; PROFESSIONE FORENSE; SEPARAZIONE DEI POTERI; SERVIZI LEGALI). [vol. I: SEPARATION OF POWERS; STARE DECISIS]

– **giurisdizionale.** Adjudication, o adjudicative power (*supra*, POTERE ESECUTIVO; POTERE GIUDIZIARIO; AUTORITÀ GIUDIZIARIA; GIURISDIZIONE; ORDINAMENTO GIUDIZIARIO).

– **governativo in genere.** Governmental power, executive power, executive (*supra*, POTERI DI GOVERNO; POTERE ESECUTIVO; GOVERNO).

– **implicito in genere.** Implied power, constructive authority, implied authority. Questi termini si riferiscono più spesso al potere dell'*agent*. Ma si noti che negli S.U. — nell'ambito della doppia sovranità dello stato federale e dei singoli stati dell'Unione, fonte intrinseca di un rapporto dialettico — spesso si parla di *implied powers of Congress* per indicare i poteri legislativi impliciti del Congresso derivanti dall'art. I, s. 8, della costituzione federale (FEDERALISMO; IMPLICITO; SEPARAZIONE DEI POTERI; SOVRANITÀ). [vol. I: CONSTRUCTIVE; IMPLIED; IMPLIED POWERS; IMPLIED WARRANTY OF AUTHORITY]

– **impositivo.** Taxing power, tax raising power; negli S.U. può essere delegato nell'ambito dei c.d. *governing powers* (*supra*, POTERI DI GOVERNO; FEDERALISMO; IMPOSIZIONE FISCALE).

– **legale.** Legal power (STATO DI DIRITTO; SUPREMAZIA DELLA LEGGE).

– **legislativo.** Legislative power, legislature (*supra*, POTERE ESECUTIVO; *infra*, POTERE NORMATIVO; COSTITUZIONE POLITICA; LEGGE; LEGISLAZIONE). [vol. I: CONSTITUTION; LEGISLATURE; SEPARATION OF POWERS]

– **legittimo in genere.** Legitimate power (*supra*, POTERE IN GENERE).

– **limitato.** Qualified power (DOPPIA SOVRANITÀ; SOVRANITÀ LIMITATA). [vol. I: QUALIFIED]

– **locale.** Local power (AUTOGOVERNO).

– **negoziale** o **contrattuale in genere.** Bargaining power (AUTONOMIA CONTRATTUALE; LIBERO DA INFLUENZA ALTRUI; NEGOZIATO). [vol. I: AT ARM'S LENGTH; UNDUE INFLUENCE]

– **normativo.** Rule-making power; ma questo termine assume un significato particolare nell'ambito del processo civile e penale di *common law*, come tale privo di equivalenza nei sistemi di *civil law*, che, in breve, indica il potere proprio dell'autorità giudiziaria di emanare le norme processuali (*infra,* POTERE REGOLAMENTARE; DIRITTO (I) AMMINISTRATIVO; LEGISLAZIONE; PROCEDURA: 3; PRODUZIONE NORMATIVA; REGOLAMENTO). [vol. I: RULE-MAKING POWER]

– **occulto.** Hidden power (GOVERNO APERTO).

– **politico.** Political power. Se si considera che il diritto è scienza sociale, si capisce meglio quanto scrive B. Russell per cui « the fundamental concept in social science is Power, in the same sense in which Energy is the fundamental concept in physics » [1938, ed. 1975: 9].
1. Nel trattare il tema della sovranità, Nicola Matteucci (cit.) ha opportunamente osservato a proposito delle numerose teoriche sul potere elaborate sul continente europeo: « Tutto questo processo di formalizzazione e di astrazione, diretto alla spersonalizzazione del potere, ci nasconde chi di fatto comanda in ultima istanza in una società politica ».
2. Uno dei problemi fondamentali della democrazia rappresentativa consiste, sembra, nell'esigenza di stabilire, oltre che un rapporto democraticamente accettabile con e tra i poteri dello stato, un adeguato *sistema di controlli* che riduca per quanto possibile l'abuso che del potere possano fare le forze che lo gestiscono direttamente o indirettamente in nome della sovranità popolare.
3. In questo senso, la distinzione di Walter Bagehot, relativa al sistema costituzionale britannico, ma valida per tutti i sistemi, tra il *dignified* e l'*efficient use of power* fa capire il divario tra riti e realtà, tra potere politico formale e quello effettivo.
4. Il sistema dei *checks and balances* elaborato dai *founding fathers* della costituzione degli S.U. costituisce forse il più celebre e il meno difettoso tra i tentativi democratici di controllo del potere politico in uno stato federale.
5. Di fatto, nelle società industriali di massa, il potere è venuto a collocarsi al di fuori delle istituzioni destinate a contenerlo: è questo il caso del potere dei partiti, del potere economico, dei sindacati — in definitiva poteri lobbistici — che, per molti versi, rende le istituzioni democratiche delle vuote conchiglie.
6. Da noi, l'esasperazione di questa patologia fa del nostro paese il Caso Italia. La *democrazia consociativa* all'italiana, intesa come anarcoide sistema di partecipazione, per aver creato una *status society* compiuta, *esclude* chiunque non sia *omologato* al potere; essa ha dato luogo ad un *autentico regime* e, in ultima analisi, ad *una ge-*

stione troppo spesso delinquenziale del potere legale: di tutto il potere, politico, economico, sindacale, giudiziario, burocratico, etc.
7. Ma non si tratta solo di contorni *esterni* al potere stesso: dovunque, ma specie nel sistema costituzionale britannico, nell'economia e nella finanza, il potere è soggetto anche al controllo che si svolge al suo *interno*, alla *self-regulation*: celebri sono le c.d. *non-legal rules* che stabiliscono in sostanza delle regole di condotta in materie di fondamentale importanza. Ma tutto questo da noi non esiste: fanno quindi sorridere i *codici di condotta* lanciati dall'imprenditoria italiana dopo lo scoppio di Tangentopoli. Non solo non esistono regole e controlli esterni al capitalismo, ma è virtualmente ignota la pratica dell'autocontrollo, sulla quale si basa l'idea stessa di un qualsiasi codice di condotta. Ma forse il *caso di scuola*, appunto, in questa materia potrebbe essere rappresentato dai meccanismi interni al potere accademico, parabola di tutto il sistema democratico del nostro paese (ABUSO DI POTERE; ABUSO DI POTERE DI UN ORGANO PUBBLICO; AMMINISTRAZIONE DELLA GIUSTIZIA; AUTORITÀ; CAPACITÀ; CODICE DI CONDOTTA; COMMISSIONE PER LA VERIFICA DEI POTERI; CONFERIMENTO DI AUTORITÀ O POTERE; CONTRATTUALISMO; CRIMINALITÀ ORGANIZZATA; DEMOCRAZIA; DISOBBEDIENZA CIVILE; DISTRIBUZIONE DEL POTERE; DITTATURA; DIVISIONE DEI POTERI; ECCESSO DI POTERE; GOVERNO; INFORMAZIONE; LIBERTÀ; LOTTIZZAZIONE; MEDIATORE TRA POTERI; MONOPOLIO DEL POTERE; MORALE; NELL'AMBITO DEI POTERI; ORDINAMENTO GIUDIZIARIO; PARTITI POLITICI; PIENI POTERI; POTESTÀ; PUBBLICI POTERI; QUALITÀ; QUARTO POTERE; RAGION DI STATO; RAPPRESENTANZA SENZA POTERE; RATIFICA; REVOCA DEI POTERI; RIPARTIZIONE DEL POTERE; RIVOLUZIONE; SEPARAZIONE DEI POTERI; SOVRANITÀ; STATI GENERALI; STATO DI DIRITTO; SUPREMAZIA DELLA LEGGE; SVIAMENTO DI POTERE; TITOLO; VERIFICA DEI POTERI; VESTE; VIOLENZA). [vol. I: AUTHORITY; CHECKS AND BALANCES; CONSTITUTION; POWER; RULE OF LAW; SOVEREIGNTY]

Bibl.:
Gil, J., *Potere*, in *Enciclopedia Einaudi* 1977-81, vol. X: 996.
Matteucci, N., *Sovranità*, in *Dizionario di Politica* 1976, ed. 1983: 1102, at 1107.
Stoppino, M., *Potere*, in *Dizionario di Politica* 1976, ed. 1983: 864.
Trentini, G., *Potere/Autorità*, ibid.: 1041.

– **presidenziali.** Presidential powers (PRESIDENTE DEGLI S.U.).

– **pubblico in genere.** Public authority, sovereignty (*supra*, POTERI DI POLIZIA; FUNZIONE PUBBLICA; PUBBLICO UFFICIALE; SOVRANITÀ).

– **punitivo.** Punitive power (DIRITTO (I) PENALE; PENA; PUNIZIONE).

– **regolamentare in genere.** Rule-making power (*supra*, POTERI DI POLIZIA; POTERE NORMATIVO; PROCEDURA: 3; REGOLAMENTO).

– **residuali in genere.** Reserved o residual powers. Concetto fondamentale in un sistema federale come quello degli S.U., in cui si parla di *reserved* o *residual state powers* per indicare i poteri non attribuiti dalla costituzione allo stato federale e che sono quindi riservati ai singoli stati dell'Unione. Il diritto federale costituisce *the supreme law of the land* in base all'art. VI della costituzione federale. Peraltro, le corti federali applicheranno il diritto dei singoli stati dell'Unione in quelle materie che non siano disciplinate dal diritto federale. In base al X emendamento [1791] della costituzione: « The powers not delegated to the United States by the Constitution, nor prohibited by it to the States, are reserved to the States respectively, or to the people ». In altre parole, i poteri residuali, in quanto non delegati, a condizione che non siano vietati dalla costituzione, sono riservati agli stati dell'Unione o al popolo. Questa norma si può considerare allo stesso tempo come il fondamento della doppia sovranità e della supremazia del diritto federale su quello degli stati dell'Unione. Suo corollario è che quando il Congresso esercita con legge un *granted power* la legislazione federale prevale su quella degli stati dell'Unione in caso di conflitto, grazie alla *preemption doctrine*. Ma il tema dei *residual powers* è intrinseco alla dialettica federalistica, ossia alla doppia sovranità; esso non si risolve mai una volta per tutte — come qualche professorino nostrano lascerebbe ritenere da noi — ma è di per sé, destinato a durare fin che duri la divisione della sovranità, sia che essa derivi, come nel caso nordamericano (o, presumibilmente, della futura Unione Europea Federale) da una *rinunzia* (totale o parziale, a seconda dei casi) alla sovranità da parte di stati preesistenti a favore del *nuovo* stato federale, sia *invece,* che essa risulti, come sarebbe nell'ipotetico caso nostro, dal fatto di uno stato unitario di rinunziare alla propria sovranità a favore di entità da costituire sul proprio territorio. Nei due casi, si parte quindi da premesse storiche e giuridiche opposte. Come si è accennato, per quanto riguarda gli S.U., sono, storicamente, gli stati membri della confederazione che *rinunziano* alla propria sovranità, in parte in maniera *esclusiva*, in parte in maniera *non esclusiva* per costituire i poteri dell'Unione quali risultano dalla costituzione: la doppia sovranità spiega anche il frequente *concorso di regimi giuridici* sulla stessa materia di diritto federale e dei singoli stati dell'Unione. Nel caso nostro, nulla potrà obliterare che, storicamente, si parte dalla posizione opposta, ossia da quella di uno stato unitario che rinunzia alla propria sovranità a favore di altre entità territoriali. In ogni caso, anche da noi, per quanto, come si è accennato, da una premessa opposta a quella nordamericana, il futuro sistema federale conoscerebbe, si teme, problemi ben più gravi di quelli nordamericani in tema di *residual powers*, attinenti cioè alla portata della « delega » o rinunzia alla sovranità (comunque la si voglia chiamare). Ad un livello più modesto, e in un contesto politico e istituzionale assai diverso e nell'ambito di vaghe proposte federaleggianti, è stata proposta una brutta copia del principio americano a favore delle regioni, istituzioni affatto discreditate da un capo all'altro della penisola e, comunque, estranee alla cultura comunale italiana. E qui viene voglia di ripetere il detto napoletano, volgare ma efficace, che certe cose non possono essere messe nelle mani dei bambini (*infra,* POTERI RITENUTI DAGLI STATI MEMBRI DELLA CEE; AMMINISTRAZIONE PERIFERICA DELLO STATO; DELEGA DEI POTERI ALLO STATO FEDERALE NEGLI S.U; DOPPIA SOVRANITÀ; FEDERALISMO: IV; POTERE DI POLIZIA; PRELAZIONE; QUESTIONE FEDERALE; SEPARAZIONE DEI POTERI; SOVRANITÀ; SUPREMAZIA DEL DIRITTO FEDERALE NEGLI S.U.).

Bibl.:

Nowak and Rotunda 1978, ed. 1991: 311, 315.

– **ritenuti dagli stati membri della CEE.** Retained powers (*supra*, POTERI RESIDUALI; COMUNITÀ EUROPEE).

– **sovrano.** Sovereign power (IMMUNITÀ DALLA GIURISDIZIONE; SOVRANITÀ).

– **statali in genere.** Governmental powers; il potere esecutivo, viene distinto dagli altri poteri detti, a seconda dei casi, *legislative-judicial branches of government* (*supra*, POTERE ESECUTIVO; GOVERNO; SEPARAZIONE DEI POTERI; SOVRANITÀ; STATO).

– **supremo.** Supreme power (*supra*, POTERE IN GENERE).

– **tacito.** Implied o inferred authority; questi termini sono riferiti più spesso, ma non soltanto, al potere dell'*agent* (*supra*, POTERE IN GENERE: 2; PROCURA). [vol. I: AUTHORITY: 1; PENUMBRA DOCTRINE]

Potestà in genere. Power, authority, licence, liberty, option; ma non vi è corrispondenza esatta con le elucubrazioni nostrane su questa figura (FACOLTÀ; POTERE). [vol. I: OPTION]

– **regolamentare.** (POTERE REGOLAMENTARE)

Povero. (INDIGENTE)

Prassi in genere. Practice, policy. Ma quando il termine è riferito all'attività giudiziaria si distingue difficilmente da quello di *procedure* (COMPORTAMENTO; CONDOTTA; CONSUETUDINE; POLITICA; PRATICA; PRINCÌPI GENERALI; PROCEDURA; USO). [vol. I: POLICY; PRACTICE; PROCEDURE]

– **commerciale.** Trade practice, usage, o customs of trade (COMMERCIO; TERMINI COMMERCIALI; USO DI COMMERCIO). [vol. I: RESTRAINT OF TRADE; RESTRICTIVE TRADE PRACTICES; TRADE PRACTICE; TRADE USAGE]

– **costituzionale.** Constitutional practice (CONVENZIONI COSTITUZIONALI; COSTITUZIONE POLITICA).

Pratica/che. Nel senso di prassi, è detta practice, policy, usage; nel senso di *dossier*, è detta *file* (CARTE DI UNA PRATICA; COMPORTAMENTO; CONDOTTA; DOCUMENTO; FASCICOLO; LIBERA PRATICA; PRASSI; USO).

– **amministrativa.** Administrative practice (DIRITTO (I) AMMINISTRATIVO).

– **commerciale.** (PRASSI COMMERCIALE)

– **concertata (CEE).** Concerted practice (MONOPOLIO).

– **di revisione contabile.** Auditing practice (REVISIONE CONTABILE).

– **illecita.** Malpractice (ATTO ILLECITO). [vol. I: *ad vocem*]

– **industriale sleale.** Unfair labour (o labor) practice (SCIOPERO).

– **legale.** Legal training (FORMAZIONE GIURIDICA; PROFESSIONE FORENSE).

– **protezionistica.** Protectionist practice (*infra*, PRATICA RESTRITTIVA DELLA CONCORREN-

ZA; ATTO UNICO EUROPEO; CONCORRENZA; *DUMPING* ; PROTEZIONISMO).

– **restrittiva della concorrenza.** Restrictive trade practice, combination in restraint of trade (*supra,* PRATICA PROTEZIONISTICA; CONCORRENZA; DIRITTO (II) DI ESCLUSIVA; PATTO DI NON CONCORRENZA; PRASSI COMMERCIALE).

– **sindacale restrittiva.** Restrictive labour practice (SINDACATO).

Praticante in genere. Apprentice, trainee (DIPENDENTE AVVENTIZIO).

– ***solicitor.*** Articled clerk (FORMAZIONE GIURIDICA; PRATICA LEGALE; PROFESSIONE FORENSE). [vol. I: *ad vocem*; SOLICITOR]

Preallarme. Warning, alert, standby (ALLARME; PREAVVISO).

Preambolo in genere. Préamble. Probabilmente il più celebre è quello della costituzione degli S.U. che recita: « *We the People of the United States, in Order to form a more perfect Union* .. ». (PREMESSA). [vol. I: *ad vocem*]

– **di una convenzione internazionale.** Preamble of an international convention (CONVENZIONE INTERNAZIONALE). [vol. I: PREAMBLE OF A CONVENTION]

– **di una legge.** Preamble of a statute (LEGGE). [vol. I: *ad vocem*]

– **di un *deed* o atto solenne.** Recitals (ATTO SIGILLATO-NON SIGILLATO). [vol. I: *ad vocem*]

Preavviso o **avviso in genere.** Notice, warning, caveat, caution (ANNUNZIO; AVVISO; CLAUSOLA DI RIPENSAMENTO; DIFFIDA; DISDETTA; DURATA DEL PREAVVISO; INTIMAZIONE; PREALLARME; SENZA PREAVVISO). [vol. I: CAUTION; CAVEAT; GARNISHMENT; NOTICE; WARNING]

– **all'imputato all'atto dell'arresto.** (AVVERTENZA ALL'IMPUTATO ALL'ATTO DELL'ARRESTO)

– **dei sessanta giorni.** In tema di controversie collettive di lavoro, è detto *sixty-day notice* negli S.U. il preavviso, stabilito dal *Taft-Hartley Act*, che una parte deve dare all'altra per rinegoziare il contratto o denunciarlo. Durante tale periodo è fatto divieto di scioperi e serrate (CONTROVERSIA COLLETTIVA DI LAVORO; PERIODO DI RAFFREDDAMENTO).

– **dovuto.** Due notice (*supra*, PREAVVISO IN GENERE).

Precario in genere. Precarious; ma si dice più spesso *at* o *on sufferance* o *by permission. Precarious right* è il diritto precario, revocabile *ad nutum* (COMODATO PRECARIO; POSSESSO PRECARIO; POSSESSORE PRECARIO DI IMMOBILE). [vol. I: LICENCE; PRECARIOUS]

Precauzione. Care, diligence, precaution, caution (A TITOLO CAUTELARE; CAUTELA; DIFFIDA; DILIGENZA; MISURA CONSERVATIVA; MISURA PRECAUZIONALE; NEGLIGENZA; PROCEDIMENTI CAUTELARI; REATO; SICUREZZA; URGENZA). [vol. I: CAUTION; DUTY OF CARE; NEGLIGENCE; PRECAUTION]

Precedente/i in genere. Precedent, antecedent, previous, former.

– **decisione.** Former adjudication, previous decision. Una precedente decisione non ha interesse soltanto sotto il profilo della *legal rule* che può stabilire, ma anche in quanto può costituire cosa giudicata (*infra*, PRECEDENTE GIUDIZIARIO; COSA GIUDICATA; DECISIONE).

– **dottrinale.** Doctrinal antecedent (DOTTRINA).

– **giudiziario.** Judicial precedent o, più spesso, *precedent*, *authority.* È in questa materia che, almeno sul piano dei princìpi, sussistono le differenze più eclatanti tra le due tradizioni giuridiche di *common law* e *civil law*: la prima, a diritto giurisprudenziale, la seconda a diritto legislativo. La materia rientra nelle fonti del diritto, da cui deve cominciare ogni studio giuridico in questa materia.
1. Un *judicial precedent* è una decisione invocata come *authority* per la decisione di un caso analogo sulla base, appunto, della regola del precedente. Le regole della *common law* e dell'*equity* si desumono dai *precedents* giudiziari, accertando il principio messo a base di esse, che può essere identificato, grosso modo, con la *ratio decidendi.*
2. Il principio che stabilisce l'obbligatorietà del *precedent*, cioè della regola giurisprudenziale (*rule*) stabilita in una precedente decisione, è detto *stare decisis* [vol. I: STARE DECISIS]. L'insieme delle regole di origine giurisprudenziale è detto *case law.*
3. Nel citare i precedenti giudiziari davanti al giudice, il difensore è tenuto a menzionare ugualmente quelli a lui sfavorevoli; in mancanza, commette *contempt of court.* La spiegazione di ciò non risiede in una, sostanzialmente inesistente, superiorità morale del *common lawyer* rispetto

al *civil lawyer,* ma in una ragione tecnica. In un sistema in cui non vige il principio *iura novit curia*, le parti sono tenute a esporre al giudice lo stato della legge su una determinata materia, e i precedenti giudiziari sono appunto questo. La mancata citazione di tutti i precedenti anche quelli sfavorevoli, equivarrebbe, grosso modo, in una paese di *civil law,* a produrre il testo di una legge da cui venisse deliberatamente espunto un comma (*infra*, PRECEDENTE PERSUASIVO; ABROGAZIONE; AUTORITÀ DEL PRECEDENTE GIUDIZIARIO; CASI E MATERIALI; CASO GIUDIZIARIO; CITAZIONE DI AUTORI GIURIDICI; DECISIONE; DIRITTO (I) CREATO DAI GIUDICI; FONTI DEL DIRITTO; GIURISPRUDENZA; *IURA NOVIT CURIA*; MASSIMA GIURISPRUDENZIALE; MOTIVAZIONE DELLA SENTENZA; *OBITER DICTUM*; RAGIONAMENTO GIURIDICO; REGOLATORE; RIVISTE DI GIURISPRUDENZA; SENTENZA). [vol. I: INTRODUZIONE: III. 5; AUTHORITY; CASE BOOK; CASE LAW; CASE METHOD; COMMON LAW; LAW REPORTS; LEGAL RULE; OBITER DICTUM; PRECEDENT; RULE; SOURCES OF LAW]

Bibl.:

Chiarloni, S., *Efficacia del precedente giudiziario e tipologia dei contrasti di giurisprudenza* (1989) 1 RTDPC 118.

De Nova, G., *Sull'interpretazione del precedente giudiziario* (1986) 3 CeI 779.

Galgano, F., *L'interpretazione del precedente giudiziario* (1985) 3 CeI 701.

– **guida.** Ma questa espressione costituisce la versione nostrana del *leading precedent.* L'idea è evidente, ma va tenuto presente che si tratta di un'approssimazione in un sistema come il nostro in cui non si ha, in senso stretto, teoria del precedente giudiziario (*supra*, PRECEDENTE GIUDIZIARIO; FONTI DEL DIRITTO).

– **penali.** Previous convictions, criminal record, criminal history, antecedents.

1. Nel sistema inglese e nordamericano è motivo di nullità della sentenza il fatto che la giuria o il giudice siano venuti a conoscenza dei precedenti penali dell'imputato prima che essa sia stata pronunciata. Si tratta di una regola di civiltà giuridica: i precedenti penali assumono un peso determinante per stabilire la natura e il *quantum* della pena; ma non hanno alcuna rilevanza nel decidere sulla colpevolezza o meno dell'imputato, che va accertata unicamente sulla base delle prove sottoposte dall'accusa relative al reato di cui egli è accusato. In effetti, se conosciuti, i precedenti penali comportano per chi è chiamato a decidere una quasi irresistibile propensione a ritenere l'imputato colpevole *anche* del successivo reato di cui è accusato. In altre parole, nella concezione anglo-americana, i precedenti penali dell'imputato non sono la *prova* della colpevolezza dell'imputato di altri reati di cui sia accusato. Naturalmente, neanche il più scalcinato dei *civil lawyers* si sognerebbe di dissentire da tali proposizioni: resta il fatto che il processo penale italiano è tecnicamente organato in maniera che, di fatto, i precedenti penali assumano un valore (negativo) ai fini della decisione. Questa diversità, di per sé sola, rivela i massicci sedimenti inquisitori alla base di tanta parte del nostro processo penale e di numerosi altri di *civil law* (COLPEVOLE-INNOCENTE).

2. Incapace di fornire uno *straccio di prova* dei reati di cui si accusa il Pacciani al processo di Firenze (1994), dopo indagini che in un paese di *common law* avrebbero determinato non già il rinvio a giudizio dell'imputato, ma il rigetto dell'accusa, il p.m. si aggrappa ai precedenti penali dell'imputato. La ricostruzione di fatti efferati e incontestati per i quali l'imputato ha già scontato la pena inflittagli appare evidentemente diretta a instillare la convinzione nei giudici che la corte, anche in assenza di una qualsiasi prova relativa ai reati di cui è accusato, si trovi di fronte ad un criminale, che va condannato in ogni caso. Si tratta di spettacolo di grave inciviltà giuridica sfuggito ai professori che imperversano quotidianamente e sorprende — anzi non sorprende affatto — che nessuno dei giudici togati si sia ribellato a uno spettacolo che fa della giustizia italiana una autentica beffa.

3. L'imputato privo di precedenti penali è detto *first offender.* Non esiste né nel sistema inglese, né in quello nordamericano il certificato penale o quello dei carichi pendenti, e tantomeno poi il c.d. certificato antimafia, quali sono conosciuti nel sistema italiano. Imposti con implacabile regolarità ai cittadini che intrattengano anche il più fugace rapporto con una pubblica amministrazione corrotta e inefficiente — manca poco che non siano esatti anche...per l'acquisto dei biglietti ferroviari — essi lascerebbero presumere che — per quanto soggetto ad un severo regime di polizia — al paese è assicurata, nondimeno, una straordinaria protezione dalla criminalità di ogni genere, ignota al resto d'Europa. Ma non è vero (*infra*, PRECEDENTE PERSUASIVO; CARICHI PENDENTI; CASEL-

LARIO GIUDIZIALE; CATTIVA CONDOTTA; CERTIFICATO DEI CARICHI PENDENTI; CERTIFICATO DI BUONA CONDOTTA; CERTIFICATO PENALE; CONDANNA PENALE: 1; CONDOTTA; DELINQUENTE ABITUALE; IMPUTATO; INCENSURATO; PENA; POLIZIA; PREGIUDICATO; PRESUNZIONE DI INNOCENZA; PROVA DI PRECEDENTI PENALI; RECIDIVA). [vol. I: ANTECEDENTS; CHARACTER; CRIMINAL RECORDS; FIRST OFFENDER; PREVIOUS CONVICTIONS; REHABILITATION OF OFFENDERS; SENTENCE; SENTENCING PROCESS]

– **penali dell'autore del reato.** Offender's antecedents.

– **persuasivo, non vincolante.** Persuasive authority, persuasive precedent. Con una forzatura che tradisce la condizione del *civil lawyer* costretto, anche senza volerlo, a confrontarsi con la tradizione di *common law*, questa espressione — tipica di quella tradizione giuridica — è ormai entrata nella fraseologia giuridica del nostro paese. Ma essa, proprio per la sua estrazione, va presa *cum grano salis*. In effetti, nella tradizione di *common law* la *persuasive authority* ha il suo correlativo nella *binding authority* che da noi non è neanche ipotizzabile, essendo le sentenze soltanto *persuasive* per definizione (*supra*, PRECEDENTE GIUDIZIARIO).

Bibl.:

Bonsignori, A., *L'art. 65 dell'ordinamento giudiziario e l'efficacia persuasiva del precedente* (1988) 2 CeI 510.

Inzitari, B., *Obbligatorietà e persuasività del precedente giudiziario* (1988) 2 CeI 526.

– **vincolante.** Binding precedent (*supra*, PRECEDENTE GIUDIZIARIO; FONTI DEL DIRITTO).

Precedenza. Precedence, priority, preference (PRECEDENTE; PREFERENZA). [vol. I: PRECEDENCE; PREFERENCE; PRIORITY]

– **stradale.** Right of way; negli S.U. si parla di *boulevard rule* per indicare il dovere di dare la precedenza che grava sul conduttore che si immette su una strada principale (CIRCOLAZIONE STRADALE; DIRITTO (II) DI PRECEDENZA STRADALE).

Precettato. Grosso modo, party served with a writ of execution (COSCRIZIONE MILITARE OBBLIGATORIA; ESECUZIONE; PRECETTO PER L'ESECUZIONE DELLA SENTENZA).

Precetto per l'esecuzione della sentenza. L'atto con cui si procede all'esecuzione della sentenza civile è il writ of execution. Negli S.U. — dove la materia ricade nelle attribuzioni dei singoli stati dell'Unione — si parla anche di *praecipe*. Ma il termine *precept* non indica il precetto nostrano (ESECUZIONE FORZATA DELLA SENTENZA CIVILE; PRECETTATO; TITOLO ESECUTIVO). [vol. I: EXECUTION; PRAECIPE; PRECEPT]

Bibl.:

Langan 1970, ed. 1976: 202.

Preclusione in genere. Bar, estoppel, foreclosure, debarment, impediment, preclusion. È un istituto che rientra nell'*evidence*, e che quindi fa parte del diritto sostanziale. Ma non sembra che vi sia una netta distinzione tra preclusione e decadenza. Per molti versi, condotta e preclusione, condotta e responsabilità, appaiono come due facce della stessa medaglia. In questa materia l'*estoppel* assume un'importanza prevalente; esso costituisce uno degli istituti più interessanti della *common law,* che ha subito la sua massima elaborazione negli S.U. Ma, com'è stato osservato, il principio relativo è ben noto alla *civil law* sotto il nome di *exceptio doli* o *venire contra factum proprium*: si tratta di un principio generale comune alle due tradizioni giuridiche. Dalla sua originale natura di ordine procedurale, è stato utilizzato in numerose branche dell'ordinamento e, in particolare, in tema di contratti, divenendo un principio sostanziale di notevole importanza che include, tra l'altro, la tutela dell'affidamento dei terzi e sanziona il dovere di buona fede.
Negli S.U., ai sensi della R. 37(b)(2)(B) delle *Federal Rules of Civil Procedure*, la parte in giudizio che non abbia ottemperato all'ordine di *discovery* può essere preclusa dal sostenere talune pretese o difese (ACQUIESCENZA; AFFIDAMENTO; BARRIERA; CONDOTTA; CONOSCENZA; DECADENZA; *DISCOVERY*; ECCEZIONE; *ELECTA UNA VIA NON DATUR RECURSUS AD ALTERAM*; IMPEDIMENTO; INTRALCIO; MOZIONE; PROPRIETÀ APPARENTE; RAPPRESENTANZA PER PRECLUSIONE; SILENZIO). [vol. I: ACQUIESCENCE; BAR; CONCLUSIVE; DEBARMENT; DISCOVERY; ESTOPPEL; IMPEDIMENT; LACHES; RELIANCE]

– (o **decadenza) del diritto di pagare il debito ipotecario.** Grosso modo, foreclosure; ma si noti la diversità di regime nella materia (IPOTECA). [vol. I: FORECLOSURE; MORTGAGE]

Precontrattuale. Pre-contractual (*CULPA IN CONTRAHENDO*; DICHIARAZIONE PRECONTRATTUALE; RESPONSABILITÀ CONTRATTUALE-EXTRACONTRATTUALE).

Preda in genere. Prize, booty (DIRITTO (I) DEL-

LE PREDE; TRIBUNALE DELLE PREDE). [vol. I: BOOTY OF WAR; PRIZE]

– **bellica.** Booty of war (GUERRA). [vol. I: *ad vocem*]

– **di guerra marittima.** Prize of war (BOTTINO DI GUERRA MARITTIMA). [vol. I: *ad vocem*]

Predecessore. (DANTE CAUSA)

Preferenza in genere. Privilege, priority o preference (CAUSE (I) LEGITTIME DI PRELAZIONE; CREDITO PAGATO CON PREFERENZA; DIRITTO (II) DI PREFERENZA; FLOTTANTE; GARANZIA; PRECEDENZA; PRELAZIONE; PRIORITÀ; PRIVILEGIO; SISTEMA PREFERENZIALE; TRATTAMENTO PREFERENZIALE). [vol. I: FRAUDULENT PREFERENCE; LIEN; PREFERENCE; PREFERENTIAL PAYMENT]

– **comunitaria.** Community preference (COMUNITÀ ECONOMICA EUROPEA).

– **tra creditori.** Priority o preference among creditors. Nel concorso di più creditori, si distingue tra *senior* e *junior creditors*: i primi hanno diritto ad essere soddisfatti con precedenza rispetto ai secondi (CAUSE (I) LEGITTIME DI PRELAZIONE; CREDITORE; POSTERGAZIONE DEL CREDITO IPOTECARIO; PREFERENZA TRA CREDITORI; PRELAZIONE; PRIORITÀ; PRIVILEGIO; SUBORDINAZIONE DI UN CREDITO O PRIVILEGIO A UN ALTRO).

Prefetto. Di solito si cita in francese: *préfet*. Ma si tratta di figura ignota e impensabile in un paese come l'Inghilterra, culla dell'autogoverno: il prefetto è istituzione tipica del sistema di governo centralizzato alla francese. Si noti, tra l'altro, che il governo britannico non può sciogliere gli organi elettivi delle amministrazioni locali né nominare commissari governativi. Il discorso poi non si pone neppure in uno stato federale come quello nordamericano, che è anche il più decentralizzato dell'Occidente: esiste un prefect nel New Mexico, ma si tratta non del prefetto nostrano, ma bensì di un giudice competente in materia successoria. Tra i due modelli, quello inglese e nordamericano dell'autogoverno, e quello francese del governo centralizzato che vede nel prefetto il rappresentante del governo nelle province, quello italiano si presenta come una delle solite trovate del « laboratorio » nostrano che combina gli inconciliabili come il prefetto da un lato e la regione dall'altro (AUTOGOVERNO; FEDERALISMO; POLIZIA; PROVINCIA; REGIONE). [vol.I: LOCAL AUTHORITY; LOCAL GOVERNMENT]

Prefettura. *Préfecture* (PREFETTO).

Pregiudicato. Convicted offender. Negli S.U. — stato federale — in taluni stati dell'Unione i pregiudicati sono tenuti a farsi registrare presso la polizia locale in modo tale che la loro presenza sia nota ai membri della comunità. Lo stesso obbligo incombe in base alla legge federale sui membri di associazioni sovversive (CASELLARIO GIUDIZIALE; PRECEDENTI PENALI).

Pregiudiziale in genere. Preliminary (ECCEZIONE PREGIUDIZIALE; PRELIMINARE). [vol. I: PRETRIAL]

Pregiudizio in genere. Prejudice. Nel senso di parzialità, è detto *bias*, *partiality*; nel senso di danno, è detto più spesso *damage* o anche *injury*. Ma il termine *detriment*, quale correlativo di *benefit*, è impiegato nel *simple contract* per indicare il tormentato concetto della *consideration*. L'espressione « recante pregiudizio » è resa con *adversely affecting* (BENEFICIO; CON PREGIUDIZIO; CONTRATTO: III; DANNO; DETRIMENTO; LEGITTIMAZIONE; PARZIALITÀ; PUBBLICITÀ PREGIUDIZIEVOLE; SACRIFICIO; SENZA PREGIUDIZIO). [vol. I: BIAS; DAMAGE; LOCUS STANDI; PREJUDICE]

– **razziale.** Racial discrimination (DIRITTI (II) DELL'UOMO; DISCRIMINAZIONE RAZZIALE).

Prelazione. Preference, pre-emption priority, redemption. È detto *pre-emptive right* il diritto di prelazione dell'azionista di mantenere inalterata la sua quota mediante l'acquisto proporzionale di nuove azioni emesse. Si noti negli S.U. — stato federale — la *pre-emption doctrine* elaborata dalla *Supreme Court* per cui talune materie rivestono un tale interesse nazionale — in quanto distinto da quello locale, ossia dei singoli stati dell'Unione — da far prevalere la legge federale (*pre-empt*) su quella degli stati. È questo il caso, ad es., delle leggi federali sull'*interstate commerce* (CAUSE (I) LEGITTIME DI PRELAZIONE; CONFLITTO TRA PIÙ AVENTI DIRITTO; DIRITTO (II) DI PRELAZIONE NELLA VENDITA; FLOTTANTE; ORDINE DI PRELAZIONE; PATTO DI PRELAZIONE; POTERI RESIDUALI; PRECEDENZA; PREFERENZA; PREVALENZA; PRIMATO; PRIMAZIA; QUOTA DI PARTECIPAZIONE AZIONARIA; RETROCESSIONE; RISCATTO; RIVERSIBILITÀ; SUPREMAZIA). [vol. I: INTERSTATE COMMERCE; PRE-EMPTION; PREFERENCE; PREFERENTIAL PAYMENTS]

Preleggi. (DISPOSIZIONI SULLA LEGGE IN GENERALE)

Prelievo in genere. Drawing, withdrawing (DIRITTI (II) SPECIALI DI PRELIEVO; RITIRO). [vol. I: DRAFT; SPECIAL DRAWING RIGHTS]

– **di fondi da una banca.** Withdrawal of funds from a bank (BANCA; DENARO; FONDI).

Preliminare in genere. Preliminary, interim, interlocutory (CONTRATTO PRELIMINARE; INTRODUTTIVO; PREGIUDIZIALE; PROCEDIMENTI CAUTELARI). [vol. I: INTERIM; INTERLOCUTORY; PRELIMINARY]

Prematrimoniale. Ante-nuptial (CONVENZIONE MATRIMONIALE; MATRIMONIO; POSTMATRIMONIALE). [vol. I: MARRIAGE; SETTLEMENT]

Premeditato in genere. Premeditaded, intentional, wilful (INTENZIONALE; PREMEDITAZIONE).

Premeditazione in genere. Premeditation; ma nel reato essa è detta più spesso *mens rea, malice aforethought, intention*: termini riferiti quasi esclusivamente all'omicidio volontario, definito *murder* nel sistema inglese e *murder*, o *first degree murder*, in quello nordamericano. Ma si tratta di materia non semplice (CONSAPEVOLEZZA; DELITTO COLPOSO-DOLOSO; DOLO; INTENTO; OMICIDIO; PRETERINTENZIONALITÀ; PROPOSITO CRIMINOSO; PROVOCAZIONE; REATO; SCIENTEMENTE). [vol. I: CRIMINAL PROCEDURE; EVIDENCE; MALICE AFORETHOUGHT; MENS REA; MURDER; OFFENCE]

Bibl.
Cadoppi, A., *Mens rea*, in *Digesto IV Utet, Pen.,* vol. II: 618.

Premessa/o in genere. Premise (PREAMBOLO).

– **che.** Whereas; espressione impiegata nel preambolo di atti formali, e anche in convenzioni internazionali (PREAMBOLO).

– **di un atto** o **contratto.** Premises, assumption; ma si noti che il termine *premises* acquista un significato particolare quando è riferito agli immobili (LUOGO). [vol. I: PREAMBLE; PREMISES; RECITALS]

Preminenza in genere. Supremacy (PREVALENZA; PRIMATO; SUPREMAZIA).

Premio in genere. Premium, bonus, prize, reward, bounty, subsidy, gift; *acquire (to) at a premium* indica acquistare beni o titoli ad un prezzo maggiorato rispetto a quello di mercato. Riferito a un titolo mobiliare (es: *stock*), il termine *premium* indica la differenza tra il valore facciale di esso e il suo valore di mercato, se quest'ultimo è più elevato (BONUS; BUONO; CONTRATTO A PREMIO DI TITOLI E MERCI; DIFFERENZIALE; OBBLIGAZIONE (II) A PREMIO; RATA DI PREMIO; RIACQUISTO DI AZIONI DI SOCIETÀ; RICOMPENSA; SCARTO; SUPPLEMENTO DI PREMIO NELL'ASSICURAZIONE; SUSSIDIO). [vol. I: BONUS; LOSS LEADERS; PREMIUM; REWARD]

– **all'acquirente.** Free gift to buyer o purchaser (ACQUIRENTE; ACQUISTO).

– **all'esportazione.** Export subsidy (AIUTI ALL'ESPORTAZIONE; *DUMPING*; SUSSIDIO).

– **assicurativo.** (*infra*, PREMIO DI ASSICURAZONE)

– **di arruolamento.** Bounty (*infra*, PREMIO DI INGAGGIO; ARRUOLAMENTO).

– **di assicurazione.** Insurance premium (ASSICURAZIONE; *BROKER*; DIMINUZIONE DEL RISCHIO NELL'ASSICURAZIONE; GUIDA PERICOLOSA; SOVRAPPREMIO ASSICURATIVO; SUPPLEMENTO DI PREMIO NELL'ASSICURAZIONE; TARIFFA ASSICURATIVA). [vol. I: INSURANCE: I. 16; LOADING OF PREMIUM]

– **di cambio.** Exchange premium (CAMBIO).

– **di celerità.** Despatch money (STALLIA; TRASPORTO MARITTIMO). [vol. I: *ad vocem*]

– **di ingaggio.** Bounty (*supra*, PREMIO DI ARRUOLAMENTO; INGAGGIO).

– **di maggioranza.** Grosso modo, plurality premium e, descrittivamente, additional number of parliamentary seats secured to the party obtaining a plurality of the votes. Ma si tratta di variante (si direbbe, piuttosto sudamericana) del sistema elettorale proporzionale; come tale, priva di riscontro nella legge elettorale britannica caratterizzata, invece, dal sistema *maggioritario uninominale a un turno* (ELEZIONI POLITICHE).

Bibl.:
Marotta, E., *Sistemi elettorali*, in *Dizionario di Politica* 1976, ed. 1983: 1061.

– **lordo.** Gross premium (*supra,* PREMIO IN GENERE).

– **netto.** Net premium (*supra,* PREMIO IN GENERE).

Premorienza. Predeceasing (COMMORIENZA).

Prenditore di cambiale o **assegno.** Payee (CAMBIALE; ORDINATARIO; PORTATORE). [vol. I: *ad vocem*]

– **fittizio.** Fictitious payee (FITTIZIO). [vol. I: *ad vocem*]

Prenome. First name o Christian name (COGNOME; NOME). [vol. I: NAME; SURNAME]

Prenotazione in genere. Booking; l'eccesso

di prenotazione di posti in aereo, alberghi, etc. è detto *overbooking* (CANCELLAZIONE DI PRENOTAZIONE).

Preponderanza della prova. (STANDARD DELLA PROVA)

Preponente. Principal (PREPOSTO; PRINCIPALE; PROPONENTE). [vol. I: *ad vocem*]

Preposto. Grosso modo, agent, employee, servant; il termine francese *préposé* viene tradotto con *agent* (AUSILIARE; PREPONENTE; RAPPRESENTANTE). [vol. I: AGENTS, SERVANTS AND REPRESENTATIVES OF CARRIER; COMMISSION]

Prerogativa/e in genere. Prerogative, privilege, immunity (ATTRIBUZIONE; IMMUNITÀ PARLAMENTARI; SOVRANITÀ). [vol. I: IMMUNITY; PREROGATIVE; PRIVILEGE]

- **della corona britannica.** Royal prerogative (CORONA). [vol. I: PREROGATIVE]
- **del parlamento.** Privileges of Parliament (IMMUNITÀ PARLAMENTARI). [vol. I: PRIVILEGE OF PARLIAMENT]

Presa. Hold, seizure, entry (POSSESSO).

- **di controllo.** Take over (CONTROLLO).
- **di possesso.** Taking possession, seizure, occupancy (OCCUPAZIONE; POSSESSO). [vol. I: REPOSSESSION]
- **di possesso illegale violenta del fondo.** Forcible entry (SPOGLIO). [vol. I: ENTRY]

Prescritto. Statute barred (DIRITTO (II) PRESCRITTO; PRESCRIZIONE; TERMINE PRESCRITTO). [vol. I: *ad vocem*; LIMITATION OF ACTIONS]

Prescrizione in genere. Grosso modo, limitation of actions, statute of limitations. In questa materia sembra sussistere una radicale differenza di approccio tra le due tradizioni giuridiche in entrambe le quali la materia appare peraltro non agevole.
1. In effetti, nella *common law*, come del resto suggerisce la stessa espressione *limitation of actions*, sembra che oggetto della prescrizione sia non già il diritto sostanziale, ma bensì il diritto di proporre l'azione in giudizio. Del resto, il problema se la prescrizione estintiva attenga al diritto sostanziale o al rimedio per farlo valere non è limitato ai sistemi di *common law*. Comunque, è detto *time-limit* o *limitation period* il periodo di tempo entro il quale l'azione va proposta. La materia fa parte della procedura e non del diritto sostanziale.
2. Quanto all'ambiguo termine *prescription*, in principio, e di solito, esso non indica la prescrizione estintiva, ma quella acquisitiva, ossia l'acquisto di un diritto a seguito del decorso del tempo, limitato peraltro a pochissimi casi particolari in tema di immobili. In tal senso, va rilevato che il decorso del tempo ha per solo effetto di estinguere il diritto del titolare nei confronti della persona in *adverse possession*, la quale ultima acquista il diritto di non essere turbata.
3. Ma i termini *prescription* e *limitation of actions* sono spesso impiegati come sinonimi per indicare la prescrizione estintiva nostrana: tra l'altro, va ricordato altresì che negli S.U. — stato federale — in Louisiana (grosso modo) *enclave* di *civil law*, vige il *Code Civil* che, anche se stravolto dal fatto di operare in un contesto di *common law*, ritiene una sua terminologia civilistica: in tal senso, in quello stato il termine *prescription* indica sia la prescrizione acquisitiva che quella estintiva.
4. Nel sistema inglese la materia è regolata dal Limitation Act 1980. Ma — punto del quale non si può esagerare l'importanza — anche qui, riappare la fondamentale dicotomia delle fonti nella tradizione di *common law*: una parte della materia è retta dalle regole dell'*equity*. Ad es., una *stale demand* o uno *stale claim* è una domanda proposta o un credito reclamato tardivamente, quando cioè in base alle regole dell'*equity* sarebbe iniquo consentire a una parte di esercitare tanto tardivamente il proprio diritto. Comunque, notevole appare il margine discrezionale di apprezzamento del giudice in siffatta materia. [vol. I: ESTOPPEL; LIMITATION OF ACTIONS]
5. La terminologia in materia appare particolarmente importante: per indicare che si è verificata la prescrizione si dice più spesso che *the statute of limitation has run out*; l'eccezione (*plea*) con la quale il convenuto oppone l'avvenuta prescrizione è detta *non accrevit*. Eccepire la prescrizione è detto *set (to) up the statute of limitation* (ACQUISTO PER USUCAPIONE ; A MEMORIA D'UOMO; AZIONE (I) DI RIVENDICAZIONE; AZIONE (I) PRESCRITTA; CREDITO NON FATTO VALERE; DECORRENZA DELLA PRESCRIZIONE; DECORRENZA DEL TEMPO; DIRITTO (II) IMPRESCRITTIBILE; DISUSO; DURATA; ECCEZIONE; ESTINZIONE PER PRESCRIZIONE; IMPRESCRITTIBILITÀ; INERZIA NELL'ESERCIZIO DEL DIRITTO; INTERRUZIONE DELLA PRESCRIZIONE; IRRILEVABILITÀ D'UFFICIO DELLA PRESCRIZIONE NON OPPOSTA; LEGGE REGOLATRICE DELLA PRESCRIZIONE; PERDITA DI UN DIRITTO PER MANCATO ESERCIZIO; PERIODO DI PRESCRIZIONE; POSSESSO; SCADENZA; SOSPENSIONE DELLA PRESCRIZIONE; TERMINI DI PRESCRIZIONE; TUTELA DEI DIRITTI). [vol. I:

LACHES; LAPSE; LIMITATION OF ACTIONS; PRESCRIPTION]

Bibl.:
Schlesinger 1950, ed. 1988: 188.

– **acquisitiva.** (*supra*, PRESCRIZIONE IN GENERE; USUCAPIONE)

– **del diritto.** Lapse of right, debarment of right (*supra*, PRESCRIZIONE IN GENERE; PERDITA DI UN DIRITTO PER MANCATO ESERCIZIO).

– **della cambiale.** Barred action on a bill of exchange (CAMBIALE PRESCRITTA).

– **del reato.** Time-barred offence, time-barred crime. Un reato non perseguito entro un ragionevole periodo di tempo, viene definito *stale offence*. In senso processuale, si dice che, rispetto a taluni reati indicati dalla legge, l'azione penale deve aver inizio entro un certo termine (*within a certain time-limit*). La materia è, anche qui, retta dalla *statute law* e dalla *common law*. A parte taluni reati specificamente previsti dalla *statute law*, come, ad es., in tema di reati minori (*summary offences*) — in cui la s. 27 del Magistrates' Court Act 1980 stabilisce che l'azione penale deve essere proposta entro sei mesi dalla loro commissione — nel sistema inglese, in generale, tra la data di commissione del reato e la data del processo, non devono trascorrere più di tre anni. Comunque, quanto più grave è il reato tantomeno assume rilievo la *staleness* di esso ai fini dell'azione penale. In effetti, non sono ignote azioni penali intentate anche dopo dieci anni dalla morte della vittima. Si noti, *en passant*, che i termini di prescrizione nostrani appaiono notevolmente più lunghi di quelli inglesi [cfr. Emmins 1981, ed 1992: 18, 21; Hampton 1973, ed. 1977: 13]. Negli S.U. — stato federale — la materia è regolata dai singoli stati dell'Unione, ma poiché si hanno anche reati federali, la materia è regolata tra l'altro, da *statutes of limitation for federal crimes*. Ma, in principio, in entrambi i sistemi, un reato non si prescrive, salvo che non sia diversamente stabilito dalla legge scritta (OMICIDIO; REATO).

– **e decadenza.** Qualche autore parla di *prescription and forfeiture*; ma non sembra che esista nel diritto inglese il concetto di decadenza in quanto distinto da quello di prescrizione (DECADENZA). [vol. I: TIME-LIMIT]

– **estintiva.** (*supra*, PRESCRIZIONE IN GENERE)

– **legale.** (REQUISITO GIURIDICO)

Presentatore della cambiale. Presenter of bill of exchange (CAMBIALE; PRESENTAZIONE). [vol. I: BEARER; BILL OF EXCHANGE; HOLDER]

Presentazione in genere. Presentment, appearance, attendance. Ma negli S.U. il termine *presentment* indica, in materia penale, l'accusa ad iniziativa della stessa *grand jury,* consistente nell'ordine di redigere un *indictment* (COMPARIZIONE; DISPENSA DALLA PRESENTAZIONE DELLA CAMBIALE; GIORNO DI PRESENTAZIONE; LETTERA DI PRESENTAZIONE; LUOGO DI PRESENTAZIONE; MANCATA PRESENTAZIONE; PAGABILE ALLA PRESENTAZIONE; PRESENZA; PRODUZIONE; SU PRESENTAZIONE). [vol. I: PRESENTMENT; SUBPOENA]

– **della cambiale.** Presentment of bill of exchange (*infra*, PRESENTAZIONE DI UN TITOLO DI CREDITO; DISPENSA DALLA PRESENTAZIONE DELLA CAMBIALE). [vol. I: NEGOTIABLE INSTRUMENTS; PRESENTMENT OF A BILL OF EXCHANGE]

– **dell'assegno.** Presentment of cheque; nel sistema inglese, ai sensi della s. 74 del Bills of Exchange Act 1882, essa deve aver luogo « within a reasonable time of its issue », da stabilire tenendo conto delle circostanze (*infra*, PRESENTAZIONE DI UN TITOLO DI CREDITO; ASSEGNO (II) SCADUTO; PRESCRIZIONE).

– **di una domanda.** Submission of an application, of a petition (DOMANDA).

– **di un candidato alle elezioni.** Standing at elections (ELEZIONI POLITICHE).

– **di un certificato.** Production of a certificate (CERTIFICATO).

– **di un documento.** (PRODUZIONE DI UN DOCUMENTO)

– **di un titolo di credito.** Presentment of a negotiable instrument; è fatta al trattario (*drawee*) per la sua accettazione o al traente (*drawer*) o accettante (*acceptor*) per il pagamento; ovvero, nel caso di vaglia cambiario (*promissory note*), alla parte tenuta al pagamento. Negli S.U. — stato federale — la materia è regolata dall'Art. 3-504 dell'*Uniform Commercial Code* concernente, appunto, il *presentment, notice of dishonor and protest* della *commercial paper* (CARTA COMMERCIALE; PAGAMENTO; TITOLI DI CREDITO).

Presenza. Appearance, attendance (COMPARIZIONE IN GIUDIZIO; LIBRO DELLE PRESENZE; ORA DI PRESENZA; PRESENTAZIONE).

Preside di facoltà. Dean of faculty (FACOLTÀ).

Presidente in genere. President, chairman; il presidente di un'assemblea o di una riunione è detto anche *moderator*. Il co-presidente di una riunione o conferenza è detto *co-chairman*. Il *chairman* va distinto dal *president*: quest'ultimo presiede una riunione più ampia o un'assemblea plenaria. Il presidente può avere o meno diritto al c.d. *casting vote*, o voto preponderante. Il presidente di un'assemblea o riunione in genere è detto anche *presiding officer* (CO-PRESIDENTE; MODERATORE; VOTO PREPONDERANTE). [vol. I: CHAIRMAN; PRESIDENT]

– **degli S.U.** President of the United States, detto anche *Chief Executive of the Nation*. Al termine della campagna elettorale presidenziale si parla di *President elect* e *President incumbent* per indicare, rispettivamente, ed eventualmente, il nuovo Presidente eletto e il Presidente in carica nel periodo di transizione fino all'insediamento del successore, che ha luogo il 20 gennaio dell'anno successivo. È detto *transition period* il periodo tra l'elezione del nuovo Presidente e la sua investitura ufficiale durante il quale vengono definite le modalità del passaggio dei poteri tra il nuovo Presidente e quello uscente. Quanto alle prerogative del Presidente degli S.U., celebre è la decisione della *Supreme Court* nel caso *United States* v. *Nixon* [418 U.S. 683 (1974) e successive decisioni], ormai parte della storia costituzionale di quella grande democrazia (ELEZIONE DEL PRESIDENTE DEGLI S.U; FEDERALISMO; *IMPEACHMENT*; MESSA IN STATO DI ACCUSA DEL PRESIDENTE DELLA REPUBBLICA; VETO). [vol. I: EXECUTIVE]

Bibl.:

Nowak and Rotunda 1978, ed. 1991: 228.

– **del Consiglio dei Ministri.** Grosso modo, prime minister; ma non è la stessa cosa. In effetti, il termine italiano è virtualmente intraducibile in senso stretto, data la diversità del sistema di governo britannico rispetto a quello italiano. Anche qui, quindi, le assonanze acustiche sono fuorvianti. In questo senso, la figura del *Prime Minister* britannico va vista ovviamente, oltre che nell'ambito della forma di governo parlamentare, di cui resta l'archetipo, soprattutto come prodotto principale del *two-party system* esistente nel R.U. I suoi poteri sono tali da indurre taluni osservatori politici a parlare, non senza una ovvia esasperazione del concetto, di *prime ministerial dictatorship*. Comunque, ben più modesta, in termini di poteri, appare la figura del nostro presidente del consiglio, *primus inter partes* che, non potendo imporsi ai suoi ministri (per di più, di solito membri di una rissosa coalizione), esaurisce le sue energie, e le sue funzioni, in una spossante attività di brokeraggio. In questo senso, le elezioni politiche del '94, celebrate con un diverso sistema elettorale maggioritario (acconciamente definito da Giovanni Sartori come *Mattarellum*) hanno provato che non basta di per sé il sistema elettorale a determinare l'auspicato bipartitismo.

1. Il *Prime Minister* — autentico *capo del governo* — presiede il *Cabinet*; egli assomma in sé, in pratica, il potere esecutivo: sotto questo profilo, la distinzione di Walter Bagehot tra il *dignified* e l'*efficient use of power* fa capire il divario tra riti e realtà, tra potere politico formale e quello effettivo. *Leader* del partito, egli conta — salvo rare eccezioni di rivolta dei *backbenchers* — su un compatto e *disciplinato* appoggio del gruppo di maggioranza, in un regime che prevede il rigoroso controllo politico dei parlamentari. Tra l'altro, per quanto attiene al partito di governo, una rigorosa disciplina è dettata anche dalla necessità di attuare con rapidità ed efficacia il programma di governo.

2. Il *Prime Minister* ha, per molti versi, poteri ben più vasti di quelli del Presidente degli S.U., che pure è capo dello stato e capo del governo allo stesso tempo o, come si dice, *Chief Executive of the Nation*: la spiegazione principale della diversità sta in questo. Che a differenza del *Prime Minister* britannico, il Presidente non è *leader* del suo partito, non ha alcun controllo sui parlamentari del suo stesso partito, non soggetti ad alcuna disciplina di gruppo paragonabile a quella esistente nel parlamento britannico; tantomeno poi dispone del temibilissimo potere di scioglimento anticipato del Congresso, parallelo a quello che spetta al *Prime Minister* britannico per quanto attiene alla *House of Commons* (la *House of Lords* non è un camera elettiva). In effetti, non si riscontrano nel sistema britannico di governo parlamentare casi di *impasse* tra legislativo ed esecutivo determinati, come spesso accade, da un Congresso per composizione ostile alla politica presidenziale; né, più in generale, intervengono i noti *checks and balances* a limitare la sua libertà d'azione nella condotta degli affari del

paese. Inoltre, il *Prime Minister* britannico può in ogni tempo provvedere ad un rimpasto del gabinetto. Per queste ragioni, si parla anche di *prime ministerial government.* E qui non sembra del tutto inutile aggiungere che mentre la democrazia britannica è una *democrazia maggioritaria*, non lo è quella americana. E quindi proclamare di volere da noi una democrazia maggioritaria e allo stesso tempo il sistema americano costituisce una *fouitaise*.

3. Quanto al sistema nostrano, S. Messina [1992a: 4] spiega limpidamente le vicende e il *reasoning* che portarono i padri costituenti a progettare una macchina partitocentrica, ossia una forma di governo imperniata sulla democrazia parlamentare e sul sistema elettorale proporzionale. Egli scrive, tra l'altro: «Per non correre il rischio di ritrovarsi con un altro Mussolini, evitarono accuratamente di consegnare troppo potere a un uomo solo (e infatti il presidente del Consiglio, nella Costituzione, non è più il capo del governo ma solo il suo coordinatore, dunque non può, per esempio, dare ordini ai ministri), e spogliarono di ogni potere effettivo l'unico organo monocratico di tutta la Costituzione, cioè il presidente della Repubblica » (AGONISTICA; CONSIGLIO DEI MINISTRI; DECRETO LEGGE; DEMOCRAZIA CONSOCIATIVA; FEDERALISMO; FORMA DI GOVERNO; GOVERNO; GUIDA POLITICA; *LEADERSHIP* POLITICA; POTERE; VETO). [vol. I: CABINET; CONSTITUTION; GOVERNMENT; PARLIAMENT; PRIME MINISTER; TWO-PARTY SYSTEM]

– **del consiglio di amministrazione.** Chairman of the board of directors, board chairman (CONSIGLIO DI AMMINISTRAZIONE DI SOCIETÀ).

– **della Repubblica.** President of the Republic (MESSA IN STATO DI ACCUSA DEL PRESIDENTE DELLA REPUBBLICA; RINVIO DI UNA LEGGE ALLE CAMERE CON MESSAGGIO MOTIVATO DEL PRESIDENTE DELLA REPUBBLICA PER CHIEDERE UNA NUOVA DELIBERAZIONE).

– **di assemblea legislativa.** Grosso modo, Speaker of the House. [vol. I: SPEAKER]

Presidenza in genere. Chair, presidency, president's office (PRESIDENTE).

– **del Consiglio.** Grosso modo, Prime Minister's Office; ma non è la stessa cosa (PRESIDENTE DEL CONSIGLIO).

Pressione. (OPPRESSIONE)

Prestanome. Nominee, man of straw, figurehead, dummy (FINZIONE GIURIDICA; NOME; SIMULAZIONE; SOCIO DI COMODO; TIZIO, CAIO, SEMPRONIO; UOMO). [vol. I: APPARENT; DUMMY; FICTION; JOHN DOE; MAN OF STRAW; NOMINAL; NOMINEE; OSTENSIBLE]

Prestatore in genere. Lender, loaner (MUTUANTE).

– **di lavoro autonomo.** Self-employed (LAVORATORE AUTONOMO).

– **di lavoro subordinato.** Employee, servant, agent (DATORE DI LAVORO; INVENZIONE DEL PRESTATORE DI LAVORO; LICENZIAMENTO; OBBLIGO DI FEDELTÀ DEL PRESTATORE DI LAVORO; PATTO DI NON CONCORRENZA). [vol. I: EMPLOYMENT; MASTER AND SERVANT]

– **d'opera.** (*supra*, PRESTATORE DI LAVORO SUBORDINATO)

Prestazione in genere. Prestation, performance, service. Ma non sembra che nella *common law* esista in materia contrattuale un equivalente esatto di questo termine.

1. Il requisito della *consideration* nel *simple contract* prescinde dal requisito dell'equivalenza delle prestazioni. Questo sul piano dei principi: di fatto, specie la giurisprudenza nordamericana, ha elaborato il concetto di *adequate consideration* che introduce il requisito di ordine publico (*public policy*) della ragionevole proporzionalità tra le prestazioni, e il principio della invalidità nel caso di *unconscionability* del *contract.* Di tal che, il risultato finale del regime in materia appare, almeno per taluni versi, non troppo diverso da quello di *civil law.*

2. Il termine più prossimo al concetto nostrano di prestazione appare, a seconda dei casi, quello di *promise* o anche *performance, consideration* o *quid pro quo.* Effettuare la propria obbligazione-prestazione è detto « to fulfil one's own promise » (ADEMPIMENTO DEL CONTRATTO; ADEMPIMENTO DELLA PRESTAZIONE; CONTRATTO: III; CORRISPETTIVO; DIVISIBILITÀ DELLA PRESTAZIONE; ESSENZA DEL CONTRATTO; IMPOSSIBILITÀ DELLA PRESTAZIONE; IMPOSSIBILITÀ SOPRAVVENUTA DELLA PRESTAZIONE; *INTUITUS PERSONAE*; LIBERO DA INFLUENZA ALTRUI; OBBLIGAZIONE (I); PATRIMONIO; *QUID PRO QUO*; RAGIONEVOLEZZA; RESCISSIONE PER LESIONE; SCAMBIO CONTRATTUALE; SERVIZIO; VIOLENZA). [vol. I: BENEFIT; CONSIDERATION; CONTRACT: V; PERFORMANCE; PROMISE]

Bibl.:

Lanzillo, R., *Regole del mercato e congruità dello scambio contrattuale* (1988) 2 CeI 309.

– **alternativa.** (*infra*, PRESTAZIONE IN LUOGO DELL'ADEMPIMENTO)

– **contraria al buon costume.** Promise contrary to morals (BUON COSTUME).

– **in luogo dell'adempimento.** Substituted performance. Negli S.U., l'Art. 2-614 dell'UCC stabilisce i casi in cui essa è ammessa. Dalla substituted performance va distinta la *vicarious* o *delegated performance*, ossia l'adempimento contrattuale effettuato da un soggetto diverso dall'obbligato originario, non ammesso nel caso di prestazioni di natura personale. *Personal contract* è detto il *contract* che prevede prestazioni *intuitus personae*; dicesi a tal proposito che il « personal contract does not admit of vicarious performance » (ADEMPIMENTO; *DATIO IN SOLUTUM*; NOVAZIONE). [vol. I: ACCORD AND SATISFACTION; ASSIGNMENT; EMPLOYMENT; NOVATION; PERFORMANCE; PERSONAL SERVICES CONTRACT; SUB-CONTRACT; SUBSTANTIAL PERFORMANCE; SUBSTITUTED PERFORMANCE; VICARIOUS PERFORMANCE]

– **in natura.** Performance o consideration in kind (NATURA).

– **legale.** (SERVIZI LEGALI)

– **parziale.** Partial performance; da non confondere con *part performance*. [vol. I: PART PERFORMANCE; PERFORMANCE: 6]

– **periodiche** o **parziali.** Periodic o partial performance of promises (SOMMINISTRAZIONE). [vol. I: INSTALMENT; PART PERFORMANCE]

– **personale.** (*supra*, PRESTAZIONE IN LUOGO DELL'ADEMPIMENTO)

Prestito in genere. Loan; come si dice, « loan is the correlative of borrow ». Ma, in senso stretto, il termine loan indica sia il comodato che il mutuo: il comodatario o mutuatario è detto *borrower* e il comodante o mutuante *lender*. Il loan rientra nel *bailment*, figura priva di equivalenza nella *civil law*. In effetti, la *common law* distingue con grande difficoltà il comodato dal mutuo, detti, rispettivamente, *loan for use* e *loan for consumption*. Non è ammessa azione in giudizio per l'adempimento dell'obbligo specifico sia di prestare, sia di prendere a prestito (AFFITTI E PRESTITI; BANCA; COMODATO; CREDITO; FINANZIAMENTO; INTERESSI SUL CAPITALE; MUTUO; NEGOZIAZIONE DI UN MUTUO; OBBLIGAZIONI (I); RISPARMIATORE; SOCIETÀ (II) FINANZIARIA; USURA). [vol. I: BAILMENT; LOAN]

– **a cambio marittimo.** Bottomry bond o bottomry contract (INTERESSI SU PRESTITO A CAMBIO MARITTIMO). [vol. I: BOTTOMRY BOND]

– **ad interesse.** Loan on interest (INTERESSE SUL CAPITALE).

– **ad usura.** (*infra*, PRESTITITO USURARIO)

– **agevolato.** Soft loan (*supra*, PRESTITO IN GENERE).

– **alla giornata.** Day-to-day loan (GIORNATA).

– **al nemico.** Loan on enemy (NEMICO). [vol. I: ALIEN; ENEMY; TREASON]

– **a lunga scadenza.** Long-term loan (*supra*, PRESTITO IN GENERE).

– **a pegno.** Loan on pledge (PEGNO).

– **a termine.** Term loan (TERMINE).

– **a uso.** (*supra*, PRESTITO IN GENERE; COMODATO)

– **commerciale.** Commercial loan (COMMERCIO).

– **con garanzia collaterale.** Collateral loan (COLLATERALE). [vol. I: COLLATERAL]

– **di consumo.** (*supra*, PRESTITO IN GENERE)

– **di favore.** Accommodation loan (FAVORE).

– **di guerra.** War loan (GUERRA).

– **estero.** Foreign loan (ESTERO).

– **fiduciario.** Fiduciary loan (FIDUCIARIO).

– **forzoso.** Forced loan (FORZOSO).

– **garantito.** Secured loan (*infra*, PRESTITO NON GARANTITO; GARANZIA; CAUSE (I) LEGITTIME DI PRELAZIONE; IPOTECA; PEGNO).

– **gratuito.** Gratuitous loan (GRATUITO).

– **in valuta debole.** Soft loan (VALUTA DEBOLE).

– **in valuta forte.** Hard loan (VALUTA FORTE).

– **ipotecario.** Grosso modo, mortgage loan; ma si notino le differenze in materia (IPOTECA).

– **marittimo.** (*supra*, PRESTITO A CAMBIO MARITTIMO)

– **non garantito.** Unsecured loan (*supra*, PRESTITO GARANTITO; GARANZIA).

– **obbligazionario.** Bond issue (OBBLIGAZIONE (II) QUALE TITOLO MOBILIARE; CREDITO).

– **permanente.** Dead loan (*supra*, PRESTITO IN GENERE).

– **senza interesse.** Interest-free loan (INTERESSI SUL CAPITALE).

– **su merci.** Commodity loan (MERCI).

– **su pegno.** Loan on pledge, loan on collateral (PEGNO).

– **su polizza.** Policy loan (POLIZZA (I) DI ASSICURAZIONE).

– **usurario.** (MUTUO USURARIO)

– **vincolato.** Tied loan (VINCOLO ALL'AIUTO AI PAESI IN VIA DI SVILUPPO).

Presuntivo in genere. Constructive, presumptive, assumed, supposed (PRESUNTO; PRESUNZIONE). [vol. I: CONSTRUCTIVE; PRESUMPTION]

Presunto/a in genere. Constructive, implied, presumptive, alleged, reputed, putative (EFFETTIVO; PERDITA PRESUNTA; PRESUNTIVO; PRESUNZIONE; PUTATIVO; VIRTUALE). [vol. I: CONSTRUCTIVE; IMPLIED; PUTATIVE]

– **illegale.** Allegedly unlawful (ILLEGALE).

Presunzione in genere. Presumption; la materia va collocata nell'ambito del regime della prova. Le presunzioni vengono distinte in *presumptions of law* e *presumptions of fact.* Le prime si distinguono a loro volta in: a) *irrebuttable* o *conclusive*, che cioè non ammettono prova contraria e corrispondono alle presunzioni *iuris et de iure* nostrane; esse sono anche definite *rules of law* o *fictions of law*; b) *inconclusive* o *rebuttable presumptions* che ammettono la prova contraria, e corrispondono alle presunzioni *iuris tantum* nostrane: esse sono definite anche *prima facie evidence.* Quanto alle *presumptions of fact*, esse equivalgono alle presunzioni semplici o dell'uomo (APPARENZA DEL DIRITTO; ASTRAZIONE PROCESSUALE; CONOSCENZA; FATTO DI COMUNE ESPERIENZA; FINZIONE GIURIDICA; IMPLICITAMENTE; INTERPRETAZIONE; POSSESSO PRESUNTO DALLA LEGGE; PRESUNTIVO; PROVA). [vol. I: EVIDENCE: II. 7; IMPLICATION; INTERPRETATION: I; PRESUMPTION]

– **assoluta.** Irrebuttable o conclusive presumption (*supra*, PRESUNZIONE IN GENERE). [vol. I: IRREBUTTABLE]

– **di colpa.** Presumption of fault; comporta la *strict liability* (COLPA; RESPONSABILITÀ OGGETTIVA). [vol. I: PRESUMPTION OF FAULT; STRICT LIABILITY]

– **di commorienza.** (COMMORIENZA)

– **di concepimento durante il matrimonio.** Presumption of access during marriage (ACCESSO MATRIMONIALE; NASCITA).

– **di innocenza.** Presumption of innocence. Una fondamentale differenza sussiste tra l'applicazione dello stesso principio nelle due tradizioni giuridiche.
1. Essa deriva, oltre che da una diversa civiltà giuridica, anche dal diverso ruolo del giudice nei due sistemi. Come ha affermato Lord Atkin nel caso *Liverage* v. *Anderson* [1942] A.C. 206 (H.L.) deciso in tempo di guerra (sic!) « in English law every imprisonment is prima facie unlawful, and [that] it is for a person directing imprisonment to justify his act » [Hood Phillips 1952, ed. 1973: 398]. Massima che ora suona alquanto retorica se riferita all'attuale condizione dei numerosissimi irredentisti irlandesi detenuti nei campi di internamento senza processo, ma che riflette, ancora oggi, il comune intendimento del principio nella cultura giuridica anglo-americana. Ad ogni modo, spetta all'accusa — i cui organi sono collocati al di fuori dell'ordine giudiziario — provare la colpevolezza dell'imputato *beyond reasonable doubt.*
2. Il processo penale anglo-americano è diretto ad accertare la verità processuale piuttosto che quella effettuale: si tratta di una delle massime garanzie a favore dell'imputato se comparata all'altra ricerca, quella effettuale, perseguita nell'ambito del sistema inquisitorio del continente d'Europa. Beninteso, per quanto quest'ultimo sia stato sostituito da un processo misto, sembra potersi dire che non pochi sedimenti inquisitori siano restati nel processo penale continentale. In altre parole, il processo penale anglo-americano è diretto esclusivamente a stabilire se l'imputato è colpevole dei reati di cui è accusato. In mancanza, si procede all'assoluzione senza qualificazioni: l'imputato è colpevole o non colpevole: non esiste lo *status* di semicolpevole conferito dalla assoluzione per insufficienza di prove, expediente inquisitorio vigente fino a qualche anno fa nel nostro sistema. Nessun onere diretto o indiretto incombe sull'accusato di provare la propria innocenza. Nei processi che hanno luogo con la partecipazione della giuria, ossia in quelli più rilevanti, spetta a quest'ultima stabilire, sulla base delle prove sottoposte dall'accusa, la colpevolezza o non colpevolezza dell'imputato (*guilty-not guilty*) e, nel primo caso, al giudice di determinare la pena. Col-

pevole-innocente: il *common lawyer* non si trova — sul piano giuridico — nella posizione del *civil lawyer* per il quale il dilemma impone di scandagliare le coscienze. Per lui, si tratta di prove; *guilty-not guilty*: il primo corno del dilemma significa colpevole sulla base delle prove *beyond reasonable doubt*, ma il secondo (*not guilty*) non significa innocente, ma solo non colpevole, ossia imputato a carico del quale non sono state avanzate prove tali da farlo ritenere colpevole. Il dilemma del *common lawyer* esprime il massimo della cultura garantistica a tutela dell'imputato e un assai diverso atteggiamento di fronte al problema della verità nel processo.

3. Com'è stato rilevato: « la presunzione di colpevolezza non è l'opposto della presunzione di innocenza. 'La presunzione di innocenza è una indicazione rivolta ai funzionari circa il modo in cui essi debbono procedere, non una predizione di risultato. La presunzione di colpevolezza, invece, è puramente e semplicemente una predizione di risultato. La presunzione di innocenza è, pertanto, una direttiva rivolta alle autorità al fine di ignorare la presunzione di colpevolezza nel trattamento dell'indagato'» [Packer, cit. in Zuckerman, *L'errore giudiziario nel processo penale inglese: un trattamento radicale* (1992) 16 GP 324, n. 6].

4. Nel nostro sistema la materia è regolata in via di principio dall'art. 27 della costituzione (« L'imputato non è considerato colpevole sino alla condanna definitiva ») e dall'art. 303 (« Termini di durata massima della custodia cautelare ») del codice di procedura penale vigente, che ne costituisce l'attuazione. Storicamente contrastato dalla stragrande maggioranza della cultura processualpenalistica italiana, il principio subisce ora una formulazione e un'applicazione aberrante, quasi a conferma di quel *genius loci*, specie dei professori nostrani, di volgere in caricatura qualsiasi modello straniero; si tratta di un penoso destino. Basta pensare alla combinazione del principio (nella sua ampiezza inammissibile proprio nei paesi in cui esso si è storicamente affermato, come l'Inghilterra) con la « glorificazione » dei mezzi di impugnazione e la abnorme lunghezza del processo penale. In effetti, i rigidi criteri automatici di scarcerazione dei condannati (dovuti alla sfiducia storica verso il giudice) — non di rado dei pluriergastolani condannati in primo e secondo grado addirittura per strage — suonerebbero offesa al buon senso nel più liberale dei sistemi di *common law*. Il fatto è che è proprio la stessa formulazione dell'art. 27 della nostra costituzione ad apparire, sia consentito, demenziale, là dove estende la presunzione di innocenza fino alla condanna definitiva: un preoccupazione che, per quanto eccessiva, al limite, si sarebbe potuta capire in un sistema che prevedesse la pena di morte; ma questo non è il caso italiano. Molto più ragionevole appare l'art. 6 della convenzione europea sulla salvaguardia dei diritti dell'uomo che, al secondo comma, legge: « Toute personne accusée d'une infraction est presumée innocente jusqu'à ce que sa culpabilité ait été légalement établie ». La materia coinvolge il problema degli effetti del giudicato di prima istanza, assai diversi nelle due tradizioni giuridiche: in quella di *common law* la sentenza penale e civile di primo grado è, in buona sostanza, ritenuta esecutiva. Nella cultura anglo-americana la liberazione dell'imputato su cauzione (*bail*), disciplinata diversamente nei due sistemi, appare come l'applicazione principale del principio in parola. Premesso che la condanna in primo grado fa venir meno la presunzione di innocenza, il problema del *bail* si pone anche dopo la condanna dell'imputato che abbia proposto l'appello. Ma anche qui sussistono differenze tra i due sistemi; mentre nel sistema inglese il c.d. *bail pending appeal* (in pendenza dell'appello) appare assai raro, nel sistema nordamericano in taluni stati dell'Unione esso è concesso a condizioni non troppo diverse da quelle previste per il c.d. *bail before conviction*. Altri stati dell'Unione, applicano invece, la prassi inglese. Ad ogni modo, si vuol rilevare: (i) che, in assenza di automatismi all'italiana, spetta di volta in volta al giudice stabilire se il condannato debba essere messo in libertà in pendenza dell'appello; (ii) che, a differenza del sistema inglese, in quello nordamericano si è andato sempre più consolidando l'*orientamento* a ritenere che l'imputato non possa essere considerato definitivamente colpevole se non dopo che il suo caso sia stato considerato in appello.

5. Comunque, appare assai bizzarro il garantismo di un paese in cui il potere pubblico da un lato proclama il principio e dall'altro esige una serie impressionante di certificati di non colpevolezza, come il famigerato — oltretutto inutile — « certi-

ficato antimafia » e, ancor più, la pazzia di un sistema che vuole *l'imputato in attesa di giudizio in prigione e il condannato in primo e secondo grado in libertà*.
Ma è in politica che il principio riceve la sua più *indecente* applicazione. In Gran Bretagna, negli S.U. ed altri paesi dell'Occidente le dimissioni sono una pratica diffusa tutte le volte che, come si dice, o la moglie di Cesare non appare al di sopra di ogni sospetto, o un ministro diviene obiettivamente responsabile per *culpa in eligendo* rispetto ai propri subordinati, o perché appaia *unfit* a ricoprire il suo posto. Da noi, invece, si confonde artatamente il principio — *giuridico* — di presunzione di innocenza con l'obbligo delle dimissioni derivante da fattori *politici*, ossia dal venir meno di quell'*intuitus* o credibilità, insomma di quel rapporto fiduciario, alla base del mandato parlamentare e politico. *Si può essere tecnicamente innocenti, ma politicamente non meritevoli di fiducia politica.* A questo proposito, si ricorda che, a suo tempo, il pur favoloso FBI non fu mai in grado di provare in sede giudiziaria i crimini di cui era accusato Al Capone restato — tecnicamente — un non colpevole: la vita politica italiana è troppo piena di politici e amministratori non colpevoli alla maniera di Al Capone, che pretendono e godono di una presunzione di innocenza che *politicamente* non meritano (AMNISTIA; APPELLO; AUTOINCRIMINAZIONE; BENEFICIO DEL DUBBIO; CAMPO DI CONCENTRAMENTO; COLPEVOLE-INNOCENTE; COLPEVOLEZZA; CONDANNA PENALE: 1; CONFESSIONE; CUSTODIA CAUTELARE; DEPENALIZZAZIONE; DEPOSIZIONE NEL PROCESSO PENALE; DIMISSIONI; DIRITTI (II) DELL'IMPUTATO; *FAVOR REI*; GARANTISMO; *IN DUBIO PRO REO*; LIBERO CONVINCIMENTO DEL GIUDICE; MAXI-PROCESSO; PRECEDENTI PENALI; PROCEDURA PENALE; PROVA INDIZIARIA; RIABILITAZIONE DEL CONDANNATO; SCARCERAZIONE DEL CONDANNATO PER DECORRENZA DEI TERMINI; TUTELA DEI DIRITTI; VERITÀ). [vol. I: CRIMINAL PROCEDURE; GUILT; GUILTY; INNOCENCE, PRESUMPTION OF; JURY; PRESUMPTION]

– **di legittimità.** Presumption of legitimacy; questo termine si riferisce al figlio nato in corso di matrimonio (*infra*, PRESUNZIONE DI PATERNITÀ; LEGITTIMAZIONE DI FIGLI NATURALI PER MATRIMONIO; MATRIMONIO). [vol. I: ACCESS; LEGITIMACY]

– **di morte.** Presumption of death. Non esiste la dichiarazione di morte presunta. L'assenza per sette anni dà luogo ad una presenzione semplice di morte. Nel caso di commorienza, la legge stabilisce una presunzione semplice di sopravvivenza a favore del più giovane, detta *presumption of survivorship* (ASSENZA; COMMORIENZA; MORTE). [vol. I: ACTIO PERSONALIS MORITUR CUM PERSONA; COMMORIENTES; PRESUMPTION OF DEATH; SUCCESSION]

– **di paternità.** Presumption of paternity (*supra*, PRESUNZIONE DI LEGITTIMITÀ; PATERNITÀ). [vol. I: ACCESS; AFFILIATION; LEGITIMACY; PATERNITY]

– **di prova.** Prima facie evidence (PROVA; INDIZIO). [vol. I: EVIDENCE: II. 7; PRESUMPTION]

– **di sopravvivenza.** Presumption of survivorship. Nel caso di commorienza, sussiste una presunzione di sopravvivenza a favore del più giovane rispetto al più anziano (*supra*, PRESUNZIONE DI MORTE; ASSENZA; COMMORIENZA; SOPRAVVIVENZA; SUPERSTITE). [vol. I: ABSENCE; COMMORIENTES; JOINT TENANCY; SURVIVORSHIP]

– **di vita** o **di morte.** Presumption of life or death (*supra*, PRESUNZIONE DI MORTE; PRESUNZIONE DI SOPRAVVIVENZA). [vol. I: ABSENCE; DEATH; LIFE; SURVIVORSHIP]

– **giudiziale.** Judicial presumption.

– **incontrovertibile** o ***iuris et de iure.*** Irrebuttable o conclusive presumption (PROVA). [vol. I: EVIDENCE: II. 7]

– **irrefutabile.** (*supra*, PRESUNZIONE INCONTROVERTIBILE)

– ***iuris tantum.*** Rebuttable o inconclusive presumption. È detta *prima facie evidence* la presunzione che ha per effetto di invertire l'onere della prova. [vol. I: EVIDENCE: II. 7]

– **legale.** Presumption of law (*supra*, PRESUNZIONE IN GENERE).

– **relativa.** (*supra*, PRESUNZIONE *IURIS TANTUM*)

– **semplice.** Presumption of fact (*supra*, PRESUNZIONE IN GENERE). [vol. I: PRESUMPTION]

Presupposizione in genere. Assumption, pre-supposition (TEORIA DELLA PRESUPPOSIZIONE).

Pretendente in genere. Claimant, pretender, applicant, suitor, plaintiff (ATTORE; ISTANTE).

– **al trono.** Pretender to the throne (TRONO).

Preterintenzionalità nel reato. Grosso modo, crime in excess of intention; ma non esiste un termine esattamente equivalente. Il delitto preterintenzionale è considerato più spesso in materia di omicido, in cui si parla di *involuntary manslaughter* (DELITTO COLPOSO-DOLOSO; OMICIDIO; PREMEDITAZIONE; REATO PRETERINTENZIONALE). [vol. I: INTENTION; MANSLAUGHTER; MENS REA]

Pretesa in genere. Claim, pretence, allegation, demand. Avanzare una pretesa, accogliere una pretesa è detto più spesso, rispettivamente, *lay (to) a claim* e *allow (to)*, o *admit, a claim*. La pretesa infondata è spesso detta *phoney claim* (ACCOGLIMENTO DI UN'ISTANZA, PRETESA, RICHIESTA; APPARENZA; CONTROPRETESA; DIRITTO (II); DOMANDA RICONVENZIONALE; GIUSTIZIA ALTERNATIVA; PRETESO; PRETESTO; RICHIESTA). [vol. I: COLOUR; DISCLAIMER]

- **confinaria.** Boundary claim (CONTROVERSIA DI FRONTIERA).
- **del creditore.** Creditor's claim (CREDITORE).
- **falsa.** False claim (AZIONE (I) VESSATORIA).
- **giuridica.** Claim; ma questo termine indica anche un diritto, un credito (ABBANDONO DI PRETESA GIURIDICA).
- **infondata.** Unfounded claim (AZIONE (I) VESSATORIA). [vol. I: ABUSE OF PROCESS; VEXATIOUS ACTION]
- **ingiusta.** Unfair claim (AZIONE (I) VESSATORIA). [vol. I: ABUSE OF PROCESS; CLAIM]
- **temeraria.** Vexatious action (AZIONE (I) VESSATORIA). [vol. I: *ad vocem*]

Preteso in genere. Alleged, asserted, claimed, charged, stated, would be, alias (ACCUSA; ADDOTTO; ALIAS; PRESUNTO; PRETESA; PRETESTO; SEDICENTE; SIMULATO). [vol. I: ALLEGED]

Pretesto in genere. Pretext, plea, claim, pretence, allegation (CON IL PRETESTO DI; PRESUNZIONE; PRETESA; PRETESO). [vol. I: COLOUR; PRIMA FACIE]

Pretore. Non esiste figura equivalente nell'ordinamento giudiziario inglese o nordamericano (PRETURA).

- **del lavoro.** Grosso modo, industrial tribunal (TRIBUNALE DEL LAVORO).

Pretura. Non esiste un corrispondente esatto né nell'ordine giudiziario inglese né in quello nordamericano federale e dei singoli stati dell'Unione. Gli organi giudiziari che, *grosso modo,* vi si approssimano sono, nel sistema inglese, in sede civile, la *county court* e, in sede penale, la *magistrates' court* (ORDINAMENTO GIUDIZIARIO). [vol. I: COUNTY COURTS; COURT; MAGISTRATES' COURT]

Preuso del marchio di fabbrica. Prior use of trade mark (MARCHIO DI FABBRICA; USO). [vol. I: TRADE MARK]

Prevalenza in genere. Supremacy, pre-emption, pre-eminence, overriding. Per indicare che una legge prevale su un'altra si dice che essa *overrides* o *pre-empts* un'altra (PREFERENZA; PRIMATO; QUESTIONE FEDERALE; SUPREMAZIA DELLA LEGGE). [vol. I: PREFERENCE; PRIORITY]

- **del diritto federale negli S.U.** Preemption of federal law (DIRITTO (I) FEDERALE; POTERI RESIDUALI; PRIMATO LEGISLATIVO DEL PARLAMENTO; SOVRANITÀ; SUPREMAZIA DEL DIRITTO FEDERALE NEGLI S.U.; SUPREMAZIA DEL PARLAMENTO).

Prevaricazione. Prevarication; ma, oltre al patrocinio infedele, si notino le altre accezioni giuridiche del termine nel sistema inglese e nordamericano (PATROCINIO INFEDELE).

Prevedibilità in genere. Foreseeability (ANTICIPO; EVENTO FORTUITO; FORZA MAGGIORE; IMPREVEDIBILITÀ; PREVISIONE).

- **del danno.** Foreseeability of damage. È questo uno dei discussi criteri adottati per determinare la misura del risarcimento sia in materia contrattuale che extracontrattuale. Negli S.U. vige la c.d. *Palsgraf Rule,* o *doctrine*, ossia la regola giurisprudenziale stabilita nel caso *Palsgraf* v. *Long Island R. Co.,* 248 N.Y. 399, 162 N.E. 99, per cui la responsabilità da atto illecito è limitata alla prevedibilità del danno al momento in cui esso è posto in essere e non si estende anche a qualsiasi altro danno derivante dall'illecito (ATTO ILLECITO; DANNO; RAPPORTO DI CAUSALITÀ). [vol. I: CONTRACT: X; DAMAGE; NEGLIGENCE: 2; REMOTENESS OF DAMAGE; TORT: VII, XI]

Preventivo/a in genere. Preventive; ma il sostantivo è detto estimate, quotation, valuation, assessment (BILANCIO DI PREVISIONE; CARCERAZIONE PREVENTIVA; CONCORDATO PREVENTIVO; FABBISOGNO PREVENTIVO DELLE SPESE PUBBLICHE; STIMA; VALUTAZIONE).

- **di spesa in genere.** Quotation (PREZZO DI MERCATO; QUOTAZIONE; SPESA).
- **di spesa pubblica.** Estimates of expenditure (BILANCIO DI PREVISIONE; SPESA PUBBLICA). [vol. I: *ad vocem*]

Prevenuto. (IMPUTATO)

Prevenzione in genere. Prevention (SALVAGUARDIA; SICUREZZA).

– **dei reati.** Crime prevention (POLIZIA; REATO).

– **del giudice.** (PARZIALITÀ DEL GIUDICE)

– **della guerra.** Prevention of war (GUERRA).

Previa identificazione. Upon identification (IDENTIFICAZIONE).

Previdenza sociale. Grosso modo, social security (MUTUALITÀ; SICUREZZA SOCIALE; SOCIETÀ (II) DI PREVIDENZA). [vol. I: *ad vocem*]

– **integrativa.** (FONDO PENSIONE)

Previsione in genere. Anticipation; non previsto è detto *unanticipated*, *unexpected* (ANTICIPO; CAMBIAMENTO DELLE CIRCOSTANZE; EMERGENZA; PREVEDIBILITÀ; PREVENTIVO; *REBUS SIC STANTIBUS*).

– **legislativa.** (FATTISPECIE)

Preziosi. (OGGETTI DI VALORE)

Prezzo/i in genere. Price, cost, charge, fee, fare, rate, consideration, reward, quotation. Nel Sale of Goods Act 1979 britannico si parla di *money consideration called the price*. L'accordo diretto al mantenimento dei prezzi (*price maintenance agreement*, o *price fixing agreement*) costituisce spesso una pratica restrittiva della concorrenza. In tema di *marketing* si chiama *price leader* l'azienda che prende l'iniziativa di modificare i prezzi in un certo settore. Infine, *time*, o *credit-price*, indica il prezzo relativo alla vendita a credito, mentre *cash price* è il prezzo praticato nella vendita in contanti. Nel primo caso, esso include gli interessi. Ai sensi dell'Art. 2-305 dell'UCC degli S.U., le parti possono concludere un contratto di vendita anche senza stipulare contestualmente il prezzo. In tal caso, il suddetto Art. prevede dei criteri per la sua determinazione. Infine, si segnala la c.d. *time-price doctrine*, di origine inglese, per cui il venditore può praticare due prezzi: (i) un *cash price*, ossia un prezzo in contanti o (ii) un *time price*, ossia un prezzo per il pagamento differito (A BASSO PREZZO; ABUSO DI POSIZIONE DOMINANTE; ACCAPARRAMENTO; ACCERTAMENTO DEL PREZZO; AD ALTO PREZZO; AGGIOTAGGIO; ARTICOLO CON PREZZO CIVETTA; AUMENTO DEL PREZZO; BARATTO; BLOCCO DEI PREZZI; CALMIERE; COMMISSIONE; CONCORRENZA; COSTO; CREDITO; DENARO; DISCRIMINAZIONE DEI PREZZI; ESPOSIZIONE DEI PREZZI; FISSAZIONE DEI PREZZI; IMITATORE DEL PREZZO; INDENNIZZO; INDICE DEI PREZZI; INFLAZIONE; INTERESSI SUL CAPITALE; *LEADER* DEL PREZZO; LISTINO DEI PREZZI; MANIPOLAZIONE DEI PREZZI; MANTENIMENTO DEL PREZZO; MERCATO; MIGLIORE OFFERENTE; MIGLIOR PREZZO; MONOPOLIO: 2; OPZIONE; OSCILLAZIONE DEI PREZZI; PAGAMENTO; PATTO DI RIVENDITA A UN PREZZO MINIMO; PRATICA RESTRITTIVA DELLA CONCORRENZA; QUOTAZIONE DI TITOLI E VALORI IN BORSA; RATA; RESCISSIONE PER LESIONE; REVISIONE DEI PREZZI; RIDUZIONE DEL PREZZO; SALDO; SISTEMA DEI PREZZI UNICI; SOSTEGNO DEI PREZZI; SOVRAPPREZZO; *SPOT*; TARIFFARIO; TUTELA DEL CONSUMATORE; USURA; VENDITA IN ESCLUSIVA). [vol. I: COMPETITION LAW; CONSIDERATION; CONSUMER PROTECTION; LOSS LEADERS; PAR VALUE; PAYMENT; PRICE; RESTRICTIVE TRADE PRACTICES; SALE; VALUE]

Bibl.:

Santini, G., *Della compravendita con prezzo a carico del venditore e di altri scambi anomali con natura di servizi* (1987) 2 CeI 416.

– **al consumatore.** Consumer price (CONSUMATORE; TUTELA DEL CONSUMATORE; USURA).

– **al dettaglio.** Retail price (*infra*, PREZZO ALL'INGROSSO; RIDUZIONE DEL PREZZO; VENDITA AL DETTAGLIO; VENDITA A RATE).

– **all'ingrosso.** Wholesale price (*supra*, PREZZO AL DETTAGLIO; VENDITA ALL'INGROSSO).

– **a pronti.** Spot price (A PRONTI).

– **a termine.** Futures price (A TERMINE; *FUTURES* FINANZIARI).

– **civetta.** Loss leader price (ARTICOLO CON PREZZO CIVETTA).

– **consigliato.** Recommended price (*supra*, PREZZO IN GENERE).

– **corrispettivo del trasporto di cose in genere.** Freight (TRASPORTO DI COSE).

– **corrispettivo del trasporto marittimo di passeggeri.** Fare, o passage money (TRASPORTO MARITTIMO DI PASSEGGERI).

– **della corsa in tassì.** Fare (CORSA; NOLEGGIO; TRASPORTO).

– **delle azioni.** Equity price (AZIONE (II) DI SOCIETÀ).

– **del riporto.** Contango rate (RIPORTO).

– **di acquisto.** Price o purchase money (ACQUISTO). [vol. I: PAYMENT; PRE-EMPTION]

– **di affezione.** Pretium affectionis, price of affection (*supra*, PREZZO IN GENERE).

– **di costo.** Cost price (COSTO).

– **di mercato.** Market price (*DUMPING*; MERCATO; PREVENTIVO DI SPESA; VENDITA SOTTO COSTO).

– **di riscatto.** Redemption price (PRELAZIONE; RISCATTO).

– **di riserva.** Fall-back price (RISERVA).

– **di soglia.** Threshold price (SOGLIA).

– **di vendita.** Sale price (*QUANTI MINORIS*; VENDITA).

– **equo.** Fair price (ABUSO DI DIRITTO; ABUSO DI POSIZIONE DOMINANTE; EQUO INDENNIZZO; INDENNIZZO NELL'ESPROPRIAZIONE PER PUBBLICA UTILITÀ; TUTELA DEL CONSUMATORE).

– **forfettario.** Lump-sum price (*FORFAIT*).

– **giusto.** Just price (*supra*, PREZZO EQUO).

– **indicizzato.** Indexed price (INDICIZZAZIONE).

– **lordo.** Gross price (LORDO).

– **minimo garantito.** Guaranteed minimum price (*infra*, PREZZO MINIMO IMPOSTO DI RIVENDITA AL DETTAGLIO).

– **minimo imposto di rivendita al dettaglio.** Minimum resale price; il patto che lo stabilisce è detto *resale price maintenance*, o *price maintenance agreement*: la sua validità è dubbia (*infra*, PREZZO RACCOMANDATO; PREZZO VERTICALE; PRATICA RESTRITTIVA DELLA CONCORRENZA; TUTELA DEL CONSUMATORE; VENDITA AL DETTAGLIO; VINCOLO). [vol. I: PRICE; RESALE PRICE MAINTENANCE]

– **nella vendita all'incanto.** Auction price (INCANTO).

– **non dichiarato.** Undisclosed price (DICHIARATO).

– **per l'espropriazione forzata per pubblica utilità.** (INDENNIZZO NELL'ESPROPRIAZIONE PER PUBBLICA UTILITÀ)

– **più basso.** Lowest price (APPALTO; ASTA).

– **politico.** Subsided price, support price (AIUTI GOVERNATIVI ALLE IMPRESE; *DUMPING*; SUSSIDIO).

– **raccomandato.** Recommended price (*supra*, PREZZO MINIMO IMPOSTO DI RIVENDITA AL DETTAGLIO).

– **ragionevole.** Reasonable price (*supra*, PREZZO EQUO).

– **verticale.** Vertical price; è detto così il prezzo tra produttore, o grossista, e distributore, tra produttore e dettagliante, etc. L'accordo diretto al mantenimento dei prezzi relativi, detto *vertical price-fixing contract*, è illegale (*supra*, PREZZO MINIMO IMPOSTO DI RIVENDITA AL DETTAGLIO; PRATICA RESTRITTIVA DELLA CONCORRENZA).

– **vile.** Knock out price (*supra*, PREZZO CIVETTA).

Prigione in genere. Jail (CARCERE GIUDIZIARIO; PRIGIONIA; PRIGIONIERO).

– **a vita.** (CARCERE A VITA)

– **per debiti.** Imprisonment for debt; abolito nel R.U. dal Debtors Act 1869. L'argomento ha avuto un posto notevole nella letteratura inglese, e in particolare nelle opere di Charles Dickens, egli stesso un *solicitor*. Ma negli S.U. — stato federale — in taluni stati dell'Unione e in casi determinati è previsto l'arresto per debiti del debitore che risulti tale da una sentenza (*judgment debtor*) fino a quando non paghi, ovvero non si assoggetti alla *discharge* in quanto debitore insolvente. In tal caso si parla di *body execution*, ossia di esecuzione della sentenza civile sulla persona del debitore. Negli S.U. vanno sotto il nome generico di *supplementary proceedings* quei procedimenti che rientrano nel processo esecutivo diretti alla *discovery*, o accertamento del patrimonio del debitore per farne oggetto di esecuzione. Si tratta, come vengono anche definiti, di *post judgment remedies* disponibili nei confronti di chiunque possa avere notizie dell'ubicazione del patrimonio o dei beni del debitore. Una volta emesso l'ordine di esecuzione della sentenza, il debitore (*judgment debtor*) viene citato a comparire davanti al giudice per l'esecuzione e per essere sottoposto ad un interrogatorio (*examination*) relativo alla consistenza e ubicazione dei suoi beni e diritti, dopo di che la corte emette un ordine di pagamento; in caso di mancato adempimento, il debitore può essere imputato di *contempt* e arrestato. In sede federale la materia è regolata dalla R. 69(a) delle *Federal Rules of Civil Procedure* (CREDITO; DEBITORE INSOLVENTE; *DISCOVERY*; ESECUZIONE FORZATA DELLA SENTENZA CIVILE; OBBLIGO DEGLI ALIMENTI; PENA: 2; PROCEDURA: 7; RESPONSABILITÀ PATRIMONIALE DEL DEBITORE; SODDISFAZIONE DELLA SENTENZA). [vol. I: DEBT; IMPRISONMENT FOR DEBT]

Bibl.:

Jackson 1940, ed. 1977: 91.

Prigionia. Imprisonment (DETENZIONE; INTERNAMENTO; PRIGIONE; PRIGIONIERO).

Prigioniero. Prisoner, detainee, captive; ma il termine prisoner indica anche il detenuto (CARCERE; DETENUTO; PRIGIONE; SEQUESTRO DI PERSONA).

– **di coscienza.** Prisoner of conscience (COSCIENZA).

– **di guerra.** Prisoner of war o POW (CAMPO DI CONCENTRAMENTO; GUERRA).

– **politico.** Political prisoner (DIRITTI (II) DELL'UOMO; RIFUGIATO).

Prima/o in genere. First, prime, senior (SECONDO).

– **accertamento giudiziario.** First judicial finding (ACCERTAMENTO GIUDIZIARIO).

– **casa.** Lett., first home (ACQUIRENTE DELLA PRIMA CASA; CASA).

– **grado di giurisdizione.** Grosso modo, trial judge, court of first instance; ma — anche se la prassi dell'appello è abbastanza diffusa specie negli S.U. — va rilevato che la *common law* non adotta il principio del doppio grado di giurisdizione (APPELLO; COSA GIUDICATA; DOPPIO GRADO DI GIURISDIZIONE; GIUDIZIO DI PRIMA ISTANZA; GIURISDIZIONE; GRADI DI GIURISDIZIONE; PRIMA ISTANZA; PRINCIPIO DEL DOPPIO GRADO DI GIURISDIZIONE). [vol. I: APPEAL; COURT]

– **impiego.** First time job (IMPIEGO).

– **ipoteca.** Grosso modo, first mortgage; ma si notino le differenze con il regime di *civil law* (IPOTECA; PRIVILEGIO: 6).

– **istanza.** Grosso modo, first instance. Ma, dato che il termine postula di solito il secondo grado di giurisdizione, sembra opportuno rilevare che non vi è equivalenza esatta nella tradizione di *common law* (*supra*, PRIMO GRADO DI GIURISDIZIONE; GIUDIZIO DI PRIMA ISTANZA; GRADI DI GIURISDIZIONE; ISTANZA; ULTIMA ISTANZA).

– **ministro.** (PRESIDENTE DEL CONSIGLIO DEI MINISTRI)

– **seconda, terza lettura di un disegno di legge.** First, second, third reading of a bill in Parliament, o in Congress. Ma né nel sistema costituzionale britannico né in quello nordamericano è ammessa — a differenza di quanto accade in Italia — l'approvazione delle leggi da parte delle commissioni legislative (DISEGNO DI LEGGE; PROPOSTA DI LEGGE). [vol. I: BILL IN PARLIAMENT; PARLIAMENT: VIII; READINGS, FIRST, SECOND AND THIRD]

– **turno delle elezioni parlamentari.** First round of parliamentary elections (SECONDO TURNO DELLE ELEZIONI PARLAMENTARI; SISTEMA ELETTORALE).

– **ufficiale di nave.** Ship's mate, mate (NAVE). [vol. I: MASTER OF SHIP; MATE; SHIP]

Primarie. (ELEZIONI PRIMARIE)

Primato. (PREMINENZA; PREVALENZA; SUPREMAZIA)

– **legislativo del parlamento in genere.** Supremacy of Parliament; è questo il principio fondamentale del sistema costituzionale britannico, privo di equivalenza negli S.U. che ammettono, invece, la *judicial review of constitutionality* (CONTROLLO GIURISDIZIONALE DI COSTITUZIONALITÀ; FONTI DEL DIRITTO; LEGGE; PARLAMENTO; PREVALENZA; SOVRANITÀ; SUPREMAZIA DEL DIRITTO FEDERALE NEGLI S.U.; SUPREMAZIA DELLA LEGGE). [vol. I: *ad vocem*]

Primazia. Supremacy (PREMINENZA; PREVALENZA; PRIMATO; SUPREMAZIA).

Primo. (PRIMA/O)

Primogenitura. Primogeniture. Era detto così il sistema di successione vigente in Inghilterra fino al 1925 in base al quale nella successione *ab intestato*, il figlio maggiore succedeva in virtù del *right of primogeniture* nella *real estate* del proprio genitore; ancora oggi, una forma di sucessione analoga ha luogo per testamento o mediante il *settlement*, matrimoniale o meno. Il *right of primogeniture* è stato abolito dall'Administration of Estates Act 1925; resta tuttavia immutato nel trasferimento dei titoli nobiliari, in base alla stessa legge (SUCCESSIONE PER CAUSA DI MORTE; TITOLO NOBILIARE). [vol. I: *ad vocem*; DESCENT; ENTAIL; GAVELKIND; SUCCESSION]

Principale in genere (amministratore, gestore, datore di lavoro, mandante, rappresentato). Principal, employer, manager, head, chief (AZIONE (I) PRINCIPALE; CAPO; DIRIGENTE; FUNZIONARIO; IMPIEGO; PREPOSTO). [vol. I: PRINCIPAL]

– **occulto.** Undisclosed principal (RAPPRESENTANZA). [vol. I: *ad vocem*]

Principio/i. Principle, rule, doctrine, theory (DICHIARAZIONE DEI DIRITTI; DIRITTI (II) DELL'UOMO; TEORIA). [vol. I: DOCTRINE; PRINCIPLE; RULE]

– **costituzionale.** Constitutional principle

(ARTICOLO DI LEGGE; CLAUSOLA; COSTITUZIONE POLITICA).

– **del contraddittorio.** Rule of audi alteram partem: costituisce la seconda massima in cui si articolano le « rules of natural justice » inglese (AZIONE (I) CIVILE; CONTRADDITTORIO; CONTUMACIA). [vol. I: ADVERSARY SYSTEM; COURT; DUE PROCESS CLAUSES; NATURAL JUSTICE; PROCEDURE]

– **del doppio grado di giurisdizione.** Grosso modo, principle of the *double degré de juridiction*. Ma in senso stretto non trova equivalenza nei sistemi di *common law* (COSA GIUDICATA; DOPPIO GRADO DI GIURISDIZIONE; GRADI DI GIURISDIZIONE; PRIMO GRADO DI GIURISDIZIONE).

– **della buona fede.** Principle of good faith (BUONA FEDE).

– **della conservazione del contratto.** Sono le massime dell'equity che, a seconda dei casi, attuano il principio nostrano come, ad es., *equity looks to the intent rather than to the form; equity looks at that as done which ought to have been done* (CONSERVAZIONE DEL CONTRATTO).

– **della domanda.** Principle of party prosecution (*infra*, PRINCIPIO DISPOSITIVO; DOMANDA).

– **della libera circolazione dei beni.** (DIRITTO (II) INDISPONIBILE; LIBERA CIRCOLAZIONE DEGLI IMMOBILI)

– **della proporzionalità della colpa.** Comparative negligence, o apportionment, rule (COLPA). [vol. I: COLLISION OF SHIPS; COMPARATIVE NEGLIGENCE; CONTRIBUTORY NEGLIGENCE]

– **della pubblicità.** Principle of publicity (PUBBLICITÀ).

– **della relatività del contratto.** Doctrine of privity of contract (RELATIVITÀ DEL CONTRATTO).

– **della ricezione nel contratto.** Reception theory (CONCLUSIONE DEL CONTRATTO PER CORRISPONDENZA; FORMAZIONE DEL CONTRATTO). [vol. I: CONTRACT: IV]

– **dell'autodeterminazione.** Principle of self-determination (AUTODETERMINAZIONE).

– **dell'incontestabilità nell'assicurazione.** (CLAUSOLA DI INCONTESTABILITÀ NELL'ASSICURAZIONE)

– **dell'interpretazione uniforme.** Principle of uniform interpretation (INTERPRETAZIONE).

– **del *neminem laedere*.** (DOVERE DEL *NEMINEM LAEDERE*)

– **di diritto.** Legal principle (DOTTRINA). [vol. I: DOCTRINE]

– **di legalità.** Principle of legality (*NULLA POENA SINE LEGE*). [vol. I: LEGALITY, PRINCIPLE OF]

Bibl.:

Guastini, R., *Legalità (principio di)*, in *Digesto IV Utet, Civ.*, vol. X: 497.

– **di prova.** Prima facie evidence (*infra*, PRINCIPIO DI PROVA SCRITTA; PROVA).

– **di prova scritta.** Grosso modo, prima facie evidence in writing (PROVA SCRITTA).

– **dispositivo.** Principle of party prosecution, principle of party disposition. Una descrizione inglese del principio potrebbe essere quella di *the principle whereby the courts can grant relief only, if, and to the extent to which a party has applied for it* [cfr. Cohn 1971, vol. II: 177]. Ovviamente, il principo anglo-americano dell'*adversary system* include, tra i tanti suoi significati, anche il principio dispositivo. Esso trova un perfetto parallelismo nella discrezionalità dell'azione penale (ABUSO DELLE NORME PROCESSUALI; AUTONOMIA PROCESSUALE; DISCREZIONALITÀ DELL'AZIONE PENALE; DISPOSIZIONE; ISTRUTTORIA; POTERE DISPOSITIVO DELLE PARTI; PROCEDURA: 7; *ULTRA PETITUM*). [vol. I: ADVERSARY SYSTEM]

– **e concetti comuni al diritto degli Stati Membri (CEE).** Principles and concepts common to the laws of the Member States (COMUNITÀ EUROPEE; RAVVICINAMENTO DELLE LEGISLAZIONI DEI PAESI MEMBRI).

– **generale di uguaglianza.** General principle of equality (UGUAGLIANZA).

– **generali in genere.** General principles. Un insieme di princìpi, di regole che ispirano la condotta di una entità, di un gruppo, o di un individuo è detto *policy,* parola di non agevole traduzione (CLAUSOLA: 1; CONDOTTA; PRASSI).

– **generali di diritto.** General principles of law, general clauses, ovverriding o supereminent principles.

1. L'espressione *general principles of law* è contenuta nell'art. 38, 1.c., dello Statuto della Corte Internazionale di Giustizia, relativo alle fonti di diritto internazionale

in cui si parla di *« principles of law recognized by civilized nations »*. Ma non vi è accordo in dottrina sulla portata dell'espressione, secondo una parte della quale i princìpi in parola sono quelli accolti dall'ordinamento interno dei paesi civilizzati.
2. I *common lawyers* sogliono dire che la *common law* è priva di princìpi generali, proposizione corretta se riferita a riferimenti testuali come quelli di *civil law*. Del resto, perfino la stessa espressione di princìpi generali di diritto è estranea alla cultura del *common lawyer*. Il che si spiega con una diversa *forma mentis* derivante dal fatto che la *common law* è un diritto a normazione giurisprudenziale; soprattutto, un diritto storico.
3. Insomma, i princìpi generali sarebbero roba da *civil lawyers*: ma, al di là della diversa formulazione che essi assumono, l'atteggiamento dei *common lawyers* rivela una suprema forma di civetteria intellettuale: come mai potrebbe sopravvivere senza princìpi generali un sistema costituzionale come quello britannico che si permette addirittura il lusso di fare a meno di una costituzione scritta? A non parlare della costituzione federale degli S.U., autentica Bibbia dell'uomo laico, la più grande miniera di principi politici giuridici e morali dell'Occidente.
4. Altra questione è se vi siano princìpi generali comuni alle due tradizioni giuridiche di *civil law* e di *common law*; a questo proposito, si parla di *common core of legal systems*. Il termine *common core of legal systems* indica il nucleo giuridico e di pensiero comune alle diverse tradizioni giuridiche; si tratta di un concetto analogo a quello di *general principles of law recognized by civilized nations*. Quale poi sia questo *common core* non è agevole stabilire. W. Friedmann menziona i seguenti princìpi: *clausola rebus sic stantibus, estoppel, unjust enrichment, abuse of right* [1944, ed. 1967: 550]. L'esistenza di un nucleo giuridico comune — al di là delle diversità tecniche — facilita il processo di unificazione internazionale del diritto.
5. I rapporti tra *general principles of law* e *natural justice* sono stretti: Friedmann [1944, ed. 1967: 97] suggerisce che quest'ultima è descritta ora da più modeste espressioni come, appunto, *general principles of law*.
6. Ma *general principles of law* e *natural justice* non sono sinonimi: i positivisti e la scuola storica hanno sempre insistito che i primi dovessero essere ricavati da un determinato ordinamento positivo nazionale. È stato solo di recente che una più ampia nozione di princìpi generali di diritto è divenuta predominante, in parte in conseguenza dell'art. 38 dello Statuto della Corte Internazionale di Giustizia.
7. Nell'ambito della Comunità Economica Europea, l'art. 215 (2) del Trattato di Roma menziona, senza indicarli, i « princìpi giuridici generali comuni a tutti gli stati membri », mentre la Corte di Giustizia delle Comunità si rifà ai « princìpi del diritto comunitario » basati sulla propria giurisprudenza.
8. In una *global community* come quella in cui viviamo, in cui ingenti masse di capitali si trasferiscono in tempo reale da un continente all'altro con un impatto drammatico sulla vita di milioni di uomini, in cui quasi tutte le scienze hanno trovato un linguaggio e degli standard comuni, le diversità giuridiche tra le due tradizioni di *civil law e di common law* sono restate quelle degli antichi stati nazionali e costituiscono un serio ostacolo allo sviluppo dei traffici. Di qui la necessità, specie in materia contrattuale, di stabilire un catalogo dei princìpi generali comuni accettati o accettabili dalla comunità internazionale. Ma non si tratta soltanto di elaborare princìpi comuni ai paesi comunitari: com'è stato detto, oggi quello internazionale è un sistema globale, e gli S.U. sono parte fondamentale di esso (ANALOGIA; BUONA FEDE; CLAUSOLA GENERALE; COMUNITÀ EUROPEE; COSTITUZIONE POLITICA; DEDUZIONE COME PROCESSO LOGICO; DIRITTO (I) NATURALE; GIUSTIZIA NATURALE; *PACTA SUNT SERVANDA*; RAGIONEVOLEZZA; *REBUS SIC STANTIBUS*; STANDARD GIURIDICO; TEORIA GENERALE DEL DIRITTO; TRADIZIONE GIURIDICA; UNIFICAZIONE DEL DIRITTO). [vol. I: ABUSE OF RIGHT; COMMON CORE OF LEGAL SYSTEMS; ESTOPPEL; GENERAL PRINCIPLES OF LAW; PACTA SUNT SERVANDA]

– **generali di diritto comunitario.** General principles of community law (*supra*, PRINCÌPI GENERALI DI DIRITTO; DIRITTO (I) COMUNITARIO). [vol. I: EUROPEAN COMMUNITIES LAW]

– **giuridico.** Legal principle (NORMA GIURIDICA; REGOLA DI DIRITTO).

– **indennitario.** Principle of indemnity. I contratti di assicurazione vengono distinti in *contracts of indemnity* (assicurazione marittima, incendio, etc.) e *benefit*, o *non indemnity, contracts* (assicurazione sulla vita, contro gli infortuni, etc.) (ASSICURAZIONE; INDENNITÀ). [vol. I: INSURANCE: I. 7]

Priorità in genere. Priority, preference, precedence, priority (PRECEDENZA; PREFERENZA).

– **nel pagamento.** Priority o preference in payment. Nel concorso di più creditori, si distingue tra *senior* e *junior creditors*: i primi hanno diritto ad essere soddisfatti con precedenza rispetto ai secondi (CAUSE (I) LEGITTIME DI PRELAZIONE; CREDITORE; PAGAMENTO; POSTERGAZIONE DEL CREDITO IPOTECARIO; PREFERENZA TRA CREDITORI; PRELAZIONE; PRIVILEGIO; SUBORDINAZIONE DI UN CREDITO O PRIVILEGIO A UN ALTRO). [vol. I: PREFERENCE]

Privacy. Questo termine, ormai entrato nell'uso comune di tutti i paesi dell'Occidente, esprime, forse meglio di qualsiasi altro, il concetto di riservatezza (RISERVATEZZA).

Privativa in genere. Monopoly, franchise; il brevetto dà luogo ad una forma di privativa (ANTIMONOPOLIO; BREVETTO; ESCLUSIVA; *FRANCHISING*; MONOPOLIO).

Bibl.:

Zorzi, N., *Diritti di privativa* (1989) 2 CeI 419.

Privatizzazioni. Privatization. Il più determinato e vasto piano di privatizzazione in Europa è stato attuato dal governo conservatore britannico guidato da Mrs. Thatcher.

1. In Italia, dove le dimensioni dell'economia di stato (banche, industrie, servizi) si avvicinano a quelle di un paese dell'Est (fino a poco fa lo stato — ossia i partiti — controllavano il 42 per cento del capitale di tutte le società italiane); ma finora i risultati sembrano assai modesti. In questa materia il nostro paese figura gravemente distanziato da Brasile e Messico.

2. Purtroppo, le cronache recenti nostrane offrono uno scenario di risse da osteria condite con scandalosi *insider trading*s nell'ambito dello stesso governo che dovrebbe assicurarne l'attuazione. Una formidabile coalizione di disparati interessi anima la resistenza, specie, ma non soltanto, del grande capitale, alle privatizzazioni o a un certo tipo di privatizzazione: lo scontro raffigurato dal dilemma « nocciolo duro vs. *public company* » ha occupato e occupa la cronaca politica italiana. Anche qui è in atto una guerra tra professori. Com'è stato osservato: « Il governo di Giuliano Amato si è spaccato fra il ministro dell'Industria Giuseppe Guarino e quello del Tesoro Piero Barucci. Quello di Ciampi si è diviso fra il ministro dell'Industria Paolo Savona e le posizioni di Prodi e del ministro degli Esteri Nino Andreatta » [R. Gallo, cit. in *Che cortocircuito*, di S. Rizzo, in *il Mondo*, 2/9 maggio 1994, p. 17]. Comunque sia, resta da domandarsi se e in che misura si possano attuare delle privatizzazioni senza un mercato finanziario degno di questo nome, ossia *senza investitori istituzionali*, alla cui nascita si è sempre storicamente opposto il grande capitale italiano; non solo: ma, quale che sia la scelta del corno del dilemma (ma è veramente tale?), l'armamentario societario italiano e quello dei controlli resta sostanzialmente uguale a quello del « parco buoi ». E se, al di là delle buone intenzioni, la *public company* non costituisca un'altra occasione per i boiardi di stato di restare nelle imprese privatizzate continuando a saccheggiarle: questa volta in veste di amministratori privati. In questo senso, è stato spiegato che ben altre sono le condizioni che negli S.U. e in Inghilterra assicurano un corretto *management* dell'impresa, in cui cioè a differenza che nel nostro panorama economico, esistono concrete possibilità che una società sia oggetto di scalate ostili.

3. Ad ogni modo, « nocciolo duro » o c.d. « public company », per i piccoli investitori italiani vi è poco da stare allegri. L'asprezza dello scontro sembra tutta una cosa interna all'assai strano sistema politico nostrano che si avvale di un numero infinito di professori da bruciare nella battaglia, salvo a riciclarli un pò di tempo dopo. Ma non sembra inutile rilevare la *furberia* di quei *professori-politicanti* che hanno pensato di consacrare con legge la manomorta dei partiti sull'economia di stato immaginando un investitore privato tanto folle da associarsi a un'impresa in cui quest'ultimo (*rectius*, i partiti) avrebbe conservato il 51% del pacchetto di controllo.

4. Ad ogni modo, il ricavato eventuale dalle dismissioni assume trascurabile importanza rispetto alla valenza politica ed economica di un'operazione di pulizia in una situazione in cui l'economia di stato ha dato luogo non di rado ad una colossale organizzazione gangsteristica del potere economico.

5. Com'è stato affermato, dopo la riforma del sistema elettorale, la privatizzazione costituisce « il secondo segmento della riforma politica ». Ma privatizzare è una parola: le tipologie sono diverse. In questo senso, appare necessario smantellare gli intrecci monopolistici che hanno consentito il controllo del potere politico sull'economia e a pochi operatori un vantaggio garantito dalla

mancanza di concorrenza [Cfr. C. Costamagna, *Privatizzazioni: l'obiettivo è la « public company »*, il Mulino 93/1: 103]. Questo studioso sostiene che: « Tra le varie forme di privatizzazione, la soluzione 'inglese' permetterebbe un aumento dei soggetti economici, determinerebbe una crescita del mercato borsistico, e attirerebbe l'interesse degli investitori stranieri. In Italia, dove mancano al momento gli strumenti giuridici per attuarla efficacemente, sono comunque possibili alcune operazioni parziali che costituirebbero precisi segnali politici per gli investitori ». Come ha scritto Giuseppe Turani [*Il sogno di Cuccia si chiama Comit*, in *la Repubblica,* 13 ottobre 1993] a proposito della *querelle* Savona-Prodi (« nocciolo duro » v. *public company*): « Se per la Comit si sceglierà il 'nocciolo duro', alla fine vinceranno Cuccia, Mediobanca e la Fiat (il suo alleato più prezioso) e il loro potere aumenterà enormemente. Il capitalismo italiano continuerà a rimanere 'chiuso' e con pochi protagonisti perché Mediobanca, come fa da mezzo secolo, è superconcentrata nell'appoggio a una decina di gruppi e basta. Se invece si va verso la 'public company' il potere di Cuccia e dei suoi amici scenderà quasi a zero. E comincerà a nascere un po' di mercato in questo paese ». E invece gli sviluppi successivi hanno dimostrato che la vittoria dei pochi può aver luogo in ogni caso.

6. La privatizzazione « all'inglese » si realizza con il collocamento sul mercato del 100 per 100 della società in corso di privatizzazione e la conseguente creazione di una *public company*. L'esistenza o meno di una *golden share* nella privatizzazione di una impresa sta indicare che il potere pubblico si riserva una quota di minoranza e il diritto di veto sulle sue strategie come, ad es., nel caso della *British Petroleum Co.*

7. Ma il nostro codice civile non è in grado di assicurare al *management* di una *public company* gli strumenti giuridici per una corretta e dinamica gestione della società. Appare quindi necessario procedere ad una *riforma del regime societario* che consenta la creazione della società a proprietà diffusa. Gestire una *public company* è assai diverso che gestire una società dove l'azionista, sia esso privato che pubblico, giochi un ruolo preponderante nelle scelte strategiche e gestionali.

8. Diversa è invece la metodologia francese del « nocciolo duro » coerente con l'obiettivo del governo francese, ossia di allargare la proprietà privata rafforzando allo stesso tempo i centri di potere esistenti. Romano Prodi, in un articolo che lucidamente riassume i termini della questione, ha rilevato che, in definitiva, il problema così come si pone nella situazione italiana appare inestricabilmente connesso alla nascita di una autentica democrazia economica e politica nel nostro paese [*Perché dico no ai nuovi monopoli*, in *la Repubblica*, 30 ottobre 1993]. Ed ecco rapidamente descritti i due metodi alternativi (nocciolo duro alla francese — *public company* all'inglese), assieme alle scelte che si prospettano nel caso italiano: « Avendo a disposizione una quindicina di grandi gruppi il governo francese ha impostato la sua politica di privatizzazione al fine di rafforzare questi grandi gruppi stabilizzando le loro compagini azionarie e riproducendo senza radicali cambiamenti i rapporti di potere esistenti nel mondo finanziario ed industriale francese. Il caso della Gran Bretagna è anch'esso esemplare e significativo. Da un lato il governo non si è mai posto obiettivi dirigistici, (proteggendo tutt'al più i consumatori e favorendo la concorrenza) e, dall'altro, le condizioni e la dimensione del mercato finanziario erano tali da consentire il collocamento di qualsiasi impresa favorendo l'azionariato popolare. Ho sempre considerato ben diversa e più complessa la situazione italiana. Ho innanzitutto ritenuto che il processo di privatizzazione fosse importante nel nostro paese non solo e non tanto per reperire risorse per le casse dello Stato, ma soprattutto per aiutare le imprese a rafforzarsi e a costruire le alleanze necessarie per fronteggiare ad armi pari la concorrenza ». Chiarito che non si tratta di problema dottrinario, che in taluni casi sarà inevitabile il « nocciolo duro » (industria siderurgica), in altri (banche, compagnie di assicurazione, servizi), il discorso è diverso. « Nel valutare i possibili criteri di dismissione delle imprese pubbliche, non bisogna trascurare la struttura dell'economia italiana. Essa è molto diversa da quella degli altri paesi di cui abbiamo parlato prima. Tra le prime 100 imprese europee ne abbiamo infatti 24 britanniche, 23 tedesche, 21 francesi e solo 5 italiane. Di queste, due sono l'Iri e l'Eni, cioè i gruppi pubblici che rientrano nel programma di privatizzazione del governo, le altre sono la Fiat, la Ferfin, l'Olivetti, ciascuna alle prese con problemi di ristrutturazione industriale ». In questa situazione: « Se attraverso le privatizzazioni consolidassimo l'attuale struttura economica del paese, la concentrazione di potere che già fa oggi dell'Italia un paese anomalo, diverrebbe

di fatto incompatibile con gli equilibri che una struttura democratica deve possedere ». E, più oltre: « democrazia economica e democrazia politica sono indissolubilmente legate fra di loro e [che] questo, che è sempre stato solo un sogno per il nostro paese proprio per l'eccessivo potere di pochi giganti pubblici e privati, potrà invece realizzarsi per l'effetto del processo di privatizzazione e della progressiva integrazione dell'Italia nella Comunità Europea » (AZIONE (II) DI SOCIETÀ; CODICE DI CONDOTTA; *DE-REGULATION*; ECONOMIA DI MERCATO; INDISCREZIONI SOCIETARIE; PROPRIETÀ E GESTIONE DELLE SOCIETÀ DI CAPITALI; *PUBLIC COMPANY*; SNAZIONALIZZAZIONE; SOCIETÀ (II) AD AZIONARIATO DIFFUSO). [vol. I: NATIONALIZED INDUSTRIES]

Bibl.:

Berselli, E., *L'Italia rigovernata,* il Mulino 1/93: 91.

Cavazzuti, F., *Privatizzare: alla ricerca di competizione tra padroni*, il Mulino 6/92: 1048.

Prodi, R., *Un modello strategico per le privatizzazioni,* il Mulino 5/92: 851.

id., *C'è un posto in Italia fra i due capitalismi?*, il Mulino 1/91: 21.

Privazione. Deprivation (SOTTRAZIONE).

– **della proprietà.** Deprivation of property. È definita così quella che ha luogo ad opera dei pubblici poteri senza il pagamento di un giusto indennizzo. Negli S.U. — salvo in caso di emergenza — sarebbe incostituzionale. In questa materia, *without due process of law* indica senza un giusto indennizzo (*infra*, PRIVAZIONE DI UN DIRITTO COSTITUZIONALE; CONFISCA; ESPROPRIAZIONE PER PUBBLICA UTILITÀ; PROPRIETÀ).

– **di un diritto costituzionale.** Deprivation of a constitutional right. Il XIV emendamento [1868] della costituzione degli S.U. stabilisce alla s.1, tra l'altro: « No State shall make or enforce any law which shall abridge the privileges or immunities of citizens of the United States; nor shall any State deprive any person of life, liberty, or property, without due process of law; nor deny to any person within its jurisdiction the equal protection of the laws » (DIRITTI (II) COSTITUZIONALI; PRIVO DI; SPOGLIO). [vol. I: DIVEST OF A RIGHT]

Privilegi. (PRIVILEGIO/I)

Privilegiato. Preferred, privileged, secured (PRIVILEGIO).

Privilegio/i in genere. A parte alcune espressioni come *lien or privileges* o *privileged debts*, in cui si indicano genericamente dei crediti preferenziali, il termine *privilege* non indica il privilegio nel senso di causa di prelazione qual è inteso nella *civil law*; concetto che, in senso stretto, non trova esatta corrispondenza nella *common law* in cui si ricorre, a seconda dei casi, all'idea di *lien*, *mortgage*, *priority*, *preference*, *precedence* o *charge*. Questo è uno dei non pochi capitoli oscuri della *common law* in cui è facile prendere abbagli causati tra l'altro da una notevole confusione dei concetti e della terminologia.

1. In effetti, il termine *privilege* indica di solito una prerogativa, guarentigia o immunità, un'esonerazione in genere. È soltanto in Louisiana — *enclave* (grosso modo) di *civil law* in un paese di *common law* come gli S.U. — che l'art. 3186 del *Code Civil* configura il privilegio alla maniera nostrana, ossia come il diritto di essere preferiti ad altri creditori in virtù della natura del credito.

2. Sembra che nei sistemi di *common law* l'adozione dell'istituto civilistico del privilegio da parte dei tribunali marittimi sia all'origine del concetto di *admiralty lien* o privilegio marittimo.

3. Comunque, a parte queste particolarità, com'è stato osservato a proposito del privilegio di *civil law*: « The notion of *privilège* is a curious compound of the English concept of lien, including both the possessory lien of the common law and the non-possessory equitable lien, and of the idea of priority between categories of competing creditors » [Amos and Walton 1935, ed. 1967: 248]. In effetti, la *civil law* impiega una sola parola (privilegio) per indicare due cose diverse, ossia il privilegio in quanto garanzia reale e la preferenza tra creditori concorrenti. In quest'ultimo caso, nella *common law* si dice, ad es., che « rates - taxes - salaries - compensation are paid in preference to other debts »: questi crediti hanno una *priority* o *precedence* rispetto agli altri.

4. Il *lien* viene definito di solito come a « security on property which has been the subject of a transaction between the parties ». A questo proposito, si parla, a seconda dei casi, di « lien of vendor for unpaid purchase money of land sale », di « liens by operation of law », di « liens by agreement » o « consensual lien », di « carrier's lien on goods carried », di « retaining » o « possessory lien », di « maritime lien », e si dice che l'« unpaid seller has a lien on goods », etc.

Privilegio

5. Nella pratica, *liens* e *priorities* sono spesso trattati come sinonimi. Ma, per quanto molto spesso i due concetti si confondano, in effetti, essi danno luogo a due diversi tipi di diritti. Cercando di riassumere una non preclara materia si può dire che vi sono tre tipi di creditori: (i) *creditors with a lien*; (ii) *creditors with a «priority»* e, infine, (iii) creditori che non dispongono né di un *lien* né di una *priority* (ossia, i creditori chirografari). Ma non tutti quelli che sono definiti come *liens* lo sono effettivamente: essi sono spesso soltanto delle *priorities*. La più importante distinzione tra *liens* e *priorities* sembra che sia stabilita sulla base del momento in cui nasce il relativo diritto. Mentre il *lien* sorge di solito all'atto della nascita del credito ed ha per oggetto un bene specifico del debitore e può essere consensuale, giudiziale o legale, la *priority* sorge quando vi sia un procedimento concorsuale che ha per oggetto non già beni specifici, ma l'insieme dei beni del debitore. La tentazione di equiparare il *lien* al privilegio speciale e la *priority* al privilegio generale è notevole; ma non sembra che vi sia effettivamente coincidenza. Negli S.U. i crediti dello stato federale sono assistiti da un privilegio, inteso nel senso nostrano; questo *status* è assicurato da due ordini di leggi contenute nel § 3713 dell'U.S.C. 31, o Revised Statute 3466, e dal Federal Tax Lien Act, Internal Revenue Code del 1954, ss. 6321-23. Ma si tratta di materia non agevole se si considera che i crediti dello stato federale sono assistiti, a seconda dei casi, da un *lien* o da una *priority*, ma che spesso appare assai difficile distinguere tra loro.

6. Con il termine *marshalling of assets* si intende, tra l'altro, l'ordine di distribuzione del ricavato dall'espropriazione tra più creditori concorrenti sullo stesso fondo. Qualora non vi siano creditori privilegiati, la distribuzione avviene, come si dice, *pari passu*, ossia proporzionalmente in quote uguali, *without precedence over each other*. Nel caso di crediti privilegiati a favore dello stato, in cui si parla, nel sistema inglese, di *Crown's priority*, il loro pagamento ha luogo in *priority to all other debts*. Più in generale, i *preferential payments* indicano quei pagamenti che hanno luogo con preferenza rispetto agli altri in virtù della natura del credito.

7. Negli S.U. si parla di *privileged debt* per indicare un *debt to be paid before others in case a debtor is insolvent*; si tratta, quindi, di un *secured debt*. Con il termine di *subordination* si indica l'atto o il procedimento con cui, tra più crediti, un credito determinato viene collocato in un rango inferiore a quello di un altro, come, ad es., nel caso di *mortgage*, in cui i diritti del *second mortgagee* sono subordinati a quelli del *first mortgagee*. È definito *subordination agreement* l'accordo con cui il titolare di un *senior lien* o di un altro diritto in una *real estate* consente convenzionalmente ad una riduzione del rango del proprio diritto o credito rispetto ad un altro.

8. Vendita a credito-finanziamento-garanzia-pubblicità sono le fasi di un fenomeno che assume fondamentale importanza nelle economie dei paesi più sviluppati come quella degli S.U.; come pure collegati ad un'operazione di finanziamento sono il *leasing* e il *factoring*, etc. Sembra appena il caso di aggiungere che la materia assume eccezionale importanza nel più vasto e più ricco mercato del pianeta, ossia quello nordamericano. A questo proposito si ricorda che negli S.U. — stato federale — la materia, per quanto regolata in maniera uniforme dall'Art. 9 dell'*Uniform Commercial Code*, è anche soggetta alle varianti della normativa locale e, soprattutto, oggetto di interpretazione da parte delle corti di ogni singolo stato dell'Unione.

9. L'*Uniform Commercial Code* dedica l'intero Art. 9 — il più avanzato nella materia, sembra — alla disciplina delle cause di prelazione sulla *personal property* (termine che, indica, grosso modo, non solo i beni mobili, ma anche diritti patrimoniali non immobiliari) e alle varie forme di garanzia impropria in genere: il sistema stabilisce — ai fini dell'opponibilità del privilegio ai terzi — un *Central Filing System* nei vari stati dell'Unione, fondamentale ai fini della priorità. Si tratta di un rivoluzionario approccio unitario della complessa materia che si intreccia col regime del fallimento: un problema che si presenta sovente è se un *security device*, ossia un privilegio o, più in generale, una causa di prelazione, può essere impugnata dal *trustee in bankruptcy* in quanto *preference*, ossia in quanto atto in frode dei creditori [Farnsworth and Honnold 1956, ed. 1976: 760].

10. In effetti, con i termini *security transaction* o *security agreement* si indicano dei parametri omnibus che coprono svariati istituti diretti a costituire una causa di prelazione. Essi danno luogo a un *security interest*, ossia a un diritto di credito assistito da una causa di prelazione; *collateral* è l'oggetto della garanzia.

11. Il termine *security* non va confuso con quello di *securities*, che indica una serie di

titoli mobiliari emessi per effetto di un investimento di denaro (azioni, obbligazioni, etc.) in una società: per questo sono detti in senso stretto *investment securities*: ad essi l'*Uniform Commercial Code* dedica l'intero Art. 8. Com'è stato osservato: « 'Securities' are not necessarily secured in the legal sense » [Henn 1961, ed. 1970: 276]: con che si vuol dire efficacemente che i titoli mobiliari (*securities*) non sono di per sé assistiti da una causa di prelazione (*secured*). Insomma, quando si dice che un credito è *secured* si indica che esso è assistito da una causa di prelazione. Un diritto di credito assistito da una causa di prelazione è definito un *security interest* (*infra*, PRIVILEGIO FLOTTANTE; CARTA COMMERCIALE; CAUSE (I) LEGITTIME DI PRELAZIONE; CREDITORE IPOTECARIO; DIRITTO (II) DI PRELAZIONE; DIRITTO (II) DI RITENZIONE; ESECUTIVO; ESECUZIONE FORZATA DELLA SENTENZA CIVILE; FINANZIAMENTO; GARANZIA; MUTUO; PREFERENZA; PUBBLICITÀ; RANGO DEL CREDITO; RISERVA DELLA PROPRIETÀ NELLA VENDITA; RITENZIONE; VENDITA A CREDITO; VENDITA A RATE). [vol. I: CHARGE; LIEN; MARSHALLING; PARI PASSU; PREFERENTIAL PAYMENTS; PRIORITY; PRIVILEGE; SECURITY]

– **accessorio.** Ancillary privilege (BENEFICIO).

– **aeronautico.** Air lien (*infra*, PRIVILEGIO MARITTIMO).

– **convenzionale.** Grosso modo, consensual lien; l'accordo relativo è definito security agreement; dà luogo a un *security interest* sulla *personal property* del debitore (REGISTRAZIONE DI UN PRIVILEGIO; RIENTRO IN POSSESSO DEL BENE GARANZIA DEL CREDITO).

– **dall'autoincriminazione.** (IMMUNITÀ DALL'AUTOINCRIMINAZIONE)

– **del banchiere.** Banker's lien (BANCHIERE).

– **del *broker*.** Broker's lien (*BROKER*).

– **del commissionario.** Factor's lien (COMMISSIONARIO).

– **del depositario.** Bailee's lien, warehouseman's lien (DEPOSITARIO).

– **del fornitore di materiali di costruzione.** Mechanic's lien, materialman's lien (FORNITORE). [vol. I: MECHANIC'S LIEN]

– **dell'agente.** Agent's lien (AGENTE; RAPPRESENTANTE).

– **dell'albergatore.** Innkeeper's lien (ALBERGATORE). [vol. I: INN]

– **dell'armatore.** Grosso modo, shipowner's lien (*infra*, PRIVILEGIO DEL VETTORE; ARMATORE; SEQUESTRO CONSERVATIVO DI NAVE).

– **dell'artigiano.** Artisan's lien (PRESTATORE DI LAVORO). [vol. I: *ad vocem*]

– **dell'avvocato.** Si parla, nel sistema inglese, di solicitor's lien e, negli S.U., di attorney's lien. In quest'ultimo caso — tenendo conto dell'assai diverso regime delle spese processuali, spesso basate sul sistema del *contingent fee* — esso consiste, oltre che nel diritto di ritenzione (*retaining lien*) delle carte, documenti e beni del cliente detenuti dal difensore, anche in un *charging lien* sulle somme attribuite al cliente e depositate presso l'ufficio giudiziario, ovvero a lui spettanti sulla base di un provvedimento giudiziario ottenuto mediante l'opera sua e il cui pagamento forzato richieda l'intervento dell'autorità giudiziaria (*infra*, PRIVILEGIO PER LE SPESE DI CONSERVAZIONE; MANDATO *AD LITES*; PROFESSIONE FORENSE; SPESE PROCESSUALI). [vol. I: ATTORNEY'S LIEN; LEGAL PROFESSION; SOLICITOR'S LIEN]

– **dello Stato.** Grosso modo, Crown's priority, Crown' lien, state lien; ma di solito si fa più spesso riferimento ai vari crediti (rates and taxes) da pagare con preferenza rispetto agli altri; in tal caso, si dice che essi sono *paid in priority to all other debts* (*infra*, PRIVILEGIO DELLO STATO PER CREDITI DI IMPOSTA; CREDITO DELLO STATO; STATO). [vol. I: QUANDO IUS DOMINI REGIS ET SUBDITI CONCURRUNT IUS REGIS PRAEFERRE DEBET]

– **dello Stato per crediti di imposta.** Negli S.U. si parla, rispettivamente, di *federal tax lien* o di *state tax lien*, a seconda che si tratti di un credito privilegiato di imposta federale o dei singoli stati dell'Unione (*supra*, PRIVILEGIO DELLO STATO; DEBITO DI IMPOSTA; IMPOSTA).

– **del venditore creditore del prezzo.** Unpaid seller's, o vendor's, lien, rispettivamente, a seconda che si tratti di mobili o immobili (DIRITTO (II) DI CONTRORDINE NEL TRASPORTO; RITENZIONE; SOSPENSIONE DEL TRASPORTO A RICHIESTA DEL MITTENTE; VENDITA CON RISERVA DELLA PROPRIETÀ; VENDITORE CREDITORE DEL PREZZO). [vol. I: SELLER'S LIEN; STOPPAGE IN TRANSITU; VENDOR'S LIEN]

– **del vettore.** Carrier's lien on goods carried (TRASPORTO; VETTORE). [vol. I: CARRIAGE; LIEN]

– **derivante dalla *common law*.** *Common law lien*; ossia privilegio derivante da regole giurisprudenziali e non già dalla legislazione (*statutory lien*). Ma si tratta di una distinzione incomprensibile se non si tiene conto della diversa teoria delle fonti della tradizione di *common law* (FONTI DEL DIRITTO).

– **e immunità delle Comunità Europee.** Privileges and immunities of the European Communities (*infra*, PRIVILEGI E IMMUNITÀ DIPLOMATICHE; COMUNITÀ EUROPEE).

– **e immunità diplomatiche.** Diplomatic privileges and immunities (CONSOLE; DIPLOMATICO; IMMUNITÀ DIPLOMATICA; SOVRANITÀ). [vol. I: *ad vocem*]

– **fiscale.** Tax immunity (IMMUNITÀ FISCALE; IMPOSIZIONE FISCALE).

– **flottante.** Floating lien; è detto così quel privilegio (o *security interest*) che non è limitato all'oggetto specifico della garanzia, ma che si trasferisce anche sulle mutazioni di natura o di luogo che esso possa subire. Come, ad es., nel caso di un mutuo su inventario (*inventory loan*), in cui il mutuante acquista un privilegio generale su tutto l'inventario dell'azienda. Esso si estende, oltre che all'inventario esistente al tempo dell'atto, anche agli acquisti successivi. Inoltre, una causa di prelazione priva di equivalenza nella *civil law* (sembra, anche se vi è qualche analogia con il privilegio generale sui mobili nostrano) è costituita dalla *floating charge,* consistente in un tipo di *security*, ossia di privilegio riferito a tutto il patrimonio della società di capitali. Essa trova la sua fonte nelle regole dell'*equity*, e indica più spesso il privilegio da cui è assistita una *debenture*, ossia un'obbligazione. La sua caratteristica principale consiste nel fatto che essa non ha per oggetto singoli beni, ma si tratta di una privilegio *ambulatorio* riferito a tutto il patrimonio della società che, al verificasi di un certo evento (insolvenza, etc.), secondo la terminologia corrente, *crystallizes,* ossia diviene fisso. Il vantaggio è che esso consente nella fase precedente la libera disposizione dei beni fin quando non si verifichi l'evento in parola, ossia senza le difficoltà derivanti dalla disposizione di un bene gravato da una *fixed charge* (CAUSE (I) LEGITTIME DI PRELAZIONE; FLOTTANTE; GARANZIA REALE; INVENTARIO; OBBLIGAZIONE (II) QUALE TITOLO MOBILIARE; PROPRIETÀ ACQUISTATA SUCCESSIVAMENTE). [vol. I: AFTER-ACQUIRED PROPERTY; FLOATING CHARGE; FLOATING LIEN]

– **generale.** È dubbio che esista un analogo esatto, ma forse la figura più affine è quella di *priority* (*supra*, PRIVILEGIO IN GENERE).

– **legale, non volontario.** Statutory lien, lien by operation of law (*supra*, PRIVILEGIO DERIVANTE DALLA *COMMON LAW*).

– **marittimo.** Maritime lien (IPOTECA MARITTIMA; SEQUESTRO CONSERVATIVO DI NAVE). [vol. I: *ad vocem*]

– **per alimenti.** Lien for support (ALIMENTI).

– **per le spese di conservazione.** Lett., retaining o possessory lien for conservation expenses; ma si noti che la *common law* non ammette l'istituto della gestione di affari (*supra*, PRIVILEGIO DELL'AVVOCATO; CONSERVAZIONE; *NEGOTIORUM GESTIO*). [vol. I: LIEN; RETENTION]

– **per le spese di funerali.** Lett., lien for funeral expenses.

– **possessuale.** Possessory, o retaining, lien (DIRITTO (II) DI RITENZIONE).

– **sugli immobili.** Grosso modo, charge on real property (IMMOBILE; IPOTECA). [vol. I: CHARGE]

– **sui mobili in genere.** Grosso modo, lien on personal property, chattel mortgage (IPOTECA; MOBILE).

– **sul carico.** Lien on cargo (*supra*, PRIVILEGIO DEL VETTORE; CARICO).

– **sull'aeromobile.** Lien on aircraft (AEROMOBILE).

– **sulla nave.** Lien on ship (*supra*, PRIVILEGIO DELL'ARMATORE; PRIVILEGIO MARITTIMO; NAVE).

– **sull'autoveicolo.** Lien on motor vehicle (AUTOVEICOLO).

– **sul nolo.** Lien on freight (NOLO).

– **su salari** o **stipendi.** Lien on wages or salaries (CESSIONE DI STIPENDI E SALARI; IPOTECA; SALARIO; STIPENDIO).

Privo di. Deprived of (PRIVAZIONE DI UN DIRITTO).

– **di pregio** o **di merito.** Meritless (IRRILEVANTE; MERITO).

– **di validità.** Invalid (VALIDITÀ).

Probatorio in genere. Probative, evidentiary. L'evidenza probatoria è detta *probative evidence* (DOCUMENTO PROBATORIO; EVIDENZA PROBA-

TORIA; MATERIALE PROBATORIO; PROVA; VALORE PROBATORIO).

Probiviri in genere. Grosso modo, internal appeals board, umpires, arbitrators; ma non esiste un equivalente esatto (ARBITRO). [vol. I: ARBITRATION]

Problema in genere. Issue (CONTROVERSIA; QUESTIONE). [vol. I: *ad vocem*]

– **ambientale.** Environmental issue (AMBIENTE).

– **giuridico.** Legal issue (CONTROVERSIA LEGALE; TOPICA GIURIDICA).

– **giuridico interno.** Domestic legal problem (*infra*, PROBLEMA GIURIDICO TRANSNAZIONALE).

– **giuridico transnazionale.** Transnational legal problem (CONFLITTO DI LEGGI). [vol. I: CONFLICT OF LAWS]

Procacciatore di affari in genere. Finder, broker (INTERMEDIARIO; MEDIATORE).

Procedimenti. (PROCEDIMENTO/I)

Procedimento/i e processo in genere. Ma come può un comparatista proporre un analogo di questi termini nella *common law* quando la stessa distinzione non è univoca tra gli studiosi italiani? Il procedimento andrebbe distinto dal processo nel senso che solo quest'ultimo ha per scopo un giudizio, una sentenza. Elio Fazzalari, spiega bene nel suo eccellente manuale la distinzione; ma l'ambiguità dei termini rimane. Questo attento studioso identifica l'elemento distintivo tra processo e procedimento nell'esistenza del contraddittorio nel primo e la mancanza nel secondo [1975, ed. 1989: 80]. A quanto è dato di capire, i sistemi inglese e nordamericano ignorano questa distinzione, allo stesso tempo lessicale e concettuale, del resto, come si è detto, non pacifica neanche tra i processualcivilisti nostrani. In ogni caso, se il discrimine tra processo e procedimento fosse il contraddittorio, resterebbe da osservare che la *natural justice* nel sistema inglese e, ancor più, il *due process of law* negli S.U. fanno, in questo senso, di ogni procedimento un processo, data la generale applicazione in quei sistemi giuridici del principio del contraddittorio alla quasi totalità dei procedimenti.
1. Con questa premessa, sembra potersi dire che il termine *proceeding* o *proceedings* indica sia il processo giurisdizionale, sia il procedimento non giurisdizionale nostrano. In questo senso, nei sistemi di *common law* si parla di *civil and criminal proceeding* per indicare, rispettivamente, il processo civile e il processo penale. Ma si parla anche, ad es., di *administrative proceedings before agencies, tribunals, bureaux,* etc. Inoltre, il termine *proceeding* è spesso impiegato come sinonimo di *action* o *suit;* in tal senso, può indicare, oltre che un processo civile o penale, un atto particolare posto in essere nel corso di essi. *Proceeding* appare quindi come uno sconcertante termine omnibus che, oltre a procedimento, processo e procedura indica anche, *action, hearing, investigation, inquest, inquiry* condotta o meno da un organo giudiziario, da una *administrative agency,* da un *hearing officer,* da un *arbitatror,* e persino da un organo legislativo, davanti al quale per legge può essere convocato un testimone. Sono detti *proceedings* anche gli atti o processi verbali di una conferenza o di una riunione in genere.
2. Si noti che il termine *process*, oltre che il processo giurisdizionale (o *legal process*) nostrano, indica anche un *atto* determinato e, in particolare, l'atto introduttivo del giudizio che radica la giurisdizione: in questo senso, si parla di *service of process*, ossia, grosso modo, per indicare la notifica dell'atto di citazione. In Scozia il termine *process* indica un'azione civile e anche l'insieme delle difese e dei documenti prodotti davanti alla corte.
3. Con il termine *due process of law* si indicano nell'ordinamento costituzionale degli S.U. le più famose tra le garanzie contenute negli emendamenti V [1791] e XIV [1868] della costituzione federale per cui nessuno può essere privato della vita, della libertà o dei propri beni *without due process of law*, ossia, grosso modo, senza un giusto processo che, oltre al contraddittorio, a una garanzia di legalità, impone anche una esigenza di giustizia. Dai processi giurisdizionali, questa garanzia è stata via via estesa agli atti della pubblica amministrazione. Con il termine *hearing* si intende un procedimento pubblico meno formale rispetto al *trial,* ossia rispetto al processo giurisdizionale per definizione, che si svolge cioè con la partecipazione della giuria; anche ad esso si applica la garanzia del *due process*. Peraltro, nell'*hearing* le regole sull'ammissibilità della prova sono meno rigide che in un *trial.* Negli S.U. si parla di *preliminary hearing* in materia penale per indicare l'indagine preliminare che si svolge davanti a un *magistrate* durante la quale ha luogo la *discovery* (ABUSO DELLE NORME PROCESSUALI; ABUSO DI DIRITTO; ASSORBIMENTO

DEL PROCEDIMENTO; AZIONE (I) IN GIUDIZIO; CONTRADDITTORIO; DESISTENZA DA UN PROCEDIMENTO; *DISCOVERY*; GIUDIZIO; GIUDIZIO ABBREVIATO; GIUSTA CAUSA; GIUSTIZIA ALTERNATIVA; ORDINAMENTO GIUDIZIARIO; PROCEDURA; PROCESSO; PROVA; QUESTIONE DI PROCEDURA; RIUNIONE DEI PROCEDIMENTI; SEPARAZIONE DELLE DOMANDE IN GIUDIZIO; SOSPENSIONE DEL PROCEDIMENTO; TUTELA DEI DIRITTI; UDIENZA PRELIMINARE; VERITÀ). [vol. I: DUE PROCESS CLAUSES; HEARING; PROCEEDING; PROCESS]

– **accusatorio.** (SISTEMA PENALE ACCUSATORIO)

– **amministrativo.** Administrative proceeding; ma il procedimento amministrativo dei sistemi di *common law* — che si svolge in un quadro costituzionale che postula l'unicità della giurisdizione — non va confuso con quello nostrano. Tra l'altro, si tratta anche di termine ambiguo, nel senso che per administrative proceedings si intendono anche quei procedimenti giurisdizionali come le azioni in giudizio relative all'*administration* dell'asse ereditario, all'esecuzione del *trust,* al *winding up*, etc. Molta importanza assume negli S.U. il procedimento davanti alle *administrative agencies* (CONTRADDITTORIO; DIRITTO (I) AMMINISTRATIVO; ORDINAMENTO GIUDIZIARIO; REGOLATORE). [vol. I: ADMINISTRATION; ADMINISTRATIVE AGENCY]

– **arbitrale.** Arbitration proceeding (ARBITRATO).

– **cautelari in genere.** Ex parte proceedings, preventive proceedings; ma si parla più spesso di interim injunction (e, negli S.U., di preliminary injunction), restraining order, etc. Di solito, una *motion* comporta l'obbligo della comunicazione all'altra parte; ma talune domande, specie in tema di procedimenti cautelari o di urgenza, vengono fatte *without notice*: in tal caso, si parla di *ex parte motion.* Negli S.U. la materia è regolata in sede federale dalla R. 65 delle delle *Federal Rules of Civil Procedure* (ASPETTATIVA; AZIONE (I) CAUTELARE; CONTRADDITTORIO; PRECAUZIONE; SEQUESTRO GIUDIZIARIO). [vol. I: CAUTION; CAVEAT; INTERIM INJUNCTION; INTERLOCUTORY; RESTRAINING ORDER]

– **civile.** Civil proceeding (AZIONE (I) IN GIUDIZIO). [vol. I: ACTIONS AND MATTERS; PROCEDURE]

– **civile contenzioso.** Contentious proceeding, adversarial proceeding, contentious business (*infra*, PROCEDIMENTO GIUDIZIARIO NON CONTENZIOSO; GIURISDIZIONE VOLONTARIA). [vol. I: CONTENTIOUS BUSINESS]

– **coattivo.** Enforcement proceeding, execution, coercive proceeding (ESECUZIONE FORZATA DELLA SENTENZA CIVILE). [vol. I: ENFORCEMENT; EXECUTION]

– **concorsuale.** Collective creditor action, insolvency procedure (*infra*, PROCEDIMENTO FALLIMENTARE; FALLIMENTO; *PAR CONDICIO CREDITORUM*; PROCEDURA COATTA AMMINISTRATIVA).

– **contabile.** Accounting procedure (*AUDIT*).

– **contro ignoti.** John Doe summons; questo tipo di procedimento, riferito a una finzione giuridica, ha luogo sia in materia civile che penale (FINZIONE GIURIDICA; TIZIO, CAIO, SEMPRONIO). [vol. I: JOHN DOE]

– **defatigatorio, dilatorio** o **vessatorio.** Vexatious proceeding, frivolous proceeding (ABUSO DELLE NORME PROCESSUALI; AZIONE (I) VESSATORIA). [vol. I: ABUSE OF RIGHT; VEXATIOUS ACTION]

– **di cognizione.** Grosso modo, action; sul piano descrittivo, action requiring adjudication of substantive rights. Ma in senso stretto non esiste un termine corrispondente (COGNIZIONE).

– **di esecuzione.** Execution, process of execution, enforcement proceeding, enforcement of judgment (ESECUZIONE).

– **di estradizione.** Extradition proceeding (ESTRADIZIONE).

– **di massa.** (AZIONE (I) DI CATEGORIA; INTERESSI DIFFUSI; MAXI-PROCESSO)

– **di rinvio a giudizio.** Grosso modo, committal proceeding; ma è grandemente diverso da quello nostrano (GIUDICE PER LE INDAGINI PRELIMINARI; PROCEDURA PENALE; RINVIO A GIUDIZIO). [vol. I: COMMITTAL PROCEEDINGS]

– **disciplinare in genere.** Disciplinary action, disciplinary proceeding (AUDIZIONE DISCIPLINARE; AZIONE (I) DISCIPLINARE; CENSURA; DEONTOLOGIA PROFESSIONALE; DISCIPLINA; INTERDIZIONE DAI PUBBLICI UFFICI; PROCEDIMENTO DISCIPLINARE; PROFESSIONE FORENSE; RADIAZIONE; SANZIONE; SOSPENSIONE DALL'ESERCIZIO DELL'ATTIVITÀ PROFESSIONALE).

– **di urgenza.** (*supra*, PROCEDIMENTI CAUTELARI; PROVVEDIMENTO DI URGENZA)

– **d'ufficio.** Lett., ex officio proceeding. Non esistono procedimenti giudiziari iniziati di ufficio, né nel processo civile né in quello penale: il ruolo del giudice, paragonato a quello imparziale dell'arbitro —

almeno è questo il *cliché* comparatistico — appare assai diverso da quello dei sistemi di *civil law*. Gli ordinamenti giudiziari dei sistemi inglese e nordamericano non conoscono la figura del pubblico ministero: l'iniziativa processuale penale e civile è lasciata alle parti. Pertanto, sia il potere di iniziativa del procedimento da parte del giudice, sia quello di assumere iniziative nel corso di esso, salvo qualche eccezione, appare inesistente o limitatissimo. Anche se va rilevata una tendenza a conferirgli maggiori poteri (GIUDICE; GIURISDIZIONE VOLONTARIA; ORDINAMENTO GIUDIZIARIO; PRINCIPIO DISPOSITIVO; PUBBLICO MINISTERO). [vol. I: ADVERSARY SYSTEM; CIVIL PROCEDURE; CRIMINAL PROCEDURE]

- **esecutivo.** (*supra*, PROCEDIMENTO DI ESECUZIONE)
- **fallimentare in genere.** Bankruptcy proceeding o, anche, tenendo conto di taluni aspetti del fallimento, insolvency proceeding. Ma anche in questa materia esistono numerose radicali differenze rispetto al sistema nostrano e di *civil law* in genere. Tra l'altro, va rilevato che nel sistema inglese e nordamericano (ma anche in taluni di *civil law*) esiste il fallimento civile, ossia del non imprenditore. Questo spiega anche perché nel sistema inglese si parli, a seconda dei casi, di bankruptcy o company insolvency proceedings (FALLIMENTO).
- **fallimentare concorrente.** Concurrent bankruptcy (*supra*, PROCEDIMENTO FALLIMENTARE).
- **giudiziario.** Judicial proceeding, legal process, legal proceeding, proceeding, process, action (AZIONE (I) IN GIUDIZIO). [vol. I: ACTION; ACTION AND MATTERS; CIVIL PROCEDURE; CRIMINAL PROCEDURE]
- **giudiziario non contenzioso.** Non contentious proceeding (*supra*, PROCEDIMENTO CIVILE CONTENZIOSO; *infra*, PROCEDIMENTO IN CAMERA DI CONSIGLIO; GIURISDIZIONE VOLONTARIA). [vol. I: CONTENTIOUS BUSINESS]
- **in camera di consiglio.** Grosso modo, proceeding in chambers, proceeding in camera (CAMERA DI CONSIGLIO; GIURISDIZIONE VOLONTARIA).
- **inquisitorio in genere.** Inquisitorial procedure (SISTEMA PENALE ACCUSATORIO).
- **in separata sede in genere.** Separate proceeding, separate trial (AZIONE (I) CIVILE NEL PROCESSO PENALE; PROCESSO SEPARATO; SEPARAZIONE DELLE CAUSE CIVILI; STRALCIO DEL PROCEDIMENTO).
- **interlocutorio.** Interlocutory proceeding, interim proceeding (*supra*, PROCEDIMENTI CAUTELARI; INTERLOCUTORIO). [vol. I: INTERIM; INTERLOCUTORY]
- **legale.** Legal proceeding. Dare inizio a un procedimento legale è detto *institute (to) a legal proceeding* (AZIONE (I) IN GIUDIZIO).
- **ordinario.** Lett., ordinary proceeding; ma, in senso stretto, non sembra che vi sia un termine corrispondente (*infra*, PROCEDIMENTO SOMMARIO).
- **penale.** Criminal proceeding (PROCEDURA PENALE). [vol. I: ACTIONS AND MATTERS; CRIMINAL PROCEDURE]
- **preliminare in genere.** Preliminary proceeding; ma questo termine può comportare qualche abbaglio. In effetti, in materia penale, è detta *preliminary hearing* (negli S.U.) o *preliminary examination* (nel sistema inglese) l'udienza (in contraddittorio) davanti ad un *magistrate* (senza giuria) diretta ad accertare l'esistenza di elementi tali da giustificare il rinvio a giudizio dell'imputato davanti al giudice competente: è in questa fase che avviene la c.d. *discovery* (*supra*, PROCEDIMENTO INTERLOCUTORIO; *infra*, PROCEDIMENTO SOMMARIO; AZIONE (I) PENALE; *DISCOVERY*; GIUDICE PER LE INDAGINI PRELIMINARI; GIURIA; PROVVEDIMENTI CAUTELARI). [vol. I: INTERIM; INTERLOCUTORY; PRELIMINARY EXAMINATION]
- **separato nelle obbligazioni solidali.** Several, o separate, action o proceding against joint and several debtors (*supra*, PROCEDIMENTO IN SEPARATA SEDE; OBBLIGAZIONE (I) SOLIDALE).
- **sommario.** Summary proceeding. Non indica l'istruzione sommaria; ma il procedimento penale che ha luogo davanti a una *magistrates'court* senza la partecipazione della giuria (è detto *summary* per questo) nella materie di sua competenza, ossia i reati minori. Vi viene fatto rientrare anche l'ordine di arresto per *contempt* emesso dal giudice in udienza. Negli S.U., in materia civile, ai sensi della R. 56 delle *Federal Rules of Civil Procedure*, una qualsiasi delle parti può chiedere l'emissione di un *summary judgment* se ritiene che non vi siano questioni di fatto da decidere e chc abbia diritto ad ottenere il provvedimento (*infra*, PROCEDIMENTI SPECIA-

LI; GIUSTIZIA ALTERNATIVA: 6). [vol. I: CRIMINAL PROCEDURE; JURY; SUMMARY JUDGMENT; SUMMARY JURISDICTION; SUMMARY PROCEEDINGS; TRIAL]

– **sommario nel fallimento.** Summary administration (PICCOLO FALLIMENTO).

– **speciali.** Nel sistema inglese e nordamericano si parla di *summary judgments* per indicare quei procedimenti speciali *ex parte* in materia civile in cui, qualora l'attore ritenga che il convenuto non abbia ragioni serie da opporre, chiede l'emissione di un *summary judgment* senza dar luogo ad un procedimento ordinario di cognizione (*supra*, PROCEDIMENTO SOMMARIO; CONTUMACIA; DECRETO INGIUNTIVO; GIUDIZIO ABBREVIATO). [vol. I: ORDER 14 PROCEDURE; SUMMARY JUDGMENT]

– **vessatorio.** Vexatious proceeding, vexatious action (*supra*, PROCEDIMENTO DEFATIGATORIO, DILATORIO O VESSATORIO).

Procedura in genere. Procedure, detta anche adjective o procedural law, practice; ma si parla anche di *rules of court*. La distinzione tra diritto sostanziale (*substantive law*) e diritto processuale (*adjective law*) è ancora più difficile nella *common law* in cui — in base al noto brocardo *ubi remedium, ibi ius* — fino ad epoca recente, il diritto soggettivo, per così dire, veniva fatto dipendere dall'esistenza di un *writ* con il quale iniziare l'azione. Com'è stato osservato, la natura procedurale della *common law* deriva dalla diversa evoluzione di quella tradizione giuridica, legata in buona parte alla sua natura di diritto giurisprudenziale e alla sua intrinseca storicità; peraltro, va rilevato che l'ottica della *common law* coglie un aspetto essenziale del fenomeno giuridico, nel senso che, di fatto, il riconoscimento giudiziale di un diritto è, in definitiva, la concreta misura dell'esistenza del diritto stesso. La terminologia in materia è, come sempre, ambigua e ondeggiante, derivante, cioè, da un processo di sviluppo storico e non da elaborazioni della sistematica. Si parla spesso, di volta in volta, di *practice and procedure* e di *practice, pleading and evidence*. Il termine *practice* — in senso stretto privo di equivalenza nel sistema italiano — viene spesso impiegato nell'accezione di procedura. L'unitarietà del processo civile e penale, ossia l'esistenza di un importante nucleo di princìpi fondamentali comuni ai due processi — anche se va rilevata la diversa intensità della prova richiesta in ciascuno di essi — costituisce un tratto caratteristico della tradizione di *common law* che non trova riscontro nella *civil law*. Comune, è l'istituto della giuria, anche se nell'ordinamento inglese la sua partecipazione al processo civile — a differenza degli S.U. — è ormai ridotta a pochissimi casi: è proprio la presenza della giuria, presupposta o attuale nel processo, a spiegare i caratteri salienti del processo di *common law* consistenti nell'*oralità, concentrazione* e *immediatezza*, di contro alla procedura di *civil law* che nonostante le elaborazioni dei processualisti né nel processo civile né in quello penale ha mai assunto questo carattere (ISTRUTTORIA; *IURA NOVIT CURIA*; ORALITÀ, CONCENTRAZIONE E IMMEDIATEZZA; PROVA).

1. La domanda sulla natura pubblicistica o privatistica delle regole processuali — dalla quale vengono fatte discendere notevoli conseguenze nei sistemi di *civil law* — per il *common lawyer* non si pone neppure, trattandosi di ordinamenti a normazione comune, in cui, cioè, la dicotomia diritto pubblico-diritto privato si risolve più spesso in un fatto descrittivo (DIRITTO (I) PUBBLICO-PRIVATO).

2. Ma procedura e giurisdizione sono termini complementari: l'*unicità della giurisdizione* (realizzata mediante la *judicial review* rispetto ai numerosissimi organi decisori collocati al di fuori dell'ordine giudiziario) costituisce un tratto fondamentale caratteristico dei sistemi di *common law*, in cui, in principio, ad una legge comune corrisponde un giudice unico: non esiste un doppio ordine di norme di diritto privato e di diritto pubblico, non esistono diversi tipi di « diritti » nell'uno e nell'altro caso, non esistono annesse giurisdizioni ordinaria e amministrativa, sistema derivante negli ordinamenti di *civil law* dalla « genialità » dei giuristi francesi (GIURISDIZIONE; ORDINAMENTO GIUDIZIARIO; REGOLATORE).

3. Costituisce un altro aspetto fondamentale della concezione anglo-americana del processo che *le norme processuali sono emanate* non già dal legislatore ma, sulla base di una delega legislativa permanente (come in Inghilterra) o *ad hoc* (come negli S.U.), *dalla stessa magistratura*, che si avvale di commissioni costituite da magistrati e giuristi. Il *rule-making power* — a parte il potere di legislazione materiale dell'esecutivo — trova in questa materia una delle sue espressioni più rilevanti. Negli S.U. — per quanto riguarda la giustizia federale — il Congresso ha conferito alla *Supreme Court*, di volta in volta, con legge, il potere di adottare regole di procedura in materia civile, penale, etc. Tra le varie leggi, la più nota è il Rules Enabling Act del 1934 in base al quale la *Supreme Court* emanava le *Federal Rules of Civil Pro-*

cedure. Vi sono altri organi giudiziari federali quali, ad es., la *Tax Court*, che hanno il potere di adottare proprie regole di procedura. Per quanto riguarda i singoli stati dell'Unione, nella gran parte di essi si segue una prassi analoga, consistente nelle regole emanate dalla stessa corte o dalla massima autorità giudiziaria del paese; in altri, le regole di procedura sono adottate dall'organo legislativo. [vol. I: RULE-MAKING POWER]

4. Negli S.U. — stato federale — si ha un doppio ordine di giurisdizioni, federali e dei singoli stati dell'Unione (conseguenza del fatto che esiste un diritto dei singoli stati e un diritto federale), derivante della doppia sovranità cui il sistema federale americano dà luogo. Le corti federali applicano le *Federal Rules of Civil Procedure* e le *Federal Rules of Criminal Procedure* (ai procedimenti federali), di solito più avanzate delle regole processuali esistenti nei diversi stati, ognuno dei quali ha un proprio sistema processuale.

5. Quanto al processo civile in particolare, va rilevato che mentre nel sistema inglese la partecipazione della giuria è limitata a pochissimi casi, in quello nordamericano, invece, essa è ancora molto praticata. Anche il processo nordamericano realizza la triade *oralità-concentrazione-immediatezza*, sognata dai nostri processualisti, e si articola nelle due fasi del *pre-trial* e del *trial*; anche quello nordamericano costituisce un ordinamento giurisprudenziale che applica la *doctrine of precedent*, ma in una variante attenuata; com'è stato osservato, il giudice nordamericano non è tenuto a ricorrere al *distinguishing* quando non intende seguire un precedente (GIURIA; ISTRUTTORIA; *IURA NOVIT CURIA*; PRECEDENTE GIUDIZIARIO).

6. Le *forms of action* rievocano in qualche modo il processo formulare romano; con esse si indicava fino ad un passato assai recente che ha lasciato tracce profonde nella mentalità del *common lawyer*, il sistema della tipicità delle azioni. Ma un pieno intendimento del concetto di *action* non può non tener conto, tra l'altro, di talune caratteristiche peculiari delle regole processuali e del sistema nel suo insieme: articolazione del processo civile (e penale) inglese e nordamericano nelle due fasi del *pre-trial* e del *trial* — il primo, filtro fondamentale del sistema processuale anglo-americano che spiega perché non più del 10 per cento delle azioni intentate passi alla fase decisionale (*trial*) — e partecipazione sottintesa (nel sistema inglese) e, più spesso, effettiva (nel sistema nordamericano) della giuria al processo civile; dicotomia fondamentale del sistema di *common law* tra *common law* in senso stretto ed *equity*, che ha effetto, tra l'altro, anche sulla natura dei provvedimenti disponibili. Come si intuisce da quanto sopra, il *pre-trial* assume una importanza fondamentale nel processo civile: è in questa fase che avviene lo scambio dei *pleadings*, finalizzati alla *discovery;* è in questa fase che le parti, come si dice, mettono le carte in tavola, si seleziona il materiale probatorio e si identificano le questioni sulle quali il giudice del *trial* o la giuria saranno chiamati a decidere.

7. La *discovery* — priva di equivalenza nella *civil law* — si fonda su questo assunto fondamentale del processo civile: che, cioè — a meno che non si tratti di informazioni *privileged*, ossia riservate — prima del *trial,* ossia della fase decisionale del processo, le parti hanno diritto a conoscere tutte le informazioni di cui dispone l'avversario o qualsiasi altra persona: e ciò per evitare che il *trial*, ossia la decisione, *be carried on in the dark*. Con questo istituto di fondamentale importanza — introdotto negli S.U. nel 1938 nelle *Federal Rules of Civil Procedure* (R. 26-37), ma comune anche al sistema inglese — veniva rigettata la c.d. *sporting theory of justice*: la vittoria spetta non al più abile, ma a chi vi ha diritto sulla base dei fatti. Ma la *discovery* non è limitata al processo civile, come si dice talvolta da qualche comparatista nostrano: essa si realizza pienamente (tenendo conto della diversa natura del processo penale) nella *preliminary investigation* inglese e alquanto meno pienamente nella *preliminary hearing* nordamericana (cfr. R. 16 e 26.2 delle *Federal Rules of Criminal Procedure*). Del resto, nel sistema nordamericano si ricorre al concetto di *discovery* anche *nel processo esecutivo* della sentenza civile (*DISCOVERY*; PRIGIONE PER DEBITI).

8. Premesso che sia nel sistema inglese che in quello nordamericano, ben oltre il 90 per cento delle azioni non supera la fase del *pre-trial,* qualora sia stato stabilito che la causa possa passare alla fase decisionale (*trial*), si fa luogo alla *pre-trial conference* — riunione disposta dal giudice con la partecipazione dei difensori che, specie dopo l'esperimento della *discovery*, sono pienamente a conoscenza della materia del contendere e delle prove amissibili — diretta a semplificare il *trial,* a identificare le questioni da decidere, etc., prevista dalla R. 16 delle suddette *Federal Rules of Civil Procedure* [cfr. Wright 1963, ed. 1977: 398, 444].

9. Infine, come si è accennato, i sistemi di

common law sono a normazione comune, per cui non trova riscontro quel doppio ordine di giurisdizioni, ordinaria e amministrativa che delizia il nostro paese (APPELLO; AZIONE (I) IN GIUDIZIO; DIFESE NEL PROCESSO CIVILE; DIRITTO (I) PUBBLICO-PRIVATO; GIUDICE; GIURIA; ISTRUTTORIA; ORDINAMENTO GIUDIZIARIO). [vol. I: DISCOVERY; PLEADINGS; PRE-TRIAL; SUMMONS FOR DIRECTIONS]

10. Non trova riscontro nella procedura inglese e nordamericana la fatale distinzione tra *giudizio di fatto* e *giudizio di diritto* cui si ricollega la struttura rigidamente piramidale dell'ordinamento giudiziario italiano, la distinzione tra magistrati di merito e magistrati di cassazione, la tendenza alla dogmatica distinzione tra questione di fatto e questione di diritto. Non trova riscontro neanche, in senso stretto, il principio di *civil law* del doppio grado di giurisdizione (CORTE DI CASSAZIONE; DOPPIO GRADO DI GIURISDIZIONE; QUESTIONE DI FATTO-DI DIRITTO).

11. Ovviamente, anche quelli civile inglese e nordamericano sono dei processi dispositivi (in materia penale, vige il principio della discrezionalità dell'azione penale); ma si tratta di un *dispositivismo temperato*, assai diverso dal dispositivismo puro nostrano, che temperato non è, e fa, in sostanza, di una funzione fondamentale dello stato, un processo anarchico-individualista, un affare di avvocati (AUTONOMIA PROCESSUALE; PROVA). [vol. I: DISCOVERY]

12. Quanto alla materia *penale* in particolare, si osserva anzitutto, che nel sistema inglese non costituiscono reati numerosi atti o fatti che nel nostro sistema sono invece considerati tali, come l'ingiuria (*abuse*) e la diffamazione (*slander, libel, defamation*); quest'ultima è, in sostanza, solo un illecito civile: non esiste il reato di oltraggio a pubblico ufficiale. L'illecito penale non costituisce necessariamente anche un illecito civile: non è ammessa l'azione civile di risarcimento nel processo penale, che deve aver luogo in sede separata. Il processo penale inglese e nordamericano realizzano il sistema accusatorio. Il processo penale nei reati più gravi si articola in due fasi, ossia la *preliminary examination* davanti a una *magistrates' court* e, qualora vi sia il rinvio a giudizio, il successivo *trial* davanti all'organo giudiziario competente. La *preliminary examination,* non va assolutamente identificata con la fase istruttoria dei procedimenti penali di *civil law* (condotta da un magistrato, parte dell'ordine giudiziario). L'accusa si trova su un piede di sostanziale parità con la difesa. Non esiste la figura del pubblico ministero, né monopolio dell'azione penale a favore di determinati organi pubblici. La partecipazione della giuria ai processi relativi ai reati maggiori costituisce un postulato fondamentale della civiltà giuridica anglo-americana (AZIONE (I) PENALE; *DISCOVERY*; COLPEVOLE-INNOCENTE; GIURIA; POLIZIA; RINVIO A GIUDIZIO; SISTEMA PENALE ACCUSATORIO).

13. Diversissima è l'articolazione della *sentenza* dei sistemi *common law*; quella collegiale non è segreta, ma realizza il *principio della pubblicità delle opinioni* che fa tanto scandaloso difetto persino alla Corte Costituzionale nostrana, organo giudiziario fondamentale del sistema democratico, purtroppo *unreliable* in quanto anch'esso massicciamente inquinato. In pratica, il *trial judgment,* ossia quello che sarebbe definito da noi il giudizio di merito (o di primo grado), specie nel sistema inglese, di fatto, mette fine alla lite, mentre l'appello è ammesso entro limiti che sarebbero considerati molto angusti dal *civil lawyer.* A questo proposito, va rilevata la logica processuale di *common law* per cui *la prova si forma davanti al giudice* (o la giuria), il che rende di per sé virtualmente impossibile un giudizio di secondo grado che riesamini il merito della causa (di qui il c.d. *new trial* nell'ipotesi di vizi di merito della decisione che da noi sarebbero considerati in appello). Non vi è stata nel sistema inglese e nordamericano quella glorificazione dei giudizi di gravame che costituisce un tratto caratteristico della procedura italiana (APPELLO; SENTENZA).

14. In tema di diritto internazionale privato, una fondamentale diversità di princìpi regola la materia della giurisdizione rispetto agli ordinamenti di *civil law*; in breve, mentre in questi ultimi vige il principio *actor sequitur forum rei*, negli ordinamenti di *common law* vige il principio — in parte temperato nel corso del tempo — per cui, a condizione, cioè, che il *writ*, ossia l'atto introduttivo del giudizio, sia stato notificato al convenuto presente anche per pochi minuti sul suolo inglese, questo fa nascere la giurisdizione del giudice locale.

15. *Iura novit curia*, brocardo di *civil law,* costituisce una delle piu spettacolari differenze tra le due tradizioni giuridiche. Nella tradizione di *common law*, la parte che invochi la legge straniera è tenuta a dare « judicial notice of foreign country law » ed, eventualmente, a provarla mediante testimoni costituiti da consulenti di parte soggetti alla *examination* e *cross-examination* durante il *trial.* In principio, il giudice è tenuto a pronunciarsi esclusivamente sulle

domande delle parti. Diversamente da quanto accade nei paesi di *civil law* — in cui sul giudice incombe l'obbligo di accertare il diritto straniero — nei sistemi di *common law* esso va provata come un qualsiasi fatto; nel sistema nordamericano, come, del resto, in quello inglese, spetta al giudice, e non alla giuria, decidere in materia. L'applicabilità della legge straniera è subordinata al fatto che essa appartenga a un paese « civilized » (DIRITTO (I) INTERNAZIONALE PRIVATO; FATTO DI COMUNE ESPERIENZA; GIURISDIZIONE; *IURA NOVIT CURIA*; LEGGE STRANIERA; PRECEDENTE GIUDIZIARIO). [vol. I: IURA NOVIT CURIA]

16. Ma *processo* e *ordinamento giudiziario* sono, in buona sostanza, le due metà della stessa cosa; lo stesso vale per la *prova*: ad ogni sistema processuale corrisponde un dato tipo di prova. Inoltre, non si può, a ben vedere, neanche capire il diritto sostanziale senza tener conto delle regole di procedura: questa verità è ancora più evidente nella tradizione di *common law* in cui, com'è stato osservato da un grande giurista inglese, il diritto sostanziale si è sviluppato negli interstizi della procedura. Infine, è stato opportunamente rilevato che la ragione dell'elefantiasi delle magistrature dei sistemi di *civil law* rispetto alla modesta consistenza numerica dei giudici di *common law*, va ricercata nella diversità delle regole di procedura esistenti nelle due tradizioni giuridiche.

17. Si dice che il processo italiano (come, del resto, la scuola e l'università) riflette le patologie sociali nostrane, la cultura degli addetti, il destino degli utenti, postulanti o imputati che siano: insomma, il paese tutto intero, le insufficienze gravi del suo ceto dominante tra cui bisogna annoverare la potente corporazione dei professori. A questo proposito, si vuole qui segnalare la virtuale assenza di *meccanismi extragiudiziari per la risoluzione delle controversie civili, e anche la scarsa pratica dell'arbitrato nel nostro paese* (ABUSO DELLE NORME PROCESSUALI; AGONISTICA; APPELLO; ARRESTO; COMPARSA; CONTRADDITTORIO; CORTE; CUSTODIA CAUTELARE; ERRORE GIUDIZIARIO; ESECUZIONE FORZATA DELLA SENTENZA CIVILE; GIURISDIZIONE; GIUSTIZIA ALTERNATIVA; *IURA NOVIT CURIA*; MAXI-PROCESSO; ORDINAMENTO GIUDIZIARIO; PRESUNZIONE DI INNOCENZA; PROCEDIMENTO E PROCESSO; PROVA; RESOCONTO STENOGRAFICO DEL DIBATTIMENTO; SENTENZA; TUTELA DEI DIRITTI; VOLONTARIA GIURISDIZIONE). [vol. I: INTRODUZIONE: III. 25, 26, 28; ACTION; CIVIL PROCEDURE; CRIMINAL PROCEDURE; DUE PROCESS CLAUSES; PROCEDURE; PROOF]

– **amministrativa in genere.** Grosso modo, administrative procedure; ma il termine può dar luogo a grossi abbagli: negli S.U. esso indica la procedura applicata dalle *administrative agencies*; come tale, distinta da quella applicata dalle corti ordinarie (CONTRADDITTORIO; DIRITTO (I) AMMINISTRATIVO; PROCEDIMENTO AMMINISTRATIVO; REGOLATORE).

– **civile.** Civil procedure. Negli S.U. — stato federale — essa è disciplinata in sede federale dalle *Federal Rules of Civil Procedure*; quanto ai singoli stati dell'Unione la procedura è retta dal regime di ognuno di essi; ma va rilevata una comune cultura giuridica e una tendenza all'unificazione, almeno per quanto attiene alle rubriche più importanti (CODICE DI PROCEDURA CIVILE; ISTRUTTORIA; PROCEDIMENTO E PROCESSO; PROVA). [vol. I: CIVIL PROCEDURE]

– **coatta amministrativa.** Non esiste un equivalente esatto, ma forse la *reorganization* potrebbe costituire un analogo (FALLIMENTO: XI). [vol. I: REORGANIZATION]

– **concorsuale in genere.** (PROCEDIMENTO CONCORSUALE)

– **contabile.** Accounting procedure (CONTABILITÀ).

– **di aggiudicazione.** Tendering procedure (AGGIUDICAZIONE).

– **di appalto.** Procurement procedure, tendering procedure (APPALTO; APPROVVIGIONAMENTO; GARA DI APPALTO).

– **di approvvigionamento.** Procurement procedure (APPROVVIGIONAMENTO; SOMMINISTRAZIONE).

– **di costituzione di società.** Incorporation procedure. Negli S.U. — stato federale — la materia rientra nelle attribuzione dei singoli stati dell'Unione (INCORPORAZIONE; PERSONA GIURIDICA; SOCIETÀ (II) DI CAPITALI).

– **di reclamo.** Grievance procedure (APPELLO; RECLAMO; VERTENZA).

– **di revisione contabile.** Auditing procedure (REVISIONE CONTABILE).

– **di rinvio a giudizio.** Grosso modo, committal procedure; ma non si riscontra una esatta equivalenza (RINVIO A GIUDIZIO). [vol.I: COMMITTAL PROCEEDINGS]

– **doganale semplificata.** Simplified customs procedure (ATTO UNICO EUROPEO; DOGANA; FACILITAZIONE).

– **fallimentare in genere.** Bankruptcy proceeding; nel sistema inglese, nel caso di persone giuridiche, si parla, nel sistema inglese, di winding up proceeding (*supra*, PROCEDURA CONCORSUALE; FALLIMENTO).

– **legale.** Legal proceeding, action (AZIONE (I) IN GIUDIZIO).

– **penale.** Criminal procedure. Negli S.U. — stato federale — essa è disciplinata dalle *Federal Rules of Criminal Procedure*; nei singoli stati dell'Unione è regolata dal rispettivo regime (ARRESTO; AZIONE (I) PENALE; CODICE DI PROCEDURA PENALE; COLPEVOLE-INNOCENTE; COSTITUZIONE DI PARTE CIVILE; DIRITTI (II) DELL'IMPUTATO; DIRITTO (I) PROCESSUALE PENALE; DISCREZIONALITÀ DELL'AZIONE PENALE; GIUDICE PER LE INDAGINI PRELIMINARI; ISTRUTTORIA; *PERRY MASON*; PRESUNZIONE DI INNOCENZA; PROVA; SISTEMA PENALE ACCUSATORIO; TESTIMONE NEL PROCESSO PENALE; TORTURA). [vol. I: CRIMINAL PROCEDURE]

– **scritta.** Written procedure.

Procedurale in genere. Procedural, judicial (PROCEDURA).

Processo o **metodo.** Process (BREVETTO; *KNOW HOW*; METODO; PROCEDIMENTO: 2; PROCEDURA).

– **accusatorio.** (SISTEMA PENALE ACCUSATORIO)

– **a mezzo dei *media*.** Trial by news media (DIFFAMAZIONE; *MEDIA*; PUBBLICITÀ PREGIUDIZIEVOLE; RISERVATEZZA).

– **a porte chiuse.** (UDIENZA A PORTE CHIUSE)

– **cautelare.** (PROCEDIMENTI CAUTELARI)

– **cavia.** Test case. [vol. I: *ad vocem*; CASE LAW; CASE OF FIRST IMPRESSION]

– **civile.** Civil action, civil proceeding, civil litigation (AZIONE (I) IN GIUDIZIO; CONTRADDITTORIO; TERMINI PROCESSUALI).

– **civile con la partecipazione della giuria.** Civil jury trial (GIURIA).

– **con la partecipazione della giuria.** Trial by jury, jury-case (GIURIA).

– **contumaciale.** Trial in absence (CONTUMACIA).

– **decisorio in genere.** Decision making process (DECISORIO).

– **di cognizione.** (PROCEDIMENTO DI COGNIZIONE)

– **di esecuzione.** (PROCEDIMENTO DI ESECUZIONE)

– **di fabbricazione.** Manufacturing process (BREVETTO; *KNOW-HOW*; NUOVO PROCESSO DI FABBRICAZIONE).

– **di filtraggio.** Screening procedure; lo si dice, ad es., di una delle funzioni del *grand jury* negli S.U. (GIURIA: 9).

– **di massa.** Mass trial. Si è collegato il processo di massa al tipo di società contemporanea: di massa gli autori dell'illecito penale (o civile), di massa le vittime, di massa il processo. Si sostiene anche che nella società moderna il reato finisce per strutturarsi con la stessa morfologia globale del sistema sociale in cui si manifesta, così da assumere le forme di una lesione di massa o di una illegalità di massa.
1. In effetti, da questo punto di vista, non sembra azzardato sostenere che nel nostro paese si è verificata una singolare e gigantesca *de-regulation* realizzata da un potere pubblico che, al di là degli uomini di buona volontà, ha assunto obiettivamente i caratteri di un *regime pretoriano* del Terzo Mondo. In effetti, senza le ormai regolari amnistie e condoni e sanatorie di ogni genere e specie (dai reati più efferati al mancato pagamento della tassa sui rifiuti urbani), valvola di sfogo di una colossale macchina criminogena organizzata dal ceto dominante (partiti di governo e di opposizione, sindacati, imprenditori, per troppi versi la stessa magistratura, la burocrazia, etc.) si verificherebbe, oltre che la paralisi della giustizia, quella del paese stesso. Si pensi, ad es., alla multiforme e sistematica truffa in danno dello stato anzitutto ad opera dello stesso potere pubblico, all'evasione fiscale, all'abusivismo edilizio, al mancato pagamento dei contributi previdenziali (attività in cui si illustrano egregiamente anche le grandi imprese del Nord), all'economia nera (fenomeno nelle sue dimensioni ignoto all'estero), alla mancata osservanza delle norme sugli infortuni sul lavoro, al furto di energia elettrica, alla falsificazione delle fustelle farmaceutiche per migliaia di miliardi, ai reati ambientali, alla circolazione stradale, etc.
2. Qui l'ordine giudiziario — esso stesso corresponsabile per azioni ed omissioni — viene chiamato ad una funzione non sua, ossia ad una supplenza *ex post* (ossia alla non-supplenza) ultima spiaggia di un sistema che ha eliminato deliberatamente tutti quei *controlli* (e *autocontrolli* e *remore*) politici, economici, burocratici e sociali *ex ante* (esterni e interni) che fanno

definire un paese come mediamente civile.
3. Il fatto che la magistratura italiana si sia prestata a questo ruolo riconferma quanto opinabile sia la sua indipendenza. Rimettere alla giurisdizione penale la repressione di fenomeni che bisognerebbe invece *prevenire* con una serie di controlli politici e amministrativi, con meccanismi giuridici, significa distorcere una funzione fondamentale dello stato diretta ad accertare responsabilità penali individuali o, comunque, di un numero ben ristretto di associati; in ogni caso, sempre *ex post*, a cose fatte, quando l'irrimediabile, che un diverso meccanismo di controlli avrebbe potuto rendere se non impossibile, almeno difficile, si è già verificato. In questo senso, perseguire penalmente il politico colto con le mani nel sacco senza mutare radicalmente *i meccanismi legali* che hanno consentito e incoraggiato il crimine assume il sapore della macchietta: una colossale presa in giro in cui i soliti stracci vanno per aria: se il problema dell'illegalità italiana potesse risolversi con la distruzione politica di qualche diecina di persone, il nostro sarebbe un paese senza problemi. La stampa ha riportato nel maggio del 1994, senza neanche darvi troppo peso (*et pour cause!*) la notizia della richiesta di rinvio a giudizio di tutta la dirigenza della Corte dei Conti (una quindicina di magistrati in tutto) per reati gravissimi. Ma quello che altrove sarebbe un terremoto da noi diventa un episodio minore comparato agli altri; se si pensa che il potere legale appare, nel suo insieme, privo di legittimità e troppo spesso addirittura coinvolto in attività criminali. In questo senso, non sembra azzardato ritenere che *fino a quando* nel nostro paese non saranno introdotte nuove regole e nuovi meccanismi di potere, distrutti certi rapporti e commistioni (chi sa poi dove bisognerebbe andare a prendere le forze politiche e gli *uomini* per fare tutto questo!), Craxi, De Lorenzo, Cusani con annesso codazzo di imprenditori, giudici e burocrati e *grand commis* alla Franco Piga se non proprio dei perseguitati politici avranno tutto il diritto di ritenersi delle persone particolarmente sfortunate, lo sfrido di un sistema che continua a macinare imperterrito migliaia di miliardi. Le masse vedono in Antonio Di Pietro il vindice delle offese ricevute per mezzo secolo da un ceto dominante di autentici ladri, criminali e imbecilli; per esse la legge è buona, ma taluni uomini la violano, sono cattivi e vanno puniti. Ma si tratta di una favola alla quale neanche gli strutturalisti nostrani credono più. La legge non è pura: essa è altrettanto impura di chi la applica; anzi, essa è la *premessa* formale della stragrande maggioranza della criminalità che attiene all'esercizio aberrante della « forza legale » nel nostro paese. I rapporti della Commissione antimafia sono ormai documenti che testimoniano l'impotenza dei loro autori, eppure alcuni tra i più recenti non si sottraggono all'obbligo di una analisi del genere accennata più sopra. In questo senso, vi è una *unicità* del regime politico italiano che va segnalata.
4. Il collegamento tra processo e società è ovvio; ma resta da spiegare perché — tra tante società di massa che esistono in Occidente — anche qui, la risposta più fallimentare in questa materia sia stata quella nostrana. A non parlare del processo civile che altrove è veramente processo di massa come negli S.U. (si pensi alla *class action*) del tutto ignorato per decenni dal legislatore e dai nostri giuristi.
5. La materia anche se in maniera meno truculenta, evoca — in sede penale — i processi di Norimberga ai criminali di guerra tedeschi in cui il Tribunale si trovava di fronte a fenomeni di illegalità che coinvolgevano tutta la popolazione (AMNISTIA; *DE- REGULATION*; AZIONE (I) DI CATEGORIA; INTERESSI DIFFUSI; MAXI-PROCESSO; ORDINAMENTO GIUDIZIARIO; PROVA; SUPPLENZA).

– **equo.** Lett., fair trial (*FAIR TRIAL*).

– **falso.** Show trial, come quelli organizzati dai comunisti (MAXI-PROCESSO).

– **formulare.** Forms of action proceeding (AZIONE (I) IN GIUDIZIO). [vol. I: FORMS OF ACTION]

– **giudiziario.** (*infra*, PROCESSO GIURISDIZIONALE)

– **giurisdizionale.** Judicial process, legal process, litigation process, process, action, case, proceeding, suit, lawsuit, litigation; ma si parla più spesso di *judicial proceeding*. Processo giurisdizionale e tutela dei diritti sono troppo spesso due facce della stessa medaglia; in mancanza di *rimedi alternativi extraprocessuali* e con una giustizia penale e civile in uno stato comatoso, è facile immaginare quale sia in concreto la tutela dei diritti nel nostro paese (CAUSA (III); GIUSTIZIA ALTERNATIVA; GIUSTIZIA BAGATTELLARE; SPESE PROCESSUALI).

1. Il termine *process*, oltre che il processo nostrano, indica anche un *atto* determinato e, in particolare, l'atto introduttivo del giudizio che radica la giurisdizione: in questo senso, si parla di *service of process*, ossia, grosso modo, di notifica dell'atto di citazione; in Scozia esso indica un'azione civile e anche l'insieme delle difese e dei documenti prodotti davanti alla corte.
2. Il processo civile (e penale) di *common law* — a differenza di quello dei paesi di *civil law* — realizza in concreto, senza genialoidi elucubrazioni, l'ideale chiovendiano dell'oralità, concentrazione e immediatezza: è questo il dato di fondo che deve guidare nella comprensione degli atti processuali inglesi e nordamericani, tra i quali pure esistono differenze dovute, tra l'altro, anche al diverso *tempo of social change* tra i due paesi, e alla necessità di apprestare strumenti processuali adeguati ad una società pluralista caratterizzata da un irrefrenabile dinamismo come quella nordamericana.
3. Con il termine *mini-trial* si indica negli S.U. un procedimento volontario extragiudiziario diretto alla risoluzione pacifica della controversia (ARBITRATO; GIUSTIZIA ALTERNATIVA).
4. Il processo nel senso di fase decisionale o dibattimento è detto, grosso modo, *trial*; ma, in senso stretto, esso è privo di equivalenza nella *civil law*. In materia penale, essere processato è detto *stand (to) trial*; la contestazione formale dell'imputazione è detta *arraignment*; « aggiustare un processo », nel senso di corrompere il giudice per ottenere una sentenza di favore, è detto *fix (to) a case* (ACCUSATORE NEL PROCESSO PENALE; APPELLO; ARBITRATO; AZIONE (I) CIVILE NEL PROCESSO PENALE; AZIONE (I) IN GIUDIZIO; AZIONE (I) PENALE; CAPACITÀ; CONTRADDITTORIO; DIBATTIMENTO; DIRITTO (I) AMMINISTRATIVO; ERRORE GIUDIZIARIO; ESECUZIONE; ESTINZIONE DEL PROCESSO; GIUDICE DI PACE; GIUDIZIO; GIURIA; GIURISDIZIONE VOLONTARIA; INTERRUZIONE DEL PROCESSO; ISTRUTTORIA; LIBERA VALUTAZIONE DELLE PROVA; LIBERO CONVINCIMENTO DEL GIUDICE; MEMORIA DIFENSIVA; NOTIFICA; ORALITÀ, CONCENTRAZIONE E IMMEDIATEZZA; PROCEDIMENTO E PROCESSO; PROCEDIMENTO IN SEPARATA SEDE; PROCEDURA; PROCESSUALE; PROVA; PUBBLICAZIONE DI NOTIZIE CONCERNENTI UN PROCESSO IN CORSO; SEPARAZIONE DEI PROCEDIMENTI; SOSPENSIONE DEL PROCEDIMENTO; SUCCESSIONE NEL PROCESSO; TUTELA DEI DIRITTI; VERITÀ). [vol. I: AMICUS CURIAE; BRANDEIS BRIEF; CONTENTIOUS BUSINESS; DUE PROCESS CLAUSES; PROCEEDING; PROCESS; TRIAL]

– **giusto.** (GIUSTO PROCESSO)

– **imparziale.** (*supra*, PROCESSO EQUO)

– **in contumacia.** Trial in absence; ma in questa materia sussistono radicali differenze tra il sistema nostrano e quello anglo-americano (CONTUMACIA).

– **indiziario.** (PROVA INDIZIARIA)

– **industriale.** (BREVETTO DI UN PROCESSO INDUSTRIALE)

– **inquisitorio.** Inquisitorial system, o process (*infra*, PROCESSO PENALE; SISTEMA PENALE INQUISITORIO). [vol. I: INQUISITORIAL]

– **militare.** Military trial (CORTE MARZIALE).

– **penale.** Criminal proceeding, criminal action (SISTEMA PENALE ACCUSATORIO; SISTEMA PENALE INQUISITORIO). [vol. I: CRIMINAL PROCEDURE]

– **pubblico.** Public trial, open trial. Negli S.U. il VI emendamento [1791] della costituzione federale prevede il « right to a speedy and public trial ». Il processo pubblico va distinto dall'audizione pubblica, o *public hearing*, che non consiste in processo giurisdizionale (AUDIZIONE; CONTRADDITTORIO; TEMPI DELLA GIUSTIZIA; UDIENZA A PORTE CHIUSE; UDIENZA PUBBLICA).

– **rapido.** (*infra*, PROCESSO SOLLECITO)

– **senza giuria.** Non-jury case (GIURIA). [vol. I: JURY-CASE]

– **separato.** Separate trial (PROCEDIMENTO IN SEPARATA SEDE; SEPARAZIONE DEI PROCEDIMENTI; SEPARAZIONE DELLE CAUSE CIVILI).

– **simulato.** Mock trial (PROFESSIONE FORENSE). [vol. I: *ad vocem*; LEGAL PROFESSION]

– **sollecito.** Speedy trial (DIRITTO (II) A UN PROCESSO SOLLECITO; TEMPI DELLA GIUSTIZIA).

– **spettacolo.** Show trial (MAXI-PROCESSO).

– **verbale.** Non esiste un equivalente esatto nei sistemi di *common law*; di solito, si impiega il termine *procès verbal* quando si vuole alludere a questo tipo di atto. Un analogo potrebbe essere, a seconda dei casi, quello di *record, transcript, inquisition, return, report*, etc. (PROTOCOLLO; VERBALE). [vol. I: PROCÈS-VERBAL; RECORD]

Processuale. Procedural o adjective (ASSERZIONE PROCESSUALE; ASTRAZIONE PROCESSUALE; AUTONOMIA PROCESSUALE; INATTIVÀ PROCESSUALE; PROCESSO). [vol. I: PROCEDURAL; PROCEDURE]

Proclama. Announcement, proclamation, notice, advertisement, ban. Il Presidente degli S.U. — stato federale — ha il potere di emanare proclami, detti, per questo, *executive proclamations*. Un potere analogo spetta al governatore dei singoli stati dell'Unione. Il termine rievoca un passaggio fondamentale nella storia costituzionale britannica, al tempo del conflitto tra il sovrano e l'ordine giudiziario capeggiato dall'intrepido Sir Edward Coke, campione della *common law* che, con la decisione detta, appunto, *Case of Proclamations,* stabiliva che il re non poteva *by proclamations*, ossia mediante proclami, modificare in qualsiasi modo la *common law* (ANNUNZIO; AVVISO; BANDO; DICHIARAZIONE; EMANCIPAZIONE; NOTIFICAZIONE; ORDINANZA; PROIBIZIONE; PUBBLICITÀ). [vol. I: BANNS OF MARRIAGE; GAZETTE; NOTICE; PROCLAMATIONS, CASE OF]

Procura in genere. Power, o letter, of attorney; ma si parla anche di mandate, authority, procuration, procuracy. Va redatta con *deed*.

1. Il rappresentato è detto donor of power, principal, o constituent of power, il rappresentante, o procuratore, è detto donee of power, attorney o agent. Il power of attorney viene di solito distinto in general o special (o particular), ma è da rilevare che negli ordinamenti inglese e nordamericano, la procura generale, per quanto possibile sul piano astratto, non rientra nella prassi e che, anche quando si parla di general power of attorney, in effetti essa corrisponde alla procura speciale della *civil law*. In siffatta materia esistono differenze non soltanto tra le due tradizioni giuridiche, per cui si può dire che — in principio — non esiste procura generale nei sistemi di *common law*, ma anche tra il sistema tedesco, che accoglie il concetto di *Vollmacht*, e quello francese che, in principio, non lo ammette. Ma ora nello stato di New York una legge adottata nel 1948 (art. 5, Title 15 della General Obligations Law) consente il conferimento di poteri illimitati mediante l'impiego di una formula legislativa che deve contenere in caratteri di stampa più grandi del testo un avvertenza per cui « The powers granted by this document are broad and sweeping ». In mancanza di una disposizione legislativa del genere, il *civil lawyer* incontra notevoli difficoltà ad introdurre nel diritto interno nordamericano la procura generale qual è intesa nella *civil law* [Schlesinger 1950, ed. 1988: 782, at 784, n. 10]. Si noti che la procura dei sistemi di *common law* è sempre scritta.

2. È altresì da rilevare che la procura generale assume una importanza molto maggiore nella *civil law* in cui serve a quegli scopi che nella *common law* sono ottenuti di solito mediante l'istituto del *trust*. Il power of attorney è uno dei cinque modi attraverso i quali può aver luogo la formazione del rapporto di *agency*. In tema di esercizio del diritto di voto, più spesso nelle assemblee di società di capitali, con una *written authority* (procura scritta) si può delegare un terzo, detto *proxy*, a votare (*vote by proxy*). La cambiale può essere tratta, accettata o girata « by procuration » (per pro, per proc. o p.p.), cioè da un procuratore. Ma questa materia va inquadrata nell'*agency* che, come tale, non ha equivalenza nella *civil law* (ABUSO DELLA PROCURA; ATTI DI ORDINARIA-STRAORDINARIA AMMINISTRAZIONE; DELEGA; FIRMA PER PROCURA; GIRATA PER PROCURA; MANDATO; MATRIMONIO PER PROCURA; PER PROCURA; PIENI POTERI; POTERE TACITO; RAPPORTI FIDUCIARI; RAPPRESENTANZA; REVOCA DELLA PROCURA; RINUNZIA ALLA PROCURA; *TRUST*; VOTO PER PROCURA). [vol.I: AGENCY; POWER OF ATTORNEY; PROXY]

– ***ad lites.*** (MANDATO *AD LITES*)

– **generale.** Lett., general power of attorney, unlimited powers of attorney; ma non esiste nella *common law* (*supra*, PROCURA IN GENERE; MANDATO GENERALE; PROCURATORE GENERALE).

– ***in rem propriam.*** (MANDATO *IN REM PROPRIAM*)

– **institoria.** Grosso modo, power of attorney appointing a manager, agent, factor (INSTITORE).

– **irrevocabile.** Irrevocable power of attorney (IRREVOCABILE).

– **speciale.** Special o particular power of attorney (*supra*, PROCURA GENERALE).

Procuratore in genere. Private attorney o, più spesso, attorney; ma si parla anche di agent, proxy, procurator, proctor, nominee. L'atto col quale si fa luogo alla nomina del procuratore è detto power, o letter, of attorney. Il private attorney è detto anche *attorney in fact*, espressione che indica in genere chiunque, anche come dipendente, sia impiegato per compiere atti per conto altrui. Si distingue dall'*attorney at law* che negli S.U. indica il procuratore legale o avvocato in genere (MANDATO *AD LITES*; PROCURA; PROFESSIONE FORENSE; RAPPRESENTANTE). [vol. I: AGENCY; ATTORNEY]

– **della Repubblica.** Non esiste questo

ufficio giudiziario nella tradizione processual-penalistica di *common law*; tantomeno poi è immaginabile che i suoi componenti facciano parte dell'ordine giudiziario. Nei beati sistemi inglese e nordamericano — in cui vige il processo accusatorio — la magistratura esercita esclusivamente la giurisdizione; di conseguenza, gli uffici che esercitano l'accusa, per la *contradizion che nol consente*, non ne possono far parte (*infra*, PROCURATORE GENERALE; AZIONE (I) PENALE; PUBBLICO MINISTERO).

– **dell'armatore.** Ship's husband (NAVE). [vol. I: *ad vocem*]

– **dell'imprenditore.** Agent, factor, servant (IMPRENDITORE). [vol. I: AGENT]

– **generale.** Agent with general authority. Il termine *Attorney-General* non indica il procuratore generale della repubblica com'è inteso da noi e in Francia, figura che non esiste né nel diritto inglese né in quello nordamericano (*supra,* PROCURATORE DELLA REPUBBLICA; *infra,* PROCURATORE SPECIALE; AVVOCATO GENERALE). [vol. I: ATTORNEY-GENERAL]

– ***in rem suam.*** Agent whose authority is coupled with an interest; il termine *procurator in rem suam* è impiegato in diritto scozzese. [vol. I: AGENCY COUPLED WITH AN INTEREST; PROCURATOR IN REM SUAM]

– **legale.** Non esiste un corrispondente esatto (PROFESSIONE FORENSE).

– **speciale.** Agent with limited authority; da non confondere con lo *special attorney* degli S.U. che indica un accusatore pubblico *ad hoc* nominato dall'*Attorney-General* (AZIONE (I) PENALE; PROCURA).

Prodigalità. Spendthriftness. In origine, la *common law* non prevede l'inabilitazione per prodigalità. Negli S.U. — stato federale — la legge scritta (*statute law*) stabilisce una forma di inabilitazione che consiste nell'assoggettare il soggetto alla *guardianship*. Inoltre, allo scopo di evitare che un beneficiario dilapidi quanto ha ricevuto, il disponente può creare uno *spendthrift trust* che assicuri al beneficiario soltanto limitati prelievi periodici dalla somma totale costituita in *trust*. Nella gran parte degli stati dell'Unione quest'ultimo costituisce un patrimonio autonomo al riparo dalle azioni dei creditori del prodigo (DILAPIDAZIONE; DISSIPAZIONE; INABILITAZIONE). [vol. I: PROTECTIVE TRUST; SPENDTHRIFT]

Prodigo. Spendthrift (PRODIGALITÀ).

Prodotto/i in genere. Product, produce, goods (BENE; BREVETTO; DENIGRAZIONE DEL PRODOTTO DEL CONCORRENTE; MERCE; MONOPOLIO: 4; PRODUTTORE; PROVENTO; RESPONSABILITÀ DEL PRODUTTORE; RICHIAMO DI PRODOTTI DIFETTOSI; VENDITA IN ESCLUSIVA).

– **agricoli.** Commodities (BORSA MERCI; DERRATE; MERCATO DEI PRODOTTI AGRICOLI).

– **concorrenti.** Competing products (CONCORRENZA SLEALE; PRODUTTORE).

– **contraffatto.** Counterfeit product, counterfeit goods (CONCORRENZA SLEALE; CONTRAFFAZIONE; PIRATERIA).

– (o **profitto) del reato.** Fruit of crime (CORPO DEL REATO; PROVENTO).

– **destinato al consumo.** Consumer goods. Negli S.U. esso trova una precisa definizione giuridica nell'Art. 9-109(1) dell'UCC che si ricollega ad una tutela del consumatore priva di comune misura nel nostro paese (BENE COMMERCIABILE; PRATICA RESTRITTIVA DELLA CONCORRENZA; RESPONSABILITÀ DEL PRODUTTORE; TUTELA DEL CONSUMATORE; VENDITA AL CONSUMATORE; VENDITA IN ESCLUSIVA). [vol. I: *ad vocem*]

– **di base.** Base commodity (MERCE).

– **difettoso.** Defective product, unsafe product (RESPONSABILITÀ DEL PRODUTTORE; RICHIAMO DI PRODOTTI DIFETTOSI; SICUREZZA DEL CONSUMATORE).

– **finito.** Finished goods (*supra*, PRODOTTO IN GENERE).

– **industriale in genere.** Industrial product (*supra*, PRODOTTO DIFETTOSO; BREVETTO).

– **interno lordo.** Gross domestic product o GDP (*infra*, PRODOTTO NAZIONALE LORDO).

– **interno netto.** Net Domestic Product o NDP (*supra*, PRODOTTO INTERNO LORDO).

– **nazionale.** National Product (*supra*, PRODOTTO INTERNO LORDO).

– **nazionale lordo.** Gross National Product o GNP, Gross Domestic Product, o GDP (*supra*, PRODOTTO INTERNO LORDO).

– **straniero.** Foreign product, foreign goods (*supra,* PRODOTTO CONTRAFFATTO; COMMERCIO ESTERO; *DUMPING*).

Produttività in genere. Productivity (PRODOTTO; PRODUZIONE; TASSO DI PRODUTTIVITÀ).

Produttore. Manufacturer, producer (CONCORRENZA; FABBRICANTE; IMPRENDITORE; INDUSTRIA; PRODOTTO; RESPONSABILITÀ DEL PRODUTTORE).

Produzione in genere. Production, output (CONSUMO; ESIBIZIONE; FABBRICAZIONE; PRESENTAZIONE; PRODOTTO; PROVA).

– **di documenti** o **di libri contabili.** Production of documents o production of business books. È definito *notice to produce* — in quella fase del processo civile inglese e nordamericano che va sotto il nome di *pre-trial* — l'invito di una parte all'altra a produrre qualsiasi documento indicato nei *pleadings* o *affidavits.* Non solo: in molti casi, un terzo che non sia parte del processo, può essere *subpoenaed* per la produzione di un documento o atto di cui sia in possesso, attinente alla causa, ai sensi della R. 34(c) delle *Federal Rules of Civil Procedure.* In questo contesto, assume particolare importanza l'istituto della *discovery* tipico del processo civile inglese e nordamericano e privo di equivalenza nei sistemi di *civil law* (AZIONE (I) *AD EXHIBENDUM*; *DISCOVERY*; DOCUMENTO; ESIBIZIONE; MATERIALE PROBATORIO; ORDINE DI PRODUZIONE IN GIUDIZIO DI DOCUMENTI; PRESENTAZIONE DELL'ASSEGNO; PROCEDURA: 7; PROVA). [vol. I: DISCOVERY; EVIDENCE: II. 2; INSPECTION OF DOCUMENTS; PRODUCTION OF DOCUMENTS; SUBPOENA]

– **di testimoni.** Production of witnesses (TESTIMONE). [vol. I: EVIDENCE]

– **di un documento in un procedimento giudiziario.** Producing a document in a judicial proceeding (*supra*, PRODUZIONE DI DOCUMENTI O DI LIBRI CONTABILI).

– **normativa.** Law-making. Come scrive un eminente giurista, il giudice di *common law* è « rule maker and decision maker all at once » [Kahn-Freund 1972, ed. 1977: 55]. Ma questa materia va collocata nell'ambito della diversa teoria delle fonti della *common law.* Particolare importanza assume il *rule-making power* degli organi giudiziari nella tradizione di *common law* (FONTI DEL DIRITTO; NORMA GIURIDICA; POTERE NORMATIVO; PROCEDURA: 3). [vol. I: RULE-MAKING POWER]

Professionale. Professional, lay (NON PROFESSIONALE; PROFESSIONE).

Professione in genere. Profession, trade, occupation, business, vocation, mystery (ATTIVITÀ; ESERCIZIO ABUSIVO DI UNA PROFESSIONE; ESERCIZIO DELLA PROFESSIONE FORENSE; MESTIERE; PRIVILEGIO DELL'AVVOCATO; SEGRETO DI UN'ARTE O MESTIERE; SEGRETO PROFESSIONALE; SOSPENSIONE DALL'ESERCIZIO DELL'ATTIVITÀ PROFESSIONALE). [LEGAL PROFESSION]

– **forense.** Legal profession, practice of law. Ma non si può capire l'ordine giudiziario inglese e nordamericano se non si tiene conto dell'assai diverso rapporto tra avvocatura e magistratura, ognuna delle quali appare, in qualche modo, la faccia dell'altra: è questo il tratto caratteristico della *machinery of justice* anglo-americana: i magistrati (*rectius,* i giudici) sono, essenzialmente, degli ex avvocati. La differenza non potrebbe essere più grande con i sistemi di *civil law* in cui si riscontra una separatezza radicale, e spesso incomunicabilità, tra burocrazia giudiziaria e avvocatura. In Inghilterra e in taluni paesi del *Commonwealth* quest'ultima è esercitata da una duplice categoria di patrocinatori che vanno sotto i nomi di *barristers* e *solicitors.* Questa dicotomia — di cui invano nel periodo thatcheriano si è tentata l'abolizione — non corrisponde a quella nostrana tra avvocato e procuratore; del resto, com'è stato rilevato, *anch'essa* assai anacronistica. Anche se bisogna rilevare che, diversamente da quanto accade nel sistema nostrano, nel sistema inglese l'esistenza dei due gradi dell'avvocatura consente all'avvocato quel *distacco* dal cliente che non è possibile nel sistema nordamericano (data la inesistenza del doppio livello professionale) e di cui vi sarebbe tanto bisogno nell'organizzazione della nostra professione forense. L'esercizio della professione legale in Inghilterra è disciplinato dal Legal Services Act 1990. In Scozia l'avvocato, definito *advocate*, fa parte della *Faculty of Advocates*, ossia dell'associazione dello *Scottish bar*, creata con legge nel 1532. Negli S.U. — stato federale — la distinzione tra *barristers* e *solicitors* non è mai esistita; quest'ultimo termine, indica, invece, di solito, l'avvocato di un ministero, di un ente pubblico, o di un ente locale. In effetti, si ha una sola figura di professionista: ossia quella dell'*attorney at law* o, più spesso, *attorney.* Vi sono associazioni professionali a livello federale (*American Bar Association, Federal Bar Association*) e dei singoli stati dell'Unione. Una distinzione importante è quella tra *integrated* e *voluntary bar*, a seconda che la partecipazione all'associazione sia o meno condizione per l'esercizio della professione. Michel Albert [1991, trad. it.: 118], nel suo eccellente saggio sui due modelli di capitalismo (anglo-americano-renano), si riferisce, tra l'altro, al passaggio della professione forense dall'attività legale a quella delle attività commerciali. Rivisitando una problematica avvertita in primo luogo dagli stessi americani, egli rileva che ormai negli S.U. la professione legale è un'industria, « l'industria dei processi », nuova frontiera del modello di capitalismo anglo-americano; e cita la decisione della Corte Suprema che autorizza gli avvocati a farsi pubblicità in televisione e la deprecata pratica del *contingency fee*. Raccordare l'avvocatura, come fa l'autore, al sistema economico e a un certo tipo di capitalismo sembra un saggio approccio, trascurato, salvo eccezioni, dai nostri studiosi. Ad ogni modo, si tratta di un metodo fondamentale, specie se collegato al *regime politico*; se si vogliono intendere le ragioni del degrado che sotto non pochi aspetti caratterizza la professione forense nel nostro paese. Ad ogni modo, le differenze tra la professione forense inglese e nordamericana sono notevoli; esse attengono alla formazione e alla struttura interna della categoria, alle forme e ai tipi di avvocatura, alle spese processuali, all'assistenza giudiziaria, alla natura e al livello di deontologia professionale forense, e al numero dei professionisti praticanti che, negli S.U., si calcola arrivi a circa 800 mila. Ad ogni modo, altissimo appare il livello di deontologia professionale dei *barristers* inglesi ai quali è fatto tassativo divieto di pubblicità e, in ogni caso, del patto di quota lite. Più in generale, l'esercizio dell'avvocatura è detta *advocacy in court*; l'avvocato che la pratica è detto più spesso *trial lawyer*; vi è anche una *Association of trial lawyers of America* (un gruppo di pressione). L'esercizio della professione forense è detto *practice of law*. Essere ammessi all'esercizio della professione di *barrister* è detto *be (to) called to the Bar*; negli S.U. si parla di *admission to the Bar*. Infine, si parla di *legal services* per indicare le prestazioni legali in genere a favore del cliente, definito, quest'ultimo, oltre che *client,* anche *consumer* (sic!) *of legal services*. L'assistenza giudiziaria è detta più spesso, ma non soltanto, *legal aid*. Nella misura in cui è possibile riassumere una siffatta materia, sembra potersi dire che, diversamente da quanto accade da noi, il modello nordamericano tende a privilegiare la prospettiva dell'avvocato, ponendolo al centro della dinamica del processo e attribuendo perciò un ruolo fondamentale ai problemi della difesa specie per quanto riguarda le scelte concernenti i comportamenti processuali del difensore. Questo spiega anche, almeno in parte, perché nel sistema nordamericano il dibattito intorno ai modi di formazione della professione forense costituisca da sempre uno dei motivi di fondo dell'evoluzione della cultura giuridica, determinando in buona parte la metodologia dell'insegnamento del diritto e gli orientamenti della ricerca.

1. Edilberto Ricciardi [1990: 283], nel suo perspicuo saggio, ha dedicato un intero capitolo all'*attività professionale forense oltre i confini nazionali*. Come ha rilevato, nell'attuale contesto mondiale ed europeo, l'orizzonte culturale dell'avvocato forense deve necessariamente allargarsi per tener conto della massiccia formazione di un crescente corpo di norme *transnazionali*, ossia di uno *ius mercatorum* che combina princìpi e regole di diverse tradizioni giuridiche, cui l'apporto del diritto inglese, e specie nordamericano, appare fondamentale. Del resto, la stessa esistenza stessa della Corte di Giustizia delle Comunità, e della Corte Europea dei Diritti dell'Uomo e il loro contenzioso danno la misura — anche se parziale — di quale importanza abbia assunto l'elemento *transnazionale* nell'esercizio dell'attività professionale.

2. Per quanto riguarda le Comunità Europee in particolare, il complesso delle norme stabilite nel titolo III del Trattato di Roma consente di esercitare l'attività professionale oltre i confini nazionali e nell'ambito del territorio degli stati membri della Cee in base a due distinti diritti riconosciuti ai cittadini dei paesi membri, definiti l'uno di « stabilimento » (capo II, artt. 52-58), e l'altro di « libertà di circolazione » (capo III, art. 59-66). Due direttive comunitarie, una del 21 dicembre 1988 n. 89/48, e l'altra del 22 marzo 1977 n. 249, costituiscono gli strumenti normativi diretti a porre ad esecuzione il regime comunitario nei prossimi tempi, ad eccezione di talune materie come successioni, trasferimenti immobiliari, etc. E da più parti si lancia un drammatico allarme: tra poco l'Italia sarà invasa da avvocati europei, mentre i nostri, impreparati, non potranno a loro volta invadere il resto d'Europa. *Ma si tratta di falso allarme*. Per poco che si conosca la natura dell'*economia italiana*, salvo rarissime eccezioni che si

Professione forense

collocano tutte nel triangolo industriale italiano, il nostro paese non desta alcun interesse professionale per un giovane avvocato straniero disposto a lavorare all'estero: i mercati professionali tedeschi, francesi, inglesi, americani, svizzeri, belgi, olandesi, spagnoli, etc. offrono ben altre prospettive. Insomma, tra *economia* e *tipo di avvocatura* vi è un rapporto diretto: a economia agricola, anomala, sommersa, terzomondista, corrisponde, inevitabilmente, avvocatura *pareille*. Ogni tanto, come presa da un soprassalto, la confraternita dei professori fa un po' di rumore, ma neanche troppo, fingendo di interessarsi alle sorti del *giurista di impresa* (di cui notoriamente non interessa nulla a nessuno): e così quegli stessi che hanno rovinato gli allievi minacciano di far peggio con i professionisti. Ma — suvvia, siamo seri — dove sono queste imprese? quali prospettive, quale spazio offre una imprenditoria da straccivendoli, di solito alle prese con l'usura, che si dibatte con il problema del pagamento di modesti salari ai dipendenti, che si presenta come una galassia di *microimprese* sommerse da Sud Est asiatico, che proprio dall'illegalità trae motivo di esistenza, che quando è grande o grandissima, al confronto con quelle europee, resta sempre come i nani di Biancaneve? In effetti, data la natura dell'economia italiana, l'impiego pubblico resta ancora oggi per la quasi totalità dei laureati in giurisprudenza l'unico sbocco possibile. Questo tipo di considerazioni fa il paio con il triste destino dei *bocconiani*, che, a quanto sembra, stentano a trovare lavoro. Ora, con tutto il rispetto per la buona volontà e l'impegno dei ragazzi, questa laurea, gonfiata dalla tracotante retorica meneghina, appare priva di valore sul mercato internazionale delle specializzazioni professionali. Ma, ammesso pure che si tratti di titoli paragonabili a quelli stranieri, dove mai possono trovare utilizzazione da noi? Essi sarebbero, in ogni caso, di nessun interesse per una economia « autogestionaria » quale si è voluta dalla classe dirigente (si fa per dire) del nostro paese: fatte salve, beninteso, le « isole di eccellenza ». Guai a dimenticarle: si corre il rischio di finire impalati! [cfr. F. Magrino, *Università — Parla il Rettore della Bocconi — Guerra a colpi di test*, in *il Mondo*, 20/27 febbraio 1995, p. 60]. Certamente, il nostro è un paese manifatturiero che, anche grazie alla forte svalutazione della lira (40 per cento in meno di tre anni!), conosce un forte volume di esportazione di prodotti, peraltro, salvo eccezioni, di scarso o nessun contenuto tecnologico. Ma, anche qui salvo eccezioni, è dubbio che questa attività sia bisognevole di rilevanti apporti professionali forensi. Se a ciò si aggiunge una giustizia in stato comatoso e l'assenza di *Alternative Dispute Resolution* al processo civile, si ha un'idea del tipo di avvocato di cui abbisogna l'economia nazionale: che se, data la natura del servizio richiesto, non teme la concorrenza dei colleghi stranieri, dall'altro, a sua volta, non può farne a nessuno (LIBERTÀ DI CIRCOLAZIONE COMUNITARIA).

3. Ma se il diritto non fosse così sciattamente insegnato da docenti troppo spesso assai mediocri come accade nel nostro paese, non ci sarebbe stato davvero bisogno della normativa comunitaria per porre il giurista nostrano, ossia di un paese di trasformazione pura e di servizi, di fronte alla urgenza di attrezzarsi culturalmente, oltre che professionalmente. Sotto questo aspetto, il più superficiale contatto con una università nostrana conferma, anzi aggrava, l'opinione di Gino Gorla che in uno dei suoi ultimi scritti ha espresso un giudizio inappellabile sulla pochezza *didattica* e *scientifica* delle nostre facoltà di giurisprudenza: « Siamo ben lontani da una facoltà di giurisprudenza che soddisfi le esigenze di formazione professionale e scientifica del nostro mondo » [*Diritto Comparato,* in *Enciclopedia Giuridica Treccani,* Roma, 1989, vol. XI: 13]. Un giudizio che, ovviamente, attiene alla *qualità* degli uomini. Del resto, già quaranta anni or sono questo eminente giurista non mancava di notare che « non è piccola menda » dei testi istituzionali nostrani — di cui la parte generale costituisce una rassegna di teoria generale del diritto — che « non si accenni menomamente ad un sistema giuridico di importanza mondiale (...) voglio dire alla *common law* ed alle sue particolarità, lasciando così credere allo studente che i concetti generali che gli si offrono abbiano un valore universale » [1955, vol. I: XI]. In effetti — nell'alluvione di testi giuridici, spesso atroci monografie concorsuali imposte ai pazienti studenti per ragioni di cassetta — manca un'opera che dia una visione globale del diritto nella società moderna, che spieghi, tra l'altro, il raccordo tra diritto e economia, diritto e società, diritto e politica, *anche soltanto lontanamente parago-*

Professione forense

nabile a quella ormai giustamente celebrata (fuori d'Italia) di Wolfgang Friedmann, dal titolo *Law in a changing society* [1959, ed. 1972]. Eppure, per quanto da un pezzo le cose universitarie nostrane abbiano smesso di stupire, resta da spiegare il rifiuto di studiosi e comparatisti nostrani di apprestare una traduzione di quest'opera in un paese in cui peraltro i giuristi mostrano troppo spesso un'entusiatica propensione a tradurre e chiosare, con immenso sperpero di risorse materiali, se non proprio intellettuali, anche le più insignificanti *foutaises* altrui quando non addirittura a copiarle letteralmente come ha insegnato (sic!) un « caposcuola » della filosofia del diritto. La più verosimile spiegazione è forse che una traduzione rivelerebbe ben presto che la pretesa « originalità » di tanti giuristi nostrani è frutto di bracconaggio in una immensa riserva di caccia, di cui non si osa neanche fare il nome.

4. Michele Taruffo [1980: 357] scrive che l'avvocato nostrano appare « di livello tecnico generale non particolarmente elevato » e di « livello etico quanto mai basso »: ma si tratta di constatazione che, avulsa dal contesto politico e morale del paese, può dare la falsa impressione che una maledizione biblica abbia colpito la corporazione, ma essa soltanto. Questo serio studioso pone, beninteso, un problema di qualità (professionale ed etica); purtroppo, lo fa in un paese il cui ceto dominante non si è mai posto un problema di qualità né per sé e tantomeno per il resto; che ha sempre considerato la qualità addirittura come un disvalore. In effetti, la professione forense riflette le patologie del paese; si tratta solo del primo gradino di una lunga scala che porta ben oltre: ossia, tanto per dirne una, all'*armata dei docenti universitari, tra i meglio pagati, ma certo i più scalcinati dell'Occidente*: salvo, beninteso, le ormai famose « isole di eccellenza », come si suol dire a titolo scaramantico non appena da noi si tocca l'argomento. Memorabile è restato lo scandalo di un concorso per procuratore legale bandito qualche anno fa nell'ambito della Corte di Appello di Milano che ha visto la bocciatura di quasi il 90 per cento dei candidati quasi tutti freschissimi laureati: al quale si è posto rimedio negli anni successivi nella sola maniera in cui da noi si affronta questo genere di problemi, ossia adottando la divisa *todos caballeros* di Carlo V. Ma si tratta di soluzione che evita il nodo fondamentale della responsabilità della scuola e dell'università italiana, immensa fucina di sperpero di talenti e risorse materiali. Ma la catena di S. Antonio delle responsabilità prende anche un'altra direzione: si parla dello stato comatoso in cui versa la giustizia italiana, ma si dimentica troppo spesso che per tanti versi esso è voluto da professori-avvocati e da potenti gruppi di pressione. Come si è accennato, specie negli S.U., l'attività professionale processuale è oggetto di una grande specializzazione: questo spiega perché si parli, tra l'altro, di *trial lawyer*, di *appeal lawyer*, di *litigator,* etc. Ma sulla più stringente *deontologia professionale,* specie inglese, ma anche americana, bisognerebbe pure spendere qualche parola, almeno per dire che troppo spesso il confronto appare, per noi, imbarazzante. A parte questo, vanno menzionati, tra gli esercenti la professione forense negli S.U., i c.d. *equalizers*, nutrito gruppo di avvocati che si batte per promuovere una maggiore giustizia sociale attraverso l'avvocatura: si tratta di un movimento di cui non esiste neanche l'ombra nel nostro paese. È stato osservato che da noi non esiste un solo Ralph Nader, e che ignoti sono quei tipi di giuristi-avvocati che negli S.U. rappresentano gli *underdogs* in azioni civili contro l'*establishment* [cfr. Speiser 1993: 1, *passim*]: ma si tratta di una mezza verità. Perché, in effetti, il paese è pieno di ... Ralph Nader e di *equalizers*: solo che stanno tutti da una sola parte: ossia quella del potere economico, dalla parte del più forte, insomma, di chi comanda e di chi paga. Duole dirlo, ma questa è l'immagine dell'avvocatura italiana. Il disastro delle giustizia penale italiana non può spiegarsi solo con le carenze di una magistratura incapace di esperire indagini, che, salvo eccezioni, vive di confessioni e spiate; né quello della giustizia civile con l'incompetenza, la prigrizia e la sciatteria dei magistrati; il catalogo delle cause è senza fine: tra esse vi è certamente, anzitutto, lo stesso *sistema processuale* e la macchina giudiziaria che sembrano fatte apposta per creare piuttosto che decidere i problemi giuridici. Eppure, bisogna tener conto anche del « pagliettismo », ossia del degrado etico e professionale dell'avvocatura italiana che non a caso difende strenuamente l'iniquo decreto Biondi che tanta indignazione popolare ha sollevato nel paese, e pretende a gran voce addirit-

tura la depenalizzazione di infami reati contro la pubblica amministrazione. *Non una sola voce* si è mai levata dall'avvocatura contro i dirompenti effetti provocati nel paese dal diluvio di amnistie, condoni e sanatorie, origine di quell'illegalità di massa che sta trascinando il paese alla deriva. Tantomeno poi si è rilevato il pazzesco *automatismo delle scarcerazioni* per decorrenza dei termini massimi di custodia cautelare. E si potrebbe continuare; l'avvocatura italiana, appare insomma, poco credibile, sostanzialmente estranea ai problemi della giustizia che non tocchino la categoria, ignara dei propri doveri civici verso il paese.

5. Ad ogni modo, per quei giovani che volessero intraprendere l'attività di avvocato transnazionale, potrebbero risultare non del tutto inutili le — *schematiche* — considerazioni che seguono; schematiche, ma non troppo, dato che, in definitiva, tutta quest'opera è dedicata anche a loro.

6. Trattare problemi giuridici transnazionali significa necessariamente dotarsi di un'ottica professionale comparatistica. E, in particolare, tener conto: *a*) dell'esistenza della tradizione giuridica di *common law*, ossia di paesi come l'Inghilterra e, più marcatamente gli S.U., incessanti creatori di princìpi, concetti, istituti e termini giuridici imposti da una società caratterizzata da un rapidissimo *tempo of social change* che, sul piano dei contenuti politici, economici e sociali spesso anticipano di decenni, quello dei paesi di *civil law*; *b*) dell'assai diversa teoria delle fonti del diritto nella tradizione giuridica di *common law; c*) che il linguaggio giuridico transnazionale, lo *ius mercatorum* attuale, comunque lo si voglia chiamare, trae dal diritto nordamericano la gran parte dei suoi termini e delle sue regole; *d*) del sistema costituzionale degli S.U. — stato federale — in cui la sovranità è ripartita tra gli stati dell'Unione e lo stato federale; *e*) dell'assai diverso processo di *common law*, civile e penale e del non meno diverso ordine giudiziario; *f*) delle differenze fondamentali esistenti non soltanto tra l'organizzazione della professione forense di *common law* e di *civil law*, ma anche tra quella inglese e nordamericana; *g*) del regime delle spese legali, diverso da quello nostrano e diverso altresì nel sistema inglese rispetto a quello nordamericano, e così via (ABILITAZIONE ALL'ESERCIZIO DELLA PROFESSIONE DI *BARRISTER*; ALBO; AMNISTIA; APPELLO; ASSISTENZA GIUDIZIARIA; AVVOCATO D'AFFARI; AVVOCATURA; AZIONE (I) CIVILE; AZIONE (I) PENALE; CLAUSOLA PENALE; CONDOTTA; CONSIGLIO DELL'ORDINE DEGLI AVVOCATI E PROCURATORI; DEONTOLOGIA PROFESSIONALE FORENSE; DIFENSORE DI UFFICIO; DIRITTO (I) COMPARATO; ESERCIZIO PROFESSIONALE; ETICA PROFESSIONALE; FIDUCIARIO; FORMAZIONE GIURIDICA; GIUDICE; GIURISTA; GIUSTIZIA ALTERNATIVA; INDIPENDENZA DELLA MAGISTRATURA; INVESTIGATORE PRIVATO; MANDATO *AD LITES*; NEGLIGENZA PROFESSIONALE; *OMBUDSMAN*; ORDINAMENTO GIUDIZIARIO; PATROCINIO FORENSE; PATTO DI QUOTA LITE; PRATICA FORENSE; PRIVILEGIO DELL'AVVOCATO; PROCEDURA CIVILE; PROCEDURA PENALE; RADIAZIONE DI UN *BARRISTER* DALLA SUA *INN OF COURT*; RADIAZIONE DI UN *SOLICITOR* DALL'ALBO; RECLUTAMENTO DEI GIUDICI; RIVISTE DI GIURISPRUDENZA; SEGRETO PROFESSIONALE; SERVIZI LEGALI; SISTEMA DELLE SPOGLIE; STUDIO LEGALE ASSOCIATO; TOGA DI AVVOCATO; TUTELA DEI DIRITTI). [vol. I: ATTORNEY; BAR; BARRISTER; CIVIL PROCEDURE; CONTINGENT-FEE; COURT; FORUM SHOPPING; JUDGE; JURISDICTION; JURY; LAW REPORTS; LEGAL AID; LEGAL PROFESSION; PUNITIVE DAMAGES; SERVICE OF PROCESS; SOLICITOR]

Bibl.:

Dondi, A. (cur.), *Avvocatura e giustizia negli S.U.,* Bologna, il Mulino 1993.

Speiser 1993: 206.

Varano, V., *La libera circolazione degli avvocati nella CEE e l'ordinamento italiano: problemi e prospettive*, Milano, Giuffrè, 1984, Estratto da *Studi in onore di Tito Carnacini*, Vol. II — Tomo I., p. 719.

– **giudiziaria.** Judicial profession (ORDINAMENTO GIUDIZIARIO).

– **legale.** (*supra*, PROFESSIONE FORENSE)

Professionista in genere. Professional, practitioner (ASSICURAZIONE CONTRO LA RESPONSABILITÀ PROFESSIONALE; LIBERO PROFESSIONISTA; PROFESSIONE FORENSE; RESPONSABILITÀ CIVILE DEL PROFESSIONISTA).

– **autonomo.** Freelance (LAVORO AUTONOMO).

Profittatore. Profiteer (AGGIOTAGGIO; *INSIDER TRADING*).

Profitti. (PROFITTO/I)

Profitto/i in genere. Profit, dividend, earnings, gain, return, proceeds. In una economia di mercato degna di questo nome la distinzione tra *profitto* e *rendita* è fondamentale. Ovviamente, non è sempre il caso nel nostro paese (AFFARISMO; DANNO EMERGENTE-LUCRO CESANTE; DEBITO PUBBLICO; DIVISIONE DEGLI UTI-

LI; ECONOMIA DI MERCATO; FRUTTI; GUADAGNO; IMPOSTA SUI PROFITTI STRAORDINARI; INTERESSI SUL CAPITALE; LUCRO; PERDITA DI FUTURI UTILI; RENDIMENTO; RENDITA; USUFRUTTO; UTILE). [vol. I: DAMAGE; LOSS OF EARNINGS; PROCEEDS; PROFIT; PROFITS À PRENDRE]

– o **perdita.** Gain or loss (PERDITA).

– **dal traffico di droga.** Drug profits, drug proceeds (RICICICLAGGIO DI DENARO SPORCO; SOCIETÀ (II) DI COMODO).

– **di guerra.** War profits (GUERRA; IMPOSTA SUI PROFITTI STRAORDINARI).

– **di regime.** Profits earned in a dictatorial regime (*infra*, PROFITTI STRAORDINARI; REGIME).

– **e perdite.** Profit and loss (CONTO PROFITTI E PERDITE). [vol. I: ASSETS AND LIABILITIES; BALANCE-SHEET; PROFIT]

– **ingiusto.** Wrongful benefit (*infra*, PROFITTI STRAORDINARI).

– **nominale.** Nominal profit, paper profit (*supra*, PROFITTO IN GENERE).

– **segreti.** Secret profits (FONDI NERI; SEGRETO).

– **sperato.** (UTILI SPERATI)

– **straordinari.** Excessive profits. A un giurista italiano che legga il *leading case* nordamericano in materia sembra di essere trasportato quasi su un altro pianeta. Nel caso *U. S.* v. *Bethlehem Steel Corp.* 315 U.S. 289 (1942) il governo federale chiedeva che il contratto di fornitura di navi da guerra durante la I guerra mondiale venisse annullato in quanto aveva comportato profitti tali da lasciar ritenere che essi fossero stati conseguiti profittando di uno stato di necessità (*duress*) in cui era venuto a trovarsi il governo federale, bisognoso com'era di mezzi per condurre la guerra. Ma la corte, con una assai contrasta decisione maggioritaria negava che il contratto fosse stato indotto da *duress*. Durante la II guerra mondiale una serie di meccanismi furono creati per ridurre i profitti sui contratti per forniture di guerra come, tra l'altro: (i) la rinegoziazione obbligatoria dei contratti di fornitura per ridurre i margini dei profitti dell'appaltatore in termini ragionevoli; (ii) disciplina dei prezzi e controllo di materie prime scarse; (iii) una imposta sui profitti straordinari (*excess profits tax*), etc. Assai travagliata appare invece la cronaca della nostra scandalosa legislazione diretta all'adeguamento delle procedure di aggiudicazione degli appalti pubblici alle direttive comunitare; di fatto, il parlamento italiano si è mostrato uno dei più recalcitranti — anche se non il solo — in materia. La natura *sui generis* del regime italiano degli appalti imposto dalla potente *lobby* dei costruttori insinuata in tutti i partiti (anche il Pds) spiega in parte non piccola la natura criminogena della vita pubblica nostrana (APPALTO PUBBLICO; FORNITURA DI GUERRA; IMPOSTA SUI PROFITTI STRAORDINARI; REGOLATORE; RINEGOZIAZIONE OBBLIGATORIA DEI CONTRATTI DI FORNITURA AGLI ENTI PUBBLICI NEGLI S.U.; STATO DI NECESSITÀ; UTILI RAGIONEVOLI DA UN INVESTIMENTO; VIOLENZA). [vol. I: EXCESS PROFIT]

Bibl.:

Calamari and Perillo 1970, ed. 1977: 263, 565, 566.

Farnsworth, Young and Jones 1965, ed. 1972: 230, 296, 836.

Profugo. Refugee, displaced person (ASILO POLITICO; DEPORTATO; EMIGRANTE; IMMIGRAZIONE; RIFUGIATO). [vol. I: STATELESS]

Progenitore. (ASCENDENTE)

Progetto in genere. Scheme, plan, project, draft. Ma il termine *draft* indica anche un ordine scritto di pagamento (ASSEGNO (II) BANCARIO; BOZZA; CAMBIALE; FINANZIAMENTO; PIANO; PROGRAMMA; PROPOSTA; SCHEMA). [vol. I: DRAFT; SCHEME]

– **di concordato.** Scheme of arrangement (CONCORDATO; PROPOSTA DI CONCORDATO).

– **di convenzione, di trattato.** Draft convention, draft treaty (CONVENZIONE INTERNAZIONALE; TRATTATO INTERNAZIONALE).

– **di documento in genere.** Draft, project (DOCUMENTO).

– **di legge in genere.** Bill in Parliament o, negli S.U., bill in Congress (DISEGNO O PROPOSTA DI LEGGE; PROPONENTE DI UNA LEGGE).

– **di risoluzione.** Draft resolution (RISOLUZIONE).

Programma in genere. Programme (program), plan, schedule, timetable, prospectus (ORARIO; PIANO; PROGETTO; SCHEMA).

– **di lavoro.** Work program (LAVORO).

– **di pensionamento.** Pension scheme, retirement plan (PENSIONE). [vol. I: PENSION]

– **di recupero sociale.** Rehabilitation programme (RIABILITAZIONE).

– **di rimpatrio.** Repatriation programme (RIMPATRIO).

– **di società per azioni.** Grosso modo, prospectus; ma quest'ultimo è un documento illustrativo obbligatorio richiesto dalle autorità di controllo prima che una società o i suoi incaricati vendano le azioni al pubblico (SOCIETÀ (II) DI CAPITALI). [vol. I: PROSPECTUS]

– **elettorale.** Party political manifesto o, più spesso, manifesto. Negli S.U. si parla di *party platform* come, ad es., *Republican Platform, Democratic Platform*. Non esiste in Italia una prassi del genere: in mezzo secolo nessun partito italiano — neanche quello che si autodefinisce di governo/opposizione — ha mai sottoposto agli elettori uno straccio di programma elettorale sulla base del quale chiedere la fiducia degli elettori. La spiegazione più plausibile di questa *specialità* nostrana sarebbe che prima del crollo del comunismo di programmi non ve n'era bisogno: si trattava solo di scegliere tra una parvenza di democrazia assicurata da governanti corrotti e cialtroni e l'orrore del comunismo e, per quanto riguardava la sedicente opposizione, di spartire quanto più potere possibile con il governo che si dichiarava di voler combattere. Però anche dopo il crollo del Muro nessun partito italiano si sogna di utilizzare questo strumento fondamentale della democrazia rappresentativa. D'altro canto, si può obiettare che, come dimostra il caso Tangentopoli, non v'è alcun bisogno di affiggere alle cantonate certi programmi che si possono leggere sulla facce di troppi politici nostrani. Comunque, a parte la facile ironia, resta il fatto che se, per definizione, il parlamentare esercita le sue funzioni senza vincolo di mandato, il programma serve almeno a dare una indicazione di massima all'elettore dell'impegno politico assunto (CONGRESSO DI PARTITO; DEMOCRAZIA CONSOCIATIVA; DISCORSO DELLA CORONA; ELEZIONI POLITICHE; MANIFESTO; PARTITI POLITICI). [vol. I: ELECTION: 2; ELECTORAL SYSTEM; MANIFESTO; POLITICAL PARTIES]

– **legislativo.** Legislative program (DISCORSO DELLA CORONA; PARLAMENTO).

Pro herede gestio. (*NEGOTIORUM GESTIO*)

Proibito in genere. Banned, prohibited, forbidden (DIVIETO; ILLECITO; PROIBIZIONE; VIETATO).

Proibizione/i in genere. Prohibition, restraint, ban. Ma il termine *order of prohibition* indica, in breve, un provvedimento giudiziario diretto a una *inferior court*, o a una entità amministrativa avente potere decisorio, diretto a prevenire il compimento di un atto che ecceda la propria giuridisdizione o competenza. Privo di equivalenza nella *civil law*, esso va distinto nettamente dalla *injunction* che è, in breve, il provvedimento con il quale il giudice impone un ordine di fare o di non fare la cui violazione costituisce *contempt of court*: in questo senso, si parla, rispettivamente, di *prohibition* (o *restrictive*) *injunction* o di *mandatory injunction* (COMPETENZA; DIVIETO; GIURISDIZIONE; IMPEDIMENTO; INIBITORIA ; INTERDIZIONE; PROIBITO; PROIBIZIONISMO). [vol. I: INJUNCTION; PROHIBITION; PROHIBITIONS DEL ROY]

– **e restrizioni.** Prohibitions and restrictions (RESTRIZIONE).

Proibizionismo. Prohibitionism; il termine è riferito più spesso al noto fenomeno del proibizionismo delle bevande alcoliche introdotto negli S.U. dal XVIII emendamento [1919] della costituzione federale, detto Prohibition Amendement; abolito nel 1933 mediante l'adozione del XXI [1933] emendamento, abrogativo del primo. Ma esso è ritornato di ben più drammatica attualità nel nostro paese grazie ad una proposta del partito radicale — fondata anche, oltre che sul buon senso, su autorevoli opinioni di studiosi stranieri e riviste economiche di grande prestigio, tra le quali l'*Economist* — diretta alla abolizione dell'attuale regime proibizionista e alla legalizzazione dell'uso della droga. Ma se, ovviamente, non è ipotizzabile la legalizzazione della droga in un solo paese ed è necessario, invece, un concertato regime internazionale, la proposta ha il merito di aver messo in rilievo la clamorosa e ormai incontestata sconfitta del proibizionismo, in una situazione in cui dovunque in Occidente, e specie in Italia, l'accesso alla droga è virtualmente libero. In effetti, il regime proibizionista attribuisce un valore aggiunto astronomico ad una merce di infimo valore intrinseco: ecco un esempio, forse il maggiore, in cui la legge intervenendo sui meccanismi economici determina storture e aberrazioni di vario genere: senza il XVIII emendamento, Al Capone, sarebbe restato un modesto gangster di quartiere. In effetti, il proibizionismo della droga ha creato interessi coalizzati nazionali e internazionali e potentissime cointeressenze, sembra lecito sospettare, addirittura tra i governi dell'Occidente dichiaratamente ostili alla droga; anzi, non sembra cervellotico ipotizzare un rapporto tra il grado di accanimento antiproibizionista e l'interesse al mantenimento del sistema di potere che l'antiproibizionismo comporta. Non sembra azzardato affermare che la legalizzazione della droga comporterebbe, con il crollo dei prezzi della materia prima, epocali sconvolgimenti economici e sociali rilevanti per tutti i paesi, incluso quelli proibizionisti dell'Occidente. Ben più che nel caso degli alcolici, la legalizzazione della droga lascerebbe dietro di sé strutture criminali con milioni di adepti per le quali si presenterebbe un drammatico problema di riconversione di attività. La legalizzazione avrebbe contraccolpi sconvolgenti sugli stessi governi proibizionisti dell'Occidente in cui — dato il fiume di ricchezza che il traffico alimenta e le impensabili ramificazioni che esso prende — non è difficile immaginare possenti interessi al mantenimento del sistema. Pertanto, il progetto antiproibizionista, ben più che la rivoluzione comunista, si rivela forse come il più rivoluzionario tra quelli concepiti nel XX secolo: e questo è anche il suo limite. Esso lascia intravedere sommovimenti politici economici e sociali troppo apocalittici perché non incontri una formidabile coalizione di oppositori. Ma non si può negare la folgorazione di Marco Pannella: nessuna seria lotta alla criminalità organizzata è ipotizzabile senza la legalizzazione della droga. I mercati finanziari internazionali sono invasi da fiumi di denaro riciclati derivanti da questo traffico: non sembra azzardato affermare che presto o tardi, dai mercati finanziari internazionali, all'imprenditoria mondiale, il potere economico e quindi quello politico saranno controllati dalla criminalità organizzata. Vi saranno ancora elezioni democratiche e partiti di opposizione; ma su chi comanda non devono esservi dubbi. Ecco perché la questione posta da Marco Pannella è anche qui segno di una visione profetica. Sembra quasi inutile precisare quale tra i paesi dell'Occidente appare l'anello più debole della catena: ossia il nostro, come quello in cui l'economia nera (*rectius*, illegale e criminosa) assume già un ruolo così imponente. Uno studio difficile da condurre, ma fondamentale, potrebbe essere quello di accertare in che misura l'opposizione dei governi alla legalizzazione sia determinata più dall'interesse diretto al mantenimento dello *status quo* che alla tutela della salute dei cittadini. Materia difficile, che ingenera appassionati e non di rado faziosi dibattiti, che galleggiano al di sopra di giganteschi interessi economici; assieme a pochi altri, come quello della sovrappopolazione, esso resta il tema fondamentale del XXI secolo. Le analogie con l'uso del tabacco e gli effetti dannosi del fumo sono ovvie: gli S.U. si muovono sempre più nel considerare il tabacco una forma di droga altrettanto nociva alla salute, anche se in tempi e con modalità diverse (DROGA; PROIBIZIONE; RICICLAGGIO DI DENARO SPORCO; STUPEFACENTE).

Pro indiviso. As undivided, in common, o *pro indiviso*. Ma si noti il diverso regime della comunione nella *common law* (COMPROPRIETÀ; COMUNIONE; INDIVISO). [vol. I: JOINT]

Prole. Issue, children (ABBANDONO DI MINORE; DISCENDENZA; EDUCAZIONE DELLA PROLE; GENITORI; SENZA PROLE).

Prolissità. Prolixity; la prolissità dei *pleadings* nel corso del *pre-trial* può dar luogo al pagamento delle maggiori spese causate. Le *chilometriche* memorie difensive e le non meno chilometriche sentenze care alla nostra avvocatura e magistratura — che concretano un plateale abuso di un servizio pubblico fondamentale — non sarebbero ammesse nel sistema processuale inglese e nordamericano (ABUSO DELLE NORME PROCESSUALI; DIFESE NEL PROCESSO CIVILE; ECCEDENZA; ESUBERANZA; RIDONDANZA; SOVRABBONDANZA; SUPERFLUITÀ DI LINGUAGGIO NEGLI ATTI DEL GIUDIZIO). [vol. I: *ad vocem*]

Promemoria in genere. Memorandum, note. Ma si noti il significato particolare del termine *memorandum* nell'assicurazione marittima, nella vendita all'asta di immobili, nell'*hire-purchase* e nella vendita a credito (MEMORIA; PROLISSITÀ). [vol. I: MEMORANDUM]

Promessa/e in genere. Promise, obligation, engagement, undertaking. La promessa scritta di dare una somma di denaro o di fare è detta *obligation*. Il termine *promise* è riferito più spesso alla promessa contrattuale; in siffatta materia, è opportuno tener conto della notevole diversità che sussiste in materia di obbligatorietà giuridica della promessa in genere tra *civil law* e *common law* per quanto attiene all'intreccio tra forma e *consideration*. In senso stretto, il termine *promise* indica la promessa *by parol*, cioè non formale, scritta o meno, mentre quella formale è detta *promise by deed* o *covenant*. A questo proposito si ricorda che nella *common law* l'obbligatorietà della promessa deriva dalla forma, che di per sé ingenera una presunzione di esistenza della *consideration* ovvero, nel *simple contract* (che è il contratto per definizione di quella tradizione giuridica), dal fatto che essa rientra in uno scambio o *bargain*, in cui cioè colui a cui favore è fatta, detto *promisee*, abbia dato una *valuable consideration*. È questa una fondamentale distinzione con la *civil law* in cui, secondo l'opinione prevalente, vige il principio *pacta sunt servanda*. La *promise* va distinta dalla *performance*, ossia dall'adempimento. Altre promesse che non rientrano nelle due categorie formali (*by parol-under deed*) non è già che restino non sanzionate, ma esulano dalla disciplina contrattuale (CONDIZIONE POTESTATIVA; CONTRATTO: III; CORRISPETTIVO; IMPEGNO; OBBLIGAZIONI (I) RECIPROCHE; OBBLIGO CONTRATTUALE; OFFERTA; PRESTAZIONE; PROMISSARIO; PROPOSTA; REVOCA DELLA PROMESSA; VIOLAZIONE DELLA PROMESSA DI MATRIMONIO). [vol. I: CONSIDERATION; PACTA SUNT SERVANDA; PERFORMANCE; PROMISE]

- **al pubblico.** Promise to the public; richiede la *consideration* (CONTRATTO: III; OFFERTA AL PUBBLICO; PROPOSTA).

- **dell'obbligazione** o **del fatto del terzo.** Lett., promise of obligation or act of third person. Ma non è ammessa (TERZO).

- **di donazione.** Promise to make a gift; il requisito della *consideration* comporta delle notevoli differenze tra le due tradizioni giuridiche (DONAZIONE).

  Bibl.:
  Schlesinger 1950, ed 1988: 279, n. 9.

- **di matrimonio.** Promise of marriage (VIOLAZIONE DELLA PROMESSA DI MATRIMONIO). [vol. I: BREACH OF PROMISE]

- **di pagamento.** Promise of payment; la *standby letter of credit* da parte di una banca costituisce una promessa di pagamento impiegata anche, tra l'altro, a favore degli azionisti della società oggetto di una scalata azionaria (CONTRATTO: III; CREDITO; LETTERA DI CREDITO; PAGAMENTO; SCALATA DI SOCIETÀ). [vol. I: I.O.U.; STANDBY LETTER OF CREDIT]

- **formale.** Covenant, express promise (*supra*, PROMESSA IN GENERE).

- **gratuita.** Lett., gratuitous promise; ma questo termine ha un significato giuridico particolare nella *common law*: esso indica la promessa priva di *consideration* e che non fa parte di un *bargain* (CONTRATTO: III).

  Bibl.:
  Gorla 1955, vol I: 390.

- **reciproche.** (OBBLIGAZIONI (I) RECIPROCHE)

- **tacita.** Implied promise; ma questo termine è riferito anche a quei casi in cui la legge ricorre alla *fictio* dell'esistenza di un contratto per imporre un obbligo legale (FINZIONE GIURIDICA).

- **unilaterale di vendita.** Promise to sell; richiede la *consideration* (CONTRATTO: III; VENDITA). [vol. I: SALE: I]

- **verbale.** Promise by parol (*supra*, PROMESSA IN GENERE; CONTRATTO VERBALE; VERBALE).

Promissario. Promisee, detto anche obligee o covenantee (CREDITORE; OBBLIGATARIO; PROMESSA). [vol. I: COVENANTEE; OBLIGEE; PROMISEE]

Promissorio in genere. Promissory (PROMISSARIO). [vol. I: PROMISSORY ESTOPPEL; PROMISSORY NOTE]

Promittente. Promisor, detto anche *obligor* (OBBLIGATO; PROMESSA; VAGLIA CAMBIARIO). [vol. I: *ad vocem*; LIABILITY; PROMISE]

Promotore in genere. Promoter, mover sponsor (FINANZIATORE; FONDATORE; PROMOZIONE).

- **di società per azioni.** Promoter of a public company; negli S.U. si parla più spesso di *incorporator* (AZIONI (II) DEVOLUTE AI PROMOTORI DELLA SOCIETÀ; SOCIETÀ (II) DI CAPITALI). [vol. I: PROMOTER; PROSPECTUS]

- **di un progetto di legge.** (PROPONENTE DI UN PROGETTO DI LEGGE)

Promozione in genere. Promotion (DIRITTO (I) PROMOZIONALE; PROMOTORE; VENDITA PROMOZIONALE). [vol. I: PROMOTE THE OFFICE OF JUDGE]

- **degli atti esecutivi.** Enforcing the execution of a judgment (ATTI ESECUTIVI; ESECUZIONE FORZATA DELLA SENTENZA CIVILE). [vol. I: EXECUTION]

- **del diritto.** Promotion of law (DIRITTO (I) PROMOZIONALE).

- **delle vendite.** Sales promotion (*MARKETING*; VENDITA).

- **per anzianità.** Promotion by seniority (ANZIANITÀ).

Promulgazione della legge in genere. Grosso modo, promulgation of law, enactment of law. Ma il termine *promulgation*, usato di rado, non indica, in senso stretto, la promulgazione, che non è richiesta né nel sistema inglese né in quello nordamericano, ma indica, più spesso, la pubblicazione di una legge. Nel sistema costituzionale britannico la legge entra in vigore dalla data in cui riceve il *royal assent*, rifiutato per l'ultima volta nel 1707, e ritenuto generalmente un atto dovuto. Un regime diverso — da inquadrare nella natura costituzionale di quel regime — esiste negli S.U. in cui, ai sensi dell'art. I, s. 7, cl. 2, della costituzione federale, un disegno di legge approvato dal Congresso deve essere trasmesso al Presidente: qualora quest'ultimo non lo approvi, lo restituisce, con messaggio motivato (*Objections*), a quella delle Camere in cui esso ha avuto origine, che procede ad una nuova deliberazione (*reconsideration*). Nel caso che esso sia approvato dai due terzi di quella Camera esso viene trasmesso all'altra Camera che, se ne delibera l'approvazione, ugualmente a maggioranza dei due terzi, diviene legge. Il potere del Presidente della Repubblica italiana di chiedere con messaggio motivato alle Camere una nuova deliberazione della legge — previsto dall'art. 74 della costituzione — costituisce una *forma attenuata* del principio costituzionale nordamericano (LEGGE; VETO). [vol. I: ACT OF PARLIAMENT; PROMULGATION; ROYAL ASSENT; STATUTE LAW: III]

Pronta/i/o in genere. Ready, prepared (A PRONTI; MERCATO A PRONTI; PAGAMENTO A PRONTI; VENDITA A PRONTI).

– **cassa.** Cash (A PRONTI; CASSA).

– **contro termini.** Repos (RIACQUISTO; TERMINI; TITOLI MOBILIARI).

Pronunzia in genere. Pronouncement (DICHIARAZIONE).

– **della sentenza.** Pronouncement of judgment (SENTENZA).

– **giudiziale in genere.** Adjudication, judgment (DECISIONE; SENTENZA). [vol. I: ADJUDICATION; JUDGMENT]

Propaganda. Propaganda (INFORMAZIONE; PUBBLICITÀ).

Propagazioni dal fondo del vicino in genere. Discharge from neighbour's premises (ABUSO DI DIRITTO; AMBIENTE; FONDI ADIACENTI; INQUINAMENTO). [vol. I: NUISANCE]

Propalazione di notizie false, esagerate o **tendenziose.** Spreading false news, publication of false news. Può costituire il reato di *sedition*. L'associazione diretta alla divulgazione di notizie false allo scopo di provocare un rialzo o ribasso del valore di titoli, azioni o merci costituisce il reato di *conspiracy to spread false news*. Il reato di aggiotaggio è detto, grosso modo, *rigging the market* (AGGIOTAGGIO; CONCORRENZA SLEALE; DENIGRAZIONE DEL PRODOTTO DEL CONCORRENTE; *MEDIA*; NOTIZIE FALSE; ORDINE PUBBLICO; SPACCIO DI BANCONOTE FALSE, ASSEGNI FALSI, etc.). [vol. I: CONSPIRACY; MEDIA; NEWS; PUBLIC ORDER; SEDITION]

Proponente in genere. Offeror, proposer, promoter, mover (ISTANTE; PREPONENTE; PROMITTENTE; PROMOTORE). [vol. I: PROMOTER]

– **dell'assicurazione.** Proposer of insurance (ASSICURAZIONE).

– **di una legge.** Promoter of a bill in parliament, promoter of a bill in Congress (DISEGNO DI LEGGE; PROGETTO DI LEGGE). [vol. I: BILL IN PARLIAMENT]

– **di una risoluzione.** Mover of a resolution (RISOLUZIONE).

– **nel contratto.** Offeror (CONTRATTO; OFFERENTE; PROMITTENTE). [vol. I: OFFER]

Proporzionalità della colpa. (PRINCIPIO DELLA PROPORZIONALITÀ DELLA COLPA)

Proporzionalmente. Pro rata (*FORFAIT*; QUOTA; RANGO DEL CREDITO; RAPPRESENTANZA PROPORZIONALE).

Proposito in genere. Intention, purpose (INTENZIONE; SCOPO).

– **criminoso.** Criminal purpose (PREMEDITAZIONE; RINUNZIA AL PERSEGUIMENTO DEL PROPOSITO CRIMINOSO).

Proposta in genere. Proposal, offer, motion, recommendation, proposition. Appoggiare una proposta è detto *support (to) a proposal, a motion* (MOZIONE; OFFERTA; RIFIUTO DELLA PROPOSTA). [vol. I: MOTION]

– (o **offerta) contrattuale.** Offer. L'accordo delle parti nel contratto (*agreement*) è costituito dalla proposta (*offer*) e dall'accettazione (*acceptance*). Ma nella *common law* perché si abbia un *simple contract* non è sufficiente che vi sia l'accordo delle parti ed una causa lecita: si richiede un elemento aggiuntivo, ossia che le promesse siano fondate su una valida *consideration*. È appunto per tale ragione che — a meno che non sia stata prestata una apposita *consideration*, ovvero che la proposta abbia luogo in forma solenne (*deed*)

— nella *common law* la proposta contrattuale è sempre revocabile. La proposta irrevocabile è detta *option*. L'offer va distinta dall'*invitation to treat*, che costituisce un invito a negoziare come, ad es., nel caso di articoli esposti in vetrina. È detta *lapse of offer* la perdita o caducità della proposta contrattuale (ACCETTAZIONE DELLA PROPOSTA CONTRATTUALE; CADUCITÀ DELLA PROPOSTA CONTRATTUALE; CONCLUSIONE DEL CONTRATTO; CONTRATTO: III, IV; CONTRATTO DI SOMMINISTRAZIONE; CONTROPROPOSTA; OFFERTA; OPZIONE CONTRATTUALE; PROMESSA; REVIVISCENZA DELLA PROPOSTA o OFFERTA CONTRATTUALE; REVOCA DELLA PROPOSTA; RITIRO DELLA PROPOSTA; VENDITA A CONSEGNE RIPARTITE). [vol. I: ACCEPTANCE; CONTRACT: IV; COUNTER OFFER; LAPSE OF OFFER; OFFER; PROPOSAL; REQUIREMENT CONTRACT; REVIVAL OF OFFER]

- **di assicurazione.** Insurance proposal. Il contratto di assicurazione rientra nella categoria dei contratti detti nel sistema inglese e nordamericano di *uberrimae fidei* e, pertanto, il contraente è tenuto al *duty of disclosure*, in mancanza di che l'assicuratore può annullare il contratto o recedere da esso (ASSICURAZIONE; BUONA FEDE; *CULPA IN CONTRAHENDO*; RETICENZA). [vol. I: CULPA IN CONTRAHENDO; INSURANCE: I. 12; PROPOSAL; UBERRIMAE FIDEI]

- **di concordato.** Scheme of arrangement, scheme of composition (CONCORDATO). [vol. I: *scheme of arrangement*]

- **di legge in genere.** Bill in Parliament, bill in Congress negli S.U. (DISEGNO o PROPOSTA DI LEGGE; INIZIATIVA DI LEGGE POPOLARE; PRIMA, SECONDA, TERZA LETTURA DI UN DISEGNO DI LEGGE; REFERENDUM).

- **di legge di iniziativa parlamentare.** Private member's bill. [vol. I: *ad vocem*]

- **di legge di iniziativa popolare.** Voter initiative. Non è ammessa nell'ordinamento costituzionale britannico, né in quello federale degli S.U. Peraltro, essa è prevista da numerosi stati dell'Unione, ma non da tutti. In tal caso, si parla di *initiative*, termine che, senza altri aggettivi, indica, appunto, la proposta di legge di iniziativa popolare; una volta approvata, viene definita *Proposition* ed è identificata da un numero (REFERENDUM; REVOCA ANTICIPATA DEL MANDATO ELETTORALE).

- **di *regulation* negli S.U.** Proposed Regulation, o P.R.; emanata per consentire alle parti di avanzare le proprie osservazioni. Una volta adottata diviene una *Regulation* (REGOLATORE). [vol. I: REGULATION; REGULATORY AGENCY]

- **di risoluzione.** Draft resolution (RISOLUZIONE).

- **ferma.** (*infra*, PROPOSTA IRREVOCABILE)

- **irrevocabile.** Binding offer, option. Nella *common law*, la proposta contrattuale è sempre revocabile, anche se dichiarata irrevocabile. A meno che non sia contenuta in un *deed*, ovvero il proponente abbia ricevuto una *consideration* per l'irrevocabilità, nel qual caso si parla di *option* (*supra*, PROPOSTA CONTRATTUALE; *infra*, PROPOSTA SENZA IMPEGNO; PROPOSTA VINCOLANTE; OPZIONE; REVOCA). [vol. I: OPTION]

- **senza impegno.** Offer not binding. In effetti, nella *common law*, la proposta contrattuale è per definizione revocabile, salvo che non dia luogo a un'*option* (*supra*, PROPOSTA IRREVOCABILE; IMPEGNO). [vol. I: OFFER]

- **vincolante.** Binding offer, option (*supra*, PROPOSTA IRREVOCABILE).

Proprietà in genere. Ownership, property in genere. Premesso che si tratta probabilmente della parte più difficile della *common law* e che qui, più che altrove, occorre guardarsi dalle assonanze acustiche, particolarmente pericolose nella materia, si nota, anzitutto, che il termine *property* ha una notevole varietà di accezioni. Tra le tante, esso può indicare sia il diritto di proprietà, sia il bene oggetto di esso. In effetti, inteso in senso *tecnico-giuridico*, il termine *property* esprime un concetto che si ricollega alla originale classificazione dei beni e diritti operata dalla *law of property*, come tale privo di equivalenza negli ordinamenti di *civil law*. Comunque, mentre per quanto attiene alle cose mobili (*physical chattels* o *movables*) il concetto di *ownership* si approssima, anche se in parte, a quello di proprietà qual è intesa nella *civil law*, in tema di immobili si riscontrano radicali differenze.

1. Anzitutto, non è ammesso il principio del *dominium* o della proprietà assoluta, né dei mobili, né degli immobili, ma il miglior diritto che una persona possa vantare, di natura relativa, ossia migliore di quello di qualsiasi altro pretendente. In effetti, nell'ordinamento inglese si parla di proprietà assoluta soltanto in tema di immobili registrati, e di alcuni diritti, come quelli di brevetto e di autore. Anzi, in tema di *real property* non è neanche utilizzato il concetto di *ownership*, ma si parla di *title*. In questo

senso, l'espressione *right of property* che pure viene impiegata talvolta relativamente agli immobili non sembra coincidere con il senso nostrano del termine. A questo proposito, va rilevato che si parla di *owner of goods* e di *estate owner*, rispettivamente, per i mobili e gli immobili (DOMINIO; *DOMINIUM*).

2. Naturalmente, vi è una spiegazione storica di questa diversità: la struttura feudale della proprietà immobiliare è incompatibile con l'idea del *dominium*, cioè della proprietà assoluta siccome intesa nella concezione romanistica. Nella *common law*, secondo il sistema feudale, solo il sovrano ha il dominio di tutta la terra. Gli altri non sono che dei concessionari in una scala descrescente di poteri. Quanto al contenuto del loro diritto, ogni concessionario è un *tenant* e il rapporto che nasce dalla concessione e che lega un concessionario all'altro è detto *tenure*. Oggetto del diritto è non già l'immobile, ma un *estate*, cioè un'astrazione. Quanto ai singoli rapporti, ogni concedente è un *lord* rispetto al concessionario anello di una catena che trova la sua fine soltanto nella durata minima dell'*estate* (cinque anni).

3. È appunto la concessione così concepita che per prima ha consentito lo spezzettamento della proprietà, dando inizio ad altre forme di frammentazione che costituiscono uno degli aspetti più peculiari della proprietà immobiliare qual è intesa nella *common law*.

4. Questa premessa schematica appare essenziale per intendere perché, ancora oggi, anche coloro che hanno dei poteri sostanzialmente analoghi a quelli del proprietario di *civil law* sono sempre definiti come *tenant*, cioè come concessionari. Come si è detto, non esiste in materia di immobili la proprietà assoluta qual è concepita nella *civil law*: l'istituto che più si avvicina, quanto a contenuto economico, alla proprietà immobiliare assoluta nostrana è il *fee simple absolute* o *freehold*. [vol. I: ALLODIUM; DOMINIUM; ESTATE; FEE; TENANCY]

5. Ma la terminologia feudale non deve ingannare: essa riflette le modalità di formazione di un diritto storico e non logico (o preteso tale) come quello di *civil law*. Perché in effetti, è fuori dubbio che l'analisi del concetto di *property* effettuato dalla *common law*, specie con l'estensione ai diritti di varia specie, e in tema di *trust,* si presenta per molti versi più adeguata ai bisogni delle società industriali di quella degli ordinamenti romanistici. [vol. I: OWNERSHIP]

6. In questo quadro è da segnalare che la comunione immobiliare si configura, almeno sotto un aspetto, del tutto originale e ignota alla *civil law*. In effetti, si riscontrano due forme di comunione: la *joint tenancy* e la *tenancy in common*. Mentre la seconda si approssima alla comunione della *civil law*, la prima (*joint tenancy*) ha caratteri suoi propri, di cui quello saliente è costituito dalla regola per cui la quota del *joint tenant* defunto si accresce agli altri sopravvissuti fino a consolidarsi in una sola persona.

7. Va notato altresì — ed è questo un punto della maggiore importanza — che il regime giuridico dei beni mobili e immobili e dei diritti relativi risulta da un *doppio ordine di regole*, derivanti, di volta in volta, dalla *common law* e dall'*equity*. È appunto questa dicotomia — *fondamentale nell'assai diversa teoria delle fonti* — a spiegare il concorso del doppio ordine di regole sui beni e diritti, per cui il *civil lawyer* troverà spesso in tema di immobili termini alternativi quali, ad es., *legal estate/equitable estate*.

8. Prodotto dell'*equity*, il *trust* è un istituto che gioca un ruolo di importanza fondamentale nella materia dei diritti immobiliari (ma non solo in quella!). Appunto in virtù del concorso contemporaneo del doppio ordine di regole (di *equity* e di *common law*), esso dà luogo ad una forma di *split property* non ipotizzabile nella tradizione giuridica di *civil law* che adotta una diversa teoria delle fonti (FONTI DEL DIRITTO). Inoltre, tra le tante differenze che caratterizzano specie il regime degli immobili nella tradizione di *common law*, va rilevato che esso non distingue tra azioni petitorie e azioni possessorie. Le azioni disponibili proteggono in effetti il possesso: la materia va ricercata nell'ambito della *law of torts* (*TRUST*). [vol. I: TORT; TRUST].

9. Quanto ai mobili in particolare, si noti che, in principio, nell'acquisto *a non domino* da parte del terzo in buona fede, non vige il principio « possesso vale titolo », ma l'opposto « nemo dat quod non habet »; ma va rilevato che la notevole tutela estesa al consumatore nel sistema inglese e nordamericano ha ridotto, di fatto, la notevole diversità di approccio esistente all'origine tra il diritto italiano e quello inglese e nordamericano (ABBANDONO DI PROPRIETÀ; ABUSO DI DIRITTO; ACQUISTO DELLA PROPRIETÀ; APPARTENENTE A; APPARTENENZA; ATTI DI EMULAZIONE; AZIONI (I) A TUTELA DELLA PROPRIETÀ; BENE; COMPROPRIETÀ; COMUNIONE; DIRITTO (II) DI PROPRIETÀ; ESPROPRIAZIONE FORZATA DEI BENI DEL DEBITORE; IPOTECA; MODI DI ACQUISTO DELLA PROPRIETÀ; NUDA PROPRIETÀ; PADRONE; PASSAGGIO DELLA PROPRIETÀ; PATRIMONIO IMMOBILIARE; PATRIMONIO MOBILIARE; PEGNO; POSSESSO VALE TITOLO; PRIVAZIONE DELLA PROPRIETÀ;

PROPRIETARIO; PROVA DEL DIRITTO DI PROPRIETÀ; RISERVA DI PROPRIETÀ; RIVENDICAZIONE; SCOMPOSIZIONE DELLA PROPRIETÀ; TITOLO DI PROPRIETÀ; TRASFERIMENTO DELLA PROPRIETÀ; *TRUST*; USUCAPIONE; USUFRUTTO; VENDITA CON RISERVA DELLA PROPRIETÀ; VINCOLO SULLA PROPRIETÀ; VIOLAZIONE DELLA PROPRIETÀ IMMOBILIARE).

– **acquistata successivamente.** After acquired property. Questa espressione è impiegata in una grande varietà di contesti tra cui, in materia di vendita rateale, per indicare gli acquisti del debitore-acquirente successivamente alla prestazione della garanzia (INVENTARIO; PRIVILEGIO FLOTTANTE; VENDITA A RATE). [vol. I: *ad vocem*]

– **allodiale.** Allodium o allodial land; land held absolutely in one's own right, and not of any lord or superior. Ma il sistema dei diritti immobiliari inglesi, e quelli che da esso derivano, ha conservato sul piano tecnico molte sue origini feudali: è ignoto il concetto di proprietà allodiale e il correlativo *dominium,* o proprietà assoluta dei sistemi romanistici. Nessuno può essere proprietario assoluto (*hold land allodally*) di un immobile di cui è ancora nominalmente signore assoluto il sovrano. Nella *common law*, oggetto del diritto è non già l'immobile, ma un *estate;* la massima estensione del diritto immobiliare consentita è l'*estate in fee simple* o *freehold* che, agli effetti pratici, corrisponde al diritto di proprietà riconosciuto negli ordinamenti di *civil law* (*supra*, PROPRIETÀ IN GENERE). [vol. I: ALLODIUM]

– **apparente.** Ostensible o reputed ownership; concetto al quale si ricorre nel diritto inglese in tema di *bankruptcy*. Ma il termine *ostensible ownership* è anche riferito negli S.U. ad una forma di proprietà imputabile alla condotta altrui. In questo senso, la regola dell'*ostensible ownership* è quella per cui il proprietario effettivo che, col suo comportamento, abbia conferito ad altri l'apparenza della titolarità, è successivamente precluso dall'invocare il suo diritto nei confronti del terzo acquirente di buona fede che abbia acquistato dal proprietario apparente (ACQUISTO *A NON DOMINO*; APPARENZA DEL DIRITTO; BUONA FEDE; CONDOTTA; TERZO DI BUONA FEDE; TUTELA DEL TERZO ACQUIRENTE DI BUONA FEDE). [vol. I: ESTOPPEL; REPUTED OWNERSHIP]

– **assoluta.** (*supra*, PROPRIETÀ ALLODIALE)

– **confiscata.** Forfeited property, confiscated property (BENE CONFISCATO; CONFISCA).

– **della nave.** Ownership of ship (ARMATORE DI NAVE; NAVE).

– **e gestione delle società di capitali.** Il divorzio tra proprietà e amministrazione e controllo di essa, ossia, come si dice, tra *property* e *management* (o controllo), costituisce un dato fondamentale dell'assetto societario anglo-americano: neanche a dirlo, una dicotomia ignota al sistema italiano in cui della *public company* si parla soltanto; magari per dire che se fosse introdotta nel nostro paese l'economia italiana finirebbe nella mani della mafia. Come se il potere economico non fosse già esso stesso mafioso. Comunque, la materia è stata oggetto di un'analisi ormai celebre di *Berle* e *Means* che risale agli anni Trenta (CAPITALE; PRIVATIZZAZIONI; *PUBLIC COMPANY*; SOCIETÀ (II) DI CAPITALI). [vol. I: OWNERSHIP: 9]

– **esclusiva in genere.** Sole ownership (COMUNIONE; ESCLUSIVA). [vol. I: *ad vocem*]

– **fondiaria in genere.** Landed property (*supra*, PROPRIETÀ IN GENERE; *infra*, PROPRIETÀ IMMOBILIARE; FONDO).

– **gravata da pesi** o **oneri in genere.** Onerous property, encumbered land (ONERE; VINCOLO SULLA PROPRIETÀ). [vol. I: ENCUMBRANCE]

– **immobiliare.** Grosso modo, real property, landed property (*supra*, PROPRIETÀ IN GENERE; PROPRIETÀ FONDIARIA; AGENTE IMMOBILIARE; IMMOBILE; TITOLO: 5). [vol. I: ESTATE; PROPERTY]

– **immobiliare indivisa.** Undivided shares in land; ma si noti il diverso regime della comunione nei sistemi di *common law* (COMUNIONE). [vol. I: OWNERSHIP: 8]

– **industriale.** Industrial property (*infra*, PROPRIETÀ INTELLETTUALE). [vol. I: *ad vocem*; PATENT; TRADE MARK]

– **intellettuale.** Intellectual property. Prima in tutto, la costituzione degli S.U. è anche la prima a fare della proprietà intellettuale un diritto costituzionale. In effetti, l'art. I, relativo ai poteri del Congresso, indica, alla s. 8, cl. 8, quello di: « To promote the Progress of Science and useful Arts, by securing for limited Times to Authors and Inventors the exclusive Right to their respective Writings and Discoveries » (*supra*, PROPRIETÀ INDUSTRIALE; *infra*, PROPRIETÀ LETTERARIA; CONTRAFFAZIONE; OPERE DELL'INGEGNO; PIRATERIA; PROPRIETARIO

DEL DIRITTO DI AUTORE). [vol. I: *ad vocem*; COPYRIGHT]

– **istituzionale.** Institutional ownership (*supra*, PROPRIETÀ IN GENERE).

– **letteraria.** Copyright, literary property (*supra*, PROPRIETÀ INTELLETTUALE). [vol. I: COPYRIGHT; LITERARY PROPERTY]

– **matrimoniale.** Matrimonial property (PATRIMONIO FAMILIARE; PATRIMONIO SEPARATO; RAPPORTI PATRIMONIALI TRA CONIUGI). [vol. I: COMMUNITY PROPERTY; MATRIMONIAL PROPERTY LAW; SEPARATE ESTATES]

– **mobiliare.** Grosso modo, personal property (MOBILE). [vol. I: PROPERTY: I]

– **nuda.** (NUDA PROPRIETÀ)

– **privata in genere.** Private property (ESPROPRIAZIONE PER PUBBLICA UTILITÀ).

– **pubblica in genere.** Public property, public ownership; ma nel R.U. si parla più spesso di *Crown property* (DEMANIO; PECULATO; PUBBLICO DOMINIO). [vol. I: CROWN PROPERTY]

– **statale.** State-owned property (*supra*, PROPRIETÀ PUBBLICA).

– **unica.** (*supra*, PROPRIETÀ ESCLUSIVA)

Proprietario in genere. Owner; ma si tratta di *nomen generalissimum*. Si parla anche di *proprietor*, di *person having a title*, ossia di persona legittimata, etc. A questo proposito è di fondamentale importanza tener presente che la *common law* prevede nel *trust* due tipi concorrenti di proprietà ignoti alla *civil law*: quella del *trustee*, detto *legal owner*, e quella del beneficiario, detto *equitable owner*: in altre parole, il *trust* dà luogo a una forma di *split property* ignota alla tradizione di *civil law* (LEGITTIMAZIONE; POSSESSORE; PROPRIETÀ; TITOLARE). [vol. I: FREEHOLDER; HOLDER; OWNER; TENANT; *TRUST*]

– **apparente** o **nominale.** Nominal owner, reputed o ostensible owner (PROPRIETÀ APPARENTE). [vol. I: APPARENT; NOMINAL; REPUTED OWNER]

– **del carico.** Cargo owner (CARICO).

– **del diritto di autore.** Owner of the copyright (DIRITTO (II) DI AUTORE; TITOLARE).

– **del fondo servente.** Servient owner (FONDO SERVENTE). [vol. I: EASEMENT]

– **di beni e diritti mobiliari.** Grosso modo, owner of personal property (BENI MOBILI; DIRITTO (I) DELLE OBBLIGAZIONI). [vol. I: PROPERTY: I]

– **di fondo confinante.** Adjoining o abutting owner (FONDO). [vol. I: ADJOINING OWNERS; PARTITION WALL]

– **di nave.** Shipowner (ARMATORE; NAVE). [vol. I: SHIP]

– **effettivo nel *trust*.** Beneficial owner (*supra*, PROPRIETARIO IN GENERE; *infra*, PROPRIETARIO LEGALE; BENEFICIARIO; *TRUST*). [vol. I: BENEFICIARY]

– **esclusivo.** Sole owner (*infra*, PROPRIETARIO UNICO; ESCLUSIVA; PROPRIETÀ ESCLUSIVA).

– **in comune.** (COMPROPRIETÀ; COMUNIONE)

– **legale in genere.** Legal owner; ma si badi all'abbaglio cui un tale termine può dar luogo quando esso è riferito al *trust* (*supra*, PROPRIETARIO IN GENERE; PROPRIETARIO EFFETTIVO NEL *TRUST*).

– **locatore in genere.** Grosso modo, landowner (LOCAZIONE; PROPRIETÀ).

– **nominale.** (*supra*, PROPRIETARIO APPARENTE O NOMINALE)

– **parziale.** Part owner (COMPROPRIETARIO). [vol. I: *ad vocem*]

– **presunto.** Reputed o ostensible owner (*supra*, PROPRIETARIO APPARENTE).

– **rivierasco.** Riparian owner (RIVIERASCO).

– **terriero in genere.** Grosso modo, landowner, landlord; ma quest'ultimo termine indica anche, grosso modo, il locatore (LOCATORE; PROPRIETÀ). [vol. I: LANDLORD AND TENANT]

– **titolare.** Registered owner, title owner; proprietario nominale, quale risulta da un registro pubblico (*supra*, PROPRIETARIO APPARENTE; PROPRIETARIO NOMINALE; PROPRIETÀ APPARENTE; TITOLARE; *TRUST*).

– **unico.** Sole owner (*supra*, PROPRIETARIO ESCLUSIVO).

Pro rata. Pro rata (*FORFAIT*; PROPORZIONALMENTE; QUOTA; SOLIDARIETÀ).

Proroga in genere. Deferment, postponment, delay, adjournment, prorogation, extension, respite. Si parla di *court delays* per indicare i termini previsti dalle procedure giudiziarie (CLAUSOLA DI RIPENSAMENTO; DIFFERIMENTO; DILAZIONE; DILAZIONE DI PAGAMENTO; PERIODO DI ATTESA; PERIODO DI RAFFREDAMENTO; RINVIO DELL'UDIENZA; SCADENZA; SOSPENSIONE; TERMI-

NE). [vol. I: ADJOURNMENT; DAYS OF GRACE; DEFERRED; DELAY; POSTPONEMENT; PROROGATION; RESPITE]

- **dei termini.** Extension o enlargement of time (TERMINE GIUDIZIALE). [vol. I: ABRIDGMENT OF TIME; EXTENSION OF TIME]
- **del contratto.** (RINNOVAZIONE DEL CONTRATTO)
- **della competenza.** Prorogation of jurisdiction (COMPETENZA). [vol. I: *ad vocem*]

Proscioglimento in genere. Grosso modo, discharge, acquittal, dismissal, dismissing the prosecution (ASSOLUZIONE; QUERELA). [vol. I: ACQUITTAL; AUTREFOIS ACQUIT; DISCHARGE; DOUBLE JEOPARDY; NO CASE TO ANSWER; NOLLE PROSEQUI]

Prospetto. View, prospect; nel senso di programma è detto *prospectus*; nel senso di documento, bilancio, resoconto, etc. è detto statement, report (OFFERTA DI AZIONI; PROGRAMMA DI SOCIETÀ PER AZIONI; SERVITÙ DI PROSPETTO). [vol. I: PROSPECTUS; REPORT; STATEMENT]

- **dell'attivo e del passivo di una impresa, istituzione** o **persona fisica.** Statement of condition (BILANCIO AZIENDALE).

Prossenetico matrimoniale. Marriage brokage. Il contratto relativo è nullo (MATRIMONIO). [vol. I: MARRIAGE]

Prostituzione in genere. Prostitution (ADESCAMENTO; INCITAMENTO ALLA PROSTITUZIONE; LENOCINIO; MERETRICIO; SFRUTTAMENTO DELLA PROSTITUZIONE).

Protesta in genere. Protest, representation, protestation, remonstrance, complaint, grievance, claim, demonstration (COMPARIZIONE IN GIUDIZIO; CON RISERVA; DIMOSTRAZIONE; DISSIDENTE; OBIEZIONE; PAGAMENTO CON RISERVA; PROTESTO; RIMOSTRANZA; RISERVA; SCIOPERO DI PROTESTA; SOMMOSSA; VOTO DI PROTESTA). [vol. I: PROTESTATION]

- **antiabortista.** Anti-abortion protest o demonstration (ABORTO).
- **stradale.** Street protest (BLOCCO STRADALE; ORDINE PUBBLICO; PICCHETTAGGIO).

Protesto in genere. Protest. Nel ricordare, in materia cambiaria, la distinzione tra *inland* e *foreign bills of exchange* fatta dalla legge inglese e nordamericana, si rileva che — ai fini della conservazione del diritto di regresso nei confronti del traente o del girante — il *protest for non-acceptance* o *for non-payment* è richiesto soltanto per i *foreign bills of exchange*. Nel caso di un *inland bill of exchange*, il protesto non è richiesto ma l'*holder* (portatore-prenditore) può, se crede, far procedere al *noting*. Il protesto è levato da un *notary public* o da un console. Negli S.U. — stato federale — dove esiste un regime analogo, la materia è prevista dall'Art. 3-501 (3) e segg. dell'UCC, adottato, sostanzialmente, da tutti gli stati dell'Unione, per cui — salvo i casi espressamente previsti dall'Art. 3-511 — il *protest of dishonour* costituisce un onere ai fini dell'azione di regresso relativamente alle cambiali tratte, emesse o pagabili fuori dagli S.U. L'Art. 3-509, che regola il protesto in particolare, lo definisce come *a certificate of dishonour*. Chi fa levare il protesto è detto *protester* (AZIONE (I) DI REGRESSO; CAMBIALE DOMICILIATA ALL'ESTERO; CAMBIALE ESTERA; CAMBIALE IN SOFFERENZA; CAMBIALE INSOLUTA; CAMBIALE NON ACCETTATA O NON PAGATA; CAMBIALE SCADUTA; CAMBIALE SU PIAZZA; CARTA COMMERCIALE; LEVATA DEL PROTESTO; NOTAIO; REGRESSO CAMBIARIO; SOTTO PROTESTO; SPESE DI PROTESTO; TUTELA DEI DIRITTI). [vol.I: BILL OF EXCHANGE; NOTARY; PROTEST; WAIVER OF PROTEST; WITHOUT EXPENSE]

- (o **testimoniale) d'avaria.** Ship's protest, captain's protest, protest of average (AVARIA COMUNE). [vol. I: GENERAL AVERAGE; PROTEST OF AVERAGE; SHIP'S PROTEST]
- **della cambiale.** Protest of bill of exchange o, nel caso di vaglia cambiario, of promissory note (*supra*, PROTESTO IN GENERE; *infra*, PROTESTO DELL'ASSEGNO). [vol. I: PROTEST]
- **dell'assegno.** Lett., protest of cheque, protest of check (*supra*, PROTESTO DELLA CAMBIALE; ASSEGNO (II) BANCARIO).

Protettorato. Protectorate. Si dice che questo istituto tipico di un certo tipo di colonialismo è scomparso dopo la II guerra mondiale a seguito della decolonizzazione intrapresa, anzitutto, dalla Gran Bretagna. È un peccato che tra l'armata di giuristi di cui dispone la sinistra italiana non ve ne sia stato uno solo che abbia deciso di studiare sul piano giuridico e politico quella forma ben peggiore di colonialismo e di sudditanza che legava i paesi del blocco orientale all'Unione Sovietica (AMMINISTRAZIONE FIDUCIARIA; DIPENDENZA TERRITORIALE; MANDATO FIDUCIARIO; PAESE PROTETTORE; REGIME DELLE CAPITOLAZIONI; SOVRANITÀ LIMITATA; TERRITORIO; ZONA DI INFLUENZA). [vol. I: ALIEN ENEMY; NEUTRALITY; PROTECTORATE; SOVEREIGNTY; WAR]

Protezione in genere. Protection. È sotto la

rubrica *Equal Protection* — che riprende l'espressione *equal protection of the laws* del XIV emendamento [1868] della costituzione federale — che nei testi di diritto costituzionale americano si rinviene la materia dell'uguaglianza dei cittadini di fronte alla legge. Si parla, appunto, di *equal protection clause*. Nell'ambito dei rapporti familiari, è definito *protection order* l'ordine interlocutorio del giudice diretto a proteggere il coniuge o il minore da temuti maltrattamenti (GARANTISMO; MOLESTIE; PROVVEDIMENTI CAUTELARI; TUTELA DEI DIRITTI; UGUAGLIANZA DEI CITTADINI DI FRONTE ALLA LEGGE; VIGILANZA).

– **ambientale.** Environmental protection (AMBIENTE).

– **del testimone.** Witness protection. Storicamente, la protezione del testimone d'accusa non è mai stata una preoccupazione né del legislatore, né del giudice italiano, anche se negli ultimi tempi si è manifestata qualche sensibilità per l'argomento in relazione al caso dei c.d. pentiti. L'omertà, così diffusa nel nostro paese, deriva anche dal fatto che fino a qualche anno fa il testimone d'accusa veniva più o meno deliberatamente abbandonato dallo stato alle rappresaglie dell'imputato o dei suoi complici. Sotto questo profilo, specie nell'ambito della lotta alla criminalità organizzata, la differenza è abissale rispetto al sistema nordamericano, in cui il Witness Protection Act e il *Witness Relocation Programme* assicurano a lui e ai suoi congiunti una efficacissima protezione (OMERTÀ; TESTIMONE).

– **diplomatica.** Diplomatic protection (DIPLOMAZIA). [vol. I: *ad vocem*]

– **giuridica.** (TUTELA GIURIDICA)

– **territoriale.** Territorial protection (TERRITORIO).

Protezionismo in genere. Protectionism (AIUTI GOVERNATIVI ALLE IMPRESE; ATTO UNICO EUROPEO; CLAUSOLA DELLA NAZIONE PIÙ FAVORITA; COMMERCIO INTERNAZIONALE; CONCORRENZA; *DUMPING*; LIBERTÀ DI CIRCOLAZIONE COMUNITARIA; OSTACOLO AL COMMERCIO INTERNAZIONALE; PRATICA PROTEZIONISTICA; SUSSIDI ALL'INDUSTRIA; TARIFFA PROTEZIONISTICA).

Protocollo in genere. Protocol. Nel senso di registro, è detto, record book, register, minute book, log, file, book. Il termine protocol indica anche un processo verbale, o la minuta di una conferenza, detta anche *protocol de conférence*. In diritto internazionale, il protocollo rientra nel concetto di trattato; esso ha spesso, ma non necessariamente, la funzione di modificare la convenzione cui si riferisce (MINUTA; NUMERO DI PROTOCOLLO; REGISTRO; RETTIFICA; TRATTATO INTERNAZIONALE; VERBALE). [vol. I: *ad vocem*; LOG BOOK; RECORD; REGISTER; TRANSCRIPT; TREATY]

– **a una convenzione internazionale.** Protocol to an international convention (CONVENZIONE INTERNAZIONALE; REVISIONE DI UNA CONVENZIONE INTERNAZIONALE). [vol. I: CONVENTION; PROTOCOL]

– **diplomatico.** Diplomatic protocol (DIPLOMAZIA).

Protutore. Non esiste una figura analoga nella *common law*; quella del *guardian* vi si avvicina maggiormente (TUTORE). [vol. I: GUARDIAN; LOCO PARENTIS]

Prova in genere. Proof, trial, test, examination (CAMPIONE; EVIDENZA INSUFFICIENTE; VENDITA A PROVA; VERIFICA).

1. Intesi nel senso processuale, i termini proof, evidence e testimony sono spesso prospettati come sinonimi: ma — in senso stretto — l'*evidence* costituisce il materiale probatorio (*probative material*), acquisito legalmente, sulla base del quale il giudice o la giuria si possono convincere della verità o falsità dei fatti di causa (infatti si parla di *insufficient evidence,* ma non di *insufficient...* proof; e, d'altro canto si parla di *law of evidence*, e non di *law*...of proof). Insomma, l'*evidence* è un mezzo, ossia l'evidenza, l'indizio, detto anche *lead*, che mira alla prova; e, quindi, è riferita all'insieme dei mezzi di prova formato dai fatti, testimonianze, atti e documenti diretti a provare o rigettare i fatti della causa. La *proof* è il risultato dell'*evidence*, mentre quest'ultima è il mezzo mediante il quale un fatto è provato o confutato. In altre parole, senza *evidence* non si può raggiungere la *proof*, ossia la prova; ma vi può essere *evidence* che non assurge a prova. Peraltro, come si è detto, i termini *proof* e *evidence* sono spesso impiegati come sinonimi. Infine, si parla di *exclusionary rule* per indicare una regola che esclude una determinata prova in materia civile e penale: in materia penale, la più famosa di esse è negli S.U. quella che esclude la prova ottenuta illegalmente nel corso delle indagini di polizia (PERQUISIZIONE). [vol. I: EXCLUSIONARY RULES]. Negli S.U. si parla di *critical evidence* per indicare quella *material evidence*, ossia quella prova fattuale, di un vigore tale da indurre un *reasonable doubt* in un numero tali di giurati sufficiente ad

evitare la condanna. È definita *material evidence* la prova di fatto che per il suo vigore tende a determinare la causa in un senso o nell'altro. Ovviamente, il termine prova è anche inteso nel senso di esperienza, esperimento, saggio, esame, campione, come risulta da alcune delle sottovoci che seguono.

2. Probabilmente, è in questa materia che si riscontrano le maggiori e più radicali differenze — di origine storica — tra le due tradizioni giuridiche di *common law* e di *civil law*. Ma ad ogni sistema di prova, corrisponde un determinato tipo di processo, e ad ogni processo un determinato tipo di ordinamento giudiziario. Appare quindi necessario tener conto di questo tipo di implicazioni per intendere anche l'originalità e la possanza del pensiero giuridico anglo-americano. A questo proposito, non si potrà mai esagerare l'importanza del fatto che il processo penale anglo-americano è, storicamente, un *processo accusatorio* mentre il processo penale di *civil law* è, storicamente, un *processo inquisitorio* che nel corso del tempo — specie dopo la sconfitta del nazi-fascismo e il trionfo degli eserciti Alleati in Occidente — ha fatto notevoli passi nell'accettazione di taluni postulati del processo accusatorio (PRESUNZIONE DI INNOCENZA; PROCESSO PENALE). Quanto poi al processo civile, il sistema inglese e nordamericano realizzano un sistema di dispositivismo moderato e ragionevole (PROCEDURA CIVILE).

3. Nella *common law* il diritto delle prove (*law of evidence*) rientra nel diritto sostanziale. Il processo di *common law* civile e penale è — sostanzialmente — unitario: i princìpi e le regole fondamentali sono sostanzialmente comuni. Peraltro, va rilevata la diversità del grado di intensità, detto *standard of proof*, della prova richiesta nel processo civile e penale di *common law*. Infatti, mentre in materia civile una ragionevole preponderanza di probabilità (*a reasonable preponderance of probability*) è sufficiente per ottenere un giudizio favorevole, in materia penale l'accusa è tenuta a provare la colpevolezza dell'imputato *beyond reasonable doubt*. È questa, sembra, la ragione principale per cui nei sistemi di *common law* non è ammessa l'azione civile nel processo penale (AZIONE (I) CIVILE NEL PROCESSO PENALE). [vol. I: CRIMINAL PROCEDURE: V]

4. Come si è accennato, è in tema di prova che — nonostante una tendenziale approssimazione — si riscontrano le più spettacolari differenze tra le due tradizioni giuridiche: esse non possono mai essere intese compiutamente se non si considera l'assai diverso organamento del processo di *common law*, di cui la *partecipazione della giuria, attuale o presunta al processo, e l'assai diverso ruolo del giudice costituiscono i dati inconfondibili e la spiegazione principale dell'originalità del sistema della prova angloamericana*. Sono questi dati che, in buona misura, spiegano le caratteristiche di *oralità, concentrazione e immediatezza* del processo civile e penale di *common law*.

5. Corollario di quanto sopra è un'altra differenza fondamentale: nel processo di *common law* la prova si forma in aula davanti alla giuria e al giudice: la *cross-examination* — derisa, per non averla capita, e non saperla praticare, da non pochi « giureconsulti » nostrani — ne costituisce l'evento saliente. È questa la garanzia del rito accusatorio e dell'*adversary system* in genere. Una volta che sia stato ammesso al *trial* nella fase precedente della *discovery*, in aula si fa luogo alla verifica dell'intero materiale probatorio raccolto (accertamenti, indizi, sospetti, ricognizioni, chiamate di correo, dichiarazioni, deposizioni testimoniali, etc.), diversamente da quanto accade nel processo di *civil law* e in quello nostrano in particolare. In questo senso, per quanto riguarda il processo penale, il grave arretramento rappresentato dalle sentenze della Corte Costituzionale e dai provvedimenti legislativi in tema di criminalità organizzata è impressionante: ma non bisogna neanche troppo credere alle proteste degli avvocati nostrani, non pochi dei quali sembrano più preoccupati dei loro facoltosi clienti che dei problemi della giustizia. Purtroppo, com'è stato osservato da Titta Mazzuca — uno dei più valenti penalisti italiani — in tema di maxiprocesso: « negli ultimi anni è sorta un'improvvisa e inopinata resistenza contro il diritto alla prova (...) si tende nel dibattimento ad una sostanziale svalutazione del contraddittorio » [Atti del Convegno Nazionale di S. Remo del 1987 — *Anatomia del Maxiprocesso* — pubblicati dalla rivista *Difesa Penale*, Latina, Bucalo, s.d., pp. 25-26].

6. Fondamentale è il concetto nordamericano di *probable cause* che si pone come requisito di ragionevolezza per giustificare l'arresto o la perquisizione. Deve trattarsi di più del semplice sospetto, ma non necessariamente di una prova tale da giustificare la condanna. La *probable cause* costituisce un requisito generale della prova nel sistema nordamericano: *probable cause hearing*, o *preliminary hearing*, è detta l'udienza davanti a un *magistrate* non per giudicare l'imputato ma per stabilire se vi sono elementi suf-

ficienti per ritenere che un reato è stato commesso, che l'imputato lo abbia commesso e, quindi, per rinviarlo a giudizio davanti alla corte competente: in questa fase si fa luogo alla *discovery* e si selezionano le prove ammesse al successivo *trial*. La *probable cause*, in quanto primo filtraggio della verosimiglianza dell'accusa, non è soltanto un garanzia per l'imputato; essa costituisce per gli organi dell'accusa e la polizia un freno notevole alla promozione di azioni prive di requisiti minimi di plausibilità il cui costo deve essere in ultima analisi sostenuto dai contribuenti. In materia civile, la *probable cause* indica un tipo di prova tale da indurre a ritenere l'esistenza di una *cause of action*, ossia, grosso modo, e in breve, il diritto sostanziale invocato in giudizio (RAGIONE).
7. L'assenza di *discovery devices* nel sistema processuale civile di *civil law*, e in particolare italiano, costituisce causa non ultima delle gravi carenze della giustizia civile nel nostro paese (*DISCOVERY*; PROCEDURA: 7). [vol. I: CIVIL PROCEDURE; DISCOVERY]
8. Negli S.U. — stato federale — la materia è contenuta nelle *Federal Rules of Evidence* per quanto attiene alla giustizia federale civile e penale. Quanto ai vari stati dell'Unione, rilevato che il regime della prova va accertato caso per caso, si osserva altresì che un certo numero di essi ha adottato un regime modellato sulle regole federali. In taluni stati la materia è oggetto di c.d. codificazione, come in California in cui vige un *California Evidence Code*, o altrimenti in leggi particolari.
9. La prova fornita dai collaboratori della giustizia, quali pentiti, etc. è detta, nel sistema inglese, *Queen's evidence* e, negli S.U., *State's evidence* (PENTITO). Le seguenti voci di rinvio toccano diverse implicazioni del tema della prova (ACCERTAMENTO TECNICO PREVENTIVO; AGLI ATTI; ALIBI; AMMISSIBILITÀ DELLA PROVA; AMMISSIONE DELLA PROVA; ARRESTO; ASSUNZIONE DELLA PROVA; ASSUNZIONE IN PROVA; ATTENDIBILITÀ DEL TESTIMONE; ATTRIBUZIONE DELL'ONERE DELLA PROVA; AZIONE (I) CIVILE; AZIONE (I) PENALE; CERTIFICATO; COLPEVOLE-INNOCENTE; CONFESSIONE; CONFUTAZIONE DELLA PROVA; CONTROPROVA; CORPO DEL REATO; CORROBORAZIONE DELLA PROVA; DEPOSIZIONE NEL PROCESSO PENALE; DICHIARAZIONE EXTRAGIUDIZIALE; DIRITTI (II) DELL'IMPUTATO; DIRITTO (I) DELLE PROVE; DOLOSA PREORDINAZIONE DI PROVE DI REATO A CARICO DI UN INNOCENTE; DUBBIO RAGIONEVOLE; ELEMENTO DI PROVA; ERRORE GIUDIZIARIO; EVIDENZA PROBATORIA; FATTI DI COMUNE ESPERIENZA; FATTO PROBATORIO; FINZIONE GIURIDICA; GIURIA; INDIZIO; INFORMAZIONE GENETICA; INQUINAMENTO DELLA PROVA; INQUISIZIONE; INTERCETTAZIONE; INVERSIONE CONVENZIONALE DELL'ONERE DELLA PROVA; INVERSIONE DELL'ONERE DELLA PROVA; LIBERA VALUTAZIONE DELLA PROVA; LIBERO CONVINCIMENTO DEL GIUDICE; MACCHINA DELLA VERITÀ; MANCANZA DI PROVA; MATERIALE PROBATORIO ESIBITO ALL'AUTORITÀ GIUDIZIARIA; MAXI-PROCESSO; MEDICINA FORENSE; MEZZI DI PROVA; NOZIONI DI FATTO POSTE A BASE DELLA DECISIONE; ONERE DELLA PROVA; ORALITÀ, CONCENTRAZIONE E IMMEDIATEZZA; PERQUISIZIONE; *PERRY MASON*; PESO DELLA PROVA; PRESUNZIONE DI INNOCENZA; PRESUNZIONE DI PROVA; PRINCIPIO DI PROVA; PRINCIPIO DISPOSITIVO; PROBATORIO; RACCOLTA DEGLI INDIZI; RAGIONEVOLEZZA: 1; REGOLE SULLA PROVA; REPERTO; RISCONTRO DELLA PROVA; ROGATORIA; SEGRETO DI STATO; SEGRETO PROFESSIONALE; SEQUESTRO; SICUREZZA NAZIONALE; SOPPRESSIONE DELLA PROVA; SOSPETTO; STIPULAZIONE; SUBORNAZIONE DI TESTIMONE; TESTIMONE; TESTIMONE *DE RELATO*; TESTIMONIANZA A FUTURA MEMORIA; VALUTAZIONE DELLA PROVA; VERITÀ). [vol. I: BEYOND REASONABLE DOUBT; CIVIL PROCEDURE; COURT; CRIMINAL PROCEDURE; CROSS-EXAMINATION; EVIDENCE; JUDICIAL NOTICE; JURY; MACHINERY OF JUSTICE; PROBABLE CAUSE; PROOF]

– **a carico dell'imputato.** Incriminating evidence, inculpatory evidence (*infra*, PROVA A DISCOLPA DELL'IMPUTATO; ACCUSA; IMPUTATO).

– **acquisita illegalmente.** Illegally secured evidence; non può essere addotta in giudizio in base alla nota *exclusionary rule* che comporta anche la invalidità degli atti che ad essa si riconnettono in virtù di quella che è chiamata negli S.U. la c.d. *poisonous tree doctrine* (*supra*, PROVA IN GENERE; ARRESTO ILLEGALE; INDAGINI DI POLIZIA; PERQUISIZIONE; SOPPRESSIONE DELLA PROVA).

– **addotta dall'accusa.** Evidence adduced by the prosecution (AZIONE (I) PENALE).

– **a discolpa dell'imputato.** Exculpatory evidence (*supra*, PROVA A CARICO DELL'IMPUTATO; DISCOLPA; *DISCOVERY*: 3, 4).

– **contraria.** Rebuttal evidence (CONFUTAZIONE DELLA PROVA). [vol. I: REBUTTAL]

– **corroborata.** Corroborated evidence (*infra,* PROVA CORROBORATIVA; PROVA NON CORROBORATA; CONFESSIONE; CORROBORAZIONE; RISCONTRO DELLA PROVA).

– **corroborativa.** Corroborating evidence (*supra*, PROVA CORROBORATA).

– **decisiva.** Material evidence.

– **del credito.** Proof of debt (CREDITO). [vol. I: *ad vocem*]

– **del diritto di proprietà.** Proof of title

(PROPRIETÀ; TITOLO DI PROPRIETÀ). [vol. I: TITLE]

- **della consegna.** Proof of delivery (CONSEGNA).
- **dell'acquisto.** Proof of purchase (ACQUISTO). [vol. I: PURCHASE]
- **della legge straniera.** Proof of foreign law.
1. In principio, nei sistemi di *common law* la legge straniera, come qualsiasi altro fatto, deve essere provata da chi la invoca. Nel sistema inglese, secondo il Law Ascertainment Act 1861, è una questione di fatto provare che un determinato rapporto giuridico è regolato dalla legge straniera. Ma — materia questa non agevole — come osserva Gutteridge [1946, ed. 1949: 46], in effetti è errato sostenere che l'accertamento della legge straniera sia una questione di fatto: al contrario, è stabilito dal Supreme Court of Judicature (Consolidation) Act 1925 che le questioni relative alla legge straniera devono essere determinate dal giudice e non lasciate alla giuria.
2. Non si presume la conoscenza da parte del giudice della legge straniera, e nelle cause in cui vi sia un elemento di collegamento con un ordinamento straniero, si presume che la legge sia analoga a quella inglese, salvo che non ne venga invocata la diversità da una delle parti. L'onere di provare la diversità e la natura della legge straniera incombe su chi la invoca; qualora l'eccezione non sia sollevata, ovvero non è sufficientemente provata, la causa viene decisa sulla base del diritto inglese, anche se non vi sono collegamenti con quest'ultimo. Contrariamente alla prassi esistente in altri sistemi, il giudice inglese non si avvale — per accertare la legge straniera — di dichiarazioni ufficiali fatte dai governi stranieri sullo stato della loro legislazione in una certa materia. La legge straniera va provata, invece, mediante la deposizione di un *expert witness*, cioè di un giurista esperto della materia che viene a trovarsi nella condizione di un testimone e che potrà, quindi, essere *cross-examined* dall'altra parte. Il giudice non è assistito da un consulente d'ufficio. L'accertamento della legge straniera viene definita una *question of fact*, giacché essa va provata con testimoni (altra accezione del termine *question of fact*).
3. Peraltro, nelle materie comunitarie, ai sensi della s. 3(3) e (4) dell'European Communities Act 1972, il giudice inglese prenderà *judicial notice* della normazione comunitaria sulla base di copie dei testi e degli atti, e non già esigendo la prova testimoniale.
4. La materia è trattata da Schlesinger [1950, ed. 1988: 188] con particolare riguardo all'ordinamento degli S.U.; famosa è ormai quella parte del suo saggio che si riferisce all'accertamento della portata giuridica del termine *prescription* (CONSULENTE TECNICO NEL PROCESSO; DIRITTO (I) INTERNAZIONALE PRIVATO; *IURA NOVIT CURIA*; LEGGE STRANIERA; PROCEDURA: 15; QUESTIONE DI FATTO-DI DIRITTO). [vol. I: FOREIGN LAW: 3]

- **della reputazione.** Character evidence (REPUTAZIONE). [vol. I: CHARACTER]
- **dell'identità.** Identity evidence, proof of identity (IDENTITÀ). [vol. I: EVIDENCE; IDENTITY EVIDENCE]
- **del reato.** Evidence of crime (DOLOSA PREORDINAZIONE DI PROVE DI REATO).
- **del riconoscimento personale.** Proof of identity (*supra*, PROVA DELL'IDENTITÀ; RICONOSCIMENTO PERSONALE).
- **del sangue.** Blood test (SANGUE).
- ***de relato.*** (*infra*, PROVA PER SENTITO DIRE)
- **di precedenti penali.** Evidence of previous convictions (PRECEDENTI PENALI). [vol. I: PREVIOUS CONVICTIONS]
- **diretta.** Direct evidence (*infra*, PROVA INDIZIARIA). [vol. I: *ad vocem*]
- **di seconda mano.** Second-hand evidence (*infra*, PROVA INDIZIARIA). [vol. I: *ad vocem*]
- **documentale.** Documentary evidence; è definita *shop-book rule* una eccezione alla regola del divieto dell'*hearsay evidence*, che consente la produzione di libri di commercio originali (*books of original entry*) da parte di un terzo che ne abbia la custodia, a condizione che siano autenticati (AGLI ATTI; LIBRI CONTABILI). [vol. I: *ad vocem*]
- **estrinseca.** Extrinsic evidence. [vol. I: EVIDENCE]
- **extragiudiziale.** Extrajudicial evidence (EXTRAGIUDIZIALE).
- **giudiziaria.** Judicial evidence (GIUDIZIALE).
- **illegale.** (*supra*, PROVA ACQUISITA ILLEGALMENTE)

– **inammissibile.** Inadmissible evidence (*supra*, PROVA ACQUISITA ILLEGALMENTE).

– **incontrovertibile, irrefutabile, inoppugnabile.** Conclusive evidence, incontrovertible evidence, compelling evidence, hard evidence (LIBERO CONVINCIMENTO DEL GIUDICE).

– **indiziaria.** Circumstantial, o indirect, evidence (*supra*, PROVA DIRETTA; PROVA DI SECONDA MANO; INDIZIO; PRESUNZIONE DI INNOCENZA). [vol. I: CIRCUMSTANTIAL EVIDENCE]

– **liberatoria.** Rebuttal of evidence (*supra*, PROVA IN GENERE).

– **materiale.** Real evidence, demonstrative evidence, autoptic evidence, physical evidence (*infra*, PROVA MATERIALE ALLEGATA AGLI ATTI DEL PROCESSO).

– **materiale allegata agli atti del processo.** Exhibit (ALLEGATO; CORPO DI REATO).

– **nel contratto di vendita.** (VENDITA A PROVA)

– **non corroborata.** Uncorroborated evidence (*supra*, PROVA CORROBORATA).

– **nuova.** Fresh evidence (*supra*, PROVA IN GENERE).

– **orale.** Oral o parol evidence (*infra*, PROVA SCRITTA; ORALE).

– **penalmente rilevante.** Incriminating evidence.

– **peritale.** Expert evidence, expert testimony; ma in questa materia esistono numerose differenze con la tradizione di *common law* (*supra*, PROVA DELLA LEGGE STRANIERA; CONSULENTE TECNICO NEL PROCESSO). [vol. I: EXPERT EVIDENCE]

– **per sentito dire.** Hearsay evidence, second hand evidence (RISCONTRO DELLA PROVA; SENTITO DIRE; TESTIMONE *DE RELATO*). [vol. I: EVIDENCE: II. 6]

– **pertinente.** Material evidence, pertinent evidence.

– **piena.** Conclusive evidence (*supra*, PROVA IN GENERE).

– **presuntiva.** Presumptive evidence, o circumstantial evidence (*supra*, PROVA INDIZIARIA; PRESUNZIONE).

– **preventiva a futura memoria.** Perpetuating testimony (ESAME DEL TESTIMONE A FUTURA MEMORIA). [vol. I: *ad vocem*]

– **rilevante.** Material evidence; la prova irrilevante è detta *immaterial*. È forse il termine *probable cause* che rende, per taluni versi, il concetto di prova rilevante (*supra*, PROVA IN GENERE: 5; ARRESTO: 1; PROCEDURA: 7; RILEVANTE).

– **scritta.** Written evidence, documentary evidence (*supra*, PROVA ORALE; PRINCIPIO DI PROVA SCRITTA). [vol. I: AFFIDAVIT; DEPOSITION]

– **testimoniale.** Testimonial evidence (TESTIMONIANZA). [vol. I: EVIDENCE: II; EXAMINATION; HEARSAY EVIDENCE]

– **verbale.** Parol evidence (*supra*, PROVA; ORALE).

Provenienza in genere. Origin (ORIGINE; PROVENTO).

– **illecita.** Unlawful origin (*infra*, PROVENIENZA SOSPETTA; CONFISCA; PROVENTO).

– **sospetta.** Doubtful origin (ACQUISTO DI COSE DI PROVENIENZA SOSPETTA; PROVENTO).

Provento. Proceeds, profit, income, earnings (EMOLUMENTO; ORIGINE; PRODOTTO o PROFITTO DEL REATO; RICAVATO; SALARIO; STIPENDIO; UTILI). [vol. I: EARNINGS; INCOME; PERQUISITE; PROCEEDS; PROFIT]

Provincia. Province; ma questo termine non indica la provincia come unità amministrativa locale che — per fortuna di quei popoli — non esiste nell'organizzazione del governo locale inglese e nordamericano (AUTOGOVERNO; FEDERALISMO; PREFETTO). [vol. I: LOCAL GOVERNMENT]

Provocazione. Provocation; riduce l'omicidio da volontario (*murder*) a, grosso modo, preterintenzionale o colposo (*manslaughter*); tanto per dirla in termini nostrani. Essa viene considerata come motivo di esclusione della *malice aforethought*, ingrediente essenziale dell'omicidio volontario (ACCESSO D'IRA; AGENTE PROVOCATORE; CAUSA (I) DI ONORE; CIRCOSTANZA ATTENUANTE; OMICIDIO; ONORE; PREMEDITAZIONE). [vol. I: *ad vocem*; HOMICIDE; INDUCEMENT; MALICE AFORETHOUGHT; MANSLAUGHTER; MURDER]

Provvedimento/i in genere. Order, decree, ruling, judgment, relief, remedy, measure. Ma si tratta di termine di non agevole traduzione data la varietà delle sue accezioni. La materia si ricollega al complesso concetto di *remedy* (DECRETO; MISURA; ORDINE; REVOCA DI UN PROVVEDIMENTO GIUDIZIARIO; RIMEDIO GIURIDICO; SENTENZA). [vol. I: RELIEF; REMEDY]

– **adottato.** Measure, provision passed (*supra*, PROVVEDIMENTO IN GENERE).

– **cautelari in genere.** Provisional remedies, preventive remedies, protective remedies, pre-judgment remedies. Essi si ricollegano tutti all'*injunction*, istituto dell'*equity,* definito un *extraordinary remedy*, con il quale si ordina ad una persona un fare o un non fare, la cui violazione può comportare il reato di *contempt of court.* La materia, non agevole, evoca l'analogo nostrano dell'inibitoria; ma *injunction* e inibitoria appartengono a due universi differenti. Premessa la esistenza di diversità terminologiche e di sostanza tra il sistema inglese e nordamericano, l'*injunction* subisce diverse aggettivazioni a seconda dello scopo che è diretta a raggiungere. In via generale, il provvedimento può essere chiesto anteriormente alla causa, all'atto della sua instaurazione, in corso di causa, e addiritura con la sentenza che la decide. L'*injunction* ha quindi una portata che va ben al di là dei procedimenti cautelari o di urgenza nostrani.
1. Negli S. U. — stato federale — la materia è disciplinata dai singoli stati dell'Unione e dalle *Federal Rules of Civil Procedure* per quanto riguarda i procedimenti davanti agli organi della giustizia federale. La Rule 65 è dedicata alle *Injunctions.* La Rule 65(a)(1) stabilisce che nessuna *preliminary injunction* (che precede il giudizio di merito) può essere emessa senza che l'altra parte ne sia stata preventivamente informata (*without notice*) e, quindi, che si sia instaurato il contraddittorio; ai sensi della Rule 65(a)(2), prima o dopo l'inizio dell'udienza per una *preliminary injunction*, il giudice può disporre che il procedimento sul merito (*trial on merits*) sia riunito con quello relativo alla istanza per l'*injunction* (*consolidated with the hearing of the application*); ai sensi della R. 65(b), può essere emesso un *temporary restraining order* — forma iniziale e temporanea di *injunction* che precede la *preliminary injunction* — senza notifica all'altra parte (*without notice to the adverse party*), se, tra l'altro, appare dai fatti, provati con *affidavit*, il pericolo dell'immediato e irreversibile danno che l'istante può subire nel periodo che precede la eventuale costituzione in giudizio dell'altra parte. Il provvedimento è soggetto a stretti requisiti attinenti alla motivazione; la sua validità è limitata a 10 giorni, salvo proroghe; l'udienza sulla *preliminary injunction* ha precedenza su tutti gli altri procedimenti. Infine, ai sensi della R. 65(c), nessun *restraining order* o *preliminary injunction* può essere emanato senza la prestazione di una cauzione da parte dell'istante per il pagamento degli eventuali danni.
2. Per quanto riguarda il sequestro conservativo, la R. 64 delle *Federal Rules of Civil Procedure* — concernente la *Seizure of Person or Property* — stabilisce, tra l'altro, che sia all'inizio che in corso di causa sono disponibili tutti i provvedimenti relativi all'arresto di persone o beni per assicurare l'esecuzione della emananda sentenza, salvo, beninteso, il giudizio di convalida nel merito. Questi rimedi includono l'*arrest, attachment, garnishment, replevin, sequestration,* o altri diversamente designati. Negli S.U. il sequestro conservativo si realizza essenzialmente con l'*attachment*; appunto perché esso ha luogo prima del giudizio di merito, esso è definito anche *pre-judgment attachment* in quanto distinto dal pignoramento successivo alla, e diretto all'esecuzione forzata della, sentenza.
3. Nel sistema inglese il sequestro conservativo si attua mediante la ormai celebre *Mareva injunction* con la quale si ingiunge al debitore di non sottrarre al creditore la garanzia del credito.
4. I provvedimenti che non vengono emessi in contraddittorio delle parti (*without notice*) sono definiti *ex parte* (ATTO CONSERVATIVO; AZIONE (I) CAUTELARE; CONTRADDITTORIO; ESECUZIONE FORZATA DELLA SENTENZA CIVILE; INIBITORIA; ISTANZA DI PARTE; MISURA CONSERVATIVA; MOZIONE; PIGNORAMENTO; PRIVILEGIO; PROCEDIMENTI CAUTELARI; PUBBLICITÀ INGANNEVOLE; SEQUESTRO CONSERVATIVO; SEQUESTRO GIUDIZIARIO). [vol. I: ARREST OF SHIP; ATTACHMENT; DISTRINGAS; EX PARTE; INJUNCTION; INTERIM INJUNCTION; INTERIM ORDER; MAREVA INJUNCTION; QUIA TIMET; REMEDY; RESTRAINING ORDER; STOP ORDER; STOPPAGE IN TRANSITU]

– **conservativo.** Preventive remedy, protective remedy (*supra*, PROVVEDIMENTI CAUTELARI; SEQUESTRO CONSERVATIVO).

– **di urgenza in genere.** Urgent relief (*supra*, PROVVEDIMENTI CAUTELARI).

– **giudiziario in genere.** Judicial ruling, judicial remedy, judicial order, judicial measure (*infra*, PROVVEDIMENTO GIURISDIZIONALE; DECISIONE; SENTENZA). [vol. I: DECREE; JUDGMENT; ORDER; RULE]

– **giudiziario esecutivo.** Enforceable judicial measure, final judgment, absolute rule, absolute order (APPELLO; COSA GIUDICATA; ESECUZIONE FORZATA DELLA SENTENZA CIVILE; SENTENZA; TITOLO ESECUTIVO). [vol. I: ABSOLUTE; FINAL JUDGMENT; INTERLOCUTORY; NISI]

- **giurisdizionale.** Judicial relief, judicial remedy, judicial decision, judicial measure (*supra*, PROVVEDIMENTO GIUDIZIARIO; GIURISDIZIONALE; PROCEDIMENTO IN GENERE).
- **incidentale.** Ancillary relief (INCIDENTALE).
- **in vigore.** Measure, provision in force (VIGORE).
- **possessorio.** Order for possession (REINTEGRAZIONE NEL POSSESSO). [vol. I: *ad vocem*]
- **provvisorio.** Provisional remedy.

Provveditore in genere. Purveyor, supplier, contractor, director (CONTRATTO DI SOMMINISTRAZIONE; CURATORE; FORNITORE).

Provvigione. Commission, brokerage, fee (COMMISSIONE COMMERCIALE; CORRISPETTIVO; REMUNERAZIONE; VENDITA A PROVVIGIONE). [vol. I: AGENT; COMMISSION AGENT]

- **dell'agente.** Agent's commission (AGENTE).
- **del mediatore.** Broker's commission (MEDIATORE).

Provvisionale in genere. Interlocutory, o interim, measure (PROVVEDIMENTI CAUTELARI; PROVVISORIO; SENTENZA PROVVISIONALE).

Provvisorio in genere. Interim, interlocutory, provisional, temporary, preliminary (ASSEGNO (I) ALIMENTARE PROVVISORIO; CONTO PROVVISORIO; CONTRATTO PROVVISORIO DI ASSICURAZIONE; DEFINITIVO; FINALE; GOVERNO PROVVISORIO; INTERIM; INTERLOCUTORIO; PASSAVANTI PROVVISORIO; PERMANENTE; PROVVEDIMENTI CAUTELARI; PROVVEDIMENTO PROVVISORIO; TEMPORANEO; TRANSITORIO). [vol. I: INTERLOCUTORY; PROVISIONAL]

Provvista bancaria. Provision; grosso modo, funds to meet a cheque or a bill of exchange; ma non sembra che vi sia una equivalenza esatta nella tradizione di *common law* (ASSEGNO (II) A VUOTO; SCOPERTO DI CONTO CORRENTE BANCARIO). [vol. I: OVERDRAFT; PROVISION]

Prudenza in genere. Care, diligence, prudence (BUON PADRE DI FAMIGLIA; DILIGENZA; IMPRUDENZA; INVESTIMENTO: 2; NEGLIGENZA; ORDINARIA PRUDENZA; OSPITE; PRECAUZIONE; SICUREZZA). [vol. I: *ad vocem*; DUTY OF CARE; NEGLIGENCE; REASONABLE MAN]

Pseudonimo. Pseudonym, alias, also known as (a.k.a.), *nom de plume* (ALIAS; CONOSCIUTO ANCHE COME; DIRITTO (II) DI AUTORE; NOME). [vol. I: COPYRIGHT]

Pubblica/he/i/o in genere. Public. Ma si noti la grande varietà di accezioni del termine sia come sostantivo che aggettivo; in quest'ultimo senso il suo correlativo è *private*. Il pubblico come insieme di persone è detto *general public* (APPALTO PUBBLICO; ASSISTENZA PUBBLICA; ASTA PUBBLICA; ATTO PUBBLICO; AUTORITÀ PUBBLICA; AVVISO AL PUBBLICO; AZIENDA PUBBLICA; DEMANIO PUBBLICO; DIRITTO (I) PUBBLICO-PRIVATO; EDIFICIO PUBBLICO; ENTE PUBBLICO; ENTITÀ PUBBLICA; FIGURA PUBBLICA; FONDI PUBBLICI; FUNZIONE PUBBLICA, PRIVATA; IMPIEGO PUBBLICO; INTERESSE PUBBLICO; LUOGO PUBBLICO; OLTRAGGIO A PUBBLICO UFFICIALE; OPINIONE PUBBLICA; ORDINE PUBBLICO; PASSAGGIO PUBBLICO; PERSONA GIURIDICA PUBBLICA; *PUBLIC COMPANY*; RIUNIONE PUBBLICA; SERVIZIO PUBBLICO; STATALE).

- **accusa in genere.** Public prosecution; ma si noti l'assai diversa articolazione dell'accusa penale nella tradizione di *common law* in cui non esiste la figura del pubblico ministero (*infra*, PUBBLICO MINISTERO; ACCUSA; AZIONE (I) PENALE). [vol. I: PUBLIC PROSECUTOR]
- **amministrazione in genere.** Administration, government, civil service; ma è dubbio che vi sia un equivalente terminologico esatto nei sistemi di *common law*. Ad ogni modo, conta rilevare che essa è retta da norme di diritto comune. Negli S.U. — stato federale — il termine *administration* indica il governo federale (AMMINISTRAZIONE DELLO STATO; DIRITTO (I) AMMINISTRATIVO; DIRITTO (I) PUBBLICO-PRIVATO; GOVERNO; IMPARZIALITÀ DELLA PUBBLICA AMMINISTRAZIONE; RESPONSABILITÀ DELLA PUBBLICA AMMINISTRAZIONE; STATO; TUTELA DEI DIRITTI: 7). [vol. I: INTRODUZIONE: III. 10; ADMINISTRATION; ADMINISTRATIVE LAW; CIVIL SERVICE; LOCAL GOVERNMENT]

  Bibl.:
  Giannini 1970, vol. I: 17.
- **dominio.** Public domain. Il termine è riferito sia alla proprietà pubblica di immobili, sia allo *status* delle opere dell'ingegno entrate nel dominio pubblico, come tali, quindi, non protette dal *copyright*: uno scritto, testo, una composizione, etc. entrati nel *public domain* divengono di proprietà pubblica e non possono più essere oggetto di diritto di autore (*infra*, PUBBLICA UTILITÀ; DEMANIO; DIRITTO (II) DI

AUTORE; DISCREZIONALITÀ DELL'AZIONE PENALE; DOMINIO; PROPRIETÀ INDUSTRIALE; PROPRIETÀ INTELLETTUALE; PROPRIETÀ PUBBLICA).

– **e privato.** Public and private.

Bibl.:

Galgano, F., *Pubblico e privato nell'organizzazione giuridica* (1985) 2 CeI 357.

– **esercizio.** (ESERCIZIO PUBBLICO)

– **fede.** Public credit (FIDUCIA).

– **funzione.** (FUNZIONE PUBBLICA)

– **intimidazione.** Public intimidation; è una public nuisance (INTIMIDAZIONE).

– **ministero.** Grosso modo, prosecutor; non esiste questa figura nei sistemi di *common law*; tantomeno poi è immaginabile che i magistrati inquirenti facciano parte dell'ordine giudiziario: in quei beati sistemi — in cui, tra l'altro, vige il processo accusatorio — la magistratura esercita esclusivamente la giurisdizione. L'accusa penale è funzione di parte non monopolizzata da organi pubblici e quindi, anche *privata* (nel sistema inglese): in tal caso, si parla di *private prosecution*. Tutt'al più, dovendo indicare un ufficio analogo, si potrebbe parlare di *public prosecutor*. La più volte ribadita natura federale degli S.U. connota, ovviamente, la strutturazione della pubblica accusa. In altre parole, vi è un sistema della pubblica accusa federale e uno dei singoli stati dell'Unione. Ma la ragione principale della differenza tra il p.m. nostrano e il *prosecutor* angloamericano risiede nel fatto che mentre quest'ultimo è una parte a tutti gli effetti, il pubblico ministero nostrano non lo è, anche se il nuovo codice di procedura postula, ovviamente, uno spostamento tendenziale in quella direzione; e che egli non sia ancora una parte nel senso pieno anche nel nuovo codice di procedura penale emerge, sembra, in primo luogo da tutto il sistema delle impugnazioni e dal ruolo del p.m. (cfr. artt. 570, 593, etc. c.p.p.). L'idea del pubblico ministero quale titolare monopolistico dell'azione penale che è *tenuto* ad esercitare, del p.m. che, al di fuori del processo penale, veglia all'osservanza della legge (ad es., artt. 48, 67, 85, 98, 102, 112, 117, 119, 125, etc. del c.c.), che interviene nel processo civile, in tema di brevetto, in materia fallimentare, etc. si ricollega a una figura priva di equivalenza nella tradizione di *common law*; anche se va avvertito che talune delle funzioni extrapenali del p.m. nostrano sono svolte da altri organi e con altre tecniche. Nel processo principale di Norimberga del 1946 (in effetti si tratta di una serie di processi contro i criminali di guerra tedeschi) intentato dalle potenze alleate (riconducibile a diverse tradizioni giuridiche come R.U. e S.U da un lato, e Francia e URSS — incluso gli imputati tedeschi — dall'altro) ebbe modo di rivelarsi. Come scrivono Ann e John Tusa, uno dei difensori sostenne che l'accusa — secondo il diritto tedesco — oltre che alle prove a carico, fosse tenuta anche a presentare le prove a discarico di cui fosse a conoscenza. Ma l'accusa rappresentata dall'americano R.J. Jackson rispose: « I do not in any instance serve two masters ». [1983: 168], proposizione che non si può capire se non si tiene conto della diversa concezione delle funzioni dell'accusa nel processo penale di *common law*. Ma si noti che negli S.U., a partire dal caso *Brady* del 1963 (DISCOVERY: 3), la *Supreme Court* ha sancito l'obbligo costituzionale per l'accusa di rivelare le prove a discarico dell'imputato (*exculpatory evidence*) rilevanti ai fini del processo e di cui fosse a conoscenza [cfr. Lafave and Israel 1985, ed. 1992: 858]. In effetti, la legge delega per l'emanazione del nuovo codice di procedura penale del 16 febbraio 1987, n. 81, stabilisce, tra i princìpi e criteri da attuare, anche quello, indicato al punto 37), ossia: il « potere-dovere del pubblico ministero di compiere indagini in funzione dell'esercizio dell'azione penale e dell'accertamento di fatti specifici, ivi compresi gli elementi favorevoli all'imputato ». Nel richiamare quelle v. in cui la materia collegata è trattata, si osserva che, grazie al principio della discrezionalità dell'azione penale del sistema angloamericano l'accusa può, oltre che rinunziare all'esercizio dell'azione, selezionare tra le imputazioni, e tra gli imputati quelli da perseguire: si tratta di poteri ignoti al p.m. nostrano e, più in generale, di *civil law*. Del resto, a pensarci bene, il patteggiamento, introdotto in forma minore nel nostro sistema processuale penale, postula la disattesa esistenza della discrezionalità dell'azione penale (CUMULO NEL PROCESSO PENALE; MAXI-PROCESSO; PATTEGGIAMENTO).

1. Certamente quello di promuovere l'azione penale non è il solo potere del p.m., né i poteri del p.m. sono limitati alla materia penale nell'ordinamento italiano; ma esso è senz'altro il più importante; an-

zi, il più temibile. E, quindi, da questo punto di vista la materia viene qui considerata. Nel sistema inglese, prima del 1985, anche questo potere spettava alla polizia che, esperite le indagini, stabiliva anche se dare corso o meno all'azione penale avvalendosi o di propri avvocati o di avvocati incaricati *ad hoc*. Invece, con il Prosecution of Offences Act 1985 è stato istituito un apposito servizio che ha la funzione principale di rappresentare in giudizio la pubblica accusa per l'Inghilterra e il Galles; fatta eccezione dei reati connessi alla circolazione stradale e altri reati minori rispetto ai quali il perseguimento dell'azione penale è ancora oggi effettuato dalla polizia. Come si è accennato, si tratta di un servizio collocato al di fuori dell'ordine giudiziario, al quale ultimo compete nei sistemi di *common law* la sola funzione giurisdizionale. Al vertice del *Crown Prosecution Service* è posto il *Director of Public Prosecutions* (o DPP); quest'ultimo, a sua volta, è sottoposto alla supervisione generale (politica) dell'*Attorney-General*, membro della *House of Commons* che appartiene al partito di maggioranza e cessa dall'ufficio con le dimissioni del governo. Consulente legale principale del governo, l'*Attorney-General* risponde politicamente al parlamento del suo operato.

2. Con il citato Act del 1985, peraltro non privo di incongruenze e lacune, si opera una *netta distinzione* (rispetto al passato in cui l'azione penale veniva promossa e proseguita dalla stessa polizia, beninteso, in nome della corona) tra la *promozione dell'azione penale* (detta *prosecution of offences*) e l'attività della polizia consistente essenzialmente nella individuazione e indagine (*detection and investigation*) dei reati. La polizia continua a ritenere la sua discrezionalità nello stabilire se promuovere o meno l'azione penale dopo avere esperito le indagini. Tuttavia, qualora abbia promosso l'azione penale, essa è tenuta a rimettere il caso al *Crown Prosecutor* al quale ultimo spetta decidere se proseguire l'azione penale intentata e, in tale ipotesi, rappresentare l'accusa in giudizio, oppure rinunciarvi. Come scrive Emmins: « Perhaps the single most important feature to notice about the CPS is that it does not investigate crime and it does not, in general, initiate prosecutions. Its role begins once the police have charged or laid an information against a suspect» [1981, ed. 1992: 8].

3. Si è parlato di titolarità dell'azione penale riecheggiando una delle tante formule nostrane; ma si tratta, in effetti, di una titolarità ancora oggi *condivisa* con un articolato compromesso che, evidentemente postula l'esistenza di determinati meccanismi e coordinamenti tra la polizia e il *Crown Prosecution Service*.

4. Titolarità *non monopolistica* dell'azione penale significa inoltre, che l'azione penale — nel sistema inglese ma, di fatto, salvo qualche stato dell'Unione, non in quello nordamericano — può essere promossa anche dal privato (e non limitatamente ai casi della querela nostrana): in questo senso, si parla, appunto, di *private prosecution*. Il limite di questo tipo di azioni consiste nel fatto che il *Director of Public Prosecutions* può sempre avocare il caso e, in pratica, mettervi fine, rifiutandosi di sottoporre prove per sostanziare l'azione. Le *private prosecutions* sono di solito promosse nei casi in cui la polizia si mostra riluttante a trattare il caso come, ad es., nelle liti tra vicini, furti in grandi magazzini, etc. Questo tipo di azione diviene in effetti non agevole per il fatto che la section 6 del citato Act del 1985 nega il diritto della parte privata ad ottenere il materiale di cui dispone il *Crown Prosecution Service*. Tuttavia, una volta iniziata l'azione, il giudice può disporre che la parte può avervi accesso. Inoltre, in base a una decisione del 1973 (ossia prima dell'Act del 1985), in caso di omesso perseguimento del reato da parte della polizia, il giudice può ordinare che essa vi faccia luogo. A questo proposito, sorge la domanda se un analogo potere sia ammissibile nei confronti dei *Crown Prosecutors* che decidessero di non proseguire l'azione penale iniziata dalla polizia: in ogni caso, dato il meccanismo esistente, è ipotizzabile una diversità di posizioni tra la polizia che promuove l'azione penale e il *Crown Prosecutor* che vi rinuncia. Del resto, la legge in materia trova la sua principale spiegazione, sembra, nel fatto che in passato la polizia aveva promosso numerose azioni penali dimostratesi prive di fondamento in sede giudiziaria con grande dispendio di risorse umane e materiali. Il nuovo sistema appare quindi diretto ad esercitare una forma di delibazione dell'azione penale promossa dalla polizia per accertare l'esistenza di elementi tali da far ragionevolmente ritenere accettabile l'im-

Pubblico ministero

pianto accusatorio in un'aula di giustizia.
5. Uffici pubblici quali, ad es., l'*Inland Revenue*, dispongono di un proprio gruppo di *prosecutors* che promuovono l'azione penale relativa ai reati concernenti le attività di istituto, come l'evasione fiscale fraudolenta, etc. [vol. I: SECURITIES AND EXCHANGE COMMISSION]
6. Un ufficio analogo a quello del p.m. nostrano è previsto, invece, nell'ordinamento scozzese. Nel sistema inglese, i *Law Officers of the Crown*, ossia l'*Attorney-General* e il *Solicitor-General*, non sono l'equivalente dei procuratori generali: si tratta, principalmente, di consulenti legali del governo di nomina politica, membri della *House of Commons*, il cui ufficio termina col governo in carica.
7. Quanto poi all'organamento dell'accusa nel sistema americano è necessario tener conto del fatto che, come si è accennato, gli S.U. sono uno stato federale e che, di conseguenza, esistono organi di accusa federali e dei singoli stati dell'Unione, a seconda che si tratti di reati federali o previsti dai singoli stati: gli organi di accusa statali sono di gran lunga i più importanti. Più in particolare, al livello federale, per ogni *distretto federale* vi è un organo di accusa (*U.S. District Attorney*), mentre nei singoli stati, vi è uno *State Attorney*, che si occupa di quei reati che hanno ramificazioni in tutto lo stato (e quindi, in sostanza, di pochi casi), e per ogni *contea* un *District Attorney* che, tenendo conto del volume della materia trattata, è *la figura chiave* dell'accusa nel sistema americano; egli assume varie altre denominazioni come *commonwealth attorney, state's attorney, county prosecutor, solicitor, prosecuting attorney* nei vari stati dell'Unione. In sede federale, il Congresso può nominare uno *special prosecutor* — persona al di fuori degli organi di accusa istituzionali — perché proceda ad un'indagine di solito ai fini dell'*impeachment* del Presidente, come nell'*affaire* Watergate. Inoltre, in base all'Ethics in Government Act, il Congresso ha il potere di chiedere all'*Attorney-General* di chiedere a sua volta a un determinato gruppo di giudici, definito nella legge come *Special Division*, di nominare un *Independent Counsel* incaricato di indagare, e se necessario, promuovere l'azione penale, contro *high ranking* funzionari federali per la violazione di leggi penali federali [Nowak and Rotunda 1978, ed. 1991: 228, 259].
8. Per quanto riguarda in particolare il regime federale, la pubblica accusa è organata in una serie di *U.S. District Attorneys* nei vari stati dell'Unione: essi fanno capo all'*U.S. Attorney-General*, equivalente, grosso modo, a un ministro della giustizia che fa parte del *Cabinet* presidenziale e svolge, tra l'altro, funzioni di direzione e coordinazione dei *prosecutors* federali. Vi sono 94 uffici distrettuali per altrettante *U.S. District Courts*, ossia organi della giustizia federale di primo grado (*trial courts*). A differenza dei *District Attorneys*, o accusatori pubblici dei vari stati dell'Unione, che di solito sono eletti, i procuratori federali sono nominati dal Presidente con l'*advice and consent* del Senato. Alla scadenza del mandato presidenziale (che, comunque, non può essere rinnovato che una sola volta), gli *U.S. District Attorneys* rassegnano le proprie dimissioni, anche se il loro mandato non è scaduto.
9. Ma la subordinazione degli organi di accusa federale all'esecutivo è più apparente che reale per diverse ragioni, come la disseminazione degli uffici nei vari stati dell'Unione, la possibilità per il capo dell'ufficio di selezionare i propri assistenti ed affidare loro i singoli casi, il fatto che in qualsiasi momento egli può abbandonare l'ufficio ritornando con successo alla professione legale, etc. A ciò si aggiunge che la rimozione dalla carica di *U.S. District Attorney* non spetta all'*Attorney-General*, ma al Presidente degli S.U.; tutto questo attenua di molto la subordinazione gerarchica. Gli uffici della c.d procura distrettuale federale (*U.S. District Attorney*) sono di varia dimensione e non corrispondono ad uno schema unico. Ad ogni modo, essi sono costituiti di solito da una serie di assistenti (di solito dei giovani avvocati) scelti dal procuratore distrettuale per un periodo di due anni; all'interno di essi vige una stretta organizzazione gerarchica.
10. L'assetto degli uffici dell'accusa penale al livello dei singoli stati assume importanza fondamentale per il semplice fatto che negli S.U. — stato federale — la quasi totalità di tutte le cause penali (e civili) è trattata nell'ambito degli stati dell'Unione, e non in sede federale. Qui, anche se esiste una organizzazione degli uffici della pubblica accusa con a capo uno *State Attorney-General* e, in ogni contea, un *District Attorney*, non si riscontra neppure quel tenue rapporto gerarchico esi-

stente in sede federale. La ragione è che di solito il *District Attorney* di solito è eletto (ma nel Connecticut è nominato dall'autorità giudiziaria, mentre nel New Jersey è nominato dal governatore), di modo che l'organo di accusa è più spesso direttamente responsabile nei confronti degli elettori. Insomma, mentre in sede federale si riscontra un potenziale rapporto di dipendenza tra l'*U.S. District Attorney* (non eletto, ma nominato) e l'*Attorney-General* (anch'egli nominato), ossia, grosso modo, il ministro della giustizia, in sede statale questo tipo di rapporto appare ancora più tenue tra il *District Attorney* (di solito eletto) e lo *State Attorney*.

11. Infine, anche se fondata su un solidissimo patrimonio di comune civiltà giuridica, la struttura accusatoria si presenta profondamente diversa nel sistema inglese e in quello nordamericano. La chiave centrale di questa diversità risiede, appunto, nella figura nel *District Attorney* preposta ad un ufficio permanente con la funzione di promuovere l'azione penale e perseguirla in giudizio. Questa figura non ha equivalenza nel sistema inglese, anche dopo l'adozione del *Crown Prosecution Service*. Inoltre, mentre — si badi — nel sistema inglese qualsiasi cittadino può intentare l'azione penale, non è questo il caso del sistema nordamericano in cui, anche se in principio la regola non è diversa, di fatto, tutte le azioni penali sono intentate dal *District Attorney* che agisce quale rappresentante dello stato. Non esiste un archetipo di ufficio del *District Attorney* per tutti gli stati dell'Unione. Di solito, nel caso di uffici di maggiore dimensione che dispongono di propri organi investigativi, essi svolgono una parte notevole del lavoro effettuato dalla polizia nel sistema inglese. Nei casi particolarmente complessi come, ad es., in tema di frodi finanziarie, o di corruzione di pubblici ufficiali, il *District Attorney* dà inizio e segue tutta la fase investigativa. Nei casi di omicidio, un *Assistant District Attorney* può accompagnare la polizia sulla scena del reato. Ma, nel complesso, può dirsi che né nel sistema inglese, né in quello nordamericano, come recita l'art. 109 della nostra costituzione: « L'autorità giudiziaria dispone direttamente della polizia giudiziaria », proposizione che non sarebbe capita senza una lunga chiosa sul nostro ordine giudiziario.

12. Quali siano i problemi e i difetti che l'elezione diretta del *prosecutor* (negli stati dell'Unione, ma non in sede federale) determina è facilmente intuibile: essi risiedono principalmente nella possibilità per i gruppi che hanno sostenuto la sua campagna elettorale di esercitare pressioni su di lui; d'altro canto, poiché le decisioni dell'ufficio relative al mancato esercizio dell'azione penale non sono pubbliche, esse appaiono in sostanza incontrollabili. Sotto questo aspetto, il c.d. controllo degli elettori, salvo i casi più eclatanti, costituisce spesso un *wishful thinking*. L'elezione dell'organo di accusa statale (*District Attorney*) — ignota al sistema inglese — rappresenta senza dubbio *un grave difetto del sistema nordamericano* rilevato da autorevoli studiosi [cfr. Karlen 1967: 29]. A questo proposito, si ricorda che anche l'ufficio di *giudice* (*state court judge*) è storicamente elettivo (come si è accennato, negli stati dell'Unione, ma non in sede federale); peraltro, si riscontra ora, nella maggior parte degli stati, una marcata *tendenza nel senso opposto*, ossia alla nomina da parte del governatore dello stato sulla base di una rosa di candidati selezionati da una apposita commissione. Questo radicale mutamento appare dovuto, essenzialmente, alla *cattiva riuscita del sistema elettivo* che, tutto sommato, produce modesti risultati e, non di rado, corrotti giudici. In questo senso, non sembra azzardato prevedere che, in futuro, anche la selezione del procuratore pubblico degli stati dell'Unione finisca per allinearsi ai criteri di selezione dei giudici.

13. Che, negli S.U., storicamente, sia i giudici che gli accusatori siano eletti a suffragio popolare non dovrebbe stupire se solo si riflette alla natura della democrazia americana, certamente, la più profonda e ampia che il pianeta abbia mai conosciuto. Come pure non dovrebbe stupire che, come si è accennato, si sia sviluppata una tendenza verso una diversa selezione dei giudici e che, presumibilmente, anche per i pubblici accusatori non sia da escludere una analoga evoluzione.

14. Quanto alla materia extrapenale, si osserva che talune delle funzioni del p.m. nostrano sono svolte facendo ricorso a tecniche diverse. Si noti, ad es., nel sistema inglese, il *Queen's Proctor* che, tra l'altro, interviene nelle cause matrimoniali. Ma non si può non accennare al complesso problema della tutela degli *interessi collettivi e diffusi* nel nostro paese per ricordare la rilevata assoluta inidoneità del-

l'ufficio del p.m. — al quale nell'ordinamento italiano e in altri di *civil law* questo compito è demandato — a tutelare efficacemente tali diritti in una società industriale dell'Occidente.

15. Negli S.U. la discrezionalità dell'azione penale — cui si badi, fa riscontro la virtuale assenza di quelle immunità dalla giurisdizione penale che per mezzo secolo hanno caratterizzato e sussistono, anche se attenuate, nel regime italiano a favore del ceto politico — non ha impedito il funzionamento efficiente della giustizia federale: il caso *U. S.* v. *Nixon* 418 U.S. 683 (1974), unico al mondo nel suo genere, resta a gloria della grande democrazia americana, come i grandi processi contro la criminalità organizzata (*supra*, PUBBLICA ACCUSA; ACCUSA; ASSOLUZIONE; AZIONE (I) DI CATEGORIA; AZIONE (I) PENALE; FEDERALISMO; GIUDICE; GIUDICE ISTRUTTORE; GIURISDIZIONE VOLONTARIA; ORDINAMENTO GIUDIZIARIO; POLIZIA; *REFORMATIO IN PEIUS*; SISTEMA DELLE SPOGLIE; SISTEMA PENALE ACCUSATORIO). [vol. I: AMICUS CURIAE; ATTORNEY; CLASS ACTION; CRIMINAL PROCEDURE; DISTRICT ATTORNEY; GUARDIAN BY APPOINTMENT OF THE COURT; LAW OFFICERS OF THE CROWN; PROCTOR; PROSECUTION; PUBLIC INTEREST ACTION; PUBLIC PROSECUTOR; PUBLIC RIGHT; QUEEN'S PROCTOR; RELATOR ACTION; WARD OF COURT]

Bibl.:

Karlen 1967: 19.

Montagna, M., *Il pubblico ministero negli Stati Uniti d'America* (1992) 16 GP 333.

– **ministero *ad hoc*.** Special prosecutor, special attorney; ma non esiste nei sistemi di *civil law* (*supra*, PUBBLICO MINISTERO; AZIONE (I) PENALE).

– **ministero nei tribunali militari degli S.U.** Trial counsel (CORTE MARZIALE).

– **poteri.** Public authorities (POTERE).

– **quiete.** Public peace, public order (QUIETE; TURBATIVA DELLA PUBBLICA QUIETE).

– **registro in genere.** Public record; è soggetto a *public inspection*, ossia a pubblica consultazione; falsificare un registro pubblico è detto *falsify (to) a public record:* costituisce reato (ARCHIVIO DI STATO; FALSIFICAZIONE; ISCRIZIONE; LIBRI CONTABILI; PUBBLICITÀ; REGISTRO; REGISTRAZIONE). [vol. I: REGISTRY]

– **registro automobilistico.** Grosso modo, Automobile Register, Register of Motor cars; ma non esiste nell'ordinamento inglese un Pubblico Registro Automobilistico com'è strutturato nel nostro sistema. Negli S.U. — stato federale — la materia è regolata dai singoli stati dell'Unione (AUTOVEICOLO; LIBRETTO DI CIRCOLAZIONE DI AUTOVEICOLO; PRIVILEGIO; PUBBLICITÀ).

– **relazioni.** Public relations (RELAZIONE).

– **riunione.** Public meeting (INTERRUZIONE DI PUBBLICA RIUNIONE; RIUNIONE).

– **servizi.** (SERVIZIO PUBBLICO)

– **sicurezza.** Grosso modo, public order. Negli S.U. — stato federale — la materia rientra nelle attribuzioni degli stati dell'Unione, salvo la materia disciplinata dal diritto federale. Ogni stato dispone di proprie forze di polizia e di una *National Guard* che funge anche da riserva dell'esercito e delle forze aeree federali, che può essere attivata per il servizio federale, o in caso di emergenza nell'ambito di un determinato stato. Ma, ovviamente, non si ha un insieme di leggi simili al Testo Unico delle leggi di pubblica sicurezza, così caratterizzanti dell'ordinamento penale italiano. La materia è regolata da diverse leggi che vanno sotto rubriche come *emergency legislation, police powers, public order, public meetings*, *immigration, arms control*, etc. Ma, diversamente dal nostro paese e da quelli del continente europeo, l'Inghilterra e gli S.U. sono paesi di antica democrazia: ben più ristretti sono i poteri della polizia e della pubblica autorità in genere, e ben diverso e più severo e più giusto appare il regime della responsabilità civile e penale degli illeciti posti in essere nell'attività di pubblica sicurezza. Ma, ad evitare abbagli, si osserva che il termine *police power* indica non già i poteri della polizia, ma un concetto fondamentale in materia costituzionale che attiene alla sovranità (ORDINE PUBBLICO; POLIZIA GIUDIZIARIA; POTERI DI POLIZIA; SICUREZZA).

– **ufficiale.** Grosso modo, public official, public officer, public agent, governmental agent. Ma non vi è coincidenza esatta con la figura nostrana del pubblico ufficiale. Si suol dire che non tutte le persone *in public employment* sono dei *public officials.* Il pubblico ufficiale esercita una parte del potere pubblico; quest'ultimo è definito più spesso *sovereignty* o anche *public authority.* Il *mandamus* costituisce un potente rimedio giuridico col quale si impone a un pubblico ufficiale o a un dipendente pubblico di compiere un atto particolare. Ma, anche in questa materia, bisogna guardarsi dagli *acoustic agreements*: il termine public officer indica, grosso modo, non soltanto le figure del pubblico ufficiale, dell'impiegato pubblico e dell'incaricato di pubblico servizio. Esso indica anche chi esercita talune funzioni private come, ad es., l'amministratore di società. È detto *public ministerial officer* il funzionario o impiegato sia dell'amministrazione centrale che delle amministrazioni locali. Né il diritto inglese, né quello nordamericano conoscono il reato di oltraggio a pubblico ufficiale. Tra l'altro, essi non hanno neanche elaborato le categorie di pubblico ufficiale, pubblico impiegato e incaricato di pubblico servizio, e tantomeno l'armamentario di norme penali a tutela dello *status* speciale di chi svolge pubbliche funzioni (DIPENDENTE PUBBLICO; IMPIEGATO; INGIURIA; POTERE PUBBLICO; RESISTENZA A PUBBLICO UFFICIALE). [vol. I: CIVIL SERVANT; CIVIL SERVICE; INGIURIA; LOCAL GOVERNMENT OFFICER; MANDAMUS; NONFEASANCE; OFFICE; OFFICER; PUBLIC OFFICER]

– **utilità in genere.** Public purpose; il termine *public utility,* o *utility*, indica più spesso il servizio pubblico. Negli S.U. si parla, rispettivamente, di *public convenience and necessity* in tema di servizi pubblici, e di *public use* in tema di espropriazione per pubblica utilità. In quest'ultimo senso, si dice che il *public use* costituisce la base costituzionale e legislativa e la premessa del *taking property by eminent domain*. Ma il termine *public use* è riferito anche all'invalidità del brevetto relativo a un'invenzione già in uso pubblico (*in public use*) per più di un anno prima della presentazione della domanda di brevetto (*supra*, PUBBLICO DOMINIO; ENTE PREPOSTO A UN SERVIZIO DI PUBBLICA UTILITÀ; ESPROPRIAZIONE PER PUBBLICA UTILITÀ; FINALITÀ PUBBLICA; INTERESSE GENERALE; SCOPO DI PUBBLICA UTILITÀ; SERVIZIO PUBBLICO; USO PUBBLICO; UTILITÀ). [vol. I: PUBLIC UTILITY]

Pubblicazione/i in genere. Publication, publishing, proclamation, printing. Ma il termine *publication* assume taluni significati particolari nella *common law*, come in tema di *defamation*, in cui indica la comunicazione di materiale diffamatorio a una terza persona (BANDO; CURATORE DI UNA PUBBLICAZIONE; DIFFAMAZIONE; DIRITTO (II) DI AUTORE; *MEDIA*; NOTIFICA A MEZZO DI PUBBLICAZIONE; PROCLAMA; PUBBLICITÀ; SPACCIO DI BANCONOTE FALSE, ASSEGNI FALSI etc.; STAMPA). [vol. I: ADVERTISEMENT; DEFAMATION; NOTICE; PROMULGATION; PUBLICATION]

– **della sentenza.** Grosso modo, docketing, o filing of judgment. Ma, data la assai diversa articolazione della sentenza di *common law,* non esiste in senso stretto una pubblicazione della sentenza qual è intesa da noi (SENTENZA). [vol. I: JUDGMENT; LAW REPORTS; RECORD; TRIAL]

– **della legge.** Publication of law, promulgation of law. Ma si notino le diversità esistenti in materia tra il sistema italiano e quello britannico e nordamericano. Si noti altresì la assai diversa teoria delle fonti della *common law* e, tra l'altro, che questa tradizione giuridica viene definita *a diritto giurisprudenziale* (FONTI DEL DIRITTO; LEGGE; LIBRERIA DELLO STATO; PROMULGAZIONE DELLA LEGGE). [vol. I: ACT OF PARLIAMENT; STATUTE LAW]

– **del testamento.** Grosso modo, probate of will. Invece, il termine *publication of will* indica la dichiarazione formale fatta dal testatore al tempo della sottoscrizione che quello è il suo ultimo testamento (TESTAMENTO).

– **di matrimonio.** Publication of banns of marriage, of banns of matrimony. Nel sistema inglese sono previste dalle ss. 5-14 del Marriage Act 1949. Negli S.U. — stato federale — premesso che la materia è regolata dalla legge dei singoli stati dell'Unione, nella gran parte di essi si richiede la *marriage license* per poter contrarre il matrimonio. I bandi di matrimoni sono richiesti da talune delle numerose confessioni religiose esistenti nel paese (DISPENSA DALLE PUBBLICAZIONI DI MATRIMONIO; MATRIMONIO).

– **di notizie concernenti un processo in corso.** Publication of matters related to a pending proceeding. È detta *sub judice rule* la regola che stabilisce il divieto di commenti pubblici su una controversia, causa o affare civile o penale che possa influenzare la giuria o i giudici: la sua violazione costituisce, nel sistema inglese, *contempt of court* (*MEDIA;* PUBBLICITÀ PREGIUDIZIEVOLE; SEGRETO; STAMPA). [vol. I: CONTEMPT OF COURT; REPORTING; SUB JUDICE; TRIAL BY PRESS]

– **giuridica.** Legal publication; negli S.U. talune delle più usate definizioni ormai entrate nell'uso comune sono: *Black letter* per indicare una trattazione sommaria che racchiude le regole fondamentali della materia in un linguaggio tecnico accessibile; *Casebook*, ossia una compilazione selezionata dei casi giudiziari diretta ad illustrare lo sviluppo del diritto su un tema giuridico determinato: esso combina i casi con materiali giuridici esplicativi; *Handbook*, relativo a parti del diritto in costante sviluppo, è diretto a fornire risposte rapide su temi particolari; *Hornbook*, trattazione di una materia giuridica in generale (ad es., il diritto delle società, diritto costituzionale, etc.), di ampio raggio, costituisce una trattazione dettagliata con numerosi riferimenti giusprudenziali; *Nutshell* una trattazione generale molto condensata di una branca del diritto; cita solo i casi più importanti. La più nota casa editrice di pubblicazioni giuridiche è la *West Publishing Co.* (DIRITTO (I) DEI TESTI; LIBRI GIURIDICI; MANUALE GIURIDICO; MATERIALI GIURIDICI; RICERCA GIURIDICA; RIVISTE DI GIURISPRUDENZA; TESTI GIURIDICI).

– **oscene.** Obscene publications. Negli S.U. — stato federale — la materia è disciplinata dai singoli stati dell'Unione (CENSURA PREVENTIVA). [vol. I: OBSCENE PUBLICATIONS]

Pubblicista. Publicist (FONTI DEL DIRITTO INTERNAZIONALE).

Pubblicità in genere. Publicity, disclosure, advertisement, advertising.

1. Quanto alla pubblicità in pubblici registri, anche qui è opportuno guardarsi dagli *acoustic agreements* sia in materia mobiliare che immobiliare. La diversità spesso radicale nella disciplina sostanziale della materia (ad es., in tema di acquisto *a non domino*, di regime della proprietà immobiliare, dei titoli mobiliari, dei titoli rappresentativi di merci, del regime della proprietà navale, etc.) comporta una analoga diversità di regime giuridico dei relativi registri. Negli S.U. — stato federale — si parla di *public filing* dei *security agreements* per indicare, grosso modo, l'annotazione in pubblici registri degli accordi che danno luogo a un privilegio; *filing system* indica un sistema di pubblicità in genere.

2. Nel regime societario britannico, a differenza di quello nordamericano che prevede strutture federali di controllo con vasti poteri sanzionatori, la tutela dei terzi è fondata essenzialmente sulla pubblicità (*disclosure*) delle vicende societarie (SOCIETÀ (II) QUALE SOGGETTO COLLETTIVO).

3. L'esigenza che la pubblicità si svolga correttamente assume una importanza fondamentale ai fini della tutela del consumatore, materia, anche questa, nella quale il nostro paese si trova ancora nella fase dell'infantile balbettio quale che sia la dimensione legislativa o decretizia che ne tratta. E fossero almeno corrette o funzionali le soluzioni!: basta pensare che il diritto ad una corretta pubblicità, beninteso sempre in attuazione della ormai consueta direttiva comunitaria, viene configurato come un interesse legittimo tutelabile davanti alla giurisdizione amministrativa! Negli S.U. — stato federale — la nota *Federal Trade Commission* è l'agenzia federale che maggiormente regola la ormai complessa materia mediante una serie di *rules, regulations* e *guides*. Lo strumento al quale si fa più spesso ricorso in caso di *deceptive acts and practices* è il ben noto *cease and desist order* che può essere sanzionato penalmente. Ma da qualche tempo la FTC impone addirittura un *corrective advertising order* che obbliga l'impresa che si avvale della pubblicità (*advertiser*) a rendere noto, nella stessa maniera, che la precedente pubblicità era scorretta fornendo informazioni tali da modificarne il contenuto. La pubblicità scorretta è detta anche *misadvertising* o *misbranding*. Sono dette *right to know laws* o *right to know acts* quelle leggi federali o statali che stabiliscono l'obbligo della pubblicità nei confronti del pubblico o di talune categorie in determinate materie, più spesso a tutela del consumatore.

4. In Inghilterra è fatto divieto ai *barristers* — ma non ai solicitors — di farsi pubblicità e di associarsi ai solicitors (PROFESSIONE FORENSE).

5. Infine, si parla di *right of publicity* per indicare il diritto esclusivo di talune persone — figure pubbliche o celebrità — di sfruttare sul piano commerciale il proprio nome o la propria immagine, o di impedire che altri si appropri degli utili relativi (AGENZIA DI INFORMAZIONI SULLA SOLVIBILITÀ; ANNUNZIO PUBBLICITARIO; ARTICOLO CIVETTA; CODICE DI AUTODISCIPLINA PUBBLICITARIA; CONOSCENZA; DICHIARAZIONE PER LA REGISTRAZIONE; DISCREDITO AGLI OCCHI DEL PUBBLICO; FIGURA PUBBLICA; IMMAGINE; INSERZIONE PUBBLICITARIA; LIBRI CONTABILI; LIBRI DI BORDO; *MARKETING*; MERCE; MESSAGGIO PUBBLICITARIO; MOTTO PUBBLICITARIO; NOME; NOTIFICA; NOTORIO; PRINCIPIO DELLA PUBBLICITÀ; PRIVILEGIO: 7; PROFESSIONE FORENSE; PROPAGANDA; PUBBLICAZIONE; PUBBLICO REGISTRO; REFERENZA; REGISTRAZIONE; REGISTRI IMMOBILIARI; REGISTRO PUBBLICO; REGOLE SULLA PUBBLICITÀ DEL CREDITO; RETICENZA; SEGRETARIO DI STATO; SPONSORIZZAZIONE; TRASPARENZA; TUTELA DEL CONSUMATORE; VENDITA MEDIANTE MERCI CIVETTA). [vol. I: PUBLIC RECORDS; PUBLICITY]

Bibl.:
Atti, A., *Le 'gare' fra agenzie nel codice di autodisciplina pubblicitaria* (1988) 1 CeI 295.
Schlesinger 1950, ed. 1988: 684, 696.

– **civetta.** Bait advertising (ARTICOLO CIVETTA).

– **commerciale.** Commercial advertising, advertising (AUTODISCIPLINA; CONCORRENZA SLEALE).

– **dell'udienza.** Public trial (DIRITTO (II) DI CRONACA; UDIENZA).

– **forense.** Legal advertising (PROFESSIONE FORENSE).

– **ingannevole.** Deceptive advertisement, false advertising. Negli S.U. — stato federale — la materia rientra nelle attribuzioni della *Federal Trade Commission* per quanto attiene al commercio tra gli stati dell'Unione. È definito Uniform Deceptive Trade Practices Act il testo di legge modello promosso dalla Commissione che prevede, tra l'altro, azioni contro una serie di atti di concorrenza sleale, incluso la pubblicità ingannevole (*deceptive advertisement*) e la denigrazione dei prodotti altrui (*disparagement*). La legge in parola, adottata da taluni stati dell'Unione, si limita a prevedere provvedimenti cautelari (*supra*, PUBBLICITÀ IN GENERE: 3; CONCORRENZA SLEALE; DENIGRAZIONE DEL PRODOTTO DEL CONCORRENTE; INGANNEVOLE; PROVVEDIMENTI CAUTELARI).

– **nascosta.** Product placement (*supra*, PUBBLICITÀ INGANNEVOLE).

Bibl.:
Mansani, L., *Product placement: la pubblicità nascosta negli spettacoli cinematografici e televisivi* (1988) 3 CeI 904.

– **negativa.** Adverse publicity (*supra*, PUBBLICITÀ IN GENERE; DIFFAMAZIONE; DIRITTO (II) DI CRONACA; RIMESSIONE DEL PROCEDIMENTO).

– **persuasiva.** Persuasive advertising (*supra*, PUBBLICITÀ IN GENERE; PERSUASIONE).

– **pre-dibattimentale.** Pre-trial publicity (*infra*, PUBBLICITÀ PREGIUDIZEVOLE).

– **pregiudizievole.** È detta prejudicial publicity quella forma di pubblicità — più spesso attuata dai *media* — relativa ad un processo civile o penale in corso che ha per effetto di privare la parte o l'imputato di un *fair trial*: in violazione delle regole del *due process*, per cui il processo deve aver luogo in maniera imparziale. In tal caso, si parla negli S.U. di *trial by news media* (*supra*, PUBBLICITÀ IN GENERE; PUBBLICAZIONE DI NOTIZE CONCERNENTI UN PROCESSO IN CORSO; *MEDIA*; PROCESSO A MEZZO DEI *MEDIA*). [vol. I: CONTEMPT OF COURT; INJUNCTION; TRIAL BY PRESS]

– **scorretta.** (*supra*, PUBBLICITÀ INGANNEVOLE)

Pubblico. (PUBBLICA/HE/I/O)

Public company. È definito così il tipo di società a proprietà diffusa anglo-americana con larga partecipazione azionaria gestita dal *management*. Si parla anche di *public corporation* per indicare una società le cui azioni sono possedute e negoziate pubblicamente; come tale, distinta dalla *close* o *private corporation* il cui pacchetto di controllo non è né posseduto né negoziato publicamente: è questo il caso prevalente dell'assetto proprietario delle imprese italiane. Da noi si favoleggia della *public company*; ma fortissime resistenze — specie dell'imprenditoria e dei gruppi finanziari nostrani — si frappongono alla sua introduzione. Il dilemma « nocciolo duro » — *public company* non sembra che abbia ancora visto un vincitore finale. Ma resta da segnalare che, tra l'altro, la *public company* anglo-americana è concepibile là dove esistano investitori istituzionali (fondi pensione, assicurazioni, etc.) che in un capitalismo *silvo-pastorale* come il nostro non ci sono (AZIONE (II) DI SOCIETÀ; AZIONISTA DI SOCIETÀ; CODICE DI CONDOTTA; PERSONA GIURIDICA PUBBLICA; PRIVATIZZAZIONI; PROPRIETÀ E GESTIONE DELLE SOCIETÀ DI CAPITALI; SOCIETÀ (II) DI PERSONE DI CAPITALI). [vol. I: PUBLIC LIMITED COMPANY]

Pudore in genere. Decency, privacy (CENSURA; INTIMITÀ; OFFESA AL PUDORE; PUBBLICAZIONI OSCENE; RISERVATEZZA).

Pulizia etnica. (PURIFICAZIONE ETNICA)

Punibile a querela. Grosso modo, punishable on complaint, punishable on information. Ma la querela nostrana è ignota al sistema inglese e nordamericano (AZIONE (I) PENALE; QUERELA).

Punibilità. Grosso modo, criminal liability (CONDIZIONE DI PUNIBILITÀ; NON PUNIBILITÀ; REATO).

Punizione. Punishment, penalty, sentence (CONDANNA; DISCIPLINA; PENA; SANZIONE). [vol. I: CHASTIMENT; PENALTY; PUNISHMENT; SENTENCING PROCESS]

– **collettiva.** Collective punishment (PROCESSO DI MASSA).

– **corporale.** Corporal punishment; il *caning* o *paddling* è un tipo di punizione corporale che rientra nel folklore delle grandi scuole inglesi. Ma sopravvive ancora in taluni stati degli S.U. (DIRITTI (II) DELL'UOMO).

Punto in genere. Point (QUESTIONE).

– **di diritto.** Point of law (QUESTIONE DI DIRITTO).

– **di spedizione.** Shipping point (SPEDIZIONE).

– **franco.** Bonded warehouse, bonded store, customs warehouse, *entrepôt* (DEPOSITO DOGANALE; DOGANA; MAGAZZINI GENERALI).

– **in discussione.** Issue in point (DISCUSSIONE; QUESTIONE).

Punzonatura dei metalli preziosi. Hallmarking. Funzione primordiale dello stato-nazione moderno; eppure, con grande scandalo dei nostri partner comunitari, e quasi a richiamare il regime di Ailé Selassié, l'Italia è l'unico paese dell'Occidente ad aver delegato ai privati tale funzione, con i risultati che si possono immaginare. Del resto, non si tratta di un caso isolato in un sistema in cui il potere pubblico, che pure esige pesanti tributi, ha rinunziato sul piano giuridico, oltre che di fatto, alle proprie funzioni elementari di controllo. Perfino in materia di plasma sanguigno ed emoderivati, il ministero della sanità nonostante, o forse a causa, di un bilancio di cira 100mila miliardi all'anno, delega il controllo alle stesse ditte produttrici, che attuano in tal modo la c.d. « autocertificazione » (AUTOCERTIFICAZIONE; BORSA DEI METALLI; MARCHIO; TUTELA DEL CONSUMATORE).

Punzone. Hall-mark (PUNZONATURA DEI METALLI PREZIOSI).

Pupillo. Grosso modo, ward; ma in senso stretto non esiste una siffatta figura (TUTORE). [vol. I: GUARDIANSHIP]

Purezza del diritto. Pure science of law. Si tratta, ovviamente, di una dottrina austro-germanica [Kelsen 1934]. Julius Stone [1946: 91, 162] ne espone le premesse storiche e i principali aspetti. E ricorda la *Haarspaltemaschine* di Jehring che, nella sua famosa satira (1850) ridicolizza il *Begriffshimmel* dei giuristi tedeschi. Ma ormai sono pochi i giuristi che giurano su questa purezza, ad eccezione forse di quelli albanesi o latino-americani e di qualche caposcuola nostrano (GIURISPRUDENZA ANALITICA).

Purgazione dalle ipoteche. (LIBERAZIONE DEI BENI DALLE IPOTECHE)

Purificazione in genere. Cleansing (AMBIENTE; INQUINAMENTO).

– **etnica.** Ethnic cleansing. È con questa espressione che i serbi cercano di camuffare il genocidio commesso dalle truppe di Milosevic nell'ex Jugoslavia (DISCRIMINAZIONE RAZZIALE; GENOCIDIO; RAZZISMO).

Putativo in genere. Putative, reputed (MATRIMONIO PUTATIVO; PADRE PRESUNTO; REATO SUPPOSTO; RISCHIO PUTATIVO). [vol. I: PUTATIVE]

Pyramiding. (VENDITA PIRAMIDALE)

Q

Qual è. As is. Questa espressione, assieme ad altre come *with all faults*, etc., è impiegata per indicare che le merci sono vendute con esclusione della garanzia per i vizi (GARANZIA PER VIZI DELLE MERCI; QUALITÀ; VENDITA SENZA GARANZIA; VIZIO). [vol. I: AS IS; WITH ALL FAULTS]

Qualifica. Qualification, capacity, status, character: ad es., agire nella veste di rappresentante è detto *act (to) in a representative character* (CAPACITÀ; IDONEITÀ; LEGITTIMAZIONE; QUALIFICAZIONE; QUALITÀ; RANGO; SQUALIFICA; *STATUS*; TITOLO; VESTE). [vol. I: CAPACITY; COMPETENCE; POWER; QUALIFICATION; STATUS]

– **di socio.** Capacity of partner, capacity of shareholder (SOCIO).

Qualificato. Qualified, eligible: questi termini indicano, in genere, avente i requisiti, avente diritto, legittimato, titolare. Il termine *qualified* indica anche condizionato, ristretto, limitato (ABILE; AVENTE DIRITTO; AVENTE I REQUISITI; NON QUALIFICATO; OPERAIO QUALIFICATO; SOVRANITÀ LIMITATA; TITOLARE). [vol. I: QUALIFIED]

Qualificazione in genere. Qualification (QUALIFICA; QUALIFICATO; VALUTAZIONE).

– **del lavoro.** Job evaluation (LAVORO; VALUTAZIONE).

Qualità in genere. Quality, capacity, qualification, condition, standing, station, status. Quando il termine è riferito alle merci, si parla di *quality*, o *fitness, of goods* (BUONA QUALITÀ MEDIA; CAPACITÀ; CONDIZIONE; CONTROLLO DI QUALITÀ; GARANZIA DI QUALITÀ; MERCI; NELLA QUALITÀ DI; QUAL È; QUALIFICA; QUANTITÀ; RESPONSABILITÀ DEL PRODUTTORE; STATUS; TUTELA DEL CONSUMATORE; VESTE; VIZIO DELLE MERCI). [vol. I: CAPACITY; CONSUMER PROTECTION; FITNESS; GOODS; QUALITY; SALE: X]

– **commerciabile.** Merchantable quality: questo termine è impiegato più spesso nella vendita. Oggetto di una copiosa interpretazione giurisprudenziale, negli S.U. la materia è regolata dall'Art. 2-314 dell'UCC che stabilisce una *implied warranty of merchantability* se il venditore è un commerciante dello stesso genere delle merci vendute (*infra*, QUALITÀ DELLA MERCE; GARANZIA; *QUANTI MINORIS*; TUTELA DEL CONSUMATORE; VENDITA; VIZIO DELLE MERCI). [vol. I: MERCHANTABLE QUALITY]

– **della merce.** Quality, o fitness, of goods (*supra*, QUALITÀ COMMERCIABILE; GARANZIA: 2; MERCI; *QUANTI MINORIS*; VIZIO). [vol. I: CAVEAT EMPTOR; CONDITION; CONSUMER PROTECTION; SALE: X; WARRANTY]

– **di pubblico funzionario.** Capacity of public official (PUBBLICO UFFICIALE).

– **giuridica.** Legal capacity (CAPACITÀ; NELLA QUALITÀ DI).

Quanti minoris. Il termine è riportato *tel quel* nelle opere anglo-americane. Una traduzione potrebbe essere quella di action (o defence) for a reduction of the agreed price of goods on account of defects diminishing their value. Ma bisogna affrettarsi a chiarire che in effetti la *common law* non ammette l'azione estimatoria; essa prevede l'azione di *rescission*, cioè di risoluzione del contratto e il diritto al risarcimento del danno da parte dell'acquirente *for breach of an implied warranty* anche quando egli ritiene le cose. Il venditore che agisca per recuperare il valore effettivo delle merci, è detto agire « on a quantum valebant ». Negli S.U. — stato federale — la materia è regolata dall'Art. 2-314 (1) dell'UCC. Ma l'azione è ammessa in Louisiana, *enclave* (grosso modo) di *civil law* (GARANZIA PER VIZI DELLE MERCI; QUALITÀ DELLA MERCE; VENDITA). [vol. I: QUANTI MINORIS; QUANTUM VALEBANT; REDHIBITORY; SALE: X, XIV; WARRANTY]

Quantità. Amount, quantity (AMMONTARE; ERRORE DI CALCOLO; QUALITÀ; SOMMA). [vol. I: AMOUNT]

Quarantena. Quarantine (CERTIFICATO DI LIBERA PRATICA; NAVE; PERMESSO DI SBARCO). [vol. I: BILL OF HEALTH]

Quartiere in genere. District.

– **a luci rosse.** Red lights district (ORDINE PUBBLICO; ZONA INTERDETTA).

– **di città.** Grosso modo, borough, district; questi termini indicano la suddivisione amministrativa di una città: negli S.U., la città di New York è divisa in cinque boroughs. Il termine quarter indica, tra l'altro, una caserma (AUTOGOVERNO; CITTÀ; PIANO REGOLATORE). [vol. I: BOROUGH; LOCAL GOVERNMENT]

Quarto potere. Fourth power; espressione popolare per definire la stampa nel suo complesso, a significare che il suo potere è uguale a quello degli altri tre *governmental powers* (legislativo-giudiziario-esecutivo). Con l'avvento della televisione, si parla ora anche di un *fifth power*. Ma ormai si è perso il conto dei poteri che nella parlata comune vengono aggiunti alla triplice classificazione tradizionale (CONGRESSO DEGLI S.U.: 3; GRUPPO DI PRESSIONE; *MEDIA*; POTERE; SEPARAZIONE DEI POTERI; STAMPA; *STATUS*). [vol. I: ESTATES OF THE REALM]

Quasi in genere. Quasi; prefisso che figura in numerosi termini di *common law* per indicare una variante del concetto cui è riferito. Il prefisso sta ad indicare un analogo, una somiglianza, ma non una uguaglianza, con un altro concetto o istituto giuridico; esso è spesso impiegato a fini classificatori. Così, ad es., si parla di: *quasi judicial* per indicare il potere di organi non giudiziari di investigare fatti, udire le parti, vagliare la prova ed emettere una decisione esercitando la discrezionalità tipica del giudice; di *quasi judicial power* per indicare il potere di una *administrative agency* di decidere sui diritti delle parti che compaiano davanti ad essa; di *quasi legislative power* per indicare il *rule-making power,* o potere normativo sostanziale, di una *administrative agency* negli S.U., etc. Ma il prefissso *quasi* viene utilizzato anche per operare una finzione giuridica per cui si assimila un analogo giuridico in tutto o in parte alla disciplina del *genus*, come nel caso del *quasi-contract* (*infra*, QUASI CONTRATTO; CONTRADDITTORIO; FINZIONE GIURIDICA). [vol. I: FICTION; JURISDICTION: 2; QUASI-CONTRACT]

– **contratto.** Il termine *quasi-contract*, o *contract implied by law*, non coincide con quello di quasi contratto previsto a suo tempo dall'art. 1140 del codice civile del 1865 (trascrizione letterale dell'art. 1371 del *Code Civil* francese), riferito alla gestione di affari e al pagamento dell'indebito. Esso non indica né la *negotiorum gestio*, del resto non ammessa dalla *common law*, né il pagamento dell'indebito, ma talune ipotesi che si ricollegano o meno a un rapporto contrattuale in cui, *ope legis*, delle obbligazioni legali vengono imposte a un soggetto. Essenzialmente per ragioni procedurali, si fa ricorso ad una finzione giuridica per imporre un'obbligazione legale. In tal senso, si parla anche di *constructive contract*, ossia, per così dire, di un contratto presunto dalla legge. Il termine *quasi-contract* ricorre più spesso in tema di *unjust enrichment*, di cui la *common law* inglese accoglie non già la figura generale, ma singole fattispecie, in cui delle obbligazioni legali vengono imposte a un soggetto (ARRICCHIMENTO SENZA CAUSA; CONTRATTO: I; NEGOTIORUM GESTIO; OBBLIGAZIONE (I) LEGALE; *VARIAE CAUSARUM FIGURAE*). [vol. I: CONTRACT: XVII; QUASI-CONTRACT]

– **delitto.** Questa categoria, ammessa dall'abrogato codice civile italiano del 1865 (art. 1153), non trova corrispondenza nella *common law*. La responsabilità indiretta per atto illecito è detta *vicarious liability* (RESPONSABILITÀ INDIRETTA). [vol. I: *ad vocem*; TORT]

– **possesso.** (POSSESSO)

– **usufrutto.** La *common law* non conosce questa figura (USUFRUTTO).

Quattro libertà. Four freedoms.

1. Sono definite così le quattro libertà fondamentali enunciate dal Presidente Roosevelt al Congresso degli S.U. il 6 gennaio 1941. Esse sono, sinteticamente: (i) freedom of speech; (ii) freedom of religion; (iii) freedom from want; (iv) freedom from fear.

2. Era il tempo dei massimi trionfi militari e politici del regime nazista; comunisti e nazisti, alleati o quasi, si spartivano zone di influenze e si scambiavano merci, materiali strategici e cortesie (l'attacco all'URSS ci sarebbe stato qualche mese dopo, a giugno). Si trattava per l'epoca (e ancora oggi per molti versi) di un messaggio rivoluzionario, e di una sfida che apriva alla speranza il cuore di centinaia di milioni di uomini sotto il giogo delle due più infami dittature della storia. E, forse, ancora più importante, del messaggio alla madre Inghilterra che, con un parlamento mai chiuso, resisteva da sola ed eroicamente all'aggressione nazifascista.

Era il tempo in cui Benito Mussolini chiedeva a Hitler l'« onore » di partecipare ai bombardamenti di Londra con i suoi apparecchi di cartone pressato.
3. Le più importanti tra le quattro libertà trovano puntuale riscontro nel *Bill of Rights* americano; e non è male che, per quanto non prive di una certa dose di enfasi, esse siano ricordate in un'epoca in cui nel nostro paese si sostiene che, in sostanza, a distanza di 50 e più anni, è arrivato il tempo, di dimenticare, oltre all'offesa, le ragioni stesse del conflitto; che, in definitiva, fascisti e comunisti sono diventati talmente democratici che non mette neanche conto parlarne; che, anzi, storicamente, i « valori » per i quali fascisti e comunisti hanno combattuto sono altrettanto rispettabili di quelli liberaldemocratici e che essi addirittura si equivalgono. L'allarme destato nelle cancellerie dei paesi democratici dell'Occidente dall'esito delle elezioni italiane del 1994 è comprensibile, non foss'altro che per la assai bizzarra alternativa che promette una forma diversa e più avventuresca di populismo. Sulla squallore della borghesia italiana si è detto tutto: ma non si può negare che, una volta caduto il Muro, dovesse manifestarsi in maniera scomposta il desiderio popolare di liberarsi di un regime « pretoriano » che combina delinquenza pura a imbecillità organizzatoria senza comune misura altrove. Come sempre, la sinistra non ha capito e si è mostrata incapace di prospettare un rinnovamento del sistema che essa stessa ha contribuito a creare. Pertanto, date le premesse, il cambio doveva necessariamente ridursi all'invasione di un'orda di scalzacani del Nord all'assalto di quello che resta dello stato. Ma, da qualunque parte provenga il nuovo populismo, esso conserva in comune con gli altri l'avversione per gli S.U., in buona misura incarnazione dei valori della liberaldemocrazia, modernità e efficienza, di cui le quattro libertà restano i punti cardinali (CARTA ATLANTICA; DIRITTI (II) DELL'UOMO; LIBERTÀ; RAGION DI STATO; RELIGIONE; SISTEMA PENALE ACCUSATORIO).

Querela in genere. Grosso modo, private prosecution. Ma non esiste un esatto equivalente nei sistemi inglese e nordamericano; i termini complaint, plaint e information non indicano la querela, ma — tutt'al più — un analogo. Querelare è detto — grosso modo — *filing a charge*. In effetti, la dicotomia nostrana di reati di azione pubblica e reati perseguibili a querela di parte non trova equivalenza nei sistemi di *common law*. A differenza del sistema nordamericano, in cui esistono organi permanenti, anche se in maniera non monopolistica, deputati alla promozione dell'azione penale, sembra potersi dire che non si possa stabilire una esatta equivalenza tra il *Crown Prosecution Service* e il *District Attorney* nordamericano. Comunque, nel sistema inglese, il privato che abbia promosso l'azione penale non può rinunciarvi senza l'assenso dell'*Attorney-General* o della corte nel caso di reati più gravi, ovvero del *Director of Public Prosecutions* nei reati minori: secondo una certa spiegazione, la ragione sarebbe che i procedimenti penali sono promossi nel sistema inglese in nome del sovrano (nel sistema nordamericano l'azione penale (o civile) è promossa, al livello federale, dagli S.U. (ad es., *United States* v. *Nixon*) ovvero, al livello dei singoli stati dell'Unione, dallo stato (ad es., *State of Louisiana* v. *Smith*). Ma, in pratica, un modo di rinunciare all'azione penale da parte del promotore consiste nell'astenersi dal presentare alcuna prova contro l'imputato che, in tal modo, viene prosciolto (AZIONE (I) CIVILE NEL PROCESSO PENALE; AZIONE (I) PENALE; A QUERELA DI; CONTROQUERELA; PUNIBILE A QUERELA; QUERELANTE; REMISSIONE DELLA QUERELA; RINUNZIA ALL'AZIONE PENALE). [vol. I: COMPLAINT; INFORMATION; PLAINT; PROSECUTION]

Bibl.:
Hampton 1973, ed. 1977: 4.
Karlen 1967: 19.

- **di falso.** Grosso modo, action for fraud; ma non esiste in senso stretto (FALSO).
- **per diffamazione.** Grosso modo, action for libel; ma si notino le notevoli diversità esistenti in materia tra le due tradizioni giuridiche. Si tratta, di solito, di un'azione civile (DIFFAMAZIONE).

Querelante. Grosso modo, private prosecutor, complainant. Ma, in senso stretto, non esiste questa figura nella *common law*: i termini proposti indicano soltanto degli analoghi (QUERELA). [vol. I: COMPLAINT]

Quesito in genere. Question (QUESTIONE).

- **legale.** Legal question, legal query (PARERE LEGALE).

Questione in genere. Question, issue, point; sollevare una questione è detto *raise (to) an issue*. Una questione — come, ad es., l'aborto, che percorre trasversalmente le affiliazioni politiche o di altro genere — è detta più spesso *divisive issue* (AFFARE; CASO IN QUE-

STIONE; CONTROVERSIA; MOZIONE D'ORDINE; OBIEZIONE; PUNTO). [vol. I: ISSUE; POINT; QUESTION]

– **controversa.** Issue, debated issue: la discussione di una questione davanti al giudice è detta *litigation of an issue* (CONTROVERSIA LEGALE; PARERE LEGALE; PROFESSIONE FORENSE; STIPULAZIONE).

– **controvertibile.** Litigable issue (STIPULAZIONE).

– **costituzionale.** Constitutional issue (DIRITTO (II) COSTITUZIONALE). [vol. I: CONSTITUTION]

– **di competenza.** Question of jurisdiction (COMPETENZA). [vol. I: JURISDICTION]

– **di diritto.** Question of law, point of law, legal question. Ma nella *common law* i termini *question of law-question of fact* rivestono un significato particolare in materia processuale relativamente ai poteri del giudice e della giuria (*infra*, QUESTIONE DI FATTO-DI DIRITTO).

– **di fatto-di diritto.** Lett., question, o issue, of fact-question, o issue, of law.
1. Questa distinzione assume un'importanza fondamentale nella tradizione di *common law* derivante dalla presenza, attuale o presunta, della giuria nel processo. la regola generale è che, mentre la giuria decide le questioni di fatto, il giudice decide quelle di diritto: uno degli effetti si riscontra in tema di appello in cui l'errore di fatto dà luogo a un *new trial* davanti alla stessa corte di merito e non ad un appello vero e proprio, il quale ultimo è limitato alle questioni di diritto e non prevede la presenza della giuria. La distinzione non ha rilevanza, invece, ai fini della dicotomia nostrana tra giudizio di legittimità e giudizio di merito.
2. Comunque, per quanto sul piano astratto il concetto di questione di fatto e questione di diritto sia altrettanto chiara (o confusa) al *common lawyer* quanto lo è al *civil lawyer*, è da rilevare che, in effetti, quella che nella *civil law* è questione di fatto (o diritto) non è considerata necessariamente tale nella *common law*, e viceversa. Ad esempio, in tema di *law of torts*, molte delle questioni che nella *common law* sono considerate questioni di diritto, nella *civil law*, sono, invece, delle questioni di fatto. Le spiegazioni di questa diversità sono molteplici; una deriverebbe dalla tendenza a sottrarre alla giuria un certo tipo di questioni per cui, come si è detto, spesso quelle che nei sistemi di *civil law* sarebbero ritenute delle questioni di fatto, nei sistemi di *common law* diventano *questions of law*.
3. È detta *proof of foreign law* la prova della legge straniera. In via di principio, nei sistemi di *common law* la legge straniera, come qualsiasi altro fatto, deve essere provata da chi la invoca. Nel sistema inglese, secondo il Law Ascertainment Act 1861, è una questione di fatto provare che un determinato rapporto giuridico è regolato dalla legge straniera. Ma — materia questa non agevole — come osserva Gutteridge [1946, ed. 1949: 46], in effetti è errato dire che l'accertamento della legge straniera sia una questione di fatto: al contrario, è stabilito dal Supreme Court of Judicature (Consolidation) Act 1925 che le questioni relative alla legge straniera devono essere determinate dal giudice e non lasciate alla giuria.
4. Comunque, principio generale in materia è che non si presume la conoscenza da parte del giudice della legge straniera, e che nelle cause in cui vi sia un elemento di collegamento con un ordinamento straniero, si presume che la legge sia analoga a quella inglese, salvo che non ne venga invocata la diversità da una delle parti. L'onere di provare la diversità e la natura della legge straniera incombe su chi la invoca; qualora l'eccezione non sia sollevata, ovvero non è sufficientemente provata, la causa viene decisa sulla base del diritto inglese, anche se non vi sono collegamenti con quest'ultimo. Contrariamente alla prassi esistente in altri paesi, il giudice inglese non si avvale — per accertare la legge straniera — di dichiarazioni ufficiali fatte dai governi stranieri sullo stato della loro legislazione in una determinata materia. La legge straniera va provata, invece, mediante la deposizione di un *expert witness*, cioè di un giurista esperto della materia che viene a trovarsi nella condizione di un testimone che potrà essere *cross-examined* dall'altra parte. Il giudice non è assistito da un consulente d'ufficio. L'accertamento della legge straniera viene definita una *question of fact*, giacché essa va provata con testimoni (altra accezione del termine *question of fact*).
5. Ma nelle materie comunitarie, ai sensi della s. 3(3) e (4) dell'European Communities Act 1972, il giudice inglese prenderà *judicial notice* della normativa comunitaria sulla base di copie dei testi e degli atti, e non già esigendo la prova testimoniale.

6. La materia è trattata da Schlesinger [1950, ed. 1988: 43, at 188] con particolare riguardo all'ordinamento degli S.U.; famosa è ormai quella parte del suo saggio che si riferisce all'accertamento del termine *prescription* (APPELLO; CORTE DI CASSAZIONE; FATTO E DIRITTO; GIURIA; *IURA NOVIT CURIA*; LEGGE STRANIERA; PROVA DELLA LEGGE STRANIERA). [vol. I: JURY; FACT AND LAW]

– **di merito.** Substantial issue (MERITO).

– **di procedura sollevata durante una riunione.** Point of order (MOZIONE D'ORDINE; RIUNIONE). [vol. I: *ad vocem*; MEETING]

– **federale.** Federal question. L'espressione ricorre negli S.U., stato federale. In virtù dell'art. III, s. 2, cl. 1, della costituzione federale, del Judiciary Act del 1789, e della legislazione successiva, le decisioni emesse nei diversi stati dell'Unione possono essere riformate dalle corti federali se hanno per oggetto questioni federali (COSTITUZIONE POLITICA; DIRITTO (I) FEDERALE NEGLI S.U.; POTERI RESIDUALI; REGOLAMENTO DI GIURISDIZIONE; RESIDENZA; SUPREMAZIA DEL DIRITTO FEDERALE NEGLI S.U.). [vol. I: *ad vocem*; INTRODUZIONE: III. 36; CONSTITUTION: VIII; FEDERAL PRE-EMPTION; FEDERAL QUESTION]

– **giuridica in genere.** Point of law, question of law, legal issue (*supra*, QUESTIONE DI FATTO-DI DIRITTO; PROBLEMA GIURIDICO).

– **incidentale.** Grosso modo, interlocutory question (DECISIONE IN UDIENZA DI UN PUNTO CONTROVERSO). [vol. I: INTERIM; INTERLOCUTORY; RULING]

– **legale.** Legal issue, point of law (*supra*, QUESTIONE GIURIDICA).

– **nuova.** Fresh issue (*supra*, QUESTIONE IN GENERE).

– **oggetto di esame.** Question in point.

– **politica.** Political question. Come tale non è *justiciable*, ossia non può essere decisa dal giudice. La *political question doctrine* elaborata dalla *Supreme Court*, è appunto quella per cui talune questioni non possono essere decise dal giudice, ma vanno decise da altri poteri dello stato. Ma, com'è stato osservato da J.B. Grossman, si tratta di formula semplificatoria, una petizione di principio, che dimostra esattamente il contrario di quanto pretende di affermare: « The irony of this 'political question doctrine' (a misnomer to the extent that it suggests that the Court *never* decides political issues), is that its operation demonstrates beyond any reasonable doubt the inherently political nature of the judicial process » [*Political Questions*, in *Oxford* 1992: 651]. In effetti, la dottrina si riduce ad una regola di prudenza che inibisce di interferire in talune questioni di natura politica come, ad es., in tema di separazione dei poteri; ma non tutte presentano aspetti politici. Il fatto è che la *Supreme Court* opera in un quadro politico e che vi sono casi in cui il suo intervento in questioni essenzialmente politiche tra altri poteri dello stato, ovvero nel loro funzionamento interno, può essere inopportuno. Comunque, ancora una volta, i giuristi americani dimostrano di aver colto appieno la natura, il senso e la funzione del diritto come categoria della politica, e in particolare la natura politica dell'attività giudiziaria con notevole anticipo rispetto ai colleghi europei (ATTO POLITICO; CONGRESSO DEGLI S.U.: 3; POLITICA; RAGION DI STATO).

– **pregiudiziale.** Preliminary issue (*supra*, QUESTIONE IN GENERE).

– **principale.** Main question, main issue (*supra*, QUESTIONE INCIDENTALE).

– **procedurale.** Point of practice, procedural issue, procedural point o question, question of practice, o of procedure (*supra*, QUESTIONE DI FATTO-DI DIRITTO; MOZIONE D'ORDINE; PROCEDURA; PROCESSO). [vol. I: POINT OF PRACTICE; QUESTION OF LAW-QUESTION OF FACT]

– **rilevante.** Material issue (RILEVANTE).

Questore delle Camere. Grosso modo, Serjeant-at-arms; ma non vi è equivalente esatto (CAMERE DEL PARLAMENTO). [vol. I: *ad vocem*]

Questura. Grosso modo, police headquarters; ma si noti che la questura, come la prefettura, etc., termini eclatanti dello stato accentrato, non trovano equivalenza nel sistema britannico e in quello nordamericano. La polizia britannica è articolata su basi locali; negli S.U. — stato federale — la polizia è oggetto della massima decentralizzazione possibile ed è organizzata al livello dei singoli stati (nell'ambito dei quali non esiste una « polizia di stato ») e, al livello federale, per quanto riguarda i reati federali (FEDERALISMO; MINISTRO DELL'INTERNO; POLIZIA; PREFETTURA). [vol. I: POLICE]

Quid pro quo. Questa espressione può prestarsi ad equivoci in quanto nella *common* *law* viene riferita allo scambio contrattuale. Essa è impiegata talvolta, incorrettamente, come sinonimo di *consideration* per indicare le prestazioni reciproche o il corrispettivo reciproco (*mutual considerations*) che in quella concezione del contratto ne sanciscono l'obbligatorietà. Ma si tratta di concetto più ristretto di quello di *consideration* (CONTRATTO: III; CORRISPETTIVO; PRESTAZIONE). [vol. I: CONSIDERATION; QUID PRO QUO]

Quiescenza in genere. Abeyance; riferita al rapporto di lavoro, è detta superannuation, retirement, pension (ACQUIESCENZA; CONDIZIONE; PENDENZA; PENSIONE; SOSPENSIONE). [vol. I: *ad vocem*]

– **del diritto.** Grosso modo, dormancy of claim, claim in expectancy, in abeyance (CONDIZIONE; DIRITTO (II); SOSPENSIONE).

Quietanza. Receipt, acquittance o quittance, discharge, release, quit claim (CONTRO QUIETANZA; FATTURA QUIETANZATA; LIBERAZIONE; PAGAMENTO; RICEVUTA; RICONOSCIMENTO; RINUNZIA). [vol. I: ACKNOWLEDGMENT; ACQUITTANCE; DISCHARGE; QUIT-CLAIM; RECEIPT; RELEASE]

– **a saldo.** Receipt in full (SALDO).

– **per nolo.** Freight release (NOLO).

Quiete. Peace (ORDINE PUBBLICO; PACE; PUBBLICA QUIETE).

Quinto potere. (QUARTO POTERE)

Quorum. Quorum. Inteso come numero minimo di partecipanti al di sotto del quale un organo non può prendere decisioni, principio generale è che, salvo che sia diversamente stabilito, esso è costituito dalla maggioranza relativa, detta *plurality* (COSTITUZIONE POLITICA RIGIDA; ELEZIONI POLITICHE; MAGGIORANZA; NUMERO LEGALE; QUOTA; UNANIMITÀ; VETO; VOTAZIONE). [vol. I: CASTING VOTE; ELECTION: 2; MEETING; PARLIAMENT: I, VI; PROXY; QUESTION; VOTE]

Quota. Interest, share, part, portion, instalment, dividend, stake, equity, quota. La *common law* conosce una forma particolare di comunione, detta *joint tenancy*, priva di equivalenza nel sistema italiano: essa prevede un originale regime delle quote in comunione. Talvolta il concetto di quota è reso anche dal termine *interest*: in tal senso, si parla talvolta di « interest in a partnership » o di « interest in a tenancy in common ». Avere o acquisire una interessenza o quota in una impresa o azienda è detto *have (to)* o *acquire (to) a stake in a firm* o *company* (ACQUISIZIONE DI CONTROLLO DI SOCIETÀ; ALIQUOTA; CARATO; COINTERESSENZA; COMPROPRIETÀ; COMUNIONE; CONDOMINIO; INTERESSE; INTERESSENZA; PARTECIPAZIONE AZIONARIA; PATTO DI QUOTA LITE; PATTO LEONINO; PORZIONE; PROPORZIONALMENTE; *PRO RATA*; QUOTAZIONE). [vol. I: CONTRIBUTORY; INTEREST; JOINT AND SEVERAL LIABILITY; JOINT TENANCY; PART OWNER; QUOTA LITIS; SHARE; TAKE-OVER; TENANCY IN COMMON]

– **di controllo di un'azienda, società, etc.** Controlling stake, controlling percentage of a company's shares (ACQUISIZIONE DI CONTROLLO DI SOCIETÀ; AZIONISTA DI CONTROLLO; COINTERESSENZA; PARTECIPAZIONE; SCALATA DI SOCIETÀ; SOCIETÀ (II) QUALE SOGGETTO COLLETTIVO).

– **di esportazione.** Export quota (ESPORTAZIONE).

– **di importazione.** Import quota (IMPORTAZIONE).

– **di iscrizione.** Entrance fee, fee (ISCRIZIONE).

– **di mercato.** Market share (MERCATO).

– **di partecipazione azionaria.** Equity in the company's, o corporation's (negli S.U.) capital (and surplus). Negli S.U. — stato federale — è definito *preemptive right* il diritto dell'azionista — riconosciuto dalla maggioranza degli stati dell'Unione (ma può essere limitato o escluso) — di mantenere invariata la quota della propria partecipazione azionaria mediante l'acquisto proporzionale di nuove azioni emesse (AZIONE (II) DI SOCIETÀ; EMISSIONE DI AZIONI DI SOCIETÀ; PARTECIPAZIONE AZIONARIA; PRELAZIONE).

– **di partecipazione in una *partnership.*** Capital contribution to a partnership (SOCIETÀ (II) DI PERSONE-DI CAPITALI). [vol. I: INTEREST; PARTNERSHIP]

– **di riserva nella successione.** (*infra*, QUOTA LEGITTIMA NELLA SUCCESSIONE)

– **di società.** (AZIONE (II) DI SOCIETÀ)

– **disponibile nella successione.** Si potrebbe tradurre con disposable portion of the testator's estate; ma a condizione di chiarire subito dopo che, in effetti, essa non ha ragione di esistere e non esiste nel sistema di devoluzione dell'eredità di *common law* (DISPONIBILE; SUCCESSIONE PER CAUSA DI MORTE).

– **di un azionista.** Shareholder's o stockholder's equity (AZIONE (II) DI SOCIETÀ).

– **indivisa.** Undivided share; ma si noti il diverso regime della comunione nella tradizione di *common law* (COMUNIONE). [vol. I: UNDIVIDED SHARES]

– **ineguale.** Unequal share (PATTO LEONINO).

– **legittima nella successione.** Si potrebbe tradurre, grosso modo e descrittivamente, come share of the testator's estate reserved by law for certain heirs. Ma, in principio, non esiste nel sistema successorio di *common law* la c.d. quota legittima o riserva, né esistono legittimari (*supra*, QUOTA DISPONIBILE NELLA SUCCESSIONE; *ELECTA UNA VIA NON DATUR RECURSUS AD ALTERAM*; LEGITTIMARIO; RISERVA A FAVORE DELLA MOGLIE). [vol. I: HEREDITAS; SUCCESSION; WILL]

– **proporzionale.** Pro rata share (PROPORZIONALMENTE).

– **uguale.** Equal share (*supra*, QUOTA INEGUALE; QUOTA PROPORZIONALE).

Quotazione in genere. Quotation (PREVENTIVO; PREZZO; QUOTA).

– **di mercato in genere.** Market quotation (MERCATO).

– **di titoli e valori in borsa.** Quotation of securities on Stock Exchange; ma si parla anche di *listing of securities* (*infra*, QUOTAZIONE DI TITOLI MOBILIARI; BORSA VALORI; TITOLI MOBILIARI QUOTATI IN BORSA).

– **di titoli mobiliari.** Quotation of securities, listing of securities. Si parla di *listed* e *unlisted securities* per indicare, rispettivamente, dei titoli quotati (e quindi soggetti a talune prescrizioni e controlli (negli S.U. ad opera, ma non soltanto, della *Securities and Exchange Commission*), o non quotati in borsa, questi ultimi trattati nel mercato azionario ristretto. Di un titolo trattato nel mercato borsistico si dice che esso è *traded in the market* (AMMISSIONE AL LISTINO DI TITOLI DI SOCIETÀ; AZIONE (II) DI SOCIETÀ; BORSA VALORI; LISTINO; MERCATO AZIONARIO; MERCATO AZIONARIO RISTRETTO; OBBLIGAZIONE (II) QUALE TITOLO MOBILIARE; PICCOLA IMPRESA; PREVENTIVO DI SPESA; PREZZO DELLE AZIONI; SOCIETÀ (II) QUALE SOGGETTO COLLETTIVO; TITOLI MOBILIARI QUOTATI IN BORSA). [vol. I: LISTING OF SECURITIES; QUOTATION OF SECURITIES]

Quotidiano di informazioni in genere. Newspaper (DIFFAMAZIONE; GIORNALE; GIORNALISMO; GIORNALISTA; *MEDIA*). [vol. I: *ad vocem*; DEFAMATION; LIBEL; MEDIA; NEW YORK TIMES V. SULLIVAN; PRESS]

Quovis. (ASSICURAZIONE IN QUOVIS)

R

Raccolta/e/o in genere. Collection, gathering, harvest, crop (ADUNANZA; ASSICURAZIONE DEL RACCOLTO; ESAZIONE; PROVENTO; RIUNIONE). [vol. I: COLLECTION; CROP; EMBLEMENTS; PROFITS À PRENDRE]

- **degli indizi.** Gathering of evidence (INDIZIO; PROVA).

- **della prova.** (*supra*, RACCOLTA DEGLI INDIZI)

- **di capitali.** Raising of capitals (*infra*, RACCOLTA DI FONDI; CAPITALE).

- **di dati.** Data collection (ELABORAZIONE ELETTRONICA DEI DATI).

- **di fondi.** Fund raising. Uno dei tanti aspetti in cui si rileva l'arretratezza della società civile italiana. Com'è stato osservato da un intelligente lettore dell'*Indipendente* dell'11 dicembre 1991 (Marco Ghetti, Milano): « I grandi *fund-raiser* da noi sono tradizionalmente le chiese, quella bianca e quella rossa, che dispongono di vaste legioni di volontari e che detengono i quarti di trascendenza sufficienti a chiedere soldi in nome di un mondo migliore. Il mondo laico non dispone di questa capacità » (AIUTO AI PAESI IN VIA DI SVILUPPO; CONTRIBUTO; FONDO).

- **di giurisprudenza.** (RIVISTE DI GIURISPRUDENZA)

- **di leggi in genere.** Celebre nel R.U. è la raccolta che va sotto il titolo di *Halsbury's Laws of England* che include annotazioni giurisprudenziali relative alle decisioni emesse sulle varie materie. Negli S.U. — stato federale — la legislazione federale è contenuta nell'*United States Code*. L'*United States Code Annotated*, oltre al testo delle leggi federali in vigore, contiene anche le annotazioni giurisprudenziali relative a sentenze federali e dei singoli stati dell'Unione sulle varie rubriche. Ma si noti il diverso organamento, la diversa presentazione del materiale legislativo e — soprattutto — la assai *diversa teoria delle fonti* del diritto che sola consente di collocare correttamente il fenomeno legislativo in un sistema di *common law* (CODICE; CODIFICAZIONE; CORPO DI LEGGI; *CORPUS IURIS CIVILIS*; DIRITTO (I) POSITIVO; FONTI DEL DIRITTO; LEGGE; RIVISTE DI GIURISPRUDENZA). [vol. I: STATUTE LAW: IV]

Raccolto. (RACCOLTA/E/O)

Raccomandata. (LETTERA RACCOMANDATA)

Raccomandatario. Grosso modo, ship's agent o ship's husband. Ma il termine non trova esatta equivalenza nella *common law* (NAVE; RAPPRESENTANTE DELL'ARMATORE; SPEDIZIONIERE).

Raccomandazione. Nel senso di invito, è detta recommendation. La recommendation assume grande importanza sia nel diritto interno che in quello internazionale. Le raccomandazioni internazionali hanno attratto particolarmente l'attenzione della dottrina italiana: esse costituiscono un importante strumento della cooperazione internazionale tra stati. Quanto al rapporto di raccomandazione in materia marittima, esso viene ricondotto all'*agency*. Nel mondo del commercio o del lavoro, è detta *letter of recommendation* la lettera di referenza o con la quale si assicura la buona condotta, la correttezza commerciale, la solvibilità, etc. di una persona. Quanto poi alla « raccomandazione » all'italiana — istituto di diffusa e capillare corruzione della società civile e politica nostrana — nelle sue dimensioni, essa appare priva di comune misura in paesi ad economia di mercato quali il R.U. e gli S.U.: introdotta in quei sistemi ne significherebbe ben presto la fine politica, economica e morale (CONCORRENZA; CREDENZIALE; LETTERA DI CREDITO; RACCOMANDATARIO; REFERENZA; RISOLUZIONE: 2). [vol. I: LETTER OF CREDIT; LETTER OF PATRONAGE; RECOMMENDATION]

Rada. Roadsted. V., in diritto internazionale,

l'art. 9 della convenzione di Ginevra del 1958 sul mare territoriale e sulla zona contigua (BAIA; MARE TERRITORIALE; NAVE; PORTO).

Radiazione in genere. Striking off, deregistration, cancellation (CANCELLAZIONE; REGISTRO).

- **di una nave dai registri.** Deregistration of a vessel (NAVE; REGISTRO NAVALE). [vol. I: DEREGISTRATION]
- **di un *barrister* dalla sua *Inn of Court*.** Disbarment of a *barrister* from his *Inn of Court*. Ma si noti che negli S.U. il giudice ha un *inherent power* di sospendere un avvocato dall'esercizio della professione per motivi disciplinari, e che non esiste la dicotomia tra *barristers* e *solicitors*: di solito, si parla di *disbarment of an attorney* (ALBO PROFESSIONALE; DEONTOLOGIA PROFESSIONALE FORENSE; DISCIPLINA DELLA PROFESSIONE FORENSE; FORMAZIONE GIURIDICA; PROCEDIMENTO DISCIPLINARE; PROFESSIONE FORENSE). [vol. I: DISBAR; LEGAL PROFESSION]
- **di un *solicitor* dall'albo.** (CANCELLAZIONE DI UN *SOLICITOR* DALL'ALBO; PROFESSIONE FORENSE)

Radio. (STAZIONE RADIO PIRATA)

Raffreddamento. (CLAUSOLA DI RIPENSAMENTO)

Raggiro in genere. Deception, false pretences, false representations, fraud, scam. Nel sistema inglese, la materia è regolata in maniera tutt'altro che preclara dalla s.16 del Theft Act 1968 e dalla s.1 del Theft Act 1978 che integra le ipotesi previste dalla prima legge. Entrambe queste disposizioni prevedono una serie di comportamenti determinati, dando luogo a notevoli difficoltà di interpretazione. La *deception* è riferita a due reati principali: a) *obtaining property by deception*; b) *obtaining a pecuniary advantage by deception*; ma si parla anche di « *evasion of liability by deception* », etc. Più precisamente, la *deception* indica l'artificio, il raggiro, l'inganno al fine di trarne profitto. La vittima di un raggiro è detta più spesso *scam victim*. Negli S.U. — stato federale — la materia è disciplinata dai singoli stati dell'Unione (ARTIFICIO; FRODE; INGANNO; TRUFFA). [vol. I: FALSE PRETENCE; FRAUD: 5; THEFT; UNCONSCIONABILITY]

- **nel contratto.** Fraudulent misrepresentation (*CULPA IN CONTRAHENDO*; FRODE). [vol. I: CULPA IN CONTRAHENDO; MISREPRESENTATION: 1]

Raggruppamento in genere. Grouping (ASSOCIAZIONE; FUSIONE; GRUPPO; RACCOLTA; RIUNIONE).

- **di banche.** Bank group, banking group (BANCA; CONCORRENZA; MONOPOLIO).
- **di interessi.** Grouping, pooling of interests, trust, concern (FUSIONE DI SOCIETÀ). [vol. I: POOL]
- **di società in genere.** Merger (ACQUISIZIONE DI CONTROLLO DI SOCIETÀ; FUSIONE DI SOCIETÀ; *HOLDING*; MONOPOLIO; SCALATA DI SOCIETÀ). [vol. I: HOLDING; MONOPOLY; RESTRAINT OF TRADE; TAKE-OVER]

Ragionamento giuridico. Legal reasoning; fondamentali differenze caratterizzano il processo mentale del *common lawyer* rispetto a quello del *civil lawyer*: il primo opera di solito ad un più modesto livello di astrazione. Del resto, la *common law* si evolve non già attraverso sillogismi deduttivi, ma mediante il ragionamento analogico fondato su precedenti situazioni di fatto: come scrive un eminente giurista [Kahn-Freund 1972, ed. 1977:18, 54], il giudice di *common law* è allo stesso tempo *rule maker and decision maker*: la *case law* opera *ex post*: « it does establish rules, but not before something has gone wrong » (ANALOGIA; DEDUZIONE COME PROCESSO LOGICO; FONTI DEL DIRITTO; INTERPRETAZIONE; LOGICA GIURIDICA; MAIEUTICA GIURIDICA; PRECEDENTE GIUDIZIARIO; RAGIONE; RAGIONEVOLEZZA; TEORIA DELLA ARGOMENTAZIONE). [vol. I: ANALOGY; CASE LAW; GENERAL PRINCIPLES OF LAW; LEGAL REASONING; PRECEDENT]

Ragion di stato. Reason of state: non è un caso che il termine sia impiegato più spesso nella sua formulazione francese di *raison d'État*: lo stato centralizzato si è formato in Francia, dove ha trovato la sua maggiore caratterizzazione. A parte le solite teorizzazioni teutoniche, storicamente, l'elaborazione della materia si deve in grandissima parte ai precettisti francesi (*et pour cause!*) e italiani.
1. La *raison d'État* viene definita come quella dottrina per cui la sicurezza o l'interesse dello stato sono ragioni tanto forti che per garantire l'una e/o l'altro si possono impunemente violare tutte le regole e le convenzioni morali, di diritto, politiche, etc.
2. La dottrina non è limitata ai rapporti interstatali: essa è semplicemente l'estrinsecazione del potere assoluto e, quindi, si applica sia ai rapporti interni che a quelli internazionali. Ma *stato di diritto* (o, meglio, *rule of law*) e *ragion di stato* sono, per molti versi, delle antinomie. Sul piano interno, l'affermarsi della *rule of law* nei sistemi di *com-*

mon law ha segnato un progressivo — ma non incontrastato — restringimento dello spazio lasciato alla ragion di stato, dato che, di solito, il diritto si pone anche come supremo regolatore dei conflitti. Il fatto che, negli S.U., una vigorosa campagna giornalistica riesca a far dimettere il Presidente, che la politica presidenziale sia scandita al ritmo dei sondaggi di opinione (*polls*) ed è soggetta ad una ragnatela di controlli e, in diversi modi, resa *accountable* e, infine, l'*open government*, che riassume tutto questo, restringono sempre più il margine per l'esercizio della ragion di stato. Comunque, molte volte ciò che vale a distinguere un atto dettato dalla ragion di stato da un atto criminale puro e semplice è il fatto che il primo è compiuto dal potere legale. La notte del 15 marzo 1804 Napoleone fa rapire oltre confine il duca di Enghien che, trasferito a Vincennes e giudicato sommariamente, viene fucilato e seppellito nel fossato del castello la notte del 20 marzo; Stalin organizza i processi di Mosca contro i « compagni » di partiti, suoi pretesi avversari, e il massacro di diecine di milioni di persone in nome della ragion di stato. E si potrebbe continuare con mille altri fatti lungo il fiume di sangue che segna le *ragioni del potere*, piuttosto che dello stato. Ma non esistono casi in cui in una democrazia industriale dell'Occidente e in tempo di pace, si sia sostenuto, come da noi, come pure ha fatto qualche giurista nostrano, che il crimine sistematico perpetrato per mezzo secolo dal potere legale (cfr., da ultimo, il caso Sisde) è stato imposto dalla ragion di stato. In ogni caso, se la *rule of law* costituisce la formula meno inadeguata nel tentativo di riportare il potere sotto l'imperio della legge, resta che, per sua natura, il potere politico, proprio in quanto tale, non potrà mai essere assoggettato del tutto al diritto, ma deve trovare nella politica le sue buone o cattive ragioni: perfino negli S.U., grande democrazia, in cui, secondo de Tocqueville, presto o tardi qualsiasi questione politica finisce col diventare una questione giuridica. È questo che si vuol dire quando i giuristi di *common law* affermano che una certa materia non è *justiciable*.

3. Assai diversa, ossia peggiore, nel senso che trova minori ostacoli, è, invece, la situazione nell'ambito esterno in cui il ricorso alla violenza (o la possibilità di essa) appare giustificata dalla *struttura anarchica della società internazionale*, chè rende impossibile la regolamentazione pacifica, cioè giuridica, delle controversie. In effetti, le N.U. ora (e la SdN prima) sono una *confederazione* e non già una federazione: questo fatto spiega perché nella fase decisionale, esecutiva e giudiziaria l'attività delle N.U. si trovi in una *impasse* permanente. Le manifestazioni più eclatanti di questo regime sono il potere di veto e la necessità di un certo tipo di unanimità nel Consiglio di Sicurezza; quanto poi alla Corte Internazionale di Giustizia — organo giudiziario delle N.U. — le sue decisioni hanno efficacia solo nei confronti degli stati che hanno volontariamente accettato in anticipo la sua giurisdizione. Questi dati, per quanto sommari, valgono a spiegare almeno in gran parte, la notevole diversità di regime giuridico interno e internazionale, nel quale ultimo la *rule of law* ha tante difficoltà ad affermarsi.

4. Forse il più noto esempio letterario di un salvacondotto (in pratica, una licenza di uccidere) utilizzato per realizzare un'operazione dettata dalla ragion di stato si trova nel grande romanzo di Alexandre Dumas [*Les Trois Mousquetaires*, ch. XLV]:

> « *C'est par mon ordre et pour le bien de l'État que le porteur du présent a fait ce qu'il a fait.*
> 3 décembre 1627. RICHELIEU ».

È in corso l'assedio della Rochelle e gli inglesi appoggiano gli ugonotti che vi si sono asserragliati: Richelieu incarica *Milady* — una bellissima donna agente segreto al servizio del Cardinale — di sopprimere il duca di Buckingham; ma è anche il tempo in cui è normale la pratica delle *lettres de cachet*. Manca un anno alla *Petition of Right*, prima forma di restrizione del potere reale nella storia degli stati moderni, e mancano 62 anni al *Bill of Rights*: ma l'odiata Inghilterrra è tanto lontana dalla Francia. E manca quasi un secolo e mezzo alla rivoluzione americana; insomma, manca del tempo per quel movimento che nei sistemi di *common law* sotto il nome di *rule of law* tende, nella misura del possibile, a porre il potere sotto l'imperio della legge. Manca ancora più tempo per la Dichiarazione dei Diritti dell'Uomo del 1789. Ma la *rule of law* si afferma non senza contrasti e mai completamente, come testimoniano le dittature del XX secolo con il loro seguito di stragi e massacri in Europa continentale, e le prodezze dei servizi segreti, specie delle due superpotenze, dopo la II guerra mondiale. Di guisa che si può dire che, dal tempo di quel salvacondotto, la ragion di stato — intesa come po-

tere sovrano e arbitrario — doveva mietere molte più vittime che in passato.
5. *Morale* e *Politica*: quante cose sono state fatte dire al povero segretario fiorentino! ecco un tema che non ci lascia mai; categorie tra le quali, come dire, troppo « machiavellicamente » troppi nostri studiosi hanno stabilito un compartimento stagno, spesso saltando a piè pari secoli di sviluppo giuridico. La ragion di stato realizza la separazione tra *politica* e *morale* tracciata da Machiavelli: ma, come osserva Galli della Loggia, « alla lunga, il machiavellismo e quella sorta di sua creatura primogenita che fu la Ragion di Stato lasciarono l'assolutismo monarchico ideologicamente nudo. Lo privarono di quello che agli occhi delle masse era stato il principale elemento di legittimazione del suo potere: l'investitura divina (...) È la differenza tra gli Stati Uniti e l'Europa. Negli Stati Uniti la scristianizzazione della politica e per conseguenza della vita collettiva avutasi in Europa non si è verificata » [1986: 34-35]. In effetti, si tratta « dell'unica cultura nazionale moderna che, pur essendo tale, non ha perso un rapporto reale con la dimensione religiosa, con l'aspirazione etica del monoteismo giudaico-cristiano e che, tra l'altro, proprio per questo è riuscita a restare immune dal fascismo e dal comunismo » [*L'Uomo Comune Batte l'Ideologia*, in *Corriere della Sera*, 13 novembre 1993].
6. Ma se, anche dopo il famoso salvacondotto del Cardinale, la ragion di stato, ha continuato a fare stragi nonostane la sconfitta della sovranità assoluta, resta il fatto che vi deve pure essere una *res publica* o interesse nazionale (almeno sul piano formale) in nome dei quali si compie ciò che è moralmente riprovevole. Com'è stato osservato, se Cesare Borgia, che fu uomo di pochissimi scrupoli, si fosse messo a rubare i soldi dei sudditi è dubbio che Machiavelli lo avrebbe preso a modello. C'è un capitolo del *Principe* in cui si dice che egli deve astenersi dalla roba altrui, ossia non deve rubare i beni e le donne dei sudditi. Diversamente da quanto sostengono taluni studiosi nostrani, la politica come malaffare non è politica: è delinquenza.
7. Eppure troppo spesso la *ragion di stato* non è altro che la ragione, il capriccio, l'interesse o l'arbitrio di chi dispone del potere: Mussolini aveva dichiarato molte volte di aver bisogno di qualche migliaia di morti per sedersi al tavolo della pace. Nella I Repubblica — dopo aver distrutto lo stato — con imperterrito *culot* si invoca la ragion di stato non più in nome dello stato (che non c'è più) ma dell'ideologia e, più spesso, di fatto, per riempirsi le tasche.
8. In questo senso, l'episodio romanzesco di Dumas appare incomparabile e troppo nobile perché vi si possano accostare le *risse tra palafrenieri* in cui da noi si è invocata la ragion di stato: un tanfo di formaggio pecorino promana dai protagonisti dei misfatti nostrani: e si intravede la Roma del Belli del rosario e del coltello. Come nel caso Moro, probabilmente il più emblematico, anche se certamente non il più grave, tra i tanti, della I Repubblica, in cui il regolamento dei conti, il ricatto tra criminali della politica, e il premeditato sequestro e assassinio dell'avversario, viene fatto passare per ragion di stato. Amici e colleghi che disconoscono e respingono l'uomo che avevano riverito fino al giorno prima (lo « statista » pugliese non è più lui: è impazzito, essi dicono); ed ecco una zuffa tra politicanti, generali senza esercito, magistrati senza giustizia, poliziotti incapaci di leggere un elenco telefonico e consiglieri di dare consigli, maghi e rabdomanti, imbroglioni, ladri e truffatori, e criminali: sullo sfondo sventolano appaiate le bandiere bianche e rosse dei due partiti che formano la base della Repubblica. Leonardo Sciascia è stato il primo, e il solo, a vedere, con lucidità di scrittore, nel dramma di Aldo Moro un tenebroso *affaire*, il volto orrendo del potere. La decisione che, in ogni caso, Moro dovesse essere liquidato, preferibilmente dalle B.R., o in mancanza, sepolto in un lager di stato emerge dagli atti ufficiali del parlamento repubblicano e dalle dichiarazioni del massimo responsabile dell'ordine pubblico nel nostro paese del tempo. Ma non vi era ragion di stato per il semplice fatto che nessuno sapeva esattamente cosa mai fosse lo stato, incluso l'illustre prigioniero; non c'era alcun *Commonwealth* da salvare, ma solo da conservare un assetto criminale del potere minacciato dalle rivelazioni del prigioniero. Dall'*affaire* Moro a Tangentopoli, all'*affaire* Sisde, in uno avvitarsi sempre più squallido di uomini, la ragion di stato finisce per diventare quella dei personaggi che sfilano davanti al Tribunale nel processo Enimont, (siamo dei patrioti affermano: si preleva per far funzionare la democrazia italiana; senza il rubare il meccanismo si inceppa, e crolla tutto, si corre il rischio di una nuova dittatura). Si pensi alla decisione della Procura della Repubblica di Roma del novembre 1993 nell'*affaire* Sisde per cui « non è possibile fare alcun accertamento giudiziario sul Capo dello Stato anche per le imputazioni dei reati più gravi, anche quan-

Ragion di stato

do quelli di cui è accusato si riferiscono a un periodo precedente la sua elezione » [*la Repubblica*, 7 novembre 1993, p. 3]. Non solo: ma chiunque avanzi accuse, anche se documentatissime, si rende colpevole per ciò solo del delitto di attentato alla costituzione. Ragion di stato?

9. In diritto internazionale, la ragion di stato trova la sua più frequente manifestazione tra stati sovrani. Com'è stato osservato: « il contributo specifico della corrente federalista alla teoria della R. di Stato consiste nell'individuazione dello strumento istituzionale in grado di superare la R. di Stato. Il punto di partenza del discorso relativo al superamento della R. di Stato attraverso il federalismo è nel pensiero politico di Kant » [Pistone, cit., 950]. Ma se le tesi di Kant costituiscono la base teorica per il superamento in senso federalista della ragion di stato, va rilevato che, anche qui, l'insegnamento dei *founding fathers* della costituzione federale americana, e in particolare di Alexander Hamilton, costituiscono un dato fondamentale. Insomma, il federalismo americano realizza l'ideale kantiano e costituisce l'unica alternativa alle pseudosoluzioni della Società delle Nazioni prima e delle N.U. dopo.

10. Tristemente famoso il patto di Londra del 1915 con il quale — all'insaputa del parlamento nazionale — il governo Salandra impegnava l'Italia a entrare in guerra contro le potenze centrali entro un mese dalla sua sigla in cambio del Trentino e Sud Tirolo, Trieste, l'Istria, il Dodecanneso, Valona, territori in Asia Minore e in Africa. Il documento, che doveva restare segretissmo, fu pubblicato invece dal governo sovietico nel 1917. Esso è all'origine della disastrosa entrata in guerra dell'Italia nel maggio del 1915 e causa prima della nascita del fascismo. Alla stregua degli sviluppi successivi si può capire perché Vittorio Emanuele III, Salandra e Sonnino avrebbero meritato l'impiccagione. Ragion di stato il « tradimento » delle Potenze Centrali, ragion di stato la segretezza; ragion di stato la morte di centinaia di migliaia di uomini e immense distruzioni materiali causate al nostro paese. Ma qui la ragion di stato non è altro, in definitiva, che gli umori, le voglie e velleità di chi dispone del potere.

11. Negli S.U. — impossibile evitare il riferimento — la costituzione (rigida) stabilisce che il potere di dichiarare la guerra spetta al Congresso; uno dei 14 punti del « professor » Wilson enunciati nel 1918, assieme alla costituzione di una Società delle Nazioni, stabiliva proprio il divieto dei trattati segreti: mentre la « Vittoria Mutilata » invocata dai nazionalisti nostrani era cosa non troppo diversa dalla protesta per il mancato rispetto di un accordo tra magliari, che negava in maniera plateale il principio di nazionalità e quello dell'autodeterminazione. L'Italia accampava « diritti » basati su un patto, oltretutto infarcito di assurdità impossibili da realizzare, condannato già a quell'epoca dalla coscienza internazionale. Gli S.U. si rifiutarono di riconoscerlo e l'Italia usciva ridicolizzata dalla conferenza di Versailles. Per chi volesse indagare sulla *qualità della nostra classe dirigente* questa è una delle tante prodezze da tenere a mente.

12. Machiavelli non poteva prevedere tutto questo e, tantomeno, che già dopo la fine della I guerra mondiale si era formato un robusto movimento di opinione per la punizione dei crimini di guerra [Ann and John Tusa 1983: 18, 54]. Quanto alla II guerra mondiale, Stalin era quello che con maggior vigore insisteva per processare i criminali di guerra; ma non contano le motivazioni, del resto intuibili, di un dittatore, spietato massacratore di diecine di milioni di uomini: in regime di dittatura non è possibile la distizione tra politica e morale e tra diritto e morale: il tiranno riassume in sé politica, morale e diritto. Ciò che conta è invece l'atteggiamento delle potenze democratiche nelle quali, come si è accennato, il margine per la ragion di stato, se non può essere annullato del tutto, si riduce in maniera notevole sia perché incontra dei limiti nella *rule of law*, sia perché il potere politico si esercita sotto gli occhi dei *media*, è soggetto a critiche, a periodiche verifiche elettorali.

13. Comunque, mentre il governo britannico si opponeva tenacemente all'istituzione di un Tribunale internazionale, preferendo un'esecuzione sommaria dei principali responsabili, i *leaders* americani erano convinti che nel proprio paese — nel quale il diritto assume il ruolo di regolatore fondamentale dei conflitti in una dimensione ignota in qualsiasi altro paese dell'Occidente — la gente non avrebbe accettata l'esecuzione sommaria dei criminali tedeschi. In effetti, una cosa è la guerra per una democrazia, un'altra per un regime dittatoriale: una democrazia per essere credibile all'interno e all'estero deve condurla in nome di princìpi morali; di fatto, contenuti, spesso, anche se non necessariamente, in princìpi giuridici. E così, in nome della legalità internazionale e della responsabilità individuale tipica della *common law*, *il Tribunale di Norimberga fa giustizia della separatezza tra mo-*

rale e politica (e quindi tra politica e diritto); ma si è trattato di un processo celebrato anche per la violazione di norme giuridiche e non solo morali (crimini contro l'umanità, crimini di guerra, etc.). In un'epoca in cui il diritto assume un ruolo sempre più importante, l'opinione pubblica all'interno dei paesi democratici e in sede internazionale condiziona sempre più l'esercizio della ragion di stato (ARBITRIO; ATTO POLITICO; CENSURA; COLPO DI STATO; DICHIARAZIONE DEI DIRITTI; DISCREZIONALITÀ DELL'AZIONE PENALE: 4; FEDERALISMO; GUERRA; INFORMAZIONE; MESSA IN STATO DI ACCUSA DEL PRESIDENTE DELLA REPUBBLICA; POLITICA; POTERE; QUATTRO LIBERTÀ; QUESTIONE POLITICA; RAGIONE; REALISMO POLITICO; SEGRETEZZA DEI TRATTATI; SEGRETO DI STATO; SICUREZZA DELLO STATO; SOVRANITÀ; STATO; STATO D'ASSEDIO; STATO DI DIRITTO; STATO DI EMERGENZA; STATO DI NECESSITÀ; TRATTATO SEGRETO; TRIBUNALE INTERNAZIONALE PERMANENTE PER I CRIMINI CONTRO L'UMANITÀ). [vol. I: ACT OF STATE; BILL OF RIGHTS; EXECUTIVE PRIVILEGE; NUREMBERG TRIALS; PETITION OF RIGHT]

Bibl.:
Berger, P.L., *Il problema dell'agire morale nell'età del pluralismo,* il Mulino 3/94: 400.
Matteucci, N., *Le ragioni della politica e le ragioni della morale*, ibid.: 428.
Panebianco, M., *La cattiva retorica del moralismo*, ibid.: 423.
Pasquino, G., *Machiavellismo*, in Ginsborg (cur.) 1994: 92.
Pistone, S., *Ragion di Stato*, in *Dizionario di Politica* 1976, ed. 1983: 944.
Viroli, M., *La cattiva retorica dell'autonomia della politica,* il Mulino 3/94: 417.

Ragione/i. Reason. La ragione è una fonte sussidiaria di diritto di grande importanza nella tradizione di *common law*: essa gioca in sostanza un ruolo molto maggiore di quello dell'*aequitas* nella *civil law*. È in questo senso che vanno intesi i termini *reasonable, reasonable man,* e *reasonableness*, che ricorrono continuamente nelle decisioni e nel linguaggio giuridico inglese e nordamericano. Si suol dire che « reason is the foundation of all our laws », e si parla di *reasonable time* per indicare un ragionevole termine, etc. La ragione ha altresì una notevole importanza nella *natural law*.

1. Ma la ragione degli uni non è anche necessariamente la ragione degli altri. La ragione del giurista, degli iniziati, distinta da quella dell'uomo comune, viene definita *artificial reason* da Sir Edward Coke, campione della *common law*, in uno dei tanti celebri scontri con Giacomo I d'Inghilterra. Quest'ultimo sostiene che il diritto coincide invece con l'idea che se ne fa l'uomo comune di cui, per l'occasione, Giacomo I pretende di vestire i panni.

2. Le *due process clauses* nordamericane, garanzie costituzionali di giustizia, oltre che di legalità, costituiscono un efficace strumento di controllo della legislazione e della giurisprudenza sia federale sia dei singoli stati dell'Unione, sia sugli *atti della pubblica amministrazione*, mediante il *test* della *reasonableness*. Di guisa che, la legge non potrà essere irragionevole, arbitraria o capricciosa, e i mezzi prescelti debbono avere un ragionevole rapporto con gli obiettivi che essa si prefigge.

3. Certamente, il giudice di *common law*, che si rifà alla sua ragione, è ben diverso dal giudice di Montesquieu, *bouche de la loi*, che si rimette, invece, alla ragione del legislatore (quando c'è). Ma questa materia va inquadrata nella diversa teoria delle fonti delle due tradizioni giuridiche, e nelle diversità degli ordinamenti giudiziari che, in buona sostanza, ne sono il riflesso. Con la *reason*, il diritto naturale, cacciato dalla porta, rientra dalla finestra.

4. Ad ogni modo, da qualche tempo, la nostra Corte Costituzionale invoca sempre più di frequente il principio di ragionevolezza come criterio decisorio; ma deve trattarsi di una ragione molto speciale se non poche delle sue sentenze lasciano assai perplessi. Beninteso, la ragionevolezza non è estranea, terminologicamente, alla nostra legislazione, né alla nostra giurisprudenza; ma essa non ha mai giocato nel nostro diritto (a non parlare del resto) il ruolo che assume nella tradizione di *common law* e, in particolare, in quella nordamericana, in cui rivela un fortissimo sedimento giusnaturalistico che spiega il grande *attrait* di quel diritto sul *civil lawyer.* Ad ogni modo, le leggi nostrane appaiono troppo spesso irragionevoli, capricciose, arbitrarie e inique: spesso non di irragionevolezza si tratta, ma di delinquenza pura. Di modo che sembra lecito dubitare che un giudice inglese o nordamericano sarebbe disposto a sanzionare l'applicazione di molte di esse. Saverio Vertone in un agile *pamphlet* [1992] ha commentato con grande *sense of humour* talune « grandi riforme », adottate virtualmente all'unanimità, talmente bislacche da far passare il nostro paese per un autentico manicomio; si pensi alla proposta seriamente discussa e sostenuta nel nostro parlamento da importanti forze politiche e autorevoli giuristi-politici di istituire collegi elettorali *all'estero*. Tenden-

za quindi da incoraggiare, quella della nostra Corte Costituzionale, riconoscendone il potenziale contenuto rivoluzionario: se applicata sistematicamente, la ragione farebbe scoppiare come una vescica marcia l'osceno corpaccio di 150 mila leggi che assicurano la mancanza di *regole* e il sistema legale più iniquo dell'Occidente. Forse farebbe scoppiare tutto il paese. Comunque, auguri, auguri; ma quante sentenze della corte si salverebbero se dovesse prevalere la ragione? (BUON PADRE DI FAMIGLIA; CAUSA (I); DIRITTO (I) NATURALE; EQUITÀ; EQUO; FONTI DEL DIRITTO; GIUSTIZIA; GIUSTO; LEGGE INGIUSTA; MORALE; MOTIVO; MOVENTE; ORDINAMENTO GIUDIZIARIO; PROVA; RAGION DI STATO; RAGIONEVOLEZZA; STATO DI DIRITTO; UOMO MEDIO). [vol. I: AEQUITAS; ARTIFICIAL REASON; DUE PROCESS CLAUSES; FAIR; JUST; NATURAL LAW; REASON; REASONABLE; REASONABLENESS]

- **di diritto.** Legal grounds (DIRITTO (I); MOTIVAZIONE DELLA SENTENZA). [vol. I: QUESTION OF FACT-QUESTION OF LAW]
- **di scambio.** (TERMINI DI RESA)
- **di stato.** (RAGION DI STATO)
- **imperative.** Imperative reasons (OBBLIGATORIO).
- **sociale.** Business name; ma si parla anche di trade name, corporate name, firm name, company name, style (DITTA). [vol. I: BUSINESS NAME; TRADE NAME]

Ragioneria in genere. Accounting (*AUDIT*; *AUDITING*). [vol. I: AUDITING]

- **di un ministero.** Accounting office of a department (MINISTERO).
- **Generale dello Stato.** Non esiste un corrispondente ufficio in senso stretto; di fatto, le funzioni della ragioneria generale dello stato sono esercitate nel R.U. dal *Treasury*. Negli S.U. — stato federale — un analogo della Ragioneria Generale dello Stato è il *General Accounting Office*. [vol. I: TREASURY]

Ragionevole. Reasonable, fair (DUBBIO RAGIONEVOLE; RAGIONE; RAGIONEVOLEZZA).

- **sollecitudine.** (*infra*, RAGIONEVOLE SPEDITEZZA)
- **sospetto.** Reasonable suspicion (FERMO DI POLIZIA; SOSPETTO).
- **speditezza.** Reasonable despatch. Il termine è impiegato nel trasporto in genere: nel *voyage charterparty* si ha un'*implied undertaking*, ossia un'obbligazione tacita, da parte dell'armatore che la nave debba procedere con ragionevole speditezza (NOLEGGIO DI NAVE; TRASPORTO).

Ragionevolezza in genere. Reasonableness. Tutta la *common law* si riferisce alla condotta dell'uomo ragionevole. La ragionevolezza equivale, in sostanza, all'*aequitas*, ma assume un ruolo molto più rilevante in quella tradizione giuridica: essa costituisce un *principio generale* della *common law*. Il requisito e il *test* della *reasonableness* pervadono tutto il diritto inglese e nordamericano e, in particolare, in tema di *due process clauses*, le celebri garanzie costituzionali nordamericane che sanciscono un requisito oltre che di legalità, di giustizia. Grazie all'interpretazione estensiva della *Supreme Court*, esse hanno assunto un particolare valore di garanzia costituzionale nel processo civile e penale, che consente di esercitare un efficace controllo sulla legislazione e sulla giurisprudenza, sia federale, sia dei singoli stati dell'Unione mediante l'accennato *test* della *reasonableness*. Il concetto di *due process of law* comporta, tra l'altro, che la legge non possa essere irragionevole, capricciosa o arbitraria. Si pensi, ad es., al IV emendamento [1791] della costituzione degli S.U. in tema di tutela dei diritti fondamentali di libertà, etc. contro *unreasonable searches and seizures* (DILIGENZA; FERMO DI POLIZIA; INVESTIMENTO: 2).
Anche il concetto di *probable cause* si pone come requisito di ragionevolezza, di causa ragionevole, di motivi ragionevoli, per giustificare l'arresto o la perquisizione. Deve trattarsi di più del semplice sospetto, ma non necessariamente di una prova tale da giustificare la condanna. La *probable cause* costituisce un requisito generale della prova nel sistema nordamericano: *probable cause hearing* o *preliminary hearing* è detta l'udienza davanti a un *magistrate* non per giudicare l'imputato ma soltanto per stabilire se vi sono ragioni sufficienti per ritenere che un reato è stato commesso e che l'imputato lo abbia commesso e, quindi, per rinviarlo a giudizio davanti alla corte competente. La *probable cause*, in quanto primo filtraggio della verosimiglianza dell'accusa, non è soltanto una garanzia per l'imputato; essa costituisce per gli organi dell'accusa e la polizia un freno notevole alla promozione di azioni prive di requisiti minimi di plausibilità il cui costo deve essere in ultima analisi sostenuto dai contribuenti. In materia civile, la *probable cause* indica un tipo di prova tale da indurre a ritenere l'esistenza di una *cause of action*, ossia, grosso modo, e

in breve, del diritto sostanziale invocato in giudizio (PROVA: 5; RAGIONE). Il requisito della ragionevolezza è stato oggetto di una copiosa disamina giurisprudenziale. L'Amendment IV [1791] della costituzione degli S.U. recita: « The right of the people to be secure in their persons (...) against unreasonable searches and seizures, shall not be violated, and no Warrants shall issue, but upon probable cause ». Qui *unreasonable* è opposto a *probable cause,* ossia a ragionevole (ARRESTO; ATTO ARBITRARIO; BUON PADRE DI FAMIGLIA; DILIGENZA; GIUSTO; INDIZIO; INVESTIMENTO: 2; ORDINARIA PRUDENZA; PRESTAZIONE: 1; PRINCÌPI GENERALI DI DIRITTO; PROVA: 5; RAGIONE; SOSPETTO; UOMO MEDIO). [vol. I: ARTIFICIAL REASON; CLAPHAM OMNIBUS; DUE PROCESS CLAUSES; REASONABLENESS]

Raider. Lett., incursore. Espressione popolare per indicare lo scalatore di società quotata in borsa, detto anche *shark.* Si tratta di un investitore che rastrella quote di una società allo scopo di conquistare la quota di controllo. La possibilità della scalata ostile è intrinseca all'assetto proprietario della società anglo-americana; ma non di altri sistemi, come, ad es., quello tedesco; a non parlare di quello italiano (RILIEVO DI SOCIETÀ; SCALATA DI SOCIETÀ; SOCIETÀ (II) QUALE SOGGETTO COLLETTIVO).

Ramo in genere. Branch, department (BRANCA).

- **commerciale.** Commercial branch (ATTIVITÀ; COMMERCIO; INDUSTRIA).
- **giuridico.** Legal branch (BRANCA DEL DIRITTO; DIRITTO (I); TRADIZIONE GIURIDICA). [vol. I: DEPARTMENT OF LAW]
- **infortuni.** Accident insurance branch (ASSICURAZIONE CONTRO GLI INFORTUNI). [vol. I: INSURANCE]

Rango in genere. Rank, capacity, status (GRADO; QUALIFICA; *STATUS*).

- **del credito.** Ranking of claim; si dice di un credito non privilegiato che esso concorre *pari passu*, ossia proporzionalmente, con gli altri non privilegiati (CREDITO; INSINUAZIONE DI CREDITI AL PASSIVO; PREFERENZA TRA CREDITORI; PRIORITÀ NEL PAGAMENTO; PRIVILEGIO; 6; SUBORDINAZIONE DI UN CREDITO o PRIVILEGIO A UN ALTRO). [vol. I: RANKING OF CLAIMS]

Rapina in genere. Robbery; rientra nella figura del *theft*; detta anche *hold up* (BORSEGGIO; CRIMINALITÀ ORGANIZZATA; FURTO; INTIMIDAZIONE; MINACCIA; RAPINATORE). [vol. I: ROBBERY; THEFT]

- **aggravata.** Armed robbery (AGGRAVANTE).
- **a mano armata.** Armed robbery (ARMA).
- **a una banca.** Bank robbery (BANCA).
- **con sequestro di persona.** Robbery with kidnapping (SEQUESTRO DI PERSONA).
- **semplice.** Simple robbery (*supra*, RAPINA IN GENERE).

Rapinatore in genere. Robber (LADRO; RAPINA).

Rapporti in genere. (RAPPORTO/I)

Rapporto/i in genere. Relation, link, bond, connexion (o connection) intercourse, tie, nexus (COLLEGAMENTO; CONNESSIONE; LEGAME; MEMORIA; MEMORIALE; NESSO; RELAZIONE; VINCOLO).
1. Nel senso di atto, documento, relazione, resoconto, verbale, referto, informazione, denunzia, etc., si parla di report, return, information, relation. L'obbligo del rapporto è detto *duty to return* o *to report.* Il rapporto falso è detto *false return* (DOCUMENTO; VERBALE).
2. Ma *report* indica anche il resoconto della decisione giudiziaria che, nella diversa articolazione della sentenza di *common law*, si pone, appunto, come un rapporto: in tal caso, si parla di *law report* o *report.* Per questo, la cronaca delle sentenze è detta *law reporting* (RIVISTE DI GIURISPRUDENZA).
3. Nel senso di legame, nesso, è detto relation, relationship, link, intercourse. Negli S.U. — stato federale — il termine *nexus* è impiegato, tra l'altro, in materia di imposte societarie per indicare un rapporto tra un'azienda e un determinato stato dell'Unione. [vol. I: INFORMATION; LAW REPORTS; RELATION; REPORT; REPORTER; REPORTING; RETURN; RETURNING OFFICER]

- **collettivi di lavoro.** Industrial relations (*infra*, RAPPORTI DI LAVORO; ACCORDO COLLETTIVO DI LAVORO; LAVORO; RELAZIONI INDUSTRIALI). [vol. I: *ad vocem*]
- **coniugali.** Conjugal relations (CONIUGE; DIRITTI (II) CONIUGALI).
- **contrattuale.** Contractual relationship o relation; fondamentale in questa materia è il concetto di *privity of contract*, ossia della relatività del contratto (CONTRATTO: IX; RELATIVITÀ DEL CONTRATTO). [vol. I: PRIVITY; PRODUCT LIABILITY].
- **dei revisori dei conti.** Grosso modo,

auditors' report (REVISIONE CONTABILE; SINDACO DI SOCIETÀ).

– **di avanzamento.** Progress report (*supra*, RAPPORTO IN GENERE).

– **di causalità.** Causation, chain of causation, causal connexion. La interruzione del rapporto di causalità è detta *break of chain of causation* (CAUSA (II); CAUSALITÀ; DANNI DIRETTI; PREVEDIBILITÀ DEL DANNO; RISARCIMENTO). [vol. I: ACT OF GOD; CAUSA CAUSANS; CAUSA PROXIMA ET NON REMOTA SPECTATUR; CAUSATION; DAMAGE; DAMAGES; FORCE MAJEURE; NOVUS ACTUS INTERVENIENS; REMOTENESS OF DAMAGE]

– **di lavoro.** Labour relation; i rapporti sindacali o di lavoro collettivi sono detti *industrial relations*. Nel sistema britannico — a differenza di quello nordamericano — essi sono caratterizzati da una notevole componente extragiuridica, anche se va rilevata una tendenza verso un crescente ruolo della legge in materia. Il rapporto individuale di lavoro è detto *employer-employee relationship* (COMMITTENTE; ESTINZIONE DEL RAPPORTO DI LAVORO; LAVORO; MANDATO; MANSIONE; PERSONALE; SINDACATO). [vol. I: EMPLOYMENT; INDUSTRIAL RELATIONS]

– **di parentela.** Relationship by blood (PARENTELA).

– **diplomatici.** Diplomatic relations (AFFARI ESTERI; CANALI DIPLOMATICI; DIPLOMAZIA; ROTTURA DEI RAPPORTI DIPLOMATICI). [vol. I: DIPLOMATIC]

– **di polizia.** Police report (POLICE).

– **domestici tra persone della stessa famiglia.** Domestic relations (CONVENZIONI FAMILIARI). [vol. I: INTRODUZIONE: III. 17; DOMESTIC AGREEMENT]

– **fiduciari.** Fiduciary relationships; assumono particolare rilievo nei sistemi di *common law*, in virtù del *trust*, istituto dell'*equity* ignoto alla *civil law* (ABUSO DI POTERE DEL RAPPRESENTANTE; DOVERI FIDUCIARI; FIDUCIA; OBBLIGO FIDUCIARIO; PATRIMONIO FIDUCIARIO; PROCURA; REATI COMMESSI DAI C.D. COLLETTI BIANCHI; *TRUST*; VIOLAZIONE DI FIDUCIA). [vol. I: FIDUCIARY RELATIONSHIP]

– **genuino.** (LEGAME GENUINO)

– **giuridico.** Jural relation, legal relation, legal relationship. Ma il concetto di rapporto giuridico è espresso anche dal termine *privity* che indica la relazione esistente tra i soggetti di un rapporto e introduce il concetto di legittimazione sostanziale limitato alle parti di esso.

1. La materia non ha subito nei sistemi di *common law* una elaborazione dottrinale paragonabile a quella della pandettistica tedesca adottata poi entusiasticamente dalla nostra dottrina giuridica. Carenza, se mai la si possa considerare tale, che, tutto sommato, non impedisce al diritto inglese e nordamericano di collocarsi, sul piano dei contenuti politici e sociali, tra i più avanzati del mondo.

2. Nell'ambito della assai diversa teoria delle fonti della tradizione di *common law*, si distingue tra *legal* e *equitable relation* per indicare, rispettivamente, un rapporto riconosciuto e protetto, dall'uno o dall'altro insieme di regole (*common law-equity*).

3. Il concetto feudale di *relation* resta di fondamentale importanza per intendere un tratto peculiare della *common law*. Nella *relation*, e non già nella volontà autonoma del soggetto, si vede la fonte di numerosi rapporti giuridici, di talune obbligazioni, etc. È da essa, ossia dallo *status* dell'individuo nella società, nel gruppo, nella corporazione o nella famiglia, che la legge o la consuetudine fanno discendere obbligazioni ed oneri per la persona, a prescindere dall'atto autonomo di lei, laddove la *civil law* tende ad attribuire la fonte di detto regime al contratto e alla volontà delle parti.

4. L'idea di rapporto o di *status* pervade tutta la *common law* e quello che il *civil lawyer* definirebbe come diritto pubblico e privato. In diritto privato, essa si riscontra, tra l'altro, anzitutto, in materia di *property*, e poi anche di contratto, di *agency*, di illecito e, più in particolare, di *negligence*, di rapporti fiduciari, di lavoro, etc. Così, il rapporto di *principal* e *agent* si ricollega all'idea di *status* piuttosto che a quella di contratto; esso costituisce una relazione umana.

5. Questa spiega perché non è solo in tema di diritti immobiliari — in cui, ad es., si parla di *landlord and tenant* — che la *common law* conservi una impronta feudale, come quando si riferisce al rapporto tra *debtor and creditor*, *master and servant*, *husband and wife*, *vendor and purchaser*; in questo senso, si parla, ad es., di *debtor and creditor law*, etc.

6. Si noti altresì che, in materia contrattuale, dall'esistenza o meno dell'*intention to create legal relations* si fa dipendere l'esistenza, o meno, di un vincolo legal-

mente sanzionabile (*enforceable*); da essa dipende se si sia in presenza di un *contract* (per il quale sussiste in aggiunta il requisito della *consideration*) o di un *agreement*. È detto *divestive fact* un fatto estintivo del rapporto giuridico (*supra*, RAPPORTO CONTRATTUALE; BUON SAMARITANO; CONTRATTO: III; CONTRATTO SINALLAGMATICO; DIRITTO (II) SOGGETTIVO; ESTINZIONE DI UN RAPPORTO GIURIDICO; FATTORE DI COLLEGAMENTO; PANDETTISTICA; PARTE; TEORIA DELLA VOLONTÀ; VINCOLO). [vol. I: INTRODUZIONE: III. 16, 17; AGREEMENT; CONNECTING FACTOR; CONTRACT; GENTLEMEN'S AGREEMENT; GOOD SAMARITAN; INTENTION TO CREATE LEGAL RELATIONS; JURAL RELATION; LEGAL RELATION; PRIVITY; PROPERTY: III; RELATION]

– **internazionali.** International relations (DIRITTO (I) INTERNAZIONALE). [vol. I: COMITY OF NATIONS; INTERNATIONAL LAW]

– **patrimoniali tra coniugi.** Proprietary relations between spouses (ALIMENTI; CONIUGE; CONVENZIONI MATRIMONIALI; PATRIMONIO SEPARATO; PROPRIETÀ MATRIMONIALE). [vol. I: MARRIED WOMEN'S PROPERTY; MATRIMONIAL PROPERTY LAW]

– **periodico.** Periodic report (*supra*, RAPPORTO IN GENERE).

– **personali tra coniugi.** Personal relations between spouses (CONIUGE).

– **provvisorio, interlocutorio.** Interim report (*supra,* RAPPORTO IN GENERE).

– **razziali.** Racial relations (RAZZA).

– **sessuali.** Sexual intercourses; l'assenza di rapporti sessuali è detta *non-intercourse* o *non-access*, eccezione proposta di solito in tema di azioni per il riconoscimento della paternità (ACCESSO MATRIMONIALE; PATERNITÀ).

– **sindacato-proprietà.** Union-management relationship (*supra*, RAPPORTI DI LAVORO; LAVORO; SINDACATO).

– **sottostante nella cambiale.** Underlying transaction (CAMBIALE).

– **sul danno.** Damage report (*supra*, RAPPORTO IN GENERE; DANNO). [vol. I: PROTEST OF AVERAGE]

Rappresaglia. In diritto internazionale, è detta reprisal o anche *retaliation*; va distinta dalla *retorsion* e dalla *self-defence* o autodifesa. Negli S.U. — stato federale — in molti stati dell'Unione esistono le c.d. *retaliatory laws*, ossia delle leggi che in tema società, assicurazioni, borse valori, etc. prevedono l'applicazione di misure restrittive analoghe a quelle applicate da qualsiasi altro stato dell'Unione o da un paese straniero alle proprie imprese operanti in quello stato o all'estero (CLAUSOLA DELLA NAZIONE PIÙ FAVORITA; DISSUASIONE; EMBARGO; LETTERA DI RAPPRESAGLIA; RESTRIZIONE; RITORSIONE). [vol. I: ANGARY; EMBARGO; LETTER OF MARQUE; PRIVATEER; REPARATION; RETALIATION; RETORSION; SELF-DEFENCE]

– **del datore di lavoro.** Employer's retaliation (DATORE DI LAVORO; LICENZIAMENTO).

– **limitata.** Limited reprisal (*supra*, RAPPRESAGLIA).

Rappresentante in genere. Grosso modo, agent, attorney in fact, attorney, proxy, representative, delegate.

1. Ma non esiste equivalenza tra la figura del rappresentante e quella dell'*agent*, e viceversa. Si tratta qui soltanto di prospettare degli analoghi, rinnovando l'avvertenza che con questa materia si entra nelle sabbie mobili e nelle trappole della comparatistica. L'analogo della rappresentanza privata nostrana è l'*agency*; l'*agent* che sia tale in base a una procura (*power of attorney*) è definito *attorney-in-fact.*

2. Negli S.U. assume rilevanza — ai fini della tutela dell'affidamento dei terzi che abbiano trattato con l'*agent* — la c.d. *sole actor doctrine* in virtù della quale al rappresentato (*principal*) viene imputata la conoscenza degli atti posti in essere dal rappresentante (*agent*).

3. Nella successione, viene definito *personal representative* l'*executor* o *administrator* del patrimonio del defunto: ma, in effetti, non rappresenta un bel niente. In diritto internazionale, il rappresentante è detto più spesso *representative* (AGENTE CON RAPPRESENTANZA; AGENTE DIPLOMATICO; COMMESSO ADDETTO ALLA VENDITA; DELEGATO; DEPOSITARIO; ECCESSO DI POTERE DEL RAPPRESENTANTE; MANDATARIO; PREPOSTO; PROCURATORE; RAPPRESENTANZA; RAPPRESENTATO; SOSTITUTO; SUCCESSIONE PER CAUSA DI MORTE; SUPPLENTE; VICARIO). [vol. I: AGENCY; ATTORNEY; AUTHORITY; PERSONAL REPRESENTATIVE; PROXY; REPRESENTATIVE; SUCCESSION]

– **commerciale.** (*infra*, RAPPRESENTANTE DI COMMERCIO)

– **del governo davanti alla Corte Internazionale di Giustizia, alla Corte di Giustizia delle Comunità Europee, etc.** Agent (CORTE DI GIUSTIZIA DELLE COMUNITÀ EUROPEE; CORTE INTERNAZIONALE DI GIUSTIZIA)

– **dell'accusa nel processo penale.** Prosecutor (AZIONE (I) PENALE; PUBBLICO MINISTERO). [vol. I: *ad vocem*]

- **dell'armatore.** Grosso modo, ship's agent, ship's husband (ARMATORE; RACCOMANDATARIO).
- **delle parti (CGCE).** Representative of the parties.
- **di commercio.** Mercantile agent, factor, commission agent (*infra*, RAPPRESENTANTE DI VENDITA; AGENTE DI COMMERCIO; COMMERCIO; COMMISSIONARIO; VENDITA). [vol. I: AGENT; COMMISSION AGENT; FACTOR]
- **di vendita.** Sales agent, sales representative, factor (*supra*, RAPPRESENTANTE DI COMMERCIO).
- **esclusivo.** Sole agent, sole representative (ESCLUSIVA). [vol. I: SOLE AGENT]
- **generale.** Grosso modo, universal agent, general agent; agent acting for the transaction of business in general; ma non esiste in senso stretto una figura che coincida esattamente col rappresentante generale nostrano (PROCURA; RAPPRESENTANZA).
- **in un'assemblea, riunione.** Representative, delegate, proxy (ASSEMBLEA; DELEGA DEL DIRITTO DI VOTO SOCIETARIO).
- **legale.** Legal representative (*supra*, RAPPRESENTANTE IN GENERE; PROCURATORE).
- **nell'assemblea di società.** (DELEGA DEL DIRITTO DI VOTO SOCIETARIO)
- **sindacale in genere.** Union representative, union steward, shop steward, steward (SINDACATO). [vol. I: SHOP STEWARD]
- **tenuto allo star del credere.** Del credere agent. [vol. I: DEL CREDERE AGREEMENT]

Rappresentanza in genere. Grosso modo, agency. Ma qui si entra nelle sabbie mobili dell'incomparabile: non esiste equivalenza tra la rappresentanza nostrana e l'*agency* di *common law*. Com'è stato avvertito, l'*agency* è stata accostata alla rappresentanza, ai singoli contratti o rapporti di gestione (mandato, mediazione, agenzia, preposizione institoria, etc.); ma va enfatizzato che non vi ha coincidenza di concetti e categorie nelle due tradizioni giuridiche. In effetti, il concetto di rappresentanza volontaria — fondato sulla chiara distinzione tra atti di cooperazione giuridica e atti di cooperazione materiale e sulla separazione della procura dal rapporto di gestione — è sostanzialmente estraneo alla tradizione di *common law*. La diversità di regime esistente in materia costituisce una non lieve difficioltà sulla strada dell'uniformità giuridica internazionale, come risulta dai lavori della convenzione di Ginevra del 1983 sulla rappresentanza nella vendita internazionale di merci. Si tratta, quindi, tutt'al più, di suggerire degli analoghi, tenendo conto, tra l'altro, che in questa materia esistono spesso notevoli differenze tra il diritto inglese e quello nordamericano. L'*agent* potrebbe essere definito come un intermediario che stabilisce un rapporto giuridico tra il *principal* e il terzo. Il termine *agency* si riferisce sia all'insieme dei rapporti esistenti tra *principal*, *agent* e terzo, sia al rapporto tra *principal* e *agent*. Ma per *agency* si intende più spesso il rapporto tra, grosso modo, rappresentato (*principal*) e, grosso modo, rappresentante (*agent*); il potere delegato è detto *authority*, e l'atto posto in essere *act of agency* o *procuration*.

1. Con questa premessa, si aggiunge che, mentre nella *civil law* si tende a vedere nella rappresentanza un rapporto contrattuale fondato sul mandato, nella *common law* l'*agency* esula dallo schema contrattuale e il rapporto tra *principal* e *agent* si riconnette non già a un contratto, ma ad un rapporto, all'idea di *status*, concetti che si rifanno ad un'ottica particolare della *common law*. Per queste ragioni, l'*agency* prescinde dal requisito essenziale della *consideration* stabilito per il *simple contract*. Il termine *agency* non va neanche identificato col mandato, contratto ignoto alla *common law*. L'istituto dell'*agency* viene ricollegato a numerosi rapporti giuridici relativi, ad es., a rapporti di lavoro subordinato, ovvero al contratto di appalto. Pertanto, il (grosso modo) rappresentato è detto anche, a seconda dei casi, oltre che principal, *master, constituent* o *employer*, e il (grosso modo) rappresentante, oltre che agent (o attorney), *servant* o *employee*, *independent contractor*, etc. Il termine *agency*, indica, anche qui grosso modo, sia quella che viene definita da noi come rappresentanza diretta che quella indiretta. Si noti che negli S.U. — stato federale — si parla di *representation of persons* in Louisiana, *enclave* (grosso modo) di *civil law* tra gli stati dell'Unione. R. Schlesinger [1950, ed 1988: 768] tratta il non agevole argomento con la consueta maestria.

2. Il termine *representation* indica anche, tra l'altro, la rappresentanza degli incapaci; ma è in materia contrattuale che esso assume un significato privo di equivalenza nei sistemi di *civil law*. Esso indica una dichiarazione fatta da una parte — nella fase delle

trattive — che induce l'altra a concluderlo. La *representation* inesatta, non veritiera o falsa è detta *misrepresentation*. Infine, *representation* indica anche la rappresentanza politica: in questo senso, si parla nel R.U. di *Representation of the People* in numerose leggi in materia di elezioni politiche (AGENTE CON RAPPRESENTANZA; AGENTE SENZA RAPPRESENTANZA; *CONTEMPLATIO DOMINI* NELLA RAPPRESENTANZA; *CULPA IN CONTRAHENDO*; DELEGAZIONE o RAPPRESENTANZA A UNA RIUNONE; ELEZIONI POLITICHE; ESTINZIONE DELLA RAPPRESENTANZA; POSSESSO PER RAPPRESENTANZA; PROTESTA; RIMOSTRANZA; TITOLI RAPPRESENTATIVI DI MERCI). [vol. I: AGENCY; MISREPRESENTATION; REPRESENTATION]

Bibl.:

Graziadei, M., *Agency*, in *Digesto IV Utet, Comm.,* vol. I: 31.
Schlesinger 1950, ed. 1988: 768.

- **apparente.** Grosso modo, apparent agency (*infra*, RAPPRESENTANZA PER PRECLUSIONE).
- **commerciale.** Grosso modo, commercial agency (*supra*, RAPPRESENTANZA IN GENERE).
- **dell'incapace.** Grosso modo, representation of person under disability (INCAPACE).
- **diplomatica.** Diplomatic mission (MISSIONE DIPLOMATICA).
- **esclusiva.** Sole agency (ESCLUSIVA).
- **in giudizio.** Pleading, representation before courts (AZIONE (I) DI CATEGORIA; COMPARIZIONE IN GIUDIZIO; GRUPPO; INTERESSI DIFFUSI; LEGITTIMAZIONE; MANDATO *AD LITES*; PROFESSIONE FORENSE). [vol. I: ACTION; CLASS ACTION; LOCUS STANDI; PRIVATE INTEREST ACTION]
- **legale.** Legal representation; ma il termine è riferito più spesso alla « rappresentanza » del patrimonio del defunto da parte dell'*executor* o *administrator* o anche da parte del *guardian* del minore o di un incapace: si tratta di un concetto privo di equivalenza nella *civil law* (INCAPACE; MINORE; SUCCESSIONE PER CAUSA DI MORTE).
- **necessaria.** Grosso modo, agency of necessity. Con questo termine si indica un numero limitato di casi nei quali, essenzialmente per ragioni di urgenza, una persona può essere obbligata da un atto concluso da un'altra per suo conto senza averne i poteri. Si tratta di un analogo della *negotiorum gestio*; ma i due concetti non coincidono (*NEGOTIORUM GESTIO*). [vol. I: AGENCY OF NECESSITY]
- **nel possesso.** Constructive possession; ma questo termine indica il possesso indiretto o mediato (POSSESSO PER RAPPRESENTANZA). [vol. I: POSSESSION; SPECIAL PROPERTY]
- **occulta.** Undisclosed agency; tipo di *agency* ignoto alla *civil law*; si distingue dalla *disclosed agency* (*supra*, RAPPRESENTANZA IN GENERE). [vol. I: AGENCY: I; RATIFICATION; UNDISCLOSED AGENCY]
- **parlamentare.** Parliamentary representation (*infra*, RAPPRESENTANZA POLITICA; ELEZIONI POLITICHE; IMPOSIZIONE FISCALE). [vol. I: ELECTION; PARLIAMENT; REPRESENTATION]
- **per preclusione.** Agency by estoppel, detta anche apparent o ostensible agency; ma non esiste equivalente nella *civil law* (*supra*, RAPPRESENTANZA NECESSARIA; RAPPRESENTANZA OCCULTA; PRECLUSIONE). [vol. I: AGENCY BY ESTOPPEL]
- **politica.** Political representation. *No taxation without representation* costituisce uno dei temi centrali della storia parlamentare inglese. Esso è consistito nella lotta per il controllo parlamentare dell'imposizione fiscale e della finanza nazionale da parte del parlamento, ossia della *House of Commons*. In tal modo, il sovrano non era in grado di governare il paese se non per brevi periodi di tempo senza convocare il parlamento, e quest'ultimo poteva esigere il riconoscimento di taluni diritti in cambio dell'autorizzazione a imporre tributi. Diversa appare purtroppo la storia del nostro paese. Come scrive Piero Gobetti: « In Italia il contribuente non ha mai sentito la sua dignità di partecipe della vita statale: la garanzia del controllo parlamentare sulle imposte non era una esigenza, ma una formalità giuridica: il contribuente italiano paga bestemmiando lo Stato; non ha coscienza di esercitare, pagando, una vera e propria funzione sovrana. L'imposta gli è *imposta* » [1924, ed. 1950: 166]. Ma — visto in retrospetiva — questo tipo di osservazioni sembra più valido per l'epoca d'oro della democrazia italiana che ai tempi d'oggi. Il contribuente avrà tutte le colpe di questo mondo, di cui la principale è certamente quella di non essere riuscito finora a sbarazzarsi di una certa rappresentanza politica. Ma egli è ora soprattutto una vittima: chi sa quale sarebbe il commento di Piero Gobetti allo spettaco-

lo della discussione della c.d. legge finanziaria nel nostro paese in cui partiti di governo e di opposizione e, all'interno di essi, fazioni e bande e lobbies di ogni genere organizzate in *commandos* parlamentari, si formano, si disfano e si riformano nell'assalto alla diligenza pubblica; in cui nessuno tra i sedici (questo è più o meno il numero) partiti di opposizione si è mai sognato di esercitare un qualsiasi controllo sulla spesa pubblica nel nostro paese. Sebastiano Messina [1992: 121] ha tracciato un quadro illuminante della materia (*supra*, RAPPRESENTANZA PARLAMENTARE; CONTRIBUENTE; IMPOSIZIONE FISCALE). [vol. I: PETITION OF RIGHT]

- **politica proporzionale.** Proportional representation, o p.r.; ma nel R.U. vige il sistema elettorale maggioritario uninominale a turno unico; che è poi, *mutatis mutandis*, quello delle grandi democrazie. In questo senso, si può dire che anche negli S.U., in cui l'elezione presidenziale assume caratteristiche originali, vige, almeno in parte, un sistema elettorale maggioritario uninominale anche se quella americana non può essere definita una democrazia maggioritaria come quella britannica (SISTEMA ELETTORALE). [vol. I: CONSTITUTION; ELECTION]
- **popolare.** Popular representation (*supra*, RAPPRESENTANZA POLITICA).
- **presunta.** Grosso modo, ostensible agency (*supra*, RAPPRESENTANZA IN GENERE). [vol. I: AGENCY BY ESTOPPEL]
- **processuale.** (*supra*, RAPPRESENTANZA IN GIUDIZIO)
- **senza potere.** Grosso modo, agency o representation without authority, o without power (POTERE). [vol. I: BREACH OF WARRANTY OF AUTHORITY].
- **volontaria.** Grosso modo, agency (*supra*, RAPPRESENTANZA NECESSARIA). [vol. I: AGENCY OF NECESSITY]

Rappresentato. Non esiste un equivalente esatto: grosso modo, principal, person on whose behalf agent is acting, employer, master, etc. (RAPPRESENTANTE; RAPPRESENTANZA). [vol. I: PRINCIPAL]

Rappresentazione. (RAPPRESENTANZA; SUCCESSIONE PER RAPPRESENTAZIONE)

Rassegna di giurisprudenza in genere. Digest of case-law (DIGESTO; GIURISPRUDENZA; REPERTORIO; RIVISTE DI GIURISPRUDENZA).

Rassetto di nave. Trimming of ship (NAVE). [vol. I: CHARTERPARTY]

Rata/e in genere. Rate, fare, instalment (ALIQUOTA; CORSO; PREZZO; PROPORZIONALMENTE; PRO RATA; SAGGIO; TARIFFA; TASSO). [vol. I: FARE; INSTALMENT; RATE]

- **di nolo.** Freight rate (NOLO).
- **di nolo conferenziata.** Conference rate (CONFERENZA MARITTIMA; NOLO). [vol. I: SHIPPING CONFERENCE]
- **di premio.** Premium rate (PREMIO).
- **di prezzo.** Instalment payment: *delivery by instalments* significa consegna a rate, consegne successive o parziali (ACCONTO; ACQUISTO RATEALE; ANTICIPO; DEBITO PAGABILE A RATE; PAGAMENTO RATEALE; PREZZO; VENDITA A RATE). [vol. I: CREDIT SALE AGREEMENT; HIRE-PURCHASE; INSTALMENT]
- **di prezzo rimanenti non pagate.** Balance of instalments (*supra*, RATA DI PREZZO).

Rateo in genere. Rate, part, instalment (INTERESSI SUL CAPITALE; QUOTA; RATA).

Ratifica in genere. Ratification, adoption, affirmation approval, confirmation. Il termine ratification ricorre più spesso in materia di *agency* e indica, oltre che la ratifica dell'atto compiuto dall'*agent* senza poteri o in eccesso di quelli conferitigli, anche la convalida o conferma dell'atto annullabile. Esso è impiegato negli S.U. anche per indicare la ratifica degli emendamenti costituzionali. In diritto internazionale, il termine indica la ratifica di un trattato, prevista dagli artt. 14 e 16 della convenzione di Vienna (ACCORDO; ACQUIESCENZA; ADOZIONE; APPROVAZIONE; ASSENSO; CONFERMA; RAPPRESENTANZA; RETROATTIVITÀ DELLA RATIFICA). [vol. I: ACQUIESCENCE; ADOPTION OF CONTRACT; AFFIRM A CONTRACT; APPROVAL; CONFIRMATION; RATIFICATION]

- **del contratto.** Adoption, affirmance, o ratification of contract (CONTRATTO CON SÉ MEDESIMO; DISCONOSCIMENTO DEL CONTRATTO). [vol. I: ADOPTION OF CONTRACT; AFFIRM; AGENCY]
- **di atto concluso da rappresentante senza potere** o **in eccesso di potere.** Ratification of a contract made by an agent beyond his authority. In tal caso, si parla anche di *adoption of contract* (*supra*, RATIFICA DEL CONTRATTO; ECCESSO DI POTERE DEL RAP-

PRESENTANTE). [vol. I: ADOPTION OF CONTRACT; WARRANTY OF AUTHORITY]

– **di un trattato internazionale.** Ratification of a treaty (CONFEDERAZIONE; FEDERALISMO; FEDERAZIONE; SOTTOSCRIZIONE DI UN TRATTATO; TRATTATO INTERNAZIONALE). [vol. I: INTRODUZIONE: III. 37; ACQUIESCENCE IN THE VALIDITY OF A TREATY; FINAL CLAUSES; RATIFICATION; SIGNATURE AD REFERENDUM]

– **espressa.** Express, o explicit, ratification (*supra*, RATIFICA IN GENERE).

– **tacita.** Implied ratification (*supra*, RATIFICA IN GENERE).

Rating. Quando il termine è impiegato nei mercati finanziari, esso indica la valutazione del rischio di un titolo effettuata più spesso dalle note agenzie di *rating* nordamericane *Standard & Poor* o da *Moody's* che utilizzano appositi indici espressi in lettere. Il *rating* massimo possibile per un paese o per un'obbligazione è la tripla A (AAA) che indica la massima affidabilità del debitore (AGENZIA DI INFORMAZIONI SULLA SOLVIBILITÀ; CAUZIONE; CLAUSOLA DI ACCELERAZIONE; CREDITO; DEBITO; DEBITORE; FIDEIUSSIONE; INTERESSI SUL CAPITALE; MORA; SOLVIBILITÀ; VALUTAZIONE).

***Ratio* in genere.** Reason (RAGIONE).

– ***decidendi.*** (MOTIVAZIONE DELLA SENTENZA)

– ***legis.*** Le espressioni policy of the law e policy of the statute rendono, grosso modo, il senso dell'espressione latina. Ma assai diversa è la teoria delle fonti nei sistemi di *common law*, assai diversi i metodi di interpretazione della *statute law* (FONTI DEL DIRITTO; INTENZIONE DEL LEGISLATORE; INTERPRETAZIONE; MOTIVAZIONE DELLA SENTENZA). [vol. I: STATUTE LAW: VII]

Ratto. Abduction o kidnapping; ma il primo termine indica più spesso il ratto a fine di libidine (SEQUESTRO DI PERSONA). [vol. I: KIDNAPPING; RAPE]

Ravvicinamento delle legislazioni dei paesi membri della Comunità Economica Europea. Approximation o harmonization of national laws, o of legislations of member countries of the Community. È con l'espressione *approximation of laws* che viene tradotto il titolo del capo 3 della Parte Terza del trattato istitutivo della Comunità Economica Europea (artt. 100-102) relativo al ravvicinamento delle legislazioni dei paesi membri nelle materie comunitarie. Il ravvicinamento ha delle analogie, ma non coincide, con il più vasto concetto di *unification of law*, ossia di unificazione del diritto internazionale. A questo proposito, in un convegno da non dimenticare si è parlato — nel senso di auspicato sviluppo a venire — di una nuova *common law of Europe* (ARMONIZZAZIONE DEL DIRITTO; ATTO UNICO EUROPEO; COMUNITÀ ECONOMICA EUROPEA; DIRITTO (I) COMUNITARIO; FEDERALISMO; PRINCÌPI E CONCETTI COMUNI AL DIRITTO DEGLI STATI MEMBRI (CEE); UNIFICAZIONE DEL DIRITTO). [vol. I: APPROXIMATION OF LAWS; COMMON LAW OF EUROPE; EUROPEAN COMMUNITIES LAW; UNIFICATION OF LAW]

Razionamento di generi alimentari. Food rationing (ACCAPARRAMENTO).

Razza. Race (CONFLITTO RAZZIALE; DISCRIMINAZIONE RAZZIALE; DISORDINI ETNICI; INTEGRAZIONE RAZZIALE; MULTIRAZZIALE; PURIFICAZIONE ETNICA; RAPPORTI RAZZIALI; RAZZISMO). [vol.I: RACE RELATIONS]

Razzia. Plunderage (FURTO; SACCHEGGIO). [vol. I: *ad vocem*]

Razzismo. Racism; il diritto degli S.U. è probabilmente quello che tratta con maggiore completezza e severità il fenomeno, particolarmente accentuato in una società multirazziale come quella americana (DIRITTI (II) CIVILI; DIRITTI (II) DELL'UOMO; DISCRIMINAZIONE RAZZIALE; GENOCIDIO; MINORANZA ETNICA; PURIFICAZIONE ETNICA; RAZZA).

Real casa. Royal Household (CASA; FORNITORE DELLA REAL CASA BRITANNICA).

Reale. Real; nel senso di attuale, effettivo, si dice anche *actual, de facto.* Ma l'aggettivo non deve indurre a ritenere l'esistenza della categoria romanistica dei diritti reali nei sistemi di *common law*. Nel senso di regale, si dice *royal* (ARISTOCRAZIA; DIRITTO (I) DELLE OBBLIGAZIONI; OFFERTA REALE; SANZIONE REALE DELLA LEGGE NEL R.U.). [vol. I: ACTUAL; APPARENT; CROWN; NOMINAL; OSTENSIBLE; REAL; ROYAL]

Realismo in genere. Realism.

– **giuridico.** Legal realism. Va sotto il nome di *American realism* una corrente giuridica sviluppatasi negli S.U. come reazione di profondo scetticismo verso l'*analytical jurisprudence*; più che in una filosofia giuridica particolare, consiste in una *tecnology* che si inquadra nel più vasto movimento sociologico (ATTIVISMO GIUDIZIARIO; CERTEZZA DEL DIRITTO; DIRITTO (I) LIBERO). [vol. I: BRANDEIS BRIEF; CERTAINTY OF LAW; IS AND OUGHT; JUDICIAL ACTIVISM; REALISM]

– **politico.** Political realism (RAGION DI STATO).

Realizzo di un credito. Recovery o recoupment of a debt (RECUPERO DI CREDITO).

Realtà giuridica effettuale. Bella espressione impiegata da Tullio Ascarelli; essa trova un non meno efficace equivalente nel mondo di *common law* — sempre concreto — nella definizione di *law in action* (DIRITTO (I) DEI TESTI). [vol. I: LAW IN ACTION-LAW IN THE BOOKS]

Reati. (REATO/I)

Reato/i in genere. Offence (offense negli S.U.), criminal offence, crime, criminal act, criminal wrong, criminal mischief, public offence.
1. I termini *offence* e *crime* sono più spesso impiegati come sinonimi per indicare il reato. Anche in questa materia, si ritrova un aspetto della *dicotomia delle fonti* della tradizione giuridica anglo-americana consistente nella distinzione tra *common law* e *statutory offence*, a seconda cioè che il reato sia previsto dalle regole giurisprudenziali o dalla legislazione. Costituiscono *common law offences* — nel sistema inglese — i reati di *public nuisance, murder, manslaughter*, *conspiracy*, *public mischief* e *contempt*. Una delle conseguenze della suddetta dicotomia sta nel fatto che nelle *common law offences*, come, ad es., nel caso di *conspiracy*, il giudice può stabilire la durata della pena che gli appaia più adeguata nelle circostanze. L'ordinamento inglese, e la *common law* in genere, ignorano in senso stretto la distinzione tra delitti e contravvenzioni, ma ricorrono ad altre distinzioni per sanzionare i reati più o meno gravi: in questo senso, prima del 1967 i reati venivano distinti in *felonies* e *misdemeanours*, ossia in reati più (*felonies*) o meno (*misdemeanours*) gravi. Con l'abolizione di questa distinzione, veniva introdotta quella tra *arrestable* e *non-arrestable offences*, in cui i primi comportano la pena della reclusione non inferiore a cinque anni, mentre *non-arrestable* sono tutti gli altri. Una distinzione — in ordine ai reati più o meno gravi — comune al diritto inglese e americano è quella tra reati (*crimes*) che sono *mala in se* (come l'omicidio) e reati che sono *mala prohibita*, i quali ultimi sono tali solo in quanto così è stabilito dalla legge (grosso modo, reati contravvenzionali o, comunque, ai quali non si ricollega una riprovazione etica). Un'altra distinzione importante — di ordine procedurale — è quella tra *indictable* e *summary offences* che determina il rito da applicare al processo: mentre le *indictable offences* sono giudicate con la partecipazione della giuria, le seconde sono giudicate da *magistrates*, senza la partecipazione della giuria. Talvolta i reati minori (che sarebbero chiamati contravvenzionali nel nostro sistema) sono definiti *technical offences*. Si noti che, salvo i casi in cui sia espressamente prevista dalla legge scritta, non si ha nel diritto inglese prescrizione del reato.
2. Negli S.U. — stato federale — sussistono 50 sistemi di diritto penale, uno per ogni stato, ai quali va aggiunto un notevole insieme di norme federali in disparate materie: questo spiega il termine *federal crime*, ossia di reato federale, che trova la propria fonte nella legislazione federale, in quanto distinto cioè da quello previsto dal regime dei singoli stati dell'Unione. I reati federali sono giudicati dalle corti federali che, in base alla *Erie doctrine* e alle Rules of Decision Act, applicheranno, oltre alla legge federale, la legge dello stato in cui si trova la corte stessa. I reati previsti dai singoli stati dell'Unione sono detti *state crimes*. Ai sensi del V emendamento [1791] della costituzione degli S.U., le azioni penali (*prosecutions*) per *infamous federal crimes*, salvo taluni casi determinati, devono avere inizio mediante un atto di accusa del *grand jury*. Negli S. U. il diritto penale — che ha ritenuto la distinzione tra *felonies* e *misdemeanours* (o, più spesso, *misdemeanors*), ossia reati più (*felonies*) o meno (*misdemeanors*) gravi — rientra nelle attribuzioni dei singoli stati dell'Unione, salvo le materie epressamente previste dalla legislazione federale. Nella gran parte degli stati dell'Unione l'omicidio viene distinto in *first and second degree murder*. Ma la divisione dei reati in gradi (*degrees of crime*) è anche di ordine generale ed attiene a tutti gli altri reati; ad es., in taluni stati si parla di *fourth degree sexual assault* (un *misdemeanor*, ossia un reato minore). Altri stati distinguono i reati in *Class A*, *B*, etc.; in altri stati ancora, si attribuisce una cifra al tipo di reato, a contrassegnarne la gravità: ad es., *rape 1* indica la violenza carnale aggravata. Ma la distinzione fondamentale resta quella, accennata, tra *felonies* e *misdemeanors*, ossia tra reati più o meno gravi. In generale, un *felony* è punibile con la reclusione, mentre un *misdemeanor* comporta un breve periodo di detenzione, ovvero una multa. In questo senso, si parla, a seconda dei casi, di *felony trials* e *misdemeanors trials*. In tutti gli stati dell'Unione l'imputato ha diritto al processo con la partecipazione della giuria

per tutti i reati più gravi (*felony offences*) e per quei reati meno gravi (*misdemeanors*) per i quali è prevista una pena di reclusione superiore ai sei mesi. Di fatto, solo il 5-15 per cento dei reati più gravi passa alla fase del *trial* (per effetto del patteggiamento); per quanto riguarda i reati minori, il tasso di quelli che passano al *trial* è ancora minore. Quanto alla durata, i *felony trials* durano mediamente non più di due giorni, mentre i *misdemeanor trials* durano meno di una giornata [Lafave and Israel 1985, ed. 1992: 26]. Infine, quegli atti che nel nostro sistema darebbero luogo a una contravvenzione, sono definiti anche *civil offenses*. Sono definiti *index offenses* gli otto tipi di reato oggetto dell'*Uniform Crime Reports*, rapporto annuale sui reati maggiori preparato dal favoloso FBI.

3. Nel complesso, sembra potersi dire che il diritto penale inglese e nordamericano si presentano per molti versi come assai carenti di elaborazione tecnica. Negli S.U. la legislazione penale (ma si noti che si tratta di paese a diritto giurisprudenziale) si rinviene in raccolte che vanno sotto il nome di Criminal o Penal Codes che peraltro non hanno molto a che vedere con la codificazione penale nostrana. Anche in questa materia, si riscontra uno sforzo di unificazione rappresentato dal *Model Penal Code* elaborato dalla *National Conference of Commissioners on Uniform State Laws*. Una delle maggiori difficoltà che offre la comparazione in questa materia è costituito dalla frequente assenza di equivalenze nei tipi di reato e nella loro disciplina. Vi sono atti considerati come reati nel sistema italiano che non trovano equivalenza in quello inglese o nordamericano, e viceversa (ACCORDO PER COMMETTERE UN REATO; APOLOGIA DI REATO; AUTORE DEL REATO; AUTORE MATERIALE DEL REATO; AZIONE (I) PENALE; CIRCOSTANZE DEL REATO; CODICE PENALE; CONCORSO DI REATI; CONSUMAZIONE DEL REATO; CONTRAVVENZIONE; CORPO DEL REATO; CRIMINALITÀ ORGANIZZATA; CRIMINE; DELINQUENTE ABITUALE; DELITTO COLPOSO-DOLOSO; *DE MINIMIS*; DENUNZIA DI REATO; DISCOLPA DALL'ACCUSA DI UN REATO; DOLOSA PREORDINAZIONE DI PROVE DI REATO; ELEMENTI DEL REATO; ESTINZIONE DEL REATO; ESTREMI DEL REATO; FLAGRANZA DI REATO; GRAVITÀ DEL REATO; IMPUTAZIONE DI REATO MINORE; INDIZIATO DI REATO; INFRAZIONE; ISPEZIONE DEL LUOGO DEL REATO; MOVENTE DI UN REATO; MULTA; *NULLA POENA SINE LEGE*; OMESSA DENUNZIA DI REATO; OMICIDIO VOLONTARIO; PENA; PERSONA OFFESA DAL REATO; PREMEDITAZIONE; PRESCRIZIONE DEL REATO; PRETERINTENZIONALITÀ NEL REATO; PREVENZIONE DEI REATI; PROCEDURA PENALE; PROVA; RESPONSABILITÀ: 2; SIMULAZIONE DI REATO; SOCIETÀ (II) QUALE SOGGETTO COLLETTIVO; TENTATIVO DI REATO; VITTIMA DEL REATO). [vol. I: INTRODUZIONE: III. 28, 29; CRIME; CRIMINAL LAW; CRIMINAL PROCEDURE; INNOCENCE, PRESUMPTION OF; LIMITATION OF ACTIONS; MISCHIEF; NULLA POENA SINE LEGE; OFFENCE; PROSECUTION; SENTENCING PROCESS]

– **accessorio in genere.** Cognate offence (ACCESSORIO).

– **ambientale.** Environmental offence; gli S.U. saranno un paese inquinatore, ma sono anche quelli che più severamente degli altri puniscono i reati ambientali; in cui storicamente vi è stata una cultura ambientalista *ante litteram* come, del resto, emerge chiaramente dalla poesia di Walt Whitman. Tra gli stati dell'Unione, il New Jersey è quello che si segnala per efficienza nella repressione dei reati ambientali: esiste perfino una *New Jersey Environmental Crime Unit* (AMBIENTE). [vol. I: ENVIRONMENT]

– **associativi in genere.** Association offences, association to committ crimes, conspiracy crimes, criminal enterprise, criminal conspiracy, combination o confederation to commit a crime.

1. Ma si tratta di un capitolo molto oscuro del diritto penale inglese e nordamericano. Comunque, sembra potersi dire che né nel sistema inglese, né in quello nordamericano esistono in origine reati associativi esattemente equivalenti a quelli configurati dall'art. 416 del nostro codice penale. Il reato associativo è stato introdotto negli S.U. dal Racketeer Influenced and Corrupt Organizations Act (RICO), complessa e possente legge federale contro la criminalità organizzata. Per ragioni che attengono alla natura federale dello stato, il RICO attiene alle interferenze con il commercio tra gli stati dell'Unione. Il concetto di organizzazione criminale è reso in quella legge dal termine « enterprise » o « criminal enterprise ». Ma si noti anche il non agevole concetto di *conspiracy* che non indica necessariamente l'associazione per delinquere: esso indica anche l'associazione diretta a porre in essere un illecito civile. In tal senso, si parla di *civil conspiracy*.

2. Negli S.U., stato federale in cui la materia penale rientra nelle attribuzioni dei singoli stati dell'Unione, con il termine *criminal conspiracy* si intende l'associazione per delinquere, per commettere — si badi — *un* atto criminoso: ma in molti

stati dell'Unione perché si possa configurare il reato di *criminal conspiracy* si richiede che essa si estrinsechi in un reato. La Baraldini è stata ritenuta responsabile del reato di *conspiracy* per la sua partecipazione attiva nella Famiglia (una organizzazione terroristica). Il RICO — legge federale — alla s. 1962(d) stabilisce il divieto di associarsi per violare qualsiasi disposizione normativa in essa contenuta. Per comprendere questo divieto di associazione è necessario rifarsi al concetto di *conspiracy* contenuto nelle sezioni 371 e 372 del capitolo 19 dell'*U.S. Penal Code*. Il RICO punisce una vasta gamma di reati di diversa natura, unificati fra loro dal fine economico che con essi si intende perseguire. Per altro verso, non può essere trascurato il rilievo che il sistema penale italiano prevede diverse figure criminose di carattere associativo. Oltre all'ipotesi base di associazione per delinquere ex art. 416 c.p., esistono altre tipologie associative, contemplate in norme incriminatrici disparate che si diversificano in base alle finalità che con l'associazione si intende perseguire. Basta pensare all'associazione di stampo mafioso (art. 416bis), all'associazione sovversiva (art. 270), alla cospirazione politica mediante associazione. Questo rende difficile individuare il reato associativo italiano grosso modo equivalente a quello nordamericano. A questo proposito va rilevato che nel sistema nordamericano tutte le attività poste in essere in esecuzione di un accordo criminoso si riassumono in una sola figura di reato che può essere definita come « attività criminosa ». Negli S.U., dove i reati associativi non conoscono l'ampiezza di quelli italiani, vanno segnalati il menzionato Racketeer Influenced and Corrupt Organizations Act (RICO) e il Continuing Criminal Enterprises Act. Il RICO identifica il fatto associativo criminale con il concetto di *enterprise*, ossia una associazione di invidui o una qualsiasi associazione giuridica (società di persone o di capitali) che persegua fini contrari alla normativa della legge stessa. La *conspiracy* è definita una *continuos offence* nel senso che indica un tipo di reato commesso nel corso del tempo. Sono dette *RICO laws* le leggi federali e dei singoli stati dell'Unione dirette ad investigare, controllare e perseguire penalmente il crimine organizzato. Le leggi federali RICO stabiliscono il divieto di svolgere attività che hanno effetto sul commercio tra gli stati dell'Unione, e: (i) comportino l'impiego del ricavato di attività criminose (*income received from a pattern of racketeering activity*) per acquistare una partecipazione in una attività (*enterprise*); (ii) l'acquisto o il mantenimento di una partecipazione in un'attività mediante il compimento di una serie di attività criminose; (iii) la conduzione o o la partecipazione negli affari di una *enterprise* mediante una serie di attività criminose. Per poter giustificare un'azione penale o civile in base al RICO è necessario provare l'esistenza dei seguenti elementi: a) che l'imputato (o convenuto); b) mediante la commissione di due o più atti; c) costituenti un *pattern of racketeering activity;* d) direttamente o indirettamente investe, o detiene, un interesse o partecipa a un'*enterprise;* e) i cui effetti si esercitano sul commercio tra gli stati dell'Unione o sul commercio estero. Nel reato di *conspiracy* è detto *target crime* il reato contemplato dagli associati (*infra*, REATI FEDERALI NEGLI S.U.; ASSOCIATO A UN'ASSOCIAZIONE PER DELINQUERE; ASSOCIAZIONE PER DELINQUERE; CAPO DI IMPUTAZIONE; COMPLOTTO CONTRO LO STATO; COSPIRAZIONE; CRIMINALITÀ ORGANIZZATA; CUMULO NEL PROCESSO PENALE; DISCREZIONALITÀ DELL'AZIONE PENALE; DISSOCIAZIONE DA UN'ASSOCIAZIONE PER DELINQUERE; MAXI-PROCESSO: 12; PENTITO; RITIRO DALL'ATTIVITÀ CRIMINALE; TRADIMENTO). [vol. I: CONSPIRACY; INTERSTATE COMMERCE]

Bibl.:
De Francesco, G., *Associazione per delinquere e associazione di tipo mafioso*, in *Digesto IV Utet*, *Pen.*, vol. I: 289.
Paglia, M., *Primi disorientamenti nell'applicazione della convenzione sul trasferimento delle persone condannate (a proposito della vicenda Baraldini)* (1992) 13 GP 58.

– **capitale.** Capital crime, infamous crime (PENA DI MORTE).

– **colposo.** Grosso modo, negligent offence, negligent crime. Ma in questa materia esistono numerose differenze tra le tradizioni di *civil law* e *common law* (CONSENSO INFORMATO; DELITTO COLPOSO-DOLOSO; NEGLIGENZA PROFESSIONALE).

– **commessi a mezzo della stampa.** Non esiste, in senso stretto, una categoria similare; mediante la stampa o, meglio, i *media*, si possono certamente commettere degli illeciti consistenti più spesso nella diffamazione; ma, non di regola, dei reati.

Nella tradizione inglese e nordamericana, in principio, non si tratta di illeciti penali, ma soltanto civili. La traduzione crimes committed by means of the press o qualcosa di analogo sarebbe fuorviante (DIFFAMAZIONE A MEZZO DELLA STAMPA; *MEDIA*).

– **commessi dai c.d. colletti bianchi.** White collar crimes. Sono definiti così i reati non violenti commessi da società o individui, incluso il furto, la frode, l'abuso di fiducia, etc., nel corso di un rapporto di lavoro o fiduciario (appropriazione indebita, corruzione, *racketeering*, violazione della normativa *anti-trust*, fissazione di prezzi, manipolazioni azionarie, *insider trading*, etc.). Negli S.U. — stato federale — questi reati sono perseguiti principalmente dalle *RICO laws* (*supra*, REATI ASSOCIATIVI; LAVORATORE MANUALE DELL'INDUSTRIA; RAPPORTI FIDUCIARI).

– **commesso all'estero.** Offence committed abroad, offence committed out of the jurisdiction (ESTERO; ESTRADIZIONE). [vol. I: ABROAD; CRIMINAL LAW; EXTRADITION; MURDER]

– **commesso da uno straniero.** Offence committed by an alien (STRANIERO).

– **connessi.** Joint crimes (*supra*, REATO IN GENERE).

– **connesso alla circolazione stradale in genere.** Road traffic offence; negli S.U. — stato federale — si parla di *vehicular crimes* (CIRCOLAZIONE STRADALE; INFRAZIONE DELLE NORME SULLA CIRCOLAZIONE STRADALE).

– **consumato.** Completed crime, completed offence (*infra*, REATO TENTATO). [vol. I: ATTEMPT]

– **continuato.** Continuing offence (*supra*, REATI ASSOCIATIVI).

– **contro il patrimonio.** Crime against property (PATRIMONIO).

– **contro l'amministrazione della giustizia.** Grosso modo, obstruction of justice, obstructing justice, crimes to obstruct the administration of justice. Ma sembra potersi dire che il reato di *obstructing justice* si estenda ad una serie di figure molto più numerose di quelle previste dal titolo III del nostro codice penale. Il *contempt of court* è forse quello che maggiormente si avvicina alla categoria nostrana; ma esso non ha in senso stretto equivalenza nei sistemi di *civil law* (AMMINISTRAZIONE DELLA GIUSTIZIA; GIUSTIZIA; INQUINAMENTO DELLA PROVA; OMERTÀ; RETICENZA NELLA TESTIMONIANZA). [vol. I: CONTEMPT OF COURT; OBSTRUCTING JUSTICE]

Bibl.:

Grande, E., *Giustizia (reati contro l'amministrazione della) nel diritto anglo-americano,* in *Digesto IV Utet, Pen.*, vol. VI: 19.

– **contro lo Stato in genere.** Offence against the government (COLPO DI STATO; COMPLOTTO CONTRO LO STATO; TRADIMENTO).

– **denunziato.** Reported crime (DENUNZIA; VERBALE DI ARRESTO).

– **di azione pubblica.** Lett., e grosso modo, crimes liable to public prosecution. Ma, in quanto opposti a quelli perseguibili a querela di parte, la categoria non esiste nella tradizione di *common law* (AZIONE (I) PENALE; PUBBLICO MINISTERO; QUERELA).

– **di sangue.** Violent crime (*infra*, REATI MAGGIORI-MINORI).

– **di stato.** Status crime. Sono definiti così quei reati che non puniscono un comportamento, ma uno *status* o condizione come, ad es., nel caso di vagabondaggio. La loro costituzionalità è dubbia: negli S.U. la *Supreme Court* ha stabilito che il fatto di essere un tossicodipendente non costituisce più reato (*infra*, REATO OGGETTIVO; *STATUS*; TOSSICODIPENDENTE; UBRIACHEZZA ABITUALE). [vol. I: STATUS; « SUS » LAW]

– **di terrorismo.** Terroristic offence (FERMO DI POLIZIA).

– **doloso-colposo.** (*supra*, REATO COLPOSO)

– **economico.** Economic offence (*supra*, REATO IN GENERE).

– **elettorale.** Election offence (ELEZIONI POLITICHE). [vol. I: ELECTION]

– **estradabile.** Extraditable offence, extradition crime (ESTRADIZIONE). [vol. I: PROBABLE CAUSE].

– **fallimentare in genere.** Bankruptcy offence (BANCAROTTA FRAUDOLENTA; FALLIMENTO).

– **federali negli S.U.** Federal crimes. La maggior parte dei reati federali è prevista dal Title 18 dell'United States Code; ma altri *Titles* dello stesso testo prevedono reati federali specifici. Rientrano nella categoria dei reati federali, e sono quindi perseguiti davanti alle corti federali, tra l'altro, i reati RICO (c.d. *RICO offenses*), l'evasione fiscale delle imposte federali, il sequestro di persona che si realizza attraverso più di uno stato dell'Unione (*interstate kidnapping*), etc. Tenendo conto della diversa teoria delle fonti del diritto della tradizione di *common law* e della natura di stato federale degli S.U., si rileva che non esistono *federal common law crimes* (*supra*, REATO IN GENERE; REATI ASSOCIATIVI; FEDERALISMO; FONTI DEL DIRITTO; GIURIA; GIURISDIZIONE FEDERALE).

- **fiscale.** Tax offence (IMPOSTA).
- **flagrante.** Grosso modo, fresh crime, recent crime, crime in the very act of its commission (FLAGRANZA).
- **grave.** Serious crime, serious offence, capital crime (*supra*, REATO IN GENERE; GRAVITÀ DEL REATO).
- **impossibile.** (TENTATIVO INIDONEO)
- **maggiori-minori.** (*supra*, REATO IN GENERE; *DE MINIMIS*)
- **minore di un altro.** Lesser crime (*supra*, REATI MAGGIORI-MINORI).
- **non violento.** Non violent crime (*supra*, REATO IN GENERE; *infra*, REATO VIOLENTO).
- **oggettivo.** Absolute offence (*supra*, REATO DI STATO; RESPONSABILITÀ OGGETTIVA). [vol. I: ABSOLUTE LIABILITY; ABSOLUTE OFFENCE]
- **perseguibile di ufficio.** (*supra*, REATO DI AZIONE PUBBLICA)
- **politico.** Political offence (ASILO POLITICO; ESTRADIZIONE). [vol. I: EXTRADITION]
- **politico commesso all'estero.** Political offence committed abroad (*supra*, REATO POLITICO; ESTRADIZIONE).
- **prescritto.** Grosso modo, stale offence, time-barred offence (PRESCRIZIONE DEL REATO).
- **preterintenzionale.** Lett., unintended crime. Ma questo tema rivela nel sistema inglese e nordamericano un grave sottosviluppo tecnico dovuto ad un regime che appare un prodotto storico ben più che sistematico. Negli S.U. — stato federale — in diversi stati dell'Unione vige la *felony murder rule* per cui l'omicidio non voluto derivante da un reato voluto (ad es., in occasione di una rapina a mano armata) viene considerato un omicidio volontario. Ma questa regola ha subito numerose attenuazioni (OMICIDIO; PRETERINTENZIONALITÀ NEL REATO).
- **propri della navigazione.** Lett., crimes incident to navigation (AMMUTINAMENTO; NAVIGAZIONE).
- **sessuale.** Sexual offence, sexual crime, sex crime (SESSO; VIOLENZA CARNALE). [vol. SEXUAL OFFENCE]
- **supposto.** Putative crime (PUTATIVO).
- **tentato.** Attempted crime (*supra*, REATO CONSUMATO; TENTATIVO DI REATO).
- **violento.** Violent crime (*supra*, REATO NON VIOLENTO).

Rebus sic stantibus. Sembra che, al pari dell'ordinamento italiano, la *common law* non accolga il principio espresso dal noto brocardo. In tal senso, va rilevato che, secondo numerosi autori, la *doctrine of frustration* non ne costituisce un'applicazione. Peraltro, un eminente giurista ritiene, su un piano più generale, che la clausola *rebus sic stantibus* costituisca un principio generale accolto in forme ed articolazioni diverse negli ordinamenti di *civil law* e di *common law* [Friedmann 1944, ed. 1967: 522]. Di fatto, con la *hardship clause* introdotta dalle parti nel contratto si viene a stabilire una sorta di clausola *rebus sic stantibus* espressa, di cui è stato suggerito il ricorso nel nostro paese per consentire l'adeguamento del contratto ad eventi sopravvenuti. Anche in diritto internazionale, non vi è accordo tra i giuristi su se e in che misura debba considerarsi accolta la suddetta clausola. Tuttavia, va rilevato che, anche se con una portata rigorosamente limitata, il principio ha trovato riconoscimento nel diritto internazionale pattizio nell'art. 62 della convenzione di Vienna, relativo al mutamento fondamentale di circostanze (BISOGNO; CAMBIAMENTO DELLE CIRCOSTANZE; CONTRATTO; DESUETUDINE DI UN TRATTATO; DIFFICOLTÀ NELL'ADEMPIMENTO DEL CONTRATTO; ECCESSIVA ONEROSITÀ SOPRAVVENUTA; FATTO RILEVANTE; GIUSTA CAUSA; *HARDSHIP CLAUSE;* IMPOSSIBILITÀ SOPRAVVENUTA DELLA PRESTAZIONE; INFLAZIONE; *PACTA SUNT SERVANDA;* PRINCÌPI GENERALI DI DIRITTO; STATO DI BISOGNO; SVALUTAZIONE; TEORIA DELLA PRESUPPOSIZIONE). [vol. I: COMMON CORE OF LEGAL SYSTEMS; CONDITION; CONTRACT: V; FRUSTRATION; FUNDAMENTAL CHANGE OF CIRCUMSTANCES; GENERAL PRINCIPLES OF LAW; REBUS SIC STANTIBUS]

Bibl.:

Galletto, T., *Clausola rebus sic stantibus,* in *Digesto IV Utet, Civ.*, vol. II: 383.

Recensione giuridica. Law review (PUBBLICAZIONE GIURIDICA; RIVISTE DI GIURISPRUDENZA).

Recensore giuridico. Law reviewer (RECENSIONE GIURIDICA; RIVISTE DI GIURISPRUDENZA).

Recesso in genere. Retirement, abandonment, withdrawal, repudiation; in materia contrattuale o pattizia in genere, si parla più spesso di *contracting out* o *opting out* (ABBANDONO; DENUNZIA; DEROGA; DISSOCIAZIONE; GIUSTA CAUSA; REVOCA; RISOLUZIONE; RITIRO; SECESSIONE). [vol. I: CONTRACTING OUT]

- **convenzionale dal contratto** o **accordo.** Grosso modo, termination by agreement, rescission of contract, withdrawal from contract. La clausola di un contratto o accordo che preveda il recesso di una parte è detta più spesso *opting-out clause* (*infra*, RECESSO UNILATERALE DAL CONTRATTO; CONTRATTO: X; RISOLUZIONE; RITIRO). [vol. I: CONTRACT: IX; DISCHARGE; REPUDIATION; RESCISSION: 2; TERMINATION]

- **dal contratto da parte dell'assicuratore.** Cancellation of policy. È detta *non cancellable provision* la clausola della polizza che stabilisce il divieto per l'assicuratore di procedere al recesso in caso di malattia o incidente dell'assicurato fin quando quest'ultimo continui a pagare il premio assicurativo (CANCELLAZIONE DEL CONTRATTO; DENUNZIA DEL CONTRATTO).

- **dalla società.** A seconda dei casi, withdrawal from partnership, company, o corporation. Nelle società di capitali ha luogo di solito col trasferimento delle azioni, salvo che l'atto costitutivo non stabilisca l'intrasferibilità delle azioni (AZIONE (II) DI SOCIETÀ; SOCIETÀ (II) QUALE SOGGETTO COLLETTIVO).

  Bibl.:
  Schlesinger 1950, ed 1988: 810.

- **dall'assicurazione.** Avoidance, cancellation o repudiation of the contract of insurance, o of the policy (ASSICURAZIONE).

- **del datore di lavoro.** Termination of employment (CONTRATTO DI LAVORO).

- **del socio in genere.** Retirement, o withdrawal, of partner, of member (DIMISSIONI; SOCIO).

- **del socio nella *partnership.*** Retirement of partner, withdrawal of member (SOCIO).

- **per giusta causa in genere.** Termination for cause (GIUSTA CAUSA).

- **unilaterale dal contratto.** Grosso modo, repudiation o rescission of contract (*supra*, RECESSO CONVENZIONALE DAL CONTRATTO; CLAUSOLA DI RECESSO UNILATERALE DA UN PATTO; CONTRATTO: X; DENUNZIA DEL CONTRATTO; DISCONOSCIMENTO DEL CONTRATTO). [vol. I: BREACH OF CONTRACT; REPUDIATION; RESCISSION]

Recezione. (RICEZIONE)

Recidiva. Recidivism o relapse; il recidivo è detto recidivist; ma si parla anche, più spesso, di habitual offender, habitual criminal e, nel sistema inglese, di persistent offender. Inoltre, con i termini *first time offender, second time offender*, etc., si indica, rispettivamente, l'autore del reato senza precedenti penali o il recidivo. Negli S.U. — stato federale — la materia è regolata legislativamente dalla maggior parte degli stati dell'Unione. In tal senso, si parla di *habitual offenders statutes* che prevedono, appunto, una pena maggiore in caso di recidiva; talvolta, la recidiva in diversi reati gravi può comportare la pena del *life imprisonment.* Sembra appena il caso di aggiungere che in questa materia i precedenti penali assumono importanza determinante. Negli S.U. — stato federale — la più recente legislazione dello stato della California di iniziativa popolare stabilisce che la condanna successiva per tre reati gravi (*felonies*) comporta la pena del *life imprisonment*: ma il principio è stato ora adottato anche dalla legge federale (ABITUALITÀ; AMMONIZIONE DEL GIUDICE AL CONDANNATO; INCENSURATO; MISURE DI SICUREZZA; PENA; PRECEDENTI PENALI; RECIDIVO). [vol. I: PERSISTENT OFFENDER; RECIDIVISM; RELAPSE; SENTENCING PROCESS]

Recidivo. Persistent offender, recidivist, habitual offender, repeat offender, habitual criminal, second time, third time, etc. offender (DELINQUENTE ABITUALE; IMPUTATO RECIDIVO; RECIDIVA). [vol. I: RECIVIDIST]

- **specifico.** Second, third offender, etc. (RECIDIVA).

Recinto. Pound (FONDO). [vol. I: IMPOUND]

- **delle grida.** Trading floor (BORSA VALORI).

Recinzione del suolo. Inclosure. Il termine è venuto ad indicare un fenomeno di notevoli dimensioni nell'agricoltura inglese tra il sedicesimo e il diciannovesimo secolo durante il quale si sviluppò la coltivazione estensiva su larga scala con la recinzione del suolo pubblico. [vol. I: *ad vocem*]

Reciprocità in genere. Reciprocity, mutuality; il termine reciprocity ricorre più spesso in diritto internazionale per indicare la reciprocità di trattamento tra i cittadini di due stati diversi. La reciprocità, ossia la uguaglianza di trattamento dei cittadini comunitari, costituisce l'obiettivo della politica comunitaria diretta a creare un regime giuridico comune (CITTADINANZA; CLAUSOLA DELLA NAZIONE PIÙ FAVORITA; COMUNITÀ EUROPEE; CONDIZIONE DI RECIPROCITÀ; CONSENSO; MUTUALITÀ; OBBLIGAZIONI (I) RECIPROCHE; RECIPROCO; UGUAGLIANZA). [vol. I: ALIEN AMY; ALIEN ENEMY; CAUTIO IUDICATUM SOLVI; MOST FAVOURED NATION CLAUSE; MUTUALITY; RECIPROCITY]

– **nel trattamento dello straniero.** Reciprocity of treatment of foreign subjects (STRANIERO). [vol. I: ALIEN; CONFLICT OF LAWS; MOST FAVOURED NATION CLAUSE; MUTUALITY]

Reciproco. Mutual, reciprocal (ACCORDO RECIPROCO; COMUNE; ERRORE COMUNE; MUTUO; RECIPROCITÀ; TESTAMENTO RECIPROCO; VICENDEVOLE). [vol. I: MUTUAL]

– **riconoscimento.** (MUTUO RICONOSCIMENTO)

Reclamante in genere. Claimant, petitioner, complainant, applicant, objectant (AVENTE DIRITTO; CREDITORE; ISTANTE; PETIZIONE; RECLAMO; RICORRENTE). [vol. I: CLAIMANT]

Reclamato. Claimed (NON RECLAMATO; OGGETTI NON RECLAMATI; OGGETTI SMARRITI; *RES NULLIUS*).

Réclame. (PUBBLICITÀ)

Reclamo. Claim, protest, complaint, grievance (AMMISSIONE DI UN RECLAMO; APPELLO; GRAVAME; OGGETTI NON RECLAMATI; PETIZIONE; RECLAMANTE; RICORSO; RIMOSTRANZA).

– **della legittimità da parte del figlio.** Petition for declaration of legitimacy (DICHIARAZIONE GIUDIZIALE DI PATERNITÀ; LEGITTIMAZIONE DI FIGLI NATURALI PER MATRIMONIO; PATERNITÀ).

– **di un diritto.** Claim of a right (DIRITTO (II); PETIZIONE).

– **elettorale.** (RICORSO ELETTORALE)

– **preventivo.** Prior complaint (PREVENTIVO).

Reclusione. Imprisonment, incarceration, detention, confinement, commitment (ARRESTO; CARCERAZIONE; CARCERE GIUDIZIARIO; CONDANNA PENALE ALLA RECLUSIONE A VITA; CONDANNATO; DETENZIONE; ERGASTOLO; ISOLAMENTO; PENA; PRIGIONE; RECLUSO). [vol. I: ARREST; CONTEMPT OF COURT; IMPRISONMENT; SENTENCE]

Recluso. Prison inmate, inmate (DETENUTO; IMPUTATO; RECLUSIONE).

Reclutamento. Recruitment (ASSUNZIONE; COSCRIZIONE MILITARE OBBLIGATORIA; INGAGGIO; LAVORO; SELEZIONE).

– **dei giudici.** Judicial selection, selection of judges, o selection of justices (detti così, negli S.U., nel caso di giudici della *Supreme Court* federale, delle Supreme Courts dei singoli stati dell'Unione o di giudici delle corti di appello). Si noti che qui si parla di reclutamento di giudici, e non di magistrati, perché nella tradizione di *common law* la distinzione tra giurisdizione e non-giurisdizione è nettissima; insomma, o si esercita la giurisdizione e si è parte dell'ordine giudiziario o non la si esercita, e allora se ne è fuori: non vi sono, come da noi, membri dell'ordine giudiziario che non esercitano la giurisdizione, ma svolgono addirittura, funzioni inquirenti (orrore, orrore!). Si è già detto del reclutamento *non burocratico* dei giudici di *common law* (opposto a quello *burocratico* tipico della *civil law*): questa diversità si esprime, tra l'altro, nelle grandi personalità giudiziarie anglo-americane che sovrastano le scialbe figure dei giudici di *civil law*; e, altresì, nel tipo e nella qualità dell'amministrazione della giustizia. Ma va aggiunto anche che la figura del giudice anglo-americano come *oracolo della legge* va ricollegata, in definitiva, alla diversa teoria delle fonti che, appunto, tale ruolo prevede. In ogni caso, vale forse la pena di aggiungere qualche paragrafo sui criteri di selezione dei giudici della *Supreme Court* degli S.U., ossia della più veneranda corte dell'Occidente, dai quali emerge il funzionamento di quei *checks and balances* tra poteri che negli S.U. consentono la vita democratica di quella grande nazione e che fanno così gravemente difetto da noi; ossia, in una società politica e civile che, essendosi strutturata secondo i criteri della più infame *status society*, non consente neanche di parlare di sistema democratico.

1. Dato il rilievo sostanzialmente *politico* dell'attività giurisdizionale (negli S.U. come, anche se in misura diversa, in *qualsiasi altro paese* dell'Occidente industrializzato), la selezione dei giudici di questa corte assume grande importanza nel paese e, in particolare, nel determinare il successo o il fallimento di una determinata politica presidenziale. Del resto, non a caso si suole dire popolarmente, a signifi-

Reclutamento dei giudici

carne la sua importanza sul piano politico, che la *Supreme Court* è la ...III camera del Congresso. Il rilievo maggiore che negli S.U. assume la selezione dei giudici e, insomma, la giustizia, dipende essenzialmente dal ruolo centrale che il diritto occupa nella società americana per il mantenimento dell'unità nazionale e la formazione del patriottismo costituzionale. Come ha osservato de Tocqueville, negli S.U., ogni *questione politica* di qualche conseguenza finisce presto o tardi col diventare una *questione giuridica*. L'autorità e il prestigio del giudice, le altissime doti di carattere e di preparazione richieste nella società inglese e nordamericana attraggono verso la magistratura gli uomini migliori. Come scrive Farnsworth: « The great names in American law are in large part the names of its great judges » [1963, ed. 1975: 30]. Ed è probabilmente dal continuo richiamo alla ragione e alla giustizia, ossia da un certo aroma *giusnaturalistico* che promana da queste grandi personalità giudiziarie, che deriva il grande fascino che la *common law* esercita sul *civil lawyer* (o forse anche soltanto su de Franchis).

2. La selezione dei giudici della *Supreme Court* è essenzialmente un processo politico che prevede assai pochi requisiti formali. La costituzione federale stabilisce, tra l'altro, all'art. II, s. 2, cl. 2, che il Presidente « shall nominate, and by and with the Advice and Consent of the Senate, shall appoint (...) Judges of the Supreme Court ». La procedura di nomina presidenziale (*nomination*), la conferma (*confirmation*) senatoriale e l'insediamento nella carica (*appointment*) ad opera del Presidente non prevedono neanche il requisito formale che debba trattarsi di un giurista, anche se, ovviamente, né il Presidente nominerebbe né il Senato confermerebbe la nomina di un non giurista. Questo tipo di nomina costituisce un compromesso in cui, da un lato, il potere esecutivo e quello legislativo svolgono un ruolo di selezione e, dall'altro, la nomina a vita (*tenure during good behaviour*) assicura l'indipendenza dei giudici dalle pressioni politiche.

3. In effetti, i *framers of the constitution* non hanno mai chiarito l'esatta portata del termine « advice and consent »; ma, com'è stato osservato, se Alexander Hamilton e i federalisti pensavano di aver vinto una battaglia con l'attribuire al Senato un ruolo meramente formale di approvazione, l'esperienza storica ha dimostrato il contrario, come risulta dal fatto che il 20 per cento delle nomine presidenziali non è stato confermato dal Senato. Ultima in ordine di tempo, è stata la clamorosa bocciatura della nomina di Robert Bork designato dal Presidente Reagan (popolarissimo capo dell'esecutivo) in una della maggiori *judicial selection battles* nella storia degli S.U. avvenuta nel 1987.

4. Spetta al solo Presidente procedere alla nomina dei giudici della *Supreme Court*; tuttavia essa non può prescindere da una vasta serie di consultazioni: i giudici della *Supreme Court* sono spesso personalmente conosciuti dal Presidente e la scelta appare tendenzialmente molto più personale di quanto lo sia la nomina dei giudici delle altre corti federali.

5. In ogni caso, la nomina dei giudici della *Supreme Court* è un fatto di grande importanza nazionale: di conseguenza, il Senato (e in particolare la celebre *Senate Judiciary Committee*) svolge una accurata e ampia azione di controllo nel processo di nomina.

6. Un ruolo determinante nella selezione dei giudici è svolto dall'*American Bar Association Standing Committee on Federal Judiciary*. Nell'ambito della procedura di conferma da parte del Senato, questo organo della professione forense valuta il candidato, a seconda dei casi, con le formule « well qualified », « not opposed » o « not qualified ». Un ruolo analogo è svolto dall'avvocatura nella selezione dei giudici dei singoli stati dell'Unione (ormai la elezione diretta appare superata nella gran parte di essi).

7. Da ultimo, va ricordato che numerosi gruppi di pressione sono spesso attivissimi nel sostenere, ovvero opporre, una determinata nomina durante la procedura senatoriale di conferma — svolta in contraddittorio, e spesso combattutissima — alla quale nessuno o pochissimi dei candidati nostrani potrebbe sopravvivere se una analoga forma di conferma fosse adottata anche nel nostro paese. Il ruolo dei gruppi di pressione nella società americana è ormai consegnato alla storia: qui basti citare la mobilitazione di gruppi quali l'ACLU, il NAACP, NOW, AFL-CIO, Common Cause e il Sierra Club; tra i sostenitori di Bork — nomina bocciata dal Senato — figuravano altri gruppi di pressione come l'American Conservative Union, la NCPAC, il Fraternal Order of

Reclutamento dei giudici

Police, e il National Right to Work Committee. Del resto, riandando a ritroso, l'intervento dei gruppi di pressione è di lunga data: nel 1916 i gruppi conservatori furono molto attivi nell'opporre la nomina del grande Brandeis.

8. Quanto poi agli equilibri interni alla corte, si cerca di assicurare un rapporto tra aree geografiche, credo religioso, etnia e, di recente, anche il sesso dei suoi componenti. L'insieme rappresenta sul piano qualitativo forse una delle punte più alte della giurisprudenza del paese che, come si è segnalato più volte, non è, come da noi, un fatto di professori. Qui si è in presenza di grandi personalità che sentono in maniera vivissima l'importanza del loro ruolo, esercitato di solito con elevato decoro professionale; non di rado, si tratta addirittura di personaggi storici. Scorrere lo splendido *Oxford Companion to the Supreme Court of the United States* significa percorrere una galleria di giureconsulti romani ed eroi nazionali che figurano degnamente a fianco dei grandi presidenti e degli uomini che hanno servito il paese. Da questo punto di vista, il confronto di personalità con i nostri professorini della Corte Costituzionale non si può neanche fare: la selezione-lottizzazione dei nostri giudici costituzionali non fa onore a un popolo di 56 milioni di abitanti. Ma, ovviamente, si tratta di problema generale che attiene alla selezione di tutta la nostra sgangherata classe dirigente (si fa per dire).

9. Di solito, quasi il 90 per cento dei giudici nominati appartiene o è vicino al partito del Presidente che, attraverso i giudici di sua nomina, cerca di influenzare l'orientamento della corte: ma, come si è accennato, si tratta di solito di persone di alto livello qualitativo e, in ogni caso, la tendenza dei giudici, non di rado, è quella di dimostrare la propria « ingratitudine » proprio a cominciare dal partito di appartenenza. Com'è stato osservato: « The emphasis a president places on partisan and political motivations as well as his reliance on personal relationships suggests the role that ideology may play in recruitment. This does not mean a president expects his nominees to agree with him on each and every case. Rather, a president may be concerned that his nominees share his broad views about the nature and meaning of American constitutionalism and the Court's policy-making role » [E.E. Slotnick, *Selection of Justices,* in *Oxford* 1992: 768].

10. Infine, per quanto riguarda la qualificazione professionale, essa diviene addirittura assorbente, come nel caso della coraggiosa scelta da parte del Presidente Hoover (repubblicano) del grande Cardozo (democratico ed ebreo, al tempo in cui sedeva nella corte già un altro ebreo nella persona del non meno grande Brandeis). Ma il dibattito sulle qualità professionali ha raggiunto il culmine (e anche il suo aspetto più grottesco) nel 1970 grazie al senatore Hruska del Nebraska in occasione della nomina — che il Senato si rifiutò di confermare — da parte del Presidente Nixon di Harrold Carswell. Di fronte alle ripetute accuse di incapacità professionale basate principalmente sul numero di decisioni annullate in appello (il candidato era già un giudice federale) e alle accuse di mediocrità, volendo, con grande sincerità, ma con molta *gaucherie,* sostenere in Senato la nomina presidenziale, egli spezza una lancia a favore degli imbecilli e dice: « Even if he is mediocre there are a lot of mediocre judges and people and lawyers. They are entitled to a little representation aren't they, and a little chance? We can't have all Brandeises, Cardozos and Frankfurters and stuff like that there » [ibid.: 769]. Questa « little representation » venne spietatamente negata dal Senato. Il senatore Hruska sarebbe da noi un personaggio molto popolare, anche se le facce degli uomini della nostra classe dirigente dimostrano chiaramente che da noi si è già verificata una *over representation* degli imbecilli.

Il ruolo dell'avvocatura nel reclutamento dei giudici.

11. Come si è accennato, negli S.U. sia al livello dei singoli stati dell'Unione — nella gran parte dei quali la elezione dei giudici è stata sostituita da un diverso criterio di reclutamento — sia al livello federale, l'ordine degli avvocati svolge una *funzione ormai istituzionalizzata* di concorso nella selezione (*judicial selection process*) dei candidati alla nomina che viene fatta dal Presidente. Come si è accennato, tale funzione è svolta dall'*American Bar Association Standing Committee on Federal Judiciary*. Il confronto non può che rilevare la radicale diversità con il caso nostrano in cui il ruolo dell'avvocatura nel processo di nomina e/o reclutamento di tutte le diecine di svariate categorie di

magistrati esistenti nel paese, semplicemente non esiste; come non esiste o è irrilevante nell'elaborazione della politica giudiziaria (ammesso che sia da usare il termine) e dei provvedimenti legislativi attinenti alla amministrazione della giustizia. Né, a quanto è dato di capire, essa si è mai preoccupata di affermarne in maniera adeguatamente robusta la opportunità, se non anche il diritto, a parteciparvi. Altra questione è, invece, quella della nomina di avvocati a consiglieri di cassazione (cfr. art. 106 della costituzione) sollevata numerose volte dall'avvocatura; ma l'impressione è che si tratti, più che altro, di rivendicazione di posti. Insomma, come si è accennato, negli S.U. e nei singoli stati dell'Unione l'avvocatura, da questo punto di vista, concorre in maniera determinante all'attività giudiziaria. E viene da domandarsi se, invece di esaurire le proprie energie in rivendicazioni di categoria, a rivendicare libertà per i ricchi ma mafiosi clienti, a reclamare a gran voce addirittura l'abolizione di gravissimi reati, l'avvocatura italiana non dovrebbe esigere una sia pur minima partecipazione nelle fasi cruciali dell'amministrazione della giustizia.

12. Per quanto riguarda il nostro paese, questo è solo un istruttivo capitolo di una rubrica generale che attiene alla selezione della nostra classe dirigente (si fa per dire). I nostri studiosi studiano e ristudiano i problemi dell'ordinamento giudiziario, e vi sono persino cattedre universitarie *ad hoc*: certo, approfondire bisogna. Ma si tratta pur sempre solo di un aspetto della sindrome che trova infiniti collegamenti nella situazione del paese: di questo passo, ci saranno (o forse già ci sono) cattedre sul ceto forense e altre ancora sugli ausiliari della giustizia. Eppure se si pensa alle condizioni della nostra università, alle disastrose condizioni della *didattica* e della *ricerca*, ossia alla *pessima qualità del ceto accademico*, al confronto i problemi della giustizia diventano addirittura trascurabili. Del resto, sembra assai poco probabile che una sola tra le tante confraternite sia disposta a sottoporsi a delle regole serie senza che ciò rientri in una *reconstruction* morale, civile e politica del paese di cui, purtroppo, per ora non si avvertono segni.

13. Ad ogni modo, resta il fatto che se la divaricazione dicotomica tra le due tradizioni giuridiche di *civil law* e di *common law* è quella tra reclutamento *burocratico* e *non burocratico,* tra i sistemi di *civil law*, il reclutamento italiano appare, per universale riconoscimento, senza alcun dubbio, il peggiore; in linea con il reclutamento dei docenti universitari e di tutta la classe dirigente che, nel complesso, si può definire *la peggiore in assoluto dell'Occidente industrializzato.*

14. Questa lunga e inutile predica si conclude con un episodio riportato dalla cronaca (uno dei tanti): il Consiglio Superiore della Magistratura — dopo appassionato dibattito in cui i numerosi oratori hanno toccato vette sublimi di facondia giudiziaria — decide con 15 voti a favore e 14 contro, di ammettere al concorso per uditore giudiziario una cieca; lo stesso Consiglio ammette altresì al concorso un giovane affetto da una infermità che non consente il coordinamento dei movimenti [*La Stampa,* 2 giugno 1982]. E a questo punto sorge la domanda a che serve mai la comparazione con gli altri paesi (GIUDICE; *NEW DEAL*; ORDINAMENTO GIUDIZIARIO; PROFESSIONE FORENSE; SISTEMA DELLE SPOGLIE). [vol. I: INTRODUZIONE: III. 29; JUDGE; LEGAL PROFESSION]

– **dei magistrati.** (*supra*, RECLUTAMENTO DEI GIUDICI)

Recupero in genere. Recovery, recoupment. Ma il termine recovery, quando è riferito agli immobili (*recovery of land*) e ai mobili (*recovery of chattels*), indica il recupero del (o la reintegrazione nel) possesso degli uni e degli altri. A questo proposito, si osserva che la *common law* ignora la distinzione tra proprietà e possesso nel senso romanistico e, quindi, la rivendicazione fondata, com'è noto, sulla proprietà. La reintegrazione in parola si basa, invece, sulla *possession*. Il termine *recoupment* indica una straordinaria varietà di accezioni giuridiche, tra cui la compensazione, l'eccezione o domanda riconvenzionale, il rimborso, la rivalsa, etc. (AZIONE (I) DI RIVENDICAZIONE; COMPENSAZIONE; REINTEGRAZIONE NEL POSSESSO; RESTITUZIONE; RETROCESSIONE; RICUPERO DI NAVE; RIDUZIONE; RIMBORSO; RIVALSA; RIVENDICAZIONE; SPOGLIO; VALORE DI RICUPERO). [vol. I: ORDER FOR POSSESSION; RECOUPMENT; RECOVERY; TRACING]

– **sociale dei condannati.** Rehabilitation of offenders (PROGRAMMA DI RECUPERO SOCIALE).

– **delle spese processuali.** Recovery of costs (SPESE PROCESSUALI).

– **del possesso.** (*supra*, RECUPERO IN GENERE; POSSESSO)

– **di credito.** Recovery, o recoupment, of debt (AGENZIA PER IL RECUPERO DI CREDITI; CREDITO; ESAZIONE DI CREDITI; *FACTORING*; REALIZZO DI UN CREDITO).

Redattore. Draftsman (BOZZA; NOTAIO; REDAZIONE; RIVISTE DI GIURISPRUDENZA).

– **di codice in genere.** Draftsman of code (CODICE).

– **di disegni di legge governativi.** Parliamentary, o legislative, draftsman (DISEGNO DI LEGGE GOVERNATIVO). [vol. I: PARLIAMENTARY DRAFTSMEN]

Redazione. Drafting (COMITATO DI REDAZIONE; GRUPPO DI LAVORO; INTERPRETAZIONE; LINGUAGGIO GIURIDICO; REDATTORE; TECNICA REDAZIONALE LEGISLATIVA; TESTI GIURIDICI). [vol. I: DRAFT]

– **del bilancio di società.** Drawing of balance-sheet (BILANCIO DI SOCIETÀ; SOCIETÀ (II) QUALE SOGGETTO COLLETTIVO).

– **di testi giuridici.** Legal drafting (TESTI GIURIDICI).

– **legislativa.** Parliamentary drafting, legislative drafting (TECNICA REDAZIONALE LEGISLATIVA).

Redditività. Profitability (REDDITO; UTILE).

Reddito/i in genere. Income, earnings, gain, profit (ACCERTAMENTO DEL REDDITO; CAPITALE; CUMULO DEI REDDITI; DICHIARAZIONE DEI REDDITI; ENTRATA PUBBLICA; IMPOSTA SUL REDDITO; POLITICA DEI REDDITI; PRODOTTO; REDDITIVITÀ; RENDIMENTO; RICAVATO; UTILE FISCALE). [vol. I: EARNINGS, INCOME TAX; INLAND REVENUE; PERQUISITE; REVENUE; TAX]

– **annuale.** Yearly income (*supra*, REDDITO IN GENERE). [vol. I: ANNUITY]

– **complessivo.** Aggregate income (*supra*, REDDITO IN GENERE).

– **da capitale.** Capital gain (IMPOSTA SUGLI UTILI DI CAPITALI).

– **di lavoro.** Earned income (LAVORO).

– **dominicale.** Grosso modo, peppercorn rent (*supra*, REDDITO IN GENERE). [vol. I: PEPPERCORN RENT]

– **familiare.** Family income (FAMIGLIA).

– **fisso.** Regular income, fixed income (DEBITORE: 6; DIPENDENTE; FALLIMENTO: VI; PIGNORAMENTO DI STIPENDI E SALARI).

– **globale.** Total income (*supra*, REDDITO IN GENERE).

– **imponibile.** Taxable income (IMPOSTA).

– **lordo.** Gross income, gross earnings (UTILE LORDO).

– **nazionale.** National income (PRODOTTO NAZIONALE).

– **netto.** Net income, net earnings (UTILE NETTO).

– **per azione.** (UTILE PER AZIONE)

– **personale disponibile.** Disposable personal income; il termine indica quella parte del salario o stipendio che può essere oggetto garanzia, e quindi di esecuzione; prassi molto diffusa negli S.U. (CESSIONE DI STIPENDI E SALARI; FALLIMENTO: VI; PRIVILEGIO).

Bibl.:

Farnsworth and Honnold 1965, ed. 1976: 755.

– ***pro capite.*** Per capita income (PRODOTTO).

– **professionali.** Professional earnings (ONORARI DI AVVOCATO).

– **tassabile.** (*supra*, REDDITO IMPONIBILE)

– **totale.** Total income (*supra*, REDDITO IMPONIBILE).

Reddituario. Fundholder, rentier (REDDITO).

Redenzione. Redemption (REDIMIBILE). [vol. I: PRE-EMPTION; REDEMPTION]

Redibitoria. (AZIONE (I) REDIBITORIA; *QUANTI MINORIS*)

Redimibile, di un titolo, polizza di assicurazione, etc. Redeemable (AZIONE (II) REDIMIBILE; IRREDIMIBILE; TITOLI MOBILIARI REDIMIBILI). [vol. I: *ad vocem*]

Reduce di guerra. Army veteran, war veteran (GUERRA; VETERANO).

Referendum in genere. Referendum. Istituto ignoto all'ordinamento costituzionale britannico fino all'adozione del Referendum Act 1975 relativo alla permanenza o meno del R.U. nelle comunità europee, seguito poi nel 1979 da altri referendum in tema di *devolution*.

1. L'introduzione del referendum nel sistema costituzionale britannico è stata preceduta da un animato dibattito giacché si è sostenuto che l'istituto è incompatibile con

una forma di democrazia indiretta in cui la sovranità popolare è rappresentata dal parlamento. In effetti, l'introduzione del referendum ha in qualche modo eroso il principio della *supremacy of Parliament*; peraltro, esso sembra destinato a restare nella più antica democrazia parlamentare uno strumento eccezionale.
2. Negli S.U. — stato federale — il referendum non è ammesso nelle materie rette da una legge federale. Esso è, invece, attivamente praticato, anche quello propositivo, in numerosi stati dell'Unione: di solito quest'ultimo viene definito *initiative* o *proposition*, mentre il termine *referendum* sembra più spesso riferito al referendum abrogativo. Ovviamente, in uno stato federale, il regime della materia va accertato per ogni stato dell'Unione; non tutti prevedono questo istituto di democrazia diretta; in molti altri, invece, si tratta addirittura di un diritto consacrato nella costituzione locale. Una forma di referendum abrogativo — la cui introduzione andrebbe *immediatamente* attuata nel nostro paese che vanta probabilmente *i peggiori amministratori di tutto il mondo civile* — consiste nel sottoporre a voto popolare la proposta di rimuovere dal proprio ufficio *prima* della scadenza del mandato l'amministratore o chiunque sia stato eletto (i giudici degli stati dell'Unione, in origine eletti con voto popolare, ora, nella maggior parte dei casi, non lo sono più, ma vengono di solito nominati dal governatore su proposta di una *Judicial Qualification Commission*). In tal caso, si parla di *recall-election*: come, ad es., nel caso previsto dall'art. II (8), della costituzione del Michigan che stabilisce l'obbligo di procedere ad una *recall-election* concernente tutti gli eletti — ad eccezione dei giudici — sulla base di una *petition* proposta da almeno il 25 per cento degli elettori del collegio interessato. Com'è stato osservato nel caso *Shroyer* v. *Sokol* (191 Colo. 32, 550, P. 2d 309 (Colo.1976) 256) dalla Corte Suprema del Colorado: « The power of recall — like that of the initiative and referendum — is a fundamental right of citizens within a representative democracy. Neither the legislature nor local lawmaking bodies may infringe constitutionally protected fundamental rights ».
3. Il referendum — strumento di lotta democratica di un movimento politico che specie in passato aveva un forte radicamento nella società civile — ha dato un contributo determinante a quel minimo di modernizzazione realizzato nel nostro paese contro le ottuse resistenze del rattrappito *establishement* politico nostrano, opposizione compresa. I limiti dell'istituto nostrano sono *in re ipsa*, se si tiene conto che esso è esclusivamente abrogativo.
4. In diritto internazionale, il termine indica talvolta una nota inviata da un ambasciatore al proprio governo su una questione sulla quale non ha ricevuto istruzioni (AUTODETERMINAZIONE; LEGITTIMITÀ; PLEBISCITO; PROPOSTA DI LEGGE DI INIZIATIVA POPOLARE; REVOCA ANTICIPATA DEL MANDATO ELETTORALE; SUPREMAZIA DEL DIRITTO FEDERALE NEGLI S.U.; SUPREMAZIA DEL PARLAMENTO). [vol. I: REFERENDUM; SUPREMACY OF PARLIAMENT]

- **abrogativo in genere.** Repealing referendum, annulling referendum (*supra*, REFERENDUM IN GENERE: 2).
- **propositivo in genere.** Grosso modo, initiative, voters initiative proposition, proposed legislation (*supra*, REFERENDUM: 2; PROPOSTA DI LEGGE DI INIZIATIVA POPOLARE).
- **regionale in genere.** Regional referendum (*supra*, REFERENDUM IN GENERE).

Referenza/e. Reference, recommendation, testimonial; quest'ultimo termine indicava nel sistema inglese, ai tempi di Elisabetta I, l'attestato di un *justice of the peace* che certificava l'arrivo di un marinaio o di un soldato di passaggio, la sua dimora, etc., e il periodo di permanenza in un certo luogo, trascorso il quale qualsiasi marinaio o soldato vagabondo poteva essere messo a morte. Il termine *recommendation* indica più spesso la referenza scritta favorevole sulla buona condotta di una persona (*recommendation to character*), o anche la referenza su una prestazione ricevuta come, ad es., quella di un paziente rispetto al suo medico (*patient's testimonial*). Nell'ambito pubblicitario si ricorre al c.d. *testimonial*, ossia alla referenza, più spesso di uomini di spettacolo, che assicurano la bontà di un prodotto (spesso guardandosi bene dall'usarlo!), etc. (ATTESTATO; BENSERVITO; COMPORTAMENTO; CREDENZIALE; PUBBLICITÀ; RACCOMANDAZIONE). [vol. I: *ad vocem*; CHARACTER; FALSE CHARACTER]

- **bancaria.** Banker's reference (LETTERA DI CREDITO).
- **commerciale.** Trade reference (COMMERCIO).
- **di servizio.** Certificate of service (SERVIZIO).

Referto medico. Medical report (CARTELLA CLI-

NICA; MEDICINA LEGALE; PERIZIA MEDICA). [vol. I: EXPERT EVIDENCE; REPORT]

Reformatio in peius. Il divieto della *reformatio in peius*, definito di solito *prohibition on increasing sentence*, costituisce un principio esistente sia nel sistema inglese che in quello nordamericano. Ma esso si intreccia con il principio del divieto della *double jeopardy,* privo di equivalenza nella *civil law*, e con il regime dell'appello. Per quanto riguarda il sistema inglese in particolare, di fatto, nonostante il principio anzidetto, un condannato-appellante che stia scontando una pena detentiva può trovarsi nella condizione di subire una *reformatio in peius* nel caso in cui il giudice di appello decida che il periodo di tempo che egli ha trascorso in carcere durante la decisione del suo appello non debba essere scomputato come parte della pena. Pertanto, la s. 1 del Criminal Appeal Act 1968 che stabilisce il divieto della *reformatio in peius* va collegata con la s. 29 dello stesso Act che prevede direttive per il caso che l'appello abbia provocato una inutile perdita di tempo (*directions for loss of time*). D'altro canto, il divieto della *double jeopardy* esprime un principio fondamentale della *common law* in materia penale per cui è proibito promuovere l'azione penale più di una volta per lo stesso reato: di conseguenza, la sentenza di assoluzione o di condanna non può essere impugnata *dall'accusa*. Il divieto è contenuto nel V emendamento [1791] e nel XIV [1868] della costituzione degli S.U. D'altro canto, il condannato può impugnare sia la sentenza, sia la misura della pena (*appeal against conviction-appeal against sentence*). Peraltro, ai sensi delle ss. 35-36 del Criminal Justice Act 1988 britannico, l'*Attorney-General* può sottoporre alla *Court of Appeal* quelle condanne che appaiano eccessivamente indulgenti. Quest'ultima può, se crede, emettere una pena che ritenga più adeguata, sempre che la corte di merito fosse in grado di emettere quella diversa pena; ma, evidentemente, non si tratta di un appello [cfr. Emmins 1981, ed. 1992: 339]. Assai diversi appaiono i principi vigenti nel sistema nostrano. Il par. 92 della l. delega del 16 febbraio 1987 n. 81 per l'emanazione del nuovo codice di procedura penale prevede il divieto di *reformatio in pejus* in caso di appello del *solo imputato*. Ai sensi del comma 1 dell'art. 593 del c.p.p.: « Salvo quanto previsto negli articoli 443, 448 comma 2, 469, il pubblico ministero e l'imputato possono appellare contro le sentenze di condanna o di proscioglimento ». Laddove nel sistema anglo-americano, in virtù del principio della *double jeopardy*, l'accusa non può neanche impugnare la decisione. Quanto poi all'interesse ad impugnare da parte del p.m., secondo una sentenza della Cassazione (I sez., 14 giugno 1979), ritenuta applicabile tuttora, esso « sussiste sempre che il gravame tenda ad ottenere l'esatta applicazione della legge, indipendentemente dalle conseguenze pregiudizievoli o favorevoli all'imputato che dall'applicazione stessa possano derivare. La titolarità dell'azione penale attribuita allo stesso non deve, infatti, essere intesa quale potere-dovere di chiedere la condanna dell'imputato, sebbene quale potere-dovere di instare una pronuncia del giudice su una determinata questione onde ottenere l'attuazione della legge nel caso concreto ». Di modo che, anche per questo capo, l'imputato nostrano viene a trovarsi in una condizione ben peggiore di quella dell'imputato giudicato in base al sistema inglese e nordamericano (APPELLO; AZIONE (I) PENALE; COSA GIUDICATA; *NE BIS IN IDEM*; PENA; PUBBLICO MINISTERO). [vol. I: AUTREFOIS ACQUIT; DOUBLE JEOPARDY; NEMO DEBET BIS VEXARI]

Refurtiva. Stolen property (FURTO).

Regalia. Gratuity (DONAZIONE; DONAZIONE DI MODICO VALORE; GRATIFICA; GRATUITÀ; MANCIA). [vol. I: EX GRATIA PAYMENT; GRATUITY]

- **nel trasporto marittimo.** Primage, hat money (CAPPA; TRASPORTO MARITTIMO). [vol. I: HAT MONEY; PRIMAGE]

Reggenza. Regency (COSTITUZIONE POLITICA).

Regia. State monopoly (MONOPOLIO). [vol. I: COPYRIGHT; PATENT; PUBLIC UTILITY; RESTRAINT OF TRADE; TRADE MARK]

Regime in genere. Non esiste un termine corrispondente, e di solito si fa ricorso all'espressione francese *régime*; ma si parla anche di *law of* (torts, family, etc.) per indicare un dato regime giuridico o insieme di norme (DISCIPLINA; ORDINAMENTO GIURIDICO).

- **della responsabilità.** Liability *régime* (RESPONSABILITÀ).
- **delle capitolazioni.** Regime of capitulations. Era detto così in diritto internazionale il regime delle capitolazioni esistente fino agli inizi del XX secolo in numerosi paesi coloniali a favore dei cittadini dei paesi dominanti residenti in loco, consistente nella concessione di privilegi com-

merciali e, in particolare, nell'immunità dalla giurisdizione locale e nel diritto di fare ricorso all'amministrazione della giustizia del proprio paese (più spesso i consoli) in materia penale e civile. Celebri sono le capitolazioni tra i sultani dell'Impero Ottomano e la Francia a partire dal 1536; ma la pratica si estese a quasi tutti i paesi dominati, come nel caso della Cina, Egitto, Turchia e Marocco. L'idea alla base del regime delle capitolazioni in tema di giurisdizione non era troppo diversa dal privilegio esistente in Inghilterra (ed altri paesi) a favore del clero cattolico prima della rivolta protestante (BENEFICIO ECCLESIASTICO; CAPITOLAZIONE; CONCESSIONE; CONDOMINIO INTERNAZIONALE; DIRITTO (I) PERSONALE; GIUDICE NATURALE; GIURISDIZIONE; IMMUNITÀ; PROTETTORATO; SOVRANITÀ; *STATUS*; ZONA DI INFLUENZA). [vol. I.: CAPITULATION; JURISDICTION]

- **giuridico.** Legal regime (*supra*, REGIME IN GENERE).
- **patrimoniale della famiglia.** Matrimonial property law. Negli S.U. — stato federale — esso va ricercato nei singoli stati dell'Unione (RAPPORTI PATRIMONIALI TRA CONIUGI). [vol. I: *ad vocem*; HUSBAND AND WIFE]
- **totalitario.** Totalitarian *régime* (DITTATURA).

Regionalismo. Regionalism, devolution (FEDERALISMO; REGIONE).

Regione. Regional government, region, area, district; ma non esiste nel R.U. un ordinamento regionale analogo a quello italiano; si direbbe per buona fortuna di quel paese. E non esiste neanche, salvo eccezioni, una c.d. identità regionale. Si tratta di una apparente contraddizione nella pratica dell'autogoverno. In effetti, le regioni, specie quelle (ma non soltanto) italiane sono delle istituzioni artificiali prive affatto di *pedigree* storico e lontane dalle popolazioni (dis)amministrate. Il termine *region*, che ha una connotazione essenzialmente geografica, può quindi indurre in equivoci. Negli S.U. il regionalismo — per così dire, inteso nel senso di autonomia — raggiunge il suo culmine nello stato federale (AUTOGOVERNO; DECENTRALIZZAZIONE; FEDERALISMO; REGIONALISMO). [vol. I: DEVOLUTION; REGION; SCOTLAND; WAGES]

Registrato in genere. Registered, incorporated (REGISTRAZIONE; REGISTRO).

Registrazione in genere. Registration, recordation, enrollment, filing, public filing, entry. Ma con questo termine il *civil lawyer* si inoltra nelle sabbie mobili dell'incomparabilità.

1. Il regime giurico degli innumerevoli registri esistenti, e gli effetti dell'iscrizione e della pubblicità, sono spesso radicalmente diversi e le possibilità di prendere abbagli quasi infinite. Tra l'altro, si noti che in materia immobiliare la pubblicità — di natura diversa da quella nostrana — riflette una dicotomia di diritti tra *legal* e *equitable rights* ignota al nostro sistema delle fonti. Si noti altresì che il termine registration indica anche l'iscrizione. Talvolta la registrazione è solo *evidence* del titolo, ma non già la fonte del titolo stesso.

2. Negli S.U. — stato federale — per quanto vi sia una notevole tendenza all'uniformità, specie in materia societaria con il *Model Business Corporation Act,* il regime della pubblicità è disciplinato dai singoli stati dell'Unione. È detto *filing system* il sistema di registrazione delle garanzie mobiliari previste dall'Art. 9 dell'UCC, e *filing officer* il funzionario a capo dell'ufficio preposto alla registrazione pubblica degli atti che comportano la creazione di un *security interest*, ossia di un privilegio. La materia è strettamente collegata al concetto di pubblicità e di causa di prelazione (CAUSE (I) LEGITTIME DI PRELAZIONE; DICHIARAZIONE PER LA REGISTRAZIONE; INTESTAZIONE; ISCRIZIONE; PERSONA GIURIDICA; PUBBLICITÀ; REGISTRATO; REGISTRO; SPESE DI REGISTRAZIONE; TRASCRIZIONE). [vol. I: DEREGISTRATION; NOTICE; RECORDATION; REGISTRATION; SECURITY]

- **della ditta.** Registration of business name (DITTA).
- **della sentenza.** Filing of judgment for tax purposes. Ma non esiste un equivalente esatto (DEPOSITO DELLA SENTENZA).
- **delle persone giuridiche.** Incorporation (PERSONA GIURIDICA). [vol. I: *ad vocem*]
- **delle *securities*.** Con il termine *registration of securities* si indica negli S.U. sia l'iscrizione nei libri della società dei nomi dei detentori di azioni o obbligazioni, sia una procedura prevista dalla legge per ottenere dalla *Securities and Exchange Commission* l'autorizzazione ad offrire al pubblico i titoli della società (*infra*, REGISTRAZIONE DELLE SOCIETÀ DI CAPITALI; AZIONE (II) DI SOCIETÀ).
- **delle società di capitali.** Registration of companies; negli S.U. — stato federale —

in cui si parla di *registration of corporations*, ha luogo in base alla s. 12 del Securities Exchange Act 1934 (SOCIETÀ (II) DI CAPITALI). [vol. I: REGISTRATION OF COMPANY]

- **del matrimonio.** (TRASCRIZIONE DEL MATRIMONIO)
- **di aeromobile.** Registration of aircraft (AEROMOBILE).
- **di autoveicoli.** Registration of road vehicles; ma si noti che — salvo alcune ipotesi particolari — l'autoveicolo è soggetto alla stessa disciplina degli altri beni mobili e che il *registration book* di un autoveicolo non costituisce *document of title*. Non identifica cioè il proprietario di esso, ma soltanto la persona cui è intestato. Negli S.U. — stato federale — il regime della materia va ricercato nell'ambito dei singoli stati dell'Unione (*supra*, REGISTRAZIONE IN GENERE; AUTOVEICOLO; PUBBLICITÀ; PUBBLICO REGISTRO). [vol. I: INTRODUZIONE : III. 23; DOCUMENT OF TITLE]
- (o **immatricolazione) di nave.** Registration of ship; negli S.U. — stato federale — si parla, rispettivamente, di *registration* per le navi addette al trasporto internazionale e di *enrollment* per le navi addette al traffico di cabotaggio. La materia è regolata dal diritto federale (DIRITTO (I) MARITTIMO; IMMATRICOLAZIONE DI NAVE; NAVE; PORTO DI REGISTRO).
- **di oneri** o **pesi su immobili.** (ISCRIZIONE DI ONERI o PESI SU IMMOBILI)
- **di un privilegio in genere.** Public filing of a security interest (PRIVILEGIO: 8).
- **obbligatoria.** Mandatory o compulsory registration (*supra*, REGISTRAZIONE IN GENERE). [vol. I: *ad vocem*]

Registri. (REGISTRI/O)

Registro/i in genere. Register, registry, book, ledger, office, index, list, record; un registro pubblico è detto più spesso public register o public record book; ma le definizioni sono numerose.

1. Nel sistema inglese e in quello nordamericano esistono numerosissimi pubblici registri, ma il loro regime giuridico va accertato caso per caso. Spesso le condizioni e gli effetti dell'iscrizione in un registro sono assai diversi da quelli relativi ad analoghi registri pubblici italiani, quando esistono: si tratta spesso soltanto di *acoustic agreements*. Questo si riscontra specie, ma non soltanto, in tema di beni immobili rispetto ai quali esiste una articolazione assai diversa dei possibili diritti da quelli concepiti nei sistemi di *civil law* (del resto, assai diversi anche tra loro). In questo senso — là dove esistono negli ordinamenti di *common law* — la comparazioni tra il regime dei registri immobiliari può rivelarsi assai frustrante. Infine, le assonanze possono indurre in gravi equivoci: non tutti i registri pubblici italiani trovano equivalenza nel sistema inglese e nordamericano, e viceversa.

2. La materia subisce una ulteriore complicazione negli S.U. — stato federale — in cui accanto ai vari registri dei singoli stati, vi sono dei registri pubblici federali come, ad es., in tema di brevetti e marchi che rientrano nelle attribuzioni del *Patent and Trademark Office* federale; lo stesso dicasi in tema di proprietà intellettuale. Le traduzioni proposte sono quindi avanzate con queste riserve, e con il suggerimento di ricorrere alla letteratura specializzata sull'argomento; peraltro non preclara, non copiosa, e non agevole da rintracciare.

3. Vendita a credito-finanziamento-garanzia-pubblicità sono le fasi di un fenomeno che assume fondamentale importanza nelle economie dei paesi più sviluppati come quella degli S.U.; come pure collegati ad un'operazione di finanziamento sono il *leasing* e il *factoring*, etc. Negli S.U., per quanto regolata in maniera uniforme dall'Art. 9 dell'*Uniform Commercial Code*, la materia è anche soggetta alle varianti della normativa locale e, soprattutto, all'interpretazione da parte delle corti di ogni singolo stato dell'Unione.

4. L '*Uniform Commercial Code* dedica l'intero Art. 9 — il più avanzato nella materia, sembra — alla disciplina delle cause di prelazione sulla *personal property* (termine che indica, grosso modo, non solo i beni mobili, ma anche diritti patrimoniali non immobiliari) e alle varie forme di garanzia impropria in genere: il sistema stabilisce — ai fini dell'opponibilità del privilegio ai terzi — un *Central Filing System* nei vari stati dell'Unione, fondamentale ai fini della priorità. Si tratta di un rivoluzionario approccio unitario della complessa materia che si intreccia col regime del fallimento: un problema che si presenta sovente è se un *security device*, ossia un privilegio o, più in generale, una causa di prelazione, possa essere impugnata dal *trustee in bankruptcy* in quanto *preference*, ossia in quanto atto in frode dei creditori [Farnsworth and Honnold 1956, ed. 1976: 760].

5. In effetti, con i termini *security transac-*

tion o *security agreement* si indicano dei parametri omnibus che coprono svariati istituti diretti a costituire una causa di prelazione. Essi danno luogo a un *security interest*, ossia a un diritto di credito assistito da una causa di prelazione; *collateral* è l'oggetto della garanzia (ANNOTAZIONE IN UN REGISTRO; ARCHIVIO; CANCELLAZIONE DA UN REGISTRO; CAUSE (I) LEGITTIME DI PRELAZIONE; CONSERVATORE DI UN REGISTRO; GIORNALE; IMPOSTA DI REGISTRO; LIBRO DEI SOCI; MATRICOLA; PUBBLICITÀ; PUBBLICO REGISTRO AUTOMOBILISTICO; RADIAZIONE DI UNA NAVE DAI REGISTRI; REGISTRAZIONE; TRASCRIZIONE IN UN REGISTRO; UFFICIO DEL REGISTRO). [vol. I: BILL OF SALE; LAND REGISTRY; REGISTRATION OF TITLE TO LAND]

– **aeronautico nazionale.** National register of aircraft (*infra*, REGISTRO DELLE NAVI; REGISTRO DI CLASSIFICAZIONE NAVALE; AEROMOBILE).

– **automobilistico.** (PUBBLICO REGISTRO AUTOMOBILISTICO)

– **contabili.** (LIBRI CONTABILI)

– **degli obbligazionisti in genere.** Register of debenture holders (OBBLIGAZIONISTA).

– **dei falliti.** Nel R.U. si parla di Register of receiving orders, register of petitions for winding up, a seconda che si tratti, rispettivamente, di persone fisiche (bankruptcy) o di società (FALLITO). [vol. I: BANKRUPTCY; WINDING UP]

– **dei matrimoni.** Register of marriages (MATRIMONIO). [vol. I: MARRIAGE]

– **dei soci di società in genere.** Register of members, record of shareholders (AZIONISTA; SOCIETÀ (II) DI CAPITALI; SOCIO DI SOCIETÀ). [vol. I: REGISTER OF MEMBERS]

– **della popolazione** o **anagrafe in genere.** General register office (*infra*, REGISTRI DELLO STATO CIVILE).

– **delle adozioni.** Register of adopted children (ADOZIONE). [vol. I: ADOPTION]

– **delle ditte.** Grosso modo, register of business names (DITTA).

– **delle imprese.** Non esiste un registro delle imprese nell'ordinamento inglese: del resto, quello italiano, pur annunziato dal codice del 1942, è stato istituito solo con la legge n. 580 del 1993; esso sostituisce l'antiquato registro delle società tenuto presso le cancellerie commerciali dei tribunali. Nel R.U. si hanno diversi registri relativi ai vari tipi di imprese come il *business names registry*, il *register of limited partnerships* e il *register of companies*. Negli S.U. — stato federale — rilevata una certa tendenza all'uniformità, va ricordato, peraltro, che la materia è regolata dai singoli stati dell'Unione (ECONOMIA NERA; IMPRESA). [vol. I: BUSINESS]

Bibl.:

Schlesinger 1950, ed. 1988: 592.

– **delle nascite in genere.** Register of births. Negli S.U. — stato federale — il relativo regime è stabilito dai singoli stati dell'Unione (*infra*, REGISTRI DELLO STATO CIVILE; NASCITA).

– **delle navi.** Register of ships; tenuti dagli uffici doganali sia nel R.U. che negli S.U. In questi ultimi la materia rientra nelle attribuzioni federali (*infra*, REGISTRO DI CLASSIFICAZIONE NAVALE; REGISTRO ITALIANO NAVALE; NAVE ISCRITTA NEI REGISTRI).

– **delle navi in costruzione in genere.** Register of ships under construction (*infra*, REGISTRO ITALIANO NAVALE; NAVE).

– **delle persone giuridiche in genere.** Non esiste un registro delle persone giuridiche nel sistema inglese (*supra*, REGISTRO DELLE IMPRESE; DIRITTO (I) MARITTIMO; PERSONA GIURIDICA). [vol. I: CHARITY; COMPANY]

– **delle sentenze in genere.** Negli S.U.- stato federale — è definito, a seconda dei casi, *civil* o *criminal docket*; ma in taluni stati dell'Unione di parla anche di *judgment roll* (SENTENZA).

– **delle società.** Register of Companies. Negli S.U. — stato federale — in cui si parla più spesso di *record of corporations*, la materia è regolata dai singoli stati dell'Unione, anche se va rilevato che parecchi di essi adottano le disposizioni del *Model Business Corporation Act*. Nei singoli stati dell'Unione la registrazione avviene presso il *Secretary of State* termine che, si noti, indica l'ufficio addetto alla iscrizione delle società, e anche di quelle transazioni che, più spesso in tema di vendita a rate, stabiliscono un privilegio convenzionale (*security agreement*), etc. (PRIVILEGIO; REGISTRAZIONE DELLE SOCIETÀ DI CAPITALI; SOCIETÀ (II) DI CAPITALI). [vol. I: REGISTER OF COMPANIES]

– **delle successioni in genere.** Grosso modo, probate registry (SUCCESSIONE PER CAUSA DI MORTE).

– **delle tutele e curatele.** Grosso modo, register of wards of court. Ma non esiste un equivalente esatto degli istituti della tutela e della curatela nei sistemi di *common law* (CURATELA; TUTELA).

- **dello stato civile.** Non esiste un termine corrispondente; ma i registri di nascita, di matrimonio e di morte sono detti, rispettivamente, registers of births, of marriages e of deaths; non esistono registri di cittadinanza (STATO CIVILE). [vol. I: NATURALIZATION]

- **di bordo.** (LIBRI DI BORDO)

- **di classificazione navale.** Classification registries; nel R.U. è costituito dal celebrato *Lloyd's Register of Shipping* che funge anche da registro di classificazione aeronautica (ISTITUTO DI CLASSIFICAZIONE NAVALE O AERONAUTICA). [vol. I: LLOYD'S REGISTER OF SHIPPING]

- **di commercio in genere.** Commercial register; ma è ignoto alla tradizione di *common law* (SOCIETÀ (II) QUALE SOGGETTO COLLETTIVO).

- **ecclesiastici in genere.** Church registers (CHIESA).

- **elettorali.** Register of electors, electoral registers. Nel R.U. sono divisi in register of Parliament e of local government electors. Essi sono preparati annualmente. Sia nel R.U. che negli S.U. il regime dell'iscrizione nei registri elettorali è diverso da quello nostrano: per poter partecipare alle elezioni l'elettore deve ogni volta richiedere la iscrizione (ELETTORE; ELEZIONI POLITICHE). [vol. I: ELECTION; ELECTOR]

- **immobiliari.** Grosso modo, Land Registry.
1. L'Inghilterra ha un sistema di pubblicità immobiliare introdotto piuttosto recentemente e destinato a coprire in breve tutto il territorio del paese. Il regime della materia — assai diverso da quello nostrano — prevede un meccanismo che si fonda sulla teoria degli *estates* e sulla dicotomia *common law-equity*, ignote alla *civil law*. Basti qui accennare che la *registration* non ha efficacia costitutiva, ma ha lo scopo di tutelare il terzo contro l'evizione mediante una garanzia assunta in proprio dallo stato per il caso in cui il venditore non era *owner* del *legal estate*. Va aggiunto anche che il sistema della pubblicità immobiliare inglese assume aspetti particolari per quanto riguarda l'organamento dei registri, l'oggetto e gli effetti della registrazione. Una bizzarra caratteristica del Land Registry è che — a differenza del *register of companies* — non si tratta di un pubblico registro; esso è accessibile solo ad alcune categorie di persone, in quanto si ritiene che contenga informazioni di natura confidenziale.
2. Per quanto riguarda gli S.U., si parla in genere, di *records of land transactions*. Ma se gli S.U. — stato federale — hanno ereditato in buona sostanza le categorie e la terminologia del diritto fondiario inglese, è da osservare che le più notevoli differenze si riferiscono alla garanzia della proprietà immobiliare nei trasferimenti. La materia rientra nelle attribuzioni dei singoli stati; ma si può dire che, nel complesso, esistono negli S.U. due sistemi principali. Il primo, definito *public recordation*, consiste nella registrazione in pubblici uffici locali del *deed* che attua il trasferimento; la mancata registrazione comporta la inopponibilità ai terzi del trasferimento. Il *deed* contiene di solito una clausola per cui l'alienante si obbliga a risarcire l'acquirente per il danno derivante dai vizi del suo titolo di proprietà. Tuttavia, con sempre maggiore frequenza la garanzia a mezzo della registrazione è integrata da un sistema di assicurazione privata, detta *title insurance*. Il secondo sistema, detto *title registration*, costituisce un'applicazione del *Torrens title system* fondato sulla registrazione del diritto di proprietà, e non sulla registrazione dell'atto che comporta il trasferimento. Schlesinger [1950, ed. 1988: 684, 696] spiega bene sul piano comparatistico come diversi paesi di *common law* abbiano adottato il *Torrens system*, che non coincide con quello dei paesi di *civil law* ma che, in sostanza, perviene a risultati analoghi. Il suddetto sistema è stato adottato in un numero limitato di stati dell'Unione, ma anche in quei casi lascia al proprietario la facoltà di registrare il diritto. Comunque, il sistema tedesco — di natura non personale, diversamente da quello italiano — considerato il più importante, o l'archetipo dei sistemi continentali, risulta più semplice e meno dispendioso di quello (o quelli) nordamericani (ANNOTAZIONE DELLA SENTENZA NEI REGISTRI IMMOBILIARI; ASSICURAZIONE CONTRO I VIZI DEI TITOLI IMMOBILIARI; CERTIFICATO DEI REGISTRI IMMOBILIARI; CONSERVATORE DEI REGISTRI IMMOBILIARI; ESTRATTO DAI REGISTRI IMMOBILIARI; ISCRIZIONE DI TITOLO DI PROPRIETÀ IMMOBILIARE; ISCRIZIONE IPOTECARIA; PUBBLICITÀ; REGISTRAZIONE; RICERCA IPOTECARIA; SISTEMA TAVOLARE DEI REGISTRI IMMOBI-

LIARI; TITOLO: 5; TITOLO DI PROPRIETÀ IMMOBILIARE; TRASCRIZIONE IPOTECARIA; VENDITA DI IMMOBILI). [vol. I: REGISTRATION OF TITLE TO LAND; TORRENS SYSTEM]

– **Italiano Navale.** Grosso modo, l'equivalente inglese di questo istituto di classificazione navale è la *society of Lloyd's Register* o *Lloyd's Register.* Ma si noti che — a differenza del carrozzone nostrano rappresentato dal RINA — la *society* costituisce un'associazione privata (*supra*, REGISTRO DELLE NAVI). [vol. I: LLOYD'S REGISTER OF SHIPPING; NAVE]

– **mobiliare.** (*supra*, REGISTRO IN GENERE: 4). [vol. I: BILL OF SALE]

– **per gli impianti di valore rilevante.** Non esiste un tale registro in senso stretto ma vi sono delle società private che curano registri relativi alle vendite con riserva di proprietà (RISERVA DELLA PROPRIETÀ). [vol. I: REGISTERS AND RECORD]

– **pubblico.** (PUBBLICO REGISTRO)

Regno Unito. United Kingdom of Great Britain and Northern Ireland, o U.K. Comprende l'Inghilterra — la terra madre della *common law* — il Galles, la Scozia e l'Irlanda del Nord, ma non le Channel Islands e l'isola di Man che tuttavia ne fanno parte ai fini, tra l'altro, del Foreign Enlistment Act 1870. Talvolta si usa incorrettamente il termine Britain; ma si noti che Great Britain indica solo l'Inghilterra, la Scozia e il Galles. Il R.U. costituisce una *plurilegal unit of sovereignty* nel quale coesistono cioè diversi ordinamenti giuridici (ORDINAMENTI GIURIDICI PLURILEGALI; SCOZIA; STATO UNITARIO). [vol. I: INTRODUZIONE: III. 12; BRITISH LAW; PLURILEGAL UNIT OF SOVEREIGNTY; UNITED KINGDOM]

Regola/e in genere. Rule; si distingue dalla norma di *civil law.* È definita *legal rule* la regola giurisprudenziale: essa non corrisponde alla norma giuridica dei sistemi di *civil law.* Ma si parla, specie negli S.U., di *Rule* per indicare, oltre, ad es., alle *Federal Rules of Civil Procedure*, etc., la regola emanata da una *regulatory agency* federale come, anche qui ad es., la *Rule* 10b-5 della *Securities and Exchange Commission.* Piegare, adattare una regola è detto *bend (to) a rule*; stabilire una regola *lay (to) down a rule* (*infra*, REGOLA GIURISPRUDENZIALE; DECISIONE; *DE-REGULATION*; DISPOSIZIONE; NORMA GIURIDICA; PRECEDENTE GIUDIZIARIO; PRINCÌPI GENERALI DI DIRITTO; REGOLAMENTO; REGOLATORE). [vol. I: DEREGULATION; DOCTRINE; LEGAL RULE; RULE; RULE-MAKING POWER]

– **bancarie.** Banking rules (BANCA). [vol. I: BANK]

– **bancarie comunitarie.** Community banking rules (COMUNITÀ EUROPEE).

– **che esclude una prova.** Exclusionary rule (PROVA: 1). [vol. I: EXCLUSIONARY RULES]

– **del commercio internazionale.** Trade regulations (COMMERCIO INTERNAZIONALE; DIRITTO (I) COMMERCIALE; *INCOTERMS*).

– **dell'Aia.** Hague Rules (REGOLE DI AMBURGO; TRASPORTO MARITTIMO). [vol. I: HAGUE RULES]

– **della prova indiretta.** Secondary evidence rule (PROVA INDIRETTA).

– **della prova migliore.** Best evidence rule (PROVA). [vol. I: EVIDENCE: II. 2]

– **di Amburgo.** Hamburg Rules (TRASPORTO MARITTIMO). [vol. I: HAMBURG RULES]

– **di ammissibilità della prova.** Rules of evidence (PROVA).

– **di base.** Ground rule (*infra*, REGOLE FONDAMENTALI).

– **di condotta.** Rule of conduct (*infra,* REGOLE DI CORRETTEZZA; CODICE DI CONDOTTA; CONDOTTA; PERSUASIONE; SANZIONE). [vol. I: NON-LEGAL RULES]

– **di correttezza.** Rules of fairness, of good faith, of good behaviour (*supra*, REGOLA DI CONDOTTA; BUONA FEDE; CORRETTEZZA; RESPONSABILITÀ EXTRACONTRATTUALE). [vol. I: ABUSE OF RIGHT; BONA FIDE]

– **di diritto.** Legal rule (*infra*, REGOLA GIURISPRUDENZIALE; PRINCIPIO GIURIDICO).

– **di interpretazione.** Interpretation o construction rules (INTERPRETAZIONE).

– **di procedura.** Rules of procedure, rules of court (PROCEDURA).

– **di procedura della Corte di Giustizia delle Comunità Europee (CGCE).** Rules of procedure and practice of the Court (CORTE DI GIUSTIZIA DELLE COMUNITÀ EUROPEE).

– **di York e Anversa.** York-Antwerp Rules; in tema di *general average* (AVARIA COMUNE; SALVATAGGIO MARITTIMO). [vol. I: YORK-ANTWERP RULES]

– **e usi uniformi.** Uniform customs and practice (USO).

– **finali.** (DISPOSIZIONE FINALE DI LEGGE)

– **fondamentali.** Ground rules (*supra*, REGOLA DI BASE).

– **giurisprudenziale.** Rule, legal rule, doctrine; questo concetto si può intendere solo tenendo conto dell'assai diversa teoria delle fonti del diritto della tradizione di *common law* (ABROGAZIONE; FONTI DEL DIRITTO; GIURISPRUDENZA; MASSIMA GIURISPRUDENZIALE; PRECEDENTE GIUDIZIARIO; RETROATTIVITÀ). [vol. I: CASE LAW; DOCTRINE; LEGAL RULE; RULE; SOURCES OF LAW]

– **per prevenire gli abbordi in mare.** Collision regulations (URTO DI NAVI IN MARE).

– **sulla prova.** Rules of evidence (PROVA).

– **sulla pubblicità del credito.** Credit advertising regulations (CREDITO; PUBBLICITÀ).

Regolamento in genere. A seconda dei casi, statutory instrument, regulation, rule, bylaw. Ma in assenza di un diritto amministrativo vero e proprio e di una giurisdizione amministrativa analoga a quella esistente nei paesi di *civil law*, sembra potersi dire che ciò che sarebbe definito come un regolamento amministrativo nel nostro sistema rientra invece nel sistema inglese e nordamericano nel diritto comune. In altre parole, questo tipo di normativa non gode di uno *status* speciale rispetto ad altri. Le distinzioni nostrane sui regolamenti amministrativi non trovano equivalenza nella *common law*.
1. A differenza di quegli ordinamenti di *civil law* che, come quello italiano, prendono le mosse dal sistema francese, nel sistema inglese (e nordamericano) il potere esecutivo è sfornito di potestà regolamentare propria diretta all'esecuzione della legge. Deve, cioè, sussistere ogni volta una espressa delega di potere normativo, di fatto frequentissima. Essa consente nel R.U. a un fortissimo esecutivo come quello britannico di legiferare in senso materiale in maniera massiccia, rapida ed efficace. Ma la rapidità e la qualità della legislazione materiale britannica non possono essere spiegate se non si tiene conto che essa è elaborata da un *civil service* di elevate qualità professionali. In questo senso, se e quando saranno introdotte delle riforme nel nostro paese, è difficile immaginare un qualche serio cambiamento nella materia se il paese non si pone anche il problema della *qualità dei suoi uomini*. Nel sistema costituzionale britannico vi sono due tipi fondamentali di delega legislativa; col primo tipo, si lascia all'organo delegato di provvedere all'emanazione della legislazione materiale col solo limite della *doctrine of ultra vires*; su tale legislazione materiale il parlamento non ha alcuna forma di controllo diretto. Col secondo tipo, la legge che conferisce tali poteri (*parent statute*) richiede che la legislazione emanata in base alla delega sia sottoposta all'esame del parlamento (*laid before Parliament*): di fatto, si tratta di una forma di controllo inesistente. La più rilevante differenza tra gli Acts of Parliament e la delegated legislation sta in questo: che mentre i primi non possono essere oggetto di qualsiasi sindacato da parte del giudice inglese, alla seconda si applica invece la *judicial review of administrative action*, nel senso che il giudice applica la legislazione delegata solo quando essa sia stata emessa nell'ambito dei poteri conferiti, in base alla *ultra vires doctrine*. Tutta la legislazione delegata — incluso i regolamenti — deve essere *intra vires*. In ogni caso, il problema della legislazione materiale da parte dell'esecutivo si pone nell'ordinamento britannico e in quelli dotati di un esecutivo abbastanza forte da corrispondere alle esigenze di governo di un paese industriale, in modo totalmente diverso dal nostro: il governo britannico, di solito espresso da fortissime maggioranze parlamentari, non governa con decreti-legge come quello italiano; a parte che non esiste questo tipo di provvedimento, non ne avrebbe bisogno dato che, in caso di urgenza, il parlamento britannico può approvare una legge anche in un solo giorno. Negli S.U., invece, non spetta al Congresso esercitare un controllo sulla legislazione delegata, considerato un compito del giudice che si realizza, anche qui, mediante la *judicial review*.
2. Ma il termine *by-law* assume un significato particolare in materia di associazioni, persone giuridiche o meno, pubbliche o private che siano, per indicare l'insieme delle regole emanate per il proprio funzionamento interno o, come si dice, *internal governance*. Il potere di emanare *by-laws* è caratteristico della società commerciale inglese e nordamericana, un dato che riflette il carattere istituzionale anche delle società per azioni, che quindi non possono essere ritenute come fondate su un rapporto puramente contrattuale. In questo senso, si parla di *by-laws of a company* o di una *corporation* per indicare, grosso modo, lo statuto della società commerciale o di capitali. Ma il termine è anche riferito agli enti autonomi locali per indicare, grosso modo, i regolamen-

ti comunali o quelli emanati da enti pubblici in genere. Negli S.U. i regolamenti comunali sono definiti più spesso *ordinance*, mentre il termine *by-laws* è riferito più spesso alle società di capitali (*corporations*). Infine, in diritto internazionale, il termine *by-laws* indica lo statuto o il regolamento interno di un'organizzazione internazionale (A MEZZO DI REGOLAMENTO; CONTROLLO GIURISDIZIONALE; DECRETO LEGGE; DECRETO LEGISLATIVO; DELEGA DEI POTERI ALLO STATO FEDERALE NEGLI S.U.; DIRITTO (I) AMMINISTRATIVO; LEGISLAZIONE DELEGATA; NORMA GIURIDICA; ORDINAMENTO GIUDIZIARIO; ORDINANZA; POTERE REGOLAMENTARE; REGOLATORE; SOCIETÀ (II) QUALE SOGGETTO COLLETTIVO; STATUTO DI ASSOCIAZIONE). [vol. I: ADMINISTRATIVE LAW; BY-LAW; DELEGATED LEGISLATION; JUDICIAL REVIEW; LEGISLATION; STATUTORY INSTRUMENTS; ULTRA VIRES]

– **amichevole.** Grosso modo, friendly settlement, deal (AMICHEVOLE COMPOSITORE).

– **comunale in genere.** Local government by-laws, municipal law (*supra*, REGOLAMENTO IN GENERE: 2; AUTOGOVERNO; COMUNE).

– **comunitario.** Community regulation (DIRETTIVA COMUNITARIA).

– **delle persone giuridiche in genere.** By-laws of legal persons (PERSONA GIURIDICA).

– **di avaria.** Adjustment of average (AVARIA COMUNE; SINISTRO).

– **di competenza.** Grosso modo, ruling as to jurisdiction. Ma non esiste un'equivalenza esatta (*infra*, REGOLAMENTO DI GIURISDIZIONE; COMPETENZA).

– **di condominio.** Grosso modo, by-laws of an association of tenants, by-laws of joint tenants of land (CONDOMINIO).

– **di giurisdizione.** Grosso modo, proceeding to determine jurisdiction. Ma non esiste una distinzione tra giurisdizione ordinaria e giurisdizione amministrativa nel senso nostrano della parola (cfr. art. 37 c.p.c.). In uno stato federale come gli S.U., questioni attinenti alla giurisdizione sono frequentissime (*supra*, REGOLAMENTO DI COMPETENZA; FEDERALISMO; GIURISDIZIONE; QUESTIONE FEDERALE). [vol. I: CERTIORARI; FORUM NON CONVENIENS; REMOVAL]

Bibl.:

Wright 1963, ed. 1970: 57.

– **di sinistro.** Adjustment of loss (SINISTRO).

– **di società di capitali.** By-laws of company, by-laws of corporation (*supra*, REGOLAMENTO IN GENERE: 2; SOCIETÀ (II) QUALE SOGGETTO COLLETTIVO; STATUTO DI ASSOCIAZIONE).

– **interno di un'assemblea, associazione, etc.** Rules of procedure, internal regulations, by-laws of an association (*supra*, REGOLAMENTO: 2; STATUTO).

– **ministeriale.** Departmental o ministerial regulation (*supra*, REGOLAMENTO IN GENERE; MINISTERIALE).

– **parlamentare.** Standing orders of the House of Commons, o of the House of Lords; negli S.U. si parla di *parliamentary law*.

– **tassativa.** Peremptory rule (NORMA IMPERATIVA).

Regolare. Lawful, regular (IRREGOLARE).

Regolarità delle girate. Regularity of indorsements (GIRATA IRREGOLARE).

Regolatore in genere. Regulator.

1. Negli S.U. il termine è impiegato con riferimento alle *agencies* aventi poteri *regolamentari*, *decisionali* e *di controllo*. Esse partecipano dei tre poteri: legislativo, giudiziario e esecutivo, e costituiscono una autentica innovazione rispetto all'originario impianto della costituzione: modello di questo tipo di *agencies* è il National Labor Relations Board (NLRB) federale autorizzato: (i) ad emanare regolamenti (*rules*) molto difficili da distinguere da disposizioni di legge; (ii) a svolgere funzioni esecutive come, ad es., iniziare l'azione penale in materia di propria competenza; (iii) a svolgere funzioni giurisdizionali come, ad es., nel decidere le controversie tra sindacati e datori di lavoro. Si tratta di un fenomeno che ha avuto il suo massimo sviluppo al tempo del *New Deal*. In questo senso, va ricordato che la legislazione emanata dalle *agencies,* per la sua varietà, ampiezza e penetrazione, assume una importanza non diversa da quella emanata dagli organi legislativi intesi in senso stretto. Per lungo tempo si è dibattuto sulla costituzionalità della delega di potere alle *administrative agencies*; ma una serie di contrastate decisioni della *Supreme Court* ha stabilito da tempo la costituzionalità della delega legislativa e giudiziaria da parte del Congresso. Si tratta di materia assai originale: se mai, dopo l'invenzione del *federalismo*, la genialità giuridica americana dovesse ancora essere provata, quella delle *regulatory agencies* è certamente un buon esempio. Si parla di *federal regulator* per indicare una *agency* munita di tali poteri; *bank regulators* sono

gli organi preposti al controllo dell'attività bancaria, etc. Sono definite *regulated industries* quelle attività economiche oggetto di disciplina da parte delle *regulatory agencies* come, ad es., in tema di legislazione antimonopolistica. Le suddette *agencies* sono munite di *quasi-legislative powers*, termine impiegato per spiegare il loro potere di legislazione materiale, o *rule-making*. Le decisioni delle *administrative agencies* sono soggette alla *judicial review* da parte dell'autorità giudiziaria. È definita *nonacquiescence* la *policy* di un'*administrative agency* consistente nel non ritenersi vincolata dal precedente giudiziario delle corti federali contrario alla propria interpretazione della legge istitutiva (*organic statute*) fin quando non sia intervenuta una decisione della *Supreme Court* sulla materia. Le *agencies* sono definite anche, tra l'altro, *commissions*, come ad es., la *Consumer Product Safety Commission*; esse trovano la loro origine sia nella legge federale sia in quella dei singoli stati dell'Unione. Ma più rilevanti sono le *agencies* federali. La legge relativa a questa assai svariata serie di organi che non trovano equivalenza né nel sistema inglese, né nella tradizione di *civil law* in genere, è definita appunto *regulatory law*: la più importante tra le leggi in materia in sede federale è il *Federal Trade Commission Act* istitutivo della relativa Commissione sul cui modello è stabilita una analoga legislazione in oltre la metà degli stati dell'Unione. Di solito, le *regulatory commissions* federali sono modellate sull'*Interstate Commerce Commission* federale istituita nel 1887.

2. Per dare un'idea della miriade e della varietà delle *agencies*, basti pensare che ben nove di esse presiedono all'applicazione del Consumer Protection Act. In questo senso, resta da rilevare che se gli S.U. sono, per definizione, il paese dell'economia di mercato, quest'ultimo è anche il più *regulated* del mondo. E questo, pur nella intima convinzione della sua inutilità, induce a far qualche riflessione comparatistica; così, solo per ragionare. Nonostante la ventata di *de-regulation* che all'epoca della presidenza Reagan ha investito l'economia americana, resta il fatto che la regolamentazione che promana dalle *agencies*, per quanto considerata opprimente da taluni interessi, in ultima analisi, per il modo stesso in cui è concepita e attuata, risponde alle esigenze di una società industriale di massa in cui la tutela del consumatore e dell'ambiente (e della sicurezza), fanno parte integrante del modello economico: l'idea fondamentale in materia distingue la *regolamentazione* dalla *gestione* dell'economia lasciata alle forze del mercato; insomma, da una lato una fortissima regolamentazione da parte del potere pubblico e, dall'altro, assenza di gestione e partecipazione nell'attività economica. Da noi si verifica l'inverso: assenza di regole generali e *cogestione* dell'economia da parte del potere pubblico. Durato per mezzo secolo in una situazione politica bloccata dalla presenza di un massiccio partito anti-sistema, il sistema italiano non poteva che dar luogo a una *combine* criminale tra economia pubblica e privata garantita da un baraccone di 150 mila leggi che assicura l'*assenza di regole*: un *Far West* che illustra un *capitalismo anomico* che si illustra più nelle aule di tribunale che sui mercati internazionali, con immane sperpero della ricchezza pubblica.

3. Gli atti e le decisioni delle *regulatory agencies* o, meglio, la loro attività di legislazione materiale, decisionale ed esecutiva, è soggetta alle regole dell'Administrative Procedure Act (APA) federale e alle varianti locali dei vari stati dell'Unione: l'insieme della materia è definita *administrative law*; ma non ha nulla a che vedere con il diritto amministrativo nostrano e dei sistemi di *civil law* in genere. Sembra appena il caso di aggiungere che complessi meccanismi assicurano il *contraddittorio* sia in sede di *policy making* sia in sede decisionale. Come si è accennato, le decisioni di questi organismi sono soggette alla *judicial review*.

4. Ma ora si parla di regolatori anche nel nostro paese per indicare dei carrozzoni definiti pomposamente *authorities* che — a parte che si inseriscono in un quadro normativo che presuppone la giurisdizione amministrativa — anche sul piano ideativo — appaiono ben povera cosa (AGENZIA; APPELLO; COMMISSIONE REGOLATRICE FEDERALE NEGLI S.U.; CONTRADDITTORIO; CONTROLLO GIURISDIZIONALE; DELEGA DEI POTERI ALLO STATO FEDERALE NEGLI S.U.; *DE-REGULATION*; DIRITTO (I) AMMINISTRATIVO; ECONOMIA DI MERCATO; ENTE; ENTE PUBBLICO; GARANTE; GIUSTIZIA ALTERNATIVA; LEGGE ISTITUTIVA; MONOPOLIO; *NEW DEAL*; ORGANISMO DI CONTROLLO; PRECEDENTE GIUDIZIARIO; PROFITTI STRAORDINARI; REGOLA; REGOLAMENTO; SEGRETO BANCARIO; SERVIZIO PUBBLICO; STATO FEDERALE; TUTELA DEL CONSUMATORE; UTILI RAGIONEVOLI DA UN INVESTIMENTO; UTILITÀ). [vol. I: REGULATORY AGENCY; RULE-MAKING POWER]

Bibl.:

Zeppos, N.S., *Administrative State*, in *Oxford* 1992: 10.

Regole. (REGOLA)

Regresso in genere. Recourse. Fondamentale è il concetto di *nonrecourse*: quando il termine è riferito alla cambiale, esso indica la condizione del portatore che, in caso di mancato pagamento, non ha il diritto di esperire l'azione di ricorso nei confronti dei precedenti giranti o del traente. È definito *nonrecourse debt* quel tipo di credito, fatto più spesso in occasione della vendita di beni di consumo, di cui l'unica garanzia è costituita dal diritto del creditore di rientrare in possesso della merce venduta: ma il debitore-acquirente non risponde del mancato pagamento con il suo patrimonio. Un tipo di mutuo, e quindi di credito — di cui non si può esagerare l'importanza — è costituito dal *nonrecourse loan,* ossia da quel mutuo che esclude il ricorso del creditore ad altri beni del debitore nel caso in cui il valore dell'oggetto della garanzia divenga inferiore all'ammontare effettivamente dovuto: esso è praticato negli S.U. più spesso in materia di credito agli agricoltori (AZIONE (I) DI REGRESSO; CAMBIALE; CHIAMATA IN GARANZIA; MUTUO; PIGNORAMENTO: 4; RICORSO; SODDISFAZIONE DEL CREDITO).

- **cambiario.** Right of recourse on a bill of exchange. Non è condizionato alla levata del protesto. Ma in questa materia esistono profonde diversità tra il sistema uniforme di Ginevra (di cui quello italiano è parte) da un lato e quello inglese e nordamericano dall'altro (AZIONE (I) DI REGRESSO; PORTATORE DELLA CAMBIALE; PORTATORE LEGITTIMO O REGOLARE DELLA CAMBIALE; PROTESTO).
- **del fideiussore.** Action in contribution (AZIONE (I) DI GARANZIA DEL FIDEIUSSORE; FIDEIUSSORE). [vol. I: CONTRIBUTION; GUARANTEE; SURETY]
- **dell'assicuratore.** Recourse action of the insurer (ASSICURATORE; AZIONE (I) DI REGRESSO).
- **del responsabile in solido.** Action in contribution (AZIONE (I) DI REGRESSO; RESPONSABILE IN SOLIDO).
- **tra gli assicuratori marittimi fra di loro** o **contro il comandante.** È detta ancora oggi nell'assicurazione marittima *restaur* l'azione di regresso degli *underwriters* tra loro (ASSICURAZIONE MARITTIMA). [vol. I: RESTAUR]

***Regula iuris* in genere.** Legal rule (REGOLA DI DIRITTO).

Reintegrazione in genere. Recovery, recoupment, restitution, reinstatement (ARRICCHIMENTO SENZA CAUSA; AZIONE (I) DI RIVENDICAZIONE; RECUPERO; REGRESSO; RESTITUZIONE; RISTORO). [vol. I: RECOUPMENT; RECOVERY; REINSTATEMENT; REPOSSESSION; RESTITUTION; RESTORATION; UNJUST ENRICHMENT]

- **in un ufficio** o **incarico.** Reinstatement in office (DESTITUZIONE DA UN UFFICIO O INCARICO; RIMOZIONE DA UN UFFICIO O INCARICO; UFFICIO). [vol. I: REINSTATEMENT]
- **nei diritti coniugali.** Restitution of conjugal rights (DIRITTI (II) CONIUGALI).
- **nel possesso di immobili.** Recovery of land; ma, in senso stretto, l'azione di spoglio e quella di rivendicazione non trovano equivalenza nella *common law* (AZIONI (I) PETITORIE-POSSESSORIE; IMMOBILE; POSSESSO; PROVVEDIMENTO POSSESSORIO; RECUPERO DEL POSSESSO; RIENTRO IN POSSESSO; SPOGLIO; TIZIO, CAIO SEMPRONIO). [vol. I: ORDER FOR POSSESSION; OWNERSHIP: 7; RECOVERY OF LAND; RE-ENTRY; TRESPASS]
- **nel possesso di mobili.** Recovery of chattels (BENI MOBILI; POSSESSO). [vol. I: RECAPTION; REPLEVIN; TRESPASS]
- **nel posto di lavoro.** Reinstatement in employment (DESTITUZIONE; LAVORO; LICENZIAMENTO; RIASSUNZIONE).

Reità in genere. Guilt (COLPEVOLEZZA; REO).

Relatività del contratto. Privity of contract (CONTRATTO: IX; CONTRATTO A FAVORE DI TERZI; CONTRATTUALE; PARTE CONTRAENTE DEL CONTRATTO; RAPPORTO CONTRATTUALE; RAPPORTO GIURIDICO; *RES INTER ALIOS*, etc.; RESPONSABILITÀ DEL PRODUTTORE). [vol. I: PRIVITY; PRODUCT LIABILITY]

Relativo in genere. Nel senso di limitato, è detto qualified (ASSOLUTO; RELATIVITÀ DEL CONTRATTO). [vol. I: ABSOLUTE]

Relatore in genere. Referee; nella prassi internazionale è detto *rapporteur* (GIUDICE RELATORE).

Relazione/i in genere. Report, return; nel senso di rapporti, si parla di relations, intercourses, ties, etc. Ma il termine relation indica anche parente (DICHIARAZIONE; PARENTELA; PUBBLICHE RELAZIONI; RAPPORTO; VERBALE). [vol. I: RELATION; RELATIONS; REPORT; RETURN]

- **annuale in genere.** Yearly return (*supra*, RELAZIONE IN GENERE).
- **annuale di bilancio.** Annual report (BILANCIO).
- **coniugali.** (RAPPORTI CONIUGALI)

– **degli amministratori di società di capitali.** Directors' report (SOCIETÀ (II) DI CAPITALI).

– **dei revisori dei conti.** Auditors' report (*AUDIT*).

– **del consulente tecnico.** Expert witness' report (CONSULENTE TECNICO).

– **di avaria.** (TESTIMONIALE DI AVARIA)

– **di notifica.** Indorsement of service; è fatta anche dalla stessa parte (NOTIFICA).

– **diplomatiche.** Diplomatic relations (DIPLOMAZIA; RAPPORTI DIPLOMATICI; RISTABILIMENTO DEI RAPPORTI DIPLOMATICI; ROTTURA DELLE RELAZIONI DIPLOMATICHE).

– **di un funzionario esecutivo** o **di ufficiale giudiziario, etc.** Return (*supra*, RELAZIONE IN GENERE).

– **finanziarie.** Financial relationships (ATTO UNICO EUROPEO).

– **giuridica.** (RAPPORTO GIURIDICO)

– **industriali.** Industrial relations (*infra*, RELAZIONI SINDACALI o DI LAVORO; RAPPORTI COLLETTIVI DI LAVORO).

– **internazionali.** International relations (DIRITTO (I) INTERNAZIONALE).

– **pubbliche.** Public relations (*supra*, RELAZIONI DIPLOMATICHE).

– **sindacali** o **di lavoro.** Industrial relations (*supra*, RELAZIONI INDUSTRIALI; RAPPORTI COLLETTIVI DI LAVORO). [vol. I: *ad vocem*]

– **tra sessi diversi.** Gender relations (DISCRIMINAZIONE SESSUALE).

– **umane.** Human relations (*supra*, RELAZIONI PUBBLICHE; DIRITTI (II) DELL'UOMO).

Religione in genere. Religion, religious faith. Negli S.U., il I emendamento [1791] della costituzione federale recita, tra l'altro: « Congress shall make no law respecting an establishment of religion, or prohibiting the free exercise thereof ». Il primo principio è definito *establishment clause*, il secondo, *free exercise clause*: essi pongono, rispettivamente, il divieto di creare una chiesa di stato (assicurando la separazione tra Stato e Chiesa) e il diritto di libertà religiosa; entrambi sono definiti *religion clauses*. Si tratta di uno dei capitoli più importanti del diritto costituzionale americano, come risulta dalla messe di decisioni della *Supreme Court* in una materia resa rilevantissima dal fatto che gli S.U., paese del pluralismo etnico, sono anche un paese di grande pluralismo religioso in cui, comunque, il fenomeno religioso assume una importanza insospettabile in Europa. La *Supreme Court* ha stabilito che entrambi i princìpi (*establishment clause-free exercise clause*) sono applicabili negli stati dell'Unione mediante la *due process clause* del XIV emendamento [1868]. In effetti — come risulta del resto da una copiosissima giurisprudenza che fa onore alla democrazia americana — sussiste, com'è stato osservato, un *latente conflitto* tra il principio che impone il divieto di stabilire una religione e quello del divieto di qualsiasi ostacolo all'esercizio della sua pratica. Questa tensione tra i due princìpi comporta spesso per la *Supreme Court* — oracolo della legge anche in questa in materia — l'alternativa della scelta tra valori concorrenti. Il principio generale in materia è costituito dal concetto di *neutralità*. Questi valori contrapposti esigono che lo Stato persegua esclusivamente fini secolari in maniera neutrale da un punto di vista religioso. Peraltro, si verificano situazioni in cui lo Stato non ha altra scelta che in maniera indiretta aiutare o ostacolare gruppi o pratiche religiose. La materia appare di una notevole complessità; ma la *Supreme Court* ha elaborato diversi *tests* relativi all'una e all'altra *clause* per stabilire se una legge possa violare l'uno o l'altro principio costituzionale. Molto spesso le questioni attengono alla legittimità costituzionale di qualche forma di aiuto alle istituzioni religiose in tema di esenzioni fiscali, etc. Di solito, ci si riferisce all'esperienza della Virginia per sostenere la totale separazione della Chiesa dallo Stato. In effetti, in Virginia, Jefferson e Madison combatterono una tenace battaglia per la totale libertà di religione e per la fine di qualsiasi aiuto statale alla chiesa. La posizione di Madison venne consacrata nell'ormai celebre « Memorial and Remostrance » con il quale si opponeva a un progetto di legge di aiuto alla chiesa. Ma altri stati dell'Unione avevano stabilito delle chiese perfino dopo la rivoluzione: per questi stati il I emendamento assicurava che lo stato federale non poteva ingerirsi nella loro preferenza per talune fedi religiose. Comunque, sembra potersi dire su questo importante ma non preclaro capitolo che, anche dopo la fine delle chiese stabilite, negli stati dell'Unione l'aiuto a istituzioni religiose continuò. In conclusione, per quanto l'intenzione originaria dei redattori del I e del XIV emendamento non sia chiara, la *Supreme Court* durante l'ultimo mezzo secolo ha affermato senza esitazioni che i valori tutelati dalle *religion clauses* costituiscono aspetti fondamentali della libertà che devono essere protetti dall'ingerenza dello stato federale e degli stati dell'Unione. L'*establishment clause* si applica sia allo stato federale che agli stati dell'Unione. Essa stabilisce il divieto di patrocinio statale della religione, per cui essa non va né stabilita né aiutata, sul piano dei princìpi. Mentre in origine la clausola non era probabilmente intesa come un divieto di aiuto statale a tutte le religioni, la opinione normalmente accolta attualmente è che essa stabilisce il divieto di preferire la religione alla non-religione. Peraltro, lo Stato non può del tutto astenersi dall'aiutare in qualche modo le chiese, a meno che non si opponga attivamente ad esse, cosa che gli è proibito fare dalla *free exercise clause*. Diversa è la situazione in Inghilterra dove esiste una Chiesa stabilita (CHIESA D'INGHILTERRA; LIBERTÀ DI CULTO; QUATTRO LIBERTÀ; SCUOLA; SEPARAZIONE TRA STATO E CHIESA; SUCCESSIONE AL TRONO).

Bibl.:

Gedicks, F.M., *Religion*, in *Oxford* 1992: 717.
Nowak and Rotunda 1978, ed. 1991: 1157.

Religioso. (LAICO; RELIGIONE)

Relitto in genere. Wreck, wreckage, derelict (*RES NULLIUS*). [vol. I: DERELICT; WRECK]

– **di aereo.** Wreckage of aircraft (AEROMOBILE; INCIDENTE AEREO).

– **di nave.** Wreck, derelict (DEPREDAZIONE DI NAVE; NAUFRAGIO; NAVE; RICUPERATORE DEL RELITTO; RICUPERO DI RELITTO DI NAVE; RIMOZIONE DI RELITTO DI NAVE; RITROVAMENTO DI RELITTO DI NAVE). [vol. I: ABANDONMENT; DERELICT; SALVAGE; WRECK]

– **di nave pericoloso.** Dangerous wreck o derelict (*supra*, RELITTO DI NAVE).

Remissione in genere. Release, remission (ABBANDONO; CONDONO; ECCESSIVO AMMONTARE DEL RISARCIMENTO DEL DANNO; LIBERAZIONE; PERDONO; RICEVUTA; RIMESSIONE; RINUNZIA). [vol. I: ABATEMENT; QUASI-CONTRACT; RELEASE; REMISSION]

– **del debito.** Release of debt: quando non ha luogo *under seal*, richiede la *consideration* (CONTRATTO: III; CREDITO; DEBITO; ECCESSIVO AMMONTARE DEL RISARCIMENTO DEL DANNO; PAGAMENTO: 2; RINUNZIA AL CREDITO; SOLLIEVO DA UN'OBBLIGAZIONE; TRANSAZIONE). [vol. I: ABANDONMENT OF ACTION; ACCORD AND SATISFACTION; CONSIDERATION; DISCHARGE; DISCLAIMER; REMISSION; RELEASE: 1]

– **della pena.** Remission of sentence; ma non esiste un corrispondente esatto (AMNISTIA; CONDONO; GRAZIA; INDULTO; LIBERAZIONE CONDIZIONALE DEL CONDANNATO; PENA; PERDONO; REVISIONE DELLA SENTENZA PENALE). [vol. I: AMNESTY; CONDONATION; PARDON; REMISSION; SENTENCING PROCESS]

– **della pena per buona condotta.** Remission of sentence for good behaviour (*supra*, REMISSIONE DELLA PENA; BUONA CONDOTTA).

– **della querela.** Grosso modo, withdrawal of charge, abandonment o discontinuance of complaint; ma, in senso stretto, non esiste la querela (QUERELA; RINUNZIA ALL'AZIONE PENALE).

– **di una parte dell'ammontare del risarcimento dei danni.** (ECCESSIVO AMMONTARE DEL RISARCIMENTO DEL DANNO)

Remittente. Releasor (REMISSIONE).

Remunerativo in genere. Profit bearing, profitable (GRATUITO; NON ONEROSO; REMUNERATO; REMUNERAZIONE; SENZA SCOPO DI LUCRO; UTILE).

Remunerato in genere. Rewarded, remunerated, paid (ONEROSO; REMUNERATIVO; REMUNERAZIONE; SENZA SCOPO DI LUCRO).

Remunerazione. Remuneration, consideration, reward, return, pay, emolument, indemnity, perquisite. Il termine remuneration è impiegato anche in tema di salvataggio marittimo. Il compenso non monetario nel rapporto di lavoro è definito più spesso *fringe benefits* (AGGIO; COMMISSIONE COMMERCIALE; COMPENSO; CONTRATTO: III; CORRISPETTIVO; EMOLUMENTO; INDENNITÀ; PAGAMENTO; PROVVIGIONE; REMUNERATIVO; REMUNERATO; RENDIMENTO; SALARIO; SALVATAGGIO MARITTIMO; STIPENDIO; UTILE). [vol. I: ALLOWANCE; CONSIDERATION; EARNINGS; FRINGE BENEFITS; INDEMNITY; PERQUISITE; PROFIT; REMUNERATION; REWARD; WAGES]

– **a cottimo.** Contract wage system (CONTRATTO DI COTTIMO).

– **a premio.** Premium wage system, premium bonus system (PREMIO).

– **in natura.** Remuneration in kind. La pratica della remunerazione in natura dei lavoratori era detta in Inghilterra *truck system* (NATURA; SCAMBIO IN NATURA). [vol. I: TRUCK SYSTEM]

Rendiconto in genere. Statement of account,

account rendered, account, report, return (AZIONE (I) DI RENDICONTO; CONTO PROFITTI E PERDITE; DOCUMENTI CONTABILI; LIBRI CONTABILI DELL'IMPRENDITORE; OBBLIGO DEL RENDICONTO; RESA DEI CONTI; RESOCONTO; REVISIONE CONTABILE). [vol. I: ACCOUNT; AUDIT]

- **aziendale.** Balance sheet (BILANCIO DI SOCIETÀ).
- **bancario.** Statement of account, bank statement (BANCA).
- **del passivo e dell'attivo.** Profit and loss statement, statement of affairs (PASSIVO E ATTIVO; REVISIONE CONTABILE).
- **falso.** False statement (FALSIFICAZONE).
- **finale.** Final account (*supra,* RENDICONTO IN GENERE).
- **mensile.** Monthly statement (*supra*, RENDICONTO IN GENERE).

Rendimento. Yield, return, performance, proceeds; quando il termine è riferito a un titolo o a un investimento, si parla di *performance* (PROFITTO; REDDITO; REMUNERAZIONE; RENDITA; UTILE).

- **alla scadenza in genere.** Yield to maturity (SCADENZA).
- **corrente di un'obbligazione in genere.** Current yield of a bond (OBBLIGAZIONE (II) QUALE TITOLO MOBILIARE).
- **del conto.** (RENDICONTO)
- **effettivo.** Effective yield (*supra*, RENDIMENTO).

Rendita in genere. Revenue, royalty, income, annuity, annuity rent, rentcharge, royalty (ANNUALITÀ; CARTELLA DI RENDITA; COSTITUZIONE DI UNA RENDITA; INTERESSI SUL CAPITALE; MONOPOLIO; PIGNORAMENTO DI RENDITE; PROFITTO; REDDITO; RENDIMENTO). [vol. I: ANNUITY; RENT; ROYALTY]

- **annuale.** Annuity for years (*supra*, RENDITA IN GENERE).
- **dello Stato.** Government annuity (OBBLIGAZIONE (II) QUALE TITOLO MOBILIARE; TITOLI DI STATO). [vol. I: GILT EDGED SECURITIES; GOVERNMENT STOCK]
- **fondiaria** o **immobiliare.** Rent; dicesi ground rent (G.R.) la rendita che spetta al concedente (*lessor*) nel *building lease*, ovvero nel caso di *long lease*. Quando il *lease* ha per oggetto lo sfruttamento minerario, al pagamento di una *yearly rent* (rendita annuale) si accompagna il pagamento di *royalties* commisurate al minerale estratto (FONDO; MINIERA). [vol. I: RENT; ROYALTY]
- **mobiliare.** Royalty, personal annuity o annuity on personalty (*supra*, RENDITA FONDIARIA O IMMOBILIARE; MONOPOLIO).
- **nominale di infimo valore.** Peppercorn rent (REDDITO DOMINICALE). [vol. I: *ad vocem*]
- **perpetua.** Perpetual annuity (*supra*, RENDITA IN GENERE). [vol. I: ANNUITY]
- **pubblica.** Government annuity (*supra*, RENDITA DELLO STATO). [vol. I: *ad vocem*]
- **vitalizia.** Life annuity (ASSEGNO (I) VITALIZIO; BENEFICIARIO DI VITALIZIO). [vol. I: *ad vocem*]

Renitente alla leva. Draft dodger, dodger, service dodger (CORTE MARZIALE; COSCRIZIONE MILITARE OBBLIGATORIA; OBIETTORE DI COSCIENZA; RENITENZA ALLA LEVA; SERVIZIO MILITARE DI LEVA OBBLIGATORIO; TESTIMONE RENITENTE).

Renitenza in genere. Reluctancy, unwillingness (CONTUMACIA).

- **alla leva.** Dodging service, draft evasion, draft avoidance; ma si noti che nel R.U. il servizio militare non è obbligatorio (AMMUTINAMENTO; COSCRIZIONE MILITARE OBBLIGATORIA; DISERZIONE; DISOBBEDIENZA; ESERCITO; RENITENTE ALLA LEVA). [vol. I: CONSCIENTIOUS OBJECTOR; COURT MARTIAL; DESERTION; NATIONAL SERVICE]

  Bibl.:

  Messina, R., *Chiamata alle armi (mancanza alla)*, in *Digesto IV Utet, Pen.*, vol. II: 180.
- **dell'imputato.** (CONTUMACIA DELL'IMPUTATO)

Reo. Offender (AUTORE DEL REATO; *FAVOR REI*; IMPUTATO; *IN DUBIO PRO REO*; REITÀ).

- **confesso.** Accused disclosing his guilt of crime, defendant pleading guilty (ACCUSA; CONFESSIONE).

Reorganization. (FALLIMENTO: IX; RIABILITAZIONE DEL FALLITO; RICOSTRUZIONE; SALVATAGGIO DELL'IMPRESA; SUCCESSIONE DI UNA SOCIETÀ ALL'ALTRA; TRASFORMAZIONE DELLA SOCIETÀ COMMERCIALE)

Reperto esibito all'autorità giudiziaria. Exhibit, autoptic evidence, evidence (CORPO DI REATO; MATERIALE PROBATORIO; PROVA).

Repertorio in genere. Grosso modo, digest.

– **di giurisprudenza.** Digest of cases; ma non esiste una equivalenza esatta (DIGESTO; GIURISPRUDENZA; MASSIMARIO DI GIURISPRUDENZA; RIVISTE DI GIURISPRUDENZA).

Replica in genere. Obiection, answer, reply, replication, retort; inteso il termine come atto processuale, con terminologia che attiene al processo di *common law* in quanto distinto da quello disciplinato dalla *statute law,* si può parlare, grosso modo, di *replication, rejoinder, surrejoinder, rebutter, surrebutter,* etc., a seconda che a replicare sia l'attore o il convenuto (COMPARSA DI RISPOSTA; DIFESE NEL PROCESSO CIVILE; DIRITTO (II) DI REPLICA; ECCEZIONE; *MEDIA*: 5; MEMORIA DIFENSIVA; RISPOSTA; RITORSIONE; SMENTITA).

Reprensibile. Objectionale (CENSURABILE; IMPUGNABILE; IRREPRENSIBILE; OPPONIBILE).

Repressione. Quelling, repression (OPPRESSIONE; ORDINE PUBBLICO; RIBELLIONE).

Repubblica in genere. Republic; ma si parla anche di *Commonwealth.* La forma repubblicana è stata una scelta storica fondamentale dei *founding fathers* del primo stato federalista democratico dell'Occidente; ossia, degli Stati Uniti d'America. La repubblica è l'altra faccia del federalismo: se si pensa che la duplice scelta federalista e repubblicana fu fatta in un'epoca storica in cui imperavano monarchie assolute (che, ovviamente, governavano stati unitari) si ha la misura della portata rivoluzionaria della costituzione americana, del perché da duecento anni il nuovo viene in politica dagli Stati Uniti d'America. Ma vi è anche un'altra ragione della scelta repubblicana: la repubblica romana era il modello delle virtù pubbliche al quale guardavano i *founding fathers*, come risulta da tutta la simbologia adottata dalla giovane nazione (ARISTOCRAZIA; COSTITUZIONE POLITICA; FEDERALISMO; FORMA DI STATO; MONARCHIA; NOBILTÀ; STATI UNITI D'AMERICA).

– **democratica.** Democratic republic (*supra,* REPUBBLICA IN GENERE).

– **parlamentare.** Parliamentary republic (*infra*, REPUBBLICA PRESIDENZIALE).

– **presidenziale.** Presidential republic (*supra*, REPUBBLICA PARLAMENTARE; FORMA DI GOVERNO).

Reputazione in genere. Reputation, repute, character. Di solito, il *character* indica il carattere o la personalità di un individuo, o gli attributi da lui posseduti, mentre *reputation* è ciò che gli altri pensano di lui, ossia la sua reputazione. Ma si definisce *character's evidence* la prova della considerazione o reputazione di un individuo nella comunità (CARATTERE; CATTIVA REPUTAZIONE; CREDENZIALI; CREDIBILITÀ; DIFFAMAZIONE; OFFESA ALLA REPUTAZIONE; PRECEDENTI PENALI; PROVA DELLA REPUTAZIONE; REFERENZA; RISERVATEZZA). [vol. I: CHARACTER; DEFAMATION; PRIVACY; REPUTATION]

– **economica.** Economic repute (ATTO ILLECITO; CONCORRENZA SLEALE). [vol. I: GOODWILL]

Bibl.:

Giuliani, A., *La tutela aquiliana della reputazione economica* (1985) 1 CeI 73.

Requirente. (MAGISTRATURA REQUIRENTE)

Requisito in genere. Requirement, condition, qualification. Imporre un requisito è detto *impose (to) a requirement* (AVENTE I REQUISITI; BISOGNO; CONDIZIONE; FABBISOGNO; FORMALITÀ DELLA LEGGE; INTERDIZIONE; QUALIFICATO). [vol. I: IMPLIED CONDITION]

– **contrattuale.** Contractual requirement (CLAUSOLA CONTRATTUALE; CONDIZIONE CONTRATTUALE).

– **di forma.** Formal requirement (FORMA).

– **giuridico.** Legal requirement, condition implied by law, implied condition, o condition in law (CONDIZIONE; FORMALITÀ DELLA LEGGE).

– **inderogabile.** Peremptory requirement (INDEROGABILE).

– **legale.** (*supra*, REQUISITO GIURIDICO)

– **previsto dalla legge scritta.** Statutory requirement; il termine si capisce tenendo conto della diversa teoria delle fonti della tradizione di *common law.* Come tale, si tratta di un requisito diverso da quello previsto dal diritto giurisprudenziale, o *common law* (FONTI DEL DIRITTO; LEGGE).

Requisitoria in genere. Grosso modo, prosecutor's summing up, summation, closing argument, conclusion; ma né nel sistema inglese né in quello nordamericano esiste un equivalente esatto di essa, né, tantomeno, dell'arringa nostrana; entrambe destinate a sparire con la piena attuazione del nuovo codice di procedura penale per essere sostituite da una più articolata, più coerente, più moderna tecnica di accusa e di difesa (ARRINGA; DIFESA; SISTEMA PENALE ACCUSATORIO). [vol. I: SUMMING UP]

Requisizione. Commandeering e, meno spesso, requisition, seizure (CONFISCA; ESPROPRIAZIONE PER PUBBLICA UTILITÀ; INDENNIZZO PER REQUISIZIONE; MILITARIZZAZIONE; NAZIONALIZZAZIONE; REQUISITO; RICHIESTA; SEQUESTRO; SMOBILITAZIONE). [vol. I: CAPTURE; COMMANDEER; COMPULSORY PURCHASE OF LAND; CONFISCATION; EXPROPRIATION; NATIONALIZATION; REQUISITION; SEIZURE]

- **di nave in genere.** Requisition of ship (*infra*, REQUISIZIONE DI NAVE O CARICO IN TEMPO DI GUERRA DA PARTE DI UN BELLIGERANTE).
- **di nave** o **carico in tempo di guerra da parte di un belligerante.** Seizure of ship o of cargo (BELLIGERANTE; NAVE). [vol. I: ARREST OF SHIP; CAPTURE OF SHIP; SEIZURE OF SHIP]
- **per uso pubblico.** Commandeering for public use (USO PUBBLICO).

Res. Chose, thing, goods, chattel, res. Ma si noti l'assai diverso organamento della *law of property* (COSA; PROPRIETÀ). [vol. I: INTRODUZIONE: III. 21; CHOSE; GOODS; PROPERTY; RES GESTAE; RES INTEGRA; RES IPSA LOQUITUR; RES IUDICATA]

- ***inter alios acta tertio neque nocet, neque prodest.*** Nel diritto inglese e nordamericano il principio della relatività del contratto è reso dall'espressione *privity of contract* (CONTRATTO A FAVORE DI TERZI; PARTE CONTRAENTE DEL CONTRATTO; RELATIVITÀ DEL CONTRATTO; RESPONSABILITÀ DEL PRODUTTORE). [vol. I: CONTRACT FOR THE BENEFIT OF THIRD PARTIES; PRIVITY OF CONTRACT]
- ***iudicata.*** (COSA GIUDICATA)
- ***nullius.*** Ownerless goods, *bona vacantia*. In virtù della concezione feudale per cui signore ultimo della terra è il sovrano, gli immobili non possono divenire *res nullius*; del resto, anche nel caso di beni mobili, il numero delle *res nullius* è molto ristretto (APPROPRIAZIONE; OGGETTI SMARRITI; PROPRIETÀ; RECLAMATO; RELITTO; USUCAPIONE). [vol. I: BONA VACANTIA; DERELICTION; DOMINIUM; OCCUPANCY; OWNERLESS; RES NULLIUS; TREASURE TROVE; UNCLAIMED]

Resa/o. Nel senso di capitolazione, è detta surrender; in quello di consegna, è detto delivery (ARMISTIZIO; CLAUSOLA DI CONSEGNA; CONSEGNA; PACE; RESO FRONTIERA; RICONSEGNA; RILASCIO; SOTTOMISSIONE; TERMINI DI RESA; TREGUA). [vol. I: DELIVERY; INCOTERMS; SURRENDER]

- **dei conti.** Rendering of accounts (CONTO; RENDICONTO; RESPONSABILITÀ).
- **di merci.** Returned goods, returns (CONTRATTO ESTIMATORIO; MERCI; TERMINI DI RESA). [vol. I: SALE OR RETURN]
- **frontiera.** Delivered at frontier (FRONTIERA; *INCOTERMS*; RESA; TERMINI DI RESA).
- **incondizionata.** Unconditional surrender (GUERRA).

Rescissione in genere. Lett., rescission; ma si tratta di termine ambiguo, un *acoustic agreement* che può dar luogo a formidabili abbagli; il termine, indica, tra l'altro, l'annullamento, la revoca, ma mai la rescissione nostrana.

- **per lesione.** Lett., rescission for overreaching on the ground of enormous disproportion between the prestations of the parties; ma la *common law* non ammette la rescissione del contratto per lesione; il termine *rescission* non deve ingannare: la natura del *simple contract* della *common law* — fondato sulla *consideration* — esclude la rescissione per lesione, e anche la risoluzione per sopravvenuta onerosità.
  1. In altre parole, la *common law* non richiede che la *consideration* sia adeguata; insomma, che vi sia un equilibrio economico tra prestazione e controprestazione. Non esiste nella *common law* un principio analogo a quello contenuto nell'art. 1448 sull'azione generale di rescissione per lesione. In effetti, la *consideration* non ha la funzione di stabilire una proporzione economica tra le prestazioni, e tantomeno di sanzionare la lesione. Il feticcio della *freedom of contract* e la *doctrine of consideration* sono alla base della proposizione accettata per secoli per cui non esiste un rimedio nel caso di contratto concluso a condizioni inique. Si ignora la *laesio enormis*: solo in caso di *fraud* e di *undue influence* il giudice, facendo ricorso alle regole dell'*equity*, può, discrezionalmente, dichiarare risolto il contratto o ridurre l'obbligazione assunta. D'altro canto, il citato art. 1448 stabilisce che, oltre alla lesione, l'altra condizione dell'azione è costituita dallo stato di bisogno del quale l'altra parte abbia profittato: da quest'ultimo punto di vista, la differenza tra i due sistemi non sembra eccessiva.
  2. Questo per quanto attiene ai principi: gli sviluppi giurisprudenziali specie nordamericani comprovano che — anche se attraverso le abituali confusioni — in effetti, l'originaria distanza tra le due tradizioni giuridiche qui, come del resto in altri campi, si è notevolmente ridotta grazie al ricorso al concetto di *adequate consid-*

eration, che introduce il requisito di ordine publico (*public policy*) della ragionevole proporzionalità tra le prestazioni e il principio della invalidità nel caso di *unconscionability* del *contract*. Essi consentono di tutelare, in particolare, il contraente più debole inteso essenzialmente quale consumatore in una estensione enormemente più vasta nel sistema nordamericano (e, in misura minore, anche inglese) rispetto a quella nostrana, virtualmente inesistente.

3. Il sistema che — sul piano della formulazione testuale — più si avvicina alle posizioni di *civil law* è quello nordamericano che, all'Art. 2-302 dell'UCC, limitato peraltro al contratto di vendita, stabilisce che il giudice può rifiutare di dare esecuzione al contratto ovvero dichiararlo valido solo parzialmente allo scopo di evitare un « unconscionable result », ossia un risultato iniquo. Col ricorso al concetto di *unconscionability*, specie negli S.U., si perviene all'annullamento del contratto in quanto contrario all'ordine pubblico (*public policy*).

4. Infine, si parla di *economic duress* per indicare lo stato di bisogno economico di una persona di cui un'altra profitti per indurla a compiere un atto determinato contro la sua volontà. L'espressione *rescission* impiegata in tema di contratti indica più spesso la risoluzione o l'annullamento (ALEATORIO; ARRICCHIMENTO SENZA CAUSA; BUONA FEDE; CLAUSOLA LEONINA; CONTRAENTE PIÙ DEBOLE; CONTRATTO: III, VII; CONTRATTO GRATUITO-ONEROSO; CONTRATTO USURARIO; CORRISPETTIVO; ECCESSIVA ONEROSITÀ SOPRAVVENUTA; *HARDSHIP CLAUSE*; INDEBITA INFLUENZA; INIQUITÀ; LIBERO DA INFLUENZA ALTRUI; ONEROSITÀ; ORDINE PUBBLICO; PATTO LEONINO; PRESTAZIONE; PREZZO; *REBUS SIC STANTIBUS*; RISOLUZIONE DEL CONTRATTO PER ECCESSIVA ONEROSITÀ SOPRAVVENUTA; SALVATAGGIO; SCAMBIO CONTRATTUALE; STATO DI BISOGNO; STATO DI NECESSITÀ; STATO DI PERICOLO; SUPPLEMENTO PER RIPORTARE IL CONTRATTO AD EQUITÀ; TEORIA DELLA PRESUPPOSIZIONE; TUTELA DEL CONSUMATORE; USURA; VESSATORIO; VIOLENZA). [vol. I: ANTICIPATORY BREACH; CATCHING BARGAIN; CONSIDERATION; CONSUMER PROTECTION; CONTRACT: V, XVIII; DISCHARGE; FAIR TRADING; FRAUD; FRUSTRATION; ONEROSITY; ONEROUS; REBUS SIC STANTIBUS; REPUDIATION; RESCISSION; SALVAGE; STANDARD CONTRACT; UNDUE INFLUENCE; UNCONSCIONABILITY]

Bibl.:

Lanzillo, R., *Regole del mercato e congruità dello scambio contrattuale* (1988) 2 CeI 309.

– **del contratto concluso in stato di pericolo.** Avoidance of contract entered into under duress (*supra*, RESCISSIONE PER LESIONE; STATO DI PERICOLO; VIOLENZA).

Residente. Grosso modo, resident; la distinzione tra cittadino residente e non residente è rilevante, tra l'altro, per il godimento dei diritti politici e ai fini fiscali. Negli S.U. — stato federale — il requisito della residenza (*residency requirement*) si atteggia diversamente, a seconda che si tratti di elezioni federali o tenute nei singoli stati dell'Unione. Con il Voting Rights Act del 1970, il Congresso ha abolito il requisito della residenza ai fini delle elezioni presidenziali. Peraltro, la stessa legge permette di stabilire il requisito della residenza per un determinato periodo di tempo (*durational residency restriction*) per poter esercitare il diritto di voto nelle elezioni dei singoli stati dell'Unione. È detto *non-resident alien* lo straniero non residente, *non resident decedent* il *de cuius* residente in un altro stato dell'Unione al tempo della sua morte; infine, *non-resident motorist statutes* sono le leggi dei singoli stati dell'Unione che regolano la responsabilità e gli obblighi dei non residenti che usano le strade statali (NON RESIDENTE; RESIDENZA; STRANIERO NON RESIDENTE; STRANIERO PRIVO DI DOCUMENTI; VOTO).

Bibl.:

Nowak and Rotunda 1978, ed. 1991: 824.

Residenza. Grosso modo, residence, address, place of abode, a seconda dei casi.

1. *Domicile* e *residence* sono termini di solito impiegati come sinonimi; ma il loro significato giuridico appare molto spesso ambiguo. Si tratta quindi di accertarne il significato preciso di volta in volta per evitare gravi malintesi che derivano soprattutto dall'accezione tutta particolare che il termine *domicile* assume nei sistemi di *common law*. In questo senso, si dice che una persona può avere più di una *residence*, ma non può avere che un solo *legal domicile*. Schematizzando una complessa materia, nell'ottica della *common law*, la *residence* consiste nella presenza fisica in un posto determinato mentre il *domicile* richiede un *elemento intenzionale* consistente nello stabilire un rapporto con un determinato *ordinamento giuridico* di un paese al quale, per così dire, ci si assoggetta. Ad ogni modo, l'inesistenza di un concetto unitario di *residence* dovrebbe indurre a resistere alla tentazione di tradurre in ogni caso residenza con *residence*. Non esiste nel sistema inglese un principio che in

via generale definisca i concetti di domicilio e residenza, né esiste un domicilio o una residenza anagrafica.
2. Il concetto assume importanza fondamentale in diritto internazionale privato, particolarmente importante negli S.U. — stato federale — ai fini della determinazione della giurisdizione. L'emendamento XIV [1868] della costituzione federale stabilisce alla s. 1, tra l'altro: « All persons born or naturalized in the Unites States, and subject to the jurisdiction thereof, are citizens of the United States and of the State wherein they reside ». Ma la materia della residenza e del domicilio è regolata anche dai singoli stati dell'Unione: a questo proposito grande importanza assume la messe di decisioni esistenti in materia. Sono definite *long arm statutes* quelle leggi che consentono ad uno stato dell'Unione di esercitare la propria *jurisdiction in personam* su un non residente, persona fisica o giuridica, in forza del *substituted service* (previsto dalla R. 4 delle *Federal Rules of Civil Procedure*), ossia di una notifica nell'ambito della *jurisdiction*, non già in mani proprie ma, a seconda dei casi, mediante pubblicazione o l'invio per posta all'ultimo domicilio conosciuto, ovvero anche mediante notifica in mani proprie in un altro stato dell'Unione. L'elemento di collegamento è costituito, tra l'altro, dal compimento di determinati atti nello stato come, ad es., in tema di *torts*, l'atto illecito, ovvero la conclusione di un contratto, etc. *Leading case* in materia è la decisione della Corte Suprema *International Shoe Co.* v. *State of Washington*, 326 U.S. 310 (1945), per cui, in base alla c.d. *minimum contacts doctrine*, per soddisfare i requisiti minimi del *due process* relativi all'assoggettamento di un non residente alla giurisdizione locale, si richiede l'esistenza di un minimo di collegamenti con lo stato del foro, tali che l'azione stessa non offenda le tradizionali nozioni di *fair play* e di giustizia sostanziale. Come, ad es., nel caso in cui il convenuto intraprenda atti diretti a svolgere un'attività commerciale nello stato del foro. La società che opera in uno stato dell'Unione diverso da quello in cui ha il domicilio fiscale è definita *non resident corporation* (AZIONE (I) IN GIUDIZIO; CAMBIO DI RESIDENZA; CITTADINANZA; CLAUSOLA DI RESIDENZA; CONVENUTO; DIMORA; DIRITTO (II) DI INGRESSO E RESIDENZA; DOMICILIO ELETTO AI FINI DELLA NOTIFICA; DOPPIA CITTADINANZA; ESECUZIONE FORZATA DELLA SENTENZA CIVILE STRANIERA; FATTORE DI COLLEGAMENTO; FOGLIO DI VIA OBBLIGATORIO; GIURISDIZIONE; INDIRIZZO; NOTIFICA; PERMESSO DI SOGGIORNO; QUESTIONE FEDERALE; SEDE). [vol. I: ADDRESS FOR SERVICE; DOMICILE; DOMICILE-RESIDENCE OF COMPANY; ESTABLISHMENT; JURISDICTION; LONG ARM STATUTES; PLACE OF BUSINESS; RESIDENCE]

Bibl.:
Scoles and Hay 1982, ed. 1992: 94, 217.

– **ignota in genere.** (DIMORA IGNOTA)

Residuale. (POTERI RESIDUALI; RESIDUO)

Residuo in genere. Residue, remainder, balance, rest, surplus; ma i termini *residue* e *remainder*, riferiti alla materia successoria e dei diritti immobiliari, hanno dei significati privi di equivalenza nella *civil law*. Fondamentale nell'organamento federale degli S.U. appare il concetto di poteri residuali (ARRETRATO; AVANZO; POTERI RESIDUALI; RIMANENZA; SUCCESSIONE PER CAUSA DI MORTE). [vol. I: ARREARS; REMAINDER; RESIDUE; REST]

– **in materia immobiliare.** L'espressione *remainder* è impiegata per indicare l'*estate* residuale spettante ad una persona, come nel caso di una disposizione a favore di « A for life » e, dopo la morte di costui, a B: l'*estate* di B è detta *remainder*. Ma si tratta di concetti privi di equivalenza esatta nei sistemi di *civil law* (PROPRIETÀ). [vol. I: ESTATE]

Resistente in genere. Opposing party, objectant, applicant (OPPOSIZIONE; PARTE; RICORRENTE).

Resistenza in genere. Obstruction, resistance (DIRITTO (II) DI RESISTENZA; DISOBBEDIENZA CIVILE; INTRALCIO; OSTACOLO; OSTRUZIONISMO).

– **a pubblico ufficiale.** Il diritto inglese non conosce questa figura di reato, ma quella, piu limitata, di *resisting* o *obstructing a constable* che indica la resistenza a un funzionario di polizia. Analogo appare il regime degli S.U. — stato federale — in cui la materia è disciplinata dai singoli stati dell'Unione: si parla di *resisting an officer* e di *resisting arrest* in diritto penale per indicare, a seconda dei casi, il reato consistente, nella resistenza a un funzionario di polizia nel mantenimento dell'ordine pubblico o nell'eseguire un arresto (ARRESTO; INGIURIA; MINACCIA A PUBBLICO UFFICIALE; OFFESA; OLTRAGGIO; PUBBLICO UFFICIALE). [vol. I: ABUSE; ARREST; OBSTRUCTION]

Reso. (RESA/O)

Resoconto/i. Report, return, account, proceeding, evaluation (PROSPETTO; RAPPORTO; RENDICONTO; REVISIONE CONTABILE; VERBALE).

– **giudiziario.** Reporting of trials (PUBBLICITÀ; RAPPORTO: 2; RIVISTE DI GIURISPRUDENZA; SENTENZA). [vol. I: LAW REPORTS]

– **parlamentari in genere.** Proceedings of Parliament, parliamentary record. I resconti del parlamento britannico sono detti più spesso *Hansard*; negli S.U. sono definiti *Congressional Record* (INTERPRETAZIONE). [vol. I: HANSARD]

– **stenografico del dibattimento in genere.** Transcript of trial. Nel R.U. e negli S.U. il resoconto stenografico è praticato sistematicamente nel corso del *trial* e del *pretrial* e, anche, di solito, di qualsiasi altra riunione pubblica di qualche importanza (CANCELLIERE; PROCEDURA). [vol. I: TRANSCRIPT]

Resoluto iure dantis resolvitur et iure accipientis. Lett., the right of the grantor being exstinguished, the right granted is exstinguished. Questo che sembra un principio generale non trova in effetti applicazione nel caso del *tenant for life* che può concedere *leases* di immobili per un periodo superiore alla durata della propria vita (POSSESSO VALE TITOLO). [vol. I: NEMO DAT QUOD NON HABET; NEMO PLUS IURIS, etc.; PROPERTY; TENANT FOR LIFE]

Responsabile in genere. Liable, responsible, accountable, answerable; *be (to) accountable to someone* significa essere tenuto a rispondere a qualcuno, o essere responsabile nei confronti di qualcuno, essere tenuto a dar conto: un uomo politico è *accountable* (politicamente) ai propri elettori. Ma l'espressione *accountable* è impiegata in genere in ogni caso in cui si voglia indicare che una persona è tenuta a rispondere dei suoi atti. In questo senso, si parla anche di *account (to), give (to) account* di qualcosa (CONTO; DEBITORE; IMPUTABILE; LEGALMENTE RESPONSABILE; OBBLIGATO; PASSIBILE DI; RESPONSABILITÀ; SOCIO PERSONALMENTE RESPONSABILE; TENUTO A RISPONDERE).

– **civile.** Person civilly liable, person liable for damages (RESPONSABILITÀ CIVILE).

– **contrattuale-extracontrattuale.** Person liable in contract, in tort (RESPONSABILITÀ CONTRATTUALE-EXTRACONTRATTUALE).

– **penalmente.** Person criminally liable o responsible (RESPONSABILITÀ CIVILE; SEPARAZIONE DEI PROCEDIMENTI).

– **solidalmente.** Person jointly and severally liable (REGRESSO DEL RESPONSABILE IN SOLIDO; RESPONSABILITÀ SOLIDALE).

Responsabilità in genere. Liability, responsibility, accountability; in materia penale si parla di solito di criminal o penal liability (o responsibility).

1. Ma responsibility, come liability, sono termini ambigui: essi indicano anche dovere, obbligo o obbligazione. Condotta e responsabilità sono spesso, anche se non necessariamente, le due facce della stessa medaglia. La responsabilità *penale* è più spesso indicata con il termine di *responsibility*. Quanto alla responsabilità *civile* in particolare, si noti che *liability* è termine impiegato anche per indicare, grosso modo, il concetto nostrano di *obbligazione*: la *common law* non sembra tanto interessata all'obbligazione in quanto tale, ossia al concetto romanistico di *obligatio*, quanto alla *responsabilità* cui essa dà luogo. Insomma, più che il fatto di promettere di eseguire la propria parte del contratto, si pensa al risarcimento cui si è tenuti in caso di inadempimento; il termine *liability* tende quindi ad indicare l'aspetto patologico dell'obbligazione, ossia la responsabilità, e non il dovere morale e giuridico che essa impone. Insomma, la *common law* risale dalla responsabilità all'obbligazione, seguendo un percorso concettuale inverso a quello romanistico. La materia della responsabilità civile extracontrattuale ricade nell'ambito della *law of torts*.

2. Salvi i casi, ormai di scuola, di responsabilità derivante da uno *status*, in materia civile, i c.d. *contemptuous damages* o *exemplary, vindictive, punitive, aggravated damages*, ossia la condanna al risarcimento *al di sotto* o *al di là* del danno effettivamente arrecato, è diretta a punire una condotta considerata riprovevole; in materia penale, condotta, responsabilità e pena appaiono spesso concatenati (CONDOTTA; *STATUS*).

3. Wolfgang Friedmann, giurista indecentemente saccheggiato dai nostri comparatisti, traccia un quadro magistrale dell'evoluzione della *law of torts* sfociata nella creazione di tipi di rischi caratteristici delle società industriali [1959, ed. 1972: 161]. Si passa dall'originaria responsabilità senza colpa alla *fault liability*, caratteristica del primo capitalismo (ancora dominante in un paese economicamente arretrato come il nostro), al suo superamento mediante la *strict liability* negli illeciti di maggiore rilevanza sociale e, infine, dalla responsabilità civile individuale, alla responsabilità collettiva costituita dall'assicurazione, sociale o privata, con una notevole erosione della stessa *law of torts*.

4. Inquadrata la materia in questi ordini concettuali, vanno rilevate le fondamentali

soluzioni anticipatrici nordamericane, anche qui riflesso del più elevato grado non solo economico, ma anche giuridico e, quindi, politico, di quella società, di cui un peculiare aspetto è costituito dalla tendenza ad utilizzare la *law of torts* anche *in funzione di controllo dell'attività imprenditoriale.*

5. Bene sintetizza quindi l'evoluzione complessiva della materia un capitolo dello stesso saggio dal titolo *The Shift of Liability from Tort to Insurance* [ibid.: 168] che rileva la tendenza a socializzare un numero sempre maggiore di *torts* a prescindere dalla colpa, specie in tema di infortuni.

6. Anche qui — salvo eccezioni costituite più spesso da posizioni individuali — un quadro desolante offrono la normativa e la giurisprudenza italiane, anche se una parte della dottrina si mostra sensibile all'importanza della problematica. In questo senso, la virtuale *inesistenza del fenomeno assicurativo* delle attività imprenditoriali e di quelle che comunque comportano un rischio sociale stupisce per la sua ampiezza: essa rivela l'assenza di un anello fondamentale nella catena dell'attività produttiva, economica e sociale del paese, che conferma quella impressione di particolare arretratezza di un modello economico prodotto dalla *democrazia consociativa*, nel suo genere unico al mondo. *Rischio-danno-responsabilità-fideiussione-assicurazione* si intrecciano strettamente: si potrà alterare la sequenza e svolinare variamente; ma si tratta di fattori che rientrano in pieno nella fisiologia di una società mediamente moderna. Concatenazioni che appaiono un pianeta lunare al giurista di un paese come il nostro in cui lo stesso *principio di responsabilità* è contestato in radice, in cui non esistono di fatto quelle strutture pubbliche per renderlo operante, in cui nella quasi totalità dei casi o il rischio non è neanche assicurato o lo è solo parzialmente, non di rado con compagnie fasulle; in cui, insomma, *a chi subisce un danno di solito non resta che la magra consolazione di ritenersi un fortunato per il fatto che poteva andargli assai peggio* (ASSICURAZIONE; DANNO; FIDEIUSSIONE; RISCHIO).

7. Ma se l'assicurazione costituisce un passaggio fondamentale nella vita economica, imprenditoriale e sociale di un paese industriale maturo, va anche ricordato che, com'è stato scritto: « We live in a world of limited liability ». Ossia, la *responsabilità è limitata:* si comincia dalla società per azioni — senza la quale non sarebbe pensabile lo stesso capitalismo e l'attuale sviluppo economico — per finire col *fallimento* che anch'esso realizza, in definitiva, una limitazione della responsabilità oltre che dell'imprenditore, anche del *consumer-debtor*, com'è previsto dai più evoluti regimi inglese e nordamericano.

8. Quanto alla responsabilità civile derivante da reato, nella *common law* il reato non costituisce di per sé anche un illecito civile; perché sia tale è necessario che l'atto rientri in una delle figure nominate di *torts*. In ogni caso, *non è ammessa l'azione civile nel processo penale*, ma deve farsi luogo a un separato procedimento civile in cui — a quanto sembra — la sentenza penale non fa stato sull'accertamento dei fatti (SEPARAZIONE DEI PROCEDIMENTI). Peraltro, non tutti i reati dell'ordinamento italiano trovano equivalenza nell'ordinamento inglese (e viceversa); così, ad es., la *defamation* costituisce nella concezione inglese e nordamericana un illecito essenzialmente civile.

9. Nell'ambito della socializzazione degli effetti degli illeciti penali, si segnala il civilissimo istituto del *Criminal Injuries Compensation Board*, istituto introdotto in origine in Nuova Zelanda nel 1963 e immediatamente adottato dal R.U., da molti stati dell'Unione negli S.U., in Australia, nel Canada e in Irlanda del Nord; insomma, si direbbe da quasi tutti i popoli di lingua inglese. La sua funzione è quella di corrispondere un indennizzo alle vittime di reati che abbiano riportato lesioni personali. I casi più frequenti esaminati dal *Board* si riferiscono all'aggressione a scopo di rapina. Hanno diritto all'indennizzo anche i passanti vittime involontarie di violenza o reato, ma sono escluse le lesioni derivanti dalla circolazione automobilistica, oggetto di separato regime assicurativo. Soluzione questa più civile di quella nostrana che rinvia il risarcimento ad un decennale processo contro l'autore del reato, di fatto, nella quasi totalità dei casi, un inveterato nullatenente (ASSICURAZIONE; ATTO ILLECITO; AZIONE (I) SOCIALE DI RESPONSABILITÀ CONTRO GLI AMMINISTRATORI; CANALIZZAZIONE DELLA RESPONSABILITÀ CIVILE; CAUSALITÀ; CAUZIONE; CLAUSOLA DI CESSAZIONE DELLA RESPONSABILITÀ NEL NOLEGGIO DI NAVE; COLPA: 4; CONCORSO DI RESPONSABILITÀ CONTRATTUALE E EXTRACONTRATTUALE; CONDOTTA; CUMULO DELLA RESPONSABILITÀ; DANNO; DEBITO E RESPONSABILITÀ; DEBITORE; DECLINO DELLA RESPONSABILITÀ; ELUSIONE DI UN'OBBLIGAZIONE O DELLA RESPONSABILITÀ MEDIANTE RAGGIRO; ESONERO DALLA RESPONSABILITÀ; FIDEIUSSIONE; FORZA MAGGIORE; LIBERO ARBITRIO; LIMITAZIONE DELLA RESPONSABILITÀ; OBBLIGAZIONE (I); PENA; RAPPORTO DI CAUSALITÀ; REGIME DELLA RESPONSABILITÀ; RESA DEI CONTI; RISARCIMENTO; RISCHIO; RIVENDICAZIONE

DELLA RESPONSABILITÀ; SANZIONE CIVILE; SICUREZZA; TUTELA DEI DIRITTI). [vol. I: CAUSATION; CRIMINAL LIABILITY; CRIMINAL PROCEDURE: III, V; DAMAGES; DAMNUM ABSQUE INIURIA; FAULT; LIABILITY; NO-FAULT LIABILITY; RESPONSIBILITY; TORT: V]

– **assoluta.** (*infra*, RESPONSABILITÀ OGGETTIVA)

– **civile degli amministratori verso gli azionisti.** Directors liability to shareholders (AMMINISTRATORE DI SOCIETÀ; AZIONE (I) SOCIALE DI RESPONSABILITÀ CONTRO GLI AMMINISTRATORI; SOCIETÀ (II) DI CAPITALI). [vol. I: DIRECTOR]

– **civile del giudice.** Lett., liability for judicial negligence.

1. Nel sistema inglese e nordamericano il giudice gode della *judicial immunity*, ossia della immunità totale dalla responsabilità civile per qualsiasi atto commesso nell'esercizio delle proprie funzioni, anche se in mala fede. Tuttavia, negli S.U. — stato federale — è possibile ottenere una *injunction* e anche una condanna alle spese del procedimento in base a talune disposizioni del Civil Rights Act. Comunque, sembra potersi dire che nei sistemi di *common law* il giudice goda di un'immunità dalla responsabilità civile ben maggiore di quella riscontrata in quelli di *civil law*. In questo senso, non sembra contestabile che la responsabilità del giudice appare, di per sé, come una *contradictio in adiecto* in una funzione che per principio non tollera condizionamenti.

2. Ma il capitolo dei rapporti tra potere politico e potere giudiziario è uno dei più travagliati nell'evoluzione dei regimi democratici del continente europeo; pertanto, il problema della responsabilità dei giudici si pone in maniera più aspra e drammatica nei sistemi di *civil law*, in cui la magistratura costituisce una potente burocrazia spesso erede, attraverso fili sottili, delle corrotte corporazioni prerivoluzionarie pesantemente condizionate dal potere politico.

3. Tra l'altro, nel nostro paese esso assume aspetti particolari dato che dell'ordine giudiziario fanno parte dei magistrati addetti ad attività inquirenti e che quindi non esercitano la giurisdizione. Sulla scia delle polemiche del caso Tortora, un referendum popolare si è espresso in maniera inequivocabile per l'istituzione di un serio regime della responsabilità civile dei magistrati. Questo voto popolare è stato in sostanza disatteso dal parlamento italiano: il caso Tortora, e numerosi altri analoghi, gridano ancora vendetta.

4. Peraltro, il fatto che nel nostro paese magistrati inquirenti e giudici facciano parte del medesimo ordine giudiziario determina numerosi equivoci non solo di ordine terminologico. Nel sistema inglese e nordamericano — dato il netto distacco istituzionale tra funzioni inquirenti e giurisdizionali — non c'è pericolo di sentir definire degli inquirenti come giudici; e appare più evidente l'assurdità della pretesa di stabilire la responsabilità civile di chi esercita la giurisdizione.

5. Ma non si tratta soltanto di questo. In effetti, se, come da noi, chi esercita attività inquirenti e attività giurisdizionali gode dello stesso *status,* se queste funzioni sono fungibili, con magistrati che passano dalla requirente alla giudicante (e viceversa), diventa impossibile in pratica affermare l'ovvio principio della responsabilità civile *dei magistrati inquirenti* ampiamente giustificata dai numerosi gravi errori (quando non anche veri e propri misfatti) di *quella* branca della magistratura italiana, di cui il caso Tortora costituisce il più eclante, anche se non il solo caso. Ad ogni modo, si potrebbe sostenere *la illegittimità costituzionale* di una legge che sancisse la responsabilità civile del giudice in quanto distinta da quella incidente a una attività non giurisdizionale come quella inquirente. Nel nostro sistema l'*indipendenza della magistratura* è un principio fondamentale della nostra costituzione (art. 101); qualsiasi legge che condizioni questa indipendenza è inconstituzionale; non v'ha dubbio che la legge che stabilisce la responsabilità civile del giudice condiziona in maniera grave la sua libertà di giudizio; pertanto, essa è inconstituzionale; *almeno per quella parte che attiene all'attività giurisdizionale.* In ogni caso, così com'è stata impostata la questione della responsabilità civile dei magistrati, essa appare come un trascurabile dettaglio rispetto al *generale regime di irresponsabilità* esistente nel paese, nel pubblico e nel privato, prodotto dello smantellamento sistematico del principio stesso di *controllo* di qualsivoglia attività. Quanto in particolare alla pubblica amministrazione (e agli organi pubblici in genere) si tratta, oltre che di introdurre dei decorosi sistemi di controlli e una *tavola generale delle incompatibilità*, un regime della responsabilità civile che, allo stato, non esiste e, in particolare, strumenti interni ed esterni

alla polizia con la partecipazione dei cittadini, che servano a prevenire o reprimere le negligenze e gli illeciti commessi dalle forze dell'ordine. Infine, basterebbe pensare al fatto che *la stragrande maggioranza degli errori giudiziari avviene a causa di indagini di polizia male espletate* per rendersi conto che non si tratta soltanto di responsabilità dei magistrati. Il discorso appare, se non inutile, perlomeno assai difficile, data anche l'esistenza di fortissime resistenze corporative nell'ambito delle forze dell'ordine, che traggono notevole vigore dalle contiguità con la magistratura (non solo requirente) del nostro paese.
6. In effetti, nel sistema inglese e nordamericano la *judicial immunity*, ossia l'immunità dalla responsabilità civile, si riferisce *esclusivamente* alla *giurisdizione*; essa non si estende a chi tale funzione non eserciti, ossia agli organi inquirenti, collocati al di fuori dell'ordine giudiziario, e quindi responsabili come qualsiasi altro dipendente pubblico (ETICA GIUDIZIALE; GIUDICE; POLIZIA).

Bibl.:

Schlesinger 1950, ed.1988: 610, n. f.
Spaeth, H.J., *Judicial immunity for Civil Damages*, in *Oxford* 1992: 455.

– **civile del professionista.** Professional liability, o responsibility (*infra*, RESPONSABILITÀ CIVILE EXTRACONTRATTUALE). [vol. I: LEGAL PROFESSION; PROFESSIONAL INDEMNITY INSURANCE; PROFESSIONAL MISCONDUCT; PROFESSIONAL NEGLIGENCE; PROFESSIONAL RESPONSIBILITY]

– **civile del venditore di bevande alcoliche.** Negli S.U. — stato federale — in molti stati dell'Unione esistono delle leggi, dette più spesso *Dram Shop Acts*, che prevedono la responsabilità civile del venditore di bevande alcoliche nel caso di lesioni a un terzo derivanti dallo stato di ubriachezza dell'acquirente. Dirette alla tutela dei terzi, esse si applicano, oltre che al caso di lesioni personali e danni patrimoniali derivanti direttamente dagli atti posti in essere sotto gli effetti dell'alcol, come in un incidente automobilistico, anche per il venir meno del sostegno economico alla famiglia della vittima per effetto di dette lesioni. Ma si tratta di regime che suscita forti perplessità (*infra*, RESPONSABILITÀ CIVILE EXTRACONTRATTUALE; RESPONSABILITÀ DEL PRODUTTORE).

– **civile del subappaltatore.** Subcontractor's liability (*infra*, RESPONSABILITÀ CIVILE EXTRACONTRATTUALE; CONTRATTO DI DURATA; SUBAPPALTATORE).

– **civile derivante dalla circolazione di autoveicoli.** Liability for road vehicle accidents (*infra*, RESPONSABILITÀ CIVILE EXTRACONTRATTUALE; ASSICURAZIONE OBBLIGATORIA; AUTOVEICOLO; AZIONE (I) DI RISARCIMENTO DA INCIDENTE STRADALE; INCIDENTE STRADALE; OSPITE). [vol. I: MOTOR CAR]

– **civile extracontrattuale in genere.** Civil liability; per quanto attiene al non agevole problema della valutazione della colpa extracontrattuale la c.d. *Learned Hand Formula of Negligence* costituisce una pietra miliare nel diritto della responsabilità civile statunitense (*infra*, RESPONSABILITÀ CONTRATTUALE-EXTRACONTRATTUALE; RESPONSABILITÀ PENALE; ATTO ILLECITO; CIVILMENTE RESPONSABILE; CLAUSOLA DI ESONERO DALLA RESPONSABILITÀ; DIFFAMAZIONE; DILIGENZA; NEGLIGENZA; UOMO MEDIO; *VOLENTI NON FIT INIURIA*). [vol. I: CIVIL LIABILITY]

Bibl.:

Parisi, F., *Learned Hand Formula of Negligence*, in *Digesto IV Utet*, *Civ.*, vol. X: 436.

– **civile nascente da reato.** Lett., e grosso modo, civil liability arising from an offence. Ma si noti che nei sistemi di *common law* non è ammessa l'azione civile nel processo penale (*supra*, RESPONSABILITÀ IN GENERE: 8; RESPONSABILITÀ CIVILE EXTRACONTRATTUALE; AZIONE (I) CIVILE: 2; PROVA: 2; RESTITUZIONI NEL REATO; RISARCIMENTO DEL DANNO DERIVANTE DA REATO).

– **civile per danni provocati da animali.** Liability for animals (*supra*, RESPONSABILITÀ CIVILE EXTRACONTRATTUALE; INSEGUIMENTO DI ANIMALI).

– **civile per fatto illecito.** Tort liability, tortious liability, liability in tort (*supra*, RESPONSABILITÀ CIVILE EXTRACONTRATTUALE; *infra*, RESPONSABILITÀ CONTRATTUALE-EXTRACONTRATTUALE). [vol. I: TORT]

– **collettiva in genere.** Collective responsibility (in materia politica); collective liability (*infra*, RESPONSABILITÀ POLITICA; RESPONSABILITÀ SOLIDALE).

– **congiunta.** Joint liability (*infra*, RESPONSABILITÀ INDIVIDUALE; RESPONSABILITÀ SOLIDALE). [vol. I: JOINT]

– **contrattuale del minore.** Contractual liability of infant (of minor, of child). Ma si notino talune particolarità della *com-*

mon law in tema di *necessaries* (BENI DI PRIMA NECESSITÀ). [vol. I: AGENCY OF NECESSITY; CONTRACT: XVI; MINOR; NECESSARIES]

– **contrattuale dell'incapace.** Contractual liability of infants or incompetent persons (BENI DI PRIMA NECESSITÀ; INCAPACE; MINORE). [vol. I: CONTRACT: XVI; DISABILITY]

– **contrattuale-extracontrattuale.** Rispettivamente, liability in contract, (o contractual o contract) liability, e liability in tort (o tortious, o tort liability). Ma l'origine del diritto privato inglese nel *writ of trespass* rende difficile tracciare una precisa linea di demarcazione tra il *breach of contract* (illecito contrattuale) e il *tort* (illecito contrattuale), anche se sono stati proposti numerosi criteri distintivi. Quanto alla combinazione tra azione contrattuale (*action in contract*) e azione extracontrattuale (*action in tort*) — tema trattato dai giuristi di *common law* con notevole anticipo rispetto a quelli di *civil law* — va rilevato che nella *common law* lo stesso fatto può dar luogo ad un'*action for breach of contract* e un'*action in tort* come, ad es., nel caso di un soggetto che si obblighi contrattualmente all'adempimento di un dovere alla cui osservanza sia già tenuto *ex lege*: in questo senso, il chirurgo può essere responsabile, allo stesso tempo, della violazione di un obbligo contrattuale di diligenza e per il *tort* di *negligence* derivante dalla violazione del diritto all'integrità fisica. Nel contratto di trasporto, le lesioni personali al passeggero danno luogo ad un'azione extracontrattuale, mentre comporta un'azione contrattuale il danno alle merci da parte del vettore. Comunque, sembra potersi dire che è generalmente respinta la tesi per cui un rapporto contrattuale esclude la possibilità di intentare un'azione extracontrattuale per un illecito (extracontrattuale) commesso nell'esecuzione del contratto. Peraltro, una notevole diversità di regime caratterizza l'illecito contrattuale e quello extracontrattuale, specie per quanto attiene alla misura del risarcimento, ai termini di prescrizione, al diritto internazionale privato, etc. Quando un fatto costituisce allo stesso tempo un illecito contrattuale ed un illecito extracontrattuale — come, ad es., in tema di trasporto e di *bailment* — si ha una responsabilità concorrente e, in tal senso, si parla di *concurrent liability in tort and contract*. In altri casi, la responsabilità può dipendere dallo *status* piuttosto che dal rapporto contrattuale come, ad es., per quanto attiene agli esercenti di un'attività professionale (*supra*, RESPONSABILITÀ CIVILE EXTRACONTRATTUALE; RESPONSABILITÀ CONTRATTUALE DEL MINORE; AFFIDAMENTO; ATTO ILLECITO; COLPA; COLPA CONTRATTUALE; COLPA EXTRACONTRATTUALE; CONTRATTO: X. 4; *CULPA IN CONTRAHENDO*; DEBITORE; DECLINO DELLA RESPONSABILITÀ). [vol. I: LIABILITY; PRIVITY OF CONTRACT; RESPONSIBILITY; TORT: V]

Bibl.:

Amos and Walton 1935, ed.1967: 201.
Santoro, G., *La responsabilità contrattuale: il dibattito teorico* (1989) 1 CeI 1.

– **da urto di navi.** Collision liability (URTO DI NAVI IN MARE). [vol. I: COLLISION OF SHIPS; RUNNING DOWN CLAUSE; SISTER SHIP CLAUSE]

– **degli Stati.** (*infra*, RESPONSABILITÀ DELLA PUBBLICA AMMINISTRAZIONE; RESPONSABILITÀ INTERNAZIONALE DEGLI STATI)

– **dei genitori.** Parental liability. Negli S.U. — stato federale — in taluni stati dell'Unione leggi *ad hoc* stabiliscono che i genitori possono essere ritenuti responsabili fino ad un certo ammontare per i danni causati dai loro figli qualora essi risultino dal mancato controllo cui sono tenuti (GENITORI; MINORE).

– **dei magistrati.** (*supra*, RESPONSABILITÀ CIVILE DEL GIUDICE)

– **dei padroni e committenti.** Liability of employer for the tort of his employees, agents and servants, committed within the course and scope of employment (*infra*, RESPONSABILITÀ INDIRETTA; DATORE DI LAVORO; PADRONE). [vol. I: VICARIOUS LIABILITY; WITHIN THE COURSE AND SCOPE OF EMPLOYMENT]

– **dei revisori dei conti.** Auditors' liability (REVISORE DEI CONTI). [vol. I: AUDIT]

– **dei sindaci di società.** (*supra*, RESPONSABILITÀ DEI REVISORI DI CONTI)

– **del committente.** Liability of master o employer (*infra*, RESPONSABILITÀ DEL DATORE DI LAVORO; COMMITTENTE; DATORE DI LAVORO). [vol. I: MASTER AND SERVANT]

– **del conservatore dei registri immobiliari.** Liability of Land Registrar (CONSERVATORE DEI REGISTRI IMMOBILIARI; REGISTRI IMMOBILIARI).

– **del datore di lavoro.** Employer's liability (*supra*, RESPONSABILITÀ DEI PADRONI E COMMITTENTI; RESPONSABILITÀ DEL COMMITTENTE; DATORE DI LAVORO; INCIDENTE SUL LAVORO; POLIZZA (I) CONTRO LA RESPONSABILITÀ CIVILE DEL DATO-

RE DI LAVORO). [vol. I: *ad vocem*; VICARIOUS LIABILITY]

- **del depositario.** Liability of bailee, o of depositary (DEPOSITARIO).
- **dell'albergatore.** Innkeeper's o hotelkeeper's liability (ALBERGATORE; DEPOSITO IN ALBERGO). [vol. I: BAILMENT; INNKEEPER]
- **della pubblica amministrazione.** Grosso modo, governmental liability. Con questo termine si indica più spesso negli S.U. — stato federale — la responsabilità della pubblica amministrazione per atto illecito; nel sistema costituzionale britannico si parla, di solito, di *Crown liability*. Con il termine *sovereign immunity*, o anche *governmental tort immunity*, si indica negli S.U. l'immunità — di origine giurisprudenziale, che risale all'antica massima inglese per cui *The King can do no wrong* — della pubblica amministrazione dalla giurisdizione e dalla responsabilità per atto illecito. Ma col *Tucker Act,* 28 U.S.C.A. § 1346(a)(2), 1491, e con il Federal Tort Claims Act, 28 U.S.C.A. § 1346(b), 2674, il governo federale vi ha praticamente rinunciato. Molti stati dell'Unione hanno seguito l'orientamento federale. Detta immunità è stata abolita nel R.U. con il Crown Proceedings Act 1947. Ma si noti il principio di *common law* che stabilisce la responsabilità individuale in materia civile e penale anche nel caso di ordini superiori formalmente legittimi. Infine il termine *sovereign immunity* indica anche l'immunità degli Stati stranieri dalla giurisdizione e dall'esecuzione; in tal senso, si parla anche di *state immunity* e di *foreign sovereign immunity* (*infra*, RESPONSABILITÀ INTERNAZIONALE DEGLI STATI; GIURISDIZIONE; PUBBLICA AMMINISTRAZIONE). [vol. I: ADMINISTRATIVE LAW; CROWN PROCEEDINGS; EXECUTIVE PRIVILEGE; IMMUNITY; LIABILITY; RESPONSIBILITY OF STATES; SOVEREIGN IMMUNITY]
- **dell'azionista.** Shareholder's liability (AZIONISTA DI SOCIETÀ). [vol. I: CONTRIBUTION]
- **dell'occupante di immobile nei confronti dell'ospite.** Occupier's liability; la materia è regolata nel sistema inglese e negli S.U. — stato federale — da leggi specifiche. Il che non deve stupire se si considera che in quei sistemi la responsabilità civile deriva dall'esistenza di un *duty of care* stabilito caso per caso. Negli S.U., in cui la materia è regolata dai singoli stati dell'Unione, si distingue tra il *duty of care* e, quindi la responsabilità, nei confronti di un *social guest* e quella, più rigida, verso un *business guest* (ATTO ILLECITO; ESERCIZIO PUBBLICO; LOCALE; OSPITE; VISITATORE). [vol. I: *ad vocem*]
- **del padrone per fatto illecito dei domestici e dipendenti.** (*supra*, RESPONSABILITÀ DEI PADRONI E COMMITTENTI)
- **del pilota marittimo.** Liability of pilot of ship (PILOTA MARITTIMO). [vol. I: PILOTAGE]
- **del produttore.** Producer's, o manufacturer's, o product's, liability; comporta di solito l'esperimento di una *class action* (*supra*, RESPONSABILITÀ CIVILE DEL VENDITORE DI BEVANDE ALCOLICHE; ASSICURAZIONE CONTRO LA RESPONSABILITÀ DEL PRODUTTORE; AZIONE (I) DI CATEGORIA; DANNO ECONOMICO; INDUSTRIA MANIFATTURIERA; RICHIAMO DI PRODOTTI DIFETTOSI; TUTELA DEL CONSUMATORE; VIZIO INTRINSECO DELLE MERCI). [vol. I: CAVEAT EMPTOR; PRODUCT LIABILITY]

  Bibl.:

  Alpa, G., *L'attuazione della direttiva comunitaria sulla responsabilità del produttore. Tecniche e modelli a confronto* (1988) 2 CeI 573.

  Galgano, F., *Responsabilità del produttore* (1986) 3 CeI 995.
- **del professionista.** (*infra*, RESPONSABILITÀ PROFESSIONALE)
- **del subappaltatore.** Liability of subcontractor (SUBAPPALTATORE).
- **del vettore.** Carrier's liability. Si noti che le lesioni al passeggero danno luogo ad un'azione extracontrattuale; invece, il danno alle merci comporta un'azione contrattuale (*infra*, RESPONSABILITÀ *EX RECEPTO*; TRASPORTO; VETTORE). [vol. I: CARRIER; TORT: V]
- **diretta.** Principal, primary, personal liability o responsibility (*infra*, RESPONSABILITÀ INDIRETTA). [vol. I: PERSONAL LIABILITY; PRIMARY LIABILITY; VICARIOUS LIABILITY]
- **esclusiva.** Exclusive liability; si parla di *canalization of liability* per indicare quella tecnica che consiste nel canalizzare, appunto, e quindi limitare, la responsabilità ad un solo soggetto, con il sostanziale esonero di altri che, diversamente, sarebbero responsabili. La *canalization* si accompagna di solito ad un'assicurazione obbligatoria da parte del potenziale responsabile. Il termine ricorre più spesso in convenzioni internazionali di natura

commerciale. La *canalization*, in quanto esonero dalla responsabilità, può trovarsi in conflitto con l'ordine pubblico di taluni paesi (CANALIZZAZIONE DELLA RESPONSABILITÀ CIVILE; ESCLUSIVA; ESONERO DALLA RESPONSABILITÀ; LIMITAZIONE DELLA RESPONSABILITÀ).

– **eventuale** o **sottoposta a condizione.** Contingent, o contingency, liability. È detta così l'obbligazione o responsabilità soggetta al verificarsi di un evento come, in materia di fideiussione, al mancato pagamento da parte del debitore principale, quella derivante da un procedimento in corso, in caso di appello, di erronea dichiarazione delle imposte, etc. (*infra*, RESPONSABILITÀ SUSSIDIARIA; CONDIZIONE; FIDEIUSSIONE; PATTO DI QUOTA LITE). [vol. I: CONTINGENT LIABILITY; SECONDARY LIABILITY].

– ***ex recepto.*** Liability of the carrier as bailee of goods in his custody (*supra*, RESPONSABILITÀ DEL VETTORE; CONSEGNA; CUSTODIA; DETENZIONE; VETTORE). [vol. I: CARRIAGE]

– **extracontrattuale.** (*supra*, RESPONSABILITÀ CIVILE EXTRACONTRATTUALE; RESPONSABILITÀ CONTRATTUALE-EXTRACONTRATTUALE)

– **extracontrattuale degli incapaci.** Tortious liability of infants or incompetent persons (INCAPACE). [vol. I: DISABILITY; TORT: VII]

– **illimitata.** Unlimited liability (*infra*, RESPONSABILITÀ LIMITATA DELLE SOCIETÀ CAPITALI). [vol. I: LIMITATION OF LIABILITY]

– **indiretta.** Vicarious liability o responsibility (*supra*, RESPONSABILITÀ DEI PADRONI E COMMITTENTI; RESPONSABILITÀ DIRETTA; DATORE DI LAVORO; MANSIONE; NELL'AMBITO DEL CONTRATTO DI LAVORO; QUASI DELITTO). [vol. I: VICARIOUS LIABILITY]

– **individuale.** Individual, o several, liability o responsibility (*supra*, RESPONSABILITÀ CONGIUNTA; *infra,* RESPONSABILITÀ SOLIDALE).

– **internazionale degli Stati.** Responsibility of States, States' responsibility. Termine impiegato in diritto internazionale per indicare la responsabilità internazionale degli Stati; materia di notevole complessità. Si parla di *delictual responsibility* e di *responsibility of States* per indicare, rispettivamente, la responsabilità da atto illecito e la responsabilità degli Stati. Ma si noti l'ambiguità del termine: la s. 9 della Parte XII della convenzione sul diritto del mare del 1982 parla, nel testo inglese, di « responsibility and liability » degli Stati per indicare, rispettivamente, i loro doveri e obblighi e le loro responsabilità (*supra*, RESPONSABILITÀ DELLA PUBBLICA AMMINISTRAZIONE; STATO). [vol. I: COMPENSATION; NUREMBERG TRIALS; REPARATION; RESPONSIBILITY OF STATES; STATE LIABILITY]

– **legale.** Legal liability (*supra*, RESPONSABILITÀ IN GENERE).

– **limitata delle società di capitali.** Limited liability, o ltd. È questo il suffisso impiegato per indicare che la società commerciale munita di personalità giuridica è a responsabilità limitata. Ma per la *public company* si usa ora l'espressione *public limited company, o plc.* Ltd è espressione impiegata anche in Canada, laddove negli S.U. prevale l'altra di *inc.*, o incorporated. Com'è stato osservato da un eminente giurista: « We live in a world of limited liability » (ESONERO DALLA RESPONSABILITÀ; FALLIMENTO; LIMITAZIONE DELLA RESPONSABILITÀ; SOCIETÀ (II) DI CAPITALI). [vol. I: COMPANY: IV, XV].

– **oggettiva.** Absolute o objective liability, detta anche strict liability, o no fault liability; in effetti, la terminologia appare incerta e variabile: talvolta la responsabilità oggettiva viene confusa con la *strict liability*, termine col quale si indica di solito una forma di presunzione di colpa o di responsabilità oggettiva attenuata che ammette le difese dell'*act of God* e dell'atto del terzo. In diritto penale, si parla di absolute o objective liability per indicare quei reati che prescindono dalla ricerca della *mens rea*, ossia del dolo (*supra*, RESPONSABILITÀ IN GENERE; *infra*, RESPONSABILITÀ PER COLPA; CASO FORTUITO; FORZA MAGGIORE; LESIONI PERSONALI COLPOSE; REATO). [vol. I: ABSOLUTE LIABILITY; ACT OF GOD; CRIMINAL LAW: II; FORCE MAJEURE; INEVITABLE ACCIDENT; LIABILITY; STRICT LIABILITY]

– **patrimoniale del debitore.** Civil liability of debtor; anche in questa materia sussistono differenze tra le due tradizioni giuridiche. In materia di successione per causa di morte, una *obligation* è definita *heritable* se essa si trasferisce anche ai beneficiari dell'obbligato; quella *personal* obbliga soltanto il debitore, ma non i beneficiari o il suo *personal representative.* Dipende dalla volontà dell'obbligato che si tratti dell'una o dell'altra; una *obligation* è definita *personal* quando può essere messa ad esecuzione soltanto dall'*obligee* (ossia dalla persona a cui favore è assunta, il creditore), ovvero quando può essere messa ad esecuzione soltanto nei confronti dell'*obligor* (ossia dell'obbligato, il debitore). Una *obligation* può essere *personal* per l'*obligee* (creditore) e *heritable* per l'*obligor* (debitore), o viceversa. Infine, la differenza tra *personal* e *real obligation* sta in questo: che nella prima (*personal*) l'*obligor* si obbliga a compiere un atto senza però rispondere col proprio patrimonio in caso di inadempimento; nel secondo caso, invece, egli ne risponde col proprio patrimonio immobiliare. Ma si tratta di materia non agevole (CAUSE (I) LEGITTIME DI PRELAZIONE; DEBITO; OBBLIGAZIONE (I); PRIGIONE PER DEBITI; SUCCESSIONE PER CAUSA DI MORTE).

– **penale.** Criminal, o penal, responsibility o liability (*supra*, RESPONSABILITÀ CIVILE DEL GIUDICE; BENE E MALE; CAPACITÀ: 3; COLPEVOLEZZA; INCAPACITÀ DI INTENDERE E DI VOLERE; LESIONI PERSONALI COLPOSE).

– **per attività pericolosa.** Liability for dangerous activity (ATTIVITÀ PERICOLOSA).

– **per colpa.** Fault liability. *No liability without fault* costituiva il canone della responsabilità civile specie nel XIX secolo (*supra*, RESPONSABILITÀ IN GENERE; RESPONSABILITÀ OGGETTIVA; *infra*, RESPONSABILITÀ SENZA COLPA; COLPA). [vol. I: *ad vocem*]

– **per danni.** Liability for damage (DANNO; RESPONSABILE).

– **per danno causato da animali.** Liability for animals (ANIMALI; MANDRIA). [vol. I: *ad vocem*]

– **per danno nucleare.** Liability for nuclear damage (DANNO NUCLEARE; ENERGIA NUCLEARE).

– **per fatto altrui.** Vicarious liability (*supra*, RESPONSABILITÀ INDIRETTA).

– **per morte** o **lesione ai passeggeri.** Carrier's liability for death or injury to passengers (*supra*, RESPONSABILITÀ DEL VETTORE; PASSEGGERO; VETTORE). [vol. I: CARRIER; PASSENGER]

– **per omissione.** Liability for abstension (OMISSIONE).

– **politica.** Political accountability; nell'ordinamento costituzionle britannico si parla di *collective ministerial responsibility* per indicare la responsabilità politica collettiva, collegiale o solidale del *Cabinet* di fronte al parlamento: trova la sua fonte in una *convention* costituzionale. Questa responsabilità va distinta dalla *ministerial responsibility* politica individuale dei singoli ministri. A questo proposito va ricordato che nella vita pubblica britannica esiste ed è praticato l'istituto delle dimissioni (e quello della destituzione da parte del primo ministro) ormai definitivamente scomparso in Italia anche per gravissimi reati. Quanto poi alla responsabilità penale, il primo ministro e i ministri — a differenza di quanto è previsto dall'ordinamento italiano non solo per i ministri ma, in buona sostanza, per tutto il ceto politico — rispondono come qualsiasi altro cittadino davanti al giudice ordinario (IMMUNITÀ PARLAMENTARI; MESSA IN STATO D'ACCUSA DEL PRESIDENTE DELLA REPUBBLICA). [vol. I: CABINET: 3; COLLECTIVE MINISTERIAL RESPONSIBILITY]

– **precontrattuale.** (*CULPA IN CONTRAHENDO*)

– **presunta.** (*supra*, RESPONSABILITÀ ASSOLUTA; PRESUNZIONE DI COLPA)

– **professionale.** Professional liability o responsibility (ASSICURAZIONE CONTRO LA RESPONSABILITÀ PROFESSIONALE; COLPA PROFESSIONALE; CONSENSO INFORMATO; DEONTOLOGIA PROFESSIONALE FORENSE; INFEDELTÀ DEL PATROCINATORE o DEL CONSULENTE TECNICO; ORDINE PROFESSIONALE; PERIZIA MEDICA; POLIZZA (I) DI RESPONSABILITÀ CIVILE PROFESSIONALE; PROFESSIONE FORENSE; SEGRETO PROFESSIONALE). [vol. I: MALPRACTICE; PROFESSIONAL LIABILITY]

– **senza colpa.** No fault liability, liability without fault, strict liability (*supra*, RESPONSABILITÀ OGGETTIVA; RESPONSABILITÀ PER COLPA). [vol. I: FAULT LIABILITY; LIABILITY; NO-FAULT LIABILITY; STRICT LIABILITY]

– **separata.** (*supra*, RESPONSABILITÀ INDIVIDUALE; *infra*, RESPONSABILITÀ SOLIDALE)

– **solidale.** Joint and several liability, liability in solido, collective liability. Ma se la *joint and several liability* equivale, in sostanza, all'obbligazione solidale della *civil law*, bisogna rilevare l'esistenza di un'altra forma di responsabilità solidale, quale la *joint liability*, ignota alla *civil law* (*supra*, RESPONSABILITÀ INDIVIDUALE; COMUNIONE; OBBLIGAZIONE (I) SOLIDALE). [vol. I: JOINT: 2]

– **sottoposta a condizione.** (*supra*, RESPONSABILITÀ EVENTUALE o SOTTOPOSTA A CONDIZIONE)

– **sussidiaria.** Contingent liability, secondary liability (*supra*, RESPONSABILITÀ EVENTUALE o SOTTOPOSTA A CONDIZIONE).

Restatement. (RIVISTE DI GIURISPRUDENZA)

Restitutio in integrum. È detto così il principio alla base del risarcimento del danno contrattuale ed extracontrattuale consistente nel mettere la parte o il danneggiato nelle stesse condizioni in cui si sarebbe trovato se il contratto fosse stato osservato ovvero l'illecito non si fosse verificato. Negli S.U. — stato federale — si parla anche di *restoration of status quo* (DANNO EMERGENTE-LUCRO CESSANTE; PREVEDIBILITÀ; RESPONSABILITÀ CIVILE EXTRACONTRATTUALE; RESTITUZIONE; RISARCIMENTO DEL DANNO). [vol. I: CONTRACT: X; DAMAGES: 2; REMEDY; RESTORATION; TORT: XI]

Restituzione/i in genere. Restitution, restoration, return, refund, repayment. Ma il termine *law of restitution*, formulato originariamente negli S.U. e successivamente importato in Inghilterra, è riferito a talune ipotesi di arricchimeno senza causa che comportano l'obbligo dell'indennizzo. Per quanto sia impiegato come sinonimo di *law of quasi-contract*, esso esprime una categoria notevolmente più ampia che, con il *Restatement of the Law of the Restitution*, costituisce la forma più avanzata elaborata dagli ordinamenti di *common law* verso il riconoscimento del principio dell'*unjust enrichment*. Si parla di *obligation to make restoration* per indicare l'obbligo della restituzione nel caso di furto. Restitution indica anche quel tipo di risarcimento o indennizzo che mette una parte nelle identiche condizioni (*restitution of status quo*) in cui sarebbe stata se il contratto non fosse stato violato. Ma si noti che il significato originario di restitution nella *common law* indica la reintegrazione nel possesso degli immobili in caso di spoglio. Infine, *withhold (to)* indica il fatto di ritenere in proprio possesso, di rifiutarsi di restituire quanto dovuto, di omettere di dichiarare, di rifiutare il pagamento, etc. *Withholding* indica anche la ritenuta fiscale alla fonte (ARRICCHIMENTO SENZA CAUSA; AZIONE (I) DI RESTITUZIONE DI COSA MOBILE; CONSEGNA; INDENNIZZO; MERCI; ORDINE DI RESTITUZIONE IN SEDE CIVILE E PENALE; REINTEGRAZIONE; *RESTITUTIO IN INTEGRUM*; RIMBORSO; RIPETIZIONE; RISARCIMENTO; RITENZIONE). [vol. I: CONTRACT: XVII; DAMAGES; NECESSITY: 2; NEGOTIORUM GESTIO; QUASI-CONTRACT; RENDERING; *RESTITUTIO IN INTEGRUM*; RESTITUTION; RESTORATION; UNJUST ENRICHMENT]

- **del capitale alla scadenza.** Returning the principal at maturity (RIMBORSO DEL CAPITALE; SCADENZA).
- **del dazio.** (DAZIO DI RITORNO)
- **delle merci nella vendita.** Return of goods to seller, rejection of goods (DIRITTO (II) DI CONTRORDINE NEL TRASPORTO; MERCI RESPINTE; RIFIUTO DELLE MERCI NON CONFORMI AI PATTI NELLA VENDITA).
- **dell'indebito.** (RIPETIZIONE DELL'INDEBITO)
- **di cose mobili.** Recovery of chattels; ha luogo mediante l'*action of detinue* (BENI MOBILI). [vol. I: DETINUE]
- **di cose mobili non pagate.** (RIENTRO IN POSSESSO)
- **di cose rubate.** Restitution of stolen goods; ma si noti che l'effetto di essa è detto anche *restoration* (COSE RUBATE; RICETTAZIONE). [vol. I: *ad vocem*]
- **di denaro in genere.** (RIMBORSO DI DENARO)
- **di denaro preso a prestito.** Repayment of loan (PRESTITO).
- **nel comodato.** Restitution of borrowed things (COMODATO).
- **nel reato.** Non esiste nell'ordinamento inglese un principio avente la stessa ampiezza dell'art. 185 del codice penale italiano che sancisce l'obbligo delle restituzioni. Ma ora il giudice inglese può ordinare la restituzione delle cose rubate, detta *restitution of stolen goods* e la confisca dei proventi del reato (*supra*, RESTITUZIONE DI COSE RUBATE; CONFISCA; RESPONSABILITÀ CIVILE NASCENTE DA REATO). [vol. I: STOLEN GOODS]

Restrizione/i. Restraint, limitation, qualification, restriction; la revoca di una restrizione è detta *lifting a restriction* (CLAUSOLA CONTRATTUALE RESTRITTIVA; DISPOSIZIONE DI LEGGE RESTRITTIVA; DIVIETO; INTERDIZIONE; LIMITAZIONE; PROIBIZIONE; RAPPRESAGLIA). [vol. I: QUALIFICATION; RESTRAINT OF PRINCES AND RULERS; RESTRAINT OF SHIP; RESTRAINT OF TRADE; RESTRAINT ON ALIENATION]

- **dei diritti.** (LIMITAZIONE DEI DIRITTI)
- **occulta al commercio internazionale.** Disguised restriction of international trade (COMMERCIO INTERNAZIONALE; COMUNITÀ EUROPEE). [vol. I: RESTRAINT OF TRADE]
- **quantitativa.** Quantitative restriction (*supra*, RESTRIZIONE).
- **valutarie.** Foreign-exchange restrictions, currency restrictions (VALUTA).

Reticenza in genere. Withholding information, concealment, non disclosure, reticence, omission (*CULPA IN CONTRAHENDO;* DICHIARAZIONE INESATTA o RETICENTE ALL'ASSICURATORE; DIRITTO (II) ALL'INFORMAZIONE; DISSIMULAZIONE; DOVERE DI CORRETTEZZA; OCCULTAMENTO; OMERTÀ; RI-

FIUTO; RISERVA MENTALE; RITENUTA; SILENZIO; SIMULAZIONE; TESTIMONE RETICENTE; TRASPARENZA).

– **nel contratto.** Non-disclosure, o concealment. La *common law* non prevede un obbligo generale di buona fede nello svolgimento delle trattative né una responsabilità precontrattuale: in principio, una parte non è tenuta a rivelare all'altra informazioni che potrebbero indurla a non concludere il contratto. Ma gli sviluppi giurisprudenziali più recenti, specie negli S.U., hanno attenuato questa diversità di fondo tra le due tradizioni giuridiche. Comunque, al principio accennato si fa eccezione in materia di assicurazione, in cui incombe su chi fa la proposta di assicurazione un *duty of disclosure* dei fatti relativi all'assicurazione. La violazione di tale obbligo, detta *concealment* o *non-disclosure*, rende il contratto annullabile. La *non-disclosure*, cioè la reticenza, che consiste in una omissione, va distinta dalla *misrepresentation* che costituisce, invece, una dichiarazione positiva relativa ad uno stato di fatto diretta ad indurre l'altra parte a concludere il contratto (AFFIDAMENTO; BUONA FEDE; *CULPA IN CONTRAHENDO*). [vol. I: CONTRACT: VI; DISCLOSURE; MISREPRESENTATION; UBERRIMAE FIDEI]

– **nell'assicurazione.** (*supra*, RETICENZA NEL CONTRATTO; ASSICURAZIONE). [vol. I: UBERRIMAE FIDEI]

– **nella testimonianza.** Withholding of evidence; ma il termine indica anche più in generale la soppressione della prova. Costituisce *obstruction of justice* (CONTROESAME; INQUINAMENTO DELLA PROVA; OMERTÀ; SOPPRESSIONE DELLA PROVA; TESTIMONIANZA).

Retorica. Rhetoric (INTERROGATORIO INCROCIATO; LOGICA GIURIDICA).

Retratto successorio. Non esiste, data la diversa tecnica successoria prevista nei sistemi di *common law* (SUCCESSIONE PER CAUSA DI MORTE). [vol. I: INTRODUZIONE: III. 24; SUCCESSION]

Retribuzione in genere. Reward, retribution, compensation, pay, wages, salary, earnings, stipend (COMPENSO; CORRISPETTIVO; DIPENDENTE; PIGNORAMENTO DI STIPENDI E SALARI PRESSO TERZI; *WARRANTS*). [vol. I: ATTACHMENT OF EARNINGS; CONSIDERATION; EMPLOYMENT; FRINGE BENEFITS; REWARD; SALARY]

– **a cottimo.** Salary, o pay, by the job, piecework (CONTRATTO DI COTTIMO; LAVORO A COTTIMO).

Retroattività in genere. Retroactivity, retrospectivity, relation back.
1. Premesso che la *legal rule*, ossia la regola giurisprudenziale, è di per sé retroattiva e che il concetto di reatroattività di certi effetti giuridici è reso anche dal termine *relation back*, si osserva che le espressioni *retroactive* o *retrospective* sono di solito riferite alla *statute law*. In tal senso, si parla di *retroactive* o *ex post facto legislation*. In generale, uno *statute* si presume *prospective*, cioè dispone per l'avvenire, salvo che in maniera espressa o tacita non sia stabilito diversamente. Quanto alla legge penale, se, da un canto, il sistema inglese considera con sfavore la legislazione retroattiva, non si può affermare che — a differenza di quanto è stabilito dalla costituzione degli S.U. (che all'art. I, s. 10, cl. 1, recita, tra l'altro: « No State shall (...) pass (...) ex post facto Law ») — una norma ne faccia espresso divieto, ovvero che la retroattività sia contraria allo spirito del diritto inglese. In tal senso — tenendo conto del principio della *supremacy of Parliament* per cui, almeno in teoria, quest'ultimo può adottare anche una legislazione penale retroattiva — sembra consentito affermare che esiste soltanto una presunzione interpretativa per cui la legge scritta non debba esercitare effetti retroattivi, detta *presumption against retrospective effect*. Peraltro, mentre in materia civile essa può essere superata da una disposizione espressa, di fatto, la presunzione di irretroattività si applica rigidamente in materia penale. Ma alcune fattispecie penali quali la *conspiracy*, il *civil contempt of court* e le regole in tema di risarcimento del danno fanno presumere che nella *common law* vi possano essere dei casi limite di retroattività. In definitiva, il divieto della legislazione *ex post* in materia penale costituisce l'equivalente del principio di *civil law* che va sotto il nome di *nulla poena sine lege*. Si noti che la presunzione di irretroattività non è, *de facto*, ammessa in materia procedurale.
2. In diritto internazionale, l'art. 28 della convenzione di Vienna accoglie il principio della presunzione di irretroattività dei trattati, salvo che una diversa intenzione non risulti dal trattato o non sia altrimenti stabilito (ABROGAZIONE; AMNISTIA; IRRETROATTIVITÀ DELLA LEGGE PENALE; *NULLA POENA SINE LEGE*; RISARCIMENTO; SANATORIA).[vol. I: AB INITIO; EX POST FACTO; NULLA POENA SINE LEGE; RATIFICATION; RELATION BACK; RETROACTIVE]

– **della condizione.** Relation back o retroactivity of condition (CONDIZIONE).

– **della ratifica.** Relation back of ratification (RATIFICA).

– **della sentenza di fallimento.** Relation back of the adjudication in bankruptcy (SENTENZA DI FALLIMENTO). [vol. I: RELATION BACK]

Retroattivo in genere. Retroactive, retrospective (RETROATTIVITÀ).

Retrocessione in genere. Reversion, reassignment, reconveyance, revesting, return, redemption. Ma i termini *reversion* e *reconveyance* hanno in senso stretto un significato privo di equivalenza nella *civil law* (IPOTECA; *PACTUM DE RETROVERTENDO;* PRELAZIONE; RESTITUZIONE; RIACQUISTO; RITRASFERIMENTO; RIVERSIONE; VENDITA CON PATTO DI RISCATTO). [vol. I: LEASE BACK; MORTGAGE; RECONVEYANCE; REDEMPTION; REVERSION; REVESTING]

Retrodatazione. Backdating; apposta a un assegno non ne impedisce la negoziabilità (ANTEDATAZIONE; ASSEGNO (II) BANCARIO; DATA; NEGOZIABILITÀ; POSTDATAZIONE). [vol. I: BACKDATING; BILL OF EXCHANGE]

Retroversione. (RETROCESSIONE)

Rettifica in genere. Rectification, amendment, adjustment, reform (CANCELLAZIONE; CONFERMA; CORREZIONE; *MEDIA;* PROTOCOLLO; RATIFICA; REVISIONE). [vol. I: AMENDMENT; CLERICAL ERROR; RATIFICATION]

– **del contratto viziato da errore.** Rectification of agreement, o of contract, on grounds of mistake; si tratta di un rimedio dell'*equity* ignoto alla *civil law*. Ma esso deriva anche dalla legge scritta (*statute*) e, per questo, si suol dire che il giudice ha anche *statutory powers* di rettifica di numerosi atti e documenti (CONSERVAZIONE DEL CONTRATTO; ERRORE; INVALIDITÀ DEL CONTRATTO; RIFORMA; VIZI DEL CONSENSO). [vol. I: CONTRACT: VI; MISTAKE; RECTIFICATION; RESCISSION]

– **della polizza di assicurazione.** Rectification of policy (POLIZZA (I) DI ASSICURAZIONE). [vol. I: *ad vocem*]

– **di nome.** Rectification of name (CAMBIO DEL NOME; NOME).

– **di confini.** Rectification of boundaries (CONFINE).

– **di errore materiale.** Rectification of clerical mistake (ERRORE MATERIALE).

– **di revisione contabile.** Audit adjustment (*AUDIT*).

– **di un atto scritto.** Rectification of a written document (*supra*, RETTIFICA DEL CONTRATTO VIZIATO DA ERRORE).

Retto di un documento. Face of a document (DOCUMENTO; TERGO DI UN DOCUMENTO). [vol. I: BACK]

Revindica. (RIVENDICAZIONE)

Revisione in genere. Revision, review, modification, amendment; ma il termine *review* ha anche il significato di revisione o controllo giurisdizionale, di appello (APPELLO; CONTROLLO GIURISDIZIONALE; EMENDAMENTO; RETTIFICA; RIESAME). [vol. I: APPEAL; JUDICIAL REVIEW; REVIEW; REVISION OF JUDGMENT]

– **annua dei conti.** Annual audit (*infra*, REVISIONE CONTABILE). [vol. I: BUDGET; PUBLIC ACCOUNTS COMMITTEE]

– **contabile.** Audit, auditing. Con questi termini, di applicazione assai vasta, si intende nella terminologia finanziaria anglo-americana *una serie di operazioni* attinenti all'esame critico di ogni elemento relativo all'organizzazione, alla contabilità e alla gestione di un'impresa privata, e spesso anche di un ente pubblico. Ma si tratta di tecniche contabili molto diverse e — sembra — meno inadeguate di quelle nostrane; esse variano considerevolmente anche nella prassi degli S.U. e del R.U. Talune forme di *auditing* sono state di recente importate con legge nel nostro paese. In tema di società quotate in borsa, va rilevato che negli S.U. la materia è integrata, oltre che dal regime dei singoli stati, dalle regole della *Securities and Exchange Commission* e delle singole borse, come, ad es., quella di New York. Da questo punto di vista, le diversità complessive del regime di controllo contabile delle società appaiono di fatto molto diverse rispetto a quello italiano, in cui l'analogo nostrano della SEC è costituito dalla *Consob*, commissione incommensurabilmente e notoriamente meno efficiente, a prescindere da ogni considerazione sui diversi poteri di cui dispone e sulla qualità degli uomini. Ma lasciamo perdere.

1. Resta il fatto che una delle più grandi truffe finanziarie del secolo, quella perpetrata dall'*Investors Overseas Services* (di Bernard Cornfeld) — che faceva capo a una rete di società tutte regolarmente *au-*

Revisione contabile

dited dalla più prestigiose società di revisione americane e inglesi (sic!) — ha rivelato quanto *perfunctory*, per dirla all'inglese, sia un tipo di controllo di fondamentale importanza per assicurare la corretta gestione della società, e con essa i diritti dei soci e dei creditori. E che l'*auditing*, costituisca un dato fondamentale nell'*affidamento* di azionisti e creditori risulta dal fatto che le più colossali truffe sono state realizzate da consigli di amministrazione che hanno sbandierato ai quattro venti la certificazione dei bilanci da parte delle massime società di *auditing*. Del resto, i grandi scandali finanziari della *City*, tra cui, tra i tanti, si ricordano quelli del *Lloyd's*, *Guinness*, BCCI e, da ultimo, *Maxwell*, si riferivano a società i cui bilanci erano stati autorevolmente certificati.

2. Si sostiene che la responsabilità delle società di revisione — peraltro, salvo rare ed encomiabili eccezioni, emerse indenni finora, nel sistema inglese e in quello nordamericano, anche dai più grandi scandali finanziari — va rapportata al regime giuridico che regola la loro attività (insomma, ai loro poteri); si fa notare che esso varia da paese a paese e che anche tra il sistema inglese e quello nordamericano esistono notevoli differenze di tecnica revisoria e di regime giuridico; e che, in definitiva, una società di revisione non può essere imputata del mancato esercizio di poteri che la legge non le attribuisce. È questo il ritornello; non privo, beninteso, di qualche fondamento. Peraltro, in vista delle dimensioni e della ricorrenza di scandali che distruggono enormi quantità di ricchezza che si verificano sulle più importanti piazze finanziarie dell'Occidente, una rivisitazione della materia si impone. La concatenazione è la seguente: (i) non è ipotizzabile un qualsiasi mercato finanziario — e una qualsiasi sana economia — che non si basi sulla corretta gestione finanziario-contabile delle società la cui credibilità può essere assicurata soltanto da entità terze; (ii) ma non si tratta soltanto di questo: la criminalità organizzata ha operato sempre dietro lo schermo di ferree certificazioni di società di revisione che si sono rivelate o complici o gravemente negligenti; (iii) il falso in bilancio è il marchingegno tecnico sovrano per realizzare le truffe societarie; (iv) sembra *inverosimile* che anche la più scalcinata delle società di revisione non abbia il sospetto delle malefatte di taluni consigli di amministrazione.

3. La materia — di notevole complessità tecnica e giuridica — abbisogna di *un minimo di regolamentazione uniforme in sede internazionale*. In questo senso, se da un lato *la sovranità nazionale costituisce il paravento dietro il quale opera la grande criminalità organizzata internazionale* (ormai qualsiasi criminalità degna di questo nome è per definizione internazionale) e quindi l'ostacolo maggiore ad un regime uniforme della materia, dall'altro, esso non dovrebbe impedire lo stabilimento di un più coerente e cogente regime comunitario nella materia, che preveda precise e gravi sanzioni penali a carico delle società *negligenti* o *complici* (questo sembra il dilemma quando emergono grandi scandali finanziari). Se poi esse non sono imputabili o responsabili perché prive dei poteri necessari a svolgere quelle funzioni di controllo *in nome del quale* giustificano, oltre che la loro stessa esistenza, il livello delle proprie tariffe, sarà necessario che esse ne siano fornite se vi deve essere un qualche rapporto tra le loro funzioni effettive e i fini dichiarati.

4. L'importanza della materia non può essere esagerata per un'economia come quella occidentale, e in buona sostanza mondiale, che, con tutte le varianti immaginabili, fa della società di capitali e della sua corretta gestione il perno dell'economia di mercato. Per queste ragioni va considerata molto positivamente la notizia — non per il fatto in sé, ma per aver capito un fondamentale raccordo tra reati societari e responsabilità delle società di *auditing* — dell'iniziativa della magistratura bolognese di inviare un avviso di garanzia al responsabile bolognese della *Price Waterhouse* con relativa perquisizione degli uffici in margine all'*affaire* Ferfin-Montedison [*la Repubblica*, 25 giugno 1994]. Beninteso, al di là del merito del caso specifico sul quale spetta solo ai giudici pronunciarsi, come su qualsiasi questione *sub judice*. È augurabile, comunque, che la magistratura italiana si orienti definitivamente verso una pratica giudiziaria alla quale non sfugge *il nesso* tra *falso in bilancio* e *responsabilità civile e penale* del certificatore. Dando con ciò un notevole contributo alla lotta alla criminalità organizzata che proprio nelle pieghe dei bilanci e nelle debolezze strutturali del controllo contabile, nelle negligenze, e non di rado nelle complicità *obiettive*

delle società di revisione, raggiungono le forme più raffinate e i risultati più devastanti. Del resto, negli S.U. le società di revisione vengono sempre più spesso chiamate a rispondere dei danni provocati per negligenza professionale (ACCERTAMENTO CONTABILE; ANNO DI REVISIONE; BILANCIO; BILANCIO VERIFICATO; CAPITALE; CONTABILITÀ; CONTO; CONTROLLO CONTABILE; CORTE DEI CONTI; CRIMINALITÀ ORGANIZZATA; DOCUMENTI CONTABILI; FALSO IN BILANCIO; FUSIONE DI SOCIETÀ; *OFFSHORE*; PICCOLO AZIONISTA; PRATICA DI REVISIONE CONTABILE; RENDICONTO; REVISORE DEI CONTI AUTORIZZATO; SOCIETÀ (II) PER AZIONI; SOVRANITÀ; TUTELA DEI DIRITTI). [vol. I: AUDIT; BALANCE-SHEET; BUDGET; OFFSHORE]

– **contabile interna.** Internal audit (*supra*, REVISIONE CONTABILE).

– **dei conti.** (*supra*, REVISIONE CONTABILE)

– **dei conti esterna.** External audit (*supra*, REVISIONE CONTABILE).

– **dei prezzi.** Renegotiation of prices (*infra*, REVISIONE DEL CONTRATTO).

– **del contratto in genere.** Renegotiation of contract (RINEGOZIAZIONE OBBLIGATORIA DEI CONTRATTI DI FORNITURA AGLI ENTI PUBBLICI NEGLI S.U.).

– **della pena.** Review of sentence (PENA).

– **della sentenza.** Review of judgment; nel senso di appello è detta anche *re-hearing* (APPELLO). [vol. I: *ad vocem*; APPEAL; NEW TRIAL; RE-HEARING]

– **della sentenza penale.** Review of penal judgement; ricordato che il termine *sentence* indica non la sentenza, ma la pena, la commutazione della pena è definita *commutation of sentence*. L'espiazione delle sentenze penali ha luogo nel R.U. sotto la supervisione dell'*Home Secretary* che ha anche un *power of referral* alla *Court of Appeal*, cioè di chiedere la revisione di una sentenza penale a seguito dell'acquisizione di nuove prove. Ma si noti l'assai diverso regime della materia nel sistema inglese e nordamericano (APPELLO; COMMUTAZIONE DELLA PENA; PENA; REMISSIONE DELLA PENA; REVOCAZIONE; SENTENZA PENALE). [vol. I: APPEAL; CRIMINAL PROCEDURE: IV; SENTENCING PROCESS]

– **del processo in genere.** Reopening of a case (APPELLO; REVOCAZIONE DELLA SENTENZA; RIAPERTURA DI UN CASO GIUDIZIARIO).

– **di testi.** Editing (CURATORE; TESTI GIURIDICI). [vol. I: EDITOR]

– **di una convenzione internazionale.** Revision, amendment o modification of an international convention (CONVENZIONE INTERNAZIONALE; PROTOCOLLO).

– **di un trattato internazionale.** Revision, amendment o modification of a treaty (EMENDAMENTO E MODIFICA DEI TRATTATI; TRATTATO INTERNAZIONALE). [vol. I: AMENDMENT AND MODIFICATION OF TREATIES]

Revisionismo. (REVISIONE)

Revisore in genere. Reviewer (CONTROLLORE; REVISIONE DI TESTI).

– **dei conti.** Auditor, certified public accountant, chartered public account (CONTABILE; CONTO; RELAZIONE DEI REVISORI DEI CONTI; RESPONSABILITÀ DEI REVISORI DEI CONTI; REVISIONE CONTABILE).

– **dei conti autorizzato.** Nel R.U. è definito più spesso certified public accountant (BANCA; COMMERCIALISTA; REVISIONE CONTABILE).

– **dei conti esterno.** External auditor (*infra*, REVISORE INTERNO).

– **interno.** Internal auditor (*supra*, REVISORE DEI CONTI ESTERNO).

Reviviscenza in genere. Revival. Questo termine è impiegato in numerosi contesti. Si ha *revival of contract* quando le parti si accordano per far rivivere un contratto risolto o estinto. Un debito prescritto (*statute barred debt*) rivive a seguito della ricognizione di debito o pagamento parziale, ai sensi della s. 2 del Limitation Act 1939 (nel sistema inglese). Il testatore *revives a will*, ossia fa rivivere un testamento se, avendolo in precedenza revocato, lo riconferma (*re-executes it*) successivamente, ovvero pone in essere un nuovo testamento o un *codicil* col quale manifesta l'intenzione di farlo rivivere (CADUCITÀ; PRESCRIZIONE; RINNOVAZIONE). [vol. I: LAPSE]

– **del contratto.** Revival of contract (*supra*, REVIVISCENZA IN GENERE; CONTRATTO; RINNOVAZIONE DEL CONTRATTO).

– **del debito prescritto.** Revival of statute barred debt (*supra*, REVIVISCENZA IN GENERE; DEBITO PRESCRITTO).

– **della polizza di assicurazione.** Revival of insurance policy (POLIZZA (I) DI ASSICURAZIONE; RINNOVAZIONE DELLA POLIZZA DI ASSICURAZIONE). [vol. I: INSURANCE POLICY]

– **della proposta** o **offerta contrattuale.** Revival of offer (CADUCITÀ DELLA PROPOSTA CON-

TRATTUALE; OFFERTA; PROPOSTA CONTRATTUALE). [vol. I: OFFER]

– **della sentenza.** Revival of judgment; l'espressione si riferisce alla messa in esecuzione di una sentenza ineseguita per un certo periodo di tempo (ESECUZIONE FORZATA DELLA SENTENZA CIVILE). [vol. I: SCIRE FACIAS]

– **dell'azione in giudizio.** Revival of action (AZIONE (I) IN GIUDIZIO).

– **del testamento.** Revival of will (*supra,* REVIVISCENZA IN GENERE; TESTAMENTO).

Revoca in genere. Revocation; ma questo termine indica anche, in senso lato, annullamento, risoluzione, riforma, abrogazione. La revoca è detta anche *withdrawal*: in tal senso, si parla di *withdrawal of offer* e di *withdrawal of authority* per indicare, rispettivamente, la revoca della proposta e dei poteri dell'*agent*. Ma il concetto di revoca è reso anche da espressioni quali *deprivation, set aside, disclaimer*, *rescission*, etc. Un procedimento di revoca di una licenza rilasciata da una *agency* è definito *revocation proceeding* (CONTRORDINE; DECLINO DELLA RESPONSABILITÀ; POTERE DI REVOCA; PROPOSTA IRREVOCABILE; RECESSO; REVOCABILE; REVOCATORIA; REVOCAZIONE; RITIRO; RITRATTAZIONE DI UNA DEPOSIZIONE). [vol. I: CANCELLATION; COUNTERMAND; DEPRIVATION; FORFEITURE; REPEAL; REVOCATION; SET ASIDE; WITHDRAWAL]

– **anticipata del mandato elettorale.** Negli S.U. — stato federale — sono detti *recalls* quei procedimenti elettorali che consentono in diversi stati dell'Unione, ma non al livello federale, la revoca del mandato all'eletto — ad eccezione dei giudici — prima della scadenza del termine, mediante un referendum popolare. In tal caso, si parla di *recall elections* (DESTITUZIONE DA UN UFFICIO O INCARICO; MANDATO ELETTORALE; REFERENDUM: 2)

– **degli amministratori di società.** Disqualification of directors (AMMINISTRATORE DI SOCIETÀ; FALLIMENTO: I. 4; SOCIETÀ (II) QUALE SOGGETTO COLLETTIVO).

– **del contratto.** (CANCELLAZIONE DEL CONTRATTO; RISOLUZIONE UNILATERALE DEL CONTRATTO)

– **del coprifuoco.** Lifting of curfew (COPRIFUOCO).

– **dell'accettazione.** Revocation o withdrawal of acceptance (ACCETTAZIONE DELLA PROPOSTA).

– **della cittadinanza.** Deprivation of citizenship (CITTADINANZA).

– **della donazione per ingratitudine.** Lett., revocation of gift for ingratitude o for ungratefulness; ma non è ammessa nella *common law* (DONAZIONE; INDEGNITÀ DI SUCCEDERE).

– **della legge.** Lett., withdrawal of law (ABROGAZIONE DELLA LEGGE).

– **della licenza concessa da un ente pubblico.** Revocation of licence (LICENZA).

– **della procura.** Revocation of power of attorney (PROCURA).

– **della promessa.** Revocation, o withdrawal, of promise (PROMESSA).

– **della proposta.** Revocation, o withdrawal, of offer. In principio, la proposta è sempre revocabile, a meno che il proponente non abbia ricevuto una *consideration*, ovvero la proposta sia stata formulata con *deed* (PROPOSTA IRREVOCABILE). [vol I: OFFER]

– **della sentenza impugnata.** Reversal of judgment, overruling (APPELLO; REVOCAZIONE DELLA SENTENZA; RIFORMA DELLA SENTENZA IMPUGNATA). [vol. I: REVERSAL]

– **del legato.** (*supra*, REVOCA DELLA DONAZIONE PER INGRATITUDINE; LEGATO)

– **dell'embargo commerciale.** Lifting of trade embargo (EMBARGO).

– **delle sanzioni.** Lifting of sanctions (SANZIONE).

– **dell'ordine di pagamento dell'assegno.** Countermand of payment of cheque, o stop order. Non si applica agli assegni emessi in base a una carta assegni o *cheque card* (ASSEGNO (II) BANCARIO; CARTA DI CREDITO; PAGAMENTO). [vol. I: STOP ORDER]

– **del mandato.** Grosso modo, revocation of authority, revocation of power of attorney (*supra*, REVOCA ANTICIPATA DEL MANDATO ELETTORALE; REVOCA DELLA PROCURA; MANDATO).

– **del mandato *ad lites*.** Withdrawal of retainer (MANDATO *AD LITES*).

– **del riconoscimento di una conquista, di un governo, etc. in diritto internazionale.** Withdrawal of recognition of a conquest, of a government, etc. (RICONOSCIMENTO).

Bibl.:

Oppenheim 1905-06, ed. 1955, vol. I: 152, n. 1, 2.

– **del testamento.** Revocation of will. Ha luogo per legge in caso di successivo matrimonio del testatore. In tal caso, si parla di *revocation in law* (DISTRUZIONE DEL TESTAMENTO; TESTAMENTO).

– **di disposizione testamentaria.** Revocation of testamentary disposition (*supra*, REVOCA DEL TESTAMENTO; DISPOSIZIONE TESTAMENTARIA). [vol. I: CODICIL]

– **di poteri in genere.** Revocation, o withdrawal, of authority (*supra*, REVOCA ANTICIPATA DEL MANDATO ELETTORALE; REVOCA DEL MANDATO; POTERE). [vol. I: AUTHORITY COUPLED WITH AN INTEREST]

– **di un divieto.** Lifting a ban (DIVIETO).

– **di un ordine.** Rescinding an order (ORDINE).

– **di un privilegio, di una concessione, di un diritto.** Revocation of a franchise, disfranchisement (CONCESSIONE; DIRITTO (II); PRIVILEGIO). [vol. I: *ad vocem*; DISFRANCHISEMENT; DISQUALIFICATION]

– **di un provvedimento giudiziario in genere.** Discharge, o anche dissolution, of a judicial measure (PROVVEDIMENTO). [vol. I: DISCHARGE: 4]

– **tacita del legato.** Ademption of legacy (LEGATO). [vol. I: *ad vocem*]

Revocabile. Revocable, defeasible, liable to discharge (CREDITO REVOCABILE; OFFERTA REVOCABILE; REVOCA). [vol. I: CONTINGENT; DEFEASIBLE; DETERMINABLE; DISCHARGE]

– ***ad nutum.*** Revocable at will (*supra*, REVOCABILE).

Revocatoria. (AZIONE (I) REVOCATORIA; REVOCA; REVOCAZIONE)

Revocazione della sentenza. Non esiste in senso stretto una esatta equivalenza; ma il *new trial* svolge in sostanza una funzione analoga, anche se più ampia. Negli S.U. — stato federale — è regolato, rispettivamente, dalla Rule 59 delle *Federal Rules of Civil Procedure* e della R. 33 delle *Federal Rules of Criminal Procedure.* Notissima è la c.d. *plain errore rule*, per cui il chiaro errore che pregiudica diritti sostanziali legittima a proporre una *motion for new trial* se dal processo derivi una manifesta ingiustizia (*manifest injustice*) o un errore giudiziario (*miscarriage of justice)* in danno delle parti o dell'imputato (ERRORE GIUDIZIARIO; REVISIONE DEL PROCESSO; REVOCA DELLA SENTENZA IMPUGNATA; RIAPERTURA DI UN CASO GIUDIZIARIO; RINNOVAZIONE DEL GIUDIZIO; SENTENZA). [vol. I: NEW TRIAL; RE-HEARING; VENIRE DE NOVO]

Riabilitazione in genere. Rehabilitation.

– **del condannato.** Rehabilitation of offender; il regime britannico della materia appare molto più articolato e avanzato di quello nostrano. Allo stesso tempo, è ignoto il fenomeno tutto italiano di efferati criminali condannati a pene gravissime che scorrazzano nel paese grazie alla decorrenza di termini della custodia cautelare (PRESUZIONE DI INNOCENZA). [vol. I: REHABILITATION OF OFFENDERS]

– **del fallito.** Grosso modo, discharge of bankrupt, o of debtor. Ma la *discharge* è istituto caratteristico del sistema fallimentare inglese e nordamericano, per natura ed ampiezza dei suoi effetti privo di equivalenza nella *civil law* [cfr. Vivante 1893, ed. 1922, vol. I: 323]. Si noti, tra l'altro, che nella tradizione di *common law* si ha — a differenza che nel sistema italiano — il fallimento civile, ossia del non imprenditore e che, specie grazie al legislatore nordamericano, esiste un regime particolarmente favorevole al *consumer debtor.* Inoltre, negli S.U. — stato federale — si parla anche di *rehabilitation of corporations* per indicare quelle procedure, come la *reorganization*, dirette a mantenere in vita la società insolvente per rimetterla in condizioni di solvibilità (DEBITORE; FALLIMENTO: IV; FALLITO). [vol. I: DISCHARGE; REORGANIZATION]

Riacquisto. Buy-back, repurchase, redemption (ACQUISTO; AZIONE (I) DI RISCATTO; PRELAZIONE; PRONTI CONTRO TERMINI; RETROCESSIONE; RIVERSIBILITÀ; VENDITA CON PATTO DI RISCATTO). [vol. I: PRE-EMPTION; RECOVERY; SALE AND LEASE BACK]

– **di azioni di società.** Buy back of shares, buy-back of stock. Negli S.U. — stato federale — in tema di scalate azionarie (*corporate takeovers*) si parla di *greenmail payments* (da *green*, colore del dollaro, e, *blackmail*, ricatto) per indicare il patto, o ricatto, per cui un'impresa oggetto di una scalata azionaria (*target company*) riacquista le proprie azioni possedute dall'incursore (*raider*) ad un prezzo superiore a quello di mercato in cambio della rinunzia a perseguire la scalata ostile. Una tassa speciale viene applicata sui c.d. *greenmail payments* (AZIONE (II) DI SOCIETÀ; PAGAMENTO; SCALATA DI SOCIETÀ).

Rialzo fraudolento di titoli quotati in borsa. Rigging the market (AGGIOTAGGIO; BORSA VALORI; *INSIDER TRADING*; PREZZO; VALORI MOBILIARI).

Riapertura in genere. Reopening (APERTURA).

- **dell'asta.** Reopening of biddings (ASTA).
- **delle indagini di polizia.** Reopening of a case by the police, fresh investigation by the police (INDAGINI DI POLIZIA).
- **di un caso giudiziario.** Reopening of a case; quando ha luogo per consentire di sottoporre nuove prove, si procede a un *new trial,* ossia a un nuovo processo (APPELLO; REVISIONE DEL PROCESSO; REVOCAZIONE DELLA SENTENZA).

Riassicurato. Re-insured (ASSICURATO; RIASSICURATORE).

Riassicuratore. Re-insurer (ASSICURATORE). [vol. I: MOST FAVOURED REINSURER CLAUSE]

Riassicurazione. Reinsurance (ACCORDO DI RIASSICURAZIONE; ASSICURAZIONE; CONTRATTO DI RIASSICURAZIONE). [vol. I: INSURANCE: I. 20, II; REASSURANCE; REINSURANCE]

- **di eccedenza.** Excess reinsurance (ECCEDENZA). [vol. I: EXCESS CLAUSE]

Riassunzione in genere. Reinstatement (ASSUNZIONE).

- **della causa** o **del giudizio in genere.** Grosso modo, reinstatement of action (CAUSA (III); GIUDIZIO).
- **nell'impiego.** (REINTEGRAZIONE NEL POSTO DI LAVORO)

Ribasso in genere. Rebate (AUMENTO).

- **di nolo.** Freight rebate (NOLO).

Ribellione. Rebellion (AUTODETERMINAZIONE; FEDERALISMO; GUERRA CIVILE; INSUBORDINAZIONE; ORDINE PUBBLICO; SECESSIONE; SEDIZIONE; SOMMOSSA; STATO DI EMERGENZA; TRADIMENTO). [vol. I: PUBLIC ORDER; RECOGNITION; RIOTOUS ASSEMBLY]

Ricambio nella cambiale. Re-exchange (CAMBIALE; CAMBIO). [vol. I: *ad vocem*]

Ricatto. Blackmail (ESTORSIONE; RIACQUISTO DI AZIONI DI SOCIETÀ; RISCATTO). [vol. I: BLACKMAIL; DURESS; EXTORTION; KIDNAPPING; OPPRESSION]

Ricavato in genere. Proceeds, yield, income, receipt, profit, return, revenue. Ai sensi dell'Art. 9-306 dell'UCC degli S.U., *cash proceeds* sono il denaro contante, assegni, conti di deposito, e analoghi; *non-cash proceeds* sono tutti gli altri ricavati (CASSA; ENTRATA; INTROITO; REDDITO; UTILE). [vol. I: PROCEEDS; PROFIT; RETURN; REVENUE]

- **da una vendita all'asta.** Proceeds of a sale by auction (VENDITA ALL'ASTA).
- **in denaro.** Cash proceeds (CASSA; CONTANTE; DENARO; PAGAMENTO).

Ricerca in genere. Investigation, inquiry, inspection, search, research. Negli S.U. il termine *skiptracking* indica il fatto di ricercare, più spesso da parte di un'agenzia specializzata, debitori insolventi, o persone resesi irreperibili per evitare l'esecuzione, eredi, azionisti, coniugi, patrimoni, conti bancari, etc. (ACCERTAMENTO; AGENZIA PER IL RECUPERO DI CREDITI; *DISCOVERY*; ESAME; INCHIESTA; INDAGINE; INSEGUIMENTO; INVESTIGAZIONE; ISPEZIONE; PERQUISIZIONE; RICERCATO; VISITA; VISTA; VISURA).

- **del foro più conveniente.** Forum shopping. Si tratta di un fenomeno tipico dei sistemi di *common law* specialmente sviluppato negli S.U. Ma esso non è determinato unicamente dalla diversità di regime dei vari ordinamenti. Negli S.U. — stato federale — si tratta anche di un fenomeno dovuto alla coesistenza di giurisdizione federale e giurisdizioni dei singoli stati dell'Unione (*infra*, RICERCA DELLA LEGGE PIÙ CONVENIENTE; ELEZIONE DEL FORO; FATTORE DI COLLEGAMENTO; FORO; GIURISDIZIONI CONCORRENTI; RESIDENZA: 2; SICUREZZA DELLA NAVIGAZIONE; TRATTATO INTERNAZIONALE). [vol. I: FORUM NON CONVENIENS; FORUM SHOPPING]
- **della felicità.** Pursuit of happiness; questa espressione figura nella Dichiarazione di Indipendenza del 1776 ma non nella costituzione federale degli S.U. Impiegata in diritto costituzionale, essa è riferita, alle varie implicazioni del XIV emendamento [1868] della costituzione federale che stabilisce l'uguaglianza dei cittadini di fronte alla legge (*equal protection of the laws*) quali, tra l'altro, la libertà personale, la libertà contrattuale, l'assenza di discriminazioni, la libertà di scelta dell'occupazione, la libertà di coscienza, etc. (COSTITUZIONE POLITICA; DICHIARAZIONE DEI DIRITTI; DICHIARAZIONE DI INDIPENDENZA; FELICITÀ).
- **della legge più conveniente.** Law shopping. Si tratta di un fenomeno imponente che si verifica tra gli ordinamenti di diversi paesi ogni qualvolta vi sia un *décalage* normativo che consenta di realizzare collegamenti più o meno favorevoli. Esso si riferisce, anzitutto, alle convenzioni inter-

nazionali (o ai relativi protocolli di emendamento) accettate da taluni paesi e non da altri, alla diversità della legislazione interna come, ad es., in materia fiscale, previdenziale, di sicurezza sul lavoro, successoria, di termini di prescrizione, etc. Un fattore ulteriore può essere costituito anche — a parità di condizioni — dall'esistenza in un determinato paese piuttosto che in un altro, da una pubblica amministrazione più o meno efficiente o corrotta. In questo senso, i paesi dell'ex impero comunista, come quelli del Terzo Mondo, rappresentano un paradiso per esercitazioni di questo genere: il fenomeno delle bandiere ombra in materia marittima si spiega in questa ottica. Ma anche nell'ambito comunitario, tanto per fare un solo esempio, attività pericolose o inquinanti finiscono col concentrarsi in quei paesi dove esistono una legislazione più lassista e/o minori controlli: non è un caso che la concia delle pelli, attività, altamente inquinante, sia concentrata in Italia e in qualche altro paese europeo (*supra*, RICERCA DEL FORO PIÙ CONVENIENTE; AMBIENTE: 5; BANDIERA OMBRA; ELEZIONE DEL FORO; ELUSIONE; FATTORE DI COLLEGAMENTO; LEGGE; PARADISO FISCALE; SICUREZZA DELLA NAVIGAZIONE).

- **del trattato più conveniente.** Treaty shopping (*supra*, RICERCA DELLA LEGGE PIÙ CONVENIENTE; TRATTATO: 1).
- **di mercato.** Market research, market survey (MERCATO).
- **documentaria.** Documentary retrieval (DOCUMENTO).
- **giuridica.** Legal research (PUBBLICAZIONE GIURIDICA; TRADIZIONE GIURIDICA).
- **in pubblici registri in genere.** Search in public registries or records (REGISTRO). [vol. I: SEARCHES]
- **ipotecaria in genere.** Search in land registries (IPOTECA; REGISTRI IMMOBILIARI). [vol. I: INVESTIGATION OF TITLE; LAND REGISTRIES; SEARCHES]

Ricercato. Wanted, fugitive (CACCIATORE DI TAGLIE; EVASO; FUORILEGGE; LATITANTE; RICERCA).

Ricettatore. Handler, o receiver, of stolen goods (RICETTAZIONE).

Ricettazione. Handling (o receiving) stolen goods (FAVOREGGIAMENTO; RESTITUZIONE DI COSE RUBATE). [vol. I: HANDLING STOLEN GOODS]

Ricevente. Recipient (RICEVUTA).

Ricevitore in genere. Receiver, keeper, custodian, consignee, conservator, collector, recipient, bailee. La consegna o dazione di cose dà luogo spesso ad un *bailment*, istituto ignoto alla *civil law* (AMMINISTRATORE; CASSIERE; CONSEGNATARIO; CURATORE; CUSTODE; DESTINATARIO; ESATTORE; RICEZIONE; SEQUESTRATARIO; TESORIERE). [vol. I: BAILMENT; RECEIVER; RECEIVERSHIP; RECEIVING ORDER; TRUSTEE]

- **delle imposte.** Tax collector (IMPOSTA). [vol. I: COMMISSIONERS OF INLAND REVENUE]
- **di cose** o **merci.** Consignee o bailee of goods (CONSEGNATARIO; MERCI).
- **postale.** Post office officer (RICEVITORIA POSTALE; UFFICIO POSTALE).

Ricevitoria postale. Post office (RICEVITORE POSTALE).

Ricevuta in genere. Receipt, acquittance o quittance, release, acknowledgment. Ma la *release* consiste nella remissione del debito o rinuncia al credito (CONSEGNA; PAGAMENTO; QUIETANZA; REMISSIONE DEL DEBITO; RICEVENTE; SCONTRINO; TITOLO DI LEGITTIMAZIONE; *VOUCHER*).

- **bagaglio nel trasporto aereo.** Baggage check, luggage check (BAGAGLIO; TRASPORTO AEREO).
- **di bordo.** Mate's receipt (CARICO). [vol. I: BILL OF LADING]
- **di cassa.** Cash voucher, cash memo (CASSA). [vol. I: VOUCHER]
- **di deposito.** Deposit receipt (DEPOSITO).
- **di pagamento.** Receipt of payment (PAGAMENTO).
- **di spedizione.** Consignment note, certificate of posting (SPEDIZIONE). [vol. I: CONSIGNMENT NOTE]
- **di versamento** o **di consegna di cose di cui si è tenuti a dar conto.** Accountable receipt (CONTO).
- **in conto.** Receipt on account (ACCONTO).
- **in conto deposito.** Receipt on sale or return (CONTRATTO ESTIMATORIO).
- **per l'imbarco.** (POLIZZA (II) DI CARICO RICEVUTO PER L'IMBARCO)

Ricezione in genere. Reception, receipt (PAGAMENTO ALLA CONSEGNA; PRINCIPIO DELLA RICEZIONE NEL CONTRATTO; RICEVUTA).

- **della accettazione.** Reception of acceptance (ACCETTAZIONE DELLA PROPOSTA).

– **della legge.** Reception of law (CONFLITTO DI LEGGI; LEGGE; RINVIO). [vol. I: CONFLICT OF LAWS; LEGAL TRANSPLANTS; RECEPTION; RENVOY]

Richiamo in genere. Recall, call back (CONTRORDINE; REVOCA ANTICIPATA DEL MANDATO ELETTORALE).

– **di ambasciatore.** Recall of ambassador (AMBASCIATORE).

– **di pagamento su azioni.** Call on shares (AZIONE (II) DI SOCIETÀ; CAPITALE RICHIAMATO). [vol. I: A AND B LISTS; CONTRIBUTORY]

– **di prodotti difettosi.** Recall of unsafe products. Negli S.U. — stato federale — il Consumer Product Safety Act federale conferisce alla *Consumer Product Safety Commission* notevoli poteri in tema di sicurezza del consumatore. Tra i tanti, vi è quello di ordinare il richiamo di prodotti difettosi ai fini della riparazione, sostituzione o rimborso del loro prezzo. Si tratta di cose ignote all'industria nostrana (PRODOTTO DIFETTOSO; RESPONSABILITÀ DEL PRODUTTORE; SICUREZZA; TUTELA DEL CONSUMATORE).

Richiedente. Applicant, petitioner, claimant (ATTORE IN GIUDIZIO; PARTE RICHIEDENTE; POSTULANTE; RICHIESTA; RICORRENTE). [vol. I: APPLICANT; CLAIMANT; PETITIONER; PLAINTIFF; SUITOR]

Richiesta in genere. Application, request, motion, demand, instance, claim, requisition, requirement, plea. Aderire a una richiesta è detta *comply (to) with a request.* A richiesta è detto *on demand, on application* (ACCOGLIMENTO DI UN'ISTANZA; A RICHIESTA DI; BISOGNO; CONTRADDITTORIO; DI UFFICIO; DOMANDA; FABBISOGNO; ISTANZA; PETIZIONE; RICHIEDENTE; RIGETTO DI UNA RICHIESTA; SUPPLICA). [vol. I: APPLICATION; DEFAULT; EX PARTE; PLEADINGS; REQUIREMENT; REQUISITION]

– **della difesa.** Defence motion (DIFESA).

– **dell'imputato in udienza.** Defendant's motion (IMPUTATO).

– **di indennizzo assicurativo.** Insurance claim (ASSICURAZIONE; INDENNIZZO).

– **di indennizzo esorbitante.** Exaggerated claim (INDENNIZZO).

– **di rimborso.** Reimbursement claim (RIMBORSO).

– **di rinvio a giudizio.** Grosso modo, prosecution's motion to committ for trial the defendant. Ma non sembra che nella articolazione della fase preliminare del processo penale dei sistemi di *common law* esista un esatto equivalente (IMPUTAZIONE; RINVIO A GIUDIZIO; UDIENZA PRELIMINARE).

– **di risarcimento.** Claiming damages (RISARCIMENTO).

– **formale.** Requisition (*supra*, RICHIESTA IN GENERE). [vol. I: REQUISITION]

– **tardiva, prescritta.** Stale demand, stale claim (PRESCRIZIONE).

Riciclaggio di denaro sporco. Money laundering, o recycling dirty money. La materia è oggetto — specie negli S.U. — di un poderoso corpo di leggi federali, effettivamente applicate, tra cui si menzionano le ormai celebri *RICO laws.* Il *money laundering* costituisce un reato federale. Tutto questo a differenza di quanto accade nel nostro paese in cui, soprattutto a causa delle resistenze del sistema bancario, la legislazione in materia si riduce spesso a un *flatus vocis*, o peggio, a una ulteriore forma di vessazione dei cittadini onesti. Data la natura del fenomeno, un inseme di convenzioni, accordi, raccomandazioni internazionali e direttive comunitarie, etc. è stato adottato di volta in volta sotto gli auspici delle N.U., del Consiglio d'Europa, dell'OECD, della Comunità Europea, dell'Organizzazione degli Stati Americani, etc. (CENTRO FINANZIARIO *OFFSHORE*; CRIMINALITÀ ORGANIZZATA; DENARO SPORCO; DROGA; ECONOMIA NERA; EVASIONE FISCALE; MAFIA; MONETA; PROIBIZIONISMO; SEGRETO BANCARIO; SOCIETÀ (II) DI COMODO).

Ricognizione. Acknowledgment, admission; ma il termine *recognisance* assume un significato particolare nella *common law*, ossia, più spesso, quello di una cauzione prestata davanti a un *magistrate.* Nel senso di ispezione, si dice *survey* (AMMISSIONE; CONFERMA; IDENTIFICAZIONE; ISPEZIONE; RATIFICA; RICONOSCIMENTO).

– **dei luoghi.** (ISPEZIONE GIUDIZIALE DEI LUOGHI)

– **di cose.** (INDIVIDUAZIONE DI COSE NELLA VENDITA; PERQUISIZIONE)

– **di debito.** Acknowledgment of debt, I.O.U. Ormai notissimi sono diventati gli I.O.U., ossia le obbligazioni, rilasciate in California ai propri dipendenti dagli enti locali finanziariamente dissestati in luogo degli stipendi (CAUZIONE; DEBITO). [vol. I: ACCOUNT; ACKNOWLEDGMENT OF DEBT; CONTRACT: XIII; DEBT; I.O.U.; LIABILITY; LIMITATION OF ACTIONS; RECOGNISANCE]

– **di persone, di sospetti.** Identification of

people, of suspects (IDENTIFICAZIONE; SOSPETTO). [vol. I: IDENTIFICATION PARADE]

Ricompensa. Reward; ma il termine è anche impiegato per indicare l'onerosità: ad es., *carriage by air for reward* indica il trasporto aereo oneroso (CORRISPETTIVO; GRATUITÀ; INDENNIZZO; ONEROSITÀ; PREMIO; REMUNERAZIONE; TAGLIA). [vol. I: CONSIDERATION; DAMAGES; INDEMNITY; REWARD]

– **al ritrovatore di cosa smarrita.** Reward to finder of lost property (OGGETTI SMARRITI).

– **in contanti.** Cash reward.

Riconciliazione. Reconciliation (CONCILIAZIONE).

– **dei coniugi.** Reconciliation between spouses; nel sistema inglese, è detto « attempt at reconciliation of parties to marriage » quello previsto dalla s.7 del Matrimonial Causes Act 1973 in tema di cause matrimoniali (CONCILIAZIONE; DIVORZIO; SEPARAZIONE LEGALE; TENTATIVO DI RICONCILIAZIONE DEI CONIUGI). [vol. I: DIVORCE; JUDICIAL SEPARATION]

Riconduzione tacita della locazione. (RINNOVAZIONE TACITA DELLA LOCAZIONE)

Riconferma in un ufficio o funzione. (REINTEGRAZIONE IN UN UFFICIO O INCARICO)

Riconoscimento in genere. Acknowledgment, recognition, admission, acquiescence, confession. Ma in materia di ricognizione di debito e di ammissioni processuali, si parla, rispettivamente, di *acknowledgment* e *admission*. Il termine *recognition* è impiegato in diritto internazionale per indicare il riconoscimento di stati e governi stranieri. La prassi britannica tiene conto essenzialmente della situazione di fatto: il riconoscimento è di solito condizionato al requisito che uno stato o governo determinato abbia l'effettivo controllo del paese (ACQUIESCENZA; AMMISSIONE; CARTA DI RICONOSCIMENTO; CONFESSIONE; DISCONOSCIMENTO; ENTE NON RICONOSCIUTO; MUTUO RICONOSCIMENTO; PROVA DEL RICONOSCIMENTO PERSONALE; QUIETANZA; RICEVUTA; RICOGNIZIONE DI DEBITO; SEGNO DI RICONOSCIMENTO; SOVRANITÀ). [vol. I: ACKNOWLEDGMENT; ACQUIESCENCE; ADMISSION; CONFESSION; IDENTIFICATION; RECOGNISANCE; RECOGNITION; SOVEREIGNTY; STATEHOOD]

– **della personalità giuridica.** In materia societaria, l'*incorporation* ha per effetto il riconoscimento della personalità giuridica (PERSONALITÀ GIURIDICA; SENTENZA; SOCIETÀ (II) QUALE SOGGETTO COLLETTIVO).

– **della sentenza arbitrale straniera.** Recognition of foreign arbitral award. Una delle convenzioni più importanti in materia è la Convenzione di New York del 1958 sul riconoscimento e l'esecuzione della sentenza arbitrale straniera (ARBITRATO; LODO ARBITRALE; SENTENZA ARBITRALE).

– **della sentenza di divorzio straniera.** Recognition of foreign decree, o of foreign judgment of divorce (DIVORZIO). [vol. I: FOREIGN JUDGMENT]

– **della sentenza straniera in genere.** Recognition of foreign judgment. Si noti la convenzione di Bruxelles del 1968 relativa alla giurisdizione e all'esecuzione delle sentenze civili e commerciali nell'ambito dei paesi comunitari, definita anche, talvolta, come « Full Faith and Credit Clause Convention ». Negli S.U. — stato federale — viene definita sentenza straniera — ai fini della *Full Faith and Credit Clause* — la sentenza emessa in un altro stato dell'Unione (*supra,* RICONOSCIMENTO DELLA SENTENZA ARBITRALE STRANIERA; CORTESIA INTERNAZIONALE; DELIBAZIONE DELLA SENTENZA STRANIERA; ESECUZIONE FORZATA DELLA SENTENZA CIVILE STRANIERA; SENTENZA STRANIERA; SOVRANITÀ). [vol. I: FULL FAITH AND CREDIT CLAUSE]

– **del sindacato.** Union recognition (SINDACATO).

– **di debito.** (RICOGNIZIONE DI DEBITO)

– **di figlio naturale.** Acknowledgment of child; ma si parla più spesso di *legitimation*. In questa materia sussistono non poche diversità rispetto ai sistemi di *common law* (LEGITTIMAZIONE DI FIGLI NATURALI PER MATRIMONIO). [vol. I: LEGITIMATION]

– **di responsabilità.** Acknowledgment of liability (RESPONSABILITÀ).

– **di Stati e Governi stranieri in genere.** Recognition of foreign States and Governments (GOVERNO).

– **personale.** Identification (IDENTIFICAZIONE).

– **reciproco.** Mutual recognition (RECIPROCITÀ).

Riconsegna in genere. Redelivery (CONSEGNA; RESA).

– **della nave nel *charterparty*.** Redelivery

of vessel (NOLEGGIO DI NAVE). [vol. I: *ad vocem*; CHARTERPARTY; DELIVERY; VESSEL]

– **delle merci nel trasporto.** Redelivery of goods (CLAUSOLE INTERNAZIONALI DI CONSEGNA ATTINENTI ALLA DISCIPLINA DEI COSTI E DEI RISCHI DI TRASPORTO; CONSEGNA; TERMINI DI RESA NEL COMMERCIO INTERNAZIONALE). [vol. I: CARRIAGE; CONSIGNMENT; DELIVERY]

Riconvenzionale. (DOMANDA RICONVENZIONALE)

Ricorrente. Applicant, petitioner, claimant, plaintiff, objectant (APPELLANTE; ATTORE IN GIUDIZIO; DANNEGGIATO; ISTANTE; LEGITTIMAZIONE; OBIETTORE; OPPONENTE; PARTE LESA; POSTULANTE; RECLAMANTE; RESISTENTE; RICHIEDENTE; RICORSO; SOCCOMBENTE). [vol. I: AGGRIEVED PARTY; APPELLANT; APPLICANT; APPLICATION; CLAIMANT; PETITIONER; PLAINTIFF]

Ricorso in genere. Application, appeal, petition, complaint. Il diritto di ricorrere è detto, right of petition come, ad es., *right to petition the European Parliament*. Esso si configura non di rado come il diritto costituzionale di ricorrere all'autorità giudiziaria (ACCOGLIMENTO DI UN'ISTANZA; APPELLO; DOMANDA; GRAVAME; ISTANZA; MEZZI DI IMPUGNAZIONE; PETIZIONE; PIGNORAMENTO: 8; RECLAMO; REGRESSO; SODDISFAZIONE DEL CREDITO). [vol. I: APPEAL; APPLICATION; COMPLAINT; PETITION; REMEDY]

– **di fallimento in genere.** Petition in bankruptcy, bankruptcy petition. Tenendo conto della distinzione tra *bankruptcy* e *winding up* esistente nel sistema inglese (ma non in quello nordamericano) si parla, rispettivamente, di *petition in bankruptcy* (o *for a receiving order*), ovvero di *petition for winding up*. Negli S.U. è detto *voluntary petition* il ricorso presentato dal debitore stesso; si parla invece di *involuntary petition* per indicare il ricorso presentato da terzi, ossia da tutti gli altri. Non sembra del tutto inutile ricordare che nel sistema inglese e nordamericano il ricorso di fallimento va proposto in buona fede e che, diversamente dalla diffusissima prassi italiana, qualora costituisca strumento di ingiusta pressione sul debitore, esso viene inesorabilmente stroncato dall'autorità giudiziaria, anche mediante la condanna al risarcimento del danno (ABUSO DI DIRITTO; FALLIMENTO). [vol. I: BANKRUPTCY; WINDING UP]

– **elettorale.** Election petition, election contest; nel sistema inglese la materia rientra nella competenza della *High Court*, in base alla Part III del Representation of the People Act 1983 e alla s. 142 del Supreme Court Act 1981. I giudici che trattano la materia sono definiti più spesso *election judges* (CONTESTAZIONE ELETTORALE; ELEZIONI POLITICHE). [vol. I: ELECTORAL COURT]

– **per cassazione.** Lett., application o petition to the Corte di Cassazione, application o petition to the highest court; ma non esiste in senso stretto (CASSAZIONE).

Ricostruzione. Reconstruction. È con questo termine che negli S.U. viene definito il processo costituzionale, legislativo e amministrativo, di ricostruzione dell'Unione seguito alla fine della guerra civile. Esso si prolungò fino alle elezioni presidenziali del 1876. La *reconstruction* poneva l'Unione di fronte a due sfide: ossia lo *status* degli stati secessionisti, e il futuro dei neri americani (*African Americans*). Già dal 1863 il Presidente Lincoln emanava un *executive order* stabilendo che la costituzione degli stati secessionisti coinvolti nel processo di *reconstruction* dovesse — come condizione per la riammissione nell'Unione — dichiarare abolita la schiavitù. Per la fine del 1865 le autorità militari e civili dell'Unione avevano effettuato un ampio processo di riorganizzazione del sistema politico e sociale del Sud del paese. La materia è stata oggetto di numerose e importanti decisioni della *Supreme Court* (CONFEDERAZIONE; FEDERALISMO; GUERRA CIVILE).
Ma il termine è impiegato, nel sistema inglese, in materia societaria; in questo senso, si parla di *reconstruction of company* per indicare una forma di successione tra società per incorporazione (*REORGANIZATION*; SOCIETÀ (II) QUALE SOGGETTO COLLETTIVO). [vol. I: RECONSTRUCTION OF COMPANY]

Bibl.:
Hyman, H. M., *Reconstruction*, in *Oxford* 1992: 711.

Ricuperatore del relitto. Salvor of wreck (RELITTO; RICUPERO).

Ricupero in genere. Salvage (RECUPERO; VALORE DI RECUPERO).

– **di nave.** Salvage of ship (NAVE; SALVATAGGIO MARITTIMO).

– **di relitto di nave.** Salvage of wreck (NAVE; RELITTO DI NAVE).

Ricusazione in genere. Recusal, challenge (CONTESTAZIONE; DECLINO; ECCEZIONE; IMPUGNAZIONE). [vol. I: *ad vocem*]

– **del giudice.** *Recusatio iudicis*; challenge o exception to the judge, court, o jurisdiction. Ma si noti la diversità di princìpi nella materia tra le due tradizioni giuridiche (*infra*, RICUSAZIONE DELLA GIURIA; ABUSO DEL POTERE GIUDIZIARIO; ASTENSIONE E RICUSAZIONE DEL GIUDICE; ETICA GIUDIZIALE; GIURIA; PARZIALITÀ DEL GIUDICE; RESPONSABILITÀ CIVILE DEL GIUDICE; SANZIONABILE). [vol. I: BIAS; DISQUALIFICATION FOR INTEREST; RECUSATION]

– **della giuria.** Challenge to the jury (DIRITTO (I) STRANIERO; ELENCO DEI GIURATI; GIURIA: 10; GIURIA IMPARZIALE). [vol. I: *ad vocem*]

– **del testimone.** Challenge to witness (CAPACITÀ DI TESTIMONIARE; TESTIMONE). [vol. I: COMPETENCY]

– **di un arbitro.** Challenge to an arbitrator (ARBITRO).

– **di un giurato.** Challenge to a juror (GIURATO). [vol. I: BIAS; DISQUALIFICATON FOR INTEREST]

Ridondanza. Redundancy; questo termine è impiegato anche per indicare l'inserimento in un *pleading* di una questione o materia estranea alla causa (ESUBERANZA DI PERSONALE; PROLISSITÀ; SUPERFLUITÀ). [vol. I: REDUNDANCY]

Riduzione. Reduction, rebate, recoupment, abatement (ABBATTIMENTO; AUMENTO; DECREMENTO; DEPERIMENTO; DETRIMENTO; DIMINUZIONE; ESTINZIONE; RECUPERO; SCONTO; TAGLIO). [vol. I: ABATEMENT]

– **dei legati in genere.** Abatement of legacies (LEGATO). [vol. I: *ad vocem*]

– **del capitale azionario.** Reduction of share capital; prevista, nel sistema inglese, dalle ss. 66-71 del Companies Act 1948 (CAPITALE AZIONARIO).

– **del danno.** Reduction of damage (AGGRAVAMENTO DEL DANNO). [vol. I: SUING AND LABOURING CLAUSE]

– **della manodopera.** Cutback of workforce (LICENZIAMENTO).

– **della pena.** (COMMUTAZIONE DELLA PENA)

– **delle imposte.** Tax cut (BILANCIO; IMPOSTA; SPESA).

– **delle spese.** Spending cut (BILANCIO; SPESA).

– **del prezzo.** Price cut (PREZZO).

– **del rischio.** Reduction of risk (AGGRAVAMENTO DEL RISCHIO; ASSICURAZIONE; RISCHIO; VARIAZIONE DEL RISCHIO).

– **del salario.** Wage reduction (SALARIO).

– **del termine.** (ABBREVIAZIONE DEI TERMINI)

– **proporzionale del credito.** Abatement amongst creditors (CAUSE (I) LEGITTIME DI PRELAZIONE; CREDITO; FALLIMENTO). [vol. I: *ad vocem*; BANKRUPTCY; DEBT; WINDING UP]

Rientro in possesso in genere. Repossession, recaption. Il termine *repossession* è impiegato più spesso per indicare la ripresa del possesso di cose mobili da parte del venditore in caso di mancato pagamento. Indica anche, grosso modo, la reintegrazione nel possesso di immobili. La *recaption* è quella forma di autotutela che consiste nella ripresa del possesso di cose mobili sottratte da altri illecitamente (AUTOTUTELA; IMPOSSESSAMENTO; POSSESSO; REINTEGRAZIONE NEL POSSESSO; RESTITUZIONE). [vol. I: RECAPTION; REPOSSESSION; SELF-HELP; STOPPAGE IN TRANSITU]

– **del bene garanzia del credito.** Repossession of the collateral; negli S.U. la materia è prevista dall'Art. 9-503 dell'UCC che prevede il « right to take possession of the collateral » senza « judicial process », ossia in quanto forma di autotutela, a condizione, beninteso, che possa aver luogo « without breach of the peace » (AUTOTUTELA; GARANZIA).

Riesame in genere. Review; ma in senso stretto il termine indica anche il potere di controllo del giudice ordinario sugli atti della pubblica amministrazione o anche, come negli S.U., il controllo di costituzionalità delle leggi (CONTROLLO GIURISDIZIONALE; ESAME; REVISIONE). [vol. I: JUDICIAL REVIEW]

– **della causa.** Rehearing; con questo termine viene di solito, ma non necessariamente, definito il giudizio di appello nel sistema inglese e in quello nordamericano. Ma radicali e numerose differenze esistono rispetto all'appello qual è inteso nel sistema italiano (APPELLO).

– **del testimone.** Re-examination of witness; ha luogo nell'interrogatorio incrociato, o controesame, come dice il nostro codice di procedura penale (CONTROESAME; TESTIMONE). [vol. I: EXAMINATION]

– **di sentenza.** Review of judgment (*supra*, RIESAME DELLA CAUSA; APPELLO; SENTENZA).

Riferimento in genere. Reference; ma questo termine indica anche nella fase del *pre-trial* la rimessione ad un *referee* dell'esame o della decisione di una complessa questione tecnica (DEFERIMENTO; PROCEDURA: 6; RIMESSIONE; RINVIO; VALUTA DI RIFERIMENTO). [vol. I: REFEREE; REFERENCE]

– **del giuramento.** (GIURAMENTO DECISORIO)

Rifinanziamento di un mutuo. Refinancing of a loan (FINANZIAMENTO; MUTUO).

Rifiuti. Wastes, waste (SCORIE).

– **pericolosi.** Hazardous waste (SICUREZZA AMBIENTALE).

Rifiuto in genere. Refusal, neglect, disclaimer, dismissal, rejection, disallowance, denial, declination. Il *right of first refusal* qual è inteso negli S.U., indica, in sostanza, il diritto di opzione (ACCETTAZIONE; DECLINO; DINIEGO; DISOBBEDIENZA; OMISSIONE; OPZIONE; RESISTENZA; RIGETTO; SCONFESSIONE; VETO). [vol. I: ACCEPTANCE; DENIAL; DISALLOWANCE; DISCLAIMER; DISMISSAL; NEGLECT; REJECTION; REPUDIATION; RESCISSION]. Nel senso di scarto, scoria, si parla di *waste* (AMBIENTE; DISCARICA DI RIFIUTI; IMMERSIONE DI RIFIUTI; INQUINAMENTO; SCORIE; SICUREZZA AMBIENTALE; SILENZIO-RIFIUTO, SILENZIO-ASSENSO).

– **della proposta.** Rejection of offer (PROPOSTA).

– **delle merci non conformi ai patti nella vendita.** Rejection of goods; negli S.U. l'Art. 2-601(a) parla di *non-acceptance* (ACCETTAZIONE DELLE MERCI NELLA VENDITA; DIRITTO (II) DI RESPINGERE LE MERCI NELLA VENDITA; MERCI; VENDITA). [vol. I: *ad vocem*; SEASONABLY]

– **di atti di ufficio.** Grosso modo, neglect of duty, refusal to comply with official duties (DISOBBEDIENZA; OMISSIONE DI ATTI DI UFFICIO).

– **di obbedienza.** Refusal of obedience (AMMUTINAMENTO; OBBEDIENZA). [vol. I: CONSTABLE; COURT-MARTIAL; OBSTRUCTION OF A POLICE CONSTABLE]

– **di pagamento.** Refusal to pay (PAGAMENTO).

– **di ricevere la notifica di un atto processuale.** Evading service of process (NOTIFICA).

– **di ulteriore adempimento.** Refusal of further performance (ADEMPIMENTO). [vol. I: CONTRACT: IX. 2, X; DIVISIBLE CONTRACT; PERFORMANCE; RESCISSION]

Riforma in genere. Reform, reformation, variation, amendment. Ma negli S.U. si parla di *reform* e *reformation* per indicare il potere del giudice — privo di equivalenza nella *civil law* — di ordinare la rettifica di un contratto che, a causa di un errore unilaterale o bilaterale, o anche di frode dell'altra parte, non riflette le effettive intenzioni delle parti, e quindi avrebbe dovuto essere diversamente stilato. In tal caso, con un provvedimento giudiziario si ordina che esso dovrà essere letto e interpretato secondo la effettiva intenzione delle parti, o nel modo in cui avrebbe dovuto essere formulato (RETTIFICA DEL CONTRATTO VIZIATO DA ERRORE).

– **costituzionale.** Constitutional reform (COSTITUZIONE POLITICA; INGOVERNABILITÀ).

– **della sentenza impugnata.** Reversal of the judgment below, ma si parla anche, in materia penale, di *varying sentence* per indicare la modifica della pena (APPELLO; REVOCA DELLA SENTENZA IMPUGNATA).

– **penitenziaria.** Penal reform (CARCERE).

– **valutaria.** Currency reform (VALUTA).

Riformatorio per minorenni. Reformatory; ma nel R.U. si parla di *community homes* e *borstal institutions* (CARCERE; MINORENNE; PENA). [vol. I: BORSTAL; JUVENILE OFFENDER; PUNISHMENT; REFORMATORY SCHOOLS; SENTENCING PROCESS]

Rifornimento in genere. Refuelling, stocking, storing, supply (*CATERING;* CONSUMO; FORNITURA; SOMMINISTRAZIONE).

– **di carburante alla nave** o **bunkeraggio.** Bunkering (INNAVIGABILITÀ DELLA NAVE; NAVIGABILITÀ DELLA NAVE). [vol. I: *ad vocem*; SEAWORTHINESS; UNSEAWORTHINESS]

Rifugiato. Refugee, o displaced person (ASILO POLITICO; DEPORTATO; DISSIDENTE; ESILIATO; EVACUATO; FUGGITIVO; IMMIGRANTE; LATITANTE; PRIGIONIERO POLITICO; PROFUGO; RIFUGIO; STRANIERO). [vol. I: ALIEN; ESILIATO; STATELESS]

– **politico.** Political refugee (ASILO POLITICO; EMIGRANTE ECONOMICO). [vol. I: EXTRADITION; IMMUNITY]

Rifugio. Safe house, hiding place, sanctuary, harbour, asylum, haven. Dare rifugio all'autore di un reato è detto *harbouring a criminal*: costituisce reato e dà luogo alla figura di *accessory after the fact* (AREA DI SICUREZZA; ASILO; COVO; EVASIONE; FAVOREGGIAMENTO; NASCONDIGLIO; OCCULTAMENTO DI UN EVASO; RIFUGIATO; SANTUARIO NEMICO; SEQUESTRO DI PERSONA).

– **fiscale.** (PARADISO FISCALE)

– **nemico.** Enemy sanctuary (*supra*, RIFUGIO; NEMICO).

Rigetto in genere. Dismissal, rejection, disallowance, disapproval, overruling, rebuttal (ACCOGLIMENTO; CANCELLAZIONE; DINIEGO; RIFIUTO). [vol. I: DISMISSAL; REJECTION; REVERSAL]

- **della domanda.** Dismissal of action, of complaint, of application, of claim (DOMANDA GIUDIZIALE).
- **della domanda per inattività dell'attore.** Dismissal of action for want of prosecution (INATTIVITÀ PROCESSUALE).
- **dell'appello.** Dismissal, o, rejection of appeal (APPELLO).
- **della proposta.** (RIFIUTO DELLA PROPOSTA)
- **della sentenza.** Dismissal (discharge) of, o setting aside, a judgment (APPELLO; SENTENZA).
- **dell'azione in giudizio.** (*supra*, RIGETTO DELLA DOMANDA)
- **di una pretesa.** Dismissal of a claim (PRETESA).
- **di una richiesta** o **istanza.** Denial, disallowance, dismissal of a motion, of an application (RICHIESTA).

Rilascio. Release (AZIONE (I) DI RILASCIO DI IMMOBILE; CONSEGNA; DISSEQUESTRO; ESCLUSIONE; LIBERAZIONE; ORDINANZA DI RILASCIO DI IMMOBILE; RESA; SCARCERAZIONE). [vol. I: *ad vocem*]

- **dell'arrestato.** Release of arrestee, release of defendant (CAUZIONE GIUDIZIARIA).
- **di nave sequestrata su cauzione.** Release of ship on bail (CAUZIONE MARITTIMA; NAVE). [vol. I: ADMIRALTY ACTION; ARREST OF SHIP; BAIL; RELEASE: 3]
- **di ostaggio.** Release of hostage (OSTAGGIO; SEQUESTRO DI PERSONA).
- **di un documento.** Issue, o release, of a document (DOCUMENTO).

Rilevabile. Grosso modo, liable to be raised o pleaded (ECCEZIONE; RILEVANTE).

- **di ufficio.** Grosso modo, liable to be raised by the court of its own motion o ex officio (IRRILEVABILITÀ DI UFFICIO DELLA PRESCRIZIONE NON OPPOSTA).

Rilevante. Material (ALTERAZIONE SOSTANZIALE-NON SOSTANZIALE DI UN ATTO o DOCUMENTO; IRRILEVANTE; PERTINENTE; PROVA RILEVANTE; RILEVABILE; RILEVANZA; VIOLAZIONE SOSTANZIALE).

- **giuridicamente.** Legally material (PROVA; QUESTIONE).

Rilevanza in genere. Materiality (FATTO RILEVANTE; INCIDENZA; RILEVABILE; RILEVANTE).

- **dell'errore.** Materiality of mistake (ERRORE NEL CONTRATTO; ERRORE RILEVANTE NEL CONTRATTO). [vol. I: MATERIALITY; MISTAKE]

Rilievo in genere. Take over, buy out. Con questi due termini si intendono più spesso due tecniche diverse di rilievo di aziende (*BUY OUT*; CESSIONE; SUBENTRO).

- **della quota azionaria di controllo di società in genere.** Take-over of a company, o of a corporation, corporate takeover. Negli S.U. sono dette *porcupine provisions* quelle clausole difensive dello statuto della società dirette a rendere impossibili, o non praticabili, i rilievi azionari ostili. La materia delle fusioni, delle acquisizioni, della *reorganization* e dei rilievi societari va più spesso sotto la rubrica della *corporate finance* (ACQUISIZIONE DI CONTROLLO DI SOCIETÀ; ACQUISTO IN BLOCCO; GRUPPO DI CONTROLLO; OBBLIGAZIONE (II) SPAZZATURA; OFFERTA PUBBLICA DI ACQUISTO; QUOTA; RIACQUISTO DI AZIONI DI SOCIETÀ; SCALATA DI SOCIETÀ; SOCIETÀ (II) QUALE SOGGETTO COLLETTIVO; VALORE DEL RILIEVO AZIONARIO). [vol. I: TAKE-OVER]
- **di contratto.** (CESSIONE DI CONTRATTO)
- **di società da parte dei dipendenti.** Employee buy out (DIPENDENTE; *MANAGEMENT BUY OUT*).
- **di società da parte dei familiari.** Family buy-out (*MANAGEMENT BUY-OUT*).
- **di società da parte del *management*.** (*MANAGEMENT BUY-OUT*)
- **straniero di società.** Foreign take over (*supra*, RILIEVO DELLA QUOTA AZIONARIA DI CONTROLLO DI SOCIETÀ).

Rimanenza. Remainder. Questo termine — riferito più spesso alle rimanenze di libri — indica la merce invenduta sulla quale il grossista o il produttore pratica forti sconti al dettagliante (INVENTARIO; RESIDUO). Ma in tema di diritti immobiliari il termine *remainder* acquista un significato particolare privo di equivalenza nella *civil law*. [vol. I: REMAINDER]

Rimborsabile. Reimbursable, refundable, repayable, redeemable (RIMBORSO). [vol. I: DRAWBACK; REDEEMABLE]

Rimborso. Refund, reimbursement, repayment, recoupment, redemption, rebate, bonification (ARRICCHIMENTO SENZA CAUSA; PAGA-

MENTO; RECUPERO; RESTITUZIONE; RICHIESTA DI RIMBORSO; RIVALSA).

- **all'esportazione.** Export-refund, bonification of tax (AIUTI ALL'ESPORTAZIONE; ESPORTAZIONE).
- **del capitale.** Repayment of capital (CAPITALE; RESTITUZIONE DEL CAPITALE ALLA SCADENZA).
- **di azioni di società.** Redemption of shares (AZIONE (II) DI SOCIETÀ).
- **di denaro in genere.** Refund of money (DENARO).
- **di fondi.** Refund, reimbursement of funds (FONDO).
- **di imposta.** Refund of tax, bonification of tax (IMPOSTA).
- **di obbligazione.** Repayment of debenture (OBBLIGAZIONE (II) QUALE TITOLO MOBILIARE).
- **eccessivo rispetto a quanto dovuto.** Overpaid refund.

Rimedio in genere. Remedy. Ma questo termine, virtualmente intraducibile, assume una molteplicità di importanti significati nella *common law*. Tra l'altro, esso include, oltre al risarcimento del danno e all'adempimento specifico, ai mezzi di autotutela come il diritto di ritenzione, anche espedienti processuali (MISURA; RIPARAZIONE; SOLLIEVO). [vol. I: REMEDY]

- **giuridico.** Legal remedy, o remedy, legal means: la sentenza costituisce l'esempio tipico di *remedy*, anche se, ovviamente non il solo tra i provvedimenti giudiziari possibili. In relazione alla diversa teoria delle fonti di quella tradizione giuridica, si hanno *remedies* che trovano la loro fonte nell'*equity*, priva di equivalenza nella *civil law*. Notissimo è il saggio di F.H. Lawson dal titolo *Remedies in English law* [1972] (AZIONE (I) IN GIUDIZIO; DIRITTO (II) SOGGETTIVO; ESPEDIENTE GIURIDICO; ESPEDIENTE PROCESSUALE; INCIDENTE; MISURA GIURIDICA; PROVVEDIMENTO GIUDIZIARIO; RIPARAZIONE GIUDIZIALE; SANZIONE: 2; SENTENZA; SODDISFAZIONE; TUTELA DEI DIRITTI). [vol. I: REDRESS; RELIEF; REMEDY]
- – **accessorio.** Ancillary relief (RIPARAZIONE).
- – **alternativo.** Alternative legal remedy (*supra*, RIMEDIO GIURIDICO IN GENERE).
- – **contro la pubblica amministrazione.** Redress against the administration (RESPONSABILITÀ DELLA PUBBLICA AMMINISTRAZIONE). [vol. I: REDRESS]
- – **processuale.** Procedural remedy (PROCEDURA).
- – **sostanziale.** Substantive relief (RIPARAZIONE).

Rimessa. Remittance; *remittee* è detto il beneficiario a cui favore essa avviene (PAGAMENTO; TRASFERIMENTO; VERSAMENTO). [vol. I: REMITTANCE]

- **a saldo.** Remittance in settlement (SALDO).
- **bancaria.** Bank remittance, bank transfer (BONIFICO BANCARIO; TRASFERIMENTO ELETTRONICO DI FONDI).

Rimessione. (DEFERIMENTO; REMISSIONE; RIFERIMENTO; RIMOZIONE; RINVIO)

- **della causa civile in genere.** Transfer of action, of cause, of proceeding, removal of a cause. Nel sistema procedurale inglese si fa luogo, oltre che alla rimessione di una causa da una *Division* della *High Court* all'altra, ma anche dalla *High Court* alle *county courts*, e viceversa. Negli S.U. — stato federale — con il termine *removal of causes* si indica la rimessione di una causa non ancora decisa nel merito da una corte all'altra dello stesso stato o, più spesso da una corte statale a una *U.S. District court*, ossia a una corte federale distrettuale (REGOLAMENTO DI GIURISDIZIONE). [vol. I: REMOVAL; TRANSFER OF ACTION]
- **della causa civile al collegio.** Lett., remittal of the case to a panel of judges; ma non esiste in senso stretto dato che essa presuppone la fase istruttoria, priva di equivalente in senso stretto nel sistema inglese e nordamericano. Del resto, che vi sia o meno la giuria, nel giudizio di merito (o di primo grado), civile o penale, il giudice è sempre, come si dice, monocratico: nella tradizione di *common law* il collegio è tipico, anche se non esclusivo dell'appello. Comunque, assai diverse sono le fasi del processo nella tradizione di *common law*, articolate lungo la distinzione fondamentale tra *pre-trial* e *trial* (COLLEGIO; GIUDICE; ISTRUTTORIA; PROCEDURA: 6).
- **del processo penale in genere.** Removal of jurisdiction; si parla anche, a seconda dei casi, di removal of criminal proceedings (o prosecution), o di removal of civil

proceedings (o action) o, più in generale, di *removal of causes*.
1. Ma la materia dà luogo anche qui a pericolose assonanze. In effetti, con il termine *removal of jurisdiction* negli S.U. — stato federale — si intende, di solito, la rimessione della causa civile da un organo giudiziario statale ad uno della giustizia federale *ad istanza di parte* in base alla legge, beninteso, così com'è interpretata dalla *Supreme Court* (con che si vuol dire che si tratta di un diritto riconosciuto dalla *statute law* e non dalla *common law*). Ma il termine *removal of causes* indica anche la rimessione di un procedimento da una corte di uno stato ad un'altra corte dello stesso stato dell'Unione.
2. Quanto ai procedimenti penali, essi, in principio, non sono *removable* davanti a una *District court* federale salvi i pochi casi espressamente previsti dalla legge; quando lo sono, hanno luogo, si noti, ad istanza dell'imputato come quando a quest'ultimo non possono essere assicurati i diritti riconosciutigli dalla costituzione federale. Infine, qualora prima della decisione risulti che il procedimento è stato erroneamente rimesso a un giudice privo di giurisdizione, la corte federale deve rinviare il procedimento, ma può anche condannare la *removing party*, ossia la parte che ha promosso il rinvio, alle spese del giudizio [Wright 1963, ed. 1976: 166]. In materia penale assume rilievo il diritto costituzionale dell'imputato di essere processato dal proprio *giudice naturale*. Insomma, a differenza di quanto previsto dall'art. 45 del c.p.p. nostrano — che costituisce una plateale deroga al principio costituzionale — la rimessione del procedimento penale negli S.U. ha luogo nell'interesse e ad istanza dell'imputato. [Wright, ibid.: 151]
3. Ma se non esiste un vero e proprio potere di rimessione nel sistema inglese e nordamericano, vi è nondimeno quello della *discrezionalità dell'azione penale*, il cui esercizio può comportare risultati non troppi diversi, se non addirittura più radicali di quelli derivanti dall'art. 45 del c.p.p. nostrano. Nel sistema inglese l'*Attorney-General* ha il potere (che, di fatto, esercita assai raramente) di sospendere qualsiasi procedimento penale in corso mediante l'emanazione di un ordine detto *nolle prosequi*; ma esso non equivale ad un'assoluzione, né preclude una nuova azione per lo stesso reato. Negli S.U. con questo termine latineggiante si intende sia la desistenza dall'azione civile da parte dell'attore, sia, più spesso in materia penale, la desistenza volontaria dall'azione penale da parte del *prosecutor* sia nei confronti di uno che di tutti gli imputati (AVOCAZIONE DELLE INDAGINI PRELIMINARI; AZIONE (I) PENALE; DESISTENZA DALL'AZIONE IN GIUDIZIO; DISCREZIONALITÀ DELL'AZIONE PENALE; GIUDICE NATURALE; GIURISDIZIONE; LEGITTIMO SOSPETTO; PROCEDIMENTO E PROCESSO; PUBBLICITÀ NEGATIVA; RICUSAZIONE; RINVIO). [vol. I: CERTIORARI; REMOVAL]

– **di una controversia all'arbitrato.** Submission, o reference, of a dispute to arbitration (ARBITRATO; CLAUSOLA COMPROMISSORIA; SOTTOMISSIONE). [vol. I: REFERENCE; SUBMISSION]

Rimorchio. Towage (CONTRATTO DI RIMORCHIO; INDENNITÀ E COMPENSO DI RIMORCHIO DI NAVE; TARIFFE DI RIMORCHIO). [vol. I: TOWAGE]

– **di nave.** Towage of ship; non facile è la distinzione tra *towage* e *salvage*. Il contratto di rimorchio è detto *contract of towage* (NAVE; SALVATAGGIO MARITTIMO).

Rimostranza. Representation, complaint, grievance, claim (PROTESTA).

Rimozione in genere. Removal, dismissal, amotion, termination, degradation (RIMESSIONE; TRASLAZIONE). [vol. I: AMOTION; DEGRADATION; DISMISSAL; TERMINATION]

– **arbitraria.** Arbitrary dismissal (LICENZIAMENTO).

– **da un ufficio** o **incarico.** Removal from office, dismissal from office (DESTITUZIONE; *IMPEACHMENT*; INDIPENDENZA DELLA MAGISTRATURA: 1; MESSA IN STATO DI ACCUSA DEL PRESIDENTE DELLA REPUBBLICA; UFFICIO). [vol. I: AMOTION; DISMISSAL; DURING GOOD BEHAVIOUR; JUDGE; QUAMDIU BENE SE GESSERIT]

– **di relitto di nave.** Wreck removal (NAVE; RELITTO DI NAVE). [vol. I: *ad vocem*]

– **di sigilli.** Removal of seals (SIGILLO).

Rimpatrio in genere. Repatriation, deportation (ESPATRIO).

– **di capitali.** Repatriation of capitals; l'espressione è riferita più spesso al rimpatrio di capitali trasferiti *offshore* (CAPITALE; *OFFSHORE*). [vol. I: OFFSHORE]

– **dello straniero.** Deportation, o repatriation, of alien (ESPULSIONE DELLO STRANIERO; PROGRAMMA DI RIMPATRIO). [vol. I: ALIEN; NATIONALITY]

– **forzato.** Mandatory, o forced, repatriation (*supra*, RIMPATRIO DELLO STRANIERO).

– **volontario.** Voluntary repatriation (*supra*, RIMPATRIO DELLO STRANIERO).

Rimunerazione. (REMUNERAZIONE)

Rinegoziazione in genere. Renegotiation (NEGOZIAZIONE). [vol. I: RENEGOTIATION]

– **del contratto in genere.** Renegotiation of contract (REVISIONE DEL CONTRATTO).

– **obbligatoria dei contratti di fornitura agli enti pubblici negli S.U.** Mandatory renegotiation of procurement contracts. È definita Renegotiation Act la legge federale che dispone il riesame dei contratti governativi per determinare se vi siano stati profitti straordinari suscettibili di essere recuperati dal governo federale. Le differenze col sistema nostrano appaiono abissali: tra, l'altro, la revisione nostrana ha sempre luogo per stabilire un aumento; mai per il recupero di maggiori cifre pagate dagli organi pubblici, eterni truffati (APPALTO; CONTRATTO PUBBLICO; FORNITURA; PREZZO; PROFITTI STRAORDINARI; SOMMINISTRAZIONE).

Rinfrescare la memoria. Refreshing the memory. Allo scopo di rinfrescarsi la memoria durante la deposizione, il testimone può, in alcuni casi, consultare documenti non ammissibili come documenti di prova (DEPOSIZIONE).

Rinfusa. (ALLA RINFUSA; CARICO ALLA RINFUSA; NAVE DA CARICO ALLA RINFUSA)

Rinnovabile. (CONTRATTO RINNOVABILE)

Rinnovazione in genere. Renewal (REVIVISCENZA; RINEGOZIAZIONE). [vol. I: *ad vocem*]

– **del contratto.** Renewal of contract (CONTRATTO; REVIVISCENZA DEL CONTRATTO; RINEGOZIAZIONE DEL CONTRATTO).

– **del giudizio.** Grosso modo, new trial; non va confuso con l'appello (APPELLO; GIUDIZIO; REVOCAZIONE DELLA SENTENZA). [vol. I: *ad vocem*]

– **della cambiale.** Renewal of bill of exchange (CAMBIALE).

– **della citazione.** Renewal of writ of summons (CITAZIONE IN GIUDIZIO). [vol. I: CIVIL PROCEDURE; WRIT OF SUMMONS]

– **della locazione.** Grosso modo, renewal of lease (*infra*, RINNOVAZIONE TACITA DELLA LOCAZIONE).

– **della polizza di assicurazione.** Renewal of policy (POLIZZA (I) DI ASSICURAZIONE; REVIVISCENZA DELLA POLIZZA DI ASSICURAZIONE).

– **tacita.** Tacit renovation, o renewal, of contract (CONTRATTO).

– **tacita della locazione.** Grosso modo, tacit renewal of lease; ma non esiste un corrispondente esatto. Negli S.U — stato federale — si parla di *tacit relocation* con terminologia romanistica; ma la sua durata non va oltre un anno (LOCAZIONE). [vol. I: LEASE]

Rinuncia. (RINUNZIA)

Rinunzia in genere. Renunciation; ma è detta anche, a seconda dei casi, abandonment, waiver, surrender, discharge, disclaimer, acquiescence, disawowal, divesting, release, relinquishment, remittance. Particolare importanza assume in questa materia il complesso ma interessante istituto dell'*estoppel* — un analogo dell'*exceptio doli*, che per molti versi non ha equivalenza nella *civil law* — che, nelle forme dell'*equitable estoppel* o *estoppel by acquiescence*, si concreta spesso in una rinuncia (ABBANDONO; ABBANDONO DI UN DIRITTO; ACQUIESCENZA; DEROGA; IRRINUNZIABILE; MANCATA ACCETTAZIONE; POTERE DI RINUNCIA; REVOCA; RILASCIO; RITIRO; SPOGLIO). [vol. I: ABANDONMENT; ACQUIESCENCE; COMPROMISE; DISCHARGE; DISCLAIMER; DIVESTING; ESTOPPEL; RELEASE; REMITTANCE; RENUNCIATION; WAIVER]

– **a far valere l'invalidità di un contratto.** Acquiescence in the validity of a contract (CONTRATTO).

– **a far valere l'invalidità di un trattato.** Acquiscence in the validity of a treaty (TRATTATO INTERNAZIONALE). [vol. I: *ad vocem*]

– **agli atti del giudizio.** Discontinuance of action (DESISTENZA DALL'AZIONE IN GIUDIZIO). [vol. I: *ad vocem*; DOMINUS LITIS]

– **al credito.** Release of debt; in principio, quando non ha luogo *under seal*, richiede la *consideration*. Ma si noti che negli S.U. l'Art. 1-107 dell'UCC stabilisce che la parte danneggiata può rinunciare in tutto o in parte con atto scritto a qualsiasi diritto derivante da un preteso inadempimento del contratto senza esigere una *consideration* (CREDITO; REMISSIONE DEL DEBITO). [vol. I: *ad vocem*; DEBT; QUIT-CLAIM; RELEASE: 1; REMISSION; RENUNCIATION]

– **alla cittadinanza.** Renunciation of citizenship (CITTADINANZA).

– **alla costituzione in giudizio.** Withdrawal of appearance (COSTITUZIONE IN GIUDIZIO). [vol. I: *ad vocem*]

– **alla donazione.** Disclaimer of gift (DONAZIONE).

– **all'appello.** Abandonment of appeal, withdrawal of appeal (APPELLO; DESISTENZA DALL'AZIONE IN GIUDIZIO). [vol. I: ABANDONMENT OF APPEAL]

– **alla procura.** Disclaimer of authority, o of power, disclaimer of power of attorney (PROCURA).

– **alla querela.** (REMISSIONE DELLA QUERELA)

– **alla sovranità.** (FEDERALISMO; POTERI RESIDUALI)

– **all'attività criminale.** (*infra*, RINUNZIA AL PERSEGUIMENTO DEL PROPOSITO CRIMINOSO; RITIRO DALL'ATTIVITÀ CRIMINALE)

– **all'azione civile.** Discontinuance o abandonment of action (AZIONE (I) CIVILE; DESISTENZA DALL'AZIONE IN GIUDIZIO). [vol. I: DISCONTINUANCE OF ACTION]

– **all'azione penale in genere.** Discontinuance of prosecution, withdrawal of charge, dropping the prosecution, abandonment of prosecution. La rinunzia ad una singola imputazione è detta più spesso *dropping a charge, withdrawing a charge*; essa è il corollario della regola della discrezionalità dell'azione penale esistente nella tradizione di *common law* [cfr. Emmins 1981, ed. 1992: 9].
1. In principio, per quanto riguarda il sistema inglese: (i) l'azione penale non è monopolio di un organo pubblico, (ii) vige il principio della discrezionalità dell'azione penale. Quanto al sistema nordamericano, che si ispira agli stessi concetti di fondo, va rilevato, peraltro, che non sembra che il privato abbia il potere di iniziare l'azione penale. Del resto, sul piano della realtà effettuale, l'azione penale è sempre stata storicamente discrezionale — anche se surrettiziamente — nella prassi giudiziaria nostrana e dei paesi di *civil law*, nonostante una dichiarata obbligatorietà la cui violazione comporta addirittura il reato di omissione di atti di ufficio.
2. Ma non si tratta solo di questo: è ormai prassi consolidata dei nostri inquirenti di non perseguire penalmente quegli imputati che collaborano con la giustizia nei confronti dei quali l'accusa (più spesso negli S.U.) abbia rinunziato a proporre imputazioni per reati di cui pure si siano dichiarati colpevoli.
3. Nel sistema inglese, una volta esperita, l'azione penale non può essere successivamente oggetto di rinuncia o ritiro senza l'autorizzazione dell'*Attorney-General*, del giudice, o del *Director of Public Prosecutions*, a seconda dei casi (ACCUSA; AZIONE (I) PENALE; DISCREZIONALITÀ DELL'AZIONE PENALE; IMPUTAZIONE; PATTEGGIAMENTO; QUERELA). [vol. I: DISCHARGE; NOLLE PROSEQUI; PROSECUTION]

– **all'immunità.** Waiver of immunity (IMMUNITÀ).

– **al mandato *ad lites*.** Resigning the case (*supra*, RINUNZIA ALLA PROCURA).

– **al perseguimento del proposito criminoso.** Renunciation of criminal purpose. Costituisce una difesa (PREMEDITAZIONE; PROPOSITO CRIMINOSO; RITIRO DALL'ATTIVITÀ CRIMINALE).

– **al protesto.** Waiver of protest (PROTESTO).

– **al risarcimento da atto illecito.** Waiver of tort (RISARCIMENTO).

– **a una clausola di esonero.** Waiver of exemption clause (CLAUSOLA DI ESONERO).

– **a una difesa.** Waiver of a defence (DIFESA).

– **a una pretesa, a un credito.** Abandonment, waiver, release of claim (*infra*, RINUNZIA A UN DIRITTO; ABBANDONO; CREDITO; DIRITTO (II); PRETESA).

– **a una servitù.** Abandonment of easement (SERVITÙ).

– **a un diritto in genere.** Abandonment, surrender, waiver, disclaimer, release, renunciation, repudiation of a right, o of a claim (*supra*, RINUNZIA A UNA PRETESA, A UN CREDITO; ABBANDONO; DIRITTO (II); PERDITA DI UN DIRITTO). [vol. I: RECEIPT; RELEASE]

– **esplicita.** Express waiver (ESPRESSO).

– **espressa a un diritto.** Disclaimer, abandonment o waiver of a right; ha luogo con *deed*; è detta anche *renunciation* (*supra*, RINUNZIA A UN DIRITTO; *infra*, RINUNZIA TACITA). [vol. I: DISCLAIMER OF RIGHT]

– **tacita.** Implied waiver, acquiescence

(*supra*, RINUNZIA ESPRESSA A UN DIRITTO; ACQUIESCENZA).

– **traslativa in genere.** Surrender (TRASFERIMENTO). [vol. I: *ad vocem*]

Rinunziabile. Waivable (RINUNZIA).

Rinvio in genere. Adjournment, postponement, recess, continuance, respite, deferment, remission, reference, referral. In materia penale, nel senso di rinvio a giudizio, si parla di *committal for trial*. Nel senso di rinvio della causa da un organo giudiziario all'altro, si parla di *remand* o anche di *removal* (RIMESSIONE DELLA CAUSA; RIMESSIONE DEL PROCESSO). Nel senso di rimessione ad un esperto di una questione tecnica nel corso del *pre-trial*, si parla di *reference*: negli S.U. — stato federale — la materia è disciplinata dalla R. 53 delle *Federal Rules of Civil Procedure*. È definito *remand*, o *remission*, il fatto del giudice di appello (*reviewing court*) di rinviare al giudice di merito la causa con l'ordine (*direction*) di compiere ulteriori atti o celebrare un *new trial*. Ma non esiste, in senso stretto, un rinvio corrispondente a quello operato dalla nostra Cassazione; del resto, organo privo di equivalenza negli ordini giudiziari di *common law*. Nel sistema inglese, in caso di rinvio all'esame della *Monopoly Commission* di una determinata prassi che si ritiene monopolistica, si parla di *referral*. La scandalosa prassi nostrana del rinvio della causa — plateale forma di abuso delle norme processuali — è priva di riscontro nelle corti inglesi e nordamericane. Vi sono diverse ragioni che spiegano questa diversità; tra di esse, si noti che la giuria, attuale o virtuale partecipe al processo, deve essere dismessa (*discharged*) non appena possibile; in principio, e salvo eccezioni, il processo deve procedere senza interruzioni fino alla sua conclusione. Per quanto attiene al *renvoi* in diritto internazionale privato, si noti la diversa dottrina inglese e nordamerica in materia (*infra*, RINVIO DELL'UDIENZA; AGGIORNAMENTO; APPELLO; CASSAZIONE; CORTE DI CASSAZIONE; DEFERIMENTO; DILAZIONE; GIUDICE DI RINVIO; GIURIA; MORATORIA; PROCEDURA; PROROGA; RIFERIMENTO; RIMESSIONE). [vol. I: REFERENCE; REMAND; REMISSION; RENVOI]

Bibl.:

Schlesinger, 1950, ed. 1988: 456.
Wright 1963, ed. 1976: 166.

– **ad altra legge.** Reference to another statute (LEGGE). [vol. I: RENVOI]

– **ad un ordinamento straniero.** In diritto internazionale privato il rinvio ad un ordinamento straniero è detto *remission* o, più spesso, *renvoi*. Ma si noti la diversa dottrina inglese e nordamericana in materia (FATTORE DI COLLEGAMENTO). [vol. I: RENVOI]

– **a giudizio.** Grosso modo, committal for trial; può avvenire *in custody* dell'imputato o *on bail*. Ma, nel primo caso, si dice anche che l'imputato *is bound over for trial* quando egli è rinviato a giudizio in stato di arresto. In questa materia si riscontrano notevoli diversità, oltre che tra le due tradizioni di *civil law* e di *common law*, anche tra il sistema inglese e quello nordamericano. In effetti, mentre nel sistema inglese il rinvio a giudizio ha luogo invariabilmente per effetto della *preliminary examination*, non è necessariamente così nel sistema nordamericano, in cui si danno metodi alternativi per il rinvio a giudizio dell'imputato. Ad es., a parte che l'istituto è previsto in sede federale, in molti stati dell'Unione esiste ancora il *grand jury*, abolito, invece, nel sistema inglese. L'azione penale può essere iniziata davanti a quell'organo e l'imputato rinviato a giudizio senza che vi sia mai stata una *preliminary hearing*. La differenza tra i due procedimenti con i quali si perviene al rinvio a giudizio non è di poco momento. Mentre nel caso del *grand jury* si può parlare di un procedimento sostanzialmente inquisitorio, invece, in quello della *preliminary hearing* si fa luogo a un procedimento *pubblico*, contraddittorio, durante il quale è possibile anche procedere alla *cross-examination* dei testimoni dell'accusa e, cosa importante, si fa luogo alla *discovery* e alla selezione delle prove ammissibili al *trial*. Inoltre, sempre negli S.U., la *coroner's inquest* può sostituire il *preliminary hearing*; invece, nel sistema inglese essa è sempre seguita da una *preliminary examination*. In particolare, in questo sistema vi sono due tipi di procedimenti di rinvio a giudizio: *a*) *committals with consideration of evidence* e, *b*) *committals without consideration of evidence* qualora la difesa sia d'accordo e ricorrano determinate circostanze (dicotomia ispirata, come sempre, a motivi di efficienza processuale): di fatto, la maggior parte dei procedimenti di rinvio ha luogo in questo secondo modo [cfr. Emmins 1981, ed. 1992: 25, 35, 83]. Infine, mentre negli S.U. le parti possono rinunziare alla *preliminary hearing*, non è così nel sistema inglese (AZIONE (I) PENALE; CAPO DI IMPUTAZIO-

NE; CAUZIONE GIUDIZIARIA; CONFESSIONE; CUSTODIA CAUTELARE; DECRETO CHE DISPONE IL GIUDIZIO; IMPUTAZIONE; PROCEDIMENTO DI RINVO A GIUDIZIO; PROCEDURA: 8; PROVA: 5; RICHIESTA DI RINVIO A GIUDIZIO; UDIENZA PRELIMINARE). [vol. I: COMMITTAL FOR TRIAL; COMMITTAL PROCEEDINGS]

- **alla *Monopoly Commission* britannica.** Referral to the Monopoly Commission (MONOPOLIO).

- **a nuovo ruolo.** Grosso modo, indefinite adjournment of hearing. Ma non esiste (PROCESSO; UDIENZA).

- **della causa.** (*infra*, RINVIO DELL'UDIENZA)

- **dell'esecuzione della pena.** Respite of execution, respite of sentence (COMMUTAZIONE DELLA PENA; PENA; SOSPENSIONE DELLA PENA). [vol. I: RESPITE OF SENTENCE; SUSPENDED SENTENCE]

- **dell'udienza.** A seconda dei casi, adjournment, o postponement, of hearing o of trial; *hearing in recess* indica l'udienza o audizione rinviata, ma si parla anche, negli S.U. di *continuance* per indicare una breve interruzione del processo senza che ciò dia luogo a un rinvio, detto, quest'ultimo, adjournment o recess. Ma nel processo di *common law*, una volta fissato il *trial* (cui in materia penale nei casi più seri partecipa la giuria e, spesso, negli S.U., anche nel processo civile), esso non consente lo svolgersi del processo in una serie di udienze scaglionate nel tempo così com'esso è organato nei sistemi di *civil law*. In questo senso, il concetto di *trial* — che non può essere rinviato se non di giorno in giorno fino alla conclusione per l'esigenza di liberare al più presto la giuria — è privo di equivalenza nella processualistica continentale. Tantomeno, poi, è concepibile la prassi del rinvio a fini dilatori così diffusa nel nostro paese: beninteso, i sistemi processuali inglese e nordamericano adottano il principio dispositivo (arrivando perfino alla discrezionalità dell'azione penale), ma esso è temperato dalla consapevolezza che l'amministrazione della giustizia è un servizio pubblico fondamentale, e non già un « Circolo Sociale » per giudici e avvocati (*supra*, RINVIO IN GENERE; ABUSO DELLE NORME PROCESSUALI; CAUSA (III); DIFFERIMENTO; GIURIA; PRINCIPIO DISPOSITIVO; UDIENZA). [vol. I: INTRODUZIONE: III. 26; ABUSE OF PROCESS; CAUSE LIST; COSTS]

- **di assemblea.** Postponement of meeting (ASSEMBLEA).

- **di una legge alle camere con messaggio motivato del Presidente della Repubblica per chiedere una nuova deliberazione.** Grosso modo, return of a bill to the Houses of Parliament giving reasons for a new consideration (MESSAGGIO AL CONGRESSO DEL PRESIDENTE DEGLI S.U.; PRESIDENTE DELLA REPUBBLICA; VETO).

- ***sine die.*** Adjournment sine die (*supra*, RINVIO IN GENERE).

Riparazione/i in genere. Relief, reparation, compensation, redress (DANNO; INDENNIZZO; RIMEDIO GIURIDICO; RISARCIMENTO). [vol. I: COMPENSATION; REDRESS; RELIEF; REPARATION; RESTITUTION]

- **a carico del conduttore.** Tenantable repairs (CONDUTTORE).

- **degli errori giudiziari.** Compensation for wrongful imprisonment; effettuata nel R.U. dall'*Home Secretary*, spesso per somme rilevanti; virtualmente inesistente nel nostro paese nonostante che sia espressamente prevista dal par. 5 dell'art. 5 della Convenzione europea sui diritti dell'uomo. Ma si parla anche di *remedying miscarriages of justice* per indicare le procedure giudiziarie dirette alla riparazione degli errori giudiziari (ERRORE GIUDIZIARIO). [vol. I: WRONGFUL IMPRISONMENT]

- **dei danni di guerra.** Reparation of war damages (DANNI DI GUERRA).

- **del danno.** Compensation for damage (DANNO; RISARCIMENTO DEL DANNO). [vol I: COMPENSATION; DAMAGE; DAMAGES]

- **della cosa locata.** Repairs (LOCAZIONE). [vol. I: *ad vocem*; DILAPIDATION; LANDLORD AND TENANT]

- **di prodotti.** Repair of products (RICHIAMO DI PRODOTTI DIFETTOSI).

- **di un torto, illecito, danno.** Redress of tort, of injury, compensation for damage (RISARCIMENTO). [vol. I: DAMAGES; MISCHIEF; REMEDY; RESTITUTIO IN INTEGRUM; RESTITUTION; SATISFACTION; TENDER OF AMENDS]

- **giudiziale.** Judicial redress (RIMEDIO GIURIDICO).

- **pecuniaria.** Pecuniary reparation (RISARCIMENTO).

Ripartizione in genere. Allocation, apportionment, appropriation, allotment, distribution. *Allocation of scarce resources*: ossia il conflitto nella scelta allocativa di risorse scarse. Ecco una frase di importazione usata ed abusata nel nostro paese (ALLOCAZIONE; ASSEGNAZIONE; DEVOLUZIONE; DISTRIBUZIONE; DIVIDENDO; DIVISIONE; IMPUTAZIONE DI PAGAMENTO; STANZIAMENTO). [vol. I: ALLOCATION; ALLOTMENT; APPROPRIATION; DISTRIBUTION]

– **degli utili.** Profit sharing (UTILI).

– **del danno tra assicuratori marittimi.** Adjustment of loss (AVARIA COMUNE; DANNO). [vol. I: *ad vocem*]

– **della cosa comune.** (SCIOGLIMENTO DELLA COMUNIONE)

– **dell'attivo.** Distribution of assets (ATTIVO).

– **dell'attivo fallimentare in genere.** Distribution of the assets of a bankrupt's estate, of a wound up company (FALLIMENTO).

– **del potere in genere.** Power sharing (POTERE).

– **del rischio.** Allocation o apportionment of risk (RISCHIO).

– **di azioni, obbligazioni.** Allotment of shares, debentures (AZIONE (II) DI SOCIETÀ; OBBLIGAZIONE (II) QUALE TITOLO MOBILIARE).

– **di fondi.** Allocation of funds (STANZIAMENTO DI FONDI).

Ripensamento in genere. (CLAUSOLA DI RIPENSAMENTO)

Ripetizione in genere. Restoration, restitution (IRRIPETIBILE; RESTITUZIONE).

– **dell'indebito.** Nel sistema inglese è detta action for money had and received l'azione diretta ad ottenere la restituzione di somme indebitamente pagate. Ma non si ha una regola generale sulla ripetizione dell'indebito analoga a quella di *civil law*; in effetti, la ripetizione è ammessa solo in casi determinati previsti da regole giurisprudenziali. Diversa appare, invece, la situazione negli S.U. — stato federale — in buona parte allineati sulle posizioni della *civil law*, anche se attraverso diversi percorsi intellettuali (ARRICCHIMENTO SENZA CAUSA; AZIONE (I) DI RIPETIZIONE DELL'INDEBITO; INDEBITO ARRICCHIMENTO; PAGAMENTO DELL'INDEBITO; *VARIAE CAUSARUM FIGURAE*). [vol. I: MONEY HAD AND RECEIVED; QUASI-CONTRACT; UNJUST ENRICHMENT]

Bibl.:

Amos and Walton 1935, ed. 1967: 193.
David 1973: 439.

Riporto in genere. Contango; ma non vi ha equivalenza in senso stretto (GIORNO DI RIPORTO; OPERAZIONE DI RIPORTO; TASSO DEL RIPORTO). [vol. I: BACKWARDATION; CARRY OVER; CONTANGO; CONTINUATION; STOCK EXCHANGE]

– **proroga.** Carry over, short sale. [vol. I: CARRY OVER; CONTANGO; SECURITY; STOCK EXCHANGE]

Ripresa del possesso di cose mobili. Repossession, recaption (REINTEGRAZIONE NEL POSSESSO). [vol. I: HIRE-PURCHASE AGREEMENT]

Ripristino in genere. Restitution, reinstatement, restoration, redress (REINTEGRAZIONE; *RESTITUTIO IN INTEGRUM*).

Riprova. (CORROBORAZIONE)

Ripudio in genere. Repudiation, rescission, disclaimer, renunciation, rejection, denunciation.

1. Riferito al contratto, il termine *repudiation* indica la dichiarazione di una parte che essa non intende eseguire la prestazione futura, ovvero una condotta che lasci ritenere tale intenzione. Negli S.U., la materia è prevista, in tema di vendita, dall'Art. 2-610, 2-703, 2-708, 2-711 dell'UCC.

2. Il ripudio della moglie (ma mai del marito), rintracciabile nei primordi dell'Occidente, appare estraneo alla cultura industriale moderna; ma è istituto tipico delle società musulmane e, di fatto, ancora oggi entusiasticamente praticato. Ma ora si sostiene che, sul piano morale (?), esso sarebbe preferibile al divorzio, prodotto della deprecata modernità, e che, con qualche aggiustamento, potrebbe essere adottato anche da noi. Pericolosa stravaganza di professorini nostrani quella di completare lo smantellamento — neanche troppo intelligente sul piano politico ed economico — di quel pochissimo di cultura liberaldemocratica sopravvissuta nel nostro paese, ansiosi di rivincite, di ritorni biblici o coranici, di stabilire un più stretto rapporto con i « fratelli » musulmani contro l'Occidente « infedele ». Manca la proposta del taglio della mano per i ladri; ma in questa materia i professorini appaiono molto più prudenti (*et pour cause!*) (DENUNZIA; DIRITTO (I) PERSONALE; DISCONOSCIMENTO; RISOLUZIONE DEL CONTRATTO). [vol. I: CONTRACT: IX; DENUNCIATION; DISCLAIMER; RENUNCIATION; REPUDIATION]

Ripugnanza giuridica. (INCOMPATIBILITÀ GIURIDICA)

Risanamento dell'impresa. (REORGANIZATION; SALVATAGGIO DELL'IMPRESA)

Risarcibilità in genere. Compensability of damage, recoverability of damages (RISARCIMENTO DEL DANNO). [vol. I: DAMAGES; REMOTENESS]

Risarcimento in genere. Compensation, damages, satisfaction. Nel ricordare la distinzione tra *damage* (danno) e *damages* (risarcimento), si osserva che quest'ultimo termine indica più spesso il risarcimento del danno ottenibile o accordato da un organo giudiziario (RIPARAZIONE).

1. Ma se nella *common law* la funzione risarcitoria, o *compensatory*, dei *damages* è quella normale, essa non è anche la sola; in effetti, i *damages* possono avere anche altre funzioni, come nel caso dei *punitive damages*.

2. Si tratta di una differenza fondamentale con la tradizione di *civil law*, in cui il risarcimente ha esclusivamente funzione risarcitoria. Essa — come tante altre — ha una origine storica che attiene ai diversi poteri del giudice nella tradizione di *common law*, consistenti non solo nel condannare l'autore dell'illecito al risarcimento ma altresì — più spesso in materia di *torts*, ossia di illeciti extracontrattuali — di punirlo condannandolo al pagamento di una somma talvolta notevolmente più elevata rispetto al danno effettivamente causato quando trovi l'atto particolarmente riprovevole.

3. Condotta, responsabilità e pena appaiono spesso concatenati nei procedimenti giudiziari: i c.d. *contemptuous damages, exemplary, vindictive, punitive*, o *aggravated damages*, ossia la condanna al risarcimento *al di sotto* o *al di là* del danno effettivamente arrecato, è diretta a punire una condotta considerata disdicevole. Ad es., negli S.U, in materia di *anti-trust*, i privati danneggiati da una pratica monopolistica possono intentare un'azione per *treble damages,* di fatto molto frequente. A questo proposito, è stato sostenuto che nei sistemi di *civil law* i poteri del giudice di irrogare danni punitivi sarebbero in contrasto con il principio *nulla poena sine lege.* D'altro canto, vanno rilevati i *contemptuous damages*, ossia il risarcimento irrisorio, con il quale il giudice, pur trovando tecnicamente giustificata la domanda, esprime riprovazione per averla intentata.

4. Si noti anche che — a differenza di quanto accade nel sistema inglese, in cui la giuria, salvo poche eccezioni, è scomparsa dal processo civile — negli S.U. spetta di solito a quest'ultima quantificare l'ammontare del risarcimento.

5. Infine, un'altra fondamentale diversità si riscontra in tema di clausole penali. Premesso che nel sistema inglese la materia è disciplinata da regole di *common law* e di *equity*, va rilevato che è ammessa la validità della sola clausola che concreti una effettiva liquidazione anticipata del risarcimento: in tal caso, si parla di *genuine preestimate of damages*. Quando, invece, la clausola è diretta ad assicurare l'esecuzione del contratto mediante una pressione sul debitore, ossia, come si dice, *in terrorem*, si parla di *penalty* e, in tal caso, essa è nulla. Ma anche la prima clausola può essere considerata una *penalty* quando comporti una eccessiva valutazione del danno.

6. Da ultimo, resta da rilevare la modestissima entità del risarcimento accordato di solito dalle nostre corti e, troppo spesso, addirittura il diniego del diritto stesso: anche in questo, la magistratura nostrana riflette una generale arretratezza di cultura giuridica e un plateale dispregio per una grande varietà di diritti che restano quindi impunemente violati (TUTELA DEI DIRITTI: 20).

7. *Rischio-danno-responsabilità (e limitazio ne della)-assicurazione-fideiussione-clausole indennitarie* si intrecciano strettamente: si potrà alterare e sviolinare sulla sequenza proposta; ma in una società passabilmente moderna si tratta di anelli di una stessa catena. Che a un giurista italiano appare lontana quanto un diverso sistema solare se si pensa all'assenza di una cultura della responsabilità (politica-economica e morale): basta pentirsi, pagare l'obolo (penitenza) allo stato per ottenere il condono, o perdono che dir si voglia. Con questo *background*, lamentarsi dell'arretratezza dell'industria assicurativa italiana che tante difficoltà mostra ad adottare gli *standards minimi* comunitari appare quasi un *jeu de l'esprit*, un confondere l'effetto con la causa. Sta di fatto che nella quasi totalità dei casi il rischio non è assicurato, o lo è solo parzialmente, non di rado con compagnie fasulle; in cui, insomma, *a chi subisce un danno di solito non resta che la magra consolazione di ritenersi un fortunato per il fatto che poteva andargli assai peggio.* Vi è un che di *democrazia consociativa* alla base di questa cultura. Ad ogni modo, non a torto si lamenta che nel nostro paese la stragrande maggioranza del danno individuale e collettivo resta *non risarcito.* A parte qualsiasi considerazione su fondamentali problemi di sicurezza, si pensi, in quest'ultimo caso, alla catastrofe ambientale

provocata, tra l'altro, da un'imprenditoria pubblica e privata fuori legge, che scarica sulla collettività gli altissimi costi di uno « sviluppo » assai discutibile. Vi sono tante spiegazioni di un fenomeno *unico* in tutti i paesi industriali dell'Occidente: in questo senso, le rilevate carenze dell'industria assicurativa nostrana non sono che l'*effetto* di una generale arretratezza del sistema-paese e in particolare del capitalismo nostrano evidentemente incapace, a differenza degli altri, di farsi carico degli effetti economici del rischio. Ma poi: perché mai assicurarsi se arrivano sempre l'amnistia, il condono e la sanatoria? (AMBIENTE; AMNISTIA; ASSICURAZIONE; AZIONE (I) DI RISARCIMENTO; CAPARRA; CAUSALITÀ; CLAUSOLA INDENNITARIA; CLAUSOLA PENALE; COMPENSAZIONE; CONDANNA AL RISARCIMENTO; CONDOTTA; DANNEGGIAMENTO; DANNO; DANNO MORALE; ECONOMIA NERA; ESECUZIONE SPECIFICA DEL CONTRATTO; FALLIMENTO; FIDEIUSSIONE; GIUDICE; GIURIA; INDENNIZZO; LIMITAZIONE DELLA RESPONSABILITÀ CIVILE; LIQUIDAZIONE ANTICIPATA DEL DANNO; *NULLA POENA SINE LEGE*; PARTE CIVILE; RESPONSABILITÀ; *RESTITUTIO IN INTEGRUM*; RICHIESTA DI RISARCIMENTO; RINUNCIA AL RISARCIMENTO; RIPARAZIONE; RISARCITORIO; RISCHIO; SANZIONE: 2; STIMA DEL DANNO; TUTELA DEI DIRITTI: 17). [vol. I: CAUSATION; COMPENSATION; DAMAGE; DAMAGES; INDEMNITY; LIABILITY; PENALTY; REMEDY; SATISFACTION; TORT]

– **dei danni di guerra.** Compensation for war damage (DANNI DI GUERRA).

– **del danno.** Damages, compensation; negli S.U. — stato federale — esso è di solito accordato dalla giuria (*supra*, RISARCIMENTO IN GENERE; AFFIDAMENTO; ATTRIBUZIONE DEL RISARCIMENTO CON SENTENZA; AZIONE (I) DI RISARCIMENTO; CLAUSOLA PENALE; DANNO; DELITTO COLPOSO-DOLOSO; ECCESSIVO AMMONTARE DEL RISARCIMENTO DEL DANNO; GIURIA; INDENNIZZO; LIMITAZIONE DELLA RESPONSABILITÀ; LIQUIDAZIONE ANTICIPATA DEL DANNO; LIQUIDAZIONE DEL DANNO; PARTE CIVILE; PREVEDIBILITÀ; *RESTITUTIO IN INTEGRUM*; TUTELA DEI DIRITTI: 17).

– **del danno a titolo punitivo.** Punitive damages o smart money. Ma si tratta di concetto ignoto alla *civil law* (DANNO).

– **del danno derivante da reato.** Lett., compensation for damage resulting from crime. Nei sistemi di *common law* non è ammessa l'esercizio dell'azione civile nel processo penale (AZIONE (I) CIVILE NEL PROCESSO PENALE; RESPONSABILITÀ CIVILE NASCENTE DA REATO).

– **del danno morale.** Noneconomic damages, compensation for non pecuniary damage. *Solatium* è il termine che ricorre abbastanza spesso per indicare il risarcimento per l'offesa ai sentimenti (*injury to the feelings*). Inoltre, si parla di *compensation for pain and suffering* per indicare non soltanto il risarcimento per il disagio fisico e la pena, ma anche per il trauma mentale ed affettivo. Peraltro, negli S.U. — stato federale — in cui la materia ha subito il maggiore sviluppo, il risarcimento *for pain and suffering* trova una restrizione legislativa in taluni stati dell'Unione. Il termine *cap*, riferito alle leggi in materia, indica un limite legislativo al risarcimento dei danni non economici. Infine, in taluni stati dell'Unione con il termine *hedonic damages* si indica il risarcimento per il mancato o diminuito godimento della vita (ossia per limitazioni alla vita di una persona imposte dalla lesione) in quanto distinto dal valore economico produttivo che una persona lesionata o defunta avrebbe avuto. Ma molte corti di altri stati ritengono che tale perdita è inclusa nel risarcimento per invalidità e *pain and suffering* (DANNO MORALE).

– **di ammontare eccessivo.** (ECCESSIVO AMMONTARE DEL RISARCIMENTO DEL DANNO)

– **di ammontare inadeguato.** Inadequate compensation, inadequate damages, inadequate award (ECCESSIVO AMMONTARE DEL RISARCIMENTO DEL DANNO).

– **effettivo.** Actual damages; si distingue dal risarcimento simbolico o da quello punitivo o esemplare (*infra*, RISARCIMENTO ESEMPLARE).

– **esemplare.** Exemplary damages, punitive damages, vindictive damages. Tipo di risarcimento ignoto alla *civil law* (*supra*, RISARCIMENTO IN GENERE; RISARCIMENTO EFFETTIVO). [vol. I: EXEMPLARY, VINDICTIVE o PUNITIVE DAMAGES]

– **extragiudiziario.** Out of court compensation, out of court settlement (TRANSAZIONE EXTRAGIUDIZIALE).

– **generico.** Unliquidated damages (*infra*, RISARCIMENTO SPECIFICO). [vol. I: UNLIQUIDATED]

– **nominale.** Nominal damages (*supra*, RISARCIMENTO EFFETTIVO; *infra*, RISARCIMENTO PUNITIVO; RISARCIMENTO SIMBOLICO). [vol. I: *ad vocem*]

– **per inadempimento contrattuale.** Damages for breach of contract (CONTRATTO: IX;

INADEMPIMENTO CONTRATTUALE). [vol. I: DAMAGES]

– **punitivo.** Punitive damages (*supra*, RISARCIMENTO IN GENERE; RISARCIMENTO ESEMPLARE).

– **simbolico.** Nominal damages (*supra*, RISARCIMENTO IN GENERE). [vol. I: DEFAMATION; NOMINAL DAMAGES]

– **specifico.** Actual damages (*supra*, RISARCIMENTO GENERICO).

Risarcitorio. Compensatory (NON-RISARCITORIO; RISARCIMENTO). [vol. I: DAMAGES: 1]

Riscattabile. Redeemable (IRREDIMIBILE).

Riscatto in genere. Redemption o pre-emption, ransom, paying off, involuntary payment. È detta *redemption fee* una sorta di penalità, o commissione di riscatto, dovuta dai detentori di parti di fondi comuni di investimento che intendono disinvestire prima della data stabilita (AFFRANCAZIONE; AZIONE (I) DI RISCATTO; CONDIZIONE DI RIVERSIBILITÀ; DIRITTI (II) RISCATTABILI; DIRITTO (II) DI RISCATTO NEL *MORTGAGE*; ESTORSIONE; FONDI COMUNI DI INVESTIMENTO; LIBERAZIONE; PATTO DI RISCATTO; PREFERENZA; PRELAZIONE; PREZZO DI RISCATTO; REDENZIONE; RETROCESSIONE; RIACQUISTO; RICATTO; RITRASFERIMENTO; TAGLIA; VALORE DI RISCATTO DELLA POLIZZA; VENDITA CON PATTO DI RISCATTO). [vol. I: PAY OFF; PRE-EMPTION; PRIORITY; RANSOM; REDEMPTION]

– **della polizza di assicurazione sulla vita.** Redemption of life insurance policy (VALORE DI RISCATTO DELLA POLIZZA). [vol. I: REDEMPTION OF LIFE POLICY; SURRENDER OF POLICY]

– **dell'ipoteca.** Grosso modo, redemption of mortgage (DIRITTO (II) DI RISCATTO NEL *MORTGAGE*; IPOTECA). [vol. I: *ad vocem*]

– **del pegno.** Redemption of pawn (PEGNO).

– **di obbligazione.** Redemption of debenture (OBBLIGAZIONE (II) QUALE TITOLO MOBILIARE).

– **di ostaggio.** Ransom for redemption of hostage (OSTAGGIO).

– **di stallia.** Despatch money (STALLIE). [vol. I: *ad vocem*]

– **per il rilascio di persone sequestrate.** Ransom; ransom deal è detto il patto relativo (SEQUESTRO DI PERSONA).

Rischio/i in genere. Risk, peril, hazard, danger, jeopardy. Per quanto sembri che da noi in moltissime aree il concetto stesso di responsabilità sia stato eliminato, resta da rilevare che nei paesi politicamente e socialmente più evoluti *rischio-responsabilità-assicurazione-sicurezza sono anelli della stessa catena*. Il termine *risk* assume importanza fondamentale nell'assicurazione. Con l'espressione *attachment of risk* si indica nell'assicurazione il momento da cui il rischio sorge a carico dell'assicuratore. Coprire un rischio mediante l'assicurazione è detto *cover (to)*, o *write, a risk*. Ma il rischio è detto anche *hazard:* ridurre il rischio è detto *reducing hazard* (AGGRAVAMENTO DEL RISCHIO; ALEA; ALEATORIO; ALLOCAZIONE DEL RISCHIO TRA LE PARTI; A RISCHIO DELL'ARMATORE; ASSICURAZIONE; ASSICURAZIONE CONTRO RISCHI MULTIPLI; ASSICURAZIONE CONTRO TUTTI I RISCHI; ASSICURAZIONE CONTRO UN SOLO RISCHIO; ASSUNZIONE DEL RISCHIO; CAPITALE DI RISCHIO; CAUZIONE; CONSENSO INFORMATO; CONTRO TUTTI I RISCHI; COPERTURA ASSICURATIVA; CUMULO DEL RISCHIO; DIMINUZIONE DEL RISCHIO; EMERGENZA; FIDEIUSSIONE; FORZA MAGGIORE; LIMITAZIONE DELLA RESPONSABILITÀ CIVILE; MASSIMALE DI RISCHIO; PASSAGGIO DELLA PROPRIETÀ; PASSAGGIO DEL RISCHIO; PERICOLO; *RES PERIT DOMINUS*; RESPONSABILITÀ; RIDUZIONE DEL RISCHIO; RIPARTIZIONE DEL RISCHIO; RISARCIMENTO; SINISTRO; TUTELA DEI DIRITTI; VARIAZIONE DEL RISCHIO NELL'ASSICURAZIONE; *VOLENTI NON FIT INIURIA*). [vol. I: ACCIDENT; ACT OF GOD; ATTACHMENT OF RISK; DANGER; DOUBLE JEOPARDY; FORCE MAJEURE; HAZARD; INSURANCE; LIABILITY; PERIL; RISK]

– **aeronautici.** Aviation risks (TRASPORTO AEREO).

– **ambientale.** Environmental hazard (AMBIENTE; IMPATTO AMBIENTALE; SICUREZZA AMBIENTALE).

– **assicurabile.** Insurable risk (*infra*, RISCHIO NON ASSICURABILE).

– **assicurato.** Risk covered, risk insured against (*supra*, RISCHIO IN GENERE).

– **contrattuale.** Contractual risk (*supra*, RISCHIO IN GENERE).

Bibl.:

Alpa, G., *Rischio contrattuale* (1986) 2 CeI 619.

– **da incendio.** Fire risks (INCENDIO).

– **della navigazione marittima.** Marine risks, maritime perils, perils of the seas; ovviamente, questi termini ricorrono in tema di assicurazione marittima (ASSICURAZIONE MARITTIMA; PERICOLI DI MARE; SPEDIZIONE NAUTICA). [vol. I: INSURANCE: II. 5; MARITIME PERILS; PERILS OF THE SEAS]

– **di cambio.** Exchange rate exposure (CAMBIO).

Bibl.:

Borgia, R.C., *Nuove operazioni dirette alla eliminazione del rischio di cambio* (1988) 2 CeI 393.
Cavallo Borgio, R., *Nuove operazioni dirette alla eliminazione del rischio di cambio* (1988) 2 CeI 393.
Inzitari, B., *Swap (contratto di)* (1988) 2 CeI 597.

– **di guerra.** War risks (GUERRA). [vol. I: *ad vocem*]

– **di guerra alla nave.** Hull war risks (NAVE). [vol. I: HULL WAR RISKS INSURANCE]

– **di mare.** (*supra*, RISCHI DELLA NAVIGAZIONE)

– **eccettuati.** (PERICOLI ECCETTUATI)

– **eccezionale.** Abnormal o exceptional risk (*supra*, RISCHIO IN GENERE).

– **globale.** Aggregate risk (*supra*, RISCHIO IN GENERE).

– **marittimi.** (*supra*, RISCHI DELLA NAVIGAZIONE)

– **nell'assicurazione.** Insurance risk (ASSICURAZIONE). [vol. I: PERILS EXCEPTED]

– **non assicurabile.** Noninsurable risk, uninsurable risk (ASSICURAZIONE).

– **politici.** Political risks (*supra*, RISCHI DI GUERRA; ATTO POLITICO).

– **professionale.** Occupational hazard (MALATTIA PROFESSIONALE).

– **putativo.** Apprehended, o putative, risk, non existing risk; termini che ricorrono nell'assicurazione marittima, in cui è ammessa l'assicurazione del rischio putativo (ASSICURAZIONE MARITTIMA). [vol. I: INSURANCE: II. 5; LOST OR NOT LOST; PUTATIVE RISK]

Risconto. Re-discount (SCONTO).

Riscontro in genere. Check, confirmation, corroboration, tallying (CORROBORAZIONE).

– **della prova.** Corroboration of evidence, corroborative evidence (CONFESSIONE; CORROBORAZIONE; PROVA PER SENTITO DIRE). [vol. I: CORROBORATION]

Riscossione in genere. Collection (AGENZIA PER IL RECUPERO DI CREDITI; ESAZIONE; ESIGIBILE).

– **delle imposte.** Collection of revenues, collection of taxes (ESAZIONE DELLE IMPOSTE).

Riscosso. Collected (DIVIDENDO NON RISCOSSO; RISCOSSIONE).

Riserbo. Privacy (RISERVATEZZA).

Riserva/e in genere. Reservation, reserve, qualification, allowance, standby. Nel senso successorio si potrebbe parlare di *statutory share;* ma non esiste, come non esiste la quota disponibile nella successione ereditaria. In diritto internazionale assume molta importanza la materia delle riserve ai trattati (ATTIVITÀ DI RISERVA; AZIONE (II) DI RISERVA; CON PREGIUDIZIO; CON RISERVA; CON RISERVA DI; FONDO DI RISERVA NELLA S.P.A; PAGAMENTO CON RISERVA; POLIZZA (II) DI CARICO CON RISERVA; PROTESTA; QUOTA LEGITTIMA NELLA SUCCESSIONE; SCORTA; SENZA PREGIUDIZIO; VALUTA DI RISERVA). [vol. I: RESERVATION; RESERVE; RESERVED]

– **a favore dei legittimari.** (QUOTA LEGITTIMA NELLA SUCCESSIONE)

– **a favore del coniuge superstite.** Grosso modo, statutorily prescribed share in favour of spouse. Negli S.U. la materia è regolata dai singoli stati dell'Unione la gran parte dei quali prevede una riserva a favore del coniuge superstite (CONIUGE SUPERSTITE; *ELECTA UNA VIA NON DATUR RECURSUS AD ALTERAM*; QUOTA LEGITTIMA NELLA SUCCESSIONE; SUCCESSIONE PER CAUSA DI MORTE; TESTAMENTO).

– **a un trattato internazionale.** Reservation to an international treaty (TRATTATO INTERNAZIONALE). [vol. I: RESERVATION: 3]

– **della proprietà.** Retention, o reservation, of title, retention of ownership; di solito ha luogo in un *conditional sale agreement* (o *contract*). La clausola del contratto che la prevede è detta più spesso *title retention provision* (CAUSE (I) LEGITTIME DI PRELAZIONE; DIRITTO (II) DI RITENZIONE; GARANZIA; PRELAZIONE; PRIVILEGIO; PROPRIETÀ; RISERVATO DOMINIO; TITOLO; VENDITA A CREDITO; VENDITA A RATE). [vol. I: CONDITIONAL SALE AGREEMENT; RETENTION OF TITLE]

– **di caccia.** Game reserve (CACCIA). [vol. I: POACHING]

– **di capitale.** (CAPITALE DI RISERVA)

– **di gradimento nella vendita.** Sale on approval (VENDITA).

– **legale.** Legal reserve; termine riferito più spesso alla riserva legale cui sono tenute le banche e le società di assicurazione (*infra*, RISERVE OCCULTE DI CAPITALE).

– **marina naturale.** Marine sanctuary (AMBIENTE).

– **mentale.** Mental reservation, concealment, non disclosure. Il termine *concealment* è riferito più spesso alla riserva mentale nel contratto. In principio, quest'ultima non ha effetto sulla sua validità, salvo nei contratti definiti di *uberrimae fidei*, ossia, più spesso, in tema di assicurazione, in cui esiste un dovere positivo di *disclosure*. Si avverta che, in principio, la *common law* non prevede la responsabilità precontrattuale. In via generale, il silenzio non costituisce una manifestazione di volontà, né una *misrepresentation*; tuttavia, si può verificare talvolta una *misrepresentation by conduct* consistente nella reticenza, come nel caso del venditore di un articolo che occulti volontariamente un vizio della cosa venduta (*CULPA IN CONTRAHENDO*; DICHIARAZIONE INESATTA o RETICENTE ALL'ASSICURATORE; DISSIMULAZIONE; OCCULTAMENTO; RETICENZA; RISPOSTA EVASIVA; SILENZIO). [vol. I: CONCEALMENT; CONTRACT: VI; DISCLOSURE; INSURANCE: I. 6; MENTAL RESERVATION; MISREPRESENTATION; UBERRIMAE FIDEI]

– **monetaria.** Cash reserve (MONETA).

– **obbligatoria.** (*supra*, RISERVA LEGALE)

– **occulte di capitale.** Slush funds, secret capital reserves, secret reserves (*supra*, RISERVA LEGALE; FONDI NERI DI SOCIETÀ).

Riservatari. Lett., persons entitled to a statutorily prescribed share of the assets of the deceased (QUOTA LEGITTIMA NELLA SUCCESSIONE; RISERVA; SUCCESSIONE PER CAUSA DI MORTE).

Riservatezza. Privacy.

1. Come ha affermato Hugo Black, giudice della veneranda *Supreme Court* degli S.U. nel caso *Griswold* v. *Connecticut*, 381 U.S. 479 (1965): « 'Privacy' is a broad, abstract and ambiguous concept ». In effetti, anche sul piano definitorio, la *privacy* pone problemi derivanti dall'ampiezza della sua portata; del resto, è significativo che il termine è impiegato *tel quel* in tutte le lingue del mondo. Forse, e nella misura in cui si può definire l'indefinibile, si potrebbe affermare che la *privacy* si fonda, non tanto sulla distinzione tra sfera individuale e pubblica, quanto piuttosto sull'idea che taluni aspetti della vita dell'individuo non sono regolabili dalla legge e vanno protetti dall'intrusione del pubblico. Ma si tratterebbe di concetto restrittivo: la *Supreme Court* ha considerato la materia, tra l'altro, nel contesto dell'aborto, della contraccezione, omosessualità, informazione, segregazione razziale, istruzione, tutela dei dati riservati, delle minoranze, diritti civili, etc.

2. Tema vastissimo, quindi, e rubrica fluttuante; non esiste un gruppo di decisioni dal quale si possa desumere una particolare dottrina della *privacy*. Comunque, si tratta di tema fondamentale nella democrazia americana, che copre ipotesi difficilmente immaginabili dal *civil lawyer*. E, anche, che, per molti versi, fa tremare le vene e i polsi: perché tocca alla radice il tema dei rapporti tra cittadini e potere pubblico e tra privati tra loro. Non di rado, *riservatezza* e *autonomia* si presentano come sinonimi; come, del resto, *libertà* e *autonomia*: un individuo privo di una propria sfera di autonomia non può essere definito un uomo libero. Il concetto di autonomia, ossia la possibilità degli individui di vivere la propria vita (« individuals's ability to choose for themselves how to live their lives ») costituisce, in definitiva, spesso il tema della libertà e il nucleo fondamentale della dottrina della *privacy*.

3. Parlare di *privacy* in un regime dittatoriale o autoritario farebbe sorridere: il discorso sulla *privacy* postula un regime liberaldemocratico: e non è un caso che esso abbia ricevuto il suo massimo sviluppo proprio nella più grande democrazia del pianeta come quella americana. Anche qui, negli S.U., la stessa articolazione del problema del diritto alla *privacy*, il modo spesso geniale in cui esso viene prospettato, le domande poste e le soluzioni proposte e le decisioni — un mix in perpetuo sommovimento — anticipano di decenni gli altri paesi industriali dell'Occidente. È appunto negli S.U. che — grazie all'ingegno dei suoi studiosi e giuristi nell'interpretare la realtà sociale, al fatto di essere il massimo paese industriale dell'Occidente, e anche delle etnie — la problematica della *privacy* tocca le fondamenta stesse dello stato liberaldemocratico, la dicotomia tra pubblico e privato, l'*autonomia* della tradizione kantiana e la concezione lockiana del liberalismo.

4. Si sostiene che non esiste un riferimento testuale alla *privacy* nella costituzione federale. Ma il V emendamento [1791] stabilisce, tra l'altro, che la « private property [shall not] be taken (...) without just compensation ». Questo testo non avrebbe senso se i *framers* della costituzione non avessero creduto anzitutto che l'istituto della proprietà preesistesse alla costituzione e che fosse opportuno proteggerlo. Insomma, che la proprietà privata ha una funzione, ossia quella di contribuire a fare dell'individuo il padrone del proprio destino. È in questo

quadro che si inserisce l'articolo di Charles Reich dal titolo « The New Property » del 1965, in cui questo illustre cattedratico dell'università di Yale sostiene che lo stesso tipo di tutela costituzionale della c.d. « old property » dovrebbe essere esteso alla c.d. « new property » quale la sicurezza sociale, in virtù del ruolo vitale di quest'ultima nel preservare l'autonomia dell'individuo. L'apparente paradosso di Reich consiste nel fatto che la *Supreme Court* durante tutto il XX secolo ma, in particolare, a seguito della rivoluzione costituzionale prodotta dal *New Deal*, specie a partire dal 1937, si è mostrata in misura crescente riluttante a tutelare la c.d. « old property », ossia in buona sostanza, la proprietà immobiliare, mostrando una preferenza per la c.d. « new property ».
5. In tema di contraccezione, una legge del Connecticut che ne stabiliva il divieto, come pure del *family planning*, è stata dichiarata incostituzionale in quanto in violazione del diritto alla *privacy*: « Would we allow the police (...) to search the sacred precincts of marital bedrooms for telltale signs of the use of contraceptives? » chiese il giudice Douglas in *Grinwold*, celebre decisione della *Supreme Court*.
6. Ma è stato in tema di aborto che la *privacy* è balzata in primo piano davanti alla coscienza nazionale con il caso *Roe* v. *Wade* 410 U.S. 113 (1973): effetto di questa sentenza fu di annullare la legge di tutti i cinquanta stati dell'Unione che stabilivano il divieto parziale e spesso anche totale dell'aborto. Il giudice Harry Blackmun relatore per la Corte scrisse: « The right of privacy (...) whether it be founded in the Fourteenth Amendment's concept of personal liberty...or...in the Ninth Amendment's reservation of rights to the people, is broad enough to encompass a woman's decision whether or not to terminate her pregnancy ». Ovviamente, anche questo « right of personal privacy » può essere limitato dallo stato in presenza di un interesse superiore, ma l'importanza di *Roe* è stata appunto quella di limitare il potere dello stato. In ogni caso, la decisione *Roe* resta una delle maggiori della *Supreme Court* sia per i cambiamenti che essa ha determinato nella vita americana, sia per la controversia che oggi divide il paese. E per quanto certamente essa non abbia provocato una guerra civile — come si dice essere stato nel caso *Dred Scott* v. *Sanford* del 1857 — quella sentenza ha senza dubbio contribuito, a causa dell'identificazione della posizione antiabortista con la politica della destra, alla sconfitta del partito democratico del 1976 e 1978 e dell'Equal Rights Amendment (ABORTO; AGENZIA DI INFORMAZIONI SULLA SOLVIBILITÀ; AUTONOMIA; BANCA DATI; CARTA D'IDENTITÀ; CENSIMENTO; *COMPUTER*; CONFIDENZIALITÀ; CONOSCENZA; CONTRACCETTIVO; CRONACA; DICHIARAZIONE DEI DIRITTI; DIRITTI (II) CIVILI; DIRITTI (II) DELLA PERSONALITÀ; DIRITTO (II) ALLA FELICITÀ; DIRITTO (II) ALLA RISERVATEZZA; DIRITTO (II) DI CRONACA; ELABORAZIONE ELETTRONICA DEI DATI; FIGURA PUBBLICA; INFORMAZIONE; INTERCETTAZIONE; INTIMITÀ; INVASIONE DELLA RISERVATEZZA; PUDORE; SEGRETO EPISTOLARE; STILLICIDIO; TUTELA DEI DIRITTI; VIOLAZIONE DELLA RISERVATEZZA). [vol. I: PRIVACY]

Bibl.:
Levinson, S., *Privacy*, in *Oxford* 1992: 671.

Riservato dominio. Reserved title (DOMINIO; PATTO DI RISERVATO DOMINIO; RISERVA DELLA PROPRIETÀ; TITOLO; VENDITA A CREDITO; VENDITA A RATE).

Risolubile in genere. Terminable, defeasible (CONTRATTO RISOLUBILE; RISOLUZIONE DEL CONTRATTO).

Risolubilità di un contratto. Grosso modo, contract liable to discharge, o to repudiation (RISOLUZIONE DEL CONTRATTO).

Risolutiva. (CLAUSOLA RISOLUTIVA)

Risoluzione in genere. Resolution. Ma il termine resolution è inteso nel senso di deliberazione: esso non è mai riferito al contratto, rispetto al quale si parla, in generale, di *discharge* nel senso di fine del contratto; categoria più vasta del concetto nostrano di risoluzione priva di equivalenza nella *civil law*.
1. Radicali differenze di ottica e di regime tra le due tradizioni giuridiche sussistono in tema di risoluzione del contratto (CONTRATTO: IX).
2. Nel sistema costituzionale nordamericano una *joint resolution* delle due camere del Congresso approvata dal Presidente ha valore di legge. Quando il termine è impiegato in diritto internazionale, esso indica un atto posto in essere dalle assemblee di organismi internazionali di contenuto assai vario che, salvo eccezioni, non è produttivo di effetti giuridici obbligatori in senso stretto; di solito, costituisce un invito ai paesi membri a un fare o a un non fare (CONTRATTO: IX; DELIBERAZIONE; MOZIONE; PROGETTO DI RISOLUZIONE; PROPONENTE DI UNA RISOLUZIONE; PROPOSTA DI RISOLUZIONE; RACCOMANDAZIONE; SCIOGLIMENTO).

[vol. I: CONTRACT: IX; DISCHARGE; MOTION; RESOLUTION]

– **del contratto per eccessiva onerosità sopravvenuta.** Lett., termination of contract for supervening unconscionability o hardship; ma non esiste in senso stretto questo tipo di risoluzione nella tradizione di *common law* che peraltro ricorre all'analogo della *frustration*, concetto diverso e più ampio. Com'è stato osservato da W. Friedmann [1959, ed. 1972: 143], taluni importanti istituti giuridici sono stati elaborati in quei paesi in cui esisteva un alto tasso di inflazione: come la risoluzione per eccessiva onerosità sopravvenuta che si sviluppò in Germania negli anni '30. Beninteso, tutto questo non toglie che le parti possano inserire nel contratto una *hardship clause* (*infra*, RISOLUZIONE DEL CONTRATTO PER IMPOSSIBILITÀ SOPRAVVENUTA; CONTRATTO: III, IX; ECCESSIVA DIFFICOLTÀ NELL'ADEMPIMENTO DEL CONTRATTO; ECCESSIVA ONEROSITÀ SOPRAVVENUTA; *HARDSHIP CLAUSE*; INFLAZIONE; *REBUS SIC STANTIBUS*; SVALUTAZIONE). [vol. I: CONTRACT: IX. 3; CURRENCY; FRUSTRATION; IMPOSSIBILITY; INFLATION; SUPERVENING IMPOSSIBILITY OF PERFORMANCE; UNIT OF ACCOUNT]

– **del contratto per inadempimento in genere.** Discharge by breach. Si parla di *cancellation for breach of contract* per indicare l'annullamento unilaterale del contratto per inadempimento dell'altra parte. Per quanto riguarda la vendita, negli S.U. la materia è regolata dall'Art. 2-106(4) dell'UCC. Ma nel sistema inglese si parla più spesso di *rescission*. Ad ogni modo, fondamentale appare, ai fini della risoluzione, la dicotomia tra *conditions* e *warranties*. Si noti, peraltro, la già accennata diversità di tecnica risolutoria e l'ambiguità dei termini di *common law* (*supra*, RISOLUZIONE DEL CONTRATTO PER ECCESSIVA ONEROSITÀ SOPRAVVENUTA; *infra*, RISOLUZIONE DEL CONTRATTO PER IMPOSSIBILITÀ SOPRAVVENUTA; CANCELLO; CLAUSOLA RISOLUTIVA DEL CONTRATTO; CONTRATTO: IX; CONTRATTO RISOLUBILE; INADEMPIMENTO; *INADIMPLENTI NON EST ADIMPLENDUM*; MUTUALITÀ; RETROATTIVITÀ DELLA CONDIZIONE; RIPUDIO; SCIOGLIMENTO DEL CONTRATTO). [vol. I: BREACH OF CONTRACT; CANCELLATION; CONTRACT: IX; DISCHARGE: 1; TERMINATION]

– **del contratto per impossibilità sopravvenuta.** Grosso modo, discharge of contract by frustration; ma si noti che la *frustration* costituisce un concetto originale che, in senso stretto, non equivale alla impossibilità sopravvenuta della prestazione qual è intesa nella *civil law* (*supra*, RISOLUZIONE DEL CONTRATTO PER ECCESSIVA ONEROSITÀ SOPRAVVENUTA; IMPOSSIBILITÀ SOPRAVVENUTA DELLA PRESTAZIONE; *REBUS SIC STANTIBUS*). [vol. I: CONTRACT: IX. 3; SUPERVENING IMPOSSIBILITY OF PERFORMANCE]

– **del contratto per mutuo consenso.** Termination of contract by agreement, rescission of contract by mutual consent (CONSENSO). [vol. I: DISCHARGE; RESCISSION: 2]

– **del parlamento.** Resolution of Parliament. [vol. I: *ad vocem*]

– **di organizzazione internazionale.** Resolution of an international organization (ORGANIZZAZIONE INTERNAZIONALE).

– **di una disputa.** Settlement a of dispute (DISPUTA; TRANSAZIONE).

Risorsa/e in genere. Resource (ESAURIMENTO DELLE RISORSE; ESPEDIENTE; MEZZO; RIMEDIO).

– **naturali.** Natural resources (AMBIENTE; ENERGIA; MONOPOLIO NATURALE; SOVRANITÀ SULLE RISORSE NATURALI). [vol. I: ENVIRONMENT]

– **scarse.** (RIPARTIZIONE). [vol. I: ENVIRONMENT; TRAGIC CHOICES]

Risparmiatore. Saver, investor; il correlativo di saver (risparmiatore) è *borrower*, ossia chi prende a prestito (CONSUMATORE; INVESTITORE; PRESTITO; RISPARMIO).

Bibl.:

Carnevali, U., *La responsabilità civile degli amministratori per danno ai risparmiatori* (1988) 2 CeI 83.

Risparmio in genere. Saving o savings (AZIONE (II) DI RISPARMIO; BANCA DI RISPARMIO; CASSA DI RISPARMIO; CONTO DI RISPARMIO; DEPOSITO A RISPARMIO; PARSIMONIA; PRODIGALITÀ; RISPARMIATORE). [vol. I: SAVINGS]

– **indicizzato.** Index-linked savings (INDICIZZAZIONE).

– **netto.** Net savings (*supra*, RISPARMIO IN GENERE).

– **postale.** Postal savings (*supra*, RISPARMIO IN GENERE).

Rispetto in genere. Observance, compliance with (OSSERVANZA).

Risposta in genere. Reply, answer; negli S.U. si parla, in materia processuale, di *reply* per indicare la risposta dell'attore all'azione riconvenzionale esperita dal convenuto (COMPARSA DI RISPOSTA; DIFESE NEL PROCESSO CIVILE; DO-

MANDA RICONVENZIONALE; *MEDIA*; REPLICA; RETTIFICA). [vol. I: ANSWER; CROSS-EXAMINATION; PLEADINGS; REPLY]

– **all'interrogatorio.** Reply (INTERROGATORIO).

– **evasiva.** Evasive answer (RISERVA MENTALE).

– **falsa.** False answer, sham answer (FALSA DEPOSIZIONE).

Rissa. Affray, brawl, medley; costituisce *breach of the peace* (LITIGIO; ORDINE PUBBLICO; SOMMOSSA). [vol. I: BREACH OF THE PEACE; CHANCE-MEDLEY; RIOT]

Ristabilimento delle relazioni diplomatiche. Restoring diplomatic relations (RELAZIONI DIPLOMATICHE).

Ristorazione. (*CATERING*)

Ristoro in genere. Restaur (REGRESSO; REINTEGRAZIONE; RESTITUZIONE; RISARCIMENTO). [vol. I: RESTORATION]

Ristretto. (MERCATO AZIONARIO RISTRETTO)

Ristrutturazione in genere. (*REORGANIZATION*)

Risultanza/e giudiziale/i in genere. Judicial finding, finding (ACCERTAMENTO GIUDIZIARIO; CONCLUSIONE; GIUDIZIALE; INDAGINI GIUDIZIARIE; PROVA). [vol. I: INTRODUZIONE: III. 29; EVIDENCE; FINDING; INQUIRY; JUDICIAL]

– **di un'inchiesta.** Findings of an inquiry (INCHIESTA).

Risultato/i in genere. Result, return.

– **elettorali.** Election results (ELEZIONI POLITICHE).

– **utile nel salvataggio marittimo.** Success (SALVATAGGIO MARITTIMO). [vol. I: NO CURE-NO PAY; SALVAGE]

Ritardi. (RITARDO/I)

Ritardo/i in genere. Delay; ma la *common law* non esige la costituzione in mora del debitore. Quanto ai ritardi della giustizia, un eminente magistrato inglese soleva ripetere che « *delay of justice is denial of justice* », del resto, una verità radicata nelle convinzioni popolari (ADEMPIMENTO RITARDATO; CLAUSOLA DI ACCELERAZIONE; DENEGATA GIUSTIZIA; DILAZIONE; IN CASO DI RITARDO; MORA; PAGAMENTO; SENZA ULTERIORE RITARDO o DILAZIONE; TEMPI DELLA GIUSTIZIA; TERMINE ESSENZIALE NEL CONTRATTO). [vol. I: *ad vocem*; LACHES; LIMITATION OF ACTIONS; PERFORMANCE]

– **ingiustificato.** Unreasonable delay, undue delay (TEMPI DELLA GIUSTIZIA).

– **nell'esecuzione del contratto.** Delay in the performance of contract. Costituisce *breach of contract*. Principio generale di *common law* in materia è che « *time is of the essence* » e che quindi la mancata esecuzione nei termini dà diritto alla risoluzione unilaterale (*repudiation*) del contratto. Ma questa regola ha subito numerosi temperamenti ad opera dell'*equity* e, di conseguenza, può dirsi che se, in ogni caso, il ritardo comporta il risarcimento del danno, esso dà diritto alla *repudiation* del contratto quando il termine sia stato considerato essenziale dalle parti, punto da accertare di volta in volta; ma sembra che, in pratica, nelle vendite commerciali sussista ancora la regola della *common law*. Quanto alla data del pagamento, salvo che non sia diversamente stipulato, essa non è considerata un'obbligazione *of the essence* (ADEMPIMENTO; ESECUZIONE DEL CONTRATTO; PAGAMENTO; RISOLUZIONE DEL CONTRATTO PER INADEMPIMENTO; TERMINE ESSENZIALE NEL CONTRATTO). [vol. I: CONTRACT: IX; ESSENCE, OF THE; PERFORMANCE; TENDER OF PERFORMANCE]

– **nell'esercizio di un diritto.** Laches (PRESCRIZIONE). [vol. I: *ad vocem*]

– **nel pagamento.** Delay in payment (*supra*, RITARDO IN GENERE; ARRETRATO; MORA; PAGAMENTO).

– **nel rendere giustizia.** Delay of justice (DENEGATA GIUSTIZIA; TEMPI DELLA GIUSTIZIA).

– **vessatorio nel pagamento.** Vexatious delay to pay. Negli S.U., in cui esiste una tutela dell'assicurato ben più seria di quella nostrana, il ritardo ingiustificato nel pagamento dell'indennizzo da parte dell'assicuratore è sanzionato con una multa (ABUSO DI DIRITTO; ASSICURAZIONE; PAGAMENTO).

Ritenuta in genere. Witholding (ASTENSIONE; RESTITUZIONE; RITENZIONE).

– **alla fonte.** (IMPOSTA RITENUTA ALLA FONTE)

Ritenzione in genere. Retention, retainer (DIRITTO (II) DI RITENZIONE; PRIVILEGIO; RESTITUZIONE).

Ritiro. Retirement, withdrawal, waiver, opting out, retraction, pull out; la clausola di un contratto, accordo o trattato che preveda il recesso di una parte è detta più spesso *opting-out clause* (ABBANDONO; DESISTENZA DALL'AZIONE IN GIUDIZIO; EVACUAZIONE; PRELIEVO; RECESSO; REVOCA; RINUNZIA; RITRATTAZIONE). [vol. I: ABANDONMENT; REVOCATION; WAIVER; WITHDRAWAL]

– **dalla società.** (RECESSO DALLA SOCIETÀ)

– **dall'attività criminale.** Withdrawal from criminal activity. Costituisce una difesa che tuttavia va provata con la totale rinunzia agli obiettivi criminosi. Ma negli S.U. — stato federale — il § 5.01(4) del *Model Penal Code* parla anche di *renunciation of criminal purpose*. Nel caso di reati associativi, si parla di *withdrawal from conspiracy* (CRIMINALITÀ ORGANIZZATA; PENTITO; REATI ASSOCIATIVI; RINUNZIA AL PERSEGUIMENTO DEL PROPOSITO CRIMINOSO).

– **della patente di guida.** Lett., withdrawing driving o driver's licence; ma si parla più spesso di disqualification from holding a driving licence (AUTOVEICOLO; GUIDA IN STATO DI EBBREZZA; PATENTE DI GUIDA).

– **della proposta.** Withdrawal of offer, retractation of offer (PROPOSTA).

– **dell'imputazione penale.** (RINUNZIA ALL'AZIONE PENALE)

– **di fondi da una banca.** (PRELIEVO DI FONDI DA UNA BANCA)

– **di una domanda.** Withdrawal of an application (DOMANDA).

– **di un giurato.** Withdrawing a juror; il ritiro di un giurato che non sia sostituito rende impossibile il proseguimento del processo. Negli S.U. — stato federale — quando avveniva nell'accordo delle parti costituiva in passato un espediente per mettere fine all'azione civile: ogni parte pagava le proprie spese (DESISTENZA DALL'AZIONE IN GIUDIZIO; GIURATO).

Rito. Procedure (PROCEDURA).

Ritorno dell'assente. Return of absentee (ASSENTE).

Ritorsione. Retaliation, reprisal, retorsion, response (DISSUASIONE; EMBARGO; MINACCIA; RAPPRESAGLIA; REPLICA).

– **dell'ingiuria.** Retorsion of abuse (INGIURIA).

– **militare.** Military retaliation (*supra*, RITORSIONE).

Ritrasferimento. Reconveyance (RETROCESSIONE; RIACQUISTO; RIVERSIONE; TRASFERIMENTO). [vol. I: SALE AND LEASEBACK]

Ritrattazione di una deposizione. Withdrawal of a testimony, withdrawal of a deposition, retractation. Quest'ultimo termine è impiegato più spesso in tema di diffamazione per indicare il ritiro del materiale diffamatorio; nella pratica successoria (*probate*), esso indica la revoca di una rinunzia (ACCUSA; CONFESSIONE; DEPOSIZIONE; DIFFAMAZIONE; REVOCA; RINUNZIA; RITIRO; TESTIMONE). [vol. I: DEPOSITION; EXAMINATION; INDICTMENT; RETRACTATION; WITNESS]

Ritratto. Portrait (IMMAGINE; RISERVATEZZA).

Ritrovamento. Finding; la legge relativa al regime dei ritrovamenti è detta più spesso *law of finds* (APPROPRIAZIONE; INVENTORE DI COSE SMARRITE; INVENZIONE; OGGETTI SMARRITI; *RES NULLIUS*; SCOPERTA). [vol. I: *ad vocem*; FINDER; RES NULLIUS; TREASURE TROVE]

– **di cetacei.** Finding of fish (*supra*, RITROVAMENTO). [vol. I: FISH ROYAL]

– **di cose smarrite.** Finding of lost property (OGGETTI SMARRITI). [vol. I: CONVERSION; POSSESSION; TREASURE TROVE]

– **di relitto di nave.** Finding of wreck (RELITTO DI NAVE). [vol. I: WRECK]

Ritrovato. Invention, novelty (BREVETTO; INVENZIONE). [vol. I: INVENTION; NOVELTY]

Riunione in genere. Rally, meeting, assembly, conference; il diritto di riunione è detto *freedom of assembly*. Le riunioni del giudice con i difensori delle parti durante il processo ma al di fuori dell'aula di udienza sono definite negli S.U. *conferences* (ADUNANZA; ANNULLAMENTO DI UNA RIUNIONE; ASSEMBLEA; ASSOCIAZIONE; ATTI DI UNA ASSEMBLEA, CONFERENZA, RIUNIONE; DIRITTO (II) DI ASSOCIAZIONE; INCONTRO; INTERRUZIONE DI PUBBLICA RIUNIONE; LIBERTÀ DI RIUNIONE; MAGGIORANZA; MINORANZA; MODERATORE; MOZIONE D'ORDINE; ORDINE DEL GIORNO; ORDINE PUBBLICO; PRESIDENTE; *QUORUM*; RISOLUZIONE; SEDUTA; UDIENZA; VERBALE). [vol. I: ASSEMBLY; CONSPIRACY; FREEDOM OF ASSEMBLY; GENERAL ASSEMBLY; MEETING; PUBLIC ORDER; RIOTOUS ASSEMBLY; UNLAWFUL ASSEMBLY]

– **a porte chiuse.** Meeting in a closed session, meeting behind closed doors (UDIENZA A PORTE CHIUSE).

– **dei creditori.** Meeting of creditors (CREDITORE; FALLIMENTO).

– **dei procedimenti.** Consolidation of actions; negli S.U. — stato federale — la materia è disciplinata dalla R. 42(a) delle *Federal Rules of Civil Procedure* (ASSORBIMENTO DEL PROCEDIMENTO; CUMULO DELLE DOMANDE; PLURALITÀ DI DOMANDE IN GIUDIZIO BASATE SULLA STESSA *CAUSA PETENDI*; PROCEDIMENTO; SEPARAZIONE DELLE DOMANDE IN GIUDIZIO). [vol. I: *ad vocem*]

– **di emergenza.** Emergency meeting (EMERGENZA; PIANO DI EMERGENZA).

– **illegale.** Unlawful assembly (*infra*, RIUNIONE NON AUTORIZZATA; RIUNIONE SEDIZIOSA).

– **non autorizzata.** Unlawful, unauthorized, meeting o assembly (*infra*, RIUNIONE SEDIZIOSA). [vol. I: UNLAWFUL ASSEMBLY]

– **plenaria del consiglio di amministrazione.** Full board meeting (ADUNANZA PLENARIA; CONSIGLIO DI AMMINISTRAZIONE DI SOCIETÀ). [vol. I: BOARD OF DIRECTORS]

– **privata.** Private meeting (*infra*, RIUNIONE PUBBLICA).

– **pubblica.** Public meeting (*supra*, RIUNIONE PRIVATA; ORDINE PUBBLICO). [vol. I: BREACH OF THE PEACE; PUBLIC ORDER]

– **sediziosa.** Seditious assembly, seditious meeting (*supra*, RIUNIONE NON AUTORIZZATA; ORDINE PUBBLICO; SEDIZIONE). [vol. I: PUBLIC MEETING; PUBLIC ORDER; RIOTOUS ASSEMBLY]

Riva in genere. Bank, shore, margin (RIVIERASCO).

– **del mare.** Sea-cost, seashore (LIDO DEL MARE; MARE). [vol. I: COASTAL WATERS; LAND-LOCKED STATE; OFF-SHORE; SEA-COAST]

Rivalsa in genere. Recoupment (AZIONE (I) DI REGRESSO; RECUPERO; REGRESSO).

Rivalutazione. Revaluation (SVALUTAZIONE).

Rivelazione in genere. Disclosure, discovery. Ma si noti il significato particolare che assume il termine *discovery* nella *common law* per indicare un importante istituto della procedura civile e penale nella fase del *pre-trial*, ignoto alla tradizione giuridica di *civil law* (CONSENSO ALLA RIVELAZIONE; *DISCOVERY*; POLVERONE; PROCEDURA; RETICENZA NEL CONTRATTO; SEGRETO; SILENZIO; TRASPARENZA). [vol. I: DISCLOSURE; DISCOVERY; MISREPRESENTATION; UBERRIMAE FIDEI]

– **di segreti di Stato.** Disclosure of state secrets (SEGRETO DI STATO).

– **di segreti di ufficio.** Disclosure of classified information, disclosure of confidential information (SEGRETO DI UFFICIO).

– **di segreti scientifici** o **industriali.** Disclosure of scientific or industrial secrets (SEGRETO INDUSTRIALE).

Rivendicazione in genere. Revendication; ma questa espressione non deve indurre a ritenere l'esistenza dell'azione di rivendicazione nella *common law* (AZIONE (I) DI RIVENDICAZIONE; DIRITTO (II) NON RIVENDICATO; RECUPERO).

– **della responsabilità.** Claiming responsibility (RESPONSABILITÀ).

– **di un diritto.** Claiming a right (DIRITTO (II) NON RIVENDICATO).

– **salariale.** Wage claim (SALARIO).

Rivendita. Resale (PREZZO IMPOSTO; VENDITA).

– **di cose.** Resale of goods; prevista nel caso in cui il venditore si sia riservato il diritto di rivendere le merci in caso di mancato pagamento del prezzo, o di vendita all'asta (PREZZO MINIMO IMPOSTO DI RIVENDITA AL DETTAGLIO; RIVENDITORE; VENDITA). [vol. I: LOSS LEADERS; PRICE; RESALE; SALE]

Rivenditore. Retailer, dealer (DETTAGLIANTE; RIVENDITA; TUTELA DEL CONSUMATORE; VENDITORE). [vol. I: CASH AND CARRY; CONSUMER PROTECTION; PRODUCT LIABILITY; SALE; TRADE DESCRIPTION; WHOLESALE]

Riversibile. Redeemable; ma il termine *reversion* assume un significato particolare nella *common law* in tema di diritti immobiliari (RETROCESSIONE; RIACQUISTO; RIVERSIBILITÀ; RIVERSIONE). [vol. I: REDEMPTION; REVERSION]

Riversibilità. Liable to redemption (CONDIZIONE DI RIVERSIBILITÀ; PRELAZIONE; RIVERSIBILE).

Riversione in genere. Reversion, reconveyance. Ma il termine *reversion* si approssima soltanto al concetto italiano, giacché nella *common law* si riferisce a un *estate*, concetto ignoto alla *civil law* (RETROCESSIONE; RIACQUISTO; RITRASFERIMENTO; RIVERSIBILE; RIVERSIBILITÀ). [vol. I: RECONVEYANCE; REMAINDER; REVERSION]

Rivierasco. Riparian (DIRITTI (II) RIVIERASCHI; PROPRIETARIO RIVIERASCO; RIVA). [vol. I: *ad vocem*]

Rivista/e in genere. Review.

- **di giurisprudenza.** Grosso modo, law reports, report, reporter. Ma in effetti, in senso stretto, non c'è equivalenza, data la grande diversità di articolazione della sentenza di *common law.*
1. Un eminente comparatista [Schlesinger 1950, ed. 1988: 650] ha rilevato che la maniera in cui essa è riportata — con grosse mutilazioni attinenti ai fatti — rende virtualmente impossibile la ricerca della *ratio decidendi* nella sentenza di *civil law,* anche se, ovviamente, la prassi varia notevolmente nell'ambito dei diversi paesi che appartengono a questa tradizione giuridica. Egli osserva, tra l'altro che « in practice Italian lawyers ordinarily limit their study of the case law to the published *massime* » (n.o.).
2. I *law reports* giocano un ruolo fondamentale nei sistemi a diritto giurisprudenziale come quelli di *common law*, in cui vige il principio della natura vincolante del precedente giudiziario, anche se, di fatto, assai diverso appare il grado di rigidità della sua applicazione specie nel sistema inglese e quello nordamericano. Ma, detto questo, va rilevato altresì che un meno arbitrario e sciatto trattamento del materiale giurisprudenziale sarebbe auspicabile nel nostro paese, in cui, come, del resto, dimostra la pedissequa ricerca delle sole massime, anche la giurisprudenza nostrana — beninteso, in modo surrettizio e confusionario — si avvia sempre più a divenire, di fatto, una nuova fonte di diritto (FONTI DEL DIRITTO).
3. Celebre è negli S.U. una compilazione definita *Restatement of law* che, in forma di articoli, contiene un distillato delle decisioni emesse nei vari stati dell'Unione su varie materie, ed espone sistematicamente quale dovrebbe essere lo sviluppo del diritto. Potente fattore di formazione della *common law* degli S.U., essa è spesso citata nelle decisioni giurisprudenziali. Ma non va confusa con le riviste di giurisprudenza.
4. Questo tema di fondamentale importanza è stato trattato in chiave comparatistica con l'abituale vigore da Gino Gorla e da ultimo rivisitato da Francesco Galgano sulla ottima rivista da lui diretta (DIGESTO; DISPOSITIVO DELLA SENTENZA; FONTI DEL DIRITTO; GIURISPRUDENZA; MASSIMA GIURISPRUDENZIALE; PRECEDENTE GIUDIZIARIO; REPERTORIO DI GIURISPRUDENZA; SENTENZA; TESTI GIURIDICI). [vol. I: JUDGMENT; LAW REPORTS; PRECEDENT; REPORTER]

Bibl.:
De Nova, G., *L'astrattezza delle massime e le origini dell'Ufficio del Massimario* (1988) 2 CeI 516.
Galgano, F., *Dei difetti della giurisprudenza, ovvero dei difetti delle riviste di giurisprudenza* (1988) 2 CeI 504.
Roselli, F., *Massimazione e memorizzazione della giurisprudenza costituzionale* (1988) 2 CeI 488.

- **giuridica in genere.** Law review, legal periodical, law journal (PUBBLICAZIONE GIURIDICA).

Rivolta. Riot, rebellion, insurrection (COLPO DI STATO; DISORDINI; EMERGENZA; ORDINE PUBBLICO; RISSA; SEDIZIONE; SOMMOSSA; TRADIMENTO). [vol. I: CIVIC COMMOTION; PUBLIC ORDER; REBELLION; TREASON]

- **carceraria.** Prison riot (CARCERE).
- **contro i poteri costituiti.** Rebellion (GUERRA CIVILE). [vol. I: TREASON]

Rivoluzione in genere. Revolution. Parola grossa, cara, assieme al conto svizzero, al *cretino di sinistra*: che, ancora oggi, anela alla rivoluzione comunista. Con l'espressione *The Glorious Revolution* si indica un evento di fondamentale importanza nella storia politico-costituzionale britannica e delle grandi democrazie liberaldemocratiche — che segna il trionfo del parlamento sul potere assoluto della monarchia — simboleggiato dal *Bill of Rights* del 1689. L'Inghilterra non è stata toccata dalla rivoluzione del 1789 che, del resto, era già stata anticipata in qualche modo, di 100 anni. Anche la rivoluzione americana precede quella francese (DIRITTO (II) DI RESISTENZA; GUERRA CIVILE; POTERE; SECESSIONE; SOMMOSSA; SOVRANITÀ; SOVVERSIONE; STATI UNITI D'AMERICA; TERRORISMO). [vol. I: BILL OF RIGHTS; GLORIOUS REVOLUTION]

Rogatoria. Rogatory letters, rogatory; ma nel sistema inglese si parla di *letters of request* (LETTERA ROGATORIA). [vol. I: DEPORTATION; EXTRADITION; ROGATORY LETTERS]

Rogito notarile. (ATTO NOTARILE)

Rotta in genere. Route, course, line (CLAUSOLA DEL DIROTTAMENTO NEL TRASPORTO MARITTIMO; DIROTTAMENTO; ITINERARIO; PERCORSO; TRAGITTO; VIAGGIO).

- **commerciale.** Trade route (COMMERCIO).
- **di collisione.** Collision course (COLLISIO-

NE DI NAVI; URTO DI NAVI). [vol. I: COLLISION; SAFETY OF NAVIGATION]

– **di nave.** Ship's route (CAMBIAMENTO DI VIA, DI VIAGGIO DI NAVE; ITINERARIO; NAVE). [vol. I: DEVIATION]

– **di sicurezza.** Safety route (SICUREZZA).

Rottame. Scrap (DEMOLIZIONE DI NAVE; DEPREZZAMENTO; SCARTO; VALORE DI RECUPERO).

Rottura in genere. Breaking up, breakage (ABBUONO PER ROTTURA; FRANCO ROTTURA; ROTTAME).

– **dei rapporti diplomatici.** Severance, o rupture, of diplomatic relations (CANALI DIPLOMATICI; RELAZIONI DIPLOMATICHE). [vol. I: DIPLOMATIC; SEVERANCE OF DIPLOMATIC RELATIONS]

– **della tregua.** Breaking of truce (TREGUA).

– **del rapporto matrimoniale.** Breakdown of marriage (IRREPARABILE ROTTURA DEL RAPPORTO MATRIMONIALE).

– **di contratto.** Breach of contract (INADEMPIMENTO CONTRATTUALE).

Royalty. (CANONE)

Rule of law. (STATO DI DIRITTO)

Rumori dal fondo adiacente. Noises from neighbour's land o premises; può costituire una forma di *nuisance* (FONDI ADIACENTI; IMMISSIONE DI FUMO O CALORE NEL FONDO VICINO; INQUINAMENTO; MOLESTIA). [vol. I: NUISANCE]

Ruolo in genere. List, roll, book, register, record, panel (ALBO; CANCELLAZIONIE DELLA CAUSA DAL RUOLO; REGISTRO). [vol. I: CAUSE LIST]

– **civile.** Grosso modo, cause-list of civil cases, list; negli S.U. si parla di *civil docket*. Ma, in senso stretto, non corrisponde al ruolo delle cause nostrano (ISCRIZIONE DELLA CAUSA NEL RUOLO).

– **degli stipendi.** (LIBRO PAGA)

– **delle cause.** Grosso modo, cause-list, docket of causes. Ma non vi è equivalenza esatta: una causa che figura nella *cause list* ha superato la fase del *pre-trial* e deve essere decisa con il *trial*. La cancellazione della causa dal ruolo per inattività dell'attore nella fase del *pre-trial* è detta *dismissal of action for want of prosecution*. Si noti che davanti alla Q.B.D. esistono diversi ruoli delle cause, a seconda della loro natura e della loro durata presunta. Negli S.U. — stato federale — si parla di *docket* o court calendar, di trial list, trial calendar, judge's calendar. Ma non esiste un esatto equivalente, anche in virtù della accennata dicotomia del processo nelle due fasi del *pre-trial* e del *trial*, priva di equivalenza nei sistemi di *civil law* (ISCRIZIONE DELLA CAUSA NEL RUOLO). [vol. I: APPEARANCE; CAUSE LIST; TRIAL]

Bibl.:
Langan 1970, ed. 1976: 173.

– **di equipaggio.** Muster roll, ship's articles, articles of seamen (EQUIPAGGIO DI NAVE). [vol. I: ARTICLES OF SEAMEN; CREW; ENGAGEMENT; JONES ACT; NAUTICAL FAULT; SEAMEN; SHIP]

– **di udienza.** Grosso modo, daily cause-list, cause-list, list, court calendar (UDIENZA). [vol. I: CAUSE LIST]

– **penale.** Grosso modo, cause list of criminal cases; ma si parla più spesso di *criminal docket.*

S

Sabotaggio. Sabotage; negli S.U. si parla di *criminal syndicalism* per indicare, tra l'altro, una forma di terrorismo o sabotaggio sindacale diretto a determinare mutamenti nell'assetto proprietario dell'industria o politico in genere (BOICOTTAGGIO; EVERSIONE; SACCHEGGIO; SEDIZIONE; SOMMOSSA; TERRORISMO SINDACALE; TRADIMENTO). [vol. I: BOYCOTT; INSURANCE; REPRISALS; WAR RISKS]

Saccheggio. Pillage, plunder, looting (FURTO; RAZZIA; SABOTAGGIO; SOMMOSSA).

Sacco diplomatico. (VALIGIA DIPLOMATICA)

Sacrificio in genere. Sacrifice, detriment (BENEFICIO; DETRIMENTO; PERDITA; PREGIUDIZIO).

- **nel contratto.** (DETRIMENTO)
- **nella spedizione marittima.** Jettison (AVARIA COMUNE; GETTO IN MARE). [vol. I: GENERAL AVERAGE; JETTISON]

Saggiatore. Assayer, assay-master (METALLI PREZIOSI).

Saggio in genere. Assay, assaying, test, rate (CAMPIONE; PROVA; RATA; SAGGIATORE). [vol. I: ACID TEST; ASSAY; HALLMARK]

- **degli interessi.** (TASSO DEGLI INTERESSI)
- **dei metalli preziosi.** Assay of precious metals (METALLI PREZIOSI). [vol. I: HALLMARK]
- **di cambio.** (TASSO DI CAMBIO)
- **di sconto.** (TASSO DI SCONTO)

***Saisine* ereditaria.** Non esiste, data la diversa meccanica della devoluzione ereditaria nella tradizione di *common law* (EREDITÀ; SUCCESSIONE PER CAUSA DI MORTE). [vol. I: INTRODUZIONE: III. 23; HEREDITAS; SUCCESSION]

Sala in genere. Hall, room.

- **delle contrattazioni nella borsa.** Floor (BORSA).
- **di udienza.** Court room (IMPUTATO DISTURBATORE DELL'UDIENZA; UDIENZA).

Salariato. Wage-earner, employee, employed; si noti negli S.U. — stato federale — il c.d. *wage earner's plan* in tema di fallimento, in cui il percettore di redditi fissi insolvente paga i propri debiti scaglionati nel tempo secondo un prospetto e sotto il controllo del giudice fallimentare. Ma esso non si può capire se non si tiene a mente che nella *common law* esiste il fallimento del non imprenditore (DEBITORE: 6; DIPENDENTE; FALLIMENTO; REDDITO FISSO; SALARIO). [vol. I: EMPLOYMENT; SELF-EMPLOYED]

Salario/i in genere. Wage o wages, pay, remuneration, earnings (ADEGUAMENTO SALARIALE AUTOMATICO; BLOCCO DEI SALARI; BUSTA PAGA; CESSIONE DI STIPENDI E SALARI; COSTO DELLA VITA; CRUMIRAGGIO; EMOLUMENTO; EQUO SALARIO; FERIE PAGATE; GUADAGNO; INDENNITÀ DI MISSIONE; LAVORO; MINIMO SALARIALE; OFFERTA DI SALARIO; PAGA; PARITÀ SALARIALE; PIGNORAMENTO DI STIPENDI E SALARI; POLITICA SALARIALE; PRIVILEGIO SU SALARI o STIPENDI; PROVENTO; REDDITO FISSO; REMUNERAZIONE IN NATURA; RIDUZIONE DEL SALARIO; RIVENDICAZIONE SALARIALE; SALARIATO; SCALA MOBILE; SINDACATO; STIPENDIO). [vol. I: ATTACHMENT OF EARNINGS; FRINGE BENEFITS; LIEN; PAY; PERQUISITE; PRIVILEGED FROM EXECUTION; SALARY; TRADE UNION; TRUCK SYSTEM; WAGE]

- **a cottimo.** Piece-wage (COTTIMO).
- **arretrato.** Arrears of wages (ARRETRATO). [vol. I: ARREARS]
- **a tempo.** Time wage (TEMPO).
- **equo.** Fair wage (STATUTO DEI LAVORATORI).
- **e stipendi.** Wages and earnings (CESSIONE DI STIPENDI; PIGNORAMENTO DI STIPENDI E SALARI).
- **giornaliero.** Daily wage (*supra*, SALARIO A TEMPO).

– **in natura.** Wages in kind (*supra*, SALARIO IN GENERE). [vol. I: TRUCK SYSTEM]

– **minimo.** Minimum wage (*supra*, SALARIO IN GENERE).

– **nominale.** Money wages, nominal wages (*infra*, SALARIO REALE).

– **reale.** Real wages (*supra*, SALARIO NOMINALE).

Saldo/i in genere. Balance; i saldi periodici di articoli di consumo da parte dei grandi magazzini e negozi in genere sono detti *sales* (A NUOVO SALDO; A SALDO; BILANCIO; CONGUAGLIO; CONTO CORRENTE BANCARIO; NESSUN SALDO DOVUTO; PAGAMENTO; QUIETANZA A SALDO; RIMESSA A SALDO; SCONTO; SVENDITA). [vol. I: BALANCE]

– **a credito.** Credit balance (CREDITO).

– **a debito.** Debit balance (DEBITO).

– **attivo.** Cash balance, credit balance, surplus (ATTIVO).

– **completo.** Final settlement, settlement in full. [vol. I: SETTLEMENT]

– **con l'estero.** Foreign balance (COMMERCIO ESTERO).

– **di un conto.** Balance of an account o, più spesso, balance, account balance (CONTO). [vol. I: ACCOUNT; BALANCE; SETTLEMENT]

– **di un conto corrente bancario.** Balance of a bank current account (CONTO CORRENTE BANCARIO).

– **dovuto.** Balance due (DOVUTO).

– **inattivo.** Dormant balance (*supra*, SALDO IN GENERE).

– **morto.** (*supra*, SALDO INATTIVO)

– **scoperto.** Outstanding balance (SCOPERTO).

Salute in genere. (SANITÀ)

Salvacondotto. Safe-conduct, laissez passer, permit (PASSAPORTO; RAGION DI STATO).

Salvaguardia. Safeguard, safety, prevention o protection (CLAUSOLA INDENNITARIA; GARANZIA; PREVENZIONE; SICUREZZA). [vol. I: PREVENTION; SAFETY]

– **della vita umana in mare.** Safety of life at sea (SICUREZZA DELLA NAVIGAZIONE).

Salvataggio in genere. Rescue, relief, salvage (OPERAZIONE DI SOCCORSO; RIMORCHIO; SOCCORSO). [vol. I: RESCUE]

– **dell'impresa.** Corporate rescue; ma si parla anche genericamente di *bail out* per indicare il salvataggio *in extremis* di un'impresa o di un'istituzione finanziaria. Particolare importanza assume nel sistema nordamericano la *reorganization* delle imprese in difficoltà: si parla di solito del *Chapter 11* del *Bankruptcy Code* per riferirsi alla legge che la prevede. Questa procedura è priva di equivalenza nel sistema nostrano basato su leggi speciali che, di fatto, oltre a realizzare la dissipazione di fiumi di denaro pubblico, comportano di solito un danno irreversibile per le stesse imprese che si pretende di salvare. Un piano di salvataggio in genere è detto *rescue plan* (AMMINISTRAZIONE CONTROLLATA; FALLIMENTO: IX; IMPRESA; *REORGANIZATION*). [vol. I: RECONSTRUCTION OF COMPANY; REORGANIZATION]

– **di nave.** (*infra*, SALVATAGGIO MARITTIMO; NAUFRAGIO; RELITTO DI NAVE)

– **marittimo.** Salvage. Il termine indica nel sistema inglese e nordamericano non soltanto il salvataggio ma anche, a seconda dei casi, l'assistenza e il ricupero marittimo. Uno dei punti più controversi della materia consiste nella difficoltà di distinguere in concreto tra salvataggio (*salvage*) e rimorchio (*towage*). Sul piano terminologico, l'accordo o contratto di salvataggio è detto *salvage agreement*, il compenso di salvataggio *salvage remuneration*, il privilegio del soccorritore *salvor's lien* e, infine, la legge sul salvataggio marittimo *law of salvage*. La materia è regolata da convenzioni internazionali tra cui si segnala, da ultimo, quella di Londra del 1989 sul contratto di salvataggio, che ha innovato rispetto al precedente regime. A questo proposito, va anche segnalato il nuovo contratto *Lloyd's Open Form* o LOF 1990 e l'emendamento delle regole di York e Anversa (ARENAMENTO DI NAVE; ASSISTENZA E SALVATAGGIO MARITTIMO; AVARIA COMUNE; COMPENSO DI SALVATAGGIO; CONTRATTO DI SALVATAGGIO; NAUFRAGIO; NAVE SOCCORRITRICE; *NEGOTIORUM GESTIO*; OPERAZIONE DI SOCCORSO; PAGAMENTO: 4; PERDITA DI SALVATAGGIO; PILOTAGGIO MARITTIMO; REGOLE DI YORK E ANVERSA; RIMORCHIO DI NAVE; RISULTATO UTILE NEL SALVATAGGIO MARITTIMO; SOCIETÀ (II) DI SALVATAGGIO; SPEDIZIONE MARITTIMA; URTO DI NAVI IN MARE). [vol. I: ASSISTANCE AND SALVAGE AT SEA; NO CURE-NO PAY; SALVAGE; SUING AND LABOURING CLAUSE; TOWAGE; YORK-ANTWERP RULES]

Salvo in genere. Except (ECCEZIONE).

– **approvazione.** Subject to approval (APPROVAZIONE).

– **che il giudice non disponga diversamente.** Unless the court directs otherwise (*infra*, SALVO QUANTO DIVERSAMENTE STABILITO).

– **conferma.** On approval (*infra*, SALVO VISTO E VERIFICA; CONTRATTO ESTIMATORIO; VENDITA A PROVA). [vol. I: SALE ON APPROVAL]

– **errori e omissioni.** Errors excepted, o « E. and O. E. » o « E & OE » (ERRORE). [vol. I: ERROR]

– **quanto diversamente stabilito in questo articolo, etc.** Except as otherwise provided in this section, rule, etc. (*supra*, SALVO CHE IL GIUDICE NON DISPONGA DIVERSAMENTE).

– **visto e verifica.** On approval (*supra*, SALVO CONFERMA).

Sanabilità in genere. Curability (SANATORIA).

– **degli errori nei *pleadings* o nell'*indictment*.** Curability of errors in pleadings or indictment (CORREZIONE DEGLI ATTI PROCESSUALI; ERRORE NEI *PLEADINGS*). [vol. I: CURE BY VERDICT]

Sanatoria. Cure; una legge che introduca una sanatoria, ossia che retroattivamente renda validi atti o fatti illeciti o illegali, è detta *curative statute*. In tema di prova, si parla di *curative admissibility of evidence* per indicare l'ammissibilità di prova che sarebbe altrimenti inammissibile. Ma non esiste né nel Regno Unito, né negli S.U. la prassi nostrana delle sanatorie o amnistie che, ormai, a scadenza regolare, legalizza *ex post* la colossale illegalità di massa praticata nel paese, attivamente incoraggiata da un ceto dominante corrotto e incapace (AMNISTIA; CONVALIDA; RETROATTIVITÀ; SANABILITÀ).

Sangue in genere. Blood (DISCENDENZA; ESAME DEL SANGUE; EVIDENZA GENETICA; GRUPPO SANGUIGNO; INFORMAZIONE GENETICA; PATERNITÀ; PROVA DEL SANGUE).

Sanità in genere. Health (MALATTIA; SERVIZIO SANITARIO NAZIONALE).

– **mentale.** Sanity; negli S.U. si parla di *sanity hearing* per indicare l'esame delle condizioni mentali dell'imputato diretto a stabilire la sua imputabilità o meno (IMPUTABILITÀ; INFERMITÀ MENTALE).

Santuario in genere. Sanctuary (ASILO; RIFUGIO).

Sanzionabile. Enforceable. Ma in materia contrattuale questo termine assume un significato particolare nella tradizione di *common law*: nel *simple contract*, perché una promessa sia giuridicamente sanzionabile è necessario che vi sia una *consideration*, ossia che essa rientri in un contratto di scambio (AZIONABILE IN GIUDIZIO; CONTRATTO: III; ESECUTORIETÀ; SANZIONE; SINDACABILE). [vol. I: ENFORCEABLE]

Sanzione in genere. Penalty, sanction, punishment, measure.

1. Irrogare una pena è detto, tra l'altro, *levy (to) a sanction;* applicare una sanzione, *enforce (to) a sanction.* La sanzione quale ingrediente della norma giuridica siccome intesa nei sistemi di *civil law* è detta *sanction* o *penalty*; ma si parla più spesso di *enforceability*. Peraltro, ormai la sanzione non è più ritenuta da molti un elemento essenziale della norma giuridica: accanto alla legge statuale si invoca la *voluntary law*, ossia una serie infinita di regole che caratterizzano la fenomenologia giuridica extrastatuale.

2. Condotta-responsabilità-sanzione appaiono strettamente concatenate nel sistema giuridico anglo-americano, in cui il raccordo tra *morale e diritto* non si è mai perduto, al contrario di quanto è accaduto da noi grazie a due opposte ma concordanti ideologie reazionarie sostanzialmente indifferenti ai valori giuridici e morali. Basterebbe pensare a quale triste destino è andato incontro per mano dei nostri giuristi e magistrati il concetto di *abuso di diritto*. È, invece, questo raccordo a spiegare in buona parte i diversi poteri del giudice di *common law* consistenti, ad es., nel condannare ai *c.d. punitive damages*; un discorso analogo vale per la sanzione della condotta processuale incorretta come quando si propone un'azione o un appello defatigatorio. In effetti, se nella *common law* la funzione risarcitoria, o *compensatory*, dei *damages* è quella normale, essa non è anche la sola; in altre parole, i *damages* possono avere anche altre funzioni, come nel caso dei *punitive damages*. Si tratta di una differenza fondamentale con la tradizione di *civil law*, in cui il risarcimento ha esclusivamente funzione risarcitoria (*compensatory*). I c.d. *contemptuous damages* o *exemplary, vindictive, punitive, aggravated damages*, ossia la condanna al risarcimento *al di sotto* o *al di là* del danno effettivamente arrecato, è diretta a punire una condotta considerata disdicevole. Ad es., negli S.U, in materia di *anti-trust*, i privati danneggiati da una pratica monopolistica possono intenta-

re un'azione per *treble damages,* di fatto molto frequente. A questo proposito, è stato sostenuto che nei sistemi di *civil law* i poteri del giudice di irrogare danni punitivi sarebbero in contrasto con il principio *nulla poena sine lege.* Del resto, le amnistie e i condoni e le sanatorie — ovviamente, tutte approvate con legge, ormai diventate non già un fatto eccezionale, ma un dato intrinseco fondamentale del nostro ordinamento — consentono di intendere qual è l'effettiva portata della legge per il nostro legislatore, e anche l'abisso deliberatamente creato nel paese tra diritto e morale.
3. Francesco D'Agostino [1987] è autore di un interessante contributo alla teoria generale della sanzione penale (ABUSO DI DIRITTO; ATTO ILLECITO; CENSURA; CONDOTTA: 3; FONTI DEL DIRITTO; GIUDICE; NORMA GIURIDICA; PENA; PERSUASIONE; REGOLA DI CONDOTTA; RESPONSABILITÀ; REVOCA DELLE SANZIONI; RISARCIMENTO: 1; SANZIONABILE). [vol. I: NON-LEGAL RULES; PENALTY; SANCTION; SOURCES OF LAW]

- **civile in genere.** Civil penalty (ATTO ILLECITO).
- **commerciale.** Trade sanction (COMMERCIO INTERNAZIONALE).
- **del Consiglio di Sicurezza delle N.U.** Security Council's sanction (CONSIGLIO DI SICUREZZA DELLE N.U.).
- **disciplinare.** Disciplinary measure; chi è sottoposto a sanzioni disciplinari si dice essere stato *disciplined* (CENSURA; DISCIPLINA).
- **economica.** Economic sanction, trade sanction (*supra*, SANZIONE COMMERCIALE).
- **giuridica.** Legal sanction (RIMEDIO GIURIDICO).
- **occulta.** Veiled penalty (OCCULTO).
- **pecuniaria.** Pecuniary penalty (PENALITÀ).
- **penale.** Criminal punishment (PENA). [vol. I: PUNISHMENT; SENTENCE]
- **reale della legge nel R.U.** Royal assent (ASSENSO; PROMULGAZIONE). [vol. I: ROYAL ASSENT]

Satellite artificile. Artificial satellite; la disciplina giuridica, di per sé internazionale, rientra nel diritto spaziale o cosmico in genere. Quest'ultimo si distingue dall'*air law*, che è il diritto aeronautico (DIRITTO (I) SPAZIALE; SPAZIO COSMICO). [vol. I: SPACE LAW]

Sbarco in genere. Unloading, discharge, disembarkation (IMBARCO; ORDINE DI SBARCO; PERMESSO DI SBARCO; PORTO DI SBARCO; SCARICAZIONE; TRASPORTO).

- **di merci.** (SCARICAZIONE DI MERCI)
- **di passeggeri.** Disembarkation of passengers (IMBARCO DI PASSEGGERI; PASSEGGERO; PERMESSO DI SBARCO).

Sbarramento in genere. Crossing (GIRATA).

- **dell'assegno.** Crossing of cheque. Nel sistema inglese e nordamericano la dicitura *Account Payee Only* apposta sulla faccia dell'assegno indica che esso può essere pagato soltanto *sul conto* della persona indicata sul titolo che, in tal modo, diviene un effetto non all'ordine (ALL'ORDINE; ASSEGNO (II) BANCARIO; GIRANTE; GIRATA; NEGOZIABILE; NON ALL'ORDINE; ORDINE). [vol. I: ACCOUNT PAYEE ONLY; CROSSED CHEQUE; NEGOTIABLE INSTRUMENT; NON ENDORSABLE]
- **generale.** Crossing generally (*infra*, SBARRAMENTO QUALIFICATO).
- **qualificato.** Crossing specially (*supra*, SBARRAMENTO GENERALE).
- **speciale.** Crossing specially (*supra*, SBARRAMENTO QUALIFICATO).

Sborso. (ESBORSO; SPESA)

Scadenza in genere. Maturity, expiration, term, termination; ma si parla anche genericamente di *deadline.* Quando il termine è essenziale si dice che esso (*time) is of the essence of the contract*: in tal caso, l'inadempimento costituisce *breach of contract.* La decorrenza dei termini è detta più spesso *running of time-limit* o *running of time*; un termine è *out of time* quando esso è scaduto (A BREVE SCADENZA; ALLA SCADENZA; AVVISO DI SCADENZA; CLAUSOLA DI ACCELERAZIONE; DATA DI SCADENZA; DECADENZA; DECORRENZA DEI TERMINI; ENTRO IL; ESTINZIONE; FALLIMENTO; GIORNI DI GRAZIA; INADEMPIMENTO; MESE DI SCADENZA; MORA; PAGABILE ALLA SCADENZA; PAGAMENTO ALLA SCADENZA; PERIODO NON ANCORA SCADUTO; POLIZZA (I) DI ASSICURAZIONE SCADUTA; PRESCRIZIONE; PROTESTO; *RATING*; RESTITUZIONE DEL CAPITALE ALLA SCADENZA; RITARDO; SCADUTO; TERMINE DI SCADENZA; ULTIMATUM). [vol. I: ACQUIESCENCE; DATE; DAYS OF GRACE; DEFAULT; DUE; ESSENCE, OF THE; MATURITY; OUTSTANDING; PRESCRIPTION; PROTEST; TIME-LIMIT]

- **anticipata.** Grosso modo, anticipated expiry (MORA). [vol. I: ACCELERATION CLAUSE; TIME LIMIT]

– **a vista in genere.** Maturity at sight (A VISTA).

– **breve.** Short term (*infra*, SCADENZA LUNGA).

– **del contratto.** Expiry, expiration, of contract (RINNOVO DEL CONTRATTO). [vol. I: CONTRACT: IX; RENEWAL]

– **del termine.** Lapse, expiration, o running, of time (TERMINE). [vol. I: LIMITATION OF ACTIONS; PAYMENT]

– **di cambiale.** Maturity of bill (CAMBIALE SCADUTA). [vol. I: BILL OF EXCHANGE; MATURITY]

– **lunga.** Long term (*supra*, SCADENZA BREVE).

Scaduto in genere. Out of time, due, outstanding, overdue, stale (ASSEGNO (II) SCADUTO; IN SOFFERENZA; INSOLUTO; MORA; PRESCRIZIONE; SCADENZA). [vol. I: DUE; OUTSTANDING; OVERDUE]

Scafo di nave o **aeromobile.** Hull (ASSICURAZIONE DI CORPO DI NAVE; NOLEGGIO A SCAFO NUDO).

Scagionamento. Exculpation; è detta, rispettivamente, exculpatory statement o exculpatory evidence la dichiarazione o la prova diretta a scagionare l'imputato (ACCUSA; DIFESA; DISCOLPA; GIUSTIFICAZIONE).

Scala mobile nel pagamento dei salari. Grosso modo, threshold agreement; ma in senso stretto non esiste un equivalente esatto né in Gran Bretagna, né negli S.U.: si tratta di un'invenzione nostrana (ADEGUAMENTO SALARIALE AUTOMATICO; SALARIO). [vol. I: WAGE]

Scalata di società in genere. Take-over of company, take-over of corporation; è detto *take-over bid* il tentativo di una società esterna — definita *aggressor* o *insurgent* — di sottrarre il controllo di una società (*target corporation*) al suo *management*.
1. Il tentativo di scalata può comportare l'acquisto di azioni, l'offerta publica di acquisto (*tender offer* negli S.U.), la vendita di parti della società esterna, la proposta che la *target corporation* si fonda volontariamente nella società *aggressor*. Il take over è definito *friendly* o *hostile*, rispettivamente, a seconda che abbia luogo con l'accordo o contro la volontà del *management* della società « aggredita ».
2. Si parla di *white knight* per indicare quel tipo di scalatore che cerca di realizzare la scalata della *target company* mediante una fusione con l'accordo (definito *sweetheart deal*) degli amministratori di quest'ultima; invece, in caso di scalata ostile, lo scalatore tratta direttamente con gli azionisti. Questa terminologia, assieme a quelle di *golden parachute*, *greenmail*, *poison pill*, *porcupine provisions*, *raider*, *Saturday night special*, etc. riflette il modello di capitalismo « neoamericano » e anche l'immaginario di quell'immenso e irrefrenabile paese. Essa è priva di equivalenza nei sistemi di *civil law* in cui prevale, invece, il « modello renano » ispirato ad una assai diversa filosofia economica che in pratica, se non in principio, esclude la scalata ostile.
3. La materia è stata elaborata per prima negli S.U. e poi ripresa da altri studiosi. Alla base di queste diversità sussistono due diverse e opposte concezioni del capitalismo; si parla addirittura di una sfida tra i due modelli e ci si domanda quale dei due prevarrà. Romano Prodi (cit.), raro esempio di bravo (e leggibile) economista, in un angosciante articolo pone la domanda di fondo dove mai si possa collocare l'anomalo capitalismo nostrano. Domanda fondamentale se si pensa agli osceni traffici con il potere politico e alla sua ostilità all'economia di mercato di buona parte del capitalismo italiano. Comunque, tra le tante considerazioni svolte da questo autore, vi è quella relativa alla necessità di una progressiva creazione di regole comuni europee che consentano di far vivere nello stesso contesto concorrenziale imprese disciplinate da norme così diverse tra loro come quelle esistenti attualmente nei vari paesi membri.
4. A questo proposito, egli rileva che nell'ambito CEE mentre imprese germaniche sono attive acquirenti di imprese straniere anche in modo ostile, « se qualcuno volesse acquistare in modo ostile un'impresa tedesca di grandi dimensioni, dati gli intrecci proprietari fra le banche e le imprese (...) si troverebbe di fronte alla necessità di avere l'assenso di una parte sostanziale di tutta la Germania ». Ma va anche segnalato il saggio di Michel Albert [1991, trad. it.] che, più in generale, approfondisce il tema dei due tipi di capitalismo.
5. Infine, una forma di scalata societaria da parte del suo *management* o da investitori esterni è costituita dal *leveraged buyout* (ACQUISIZIONE DI CONTROLLO DI SOCIETÀ; AMMINISTRATORE DI SOCIETÀ; *BUY OUT*; CONCORRENZA; FUSIONE DI SOCIETÀ; IMPRESA; *LEVERAGED BUYOUT*; OBBLIGAZIONE (II) SPAZZATURA; OFFERTA PUBBLICA DI ACQUISTO; QUOTA DI CONTROLLO; RAGGRUPPAMENTO DI SOCIETÀ; *RAIDER*; *RIACQUISTO DI AZIONI DI SOCIETÀ*; RILIEVO DI SOCIETÀ; SCORPORO DI SOCIETÀ; SOCIETÀ

(II) DI CAPITALI; VALORE DEL RILIEVO AZIONARIO). [vol. I: TAKE-OVER]

Bibl.:

Prodi, R., *C'è un posto per l'Italia fra i due capitalismi?*, il Mulino 1/91: 21, 26.

Rubino-Sammartino, M., *Compravendita e fusioni internazionali* (1989) CeI 3: 995.

Scalatore di società. Raider (*RAIDER*; SCALATA DI SOCIETÀ).

Scalo di nave. Port of call (NAVE; PORTO DI SCALO). [vol. I: *ad vocem*]

– **regolare.** Scheduled stopping (FERMATA).

Scambio/i in genere. Barter, exchange, trade, permutation, swap, interchange. Il termine *Exchange* indica la borsa (valori, merci, metalli, a seconda dei casi): il *New York Stock Exchange* (o NYSE) è una delle maggiori borse valori del mondo assieme a quelle di Tokio, Londra e Francoforte. Le negoziazioni borsistiche sono dette *trading*. Ma — a parte il *trasferimento* in tempo reale di ingenti masse di fondi — l'economia moderna, economia di scambi, non sarebbe pensabile senza il *trasporto* di merci (e passeggeri). Lo scambio con reciproche concessioni è detto *trade off*; ma spesso questo termine assume una connotazione negativa che indica una specie di *combine*, per dirla alla francese (ACCORDO PER LA RESTRIZIONE VOLONTARIA DEGLI SCAMBI; A TERMINE; BARATTO; BORSA; CAMBIAMENTO; CAMBIO; COMMERCIO; CONTRATTO DI SCAMBIO; CORRISPETTIVO; ECONOMIA DI MERCATO; ESPORTAZIONE; IMPORTAZIONE; LIBERO SCAMBIO; PERMUTA; TERMINI DI SCAMBIO; TRAFFICO; TRANSAZIONE; TRASPORTO; VENDITA; VOTO DI SCAMBIO). [vol. I: BARGAIN; EXCHANGE; SIMPLE CONTRACT]

Bibl.:

Santini, G., *Della compravendita con prezzo a carico del venditore e di altri scambi anomali con natura di servizi* (1987) 2 CeI 416.

– **a pronti.** Spot trading (A PRONTI; CAMBIO A PRONTI).

– **contrattuale.** Bargain; si noti che il *simple contract* è sanzionabile quando rientri in un negozio di scambio. In questa materia esistono radicali differenze tra la due tradizioni giuridiche di *civil law* e di *common law* (CONGRUITÀ DELLO SCAMBIO CONTRATTUALE; CONTRATTO: III; PRESTAZIONE; RESCISSIONE PER LESIONE). [vol. I: CONSIDERATION; QUID PRO QUO]

– **di azioni.** (NEGOZIAZIONE DI AZIONI)

– **di cose.** (PERMUTA)

– **di note diplomatiche.** Exchange of notes (NOTA DIPLOMATICA).

– **di prigionieri.** Exchange of prisoners, exchange of captives (PRIGIONIERO).

– **diretto.** Direct exchange (*supra*, SCAMBIO IN GENERE).

– **di strumenti.** Exchange of instruments (STRUMENTO).

– **in compensazione.** Countertrade. È con questo termine che in diritto commerciale internazionale si indica lo scambio in compensazione, fenomeno che ha raggiunto di recente notevolissime dimensioni. Un *swap agreement* costituisce un accordo di triangolazione che collega tre operatori di paesi diversi (CAMBIO; COMPENSAZIONE; *SWAP*; VALUTA).

Bibl.:

Frignani, A., *Countertrade,* in *Digesto IV Utet, Comm.,* vol. IV: 192.

– **in natura di beni di investimento.** Like kind exchange (REMUNERAZIONE IN NATURA).

– **in valuta.** Currency swap (CAMBIO; VALUTA).

Scandalo. Scandal; ma questo termine assume un significato particolare in tema di *affidavit* e di *pleadings* (CORRUZIONE; CRIMINALITÀ ORGANIZZATA; DIFFAMAZIONE). [vol. I: *ad vocem*]

– **finanziario.** Financial scandal (*supra*, SCANDALO).

Scappatoia legale. Legal loophole (ELUSIONE DELLA LEGGE; LACUNA GIURIDICA).

Scarcerazione. Release from prison, release from jail (CARCERE; CAUZIONE GIUDIZIARIA; CUSTODIA CAUTELARE; LIBERAZIONE; PENA; RILASCIO). [vol. I: DISCHARGE; RELEASE: 5; SENTENCING PROCESS]

– **del condannato per decorrenza dei termini di custodia cautelare.** Lett., release of convicted person due to the expiry of custody time-limits. Messa in questi termini — che sono poi quelli del legislatore nostrano — la proposizione appare pazzesca. In nessun paese di lingua inglese (e non solo in quello) essa sarebbe capita; e non si tratta di un problema di traduzione. Perché *pazzesca* appare la architettura dell'istituto della custodia cautelare nel nostro sistema, in un articolo come il 303 c.p.p. che, oltretutto, anche sul piano della redazione legislativa, si rivela di pessima qualità. Ma carità di patria vuole che non si infierisca. Nel merito, si potrebbe sviolinare sulla *diversità dell'effetto del giudicato* nelle due tradizioni giuridiche. Ma non è questo il punto: perché, a rigor di logica, la *custodia* del detenuto finisce con la condanna di primo grado. Dopo di che il suo *status* muta: da detenuto a condannato. Se il termine di custodia cautelare deve avere un senso, anche nell'ottica del codice, essa va riferita esclusivamente alla condizione del detenuto in attesa di giudizio, ossia *prima della condanna*. Dopo di essa — fatti salvi tutti i diritti di questo mondo all'impugnazione della sentenza e al suo rilascio nel caso in cui venga riconosciuto non colpevole e, se del caso, al suo diritto al risarcimento per ingiusta detenzione — egli si trova nella condizione del condannato che sconta la pena. E l'equiparazione che fa l'art. 303 del c.p.p. delle due assai diverse condizioni o *status* ai fini della presunzione di innocenza appare aberrante, e chiaramente incostituzionale. A questo si aggiunge che nei sistemi di *common law* la sentenza di merito penale e civile — o di primo grado, come si direbbe dai noi — è, di solito (nel sistema inglese più che in quello nordamericano), esecutiva; in materia penale, la condanna fa venir meno, com'è naturale, il principio della presunzione di innocenza. Ma estendere il diritto alla presunzione di innocenza al condannato significa, in buona sostanza, squalificare il senso della sentenza di primo grado e la stessa presunzione, dimostrando, ancora una volta che, anche un principio di civiltà, esasperato oltre misura finisce, come troppo spesso accade da noi, col precipitare nel ridicolo: è questo, purtroppo, il senso dell'art. 27 della nostra costituzione. Il fatto è che è proprio la stessa formulazione di questo articolo ad apparire, sia consentito, demenziale, là dove estende la presunzione di innocenza fino alla condanna definitiva: una preoccupazione che, per quanto eccessiva, al limite, si sarebbe potuta capire in un sistema che prevedesse la pena di morte; ma questo non è il caso italiano. Molto più ragionevole appare l'art. 6 della Convenzione Europea sulla Salvaguardia dei Diritti dell'Uomo che, all'art. 6, secondo comma, legge: « Toute personne accusée d'une infraction est présumée innocente jusqu'à ce que sa culpabilité ait été légalement établie » (APPELLO; CUSTODIA CAUTELARE; PRESUNZIONE DI INNOCENZA).

– **del detenuto.** Release of prisoner (DETENUTO).

– **dell'arrestato.** Release of arrestee, release of person in custody (*infra*, SCARCERAZIONE SU CAUZIONE DELL'IMPUTATO).

– **per amnistia.** Release for amnesty (AMNISTIA).

– **provvisoria del condannato.** Release on licence; ma non ha un equivalente esatto nel nostro sistema (PENA). [vol. I: PAROLE; RELEASE: 5]

– **su cauzione dell'imputato.** Release on bail of defendant o of accused; ma non esiste nel nostro sistema (CAUZIONE GIUDIZIARIA; CUSTODIA CAUTELARE; LIBERTÀ PROVVISORIA). [vol. I: BAIL: 1]

Scaricatore di porto. Docker; negli S.U. si parla di *longshoreman*, termine generico che indica il lavoratore portuale e include sia lo scaricatore che lo stivatore (GENTE DI MARE; PORTO; SCARICAZIONE DI NAVE; STIVATORE). [vol. I: DISCHARGE: 6; DOCKER; LONGSHOREMAN; SEAMEN]

Scaricazione in genere. Unloading, discharge, unlivery. Ma il termine *discharge* assume un significato tecnico-giuridico particolare nel contratto, nel fallimento, e in materia penale nella tradizione di *common law* (CONSEGNA; CONTRATTO: X; DISCARICA; FALLIMENTO: I. 5; TRASPORTO). [vol. I: DISCHARGE]

– **del carico.** Discharge of cargo, unlivery of cargo (CARICO).

– **di merci.** Unloading of goods, discharge of goods (CARICAZIONE; CONSEGNA; IMBARCO; MERCE; NAVE; ORDINE DI SBARCO; PERMESSO DI SBARCO; QUARANTENA).

– **di nave.** Discharge, o unloading, of ship (CARICAZIONE DI NAVE; NAVE; SEMPRE A GALLA; STALLIE). [vol. I: CARGO; DEMURRAGE; DISCHARGE; LAY DAYS; UNLIVERY]

Scarico. (DISCARICA; PROPAGAZIONI DAL FONDO DEL VICINO; SCARICAZIONE)

Scarto in genere. Scrap (DIFFERENZIALE; PREMIO; ROTTAME; SCORIE).

Scasso in genere. Break in, burglary (FURTO CON SCASSO).

Scelta. Choice, election, option; importante in questa materia è l'istituto dell'*estoppel* che costituisce un analogo — ma che con esso non coincide perché più ampio — del concetto di preclusione (A SCELTA DI; CAMBIAMENTO; DIRITTO (II) DI SCELTA; *ELECTA UNA VIA NON DATUR RECURSUS AD ALTERAM*; ELEZIONE; FACOLTÀ DI SCELTA; IMPUTAZIONE; INDIVIDUAZIONE; LIBERTÀ DI SCELTA; OPZIONE; RISERVATEZZA; SORTEGGIO). [vol. I: APPROPRIATION; ASCERTAINMENT OF GOODS; ELECTION; ESTOPPEL; OPTION; TRAGIC CHOICES]

– **del foro.** (ELEZIONE DEL FORO)

– **della legge.** (ELEZIONE DEL FORO)

Scena del reato. Scene of crime (ISPEZIONE DEL LUOGO DEL REATO; REATO).

Scheda in genere. Card, file, paper, slip, schedule (SCHEDATURA).

– **elettorale.** Ballot paper (ELEZIONI POLITICHE; SCRUTATORE; SISTEMA ELETTORALE). [vol. I: ELECTION; TELLER]

– **elettorale contestata.** Disputed ballot paper (BROGLI ELETTORALI).

– **elettorale nulla.** Void ballot paper (*supra*, SCHEDA ELETTORALE).

Schedatura degli arrestati ad opera della polizia. Booking; ha luogo su registri detti più spesso negli S.U. *Bench blotter* (ARRESTATO).

Schema. Scheme, framework (PIANO; PROGETTO; TABELLA). [vol. I: BONUS SCHEME; INSURANCE SCHEME; SCHEME FOR THE RECONSTRUCTION OF A COMPANY]

Schiavitù. Slavery, bondage. Il fatto che gli S.U. siano uno stato federale ha per conseguenza che il problema della cittadinanza debba esere considerato dal duplice punto di vista della cittadinanza federale e dei singoli stati dell'Unione. La materia appare particolarmente complessa, anche in vista della diversa natura etnica della popolazione locale.
1. Celebre in questa materia è l'infame decisione nel *Dred Scott Case* [*Scott* v. *Sanford*, 60 U.S. 393 (1857)] con cui la *Supreme Court* stabiliva che si potesse essere cittadino di uno stato dell'Unione senza essere cittadino degli S.U. (e quindi, come tale, senza averne i diritti), che era poi il caso degli schiavi. Era detta *Mason and Dixon Line* la linea di confine tra la Pennsylvania al nord e il Maryland al sud, nota prima della abolizione della schiavitù come demarcazione — tracciata da C. Mason e J. Dixon in una disputa di confine — tra gli stati in cui essa era ammessa (*slave states*) e gli stati in cui non esisteva (*free states*).
2. Ma ora il regime fondamentale nella materia è costituito dal XIV emendamento [1868] della costituzione federale e dall'Immigration and Nationality Act del 1952 e successive modifiche. La s. 1 del suddetto emendamento stabilisce che: « All persons born or naturalized in the United States, and subject to the jurisdiction thereof, are citizens of the United States and of the State wherein they reside ». Gli S.U. sono per definizione il paese delle etnie, il paese degli immigrati e anche quello che con maggiore generosità degli altri accoglie gli stranieri.
3. Ma il primato nell'abolizione della schiavitù spetta, anche qui, all'Inghilterra liberale, con buona pace del paese della Dichiarazione dei Diritti dell'Uomo che ha abolito la schiavitù molto dopo. Merita quindi di essere ricordata la ormai celebre decisione inglese emessa nel *Sommersett's* (o *Somerset*) *Case* [(1772), 20 Str. T.1], gemma della giustizia inglese, emessa *ben prima* della oziosa Dichiarazione. James Sommerset, schiavo negro portato dal suo padrone in Inghilterra dalle Indie Occidentali, aveva proposto un *writ of habeas corpus*: Lord Mansfield, nell'accogliere il writ, dichiarava che uno schiavo che si trovava in Inghilterra non poteva essere rimandato in una colonia per essere punito, e che la schiavitù non era riconosciuta dalla legge inglese: chiunque mettesse piede sul suolo inglese aveva i diritti di un uomo nato libero.
4. Per quanto riguarda la Francia, tra il XVIII e il XIX secolo la tratta degli schiavi si svolgeva in buona parte tra Nantes, Bordeaux, Le Havre e la Rochelle. Nel corso della rivoluzione francese quello della schiavitù è tema scottante: solo il 4 febbraio 1794 la Convenzione la abolisce in tutte le colonie: ma si tratta di un *flatus vocis*. I traffici, di fatto, continuano: d'altronde, nel 1802 Napoleone invia truppe a San Domingo per ristabilire il potere francese dopo una rivolta di schiavi e, con esso, la schiavitù che resta operante fino a metà secolo. L'abbé Gregoire è uno dei più convinti assertori dell'abolizione della schiavitù.
5. La tratta degli schiavi veniva interdetta dal R.U. nel 1807 e dalla Francia nel 1815, l'emancipazione degli schiavi attuata dal R.U. nel 1833 e nel 1848 dalla Francia. L'emancipazione degli schiavi ha avuto luogo negli S.U. a seguito della guerra di secessione nel 1865. Va sotto il nome di *personal liberty laws* una serie di leggi adottate da taluni stati del Nord prima della guerra di secessione per contrastare i Fugitive Slave Acts (a partire dal 1793 fino al 1850) e per

proteggere i negri e gli schiavi che si erano rifugiati nel Nord. Così, l'Indiana (1824) e il Connecticut (1828) introducevano in tali casi il *jury trial.* Il Vermont e lo stato di New York (1840) introducevano il *jury trial* e una forma di assistenza giudiziaria ai fuggitivi. Dopo che nel 1842 la *Supreme Court* aveva stabilito che l'applicazione dei Fugitive Slave Acts rientrava nelle attribuzioni federali, taluni stati del Nord imposero il divieto alle proprie autorità di cooperare nella cattura e restituzione degli schiavi. Dopo il 1850 la maggior parte degli stati del Nord introduceva il *jury trial*, puniva il sequestro illegale degli schiavi datisi alla fuga negando anche alle proprie autorità di riconoscere il diritto alla restituzione dei fuggitivi.
6. La materia è oggetto di numerose convenzioni internazionali a partire dal Congresso di Vienna (1815) ai nostri giorni, fino alla Dichiarazione Universale dei Diritti dell'Uomo delle N.U. e oltre (DIRITTI (II) DELL'UOMO; FEDERALISMO; GUERRA CIVILE; LAVORO MINORILE; RISERVATEZZA; SECESSIONE; TRATTA DEGLI SCHIAVI; TUTELA DEI DIRITTI). [vol. I: HUMAN RIGHTS; SLAVERY; THIRTEENTH AMENDMENT]

Schiavo/a in genere. Slave (SCHIAVITÙ).

– **di dazio.** Dutiable (DAZIO). [vol. I: BONDED GOODS]

Scientemente. Knowingly, scienter; ma quest'ultimo termine — non semplice, ma consacrato dalla giurisprudenza — è impiegato più spesso in tema di *torts* per indicare alcuni casi in cui la responsabilità di una persona deriva non già dall'intenzionalità del danno o della *negligence*, ma bensì della consapevolezza che un danno potesse verificarsi. In materia penale esso è impiegato più spesso per indicare il dolo (CONOSCENZA; CONSAPEVOLEZZA; DOLO; PREMEDITAZIONE). [vol. I: *ad vocem*; MENS REA; PRIVY; RECKLESSNESS]

Scienza in genere. Science (COSCIENZA; SCIENTEMENTE).

– **giuridica.** Legal science, legal scholarship, legal learning, jurisprudence (GIURISPRUDENZA). [vol. I: JURISPRUDENCE; LEGAL EDUCATION; LEGAL TRADITION]

– **politica.** Political science (POLITICA).

Scioglimento in genere. Dissolution, discharge, release, determination, severance, cessation, ending, conclusion, disbanding (ANNULLAMENTO; AZIONE (I) DI SCIOGLIMENTO DELLA COMUNIONE; CANCELLAZIONE; DIVISIONE; ESTINZIONE; INDISSOLUBILE; LIBERAZIONE; REMISSIONE; REVOCA; RILASCIO; RINUNZIA; RISOLUZIONE; SEPARAZIONE; SOLLIEVO DA UN'OBBLIGAZIONE). [vol. I: DISCHARGE; DISSOLUTION; TERMINATION]

– **del contratto in genere.** Discharge of contract, termination of contract, rescission of contract. Ai sensi dell'Art. 2-106 dell'UCC, *termination of contract* indica lo scioglimento del contratto senza che vi sia stata violazione di esso da alcuna delle parti (CONTRATTO: X; RISOLUZIONE DEL CONTRATTO). [vol. I: CONTRACT: IX; DISCHARGE]

– **del contratto di assicurazione per scadenza della polizza.** Termination, o expiration, of insurance contract by lapse of the policy (POLIZZA (I) DI ASSICURAZIONE).

– **del contratto per mutuo consenso.** Discharge by agreement, rescission of contract by mutual agreement (RISOLUZIONE DEL CONTRATTO PER MUTUO CONSENSO). [vol.I: ANTICIPATORY BREACH OF CONTRACT; DISCHARGE: I]

– **della comunione in genere.** Partition between co-owners, partition of joint tenancy, o of tenancy in common. Ma col termine severance between co-owners si intende più spesso la conversione di una *joint tenancy* in una *tenancy in common*, distinzione priva di equivalenza nella *civil law.* Si notino le numerose diversità esistenti tra le due tradizione giuridiche in tema di comunione (COMUNIONE). [vol. I: JOINT; PARTITION; SEVERANCE; TENANCY IN COMMON]

– **della società.** Dissolution of company (o of corporation), o of partnership, a seconda dei casi; può essere *voluntary* o *involuntary*. Ma lo scioglimento di una società è anche definito *winding up* nel sistema inglese. Negli S.U. — stato federale — la liquidazione può precedere o seguire lo scioglimento, a seconda dei casi (FUSIONE DI SOCIETÀ; LIQUIDAZIONE; MONOPOLIO; SOCIETÀ (II) ESTINTA). [vol. I: COMPANY: XIV; DISSOLUTION OF COMPANY; DISSOLUTION OF PARTNERSHIP; LIQUIDATION; WINDING UP]

– **dell'associazione.** Dissolution of association (ASSOCIAZIONE).

– **del matrimonio.** Dissolution of marriage (ANNULLAMENTO DEL MATRIMONIO; DIVORZIO; MATRIMONIO; MORTE).

– **del parlamento.** Dissolution of Parliament. Quando il termine è riferito al parlamento britannico, esso va limitato alla *House of Commons* (la *House of Lords* non è elettiva). In tal caso, lo scioglimento ha luogo su proposta del primo ministro in qualsiasi momento, e costituisce, com'è facile intuire, uno dei suoi più notevoli poteri che va collocato nell'ambito del sistema bipartitico perfetto, del governo di gabinetto e, finalmente, della democrazia maggioritaria britannica. Il Presidente degli S.U. è privo di un analogo potere; come, del resto, il Presidente del Consiglio italiano: ai sensi dell'art. 88 della costituzione, il potere di scioglimento spetta al Presidente della Repubblica. La *dissolution of Parliament* va distinta dalla *prorogation*, relativa alla sessione parlamentare (FEDERALISMO; PARLAMENTO). [vol. I: PARLIAMENT: V, XIV; PRIME MINISTER]

– **di un partito politico.** Dissolution of a political party (PARTITI POLITICI).

Scioperante. Striker (CRUMIRAGGIO; DIMOSTRANTE; SCIOPERO).

Sciopero in genere. Strike. Detto anche talvolta *walkout* o *industrial action*. In aderenza a una tradizione e ad una *forma mentis* consistente nell'enunciare taluni diritti sotto forma di libertà fondamentali — come, ad es., in tema di *habeas corpus* — non esiste nell'ordinamento costituzionale britannico una formulazione positiva del diritto di sciopero analoga a quella che risulta dall'art. 40 della costituzione italiana. Si parla infatti di *freedom to strike* piuttosto che di right to strike. Uno sviluppo analogo si riscontra negli S.U., in cui si è evoluto gradualmente un sistema di immunità dalla responsabilità penale e civile a favore della libertà di sciopero, essenzialmente come prodotto giurisprudenziale. La distinzione tra *economic strike*, ossia lo sciopero diretto a indurre il datore di lavoro ad accettare le richieste sindacali in tema di condizioni di lavoro, e quello determinato da *unfair labor practices* del datore di lavoro è importante, giacché nel primo caso (*economic strike*) il diritto a riprendere il lavoro (*reinstatement rights*) appare più limitato che nel secondo caso (*unfair labor practices strike*). Il National Labor Relations Act, interpretato da una numerosissima serie di decisioni, stabilisce, tra l'altro, le ipotesi di pratiche industriali sleali (*unfair labor practices*). È detta *no-strike clause* la clausola degli accordi collettivi del pubblico impiego, molto diffusa negli S.U., per cui ai dipendenti pubblici è fatto divieto di scioperare: le controversie del lavoro sono soggette ad arbitrato obbligatorio. Lo sciopero non autorizzato dal sindacato, o in violazione della *no-strike clause*, è detto *wildcat strike*. Lo sciopero proclamato dal sindacato è definito *union strike* (ABBANDONO DEL LAVORO; ASSENTEISMO; AUTOREGOLAMENTAZIONE; AZIENDA; BLOCCO STRADALE; BOICOTTAGGIO; CRUMIRAGGIO; DIRITTO (II) AL LAVORO; DIRITTO (I) DEL LAVORO; DIRITTO (II) DI SCIOPERO; LAVORO; *NEW DEAL*; PERIODO DI RAFFREDDAMENTO; PICCHETTAGGIO; SERRATA; SINDACATO; STATUTO DEI LAVORATORI). [vol. I: STRIKE]

– **a singhiozzo.** Go slow strike, work to rule strike, slowdown (*supra*, SCIOPERO IN GENERE).

– **a sorpresa.** Lightning strike (*supra*, SCIOPERO IN GENERE).

– **autorizzato dal sindacato.** Official strike (*infra*, SCIOPERO SPONTANEO).

– **bianco.** (*supra*, SCIOPERO A SINGHIOZZO)

– **dei compratori.** Buyers' strike (BOICOTTAGGIO; COMPRATORE).

– **della fame.** Hunger strike (*supra*, SCIOPERO IN GENERE).

– **dello zelo.** Work to rule strike (*supra*, SCIOPERO A SINGHIOZZO).

– **dimostrativo.** Token strike (*supra*, SCIOPERO IN GENERE).

– **di protesta.** Protest strike (PROTESTA).

– **di simpatia.** Sympathy strike, secondary strike (*supra*, SCIOPERO IN GENERE).

– **economico.** (*supra*, SCIOPERO IN GENERE)

– **generale.** General strike (*supra*, SCIOPERO IN GENERE).

– **illegale.** Illegal strike (*supra*, SCIOPERO IN GENERE).

– **nazionale.** National strike (*supra*, SCIOPERO IN GENERE).

– **politico.** Political strike; specialità dei sindacati italiani (*supra*, SCIOPERO IN GENERE).

– **selettivo.** Selective strike (*supra*, SCIOPERO IN GENERE).

– **selvaggio.** (*infra*, SCIOPERO SPONTANEO)

– **spontaneo.** Unofficial strike, wildcat strike (*supra*, SCIOPERO AUTORIZZATO DAL SINDACATO).

Scippo. (BORSEGGIO)

Scissione. Split (SECESSIONE).

– **di società in genere.** (SCORPORO DI SOCIETÀ)

Sciupìo. Waste (ABBUONO; LOGORÌO; PRODIGALITÀ; SFRIDO; SPERPERO DI DENARO PUBBLICO). [vol. I: ALLOWANCE; WEAR AND TEAR]

Scolo. (SERVITÙ DI SCOLO)

Scommessa. Bet, wager. Fino a poco fa — salvo alcune forme particolari — nel nostro sistema non era ammesso il *bookmaking*, ossia l'esercizio dell'allibramento consistente nell'accettare scommesse (ALLIBRAMENTO; GIOCO D'AZZARDO; GIOCO E SCOMMESSA; POSTA DI SCOMMESSA). [vol. I: BETTING; GAMING; STAKE; WAGER]

– **legale.** Legal betting (GIOCO D'AZZARDO).

Scomparsa. Absence (ASSENZA; COMMORIENZA). [vol. I: COMMORIENTES; DEATH; PRESUMPTION OF SURVIVORSHIP]

Scomposizione della proprietà. Fragmentation of ownership: caratteristica fondamentale dei diritti immobiliari dei sistemi di *common law* e del *trust* (PROPRIETÀ; *TRUST*).

Sconfessione in genere. Disavowal, repudiation, rebuttal, disclaimer (CONFESSIONE; DECLINO; DISCONOSCIMENTO; RIPUDIO). [vol. I: CONFESSION]

Sconosciuto. Unknown, John Doe (CONOSCIUTO; IGNOTO; NOTO).

Sconto/i. Discount, rebate, allowance, deduction, bonus (MAGAZZINO DI SCONTO; RIDUZIONE; RISCONTO; SAGGIO DI SCONTO; SALDO). [vol. I: ABATEMENT; BONUS; DISCOUNT; FACTORING; PRICE; RESALE; RESTRICTIVE TRADE PRACTICES]

– **bancario.** Bank discount (CAMBIALE).

– **cambiario.** Discount of bill of exchange (CAMBIALE).

– **sulle vendite.** Sales discount (SALDO; VENDITA).

Scontrino in genere. Ticket, tag, receipt, voucher, check, docket (RICEVUTA; TITOLO DI LEGITTIMAZIONE; VOUCHER).

– **del bagaglio nel trasporto aereo.** (RICEVUTA BAGAGLIO NEL TRASPORTO AEREO)

– **di cassa.** Cash voucher (CASSA).

– **di identificazione del bagaglio.** Baggage identification tag (BAGAGLIO; IDENTIFICAZIONE).

Scontro in genere. Confrontation, collision (CONFLITTO; CONTRADDITTORIO; INCONTRO).

– **automobilistico in genere.** Car collision, car crash (INCIDENTE AUTOMOBILISTICO; URTO DI NAVI IN MARE). [vol. I: DANGEROUS DRIVING; INSURANCE; ROAD; RUNNING DOWN]

– **fisico tra fazioni avverse.** Clash (ORDINE PUBBLICO).

– **tra navi.** (URTO DI NAVI IN MARE)

Scoperta in genere. Finding, knowledge, discovery. Ma con quest'ultimo termine si indica un istituto del processo civile e penale (sic!) ignoto alla *civil law*, che trova applicazione nella fase del *pre-trial* in cui, in breve, si porta a conoscenza dell'avversario il materiale probatorio di cui si dispone e si procede alla selezione delle prove ammissibili al successivo *trial* (ACCERTAMENTO; *DISCOVERY*; INVENZIONE; PROCEDURA: 7; PROVA; RITROVAMENTO; SCOPERTO). [vol. I: CIVIL PROCEDURE; DISCOVERY; PATENT; PRE-TRIAL; TREASURE TROVE]

– **dei vizi della cosa.** Discovery of defects (VIZIO DELLE MERCI). [vol. I: CAVEAT EMPTOR; SALE]

– **del danno.** Discovery of damage (DANNO).

Scoperto in genere. Overdraft, outstanding; un conto o una fattura da pagare sono dette outstanding (ANTICIPO ALLO SCOPERTO; CREDITO ALLO SCOPERTO; DEBITO SCOPERTO; INSOLUTO; OPERAZIONE DI BORSA ALLO SCOPERTO; SALDO SCOPERTO; VENDITA ALLO SCOPERTO).

– **di conto corrente bancario.** Bank overdraft, o overdraft; nel sistema inglese configura il reato di truffa se attuato con intento fraudolento. Negli S.U. — stato federale — la materia è disciplina dai singoli stati dell'Unione in molti dei quali l'emissione di un assegno con la consapevolezza dell'insufficienza di fondi costituisce reato (CONTO CORRENTE BANCARIO; FONDI INSUFFICIENTI; PROVVISTA BANCARIA; TRUFFA). [vol. I: OVERDRAFT]

– **di sicurtà.** Excess liability (FRANCHIGIA ASSICURATIVA). [vol. I: *ad vocem*]

Scopo/i in genere. Purpose, end, object (DESTINAZIONE; FINE; INTENTO; INTENZIONE; MOTIVO; OBIETTIVO; OGGETTO; POLITICA; PROPOSITO). [vol. I: PURPOSES OF THE U.N.; PURPOSIVE APPROACH]

– **caritatevole.** Charitable purpose (ASSOCIAZIONE CON-SENZA SCOPO DI LUCRO; ASSOCIAZIONE DI BENEFICENZA; LUCRO).

– **commerciale.** Business purpose, commercial purpose (LUCRO).

– **criminoso.** (PROPOSITO CRIMINOSO)

– **della legge.** Policy of the law, policy of the statute (INTERPRETAZIONE; LEGGE). [vol. I: INTERPRETATION: 1; MISCHIEF; POLICY; PURPOSIVE APPROACH; PURVIEW; STATUTE LAW: VII]

– **di lucro.** Business purpose, commercial purpose, profit-making purpose, for profit, for reward. La persona giuridica senza scopo di lucro è detta *not for profit corporation* (A SCOPO DI LUCRO; ASSOCIAZIONE CONSENZA SCOPO DI LUCRO; PERSONA GIURIDICA CONSENZA SCOPO DI LUCRO; SOCIETÀ (II) QUALE SOGGETTO COLLETTIVO; SPECULAZIONE).

– **di pubblica utilità.** Public purpose, governmental purpose (FINALITÀ PUBBLICA; PUBBLICA UTILITÀ).

– **legittimo in genere.** Legitimate purpose (LEGITTIMO).

– **mutualistico.** Mutual-benefit purpose (MUTUALITÀ).

– **sociale.** (OGGETTO SOCIALE)

Scorie. Waste (AMBIENTE; DISCARICA; IMMERSIONE DI RIFIUTI; INQUINAMENTO; RIFIUTI; SCARTO; SICUREZZA).

– **nucleari.** Nuclear waste (ENERGIA NUCLEARE).

Scorporazione di società. (SCORPORO DI SOCIETÀ)

Scorporo in genere. Split-up, break-up (FUSIONE).

– **di società.** Split-up of company, split-up of corporation; fenomeno opposto a quello della fusione di società. Negli S.U. — dove la materia ha subito una notevole elaborazione — può aver luogo anche per realizzare una forma di *reorganization* che, in senso stretto, è prevista in tre diverse modalità alternative: (i) split-ups; (ii) spin-offs; (iii) split-offs, che rientrano nel *Type D reorganization*. Ma lo scorporo di società può aver luogo anche per effetto di una scalata azionaria che — a parte l'obiettivo dichiarato — in effetti non si propone la *reorganization*: in questo senso si parla anche di *reverse merger* (FUSIONE DI SOCIETÀ; MONOPOLIO; SCALATA DI SOCIETÀ; SOCIETÀ (II) QUALE SOGGETTO COLLETTIVO; SUCCESSIONE DI UNA SOCIETÀ ALL'ALTRA; VALORE DI SCORPORO DI UNA SOCIETÀ).

Bibl.:

Colombo, G., *Fusioni, acquisizioni, scorpori*, Milano, Giuffrè, 1992.

Henn 1961, ed. 1970: 734.

Scorrettezza in genere. Misconduct, misbehaviour, wrongdoing, impropriety (CONDOTTA SCORRETTA; CORRETTEZZA; IRREGOLARITÀ).

– **da parte di pubblico ufficiale nell'esercizio delle proprie funzioni.** Official misconduct (ABUSO DI AUTORITÀ). [vol. I: ADMINISTRATIVE LAW]

– **professionale.** Unprofessional conduct, professional misconduct (DEONTOLOGIA PROFESSIONALE; RESPONSABILITÀ PROFESSIONALE).

Scorta/e in genere. Stock, supply, inventory; può essere oggetto di un'operazione di finanziamento o di alienazione (AZIENDA; CAPITALE; *CASH AND CARRY*; FORNITURA; INVENTARIO; PROVVISTA; RISERVA; VENDITA ALL'INGROSSO).

– **morte.** Deadstock (*infra*, SCORTE VIVE).

– **vive.** Livestock (*supra*, SCORTE MORTE).

Scozia. Scotland (DIRITTO (I) SCOZZESE; REGNO UNITO).

Scritto (agg.) in genere. Written (ORALE; VERBALE). [vol. I: *ad vocem*]

Scritto/i. Writing, paper, document, instrument, act, record (ACCORDO SCRITTO; ATTO SCRITTO; CONTRATTO SCRITTO; DIFESE NEL PROCESSO CIVILE; DIRITTO (I) SCRITTO; DOCUMENTO; FONTI DEL DIRITTO; INTERPRETAZIONE; MEMORIA; SCRITTURA; STRUMENTO; VERBALE). [vol. I: UNWRITTEN LAW; WRITTEN EVIDENCE; WRITTEN LAW]

– **contabile.** Accounting document (CONTABILITÀ).

– **di diritto comparato.** Comparative writings (DIRITTO (I) COMPARATO).

– **difensivo.** Brief (DIFESA; DIFESE NEL PROCESSO CIVILE).

– **giuridico.** Legal writing (PUBBLICAZIONE GIURIDICA).

Scrittura/e. Written document. Ma nei sistemi di *common law* non esiste la differenza tra scrittura pubblica e scrittura privata, distinzione tipica della *civil law*. L'atto *under seal* non è un atto notarile (ATTO PUBBLICO; ATTO SIGILLATO-NON SIGILLATO; FALSITÀ DI SCRITTURA; SCRITTO). [vol. I: DEED; NOTARY]

– **contabili.** Account books (LIBRI CONTABILI DELL'IMPRENDITORE).

– **di comparazione.** Comparison of handwriting (PROVA).

– **privata autenticata.** In senso stretto, nella *common law* non esiste un tale tipo di atto, né esiste l'atto pubblico (ATTO PRIVATO; ATTO PUBBLICO; NOTAIO).

Scrupolo di coscienza. Conscience scruple (COSCIENZA; OBIEZIONE DI COSCIENZA).

Scrutatore elettorale. Teller (CASSIERE; ELEZIONI POLITICHE; SCHEDA ELETTORALE). [vol. I: *ad vocem*; ELECTION: 2; VOTE]

Scrutinio in genere. Scrutiny (ELEZIONI POLITICHE; SCRUTATORE ELETTORALE).

– **elettorale.** Counting of votes (SPOGLIO DI VOTI; VOTO).

– **segreto.** Secret ballot (SEGRETO). [vol. I: ELECTION]

Scuola in genere. School. Negli S.U. l'insegnamento è completamente decentralizzato; il quadro educativo è riferito essenzialmente agli enti locali e agli stati dell'Unione. Solo da poco è stato istituito un ministero federale dell'istruzione, ma con scarsi poteri. Il governo federale si assume il carico soltanto dei programmi speciali come in tema di minoranze, handicappati, prestiti per studenti indigenti, etc. Quello all'educazione è ritenuto un diritto costituzionale, grande strumento di socializzazione basato su una concezione equalitaria della società. Gli istituti di istruzione superiore ricevono sovvenzioni sia dal loro stato sia dallo stato federale. Ma negli ultimi tempi si riscontra una forte tendenza all'intervento dello stato federale nel settore scolastico in genere (DIPLOMA; EQUIPOLLENZA DI TITOLI DI STUDIO; ISTRUZIONE; LIBERTÀ DI INSEGNAMENTO; RELIGIONE; SEGREGAZIONE SCOLASTICA; TASSE SCOLASTICHE; TITOLO DI STUDIO).

– **confessionale.** Church school (RELIGIONE).

– **dell'obbligo.** Compulsory education (ETÀ DELL'OBBLIGO SCOLASTICO). [vol. I: EDUCATION]

– **privata.** Private school; ma nel R.U. e negli S.U essa è veramente privata, nel senso che non è finanziata dallo stato, almeno non nella misura nostrana. Del resto, da noi tutto il privato, incluso le scuole, appare vastamente sovvenzionato: si pensi ai trasferimenti alle imprese a fondo perduto: un *cadeau* vero e proprio (RELIGIONE).

– **pubblica.** Public school; ma si noti che in Inghilterra questo termine indica, per ragioni storiche, la scuola ...privata, e che l'istruzione secondaria rientra nelle attribuzioni degli enti locali (AUTOGOVERNO). [vol. I: LOCAL GOVERNMENT]

Scusa/e. Excuse (ATTENUANTE; DIFESA; ECCEZIONE; SCUSANTE).

– **nella diffamazione.** Apology (DIFFAMAZIONE; DISCOLPA). [vol. I: DEFAMATION; JUSTIFICATION]

Scusabile. Excusable (SCUSA). [vol. I: HOMICIDE]

Scusante. (ATTENUANTE; SCAGIONAMENTO; SCUSA)

Sdoganamento. Customs clearance, clearance (DOGANA; MERCI NON SDOGANATE; SVINCOLO DOGANALE). [vol. I: BONDED GOODS; CUSTOMS (2)]

Secessione. Secession. Il termine evoca più spesso il tentativo di secessione dall'Unione da parte di un certo numero di stati dell'Unione al tempo della guerra civile nordamericana (1861). Impiegato più spesso in diritto internazionale, il diritto alla secessione appare come un aspetto del più generale diritto all'autodeterminazione. Ma si noti che il termine secession indica anche in generale il ritiro da un gruppo (ATTENTATO ALL'INTEGRITÀ, INDIPENDENZA E UNITÀ DELLO STATO; AUTODETERMINAZIONE; CONFEDERAZIONE; DISOBBEDIENZA CIVILE; DISSOCIAZIONE; EMANCIPAZIONE; FEDERALISMO; GUERRA CIVILE; RITIRO; RIVOLUZIONE; SCHIAVITÙ; SCISSIONE; SEPARATISMO).

Bibl.:

Attinà, F., *Secessione*, in *Dizionario di Politica* 1976, ed. 1983: 1028.

Secessionista. (STATO SECESSIONISTA)

Secondario in genere. Secondary (ACCESSORIO; SUBORDINATO). [vol. I: EVIDENCE: II. 2; SECONDARY AUTHORITY; SECONDARY LIABILITY; SECONDARY PARTIES; SECONDARY PICKETING]

Secondo/a in genere. Second (PRIMO).

– **beneficiario.** Alternative payee (BENEFICIARIO).

– **di bordo.** Second mate, o mate (EQUIPAGGIO DI NAVE). [vol. I: CREW; MATE'S RECEIPT; SEAMEN; SEAWORTHINESS]

– **grado di giurisdizione.** Grosso modo, appellate proceeding; ma in senso stretto i sistemi di *common law* non adottano il principio del doppio grado di giurisdizione (GRADI DI GIURISDIZIONE; PRIMO GRADO DI GIURISDIZIONE).

– **mano.** Second hand (MERCI DI SECONDA QUALITÀ; VENDITA). [vol. I: SECOND HAND]

– **turno delle elezioni parlamentari.** Second round of parliamentary elections (ELEZIONI POLITICHE; PRIMO TURNO ELETTORALE; SISTEMA ELETTORALE).

Sede in genere. Seat, residence, office, place, see (DIMORA; DOMICILIO; LUOGO; RESIDENZA). [vol. I: DOMICILE]

– **centrale.** Head office, headquarters, principal office (FILIALE; UFFICIO DISTACCATO). [vol. I: HEADQUARTERS]

– **degli affari** o **interessi.** Place of business (CONFLITTO DI LEGGI; GIURISDIZIONE). [vol. I: *ad vocem*; BUSINESS; DOING BUSINESS; DOMICILE-RESIDENCE OF COMPANY; FOREIGN COMPANY; LONG ARM STATUTES; RESIDENCE; SERVICE OF PROCESS]

– **della persona giuridica.** Non esiste un termine univoco in materia. Nel diritto inglese si parla, di volta in volta, di presence, residence, domicile e nationality of a corporation. Di conseguenza, il concetto di sede va ricercato di volta in volta tenendo conto del contesto in cui il termine è impiegato. Così, ad es., una company è *resident* nel luogo in cui si svolge l'amministrazione e il controllo effettivo di essa, mentre è *domiciled* nel paese in cui è stata costituita in persona giuridica. La sede della persona giuridica assume importanza, tra l'altro, ai fini della giurisdizione, oltre che ovviamente dell'ordinamento giuridico di riferimento (*supra*, SEDE DEGLI AFFARI O INTERESSI; GIURISDIZIONE ESUBERANTE; NAZIONALITÀ DELLE PERSONE GIURIDICHE; PERSONA GIURIDICA). [vol. I: CORPORATION; DOMICILE-RESIDENCE OF COMPANY]

– **della società di capitali.** Place of business of a company, o of a corporation. I termini domicile-residence of company o corporation non sembrano avere equivalenza nella *civil law*; essi sono più spesso riferiti all'ipotesi in cui una *company* o, negli S.U., *corporation*, svolge la sua attività in un paese, mentre la direzione o amministrazione si trova in un altro. Così, una società costituita in Inghilterra per costruire una ferrovia in India è considerata essere *domiciled* in Inghilterra. Ma si parla anche di *residence of company* per indicare il luogo del suo *central management and control.* Negli S.U. con l'espressione *domicile of a corporation* si indica lo stato dell'Unione in cui la *corporation* è stata costituita: a tal riguardo, si dice che il *domicile of a corporation is in the jurisdiction of its incorporation*. Sono definite *tramp corporations* quelle società incorporate in uno stato dell'Unione che, peraltro, fin dall'inizio si propongono di esercitare la loro attività in un altro stato. La sede della persona giuridica assume importanza, tra l'altro, ai fini della giurisdizione, oltre che, ovviamente, dell'ordinamento giuridico di riferimento (*supra*, SEDE DEGLI AFFARI O INTERESSI; SEDE DELLA PERSONA GIURIDICA; DIREZIONE DELLA SOCIETÀ PER AZIONI; GIURISDIZIONE ESUBERANTE; RESIDENZA: 2; SOCIETÀ (II) QUALE SOGGETTO COLLETTIVO; TRASFERIMENTO ALL'ESTERO DELLA SOCIETÀ). [vol. I: DOMICILE- RESIDENCE OF COMPANY]

– **dell'impresa commerciale.** Place of business, commercial domicile (*supra*, SEDE DEGLI AFFARI O INTERESSI; SEDE DELLA SOCIETÀ DI CAPITALI). [vol. I: PLACE OF BUSINESS]

– **di attività.** Place of business (ATTIVITÀ).

– **di lavoro.** Place of business (LAVORO).

– **di un'organizzazione.** Seat of an organization; talvolta la sede centrale di un'organizzazione è detta *headquarters* (ACCORDO DI SEDE).

– **legale.** Registered office (*infra,* SEDE LEGALE DELLA SOCIETÀ COMMERCIALE). [vol. I: *ad vocem*]

– **legale della società commerciale.** Corporate domicile; negli S.U. ha importanza specialmente, ma non soltanto, ai fini fiscali (DOMICILIO: 4; RESIDENZA: 2).

– **principale.** Head office e, talvolta, *headquarters*. [vol. I: HEADQUARTERS]

– **sociale.** Place of business of a company, corporate domicile, registered office.

Sedicente. Self-styled (ALIAS; PRETESO).

Sedizione. Sedition (ALTO TRADIMENTO; ASSOCIAZIONE SEDIZIOSA CONTRO LO STATO; COLPO DI STATO; COSPIRAZIONE; EVERSIONE; GUERRA CIVILE; RIUNIONE SEDIZIOSA; RIVOLTA; TERRORISMO; TRADIMENTO; TUMULTO). [vol. I: *ad vocem*; ASSEMBLY; BREACH OF THE PEACE; RIOT]

– **contro lo Stato.** (ASSOCIAZIONE SEDIZIOSA CONTRO LO STATO)

Seduta/e. Meeting, session, conference (AUDIZIONE; RIUNIONE; UDIENZA). [vol. I: SITTING]

– **comune.** Joint sitting, joint session (*infra*, SEDUTA COMUNE DEL CONGRESSO DEGLI S. U.).

– **comune del Congresso degli S.U.** Joint session of the U.S. Congress (CONGRESSO DEGLI S.U.).

– **della Corte di Giustizia delle Comunità Europee.** Sittings of the Court of Justice of the European Communities (CORTE DI GIUSTIZIA DELLE COMUNITÀ EUROPEE).

– **plenaria in genere.** Plenary meeting (COMMISSIONE PLENARIA).

Seduzione. Seduction (VIOLENZA CARNALE).

Seggio. Seat, office (SEDE).

– **elettorale.** Polling station (ELEZIONI POLITICHE). [vol. I: ELECTION; POLLING BOOT]

– **parlamentare.** Parliamentary seat (PARLAMENTO).

Segmentazione nel trasporto combinato. Segmentation (TRASPORTO COMBINATO). [vol. I: CARRIAGE: V; COMBINED TRANSPORT]

Segnalazioni marittime. Sea marks (SEGNALE; SICUREZZA DELLA NAVIGAZIONE).

Segnale in genere. Sign, call (APPELLO; CHIAMATA; SEGNALAZIONI MARITTIME; SEGNO).

– **di pericolo.** Danger signal, distress signal (CHIAMATA DI SOCCORSO; PERICOLO; SICUREZZA).

– **di soccorso.** Distress call (CHIAMATA DI EMERGENZA; CHIAMATA DI SOCCORSO; PERICOLO; SICUREZZA; SOCCORSO).

Segno in genere. Mark, sign (BIANCO SEGNO; *FUMUS*; IMPRONTA; INDICATORE; MARCHIO; SEGNALE; SIGILLO). [vol. I: EARMARK; TRADE MARK]

– **di riconoscimento.** Identification mark (IDENTIFICAZIONE).

Segregazione. Segregation (DISCRIMINAZIONE).

– **razziale.** Racial segregation (*infra,* SEGREGAZIONE SCOLASTICA; ABOLIZIONE DELLA SEGREGAZIONE RAZZIALE; DIRITTI (II) CIVILI). [vol. I: APARTHEID]

– **scolastica.** School segregation. Negli S.U. ha dato luogo a celebri decisioni della *Supreme Court* che ne ha stabilito la incostituzionalità (*supra*, SEGREGAZIONE RAZZIALE; DIRITTI (II) CIVILI; SCUOLA).

Segretariato di un'organizzazione in genere. Secretariat, office, bureau of an organization (ORGANIZZAZIONE). [vol. I: SECRETARIAT]

Segretario. Secretary, clerk (SEGRETARIATO DI UN'ORGANIZZAZIONE).

– **comunale.** Grosso modo, town clerk. Ma si tratta solo di un analogo (AUTOGOVERNO; COMUNE: 2).

– **dell'assemblea della s.p.a.** Secretary of company, secretary of corporation (SOCIETÀ (II) DI CAPITALI). [vol. I: *ad vocem*]

– **di Stato.** Secretary of state. Questo termine costituisce spesso un *acoustic agreement* fonte di grossi abbagli. Negli S.U. — stato federale — esso indica il ministro degli esteri; ma indica anche, tra l'altro, in vari stati dell'Unione, il conservatore o l'ufficio preposto alla iscrizione e al registro delle società, dei patti relativi alla costituzione di privilegi convenzionali, etc.: ossia, grosso modo, un pubblico registro. Si noti altresì il diverso senso che assume il termine nell'ordinamento costituzionale britannico (MINISTRO; PRIVILEGIO). [vol. I: CABINET; SECRETARY OF STATE]

– **generale in genere.** Secretary-General; anche General-Secretary.

– **Generale delle N.U.** Secretary-General of the United Nations (NAZIONI UNITE).

Segretezza in genere. Secrecy. È detto *secrecy agreement* l'accordo di segretezza stipulato nel quadro di un appalto, o rapporto analogo, che stabilisce il divieto della propalazione del *know how* del fornitore (DIVULGAZIONE DI NOTIZIE O METODI DELL'IMPRESA; *KNOW-HOW*; RIVELAZIONE DI SEGRETI SCIENTIFICI O INDUSTRIALI; SEGRETO; TRASPARENZA; TRATTATO SEGRETO).

– **dei trattati.** Secrecy of treaties (RAGION DI STATO).

Segreti scientifici o **industriali.** (RIVELAZIONE DI SEGRETI SCIENTIFICI O INDUSTRIALI; SEGRETEZZA; SEGRETO)

Segreto. Secret, classified, confidential, privileged, undercover (FINANZIAMENTO SEGRETO; INCONTRO SEGRETO; INFORMAZIONE; INVIOLABILITÀ DEL SEGRETO DI STATO; POTERE; PROFITTI SEGRETI; RAGION DI STATO; RISERVATEZZA; SCRUTINIO SEGRETO; SEGRETEZZA; SILENZIO). [vol. I: CLASSIFIED INFORMATION; INFORMATION; OFFICIAL SECRET; OPEN GOVERNMENT; PRIVILEGED COMMUNICATIONS; SECRET]

– **bancario.** Bank secrecy, banking secret.

Negli S.U., il Bank Secrecy Act del 1970, legge federale, conferisce al *Secretary of the Treasury* il potere di emanare provvedimenti regolamentari per imporre alle banche e istituzioni finanziarie del paese l'obbligo di mantenere traccia dei movimenti di fondi al fine di consentire la lotta alla criminalità organizzata, all'evasione fiscale o per l'acquisizione di informazioni richieste dalle *administrative agencies* (BANCA; REGOLATORE; RICICLAGGIO DI DENARO SPORCO).

– **commerciale.** Trade secret (SEGRETEZZA). [vol. I: IN CAMERA]

– **delle indagini preliminari.** Lett., e grosso modo, secrecy of investigations. Ma non esiste equivalente esatto. In questa materia va tenuto presente che non esistono indagini esperite sotto la direzione del pubblico ministero. Si tratta invece, sia nel sistema inglese che in quello nordamericano di indagini di polizia. Storicamente, non esiste, in senso stretto, un segreto istruttorio relativo al processo penale per la buona e semplice ragione che nel processo di *common law* non esiste l'istruttoria penale (e civile) qual è concepita nel sistema nostrano ed in altri paesi di *civil law*: ignoto è il famoso, o più spesso, famigerato *juge d'instruction*, figura principale, non di rado sinistra, del processo penale di *civil law*. Il sistema inglese non ammette il *trial by press* (o, come si dice più spesso negli S.U., il *trial by news media*): costituisce *contempt of court* qualsiasi cronaca relativa a un procedimento civile e penale in corso che abbia per effetto di pregiudicare un *fair trial*. Il giudice può sempre inibire la pubblicazione di articoli o la diffusione di servizi radio-televisivi relativi a un caso *sub judice*. La s. 25 del Criminal Law Act 1977 regola la materia delle *reporting restrictions* nel processo penale (ARRESTO; AZIONE (I) PENALE; DIRITTO (II) DI CRONACA; GIUDICE ISTRUTTORE; INDAGINI PRELIMINARI; INFORMAZIONE DI GARANZIA; *MEDIA*; POLIZIA; PROCESSO ACCUSATORIO; PUBBLICO MINISTERO). [vol. I: INTRODUZIONE: III. 9; CONTEMPT OF COURT; CRIMINAL PROCEDURE; SUB JUDICE; TRIAL BY PRESS]

– **di impresa.** Trade secret (*infra*, SEGRETO INDUSTRIALE; DIVULGAZIONE DI NOTIZIE O METODI DELL'IMPRESA; RIVELAZIONE DI SEGRETI SCIENTIFICI O INDUSTRIALI; SEGRETEZZA).

– **di Stato.** Official secret, state secret, governmental secret. Si riferisce alla sicurezza nazionale.

1. Negli S.U., una volta stabilito, il governo ha il potere di invocare il segreto di Stato (*state secret privilege*) in giudizio e, altresì, di impedire a qualsiasi altro che ne sia a conoscenza di rivelarlo. In particolare, è detta *executive privilege* l'immunità dell'esecutivo, ossia del Presidente, sia nei confronti del Congresso, sia degli organi giudiziari, dall'obbligo di rivelare segreti di Stato. Costituisce un aspetto della *sovereign immunity*. La vicenda *Watergate*, conclusasi con le dimissioni del Presidente Nixon, è stata occasione di una serie di pronunce di grande importanza nella storia costituzionale americana e materia di riflessione per gli studiosi di diritto costituzionale. In quella occasione la *Supreme Court* ha riaffermato: a) che spetta ad essa, ed essa sola stabilire qual è la legge; b) che spetta ad essa stabilire di volta in volta l'effettiva portata dell'*executive privilege*. La preoccupazione della Corte è stata quella di stabilire che neanche il Presidente è al di sopra della legge.

2. Nell'ordinamento costituzionale britannico si parla di *Crown privilege* (DOCUMENTO RISERVATO; FALSIFICAZIONE DI UN DOCUMENTO; GOVERNO APERTO; *IMPEACHMENT*; INVIOLABILITÀ DEL SEGRETO DI STATO; POTERE OCCULTO; PROVA; RAGION DI STATO; RIVELAZIONE DI SEGRETI DI STATO; SICUREZZA NAZIONALE; TRASPARENZA). [vol. I: CROWN PRIVILEGE; EXECUTIVE PRIVILEGE; OFFICIAL SECRET; OPEN GOVERNMENT]

Bibl.:

Nowak and Rotunda 1978, ed. 1991: 228, 234.

– **di ufficio.** Classified information, confidential information (RIVELAZIONE DI SEGRETI DI UFFICIO).

– **di un'arte** o **mestiere.** Professional, o trade, secret (MESTIERE; PROFESSIONE).

– **epistolare.** Grosso modo, confidentiality of private correspondence. Negli S.U. è tutelato da robuste regole a tutela della *privacy* (RISERVATEZZA). [vol. I: PRIVILEGED COMMUNICATIONS]

– **industriale.** Trade, o industrial, secret (*supra*, SEGRETO DI STATO; IMPRESA; RIVELAZIONE DI SEGRETI SCIENTIFICI O INDUSTRIALI). [vol. I: INDUSTRIAL PROPERTY; PATENT; RESTRAINT OF TRADE]

– **istruttorio.** (*infra*, SEGRETO DELLE INDAGINI PRELIMINARI)

– **professionale.** Professional privilege. Sono definite *confidential communications* le dichiarazioni o comunicazioni confidenziali intercorrenti tra persone tra le quali esiste un rapporto fiduciario, come tra coniugi, medico e paziente, avvocato e cliente, confessore e penitente. In quanto tali, esse divengono *privileged communications*, delle quali cioè non è possibile la rivelazione in giudizio, salvo che colui a cui favore il segreto è stabilito non vi rinunzi. Il segreto professionale nell'ambito della professione forense è definito negli S.U. *attorney-client privilege* (DICHIARAZIONI CONFIDENZIALI; INFORMAZIONE CONFIDENZIALE; INFORMAZIONE PROTETTA DAL SEGRETO PROFESSIONALE; PROFESSIONE FORENSE; PROVA; RESPONSABILITÀ PROFESSIONALE; RISERVATEZZA). [vol. I: COMMUNICATION; PRIVILEGED COMMUNICATIONS; PROFESSIONAL PRIVILEGE]

Seguito. (A SEGUITO DI; IN SEGUITO A; SEQUELA)

Selezione in genere. Selection (ELEZIONE; RECLUTAMENTO; SCELTA).

– **dei magistrati.** (RECLUTAMENTO DEI GIUDICI)

– **della giuria.** Jury selection (GIURIA).

Self-government. (AUTOGOVERNO)

Sempre a galla. Always afloat. Clausola che ricorre spesso nel *charterparty* per cui il noleggiatore è esonerato dall'obbligo di entrare nel porto per la discarica quando la nave a pieno carico toccherebbe il fondo (NAVE; NOLEGGIO DI NAVE; ORMEGGIO; SCARICAZIONE DI NAVE).

Sensale. Grosso modo, broker, finder, merchandise broker (AGENTE; *BROKER*; MEDIATORE).

– **di assicurazioni.** Grosso modo, insurance broker (*BROKER* DI ASSICURAZIONE).

– **di assicurazioni marittime.** Grosso modo, marine insurance broker (*BROKER* DI ASSICURAZIONE).

– **di carichi nel trasporto marittimo.** Grosso modo, loading broker (CARICO; TRASPORTO MARITTIMO). [vol. I: *ad vocem*]

– **di noli nel trasporto marittimo.** Grosso modo, freight broker (NOLO). [vol. I: FREIGHT]

– **di passeggeri.** Passage broker (PASSAGGIO MARITTIMO; PASSEGGERO MARITTIMO). [vol. I: *ad vocem*]

– **marittimo in genere.** Shipbroker (NAVE; NOLEGGIO DI NAVE). [vol. I: *ad vocem*]

Senseria. Brokerage, brokerage commission, courtage (MEDIAZIONE; PROVVIGIONE; SENSALE).

Sentenza in genere. Judgment, judicial decision, award, decision, adjudication, finding; non va confusa con il termine *sentence* che, in materia penale, indica la pena irrogata all'imputato trovato colpevole. La sentenza non va confusa neanche con il verdetto (*verdict*) della giuria. Ma — a parte il termine più frequente di *judgment* — la sentenza prende nomi diversi come, ad es., in materia matrimoniale, in cui si parla di *decree*, ovvero anche di *order, final order,* etc.

1. Ma non si possono intendere le ragioni della diversa articolazione della sentenza di *common law* senza tener conto della partecipazione della giuria, attuale o presunta, al *trial*, premessa giuridica (e ideologica) fondamentale del processo di *common law* in materia civile e penale. Le diversità tra le due tradizioni giuridiche in materia processuale derivano principalmente dalla esistenza (o inesistenza) di questa premessa che trova la sua manifestazione più eclatante nel regime della prova.

2. Nel rammentare che il *judgment* rientra nella vasta categoria dei *remedies*, anzi, che essa costituisce il tipo più importante di *judicial remedy* (e il solo titolo esecutivo noto alla *common law*), si osserva che notevoli differenze sussistono tra la sentenza dei sistemi inglese e nordamericano e quella dell'ordinamento italiano e di *civil law* in genere. In breve, queste differenze attengono:
a) alla diversa importanza che la sentenza assume nella teoria delle fonti del diritto; b) alla presenza attuale o presunta della giuria nel processo e, quindi, al suo realizzare, di fatto, il sogno chiovendiano dell'*oralità, concentrazione e immediatezza*: una sentenza che promana da un tale tipo di processo non può non essere molto diversa da quella nostrana; c) alle modalità in cui essa è emanata, si articola e si presenta; d) ai diversi effetti che essa può avere.

3. Nel processo civile e penale di *common law* la prova si forma davanti al giudice; la sentenza di merito, ossia quella che, grosso modo, sarebbe definita dai nostri causidici come di primo grado, è, in principio, *esecutiva* e, in principio, l'appello (che non è un rimedio di *common law,* ma deriva dalla *statute law*, ossia non è un rimedio generale) non ne sospende l'esecuzione.

4. Una notevole diversità di princìpi e di regole presiede alla materia delle impugnazioni: non esiste il principio del doppio grado di giurisdizione, e l'appello, che solo ecce-

zionalmente comporta un riesame del merito, è soggetto a severe limitazioni. Di fatto, nel sistema inglese la sentenza di merito mette fine alla lite nella stragrande maggioranza delle cause civili.
5. Quando l'organo giudicante è costituito da un collegio, la decisione è presa a maggioranza; ma qui si riscontra una differenza fondamentale rispetto agli ordinamenti di *civil law*, ossia, la cosiddetta *pubblicità delle opinioni* per cui ognuno dei giudici esprime un *judgment* o *statement of reasons* separato. È detta *dissenting opinion* l'opinione minoritaria del giudice dissenziente; ma poiché nella *House of Lords* il procedimento prende la forma di un *debate*, sul piano tecnico, i *Law Lords* non emettono *judgments*, ma pronunciano *speeches* o *opinions*. Comunque, l'esistenza di *dissenting judgments* (o *opinions*), espressi spesso da potenti personalità giudiziarie, si pone come fattore di evoluzione del diritto.
6. Questo è sufficiente a stabilire un'ulteriore differenza con la sentenza di *civil law*, anonima o, com'è stata giustamente definita, burocratica, riflesso in buona parte del ruolo storicamente si direbbe, « impiegatizio » della magistratura continentale. Del resto, basterebbe pensare, al di fuori della realtà nazionale, ai giudici tedeschi e francesi anche in tempi recenti per avere un'idea dell'abiezione cui, in determinate condizioni politiche, può essere portata una delle più alte funzioni pubbliche. Per contro, la sentenza inglese e nordamericana è fortemente caratterizzata dalla personalità del giudice che la emette: la storia del diritto anglo-americano è quella dei suoi grandi giudici. Una proposta avanzata a suo tempo da Stefano Rodotà per introdurre il principio della pubblicità delle opinioni almeno nelle decisioni della Corte Costituzionale, di cui una parte notevole assume nel nostro paese una ovvia valenza politica, è restata — *et pour cause* — lettera morta.
7. La sentenza, emessa di solito oralmente dal giudice immediatamente alla fine del dibattimento, contiene il solo dispositivo, iscritto nei registri (*records of the court*), che — con le formule *judgment for the plaintiff* o *judgment for the defendant* — stabilisce la parte a favore della quale la causa è decisa. La sentenza di merito (c.d. primo grado nostrano) è normalmente esecutiva, salvo al giudice di ordinare la sospensione dell'esecuzione (*stay of execution*). L'appello — che, come si è accennato, non è un rimedio della *common law*, ma è disciplinato dalla *statute law* — è soggetto a severe limitazioni; non sempre sussiste, cioé, un diritto automatico all'appello. Quest'ultimo si limita ad un'esame della legittimità della decisione, mentre si fa luogo a un riesame del merito e alla riassunzione delle prove solo nel caso di *new trial* che, in senso stretto, non costituisce un appello. La motivazione, anch'essa di solito espressa oralmente, anche se ridotta successivamente per iscritto, non fa parte dei *records*, ma viene riportata nelle varie riviste di giurisprudenza, dette *reports*, termine che esprime la originaria natura orale della decisione.
8. Nel sistema inglese, di solito la sentenza non è notificata (Ord. 10,11 e 65 R.S.C.); il ricorso all'esecuzione forzata non è frequente. La portata di una sentenza è detta *scope of judgment*.
9. Negli S.U. — stato federale — la materia è disciplinata in sede federale dalle *Federal Rules of Civil* o, a seconda dei casi, *of Criminal Procedure* e dal regime dei singoli stati dell'Unione (*infra*, SENTENZA PROVVISIONALE; SENTENZA STRANIERA; ACCERTAMENTO GIUDIZIARIO; ANNULLAMENTO O RIFORMA DELLA SENTENZA; APPELLO; ATTRIBUZIONE DEL RISARCIMENTO CON SENTENZA; CAPO DI UNA SENTENZA; CASSAZIONE DI UNA SENTENZA; CONDANNA; CONFERMA DELLA SENTENZA IN APPELLO; COPIA DELLA SENTENZA; COSA GIUDICATA; DECISIONE; DELIBAZIONE DELLA SENTENZA STRANIERA; DEPOSITO DELLA SENTENZA; DISPOSITIVO DELLA SENTENZA; DOPPIO GRADO DI GIURISDIZIONE; EMISSIONE DELLA SENTENZA; ERRORE MATERIALE NELLA SENTENZA; ESECUZIONE FORZATA DELLA SENTENZA CIVILE; ESTENSORE DELLA SENTENZA; FONTI DEL DIRITTO; GIUDICE ESTENSORE; GIUDIZIO; GIURIA; GIURISPRUDENZA; IMPUGNAZIONE DELLA SENTENZA; INAPPELLABILITÀ DELLA SENTENZA; MOTIVAZIONE DELLA SENTENZA; NOTA A SENTENZA; NOTIFICA DELLA SENTENZA; NOZIONI DI FATTO POSTE A BASE DELLA DECISIONE; NULLITÀ DELLA SENTENZA; OPINIONE DISSENZIENTE; ORDINE DI ESECUZIONE DELLA SENTENZA; PENA; PRIGIONE PER DEBITI; PROVA; PROVVEDIMENTO GIUDIZIARIO; PUBBLICAZIONE DELLA SENTENZA; RAPPORTO; REGISTRAZIONE DELLA SENTENZA; REGOLATORE; REVOCAZIONE DELLA SENTENZA; RICONOSCIMENTO DELLA SENTENZA STRANIERA; RIFORMA DELLA SENTENZA; RIMEDIO GIURIDICO; RIVISTE DI GIURISPRUDENZA; SODDISFAZIONE DELLA SENTENZA; SOSPENSIONE DEL PROCEDIMENTO; SUPERFLUITÀ DI LINGUAGGIO NEGLI ATTI DEL GIUDIZIO; TITOLO ESECUTIVO; TRANSAZIONE; TRASCRIZIONE DELLA SENTENZA; TUTELA DEI DIRITTI; VERDETTO). [vol. I: CASE LAW; COSTS; JUDGMENT; SENTENCE; VERDICT]

Bibl.:

Cendon, P., *Le misure compulsorie a carattere pecuniario* (1988) 1 CeI 65.

– **a favore del convenuto.** Judgment for

defendant (*infra*, SENTENZA A FAVORE DELL'ATTORE; CONVENUTO).

– **a favore dell'attore.** Judgment for plaintiff (*supra*, SENTENZA A FAVORE DEL CONVENUTO; ATTORE; DISPOSITIVO DELLA SENTENZA; SPESE PROCESSUALI).

– **arbitrale.** Arbitration, o arbitral, award (ARBITRATO; LODO ARBITRALE; RICONOSCIMENTO DELLA SENTENZA ARBITRALE STRANIERA).

– **che decide una controversia tra le parti.** Judgment in personam. [vol. I: ACTION: 5; JUDGMENT: 4]

– **che esercita i suoi effetti *erga omnes*.** Judgment in rem. [vol. I: ACTION: 5; JUDGMENT: 4]

– **che stabilisce il mantenimento.** Maintenance order (MANTENIMENTO). [vol. I: MAINTENANCE ORDER]

– **che stabilisce un precedente.** Leading case. È detta così quella decisione che, mediante la tecnica del *precedent*, dà origine a una nuova regola giurisprudenziale (FONTI DEL DIRITTO; PRECEDENTE GIUDIZIARIO). [vol. I: AUTHORITY; CASE; CASE LAW; PRECEDENT; RULE]

– **confermata in appello.** Judgment affirmed on appeal (APPELLO).

– **contumaciale.** In materia penale, si parla di judgment absente reo o di judgment in absentia; non è ammessa nei sistemi di *common law*. Diffusa è invece la sentenza contumaciale (*et pour cause!*) in materia civile, in cui si parla di *judgment in default* o, negli S.U., di *default-judgment*. Nel sistema inglese e nordamericano si riscontrano diverse forme di sentenze contumaciali civili come il *judgment in default of appearance* e il *judgment in default of defence*. Ma, come si ripete, nei sistemi di *common law* non esiste la condanna penale in contumacia tanto cara a taluni processualpenalisti nostrani: costituisce uno dei princìpi fondamentali del diritto processuale penale inglese e nordamericano che l'imputato deve essere presente al *trial* nei reati maggiori: non è ammesso il processo penale in contumacia per le *indictable offences* o, negli S.U., per le *felonies* (CONTUMACIA). [vol. I: ABSENCE OF ACCUSED; APPEARANCE; JUDGMENT IN DEFAULT]

– **definitiva.** Final judgment, conclusive judgment; indica anche la sentenza inappellabile o che è divenuta tale per lo scadere dei termini; ma si parla anche di *final decree*, *final order*, *final recovery*. Si noti la fragilità del giudicato specie nel sistema americano che prevede il *collateral attack*, ignoto sia ai sistemi di *civil law*, sia allo stesso sistema processuale inglese (*infra*, SENTENZA INTERLOCUTORIA; APPELLO; COSA GIUDICATA). [vol. I: COLLATERAL ATTACK; FINAL JUDGMENT; INTERLOCUTORY; RES IUDICATA]

– **di accertamento.** Grosso modo, declaratory judgment, declaratory decree, declatory order. Questo tipo di *remedy*, specie negli S.U., costituisce anche un potente mezzo di controllo degli atti della pubblica amministrazione (AZIONE (I) DI ACCERTAMENTO; CONTROLLO GIURISDIZIONALE; DIRITTO (I) AMMINISTRATIVO; NEGOZIO DI ACCERTAMENTO). [vol. I: DECLARATORY JUDGMENT]

– **di assoluzione.** Acquittal judgment, discharge (ASSOLUZIONE).

– **dichiarativa.** (*supra*, SENTENZA DI ACCERTAMENTO)

– **dichiarativa di fallimento.** Non esiste un corrispondente esatto; ma, sul piano terminologico, le espressioni più prossime sono, rispettivamente, *adjudication in bankruptcy* o *winding up order*, a seconda che si tratti della procedura di *bankruptcy* o di *winding up*. Negli S.U., si parla di *adjudication in bankruptcy* che, anche in quel sistema, può aver luogo con un *judgment* o un *decree* (FALLIMENTO; RETROATTIVITÀ DELLA SENTENZA DI FALLIMENTO). [vol. I: BANKRUPTCY; WINDING UP ORDER]

– **di condanna.** In materia civile si parla, rispettivamente, di jugment for plaintiff o di judgment for defendant per indicare indirettamente, a seconda dei casi, la vittoria, e quindi, la condanna dell'una o dell'altra parte. In materia penale si parla, rispettivamente, di *conviction* per indicare la dichiarazione di colpevolezza (fatta dalla giuria quando partecipa al *trial*), e di *sentence* per indicare la pena irrogata (CONDANNA; PENA; SPESE PROCESSUALI).

– **di divorzio.** Decree of divorce (DIVORZIO).

– **di esecuzione specifica.** Decree for specific performance (ESECUZIONE SPECIFICA DEL CONTRATTO). [vol. I: *ad vocem*]

– **di merito.** Trial judgment (*infra*, SENTENZA DI PRIMO GRADO).

– **di morte.** (PENA DI MORTE)

– **di non luogo a procedere.** (*infra*, SENTENZA DI PROSCIOGLIMENTO)

- **di nullità del matrimonio.** Decree of nullity of marriage (MATRIMONIO).
- **di primo grado.** Grosso modo, trial judgment. Ma, in senso stretto, la *common law* ignora il principio del doppio grado di giurisdizione (DOPPIO GRADO DI GIURISDIZIONE).
- **di proscioglimento.** Grosso modo, discharge of accused, dismissal of charge (PROSCIOGLIMEMTO). [vol. I: DISCHARGE: 3; DISMISSAL; NO CASE TO ANSWER; NOLLE PROSEQUI]
- **di rinvio a giudizio.** (DECRETO CHE DISPONE IL GIUDIZIO)
- **di rito.** Judgment on a procedural point (*supra*, SENTENZA DI MERITO).
- **di secondo grado.** Appellate judgment (*supra*, SENTENZA DI PRIMO GRADO).
- **di separazione dei coniugi.** Decree of judicial separation (SEPARAZIONE GIUDIZIALE DEI CONIUGI).
- **di ultima istanza.** Judgment of last resort, final judgment (*supra*, SENTENZA DEFINITIVA; COSA GIUDICATA). [vol. I: FINAL JUDGMENT]
- **erronea.** Erroneous judgment (APPELLO; ERRORE GIUDIZIARIO). [vol. I: MISCARRIAGE OF JUSTICE; MISTRIAL; NEW TRIAL]
- **esecutiva.** Grosso modo, enforceable judgment (ESECUZIONE FORZATA DELLA SENTENZA CIVILE). [vol. I: INTRODUZIONE: III. 26; EXECUTION]
- **inappellabile.** Final, conclusive, absolute judgment, res iudicata judgment, unimpeachable judgment (*supra*, SENTENZA DEFINITIVA; COSA GIUDICATA; IMPUGNAZIONE). [vol. I: ABSOLUTE; ACQUITTAL; CONCLUSIVE; ESTOPPEL; FINAL JUDGMENT; RES IUDICATA; UNIMPEACHABLE]
- **incidentale.** Interim judgment, interlocutory judgment o order (*infra*, SENTENZA INTERLOCUTORIA; INTERLOCUTORIO). [vol. I: INTERIM JUDGMENT; INTERLOCUTORY]
- **in contumacia.** (*supra*, SENTENZA CONTUMACIALE)
- **inefficace per mancata esecuzione.** Dormant judgment (ESECUZIONE FORZATA DELLA SENTENZA CIVILE). [vol. I: REVIVAL]
- **inimpugnabile.** (*supra*, SENTENZA INAPPELLABILE)
- **interlocutoria.** Interim judgment, interlocutory judgment (*supra*, SENTENZA INCIDENTALE). [vol. I: DECREE NISI; INTERIM AWARD; INTERIM INJUNCTION; INTERIM ORDER; INTERLOCUTORY]
- **interpretativa.** Interpretation judgment (INTERPRETAZIONE).
- **passata in cosa giudicata.** Final judgment, conclusive judgment, res iudicata (*supra*, SENTENZA INAPPELLABILE; COSA GIUDICATA).
- **penale in genere.** Penal judgment (REVISIONE DELLA SENTENZA PENALE).
- **penale in un *summary judgment*.** Summary conviction (PROCEDIMENTO SOMMARIO). [vol. I: *ad vocem*]
- **penale straniera.** Foreign penal judgment (*infra*, SENTENZA STRANIERA; ESECUZIONE DELLA SENTENZA PENALE STRANIERA).
- **provvisionale.** Interlocutory judgment o order, interim order (*supra*, SENTENZA DEFINITIVA; ESECUZIONE PROVVISORIA DELLA SENTENZA; PROVVISIONALE).
- **straniera.** Foreign judgment; di particolare importanza in questa materia è la convenzione di Bruxelles del 1968 relativa alla giurisdizione e all'esecuzione delle sentenze civili e commerciali nell'ambito dei paesi comunitari, definita anche, talvolta, « Full Faith and Credit Clause Convention » in virtù di una certa analogia con la più antica e autorevole clausola costituzionale degli S.U. per cui ogni stato dell'Unione è tenuto a riconoscere le leggi, gli atti e le decisioni degli altri stati. Si noti che negli S.U. — stato federale — viene definita sentenza straniera — ai fini della *Full Faith and Credit clause* — la sentenza emessa in un altro stato dell'Unione. In qualche maniera parallela, anche se precedente, è la convenzione di New York del 1958 sul riconoscimento e l'esecuzione delle sentenze arbitrali straniere (*supra*, SENTENZA PENALE STRANIERA; ARBITRATO; DELIBAZIONE DELLA SENTENZA STRANIERA; ESECUZIONE FORZATA DELLA SENTENZA CIVILE STRANIERA: 8; RICONOSCIMENTO DELLA SENTENZA STRANIERA). [vol. I: ARBITRATION; FOREIGN JUDGMENT]

Sentito dire. Hearsay (DICERIA; PROVA PER SENTITO DIRE). [vol. I: EVIDENCE: II]

Senza. Without (CON; NON).

- **condizioni.** Absolutely, unconditionally; popolarmente si dice anche *no strings attached* (CONDIZIONE; RESA INCONDIZIONATA). [vol. I: ABSOLUTELY]

– **corrispettivo.** Without reward, without consideration, gratuitous. Ma si notino le radicali differenze esistenti in materia contrattuale tra le due tradizioni giuridiche di *civil law* e *common law* (*infra*, SENZA SCOPO DI LUCRO; CONTRATTO: III; CORRISPETTIVO). [vol. I: CONSIDERATION; REWARD; WITH PROFIT o NO PROFIT INSURANCE]

– **data.** Undated (DATA).

– **diritti.** Ex rights; termine impiegato nelle transazioni di borsa per indicare che l'acquirente acquista le azioni senza i diritti ad esse connessi come, ad es., quello dell'acquisto di azioni di nuova emissione (AZIONE (II) DI SOCIETÀ; BORSA VALORI; SOCIETÀ (II) DI CAPITALI).

– **discendenza.** Without issue (DISCENDENZA).

– **effetti giuridici.** Without legal effects, inoperative (*infra*, SENZA PREGIUDIZIO; EFFETTI GIURIDICI; ENTRATA IN VIGORE DI UNA LEGGE; OPERATIVO).

– **fissa dimora.** Without fixed abode, undomiciled (DIMORA; PERSONA IRREPERIBILE; VAGABONDAGGIO). [vol. I: ABODE; DOMICILE; VAGRANCY]

– **girata.** Unendorsed (GIRATA).

– **giusta causa.** Without cause, without just cause (ARBITRIO; GIUSTA CAUSA).

– **preavviso.** Without notice (PREAVVISO). [vol. I: *ad vocem*]

– **pregiudizio.** Without prejudice. Ma questa espressione assume un significato particolare se impiegata nel corso delle trattative dirette a transigere una controversia in quanto introduce una riserva per cui esse non producono effetti giuridici. Niente di ciò che sia stato scritto o detto tra le parti di una controversia in siffatta occasione che sia caratterizzato dalla clausola *without prejudice* (ad es., offerte, ammissioni di responsabilità, rinunzie, etc.) può essere preso in considerazione dal giudice senza il consenso di entrambe le parti (CON PREGIUDIZIO; IMPREGIUDICATO OGNI ALTRO DIRITTO; PREGIUDIZIO; RISERVA). [vol. I: COMPROMISE; HOLD HARMLESS CLAUSE; WITHOUT PREJUDICE]

– **prole.** Without issue, o anche, talvolta, *sine prole* o *s.p.* (PROLE). [vol. I: ISSUE]

– **regresso nella cambiale.** Without recourse (REGRESSO). [vol. I: *ad vocem*; SANS RECOURS]

– **scopo di lucro in genere.** Non-profit, not for profit. Lo scopo di lucro (o meno) costituisce un elemento costitutivo fondamentale per individuare il regime giuridico — e fiscale — di una numerosissima serie di associazioni, specie negli S.U. Di solito si parla di *non-profit associations* per indicare dei gruppi organizzati a scopi non di lucro come, ad es., di beneficenza, scientifici, letterari, etc. In questo senso, va rilevato che essi assumono spesso la forma della *corporation*, con ovvie varianti rispetto a quella con scopo lucrativo. Trattandosi di uno stato federale, la materia è regolata dai singoli stati dell'Unione. Di solito, le associazioni senza scopo di lucro sono strutturate secondo il *Revised Model Non Profit Corporations Act* (1986) e, ai sensi del § 3.01(A), possono perseguire « any lawful activity unless a more limited purpose is set forth in the articles of incorporation », ossia nell'atto costitutivo. Ai fini dell'imposta *federale* sul reddito, un'associazione può essere considerata un'*exempt organization* se il suo scopo sociale è uno o più dei seguenti: i) religioso; ii) di beneficenza; iii) scientifico; iv) attinente all'infortunistica; v) letterario; vi) educativo; vii) attinente alla prevenzione del maltrattamento a minori o animali; viii) promozione dello sport nazionale o internazionale. Il § 501(c) dell'*Internal Revenue Code* (IRC) contiene un elenco delle *exempt organizations*. Il compianto Piero Verrucoli [1985] ha trattato con molto acume questo tema che assume grande importanza economica e sociale nei paesi industriali avanzati (*supra*, SENZA CORRISPETTIVO; ASSOCIAZIONE CON-SENZA SCOPO DI LUCRO; BENEFICENZA; COOPERATIVA; FONDAZIONE; IMPRESA: 5; LUCRO; MUTUALITÀ; NON REMUNERATIVO; ORGANIZZAZIONE SENZA SCOPO DI LUCRO; SCOPO DI LUCRO; SOCIETÀ (II) A SCOPO DI LUCRO). [vol. I: ASSOCIATION; CHARITY; NON-PROFIT ASSOCIATION; PROFIT; WITH PROFIT o NO PROFIT INSURANCE]

Bibl.:

Ponzanelli, G., *Le fondazioni in diritto comparato* (1989) 1 CeI 230.

– **spese in genere.** Free of charge (SPESE). [vol. I: CHARGE; DUTY FREE]

– **spese nella cambiale.** Without expense, sans frais (CAMBIALE; SPESE). [vol. I: SANS FRAIS; WITHOUT EXPENSE]

– **tetto** o **senzatetto.** Homeless (CASA; OSPIZIO PER I SENZATETTO).

– **ulteriore ritardo** o **dilazione.** Without further delay (RITARDO).

– **valore nominale.** No par value (VALORE NOMINALE). [vol. I: PAR VALUE]

Separata o **separato legalmente.** Judicially separated (SEPARAZIONE GIUDIZIALE).

Separatamente. Severally (OBBLIGAZIONE (I) SOLIDALE; RESPONSABILITÀ SOLIDALE). [vol. I: JOINT; SEVERAL; SEVERALTY]

Separatismo. Separatism (AUTODETERMINAZIONE; SECESSIONE).

Bibl.:

Ottino, C.L., *Separatismo,* in *Dizionario di Politica* 1976, ed. 1983: 1029.

Separazione in genere. Separation, severance, partition, distribution, apportionment, split (AZIONE (I) DI SEPARAZIONE; DIVISIONE; FRAZIONAMENTO; SCIOGLIMENTO; SECESSIONE).

– **consensuale dei coniugi.** Separation of husband and wife, separation of spouses; l'accordo relativo è detto detto *separation agreement*; la separazione consensuale tra coniugi non richiede omologazione, ai sensi della s. 34 (2) (b) del Matrimonial Causes Act 1973. L'accordo può essere verbale o scritto e, in tal caso, è fatto più spesso con *deed*. La materia è regolata generalmente dalle norme del contratto, incluso il requisito della *consideration*. Negli S.U. la materia è regolata dai singoli stati dell'Unione ma, nel complesso, il suo regime non sembra troppo diverso da quello inglese (*infra*, SEPARAZIONE GIUDIZIALE DEI CONIUGI; ACCORDO DI SEPARAZIONE DEI CONIUGI; RICONCILIAZIONE DEI CONIUGI). [vol. I: JUDICIAL SEPARATION; MARRIAGE; SEPARATION OF HUSBAND AND WIFE]

– **dei beni del defunto da quelli dell'erede.** Lett., separation of the estate of the deceased from property of heir. Ma la *common law* ignora questo istituto, inutile data la assai diversa tecnica della devoluzione dell'eredità in quella tradizione giuridica. Peraltro, la separazione è ammessa in Louisiana, *enclave* (grosso modo) di *civil law* negli S.U.: in tal caso, si parla di *separation of patrimony* (ACCETTAZIONE DELL'EREDITÀ CON BENEFICIO D'INVENTARIO; PATRIMONIO; SUCCESSIONE PER CAUSA DI MORTE).

– **dei beni fra coniugi.** Separation of estates of spouses; questo termine indica più spesso il regime della separazione dei beni tra coniugi (COMUNIONE DEI BENI FRA CONIUGI; PATRIMONIO). [vol. I: COMMUNITY PROPERTY; FAMILY LAW; HUSBAND AND WIFE; MARRIED WOMEN'S PROPERTY]

– **dei poteri.** Separation of powers; si parla anche, talvolta, di *division of powers*: ma con quest'ultimo termine si intende più spesso nel sistema nordamericano la ripartizione dei poteri tra lo stato federale e i singoli stati dell'Unione. Nella saggistica nostrana si parla non di rado indifferentemente di *divisione* e *separazione dei poteri* (FEDERALISMO).

1. L'art. XVI della Dichiarazione dei Diritti dell'Uomo del 1789 recita: « Toute société dans laquelle la garantie des droits n'est pas assurée, ni la séparation des pouvoirs déterminée, n'a pas de constitution ». Un po' troppo anche per un paese che ama la retorica (questa volta liberale) come la Francia. Perché se si fa dipendere l'esistenza del regime liberale (*constitution*) dalla separazione dei poteri si corre il rischio di dire uno sproposito, se si pensa che, storicamente, la patria del costituzionalismo liberale è proprio l'Inghilterra, paese in cui la dottrina non è mai stata applicata. Del resto, come scrive Habermas: « Neppure Montesquieu separò realmente lo spirito delle leggi dalla società per la quale le aveva abbozzate (...) Lo schema della divisione dei poteri, che si trova nel famoso capitolo VI del libro XI e che esercitò tanta influenza sulle prime costituzioni borghesi (quelle americana, francese e belga), non è in fondo una costruzione di diritto statale notevole per coerenza logica e applicabilità tecnica, ma si fonda in compenso su una precisa interpretazione della situazione sociale » [1973, trad. it.: 9, n. 1]. In effetti, se la separazione dei poteri — consacrata nella costituzione degli S.U. — costituisce la manifestazione più eclatante del costituzionalismo illuministico, si osserva peraltro che l'ordinamento costituzionale britannico non si ispira, nel complesso, a questa dottrina. Non vi è mai stata quella completa separazione dei poteri attribuita da Montesquieu al sistema inglese; anzi — a differenza del sistema nordamericano che la consacra in una costituzione rigida — il segreto dell'attuale sistema costituzionale britannico è costituito dalla *fusione* dei poteri. Ma si tratta di una fusione *sui generis* che, al suo interno, conserva, in qualche modo, l'equilibrio assicurato dal principio illuministico grazie, tra l'altro, alle *conventions of the constitution*. Sotto questo aspetto, assume una

notevole importanza la distinzione non giuridica, ma politica, introdotta da Walter Bagehot tra il *dignified* e l'*efficient exercise of power* [1867, ed. 1963; 61], ossia tra mito e realtà, fondamentale per intendere quali sono le forze che effettualmente dispongono del potere politico.

2. Tra i numerosi fattori che caratterizzano l'originalità del sistema costituzionale britannico attuale si segnalano: a) la *Crown* costituisce un elemento essenziale dell'esercizio di tutte le forme di potere, legislativo, esecutivo e giudiziario; b) il controllo dell'esecutivo sul legislativo consistente nel potere del primo ministro di sciogliere il parlamento, e nel sostanziale monopolio dell'iniziativa legislativa da parte dell'esecutivo; c) la figura del *Lord Chancellor*, allo stesso tempo presidente della *House of Lords*, primo magistrato d'Inghilterra, capo del potere giudiziario e, di fatto, ministro della giustizia; d) la *House of Lords* svolge, oltre che funzioni legislative, anche funzioni giurisdizionali; in questo, essa riflette ancora oggi la sua antica origine e quella dei parlamenti in genere; e) il *Cabinet* è costituito da membri del potere legislativo; f) quanto al potere giudiziario, esso è munito ed esercita ampi poteri legislativi delegati in maniera permanente in tema di *rules of court*, ossia di norme di procedura; inoltre, la *doctrine* (giurisprudenziale) dello *stare decisis* conferisce al giudice, in sostanza, un potere legislativo — beninteso, non nel senso formale — che si esprime attraverso la *legal rule*; i giudici delle *superior courts* possono essere rimossi soltanto dal parlamento; i giudici della *House of Lords* fanno parte di quest'ultima anche in sede legislativa. Anche in questo, l'ordinamento costituzionale britannico — prodotto storico — sorprende per la sua straordinaria modernità che consiste nell'aver intuito l'inadeguatezza di una rigida divisione dei poteri e l'importanza delle *crescenti funzioni dell'esecutivo nelle società industriali di massa*.

3. È invece negli S.U. che la costituzione federale — figlia diretta dell'Illuminismo — stabilisce la massima estensione possibile della dottrina, anche se i tre poteri sono collegati tra loro dal sistema dei *checks and balances* che pone l'accento sul concorso e la interdipendenza tra i poteri (definiti più spesso *branches of government*), piuttosto che sulla separazione in senso stretto: Fabbrini [1993: 5] spiega questa originale combinazione dei due princìpi. Gli artt. I-III della costituzione federale tracciano l'intero sistema al livello federale. Ma esso va visto anche nel contesto della *delegation of powers*, ossia della delega dei poteri degli stati dell'Unione allo stato federale considerata negli S.U. per lungo tempo come contraria al principio della separazione dei poteri.

4. Nicola Matteucci (cit.) raffigura un quadro illuminante delle radicali diversità che caratterizzano il concetto di stato di diritto continentale e di *rule of law* inglese dovute anche, oltre che a diverse elaborazioni politiche e premesse teoretiche, alla stessa formazione del diritto. In effetti, la diversa teoria delle fonti contribuisce in maniera rilevante, anche se non esclusivamente, alla diversa concezione dello stato di diritto. Comunque, separazione dei poteri-costituzionalismo-stato di diritto appaiono concetti difficili da districare con nettezza. Matteucci osserva che alla base della *rule of law* anglo-americana vi è un'esperienza culturale e politica del diritto che è tipica del costituzionalismo inglese. Egli scrive: « Mentre la cultura tedesca e quella continentale erano condotte dai propri presupposti teoretici a unificare Stato e diritto (ordinamento giuridico), quella inglese ha ignorato il concetto di Stato, usando piuttosto quello di 'governo' che è comprensivo delle tre classiche funzioni, o almeno dell'esecutiva e della legislativa. Dall'altro lato ha sempre affermato l'autonomia del diritto accanto o sopra il governo, o la necessità di subordinare il governo al diritto. Questo è stato reso possibile non solo per l'indipendenza dei giudici dal potere politico, ma soprattutto per il particolare carattere del diritto inglese, il quale ancor oggi vede, accanto a norme di produzione legislativa-parlamentare, la *common law*, un diritto di cui i giudici sono conservatori e depositari ».

5. In questo quadro, la *judicial review* — potere intrinseco alla concezione della giurisdizione inglese, e poi nordamericana — indica, in sostanza, supremazia della regola giurisprudenziale, *rectius*, del potere giudiziario sul potere reale e addirittura su quello legislativo. E se l'opposto principio della *supremacy of Parliament* impostosi nel Settecento ha capovolto questo rapporto, esso non lo ha annullato che in parte lasciando massicci sedimenti nella cultura giuridica e nel *modus operandi* della giustizia anglo-

Separazione dei poteri

americana che, storicamente, *vede nel giudice l'oracolo della legge*: basterebbe pensare alla natura e agli effetti dell'interpretazione giudiziale delle leggi (sulla quale si forma il *precedent,* e quindi la regola giurisprudenziale), a non parlare della stessa decisione *Marbury* v. *Madison* con la quale, negli S.U., la *Supreme Court* rivendicava nel 1803 il proprio potere di controllo giurisdizionale della costituzionalità delle leggi, al potere di *injunction* e di *subpoena,* alla virtuale assenza di immunità dalla giurisdizione da parte del ceto politico, etc.

6. Sempre, quando si tratta di democrazia — ora da noi anche per professori e costituzionalisti e cantori del sistema comunista — si impone il ritorno ai *founding fathers* americani, alle fonti, alla loro costruzione costituzionale. E non per curiosità di storici, ma perché si sono posti le domande giuste: quelle che da almeno duecento anni accompagnano i regimi liberali, gli uomini che vi attendono e che vi credono; domande che le presenti e future generazioni, lungi dall'aver lasciato alle spalle, si trovano ora di fronte, in maniera più drammatica, nel loro non agevole cammino sulla strada della liberaldemocrazia. Da una prospettiva privilegiata, ossia dall'osservatorio della veneranda *Supreme Court,* Wallace Mendelson traccia in uno splendido articolo (cit.) la storia e gli sviluppi del principio della separazione dei poteri nella costituzione degli S.U. Come egli osserva, in effetti, nel linguaggio politico americano, la *separation of powers* appare più come un nome che come una descrizione. Di fatto, nessuno dei tre poteri (*branches of government*), legislativo, esecutivo e giudiziario, dello stato federale appare nettamente separato uno dall'altro. Ad es., il Congresso dispone del potere di *impeachment* degli altri due; il veto presidenziale relativo alla legislazione approvata dal Congresso è chiaramente di per sé di natura legislativa. E così James Madison nel n. 47 del *Federalist* ebbe buon gioco nel rispondere agli attacchi antifederalisti — per cui i poteri non essendo nettamente divisi, ognuno di essi poteva essere schiacciato dal più forte facendo crollare tutta la costruzione — affermando che Montesquieu — l'oracolo della separazione — non aveva mai voluto dire che « departments ought to have no *partial agency* in, or *control* over, the acts of each other »: egli aveva voluto dire, invece, che *tutto* il potere di un *department* non dovrebbe essere esercitato dalle stesse mani che posseggono *tutto* il potere di un altro. Il merito della armonizzazione o miscela dei poteri, secondo Madison (che — si noti — non era né professore di diritto, né laureato in giurisprudenza), era che, assieme a un sistema bicamerale e al federalismo, essa avrebbe prodotto una rete di sicurezza di *checks and balances.* Ma resta il fatto che la frammentazione del potere comporta anche una responsabilità frammentata (quello della responsabilità e dei controlli non è mai stata una preoccupazione del costituente italiano, né della *democrazia consociativa* del nostro paese). Secondo Mendelson, non dovrebbe meravigliare che le numerose difficoltà che incontra il sistema di governo americano derivino dal sistema della separazione previsto dalla costituzione. Per contro, il sistema di governo parlamentare ricerca la sicurezza in precisi criteri di responsabilità elettorale piuttosto che in un meccanico contrasto tra separati organi di potere. Concentrare il potere in un primo ministro, significa renderlo direttamente responsabile al parlamento, mentre quest'ultimo è direttamente responsabile verso l'elettorato. Insomma, sempre per questo autore, il modello del governo di gabinetto britannico eliminerebbe un dilemma permanente della politica americana: ossia in quale delle numerose nicchie istituzionali si nasconda il potere e la responsabilità: il senso di frustrazione così diffuso negli S.U., deriverebbe, almeno in parte, dalla anzidetta regolamentazione del potere. Comunque, il peculiare istituto americano del controllo di costituzionalità delle leggi conferisce di fatto al potere giudiziario enorme influenza rispetto agli altri poteri dello stato. Esso consente al potere giudiziario di delimitare qualsiasi potere di autodifesa di cui questi ultimi dispongano nei confronti del potere giudiziario. Di fatto, il potere politico ha di rado tentato di usare i propri poteri formali (*impeachment,* emendamento della costituzione e controllo legislativo dell'ordine giudiziario) nei confronti della *Supreme Court.* Di guisa che i partiti politici si presentano come il più efficace, anche se indiretto, controllo nei confronti di giudici sostanzialmente indipendenti nella lunga storia della Corte. Poche decisioni della *Supreme Court* limitano i poteri del Presidente. Tra le ultime, si ricorda la *United States* v. *Nixon* 418 U.S. 683 (1974) che se, da un lato, costituì una ir-

rimediabile sconfitta per il Presidente, dall'altro, essa segnò anche una vittoria dell'istituzione presidenziale dato che la Corte accordava una certa tutela alla confidenzialità delle attività presidenziali (di cui però essa resta l'ultimo giudice). In molti altri casi, sia in tema di affari interni che esterni, la *Supreme Court* o è restata neutrale o ha sostenuto il Presidente nel caso di controversie relative alla separazione dei poteri. Se a questo si aggiunge la disponibilità del Congresso a delegare al potere esecutivo vasti poteri discrezionali si capisce meglio l'ascesa durante la Grande Depressione di quella che venne definita da Arthur Schlesinger jr. la *imperial presidency*: le *administrative agencies* — strani « animali » costituzionali dotati di poteri, in sostanza, legislativi, esecutivi e giudiziari — sono il più compiuto modello di entità impossibili da classificare secondo l'impianto originario della costituzione e la dottrina della separazione dei poteri. Ed eccoci al dilemma *libertà-inefficienza*: a questo proposito, mette conto ricordare la celebre opinione dissenziente del non meno celebre giudice Louis D. Brandeis nel caso *Myers* v. *Bethlehem Shipbuilding Corp.* 303, U.S. (1938): « The doctrine of the separation of powers was adopted by the convention of 1787, not to promote efficiency but to preclude the exercise of arbitrary power. The purpose was, not to avoid friction, but, by means of the inevitable friction incident to the distribution of the governmental powers among three departments, to save the people from autocracy ». Come osserva Mendelson, questa opinione è una classica espressione della speranza nutrita nel XVIII sec. che la *libertà sarebbe stata assicurata più agevolmente mediante la immissione di una calcolata dose di inefficienza nei poteri dello stato.* Una speranza più moderna è che la libertà sia meglio assicurata mediante maggiore efficienza e maggiori controlli democratici. Siamo ancora afflitti dal vecchio dilemma: fino a che punto si può costruire uno stato efficiente senza che si trasformi in dispotismo?, quanta inefficienza possiamo tollerare senza scivolare verso il disastro? (CONTROLLO GIURISDIZIONALE DI COSTITUZIONALITÀ; COSTITUZIONE POLITICA; DELEGA DEI POTERI ALLO STATO FEDERALE NEGLI S.U.; DISTRIBUZIONE DEL POTERE; DIVISIONE DEI POTERI; FEDERALISMO; POTERE; QUARTO POTERE; REGOLATORE; SOVRANITÀ; STATO DI DIRITTO; SUPPLENZA; VETO). [vol. I: CONSTITUTION; SEPARATION OF POWERS]

Bibl.:

Matteucci, N., *Costituzionalismo*, in *Dizionario di Politica* 1976, ed. 1983: 270, at 276.

Mendelson, W., *Separation of Powers*, in *Oxford* 1992: 774, 779.

- **dei procedimenti.** (*infra*, SEPARAZIONE DELLE CAUSE CIVILI; SEPARAZIONE DELLE DOMANDE IN GIUDIZIO)

- **dei procedimenti penali.** (*infra,* SEPARAZIONE DELLE CAUSE CIVILI)

- **dei redditi.** Division of incomes (CUMULO DEI REDDITI; REDDITO).

- **delle cause civili.** Separation of trials. Negli S.U. — stato federale — essa è prevista — in sede federale — dalla R. 42 delle *Federal Rules of Civil Procedure* per cui, nell'interesse della speditezza o per evitare un pregiudizio, la corte può disporre la separazione dei giudizi (senza peraltro pregiudicare il diritto al processo con la giuria). In materia penale, nei casi di reati associativi, ai sensi della R.14 delle *Federal Rules of Criminal Procedure*, la corte può disporre il processo separato di ognuno degli associati nell'interesse della speditezza e dell'economia processuale. Si parla di *bifurcated trial* (o processo biforcato) per indicare quel processo che tratta in tempi diversi questioni interdipendenti, in cui la soluzione di una è destinata ad avere influenza sulla decisione dell'altra come, ad es., nel caso di responsabilità per lesione personale (*personal injury*) o omicidio colposo (*wrongful death*) e conseguente risarcimento del danno (CONNESSIONE; LITISCONCORZIO; OBBLIGAZIONE (I) SOLIDALE; PLURALITÀ DI DOMANDE IN GIUDIZIO BASATE SULLA STESSA *CAUSA PETENDI*; PROCEDIMENTO IN SEPARATA SEDE; RIUNIONE DEI PROCEDIMENTI). [vol. I: MISJOINDER; SPLITTING A CAUSE OF ACTION]

- **delle domande in giudizio.** Negli S.U. — stato federale — è definita *severance of actions* o *severance of claims* la decisione del giudice con la quale, quando lo ritenga opportuno, dispone la separazione delle azioni nel caso di molteplicità di parti, consentendo azioni separate per ogni *causa petendi*, ovvero su ciascuna domanda (*claim*) alla volta. La *severance* di una causa comporta la separazione in due o più cause indipendenti ognuna delle quali termina con una sentenza finale eseguibile. La materia è regolata in sede federale dalla R. 21 delle *Federal Rules of Civil Procedure* per cui, tra l'altro: « Any claim against a party may be severed and proceeded with separately » (*supra,* SEPARAZIONE DELLE CAUSE CIVILI; DOMANDA GIUDIZIALE; PLURALITÀ DI DOMANDE IN GIUDIZIO BASATE SULLA STESSA *CAUSA PETENDI*; RIUNIONE DEI PROCEDIMENTI).

– **di cose fungibili.** Separation of fungible things (BENI FUNGIBILI). [vol. I: RES PERIT DOMINUS]

– **giudiziale dei coniugi.** Judicial separation of spouses (*supra*, SEPARAZIONE CONSENSUALE DEI CONIUGI; MATRIMONIO). [vol. I: *ad vocem*]

– **legale dei coniugi.** (*supra*, SEPARAZIONE GIUDIZIALE DEI CONIUGI)

– **personale dei coniugi in genere.** Separation of spouses (*supra,* SEPARAZIONE CONSENSUALE DEI CONIUGI; SEPARAZIONE GIUDIZIALE DEI CONIUGI; CONIUGE). [vol. I: SEPARATION OF HUSBAND AND WIFE]

– **tra Stato e Chiesa.** Separation of State and Church (CHIESA; RELIGIONE).

Sequela in genere. Following, tracing. Negli S.U. si parla di *skiptracing* per indicare quei servizi forniti da agenze private consistenti nel rintracciare debitori morosi, eredi, testimoni, titolari di *securities*, coniugi, beni dei debitori, beni ereditari, etc. (AGENZIA PER IL RECUPERO DI CREDITI; DIRITTO (II) DI SEQUELA; PRIVILEGIO; SEGUITO). [vol. I: *ad vocem*]

Sequestrabile in genere. Liable to seizure, to attachment, to sequestration (SEQUESTRO). [vol. I: EXECUTION; NULLA BONA]

Sequestratario in genere. Receiver, custodian, bailiff, sequestrator. Il diritto di ritenzione del sequestratario è detto *receiver's lien* (CUSTODE; CUSTODE DI BENI SEQUESTRATI; DEBITORE; ESECUZIONE; RICEVITORE).

Sequestratore di persona. Kidnapper (OSTAGGIO; PRIGIONIERO; SEQUESTRO DI PERSONA).

Sequestro in genere. Seizure, attachment, impounding, sequestration; di un bene sequestrato si dice anche che esso è « in the custody of the law » o anche « in custodia legis ». Ma si tratta di capitolo non agevole della *common law*, in cui si riscontrano differenze, oltre che tra le due tradizioni giuridiche di *civil law* e *common law*, anche tra il sistema inglese e quello nordamericano (non soltanto di ordine terminologico). *Seizure* è un termine generale che indica più spesso la presa di possesso dei beni del debitore per soddisfare le ragioni del creditore riconosciute da una sentenza. La funzione principale dell'*attachment* viene definita specie negli S.U. come quella di prendere possesso dei beni del debitore sulla base di un provvedimento giudiziario, allo scopo di assicurare la garanzia del credito in un giudizio non ancora pronunziato; in sostanza, una nozione analoga a quella del sequestro conservativo nostrano; ma si parla anche di *sequestration*. Ma in tema di *equity*, questo termine indica il fatto di sequestrare giudizialmente i beni di una persona fin quando quest'ultima non abbia purgato il *contempt* di cui si sia resa responsabile. L'ambiguità del termine *attachment* sta in questo: che esso indica anche il pignoramento, ossia l'espropriazione dei beni del debitore condannato con sentenza; per questo, negli S.U. il sequestro conservativo viene definito anche *pre-judgment attachment*: appunto per distinguerlo dal pignoramento. D'altro canto, l'*attachment of debts* o *third party attachment*, o *garnishment*, indica il pignoramento presso terzi. Negli S.U. — stato federale — la materia è regolata, a seconda dei casi, dal diritto dei singoli stati dell'Unione o dal diritto federale. Lo *sheriff* (o il *bailiff*) che esegue un *writ of fieri facias,* detto ora negli S.U. *writ of execution,* previsto dalla R. 69 delle *Federal Rules of Civil Procedure,* procede al pignoramento (*seizure*) e alla vendita (*sale*) dei beni del debitore. Ma, come si è indicato, *attachment* indica anche, specie negli S.U., il sequestro conservativo; nel sistema inglese quest'ultimo ha luogo con la *Mareva injunction*. Infine, con l'espressione *sequester (to) jurors* si indica il fatto di isolare i giurati dal pubblico nel corso dei processi più eclatanti. In materia penale, si parla di *search and seizure* per indicare la perquisizione e il sequestro (CONFISCA; DISSEQUESTRO; ESECUZIONE FORZATA DELLA SENTENZA CIVILE; ESPROPRIAZIONE; GIURIA; GIURISDIZIONE ESUBERANTE; INSEQUESTRABILITÀ; ORDINE DI SEQUESTRO; PERQUISIZIONE; PIGNORAMENTO; PROVVEDIMENTI CAUTELARI; SOTTO SEQUESTRO; SOTTRAZIONE DI COSE PIGNORATE o SEQUESTRATE; TENTATIVO DI SEQUESTRO). [vol. I: ARREST OF SHIP; ATTACHMENT; CONFISCATION; CUSTODIA LEGIS; DISTRESS; EMBARGO; EX PARTE; FORFEITURE; GARNISHMENT; IMPOUNDING; MAREVA INJUNCTION; SEIZURE]

– **conservativo.** Nel sistema inglese il sequestro conservativo ha luogo mediante la *Mareva injunction* (di cui il *foreign attachment* è il precedente storico). In quello nordamericano — in cui la materia è regolata, a seconda dei casi, dai singoli stati dell'Unione o dal diritto federale — si procede, invece, con l'*attachment,* detto anche *pre-judgment attachment*; ma si parla anche di *sequestration*. In Louisiana, *enclave* (grosso modo) di *civil law* negli S.U., esso è definito *provisional seizure*. Nel sistema inglese e nordamericano l'*attachment of assets*, ossia il sequestro conservativo di beni (e diritti), costituisce anche un modo per radicare la giurisdizione. La *quasi-in rem jurisdiction* che — salvo talune eccezioni — non ha equivalenza nei sistemi di *civil law*, presuppone l'*attachment*, che ha appunto la funzione di radicare la *jurisdiction* nei limiti di valore delle cose stesse. In taluni stati dell'Unione, si distingue tra *domestic* e *foreign attachment* per indicare, a seconda dei casi, il sequestro conservativo nei confronti di un residente ovvero di un non residente nello stato (*infra*, SEQUESTRO CONSERVATIVO DI NAVE; SEQUESTRO GIUDIZIARIO; GIURISDIZIONE ESUBERANTE; PROVVEDIMENTI CAUTELARI). [vol. I: ATTACHMENT: 1; ATTACHMENT OF ASSETS; EX PARTE; MAREVA INJUNCTION]

– **conservativo di nave.** Arrest of ship. Ha luogo nel sistema inglese e americano con procedimento speciale detto *action in rem*, ed ha per oggetto la nave, il nolo o il carico: esso è fondato su un *lien*, ossia, grosso modo, un privilegio marittimo. In diritto internazionale, è detto *arrest of sea going ship* ed è regolato dalla convenzione di Bruxelles del 1952 sul sequestro conservativo di navi. Ma si noti il *maritime* (o *admiralty*) *attachment*, procedura analoga, diretta, peraltro, ad assicurare la comparizione del convenuto in un'*action in personam,* ma non in un *proceeding in rem*; materia complessa (ARRESTO; CARATISTA DI NAVE; CATTURA DI NAVE; CAUZIONE MARITTIMA; DISSEQUESTRO DI NAVE SU CAUZIONE; NAVE; PIGNORAMENTO DI NAVE; PRIVILEGIO DELL'ARMATORE; PRIVILEGIO MARITTIMO). [vol. I: ACTION IN REM; ARREST OF SHIP; MARITIME ATTACHMENT; SEIZURE OF SHIP]

– **conservativo di stipendi e salari presso terzi.** Third party attachment of wages and earnings; negli S.U. si parla più spesso di *pre-judgment garnishment of earnings*, o *of wages* (PIGNORAMENTO DI STIPENDI E SALARI PRESSO TERZI).

– **conservativo presso terzi in genere.** Third party attachment, garnishment. [vol. I: ATTACHMENT OF DEBTS; GARNISHMENT]

– **convenzionale.** Grosso modo, stakeholding; previsto in senso stretto dall'art. 2973 del *Code Civil* della Louisiana, *enclave* (grosso modo) di *civil law*; altrove negli S.U. esso è definito *sequestration*. [vol. I: INTERPLEADER; STAKEHOLDER]

– **dei beni del debitore in genere.** Attachment of debtor's property (DEBITORE).

– **dei beni del fallito.** Attachment of bankrupt's assets (FALLIMENTO; FALLITO). [vol. I: ASSETS]

– **di aeromobile.** Arrest of aircraft, seizure of aircraft (AEROMOBILE).

– **di aeromobile** o **di nave a fini di ricatto.** Hijacking of aircraft, hijacking of ship (AEROMOBILE; DIROTTAMENTO DI AEROMOBILE, NAVE, etc.; NAVE; TERRORISMO).

– **di beni e diritti.** Attachment of assets (BENI E DIRITTI PATRIMONIALI; PATRIMONIO). [vol. I: ASSETS]

– **di carati di nave.** Seizure o attachment of share in the property of ship (CARATISTA DI NAVE; CARATO).

– **di crediti presso terzi.** Attachment of debts; negli S.U. si parla di *garnishment*. [vol. I: ATTACHMENT OF DEBTS; GARNISHEE]

– **di documenti.** Impoundment of documents, seizure of documents (DOCUMENTO). [vol. I: SEARCH AND SEIZURE]

– **di fondi.** Impoundment of funds, freezing of assets. Nel sistema inglese, con il termine *freezing assets before judgment* si indica, con espressione non tecnica, il sequestro conservativo. Ma si parla anche, in generale, di *freezing and seizing assets* (*supra*, SEQUESTRO CONSERVATIVO; FONDI SEQUESTRATI; INCAMERAMENTO DI FONDI). [vol. I: FREEZING ASSETS]

– **di merci di contrabbando.** Seizure of smuggled goods (CONFISCA DI MERCI DI CONTRABBANDO). [vol. I: CONTRABAND; SMUGGLING]

– **di nave.** Seizure of ship, arrest of ship (*supra*, SEQUESTRO CONSERVATIVO DI NAVE; PIGNORAMENTO DI NAVE).

– **di persona.** Abduction; il sequestro di persona a fine di estorsione è detto *kidnapping for ransom* o *for reward* o, più spesso, *kidnapping*. Ma si parla anche di *hostage taking*. L'arresto illegale è detto *false imprisonment*. Negli S.U. — in base al Lindbergh Act — il reato è punito dalla legge federale se la vittima è trasportata da uno stato all'altro dell'Unione o in un paese straniero. Il mancato rilascio della vittima entro 24 ore dà luogo a una presunzione *iuris tantum* che ciò si sia verificato. In Italia, paese in cui lo stato è notoriamente incapace (sic!) di prevenire e reprimere il grave fenomeno, ormai una fiorente « industria », la legge stabilisce misure inique e pene esorbitanti a carico degli sventurati familiari che cercano di riscattare il loro congiunto; divieto che, a quanto sembra, non vale per i servizi segreti (ARRESTO ILLEGALE; CATTURA; COVO; CRIMINALITÀ ORGANIZZATA; DETENZIONE; ESTORSIONE; OSTAGGIO; PRIGIONIERO; RAPINA CON SEQUESTRO DI PERSONA; RATTO; RISCATTO PER IL RILASCIO DI PERSONE SEQUESTRATE). [vol. I: ABDUCTION; FALSE IMPRISONMENT; IMPRISONMENT; KIDNAPPING]

- **di persona a fine di estorsione.** (*supra*, SEQUESTRO DI PERSONA; ESTORSIONE)
- **di stipendi, salari e pensioni.** Attachment of earnings (*supra*, SEQUESTRO CONSERVATIVO DI STIPENDI E SALARI PRESSO TERZI; PIGNORAMENTO DI STIPENDI E SALARI; SALARIO; STIPENDIO). [vol. I: *ad vocem*]
- **giudiziario in genere.** Attachment, sequestration. È con un *interim order*, provvedimento cautelare per la custodia di cose di cui si controverte la titolarità, ovvero nelle cause matrimoniali per la custodia ed il mantenimento dei figli, che si raggiunge un risultato non troppo diverso dal sequestro giudiziario. L'*injunction* — importante e complesso rimedio processuale privo di esatta equivalenza nella *civil law* — costituisce, tra l'altro, il provvedimento cautelare tipico diretto ad impedire l'alienazione del diritto controverso nel corso del giudizio. Negli S.U. — stato federale — la materia è regolata in sede federale dalla R. 65 delle *Federal Rules of Civil Procedure* che prevede i vari tipi di *injunctions* disponibili (*supra*, SEQUESTRO CONSERVATIVO; PROCEDIMENTI CAUTELARI; PROVVEDIMENTI CAUTELARI). [vol. I: INTERIM INJUNCTION; INTERIM ORDER; PENDENTE LITE]
- **mobiliare.** Attachment of chattels (ESECUZIONE FORZATA DELLA SENTENZA CIVILE). [EXECUTION]
- **presso terzi.** Grosso modo, third party attachment, attachment in the hands of third parties (*supra*, SEQUESTRO CONSERVATIVO PRESSO TERZI; PIGNORAMENTO PRESSO TERZI).

Serie in genere. Set (NUMERO DI SERIE).

- **di cambiali.** Set of bills (CAMBIALE).

Serrata. Lock out; il correlativo dello sciopero dei dipendenti (SCIOPERO). [vol. I: STRIKE]

Servitù in genere. Easement; questo termine esprime un concetto sostanzialmente analogo a quello della servitù prediale di origine romanistica. Secondo un noto saggio, la *law of easements* costituisce la parte più romana della *common law*. Si parla anche di *servitude*; ma quest'ultimo sembra termine più vasto. Gli *easements*, definiti *privileges without profit*, vanno distinti dai *profits à prendre*, cioè dalle servitù che danno diritto al prodotto o ai frutti del fondo altrui. Il concetto di easement va anche distinto da quello di *licence* (ABBANDONO DI SERVITÙ; ACCESSO DI ARIA, LUCE; *ALTIUS NON TOLLENDO*; AZIONE (I) A DIFESA DELLA SERVITÙ; CREAZIONE DI SERVITÙ; DESTINAZIONE DEL PADRE DI FAMIGLIA; ESTINZIONE DELLA SERVITÙ; FONDO INTERCLUSO; FONDO SERVENTE; RINUNCIA A UNA SERVITÙ; USO CIVICO). [vol. I: COMMON, RIGHT OF; EASEMENT; LICENCE; PROFITS À PRENDRE; SERVITUDE]

- ***altius non tollendo.*** Lett., easement restraining from building beyond a certain height, easement to air and light. Ma si tratta di un tipo di servitù ignoto alla *common law*. [vol. I: AIR; COVENANT; LIGHT]
- **apparente.** Apparent, o conspicuous, easement (*supra*, SERVITÙ IN GENERE).
- **coattiva.** Easement of necessity (FONDO INTERCLUSO).
- **continua.** Continuous easement (*supra*, SERVITÙ IN GENERE).
- **di accesso.** Easement of access (ACCESSO; DIRITTO (II) DI ACCESSO AL PROPRIO FONDO).
- **di appoggio.** Easement of support (APPOGGIO).
- **di corso d'acqua.** Easement of water, right of water, water easement. [vol. I: PROFITS À PRENDRE; WATERCOURSE]
- **di legnatico.** Common of estovers (*supra*, SERVITÙ IN GENERE). [vol. I: COMMON, RIGHT OF]
- **di luci, di aria.** Light and air easement (*supra,* SERVITÙ *ALTIUS NON TOLLENDO*; ARIA; LUCI). [vol. I: LIGHT]
- **di navigazione su acque private.** Navigation servitude (NAVIGAZIONE).
- **di pascolo.** Right of pasture (PASCOLO). [vol. I: PASTURE]
- **di passaggio.** Right of way, wayleave

(ELETTRODOTTO COATTIVO; PASSAGGIO). [vol. I: WAY; WAYLEAVE]

- **di passaggio a piedi.** Foothpath, bridleway (*supra*, SERVITÙ DI PASSAGGIO). [vol. I: *ad vocem*]
- **di passaggio coattivo.** Easement of necessity, way of necessity (PASSAGGIO COATTIVO).
- **di prospetto.** Easement of prospect, right of prospect (PROSPETTO).
- **di scolo.** Easement of drainage (*supra*, SERVITÙ IN GENERE). [vol. I: EASEMENT; WATER]
- **di stillicidio.** Easement of eavesdrop (STILLICIDIO).
- **di veduta.** (*supra*, SERVITÙ DI PROSPETTO)
- **necessaria.** (*supra*, SERVITÙ COATTIVA)
- **negativa.** Negative easement (*supra*, SERVITÙ IN GENERE).
- **positiva.** Positive o affirmative easement (*supra*, SERVITÙ IN GENERE).
- **prediale.** Grosso modo, praedial servitude, o easement affecting land; ma non esiste un termine esattamente corrispondente [Paton 1946, ed. 1972: 525].
- **urbane in genere.** Grosso modo, urban servitudes o easements affecting buildings.
- **volontaria.** Easement by express grant, o by grant (*supra,* SERVITÙ COATTIVA). [vol. I: GRANT; LICENCE]

Servizi. (SERVIZIO/I)

Servizio/i in genere. Performance, service, office, duty, commission. Tra tutti questi termini, service sembra quello che assume la maggiore varietà di accezioni (COMMISSIONE; ESERCIZIO PUBBLICO; FUNZIONE; FUORI SERVIZIO; PRESTAZIONE).
1. Nel diritto feudale il termine indicava i servizi cui il concessionario della terra era tenuto verso il *lord* o concedente (PROPRIETÀ: 2; REDDITO DOMINICALE). [vol. I: KNIGHT SERVICE; TENURE]
2. Nel contratto, *contract of service* indica il rapporto di lavoro subordinato, di servizio o *locatio operarum*, detto più spesso *contract of employment*. Esso dà luogo al rapporto di *employer and employee*. Il *contract of service* va distinto dal *contract for services*, ossia dal contratto di lavoro autonomo o *locatio operis*. Infine, con l'espressione *poor performance* si indica spesso la cattiva qualità del servizio prestato più spesso, ma non necessariamente, da un dipendente (CONTRATTO DI LAVORO).
3. In procedura, il termine service indica la notifica di atti giudiziari detta *service of process* (NOTIFICA). [vol. I: SERVICE OF PROCESS]
4. Nel R.U. l'insieme degli impiegati civili dell'*amministrazione centrale* dello stato è detto *civil service*; ma il termine è impiegato anche negli S.U. — stato federale — per indicare l'insieme dei funzionari civili dello stato federale (CERTIFICATO DI SERVIZIO; PRESTAZIONE; PUBBLICA AMMINISTRAZIONE; STATO DI SERVIZIO). [vol. I: CIVIL SERVICE]
5. Il termine service indica anche la fornitura di un servizio pubblico da parte di una *public utility* (*infra*, SERVIZIO PUBBLICO). [vol. I: PUBLIC UTILITY]
6. Negli S.U. — stato federale — il termine *service establishment* indica, ai fini del Fair Labor Standard Act, l'esercizio commerciale che fornisce servizi al pubblico come, ad es., negozi di barbiere o parrucchiere, lustrascarpe, lavanderie, officine di riparazione automobilistica, etc.
7. Infine, il termine service è riferito anche alla manutenzione (*infra*, SERVIZIO FUORI GARANZIA). [vol. I: EMPLOYMENT; UNSOLICITED GOODS AND SERVICE]

Bibl.:
Santini, G., *Della compravendita con prezzo a carico del venditore e di altri scambi anomali con natura di servizi* (1987) 2 CeI 416.

- **accessorio.** Incidental service (*supra*, SERVIZIO IN GENERE: 2). [vol. I: INCIDENT; INCIDENTAL]
- **aereo.** Air service (TRASPORTO AEREO).
- **alla comunità.** Community service. Con questo termine si intende un tipo di pena alternativa molto diffusa nel R.U. e negli S.U., purtroppo virtualmente sconosciuta nel nostro paese (PENA ALTERNATIVA).
- **di consulenza.** Advisory service (CONSULENZA).
- **di consulenza per gli investimenti in titoli mobiliari.** Investment advisory service; negli S.U., in cui la materia assume notevole importanza, essa è regolata dall'Investment Advisors Act, legge federale la cui applicazione è demandata alla celebre *Securities and Exchange Commission* federale che impone la registrazione in un albo degli *investment advisors* (BANCA DI AFFARI; CONSULENZA; INVESTIMENTO: 2; TITOLI MOBILIARI).

– **di pubblica utilità.** (*infra*, SERVIZIO PUBBLICO)

– **di somministrazione.** Supply services (SOMMINISTRAZIONE).

– **di trasporto di linea.** Liner service (TRASPORTO DI LINEA).

– **finanziari.** Financial services (AIUTI STATALI ILLEGALI; ATTO UNICO EUROPEO; AUTOREGOLAMENTAZIONE; BANCA).

– **fuori garanzia (di un prodotto, etc.).** Out of warranty service (*infra*, SERVIZIO IN GARANZIA; GARANZIA; MANUTENZIONE).

– **in garanzia.** Service within warranty (*supra*, SERVIZIO FUORI GARANZIA; GARANZIA; MANUTENZIONE).

– **legali.** Legal services. La terminologia nostrana ha ripreso con l'abituale ritardo culturale questa accezione anglo-americana che mette in rilievo il carattere di servizio dell'attività professionale. In tema di assistenza giudiziaria ai non abbienti — a parte l'ormai celebre *Legal Aid* britannico — si segnala la *Legal Services Corporation* nordamericana istituita con il Legal Services Corporation Act del 1974 (ASSISTENZA GIUDIZIARIA; CLIENTE DI AVVOCATO; POTERE GIUDIZIARIO; PROFESSIONE FORENSE; STUDIO LEGALE ASSOCIATO).

– **legali di gruppo.** Group legal services (*supra*, SERVIZI LEGALI).

– **militare.** National service, military service, o service; ma, specie negli S.U., si parla di *draft.* Nel R.U. non è obbligatorio in tempo di pace; l'esercito — efficientissimo — è reclutato su base volontaria; negli S.U. da oltre venti anni non si fa ricorso alla coscrizione obbligatoria (COSCRIZIONE MILITARE OBBLIGATORIA; DISERZIONE; OBIETTORE DI COSCIENZA; RENITENZA ALLA LEVA; TRUPPE; VOLONTARIO). [vol. I: CONSCIENTIOUS OBJECTOR; COURT MARTIAL; DESERTION; NATIONAL SERVICE; VOLUNTEERS]

– **militare di leva obbligatorio.** Conscription, draft, compulsory military service, military draft (*supra*, SERVIZIO MILITARE; COSCRIZIONE MILITARE OBBLIGATORIA; LEVA; RENITENZA ALLA LEVA).

– **militare obbligatorio.** Commissioned military service (*supra*, SERVIZIO MILITARE DI LEVA OBBLIGATORIO).

– **militare volontario.** Enlistment; il volontario è definito *enlistee*; nel caso di servizio militare obbligatorio si parla di *inductee* (*supra*, SERVIZIO MILITARE).

– **pubblico in genere.** Public utility; l'impresa che gestisce un servizio pubblico è detta public utility, public utility undertaking o, negli S.U., *public service corporation* o *quasi public service corporation* (si tratta di una categoria assai vasta in cui rientrano anche, ad es., le stazioni radiotelevisive). L'esercizio di servizi pubblici da parte di privati ha luogo in base a una *franchise.* Negli S.U. — stato federale — i servizi pubblici sono gestiti di solito da imprese private soggette al controllo di commissioni o enti detti di solito *Public service commissions* creati con legge dei singoli stati dell'Unione e dotati di ampi poteri regolamentari, amministrativi e decisori. L'interesse pubblico al quale si ispirano dette commissioni è definito *public convenience and utility.* Ma il regime giuridico della materia appare radicalmente diverso da quello nostrano: il dato tecnico-giuridico riflette una effettiva, e più seria, tutela dell'interesse pubblico. Particolare importanza assume in questo contesto il contratto di adesione, strumento contrattuale tipico di questo tipo di attività (CONCESSIONE; CONTRATTO DI ADESIONE; DIRITTO (I) DEI SERVIZI PUBBLICI; ESPROPRIAZIONE A FAVORE DI SERVIZI PUBBLICI; FORNITURA DI SERVIZI; MONOPOLIO LEGALE; MONOPOLIO NATURALE; REGOLATORE; SOCIETÀ (II) CONTROLLATA DALLO STATO; TARIFFA DEI SERVIZI DI PUBBLICA UTILITÀ; UTENTE; UTILI RAGIONEVOLI DA UN INVESTIMENTO). [vol. I: APPORTIONMENT OF CONTRACT; DIVISIBLE CONTRACT; FRANCHISE; PUBLIC CONTRACT; PUBLIC CORPORATION; PUBLIC SERVICE; PUBLIC SERVICE CORPORATION; PUBLIC USE; PUBLIC UTILITY; REGULATORY AGENCY]

– **pubblico municipale.** City utility, municipal utility (AUTOGOVERNO).

– **sanitario nazionale.** Nel R.U. è il (giustamente) celebre National Health Service o NHS, troppo spesso a torto vituperato in patria. È ad esso che si è dichiaratamente ispirato il legislatore nostrano nel varare la « riforma » sanitaria: ma la variante nostrana che ne affida la gestione ai partiti (incluso il Pci-Pds) e ai sindacati non poteva non produrne che una *versione delinquenziale.* Non esiste negli S.U. un servizio sanitario nazionale. A parte una forma parziale di assistenza sanitaria pubblica (sostenuta dal governo federale e dai singoli stati dell'Unione) per i percettori di redditi più modesti, detta popolarmente *Medicaid*, e di persone anziane in base al Social Security Act, detta *Medicare*, la gran parte dell'assistenza sanitaria è fondata su un sistema di assicurazione privata connessa al rapporto di lavoro (SANITÀ; SICUREZZA SOCIALE).

– **segreto in genere.** Lett., secret service; ma nel R.U. si parla di *Intelligence Service* e, in particolare, dell'MI5. Negli S.U., al livello federale opera la *Central Intelligence Agency* (CIA); da non confondere con il *Secret Service*, ossia con quel ramo della polizia federale che svolge attività investigativa relativa, tra l'altro, alla violazione delle leggi sui valori mobiliari e sulle attività bancarie: esso assicura anche i servizi di protezione del Presidente degli S.U. Quanto al nostro paese, stragi di innocenti e ruberie al di là di ogni immaginazione (cfr. *affaire* Sisde) confermano la convinzione che i nostri servizi segreti siano troppo impegnati in altre cose per trovare il tempo per svolgere, come si dice, le funzioni di istituto, ossia difendere la repubblica e i cittadini. Le ricorrenti (ogni 4-5 anni) « riforme » dei ben 5 diversi servizi di sicurezza rendono impossibile o quantomeno inutile qualsiasi trattamento comparatistico della materia (AGENTE SEGRETO; POLIZIA; SPIONAGGIO).

– **sociale in genere.** Public welfare service, public care (*supra*, SERVIZIO SANITARIO NAZIONALE; AFFIDAMENTO IN PROVA AL SERVIZIO SOCIALE; SICUREZZA SOCIALE).

– **volontario.** (VOLONTARIATO; VOLONTARIO)

Sessione in genere. Session, sitting, term, hearing (TERMINE; UDIENZA).

– **a porte chiuse.** Sitting in camera (UDIENZA A PORTE CHIUSE). [vol. I: CAMERA; HEARING]

– **del Congresso degli S.U.** Session of Congress (CONGRESSO DEGLI S.U.).

– **di emergenza.** Emergency session (EMERGENZA).

– **feriale degli organi giudiziari.** Vacation sittings. [vol. I: VACATIONS]

– **giudiziaria.** Negli S.U. si parla di term of court, o term; nel sistema inglese si parla, invece, di *sitting*. Peraltro, in senso stretto, il termine *session* non costituisce un sinonimo di *term*. Mentre negli S.U. la *session* di una corte indica il periodo di tempo in cui essa siede in udienza dall'inizio alla fine di un determinato giorno, nella pratica giudiziaria inglese, un *term* o *sitting* indica il periodo di tempo, di giorni o settimane, nel corso del quale essa tiene udienza (ANNO GIUDIZIARIO; CALENDARIO GIUDIZIARIO; FERIE GIUDIZIARIE; ORDINAMENTO GIUDIZIARIO; TERMINE; UDIENZE NEL PERIODO FERIALE). [vol. I: SITTING; TERM]

– **parlamentare.** Session of Parliament; nell'ordinamento parlamentare britannico la legislatura (*Parliament*) viene suddivisa in sessioni, la cui durata, di solito annuale, è stabilita di volta in volta dal governo. Non esiste nell'attuale ordinamento parlamentare italiano (VACANZE PARLAMENTARI). [vol. I: *ad vocem*; DISSOLUTION; PROROGATION]

– **plenaria.** Plenary session (*supra*, SESSIONE IN GENERE).

– **speciale.** Special session, extra session, special term (*supra*, SESSIONE IN GENERE).

Sesso. Sex, gender: è sotto quest'ultima rubrica che, specie negli S.U., viene trattata la materia dei diritti della donna. Si segnala lo splendido articolo citato qui di seguito (CAPACITÀ GIURIDICA; DISCRIMINAZIONE SESSUALE; MALTRATTAMENTI SESSUALI; REATO SESSUALE; *STATUS*).

Bibl.:

O'Connor, K., *Gender*, in *Oxford* 1992: 328.

Settimana corta. Five-day week (ORARIO DI LAVORO).

Sevizie. (MALTRATTAMENTI, ECCESSI, SEVIZIE)

– **nel matrimonio.** Cruelty (DIVORZIO; MATRIMONIO). [vol. I: *ad vocem*; DIVORCE; JUDICIAL SEPARATION]

Sezione/i. Section; ma si noti che — riferito alla *statute law*, ossia alla legislazione — il termine indica, grosso modo, a seconda dei casi, l'equivalente di un articolo, di un comma o paragrafo di legge (ARTICOLO DI LEGGE; CLAUSOLA). [vol. I: SECTION]

– **contabilità.** Accounting section (CONTABILITÀ).

– (o **distretto elettorale) negli S.U.** Precinct (COLLEGIO ELETTORALE; ELEZIONI POLITICHE).

– **Unite della Corte di Cassazione.** Non esiste né in Inghilterra né negli S.U. una corte di cassazione, tipica del sistema francese e dell'ordinamento giudiziario italiano, né, quindi, le sezioni unite della cassazione. L'espressione si potrebbe tradurre, grosso modo, con *en banc*, full bench o joint sitting of the divisions of the Court of Cassation (CORTE DI CASSAZIONE). [vol. I: COURT; HOUSE OF LORDS; SUPREME COURT OF THE U.S.]

Bibl.:
Schlesinger 1950, ed. 1988: 456.

Sfera giuridica. Jural sphere (AMBITO; DIRITTO (I) POSITIVO).

– **di applicazione.** Scope of application (CAMPO DI APPLICAZIONE).

– **morale.** Moral sphere (DIRITTO (I) NATURALE; MORALE).

Sfiducia in genere. Mistrust (FIDUCIA).

– **parlamentare.** No confidence (CENSURA; FIDUCIA PARLAMENTARE; MOZIONE DI SFIDUCIA; VOTO DI SFIDUCIA).

Sfratto in genere. Eviction, ejectment (CONVALIDA DI SFRATTO; DISDETTA PER FINITA LOCAZIONE; ESPULSIONE; INTIMAZIONE DI SFRATTO). [vol. I: EVICTION]

– **del *tenant* da parte del *landlord*.** Eviction, o ejection, of tenant; l'espressione è riferita sia allo sfratto giudiziale che extragiudiziale inteso come forma di autotutela. L'azione di sfratto è detta « action for the recovery of land »; essa è preceduta da una *notice to quit*, cioè dalla disdetta, che ha luogo sia per finita locazione, sia per morosità. L'ordine di rilascio può essere un *writ of possession*, un *warrant of possession*, o un *justices' order*, a seconda dell'autorita giudiziaria davanti alla quale l'azione è intentata. È tuttavia da rilevare che nel R.U. una severa legislazione, che va sotto il nome di Rent Acts, ha stabilito un rigido sistema vincolistico, accompagnato, come al solito, da meccanismi giuridici efficienti che, nel pieno rispetto del principio del contraddittorio, assicurano strumenti rapidi per la decisione delle controversie e la determinazione dell'ammontare del canone di locazione secondo equità: al confronto, il sistema nostrano al quale ha atteso, in questa materia come del resto in quasi tutte le altre, un'armata di giuristi tra magistrati, avvocati e accademici, può definirsi, senza tema di smentite, semplicemente demenziale. Negli S. U. — stato federale — la materia è regolata dai singoli stati dell'Unione (EQUO CANONE; LOCAZIONE). [vol. I: DISTRESS FOR RENT; FAIR RENT; NOTICE TO QUIT; RECOVERY OF LAND]

– **per morosità.** (INTIMAZIONE DI SFRATTO PER MOROSITÀ)

Sfregio permanente. Mayhem (MUTILAZIONE). [vol. I: *ad vocem*]

Sfrido. Waste (ABBUONO; CALO; SCIUPÌO; SPERPERO DI DENARO PUBBLICO).

Sfruttamento in genere. Exploitation, utilization. È detto *catching bargain* il contratto capzioso (CONTRATTO CAPZIOSO; PATTO LEONINO; UTILIZZAZIONE). [vol. I: CATCHING BARGAIN; EXPLOITATION OF SHIP; UNCONSCIONABILITY]

– **della prostituzione.** Pandering; exploitation of prostitution, living on the earnings of prostitution. Negli S.U. — stato federale — la materia è prevista dai singoli stati dell'Unione, ma il c.d. *Mann Act*, ossia il White Slave Traffic Act, 18 U.S.C.A., è la legge federale che punisce lo sfruttamento della prostituzione che si svolga mediante il trasporto delle prostitute da uno stato all'altro dell'Unione (PROSTITUZIONE; TRATTA DEGLI SCHIAVI).

– **di minori.** Exploitation of children (MINORE; ORARIO DI LAVORO).

– **minerario.** Mine working, mining activity (MINIERA). [vol. I: MINES AND MINERALS; MINING; ROYALTY]

Sgravio in genere. Allowance, relief (ABBUONO; AIUTO; ESENZIONE; SOCCORSO).

– **fiscale.** Tax allowance, tax relief (AGGRAVIO FISCALE; DETRAZIONE FISCALE; IMPOSTA). [vol. I: TAX]

Sicurezza in genere. Safety o security; ma quest'ultimo termine indica anche una garanzia reale o personale, il documento che la contiene, o anche dei titoli mobiliari come azioni, obbligazioni etc.: in quest'ultimo caso se ne parla al plurale (*securities*). Un problema di sicurezza è detto *safety issue*. Informazione e sicurezza sono due facce della stessa medaglia: negli S.U. — stato federale — sono definite *right to know acts* quelle leggi federali e dei singoli stati dell'Unione che impongono ai fabbricanti di prodotti potenzialmente pericolosi, come i medicinali, di informare gli acquirenti dei pericoli che il loro uso comporta, come pure in tema di sicurezza sui luoghi di lavoro (AGENTE DI PUBBLICA SICUREZZA; ANTINFORTUNISTICA; AREA DI SICUREZZA; ATTIVITÀ PERICOLOSA; CARCERE DI MASSIMA SICUREZZA; CERTIFICATO DI NAVIGABILITÀ DELLA NAVE; CONDIZIONI DI LAVORO; CONOSCENZA: 3; CONSIGLIO DI SICUREZZA; GARANZIA; GUARDIA; INFORMAZIONE; MISURE DI SICUREZZA; PERICOLO; POLIZIA DI SICUREZZA; PUBBLICA SICUREZZA; RESPONSABILITÀ; RICHIAMO DI PRODOTTI DIFETTOSI;

RISCHIO; SALVAGUARDIA; SEGNALE DI PERICOLO; SEGNALE DI SOCCORSO; SORVEGLIANZA; TITOLI MOBILIARI). [vol. I: LIABILITY; SAFETY; SECURITIES]

– **ambientale.** Environmental safety. Materia indisciplinare in cui il giurista lavora con lo scienziato, il sociologo e l'economista. Ma nel nostro paese, salvo eccezioni, il problema della sicurezza ambientale esula totalmente dalle preoccupazioni dei pubblici poteri e dalla cultura dei partiti politici nostrani (come, del resto, quello della tutela dei beni culturali). Ad ogni modo, resta da spiegare la apparente stranezza del fatto che il tema della sicurezza ambientale riceva la massima attenzione politica proprio in quei paesi come gli S.U. in cui non si riscontra una rappresentanza parlamentare dei « Verdi ».

1. Inteso in senso lato, il termine si riferisce ad una svariata serie di ipotesi che include l'esercizio di attività pericolose, la tutela dell'utente e del consumatore e, ovviamente, quella dell'ambiente. La drammatica importanza assunta dalla materia appare principalmente come prodotto della società industriale di massa; essa pone il *problema dei limiti allo sviluppo*, la prevenzione dei rischi, la limitazione del danno, assicurazione e indennizzo, etc. Sul piano più strettamente giuridico va segnalato — nei paesi più evoluti, e anche in tema di convenzioni internazionali — il superamento della responsabilità per colpa negli illeciti socialmente più significativi, e addirittura l'affermazione della *responsabilità per atti leciti.* Connesso a questi sviluppi, appare il concetto di assicurazione sociale che sottrae alla materia dei *torts* l'indennizzo per lesioni. Naturalmente, la *responsabilità obiettiva* derivante dall'attività economica è accompagnata quasi invariabilmente dall'assicurazione del rischio, il cui costo, come, ad es., in tema di *responsabilità del produttore*, ricade in definitiva, sul consumatore. La capacità del mercato assicurativo e riassicurativo costituisce quindi, in definitiva, in questa materia, il limite (finanziario) della responsabilità civile.

2. In un documentato saggio dal titolo emblematico (*Cover Up*), N. Hildyard [1981, ed. 1983] denuncia la mafia, per una volta non italiana, costituita da un devastante *mélange* di potere economico e scientifico che nei paesi di capitalismo maturo influenza in modo massiccio le decisioni dei governi. Il *Lancet*, autorevole rivista medica inglese, parla di: « a sinister complex of big industrial firms » che sopprime deliberatamente le informazioni sui pericoli dell'attività industriale: si va dalle scorie radioattive, ai residui tossici dell'attività industriale, all'impiego indiscriminato degli insetticidi, agli effetti delle microonde, all'ingegneria genetica, ai prodotti farmaceutici. Secondo l'Organizzazione Mondiale della Sanità, non c'è latte materno in qualsiasi paese del mondo che non sia contaminato da aldrina e dieldrina [ibid.: 123]. Negli S.U. e in Gran Bretagna, paesi inquinatori, ma anche dotati di una possente cultura ambientalista (specie il primo), si è assistito nel periodo tatcheriano-reaganiano ad un virtuale abbandono della politica ambientalista seguita dai precedenti governi per una *deregulation-laissez-faire* che ha avuto conseguenze disastrose. Ma ora la nuova amministrazione Clinton negli S.U. lascia sperare che questo paese raccolga la bandiera della sicurezza ambientale.

3. Se questo è quanto accade nei paesi più avanzati non è difficile immaginare la eccezionale gravità del problema nel nostro paese che per mezzo secolo è stato nelle mani di un ceto dominante politico-imprenditoriale-sindacale-giudiziario che definire *delinquenziale* appare gesto di squisita cortesia, soprattutto tenendo conto dell'unicità di valori artistici e paesistici del nostro paese, definito non a torto in passato il *Giardino d'Europa*, ridotto oggi ad importare acqua potabile dall'Albania. L'art. 41 della nostra costituzione stabilisce, tra l'altro: « L'iniziativa economica privata è libera. Non può svolgersi in contrasto con l'utilità sociale o in modo da recare danno alla sicurezza, alla libertà, alla dignità umana ». Eppure *le imprese di stato* nostrane figurano tra i primi e i maggiori inquinatori del paese; stato e regioni *finanziano* con denaro pubblico — oltre ad autentici scempi come Gioia Tauro — la installazione di imprese altamente inquinanti come, ad es, le *concerie in zone turistiche* che i paesi stranieri confinanti si rifiutano recisamente di consentire. Il nostro paese — illustratosi sinistramente per avervi dato nome — a tutt'oggi non ha neanche adottato la c.d. *direttiva Seveso*, a parte ogni considerazione sulla differenza tra *adozione* e *applicazione* della legge, da noi ormai materia di barzellette. Ma il discorso è lungo; e certo vi sarebbero mille altri aspetti da trattare. Preme peraltro rilevare che in definitiva si tratta di creare una cultura collettiva della sicurezza che anche al Nord avanzato del

paese non esiste: si pensi, ad es., al deliberato rigetto dell'uso delle cinture di sicurezza, alla modestissima portata del fenomeno assicurativo, etc. (AMBIENTE; BENI CULTURALI; DIRITTI (II) DELL'UOMO; DIRITTO (I) SANITARIO; IMPATTO AMBIENTALE; RISCHIO AMBIENTALE; SCORIE; SILENZIO-RIFIUTO, SILENZIO-ASSENSO; SVILUPPO SOSTENIBILE; TUTELA DEI DIRITTI).

– **collettiva.** Collective security: lo scopo principale delle N.U. (NAZIONI UNITE; PATTO DI SICUREZZA COLLETTIVA).

– **dei luoghi di lavoro.** Occupational safety (DIPENDENTE; INCIDENTE SUL LAVORO).

– **dei trasporti.** Safety of transports (TRASPORTO).

– **del consumatore.** Consumer safety. Termine generico che indica l'insieme delle norme di sicurezza dirette a ridurre i rischi per i consumatori derivanti dai prodotti destinati al consumo. La materia è particolarmente sviluppata negli Stati Uniti (CONSUMATORE; RESPONSABILITÀ DEL PRODUTTORE; RICHIAMO DI PRODOTTI DIFETTOSI; TUTELA DEI DIRITTI). [vol. I: PRODUCT LIABILITY; SAFETY]

– **della navigazione aerea.** Air safety (AVIAZIONE CIVILE; TRASPORTO AEREO).

– **della navigazione marittima.** Safety of navigation (CERTIFICATO DI BORDO LIBERO; CERTIFICATO DI NAVIGABILITÀ DELLA NAVE; NAVE MAGGIORE; NAVIGABILITÀ DELLA NAVE; NAVIGAZIONE MARITTIMA; PILOTAGGIO MARITTIMO; SALVAGUARDIA DELLA VITA UMANA IN MARE; STAZZA DI NAVE; STIVAGGIO DELLA NAVE; TRASPORTO MARITTIMO).

– **dello Stato.** (*infra*, SICUREZZA NAZIONALE; RAGION DI STATO; SEGRETO DI STATO; SERVIZIO SEGRETO). [vol. I: TREASON]

– **del posto di lavoro.** Job security, job tenure (LAVORO; SENZA GIUSTA CAUSA).

– **del traffico stradale.** Safety of road traffic (CIRCOLAZIONE STRADALE; TRAFFICO STRADALE).

– **interna.** Internal security (INSURREZIONE; SPIONAGGIO).

– **nazionale.** National security; negli S.U. è definito *National Security Adviser*, il consigliere speciale del Presidente per la sicurezza nazionale (RAGION DI STATO; SEGRETO DI STATO).

– **pubblica.** Public order (COPRIFUOCO; FOGLIO DI VIA OBBLIGATORIO; ORDINE PUBBLICO).

– **sociale.** Social security (ASSICURAZIONI SOCIALI; ASSISTENZA PUBBLICA; PREVIDENZA SOCIALE; SERVIZIO SANITARIO NAZIONALE; SERVIZIO SOCIALE; SISTEMA DI SICUREZZA SOCIALE FEDERALE NEGLI S.U.). [vol. I: *ad vocem*]

– **sul lavoro.** Industrial safety (LAVORO).

Sicurtà corpi. Hull insurance (ASSICURAZIONE MARITTIMA; CORPO DI NAVE). [vol. I: *ad vocem*; INSURANCE: II. 2]

Sigillo in genere. Seal o mark. Il seal è — almeno in principio — ancora oggi, assieme alla signature, o marking, e alla delivery (*signed sealed and delivered by...in the presence of...*costituisce la formula di rito), un elemento costitutivo del *deed*, o *act under seal.* Il sigillo era stato sostituito dai pratici con dei *wafers* che ne rappresentavano una parvenza e, spesso, anche da un circoletto stampato sul documento contenente al suo interno le lettere LS (ossia *locus sigilli*): ma ora anche questa *fictio* è stata soppressa nel sistema inglese. Ciò che conta ai fini della validità dell'atto, è che esso sia espressamente considerato come *deed* dalla o dalle parti e sottoscritto in presenza di un testimone. Il più celebre tra i sigilli degli S. U. è *The Seal of the President of the United States*, sigillo ufficiale del potere presidenziale (ATTO PUBBLICO; BOLLO; FIRMA; SIGLA; TIMBRO). [vol. I: DEED; LOCUS SIGILLI; SIGNET]

1. Il *deed,* o *act under seal*, è un atto solenne, ma non corrisponde all'atto notarile, ignoto alla *common law*. Il requisito della *consideration*, stabilito per la *enforceability* del *simple contract*, attribuisce alla distinzione tra atti sigillati e atti non sigillati un'importanza fondamentale. In effetti, nel sistema inglese e nordamericano, i contratti vengono di solito distinti in due grandi categorie: contratti sigillati e non sigillati, o semplici (*sealed* o *unsealed contracts*). Conseguenza di questa distinzione è che nell'atto *under seal,* o *deed*, l'esistenza del requisito della *consideration* è presunta; ma il *contract under seal* non è un contratto vero e proprio giacché esso è privo dell'elemento del *bargain*, fondamentale nella concezione del *contract* di *common law*. Ma si noti che ora il sigillo non è più richiesto nel sistema inglese come, del resto, da tempo in quello nordamericano in cui è sostituito dalla parola *seal* (ATTO SIGILLATO-NON SIGILLATO; CONTRATTO: III; CONTRATTO SIGILLATO-NON SIGILLATO). [vol. I: CONSIDERATION; CONTRACT: III; NOTARY]

2. La falsificazione dei sigilli è detta *forgery of seals*. Infine, anche se il *seal* contrattuale può essere considerato, ma non del tutto,

come una sopravvivenza del passato, né negli S.U., né in Inghilterra si è riusciti a pervenire alla sua completa abolizione (APPOSIZIONE DEI SIGILLI; CONTRAFFAZIONE DI SIGILLI; EFFRAZIONE; FALSIFICAZIONE DI SIGILLI; PUNZONE; RIMOZIONE DI SIGILLI; SOTTOSCRIZIONE; VIOLAZIONE DI SIGILLI). [vol. I: COUNTERMARK; DEED; EARMARK; MARK; SEAL; TRACING; TRADE MARK]

– **aziendale.** Common seal (AZIENDA).

– **della corte.** Seal of the court (CORTE).

– **della persona giuridica.** Seal of corporation, corporate seal (PERSONA GIURIDICA). [vol. I: SEAL OF CORPORATION]

– **di società.** Company seal, corporate seal. Ma non ha equivalenza nel sistema nostrano (SOCIETÀ (II) DI CAPITALI). [vol. I: SEAL OF CORPORATION]

– **nel contratto.** (*supra*, SIGILLO IN GENERE: 1)

– **sociale.** Common seal (*supra*, SIGILLO IN GENERE).

Sigla in genere. Initials (SIGILLO; SOTTOSCRIZIONE). [vol. I: INITIAL]

– **dell'imprenditore nella ditta.** Trade name, logo (DITTA). [vol. I: *ad vocem*]

Signoria in genere. Lordship (DOMINIO; SUPREMAZIA).

– **nei diritti immobiliari.** (*DOMINIUM*)

Silenzio in genere. Silence. Di solito, non costituisce manifestazione di volontà e non dà luogo ad obbligazioni contrattuali. Si parla di *estoppel by silence* per indicare quella situazione in cui una persona, tenuta a una dichiarazione, e restata, invece, silenziosa è preclusa dall'invocare successivamente una volontà in contrasto con l'affidamento che il proprio silenzio ha destato nei terzi. Non esiste — in principio — nella *common law* un obbligo generale di buona fede nelle trattative precontrattuali, ad eccezione dei contratti detti di *uberrimae fidei* che comportano l'obbligo di portare a conoscenza dell'altra parte tutti i fatti che possono avere effetto sulla sua decisione di concludere o meno il contratto: in tal senso, si parla di *duty of disclosure*. In talune ipotesi, il silenzio può configurare la *misrepresentation*. In procedura civile e penale si parla di *compulsory disclosure* per indicare il provvedimento della corte che ordina alle parti di rivelare reciprocamente le prove a loro disposizione nella fase che precede il *trial* (AFFIDAMENTO; ASSICURAZIONE; BUONA FEDE; CONTRATTO: V, VIII; *CULPA IN CONTRAHENDO*; DEPOSIZIONE NEL PROCESSO PENALE; DIRITTO (II) AL SILENZIO; *DISCOVERY*; DISSIMULAZIONE; MAGGIORANZA SILENZIOSA; OCCULTAMENTO; OMERTÀ; PRECLUSIONE; RETICENZA; RISERVA MENTALE; SEGRETO; TRASPARENZA). [vol. I: ACQUIESCENCE; CONCEALMENT; CONTRACT: VI; DISCLOSURE; ESTOPPEL; IMPLIED; SELF-INCRIMINATION; SILENCE; TACIT; UBERRIMAE FIDEI]

– **del contraente nell'assicurazione.** Non-disclosure, silence of insurance proposer (*supra*, SILENZIO IN GENERE; ASSICURAZIONE; BUONA FEDE; RETICENZA NEL CONTRATTO). [vol. I: DUTY OF DISCLOSURE]

– **dell'imputato.** Silence of accused, silence of defendant.
1. L'arrestato ha diritto a mantenere il silenzio (ma è tenuto a declinare le sue generalità, permettere il rilievo delle impronte digitali e della sua grafia e la registrazione della sua voce). Il suo silenzio non può dar luogo a conclusioni né essere oggetto di commenti in udienza. Se l'imputato si rifiuta di rispondere all'imputazione, la corte metterà a verbale una dichiarazione di non colpevolezza. La *subpoena* è un ordine della corte che ingiunge a una persona di deporre come testimone; la mancata presentazione che non sia giustificata dà luogo a *contempt of court*: il testimone o l'imputato (ma in ipotesi diverse) possono invocare negli S.U. il V emendamento (o *privilege against self incrimination*) qualora la risposta alle domande possa comportare una loro incriminazione: a questo proposito giova ricordare che nella tradizione giuridica di *common law*, a differenza del sistema italiano, *anche l'imputato depone sotto giuramento*. Ma il diritto al silenzio dell'imputato — che in virtù del processo accusatorio pone la prova interamente a carico dell'accusa senza che egli debba provare alcunché — non significa nei sistemi inglese e americano che egli possa *nei reati maggiori*, salvo che non ne sia impedito da ragioni fisiche, rifiutare di comparire in udienza come avviene nel sistema italiano: l'imputato *must plead to the accusation* [Hampton 1973, ed. 1977]: analogamente dicasi del testimone, tenuto a comparire davanti al giudice. In ogni caso, la mancata comparizione costituisce *contempt of court*: nel processo Montedison (dicembre 1993) si è assistito, tra l'altro, oltre che allo squallore di un ceto dirigente gangsteristico, anche al fatto dell'imputato maggiore detenuto che si rifiuta di comparire in udienza, magari per restare

a giocare a tressette in cella, a testimoni regolarmente citati che dichiarano ai *media* di rifiutarsi di comparire, ossia ad una versione sempre più ridanciana del processo penale nel nostro paese.
2. Una recente modifica legislativa del sistema inglese, contenuta nel Criminal Justice and Public Order Act 1994 e che ha suscitato vive proteste, ha stabilito che il silenzio dell'arrestato durante gli interrogatori di polizia può essere valutato negativamente nella fase del *trial* quando sussistano altri elementi di prova contro l'imputato [cfr. Rozenberg 1994: 327]. Spinto dalla urgenza di contrastare la violenza e in particolare il terrorismo irlandese, il legislatore britannico, ma non quello nordamericano, sembra che si stia gradualmente allontanando da quel processo accusatorio di cui aveva creato il modello. La nuova regola si aggiunge alle c.d. *Diplock courts* (senza giuria) e all'abbandono dell'*habeas corpus* con la detenzione senza processo degli irredentisti irlandesi. A riconferma della elementare verità che il processo penale, fatto per accertare responsabilità individuali, costituisce uno strumento inadeguato a controllare fenomeni di devianza di massa che vanno invece affontati in sede politica (ARRESTATO; AUTOINCRIMINAZIONE; CONFESSIONE; DEPOSIZIONE NEL PROCESSO PENALE; DIRITTO (I) AL SILENZIO; IMPUTATO; MAXI-PROCESSO; TESTIMONIANZA). [vol. I: SELF-INCRIMINATION; SUBPOENA]

– **-rifiuto, silenzio-assenso.** Lett., silence-denial, silence-grant: da una prodezza all'altra in una materia che, se trova qualche riscontro in qualche sistema continentale, ha raggiunto le sue massime esasperazioni in quello italiano. Non vi è equivalenza nel diritto inglese e nordamericano di quelli che appaiono come alcuni dei più incivili marchingegni escogitati della « scienza » giuridica nostrana. Il primo, che sancisce il potere della pubblica amministrazione di ignorare le istanze del cittadino e quindi in tal modo di respingerle senza motivarle; il secondo (silenzio-assenso), ha avuto il suo massimo fulgore durante i Mondiali del '90, occasione per la camorra dei costruttori di completare lo scempio del paese. In breve, per quelle attività del privato che — in considerazione di un'« urgenza » riconosciuta sistematicamente quasi in ogni caso — richiederebbero un'autorizzazione pubblica si stabilisce che, trascorso un certo termine dalla domanda senza che vi sia stato un rifiuto, l'autorizzazione deve ritenersi concessa. La deturpazione del paese, avvenuta in non piccola parte grazie alla consulenza tecnica dei nostri giuristi, deve non poco a questa escogitazione. In effetti, senza questo istituto non si spiegherebbe perché il nostro paese sia diventato la discarica d'Europa e il Mezzogiorno la discarica del Nord d'Italia. Ed ecco una delle tante notizie di cronaca, da la *Repubblica* del 1 maggio 1991: « *L'Italia sott'accusa di fronte all'Europa-Scarichi industriali: quasi tutte le aziende fuori legge.* Roma. Gli scarichi industriali del 90% delle aziende italiane sono fuori legge. Una sentenza della Corte Europea di Giustizia, ha spiegato l'eurodeputato verde Gianfranco Amendola, ha stabilito che l'autorizzazione ottenuta dalle industrie tramite il principio del silenzio-assenso non può essere in regola con la normativa Cee » (ASSENSO; RIFIUTO; SICUREZZA AMBIENTALE).

Simulato in genere. Feigned, false, faked, couterfeit, sham, alleged, pretended (AMMINISTRATORE SIMULATO DI SOCIETÀ; APPARENTE; ATTO SIMULATO; CONTRATTO SIMULATO; FINZIONE GIURIDICA; FITTIZIO; OSTENTATO; PRETESO; SIMULAZIONE). [vol. I: CONTRACT; MISREPRESENTATION; SHAM TRANSACTION]

Simulazione in genere. Sham transaction, mere sham. Si distingue dalla *genuine transaction*. Il contratto simulato è detto *apparent* o *ostensible contract*; il contratto dissimulato è detto *secret contract* [Amos and Walton 1935, ed. 1967: 177]. Ma la *common law* non fa della simulazione un vizio del consenso, a meno che non dia luogo a un *mistake* o a una *misrepresentation*. La simulazione rende nullo il contratto se essa dissimula l'assenza di *consideration*. Com'è stato osservato [Kahn-Freund 1972: 440-447], a differenza del diritto scozzese, il diritto inglese (*rectius,* la *common law*) non ha mai elaborato una *doctrine of sham transactions* (CONTRATTO: VIII; CONTRATTO SIMULATO; DISSIMULAZIONE; FINZIONE GIURIDICA; FRODE; GIRATA SIMULATA; INCIDENTE FITTIZIO; OCCULTAMENTO; PRESTANOME; RETICENZA; SIMULATO; VENDITA SIMULATA; VIZI DEL CONSENSO). [vol. I: CONCEALMENT; CONTRACT: VI; DISCLOSURE; DUMMY; MISREPRESENTATION; MISTAKE; SIMULATED SALE]

– **di reato.** Grosso modo, giving false information; il sistema inglese non prevede, in senso stretto, il reato di simulazione di reato, né quello di calunnia (REATO). [vol. I: MALICIOUS PROSECUTION; WASTEFUL EMPLOYMENT OF THE POLICE]

Sinallagma. Parolone elaborato dalla pandettistica tedesca che nessuno dei grandi giureconsulti romani avrebbe mai usato; l'analogo di *common law* più prossimo è costituito, forse, dal *bilateral contract.* Una descrizione del concetto potrebbe essere, grosso modo, quella di « that which involves mutual and reciprocal executory considerations in a contract » (CONTRATTO SINALLAGMATICO; DIRITTO (II) SOGGETTIVO; PANDETTISTICA; RAPPORTO GIURIDICO).

Bibl.:
Schlesinger 1950, ed. 1988: 737.

Sindacabile in genere. Impeachable, objectionable, challengeable (APPELLABILE; CONTESTABILE; ECCEZIONE; IMPUGNABILE; INSINDACABILE; RICUSAZIONE; SANZIONABILE).

Sindacalismo. Labour unionism, trade unionism, unionism, syndicalism (SABOTAGGIO).

Sindacalista. Trade unionist, union leader (SINDACATO). [vol. I: SHOP STEWARD]

Sindacato in genere. Trade union, union, labour organization, labour union; quella tra *management* (gestione) e *union* (sindacato) costituisce una distinzione fondamentale nell'ambito delle relazioni industriali (CONTROLLO; SINDACABILE).
1. La storia del sindacato sia inglese che nordamericano ha importanza fondamentale nella nascita della società industriale, verificatasi per prima in Inghilterra e negli S.U. In quest'ultimo paese, la pratica del *closed shop* è stata dichiarata illegale con la legge federale che va sotto il nome di *Taft-Hartley* Act del 1947. Negli S.U. le organizzazioni operaie e i sindacati pubblicano regolarmente un elenco delle imprese il cui comportamento viene cosiderato antisindacale, detto *unfair list.* È definito *yellow dog contract* il patto col quale il datore di lavoro condiziona l'assunzione del dipendente alla sua mancata affiliazione a un sindacato e si prevede il licenziamento qualora quest'ultimo vi si associ successivamente. Tale prassi è vietata dal National Labor Relations Act, dal Norris La Guardia Act, dal Railway Labor Act, come pure dalla legislazione della maggioranza degli stati dell'Unione. Si segnala, infine, il Landrum-Griffin Act, ossia la legge federale Labor-Management Reporting and Disclosure Act del 1959, diretta ad eliminare la corruzione nella dirigenza sindacale e le pratiche non democratiche nell'attività interna del sindacato, come pure a dichiarare illegali taluni tipi di boicottaggio secondario (*secondary boycott*) e, infine, le c.d. *hot cargo* clausole dei contratti collettivi di lavoro.
2. Ma si noti il significato del termine *syndacate* impiegato negli S.U. per indicare non già il sindacato, ma un'associazione per portare a termine un solo affare come, ad es., nell'attività giornalistica, per l'acquisto di articoli di vari autori e la loro simultanea pubblicazione in un certo numero di giornali o periodici, ovvero anche il gruppo di giornali e periodici controllati dal *syndacate* (ACCORDO SINDACALE; COMMISSIONE SINDACALE; COMPAGNIA PORTUALE; CONFEDERAZIONE EUROPEA DEL LAVORO; DEMOCRAZIA INDUSTRIALE; DIRITTO (II) AL LAVORO; DIRITTO (I) DEL LAVORO; FIDUCIARIO SINDACALE; IMPRESA CHE ASSUME MANODOPERA NON ISCRITTA AI SINDACATI; LISTA NERA; PRATICA SINDACALE RESTRITTIVA; RAPPORTO SINDACATO-PROPRIETÀ; RAPPRESENTANTE SINDACALE; RELAZIONI INDUSTRIALI; RICONOSCIMENTO DEL SINDACATO; SCIOPERO; TERRORISMO SINDACALE; VERTENZA SINDACALE; VOTO SUL POSTO DI LAVORO). [vol. I: BLACK LIST; CLOSED SHOP; SYNDACATE; TRADE UNION]

– **aperto.** Open union; che non ammette la prassi del *closed shop* (*infra*, SINDACATO CHIUSO). [vol. I: CLOSED SHOP]

– **autonomo in genere.** Independent union (*supra*, SINDACATO IN GENERE).

– **azionario di voto.** Shareholder agreement. Il patto relativo non è opponibile al terzo acquirente di buona fede delle azioni che ne sia all'oscuro. Ma si noti che negli S.U.la materia è disciplinata dai singoli stati dell'Unione (AZIONE (II) DI SOCIETÀ; *GENTLEMEN'S AGREEMENT*; PATTO DI SINDACATO; VOTO NELL'ASSEMBLEA DI SOCIETÀ).

Bibl.:
Henn 1961, ed. 1970: 394.

– **chiuso.** Closed union (*supra*, SINDACATO APERTO).

– **di assicuratori marittimi.** Marine syndicate (ASSICURAZIONE MARITTIMA; ASSICURAZIONE MUTUA).

– **di assicuratori merci.** Cargo insurers' syndicate (ASSICURAZIONE; MERCI).

– **di controllo.** Controlling syndacate. Negli S.U. si parla — in tema di *securities* (azioni, obbligazioni, etc.) — di *control person* per indicare l'entità che ha il potere effettivo sulla politica delle emissioni azionarie e che, di fatto, partecipa alle decisioni importanti della società; la vendita di *securities* da parte di *control persons* è soggetta a molti dei requisiti applicabili alla loro vendita direttamente dall'emittente (GRUPPO DI CONTROLLO; TITOLI MOBILIARI).

- **operaio.** Trade union o union (*supra*, SINDACATO IN GENERE). [vol. I: CLOSED SHOP; OPEN SHOP; TRADE UNION]
- **padronale.** Employers' association. Nel R.U. è la Confederation of British Industry (CBI).
- **portuale.** Dock union (LAVORATORE PORTUALE).

Sindaco in genere. Mayor, auditor.

- **di città in genere.** Mayor; ma non syndic, termine che indica molte cose, salvo il sindaco nostrano. Né nel sistema inglese, né in quello americano esiste un regime uniforme degli enti locali: si tratta più spesso di carica annuale che spetta alla massima autorità di un *borough*. Il *chairman* e il *vice-chairman* del *council* sono mayor del *borough*: ma non vi è equivalenza tra la figura del mayor e quella del sindaco italiano. La materia, del resto in revisione nel sistema inglese, non si presta agevolmente alla comparazione. Per semplificare, si può dire che il sindaco di Londra è il Mayor della *City of London*. Negli S.U. — stato federale — in cui la materia rientra nelle attribuzioni dei singoli stati dell'Unione, si ha una svariata serie di figure a capo del governo locale, diverse da città a città. Si tratta a volte di una carica meramente rappresentativa; altre volte, invece, è investita del potere esecutivo locale. In taluni casi, il sindaco è eletto con voto popolare; in altri, è cooptato dal *council* tra i suoi membri, di solito con funzioni rappresentative. I poteri dei mayors vanno accertati caso per caso sulla base degli statuti municipali. Ma si ricordi che l'Inghilterra prima e gli S.U. dopo sono la patria dell'autogoverno, nucleo primigenio del regime democratico (AUTOGOVERNO; FEDERALISMO; GOVERNO LOCALE). [vol. I: LOCAL GOVERNMENT; MAYOR]
- **di società.** Non esiste questa figura nell'ambito della struttura societaria inglese e nordamericana; una analoga, ma, sembra, più efficace funzione (qualche dubbio sembra legittimo se si pensa al clamoroso *crack* di non poche società inglesi e nordamericane degli ultimi tempi) è svolta mediante il sistema dell'*auditing* interno (AMMINISTRATORE DI SOCIETÀ; COLLEGIO DEI REVISORI DEI CONTI; RESPONSABILITÀ DEI REVISORI DEI CONTI; REVISIONE CONTABILE; SOCIETÀ (II) DI *AUDITING*).

Sine lege. [vol. I: EX LEGE]

Singolo. Single (CELIBE; NUBILE).

Sinistro in genere. Accident, casualty, loss, injury, damage (AMMONTARE DEL DANNO; DENUNZIA DI SINISTRO; FORZA MAGGIORE; INCIDENTE; INFORTUNIO; LESIONE; OBBLIGO DI EVITARE IL SINISTRO o DI RIDURNE GLI EFFETTI NELL'ASSICURAZIONE MARITTIMA; ONERE DELLA DENUNZIA DI SINISTRO; PERDITA PER SINISTRO; RAPPORTO DI CAUSALITÀ; RISCHIO). [vol. I: ACCIDENT; CASUALTY; CAUSATION; DAMAGE; INJURY; LOSS]

- **marittimo.** Shipping casualty, maritime casualty, nautical incident o accident, accident of navigation, accident of the sea (ASSICURAZIONE MARITTIMA; INCHIESTA MARITTIMA; PERICOLI DI MARE). [vol. I: CASUALTY; COLLISION OF SHIPS; INQUIRY; INSURANCE: II; MARITIME CASUALTY; NAUTICAL FAULT; NAUTICAL INCIDENT; SHIPPING CASUALTY]
- **nell'assicurazione.** Loss (ASSICURAZIONE). [vol. I: INSURANCE: II. 9; LOSS]

Sistema in genere. System (METODO; PROCESSO).

- **accusatorio.** (*infra*, SISTEMA PENALE ACCUSATORIO)
- **bipartitico.** (BIPARTITISMO)
- **costituzionale.** Constitutional system (COSTITUZIONE POLITICA). [vol. I: CONSTITUTION]
- **decisorio.** Adjudicatory system (DECISIONE).
- **dei partiti.** Party system (BIPARTITISMO; DEMOCRAZIA CONSOCIATIVA; PARLAMENTO; PARTITI POLITICI; PARTITOCRAZIA). [vol. I: POLITICAL PARTIES]
- **dei prezzi unici.** Single price system (PREZZO).
- **delle spoglie.** Spoils system. Questo termine, che deriva dal linguaggio politologico nordamericano, indica quella forma di *patronage* per cui la nomina ai posti più elevati dello stato federale (o degli stati dell'Unione) è appannaggio del candidato risultato vittorioso alle elezioni. Strettamente legato al sistema dei partiti, lo *spoils system* postula, all'origine, una pubblica amministrazione non neutrale, e quindi assai diversa da quella britannica. Ma si tratta di un sistema che, assai bru-

Sistema delle spoglie

tale nella sua forma iniziale, ha subito col tempo tante e così vigorose attenuazioni da essere quasi motivo di invidia se comparato alla nostra *lottizzazione*, prassi criminale *tout court*.

1. Negli S.U., il nuovo Presidente eletto ha il potere di nomina di all'incirca 3.200 persone al livello federale. Il *transition period*, che va da novembre al 20 gennaio dell'anno successivo, si spiega con un cambiamento di *staff*, a cominciare dai membri del *Cabinet* presidenziale, dagli ambasciatori, dai direttori delle *agencies*, ai giudici federali (beninteso, in quest'ultimo caso, quando un posto si sia reso vacante: i giudici federali sono nominati a vita; i *prosecutors* federali, nominati dal Presidente, rassegnano le proprie dimissioni con la elezione del nuovo presidente anche se il loro mandato non è ancora scaduto; il presidente del *Federal Reserve Board* resta in carica fino alla scadenza del mandato), etc. Ma la gran parte delle nomine presidenziali è soggetta, oltre che all'*Advice and Consent* del Senato — espresso da una commissione in cui, oltre a una agguerritissima opposizione, siedono i rappresentanti dei gruppi di pressione — al vaglio dei potentissimi *media* e, in definitiva, dell'opinione pubblica: i candidati sono sottoposti a migliaia di questionari e anche ad indagini del FBI: si assiste, non di rado, ad autentiche ecatombi di candidati. Senza offesa per nessuno ma, per tenere la trattazione della materia ad un livello decorosamente serio, sia consentito di aggiungere che, al confronto, si contano sulle dita di una sola mano i nostri professori-ministri, giudici, ambasciatori, *grands commis*, dirigenti (si fa per dire) di enti pubblici o imprenditori privati che riuscirebbero a superare i temibili *test* previsti per i loro omologhi nordamericani.

2. Nel R.U., in cui il sistema delle spoglie (*patronage*) si può considerare scomparso, si verificano fenomeni di lottizzazione specie nel conferimento dei titoli nobiliari, distribuiti a scadenza regolare tra uomini del partito di governo e dell'opposizione, e nella nomina dei magistrati delle *lower courts*. Quanto ai magistrati delle *superior courts*, essi sono nominati dall'esecutivo: e sembra già una stranezza, *un mistero*, che una magistratura nominata dall'esecutivo possa godere di così grande *autorità* e indipendenza e vantare uomini di qualità tanto elevata; ma, in sostanza, la nomina è l'effetto di una *cooptazione interna* alla stessa alta magistratura che, formata da ex avvocati, sceglie, tra i propri pari. La elevata qualità professionale e caratteriale dei membri della magistratura inglese (e, in buona sostanza, di quella federale nordamericana) appare, in definitiva, come, tra l'altro, il riflesso di taluni aspetti di fondo della professione forense inglese; beninteso, a parte il più generale contesto di *premesse* politiche e di costume, di storia e di cultura inesistenti sia da noi che in altri paesi d'Europa. Carità di patria vuole che si rinunci a speculare sui risultati di un analogo sistema di reclutamento dei giudici se esso fosse adottato da noi: peraltro, gli effetti devastanti della *cooptazione tra professori di università* costituisce un assaggio sufficiente a immaginare il disastro. Ma lasciamo perdere.

3. Da noi, per mezzo secolo e a partire dai primi giorni di vita dei comitati di liberazione nazionale, i partiti politici, incluso quello che si proclama di opposizione (anche se la quota è diversa), si sono spartiti i posti nelle istituzioni (presidenza della Camera, del Senato, commissioni parlamentari, presidenza della Repubblica, governo, Corte Costituzionale, Consiglio Superiore della Magistratura, uffici giudiziari, università, Usl, Ferrovie) e nell'*immenso* patrimonio economico-imprenditoriale pubblico (Rai, banche, imprese pubbliche, etc.); in una parola, fino all'ultimo rotolo di carta igienica dell'ultimo comune della penisola: insomma, si sono spartiti tutto. Se si pensa che né negli S.U. né in Gran Bretagna esiste un'*economia di stato* delle dimensioni nostrane, che l'*attività imprenditoriale* (a cominciare da quella bancaria) è completamente *in mani private* si ha un'idea della natura e della gravità del fenomeno nostrano che finisce per coinvolgere tutto il potere pubblico e privato (economico- sindacale-giudiziario-burocratico) e diecine di milioni di persone, dando luogo così ad *un autentico assetto criminale del sistema politico*: un regime pretoriano, si dice. Tanto più grave in quanto manteneva e mantiene, per dirla con Walter Bagehot, il *dignified exercise of power*, ossia le forme esterne della democrazia come elezioni, libertà di espressione, opposizione, etc. etc.

4. Nel mare di scritti sulla materia, capita non di rado di leggere equiparazioni tra il *corrompimento* nostrano, di cui Tangentopoli non è che un aspetto tutto somma-

Sistema delle spoglie

to trascurabile, e il sistema nordamericano delle spoglie: nulla di più inesatto. La differenza non consiste, come pure si dice, nella sconcezza della dimensione di Tangentopoli. In effetti, *spoils system* e il sistema italiano di corruzione italiano si ricollegano a due diverse concezioni della democrazia, a due diversi modi di intendere la politica: soprattutto, essi si basano su premesse del tutto diverse.

5. Rodolfo Brancoli ha scritto un ottimo saggio sul complesso e assai originale armamentario politico-amministrativo-giudiziario con cui gli S.U. si difendono dalla corruzione politica. Da questo punto di vista, non v'ha alcun dubbio che la democrazia americana si è spinta più avanti di tutte, adottando codici di comportamento per i parlamentari, per i politici con responsabilità di governo, per i pubblici dipendenti, con una 'burocrazia dell'onestà' composta da 9000 funzionari incaricati di farli rispettare e sanzioni disciplinari per chi li viola [1993: 17,80,90].

6. Ma il problema italiano non si può impostare in termini di corruzione, del resto presente da che mondo e mondo in qualsiasi sistema: come si dice, *a fact of life*. Esso si riassume nel quesito di fondo: ossia se, date le dimensioni totalizzanti del fenomeno della lottizzazione, che coinvolge *tutti* i meccanismi giuridici e di potere, il nostro possa definirsi un sistema democratico e uno *stato di diritto* (sic!). La risposta è evidentemente un no reciso! In ogni caso, le soluzioni americane, che pure potrebbero servire da *guidelines* in un diverso quadro politico, partono dalla premessa non enunciata, perché di plateale evidenza, che esse si applicano a un sistema politico in cui si verifica una *alternanza* delle forze politiche al governo del paese.

7. Per mezzo secolo questa premessa da noi non è esistita neanche al livello delle ipotesi; anzi, essa veniva apertamente negata e sbeffeggiata come una categoria borghese dal c.d. partito di opposizione (*et pour cause!*). In altre parole, è il *regime* (sostanza) e non la corruzione (accidente, anche se enorme) a spiegare lo scarrupamento generale del paese-sistema, e non viceversa. Ma si può mettere la cosa in modo non troppo diverso affermando che *la corruzione è il sistema stesso.* E qui, per carità di patria, non si si fanno i nomi di quegli *studiosi nostrani* che hanno mostrato di credere che la corruzione politica sia addirittura...un fattore tutto stimato positivo in quanto inietterebbe una dose di efficienza nel sistema politico-burocratico. Sono tesi che fanno il paio con quelle mostruosità sulla dicotomia tra *morale* e *politica* prodotte dai nostri *political scientists*, come amano definirsi. Visto in questi termini, « il caso italiano » appare incomparabile. Se solo il Muro non fosse crollato....

8. Come si è detto, lo *spoils system*, postula un sistema di *alternanza politica* al governo del paese: le spoglie sono appannaggio del vincitore che si avvale di *determinati uomini* per realizzare una determinata politica per la quale ha ricevuto la fiducia della maggioranza degli elettori. E si pone quindi soprattutto come *strumento di efficienza* (è difficile o impossibile fare una nuova o diversa politica con gli stessi uomini). Cosa importantissima: lo *spoils system* verte insomma sugli uomini chiamati a realizzare la politica dell'eletto; nella lottizzazione all'italiana si tratta invece letteralmente della *spartizione del bottino*, delle mazzette, dei posti, in un sistema politico criminale. Tra l'altro, proprio in virtù del ricambio politico, lo *spoils system* americano ha una valenza temporale assai breve, scandita com'è dai tempi elettorali delle elezioni presidenziali (in ogni caso il mandato presidenziale non può essere rinnovato più di una volta). Insomma, lo *spoils system* americano ha una sua intrinseca coerenza: il nuovo *team* presidenziale è il pegno di una nuova politica. Si tratta di persone che, ad eccezione dei giudici federali, nominati a vita, e di qualche altro caso, vanno via con il presidente, alla scadenza del suo mandato.

9. E non si assiste, come da noi, alla presa di possesso fisica permanente dei luoghi e degli oggetti in cui si esercita il potere pubblico da trasmettere ai discendenti.

10. Ma, come si ripete, il problema della corruzione pubblica in sé appare quasi un accidente trascurabile in un una situazione in cui lo stesso sistema giuridico, con 150mila leggi, ma *senza regole,* assicura la *status society* più iniqua dell'Occidente industrializzato. Ed è singolare che, almeno a conoscenza dell'autore, nella valanga di scritti sulla crisi italiana, né i politologi, né gli stessi economisti si siano voluti soffermare sulle *caratteristiche strutturali dell'economia italiana che di per sé costituiscono la spiegazione fondamentale dell'illegalità di massa che affligge il paese.*

11. Un noto giurista cattolico, uomo politico, caposcuola e « maestro » di una delle correnti della penalistica nostrana (ormai non si contano più), in occasione di uno dei tanti scandali che aveva coinvolto la sua fazione, oltre trenta anni or sono enunciò in parlamento (sic!) una dottrina che avrebbe ricevuto l'entusiastica approvazione di Al Capone: ossia che chi ruba (e, quindi, ammazza e stupra) per il partito non commette né reato né peccato. Cosa dire?: con questi studiosi stiamo proprio freschi; professore, professore: complimenti e auguri dai suoi numerosissimi entusiasti allievi: un popolo intero si è formato alla Sua dottrina.
12. In un articolo del 1979 che mantiene tutta la sua drammatica attualità, Ernesto Galli della Loggia aveva avvertito che la questione morale avrebbe finito col travolgere la I Repubblica, e con essa il paese: « Nessuno ancora ha ben indagato, anzi neppure ha cercato di descrivere, cosa significhi per una classe politica essere costretta a vivere asserragliata in luoghi inaccessibili e posti sotto sorveglianza di tipo militare, essere protetta da scorte armate durante i propri spostamenti, essere indotta a vedere in ogni volto, anziché quello del proprio elettore, quello del proprio potenziale assassino ». In effetti, com'è stato osservato: « La classe politica ha svolto e svolge un ruolo centrale nella degradazione e nella scomparsa di una classe dirigente, di un sistema di élites degne di questo nome » [*Il Potere degli Spettri*, Mondoperaio, nov. 1979, in Quagliariello (cur.) 1993: 146, 147].
13. La selezione della classe dirigente sarà dovunque una cooptazione; e, forse, almeno in parte, non può essere altrimenti. Ma, nel caso nostrano, si tratta di una « cooptazione che però non è in alcun modo formalizzata, politicamente controllata e controllabile dal corpo dei cittadini, o comunque misurabile con criteri oggettivi ed eguali per tutti. Essa si svolge invece per linee interne, nell'ombra, lungo itinerari che sono congrui ad un potere sociale il quale si articola non già in istituzioni e in gruppi dirigenti, bensì in centri di potere, in clans e in rackets » [ibid.: 155]. E — suvvia, diciamolo — diviene una cooptazione tra mafiosi: basta pensare alla *selezione del ceto accademico* nostrano, divenuta ormai un fenomeno da baraccone che interessa quasi esclusivamente le forze dell'ordine.
14. Ovviamente, non è tutto. Non si possono capire certe diversità se non si tiene conto di altre premesse; l'idea di *servizio del paese* è totalmente *estranea* alle ideologie dei partiti italiani che hanno dominato il paese per mezzo secolo. Essa è considerata dalla sinistra e dall'ideologia cattolica, come il residuo di una concezione liberaldemocratica di altri tempi, se non addirittura fascista, una cosa francese, inglese, tedesca; insomma ...un'americanata. Del resto, a rigor di logica, non si vede quale mai paese si dovrebbe servire visto che se ne contesta addirittura l'esistenza e se ne irride il concetto.
15. In effetti, la mancanza di partiti interclassisti autenticamente nazionali in quanto rappresentanti di un campione dell'intera popolazione, autenticamente democratici, impedisce la nascita di standard di moralità pubblica comunemente accettati. Non si tratta, purtroppo, neanche del conflitto tra partigiani del papa (Guelfi) e dell'imperatore (Ghibellini), ma di bande opposte *saldate* dall'odio per lo stato liberaldemocratico e dei suoi valori, e dalla cupidigia del potere e del denaro. Tutta questa rubrica attiene, in buona sostanza, a quelle *premesse del diritto* che consentono ad un sistema giuridico di funzionare più o meno bene o di non funzionare affatto (AGONISTICA; CENTRALITÀ DEL PARLAMENTO; CONFERMA; COOPTAZIONE; CORRUZIONE; CRIMINALITÀ ORGANIZZATA; DEMOCRAZIA CONSOCIATIVA; GIUDICE; IMPARZIALITÀ DELLA PUBBLICA AMMINISTRAZIONE; MAFIA; PARTITOCRAZIA; POTERE; PUBBLICO MINISTERO; RECLUTAMENTO DEI GIUDICI; *STATUS*; TANGENTE). [vol. I: PATRONAGE; SPOILS SYSTEM]

Bibl.:
Bonazzi, T., *Spoglie, sistema delle*, in *Dizionario di Politica* 1976, ed. 1983: 1115.
Brancoli, R., *Il Ministero dell'Onestà*, Milano, Garzanti, 1993.

– **di *civil law*.** Nel senso di paese o ordinamento di *civil law*, si parla di *civil law jurisdiction* (TRADIZIONE GIURIDICA). [vol. I: INTRODUZIONE: I. 2, III. 2]

– **di *common law*.** Nel senso di paese o ordinamento di *common law*, si parla di *common law jurisdiction* (TRADIZIONE GIURIDICA). [vol. I: INTRODUZIONE: I. 2, III. 2]

– **di concessione.** Licensing system (CONCESSIONE).

– **di governo.** System of government (FORMA DI GOVERNO; GOVERNO).

- **di partecipazione a piramide.** (VENDITA PIRAMIDALE)
- **di remunerazione.** (REMUNERAZIONE)
- **di sicurezza sociale federale negli S.U.** Sociale security system (SICUREZZA SOCIALE).
- **elettorale in genere.** Electoral system, voting system.

1. Non sembra che vi sia accordo tra gli studiosi sugli effetti del sistema elettorale sul sistema dei partiti e, in definitiva, sul sistema politico nel suo insieme. Se, cioè, un certo sistema elettorale sia necessario e/o sufficiente ad assicurare la vagheggiata alternanza al governo dello stato, senza la quale, a rigor di logica, non si può parlare di autentico regime democratico. Non esiste il sistema elettorale migliore in assoluto, privo cioè di inconvenienti, valido per tutte le stagioni, anche se i sistemi (maggioritari) delle *grandi democrazie* (quella inglese e quella nordamericana: *non altre meritano questo appellativo*) sono immutati da secoli.

2. Ma il sistema elettorale non è una tecnica neutra rispetto all'obiettivo politico di assicurare la realizzazione concreta della sovranità popolare in una democrazia rappresentativa. *Sistema politico* e *sistema elettorale* si presentano spesso come le due metà della stessa cosa: il sistema politico britannico, il funzionamento quotidiano delle sue istituzioni maggiori sarebbero impensabili senza un dato tipo di sistema elettorale. Giuseppe Maranini, unico nel nostro paese, aveva colto in tempo e in maniera geniale questo rapporto, ossia tutta la portata politica del sistema elettorale sul sistema politico. Come ha scritto quasi trenta anni or sono: « Non c'è democrazia — di qualunque tipo — là dove il paese non ha alcuna effettiva influenza nella scelta del governo e del suo *leader* » [1967, ed. 1983: 22]. La sua visione è stata profetica: un brano dei suoi scritti potrebbe fungere da epitaffio sulla tomba della democrazia italiana crollata sotto il peso del regime consociativo Dc-Pci: « Ben più che non il sistema politico prefascista, l'attuale sistema appare idoneo a fiaccare gradualmente il vigore morale ed economico della società italiana » [ibid.: 29]. La vivissima resistenza del Pci, e oggi dei suoi epigoni di Rifondazione, al cambiamento — che comportava la rinunzia alla propria funzione di *blackmail party* è di per sé significativa della valenza politica del sistema elettorale. Un'inquinante *intendence* di professoroni e professorini al seguito dei partiti — tutti opposti (*et pour cause!*) al cambiamento — ha contestato per quasi mezzo secolo le idee di Maranini.

3. Il problema della scelta del sistema elettorale pone la domanda se cioè la democrazia debba consistere nella mera *rappresentanza* o non anche nella *governabilità*. Domanda ormai superata nelle antiche democrazie inglese e nordamericana e anche in Francia e in Germania; ma che in Italia — in cui quasi tutti i partiti si propongono come *blackmail parties*, ossia non già come partiti di governo, ma di interdizione, condizionamento e ricatto dell'inevitabile governo di coalizione, resta attualissima.

4. Alla base del *first past the post*, ossia del sistema uninominale a turno unico, vi è una concezione agonistica e sportiva che, anche storicamente, manca alla cultura proporzionalistica, premessa del regime consociativo durato mezzo secolo. Del resto, non sembra soltanto una coincidenza che ad un sistema politico privo di agonismo corrisponda un capitalismo senza mercato. Un sistema elettorale adeguato va quindi considerato come lo strumento necessario, *ma non sufficiente* del cambiamento, che è anche un fatto di cultura e di costume. I risultati delle elezioni politiche del '94, svoltesi con il nuovo sistema elettorale, definito *Mattarellum*, hanno dimostrato che non è solo da un sistema elettorale che ci si può aspettare l'avvento del bipartitismo, quando, come da noi, nessuno dei partiti in lizza, dopo mezzo secolo di reciproco *blackmailing* proporzionale, si sente di abbracciare le semplificazioni del sistema maggioritario.

5. Peraltro, per quanto riguarda il R.U. — in una situazione in cui il *Labour Party* sembra diventato incapace di porsi come alternanza di governo rispetto al *Conservative Party* — si pongono con urgenza all'attenzione politica tre opzioni principali: a) se mantenere l'attuale sistema *first-past-the post*, o adottare: b) un sistema elettorale proporzionale alla tedesca con parlamentari eletti, a seconda dei casi, in base a scrutinio di lista e in collegi uninominali con la clausola di sbarramento del 5 per cento o: c) un sistema maggioritario uninominale a doppio turno alla francese. Sistema elettorale e *ambito territoriale* entro il quale le elezioni hanno luogo sono due facce della stessa cosa: un sistema elettorale maggioritario uninomi-

Sistema elettorale

nale, a un turno o a doppio turno, comporta *collegi elettorali* ben diversi e più ristretti delle *circoscrizioni elettorali* nostrane in cui hanno luogo le elezioni a scrutinio di lista. Ma esiste certamente un sistema elettorale più o meno idoneo alle esigenze di un paese in un determinato periodo storico; in questo senso, i valori della *rappresentanza* e della *governabilità* si sono rivelati nel nostro paese — grazie alla disastrosa esperienza della « democrazia aritmetica » [Maranini 1967, ed. 1983: 314] — assolutamente incompatibili: la democrazia della I Repubblica è allo stesso tempo *non competitiva e anarcoide.* Ora, quali che siano stati i meriti originari del sistema proporzionale nostrano, non si può negare che esso ha travolto la I Repubblica nella misura in cui si *è combinato con la mancanza di un credibile partito di opposizione.* Ma qui si parla di crollo della I Repubblica a titolo scaramantico e propiziatorio: e si ripete un'espressione ormai convenzionale; ma si dice una cosa e se ne pensa un'altra. Perché, a voler essere un pochino seri, resta da rilevare che il crollo della I Repubblica è stato per noi come quei terremoti che rivelano ciò che, volendo, un *turista in transito* poteva agevolmente intravedere: ossia lo sconforto di una casa piena di detriti, con le mura crepate, pilastri marciti e spezzati; non già fondamenta capaci di sostenere il nuovo che faticosamente si vuol costruire, ma una mota nella quale è impossibile tener dritto un solo palo. Perché la *democrazia consociativa* è stata per il nostro paese un autentico *regime*, i cui guasti permanenti e irreversibili, se rendono la vita trista e grama ai presenti, faranno sentire il loro morso a coloro che ci seguiranno. Al confronto, i disastri del fascismo appaiono temporanei e superficiali. E viene di pensare alle parole di Manzoni: « In principio dunque, non peste, assolutamente no, per nessun conto: proibito anche di proferire il vocabolo. Poi, febbri pestilenziali: l'idea s'ammette per isbieco in un aggettivo. Poi, non vera peste; vale a dire peste sì, ma in un certo senso; non peste proprio, ma una cosa alla quale non si sa trovare un altro nome. Finalmente, peste senza dubbio, e senza contrasto: ma già ci s'è attaccata un'altra idea, l'idea del venefizio e del malefizio, la quale altera e confonde l'idea espressa dalla parola che non si può più mandare indietro » [*I Promessi Sposi*, Cap. XXXI]. In effetti il Pci, grande partito di massa — constatata una situazione che non consentiva una conquista immediata e violenta del potere — si proponeva « *una graduale conquista legalitaria e 'democratica', attraverso la deformazione e la paralisi delle strutture demoliberali, fino al collasso totale dello stato* » [Maranini, ibid.: 477]. Peraltro, raggiunto quest'ultimo obiettivo (*collasso totale dello stato*), la caduta del Muro ha impedito la conquista dell'obiettivo primario (*conquista del potere*).

6. Può essere discutibile la tesi di Popper per cui la rappresentanza proporzionale costituisce — nella sostanza, al di là della sua pretesa maggiore democraticità — una frode della sovranità popolare. Basta pensare a quanti civilissimi paesi vi fanno ricorso. Eppure, l'opinione di questo filosofo diviene un giudizio inappellabile quando si guarda alla situazione italiana. A proposito del rapporto sistema elettorale-mobilitazione delle masse-partecipazione-democrazia, sembra opportuno richiamare quanto scrive Domenico Fisichella nel riferirsi a talune ricerche sulla materia: « la mobilitazione ha con la partecipazione solo qualche somiglianza apparente, ma non garantisce quel controllo sul potere 'generalmente associato con l'ammissione di nuovi attori nel sistema politico'. In tali regimi, anzi, incoraggiare la mobilitazione di massa è l'espediente tipico per prevenire la partecipazione di massa (...) Dal che discende che neppure la presenza del momento elettorale fa prova della democraticità del regime: come dire che il voto è testimonianza democratica allorché costituisce un aspetto della partecipazione, ma non dimostra nulla in tal senso quando è utilizzato come l'accorgimento tecnico della mobilitazione cui è demandato di ratificare — spesso plebiscitariamente — scelte fatte altrove » [1982: 70, n.o.].

7. Democrazia non governante, (*rectius,* anarcoide; quindi, non democrazia)*; elezioni senza scelta* sono state per mezzo secolo il *trade mark* della lotta politica italiana, grazie alla presenza di un partito di lotta/governo che non poteva e/o non voleva fare né l'una né l'altra. Come afferma Giovanni Sartori: « Dalla lezione francese di domenica si impara soltanto quel che già si sapeva, e cioè che i sistemi proporzionali eleggono un Parlamento ma non un governo, laddove i sistemi maggioritari premiano la governabilità a scapito della rappresentatività. Noi siamo stati proporzionalisti dal 1948 ad oggi con i risultati

che tutti vedono. È tempo, allora, di provare le virtù del principio maggioritario » [*Dico No al No*, in *Corriere della Sera*, 31 marzo 1993]. Purtroppo il c.d. *Mattarellum*, ossia la *demenziale* legge elettorale maggioritaria a un turno combinata con un complicato ed elevatissimo tasso di proporzionalità (25 per cento) — unica al mondo — costituisce un marchingegno che lascia poco adito alla speranza di cambiamento.
8. Ma non si tratta solo del *Mattarellum*: la XI Legislatura, travolta dalla corruzione (certo il minore dei suoi difetti) si fa ricordare per una ben più delirante proposta che se non fosse stata bocciata in Senato avrebbe coperto di ridicolo il paese. Con il supporto tecnico di illustri costituzionalisti, si era proposto di stabilire dei *collegi elettorali italiani all'estero* (sic!). Al proposito si vuole ricordare che in un *paese serio* come il R.U., in base al Representation of the People Act 1989, i cittadini che vivono all'estero da non oltre 20 anni possono far domanda per ottenere il diritto di votare sia nelle elezioni parlamentari britanniche che nelle elezioni parlamentari europee che si tengono nel Regno Unito. Non esistono circoscrizioni separate all'estero e i residenti all'estero che hanno chiesto di votare possono farlo solo nella circoscrizione del R.U. in cui erano registrati prima che si trasferissero (AGONISTICA; BALLOTTAGGIO; BIPARTITISMO; CAMPAGNA ELETTORALE; CANDIDATO; COLLEGIO ELETTORALE; DEPUTATO AL PARLAMENTO; ELEZIONI POLITICHE; MAGGIORANZA; RAPPRESENTANZA POLITICA PROPORZIONALE; SOVRANITÀ POPOLARE; VOTO SINGOLO TRASFERIBILE). [vol. I: ELECTION: 2; ELECTORAL SYSTEM; GERRYMANDERING]

Bibl.:

Marotta, E., *Sistemi elettorali*, in *Dizionario di Politica* 1976, ed. 1983: 1061.

– **elettorale maggioritario in genere.** In senso generico, si parla di majority voting system. Come osserva Fisichella [1982: 152, n.o.; cfr. 163, 181, 203]: « Il *plurality system* è il sistema adottato per l'elezione dei Comuni in Gran Bretagna, della Camera dei Rappresentanti negli Stati Uniti e in Nuova Zelanda, della camera dei Comuni in Canada e della House of Assembly del Sud Africa. La sua meccanica si riassume nella formula 'first-past-the post' » per cui — diversamente da quanto previsto dal *majority system* a collegio uninominale in cui l'attribuzione del seggio si basa sulla maggioranza assoluta dei voti (50 per cento più uno) — il seggio va al candidato che raccoglie la maggioranza relativa di voti (*infra*, SISTEMA ELETTORALE PROPORZIONALE; MAGGIORANZA).

– **elettorale maggioritario a doppio turno.** Two-round majority voting system. Il più noto dei quali è il sistema francese. Si noti che le elezioni nel R.U. e negli altri paesi che adottano il *plurality system* sono a turno unico (*supra*, SISTEMA ELETTORALE MAGGIORITARIO; *infra*, SISTEMA ELETTORALE MAGGIORITARIO A TURNO UNICO; TURNO).

– **elettorale maggioritario a turno unico.** Single-round majority voting system. È il sistema elettorale britannico per antonomasia (*supra*, SISTEMA ELETTORALE MAGGIORITARIO). [vol. I: ELECTION: 2]

– **elettorale proporzionale.** Proportional representation system (PR), proportional voting system, proportional representation (*supra*, SISTEMA ELETTORALE MAGGIORITARIO). [vol. I: ELECTION]

– **fiscale.** Tax system (IMPOSIZIONE FISCALE; IMPOSTA).

– **forfettario.** Flat rate system (*FORFAIT*).

– **giuridico in genere.** Legal system; ma si noti che in tema di conflitti di leggi si impiega anche il termine *jurisdiction* per indicare un determinato sistema giuridico (CIRCOLAZIONE DEI MODELLI GIURIDICI; CODICE; COMPLETEZZA DELL'ORDINAMENTO GIURIDICO; CORRELATIVI GIURIDICI; ORDINAMENTO GIURIDICO; TRADIZIONE GIURIDICA). [vol. I: CIVILIZED LEGAL SYSTEMS; CIVILIZED NATIONS; COMMON CORE OF LEGAL SYSTEMS; CORRELATIVES; JURAL CORRELATIVES AND JURAL OPPOSITES; JURISDICTION]

– **giuridico chiuso-aperto.** Rispettivamente, closed-open legal system.
1. È diffusa, tradizionale opinione tra i comparatisti che gli ordinamenti di *civil law* costituiscano dei sistemi chiusi, a differenza di quelli di *common law*. La dicotomia si ricollega al diverso sistema delle fonti del diritto e al problema delle lacune giuridiche: ma un ulteriore affinamento suggerirebbe di notare che anche nei sistemi di *common law* si può parlare di completezza dell'ordinamento giuridico, riferita, peraltro, ovviamente, alla *case law* (si parla infatti di *completeness of the common law*), e non già alla *statute law*, dato il diverso sistema delle fonti. Schlesinger [1950, ed. 1988: 6] conduce una interessante rassegna dei casi in cui la giurispru-

denza nordamericana ha fatto ricorso a concetti e istituti di *civil law*.
2. La questione assume notevole rilievo in tema di interpretazione e di lacune giuridiche in particolare, in cui assai diversi sono i criteri seguiti dal giudice di *common law,* a seconda che si tratti di diritto giurisprudenziale o legislativo. In questo senso, il problema delle lacune giuridiche va inquadrato nella *tendenza alla universalizzazione* di taluni concetti giuridici di fondo superando il nazionalismo giuridico spesso espresso dai codici. Sempre più spesso e sempre in maggior misura, la soluzione del problema postula l'esistenza di una Corte di Giustizia delle Comunità Europee che assicuri il diritto uniforme nei paesi membri, e di un *common core* di concetti giuridici sostanzialmente accettato dalla comunità internazionale (CASUS OMISSUS; COMPLETEZZA DELL'ORDINAMENTO GIURIDICO; FONTI DEL DIRITTO; INTERPRETAZIONE; LACUNA GIURIDICA; ORDINAMENTO GIURIDICO; PRINCÌPI GENERALI DI DIRITTO). [vol. I: INTRODUZIONE: III. 5; BRANDEIS BRIEF; CASUS OMISSUS; COMMON CORE OF LEGAL SYSTEMS; GENERAL PRINCIPLES OF LAW; INTERPRETATION; SOURCES OF LAW]

– **giuridico straniero.** Foreign, o alien, legal system, foreign jurisdiction (*supra,* SISTEMA GIURIDICO; CONFLITTO DI LEGGI; DIRITTO (I) STRANIERO; DOMICILIO; FATTORE DI COLLEGAMENTO; SENTENZA STRANIERA).

– **metrico decimale.** Metric system, decimal system. Adottato di recente dal R.U.; non vige negli S.U. (PESI E MISURE; SUOLO).

– **Monetario Europeo.** European Monetary System o EMS (ATTO UNICO EUROPEO; CAMBIO; MONETA; TASSO DI CAMBIO).

– **penale accusatorio in genere.** Accusatorial o adversary system, accusatory procedure, adversary process o accusatorial process: è questo il tipo di processo inglese e nordamericano. Il sistema penale accusatorio si distingue dal, anzi si oppone al, sistema inquisitorio, detto « inquisitorial system ». È in questi termini che, non senza ragione storica, vengono definiti i sistemi processuali penali del continente d'Europa. Ma quella che era una nettissima distinzione tra le due tradizioni giuridiche si è poi stemperata nel corso del tempo e, in particolare, per effetto del trionfo delle forze Alleate in Occidente sulle armate nazifasciste nella II guerra mondiale. Perché *ogni regime politico ha il suo tipo di processo penale.* La vittoria Alleata è stata anche quella dei Diritti dell'Uomo che proprio nel processo penale trovano i primi riconoscimenti. Trascurare queste premesse significa rinunziare a capire le ragioni storiche dell'evoluzione dei sistemi continentali verso il modello accusatorio verificatasi specie a partire dal II dopoguerra. Così, ad es., una Convenzione Europea per la Salvaguardia dei Diritti dell'Uomo del 1950, figlia della Dichiarazione Universale dei Diritti dell'Uomo delle N.U. del 1948, sarebbe stata semplicemente impensabile in un'Europa nazifascita (o comunista) o anche soltanto *avant-guerre.* Beninteso, il processo inquisitorio precede storicamente le dittature del XX secolo; utilizzato sistematicamente prima dalla Chiesa di Roma e poi da ogni regime autoritario e, in particolare da quello napoleonico, il *juge d'instruction*, resta la figura tipica — troppo spesso sinistra — del processo penale francese. Ad ogni modo, le originarie distanze tra le due tradizioni giuridiche si sono accorciate, nel senso che i sistemi continentali — storicamente inquisitori — si sono avvicinati al modello accusatorio: si tratta, quindi, in sostanza, di sistemi misti. D'altro canto, per quanto riguarda il sistema nordamericano (e inglese), come si osserva in Lafave and Israel [1985, ed. 1992: 35], esso sembra a sua volta orientato verso un « modified » o « regulated » adversary system, come tale distinto dal sistema accusatorio puro, che prevede, da un lato, un giudice del tutto privo di poteri di iniziativa e, dall'altro, delle parti completamente libere di disporre del caso. Comunque, quali che siano i temperamenti del processo di *common law* rispetto al modello accusatorio puro, esso resta, nel complesso, abbastanza accusatorio da poterlo distinguere nettamente dai sistemi continentali, come si è detto, definiti, ancora oggi, non del tutto a torto, come *inquisitorial.* Il processo penale (come quello civile) di *common law* realizza, di fatto e senza genialità professorali, quello che resta ancora un sogno per i processualisti di *civil law,* ossia l'*oralità, concentrazione e immediatezza.* Il punto centrale di differenza tra i due sistemi consiste nella *partecipazione della giuria al processo,* istituto ignoto alla *civil law*, che comporta una assai diversa filosofia della prova. In questo senso, il modello accusatorio di *common law* appare indissolubilmente legato alla presenza della giuria nel processo. Resta quindi la domanda se è ipotizzabile un processo accusatorio senza giuria. Infine, la discrezionalità dell'azione penale appare come un corollario del sistema accusatorio così come è inteso nella tradizione di *common law*.

1. Winston Churchill, nella sua storia dei popoli di lingua inglese, considera il processo accusatorio come una delle caratteristiche fondamentali della cultura di quei popoli: il *trial by jury* — la prova che si forma davanti alla giuria — oltre che un concetto giuridico, costituisce una secolare, radicata tradizione popolare. In questo senso, il processo penale accusatorio è forse la conquista maggiore della grande tradizione giuridica di *common law*.

2. Questo fa capire perché — con tutte le riforme di queste mondo — il processo accusatorio, privo di riscontro nella storia delle società continentali d'Europa, incontri tante difficoltà a impiantarsi in un ambiente come quello nostrano che, per tradizione giuridica e cultura popolare secolare, si è ispirato al modello opposto (inquisitorio).

3. Colpevole-innocente: il *common lawyer — rectius*, la giuria — non si trova — sul piano giuridico — nella posizione del *civil lawyer* per il quale il dilemma impone di scandagliare le coscienze. Per lui, si tratta di prove; *guilty-not guilty*: in cui il primo corno del dilemma significa colpevole (*beyond reasonable doubt*), ma il secondo (*not guilty*) non significa innocente, ma solo non colpevole, ossia imputato a carico del quale non sono state prodotte prove tali da farlo ritenere colpevole. I sistemi misti che caratterizzano attualmente il processo penale dei paesi di *civil law* contengono elementi di accusatorietà; la Convenzione Europea per la Salvaguardia dei Diritti dell'Uomo del 1950 muove decisamente in direzione del processo accusatorio. D'altro canto, il processo misto continentale, con le sue garanzie per l'imputato, appare solo come una presa d'atto di una svolta epocale, di una vittoria politica — non voluta e nemmeno auspicata — piuttosto che il frutto di autoctone, travagliate vicende e radicate convinzioni: un *cadeau* accettato perfino con malagrazia. In questo senso, non va trascurato che, storicamente, soltanto gli eventi bellici dell'ultima guerra mondiale hanno interrotto il *massiccio pellegrinaggio dei nostri processualpenalisti che fin quasi all'agonia del regime nazista si recavano in Germania a suggere il nettare della scienza giuridica teutonica*. Ancora oggi, la processualistica italiana appare largamente, e talvolta si direbbe indecorosamente, influenzata dalla scuola tedesca, al di là di ogni ragionevole misura (tra l'altro, si tratta di *una passione non corrisposta*, dato che, salvo rarissime eccezioni, i nostri studiosi sono ignorati dalla dottrina germanica). Le conseguenze di questa diversità, anzitutto storica e culturale, prima ancora che di regime giuridico, che attiene, in definitiva, all'idea che dell'uomo ci si fa dai due lati del Canale, sono molte, e spesso anche radicali e insuperabili. Si tratta di un contrasto fondamentale di civiltà giuridica che, incentrato su una assai diversa dottrina della prova, valuta in modo radicalmente diverso la dignità e i diritti dell'uomo.

4. Tanto più offensivo è quindi il fatto che, proprio nel paese che vi ha dato origine, si assiste in Irland del Nord all'internamento dei sospetti di terrorismo senza processo, all'abolizione in quella provincia del processo con la giuria (le c.d. *Diplock courts*), a gravissime violazioni dei diritti umani e a plateali abusi e violenze da parte della polizia, il tutto evidenziato da ormai noti processi celebrati in Inghilterra. Questa devianza dai princìpi è stata resa possibile nel sistema britannico anche dall'*assenza di una costituzione scritta e rigida* come quella nordamericana, che tutela i diritti degli individui. Da qui una corrente sempre più forte che tende a introdurre anche nel R.U. una serie di *entrenched clauses* a tutela di quei diritti che — al di là dei freni di vario genere esistenti nella società britannica — sul piano strettamente giuridico possono essere agevolmente disattesi mediante una legge ordinaria. Ma non si tratta di problema tecnico. In effetti, non si possono esagerare gli *avvertimenti* sui *limiti intrinseci* del processo penale — accusatorio-inquisitorio o misto che sia — di fronte a fenomeni di *illegalità di massa*. Il processo penale è diretto ad accertare responsabilità di individui determinati e non già ad affrontare problemi che, per le loro dimensioni e radicamento, giudiziari non sono — o non lo sono che da ultimo — e che attengono, invece, alla politica, all'economia e al sociale. In questo senso, il fallimento della giustizia inglese nel trattare il problema del terrorismo irlandese è, in sostanza, non tanto il fallimento del processo accusatorio, quanto quello del processo penale *tout court*. Perché se il processo accusatorio inglese fallisce di

Sistema penale accusatorio

fronte all'illegalità di massa in *una regione* del paese, ben più grave appare il caso nostrano in cui essa appare connaturata alla stessa *struttura economica* (si pensi all'*economia sommersa*) e sociale del paese, al punto di coinvolgere quasi tutta la popolazione. Qui si assiste prima al fallimento del *sistema inquisitorio*, poi di quello *misto* attuale. Il che sta a confermare una cosa sola: ossia che non vi è risposta giudiziaria a problemi di devianza di massa, e che le strade per affrontarla vanno cercate nella politica e non già nelle aule giudiziarie.

5. D'altro canto, per quanto riguarda i paesi di *civil law*, va rilevato che se la Dichiarazione dei Diritti dell'Uomo del 1789 costituisce probabilmente sul piano letterario uno dei più bei testi sulla materia, resta, nondimeno, che si tratta, in buona sostanza, di proposizioni declamatorie, specie nel paese che ne ha salutato la nascita, ma che, sul piano del processo penale, è ben lontano dall'avervi dato piena attuazione.

6. Con la vittoria dei popoli di lingua inglese in Occidente si è posto ai sistemi del continente europeo il problema di darsi un regime politico adeguato ai princìpi in nome dei quali quella guerra era stata combattuta e vinta (dagli Alleati): tra di essi vi era anche il processo accusatorio. In questo senso, la Convenzione Europea per la Salvaguardia dei Diritti dell'Uomo del 1950 (e il relativo protocollo del 1952), anche se non impone *expressis verbis* l'adozione del sistema accusatorio, in effetti, lo considera per molti versi scontato.

7. Per quanto riguarda il nostro paese, la legge del 3 aprile 1974, n. 108 che delega al governo il potere di emanare un nuovo codice di procedura penale stabilisce, al paragrafo 2, tra l'altro, che esso « deve attuare nel processo penale i caratteri del sistema accusatorio », approdo dovuto ad eventi storici piuttosto che a una consapevole scelta di civiltà giuridica da parte della cultura giuridica italiana. Per quasi venti anni brigate di docenti universitari, magistrati, politici, più o meno illustri, hanno varcato centinaia di volte l'Oceano — trascurando il più breve tragitto a Londra — sembra, non tanto per capire il sistema americano, quanto piuttosto per irriderlo, per scovarne le pecche, che certo non mancano, per escogitare un *tertium genus* che desse spazio alla « genialità giuridica » nazionale.

8. Ad ogni modo, i nostri legislatori si vantano di avere escluso dal nuovo processo penale qualsiasi elemento di sorpresa, ingrediente che invece sarebbe tanta parte del processo accusatorio anglo-americano. Ma è un vanto da non menare: con la scomparsa di qualsiasi pathos dialettico dal processo se ne fa un noioso rituale.

9. Afflitto da un garantismo che ingenera seri dubbi sulla serietà dell'impegno del nostro paese nella lotta contro la criminalità — basterebbe pensare agli *automatismi* dei termini di durata massima della custodia cautelare — non sempre felice nella redazione, si tratta, nell'insieme, di un codice che assume un processo misto, tendenzialmente orientato verso il sistema accusatorio. Ma esso è stato successivamente svuotato della sua non trascurabile portata innovatrice dalle decisioni della Corte Costituzionale e dalle disposizioni legislative sulla criminalità organizzata.

10. Si è sostenuto più volte che, data la dimensione della criminalità esistente, il nostro paese non può permettersi il lusso di un processo accusatorio. Eppure Giovanni Falcone ha più volte segnalato la necessità di guardare al modello nordamericano come tipo di processo accusatorio che non impedisce, ma che, anzi, consente una maggiore efficienza della giustizia. In effetti, da noi, *tutti i grandi processi alla criminalità organizzata celebrati col rito inquisitorio si sono rivelati delle colossali bolle di sapone.*

11. È virtualmente impossibile, per chi non abbia deciso di sacrificare qualche anno della propria esistenza a questo tipo di ricerche, orientarsi nel diluvio di saggi, commenti, commentari, digesti, articoli etc. cui il nuovo codice ha dato luogo; comunque, invecchiati prima ancora di comparire in libreria, grazie all'incessante grandine di modifiche di vario tipo che snaturano un codice che, tutto sommato, meritava una migliore accoglienza specie dalla magistratura nostrana.

12. Per quella sorta di ironia che spesso presiede alle vicende dello sviluppo giuridico, nel R.U. la *Royal Commission on Criminal Justice* sta esaminando la questione — sollevata da taluni giuristi e sociologhi anche negli S.U. — se cioè un ingrediente di inquisitorietà inserito nel processo (accusatorio) inglese non possa contribuire a fare meglio emergere la verità e prevenire errori giudiziari [*Justice-Annual Report* 1993: 4]. I sistemi compa-

rati sono quello inglese, scozzese, francese e tedesco; ma non quello italiano. Se si tiene conto che il nostro codice di procedura penale ha solo qualche anno di vita ed è quello che sul piano sistematico maggiormente si avvicina al sistema accusatorio, questa esclusione merita una spiegazione. Che — a parere dello scrivente — è la seguente. Per semplificare, non si tratta tanto di stabilire sul piano astratto la superiorità di un sistema sull'altro, quanto piuttosto quello che *funziona* meno peggio; beninteso, fatte salve talune fondamentali garanzie; al limite, un sistema inquisitorio rapido e serio gestito da personale qualificato e nel quadro di un'organizzazione complessivamente efficiente può essere addirittura preferibile ad un processo che del metodo accusatorio ha tutti i difetti ma nessun pregio.

13. Dopo tutto, la procedura è semplicemente un mezzo a fine, e la giustizia, nel suo insieme, una *machinery* o *un'organizzazione*: considerarla come una esercitazione cartolare di più o meno illustri professori è cosa tutta nostrana, che ripugna alla cultura di altri paesi. Insomma, a parte il valore intrinseco del codice in sé, nessuno che abbia anche soltanto una pallida idea del *disfunzionamento organizzato* del sistema processuale penale (e civile) nostrano si sognerebbe di prendere in esame anche solo sulla carta il testo che quel caos sembra ufficializzare (ACCUSA; ACCUSATORE; AGONISTICA; AUTOINCRIMINAZIONE; AVVERSARIO; AZIONE (I) PENALE; CAMERA STELLATA; CAMPO DI CONCENTRAMENTO; CODICE DI PROCEDURA PENALE; CONTRADDITTORIO; DEPOSIZIONE NEL PROCESSO PENALE; DIRITTI (II) DELL'IMPUTATO; DIRITTO (I) PROCESSUALE PENALE; DISCREZIONALITÀ DELL'AZIONE PENALE; *FAIR TRIAL*; GIURIA; IMMUNITÀ DALL'AZIONE PENALE; INTERROGATORIO DI POLIZIA; INVESTIGATORE PRIVATO; ISTRUTTORIA; MAXI-PROCESSO; *PERRY MASON*; POLIZIA; PRECEDENTI PENALI; PRESUNZIONE DI INNOCENZA; PROCEDURA; PROCEDURA PENALE; PROVA; QUATTRO LIBERTÀ; REQUISITORIA; RINVIO A GIUDIZIO; SILENZIO DELL'IMPUTATO; SUCCESSIONE NEL PROCESSO; TERRITORIO; TORTURA; TUTELA DEI DIRITTI; VERITÀ). [vol. I: INTRODUZIONE: III. 25, 28; ADVERSARY SYSTEM; CRIMINAL PROCEDURE; EVIDENCE; INNOCENCE, PRESUMPTION OF; LEGAL TRANSPLANTS; PROSECUTION]

Bibl.:

Mazzuca, T., *Il nuovo codice di procedura penale. Ancora un processo misto nonostante l'intitolazione al sistema accusatorio*, Roma, Centro Forense di Studi sul Nuovo Processo Penale, s.d.

– **penale inquisitorio.** Inquisitorial system of adjudication, inquisitorial system. Si distingue dall'*adversary system*, caratteristico del processo penale e civile di *common law*. La storia del processo penale dei paesi del continente europeo è quella di un graduale avvicinamento al sistema accusatorio di *common law*, specie dopo la II guerra mondiale. La tortura è l'asse portante del processo inquisitorio canonico, trasmigrata, *mutatis mutandis*, nei sistemi di *civil law*. Ma i *common lawyers* definiscono di solito come *inquisitorial* qualsiasi procedura di *civil law*. Il che è un po' troppo (*supra*, SISTEMA PENALE ACCUSATORIO; AUTOINCRIMINAZIONE; CAMERA STELLATA; LIBERO CONVINCIMENTO DEL GIUDICE; PROCEDURA PENALE; TORTURA; VERITÀ). [vol. I: CIVIL PROCEDURE; CRIMINAL PROCEDURE; INNOCENCE, PRESUMPTION OF; JURY; STAR CHAMBER]

– **politico.** Political system (*supra*, SISTEMA DEI PARTITI).

– **preferenziale.** Preferential system (PREFERENZA; SCAMBIO; TARIFFA PREFERENZIALE).

– **rete.** (TRASPORTO COMBINATO). [vol. I: COMBINED TRANSPORT]

– **tavolare dei registri immobiliari.** Non esiste nei sistemi di *common law*; ma il *Torrens system* ne costituisce un analogo (REGISTRI IMMOBILIARI). [vol. I: TORRENS SYSTEM]

– **tributario.** Tax system (IMPOSIZIONE FISCALE).

– **valutario.** Exchange system (VALUTA).

Sito. Site (LUOGO; SEDE).

Situazione in genere. Situation.

– **di monopolio.** Monopoly situation (ABUSO DI POSIZIONE DOMINANTE; MONOPOLIO). [vol. I: ANTI-TRUST ACTS; MONOPOLIES AND MERGERS COMMISSION]

– **giuridica in genere.** Legal situation (CONDIZIONE GIURIDICA; *STATUS*).

Sleale. Unfair (CONCORRENZA SLEALE; *FAIR TRIAL*; GIUSTA CAUSA). [vol. I: FAIR TRADING; NATURAL JUSTICE; REASONABLENESS; UNCONSCIONABILITY]

Slealtà in genere. Unfairness (BUONA FEDE; LEALTÀ; SLEALE).

Smarrimento. Loss (INVENZIONE; OGGETTI SMARRITI; *RES NULLIUS*).

Smentita. Denial, disproval (CONFUTAZIONE; REPLICA). [vol. I: DISPROVE]

Smilitarizzazione. Demilitarization (SMOBILITAZIONE).

Smobilitazione. Demobilization, de-commissioning (ESERCITO; MILITARIZZAZIONE; MOBILITAZIONE; REQUISIZIONE; SERVIZIO MILITARE; SMILITARIZZAZIONE).

Snazionalizzazione. Denazionalization (NAZIONALIZZAZIONE; PRIVATIZZAZIONE).

Soccida. Istituto ignoto alla *common law*. Una traduzione potrebbe essere, grosso modo, quella di agreement whereby the parties associate in the raising and exploiting of cattle.

Soccombente in giudizio. (PARTE SOCCOMBENTE IN GIUDIZIO; SPESE DEL GIUDIZIO)

Soccombenza. (DEPOSITO PER IL CASO DI SOCCOMBENZA)

Soccorritore. Rescuer; ma in materia marittima si parla di *salvor* (NAVE SOCCORRITRICE; SOCCORSO; SQUADRA DI SOCCORSO).

– **marittimo.** Salvor (SALVATAGGIO MARITTIMO).

Soccorso in genere. Rescue, help, relief, assistance, soccour; in materia marittima, si parla di *salvage*; il mutuo soccorso è detto *mutual aid*; un volo di soccorso è detto *mercy flight* (AIUTO; ASSISTENZA; BENEFICENZA; CHIAMATA DI SOCCORSO; CONTRATTO DI SOCCORSO; MISSIONE DI SOCCORSO; *NEGOTIORUM GESTIO*; OMISSIONE DI SOCCORSO; OPERAZIONE DI SOCCORSO; ORGANISMO DI SOCCORSO; RESPONSABILITÀ PER OMISSIONE; SALVATAGGIO MARITTIMO; SEGNALE DI SOCCORSO; SICUREZZA; SOCCORRITORE; SOCIETÀ (II) DI MUTUO SOCCORSO; SUPERSTITE; VITTIMA; VOLONTARIATO). [vol. I: CHARITY; GOOD SAMARITAN; NEGOTIORUM GESTIO; SALVAGE]

Società (I) in genere. Society (ASSOCIAZIONE).

– **civile-società politica.** Civil society-political institutions; ma si parla anche di *secular society* per distinguerla dalla società religiosa o *spiritual society*. Il termine *civil society* indica anche lo stato, la nazione, o un'istituzione politica. Comunque, nei popoli di lingua inglese si fa della dicotomia un uso morigeratissimo (*et pour cause!*). Del resto, va ricordato che essa non è neanche farina del sacco degli intellettuali nostrani che, salvo rare ed encomiabili eccezioni, lavorano su materiali di risulta, spesso riducendoli in forme grottesche o ridicole (PARTITI POLITICI; SISTEMA DEI PARTITI; SOVRANITÀ POPOLARE). [vol. I: SOCIETY]

Bibl.:

Bobbio, N., *Società civile*, in *Dizionario di Politica* 1976, ed. 1983: 1084.

– **dei consumi.** Consumer society (CONSUMATORE; ECONOMIA DI MERCATO).

– **delle Nazioni.** League of Nations. Costituisce, storicamente, il precedente dell'organizzazione delle Nazioni Unite (FEDERALISMO; NAZIONI UNITE; RAGION DI STATO). [vol. I: LEAGUE OF NATIONS]

– **giuridica.** Jural society (STATO).

– **nazionale in genere.** National community (NAZIONE).

Società (II) quale soggetto collettivo in genere. Association, partnership, company, corporation.

I. PREMESSA.

La società commerciale in genere è definita *business association*; si noti che il termine *society* non indica la società commerciale ma, di solito, l'associazione senza scopo di lucro, o *non-business association*. Le *business associations*, ossia le società commerciali, sono distinte in due gruppi principali, a seconda, cioè, che siano prive (*unincorporated*) o munite (*incorporated*) di personalità giuridica. La forma più importante di *unincorporated business association* è la *partnership,* che non coincide, ma costituisce un analogo della società in nome collettivo nostrana. La *common law* non distingue tra società civili e società commerciali: il concetto di *societas*, o *non-mercantile partnership*, è ignoto e, in effetti, la società concepita dalla *common law* ha esclusivamente uno scopo di lucro [Buckland and McNair 1936, ed. 1952: 300, 307; Lawson 1953: 121]. La *common law* non distingue neanche tra società di persone e società di capitali, ma si riferisce alla distinzione tra *incorporated* e *unincorporated business associations*. E qui sembra opportuno introdurre il fondamentale concetto *storico* di *joint stock company* — peraltro non privo di ambiguità e di diversità di regime specie negli S.U. nei vari stati dell'Unione — con il quale si intende la società-persona giuridica che svolge attività commerciale, in cui la quota di partecipazione sociale è rappresentata da azioni (*shares*). La *joint stock company* subì un considerevole sviluppo con l'introduzione della

Società (II) quale soggetto collettivo

responsabilità limitata (*limited liability*) dei soci (*shareholders*) alla quota sociale. Vi sono oggi nel sistema inglese due forme principali di *joint stock company*: (i) *private limited company*, ossia, grosso modo, la società a responsabilità limitata con un numero di soci non superiore a 50, in cui il capitale dei soci è rappresentato da azioni (*shares*) che però non sono trattate in borsa. In breve, si tratta, di società non quotata, a responsabilità limitata, e che per questo è tenuta a far seguire il proprio nome dal termine *limited* o, più spesso, *ltd*; (ii) *public limited company* con un minimo di 7 e un massimo illimitato di soci. Anche qui, la responsabilità dei soci è limitata alla quota sociale (*share*); ma si tratta di società quotata in borsa: le sue azioni possono essere acquistate e vendute in borsa al pubblico (da qui il termine *public*). È tenuta a far seguire il proprio nome dal termine *public limited company* o, più spesso, *plc*. Una società iscritta nel registro delle società viene considerata una *private company*, a meno che non chieda di essere iscritta (o reiscritta) come una *public company*, nel qual caso deve disporre del capitale azionario (*share capital*) minimo previsto dalla legge, e l'atto costitutivo (memorandum) deve stabilire che si tratta di una *public company*. Una società priva di capitale azionario o illimitatamente responsabile è una *private company*. Si noti che, ai sensi della s. 1(1), 3A del Companies Act 1985, una *private company* che emetta *shares* o *guarantees* può essere costituita anche da *una sola persona*. La materia è regolata nel R.U. dal Companies Act 1985 che, ai fini della responsabilità dei soci, e schematizzando, prevede *tre tipi principali di società*, ossia: (i) *companies* in cui la responsabilità dei soci è limitata da *shares*; o (ii) da *guarantees*, ovvero (iii) si tratta di *unlimited companies*, in cui i soci rispondono illimitatamente. Anche negli S.U. si distingue tra *private* e *public corporation*, a seconda che si tratti di società non quotata (private) o quotata (public) in borsa. Ma si noti l'ambiguità del termine *public corporation* che indica anche quelle società il cui capitale è detenuto dal potere pubblico, ovvero costituite per scopi pubblici.

Più in particolare, sembra opportuno qui rilevare che il regime della materia societaria, anche se ispirato storicamente ad una comune cultura originaria di fondo, va nettamente distinto, a seconda che si tratti del sistema inglese o di quello nordamericano: a questo proposito si ricorda che gli Stati Uniti sono uno *stato federale*, e che la materia societaria rientra nelle attribuzioni dei singoli stati dell'Unione: si tratta quindi di 50 regimi giuridici che, nonostante una tendenza all'uniformità, per molti versi, possono essere notevolmente diversi tra loro: ad essi regimi si sovrappone, in determinate materie, la legislazione federale di cui si tratta più oltre. Pertanto, negli S.U. il concreto regime giuridico che regge una determinata organizzazione societaria va ricercato nel diritto del singolo stato da cui essa è regolata.

Ma si tratta di materia non agevole.

Negli S.U., la società commerciale munita di personalità giuridica è definita non già *company,* ma bensì *corporation* (o *business corporation*): il suo nome deve essere seguito dal suffisso *incorporated* o, più spesso, *inc.* Ma non esiste un termine unico inglese corrispondente a quello generale nostrano di società [Amos and Walton 1935, ed. 1967: 346]. Come si è accennato, il termine *society* indica di solito un'associazione senza fini di lucro che rientra nel concetto di *charity* ma, in tal caso, si parla anche di *charitable* o *non-profit making companies* previste dal Companies Act 1985 inglese. Si osserva altresì che la struttura della società commerciale viene utilizzata anche per dar luogo ad una organizzazione che non si propone scopi di lucro; in questo senso, mentre nel sistema inglese si parla di *company limited by guarantees*, in quello nordamericano si parla di *non-stock corporation*. Peraltro, in entrambi i casi non si fa luogo all'emissione di azioni (SCOPO DI LUCRO).

1. Sul piano terminologico, si noti che la parola nostrana società, senza ulteriori qualificazioni, non indica il suo regime giuridico, ossia, tra l'altro, se essa sia munita o meno di personalità giuridica e quindi i suoi membri godano di responsabilità limitata; nel linguaggio comunitario si impiega il termine — più generale — di *company* qual è usato nel sistema inglese a preferenza di quello di *corporation* in uso negli S.U.: in effetti, mentre il primo (*company*) indica la società commerciale, munita o meno di personalità giuridica (come la *partnership*), il secondo (*corporation* o, più esattamente, *business corporation*) indica in senso stretto la società commerciale avente personalità giuridica.

2. Il lancio (costituzione) di una società è detto in Inghilterra *floatation of a company* [vol. I: *ad vocem*]; con terminologia americaneggiante — ormai prevalente sulle piazze finanziarie e nelle opere giuridiche — si parla di *corporate culture* per indicare la cul-

Società (II) quale soggetto collettivo

tura d'impresa, di *corporate litigation*s per indicare le controversie legali che coinvolgono società commerciali, di *corporate governance* per indicare il governo delle *corporations*, di *corporate crimes* per indicare quei reati imputabili alla società in quanto commessi da suoi rappresentanti o dipendenti: peraltro, essi sono definiti spesso anche *white-collar crimes*. Infine, negli S.U. si parla di *corporate citizenship* per indicare il rapporto tra la società e lo stato dell'Unione in cui essa è stata costituita (GIURISDIZIONE ESUBERANTE).

3. Negli S.U. la materia delle fusioni, delle acquisizioni, della *reorganization* e dei rilievi societari va più spesso sotto la rubrica denominata *corporate finance*.

4. Ma la *common law* è una *lawyers' law*, e non una *professors' law*, come la *civil law*; insomma, anche il linguaggio giuridico societario è opera degli avvocati (o ex avvocati come i giudici); esso riflette la natura di quel modello di capitalismo neo-americano così bene descritto da Michel Albert [1991, trad. it.]. La terminologia riflette a sua volta il sistema: la più pittoresca si riscontra nel linguaggio borsistico e della finanza, più spesso in tema di rilievo azionario, etc.: *poison pills, porcupine provisions, golden parachute, white knight, raider, lockup, sweetheart's deal, Saturday night special* sono solo alcuni tra i tanti termini di uso corrente. Essi sono ignoti ai sistemi di *civil law* perché riferiti a un diverso tipo di capitalismo (LINGUAGGIO GIURIDICO). In un magistrale capitolo Schlesinger [1950, ed. 1988: 793] passa in rassegna lo sviluppo della società commerciale nelle due tradizioni giuridiche.

II. ECONOMIA E DIRITTO SOCIETARIO.

1. Non è solo in materia societaria che il nostro paese può — storicamente — vantare un primato: il Banco di S. Giorgio, fondato a Genova nel 1407, costituisce probabilmente il miglior esempio di *business corporation*, ossia di società commerciale munita di personalità giuridica. In effetti, il contributo italiano allo sviluppo degli istituti commerciali — e, si direbbe, la loro invenzione — appare in diretto rapporto con il grado di sviluppo economico e scientifico-tecnologico del paese: non desta quindi meraviglia che il notevolissimo apporto degli italiani, definiti da Lord Mansfield « the first great traders of the modern world » [cit. in Ivamy 1969, ed. 1974: 174; ma cfr. anche Ferrarini 1971: 10], sia andato diminuendo nel tempo con la decadenza del primato capitalistico del paese, che era anche primato culturale [Braudel 1979, ed. 1980, vol. 3: 86, 95, 136]. Ciò che è accaduto all'Italia del XVI e del XVII sec. si è ripetuto in fondo su più larga scala nel XX sec. per l'Europa, che ha visto il declino del suo primato economico, e quindi scientifico e culturale, a favore degli Stati Uniti; ed è proprio il più avanzato livello di sviluppo capitalistico nordamericano che spesso, anche nella materia societaria anticipa, talvolta di oltre mezzo secolo, la problematica delle società industriali europee.

2. Il capitalismo moderno — tanto odiato nel nostro paese dalle due ideologie reazionarie e antimoderniste che hanno sorretto la I Repubblica per mezzo secolo, nonostante che abbia consentito al nostro paese di libeerararsi dai secolari morsi della fame che hanno attanagliato gli stomaci di milioni di concittadini — sarebbe impensabile senza un congegno come la società per azioni. La creazione di grandi spazi economici — non soltanto quello comunitario, ma anche asiatico-nordamericano e ora quello della NAFTA — per quella forza dell'economia che si impone alle diverse tradizioni giuridiche, comporta sempre più, anche in diritto societario, una tendenza al *rapprochement* tra le due tradizioni giuridiche. Ma non si tratta soltanto di questo: in effetti, tra gli stessi paesi comunitari di *civil law* si riscontrano numerose diversità di regime giuridico che comportano l'esigenza di una sostanziale approssimazione, per dar luogo ad un regime societario sostanzialmente uniforme tra i paesi membri della Comunità. Per quanto attiene, invece, ai rapporti comunitari con il mondo economico esterno e, in particolare, con la più vasta economia del pianeta (gli S.U.), anche qui, l'esigenza dell'approsimazione è dettata da ragioni di carattere pragmatico-operativo anche se, ovviamente, essa non può essere realizzata attraverso gli strumenti disponibili nell'ambito comunitario (direttiva, regolamento, raccomandazione).

3. In altre parole, il regime societario si rivela molto differenziato da paese a paese, e non soltanto tra sistemi appartenenti alle due diverse tradizioni giuridiche. Per quanto riguarda la *common law,* sebbene fondati su una comune cultura giuridica e politica, come si è accennato, vanno tenuti nettamente distinti (in termini di disciplina e di terminologia) il regime inglese e quello nordamericano. Nell'ambito comunitario poi, si ricorda che il R.U. costituisce una *plurilegal unit of sovereignty* in cui la tradizione di *common law* assume importanza prevalente; anzi, l'Inghilterra è addirittura il luo-

Società (II) quale soggetto collettivo

go di nascita della tradizione di *common law*; di qui la necessità di approssimare all'interno della Comunità i sistemi di *civil law* con quello di *common law,* rappresentato, nella specie, da quello inglese. Ma anche nell'ambito dei paesi comunitari ascrivibili alla tradizione di *civil law*, il quadro rivela una situazione lungi dall'essere uniforme, con una Germania storicamente paese *leader* in diritto commerciale, affiancata, con posizioni spesso originali, dalla Francia: il nostro paese vi appare più spesso come un vagone frenato che si adegua con grandissima riluttanza al regime comunitario, del resto in linea con tutto il modo di essere della nostra politica.

4. Ma, al di là delle diversità di ordine tecnico, che pure è opportuno rilevare, la natura stessa della materia spinge sempre più ad un più ampio confronto di idee. A questo proposito, è stato osservato che, come risulta da non poche disposizioni, i redattori della recente legge francese e tedesca sulle società hanno tenuto conto scrupolosamente della normativa e della prassi societaria americana. Resta il fatto che le diversità in questa materia comportano gravi ostacoli agli scambi e all'economia mondiale. E, d'altro canto, l'approssimazione giuridica in materia societaria non può trascurare la necessità di stabilire anche un *regime uniforme del fallimento*; progetto finora naufragato, nonostante l'impegno ripostovi, a causa delle notevoli difficoltà tecniche di realizzazione che esso comporta (FALLIMENTO: XII).

III. Il diritto societario nelle tradizioni giuridiche di *civil law* e di *common law*.

1. Com'è intuitivo, il regime della società commerciale, specie di capitali, che operi in una società industriale di massa in cui viga ancora, anche se con tutti gli aggiustamenti di questo mondo, il *principio della libera iniziativa*, risponde, tutto sommato, ad analoghe esigenze economiche di fondo, sia che operi nell'ambito di un sistema di *civil law* che di *common law*. Nondimeno, anche in questa materia, si riscontrano quelle diversità concettuali, classificatorie, procedurali e di terminologia che caratterizzano le due tradizioni giuridiche. Schematicamente, esse si presentano come segue: (i) assenza nella *civil law* della giurisdizione di *equity* (spiegata principalmente dalla diversa teoria delle fonti) che, specie in tema di rimedi a favore dei creditori e dei soci di minoranza, assicura una flessibilità di misure ignota alla nostra tradizione giuridica. A questo proposito, si ricorda che nei sistemi inglese e nordamericano la materia societaria rientra nelle attribuzioni dell'*equity* (FONTI DEL DIRITTO), [vol. I: EQUITY: IV]; (ii) non trovano riscontro nella tradizione di *common law* né la figura del *notaio*, né i *registri di commercio*, che giocano, invece, un ruolo importante nel regime societario dei sistemi di *civil law*. Di solito, un atto notarile è richiesto, oltre che per la formazione della società-persona giuridica, anche per gli emendamenti dell'atto costitutivo, per le deliberazioni ed altre iniziative dell'assemblea degli azionisti. In effetti, nei sistemi di *civil law*, una società di capitali non acquista la personalità giuridica, e molti dei suoi atti non diventano efficaci, fin quando non si sia verificata la sua registrazione nei registri di commercio. D'altro canto, la cancellazione dai registri può comportare la perdita immediata della personalità giuridica. La tutela dei terzi si fonda essenzialmente sulla pubblicità che deriva dalle annotazioni nei suddetti registri; (iii) la dicotomia tra diritto civile e diritto commerciale esistente in taluni paesi di *civil law* come la Francia e la Germania esplica molteplici effetti come, ad es.: il diritto delle società commerciali, tenuto nettamente distinto da quello di entità regolate dal diritto civile, ha fatto sì che parecchi istituti della *lex mercatoria* fossero tenuti in vita dai codificatori: il primo esempio è costituito dall'*azione al portatore*. Com'è stato osservato, i commercianti non davano eccessivo peso ai problemi teorici: avendo sviluppato i titoli pagabili al portatore, essi non ebbero difficoltà ad applicare un analogo espediente alle azioni delle società; (iv) nei sistemi giuridici di *civil law*, in cui il diritto societario è strettamente connesso ed in effetti è un prodotto della società in nome collettivo, è da presumere che i poteri dei soci o azionisti siano relativamente forti rispetto a quelli degli amministratori. Molti importanti poteri, come quello di dichiarare i dividendi — che in base alla *common law* spetta al Consiglio di Amministrazione (*Board of Directors*) — nei sistemi di *civil law*, competono invece all'assemblea degli azionisti. Inoltre, nei sistemi di *civil law* di solito si richiede che gli amministratori ottengano la *décharge* (o *Entlastung*), ossia l'approvazione da parte dell'assemblea degli azionisti del loro operato (cfr. art. 2364, 4) del c.c. it.). Secondo Schlesinger [1950, ed. 1988: 568, n. a., 805] si tratta di un requisito che non sorprende dato che in una società in nome collettivo (*partnership*) i soci sono i naturali controllori degli amministratori, loro mandatari, e che nella storia del

Società (II) quale soggetto collettivo

diritto societario dei sistemi di *civil law* l'azionista può rinvenire le proprie origini storiche nella condizione del socio di società in nome collettivo; (v) il rapporto molto stretto esistente tra la società in nome collettivo e la società per azioni nella tradizione di *civil law* ha reso relativamente agevole la creazione di una forma societaria commerciale intermedia che combini le caratteristiche della prima e della seconda. Del resto, negli S.U. — stato federale — le leggi in tema di *limited partnership* o, grosso modo, società in accomandita, come quella dello stato di New York del 1822, erano in sostanza copiate dal codice di commercio francese del 1806. A ciò va aggiunto che molti paesi di *civil law* — come del resto anche in Italia — prevedono la società in accomandita per azioni, in cui le quote dei soci la cui responsabilità è limitata sono rappresentate da azioni nominative o al portatore. Questa forma societaria, un analogo della *joint-stock company* anglo-americana molto usata nel secolo scorso, spiega perché la società in accomandita è ancora oggi praticata in taluni paesi di *civil law*. D'altro canto, i giuristi americani — noti del resto per la loro abilità tecnica — hanno cercato di combinare la responsabilità limitata con la libera trasferibilità della quota dell'investitore utilizzando lo strumento del *trust* (ignoto alla *civil law*), sviluppando in tal modo il c.d. *business trust*.

2. Nei sistemi di *civil law*, la società in accomandita per azioni è soggetta sostanzialmente agli stessi requisiti previsti per la società per azioni (*stock corporation*). Al pari di una società per azioni, spesso emette titoli mobiliari al pubblico. Peraltro, sia nella società in accomandita semplice (*ordinary limited partnership*), sia in una società in accomandita per azioni si richiede che vi sia almeno un socio illimitatamente responsabile, o *general partner*. In taluni paesi di *civil law* è possibile *eludere* questo norma mediante la costituzione in socio illimitatamente responsabile di una società munita di personalità giuridica la cui responsabilità sia a sua volta limitata. Si tratta di un *escamotage* (GmbH & Co) escogitato in Germania per ragioni fiscali, praticato, peraltro, anche da società locali controllate da società americane e, negli S.U., nell'industria petrolifera. Come nel caso dell'accomandita (*limited partnership*), anche questo espediente sembra sia stato importato negli S.U. dalla *civil law*.

3. Ma, più spesso, queste difficoltà sono superate, almeno per le imprese che non dipendono dal finanziamento pubblico, dalla più moderna forma della società a responsabilità limitata (*limited responsibility company*).

IV. Approssimazione dei regimi societari.

1. Peraltro, sembra potersi dire che, anche se lentamente, le due tradizioni giuridiche si stanno approssimando. In effetti, negli S.U. alcuni stati dell'Unione hanno già adottato leggi specifiche sulla *close corporation*, ossia sull'analogo della *società a responsabilità limitata* nostrana. E, d'altro canto, negli ultimi anni diversi paesi di *civil law* hanno adottato delle norme in tema di *securities*, di solito *non incluse nella legge societaria*, che impongono rigidi criteri di pubblicità in occasione dell'emissione e della vendita di azioni al pubblico.

2. La recente tendenza europea diretta alla creazione di un corpo di regole *separate* dalla legge societaria in senso stretto, relativo all'emissione e vendita di *securities* al pubblico, è stata anche sollecitata dall'esecuzione di una serie di direttive comunitarie diverse da quelle concernenti il diritto societario; essa appare fondata più sulla regola del trattato concernente l'armonizzazione del diritto dei paesi comunitari che su quella attinente al diritto societario. Si ricordano, a questo proposito, le direttive in tema di titoli mobiliari del 5 marzo 1979, del 1980 per l'ammissione dei titoli al listino, del 1982 sulle informazioni periodiche di società i cui titoli sono trattati in borsa, in tema di consulenti finanziari e di *insider trading*, etc. Infine, la Commissione delle Comunità ha adottato fin dal 1977 un Codice Europeo di Condotta sulle Transazioni sui Titoli Trasferibili sotto forma di raccomandazione che, anche se non vincolante in senso stretto, esprime nondimeno un preciso orientamento comunitario sulla materia.

3. Ma — è questo un punto da segnalare — la normativa comunitaria non prevede una istituzione comunitaria che assicuri la sua applicazione; compito che viene lasciato ai paesi membri. Si ricorda in Francia la *Commission des Opérations de la Bourse*, nel R.U. il *British Financial Services Act*, etc., e in Italia l'ineffabile *Commissione Nazionale per le Società e la Borsa*.

V. In particolare: il diritto societario nella civil law.

1. Secondo Schlesinger [ibid.: 798], lo stesso termine impiegato nel linguaggio di *civil law* per indicare le società commerciali munite di personalità giuridica (*societas, com-*

Società (II) quale soggetto collettivo

pania, Gesellschaft), dimostra che storicamente esse si svilupparono da accordi societari interpersonali riconosciuti dalla *lex mercatoria*. In effetti, il termine nostrano di società, senza ulteriori qualificazioni, non indica il suo regime giuridico, ossia, tra l'altro, se essa sia munita di personalità giuridica, e quindi se i suoi membri godano o meno di responsabilità limitata. Peraltro, come avverte questo eminente comparatista, nella tradizione di *civil law* non vi è mai stata confusione — come nella *common law* — tra persone giuridiche *private* con scopi di lucro (*business corporations*) ed altre persone giuridiche senza scopi di lucro, come le fondazioni, associazioni e altre entità (*non-business corporations*).

2. Nei sistemi di *civil law* si fa una netta distinzione tra entità a scopo di lucro (*Gesellschaften* o *sociétés*) ed entità senza scopo di lucro (*Verein*, *associations*, etc.). Per quanto attiene a queste ultime — ossia associazioni di beneficenza, culturali, politiche, etc. — sul continente europeo e nel sistema inglese prevalse l'idea che una persona giuridica, in quanto *finzione*, può essere creata solo dal potere sovrano. Questa dottrina che combinava la teoria della finzione e della concessione reale, strumento favorito dal potere assoluto, non fu eliminata dalla rivoluzione francese. Arrivata al potere con Napoleone, la borghesia si mostrava sospettosa degli enti collettivi, alcuni dei quali, come le leghe, avevano esercitato in passato un notevole potere. Questo atteggiamento, che coincideva con la concezione dello stato di polizia napoleonico, diede luogo ad una prassi che ammetteva la libertà di associazione esclusivamente nel caso in cui essa perseguisse uno scopo di lucro. Il Codice Napoleone e gli altri codici civili dell'epoca erano in sostanza contrari al diritto di associazione (*freedom of association*) e di creazione della persona giuridica (*freedom of incorporation*). Fu soltanto gradualmente che nella seconda metà del XIX sec. e nel XX secolo il diritto di associazione senza scopo di lucro (*freedom of association for non-business purposes*) veniva riconosciuta dai sistemi giuridici dei paesi più avanzati del continente.

3. Il riconoscimento del diritto di creazione della personalità giuridica si sviluppava ancora più lentamente: ancora oggi, del resto, né nella tradizione di *civil law* né in quella di *common law* sembra che vi sia accordo sul punto se le associazioni senza scopo di lucro abbiano il diritto di acquisire la personalità giuridica senza un'autorizzazione amministrativa o giudiziaria. Tra i paesi di *civil law*, la Svizzera è il paese che con maggiore ampiezza ha adottato il principio del diritto di associazione e di incorporazione. Per quanto entità separata, la fondazione svizzera (*Stiftung*, *fondation*) svolge talune funzioni del *trust* anglo-americano. Inoltre, il Libro II del Codice Civile olandese, promulgato nel 1976, stabilisce che nessuna autorizzazione è richiesta per la creazione di una persona giuridica, anche se senza scopo di lucro.

4. Ma, detto questo, va rilevato anche che i legislatori di molti altri paesi sono stati molto più lenti nel riconoscere una siffatta carta dei diritti per le associazioni senza scopo di lucro. Del resto, anche il principio fondamentale per cui il diritto di associazione (a non parlare di quello di incorporazione) esiste sia per le associazioni senza scopo di lucro, come nel caso di quelle con scopo di lucro, è lontano dall'essere universalmente riconosciuto. Esso è stato accolto in Francia soltanto nel 1971 grazie ad una decisione del Consiglio Costituzionale.

5. Quanto poi ai sistemi di *common law*, è stato solo nel 1961 che nello stato di New York il diritto di incorporazione per scopi non di lucro (*liberty of incorporation for non-commercial purposes*) veniva riconosciuto con una ampiezza che si avvicina a quella della legge svizzera e olandese. Ricordato che negli S.U. — stato federale — la materia rientra nelle attribuzioni dei singoli stati dell'Unione, si segnalano la *New York Not-for-Profit Corporation Law* e la *California Not-for-Profit Law*, ancora più liberale.

6. Per quanto attiene in particolare alle società commerciali munite di personalità giuridica, taluni dei primi codici del XIX sec. adottavano la teoria della concessione — che nel periodo precedente la codificazione era stata applicata principalmente alle associazioni senza scopi di lucro — richiedendo l'autorizzazione governativa per l'incorporazione sia di associazioni commerciali che civili. Successivamente, vi fu un orientamento contrario con l'abolizione di tale requisito per l'incorporazione di persone giuridiche con scopo di lucro.

7. Gli abusi furono tali che in Germania a partire dal 1884 si sviluppò una fortissima corrente per la riforma della legge sulle società, specie a tutela dei creditori e degli investitori-azionisti che ben presto si propogava a tutti gli altri paesi del continente. Questo movimento, che continuò anche in seguito, risultava, in breve, nella adozione di disposizioni legislative relative, tra l'altro: al capitale minimo, al divieto di emissione

Società (II) quale soggetto collettivo

di azioni al di sotto del valore nominale, all'approvazione annuale del bilancio, alla dichiarazione dei dividendi, al diritto dei soci di minoranza di impugnare le deliberazioni societarie, alla revisione indipendente dei bilanci, alla pubblicità delle attività societarie, etc.

8. Ma poiché questi requisiti — stabiliti essenzialmente per le società quotate in borsa — erano inadatti alle società le cui azioni non erano quotate in borsa, la dottrina tedesca elaborava nel 1892 una nuova forma di organizzazione sociale, ossia la *società a responsabilità limitata*, successivamente accolta dalla stragrande maggioranza dei paesi di *civil law*.

VI. In particolare: il diritto societario degli S.U.

1. Negli S.U. — stato federale — lo sviluppo delle *business corporations*, ossia delle società commerciali munite di personalità giuridica, ha preso una piega diversa da quella dei sistemi di *civil law*. Nei primi anni della formazione dell'Unione, si richiedeva un'apposita legge per la costituzione di una persona giuridica, incluso una società per azioni (*stock corporation*). Peraltro, agli inizi del XIX secolo, i vari stati dell'Unione cominciarono ad adottare leggi sulle società (*corporation statutes*) che consentivano la costituzione di società commerciali incorporate con una relativa facilità. Ma la gara tra gli stati dell'Unione ad offrire le condizioni più favorevoli, comportava in pratica l'eliminazione di quasi ogni forma di controllo. Qualche paese di *civil law* come, ad es., il Lichtenstein a partire dal 1926, ha seguito l'esempio nordamercano, facendo di quel paese com'è stato osservato, il Delaware dell'Europa. Anzi, esso va al di là, perché oltre ad adottare quasi ogni trovata giuridica degli avvocati americani, esso accoglie « that paragon of elusiveness and anonymity » [Schlesinger, ibid.: 803, n. 12] che è l'*azione al portatore*. Si tratta di un fenomeno non troppo diverso da quello che si svolge in campo marittimo in tema di bandiere ombra (bandiera ombra).

2. Ma presto divenne evidente che la legge sulle società degli stati dell'Unione che regolava l'incorporazione, non offriva una sufficiente tutela agli azionisti e ai creditori; e ciò anche dopo la adozione delle c.d. *Blue sky laws*. La natura stessa dello *stato federale* spiega in buona parte perché — in contrasto con il metodo tradizionale seguito dai paesi di *civil law* — i più importanti istituti giuridici a tutela degli investitori si trovino nel sistema americano *al di fuori* delle leggi societarie (*corporation statutes*) e formano un distinto e indipendente corpo di leggi. Più in particolare, la tutela degli azionisti e dei creditori veniva assicurata, al di fuori delle leggi societarie: (i) da un canto, facendo ricorso alla giurisdizione dell'*equity* — priva di equivalenza nei sistemi di *civil law* — con l'imporre doveri fiduciari sul *management* e sulla maggioranza azionaria e, (ii) dall'altro, mediante la *legislazione federale* sulle *securities* che risale agli anni '30 e '40. A parte, quindi, le decisioni di *equity,* che vanno rintracciate nella giurisprudenza dei singoli stati dell'Unione, è la natura stessa dello stato federale a spiegare in buona parte la sovrapposizione della legge federale a quella dei singoli stati dell'Unione in tema di tutela degli investitori e dei creditori.

3. In effetti, negli S.U. la più piccola impresa familiare costituita dal negozietto per la vendita di utensili è incorporata di solito in base alla stessa legge che prevede l'incorporazione del gigante societario. Da un punto di vista giuridico, ciò che distingue le due forme societarie, è che la grande impresa che offre titoli mobiliari al pubblico è soggetta al controllo e ai poteri regolatori della *Securities and Exchange Commission* federale, mentre non lo è la piccola impresa. Invece, in base al tradizionale metodo dei paesi di *civil law*, le grandi società devono rispondere ai requisiti previsti dalla legge sulle società disciplinate dal codice, mentre le piccole imprese possono essere incorporate come società a responsabilità limitata sulla base di disposizioni del tutto diverse che non esigono tali requisiti.

4. Di fatto, in termini di politica legislativa, entrambe le tradizioni giuridiche tendono a imporre requisiti di diversa rigidità (ai quali si aggiungono quelli stabiliti dalla borsa per l'ammisione al listino) sulle società che offrono azioni al pubblico, escludendo le imprese che si finanziano privatamente. Ma del tutto diversa appare la tecnica legislativa delle due tradizioni giuridiche. In base alla concezione nordamericana, le regole si riferiscono alla vendita e all'offerta di titoli mobiliari (*securities*), mentre nella disciplina tradizionale dei sistemi di *civil law* una società non può neanche essere incorporata, ossia costituita in persona giuridica, senza avere in precedenza ottemperato a taluni requisiti posti a tutela dell'investitore. La maggioranza dei sistemi di *civil law* tende storicamente ad affidare l'applicazione delle disposizioni legislative all'organo addetto al Registro delle Imprese, o registro analogo,

Società (II) quale soggetto collettivo

preposto ad accertare le condizioni di esistenza dei requisiti per l'incorporazione. Invece, nel sistema federale questa attività è svolta da una *federal enforcement agency* che interferisce con la incorporazione della società peraltro affidata ai singoli stati dell'Unione.

5. Nelle società di capitali, la distinzione tra *management* e *ownership*, ossia tra amministrazione e proprietà del capitale, è alla base della moderna concezione dell'impresa nel sistema societario inglese e nordamericano: essa si esprime nella *public company*, grande impresa a partecipazione azionaria popolare gestita da *managers*. Un tentativo di introdurre anche nel nostro paese almeno un caso di *public company* nel settore chimico si rivelò ben presto velleitario: esso si scontrò, oltre che con le arretrate strutture giuridico-societarie nostrane, soprattutto contro l'*establishment* silvo-pastorale del capitalismo italiano.

6. Come si è indicato, negli S.U. — stato federale — la materia rientra nelle attribuzioni dei singoli stati dell'Unione, e non dello stato federale; essa non è inclusa nell'*Uniform Commercial Code*. Ma accanto al regime societario dei singoli stati dell'Unione — al quale bisognerà fare ogni volta riferimento — esiste una imponente legislazione federale che regola in maniera dettagliata taluni aspetti dell'attività delle società di grandi dimensioni limitando, *di fatto*, la sfera della legislazione statale alle medie e piccole società a ristretta base azionaria. [vol. I: UNIFORM COMMERCIAL CODE]

7. La terminologia societaria nordamericana diverge da quella inglese: il termine impiegato per indicare la società commerciale munita di personalità giuridica è quello di *business corporation* o, più spesso, *corporation*, e non già quello di *company*; in questo senso si parla di *English Company Law* e di *American Corporation Law*. A differenza del sistema inglese, in cui il nome della società commerciale munita di personalità giuridica deve essere seguita dal suffisso *limited* o *ltd* (ad es., *public limited company*), nel sistema nordamericano si impiega il termine *incorporated* o, più spesso, *inc.*

8. Un *Model Business Corporation Act* del 1946, proposto dall'*American Bar Association*, emendato nel 1969, stabilisce un modello societario non obbligatorio che in effetti assicura un notevole grado di uniformità nella materia tra i vari stati dell'Unione.

9. Un assai diverso approccio sussiste in tema di legislazione antimonopolistica e di tutela dell'investitore tra il sistema inglese e quello nordamericano: mentre nel primo la tutela dell'investitore si fonda essenzialmente sulla *disclosure*, ossia sulla pubblicità, in quello nordamericano, essa si fonda sull'*investigation*, ossia sull'indagine e sulla sanzione degli illeciti: a questo proposito — a parte la *Federal Trade Commission* che opera in materia di pratiche restrittive della concorrenza — va menzionata la celebre *Securities and Exchange Commission*, commissione federale che, tra l'altro, determina in via regolamentare le informazioni da dare all'azionista e al pubblico e ne assicura l'esecuzione. Costituita con il Securities and Exchange Act del 1934, essa è munita di ampi poteri regolamentari e semigiudiziari che le consentono di svolgere la sua funzione principale di investigazione diretta a prevenire manovre di aggiotaggio. Di particolare importanza appaiono quindi le sue decisioni emesse in base ad una procedura meno rigida di quella prevista dalle corti ordinarie in tema di *evidence* e di *stare decisis*: la materia fa parte della legislazione federale sulla base della notissima *commerce clause*, stratagemma che consente al legislatore federale di statuire su una materia in principio sottratta alle sue attribuzioni. La SEC rientra nella categoria delle *regulatory agencies*; essa non ha equivalenza nel sistema inglese che si affida alla tipica e ormai vetusta e superata forma di autocontrollo volontario da parte della *City* stessa. Sembra appena il caso di aggiungere che tantomeno essa trova rispondenza in Italia in cui, non esiste né controllo (o assai modesto) né autocontrollo; in questa come altre in altre cose (COMITATO NAZIONALE PER LE SOCIETÀ E LA BORSA; REGOLATORE).

10. Nel complesso — beninteso, tenendo conto che si tratta di distinti sistemi giuridici — al di là della diversità di regime specifico e di terminologia, la cultura societaria inglese e nordamericana si ispirano ad una concezione di fondo largamente condivisa; insomma, i regimi societari inglese e nordamericano si ricollegano al modello del capitalismo c.d. *neo-americano* in quanto contrapposto a quello del capitalismo c.d. *renano*, di cui parla M. Albert [1991, trad. it.: 11, *passim*] nel suo ottimo saggio.

11. Ma, detto questo, occorre rilevare una più avanzata concezione della società nel sistema nordamericano, in cui appare, per molti versi, anticipatrice la problematica dibattuta: già mezzo secolo fa un'opera destinata a diventare notissima rilevava la separazione dell'*ownership* dal *management* del-

la società che ha, di fatto, il potere di disporre di un capitale di cui non è proprietario [Berle and Means 1932, trad it.]. Ferdinando Fasce [1993] è autore di un interessante saggio sui rapporti tra la direzione (*management*) e i lavoratori di una grande impresa statunitense durante e immediatamente dopo la I guerra mondiale: egli descrive la realtà quotidiana di una grande azienda e la relativa *corporate culture*, ossia la cultura d'impresa negli S.U.

VII. La piccola impresa nelle due tradizioni giuridiche.

1. Sul modello della legge tedesca del 1892, la gran parte dei paesi di *civil law* adottava una legge sulla società a responsabilità limitata: si tratta di un tipo societario molto popolare: le azioni non sono negoziabili nè in borsa né nel mercato ristretto. Il suo analogo nordamericano è la *close corporation*. Va aggiunto altresì che sia la Germania che la Francia hanno di recente autorizzato la creazione di una società a responsabilità limitata *con un solo socio*.
2. Negli S.U., il legislatore dei vari stati dell'Unione ha riconosciuto con ritardo le esigenze delle *close corporations*. Come si è già accennato, fino a qualche decennio fa, la stessa forma societaria doveva essere utilizzata per incorporare sia la piccola impresa familiare che il gigante societario. In poche parole, la legislazione societaria nordamericana è concepita originariamente per le esigenze della grande impresa. Solo durante le ultime due decadi, molti stati dell'Unione hanno modificato la legge societaria per adattarla alle esigenze della piccola impresa. Peraltro, anche dopo queste necessarie riforme, sussistono diversità tra la *close corporation* nordamericana e la società a responsabilità limitata dei paesi di *civil law*. Schematicamente, esse sono le seguenti: anzitutto, nei sistemi di *civil law* la società per azioni e la società a responsabilità limitata sono trattate separatamente. Non così invece nel sistema nordamericano, in cui la gran parte degli stati dell'Unione che prevedono uno speciale trattamento della *close corporation* lo fanno *senza ricorrere ad una disciplina separata*. Ma la diversità non attiene soltanto alla tecnica legislativa: in effetti, (a) è difficile pervenire a una definizione univoca di *close corporation*; (b) si ritiene che una disciplina separata potrebbe rendere più difficile la trasformazione di una *close corporation* di successo in una società per azioni, come, ad es., sembra comprovato dall'esperienza tedesca, in cui la conversione di una *GmbH* in una società per azioni ha imposto la necessità di una legislazione speciale.
3. Il termine *partnership* indica la società commerciale priva di personalità giuridica; per quanto essa non trovi una esatta equivalenza nel sistema italiano, sembra potersi dire che la *general partnership* corrispone in sostanza alla *società in nome collettivo* dell'ordinamento italiano. Il regime della *partnership*, società con fini di lucro, prevede la responsabilità solidale dei soci verso i terzi.

VIII. Alcune tematiche attuali del diritto societario.

1. Si è osservato che: « La dogmatica della persona giuridica *privata*, almeno nella fase più recente, riproduce in buona parte, ossia *per il tipo 'associazione'*, quella della società (commerciale) per azioni — che ne è l'applicazione e il paradigma più importante (...) Mediocre interesse ha, dunque, il problema — già a lungo dibattuto — se la persona giuridica sia soggetto fittizio o reale; tale problema non ha senso *per il diritto* (...) Le varie teorie escogitate per spiegare il fenomeno della persona giuridica (a parte il rispettivo contenuto) hanno un significato, in quanto si guardi alla persona giuridica come fenomeno *sociale* (aspetto sociologico) (...) Pertanto, che si preferisca la teoria della finzione, o dell'astrazione, o della realtà, o la teoria organica (gli organismi sociali sono soggetti di diritto), o quella della personificazione dello scopo (o del patrimonio) e simili, o dell'istituzione (ufficio personalizzato), o dello strumento tecnico, *il giurista* può ritenere indifferente l'uno o l'altro enunciato » [Messineo, 1939, vol. I (1957): 275, 276, n. o.].
2. Ma non si tratta soltanto di curiosità sociologiche: come rileva Schlesinger [1950, ed. 1988: 798, n. a.], la dottrina che il fondamento della società commerciale per azioni sia di origine contrattuale comporta spesso delle conseguenze imprevedibili. In taluni paesi dell'America Latina una società di cui il numero di soci diventi inferiore a due o a un minimo stabilito per legge, si scioglie automaticamente proprio in virtù della suddetta teoria. Del resto, per ragioni analoghe, quando in Francia la legge n. 85-697 dell'11 luglio 1985 ha consentito in taluni casi la creazione di una *società unipersonale* — com'è del resto possibile in Germania per la *GmbH* (società a responsabilità limitata) — ciò ha determinato delle notevoli perplessità negli ambienti giuridici. La natura contrattuale della società, espressa anche nell'art. 1832 del *Code Civil* fran-

Società (II) quale soggetto collettivo

cese prima del suo emendamento nel 1978, ha comportato in taluni sistemi, l'ulteriore conseguenza dell'invalidità del contratto sottostante tra i fondatori, per cui si ritiene che la società non è neanche venuta ad esistenza. Una delle prime direttive comunitarie ha avuto per scopo principale proprio di eliminare questa dottrina.

3. Peraltro, per quanto, ovviamente, bisognerebbe procedere ad una analisi dettagliata dei vari regimi, sembra potersi dire che — contrariamente al principio stabilito da Coke e Blackstone, ancora in vigore nella *common law* — in generale, i paesi di *civil law* non fanno discendere la personalità giuridica privata dalla volontà del sovrano, ma solo i loro privilegi monopolistici. Il concetto che la personalità giuridica promana dalla libera volontà delle parti, e non dalla volontà dello stato, costituisce ancora oggi la dottrina sottostante la legge in materia in America latina. Del resto, la legge spagnola parte dalla premessa che la società per azioni non è una creatura del potere pubblico: non è lo stato che vi dà vita: non esiste una teoria della concessione [cfr. R. Weigmann, *Le società unipersonali: esperienze positive e prospettive di diritto uniforme* (1986) 3 CeI 831].

4. Con l'espressione *lifting*, o *piercing, the corporate veil* riferita alla *corporation* negli S.U. e ora, più in generale alla personalità giuridica, si indica il processo con cui si fa luogo al superamento della personalità giuridica per accertare la vera natura di una determinata entità. Più spesso, si tratta di stabilire se, nel caso concreto, la personalità giuridica di una *corporation* (o, nel R.U., una *company*), e la *limited liability*, che essa comporta non costituisca uno strumento per limitare al patrimonio sociale le obbligzioni di quella che è o potrebbe essere una impresa individuale [Schlesinger, ibid.: 839]. Problema restato insoluto negli ordinamenti di *civil law*, esso è stato oggetto di notevole elaborazione giurisprudenziale e dottrinale specie negli S.U. che, sotto molti aspetti, appaiono, anche qui, all'avanguardia nell'anticipo della problematica e delle soluzioni, tra le quali ultime si indica la *doctrine of corporate alter ego* per cui il giudice, senza tener conto della forma societaria, considera gli azionisti come proprietari della società, ovvero come gli effettivi interessati ogni qualvolta che ciò sia necessario per prevenire una frode, o quando lo ritenga opportuno nell'interesse della giustizia sostanziale. Una regola giurisprudenziale analoga è detta *doctrine of disregard* alla quale si fa più spesso ricorso in materia fiscale. Questo tema costituisce uno dei capitoli più difficili del diritto delle società in entrambe le tradizioni giuridiche. Resta comunque da rilevare la, consueta, modesta elaborazione giurisprudenziale della materia nel sistema italiano, in cui l'art. 2362 (*Unico azionista*) del c.c. non è di fatto ritenuto a tutt'oggi come la base di una *doctrine of lifting the veil*.

5. Una regola tipica del regime societario anglo-americano — priva di equivalenza nei sistemi di *civil law* — è detta *ultra vires rule* per cui le *statutory corporations* (ossia le società commerciali munite di personalità giuridica regolate, cioè, dal diritto legislativo in quanto distinte da quelle di *common law*: ma si tratta di distinzione peculiare, che attiene alla diversa teoria delle fonti) possono obbligarsi solo nei limiti del *memorandum of association* (nel sistema inglese) o degli *articles of incorporation* (nel sistema nordamericano), ossia, grosso modo, dell'atto costitutivo. In breve, una *company* (o *corporation*) costituita allo scopo di costruire una linea ferroviaria non può costruire un porto. Ma si tratta di una regola che sia nel sistema inglese che in quello nordamericano ha perduto col tempo molta della sua originaria rigidità. [vol. I: ULTRA VIRES]

IX. La Comunità Economica Europea e il diritto societario.

1. A parte le recenti radicali riforme societarie introdotte in Germania, Francia e Olanda, ed altre in corso nell'ambito comunitario, va rilevato il notevole impulso all'armonizzazione che promana dagli organismi comunitari e trova il suo fondamento nell'art. 54(3)(g) del Trattato di Roma. Esso si estrinseca essenzialmente attraverso svariate direttive (e proposte di direttive) relative a numerosi aspetti dell'attività societaria principalmente a tutela dei soci e dei terzi: la prima di esse risale al 9 marzo 1968. Una delle proposte di direttiva, non ancora approvata in quanto molto controversa, si riferisce alla *partecipazione operaia* al consiglio di amministrazione delle grandi società. Talune delle più recenti proposte della Commissione concernono, tra l'altro, la responsabilità della società controllante nei confronti della controllata, fusioni transfrontiere e filiali che non sono completamente incorporate.

2. L'ambizioso progetto di una società europea costituita ed incorporata in base a un regime comunitario *ad hoc*, e non già al livello nazionale, ha fatto versare fiumi di in-

Società (II) quale soggetto collettivo

chiostro. Scontratosi con forti resistenze, l'idea stessa sembra essere stata abbandonata, con il ripiego per una più modesta soluzione che, mediante regolamento, ha dato luogo alla formazione del *Geie*. Esso si limita al supporto di altre imprese esistenti nei paesi comunitari, ma non costituisce una organizzazione indipendente con scopo di lucro.

X. Conclusione (inutile).

1. Ma *business corporations*, legislazione antimonopolistica, e mercati finanziari e — in definitiva — sistema democratico di un paese non sono dei pianeti parti di un proprio sistema solare; essi si presentano in pratica come realtà talmente funzionali una all'altra da renderne difficile la separazione con un taglio netto. Insomma, il regime societario di un paese ad economia di mercato è parte fondamentale di un regime complessivo di regole, di limiti giuridici e, per così dire di paletti, entro i quali, in un paese liberaldemocratico, il potere economico è chiamato ad operare.
2. Si parla di economia di mercato; ma l'economia di mercato non si trova allo stato di natura: essa è un sistema fatto di delicati equilibri in tensione continua, prodotto del non facile compromesso tra poteri e interessi spesso contrapposti, tenuto assieme, più che dal rigore giuridico, che pure non deve mancare, come non manca negli S.U., da una accettazione politica di fondo delle regole fondamentali del gioco economico e politico.
3. Se ci si rifà a questi concetti, appare evidente che, per molti versi, il capitalismo nostrano opera invece in un *vacuum* anarcoide come del resto, a ben vedere, il paese intero che attende da oltre mezzo secolo nuove (migliori) regole e un sistema politico che riesca a farle rispettare. Basti pensare che la (annacquata) legge antimonopolistica è stata introdotta nel nostro paese con un ritardo di 40 anni (sic!): l'organismo che dovrebbe vegliare alla sua attuazione comincia solo ora a muovere i primi passi con quella energia, rapidità e quei poteri facili da immaginare in un paese in cui le forze economiche — secondo una tecnica collaudata — hanno condotto per decenni con imponenti mezzi economici e politici una strenua guerriglia dapprima per impedire o ritardare l'adozione della legge, poi per svuotarla al massimo e, infine per renderne impossibile o difficile l'attuazione. Si pensi ai mercati finanziari e, in particolare, alla borsa, ossia allo *Stock Exchange*. Qui il confronto tra la borsa italiana (Milano) e le borse valori americane e inglesi appare addirittura umiliante. Da noi, a rigor di logica, non si può neanche dire che esista una borsa vera e propria.
4. Come se non vi fosse stata una internazionalizzazione dei mercati, come se non vi fosse una *CNN News*, una carità di patria che è soltanto, in questi casi, plateale complicità vorrebbe che non si parlasse, tanto per restare alla recentissima cronaca, né dell'*affaire* Ferfin, né di Enimont, né di Tangentopoli che hanno visto, tra l'altro, la grande impresa privata parte attiva di cordate di malaffare per la rapina sistematica della ricchezza pubblica. Fino a poco fa e, si teme, talvolta ancora oggi, nelle facoltà di giurisprudenza si è insegnato che l'essenza del *diritto soggettivo* consiste nel fare quello che si vuole dei propri beni e della propria ricchezza. Ma quando l'economia nazionale e il posto di lavoro sono in gioco il discorso cambia; e cambia soprattutto quando non si distrugge la ricchezza propria *ma i risparmi degli altri*, anzi, per la precisione, quando i risparmi e la ricchezza nazionale e gli investitori italiani e stranieri vengono letteralmente rapinati.
5. Il termine diritto delle società non è altro che la traduzione giuridica di un fatto economico, ossia del tipo di economia esistente in una dato sistema-paese. Arretratezza giuridica di un regime societario vuol dire né più né meno che arretratezza del sistema capitalistico. E sarebbe ora che ai nostri poveri studenti fossero spiegati, come si dice, i *facts of life*. Del resto, il termine « parco buoi », coniato dagli stessi circoli affaristici e imprenditoriali italiani, che prefigura il ruolo dei piccoli risparmiatori-investitori, già di per sé dice tutto. Molte sono le definizioni — tutte negative — del grande capitale italiano coniate in Italia e non all'estero: la più usata è quella di *Far West* per indicare un *capitalismo senza regole di mercato e senza capitali*; ma la più autorevole, per la sua provenienza, è quella di *capitalismo silvo-pastorale,* che tra patti di sindacato, trasferimenti a fondo perduto, tangenti, accollo allo stato di personale in esubero (sic!), *insider trading*, falsi in bilancio, evasione dei contributi previdenziali, sembra più bravo a distruggere ricchezza che a crearla. Senza investitori istituzionali e quindi senza *public company*, senza un serio regime antimonopolistico, senza opa, senza tutela dell'investitore e del consumatore, l'anarcoide sistema societario italiano risponde senza dubbio alle esigenze delle grandi famiglie (si fa per dire) che lo hanno dettato, ma non cer-

Società (II) quale soggetto collettivo

to dell'economia nazionale e dello stesso sistema democratico. Naturalmente, non si vuol dire che vi sia tutto da buttar via del grande capitalismo italiano, né tantomeno invocare... i XIX punti della carta di Verona della macabra Repubblica Sociale Italiana o la collettivizzazione bolscevica; ma solo, più sommessamente, auspicare un capitalismo più moderno: capace di elevarsi all'altezza degli standard minimi dettati dalla Comunità Europea.

6. Del resto, quasi 40 anni or sono Tullio Ascarelli, astro di prima grandezza della commercialistica italiana, si era battuto inutilmente per la riforma del diritto societario. Egli aveva rilevato che la « struttura monopolistica della nostra economia (...) costituisce uno tra i più gravi dei nostri problemi nazionali » [cfr. *Disciplina della società per azioni e legge antimonopolistica* (1955), in 1954-59, vol. II: 879, at 931]; che lo spirito di imprendimento appare troppo spesso sostituito dall'abilità nell'estorcere allo stato protezioni e favori da parte di un ceto che sembra possedere scarsi titoli alla *leadership* economica della comunità nazionale [cfr. Ascarelli, ibid: 923, n. 36; Carli 1977: 21; Ronchey 1977: 194].

7. Insomma, la *business corporation* costituisce l'architrave dell'economia di mercato, lo strumento senza il quale sarebbe impensabile lo sviluppo economico moderno. In questo senso, è evidente che le diversità di regime societario nei vari paesi costituiscono un notevole ostacolo all'integrazione economica. Le vicende e gli ostacoli incontrati dal progetto comunitario diretto a creare una società europea sono troppo noti per essere rivisitati in questa sede; nondimeno, *resta l'esigenza di un regime uniforme europeo delle società di capitali e, altresì, della materia del fallimento*, del resto all'esame degli organi comunitari.

8. In un saggio suggestivo che riprende, come spesso accade, dei percorsi di ricerca già individuati da studiosi nordamericani, Michel Albert delinea due principali modelli di capitalismo nell'ambito delle economie dell'Occidente: il modello « neo-americano », fondato sui valori individuali, la massimazione del profitto, lo strapotere del mercato finanziario; che ha negli S.U. il suo punto di riferimento più forte e coerente; e il modello « renano », fondato sull'economia sociale di mercato, il consenso e le prospettive a lungo termine, così com'è praticato in Germania e in altri paesi dell'Europa centrosettentrionale e, con alcune varianti, in Giappone. Il confronto quotidiano e diretto fra le due grandi tendenze del capitalismo è gia in atto, e si è trasferito dalle analisi teoriche degli studiosi alle strategie delle imprese e alle sedi decisionali governative. Dal prevalere dell'uno o dell'altro modello dipenderanno, spiega l'autore, l'istruzione dei nostri figli, l'assistenza sanitaria dei nostri genitori, l'aumento delle sacche di povertà nei paesi ricchi, le politiche nei confronti degli immigrati, i nostri stipendi, i nostri risparmi e le tasse che pagheremo. C'è, peraltro, l'economia di un paese che, per la sua *diversità,* sfugge a qualsiasi tentativo di omologazione, anche nella maniera più grossolana, a un modello piuttosto che all'altro. In questo senso, il modello italiano — mostro del « laboratorio » consociativo — « dominato dal capitalismo familiare, dalla debolezza dello Stato, da un enorme deficit della finanza pubblica e da una stupefacente vitalità delle piccole e medie imprese, non è paragonabile a nessun altro, se non forse a quello dei Cinesi della diaspora » [1991, trad. it.: 23].

9. Si potrà preferire un sistema societario, *rectius*, un modello di capitalismo all'altro: quello anglo-americano a quello renano, o viceversa. Resta il fatto che non è ipotizzabile un'economia di mercato di un paese moderno e democratico senza un adeguato regime societario, senza cioè un insieme di regole che disciplinino l'attività economica, con sistemi legali di controllo delle attività mono o duopolistiche, con regole a tutela degli investitori. Da questo punto di vista, il regime societario nostrano — di cui da almeno mezzo secolo i migliori spiriti hanno auspicato la riforma — appare nel complesso tra quello dei paesi comunitari comparabili come il più arretrato, ossia maggiormente ispirato alle esigenze oligopolistiche di pochi potenti gruppi imprenditoriali. La modesta modernizzazione registrabile è unicamente quella risultante dalla normativa comunitaria applicata, come sempre, con immenso ritardo e con una svogliatezza *cousue de fil blanc*. Ma si tratta di problemi politici di prima grandezza in un paese in cui la classe dirigente appare incapace di assicurare persino la ordinaria amministrazione (*AFFECTIO SOCIETATIS*; AMMINISTRATORE DI SOCIETÀ; AMMINISTRAZIONE; AMMINISTRAZIONE DELLA SOCIETÀ COMMERCIALE MUNITA DI PERSONALITÀ GIURIDICA; ANTIMONOPOLIO; ASSOCIAZIONE; ATTIVO DELLA SOCIETÀ; ATTO COSTITUTIVO DI ASSOCIAZIONE, SOCIETÀ; AUTONOMIA PATRIMONIALE DELLA SOCIETÀ; AZIONE (II) AL PORTATORE; AZIONE (II) DI SOCIETÀ; AZIONISTA DI SOCIETÀ; AZIONISTA DISSENZIENTE; BILANCIO DI SOCIETÀ; BORSA VALORI; CODICE DI CONDOTTA; COMPAGNIA;

CORPORAZIONE; COSTITUZIONE DI SOCIETÀ; DEMOCRAZIA SOCIETARIA; DENOMINAZIONE SOCIALE; DIRITTO (II) DI ASSOCIAZIONE; ESTINZIONE DELLA SOCIETÀ; FALLIMENTO DELLA SOCIETÀ; FILIALE DI SOCIETÀ; FONDAZIONE; FONDI PENSIONE; FUSIONE DI SOCIETÀ; IMPOSTA SUGLI UTILI DELLE SOCIETÀ; IMPRESA; INCORPORAZIONE; INFORMAZIONE SOCIETARIA PRIVILEGIATA; *INSIDER TRADING*; INVESTITORE ISTITUZIONALE; *LEVERAGED BUY OUT*; LIQUIDAZIONE DELLA SOCIETA; LISTINO DI BORSA; OBBLIGAZIONE (II) QUALE TITOLO MOBILIARE; OFFERTA PUBBLICA DI ACQUISTO; OMOLOGAZIONE DELLA SOCIETÀ; ORGANI DELLA SOCIETÀ; PATRIMONIO DELLA SOCIETÀ; PERSONA GIURIDICA PUBBLICA; PICCOLA IMPRESA; PRIVATIZZAZIONI; PROCEDURA DI COSTITUZIONE DI SOCIETÀ; PROPRIETÀ E GESTIONE DELLE SOCIETÀ DI CAPITALI; PUBBLICITÀ; *PUBLIC COMPANY*; QUOTA DI CONTROLLO DI UN'AZIENDA, SOCIETÀ, etc.; RAGGRUPPAMENTO DI SOCIETÀ; *RAIDER*; RECESSO DALLA SOCIETÀ; REGISTRAZIONE DELLE SOCIETÀ DI CAPITALI; REGOLAMENTO: 2; RESPONSABILITÀ CIVILE DEGLI AMMINISTRATORI VERSO GLI AZIONISTI; REVISIONE CONTABILE; RILIEVO DI SOCIETÀ; SCALATA DI SOCIETÀ; SCALATORE DI SOCIETÀ; SCIOGLIMENTO DELLA SOCIETÀ; SCOPO DI LUCRO; SEDE DELLA SOCIETÀ DI CAPITALI; *SOCIETAS*; STATUTO SOCIALE; SUCCESSIONE DI UNA SOCIETÀ ALL'ALTRA; TRASFERIMENTO ALL'ESTERO DELLA SOCIETÀ; TRASFORMAZIONE DELLA SOCIETÀ COMMERCIALE; TUTELA DELLA MINORANZA AZIONARIA; UTILI DELLA SOCIETÀ). [vol. I: ASSOCIATION; COMMERCE CLAUSE; COMPANY; CORPORATION; DERIVATIVE ACTION; SECURITIES AND EXCHANGE COMMISSION; SOCIETAS; SOCIETY]

Bibl.:

Albert, M., *L'economia dopo la fine della storia*, il Mulino 1/91: 14.
Mignoli, A., *Interesse di gruppo e società a sovranità limitata* (1986) 3 CeI 729.
Montalenti, P., *La traslazione dei poteri di gestione nei gruppi di società: i « management contracts »* (1987) 2 CeI 436.
Prodi, R., *C'è un posto per l'Italia fra i due capitalismi?*, il Mulino 1/91: 21.
Scotti Camuzzi, S., *Società per azioni accomandante di società in accomandita semplice* (1989)1 CeI 97.
Xuereb, P.G., *Limiti « bona fide » ai poteri della maggioranza della « Company » inglese* (1986) 1 CeI 175.
id., *Il gruppo di società nel diritto inglese* (1986) 3 CeI 939.
id., *Interesse della società, interesse degli azionisti e dei dipendenti nella company law e nel progetto di V direttiva Cee* (1988) 3 CeI 937.

– **a capitale pubblico in genere.** Grosso modo, government-owned company, public enterprise, public corporation (*infra*, SOCIETÀ DI INTERESSE NAZIONALE; PRIVATIZZAZIONI). [vol. I: PUBLIC CORPORATION]

– **a catena.** Holding company (*infra*, SOCIETÀ CAPOGRUPPO; *HOLDING*). [vol. I: HOLDING COMPANY]

– **ad azionariato diffuso.** Public company, publicly held corporation; ma non esiste nel nostro paese (*supra*, SOCIETÀ QUALE SOGGETTO COLLETTIVO IN GENERE; *infra*, SOCIETÀ CON UNICO AZIONISTA; AZIONE (II) DI SOCIETÀ; *PUBLIC COMPANY*).

– **affiliata.** Subsidiary, associated, affiliated company, corporation, firm, o business (*infra*, SOCIETÀ CONSOCIATA; SOCIETÀ CONTROLLATA; AFFILIATA). [vol. I: AFFILIATED; HOLDING COMPANY]

– **anonima.** (*infra*, SOCIETÀ PER AZIONI)

– **aperta.** Open company, open corporation, public limited company, business corporation; si distingue dalla *close company, o close corporation* di cui, di solito, le azioni, almeno quelle con diritto di voto, sono controllate da un singolo azionista o da un gruppo ristretto di azionisti. Che provvede al suo interno a sostituire le vacanze che si verificano, o in cui il diritto di voto viene manipolato attraverso deleghe permanenti (*supra*, SOCIETÀ QUALE SOGGETTO COLLETTIVO IN GENERE; *infra*, SOCIETÀ A RESPONSABILITÀ LIMITATA).

– **a responsabilità illimitata.** Unlimited company o unlimited partnership o, più spesso, *partnership* (*infra*, SOCIETÀ IN NOME COLLETTIVO). [vol. I: COMPANY: III, IV; PARTNERSHIP]

– **a responsabilità limitata.** Limited liability company; ma, in senso stretto, non esiste nella *common law* un equivalente esatto di questa figura societaria nostrana: un analogo che sostanzialmnte vi corrisponde è la *private limited company* (*supra*, SOCIETÀ QUALE SOGGETTO COLLETTIVO IN GENERE: VI, VII; *infra*, SOCIETÀ UNIPERSONALE).

Bibl.:

Amos and Walton 1935, ed. 1967: 351.
Drury, R. R., *Legal Structures of Small Businesses in France and England Compared* (1978) 27 I.C.L.Q. 510.
Schlesinger 1950, ed. 1988: 830.

– **a responsabilità limitata con un solo socio.** One-person limited liability company (*infra*, SOCIETÀ UNIPERSONALE).

Bibl.:

Schlesinger 1950, ed. 1988: 831, n. 4a.

– **a scopo di lucro.** Profit-making company, profit-making corporation, business corporation (*infra*, SOCIETÀ SENZA SCOPO DI LUCRO; ASSOCIAZIONE CON-SENZA SCOPO DI LUCRO; SENZA SCOPO DI LUCRO).

– **assorbente-assorbita.** Acquiring (o absorbing)-acquired (o absorbed) company o corporation (FUSIONE DI SOCIETÀ).

– **capogruppo.** Holding company, parent company (*supra*, SOCIETÀ A CATENA; *infra*, SOCIETÀ CONTROLLANTE). [vol. I: HOLDING COMPANY]

– **che gestisce magazzini generali.** Dock company (MAGAZZINI GENERALI).

– **commerciale in genere.** Business association; se munita di personalità giuridica, è detta, a seconda dei casi, limited company o public limited company nel sistema inglese, e business corporation negli S.U. (*supra*, SOCIETÀ QUALE SOGGETTO COLLETTIVO IN GENERE: I).

– **commerciale costituita all'estero con filiale in G.B.** Oversea company (*infra*, SOCIETÀ STRANIERA). [vol. I: *ad vocem*; FOREIGN COMPANY]

– **commerciale munita di personalità giuridica in genere.** Limited company, public limited company, business corporation, corporation (*supra*, SOCIETÀ QUALE SOGGETTO COLLETTIVO IN GENERE: I).

– **commerciale per azioni.** Public limited company nel sistema inglese, o stock corporation in quello americano; qualora si tratti di società che non offrono azioni al pubblico, si parla, rispettivamente, nel sistema inglese e in quello americano di *close company* e *close corporation* (*supra*, SOCIETÀ A RESPONSABILITÀ LIMITATA).

– **commerciale transnazionale.** Transnational corporation. [vol. I: *ad vocem*]

– **con scopo di lucro.** (*supra*, SOCIETÀ A SCOPO DI LUCRO)

– **consociata.** Subsidiary company, subsidiary corporation (*supra*, SOCIETÀ AFFILIATA; *infra*, SOCIETÀ CONTROLLANTE; *HOLDING*). [vol. I: *ad vocem*; AFFILIATED; HOLDING COMPANY; JOINT VENTURE; LIFTING THE CORPORATE VEIL; ONE-MAN COMPANY; SPIN-OFF]

– **controllante.** Holding company, parent company, parent corporation (*supra*, SOCIETÀ CONSOCIATA; *infra*, SOCIETÀ CONTROLLATA; SOCIETÀ DI INVESTIMENTO; SOCIETÀ MADRE). [vol. I: HOLDING COMPANY; RESTRICTIVE TRADE PRACTICES]

– **controllata in genere.** Subsidiary company, subsidiary corporation; è detta così la *subsidiary* di una *parent company,* o *corporation.* Viene definita *controlled company* la società di cui la maggioranza delle azioni con diritto di voto siano controllate da un individuo o da una *company,* o *corporation.* Il livello di controllo dipende dalla consistenza del pacchetto controllato. Negli S.U. è definita *controlled foreign corporation* la società di cui più del 50 per cento delle azioni con diritto di voto è detenuta da *U.S. shareholders* (*supra*, SOCIETÀ AFFILIATA; SOCIETÀ CONSOCIATA; SOCIETÀ CONTROLLANTE; *infra*, SOCIETÀ FIGLIA; SOCIETÀ STRANIERA). [vol. I: SUBSIDIARY COMPANY]

– **controllata dallo Stato.** Government controlled company, government controlled corporation (SERVIZIO PUBBLICO).

– **con unico azionista.** One-man company, one-man corporation, single shareholder corporation (*supra*, SOCIETÀ AD AZIONARIATO DIFFUSO; SOCIETÀ APERTA*;* *infra*, SOCIETÀ UNIPERSONALE). [vol. I: LIFTING THE CORPORATE VEIL; ONE-MAN COMPANY]

– **con un solo socio.** (*infra,* SOCIETÀ UNIPERSONALE)

– **cooperativa.** Co-operative society, co-operative association, cooperative corporation (*supra*, SOCIETÀ QUALE SOGGETTO COLLETTIVO IN GENERE: VIII. 4; *infra*, SOCIETÀ MUTUA; COOPERATIVA; SENZA SCOPO DI LUCRO).

– **co-sussidiaria.** Fellow subsidiary (*infra*, SOCIETÀ SUSSIDIARIA).

– **defunta.** (*infra*, SOCIETÀ LIQUIDATA)

– **di armamento.** Grosso modo, shipping company (ARMAMENTO DELLA NAVE).

– **di assicurazione.** Insurance company (ASSICURAZIONE; INVESTITORE ISTITUZIONALE). [vol. I: INSURANCE: I. 2]

– **di assicurazione mutua.** Mutual insurance company (ASSICURAZIONE MUTUA). [vol. I: INSURANCE: II, I; PROTECTION AND INDEMNITY CLUBS]

– **di assicurazione mutua sulla vita.** Mutual life assurance company (ASSICURAZIONE SULLA VITA).

– **di *auditing*.** (*infra*, SOCIETÀ DI REVISIONE CONTABILE)

– **di avvocati.** Law firm (*infra*, SOCIETÀ DI PROFESSIONISTI).

– **di capitali.** (*infra*, SOCIETÀ DI PERSONE-DI CAPITALI)

– **di certificazione contabile.** (*infra*, SOCIETÀ DI REVISIONE CONTABILE)

– **di classificazione.** Classification society (AEROMOBILE; CERTIFICATO DI CLASSE; NAVE). [vol. I: *ad vocem*]

– **di comodo.** Dummy company. Le società di comodo fioriscono specie nei paesi del Terzo Mondo, consentendo una infinita varietà di violazioni del diritto internazionale e della legge interna di numerosi paesi: dalla ricezione di fondi neri, a gigantesche evasioni fiscali, al riciclaggio sistematico di denaro sporco. Il sistema bancario dei paesi del Terzo Mondo è parte integrante di una ragnatela che ha ovviamente i suoi terminali in quei paesi dell'Occidente come la Svizzera, l'Austria, il Lichtenstein, etc. che di tali traffici ed operazioni sono gli originatori o registi: in questo senso, va rilevato che, salvo eccezioni, la società di comodo trova la sua origine nei paesi industrializzati, anche, se ovviamente, la sua costituzione ha luogo con la complicità delle autorità locali. In altre parole, la *sovranità nazionale* e la situazione anarcoide della comunità internazionale si pongono come il paravento e la condizione che consentono lo svolgimento di attività criminose: non vi è quasi un solo paese del Terzo Mondo che, per tariffe sempre più concorrenziali, non sia disposto a dare ospitalità ad una società di comodo. Appare quindi difficile separare con un taglio netto dei rapporti Nord-Sud del mondo che da questo punto di vista appaiono al livello governativo e ufficiale di evidente complicità. Si pensi, ad es., al traffico di droga, al fenomeno delle bandiere ombra, all'evasione fiscale, alla mancata osservanza delle norme internazionali sulla sicurezza, sulla tutela del lavoro, etc. La società di comodo stabilita all'estero rende ancora più difficile il problema del superamento della personalità giuridica (*supra*, SOCIETÀ QUALE SOGGETTO COLLETTIVO IN GENERE: VIII. 4; *infra*, SOCIETÀ SIMULATA; BANDIERA OMBRA; ECONOMIA NERA; *OFFSHORE*; PARADISI FISCALI; PERSONALITÀ GIURIDICA; RICICLAGGIO DI DENARO SPORCO; SOVRANITÀ). [vol. I: LIFTING THE CORPORATE VEIL; OFFSHORE]

– **di consulenza.** Consulting firm (CONSULENZA).

– **di credito al consumatore.** Consumer loan company, consumer finance company, personal finance company (CONSUMATORE; CREDITO AL CONSUMATORE). [vol. I: CONSUMER CREDIT]

– **di credito commerciale.** Commercial credit company, sales finance company (BANCA D'INVESTIMENTO; CREDITO COMMERCIALE).

– **di credito immobiliare in genere.** Mortgage bank, mortgage banker, mortgage company (ASSOCIAZIONE MUTUA DI CREDITO IMMOBILIARE; CREDITO IMMOBILIARE).

– **di credito ipotecario.** (*supra*, SOCIETÀ DI CREDITO IMMOBILIARE)

– **di *factoring*.** Factoring company (*infra*, SOCIETÀ FINANZIARIA). [vol. I: FACTORING]

– **di fatto.** De facto company o corporation; nella *partnership* si parla anche di *partnership by conduct*. Ma si tratta di concetti non agevoli: negli S.U. si intende più spesso per *corporation de facto* quella che, a causa di una omissione in buona fede, risulti priva di un requisito legale essenziale per la sua incorporazione (*supra*, SOCIETÀ QUALE SOGGETTO COLLETTIVO IN GENERE).

Bibl.:
Henn 1961, ed. 1970: 239.

– **di garanzia.** Bonding company, guaranty company; è detta così negli S.U. la società commerciale (*corporation*) autorizzata ad operare nel settore delle cauzioni come, tra l'altro, in tema di cauzioni giudiziarie, cauzioni di fedeltà, etc. (CAUZIONE GIUDIZIARIA; GARANZIA).

– **di gestione.** Management company, management trust (GESTIONE).

– **di ingegneria.** Engineering; istituto nordamericano che solo negli ultimi tempi ha ricevuto un parziale riconoscimento legislativo nel nostro paese non dopo travagliatissime vicende dovute essenzialmente alla legge 23 novembre 1939 n. 1815 che ne stabilisce il divieto. Legge che, adottata in pieno regime fascista, il nostro legislatore si ostina a non voler abrogare nonostante la sua arcaicità. Il contratto di *engineering* ha molti punti di contatto col *know-how*; ma, diversamente da quest'ultimo, il primo non comporta necessariamente l'obbligo del segreto. La società di ingegneria costituisce una specie del *ge-*

nus società di professionisti (*infra*, SOCIETÀ DI PROFESSIONISTI). [vol. I: ENGINEERING; KNOW-HOW]

Bibl.:

Cavallo Borgia, R., *Il lento cammino della società di 'engineering' verso la liceità* (1989) 2 CeI 446.

Galgano, F., *La formazione culturale e professionale dell'avvocato, le nuove forme di organizzazione dell'avvocatura* (1992) 13 GP 36.

– **di interesse nazionale.** Public corporation (*supra*, SOCIETÀ A CAPITALE PUBBLICO).

– **di intermediazione mobiliare.** Grosso modo, securities brokerage firm, broker-dealer; ma le nostre *Sim* non ne costituiscono l'esatto equivalente (AGENTE DI CAMBIO; BORSA VALORI; *BROKER*; COMMISSIONE NAZIONALE PER LE SOCIETÀ E LA BORSA; INTERMEDIAZIONE).

– **di investimento.** Investment company; si tratta di un *genus* di cui la specie più diffusa è costituita dai *mutual funds*, o fondi di investimento. L'investment company è una *società emittente* di *securities* proprie (grosso modo, titoli mobiliari, come azioni, obbligazioni, certificati, etc.) che si dedica all'investimento, reinvestimento o, in genere, ad operazioni che hanno per oggetto *securities*. L'investment company si distingue dall'*holding company*: con l'investimento, quest'ultima si propone di acquisire il controllo di un'impresa; per contro, l'investment company si dedica all'investimento di per sé, diversificato tra diverse imprese. Tra i tanti, vi sono due tipi principali di *mutual funds,* ossia il *closed-end* e l'*open-end,* o *mutual fund*. Nel primo, la capitalizzazione è predeterminata, per cui possono essere vendute solo le azioni originariamente autorizzate; nell'*open-end,* invece, la capitalizzazione non è predeterminata, per cui altre azioni possono essere successivamente vendute. Negli S.U. — stato federale — la materia è regolata dalla legge federale contenuta nell'Investment Act del 1940 (*supra*, SOCIETÀ CONTROLLANTE; SOCIETÀ DI *FACTORING*; BANCA DI AFFARI; FONDI COMUNI DI INVESTIMENTO; INVESTIMENTO: 2; TITOLI MOBILIARI). [vol. I: INVESTMENT BANK]

– **di mutuo soccorso.** Mutual benefit society, friendly society (*infra*, SOCIETÀ DI PREVIDENZA; MUTUALITÀ; SENZA SCOPO DI LUCRO; SOCCORSO). [vol. I: CHARITY; FRIENDLY SOCIETY; SOCIETY]

– **di navigazione marittima in genere.** (COMPAGNIA DI NAVIGAZIONE)

– **di negozi a catena.** Chain store company o corporation (NEGOZI A CATENA).

– **di persone-di capitali.** Questa categoria, tipica del diritto societario di *civil law*, è priva di equivalenza nei sistemi di *common law;* essa si basa sulla distinzione della società commerciale a seconda che il fattore dominante sia, rispettivamente, quello personale, come nella società semplice o nella società in nome collettivo, ovvero l'investimento, come nella società per azioni, o nella società a responsabilità limitata. Volendo impiegare la dicotomia nostrana, si potrebbe dire che nel primo gruppo (società di persone) rientra la *partnership* e entità analoghe, mentre del secondo (società di capitali) fa parte, in base alla terminologia americana, la *business corporation* (*supra*, SOCIETÀ QUALE SOGGETTO COLLETTIVO IN GENERE: I; IMPOSTA SULLE SOCIETÀ DI CAPITALI IN QUANTO CONCESSIONARIE DEL DIRITTO DI ESERCITARE LA PROPRIA ATTIVITÀ IN UNO STATO DELL'UNIONE NEGLI S.U.; QUOTA DI PARTECIPAZIONE IN UNA *PARTNERSHIP*).

Bibl.:

Schlesinger 1950, ed. 1988: 799.

– **di previdenza.** Provident society (*supra*, SOCIETÀ DI MUTUO SOCCORSO; *infra*, SOCIETÀ MUTUA).

– **di professionisti in genere.** Professional association. È definita così l'associazione tra professionisti esercenti una qualsiasi attività; retta di solito, ma non necessariamente, dalle regole della *partnership*. Negli S.U. — stato federale — la materia rientra nelle attribuzione dei singoli stati dell'Unione; si parla di *professional corporation* per indicare l'associazione tra professionisti, munita di personalità giuridica, la cui attività è subordinata all'iscrizione in un albo ovvero a un'autorizzazione pubblica. Peraltro, la personalità giuridica non altera il regime della responsabilità professionale, né quello dei diritti del professionista, incluso il *principal*. La società di professionisti è vietata nel nostro paese per quanto attiene alle c.d. attività tipiche (*supra*, SOCIETÀ DI INGEGNERIA; PROFESSIONE FORENSE; PROFESSIONISTA; STUDIO LEGALE ASSOCIATO). [vol. I: LEGAL PROFESSION]

Bibl.:

Henn 1961, ed.1970: 103.

– **di *rating* finanziario.** (*RATING*)

– **di revisione contabile.** Audit firm (REVISIONE CONTABILE).

– **di salvataggio.** Salvage firm (SALVATAGGIO MARITTIMO).

– **di sconto.** Discount company (BANCA; SCONTO).

– **di trasporti.** Haulage company (TRASPORTO STRADALE). [vol. I: CARRIAGE: III]

– **esercente un servizio pubblico.** Public utility company, public undertaking (SERVIZIO PUBBLICO). [vol. I: PUBLIC UTILITY]

– **estera.** (*infra*, SOCIETÀ STRANIERA)

– **estinta.** Defunct company, defunct corporation (*infra*, SOCIETÀ SCIOLTA; SCIOGLIMENTO DI SOCIETÀ). [vol. I: DEFUNCT COMPANY]

– **europea.** (*infra*, SOCIETÀ PER AZIONI EUROPEA)

– **familiare.** Family business, family company, family corporation (*supra*, SOCIETÀ QUALE SOGGETTO COLLETTIVO IN GENERE: V, VI; SOCIETÀ A RESPONSABILITÀ LIMITATA; *infra*, SOCIETÀ IN NOME COLLETTIVO; SOCIETÀ NON QUOTATA IN BORSA). [vol. I: CLOSE COMPANY; FAMILY COMPANY]

– **fantasma.** Bogus company, bogus corporation (*supra*, SOCIETÀ DI COMODO; *infra*, SOCIETÀ SIMULATA).

– **fiduciaria.** Trust company. È questo il termine che definisce una *corporation* che svolge svariate funzioni fiduciarie, tra cui quella di *trustee*, *executor*, *guardian*, agente fiscale, per conto di altre *corporations,* etc. Viene definita così, tra l'altro, anche una banca autorizzata ad operare nella veste di fiduciaria quale *executor, administrator*, etc. (BANCA; FIDUCIA).

– **figlia.** Subsidiary company, daughter company (*supra*, SOCIETÀ CONTROLLATA; *infra*, SOCIETÀ MADRE).

– **finanziaria.** Investment company (*supra,* SOCIETÀ DI *FACTORING*; SOCIETÀ DI INVESTIMENTO; *FACTORING*; FONDI COMUNI DI INVESTIMENTO; INVESTIMENTO: 2).

– **finanziaria immobiliare.** Real estate investment company, building society (*supra*, SOCIETÀ DI CREDITO IMMOBILIARE; ASSOCIAZIONE MUTUA DI CREDITO IMMOBILIARE).

– **fittizia.** (*supra*, SOCIETÀ DI COMODO; *infra*, SOCIETÀ SIMULATA)

– **fra avvocati.** (*supra,* SOCIETÀ DI PROFESSIONISTI; STUDIO PROFESSIONALE ASSOCIATO)

– **immobiliare.** Real estate company, property company (*supra*, SOCIETÀ FINANZIARIA IMMOBILIARE). [vol. I: BUILDING SOCIETIES]

– **in accomandita per azioni.** Grosso modo, e lett., limited partnership in which the interests of limited partners are represented by shares; ma negli S.U. — stato federale — si parla di *corpnership*, termine che serve ad indicare una forma societaria priva di equivalenza nel nostro sistema in cui convivono elementi della *corporation* e della *partnership*. In Italia, il marchingegno della società in accomandita per azioni è stato impiegato per realizzare un sistema che renda inattaccabili determinate situazioni di controllo societario (*infra*, SOCIETÀ IN ACCOMANDITA SEMPLICE).

– **in accomandita semplice.** Si parla di *commandite.* Ma, in senso stretto, la società in accomandita non esiste né nel sistema inglese, né in quello nordamericano. La forma piu prossima è costituita dalla *special* o *limited partnership*; in questo senso, si potrebbe parlare di *sleeping partner* e di *active partner* per indicare, rispettivamente, l'accomandante e l'accomandatario. Sostanzialmente ripresa dal codice di commercio francese, fu introdotta negli S.U. con legge nello stato di New York nel 1822; di fatto, ha avuto scarsissima applicazione (*supra*, SOCIETÀ QUALE SOGGETTO COLLETTIVO IN GENERE: V, VII; SOCIO ACCOMANDANTE). [vol. I: COMMANDITE; COMPANY; PARTNERSHIP; PRIVATE COMPANY]

Bibl.:

Schlesinger 1950, ed. 1988: 806.

– **in nome collettivo.** Non esiste un equivalente esatto; ma la *general partnership*, o *partnership*, costituisce un analogo che vi si avvicina nella sostanza (*supra*, SOCIETÀ QUALE SOGGETTO COLLETTIVO IN GENERE: V, VII; PICCOLA IMPRESA). [vol. I: PARTNERSHIP]

Bibl.:

Drury, R. R., *Legal Structures of Small Businesses in France and England Compared* (1978) 27 I.C.L.Q. 510.

– **leonina.** Grosso modo, unconscionable partnership, *leonina societas*. Il patto relativo è nullo (FRODE; LIBERO DA INFLUENZA ALTRUI; PATTO LEONINO). [vol. I: UNCONSCIONABILITY]

– **liquidata.** Wound up company, liquidated company o corporation (LIQUIDAZIONE DELLA SOCIETÀ).

– **madre.** Parent company (*supra*, SOCIETÀ CONTROLLANTE; SOCIETÀ FIGLIA). [vol. I: HOLDING COMPANY]

– **multinazionale.** (*infra*, SOCIETÀ TRANSNAZIONALE)

– **munita di personalità giuridica.** Incorporated company, corporation (*supra*, SOCIETÀ QUALE SOGGETTO COLLETTIVO IN GENERE: I; PERSONALITÀ GIURIDICA).

– **mutua.** Mutual company, mutual corporation (*supra*, SOCIETÀ COOPERATIVA; SOCIETÀ DI ASSICURAZIONE MUTUA; MUTUALITÀ).

– **nazionale.** National, domestic, company o corporation (*infra*, SOCIETÀ STRANIERA; SOCIETÀ TRANSNAZIONALE).

– **non commerciale.** Non trading, o non business, partnership, o company; non business corporation (*supra,* SOCIETÀ QUALE SOGGETTO COLLETTIVO IN GENERE: V, VII; *infra*, SOCIETÀ SENZA SCOPO DI LUCRO).

– **non quotata in borsa.** Unlisted, o unquoted, company o corporation (*supra*, SOCIETÀ A RESPONSABILITÀ LIMITATA; SOCIETÀ FAMILIARE; LISTINO; MERCATO RISTRETTO; QUOTAZIONE DI BORSA). [vol. I: LISTED; LISTING AGREEMENT; LISTING OF SECURITIES; QUOTATION OF SECURITIES]

– **non registrata.** Unregistered company, unincorporated association (ASSOCIAZIONE NON RICONOSCIUTA).

– **occasionale.** (ASSOCIAZIONE TEMPORANEA DI IMPRESE)

– **occulta.** Secret partnership (*supra*, SOCIETÀ DI COMODO; *infra*, SOCIETÀ OMBRA; SOCIETÀ SIMULATA; SOCIO OCCULTO).

Bibl.:

Galgano, F., *Società occulta, società apparente: gli argomenti di prova del rapporto sociale* (1987) 3 CeI 702.

– **ombra.** Offshore company, offshore corporation (*supra*, SOCIETÀ DI COMODO; SOCIETÀ OCCULTA). [vol. I: LIFTING THE CORPORATE VEIL; OFFSHORE]

– **operaia.** Trade union (SINDACATO). [vol. I: *ad vocem*; FRIENDLY SOCIETY]

– **per azioni in genere.** Lett., share company, stock corporation . Nel R.U. è detta public limited company, PLC o plc; negli S.U. si parla di *public corporation* o *corporation* (*supra*, SOCIETÀ COMMERCIALE; ACQUISIZIONE DI CONTROLLO DI SOCIETÀ; ECCESSO DI POTERE DELLA PERSONA GIURIDICA; FUSIONE DI SOCIETÀ; NAZIONALITÀ DELLE SOCIETÀ; PARTECIPAZIONE AZIONARIA DI CONTROLLO; PROGRAMMA DI SOCIETÀ PER AZIONI; PROPRIETÀ E GESTIONE DELLE SOCIETÀ DI CAPITALI; *QUORUM*; RESPONSABILITA LIMITATA; REVISIONE CONTABILE; SINDACO DI SOCIETÀ; SUCCESSIONE DI UNA SOCIETÀ ALL'ALTRA; TRASFERIMENTO ALL'ESTERO DELLA SOCIETÀ). [vol. I: BUSINESS CORPORATION; COMPANY: IV, XV; DOMICILE-RESIDENCE OF COMPANY; NATIONALITY: 2; ULTRA VIRES]

Bibl.:

Schlesinger 1950, ed 1988: 799.

– **per azioni europea.** European company. L'idea di elaborarare una società per azioni retta dal diritto comunitario, e non già da quello dei singoli stati membri, risale al 1970: progetto ambizioso arenatosi di fronte a numerose radicali diversità di interessi societari dei paesi membri come, ad es., in tema di partecipazione dei lavoratori alla gestione dell'impresa. La Commissione della CEE ha presentato nel 1991 una nuova proposta di direttiva in materia; constatata l'impossibilità di pervenire a un regime uniforme, essa sembra ormai rassegnata a lasciare sopravvivere le attuali notevolissime differenze di regime giuridico tra un paese e l'altro. All'unificazione del diritto europeo — specie del diritto commerciale che, almeno nella prima fase dell'unificazione europea, ne costituisce la tappa fondamentale — resta quindi ancora una lunghissima strada da fare; in questo senso, la sopravvivenza delle notevoli diversità dei regimi nazionali costituisce un serio ostacolo allo sviluppo economico comunitario. Beninteso, anche negli S.U. — stato federale — si riscontra una diversità di regime societario tra gli stati dell'Unione; ma — questo punto è essenziale — a parte un notevole movimento verso l'uniformizzazione sulla base di leggi modello, le diversità si compongono nella legislazione federale che ad esse si sovrappone per gli aspetti più qualificanti del regime societario, specie in tema di disciplina antimonopolistica, di tutela degli investitori, e per assicurare standard di correttezza nel funzionamento dei regimi finanziari. Peraltro, non va trascurato che un qualche embrione di diritto societario comunitario si sta sviluppando grazie a regolamenti quali il *Geie*, direttive già adottate, come, ad es., in tema di *insider trading*, proposte di direttive (*opa, società europea*) e contratti tipo (*franchising*, etc.). Si aggiungano le direttive relative agli obblighi di pubblicità, alla raccolta, mantenimento e alla modifica del capitale azionario, di princìpi che regolano la ricostituzione delle società, di armonizzazione delle norme sulla revisione contabile, etc. (SOCIETÀ QUALE SOGGETTO COLLETTIVO IN GENERE: IX; DIRITTO (I) COMUNITARIO; FEDERALISMO; RAVVICINAMENTO DELLE LEGISLAZIONI DEI PAESI MEMBRI DELLA COMUNITÀ ECONOMICA EUROPEA; UNIFICAZIONE DEL DIRITTO).

– **privata in quanto distinta dalla pubblica.** Private company, private corporation; ma si noti il peculiare significato di questi termini (*supra*, SOCIETÀ QUALE SOGGETTO COLLETTIVO IN GENERE).

– **quotata in borsa.** Listed, quoted, company o corporation (*supra*, SOCIETÀ NON QUOTATA IN BORSA).

– **sciolta.** Defunct company, defunct corporation, dissolved company, dissolved corporation (*supra*, SOCIETÀ LIQUIDATA).

– **semplice in genere.** Non-business association (*supra*, SOCIETÀ QUALE SOGGETTO COLLETTIVO IN GENERE: V, VI; *SOCIETAS*). [vol. I: SOCIETAS]

– **senza scopo di lucro.** Non-business, o non-profit making, association, o company. Negli S.U. si parla più spesso di *non-profit corporation* (*supra*, SOCIETÀ QUALE SOGGETTO COLLETTIVO IN GENERE: V. 5; SOCIETÀ A SCOPO DI LUCRO; SOCIETÀ SEMPLICE; ASSOCIAZIONE CON-SENZA SCOPO DI LUCRO; SCOPO DI LUCRO; SENZA SCOPO DI LUCRO). [vol. I: CHARITY; FRIENDLY SOCIETY]

– **simulata.** Dummy (o sham) company o, negli S.U., dummy (o sham) corporation; gli amministratori della società simulata sono detti detti *dummy directors* (*supra*, SOCIETÀ DI COMODO; SOCIETÀ FANTASMA; SOCIETÀ OCCULTA; *infra*, SOCIETÀ UNIPERSONALE). [vol. I: DUMMY COMPANY; LIFTING THE CORPORATE VEIL]

Bibl.:

Gower 1954, ed. 1979: 210-211.

– **straniera.** Foreign company, foreign corporation. Negli S.U. — stato federale — viene definita foreign corporation anche la società costituita in un altro stato dell'Unione (*supra*, SOCIETÀ COMMERCIALE; SOCIETÀ CONTROLLATA; GIURISDIZIONE ESUBERANTE; SEDE LEGALE DELLA SOCIETÀ COMMERCIALE). [vol. I: DOING BUSINESS; DOMICILE-RESIDENCE OF COMPANY; FOREIGN COMPANY; HOLDING; LONG ARM STATUTES; TRANSNATIONAL CORPORATION]

– **superstite nella fusione di società.** Surviving company (FUSIONE DI SOCIETÀ).

– **sussidiaria.** Subsidiary company, subsidiary corporation (*supra*, SOCIETÀ CONTROLLANTE; SOCIETÀ CONTROLLATA; SOCIETÀ MADRE; FILIALE). [vol. I: AFFILIATED; HOLDING COMPANY; JOINT VENTURE; LIFTING THE CORPORATE VEIL; ONE-MAN COMPANY; SPIN-OFF; SUBSIDIARY COMPANY]

– **transnazionale.** Transnational corporation (*supra*, SOCIETÀ NAZIONALE; SOCIETÀ STRANIERA). [vol. I: *ad vocem*]

– **tra società.** (ASSOCIAZIONE TEMPORANEA DI IMPRESE; FUSIONE DI SOCIETÀ)

– **unipersonale.** One man company, one man corporation: sono spesso impiegati come sinonimi; si tratta di struttura societaria tipica delle *small business enterprises*. Si distingue dalla *public-issue corporation* in quanto le sue azioni con diritto di voto non sono oggetto di pubblica emissione né di negoziazione. Ma si parla anche di *close corporation*. In questo, i paesi di *common law* hanno anticipato le soluzioni adottate molti lustri dopo nei paesi di *civil law*. Nel nostro paese risale al 1934 un progetto di Cesare Vivante, astro di prima grandezza della commercialistica italiana, diretto ad introdurre nell'ordinamento italiano l'impresa individuale a responsabilità limitata. A distanza di circa mezzo secolo, a seguito dell'attuazione della Direttiva 89/667/ CEE, con Decreto n. 88 del 3 marzo 1993 il suo voto è stato adempiuto (*supra*, SOCIETÀ A RESPONSABILITÀ LIMITATA; PICCOLA IMPRESA).

Bibl.:

Henn 1961, ed. 1970: 506.
Weigmann, R., *Le società unipersonali: esperienze positive di diritto uniforme* (1986) 3 CeI 831.

– **vagabonda.** (SEDE DELLA SOCIETÀ DI CAPITALI)

Societas. La *common law* non accoglie questo concetto nostrano di origine romanistica, che include cioè la società civile e commerciale. La *partnership*, che sembra il concetto più prossimo, indica, in effetti, la società commerciale. Il che non significa che nei sistemi di *common law* non esistano strumenti giuridici per il perseguimento di scopi societari non di lucro: al contrario (SENZA SCOPO DI LUCRO; SOCIETÀ (II) QUALE SOGGETTO COLLETTIVO: I). [vol. I: SOCIETAS]

Socio in genere. Member, partner, associate, shareholder, stockholder: questi due ultimi termini sono riferiti all'azionista. Perdere la propria qualifica di socio è detto *lose (to) one's membership* (ASSOCIATO; AZIONISTA; COMPARTECIPE; MEMBRO; QUALIFICA DI SOCIO; RECESSO DEL SOCIO; REGISTRO DEI SOCI DI SOCIETÀ; SOCIETÀ (II) COMMERCIALE). [vol. I: MEMBER; PARTNER; SHAREHOLDER]

– **accomandante.** Grosso modo, limited partner, sleeping, silent, dormant o special partner. Ma in senso stretto non vi ha equivalenza della società in accomandita nella tradizione di *common law* (SOCIETÀ (II) IN ACCOMANDITA).

– **accomandatario.** Grosso modo, general partner, unlimited partner, acting partner (*supra*, SOCIO ACCOMANDANTE).

– **anziano.** Senior partner (STUDIO LEGALE ASSOCIATO).

– **a parti eguali.** Equal partner (*supra*, SOCIO IN GENERE).

– **apparente.** Ostensible, nominal, o apparent, partner o member (*infra*, SOCIO DI COMODO; SOCIETÀ (II) DI COMODO; SOCIETÀ (II) SIMULATA). [vol. I: OSTENSIBLE PARTNER; SILENT PARTNER]

– **attivo nella *partnership*.** Active partner (SOCIETÀ (II) IN NOME COLLETTIVO). [vol. I: *ad vocem*]

– **capitalista nella *partnership*.** Dormant o sleeping partner (*supra*, SOCIO ATTIVO NELLA *PARTNERSHIP*). [vol. I: PARTNERSHIP]

– **di comodo.** Dummy partner, dummy shareholder o stockholder: in quest'ultimo caso, di *company* o *corporation* (*supra*, SOCIO APPARENTE; PRESTANOME; TESTA DI LEGNO). [vol. I: DUMMY STOCKHOLDER]

– **di minoranza.** Minority member, minority shareholder, minority stockholder: evidentemente, in quest'ultimo caso, di *company* o *corporation* (AZIONE (II) DI SOCIETÀ; AZIONE (I) SOCIALE DI RESPONSABILITÀ CONTRO GLI AMMINISTRATORI; MINORANZA).

– **di società.** A seconda dei casi, partner, member of a company, shareholder, stockholder (CHIAMATA A CONTRIBUZIONE DEI SOCI; SOCIETÀ (II) COMMERCIALE). [vol. I: MEMBER OF A COMPANY; SHAREHOLDER]

– **dissenziente.** Dissenting shareholder, dissenting stockholder (AZIONE (I) SOCIALE DI RESPONSABILITÀ CONTRO GLI AMMINISTRATORI). [vol. I: DERIVATIVE ACTION]

– **di studio legale associato.** Grosso modo, partner of a law firm (SOCIETÀ (II) DI PROFESSIONISTI; STUDIO LEGALE ASSOCIATO).

– **di una associazione, etc.** Member of an association, society, etc. (ASSOCIAZIONE).

– **di una *joint venture*.** Partner (ASSOCIAZIONE TEMPORANEA DI IMPRESE). [vol. I: JOINT VENTURE]

– **di una *partnership*.** Partner (SOCIETÀ (II) IN NOME COLLETTIVO). [vol. I: *ad vocem*]

– **effettivo di una *partnership*.** Real partner (*supra*, SOCIO APPARENTE; SOCIETÀ (II) IN NOME COLLETTIVO).

– **fondatore in genere.** Senior partner, founder, promoter (FONDATORE). [vol. I: PROMOTER]

– **gerente di una *partnership*.** Managing partner, acting partner (SOCIETÀ (II) IN NOME COLLETTIVO). [vol. I: PARTNERSHIP]

– **illimitatamente responsabile nella società in accomandita.** General partner (*supra*, SOCIO ACCOMANDANTE; SOCIETÀ (II) IN ACCOMANDITA).

– **nominale.** (*supra*, SOCIO APPARENTE)

– **non amministratore.** Sleeping partner, dormant partner (*supra*, SOCIO ACCOMANDANTE).

– **occulto di una *partnership*.** Sleeping partner, dormant partner (OCCULTAMENTO; SOCIETÀ (II) OCCULTA). [vol. I: SLEEPING PARTNER]

– **palese di una *partnership*.** Nominal o ostensible partner (SOCIETÀ (II) IN NOME COLLETTIVO). [vol. I: OSTENSIBLE PARTNER]

– **personalmente responsabile.** Personally liable member (RESPONSABILE).

– **unico di una *partnership*.** Sole partner (SOCIETÀ (II) UNIPERSONALE).

– **uscente da una *partnership*.** Retiring partner (SOCIETÀ (II) IN NOME COLLETTIVO).

Sociologia in genere. Sociology.

– **del diritto.** Sociology of law (DIRITTO (I) COMPARATO; DIRITTO (I) PROMOZIONALE). [vol. I: SOCIOLOGICAL JURISPRUDENCE]

Soddisfazione. Redress, reparation (INDENNIZZO; RIMEDIO GIURIDICO; RIPARAZIONE; RISARCIMENTO; SOLLIEVO). [vol. I: DAMAGES; REDRESS; REMEDY]

– **del credito.** Satisfaction of debt. Importante in questa materia è il concetto di *nonrecourse,* che attiene al ricorso del creditore ai beni del debitore, alla garanzia del credito, alle cause di prelazione, all'esecuzione, etc.

1. È definito *nonrecourse debt* quel tipo di credito, che ha origine più spesso in occasione della vendita a credito di beni di consumo, in cui l'unica garanzia è costituita dal diritto del creditore di rientrare in possesso della merce venduta. Ma il debitore-acquirente non risponde del mancato pagamento con il suo patrimonio.

2. Un tipo di mutuo — e quindi di credito — di cui non si può esagerare l'importanza è costituito dal *nonrecourse loan,* ossia che esclude il ricorso del creditore ad altri beni del debitore nel caso in cui il valore dell'oggetto della garanzia divenga inferiore all'ammontare effettivamente dovuto: esso è praticato negli S.U. più spesso in tema credito agli agricoltori (CAUSE (I) LEGITTIME DI PRELAZIONE: 2; CREDITO; ESECUZIONE; GARANZIA; MUTUO; PIGNORAMENTO; PRESTITO; REGRESSO).

– **della sentenza.** Satisfaction of judgment (ESECUZIONE FORZATA DELLA SENTENZA CIVILE; PRIGIONE PER DEBITI).

Sodomizzazione. Buggery (VIOLENZA SESSUALE).

Sofferenza in genere. Suffering, pain (RISARCIMENTO DEL DANNO MORALE).

– **di un credito in genere.** Outstanding, overdue debt (CAMBIALE IN SOFFERENZA; CREDITO; IN SOFFERENZA; PAGAMENTO; SCADUTO). [vol. I: OUTSTANDING; OVERDUE; PAYMENT]

Soffiata in genere. Tip off, leak (INDIZIO).

– **di borsa.** Tip off (INDISCREZIONI SOCIETARIE). [vol. I: TIPPEES]

Sofisticazione. (ADULTERAZIONE)

Software. Anche qui, con ritardo e, comunque, in esecuzione della direttiva Comunitaria n. 250 del maggio 1991 relativa alla tutela giuridica dei programmi elaborati, il D.P.R. n. 518 del 29 dicembre 1992 ha introdotto in Italia una normativa specifica che tutela l'autore del *software.* Con l'adozione di questa direttiva vengono apportate fondamentali modifiche alla legge sul diritto di autore esistente nel nostro paese (la n. 633 del 1941), che era stata fino a quel momento l'unico strumento di tutela, condizionato però dalla discrezionalità del giudice nell'equiparare un programma a un'opera letteraria come creazione intellettuale dell'autore, concetto invece esplicitamente affermato nell'art. 1 del suddetto D.P.R. Il decreto individua con precisione l'ambito di intervento e le casistiche specifiche, ricalcando lo schema proposto dalla direttiva Cee. La copia, distribuzione, detenzione o locazione a fini di lucro di *software* abusivamente duplicato costituisce un reato sanzionato con pene detentive da tre mesi a tre anni e multe da cinquecentomila a sei milioni. Se applicata, questa legge, varrebbe ad eliminare gradualmente uno dei più gravi scandali nazionali costituito dalla gigantesca pirateria informatica praticata nel nostro paese *specie dalle grandi utenze.* D'altro canto, va osservato che non piccolo incoraggiamento al fenomeno è costituito dal prezzo non meno scandaloso che il *software* ha assunto nel nostro paese (*COMPUTER*; DIRITTO (II) DI AUTORE; ELABORAZIONE ELETTRONICA DEI DATI; PIRATERIA INFORMATICA). [vol. I: SOFTWARE]

Soggetto. Subject (OGGETTO; PASSIBILE DI; *STATUS*).

– **di diritti** o **obblighi.** Person having rights or being liable to duties (CAPACITÀ GIURIDICA). [vol. I: DISABILITY]

– **giuridico.** Person, legal person (CAPACITÀ GIURIDICA; PERSONA GIURIDICA). [vol. I: PRIVACY; STATUS]

– **giuridico internazionale.** International person (CONFEDERAZIONE; DIRITTO (I) INTERNAZIONALE; FEDERAZIONE; PERSONA GIURIDICA).

Soggezione. (PASSIBILE DI)

Soggiorno in genere. Residence (PERMESSO DI SOGGIORNO; TASSA DI SOGGIORNO).

– **obbligato.** Grosso modo, confinment of a convict or suspect criminal in a specially designated town or area; ma non esiste un analogo di questo strambo, e inutile, istituto nostrano — variante del confino di polizia per gli avversari politici del regime — né nell'ordinamento britannico, né in quello nordamericano. Peraltro, va rilevato che in Irlanda del Nord, dove si combatte da decenni una guerra civile, molti degli irredentisti irlandesi sono detenuti in campo di internamento senza processo dalla civile Inghilterra (CAMPO DI CONCENTRAMENTO; CRIMINALITÀ ORGANIZZATA; DOMICILIO COATTO; INTERNAMENTO).

Soglia. Threshold (PREZZO DI SOGLIA). [vol. I: THRESHOLD AGREEMENT]

Sola di cambio. Sola bill (CAMBIALE). [vol. I: *ad vocem*; SETS OF BILLS OF EXCHANGE]

Soldato. (MILITARE)

Solidale in genere. Joint and several (CREDITORE SOLIDALE; DEBITORE SOLIDALE; DIVISIBILE; RESPONSABILITÀ SOLIDALE; SOLIDARIETÀ).

Solidarietà in genere. Grosso modo, being jointly and severally liable. Sembra che nei sistemi di *common law* la solidarietà sia riferita soltanto al lato passivo. Il termine solidarity o solidary è di origine civilistica (AZIONE (I) SURROGATORIA; CONDEBITORE; DIVISIBILE; IN SOLIDO; OBBLIGAZIONE (I) SOLIDALE; RESPONSABILITÀ SOLIDALE; SOLIDALE; SURROGAZIONE). [vol. I: GOOD SAMARITAN; JOINT: 2]

– **passiva.** Joint and several liability (OBBLIGAZIONE (I) SOLIDALE).

Solido. (IN SOLIDO; OBBLIGAZIONE (I) SOLIDALE; SOLIDARIETÀ)

Sollecitazione in genere. Solicitation; ma questo termine indica anche l'adescamento (ADESCAMENTO; CARTA DI CREDITO NON RICHIESTA; MERCI NON RICHIESTE; SOLLECITO). [vol. I: SOLICITATION; SOLICITOR]

– **del voto porta a porta.** Canvassing; ma si tratta di una pratica tipica delle elezioni che avvengono in un collegio uninominale, finora ignota alla prassi elettorale nostrana (ELEZIONI POLITICHE; PORTA A PORTA; VOTO). [vol. I: ELECTION]

Sollecito. Reminder (LETTERA DI SOLLECITO; PETIZIONE; RICHIESTA; SOLLECITAZIONE).

Sollecitudine. (URGENZA)

Sollevazione. Uprising, upsurge (SOMMOSSA).

Sollievo in genere. Relief, release (RIMEDIO GIURIDICO; SOCCORSO; SODDISFAZIONE).

– **dalla responsabilità.** Relieve o release from liability (DECLINO DELLA RESPONSABILITÀ; RESPONSABILITÀ).

– **da un'obbligazione.** Grosso modo, release from an obligation (OBBLIGAZIONE (I); REMISSIONE DEL DEBITO). [vol. I: DISCHARGE; RELEASE: 1]

Solutio. Payment, satisfaction, release, discharge, performance (ADEMPIMENTO; PAGAMENTO; SODDISFAZIONE).

Solve et repete. Grosso modo, payment under protest (PAGAMENTO CON RISERVA; PROTESTA).

Solvenza. Solvency (INSOLVENZA; SOLVIBILITÀ).

Solvibile. Solvent (SOLVENZA; SOLVIBILITÀ).

Solvibilità in genere. Solvency; ma in materia fallimentare il concetto nostrano di insolvenza non coincide con quello inglese e nordamericano; tra l'altro, nel sistema inglese e nordamericano, la procedura concorsuale in caso di insolvenza si applica anche, come anche in numerosi paesi di *civil law*, al non imprenditore. L'espressione *acid test* indica l'operazione contabile diretta ad accertare la solvibilità di un'impresa (AGENZIA DI INFORMAZIONI SULLA SOLVIBILITÀ; AGENZIA DI *RATING*; FALLIMENTO; INTERESSI SUL CAPITALE; *RATING*). [vol. I: ACID TEST]

Somma. Sum (AMMONTARE; DEDUZIONE DA UNA SOMMA; DENARO; PAGAMENTO; PREZZO; VALORE). [vol. I: *ad vocem*; MONEY]

– **assicurata.** Amount o sum insured (ASSICURAZIONE). [vol. I: FACE OF THE POLICY]

– **certa.** Sum certain (COMPENSAZIONE). [vol. I: *ad vocem*]

– **complessiva.** Aggregate amount. [vol. I: AGGREGATE; AGGREGATION]

– **di denaro.** Sum of money (DENARO).

Sommario. Abridgment (DIGESTO; ESTRATTO; PROCEDIMENTO SOMMARIO). [vol. I: *ad vocem*; COPYRIGHT]

Somministrazione. Supply. Ma in questa materia il requisito della *consideration* — esatto nel *simple contract* di *common law* — può dar luogo a problemi particolarmente complessi (APPALTO; APPROVVIGIONAMENTO; *CATERING*; CLAUSOLA DI ESCLUSIVA; CONTRATTO: III; CONTRATTO DI SOMMINISTRAZIONE; PRESTAZIONI PERIODICHE o PARZIALI; RIFORNIMENTO; RINEGOZIAZIONE OBBLIGATORIA DEI CONTRATTI DI FORNITURA AGLI ENTI PUBBLICI NEGLI S.U.; VENDITA A CONSEGNE RIPARTITE). [vol. I: INTRODUZIONE: III. 17; CONSIDERATION; DIVISIBLE CONTRACT; LIEN FOR SUPPLIES; PUBLIC UTILITY; SUPPLY; SUPPLY OF GOODS]

– **di beni di pubblica utilità.** Supply of goods for public use (PUBBLICA UTILITÀ; SERVIZIO PUBBLICO). [vol. I: PUBLIC UTILITY]

Sommossa. Riot, insurgence, civil commotion, upsurge disturbance (BLOCCO STRADALE; COLPO DI STATO; DISORDINE; GUERRA CIVILE; INSURREZIONE; ORDINE PUBBLICO; POLIZIA ANTI-SOMMOSSA; PROTESTA; RIBELLIONE; RISCHI DI GUERRA; RISSA; RIVOLUZIONE; SABOTAGGIO; SEDIZIONE; SOLLEVAZIONE; STATO DI EMERGENZA). [vol. I: ASSEMBLY; CAR-

RIAGE: IV; CATALOGUE OF EXCEPTIONS; RIOTS AND CIVIL COMMOTIONS]

Sondaggio di opinione. Public opinion poll, opinion poll; è detto *pollster* l'esperto di sondaggi (*MEDIA*; OPINIONE PUBBLICA; TASSO DI APPROVAZIONE).

Soppressione in genere. Suppression, abolition (ABROGAZIONE; DISTRUZIONE; ESTINZIONE; REVOCA).

- **della prova.** Lett., suppression of evidence, withholding of evidence. Ma è detto suppression of evidence anche il provvedimento del giudice con il quale si dichiara l'inammissibilità della prova acquisita illegalmente; *motion to suppress* è l'istanza relativa (INQUINAMENTO DELLA PROVA; PROVA ACQUISITA ILLEGALMENTE; RETICENZA NELLA TESTIMONIANZA). [vol. I: MISREPRESENTATION; SUPPRESSIO VERI]
- **del testamento.** Destruction of will (TESTAMENTO). [vol. I: *ad vocem*]
- **di documenti.** Destruction of documents (DOCUMENTO).
- **di stato.** Grosso modo, concealment of one' own status such as age, nationality, etc; ma non esiste un equivalente in senso stretto (ALTERAZIONE DI STATO; STATO CIVILE).

Sopra in genere. Above (AL DI SOPRA; SOTTO).

- **la pari.** Above par, at a premium (SOTTO LA PARI; TITOLI MOBILIARI). [vol. I: ABOVE PAR]

Sopraintendente di polizia. (COMMISSARIO DI POLIZIA)

Sopralluogo in genere. View, view of premises (LUOGO; VERIFICA; VISITA).

- **giudiziale in genere.** View, inspection of premises (ISPEZIONE DEL LUOGO DEL REATO; ISPEZIONE GIUDIZIALE DEI LUOGHI; SCENA DEL REATO).

Sopravvalutazione dell'attivo. Overstatement of assets (ATTIVO).

Sopravveniente in genere. Supervening (FIGLI SOPRAVVENIENTI; SOPRAVVENIENZA; SOPRAVVENUTA). [vol. I: SUPERVENING ILLEGALITY; SUPERVENING IMPOSSIBILITY OF PERFORMANCE; SUPERVENING IMPOSSIBILITY OF PERFORMANCE OF A TREATY]

Sopravvenienza in genere. Contingency (EMERGENZA; FONDO DI RISERVA PER SOPRAVVENIENZE PASSIVE; SUPERSTITE). [vol. I: *ad vocem*]

- **passiva.** Contingent liability (PASSIVO).

Sopravvenuta in genere. Supervening (SOPRAVVENIENZA).

- **illegalità del contratto.** Supervening illegality of contract; dà luogo alla sua *frustration* (CONTRATTO: X; ILLEGALITÀ). [vol. I: FRUSTRATION; SUPERVENING]
- **impossibilità della prestazione.** (IMPOSSIBILITÀ SOPRAVVENUTA DELLA PRESTAZIONE)
- **impossibilità dell'esecuzione di un trattato.** (IMPOSSIBILITÀ SOPRAVVENUTA DELL'ESECUZIONE DI UN TRATTATO)
- **negligenza.** (COLPA SOPRAVVENUTA; CONCORSO DI COLPA)

Sopravvivente. Survivor (COMMORIENZA; SOPRAVVIVENZA; SUPERSTITE).

Sopravvivenza in genere. Survivorship, survival. Ma si noti — in tema di comunione — la *joint tenancy* (o *joint estate*), priva di equivalenza nella *civil law*, che prevede il c.d. *right of survivorship*, ossia l'accrescimento della quota al comunista superstite (COMMORIENZA; COMUNIONE; PRESUNZIONE DI SOPRAVVIVENZA; SOPRAVVENIENZA; SOPRAVVENUTA; SUPERSTITE). [vol. I: SURVIVORSHIP]

Sorta principale. Principal (CAPITALE; INTERESSI SUL CAPITALE; MUTUO). [vol. I: *ad vocem*; INTEREST]

Sorteggio. Draw (BALLOTTAGGIO; SCELTA). [vol. I: BALLOT; ELECTION]

Sorvegliante. Keeper, bailee, custodian, receiver (CUSTODE; SORVEGLIANZA; SOVRINTENDENTE). [vol. I: BAILEE; CUSTODIAN; GUARDIAN; RECEIVER]

Sorveglianza in genere. Surveillance, monitoring (COMITATO DI SORVEGLIANZA; CONTROLLO GIURISDIZIONALE; MISSIONE DI SORVEGLIANZA; REGOLATORE; SICUREZZA; SORVEGLIANTE; SUPERVISIONE; TUTELA; VIGILANZA). [vol. I: SURVEY]

Sosia. Lookalike (FALSITÀ PERSONALE; IMMAGINE).

Sospensione in genere. Suspension, respite, reprieve, suspence, discontinuance, stop, stay, interruption. Negli S.U. sono definite *stay laws* quelle leggi che dispongono, ad es., la sospensione dei procedimenti civili di esecuzione o la chiusura degli uffici giudiziari, o il divieto di intentare procedimenti civili in periodi di emergenza (CESSAZIONE; DIFFERIMENTO; INTERRUZIONE; ORDINE DI SOSPENSIONE DEL PROCEDIMENTO; PROROGA; QUIESCENZA). [vol. I: ABEYANCE; DELAY; MORATORIUM; RESPITE; STAY; STOPPAGE IN TRANSITU; SUSPENSION]

– **condizionale della pena in genere.** Suspended sentence, probation (*infra*, SOSPENSIONE DELLA PENA). [vol. I: PROBATION; SUSPENDED SENTENCE]

– **dall'esercizio dell'attività professionale.** Suspension o disbarment from practice (DEONTOLOGIA PROFESSIONALE FORENSE; INTERDIZIONE DAI PUBBLICI UFFICI; PROCEDIMENTO DISCIPLINARE; RADIAZIONE DI UN *BARRISTER* DALLA SUA *INN OF COURT*).

– **degli esperimenti nucleari.** Moratorium of nuclear tests (*TEST* NUCLEARE).

– **dei pagamenti.** Suspension of payments, stoppage of payments, stopping payments, withholding payments. Il termine *moratorium* indica di solito la sospensione dei pagamenti e delle azioni legali contro il debitore (*infra,* SOSPENSIONE DEL PAGAMENTO DEI DIVIDENDI; DILAZIONE; FALLIMENTO; MORA; MORATORIA; ORDINE ALLA BANCA DI SOSPENDERE UN PAGAMENTO; PAGAMENTO). [vol. I: MORATORIUM; STOP ORDER; SUSPENSION OF PAYMENT]

– (o **interruzione) dei termini di prescrizione.** Suspension of the limitation period, tolling of the statute of limitation. Negli S.U. si ha in caso di assenza del convenuto da uno stato dell'Unione, e durante la minore età dell'avente diritto (PRESCRIZIONE; TERMINI DI PRESCRIZIONE). [vol. I: LIMITATION OF ACTIONS]

– **del dibattimento.** Adjournment of trial; ma non è esattamente la stessa cosa (DIBATTIMENTO).

– **della pena.** Reprieve of sentence (*supra*, SOSPENSIONE CONDIZIONALE DELLA PENA; PENA).

– **dell'applicazione di un trattato.** Suspension of the operation of a treaty. Prevista agli artt. 43, 44, 57, 58, 59, 60 e 72 della convenzione di Vienna (TRATTATO INTERNAZIONALE). [vol. I: OPERATION OF A TREATY]

– **della prescrizione.** (*supra*, SOSPENSIONE DEI TERMINI DI PRESCRIZIONE)

– **dell'assicurazione.** Suspension of insurance (ASSICURAZIONE).

– **dell'esecuzione della sentenza civile in pendenza dell'appello.** Stay of the judgment pending appeal; ma si notino le assai diverse regole esistenti in tema di esecutorietà della sentenza di merito nella tradizione di *common law*. Negli S.U. la materia è regolata — al livello federale — dalla R. 8 delle *Federal Rules of Appellate Procedure* (APPELLO).

– **dell'esecuzione della sentenza civile** o **penale in genere.** Stay of execution; ma si notino le assai diverse regole esistenti in tema di esecutorietà della sentenza di merito nella tradizione di *common law* (ESECUZIONE PROVVISORIA DELLA SENTENZA; SENTENZA). [vol. I: APPEAL; RESPITE OF EXECUTION; STAY OF EXECUTION]

– **del noleggio.** Suspension of hire, previsto nell'*off-hire clause* (NOLEGGIO DI NAVE). [vol. I: OFF-HIRE CLAUSE]

– **del pagamento dei dividendi.** Suspension of payment of dividends (*supra*, SOSPENSIONE DEI PAGAMENTI; DIVIDENDO). [vol. I: DISTRINGAS]

– **del procedimento.** Stay of proceeding, *sist* of proceeding (*supra*, SOSPENSIONE IN GENERE; PROCEDIMENTO; SENTENZA). [vol. I: DISCONTINUANCE OF ACTION; JURISDICTION; STAY OF PROCEEDINGS]

– **del regolamento della *House of Commons*.** Suspension of the standing orders of the House (REGOLAMENTO: 2). [vol. I: STANDING ORDER]

– **del trasferimento delle azioni della società.** Suspension of transfer of shares (AZIONE (II) DI SOCIETÀ; TRASFERIMENTO). [vol. I: DISTRINGAS]

– **del trasporto a richiesta del mittente.** Stoppage in transitu. Termine con il quale si intende nell'ordinamento italiano il diritto del venditore nel caso di fallimento del compratore di riprendere il possesso della cosa spedita non ancora nella disponibilità del fallito, previsto dall'art. 75 della l. f. (Restituzione di cose non pagate). Nel sistema inglese e nordamericano si tratta invece di un diritto di portata ben più ampia di quella prevista dall'art. 1685 del c.c. nostrano (DIRITTO (II) DI CONTRORDINE NEL TRASPORTO; MERCI; TRASPORTO; VENDITA). [vol. I: STOPPAGE IN TRANSITU]

– **senza paga.** Suspension without pay (CENSURA; IMPIEGO).

Sospeso in genere. In abeyance, dormant, suspended (EFFETTO SOSPENSIVO; IN SOSPESO; SOSPENSIONE). [ABEYANCE; DORMANT]

Sospettato in genere. Suspected person, suspect; negli S.U. — stato federale — l'arresto o la perquisizione, rispettivamente, del sospettato o di determinati luoghi deve svolgersi nel rispetto della regola della *probable cause* (ARRESTO; DEPOSIZIONE NEL PROCESSO PENA-

LE; FERMO DI POLIZIA; INDAGATO; INDIZIATO DI REATO; SOSPETTO).

– **oggetto di fermo di polizia.** Detained person, arrestee (*supra*, SOSPETTATO IN GENERE; ARRESTATO).

Sospetto. Suspect, suspicion, evidence; la persona sospetta è definita suspect, o suspect person. Fondamentale — in tema di indizi — è negli S.U. la regola della *probable cause* (ACCUSA; ARRESTO; AZIONE (I) PENALE; BROGLIACCIO DELLA POLIZIA CON LE FOTO SEGNALETICHE DEI SOSPETTI; FERMO DI POLIZIA; IDENTIFICAZIONE DEL SOSPETTO AUTORE DEL REATO; INDAGINE; INDIZIO; PEDINAMENTO DI PERSONA SOSPETTA; PRESUNZIONE DI INNOCENZA; PROVA; RAGIONEVOLE SOSPETTO; VERITÀ). [vol. I: « SUS » LAW; SUSPICION]

Sosta in genere. Stop (DIVIETO DI SOSTA; FERMATA; GIORNI DI SOSTA; STALLIE). [vol. I: STOP; STOPPAGE IN TRANSITU; STOPPED CHEQUE; STOPPING PLACE]

– **della nave.** Demurrage (NOLEGGIO DI NAVE). [vol. I: *ad vocem*]

Sostanza/e. Substance (ADULTERAZIONE DI ALIMENTI; ALTERAZIONE; DIRITTO (I) SOSTANZIALE; FABBRICAZIONE E COMMERCIO DI SOSTANZE NOCIVE; FORMA; FUGA DI SOSTANZE; INQUINAMENTO).

– **pericolose.** Dangerous goods (FUGA DI SOSTANZE; INQUINAMENTO; SICUREZZA AMBIENTALE).

– **stupefacente.** (DROGA)

Sostegno in genere. Support (SOVVENZIONE; SUSSIDIO).

– **dei prezzi.** Price support (AIUTI ALL'AGRICOLTURA; PREZZO).

– **di famiglia.** Breadwinner (ALIMENTI; FAMIGLIA; MANTENIMENTO; PERSONA A CARICO). [vol. I: DEPENDANT]

Sostituto. Deputy, alternate, assistant, vice, vicar, substitute (AGGIUNTO; ASSISTENTE; FACENTE FUNZIONI DI; RAPPRESENTANTE; SOSTITUZIONE; SUPPLENTE; SURROGATO; VICARIO; VICE). [vol. I: AGENT; ALTERNATE; DEPUTY; PRO HAC VICE; SUBSTITUTE; VICARIOUS LIABILITY]

Sostituzione in genere. Substitution, subrogation, replacement (ALTERAZIONE; CAMBIAMENTO; COMMUTAZIONE; FEDECOMMESSO; IN SOSTITUZIONE DI; MUTAMENTO; NOVAZIONE; PRESTAZIONE IN LUOGO DELL'ADEMPIMENTO; RAPPRESENTANZA; SOSTITUTO; SUCCESSIONE PER RAPPRESENTAZIONE; SUPPLENZA; SURROGAZIONE). [vol. I: SUBSTITUTED PERFORMANCE]

– **di merci.** Replacement of goods (MERCI; RICHIAMO DI PRODOTTI DIFETTOSI).

– **di neonato.** Hiding, o substitution, of child (NEONATO).

– **di persona (reato).** Personation, impersonation; costituisce reato se diretta a realizzare una truffa o altro illecito penale (FALSITÀ PERSONALE; NOME; PERSONA). [vol. I: PERSONATION; PERSONIFICATION OF SHIP]

– **fedecommissaria.** (FEDECOMMESSO)

– **nell'attività negoziale.** Agency (AZIONE (I) SURROGATORIA; RAPPRESENTANZA). [vol. I: NEGOTIORUM GESTIO; PERSONAL CONTRACT; SUBROGATION]

– **processuale in genere.** Substitution of parties. Negli S.U. — stato federale — la R. 25 delle *Federal Rules of Civil Procedure,* attinente alla *Substitution of Parties*, contempla diverse ipotesi di sostituzione delle parti nel processo, in caso di morte, incapacità, trasferimento del diritto controverso, sostituzione del pubblico ufficiale parte del giudizio. La *class action* costituisce un caso di rappresentanza processuale di gruppo (AZIONE (I) DI CATEGORIA; AZIONE (I) SURROGATORIA; LEGITTIMAZIONE PROCESSUALE; RAPPRESENTANZA IN GIUDIZIO; SUCCESSIONE NEL PROCESSO; TRASFERIMENTO DEL DIRITTO CONTROVERSO NEL CORSO DEL GIUDIZIO). [vol. I: ACTIO PERSONALIS MORITUR CUM PERSONA; CLASS ACTION; REAL PARTY IN INTEREST; REPRESENTATIVE ACTION]

– **volgare nel testamento.** Substitution (TESTAMENTO). [vol. I: *ad vocem*]

Sotto in genere. Below (SOPRA).

– **la pari.** Below par (ALLA PARI; SOPRA LA PARI).

– **paranco.** Alongside ship (CONSEGNA SOTTO PARANCO). [vol. I: ALONGSIDE SHIP; FOB; FREE ALONGSIDE SHIP; INCOTERMS]

– **protesto.** Under protest (PROTESTA; PROTESTO).

– **sequestro.** Under arrest, sequestration, attachment (SEQUESTRO). [vol. I: CUSTODIA LEGIS]

– **tutela.** Grosso modo, under guardianship (TUTELA).

Sottoassicurazione. Under-insurance (ASSICURAZIONE; COPERTURA ASSICURATIVA; SOVRASSICURAZIONE). [vol. I: INSURANCE: I. 9]

Sottocommissione. Subcommittee (COMMISSIONE).

Sottomissione. Submission; il termine indica anche, tra l'altro, il compromesso tra le parti con il quale queste ultime sottopongono ad arbitrato una controversia. Quando è riferito al processo, esso indica il fatto del giudice che, espletata la prova, nel dare istruzioni alla giuria, rimette ad essa la decisione del caso (ACCETTAZIONE; ARBITRATO; ISTRUZIONI DEL GIUDICE ALLA GIURIA; RESA; RIMESSIONE DI UNA CONTROVERSIA ALL'ARBITRATO). [vol. I: SUBMISSION]

Sottoscrittore in genere. Subscriber, underwriter, writer (FIRMATARIO; SOTTOSCRIZIONE; VENDITORE).

– **di assicurazione (assicuratore).** Underwriter (ASSICURATORE). [vol. I: *ad vocem*]

– **di azioni di società.** Subscriber, o writer, of shares; va distinto dall'acquirente, o *buyer of shares*, in cui lo *status* di socio viene posposto alla consegna delle azioni e al loro pagamento (AZIONE (II) DI SOCIETÀ; FIRMATARIO).

Sottoscrizione. Signature, subscription (AUTENTICAZIONE DELLA SOTTOSCRIZIONE; FIRMA; MODULO DI SOTTOSCRIZIONE; NOTAIO; PARAFAZIONE; SIGILLO; SIGLA; SOTTOSCRITTORE). [vol. I: ATTESTATION; EXECUTION; INITIALLING; SEAL; SIGNATURE]

– **del contratto.** Execution of contract; da non confondere con l'esecuzione o adempimento di esso (ADEMPIMENTO DEL CONTRATTO; ESECUZIONE DEL CONTRATTO; VERBALE). [vol. I: EXECUTION OF CONTRACT; SIGNATURE]

– **del rischio marittimo (assicurazione).** Underwriting a maritime risk (ASSICURAZIONE MARITTIMA). [vol. I: INSURANCE: I. 2, II. I; UNDERWRITER]

– **del testamento.** Signature of will. Deve essere apposta in presenza di testimoni, detti *attesting witnesses* (TESTAMENTO). [vol. I: ATTESTATION]

– **di azioni di società.** Subscription of shares, subscription of stock (ACQUISTO DI AZIONI DI SOCIETÀ; AZIONE (II) DI SOCIETÀ; OPZIONE: 2; SOTTOSCRITTORE DI AZIONI DI SOCIETÀ).

– **di un trattato.** Signature of a treaty (TRATTATO INTERNAZIONALE).

– **di un trattato soggetta a ratifica.** Signature ad referendum, signature subject to ratification (RATIFICA DI UN TRATTATO INTERNAZIONALE). [vol. I: SIGNATURE: 3; SIGNATURE AD REFERENDUM]

– **mediante l'apposizione delle proprie iniziali.** Signature by initials (ACCERTAMENTO DELLA SOTTOSCRIZIONE DI UN ATTO; SIGILLO; SIGLA). [vol. I: SEAL]

– **pubblica.** Public subscription (OFFERTA AL PUBBLICO).

Sottosegretario di stato. Grosso modo, deputy minister; ma non esiste in senso stretto una figura del genere né nel sistema britannico né in quello nordamericano. Nel primo caso, il *permanent under-secretary* è il più alto funzionario amministrativo di un ministero, non un sottosegretario di stato (SEGRETARIO DI STATO; STATO). [vol. I: CABINET; CIVIL SERVICE; SECRETARY OF STATE]

Sottosuolo in genere. Subsoil (SUOLO).

– **marino.** Subsoil of submarine areas (LETTO DEL MARE). [vol. I: *ad vocem*; CONTINENTAL SHELF; LAW OF THE SEA; SEA-BED; SUBSOIL OF SUBMARINE AREAS]

Sottrazione in genere. Theft, conversion, appropriation, misappropriation; ma il termine *subtraction* è limitato a ipotesi particolari di sottrazione (APPROPRIAZIONE; DEDUZIONE; DETRAZIONE; FURTO; PRIVAZIONE; SPOGLIO). [vol. I: CONVERSION; MISAPPROPRIATION; THEFT]

– **di cose pignorate** o **sequestrate.** Conversion of property *in custodia legis* (PIGNORAMENTO; SEQUESTRO). [vol. I: CUSTODIA LEGIS]

– **di minore** o **incapace.** Kidnapping o abduction of minor (MINORE; SEQUESTRO DI PERSONA). [vol. I: KIDNAPPING]

– **indebita.** (APPROPRIAZIONE INDEBITA)

Sovrabbondanza in genere. Redundancy (ECCEDENZA; ESUBERANZA; SOVRACCARICO; SUPERFLUITÀ).

Sovraccarico. Overload, overcharge (CARICO; SOVRABBONDANZA).

Sovranità in genere. Sovereignty, supremacy; ma è detta anche, spesso, *jurisdiction*. Una manifestazione della sovranità degli Stati, — *rectius* del potere inteso quale sovranità assoluta — è l'immunità dalla giurisdizione. Concettualmente, il « potere di comando », ossia il controllo effettivo del potere, appare come l'attributo fondamentale della sovranità. Come scrive Nicola Matteucci, il concetto di sovranità appare

« strettamente collegato a quello di potere politico: infatti, del potere, la S. vuole essere una razionalizzazione giuridica, nel senso di trasformare la forza in potere legittimo, il potere di fatto in potere di diritto » [*Sovranità*, in *Dizionario di Politica* 1976, ed. 1983: 1102]. A partire dalla *Glorious Revolution* — passaggio fondamentale nell'affermazione dello *stato di diritto* — la sovranità si pone sempre più come un valore antitetico al costituzionalismo e, in ultima analisi, alla democrazia. La progressiva costituzionalizzazione — attraverso una serie di imbrigliamenti giuridici, che trovano nella costituzione degli S.U. una delle più importanti manifestazioni — e il pluralismo che ne deriva finiscono con l'erodere il concetto stesso di sovranità facendolo apparire, per non pochi versi, come obsoleto; sorte non troppo diversa tocca al concetto di stato. Nicola Matteucci ha espresso bene questo *trend* storico: « In realtà, con la progressiva giuridicizzazione dello Stato e con la sua corrispettiva riduzione a ordinamento, ha poco senso parlare di S. [ovranità]; perché ci troviamo sempre di fronte a poteri costituiti e limitati, mentre la S., in realtà, è un 'potere costituente', creatore dell'ordinamento; e, come tale, oggi sempre più ci appare, perché il potere costituente è il vero potere ultimo, supremo, originario » [ibid.: 1107]. Peraltro, se la pienezza del potere statuale è ormai al tramonto, questo non significa che sia scomparso il potere; al contrario, con la scomparsa della sovranità come potere monistico scompare *solo una determinata organizzazione del potere*. E al suo posto — grazie al pluralismo — sorge il potere dei gruppi e, con esso la *status society*: perché, com'è stato osservato, la sovranità: « non è scomparsa: in epoche normali e tranquille essa non si vede, perché è dormiente; nelle situazioni eccezionali, nei casi limite essa riappare in tutta la sua forza » [ibid.: 1107]. Sovranità e stato appaiono oggi, per non pochi versi, come concetti, quando non obsoleti, certamente spesso incompatibili rispetto al proprio *contrario* quali il costituzionalismo (di cui il federalismo è parte fondamentale), il pluralismo e, in definitiva, la democrazia. Anche qui, bisogna essere grati a Nicola Matteucci, attento studioso, per un suo interessante articolo sulla materia.

I. Premessa.

Come scrive B. Russell: « the fundamental concept in social science is Power, in the same sense in which Energy is the fundamental concept in physics » [1938, ed. 1975: 9]. Trattare oggi della *sovranità*, significa, in qualche modo, fare la storia del suo declino e della vittoria dello *stato di diritto*. Peraltro, se la sovranità intesa come sede monistica del potere può dirsi tramontata, resta non di meno più che mai attuale il discorso sul potere in una società pluralista; se la sovranità diventa un parolone ingombrante che non si attaglia alla realtà politica e giuridica effettuale che viviamo, il tema del potere si sposta sui limiti e sui controlli del potere legislativo, della onnipotenza della maggioranza eletta. Ma in una società industriale dell'Occidente il potere non ha sede solo nelle istituzioni politiche: a fianco al potere legislativo, esecutivo e giudiziario (quest'ultimo un autentico potere specie nei sistemi di *common law*) si affolla il potere dei gruppi espressi dalla società civile quale il potere economico, sindacale, mediatico, e, nei paesi di antica democrazia, dell'opinione pubblica. La limitazione della sovranità appare, per certi versi, come una *contradictio in adiecto*; nondimeno, anche quella assoluta trova dei limiti. Com'è stato osservato, i Trenta Tiranni saranno pure stati supremi; ma si richiedeva che fossero almeno d'accordo tra loro. Del resto, anche la dittatura nazista, al di là della facciata monolitica, era agitata al suo interno da gruppi di potere in lotta tra loro.

II. Sulla sovranità in genere.

1. In senso stretto — per quanto il concetto di sovranità non sia ignoto all'antichità — nel suo moderno significato esso appare alla fine del Cinquecento assieme a quello di stato per indicare la pienezza del potere statuale e lo stato moderno, inteso quale stato assoluto succeduto al sistema feudale: ma più in generale può dirsi che la sovranità costituisce la base stessa del concetto di stato. Il tema della sovranità è stato sempre al centro dell'indagine dei massimi pensatori politici, e di confliggenti dottrine, a cominciare da Dante Alighieri [cfr. *Monarchia*], Machiavelli, Bodin, Hobbes, Locke, Rousseau, Bentham e, tra i giuristi, Austin, Kelsen, Carl Schmitt, etc. Ma molte di esse, forse le più importanti, precedono un fatto storico rivoluzionario: ossia la rivoluzione americana, figlia sì del costituzionalismo inglese, ma anche con suoi propri caratteri originali. In effetti, salvo eccezioni, l'eurocentrismo degli studi ha impedito che esso fosse adeguatamente valutato.

2. Nicola Matteucci descrive bene il passaggio dal sistema feudale all'avvento dello stato assoluto moderno in cui si afferma la vo-

lontà del sovrano. Nel medieovo il principale tra i poteri del re era quello di *rendere giustizia*: ancora oggi nel sistema costituzionale britannico il sovrano è considerato come la *fountain of justice*, e non è privo di significato che questo sedimento storico persista ancora oggi nella giustizia di *common law*. La concezione medievale della giustizia amministrata dai giudici del re consiste nel dichiarare non tanto una sorta di diritto pre-statuale quanto un diritto al quale, in nome dell'equità e della giustizia, è soggetto il re stesso. Insomma, è la *veritas* e non l'*auctoritas* a legittimare la legge. Gli stessi concetti di *judicial review* (l'altra faccia della *rule of law*) e le *due process clauses*, specie negli sviluppi nordamericani, appaiono come il rigoglioso prodotto di queste premesse: la legge non può essere irragionevole, arbitraria o capricciosa e i mezzi prescelti debbono avere un ragionevole rapporto con gli obiettivi che essa si propone. L'idea fondamentale nella tradizione di *common law* per cui *qualsiasi potere è soggetto alla legge siccome interpretata dal giudice* (in pratica, la *rule of law*) è priva di equivalenza nella tradizione di *civil law*. Tutto questo si ritrova ancora oggi nel diritto inglese e nel suo erede più illustre, quello nordamericano.

3. Invece, con l'avvento della moderna dottrina della sovranità il nuovo re è tale non in quanto rende giustizia, ma *in quanto crea la legge da cui non è peraltro limitato*: egli è un *sovrano*.

4. Ma il concetto di sovranità alla base dello stato assoluto moderno del continente europeo non è mai approdato nella sua pienezza nella terra di Hobbes. Un diritto storico come quello inglese fa vedere meglio i passaggi dalla sovranità al costituzionalismo di quanto non sia consentito da un diritto metastorico, sciamanico e sacerdotale come quello di *civil law*. La sovranità è per definizione assoluta (o non è); come tale, essa appare in conflitto con taluni valori fondamentali del costituzionalismo moderno; anzitutto, con la *separazione dei poteri*. Eppure, il sistema costituzionale britannico (nell'ambito del quale si è sviluppato una parte notevole del costituzionalismo moderno) non conosce separazione, ma bensì *fusione dei poteri*: si tratta, beninteso, di « fusione » *sui generis* che assicura al suo interno l'equilibrio del principio illuministico. Sotto questo aspetto, assume una notevole importanza la distinzione non giuridica, ma politica, introdotta da Walter Bagehot tra il *dignified* e l'*efficient exercise of power* [1867, ed. 1963: 61], ossia tra mito e realtà. Distinzione che aiuta a leggere la realtà giuridica effettuale di un sistema politico in cui la storica stratificazione del diritto, con la conservazione dei riti, nasconde non di rado i più rivoluzionari ribaltamenti del rapporto tra i poteri: un lusso che solo l'Inghilterra può permettersi.

5. Ma sovranità e *stato di diritto* appaiono concetti intrecciati, anche se opposti uno all'altro. E qui, ancora una volta, Nicola Matteucci traccia un quadro illuminante delle radicali diversità che caratterizzano il concetto di stato di diritto continentale e di *rule of law* inglese dovute anche, oltre che a una diversità di concezioni politiche e premesse teoretiche, alla stessa formazione del diritto: la diversa teoria delle fonti vi contribuisce in maniera rilevante, anche se non esclusiva. Egli osserva che alla base della *rule of law* anglo-americana vi è un'esperienza culturale e politica del diritto che è tipica del costituzionalismo inglese; in altre parole: « Mentre la cultura tedesca e quella continentale erano condotte dai propri presupposti teoretici a unificare Stato e diritto (ordinamento giuridico), quella inglese ha ignorato il concetto di Stato, usando piuttosto quello di 'governo' che è comprensivo delle tre classiche funzioni, o almeno dell'esecutiva e della legislativa. Dall'altro lato ha sempre affermato l'*autonomia del diritto accanto o sopra il governo, o la necessità di subordinare il governo al diritto*. Questo è stato reso possibile non solo per l'indipendenza dei giudici dal potere politico, ma soprattutto per il particolare carattere del diritto inglese, il quale ancora oggi vede, accanto a norme di produzione legislativo-parlamentare, la *common law*, un diritto di cui i giudici sono conservatori e depositari » [*Costituzionalismo*, in *Dizionario di Politica*, 1976, ed. 1983: 270, at 276; il corsivo è mio].

III. LA SOVRANITÀ NELLA TRADIZIONE DI *COMMON LAW*.

1. Il termine inglese *sovereignty* assume spesso accezioni insospettate al *civil lawyer*. Esso è impiegato anche per indicare il potere pubblico di un ufficio o di un persona che ne è investita. La diversità di concezioni politiche e di premesse teoretiche alla base di questo concetto si riflette nella terminologia. Come si è accennato, per molti versi, assai diverso appare l'approccio al problema della sovranità; come pure quello relativo all'altra faccia della sovranità che è lo stato-persona giuridica, figura, del resto, neanche accolta dalla tradizione di *common law*.

2. Anche qui, ci troviamo di fronte a una *lawyers's law* e non a una *professors' law*: la *common law* è un diritto storico (vanto non trascurabile di quella tradizione giuridica). Questo carattere fondamentale ne fa di essa — per dirla con Gino Gorla — un « arsenale di ferri vecchi » [1955, vol. I: 399] che, in buone mani, diventa anche una straordinaria miniera di modernità.

3. La sovranità intesa nel senso che spetta in definitiva al sovrano stabilire la legge, comporta anche che egli non può porre a sé stesso dei limiti giuridici, anche retroattivamente, al cambiamento della legge. Sedimenti di questa concezione della sovranità si rintracciano nella *supremacy of Parliament*, che ha per corollario l'altro principio: *no Parliament can bind its successors*. In altre parole, la legge del parlamento prevale su qualsiasi altra fonte di diritto: suo corollario è che non esiste la distinzione tra legge ordinaria e legge costituzionale; né il giudice inglese ha il potere di statuire sulla legittimità costituzionale delle legge dato che non esiste una costituzione scritta (e rigida) che preveda tale forma di controllo.

4. Il sistema costituzionale nordamericano non accoglie questa dottrina: in questa materia, sistema inglese e sistema nordamericano figurano su posizioni opposte, anche se utilizzano gli stessi « ferri vecchi ». Esso si fonda su una carta costituzionale che è la *supreme law of the land*, la cui effettiva applicazione viene assicurata mediante il controllo giurisdizionale di costituzionalità (ben più ampio di quello nostrano).

5. Per esprimere l'onnipotenza del parlamento britannico si suol dire popolarmente che, salvo a trasformare un uomo in donna, o viceversa, esso può tutto. Ma la *supremacy of Parliament* è una affermazione relativamente recente risultante dal trionfo della democrazia rappresentativa in cui il *parlamento sostituisce il sovrano di Hobbes*. E poi, supremazia, sì, ma rispetto a quali altri poteri? Se si pensa ai conflitti tra i poteri svoltesi nella storia del costituzionalismo inglese, si capisce perché essa vada riferita essenzialmente al potere giudiziario che per lungo tempo, grazie a Sir Edward Coke, suo indomito campione, aveva imposto il primato della *common law* sulla *statute law* (del sovrano o del parlamento).

6. *Supremacy of Parliament* significa, quindi, essenzialmente, supremazia del potere legislativo su quello giudiziario affermatasi soltanto dopo dure lotte politiche, del resto mai completamente sedate. Nella sua più piena attuazione, essa sembra realizzare il principio di Hobbes per cui *auctoritas, non veritas facit legem*. Nondimeno, si tratta di una onnipotenza che incontra limiti giuridici notevoli nel potere ritenuto dall'ordine giudiziario. Basti pensare all'unicità della giurisdizione, di cui la *judicial review* appare come la manifestazione più eclatante, al valore del precedente giudiziario, ai criteri di interpretazione della legge scritta (insomma, alla stessa teoria delle fonti), all'inesistenza di immunità dalla giurisdizione a favore del ceto politico. E se la *judicial review* inglese non raggiunge la portata costituzionale di quella nordamericana, resta il fatto che essa si esercita nei confronti della *legislazione materiale*, così importante nelle democrazie industriali moderne. Ma, soprattutto, se il giudice anglo-americano, a differenza di quello continentale, è stato sempre, storicamente, l'oracolo della legge, una società democratica industriale dell'Occidente, in cui il diritto si ponga come supremo regolatore dei conflitti (specie negli S.U.), non può che vedere accresciuto il ruolo del potere giudiziario. Ora se si pensa alle burocrazie giudiziarie del continente europeo, alla figura, si direbbe, impiegatizia di quei giudici, all'assenza di grandi personalità giudiziarie comparabili a un Sir Edward Coke (tra i tantissimi grandi giudici inglesi e nordamericani, personaggi popolarissimi e ammirati), una domanda viene spontanea: come si spiega che un ordine giudiziario non eletto ma, in buona sostanza, nominato dall'esecutivo nel sistema inglese e, in parte, in quello nordamericano (in sede federale) possa assurgere a vero potere dello stato e godere di una così grande autorità politica e morale?

7. Ma la *supremacy of Parliament* incontra anche altri limiti: essi sono quelli immaginabili in un sistema di pesi e contrappesi che caratterizzano una società democratica pluralista, costituiti, non necessariamente in ordine di importanza, da un'opinione pubblica avvertita, dai sindacati, dalle forze economiche, da una stampa abbastanza libera, anche se non quanto quella nordamericana, dall'*establishment* reale e burocratico, dalla stessa magistratura, e, finalmente, nei casi estremi, dalla violenta, salutare e liberatoria sollevazione popolare come quella per combattere la *poll tax* che ha travolto il lungo regime di Mrs. Thatcher.

8. Comunque, non è un caso che con sempre maggiore insistenza da più parti si propone di introdurre nel sistema costituzionale britannico un *Bill of Rights* che comporti l'adozione della soluzione nordamericana

del controllo giurisdizionale di costituzionalità (CONTROLLO GIURISDIZIONALE DI COSTITUZIONALITÀ).

9. Ma se il concetto di sovranità è alla base dello stato assoluto moderno del continente europeo, vanno rilevati gli sviluppi costituzionali avutisi, nella tradizione di *common law*, con caratteri originali e al di fuori del concetto di sovranità, e della stessa figura dello stato-persona giuridica. Come ricorda Matteucci: « Sir Edward Coke, il primo costituzionalista moderno che fa i conti col concetto di S.[ovranità], affermò che questa parola era estranea e sconosciuta al diritto inglese, tutto incentrato sulla supremazia della *common law*, per cui una legge del Parlamento — e cioè del supremo potere — in contrasto con essa doveva essere ritenuta nulla e priva di efficacia » [*Sovranità*, cit.: 1108]. Fa parte ormai della saga della *common law* il conflitto tra potere giudiziario e potere reale (che controllava in buona misura il Parlamento) raffigurato nelle persone di Coke e Giacomo I d'Inghilterra; l'indomito *Chief Justice* propugna il primato dell'*artificial reason* dei giudici rispetto alla ragione dell'uomo comune, di cui il sovrano si pretende interprete. Sono temi propri del costituzionalismo inglese che ritornano in forme diverse nella storia del costituzionalismo nordamericano in cui Marshall, *Chief Justice* della *Supreme Court*, afferma il potere di controllo della costituzionalità della legge nel celebre caso *Marbury* v. *Madison* 5 U.S. (1 Cranch) 137, L. Ed. 60 (1803). La *judicial review* e le *due process clauses* fanno parte di questo quadro: senza *judicial review* questa supremazia non sarebbe ipotizzabile.

IV. FEDERALISMO E SOVRANITÀ.

1. Negli S.U. — stato federale — si parla di *quasi sovereignty*, ossia, in qualche modo, di sovranità limitata, per definire il tipo di sovranità degli stati dell'Unione rispetto al governo federale. Si tratta di una conseguenza diretta della natura federalistica dell'Unione (in quanto tale distinta dalla *confederazione*) che dà luogo a una *double sovereignty* degli stati dell'Unione e dello stato federale. Sono definiti *residual powers,* i poteri spettanti agli stati dell'Unione rispetto a quelli delegati con la carta costituzionale allo stato federale. Il concetto di *delega* è alla base della ripartizione della sovranità tra stati dell'Unione e stato federale: ad eccezione dei poteri *delegated* al governo federale, tutti gli altri poteri spettano agli stati dell'Unione. Di modo che, quando il Congresso federale esercita i c.d. *granted powers*, ossia poteri delegati, in caso di conflitto tra legislazione federale e legislazione di uno stato dell'Unione, la *supremacy clause* prevista dall'art. VI, cl. 2, della costituzione stabilisce la supremazia della legge federale *via the preemption doctrine*.

2. Matteucci spiega bene perché, se si parte dallo schema della sovranità, che impone di scegliere come sede del potere sovrano o lo stato federale o gli stati dell'Unione si finisce col fraintendere un fenomeno così importante come quello del federalismo. In effetti, il federalismo è un compromesso fra una confederazione di stati e i sostenitori di uno stato unitario; si tratta, allo stesso tempo, di una confederazione e di una unione: « o, meglio, una combinazione di entrambe, in base a una ingegneria, la quale divide, in un complesso equilibrio, poteri, che appartengono alla S.[ovranità], fra gli Stati membri e lo Stato federale: i difensori della nuova Costituzione nel *Federalist* non usano argomentazioni giuridiche, proprie degli avversari chiusi nell'ottica e nella logica della S., ma politiche, quelle appunto del costituzionalismo che vuole dividere il potere per limitarlo e cerca i mezzi adeguati a tale scopo. Si può comprendere lo Stato federale partendo non dal concetto di S., ma da quello di supremazia della legge, e in questo caso della costituzione, che delimita le rispettive sfere di competenza degli Stati e dello Stato » [ibid.: 1108].

3. In effetti, il federalismo di Alexander Hamilton, James Madison e John Jay, porta un colpo mortale alla sovranità. La differenza con la rivoluzione francese è eclatante: quest'ultima si colloca in un'ottica di *continuità* rispetto all'assolutismo che dichiara di combattere, conservando gelosamente proprio il suo dato fondamentale, ossia il *centralismo*, l'altra faccia della sovranità assoluta. Il federalismo americano fa a pezzi la sovranità assoluta introducendo il pluralismo della sovranità, ossia la sovranità limitata sia dei singoli stati dell'Unione sia dello stato federale. In questo senso, quando si afferma che da 200 anni il *nuovo* viene dagli S.U. non si dice cosa inesatta.

4. Kant è stato « il primo grande pensatore federalista e il suo apporto teorico consiste nell'aver fondato il F. [ederalismo] su una visione autonoma dei valori e del corso storico. Tuttavia, non avendo riflettuto sulla natura dell'innovazione costituzionale che aveva consentito la fondazione degli Stati Uniti d'America, non conosceva il funzionamento dello Stato federale e quindi non

Sovranità

possedeva gli strumenti concettuali per concepire in modo reale la possibilità di un governo democratico mondiale, capace di limitare la sovranità assoluta degli Stati, ma che ne fosse a sua volta limitato. Prigioniero della teoria unitaria dello Stato, temeva che la federazione mondiale potesse degenerare in tirannide. Così tutte le volte che affrontò il problema del potere politico mondiale fu indotto a optare per il suo 'surrogato negativo', cioè una confederazione di Stati, la quale però, mantenendo la sovranità assoluta dei suoi membri, avrebbe perpetuato l'anarchia internazionale, che il governo mondiale avrebbe dovuto eliminare» [L. Levi, *Federalismo*, in *Dizionario di Politica* 1976, ed. 1983: 408]. Ma già nella *Monarchia* di Dante si trova l'anticipo di una soluzione federalista, diretta, con la restaurazione dell'Impero, a difendere la pace universale dalla *cupidigia*, ossia da quel pluralismo *nature* che squassa il mondo di ora non meno di quello di allora. Dalla sovranità per diritto divino alla sovranità popolare condivisa tra stati dell'Unione e stato federale è il miracolo della rivoluzione americana. Ma eccoci di fronte al termine strano: *police power*. In effetti, è sotto questa rubrica che in diritto costituzionale americano si indica il tema della sovranità nell'ambito dei rapporti tra stato federale e stati dell'Unione: dialettica permanente, intrinseca al sistema della doppia sovranità, che attiene ai limiti, rispettivamente, della sovranità dello stato federale (*federal police power*) e dei singoli stati dell'Unione (*states' police power*). E quando si parla dei *police powers of American government* si intendono i poteri, ossia la sovranità, dello stato federale (FEDERALISMO).

Bibl.:

Nowak and Rotunda 1978, ed. 1991: 431, 446.

Scheiber, H.N., *Police Power*, in *Oxford* 1992: 639.

V. SOVRANITÀ INTERNA E SOVRANITÀ ESTERNA.

1. Attributo fondamentale del potere pubblico, la sovereignty va distinta in *internal* ed *external*, attinente cioè, rispettivamente, al sistema interno e a quello internazionale; nel primo caso si parla anche di *public authority*. Secondo la dottrina tradizionale, per molti versi obsoleta, mentre sul piano esterno lo stato si trova in condizioni di *uguaglianza* con gli altri stati, su quello interno, esso si trova in una posizione di assoluta supremazia perché ha sotto di sé dei sudditi, tenuti all'obbedienza. Ma si tratta di concetti che vanno rivisitati.

2. Sul piano esterno si suol dire che o lo stato è dotato di sovranità piena o che, se il suo esercizio comporta il consenso di altri stati, deve parlarsi di sovranità limitata. Soggetti del diritto internazionale sono — ancora oggi — gli stati sovrani e indipendenti: uno stato che non è sovrano non è uno stato in diritto internazionale. Di guisa che, gli stati membri di uno stato federale non sono stati sovrani, ossia non sono stati nel senso pieno. I corollari della sovranità e dell'uguaglianza degli stati sono la sovranità esclusiva sul proprio territorio, l'obbligo di non intervento negli affari interni degli altri stati. Ma la sovranità internazionale degli stati è, in diritto, limitata dagli obblighi internazionali assunti sia in sede bilaterale che multilaterale. Nel caso, ad es., della materia comunitaria, taluni organi comunitari sono investiti di sovranità sovranazionale che ha effetto nei confronti degli stati membri. Analogamente a quanto è avvenuto per gli altri paesi membri, il principio della sovranità ha subito una notevole erosione con l'adesione del Regno Unito ai trattati istitutivi delle comunità europee che stabiliscono il primato del diritto comunitario su quello dei parlamenti nazionali; e, altresì, con l'introduzione del *referendum*. In questo senso, va rilevato che la vivacissima disputa svoltasi nel R.U. a questo proposito si spiega anche con l'assenza di una regola costituzionale, come quella prevista dall'art. 11 della nostra costituzione, relativa alle limitazioni della sovranità internazionale del nostro paese.

3. Le N.U. sono una organizzazione internazionale di stati sovrani: l'art. 2 della Carta stabilisce tra l'altro: « 1. The Organization is based on the principle of the sovereign equality of all its Members » e il comma 7., tra l'altro: « Nothing contained in the present Charter shall authorize the United Nations to intervene in matters which are essentially within the domestic jurisdiction of any state ». Peraltro, fanno eccezione le iniziative del Consiglio di Sicurezza relative alle minacce alla pace, violazione della pace ed atti di aggressione; organo al quale, in base all'art. 24, della Carta spetta il compito originario del mantenimento della pace e della sicurezza collettiva (cfr. Chapter VII): « In order to ensure prompt and effective action by the United Nations, its Members confer on the Security Council primary responsibility for the maintenance of international peace and security, and agree that in carrying out its duties under this responsib-

ility the Security Council acts on their behalf ». La tutela dei diritti dell'uomo, previsti dalla Dichiarazione Universale dei Diritti dell'Uomo, e la applicazione di essa spetta ai singoli stati membri dell'organizzazione, stati sovrani (art. 30). Ma troppo spesso la *sovranità nazionale* costituisce oggi il *paravento dietro il quale opera la grande criminalità organizzata internazionale*, specie, ma non soltanto, nei paesi del Terzo Mondo.

VI. I NUOVI SAMURAI.

1. Com'è stato avvertito, il XX sec. ha visto il declino del concetto politico-giuridico di sovranità per una serie di fattori tra cui il costituzionalismo moderno e la crisi dello stesso stato moderno, ormai non più centro unico ed autonomo del potere sia all'interno che in sede internazionale. In quest'ultimo caso, basta pensare allo sviluppo lento e contrastato verso una effettiva autorità sovranazionale delle N.U., alla giustizia internazionale, alle alleanze militari; a non parlare delle Comunità Europee, nucleo economico di una Unione politica europea che, anche se di difficile attuazione, costituisce l'obiettivo finale del federalismo europeo, etc. In effetti, il vero avversario della sovranità è il *pluralismo*, che ha sostituito al momento dell'unità del potere una pluralità di poteri. Insomma, inteso il concetto in senso lato, nelle società industriali dell'Occidente interne ed internazionali non vi è più un vero sovrano, ma mille *samurai.*
2. A questo punto Nicola Matteucci [*Sovranità*, cit.: 1109] pone un dilemma che appare drammatico: se il costituzionalismo (lo stato misto, la separazione dei poteri, la supremazia della legge) e il pluralismo possono per definizione eliminare il monopolio della forza in una sola sede, bisogna pure che qualcosa tenga assieme il corpo politico; insomma: « dove non c'è il 'comando' a tenere unito il corpo sociale, o c'è il consenso nei valori ultimi e nelle regole del gioco a creare la fedeltà, a stabilire l'obbligazione politica, o si ritorna allo stato di natura, che è quello della forza, e si scatena così la lotta per la sovranità » (ATTI DI GESTIONE-DI IMPERIO; ATTO POLITICO; BANDIERA OMBRA; CHIESA; COMUNITÀ EUROPEE; CONDOMINIO INTERNAZIONALE; CONFEDERAZIONE; CONFLITTO DI LEGGI; CONTROLLO GIURISDIZIONALE DI COSTITUZIONALITÀ; COSTITUZIONE POLITICA; CRIMINALITÀ ORGANIZZATA; DELEGA DEI POTERI ALLO STATO FEDERALE NEGLI S.U.; DIPENDENZA TERRITORIALE; DOPPIA SOVRANITÀ; EXTRATERRITORIALITÀ; FEDERALISMO; FEDERAZIONE; FONTI DEL DIRITTO; GIURISDIZIONE; IMMUNITÀ DALLA RESPONSABILITÀ CIVILE DELLA PUBBLICA AMMINISTRAZIONE; IMMUNITÀ DEGLI STATI ESTERI DALLA GIURISDIZIONE E DALL'ESECUZIONE; IMMUNITÀ PARLAMENTARI; POTERE PUBBLICO; POTERI DI POLIZIA; POTERI RESIDUALI; POTERI STATALI; PRIVILEGI E IMMUNITÀ DIPLOMATICHE; PUBBLICO UFFICIALE; RAGION DI STATO; RICONOSCIMENTO; RIVOLUZIONE; SENTENZA STRANIERA; SOCIETÀ (II) DI COMODO; SPAZIO AEREO; STATO DI DIRITTO; SUDDITO; SUPREMAZIA DELLA LEGGE; TERRITORIALITÀ DELLA LEGGE PENALE; TUTELA DEI DIRITTI; UGUAGLIANZA DEGLI STATI; VETO). [vol. I: INTRODUZIONE: III. 12; ARTIFICIAL REASON; BILL OF RIGHTS; DUE PROCESS CLAUSES; GLORIOUS REVOLUTION; IMMUNITY; JUDICIAL REVIEW; JURISDICTION; OFFSHORE; PLURILEGAL UNITS OF SOVEREIGNTY; RULE OF LAW; SOURCES OF LAW; SOVEREIGNTY]

– **assoluta.** Absolute sovereignty (*supra*, SOVRANITÀ IN GENERE).

– **dello Stato.** State sovereignty (GIURISDIZIONE; STATO).

– **del parlamento.** (*supra*, SOVRANITÀ IN GENERE: III; SUPREMAZIA DEL PARLAMENTO)

– **limitata.** Limited sovereignty, qualified sovereignty. Venne definita *limited sovereignty* in diritto internazionale quel tipo di sovranità degli stati che rientravano nella sfera di influenza e protezione di una potenza maggiore per cui essi potevano ritenere la loro indipendenza soltanto mediante la limitazione della propria sovranità e quindi conformando la loro politica estera a quella della potenza maggiore: si tratta di un corollario della c.d. *Truman doctrine* del 1947, ribaltamento implicito della c.d. *Monroe doctrine*. Prodotto dell'allora divisione in due blocchi di influenza, essa trova il suo parallelismo nella dottrina Brezhnev invocata a pretesto dell'occupazione sovietica della Cekoslovakia nel 1968 (*supra*, SOVRANITÀ IN GENERE: IV; AUTONOMIA LIMITATA; DOPPIA SOVRANITÀ; FEDERALISMO; POTERE LIMITATO; PROTETTORATO; QUALIFICATO; REGIME DELLE CAPITOLAZIONI; STATO A SOVRANITÀ LIMITATA).

– **nazionale.** National sovereignty (*supra*, SOVRANITÀ IN GENERE).

– **popolare in genere.** Government by consent, popular sovereignty, parliamentary franchise, general franchise. Nella democrazia moderna si concreta nel sistema rappresentativo (COSTITUZIONALISMO; DICHIARAZIONE DI INDIPENDENZA; SISTEMA ELETTORALE; SUFFRAGIO ELETTORALE).

– **sulle risorse naturali.** Sovereignty over natural resources (RISORSE NATURALI).

– **territoriale.** Territorial sovereignty (TERRITORIO). [vol. I: *ad vocem*; IMMUNITY]

Sovrannolo. Over-freight (NOLO). [vol. I: BACK FREIGHT]

Sovrappremio assicurativo. Loaded premium, additional premium, surcharge (PREMIO DI ASSICURAZIONE; SUPPLEMENTO DI PREMIO NELL'ASSICURAZIONE). [vol. I: LOADING OF PREMIUM; PREMIUM; SURCHARGE]

Sovrapprezzo. Overcharge, surcharge, overbilling, premium, load, loading, loading charge (PREMIO; PREZZO). [vol. I: OVERCHARGE; PREMIUM; SURCHARGE]

Sovrassicurazione. Over-insurance (ASSICURAZIONE; COPERTURA ASSICURATIVA; DOPPIA ASSICURAZIONE; SOTTOASSICURAZIONE; SUPPLEMENTO DI ASSICURAZIONE). [vol. I: INSURANCE: I. 8, 9]

Sovrattassa. Surtax, surcharge, additional tax (IMPOSTA ADDIZIONALE; TASSA). [vol. I: TAX]

Sovrintendente in genere. Grosso modo, director, superintendent, clerk (SORVEGLIANTE).

– **alle dogane.** Commissioner of customs (DOGANA).

– **di polizia.** Grosso modo, detective chief superintendent (COMMISSARIO DI POLIZIA).

Sovvenzione in genere. Subsidy, subvention, aid, grant, endowment (AIUTO; SUSSIDIO). [vol. I: AID; ENDOWMENT; GRANT]

– **governativa agli enti locali.** Grant (ENTE LOCALE). [vol. I: GRANT; LOCAL GOVERNMENT]

– **statale.** State subsidy (COMUNITÀ ECONOMICA EUROPEA).

Sovversione. Subversion (EVERSIONE; RIVOLUZIONE; SABOTAGGIO; SEDIZIONE; SOMMOSSA; TERRORISMO; TRADIMENTO).

Spacciatore di droga. Drug pusher, drug trafficker (DROGA; TRAFFICANTE DI DROGA).

Spaccio di banconote false, assegni falsi, etc. Uttering, o publishing, counterfeit notes, forged cheques (o, negli S.U., checks). Negli S.U. le leggi federali relative alla fabbricazione e allo spaccio di biglietti o documenti falsi (c.d. *forgery statutes*) parlano di solito di « uttering or publishing as true » (FALSIFICAZIONE; PROPALAZIONE DI NOTIZIE FALSE, ESAGERATE O TENDENZIOSE). [vol. I: COUNTERFEIT MONEY; FORGERY; UTTERING]

Spartizione. (DIVISIONE)

Spatium deliberandi. Riferito all'accettazione dell'eredità, questo termine non ha, in senso stretto, equivalenza, data la diversa tecnica successoria della tradizione di *common law* (SUCCESSIONE PER CAUSA DI MORTE).

Spazio in genere. Space, time (TEMPO).

– **aereo.** Air space; la violazione dello spazio aereo è detta *violation of air space*. Si parla di *no-fly zone* per indicare la zona di spazio aereo interdetta al volo (DIRITTO (I) AERONAUTICO; SOVRANITÀ; VOLO). [vol. I: AIR LAW; SOVEREIGNTY]

– **cosmico.** Cosmic space (DIRITTO (I) SPAZIALE; SATELLITE ARTIFICIALE; VEICOLO SPAZIALE). [vol. I: SPACE LAW]

Specie. (IN SPECIE)

Specifica di avvocato. (PARCELLA DI AVVOCATO). [vol. I: COSTS]

Specificazione in genere. Identification (CONTRASSEGNO; IDENTIFICAZIONE; INDIVIDUAZIONE; MARCHIO; SIGILLO).

– **delle merci nella vendita.** Appropriation of goods, identification of goods, ascertainment of goods (BENI FUNGIBILI; COMMISTIONE DI COSE DI DIVERSI PROPRIETARI; CONFUSIONE DI COSE; FUNGIBILITÀ; MESCOLANZA DI COSE; PASSAGGIO DELLA PROPRIETÀ; TRASFERIMENTO). [vol. I: APPROPRIATION: 1; ASCERTAINMENT OF GOODS; EARMARK; FUNGIBLES; IDENTIFICATION OF GOODS; UNASCERTAINED GOODS]

Speculazione in genere. Speculation (AFFARE; INTENTO SPECULATIVO; SCOPO DI LUCRO).

– **sui cambi.** Foreign-exchange speculation (CAMBIO).

Speditezza. Despatch, o dispatch (RAGIONEVOLE SPEDITEZZA; SPEDIZIONE). [vol. I: DESPATCH MONEY]

Speditore. (MITTENTE; SPEDIZIONIERE)

Spedizione in genere. Shipment, forwarding, consignment, despatch (o dispatch), expedition (AGENZIA DI SPEDIZIONI; BOLLETTA DI TRASPORTO; CONSEGNA; IMBARCO; *INCOTERMS*; INOLTRO; MITTENTE; NOTA DI CONSEGNA; PUNTO DI SPEDIZIONE; RICEVUTA DI SPEDIZIONE; RICONSEGNA DELLE MERCI NEL TRASPORTO; SALVATAGGIO MARITTIMO; SPEDIZIONIERE; SPESE DI SPEDIZIONE; TERMINI DI RESA NEL COMMERCIO INTERNAZIONALE; TRASPORTO; TRASPORTO COMBINATO). [vol. I: CARGO; CARRIAGE; COMBINED TRANSPORT; CONSIGNMENT; FORWARDING; INCOTERMS; SHIPMENT]

– **comune.** Common adventure (*infra*, SPEDIZIONE NAUTICA; AVARIA COMUNE; RISCHI DELLA NAVIGAZIONE).

– **contro assegno.** Cash on delivery (PAGAMENTO CONTRO ASSEGNO).

– **marittima.** Sea shipment (TRASPORTO MARITTIMO).

– **nautica.** Marine adventure (*supra*, SPEDIZIONE COMUNE; NAVIGAZIONE MARITTIMA; PERICOLI DI MARE; RISCHI DELLA NAVIGAZIONE). [vol. I: *ad vocem*]

Spedizioniere. Forwarding agent, freight forwarder, shipping agent, shipper, forwarder, sender, consignor (ABBUONO OTTENUTO DALLO SPEDIZIONIERE; AGENZIA DI SPEDIZIONI; ATTESTATO DI SPEDIZIONE; CARICO; MEDIATORE DI CARICO; MITTENTE; RACCOMANDATARIO; SPEDIZIONE; TRASPORTO; VETTORE). [vol. I: CONSIGNEE; FORWARDING AGENT; LOADING BROKER; SENDER; SHIPPER]

– **vettore.** Carrier (VETTORE). [vol. I: *ad vocem*]

Speranza. Spes, expectancy (ASPETTATIVA; CONDIZIONE). [vol. I: CHANCE; CONDITION; EXPECTANCY; FUTURE GOODS; FUTURE INTERESTS]

Spergiuro. Perjury (ABIURA; GIURAMENTO). [vol. I: *ad vocem*]

Speronamento. (URTO DI NAVI IN MARE)

Sperpero di denaro pubblico. Squandering public funds. Specialità del ceto dirigente (si fa per dire) italiano (CORRUZIONE; CRIMINALITÀ ORGANIZZATA; SCIUPÌO; SFRIDO). [vol. I: MALADMINSTRATION]

Spesa/e in genere. Expenses, spend, charges and expenses, costs, charge, expenditure, disbursement, dues, outlay, outgoings. Il termine correlativo di spesa è, di solito, *revenue* (A CARICO DI; CAMBIALE CON SPESE; COSTO; ENTRATA; ESBORSO; ESENTE DA SPESE; FRANCO DI OGNI SPESA; IMPEGNO DI SPESA; IMPUTAZIONE DI SPESA; PICCOLE SPESE; POTERE DI SPESA; PREVENTIVO DI SPESA; PRIVILEGIO PER LE SPESE DI CONSERVAZIONE; SENZA SPESE; TAGLI ALLE SPESE; UTILI). [vol. I: AGENT OF NECESSITY; CHARGE; COSTS; EXPENDITURE; FEES; NECESSARIES; NECESSITY; NEGOTIORUM GESTIO; OUTGOINGS; UNJUST ENRICHMENT]

– **accessorie.** Ancillary charges (ACCESSORIO).

– **bancarie.** (COMMISSIONE BANCARIA)

– **del giudizio.** (*infra*, SPESE PROCESSUALI)

– **di arbitrato.** Arbitration fees (ARBITRATO).

– **di bollo.** Stamp duties, stamp charges (BOLLO).

– **di cancelleria in genere.** Court fees; ma questo termine include nel sistema inglese un tipo di spese giudiziarie in materia civile privo di equivalenza da noi. In effetti, in materia civile — ma non in quella penale — vige il principio per cui coloro che si avvalgono dei servizi giudiziari sono tenuti a contribuire alle spese relative. Il termine *court fees* si riferisce di solito al personale della giustizia, al mantenimento degli immobili, ma non include gli stipendi dei giudici della *High Court* che sono a carico del bilancio dello stato. Nella CGCE si parla di registry charges (*infra*, SPESE PROCESSUALI; CANCELLERIA). [vol. I: COSTS]

– **di chiatta.** Lighterage (CHIATTA). [vol. I: *ad vocem*]

– **di consegna.** Delivery charges (CONSEGNA).

– **di esercizio di un'azienda.** (COSTI DI ESERCIZIO DI UN'AZIENDA)

– **di magazzinaggio.** Storage charges, dock charges, o dues (MAGAZZINAGGIO).

– **di protesto.** Protest charges (PROTESTO).

– **di registrazione.** Registration charges, registration fees (REGISTRAZIONE).

– **di rimorchio.** Towage charges (RIMORCHIO). [vol. I: TOWAGE]

– **di spedizione.** Forwarding charges (SPEDIZIONE).

– **di stivaggio.** Stowage charges (STIVAGGIO). [vol. I: STOWAGE]

– **di trasferta.** Travel expenses (TRASFERTA).

– **di trasporto.** Freight charges, transport charges (TRASPORTO).

– **di viaggio.** Travel expenses (VIAGGIO).

– **doganali.** Customs charges (DOGANA).

– **elettorali.** Election expenses; sia nel R.U. che negli S.U. la materia è regolata da norme molto più rigide e restrittive di quelle nostrane (ELEZIONI POLITICHE). [vol. I: *ad vocem*]

– **eventuali.** Contingent charges (*supra*, SPESA IN GENERE; *infra*, SPESE MATURATE).

– **fisse.** Fixed charges (*infra*, SPESE GENERALI).

– **funerarie.** Funeral expenses (*supra,* SPESA IN GENERE).

– **generali.** Overheads (*supra*, SPESE FISSE; UTILE LORDO).

– **generali fisse.** Fixed overheads (*supra*, SPESE GENERALI; BILANCIO AZIENDALE; REVISIONE CONTABILE).

– **legali.** Legal fees, legal expenses, attorney fees (negli S.U.): è detta *legal expenses cover* l'assicurazione contro le spese legali (*infra*, SPESE PROCESSUALI; ASSICURAZIONE CONTRO LE SPESE PROCESSUALI E LEGALI).

– **maturate.** Accrued charges (*supra*, SPESE EVENTUALI).

– **necessarie incorse da** o **per minori.** Necessaries (*infra*, SPESE VOLUTTUARIE; ALIMENTI; MINORE). [vol. I: *ad vocem*]

– **per l'incasso.** Collection costs (INCASSO).

– **processuali in genere.** Costs; esse vanno distinte dalle *court fees* o *fees of court* che indicano, grosso modo, le spese di cancelleria (*supra*, SPESE DI CANCELLERIA). Notevoli differenze esistono, oltre che tra il sistema inglese e nordamericano da un lato e quello italiano dall'altro, anche tra gli stessi sistemi inglese e nordamericano. La principale tra esse è costituita dal *patto di quota lite*, ammesso e generalizzato nel sistema nordamericano, ma non in quello inglese che ne stabilisce, invece, l'assoluto divieto. Negli S.U. — stato federale — la materia è regolata, a seconda dei casi, dal diritto federale o da quello dei singoli stati dell'Unione: in base alle *Federal Rules of Civil Procedure* e alle *Federal Rules of Appeal Procedure*, salvo che non sia disposto diversamente dal giudice, il soccombente è condannato alle spese del giudizio. Ma, diversamente dal sistema inglese, di solito i *costs* non includono gli onorari di avvocato o *attorney's fees* [Farnsworth, Young, Jones 1965, ed. 1972: 544]. In principio, la regola inglese è la c.d. *loser pays all* per cui le spese processuali sono a carico del soccombente; ma va rilevato che la parte vittoriosa di solito non recupera più del 60-70 per cento delle proprie spese effettive. Infine, un istituto processuale che può sembrare insolito a un *civil lawyer*, ma che invece ha un sua logica diretta ad incoraggiare il c.d. *pre-trial settlement*, ossia la transazione nella fase del *pre-trial*, è costituito dal c.d. *payment in court* (negli S.U. si parla di *offer of judgment*, previsto, in sede federale, dalla R. 68 delle *Federal Rules of Civil Procedure*) per cui, qualora l'attore, avendo rifiutato un'offerta di denaro a titolo transattivo dal convenuto, si veda liquidare con la sentenza una somma non superiore, sarà condannato alle spese processuali successive all'offerta non accettata. È ormai una trita battuta — anche se corrispondente alla realtà effettuale dell'epoca — quella per cui, come disse quasi mezzo secolo fa un magistrato inglese: « English justice is open to all, like the Ritz hotel » per alludere all'astronomico costo delle spese processuali, e quindi a una situazione in cui, in pratica, l'accesso alla giustizia veniva negato ai meno abbienti. Ma il *legal aid* laburista — che si colloca nella rivoluzione del *Welfare State* — ha posto rimedio a questa ingiustizia. Anche negli S.U. sono ora previste forme di assistenza giudiziaria ai meno abbienti; del resto, in materia penale, il *right to counsel* è un diritto costituzionalmente protetto. Peraltro, con la crisi del *Welfare State*, il sistema di *legal aid* britannico — il più avanzato nella materia — ha subito una notevole compressione: come osserva Rozenberg [1994: 219], la legge attualmente in vigore ha di fatto eliminato dal beneficio totale o parziale quasi 12 milioni di persone nel solo 1993. Situazione aggravata dal fatto che, in materia civile, diversamente dal sistema nordamericano, non è ammesso il sistema del *contingency fees* (patto di quota lite), di cui si è proposta l'introduzione di una versione ammorbidita nel sistema britannico. Quanto alle tariffe professionali, nella prassi britannica si arriva negli studi più prestigiosi a 250-300 sterline l'ora: in qualche senso, quel magistrato...ha ancora ragione (*supra*, SPESE DI CANCELLERIA; SPESE LEGALI; APPELLO: 2; ASSISTENZA GIUDIZIARIA; CAUZIONE PER LE SPESE PROCESSUALI; COMPENSAZIONE DELLE SPESE PROCESSUALI; CONDANNA ALLE SPESE DEL GIUDIZIO; GIUSTIZIA ALTERNATIVA; INDIGENTE; LIQUIDAZIONE DELLE SPESE PROCESSUALI; MANDATO *AD LITES*; NOTA SPESE PER ATTIVITÀ PROCESSUALE; ONORARI DEL *SOLICITOR*; ONORARI DI AVVOCATO; PATTO DI QUOTA LITE; PROCESSO GIURISDIZIONALE; PROFESSIONE FORENSE; RECUPERO DELLE SPESE PROCESSUALI; TARIFFA DELLE SPESE PROCESSUALI; TASSAZIONE DELLE SPESE PROCESSUALI). [vol. I: CAUTIO IUDICATUM SOLVI; CONTINGENT FEE; COSTS; LEGAL AID; SECURITY FOR COSTS]

Bibl.:

Schlesinger 1950, ed. 1988: 353, 365, 714.

– **processuali a carico delle parti che le hanno sostenute.** Quando il provvedimento giudiziario non decide sulle spese del giudizio, esse restano a carico delle parti che le hanno sostenute. In tal caso, la formula è di solito *no order as to costs* (*supra*, SPESE PROCESSUALI IN GENERE).

– **processuali a carico del soccombente.** Costs follow the event, o negli S.U., *costs to abide the event* (SOCCOMBENTE).

– **processuali liquidabili.** Recoverable costs (*infra*, SPESE PROCESSUALI LIQUIDATE-NON LIQUIDATE).

– **processuali liquidate.** Taxed costs (*supra*, SPESE PROCESSUALI IN GENERE). [vol. I: TAXATION OF COSTS]

– **processuali liquidate-non liquidate.** Allowed, disallowed costs. Si noti che le spese processuali a carico del soccombente, dette nel sistema inglese *party and party costs*, non includono tutte le spese effettivamente incorse (*supra*, SPESE PROCESSUALI IN GENERE).

– **processuali non liquidabili.** Non allowable costs (*supra*, SPESE PROCESSUALI LIQUIDATE-NON LIQUIDATE).

– **pubblica.** Public expenditure, public charge (AUMENTO DELLA SPESA PUBBLICA; BILANCIO DELLO STATO; CENTRALITÀ DEL PARLAMENTO; ENTRATE FISCALI; IMPOSTA; INDIGENTE; PARLAMENTO; PREVENTIVO DI SPESA PUBBLICA). [vol. I: EXPENDITURE]

– **straordinarie.** Emergency expenses (ATTO DI ORDINARIA-STRAORDINARIA AMMINISTRAZIONE; EMERGENZA).

– **varie.** Sundries (*supra*, SPESA IN GENERE).

– **voluttuarie.** Unnecessary expenses (*supra*, SPESE NECESSARIE INCORSE DA o PER MINORI; LEGGI SUNTUARIE).

Spia. Spy (DELATORE; INFORMATORE; SERVIZIO SEGRETO; SPIONAGGIO; TALPA; TESTIMONE; TRADIMENTO).

Spiaggia del mare. Seashore (LIDO DEL MARE). [vol. I: *ad vocem*; BASELINE; CONTIGUOUS ZONE; CONTINENTAL SHELF; FORESHORE; LOW-WATER LINE; OFFSHORE; SEA; TERRITORIAL SEA]

Spillatico. Pin money (DOTE). [vol. I: *ad vocem*]

Spionaggio. Intelligence, espionage. Negli S.U., va sotto il nome di *Internal Security Acts* una serie di leggi che stabilisce la illegalità di quelle associazioni che si propongono di rovesciare con la violenza il governo del paese (AGENTE SEGRETO; CONTROSPIONAGGIO; INFILTRATO; POLIZIA SEGRETA; SEDIZIONE; SERVIZIO SEGRETO; SICUREZZA INTERNA; SPIA). [vol. I: OFFICIAL SECRET]

Spirare del termine. Expiry, expiration, o running, of time (TERMINE). [vol. I: EXPIRATION; EXPIRING LAWS; TIME-LIMIT]

Spirito della legge. Policy of the law, policy of the statute, intendment of law, *mens legis*. Ma, in effetti, si tratta di quello che *Humpty Dumpty,* ossia l'interprete, decide che esso sia, ammesso che questo spirito si voglia o debba ricercare. Comunque, non resta che sperare, facendo scongiuri: perché tutto può essere fatto passare per spirito della legge: anche l'ingiustizia, come al tempo del fascismo; ma non si tratta solo delle leggi del tiranno: cfr., ad es., nel caso nostro, ma se ne potrebbero citare almeno altri diecimila non troppo diversi, la legge 219 del 1981 sulla ricostruzione delle zone terremotate nel Mezzogiorno: una legge criminogena. Comunque, si può immaginare quale mai possa essere lo spirito della legge in una *status society* come quella italiana che, nel ripartire il potere, fissa in compartimenti giuridici rigidissimi e invalicabili la *rappresentanza degli interessi*, con un marameo al « vaso di terracotta costretto a viaggiare in compagnia di molti vasi di ferro ». Ovviamente, inevitabile è il richiamo all'*Esprit des Lois* di Montesquieu; ma si osserva che una cosa è lo spirito delle leggi e ben altra quello della legge. Vittorio Frosini — ottimo conoscitore e teorico dei problemi dell'interpretazione — ha scritto di recente un saggio di grande interesse sulla materia, non privo di un pizzico di *sense of humour*, dote rarissima tra i nostri studiosi, di solito avvizziti da gelosie, vanità, e miserie, impappinati in distinguo che sono i soli a prendere sul serio, mesmerizzati dal pensiero teutonico: una passione non ricambiata dato che, salvo rarissime eccezioni, esso ignora la dottrina italiana. In effetti, la *modesta qualità della nostra ricerca* nelle scienze sociali (ma non solo in quelle) riflette, in buona parte (anche se assieme ad altre ragioni) *la modesta qualità degli uomini* che vi sono addetti: si lavora su materiali di risulta. Non essendovi grandi individualità non ci può essere ricerca originale: la grande ricerca, postula, oltre che intelligenza, grandi personalità: non si tratta solo di soldi come ripete la litania dei nostri studiosi. Ed ecco un'accademia che si limita all'assai comodo ruolo di *intendence* del potere; intanto Pantalone paga, e non solo in denaro, per una ricerca che, come si dice con verbo che evoca il mancamento e il deliquo, langue. Vittorio Frosini descrive la produzione accademica come: « preoccupata di evitare con cautela una precisa presa di posizione ideologica e metodologica; sicché i discorsi vengono svolti di preferenza in forma indiretta di commento al pensiero di altri autori, con scarso impegno ad affrontare nel vivo i problemi giuridici » [1994: VII]. Ed è un peccato che un insider che avrebbe potuto e dovuto dire di più non sia andato oltre nel denunziare una piaga nazionale. E sorprende — anzi non sorprende affatto — che da noi non si sia mai fatta la storia degli uomini che la legge hanno interpretato, o meglio creata. Essa consentirebbe di capire ciò che non è dato di capire; ossia perché da sempre, con tutti gli altri ingredienti di questo mondo, prevale nell'interpretazione, l'individuo con la sua passione politica, o se si vuole, la sua ideologia, i suoi valori e i suoi interessi; sempre riemerge il problema delle *premesse* del diritto, o quelle che Frosini definisce « i presupposti dottrinari dei giuristi » (ammesso che si tratti solo di quelli): il conflitto tra Sir Edward Coke e Giacomo I d'Inghilterra sulla natura del diritto, e tra Alexander Hamilton e Thomas Jefferson su quella del federalismo non sono che le tappe di una dialettica che è eterna. E si capirebbe anche perché, come scrive René David [1964, ed. 1978: 452], i giudici della *Supreme Court* degli S.U. hanno: « devancé de cent ans les méthodes téléologiques prônées en France par Josserand » (INTENZIONE DEL LEGISLATORE; INTERPRETAZIONE; LAVORI PREPARATORI; LEGGE; LETTERA DELLA LEGGE; LETTERA E SPIRITO DI UN TESTO; *RATIO LEGIS*).

Bibl.:
Frosini, V., *La lettera e lo spirito della legge,* Milano, Giuffrè, 1994.

Spodestamento. Dispossession (SPOGLIO; SPOSSESSAMENTO).

- **del titolo.** Divesting (TITOLO). [vol. I: *ad vocem*]

Spoglie. (SISTEMA DELLE SPOGLIE)

Spoglio in genere. Grosso modo, eviction, dissein, ouster, ejection, trespass. Ma non si ha, in senso stretto, azione di spoglio equivalente a quella romanistica. Lo spoglio, nel senso di rinunzia, è definito anche *divestiture* come, ad es., negli S.U. in cui, a seguito di una decisione dell'autorità giudiziaria, si fa ordine a un monopolio di disfarsi di una parte delle proprie attività (ABBANDONO; AZIONI (I) PETITORIE-POSSESSORIE; INGRESSO VIOLENTO SUL FONDO DA PARTE DI TERZI; MONOPOLIO; POSSESSO; PRIVAZIONE DI UN DIRITTO; REINTEGRAZIONE NEL POSSESSO DI IMMOBILI; RINUNZIA; SISTEMA DELLE SPOGLIE; TURBATIVA DEL GODIMENTO DI UN IMMOBILE; VIOLAZIONE DEL FONDO ALTRUI). [vol. I: POSSESSION; RECAPTION]

Bibl.:
Buckland and McNair 1936, ed. 1952: 421.

- **di immobili.** Disseisin, wrongful dispossession of land; l'azione relativa è detta *action for the recovery of land* (REINTEGRAZIONE).
- **di mobili.** Conversion. L'azione relativa è detta *action for the recovery of chattels*, o *action of detinue* (REINTEGRAZIONE). [vol. I: CHATTEL; RECAPTION; RECOVERY]
- **di voti.** Counting of votes (ELEZIONI POLITICHE; SCRUTINIO ELETTORALE; VOTO). [vol. I: ELECTION; SCRUTINY; TELLER]
- **violento.** Forcible entry; costituisce *trespass* (*supra*, SPOGLIO IN GENERE). [vol. I: ENTRY; FORCIBLE; TRESPASS]

Spoils system. (SISTEMA DELLE SPOGLIE)

Sponsali. Promise of marriage. Non produce obbligo legale di contrarre il matrimonio (MATRIMONIO). [vol. I: BREACH OF PROMISE]

Sponsorizzazione. Sponsoring (PUBBLICITÀ).

Bibl.:
Inzitari, B., *Sponsorizzazione* (1985) 1 CeI 248.

Sportello. Counter (ASSEGNO (II) DI SPORTELLO).

- **bancario.** Bank counter (BANCA).
- **bancario automatico** o **self-service.** Automatic teller service, automatic teller machine (CASSA BANCARIA NOTTURNA).

Bibl.:
Donadi, M., *Bancomat* (1988) 2 CeI 634.

Spossessamento. Dispossession (SPOGLIO). [vol. I: *ad vocem*]

Spot. (A PRONTI)

Spread. (DIFFERENZIALE; SCARTO)

Sproporzione. (ECCESSIVO; ECCESSO)

Squadra in genere. Squad, team.

– **di soccorso** o **di salvataggio.** Rescue team (SALVATAGGIO).

– **mobile.** Grosso modo, crime squad (POLIZIA).

– **omicidi.** Homicide Division (OMICIDIO).

Squalifica. Disqualification, ban (INCAPACITÀ; INTERDIZIONE; QUALIFICA). [vol. I: DISABILITY; DISQUALIFICATION]

Squilibrio in genere. Imbalance (DEFICIT; EQUILIBRIO).

– **della bilancia dei pagamenti.** Imbalance of external payments, payments imbalance (BILANCIA DEI PAGAMENTI).

Stabile (sost.). Premises, building (EDIFICIO; IMMOBILE). [vol. I: BUILDING; PREMISES]

Stabilimento in genere. Establishment, plant, factory, manufactory. Il termine establishment va inteso anche nel senso di istituzione, impresa, il fatto di istituire, costituire, stabilire, fondare. Con l'espressione *right of establishment* si intende più spesso il diritto di stabilimento previsto in sede comunitaria dall'art. 52 del Trattato di Roma (CHIESA STABILITA; DIRITTO (II) DI STABILIMENTO; LIBERTÀ DI STABILIMENTO). [vol. I: ALIEN; ESTABLISHED CHURCH; ESTABLISHMENT; IMMIGRATION]

Stagione venatoria. Hunting season (CACCIA).

Stallia. (STALLIE)

Stallie in genere. Lay-days, running days, days. Questi termini indicano le stallie, o giorni di stallia; giorni consecutivi di 24 ore, compresi quelli festivi, salvo uso contrario, previsti in un *charterparty* a viaggio, durante i quali deve aver luogo la caricazione o scaricazione della nave; dopo di che sono dovute le controstallie, dette *demurrage days*. Il periodo di tempo convenuto tra le parti durante il quale l'armatore (*owner*) manterrà la nave a disposizione per la caricazione o scaricazione senza richiedere un pagamento addizionale al nolo stabilito è detto *lay time* (CARICAZIONE; COMPUTO DELLE STALLIE; CONTROSTALLIE; DECORRENZA E DURATA DELLE STALLIE; GIORNI DI STALLIA; NOLEGGIO DI NAVE; PREMIO DI CELERITÀ; RISCATTO DI STALLIA; SOSTA). [vol. I: CHARTERPARTY; DEMURRAGE; LAY DAYS; LAY TIME]

– **consecutive.** Lay days, running days (*supra*, STALLIE IN GENERE).

– **di caricazione.** Loading lay-days (*supra*, STALLIE IN GENERE).

– **di discarica.** Discharging lay-days (*supra*, STALLIE DI CARICAZIONE).

Stampa. Press, print. La stampa nel suo insieme è detta *The Press*. Diversamente da quanto accade nel nostro paese, la stampa non è sovvenzionata direttamente o indirettamente con denaro pubblico né in Gran Bretagna né negli S.U. Tantomeno sono sovvenzionati i partiti o la stampa di partito: non esistono fenomeni come « Il Giorno », quotidiano creato da un ente di stato per pilotare e ricattare il potere politico a spese del contribuente (AGENZIA DI STAMPA; AUTOCENSURA; CENSURA; CLAUSOLE A STAMPA; COMUNICATO STAMPA; COPERTURA DA PARTE DEI *MEDIA*; CRONACA; DIFFAMAZIONE; DIRITTO (II) DI CRONACA; FIGURA PUBBLICA; LIBERTÀ DI STAMPA; *MEDIA*; QUARTO POTERE; REATI COMMESSI A MEZZO DELLA STAMPA; RISERVATEZZA). [vol. I: ANTI-TRUST ACTS; DEFAMATION; MEDIA; NEWSPAPER; NEW YORK TIMES V. SULLIVAN; PRIVACY]

Bibl.:

Galgano, F., *Gruppi di società e concentrazione di testate editoriali (parere pro veritate sul caso Rizzoli-Corriere della Sera)* (1986) 1 CeI 59.

Zanone, V., *Quarto potere*, in *Dizionario di Politica* 1976, ed. 1983: 924.

– **clandestina.** Underground press (*supra*, STAMPA).

Stampato. Form (CONTRATTO DI ADESIONE; FORMULARIO; STAMPA).

Standard in genere. Standard, measure (MISURA).

– **della prova.** Standard of proof (PROVA: 2).

– **giuridico.** Legal standard (PRINCÌPI GENERALI DI DIRITTO). [vol. I: *ad vocem*]

– **uniforme.** Common standard (UNIFORMITÀ DELLA LEGGE).

Standby. (LETTERA DI CREDITO)

Stanza di compensazione in genere. Clearing house (COMPENSAZIONE). [vol. I: BANK; CLEARING BANKS]

Stanziamento in genere. Appropriation (ACCANTONAMENTO; ALLOCAZIONE; APPROPRIAZIONE; ASSEGNAZIONE; BILANCIO; CONFERIMENTO; DISTRIBUZIONE; LEGGE DI BILANCIO; POSTA DI BILANCIO, DI LI-

BRO CONTABILE; RIPARTIZIONE; TRASFERIMENTO). [vol. I: APPROPRIATION]

- **di fondi.** Appropriation of funds (FONDO; RIPARTIZIONE DI FONDI).
- **di spesa.** Appropriation of supplies (SPESA).
- **federale negli S.U.** Federal appropriation (FEDERALISMO).
- **in bilancio.** Budget appropriation (BILANCIO). [vol. I: BUDGET; ESTIMATE; GRANT]
- **suppletivo.** Deficiency appropriation (BILANCIO).

Star del credere. (RAPPRESENTANTE TENUTO ALLO STAR DEL CREDERE)

Statale in genere. Governmental; l'aggettivo state è ambiguo e usato meno spesso; nel R.U. si fa riferimento, tra l'altro, al termine *Crown*. La ragione di questa diversità dipende in buona sostanza dal diverso concetto di stato nelle due tradizioni giuridiche (AMMINISTRAZIONE STATALE; FUNZIONARIO STATALE; GOVERNO; STATO).

Statalità. (STATUALITÀ)

Stati. (STATO/I)

Stato/i in genere. State; ma lo stato-persona giuridica è elaborazione sostanzialmente teutonica nei suoi più compiuti, e pericolosi, sviluppi, ignota alla tradizione di *common law*. Il termine inglese che rende, grosso modo, il concetto nostrano di stato è quello di *government*. Ma talvolta si impiega il termine state, come, ad es., nell'espressione *administrative state* che però non indica lo stato amministrativo, né il diritto amministrativo, ma, negli S.U., il nuovo regime giuridico-costituzionale venutosi a formare per effetto della istituzione delle *administrative agencies*, prive di equivalenza sia nella *civil law,* sia nello stesso sistema costituzionale britannico. Hobbes impiega il termine *civitas* nelle opere latine e *Commonwealth* nelle opere inglesi. Ma si noti che in diritto internazionale il termine *State* è impiegato nel senso nostrano (*NEW DEAL*; REGOLATORE). Come si è osservato, lo stato moderno appare sempre più incapace di essere un unico e autonomo centro di potere, il soggetto esclusivo della politica, il solo protagonista nell'area internazionale. Ma se — grazie al pluralismo interno e internazionale — la pienezza del potere statuale è ormai al tramonto, non è che scompaia il potere: tutt'altro. La concezione dello stato varia grandemente nelle due tradizioni giuridiche: lo stato persona giuridica è invenzione dei pensatori politici e giuristi continentali. Nicola Matteucci, ha opportunamente osservato che: « Tutto questo processo di formalizzazione e di astrazione, diretto alla spersonalizzazione del potere, ci nasconde chi di fatto comanda in ultima istanza in una società politica » [*Sovranità*, in *Dizionario di Politica* 1976, ed. 1983: 1107]. Il concetto di stato appare strettamente intrecciato a quello di sovranità, che ne costituisce la più eclatante manifestazione. Ma nel senso di *res publica* si parla anche di *Commonwealth*: ad es., negli S.U., taluni stati dell'Unione, sono denominati con quest'ultimo termine (*Pennsylvania*, *Massachussets*, *Virginia*, *Kentucky*). Venne così definito il R.U. nel periodo dal 1649 al 1660 al tempo della dittatura di Cromwell. Si parla ora di *Commonwealth* anche per indicare l'associazione dei paesi facenti parte dell'ex impero britannico [vol. I: COMMONWEALTH]. Lo stato, nel senso di condizione, è detto standing, state, condition, status, station (*STATUS*).

1. Si è rilevato che nel sistema costituzionale britannico *Crown*, *government* e *state* appaiono come sinonimi; ma, anche se diversi testi inglesi di legge impiegano il termine *state*, resta da rilevare che la *common law* d'Inghilterra (ossia la fonte originaria dell'omonima tradizione giuridica) non ha elaborato il concetto di stato qual è inteso negli ordinamenti di *civil law*. Essa adotta, invece, quello di *Crown*. In effetti, lo stato ha raggiunto nel sistema britannico un altissimo grado di sviluppo nonostante la inadeguatezza teorica su cui si fonda: lo stato è il sovrano e quest'ultimo costituisce una *corporation sole*, figura priva di equivalenza negli ordinamenti di *civil law*. In tal senso, il concetto di stato viene reso dal termine *Crown*, che va distinto dalla persona fisica del sovrano. Un noto giurista descrive bene l'evoluzione del concetto di stato nel diritto inglese: quando si rese necessaria l'elaborazione di una teoria dello stato, i giuristi mutuarono il concetto di *corporation sole* dal diritto canonico e in tal modo il sovrano fu *personified*, senza peraltro stabilire una netta distinzione tra la *corporation sole* e la persona che occupa l'ufficio [Paton 1946, ed. 1972: 348, 404]. Storicamente, quello inglese è l'archetipo, non già dello stato ente o persona giuridica, ma dello stato coordinato di enti; il suo ordinamento è come si dice, « a normazione comune », ossia è retto da un solo insieme di regole comuni a tutti i

soggetti, pubblici e privati, detto, appunto, *common law*.

2. Nicola Matteucci ha rilevato la dissociazione fra politica e diritto, fra realismo e formalizzazione giuridica che caratterizzano i diversi percorsi seguiti in questa materia dalle due tradizioni giuridiche. Egli dipinge un quadro illuminante delle *radicali diversità* che caratterizzano il concetto di stato di diritto continentale e di *rule of law* inglese dovute anche, oltre che a concezioni politiche e premesse teoretiche, *alla stessa formazione del diritto*. In effetti, la diversa teoria delle fonti contribuisce in maniera rilevante, anche se non esclusivamente, alla diversa concezione dello stato di diritto. Comunque, separazione dei poteri-costituzionalismo-stato di diritto appaiono concetti difficile da districare con nettezza. Matteucci osserva che alla base della *rule of law* angloamericana vi è un'esperienza culturale e politica del diritto che è tipica del costituzionalismo inglese. Egli scrive: « Mentre la cultura tedesca e quella continentale erano condotte dai propri presupposti teoretici a unificare Stato e diritto (ordinamento giuridico), quella inglese ha ignorato il concetto di Stato, usando piuttosto quello di 'governo' che è comprensivo delle tre classiche funzioni, o almeno dell'esecutiva e della legislativa. Dall'altro lato ha sempre affermato l'autonomia del diritto accanto o sopra il governo, o la necessità di subordinare il governo al diritto. Questo è stato reso possibile non solo per l'indipendenza dei giudici dal potere politico, ma soprattutto per il particolare carattere del diritto inglese, il quale ancora oggi vede, accanto a norme di produzione legislativo-parlamentare, la *common law*, un diritto di cui i giudici sono conservatori e depositari » [*Costituzionalismo*, in *Dizionario di Politica* 1976, ed. 1983: 276].

3. Negli S.U. il termine *state* è impiegato per indicare sia lo Stato federale (ad es., *United States*), sia uno degli stati dell'Unione; ma, come si è accennato, il titolo ufficiale di taluni di essi è quello di *Commonwealth*. Gli *states* dell'Unione non sono degli stati sovrani; e non è uno stato sovrano neanche lo stato federale: in effetti il federalismo dà luogo a una *double sovereignty*. Così, ad es., in sede internazionale, un trattato diretto ad evitare le doppie imposizioni concluso dallo stato federale ha effetto limitatamente alle imposte federali, ma non si estende a quelle previste dai singoli stati dell'Unione. Con il termine *U.S. Government* non si intende il governo federale, ma lo stato federale; in questo caso *government* è inteso nel senso di stato, che include i tre poteri, esecutivo, legislativo e giudiziario. È detta *sister state law* la legge di uno stato dell'Unione rispetto a un altro stato della stessa Unione (AMMINISTRAZIONE DELLO STATO; ARCHIVIO DI STATO; ATTENTATO ALL'INTEGRITÀ, INDIPENDENZA E UNITÀ DELLO STATO; ATTO DELLO STATO CIVILE; AVANZO DEL BILANCIO DELLO STATO; AVVOCATURA DELLO STATO; AZIENDA DI STATO; CAPACITÀ; CHIESA; CITTADINANZA; COLPO DI STATO; COMUNITÀ NAZIONALE; CONFINE; CREDITO DELLO STATO; DIRITTO (I) PUBBLICO-PRIVATO; FEDERALISMO; FONTI DEL DIRITTO; GESTITO DALLO STATO; GOVERNO; LIBERTÀ DI CIRCOLAZIONE COMUNITARIA; MONOPOLIO DI STATO; NAVE DI STATO; NAZIONE; PAESE; PERSONA GIURIDICA; POSSESSO DI STATO; POTENZA; POTERE; PRIVILEGIO DELLO STATO PER CREDITI DI IMPOSTA; PUBBLICA AMMINISTRAZIONE; RAGION DI STATO; REATO CONTRO LO STATO; RESPONSABILITÀ DELLA PUBBLICA AMMINISTRAZIONE; RESPONSABILITÀ INTERNAZIONALE DEGLI STATI; RICONOSCIMENTO; SEGRETARIO DI STATO; SEGRETO DI STATO; SEPARAZIONE DEI POTERI; SOTTOSEGRETARIO DI STATO; SOVRANITÀ; *STATUS*; SUCCESSIONE A FAVORE DELLO STATO; SUCCESSIONE DI STATI; TITOLI DI STATO; UFFICIALE DI STATO CIVILE; UGUAGLIANZA DEGLI STATI). [vol. I: INTRODUZIONE III. 13; ACT OF STATE; CORPORATION; CROWN; ESTATE; JURISDICTION; SISTER STATE; STATE; STATUS]

Bibl.:

Bobbio; N., *Stato*, in *Enciclopedia Einaudi*, vol. XIII: 453.

Gozzi, G., *Stato contemporaneo*, in *Dizionario di Politica* 1976, ed. 1983: 1126.

Matteucci, N., *Costituzionalismo*, in *Dizionario di Politica* 1976, ed. 1983: 270.

– **amministrativo.** Administrative state; ma non ha nulla a che vedere con lo stato amministrativo o il diritto amministrativo nostrano (*NEW DEAL*).

– **a sovranità limitata in genere.** Qualified sovereignty of state: è il caso, in diritto interno, degli stati dell'Unione rispetto allo stato federale negli S.U. (*supra*, STATO IN GENERE: 3; DOPPIA SOVRANITÀ; FEDERALISMO; SOVRANITÀ LIMITATA).

– **assoluto.** Absolute government, e non già absolute state (*infra*, STATO DI DIRITTO; SOVRANITÀ).

– **centralizzato.** Centralized government; la Francia ne resta il modello. Si oppone allo stato federale nordamericano e alla concezione anglo-americana dell'autogoverno (*infra*, STATI UNITI D'AMERICA; STATO FEDERALE; AUTOGOVERNO; FEDERALISMO; SOVRANITÀ: 2).

– **che ha formulato una riserva a un trattato.** Reserving State (TRATTATO INTERNAZIONALE). [vol. I: RESERVATION]

– **che ha partecipato ai negoziati di un trattato.** Negotiating State (TRATTATO INTERNAZIONALE).

– **civile in genere.** Grosso modo, civil o legal status; ma si tratta di concetto francese privo di equivalenza nella *common law*. Esso è descritto come segue in Amos and Walton: « the group or complex of qualities or attributes by which [a person] is principally characterized as a subject of capacities and rights — his nationality, age, parentage, adoption, emancipation, status in respect of marriage, subjection to interdiction and so forth » [1935, ed. 1967: 37]. Ma la *common law* conosce il concetto di *status*, non accolto, sembra, dal diritto italiano (*infra*, STATO E CAPACITÀ DELLE PERSONE; ALTERAZIONE DI STATO; CERTIFICATO; POSSESSO DI STATO; REGISTRI DELLO STATO CIVILE; SOPPRESSIONE DI STATO; UFFICIALE DI STATO CIVILE).

– **concedente** o **autorizzante.** Licensing State. Termine impiegato nell'art. 1 della convenzione di Bruxelles del 1967 sulla responsabilità degli operatori di navi nucleari (NAVE A PROPULSIONE NUCLEARE). [vol. I: NUCLEAR SHIP]

– **confederati dell'America del Nord.** Confederate states (*infra*, STATI UNITI D'AMERICA; CONFEDERAZIONE: 5; FEDERALISMO; SECESSIONE).

– **contraente di un trattato internazionale.** Contracting State; definito dall'art. 2, 1.(f) della convenzione di Vienna (TERZO STATO; TRATTATO INTERNAZIONALE).

– **costiero.** Coastal State (*infra*, STATO RIVIERASCO; DIRITTO (I) DEL MARE). [vol. I: *ad vocem*]

– **d'assedio.** State of seige (*infra*, STATO DI EMERGENZA; ASSEDIO; GUERRA; LEGGE MARZIALE; ORDINE PUBBLICO; RAGION DI STATO). [vol. I: MARTIAL LAW]

– **decentrato.** De-centralized government (*supra*, STATO CENTRALIZZATO; *infra*, STATO FEDERALE; FEDERALISMO).

– **dei luoghi.** (MODIFICA DELLO STATO DEI LUOGHI)

– **del benessere.** Welfare State (*infra*, STATO SOCIALE).

– **del diritto.** State of law (*infra*, STATO DI DIRITTO).

– **del foro.** Forum State (FORO; GIURISDIZIONE ESUBERANTE; GIURISDIZIONE STRANIERA; LEGGE STRANIERA).

– **delle persone.** (*infra*, STATO E CAPACITÀ DELLE PERSONE)

– **dell'Unione.** State of the Union; il riferimento è di solito all'Unione nordamericana (*supra*, STATI CONFEDERATI DELL'AMERICA DEL NORD; *infra*, STATI UNITI D'AMERICA; STATO FEDERALE; MESSAGGIO SULLO STATO DELL'UNIONE; UNIONE). [vol. I: COMMONWEALTH]

– **del parlamento britannico.** Estates of Parliament (*infra*, STATI GENERALI; PARLAMENTO). [vol. I: ESTATES OF THE REALM]

– **del passivo.** Statement of liability, loss account (BILANCIO AZIENDALE; PASSIVO).

– **di bisogno.** State of need; l'*economic duress*, o *business compulsion*, dà luogo alla difesa di stato di bisogno economico tale da indurre a compiere un atto in circostanze che impediscono l'esercizio della libertà di volere. Ma per indicare le condizioni di bisogno si parla anche di *necessitous circumstances*. Si noti il concetto di *necessaries of infants* impiegato nell'ambito delle questioni relative alla capacità contrattuale dei minori per stabilire il principio che il minore che abbia acquistato delle *necessaries* è tenuto a pagare non già il prezzo convenuto, ma quello ritenuto equo (*reasonable*) dal giudice. Peraltro, sotto la rubrica delle *necessaries* rientrano anche altri casi specie negli S.U. (anche in materia marittima) in cui lo stato di bisogno legittima un atto che sarebbe altrimenti invalido: in questo senso, essi sembrano configurare ipotesi di *negotiorum gestio*, figura non ammessa *eo nomine* nella tradizione di *common law* (*infra*, STATO DI NECESSITÀ; STATO DI PERICOLO NELLA CONCLUSIONE DEL CONTRATTO; ALIMENTI; ASSISTENZA GIUDIZIARIA; BISOGNO; CAPACITÀ DEL MINORE; CASO DI BISOGNO; ECCESSIVA ONEROSITÀ DEL CONTRATTO; INDEBITA INFLUENZA; INDIGENZA; LIBERO DA INFLUENZA ALTRUI; NECESSITÀ; *NEGOTIORUM GESTIO*; RESCISSIONE PER LESIONE; USURA; VIOLENZA). [vol. I: CATCHING BARGAIN; NECESSARIES; SUPPORT; UNCONSCIONABILITY]

– **di diritto.** Un termine che rende, grosso modo, in inglese, il concetto di stato di diritto, inteso nel senso di stato costituzionale, è quello di *limited government* che, come tale, si oppone all'*absolute go-*

vernment, ossia allo stato assoluto. Ma si tratta di analoghi, la difficoltà essendo che il concetto nostrano di stato di diritto — che replica, in sostanza, il modello teutonico — è cosa diversa da quello di *limited government* che indica, appunto, uno stato costituzionale in cui, cioè la sovranità è limitata dalla legge, dalla costituzione o da istituzioni che rappresentano, grosso modo, una serie di *checks and balances* del potere sovrano. In questo senso, le difficoltà di natura linguistica non sono altro che il prodotto di diversi e, in sostanza, inconciliabili punti di vista. In ogni caso, mentre il termine *limited government* è di natura generale, e descrittivo di uno stato costituzionale, nella tradizione di *common law* è il termine *rule of law,* concezione propria e originale di quella cultura giuridica, che riassume l'idea di stato di diritto del giurista anglo-americano. Tra l'altro, nella tradizione continentale il concetto non appare agevole; più che mai, gli studiosi non sembrano d'accordo sul contenuto da dare a un concetto in perpetua rielaborazione dottrinale. Che non si capisce bene.

1. La comparazione tra *Rechtsstaat* — ossia tra un concetto non univoco che, in buona sostanza, conferisce legittimazione e dignità allo stato assoluto prussiano del Settecento, alla monarchia guglielmina, alla repubblica di Weimar, al III *Reich* e alla Repubblica Federale Tedesca — e *rule of law* appare virtualmente impossibile. In breve, lo stato di diritto continentale si riduce spesso alle modalità giuridiche dell'esercizio del potere. Beninteso, l'antinomia *Rechtsstaat-rule of law* non esaurisce le dottrine sul tema fondamentale del costituzionalismo occidentale: in effetti, il *garantismo* di Benjamin Constant appare il meno distante dalle concezioni di *common law.* Ma è il parolone teutonico a caratterizzare più spesso la concezione dello stato di diritto continentale. Del resto, lo stesso termine stato di diritto appare intraducibile in inglese, in un sistema costituzionale, cioè, che prescinde dal concetto stesso di stato continentale.

2. In questo senso, *Rechtsstaat-rule of law* non possono essere considerate due varianti dello stesso concetto, ma appaiono come due concezioni che attengono ad una diversa storia politica, ad un diverso modo di intendere il rapporto tra il potere pubblico e i cittadini e, in definitiva, ad una diversa, spesso opposta, concezione della democrazia. La fine dei regimi autoritari, la vittoria militare in Occidente delle Forze Armate anglo-americane, ha segnato il trionfo politico, anche se ovviamente parziale, della concezione dello stato di diritto inteso quale *rule of law*: ma si tratta di un fatto accettato, o subito, *obtorto collo*, grazie alla forza delle armi, da paesi europei del continente come la Germania, l'Italia e in parte la Francia piuttosto che il risultato di una radicale rivoluzione di cultura politica. A questo proposito, resta da rilevare che se la *judicial review* resta storicamente fulgida gemma della *common law*, il contributo delle assai giovani corti costituzionali continentali alla promozione dello stato di diritto non sarebbe stato ipotizzabile senza l'accettazione della grande lezione americana. La *rule of law* è un'idea intimamente connessa ai Diritti dell'Uomo: questa è anche, ora, l'accezione politica di stato di diritto nei paesi di *civil law*.

3. Si è osservato che *Rechtsstaat* e *rule of law* appaiono due concetti « aperti » eppure tanto radicalmente diversi. Il primo appare essenzialmente un concetto tecnico-giuridico, professorale, nel quale troppo spesso gli studiosi continentali annaspano nel tentativo di offrirne una versione ragionevole e comprensibile, conciliabile con le assai recenti costituzioni del continente, tutte, o quasi tutte imposte dalla pressione irresistibile delle forze armate alleate delle grandi democrazie (S.U. e R.U.): questo dato storico è fondamentale. La stessa articolazione della *Grundgesetz* tedesca, che nel primo titolo (artt. 1-19) tratta dei diritti fondamentali dell'individuo, appare ispirata una concezione diversa e opposta al concetto stesso di *Rechtsstaat.* Per contro, quello di *rule of law* è concetto politico — di origine medievale — popolarissimo nelle grandi democrazie inglese e nordamericana, sviluppatosi in una ben diversa storia costituzionale in cui, come scrive Otto Kahn Freund [1972, ed. 1977: 18, 54], il giudice di *common law* è allo stesso tempo « *rule maker and decision maker all at once* ».

4. Come scrive Nicola Matteucci, studioso che ha dato un contributo notevole alla conoscenza del pensiero politico anglo-americano nel nostro paese: « L'idea di libertà politica manca invece nell'ideale tedesco di Stato di diritto: un ideale che nasce nella Prussia del Settecento a contatto di diverse esperienze culturali e politiche. Innanzi tutto, il dispotismo illuminato af-

ferma l'impersonalità del potere: sovrano non è il Re, e non sarà neppure il popolo, ma solo e soltanto lo Stato, che li sintetizza e li supera entrambi. Tutti, dal Re al più basso funzionario, sono servitori dello Stato, contro il quale i cittadini non possono opporre i propri diritti originari, proprio perché la sua sovranità non conosce limiti (...) Il diritto, così, si riduce a forza e viene tolta quella feconda antitesi, propria di tutta la storia del C.[ostituzionalismo], fra potere e diritti individuali (...) Assai diversa e del tutto singolare l'esperienza costituzionale inglese, tutta incentrata attorno al principio del *rule of law*, concetto che è assai difficile da definire come da tradurre: governo della legge o regola del diritto? L'espressione si afferma nell'Inghilterra del Seicento, ma riprende largamente motivi medievali, per affermare l'eguaglianza dei cittadini inglesi di fronte alla legge e per combattere ogni arbitrio del governo, che ledesse i lori diritti legali. Alla base del *rule of law* c'è un'esperienza culturale e politica del diritto, che è tipica dell'Inghilterra. Mentre la cultura tedesca e quella continentale erano condotte dai propri presupposti teoretici a unificare Stato e diritto (ordinamento giuridico), quella inglese ha ignorato il concetto di Stato, usando piuttosto quello di 'governo' che è comprensivo delle tre classiche funzioni, o almeno dell'esecutiva e della legislativa. Dall'altro lato ha sempre affermato l'autonomia del diritto accanto o sopra il governo, o la necessità di subordinare il governo al diritto ».

5. Insomma, volendo spiegare a un *common lawyer* l'autentico concetto continentale di stato di diritto, si potrebbe dire che esso consiste in una specie di *rule of law* senza *Common Law, senza Judicial Review*, senza *Habeas Corpus*, senza *Glorious Revolution,* senza *Bill of Rights* (inglese e americano), senza *Due Process*, senza *Equal Protection Clause*, senza la Costituzione degli Stati Uniti — sviluppo ultimo del costituzionalismo e dell'illuminismo europeo — senza la *Supreme Court of the United States*, etc., etc.; insomma, per farla breve, *uno stato di diritto senza ... diritti.* J. Habermas osserva che la realtà costituzionale dello stato di diritto borghese si trova, da sempre, in contraddizione con l'idea di democrazia, che è una delle sue condizioni di partenza [1973, trad. it.: 7]. Ma il rilievo si attaglia più a un sistema retto dallo stato di diritto continentale che alla *rule of law*. In effetti, sembra potersi dire che la concezione di stato diritto continentale contenga in sé stessa la sua più flagrante contraddizione. Basta pensare alla dicotomia *diritto pubblico-diritto privato* (ignota, *et pour cause!* alla *common law*), con due ordini di norme e di giurisdizioni, ordinarie e amministrative, che sanciscono lo *status* privilegiato accordato al potere pubblico e con esso, diritti diversi, a seconda che si tratti del potere pubblico o di privati. In questo senso, non soltanto la dicotomia è fonte di *status* ignoti alla tradizione di *common law*; essa si pone addirittura, di per sé, come radicale *negazione dello stato di diritto* così come dovrebbe essere inteso al giorno d'oggi.

6. Stato di diritto e ragion di stato sono concetti che esprimono valori per molti versi sostanzialmente opposti (*supra*, STATO IN GENERE; RAGION DI STATO). E, d'altro canto, la *tutela dei diritti non sarebbe ipotizzabile al di fuori dello stato di diritto* inteso come *rule of law* (AUTOCERTIFICAZIONE; CERTEZZA DEL DIRITTO; CONTROLLO GIURISDIZIONALE DI COSTITUZIONALITÀ; DICHIARAZIONE DEI DIRITTI; DIRITTI (II) DELL'UOMO; DIRITTO (I) NATURALE; ETICA; FONTI DEL DIRITTO; ORDINAMENTO GIUDIZIARIO; SEPARAZIONE DEI POTERI; TUTELA DEI DIRITTI). [vol. I: RULE OF LAW]

Bibl.:
Matteucci, N., *Costituzionalismo*, in *Dizionario di Politica* 1976, ed. 1983: 270, 275, 276.
Zagrebelsky 1992: 28.

– **di emergenza.** State of emergency (*infra*, STATO DI NECESSITÀ; EMERGENZA; RAGION DI STATO). [vol. I: EMERGENCY]

– **di famiglia.** Family situation (FAMIGLIA).

– **di guerra.** State of war (GUERRA).

– **di insolvenza in genere.** Insolvency (INSOLVENZA).

– **di natura.** State of nature (DIRITTO (I) NATURALE).

– **di necessità.** Necessity; *induced by duress* è un atto o contratto stipulato profittando dello stato di necessità o di pericolo dell'altra parte (*supra*, STATO DI BISOGNO; STATO DI EMERGENZA; *infra*, STATO DI PERICOLO NELLA CONCLUSIONE DEL CONTRATTO; AUTODIFESA; COMPLICITÀ NECESSARIA; DEROGA; FORZA MAGGIORE; LEGITTIMA DIFESA; LESIONE; NON PUNIBILITÀ; PERICOLO IMMINENTE; PROFITTI STRAORDINARI;

RAGION DI STATO; RESCISSIONE PER LESIONE). [vol. I: *ad vocem*; DURESS; SELF-DEFENCE]

– **di osservatore a una conferenza.** (OSSERVATORE A UNA CONFERENZA)

– **di pericolo.** Imminent danger, imminent peril, impending peril, state of alert, state of emergency (*supra*, STATO DI EMERGENZA; STATO DI NECESSITÀ; FORZA MAGGIORE; PERICOLO).

– **di pericolo nella conclusione del contratto.** Contract entered into under duress; è nullo (*supra*, STATO DI BISOGNO; SALVATAGGIO MARITTIMO).

– **di polizia.** Police state (*supra*, STATO DI DIRITTO).

– **di servizio.** Record of service (SERVIZIO). [vol. I: SERVICE]

– **e capacità delle persone.** Grosso modo, civil status and capacity of persons. Nei sistemi di *common law* è la legge del *domicile,* e non già quella della nazionalità, come nella *civil law*, che, in via generale, regola lo stato, la capacità, i rapporti di famiglia e la successione delle persone (CONFLITTO DI LEGGI; DIRITTO (I) INTERNAZIONALE PRIVATO; LIBERTÀ DI STATO PER IL MATRIMONIO; *STATUS*; SUCCESSIONE). [vol. I: DOMICILE]

– **e Chiesa.** (CHIESA)

– **estero.** Foreign government, foreign State (IMMUNITÀ DEGLI STATI ESTERI DALLA GIURISDIZIONE; LEGGE STRANIERA; SENTENZA STRANIERA; SOVRANITÀ).

– **federale.** Federal government; l'esempio più importante è costituito da quello nordamericano (*supra*, STATO CENTRALIZZATO; STATO DECENTRATO; *infra*, STATI UNITI D'AMERICA; STATO UNITARIO; FEDERALISMO; GOVERNO). [vol. I: FEDERAL; PLURILEGAL UNITS OF SOVEREIGNTY]

– **firmatario di una convenzione internazionale.** Signatory State of an international convention (CONVENZIONE INTERNAZIONALE; TRATTATO INTERNAZIONALE).

– **generali.** Estates of the realm (*supra*, STATI DEL PARLAMENTO BRITANNICO; *STATUS*). [vol. I: ESTATES OF THE REALM]

– **giuridico.** Legal status, legal situation (*supra*, STATO E CAPACITÀ DELLE PERSONE; *STATUS*). [vol. I: STATUS]

– **intercluso privo di coste.** Land locked State (COSTA DEL MARE). [vol. I: *ad vocem*]

– **laico.** Secular state (CHIESA).

– **maggiore generale.** Joint Staff (CAPO DI STATO MAGGIORE GENERALE).

– **membro dell'Unione negli S.U.** State of the U.S. (STATI UNITI D'AMERICA). Si noti che il *District of Columbia*, sede delle istituzioni federali, non costituisce nel senso tecnico uno stato dell'Unione, e tantomeno un territorio (*infra*, STATI UNITI D'AMERICA; FEDERALISMO; TERRITORIO).

– **membro di un'organizzazione internazionale.** Member State of an international organization (ORGANIZZAZIONE INTERNAZIONALE).

– **nazionale.** Nation-state; il preambolo della costituzione degli S.U. comincia con le parole: « *We the people of the United States...* ». Nel linguaggio costituzionale nordamericano il termine *state* è riferito di solito agli stati dell'Unione, mentre il termine *United States* è riferito allo stato federale; ma si parla anche, nel linguaggio popolare, di *the states* per indicare gli Stati Uniti. Con il termine *nation* si indica di solito il popolo nordamericano nel suo insieme soggetto al potere dello stato federale, ovvero la nazione o lo stato federale (*supra*, STATO IN GENERE; *infra*, STATI UNITI D'AMERICA; NAZIONE).

– **neutrale.** Neutral State (NEUTRALITÀ). [vol. I: NEUTRALITY]

– **ospitante di un'organizzazione internazionale.** Host State (ORGANIZZAZIONE INTERNAZIONALE).

– **rivierasco.** Riparian State (*supra*, STATO COSTIERO; STATO INTERCLUSO PRIVO DI COSTE). [vol. I: *ad vocem*]

– **secessionista.** Seceding state, breakway state; quando il termine è riferito alla secessione tra gli stati dell'Unione nordamericana del 1861, si noti che gli stati secessionisti erano definiti *confederates* dal fatto che essi si erano uniti in una confederazione (CONFEDERAZIONE; FEDERALISMO; SECESSIONE).

– **sociale.** Welfare State; ma si tratta di una traduzione approssimativa. Del resto, il termine inglese appare intraducibile in qualsiasi altra lingua. Se l'impulso originario allo stato sociale può essere, storicamente, ricondotto alla legislazione sociale bismarckiana, in effetti, il *Welfare State* ha assunto la sua più completa realizzazione in Gran Bretagna negli anni '40. Peraltro, vi è una unicità dello « stato sociale » italiano che lo fa apparire troppo spesso come una *versione caricaturale* del modello britannico: esso non ha quasi *nulla in comune con le idealità* alla basc del *Welfare State* britannico e degli altri paesi europei. Da questo punto di vista, esso è incomparabile (BENEFICI SOCIALI).

Bibl.:

Flora e Heidenheimer (cur.) 1981, trad. it.: 25.

– **straniero.** (*supra*, STATO ESTERO)

– **unitario.** Unitary state; stato unitario non significa unico ordinamento giudiziario, né unicità di ordinamenti giuridici: il R.U., stato unitario, costituisce in effetti una *plurilegal unit of sovereignty* (*supra*, STATO FEDERALE; REGNO UNITO). [vol. I: PLURILEGAL UNITS OF SOVEREIGNTY]

– **Uniti d'America.** United States of America; ma si parla anche di *Union* per indicare il tipo di stato federale, e di *the States* per indicare il paese nel suo insieme. Quando l'espressione U.S. precede qualsiasi sostantivo (es.: *U.S. courts*, etc.) essa comporta sempre un riferimento allo stato federale (nella specie, le corti federali degli S.U.). Gli S.U. (a parte la struttura federale dello stato, dato originale di quel sistema costituzionale), sono figli della cultura politica e giuridica inglese. La costituzione degli Stati Uniti rappresenta l'espressione più alta dell'illuminismo occidentale, e la democrazia americana quella che in tutta la storia dell'Occidente ha raggiunto la sua maggiore ampiezza. Gli S.U. si collocano nell'ambito della tradizione di *common law*, con la parziale eccezione della *Louisiana*, *Porto Rico*, etc. (*supra*, STATI CONFEDERATI DELL'AMERICA DEL NORD; STATO DI DIRITTO; STATO FEDERALE; ABORTO; BANDIERA DEGLI STATI UNITI D'AMERICA; BORSA; CHIESA; CONFEDERAZIONE; CONGRESSO DEGLI S.U.; COSTITUZIONE POLITICA; DICHIARAZIONE DI INDIPENDENZA; DIFFAMAZIONE; DIRITTO (I) NORDAMERICANO; DIVORZIO; *DUE PROCESS CLAUSES*; ELEZIONE DEL PRESIDENTE DEGLI S.U.; ESECUZIONE FORZATA DELLA SENTENZA CIVILE STRANIERA: 8; FALLIMENTO; FEDERALISMO; FEDERAZIONE; GARANZIA COSTITUZIONALE; GIUDICE NATURALE; GOVERNO APERTO; INDISCREZIONI SOCIETARIE; INDIZIO; MATRIMONIO; MESSA IN STATO DI ACCUSA DEL PRESIDENTE DELLA REPUBBLICA; MONOPOLIO; NAZIONE; *NEW DEAL*; OBBLIGAZIONE (II) SPAZZATURA; ORDINAMENTI GIURIDICI PLURILEGALI o COMPOSITI; PADRI FONDATORI; PENA DI MORTE; POTERI RESIDUALI; PROCEDURA: 4; PROVA; QUESTIONE FEDERALE; RESPONSABILITÀ DEL PRODUTTORE; RITARDO VESSATORIO NEL PAGAMENTO; RIVOLUZIONE; SEPARAZIONE DEI POTERI; STRANIERO; SUPREMAZIA DEL DIRITTO FEDERALE NEGLI S.U.; TERRITORIO; UNIONE). [vol. I: INTRODUZIONE: III. 36; SISTER STATE]

Statualità. Statehood (NAZIONALITÀ; SOVRANITÀ; STATO). [vol. I: *ad vocem*]

***Status* o condizione.** Status, standing, state, station, condition. Si parla di *status of women* per indicare la condizione della donna. Comunque, anche in questa materia, concetto sociologico e concetto giuridico si confondono spesso: il saggio di Giovanni Criscuoli dà la misura della ampiezza e complessità del tema.

1. Si ritiene generalmente che la dottrina italiana non accolga il concetto di *status*: comunque, l'argomento sembra interessare ben pochi studiosi nostrani. Ma questa è una delle tante diversità e stravaganze che distinguono la ricerca nel nostro paese. Eppure, si tratta di un (se non del) tema fondamentale, chiave di lettura importante per la comprensione di una caratteristica fondamentale che accompagna lo sviluppo della società umana dalle sue origini, e assume aspetti particolari nella società industriale di massa. Questo disinteresse per un argomento così importante appare tanto più sorprendente in quanto proprio da noi la *status society* ha raggiunto le forme più aberranti sul piano giuridico, economico, politico e sociale. Che poi il fenomeno dello *status* sia ontologicamente un fatto che attiene all'organizzazione sociale e che quindi il giurista non debba interessarsene, sarebbe tesi altrettanto pazzesca quanto quella per cui non bisogna badare ai monopoli perché si tratta di fenomeni economici, e così via cantando. Se fosse così, di cosa diavolo mai dovrebbe occuparsi il giurista? Tutto questo ci conduce alle *premesse* del diritto che, com'è noto, sono *tutte* collocate e trovano origine al di fuori del diritto: dal sociale, all'economia, alla politica, allo...spazio cosmico. In questo senso, il giurista è chiamato ad operare su o a regolare fatti politici, economici, e sociali sulla cui origine non ha avuto alcuna influenza, anche se, beninteso, la regolamentazione giuridica — non essendo neutra o indifferente, ma imponendo delle scelte — è a sua volta destinata a condizionarne variamente lo sviluppo: ad esempio, gli effetti del diritto sull'economia sono troppo noti per essere qui ricordati. Un economista che studiasse il fenomeno dei monopoli negli S.U. senza tener conto del regime legislativo e delle decisioni della veneranda *Supreme Court* si troverebbe ad analizzare qual-

cosa che non sta né in cielo né in terra. Così con lo *status*; che è certamente anzitutto fenomeno sociale e politico, con la peculiarità di essere già di per sé in qualche maniera già ordine sociale e giuridico sul quale al legislatore e al giurista tocca stabilire soltanto se intervenire o meno.
2. Ma, sul piano tecnico, la accennata indifferenza per l'argomento appare tanto più incomprensibile in quanto proprio la dicotomia *diritto pubblico-diritto privato* (tanto cara ai nostri giuristi, ma ignota, *et pour cause!* alla *common law*), con due ordini di ordine di norme e di giurisdizioni, ordinarie e amministrative, sancisce lo *status* privilegiato accordato al potere pubblico e la natura dei diritti (diversi) a seconda che essi spettino al potere pubblico (ossia ai gruppi che lo gestiscono) o ai privati. In questo senso, non soltanto la dicotomia è fonte di *status* ignoti alla tradizione di *common law*: essa si pone addirittura, di per sé, come radicale *negazione dello stato di diritto.*
3. Ma, per molti versi, in una società democratica *status society* e *pluralismo* sono due facce della stessa medaglia. E, d'altro canto, una società pluralista che sia anche multietnica come sembra che siano diventate e stiano per divenire le società dell'Occidente, corre il serio rischio di passare dal *pluralismo* al *tribalismo* e quindi anche alla perdita dell'identità nazionale.
4. Com'è stato osservato, si va affermando negli ordinamenti più avanzati (sic!) un nuovo tipo contrattuale definito, appunto, come vendita al consumatore. Che allude, in definitiva, al consumatore come ad una categoria che partecipa di uno *status* tipico delle società industriali di massa, al pari dell'utente, dell'investitore etc. Ma non si tratta solo di questo: negli S.U. si discute se il rapporto matrimoniale debba essere considerato di natura contrattuale, ovvero se esso non consista in uno *status*. Il matrimonio è concluso come un contratto, ma successivamente dà luogo ad uno *status*. Una celebre decisione della *Supreme Court* stabilisce: « other contracts may be modified, restricted, or enlarged, or entirely released upon the consent of the parties. Not so with marriage. The relation once formed, the law steps in and holds the parties to various obligations and liabilities. It is an institution, in the maintenance of which in its purity the public is deeply interested, for it is the foundation of the family and of society, without which there would be neither civilization nor progress » [*Maynard* v. *Hill*, 125 U.S. 190 (1888)].

5. In ogni caso, la materia richiama gli *statuti di gruppo* delle cronache cittadine italiane dei secoli scorsi. Ma anche *statuti di gruppo* e *diritto personale* sono per molti versi due facce della stessa medaglia. I *magnati* godettero nella vita politica del comune privilegi quali l'esclusiva partecipazione alle più alte magistrature, l'esenzione dai tributi, l'impunità o diminuzione di pena per alcuni reati. Il conflitto fra magnati e popolani vide quasi dappertutto, ma formalmente, l'affermazione del *popolo* che promulgò speciali *Ordinamenti*. Lo stesso Dante Alighieri, di piccola nobiltà guelfa — nostro padre (o almeno di alcuni di noi) per il culto appassionato della verità e della giustizia — a seguito degli *Ordinamenti* di Giano della Bella dovette iscriversi a una *corporazione;* l'unico mezzo consentito ai nobili non magnati di prendere parte al governo del comune. Costrette ad abbattere le loro torri, le famiglie magnatizie furono sottoposte a gravose imposizioni civili e penali, al giuramento solenne (sodamento) di rispettare le leggi del comune e di non turbarne la pace. Numerose famiglie magnatizie decaddero; altre, rinunciando alle loro tradizioni e privilegi, talora anche al *nome*, si fecero riconoscere ed accettare come popolani, riottennero i diritti politici tornando ad esercitare gran peso nella vita del comune e delle stesse associazioni di « popolo ».
6. Beninteso, bisognerà aspettare dei secoli prima di vedere una società industriale trasformata in una gigantesca *status society* come nella dittatura nazista con i suoi *Untermenschen* o in quella bolscevica con i suoi *kulaki* e la sua *nomenklatura*. La stessa guerra civile nell'ex Jugoslavia combattuta in nome della etnia, non postula forse una *status society*?
7. Lo *status* identifica un tratto fondamentale, oltre che dell'ordine sociale (e giuridico) umano (ad es., l'ordinamento per caste della società hindu), anche di quello animale: api operaie e ape regina assumono diversi *status*. Nella svariata gamma di accezioni che il termine assume, *status* indica, in generale, una condizione, un modo di essere, una diversità, un'appartenenza. Nel senso più propriamente giuridico, il termine indica più spesso una qualità giuridica, una condizione legale, di solito, ma non necessariamente, permanente, che di per sé postula un rapporto e un regime giuridico *ad hoc*. Lo *status* viene considerato come fonte o presupposto della capacità giuridica o addirittura identificato con quest'ultima. L'esempio tradizionale di *status* è quello

della cittadinanza. Ma è anche il più facile: in effetti lo *status* giuridico deriva anche da una appartenenza a un gruppo, a una etnia, a una determinata credenza religiosa, etc.; l'omosessualità è uno status; il portatore di *Aids* è equiparato all'handicappato, ed è fatto divieto (negli S.U.) di farne oggetto di discriminazione (DISCRIMINAZIONE). *Status-symbol* è simbolo di stato, di appartenenza a un dato gruppo sociale.

8. Ma lo *status* costituisce anche, spesso, la premessa del *diritto personale*; che si ha quando la legge applicabile a una persona e agli atti da lei posti in essere è quella della sua etnia, del suo gruppo religioso, della sua casta, o altro fattore personale, in quanto distinto dalla legge del territorio in cui essa persona si trova. Storicamente, con la caduta dell'impero romano e a seguito degli insediamenti barbarici in territorio romano, si sviluppò un sistema di diritti personali per cui ogni gruppo ritenne il proprio diritto, mentre i cittadini romani che vivevano nei territori conquistati erano governati dal diritto romano. Così i Franchi, i Burghignoni, i Goti ed altri erano soggetti al proprio diritto personale. Dall'XI secolo, questo sistema si infranse con lo sviluppo del feudalesimo e la nascita delle città-stato; il che diede luogo alla supremazia del principio della territorialità della legge.

9. Ma il diritto personale non è un ricordo del passato: nelle società democratiche — massime in quella nordamericana — il pluralismo etnico, culturale e religioso dà luogo molto spesso a conflitti tra la legge territoriale e quella del gruppo che, di solito, comportano delicate questioni di costituzionalità. Basta pensare ai problemi posti dalla trasfusione di sangue, alla poligamia, alle festività, etc. Al di fuori dell'Occidente, in India, Indu e Maomettani — in materia di diritto di famigia e di successione — sono retti dal proprio diritto personale; lo stesso dicasi di numerosi altri paesi dell'Asia e dell'Africa in cui coesistonono diverse comunità per le quali la fede religiosa stabilisce delle regole (giuridiche) diverse, e spesso in contrasto con quelle territoriali. Del resto, lo stesso *regime delle capitolazioni* si riconnetteva al concetto di *status*; esso consentiva di attribuire una particolare condizione ai cittadini dei paesi dominanti residenti in loco consistente, tra l'altro, nella concessione di privilegi commerciali e, in particolare, nell'immunità dalla giurisdizione locale, nel diritto di fare ricorso all'amministrazione della giustizia del proprio paese (più spesso i consoli) in materia penale e civile.

10. Quanto al sistema inglese, i divorzi pronunziati al di fuori di un processo giurisdizionale, ma validi secondo il diritto religioso delle parti sono stati ritenuti tali, diversamente da quanto accadrebbe se le parti fossero soggette al diritto inglese.

11. Questi pochi rudimentali accenni al tema dello *status*, appaiono sufficienti a dare la misura della grande importanza sociale, politica e giuridica dell'argomento. Stupisce quindi la sua assenza dal pur celebrato Dizionario di Politica di Bobbio e Matteucci. E si tratta di non piccola menda. Perché, come si è accennato, neanche a farlo apposta, il sistema politico italiano costituisce il massimo esempio — anzi il modello — di organizzazione della *status society* nelle sue massime aberrazioni; incessante creatore di « diritti di categoria », e allo stesso tempo negatore in radice dei diritti della generalità. Soprattutto, organizzatore di iniquità e, insomma, di un *autentico assetto pretoriano del potere*. Sarebbe un lungo discorso andare a ricercare le ragioni per cui il nostro paese abbia visto il trionfo incontrastato della *rappresentanza degli interessi* non già nel regime fascista, che pure ne faceva obiettivo dichiarato della propria « rivoluzione », ma in un regime, almeno sul piano rituale, democratico. Un capitolo in cui figura la storia della *democrazia consociativa* all'italiana sorretta da due ideologie populiste animate da un anticapitalismo contadinesco e preindustriale. L'aggravante rispetto al regime fascista sta in questo: che, proprio perché regime dittatoriale nel quale sussisteva una qualche forma di organizzazione centralizzata del potere — e anche, suvvia, diciamolo, un qualche rispetto dell'interesse generale — esso non era costretto a ricorrere alle forme più estreme di quell'assetto *pretoriano* (o meglio criminale) del potere, inevitabile invece in una situazione in cui il potere è frammentato in mille mani ma allo stesso pretende di conservare le forme del pluralismo democratico. In una situazione che esclude per principio l'alternanza delle forze politiche al governo del paese, e quindi la stessa lotta politica che non sia una continua gara di ricatti reciproci. Il regime fascista poteva darsi grandi leggi di interesse generale, come in materia di tutela del territorio e del patrimonio artistico del paese, un lusso negato alla *democrazia consociativa*, dovendo essa, al contrario, mostrarsi ben più corporativa di quanto il fascismo sia mai stato: il demenziale baraccone di 150mila leggi e 300 tra imposte e tasse, unito alla *mancanza di regole* non è il

risultato *du hazard*, ma il prodotto della *nécessité*, che tanti tratti in comune con le dittature latino-americane doveva rivelare. Se si pensa alla smisurata dimensione dell'*economia sommersa* nel nostro paese, parte fondante della nostra *status society*, si coglie la natura dell'*illegalità di massa* che da noi coinvolge diecine di milioni di persone. In un ottimo articolo, Pietro Scoppola — eminente studioso liberale-cattolico, impegnato in un civile ma, si teme, assai improbabile tentativo di rinnovamento politico della sua parte e del nostro paese, rileva, tra l'altro, che: « La cittadinanza in Italia è una nozione giuridica, priva di quella valenza sociologica, culturale e morale che ha assunto in altri paesi (...) la voce 'cittadinanza' figura con rilievo in tutte le enciclopedie giuridiche; ma è assente ad esempio nel famoso *Dizionario di politica* diretto da Norberto Bobbio e Nicola Matteucci » [*Una incerta cittadinanza italiana*, il Mulino 1/91: 47]. A rigor di logica, non dovrebbe esserci neanche la voce 'Nazione' che, invece, risulta trattata. Ad ogni modo, il non meno famoso Dizionario de Franchis riporta *tutte* le voci relative allo *status* nel I e nel II volume dell'opera; concetto senza il quale appare difficile intendere una fondamentale tendenza evolutiva delle società industriali, democratiche o meno che siano. Comunque, la cittadinanza si ricollega al concetto di *status*, deliberatamente ignorato dalla nostra dottrina; ma nel *Dizionario* di Bobbio e Matteucci non esiste neppure la voce 'Status'. E così si ha, da un lato, un diluvio di riferimenti a Max Weber e, dall'altro, il silenzio sull'intuizione geniale di Sir Henry S. Maine. È bensì vero che si parla della società per ceti, ma se parla come di un fenomeno tipico di organizzazione sociale feudale o premoderna. Una stranezza che va al di là delle carenze delle opere collettanee, enciclopedie o dizionari che dir si voglia. Resta il fatto che in un paese in cui si assiste a una inquinante produzione di saggi sulle materie più pazzesche, in cui si scrivono appassionati saggi...sull'usufrutto del gregge in diritto lusitano (sic!), si riscontra una *démission* quasi totale rispetto a un tema che sembra invece fondamentale. Basterebbe — per i giuristi « puri » — soffermarsi sul conflitto tra la clausola, tanto per dirla con la costituzione americana, della *equal protection of the laws* e la *status society* per rendersi conto dell'importanza e urgenza dell'argomento.

12. Taluni *status* sembrano collegati ad un ordinamento feudale-corporativo della società (il signore della terra, il servo, il magnate, il ciompo dell'ordinamento corporativo fiorentino, etc.); altri, si estendono alle società industriali moderne, anche se in un quadro di grande *mobilità sociale* che, in principio, appare come l'antitesi della *status society*. Del resto, sul piano teoretico, il sistema dei diritti immobiliari di *common law* non può essere inteso al di fuori del concetto di *status*. Ancora oggi in Giappone la condizione dei coreani e dei filippini non è troppo diversa dalla schiavitù; in Russia, anche dopo la caduta del regime comunista, sussistono delle leggi draconiane in tema di migrazioni interne che fanno di taluni cittadini, ad es., i moscoviti, persone che assumono un autentico *status* rispetto agli esterni.

13. Ma status e libertà — e quindi movimento e *social change* — si collocano spesso su posizioni antinomiche. *Status*-istituzione, *status*-capacità, *status*-legittimazione sono concetti che si intrecciano e spesso confondono. Ed ecco lo *status* che attiene ad una collocazione nella gerarchia sociale e politica (lo schiavo), a un ordine politico, come gli stati generali o *estates of the realm*, ancora tecnicamente in vita nel sistema costituzionale britannico; lo *status* che connota l'appartenenza a una *casta* e la casta stessa, che attiene a una condizione razziale o religiosa, al sesso (maschile, femminile) a tendenze sessuali (omosessuali), all'appartenenza a un dato ordinamento giuridico (cittadinanza), a un ordine (religioso), etc. La società industriale di massa genera altri *status* come, ad es., quello di utente, consumatore, investitore, tossicodipendente, etc.

14. Anche nella *common law* non è agevole distinguere lo *status* da figure affini quali, tanto per usare concetti nostrani, il diritto (soggettivo), il potere, la facoltà, la capacità, la qualifica, il titolo e la legittimazione. Un carattere peculiare della *common law*, di origine feudale, è quello che vede nel concetto di *relation*, e non già nella volontà autonoma del soggetto, la fonte di un determinato regime giuridico, di talune obbligazioni, etc. È da questa *relation*, ossia dallo *status* dell'individuo nella società, nel gruppo, nella corporazione o nella famiglia, che la legge o la consuetudine fanno discendere obbligazioni ed oneri per la persona, a prescindere dall'atto autonomo di lei, laddove la *civil law* tende ad attribuirne la fonte al contratto e alla volontà dell'individuo.

15. L'idea di rapporto o di *status* pervade tutta la *common law*. A cominciare dall'articolazione dei diritti immobiliari, con la lo-

ro terminologia che allude ad un ordine feudale in cui lo *status* assume importanza fondamentale, alla *House of Lords* che riflette i tre stati o ordini del reame. Ormai celebre è l'intuizione di H.S.Maine per cui il passaggio dallo *status* al *contratto* costituisce il segno caratteristico delle società in evoluzione: e non sembra dubbio che, almeno in una prima fase, esso corrisponda alle esigenze dello sviluppo capitalistico, che postula il *movimento*. A questo proposito, è stato osservato che nella guerra civile nordamericana, al di là del conflito ideologico tra schavitù e libertà che, del resto, non costituiva neanche la ragione originaria del conflitto, si svolgeva la lotta tra *status* e contratto.

16. Otto Kahn-Freund riprende la frequente osservazione secondo la quale nelle società industrializzate attuali si assiste ad un'inversione di tendenza rispetto a quella indicata da H. S. Maine oltre un secolo fa come caratteristica delle *progressive societies*. Si afferma che il contratto è morto; e può sembrare un'iperbole nel secolo dei diritti civili, tra cui vi è certamente anche l'autonomia contrattuale; eppure, il ritorno a nuove forme di staticità risultanti da una serie di fattori economici e sociali, le tendenze allo « statuto dei gruppi », al particolarismo giuridico, soprattutto alla violenta rivendicazione della propria individualità razziale e culturale, di cui il conflitto nell'ex Jugoslavia costituisce l'aspetto più tragico, sembra giustificare lo scenario disegnato da Wolfgang Friedmann di una nuova *status society* più schiava di quella dell'Europa feudale giacché le nuove tecniche consentono ad una *élite* di consolidare il proprio potere sulle masse « hovering between contentment and the threat of annihilation » [1959, ed. 1972: 500].

17. Irti [1979: 26] ha evocato di recente il fenomeno della decodificazione ad opera dei gruppi che rivendicano « il diritto di categoria ». Ma si tratta di un effetto del pluralismo e di un fenomeno generale che, *mutatis mutandis*, tocca anche o, meglio, ancor più, grandi democrazie industriali come gli S.U. Beninteso, in senso stretto, non si può parlare di decodificazione nei sistemi di *common law* che sono tali proprio perché i codici (intesi nel senso nostrano) non esistono. Ma se, sul piano politico-sociale, il fenomeno è analogo indipendentemente dalla tradizione giuridica, resta il fatto che nei sistemi di *common law* il cosiddetto « diritto di categoria » viene ricomposto da un solo ordine giudiziario che, storicamente, è stato sempre l'oracolo della legge. È questa una funzione alla quale le burocrazie giudiziarie del continente, per numerose ragioni, si adattano assai male.

18. Invece, in nessun altro paese dell'Occidente come da noi, il fenomeno corporativo è esasperato dalla assenza di una tavola di valori comunemente condivisi. Ma vi è di più: in nome di una società multirazziale, talune forze politiche — le stesse che hanno di recente manifestato un'assai sospetto amore per l'unità d'Italia — si battono addirittura per l'abolizione del diritto territoriale o comune auspicando un non meglio definito tenebroso medioevo che sopprima le conquiste dell'illuminismo sostituendo all'accordo generale sulle regole ultime che dovrebbero reggere la nazione, una anarcoide ammasso di diritti personali che collocherebbe in maniera irreversibile il paese nell'ambito del Terzo Mondo, ammesso che non ne faccia già parte (ARISTOCRAZIA; AUTONOMIA CONTRATTUALE; CAPACITÀ; CITTADINANZA; CONDIZIONE DI VEDOVANZA; CONSUMATORE; DIRITTO (I) PERSONALE; DISCRIMINAZIONE SESSUALE; DISUGUAGLIANZA; ETNIA; GRUPPO DI PRESSIONE; IMMUNITÀ PARLAMENTARI; LEGITTIMAZIONE; MEMBRO; MINORENNE; ORDINE; POSIZIONE; QUALIFICA; RANGO; RAPPORTO GIURIDICO; RAPPRESENTANZA; RAZZA; REATI DI STATO; REGIME DELLE CAPITOLAZIONI; SESSO; SOPPRESSIONE DI STATO; STATI GENERALI; STATO; STATO CIVILE; STATO DI DIRITTO; STATO E CAPACITÀ DELLE PERSONE; TITOLO NOBILIARE; TUTELA DEI DIRITTI; VAGABONDAGGIO). [vol.I: INTRODUZIONE: III. 16; DOMICILE; STATUS]

Bibl.:

Criscuoli, G., *Variazioni e scelte in tema di status* (1984) 2 RDC 157.

Graveson, R.H., *Status in the common law*, University of London, The Athlone Press, 1953, repr. Wildy & Sons, 1982.

Statutario. Quando il termine è riferito allo statuto di un'associazione, si potrebbe parlare, grosso modo, di *relating to, provided for by the articles of association* o *the by-laws of an association,* etc. Bisogna resistere alla tentazione di tradurre con statutory, aggettivo di *statute*, ossia un atto legislativo, come tale distinto dalla regola non scritta o giurisprudenziale, detta *common law*. Questo significato si spiega solo nell'ambito dell'assai diversa teoria delle fonti del diritto della tradizione di *common law* (FONTI DEL DIRITTO; STATUTO). [vol. I: COMMON LAW; STATUTE LAW]

Statuto in genere. Statute, constitution,

charter, by-law; ma statute è, per noi, termine ambiguo, dato che esso indica, di solito, nella tradizione di *common law*, la *legge scritta* in quanto distinta dalla regola giurisprudenziale. Distinzione che non si può intendere al di fuori della diversa teoria delle fonti (CARTA; COSTITUZIONE POLITICA; FONTI DEL DIRITTO; LEGGE; STATUTARIO). [vol. I: BY-LAW; CHARTER; STATUTE]

– **dei lavoratori.** Grosso modo, Workers' Statute. Ma in senso stretto non esiste un equivalente di questa legge né nel sistema inglese, né in quello nordamericano. Il R.U, poi, non può neanche permettersi il lusso di adottare la Carta Sociale Europea. Si tratta, in effetti, di un testo concepito al culmine della retorica ispirata dal terrorismo sindacale degli anni '70, i cui eccessi populistici hanno contribuito non poco alla crisi economico-morale del paese. Resta il fatto che, com'è stato ricordato [Borsa 1992: 13]: « mentre il costo del lavoro in Italia è tra i più alti a livello europeo, le retribuzioni nette degli operai sono le più basse in Europa ad eccezione della Turchia » (DIRITTO (I) DEL LAVORO; SINDACATO).

– **della Corte di Giustizia delle Comunità Europee(CGCE).** Statute of the Court of Justice of the European Communities (CORTE DI GIUSTIZIA DELLE COMUNITÀ EUROPEE).

– **della Corte Internazionale di Giustizia.** Statute of the International Court of Justice (CORTE INTERNAZIONALE DI GIUSTIZIA; FONTI DEL DIRITTO INTERNAZIONALE; TUTELA DEI DIRITTI). [vol. I: INTERNATIONAL COURT OF JUSTICE; INTERNATIONAL LAW]

– **del personale.** Staff regulations (PERSONALE).

– **di associazione.** Grosso modo, association by-laws, articles of association (ASSOCIAZIONE; REGOLAMENTO: 2). [vol. I: BY-LAW: 2]

– **di società per azioni.** Non esiste una equivalenza esatta. Secondo Amos and Walton [1935, ed. 1967: 352], l'insieme degli *articles of association* e del *memorandum of association* equivale in sostanza allo statuto della società per azioni continentale. Secondo altri gli *Statuten* di una società continentale costituiscono di solito l'equivalente sia della *charter* che dei *by-laws* [Schlesinger 1950, ed. 1988: 807, n. a]. Negli S.U. una *corporation* deve avere i propri *by-laws* [Henn 1961, ed. 1970: 223]; ma la materia rientra nelle attribuzioni dei singoli stati dell'Unione (SOCIETÀ (II) QUALE SOGGETTO COLLETTIVO: VIII. 5). [vol. I: BY-LAW; COMPANY: X; ULTRA VIRES]

– **sociale.** By-laws o articles of association (*supra*, STATUTO DI SOCIETÀ PER AZIONI).

Stazione appaltante. Contract awarding body (APPALTO).

Stazione radio pirata. Pirate radio station. Di solito trasmette fuori dalle acque territoriali su una lunghezza d'onda non autorizzata. In diritto internazionale, la materia è regolata dall'art. 109 della convenzione sul diritto del mare del 1982 (*MEDIA*; PIRATERIA).

Stazza di nave. Tonnage of ship (CERTIFICATO DI STAZZA; NAVE; TONNELLAGGIO).

Stazzatura. Tonnage measurement (STAZZA DI NAVE).

Stenografo. Stenographer; negli S.U. — stato federale — è definito *court reporter* lo stenografo che cura la trascrizione letterale del dibattimento in udienza (CANCELLIERE; RESOCONTO STENOGRAFICO DEL DIBATTIMENTO). [vol. I: COURT STENOGRAPHER; LAW REPORTS; TRANSCRIPT]

Stile giuridico. Legal style: è questa forse una delle differenze più rilevanti tra le due culture giuridiche di *common law* e di *civil law* (CLAUSOLA DI STILE; LINGUAGGIO GIURIDICO; TERMINE GIURIDICO; TRADIZIONE GIURIDICA). [vol. I: INTRODUZIONE: III. 2; FICTION; LAW REPORTS; LEGAL EDUCATION; LEGAL TERMINOLOGY; LEGAL TRADITION]

Stillicidio. Eavesdrop; ma si noti — in tema di tutela della riservatezza — che di solito il termine *eavesdropping* indica l'illecito consistente nell'invasione della *privacy* altrui (RISERVATEZZA; SERVITÙ DI STILLICIDIO).

Stima in genere. Estimate, assessment, valuation, appraisal (ACCERTAMENTO; APPREZZAMENTO; CONSULENTE TECNICO NEL PROCESSO; GIURAMENTO ESTIMATORIO; PERITO STIMATORE; POLIZZA STIMATA; PREVENTIVO; VALORE DI STIMA; VALUTAZIONE). [vol. I: APPRAISEMENT; ASSESSMENT; ASSESSOR; ESTIMATE; ESTIMATES OF EXPENDITURE; VALUATION]

– **del danno.** Evaluation of damage; ma non...of damages, che indica altra cosa (ACCERTAMENTO DEL DANNO; DANNO; LIQUIDAZIONE DEL DANNO; RISARCIMENTO DEL DANNO). [vol. I: DAMAGE; DAMAGES]

– **dell'individuo.** (REPUTAZIONE)

– **di spesa.** Estimates of expenditure (SPESA). [vol. I: *ad vocem*]

Stimatore. Valuer, appraiser, assessor (PERITO STIMATORE). [vol. I: ASSESSOR; AVERAGE ADJUSTER]

Stipendio/i in genere. Salary, pay, emolument, earnings, wages, stipend. Grande importanza assumono i *fringe benefits* o *perquisites*, ossia i benefici accessori dello stipendio concessi di solito ai dirigenti; consistono, ad es., in auto con autista, uffici prestigiosi, rimborsi di imposta, etc. (BENEFICI ACCESSORI DELLO STIPENDIO; BLOCCO DEI SALARI; BUSTA PAGA; CESSIONE DI STIPENDI E SALARI; COSTO DELLA VITA; EMOLUMENTO; FERIE PAGATE; GUADAGNO; IMPIGNORABILITÀ DEGLI STIPENDI; LAVORO; ONORARIO; PAGA; PENSIONE; PRIVILEGIO SU SALARI O STIPENDI; PROVENTO; RITENUTA ALLA FONTE; SALARIO). [vol. I: ATTACHMENT OF EARNINGS; FRINGE BENEFITS; MORTGAGE; PERQUISITE; SALARY; WAGE]

– **dei giudici.** Judicial salaries (INDIPENDENZA DELLA MAGISTRATURA; MAGISTRATO; MAGISTRATURA; ORDINAMENTO GIUDIZIARIO; PENSIONE DEI GIUDICI).

– **dei magistrati.** (*supra*, STIPENDIO DEI GIUDICI)

– **impignorabile.** Protected earnings (PIGNORAMENTO DI STIPENDI E SALARI PRESSO TERZI; REDDITO PERSONALE DISPONIBILE). [vol. I: ATTACHMENT OF EARNINGS]

Stipite. Common ancestor (PARENTELA). [vol. I: KIN]

Stipulante. (PROMITTENTE)

Stipulazione in genere. Stipulation, agreement, arrangement, provision, agreement condition, term. Le stipulazioni contrattuali sono definite di solito *terms and conditions of contract*. Ma il termine *stipulations* è riferito anche a un istituto processuale privo di corrispondenza nel nostro sistema, per cui i difensori delle parti concordano, di solito per iscritto, sui fatti non contestati della controversia evitando in tal modo la prova e la pronunzia giudiziale su di essi. Si parla di *stipulatio iuris* per indicare quegli accordi tra le parti relativi alla legge applicabile alla controversia. In diritto marittimo, *stipulation* indica anche una cauzione (ACCORDO; CAUZIONE; CLAUSOLA; CONTRATTO; DISPOSIZIONE; PATTO; TERMINE) . [vol. I: STIPULATION; TERM OF CONTRACT]

Bibl.:
Gorla 1955, vol. I: 455.

– **a favore di terzi.** (CONTRATTO A FAVORE DI TERZI)

– **contrattuale.** Term of contract (CLAUSOLA CONTRATTUALE; TERMINI DI UN CONTRATTO).

Stirpe. Stirpes (PARENTELA; RAPPRESENTAZIONE; STIPITE). [vol. I: KINDRED; PER CAPITA]

Stivaggio della nave. Stowage of ship (CARICAZIONE DELLA NAVE; MAGAZZINAGGIO; NAVE; SICUREZZA DELLA NAVIGAZIONE; STIVATORE).

Stivatore di nave in genere. Stevedore; ma il termine indica anche il caricatore o lo scaricatore (LAVORATORE PORTUALE; NAVE; SCARICATORE DI PORTO; STIVAGGIO DELLA NAVE). [vol. I: *ad vocem*; DOCKER; LONGSHOREMAN; SEAMEN; STOWAGE]

Stoppage in transitu. (DIRITTO (II) DI CONTRORDINE NEL TRASPORTO; SOSPENSIONE DEL TRASPORTO A RICHIESTA DEL MITTENTE)

Storia del diritto. Legal history (DIRITTO (I); STORICO DEL DIRITTO).

Storico del diritto. Legal historian (STORIA DEL DIRITTO).

Storno in genere. Writing off, cancellation (DEVIAZIONE; STRALCIO).

– **di clienti altrui.** (CONCORRENZA SLEALE; SVIAMENTO DELLA CLIENTELA)

– **di fondi.** Misappropriation o embezzlement of funds (FONDO; FURTO; PECULATO). [vol. I: BRIBERY; CORRUPTION; EMBEZZLEMENT; MISAPPROPRIATION OF PUBLIC FUNDS]

Strada in genere. Road. È definito *law of the road* l'insieme delle norme, specie di natura consuetudinaria, che regola la circolazione stradale: nel R.U. (e nella gran parte delle ex colonie britanniche) la guida è a sinistra, negli S.U. la guida è a destra (ASSICURAZIONE CONTRO I DANNI DALLA CIRCOLAZIONE DI AUTOVEICOLI; AUTISTA; AUTOSTRADA; AUTOVEICOLO; CIRCOLAZIONE STRADALE; DELITTO COLPOSO-DOLOSO; GUIDATORE; INCIDENTE STRADALE; PASSAGGIO PUBBLICO; PEDAGGIO STRADALE; PRECEDENZA; SICUREZZA DEL TRAFFICO STRADALE; TRASPORTO STRADALE; UTENTE DELLA STRADA). [vol. I: *ad vocem*; HIGHWAY]

– **ferrata.** Railway o rail (TRASPORTO FERROVIARIO). [vol. I: CARRIAGE: III]

– **privata.** Private way (SERVITÙ DI PASSAGGIO). [vol. I: WAY]

– **pubblica.** Public road, public way, highway, thoroughfare (PASSAGGIO).

Strage. Massacre (DEVASTAZIONE, SACCHEGGIO E STRAGE; GENOCIDIO; TERRORISMO).

Stragiudiziale. (EXTRAGIUDIZIALE)

Stralcio del procedimento. Separation of proceeding, separate trial (PROCEDIMENTO IN SEPARATA SEDE; PROCESSO SEPARATO; SEPARAZIONE DELLE CAUSE CIVILI; STORNO).

Straniera. (STRANIERO/A)

Straniero/a in genere. Alien, foreign, stranger. Lo straniero entrato illegalmente nel paese è definito *illegal alien*. Ma il concetto di straniero assume non di rado accezioni impensabili per un *civil lawyer* adusato all'ordinamento giuridico di uno stato unitario o anche di uno stato federale, ma non nella stessa maniera in cui lo sono gli S.U. Ad es., *foreign corporation* indica, oltre che la società straniera, anche quella che ha sede in un altro stato dell'Unione; *foreign law* indica, oltre alla legge straniera, anche la legge di un *sister state* dell'Unione; *foreign judgment* indica — ai fini della *Full Faith and Credit Clause* — la sentenza emessa in un altro stato dell'Unione (ALIENO; APOLIDE; CAPACITÀ DELLO STRANIERO; CITTADINO; CONDIZIONE DELLO STRANIERO; CONFLITTO DI LEGGI; CONTROLLO DEGLI STRANIERI; DEPORTATO; DIRITTO (I) STRANIERO; ESPULSIONE DELLO STRANIERO; ESTERO; ESTRADIZIONE; FEDERALISMO; GIUDICE STRANIERO; IMMIGRANTE ILLEGALE; IMMIGRAZIONE; NEMICO; ORDINE DI ESPULSIONE DELLO STRANIERO; PAESE STRANIERO; PASSAPORTO; PORTO STRANIERO; REATO COMMESSO DA UNO STRANIERO; RECIPROCITÀ NEL TRATTAMENTO DELLO STRANIERO; RIFUGIATO; SENTENZA STRANIERA; SISTEMA GIURIDICO STRANIERO; SOCIETÀ (II) STRANIERA; STATI UNITI D'AMERICA; *STATUS*; TERZO; UFFICIO STRANIERI; VISTO DI INGRESSO). [vol. I: ALIEN; ALIEN AMY; ALIEN ENEMY; FOREIGN; IMMIGRATION; NATIONALITY; REFUGEE; RESIDENT; STATELESS]

- **non residente.** Non-resident alien (RESIDENTE).
- **privo di documenti.** Undocumented alien (RESIDENTE).

Straordinario in genere. Extraordinary (LAVORO STRAORDINARIO; ORDINARIO).

Stretti e canali. Straits and canals (CANALE). [vol. I: *ad vocem*]

Strumento/i. Instrument; nel senso di attrezzo, è detto tool, implement, utensil (ATTO PUBBLICO; BENI IMPIGNORABILI; BENI STRUMENTALI; DISPOSITIVO; FINALITÀ; FUNZIONE; ISTRUMENTO; MEZZO; SIGILLO). [vol. I: CONSIDERATION; DEED; FORM; INSTRUMENT; NEGOTIABLE INSTRUMENT]

- **del mestiere.** Tools of trade, implements of trade (IMPIGNORABILITÀ DEGLI STRUMENTI INDISPENSABILI ALL'ESERCIZIO DELLA PROFESSIONE; MESTIERE). [vol. I: *ad vocem*]

Struttura legale. Legal structure (LEGALE; ORDINAMENTO GIURIDICO).

Studente di materie giuridiche. Law student (FORMAZIONE GIURIDICA; STUDIOSO DI DIRITTO).

Studio in genere. Study, practice (DIRITTO (II) ALLO STUDIO; TITOLO DI STUDIO).

- **di avvocato.** Nel sistema inglese, in cui esiste la dicotomia della professione legale tra *solicitors* e *barristers*, lo studio del solicitor è detto *solicitor's office* o *practice*; i *barristers* hanno i loro uffici nelle *chambers* presso le varie *Inns of Court*. In generale, si parla di *law office*, *lawyer's* o, negli S.U., *attorney's, office* o *practice* e, nel caso di più soci, di *law firm* (*infra*, STUDIO LEGALE ASSOCIATO; COADIUTORE DI AVVOCATO; PROFESSIONE FORENSE; SPESE PROCESSUALI). [vol. I: CHAMBERS; LEGAL PROFESSION]
- **di fattibilità.** Feasibility study. Di solito effettuato da società di ingegneria (SOCIETÀ (II) DI INGEGNERIA).
- **legale in genere.** Law office.
- **legale associato.** Grosso modo, law firm. Ma quest'ultima — strutturata secondo le regole della *partnership* (i membri sono dei *partners*), sviluppatissima specie negli S.U., a volte anche fino a 1.000 soci — non ha in senso stretto equivalenza nel nostro sistema. Si noti che nell'organizzazione della professione forense inglese, in cui esiste un duplice ordine di professionisti, è ammessa l'associazione dei *solicitors*, ma non dei *barristers*. La legge italiana, con una logica che riesce difficile apprezzate, stabilisce ancora oggi il divieto della società di professionisti. Comunque, a Milano, la piazza finanziaria d'Italia, gli studi con più di 10 soci si contano sulle dita di una sola mano. Se poi si tiene conto delle disastrose carenze dell'insegnamento universitario e, anche, della scarsa conoscenza delle lingue, non sembra difficile prevedere che il diritto di stabilimento si svolgerà in un senso solo, con l'arrivo nel nostro paese di studi professionali stranieri più attrezzati. Ma si tratta di fenomeno del quale peraltro non si deve esagerare l'importanza dato lo scarso interesse che, salvo rare ed encomiabili eccezioni, anche in questo, il nostro paese — per la stessa natura della sua economia, tutta *diversa* e, sostanzialmente, terzomondista — suscita

oltre confine (PROFESSIONE FORENSE; SOCIETÀ (II) DI PROFESSIONISTI; SOCIO DI STUDIO LEGALE ASSOCIATO).

- **legale associato straniero.** Foreign law firm.
- **professionale associato.** Professional corporation, professional association (*supra*, STUDIO LEGALE ASSOCIATO).

Studioso di diritto. Legal scholar (DIRITTO (I); STUDENTE DI MATERIE GIURIDICHE; TRADIZIONE GIURIDICA).

Stupefacente. Narcotic drug, drug (DROGA; PROIBIZIONISMO).

Stupro. Rape (VIOLENZA CARNALE).

Subaffitto. Non esiste un corrispondente esatto, ma i termini *sub-lease* o *under-lease* indicano spesso, sul piano economico, grosso modo, un concetto analogo (AFFITTO; LOCAZIONE; SUBAFFITTUARIO). [vol. I: LEASE]

Subaffittuario. Grosso modo, sub-tenant (SUBLOCATARIO).

Subagente. Sub-agent (AGENTE).

Subalterno. Employee, agent, servant (DIPENDENTE; LAVORO; SUBORDINATO; UFFICIALE SUBALTERNO). [vol. I: EMPLOYMENT]

Subappaltatore. Sub-contractor (APPALTATORE; RESPONSABILITÀ DEL SUBAPPALTATORE; SUBAPPALTO). [vol. I: CONTRACTOR; SUB-CONTRACTOR]

Subappalto. Sub-contract (APPALTO; CESSIONE DEL CONTRATTO; LAVORO IN SUBAPPALTO; SUBAPPALTATORE).

Subcontratto. Sub-contract (CESSIONE DEL CONTRATTO).

Subentro in genere. Taking-over (CONTROLLO; RILIEVO; SUCCESSIONE).

- **nel contratto.** Assignment of contract (CESSIONE DEL CONTRATTO).

Subingresso in genere. Succession, take-over (RILIEVO; SUCCESSIONE).

- **nei diritti del creditore, del depositario, etc.** Subrogation o, più spesso, *standing* o *stepping into the shoes of the creditor, bailee*, etc. (SURROGAZIONE).
- **nella locazione.** Taking-over the tenancy (LOCAZIONE).

Sublegato. Second devise, second legacy (LEGATO).

Sublocatario. Grosso modo, subtenant, sublessee, underlessee (LOCATARIO; SUBAFFITTO).

Sublocatore. Sublessor, underlessor (SUBAFFITTO; SUBLOCATARIO).

Sublocazione in genere. Grosso modo, subletting, subleasing; il contratto relativo è definito, grosso modo, sublease, subtenancy, underlease (SUBAFFITTO).

Subnoleggio. Sub-charter (NOLEGGIO).

- **di nave.** Sub-charter of ship (NOLEGGIO DI NAVE). [vol. I: CHARTERPARTY]

Subordinato. Employee, servant, agent (DIPENDENTE; PRESTATORE DI LAVORO; SECONDARIO; SUBALTERNO). [vol. I: EMPLOYEE]

Subordinazione in genere. Subordination (INSUBORDINAZIONE).

- **del dipendente.** Il termine service rende di solito il concetto nostrano di subordinazione (CONTRATTO DI LAVORO SUBORDINATO; LAVORO SUBORDINATO). [vol. I: SERVICE: 1]
- **di un credito o privilegio a un altro in genere.** Subordination of claim, o lien, to another, come nel caso di concorso di più crediti, o privilegi, sullo stesso bene. Ma si parla anche di *subordinated bonds* o *debentures* per indicare un tipo di obbligazione il cui pagamento ha luogo soltanto successivamente al pagamento di altro tipo di obbligazione. Di solito, sono definite così quelle obbligazioni il cui pagamento ha luogo solo dopo il pagamento di quanto è dovuto alle istituzioni finanziarie. Le obbligazioni che godono di preferenza o priorità sono definite anche *senior* per distinguerle da quelle posposte, dette *junior* (CREDITORE; DIRITTO (II); OBBLIGAZIONE (II) QUALE TITOLO MOBILIARE; ORDINE DI PREFERENZA DEI CREDITI; POSTERGAZIONE DEL MUTUO IPOTECARIO; PREFERENZA TRA CREDITORI; PRIORITÀ NEL PAGAMENTO; PRIVILEGIO; RANGO DEL CREDITO).

Subordine. (IN SUBORDINE; SUBORDINAZIONE)

Subornazione in genere. Subornation, embracery (ISTIGAZIONE).

- **del testimone.** Subornation of perjury (INQUINAMENTO DELLA PROVA; PROVA; TESTIMONE). [vol. I: SUBORNATION]

Successione in genere. Succession, probate (SUBENTRO).

- **a favore dello Stato.** Non esiste un termine equivalente: si parla di *escheat to the Crown* (o, negli S.U. *to the state*) *of bona vacantia*. La materia è regolata nel diritto inglese e nordamericano in materia notevolmente diversa (*infra*, SUCCESSIONE PER CAUSA DI MORTE; STATO). [vol. I: BONA VACANTIA]
- **al trono.** Succession to the Crown. Nel R.U. è regolata dall'Act of Settlement 1701; l'erede deve essere di religione anglicana (ASCESA AL TRONO; MONARCHIA COSTITUZIONALE; RELIGIONE; SUCCESSORE AL TRONO; TRONO). [vol. I: ACT OF SETTLEMENT; BILL OF RIGHTS]
- **a titolo particolare.** La successione tra vivi in determinati rapporti giuridici ha luogo più spesso mediante l'*assignment*, complesso istituto privo di univoca corrispondenza nella *civil law*; si parla talvolta di *singular succession*, ma si tratta di espressione importata dalla *civil law* che, in quanto tale, postulerebbe la successione universale per causa di morte che, in senso stretto, nonostante l'impiego del termine *universal succession*, non esiste nella tradizione di *common law* (*infra*, SUCCESSIONE A TITOLO UNIVERSALE). [vol. I: ACTIO PERSONALIS MORITUR CUM PERSONA; ASSIGNMENT; PRIVITY OF CONTRACT; SUBROGATION]
- **a titolo universale.** L'espressione *universal succession* che si rinviene talvolta nelle opere anglo-americane non deve ingannare; essa deriva ed è riferita ai sistemi di *civil law*. In senso stretto, non esiste successione universale per causa di morte nei sistemi di *common law*, che ignorano il concetto romanistico di *hereditas* (*infra*, SUCCESSIONE PER CAUSA DI MORTE).
- **delle persone giuridiche.** La successione di una società all'altra ha luogo per effetto di *merger* e di *reorganization*. Si parla di *perpetual succession* per indicare la capacità della *corporation* di sopravvivere nella sua identità nonostante il cambiamento della persona che la rappresenta (*infra,* SUCCESSIONE DI UNA SOCIETÀ ALL'ALTRA; FALLIMENTO; FUSIONE DI SOCIETÀ; MANOMORTA; PERSONA GIURIDICA; STATO: 1). [vol. I: CORPORATION; CROWN; MERGER; REORGANIZATION]
- **di leggi.** Succession of laws (INTERPRETAZIONE; LACUNA GIURIDICA; LEGGE; RETROATTIVITÀ). [vol. I: ACQUIRED RIGHT; EX POST FACTO; LEGISLATION; REPEAL OF STATUTE]
- **di Stati.** Succession of States (*infra,* SUCCESSONE NEI TRATTATI INTERNAZIONALI; CONCESSIONE AMMINISTRATIVA: 4; CONFEDERAZIONE: 8; STATO). [vol. I: *ad vocem*]
- **di una società all'altra.** La reconstruction of company costituisce una forma di successione per incorporazione; negli S.U. essa ha luogo mediante la *reorganization* (*supra*, SUCCESSIONE DELLE PERSONE GIURIDICHE; FUSIONE DI SOCIETÀ; *REORGANIZATION*; SCORPORO DI SOCIETÀ; SOCIETÀ (II) QUALE SOGGETTO COLLETTIVO). [vol. I: REORGANIZATION]
- **ereditaria in genere.** Hereditary succession (*infra*, SUCCESSIONE PER CAUSA DI MORTE).
- **legittima.** Grosso modo, intestate succession; ma il termine indica soltanto una forma di devoluzione ereditaria *ab intestato* da non confondere con la successione legittima di *civil law*; in effetti, la *common law* ignora in senso stretto sia la successione legittima che quella testamentaria, sia la figura dell'erede, sia quella dell'eredità. Si parla anche di *distribution on intestacy* (*infra*, SUCCESSIONE PER CAUSA DI MORTE; SUCCESSIONE TESTAMENTARIA; DISTRIBUZIONE). [vol. I: DISTRIBUTION; INTESTACY]
- **necessaria.** Non esiste; non vi sono legittimari. In principio, nella *common law* la libertà di disposizione testamentaria è illimitata. Ma nel sistema inglese e in quello nordamericano (nel quale ultimo la materia è regolata dai singoli stati dell'Unione) sono state introdotte — specie nei casi di persone a carico del testatore — delle misure per contenere gli effetti dell'arbitrio di lui (*infra*, SUCCESSIONE PER CAUSA DI MORTE). [vol. I: SUCCESSION: IV]
- **nei trattati internazionali in genere.** Succession in treaties (*supra*, SUCCESSIONE DI STATI; TRATTATO INTERNAZIONALE). [vol. I: SUCCESSION OF STATES]
- **nel credito.** Assignment of debt (CESSIONE DI CREDITO).
- **nel diritto controverso.** Grosso modo, substitution in a litigious claim (*infra*, SUCCESSIONE NEL PROCESSO; DIRITTO (II) CONTROVERSO; MORTE). [vol. I: ACTIO PERSONALIS MORITUR CUM PERSONA; SUBROGATION; SURVIVAL OF CAUSES OF ACTION]
- **nel possesso.** Succession in possession; nella successione per causa di morte, ha luogo a favore del *personal representative*, figura ignota alla *civil law* (POSSESSO). [vol. I: PERSONAL REPRESENTATIVE]

– **nel processo.** Substitution of parties to an action. Negli S.U. — stato federale — la materia è disciplinata al livello federale dalle R. 17(a) e 25 delle *Federal Rules of Civil Procedure* (*supra*, SUCCESSIONE NEL DIRITTO CONTROVERSO; SOSTITUZIONE PROCESSUALE). [vol. I: ACTIO PERSONALIS MORITUR CUM PERSONA; SURVIVAL OF CAUSES OF ACTION]

– **nel rapporto giuridico in genere.** Succession in a legal relationship (CESSIONE DI CREDITO; RAPPORTO GIURIDICO; SURROGAZIONE). [vol. I: ASSIGNMENT; PERSONAL CONTRACT]

– **per causa di morte.** Succession on death, probate. Il termine succession che ora ha assunto un significato generale, indicava in origine la successione intestata.
1. Succession, succession on death, law of succession, *heir*: si tratta di *acoustic agreements* che non devono indurre a ritenere l'esistenza della successione nel senso romanistico nella *common law*: quest'ultima ignora la successione a titolo universale per causa di morte, come pure gli istituti dell'*hereditas* e la figura dell'*heres*.
2. In effetti, sia nella successione testamentaria (*testate succession*) — la più frequente — sia in quella legittima (*intestate succession*), alla morte del *de cuius*, un terzo, definito *personal representative*, diviene titolare del patrimonio del defunto, detto *estate of the deceased*, allo scopo di pagare i debiti ereditari e distribuire il residuo tra gli aventi diritto, il che è detto *administration of the estate*.
3. Quanto precede aiuta a capire la distinzione tra *personal* e *heritable obligation* priva di equivalenza nella tradizione di *civil law* appunto perché essa adotta il concetto di successione universale. Una *obligation* è detta *heritable* se essa si trasferisce anche agli « eredi » dell'obbligato; quella *personal* obbliga soltanto il debitore, ma non i suoi « eredi » o il suo *personal representative*. Dipende dalla volontà dell'obbligato che si tratti dell'una o dell'altra; una *obligation* è definita *personal* quando può essere messa ad esecuzione soltanto dall'*obligee* (ossia la persona a cui favore è assunta, il creditore), ovvero quando può essere messa ad esecuzione soltanto nei confronti dell'*obligor* (ossia l'obbligato, il debitore). Una *obligation* può essere *personal* per l'*obligee* (creditore) e *heritable* per l'*obligor* (debitore) o viceversa. Infine, la differenza tra *personal* e *real obligation* sta in questo: che nella prima (*personal*) l'*obligor* si obbliga a compiere un atto senza però rispondere col proprio patrimonio in caso di inadempimento; nel secondo caso, invece, egli ne risponde col proprio patrimonio immobiliare. Ma si tratta di concetti non agevoli.
4. Nella tradizione di *common law,* la materia della successione si colloca nell'ambito della *law of property*, anche se da qualche tempo si è sviluppato l'orientamento a considerarla autonomamente. Inoltre, appare difficile separare nettamente la materia della successione da quella dei *settlements*, disposizioni destinate al godimento successivo di una determinata categoria di persone; d'altro canto, molta della materia che nella *civil law* viene trattata nell'ambito del regime matrimoniale, nella *common law* rientra nella successione.
5. Si noti che negli S.U. — stato federale — la materia rientra nelle attribuzioni dei singoli stati dell'Unione: in *Louisiana* — *enclave*, anche se *sui generis*, di *civil law* — si fa luogo alla successione per causa di morte secondo i princìpi romanistici (*supra*, SUCCESSIONE A TITOLO UNIVERSALE; ALIMENTI; APERTURA DELLA SUCCESSIONE; CAPACITÀ DI SUCCEDERE; COLLAZIONE; COMMORIENZA; COMUNIONE EREDITARIA; *DE CUIUS*; DELAZIONE DELL'EREDITÀ; DIRITTO (I) DELLE SUCCESSIONI; EREDE; EREDITÀ; FEDECOMMESSO; FIGLIO; GIURISDIZIONE VOLONTARIA; IMPOSTA DI SUCCESSIONE; INDEGNITÀ DI SUCCEDERE; MANTENIMENTO; MORTE; PATTO SUCCESSORIO; QUOTA LEGITTIMA NELLA SUCCESSIONE; SURROGATO; TESTAMENTO). [vol. I: PROBATE; SETTLEMENT; SUCCESSION]

– **per rappresentazione.** Succession by representation o succession *per stirpes;* ha luogo nella successione intestata (*supra*, SUCCESSIONE LEGITTIMA; SUCCESSIONE PER CAUSA DI MORTE).

– **testamentaria.** Testate succession (*supra*, SUCCESSIONE PER CAUSA DI MORTE; TESTAMENTO).

Successore/i in genere. Successor; ma si noti che in senso stretto non esiste la figura dell'*heres* romanistico (DANTE CAUSA; EREDE; SUCCESSIONE PER CAUSA DI MORTE). [vol. I: HEIR; SUCCESSION]

– **al trono.** Heir to the Crown (MONARCHIA COSTITUZIONALE; SUCCESSIONE AL TRONO; TRONO).

– **e aventi causa in genere.** Grosso modo, successors and assigns (AVENTE CAUSA; SUCCESSIONE PER CAUSA DI MORTE). [vol. I: ASSIGN]

– **nel diritto.** Successor in interest (AVENTE

CAUSA; DIRITTO (II); SUCCESSIONE NEL DIRITTO CONTROVERSO).

Succursale in genere. Branch, subsidiary, outlet (AGENZIA; FILIALE).

Suddito. Subject, national o citizen (CITTADINO; SOVRANITÀ). [vol. I: ALIEN; CITIZEN; NATIONAL; NATURAL BORN SUBJECT]

Suffragettes. Erano dette così in Inghilterra agli inizi del '900 e, più tardi, anche altrove, le donne che lottavano per il riconoscimento del diritto di voto (SUFFRAGIO ELETTORALE).

Suffragio. Suffrage (*SUFFRAGETTES*).

- **elettorale.** Suffrage, ma si dice più spesso vote o electoral franchise; il diritto di voto è detto anche *right of suffrage*. Negli S.U. — stato federale — il comma 1 del XIX emendamento [1920] stabilisce: « The right of citizens of the United States to vote shall not be denied or abridged by the United States or by any State on account of sex » (DISCRIMINAZIONE; ELEZIONI POLITICHE; SISTEMA ELETTORALE; SOVRANITÀ POPOLARE; *SUFFRAGETTES*; VOTO). [vol. I: ELECTION; VOTE]
- **ristretto.** Limited o qualified franchise (*supra*, SUFFRAGIO ELETTORALE).
- **universale.** Universal suffrage, universal franchise, popular election (*supra*, SUFFRAGIO ELETTORALE).

Suggello. Seal (SIGILLO).

Suicidio. Suicide, detto anche *felo de se*. Ogni suicidio sospetto, o una morte per cause apparentemente non naturali, comporta una *coroner's inquest* (DIRITTI (II) DELL'UOMO; DIRITTO (II) ALLA MORTE; EUTANASIA; INCIDENTE MORTALE; ISTIGAZIONE AL SUICIDIO; MORTE; PATTO DI SUICIDIO). [vol. I: CORONER; OPEN VERDICT; SUICIDE]

- **dell'assicurato.** Suicide of insured; di solito le polizze britanniche prevedono la nullità dell'assicurazione nel caso di suicidio dell'assicurato entro un anno dalla data della stipula del contratto (ASSICURATO). [vol. I: INSURANCE: III]

Sui iuris. Talvolta si impiega questo termine per indicare la capacità di un soggetto (CAPACITÀ). [vol. I: SUI IURIS]

Suite. (DIRITTO (II) DI SEQUELA)

Sul fatto. (FATTO; FLAGRANZA; IN FLAGRANTE DELITTO)

Sul posto. On the spot (ISPEZIONE SUL POSTO; POSTO; SOPRALLUOGO).

Suolo. Land; la misura del suolo è definita *land measure*; ma nei sistemi di *common law* non vige il sistema metrico decimale (ACQUISTO DI OPERE FATTE SOPRA O SOTTO IL SUOLO; AREA; CATASTO; CONFINI DEL SUOLO; DEMANIO PUBBLICO; LOTTIZZAZIONE DI SUOLO EDIFICATORIO; PARTICELLA DI SUOLO; PIANO REGOLATORE; SISTEMA METRICO DECIMALE; RECINZIONE DEL SUOLO; SOTTOSUOLO; TERRA; TERRENO; TERRITORIO). [vol. I: FIXTURE; LAND]

Bibl.:
Black 1891, ed. 1990: V. LAND MEASURE, 879.

- **confinante.** Adjoining o abutting land (ADIACENTE; CONFINANTE).
- **demaniale.** Grosso modo, Crown land, demesne land of the crown; negli S.U. si parla di *public domain* o *public lands*; ma non si riscontra un regime del demanio analogo a quello di *civil law* (DEMANIO).

Superamento della personalità giuridica. Lifting, o piercing, the corporate veil (ABUSO DELLA PERSONALITÀ GIURIDICA; AMMINISTRATORE DI SOCIETÀ DI COMODO; AZIONISTA DI SOCIETÀ; IMPRENDITORE OCCULTO; PERSONALITÀ GIURIDICA; SOCIETÀ (II) QUALE SOGGETTO COLLETTIVO: VIII). [vol. I: LIFTING THE CORPORATE VEIL]

Bibl.:
Ponzanelli, G., *Lifting the corporate veil*, in *Digesto IV Utet, Comm.*, vol. IX: 110.
Schlesinger 1950, ed. 1988: 839.

Superarbitro. Umpire (ARBITRO). [vol. I: *ad vocem*]

Superficie in genere. Surface, *superficies* (ACQUE DI SUPERFICIE; CONSOLIDAZIONE NELLA SUPERFICIE; DIRITTO (II) DI SUPERFICIE; NUDA PROPRIETÀ; SUOLO). [vol. I: BUILDING LEASE]

Superfluità in genere. Redundancy, surplusage (ECCESSO; ESUBERANZA; RIDONDANZA; SOVRABBONDANZA).

- **di linguaggio negli atti del giudizio.** Surplusage in pleadings. Nei sistemi di *common law* il giudice ne può sempre ordinare la cancellazione; cfr., ad es., per gli S.U., la regola 12(f) delle *Federal Rules of Civil Procedure*. L'adozione e l'applicazione di una norma del genere — l'art. 89 del nostro codice di procedura penale prevede un'ipotesi diversa — segnerebbe la fine delle nostre chilometriche memorie. Ma il principio dovrebbe applicarsi anche alle non meno chilometriche sentenze nostrane (ABUSO DELLE NORME PROCESSUALI; ATTI DELLA CAUSA; DIFESE NEL PROCESSO CIVILE; ECCESSO; ESUBERANZA; PROLISSITÀ). [vol. I: ABUSE OF PROCESS; PLEADINGS]

Supermercato. Supermarket (*CASH AND CARRY*; IPERMERCATO; MERCATO).

Superstite. Survivor (COMMORIENZA; CONIUGE SUPERSTITE; SOCCORSO; SOCIETÀ (II) SUPERSTITE NELLA FUSIONE DI SOCIETÀ; SOPRAVVIVENTE; SUCCESSORI E AVENTI CAUSA). [vol. I: SURVIVORSHIP]

Supervisione in genere. Surveillance, monitoring. Nella tradizione di *common law* si parla di *supervisory jurisdiction* o di *supervisory control* per indicare la giurisdizione di controllo delle *superior courts* sulle *inferior courts*, sugli organi decisori collocati al di fuori dell'ordine giudiziario, e sugli atti della pubblica amministrazione. Questo potere — ignoto agli ordini giudiziari della tradizione di *civil law* — è alla base della *judicial review* (CONTROLLO GIURISDIZIONALE; REGOLATORE; SORVEGLIANZA). [vol. I: SUPERVISORY JURISDICTION]

Supervisore. Supervisor (CONTROLLORE; REGOLATORE; SUPERVISIONE).

Suppellettili. Household goods o chattels (ACCESSORIO; ADDIZIONI; PERTINENZA). [vol. I: FIXTURE; GOODS; PRIVILEGED FROM EXECUTION]

Supplementare in genere. Supplemental (ADDIZIONALE; AGGIUNTIVO; COMPLEMENTARE; DIFESA INTEGRATIVA NEL PROCESSO CIVILE; INTEGRATIVO; NORME DI ATTUAZIONE; SUSSIDIARIO).

Supplemento in genere. Supplement, extra, extra charge, additional charge (AGGIUNTA; SUPPLEMENTARE).

– **di assicurazione.** Additional insurance (COPERTURA ASSICURATIVA; SOTTOASSICURAZIONE; SOVRASSICURAZIONE). [vol. I: INSURANCE]

– **di premio nell'assicurazione.** Additional premium; il fatto di aumentare il premio a parità di copertura, ad es., in dipendenza dell'aumento del rischio, è detto *loading the premium* (PREMIO DI ASSICURAZIONE; SOVRAPPREMIO ASSICURATIVO). [vol. I: INSURANCE: I. 16; LOADING OF PREMIUM; PREMIUM]

– **di tariffa.** Excess fare (TARIFFA).

– **per riportare il contratto ad equità.** Lett., additional consideration to render the contract conscionable or equitable. In una tradizione giuridica in cui il contratto è fondato sulla *consideration*, in principio, esso non può essere richiesto. Ma si tratta di regola che ha subito una notevole erosione specie da parte della giurisprudenza nordamericana che in tal modo si è approssimata alle posizioni di *civil law* (CONTRATTO: III; RESCISSIONE PER LESIONE). [vol. I: CONSIDERATION; UNCONSCIONABILITY]

Supplente. Alternate, deputy, substitute (FACENTE FUNZIONI; GIUDICE SUPPLENTE; GIURATO SUPPLENTE; RAPPRESENTANTE; SOSTITUTO; SURROGATO; VICARIO; VICE). [vol. I: ALTERNATE; DEPUTY; SUBSTITUTE; VICARIOUS LIABILITY; VICARIOUS PERFORMANCE]

Supplenza. Grosso modo, supplanting, o replacing, a branch of government with another, substitution of a public function or power to another (SURROGAZIONE).

1. Il fenomeno della supplenza di attività istituzionali ad altre, così bene descritto da Domenico Marafioti — avvocato, giurista e letterato — in tema di attività giudiziaria, non è certamente limitato alla realtà italiana: basta pensare all'imponenza del fenomeno negli S.U. in sede federale, dovuto, in buona misura alla grande difficoltà di legiferare degli organi legislativi (anche per l'assenza di adeguate maggioranze), al ruolo fondamentale assunto dalle corti di giustizia nella creazione e promozione del diritto, e nell'adeguamento della costituzione federale alle esigenze del paese. In questo senso, si capisce perché la *Supreme Court* venga definita popolarmente, per la natura e gli effetti della sua funzione, come...la III camera del Congresso.

2. Nel complesso — salvo, beninteso, il ruolo storico del potere giudiziario, opposto a quello reale, nel rivendicare un diritto popolare dei giudici contro quello del sovrano (e anche del parlamento) — relativamente modesta appare oggi la supplenza della magistratura inglese rispetto a quella di altri poteri dello stato. Il che si spiega non soltanto con il limitato ruolo propulsivo del *tempo of social change* della società britannica, ma, anche, con un *sistema politico* in cui ogni potere esercita pienamente e con grande efficacia le propre funzioni istituzionali, *che si fonda su un forte ed efficientissimo esecutivo*, conta su una pubblica amministrazione di leggendaria efficienza e probità, su un non meno efficiente sistema di controlli della più svariata natura (a cominciare da quelli politici e amministrativi a finire con quelli di una attenta opinione pubblica), sulla forza delle tradizioni di correttezza nella gestione della cosa pubblica,

etc.: il tutto, *ça va sans dire*, affidato ad uomini adatti. Cose queste di cui da noi — per dirla maccheronicamente — non si avverte neanche l'odore.

3. Ma l'attivismo giudiziario nordamericano non può essere spiegato soltanto con le difficoltà che il Congresso incontra nel legiferare; esso si spiega anche con la diversa funzione che il potere giudiziario si arroga in quel sistema, *nella fede nel diritto come ultimo regolatore dei conflitti*, nella assai diversa concezione della funzione del diritto nella società americana. In questo senso, il contrasto con la situazione nostrana non potrebbe essere più grande: il *potere* (o l'ordine, se si vuole) *giudiziario* non si è mai proposto come promotore del diritto, non ha mai avuto una concezione moderna del proprio ruolo nell'ambito di una società pluralista: soprattutto, *non ha fatto letteralmente nulla* per contribuire alla modernizzazione giuridica del paese, nulla per introdurre, nel sistema giuridico, beninteso, nella misura del possibile, un minimo di ingredienti tipici dell'economia di mercato; presentandosi, invece, nel complesso, come *intendence* di un potere politico ed economico inefficiente e corrotto, quando non anche criminale *tout court*.

4. Ad ogni modo, a parte il ruolo più o meno promozionale del diritto (e quindi del potere giudiziario) nei vari contesti nazionali, quest'ultimo in una società laica, democratica e pluralista finisce necessariamente per porsi come il supremo (e anche unico, in una società multietnica e multiculturale come gli S.U.) regolatore dei conflitti: pertanto, la « partecipazione » sempre maggiore del giudice nei conflitti politici, economici e sociali non ne è che una conseguenza naturale. Del resto, se si guarda agli S.U. — in cui il diritto si pone come l'*unico elemento di coesione nazionale* — al confronto, l'attivismo giudiziario nostrano appare addirittura inesistente.

5. Una dissennata politica multirazziale (anche qui risultante da quel *mélange* di ecumenismo di varia estrazione e di autentica imbecillità che storicamente presiede alle vicende del nostro paese) sta portando l'Italia verso un *suk* islamizzante che segnerà la distruzione anche fisica di quel pò di europeo ed occidentale che resta nel nostro paese. Non vi sarà più un *diritto territoriale*, ma ogni etnia sarà governata da un proprio *diritto personale*, ossia dal proprio credo, dalle proprie consuetudini e, ovviamente, da decisioni di *propri giudici*. Scenario apocalittico: già ora, tra sciatteria e amnistie e condoni e sanatorie e bombe e tangenti, il rosso al semaforo, ossia la legge, appare tutt'al più un timido consiglio all'automobilista. È facile immaginare gli sviluppi, quale fonte di inquinamento si avvia a diventare in prospettiva il nostro paese per l'Europa e l'Occidente [cfr. G. Blangiardo, *Riproduzione*, in Ginsborg (cur.) 1994: 52, at 60]. Da questo punto di vista, il raffronto con gli S.U. appare calzante: in quel paese, nel degrado del pluralismo verso il barbarismo, il diritto, in quanto creato dai giudici, si pone ancora oggi come fattore di coesione e di identità nazionale. Nel nostro paese già ora il *diritto non svolge questo ruolo, e non esiste una condivisa tavola di valori politici democratici.* In una situazione del genere, il potere giudiziario sembra destinato a giocare un ruolo del tutto insignificante.

6. Purtroppo, la patologia generale del nostro sistema-paese conferisce connotati privi di riscontro al tema della supplenza. Anzitutto, supplenza significa sostituzione. Se è così: (i) a prima vista sembra difficilmente credibile una supplenza rispetto a un potere legislativo notorio per la sua prolificità: l'Italia è il paese delle 150 mila leggi (ma nessuno le ha mai contate: potrebbero essere anche 300 mila). Beninteso, il numero spropositato di leggi non significa che si tratti di quelle necessarie o giuste: anzi, il diluvio di leggi, come al tempo delle gride manzoniane, forma l'*habitat* ideale per consentire al potere politico ed economico di operare, come in Italia, in un *Far West* senza controlli; (ii) quale funzione di supplenza ha mai svolto una magistratura come quella italiana che ha *omesso sistematicamente atti di ufficio nel perseguimento dei reati*, al punto di aver contribuito in maniera massiccia allo sviluppo dell'illegalità di massa esistente nel paese?; (iii) in ogni caso, quando si hanno interventi della magistratura nei confronti della pubblica amministrazione, della politica o dell'economia, essi sono — per la natura intrinseca dell'attività giudiziaria — di per sé *ex post*, ossia a stalle vuote. Una supplenza che non elimina la patologia, che non supplisce alla paurosa carenza di controlli a monte, *vera emergenza nazionale.*

7. Ma se, in qualche misura, la supplenza può considerarsi come un ingrediente inevitabile in un qualsiasi sistema democratico, che sia retto, a seconda dei casi, da una rigorosa separazione dei poteri, da una qualche forma di *checks and balances* (come quello nordamericano), ovvero dalla *fusion of powers* (come quello britannico), resta il fatto che, comunque, la supplenza ad opera

del potere o ordine giudiziario sarà considerata più o meno legittima, e quindi più o meno accettabile, a seconda del grado di indipendenza che esso — al di là del riconoscimento costituzionale — sarà riuscito a conquistarsi. In questo senso, se la supplenza della magistratura italiana appare nel complesso sospetta e priva quindi di legittimità, ciò deriva principalmente dal fatto che l'indipendenza è stata quasi sempre intesa dalla corporazione come insieme di privilegi e immunità dei singoli componenti piuttosto che come ragionevole regola dei rapporti con gli altri poteri pubblici e privati (sic!), fondata sull'orgoglio del proprio altissimo ruolo in una società democratica dell'Occidente. In democrazia *indipendenza* e *autorità* della magistratura si presentano spesso come sinonimi; ma l'*autorità* non si acquista per decreto o indossando la toga di ermellino, né si calcola in base alla dimensione della scorta: essa deriva dall'operare costante per la promozione della giustizia e del diritto, dal coraggio mostrato nello sfidare il potere, dall'efficienza e dal rispetto dei diritti dei cittadini. Questo spiega perché vi siano paesi in cui tutto un popolo, anche su materie che toccano *divisive issues* e con tutte le critiche di questo mondo, sembra rimettere l'esistenza di tutto il sistema politico nelle mani di una *Supreme Court*, mentre altrove anche dei provvedimenti di ordinaria giurisdizione suscitano lo sconcerto dell'opinione pubblica. A tutto questo non è estranea la natura della lotta politica nel nostro paese, svoltasi finora in una autentico *regime*, in cui il ricatto e il *guet-apens* costituiva e costituisce lo strumento principale per regolare gli assetti di potere, al di fuori di ogni controllo democratico. Storicamente, nel mezzo secolo di storia repubblicana, la magistratura italiana è sempre stata — con rare ed ecomiabili eccezioni — controllata dai partiti, dal partito di opposizione non meno che da quello di governo e utilizzata come strumento improprio e prosieguo della lotta politica. In questo senso, l'operazione *Mani Pulite* (ma non certo la c.d. lotta antimafia) ha segnato una svolta che, con la caduta del Muro, potrebbe anche essere, forse, l'inizio di un riscatto della corporazione. Ma nessuna *Mani Pulite* di questo mondo, *potrà mai fare delle buone leggi*, né creare una pubblica amministrazione decorosamente funzionante, e tantomeno dare al paese una classe dirigente degna di questo nome: si tratta di un compito politico. Da questo punto di vista, la supplenza della magistratura americana e italiana sono separate da un abisso: la prima presuppone un ceto politico che si sa rinnovare e scartare le mele marce, una pubblica amministrazione efficiente e, più in generale, una serie di controlli di vario genere rigorosamente applicati (tra l'altro, *un'economia di mercato che opera entro regole ben precise grazie a possenti regolatori federali*) e un grado di corruzione di molto inferiore a quello nostrano (ammesso che da noi si tratti di un problema di corruzione): la supplenza italiana, nel caso migliore, si limita (e non può fare diversamente) ad arrestare il primario corrotto laddove si tratta di un *sistema sanitario concepito nel suo insieme come una struttura delinquenziale.* Ma la materia, non agevole, va certamente rivisitata (ATTIVISMO GIUDIZIARIO; CERTEZZA DEL DIRITTO; CONTROLLO GIURISDIZIONALE DI COSTITUZIONALITÀ; DELEGA DEI POTERI ALLO STATO FEDERALE NEGLI S.U.; DIRITTO (I) PERSONALE; DIRITTO (I) PROMOZIONALE; INTERPRETAZIONE; PROCESSO DI MASSA; SEPARAZIONE DEI POTERI; SOSTITUZIONE; TRADIZIONE GIURIDICA). [vol. I: CERTAINTY OF LAW; JUDICIAL ACTIVISM]

Bibl.:
Marafioti D., *La Supplenza*, Roma, Ciuffa, 1985.

Supplica in genere. Petition, application, demand, plea. Nella tradizione di *common law*, la *petition* è la forma classica di domanda rivolta alle giurisdizioni dell'*equity* (DIRITTI (II) POLITICI; DOMANDA; EQUITÀ; ISTANZA; PETIZIONE; RICHIESTA). [vol. I: CLAIM; EQUITY; PETITION; REQUEST]

Supporto. (AIUTO; ALIMENTI)

Suprema corte. (CORTE SUPREMA)

Supremazia in genere. Supremacy (DOMINIO; PREVALENZA; PRIMATO; SIGNORIA; SOVRANITÀ).

- **del diritto federale negli S.U.** Supremacy of federal law (*infra*, SUPREMAZIA DELLA LEGGE; CLAUSOLA COSTITUZIONALE DI SUPREMAZIA NEGLI S.U.; DIRITTO (I) FEDERALE NEGLI S.U.; FEDERALISMO; LEGGE FONDAMENTALE).

- **della legge in genere.** Supremacy of law; il termine *rule of law* indica più spesso il concetto di stato di diritto qual è inteso nella tradizione di *common law.*

  1. Come ha osservato Nicola Matteucci: « Il principio della supremazia della legge, l'affermazione che ogni potere politico deve essere legalmente limitato, è il maggior contributo del Medioevo alla storia del costituzionalismo. Tuttavia, nel Medioevo, resta ancora un mero princi-

pio, e spesso poco efficace, nella misura in cui manca un istituto legittimato a controllare, in base al diritto, l'esercizio del potere politico e a garantire ai cittadini il rispetto della legge da parte degli organi di governo. La scoperta e la concreta realizzazione di questi mezzi è propria, invece, del C.[ostituzionalismo] moderno: in particolare degli Inglesi in quel secolo di transizione che fu il XVII, quando le Corti giudiziarie proclamavano la superiorità delle leggi fondamentali su quelle del Parlamento, e degli Americani, alla fine del XVIII secolo, quando iniziarono la codificazione del diritto costituzionale e si diedero quella moderna forma di governo democratico, sotto il quale ancora vivono» [*Costituzionalismo*, in *Dizionario di Politica* 1976, ed. 1983: 279].
2. Storicamente, nei sistemi inglese e nordamericano, si intende per *supremacy of law* la supremazia della *common law,* ossia del diritto giurisprudenziale, sulle altre fonti di diritto. Campione di questa concezione — che, evidentemente, postula un determinato assetto dei poteri dello stato e, anche, una diversa teoria delle fonti — fu un *mauvais caractère* come Sir Edward Coke, gloria del costituzionalismo inglese. Concezione politica che doveva sfociare in un conflitto con il potere reale, le corti ecclesiastiche, e le corti di *equity*; conclusosi successivamente con l'affermarsi della *supremacy of Parliament*, ma mai con quella pienezza di cui gode il potere legislativo nei sistemi continentali (SOVRANITÀ: 5).
3. Negli S.U. — stato federale — è detta *supremacy clause* la s. 2 dell'art. VI della costituzione federale per cui le leggi adottate in esecuzione della costituzione, e tutti i trattati conclusi in base all'autorità dello stato federale, formano la *supreme law of the land* che prevale sulla legge dei singoli stati dell'Unione (« This Constitution, and the Laws of the United States which shall be made in Pursuance thereof (...) shall be the supreme Law of the Land »).
4. Sviluppo ed effetto della *supremacy clause* costituzionale è la *pre-emption doctrine* — elaborata dalla *Supreme Court* — per cui talune materie rivestono un tale interesse nazionale da prevalere (*preempt*) sulla legge dei singoli stati dell'Unione. È questo il caso, ad es., delle leggi federali in tema di garanzie costituzionali, di *interstate commerce*, etc. La *supremacy clause* e la *pre-emption doctrine*, sua applicazione giudiziaria, vanno inquadrate nell'ambito della *double sovereignty* cui il federalismo dà luogo, ossia la sovranità federale e quella dei singoli stati dell'Unione. Senza entrare nel merito di una ben complessa materia, basti qui ricordare quanto si scrive in Nowak and Rotunda: « When Congress exercises a granted power, concurrent conflicting state legislation may be challenged via the Preemption Doctrine. The supremacy clause mandates that federal law overides, i.e., preempts, any state regulation where there is an actual conflict between the two sets of legislation such that both cannot stand, for example, if federal law forbids an act which state legislation requires » [1978, ed. 1991: 311, n.o.].
5. Ma ormai lo schema federalista nordamericano e il relativo linguaggio sono divenuti patrimonio culturale comune degli studiosi: essi vengono sempre più applicati ad una realtà economica quali le Comunità Europee, nucleo originario e speranza di una futura Unione (federale) Europea. Questo spiega perché degli studiosi nordamericani [ibid.: 315], nel riferirsi ai poteri degli organismi comunitari rispetto agli stati membri, osservano che la normativa comunitaria realizza una forma di *pre-emption* ben più rigorosa di quella che negli S.U. assicura — mediante la *supremacy clause* — la supremazia della legge federale (CLAUSOLA COSTITUZIONALE DI SUPREMAZIA NEGLI S.U.; CONTROLLO GIURISDIZIONALE DI COSTITUZIONALITÀ; DIRITTO (I) COMUNITARIO; DIRITTO (I) FEDERALE NEGLI S.U.; DIRITTO (I) SUPERIORE; FEDERALISMO; LEGGE; NORMA GIURIDICA; POTERI RESIDUALI; PREMINENZA; PREVALENZA; PRIMATO; PRIMAZIA; QUESTIONE FEDERALE; REFERENDUM; SOVRANITÀ; STATO DI DIRITTO). [vol. I: ARTIFICIAL REASON; LAW OF THE LAND; LEGAL RULE; PRE-EMPTION; PROHIBITIONS DEL ROY; ROYAL PROCLAMATION; SUPREMACY]

– **del parlamento nella costituzione britannica.** Supremacy of Parliament o sovereignty of Parliament. È questa la dottrina fondamentale dell'ordinamento costituzionale britannico, che consacra il primato del potere legislativo del parlamento su qualsiasi altro. Riferita al sistema della fonti, essa indica che la legge del parlamento prevale su qualsiasi altra fonte, e specialmente sulla regola giurisprudenziale, ossia sulla *common law*. Come tutto il diritto inglese, risultato di un lungo processo storico, la *supremacy of Parliament* si è imposta sul potere regio e sul potere giudiziario solo dopo aver superato vivissime resistenze. A questo proposito, va ricordato che nell'ordinamento costituzionale britannico non si ha una costituzione scritta (rigida), non si hanno leggi costituzionali, né un controllo giurisdizionale di costituzionalità delle leggi come nel sistema nordamericano. Ma la supremazia del parlamento è vigorosamente temperata dalla *judicial review*, per quanto riguarda la legislazione delegata, e dai criteri interpretativi della legge adottati dal giudice inglese (*supra*, SUPREMAZIA DELLA LEGGE; CLAUSOLA COSTITUZIONALE DI SUPREMAZIA; CONTROLLO GIURISDIZIONALE DI COSTITUZIONALITÀ; CORTE COSTITUZIONALE; INTERPRETAZIONE; SOVRANITÀ; VETO). [vol. I: CONSTITUTION; JUDICIAL REVIEW; SUPREMACY CLAUSE; SUPREMACY OF PARLIAMENT]

Supremo in genere. Supreme, paramount (COMANDANTE SUPREMO DELLE FORZE ARMATE; SUPREMAZIA). [vol. I: PARAMOUNT; PARAMOUNT CLAUSE]

Su presentazione. On demand (DOMANDA; PRESENTAZIONE).

Surrettizio. Surreptitious, fraudulent, stealthy (DOLOSO; FRAUDOLENTO). [vol. I: FRAUD; FRAUDULENT]

Surrogato in genere. Surrogate. Nella surrogazione, la persona surrogata è detta *substituted person*. Nello stato di New York è detto *Surrogate Court* un organo giudiziario competente in quei tipi di procedimenti che nei sistemi di *civil law* sarebbero definiti di giurisdizione volontaria, come successioni, omologazione di testamenti, *guardianship* di minori, etc. (FACENTE FUNZIONI; GENITORE SURROGATO; GIURISDIZIONE VOLONTARIA; MADRE SURROGATA; SOSTITUTO; SUPPLENTE; SUPPLENZA; SURROGATORIA; SURROGAZIONE; VICARIO). [vol. I: SURROGATE; SURROGATE PARENT]

Surrogatoria. (AZIONE (I) SURROGATORIA; SOSTITUZIONE NELL'ATTIVITÀ NEGOZIALE; SUPPLENZA; SURROGAZIONE)

Surrogazione in genere. Subrogation, substitution. Ma si parla anche di *stand (to) into the shoes of someone*. Il termine subrogation è riferito più spesso alla surrogazione in un credito o in un diritto in genere: il diritto relativo è definito *right of subrogation*. La surrogazione nel credito viene definita come un *equitable assignment* a favore di chi ha effettuato il pagamento. L'istituto, elaborato dall'*equity*, si è sviluppato originariamente nell'ambito dell'assicurazione marittima (AZIONE (I) SURROGATORIA; CESSIONE DI CREDITO; FIDEIUSSIONE; PAGAMENTO; SOLIDARIETÀ; SOSTITUZIONE; SUBINGRESSO NEI DIRITTI DEL CREDITORE, DEL DEPOSITARIO; SUCCESSIONE; SUPPLENZA; SURROGATO). [vol. I: ACTIO PERSONALIS MORITUR CUM PERSONA; DERIVATIVE ACTION; SUBROGATION; SURROGATE]

- **convenzionale.** Subrogation by agreement (*supra*, SURROGAZIONE IN GENERE).
- **dell'assicuratore.** Subrogation of insurer (ASSICURATORE).
- **legale.** Constructive subrogation (*supra*, SURROGAZIONE IN GENERE).
- **reale.** Grosso modo, equitable conversion. In senso descrittivo, si potrebbe parlare di substitution of one thing with its price or indemnity (*supra*, SURROGAZIONE IN GENERE). [vol. I: CONVERSION: 2]

Suscettibile di. Liable to, subject to, capable of (CAPACE; PASSIBILE DI; RESPONSABILE; TENUTO A RISPONDERE). [vol. I: LIABILITY; LIABLE]

Sussidiario in genere. Auxiliary, subsidiary, surrogate (SOCIETÀ (II) SUSSIDIARIA; SURROGATO).

Sussidio/i in genere. Subsidy, aid, grant, support, subvention, benefit, allowance, relief, hand out (AIUTO; FINANZIAMENTO; INDENNITÀ; PREMIO; SOSTEGNO; SOVVENZIONE).

- **ai prodotti alimentari.** Food subsidies (AIUTI ALL'AGRICOLTURA; PRODOTTI AGRICOLI).
- **all'agricoltura.** Farm subsidies (PRODOTTI AGRICOLI).
- **alle esportazioni.** Export subsidies (*infra*, SUSSIDI DI STATO; *DUMPING*; ESPORTAZIONE; PROTEZIONISMO).
- **all'industria.** Aid to industry (INDUSTRIA).
- **di disoccupazione.** Unemployment benefit o, popolarmente, dole (CASSA INTEGRAZIONE GUADAGNI; DISOCCUPAZIONE). [vol. I: BENEFIT]
- **di malattia.** Sickness benefit (MALATTIA).
- **di Stato.** State aid, state subsidies. L'art. 92 del Trattato di Roma stabilisce l'incompatibilità con il mercato comune di quelli che falsino la concorrenza (*supra*, SUSSIDI ALLE ESPORTAZIONI; CONCORRENZA).
- **familiare.** Family benefit (FAMIGLIA).
- **occulto.** Hidden subsidy (FONDI NERI DI SOCIETÀ).

Sussistenza in genere. Support, subsistence (ALIMENTI; DIRITTO (II) ALLA SUSSISTENZA; MANTE-

NIMENTO; MEZZI DI SUSSISTENZA; SPESE NECESSARIE INCORSE DA O PER MINORI; STATO DI BISOGNO; SUSSIDIO).

Svalutazione. Inflation, devaluation, depreciation. Molte tecniche tendono a tutelare i contraenti dai rischi della svalutazione, come ad es., la clausola oro, l'indicizzazione, l'unità di conto, i diritti speciali di prelievo, etc. Numerose convenzioni internazionali hanno abbandonato il *franc Germinal* e il *franc Poincaré* per il diritto speciale di prelievo del Fondo Monetario Internazionale. Inoltre, vi sono anche polizze assicurative dirette, tra l'altro, a coprire i rischi di cambio (ECCESSIVA ONEROSITÀ SOPRAVVENUTA; *HARDSHIP CLAUSE*; INFLAZIONE; PAGAMENTO; *REBUS SIC STANTIBUS*; RIVALUTAZIONE; *SWAP*; UNITÀ DI CONTO). [vol. I: CURRENCY; FRUSTRATION; INFLATION; REBUS SIC STANTIBUS; UNIT OF ACCOUNT]

Svendita. Sale, selling out, selling off, underselling (SALDO; VENDITA).

Sviamento in genere. Distraction, diversion (DEVIAZIONE; STORNO).

- **della clientela.** Passing off; ma si parla anche di *poaching customers* per indicare il fatto di portar via i clienti del concorrente (CLIENTELA; CONCORRENZA SLEALE; CONSUMATORE). [vol. I: *ad vocem*; GOODWILL; PASSING OFF; RESTRAINT OF TRADE; UNFAIR COMPETITION]
- **di potere.** Grosso modo, misuse of power (ABUSO DI POTERE; POTERE).
- **di traffico.** Diversion of trade (COMMERCIO; TRAFFICO).

Sviluppo in genere. Development (AMBIENTE; PIANO DI SVILUPPO; SOCIETÀ (II) DI INGEGNERIA; TERZO MONDO).

- **edilizio.** Building development (PIANO DI SVILUPPO). [vol. I: TOWN AND COUNTRY PLANNING ACTS]
- **sostenibile.** Sustainable devolopment (ABORTO; AMBIENTE; SICUREZZA).
- **urbanistico.** Urban development (PIANO REGOLATORE).

Svincolo doganale. Clearance (SDOGANAMENTO).

Svolgimento di funzioni. Performance of functions (FUNZIONE).

Swap. È con questo termine che si indica lo scambio tra un titolo mobiliare e l'altro; in questo senso, si parla di *exchange of one security for another*. Più spesso effettuato da società e istituzioni finanziarie per evitare i rischi di cambio e quelli derivanti dalla variazione dei tassi di interesse sui mercati esteri. Sul mercato statunitense esistono centinaia di tipi di *swap*: il tipo più diffuso è il *fixed/floating coupon swap* per la conversione di titoli a tasso fisso in titoli a tasso variabile. Nel commercio internazionale un *swap agreement* è un accordo di triangolazione che collega tre operatori di paesi diversi. Accordi del genere rientrano di solito nel c.d. *counter-trade*, specie nei casi in cui si tratta di paesi la cui valuta non è convertibile. Molte operazioni triangolari vengono anche effettuare per realizzare traffici illegali (CAMBIO; *OFFSHORE*; RISCHI DI CAMBIO; SCAMBIO IN COMPENSAZIONE; TRIANGOLAZIONE).

Bibl.:

Inzitari, B., *Swap (contratto di)* (1988) 2 CeI 597.

T

Tabella. Schedule, table (ALLEGATO; APPENDICE; FORMULARIO; ORARIO; PIANO; SCHEMA; TAVOLA).

Taccheggio. (FURTO IN NEGOZI o GRANDI MAGAZZINI)

Tacitazione. Satisfaction, settlement (ADEMPIMENTO; COMPONIMENTO; PAGAMENTO; RIPARAZIONE; SODDISFAZIONE; TRANSAZIONE). [vol. I: SATISFACTION]

Tacito in genere. Tacit, implied, constructive. Ma quest'ultimo termine assume accezioni particolari nella tradizione di *common law* (ABROGAZIONE TACITA DI UNA LEGGE SCRITTA; ACCETTAZIONE TACITA; ACCORDO TACITO; ACQUIESCENZA; CONSENSO TACITO; CONTRATTO: I; ESPRESSO; IMPLICITO; RATIFICA TACITA; RINNOVAZIONE TACITA). [vol. I: ACQUIESCENCE; CONSTRUCTIVE; ESTOPPEL; EXPRESS; FICTION; IMPLIED; IMPLIED CONTRACT; IMPLIED POWERS; IMPLIED TERMS OF CONTRACT; IMPLIED TRUST; IMPLIED WARRANTY; PRESUMPTION; TACIT]

Taglia. Reward, bounty (CACCIATORE DI TAGLIE; EVASIONE FISCALE; OSTAGGIO; RICOMPENSA; RISCATTO). [vol. I: KIDNAPPING]

Tagliando. Ticket, coupon (BIGLIETTO; BUONO; CEDOLA; SCONTRINO; TALLONCINO; TESSERA; *VOUCHER*).

Taglio in genere. Cut, cutback, reduction (RIDUZIONE).

- **della manodopera.** (RIDUZIONE DELLA MANODOPERA)
- **delle imposte.** (RIDUZIONE DELLE IMPOSTE)
- **delle spese.** (RIDUZIONE DELLE SPESE)
- **di bilancio.** Budget cut (BILANCIO DELLO STATO).

Take-over. Questo termine inglese, che indica il rilievo di pacchetti azionari di controllo, è ormai entrato nel gergo degli affari del nostro paese; ma negli S.U. si parla anche di *tender offer* che, in senso stretto, costituisce una delle variabili del *take-over* (ASSUNZIONE DI CONTROLLO; *INSIDER TRADING*; *LEVERAGED BUY OUT*; OFFERTA PUBBLICA DI ACQUISTO; PARTECIPAZIONI STATALI; RILIEVO DELLA QUOTA AZIONARIA DI CONTROLLO DI SOCIETÀ; SCALATA DI SOCIETÀ; SOCIETÀ (II) QUALE SOGGETTO COLLETTIVO). [vol. I: TAKEOVER]

Talloncino. Slip (TAGLIANDO). [vol. I: *ad vocem*]

Talpa. Mole (DELATORE; INFORMATORE; PENTITO).

Tangente. Payoff o pay-off, bribe, kickback. Ma forse il termine *political bribery* è quello che meglio descrive la corruzione politica. Si parla più spesso di *protection money* per indicare il *pizzo*, ovvero, più spesso, il provento dell'estorsione su chi eserciti un'attività commerciale. Ma questa è materia in cui — duole dirlo — i partiti (*tutti*) e la classe dirigente (si fa per dire: politici, imprenditori, sindacalisti, amministratori, magistrati, professori, burocrati) del nostro paese hanno raggiunto un livello di « elaborazione scientifica » e di pratica attuazione impensabile in qualsiasi altro paese dell'Occidente (Giappone compreso). Corruzione e *racket* non sono certamente esclusività italiane; ma il *sistema* lo è certamente. Questo spiega perchè il termine tangente sia riportato in corsivo anche nelle più serie pubblicazioni scientifiche in lingua straniera; la parola fa il paio con mafia, cappuccino, camorra, etc. (BUSTARELLA; CODICE DI CONDOTTA; CONCUSSIONE; CORRUZIONE; CRIMINALITÀ ORGANIZZATA; ESTORSIONE; MAFIA; PAGAMENTO; PARTITOCRAZIA). [vol. I: BRIBERY; CORRUPTION; MAFIA; PAY OFF; POLITICAL PARTIES]

Tangibile in genere. (BENE TANGIBILE; CORPORALE; COSA). [vol. I: TANGIBLE]

Tara. Allowance (ABBUONO; DETRAZIONE). [vol. I: *ad vocem*]

Tardivo. Untimely, stale (PAGAMENTO TARDIVO; PRESCRIZIONE).

Targa in genere. Plate, badge (MARCHIO).

– **automobilistica.** Licence plate, number plate, motor vehicle identification number (AUTOVEICOLO; FALSIFICAZIONE DI TARGA AUTOMOBILISTICA).

Tariffa/e in genere. Rate, fare, fee, tariff, charge, tare, duty.
1. Ma il termine *tariff* indica anche la lista o elenco di merci sulle quali grava la tariffa doganale. Le tariffe doganali sono dette *for revenue* se il loro scopo è fiscale, *protective*, o protezionistiche, se hanno lo scopo di proteggere i prodotti interni dalla concorrenza esterna, *discriminatory*, se si applicano in maniera diversa agli stessi prodotti provenienti da paesi diversi; infine, le tariffe doganali sono *retaliatory*, o ritorsive, se dirette a esercitare pressioni su un paese per la rimozione di barriere artificiali agli scambi.
2. Il corrispettivo del trasporto di persone è detto di solito *fare*: in tal senso, si parla di *air-fare*, *rail-fare*, *sea-fare*; il corrispettivo per il trasporto di cose è detto *freight* (ACCORDO GENERALE SULLE TARIFFE E SUL COMMERCIO; BARRIERA TARIFFARIA; CONTINGENTI TARIFFARI COMUNITARI; CORRISPETTIVO; CORSA; DOGANA; GUERRA DELLE TARIFFE; ONORARIO; RATA; SUPPLEMENTO DI TARIFFA; TARIFFARIO; TRASPORTO; UNIONE TARIFFARIA). [vol. I: FARE; FEE; RATE; TARIFF]

– **abusiva.** Unfair rate (*supra*, TARIFFA IN GENERE).

– **aerea.** Air fare (*supra*, TARIFFA IN GENERE; TRASPORTO AEREO).

– **applicabile.** Applicable rate (*supra*, TARIFFA IN GENERE).

– **assicurativa.** Insurance rate, insurance premium (ASSICURAZIONE; *BROKER* DI ASSICURAZIONE).

– **degli onorari di avvocato.** Grosso modo, scale of fees. Negli S.U. — stato federale — la materia è disciplinata dai singoli stati dell'Unione (ONORARI DI AVVOCATO). [vol. I: SCALE OF COSTS; SCALE OF FEES]

Bibl.:
Langan 1970, ed. 1976: 290.

– **dei servizi di pubblica utilità (elettricità, etc).** Public utilities rates (SERVIZIO PUBBLICO; UTILI RAGIONEVOLI DA UN INVESTIMENTO).

– **delle spese processuali.** Grosso modo, scale of costs (SPESE PROCESSUALI). [vol. I: *ad vocem*]

– **del vettore.** Carrier's tariffs (VETTORE).

– **di rimorchio.** Towage rates (*supra*, TARIFFA IN GENERE; RIMORCHIO). [vol. I: SALVAGE; TOWAGE]

– **di transito.** Transit rate (*supra*, TARIFFA IN GENERE; PEDAGGIO; TRANSITO).

– **di trasporto.** Fare, transportation charge, passage (TRASPORTO).

– **doganale.** Customs tariff (*supra*, TARIFFA IN GENERE; DOGANA).

– **doganale preferenziale.** Preferential customs tariff (*supra*, TARIFFA IN GENERE; DOGANA).

– **doganale ritorsiva.** Retaliatory customs tariff (*supra*, TARIFFA IN GENERE).

– **ferroviaria.** Rail-fare, railway rate (*supra*, TARIFFA IN GENERE; TRASPORTO FERROVIARIO).

– **fissa.** Fixed rate o fare (*supra*, TARIFFA IN GENERE).

– **forfettaria.** Standard charge, flat rate (*FORFAIT*).

– **in vigore.** Tariff in force (*supra*, TARIFFA IN GENERE).

– **postale.** Postal rate, postage, postal tariff (*supra*, TARIFFA IN GENERE).

– **proporzionale.** Proportional rate, pro rata rate o fee (*supra*, TARIFFA IN GENERE).

– **protezionistica.** Protective tariff (*supra*, TARIFFA IN GENERE; PROTEZIONISMO).

– **telefonica nelle chiamate interurbane.** Toll (CHIAMATA TELEFONICA INTERURBANA; PEDAGGIO).

Tariffario. Rate book, price list (PREZZO; TARIFFA).

Tassa/e. Tax, duty, fee, rate; ma si parla anche, di dues, charges, tolls, royalties, tolls; le tasse portuali sono dette *harbour and port dues*. Il termine tax indica sia la tassa che l'imposta. Negli S.U. sono definite *user fees* le tasse imposte per l'utilizzazione di una determinata struttura pubblica come, ad es., di un aeroporto o di un'autostrada. Infine, tenendo conto della natura di stato federale di quel paese, l'utente (*user*) viene distinto in *interstate* o *domestic* (ESENTE DA TASSA; IMPOSTA; PEDAGGIO; REDDITO; SOVRATTASSA; UTENTE). [vol. I: AVOIDANCE; CHARGE; DUE; ROYALTY; TAX; TOLL]

– **di ammissione.** Admission fee, entrance fee (*infra*, TASSA DI ISCRIZIONE; AMMISSIONE).

– **di ancoraggio.** Anchorage duty (ANCORAGGIO).

– **di bollo.** Stamp duty, stamp tax (BOLLO; IMPOSTA DI BOLLO). [vol. I: STAMP DUTY]

– **di brevetto.** Patent tax (BREVETTO).

– **di circolazione.** Motor-tax, motor-vehicle tax (AUTOVEICOLO).

– **di concessione.** Franchise tax, license fee, licence tax (CONCESSIONE).

– **di iscrizione.** Registration fee (*supra*, TASSA DI AMMISSIONE).

– **di passaggio.** Toll (PASSAGGIO; PEDAGGIO; TARIFFA TELEFONICA NELLE CHIAMATE INTERURBANE). [vol. I: FRANCHISE]

– **di soggiorno.** Visitors' tax (SOGGIORNO).

– **di successione.** (IMPOSTA DI SUCCESSIONE)

– **portuali.** Harbour dues (PORTO).

– **progressiva.** (IMPOSTA PROGRESSIVA)

– **proporzionale.** (IMPOSTA PROPORZIONALE)

– **scolastiche.** School fees (SCUOLA).

Tassabile. Taxable, leviable (IMPONIBILE).

Tassativamente. Absolutely, definitely, definite (TASSATIVO).

Tassativo in genere. Nel senso di obbligatorio, inderogabile, è detto più spesso compulsory, mandatory, imperative, unconditional, absolute, peremptory, final, conclusive, positive (ASSOLUTO; COATTIVO; ILLIMITATO; INDEROGABILE; OBBLIGATORIO; PERENTORIO). [vol. I: ABSOLUTE; ABSOLUTELY; COMPULSORY; IMPERATIVE; INDEFEASIBLE; MANDATORY; PEREMPTORY]

Tassazione in genere. Taxation (IMPOSIZIONE FISCALE; POTERE DI IMPOSIZIONE FISCALE). [vol. I: ASSESSMENT; TAXATION]

– **delle spese processuali.** Grosso modo, taxation of costs. Ma nella materia vigono sia nel sistema inglese che negli S.U. — stato federale — criteri e tecniche molto diverse (SPESE PROCESSUALI).

Tassi. (TASSO/I)

Tasso/i in genere. Rate (ALIQUOTA; CORSO; INTERESSI SUL CAPITALE; MUTUO; PRESTITO; RATA; SAGGIO; TARIFFA). [vol. I: *ad vocem*]

– **a pronti.** Spot exchange rate (A PRONTI; CAMBIO A PRONTI).

– **bancario massimo.** Top rate (INTERESSI SUL CAPITALE).

– **bancario minimo.** Prime rate (INTERESSI SUL CAPITALE).

– **centrali delle valute SME.** Central rates of EMS currencies (UNIONE MONETARA EUROPEA).

– **degli interessi.** Rate of interest, interest rate (*infra*, TASSO FLUTTUANTE DEGLI INTERESSI; TASSO VARIABILE DEGLI INTERESSI; AGENZIA DI INFORMAZIONI SULLA SOLVIBILITÀ; INTERESSI SUL CAPITALE; MORA; OBBLIGAZIONE (II) SPAZZATURA).

– **del riporto.** Contango rate (RIPORTO).

– **di ammortamento.** Amortization schedule (AMMORTAMENTO).

– **di approvazione.** Approval rating (APPROVAZIONE; SONDAGGIO DI OPINIONE).

– **di cambio.** Rate of exchange. È detto *Exchange Rate Mechanism* quello previsto dal Sistema Monetario Europeo (CAMBIO; SISTEMA MONETARIO EUROPEO; UNITÀ DI CONTO; VARIAZIONE DEI TASSI DI CAMBIO).

– **di cambio al mercato nero.** Black market exchange rate (*supra*, TASSO DI CAMBIO).

– **di cambio effettivo.** Effective exchange rate (*supra*, TASSO DI CAMBIO).

– **di cambio fisso.** Fixed exchange rate (*supra*, TASSO DI CAMBIO).

– **di cambio fluttuante.** Floating rate of exchange, floating exchange rates (*supra*, TASSO DI CAMBIO).

– **di cambio ufficiale.** Official exchange rate (*supra*, TASSO DI CAMBIO).

– **di criminalità.** Crime rate (CRIMINALITÀ).

– **di disoccupazione.** Unemployment rate (DISOCCUPAZIONE).

– **di inflazione.** Rate of inflation (INFLAZIONE; SVALUTAZIONE).

– **di interesse controllato.** Controlled rate of interest (*supra*, TASSO DEGLI INTERESSI).

– **di interesse libero.** Free rate of interest (*supra*, TASSO DEGLI INTERESSI).

– **di mercato.** Market rate (MERCATO).

– **di nolo.** (RATA DI NOLO)

– **di produttività.** Ratio of operating activity, activity ratio (PRODUTTIVITÀ).

– **di sconto.** Discount rate (SCONTO). [vol. I: *ad vocem*]

– **fluttuante degli interessi.** Floating rate of interest (*supra*, TASSO DEGLI INTERESSI; *infra*, TASSO VARIABILE DEGLI INTERESSI).

– **massimo non superabile in genere.** Rate ceiling (TASSO DEGLI INTERESSI).

– **primario.** Prime rate; è detto così il tasso di interesse che le banche commerciali praticano alla loro clientela migliore o, come si dice, *for high quality commercial loans*. Negli S.U. esso è collegato al tasso di sconto fissato dal *Federal Reserve Board* (INTERESSI SUL CAPITALE).

– **ufficiale di sconto.** Bank rate, official discount rate (*supra*, TASSO DI SCONTO).

– **variabile degli interessi.** Adjustable rate of interest. Si parla di *rate cap* per indicare in un mutuo immobiliare a tasso variabile la clausola che limita l'aumento del tasso ad un certo massimo (INDICIZZAZIONE; INTERESSI SUL CAPITALE; TUTELA DEL CONSUMATORE).

Tavola. Table, list (ALBO; CATALOGO; ELENCO; FORMULARIO; LISTA; LISTINO; TABELLA).

Tecnica redazionale legislativa. Statutory draftsmanship, drafting tecnique (INTERPRETAZIONE; LEGISLAZIONE; REDAZIONE LEGISLATIVA). [vol. I: PARLIAMENT: VIII; PARLIAMENTARY DRAFTSMEN]

Televisione. Television; costituisce un aspetto della « diversità » del nostro paese che in sede comunitaria il governo italiano sia stato l'unico a difendere i c.d. spot televisivi per favorire le televisioni private (DIRITTO (II) DI CRONACA; ENTE TELEVISIVO; *MEDIA*).

– **privata.** Commercial television (*supra*, TELEVISIONE).

Bibl.:

Lanzillo, T., *Lecito ed illecito in materia radiotelevisiva* (1989) 2 CeI 387.

id., *Concentrazioni e misure anti-trust nel settore dell'informazione* (1989) 2 CeI 489.

Temerarietà della lite. (LITE TEMERARIA)

Tempo/i. Time; ma questa parola indica anche il termine (ADEMPIMENTO; A TEMPO PIENO; CALENDARIO; COMPUTO DEL TEMPO; CONTRATTO A TERMINE; DECORSO DEL TEMPO; GIORNATA; NOLEGGIO A TEMPO; ORARIO; PERIODO; PRESCRIZIONE; SALARIO A TEMPO; SPAZIO; TEMPORANEO; TERMINE). [vol. I: ESSENCE; LIMITATION OF ACTIONS; TIME]

– **della giustizia.** Nell'ordinamento nordamericano, il VI emendamento [1791] della costituzione stabilisce, a favore dell'imputato, tra l'altro, quanto segue: « In all criminal prosecutions, the accused shall enjoy the right to a speedy and public trial, by an impartial jury of the State and district wherein the crime shall have been committed, which district shall have been previously ascertained by law ». *Poche parole* che valgono più di intere biblioteche nostrane sui diritti dell'imputato per attribuire nel 1791 (sic!) all'imputato il diritto costituzionale ad un sollecito processo penale, e a un processo pubblico da celebrare davanti al giudice naturale precostituito per legge, come si dice da noi. Ma, anche qui, riemerge il dato fondamentale del sistema americano, ossia la sua natura di stato federale. Per quanto riguarda i reati e i processi penali federali (numericamente, quasi irrilevanti rispetto a quelli degli stati dell'Unione), lo Speedy Trial Act del 1974 stabilisce i termini massimi entro i quali devono svolgersi le fasi più importanti dell'azione penale (come: *information, indictment, arraignment*). Ovviamente, dipende dalle circostanze del caso stabilire se il periodo di tempo entro il quale un determinato processo è celebrato è tale da rispettare la garanzia costituzionale: anche qui il *test* è quello della ragionevolezza. Quanto agli altri reati e processi (cioè quelli che concernono gli stati dell'Unione, ossia la stragrande maggioranza), la *Supreme Court* ha esaminato numerose volte il problema ribadendo che il diritto a un rapido processo è un diritto costituzionale fondamentale. Ma, in pratica, di rado essa ha trovato che nei casi portati alla sua attenzione esso fosse stato violato. Nel rilevare che appare difficile stabilire un termine massimo valevole per tutti i processi senza tener conto delle circostanze, la Corte ha enunciato un *test* ponderato che tiene conto della durata del ritardo, delle ragioni di esso, del pregiudizio all'imputato e dell'esercizio nei termini dei suoi diritti. Comunque, resta il fatto che nel procedere a questo *test* da essa stessa enunciato, essa ha quasi invariabilmente deciso a favore dell'accusa. È stato osservato che vi sono due ragioni per cui la Corte non ha dato molto contenuto sostanziale a quello che è senza alcun dubbio un diritto costituzionalmente garantito: la prima sta nel fatto che, per quanto concepito come un diritto dell'imputato, di fatto, sono gli avvocati della difesa ad avere maggior interesse a ritardare il processo. In secondo luogo, la *Supreme Court* ha attivamente incoraggiato le corti degli stati dell'Unione a fare uso del loro *rule making power*, e gli organi legislativi ad adottare proprie regole per ridurre i ritardi della giustizia. In ogni caso, il *right to a speedy trial* ha una sua funzione nel limitare gli abusi più evidenti della discrezionalità dell'azione penale per ritardare i processi. Quanto al nostro sistema, per nostra buona fortuna, l'art. 6 della convenzione europea per la salvaguardia dei diritti dell'uomo stabilisce il diritto alla decisione della causa civile e penale « dans un délai raisonnable »; ed in effetti il ricorso o la minaccia del ricorso alla Corte Europea sembra quasi l'unico strumento di pressione per indurre le nostre corti a decidere cause la cui durata media si aggira sul filo dei tre lustri per i tre (sic!) gradi giurisdizione. Nel sistema inglese, in cui peraltro, non esiste un diritto costituzionalmente garantito (tra l'altro non esiste neanche una costituzione!), la giustizia penale (e civile) appare nel complesso più rapida di quella nordamericana e, generalmente, di quella continentale. In ogni caso vale la pena di ricordare Lord Denning, M.R., illustre giudice inglese, per cui: « The delay of justice is a denial of justice » [1980: 92]. Il diluvio di condanne pronunciate dalla Corte Europea dei Diritti dell'Uomo contro lo stato italiano per i ritardi della giustizia civile e penale provano quanto grave sia nel nostro paese la crisi di un servizio pubblico fondamentale (ARRETRATO DELLE CAUSE CIVILI E PENALI; CUSTODIA CAUTELARE; DENEGATA GIUSTIZIA; GIUDICE NATURALE; GIUSTIZIA; PROCESSO PUBBLICO; PROCESSO SOLLECITO; RITARDO NEL RENDERE GIUSTIZIA; TUTELA DEI DIRITTI). [vol. I: DELAY; SPEEDY TRIAL]

Bibl.:

Freely, M.M., *Speedy Trial*, in *Oxford* 1992: 816.

– **di lavoro elastico.** (ORARIO DI LAVORO ELASTICO)

– **immemoriale.** Time immemorial, immemorial (IMMEMORIALE). [vol. I: IMMEMORIAL; MEMORY; PRESCRIPTION; TIME]

– **parziale.** Part time (*infra*, TEMPO PIENO).

– **pieno.** Full time (*supra*, TEMPO PARZIALE).

Temporaneo in genere. Temporary, interim, provisional (*INTERIM*; INTERLOCUTORIO; OCCASIONALE; PERMANENTE; PROVVEDIMENTI CAUTELARI; PROVVISORIO; TEMPO). [vol. I: INTERIM; INTERLOCUTORY]

Tentativo in genere. Attempt, try (TENTATO). [vol. I: ATTEMPT]

– **di reato.** Attempt to commit a crime; ma si tratta di materia ancora più complessa che nel sistema italiano (ATTO PREPARATORIO DI UN REATO; REATO CONSUMATO; TENTATO OMICIDIO). [vol. I: ATTEMPT; CRIMINAL LAW]

– **di riconciliazione dei coniugi** o **delle parti.** Attempt at reconciliation of spouses, of parties (PARTE; RICONCILIAZIONE DEI CONIUGI).

– **di sequestro.** Hijacking attempt (SEQUESTRO).

– **inidoneo.** Impossible attempt (*supra*, TENTATIVO DI REATO).

Tentato. Attempted (TENTATIVO).

– **omicidio.** Attempted murder (OMICIDIO; TENTATIVO).

Tenuta in genere. Keeping, custody (CUSTODIA; DETENZIONE).

– **dell'albo professionale.** Keeping of professional roll, register o list (ALBO PROFESSIONALE).

Tenutario. Holder, keeper, owner (CONSERVATORE; CUSTODE).

Tenuto a in genere. Liable to (OBBLIGATO; SUSCETTIBILE DI; VINCOLATO).

– **a rispondere.** Accountable for... (RESPONSABILE).

Teoria in genere. Theory (DOTTRINA; PRINCIPIO).

– **della presupposizione.** La prevalente dottrina italiana respinge questa teoria; non è chiara la posizione dei sistemi di *common law*, in cui la *frustration* sembra coprire almeno talune delle ipotesi in cui la dottrina viene invocata (CONDIZIONE; ECCESSIVA ONEROSITÀ SOPRAVVENUTA; ERRORE; FATTO RILEVANTE; PRESUPPOSIZIONE; *REBUS SIC STANTIBUS*). [vol. I: FRUSTRATION; REBUS SIC STANTIBUS]

Bibl.:

Gorla 1955, vol. I: 274.

– **dell'argomentazione.** Argumentation theory. Nello studio sulla giustificazione delle decisioni giudiziarie si è arrivati, sopratutto ad opera del filosofo belga Chaim Perelman, all'affermazione della natura argomentativa e non dimostrativa del ragionamento dei giuristi, rivalutandone così la natura retorica [cfr. Stone 1964, ed. 1968: 325]. Tale mutamento di prospettiva ha un effetto meno dirompente per i *common lawyers* che, per *forma mentis*, sentono assai meno il fascino della logica formale (ARGOMENTAZIONE; INTERPRETAZIONE; RAGIONAMENTO GIURIDICO). [vol. I: CASE LAW; GENERAL PRINCIPLES OF LAW; INTERPRETATION; LEGAL REASONING]

Bibl.:
Tarello, G., *Argomenti interpretativi*, in *Digesto IV Utet, Civ.*, vol. I: 419.

– **della volontà.** Willenstheorie; non è romana, ma di origine pandettistica; naturalmente, non è neanche una dottrina di *common law*. Com'è stato osservato: « The Romanist thinks in terms of willed transactions, the common lawyer in terms of legal relations » (RAPPORTO GIURIDICO; *STATUS*; VOLONTÀ).

Bibl.:
Buckland and McNair 1936, ed. 1952: XIII.

– **generale del diritto.** Jurisprudence, legal theory, general theory of law (DEFINIZIONI GIURIDICHE; DIRITTO (I); DOGMATISMO GIURIDICO; DOTTRINA; FILOSOFIA DEL DIRITTO; GIURISPRUDENZA; INTERPRETAZIONE; PRINCÌPI GENERALI; PRINCÌPI GENERALI DI DIRITTO; TRADIZIONE GIURIDICA). [vol. I: COMMON CORE OF LEGAL SYSTEMS; DOCTRINE; GENERAL PRINCIPLES OF LAW; JURISPRUDENCE; LEGAL THEORY]

Tergo. Back (CAMBIALE; GIRATA). [vol. I: BILL OF EXCHANGE; CHEQUE]

– **di un documento.** Back of a document (DOCUMENTO; RETTO DI UN DOCUMENTO).

Termine/i in genere. Time, term, date; time indica sia il termine che il tempo; ma si parla anche di *deadline* per indicare il termine ultimo, improrogabile, finale. Sono definiti *court delays* i termini entro i quali va compiuto un atto davanti all'autorità giudiziaria. Ma l'espressione *term*, che pure indica il termine nostrano, costituisce spesso, anche qui, una assonanza acustica che può indurre in gravi abbagli.
1. Questa parolina (*term*) indica, anzitutto, un *periodo di tempo determinato* come, ad es., nelle espressioni *term of lease* (il periodo di tempo in cui il *lessee* ha diritto di occupare l'immobile), *term of contract* (la parola, frase, clausola, stipulazione, patto o condizione del contratto), *term of court* (la sessione giudiziaria), *term of office* (la durata in carica di persona eletta o nominata), *prison term* (la durata di una condanna a pena detentiva). In particolare, nell'ambito della *real property*, si parla di *term* per indicare la durata, e la scadenza, di un *estate*. Il titolare di un *estate* per un determinato periodo di tempo è detto *termor*, o *tenant of the term*. Si parla di *term of years* per indicare un *estate for years* e il periodo di tempo (*time*) dell'*estate*: il *term* può spirare prima del *time*, qualora il diritto relativo sia ceduto. In materia contrattuale, ai sensi dell'Art. 1-201(42) dell'*Uniform Commercial Code* degli S.U.: « 'Term' means that portion of an agreement which relates to a particular matter ». Nel senso di termine di resa nella vendita, si parla di *term of sale*. Un *term loan* è un mutuo che prevede una determinata data di scadenza, come tale, distinto da un *demand loan*, ossia da un mutuo la cui scadenza avviene a domanda del mutuante. Infine, con l'applicazione dell'*acceleration clause* ha luogo la decadenza dal beneficio del termine in caso di inadempimento del debitore. Il patto relativo ai termini è detto *stipulation as to time* (CLAUSOLA DI ACCELERAZIONE; MORA; *RATING*; SESSIONE GIUDIZIARIA).
2. I termini processuali sono definiti di solito *time*, rubrica sotto la quale è disciplinata la materia; ad es., negli S.U., alla R. 6 delle *Federal Rules of Civil Procedure* il termine di scadenza o entro il quale va compiuto un dato atto o una procedura è detto *time*, o anche *time-limit* (si dice, ad es., *time within which a trial must be had*, ossia il termine entro il quale un processo deve essere celebrato). Ma *time-limit* indica anche il termine di prescrizione. Si noti, peraltro, che la materia dei termini di prescrizione e dei termini processuali è regolata in maniera notevolmente diversa nella tradizione di *common law*.
3. Nel senso di confine, si parla di *boundary*; l'espressione i termini decorrono dal... si traduce di solito con *times run from...* (ABBREVIAZIONE DEI TERMINI; AGENZIA DI INFORMAZIONI SULLA SOLVIBILITÀ; APPOSIZIONE DEI TERMINI; A PRONTI; A TERMINE; BENEFICIO DEL TERMINE; BENI A TERMINE; CLAUSOLA DI ACCELERAZIONE; CLAUSOLA DI RIPENSAMENTO; CLAUSOLA PENALE; COMPUTO DEI TERMINI; CONDIZIONE; CONFINE; CONSEGNA A TERMINE; CONTRATTO A TERMINE; DATA; DECADENZA DAI TERMINI; DECORRENZA DEI TERMINI; DECORSO DEL TEMPO; DEPOSITO A TERMINE; FERIE GIUDIZIARIE; FUORI TERMINI; GIORNO; INADEMPIMENTO; ISTANZA PRESENTATA NEI TERMINI; MERCATO A TERMINE; MO-

RA; NEI TERMINI; PAGAMENTO: 3; PERIODO DI RAFFREDDAMENTO; PRESTITO A TERMINE; PRONTI CONTRO TERMINI; PROROGA DEI TERMINI; RITARDO INGIUSTIFICATO; SCADENZA DEL TERMINE; SESSIONE; SOSPENSIONE o INTERRUZIONE DEI TERMINI DI PRESCRIZIONE; SPIRARE DEL TERMINE; TEMPI DELLA GIUSTIZIA; ULTIMATUM). [vol. I: ACCELERATION CLAUSE; DAY; LIMITATION OF ACTIONS; STATUTE BARRED; TERM; TERMINUS; TIME; TIME BAR; TIME-LIMIT]

- **certo.** Fixed, definite, time (CONDIZIONE).
- **commerciali in genere.** Trade terms (*infra*, TERMINI COMMERCALI INTERNAZIONALI).
- **commerciali internazionali.** International trade terms; sono detti *Incoterms* quelli — ormai di universale accettazione — elaborati dalla Camera di Commercio Internazionale (*infra*, TERMINI DI RESA; CLAUSOLE COMMERCIALI STANDARD NEL COMMERCIO INTERNAZIONALE; CLAUSOLE DI CONSEGNA; COMMERCIO INTERNAZIONALE; CONDIZIONI GENERALI DI CONTRATTO; ESPORTAZIONE; *INCOTERMS*; PRASSI COMMERCIALE). [vol. I: INCOTERMS; INTERNATIONAL CHAMBER OF COMMERCE; TERMS OF TRADE; TRADE TERMS]
- **comminatorio.** Grosso modo, mandatory time, comminative time-limit, comminative deadline; in chiaro: time, time-limit, o deadline, failure to observe which, brings about a penalty (COMMINATORIO).
- **convenuto.** Time, term, o period agreed upon (CONVENUTO).
- **del contratto.** Term of contract (CONDIZIONI GENERALI DI CONTRATTO). [vol. I: *ad vocem*]
- **di comparizione.** Time for appearance (*infra*, TERMINI PER L'APPELLO; CITAZIONE IN GIUDIZIO; COMPARIZIONE IN GIUDIZIO; CONTUMACIA).
- **di durata massima della custodia cautelare.** Custody time-limits (CUSTODIA CAUTELARE).

  Bibl.:
  Emmins 1981, ed. 1992: 83, 447.
- **di efficacia.** Effective date, operative, o operational, time; date on which contract, law, insurance policy, etc., takes effect (EFFICACIA).
- **di grazia.** Days of grace (GRAZIA; PERIODO DI GRAZIA). [VOL I: DAYS OF GRACE]
- **di legge.** According to law, tenor of law, legal conditions (CONDIZIONE).
- **di prescrizione.** Limitation period, period of limitation, statute of limitation, time-limit (DECORRENZA DELLA PRESCRIZIONE; PERIODO DI PRESCRIZIONE; PRESCRIZIONE; SOSPENSIONE o INTERRUZIONE DEI TERMINI DI PRESCRIZIONE). [vol. I: LIMITATION OF ACTIONS; TIME-LIMIT]
- **di resa.** Delivery date (CLAUSOLE DI CONSEGNA; RESA; SPEDIZIONE; TRASPORTO).
- **di resa nel commercio internazionale.** Terms of delivery; in questa materia gli *Incoterms* della Camera di Commercio Internazionale sono di quasi universale applicazione (*infra*, TERMINI DI SCAMBIO; CLAUSOLE INTERNAZIONALI DI CONSEGNA ATTINENTI ALLA DISCIPLINA DEI COSTI E DEI RISCHI DI TRASPORTO; PORTO DI CONSEGNA; RESA; RICONSEGNA DELLE MERCI NEL TRASPORTO; SPEDIZIONE; TRASPORTO). [vol. I: DELIVERY; INCOTERMS]
- **di resa nella vendita.** Terms of sale (CONSEGNA; VENDITA).
- **di scadenza in genere.** Expiry date, time-limit, deadline (SCADENZA).
- **di scadenza per l'invio a mezzo posta.** Mailing deadline (SCADENZA).
- **di scambio.** Terms of trade. Nel commercio internazionale, il termine *terms of trade* indica un concetto economico relativo al rapporto tra merci d'esportazione (o prezzi delle) e merci di importazione (*supra*, TERMINI DI RESA; ESPORTAZIONE; IMPORTAZIONE; SCAMBIO).
- **di stallia.** (STALLIE)
- **di un accordo.** Terms of an agreement (ACCORDO).
- **di un contratto.** Terms of contract (CLAUSOLA CONTRATTUALE; CONDIZIONI GENERALI DI CONTRATTO; STIPULAZIONE CONTRATTUALE).
- **entro i quali devono aver luogo le fasi principali dell'azione penale negli S.U.** Time-limits for carrying out the major events of prosecution (AZIONE (I) PENALE; TEMPI DELLA GIUSTIZIA).
- **essenziale nel contratto.** Time of the essence of the contract (*infra*, TERMINE PER L'ADEMPIMENTO; ADEMPIMENTO; CLAUSOLA ESSENZIALE DEL CONTRATTO; CONTRATTO: IX; ESATTO ADEMPIMENTO; ESSENZA DEL CONTRATTO; INADEMPIMENTO; MORA; RITARDO NELL'ESECUZIONE DEL CONTRATTO; SCADENZA). [vol. I: ESSENCE]
- **finale.** Time-limit, deadline (TERMINE INIZIALE).
- **fisso.** Fixed time, fixed term (PRESCRIZIONE).

– **giudiziale.** Court fixed time, judicial time, court delay. Si noti la diversa disciplina della materia nella tradizione di *common law* che attribuisce al giudice notevoli poteri nella fissazione dei termini nell'ambito del processo. In questo senso, quando ricorre il termine *reasonable time* per un adempimento si indica un termine non già stabilito dalla legge, ma lasciato di volta in volta alla discrezione del giudice (*infra*, TERMINI PROCESSUALI; PROROGA DEI TERMINI).

– **giuridico.** Legal term (*infra*, TERMINE TECNICO; INTERPRETAZIONE; LINGUAGGIO GIURIDICO; TERMINOLOGIA GIURIDICA; TRADIZIONE GIURIDICA).

– **incerto.** Unspecified o uncertain time (CONDIZIONE).

– **iniziale.** Starting date, initial date, initial time (*supra*, TERMINE FINALE).

– **lungo.** Long-term (*supra*, TERMINE IN GENERE).

– **ordinatorio.** Directory, non mandatory, time, non peremptory time (*infra*, TERMINE PERENTORIO).

– **perentorio.** Grosso modo, mandatory time, peremptory time-limit. Si noti che nei sistemi inglese e nordamericano il giudice ha notevoli poteri discrezionali di proroga dei termini (*supra*, TERMINE GIUDIZIALE; TERMINE ORDINATORIO; PERENTORIO; PROROGA DEI TERMINI). [vol. I: EXTENSION OF TIME]

– **per l'adempimento.** Time for performance (*supra*, TERMINE ESSENZIALE NEL CONTRATTO; ADEMPIMENTO).

– **per la notifica di atti processuali.** Time for service of process (NOTIFICA).

– **per l'appello.** Time for appealing (*supra*, TERMINI DI COMPARIZIONE; APPELLO).

– **prescritto.** Prescribed, o set, time; prescribed time-limit (*supra*, TERMINE IN GENERE).

– **processuali.** Time. Si noti che in molti casi nel processo civile inglese e nordamericano le parti possono convenire la proroga dei termini, di solito ordinatori (*supra*, TERMINE GIUDIZIALE; PROCESSO CIVILE; PROROGA DEI TERMINI).

Bibl.:
Langan 1970, ed. 1976: 19.

– **ragionevole.** Reasonable time; la sua concreta determinazione spetta al giudice (*supra*, TERMINE GIUDIZIALE; RAGIONE; RAGIONEVOLEZZA).

– **tecnico.** Technical term (*supra*, TERMINE GIURIDICO). [vol. I: WORDS OF ART]

– **ultimo.** (*supra*, TERMINE FINALE)

Terminologia giuridica. Legal terminology, legal terms (INTERPRETAZIONE; LINGUAGGIO GIURIDICO; STILE GIURIDICO; TERMINE GIURIDICO; TRADIZIONE GIURIDICA).

Terra in genere. Land (IMMOBILE; SUOLO; TERRENO; TERRITORIO).

– **di nessuno.** No man's land (GUERRA).

Terreno in genere. Land, soil (LOTTO DI TERRENO; SUOLO; TERRA; TERRITORIO).

– **agricolo.** Agricultural land (LAVORATORE AGRICOLO).

Territorialità in genere. Territoriality (EXTRATERRITORIALITÀ; SOVRANITÀ; TERRITORIO).

– **della legge.** Territoriality of law (DIRITTO (I) PERSONALE; LEGGE).

– **della legge penale.** Territoriality of penal law (GIUDICE NATURALE; LEGGE PENALE; SOVRANITÀ).

Territorio in genere. Territory, possession. Nell'ordinamento costituzionale nordamericano, con il termine *territory* si indica una parte degli S.U. posta al di fuori dei confini di qualsiasi stato dell'Unione — come, ed es., Guam — che si trova in una fase transitoria che precede l'ammissione nell'Unione. È costituita da separati organi legislativi, giudiziari ed esecutivi nominati dal Presidente. A questo proposito, va distinto lo stato dell'Unione, il territorio e il possedimento; è in questo senso che si parla di *State, territory or possession of the United States* (AMMINISTRAZIONE FIDUCIARIA; ANNESSIONE TERRITORIALE; COMPETENZA PER TERRITORIO; CONFINE; DIPENDENZA TERRITORIALE; EXTRATERRITORIALITÀ; FATTORE DI COLLEGAMENTO; FEDERALISMO; GIURISDIZIONE FEDERALE; LEGGE SUL CONTROLLO DELL'USO DEL TERRITORIO; PIANO REGOLATORE; POSSEDIMENTO; SOVRANITÀ TERRITORIALE; STATI UNITI D'AMERICA; STATO MEMBRO DELL'UNIONE NEGLI S.U.; SUOLO; TERRENO). [vol. I: COMMONWEALTH; CONNECTING FACTOR; EXTRADITION; EXTRATERRITORIALITY; HIGH SEAS; JURISDICTION; SOVEREIGNTY; TERRITORY]

– **contestato.** Disputed territory (CONTROVERSIA DI FRONTIERA; DISPUTA TERRITORIALE).

– **occupato.** Occupied territory (OCCUPAZIONE).

Terrore. Terror, fear (RIVOLUZIONE; TERRORISMO; TIMORE; VIOLENZA).

Terrorismo. Terrorism; è punito nel R.U., tra l'altro, dal Northern Ireland (Emergency Provisions) Act 1973 applicabile esclusivamente all'Irlanda del Nord, e dal Prevention of Terrorism (Temporary Provisions) Act 1978. Tra le misure adottate nella lotta contro l'irredentismo irlandese vanno segnalate le c.d. *Diplock courts*, ossia delle corti senza la partecipazione della giuria, e l'internamento senza processo dei sospetti terroristi in campi di concentramento definiti pudicamente « holding centres ». Si tratta di una prassi che ha valso al R.U. numerose condanne da parte della Corte Europea dei Diritti dell'Uomo e che, comunque, fa poco onore alla giustizia inglese: *l'Italia i suoi terroristi li ha processati.* Negli S.U. il § 3077 dell'U.S.C.A. 18 definisce un *act of terrorism* quello diretto: (i) ad intimidire o coartare la popolazione civile; (ii) ad influenzare la politica del governo mediante intimidazione o coartazione o; (iii) a influenzare la condotta di un governo mediante assassini o rapimenti di persone. Esistono numerose convenzioni internazionali nella materia (AFFONDAMENTO O DISTRUZIONE DI NAVE IN MARE; AMMUTINAMENTO; AUTODETERMINAZIONE; CAMPO DI CONCENTRAMENTO; CRIMINALITÀ ORGANIZZATA; ESPULSIONE; ESTRADIZIONE; GIURIA; GUERRIGLIA; INTERNAMENTO; OSTAGGIO; PENTITO; SABOTAGGIO; SEQUESTRO DI PERSONA; SISTEMA PENALE ACCUSATORIO; STRAGE; TERRORE; VIOLENZA POLITICA). [vol. I: FAIR TRIAL; TERRORISM].

– **internazionale.** International terrorism (*supra*, TERRORISMO).

– **sindacale.** Criminal syndicalism (SABOTAGGIO; SINDACATO; STATUTO DEI LAVORATORI).

Terzo/a. È detto, oltre che third party o third person, anche stranger, bystander, beneficiary. Il termine bystander ricorre più spesso in tema di *product liability* per indicare il danno provocato dal prodotto difettoso, non già al consumatore, ma al terzo (*bystander*) come, ad es., negli incidenti automobilistici (ADESIONE DI UN TERZO AL CONTRATTO; AFFIDAMENTO; ARBITRAMENTO DEL TERZO; BENI PIGNORATI; CHIAMATA IN CAUSA DEL TERZO; CONTRATTO A FAVORE DI TERZI; CONVENUTO; ESTRANEO; INTERVENTO IN GIUDIZIO DEL TERZO; *IUS TERTII*; OPPOSIZIONE DI TERZO; PAGAMENTO PER CONTO DI UN TERZO; PARTE; PASSANTE; PER CONTO ALTRUI; PIGNORAMENTO PRESSO TERZI; PROMESSA DELL'OBBLIGAZIONE O DEL FATTO DEL TERZO; RAPPRESENTANZA; RESPONSABILITÀ DEL PRODUTTORE; SEQUESTRO PRESSO TERZI; STRANIERO). [vol. I: CONTRACT FOR THE BENEFIT OF THIRD PARTIES; PARTY; PRIVITY OF CONTRACT; STRANGER; THIRD PARTY; TITIUS]

– **acquirente di buona fede a titolo oneroso.** (ACQUIRENTE DI BUONA FEDE A TITOLO ONEROSO)

– **beneficiario nell'assicurazione.** Third party beneficiary (ASSICURAZIONE; CONTRATTO A FAVORE DI TERZI). [vol. I: *ad vocem*]

– **di buona fede.** Innocent third party, innocent stranger, stranger (ECCEZIONE CAMBIARIA; PROPRIETÀ APPARENTE). [vol. I: BYSTANDER]

– **disinteressato.** Disinterested third party (*supra*, TERZO DI BUONA FEDE; BUONA FEDE; LIBERO DA INFLUENZA ALTRUI; PARTE; STATO DI BISOGNO).

– **estraneo a un contratto.** Stranger, third party (RELATIVITÀ DEL CONTRATTO). [vol. I: PRIVITY OF CONTRACT]

– **interventore in giudizio.** Intervener, intervening party, interventor, intervenor (INTERVENTO IN GIUDIZIO DEL TERZO).

– **Mondo.** Third World (CORRUZIONE; NAZIONI CIVILIZZATE; NUOVO ORDINE ECONOMICO INTERNAZIONALE; PAESE IN VIA DI SVILUPPO; PROIBIZIONISMO; TUTELA DEI DIRITTI).

– **pignorato.** Garnishee (PIGNORAMENTO PRESSO TERZI). [vol. I: *ad vocem*]

– **Stato.** Third State. Ai sensi dell'art. 2, par. 1(h) della convenzione di Vienna, indica uno stato che non è parte di un trattato internazionale. Opinione prevalente è quella dell'inefficacia dei trattati per gli Stati terzi (STATI GENERALI; STATO CONTRAENTE DI UN TRATTATO INTERNAZIONALE). [vol. I: *ad vocem*]

Tesaurizzazione. Hoarding (ACCAPARRAMENTO).

Tesoreria. Grosso modo, treasury; ma nel sistema britannico il *Treasury* è un superministero privo di equivalenza in Italia, dove la materia è suddivisa in tre ministeri (affidati spesso a ministri appartenenti ai diversi partiti della coalizione), con quei risultati di efficienza che si possono immaginare. Questa pazzesca ripartizione suscita all'estero un grave sconcerto dei nostri partner comunitari (FLUSSO DI TESORERIA; TESORIERE; TESORO). [vol. I: TREASURY]

Tesoriere. Treasurer, cashier, receiver, bursar, cash manager (CASSIERE; CUSTODE; RICEVITORE; TESORERIA; TESORO).

Tesoro. Treasure trove (APPROPRIAZIONE DI TESORO; OGGETTI SMARRITI; TESORERIA). [vol. I: LOST PROPERTY; RES NULLIUS]

– **dello Stato.** Treasury, Exchequer (BILANCIO DELLO STATO; BUONO DEL TESORO; MINISTERO DEL TESORO; RAGIONERIA GENERALE DELLO STATO; TESORERIA). [vol. I: TREASURY]

– **ritrovato.** Treasure-trove (OGGETTI SMARRITI). [vol. I: *ad vocem*]

Tessera. Card (TAGLIANDO; TESSERATO).

– **di riconoscimento.** (CARTA D'IDENTITÀ)

Tesserato. Cardholder, card-carrying member (MEMBRO; TESSERA).

Testa di legno. Man of straw, dummy, figurehead (FINZIONE GIURIDICA; PRESTANOME; SOCIETÀ (II) DI COMODO; SOCIO DI COMODO; TITOLARE FITTIZIO; TITOLARE NOMINALE). [vol. I: FICTION; JOHN DOE; MAN OF STRAW; SLEEPING PARTNER]

Testamento/i in genere. Will, o will and testament. A parte l'ovvia analogia, esso si inquadra negli assai diversi principi successori di *common law*: con terminologia romanistica, si direbbe che, in effetti, esso non dà luogo alla designazione dell'erede, ma del legatario. Negli S.U. — stato federale — la materia è regolata dai singoli stati dell'Unione; ma va menzionata una tendenza all'unificazione risultante dall'*Uniform Probate Code* che, peraltro, non è un codice alla maniera nostrana, ma un testo di legge modello; come tale, non obbligatorio. La *probate* (da non confondere con la *probation*, che è altra cosa), ossia, grosso modo, l'omologazione del testamento, ha luogo nel sistema inglese presso la *Family Division* della *High Court*. Nel sistema nordamericano, essa si svolge presso una *Probate court* di uno degli stati dell'Unione. Infine, negli S.U. si parla di *will contest* per indicare il fatto di contestare l'idoneità di un determinato testamento ad essere assoggettato alla procedura relativa, a prescindere dalla validità o meno del suo contenuto (ALTERAZIONE DI TESTAMENTO; AMBULATORIA; ANNULLAMENTO DEL TESTAMENTO; APERTURA DEL TESTAMENTO; AUTOGRAFIA; CAPACITÀ DI SUCCEDERE; CAPACITÀ TESTAMENTARIA; CAPTAZIONE TESTAMENTARIA; CODICILLO TESTAMENTARIO; COLLAZIONE; DISPOSIZIONE TESTAMENTARIA; *ELECTA UNA VIA NON DATUR RECURSUS AD ALTERAM*; EREDE TESTAMENTARIO; ESECUTORE TESTAMENTARIO; FIDUCIA *CUM TESTAMENTO*; GIURISDIZIONE VOLONTARIA; IMPUGNAZIONE DEL TESTAMENTO; INVALIDITÀ DEL TESTAMENTO; LIBERTÀ TESTAMENTARIA; NAVE; OMOLOGAZIONE DEL TESTAMENTO; PATTI SUCCESSORI; REVIVISCENZA DEL TESTAMENTO; REVOCA DEL TESTAMENTO; RISERVA A FAVORE DEL CONIUGE SUPERSTITE; SOPPRESSIONE DEL TESTAMENTO; SOTTOSCRIZIONE DEL TESTAMENTO; SUCCESSIONE TESTAMENTARIA; VOLONTÀ TESTAMENTARIA). [vol. I: HEREDITAS; INTESTATE; PROBATE; SCRIPT; SUCCESSION; WILL]

– **a bordo di nave.** (*infra*, TESTAMENTO IN MARE)

– **congiuntivo e reciproco.** Joint and mutual (o reciprocal) will. È ammesso (*supra*, TESTAMENTO IN GENERE).

– **falso.** Counterfeit will (FALSO).

– **in mare.** Will on board a ship (*infra*, TESTAMENTO NUNCUPATIVO; NAVE). [vol. I: PRIVILEGED WILL]

– **invalido.** Impeachable will, contestable will (INVALIDITÀ).

– **nuncupativo.** Nuncupative will. Salvo eccezioni, non è ammesso (*supra*, TESTAMENTO IN MARE; *infra*, TESTAMENTO SPECIALE). [vol. I: *ad vocem*; PRIVILEGED WILL]

– **olografo.** Holograph; non è ammesso. Negli S.U. — stato federale, in cui la materia è regolata dai singoli stati dell'Unione — il testamento olografo non è ammesso in taluni stati; altri, invece, lo ammettono a certe condizioni. Ancora, altri stati che non ammettono il testamento olografo dei propri cittadini, ammettono invece quello fatto da cittadini di altri stati dell'Unione. Infine, ai sensi del § 2-503 dell'*Uniform Probate Code* — che peraltro non è un codice alla maniera nostrana, ma un testo di legge modello — il testamento olografo è valido, anche se privo dell'*attestation*, a condizione che la sottoscrizione e le parti rilevanti di esso siano di pugno del testatore (AUTOGRAFIA). [vol. I: ATTESTATION; HOLOGRAPH; WILL]

– **speciale.** Privileged will (*supra*, TESTAMENTO NUNCUPATIVO). [vol. I: *ad vocem*]

Testatore. Testator, maker of will. Ma il primo termine deriva dalla *civil law* (TESTAMENTO). [vol. I: LEGACY; WILL]

Teste. (TESTIMONE)

Testimone. Witness; si noti che nella tradizione di *common law* l'imputato depone sotto giuramento e assume quindi la veste di testimone.

1. Questo spiega perché si possa parlare di *defendant as witness against himself*, di *self-incrimination* riferita, peraltro, sia all'imputato che al testimone. E questo spiega anche la più celebre delle difese nel processo accusatorio anglo-americano che va sotto il nome di *privilege against self-incrimination*. Si noti altresì che, poiché il consulente tecnico assume nel processo la veste di testimone, egli è definito *expert witness*; il testimone non consulente è definito *lay witness*. Va menzionato anche il possente istituto della *subpoena* — privo di equivalenza nella tradizione di *civil law* — con la quale, tra l'altro, oltre ad intimare al testimone di comparire in giudizio, si può anche intimare al terzo la produzione in giudizio di un determinato documento. Chiamare un testimone è detto *call (to) a witness*. Il banco dei testimoni è detto *witness box* nel sistema inglese e *witness stand* negli S.U.
2. Nel processo civile sono definiti *interrogatories* gli interrogatori scritti cui una parte può sottoporre l'altra o i suoi testimoni, in quella fase del processo che è detta *pre-trial*; le risposte sono giurate. Si tratta di un *pre-trial discovey device* ignoto alla *civil law*. Negli S.U. — stato federale — la materia è regolata dalle R. 33 e 49 delle *Federal Rules of Civil Procedure* (ACCOMPAGNAMENTO COATTIVO DEL TESTIMONE ALL'UDIENZA; ATTENDIBILITÀ DEL TESTE; AUDIZIONE DEL TESTIMONE; AUTOINCRIMINAZIONE; AZIONE (I) PENALE; COMPARIZIONE DEL TESTIMONE; CONFRONTO TRA IMPUTATO E TESTIMONE DELL'ACCUSA; CONSULENTE TECNICO NEL PROCESSO; CONTROESAME; DELATORE; DEPONENTE; DEPOSIZIONE; *DISCOVERY*; ESAME DEL PROPRIO TESTIMONE; ESAME DEL TESTIMONE; ESAME DEL TESTIMONE A FUTURA MEMORIA; IMPUTATO; INDAGATO; INDENNITÀ SPETTANTE AL TESTIMONE; INFILTRATO; INFORMATORE; INTERROGATORIO; INTIMAZIONE A UN TESTIMONE DI COMPARIRE IN GIUDIZIO; OMERTÀ; PROCEDURA: 5; PROCEDURA CIVILE; PROCEDURA PENALE; PROTEZIONE DEL TESTIMONE; PROVA; RETICENZA DEL TESTIMONE; RICUSAZIONE DEL TESTIMONE; RIESAME DEL TESTIMONE; SILENZIO DELL'IMPUTATO; SUBORNAZIONE DEL TESTIMONE; TESTIMONIANZA). [vol. I: COMPETENCY; CRIMINAL PROCEDURE; CROSS-EXAMINATION; EVIDENCE; EXAMINATION; EXPERT; INTERROGATORIES; PERJURY; RIGHT OF SILENCE; SUBPOENA]

– **a carico.** Witness for the prosecution (*infra*, TESTIMONE D'ACCUSA; ACCUSA; AZIONE (I) PENALE). [vol. I: PROSECUTION]

– **accusatore di propri complici.** (CHIAMATA DI CORREO)

– **a difesa.** Witness for the defence (DIFESA).

– **affidabile-inaffidabile.** (*infra*, TESTIMONE CREDIBILE-NON CREDIBILE)

– **auricolare.** Earwitness (*infra*, TESTIMONE OCULARE). [vol. I: HEARSAY EVIDENCE]

– **che gode dell'immunità dall'azione penale.** Privilege protected witness (IMMUNITÀ DALL'AZIONE PENALE).

– **chiave.** Key witness, material witness (*infra*, TESTIMONE INDISPENSABILE).

– **compiacente.** Zealous witness, swift witness (CONTROESAME).

– **costretto a deporre.** Compelled witness (IMMUNITÀ DALL'AZIONE PENALE).

– **credibile-non credibile.** Reliable-unreliable witness (CONTROESAME).

– **d'accusa.** Prosecution witness (*supra*, TESTIMONE A CARICO).

– ***de relato.*** Hearsay witness: la bestia nera del processo penale (e civile) di *common law*. In quanto evidenza incontrollabile, non è amessa: *et pour cause!* Un processo in cui la prova si forma utilizzando la testimonianza *de relato*, proprio perché non consente la *cross-examination* — strumento fondamentale di prova — è l'antitesi del processo accusatorio. Invece, da noi, le recenti « riforme », che hanno sconvolto il nuovo codice di procedura penale, ne fanno addirittura il fulcro del sistema della prova: tra l'altro, il pentito può rifiutarsi di rispondere all'interrogatorio incrociato, ossia al controesame, e la prova, grazie all'utilizzazione, in buona sostanza incontrollata, dell'evidenza anteriore al dibattimento, non si forma che in assai piccola parte davanti al giudice (CONTROESAME; PENTITO; PROVA PER SENTITO DIRE; TESTIMONIANZA PER SENTITO DIRE).

– **federale negli S.U.** Federal witness (IMMUNITÀ DALLA GIURISDIZIONE).

– **fidefaciente.** Attesting witness (ATTO PUBBLICO; NOTAIO; TESTAMENTO OLOGRAFO). [vol. I: ATTESTATION]

– **indispensabile.** Material witness; è detto così il testimone la cui testimonianza è essenziale ai fini della decisione della causa (*supra*, TESTIMONE CHIAVE).

– **nel processo penale.** (DEPOSIZIONE NEL PROCESSO PENALE)

– **oculare.** Eye witness (*supra*, TESTIMONE AURICOLARE; INFORMATORE).

– **ostile.** Hostile witness, adverse witness (CONTROESAME). [vol. I: CROSS-EXAMINATION]

– **parziale.** Zealous witness (*supra*, TESTIMONE OSTILE; *infra*, TESTIMONE RETICENTE).

– **per l'accusa.** (*supra*, TESTIMONE A CARICO; ACCUSA)

– **reticente.** Hostile witness, adverse witness (*supra*, TESTIMONE OSTILE; TESTIMONE PARZIALE; CONTROESAME; PROVA; RETICENZA). [vol. I: CROSS-EXAMINATION; EVIDENCE: II. 1]

– **sfavorevole.** (*supra*, TESTIMONE OSTILE)

Testimonial. (REFERENZA)

Testimoniale in genere. Testimonial; in quanto tale, distinto da *documentary* (DOCUMENTARIO; PROVA; *TESTIMONIAL*; TESTIMONIANZA).

– **di avaria.** (PROTESTO DI AVARIA)

Testimonianza. Evidence, testimony, deposition. A differenza della *civil law*, nella tradizione di *common law* quella testimoniale — con il corollario della *cross-examination* — costituisce la prova regina. La *law of evidence* non può essere intesa appieno se non si tiene conto dell'*oralità, concentrazione e immediatezza* che identifica il processo (civile e penale) di *common law* e realizza — *more solito*, senza la « genialità » dei processualisti di *civil law* — gli ideali chiovendiani, peraltro mai concretatisi in nessun sistema continentale. La presenza, attuale o presunta della giuria nel processo, ha determinato le note regole di esclusione dirette a selezionare il materiale probatorio (ASSUNZIONE DELLA PROVA; CAPACITÀ DI TESTIMONIARE; CORROBORAZIONE DELLA TESTIMONIANZA; DEPOSIZIONE; FALSA TESTIMONIANZA; GIURIA; IMMUNITÀ DALL'AZIONE PENALE; IMPUTATO; INCAPACITÀ DI TESTIMONIARE; OMERTÀ; ORALITÀ, CONCENTRAZIONE E IMMEDIATEZZA; PESO DELLA TESTIMONIANZA; PROCESSO; PROVA; RETICENZA NELLA TESTIMONIANZA; RIESAME DEL TESTIMONE; RISCONTRO DELLA PROVA; TESTIMONE). [vol. I: COMPETENCY OF EVIDENCE; CORROBORATION; DEPOSITION; EVIDENCE: I, II; SUBPOENA; WITNESS]

Bibl.:

Cordero, G., *La testimonianza nel diritto inglese* (1985) 1 RIDPP 193.

– **a futura memoria.** Perpetuating testimony. *Deathbed declarations* o *dying declarations* sono dette le dichiarazioni fatte in punto di morte che, in deroga alla regola contro l'*hearsay,* costituiscono una prova ammissibile in giudizio senza la necessità della *cross-examination* (CONTROESAME; INCIDENTE PROBATORIO). [vol. I: DE BENE ESSE; DEPOSITION]

– **del consulente tecnico.** Forensic evidence (CONSULENTE TECNICO NEL PROCESSO).

– **dell'imputato.** (DEPOSIZIONE NEL PROCESSO PENALE)

– **indiretta.** Secondary evidence (PROVA). [vol. I: EVIDENCE: II. 2]

– **nel processo penale.** (DEPOSIZIONE NEL PROCESSO PENALE)

– **oculare.** Eye witness evidence (TESTIMONE OCULARE).

– **orale.** Parol evidence (ORALITÀ, CONCENTRAZIONE E IMMEDIATEZZA).

– **per sentito dire.** Hearsay evidence (DICERIA; PROVA PER SENTITO DIRE; TESTIMONE *DE RELATO*).

Testimoniato. Witnessed (NON TESTIMONIATO; TESTIMONIANZA).

***Test* nucleare.** (ESPERIMENTO NUCLEARE)

Testo/i in genere. Text, copy.

– **giuridici.** Legal texts; la diversa metodologia degli studi e dell'insegnamento delle materie giuridiche che riflette — in ultima analisi — la diversa teoria delle fonti, dà luogo a dei testi giuridici impostati in maniera assai diversa che nei sistemi di *civil law*. Anche se negli ultimi tempi le distanze si stanno accorciando in vista della maggiore importanza che la *giurisprudenza* assume ora anche nei sistemi di *civil law* (basterebbe pensare, fra tutte, alla giurisprudenza della Corte di Giustizia delle Comunità). Nei sistemi di *common law* si distingue di solito tra *textbook*, *case-book*, *coursebook*, *handbook*. Inoltre, negli S.U., il termine *Black-letter* riferito a un testo giuridico indica, grosso modo, uno scritto semplificato su una determinata materia; *Hornbook* è il testo che tratta in maniera istituzionale una determinata materia (ad es.: *Law of Corporations* di H. G. Henn della *West Publishing*); si tratta spesso di ottimi lavori. Ma non esiste il manuale istituzionale nostrano in senso stretto e, in ogni caso, va ribadito che, trattandosi di *sistemi a diritto giurisprudenziale*, la *case-law* assume *comunque* una importanza priva di comune misura nei testi dei sistemi, come quello nostrano, *a diritto legislativo.* Infine, per molti versi, anche l'articolazione delle riviste di giurisprudenza rispecchia analoghe premesse teoretiche e metodologiche (CASI E MATERIALI; DIGESTO; DIRITTO (I) DEI TESTI; FONTI DEL DIRITTO; INTERPRETAZIONE; LIBRI GIURIDICI; MANUALE GIURIDICO; PUBBLICAZIONE GIURIDICA; REDAZIONE DI TESTI GIURIDICI; RIVISTE DI GIURISPRUDENZA).

– **unico.** Non esiste un corrispondente esatto: tuttavia, la *consolidation* è un procedimento che consente risultati non troppo diversi. Negli S.U. — stato federale — si parla di *compilation*. Con il termine *consolidation* si intende la fusione di due disegni o progetti di legge in uno (CODIFICAZIONE; DIRITTO (I) AMMINISTRATIVO; LEGGE). [vol. I: ACT OF PARLIAMENT; CONSOLIDATION; STATUTE]

Tetto. Ceiling, plafond (MASSIMALE DI ASSICURAZIONE).

– **del risarcimento.** Ceiling to compensation (LIMITE DELLA RESPONSABILITÀ CIVILE; MASSIMALE; RISARCIMENTO).

Timbro. Stamp (BOLLO; SIGILLO). [vol. I: SEAL]

Timore in genere. Fear, terror (TERRORE).

– **reverenziale.** Grosso modo, reverential fear, standing in awe of someone; ma non è un termine impiegato dal *common lawyer*. È nell'ambito dell'*undue influence* che va ricercato un concetto analogo (LIBERO DA INFLUENZA ALTRUI; VIOLENZA). [vol. I: UNDUE INFLUENCE]

Tiraggio in genere. Drawing (PRELIEVO).

Tirocinio in genere. Training, apprenticeship, probation (APPRENDISTATO; CONTRATTO DI APPRENDISTATO).

– **legale.** Legal training (FORMAZIONE GIURIDICA).

Titolare in genere. Owner, proprietor, holder, person having a legal title, title owner, person qualified, *person having a right vested in him, a locus standi*. Il concetto di titolare va ricollegato a quello di proprietà che ha per oggetto nella *common law* anche i diritti: *owner of the copyright* può essere reso come titolare del diritto di autore, ma l'articolazione è diversa (ESERCIZIO DEL DIRITTO; INCAPACITÀ; INTESTATARIO; LEGITTIMATO; LEGITTIMAZIONE; PORTATORE; PROPRIETÀ; PROPRIETARIO DEL DIRITTO DI AUTORE; QUALIFICATO; TITOLARITÀ; TITOLO DI LEGITTIMAZIONE). [vol. I: ESTATE; HOLDER; OWNERSHIP; TENANCY; TITLE]

– **del diritto di autore.** Copyright proprietor, owner of the copyright: spetta a lui *to licence*, ossia concedere l'esercizio del diritto relativo (DIRITTO (II) DI AUTORE).

– **della polizza di assicurazione.** Policyholder; non coincide necessariamente con l'assicurato (POLIZZA (I) DI ASSICURAZIONE). [vol. I: *ad vocem*; BENEFICIARY]

– **di impresa.** Principal (IMPRESA).

– **di passaporto.** Passport holder (PASSAPORTO).

– **di un conto.** Account holder, holder of an account (CONTO). [vol. I: HOLDER]

– **di un ufficio, di una carica.** Office holder, holder of an office, incumbent (CARICA; UFFICIO).

– **fittizio o simulato.** Fictitious title holder, man of straw (TESTA DI LEGNO).

– **nominale.** Nominal title holder (*supra*, TITOLARE FITTIZIO).

Titolarità in genere. Ownership, proprietorship, possessing by virtue of a lawful title; ma *title* e *ownership* non coincidono necessariamente; ad es., in tema di titoli di credito si distingue tra *owner* e *holder*. Peraltro, è nel *trust* — istituto ignoto alla *civil law* — che si fa luogo alla *split property*, ossia a due tipi di proprietà previsti, rispettivamente, dalla *common law* e dall'*equity*: in questo senso, *nominal*, o *bare legal owner* indica il titolare o intestario fiduciario secondo la *common law*, in quanto distinto dal proprietario *beneficiary* secondo le regole dell'*equity*; *nominal* o *legal owner* è quindi correlativo, ossia opposto, di *beneficial owner*. È in virtù di questa dicotomia che in tema di titoli azionari va ricordato che il *registered proprietor* non è necessariamente il *beneficial owner* di essi. Ma titolarità e legittimazione appaiono spesso concetti non semplici da distinguere (AZIONE (II) DI SOCIETÀ: 8; ECCEZIONE; LEGITTIMAZIONE; PARTE; TITOLARE; TITOLO; *TRUST*). [vol. I: DOCUMENT OF TITLE; EQUITIES; NEGOTIABLE INSTRUMENTS; NOMINAL; OSTENSIBLE OWNERSHIP; TITLE; TRUST]

– **dei beni pignorati.** (BENI PIGNORATI)

Titoli. (TITOLO/I)

Titolo/i in genere. Title, instrument. Il termine *title* indica, grosso modo, oltre a tutte le accezioni di titolo qual è inteso nella *civil law*, qualcosa in più. In effetti, *title* è termine dalle vastissime accezioni in cui prevale spesso, sembra, il significato di diritto (soggettivo, come direbbe un *civil lawyer*), o di potere (DIRITTO (II); POTERE).

1. Si parla di *title to goods* o *to land* per indicare, rispettivamente, la titolarità di (o il diritto a) cose mobili o immobili. È detto *document of title* il documento o titolo di legittimazione che attesta la proprietà o la legittimazione all'esercizio del diritto relativo come: a) *document of title to goods*, titolo rappresentativo di merci come, ad es., la polizza di carico, o *bill of lading*; b) *document of title to land*, titolo relativo alla proprietà immobiliare come, ad es., atti, contratti, mappe, certificati, etc. In questo senso, va rilevato che quando si parla, ad es., come nel sistema inglese, di *registration book* di un autoveicolo, il termine non indica un *document of title*, ossia un titolo di proprietà; pertanto, il *registered keeper* non è — di per sé — proprietario: il documento costituisce soltanto un'*evidence of title*.

2. In materia di *trust* — istituto ignoto alla *civil law* — si distingue il *title*, ossia il diritto, del *trustee* dalla *beneficial ownership* del beneficiario (TITOLARITÀ; *TRUST*). [vol. I: *TRUST*]

3. Il trasferimento della proprietà è definito *transfer* o *passing of title*, mentre la riserva della proprietà è detta *reservation* o *retention of title*. È dubbio che vi sia un'espressione corrispondente a quella di *autonomia del titolo di credito*, ma il fenomeno cui essa si riferisce è descritto nel diritto inglese col dire che, a differenza di quanto accade nell'*assignment*, il *trasferee* di un *negotiable instrument* « does not take subject to equities ».

4. I titoli o valori mobiliari (azioni, obbligazioni, etc.) sono detti *securities* (ma si tratta di una categoria più ampia, priva di equivalenza nel nostro sistema); nel sistema inglese e nordamericano, le azioni di società non rientrano nella categoria dei *negotiable instruments*, mentre vi rientrano le obbligazioni al portatore, non ignote, ma di fatto inesistenti. La truffa in materia di titoli mobiliari è detta *securities fraud* (ACQUISTO A NON DOMINO; AZIONE (II) AL PORTATORE).

5. Il regime giuridico della proprietà e dei titoli immobiliari è notevolmente diverso nei sistemi di *common law*; il regime inglese e quello nordamericano — quest'ultimo regolato dal diritto dei singoli stati dell'Unione — sono anche molto diversi tra loro. Negli S.U. — in cui nella gran parte degli stati dell'Unione non esiste un sistema di registri immobiliari — si intende per *title insurance* una polizza o titolo che certifica la condizione giuridica della proprietà, e assicura l'accuratezza delle ricerche immobiliari contro i danni derivanti dai vizi del titolo. Questa forma di assicurazione è stipulata più spesso dall'acquirente nella vendita immobiliare, o dal mutuante nel caso di *loan on mortgage* (grosso modo, mutuo ipotecario). Il *certificate of title*, che attesta la situazione giuridica del titolo quale risulta dalle ricerche dei *title examiners* (che può essere, a seconda dei casi, valido, viziato, o gravato da pesi), comporta la responsabilità della società (privata) emittente solo per quanto attiene alla diligenza e idoneità professionale espletate nella ricerca. Esso va distinto dall'*insurance of title* con il quale si assicura la validità del titolo di proprietà. La distinzione tra *insurance of title* e *guaranty of title* emesse dalle suddette società non è agevole; a quanto sembra, mentre nel caso di *insurance of title* il limite massimo della responsabilità dell'emittente è stabilito nella stessa polizza, nel caso di *guaranty of title* sussiste l'obbligo di risarcire il danno derivante dal vizio o inesistenza del titolo.

6. Il Marketable Title Act adottato da molti stati dell'Unione è diretto a semplificare i trasferimenti immobiliari stabilendo che un titolo è *marketable,* ossia valido e trasferibile, se basato su ricerche per un limitato periodo di tempo precedente come, ad es., 40 anni, evitando in tal modo la necessità di effettuare ricerche in occasione di ogni nuovo trasferimento. Un titolo del genere è detto anche *merchantable.* È definita *title company* la società specializzata che procede alle ricerche sui titoli immobiliari e, di solito, emette anche i *title insurance.* La ricerca relativa alla titolarità dei diritti immobiliari è detta *title search* (APPARENZA DELLA TITOLARITÀ DI UN DIRITTO; DIRITTO (II) ASSOLUTO DI PROPRIETÀ IMMOBILIARE; IMMOBILE; PROPRIETÀ IMMOBILIARE).

7. Nel senso processuale, *title* indica, a seconda dei casi, il diritto ad ottenere un provvedimento giudiziario, la legittimazione sostanziale, la legittimazione processuale; il *title* va distinto dall'*interest*, che indica qualcosa di meno. Si parla, ad es., di *title to sue* per indicare l'interesse a proporre l'azione in giudizio o la legittimazione sostanziale attiva. Ma si tratta di concetti difficili da districare da quello di *cause of action* (ASSICURAZIONE; A TITOLO DI; AVENTE CAUSA; CAUSA (I); DANTE CAUSA A TITOLO PARTICOLARE NEGLI IMMOBILI; DIRITTO (II); DOCUMENTO; GARANZIA DEL TITOLO DI PROPRIETÀ IMMOBILIARE; INTERESSE; LEGITTIMAZIONE; MANCANZA DI TITOLO; OPERATORE IN TITOLI MOBILIARI; PERDITA DI UN DIRITTO; PEZZA DI APPOGGIO; PROVA; REGISTRI IMMOBILIARI; RISERVA DELLA PROPRIETÀ; VALORE NOMINALE DEI TITOLI IMMOBILIARI). [vol. I: CAUSE OF ACTION; DOCUMENT

OF TITLE; NEGOTIABLE INSTRUMENTS; REDEEMABLE; RETENTION OF TITLE; SEARCHES; SECURITIES; STATUTE LAW: VI; TITLE]

– **all'ordine.** Instrument to order (*infra*, TITOLI DI CREDITO; ORDINE).

– **al portatore.** Bearer instrument (EMISSIONE DI TITOLI AL PORTATORE; PORTATORE).

– **azionario.** Share, stock (*infra*, TITOLI MOBILIARI; AZIONE (II) DI SOCIETÀ; NOMINATIVITÀ DEI TITOLI AZIONARI).

– **commerciabile in genere.** Merchantable title, marketable title (*supra*, TITOLO IN GENERE: 5, 6; BENE COMMERCIABILE; BENE NON COMMERCIABILE).

– **dei metalli preziosi.** Title of precious metals (BORSA DEI METALLI; METALLI PREZIOSI; PUNZONATURA DEI METALLI PREZIOSI). [vol. I: HALLMARK]

– **derivati.** (*FUTURES* FINANZIARI)

– **di credito.** I sistemi di *common law* non conoscono questa categoria nella ampiezza nota al nostro diritto; in effetti, il gruppo dei *negotiable instruments* indica soltanto quella parte dei nostri titoli di credito che comportano il pagamento di somme di danaro e sono caratterizzati dalla trasferibilità e dall'autonomia. Di guisa che, sembra potersi dire che alla categoria nostrana dei titoli di credito corrisponde l'insieme dei *negotiable instruments* e dei *documents of title* o *quasi negotiable instruments*, ossia i titoli rappresentativi di merci. Si noti che le azioni di società (*shares, stock*) non rientrano nella categoria dei *negotiable instruments* (ANTEDATAZIONE; ASTRATTEZZA DELL'OBBLIGAZIONE; AZIONE (II) DI SOCIETÀ; CAMBIALE FINANZIARIA; CARTA COMMERCIALE; EFFETTI DI COMMERCIO; NON NEGOZIABILE; PRESENTAZIONE DI UN TITOLO DI CREDITO; TRASPORTO: 1). [vol. I: COMMERCIAL PAPER; DOCUMENT OF TITLE; NEGOTIABLE INSTRUMENTS]

Bibl.:

Galgano, F., *Sulla circolazione dei titoli di credito* (1987) 2 CeI 382.

– **di credito negoziabile in genere.** Negotiable instrument (*supra*, TITOLO COMMERCIABILE; TITOLI DI CREDITO; NEGOZIABILITÀ).

– **di legittimazione.** Document of title, title document (BIGLIETTO; LEGITTIMAZIONE; RICEVUTA; SCONTRINO; *VOUCHER*). [vol. I: DOCUMENT OF TITLE]

– **di proprietà.** Title, title document, document of title (GARANZIA DEL TITOLO DI PROPRIETÀ IMMOBILIARE; GARANZIA PER EVIZIONE; PROPRIETÀ APPARENTE).

– **di proprietà immobiliare.** Document of title, title document, title deeds, real estate title; ma si notino le notevoli differenze esistenti in questa materia tra le tradizioni giuridiche di *civil* e di *common law* (*supra*, TITOLO IN GENERE; *infra*, TITOLO IMMOBILIARE; DOCUMENTO; ESTRATTO DAL TITOLO DI PROPRIETÀ IMMOBILIARE). [vol. I: TITLE DEEDS]

– **di proprietà invalido.** Defective title (GUASTO; INVALIDO).

– **di reato.** Grosso modo, kind of crime (CAPO DI IMPUTAZIONE; MUTAMENTO DEL TITOLO DI REATO O DEL CAPO DI IMPUTAZIONE; REATO).

– **di Stato.** Grosso modo, government securities, Treasury bonds, debentures (EFFETTI DI COMMERCIO; MERCATO DEI TITOLI DI STATO; OBBLIGAZIONE (II) QUALE TITOLO DI CREDITO; OBBLIGAZIONE (II) SPAZZATURA).

– **di stato a premio.** Premium bond (*supra*, TITOLI DI STATO).

– **di studio in genere.** Educational qualification. L'equipollenza tra i diversissimi titoli di studio europei, costituisce, per molti versi, la premessa del concreto esercizio del *diritto di stabilimento.* Ma si tratta di materia non facile, da tempo all'esame degli organismi comunitari (COMUNITÀ EUROPEE; DIRITTO (II) DI STABILIMENTO; EQUIPOLLENZA DI TITOLI DI STUDIO; SCUOLA).

– **esecutivo.** Lett., title empowering to levy execution; gli autori inglesi parlano più spesso di « *titre exécutoire* », sottolineando in tal modo che si tratta in sostanza di un concetto di *civil law.* Si noti che la sentenza costituisce l'unico titolo esecutivo dei sistemi inglese e nordamericano: in tal senso, si parla di *execution judgment.* Non esiste in quei sistemi il *diluvio* di titoli esecutivi stragiudiziali come la cambiale, né atti notarili o altri atti aventi siffatta efficacia. La sentenza di primo grado costituisce, in principio, titolo esecutivo, salvo al giudice di sospenderne l'esecuzione. Nell'ambito europeo, costituisce titolo esecutivo la sentenza emessa in uno degli stati contraenti della convenzione di Bruxelles del 1968 sulla giurisdizione e sull'esecuzione delle sentenze civili e commerciali (ESECUZIONE FORZATA DELLA SENTENZA CIVILE STRANIERA; SENTENZA

STRANIERA; TUTELA DEI DIRITTI). [vol. I: JUDGMENT: 5]

Bibl.:

Amos and Walton 1935, ed. 1967: 242, n. 8.

– **giuridico.** Legal title (*supra*, TITOLO DI LEGITTIMAZIONE; DIRITTO (II); LEGITTIMAZIONE).

– **giustificativo.** (*supra*, TITOLO DI LEGITTIMAZIONE)

– **immobiliare.** Title to land, land title (*supra*, TITOLO IN GENERE: 5, 6; TITOLO DI PROPRIETÀ IMMOBILIARE; ASSICURAZIONE CONTRO I VIZI DEI TITOLI IMMOBILIARI; ISCRIZIONE DI TITOLO DI PROPRIETÀ IMMOBILIARE; ISPEZIONE DEI TITOLI IMMOBILIARI; REGISTRI IMMOBILIARI; VINCOLO SULLA PROPRIETÀ).

– **immobiliare commerciabile.** Marketable land title (*supra*, TITOLO IN GENERE: 5). [vol. I: *ad vocem*]

– **imperfetto in genere.** Defective title.

– **mobiliari in genere.** Securities; il termine include *stock, shares, debentures, bonds, notes, convertible debentures, warrants*, etc. Si tratta di categoria più ampia di quella nostrana: essa include, tra l'altro, i *commercial paper*, ignoti fino a poco fa all'ordinamento nostrano (EFFETTI DI COMMERCIO). È definita *security firm* l'impresa che tratta *securities*. La legge sui valori mobiliari è definita *securities law* che, negli S.U. — stato federale — può essere federale o dei singoli stati dell'Unione. In caso di *multidistrict litigation*, ossia di azioni civili che comportino una o più complesse questioni di fatto pendenti davanti a diversi distretti federali, esse possono essere trasferite ad un solo distretto federale e decise da un solo giudice: è questo più spesso il caso di *antitrust actions*, incidenti collettivi (aereo, etc.), di brevetto e marchio di fabbrica, responsabilità del produttore, violazione delle leggi sui titoli mobiliari (*securities law actions*), etc. I procedimenti sono rimessi a un *Judicial Panel on Multidistrict Litigation*: la procedura è retta dalle *Rules of Procedure of the Judicial Panel on Multidistrict Litigation* e dal *Manual for Complex Litigation* (ACQUISTO; AGENTE DI CAMBIO; AGGIOTAGGIO; AMMISSIONE AL LISTINO DI TITOLI DI SOCIETÀ; ARBITRAGGISTA; AZIONE (I) DI CATEGORIA; AZIONE (II) DI SOCIETÀ; BORSA VALORI; EMISSIONE DI AZIONI DI SOCIETÀ; INTERESSI DIFFUSI: 5; INVESTIMENTO: 2; LETTERA DI GARANZIA; MERCATO DEI TITOLI MOBILIARI; NEGOZIAZIONE DI TITOLI QUOTATI IN BORSA; OBBLIGAZIONE (II) QUALE TITOLO MOBILIARE; OFFERTA PUBBLICA DI ACQUISTO; OPERATORE IN TITOLI MOBILIARI; SINDACATO DI CONTROLLO; SOCIETÀ (II) DI INTERMEDIAZIONE MOBILIARE; SOCIETÀ (II) QUALE SOGGETTO COLLETTIVO; *SWAP*; TUTELA DELL'INVESTITORE; VALORE NOMINALE DEI TITOLI MOBILIARI; VENDITA ALLA SCOPERTO « NUDA » DI TITOLI). [vol. I: SECURITIES]

– **mobiliari a breve termine.** Short-term securities.

– **mobiliari al portatore.** Bearer securities (AZIONE (II) AL PORTATORE).

– **mobiliari a reddito fisso.** Fixed yield securities, fixed income securities.

– **mobiliari a reddito variabile.** Variable yield securities (DIVIDENDO; INTERESSI SUL CAPITALE).

– **mobiliari atipici.** Securities traded over-the-counter market (MERCATO AZIONARIO RISTRETTO).

– **mobiliari commerciabili in genere.** Marketable securities (*supra*, TITOLO IMMOBILIARE COMMERCIABILE).

– **mobiliari consolidati.** Consols; ma indica anche un titolo consolidato che non scade, redimibile a richiesta (DEBITO PUBBLICO). [vol. I: CONSOLS]

– **mobiliari convertibili.** Convertible securities.

– **mobiliari di prim'ordine.** Gilt edged securities (AZIONE (II) DI SOCIETÀ; OBBLIGAZIONE (II) QUALE TITOLO MOBILIARE). [vol. I: GILT EDGED SECURITIES]

– **mobiliari esenti da imposte.** Tax-exempt securities.

– **mobiliari esteri.** Foreign securities.

– **mobiliari fiduciari.** Paper securities.

– **mobiliari nominativi.** Registered securities (AZIONE (II) DI SOCIETÀ).

– **mobiliari non quotati in borsa.** Unlisted securities, unquoted securites (*infra*, TITOLI MOBILIARI QUOTATI IN BORSA; MERCATO AZIONARIO RISTRETTO; QUOTAZIONE DI TITOLI MOBILIARI; VENDITA DI TITOLI NON QUOTATI IN BORSA). [vol. I: OVER-THE-COUNTER MARKET]

– **mobiliari quotati in borsa.** Listed securities, quoted securities; negli S.U. devono rispondere, oltre che ai requisiti della borsa valori nella quale sono trattati (*traded*), anche ai *registration require-*

ments della *Securities and Exchange Commission* (ANTICIPO SU TITOLI; *ARBITRAGEUR*; BORSA VALORI; MERCATO AZIONARIO RISTRETTO; QUOTAZIONE DI TITOLI MOBILIARI; SERVIZIO DI CONSULENZA PER GLI INVESTIMENTI IN TITOLI MOBILIARI).

- **mobiliari redimibili.** Redeemable securities (REDIMIBILE).
- **negoziabili in genere.** Negotiable instruments (*supra*, TITOLI DI CREDITO).
- **nobiliare.** Title of nobility. Nel R.U., monarchia costituzionale, conservano ancora un valore giuridico (ARISTOCRAZIA; PRIMOGENITURA; *STATUS*).
- **nominativo in genere.** Registered instrument (AZIONE (II) NOMINATIVA).
- **pagabile a vista.** Sight document (A VISTA).
- **rappresentativi di merci** o **di proprietà mobiliare.** Documents of title to goods o, più spesso, documents of title; vanno distinti dai *negotiable instruments* (*supra*, TITOLI DI CREDITO; CERTIFICATO DI DEPOSITO E DI NOTA DI PEGNO; DOCUMENTO; FEDE DI DEPOSITO; MAGAZZINI GENERALI; NON NEGOZIABILE; NOTA DI PEGNO; TRASPORTO: I). [vol. I: DOCK WARRANT; DOCUMENT OF TITLE; NEGOTIABLE INSTRUMENTS; WAREHOUSE].
- **spazzatura.** (OBBLIGAZIONE (II) SPAZZATURA)
- **trasferibile in genere.** Transferable title, negotiable instrument (*supra*, TITOLI NEGOZIABILI; NON TRASFERIBILE).
- **viziato.** Defective title (VIZIO).

Tizio, Caio, Sempronio. John Doe; era questo il nome fittizio dell'attore, più spesso nell'azione di *ejectment* — diretta, grosso modo, alla reintegrazione nel possesso — che in Inghilterra, in base alla procedura esistente prima del Common Law Procedure Act 1862, richiedeva la presenza di un attore e di un convenuto fittizio, rispettivamente John Doe e Richard Roe. John Doe è una delle numerose finzioni giuridiche — equivalente in sostanza a Tizio, Caio e Sempronio — di cui è ricca la *common law*. Ma si noti che ancora oggi negli S.U., John Doe è una finzione giuridica impiegata in un procedimento civile o penale per designare un ignoto fin quando il suo nome non venga accertato. Quando in un mandato di perquisizione, in un *report*, in un testo o in un documento giuridico figura il nome di John Doe il riferimento è a una persona ignota o non esistente. L'azione contro John Doe, detta *John Doe summons*, è quella contro un convenuto ignoto: il nome viene sostituito da quello effettivo non appena quest'ultimo è conosciuto (DENUNZIA CONTRO IGNOTI; FINZIONE GIURIDICA; FONDO CORNELIANO; UOMO). [vol. I: EJECTMENT; FICTION; JOHN DOE]

Toga in genere. Robe, gown.

- **di avvocato.** Barrister's gown, robe o silk. Un Q.C. porta una silk gown; diventare un Q.C. è detto « to take silk »; « a silk » è un Q.C. I *solicitors* non portano la toga. I giudici e gli avvocati inglesi, scozzesi, irlandesi e delle ex colonie britanniche portano la parrucca, ma non quelli nordamericani. I giudici nordamericani indossano toghe nere. Si parla di *judicial robes* in genere per indicare le toghe portate dai giudici (GIUDICE; MAGISTRATO; PROFESSIONE FORENSE). [vol. I: QUEEN'S COUNSEL]
- **di giudice.** Judge's robe (*supra*, TOGA DI AVVOCATO).

Tolleranza in genere. Tolerance, toleration, sufferance, allowance, licence, permit. Parola grossa. Fu definita Toleration Act la legge inglese che esonerava i protestanti dissenzienti dalle pene previste a quell'epoca. Toleration è termine più spesso riferito alla tolleranza religiosa. La tolleranza delle diversità è la premessa delle società democratiche e pluraliste di cui gli S.U. restano l'archetipo. Ma può la tolleranza arrivare al punto di consentire la distruzione del sistema ad opera della minoranza? Se la maggioranza non deve sopprimere le regole a tutela della minoranza, non si pone anche il problema della tutela della maggioranza? Sono questi taluni dei problemi — aperti — della democrazia. Interessante la raccolta di saggi di Norberto Bobbio [1990: 235] sui Diritti dell'Uomo e, in particolare, la parte relativa alle ragioni della tolleranza (ABBUONO; ATTO DI TOLLERANZA; CHIESA; COSTITUZIONALISMO; DIRITTI (II) DELL'UOMO; DISCRIMINAZIONE; MAGGIORANZA; MINORANZA; OPPRESSIONE DEGLI AZIONISTI DI MINORANZA; PLURALISMO; TUTELA DELLE MINORANZE; UGUAGLIANZA). [vol. LICENCE; PERMIT; SUFFERANCE]

Bibl.:

Zanone, V., *Tolleranza*, in *Dizionario di Politica* 1976, ed. 1983: 1190.

Tonnellaggio. Tonnage (NAVE; STAZZA).

Topica giuridica. Legal topics (LOGICA GIURIDICA; PROBLEMA GIURIDICO).

Torto (illecito). Tort, wrong (ATTO ILLECITO). [vol. I: TORT]

Tortura. Torture. Espediente universale che percorre trasversalmente ogni fede religiosa ed ogni filosofia politica autoritaria: dai processi della Santa Inquisizione a quelli komeinisti, comunisti e nazisti il passo è breve. La tortura è praticata in maniera sistematica e su larghissima scala da *tutti* i regimi del Terzo Mondo e, beninteso, secondo la lezione leninista, soprattutto da quelli « socialisti » (cfr. Corea del Nord, Cuba, Cina, Vietnam), come provano le denunzie della benemerita *Amnesty International.* Anche qui il ceto politico italiano di destra, di sinistra e di centro offre ogni giorno indecente spettacolo di appoggio a questi regimi. Ma la tortura è praticata, in qualche maniera, anche nella civile Inghilterra nei confronti degli irredentisti irlandesi (AUTOINCRIMINAZIONE; CAMPO DI CONCENTRAMENTO; DIRITTI (II) DELL'UOMO; PROCEDURA PENALE; SISTEMA PENALE ACCUSATORIO; VERITÀ; VIOLENZA). [vol. I: TORTURE]

Tossicodipendente. Drug addict, addict (TOSSICODIPENDENZA).

Tossicodipendenza. Drug dependence, drug abuse (DROGA; REATO DI STATO; *STATUS*; TOSSICODIPENDENTE).

Totalitarismo. Totalitarianism (AUTOGOVERNO; DEMOCRAZIA; FEDERALISMO; STATO DI DIRITTO; TORTURA).

Tracce. Evidence, lead, trace (EVIDENZA PROBATORIA; INDIZIO).

Tradimento. Treason; nel sistema inglese si parla di *high treason* per indicare una serie di delitti contro la personalità dello stato. Si tratta di un reato contro la *Crown* intesa come stato. Ad esso si accompagna una fortissima riprovazione sociale priva di equivalenza in un paese come il nostro che — grazie alla predominanza di due ideologie reazionarie e antinazionali — *ignora sostanzialmente il concetto di fedeltà al paese.* Il reato di tradimento è l'unico ad essere punito con la pena di morte nel sistema inglese. Con il termine *petty treason* si indicava in passato l'omicidio del marito da parte della moglie, del padrone da parte del dipendente, etc. Negli S.U. — stato federale — la materia è prevista, tra l'altro, dall'art. III, s. 3, della costituzione, in cui si parla di *treason against the United States:* la condanna per tradimento può aver luogo soltanto sulla base di due testimonianze o della confessione in pubblica udienza. Una stranezza del (forse troppo) celebrato *Dizionario di Politica* di Bobbio e Matteucci [1976, ed. 1983] è che esso non contiene né la v. CITTADINANZA, né quella di TRADIMENTO, concetti concatenati relativi allo stato (o comunque lo si voglia chiamare), unitario o federale che sia (ALTO TRADIMENTO; ATTENTATO ALL'INTEGRITÀ, INDIPENDENZA E UNITÀ DELLO STATO; CITTADINANZA; DELAZIONE; FEDELTÀ; INSUBORDINAZIONE; NEMICO; PENA DI MORTE; REATO CONTRO LO STATO; RIBELLIONE; SPIONAGGIO). [vol. I: ALLEGIANCE; FIDELITY; IMPEACHMENT; TREASON]

Tradizione in genere. Tradition (TRASFERIMENTO).

– **giuridica.** Legal tradition; quelle di *civil law* e di *common law* sono le due grandi tradizioni giuridiche dell'Occidente. Si dice che negli S.U. — paese di *common law* — la *Louisiana* costituisce una *civil law jurisdiction*, ma si tratta di proposizione da accogliere con cautela. Un insigne comparatista ha messo in guardia verso i *mere acoustic agreements among legal systems* che spesso riecheggiano assonanze familiari ma indicano cose assai diverse [Schlesinger 1950, ed. 1988: 454]. In effetti, la *civil law* è una « *professors' law* », mentre la *common law* è una « *lawyers' law* ». Non soltanto la cultura di fondo, l'approccio e lo stile sono diversi: una radicale differenza esiste alla base della concezione dello stato e dei diritti dei cittadini; insomma, dello stato di diritto. Le istituzioni liberaldemocratiche sono nate nell'alveo del costituzionalismo inglese e della tradizione giuridica di *common law.* Quelle che si rintracciano nei paesi di *civil law* ne sono la versione adattata ad una assai diversa cultura politica. Il concetto di tradizione giuridica assume quindi un significato fondamentale se esso viene inteso in termini di civiltà giuridica e tradizione politica (BRANCA DEL DIRITTO; CAPITALISMO; CIRCOLAZIONE DEI MODELLI GIURIDICI; CIVILTÀ GIURIDICA; CLASSIFICAZIONE GIURIDICA; CODICE; CODIFICAZIONE; CONCETTO GIURIDICO; DEDUZIONE COME PROCESSO LOGICO; DEFINIZIONI GIURIDICHE; DIRITTO (I) ANGLO-AMERICANO; DIRITTO (I) SCOZZESE; FAMIGLIA GIURIDICA; FORMAZIONE GIURIDICA; INTERPRETAZIONE; LINGUAGGIO GIURIDICO; NORMA GIURIDICA; ORDINAMENTO GIURIDICO; PRINCÌPI GENERALI DI DIRITTO; PROFESSIONE FORENSE; SISTEMA DI *CIVIL LAW*; SISTEMA DI *COMMON LAW*; SISTEMA GIURIDICO; STILE GIURIDICO; SUPPLENZA; TRADUZIONE GIURIDICA). [vol. I: INTRODUZIONE: I. 1, 2; III. 2, 3, 5, 8, 9, 10; IV. 3;

LEGAL EDUCATION; LEGAL PROFESSION; LEGAL TRADITION; LEGAL TRANSPLANTS]

Traduzione giuridica. Legal translation; compito assai ingrato per chi vi si dedichi: si tratta di un lavoro misconosciuto e troppo spesso mal pagato. In effetti, un testo giuridico inglese presuppone le categorie di *common law* (e un determinato assetto costituzionale come, ad es., negli S.U., il federalismo); un testo italiano suppone, invece, quelle, assai diverse, di *civil law*. Oltre alle difficoltà di ordine strettamente linguistico, si tratta di classificazioni, categorie e termini giuridici che, essendo privi di equivalenza, rendono impossibile una traduzione completamente soddisfacente; di qui, non di rado, la necessità di ricorrere a perifrasi o spiegazioni comparatistiche. Un eminente giurista dedica un capitolo di una sua opera ormai classica ai rischi particolari della comparazione giuridica: i titoli delle varie parti sono significativi: « D. Caveat: The Special Hazards of Comparative Law I. Language difficulties; II. Differences in classification; III. The contrast between the printed word and actual practice » [Schlesinger 1950, ed. 1988: 868]. Numerose difficoltà di traduzione insorgono nella traduzione di convenzioni internazionali: spesso, specie per il passato, non esistono testi autentici in lingua inglese come, ad es., della convenzione di Varsavia sul trasporto aereo di passeggeri del 1929, di cui si hanno due spesso confliggenti traduzioni, una inglese e l'altra americana. Dei trattati di Versailles del 1919 non esiste testo autentico tedesco: i francesi — coerenti con sé stessi ben oltre il ridicolo, e dimentichi degli Alleati inglesi e americani — pretendevano addirittura che essi fossero redatti nella sola lingua francese. Non esiste un testo autentico in lingua inglese del Trattato di Roma (CLASSIFICAZIONE GIURIDICA; DEFINIZIONI GIURIDICHE; DIRETTORE; INTERPRETAZIONE; LINGUAGGIO GIURIDICO; TRADIZIONE GIURIDICA). [vol. I: INTRODUZIONE: III. 37, IV. 3; INTERPRETATION; LANGUAGES, PRINCIPLE OF EQUAL AUTHENTICITY OF; TREATY; UNIFICATION OF LAW]

Bibl.:
Calò, E., *Traduzione (Aspetti giuridici della)* (1987) 2 CeI 325.

Traente di cambiale o assegno. Drawer (EMISSIONE DI ASSEGNI, CAMBIALI, etc.; TRATTARIO). [vol. I: DRAWER]

Trafficante in genere. Dealer (COMMERCIANTE).
- **di droga.** Drug dealer (SPACCIATORE DI DROGA).

Traffico in genere. Traffic; nel senso di scambio, commercio, è detto *trade* (CIRCOLAZIONE; COMMERCIO; CONTROLLO DEL TRAFFICO AEREO; DIRITTI (II) DI TRAFFICO; INFRAZIONE DELLE NORME SULLA CIRCOLAZIONE STRADALE; SCAMBIO; SVIAMENTO DI TRAFFICO; TRAGHETTO; TRASPORTO). [vol. I: BARTER; EXCHANGE; TRADE]
- **aereo.** Air traffic (DIRITTI (II) DI TRAFFICO; TRASPORTO AEREO).
- **costiero.** (*infra*, TRAFFICO DI CABOTAGGIO)
- **di cabotaggio** o **costiero.** Coasting o coastal trade, home trade, inland trade, o anche cabotage; in Gran Bretagna non è mai stato riservato alla bandiera nazionale (DISCRIMINAZIONE DI BANDIERA; LIBERTÀ DI CIRCOLAZIONE COMUNITARIA; MARE TERRITORIALE; NAVE DA CABOTAGGIO; TRASPORTO MARITTIMO). [vol. I: CABOTAGE; CARRIAGE: IV; CARRIAGE BY SEA ACT; FLAG DISCRIMINATION; HIGH SEAS; SEA; SHIP; TRADE]
- **di droga.** Drug trafficking, drug dealing (BENE CONFISCATO; CRIMINALITÀ ORGANIZZATA; DROGA; TRAFFICANTE DI DROGA).
- **marittimo di linea.** Liner shipping trade (TRASPORTO MARITTIMO DI LINEA).
- **stradale.** Road traffic; negli S.U. — stato federale — sono detti *traffic courts* quegli organi giudiziari minori competenti in tema di incidenti stradali (CIRCOLAZIONE STRADALE; GIUSTIZIA BAGATTELLARE; INCIDENTE STRADALE; LESIONI PERSONALI; SICUREZZA DEL TRAFFICO STRADALE; STRADA; TRASPORTO).

Traghetto. Ferry (CONCESSIONE; FIUME PRIVATO; FIUME PUBBLICO; PASSAGGIO; PEDAGGIO; TRAFFICO; TRASPORTO). [vol. I: *ad vocem*]

Tragitto. Route (DEVIAZIONE; PERCORSO; ROTTA). [vol. I: DEVIATION]

Transazione in genere. Compromise, settlement. È detta anche *composition* quando ha per oggetto una somma di danaro; con il termine *accord and satisfaction* si indica quel tipo di remissione intervenuta nel corso del contratto, in cui *accord* sta per accordo delle parti e *satisfaction* la *consideration* che lo rende valido. Si parla di *arrangement*, o *composition, with creditors* tra un debitore insolvente e i suoi creditori. La transazione in genere è anche detta *settlement* o *accommodatio*n; ma non transaction, che indica piuttosto il negoziato. In ogni caso, qualora l'atto con cui ha luogo la transazione non sia un *deed*, esso è soggetto al requisito di validità della *consideration*. Inoltre, si parla anche di *compromise and settlement;* la transazione di una controversia giudiziaria è detta *compromise of an action.* Talvolta le parti stabiliscono che i termini della transazione siano consacrati nella decisione e, in tal caso, si parla di *consent judgment.* Si noti altresì che il termine *compromise* indica anche il compromesso col quale le parti fanno decidere da arbitri le controversie insorte tra loro. *Dominus litis* è la persona legittimata a disporre della causa o del diritto sostanziale controverso. Avere il potere di transigere una controversia è detto *have (to) authority to settle a dispute* (ACCOMODAMENTO; ANNULLAMENTO DELLA TRANSAZIONE; COMPONIMENTO; CONCILIAZIONE; CONCORDATO; DEFINIZIONE DI UNA CONTROVERSIA; GIUSTIZIA ALTERNATIVA; OPERAZIONE; REMISSIONE; SCAMBIO; SPESE PROCESSUALI; TACITAZIONE). [vol. I: ACCORD AND SATISFACTION; ARRANGEMENT; BANKRUPTCY; COMPOSITION; COMPROMISE; DOMINUS LITIS]

– **amichevole in genere.** (COMPONIMENTO BONARIO)

– **di una controversia.** Settlement of a dispute (CONTROVERSIA).

– **extragiudiziale.** Out of court settlement, settlement out of court (COMPONIMENTO BONARIO; CONCILIAZIONE EXTRAGIUDIZIALE; EXTRAGIUDIZIALE). [vol. I: ARRANGEMENT; PAYMENT INTO COURT; OUT OF COURT; SETTLEMENT]

– **giudiziaria.** Settlement before the court, compromise of action (*supra*, TRANSAZIONE EXTRAGIUDIZIALE; SPESE PROCESSUALI).

Transfer. (TRASFERIMENTO)

Transito. Transit (DIRITTI (II) DI TRANSITO; DIRITTO (II) DI CONTRORDINE NEL TRASPORTO; LIBERTÀ DI TRANSITO; MERCI IN TRANSITO; PASSAGGIO; PERMESSO DI TRANSITO; TARIFFA DI TRANSITO; TRAFFICO; TRASPORTO). [vol. I: STOPPAGE IN TRANSITU; TRANSIT CLAUSE]

– **comunitario.** Community transit (COMUNITÀ EUROPEE; LIBERTÀ DI CIRCOLAZIONE COMUNITARIA).

Transitorio in genere. Transitional, provisional, interim, interlocutory, preliminary (DISPOSIZIONE TRANSITORIA; MISURA TRANSITORIA; PROCEDIMENTI CAUTELARI; PROVVISORIO; TEMPORANEO). [vol. I: INTERIM; INTERLOCUTORY; PROVISIONAL; TRANSITIONAL]

Transnazionale in genere. Transnational, cross-border (ATTIVITÀ PROFESSIONALE TRANSNAZIONALE; CONTRATTO TRANSNAZIONALE; SOCIETÀ (II) TRANSNAZIONALE).

Trapasso in genere. Transfer, assignment, delivery, conveyance, grant (PASSAGGIO; TRASFERIMENTO). [vol. I: CONVEYANCE]

Trapianto/i in genere. Transplant, implant (ESPIANTO).

– **di organi in genere.** Anatomical transplant (DONAZIONE DI ORGANI).

– **giuridici.** Legal transplants. Il diritto comparato è spesso all'origine di numerosi trapianti giuridici. Non pochi giuristi nostrani avvertono i pericoli dei legal transplants. Naturalmente, i trapianti postulano l'esistenza di talune convergenze di fondo tra un habitat e l'altro; insomma, che la diversità delle *premesse* storiche, culturali, economiche, politiche e sociali non sia tale da rendere impossibile, inutile o addirittura pericolosa l'operazione. Inoltre, specie per quanto attiene alla tradizione giuridica di *common law*, vi sono poi anche ragioni tecnico-giuridiche come, ad es., in tema di *trust*, in cui la diversa teoria delle fonti rende impossibile il trapianto di un istituto (almeno nella sua pienezza) in un sistema di *civil law*. Eppure bisogna guardarsi dai quei *caveat* che, col pretesto di rivendicare una genialità giuridica nostrana, sono diretti in effetti a mantenere quella *disastrosa originalità* prodotta dall'arretratezza economica e politica del paese, specie quando si pretende allo stesso tempo di « stare » in Europa (a non parlare della materia societaria, si pensi, ad es., alla normativa comunitaria sulla sicurezza degli impianti elettrici nella case di abitazione). Vi è certamente un comprensibile ingrediente di vanità nel patriottismo dei giuristi nostri (e altrui: si pensi a quelli francesi!; ma i giuristi sono patrioti dovunque: preferiscono il prodotto fatto in casa) — che, del resto, fa il paio con il patriottismo degli economisti, dei politici etc. etc. — ma si tratta di elemento marginale. Ciò che è più grave è che la nostra accademia si è storicamente assegnata il ruolo di fedele *intendence* del potere politico ed economico (sia detto per evitare equivoci: troppo spesso camorristico). *La rivendicazione dell'originalità tradisce quindi non di rado* il tentativo finora sempre riuscito di salvaguardare l'*anomia* garantita da un baraccone di 150 mila leggi che non impone regole. In questo senso, quei giuristi nostrani — e sono non pochi — che rivendicano l'originalità giuridica locale — come, ad es., del regime degli appalti pubblici, che si oppongono alla *public inquiry*, che glorificano il regime della concessione, l'assenza di tutela del consumatore, dell'investitore, e così via cantando, andrebbero classificati tra i *magliari del diritto*. Tra di essi figurano non pochi dei massimi tromboni giuridici nostrani che hanno ammassato considerevoli ricchezze. Ma muoviamo verso il mare aperto. In effetti, l'Italia, essendo arrivata tra gli ultimi alla democrazia politica e all'industrializzazione, i modelli li ha trovati già bell'e fatti da altri: si potrà sviolinare sulle varianti della liberaldemocrazia e dell'economia di mercato, sulle varie forme di governo e di capitalismo; ma da qui a dire che il nostro paese ha bisogno più della originalità locale che di seguire le linee fondamentali e le convergenze politiche-giuridiche-morali inventate altrove ci corre. In ogni caso, i risultati dell'originalità si vedono: il nostro paese si presenta come un *disastroso contromodello giuridico* in tutto o quasi tutto. Comunque, chiunque scorra lo statuto albertino e la costituzione italiana non tarda ad accorgersi che si tratta di parafrasi, non sempre felici, di modelli elaborati altrove. Siamo astretti dalla nostra storia: siamo arrivati dopo. Vi è stata certamente originalità politica e economica e giuridica e culturale nostra con il *trasformismo*, il *fascismo* e il *corporativismo,* la *democrazia consociativa*, etc.; ma si tratta di originalità che portano dove sappiamo. In questo senso, tenendo conto che non di rado i modelli sono *diversi*, la questione dei *legal transplants* va intesa, in senso lato, più come una *metodologia* diretta a sviluppare un certo confronto sulle ragioni per cui si debba o possa, o non si debba o non si possa, seguire un dato orientamento che come puro e semplice *trasloco* di istituti da una realtà giuridica a un'altra. Anche se va rilevato che — data la natura della nostra originalità (giuridica sul piano formale, ma economica e politica sul piano sostanziale) — spesso è proprio un trasloco che si impone: secondo la normativa comunitaria, il tasso di *atrazina nell'acqua potabile* non deve superare determinati livelli; quella della Regione Lombardia, Puglia, o Sicilia (*tanto nomini!*) consistente nello stabilire, invece, livelli massimi tripli o decupli è senz'altro una originalità (criminale); ma alla quale bisogna rinunziare se si vuole tutelare uno dei diritti fondamentali dell'uomo: ossia quello all'integrità fisica. Il discorso è lungo: e, *mutatis mutandis*, si potrebbe passare al regime degli appalti pubblici, materia nella quale non pochi dei nostri giuristi-patrioti mostrano un appassionato amore per il prodotto locale. Il fatto è che per un paese come il nostro che si è dato un regime giuridico così iniquo, e spesso criminale, l'*unico modo per noi di tutelare taluni diritti dell'uomo* consiste *nell'adozione a piè pari di regole e istituti esistenti altrove*: spesso addirittura *universali* come, appunto, i diritti dell'uomo. Del resto — *toute proportion gardée* e su una scala diversa e ovviamente più drammatica — sembra questo il destino dei paesi del Terzo Mondo: aspettare che ognuno di essi si dia un regime autoctono sui diritti dell'uomo (ma vi può essere originalità in siffatta materia?; o non si tratta di regole *universali?*) significa né più né meno voler restare nella propria...originalità. Quello dei *legal transplants* non è altro che un capitolo della comparatistica: se solo si dà uno sguardo ai lavori parlamentari di tempi più seri si ha un'idea di quanto importante fosse per il nostro legislatore il raffronto con il diritto straniero, e inglese in particolare: come, ad es., nella Relazione del Ministro di Grazia e Giustizia e dei Culti sul progetto di Codice di Procedura penale del 28 novembre 1905, specie per quanto attiene al regime della giuria [cfr. Atti Parlamentari-Legislatura XXII-Sessione 1904-1905, p. 557 segg.]. In parole povere, la pizza trova infinite varianti, oltre che nelle regioni italiane, nei numerosi paesi del mondo in cui è prodotta; ma il cliente si aspetta che fino a quando ci si ostina a definirla tale, qualche assonanza con la cosa originaria debba pure averla. Diversamente, tutto si riduce al gioco delle tre carte, in cui si parla di pizza e invece si somministra un *pot-pourri* (CIRCOLAZIONE DEI MODELLI GIURIDICI; DIRITTO (I) COMPARATO; TRADIZIONE GIURIDICA; *TRUST*; TUTELA DEI DIRITTI). [vol. I: LEGAL TRANSPLANTS]

Trappola in genere. Trape (DOLOSA PREORDINAZIONE DI PROVE A CARICO DI UN INNOCENTE; INGANNO).

Trasbordo in genere. Transhipment (TRASPORTO).

– **del carico.** Transhipment of cargo. Nel trasporto marittimo di cose, questo termine allude all'ipotesi di pluralità di vettori, in cui la merce può essere sbarcata a terra e successivamente ricaricata su un'altra nave per l'inoltro a destinazione. Un fenomeno di transhipment ha luogo nel trasporto combinato (CARICO; DICHIARAZIONE PER TRASBORDO; NOTA DI TRASBORDO; TRASPORTO COMBINATO). [vol. I: CARRIAGE: V; COMBINED TRANSPORT; THROUGH BILL OF LADING]

– **mediante chiatte.** Lighterage (CHIATTA).

Trascritto o **iscritto in un pubblico registro in genere.** Grosso modo, registered o recorded in a public register (ISCRIZIONE; PUBBLICO REGISTRO; TITOLO; TRASCRIZIONE).

Trascrizione in genere. Grosso modo, entry, registration, recordation (ISCRIZIONE; PUBBLICO REGISTRO; REGISTRAZIONE; TITOLO; TRASCRITTO).

– **della sentenza nei registri immobiliari.** (ANNOTAZIONE DELLA SENTENZA NEI REGISTRI IMMOBILIARI)

– **del matrimonio.** Registration of marriage (MATRIMONIO).

– **di un atto.** Registration of an instrument (ATTO). [vol. I: DEED]

– **in un pubblico registro.** Grosso modo, registration, recordation, public filing, entry in a public register. Ma molto spesso il regime giuridico e gli effetti della trascrizione sono molto diversi nelle due tradizioni giuridiche (PUBBLICO REGISTRO).

– **ipotecaria.** Grosso modo, registration of title to land, recordation in land registries. Ma si tratta di materia di una notevole complessità, in cui esistono radicali differenze tra il sistema italiano e quello inglese e nordamericano (e, anche, tra questi due ultimi). Le apparenti similitudini possono dar luogo a gravi equivoci date le notevoli diversità esistenti nel sistema di pubblicità immobiliare e mobiliare (REGISTRI IMMOBILIARI; TITOLO).

Trascuratezza. Negligence, carelessness, recklessness (NEGLIGENZA). [vol. I: TORT]

Trasferibile in genere. Transferable, negotiable, assignable; ma, in senso stretto, questi termini non coincidono con *negotiable* (DISPONIBILE; NEGOZIABILE; NON TRASFERIBILE; TITOLO TRASFERIBILE; TRASFERIBILITÀ; TRASFERIMENTO). [vol. I: ASSIGNABLE; ASSIGNMENT; NEGOTIABLE; TRANSFERABLE]

Trasferibilità in genere. Transferability, assignability, negotiability (NEGOZIABILITÀ; TRASFERIBILE).

Trasferimento/i in genere. Transfer, assignment, transmission, disposal, conveyance, devolution, demise, disposal, delivery, negotiation, translation, grant, relocation.

1. Con il termine *conveyance* si indica il trasferimento della proprietà immobiliare e, anche, l'atto o istrumento con cui esso ha luogo. Peraltro, a differenza del diritto italiano e francese, nella *common law* il trasferimento della proprietà non costituisce un effetto automatico del *simple contract*, ma richiede un'apposita manifestazione di volontà delle parti. Non così per l'atto *under seal* o *by deed* che comporta il trasferimento senza richiedere la formalità della consegna. In tal senso, si dice che nella *common law* non sussiste equivalenza tra *contract* e *conveyance*. A questo proposito, bisogna distinguere tra beni mobili e immobili. Così, nella compravendita di cose mobili, mentre sul piano della stretta regola di diritto, si richiede nel sistema inglese e in quello nordamericano un'apposita manifestazione di volontà delle parti, di fatto, non sussiste una differenza sostanziale dato che in entrambe le tradizioni giuridiche si presume che nella vendita di cose determinate le parti intendano trasferire il diritto al momento della conclusione del contratto. Si aggiunge che — salvo eccezioni — nella *common law* vige il principio *nemo dat quod non habet*, opposto a quello italo-francese riassunto dal brocardo « possession vaut titre ».

2. Invece, quanto ai diritti immobiliari, il termine *conveyance* assume un significato particolare che non ha equivalenza nella *civil law*. Premesso che oggetto del trasferimento è un *estate*, concetto privo di equivalenza, la *conveyance* indica più spesso l'atto, in quanto distinto dal contratto, col quale ha luogo il trasferimento della *freehold property* a un acquirente in *fee simple*. Importanza fondamentale assume il regime della pubblicità ai fini del valido trasferimento della proprietà al terzo di buona fede. Chi opera un trasferimento è detto più spesso *transferor* o *alienor*; colui a favore del quale esso ha luogo è detto *transferee*: ma quest'ultimo termine è riferito più spesso alla persona a cui favore avviene il trasferimento di un titolo di credito. Si parla di *transfer restrictions* per indicare più spesso le restrizione poste al trasferimento di titoli mobiliari. Ma, più in generale, il termine *transfer* indica l'alienazione (ACQUISTO *A NON DOMINO*; ALIENAZIONE; ATTRIBUZIONE; AVOCAZIONE;

CESSIONE; CLAUSOLA DI GRADIMENTO A FAVORE DELL'AZIONISTA PUBBLICO; CONFERIMENTO; CONSEGNA; CONTRATTO: IX; DESTITUZIONE; DEVOLUZIONE; DONAZIONE A MINORI; EVACUAZIONE; GIRATA; OBBLIGO DI TRASFERIMENTO; PASSAGGIO DELLA PROPRIETÀ; PUBBLICITÀ; RINUNZIA TRASLATIVA; STANZIAMENTO; SUCCESSIONE; TITOLO: 5; TRAPASSO; TRASFERIBILE; TRASFERIBILITÀ). [vol. I: ALIENATION; ASSIGNMENT; CONVEYANCE; DEVOLUTION; GRANT; PASSING OF PROPERTY; TRANSFER; TRANSMISSION]

Bibl.:

Gorla 1955, vol. I: 444.

Schlesinger 1950, ed. 1988: 813.

– **all'estero della società.** Emigration of company (SEDE DELLA SOCIETÀ DI CAPITALI; SOCIETÀ (II) QUALE SOGGETTO COLLETTIVO; SOCIETÀ (II) TRANSNAZIONALE). [vol. I: *ad vocem*; DOMICILE-RESIDENCE OF COMPANY]

– **bancario.** Bank transfer (PAGAMENTO; RIMESSA BANCARIA; VERSAMENTO).

– **del dipendente in genere.** Relocation of employee (DIPENDENTE).

– **del diritto in genere.** Transfer of interest (*infra*, TRASFERIMENTO DEL DIRITTO CONTROVERSO NEL CORSO DEL GIUDIZIO; CONFERIMENTO DI UN DIRITTO; DIRITTO (II) CONTROVERSO).

– **del diritto controverso nel corso del giudizio.** Transfer of interest pending suit. Negli S.U. — stato federale — la materia è regolata in sede federale dalla Rule 25 (c) delle *Federal Rules of Civil Procedure* (DIRITTO (II) CONTROVERSO; SOSTITUZIONE PROCESSUALE).

– **della polizza di assicurazione.** Transfer of insurance policy (POLIZZA (I) DI ASSICURAZIONE).

– **della proprietà.** Transfer of title, transfer of property (*infra*, TRASFERIMENTO DI IMMOBILI; IPOTECA; PASSAGGIO DELLA PROPRIETÀ; PASSAGGIO DEL RISCHIO; TITOLO DI PROPRIETÀ IMMOBILIARE).

– **dell'assegno.** Transfer of cheque, o *check* (NEGOZIAZIONE DELL'ASSEGNO).

– **dell'azienda.** Transfer, o sale, of business (AVVIAMENTO).

– **del marchio di fabbrica.** Assignment of trade mark (MARCHIO DI FABBRICA). [vol. I: GOODWILL]

– **del procedimento.** (RIMESSIONE)

– **del rischio.** (PASSAGGIO DEL RISCHIO)

– **di azioni di società.** Share transfer, assignment of shares. Si distingue talvolta tra *transfer* e *transmission*; mentre il *transfer of shares*, o *stock*, indica l'alienazione volontaria, *transmission of shares*, o *stock*, indica un trasferimento *ope legis*, come nella successione e nella *bankruptcy* (AZIONE (II) DI SOCIETÀ).

– **di cose di genere.** Transfer of unascertained goods (INDIVIDUAZIONE DI COSE NELLA VENDITA). [vol. I: APPROPRIATION; ASCERTAINMENT OF GOODS; CONFUSION; FUNGIBLES; UNASCERTAINED GOODS]

– **di fondi in bilancio.** Appropriation o allocation of budgeted funds. Ma i *trasferimenti* di fondi pubblici assumono un significato particolare nella pratica politica nostrana, in cui con questo termine di per sé neutro, si effettua un colossale *cadeau* di danaro pubblico per centinaia di migliaia di miliardi alle più svariate istituzioni e *lobbies* a cominciare dalle regioni, a finire agli aiuti, come si dice, a pioggia (ma si tratta di un'alluvione) alle industrie private. Fenomeno che nelle sue dimensioni non trova equivalenza in nessun paese dell'Occidente industrializzato (*infra*, TRASFERIMENTI FINANZIARI GOVERNATIVI AGLI ENTI LOCALI NEL R.U.; AIUTI GOVERNATIVI ALLE IMPRESE; FONDI IN BILANCIO).

– **di immobili.** Transfer of title to land; si realizza con la *conveyance* (*supra*, TRASFERIMENTO DELLA PROPRIETÀ; CONTRATTO: VIII; IMMOBILE; PUBBLICITÀ; TITOLO DI PROPRIETÀ IMMOBILIARE).

– **di persone condannate all'estero.** Transfer of sentenced persons abroad. La convenzione del Consiglio d'Europa del 1983 sulla materia è diretta ad assicurare il trasferimento di persone condannate all'estero per scontare la pena nell'ambiente sociale di origine: essa pone numerosi problemi derivanti dalla diversità dei sistemi giuridici (CONDANNA; PENA).

Bibl.:

Paglia, M., *Primi disorientamenti nell'applicazione della convenzione sul trasferimento delle persone condannate (a proposito della vicenda Baraldini)* (1992) 13 GP 58.

– **di poteri pubblici.** (DECENTRALIZZAZIONE)

– **elettronico di fondi.** Electronic funds transfer o EFT (BANCA; BONIFICO; *COMPUTER*; FONDO; RIMESSA BANCARIA; VERSAMENTO PER CABLO). [vol. I: *ad vocem*]

Bibl.:

Donadi, M., *Problemi giuridici del trasfe-*

rimento elettronico di fondi (1988) 2 CeI 559.

– **finanziari governativi agli enti locali nel R.U.** Grant; ma nel sistema britannico si collocano nell'ambito dell'autogoverno e in un quadro di princìpi radicalmente diversi da quelli nostrani (*supra*, TRASFERIMENTI DI FONDI IN BILANCIO; AUTOGOVERNO). [vol. I: *ad vocem*; LOCAL GOVERNMENT]

– **in frode dei creditori.** (ALIENAZIONE IN FRODE DEI CREDITORI)

– **mediante consegna.** Transfer by delivery (CONSEGNA).

Trasferta. Travel allowance (INDENNITÀ DI TRASFERTA; SPESE DI TRASFERTA; TRASFERIMENTO).

Trasformazione in genere. Transformation (CAMBIAMENTO; CONVERSIONE; MUTAMENTO).

– **della società commerciale in genere.** Amalgamation, merger, reconstruction, reorganization of company, o of corporation (FUSIONE DI SOCIETÀ; *REORGANIZATION*). [vol. I: AMALGAMATION; MERGER]

Trasformismo. Termine del linguaggio politico italiano, intraducibile in qualsiasi altra lingua occidentale. Nelle opere in lingua inglese il termine è di solito riportato *tel quel* ed è invariabilmente riferito alla realtà nostrana. Non che varianti del fenomeno siano del tutto ignote altrove; è solo che, per le sue caratteristiche, e i suoi effetti, per il fatto di essere, a partire dall'unità d'Italia ai nostri giorni, la costante della politica italiana, il trasformismo si pone non già come fenomeno (che, come tale, a un certo punto, scompare; ossia, ha una durata limitata nel tempo), ma come dato strutturale della nostra *diversità* politica (AGONISTICA; ALTERNATIVA POLITICA).

Bibl.:

Mastropaolo, A., *Trasformismo*, in *Dizionario di Politica* 1976, ed. 1983: 1203.

Salvadori, M., *Da regime a regime. La regola dell'alternativa mancata*, il Mulino 6/93: 1051

Trasgressione in genere. Transgression, violation, infringement, contravention, breach, trespass, tort, offence, misconduct, misdemeanour (ATTO ILLECITO; DIRITTO (II) DI RESISTENZA; DISOBBEDIENZA CIVILE; INFRAZIONE; REATO; RESPONSABILITÀ; TRASGRESSORE; VIOLAZIONE; VIOLENZA). [vol. I: ENCROACHMENT; TRESPASS; VIOLENCE]

– **di una norma.** Grosso modo, breach of a rule, of law, lawbreaking (VIOLAZIONE).

– **legale.** Lawbreaking, trespass, encroachment (DISOBBEDIENZA CIVILE; OSTRUZIONE).

Trasgressore. Offender, tortfeasor, trespasser, defaulter, delinquent (CONTRAVVENTORE; INADEMPIENTE; OFFENSORE; TRASGRESSIONE; VIOLAZIONE). [vol. I: DEFAULTER; DELINQUENT; OFFENDER; TORTFEASOR; TRESPASSER]

Traslativo in genere. Transferring, conveyancing (TRASFERIMENTO).

Traslazione in genere. Transfer, conveyance, shifting, removal, swap (RIMOZIONE; TRASFERIMENTO).

– **di imposta.** Tax shifting (IMPOSTA).

Trasmissibile in genere. Transferable, assignable, negotiable (TRASFERIMENTO).

Trasmissibilità in genere. Transferability, assignability, negotiability (NEGOZIABILITÀ; TRASFERIBILITÀ).

Trasmissione. Transfer, devolution, demise, transmission (COMUNICAZIONE; PASSAGGIO; SUCCESSIONE; TRASFERIMENTO).

– **della corona.** Demise of the Crown (SUCCESSIONE AL TRONO). [vol. I: DEMISE]

– **ereditaria in genere.** Acquisition of rights upon the death of another; ma si noti la diversità di regime della successione nelle due tradizioni giuridiche (EREDITÀ; SUCCESSIONE PER CAUSA DI MORTE).

– **radiofonica o televisiva.** Radio o TV broadcasting (COMUNITÀ EUROPEE; DIRITTO (II) DI CRONACA; *MEDIA*; STAMPA; TELEVISIONE).

Trasparenza in genere. Openness. Inteso nel senso di controllo politico democratico, il parolone nostrano — che deriva, secondo la buona tradizione della sinistra, dal lessico gorbacioviano — va tradotto con *open government*. La « trasparenza » politica ha avuto la sua massima attuazione concreta nella grande democrazia americana più che in ogni altro paese: non certo in URSS. Ma la sinistra italiana insegue la parola e non la cosa: Michele Santoro (a differenza di Lenin e Gorbaciov, senza cravatta, scarpe gialle e abito blu) diffonde il verbo da RaiTre. Per far capire che ancora una volta il nuovo viene dall'unica patria che a sinistra si possa mai avere. La forma tipica di trasparenza nel processo civile e penale è la *discovery* (CONTROLLO; *DISCOVERY*; GOVERNO APERTO; POTERE OCCULTO; PUBBLICITÀ; RAGION DI STATO; RETICENZA;

SEGRETEZZA DEI TRATTATI; SEGRETO; SILENZIO; STATO DI DIRITTO).

Trasportatore. (TRASPORTO; VETTORE)

Trasporto in genere. Transport, carriage, transportation, conveyance, shipment (TRASFERIMENTO).

1. Com'è stato osservato, il contratto di vendita (*sale*) è il *master contract*, di cui il *carriage* (trasporto), l'*insurance* (assicurazione), i *negotiable instruments* e i *documents of title* (titoli di credito-titoli rappresentativi di merci) sono soltanto degli aspetti ancillari. L'economia moderna, economia degli scambi, non sarebbe pensabile senza il trasporto, moltiplicatore e fonte di ricchezza. Il trasporto internazionale di merci e passeggeri nei suoi vari modi (marittimo-aereo-stradale-ferroviario) è in buona parte regolato da convenzioni internazionali: i relativi contratti costituiscono quasi invariabilmente dei contratti a contenuto predisposto. Notissimi sono gli *Incoterms* — elaborati dalla Camera di Commercio Internazionale — ossia le regole per l'interpretazione dei termini commerciali, ormai di universale applicazione al trasporto internazionale.

2. Negli S.U. — stato federale — è la *Interstate Commerce Commission* federale che regola e promuove lo sviluppo del commercio tra gli stati dell'Unione: non meno celebre è la *commerce clause* (ACCERTAMENTO DEL DANNO O AVARIA NEL TRASPORTO; AGENZIA DI SPEDIZIONI; ARRIVO; ASSICURAZIONE DEL TRASPORTO; AUTOVEICOLO; AVIAZIONE CIVILE; BAGAGLIO; BIGLIETTO; CARICAZIONE; CARICO; CLAUSOLE DI CONSEGNA; CLAUSOLE INTERNAZIONALI DI CONSEGNA ATTINENTI ALLA DISCIPLINA DEI COSTI E DEI RISCHI DI TRASPORTO; COMMERCIO INTERNAZIONALE; CONDIZIONI DI TRASPORTO; CONTRATTO DI ADESIONE; CONTRATTO DI TRASPORTO; CORSA; DESTINATARIO; DEVIAZIONE; DIRITTO (II) DI CONTRORDINE NEL TRASPORTO; ELENCO DEI PASSEGGERI; IMBARCO; *INCOTERMS*; LETTERA DI VETTURA; MANOMISSIONE; MERCE; MITTENTE; MODO DI TRASPORTO; NOLEGGIO; NOLO; PARTENZA; PASSAGGIO DELLA PROPRIETÀ; PASSAGGIO DEL RISCHIO; PASSEGGERO; PORTO PAGATO; PRIVILEGIO DEL VETTORE; SBARCO; SCAMBIO; SCARICAZIONE; SOCIETÀ (II) DI TRASPORTI; SOSPENSIONE DEL TRASPORTO A RICHIESTA DEL MITTENTE; TARIFFA; TERMINI DI RESA; TRANSITO; TURISMO; VEICOLO A CUSCINO D'ARIA; VENDITA; VETTORE). [vol. I: AGENCY; CARRIAGE; COMBINED TRANSPORT; COMMERCE CLAUSE; DESTINATION CONTRACT; INCOTERMS; MULTIMODAL TRANSPORT; SALE; SHIPMENT; STANDARD CONTRACT; STOPPAGE IN TRANSITU; TERMS OF TRADE; TRADE]

– **a braccia.** (FACCHINAGGIO)

– **aereo.** Carriage by air, air transport (*infra*, TRASPORTO AEREO INTERNAZIONALE; CARICO PAGANTE NEL TRASPORTO AEREO; CONCESSIONE DI SERVIZI DI TRASPORTI AEREI DI LINEA; VIAGGIO INTERNO).

– **aereo di linea.** Scheduled air service (*supra*, TRASPORTO AEREO).

– **aereo di merci.** Air freight, carriage of goods by air (DOCUMENTO DI TRASPORTO COMBINATO; LETTERA DI VETTURA AEREA INTERNAZIONALE).

– **aereo internazionale.** International air carriage, international air transport. È regolato dalla convenzione di Varsavia del 1929 emendata, e da successive convenzioni complementari (AEROMOBILE; AEROPORTO; ASSICURAZIONE DEL TRASPORTO; AVIAZIONE CIVILE; BIGLIETTO DI TRASPORTO AEREO; CARTA DI IMBARCO; CONFERENZA AEREA; CORRIDOIO AEREO; DESTINAZIONE FINALE; DIRITTI (II) DI TRANSITO; DIRITTO (I) AEREONAUTICO; LETTERA DI VETTURA; LIMITAZIONE DELLA RESPONSABILITÀ DEL VETTORE; RICEVUTA BAGAGLIO NEL TRASPORTO AEREO; RISCHI AERONAUTICI; VOLO). [vol. I: CARRIAGE: II]

– **aereo non di linea.** Non-scheduled air service (*supra*, TRASPORTO AEREO DI LINEA).

– **aereo successivo.** Successive air carriage (*infra*, TRASPORTO COMBINATO; VETTORE ALTERNATIVO). [vol. I: CARRIAGE: II. 7]

– **amichevole.** Gratuitous carriage. Negli S.U. — stato federale — si parla, in tema di trasporto automobilistico, di *gratuitous guest* o *gratuitous passenger* per indicare la persona che, su invito del proprietario, è trasportato senza corrispettivo (CIRCOLAZIONE STRADALE; OSPITE).

– **combinato** o **intermodale internazionale.** International combined transport, international multimodal transport. Il trasporto a mezzo di *containers* presuppone la stretta integrazione tecnica di diversi modi di trasporto in una sola operazione, detta più spesso *combined transport operation*. Da un punto di vista giuridico, essa dà luogo ad una complessa situazione qualora si applichi il c.d. sistema rete (adottato dalla Camera di Commercio Internazionale) per cui ogni modo di trasporto (mare-terra-aria) è soggetto al suo proprio regime giuridico, e non già ad un regime uniforme. L'assicurazione relativa al trasporto combinato è detta *combined transport insurance* (*infra*, TRASPORTO SUCCESSIVO; ASSICURAZIONE DEL TRASPORTO; DOCUMEN-

TO DI TRASPORTO COMBINATO). [vol. I: CARRIAGE: V; COMBINED TRANSPORT; CONTAINER; MULTIMODAL TRANSPORT; NETWORK SYSTEM]

– **con contratto di noleggio.** Affreightment by charterparty (NOLEGGIO DI NAVE).

– **di cortesia.** (*supra*, TRASPORTO AMICHEVOLE)

– **di linea.** Liner service (SERVIZIO DI LINEA). [vol. I: TRAMP]

– **di materiale nucleare.** Carriage of nuclear substances, carriage of nuclear material; è regolato da convenzioni internazionali (ASSICURAZIONE; ENERGIA NUCLEARE). [vol. I: CARRIAGE OF NUCLEAR SUBSTANCES]

– **di merci.** Carriage of goods (*supra*, TRASPORTO AEREO DI MERCI; *infra*, TRASPORTO MARITTIMO DI MERCI; ASSICURAZIONE DEL TRASPORTO; CALO NATURALE NEL TRASPORTO; DIRITTO (II) DI CONTRORDINE NEL TRASPORTO).

– **di passeggeri.** Carriage of passengers (PASSEGGERO).

– **ferroviario.** Carriage by rail, rail carriage, railway carriage, transport by rail (*infra*, TRASPORTO FERROVIARIO INTERNAZIONALE; BIGLIETTO DI TRASPORTO FERROVIARIO; PASSEGGERO FERROVIARIO).

– **ferroviario di merci.** Carriage of goods by rail, rail freight (*supra*, TRASPORTO FERROVIARIO; LETTERA DI VETTURA FERROVIARIA).

– **ferroviario internazionale.** International carriage by rail, international rail carriage, international transport by rail (*supra*, TRASPORTO FERROVIARIO). [vol. I: CARRIAGE: III. 2; CIM; CIV; RAIL CARRIAGE; RAIL CARRIER; RAIL CONSIGNMENT NOTE; SMGS; SMPS]

– **fluviale.** River carriage (*infra*, TRASPORTO PER ACQUE INTERNE; NAVIGAZIONE FLUVIALE).

– **gratuito.** (*supra*, TRASPORTO AMICHEVOLE)

– **in contenitori.** Container traffic (*supra*, TRASPORTO COMBINATO).

– **intermodale.** (*supra*, TRASPORTO COMBINATO)

– **internazionale.** International transport, international carriage: esso è in buona parte regolato da convenzioni internazionali relative ai vari modi di trasporto (*supra*, TRASPORTO IN GENERE; *infra*, TRASPORTO INTERNO). [vol. I: CARRIAGE]

– **internazionale di merci su strada.** International carriage of goods by road (*infra*, TRASPORTO STRADALE DI MERCI; MERCI). [vol. I: CARRIAGE: III]

– **internazionale di passeggeri su strada.** International carriage of passengers by road. [vol. I: CARRIAGE: III]

– **interno.** Domestic transport; ma si parla anche di non-international carriage (*supra*, TRASPORTO INTERNAZIONALE). [vol. I: CARRIAGE: II. 1; TIR]

– **marittimo.** Carriage by sea, maritime transport (ASSICURAZIONE MARITTIMA; AVARIA COMUNE; BIGLIETTO DI TRASPORTO; CLAUSOLA DEL DIROTTAMENTO NEL TRASPORTO MARITTIMO; COLPA NAUTICA; CONFERENZA MARITTIMA; CONTRATTO DI TRASPORTO; DISCRIMINAZIONE DI BANDIERA NEL TRASPORTO MARITTIMO; MERCI PERICOLOSE; NAVE; NOLEGGIO DI NAVE; PASSEGGERO; PERICOLI DI MARE; POLIZZA (II) DI CARICO; RAGIONEVOLE SPEDITEZZA; REGOLE DELL'AIA; REGOLE DI AMBURGO; TRASBORDO DEL CARICO). [vol. I: BILL OF LADING; CARRIAGE: IV; CHARTERPARTY; SHIPPING CONFERENCE]

– **marittimo di cabotaggio.** Home trade, coasting trade (NAVIGAZIONE COSTIERA).

– **marittimo di merci.** Carriage of goods by sea (*supra*, TRASPORTO MARITTIMO).

– **marittimo di passeggeri.** Carriage of passengers by sea (PASSEGGERO).

– **misto.** Mixed carrier transportation: si ha quando le merci sono trasportate alla destinazione finale mediante due o più modi di trasporto (*supra*, TRASPORTO COMBINATO). [vol. I: CARRIAGE: I. 6]

– **multimodale.** Multimodal transport (*supra*, TRASPORTO COMBINATO).

– **per acque interne.** Carriage by water, o by inland waterways (*supra*, TRASPORTO FLUVIALE; *infra*, TRASPORTO TERRESTRE).

– **stradale di merci.** Carriage of goods by road, o haulage (*supra*, TRASPORTO INTERNAZIONALE DI MERCI SU STRADA; IMPRESA DI TRASPORTO SU STRADA; LETTERA DI VETTURA STRADALE; VEICOLO PER IL TRASPORTO DI MERCI). [vol. I: CARRIAGE: III)

– **successivo.** Successive carriage; in cui si hanno più vettori successivi nello stesso modo di trasporto. Si distingue dal trasporto combinato che ha luogo mediante diversi modi di trasporto (*supra*, TRASPORTO COMBINATO; VETTORE INIZIALE).

– **terrestre.** Carriage by land; indica sia il trasporto stradale (*carriage by road*), sia il trasporto ferroviario, o *carriage by rail*, sia quello su acque interne, o *carriage by in-*

land waterways (*supra*, TRASPORTO IN GENERE). [vol. I: CARRIAGE: III]

– **unico.** Single carriage operation (*supra*, TRASPORTO COMBINATO).

Trassato. (TRATTARIO)

Tratta in genere. (CAMBIALE TRATTA)

– **degli schiavi.** Slave trading (DIRITTI (II) DELL'UOMO; SCHIAVITÙ; SFRUTTAMENTO DELLA PROSTITUZIONE). [vol. I: PIRACY; SLAVERY; TRANSPORT OF SLAVES]

Trattamento in genere. Treatment (UGUAGLIANZA DI TRATTAMENTO). [vol. I: TREATING]

– **discriminatorio.** Discriminatory treatment (DISCRIMINAZIONE).

– **illegale.** Unlawful treatment (ABUSO DI POTERE).

– **preferenziale.** Preferential treatment (CLAUSOLA DELLA NAZIONE PIÙ FAVORITA; PREFERENZA).

Trattario. Drawee (CAMBIALE TRATTA; TRAENTE). [vol.I: BILL OF EXCHANGE; DRAWER; PAYEE]

Trattativa/e in genere. Negotiation (GIUSTIZIA ALTERNATIVA; NEGOZIATO).

– **di pace.** Peace talks (PACE).

– **e responsabilità precontrattuale.** Negotiations and pre-contractual liability (*CULPA IN CONTRAHENDO*).

– **in corso.** Pending negotiations (NEGOZIATO).

– **precontrattuali.** Pre-contractual negotiations (*CULPA IN CONTRAHENDO*; DICHIARAZIONE PRECONTRATTUALE). [vol. I: CULPA IN CONTRAHENDO; DISCLOSURE; SUBJECT TO CONTRACT; WITHOUT PREJUDICE]

– **private.** Private treaty. [vol. I: AUCTION; TENDER; TREATY]

Trattato/i internazionale in genere. Treaty; di particolare importanza è la convenzione di Vienna sul diritto dei trattati del 1969, che codifica la gran parte del diritto internazionale pattizio. Ma si noti — sul piano terminologico — che treaty è solo uno dei termini, anche se il più impiegato, per indicare un trattato internazionale: si parla anche di *convention, agreement, protocol, covenant, charter, statute,* etc.

1. Una notevole importanza assume negli affari internazionali la c.d. *law shopping* — variante del fenomeno del *forum shopping* — che indica quella ricerca, assurta ormai al rango di autentica specializzazione giuridica, diretta ad accertare, tra i molteplici regimi internazionali possibili su una determinata materia, quello più conveniente alle parti. In particolare, si parla poi di *treaty shopping* per indicare quella ricerca diretta ad accertare quale, tra più convenzioni esistenti su una determinata materia, assicuri il regime più conveniente: in questo senso, il gioco dei *protocolli di emendamento* alle convenzioni originarie e delle *riserve* assume un ruolo determinante.

2. Anzitutto, un trattato internazionale può essere in vigore rispetto ad alcuni Stati e non ad altri che non lo abbiano accettato. Ma anche un trattato *emendato* dà luogo a una diversità di regime giuridici tra gli Stati contraenti, a seconda che gli emendamenti siano stati accettati o meno da uno o dall'altro Stato; analogamente dicasi per le *riserve*. È appunto nella ricerca degli interstizi giuridici adeguati che il *treaty shopping* prospetta le soluzioni più o meno convenienti dal punto di vista degli interessi delle parti. Del resto, il fatto di un imputato di rifugiarsi in un paese con cui non esiste un trattato di estradizione costituisce, in qualche modo, la forma più nota di *treaty shopping* (BANDIERA OMBRA; ESTRADIZIONE; GIURISDIZIONE; LEGGE). [vol. I: FLAG OF CONVENIENCE; FORUM SHOPPING; LAW SHOPPING; OFFSHORE]

3. Quanto all'adattamento del diritto interno al diritto internazionale, cfr. INTRODUZIONE: III: 37 (ACCESSIONE A UNA CONVENZIONE; ACCETTAZIONE DI UN TRATTATO; ACQUIESCENZA ALLA INVALIDITÀ DI UN TRATTATO; ADESIONE; APPLICAZIONE DI UN TRATTATO; CONFEDERAZIONE: 5; CONVENZIONE INTERNAZIONALE; CORREZIONE DI ERRORI NEL TESTO o NELLE COPIE CERTIFICATE DI UN TRATTATO; DENUNZIA DI UN TRATTATO; IMPOSSIBILITÀ SOPRAVVENUTA DELL'ESECUZIONE DI UN TRATTATO; INVALIDITÀ DI UN TRATTATO; LEGGE: 4; PARTE CONTRAENTE DI UN TRATTATO; RATIFICA DI UN TRATTATO; REVISIONE DI UN TRATTATO INTERNAZIONALE; RINUNZIA A FAR VALERE L'INVALIDITÀ DI UN TRATTATO; RISERVA A UN TRATTATO INTERNAZIONALE; SOSPENSIONE DELL'APPLICAZIONE DI UN TRATTATO; SOTTOSCRIZIONE DI UN TRATTATO; STATO CHE HA FORMULATO UNA RISERVA A UN TRATTATO; STATO CHE HA PARTECIPATO AI NEGOZIATI DI UN TRATTATO; TERZO STATO; VIOLAZIONE DI UN TRATTATO). [vol. I: TREATY]

– **bilaterale.** Bilateral treaty (*infra*, TRATTATO MULTILATERALE).

– **di commercio.** Commercial treaty (COMMERCIO INTERNAZIONALE).

– **di estradizione.** Extradition treaty (*su-*

pra, TRATTATO INTERNAZIONALE IN GENERE: 2; ESTRADIZIONE).

– **di Roma.** Treaty of Rome; è con questo termine che si indica più spesso il trattato istitutivo delle comunità europee (*infra*, TRATTATI ISTITUTIVI DELLE COMUNITÀ EUROPEE; COMUNITÀ EUROPEE; RAVVICINAMENTO DELLE LEGISLAZIONI DEI PAESI MEMBRI DELLA COMUNITÀ ECONOMICA EUROPEA).

– **internazionale.** International treaty, treaty, international convention; ma viene definito anche in numerosi altri modi come agreement, convention, covenant, statute, etc. (*supra*, TRATTATO INTERNAZIONALE IN GENERE).

– **internazionale non entrato in vigore.** Treaty not entered into force; ma negli S.U. si parla anche di *unperfected treaty.*

– **istitutivi delle Comunità Europee.** Treaties establishing the European Communities. Non esiste un testo autentico in lingua inglese dei trattati istitutivi delle Comunità, alle quali il R.U. ha aderito soltanto nel 1974; i testi *originari* autentici dei trattati sono nelle lingue francese, olandese, italiana e tedesca. Esiste una traduzione in lingua inglese dei trattati curata dal *Foreign Office* britannico (COMMISSIONE DELLE COMUNITÀ EUROPEE; DIRETTIVA COMUNITARIA; DIRITTO (I) COMUNITARIO; ISTITUZIONI EUROPEE; STATUTO DELLA CORTE DI GIUSTIZIA DELLE COMUNITÀ EUROPEE; UNIONE EUROPEA). [vol. I: COMMON LAW OF EUROPE; EUROPEAN COMMUNITIES LAW; IUS COMMUNE]

– **multilaterale.** Multilateral treaty (*supra*, TRATTATO BILATERALE).

– **segreto.** Secret treaty (PATTO SEGRETO; RAGION DI STATO; SEGRETEZZA DEI TRATTATI; SEGRETO DI STATO).

Travestimento. Disguise (FALSIFICAZIONE; IDENTIFICAZIONE).

Tregua. Truce (ARMISTIZIO; GUERRA; PACE; ROTTURA DELLA TREGUA).

Triangolazione. Triangulation (SCAMBIO IN COMPENSAZIONE; *SWAP*).

Tribunale in genere. Tribunal. Ma, a parte il significato generale di organo di giustizia, l'assonananza non deve ingannare: non esiste, in senso stretto, nell'ordinamento giudiziario inglese e nordamericano il tribunale nostrano. Volendo ricorrere ad una grossolana analogia, si potrebbe dire che nel sistema inglese un organo giudiziario parallelo è la *High Court* tenendo conto, peraltro, che quest'ultima è unica per tutta l'Inghilterra. In effetti, il termine *tribunal* indica nel sistema inglese non già il tribunale italiano, ma una giurisdizione speciale al di fuori dell'ordine giudiziario, competente a giudicare principalmente, *ma non soltanto*, talune controversie tra i cittadini e l'amministrazione. Quando con il termine tribunale si intende indicare genericamente l'autorità giudiziaria o il giudice, il termine corrispondente è *court*. Si ricorda che negli S.U. — stato federale — coesistono due ordini giudiziari, federale e dei singoli stati dell'Unione, in dipendenza della natura di stato federale di quel paese: *United States Court* (o *Federal Court*) indica un organo giudiziario federale. Sempre negli S.U., l'Art. 1-201(34) dell'UCC stabilisce che: « 'Remedy' means any remedial right to which an aggrieved party is entitled with or without resort to a tribunal ». Ma qui il termine va inteso come autorità giudiziaria; comunque, la materia va inquadrata nell'assai diverso ordinamento giudiziario inglese e nordamericano (CORTE; GIUDICE; ORDINAMENTO GIUDIZIARIO). [vol. I: TRIBUNAL]

– **arbitrale.** Arbitration court (ARBITRATO).

– **civile.** Grosso modo, civil court.

– **competente.** (CORTE COMPETENTE)

– **dei ministri.** Non esiste (*et pour cause!*) né nel sistema costituzionale britannico, né in quello nordamericano, un organo com'è popolarmente definito quello nostrano in cui i ministri godono, in buona sostanza, e al di là delle apparenze, in forme diverse, dell'immunità dalla giuridizione ordinaria (IMMUNITÀ PARLAMENTARI; MESSA IN STATO D'ACCUSA DEL PRESIDENTE DELLA REPUBBLICA; MINISTRO).

– **del lavoro.** Grosso modo, labour court, industrial tribunal; di solito nel sistema inglese, la materia rientra nella competenza dei *tribunals*; negli S.U. — stato federale — le controversie collettive del lavoro sono decise dalle *administrative agencies* (LAVORO; REGOLATORE). [vol. I: TRIBUNAL]

– **delle acque.** Grosso modo, public waters tribunal; ma non esiste: la materia, ordinata più seriamente, rientra nelle attribuzioni del giudice ordinario.

– **delle prede.** Prize court (PREDA). [vol. I: *ad vocem*; ADMIRALTY; BOOTY OF WAR; CAPTURE]

– **di commercio in genere.** Commercial

court; nel sistema inglese è detto *Commercial Court* quell'organo della Q.B.D. che decide le *commercial causes* iscritte nella *commercial list*; ma non costituisce in senso stretto un tribunale di commercio alla francese, ossia distinto da quello civile. Negli S.U. — stato federale — la *U.S. Court of International Trade* non indica un tribunale americano di commercio internazionale, ma un organo giudiziario federale che tratta prevalentemente questioni connesse alle imposte doganali e talune altre materie in cui ha competenza esclusiva (DIRITTO (I) COMMERCIALE). [vol. I: COMMERCIAL COURT; COMMERCIAL LAW]

– **di prima istanza.** Lett., court of first instance (DOPPIO GRADO DI GIURISDIZIONE; GRADI DI GIURISDIZIONE; PRIMA ISTANZA; PRIMO GRADO DI GIURISDIZIONE).

– **di ultima istanza.** Court of last resort (APPELLO; DOPPIO GRADO DI GIURISDIZIONE).

– **ecclesiastico in genere.** Church court, ecclesiastical court; ma si noti la differenza con l'ordinamento nostrano (CHIESA D'INGHILTERRA). [vol. I: *ad vocem*; ECCLESIASTICAL LAW]

– **fallimentare in genere.** Bankruptcy court. Nel sistema inglese, può essere, a seconda dei casi, la *High Court* (*Chancery*) o una *county court*. Negli S.U. — stato federale — sono dette bankruptcy courts le corti federali competenti in materia fallimentare, presiedute da un *bankruptcy judge*. La materia va inquadrata nell'assai diverso regime inglese e nordamericano (FALLIMENTO). [vol. I: BANKRUPTCY]

– **fiscale in genere.** Court tax (IMPOSIZIONE FISCALE).

– **incompetente.** Court lacking jurisdiction (INCOMPETENZA).

– **internazionale permanente per i crimini contro l'umanità.** Non esiste. Il più celebre tribunale internazionale *ad hoc* per i crimini contro l'umanità resta quello di Norimberga.
1. Lucio Villari afferma: « La sentenza fu giusta, ma si parlò anche e se ne parla ancora di 'vincitori e vinti' » [*la Repubblica*, 24 febbraio 1993]. Certamente, la sentenza, oltre che giusta, fu doverosa; ma, ancora una volta, questo torna a maggior gloria dei vincitori e rimarca la natura e la carica dei valori morali e giuridici in nome dei quali la guerra era stata vinta, almeno dal lato anglo-americano. Perché, se nel tribunale figurava anche l'URSS, che non poteva certamente definirsi come... la patria del diritto, *quel processo* per la civiltà giuridica che esprime è essenzialmente cosa americana [cfr. Tusa and Tusa 1983: 50].
2. Ora, sullo sfondo dei massacri quotidiani nella ex Jugoslavia, Marco Pannella conduce una campagna insistente per la istituzione di un Tribunale internazionale *ad hoc* per i crimini commessi in quel paese. La proposta vuole affermare, in concreto, l'esistenza di un certo ordine giuridico internazionale (che non c'è, o non c'è ancora: se vi fosse, i massacri sarebbero stati fermati a tempo). Ma essa si scontra con difficoltà che non sono soltanto di ordine finanziario. In effetti, le N.U. sono una *confederazione*, e non già una *federazione*, e quindi un tribunale anche soltanto *ad hoc* appare come una forzatura: anche qui, ritorna la lezione del federalismo americano. A non parlare di un tribunale permanente che postula una federazione mondiale con organi legislativi, esecutivi e giudiziari. Tutto questo non può esistere in un sistema confederale qual è oggi quello delle N.U. Del resto, l'attuale statuto della Corte Internazionale di Giustizia — che condiziona la efficacia delle decisioni all'accettazione della giurisdizione del Tribunale da parte degli stati parti di detto statuto — è significativo della natura dell'organizzazione. Se non bastasse, si pensi all'articolazione del Consiglio di Sicurezza, al potere di veto dei membri permanenti, per intendere le ragioni dell'*impasse* in cui versa l'organizzazione e dell'attuale degrado dell'ordine internazionale.
3. Ma prendersela con le N.U. per la sua impotenza, la sua incapacità di sedare i conflitti, di assicurare un ordine giuridico internazionale, e non già, come bisognerebbe, con gli stati membri — nessuno dei quali, a cominciare da quelli del Terzo Mondo, vuole, per ragioni diversissime, trasformare l'attuale *confederazione* in una *federazione* — costituisce una futile esercitazione.
4. Vi è, inoltre, un'altra ragione per cui l'iniziativa suscita le più gravi perplessità: a quanto è dato di capire, dalle pene che il Tribunale potrebbe comminare agli imputati, se riconosciuti colpevoli, sarebbe esclusa la pena di morte. Se è così, si tratta di una menomazione grave che contribuisce a screditare l'idea stessa della giu-

stizia internazionale. Perché si può pure condividere la tendenza verso una graduale riduzione dei casi in cui la pena di morte può essere comminata; ma che a un siffato Tribunale (si tratta di genocidio, stragi, massacri, etc.) sia negato, anche in principio, un potere del genere significa ridicolizzare (sic!) la giustizia penale internazionale; ben diverso essendo il problema della pena di morte in sede *interna* rispetto a quella *internazionale.* Sembra che in passato, un certo regime dispotico punisse sempre, in ogni caso, con la pena di morte qualsiasi infrazione, anche la più lieve: escludere dalle pene comminabili la più importante avrebbe un risultato analogo anche se di natura opposta. In questo senso, allo stato attuale della cultura mondiale dei popoli del pianeta, abolire la pena di morte avrebbe conseguenze disastrose per la credibilità di un auspicabile futuro ordine giuridico internazionale (CONFEDERAZIONE; CONSIGLIO DI SICUREZZA DELLE N.U.; CRIMINI CONTRO L'UMANITÀ; FEDERAZIONE; CORTE INTERNAZIONALE DI GIUSTIZIA; PENA DI MORTE; TUTELA DEI DIRITTI; VETO). [vol. I: NUREMBERG TRIALS]

– **marittimo.** Grosso modo, admiralty Court, court of admiralty, maritime court; negli S.U. — stato federale — la materia rientra nelle attribuzioni delle corti federali (DIRITTO (I) MARITTIMO). [vol. I: ADMIRALTY COURT; ADMIRALTY LAW]

– **militare.** (CORTE MARZIALE)

– **penale.** Grosso modo, criminal court (PROCEDURA PENALE).

– **per i minorenni in genere.** Grosso modo, juvenile court, youth court. Nel sistema inglese, il minore dai 10 ai 17 anni accusato di un reato compare davanti a un tribunale per i minorenni (*youth court*) come *child* (se da 10 a 14 anni) o *young person* (se da 14 anni a meno di 18). Esiste una presunzione di inimputabilità dei minori degli anni 10. Oltre a questo tipo di procedimenti, vi sono poi i c.d. *care proceedings* che possono essere promossi presso le *Family Proceedings Courts* dai funzionari di un ente locale o da altre persone autorizzate, come, ad es., un ispettore della *National Society for the Prevention of Cruelty to Children.* La materia è regolata dal Children Act 1989 che sostituisce le disposizioni precedenti in materia di *care orders, supervision orders, education supervision orders,* etc. Nel complesso, essa appare, anche qui, più articolata e completa di quella nostrana; soprattutto, si riscontra una considerevole maggiore efficienza del sistema, specie a tutela del minore. Né l'organizzazione né la procedura — che rispecchia in buona sostanza quella della giustizia penale ordinaria — sono un analogo del sistema nostrano. Un esperimento che sta prendendo piede negli S.U. è quello di istituire delle *teen courts,* ossia dei tribunali minorili formati da giudici, giuria, difensori (oltre che imputati) minorenni che possono imporre, oltre che il *community service,* una pena detentiva senza peraltro la iscrizione nel casellario giudiziale: a questo proposito si parla popolarmente di *blue jeans justice* (GIURISDIZIONE VOLONTARIA; GIUSTIZIA MINORILE; IMPUTABILITÀ; MINORENNE).

Bibl.:
Emmins 1981, ed. 1992: 169, 228.

– **specializzati.** Specialized courts; nel sistema giudiziario federale degli S.U. ne esiste un certo numero. Ma l'orientamento del Congresso appare decisamente contrario alla creazione di giudici speciali (GIUDICE STRAORDINARIO; REGOLATORE).

Bibl.:
Wright 1963, ed. 1976: 11.

– **tributario.** (GIUSTIZIA TRIBUTARIA)

Tributario in genere. Fiscal (FISCALE; SISTEMA TRIBUTARIO; TRIBUTARISTA; TRIBUTO).

Tributarista. Tax expert, tax consultant (COMMERCIALISTA; TRIBUTARIO).

Tributo. Tax, tribute, duty, impost, fee, toll (IMPOSIZIONE FISCALE; PEDAGGIO; TASSA).

Trono in genere. Throne, crown (ABDICAZIONE AL TRONO; ASCESA AL TRONO; CORONA; COSTITUZIONE POLITICA; MONARCHIA COSTITUZIONALE; PRETENDENTE AL TRONO; SOVRANITÀ; STATO DI DIRITTO; SUCCESSIONE AL TRONO; SUCCESSORE AL TRONO).

Truffa in genere. Swindle, cheat, fraud, scam, trick, making off without payment; sono queste le espressioni più popolari per indicare la truffa. Ma non esiste una figura di reato che coincida con quella nostrana: si parla, di volta in volta, di *theft, deception* o *fraud.* Peraltro, si tratta di concetti non agevoli (ARTIFICIO; ESTORSIONE; FALSIFICAZIONE DELLA GIRATA; FALSITÀ PERSONALE; GIRATA FALSA DELLA CAMBIALE; INGANNO; RAGGIRO; SCOPERTO DI CONTO CORRENTE; TRUFFATORE). [vol. I: CHEAT; CHEAT-

ING; DECEPTION; FALSE PRETENCE; FRAUD: 5; PUFFING; SWINDLE; THEFT]

– **in danno dell'assicuratore.** Insurance fraud (ASSICURAZIONE).

– **sui titoli mobiliari.** Security fraud; in tal caso si parla di *white collar crimes* (AZIONE (II) DI SOCIETÀ; SOCIETÀ (II) QUALE SOGGETTO COLLETTIVO; TITOLI MOBILIARI).

Truffatore in genere. Swindler, cheater, scammer, impostor (ESTORSORE; IMPOSTORE; TRUFFA).

Truppe in genere. Troops (ESERCITO; SERVIZIO MILITARE).

– **ammutinate.** Mutinous troops (AMMUTINAMENTO; CORTE MARZIALE; GIUSTIZIA MILITARE).

– **di occupazione.** Occupation troops (GUERRA; OCCUPAZIONE). [vol. I: OCCUPATION; SOVEREIGNTY; TERRITORY; WAR]

Trust. Termine intraducibile in un qualsiasi sistema di *civil law* in quanto creatura dell'*equity*; da citare quindi *tel quel*.
1. L'istituto dà luogo a una *split property* ignota alla *civil law*, ossia una doppia proprietà: quella del *beneficiary* e quella del *trustee*. Con legge del 16 ottobre 1989 n. 364, è stata introdotta nel nostro ordinamento la convenzione dell'Aia del 1985 sulla legge applicabile al *trust*. Con essa si riconoscono i *trusts* validamente stipulati nei paesi in cui l'istituto è riconosciuto (ossia, i paesi di *common law* e pochissimi paesi di *civil law*, per lo più del Terzo Mondo o paradisi fiscali). In effetti, come opportunamente rileva Schlesinger [1950, ed. 1988: 783], la differenza tra le due tradizioni giuridiche in questa materia non risiede soltanto nel diverso duplice regime, o *split property*, consentita dalla *common law*, ma anche nel severo, esaustivo e penetrante controllo giudiziario cui il *trust* è soggetto in ogni sua fase nei sistemi di *common law*. Di esso non esiste un analogo nei sistemi di *civil law*; neanche in quei pochi che hanno adottato l'istituto. Questo controllo consiste nel potere, oltre che di interpretare l'atto costitutivo, di decidere sulla sua validità, di dare istruzioni al *trustee*, di chiamarlo a rendere conto, di approvare i conti, di rimuoverlo per negligenza nell'esercizio delle sue funzioni e altresì — si badi — in quello di sequela dell'oggetto del *trust* (o del suo ricavato) anche se finito nelle mani di terzi di buona fede. Vi sono quindi ragioni sostanziali e di procedura che rendono il *trust* inglese e nordamericano diverso dai suoi analoghi di *civil law*. Ma detto questo, sarebbe grossolano errore ritenere che la *civil law* ignora i rapporti fiduciari. Tra gli espedienti fiduciari si indicano: (i) il trasferimento fiduciario della proprietà accompagnato da una controdichiarazione del fiduciario relativa allo scopo effettivo del trasferimento (ma evidentemente si pone il problema della tutela del terzo acquirente di buona fede); (ii) il conferimento di una procura generale, etc. In un recente e pregevole saggio, Maurizio Lupoi rileva opportunamente, tra l'altro, che il nostro paese, essendo l'unico tra quelli di *civil law* ad aver ratificato la convenzione dell'Aia del 1985, ha, in qualche maniera, riconosciuto l'istituto tipico della tradizione di *common law*. Non meno opportunamente egli rileva altresì che la convenzione configura un tipo di *trust* che non ha molto a che vedere con il *trust* della tradizione di *common law* inteso in senso stretto, ma che si tratta di un ibrido che peraltro, anche se non *eo nomine*, trova riscontro anche in numerosi altri ordinamenti.
2. Con il *blind trust* un soggetto che potrebbe venirsi a trovare in una condizione di conflitto di interessi tra la sua attività, il suo incarico o le sue funzioni (di solito pubbliche) e i suoi interessi patrimoniali come, ad es., nel caso di un giudice, affida la gestione del proprio patrimonio a un *trustee* sul quale egli (*beneficiary*) non ha alcun controllo.
3. Sembra appena il caso di aggiungere che il *trust* comporta delle notevoli implicazioni di ordine fiscale. La più completa regolamentazione fiscale sulla materia è anche qui quella nordamericana: tra le tante regole previste dall'*I.R.S. Code* (§§ 665-668), si segnala la c.d. *throwback rule* relativa alla imposizione fiscale sul reddito del *trust* (ALIENAZIONE; ATTIVITÀ; AZIONE (II) DI SOCIETÀ: 8; BENI CULTURALI; CONFLITTO DI INTERESSI; *DELEGATUS NON POTEST DELEGARE;* DOVERI FIDUCIARI; FIDUCIA; FIDUCIA *CUM TESTAMENTO*; INCOMPATIBILITÀ; INTERDIZIONE; INVESTIMENTO: 2; ISTITUITO; OBBLIGO FIDUCIARIO; PATRIMONIO; PER CONTO ALTRUI; PROCURA; PROPRIETÀ: 8; PROPRIETÀ APPARENTE; PROPRIETARIO TITOLARE; RAPPORTI FIDUCIARI; SOCIETÀ (II) QUALE SOGGETTO COLLETTIVO; TITOLARITÀ; TUTELA DEI DIRITTI). [vol. I: INTRODUZIONE: III. 22; TRUST]

Bibl.:

Lupoi, M., *Introduzione ai trust*, Milano, Giuffrè, 1994.
Malaguti, M.C., *Il futuro del trust in Italia* (1990) 3 CeI 986.
Tondo, S., *Note sul « Trust »*, in *Rassegna Economica*, n. 2/3, 1991: 427.

Tumulto. Riot, unrest (ASSICURAZIONE; RIBELLIONE; RISSA; SEDIZIONE; SOMMOSSA). [vol. I: RIOT]

Turbamento. (TURBATIVA)

Turbativa in genere. Nuisance, disturbance, molestation. Il termine *private nuisance* indica un illecito che interferisce con l'uso o godimento di beni immobili in danno dell'avente diritto, ovvero nuoce alla di lui salute specie mediante immissioni di vario genere. Costituisce un *tort*; ma si distingue dal *trespass*, altro *tort*, peraltro azionabile *per se*, mentre la *nuisance* è azionabile solo qualora vi sia un danno. Quanto ai rimedi cui la *private nuisance* può dar luogo, essi sono costituiti, rispettivamente, in breve, dall'*abatement of nuisance*, misura di autotutela, dall'ottenimento di un'*injunction* o *mandamus* o, infine, da un'azione di risarcimento. La *private nuisance* è una figura che include i casi previsti dall'ordinamento italiano in tema di azione di manutenzione, di denuncia di nuova opera, di danno temuto. Non agevole sembra la distinzione tra *private disturbance* e *private nuisance*. Ma si tratta di materia molto complessa, in cui assume rilievo preminente la tematica degli atti di emulazione e dell'abuso di diritto (ABUSO DI DIRITTO; ATTO DI EMULAZIONE; ATTO ILLECITO; AZIONE (I) DI MANUTENZIONE; DENUNZIA DI NUOVA OPERA E DI DANNO TEMUTO; DISTURBO; FUGA DI SOSTANZE; MOLESTIA). [vol. I: ABUSE OF RIGHT; DISTURBANCE; MOLESTATION; NUISANCE; TORT]

– **d'asta.** Chilling a sale (ASTA).

– **del diritto di passaggio.** Disturbance of way (PASSAGGIO).

– **del godimento di un immobile.** Trespass, encroachment (SPOGLIO). [vol. I: ENCROACHMENT; FORCIBLE ENTRY]

– **della pubblica quiete.** Breach of the peace (*infra*, TURBATIVA DELL'ORDINE PUBBLICO; PUBBLICA QUIETE). [vol. I: *ad vocem*]

– **dell'ordine pubblico.** Breach of the peace, public disturbance; ma talvolta si parla anche di public nuisance (*supra*, TURBATIVA DELLA PUBBLICA QUIETE; DISORDINI; ORDINE PUBBLICO). [vol. I: BREACH OF THE PEACE; PUBLIC NUISANCE]

– **di riunione.** (INTERRUZIONE DI PUBBLICA RIUNIONE)

Turismo in genere. Tourism; una istituzione specializzata delle N.U. si occupa della materia; una convenzione internazionale disciplina l'attività delle agenzie di viaggio. Nel sistema inglese e in quello nordamericano le severe e numerose norme a tutela del consumatore si estendono anche alle attività delle agenzie turistiche (AGENZIA DI VIAGGI; ASSEGNO TURISTICO; INDUSTRIA ALBERGHIERA; OPERATORE TURISTICO; TRASPORTO; TUTELA DEL CONSUMATORE; VACANZE).

Turno in genere. Round (ELEZIONI A DOPPIO TURNO; ELEZIONI A TURNO UNICO; PRIMO TURNO DELLE ELEZIONI PARLAMENTARI; SECONDO TURNO DELLE ELEZIONI PARLAMENTARI; SISTEMA ELETTORALE MAGGIORITARIO A DOPPIO TURNO).

Tutela in genere. Grosso modo, tutorship, tutelage (PROTEZIONE).

1. Ma l'istituto della tutela non esiste nei sistemi di *common law* [cfr. Amos and Walton 1935, ed. 1967: 79]: l'analogo più prossimo è costituito dalla *guardianship*. Peraltro, il *guardian* ha dei poteri molto più ristretti del genitore esercente la patria potestà. Inoltre, una differenza profonda esiste in tema di amministrazione dei beni del minore: nei sistemi di *common law* i genitori e gli altri *guardians* non hanno normalmente a che fare col patrimonio di lui, di solito affidato a *trustees*. Negli S.U. — stato federale — la tutela si rinviene in Louisiana, grosso modo, *enclave* di *civil law*, dove è disciplinata dall'art. 247 del *Civil Code*: in tal caso, si parla di *tutorship* (CURATELA; GIURISDIZIONE VOLONTARIA; SORVEGLIANZA; SURROGATO; TUTORE; VIGILANZA). [vol. I: COURT OF PROTECTION; GUARDIANSHIP; PROBATE; WARD OF COURT]

2. Nel senso di protezione, si parla più spesso di *protection* (PREVENZIONE; PROTEZIONE; SALVAGUARDIA; SOTTO TUTELA).

– **aggiuntiva.** Additional protection (ASSICURAZIONE; RESPONSABILITÀ).

– **degli interessi diffusi.** Protection of common interest (*infra*, TUTELA DEI DIRITTI; TUTELA DEL CONSUMATORE; TUTELA DELL'AMBIENTE; AZIONE (I) DI CATEGORIA; INTERESSI DIFFUSI; PUBBLICO MINISTERO).

– **dei diritti.** Grosso modo, protection of rights and interests. Ma non sembra che, in senso stretto, esista un termine equivalente nella tradizione di *common law* in cui, peraltro, per molti versi, i diritti appaiono assai meglio tutelati. Di solito, quando si parla di tutela dei diritti si allude ai diritti *degli individui*; ma tra i diritti collettivi va segnalato il diritto di *autodeterminazione* dei popoli, che in sede interna trova il suo correlativo nell'*autogoverno* (AUTODETERMINAZIONE; AUTOGOVERNO).

1. Un eminente comparatista inglese [Lawson 1972: 9] spiega le ragioni per cui la materia della tutela dei diritti non è oggetto di trattazioni specifiche nella tradizione di *civil law*: i *remedies,* ossia gli strumenti giuridici per la tutela dei diritti, vengono relegati in secondo piano da una sistematica pandettistica incentrata sui diritti e doveri, che lascia a spesso indigesti testi di procedura lo sviluppo della materia. Assai diverso, appare, invece, l'approccio della *common law*, abituata storicamente a pensare nei termini del brocardo romanistico *ubi remedium, ibi ius* [vol. I: UBI REMEDIUM, IBI IUS]. Pertanto, chi studi il sistema della tutela dei diritti presso quei sistemi giuridici non può non scontrarsi, in definitiva, con il tipico, ma non agevole concetto di *remedy*, che indica sia il rimedio giuridico, sia il diritto sostanziale.

2. Salvo il caso dell'autotutela (*self-help*), peraltro di ambito assai ristretto, come, del resto, dovunque in una qualsiasi società evoluta, la tutela dei diritti avviene in sede giurisdizionale, e si avvale, quindi, di *judicial remedies*; anche se va rilevato che i tempi e i costi della giustizia civile, hanno suscitato, specie negli S.U., un autentico movimento di riforma per la risoluzione extragiudiziale delle controversie definito come *Alternative Dispute Resolution* (GIUSTIZIA ALTERNATIVA).

3. Ad ogni modo, come nel caso dell'obbligazione, di cui la tradizione di *common law* vede essenzialmente l'aspetto patologico (di qui il ricorso al concetto di *liability*), della prescrizione (incentrata sulla estinzione del diritto di proporre l'azione in giudizio piuttosto che sulla estinzione del diritto sostanziale), anche qui, essa sembra preoccuparsi dei diritti soggettivi e della loro tutela nella fase patologica della loro violazione, o esecuzione forzata: *remedies are cures for wrongs*, scrive Lawson [ibid.: 19]. D'altronde, negli S.U. l'Art. 1-201(34) dell'UCC stabilisce che « 'Remedy' means any remedial right to which an aggrieved party is entitled with or without resort to a tribunal ». E il successivo par. (36): « 'Rights' includes remedies ». Si tratta di un'ottica opposta a quella di *civil law* che distingue nettamente tra il diritto e lo strumento processuale per farlo valere, e attiene allo stile o, meglio, alla storia, ossia al diverso percorso seguito dalla *common law* nella elaborazione dei concetti giuridici. Peraltro, il termine nostrano di tutela dei diritti, inteso in senso stretto, appare originariamente limitato alla tutela giurisdizionale dei diritti soggettivi (con l'esclusione perfino dei c.d. interessi legittimi); salvo, s'intende, quanto è previsto dall'art. 111 della costituzione italiana che però non impiega siffatto termine.

4. La diversa teoria delle fonti della *common law* prevede diritti derivanti e disciplinati dalla *common law* (intesa in senso stretto) e diritti derivanti, e disciplinati, invece, dall'*equity*: questa dicotomia è ignota ai sistemi di *civil law*. E se le due giurisdizioni di *common law* e di *equity* risultano fuse da tempo — in Inghilterra, ma non in tutti gli stati dell'Unione nordamericana — e i due ordini di regole applicati dagli stessi giudici, ancora oggi la distinzione tra *legal* ed *equitable remedies* e *legal* e *equitable rights* mantiene, per molti versi, la sua giustificazione sul piano dei diritti sostanziali e della procedura (FONTI DEL DIRITTO; *TRUST*).

5. *Ordinamento giudiziario* e *tutela dei diritti* appaiono, per molti versi, due facce della stessa cosa. Storicamente, la tutela dei diritti si atteggia in modo assai diverso nelle due tradizioni giuridiche: basta pensare alle *forms of action*, alla giurisdizione dell'*equity*, etc. Del resto, come si è accennato, lo stesso concetto di *remedy* non trova esatta equivalenza nei sistemi di *civil law*, e l'*injunction*, assieme alla sentenza uno dei *remedies* più importanti, si presenta come istituto tipico di quella tradizione giuridica. Comunque, assume rilevanza fondamentale il fatto che nei sistemi di *common law* (*et pour cause!*) non esiste la dicotomia tra *giurisdizione ordinaria* e *giurisdizione amministrativa* tipica dei sistemi di *civil law*, con annessa distinzione tra *diritti* e *interessi*. Per contro, la dottrina processualistica nordamericana ha elaborato degli istituti e dei rimedi processuali ignoti alla *civil law* come, ad es., anzitutto, la ormai celebre *discovery*, l'azione di categoria, l'*Amicus Curiae brief,* il *Brandeis brief*, il *collateral attack* come forma di impugnazione, in un quadro processuale in cui la *cosa giudicata* appare per molti versi ben più fragile di quella nostrana. Negli S.U. — stato federale — la veneranda *Supreme Court* è in ultima analisi il massimo organo di tutela dei diritti in sede federale. Infine, va rilevato che, specie in tema di tutela dei diritti degli azionisti, diversamente dalla *civil law*, che tende spesso alla tutela penalistica, la *common law* ricorre di solito a

espedienti civilistici e, in particolare, a quelli consentiti dall'*equity*. Infine, la *common law* ignora il sistema francese delle *astreintes*; ma l'impiego dell'*injunction* persegue obiettivi analoghi, in maniera più ampia e anche più efficacemente (AZIONE (I) SOCIALE DI RESPONSABILITÀ).

6. Fatto di non scarso peso in questa materia, è che nei sistemi di *common law* la tutela dei diritti si realizza mediante un processo giurisdizionale molto diverso da quello di *civil law*. Per una sorta di nemesi biblica sui professori, il processo civile (e penale) di *common law* — a differenza di quello di *civil law* — realizza, di fatto, senza voli pindarici, l'ideale chiovendiano dell'oralità, concentrazione e immediatezza. Queste diversità comportano conseguenze rilevanti ai fini della tutela dei diritti. E qui non sembra inopportuno rilevare che le stesse procedure nostrane (civile, penale e amministrativa), con la complessità del loro organamento e il diluvio di mezzi di impugnazione che esse prevedono sembrano avere perduto, nella mente dei loro artefici (spesso dei professori praticanti), persino il loro originario obiettivo di rendere giustizia in tempi, modi, e a costi ragionevoli. In questo senso, *ragionevoli tempi della giustizia* restano un fattore determinante nella concreta tutela dei diritti (INIBITORIA; TEMPI DELLA GIUSTIZIA).

Le premesse dell'esercizio dei diritti individuali.

7. Di per sé, il termine tutela dei diritti allude più spesso alla *patologia*: il fisiologico esercizio di un diritto non pone di solito problemi di tutela o protezione che dir si voglia. Ma *tutela del diritto* e *esercizio del diritto* non sono delle monadi ognuna delle quali viaggi su un pianeta diverso. L'esercizio del diritto è nella gran parte dei casi *condizionato* dall'esistenza di talune *premesse*: che possono essere sia determinate condizioni giuridiche come, ad es., una decisione giudiziaria (o un atto o contratto), o di fatto. Mancando le quali il diritto stesso è privato di contenuto concreto. Il proprietario del fondo intercluso non può esercitare il suo principale diritto, che è, anzitutto quello di mettervi piede [Buckland and McNair 1936, ed. 1952: 138]; qui l'esercizio del diritto di proprietà è subordinato all'esistenza di un altro diritto (quello di accedere al proprio fondo). È stato osservato che nelle grandi città americane il 75 per cento degli imputati non è in grado di assicurare la propria difesa per mancanza di mezzi economici; di modo che, senza *legal aid* (ossia senza assistenza giudiziaria), il *right to counsel* diventa, per i non abbienti, una dichiarazione priva di contenuto. Beninteso, un discorso analogo vale, anzi a maggior ragione, per il nostro paese in materia civile, penale e amministrativa (CUSTODIA CAUTELARE; PROCEDURA).

8. L 'art. 24 della costituzione italiana recita: « Sono assicurati ai non abbienti, con appositi istituti, i mezzi per agire e difendersi davanti ad ogni giurisdizione ». Di fatto, nonostante l'appassionata campagna di Mauro Cappelletti, non esistono né istituti, né mezzi (ASSISTENZA GIUDIZIARIA). L'art. 32 della stessa recita: « La Repubblica tutela la salute come fondamentale diritto dell'individuo e interesse della collettività, e garantisce cure gratuite agli indigenti ». Chi conosce la realtà effettuale sa bene che per milioni di italiani si tratta di una pura declamazione (nonostante o, meglio, a causa di una spesa pubblica di circa 110 mila miliardi all'anno, una delle più elevate d'Europa (superiore a quella tedesca: 6,3% del Pil in Italia, contro il 6,0% in Germania; ma cfr. S. Battini, *Sotto accusa per scarso rendimento*, in Ginsborg (cur.) 1994: 497).

9. Ma vi sono altre premesse. La vittima di un illecito civile o penale, per effetto della violazione del suo diritto, matura, tra l'altro, un diritto al risarcimento o indennizzo. Ma su quale ristoro si può mai contare in un sistema come il nostro, in cui, da un lato, la pratica dell'*assicurazione* è ancora in buona parte ignota e, dall'altro, in materia penale, non esiste l'ombra di qualcosa di analogo al *Criminal Injuries Compensation Board* che, del resto, se esistesse, presumibilmente, si presterebbe, a osceni abusi. A non parlare delle vittime di errori giudiziari (ASSICURAZIONE). [vol. I: CRIMINAL INJURIES COMPENSATION BOARD]. Insomma, da noi nella stragrande maggioranza dei casi (se comparati a quelli di altri paesi) a chi subisce la violazione di un proprio diritto da parte di un privato, e, spesso, ancor più, dal potere pubblico, anche per la totale indifferenza — salvo rari e assai sospetti casi — della nostra magistratura, non resta che la consolazione di ritenersi dopo tutto fortunato per il fatto che poteva andargli assai peggio.

10. Il fatto che la *pratica assicurativa* sia praticamente inesistente trova numerose

Tutela dei diritti

spiegazioni, economiche prima che culturali. Anzitutto, una economia come quella italiana — caratterizzata da un bassisimo tasso di produttività [cfr. Paolo Guerrieri, *La collocazione internazionale dell'economia italiana*, in Ginsborg (cur.) 1994: 379, at 386], in cui il 98 per cento delle imprese manifatturiere ha meno di 100 addetti, in cui rilevantissimo appare lo spazio occupato dall'economia informale o nera (ossia illegale) — può a mala pena permettersi il lusso di pagare (spesso assai male) i dipendenti, ma non certo assicurare il rischio d'impresa, anche se in definitiva destinato a ricadere sul consumatore. Del resto, le gigantesche evasioni dei contributi assicurativi anche da parte delle « grandi » imprese del Nord, il ricorso alla cassa integrazione e, nell'Occidente industrializzato, il primato assoluto degli *incidenti sul lavoro* rivelano le carenze di un sistema di cui finora troppi studiosi e giornalisti non avevano tessuto che le lodi [cfr. Belloni, M.C., *Un paese di imprenditori piccoli piccoli*; Pugliese, E., *Economia informale*; Trigilia, C., *I paradossi di un capitalismo leggero*; tutti in Ginsborg (cur.) 1994: 236, 403 e 432].

11. In questo senso, quella che potrebbe essere agevolmente definita come « l'economia dei motorini », ossia di quei veicoli che tanto fanno assomigliare le nostre città ad agglomerati del Sud Est asiatico, ha ben altri problemi che quelli dell'assicurazione (ECONOMIA NERA). Essi sono tanto gravi che, a distanza di quasi 20 anni dalla catastrofe di *Seveso* (Milano) e a un decennio dalla sua approvazione, l'*imprenditoria italiana non è in grado di dare esecuzione alla direttiva comunitaria* che da essa trae nome: un'economia insomma, che non può avere riguardo per le fondamentali regole della *sicurezza* a tutela *del diritto alla integrità fisica degli individui* sistematicamente violato nel nostro paese da pubblici e privati operatori con il beneplacito della « forza legale ». A questo proposito, è significativo anche di una cultura che nell'opera collettanea a cura di Ginsborg [1994] che pure tende, e spesso riesce, a dare un quadro della situazione del paese, non esista rubrica dedicata all'*inquinamento* e ai diritti degli individui di essere protetti da un fenomeno che assume nell'ambito europeo dimensioni drammatiche se solo si pensa al problema delle *discariche illegali*, all'assenza di depuratori (la « grande » Milano non ne ha neanche uno), all'inquinamento delle falde idriche, etc. (INQUINAMENTO).

12. Se poi si pensa al problemi dei senza lavoro, balza subito agli occhi un'altra particolarità del *contromodello* italiano con il *cassintegrato* da un lato, ormai titolare di un'autentico *status* che può accompagnarlo per una vita, e il *disoccupato* dall'altro in un sistema in cui non esistono indennità di disoccupazione come nel resto d'Europa. A Napoli, si assiste al fenomeno, forse unico al mondo, di cooperative organizzate di ex detenuti finanziate con danaro pubblico, l'appartenza alle quali assicura il diritto di precedenza nelle assunzioni (di solito impieghi pubblici) locali. Con il risultato che l'ex detenuto (magari un rapinatore o pluriomicida) acquisisce il diritto di essere preferito al disoccupato tanto sfortunato da non poter vantare un *pedigree* di precedenti penali.

13. Beninteso, non si intende con questi pochi paragrafi esaurire la materia dei diritti « economici » in una società industriale dell'Occidente; ma basterebbe pensare al destino storico di « parco buoi » dei *piccoli risparmiatori* italiani, a quello del *consumatore* e dell'*utente* (a non parlare del *contribuente*) per avere un'idea dello scenario consacrato da un regime giuridico di 150 mila leggi fatto apposta per assicurare una *status society* nella quale vigono le regole del *Far West*; e che, quindi, a rigor di logica, andrebbe rivoltato di sana pianta se e quando vi fosse un sommovimento politico di cui non si annusa l'odore: la vittoria del Polo delle Libertà alle elezioni del 1994 dà la misura di quanto assurda sia anche soltanto la speranza, di quale « riserva » di uomini e di « cervelli » disponga la società civile italiana, di quale radicale « cambiamento » essa sia capace di imprimere ad una gestione, più che criminale, *imbecille* del paese durata almeno trenta anni. E anche, bisogna aggiungere, di quale « intelligenza politica » faccia mostra ora la sinistra italiana dopo avere contribuito in maniera massiccia a creare la situazione di cui si lamenta. E, infine, su quale imprenditoria, salvo rare ed encomiabili eccezioni, si possa contare per « entrare » in Europa, come dicono i politici italiani. Il giurista, come de Franchis, che ritiene il diritto doversi porre come fattore di ammodernamento del paese, deve anche tener conto della tempra delle forze in campo alle quali appendere le proprie speranze; e non farsi troppe illusioni. Perché non è alle viste né

Tutela dei diritti

un altro « D Day » , né i generosi americani del Piano Marshall, né i *revenants*, tutto sommato assai decenti, dell'Italia liberale che, almeno in parte, hanno retto il paese agli albori della I Repubblica. Ma lasciamo perdere (AZIONE (II) DI SOCIETÀ; CAPITALISMO; MONOPOLIO; REVISIONE CONTABILE). Si pensi all'art. 41 della nostra costituzione e al diritto dell'*imprenditore* di operare in condizioni di parità in un regime di economia di mercato, in una situazione in cui, invece, non esiste né parità, né economia di mercato, né libera concorrenza, né regole che la assicurino, in cui il denaro costa due-tre punti in più che al suo collega tedesco, il costo del lavoro è altissimo, ma gli operai sono tra i peggio pagati in Europa, i costi di produzione iperbolici e la qualità dei prodotti, a dir poco modesta. In una situazione del genere un imprenditore che rispettasse la legge — sistematicamente violata da tutti gli altri (al Sud e al Nord (sic!) del paese) — voterebbe al fallimento la sua azienda. Dei diritti del *lavoratore* si è già detto: da un canto, scandalosamente enfatizzati e protetti, decisamente demenziali, iniqui e inaccettabili in qualsiasi paese civile per taluni e, dall'altro, negati in maniera plateale ai meno fortunati; alle diecine di migliaia di miliardi sperperati non per formare il lavoratore ma per consentire di ammassare immense ricchezze alla camorra del Sud e del Nord che gestisce i c.d. corsi di formazione. Infine — suvvia, diciamolo — un'economia da straccivendoli, qual è l'*economia sommersa* — vantata in coro, senza alcun ritegno, dalla scuola economica italiana come geniale invenzione del *laboratorio* nazionale — non può assicurare i più elementari diritti a milioni di lavoratori. Ma per quanto il fenomeno sia di dimensioni gigantesche, ci si potrebbe consolare al pensiero che, finalmente, esiste anche un pò di imprenditoria legale; e, invece, tutt'al più può parlarsi di semilegalità. Ovviamente, anche qui, i problemi sono solo marginalmente giuridici; in questo senso, non si può intendere la *anomia* in cui opera l'economia italiana (e quindi il paese intero) senza avere un'idea anche soltanto grossolana dei suoi sviluppi strutturali avvenuti all'ombra della *democrazia consociativa*. In un interessante articolo Marcello De Cecco [*Per una genealogia dello strozzinaggio*, in *la Repubblica - Affari & Finanza*, 12 settembre 1994, p. 6] spiega bene perché è giunta: « a suppurazione una antica piaga italiana, quella dell'usura ». Questo eminente studioso ricollega il fenomeno, tutto italiano nelle sue dimensioni, all'abnorme sviluppo della microimpresa nel nostro paese: « Il nostro sistema economico è venuto negli ultimi decenni sempre più a caratterizzarsi, tra gli applausi di politici ed economisti, per la prevalenza di microimprese e per un altissimo tasso di natalità delle imprese stesse, cui corrisponde una mortalità infantile che Erode stesso invidierebbe ». Il sistema bancario concorre al fenomeno in maniera rilevante, tra l'altro, mediante la pratica degli affidamenti plurimi a sua volta determinato dalla « situazione (...) di illegalità fiscale e previdenziale diffusa nella quale vivono le imprese italiane. Essa è storia antica, e conduce a una inaffidabilità dei conti ufficiali delle stesse imprese, che era già nota agli albori di questo secolo e che è venuta sempre più aggravandosi ». Ma a parte questo fattore: « In un sistema caratterizzato da una microimprenditorialità abnorme, come quello italiano, e che è stato incitato da politici ed economisti a diventarlo sempre di più negli anni più recenti, la malapianta dell'usura è inevitabile che cresca rigogliosa ». Quanto ai rimedi egli afferma realisticamente che: « Non molto si può fare contro questa piaga, che è connaturata a un sistema a imprenditoria diffusa, così come lo era (e lo è ancora nei paesi sottosviluppati) quando prevalevano la mezzadria e la piccola proprietà coltivatrice. Si può naturalmente cercare di favorire la concentrazione delle imprese, ma questo è proprio il contrario di ciò che politici ed economisti hanno raccomandato negli scorsi decenni, gloriandosi della via italiana all'industrializzazione ». Finalmente un economista che parla chiaro e dice anche cose sensate; combinazione che si riscontra di rado! Un capitolo a parte meriterebbe la assai carente e spesso ingannevole tutela dei lavoratori ad opera dei sindacati, organismi intrinsecamente antidemocratici (ECONOMIA NERA).

I diritti dell'uomo e l'equal protection clause.

14. Ovviamente, quando si parla di tutela dei diritti i primi diritti ai quali si pensa sono quelli dell'uomo che, in senso lato, tutti li riassume (politici, civili, di libertà economica, etc). Eccoci quindi all'art. 3

della nostra costituzione che recita: « Tutti i cittadini hanno pari dignità sociale e sono eguali davanti alla legge, senza distinzione di sesso, di razza, di lingua, di religione, di opinioni politiche, di condizioni personali e sociali ». È questa, *si parva licet*, l'*equal protection clause* nostrana, di portata ben più modesta del XIV emendamento [1868] della costituzione americana. La domanda è questa: la norma parla di « cittadini »; la tutela sembra quindi condizionata al godimento di uno *status*; mentre la *clause* americana, dopo avere trattato dei diritti dei cittadini, stabilisce una regola più generale a tutela della vita, della libertà, dei beni di chiunque (*any person*), secondo il *due process of law*. In effetti la costituzione americana — Bibbia laica che non smette di stupire per la sua modernità — parla di *right of the people* (em. I, II, IV), mentre al fondamentale V emendamento [1791] che garantisce, tra l'altro, il processo pubblico con la giuria, etc. recita: « No person shall be held to answer... ». Beninteso, la nostra Corte Costituzionale ha emesso delle decisioni che sanzionano il principio sancito dall'art. 3 della carta costituzionale. Ma si tratta, comunque, della superficiale graffiatura di un terreno da dissodare in profondità: un imponente armamentario giuridico ingabbia una organizzazione corporativistica e premoderna del paese, in cui gli statuti dei gruppi tutelano, per molti versi, una qualche sorta di *diritto personale* basato sul privilegio, sulla discriminazione e, in buona sostanza, sull'*iniquità*, dato di fondo del diritto nostrano: che fa pensare a una specie di *Ancien Régime* più volgare, in linea con i tempi.

15. In questo senso, se la tutela dei diritti o, in altre parole, il problema della giustizia, nasce con l'uomo, fino alla scomparsa della sovranità assoluta, essa si incentra essenzialmente sulla tutela dei diritti patrimoniali, e neanche completamente (del resto, la stessa *Dichiarazione dell'89* attiene *esclusivamente ai diritti civili*). Era quindi naturale che la rivoluzione americana, che la sovranità aveva fatto a pezzi, dovesse segnare l'inizio della tutela (giuridica, non declamatoria) dei diritti dell'uomo (civili e politici). Solo il trionfo del costituzionalismo moderno — inglese prima, e nordamericano dopo — conferisce al concetto la sua pienezza. In effetti, qualche decennio fa i giuristi di *civil law* sarebbero insorti scandalizzati di fronte ad una concezione della tutela dei diritti alla maniera anglo-americana che — anche se talvolta in parte carente sul piano della tutela dei diritti « amministrativi » — propugna una concezione totalizzante dei diritti dell'individuo. Se, invece si pensa — in un assai diverso assetto costituzionale come quello dello statuto albertino — alla collocazione dei diritti civili nel nostro codice civile del 1942, alla stessa clausola della reciprocità, ignota alla legislazione liberale precedente (art. 16 c.c.) si intende meglio la grande diversità di approccio che la vittoria delle Forze Armate Alleate in Occidente, e quindi della democrazia, ha segnato sulle carte costituzionali del continente europeo del dopoguerra.

La tutela dei diritti e la rule of law.

16. Sembra appena il caso di rilevare che la tutela dei diritti com'è intesa al giorno d'oggi non sarebbe concepibile al di fuori dello *stato di diritto*, condizione prima ma, ovviamente, non la sola perché essa possa avere concreta attuazione. Sul piano tecnico, essa presuppone addirittura, salvo una sola eccezione come quella britannica (e che eccezione!), l'esistenza di una costituzione (rigida) che riconosca i diritti fondamentali dell'uomo (civili e politici).

17. Ma, per quanto riguarda in particolare il nostro sistema, non v'ha dubbio che la fatale — al diritto e alla democrazia italiana — dicotomia tra *diritto pubblico* e *diritto privato* (con il corteo di gigantesche burocrazie giudiziarie da un lato e, dall'altro, la virtuale impossibilità per il postulante, *a cento anni* dalla sciagurata invenzione della distinzione tra *diritti* e *interessi*, di sapere *ex ante* a quale santo votarsi per la tutela dei propri diritti) ha contribuito, anche se non da sola, a vanificare o perlomeno, come appunto si dice, ad « affievolire » una parte sostanziale dei diritti individuali nei confronti del potere pubblico. Con parole dalle quali trasuda (per una volta un giurista che si indigna: evviva!) ribellione, e forse anche vergogna, per un « sistema » del genere, Fabio Merusi [in Merusi e Sanviti 1986: 24] denunzia: « *Una 'inciviltà' tipicamente italiana: la c.d. irrisarcibilità degli interessi legittimi* ». Se poi si pensa che l'atto amministrativo nostrano — salvo qualche eccezione come, ad es., in tema di pubblico impiego — si forma, storicamente, e di fatto ancora oggi, escludendo del tutto il

contraddittorio, si può facilmente immaginare quale tipo di tutela dei diritti sia ottenibile nei confronti della pubblica amministrazione prima, e in sede di giustizia amministrativa poi. Quanto poi alla « carta dei dei diritti del cittadino » — oggetto del futile e dispendioso *bavardage* dei nostri studiosi, fatto di chiacchiere, scritti, articoli, saggi, prolusioni e interventi, delibere, mozioni e risoluzioni, celebrato in convegni, conviti, banchetti, ritiri, seminari, tavole rotonde, ogivali, quadrate, rettangolari, a ferro di cavallo, con e senza gambe, etc. etc. — come osserva Sabino Cassese nel suo pregevole e illuminante *Rapporto sulle Condizioni delle Pubbliche Amministrazioni* [1993: 11]: « In Italia, quella carta dei diritti dei cittadini che va sotto il nome di legge generale sul procedimento amministrativo (7 agosto 1990, n. 241) è inapplicata o dimenticata dalla maggior parte delle amministrazioni e persino dai cittadini che dovrebbero valersene ».

18. Anche qui, diversa appare, invece, la lezione anglo americana: *la partecipazione dell'interessato alla fase formativa dell'atto amministrativo* — grazie al contraddittorio — costituisce ormai uno strumento fondamentale della tutela dei diritti in qualsivoglia procedura amministrativa, oltre che, ovviamente, un meccanismo importante nell'eliminazione di quel *diluvio* di ricorsi, appelli, opposizioni, istanze, suppliche (e perché no, denunzie penali) con cui di solito si contrastano gli atti della pubblica amministrazione nel nostro paese. Il *due process* americano degli emendanti V [1791] e XIV [1868] si pone quindi come strumento di giustizia formale e sostanziale e di democrazia concepito dai *founding fathers,* che vede nella legge la garanzia suprema dei diritti.

19. Ma questo è il meno: ignota è al diritto inglese e nordamericano quella frattura netta che nei sistemi continentali distingue, e spesso contrappone, il *diritto amministrativo* al *diritto costituzionale* [Losano 1978: 69]. Giannini [*Pres.* a Wade 1961, trad. it.: x] spiega bene gli effetti di questa perniciosa discrasia per cui il diritto amministrativo — che tende ad evolversi lungo linee proprie secondo le esigenze del potere esecutivo e della burocrazia — comporta negli ordinamenti continentali a diritto amministrativo la grave « elusione amministrativa dei precetti costituzionali »; in cui, cioè, ognuno dei due sistemi se ne va per conto suo.

20. Ecco gli effetti della dicotomia *diritto pubblico-diritto privato* così come sono stati congegnati, *rectius*, *copiati*, dalla nostra scienza giuridica, con due ordini di norme e di giurisdizioni, ordinarie e amministrative, che sanciscono lo *status* privilegiato accordato al potere pubblico e la natura di diritti (diversi) a seconda che essi siano invocati di fronte al potere pubblico o ai privati. In questo senso, non soltanto la dicotomia è fonte di *status* ignoti alla tradizione di *common law*; essa si pone addirittura, di per sé, come radicale *negazione dello stato di diritto*. Un capitolo di questa saga riguarda un potere pubblico che, da un canto, investe milioni per recuperare crediti per poche migliaia di lire e, dall'altro, sperpera centinaia di migliaia di miliardi, che per antica consuetudine non restituisce quanto dovuto e — salvo carrozzoni assai sospetti — non ha mai risarcito danni a chicchessia; che, come dimostra anche la tragedia di Capaci, assicura le proprie automobili ma non i dipendenti che per servirlo rischiano la vita. Insomma, com'è stato autorevolmente affermato: « il potere pubblico viene sovente a presentarsi come un singolare malfattore legale che permette a sé ciò che invece reprime nel privato » [*Rapporto sui Problemi dell'Amministrazione dello Stato,* in *Il Mondo,* 14 dicembre 1979, par. 2.1].

Diritti naturali e diritti legali.

21. Tutte queste cosettine per dire anche che, in definitiva, in tutti i sistemi di questo mondo, un diritto che non sia *enforceable* è, in buona sostanza, un non-diritto, un *wishful thinking*, un vaniloquio o anche soltanto una speranza. Potrà essere un *moral right* (un diritto naturale) più facile a diventare un *legal right* in un sistema in cui la *rule of law* dei giudici si impone su qualsiasi altro potere pubblico, a differenza di quanto si verifica in uno stato di diritto continentale. Può essere un vaniloquio come, con tutto il rispetto, la Dichiarazione dei Diritti dell'89 che, non essendo, in senso stretto, un testo giuridico *contraignant* come il *Bill of Rights* americano, consacra diritti naturali, non strettamente giuridici, se essa convive per quasi due secoli con un infame codice di procedura penale come quello francese; nel 1802 Napoleone invia truppe a San Domingo per ristabilire il potere francese dopo una rivolta di schiavi: la schiavitù viene abolita in Francia solo nel 1848. A

Tutela dei diritti

questo proposito va segnalata la meno fortunata *Dichiarazione del '93* che appare più democratica di quella precedente in quanto abolisce la schiavitù e fa del diritto all'insurrezione contro la tirannide il più imperioso dei doveri dell'uomo (artt. 28 e 35). Ad ogni modo, quale sollievo può mai portare a chi è ristretto alla *Santé* sapere che si trova nelle carceri del paese della Dichiarazione? Di certo preferirebbe l'*habeas corpus* alla patriottica *garde a vue*. Si potrà pure sostenere con qualcuno che l'uomo è libero anche se in catene, ma si tratta di un *jeu d'esprit* di chi in catene non c'è mai stato neanche durante la dittatura fascista. Beninteso, l'*eurocentrismo* condiziona notevolmente la cultura nostrana al punto che l'articolatissimo indice di una delle più (giustamente) prestigiose e geniali enciclopedie italiane come l'*Enciclopedia Einaudi* non comprende neanche la rivoluzione americana. E si può anche spiegare che il *rétentissiment* di fatti avvenuti sulla soglia di casa (anzi, dentro casa) e nel più grande e più potente e più fastoso e più elegante e più bel paese del continente europeo sia avvertito molto più di quello che viene dalle lontane colonie americane.

22. Eppure la democrazia francese aveva un debito con gli S.U. Che, come ricorda Ernesto Galli della Loggia [1986: 16], il marchese Joseph Marie de La Fayette non dimenticò di saldare: « consegnando a Tom Paine una delle chiavi della Bastiglia con l'incarico di recapitarla a George Washington, con queste parole: 'Non v'è dubbio che i principi degli Stati Uniti abbiano aperto la Bastiglia. È dunque in America che la sua chiave deve trovare il suo posto' ». Riconoscimento di una promogenitura, ma anche, a quel tempo, fecondo rapporto di uomini e idee tra le due grandi rivoluzioni della storia moderna; del resto, da noi, già Gaetano Filangieri aveva intuito l'importanza della lotta per l'indipendenza delle colonie americane. E chi ponga mente alla storia del XX secolo, non potrà negare che il debito si è rinnovato per l'Europa sulla breve striscia di *Omaha Beach* il 6 giugno 1944.

23. Le incessanti celebrazioni della grande rivoluzione del'89 non devono far dimenticare quella meno cruenta e teatrale, ma non meno avvincente che l'ha preceduta. In cui, fin dall'origine, i valori della rivoluzione si affermano come valori giuridici e il diritto diventa supremo distributore del potere e regolatore dei conflitti; in cui, insomma, diversamente dalla rivoluzione dell'89, i grandi valori morali, politici e sociali sono sempre contenuti in clausole costituzionali (*prescrittive*) e in non meno prescrittive decisioni della veneranda *Supreme Court*, storicamente madre di tutte le corti costituzionali di questo mondo (anche di quella...russa).

24. È questa l'originalità del costituzionalismo americano, che fa del diritto uno strumento rivoluzionario; beninteso, esso postula un determinato contenuto ideologico democratico. È forse attorno a questa idea del diritto come strumento di rivoluzione democratica che si potrebbero raccogliere gli ormai sparuti drappelli (dopo mezzo secolo di gragnuole di ogni genere ricevute dal partito di lotta/di governo) della liberaldemocrazia italiana. Se solo la nostra ineffabile sinistra abbandonasse infami modelli e aberranti letture imparando a distinguere tra *populismo* e *democrazia*; se solo, salvo qualche rara ed encomiabile eccezione, vi fossero nel nostro paese dei docenti di diritto in grado di spiegare queste cose.

La protezione della legge e i diritti individuali.

25. Ma la tutela dei diritti non è ipotizzabile al di fuori di una generale clausola costituzionale di *uguaglianza*. Sotto questo aspetto, il ceto dirigente (si fa per dire) nostrano sembra più propenso a incoraggiare e metabolizzare l'*illegalità di massa* (alla quale deve la propria stessa esistenza) che preoccupato di assicurare il principio di uguaglianza. *Quantità è qualità*: fenomeno unico al mondo nelle sue dimensioni, basterebbe pensare agli effetti delle amnistie, condoni, sanatorie, ormai istituzionalizzate nel nostro paese, dai reati più efferati, all'evasione fiscale, all'illecito edilizio, al mancato pagamento della tassa sulla spazzatura, ai tre milioni di evasori del canone televisivo, diventate ormai ordinarie occorrenze della vita collettiva. Si dice che le amnistie non hanno nulla a che vedere con i diritti, che esse attengono alla violazione di *doveri*, che è altra cosa; che l'amnistia costituisce manifestazione del potere di grazia del sovrano, e sciocchezzuole del genere. Ma si tratta di bugie. *Et pour cause:* l'art. 3 della costituzione significa non soltanto che tutti hanno gli stessi diritti di fronte alla legge, ma comporta anche il diritto positivo, non naturale, a che la legge sia applicata egualmente a tutti; così ad es.,

l'adempimento di un dovere legale generale (pagamento delle imposte) comporta anche il diritto a che la legge sia applicata egualmente a tutti, inclusi, anzi soprattutto, a che a coloro che invece ad essa non si attengono (beninteso, in questo secondo caso si tratta di applicare la sanzione). Il legislatore che non solo non applica la sanzione ai renitenti, ma che abbona la pena e si contenta di una frazione infinitesima di quanto ha pagato il contribuente onesto non è che un *volgare imbroglione* che, creando due categorie giuridiche di contribuenti (chi paga prima e chi dopo) attua una plateale violazione sia dell'art. 53 (obbligo di concorrere alle spese pubbliche: « Tutti sono tenuti »), sia dell'art. 3 della costituzione per cui tutti i cittadini sono « eguali davanti alla legge ». *Ogni amnistia, ogni condono, ogni sanatoria*, in quanto viola il principio di uguaglianza e offre una diversa *protection*, *è di per sé tecnicamente incostituzionale*; e stupisce, anzi *non stupisce affatto*, che con una Corte Costituzionale fatta di « luminari » del diritto, con commissioni parlamentari per gli affari costituzionali, con centinaia di giuristi-politicanti inchiavardati con funi di acciaio agli scranni parlamentari, che appestano quotidianamente la vita del paese, con una ineffabile sinistra di lotta/governo, *nessuno sia mai sognato di sollevare una questioncina del genere*; idem per le centinaia di migliaia di avvocati, magistrati e giuristi in libertà che deliziano questo paese facendone la tomba della giustizia.

26. Già la stessa formulazione costituzionale nostrana, formalistica e insufficiente, appare meno adeguata di quella di *equal protection of the laws* americana che introduce un elemento di equità inesistente nel nostro sistema. Del resto, l'art. VI della Dichiarazione dell'89 recita, tra l'altro: « La loi (...) doit être la même pour tous, soit qu'elle protège, soit qu'elle punisse ». Ma non si tratta soltanto di uguaglianza di fronte alla legge: è compito del legislatore (o del giudice) di rimuovere le disuguaglianze che la legge stessa inevitabilmente crea, specie in una società industriale pluralista; è questo, sembra, il senso di « protezione » ad opera della legge.

27. La vicenda del prof. Copione ha fatto il giro del mondo, di per sé un fatto di *routine* nella cooptazione del ceto dirigente (si fa per dire) nostrano. Ma al di là dei possibili risvolti moralistici, sul piano tecnico-giuridico, non v'ha dubbio che *tutte* le decisioni del potere pubblico, in costanza di pluralità di domande di allocazione di risorse scarse, sono prese nel nostro paese nella più plateale violazione dell'art. 3 della costituzione. Di quale uguaglianza (e di quale tutela dei diritti) si può parlare in un sistema in cui la *raccomandazione* e la *tangente* costituiscono ormai consolidati « istituti » della nostra costituzione materiale, e le cattedre universitarie, come gli appalti, etc. sono assegnate tra combriccole di amiconi prima ancora di celebrare i concorsi?

28. Insomma, l'uguaglianza assume un rilievo fondamentale in un sistema politico ed economico che si vuole (veramente non troppo) per definizione *competitivo*; in cui figura ancora (ma è probabile che sia depennato perché obsoleto nella nuova costituzione) un articolo 97 della costituzione che parla di *concorsi*. Ma non basta: concorrenza ed *efficienza* sono, per molti versi, due metà della stessa cosa. Un grado minimo di efficienza è la condizione perché l'uguaglianza si possa realizzare. *Una società capitalista* in cui non vi sia *né concorrenza, né efficienza* appare per molti versi *peggiore di una feudale*: e dire che la sinistra italiana ha condotto una lotta implacabile contro tutti i tentativi (pochini, per la verità) per rendere più efficiente un sistema che invece si voleva solo distruggere. Eppure, la battaglia per l'efficienza, date le condizioni del paese, potrebbe avere una portata autenticamente rivoluzionaria. Ma come si fa a mettere nei cervelli della sinistra che uno *stato sociale* all'italiana — inefficiente e corrotto, soprattutto assurdo nella sua stessa ideazione — assicura non l'uguaglianza, ma la disuguaglianza a danno dei più deboli?

La tutela dei diritti e il problema dei controlli.

29. Ma non è solo una cultura giuridica avvocatesca, e tutto sommato provinciale, l'incapacità di *pre-vedere* a quali aberrazioni possano condurre sul campo taluni teoremi tradotti in legge, né soltanto l'*incultura del coordinamento* — tipica delle classi dirigenti dei paesi del Terzo Mondo — a spiegare la grave *démission* rispetto alla tutela dei diritti. Vi è, soprattutto, la prassi ormai istituzionalizzata per cui il solo controllo ammissibile è quello di legalità, affidato ad una magistratura in gran parte discreditatata, da effettuare *ex post*, com'è proprio dell'attività giurisdi-

zionale, ossia, come si dice, a buoi scappati. Non esistono — o si tratta di rare ed encomiabili eccezioni — controlli politici, istituzionali, economici, burocratici di legalità e di efficienza e di qualità *ex ante* sia nel pubblico che nel privato. La storia della nostra Corte dei Conti è significativa, al pari dell'*affaire* Enimont. Non sorprende quindi che da noi, in un diluvio di 150 mila leggi, la tutela dei diritti si risolva in una serie infinita di liti giudiziarie, di ricorsi e controricorsi, resistenze, appelli, inibitorie, sospensive, suppliche, sentenze mai eseguite etc., affidate a burocrazie giudiziarie e amministrative che provvedono — non foss'altro che per i tempi ormai decennali del loro operare, e salvo assai sospette eccezioni — al sistematico diniego, nei fatti, dei diritti che riconoscono sulla carta. O, più spesso, nella rassegnata accettazione dell'ingiustizia. In effetti, la tutela dei diritti, oltre che un generale ed assai improbabile ritorno alla legalità, esige da noi la presenza di una *efficiente macchina politica e amministrativa*, e *un adeguato sistema di controlli*. In un paese industriale, essa esige altresì un'*economia di mercato*, di cui nel nostro paese non si intravedono tracce: perché è difficile immaginare che i diritti del consumatore, dell'investitore, dell'imprenditore (onesto) e anche degli operai siano pienamente tutelabili nell'attuale regime.

L'abuso di diritto.

30. È concepibile questa figura? Si può, si deve, tutelare un diritto anche quando nell'esercitarlo se ne abusa? Può l'abuso di diritto costituire addirittura fonte di responsabilità? Grandi sistemi giuridici come quello francese e quello tedesco danno una risposta positiva (quello nordamericano anche se mediante una diversa tecnica, si colloca, in sostanza, grosso modo, nello stesso gruppo). Ma questo è uno dei tanti *tristi capitoli della scienza giuridica nostrana*: la quale prima si rifà al robusto modello francese, poi lo abbandona per abbracciare, con la Triplice Alleanza — ma anche per una intima pulsione « scientifica » che richiama il *don Ferrante* manzoniano — quello tedesco-pandettistico. Addirittura una passione; peraltro non ricambiata; ma è significativo che — pur spingendosi, salvo rare ed encomiabili eccezioni, fino alla parafrasi quando non alla copia integrale (cfr., per tutti, il mentovato caso del Prof. Copione, uno dei *caposcuola* della filosofia del diritto) — abbia trovato un mal riposto sussulto di fierezza nazionale nel respingere sia l'*abus de droit* francese sia il *Rechtsmißbrauch* tedesco prodotto, quest'ultimo, da un sistema che più « scientifico » non si può.

Interpretazione e tutela dei diritti.

31. Si potrebbe ragionevolmente sostenere che la materia della tutela dei diritti si risolve, in definitiva, nell'*interpretazione*: anzi, che tutto il diritto si risolve nell'interpretazione. E sembra difficile contestare una proposizione del genere dal momento che, a pensarci bene, al di fuori dell'interpretazione il diritto non esiste neanche. Purtroppo, bisogna convenire che da noi l'interprete — egli stesso, salvo rare eccezioni, affatto impreparato alla bisogna — si trova ad operare in un contesto di particolare arretratezza dell'economia e della politica rivelato dall'assurda situazione di un baraccone di 150 mila leggi che allo stesso tempo non assicura le *regole* più elementari della convivenza civile. Beninteso, qui si parla di arretratezza giuridica comparata alla situazione di paesi con i quali i governanti nostrani pretendono di misurarsi; alla quale (arretratezza) gli *economisti* e i *giuristi* nostrani hanno dato un contributo determinante. Comunque, se il diritto è cosa umana, l'interpretazione non lo è da meno: e qui ritorna la piaga biblica che affligge il nostro paese. Ossia, la *pessima qualità degli uomini* e il ruolo di *intendence* di un potere politico ed economico inefficiente e corrotto di cui, in misura ben più massiccia che altrove, l'accademia nostrana, salvo le « isole di eccellenza », sembra essersi assegnata specie dal secondo dopoguerra. Ovviamente, in cambio di privilegi e favori e immunità e inamovibilità e libertà e licenze e indecenze e poteri e ricchezze semplicemente *impensabili in paesi mediamente civili*. E così si copia o si interpola o si chiosa quando, invece, si dovrebbe mostrare un minimo di *personalità scientifica* (e umana); non si copia quando, invece, si dovrebbe. Il mistero della sopravvivenza della più antica costituzione del mondo non si spiega con i pochissimi (26) emendamenti subiti ma, grazie ai suoi interpreti, con la grande scienza giuridica americana, di cui i giudici (non professori!) sono gli instancabili oracoli. Ma, per avvicinarci al cortile di casa nostra, si ricorda che i grandi giudici francesi hanno inventato (sic!) la respon-

sabilità per *abus de droit* — ancora oggi, salvo eccezioni, pervicacemente negata dalla scienza giuridica e dalla giurisprudenza nostrane — sulla base di un testo legislativo (artt. 1382-1383 del *Code Civil*) di cui gli artt. 1151 e 1152 del codice civile del 1865 non sono altro che la traduzione in lingua italiana (ma cfr. anche l'art. 2043 del codice civile vigente). Quanto al diritto tedesco, esso ha elaborato un considerevole strumento di controllo dell'esercizio del diritto mediante il *Rechtsmißbrauch*. E potrebbe sembrare singolare, ma non lo è affatto, che una dottrina giuridica come quella nostrana — così *pecorilmente* condizionata da quella teutonica al punto di apparirne non di rado una parafrasi, quando non anche una *copia letterale* — ne abbia respinto una delle elaborazioni più rilevanti. Schlesinger [1950, ed. 1988: 740] ha osservato che, per quanto in Germania il § 266 del BGB, fonte del famoso *Schikaneverbot*, sia interpretato restrittivamente, combinato con la regola della *Sittlichkeit* e del *Treu und Glauben*, comporta addirittura una maggiore ampiezza che negli S.U. Ora tutto questo da noi non esiste. Il catalogo delle arretratezze giuridiche nostrane (ma si tratta di arretratezze politiche, il diritto essendo niente altro che una categoria della politica) in tutti i settori, dal diritto commerciale, alle procedure, al diritto costituzionale, al diritto amministrativo, alla tutela del consumatore, dell'investitore e dell'utente, come pure del lavoratore e dell'imprenditore (serio) richiederebbe un ponderoso e, tutto sommato, inutile saggio. Quali sono le forze e perché la stragrande maggioranza dei giuristi nostrani si arrocchi a difesa del privilegio e dell'inquità (ma un fenomeno del genere riguarda anche gli economisti e tutta l'accademia), lo si può capire solo tenendo a mente che, anche grazie alla nostra ineffabile sinistra, il sistema politico italiano è stato ed è un autentico *regime*. Con un verbo che evoca un mancamento, un deliquio, si dice che la ricerca italiana « langue »: perché mancano i soldi insorgono indignati gli accademici nostrani, e perché, affermano, *senza soldi non si può pensare.* Ma si tratta di *spudorata menzogna* se solo si confronta la *qualità* della nostra ricerca a quella degli altri paesi europei: l'abisso non è spiegabile con le aliquote marginalmente superiori investite nella ricerca. Queste semplici osservazioni potrebbero passare come cattiverie e malvagità di *outsider*: la volpe e l'uva di La Fontaine. Se non fosse che un *insider* della taglia di Vittorio Frosini ha trovato il coraggio di parlare, anche se troppo brevemente. Questo bravo giurista definisce la produzione accademica: « preoccupata di evitare con cautela una precisa presa di posizione ideologica e metodologica; sicché i discorsi vengono svolti di preferenza in forma indiretta di commento al pensiero di altri autori, con scarso impegno ad affrontare nel vivo i problemi giuridici » [1994: VII]. *Insomma, si lavora su materiali di risulta.* E sorprende — anzi non sorprende affatto — che in una attività come quella dell'interpretazione, in cui l'individuo, la sua cultura politica, il suo carattere e il suo coraggio assumono importanza determinante, non si sia mai fatta da noi la storia degli uomini che la legge hanno interpretato. Essa consentirebbe di capire ciò che è dato ora solo sospettare, ossia che la *pessima qualità della nostra interpretazione* al livello accademico e giurisprudenziale è lo specchio della *pochezza degli uomini.* Frosini ricorda il magistero di Ronald Dworkin per cui « i giudici decidono, e devono decidere, basandosi esclusivamente su argomenti di principio, e non sulle norme. I princìpi giuridici corrispondono ai princìpi morali radicati nella comunità giudiziaria, e fungono perciò da cerniera fra la morale e il diritto: essi sono per l'appunto quello che si chiama lo spirito della legge » [1994: 145]. La visione di Dworkin non è certamente pacifica; essa appare più propriamente americana nella sua grandiosa concezione dei diritti considerati come la *premessa* della stessa costituzione. Non si chiede ai nostri uomini né a giudici o pensatori teutonici della taglia di Roland Freisler o Carl Schmitt di condividere le passioni per la democrazia: ma costituisce certamente motivo di riflessione che, nella patria della *democrazia consociativa* (non austriaca, ma italiana), dello *stato sociale* (una autentica truffa politica prima ancora che in senso tecnico), le cose siano da noi al punto in cui stanno. Beninteso, dietro la asetticità del diritto, dietro la sua « purezza », la sua natura metastorica, vi è una precisa scelta politica: ed è questo, si direbbe, il vero problema dell'interpretazione.

La tutela dei diritti e il processo giurisdizionale - Il principio di ragionevolezza.

32. Come si è accennato, radicalmente

diversa è la concezione anglo-americana, che diffida dei proclami e dei diritti che non siano realizzabili mediante un processo giurisdizionale (l'*habeas corpus*, la massima garanzia di libertà, è una procedura). In questa ottica, fondamentale appare il principio del *contraddittorio*, garanzia fondamentale di giustizia che specie il diritto nordamericano ha spinto ben più lontano di qualsiasi altro sistema in Occidente (CONTRADDITTORIO).

33. Il processo si pone, oltre che come garanzia dei diritti e sua concreta attuazione, come creazione di nuovi diritti; è questa, tra le tante, una delle lezioni dei maestri del costituzionalismo anglo-americano in un sistema in cui impera sovrana la *rule of law*. Qui diritti individuali e diritto oggettivo appaiono, per molti versi, come due metà della stessa cosa; il diritto (oggettivo) e il diritto degli individui sono visti non tanto come dati antinomici ma come un assieme che in sé contiene anche i *doveri*. Quanto ai diritti della Dichiarazione dell'89, come si è osservato, essi non sono neanche, a rigor di termini, dei diritti veri e propri, non avendo il testo che li contiene un valore normativo vincolante.

I diritti individuali e lo stato federale - Federazione e Confederazione.

34. Vanno rilevate le differenze tra la Dichiarazione dell'89 e il *Bill of Rights* [1791]. Mentre quest'ultimo consacra dei diritti costituzionali che si pongono come prevalenti e inviolabili, la Dichiarazione, senza negare nulla della sua importanza politica, resta una « déclaration de principe de portée universelle », ma non un testo giuridico vincolante per il legislatore, la cui violazione possa essere fatta valere davanti a un tribunale. Ma il *Bill of Rights* americano va inquadrato anche in quella stupefacente invenzione che è il *federalismo*, meccanismo di ripartizione del potere dovuto alla genialità politica e giuridica dei padri fondatori che — proprio in quanto *grandi giuristi* e *grandi politici* — *non erano* e *non potevano essere*, come in tutta la grande tradizione di *common law*, *dei professori di università*. Questo testo è non soltanto parte integrante della costituzione federale, ma è stato, storicamente, la *condizione* posta dagli stati per l'accettazione della costituzione federalista, ossia per il passaggio dalla *confederazione* all'Unione. Ed è proprio la *doppia sovranità* del federalismo a spiegare il IX emendamento [1791] che recita: « The enumeration in the Constitution, of certain rights, shall not be construed to deny or disparage others retained by the people ». Si tratta di una norma che va vista nell'ambito della delega dei poteri dagli stati all'Unione, che prevede una *riserva* di diritti in aggiunta o al di là di quelli della costituzione federale, stabiliti sia dalla legislazione locale sia dalla *common law*; in questo senso, se la giurisdizione federale si pone come il custode ultimo delle libertà, ciò non impedisce che le costituzioni dei singoli stati dell'Unione possano, come di fatto avviene, stabilire o una maggiore estensione dei diritti già riconosciuti in sede federale, o addirittura nuovi diritti costituzionali come, ad es., in tema di *privacy* (Alaska), l'« access to court clause » e il diritto al *bail* (Florida), etc.; in effetti, si ritiene che le corti statali abbiano emanato oltre 270 decisioni per cui la costituzione di un determinato stato dell'Unione consente una tutela dei diritti più ampia di quella disponibile in base alla costituzione federale.

35. Note sono le differenze tra la Dichiarazione dell'89 e la Dichiarazione Universale dei Diritti dell'Uomo delle N.U. da un lato, e la Convenzione Europea per la Salvaguardia dei Diritti dell'Uomo e delle Libertà Fondamentali del 1950 dall'altro, che, nell'ambito del Consiglio d'Europa, prevede addirittura un organo giurisdizionale, quale la Corte Europea dei Diritti dell'Uomo, munita di poteri sanzionatori. Ma, in tutti i casi, anche qui riemerge la natura *confederale* dell'attuale organizzazione internazionale regionale (inclusa quella comunitaria) e universale, come risulta dal fatto che la giurisdizione della Corte Europea è soggetta all'accettazione da parte degli stati membri.

36. In effetti, la proposta costituzione di un Tribunale permanente delle N.U. per i crimini contro l'umanità si scontra con difficoltà che sono appunto quelle derivanti dalla natura confederale dell'organizzazione. Di solito, si tende a trascurare questa circostanza: le N.U. sono una *confederazione*, e non già una *federazione*, mentre un tribunale permanente o, a rigor di logica, anche soltanto *ad hoc*, postulerebbe appunto la seconda. Anche qui, ritorna la lezione del federalismo americano; il Tribunale presuppone una federazione mondiale con organi legislativi, esecutivi e giudiziari propri. Tutto

questo non esiste nell'attuale organizzazione delle N.U.; del resto, coerentemente, lo statuto della Corte Internazionale di Giustizia — organo di giustizia dell'organizzazione — condiziona l'efficacia delle sue decisioni all'accettazione della giurisdizione del Tribunale da parte degli Stati membri. Se non bastasse, si pensi al Consiglio di Sicurezza con il potere di veto dei membri permanenti, per intendere le ragioni dell'*impasse* in cui versa l'organizzazione e l'ordine internazionale attuale. Di conseguenza, a parte la buona volontà degli Stati, la Dichiarazione Universale dei Diritti dell'Uomo delle N.U. resta giuridicamente inapplicabile al di fuori di una struttura federalistica dell'organizzazione (DELEGA DEI POTERI ALLO STATO FEDERALE NEGLI S.U.; SOVRANITÀ; TRIBUNALE INTERNAZIONALE PERMANENTE PER I CRIMINI CONTRO L'UMANITÀ).

37. Comunque, intesa in senso stretto, la tutela giurisdizionale dei diritti, nei sistemi a costituzione rigida (e con una corte costituzionale) che riconoscano determinati diritti, appunto per questo definiti costituzionali, spetta al giudice stabilire se la legge XY ignori o violi uno (o più) di essi dichiarandola eventualmente incostituzionale. La breve trattazione di un così vasto argomento vuole anzitutto, ma non soltanto, distinguere tra il folklore garantistico dei più o meno elevati riconoscimenti testuali e le strettoie della loro concreta attuazione. Segnalando che spesso al riconoscimento testuale può corrispondere nei fatti il loro più plateale diniego. È questo un motivo ricorrente, la trama di queste brevi note; ecco la lezione inglese per cui *diritti* e *loro concreto esercizio* e quindi *tutela dei diritti* sono spesso difficili da districare. Tener presente questo raccordo significa risparmiarsi delle illusioni, capire che non basta proclamare un diritto perché esso sia per ciò stesso esercitabile: che, per molti versi, in una società industriale di massa deve badarsi più alla creazione di un *reticolo* di « piccoli » diritti concretamente esercitabili grazie ad una macchina politico-amministrativa-giudiziaria efficiente che a « grandissimi » diritti che, non suscettibili di concreta attuazione, si riducono a retoriche declamazioni. Da un pò di tempo la nostra Corte Costituzionale si richiama, specie con la presidenza Casavola, al *principio di ragionevolezza*: un fatto rivoluzionario, o meglio una *ribellione*, di cui si può apprezzare la portata se si considera che il baraccone di 150 mila leggi che ci governa ha dato luogo alla più blindata, iniqua e irragionevole *status society* mai esistita in un paese dell'Occidente industriale. Che si tratti o meno di moduli angloamericani, poco importa. Comunque, complimenti e felicitazioni per il neonato: perché non v'ha dubbio che nel nostro paese vi sia un disperato bisogno di ragionevolezza nel diritto (e non solo in quello). Ma la ragionevolezza — e forse si potrebbe anche dire *aequitas* — non ha mai giocato nel nostro diritto (a non parlare di altro) il ruolo che storicamente svolge nella tradizione di *common law*. In effetti, le leggi nostrane appaiono troppo spesso irragionevoli, capricciose, arbitrarie e inique (quando non anche sfacciatamente criminogene): sembra lecito dubitare che un giudice inglese o nordamericano sarebbe disposto a sanzionarne l'applicazione di molte di esse. Saverio Vertone in un agile *pamphlet* [1992] ha commentato con grande *sense of humour* talune « grandi riforme », adottate virtualmente all'unanimità, talmente bislacche da far passare il nostro parlamento per un mix di autentici imbecilli e/o delinquenti: si segnala a questo spiritoso osservatore, tra le ultime perle, il progetto di istituire *collegi elettorali all'estero*. Si pensi a quella che sarà la drammatica *emergenza nazionale* derivante dalla caotica e incontrollata *immigrazione* di *extracomunitari* nel nostro paese. La gravità del problema nostrano partecipa solo in parte della sindrome che tocca tutti i paesi dell'Occidente. Vi è una drammaticità *aggiunta* che minaccia di precipitare il paese in una guerra civile permanente per il fatto che già ora, sul piano dell'identità nazionale, organizzativo e dell'efficienza, esso stesso, appare per troppi versi, un paese del Terzo Mondo, enormemente meno preparato degli altri — soprattutto per l'assenza di una forte società civile e di uno stato degno di questo nome — ad assorbire l'impatto di una massiccia immigrazione che non provochi dilanianti stravolgimenti. A parte la diversa natura delle *attaches* culturali che legano i paesi ex coloniali alla madrepatria (i maggiori intellettuali dei paesi del Terzo Mondo — taluni di essi di statura internazionale — sono poeti e scrittori e intellettuali di lingua inglese, francese, spagnola o portoghese), nessun tema è stato, come questo, trattato con tanta sciatteria e retorica come da noi. La posizione dei liberisti nostrani — cui non è estraneo il disegno di utilizzare le masse

di disperati a mo' di ariete per abbattere l'odiato Occidente, che immagina per il nostro paese una condizione di meticciato multietnico — esprime da sempre il rifiuto di fare *i conti della serva*. E anche, al di là dei discorsi appassionati, una assoluta strafottenza per le condizioni degli immigrati, di fatto abbandonati al loro penoso destino, e ad un vergognoso sfruttamento delle loro miserie. L'immigrazione extracomunitaria è *ricchezza*, si dice; certo, ma è una ricchezza che porta sventure. Ad ogni modo, vi è diritto e diritto: vi è certamente quello (naturale) di un disperato di cercare di sfamarsi dovunque e con qualsiasi mezzo; ma sostenere, come pure si fa nel nostro paese, che 800 milioni di disgraziati — più per le gravi responsabilità dei propri governi criminali e corrotti che per la politica di sfruttamento delle « demoplutocrazie » dell'Occidente — hanno il *diritto* (positivo) di installarsi in Occidente è una *colossale fandonia*. Alla quale si oppone il diritto positivo degli aborigeni europei alla propria identità, alla propria storia, alla propria diversità: comunque si voglia rigirare la frittata, l'auspicata integrazione degli immigrati non potrà avvenire contro la volontà dei residenti e, quindi, *in dosi omeopatiche*, mediante una *ragionevole* regolamentazione del fenomeno analoga a quella dei paesi di più antica e civile tradizione immigratoria. Solo rimedio per assicurare agli immigrati i loro fondamentali diritti umani. Se mai, si può e si deve sostenere che vi hanno *obblighi cui non corrispondono diritti*, come, ad es., dei paesi dell'Occidente e della comunità internazionale, oltre che di fermare i massacri, di creare le condizioni economiche perché le masse di diseredati trovino un lavoro nel loro luogo di origine. Per queste ragioni la politica dell'Unione Europea in materia di immigrazione annunciata nel giugno 1994 appare la più *ragionevole* (CITTADINANZA; CORRUZIONE; DIRITTO (I) PERSONALE; PROIBIZIONISMO; TERZO MONDO).

L'economia e la tutela dei diritti.

38. L'una e l'altra sono inestricabilmente connesse; si potrà dire di un regime giuridico che, nel complesso, esso esprime il suo *favor* per il creditore o il debitore; ma si tratta di schematizzazioni che attengono piuttosto al folklore di società premoderne che ad una società industriale di massa, in cui il creditore di oggi può essere il debitore di domani, si può e si è debitori e creditori allo stesso tempo (si pensi all'impresa), in cui cioè si impone di stabilire una *balance* tra le due condizioni di creditore e debitore, oltre che per ragioni di giustizia ed equità, soprattutto nell'interesse del sistema economico generale. Da questo punto di vista, il diritto appare più spesso come l'effetto piuttosto che la causa dell'economia: *ad economia perversa o anomala diritti anomali*. E, d'altro canto, un diritto perverso, obiettivo o soggettivo che sia, crea esso stesso un'economia perversa: un circolo vizioso. Comunque, un numero enorme di diritti viene riconosciuto, o comunque riceve una sua concreta attuazione, nella misura in cui essi sono funzionali ad un certo tipo di economia: la tutela del consumatore, la responsabilità del produttore, il fallimento del *consumer-debtor* etc., sono impensabili al di fuori di un certo quadro economico. È quindi la *generale arretratezza del capitalismo nostrano a spiegare la virtuale inesistenza di questi diritti e istituti nel nostro paese; perché essi sono destinati a vita assai grama da noi.*

39. Beninteso, i diversi valori in gioco nella tutela dei diritti tendono, di solito, quasi inevitabilmente, ad attribuire, maggiore importanza a taluni di essi a scapito di altri (es.: la libertà personale rispetto al diritto di credito). E si finisce col perdere il filo che lega gli uni agli altri; e, soprattutto, col trascurare il fatto che la tutela dei diritti *rientra in un sistema complessivo di interdipendenze*. Da noi l'argomento della *tutela del creditore* è trascurato non meno di quanto lo sia quello della *tutela del debitore*; le condizioni della giustizia civile, ormai in coma irreversibile — aggravate, e in buona parte prodotte, da una drammatica carenza assoluta di tutti quei controlli pre-giudiziari (amministrativi e di vario ordine) che nei paesi avanzati (sic!) prevengono l'insorgere del nostro colossale contenzioso — vengono accettate quasi come un *Act of God* imprevedibile e inevitabile. Eppure, si tratta di materia che attiene, oltre che a elementari ragioni di giustizia, all'efficace funzionamento del sistema economico nel suo complesso. Un capitolo a parte meriterebbe il tema dei rapporti tra lo Stato italiano e i suoi creditori/debitori. Che esso, come si è accennato, si comporti sul piano tecnico da autentico malfattore è solo una parte della verità; l'altra è che una *legislazione* che può essere definita tranquillamente *criminogena* vuole che lo Sta-

Tutela dei diritti

to sia l'eterno truffato: basterebbe pensare alla legislazione sui *lavori pubblici*, e alla materia dei *profitti straordinari* per arrivare alla conclusione che il Malfattore con i deboli è anche il Truffato per destinazione ad opera della camorra del Nord e del Sud (APPALTO PUBBLICO; PROFITTI STRAORDINARI; RINEGOZIAZIONE OBBLIGATORIA DEI CONTRATTI DI FORNITURA AGLI ENTI PUBBLICI NEGLI S.U.). Ma, a parte questo assai bizzarro capitolo del sistema giuridico nostrano, resta il fatto che creditore può essere un lavoratore, la vittima di un incidente, il fornitore di un'impresa, un'impresa stessa (di solito creditrice-debitrice, un finanziatore, etc.) e che la mancata tutela del suo diritto, oltre che ledere un diritto individuale, non può consentire un razionale funzionamento dell'economia del paese. La *crisi delle grandi imprese* nei paesi industriali, e i modi per sottrarle al fallimento costituiscono materia di grande importanza sociale e giuridica: essa coinvolge migliaia di persone tra azionisti-risparmiatori, dipendenti, creditori, banche e fornitori. Il caso della AEG in Germania e quello della *Chrysler* negli S.U. costituiscono alcuni tra i più recenti esempi. Negli S.U. la materia è regolata dal *Chapter 11* del *Bankruptcy Code*, designato col termine di *Reorganization*. Con questo termine si intende non già il fallimento (o *liquidation*) del patrimonio dell'impresa in crisi, ma il risanamento delle sue basi finanziarie al fine di consentirne la continuazione dell'attività. In breve, il sistema si fonda su un preventivo esame da parte dei creditori per stabilire se l'impresa sia risanabile. In caso positivo, i creditori elaborano un piano di risanamento (*plan of reorganization*) che viene omologato dal tribunale. Le parti del processo di *reorganization* sono i creditori, il debitore, il tribunale e il *trustee in bankruptcy* (un analogo della figura del curatore, con la quale peraltro non coincide). I creditori sono divisi in categorie diverse, a seconda che si tratti di crediti chirografari o privilegiati. Ogni categoria di creditori è rappresentata da comitati nominati dal tribunale per consentire di rappresentare i vari tipi di crediti. Le *committees* dei creditori sono le effettive promotrici della *reorganization*. Esse provvedono all'esame della procedura e, qualora il debitore non presenti un piano di risanamento entro 120 giorni dal provvedimento del tribunale, ne redigono uno. Il piano può fornire, con opportune garanzie, la copertura finanziaria mediante l'emissione di obbligazioni da parte del debitore. Nel frattempo, il *trustee* è autorizzato all'esercizio provvisorio dell'impresa. Nel caso di accettazione del piano di risanamento da parte dei creditori, esso è sottoposto all'approvazione del tribunale che ha luogo in un'udienza speciale. Una volta approvato, il piano vincola debitore e creditori, incluso quelli che non l'hanno approvato. I limiti di spazio non consentono di approfondire questa importante materia; resta peraltro da rilevare che la caratteristica fondamentale del sistema nordamericano di salvataggio delle imprese consiste nel rimettere l'adozione del piano di risanamento al consenso maggioritario dei creditori che, anche se vedono il loro credito ridotto, sono in grado di conoscere fin dall'inizio la misura del loro sacrificio ed hanno la garanzia dell'autorità giudiziaria nell'approvazione del piano e nel controllo sulla sua esecuzione. In tal modo, il capitale di credito si trasforma in capitale di rischio per i creditori che, con l'accettare il piano di risanamento, fanno credito all'impresa rifinanziandola attraverso la sottoscrizione di nuove azioni o l'acquisto di vecchie. La procedura — a parte il tribunale chiamato ad approvare e controllare l'esecuzione del piano — è privata e non prevede la partecipazione di altri organi pubblici e — si badi — si attua senza l'esborso di danaro pubblico. Nei pochissimi casi in cui è stato concesso un aiuto finanziario in vista delle dimensioni dell'impresa coinvolta, come, ad es., della *Chrysler* o della *Lockheed*, etc., esso si è avuto di volta in volta con una contrastatissima legge del Congresso che non ha comportato esborso di danaro pubblico, ma soltanto una garanzia federale sui mutui bancari ottenuti dall'impresa. Se poi si pensa che negli S.U. *le imprese bancarie sono tutte private* è facile concludere che il salvataggio delle imprese in crisi dipende in buona parte, in definitiva, da queste ultime. Il modello nordamericano non può trovare corrispondenza nel nostro paese, e alcuni autori hanno messo opportunamente in rilievo il contrasto tra la via nordamericana al risanamento delle imprese in crisi e *la via italiana*. Da una parte, un sistema che lascia la decisione sul salvataggio delle imprese ai creditori, con un intervento statale eccezionale, stabilito di volta in volta e sottoposto a regole ferree da applicare prima, durante e dopo l'impegno di danaro pubblico sotto forma di garanzia e secondo le regole del mercato finanziario. Dall'altro, il sistema italiano, contenuto in varie leggi, tra cui si ricorda la n. 95 del 1979 sull'amministrazione straordinaria di grandi imprese in crisi che consente ai partiti di mettere mano su una parte consistente dell'industria privata, ma in cui i creditori, privati di ogni voce di adesione o meno al tentativo di risanamento, sono di fatto espropriati dei loro crediti, immobilizzati per diversi anni senza neanche la corresponsione degli interessi. *Anche in questo caso, l'intervento legislativo italiano sembra perseguire obiettivi in contrasto con l'interesse generale*; in effetti, i due accennati sistemi riflettono diversità astronomiche di concezioni politiche (ESECUZIONE FORZATA DELLA SENTENZA CIVILE; FALLIMENTO: XI). Su un punto sembra che gli studiosi siano d'accordo. Ossia, che il sistema processuale nostrano lascia insoddisfatta una parte fondamentale della tutela dei diritti qual è quella derivante dall'*esecuzione della sentenza civile*; l'inadeguatezza si riscontra sia rispetto agli altri sistemi di *civil law* (si pensi alle *astreintes* francesi), sia a quelli di *common law* (si pensi all'*injunction*) presso i quali ultimi la sentenza costituisce l'unico titolo esecutivo, a differenza di quanto è previsto dall'ordinamento italiano. Questo è uno dei tanti temi sui quali si scatena la frenesia convegnistica dei giuristi. Ma poi cala il silenzio, e con esso arriva quel senso di inutilità e di stanchezza che succede agli alati e scientifici incontri nostrani. E si passa ad altro tema.

La tutela dei diritti e l'Alternative Dispute Resolution.

40. Fin qui si è parlato in prevalenza della tutela *giurisdizionale* dei diritti; ma essa non è la sola tutela concepibile. Al contrario, la *prima sede* della tutela di una buona parte dei diritti individuali in una società industriale di massa è quella *legislativa*. In effetti, già con la tutela dell'interesse generale il legislatore assicura, per molti versi, di per sé, anche, allo stesso tempo, la tutela di numerosi diritti individuali (si pensi alla tutela dell'ambiente). Invece, un *legislatore lobbista*, come può tranquillamente definirsi quello italiano (ossia ben più di quanto lo siano gli altri), che troppo spesso ignora sistematicamente gli interessi generali (cfr., ad es., il c.d. Decreto Berlusconi che attiene in sostanza alla ripartizione di un bene comune quale l'etere; ma gli esempi sono migliaia), che produce una legislazione criminogena (come ad es., la legge 219 del 1981 per la « ricostruzione » delle zone terremotate) finisce con ciò solo per negare il diritto dei singoli. Il *lobbying* degli organi legislativi costituisce un dato intrinseco di una società pluralista. Ma da noi, dove non esiste né una legislazione sulla materia, né la arretrata società civile è in grado di esprimere all'interno o all'esterno della società politica dei *public interest groups* o *non-partisan organizations*, ossia gruppi di pressione portatori di interessi generali, l'attività lobbistica assume un tono sinistro in quanto promotrice degli interessi della camorra del Nord e del Sud presso un parlamento in buona parte esso stesso già ordinato in clientele. E quindi, una volta che il cittadino senza potere sia stato bistrattato dal legislatore, com'è ormai prassi storica, ci vorrebbero dei giudici americani per riequilibrare la bilancia; ma da noi dove sono?

41. Ma, per tornare alla giustizia alternativa, sempre più si pone il problema di creare, al di fuori della giustizia ordinaria, organi flessibili ed adeguati che assicurino in tempi brevi e a costi ragionevoli la tutela dei diritti, e non soltanto nelle controversie di minore entità. Ma, anche soltanto per quanto attiene alle controversie minori, la c.d. *giustizia bagattellare* non ha trovato finora nel nostro paese neanche un sia pur minimo inizio di attuazione. La stessa legge sul giudice di pace, per il fatto stesso di essere stata modificata un numero infinito di volte, al punto che ormai se ne è perso il conto, e di contenere delle stravaganze e follie (si pensi alla clausola, voluta dai magistrati, che prevede il limite massimo di età per la nomina di 71 anni!, e ai requisiti di competenza professionale), non lascia bene sperare. Per contro, a parte l'arbitrato, nel nostro paese di fatto assai poco praticato, basta pensare, al confronto, agli svariati meccanismi di decisione o composizione volontaria delle controversie minori in Gran Bretagna che coinvolgono l'utente e il consumatore, tra cui, ad es., il *Banking Ombudsman*, preposto alla decisione delle controversie tra la banca e i propri clienti. A non parlare dell'*Alternative Dispute Resolution* che negli S.U. ha assunto le dimensioni e il vigore di un autentico movimento di riforma (GIUSTIZIA ALTERNATIVA).

42. In un paese come il nostro, in cui il

potere pubblico assume una dimensione pervasiva nella vita dei cittadini appena minore di quella riscontrata in passato nell'URSS, fondamentale importanza dovrebbero assumere istituzioni e meccanismi che, senza coinvolgere il cittadino in decennali dispute civili o amministrative con la pubblica amministrazione, consentissero una maggiore celerità e ragionevolezza dell'azione amministrativa. È questa, in sintesi, l'idea scandinava dell'*Ombudsman*. Invece, tutto quello che si può dire del *difensore civico* nostrano è che ve ne sono diciassette in altrettante regioni; che la legge del '90 sulle autonomie locali ha esteso alle province e ai comuni la facoltà di nominarne di propri; che egli dura in carica 5 anni e che il suo emolumento è pari all'indennità di un consigliere. Ma non si sa altro. E non stupisce. A non parlare della *public inquiry*, istituto fondamentale di democrazia, che consente la partecipazione e il controllo da parte delle comunità locali delle grandi opere pubbliche.

Conclusione (inutile).

43. Julius Stone [1964, ed. 1968: 28] immagina l'ordinamento come la rete di un pescatore: che lascia passare non pochi pesci; eppure, che nonostante « its gaps, incoherences and inefficiencies », resta una *functioning unity*. In questo senso, l'antologia delle assurdità, incoerenze e iniquità prodotte dal diritto stesso in qualsiasi sistema è virtualmente infinita. Ma non esiste alcun paese, tra le democrazie industriali dell'Occidente in cui questo *mélange* di « gaps, incoherences and inefficiencies » diventa il sistema stesso, in cui l'iniquità forma la ragione ultima del sistema giuridico. In nessun paese dell'Occidente esiste un sistema sanzionatorio per cui, da un lato, in base ad una demenziale formulazione costituzionale (cfr. art. 27 cost.), si estendono all'*ergastolano* in attesa di sentenza definitiva i termini massimi di custodia cautelare e, dall'altro, a un debitore *protestato* per una sola volta si affibbia uno *status* di incapacità che lo accompagna per tutta la vita. Se si pensa che negli S.U. esiste il fallimento del *consumer-debtor* diretto a consentirgli attraverso la *discharge* una nuova vita, si ha un'idea delle abissali differenze di politica legislativa esistenti in materia (FALLIMENTO: VI. 1).

44. Può sembrare assai bizzarro intrattenersi sulla tutela dei diritti nel nostro paese quando nella sola città di Roma la media annuale dei passanti falciati sulle strade raggiunge le 245 (sic!) vittime. Come se quello *di attraversare una strada pubblica non fosse un diritto dell'uomo*, o diritto civile che dir si voglia (ma viene di pensare che si debba trattare di un diritto « affievolito »). Come se in un marasma del genere ci fosse tempo e spazio per altri diritti (come, ad es., quello di ottenere giustizia: l'udienza di prima comparizione delle parti e i rinvii si contano sul filo del 4-5 anni). Sono cose che fanno cascare le braccia e inducono a chiedersi a che servono questi lunghi discorsi. Insomma, quando, come da noi, la rete del pescatore viene concepita — al livello legislativo — per lasciar passare squali e balene e catturare solo i pesci piccoli, quando la legge è legge di bande, e spesso prende addirittura nome dal potente o dal gruppo favorito, non vale sostenere che le « antinomie » pur presenti nel sistema, non ne inficiano l'« armonia ». Se è esatto che *per essere rispettata, la legge deve essere rispettabile*, allora ben poche delle 150 mila leggi esistenti da noi rientrano in questa categoria. In questo senso, sui giuristi italiani — parte fondamentale e supporto tecnico attivo di un sistema di potere pretoriano — incombono responsabilità gravissime. Il proliferare delle leggi e delle decisioni giurisprudenziali, la difficoltà di desumerne un quadro coerente e di accertare la legge appare un dato intrinseco delle società pluraliste e industriali. Ma nel caso nostro il caos delle iniquità legislative e giurisprudenzali, delle storture e illeggibilità, dello scombinamento tra le leggi fa rimpiangere quei difetti della giurisprudenza di cui si lamentava Lodovico Antonio Muratori: la tutela dei diritti dei più deboli diviene impossibile (i più forti di solito si tutelano da sé). E se è finito il tempo delle grandi codificazioni (ma si riscontrano *sfrontate candidature a riformare nientedimeno che il codice del 1942!*), resta, nondimeno, che il giurista si trova di fronte a sfide altrettanto grandi per promuovere un diritto e dei diritti adeguati ad una moderna società pluralista (*infra*, TUTELA DEL CONSUMATORE; TUTELA DELL'INVESTITORE; ABORTO; AUTONOMIA CONTRATTUALE; AUTOTUTELA; AZIONE (I) DI CATEGORIA; AZIONE (I) IN GIUDIZIO; CAUSA (III) DI MODESTA ENTITÀ; COLPEVOLE-INNOCENTE; CONSERVAZIONE DELLA GARANZIA PATRIMONIALE; CONSUMATORE; CONTRADDITTORIO; COSA GIUDICATA; DIFENSORE CIVICO; DIRITTI (II) CIVILI; DIRITTI

(II) COSTITUZIONALI; DIRITTI (II) DELL'UOMO; DIRITTI (II) E DOVERI DEI CITTADINI; DIRITTI (II) POLITICI; DIRITTO (I) AMMINISTRATIVO; DIRITTO (I) COSTITUZIONALE; DIRITTO (I) PUBBLICO-PRIVATO; DIRITTO (II) SOGGETTIVO; ESERCIZIO DEL DIRITTO; ESECUZIONE FORZATA DELLA SENTENZA CIVILE STRANIERA; FONTI DEL DIRITTO; GARANTISMO; GIUDICE DI PACE; GIUSTIZIA ALTERNATIVA; GIUSTIZIA AMMINISTRATIVA; GIUSTIZIA BAGATTELLARE; IMMUNITÀ PARLAMENTARI; INIBITORIA; INTERPRETAZIONE; ORALITÀ, CONCENTRAZIONE E IMMEDIATEZZA; ORDINAMENTO GIUDIZIARIO; PRESUNZIONE DI INNOCENZA; PROTESTO; PUBBLICA AMMINISTRAZIONE; SILENZIO-ASSENSO, SILENZIO-RIFIUTO; STATO DI DIRITTO; *STATUS*; TEMPI DELLA GIUSTIZIA; TITOLO ESECUTIVO; TRAPIANTI GIURIDICI; *UBI REMEDIUM, IBI IUS*; UGUAGLIANZA DI FRONTE ALLA LEGGE; VERITÀ). [vol. I: BRANDEIS BRIEF; CLASS ACTION; CONTEMPT OF COURT; EQUITY: II. 4; FORMS OF ACTION; JUDICIARY; REMEDY; UBI REMEDIUM, IBI IUS]

Bibl.:

Armani, G., *I diritti di cittadinanza*, in Ginsborg (cur.) 1994: 481.

Chiarloni, S., *Ars distinguendi e tecniche di attuazione dei diritti* (1988) 3 RDP 756.

– **dei diritti del concepito.** Protection of unborn child's rights (ABORTO; CONCEPITO).

– **del consumatore.** Consumer protection. Ma il termine indica, più esattamente, la tutela dei *diritti* del consumatore.

1. La materia ha assunto nei paesi di democrazia avanzata — ma specie negli S.U., da cui trae origine — le dimensioni di un imponente *corpus* giuridico che abbraccia tutti gli aspetti di ogni possibile coinvolgimento del consumatore, figura centrale dell'economia dei paesi industrializzati. Si tratti di beni e servizi, di finanziamento all'acquirente-mutuatario, di pubblicità e di informazioni, di normativa antimonopolistica, di assicurazione, di società, etc. *Consumer advocate, consumer credit, Consumer Credit Code, Consumer Protection Act, consumer credit sale, consumer credit transaction, consumer debt, consumer goods, consumer lease, consumer price index, consumer product, Consumer Product Safety Commission, consumer protection laws, consumer report, consumer reporting agencies, consumers' cooperatives.* Ecco alcune delle più note rubriche di una materia ormai vastissima. Ad es., è sotto la rubrica dedicata alla figura del consumatore che, diversamente da quanto accade da noi, ma anche per ragioni di ordine tecnico, nel sistema inglese e nordamericano si rintraccia una buona parte della disciplina della *vendita.*

2. All'interno della ampia figura del consumatore, vi è poi quella del *consumer-debtor*, anch'essa, ovviamente, ignota al nostro sistema. Regole particolari disciplinano il fallimento del *consumer-debtor* negli Stati Uniti e in Gran Bretagna. Si tratta di un aspetto importante di quel fallimento civile del *non-imprenditore* auspicato invano quasi un secolo fa da Cesare Vivante anche nel nostro paese.

3. In questa materia l'*assicurazione* del rischio d'impresa costituisce un aspetto fondamentale dell'attività imprenditoriale di fornitura di beni e servizi; ma, anche qui, siamo quasi all'età ... della pietra.

4. La *consumer protection* pone il problema fondamentale della tutela degli interessi diffusi, realizzata negli S. U. mediante la *class action*, ma di cui in Italia, si avverte solo qualche balbettio legislativo e in sede di giustizia amministrativa.

5. Indubbiamente, le *direttive comunitarie* hanno o, meglio, dovrebbero avere, una importanza fondamentale nel nostro paese: se non fosse che da noi la normativa comunitaria appare storicamente *sabotata* al livello parlamentare (prima linea di resistenza), poi accettata *obtorto collo* ma svuotata di contenuto nella misura massima possibile (seconda linea di resistenza) e, finalmente, nella gran parte dei casi, non applicata da una amministrazione inefficiente e corrotta (terza linea di resistenza). In effetti, il *bassissimo tasso di produttività* dell'economia nazionale e delle sue infrastrutture, ossia, in una parola, del sistema-paese, non consente di adottare — come del resto accade al R.U. in tema di legislazione sociale — gli *standard minimi* comunitari.

6. Resta il fatto che, al confronto, l'insieme del nostro sistema giuridico di leggi, regolamenti, circolari e decisioni giudiziarie, considerato nella sua concreta attuazione, suscita un moto di profondo imbarazzo: potenti *lobbies* di un *capitalismo arretrato* tengono in pugno il parlamento, il sindacato, la pubblica amministrazione e la giustizia e, salvo rare ed encomiabili eccezioni, *una buona parte della scienza giuridica.* Al punto che sul piano giuridico (*rectius*, politico) la materia assume scarsissima o nessuna importanza. Si deve a RaiTre e ad Antonio Lubrano una rubrica divulgativa di taluni aspetti del problema.

7. Non che non vi siano giuristi all'altezza; tutt'altro. Ma non si può negare che nell'insieme la Scienza Giuridica Ufficiale consideri la materia un'« americanata »; scritti eccellenti, che pure vi sono, finiscono sempre per mettere in rilievo lo scarto abissale che, anche qui, separa il nostro paese dagli altri dell'Occidente industriale.

8. Ma questo non sorprende. In effetti, l'argomento appare sostanzialmente estraneo alle radici culturali della scienza giuridica nostrana, fattasi storicamente *intendence* di un capitalismo pubblico e privato che, per la sua intrinseca debolezza, non può sopportare regole: il colossale e abnorme spazio occupato dall'economia nera nel nostro sisteme-paese, è un indice significativo. Anche qui il diritto dei giuristi riflette — oltre a corposi interessi personali — sul piano dei contenuti sociali ed economici, un *background* culturale premoderno, quando non anche — sia consentito — semplicemente contadinesco *tout court*. I finissimi articoli, scritti, saggi, gli storici convegni, conviti, seminari, ritiri e banchetti, tavole rotonde, ogivali, quadrate, e rettangolari tenute sulla materia assomigliano, per qualche verso, ai congressi medici finanziati dall'industria farmaceutica. Si tratta di operazioni promozionali, di *public relations*: che giovano più ai finanziatori e ai protagonisti dello spettacolo che ai consumatori.

9. Senza addentrarsi nella problematica della tutela dell'*investitore* e dell'*utente* (la situazione non è meno grave di quella relativa alla tutela del consumatore), sembra potersi dire che la realtà giuridica effettuale nostrana esclude, o trascura, proprio le figure tipiche della economia moderna (consumatore-investitore-utente). Se, quindi, nell'ambito comunitario il nostro paese fa anche qui la parte del vagone frenato non è solo perché manchino le strutture amministrative e tecniche per assicurare la effettiva applicazione della normativa: per molti versi, come si è accennato, il nostro capitalismo — in non piccola parte fatto di economia nera, o informale che dir si voglia, ossia illegale, sottratta cioè a qualsiasi controllo — non può permettersi il lusso di assumere i costi dell'economia di mercato di cui la tutela del consumatore è parte importante (*supra*, TUTELA DEI DIRITTI; ADULTERAZIONE DI SOSTANZE; AGENZIA TURISTICA; A RISCHIO DEL COMPRATORE; AUTONOMIA CONTRATTUALE; *CAVEAT EMPTOR*; CLAUSOLA DI RIPENSAMENTO; CLIENTE; CONOSCENZA; CONSUMATORE; CONTRATTO DI ADESIONE; CONTRATTO USURARIO; DEBITORE; ECONOMIA DI MERCATO; ESITABILE; FALLIMENTO; FRODE ALIMENTARE; GIUSTIZIA AMMINISTRATIVA; INCASSO; INFORMAZIONE; INQUINAMENTO; INTERESSI SUL CAPITALE; INTERPRETAZIONE; MERCATO; METALLI PREZIOSI; MONOPOLIO; MUTUO AL CONSUMATORE; *OMBUDSMAN*; OPERATORE TURISTICO; PAGAMENTO RATEALE; PUBBLICITÀ; REGOLATORE; RESPONSABILITÀ DEL PRODUTTORE; RICHIAMO DI PRODOTTI DIFETTOSI; SICUREZZA AMBIENTALE; TERMINE; TURISMO; USURA; VENDITA A CREDITO; VENDITA A RATE; VENDITA SENZA GARANZIA; VERITÀ). [vol. I: ANTITRUST ACTS; COMPANY; CONSUMER LAW; CONSUMER PROTECTION; FAIR TRADING; INVESTOR PROTECTION; MONOPOLY; PRODUCT LIABILITY; RESTRICTIVE TRADE PRACTICES; STANDARD CONTRACT; UNSOLICITED GOODS AND SERVICES]

Bibl.:

Alpa, G., *Consumatore* (1987) 1 CeI 313.

– **del contraente più debole.** Protection of the weaker party (*supra*, TUTELA DEI DIRITTI; TUTELA DEL CONSUMATORE; *infra*, TUTELA DELL'INVESTITORE; AUTONOMIA CONTRATTUALE; CONDIZIONI GENERALI DI CONTRATTO; CONSUMATORE; CONTRATTO DI ADESIONE; CONTROPARTE; PARTE). [vol. I: CONSUMER LAW; CONSUMER PROTECTION; CONTRA PROFERENTEM; STANDARD CONTRACT; UNCONSCIONABILITY; UNFAIR CONTRACT TERMS).

– **del creditore.** Creditor protection (*supra*, TUTELA DEI DIRITTI).

– **dell'affidamento.** Protection of reliance, of reasonable expectation; si realizza più spesso, in materia contrattuale, mediante il *promissory estoppel* (AFFIDAMENTO CONTRATTUALE).

– **dell'ambiente.** Protection of the environment (AMBIENTE).

Bibl.:

Cordini, G., *Ambiente (tutela dell') nel diritto delle Comunità europee*, in *Digesto IV Utet, Pen.*, vol. I: 193.

Fois, P., *Ambiente (tutela dell') nel diritto internazionale*, ibid.: 209.

Patti, S., *Ambiente (tutela dell') nel diritto civile*, in *Digesto IV Utet, Civ.*, vol. I: 284.

– **della minoranza azionaria.** Protection of minority shareholders o stockholders (AZIONE SOCIALE (I) DI RESPONSABILITÀ CONTRO GLI AMMINISTRATORI; AZIONISTA DI MINORANZA; OFFERTA PUBBLICA DI ACQUISTO; OPPRESSIONE DEGLI AZIONISTI DI MINORANZA). [vol. I: DERIVATIVE ACTION; OPPRESSION]

– **della riservatezza.** Protection of privacy (DIRITTO (II) ALLA RISERVATEZZA; RISERVATEZZA).

– **delle minoranze.** Protection of minorities (MINORANZA; OSTRUZIONISMO PARLAMENTARE; TOLLERANZA; UGUAGLIANZA). [vol. I: MINORITY]

– **dell'immagine.** (DIRITTO (II) ALL'IMMAGINE)

– **dell'investitore.** Investor protection; è cosa più seria negli S.U. in cui, al livello federale, è contenuta in un imponente *corpus* di leggi che va sotto il nome di *Federal Securities Legislation.* La materia si presenta in diritto internazionale in uno stato di caos: non esiste un regime uniforme internazionale a tutela dell'investitore. *Et pour cause*: molti paesi specie, ma non soltanto, del Terzo Mondo sono oltremodo ospitali con i c.d. *offshore financial centres,* di fatto sottratti a qualsiasi controllo; che non di rado sembrano istituzionalmente preposti a frodare i piccoli investitori (*supra*, TUTELA DELLA MINORANZA AZIONARIA; AZIONE (II) DI SOCIETÀ; BORSA VALORI; INTERDIZIONE DALL'ATTIVITÀ DI AMMINISTRATORE DI SOCIETÀ; INVESTIMENTO: 2; INVESTITORE; OFFERTA PUBBLICA DI ACQUISTO; PICCOLO AZIONISTA; REVISIONE CONTABILE; SOCIETÀ (II) QUALE SOGGETTO COLLETTIVO; VENDITA A DOMICILIO DI AZIONI DI SOCIETÀ). [vol. I: INVESTOR PROTECTION; OFFSHORE]

– **dell'utente.** User protection (UTENTE).

– **del terzo acquirente di buona fede.** Protection of the third party innocent purchaser (BUONA FEDE; PROPRIETÀ APPARENTE; TERZO ACQUIRENTE DI BUONA FEDE A TITOLO ONEROSO).

– **giuridica.** Legal protection (*supra*, TUTELA DEI DIRITTI).

– **giurisdizionale dei diritti in genere.** Judicial protection of rights (*supra*, TUTELA DEI DIRITTI IN GENERE; CONTROLLO GIURISDIZIONALE; GIURISDIZIONE).

Tutore. Non esiste una equivalenza esatta; l'analogo più prossimo è costituito dal *guardian.* Negli S.U. — stato federale — in Louisiana, grosso modo, *enclave* di *civil law*, ai sensi dell'art. 273 del *Civil Code*, si fa luogo alla nomina di un *under-tutor* che agisce per il minore in caso di conflitto di interessi tra il tutore e quest'ultimo (CONFLITTO DI INTERESSI; CURATORE; GUARDIANO; TUTELA). [vol. I: GUARDIAN]

U

Ubicazione. Place, location, situs, site, venue, premises (COMPETENZA TERRITORIALE; LUOGO; POSTO). [vol. I: LOCATION; PLACE; PREMISES; SITUS; VENUE]

Ubi remedium, ibi ius. (AZIONE (I) CIVILE: 1; PROCEDURA; TUTELA DEI DIRITTI)

Ubriachezza in genere. Drunkenness (BEVANDE ALCOLICHE; CAPACITÀ DI INTENDERE E DI VOLERE).

– **abituale.** Habitual drunkenness (ABITUALITÀ; CAPACITÀ; ETILOMETRO; GUIDA PERICOLOSA; REATI DI STATO; RESPONSABILITÀ CIVILE DEL VENDITORE DI BEVANDE ALCOLICHE).

Udienza in genere. Sitting, hearing; l'udienza va distinta dall'*audizione* che, di solito, non attiene ad un processo giurisdizionale. Il termine *hearing* non è riferito soltanto all'udienza davanti ad un giudice delle corti ordinarie: esso attiene anche alle audizioni legislative e amministrative, diffusissime specie negli S.U. Comunque, si osserva che — data la amplissima estensione assunta, specie negli S.U., dalle garanzie costituzionali del *due process* — le regole del *contraddittorio* si applicano sia all'udienza che alle numerosissime forme di audizioni esistenti. Negli S.U. si parla di *preliminary hearing o preliminary examination* in materia penale per indicare l'indagine preliminare che si svolge davanti a un *magistrate.* Una delle conseguenze fondamentali della presenza attuale, o presunta, della giuria nel processo è che non è ammessa la trattazione della causa scaglionata lungo il tempo: la giuria deve essere liberata appena possibile. In principio, la causa deve essere decisa senza soluzioni di continuità un'udienza dopo l'altra fino alla sua conclusione. Il termine *day in court* indica il diritto di essere regolarmente citato in giudizio, di comparirvi, il diritto al contraddittorio e, anche, in ultima analisi, di essere giudicato da un giudice competente e, in materia penale, dal proprio giudice naturale (*infra*, UDIENZA PRELIMINARE; *AUDIENCE;* AUDIZIONE; AULA GIUDIZIARIA; CONTRADDITTORIO; DIBATTIMENTO A PORTE APERTE; *DISCOVERY*; DISCUSSIONE DI UNA CAUSA; FERIE GIUDIZIARIE; GIORNO DI UDIENZA; IN UDIENZA PUBBLICA; OMNIBUS; OPPOSIZIONE; ORALITÀ, CONCENTRAZIONE E IMMEDIATEZZA; PROCEDIMENTO E PROCESSO; RESOCONTO STENOGRAFICO DEL DIBATTIMENTO; RINVIO DELL'UDIENZA; RUOLO DI UDIENZA; SALA DI UDIENZA; SEDUTA; SESSIONE FERIALE; SESSIONE GIUDIZIARIA; STENOGRAFO). [vol. I: CAMERA; DAY IN COURT; SITTING; TRIAL]

– **a porte chiuse.** Hearing, o sitting, in camera, o in chambers. Nell'ordinamento nordamericano, il VI emendamento [1791] della costituzione stabilisce, a favore dell'imputato, tra l'altro, quanto segue: « In all criminal prosecutions, the accused shall enjoy the right to a speedy and public trial, by an impartial jury of the State and district wherein the crime shall have been committed, which district shall have been previously ascertained by law ». Poche parole, che valgono più di intere biblioteche nostrane, sui diritti dell'imputato per attribuire nel 1791 (sic!) a tutti il diritto costituzionale ad un sollecito processo penale, e a un processo pubblico da celebrare davanti *al giudice naturale precostituito per legge*, come si dice da noi (*infra*, UDIENZA IN CAMERA DI CONSIGLIO; CAUSA (III); GIURISDIZIONE VOLONTARIA; PROCESSO PUBBLICO; RIUNIONE A PORTE CHIUSE; TUTELA DEI DIRITTI). [vol. I: CAMERA]

– **di estradizione.** Extradition hearing (ESTRADIZIONE).

– **in camera di consiglio.** Grosso modo, hearing, o deliberation, in camera, o in chambers (*supra*, UDIENZA A PORTE CHIUSE; CAMERA DI CONSIGLIO; GIURISDIZIONE VOLONTARIA). [vol. I: CAMERA; CHAMBERS; CONTENTIOUS BUSINESS; EX PARTE; HEARING IN CAMERA]

– **nel periodo feriale.** Vacation sitting (FERIE GIUDIZIARIE; SESSIONE GIUDIZIARIA; TERMINE). [vol. I: VACATIONS]

– **orale.** Oral hearing (*supra*, UDIENZA IN GENERE).

– **preliminare.** Grosso modo, si parla, più spesso, di *pre-trial examination* nel sistema inglese, e di *pre-trial hearing* in quello nordamericano. Per l'esattezza, è il termine nostrano di udienza preliminare che costituisce, sul piano lessicale, una copia dell'istituto anglo-americano. La *preliminary examination* rientra in quella fase del processo inglese e nordamericano che — in materia civile e penale — è definita *pre-trial.* Udienza preliminare-rinvio a giudizio-*trial* sono tre sequenze fondamentali del processo penale anglo-americano. Peraltro, mentre nel sistema inglese il rinvio a giudizio (cui segue il *trial*) è sempre preceduto dalla *preliminary examination*, negli S.U. — stato federale — il rinvio a giudizio può aver luogo mediante il procedimento alternativo ad opera del *grand jury,* istituto abolito nel sistema inglese, previsto dalla costituzione federale e da numerosi stati dell'Unione. Inoltre, mentre negli S.U. la *coroner's inquest* può sostituire la *preliminary hearing,* nel sistema inglese essa è sempre seguita da una *preliminary examination*; infine, mentre negli S.U. l'imputato può rinunciare alla *preliminary hearing*, nel sistema inglese egli non può rinunziare alla *preliminary examination*. Sia la *preliminary examination* che la *preliminary hearing* non trovano esatta equivalenza nei sistemi di *civil law* (cfr. art. 416 del c.p.p. italiano), come pure la procedura del *pre-trial* in materia civile. Si tratta di un procedimento in cui gioca in pieno il principio del contraddittorio: si fa luogo all'esame e controesame dei testimoni e alla selezione delle prove da produrre al *trial.* Ha luogo senza la partecipazione della giuria (riservata al *trial*), ed ha lo scopo primario di stabilire se sussistano elementi tali da giustificare il rinvio a giudizio dell'imputato. A questo proposito, va tenuto conto delle esigenze della strategia processuale delle parti. Di solito, nessuna delle due parti (accusa-difesa) mette in tavola tutte le prove di cui dispone: di solito l'accusa prospetta solo gli elementi sufficienti a provare la c.d. *strong suspicion* che giustifichi il rinvio a giudizio. Quanto all'imputato, opera a suo favore il principio di presunzione di innocenza per cui spetta all'accusa fornire la prova dei requisiti per il rinvio a giudizio. L'imputato si può limitare a contestare in radice l'assenza dei requisiti, riservandosi di fare ricorso alle prove a sue disposizione qualora venga rinviata a giudizio (*supra*, UDIENZA IN GENERE; *DISCOVERY*; GIURIA; IMPUTAZIONE; PROCEDIMENTO E PROCESSO; PROCEDURA: 5, 6, 8, 11; PROCESSO; RICHIESTA DI RINVIO A GIUDIZIO; RINVIO A GIUDIZIO; SOPPRESSIONE DELLA PROVA). [vol. I: PRELIMINARY EXAMINATION; PRE-TRIAL; PRE-TRIAL HEARING]

Bibl.:

Karlen 1967: 143.
Lafave and Israel 1985, ed. 1992: 24.

– **tenuta da un giudice unico.** Single justice sitting (GIUDICE MONOCRATICO).

Uditore giudiziario. Non esiste questa figura né nell'ordinamento giudiziario inglese, né in quello nordamericano, in cui il reclutamento dei giudici è *non burocratico*, diversamente da quello dei paesi di *civil law.* E per fortuna: il sistema di reclutamento dei giudici sia nell'uno che nell'altro ordinamento impedisce che l'onore e gli interessi dei cittadini finiscano nelle mani inesperte di *ragazzini impreparati* come accade troppo spesso da noi. Il termine *junior judge* indica un grado inferiore, ma non il nostro uditore giudiziario che, tutt'al più, grosso modo, potrebbe essere tradotto con apprentice judge, judicial auditor (GIUDICE; MAGISTRATO; ORDINAMENTO GIUDIZIARIO; RECLUTAMENTO DEI GIUDICI).

Ufficiale in genere. Official, officer, on the record (BOLLETTINO UFFICIALE; PRIMO UFFICIALE; PUBBLICO UFFICIALE; RESISTENZA A PUBBLICO UFFICIALE; UFFICIOSO). [vol. I: OFFICER; OFFICIAL]

– **di nomina regia** o **statale, munito di brevetto.** Commissioned officer (COMMISSIONE; COSCRIZIONE MILITARE OBBLIGATORIA; RECLUTAMENTO).

– **di polizia.** (FUNZIONARIO DI POLIZIA)

– **di porto.** Non esiste un equivalente esatto; grosso modo, si potrebbe tradurre con port authority officer, officer of the Coast Guard (GUARDIACOSTE; PORTO). [vol. I: HARBOUR AUTHORITY; HARBOUR MASTER; TRINITY HOUSE]

– **di stato civile.** Non esiste una figura corrispondente; ma sembra che l'analogo che più vi si approssima è quello del registrar general of births, deaths and marriages (ATTI DELLO STATO CIVILE; STATO CIVILE).

Bibl.:

Amos and Walton 1935, ed. 1967: 37.

– **giudiziario.** Non vi è un equivalente esatto, lo sheriff, il bailiff e il marshall svolgono, a seconda dei casi, per taluni versi, una funzione analoga. Peraltro, la materia delle notifiche è regolata in modo molto diverso nel sistema inglese e nordamericano: di solito, la notifica è effettuata direttamente dalla parte. *Process server* indica, grosso modo, l'ufficiale giudiziario o il notificatore in genere (APPOSIZIONE DEI SIGILLI; AUSILIARI DELLA GIUSTIZIA; NOTIFICA). [vol. I: BAILIFF; MARSHALL; SERVICE OF PROCESS; SHERIFF]

– **sanitario in genere.** Medical examiner, health official (MORTE; SANITÀ).

– **subalterno.** Junior officer (DIPENDENTE; UDITORE GIUDIZIARIO).

Ufficio in genere. Office, bureau; il termine office indica anche una carica o una funzione, elettiva o meno. *Be (to) voted out of office* significa non essere riletto a una carica (ABUSO DI UFFICIO; ATTO DI UFFICIO; CARICA; COMPITO; DESTITUZIONE DA UN UFFICIO o INCARICO; DIFENSORE DI UFFICIO; DI UFFICIO; DOVERE DI UFFICIO; ELEZIONE; FUNZIONE; IMPIEGO; INCARICO; MISSIONE; PERMANENZA IN UNA CARICA; POSTO; PROCEDIMENTO D'UFFICIO; REATO DI AZIONE PUBBLICA; REGOLATORE; REINTEGRAZIONE IN UN UFFICIO o INCARICO; RIMOZIONE DA UN UFFICIO o INCARICO; TITOLARE DI UN UFFICIO; UFFICIALE). [vol. I: AMOTION; BUREAU; CIVIL SERVICE; COURT; EMPLOYMENT; OFFICE; PUBLIC OFFICER]

– **approvvigionamenti in genere.** Procurement office (APPROVVIGIONAMENTO; COMMISSARIATO; FORNITURA).

– **brevetti in genere.** Patent office (BREVETTO).

– **consolare in genere.** Consular office (CONSOLATO; LEGALIZZAZIONE CONSOLARE).

– **del giudice.** (GABINETTO DEL GIUDICE)

– **delle imposte in genere.** Inland revenue office, internal revenue officie, tax office (IMPOSTA).

– **del registro in genere.** Grosso modo, registry office, tax office; ma non esiste un equivalente esatto dello spesso famigerato ufficio nostrano (DATA CERTA; REGISTRO).

– **di avvocato.** (STUDIO DI AVVOCATO)

– **di cambio.** Exchange office (CAMBIO).

– **di collocamento.** Labour office, employment bureau; ma non esistono in senso stretto uffici di collocamento retti da un regime analogo a quello italiano (AGENZIA DI COLLOCAMENTO; LAVORO). [vol. I: EMPLOYMENT AGENCIES]

– **distaccato in genere.** Field office (QUARTIER GENERALE; SEDE CENTRALE).

– **doganale.** Customs office, customs house (DOGANA).

– **esazioni.** Collection department (ESAZIONE).

– **legale.** Legal department, legal office (PROFESSIONE FORENSE; STUDIO LEGALE).

– **postale.** Post office (RICEVITORE POSTALE).

– **pubblico.** Public office (FUNZIONE PUBBLICA, PRIVATA; INTERDIZIONE DAI PUBBLICI UFFICI; NOMINA A UNA CARICA PUBBLICA).

– **pubblico in genere.** Public position, governmental department, administrative branch, administrative unit, bureau, office, agency. Ma si noti l'ambiguità del termine office: *public office* indica la *funzione pubblica* e non già l'ufficio inteso come organizzazione. La caratteristica principale della funzione pubblica è l'esercizio di una parte della sovranità, ossia del potere pubblico (*exercise of some portion of sovereign functions of government*). Il *public official* deriva la sua veste dall'esercizio di una funzione pubblica (*public office*); non tutti i dipendenti pubblici (*persons in public employment*) sono anche dei *public officials* (DIPENDENTE PUBBLICO; FUNZIONE PUBBLICA; SOVRANITÀ).

– **reclami.** Complaint department, complaint office (OMBUDSMAN; RECLAMO; TUTELA DEI DIRITTI).

– **stranieri.** Immigration office; da non tradurre con Foreign Office, che è ben altra cosa. [vol. I: FOREIGN AND COMMONWEALTH OFFICE; IMMIGRATION]

Ufficioso. Unofficial, informal, off the record (DICHIARAZIONE INFORMALE; UFFICIALE). [vol. I: OFF THE RECORD]

Uguaglianza in genere. Equality. È sotto la rubrica *Equal Protection* — che riprende l'espressione *equal protection of the laws* del XIV emendamento [1868] della costituzione federale — che nei testi di diritto costituzionale americano si rinviene la materia dell'uguaglianza dei cittadini di fronte alla legge (AMNISTIA; CERTEZZA DEL DIRITTO; DIRITTI (II) COSTITUZIONALI; DIRITTI (II) DELL'UOMO; DISCRIMINAZIONE; DISUGUAGLIANZA; PARITÀ; PRINCIPIO GENERALE DI UGUAGLIANZA; RECIPROCITÀ; TOLLERANZA; TUTELA DEI DIRITTI; UGUALI OPPORTUNITÀ).

Bibl.:
Oppenheim, F. E., *Uguaglianza*, in *Dizionario di Politica* 1976, ed. 1983: 1212.

– **degli Stati.** Equality of States; si parla anche di equal sovereignty of States. Com'è stato osservato, l'assenza di una struttura istituzionale nella società internazionale ha accentuato la posizione di uguaglianza nelle relazioni internazionali. Ma si noti che nell'organizzazione delle Comunità Europee la partecipazione dei paesi membri nelle istituzioni comunitarie e il loro voto tiene conto, invece, tra l'altro, della loro popolazione (CONFEDERAZIONE; FEDERALISMO; SOVRANITÀ; STATO; UNIONE EUROPEA; VOTO PONDERATO).

– **di diritti in genere.** Equality of rights (*supra*, UGUAGLIANZA IN GENERE; DIRITTO (II); DISCRIMINAZIONE).

– **di fronte alla legge in genere.** Equality before the law. Negli S.U. — stato federale — è detto *equal protection clause* il principio contenuto nel XIV emendamento [1868] della costituzione federale (s. 1) che fa obbligo agli stati dell'Unione di applicare ugualmente la legge a chiunque si trovi sul proprio territorio (*supra*, UGUAGLIANZA IN GENERE; AMNISTIA; CERTEZZA DEL DIRITTO; DISCRIMINAZIONE; GARANTISMO; GARANZIA COSTITUZIONALE; PROTEZIONE; STATO DI DIRITTO; TUTELA DEI DIRITTI; TUTELA DELLE MINORANZE). [vol. I: EQUAL PROTECTION CLAUSE; RULE OF LAW]

– **di opportunità in genere.** Equal opportunity: è detto *equal opportunity employer* il datore di lavoro che non operi discriminazioni razziali, sessuali o di altro genere. Ad es., in Gran Bretagna tutti gli enti pubblici e privati recano invariabilmente nei bandi di concorso la dicitura: ... XY « is an equal opportunity employer » (DISCRIMINAZIONE; LAVORO; TUTELA DEI DIRITTI).

– **di trattamento.** Equal treatment, equality of treatment (*supra*, UGUAGLIANZA DI OPPORTUNITÀ; TRATTAMENTO).

– **sessuale.** Sex equality (*supra*, UGUAGLIANZA DI TRATTAMENTO; DISCRIMINAZIONE SESSUALE).

Uguali opportunità. Equal opportunities (ATTO UNICO EUROPEO; DISUGUAGLIANZA; UGUAGLIANZA DI OPPORTUNITÀ).

Ultima istanza in genere. Last resort o last instance. Ma questi termini non devono ingannare; in effetti, assai diverso è il sistema delle impugnazioni nei paesi di *common law* (APPELLO; DOPPIO GRADO DI GIURISDIZIONE; IMPUGNAZIONE; ISTANZA). [vol. I: APPEAL; COURT]

Ultimatum. Ultimatum; questo termine ricorre più spesso in diritto internazionale di guerra. Talvolta l'ultimatum può essere accompagnato da una dichiarazione di guerra condizionata. Ma ora sembra comunemente accettato che la dichiarazione di guerra sia puramente facoltativa e che la guerra possa essere iniziata anche senza preventiva dichiarazione (DICHIARAZIONE DI GUERRA). [vol. I: *ad vocem*; PACIFIC BLOCKADE; REPRISALS; RETORSION; WAR]

Ultimo avviso. Final notice (AVVISO; ULTIMATUM).

Ultra petitum. Lett., beyond, o in excess of, what is applied for (PRINCIPIO DISPOSITIVO).

Ultra vires. (ECCESSO DI POTERE; SOCIETÀ (II) QUALE SOGGETTO COLLETTIVO: VII. 5)

Umanesimo giuridico. Legal humanism (CIVILTÀ GIURIDICA; INTERPRETAZIONE; TRADIZIONE GIURIDICA).

Unanimità. Unanimity. Le deliberazioni della *House of Commons* sono definite *Nem. con.* (*nemine contradicente*) quando sono prese all'unanimità. In generale, quando un gruppo stabilisce che talune decisioni devono essere prese all'unanimità, il *dissenso* di *ognuno* dei partecipanti al voto si traduce in effetti in un *potere di veto* (DELIBERAZIONE PRESA ALL'UNANIMITÀ; DISSENSO; MAGGIORANZA; MINORANZA; *QUORUM*; VETO; VOTO PONDERATO). [vol. I: ELECTION; JURY; NEM. CON.; QUORUM; RESOLUTION]

Undue hardship. (ECCESSIVA DIFFICOLTÀ NELL'ADEMPIMENTO DEL CONTRATTO; *HARDSHIP CLAUSE*)

Unico azionista. (AZIONISTA UNICO)

Unificazione in genere. Unification.

– **del diritto.** Unification of law; questo termine è riferito sia all'unificazione interna, nell'ambito di un singolo ordinamento, sia all'unificazione del diritto internazionale detta, quest'ultima, unification of international law, approximation o harmonization of legal systems (CONCETTI GIURIDICI; DIRITTO (I) COMUNITARIO; DIRITTO (I) UNIFORME; LEGGE MODELLO; PRINCÌPI GENERALI DI DIRITTO; RAVVICINAMENTO DELLE LEGISLAZIONI DEI PAESI MEMBRI DELLA COMUNITÀ ECONOMICA EUROPEA; UNIFORMITÀ DELLA LEGGE). [vol. I: COMMON CORE OF LEGAL SYSTEMS; IUS COMMUNE;

MODEL ACT; UNIFICATION OF LAW; UNIFORM COMMERCIAL CODE; YORK-ANTWERP RULES]

– **del diritto internazionale privato.** Lett., unification of private international law. Notissima è la Conferenza dell'Aia (in inglese *Hague Conference*) alla quale si devono numerose convenzioni internazionali sulla materia. È costituita da un *Bureau* permanente e da un segretariato (CONFLITTO DI LEGGI; DIRITTO (I) INTERNAZIONALE PRIVATO).

– **del diritto privato.** Lett., unification of private law. Notissimo e benemerito è l'*Institut international pour l'unification du droit privé*, o *Unidroit*. Esso ha al suo attivo la preparazione di numerosi progetti di convenzioni internazionali e leggi modello (DIRITTO (I) PRIVATO). [vol. I: INSTITUT INTERNATIONAL POUR L'UNIFICATION DU DROIT PRIVÉ]

Uniformità della legge. Uniformity of law (LEGGE MODELLO; UNIFICAZIONE DEL DIRITTO).

Unilaterale. One sided, unilateral. Quando il termine *one sided* è riferito al contratto, esso indica lo standard contract (BILATERALE; CONTRATTO BILATERALE-UNILATERALE; CONTRATTO DI ADESIONE; MULTILATERALE).

Unimodale. Unimodal; termine riferito più spesso al trasporto (MODO DI TRASPORTO; MULTIMODALE; TRASPORTO MULTIMODALE). [vol. I: MULTIMODAL TRANSPORT]

Unione in genere. Union; ma si noti che il termine union indica spesso anche il sindacato. È con il termine *Union* che viene definita la federazione degli Stati Uniti d'America: nella guerra civile di secessione i *confederate states* si opponevano alla *Union*, ossia allo stato federale. Il preambolo alla costituzione degli S.U. parla di *a more perfect Union* rappresentata dalla nuova costituzione, che segna il passaggio dalla confederazione alla federazione, e quindi la vittoria dei federalisti sui repubblicani. Negli S.U l'espressione *the Union* evoca spesso un altissimo sentimento patriottico (*et pour cause!*). Non così nell'ambito delle istituzioni comunitarie, del parlamento europeo e del movimento per l'Europa Unita — in cui, non senza qualche civetteria mista a *wishful thinking*, specie dopo l'adozione del trattato sull'Unione Europea del 7 febbraio 1992 — si parla di *cittadini dell'Unione*; ma si tratta, in buon sostanza, di cittadini di una *confederazione*. In questo senso, l'adozione della simbologia e dei termini della grande *Union* nordamericana deve essere presa soltanto come un fatto propiziatorio in una Europa divisa anche sui formaggi. Comunque, è chiaro l'inevitabile omaggio agli Stati Uniti d'America, la prima, la più grande, la più compiuta, la più potente federazione democratica (sic!) del pianeta (*infra*, UNIONE EUROPEA; CONFEDERAZIONE; FEDERALISMO; FEDERAZIONE; GUERRA CIVILE; MESSAGGIO SULLO STATO DELL'UNIONE; SECESSIONE; SINDACATO; SOVRANITÀ; STATI CONFEDERATI DELL'AMERICA DEL NORD; STATO DELL'UNIONE; UNITÀ). [vol. I: TRADE UNION; UNION, ACTS OF; UNION JACK]

– **di cose.** (CONFUSIONE DI COSE)

– **doganale.** Customs union (*supra*, UNIONE IN GENERE; COMUNITÀ ECONOMICA EUROPEA; DOGANA).

– **economica.** Economic union (*supra*, UNIONE IN GENERE; COMUNITÀ EUROPEE).

– **Europea.** European Union; dopo il trattato di Maastricht non si parla più di Comunità Europee, ma di Unione Europea: ad es., la Corte di Giustizia delle Comunità è ora la Corte di Giustizia dell'Unione Europea. Se poi l'Unione sia una confederazione o una federazione è troppo presto per dirlo: non è certo ora una federazione, ma un raggruppamento di stati di cui appare difficile individuare la natura. Ma sembrerebbe che con l'allargamento dell'Unione ad altri stati, si faccia sempre più flebile la speranza che essa possa divenire una federazione. Non si tratta quindi di una Unione come la federazione nordamericana, ma soltanto di un termine beneaugurante. I riferimenti alle istituzioni comunitarie e al diritto comunitario di questo volume vanno letti come riferimento all'Unione Europea (*supra*, UNIONE IN GENERE; DIRITTO (I) COMUNITARIO; FEDERALISMO; PARLAMENTO EUROPEO).

– **Europea Occidentale.** Western European Union o WEU (*supra*, UNIONE IN GENERE; COMUNITÀ ECONOMICA EUROPEA).

– **Monetaria Europea.** European Monetary Union o EMU (MONETA; UNITÀ DI CONTO).

– **personale.** Personal union (STATO).

– **tariffaria.** Tariff union (TARIFFA).

Unità in genere. Unit (UNIONE). [vol. I: *ad vocem*]

– **di conto.** Unit of account, money of account. Ispirato dalla crisi monetaria europea, Vittorio Zucconi ha scritto un interessante articolo sulla storia del dollaro come moneta unica degli stati dell'Unione [*Così negli Stati Uniti nacque la moneta unica*, in *la Repubblica*, 25 settembre 1992]. Le analogie sono non poche con l'attuale situazione europea e i trattati che prevedono la creazione di una moneta unica, e quindi di una specie di Banca Federale, di cui la *Federal Reserve Bank* potrebbe costituire il modello; come, del resto, per tanti altri versi. Il dollaro fu proclamato ufficialmente moneta americana dal grande Alexander Hamilton nel 1772. Ma, per quanto la costituzione facesse divieti agli stati membri di battere moneta, di fatto, questo avveniva nella gran parte di essi. Solo dopo la creazione della ormai celebre *Fed*, ossia di una banca centrale, il dollaro divenne moneta unica nazionale. Ma la storia della moneta unica negli S.U. ha una origine più antica. Già nel 1641 i banchieri centrali di Boston dichiaravano il *wampum*, un tipo di conchiglia bianca o nera, unità di conto stabilendo un rapporto di cambio fisso col dollaro (ATTO UNICO EUROPEO; CAMBIO; COMUNITÀ EUROPEE; DIRITTI (II) SPECIALI DI PRELIEVO; ECU; EURO-DIVISA; INFLAZIONE; MONETA; PAGAMENTO; VALUTA DI RIFERIMENTO). [vol. I: *ad vocem*; SPECIAL DRAWING RIGHT]

– **di conto europea.** European currency unit o ECU; costituita da un paniere di valute CEE (*supra*, UNITÀ DI CONTO; UNIONE MONETARIA EUROPEA).

– **di costo.** Cost unit (COSTO).

– **di misura.** Lett., unit of measurement (MISURA).

– **immobiliare urbana.** (PARTICELLA CATASTALE)

– **monetaria.** Monetary unit (*supra*, UNITÀ DI CONTO).

– **monetaria europea.** European currency unit o ECU.

– **valutaria europea.** European currency unit (ECU; EURO-ASSEGNO).

Universitas. La *common law* non accoglie questa figura romanistica; ma è da rilevare che con il *trust* si realizza quel patrimonio separato che non è ammesso nella *civil law*. Di solito, gli autori di *common law* impiegano i termini *universitas* o *universalité* (EREDITÀ; MASSA EREDITARIA; PATRIMONIO SEPARATO; SUCCESSIONE). [vol. I: ASSETS; TRUST]

Bibl.:
Amos and Walton 1935, ed. 1967: 88.
Buckland and McNair 1936, ed. 1967: XV, 322.

Uomo in genere. Man (DIRITTI (II) DELL'UOMO; TIZIO, CAIO E SEMPRONIO).

– **d'affari.** Businessman (AFFARE).

– **di paglia.** (TESTA DI LEGNO)

– **medio.** Reasonable man, man on the Clapham omnibus; la figura del reasonable man assume notevole importanza nei sistemi di *common law*, specie in tema di illecito extracontrattuale (*negligence*), in cui forma il parametro di comportamento; peraltro non già, come nella *civil law*, di diligenza media, ma del tipo di diligenza richiesta di volta in volta nei casi in cui detto obbligo sussiste (*infra*, UOMO PRUDENTE; BUON PADRE DI FAMIGLIA; DILIGENZA; FINZIONE GIURIDICA; ORDINARIA PRUDENZA NEGLI AFFARI; PRUDENZA; RAGIONE; RAGIONEVOLEZZA; RESPONSABILITÀ EXTRACONTRATTUALE). [vol. I: CARE; CLAPHAM OMNIBUS, MAN ON THE; JOHN DOE; NEGLIGENCE: 2; REASONABLE MAN]

– **prudente.** È detta prudent man rule, la regola cui si attiene l'uomo prudente (*supra*, UOMO MEDIO).

– **pubblico.** (FIGURA PUBBLICA)

Urgenza. Urgency (EMERGENZA; NECESSITÀ; PRECAUZIONE; PROCEDIMENTI CAUTELARI; PROVVEDIMENTI CAUTELARI; RAGIONEVOLE SPEDITEZZA). [vol. I: INTERIM INJUNCTION; INTERIM ORDER; INTERLOCUTORY]

Urna elettorale. Ballot box (AFFLUENZA ALLE URNE; ELEZIONI POLITICHE; SISTEMA ELETTORALE). [vol. I: ELECTORAL SYSTEM]

Urto in genere. Collision, crash (COLLISIONE; INCIDENTE; RESPONSABILITÀ DA URTO DI NAVE; SCONTRO AUTOMOBILISTICO).

– **di nave contro bassofondo.** (ARENAMENTO DI NAVE; SALVATAGGIO MARITTIMO)

– **di navi in mare.** Collision of ships, collision at sea (NAVE; RESPONSABILITÀ DA URTO DI NAVI; ROTTA DI COLLISIONE; SALVATAGGIO MARITTIMO). [vol. I: BOTH TO BLAME COLLISION CLAUSE; COLLISION OF SHIPS; INNOCENT SHIP; INSURANCE: I., 1; II. 1 e 5; RUNNING DOWN CLAUSE; SALVAGE; SISTER SHIP]

– **tra veicoli.** (INCIDENTE AUTOMOBILISTICO)

Usanza commerciale. (USO DI COMMERCIO)

Uscente in genere. Outgoing; ad es., presidente uscente è detto *outgoing President* (ELEZIONE DEL PRESIDENTE DEGLI S.U.; *EX*).

Usciere giudiziario in genere. Grosso modo, court official, usher; ma non vi è equivalenza esatta (AUSILIARI DELLA GIUSTIZIA; CANCELLIERE; UFFICIALE GIUDIZIARIO). [vol. I: COURT OFFICIALS]

Uscita. Expenditure (COSTO; ENTRATA; SPESA).

Uso in genere. Usage; da non confondere con *use*, termine che più spesso assume un significato particolare nei sistemi di *common law* in quanto precedente storico del *trust*. Lo usage corrisponde all'uso di fatto; si distingue dal *custom*, ossia dalla consuetudine: a differenza di quest'ultima, esso deve essere provato da chi lo invoca. Ma il termine usage indica più spesso l'uso commerciale o quello di un particolare mestiere o attività: forma automaticamente parte del contratto, salvo che non sia espressamente escluso dalle parti. Lo usage in vigore in un luogo può variare da quello praticato altrove; quando è *general*, prevale al punto che si presume che una parte contraente ne debba essere a conoscenza. In tal caso, quest'ultima ne sarà obbligata, a condizione che sia nota in quel posto la sua esistenza. Gli usi (*usages*), sono anch'essi generali o locali e, ancora, propri ad un commercio, professione, a certi rapporti contrattuali; possono essere derogati dalle parti. Sono detti *conventional usages* gli usi di commercio. È stato opportunamente osservato che il *commercial custom*, ossia la consuetudine commerciale, va distinta dall'*usance*, che non è ancora tale e costituisce un uso commerciale che, a differenza del *custom*, per vincolare le parti, presuppone la sua accettazione espressa. Chi invoca il *custom* o l'*usage* deve darne la prova, a meno che non sia notorio; allo scopo di risparmiare alle parti tale onere, il giudice ne prende *judicial notice* che, peraltro, ha effetto solo ai fini della prova del caso in questione. Diversa è l'ipotesi in cui la decisione conferma una regola consuetudinaria incorporandola nella *common law*. Ma si tratta di materia non agevole (ABUSO; CONSUETUDINE; DEDUZIONE D'USO; DIRITTO (II) DI USO; DISUSO; IDONEITÀ ALL'USO; PRASSI; PRATICA; PREUSO DEL MARCHIO DI FABBRICA; VALORE D'USO). [vol. I: CUSTOM; CUSTOMS (I) OF MERCHANTS; USAGE; USANCE; USE]

Bibl.:

Schlesinger 1950, ed. 1988: 620.

– **civico.** Common; il diritto relativo è detto *right of common*. Praticamente scomparsi nel nostro paese grazie all'assalto della speculazione edilizia consentita da amministrazioni locali corrotte, gli usi civici mantengono ancora oggi una grande importanza nelle comunità locali inglesi; queste ultime trovano spesso nel giudice il difensore dei loro diritti. Negli S.U. si parla ora più spesso di *parks* (SERVITÙ). [vol. I: COMMON, RIGHT OF; EASEMENT; PROFITS À PRENDRE]

– **del marchio.** (PREUSO DEL MARCHIO DI FABBRICA)

– **di commercio.** Trade usage, usage of trade; ma si parla anche di custom of trade o trade practice. Ai sensi dell'Art. 1-205 (2) dell'UCC, si intende per uso di commercio (*usage of trade*) una prassi o un comportamento osservati così regolarmente in un luogo da una professione o da un ramo del commerio che ci si può aspettare che essi siano osservati nella transazione in questione. Ma, com'è stato osservato, nettissima è negli ordinamenti di *common law* la differenza tra *custom* e *trade usages*: i secondi difetterebbero dei requisiti richiesti per il primo (COMMERCIO; CONSUETUDINE). [vol. I: LAW MERCHANT; TRADE USAGE]

– **improprio di poteri in genere.** Improper use of powers, abuse of powers (ABUSO DI POTERE).

– **legittimo delle armi.** Legitimate use of arms; in diritto internazionale, la materia è regolata da una serie di convenzioni di Ginevra sul diritto di guerra (ARMA; AUTODIFESA; GUERRA; LEGITTIMA DIFESA).

Bibl.:

Oppenheim 1905-06, vol. II, ed. 1940: 442.

– **locale.** Local usage (*supra*, USO IN GENERE).

– **pubblico.** Public use (PUBBLICA UTILITÀ; REQUISIZIONE PER USO PUBBLICO).

Usucapione. Prescription; ma questo termine non indica la prescrizione — un concetto grosso modo analogo alla prescrizione nostrana è reso nella *common law* da *limitation of actions* o, più spesso, *limitation* — ma, più o meno, il concetto di usucapione. Ovviamente, esso può dar luogo a numerosi equivoci, com'è stato argutamente osservato da un eminente comparatista. Premessa la notevole diversità di regime della materia tra le due tradizioni giuridiche, si osserva che la *common law* non accoglie la fondamentale distinzione del diritto romano tra prescrizione estintiva e l'acquisto della proprietà derivante dal possesso prolungato. I soli casi in cui la *common law* riconosca direttamente gli effetti del possesso ai fini dell'acquisto della proprietà si hanno in tema di *easements* e *profits à prendre*, in cui si verifica un effetto paragonabile all'*usucapio.* Ma, per il resto, la *common law* non accoglie la nozione di usucapione o prescrizione acquisitiva. In effetti, essa fa ricorso non già al concetto di usucapione — che comporta il diritto di proprietà a favore del possessore, caratteristico dei sistemi romanistici — ma a quello di *limitation* che, di volta in volta, ha per effetto di estinguere il diritto di azione, o sostanziale, spettante a colui contro il quale si possiede. In altre parole, diversamente dal sistema romanistico — in cui effetto dell'usucapione è di attribuire o trasferire un diritto a favore di colui che possiede un bene altrui per un determinato periodo di tempo — il possessore non acquista un diritto in quanto tale ma, per effetto della *limitation of actions*, si prescrive il diritto di azione di colui contro il quale si possiede. È detto, appunto *adverse possession* quel tipo di possesso che esiste a favore di chi decorre il *limitation period.* Effetto della *limitation* è solo quello di far prescrivere il diritto di azione spettante a colui contro il quale si possiede, ma non di far venir meno o trasferire un diritto a favore di un altro soggetto. Una delle differenze esistenti in materia tra le due tradizioni giuridiche consiste nel fatto che nella *common law*, data la diversa articolazione della materia, in principio, anche il possessore di mala fede può acquistare per prescrizione. Nel sistema inglese il *limitation period* in tema di immobili è di 12 anni. Negli S.U. — stato federale — la materia rientra nelle attribuzioni dei singoli stati dell'Unione (ACQUISTO PER USUCAPIONE; CONTINUITÀ NEL POSSESSO; PERIODO DI USUCAPIONE; POSSESSO VALE TITOLO; PRESCRIZIONE). [vol. I: LIMITATION OF ACTIONS; OWNERSHIP; POSSESSION: 2; PRESCRIPTION; *RES NULLIUS*]

Usufrutto. Nella *common law* non esiste un equivalente di questo istituto romanistico. Una descrizione dell'usufrutto potrebbe essere quella di a real right of limited duration on the property of another, an interest in rem limited in time. Peraltro, sul piano del contenuto economico e in tema di immobili, il *life estate*, o *life tenancy*, si approssimano sostanzialmente all'istituto nostrano. Negli S.U. — stato federale — l'usufrutto è ammesso dall'art. 535 del *Civil Code* della Louisiana, grosso modo, *enclave* di *civil law* in un sistema di *common law* (CONSOLIDAZIONE DELL'USUFRUTTO E DELLA NUDA PROPRIETÀ; DIRITTO (II) REALE DI GODIMENTO; FRUTTI; NUDA PROPRIETÀ; PROFITTO; UTILI; VITA). [vol. I: ESTATE; LIFE ESTATE; LIFE TENANCY; PROPERTY]

Bibl.:

Amos and Walton 1935, ed. 1967: 118.

Usufruttuario. Grosso modo, in tema di immobili, life tenant (USUFRUTTO). [vol. I: LIFE TENANCY]

Usura. Usury, o descrittivamente, illegal rate of interest.

1. Consiste nel praticare un tasso di interessi superiore a quello stabilito dalla legge. Il contratto relativo è invalido (*illegal*). Nel sistema inglese, il contratto che comporti un interesse usurario è definito dal Moneylenders Act 1927 come una *harsh and unconscionable transaction.* Ma non esiste un tasso di interessi fisso sui mutui in denaro. A parte, beninteso, la materia che concerne il *consumer credit*, ossia il credito al consumatore, oggetto di una più recente e cogente disciplina giuridica (CREDITO AL CONSUMATORE).

2. Negli S.U. — stato federale — la materia è regolata dai singoli stati dell'Unione che, ad eccezione del Massachussets e del New Hampshire, spesso fissano per legge un tasso di interessi per ciascun tipo di transazione, come nello stato di New York. Per quanto attiene alle transazioni che coinvolgono il consumatore, la materia è regolata dall'*Uniform Consumer Credit Code* (o, in breve, U.3C) adottato da taluni stati dell'Unione. Ma il problema della determinazione del massimo tasso di interessi (*maximum rate*) consentito, oltre che sulla base del diritto dei singoli stati, va considerato anche tenendo conto della legislazione federale. Anche qui si verifica, in non pochi casi, la c.d. *pre-emption,* ossia la supremazia del diritto federale, come, ad es., nel caso delle istituzioni bancarie abilitate ad operare in tutti gli stati dell'Unione (*nationally chartered lending institutions*) che possono praticare un tasso di interessi superiore a quello consentito dalle leggi degli stati in cui operano. Si ritiene generalmente che tre sono gli elementi che danno luogo all'usura intesa come illecito civile, ossia: (i) l'esistenza di un mutuo di denaro, o la dilazione del pagamento da parte del creditore-mutuante (*forbearance of money*); (ii) la esazione di un tasso di interessi superiore a quello legale (*legal rate of interest*); (iii) l'intento di praticare un tasso illegale. Il testo di Farnsworth

and Honnold [1965, ed. 1976: 1019] riporta in un chiarissimo capitolo dedicato alla *Regulation of the price Credit* lo sviluppo storico degli interessi, dal Codice di Hammurabi al regime e alla problematica attuale del *price of credit* sia negli S.U. che in altri paesi di *common law*. Fortunati quegli studiosi che possono disporre di testi del genere, invece degli scritti « scientifici » nostrani. Fin dall'origine, si riscontrano due principali orientamenti, uno per la regolamentazione dei tassi di interessi e l'altro, all'opposto, che propugna libertà di tassi. Di fatto, com'è stato osservato, nonostante le *Letters in Defence of Usury* di Jeremy Bentham, negli S.U. la materia è regolata per legge e, in particolare, dall'Uniform Consumer Credit Code per quanto attiene al credito al consumatore. Il *Federal Criminal Code* degli S.U. definisce *extortionate credit transactions* quei mutui usurari ad alto tasso di interessi accompagnati dalla minaccia o dall'impiego effettivo di mezzi estorsivi per ottenerne la restituzione. Ma si parla anche popolarmente di *loansharking*. Sono dette *usury laws* le leggi che stabiliscono i tassi massimi di interessi consentiti. Gli effetti della violazione delle *usury laws* vanno accertati di volta in volta nei vari stati dell'Unione; si passa dall'annullamento dell'intero contratto alla più frequente confisca della sorta capitale e degli interessi, alla confisca o annullamento di tutti gli interessi o della differenza tra quelli legali e quelli ritenuti usurari.

3. In questa complessa materia il *civil lawyer* farà il suo incontro con la c.d. *time price doctrine* di origine inglese, ma adottata anche negli S.U., per cui nella vendita di cose il venditore può stabilire due prezzi: un *cash price* e un *time price*, il secondo prezzo essendo quello praticato per il pagamento dilazionato. La dottrina del *time price* consiste in questo: che la differenza tra i due prezzi (in contanti-con pagamento dilazionato) non va considerata come interessi ai fini della legge sull'usura. La *doctrine* — oggetto di una imponente serie di decisioni sia nel sistema inglese che in quello nordamericano — si può ritenere, in principio, superata dalla vasta legislazione successiva adottata dalla maggior parte degli stati dell'Unione in tema di vendita a rate al dettaglio (*retail instalment sale*) o di vendita a credito indeterminato (*open end credit*), specie a tutela del consumatore.

4. La differenza fondamentale con il nostro sistema consiste nel fatto che quest'ultimo fa dell'usura un reato — anche se da esso discendono conseguenze civilistiche quali la nullità del relativo contratto — che richiede la prova dello *stato di bisogno* del quale il mutuante abbia profittato. L'art. 644 del nostro c.p. configura l'usura come consistente nel prestito di denaro a « interessi o altri vantaggi usurari »; ma perché sussista il reato — di rado perseguito — è necessario provare di avere profittato dello stato di bisogno del debitore. Di fatto, si tratta di prova quasi impossibile: di solito, i finanziatori fanno firmare al debitore un modulo esonerativo prestampato. L'Italia è l'unico paese dell'Unione Europea a ricollegare l'usura, autentica piaga nazionale, allo stato di bisogno della persona che riceve un prestito. In Francia è considerato usurario quel tasso di interessi che superi di oltre un terzo quello applicato dalle istituzioni finanziare più importanti.

5. Ma, anche qui, il problema non è giuridico se non in parte; ovvero non lo si può intendere ignorando le anomalie dell'economia italiana. In un interessante articolo, Marcello De Cecco [*Per una genealogia dello strozzinaggio*, in *la Repubblica - Affari & Finanza*, 12 settembre 1994, p. 6] spiega bene perché è giunta: « a suppurazione una antica piaga italiana, quella dell'usura ». Questo eminente studioso ricollega il fenomeno, tutto italiano nelle sue dimensioni, all'ab*norme sviluppo della microimpresa* nel nostro paese: « Il nostro sistema economico è venuto negli ultimi decenni sempre più a caratterizzarsi, tra gli applausi di politici ed economisti, per la prevalenza di microimprese e per un altissimo tasso di natalità delle imprese stesse, cui corrisponde una mortalità infantile che Erode stesso invidierebbe ». Il sistema bancario concorre al fenomeno in maniera rilevante, tra l'altro, mediante la pratica degli affidamenti plurimi, a sua volta determinato dalla situazione « di illegalità fiscale e previdenziale diffusa nella quale vivono le imprese italiane. Essa è storia antica, e conduce a una inaffidabilità dei conti ufficiali delle stesse imprese, che era già nota agli albori di questo secolo e che è venuta sempre più aggravandosi ». Ma a parte questo fattore: « In un sistema caratterizzato da una microimprenditorialità abnorme, come quello italiano, e che è stato incitato da politici ed economisti a diventarlo sempre di più negli anni più recenti, la malapianta dell'usura è inevitabile che cresca rigogliosa ». Quanto ai rimedi, egli afferma realisticamente che: « Non molto si può fare contro questa piaga, che è connaturata a un sistema a imprenditoria diffusa, così come lo era (e lo è ancora nei paesi sot-

tosviluppati) quando prevalevano la mezzadria e la piccola proprietà coltivatrice. Si può naturalmente cercare di favorire la concentrazione delle imprese, ma questo è proprio il contrario di ciò che politici ed economisti hanno raccomandato negli scorsi decenni, gloriandosi della via italiana all'industrializzazione ». Finalmente un economista che parla chiaro e dice anche cose sensate; combinazione che si riscontra di rado! (ECONOMIA NERA).
6. La materia assume particolare importanza sotto il profilo della tutela del consumatore quando il debitore assume questa veste.
7. Praticare l'usura è detto anche *charging an illegal rate of interest*. Il termine usura inteso nel senso di logorio è detto *deterioration* e, più spesso, nell'assicurazione, *wear and tear* (CONSUMATORE; CONTRATTO USURARIO; ECONOMIA NERA; ESTORSIONE; INTERESSI SUL CAPITALE; LOGORÌO; MONTE DI PIETÀ; MUTUO AL CONSUMATORE; MUTUO USURARIO; ONEROSITÀ; TUTELA DEI DIRITTI; TUTELA DEL CONSUMATORE; VENDITA A CREDITO; VENDITA A RATE). [vol. I: *ad vocem*; CONSUMER CREDIT; INTEREST; MONEYLENDER; UNCONSCIONABILITY; USURY]

Bibl.:
Epstein and Nickles 1976, ed. 1981: 212.

Usurpazione in genere. Usurpation (ABUSO; VESSAZIONE; VIOLAZIONE).

- **di funzioni pubbliche in genere.** Usurpation of office, abuse of power (ABUSO DI POTERE).
- **di giurisdizione.** Excess of jurisdiction (CONTROLLO GIURISDIZIONALE; GIURISDIZIONE; PROIBIZIONE).
- **di nome.** Personation (SOSTITUZIONE DI PERSONA).
- **di un diritto altrui.** Infringement of someone else's right (VIOLAZIONE DI UN DIRITTO ALTRUI).

Utensile. (STRUMENTI)

Utente. User, consumer, subscriber, licenceholder; negli S.U. sono definite *user fees* le tasse imposte per l'utilizzazione di una determinata struttura pubblica come, ad es., di un aeroporto o di un'autostrada. Infine, tenendo conto della natura di stato federale, l'utente (*user*) viene distinto in *interstate* o *domestic* (CLIENTE; CONSUMATORE; INVESTITORE; SERVIZIO PUBBLICO; *STATUS*; TUTELA DEI DIRITTI; TUTELA DELL'UTENTE; UTILIZZATORE).

- **della strada.** Road user (STRADA).

Utile/i in genere. Yield, profit, profits, earnings, return, proceeds, dividend, income, gain, bonus.
1. Quando il termine è riferito agli utili da un investimento, si impiega più spesso il termine *yield*, riferito anche ai titoli mobiliari quali azioni e obbligazioni, etc.: in questo senso, si parla di *current yield* per indicare gli utili o il dividendo derivante da titoli mobiliari, di *nominal yield* per indicare il rendimento di un titolo mobiliare a reddito fisso, di *yield spread* per indicare il differenziale tra diverse emissioni di titoli, di *yield to maturity* per indicare il rendimento di un'obbligazione alla scadenza. Ma si tratta anche di termine contabile assai complesso.
2. Il termine profit indica anche i frutti naturali o civili del suolo; esso ricorre anche in tema di associations, corporations e companies relativamente alle quali si parla di *profit* e *non-profit associations* per indicare, rispettivamente, le associazioni, etc., con o prive di scopo di lucro. Sono dette *excess profits duty, levy*, o *tax* le imposte sui profitti straordinari. Di una società o azienda che dichiara, ad es., un utile si dice che essa, ad es., *posts an annual profit of...* (ACCORSATURA; ASSICURAZIONE DEGLI UTILI; ASSICURAZIONE DEGLI UTILI SPERATI; BONUS; CAPITALE; COINTERESSENZA; COLLEGATO AGLI UTILI; COMPARTECIPAZIONE AGLI UTILI; COMPARTECIPAZIONE AGLI UTILI NEL RAPPORTO DI LAVORO; DIRITTO (II) AGLI UTILI; DIVIDENDO; DIVISIONE DEGLI UTILI; FRUTTI; FUTURI UTILI; GUADAGNO; IMPOSTA; INTERESSI SUL CAPITALE; INTROITO; INVESTIMENTO; LUCRO; MANCATO UTILE; PERDITA DI FUTURI UTILI; PIANO DI COMPARTECIPAZIONE AGLI UTILI; POLIZZA (I) CON PARTECIPAZIONE AGLI UTILI; PROFITTI E PERDITE; PROFITTO; PROVENTO; REDDITO; RENDIMENTO; RENDITA; RICAVATO; RIPARTIZIONE DEGLI UTILI; SCOPO DI LUCRO; SPESE GENERALI). [vol. I: ASSOCIATION; BONUS; DIVIDEND; EARNINGS; GAIN; GOODWILL; INCOME; LOSS; PROCEEDS; PROFIT; RETURN; WITH PROFIT INSURANCE]

- **ante imposta.** Pre-tax profit (*infra*, UTILI DOPO IMPOSTA).
- **aziendale.** Corporate profit (AZIENDA).
- **cartolare.** Paper profit (*supra*, UTILI IN GENERE).
- **correnti.** Current profit (*supra*, UTILI IN GENERE).
- **da azioni di società.** Dividends (DIVIDENDO).
- **da capitale.** Capital gains (CAPITALE).
- **di esercizio di un'azienda.** Operating

profit of a business (*infra*, UTILE LORDO; UTILE NETTO DI ESERCIZIO; AZIENDA).

– **di società.** Profit of a company, profit of a corporation, corporate profit (IMPOSTA SUGLI UTILI DI SOCIETÀ). [vol. I: CORPORATION TAX]

– **di società non distribuiti.** Undistributed profit, undivided profit, retained earnings, earned surplus (CAPITALE DI RISERVA; DIVIDENDO).

– **dopo imposta.** Profit after tax, post-tax profit (*supra*, UTILI ANTE IMPOSTA; IMPOSTA).

– **fiscale.** Assessable profit, taxable income (REDDITO).

– **imponibile.** Assessable profit (IMPONIBILE).

– **inattesi.** Windfall profit (PROFITTI STRAORDINARI). [vol. I: WINDFALL]

– **interinari.** Interim profit (*supra,* UTILI IN GENERE).

– **lordo.** Gross earnings, gross profit; l'*operating profit* si ottiene deducendo le spese generali, o *overheads* (SPESE GENERALI).

– **netto.** Net earnings (REDDITO NETTO).

– **netto devoluto al pagamento dei dividendi.** Payout (DIVIDENDO).

– **netto di esercizio.** Net income (*supra*, UTILI DI ESERCIZIO DI UN'AZIENDA; ESERCIZIO).

– **nominali.** Paper profit (PROFITTO).

– **per azione.** Earnings per share (AZIONE (II) DI SOCIETÀ).

– **potenziale.** Potential earnings (*supra*, UTILI IN GENERE).

– **presunti.** Anticipated profit, anticipated earnings (*infra*, UTILI PREVISTI).

– **previsti.** Anticipated earnings, anticipated profit (*supra*, UTILI PRESUNTI).

– **prima imposta.** (*supra*, UTILI ANTE IMPOSTA).

– **ragionevoli da un investimento.** Fair return on investment. Negli S.U. questo termine è impiegato più spesso nello stabilire le tariffe dei servizi di pubblica utilità ad opera delle *public utility commissions*. Esso tiene conto del costo di manutenzione, del finanziamento, dei miglioramenti e dello sviluppo, degli utili spettanti agli azionisti, etc. È definito appunto *fair rate of return* il tasso ragionevole di utili consentito a un servizio pubblico (INVESTIMENTO; PROFITTI STRAORDINARI; REGOLATORE; SERVIZIO PUBBLICO; TARIFFE DEI SERVIZI DI PUBBLICA UTILITÀ).

– **realizzato.** Realized profit (*supra*, UTILI IN GENERE).

– **ripartiti.** Distributed income (DIVIDENDO).

– **sperati.** Anticipated earnings (*supra*, UTILI PRESUNTI; ASSICURAZIONE). [vol. I: *ad vocem*]

– **straordinari.** (PROFITTI STRAORDINARI)

Utilità in genere. Utility; public utility o , più spesso, *utility* è il servizio pubblico o di pubblica utilità. Ma il termine utility è anche impiegato in materia di *patent* per indicare una delle condizioni per la concessione del brevetto, ossia, appunto, l'utilità (BREVETTO; DENARO O ALTRA UTILITÀ; ESPROPRIAZIONE PER PUBBLICA UTILITÀ; NOVITÀ; PUBBLICA UTILITÀ; REGOLATORE; SERVIZIO DI PUBBLICA UTILITÀ; SERVIZIO PUBBLICO; UTILI RAGIONEVOLI DA UN INVESTIMENTO). [vol. I: PATENT; PUBLIC UTILITY]

Utilizzatore. User (CLIENTE; CONSUMATORE; UTILITÀ).

– **finale.** End user (UTENTE).

Utilizzazione. Use, exploitation (ESERCIZIO; FONDI INUTILIZZATI; SFRUTTAMENTO; UTILIZZATORE; VALORE D'USO). [vol. I: EXPLOITATION]

Uxoricidio. Wife murdering (OMICIDIO). [vol. I: HUSBAND AND WIFE]

V

Vacanza/e in genere. Vacation, holiday, recess. Il termine *vacancy* indica più spesso o un impiego o un immobile vacante (FERIE; ORARIO DI LAVORO; POSTO VACANTE; TURISMO; VACAZIONE). [vol. I: HOLIDAY; LEAVE; RECESS]

– **giudiziarie.** (FERIE GIUDIZIARIE)

– **parlamentari.** Parliamentary recess, recess, holiday recess (SESSIONE PARLAMENTARE). [vol. I: RECESS]

Vacatio legis. Non esiste. Salvo che non sia previsto espressamente dalla legge stessa, un *Act of Parliament* entra in vigore nel giorno in cui riceve il *royal assent* (ENTRATA IN VIGORE; LEGGE; PROMULGAZIONE DELLA LEGGE). [vol. I: ACT OF PARLIAMENT; ROYAL ASSENT]

Vacazione. Allowance (INDENNITÀ; SALARIO; STIPENDIO).

Vagabondaggio. Vagrancy, loitering (ACCATTONAGGIO; REATI DI STATO; SENZA FISSA DIMORA; *STATUS*; VAGABONDO). [vol. I: LOITERING; VAGRANCY]

Vagabondo. Vagrant (VAGABONDAGGIO).

Vaglia in genere. Money order. Negli S.U. indica una specie di vaglia bancario negoziabile (ASSEGNO (II) BANCARIO; TITOLI DI CREDITO). [vol. I: *ad vocem*]

– **bancario.** Grosso modo, bank draft; ma non vi è equivalenza di regime giuridico (BANCA; CAMBIALE TRATTA).

– **cambiario.** Promissory note (CAMBIALE; EFFETTO; EMITTENTE DI VAGLIA CAMBIARIO). [vol. I: *ad vocem*; BILL OF EXCHANGE; I.O.U.]

– **internazionale.** International money order (*supra*, VAGLIA IN GENERE).

– **postale.** Postal order, money order (*supra*, VAGLIA IN GENERE).

– **postale sull'estero.** Foreign postal order, foreign money order (*supra*, VAGLIA IN GENERE).

Vaglio della prova. (VALUTAZIONE DELLA PROVA)

Validità in genere. Validity, eligibiliy; ad es., si parla di *eligibility of an instrument to probate* per indicare, in materia di successione, l'idoneità di un atto ai fini della procedura del *probate*. Ma si tratta di materia complessa nella quale gli *acoustic agreements* possono ingenerare grossi abbagli (IDONEITÀ; INVALIDITÀ GIURIDICA; IN VIGORE; NULLO; ORDINE PUBBLICO; PRIVO DI VALIDITÀ; VIGORE). [vol. I: CURRENCY; INVALIDITY; PUBLIC POLICY; UNENFORCEABLE]

– **del contratto.** Validity of contract (CONTRATTO: III). [vol. I: CONTRACT: XII]

– **dell'assicurazione.** Validity of insurance (DECORSO DELL'ASSICURAZIONE).

Valido in genere. Effective, valid, legal. L'Art. 3-405 dell'UCC recita tra l'altro: « (1) An indorsement by any person in the name of a named payee is effective if... » (APPARENZA; ATTO; CONSENSO VALIDO; VALIDITÀ).

Valigia diplomatica. Diplomatic bag (IMMUNITÀ DIPLOMATICA).

Valore/i in genere. Value, worth, asset; nel senso di titoli mobiliari e/o preziosi si parla di *valuables*. In materia contrattuale, l'espressione *value* è spesso impiegata in forma abbreviata in luogo di *valuable consideration* (ALLA PARI; AMMONTARE; ATTIVO; AZIONE (II) PRIVA DI VALORE NOMINALE; CAPITALE; CAUSA (III) DI VALORE INDETERMINATO; CLAUSOLA DEL VALORE STABILITO; COMPETENZA PER VALORE; CONTRATTO: III; CONTROVALORE; CORRISPETTIVO; MONETA A CORSO LEGALE; OGGETTI DI VALORE; PREVENTIVO; PREZZO; STIMA; TITOLO; VALUTA). [vol. I: PAPER; PAR VALUE; SECURITIES; STOCK; VALUABLE CONSIDERATION; VALUE]

– **aggiunto.** Value added (IMPOSTA SUL VALORE AGGIUNTO).

– **assicurabile.** Insurable value (SOTTOASSICURAZIONE; SOVRASSICURAZIONE).

– **attuale.** Present value (*supra*, VALORE IN GENERE).

– **capitalizzato.** Capitalized value (CAPITALE).

– **cartolario.** (*infra*, VALORE CONTABILE)

– **commerciale, specie di una droga.** Street-value (DROGA).

– **complessivo.** Overall value (*supra*, VALORE IN GENERE).

– **contabile.** Book value (CONTABILITÀ; LIBRI CONTABILI). [vol. I: *ad vocem*]

– **contabile dell'azienda.** Book value of a firm. Ossia il patrimonio netto contabile dell'azienda senza tener conto delle plusvalenze (AZIENDA; CONTABILITÀ). [vol. I: BOOK VALUE]

– **della causa.** Amount in controversy, value of matter in controversy, value in controversy (CAUSA (III); COMPETENZA PER VALORE; CONTROVERSIA; GIURIA; GIUSTIZIA BAGATTELLARE).

– **dell'azienda in attività.** Going concern value (*supra*, VALORE CONTABILE DELL'AZIENDA; *infra*, VALORE DI AVVIAMENTO).

– **delle azioni di società.** Equity price (AZIONE (II) DI SOCIETÀ).

– **del rilievo azionario.** Value of take over (RILIEVO DELLA QUOTA AZIONARIA DI CONTROLLO DI SOCIETÀ).

– **di avviamento.** Goodwill (AVVIAMENTO).

– **dichiarato.** Declared value, stated value, represented value (*infra*, VALORE EFFETTIVO; AFFIDAMENTO).

– **di fattura.** Invoice value (FATTURA).

– **di inventario.** Inventory value, net asset value (INVENTARO).

– **di libro.** (*supra*, VALORE CONTABILE)

– **di mercato.** Market value (GIUSTO INDENNIZZO; INDENNIZZO NELL'ESPROPRIAZIONE PER PUBBLICA UTILITÀ; MERCATO).

– **di mercato di un'azione.** Market value of a share (AZIONE (II) DI SOCIETÀ).

– **di mercato equo.** Fair market value (*supra*, VALORE DI MERCATO; GIUSTO VALORE DI MERCATO).

– **di realizzo.** Break-up value (REALIZZO).

– **di recupero.** Salvage value. Questo termine indica più spesso il valore di un bene dopo l'esaurimento della sua vita utile, il valore come rottame (*scrap value*), il prezzo effettivo di vendita, etc. (DEPREZZAMENTO; RICUPERO DI NAVE; RICUPERO DI RELITTO DI NAVE; ROTTAME).

– **di riscatto della polizza.** Surrender value of policy of insurance (POLIZZA (I) DI ASSICURAZIONE; RISCATTO). [vol. I: SURRENDER VALUE]

– **di scambio.** Exchange value (SCAMBIO).

– **di scorporo di una società.** Break up value of a company, o of a corporation (SCORPORO DI SOCIETÀ).

– **di stima.** Appraised value, estimate (STIMA).

– **d'uso.** Utilization value (UTILIZZAZIONE).

– **effettivo.** Actual value, real value (*supra*, VALORE DICHIARATO; AFFIDAMENTO).

– **fittizio.** Fictitious value (FITTIZIO; SIMULAZIONE).

– **imponibile.** Assessable value (BASE IMPONIBILE). [vol. I: TAX]

– **locativo ai fini del pagamento della *rate*.** Rateable value (LOCAZIONE). [vol. I: RATE]

– **maggiore.** Higher value (*supra*, VALORE ASSICURABILE).

– **mobiliari in genere.** Securities (TITOLI MOBILIARI).

– **nominale in genere.** Face value, nominal value, par value (AZIONE (II) DI VALORE NOMINALE; AZIONE (II) DI VALORE SUPERIORE A QUELLO NOMINALE; SENZA VALORE NOMINALE). [vol. I: FACE AMOUNT; FACE VALUE; PAR VALUE]

– **nominale dei titoli mobiliari.** Face value, par value e, talvolta, stated value of securities. Si distingue dal valore di mercato, o *market price*, o *selling value* (*supra*, VALORE NOMINALE IN GENERE; TITOLI MOBILIARI).

– **nominale di polizza.** (AMMONTARE ASSICURATO)

– **probatorio.** Probative value, evidential value; l'evidenza ha un valore probatorio (*probative value*) quando è diretta a provare, o prova un fatto (EVIDENZA PROBATORIA; FATTO PROBATORIO; PROVA).

– **reale.** True value (*supra*, VALORE IN GENERE).

– **residuo.** Residual value (*supra*, VALORE DI REALIZZO).

– **risultante dai libri contabili.** Book value (*supra*, VALORE CONTABILE).

Valuta in genere. Currency, money; in applicazione dell'art. 106 del Trattato di Roma, una nota decisione inglese ha abolito il principio stabilito nel 1606 per cui sia la domanda davanti al giudice inglese, sia la decisione di quest'ultimo doveva essere formulata in sterline. Quando si lascia che una determinata valuta stabilisca liberamente il suo valore rispetto alle altre valute in base alla legge della domanda e dell'offerta, si dice che essa *floats*, ossia flotta (BANDA VALUTARIA; CAMBIO; CLAUSOLA DELLA VALUTA; COMMERCIO DELLE VALUTE; CONVERTIBILITÀ VALUTARIA; ECU; ESPOSIZIONE VALUTARIA; FLUSSO VALUTARIO; FLUTTUAZIONI VALUTARIE; GESTIONE DEI CAMBI; LEGISLAZIONE VALUTARIA STRANIERA; MERCATO DELLE VALUTE; MONETA; NEGOZIAZIONE DI VALUTA; OSCILLAZIONI VALUTARIE; PAGAMENTO; PANIERE VALUTARIO; PARITÀ VALUTARIA; PRESTITO IN VALUTA DEBOLE; PRESTITO IN VALUTA FORTE; RESTRIZIONI VALUTARIE; RIFORMA VALUTARIA; RISCHI DI CAMBIO; SCAMBI IN VALUTA; SCAMBIO IN COMPENSAZIONE; SISTEMA MONETARIO EUROPEO; SISTEMA VALUTARIO; *SWAP*; UNITÀ DI CONTO; UNITÀ VALUTARIA EUROPEA; VENDITA DI VALUTA). [vol. I: CURRENCY; PAYMENT; UNIT OF ACCOUNT]

Bibl.:

Bugani, I., *Infrazioni valutarie e sanzioni civili* (1987) 2 CeI 551.

Galgano, F., *Una società per la gestione accentrata degli esborsi ed introiti valutari di gruppo* (1988) 2 CeI 415.

Nardo, M., *Investimenti esteri nel diritto valutario,* in *Digesto IV Utet, Comm.*, vol. VII: 516.

– **a corso forzoso.** Inconvertible currency (CORSO FORZOSO DELLA MONETA).

– **a corso legale.** Legal tender (MONETA A CORSO LEGALE; OFFERTA REALE). [vol. I: *ad vocem*]

– **a tasso di cambio fluttuante.** Floating currency (CAMBIO).

– **convertibile.** Convertible currency (*infra*, VALUTA INCONVERTIBILE).

– **debole.** Soft currency (*infra*, VALUTA FORTE; PRESTITO IN VALUTA DEBOLE; SCAMBIO IN COMPENSAZIONE).

– **decimale.** Decimal currency (SISTEMA METRICO DECIMALE).

– **del Sistema Monetario Europeo.** EMS currency (SISTEMA MONETARIO EUROPEO).

– **di riferimento.** Reference currency (UNITÀ DI CONTO).

– **di riserva.** Reserve currency (RISERVA).

– **estera.** Foreign currency (*infra*, VALUTA NAZIONALE).

– **flottante.** Floating currency (FLOTTANTE).

– **forte.** Hard currency (*supra*, VALUTA DEBOLE; PRESTITO IN VALUTA FORTE).

– **inconvertible.** Inconvertible currency (*supra*, VALUTA CONVERTIBILE).

– **nazionale.** National currency (*supra*, VALUTA ESTERA).

– **per l'incasso.** For collection (INCASSO).

Valutazione in genere. Evaluation, valuation, estimate, appraisal, appraisement, assessment, rating. È detta *credit rating* la valutazione della solvibilità di una persona o di un'azienda effettuata da società specializzate (ACCERTAMENTO; AGENZIA DI INFORMAZIONI SULLA SOLVIBILITÀ; CREDITO; LIBERA VALUTAZIONE DELLA PROVA; PREVENTIVO; QUALIFICAZIONE DEL LAVORO; *RATING*; STIMA).

– **del danno.** (STIMA DEL DANNO)

– **della prova.** Weighing evidence (LIBERA VALUTAZIONE DELLA PROVA).

– **dell'imponibile fiscale.** Assessment of taxes (IMPONIBILE).

– **di impatto ambientale.** Assessment of environmental impact (IMPATTO AMBIENTALE).

– **equitativa del danno.** Grosso modo, fair assessment of damage (EQUITÀ).

– **in eccesso.** Excess valuation (ECCESSO).

– **supplementare di bilancio.** Supplementary estimate (BILANCIO DELLO STATO).

Vandalismo in genere. Vandalism (DEVASTAZIONE, SACCHEGGIO E STRAGE).

Vantaggio in genere. Benefit, advantage; ma in tema di contratto i correlativi *benefit* e *detriment* assumono importanza nella dottrina della *consideration* (BENEFICIO; CONTRATTO: III; DETRIMENTO; UTILE). [vol. I: BENEFIT]

– **dell'*insider*.** Insider advantage (INDISCREZIONI SOCIETARIE).

Variae causarum figurae. (ARRICCHIMENTO SENZA CAUSA; *NEGOTIORUM GESTIO*; OBBLIGAZIONE (I) LEGALE; QUASI CONTRATTO; RIPETIZIONE DELL'INDEBITO)

Bibl.:

Amos and Walton 1935, ed. 1967: 193.

Buckland and McNair 1936, ed. 1952: 334.

Variazione in genere. Alteration, variation, modification, change. È detta *variation by agreement* la deroga convenzionale ad una disposizione legislativa come, ad es., nell'Art. 1-102(3) dell'*Uniform Commercial Code* degli S.U. che recita, tra l'altro: « The effect of provisions of this Act may be varied by agreement » (ALTERAZIONE; CAMBIAMENTO; DEROGA; DIRITTO (I) IMPERATIVO-DISPOSITIVO; DISCREPANZA; EMENDAMENTO; *IUS COGENS*; MODIFICA DEL CONTRATTO DI COMUNE ACCORDO; MUTAMENTO; TRASFORMAZIONE). [vol. I: ALTERATION; AMENDMENT; VARIANCE; VARIATION]

– **dei tassi di cambio.** Fluctuation of exchange rates (TASSO DI CAMBIO).

– **del capitale sociale.** (MODIFICA DEL CAPITALE SOCIALE DI UNA SOCIETÀ DI CAPITALI)

– **del rischio nell'assicurazione.** Alteration of risk (RISCHIO). [vol. I: *ad vocem*]

Vecchio per nuovo. (DIFFERENZA TRA IL NUOVO E IL VECCHIO)

Veci/e. (FARE LE VECI; IN LUOGO DI; IN SUA VECE; INVECE DI; PER CONTO DI; VICARIO)

Vedova. Widow (MATRIMONIO; SUCCESSIONE PER CAUSA DI MORTE). [vol. I: SUCCESSION]

Vedovanza. Widowhood (CONDIZIONE DI VEDOVANZA).

Veduta in genere. Prospect (DIRITTO (II) DI VEDUTA; LUCI; VISTA).

Veicolo/i in genere. Vehicle, craft; negli S.U. si parla di *vehicular homicide* per indicare l'omicidio colposo derivante dalla circolazione stradale; considerato *manslaughter* in alcuni stati dell'Unione, ma non in altri (AUTOVEICOLO; CIRCOLAZIONE STRADALE; LESIONI PERSONALI COLPOSE; REATO CONNESSO ALLA CIRCOLAZIONE STRADALE; SCONTRO AUTOMOBILISTICO; TRASPORTO).

– **a cuscino d'aria.** Air cushion vehicle, hovercraft; non è considerato un aeromobile né nel sistema inglese, né in diritto internazionale (AEROMOBILE; NAVE; TRASPORTO). [vol. I: *ad vocem*; AIRCRAFT; CARRIAGE: I; SHIP]

– **addetti a un servizio pubblico.** Public service vehicles (SERVIZIO PUBBLICO).

– **per il trasporto di merci.** Goods vehicle (MERCI; TRASPORTO STRADALE DI MERCI). [vol. I: *ad vocem*; ROAD HAULAGE]

– **spaziale.** Space craft (SPAZIO COSMICO).

Velo aziendale. Corporate veil (AZIENDA; SUPERAMENTO DELLA PERSONALITÀ GIURIDICA).

Velocità eccessiva. Excessive speed (CIRCOLAZIONE STRADALE; GUIDA PERICOLOSA; LIMITE DI VELOCITÀ; VEICOLO).

Vendibile in genere. Marketable, merchantable, saleable, vendible (COMMERCIABILE; ESITABILE; TITOLO: 5; VENDITA).

Vendibilità. Marketability, merchantability (COMMERCIABILITÀ; VENDIBILE).

Vendita in genere. Sale. Il venditore è detto *seller* (o *vendor*) e il compratore *buyer* (o *purchaser*).
1. Il termine è riferito alla vendita di beni o alla fornitura di servizi. Il prezzo è detto *price* o *consideration*, concetto, quest'ultimo, in senso stretto, ignoto alla *civil law*. Il passaggio della proprietà, in quanto effetto della vendita, è definito *passing of title,* o *passing of general and absolute title.* La vendita (*sale*) va distinta dalla permuta, o *barter*, di cose mobili, e dall'*exchange* che si riferisce alla permuta sia di immobili che di mobili. La vendita (*sale*) va distinta altresì dal *bailment*, figura ignota alla *civil law*, che comporta sempre l'obbligo della restituzione. La vendita (*sale*) va anche distinta dall'*accord and satisfaction*, in cui il trasferimento della proprietà ha luogo a titolo transattivo. Infine, la vendita (*sale*) va distinta dal *mortgage,* istituto ignoto alla *civil law* che va inquadrato nei mezzi di conservazione della garanzia patrimoniale e — nella sua originale articolazione — comporta un'alienazione condizionale della proprietà a garanzia del pagamento del debito con l'obbligo del ritrasferimento al debitore dopo l'avvenuto pagamento; ma ora esso indica più spesso soltanto un privilegio.
2. La vendita (*sale*) è *absolute* o *conditional*; mentre con la prima si ha l'immediato passaggio della proprietà all'atto del pagamento del prezzo, con la *conditional sale* il passaggio della proprietà è condizionato al verificarsi di una condizione, costituita di solito dal pagamento del prezzo; ma può anche consistere nell'acquisto con la clausola di rivendita a particolari condizioni. Nella *conditional sale* il venditore si riserva la proprietà a garanzia del pagamento del prezzo. In questo senso, essa rientra nella più vasta categoria delle *secured transactions*, ossia di quei contratti che, in base a un *security agreement*, danno luogo alla creazione di

una garanzia, e quindi di un *security interest.* Una *executed sale* è una vendita completa in tutti i suoi elementi, rispetto alla quale nessun ulteriore elemento deve essere precisato per potersi far luogo al passaggio della proprietà. Invece, una *executory sale* è quella in cui, pur avendo la parti raggiunto l'accordo sulle sue clausole fondamentali, sono richieste tuttavia talune indicazioni per potersi dire completa come, ad es., la determinazione del prezzo, la quantità, l'identità della cosa venduta, il pagamento delle rate del prezzo, o la consegna.

3. Si parla di *memorandum sale* per indicare una forma di *conditional sale* in cui il possesso delle merci viene trasferito al compratore mentre la proprietà resta al venditore fin quando il primo non abbia espresso la sua approvazione.

4. Nel R.U. la materia è regolata dal Sale of Goods Act 1979, che ha abrogato e sostituito il giustamente famoso Sale of Goods 1893. Negli S.U. — stato federale — la vendita è regolata dall'Art. 2 dell'*Uniform Commercial Code*, adottato nella totalità degli stati dell'Unione (ad eccezione della *Louisiana*, grosso modo, *enclave* di *civil law* negli S.U.). Si tratta di un testo la cui tecnica e terminologia sono profondamente radicate nella tradizione di *common law* e in quella prassi commerciale. Numerose soluzioni dell'UCC sono state adottate dalla *U.N. Convention on Contracts for the International Sale of Goods* del 1980. L'importanza dell'Art. 2 — che, si noti, non corrisponde a un articolo di un testo legislativo di *civil law*, ma al libro di un codice — non può essere esagerata non foss'altro perché regola la vendita nell'ambito del più potente sistema economico del pianeta. Il suddetto Art. che, negli S.U., sostituisce l'*Uniform Sale Law,* presenta una terminologia e dei concetti spesso notevolmente diversi da quelli impiegati nel sistema inglese. Ai sensi dell'Art. 2-106 dell'UCC, *contract for sale* include sia la vendita immediatamente realizzata, ossia ad effetti reali (*present sale of goods),* sia un contratto di futura vendita (*a contract to sell goods at a future time),* ossia la vendita obbligatoria.

5. Ma appunto perché la vendita costituisce il *great master contract* dei paesi industriali di massa, la concreta chiave di lettura del regime giuridico della materia non può ignorare lo spettacolare armamentario legislativo che, sotto denominazioni disparate, attua una *tutela del consumatore*, specie negli S.U., di cui, al confronto, si può tranquillamente affermare che, nel nostro paese, non esiste neanche l'ombra.

6. Vendita a credito-finanziamento-garanzia-tutela del consumatore-pubblicità sono le fasi di un fenomeno che assume fondamentale importanza nelle economie dei paesi economicamente avanzati; collegate alla vendita, sono spesso operazioni di finanziamento come il *factoring,* il *leasing*, il *franchising*, etc. Rientra in questo così diverso e articolato quadro anche il regime del *fallimento* inglese e nordamericano che, entrambi, ammettono il fallimento civile, ossia del non imprenditore. L'introduzione di questo istituto fu autorevolmente, ma senza fortuna, sostenuta da Cesare Vivante, astro di prima grandezza nel firmamento della commercialistica italiana. Ai numerosi argomenti da lui avanzati, se ne potrebbe aggiungere uno ulteriore: ossia che, a cominciare dalla società per azioni, arco di volta delle società ad economia di mercato, *la responsabilità imprenditoriale* appare per definizione come *responsabilità limitata:* l'enorme sviluppo dell'attività assicurativa verificatasi nei paesi in cui si riscontra un capitalismo più avanzato, si spiega in buona parte con questa premessa. Di fatto, il limite che la capacità finanziaria assicurativa incontra nell'assicurare i rischi diventa anche il limite della responsabilità dell'operatore economico-industriale.

7. In un sistema del genere, escludere il *consumer-debtor* — figura centrale dell'economia industriale di massa, oggetto di plateali suggestioni e condizionamenti — dal beneficio del limite accordato tanto generosamente a gruppi più forti appare come una iniquità di quegli ordinamenti che, come il nostro, non ammettono il fallimento civile.

8. La frequenza con la quale il contenuto di contratti di compravendita (e numerosissime altri come, ad es., in tema di assicurazione, trasporti, somministrazione, etc.) è predisposto da una sola parte ha fatto provocatoriamente dichiarare a uno studioso nordamericano — tema, ovviamente, parafrasato da noi — la avvenuta *morte del contratto* ottocentesco inteso, nei libri dei giuristi di *civil law*, come espressione di una assai improbabile libertà contrattuale. Sono definiti *adhesion contract, standard contract, standard form contract, one sided contract* i numerosissimi tipi di contratti a contenuto predisposto cui si ricorre nella pratica delle società industriali: tra di essi figurano anche diversissimi tipi di contratti di vendita. *Fine prints o small prints* sono i minuti caratteri di stampa che di solito vi figurano, contenenti ad es., clausole esonerative della re-

sponsabilità, di limitazione della responsabilità, facoltà di recesso dal contratto, decadenze, restrizioni alla libertà contrattuale, etc. stabilite a favore della parte che le ha predisposte. In una società industriale di massa è questo il tipo di contratto più diffuso, nel quale maggiore è la necessità della tutela del consumatore, inevitabilmente la parte più debole. Sono dette *loopholes* quelle smagliature nella legge che consentono l'inserimento di tali clausole (ACQUIRENTE DI BUONA FEDE A TITOLO ONEROSO; ACQUISTO; AFFIDAMENTO; ALIENAZIONE; ASSISTENTE ALLA VENDITA; ATTO DI COMPRAVENDITA; AZIONE (I) REDIBITORIA; *CASH AND CARRY*; CERTIFICATO DI ORIGINE; CESSAZIONE DEI PAGAMENTI; CLAUSOLA DI RIPENSAMENTO; COMMERCIABILE; COMMERCIO; COMMERCIO ALL'INGROSSO; COMPRAVENDITA; CONDIZIONI DI VENDITA; CONSUMATORE; CONTRATTO DI ADESIONE; CONTRATTO PRELIMINARE; COSTO; DETTAGLIO; DIRETTORE DELLE VENDITE; DIRITTO (I) COMMERCIALE; DIRITTO (II) DI RESPINGERE LE MERCI NELLA VENDITA; DISTRIBUTORE ESCLUSIVO; *EMPTIO REI SPERATAE*; *EMPTIO SPEI*; ESITABILE; FALLIMENTO: VI. 1; FUORI COMMERCIO; GARANZIA PER VIZI DELLE MERCI; GROSSISTA; IDONEITÀ ALL'USO; IMBONIMENTO; INDIVIDUAZIONE DI COSE NELLA VENDITA; INGROSSO; INTERESSI SUL CAPITALE; INVENDIBILE; IN VENDITA; IPOTECA LEGALE; LODI ECCESSIVE DELLA PROPRIA MERCE; MERCI; NOLO; NOTA DI VENDITA; OFFERTA DI VENDITA; PAGAMENTO; PASSAGGIO DELLA PROPRIETÀ; PASSAGGIO DEL RISCHIO; PREZZO; PRIVILEGIO DEL VENDITORE; PROMOZIONE DELLE VENDITE; *QUANTI MINORIS*; RAPPRESENTANTE DI VENDITA; RESPONSABILITÀ DEL PRODUTTORE; RETROCESSIONE; RICAVATO DA UNA VENDITA; RIFIUTO DELLE MERCI NON CONFORMI AI PATTI NELLA VENDITA; RISERVA DELLA PROPRIETÀ; RIVENDICAZIONE; RIVENDITA DI COSE; SALDO; SCONTO SULLE VENDITE; SVENDITA; TRASPORTO; TUTELA DEL CONSUMATORE; USURA; VALORE DI RECUPERO; VENDIBILE; VENDITORE; VIZI DELLE MERCI). [vol. I: AGREEMENT; ARBITRATION; AS IS; BARTER; BILL OF SALE; CASH AND CARRY; CAVEAT EMPTOR; COMMERCIAL LAW; COMPULSORY SALE; CONDITION; CONSUMER PROTECTION; CONTRA PROFERENTEM; DESTINATION CONTRACT; INCOTERMS; MARKET OVERT; MEMORANDUM; NEMO DAT QUOD NON HABET; ONE-SIDED CONTRACT; SALE; SALE AND LEASE BACK; SMALL PRINTS; STANDARD CONTRACT; STOPPAGE IN TRANSITU; TERMS OF SHIPMENT; TERMS OF TRADE; TRADE LAW; UNCONSCIONABILITY; WARRANTY].

Bibl.:

Santini, G., *Della compravendita con prezzo a carico del venditore e di altri scambi anomali con natura di servizi* (1987) 2 CeI 416.

– **a consegne ripartite.** Instalment contract; si distingue dal contratto di vendita che prevede il pagamento rateale del prezzo, detto, quest'ultimo, *instalment sale* (*infra*, VENDITA A RATE; CONSEGNA; CONTRATTO DI SOMMINISTRAZIONE; FORNITURA; PROPOSTA; SOMMINISTRAZIONE). [vol. I: APPORTIONMENT OF CONTRACT; DELIVERY BY INSTALMENTS; DIVISIBLE CONTRACT; INSTALMENT CONTRACT; INSTALMENT SALE; REQUIREMENT CONTRACT; SALE]

– **a corpo.** Sale *per aversionem*, sale for a gross sum. Ma non esiste un termine esattamente equivalente; si parla, grosso modo, di sale of goods in bulk e, in tema di immobili, di sale of the whole premises. Le espressioni « more or less » o « or thereabouts », riferite alla misura dell'immobile, comportano effetti non troppo diversi (*infra*, VENDITA ALL'INGROSSO; VENDITA A MISURA). [vol. I: MORE OR LESS; SALE OF LAND; THEREABOUTS]

– **a credito in genere.** Credit sale, sale on credit; buy, o purchase, on credit. Sono, questi, termini generici per indicare quel tipo di vendita in cui si fa luogo al trasferimento del possesso mentre il pagamento del prezzo è rinviato ad una data futura. Nel sistema inglese *credit sale agreement* indica il contratto di vendita a rate senza riserva della proprietà, in cui cioè la proprietà della cosa passa immediatamente al compratore, che resta solo obbligato al pagamento delle rate del prezzo. Si distingue dal *conditional sale agreement* che è invece il contratto di vendita con riserva della proprietà. Un'altra forma di vendita a rate è costituita dall'*hire-purchase agreement* della prassi britannica, privo di equivalenza nel sistema italiano. Con esso si fa luogo alla locazione della cosa con la clausola che, col pagamento di un certo numero di rate, il locatario ne diventa, se vuole, proprietario. Negli S.U., la vendita che comporti un credito al consumatore è definita *consumer credit sale*, mentre l'accordo relativo al privilegio del venditore è definito *security agreement*. Di solito, il contratto prevede un *bailment* o un *lease* in cui il *bailee* o *lessee* diventa proprietario a seguito dell'adempimento delle obbligazioni previste dal contratto ossia, più spesso, il pagamento del prezzo. La vendita a credito con riserva della proprietà rientra nella categoria delle *secured transactions*, ossia di quei contratti che, in base a un *security agreement*, danno luogo alla creazione di una garanzia, e quindi di un *security interest* (*infra*, VENDITA AL CONSUMATORE; VENDITA A RATE; VENDITA IN CONTANTI; ACQUISTO; CAUSE (I) LEGITTIME DI PRELAZIONE; CRE-

DITO; PRIVILEGIO; RISERVA DELLA PROPRIETÀ; USURA). [vol. I: CONSUMER CREDIT; CREDIT SALE AGREEMENT; HIRE-PURCHASE AGREEMENT; INSTALMENT]

– **ad effetti obbligatori.** Agreement of sale. Comporta per le parti, a seconda dei casi, l'obbligo di vendere o quello di comprare; invece, l'*agreement to sell* comporta soltanto l'obbligo di vendere da parte del venditore. In entrambi i casi, l'accordo viene definito *preliminary* alla vendita. Ai sensi dell'Art. 2-106 (1) dell'*Uniform Commercial Code* degli S.U., il termine *contract for sale* include sia il contratto ad effetti reali, sia quello ad effetti obbligatori (*infra*, VENDITA AD EFFETTI REALI; VENDITA DI BENI FUTURI). [vol. I: SALE: I]

– **ad effetti reali.** Sale (*supra*, VENDITA AD EFFETTI OBBLIGATORI).

– **a domicilio.** Door-to-door sale. Chi la esercita è definito *hawker* o *pedlar* (*infra*, VENDITA PORTA A PORTA; CLAUSOLA DI RIPENSAMENTO; DOMICILIO; VENDITORE AMBULANTE). [vol. I: HIRE-PURCHASE AGREEMENT; PEDLAR; SALE]

Bibl.:
Pittalis, M., *La clausola di ripensamento nell'autodisciplina delle vendite a domicilio* (1990) 1 CeI 115.

– **a domicilio di azioni di società.** Share-pushing (AZIONE (II) DI SOCIETÀ; TUTELA DELL'INVESTITORE). [vol. I: *ad vocem*]

Bibl.:
Roppo, E., *Vendita a domicilio di valori mobiliari: formazione del contratto e recesso dell'investitore* (1990) 1 CeI 106.

– **al consumatore.** Consumer sale; solo se si conosce la vastissima legislazione e la macchina amministrativa e giudiziaria che, specie negli S.U., dà effettiva attuazione alla tutela del consumatore si può avere un'idea esatta della portata concreta di questo termine: il consumatore è un protagonista importante della vita economica, sociale e politica del paese. Ma questo è effetto di un determinato sistema politico che, da un lato, impone un'economia di mercato e, dall'altro, consente e incoraggia la nascita e lo sviluppo di gruppi di pressione portatori di interessi generali, come le fortissime associazioni di consumatori esistenti negli S.U.: tutto questo da noi non esiste, o esiste ben poco. Com'è stato osservato, si va affermando negli ordinamenti più avanzati *un nuovo tipo contrattuale* definito, appunto, come vendita al consumatore. Che, in definitiva, allude al consumatore come ad una categoria che partecipa di uno *status* tipico delle società industriali di massa, analogo a quello dell'utente, dell'investitore, etc., che contribuisce al c.d. fenomeno degli *statuti di gruppo*. Nell'ambito dell'imponente legislazione esistente in materia, si menziona il Consumer Protection Act federale, la *Summa* legislativa più imponente in una materia in cui figurano, tra l'altro, leggi come il Truth-in-Lending Act relativo al credito al consumatore.
1. Ai sensi della s. 4 del Supply of Goods Act (Implied Terms) Act 1973 britannico, il termine *consumer sale* indica la vendita da un venditore professionale nel corso della propria attività, in cui le cose appartengano a un genere ordinariamente venduto per uso o consumo privato ad un acquirente privato.
2. Per quanto riguarda il nostro paese, le direttive comunitarie — in quanto destinate ad imporre regole di tutela del consumatore ignote sul piano nazionale — assumono un'importanza fondamentale. Ma non va trascurato che la tutela del consumatore è soprattutto il prodotto di un determinato tipo di capitalismo molto lontano da quello nostrano (CONSUMATORE; PREZZO MINIMO IMPOSTO DI RIVENDITA AL DETTAGLIO; RESPONSABILITÀ DEL PRODUTTORE; TUTELA DEL CONSUMATORE). [vol. I: CONSUMER SALE; SALE: X, XI]

– **al dettaglio.** Retail sale (*infra,* VENDITA ALL'INGROSSO; DETTAGLIANTE; DISTRIBUZIONE; FURTO IN NEGOZI o GRANDI MAGAZZINI; MACCHINA PER LA VENDITA AUTOMATICA DI PRODOTTI; PREZZO AL DETTAGLIO; PREZZO MINIMO IMPOSTO DI RIVENDITA AL DETTAGLIO). [vol.I: CASH AND CARRY; RETAIL]

– **alla rinfusa.** (*infra,* VENDITA ALL'INGROSSO)

– **all'asta.** Sale by auction, auction, sale by tender; ai sensi dell'Art. 2-328 dell'*Uniform Commercial Code* degli S.U. — stato federale — essa ha luogo con riserva, salvo che non sia stabilito diversamente in maniera espressa (*infra*, VENDITA FORZATA ALL'ASTA; ASTA; BANDO DI VENDITA ALL'ASTA; FALSO OFFERENTE NELLA VENDITA ALL'ASTA; RICAVATO DA UNA VENDITA ALL'ASTA; TURBATIVA D'ASTA). [vol. I: AGREEMENT; AUCTION; KNOCK-OUT; PUFFER; SALE]

– **all'incanto.** (*supra,* VENDITA ALL'ASTA)

– **all'ingrosso.** Sale in bulk, bulk sale, sale by wholesale, wholesale. Ma si noti che il termine *bulk sale* indica anche la vendita delle scorte in inventario di un'azienda: essa è regolata negli S.U. — stato federale — dall'Art. 6-102 dell'UCC, relativo ai *bulk transfers*, che prevede, tra l'altro, misure dirette alla tutela dei creditori (*supra*, VENDITA A CORPO; VENDITA AL DETTAGLIO; AZIENDA; *CASH AND CARRY;* FUNGIBILE; IN BLOCCO; INVENTARIO; PREZZO ALL'INGROSSO). [vol. I: BULK SALES ACTS; CASH AND CARRY; SALE; WHOLESALE]

– **allo scoperto.** Time bargain, differences; la *short sale* ne costituisce una variante (BORSA VALORI; OPZIONE: 3; SCOPERTO). [vol. I: PUT AND CALL; SECURITIES; TIME BARGAIN; WAGER]

– **allo scoperto « nuda » di titoli.** Naked option; è detta così nel gergo borsistico quel tipo di opzione venduta dagli speculatori con il diritto dell'acquirente di ricomprare azioni da loro, anche se non ne dispongono, per far fronte agli impegni. È vietata negli S.U. e nel R.U. (*supra*, VENDITA ALLO SCOPERTO; TITOLI MOBILIARI).

– **al minuto.** (*supra,* VENDITA AL DETTAGLIO)

– **a lotti.** Sale by lots (*supra*, VENDITA ALL'ASTA; LOTTO). [vol. I: AUCTION]

– **al pubblico.** Public sale (*infra,* VENDITA PRIVATA; OFFERTA AL PUBBLICO).

– **a misura.** Sale by measure (*supra*, VENDITA A CORPO; MISURA).

– **a numero.** Sale by the number (*supra,* VENDITA A CORPO).

– **a pronti.** Spot trading (A PRONTI; MERCATO A PRONTI).

– **a prova.** Sale on approval, sale on trial; negli S.U. — stato federale — si parla anche di *approval sale*: la materia è regolata dall'Art. 2-326 dell'UCC; costituisce una *conditional sale* (*infra*, VENDITA IN CONTO DEPOSITO; CONTRATTO ESTIMATORIO; VERIFICA). [vol. I: SALE ON APPROVAL]

– **a provvigione.** Commission sale (PROVVIGIONE).

– **a rate.** Instalment (o installment) sale, sale by instalments: di solito è accompagnata dal patto di riservato dominio a garanzia del pagamento del prezzo. La vendita a rate effettuata nell'ambito della vendita al dettaglio o della fornitura di servizi è detta negli S.U. *retail installment sale*; il contratto relativo è detto *retail installment contract* che, generalmente, contiene una clausola che prevede la riserva della proprietà (*title retention provision*). Il § 1802.6 del *Civil Code* della California stabilisce che si ha tale tipo di contratto quando, tra l'altro, esso prevede il pagamento del prezzo in più di quattro rate. È definito *finance charge* l'interesse per il finanziamento del credito. Sembra appena il caso di rilevare che nel sistema nordamericano e in quello inglese la materia va collocata principalmente, anche se non esclusivamente, nell'ambito della tutela del consumatore (*supra*, VENDITA A CONSEGNE RIPARTITE; VENDITA A CREDITO; *infra,* VENDITA CON RISERVA DELLA PROPRIETÀ; VENDITA DI IMOBILI; ACQUISTO A RATE; AGENZIA DI FINANZIAMENTO; CLAUSOLA DI RIPENSAMENTO; CONTRATTO DI ADESIONE; CREDITO AL CONSUMATORE; INTERESSI SUL CAPITALE; MUTUO; PRIVILEGIO; PROPRIETÀ ACQUISTATA SUCCESSIVAMENTE; RISERVA DELLA PROPRIETÀ; SERVIZI FINANZIARI; SUSSIDIO; TUTELA DEL CONSUMATORE; USURA). [vol.I: CREDIT SALE AGREEMENT; HIRE-PURCHASE AGREEMENT; INSTALMENT]

– **a rate al dettaglio.** Retail instalment contract; può contenere o meno una *title retention provision*. Negli S.U. — stato federale — questo tipo di contratto è definito dal § 1802.7 del *Civil Code* della California (*supra*, VENDITA A RATE; DETTAGLIO).

– **a rate con riserva di proprietà.** Instalmen sale agreement with reservation of title (*supra,* VENDITA A RATE). [vol. I: SALE]

– **a scopo di garanzia.** Grosso modo, mortgage (GARANZIA; IPOTECA; PATTO COMMISSORIO). [vol. I: *ad vocem*]

– **a termine.** Forward contract; in cui si ha l'obbligo di vendere una merce a una data futura convenuta, ma al prezzo stabilito al tempo della conclusione del contratto (*supra*, VENDITA AD EFFETTI OBBLIGATORI; *infra*, VENDITA DI BENI FUTURI; A PRONTI; BENI A TERMINE; BORSA MERCI; CONSEGNA A TERMINE; CONTRATTI A TERMINE; MERCATO A TERMINE).

– **a trattative private.** Private sale, sale by private contract, sale by private treaty; è detta *public sale* quella preceduta da un bando o avviso pubblico, l'asta, o la vendita giudiziaria (*supra*, VENDITA ALL'ASTA; VENDITA AL PUBBLICO; *infra*, VENDITA GIUDIZIARIA). [vol. I: TREATY]

– **a tratto successivo.** (*supra*, VENDITA A CONSEGNE RIPARTITE)

– ***cash and carry.*** (*CASH AND CARRY*)

– **coatta.** (*infra*, VENDITA GIUDIZIARIA)

– **commerciale.** Commercial sale (*supra*, VENDITA IN GENERE).

– **commerciale internazionale.** International sale of goods (*infra,* VENDITA INTERNAZIONALE DI MERCI).

– **con consegna differita delle merci.** Forward contract (*supra*, VENDITA A TERMINE).

– **con facoltà di restituzione della merce.** (*infra*, VENDITA CON RISERVA DI GRADIMENTO)

– **con pagamento alla consegna.** Sale cash on delivery (CONSEGNA). [vol. I: CASH ON DELIVERY]

– **con pagamento differito.** Deferred payment sale (*supra*, VENDITA A CREDITO).

– **con pagamento rateale.** (*supra*, VENDITA A RATE).

– **con patto di riscatto.** Sale with right of redemption, sale with right of repurchase, of pre-emption, of buying back (PATTO DI RISCATTO; PRELAZIONE; RETROCESSIONE; RIACQUISTO; RISCATTO). [vol. I: OPTION; PRE-EMPTION; REDEMPTION]

– **con riserva della proprietà.** Nel sistema inglese è definita conditional sale agreement with reservation of title (*supra*, VENDITA A RATE; CONTRATTO DI VENDITA; CONTRATTO PRELIMINARE; PRIVILEGIO; RISERVA DELLA PROPRIETÀ). [vol. I: CONDITIONAL SALE AGREEMENT]

– **con riserva di gradimento.** Sale on approval, sale on trial, sale on sale or return; ma il termine goods on sale or return indica anche la vendita in conto deposito, o contratto estimatorio (*supra*, VENDITA A PROVA; *infra*, VENDITA IN CONTO DEPOSITO; CONTRATTO ESTIMATORIO). [vol. I: CONDITIONAL SALE AGREEMENT; SALE ON APPROVAL]

– **contro documenti.** (*infra*, VENDITA DOCUMENTARIA)

– **così com'è.** (*infra*, VENDITA SENZA GARANZIA)

– **dell'azienda.** Sale of firm (AZIENDA).

– **di azioni di società.** Sale of shares (ACQUISTO DI AZIONI DI SOCIETÀ; AZIONE (II) DI SOCIETÀ; TRASFERIMENTO DI AZIONI DI SOCIETÀ).

– **di beni futuri.** Sale of future goods; ma si noti che il termine *future contracts* viene riferito sia a contratti relativi a futuri prodotti agricoli stipulati in borse merci, sia relativi a valori mobiliari come, ad es., nel caso italiano, con il contratto *future* lanciato sul nostro mercato da operatori stranieri (*supra*, VENDITA AD EFFETTI OBBLIGATORI; VENDITA A TERMINE; BORSA MERCI). [vol. I: FUTURE CONTRACT]

– **di cosa altrui.** Agreement to sell someone else's property; costituisce una forma di *conditional sale agreement.* Si tratta di un contratto obbligatorio (*supra*, VENDITA AD EFFETTI OBBLIGATORI).

– **di cose mobili.** Sale of goods (*infra*, VENDITA DI MERCI; BENI MOBILI).

– **di immobili.** Sale of land; land sale contract. Peraltro, quest'ultimo termine è impiegato più spesso negli S.U. per indicare la vendita di immobili con pagamento rateale o differito, detta anche *installment land contract* (BENI IMMOBILI; REGISTRI IMMOBILIARI). [vol. I: *ad vocem*; CONVEYANCE; SUBJECT TO CONTRACT; TITLE]

– **di macchine.** Sale of machinery (MACCHINE).

– **di merci.** Sale of goods (*supra*, VENDITA DI BENI FUTURI; VENDITA DI COSE MOBILI; DIRITTO (II) DI CONTRORDINE NEL TRASPORTO; MERCI).

– **di merci civetta.** Loss leader selling (*infra*, VENDITA SOTTO COSTO; ARTICOLO CIVETTA; MERCI; PUBBLICITÀ). [vol. I: BAIT ADVERTISEMENT; LOSS LEADERS]

– **di mobili.** Sale of goods (*supra*, VENDITA A CREDITO; BENI MOBILI; MOBILI).

– **di nave.** Sale of ship (NAVE).

– **diretta.** Direct sale (*supra*, VENDITA ALL'INGROSSO; *CASH AND CARRY*).

– **di seconda mano.** Second hand sale (SECONDA MANO).

– **di titoli non quotati in borsa.** Over-the-counter sale of securities (BORSA VALORI; MERCATO AZIONARIO RISTRETTO; TITOLI MOBILIARI NON QUOTATI IN BORSA; VALORI MOBILIARI).

– **di valuta.** Sale of currency (VALUTA).

– **documentaria.** Sale against documents, documentary sale; di solito, nella pratica internazionale si applicano le clausole *Incoterms* (*infra*, VENDITA SU DESCRIZIONE; DOCUMENTO; *INCOTERMS*). [vol. I: DOCUMENTARY CREDIT; INCOTERMS]

– **e locazione finanziaria di ritorno.** Sale and lease back (*LEASE BACK*; *LEASING*). [vol. I: LEASING: III]

Bibl.:
Bussoni, M., *Il contratto di lease back*, (1986) 2 CeI 558.

– **fittizia.** (*infra*, VENDITA SIMULATA)

– **forzata all'asta.** Forced sale, judicial sale (*infra*, VENDITA GIUDIZIARIA).

– **giudiziaria in genere.** Execution sale, judicial sale, compulsory sale, sale by the court, forced sale, sheriff's sale, public sale; la vendita forzata per il recupero di imposte dovute e non pagate è detta *tax sale*. Questi tipi di vendita vengono talvolta distinti dalla vendita volontaria, detta *voluntary sale* (*supra*, VENDITA A TRATTATIVA PRIVATA; ESECUZIONE FORZATA DELLA SENTENZA CIVILE o DI UN PROVVEDIMENTO GIUDIZIARIO; ESPROPRIAZIONE FORZATA DEI BENI DEL DEBITORE). [vol. I: AUCTION; EXECUTION]

– **giudiziaria di bene oggetto di privilegio** o **ipoteca per mancato pagamento.** Foreclosure sale (*supra*, VENDITA GIUDIZIARIA IN GENERE; INADEMPIMENTO; PAGAMENTO; PRIVILEGIO). [vol. I: FORECLOSURE]

– **in blocco.** (*supra*, VENDITA ALL'INGROSSO)

– **in buona fede.** Bona fide sale (ACQUIRENTE DI BUONA FEDE A TITOLO ONEROSO).

– **in contanti.** Cash sale; ma il termine indica anche quel tipo di vendita in cui, pur essendoci stato il passaggio della proprietà, il trasferimento del possesso avviene solo dopo il pagamento del prezzo (*supra*, VENDITA A CREDITO).

– **in conto deposito.** Sale on sale or return; ma si parla anche di sale *and* return. Costituisce una forma di *conditional sale*. Negli S.U. — stato federale — la materia è disciplinata dall'Art. 2-326 dell'UCC, in base al quale la proprietà delle cose passa immediatamente all'acquirente, con la possibilità da parte di quest'ultimo di risolvere (*rescind*) il contratto per quelle non vendute che, se restano in suo possesso, fanno di lui un *bailee* ossia, grosso modo, un depositario tenuto ad eseguire gli ordini del venditore (*supra*, VENDITA CON RISERVA DI GRADIMENTO; CONTRATTO ESTIMATORIO). [vol. I: GOODS ON SALE OR RETURN; SALE ON APPROVAL]

– **in esclusiva.** Exclusive sale; il relativo contratto è detto *exclusive sale agreement*; ma si parla anche di exclusive dealing arrangements per indicare quei patti per cui un compratore si impegna a comprare tutto il suo fabbisogno di un certo prodotto da un determinato produttore ad esclusione di qualsiasi altro: negli S.U. essi sono illegali in base alla legislazione antimonopolistica.
1. Con il termine *tying arrangement* si indica una condizione imposta dal venditore o dal *lessor* (grosso modo, locatore) per cui l'acquirente o il *lessee* (grosso modo, locatario) può ottenere un determinato prodotto (*tying product*) solo se è disposto ad acquistare anche un altro prodotto (*tied product*), del quale può avere bisogno o meno. Taluni tipi di *tying arrangements* violano la legislazione monopolistica. Si parla, infine, di *variable proportion tying arrangements* per indicare quei tipi di accordi in cui diversi acquirenti acquistano diverse quantità del *tied product* proporzionali al loro impiego del *tying product* come, ad es., nel caso in cui il locatore di macchine fotocopiatrici esige che i locatari acquistino la carta da utilizzare. Si tratta di un tipo di accordo che spesso concreta un abuso di posizione dominante mediante la discriminazione dei prezzi (ABUSO DI POSIZIONE DOMINANTE).
2. Ma il termine exclusive sale è impiegato anche in tema di immobili per indicare quella clausola di esclusiva tra il proprietario e un agente immobiliare con cui il primo si obbliga, per il periodo previsto dal contratto, ad alienare soltanto attraverso quell'agente, ovvero anche l'accordo con cui l'agente si obbliga a tentare di procurare un compratore o locatore per un prezzo determinato: in quest'ultimo caso si parla di *exclusive agency listing* (ESCLUSIVA; MONOPOLIO). [vol. I: EXCLUSIVE; FRANCHISE; MONOPOLY; RESTRAINT OF TRADE; TIE-IN ARRANGEMENT]

Bibl.:
Lowe 1964, ed. 1976: 550.

– **in frode dei creditori.** Fraudulent sale; questo termine è riferito più spesso alla vendita effettuata dal venditore insolvente in frode dei creditori. Può essere dichiarata nulla in sede fallimentare da una *bankruptcy court*, o tribunale fallimentare; in genere su istanza dei creditori (ATTI IN FRODE DEI CREDITORI; CREDITORE; FALLIMENTO). [vol. I: FRAUDULENT CONVEYANCE]

– **in massa.** (*supra*, VENDITA ALL'INGROSSO)

– **internazionale di merci.** International sale of goods. Essa è regolata dalla *U.N. Convention on Contracts for the International Sale of Goods* del 1980. Ma, a parte questo strumento, va rilevata la notevolissima importanza pratica assunta dagli *Incoterms*, ossia dalle regole uniformi per l'interpretazione dei termini commerciali — relative, tra l'altro, al passaggio del rischio — utilizzate larghissimamente nella compravendita internazionale ed elaborate dalla *Camera di Commercio Internazionale*. Adottate di recente anche dai circoli commerciali degli S.U., esse sono ormai di applicazione universale (CLAUSOLE INTERNAZIONALI DI CONSEGNA ATTINENTI ALLA DISCIPLINA DEI COSTI E DEI RISCHI DI TRASPORTO; CONTRATTO DI ADESIONE). [vol. I: SALE: XVI; TRADE LAW]

Bibl.:

Bonell 1976: 22.

Lopez de Gonzalo, M., *Vendita internazionale* (1988) 1 CeI 255.

– **lesiva.** (RESCISSIONE PER LESIONE)

– **mediante apertura credito.** Open credit sale (APERTURA DI CREDITO BANCARIO).

– ***per aversionem.*** (*supra*, VENDITA ALL'INGROSSO; VENDITA A CORPO)

– **per corrispondenza.** Mail order sale (CORRISPONDENZA).

– **piramidale.** Pyramid selling, referral sale; negli S.U. — stato federale — si tratta di pratica dichiarata illegale in molti degli stati dell'Unione. Ma si noti il termine *pyramiding* o *pyramiding stock options* impiegato nel gergo borsistico per indicare quel fenomeno per cui si esercitano diritti di opzione per sottoscrivere azioni e poi usarle a riporto, e così esercitare ulteriori opzioni (AZIONE (II) DI SOCIETÀ; *LEVERAGED BUY OUT*; OPZIONE DI VENDITA DI TITOLO MOBILIARE; TUTELA DEL CONSUMATORE). [vol. I: PYRAMID SELLING]

– **porta a porta.** Door to door sale; una forma di vendita a domicilio molto diffusa negli S.U. è il c.d. *tele-marketing*, ossia l'offerta telefonica di prodotti e servizi (*supra*, VENDITA A DOMICILIO; CLAUSOLA DI RIPENSAMENTO; COMMERCIO AMBULANTE; MESTIERE GIROVAGO; PERIODO DI RAFFREDDAMENTO; VENDITORE AMBULANTE). [vol. I: CONSUMER PROTECTION; HIRE-PURCHASE AGREEMENT; PEDLAR]

– **privata.** (*supra*, VENDITA A TRATTATIVE PRIVATE)

– **promozionale.** Promotion sale (*MARKETING*; PROMOTORE; PROMOZIONE).

– **rateale.** (*supra*, VENDITA A RATE)

– **salvo vista e verifica.** (*supra*, VENDITA CON RISERVA DI GRADIMENTO)

– **senza garanzia.** Sale with all faults, sale as is. Questi, e termini analoghi, sono impiegati per indicare che le merci sono vendute con esclusione della garanzia per i vizi. Questo tipo di vendita non è ammesso nel caso di vendita al consumatore (*supra*, VENDITA AL CONSUMATORE; CON QUALSIASI VIZIO; QUAL È; TUTELA DEL CONSUMATORE). [vol. I: AS IS; CAVEAT EMPTOR; SALE: X; WARRANTY; WITH ALL FAULTS]

– **simulata.** Fictitious sale, simulated sale. Uno degli effetti del requisito della *consideration* esistente nella *common law* è che, almeno in principio, una vendita conclusa per un prezzo irrisorio o assolutamente inadeguato, che nella *civil law* costituirebbe sicura presunzione di simulazione o di lesione, nella *common law* non invalida l'atto e il trasferimento che, peraltro, possono essere annullati per *fraud* o *undue preference.* Ma, in effetti, grazie ad una complessa elaborazione giurisprudenziale, i sistemi di *common law*, specie quello nordamericano, hanno notevolmente attutito l'asprezza delle conseguenze del requisito della *consideration.* Nel gergo borsistico, si parla di *wash sale* per indicare un'operazione simulata in cui gli stessi titoli sono venduti e comprati dallo stesso operatore per dare l'impressione di un'attività di mercato o per creare un mercato (CONTRATTO: III; RESCISSIONE PER LESIONE; SIMULAZIONE). [vol. I: SIMULATED SALE]

– **sottocosto.** Sale below cost, dumping; ma quest'ultimo termine è riferito più spesso al commercio internazionale (*supra*, VENDITA DI MERCI CIVETTA; CONCORRENZA; *DUMPING*; PREZZO DI MERCATO).

– **su campione.** Sale by sample (CAMPIONE; DIRITTO (II) DI RESPINGERE LE MERCI NELLA VENDITA). [vol. I: *ad vocem*]

– **su descrizione.** Sale by description (*supra*, VENDITA DOCUMENTARIA; FALSA DESCRIZIONE DELLE MERCI). [vol. I: *ad vocem*]

– **su documenti.** (*supra*, VENDITA DOCUMENTARIA)

Venditore. Seller; il venditore di immobili è detto più spesso *vendor* (e l'acquirente *vendee*). Ma si parla anche di *writer* in tema di operazioni di borsa (ACQUIRENTE; BORSA VALORI; COMMERCIANTE; MESTIERE GIROVAGO; MONOPOLIO DEL VENDITORE; PRIVILEGIO DEL VENDITORE CREDITORE DEL PREZZO; RIVENDITORE; SOTTOSCRITTORE; VENDITA; VENDITORE AMBULANTE). [vol. I: SELLER; VENDOR]

– **a domicilio.** Pedlar o peddler, hawker (*infra*, VENDITORE AMBULANTE; MESTIERE GIROVAGO; VENDITA A DOMICILIO). [vol. I: PEDLAR]

– **ambulante.** Pedlar, o peddler, hawker, itinerant trader; deve essere munito di una licenza (*supra*, VENDITORE A DOMICILIO). [vol. I: PYRAMID SELLING]

– **creditore del prezzo.** Unpaid seller (DIRITTO (II) DI CONTRORDINE NEL TRASPORTO; PRIVILEGIO DEL VENDITORE CREDITORE DEL PREZZO). [vol. I: STOPPAGE IN TRANSITU]

– **porta a porta.** Doorstep salesman, door-to-door salesman (VENDITA PORTA A PORTA).

Venduto. Sold (ESAURITO; INVENDUTO; SALDO; VENDITA).

Venire contra factum proprium. (PRECLUSIONE)

Vera parte interessata. (PARTE)

Verbale (agg.). Verbal, oral, parol; si distingue da *written*, o *writing*, ossia da ciò che è scritto. Ma si noti che questi termini, riferiti al contratto, indicano anche un atto non *under seal,* verbale o scritto che sia (ACCORDO VERBALE; CONTRATTO VERBALE; PROMESSA VERBALE; SCRITTO). [vol. I: PAROL; VERBAL; WRITTEN]

Verbale/i (sost.). Record, minutes, transcript, report, return, proceedings, relation; ma non esiste un equivalente esatto del processo verbale. Il verbale o resoconto stenografico del dibattimento è detto *transcript* (AGLI ATTI; APPUNTI DEL GIUDICE; ARCHIVIO DI STATO; ATTO PUBBLICO; CANCELLIERE; DICHIARAZIONE INFORMALE, UFFICIOSA; DOCUMENTO PUBBLICO-PRIVATO; FASCICOLO DI UFFICIO; MINUTA; NOTA VERBALE; PROTOCOLLO; RAPPORTO). [vol. I: JUDGE'S NOTES; MEMORANDUM; MINUTE; MINUTES OF PROCEEDINGS; PROCEEDINGS; PROCÈS-VERBAL; RECORD; SHORTHAND-WRITER'S NOTES; TRANSCRIPT; VERBALS]

– **del dibattimento.** Trial transcript (DIBATTIMENTO; FASCICOLO DI UFFICIO). [vol. I: TRANSCRIPT; TRIAL]

– **della polizia.** Verbals; con l'espressione *verbals should be verbatim* si indica che i verbali dovrebbero essere *ad litteram*; ma con le nuove norme gli interrogatori di polizia nel sistema inglese vengono registrati su nastro (INTERROGATORIO DI POLIZIA). [vol. I: INTERROGATION BY THE POLICE]

– **delle deliberazioni di una riunione.** Minutes of the proceedings of a meeting (DELIBERAZIONE; RIUNIONE).

– **di arresto.** Arrest report (ARRESTO; REATO DENUNZIATO).

Bibl.:

Lafave and Israel 1985, ed. 1992: 18, at 21.

– **elettorali.** Election returns (ELEZIONI POLITICHE).

– **pubblico.** Grosso modo, public record (ARCHIVIO DI STATO; ATTO PUBBLICO; DOCUMENTO PUBBLICO-PRIVATO).

Verbalizzazione. Recordation; ma si noti che negli S.U. questo termine indica anche, in genere, la iscrizione o trascrizione in un pubblico registro (ARCHIVIO DI STATO; ATTO PUBBLICO; PUBBLICO REGISTRO; VERBALE). [vol. I: *ad vocem*]

Verbalmente. Verbally, orally, by parol, *viva voce* (VERBALE).

Verdetto. Verdict; non va confuso con la sentenza. Ovviamente, il verdetto della giuria non è motivato: nel processo penale esso stabilisce solo la colpevolezza o non colpevolezza dell'imputato. La regola di *common law*, riconfermata nel sistema inglese nelle ss. 6(3) e (4) del Criminal Law Act 1967, prevede la possibilità per la giuria di emettere *alternative verdicts*, ossia dichiarare la colpevolezza dell'imputato per un reato diverso (appartenente allo stesso *genus,* ma meno grave) rispetto a quello di cui egli è imputato. Il principio va letto tenendo conto dell'obbligo del giudice di dare istruzioni alla giuria; in questo senso, quando esistono gli elementi per giustificarla, e a condizione che il reato minore non comporti un pena notevolmente inferiore a quella prevista dal reato imputato, il giudice è tenuto a dare istruzioni alla giuria perché essa prenda in esame il reato minore. Così, ad es., non sussiste tale obbligo quando l'alternativa al reato di rapina sia quello di furto. Negli S.U. — stato federale — è richiesta l'unanimità dei giurati nel processo penale (in quello civile le parti possono stipulare l'accettazione del verdetto maggioritario); nel sistema inglese si richiede, invece, la maggioranza (salvo qualche eccezione, la giuria è scomparsa dal processo civile). È detta *hung jury* o *deadlocked jury* la giuria che non riesce a pervenire al verdetto perché divisa al suo interno. Nel sistema inglese, quando, su istanza di parte per un *new trial*, la *Court of Appeal* stabilisce che gli accertamenti della giuria sono infondati, essa può annullare la sentenza del giudice di merito sostituendovi la propria decisione nonostante l'esistenza del verdetto. In tal caso, si dice che essa decide *non obstante veredicto* (ANNULLAMENTO DEL VERDETTO; APPELLO; GIURIA; LIBERO CONVINCIMENTO; MODULO DI VERDETTO; MOTIVAZIONE; ORALITÀ, CONCENTRAZIONE E IMMEDIATEZZA; ORDINAMENTO GIUDIZIARIO; SENTENZA; VERITÀ). [vol. I: GUILTY; JUDGMENT; OPEN VERDICT; VERDICT]

- **aberrante, partigiano, eccessivo nello stabilire l'ammontare del risarcimento.** Excessive verdict (ECCESSIVO AMMONTARE DEL RISARCIMENTO DEL DANNO).
- **di assoluzione.** Verdict of acquittal (GIURIA).
- **di condanna.** Verdict of conviction, verdict of guilty (CONDANNA).

Veridicità. Credibility (PROVA; VERITÀ).

- **di una dichiarazione.** Veracity, truthfulness of a statement (DICHIARAZIONE).

Verifica in genere. Verification, probe, inquiry, investigation, examination, proof, supervision, check, test, search, overhaul (COLLAUDO; CONTROLLO; DELEGA DEI POTERI; ESAME; ESPERIMENTO; INCHIESTA; INDAGINE; ISPEZIONE; PROVA; SALVO VISTO E VERIFICA; SOPRALLUOGO; VENDITA A PROVA; VERITÀ; VIGILANZA; VISITA). [vol. I: EXAMINATION; INQUIRY; INSPECTION; INVESTIGATION; PROBE; SEARCH]

- **contabile.** Audit, accounting control (REVISIONE CONTABILE).
- **dei crediti nel fallimento.** Proof of debts (FALLIMENTO). [vol. I: BANKRUPTCY]
- **dei libri contabili.** Inspection of business books (LIBRI CONTABILI). [vol. I: *ad vocem*; AUDIT]
- **dei poteri in una conferenza diplomatica internazionale.** Verification of credentials (COMMISSIONE PER LA VERIFICA DEI POTERI; CREDENZIALI DIPLOMATICHE; POTERE).
- **della bandiera (int).** (DIRITTO (II) DI APPROCCIO)
- **di bilancio.** (*supra*, VERIFICA CONTABILE; BILANCIO)
- **di testamento.** (OMOLOGAZIONE DEL TESTAMENTO)
- **fiscale.** Inland revenue inspection, tax field audit (ACCERTAMENTO FISCALE).

Verificarsi della condizione. Performance of condition (CONDIZIONE).

Verificatore di conti. (REVISORE DEI CONTI)

Verità in genere. Truth, verity, veracity. Anche se meno che in passato, nel nostro paese si legge ancora oggi che scopo del processo penale è di accertare la verità; del resto, anche nei sistemi di *common law* si legge o si sente dire qualcosa di analogo.
1. Ma è assai dubbio che il processo penale (o civile) di per sé sia idoneo, o si proponga, di pervenire alla verità effettuale: storicamente, sembrerebbe il contrario. *Verità processuale* e *verità effettuale* possono non coincidere, o essere addirittura in stridente contrasto: la prima costituisce la massima garanzia dell'imputato, la seconda porta inevitabilmente a scandagliare le anime e i corpi e, in ultima analisi, alla tortura. Ad ogni modo, quando il *common lawyer* parla di verità (ma lo fa assai di rado; di solito preferisce parlare di *evidence*, ossia, grosso modo, di prove), la sua verità è, senza alcun possibile equivoco, quella processuale, dato che il processo penale di *common law* consiste nello stabilire se, sulla base delle prove sottoposte dall'accusa, l'imputato possa essere dichiarato colpevole (di solito da una giuria nei reati più gravi) *beyond a reasonable doubt*; in mancanza, deve essere considerato *not guilty*: ossia, non già innocente, ma *non colpevole*, che è altra cosa.
2. Tecnicamente, anche se non esiste una formula del genere, questo dovrebbe valere, in sostanza, anche per il processo penale dei paesi di *civil law*; ma la situazione è più ambigua per diverse ragioni, tra cui i sedimenti inquisitori di quella cultura giuridica, e poi anche per via del principio del *libero* o *intimo convincimento* del giudice, privo di equivalenza nei sistemi di *common law*. Principio assai pericoloso perché spesso porta il giudice a convincersi di un suo potere divinatorio nella ricerca della verità effettuale, che prescinde del tutto dalle risultanze processuali; anche se l'obbligo della motivazione dovrebbe costituire un freno a questa libertà.
3. Ma l'intimo convincimento riemerge anche nei sistemi di *common law* sotto altra forma: ossia nel *verdetto* dei giurati. Perché è bensì vero che la giuria delibera dopo l'espletamento della prova avvenuto in sua presenza; ma il verdetto non è motivato e appare impossibile stabilire da quali ragionamenti o impulsi esso sia stato determinato. Comunque, nei numerosi casi di assoluzione in plateale contrasto con le risultanze processuali si può solo immaginare che spesso, più che attenersi alla verità proces-

suale, i giurati cerchino, a modo loro, di fare giustizia nel caso concreto: in questo senso, sembra potersi dire che l'istituto angloamericano della giuria contiene intrinsecamente una *componente giusnaturalistica*. Infine, la rigida *esclusione* di evidenze rilevantissime ai fini dell'accertamento della verità effettuale, la stessa dottrina del *fruit of poisonous doctrine* così com'è applicata negli S.U. costituiscono forse l'estensione massima che la tutela dell'imputato abbia mai avuto nella storia del processo penale. In un celebre caso di efferato duplice omicidio avvenuto a Los Angeles, la polizia raccoglie sul luogo del delitto prove precise, gravi e concordanti: la difesa insorge — in sede di *preliminary hearing* — sostenendo che la prova è inammissibile perché raccolta mezz'ora prima che essa avesse ottenuto il mandato di perquisizione.
4. Un fatto che di per sé dice quanto, specie il processo americano, si allontani dalla ricerca della verità effettuale, tutto inteso com'è alla ricerca della verità processuale che, come si è detto, costituisce la massima garanzia dell'imputato. E fa capire anche perché vi sia una corrente di opinione di giuristi in Inghilterra e negli Stati Uniti che propone di iniettare una certa dose di inquisitorietà nel processo penale. Viene definita *motion to suppress evidence* la più temibile difesa dell'imputato, diretta ad escludere prove spesso gravissime, univoche e concordanti basate su regole esclusionarie del genere accennato.
5. La tortura, ancora oggi estesamente praticata nei paesi del Terzo Mondo — tanto cari ai terzomondisti delle diverse fedi nostrane — è diretta ad estorcere dall'imputato piuttosto che la verità, una *self-incrimination*.
6. Passando a meno greve materia, nell'ambito della tutela del consumatore il Truth-in-Lending Act degli S.U. impone di dare informazioni veritiere sul costo effettivo di un credito al consumatore (AUTOINCRIMINAZIONE; BUONA FEDE; COLPEVOLE-INNOCENTE; DIRITTO (I) NATURALE; DUBBIO; ERRORE GIUDIZIARIO; FINZIONE GIURIDICA; GARANTISMO; GIUSTIZIA; INFORMAZIONE; INNOCENTE; LIBERO CONVINCIMENTO DEL GIUDICE; MACCHINA DELLA VERITÀ; MOTIVAZIONE; PRECEDENTI PENALI; PROVA; TORTURA; TUTELA DEI DIRITTI; VERDETTO; VERIFICA).

Versamento in genere. Deposit, remittance, transfer, payment, in-payment (DEPOSITO BANCARIO; MODULO DI VERSAMENTO; PAGAMENTO; RIMESSA BANCARIA). [vol. I: REMITTANCE]

– **anticipato in conto azioni.** Prepaid call (AZIONE (II) DI SOCIETÀ).

– **per cablo.** Cable transfer (TRASFERIMENTO ELETTRONICO DI FONDI).

Vertenza. Dispute, controversy, litigation (CAUSA (III); CONTROVERSIA; DISPUTA; LITE; PROCEDURA).

– **giudiziaria.** Litigation, law-suit, cause, dispute (CAUSA (III); CONTROVERSIA LEGALE; GIUSTIZIA ALTERNATIVA). [vol. I: COMPROMISE]

– **matrimoniale.** (CAUSA (III) MATRIMONIALE)

– **sindacale individuale.** Labour grievance (CONTROVERSIA COLLETTIVA DI LAVORO; SINDACATO).

Vessatorio in genere. Vexatious, unconscionable, extortionate, oppressive (AZIONE (I) VESSATORIA; INIQUO; LIBERO DA INFLUENZA ALTRUI; MISURA VESSATORIA; RITARDO VESSATORIO NEL PAGAMENTO). [vol. I: CONSUMER CREDIT; NUISANCE]

Vessazione. Vexation, oppression, nuisance, molestation (ABUSO DELLE NORME PROCESSUALI; ABUSO DI DIRITTO; DISCRIMINAZIONE; MOLESTIE SESSUALI; PERSECUZIONE; RESCISSIONE PER LESIONE; USURA; USURPAZIONE; VESSATORIO; VIOLENZA).

Veste in genere. Capacity (A TITOLO PERSONALE; CAPACITÀ; LEGITTIMAZIONE; POTERE; QUALIFICA; QUALITÀ).

– **ufficiale.** Official capacity (*supra*, VESTE IN GENERE).

Veterano. Veteran (REDUCE DI GUERRA).

Veto in genere. Veto.
1. È detto così nel sistema costituzionale britannico il rifiuto del *royal assent* da parte del sovrano di sanzionare un *bill* approvato dal parlamento. Fu espresso l'ultima volta nel 1707, ma è dubbio che il sovrano abbia ancora oggi questo potere, che si ritiene caduto in desuetudine (SUPREMAZIA DEL PARLAMENTO).
2. Negli S.U. — stato federale — è descritto così il rifiuto del Presidente (o del governatore di uno stato dell'Unione) di dare il richiesto assenso ad un *bill* approvato dal Congresso (o dagli organi legislativi dei singoli stati, ad eccezione del Rhode Island e del North Carolina). Il veto presidenziale è espresso con messaggio motivato: l'art. I, s. 7, cl. 2, della costituzione federale stabilisce che qualora il Presidente non approvi un *bill* approvato dal Congresso « he shall return it, with his Objections to the House » in cui ha avuto origine per una nuova deli-

berazione. Se il *bill* è approvato dai due terzi del Congresso, esso diviene legge e, in tal caso, si parla di *overriding veto* per indicare l'annullamento del *veto*. Il potere di veto del Presidente è definito *veto power*; un atto legislativo oggetto di veto è definito *vetoed bill*. Si tratta di un aspetto del sistema dei *checks and balances* che spiega, anche, lo stallo della politica nel caso — frequente da oltre 20 anni negli S.U. — in cui nel Congresso vi siano maggioranze diverse da quelle che esprimono la politica presidenziale. Inoltre, si parla di *pocket veto* per indicare quella forma particolare di veto del Presidente degli S.U. (o del governatore di uno stato dell'Unione) consistente, non già nel rifiuto motivato dell'approvazione di un *bill* approvato dal Congresso, ma nell'inerzia fino alla chiusura delle Camere. In effetti, ai sensi dello stesso articolo, qualora entro dieci giorni il Presidente non rinvii alle Camere del Congresso un *bill* presentatogli, esso diviene legge automaticamente. Peraltro, se nel frattempo è intervenuta la chiusura delle Camere, il rinvio diviene impossibile e quindi il *bill* decade. Per converso, si parla di *legislative veto* per indicare il rifiuto opposto dal Congresso alla legislazione materiale e agli atti dell'esecutivo.

3. L'art. 74 della nostra costituzione costituisce, *mutatis mutandis*, la parafrasi della norma costituzionale nordamericana, peraltro, con la differenza che nel caso italiano non si richiede che la legge rinviata sia approvata a maggioranza dei due terzi delle camere. Anche se bisogna rilevare che nel caso degli S.U., a differenza del sistema italiano, il Presidente è eletto a suffragio popolare: questo potrebbe spiegare la diversità.

4. In diritto internazionale, il termine *veto* è più spesso riferito alle decisioni del Consiglio di Sicurezza: l'art. 23 della Carta delle N.U. prevede 5 membri permanenti e 10 membri non-permanenti di detto Consiglio; l'art. 27 stabilisce che — ad eccezione delle questioni procedurali in cui è richiesta la maggioranza di nove voti — le decisioni su altre materie sono prese con la maggioranza di nove voti *incluso* quelli dei membri permanenti. Il che significa, in pratica, che: i) i membri permanenti nel loro insieme hanno un diritto di veto; ii) che ciascun membro permanente ha un diritto di veto.

5. In sede comunitaria, il Consiglio dei Ministri — organo politico delle Comunità — decide, a seconda dell'importanza dei temi in discussione, a maggioranza semplice, qualificata o all'unanimità. Soprattutto dopo le modifiche introdotte dall'Atto Unico, il Consiglio adotta le proprie decisioni a maggioranza qualificata. Il sistema della maggioranza qualificata prevede, tuttavia, che ciascuno dei dodici stati membri abbia un voto cosiddetto *ponderato*, ossia proporzionato alla propria estensione geografica, al numero della popolazione e alla propria importanza economica. Il Consiglio delibera all'unanimità su argomenti di particolare importanza quali, ad es.,il quadro istituzionale o gli aspetti politici della realizzazione del mercato unico.

6. È difficile trovare consacrato in un testo legislativo il potere di veto *eo nomine*; di fatto, basta stabilire il requisito dell'unanimità che, pertanto, viene a porsi come l'altra faccia del potere di veto (CONFEDERAZIONE; CONSIGLIO DI SICUREZZA DELLE N.U.; DECISIONE; DELIBERAZIONE PRESA ALL'UNANIMITÀ; DISSENSO; DIVIETO; FEDERALISMO; MAGGIORANZA; POTERE DI VETO; PROMULGAZIONE DELLA LEGGE; *QUORUM*; RIFIUTO; RINVIO DI UNA LEGGE ALLE CAMERE CON MESSAGGIO MOTIVATO DEL PRESIDENTE DELLA REPUBBLICA PER CHIEDERE UNA NUOVA DELIBERAZIONE; SEPARAZIONE DEI POTERI; SOVRANITÀ; TRIBUNALE INTERNAZIONALE PERMANENTE PER I CRIMINI CONTRO L'UMANITÀ; UNANIMITÀ; VOTO PONDERATO). [vol. I: CHECKS AND BALANCES; SECURITY COUNCIL; VETO]

Bibl.:

Levi, L. , *Confederazione*, in *Dizionario di Politica* 1976, ed. 1983: 210, at 211.

– **assoluto.** Absolute veto (*infra*, VETO LIMITATO).

– **limitato.** Qualified veto (*supra*, VETO ASSOLUTO).

– **sospensivo.** Suspensive veto.

Vettore in genere. Carrier, hauler (AGENTI, DIPENDENTI E RAPPRESENTANTI DEL VETTORE; A RISCHIO DEL VETTORE; CARICATORE; CONDIZIONI DI TRASPORTO DEL VETTORE; CONTRATTO DI ADESIONE; DIRITTO (II) DI CONTRORDINE NEL TRASPORTO; DIRITTO (II) DI RITENZIONE DEL VETTORE; INDIRIZZO DEL VETTORE; LIMITAZIONE DELLA RESPONSABILITÀ DEL VETTORE; NOME DEL VETTORE; ORARIO DEL VETTORE; PRIVILEGIO DEL VETTORE; RESPONSABILITÀ DEL VETTORE; RESPONSABILITÀ *EX RECEPTO*; RESPONSABILITÀ PER MORTE O LESIONE AI PASSEGGERI; TARIFFE DEL VETTORE; TRASPORTO; TRASPORTO COMBINATO). [vol. I: BAILMENT; CARRIAGE; CARRIER; COMBINED TRANSPORT]

– **aereo.** Air carrier (TRASPORTO AEREO).

– **alternativo.** Alternative carrier (*infra*, VETTORE SOSTITUTO; TRASPORTO SUCCESSIVO).

– **che esercita il trasporto pubblico di linea.** Grosso modo, common carrier

(SERVIZIO PUBBLICO; TRASPORTO DI LINEA). [vol. I: CARRIAGE: I]

– **di merci su strada.** Hauler, road haulage operator (TRASPORTO STRADALE).

– **ferroviario.** Rail carrier (TRASPORTO FERROVIARIO).

– **iniziale.** Initial carrier (*infra*, VETTORE SUCCESSIVO; TRASPORTO COMBINATO; TRASPORTO SUCCESSIVO).

– **marittimo.** Sea carrier, marine carrier (CONFERENZA MARITTIMA; TRASPORTO MARITTIMO).

– **pubblico.** (*supra*, VETTORE CHE ESERCITA IL TRASPORTO PUBBLICO DI LINEA)

– **sostituto.** Substitute carrier (*supra*, VETTORE ALTERNATIVO; TRASPORTO SUCCESSIVO).

– **stradale.** Road carrier (TRASPORTO STRADALE DI MERCI).

– **successivo.** Successive carrier (*supra*, VETTORE INIZIALE; TRASPORTO SUCCESSIVO). [vol. I: *ad vocem*; CARRIAGE: V; INTERMEDIATE CARRIER]

– **terrestre.** Land carrier (TRASPORTO TERRESTRE).

Via in genere. Way, road (CAMBIAMENTO DI VIA, DI VIAGGIO DI NAVE; DEVIAZIONE; PASSAGGIO; ROTTA; SERVITÙ; VIAGGIO). [vol. I: HIGHWAY; ROAD; WAY]

– **navigabile.** Water route (NAVIGAZIONE FLUVIALE; NAVIGAZIONE INTERNA).

Viaggiante. (ITINERANTE)

Viaggiatore. Passenger, traveller o traveler (PASSEGGERO; VETTORE). [vol. I: CARRIAGE; PASSENGER; TRAVELLER'S CHEQUE]

– **di commercio.** (COMMESSO VIAGGIATORE)

Viaggio in genere. Voyage, travel, journey (AGENZIA DI VIAGGI; CAMBIAMENTO DI VIA, DI VIAGGIO DI NAVE; INDENNITÀ DI VIAGGIO; LIBERTÀ DI CIRCOLAZIONE COMUNITARIA; NOLEGGIO DI NAVE A VIAGGIO; OPERATORE TURISTICO; POLIZZA (I) DI ASSICURAZIONE MARITTIMA A VIAGGIO; RISCHI DELLA NAVIGAZIONE; ROTTA; SPESE DI VIAGGIO; TRASPORTO; VIA). [vol. I: ABANDONMENT OF VOYAGE; CHANGE OF VOYAGE; CHARTERPARTY; CONTINUOUS VOYAGE DOCTRINE; DEVIATION; VOYAGE; VOYAGE CHARTER; VOYAGE POLICY]

– **interno.** Domestic journey (TRASPORTO AEREO; TRASPORTO INTERNO).

Vicario. Vicar, deputy, substitute, alternate (ADEMPIMENTO VICARIO; DELEGATO; FACENTE FUNZIONI DI; RAPPRESENTANTE; RESPONSABILITÀ INDIRETTA; SOSTITUTO; SUPPLENTE; VECI; VESTE; VICE).

Vice. Vice, deputy; nell'ambito della *law of agency*, il *vice principal* è quel dipendente al quale il datore di lavoro affida compiti di supervisione degli altri dipendenti (INSTITORE; SOSTITUTO; VICARIO). [vol. I: DEPUTY]

– **console.** Vice-consul (CONSOLE).

– **direttore.** Deputy manager, assistant manager, vice principal (DIRETTORE). [vol. I: DEPUTY]

– **sceriffo.** Deputy sheriff (UFFICIALE GIUDIZIARIO). [vol. I: SHERIFF]

Vicendevole. Mutual, reciprocal (MUTUO: 5; RECIPROCO). [vol. I: ALTERNATE; MUTUAL; MUTUALITY; RECIPROCITY]

Vicinato in genere. Neighbourhood, vicinage. Principio fondamentale della *common law* è il diritto dell'imputato di essere giudicato da una giuria prescelta nel proprio vicinato, ossia nella contea nella quale il reato è stato commesso (GIUDICE NATURALE; GIURIA). [vol. I: COMMON; VENUE]

Vidimazione in genere. Certification, legalization, validation, indorsement, visa (AUTENTICAZIONE; CERTIFICAZIONE; CONFERMA; CONVALIDA; VISTO).

Vie di fatto. (PERCOSSE)

Vietato. Forbidden, prohibited, banned, not allowed (AMMESSO; CONSENTITO; DIVIETO; ILLEGALE; PERMESSO; PROIBITO; VINCOLATO).

Vigente in genere. In force (LEGGE VIGENTE; VIGORE).

Vigenza. (VIGORE)

Vigilanza in genere. Oversight, surveillance, supervision, superintendence, vigilance, inspection, watch, monitoring (COMITATO DEI CREDITORI; COMMISSIONE DI VIGILANZA; CONTROLLO; PROTEZIONE; SICUREZZA; SORVEGLIANZA; TUTELA). [vol. I: GUARDIANSHIP; SURVEY]

Vigore in genere. Currency, effect (DIRITTO (I) VIGENTE; DISPOSIZIONE IN VIGORE; EFFICACIA; ENTRATA IN VIGORE; GIURIDICAMENTE OPERATIVO; INEFFICACE; INOPERANTE; IN VIGORE; OPERANTE; VALIDITÀ; VIGENTE).

– **della legge in genere.** Statute, law, o rule, in force; operative statute, law, rule. Sono dette *sunset laws* negli S.U. quelle leggi, o parti di esse, che richiedono un riesame periodico da parte degli organi legislativi per accertare la necessità o utilità della loro permanenza in vigore, ovvero del prosieguo dell'esistenza di una *administrative agency,* o di determinate funzioni pubbliche. In mancanza di un atto positivo di conferma entro una certa data, la legge, una parte di essa, l'*administrative agency*, o le funzioni in parola cessano di esistere. Una legge non applicata pienamente è detta *relaxed law* (ABROGAZIONE DELLA LEGGE; ENTRATA IN VIGORE; LEGGE; OPERANTE). [vol. I: STATUTE LAW: IV]

– **della polizza di assicurazione.** Currency of the policy (DURATA; POLIZZA (I) DI ASSICURAZIONE). [vol. I: *ad vocem*]

– **di una convenzione internazionale.** International convention in force (CONVENZIONE INTERNAZIONALE).

Vilipendio in genere. Grosso modo, defamation; ma non esiste un reato di vilipendio, reato di opinione, equivalente a quello previsto dal nostro codice penale; diverso è il c.d. *seditious libel*, ossia il libello con il quale si istiga alla sovversione violenta del potere costituito. Il reato di *contempt* non corrisponde al vilipendio (CENSURA; DIFFAMAZIONE; INGIURIA; OFFESA). [vol. I: CONTEMPT; DEFAMATION]

– **del governo in genere.** Grosso modo, defamation of government; ma non esiste un reato del genere né nel sistema inglese, né in quello nordamericano (GOVERNO).

Vincolante in genere. Binding, firm. Si noti che l'aggettivo *binding* ricorre in particolare, tra l'altro, in tema di autorità del precedente giudiziale e di proposta irrevocabile, etc. (CLAUSOLA VINCOLANTE; CONSULENZA; CONTRATTO VINCOLANTE; DISPOSITIVO; FONTI DEL DIRITTO; LEGALMENTE VINCOLANTE; NON VINCOLANTE; PARERE VINCOLANTE; PRECEDENTE GIUDIZIARIO; VINCOLATO; VINCOLO). [vol. I: BINDING AUTHORITY; BINDING OFFER; OPINION]

– **in base alla legge scritta.** Statutory binding; ma un tale termine non si può intendere se non si tiene conto della assai diversa teoria delle fonti dei sistemi di *common law*, che prevede anche una obbligatorietà giuridica derivante dalla regola giurisprudenziale (FONTI DEL DIRITTO; LEGGE).

Vincolato. Liable, bound, tied (OBBLIGATO; TENUTO A; VENDITA IN ESCLUSIVA; VINCOLANTE; VINCOLO).

Vincolo/i in genere. Restraint, restriction, bond, tie, link, encumbrance, charge, ban, fetter, constraint, limitation, liability (DIVIETO; INTERDIZIONE; LEGAME; LIMITAZIONE; LIMITE; OBBLIGO; OSTACOLO; PREZZO MINIMO IMPOSTO DI RIVENDITA AL DETTAGLIO; RAPPORTO; VINCOLANTE IN BASE ALLA LEGGE SCRITTA; VINCOLATO). [vol. I: BOND; CHARGE; ENCUMBRANCE; LIABILITY; LIMITATION; LINK; RESTRAINT; TIE-IN ARRANGEMENT]

– **alla concorrenza.** Restraint of competition, retraint of trade (CONCORRENZA; MONOPOLIO). [vol. I: RESTRAINT OF TRADE]

– **all'aiuto ai paesi in via di sviluppo.** Tied aid (AIUTO; PRESTITO VINCOLATO).

– **all'alienazione.** Restraint on alienation (ALIENAZIONE; PREZZO; PRINCIPIO DELLA LIBERA CIRCOLAZIONE DEI BENI). [vol. I: *ad vocem*; PERPETUITY; PRICE; PROPERTY; RESALE PRICE MAINTENANCE; RESTRAINT ON ALIENATION]

– **al matrimonio.** Restraint of marriage (MATRIMONIO). [vol. I: *ad vocem*]

– **coniugale.** Wedlock. L'espressione « born during wedlock » indica il figlio nato in costanza di matrimonio (CONIUGE; FIGLIO LEGITTIMO; MATRIMONIO).

– **contrattuale.** Contractual relationship (RAPPORTO CONTRATTUALE).

– **di inalienabilità.** (*supra*, VINCOLO ALL'ALIENAZIONE)

– **sulla proprietà in genere.** Charge, encumbrance. Si parla di *cloud on title* per indicare qualsiasi fattore che determini incertezza sulla natura di un titolo immobiliare, ovvero un peso o onere gravante su di esso (CAUSE (I) LEGITTIME DI PRELAZIONE; IPOTECA; PESO; PRIVILEGIO; PROPRIETÀ GRAVATA DA PESI O ONERI; TITOLO IMMOBILIARE). [vol. I: CHARGE; ENCUMBRANCE]

Violazione in genere. Violation, breach, infringement, encroachment, trespass, invasion, injury (ANTIGIURIDICITÀ; ATTO ILLECITO; CONTRAVVENZIONE; FLAGRANTE VIOLAZIONE; ILLECITO; TRASGRESSIONE; TURBATIVA; USURPAZIONE; VIOLENZA). [vol. I: BREACH; ENCROACHMENT; INFRINGEMENT; INJURY; OFFENCE; TORT; TRESPASS]

– **congiunta di un immobile in genere.** Joint trespass (CO-AUTORE DI UN ILLECITO).

– **dei diritti dell'uomo.** Human rights violation, o human rights abuse (DIRITTI (II) DELL'UOMO).

– **dei propri doveri da parte del *trustee*.** Breach of trust (*infra*, VIOLAZIONE DI FIDUCIA;

INADEMPIMENTO DEGLI OBBLIGHI FIDUCIARI; *TRUST*). [vol. I: *ad vocem*]

– **del contratto.** Breach of contract (CONTRATTO: X; ISTIGAZIONE ALL'INADEMPIMENTO CONTRATTUALE). [vol. I: CONTRACT: IX. 2, X; DISCHARGE; FUNDAMENTAL BREACH OF CONTRACT; INDUCING BREACH OF CONTRACT; SALE: XIV]

– **del diritto di autore.** Infringement of copyright, piracy (*infra*, VIOLAZIONE DEL MARCHIO DI FABBRICA; VIOLAZIONE DI BREVETTO; DIRITTO (II) DI AUTORE). [vol. I: COPYRIGHT; INFRINGEMENT; PIRACY]

– **del diritto soggettivo in genere.** Infringement of right (*infra*, VIOLAZIONE DELLA LEGGE; DIRITTO (II); TUTELA DEI DIRITTI).

– **del fondo altrui.** Trespass to land, encroachment, breach of close (*infra*, VIOLAZIONE DELLA PROPRIETÀ IMMOBILIARE o DEL POSSESSO; ATTO ILLECITO; FONDO; SPOGLIO). [vol. I: CLOSE; TRESPASS]

– **della legge.** Breaking the law, breach of law, lawbreaking, infringement of law (*supra*, VIOLAZIONE DEL DIRITTO SOGGETTIVO; AMNISTIA; ESECUZIONE DELLA LEGGE; LEGGE).

– **della promessa di matrimonio.** Breach of promise (PROMESSA DI MATRIMONIO).

– **della proprietà immobiliare** o **del possesso in genere.** Trespass (*supra*, VIOLAZIONE DEL FONDO ALTRUI; POSSESSO; PROPRIETÀ).

– **della pubblica quiete.** (TURBATIVA DELLA PUBBLICA QUIETE)

– **della riservatezza.** Infringement of privacy, invasion of privacy (RISERVATEZZA).

– **dell'embargo.** Violation of embargo (EMBARGO).

– **dell'intimità.** (*supra*, VIOLAZIONE DELLA RISERVATEZZA)

– **del marchio di fabbrica.** Infringement of trade mark (*supra*, VIOLAZIONE DEL DIRITTO DI AUTORE; *infra*, VIOLAZIONE DI BREVETTO; MARCHIO DI FABBRICA). [vol. I: PASSING OFF; PIRACY]

– **di accordo.** Breach of agreement, breaking an agreement, ma si noti che l'*agreement* non si identifica necessariamente col contratto (*supra*, VIOLAZIONE DEL CONTRATTO; ACCORDO).

– **di blocco.** Breach of blockade (BLOCCO NAVALE).

– **di brevetto.** Infringement of patent (*supra*, VIOLAZIONE DEL DIRITTO DI AUTORE; VIOLAZIONE DEL MARCHIO DI FABBRICA; BREVETTO).

– **di domicilio.** Trespass to land, intrusion on another's dwelling (DOMICILIO; POSSESSO; SPOGLIO). [vol. I: HOUSEBREAKING]

– **di dovere.** Breach of duty, dereliction of duty (ABBANDONO DI POSTO; DOVERE; INADEMPIMENTO). [vol. I: BREACH OF DUTY; DERELICTION OF DUTY; DUTY OF CARE]

– **di fiducia.** Breach of confidence, breach of trust; ma si noti che quest'ultimo termine, per riferirsi al *trustee,* figura ignota ai sistemi di *civil law*, assume un significato particolare nei sistemi di *common law* (*supra*, VIOLAZIONE DEI PROPRI DOVERI DA PARTE DEL *TRUSTEE*; ABUSO DI FIDUCIA; FIDUCIA; FIDUCIARIO; OBBLIGO FIDUCIARIO; *TRUST*). [vol. I: BREACH OF CONFIDENCE; BREACH OF TRUST]

– **di garanzia in genere.** Breach of warranty; ma questo termine assume anche un significato privo di equivalenza nella *civil law* (GARANZIA).

– **di legge.** (*supra*, VIOLAZIONE DELLA LEGGE)

– **di obbligo fiduciario in genere.** Breach of fiduciary duty (*supra*, VIOLAZIONE DI FIDUCIA; OBBLIGO FIDUCIARIO).

– **di sigilli in genere.** Breaking of seals (SIGILLO). [vol. I: SEAL]

– **di un diritto altrui.** Infringment of someone else's right (USURPAZIONE).

– **di un'obbligazione.** Breach of contract, breach of covenant, breach of promise (INADEMPIMENTO).

– **di un trattato in genere.** Breach of treaty (TRATTATO INTERNAZIONALE).

– **sostanziale.** Material breach (RILEVANTE).

Violenza in genere. Violence, coercion, duress, compulsion.

1. La violenza in quanto vizio della volontà è detta, a seconda dei casi, *duress* o *undue influence;* ma non si ha una definizione globale di violenza. La *duress* è di due specie: a) consistente nella violenza fisica; b) *per minas* che ha luogo mediante violenza morale o minacce (*minas*) che rendono, sembra, annullabile il contratto. Ma una profonda differenza esiste tra questa forma di violenza (*duress*) e la violenza qual è intesa nella *civil law*. In effetti, la *duress* indica solo la costrizione fisica: si tratta della sola forma di violenza ammessa dalla *common law*; peraltro, accanto ad essa, l'*equity* ha elaborato quella di *undue influence*, priva di equivalenza nella *civil law*, e che indica, grosso modo, il caso in cui una parte del contratto

non ha stipulato liberamente in quanto l'altra ha abusato della propria influenza. Colui che esercita la violenza è detto *duressor* (COARTAZIONE; CONTRATTO: VIII; COSTRINGIMENTO FISICO; CRUDELTÀ; INDEBITA INFLUENZA; LIBERO DA INFLUENZA ALTRUI; *METUS REVERENTIALIS*; MINACCIA; PERSECUZIONE; PROFITTI STRAORDINARI; STATO DI BISOGNO; TRASGRESSIONE; VIOLAZIONE; VIZI DEL CONSENSO). [vol. I: CONTRACT: VI; DURESS]
2. La molestia alle persone è detta *molestation*; si distingue dalla *nuisance* o *disturbance*, termini riferiti alla molestia nel godimento degli immobili. La molestia costituisce un *tort* e, spesso, un reato. Ma negli S.U. si impiega il termine *harassement* piuttosto che quello di molestation; in caso di maltrattamenti, specie nell'ambito familiare, la persona molestata può ottenere un *protection order* giudiziario che impone al molestatore l'obbligo dell'astensione (MOLESTIA).
3. In materia penale, solo di recente è stato introdotto nel sistema inglese il principio per cui in caso di *murder* (omicidio volontario) la *duress* costituisce una difesa qualora una persona sia stata costretta a parteciparvi sotto minaccia di morte. È definita *duress of goods* la illecita sottrazione di cose all'avente diritto a scopo di estorsione. Negli S.U. si parla di *duress of imprisonment* per indicare l'arresto illegale di una persona a scopo di estorsione (ARRESTO).
4. In diritto internazionale, l'art. 51 della convenzione di Vienna stabilisce che, quando il consenso di uno Stato è stato ottenuto mediante violenza sul suo rappresentante, esso è privo di effetti giuridici (AGGRESSIONE; COARTAZIONE; COSTRINGIMENTO FISICO; ESTORSIONE; FORZA; GUERRA; INDEBITA INFLUENZA; INTIMIDAZIONE; LIBERO DA INFLUENZA ALTRUI; MALTRATTAMENTI; MINACCIA; MOLESTIA; MORTE VIOLENTA; NON VIOLENZA; POLIZIA: 4; POTERE; STATO DI BISOGNO; TIMORE REVERENZIALE; TORTURA; VIOLAZIONE). [vol. I: COERCION; DURESS; DURESS OF GOODS; FORCE; THREAT; TREATY; WAR]

– **a bordo di nave.** Assault on board of ship (NAVE; TERRORISMO).

– **carnale.** Rape; ma l'azione penale relativa non richiede la querela nostrana. La violenza carnale in corso di matrimonio è detta *rape within marriage*. Una recentissima sentenza inglese ne ha fatto per la prima volta una figura di reato. Negli S.U. — stato federale — costituisce reato in molti stati dell'Unione: si parla di *statutory rape* per indicare il rapporto sessuale con un minore di 16, 17 o 18 anni di età (a seconda di quanto stabilito dai vari stati), nel qual caso la violenza è presunta *iuris et de iure* (*infra*, VIOLENZA SULLE DONNE; AGGRESSIONE A FINE DI VIOLENZA CARNALE; INCESTO; RATTO A FINE DI LIBIDINE; REATO SESSUALE; SEDUZIONE). [vol. I: RAPE; SEXUAL OFFENCE]

– **domestica.** Domestic violence, domestic abuse (MALTRATTAMENTO; MOLESTIA; PERCOSSE).

– **legale.** Legal violence, legitimate violence (PENA; STATO DI DIRITTO).

– **morale.** Grosso modo, undue influence (*supra*, VIOLENZA IN GENERE; ABUSO DI FIDUCIA; LIBERO DA INFLUENZA ALTRUI; *METUS REVERENTIALIS*).

– **politica.** Political violence (TERRORISMO).

– **sui minori.** Abuse of children (ABUSO DI MINORE; MALTRATTAMENTO DI MINORI).

– **sulle donne.** Abuse of women (*supra*, VIOLENZA CARNALE; DONNA).

– **sulle strade.** Street violence (ORDINE PUBBLICO).

– **urbana.** Urban violence (ORDINE PUBBLICO).

Virtù. (IN VIRTÙ DEL; IN VIRTÙ DI; VERITÀ)

Virtuale. Constructive (POTENZIALE; PRESUNTO). [vol. I: *ad vocem*]

Vis. (VIOLENZA)

Visita in genere. Visit, inspection, search, examination (ACCESSO AI FIGLI; CONTROLLO; DIRITTO (II) DI VISITA E PERQUISIZIONE DI NAVE; INCHIESTA DI BANDIERA; INDAGINE; ISPEZIONE; ISPEZIONE DEL CARICO DELLA NAVE; ISPEZIONE DOGANALE; PERQUISIZIONE; RICERCA; SICUREZZA; VERIFICA; VIGILANZA; VISITATORE; VISURA). [vol. I: EXAMINATION; HOT PURSUIT; INSPECTION; SEARCH; VIEW; VISIT]

– **dei figli.** (ACCESSO AI FIGLI)

Visitatore. Visitor, guest, occupier (OSPITE; RESPONSABILITÀ DELL' OCCUPANTE DI IMMOBILE NEI CONFRONTI DELL'OSPITE; VISITA). [vol. I: OCCUPIER'S LIABILITY]

Vis maior. (FORZA MAGGIORE; STATO DI NECESSITÀ)

Vista in genere. Sight (A DIECI GIORNI VISTA; A PRIMA VISTA; A VISTA; CAMBIALE A VISTA; DATA; EFFETTO A VISTA; PAGABILE A VISTA; SALVO VISTO E VERIFICA; VEDUTA; VERIFICA; VISITA; VISTO; VISURA).

Visto in genere. Indorsement, visa, pass (VIDIMAZIONE; VISTA).

– **di ingresso.** Entry visa (IMMIGRAZIONE; INGRESSO; PASSAPORTO; STRANIERO).

Visura in genere. Inspection, search (ESAME; ISPEZIONE; PUBBLICO REGISTRO; RICERCA; VISITA; VISTA).

– **ipotecaria.** Grosso modo, title search o searches; ma non esiste equivalenza esatta (ISPEZIONE DEI TITOLI IMMOBILIARI). [vol. I: SEARCHES]

Vita in genere. Life; la durata della vita può costituire la misura della durata di un rapporto giuridico o di un diritto come, ad es., nell'ambito della *real property*, nel caso del *life estate* (ABORTO; ASSICURAZIONE A VITA INTERA; ASSICURAZIONE SULLA VITA; COMMORIENZA; DURATA PRESUNTA DELLA VITA; MATRIMONIO; MORTE; SOSTITUZIONE PROCESSUALE; SUCCESSIONE PER CAUSA DI MORTE; USUFRUTTO; VITALITÀ). [vol. I: ABSENCE; ACTIO PERSONALIS MORITUR CUM PERSONA; COMMORIENTES; DEATH; LIFE ESTATE; PERSON]

– **economica di un bene.** Economic life of property. Si parla, più spesso in materia fiscale e ai fini dell'ammortamento, di *estimated useful life* di un bene per indicare la sua vita utile economica. Il *goodwill*, ossia l'avviamento, non ha durata utile economica (AVVIAMENTO; BENE; OBSOLESCENZA ECONOMICA).

– **natural durante.** For life (*supra*, VITA IN GENERE). [vol. I: LIFE TENANCY]

– **presunta.** (DURATA PRESUNTA DELLA VITA)

– **privata.** Private life (RISERVATEZZA).

– **pubblica.** Public life, public sector (FIGURA PUBBLICA; SETTORE PRIVATO).

Vitalità. Viability (ABORTO; CONCEPITO; FETO; VITA).

Vitalizio. Grosso modo, life annuity (RENDITA VITALIZIA).

Vittima in genere. Victim, casualty, injured party, aggrieved party (DANNEGGIATO; LEGITTIMAZIONE; LESIONI PERSONALI COLPOSE; PARTE LESA; PARTE SOCCOMBENTE IN GIUDIZIO; SOCCORSO; TERZO). [vol. I: AGGRIEVED PERSON; DAMAGE; LIABILITY; NEGLIGENCE]

– **del danno.** Casualty of damage, victim of a damage, party aggrieved (DANNO).

– **del reato.** Victim of crime. Si parla di *victimless crime* per indicare quel reato che non esercita i suoi effetti su una vittima particolare come, ad es., il possesso illegale di droga (AUTORE DEL REATO; OMERTÀ; PARTE LESA; PENTITO; REATO).

– **di un incidente.** Casualty of an incident (INCIDENTE).

Vizi. (VIZIO/I)

Viziato. Defective (INFICIATO; INFIRMATO; INVALIDAZIONE; INVALIDO; VIZI DEL CONSENSO; VIZIO).

Vizio/i in genere. Defect, vice, flaw, error (DIFETTO).

– **apparente.** Patent defect, apparent defect (*infra*, VIZIO OCCULTO; APPARENTE). [vol. I: APPARENT DEFECT]

– **del consenso in genere.** Vices of consent, vices of the will.
1. Manca nella tradizione giuridica di *common law* una teoria generale dei vizi del consenso. La materia è soggetta ad una disciplina notevolmente diversa da quella di *civil law*, e trova le sue origini nelle due fonti principali del diritto, ossia la *common law* e l'*equity*. Qui basti accennare che la prima (*common law*), col prescindere da ogni indagine sull'intenzione, ignora il concetto stesso di vizi del consenso. L'errore ammesso dalla *common law* è l'errore ostativo. Questa concezione esclude l'errore vizio e il dolo; ma, in quest'ultimo caso, si applicano le regole dell'atto illecito con il *tort of deceit*, che ha luogo nell'ipotesi di *fraudulent misrepresentation*.
2. Quanto alla violenza, nella *common law* essa è solo quella fisica (*duress*). La lesione non è considerata. La sanzione della *common law* comporta la nullità del contratto (*void*): nessun terzo può acquistare alcun diritto sulla base di un contratto nullo. Infine, la *common law* non ammette la responsabilità derivante da *culpa in contrahendo*.
3. D'altro canto, l'*equity* estende il concetto di errore (*mistake*) elaborando quello di *misrepresentation* e, in tema di violenza, la figura dell'*undue influence*. In tali casi, il contratto sarà non nullo (*void*), ma *voidable*, termine che indica non solo che l'annullabilità può essere fatta valere dalla parte a cui favore è stabilita, ma che anche il giudice ha la facoltà di annullare il contratto tenendo conto dei precedenti giudiziari.
4. Infine, è da rilevare che il sistema inglese non fa, come taluni ordinamenti di *civil law*, della lesione e della simulazione (detta, quest'ultima, *sham transaction*),

dei vizi del consenso, a meno che non producano un *mistake* o una *misrepresentation*. La simulazione dà luogo alla nullità del contratto se essa dissimula la mancanza di *consideration*; ma la vendita simulata in cui sussista una effettiva *consideration* per il trasferimento, per quanto irrisoria, in principio, è valida, salvo la possibilità di impugnare l'atto per *fraud* o *undue preference*.
5. Concludendo, si può dire che quelli che nella *civil law* vengono definiti come vizi del consenso sono, nella *common law*, quattro, denominati come segue: *mistake, misrepresentation, duress, undue influence*.
6. In diritto internazionale si parla di *defect in the consent to be bound by a treaty* per indicare il vizio del consenso che invalida la dichiarazione di uno Stato ad essere obbligato da un trattato (CONSENSO; CONTRATTO: VIII; DOLO; ERRORE NEL CONTRATTO; FRODE; RETTIFICA DEL CONTRATTO VIZIATO DA ERRORE; SIMULAZIONE; VIOLENZA). [vol. I: CONTRACT: VI; DEFECT; DURESS; MISREPRESENTATION; MISTAKE; UNDUE INFLUENCE]

– **della volontà.** Vices of the will (*supra*, VIZI DEL CONSENSO; VOLONTÀ).

– **delle merci.** Defect of goods (*infra*, VIZIO INTRINSECO DELLE MERCI; VIZIO OCCULTO DELLE MERCI; AZIONE (I) ESTIMATORIA; AZIONE (I) REDIBITORIA; BENI DEPERIBILI; DESCRIZIONE DELLE MERCI; DIFETTO; GARANZIA PER VIZI DELLE MERCI; GUASTO; INECCEPIBILE; MANCANZA; MERCI DIFETTOSE; OCCULTAMENTO DEI VIZI; SCOPERTA DEI VIZI DELLA COSA; TITOLO VIZIATO; TUTELA DEL CONSUMATORE; VENDITA SENZA GARANZIA). [vol. I: CAVEAT EMPTOR; CONDITION; CONSUMER PROTECTION; DEFECT; FAULT; SALE; WARRANTY]

– **di forma in genere.** Defect of form, formal vice (ERRORE; FORMA).

– **di mente in genere.** Mental disorder o mental defectiveness (MALATTIA MENTALE).

– **di sostanza.** Defect of substance (ERRORE ESSENZIALE NEL CONTRATTO).

– **intrinseco delle merci.** Inherent defect, latent defect, intrinsic vice of goods. Nell'ambito della tutela del consumatore, dà luogo alla *strict liability* del venditore (*supra*, VIZIO DELLE MERCI; *infra*, VIZIO OCCULTO DELLE MERCI; RESPONSABILITÀ DEL PRODUTTORE; TUTELA DEL CONSUMATORE). [vol. I: *ad vocem*; CAVEAT EMPTOR; CONSUMER SALE; INHERENT DEFECT; PRODUCT LIABILITY; SALE: X]

– **latente delle merci.** (*infra*, VIZIO OCCULTO DELLE MERCI)

– **occulto delle merci.** Latent defect, hidden defect, concealed defect, undisclosed defect. Negli S.U. — stato federale — ai sensi dell'Art. 2-608 (1)(b) dell'UCC, esso dà diritto all'acquirente di revocare la sua precedente accettazione (*supra*, VIZIO DELLE MERCI; VIZIO INTRINSECO DELLE MERCI; DANNO OCCULTO; OCCULTAMENTO; *QUANTI MINORIS*; VENDITA). [vol. I: LATENT DEFECT; SALE: X]

– **procedurale.** Procedural flaw (PROCEDURA).

– **redibitorio.** Non esiste, in senso stretto, il vizio redibitorio, e quindi la relativa azione, nei sistemi di *common law* (AZIONE (I) REDIBITORIA).

Vocazione ereditaria. Data la diversa tecnica della devoluzione successoria, non si fa luogo alla vocazione ereditaria (SUCCESSIONE PER CAUSA DI MORTE).

Volenti non fit iniuria. Questo brocardo è impiegato in tema di responsabilità, più spesso civile, per indicare la difesa dell'autore del danno consistente nel sostenere che la vittima o il danneggiato ne ha assunto preventivamente il rischio, ovvero ha rinunciato a far valere il diritto al risarcimento. Esso esprime la c.d. *doctrine of assumption of risk*, oggetto peraltro di numerose limitazioni in tema di responsabilità del datore di lavoro, di trasporto automobilistico, etc. e, in buona sostanza, ora svuotata della sua portata ottocentesca (ASSUNZIONE DEL RISCHIO; ATTIVITÀ PERICOLOSA; ATTO ILLECITO; DANNO; ESONERO DALLA RESPONSABILITÀ; RESPONSABILITÀ CIVILE; RISCHIO). [vol. I: *ad vocem*; EXONERATION CLAUSE; NEGLIGENCE; TORT: VI, X]

Volo. Flight (BIGLIETTO; SPAZIO AEREO; TRASPORTO AEREO).

– **di linea.** Scheduled flight (TRASPORTO AEREO).

– **di proseguimento.** Onward, o continuing, flight (TRASPORTO AEREO).

– **di ritorno.** Return flight (TRASPORTO AEREO).

– **noleggiato.** Chartered, o charter, flight (NOLEGGIO AEREO).

Volontà in genere. Will (COARTAZIONE; CONSENSO; DICHIARAZIONE DI VOLONTÀ; DIRITTI (II) DELL'UOMO; DIVERGENZA TRA VOLONTÀ E DICHIARAZIONE NEL CONTRATTO; DOLO; INCONTRO DELLE VOLONTÀ;

INTENTO GIURIDICO; INTENZIONE; LIBERO ARBITRIO; LIBERTÀ CONTRATTUALE; MANIFESTAZIONE DI VOLONTÀ; PREMEDITAZIONE; RAPPORTO GIURIDICO; SCHIAVITÙ; *STATUS*; TEORIA DELLA VOLONTÀ; VIZI DEL CONSENSO; VOLONTARIO). [vol. I: CONSENT; RELATIONS]

– **ambulatoria nel testamento.** Ambulatory will of testator (AMBULATORIA; TESTAMENTO). [vol. I: WILL]

– **del legislatore.** (INTENZIONE DEL LEGISLATORE)

– **testamentaria.** Testamentary will (TESTAMENTO).

Volontaria. (VOLONTARIO/A).

Volontariamente. Willingly, knowingly (VOLONTÀ).

Volontariato. Social work (ASSOCIAZIONE; BENEFICENZA; SOCCORSO; VOLONTARIO).

Volontarietà. Willingness, wilfulness, intentionality (INTENZIONALE; PREMEDITAZIONE; VOLONTÀ; VOLONTARIO).

Volontario/a in genere. Intentional, voluntary; ma il termine *voluntary* assume spesso significati particolari: quando è riferito ad un atto, esso indica anche la gratuità, ossia l'assenza di *consideration;* in altre parole, *voluntary* è sinonimo di *gratuitous,* e indica un atto che non fa parte di un *bargain*. Nel fallimento si parla, rispettivamente, di *involuntary* e *voluntary bankruptcy* per indicare il fallimento ad istanza dei creditori o del creditore stesso. Il volontario alle armi, o chi offre senza sollecitazione un servizio è detto *volunteer*; è detto così anche talvolta il gestore di affari (ACCIDENTALE; CASUALE; CONVENZIONALE; FALLIMENTO; FORTUITO; GIURISDIZIONE VOLONTARIA; GRATUITO; INTENZIONALE; INVOLONTARIO; *NEGOTIORUM GESTIO*; OBBLIGATORIO; SERVIZIO MILITARE; VOLONTÀ; VOLONTARIAMENTE). [vol. I: VOLUNTARY; VOLUNTEER]

Volume di affari. Turnover, sales (AFFARE; CIFRA DI AFFARI; FATTURATO).

Votante. Voter, elector; un votante non è necessariamente un elettore, come, ad es., in un referendum, etc. L'affluenza dei votanti alle urne per una determinata votazione è detta *voter turnout* (ELETTORE; VOTAZIONE; VOTO). [vol. I: ELECTION; ELECTOR; REGISTER OF ELECTORS]

Votazione/i in genere. Voting, division, election; ma si dice anche, a seconda dei casi, show of hands, taking a poll. Nel parlamento britannico le votazioni avvengono — non già come in quello italiano mediante ausili elettronici, peraltro spiegati, oltre che dall'assenza di un sistema bipartitico, dallo straordinario sovraffollamento di partiti e uomini — ma mediante la divisione dei membri in due distinti gruppi che confluiscono in due diversi vestiboli dell'aula. Ma *votazione* ed *elezione* non sono sinonimi (AGONISTICA; DIVISIONE; ELEZIONI POLITICHE; MAGGIORANZA; MINORANZA; *QUORUM*; VETO; VOTANTE). [vol. I: DIVISION; ELECTION; ELECTOR; POLL; VOTING]

– **a maggioranza.** Majority vote (MAGGIORANZA; VETO). [vol. I: MAJORITY; PLURALITY]

– **nell'assemblea degli azionisti.** Voting in a shareholders' meeting (ASSEMBLEA DEGLI AZIONISTI).

– **per alzata di mano.** Vote by show of hands (*supra*, VOTAZIONE IN GENERE).

– **per appello nominale.** Roll call vote (*supra*, VOTAZIONE IN GENERE).

– **per divisione.** Vote on specific parts of a bill; da non confondere con la *division*, ossia con la votazione che ha luogo in una assemblea legislativa mediante la divisione dei membri in due distinti gruppi che confluiscono in due diversi vestiboli dell'aula (*supra*, VOTAZIONE IN GENERE).

– **per la revoca anticipata del mandato elettorale.** (REVOCA ANTICIPATA DEL MANDATO ELETTORALE)

– **segreta.** Secret ballot (*supra*, VOTAZIONE IN GENERE).

Voto/i in genere. Vote, suffrage, franchise. Il diritto di voto è detto right to vote, o right of suffrage. Nel R.U. e negli S.U. l'esercizio del diritto di voto richiede la *registration*, ossia, di volta in volta, la iscrizione nei registri elettorali. Mentre nel R.U. e nel Canada l'ufficio competente invia al domicilio dell'elettore un modulo da compilare, nel sistema nordamericano colui che intende votare è tenuto a recarsi presso l'ufficio competente dimostrando di essere in possesso dei relativi requisiti. Né negli S.U., né nel R.U. la scheda elettorale è inviata all'elettore iscritto nelle liste elettorali. Questo meccanismo — che ha la sua origine nella passata politica consistente nell'escludere dal voto i nuovi arrivati, i negri o le minoranze — spiega anche perché il numero degli elettori sia così basso alle elezioni presidenziali negli S.U. (a parte il fatto — di solito trascurato da noi — che si riscontra una partecipazione molto maggiore alle elezioni locali, considerate di solito predominanti in un sistema in cui esistono fortissime tradizioni di autonomia locale). Ai sensi dell'art. I, s. 3, cl. 4, della costituzione degli S.U., il vice-presidente degli S.U è vice-presidente del Senato senza diritto di voto, salvo in caso di *equally divided vote*, ossia di voto bloccato, in cui il suo voto è definito *tie-breaking vote* in quanto rompe l'*impasse* derivante dal pareggio. *One person* (o *one man*) *one vote* rivendica il diritto di voto per ogni cittadino e, quindi, il suffragio universale. Esercitare il diritto di voto è detto *exercise (to) the franchise*; il voto espresso verbalmente è definito, oltre che *voting by speech* o *by outcry*, anche *viva voce voting* (ASTENSIONE DAL VOTO; AZIONE (II) CON DIRITTO DI VOTO; BALLOTTAGGIO; CONVENZIONE DI VOTO NELLA SOCIETÀ; DECADENZA DAL DIRITTO DI VOTO; DELEGA DEL DIRITTO DI VOTO SOCIETARIO; DIRITTO (II) DI VOTO; ELEZIONI POLITICHE; LISTE ELETTORALI; RESIDENTE; SCRUTINIO; SINDACATO AZIONARIO DI VOTO; SISTEMA ELETTORALE; SOLLECITAZIONE DEL VOTO PORTA A PORTA; SUFFRAGIO; VETO; VOTAZIONE). [vol. I: BALLOT; ELECTION; FRANCHISE; PROXY; TIE VOTE]

– **alla pari.** (*infra*, VOTO BLOCCATO)

– **a maggioranza qualificata.** Qualified majority voting (*QUORUM*).

– **azionario cumulativo.** Cumulative voting (AZIONI (II) CUMULATIVE PRIVILEGIATE).

– **bloccato.** Equally divided vote, tie vote; è detto *casting vote*, o *decisive*, o *breaking vote* quello che rompe il pareggio (*supra*, VOTO IN GENERE; *infra*, VOTO PREPONDERANTE; GIURIA; PAREGGIO IN UNA VOTAZIONE O COMPETIZIONE).

– **decisivo.** (*supra*, VOTO BLOCCATO)

– **deliberativo.** (*supra*, VOTO BLOCCATO)

– **di censura.** Vote of censure (MOZIONE DI CENSURA).

– **di fiducia.** Vote of confidence (*infra*, VOTO DI SFIDUCIA; FIDUCIA PARLAMENTARE).

– **di protesta.** Protest vote (PROTESTA).

– **di scambio.** Vote rigging (BROGLI ELETTORALI; CORRUZIONE DI ELETTORE).

– **di sfiducia.** Vote of censure, vote of no confidence, no confidence vote (*supra*, VOTO DI FIDUCIA).

– **maggioritario.** Majority vote (MAGGIORANZA; VETO).

– **nell'assemblea della società.** Shareholders' vote (CONVENZIONE DI VOTO NELLA SOCIETÀ; PATTO DI SINDACATO).

– **obbligatorio.** Compulsory voting (*supra*, VOTO IN GENERE).

– **palese.** Open vote. Il voto nelle assemblee parlamentari britanniche è per definizione palese, diversamente da quanto accade per molti versi da noi in cui il regolamento cristallizza giuridicamente una situazione in cui, da un canto, o manca il coraggio del voto palese e, non a torto, si teme che il suo esercizio possa esporre a rappresaglie chi lo ha espresso o, dall'altro, il voto segreto si presta a tutte le svariate forme di traffici e di *guet-apens* immaginabili nel sistema politico ricattatorio nostrano: un *unicum* che fa storia a sé (VOTO SEGRETO).

– **per alzata di mano.** Vote by show of hands (*supra*, VOTO IN GENERE).

– **per appello nominale.** Vote by roll call (*supra*, VOTO IN GENERE).

– **per procura.** Vote by proxy (PROCURA). [vol. I: PROXY]

– **ponderato.** Weighed vote. Il secondo comma dell'art. 148 del Trattato di Roma stabilisce che per le « deliberazioni del Consiglio che richiedono una maggioranza qualificata, ai voti dei membri è attribuita la seguente ponderazione: Belgio...2; Germania...4 », etc. (CONFEDERAZIONE; FEDERALISMO; MAGGIORANZA QUALIFICATA; SOVRANITÀ: V; UGUAGLIANZA DEGLI STATI; UNANIMITÀ).

– **postale.** Vote by post, postal ballot. È ammesso nelle elezioni politiche britanniche (LAVORO; SINDACATO).

– **preponderante.** Casting vote, deciding vote. Ha la funzione di rompere l'*impasse* determinata dall'uguaglianza dei voti: per questo si parla *break (to) tie*. Negli S.U. spetta al presidente del Senato nel caso di *tie-vote*, ossia di voto bloccato (*supra*, VOTO IN GENERE; VOTO BLOCCATO; PRESIDENTE). [vol. I: CASTING VOTE]

– **segreto.** Secret voting, secret ballot (*supra*, VOTO PALESE).

– **singolo trasferibile.** Single transferable vote. Sistema elettorale esistente in Irlanda di cui si è proposta l'adozione nel sistema elettorale britannico in luogo dell'esistente sistema uninominale a turno unico e a maggioranza relativa (SISTEMA ELETTORALE).

Bibl.:
Fisichella 1982: 154.

– **sul posto di lavoro.** Workplace ballot (SINDACATO).

Voucher. (DOCUMENTO DI LEGITTIMAZIONE; SCONTRINO; TAGLIANDO; TITOLO DI LEGITTIMAZIONE). [vol. I: *ad vocem*]

Voyeurism. (INVASIONE DELLA RISERVATEZZA)

Vuoto giuridico. Legal void (LACUNA GIURIDICA).

W

Warrants. Titoli (*certificates*), detti più esattemente *stock warrants*, che conferiscono il diritto, ma non l'obbligo, di sottoscrivere una determinata quantità di azioni a un prezzo fisso entro una o più date determinate. Mentre le *stock options* sono assegnate ai dipendenti, i *warrants* sono venduti al pubblico; si tratta, di solito, di opzioni di lungo periodo liberamente trasferibili e anche, se le azioni sottostanti sono quotate in borsa, liberamente trattate. In questo contesto, si parla, più in generale, di *stock rights*, o *rights*, per indicare il diritto, ma non l'obbligo, di sottoscrivere nuove azioni emesse, o di acquistarle. Generalmente, esso è collegato a un tipo di *securities*, dette *warrants*, negoziabili autonomamente. Ma il termine indica anche un certificato negoziabile che attribusce all'azionista (*stockholder*) il diritto di acquistare altre azioni (*stock*): il diritto ha un contenuto patrimoniale in quanto l'azionista di solito può acquistare altre azioni ad un prezzo inferiore a quello della quotazione di mercato. Anche qui, gli *stock rights* sono trattati in borsa se le azioni sottostanti sono trattate in borsa. Uno *stock right* si distingue da un *warrant*, nel senso che il primo conferisce il diritto di acquistare altre azioni dello stesso tipo detenuto, mentre un *warrant* consente all'azionista privilegiato (*preferred stockholder*) di acquistare azioni ordinarie. Sembra opportuno precisare che lo *share warrant* inglese, emesso ai sensi della s. 188 del Companies Act 1985 costituisce, in effetti, un'azione al portatore (*bearer share*); non va confuso con i *warrants* nordamericani che non sono delle azioni ma semplicemente delle opzioni (AZIONE (II) DI SOCIETÀ; CERTIFICATO AZIONARIO; CONSEGNA A TERMINE; EMISSIONE DI AZIONI DI SOCIETÀ; OPZIONE; TITOLI MOBILIARI).

Bibl.:
Schlesinger 1950, ed. 1988: 826, n. 1.

X

Xenofobia. Xenophobia (DIRITTI (II) DELL'UOMO; DISCRIMINAZIONE RAZZIALE).

Y

York-Antwerp Rules. (REGOLE DI YORK E ANVERSA)

Z

Zavorra. Ballast (LINEA DI MASSIMO CARICO).

Zecca in genere. Mint (LIBRERIA DELLO STATO; MONETA).

Zona in genere. Area, zone; ma si noti che negli S.U. con il termine *zoning* si indicano più spesso le modalità fondamentali di attuazione del piano regolatore generale (AREA; PIANO REGOLATORE GENERALE; VOLO).

- **aerea.** Air zone; è detta *air exclusion zone*, o *no-fly zone*, la zona aerea rispetto alla quale esiste un divieto di volo (CORRIDOIO AEREO; VOLO).
- **contigua.** Contiguous zone. È detta così in diritto internazionale marittimo quella parte dell'alto mare contigua al mare territoriale (*infra*, ZONA ECONOMICA ESCLUSIVA; MARE ADIACENTE; MARE TERRITORIALE).
- **cuscinetto tra belligeranti.** Buffer zone (*infra*, ZONA DI GUERRA; BELLIGERANTE).
- **denuclearizzata.** Nuclear free zone (ENERGIA NUCLEARE).
- **di esclusione.** Exclusion zone (*infra*, ZONA DI GUERRA).
- **di esclusiva nel contratto di agenzia.** Exclusive zone (ESCLUSIVA; *FRANCHISING*).
- **di guerra.** War zone (*supra*, ZONA CUSCINETTO TRA BELLIGERANTI; GUERRA).
- **di influenza.** Zone of influence (PROTETTORATO; SOVRANITÀ LIMITATA).
- **di libero scambio.** Free trade zone, free trade area (ACCORDO DI LIBERO SCAMBIO; CONFINE; LIBERO SCAMBIO).
- **di pericolo.** Danger zone (PERICOLO).
- **di pesca pubblica.** Common fishery (PESCA).
- **disastrata.** (AREA DISASTRATA)
- **di sicurezza.** Security zone, safe area (SICUREZZA).
- **doganale.** Customs area (DOGANA).
- **economica esclusiva.** Exclusive economic zone. È detta così in diritto internazionale marittimo la zona di mare situata al di là del mare territoriale, ma contigua a quest'ultimo, sulla quale lo stato costiero ha una serie di diritti (*supra*, ZONA CONTIGUA; DIRITTO (I) DEL MARE; ESCLUSIVA). [vol. I: EXCLUSIVE ECONOMIC ZONE]
- **franca in genere.** Free zone (FRANCO).
- **interdetta.** No go area, prohibited area, off-limits (DIVIETO; QUARTIERE A LUCI ROSSE).
- **portuale.** Port area (PORTO).
- **residenziale.** Residential area (*supra*, ZONA IN GENERE; PIANO REGOLATORE).
- **vietata.** (*supra*, ZONA INTERDETTA)